Wörterbuch deutscher Geheimsprachen

Klaus Siewert

Wörterbuch deutscher Geheimsprachen

Rotwelsch-Dialekte

In Zusammenarbeit mit Rudolf Post

DE GRUYTER

ISBN 978-3-11-221630-9
e-ISBN (PDF) 978-3-11-221638-5
e-ISBN (EPUB) 978-3-11-221644-6

Library of Congress Control Number: 2025941037

Bibliografische Information der Deutschen Nationalbibliothek
Die Deutsche Nationalbibliothek verzeichnet diese Publikation in der Deutschen Nationalbibliografie;
detaillierte bibliografische Daten sind im Internet über http://dnb.dnb.de abrufbar.

© 2025 Walter de Gruyter GmbH, Berlin/Boston, Genthiner Straße 13, 10785 Berlin
Abbildung Umschlag: Moos-Glossar aus Käpt'n Etas Sammelmappe. Kommunalarchiv Minden.
Signatur: Stadt Minden, V, Nr. 144.
Satz: bsix information exchange GmbH, Braunschweig

www.degruyterbrill.com

Fragen zur allgemeinen Produktsicherheit:
productsafety@degruyterbrill.com

„ ... je weiter ich in diesem Studium fortgehe, desto klärer wird mir der Grundsatz: daß kein einziges Wort oder Wörtchen bloß eine Ableitung haben, im Gegenteil jedes hat eine unendliche und unerschöpfliche. Alle Wörter scheinen mir gespaltene und sich spaltende Strahlen eines wunderbaren Ursprungs, daher die Etymologie nichts tun kann, als einzelne Leitungen, Richtungen und Ketten aufzufinden und nachzuweisen, soviel sie vermag. Fertig wird das Wort nicht damit."

Jacob Grimm an Friedrich Carl von Savigny, 20. April 1815

Vorwort zur Paperback-Ausgabe 2025

Die Paperback-Ausgabe des „Wörterbuch deutscher Geheimsprachen" möchte das große öffentliche Interesse am Thema Geheimsprachen bedienen. Es enthält das Wörterbuch deutscher Geheimsprachen inhaltlich in unveränderter Form. Die Grenzen der Wortfamilien sind typografisch durch eine Linie deutlicher markiert. Die einleitenden Kapitel sind aktualisiert und um zwei neue Kapitel erweitert worden. Sie betreffen ein 1990 geführtes Gespräch mit Originalsprechern und die 2024/2025 erfolgte kulturpolitische Würdigung der im Wörterbuch dokumentierten historischen Geheimsprachen des Deutschen als „Immaterielles Kulturerbe".

Für die bewährte Zusammenarbeit und Hilfe bei der Umgestaltung möchte ich neben anderen Helferinnen und Helfern im Team de Gruyter besonders Dr. Anne Sokoll, Julie Miess, Barbara Gizzi, Andreas Brandmair und Frank Beyerlein danken.

Klaus Siewert   Münster in Westfalen, im August 2025

Vorwort 2023

Das „Wörterbuch deutscher Geheimsprachen" steht im Zusammenhang der seit den 1990er Jahren wiederbelebten[1] Sondersprachenforschung in Deutschland. Entwickelt worden ist das Projekt einer zusammenfassenden lexikographischen Dokumentation der Rotwelsch-Dialekte in vorbereitenden Studien seit dem Jahre 1994[2]. Der erste Schritt musste die Sicherung der noch vorhandenen Sprachkompetenz letzter lebender Sprecher und Gewährsleute der vom Untergang bedrohten Rotwelsch-Dialekte sein[3], gefolgt von der Entwicklung geeigneter Methoden und lexikographischer Darstellungsmuster[4].

Die Arbeiten sind über Jahre von der Deutschen Forschungsgemeinschaft gefördert worden (DFG-Projekt[5] „Lexikon der Rotwelsch-Dialekte"). Die DFG unterstützte das Projekt darüber hinaus mit einem Habilitanden-Stipendium. Die Universität Münster und das „Zentrum für Sprachforschung und Sprachlehre" halfen bei der Logistik: Sie stellten der „Arbeitsstelle Sondersprachenforschung" zeitweilig einen Büroraum[6] zur Verfügung. Über alle Jahre hinweg unterstützte insbesondere Joachim Göschel vom Forschungsinstitut für deutsche Sprache der Universität Marburg das Projekt mit großem Einsatz.

Eine der wesentlichen Voraussetzungen für einen guten Gang der Arbeiten war die Begeisterung meiner Studierenden für den Forschungsgegenstand Geheimsprachen und deren Engagement bei den Dateneingaben in das Wörterbuch. Die dabei erworbenen philologischen Erfahrungen, das an der Wörterbucharbeit und in begleitenden Seminaren Gelernte, konnten sie dann in ihren (jeweils auf einzelne Rotwelsch-Dialekte oder bestimmte Aspekte der Sondersprachenforschung zugeschnittenen) Staatsarbeiten, Magisterarbeiten und Dissertationen[7] anwenden.

Bei den Dateneingaben in der ersten Phase des Projekts bis 2010 haben mitgeholfen: Marlena Abel, Stefan Ast, Romana Beczala, Jörg Bergemann, Linda Braunschweig, Pia Buck, Mirka Dickel, Eva Ochoa Drescher, Christian Efing, Miriam Fege, Ulrike Feuerabend, Elke Grautmann, Anna Hagencord, Lenka Havelkova, Alexandra Heimes, Marc Hoch, Kathrin Heydenreich, Eva Horstmann, Patricia Kopetzky, Marcus Lenzen, Philipp Lorenz, Carsten Lühn, Karolin Marhencke, Kerstin May, Antje Talea Meier, Jutta Middelberg, Esther

---

[1] Vgl. Siewert 2015a: 25 Jahre moderne Sondersprachenforschung in Deutschland.
[2] Zunächst: Siewert 1994a: Prolegomena zu einem sondersprachlichen Wörterbuch.
[3] Siewert 1996c; 1996d; 1996e.
[4] Siewert 1998: Grundlagen und Methoden der Sondersprachenforschung. Habilitationsschrift Münster (veröffentlicht: Siewert 2003).
[5] Siewert 2002d: 296–301.
[6] Und einen symbolischen Jahresetat von 100 DM.
[7] Abel 2002b; Bergemann 1997; Efing 2001; Efing 2003 (Dissertation); Feuerabend 1997; Grautmann 2002; Heydenreich 2002; Horstmann 2001; Löffler 2009; May 2001; Middelberg 2000; Peters 2000; Pursch 2002; Schinz 2003; Schulte-Wess 2007; Stellmacher 2002; Tschudnowa 2010; Viehmann 1997; Weikert 2007; Weiland 1996b; Weiland 2000 (Dissertation); Ziem 2004. – Veröffentlicht: Abel 2004; Bergemann 2012; Efing 2004; Efing 2005; Middelberg 2001; Schulte-Wess 2007; Weiland 2003.

Möntmann, Christine Müller, Nuri Ortak, Pit Pauen, Karsten Peters, Frauke Plate, Meike Quaschnik, Sebastian Rosenthal, Tobias Rump, Caroline Schinz, Sabine Schmitt, Henrik Schütte, Ann Christin Schulte-Wess, Ricarda Sleumer, Indra Stellmann, Wilko Theessen, Anna Thesseling, Olga Tomaschweskaja, Véronique Trouet, Dorothee Verfürth, Sandra Viehmann, Stefan Weikert, Thorsten Weiland, Frank Witte, Florian Ziem. Besonders verdient gemacht haben sich Thorsten Weiland und Christian Efing, die als Koordinatoren, Promovenden und wissenschaftliche Mitarbeiter am Projekt beteiligt waren.

Später haben Kristina Tschudnowa, Maren Kerutt und Daniel Behr bei den Vorkorrekturen der Lexikonartikel auf der Grundlage der bis dahin eingegebenen Sprachdaten mitgewirkt. Dann ist Rudolf Post, Altmeister der Mundartlexikographie, nach der Beendigung seiner Arbeiten am Badischen Wörterbuch in das Projekt eingestiegen und hat den bis dahin gediehenen Rohling des Wörterbuchs strukturell verbessert, während sich Thorsten Weiland um ältere gedruckte Quellen und Archivalien aus Sprecherbefragungen gekümmert hat.

In der Schlussphase des Projekts (2019 bis 2020) sind noch neue oder bis dahin unberücksichtigte Sprachdaten in das Wörterbuch eingegangen. An den Eingaben waren Studierende der Universität Münster als Praktikantinnen und Praktikanten der Internationalen Gesellschaft für Sondersprachenforschung (IGS) beteiligt[8]: Rabia Caliskan, Damian Feldmann, Nina Graf, Sebastian Linnartz, Rebecca Meerheimb, Janina Neugebauer, Niklas Niggemann, Tobias Torka und Feixue Zhao. Zuletzt hat Niklas Niggemann, der sich zusammen mit Tobias Torka bereits durch die Koordinierung der Arbeiten bei den Dateneingaben durch die Praktikantinnen und Praktikanten der IGS besonders verdient gemacht hatte, noch einmal mitgeholfen und restliche Sprachdaten eingegeben sowie redaktionelle Besserungen vorgenommen.

Die nach Abschluss der Dateneingaben 2020 erfolgte inhaltliche Überprüfung der einzelnen Informationsklassen des Wörterbuches, einschließlich der Herkunftsanalysen zu den zahlreichen, etymologisch noch ungeklärten Lemmata, ist dann vom Herausgeber übernommen worden. Bei der Schlussredaktion des Wörterbuchs hat vor allem Rudolf Post mit unermüdlichem Einsatz mitgewirkt. Kurz vor Druck sind die einleitenden Kapitel und die Verzeichnisse zum Wörterbuch noch einmal von Stéphane Hardy und Sandra Herling / Siegen, Rudolf Post / Gabsheim und Tobias Torka / Münster korrekturgelesen worden.

Allen, die über viele Jahre hinweg durch ihre Mitarbeit an dem Projekt beteiligt waren, möchte ich an dieser Stelle danken. Das gilt auch für diejenigen, die das zeitweilig unterbrochene und dann unter schwierigen Umständen weitergeführte Projekt finanziell und logistisch unterstützt haben. Der Deutschen Forschungsgemeinschaft gebührt dabei besonderer Dank. Der de Gruyter Verlag Berlin hat das Wörterbuch in seine lexikographische Reihe aufgenommen und über viele Jahre geduldig begleitet. Für die hervorragende Zusammen-

---

8 Rabia Caliskan, Sebastian Linnartz und Rebecca Meerheimb am „Wörterbuch deutscher Geheimsprachen: Viehhändlersprache" (in Vorbereitung).

arbeit auf der Zielgerade möchte ich unter anderen Julie Miess, Monika Pfleghar, Andreas Brandmair sowie Frank Beyerlein und Sebastian Weyrauch danken. Schließlich: ohne die über die vielen Jahre hinweg erlebte Unterstützung der Sprecherinnen und Sprecher wäre dieses Wörterbuch so nicht möglich gewesen. Ihnen ist es gewidmet.

Klaus Siewert   Münster in Westfalen, im August 2022

In dankbarer Erinnerung an die Sprecherinnen und Sprecher,
die ihr wertvolles Wissen an uns weitergegeben haben.

Abb. 1: Münster 1990, Befragung mit Masemattesprecher Bernhard Götz (geb. 1912)

„Wenn ein anderer das nicht verstehen sollte, dann wurde Masematte gesprochen.
Wenn man über irgendeinen was sagen wollte, und das sollte nicht jeder hören,
dann wurde eben Masematte gesprochen. Dann wurde nicht gesagt:
er taugt nichts, sondern:
der seegers, der ist schofel."

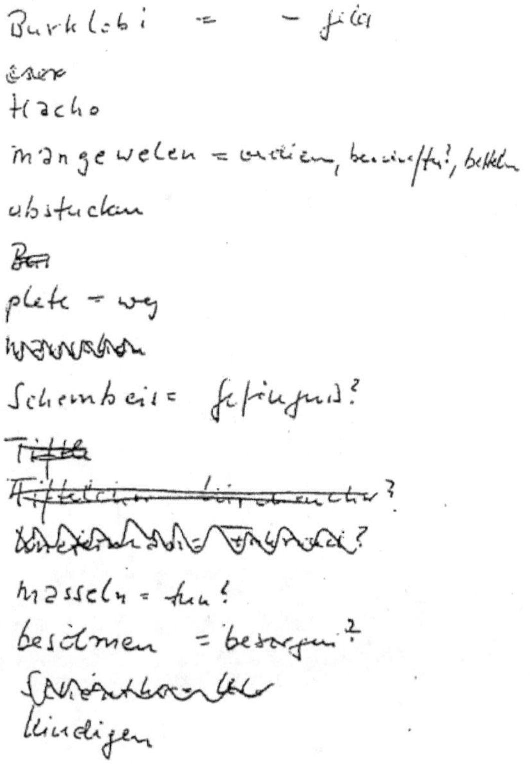

Abb. 2: Masematte: handschriftliches Glossar

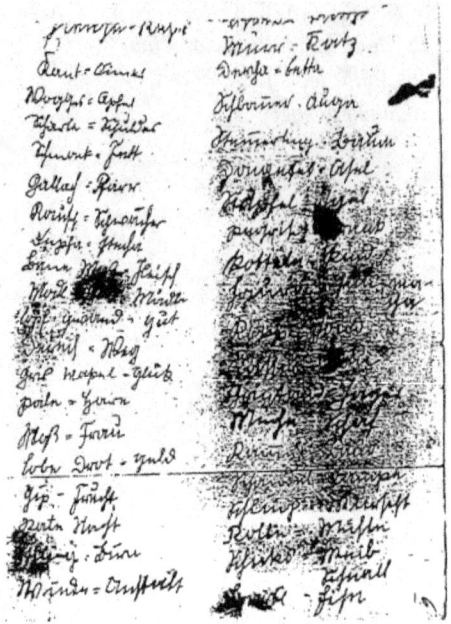

Abb. 3: Schloßberger Jenisch: Sütterlin-Glossar, nach 1911

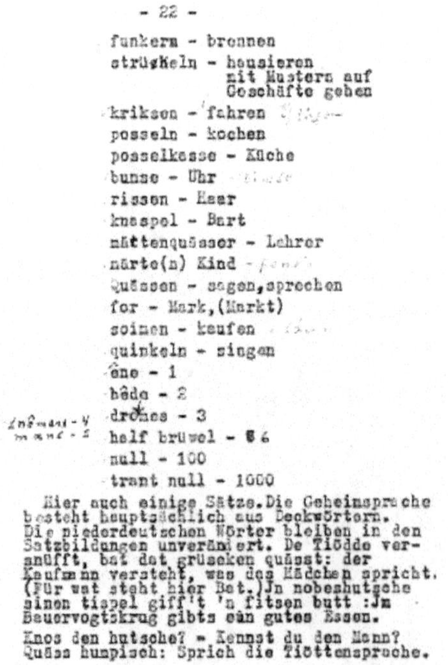

```
                 - 22 -
      funkern - brennen
      strüßkeln - hausieren
                   mit Mustern auf
                   Geschäfte gehen
      kriksen - fahren
      posseln - kochen
      posselkesse - Küche
      bunse - Uhr
      rissen - Haar
      knaspel - Bart
      mättenquässer - Lehrer
      närte(n) Kind
      Quässen - sagen, sprechen
      for - Mark,(Markt)
      soimen - kaufen
      quinkeln - singen
      êne - 1
      hêdo - 2
      drônes - 3
      half brüwel - 5 6
      null - 100
      trant null - 1000
   Hier auch einige Sätze. Die Geheimsprache
besteht hauptsächlich aus Deckwörtern.
Die niederdeutschen Wörter bleiben in den
Satzbildungen unverändert. De Tiödde ver-
anüfft, bat dat grüseken quässt: der
Kaufmann versteht, was das Mädchen spricht.
(Für wat steht hier Bat.)Jn nobeshutsche
sinen tiesel giff't 'n fitsen butt : Jn
Bauervogtkrug gibts een gutes Essen.
Knos den hutsche? - Kennst du den Mann?
Quäss humplsch: Sprich die Tiöttensprache.
```

Abb. 4: Mettinger Tiöttensprache: Typoskript mit handschriftlichen Ergänzungen

Abb. 5: Lützenhardter Jenisch: Viele Grüße an Schofel und Bock!
Karte aus russischer Kriegsgefangenschaft

Abb. 6: Hundeshagener Kochum: STASI-Glossar

Inhaltsverzeichnis

Vorwort zur Paperback-Ausgabe 2025 —— VII

Vorwort 2023 —— VIII

1	Zum Wörterbuch —— 1	
1.1	Ziele und Zwecke —— 3	
1.2	Quellengrundlagen —— 4	
1.3	Sprecherbefragungen —— 6	
1.4	Wortfamilienwörterbuch —— 9	
1.5	Wörterbuchartikel —— 9	
1.6	Informationsklassen —— 10	
2	Zur Geschichte des Wörterbuches —— 23	
3	Fragen an alte Sprecher (MM) —— 28	
4	Immaterielles Kulturerbe „Rotwelsch-Dialekte" —— 34	
5	Literaturverzeichnis —— 37	

Wörterbuch

A–Z —— 53

Anhänge

Siglenverzeichnis —— 895

Abkürzungen im Wörterbuch —— 904
  Literatur —— 904
  Sprachen —— 909
  Grammatik —— 911
  Sonderzeichen —— 912
  Sonstige Abkürzungen —— 912

Zentrale Fachbegriffe —— 913

1 Zum Wörterbuch

Das Wörterbuch deutscher Geheimsprachen versammelt den Tarnwortschatz der in der Sprachwissenschaft als *Rotwelsch-Dialekte* bezeichneten Sondersprachen des Deutschen[1]. Insgesamt sind annähernd 70 Rotwelsch-Dialekte ausgewertet worden, darunter viele Vorkommen, die erst in den letzten drei Jahrzehnten abgefragt und dokumentiert worden sind[2]. Das Projekt ist in den 1990er Jahren vorbereitet worden[3]. Das theoretische Rüstzeug für das Wörterbuch deutscher Geheimsprachen, die Methoden und Darstellungsmuster, sind in der Habilitationsschrift des Herausgebers 1998 bereitgestellt worden[4].

Das Werk ist mit über 10.000 *Wortfamilienartikeln* die umfangreichste Dokumentation deutscher Geheimsprachen. Es basiert unter anderem auf Feldforschungen, die ab den 1990er Jahren betrieben worden sind und zahlreiche neue Sprachdaten zu bislang unabgefragten oder neuentdeckten Rotwelsch-Dialekten erbracht haben. Neben den neuen Quellen liegt ein weiterer Mehrwert in der Klärung von Tausenden von Lexemen, die in der Forschung ihrer Herkunft nach (Etymologie) als ungeklärt galten.

Sondersprachen wie die Rotwelsch-Dialekte haben einen „Kernwortschatz", der die Verdunkelung und damit die Ausgrenzung vom Verstehen des Gesagten leisten soll. In der lexikalischen Dokumentation des Tarnwortschatzes liegt die zentrale Aufgabe sondersprachlicher Lexikographie[5]. Der gemeinsprachliche Mantel, also die verständlichen Wörter im sondersprachlichen Satz, kann dagegen (bis auf einen besonders ausgewiesenen lexikalischen Nahbereich[6]) unberücksichtigt bleiben. Insofern ist das „Wörterbuch" also ein Idiotikon.

Die hier vorgelegte lexikographische Dokumentation ist durch das *Verfremdungssystem der Rotwelsch-Dialekte*[7] determiniert: Substitution allgemeinverständlicher Wörter durch Lexeme aus fremden Sprachen (Spendersprachen[8]), die die intendierte Funktion der Ge-

---

[1] Zu den Begriffen *Rotwelsch-Dialekt*, *Sondersprachen* und *Geheimsprachen* und anderen zentralen Fachtermini: Siewert [1998] 2003: 14–29; hier Fußnoten 8, 9, 11 und Anhang: Zentrale Fachbegriffe.
[2] S. unten, Kap. 2.
[3] Siewert 1994a (Prolegomena zu einem sondersprachlichen Wörterbuch); Siewert 1996a; Siewert/Bergemann 1996b; Siewert 1996c und 1996e; Siewert 1997b; Siewert 1999a; Siewert 2002d („Zeitenwende – Die Germanistik auf dem Weg vom 20. ins 21. Jahrhundert").
[4] Siewert [1998, Habilitationsschrift] 2003: Grundlagen und Methoden der Sondersprachenforschung (Termini: 14–29; Methoden direkter und indirekter Erhebungen, Feldforschung: 45–78; Typologie der Quellen: 101–109; Quellenkritik, Auswertung und Erträge der Quellen aus schriftlichen Quellen und Sprecherbefragungen: 110–120; lexikographische Konzeption, Makro- und Mikrostruktur: 121–128; Beispiel/Muster Wörterbuch: 129–324; sprachwissenschaftliche Auswertung des Korpus: 358–410).
[5] Vgl. Stellmacher 1999: 18–20; „Wer ein Wörterbuch zu einer Sondersprache erarbeitet, hätte sich idiotikographisch zu orientieren" (19). „Die Idiotika-Konzeption erscheint handhabbarer, weil sie (...) sich auf das Besondere der betreffenden Sprachformen beschränkt" (18).
[6] S. unten, Kap. 1.2.
[7] Zu Typen und Mustern der Codierung in deutschen Geheimsprachen: Siewert 2018a.
[8] Vgl. Siewert [1998] 2003: 375–390. – Der Begriff „Spendersprachen" ist anstelle des (in Zusammenhängen substituierender Geheimsprachen) irreführenden Terminus „Fremdsprachen" in die Sondersprachen-Terminologie eingeführt worden und mittlerweile in der Forschung zu substituierenden Geheimsprachen fest etabliert. Der Ersatz des Terminus „Fremdsprachen" war sachnotwendig, weil auch affine Begriffe wie Fremd-

heimsprachlichkeit leisten sollen (sog. Kernwortschatz[9]). Hinzu kommen (oftmals mundartliche) deutsche Wörter, die nicht mehr geläufig und damit nicht mehr verständlich waren (antiquierter Wortschatz) oder durch Bedeutungsveränderung (Neosemantisierung, „semantische Verwandlung"[10]) für Außenstehende, insbesondere, wenn sich die Sprecher außerhalb ihres Dialektraums befanden, unverständlich waren[11]. Dagegen entziehen sich code-basierte Geheimsprachen der lexikographischen Erfassung, weil sie das Textganze verfremden[12]. Das relativ breite Spektrum der Spendersprachen[13] in Rotwelsch-Dialekten ist ein konstitutives Merkmal dieser Gruppe und grenzt sie von anderen substituierenden Geheimsprachen ab, deren geheimsprachliche Funktion im Wesentlichen von einer einzigen Spendersprache geleistet wird, wie es etwa bei der von Hebraismen dominierten Viehhändlersprache[14] der Fall ist.

---

wort und Lehnwort für die Beschreibung substituierender Geheimsprachen unzutreffend und damit für Deskriptionen dieses Forschungsgegenstandes untauglich sind; ihr Gebrauch verdeckt zudem die im Zusammenhang substituierender Geheimsprachen gegebene funktionale Spezifik fremder Lexik. Die Tatsache, dass die aus Spendersprachen wie Jüdischdeutsch oder Romani in den Wortschatz der betreffenden Rotwelsch-Dialekte integrierten Wörter übernommen werden, um die Funktion der kommunikativen Ausgrenzung zu leisten, stellt spendersprachliche Lexeme in besondere Funktionszusammenhänge. Vgl. Siewert [1998] 2003: 25.
9 Mit dem Begriff *Kernwortschatz* in Bezug auf substituierende Geheimsprachen, wie die Rotwelsch-Dialekte des Deutschen, ist also die Lexik gemeint, die aus Spendersprachen (Jüdischdeutsch/Westjiddisch, Romani u.a.) bezogen worden ist. Hingegen bezeichnet der Terminus Kernwortschatz in der Romanistik die in der Lexik der romanischen Sprachen feststellbare gemeinsame Schnittmenge der auf dem Lateinischen basierenden, sprachhistorisch zur ältesten Schicht des Wortschatzes gehörigen Lexeme und ist demnach ganz anders besetzt, als der Begriff Kernwortschatz in sondersprachlichen Bezügen.
10 Vgl. Siewert [1998] 2003: 366–368.
11 Die in die Sondersprachenforschung neu eingeführten Termini „Kernwortschatz" und „lexikalischer Nahbereich" sind aus der praktischen lexikographischen Arbeit entstanden. Die varietätenlinguistische Analyse von Mischtexten eines Rotwelsch-Dialekts ist eng verbunden mit der Abgrenzungsproblematik der beteiligten Varietäten und mit der Frage nach den Lexemen, die Aufnahme in ein sondersprachliches Wörterbuch finden sollen. Die Binnenstruktur eines Rotwelsch-Dialekts ist unter varietätenlinguistischem Aspekt als komplexes Gefüge aus Lexemen zu sehen, das aus verschiedenen Spendersprachen und unterschiedlichen Varietäten des Deutschen komponiert ist. Als Kernwortschatz wird der Sektor des Gesamtwortschatzes eines Rotwelsch-Dialektes bezeichnet, der die Verdunklung aus etymologisch nicht deutschstämmigen Spendersprachen leistet. Zu den Wörtern des lexikalischen Nahbereichs werden solche gerechnet, die ebenfalls an der Verdunklungsleistung (mehr oder minder eingeschränkt) beteiligt sind. Das trifft etwa für antiquierte, bedeutungsveränderte (neosemantisierte) oder neugebildete Lexeme aus Mundarten, Umgangssprache oder Hochsprache zu, sofern sie von den Sprechern oder den Glossaren als zum betreffenden Rotwelsch-Dialekt dazugehörig betrachtet werden. Vgl. Siewert [1998] 2003: 25f.
12 In einigen der Rotwelsch-Dialekte kommen transponierende Verfremdungscodes vor: als zusätzliche, auf das spendersprachliche Lexem angewendete Codierung oder als Verfahrensalternative zur Substitution; ein Sonderfall ist BB, für dessen Sprecher lediglich ein begrenzt transponierter (in das Wörterbuch aufgenommener) Wortschatz vorliegt.
13 Zum Terminus s. unten, Anhang: Zentrale Fachbegriffe.
14 Schulte-Wess 2007; Siewert 2015c; Siewert 2018b; Siewert 2018d; zu lexikalischen Interferenzen zwischen Rotwelsch-Dialekten und Viehhändlersprachen Klepsch 1996 und 1999 (Scho); Siewert 2018d: 163–172 (MB, ME, MM).

1.1 Ziele und Zwecke

Das Wörterbuch-Projekt ist im Zuge der Intensivierung der Sondersprachenforschung ab den 1990er Jahren[15] entwickelt worden. Es ist durch die bei systematischen Recherchen und Feldforschungen gewonnenen *neuen Quellen* und durch die Entwicklung *neuer Methoden und Darstellungsmuster*[16] veranlasst worden. Das vorrangige Ziel des Projektes war es, den gesamten Verdunklungswortschatz der Rotwelsch-Dialekte zu erfassen und durch die Wahrnehmung der Sprachkompetenz letzter noch lebender Sprecher zu geprüften und bestenfalls unbekannten Sprachdaten zu gelangen. Die in das Wörterbuch aufgenommenen Daten sollten weiterhin eine möglichst breite, *sprachgeographisch repräsentative Verteilung* über den gesamten deutschen Sprachraum[17] gewährleisten, um unterschiedliche mundartliche Interferenzen, denen das jeweilige sondersprachliche Tarnwort unterliegt und die zu unterschiedlichen phonetischen und graphematischen Varianten ein und desselben Wortes in Aussprache und Verschriftlichung führen, flächendeckend spiegeln zu können.

Die *Zusammenführung der Einzelwortschätze* in diesem Wörterbuch bringt dem Benutzer neben neuen Quellen neue *Einsichten* und führt zu weitergehenden *Fragestellungen*. So wird etwa erkennbar, in welchen Teilen des individuellen Gesamtwortschatzes der einzelnen Rotwelsch-Dialekte *lexikalische Überschneidungen*, also gemeinsame Schnittmengen der jeweiligen Wortschätze, mit anderen Vertretern solcher Sondersprachen bestehen. Das wirft Fragen auf, die Verbindungen zwischen den jeweiligen Sprechergemeinschaften betreffen, wobei hier sprachgeographische Nähen oder Kontakte aufgrund von Migration eine Rolle spielen können. Andererseits weisen *exklusive Wortvorkommen* das besondere lexikalische Profil eines einzelnen Rotwelsch-Dialekts aus. Dabei ist unter anderem auf spezielle Interessen oder Lebensumstände der jeweiligen Sprechergemeinschaft zu schauen, aus denen sich solche Besonderheiten erklären lassen. Bei *flächendeckender Verbreitung* eines Lexems, das durch sein Vorkommen in zahlreichen Rotwelsch-Dialekten ausgewiesen ist, wäre nach sprachhistorischen Gründen zu fragen, wobei hier die weite Verbreitung des schon im Mittelalter entstandenen Rotwelsch[18], Wanderwege von Sprechern der späteren Rotwelsch-Dialekte[19] sowie Umwege eines Lexems über andere verbreitete Sprachen und späterer Quereinstieg in den Rotwelsch-Dialekt Erklärungsmöglichkeiten bieten.

Mit dem Wörterbuch soll die *Quellengrundlage für weitergehende Fragestellungen der Sondersprachenforschung* und anderer Disziplinen bereitgestellt werden. Dabei ist das Werk nicht als eine in Stein gemeißelte, eherne Dokumentation gedacht, sondern als eine Art Steinbruch, der von unterschiedlichen Forschungsinteressen geleiteten Wissenschaftlerin-

---

15 Zur Sondersprachenforschung 1990 bis 2015: Siewert 2002d; Siewert 2015a. Prolegomena zum Wörterbuchprojekt: Siewert 1994a.
16 Siewert 1994a; Siewert [1998] 2003; Siewert 2002d.
17 Vgl. Karte der Rotwelsch-Dialekte in: Siewert/Bergemann 1996b.
18 Dazu etwa Jütte 1988; Jütte 1995b; Siewert [1998] 2003: 21–24, 381, passim.
19 Zum Desiderat „Sprachatlas der Wanderwege von Rotwelschsprechern": Siewert 1996a: 16; Siewert 1996c: 14; Siewert 1997b: 19; Siewert [1998] 2003: 37.

nen und Wissenschaftlern zum Abbau zur Verfügung steht[20]. Mögliche Fragen und Perspektiven der Forschung sind dabei breit gestreut und können weit über Fächergrenzen hinausgehen: Angesichts der am sondersprachlichen Wortschatz beteiligten Spendersprachen und deutschen Varietäten sind unter anderen die *Wissenschaftsdisziplinen* Allgemeine Sprachwissenschaft, Germanistik, Dialektologie, Hebraistik und Jiddistik, Neuindologie und Romistik, Romanistik, Anglistik, Slavistik und weitere betroffen. Die Fragen können dabei aus unterschiedlichen Blickrichtungen der Sprachwissenschaft gestellt werden; die verschiedenen Aspekte betreffen vor allem Phonetik und Phonologie, Morphologie, Semantik, Syntax, Pragmatik und Onomastik.

Die Verbundenheit der Sprachdaten mit den jeweiligen Sprechergemeinschaften führt über die Soziolinguistik hinaus unter anderem in die Bereiche Sozialgeschichte, Kulturanthropologie und Minderheitenforschung. Die Verfahren der Codierung und prozessuale Vorgänge bei der Integration spendersprachlicher Lexeme betreffen randständig auch die Disziplinen Universalienforschung und Informatik.

1.2 Quellengrundlagen

Das Wörterbuch ist selbständig erarbeitet worden und beruht vor allem auf den in den letzten 25 Jahren durchgeführten Dokumentationen noch unabgefragter Rotwelsch-Dialekte des deutschen Sprachgebietes. Mittlerweile untergegangene Rotwelsch-Dialekte konnten aufgrund älterer Dokumentationen zu den betreffenden Rotwelsch-Dialekten miteinbezogen werden. Auf die Exzerpierung frühneuzeitlicher Quellen und wissenschaftshistorisch wertiger Lexika zum Rotwelsch (zum Beispiel „Rotwellsche Grammatik" 1755, Wörterbuch des Rotwelschen, von Siegmund A. Wolf[21]), ist verzichtet worden; diese Kompilationen früherer Schichten des Rotwelsch können bei entsprechendem Forschungsinteresse komplementär herangezogen werden.

Mit dem hier vorgelegten Wörterbuch wird der Versuch unternommen, den sondersprachlichen Wortschatz der Rotwelsch-Dialekte nach seinem Lexembestand vollständig zu erfassen. Das bedeutet nicht, dass damit die Totalität aller Vorkommen und Einzelnachweise: also jeder existierende bekannte oder unbekannte Beleg aus älteren Veröffentlichungen oder heimatkundlichen Publikationen und Glossaren, verbucht worden ist[22].

---

20 So jetzt Herling 2025; Siewert 2025c. – Zu Forschungszwecken wird Wissenschaftlerinnen und Wissenschaftlern vom Herausgeber eine (durchsuchbare) Datei des Wörterbuchs zur Verfügung gestellt. Eine (zu Beginn des Projektes noch nicht realisierbare) Datenbank existiert zur Zeit noch nicht.
21 Ed. Siewert 2019c; Wolf 1956, 1985.
22 Differenzen zwischen den Datensätzen bestimmter Rotwelsch-Dialekte und dem Wörterbuch können vorkommen, wenn verschiedenstufige Publikationen zu einem Komplex (mit potentiellem lexikalischen Mehrwert) vorliegen, die Dateneingaben in das Wörterbuch aber bereits auf einer früheren Stufe der Dokumentation erfolgt sind. Weiterhin sind Doppelbuchungen vermieden worden; so sind z.B. Belege aus Arnold 1961 (Rotwelsch im Hunsrück) nicht mit der entsprechenden Sigle RH nachgewiesen, wenn sie bereits durch Untersuchungen zu einzelnen Ortspunkten in dem Gebiet vertreten und durch eine eigene Sigle nachgewiesen sind.

1.2 Quellengrundlagen — 5

Aufgenommen worden sind die *Sprachdaten* der von der modernen Sondersprachenforschung in den letzten 30 Jahren dokumentierten und teilweise neu entdeckten Rotwelsch-Dialekte. Die Belege stammen aus Gesprächen mit Sprechern über ihren Rotwelsch-Dialekt (objektsprachliche Belege), aus systematischen Sprecherbefragungen[23], aus veröffentlichten lexikographischen Dokumentationen oder aus noch unveröffentlichten Arbeiten[24], aus Zuschriften nach Suchrufen in den Medien, rezenten Texten[25] und handschriftlichen Glossaren[26]. In einigen Fällen führen die Dokumente in besondere historisch-politische Zusammenhänge, wie das von der Staatssicherheit der DDR zu Enttarnungszwecken angelegte Glossar der Wandermusikantinnen aus Hundeshagen[27]. Sprachdaten aus Internetglossaren und sondersprachlichen Internet-Plattformen sind nicht erfasst worden, weil sie oftmals aus vorgängigen Publikationen bezogen sind und quellenkritischen Kriterien in der Regel nicht genügen (unklare Herkünfte, konstruierte Neubildungen).

Die Aufnahme der im Wörterbuch verbuchten Wörter folgt den in der modernen Sondersprachenforschung entwickelten *Abgrenzungskriterien*[28]. Das zentrale Kriterium ist die Funktionalität; Wörter, die durch die Herkunft aus fremden Spendersprachen ausgewiesen sind und Wörter, die durch „semantische Verwandlung" Verdunklung leisten, bilden den Kern; hinzu kommen Lexeme aus dem sog. „lexikalischen Nahbereich"; das sind Wörter, die von den Sprechern direkt in Befragungen oder indirekt (Glossare) als zu ihrem Rotwelsch-Dialekt gehörig betrachtet werden.

Einige der früher als Tarnwörter in geheimsprachlichen Rotwelsch-Dialekten gebrauchten und im Wörterbuch verzeichneten Lexeme sind im Laufe der Zeit in die regionalen Umgangssprachen eingegangen; andere sind heutzutage sogar standardsprachlich gebräuchlich und damit flächendeckend verständlich geworden[29].

Auch wenn mit dem Wörterbuch keine vollständige Erfassung sämtlicher überhaupt vorhandener, bekannter oder unbekannter Quellenbelege geleistet werden konnte, darf es den Anspruch erheben, mit geschätzten 30.000 Lexemen in etwa 10.000 Wortfamilienartikeln den Gesamtbestand der sondersprachlichen Lexik in deutschen Rotwelsch-Dialekten *annähernd vollständig* zu erfassen. Das macht das Wörterbuch des Rotwelschen von Sieg-

---

23 Zur quellenkritischen Auswertung: Siewert [1998] 2003: 114–120. Dokumente im Archiv der Tondokumente und schriftlichen Quellen der Forschungsstelle Sondersprachen/Münster (IGS); gesprochene sondersprachliche Texte (CD): Siewert 2009; zu Audioarchiven: Siewert 1999b. Beispiel eines transkribierten Mitschnitts einer Sprecherbefragung: Siewert [1998] 2003: 70–75.
24 S. unten, Kap. 2.
25 Zur quellenkritischen Auswertung: Siewert [1998] 2003: 110–114.
26 Zu den unterschiedlichen Quellentypen: Siewert [1998] 2003: 101–109.
27 Weiland 2003: 516 (Abb. STASI-Glossar: s. oben, S. XII; Siewert 2015a: 27f.).
28 Vgl. Siewert [1998] 2003: 25f., 110–112 und Kap. 1, Fußnote 11.
29 Vgl. Siewert, Grundlagen, 400–415, mit Listung der im Duden als heute standardsprachlich verbuchten Lexemen. Das bedeutet für die Benutzer des Wörterbuches, dass ihnen einige (aus den rotwelschtypischen Spendersprachen oder aus deutschem Morpheminventar bezogene) Lexeme mehr oder minder bekannt vorkommen werden (zum Beispiel *Ische, Kaschemme, Heiermann, ausbaldowern, Schickermann, verknacken*).

mund A. Wolf[30] nicht überflüssig; dort verbuchte Lexeme, die in diesem Wörterbuch nicht vorkommen, kennen die Sprecher der Rotwelsch-Dialekte, die für dieses Wörterbuch stehen, nicht mehr; sie deuten auf ältere Schichten des Rotwelschen.

Im Blick auf die Geschichte der lexikographischen Dokumentation der Rotwelsch-Dialekte ist allein durch die umfangreiche Erweiterung durch *neue Quellen* und die Einbeziehung der *Sprachkompetenz letzter noch lebender Sprecher* gegenüber früheren lexikographischen Arbeiten ein bedeutender Fortschritt der Forschung erreicht worden. Das betrifft insbesondere die als Ergebnis systematischer Feldforschungen und Recherchen neu entdeckten und bis dahin undokumentierten Rotwelsch-Dialekte des deutschen Sprachgebietes. Die zu den einzelnen Vorkommen nach den neu entwickelten Methoden und Darstellungsmustern der Sondersprachenforschung[31] vom Herausgeber und seinen Schülerinnen und Schülern durchgeführten Einzeluntersuchungen[32] haben mit den dort dokumentierten Sprachdaten für dieses Wörterbuch – neben weiteren wertvollen Beiträgen aus der jüngeren Forschung[33] – solide Fundamente geschaffen.

1.3 Sprecherbefragungen

Die Arbeitsgrundlage für Sprecherbefragungen von Rotwelsch-Dialekten war die 1996 in Zusammenarbeit mit dem Deutschen Sprachatlas/Universität Marburg an der Lahn erarbeitete geographische Karte der Rotwelsch-Dialekte in Deutschland[34], auf der (nach entsprechenden Hinweisen) vermutete und bereits bekannte Rotwelsch-Dialekte verzeichnet worden sind. Die zu Beginn der 1990er Jahre begonnenen Feldforschungen und Befragungen letzter noch lebender Sprecher waren von höchster Dringlichkeit und die letzte Möglichkeit, zu der Zeit noch vorhandenes Sprachwissen von den im Untergang befindlichen Rotwelsch-Dialekten zu bewahren.

Die grundlegende Voraussetzung für die Durchführung von Sprecherbefragungen war die erfolgreiche Suche nach Sprechern und Gewährsleuten der Rotwelsch-Dialekte, die zunächst als – an die Bürgermeister der Rotwelschorte gerichtete – „Fragebogenaktion" lief[35],

---

30 Eine kommentierte Neuauflage von Thorsten Weiland ist in Planung.
31 Siewert 1994a; Siewert [1998] 2003.
32 Weiland 1996b; Bergemann 1997; Feuerabend 1997; Siewert 1997a; Weiland 2000; Efing 2001; May 2001; Siewert 2002b; Siewert [1998] 2003; Siewert 2003a; Siewert 2003b; Pursch 2002; Stellmacher 2002; Horstmann 2001; Weiland 2003; Efing 2004a; Efing 2004b; Efing 2005; Siewert 2011; Bergemann 2012; Siewert 2013a/Klüsekamp; Siewert 2014b; Siewert 2015c; Siewert 2017.
33 Dingeldein 1988; Lühr/Matzel 1990; Klepsch 1996; Spangenberg 1996a; Girtler 1996; Honnen 1998; Windolph 1998; Büchler 1999; Opfermann 1999; Kies 1999; von Haldenwang 1999; Danzer 2000; Bertsch 2009; Besse 2013; Besse 2018.
34 Siewert/Bergemann 1996b.
35 Siewert 1996a: 6; Siewert 1997b: 8; Siewert [1998] 2003: 52.

begleitet von Suchrufen in Presse[36], Funk und Fernsehen[37]. In einer Sendung der Deutschen Welle Berlin/Auslandsfernsehen[38] erging ein weltweiter Suchruf nach emigrierten und womöglich noch lebenden Sprechern.

Die nächste Hürde auf dem Weg zu einer Befragung war die Überwindung des zu Anfang oftmals gegebenen und verständlichen Misstrauens der Sprecher. Allein die Erinnerung an die mit dem jeweiligen Rotwelsch-Dialekt verbundene, in der Regel schwere soziale Vergangenheit[39] führte in den meisten Fällen zunächst zu skeptischer Ablehnung[40]. Bevor es zu einer Sprecherbefragung kommen konnte, musste es gelingen, die rein wissenschaftliche Bewandtnis des Vorhabens glaubhaft zu machen[41]. In den meisten Fällen[42] war dann der Weg zu einer Zusammenarbeit frei, der – vor den ersten systematischen Erhebungen von Sprachdaten – über Gespräche[43] und andere Formen des Zusammenwirkens[44] führte.

Vor dem Beginn der Sprecherbefragungen sind verschiedene *Methoden der Befragung* getestet worden. Wegen des erheblichen Abstandes der Sprecher[45] zu ihrer in der Regel längst abgelegten Sondersprache war die Gewinnung authentischer Sprachdaten nur noch auf der Grundlage passiver Sprachkompetenz möglich. Die Pilotversuche mit verschiedenen

---

36 Erste Suchrufe in der Presse: [Gregor Bothe] Masematte für die Nachwelt erhalten. Sprachforscher bitten Original-Sprecher um Mithilfe. In: Münstersche Zeitung. 18.11.1988; [Wolfgang Schemann] Wird auf dem Markt in Togo auf Masematte gefeilscht? Die Projektgruppe sammelte viele interessante Hinweise. In: Westfälische Nachrichten. 25./26.2.1989, vgl. Siewert 1990: 179; Siewert [1998] 2003: 108f.; 490–496 (Presseartikel). – Überregionale Presseberichte: z.B. Elke Bodderas: Fremde Wörter schützen. In: DIE ZEIT Nr.47. 15.11.2001, S. 43.
37 In Zusammenarbeit mit der Deutschen Presseagentur; erste dpa-Meldung: Rolf Liffers, dpa Hamburg. Basis-/Featuredienst, Juni 1992.
38 Deutsche Welle. Studio Berlin: Boulevard Deutschland am 20.5.1994 (Bericht und Gespräch mit Klaus Siewert).
39 „Man will's ja auch nicht wissen, dass man früher auch mal 'nen bißchen ärmer gewesen ist als heute. Das ist sicher." (Masemattesprecher J. am 3. August 1990, Siewert 1990: 23).
40 Vgl. Siewert [1998] 2003: 105f. – Bevor ein erstes Gespräch mit alten Sprechern der Münsterschen Masematte, die sich regelmäßig in der Gaststätte „Füchtenhans" in ihrem Wohnviertel Klein-Muffi trafen, am 19. Juli 1990 endlich gelang, ist der Herausgeber auf Anraten der alten Wirtin mehrfach dort eingekehrt, um an der Theke in Sichtweite des Stammtisches der alten Sprecher Bier und Schnaps zu trinken und selbstgemachte Frikadellen zu essen „ ... damit die sich an Sie gewöhnen". Auf Vermittlung der von den Sprechern als Autoritätsperson gesehenen Wirtin gelang schließlich der Durchbruch, „ist doch eigentlich eine wichtige Sache, die der vorhat, in meinen Augen seid ihr feige, wenn ihr ihm nicht helft".
41 Zu den allgemeinen verhaltenspsychologischen Regeln und zur Gesprächsführung: Girtler 1996b; Weiland 1996a: 64f.; Siewert [1998] 2003: 62–66; Girtler 1999.
42 Ausnahme Schlossberg: kein Zugang zu den Sprechern bei Feldforschungen 1997; vgl. Bergemann 2012: 21–23. „Sie sind nicht der erste, der das versucht und den Frack voll bekommt" (22). Gründe: Bergemann 2012: 16–20.
43 Siewert 1990: 10–23; Siewert 2014a: 456–469 (erstes Gespräch mit Masematte-Sprechern am 19. Juli und 3. August 1990, transkribiert nach einer Tonaufnahme; dazu auch Siewert [1998] 2003: 107f.); Siewert 1994b: 23–29; Siewert [1998] 2003: 67–70.
44 Zum Beispiel: gemeinsame Dreharbeiten mit einem Fernsehteam der Deutschen Welle im Sprecherviertel Klein-Muffi in Münster/Westf.; vgl. Siewert 1994b: 17; Siewert [1998] 2003: 108.
45 Zur Differenzierung von Primärsprechern, Sekundärsprechern und Gewährsleuten s. Siewert [1998] 2003: 104f.; zur Identifizierung kompetenter Sprecher: Weiland 1996b: 60.

Verfahrensweisen der Sprecherbefragung hatten ergeben, dass das weithin verschüttete Sprachwissen eines Mediums bedurfte, mit dessen Hilfe das fast Vergessene wieder an die Oberfläche des Bewusstseins treten konnte. Eine unvermittelte *onomasiologische Befragung* („Welches Wort kennen Sie für ‚x'?", „Was haben Sie damals zu ‚x' gesagt?") führte in der Regel zu Blockaden. Auf diesem Wege wäre das nur noch resthaft vorhandene Wissen allenfalls ansatzweise abrufbar gewesen. Gegen diese Methode sprach weiterhin das lückenhafte Wissen der Exploratoren um die damalige Alltagswelt der Sprecher und deren tarnsprachliche Bedürftigkeiten.

Das bei den Befragungen angewandte und als erfolgreich erwiesene *semasiologische Verfahren*[46] verlief folgendermaßen: Jeder auskunftsbereite Primärsprecher ist mit einer auf der Grundlage der schriftlichen Quellen erstellten Basisliste aus Grundmorphemen konfrontiert worden, je nach Sprecherbereitschaft einzeln oder in einer Sprechergruppe, in direkter oder in indirekter Befragung. Die Begegnung mit dem teilweise kaum mehr erinnerten Wortschatz[47] führte in vielen Fällen zu assoziativen Vernetzungen mit dem nicht mehr direkt präsenten alten Sprachwissen.

Die Methode der Sprecherbefragung wird von einem der Sprecher kommentiert: „Durch das Geschriebene, da fallen einem Sachen wieder ein, die einem vollkommen entgangen sind, auch schon verlorengegangen sind und so weiter. Und zum Beispiel ein Begriff, der jetzt noch gar nicht drin steht, so 'nen *leimschen seeger*: das Wort *leimsch* war noch nicht drin – aber jeder wusste, der das spricht, dass *leimsch* ‚da oben nicht richtig im Kopf' ist; aber der Begriff *leimsch* ist einem entfallen. Es fallen einem einfach Sachen wieder ein"[48].

Zu den wertvollen *Ergebnisse* dieser Erinnerungsarbeit[49] zählen bislang unbekannte Wörter, die den Sprechern angesichts der Befragungsliste wieder in das Bewusstsein traten: Wörter, die in keiner der schriftlichen Quellen bezeugt waren und die in absehbarer Zeit wohl für immer verloren gewesen wären. Auf dem Wege einer so benannten „philologischen Rettungsgrabung"[50] konnte – auf den letzten Metern und gerade noch rechtzeitig – verschüttetes Sprachwissen wieder freigelegt und vor dem endgültigen Vergessen bewahrt werden.

Ein weiteres Beispiel: Konfrontiert mit dem Lemma *bassel* ‚Ring' der Basisliste aus den schriftlichen Quellen bestätigt der Sprecher die Kenntnis des Wortes und erinnert sich an einen weiteren, bislang unbekannten Vertreter der Wortfamilie: „Wie war das noch, wir haben damals doch noch gesagt – *gasselbassel*, das war der Ehering!"[51]

Bei den Befragungen der Sprecher auf der Grundlage der Basisliste sind sämtliche aus den schriftlichen Quellen gewonnenen Informationen mit den alten Sprechern abgegli-

---

[46] Siewert [1998] 2003: 114f.
[47] Aktive Sprecherkompetenz dagegen bei den Sekundärsprechern und Gewährsleuten; vgl. Siewert [1998] 2003: 104f.
[48] Vgl. Siewert 1994b: 25; Siewert [1998] 2003: 115.
[49] Zu Typen von Erträgen aus Sprecherbefragungen und „Sprecherirrtümern" vgl. Siewert [1998] 2003: 116–120 und Kap. 1.6.
[50] Universitätszeitung der Westfälischen Wilhelms-Universität vom 3.6.1992: 8.
[51] Siewert [1998] 2003: 115.

chen worden[52], und zwar in Hinsicht auf die Kenntnis des betreffenden Wortes, seine Bedeutung(en) und seine grammatische Bestimmung[53]. Dabei kam es zu Rektifizierungen, Falsifizierungen, Präzisierungen und Ergänzungen. Die Frage nach Satzbeispielen, Sprüchen und Wendungen hat für das Wörterbuch zahlreiche Verwendungsbeispiele der einzelnen Lemmata erbracht. Sämtliche Erträge aus Sprecherbefragungen sind in das Wörterbuch eingegangen[54] und je nach ihrem Aussagewert und ihrer Qualität in die betreffende Informationsklasse eingeordnet worden.

1.4 Wortfamilienwörterbuch

Das hier vorgelegte Wörterbuch folgt der Konzeption eines Wortfamilienwörterbuches[55]. Es ist also die *Dokumentation eines Wortschatzes nach Wortfamilien*, die sich jeweils um ein Grundmorphem gesellen. Diese Konzeption ist das für die lexikographische Dokumentation von Sondersprachen wie den Rotwelsch-Dialekten ab den 1990er Jahren übliche Darstellungsmuster. Die Entscheidung für die (sog. basismorphemorientierte) Darstellung der Sprachdaten ist deshalb getroffen worden, weil die Präsentation von substituierenden Sondersprachen nach Wortfamilien gegenüber allen anderen lexikographischen Alternativen der Wortschatzdarstellung für den Benutzer ein Höchstmaß an sprachstrukturellen, sprachgeschichtlichen und funktionalen Informationen bieten kann. Die Anwendung des Konzeptes eines Wortfamilienwörterbuches auf Rotwelsch-Dialekte gerät in einigen Fällen an seine Grenzen: wenn durch Integrationsprozesse bedingte phonetische Veränderungen des spendersprachlichen Basismorphems oder etwa Kontaminationen aus verschiedenen Basen unterschiedlicher Varietäten vorliegen. Dadurch wird die morphologische Identifizierung einer Basis in manchen Fällen schwierig.

1.5 Wörterbuchartikel

Die Darbietung des Wortschatzes nach Wortfamilien führt zu *komplexen Artikeln*, die mehrere, durch ein Grundmorphem miteinander verbundene und somit verwandte Lexeme zusammenhalten. Morphologisch und grammatisch unterschiedliche Lexeme einer Wortfamilie sind innerhalb eines Wortfamilienartikels jeweils in *getrennten Artikeln* dargestellt[56]; bei fehlender morphologischer Trennschärfe und in sehr umfangreichen Artikeln sind sie aus Gründen der Übersichtlichkeit in einem Artikel belassen, sichere oder vermutete morpholo-

---

52 Siewert [1998] 2003: 76–78.
53 Die von den Sprechern gemachten Bedeutungsangaben weichen oftmals von der Wortart (kategoriellen Bedeutung) des abgefragten Wortes ab, da für die Befragten die (wortartenunabhängige) lexikalische Bedeutung des betreffenden Lexems, das Noema, im Vordergrund steht.
54 Vgl. Kap. 1.6: Informationsklassen.
55 Siewert [1998] 2003: 121–123.
56 Wortbildungen mit standardsprachlichen oder mundartlichen Präfixen wird ein Sammelverweis vorangestellt (der kein sondersprachlicher Artikel ist). Sofern ein Präfix nur durch eine Bildung vertreten ist, wird kein Präfixartikel vergeben.

gische Differenz wird hier durch den Zusatz der grammatischen Bestimmung markiert. Die Beteiligung eines Basismorphems an der Wortbildung ist aus der Gesamtschau des Wortfamilienartikels zu ersehen. Im Vergleich der Wortfamilienartikel zeigt sich die mehr oder minder große Produktivität der jeweiligen Basismorpheme an Wortbildungsprozessen innerhalb der Rotwelsch-Dialekte[57].

Die *innere Ordnung* eines Wortfamilienartikels ergibt sich durch die Differenzierung nach Wortarten (Verben, appellativische Substantive, Namen, Adjektive, Zahlwörter, Pronomen, Partikel) und Wortbildungsarten (Komposition, Derivation, Zusammenbildung, Zusammenrückung, Kürzung). Die Reihenfolge der einzelnen Artikel impliziert keine Aussagen über die (in der Regel nicht mehr feststellbare) historische Abfolge der Wortbildungen innerhalb einer Wortfamilie.

Besondere Auszeichnungen: In Fällen von Homonymie werden die betreffenden unterschiedlichen Lexeme durch den Zusatz von hochgestellten Zahlen voneinander unterschieden. Verweise (→) zeigen etymologische Zusammenhänge zwischen einzelnen Artikeln an[58]. Sonst sind verdeckte lexikalische Elemente innerhalb von komplexen Wortbildungen (Komposita) an den entsprechenden alphabetischen Stellen im Wörterbuch zu suchen.

Die verschiedenen Wortfamilienartikel sind in ihrer Abfolge alphabetisch geordnet und durch einen Strich voneinander getrennt. In den einzelnen Artikeln innerhalb eines Wortfamilienartikels können Belege mit differentem Anlaut zusammenstehen, wenn sie etymologisch zusammengehören.

1.6 Informationsklassen

Lemma und Schreibvarianten

Am Kopf jeden Artikels steht das *sondersprachliche Lexem*; hier werden sämtliche *Schreibvarianten* des Wortes in freier Abfolge verzeichnet[59]. Die an erster Stelle stehenden Variante ist eine (mit allen anderen Varianten gleichrangige) Form ohne qualitativen Vorrang; sie ist also nicht als Haupt-, Kopf- oder Führungslemma im Sinne einer vorrangigen Normalform zu interpretieren. Indizien für eine vorrangig realisierte schreib- und sprechsprachliche Form bieten die Siglen in ihrer mehr oder minder gegebenen Häufigkeit. Das Lexem wird jeweils in seiner *Grundform* aufgeführt: Die in den Quellen flektiert bzw. konjugiert auftre-

---

57 Beispiele für hohe Produktivität von Basismorphemen und Halbsuffixen sind etwa *klits* (MeT), *beis* (MM), *finnich* (HK), *kitt* (LüJ), *knucker* (HF).
58 Verweise auf synonyme Lexeme werden in der Regel nicht gegeben.
59 Die Unterscheidung von (morphologisch indifferenten) Nebenformen eines Lemmas von morphologisch differenten Formen ist nicht immer sicher zu treffen. Herrscht Klarheit, wird zu der jeweiligen, vom Kopflemma differenten Bildung eine zusätzliche grammatische Markierung gegeben. Formen mit Markierungen der Vokallängen und Akzentuierungen sind (mit weiteren diakritischen Zeichen) wegen ihrer Relevanz für die phonetische Realisierung mitaufgenommen worden; sie repräsentieren aber keine eigentliche Varianz.

tenden Belege werden normalisiert (Verben stehen im Infinitiv, Substantive im Nominativ Singular, Adjektive im Positiv)[60].

Grundsätzlich gilt das Prinzip der *Belegtreue*; Konjekturen und Emendationen werden in keinem Fall vorgenommen. Das in den Quellentexten feststellbare ungeregelte Nebeneinander von Groß- und Kleinschreibung wird im Wörterbuch nicht wiedergegeben: Sämtliche Belege werden klein geschrieben. Ist für ein Wort Verschreibung feststellbar oder wahrscheinlich, wird dies durch einen entsprechenden Vermerk festgehalten.

Auf eine *lautschriftliche Wiedergabe* der Belege[61] musste aus verschiedenen Gründen verzichtet werden. Aufgrund der durch die jeweiligen Ortsmundarten bedingten phonetischen Interferenzen auf die aus den Spendersprachen integrierten Lexeme ist von zahlreichen unterschiedlichen phonetischen Realisierungen ein und desselben sondersprachlichen Lexems auszugehen, die sich in den Schreibvarianten spiegeln. Für eine valide Rekonstruktion der ursprünglichen Lautung eines Lexems fehlen überdies die Voraussetzungen: Tondokumente aus alter Zeit gibt es nicht, rezente Aufnahmen von Sprecherbefragungen dokumentieren lediglich Verlautungen längst abgelegter und kaum mehr erinnerter Wörter, fernab der damaligen Sprechwirklichkeit und modernen Interferenzen unterworfen. Eine lautliche Rekonstruktion älterer Sprachzustände von Rotwelsch-Dialekten ist danach nur noch annäherungsweise möglich. Indirekte Hinweise auf die phonetischen und prosodischen Verhältnisse der Lemmata bieten schließlich die graphematischen Realisierungen in den schriftlichen Quellen[62].

I-Wert[63]

Das Lemma eines Artikels weist das jeweilige Lexem als Angehörigen des *Verdunklungswortschatzes der deutschen Rotwelsch-Dialekte* aus. Die in dem Wörterbuch versammelten Belege gehen weit über die bislang bekannte Lexik hinaus. Durch systematische Sprecherbefragungen konnten gegenüber früheren lexikographischen Dokumentationen zahlreiche, in keiner der schriftlichen Quellen belegte *unbekannte Wörter* gewonnen werden, darunter auch so zentrale Bezeichnungen wie *matschover* ‚Hausierer', *pattenmalocher* ‚Taschendieb',

---

60 Zur idealtypischen Struktur von Wörterbuchartikeln sondersprachlicher Lexika: Siewert [1998] 2003: 123–128; Abweichungen im Wörterbuch sind der Komplexität des Gegenstandes geschuldet, formale Uneinheitlichkeiten den über die Jahre hinweg erfolgten Eingaben von vielen verschiedenen Händen.
61 In den seltenen Fällen, in denen die Lemmata eines Rotwelsch-Dialektes nur lautschriftlich verbucht sind (RA, RR) oder aus nicht verschriftlichten Tondokumenten stammen, erfolgt die Zuordnung des Belegs zur entsprechenden Schreibvariante. Belege, die in rheinischer Dokumenta gefasst sind, werden normalisiert.
62 Sofern in den schriftlichen Quellen diakritische Zeichen (aus Gehörtem) gesetzt worden sind, sind sie belassen worden, wenn sie Rückschlüsse auf den Lautwert zulassen; das betrifft in der Regel die Vokallänge, die auch durch Graphemkombinationen, z.B. Doppelschreibungen von Vokalen oder Dehnungs-<e>, indiziert wird.
63 D.i. der Informationswert für den Benutzer des Wörterbuches: hier werden Hinweise auf Aussagewerte und unterschiedliche Optionen möglicher Erkenntnisse gegeben. Der Abschnitt vorher ist dagegen vorwiegend deskriptiv, er beschreibt die strukturelle Organisation der jeweiligen Informationsklasse im Wörterbuchartikel.

tinneffreier ‚Trödelhändler', die mit Wörtern wie *stupfelkib* ‚Hund zum Aufspüren von Igeln' und *stupfelbossert* ‚Igelfleisch' auf besondere Tätigkeiten und Gewohnheiten der Sprechergemeinschaften verweisen. Die Gewinnung solcher mit dem Versiegen der Sprecherkompetenz sonst verlorener Lexeme erfolgte auf dem Weg assoziativer Vernetzung bei der Konfrontation der Sprecher mit den aus den Quellen bekannten Sprachdaten (semasiologische Befragungsmethode[64]).

Mit Hilfe der Sprachkompetenz der alten Sprecher sind weiterhin *Informationen zur historischen Schichtung* (originärer Wortschatz vs. rezente Lexik) des im Wörterbuch dokumentierten Wortschatzes gewonnen worden[65]. Solche Klassifizierungen („Das Wort haben wir früher nicht benutzt"[66]) sind im Wörterbuch nicht eigens markiert, da sich rezente Bildungen in der Regel durch das Bezeichnete selbst ausweisen: als Anachronismus (*wuddibeis* ‚Parkhaus') oder durch einen der Lebenswirklichkeit der Sprechergemeinschaft fernen (Bildungs-)Inhalt (*aschenanimchen* ‚Aschenputtel'). So ist für den Benutzer des Wörterbuches die Erkennbarkeit alter Schichten im Wortschatz[67], anderseits die Identifizierung rezenter Bildungen, hinreichend gewährleistet.

Die einzelnen *Schreibvarianten* spiegeln in der Regel phonetische Interferenzen der Mundarten, in die der betreffende Rotwelsch-Dialekt eingebunden ist, auf das aus den jeweiligen Spenderbereichen in die Sondersprache integrierte Wort. Stammen die verschriftlichten Lexeme von Sprechern und Gewährsleuten, sind die jeweiligen Schreibvarianten differenziert zu beurteilen. Da es keine Schreibnorm gibt, treten bei den Sprechern und Gewährsleuten Unsicherheiten bei der Verschriftlichung ihrer Sondersprache auf. Dabei sind grundsätzlich zwei Typen und Strategien der Problemlösung zu unterscheiden: Verschriftlichung nach dialektaler Lautung oder Hyperkorrektur.

Fallbeispiele aus einem westfälischen Rotwelsch-Dialekt (MM): Das im phonologischen System der Hochsprache vertretene Phonem /g/ im Anlaut kann in dieser Position in der Ortsmundart ein stimmloser velarer Reibelaut sein. In der Spendersprache liegt anlautend /g/ vor, wie zum Beispiel in jd. *gallach*. Entsprechend der im Münsterland zu erwartenden Aussprache tritt die Schreibung <ch-> auf: mas. *challach*. Daneben ist auch die (hyperkorrekte) Schreibung <g-> bezeugt: mas. *gallach*. Das Nebeneinander der <g> und <ch>, wie sie zum Beispiel auch <geue>, <choie>, <cheie>, <cheue> (jd. *goie*) zeigen, darf indessen keinesfalls als Indiz für eine Differenz in der Aussprache gewertet werden. Die Sprecher und Schreiber der Masematte kannten das Graphem <g> im Anlaut als schriftsprachliche Entsprechung des von ihnen gleichwohl als Reibelaut gesprochenen Phonems. Ein besonderer Fall von Hyperkorrektur liegt dann vor, wenn ein bereits in der Spendersprache vorhande-

---

[64] S. oben, Kap. 1.3: Sprecherbefragungen.
[65] Siewert [1998] 2003: 115f.
[66] Siewert [1998] 2003: 115.
[67] Bei Wolf 1956 verbuchte rotwelsche Lexeme, die in den Quellen zu diesem Wörterbuch nicht belegt sind, erlauben (mit Einschränkungen) weitere Differenzierungen innerhalb der älteren Schichten des Rotwelschen, sofern sie den Sprechern der in den letzten 30 Jahren abgefragten Rotwelsch-Dialekten nicht mehr bekannt sind; Indizien für relativ älteres Rotwelsch geben auch die Belege her, die aus Kluge 1901 und Kapff 1908/1909 (Anhang: Siglenverzeichnis) bezogen worden sind, wenn sie denn in den in späteren Zeiten dokumentierten Rotwelsch-Dialekten nicht mehr gekannt werden.

ner Reibelaut im Anlaut, wie zum Beispiel jd. *cham-*, in der Sondersprache <g-> geschrieben wird: mas. <*gamm*>, <*gammin*>, *gammiene*>; hierher gehören auch die Schreibungen <*gemme*> (jd. *chemme* ‚Butter') sowie <*giker*> ‚lahm', die allesamt in der Spendersprache den stimmlosen Reibelaut /ch/ haben. In allen diesen Fällen lässt sich für das Graphem <g> mit Sicherheit die Aussprache als stimmloser Reibelaut /ch/ voraussetzen[68].

Quellennachweise

Zum Lemma und zu seinen Schreibvarianten werden *Siglen*[69] gestellt, die den betreffenden Beleg nach den Quellen des Wörterbuches einem bestimmten Rotwelsch-Dialekt zuweisen. Auch in den Informationsklassen Bedeutung und Verwendungsbeispiele werden die Angaben durch Siglen zugeordnet.

I-Wert

Die Sigle weist die Herkunft des Belegs aus einem bestimmten Rotwelsch-Dialekt aus. Das bedeutet nicht zwangsläufig, dass das betreffende Wort nicht auch in einem anderen Rotwelsch-Dialekt bekannt war. Nähere Informationen zum einzelnen Lemma des betreffenden Rotwelsch-Dialekts können über die Einzelstudien ermittelt werden, die dem Wörterbuch als Quelldateien[70] für die Eingabe der Sprachdaten zugrunde gelegen haben.

Sofern ein Lemma nur durch eine Sigle ausgewiesen wird, ist damit ein singuläres Vorkommen innerhalb der Lexik der Rotwelsch-Dialekte indiziert. Je nach Anzahl der Siglen, die zu einem Lemma stehen, lässt sich auf die Verbreitung eines Wortes schließen[71], im Besonderen auf gemeinsame Schnittmengen in der Lexik bestimmter Rotwelsch-Dialekte[72].

Die Zuordnung mehrerer Siglen zu einzelnen Schreibvarianten deuten Gemeinsamkeiten an, die durch gleiche oder ähnliche mundartliche Einbettung der betreffenden Rotwelsch-Dialekte geprägt sind.

---

68 Siewert [1998] 2003: 360–362 (mit weiteren Beispielen).
69 Anhang: Siglenverzeichnis.
70 Anhang: Siglenverzeichnis, mit Quellen.
71 Für die meisten der Lemmata, deren Inhalte (besonders bei Bildungen aus Ortsnamen, Namen von Stadtteilen, bestimmten Einrichtungen eines Ortes oder individuellen Personennamen) regional gebunden sind, ist nicht von einer weitflächigen Verbreitung auszugehen, z.B. *bergedorfer, farmsen, sengelmann* (HN). Das gilt gleichermaßen für exklusive Rituale oder Lebenspraktiken von Sprechergruppen, etwa für viele der Lemmata aus der Sprache der Handwerksburschen auf der Walz (RW).
72 So hat ein experimenteller Abgleich der Lexik der Mettinger Tiöttensprache (MeT) mit dem Datenkorpus dieses Wörterbuches (Siewert 2011: 160–162; Siewert 2014b: 256–258) ergeben, dass es etliche exklusive Gemeinsamkeiten der Tiöttensprache mit dem Henese Fleck (HeF) und der Mindener Buttjersprache (MB) gibt. Die jeweils nur in den beiden Rotwelsch-Dialekten vorkommenden Wörter deuten auf Verbindungen, womöglich direkte Kontakte zwischen den jeweiligen Sprechergemeinschaften.

Grammatische Bestimmung

Auf das Lemma und seine Varianten folgt die grammatische Bestimmung, mit den lexikographisch gängigen Abkürzungen (Anhang: Grammatik). Bei zweifelhaften grammatischen Klassifizierungen der Belege konnte in vielen Fällen durch Befragung von Gewährsleuten und aus Verwendungsbeispielen Klarheit geschaffen werden. Einige Unsicherheiten sind verblieben, die besonders das Genus bei Substantiven betreffen[73].

I-Wert

Die grammatische Bestimmung zeigt die Zuordnung eines Lemmas zu einer der Wortarten des Deutschen an. Aus der Gesamtschau kann die Beteiligung einer bestimmten Wortart am sondersprachlichen Wortschatz der Rotwelsch-Dialekte ersehen werden; der allgemeine Befund weist Verben, Substantive, Adjektive und Zahlwörter als Hauptbeteiligte aus.

Bedeutungsangaben (Interpretamente)

Nach der grammatischen Bestimmung folgt die Informationsklasse Bedeutung. Den Bedeutungsangaben sind die *Siglen* der Rotwelsch-Dialekte beigegeben, für die die betreffenden Bedeutungsangaben bezeugt sind. Das heißt nicht, dass die jeweilige Bedeutung nicht auch in einem der Rotwelsch-Dialekte existiert hat, für den sie nach den Quellen nicht ausgewiesen ist. Hier (und grundsätzlich) muss sich der Benutzer bei der Interpretation der Daten die Lückenhaftigkeit der Quellen vergegenwärtigen, um nicht zu falschen oder schieflastigen Schlüssen zu gelangen.

Überwiegend handelt es sich um *Interpretamente*, die *aus schriftlichen Quellen* bezogen worden sind: aus Glossaren und Texten, wobei im letzten Fall die jeweilige Bedeutung in der Regel schon durch den Kontext hinreichend gesichert werden konnte[74]. Die Bedeutungsangaben aus schriftlichen Quellen konnten in vielen Fällen bei den Befragungen von Primärsprechern im Rahmen der semasiologischen Methode verifiziert werden. Ein großer Teil der Interpretamente ist *von den Sprechern* direkt bezogen worden[75]. Im Wörterbuch werden die bei der Beschreibung einer Bedeutung durch Primärsprecher und Gewährsleute gewonnenen *Paraphrasen* wegen ihres Mehrwerts zitiert und nicht auf eine abstrakte Bedeutungsangabe reduziert[76].

---

73 Quellenbedingte Unsicherheiten betreffen oftmals auch die Frage adverbialer Verwendung von Adjektiven.
74 Bei Verben ist nicht immer sicher erkennbar, ob sie reflexiv oder nicht reflexiv, transitiv oder intransitiv gebraucht worden sind. Das trifft insbesondere dann zu, wenn zum Lemma Kontexte fehlen (Glossare) und eine Klärung durch die Sprecher nicht geleistet werden konnte.
75 Vgl. Siewert [1998] 2003: 67–78; 114–120.
76 Auch die von den Sprechern und in schriftlichen Quellen gemachten, von der kategoriellen Bedeutung des Lemmas abweichenden Angaben (oft: Adjektiv statt Substantiv) werden so belassen.

Die aus Sprecherbefragungen gewonnenen Angaben zur Bedeutung eines Lexems sind vor Aufnahme in das Wörterbuch *quellenkritisch* geprüft worden. Wegen des erheblichen Abstands der Sprecher zu ihrer inzwischen abgelegten Sondersprache sind dabei unter anderem Verwechslungen mit Lexemen aus anderen Varietäten feststellbar. Auch kommen Euphemisierungen von Bedeutungen vor, die in manchen Fällen auf sozialhistorische Betroffenheit und Sprachscham zurückzuführen sind[77]; derartige Angaben werden im Wörterbuchartikel verbucht und nicht nach Kriterien der Sachgerechtigkeit korrigiert. Sie weisen oftmals auf alte soziale Gebundenheiten von Sprechern und besondere Lebensumstände der damaligen Sprechergemeinschaften hin und sind danach sozialhistorisch, sprachpsychologisch und semantisch von Wert.

Beispiele aus einem westfälischen Rotwelsch-Dialekt (MM)[78]: Neben den reichen Erträgen aus Sprecherbefragungen kommen *Sprecherirrtümer* vor, oftmals hervorgerufen durch die mit einer Sprecherbefragung verbundene besondere sprachpsychologische Situation, vermeintlich viel wissen zu müssen. Das kann zu erfundenen Bedeutungsangaben oder zu konstruierten Erklärungen eines sondersprachlichen Lexems in Anlehnung an andere Varietäten führen. Typen von Sprecherirrtümern: (1) Das sondersprachliche Lexem wird mit einem homonymen Wort der Mundart verwechselt. Beispiele: *ape* ‚Ball' / westf. *Ape* ‚Affe'; *bendine* ‚Gegend' / westf. *Bendine* (aus PN. *Bernhardine*) ‚Freundin'. (2) Das sondersprachliche Lexem wird mit einem ausdrucksgleichen oder ausdrucksähnlichen Lexem der Standardsprache oder Umgangssprache verwechselt. Beispiele: *hegen* ‚haben' / hochspr. *hegen* ‚pflegen'; *kippe* ‚Anteil' / ugs. *Kippe* ‚Zigarettenstummel'; *fuge* ‚Gefängnis', ‚Vagina' / hochspr. *Fuge* ‚Fuge im Mauerwerk'; *matrele* ‚Kartoffel' / hochspr. *Makrele* ‚geräucherter Fisch'. (3) Partielle Verwechslungen. Beispiele: *laulone* ‚nichts, kein' / *lau lohne* ‚ohne Bezahlung' (*Lohn*); *meimelker* ‚Toilette' / *meimelkerl ‚Pinkler'; *aschen-animchen* ‚Aschenputtel' / ‚Frau, die für Geld auf die Straße geht', ‚Straßenmädchen', ‚Frau, die Geld hat' (Verwechslung mit ugs. *Asche* ‚Geld'). (4) Ein sondersprachliches Wort wird mit einem anderen ausdrucksähnlichen sondersprachlichen Wort verwechselt. Beispiel: *besold* ‚billig', ‚preiswert' / ‚bezahlt' (Verwechslung mit dem Partizip Perfekt von *besolmen* ‚bezahlen').

Der Wissensdruck, dem sich einige Sprecher selbst aussetzen, führt in einigen Fällen zu schieflastigen analytischen Erklärungen und Erfindungen. Beispiel: *beisrol* ‚Jude'. Sprecher: „*beisrol*, das ist ein *keimchen*, 'n Jude ist das. Das ist einer, der zuhause sitzt, im *beis*, und am Telefon, am *rol*, seine Geschäfte macht". Der betreffende Sprecher kennt die Bedeutung des Wortes *beisrol* und gibt als Bedeutungsangaben zutreffend das sondersprachliche Synonym ‚keimchen' und ‚Jude' an. Im zweiten Zug versucht er dann, das Wort morphologisch-analytisch zu erklären, indem er ein anderes, partiell ausdrucksgleiches Lexem *beis* ‚Haus' heranzieht. Das nach der Segmentierung von *beis* übrig bleibende *rol* erklärt er dann in freier Erfindung (und im Kontext der sachlichen Zusammengehörigkeit von Jude und Geschäft) als ‚Telefon'.

Gelegentlich gerät ein Sprecher bei der Befragung in einen *hermeneutischen Zirkel*. Durch die mit der Befragung verbundene Erinnerungsarbeit versinkt er so tief in seine alte

---

77 Siewert [1998] 2003: 117–120; Weiland 1996b: 63f.
78 Siewert [1998] 2003: 117–120; Weiland 1996a.

Sprecherkompetenz, dass er das Befragungsziel aus dem Blick verliert und als Bedeutungsangabe Synonyme aus seiner Sondersprache[79] angibt. Für die lexikologische Analyse sind solche Zirkel von Wert, da sie Synonymie der betreffenden Lexeme oder sogar Bedeutungsidentität signalisieren. Beispiele: *belgen* ‚nassauern' durch *lauscheppen*; *beisrol* ‚Jude' durch *keimchen*; *kolone* ‚verrückt' durch *meschugge*.

Sprecher von Rotwelsch-Dialekten neigen dazu, die (negative) Bedeutung bestimmter Lexeme aus Gründen der eigenen sozialhistorischen Betroffenheit zu neutralisieren oder sogar zu euphemisieren. Beispiel: *schickermann*, *schickerbolzen* (zutreffend) ‚Säufer'. Einige machen die wertneutrale Angabe ‚Zecher' oder euphemistische Angaben wie ‚trinkfester Kerl'. Ähnlich *figinenschieber* (zutreffend) ‚Aufschneider', ‚Betrüger'; einer der alten Sprecher: ‚einer, der sein Handwerk versteht'; *boofke* (zutreffend) ‚Gauner, Ganove' vs. „kein Gauner", „gewöhnlicher Mensch" oder abgrenzend und wertend: „Lump, Nichtsnutz", „minderwertiger Mensch", „ungebildeter Mensch", „Asozialer".

Für die damaligen Sprecher ist bei Befragungen der *Tabuwortschatz* von besonderer Problematik. Die Konfrontation mit als peinlich empfundenen Lexemen löst bei den Sprechern oftmals Sprachscham aus. So kommt es zur schlichten Leugnung des betreffenden Lexems oder zu Neutralisierungen und ausweichenden Umschreibungen der Bedeutung, zum Beispiel *chunte*, *nabbelanim* (zutreffend) ‚Prostituierte': ‚Dame, Frau', „nicht die Ehefrau, Freundin", „eine, die es öfter mal locker sieht", „ja, eigentlich heißt das Nutte, aber schreiben Sie mal ‚leichtes Mädchen'".

I-Wert

Zusammengenommen zeigen die Bedeutungsangaben dem Benutzer des Wörterbuches das unterschiedliche *Spektrum der Bezeichnungsmöglichkeiten* des jeweiligen Lemmas rund um den lexikalischen Kern. Die im Rahmen der Rotwelsch-Dialekte usuelle Bedeutung (lexikalische Hauptbedeutung) wird dabei durch die Häufigkeit der Siglen indiziert. Darüber hinausgehende Angaben entsprechen den nach den Quellbelegen ausgewiesenen Bezeichnungsmöglichkeiten des Lemmas. Dabei werden auch seltene Bezeichnungsfunktionen ausgewiesen, z.B. *lapane* ‚Schaufel, Schüppe', spez. ‚Schaumlöffel' (der befragte Sprecher war von Beruf Koch)[80]. Die Paraphrasen aus Sprecherbefragungen gestatten dem Benutzer des Wörterbuches schließlich indirekte Einsichten in besondere Interpretationsperspektiven von Sprechern eines Rotwelsch-Dialektes und damit in sozialhistorische Besonderheiten der damaligen Sprechergemeinschaften.

Die oftmals weit auseinanderliegenden Bedeutungsangaben zu einem Lemma erklären sich in vielen Fällen aus dem Verfahren der Sprecher, die Lexeme durch Bedeutungsveränderungen[81] zu verdunkeln („semantische Verwandlung"); das geschieht mit den Mitteln der

---

[79] Im Wörterbuch kursiv oder in „ " gesetzt.
[80] Auch ausschließlich individuelle Bezeichnungsfunktionen werden im Wörterbuch ausgewiesen, auch wenn die kommunikative Reichweite des betreffenden Lexems als teilweise sehr begrenzt zu sehen ist (zum Beispiel *geheimrat* als Übername für einen bestimmten Musiker aus Hundeshagen, *farmsenberber* als Bezeichnung für Fürsorgezöglinge aus einem Heim im Hamburger Stadtteil Farmsen).
[81] Siewert [1998] 2003: 366–368.

Metonymie und Metaphorik oder auch der Umkehrung der angestammten Bedeutung („semantische Antonymie"). Erkennbar werden solche als Neosemantisierung summarisch zu fassenden Bedeutungsveränderungen für den Benutzer des Wörterbuches durch den Vergleich mit den in der Informationsklasse Etymologie gemachten Angaben. Betroffen sind dabei besonders die sondersprachlichen Lexeme aus deutscher Lexik; aber auch die aus fremden Spendersprachen, die als solche bereits geheimsprachlich funktionierten, werden oftmals zusätzlich semantischer Verwandlung unterzogen.

Bei den Sprecherbefragungen sind weitere, in die betreffenden Wörterbuchartikel eingegangene Informationen gewonnen worden, die differenzierte, aus den schriftlichen Quellen allein nicht zu ersehende Bedeutungsangaben erlauben[82]. Solche Erträge der Sprecherbefragung sind für den Benutzer des Wörterbuches nicht unmittelbar ersichtlich. Betroffen sind unter anderem semantische Oppositionen innerhalb von Wortfeldern.

Beispiele: *ker* ‚nähere Umgebung' vs. *bendine* ‚weitläufigere Umgebung'; *maßmeiers* ‚Sonntagsschuhe' vs. *masminen* ‚Arbeitsschuhe'; *anim* ‚Mädchen' vs. *romdi* ‚Zigeunermädchen' vs. *geue* ‚nichtjüdisches Mädchen'; *seeger* ‚Mann' (wertneutral) vs. *hacho* „Mann, ein Schimpfwort", *hachokatschemme* „Gaststätte, wo diese Typen hingehen"; *laumann* „jemand, dem man nicht alles anvertrauen kann", „jemand, der etwas umsonst will", ‚Taugenichts' vs. *lauschepper* ‚Schmarotzer'; *nerbelofreier* ‚Spinner, Verrückter, Irrer' vs. *tickmann* ‚Trottel, Stoffel'.

Auch durch die Klärung zweifelhafter Belege oder die Aufdeckung falscher oder fehlerhafter Bedeutungsangaben durch die Sprecher ist ein für den Benutzer des Wörterbuches nicht unmittelbar erkennbarer Mehrwert erreicht worden:

Bedeutungsklärung. Beispielsweise ist in einem handschriftlichen Glossar *wahli* ‚Flasche' überliefert. Für den Herausgeber eines Wörterbuches ist die Bedeutung nicht ohne weiteres feststellbar, da nicht feststeht, ob das polyseme Lexem *Flasche* die Bedeutung ‚Flasche' oder die (übertragene) Bedeutung ‚Versager' oder gar beide Bedeutungen vertritt. Die Kompetenz des alten Sprechers schafft hier Klarheit: „einer, der in eine Clique will, es aber noch nicht geschafft hat"[83].

Bedeutungskorrekturen. Fehlverwendungen von Lexemen in sekundären Texten ergeben sich oftmals aus der Unkenntnis von Wortfeldstrukturen. Zum Beispiel: In einem Märchentext geht Aschenputtel mit *masminen* zum Fest des Königs. Einer der Sprecher korrigiert: „Wenn sie da mit *masminen* hingeteilacht wäre, hätte man sie gar nicht hereingelassen. *masminen* sind ‚Arbeitsschuhe', *maßmeier* (‚Sonntagsschuhe') muss sie anziehen!"

Rezente Bildungen, die mit umgangssprachlichen oder standardsprachlichen Polysemien zusammenspielen, werden von den Sprechern aufgeklärt; zum Beispiel: *klunte* ‚Puppe' (zur Bezeichnung einer Prostituierten) als Grundlage für die rezente Neubildung *kluntenwuddi* ‚Puppenwagen'; *miegen* ‚schiffen' (in der Bedeutung ‚urinieren') als Grundlage für die Bildung *miegewippe* ‚Schiffsschaukel'[84].

---

[82] Siewert [1998] 2003: 116.
[83] Ebenda.
[84] Siewert [1998] 2003: 113f.

Etymologie

Bei der lexikographischen Dokumentation von substituierenden Sondersprachen liegt eine der zentralen Aufgaben darin, die *Identifizierung der Lexeme nach Spendersprachen* zu leisten. In der Informationsklasse E (Etymologie) werden Angaben zur jeweiligen Herkunft des sondersprachlichen Lemmas gemacht. Solche Informationen gehen über den Begriff der Etymologie als historischer (diachroner) sprachlicher Verwandtschaft hinaus[85]. Sie sind in der Regel *synchron*, das heißt, sie beziehen sich auf den historischen Zeitpunkt beziehungsweise den Zeitraum der Integration eines spendersprachlichen Lexems in die Sondersprache; Spendersprache und Sondersprache treten insofern als Parallelen der Gleichzeitigkeit in Erscheinung. So tritt für hebräisch-stämmige Wörter in Rotwelsch-Dialekten das Jüdischdeutsch als synchrone Spendersprache in den Vordergrund und nicht die etymologische Grundlage des spendersprachlichen Lexems, hier das Hebräische.

Das Interesse der modernen Sondersprachenforschung ist nicht in erster Linie auf die etymologische Grundlage gerichtet, da nur die Möglichkeit eines synchronen Vergleichs des sondersprachlichen Lexems mit dem betreffenden Wort aus dem Spenderbereich wesentliche und modernen Interessen der Sprachwissenschaft entsprechende Erkenntnisse gewährt, die die Benennung diachroner etymologischer Grundlagen allein nicht gestattet; das betrifft im Besonderen Formen und Folgen der Integration, die aus dem Blickwinkel der Kontaktlinguistik von zentralem Interesse sind.

Die *wortgeschichtlichen Wege* der Integration sind im Einzelnen nicht mehr nachvollziehbar. Das gilt besonders auch für die sondersprachlichen Hebraismen in Rotwelsch-Dialekten. Statt direkt über das Jüdischdeutsche integriert worden zu sein, können sie auch auf indirektem Weg über das alte Rotwelsch in die Sondersprache gelangt sein. Mit einiger Wahrscheinlichkeit sind (heute im gesamten deutschen Sprachgebiet verbreitete[86]) hebräisch-stämmige Wörter, wie zum Beispiel *ausbaldowern*, *ische*, *massel* und *maloche*, über das Rotwelsch in die Rotwelsch-Dialekte gelangt. Eine Angabe „jd. *meloche*" wäre danach entsprechend zu relativieren. Ähnliches gilt für die Lemmata, die dem Romani zugeordnet werden konnten. Eine genaue Zuweisung zu einer der verschiedenen Varietäten des Romani[87] ist schwierig und der fachwissenschaftlichen Analyse der Romistik vorbehalten[88]. Jedenfalls ist für deutsche Rotwelsch-Dialekte der jeweilige Eingang über das Sinte-Romani der wahrscheinlichste Weg. Auch für andere am Prozess der Verdunklung in Rotwelsch-Dialekten beteiligte Spendersprachen sind ähnliche Probleme zu sehen. So lässt etwa die Ausweisung eines Lemmas als Romanismus oder Slavismus offen, aus welcher der jeweiligen romanischen bzw. slavischen Einzelsprachen das spendersprachliche Lexem in den Rotwelsch-Dialekt integriert worden ist. Relative Wahrscheinlichkeiten schaffen hier sprachgeographische Nähen eines Rotwelsch-Dialektes zu spendersprachlichen Arealen.

---

85 Zur begrifflichen Unterscheidung von Wortgeschichte und Etymologie, Synchronie und Diachronie, insbesondere zur „opération étymologique" de Saussures, vgl. besonders: Herbermann 1981: 22–48.
86 Siewert [1998] 2003: 411–415 (Sondersprachliche Lexeme in der Gegenwartssprache).
87 Siewert/Boretzky 2020: 11.
88 Zuletzt Norbert Boretzky zum Wortschatz des „Wörter=Buch von der Zigeuner=Sprache" 1755. In: Siewert/Boretzky 2020: 39–68.

Die Herkunftsbestimmung von Lexemen aus Rotwelsch-Dialekten erweist sich in vielen Fällen als schwierig. Als *sicher geltende Zuweisungen* werden ohne weiteren Vermerk oder mit „zu ..." markiert. *Unsichere Herleitungen* werden mit dem Vermerk „unsicher" versehen; durch die Zusätze „wohl zu ...", „evtl. zu ...", „womgl. zu ..." werden die Angaben nach ihrem Wahrheitsanspruch different relativiert. Bei *mehreren Möglichkeiten einer Herleitung* (Deutungskonkurrenzen) steht „oder zu ..." für gleichrangige Wahrscheinlichkeit, „eher zu ...", kaum zu ...", „schwer zu ..." für unterschiedliche Wahrscheinlichkeit, „nicht zu ..." für eine unzutreffende Herleitung[89].

Die *Angaben* in der Informationsklasse E, die etwa 10.000 E-Artikel umfassen, sind in allen Fällen neu geprüft und bei bislang unklaren Lexemen erstmals gewonnen worden. Zum Teil sind sie aus Untersuchungen zu einzelnen Rotwelsch-Dialekten *übernommen* und dabei in vielen Fällen *präzisiert oder korrigiert* worden. Für die bislang lexikographisch nicht verbuchten Sprachdaten sind entsprechende *Herkunftsanalysen erstmals durchgeführt* worden. Die mehr als tausend in den bisherigen Untersuchungen nach ihrer Herkunft als unklar geltenden Lexeme sind jeweils einer Einzelanalyse unterzogen worden. Sie konnten nach einem eigens entwickelten systematischen *Verfahren*, das phonetisch-phonologische Variationen von Lexemen, morphologische Analysen, Verfahren der Verfremdung auf der Bedeutungsseite (Neosemantisierung, „semantische Verwandlung"), die Spendersprachen der Rotwelsch-Dialekte sowie den historischen und dialektalen Wortschatz des Deutschen kombinatorisch miteinbezieht, zu 95% geklärt oder (in den meisten Fällen) mit einer möglichen Herleitung versehen werden. Danach verbleiben nur noch rund 50 Lexeme, deren Herkunft nicht hat geklärt werden können (Vermerk „E: unklar"). Der Informationswert dieser Markierung ist von Fall zu Fall unterschiedlich. Sofern das betreffende Lemma ein singulärer Beleg ist, also nur durch eine Sigle und damit nur für einen Rotwelsch-Dialekt bezeugt ist, kann mit einiger Wahrscheinlichkeit von einer verderbten Überlieferung ausgegangen werden. Sofern das betreffende Lemma in mehreren Rotwelsch-Dialekten bezeugt ist und danach authentisch zu sein scheint, bleibt die Klärung der Herkunft offen.

Die E-Angabe steht in der Regel zum Basismorphem des jeweiligen Wortfamilienartikels. Sofern innerhalb eines Wortfamilienartikels bei komplexeren Wortbildungen andere Basismorpheme auftreten, kann der Benutzer des Wörterbuches an der entsprechenden Stelle im Werk gegebenenfalls weitere Informationen beziehen; in manchen Fällen ist eine zusätzliche E-Angabe gemacht worden. Den spendersprachlichen Lexemen werden jeweils die üblichen *sprachlichen Kürzel* vorangestellt (Anhang Abkürzungen: Sprachen). Nicht immer ist damit eine zielgenaue Zuweisung verbunden; das betrifft etwa die unterschiedlichen Dialekte des Romani (als roi. zusammengefasst) oder die verschiedenen hebräisch-stämmigen Varietäten des Jiddischen (einheitlich als jd.).

Auf bibliographisch flächendeckende *Literaturhinweise* zu dem unter E verbuchten spendersprachlichen Lexem wird verzichtet, um die Artikel nicht zu überfrachten; zentrale Referenzen werden benannt, etwa das Wörterbuch des Rotwelschen von Siegmund A. Wolf,

---

[89] In Fällen etymologisch durchschaubarer Lemmata aus deutschen Lexemen der Standardsprache wird auf die E-Angabe hier und da verzichtet.

für Herkünfte aus dem Deutschen historische Wörterbücher (vor allem das Grimmsche Wörterbuch) und großlandschaftliche[90] Mundartwörterbücher (Anhang Abkürzungen: Literatur). In anderen Fällen bleiben die Angaben ohne sekundäre Referenzen. Wissenschaftlich erschöpfende und den aktuellen Forschungsstand spiegelnde Angaben zu den Herkünften aus dem Jüdischdeutschen oder Romani, zu Romanismen, Slavismen, Anglizismen und weiteren Spendersprachen können – bei entsprechenden Interessen – leicht aus der jeweiligen fachwissenschaftlichen Literatur[91] und den Einzeluntersuchungen zu spendersprachlichen Komplexen[92] bezogen werden. Die verkürzt zitierten Literaturangaben zur Herkunft sind also unvollständig und nach ihrem Aussagewert im einzelnen zu relativieren. Das gilt zum Beispiel für die Wörterbücher von Siegmund A. Wolf[93] zum Jiddischen und Romani (Kompilationen aus unterschiedlichen Varietäten und Quellen) und für (zum Integrationsgebiet deutscher Rotwelsch-Dialekte) arealdifferente Wörterbücher (z.B. Boretzky/Igla[94]).

I-Wert

Aus den in der Informationsklasse E gemachten Angaben kann der Benutzer des Wörterbuches ersehen, aus welcher der *Spendersprachen* ein Lemma stammt oder mit mehr oder minder großer Wahrscheinlichkeit hergeleitet werden kann. Aus der Gesamtschau können Antworten auf allgemeine Fragen gewonnen werden, etwa welche Spendersprachen überhaupt an den Rotwelsch-Dialekten beteiligt waren und jeweils in welchem Ausmaß. Bei der Interpretation der unter E versammelten Informationen muss nach synchronen Herkünften, etymologischen Grundlagen und wortgeschichtlichen Angaben differenziert werden.

Der Vergleich des jeweiligen Lemmas mit dem unter E vermerkten spendersprachlichen Lexem erlaubt es dem Benutzer, *Wandlungen*, die das Wort bei der Integration in die Sondersprache erfahren kann, zu erkennen. So werden phonetisch-phonologische Differenzen, die sich aus mundartlichen Interferenzen erklären, und Veränderungen im Bereich Morpho-

---

90 Verweise auf großlandschaftliche Mundartwörterbücher bedeuten nicht, dass das betreffende Lexem eines Rotwelsch-Dialekts aus der Mundart bezogen worden ist. In vielen Fällen ist das rotwelsche Wort im Laufe der Zeit über die engen Grenzen der Sprechergemeinschaft hinaus in die Mundart der Region eingewandert und von der Mundartlexikographie als dialektales Lexem angesehen und verbucht worden (vgl. Post 1999, Sondersprachliches im Pfälzischen Wörterbuch; Post 2002, Sondersprachliches im Badischen Wörterbuch). Die vergleichsweise seltenen Fälle, in denen ein Lexem eines Rotwelsch-Dialektes direkt aus der lokalen Mundart bezogen worden ist, sind an semantischen Verwandlungen erkennbar, die der intendierten, vom dialektalen Wort nicht oder nur unzureichend (etwa in dialektal fremden Gebieten) zu leistenden Geheimsprachlichkeit geschuldet sind.
91 Für das Romani vor allem die von Yaron Matras aufgebauten Datenbanken (Yaron Matras, et al. 2002. Romlex, ein umfassendes Romani-Lexikon; https://wals.info/refdb/record/Matras-et-al-2002); für das Westjiddische besonders die von Werner Weinberg 1969 und Alfred Klepsch 2004 zur Verfügung gestellten Sprachdaten. – Sofern zu einem dem Romani zugewiesenen Lexem noch auf das vergleichsweise wenig valide Wörterbuch von Wolf (WolfWZ) verwiesen wird, sollte in allen Fällen das Romlex herangezogen werden.
92 Vgl. etwa Matras 1996b; Matras 1998b; Siewert 1998a; Middelberg 2001; Abel 2004; Siewert 2013b; Siewert 2015b.
93 Wolf 1986; Wolf 1987.
94 Boretzky/Igla 1994.

logie (z.B. kombinatorische Derivationen mit deutschen Suffixen, kompositorische Mischbildungen aus spendersprachlichen und deutschen Basismorphemen) sichtbar. Betroffen sind auch Wortarten (z.B. Transpositionen) und grammatische Kategorien (z.B. Genuswechsel).

Weiterhin kann der Benutzer aus dem Vergleich der unter E vermerkten Bedeutung des spendersprachlichen Lexems mit den Bedeutungsangaben zum sondersprachlichen Lemma *Veränderungen der Bedeutungen* erkennen, die dem Verdunklungsinteresse der Sprecher geschuldet sind. Solche „Bedeutungsverwandlungen"[95] sind den Sprechern zuzuschreiben und in der Regel nicht aus natürlichem Sprachwandel entstanden. Zu erkennen sind Formen der „partiellen semantischen Verwandlung", Bedeutungserweiterungen und Bedeutungsverengungen; aber auch totale Entfernung von der dem spendersprachlichen Lexem angestammten Bedeutung („radikale semantische Verwandlung"). Insgesamt gewähren sie dem Benutzer Einblicke in besondere Taktiken der kommunikativen Abschottung und Codierung durch Bedeutungsveränderung[96].

Verwendungsbeispiele

In vielen Fällen können dem Lemma Verwendungsbeispiele beigegeben werden[97]. Sie zeigen das jeweilige Lexem in syntaktischen Zusammenhängen und geben – über die lexikographische Abstrahierung hinaus – Einblicke in die damalige *Sprechwirklichkeit*: dazu gehören Syntagmen (zum Beispiel *kurantes anim* ‚hübsches Mädchen'), Wendungen (zum Beispiel *ne jofle kowe hegen* ‚gut angezogen sein'), Sprüche, Sätze, Dialoge. *Beispiele aus Sprecherbefragungen* können dabei (gegenüber den Beispielen aus rezenten Texten) die vergleichsweise höhere Authentizität beanspruchen und ursprüngliche *Kollokationen* des betreffenden Lexems ausweisen, wenngleich deren Originalität nach dem Abstand der Sprecher zur damaligen Sprechwirklichkeit und der nachmaligen Teilhabe an anderen Varietäten des Deutschen relativiert werden muss. Einblicke in die Sprechwirklichkeit der Zeit des aktiven Sprachgebrauches gewähren die Befragungen aus späteren Zeiten insofern nur mehr bedingt. Über die von den Sprechern mitgeteilten (veränderungsresistenten) Sprüche kann indessen mit hinreichender Gewissheit gesagt werden, dass sie authentische Zeugnisse der damaligen Sprechwirklichkeit sind.

In einigen Fällen entstammen die Verwendungsbeispiele aus Quellen, die als bedeutende Funde und Unikate in besondere politische Zusammenhänge führen und hohe Authentizität beanspruchen können: *Meine liebe Frau! Soeben Deine Post mit großer Freude erhalten ... Viele Grüße an Schofel und Bock!* (LüJ), in einer 1946 aus russischer Kriegsgefangenschaft geschriebenen Karte mit einer geheimen Botschaft (uns geht es schlecht, wir hungern), in der für die Zensur unverdächtigen Position von Rufnamen[98]. Über einen in den Text einer

---

[95] Siewert 2000; Siewert [1998] 2003: 366–368.
[96] Zu Codierungsverfahren in deutschen Geheimsprachen: Siewert 2018a.
[97] In Auswahl; das gesamte Korpus der überlieferten Sätze und Texte ist in den Archiven der schriftlichen Quellen und Audioarchiven aus Sprecherbefragungen der IGS archiviert und soll in Zukunft im Dokumentationszentrum „Sondersprachen & Minderheiten in Deutschland" zugänglich gemacht werden.
[98] Efing 2005: 333 (Abb.); Siewert 2015a: 27f.

Postkarte an ihre Tochter im Westen geschmuggelten geheimsprachlichen Satz beschreibt die in der DDR lebende Mutter (an der Zensur vorbei) die damalige Lage in Ostdeutschland: *Uns schlehnt es ganz mole hier* ‚Uns geht es sehr schlecht hier' (HK)[99]. Aus einem Abschiedsbrief von einem nach Rußland eingezogenen Händler im 2. Weltkrieg an seine Frau in Wildenstein: *Liebe tschai, komme morgen in das große gab, habe große bauser* ‚Meine liebe Frau, ich muß morgen nach Rußland, habe große Angst' (WJ)[100], wobei die Verwendung des Jenischen auch hier den Zweck gehabt haben dürfte, die Zensur zu umgehen.

Viele der im Wörterbuch verbuchten Verwendungsbeispiele, die in der Regel Sätze sind, konnten aus Sprecherbefragungen neu gewonnen werden; manche erscheinen rezent, konstruiert und künstlich. Auch sind Wendungen in das Wörterbuch eingegangen, die sonst nirgendwo belegt waren (z.B. *inne matschove sein* ‚nichts mehr taugen'). Mit Hilfe der Sprecher sind weiterhin Fehler und Unstimmigkeiten in *Verwendungsbeispielen aus rezenten Quellen* aufgedeckt worden, neben syntaktischen Fehlern vor allem auch semantische Inkompatibilitäten.

Die Verwendungsbeispiele sind in der Regel übersetzt, Siglen verweisen auf die Herkunft aus dem betreffenden Rotwelsch-Dialekt. Die Übersetzung folgt den im Verwendungsbeispiel auftretenden Lexemen (Wort-für-Wort-Übersetzung), was in manchen Fällen zu Lasten sprachlicher Gefälligkeit geht. In Fällen, in denen das betreffende Lemma einen dominierenden standard- oder umgangssprachlichen Kontext hat, wird auf eine Übersetzung verzichtet.

I-Wert

Die Verwendungsbeispiele vermitteln dem Benutzer des Wörterbuches einen annähernden Eindruck von der *Verwendung eines Lexems in den gesprochenen Rotwelsch-Dialekten und in späteren rezenten Texten*. Im Einzelnen gestatten sie Einsichten in Satzbaupläne und morphosyntaktische Verhältnisse, etwa in die Flexion der beteiligten Lexeme. Sie erlauben den Vergleich mit anderen Varietäten, wobei im Bereich Syntax und Morphologie relativ wenige Besonderheiten zu erkennen sind. Unter semantischem Aspekt geben die Beispiele dem Benutzer Hinweise auf Möglichkeiten der Kombination eines Lexems mit anderen sprachlichen Zeichen, semantische Kompatibilitäten, Solidaritäten, Affinitäten. Die Grenzen der Verwendungsmöglichkeit eines Lexems lassen sich – über das in den damaligen Sprecherbefragungen Erreichte – heute nicht mehr sicher feststellen, nachdem die letzten authentischen Sprecher der Rotwelsch-Dialekte ihr Sprachwissen nicht mehr weitergeben können.

---

[99] Weiland 2003: 510 (Abb.).
[100] von Haldenwang 1999: 151.

2 Zur Geschichte des Wörterbuches

Noch Ende der 1980er Jahre befand sich die *Sondersprachenforschung in Deutschland* in einem Dornröschenschlaf. Dabei hatte Friedrich Kluge schon zu Beginn des 20. Jahrhunderts solide Grundlagen geschaffen und mit seiner Sprachdatensammlung „Rotwelsch" hinreichende Anreize zur Forschung gegeben[1]. Derweil drohte wertvolles sprach- und kulturhistorisches Wissen für immer verloren zu gehen; noch gab es *letzte Primärsprecher*, während sich die Rotwelsch-Dialekte längst im Untergang befanden. Bis auf einige *wenige monographische Untersuchungen* zu einzelnen Rotwelsch-Dialekten (zum Beispiel Hans-Günter Lerch[2], Robert Jütte[3]) ist eine systematische und flächendeckende Dokumentation und Erforschung der Rotwelsch-Dialekte in der zweiten Hälfte des 20. Jahrhunderts ausgeblieben. Gründe dafür sind unter anderen in der Schwierigkeit und Komplexität des Forschungsgegenstandes zu sehen, der Interdisziplinarität erfordert, sowie in ideologischen Verwerfungen bis zum Ende der Nazidiktatur (Sprachpurismus, Judenfeindlichkeit, Antiziganismus).

Auch eine ordentliche und dauerhafte *universitäre Institutionalisierung* dieses Forschungsgebietes, die solide Rahmenbedingungen für die Forschung hätte schaffen können, hat es bis dahin nicht gegeben. Für die Sprachwissenschaften wie die Sozial- und Kulturwissenschaft bedeutete das, den Verlust wertvollen und unwiederbringlichen Wissens zu riskieren[4].

Zudem fehlte es noch an grundlegenden *Voraussetzungen*: der schwierige Forschungsgegenstand setzte ein fächerübergreifendes Netzwerk voraus; weiterhin waren terminologische Klarheiten zu schaffen und es mangelte noch an Methoden und Fragestellungen, die dem spezifischen Profil von Rotwelsch-Dialekten, mit Einschluss der phonetischen und semantischen Prozesse bei der Integration der spendersprachlichen Lexeme in die jeweiligen Rotwelsch-Dialekte, genügten. Für die lexikographische Dokumentation mussten Kriterien für die Abgrenzung der durch Varietätenvielfalt gekennzeichneten Rotwelsch-Dialekte[5] gefunden werden. Schließlich war ein geeignetes lexikographisches Darstellungsmuster zu entwickeln, das auf die Dokumentation sondersprachlicher Sprachdaten in einem Wörterbuch zugeschnitten war.

Stationen auf dem Weg zur *modernen Sondersprachenforschung* in Deutschland: 1988 ist aus einem vom Begründer des Wörterbuchunternehmens veranstalteten Seminar „Einführung in die deutsche Sprachwissenschaft" an der Universität Münster die studentische „Projektgruppe Masematte" entstanden. Ziel war es, die letzten noch lebenden Sprecher der Münsterschen Masematte ausfindig zu machen, um mit ihnen zusammen diesen Rotwelsch-Dialekt zu dokumentieren. Die daraus entstandenen Tonaufnahmen aus Sprecherbefragungen und die Sammlungen der schriftlichen Dokumente waren die Keimzelle für den Aufbau

---

1 Kluge 1901.
2 Lerch 1976.
3 Jütte 1978.
4 Siewert 1996c; 2002d.
5 Etwa Kernwortschatz vs. lexikalischer Nahbereich, vgl. Siewert [1998] 2003: 25f., 110–112 und Kap. 1, Fußnote 11.

der Sondersprachenforschung in Münster, deren Bezugsrahmen alsbald der gesamte deutsche Sprachraum wurde. Eine in der „Zeitschrift für Dialektologie und Linguistik" veröffentlichte geographische Karte der Rotwelsch-Dialekte des Deutschen[6] bot die Arbeitsgrundlage dafür, die noch undokumentierten und mittlerweile im Untergang befindlichen Rotwelsch-Dialekte des deutschen Sprachgebietes so schnell wie möglich abzufragen und damit zu sichern.

Das dem Herausgeber 1996 von der Deutschen Forschungsgemeinschaft (DFG) gewährte Habilitanden-Stipendium, in dessen Rahmen die fehlenden Grundlagen und Methoden der Sondersprachenforschung zu schaffen waren[7], sowie das einige Jahre später von der DFG bewilligte Projekt „Rotwelsch-Dialekte des Deutschen" (im Zusammenwirken mit Joachim Göschel und dem Deutschen Sprachatlas der Universität Marburg) boten weitere wichtige Voraussetzungen für den Fortgang der wissenschaftlichen Arbeiten. Die Errichtung einer „Arbeitsstelle Sondersprachenforschung" am Zentrum für Sprachforschung und Sprachlehre der Universität Münster war ein weiterer Schritt zur Verbesserung der Arbeitsbedingungen.

Darauf folgte der Aufbau eines größeren Netzwerkes. Die ab 1995 veranstalteten *„Internationalen Symposien zur Sondersprachenforschung"*[8] ermöglichten den wünschenswerten wissenschaftlichen Austausch auf nationaler und internationaler Ebene; dabei wurden Desiderata markiert, nach Dringlichkeitspräferenzen dokumentiert und weitere Dokumentations- und Forschungsvorhaben abgestimmt.

Als publikatorisches Forum der Forschungen auf dem Gebiet der Sondersprachen ist 1996 dann die (mittlerweile auf 16 Bände gediehene) Reihe *„Sondersprachenforschung"*[9] ins Leben gerufen worden. Sie war von nun an der Ort, an dem die aus den Internationalen Symposien hervorgegangenen Beiträge und einschlägige Monographien zum Thema erschienen sind[10].

Was dann noch fehlte, war eine verbandsähnliche Vernetzung derjenigen, die auf dem Gebiet der Sondersprachenforschung forschend unterwegs waren. Am 8. April 2000 ist im Anschluss an das IV. Internationale Symposion Sondersprachenforschung in Münster auf Initiative des Herausgebers des Wörterbuches die *„Internationale Gesellschaft für Sonder-*

---

6 Siewert 1996b.
7 Siewert [1998] 2003.
8 I. Münster. 10. bis 12. März 1995; II. Brüssel. 28. bis 31. Mai 1997; III. Rothenberge. 17. bis 19. März 1999; IV. Münster. 6. bis 8. April 2000; V. Stuttgart. 27. bis 28. September 2001; VI. Neuharlingersiel. 23. bis 25. September 2005; VII. Paderborn. 29. November bis 1. Dezember 2007; VIII. Frankfurt am Main. 5. bis 6. Oktober 2013; IX. Siegen. 28. bis 29. November 2014; X. Wangerland. 8. bis 10. April 2016; XI. Siegen. 11. bis 12. September 2017; XII. Berlin. 27. bis 29. September 2019; XIII. Münster. 12. bis 14. Mai 2023; XIV. Münster. 11. bis 13. April 2025.
9 Begründet und herausgegeben von Klaus Siewert in Verbindung mit Ben Fortson, Heinrich J. Dingeldein, Christoph Gutknecht, Stéphane Hardy, Sandra Herling, Robert Jütte, Yaron Matras, Rudolf Post, Thorsten Weiland und dem Deutschen Sprachatlas, Universität Marburg/Lahn (Harrassowitz Verlag Wiesbaden, Bde. 1–11; Geheimsprachen Verlag Münster/Hamburg, Bde. 12-16; Buske Verlag Hamburg, Bde. 17ff.).
10 S. unten, Kap. 5: Literatur.

sprachenforschung" (IGS) gegründet worden[11]. Der Satzung nach verfolgt sie den Zweck, „auf allen Gebieten der Sondersprachenforschung wissenschaftliche Forschung und Lehre zu beleben und zu koordinieren und den Austausch der hieran beteiligten Wissenschaftler (innen) und Institutionen auf nationaler und internationaler Ebene zu intensivieren. Dazu unterstützt die IGS Forschungsvorhaben im Bereich der Sondersprachen. Ein besonderes Anliegen der IGS ist die Förderung des wissenschaftlichen Nachwuchses auf diesem Gebiet"[12].

Mittlerweile ist die *Sondersprachenforschung* in Deutschland wissenschaftlich gut aufgestellt; nach den in jüngerer Zeit entwickelten Mustern, Methoden und modernen Fragestellungen[13] wird heute länderübergreifend dokumentiert und geforscht. Dennoch sind die institutionellen *Rahmenbedingungen in Deutschland* nach wie vor schlecht – trotz eines Appells des damaligen Ministerpräsidenten von Nordrhein-Westfalen, Johannes Rau[14], der die politische Bedeutung der Arbeiten für die betroffenen sozialen Randgruppen und für die Gemeinschaften der Juden, Sinti und Roma in Deutschland klar gesehen hat. Noch immer fehlt in der deutschen Universitätslandschaft – anders als zum Beispiel in Frankreich an der Sorbonne – ein Institut für Sondersprachenforschung. Nachdem die Universität Münster der „Arbeitsstelle Sondersprachenforschung" wegen Raummangels und fehlender Möglichkeiten einer Finanzierung keine ordentlichen Voraussetzungen für den Fortgang der Forschung mehr bieten konnte, ist mit Unterstützung der Stadt Münster die „Forschungsstelle Sondersprachen" der IGS eingerichtet worden, die unter anderem über eine Spezialbibliothek sowie ein umfangreiches Audioarchiv und ein Archiv der schriftlichen Quellen zu deutschen Rotwelsch-Dialekten verfügt. Hier laufen die Arbeiten an der Dokumentation und Erforschung deutscher Sondersprachen seit vielen Jahren weiter, in enger Verbindung mit den Universitäten Siegen und Marburg.

Im Laufe der Jahre sind aus der Arbeit am Wörterbuch und den Internationalen Symposien zur Sondersprachenforschung zahlreiche *Publikationen* erwachsen, insgesamt weit über einhundert Aufsätze und Monographien[15]. Sie bilden – zusammen mit anderen gewichtigen Publikationen der Sondersprachenforschung aus Projekten in anderen europäischen und außereuropäischen Ländern[16] – heute wesentliche Grundlagen für künftige Forschungen auf dem Gebiet der Sondersprachenforschung in Europa.

---

11 https://www.igs-sondersprachenforschung.de/.
12 Satzung der IGS, § 2.
13 Siewert [1998] 2003.
14 Zur Bedeutung der Dokumentation und Erforschung solcher Randgruppensprachen und der Sondersprachenforschung in Münster: Johannes Rau in einem Brief an die Arbeitsstelle, wonach dort „Wesentliches zum besseren Verständnis von gesellschaftlichen und kulturellen Entwicklungsprozessen bei(getragen würde)"; vgl. Siewert 1996a: 3.
15 S. etwa Reihe Sondersprachenforschung, Bände 1 bis 17; Festschrift Klaus Siewert 2014, S. 265–469 (Aufsätze zur Sondersprachenforschung); https://www.igs-sondersprachenforschung.de/; letzte Untersuchungen: 12 Beiträge im Band Sondersprachenforschung 17 (2025).
16 Zuletzt die Dokumentation des Bargoens in den Niederlanden: Van Hauwermeiren 2020; Rez. Siewert 2021.

Neben den in der jüngeren Forschung ab den 1990er Jahren entstandenen Dokumentationen und Untersuchungen einzelner Rotwelsch-Dialekte im deutschsprachigen Gebiet[17] sind *begleitende Studien* entstanden, die besondere Aspekte und spezielle Fragestellungen[18] betreffen, unter anderen:
- Feldforschung[19]
- Verfremdungsverfahren und Funktionen[20]
- Spendersprachen[21]
- Sondersprachliche Lexeme in Mundarten und Mundartwörterbüchern[22]
- Sondersprachliche Lexeme im Duden und in der Umgangssprache[23]
- Sondersprachliche Lexeme in der Literatur[24]
- Phonologisch-graphematische Aspekte[25]
- Morphologische Aspekte[26]
- Semantische Aspekte[27]
- Syntaktische Aspekte[28]
- Etymologische und wortgeschichtliche Aspekte[29]
- Zahlen[30]
- Namen[31]

---

17 Dingeldein 1988; Lühr/Matzel 1990; Klepsch 1996; Spangenberg 1996a; Girtler 1996a; Weiland 1996b; Bergemann 1997; Feuerabend 1997; Siewert 1997a; Honnen 1998; Windolph 1998; Büchler 1999; Opfermann 1999; Kies 1999; von Haldenwang 1999; Danzer 2000; Weiland 2000; Efing 2001; May 2001; Siewert 2002b; Siewert [1998] 2003; Siewert 2003a; Siewert 2003b; Pursch 2002; Stellmacher 2002; Horstmann 2001; Weiland 2003; Efing 2004a; Efing 2004b; Efing 2005; Bertsch 2009; Siewert 2011; Bergemann 2012; Siewert 2013a/Klüsekamp; Besse 2013; Siewert 2014b; Siewert 2015c; Siewert 2017; Besse 2018; zuletzt Sondersprachenforschung Band 17 (2025): Minden, Hannover, Celle, Gießen. – Die älteren fachwissenschaftlichen Quellen des Wörterbuchs und weitere Einzeluntersuchungen sind im Verzeichnis der Siglen aufgeführt (Anhang: Siglenverzeichnis).
18 Zu den einzelnen Aspekten: Siewert [1998] 2003: passim. Fußnoten 19 bis 39: Auswahl einschlägiger Arbeiten.
19 Weiland 1996a; Klepsch 1999; Bergemann/Feuerabend 1999; Girtler 1999; Barufke 1999; Schleich 1999; Weiland 2002; May 2002.
20 Zuletzt Siewert 2018a; Post 2018.
21 Franke 1996; Boretzky 1998; Matras 1998a; Matras 1998b; Siewert 1998a; Siewert 1998c; Middelberg 2001; van Bekkum 2002; Abel 2004; Siewert 2013b; Siewert 2015b; Siewert 2018c; Siewert 2019c; Siewert 2020.
22 Matras 1988; Matras 1991; Kehr 1996; Piirainen 1999; Post 1992; Post 1999; Dix 2009; Post 2002; Honnen 2002.
23 Siewert [1998] 2003: 411–415; Siewert 2014a: 282–287; Gutknecht 2015; Gutknecht 2018.
24 Riecke 1990; Matras 1997; Siewert 2001; Schuppener 2009; Tschudnowa 2010.
25 Vgl. Siewert [1998] 2003: 360–362; eine monographische Untersuchung zum Thema ist ein Desiderat.
26 Schinz 2003.
27 Matras 1996b; Siewert 2000.
28 Vgl. Siewert [1998] 2003: 374f.; Desiderat der Forschung.
29 Gutknecht 2018.
30 Schuppener 1999a.
31 Lühr 1996; Siewert 2019a; Weiland 2019; Siewert 2019b; Post 2019; Hardy/Herling 2019a; Hardy 2019; Collazo 2019; Herling 2019; Hardy/Herling 2019b; Moser 2019.

- Einzelne Lexeme und Wortfelder[32]
- Pragmalinguistische Aspekte[33]
- Kontaktlinguistische Aspekte[34]
- Andere historische und moderne deutsche Sondersprachen[35]
- Europäische Sonder- und Geheimsprachen[36]
- Außereuropäische Sonder- und Geheimsprachen [37]
- Jüngere Forschungsgeschichte und Theoriediskussion[38]
- Populärwissenschaftliche Versionen wissenschaftlicher Untersuchungen[39].

Das „Wörterbuch deutscher Geheimsprachen: Rotwelsch-Dialekte" ist unter schwierigen Rahmenbedingungen entstanden und nach den Anfängen in den 1990er Jahren und den dann folgenden Dokumentationen noch nicht gesicherter oder bis dahin noch unentdeckter Rotwelsch-Dialekte nun zu Ende gebracht worden. Damit ist dieses besondere sprachliche Erbe samt seinen sozial- und kulturhistorischen Implikationen für die Zukunft gesichert.

---

32 Franke/Franke 1985; Weiland 1999; Schuppener 2002b.
33 Rijkhoff 1998.
34 Nelde 1996.
35 Spangenberg 1996b; Viehmann 1997; Peters 2000; Grautmann 2002; Heydenreich 2002; Hildebrandt 2002; Peters 2002; Riecke 2002; Siewert 2002c; Weiland 2002; Ziem 2004; Schulte-Wess 2007; Weikert 2007; Löffler 2009; Meier 2009; Post 2009; Roth 2009; Strommer 2015; Werle 2015; Besse 2018; Arich-Gerz 2018; Möller 2018; Siewert 2015c; Siewert 2017; Siewert 2018b; Siewert 2018c; Siewert 2018d; Siewert 2019b; Siewert 2019c; Siewert 2020; Sondersprachenforschung Band 17 (2025): Siewert, Viehhändlersprache.
36 Zum Beispiel: Schleich 1999; van Leeuwen-Turnovcová 2002; Abel 2002a; Kis 2002; Efing 2002; Hoffmann/Kis 2009; Leschber 2009a; Leschber 2009b; Leschber 2009c; Herling 2015; Hardy 2015; Hardy/Herling 2018; Hardy/Herling 2019; Post 2019; Hardy 2023; Sondersprachenforschung Band 17 (2025): Hardy, Louchébem Pariser Metzger.
37 Demir 2002; Akyol/Aslan 2002; Moser 2015; Striedl 2018; Moser 2018; Moser 2019.
38 Jütte 1988; Schmidt-Wiegand 1988; Franke 1991; Siewert 1991a; Siewert 1991b; Siewert 1994a; Jütte 1995a; Jütte 1995b; Matras 1996a; Siewert 1996a; Siewert 1996b; Siewert 1996c; Siewert 1996e; Honnen 1996; Siewert 1997b; Siewert 1997c; Siewert [1998] 2003; Siewert 1999a; Stellmacher 1999; Franke 1999; Schuppener 1999b; Feuerabend/Weiland 1999; May 2002; Schuppener 2002a; Schuppener 2002c; Siewert 2002a; Siewert 2002d; Siewert 2002f; Efing 2009b; Efing/Leschber 2009 (mit Tagungsbeiträgen Internationaler Symposien zur Sondersprachenforschung); von Haldenwang 2009; Siewert 2010; Siewert 2014a; Siewert 2015a; Siewert 2018e; Siewert 2021; Torka 2022; Sondersprachenforschung Band 17 (2025): Torka, Rotwelsch im kriminologischen Diskurs 19. Jh.
39 Siewert 1990; Siewert 1992; Siewert 1993; Siewert 1998b; Siewert 2003b; Efing 2009a.

3 Fragen an alte Sprecher (MM)

Masematte (aus hebr. *masa u'matan* ‚Handel, Geschäft') ist der Sprachname eines Rotwelsch-Dialekts (MM), der in Münster in Westfalen und Umgebung neben dem Hochdeutschen und der Mundart der Region (westfälisches „Platt") als Sondersprache sozial schwächerer Schichten der Bevölkerung im 19. Jahrhundert entstanden ist. Dafür waren Kontakte der einheimischen Bevölkerung mit fahrenden Händlern und Handwerkern, Hausierern, Schaustellern, Fremdarbeitern eine wesentliche Voraussetzung, unter ihnen westfälische Juden sowie Sinti und Roma. Deren Sprachen, das Jüdisch-Deutsche (Westjiddisch) beziehungsweise das Romani, sollten der Masematte das sprachlich charakteristische Gepräge geben und die intendierte Geheimsprachlichkeit gewährleisten. Kontakte mit holländischen, italienischen und polnischen Fremdarbeitern, zum Beispiel beim Bau des Dortmund-Ems-Kanals (in den 90er Jahren des 19. Jahrhunderts) oder bei Anlage des Aasees (bis 1934), brachten darüberhinaus Wörter aus weiteren Spendersprachen mit in den Wortschatz ein. Hinzu kamen Wörter aus dem Rotwelschen. Das ist jene Sondersprache, die sich ab dem 12./13. Jahrhundert auf der Grundlage des Mittelhochdeutschen zu entwickeln beginnt und zur Sprache der sozialen Randgruppen der Zeit wird.

Lebendig war die Masematte zunächst vor allem in vier Vierteln der Stadt Münster: im Kuhviertel (rund um die Jüdefelderstraße, Tasche, Brink und Ribbergasse), im Gebiet um die Sonnenstraße, im Herz-Jesu-Viertel (‚Muffi') und in Pluggendorf. In diesen Stadtvierteln war der Anteil der Arbeiter mit durchschnittlich 70 % sehr hoch. Typische Berufe der innerstädtischen Masematteviertel waren beispielsweise: Scherenschleifer, Kesselflicker, Korbmacher, Abdecker, Altwarenhändler, Bürstenmacher, Totengräber, Schuster, Altläppler, Tanzmeister, Zigarrenmacher, Drahtweber, Höker, Stuhlmacher, Viehhändler und Schausteller sowie Kurzwarenhändler und weiteres Kleinhändlertum. Mobilität war ein charakteristisches Merkmal, als ambulanter Gewerbetreibender, Händler oder Hausierer war man unterwegs.

Mit dem Ende des Zweiten Weltkriegs wird der Masematte die grundlegende Bedingung ihrer bisherigen Existenz entzogen: Durch die Ausbombung der Sprecherviertel und die Vernichtung beziehungsweise Verschleppung von Sprechergruppen, Menschen jüdischen Glaubens sowie Sinti und Roma, wird die Sprechergemeinschaft weitgehend zerstört. Dort, wo Reste der alten Viertel bestehen bleiben, sind noch bis in die 1990er Jahre Gesprächsnischen einiger letzter alter Sprecher, vor allem in „Klein-Muffi" am Dortmund-Ems-Kanal, erhalten geblieben.

Bevor es im Juli und August 1990 zu einem ersten Gespräch mit den damals noch lebenden Primärsprechern der Masematte kam, waren erhebliche Hürden zu überwinden. Für die meisten der alten Sprecher, die ihre Masematte seinerzeit noch als Geheimsprache eingesetzt hatten, war sie eine inzwischen abgeschlossene sprachliche und soziale Vergangenheit: der soziale und wirtschaftliche Aufstieg in der Nachkriegszeit wie die Teilhabe an der Hochsprache hatten mittlerweile andere Verhältnisse geschaffen. Rührt man an der Vergangenheit, werden Erinnerungen an damalige soziale Mißstände wachgerufen. Als sinnenfälliger Ausdruck für die teilweise radikale Distanzierung alter Sprecher von ihrem sprachlichen Wissen können Erfahrungen herhalten, die bei der in den 1980er Jahren begonnenen Suche nach auskunftsbereiten Masematte-Sprechern gemacht wurden: Manche dieser Sprecher leugneten schlichtweg ihre Kompetenz: "Leider bin ich der Masematte nicht mächtig", "Mir ist der Ausdruck Masematte fremd"; andere stellten ihr Wissen nur inkognito zur Verfügung.

Das Gespräch ist eins der ältesten authentischen Zeugnisse zur Sprach- und Sozialgeschichte eines Rotwelsch-Dialekts. Für das in den 1990er Jahren begonnene Forschungsprojekt, das die Dokumentation und damit Bewahrung vom Untergang bedrohten Sprachwissens zum Ziel hatte, war es ein Durchbruch, der in der Folgezeit auf der nunmehr erreichten Grundlage gegenseitigen Vertrauens systematische Sprecherbefragungen möglich gemacht hat[1]. Das Gespräch wird hier in Auszügen wiedergegeben. Die Quellengrundlage ist ein Tonbandmitschnitt vom 19. Juli und 3. August 1990.

Masematte bis zum Ende des Zweiten Weltkrieges

Wie haben Sie Masematte gelernt?

G: In meiner Kindheit, Schulzeit, 1914, 15, 16; vorher hatte ich schon Kontakt in unserm Haus auf der Brinkstraße, da wohnten zwei oder drei Zigeunerfamilien, und da kam das automatisch, dass wir viel Masematte sprachen.

Sprach man Masematte auch auf Märkten, bei Geschäften, beim Handel?

R: Es gab Masematte vor allen Dingen in der Halle Münsterland, da gab's Markt, Pferdemarkt, Sechstagerennen, so Koten-Kellner und so was alles, die haben mir die Sprache beigebracht, aber sonst – da ist so bei geblieben, was ich so behalten hab'. In der Schule gab's das auch: Hör mal, gehst du mit zum Charrett, das haben die alle mitgemacht, die kannten die Sprache ja auch.

Haben Sie seinerzeit nur Masematte gesprochen?

G: Hauptsächlich in normalem Deutsch. Masematte, das war nur, wenn man unter Bekannten war, sonst wurde ganz normal gesprochen. Viel Platt wurde auch gesprochen bei uns. Die Masematte, die war damals viel verbundener mit Plattdeutsch. Ob das da Brink, Tasche war, Pluggendorf war, hier Muffi war, Wevelinghofergasse, hauptsächlich wurde Platt gesprochen. Und da war die Masematte mit vermischt.

Sollten andere Zuhörer von dem Verständnis ausgeschlossen werden? Wurde Masematte als Geheimsprache benutzt?

B: Unter Kindern, wo ich's gelernt habe, nicht, wie ich mich erinnere. In den Ursprüngen ist es durchaus so gewesen, hier im Stadtteil: Pferdehändler und jüdische Alteisenhändler, in

---

1 Zu den Problemen der Kontaktaufnahme: Kap. 1.3 und S. 7, Fußnote 40.

Münster und besonders auch in Wolbeck, dort sprach man natürlich Masematte, dort sprach man Masematte als Geheimsprache.

G: Oft ja. Wenn ein anderer das nicht verstehen sollte, dann wurde Masematte gesprochen. Wenn man über irgendeinen was sagen wollte, den man meinetwegen kannte, und das sollte nicht jeder hören, dann wurde eben Masematte gesprochen: dann wurde nicht gesagt *Er taugt nichts*, sondern *Der seegers, der ist schofel.*

J: Masematte wurde auch an der Theke gesprochen, wenn ein Zuhörer, der die nicht verstand, diese Masematte-Sprache nicht beherrschte, daß man dann ihm einmal Sachen einflechten konnte, damit der andere gar keine Ahnung davon hatte.

G: Sagen wir, es kommt einer rein, Vier-Zentner-Mann kommt da rein, da kann man nicht sagen *Guck mal, den Dicken da*, sondern *Roin den schummen seeger da*. Die andern wissen Bescheid, aber er weiß nicht, wie es gemeint ist.

J: Zum Beispiel, kommt 'ne junge Frau rein, die man kennt, hat grade vor 'nem Jahr ein Kind gekriegt, und sie steht da, dann sagste *Roin, sie ist schon wieder pattisch*, also: ist schon wieder in Umständen. Sagste mal eben *Laß mal, ich muß eben auffn schontebeis*, dann weiß er ganz genau, wo er hin muss. Aber der andere, der weiß das nicht. Oder: *Was hat der heute für'n dollar auf* – oder *dollarroiniger, kneistermaschine* und so weiter.

Waren es bestimmte Gruppen, die Masematte sprachen?

G: Ja, mehr oder weniger schon. Die waren aus den Arbeitervierteln, also aus dem Arbeitermilieu, die Studenten und so weiter, die kannten das weniger.

B: Zigeuner wohnten hier im Stadtteil nicht, Juden waren Teil des Stadtviertels, die waren Bürger wie jeder andere und sie waren auch zum großen Teil Arbeiter, die sprachen auch Masematte mit aller Selbstverständlichkeit. Daß die Juden Juden waren, das haben die Nazis erst erfunden.

Stimmt es, dass das Leben in den Masematte-Vierteln damals gefährlich war? Es gab den Spruch: Tasche, Brink und Ribbergasse – Messerstecher erster Klasse!

G: Gefährlich möcht' ich grad' nicht sagen. Es gab schon mal Streitigkeiten, und da wurde ein bißchen übertrieben. Dass einer mit dem Messer gestochen wurde, hab' ich nicht erlebt.

J: Weil es ein Arbeitermilieu war und die Leute für damalige Zeit auch nicht die Geldmittel zur Verfügung hatten, die heute üblich sind: Da ging's 'nen bißchen handgreiflich zu, und dann konnte passieren, dass mal 'nen Messerstich oder aber – bösartig gesehen war das eigentlich gar nicht. Es ist nur das Wort mit der Messerstecherei, weil es doch etwas gefährlich war, in dieses Viertel, wenn man es nicht kannte, hereinzugeben, und da mußte man mit Komplikationen rechnen.

Wurde Masematte in der Zeit bis zum Zweiten Weltkrieg auch geschrieben?

B: Nein.

G: Geschrieben wurde es nicht. Hab' ich nicht in Erinnerung, es wurde nur gesprochen. Wir kannten früher gar keine schriftliche Masematte.

Nach dem Krieg sind dann schriftliche Texte in Masematte, unter ihnen Zeitungsartikel, verfasst worden – von Leuten, die mit der alten Masematte garnichts zu tun hatten. Was halten Sie davon?

B: Es gibt keine Verbindung, und was da geschrieben wird in irgendwelchen Karnevalszeitungen, ist furchtbar, ist seelenlos, und man merkt, dass das aufgepfropft ist.
G: Och, ja, ich freu' mich schon, wenn ich's lese. Also, dann muß ich's entziffern, was damit gemeint ist, das geht nicht so einfach – flüssig kann ich 's nicht lesen. Dann muß ich immer überlegen, weil's geschrieben ein bißchen anders ist als es gesprochen wird.

Wie sah man von außerhalb auf die Masematte-Viertel?

B: Man sah herab. In anderen Stadtteilen, wo auch Masematte gesprochen wurde, wie in Pluggendorf und auch zum Teil am Schützenhof und so weiter, dort verstand man sich untereinander; aber das waren auch alles wieder alte Arbeiterviertel in Münster. Aber sonst sah man auf die herab.

Wie war es mit der Masematte im Dritten Reich, in der Hitler-Zeit?

B: Ich weiß es nicht mehr.
G: Da hat sich nichts geändert. Die haben genauso gesprochen wie vorher auch.
R: Nichts hinzuzufügen.

Gab es Anfeindungen wegen der jüdischen Anteile in der Masematte?

G: Mir ist nichts davon bekannt.
R: Ja, ich wüßte nichts.

Wie war die Lage zu Ende des Zweiten Weltkrieges? Es waren viele Häuser zerstört, hatte das Auswirkungen auf das Sprechen der Masematte?

B: Durchaus. Aber in diesem Stadtviertel an der Wolbecker Straße nicht so stark wie zum Beispiel an der Sonnenstraße oder in Pluggendorf, weil hier einfach – Gott sei Dank – weniger durch den Krieg zerstört worden ist, und deswegen sind auch sehr viele der alten Bürger wiedergekommen, wenn sie auch im Krieg auf irgendwelchen Bauernhöfen oder bei Verwandten untergekommen sind; aber nach dem Krieg sind sie wieder ins alte Stadtviertel hinzugezogen, auch ihre Kinder und ihre Enkelkinder leben hier jetzt noch.
G: Es ist ja alles auseinandergerissen worden, die früher hier wohnten, wohnten nach dem Krieg ganz woanders, weil alles zerstört war.

Heißt das, daß das Sprechen der Masematte dadurch stark abgenommen hat?

G: Das könnte wohl sein, ja. Aber wir Alten – am Schluß haben wir uns ja doch irgendwie wieder zusammengefunden, und dann haben wir genauso gesprochen wie früher auch. Hier im Ostviertel, in Muffi, da hat sich wenig verändert, war wohl alles kaputt, ist alles wiederaufgebaut worden, und da sind auch viele von den alten Bekannten wieder zusammengekommen; aber in den andern Vierteln, Wevelinghofergasse und Brink, Tasche, Ribbergasse, das ist ja ganz 'ne andere Straßenführung heute, und wohnen auch ganz andere Leute als früher, ja, ganz andere als damals. Damals wohnten nur Arbeiter da, und heute ist das ein Geschäftsviertel geworden, und wohnt auch alles durchgemischt.

Haben Sie die Masematte an Ihre Kinder und Kindeskinder weitergegeben?

G: Ich hab' sie nicht weitergegeben an meine Kinder, die haben sie sich selbst zugelegt, was sie so konnten.
R: Meine Kinder kennen da nichts von, das weiß ich wohl. Das hab' ich ihnen auch nicht beigebracht.
J: Ja, also, die Weitersprache der Masematte, die ist ja nun bedingt durch die Zeit. Die Zeit bringt ja auch, das wissen wir alle selber, daß so etwas – das Alte, was eingesessen war, das verläuft sich. Also man bringt's den Kindern nicht mehr bei. Man will's ja auch nicht wissen, daß man früher auch mal 'nen bißchen ärmer gewesen ist als heute. Das ist sicher.

Masematte Anfang der 1990er Jahre

Wie steht es heute, gegen Ende des 20. Jahrhunderts, um die Masematte? Wird sie noch gesprochen?

G: Wenig noch. Wenn sich ein paar Alte treffen, ja. Aber direkt gesprochen – hin und wieder fällt mal so 'n Wort.
B: Ja, sie wird zum gleichen Teil von der gleichen Bevölkerung noch gesprochen, und wenn einer lange genug hier wohnt und mit den Leuten hier warm werden will, der gewöhnt sich schon einiges an.

Geht es noch um Geheimhaltung, wenn heute Masematte gesprochen wird?

B: Nein, ich möchte sagen, es ist mehr ein Jargon, aber nicht mehr. Wenn man mit lang Bekannten dort ist, wenn sich also wirklich mal 'ne Truppe trifft, an der Theke, in der Kneipe, so richtig, dann spricht man natürlich Masematte; dann hat man Spaß daran und so weiter, dann macht das wohl Lust.

G: Nein, nein. Höchstens, wenn ich von einem mal fünf Mark haben will, sag' Ich: Gib mir mal nen Heiermann, oder Wechsel mal nen Kaff-Schuck-Schein, aber sonst, große Sätze werden kaum noch gesprochen.
J: Ich würde sagen: auf keinen Fall. Die alte Masematte, die früher gesprochen worden ist, so wie ich das in meiner Erinnerung habe, die besteht aus sämtlichen Stadtvierteln, wo arme Leute wohnten, das heißt, Arbeiterviertel waren, die hinterm Haus noch 'n Plumpsklosett hatten, nicht wahr, da wurde Masematte gesprochen, aber das hat mit der heutigen Zeit nichts mehr zu tun. Es ist immer noch schön, wenn alte Herren sich auch mal über Masematte unterhalten. Das ist irgendwie das, was in etwa so die Generation weiterbringt – umso älter man wird. Das sind die Erinnerungen von früher.

Halten Sie es für sinnvoll, dass die Masematte gepflegt wird?

J: Ich fände es ausgezeichnet, wenn das weitergeführt wird. Ich finde, daß das heute – in der heutigen Zeit, wenn das mal wieder 'nen bißchen gepflegt wird – dann die alten Erinnerungen zurückkommen, auch für die Älteren und dann wieder für die Jüngeren, die das weitergeben, damit diese Masematte, die man von Kind an praktisch mitgekriegt hat, daß das weitergeführt wird, das ist genauso wie jede andere Sprache auch.
B: Das ist wichtig. Sie muß auf jeden Fall der Nachwelt erhalten bleiben. Das ist einfach eine ungeheuer wichtige Sache, ich meine, es ist 'ne wichtige Sprachinsel, ist auch 'ne kulturhistorische Sache.

* * *

35 Jahre später wurde der Wunsch der alten Sprecher Wirklichkeit. Gemeinsam mit den anderen Rotwelsch-Dialekten des Deutschen ist die Masematte 2025 auf Antrag des Herausgebers als „Immaterielles Kulturerbe" anerkannt worden.

4 Immaterielles Kulturerbe „Rotwelsch-Dialekte"

Nach dem Abschluss des wissenschaftlichen Langzeitprojekts „Dokumentation der deutschen Rotwelsch-Dialekte" (1990 bis 2020) und dem Erscheinen des „Wörterbuch deutscher Geheimsprachen" (de Gruyter 2023) unternahm der Verfasser des Wörterbuchs den Versuch, die gesellschaftliche Wahrnehmung und kulturpolitische Würdigung der ehedem verfemten und zum Teil verfolgten Sprechergruppen und ihrer Sondersprachen zu erreichen. Der im Oktober 2023 beim Ministerium für Kultur und Wissenschaft des Landes Nordrhein-Westfalen eingereichte Antrag auf Anerkennung der Rotwelsch-Dialekte als „Immaterielles Kulturerbe" hatte Erfolg[1]. Nach der 2024 erreichten Anerkennung auf Landesebene ist dem Antrag 2025 nach entsprechendem Beschluss der Kulturministerkonferenz der Länder und des Bundesministeriums für Kultur und Medien auch auf Bundesebene zugestimmt worden. Dem ging die Prüfung und Bewertung des Antragswerks sowie eine Empfehlung durch das unabhängige Fachkomitee für das Immaterielle Kulturerbe, das bei der Deutschen UNESCO-Kommission angesiedelt ist, voraus[2]. Mit der Anerkennung auf nationaler Ebene verbunden ist die Aufnahme in das „Bundesweite Verzeichnis des Immateriellen Kulturerbes".

Der Antrag trägt den Titel „Buttjer, Humpisch, Kochum, Schlausmen, Masematte, Manisch, Jenisch, Lachoudisch und weitere sog. Rotwelsch-Dialekte als Träger kultureller Ausdrucksformen in der Gegenwart." Gemäß den Vorgaben der UNESCO-Kommission („Bewerbungsformular für das Bundesweite Verzeichnis des Immateriellen Kulturerbes") waren neben einer zusammenfassenden Vorstellung der „Kulturform"[3] zu beschreiben: „die heutige Praxis und Anwendung der lebendigen Kulturform, die Motivation der Aus- oder Aufführung, die Techniken, die Regeln, der Grad der Professionalität, sowie die Bedeutung der Kulturform für die betreffende/n Gemeinschaft/en (...) vor allem auch der identitätsstiftende Charakter der Kulturform." Im Sinne der UNESCO-Konvention zum Erhalt des Immateriellen Kulturerbes von 2003 geht es danach also nicht um eine rückwärtsgewandte museale Gedenksteinsetzung für längst Vergangenes, sondern um die Bewahrung und Weitergabe eines sprach-, sozial- und kulturgeschichtlich bedeutsamen Erbes und dessen Fortführung in die Zukunft. In der Zusammenfassung des Antrags heißt es dazu:

„Die Kulturform Rotwelsch-Dialekte ist eine kommunikative Kunstform, deren Entstehung auf der Entwicklung einer eigenen, geheimsprachlich funktionalisierten Sprachform basiert und deren Sprechergemeinschaften ursprünglich sozial Benachteiligte, Fahrende und mobile Händler waren. Sie wird in Deutschland heute an 52 Orten als besonderes Kulturerbe der Menschen einer Kommune oder einer kleinräumigen Region wahrgenommen und in ihrer identitätsstiftenden Wirkung gelebt. Die Rotwelsch-Dialekte sind (anders als natürliche Sprachen) konstruierte Instrumente der Kommunikation, die aus verschiedenen Elementen des Wortschatzes der an der Gemeinschaft Beteiligten entwickelt worden sind

---

[1] Siewert 2025a: „Beargwöhnt, dokumentiert, erforscht und geadelt".
[2] „Rotwelsch-Dialekte" – Deutsche UNESCO-Kommission https://www.kmk.org/aktuelles/artikelansicht/immaterielles-kulturerbe-in-deutschland-verzeichnis-waechst-bund-und-laender-beschliessen-neuaufnahmen.html
[3] Siewert 2025b.

und zu einem Miteinander von Deutsch, Westjiddisch, Romani, Jenisch und anderen sog. Spendersprachen in den jeweiligen Rotwelsch-Dialekten geführt haben.

Die Motivation der Trägergemeinschaften zur Bewahrung ihres kulturellen Erbes und seiner Fortführung in die Zukunft ist darin begründet, dass sie sich als Erben und Angehörige einer besonderen, in der Regel an ihren Heimatort gebundenen Sprache und der mit ihr verbundenen besonderen Sozial- und Kulturgeschichte der damaligen Sprechergemeinschaft empfinden – zugleich dazu verpflichtet, das kulturelle Erbe zu bewahren, als Bestandteil ihrer Identität zu leben und in die Zukunft zu führen. Die Voraussetzung dafür, das spezifische Wissen um die Kulturform, insbesondere Sprechkompetenz, ist durch die Weitergabe über viele Generationen hinweg geschaffen worden. Ein weiteres Motiv für die nach 1945 beginnenden und heute verstärkt fortgesetzten Aktivitäten liegt darin, dass sie von den Trägergemeinschaften auch als Beitrag zur Erinnerungskultur an diskriminierte und verfolgte Minderheiten, die Angehörige der Sprechergemeinschaften der Rotwelsch-Dialekte waren, darunter Juden, Sinti, Roma und Jenische, empfunden werden.

Die gegenwärtige Praxis zeigt die Anwendung und Tradierung der Sondersprache im Kontext tradierter Bräuche, etwa beim Mindener Freischießen, im Münsterschen Karneval, bei Verbandstreffen der Walzbrüder, bei der Manischen Weihnachtslesung in Gießen oder beim Jenisch-Theater in Pfedelbach; gesprochen, gesungen und rezitiert wird sie auch in Vereinen und anderen Trägergruppen, etwa in der Buttjerklönstube, bei den Schnatzjern und Dilpschen, von Musikgruppen und in Sportvereinen wie den Rackelos sowie bei lokalen Lesungen. Zur lebendigen Sprachpraxis gehören auch Verschriftlichungen in den darstellenden Künsten, Comics und Cartoons, lyrische und prosaische Texte, Übersetzungen, etwa der Grimmschen Märchen oder der Weihnachtsgeschichte, interaktive Online-Lexika wie Tackopedia oder Blogs und Chatforen.

Die Kulturform Rotwelsch-Dialekte basiert an allen Orten auf einer seit mehreren Generationen bestehenden Präsenz, wobei die historischen Wurzeln der Rotwelsch-Dialekte weiter bis ins 18./19. Jh. zurückreichen bis hin zum Rotwelsch als Sprache der Angehörigen des sog. 5. Standes im Hochmittelalter. Die Aktivitäten zur Bewahrung und Fortführung der Kulturform setzen erst nach dem Zweiten Weltkrieg ein, als sich im Rahmen eines demokratischen Staatswesens Bundesrepublik Deutschland allmählich die Wahrnehmung und Bewertung sozialer, kultureller und sprachlicher Minderheiten als wertvoll und bereichernd durchsetzte.

Erhaltungsmaßnahmen und Formen der Weitergabe, die gegenwärtig zunehmen und innovative Formate ausweisen, betreffen z.B. Sprachlehrpfade, etwa in Pfedelbach und den "Butzel-Kewes-Weg" in Morbach, interaktive Dokumentationen, etwa das Jenisch-Museum in Schillingsfürst oder die Manisch-Ausstellung im Oberhessischen Museum in Gießen, Sprachlehrtafeln im öffentlichen Raum an Fassaden, z.B. in Minden und Halle, Sprachkurse, Vorträge, Sprach-Wettbewerbe, Stadtteilführungen und die sozialen Medien.

Die Aktivitäten der Trägergemeinschaften werden von der Internationalen Gesellschaft für Sondersprachenforschung (IGS) durch interaktive Netzwerkarbeit unterstützt. Das gemeinsame Ziel ist dabei die Sicherung und Fortführung der Traditionen, die mit der Kulturform Rotwelsch-Dialekte verbunden sind. Das geschieht unter anderem über das Dokumentationszentrum der IGS, in dem sämtliche bei der Dokumentation der Rotwelsch-Dialekte ab den 1990er Jahren bis heute hervorgegangenen Dokumente, besonders Sprachaufnahmen aus Sprecherbefragungen und Schriftzeugnisse, zugänglich bewahrt und den Trägergruppen der Kulturform zur Entwicklung neuer Aktionsformen zur Verfügung gestellt werden sowie durch den Preis für ‚Beste innovative Aktionsformen zum Erhalt der Kulturform Rotwelsch-Dialekt', der ab 2025 verliehen wird."

Mit der nun auch auf nationaler Ebene erreichten Anerkennung von historischen Geheimsprachen in Deutschland als „Immaterielles Kulturerbe" ist im Blick auf die seinerzeit beargwöhnten, verfolgten und teilweise vernichteten Sprechergruppen – Menschen jüdischen Glaubens, Sinti und Roma sowie Jenische – zugleich ein Stück Erinnerungskultur geschaffen.

***

5 Literaturverzeichnis

Im Umfeld des hier vorgelegten Wörterbuches und der Symposien zur Sondersprachenforschung sind zahlreiche Publikationen und veröffentlichte und bislang unveröffentlichte akademische Abschlussarbeiten entstanden, die dem Wörterbuch direkt oder indirekt zu Gute gekommen sind. Sie stammen aus dem akademischen Schülerkreis des Herausgebers, von Kolleginnen und Kollegen, die die Arbeiten begleitet haben, von Teilnehmerinnen und Teilnehmern der Symposien und vom Herausgeber des Wörterbuches. In vielen Fällen sind die Studien durch die ab dem Anfang der 1990er Jahre laufende Mitarbeit von Studierenden an den Feldforschungen, Sprecherbefragungen und Sprachdateneingaben sowie durch Vorträge und Diskussionen auf den Symposien ausgelöst worden.

Das nachfolgende Literaturverzeichnis ist keine vollständige Bibliographie der Sondersprachenforschung in Deutschland. Es versammelt die in den einzelnen Kapiteln zitierten Publikationen, die vor allem aus dem Wörterbuchunternehmen selbst, den begleitenden Internationalen Symposien zur Sondersprachenforschung und aus dem Netzwerk der Internationalen Gesellschaft für Sondersprachenforschung (IGS) hervorgegangen sind.

Literatur, die Grundlage für die Aufnahme der Sprachdaten in das Wörterbuch war, ist gesondert aufgeführt (Siglenverzeichnis). Die in den Wörterbuchartikeln verkürzt zitierte Literatur ist im Anhang „Abkürzungen im Wörterbuch" unter Literatur aufgeschlüsselt.

Abel 2002a: Marlena Abel, Geheimsprachen in Polen. In: Aspekte und Ergebnisse der Sondersprachenforschung. III. und IV. Internationales Symposion. 17. bis 19. März 1999 in Rothenberge / 6. bis 8. April 2000 in Münster. Herausgegeben von Klaus Siewert unter Mitarbeit von Christian Efing, (Sondersprachenforschung 7), Wiesbaden 2002, S. 151–164

Abel 2002b: Marlena Abel, Slawismen in deutschen Rotwelsch-Dialekten, (Magisterarbeit) Münster 2002

Abel 2004: Marlena Abel, Slawismen in deutschen Rotwelsch-Dialekten, (Sondersprachenforschung 9), Wiesbaden 2004

Akyol/Aslan 2002: Gülşen Sultan Akyol / Serpil Aslan, Zur Geheimsprache der Abdal. In: Aspekte und Ergebnisse der Sondersprachenforschung. III. und IV. Internationales Symposion. 17. bis 19. März 1999 in Rothenberge / 6. bis 8. April 2000 in Münster. Herausgegeben von Klaus Siewert unter Mitarbeit von Christian Efing, (Sondersprachenforschung 7), Wiesbaden 2002, S. 125–132

Arich-Gerz 2018: Bruno Arich-Gerz, Oshideutsch zwischen Geheimsprache und Generatiolekt. Working Paper zur Analyse einer deutsch-namibischen Sondersprache. In: Kontrollierte Kommunikation. Erträge des X. Internationalen Symposions Sondersprachenforschung. Wangerland. 8. bis 10. April 2016. Herausgegeben von Stéphane Hardy / Sandra Herling / Klaus Siewert, (Sondersprachenforschung 15), Hamburg/Münster 2018, S. 113–122

Barufke 1999: Isabella Barufke, Zum Jenischen in Bergham. In: Aspekte und Ergebnisse der Sondersprachenforschung. Symposion Brüssel. 28. bis 31. Mai 1997. Herausgegeben von Klaus Siewert unter Mitarbeit von Thorsten Weiland, (Sondersprachenforschung 4), Wiesbaden 1999, S. 183–185

Bergemann 1997: Jörg Bergemann, Das Schloßberger Jenisch. Studien zur Überlieferungslage und zum Wortschatz, (Staatsarbeit) Münster 1997

Bergemann/Feuerabend 1999: Jörg Bergemann / Ulrike Feuerabend, Sondersprachenforschung vor Ort: Schlossberg und Leinzell in Baden-Württemberg. In: Aspekte und Ergebnisse der Sondersprachenforschung. Symposion Brüssel. 28. bis 31. Mai 1997. Herausgegeben von Klaus Siewert unter Mitarbeit von Thorsten Weiland, (Sondersprachenforschung 4), Wiesbaden 1999, S. 146–158

Bergemann 2012: Jörg Bergemann, Das Schloßberger Jenisch. Studien zur Überlieferungslage und zum Wortschatz, (Sondersprachenforschung 13), Hamburg/Münster 2012

Bertsch 2009: Dieter Bertsch, Fallstudie: Das Bleisle, die Händlersprache des Killertals/Zollernalbkreis und die Reste des Jenischen im Killertal. In: Christian Efing / Corinna Leschber, Geheimsprachen in Mittel- und Südosteuropa, Frankfurt am Main/New York 2009, S. 193–208

Besse 2013: Maria Besse, Jenisch-Wörterbuch. Sondersprachen im Saarland (Büschfeld-Überlosheim, Dörsdorf, Lautzkirchen), Saarbrücken 2013

Besse 2018: Maria Besse, Besonderheiten und Kodierungsverfahren saarländischer Sondersprachen (Jenisch, Hühnersprache, Metzger- und Viehhändlersprache). In: Kontrollierte Kommunikation. Erträge des X. Internationalen Symposions Sondersprachenforschung. Wangerland. 8. bis 10. April 2016. Herausgegeben von Stéphane Hardy / Sandra Herling / Klaus Siewert, (Sondersprachenforschung 15), Hamburg/Münster 2018, S. 48–91

Boretzky/Igla 1994: Norbert Boretzky / Birgit Igla, Wörterbuch Romani-Deutsch-Englisch für den südosteuropäischen Raum. Mit einer Grammatik der Dialektvarianten, Wiesbaden 1994

Boretzky 1998: Norbert Boretzky, Der Romani-Wortschatz in den Romani-Misch-Dialekten (Pararomani). In: The Romani element in non-standard speech. Edited by Yaron Matras, (Sondersprachenforschung 4), Wiesbaden 1998, S. 97–132

Büchler 1999: Julia Büchler, Lottegorisch. Studien zur Sondersprache der Händler aus Carlsberg/Pfalz und Umgebung, (Magisterarbeit) München 1998/1999

Collazo 2019: Anja. M. Collazo, Apotropaic naming: A comparative study of semantically transparent derogatory-, disguising- and programmatic-protective names and name transmission as an apotropaic custom. In: Namen im Geheimen. Erträge des XI. Internationalen Symposions Sondersprachenforschung. Universität Siegen. 11. bis 12. September 2017. Herausgegeben von Stéphane Hardy / Sandra Herling / Klaus Siewert, (Sondersprachenforschung 16), Hamburg/Münster 2019, S. 137–166

Danzer 2000: Günter Danzer, Jenisch diebra en Oberberg. Burgberg. Geschichte und Leben zwischen Schloß und Stettberg, Syrgenstein (Selbstverlag) 2000; 2. Auflage 2006

Demir 2002: Nurettin Demir, Geschichte der Sondersprachenforschung in der Türkei. In: Aspekte und Ergebnisse der Sondersprachenforschung. III. und IV. Internationales Symposion. 17. bis 19. März 1999 in Rothenberge / 6. bis 8. April 2000 in Münster. Herausgegeben von Klaus Siewert unter Mitarbeit von Christian Efing, (Sondersprachenforschung 7), Wiesbaden 2002, S. 115–124

Dingeldein 1988: Heinrich J. Dingeldein, Die Maurersprache von Momberg in Hessen. Anmerkungen zu einer „Geheimsprache" und Wörterverzeichnis. Unter Mitarbeit von Michael Krieger. In: Hessische Blätter für Volkskunde 23 (1988) S. 111–128

Dix 2009: Gisela Dix, Rotwelsch im Schwäbischen Wörterbuch. In: Christian Efing / Corinna Leschber, Geheimsprachen in Mittel- und Südosteuropa, Frankfurt am Main/New York 2009, S. 181–192

Efing 2001: Christian Efing, Das Jenisch der Schausteller. Mit einem Glossar aus schriftlichen Quellen, (Magisterarbeit) Münster 2001

Efing 2002: Christian Efing, Geheimsprachen in Frankreich. In: Aspekte und Ergebnisse der Sondersprachenforschung. III. und IV. Internationales Symposion. 17. bis 19. März 1999 in Rothenberge / 6. bis 8. April 2000 in Münster. Herausgegeben von Klaus Siewert unter Mitarbeit von Christian Efing, (Sondersprachenforschung 7), Wiesbaden 2002, S. 179–196

Efing 2004a: Christian Efing, Das Lützenhardter Jenisch, (Dissertation) Darmstadt 2004

Efing 2004b: Christian Efing, Jenisch unter Schaustellern. Mit einem Glossar aus schriftlichen Quellen, (Sondersprachenforschung 10), Wiesbaden 2004

Efing 2005: Christian Efing, Das Lützenhardter Jenisch. Studien zu einer deutschen Sondersprache, (Sondersprachenforschung 11), Wiesbaden 2005

Efing/Leschber 2009: Christian Efing / Corinna Leschber, Geheimsprachen in Mittel- und Südosteuropa, Frankfurt am Main/New York 2009 (Sammelband mit Beiträgen des V. und VI. Internationalen Symposions Sondersprachenforschung Stuttgart 2001 und Neuharlingersiel 2005, außerhalb der Reihe „Sondersprachenforschung" erschienen)

Efing 2009a: Christian Efing, *Penn Jenisch!* Das große Wörterbuch des Lützenhardter Jenisch, Münster 2009

5 Literaturverzeichnis — 39

Efing 2009b: Christian Efing, Die Stellung der Sondersprachen im Varietätengefüge des Deutschen – mit besonderem Fokus auf die Rotwelsch-Dialekte des Deutschen. In: Efing/Leschber 2009: Christian Efing / Corinna Leschber, Geheimsprachen in Mittel- und Südosteuropa, Frankfurt am Main/New York 2009, S. 9–40

Feuerabend 1997: Ulrike Feuerabend, Das Leinzeller Jenisch. Studien zur Überlieferungslage und zum Wortschatz, (Staatsarbeit) Münster 1997

Feuerabend/Weiland 1999: Ulrike Feuerabend / Thorsten Weiland, Zum Bleisle im Killertal. In: Aspekte und Ergebnisse der Sondersprachenforschung. Symposion Brüssel. 28. bis 31. Mai 1997. Herausgegeben von Klaus Siewert unter Mitarbeit von Thorsten Weiland, (Sondersprachenforschung 4), Wiesbaden 1999, S. 180–182

Franke 1991: Hartwig Franke, Zur inneren und äußeren Differenzierung deutscher Sondersprachen. In: Zeitschrift für Dialektologie und Linguistik 58 (1991) S. 57–62

Franke 1996: Hartwig Franke, Deutsches in deutschen Sondersprachen. In: Rotwelsch-Dialekte. Symposion Münster. 10. bis 12. März 1995. Herausgegeben von Klaus Siewert, (Sondersprachenforschung 1), Wiesbaden 1996, S. 32–42

Franke 1999: Hartwig Franke, Zur forschungsgeschichtlichen Bedeutung von Friedrich Christian Benedict Avé-Lallemant. In: Aspekte und Ergebnisse der Sondersprachenforschung. Symposion Brüssel. 28. bis 31. Mai 1997. Herausgegeben von Klaus Siewert unter Mitarbeit von Thorsten Weiland, (Sondersprachenforschung 4), Wiesbaden 1999, S. 172–175

Franke/Franke 1985: Hartwig und Kristina Franke, Diebstahl oder Raub? Ein Beitrag zu innersprachlichem Feldvergleich. In: Collectanea Philologica. Festschrift für Helmut Gipper zum 65. Geburtstag. Herausgegeben von Günter Heintz und Peter Schmitter, I, Saecvla Spiritalia 14, Baden-Baden 1985, S. 183–202

Girtler 1996a: Roland Girtler, Die Wiener Gaunersprache. In: Rotwelsch-Dialekte. Symposion Münster. 10. bis 12. März 1995. Herausgegeben von Klaus Siewert, (Sondersprachenforschung 1), Wiesbaden 1996, S. 104–134

Girtler 1996b: Roland Girtler, Die 10 Gebote der Feldforschung. In: Sozialwissenschaft und Berufspraxis 19 (1996) S. 278–279

Girtler 1999: Roland Girtler, Die 10 Gebote der Feldforschung. Rotwelsch bei Vagabunden, Dirnen und Ganoven. In: Aspekte und Ergebnisse der Sondersprachenforschung. Symposion Brüssel. 28. bis 31. Mai 1997. Herausgegeben von Klaus Siewert unter Mitarbeit von Thorsten Weiland, (Sondersprachenforschung 4), Wiesbaden 1999, S. 159–171

Grautmann 2002: Elke Grautmann, Das Bad Driburger Gänselatein und verwandte Sondersprachen, (Staatsarbeit) Münster 2002

Gutknecht 2015: Christoph Gutknecht, Jiddismen in der modernen Alltagssprache des Deutschen. In: Geheimsprachen unter besonderer Berücksichtigung der Romania. Erträge des IX. Internationalen Symposions Sondersprachenforschung. Universität Siegen. 7. bis 8. November 2014. Herausgegeben von Stéphane Hardy / Sandra Herling / Klaus Siewert, (Sondersprachenforschung 14), Hamburg/Münster 2015, S. 35–52

Gutknecht 2018: Christoph Gutknecht, Hebräische Elemente im Jiddischen und Deutschen: Geheimsprache vs. Integration. In: Kontrollierte Kommunikation. Erträge des X. Internationalen Symposions Sondersprachenforschung. Wangerland. 8. bis 10. April 2016. Herausgegeben von Stéphane Hardy / Sandra Herling / Klaus Siewert, (Sondersprachenforschung 15), Hamburg/Münster 2018, S. 92–112

Hardy 2015: Stéphane Hardy, Die Sprache der *sublimes* im Paris des 19. Jahrhunderts. In: Geheimsprachen unter besonderer Berücksichtigung der Romania. Erträge des IX. Internationalen Symposions Sondersprachenforschung. Universität Siegen. 7. bis 8. November 2014. Herausgegeben von Stéphane Hardy / Sandra Herling / Klaus Siewert, (Sondersprachenforschung 14), Hamburg/Münster 2015, S. 137–161

Hardy/Herling/Siewert 2015: Stéphane Hardy / Sandra Herling / Klaus Siewert, Geheimsprachen unter besonderer Berücksichtigung der Romania. Erträge des IX. Internationalen Symposions Sondersprachenforschung. Universität Siegen. 7. bis 8. November 2014. Herausgegeben von Stéphane Hardy / Sandra Herling / Klaus Siewert, (Sondersprachenforschung 14), Hamburg/Münster 2015

Hardy/Herling 2018: Stéphane Hardy / Sandra Herling, Lexikalische Gemeinsamkeiten in historischen Geheimsprachen der Romania. In: Kontrollierte Kommunikation. Erträge des X. Internationalen Symposions Sondersprachenforschung. Wangerland. 8. bis 10. April 2016. Herausgegeben von Stéphane Hardy / Sandra Herling / Klaus Siewert, (Sondersprachenforschung 15), Hamburg/Münster 2018, S. 123–139

Hardy/Herling/Siewert 2018: Stéphane Hardy / Sandra Herling / Klaus Siewert, Kontrollierte Kommunikation. Erträge des X. Internationalen Symposions Sondersprachenforschung. Wangerland. 8. bis 10. April 2016. Herausgegeben von Stéphane Hardy / Sandra Herling / Klaus Siewert, (Sondersprachenforschung 15), Hamburg/Münster 2018

Hardy 2019: Stéphane Hardy, Speakeasies. Namen von geheimen Bars. In: Namen im Geheimen. Erträge des XI. Internationalen Symposions Sondersprachenforschung. Universität Siegen. 11. bis 12. September 2017. Herausgegeben von Stéphane Hardy / Sandra Herling / Klaus Siewert, (Sondersprachenforschung 16), Hamburg/Münster 2019, S. 117–136

Hardy/Herling 2019a: Stéphane Hardy / Sandra Herling, Anthroponyme und Toponyme als Codierungsverfahren in historischen Geheimsprachen Frankreichs und Spaniens. In: Namen im Geheimen. Erträge des XI. Internationalen Symposions Sondersprachenforschung. Universität Siegen. 11. bis 12. September 2017. Herausgegeben von Stéphane Hardy / Sandra Herling / Klaus Siewert, (Sondersprachenforschung 16), Hamburg/Münster 2019, S. 81–116

Hardy/Herling 2019b: Stéphane Hardy / Sandra Herling, *Ganoven-Heinz, Flohbein, Schwarzer Peter* und *August mit den Aalaugen* – Funktion und Bildung von Decknamen deutscher Delinquenten im 19. Jahrhundert. In: Namen im Geheimen. Erträge des XI. Internationalen Symposions Sondersprachenforschung. Universität Siegen. 11. bis 12. September 2017. Herausgegeben von Stéphane Hardy / Sandra Herling / Klaus Siewert, (Sondersprachenforschung 16), Hamburg/Münster 2019, S. 200–228

Hardy/Herling/Siewert 2019: Stéphane Hardy / Sandra Herling / Klaus Siewert, Namen im Geheimen. Erträge des XI. Internationalen Symposions Sondersprachenforschung. Universität Siegen. 11. bis 12. September 2017. Herausgegeben von Stéphane Hardy / Sandra Herling / Klaus Siewert, (Sondersprachenforschung 16), Hamburg/Münster 2019

Hardy 2023: Stéphane Hardy, Der *largonji du louchébem* – Eine kulturhistorische, lexikologische und soziolinguistische Analyse der Geheimsprache der Pariser Metzger, (Dissertation Siegen 2022) Berlin 2023

Herling 2015: Sandra Herling, Geheimsprachen in Spanien: Verdunklungsmechanismen in den *jergas gremiales*. In: Geheimsprachen unter besonderer Berücksichtigung der Romania. Erträge des IX. Internationalen Symposions Sondersprachenforschung. Universität Siegen. 7. bis 8. November 2014. Herausgegeben von Stéphane Hardy / Sandra Herling / Klaus Siewert, (Sondersprachenforschung 14), Hamburg/Münster 2015, S. 93–118

Herling 2019: Sandra Herling, Decknamen von französischen Bukanieren des 17. Jahrhunderts. In: Namen im Geheimen. Erträge des XI. Internationalen Symposions Sondersprachenforschung. Universität Siegen. 11. bis 12. September 2017. Herausgegeben von Stéphane Hardy / Sandra Herling / Klaus Siewert, (Sondersprachenforschung 16), Hamburg/Münster 2019, S. 167–199

Herling 2025: Sandra Herling, Bezeichnungen für Wildtiere im *Wörterbuch deutscher Geheimsprachen*. Fauna und Sozialhistorie. In: Verschlüsselt – Dekodiert – Dokumentiert. Erträge des XIII. Internationalen Symposions Sondersprachenforschung. Münster, 12. bis 14. Mai 2023. Herausgegeben von Klaus Siewert (Sondersprachenforschung 17), Hamburg 2025, S. 31-55

Heydenreich 2002: Katrin Heydenreich, Viehhändlersprache im Moselraum, (Magisterarbeit) Münster 2002

Hildebrandt 2002: Reiner Hildebrandt, Die *Lingua ignota* der Hildegard von Bingen – eine Geheimsprache? In: Aspekte und Ergebnisse der Sondersprachenforschung. III. und IV. Internationales Symposion. 17. bis 19. März 1999 in Rothenberge / 6. bis 8. April 2000 in Münster. Herausgegeben von Klaus Siewert unter Mitarbeit von Christian Efing, (Sondersprachenforschung 7), Wiesbaden 2002, S. 15–22

Hoffmann/Kis 2009: Ottó Hoffmann / Tamás Kis, Wörterverzeichnis der Diebessprache aus Pinkafeld (Ungarn). In: Efing / Leschber 2009: Christian Efing / Corinna Leschber, Geheimsprachen in Mittel- und Südosteuropa, Frankfurt am Main/New York 2009, S. 103–126

Honnen 1996: Peter Honnen, Geheimsprachen im Rheinland. Ein Werkstattbericht aus einem Dokumentationsprojekt im Amt für rheinische Landeskunde Bonn. In: Rotwelsch-Dialekte. Symposion Münster. 10. bis 12. März 1995. Herausgegeben von Klaus Siewert, (Sondersprachenforschung 1), Wiesbaden 1996, S. 66–72

Honnen 1998: Peter Honnen, Geheimsprachen im Rheinland. Eine Dokumentation der Rotwelschdialekte in Bell, Breyell, Kofferen, Neroth, Speicher und Stotzheim, Köln 1998 (Rheinische Mundarten 10), 2. Auflage Köln 2000

Honnen 2002: Peter Honnen, Sondersprachliches im Rheinischen Wörterbuch. In: Aspekte und Ergebnisse der Sondersprachenforschung. III. und IV. Internationales Symposion. 17. bis 19. März 1999 in Rothenberge / 6. bis 8. April 2000 in Münster. Herausgegeben von Klaus Siewert unter Mitarbeit von Christian Efing, (Sondersprachenforschung 7), Wiesbaden 2002, S. 87–96

Horstmann 2001: Eva Horstmann, Zum Morbacher Jenisch, (Staaatsarbeit) Münster 2001

Jütte 1978: Robert Jütte, Sprachsoziologische und lexikologische Untersuchungen zu einer Sondersprache. Die Sensenhändler im Hochsauerland und die Reste ihrer Geheimsprache, (Beihefte der Zeitschrift für Dialektologie und Linguistik, N.F. 25), Wiesbaden 1978

Jütte 1988: Robert Jütte, Abbild und soziale Wirklichkeit des Bettler- und Gaunertums zu Beginn der Neuzeit. Sozial-, mentalitäts- und sprachgeschichtliche Studien zum Liber vagatorum (1510), (Beihefte zum Archiv für Kulturgeschichte, Heft 27), Köln/Wien 1988

Jütte 1995a: Robert Jütte, Sondersprachen. In: Lexikon des Mittelalters, VII, München/Zürich 1995, Sp. 2044f.

Jütte 1995b: Robert Jütte, Rotwelsch. In: Lexikon des Mittelalters, VII, München/Zürich 1995, Sp. 1057f.

Jütte 1996: Robert Jütte, Rotwelsch: Vom Soziolekt zum Idiolekt. In: Rotwelsch-Dialekte. Symposion Münster. 10. bis 12. März 1995. Herausgegeben von Klaus Siewert, (Sondersprachenforschung 1), Wiesbaden 1996, S. 135–136

Kehr 1996: Kurt Kehr, Geheimsprachen im Dialekt: Köddingen und Neroth heute. In: Rotwelsch-Dialekte. Symposion Münster. 10. bis 12. März 1995. Herausgegeben von Klaus Siewert, (Sondersprachenforschung 1), Wiesbaden 1996, S. 73–80

Kies 1999: Otfried Kies, Zum Lützenhardter Rotwelsch. In: Aspekte und Ergebnisse der Sondersprachenforschung. Symposion Brüssel. 28. bis 31. Mai 1997. Herausgegeben von Klaus Siewert unter Mitarbeit von Thorsten Weiland, (Sondersprachenforschung 4), Wiesbaden 1999, S. 135–145

Kis 2002: Tamás Kis, Zur Geschichte der ungarischen Gaunersprache. In: Aspekte und Ergebnisse der Sondersprachenforschung. III. und IV. Internationales Symposion. 17. bis 19. März 1999 in Rothenberge / 6. bis 8. April 2000 in Münster. Herausgegeben von Klaus Siewert unter Mitarbeit von Christian Efing, (Sondersprachenforschung 7), Wiesbaden 2002, S. 165–178

Klepsch 1996: Alfred Klepsch, Das Lachoudische: Eine jiddische Sondersprache in Franken. In: Rotwelsch-Dialekte. Symposion Münster. 10. bis 12. März 1995. Herausgegeben von Klaus Siewert, (Sondersprachenforschung 1), Wiesbaden 1996, S. 81–93

Klepsch 1999: Alfred Klepsch, Fehlerquellen bei der Erhebung sondersprachlichen Wortschatzes am Beispiel des Lachoudischen in Mittelfranken. In: Aspekte und Ergebnisse der Sondersprachenforschung. Symposion Brüssel. 28. bis 31. Mai 1997. Herausgegeben von Klaus Siewert unter Mitarbeit von Thorsten Weiland, (Sondersprachenforschung 4), Wiesbaden 1999, S. 56–71

Klepsch 2004: Alfred Klepsch, Westjiddisches Wörterbuch. Auf der Basis dialektologischer Erhebungen in Mittelfranken. Bde. I-II, Tübingen 2004

Kluge 1901: Friedrich Kluge, Rotwelsch. Quellen und Wortschatz der Gaunersprache und der verwandten Geheimsprachen, I. Rotwelsches Quellenbuch, Straßburg 1901, Berlin/New York 1987 (photomechanischer Nachdruck)

Lerch 1976: Hans-Günter Lerch: Das Manische in Gießen, Gießen 1976; 2. A. 1981: „Tschü Lowi ...". Das Manische in Gießen. Die Geheimsprache einer gesellschaftlichen Randgruppe, ihre Geschichte und ihre soziologischen Hintergründe; 3. A. 1986

Leschber 2009a: Corinna Leschber, Bulgarische und makedonische Geheimsprachen. In: Efing/Leschber 2009: Christian Efing / Corinna Leschber, Geheimsprachen in Mittel- und Südosteuropa, Frankfurt am Main/New York 2009, S. 127–152

Leschber 2009b: Corinna Leschber, Forschungen zu Geheimsprachen in Serbien und Albanien. In: Efing/Leschber 2009: Christian Efing / Corinna Leschber, Geheimsprachen in Mittel- und Südosteuropa, Frankfurt am Main/New York 2009, S. 153–162

Leschber 2009c: Corinna Leschber, Geheimsprachliche Strukturen im aktuellen Sprachgebrauch von Roma. In: Efing / Leschber 2009: Christian Efing / Corinna Leschber, Geheimsprachen in Mittel- und Südosteuropa, Frankfurt am Main/New York 2009, S. 163–180

Löffler 2009: Yvonne Löffler, Reste der Viehhändlersprache in Ostwestfalen-Lippe. Sprachdaten aus eigenen Erhebungen und ein Vergleich mit Ergebnissen von Ann Christin Schulte-Wess, (Bachelor-Arbeit) Paderborn 2009

Lühr/Matzel 1990: Rosemarie Lühr / Klaus Matzel, Zum Weiterleben des Rotwelschen. In: Zeitschrift für Dialektologie und Linguistik 57 (1990) S. 42–53

Lühr 1996: Rosemarie Lühr, Zum Sprachnamen *Rotwelsch*. In: Rotwelsch-Dialekte. Symposion Münster. 10. bis 12. März 1995. Herausgegeben von Klaus Siewert, (Sondersprachenforschung 1), Wiesbaden 1996, S. 15–31

Matras 1988: Yaron Matras, "Lekoudesch": Integration jiddischer Wörter in die Mundart von Rexingen bei Horb. Mit vergleichbarem Material aus Buttenhausen bei Münsingen, (Arbeiten zur Mehrsprachigkeit 33), Hamburg 1988

Matras 1991: Yaron Matras, Zur Rekonstruktion des jüdisch-deutschen Wortschatzes in den Mundarten ehemaliger „Judendörfer" in Südwestdeutschland. In: Zeitschrift für Dialektologie und Linguistik 58 (1991) S. 267–293

Matras 1996a: Yaron Matras, Symposion „Sondersprachenforschung: Rotwelschdialekte". Arbeitsstelle Sondersprachenforschung. Universität Münster. 10. bis 12. März 1995. In: Zeitschrift für Dialektologie und Linguistik 63 (1996) S. 186–188

Matras 1996b: Yaron Matras, Sondersprachliche Hebraismen: Zum semantischen Wandel in der hebräischen Komponente der südwestdeutschen Viehhändlersprache. In: Rotwelsch-Dialekte. Symposion Münster. 10. bis 12. März 1995. Herausgegeben von Klaus Siewert, (Sondersprachenforschung 1), Wiesbaden 1996, S. 43–58

Matras 1997: Yaron Matras, Zur stilistischen Funktion der Sondersprache *Lekoudesch* in südwestdeutschen Erzählungen. In: Arno Ruoff/Peter Löffelad (Hgg.), Syntax und Stilistik der Alltagssprache. Beiträge der 12. Arbeitstagung zur alemannischen Dialektologie. 25. bis 29. September 1996 in Ellwangen/Jagst, (Idiomatica 18), Tübingen 1997, S. 97–106

Matras 1998a: The Romani element in non-standard speech. Edited by Yaron Matras, (Sondersprachenforschung 3), Wiesbaden 1998

Matras 1998b: Yaron Matras, The Romani element in German secret languages: Jenisch and Rotwelsch. In: The Romani element in non-standard speech. Edited by Yaron Matras, (Sondersprachenforschung 3), Wiesbaden 1998, S. 193–230

May 2001: Kerstin May, Zum Jenisch der Wanderhändler aus der Südeifel. Mit einem Glossar aus schriftlichen Quellen, (Magisterarbeit) Münster 2001

May 2002: Kerstin May, Jenisch und Manisch in Wittgenstein. Zum Stand der Forschung. In: Aspekte und Ergebnisse der Sondersprachenforschung. III. und IV. Internationales Symposion. 17. bis 19. März 1999 in Rothenberge / 6. bis 8. April 2000 in Münster. Herausgegeben von Klaus Siewert unter Mitarbeit von Christian Efing, (Sondersprachenforschung 7), Wiesbaden 2002, S. 43–46

Meier 2009: Antje Talea Meier, Eine Kedelkloppersprook in Bremerhaven? In: Christian Efing / Corinna Leschber, Geheimsprachen in Mittel- und Südosteuropa, Frankfurt am Main/New York 2009, S. 209–218

Middelberg 2000: Jutta Middelberg, Romanismen in deutschen Sondersprachen, (Staatsarbeit) Münster 2000

Middelberg 2001: Jutta Middelberg, Romanismen in deutschen Sondersprachen, (Sondersprachenforschung 5), Wiesbaden 2001

Möller 2018: Klaus-Peter Möller, Außer Kontrolle. Die DDR-Soldatensprache als ein Dokument der Verweigerung. In: Kontrollierte Kommunikation. Erträge des X. Internationalen Symposions Sondersprachenforschung. Wangerland. 8. bis 10. April 2016. Herausgegeben von Stéphane Hardy / Sandra Herling / Klaus Siewert, (Sondersprachenforschung 15), Hamburg/Münster 2018, S. 140–160

Moser 2015: Karolin Moser, Die Liedtexte der *cumbia villera argentina*: das *Lunfardo* des dritten Jahrtausends, ein aktueller Blick auf das im 19. Jahrhunderts entstandene Argot von Buenos Aires. In: Geheimsprachen unter besonderer Berücksichtigung der Romania. Erträge des IX. Internationalen Symposions Sondersprachenforschung. Universität Siegen. 7. bis 8. November 2014. Herausgegeben von Stéphane Hardy / Sandra Herling / Klaus Siewert, (Sondersprachenforschung 14), Hamburg/Münster 2015, S. 119–136

Moser 2018: Karolin Moser, Vom Q-Code zur *jerga taxista*. Die Sprache der Taxifahrer von Córdoba-Stadt (Argentinien). In: Kontrollierte Kommunikation. Erträge des X. Internationalen Symposions Sondersprachenforschung. Wangerland. 8. bis 10. April 2016. Herausgegeben von Stéphane Hardy / Sandra Herling / Klaus Siewert, (Sondersprachenforschung 15), Hamburg/Münster 2018, S. 193–216

Moser 2019: Karolin Moser, Werkstattbericht: Die *Madres de la Plaza di Mayo*: Appellativ und/oder Eigenname als „Verdunkelungsstrategie" während der letzten argentinischen Diktatur (1976–1983). In: Namen im Geheimen. Erträge des XI. Internationalen Symposions Sondersprachenforschung. Universität Siegen. 11. bis 12. September 2017. Herausgegeben von Stéphane Hardy / Sandra Herling / Klaus Siewert, (Sondersprachenforschung 16), Hamburg/Münster 2019, S. 229–234

Nelde 1996: Peter Hans Nelde, Leben oder Überleben: Überlegungen zur Dynamik kleiner europäischer Sprachen. In: Rotwelsch-Dialekte. Symposion Münster. 10. bis 12. März 1995. Herausgegeben von Klaus Siewert, (Sondersprachenforschung 1), Wiesbaden 1996, S. 137–147

Opfermann 1999: Ulrich Friedrich Opfermann, Relikte des Jenischen und des Manischen in Wittgenstein und im Siegerland. In: Aspekte und Ergebnisse der Sondersprachenforschung. Symposion Brüssel. 28. bis 31. Mai 1997. Herausgegeben von Klaus Siewert unter Mitarbeit von Thorsten Weiland, (Sondersprachenforschung 4), Wiesbaden 1999, S. 111–134

Peters 2000: Karsten Peters, Die Sprache der Viehhändler in Lingen an der Ems. Mit einem Dokumentenanhang zu weiteren Vorkommen in Nordwestdeutschland, (Magisterarbeit) Münster 2000

Peters 2002: Karsten Peters, Friesische Relikte in der nordwestdeutschen Viehhändlersprache. In: Aspekte und Ergebnisse der Sondersprachenforschung. III. und IV. Internationales Symposion. 17. bis 19. März 1999 in Rothenberge / 6. bis 8. April 2000 in Münster. Herausgegeben von Klaus Siewert unter Mitarbeit von Christian Efing, (Sondersprachenforschung 7), Wiesbaden 2002, S. 209–213

Piirainen 1999: Elisabeth Piirainen, *Den Zossen is mekétts*. Der sondersprachliche Anteil an der Lexik der westmünsterländischen Mundart. In: Aspekte und Ergebnisse der Sondersprachenforschung. Symposion Brüssel. 28. bis 31. Mai 1997. Herausgegeben von Klaus Siewert unter Mitarbeit von Thorsten Weiland, (Sondersprachenforschung 4), Wiesbaden 1999, S. 21–40

Post 1992: Rudolf Post, Jüdisches Sprachgut in den pfälzischen und südhessischen Mundarten. In: Alfred Hans Kuby, Pfälzisches Judentum gestern und heute. Neustadt an der Weinstraße 1992, S. 177–258

Post 1999: Rudolf Post, Sondersprachliches im Pfälzischen Wörterbuch. In: Aspekte und Ergebnisse der Sondersprachenforschung. Symposion Brüssel. 28. bis 31. Mai 1997. Herausgegeben von Klaus Siewert unter Mitarbeit von Thorsten Weiland, (Sondersprachenforschung 4), Wiesbaden 1999, S. 41–55

Post 2002: Rudolf Post, Sondersprachliches im Badischen Wörterbuch. In: Aspekte und Ergebnisse der Sondersprachenforschung. III. und IV. Internationales Symposion. 17. bis 19. März 1999 in Rothenberge / 6. bis 8. April 2000 in Münster. Herausgegeben von Klaus Siewert unter Mitarbeit von Christian Efing, (Sondersprachenforschung 7), Wiesbaden 2002, S. 47–86

Post 2009: Rudolf Post, Reste von Viehhändlersprachen in der Pfalz, in Baden und im Elsass. In: Efing/Leschber 2009: Christian Efing / Corinna Leschber, Geheimsprachen in Mittel- und Südosteuropa, Frankfurt am Main/New York 2009, S. 89–98

5 Literaturverzeichnis

Post 2018: Rudolf Post, Sprachliche Tarnung in deutschen Mundarten. In: Kontrollierte Kommunikation. Erträge des X. Internationalen Symposions Sondersprachenforschung. Wangerland. 8. bis 10. April 2016. Herausgegeben von Stéphane Hardy / Sandra Herling / Klaus Siewert, (Sondersprachenforschung 15), Hamburg/Münster 2018, S. 24–32

Post 2019: Rudolf Post, Deonyme im Wortschatz der Gaunersprache der Wiener Galerie. In: Namen im Geheimen. Erträge des XI. Internationalen Symposions Sondersprachenforschung. Universität Siegen. 11. bis 12. September 2017. Herausgegeben von Stéphane Hardy / Sandra Herling / Klaus Siewert, (Sondersprachenforschung 16), Hamburg/Münster 2019, S. 55–80

Pursch 2002: Manuela Pursch, Reste des Rotwelschen im Odenwald, (Staatsarbeit) Darmstadt 2002

Riecke 1990: Jörg Riecke, Zum Fortleben alter Wörter des Rotwelschen in der deutschen Literatur. Zugleich Ergänzung und Berichtigung zum „Wörterbuch des Rotwelschen" von Siegmund A. Wolf. In: Zeitschrift für Dialektologie und Linguistik 57 (1990) S. 186–192

Riecke 2002: Jörg Riecke, An den Randzonen der Sprache. „Lagersprache" und „Gettosprache" zur Zeit des Nationalsozialismus. In: Aspekte und Ergebnisse der Sondersprachenforschung. III. und IV. Internationales Symposion. 17. bis 19. März 1999 in Rothenberge / 6. bis 8. April 2000 in Münster. Herausgegeben von Klaus Siewert unter Mitarbeit von Christian Efing, (Sondersprachenforschung 7), Wiesbaden 2002, S. 23–34

Rijkhoff 1998: Jan Rijkhoff, Bystander deixis. In: The Romani element in non-standard speech. Edited by Yaron Matras, (Sondersprachenforschung 4), Wiesbaden 1998, S. 51–67

Roth 2009: Hansjörg Roth, Das Jenisch-Glossar aus dem „Großen Gaunerprozess" 1824–1826. In: Efing/Leschber 2009: Christian Efing / Corinna Leschber, Geheimsprachen in Mittel- und Südosteuropa, Frankfurt am Main/New York 2009, S. 59–88

Schinz 2003: Caroline Schinz, Wortbildung in deutschen Geheimsprachen, (Magisterarbeit) Münster 2003

Schleich 1999: Heidi Schleich, Zu Resten des Jenischen in Tirol. In: Aspekte und Ergebnisse der Sondersprachenforschung. Symposion Brüssel. 28. bis 31. Mai 1997. Herausgegeben von Klaus Siewert unter Mitarbeit von Thorsten Weiland, (Sondersprachenforschung 4), Wiesbaden 1999, S. 186–187

Schmidt-Wiegand 1988: Ruth Schmidt-Wiegand, Rotwelsch. In: Handwörterbuch zur deutschen Rechtsgeschichte, IV. 29. Lieferung, Berlin 1988, Sp. 1178–1182

Schulte-Wess 2007: Ann Christin Schulte-Wess, Die Viehhändlersprache in Westfalen und im nördlichen Rheinland (Staatsarbeit). Bearbeitet und herausgegeben von Klaus Siewert, Münster 2007

Schuppener 1999a: Georg Schuppener, Zahlwörter und Zahlwortreihen im Rotwelschen. In: Aspekte und Ergebnisse der Sondersprachenforschung. Symposion Brüssel. 28. bis 31. Mai 1997. Herausgegeben von Klaus Siewert unter Mitarbeit von Thorsten Weiland, (Sondersprachenforschung 4), Wiesbaden 1999, S. 72–91

Schuppener 1999b: Georg Schuppener, Bemerkungen zu einer Sondersprachen-Bibliographie. In: Aspekte und Ergebnisse der Sondersprachenforschung. Symposion Brüssel. 28. bis 31. Mai 1997. Herausgegeben von Klaus Siewert unter Mitarbeit von Thorsten Weiland, (Sondersprachenforschung 4), Wiesbaden 1999, S. 176–179

Schuppener 2002a: Georg Schuppener, Einige Bemerkungen zum Verhältnis von Sondersprachenforschung und Sprachgeschichte. In: Aspekte und Ergebnisse der Sondersprachenforschung. III. und IV. Internationales Symposion. 17. bis 19. März 1999 in Rothenberge / 6. bis 8. April 2000 in Münster. Herausgegeben von Klaus Siewert unter Mitarbeit von Christian Efing, (Sondersprachenforschung 7), Wiesbaden 2002, S. 9–14

Schuppener 2002b: Georg Schuppener, Geldbezeichnungen im Rotwelschen. Einige wortgeschichtliche Betrachtungen. In: Aspekte und Ergebnisse der Sondersprachenforschung. III. und IV. Internationales Symposion. 17. bis 19. März 1999 in Rothenberge / 6. bis 8. April 2000 in Münster. Herausgegeben von Klaus Siewert unter Mitarbeit von Christian Efing, (Sondersprachenforschung 7), Wiesbaden 2002, S. 97–114

Schuppener 2002c: Georg Schuppener, Bibliographie zur Sondersprachenforschung, (Sondersprachenforschung 6), Wiesbaden 2002

Schuppener 2009: Georg Schuppener, Süßchenbecker & Co. Gaunersprachliches in Clara Viebigs „Das Kreuz im Venn". In: Efing/Leschber 2009: Christian Efing / Corinna Leschber, Geheimsprachen in Mittel- und Südosteuropa, Frankfurt am Main/New York 2009, S. 41–58

Siewert 1990: *Es war einmal ein kurantes anim ...* Textbuch Masematte. Herausgegeben von Klaus Siewert, Münster/New York 1990, 2. Auflage 1991, 3. Auflage 1993 (Gespräch mit Primärsprechern: S. 10–23)

Siewert 1991a: Klaus Siewert, Masematte. Zur Situation einer regionalen Sondersprache. In: Zeitschrift für Dialektologie und Linguistik 58 (1991) S. 44–56

Siewert 1991b: Klaus Siewert, Besprechung von: Karl Kassenbrock, Emmes, Seeger. In: Zeitschrift für Dialektologie und Linguistik 58 (1991) S. 121–122

Siewert 1992: *Und wenn sie nicht machulle sind ...* Textbuch Masematte II. Herausgegeben von Klaus Siewert, Münster/New York 1992

Siewert 1993: Klaus Siewert, *Olf, bes, kimmel, dollar, hei ...* Handwörterbuch der Münsterschen Masematte, Münster/New York 1993, 2. Auflage 1996

Siewert 1994a: Klaus Siewert, Boofkenrackewehle. Prolegomena zu einem sondersprachlichen Wörterbuch. In: Satz-Text-Diskurs, herausgegeben von Susanne Beckmann und Sabine Frilling. Akten des 27. Linguistischen Kolloquiums, Münster 1992, I, Tübingen 1994, S. 291–300

Siewert 1994b: *Beinahe mulo gedellt ...* Textbuch Masematte III. Herausgegeben von Klaus Siewert, Münster/New York 1994 (Gespräch mit Primärsprechern: S. 23–29)

Siewert 1996a: Klaus Siewert, Arbeitsstelle Sondersprachenforschung. Forschungsbericht (Berichtszeitraum: 1.4.1994 – 31.1.1996), Münster 1996

Siewert/Bergemann 1996b: Klaus Siewert, Karte der Rotwelsch-Dialekte in Deutschland. Mit einer Faltkarte. In Zusammenarbeit mit Jörg Bergemann und dem Deutschen Sprachatlas/Marburg. In: Zeitschrift für Dialektologie und Linguistik 63 (1996) S. 282–288; Faltkarte: nach S. 288

Siewert 1996c: Klaus Siewert, Zum Stand der Forschung. In: Rotwelsch-Dialekte. Symposion Münster. 10. bis 12. März 1995. Herausgegeben von Klaus Siewert, (Sondersprachenforschung 1), Wiesbaden 1996, S. 9–14

Siewert 1996d: Rotwelsch-Dialekte. Symposion Münster. 10. bis 12. März 1995. Herausgegeben von Klaus Siewert, (Sondersprachenforschung 1), Wiesbaden 1996

Siewert 1996e: Klaus Siewert, Aufgaben der Sondersprachenforschung in den deutschsprachigen Ländern. In: Muttersprache. Vierteljahresschrift für deutsche Sprache 106 (1996) S. 350–357

Siewert 1997a: Klaus Siewert, Das Pfedelbacher Jenisch. Mit einem Glossar aus den schriftlichen Quellen. In: Zeitschrift für Dialektologie und Linguistik 64 (1997) S. 37–56

Siewert 1997b: Klaus Siewert, Forschungsbericht II (Berichtszeitraum: 1.2.1996 - 31.8.1997), Münster 1997

Siewert 1997c: Klaus Siewert, Rotwelsch und Jenisch. In: Der Sprachdienst, 6/1997, S. 214

Siewert 1998: Habilitationsschrift Münster 1998, s. Siewert 2003

Siewert 1998a: Klaus Siewert, Sondersprachliche Hebraismen. In: Zeitschrift für Althebraistik 11 (1998) S. 82–84

Siewert 1998b: *Mit hamel hallas und helau...* Textbuch Masematte IV. Herausgegeben von Klaus Siewert, Münster/New York/München/Berlin 1998

Siewert 1998c: Klaus Siewert, Besprechung von: The Language and Culture Atlas of Ashkenazic Jewry, Volume II: Research Tools. In: Dialectologia et Geolinguistica 6 (1998) S. 121–122

Siewert 1999a: Klaus Siewert, Forschungen und Funde. In: Aspekte und Ergebnisse der Sondersprachenforschung. Symposion Brüssel. 28. bis 31. Mai 1997. Herausgegeben von Klaus Siewert unter Mitarbeit von Thorsten Weiland, (Sondersprachenforschung 4), Wiesbaden 1999, S. 9–17; mit Abbildungen, S. 209 f.

Siewert 1999b: Klaus Siewert, Besprechung von: Tonaufnahmen des gesprochenen Deutsch. Dokumentation der Bestände von sprachwissenschaftlichen Forschungsprojekten und Archiven. Bearbeitet und herausgegeben von Peter Wagener und Karl-Heinz Bausch. In: Zeitschrift für Dialektologie und Linguistik 66 (1999) S. 249–250

Siewert 1999c: Aspekte und Ergebnisse der Sondersprachenforschung. Symposion Brüssel. 28. bis 31. Mai1997. Herausgegeben von Klaus Siewert unter Mitarbeit von Thorsten Weiland, (Sondersprachenforschung 4), Wiesbaden 1999

Siewert 2000: Klaus Siewert, Semantischer Wandel versus semantische Verwandlung. In: Sprachspiel und Bedeutung. Festschrift für Franz Hundsnurscher zum 65. Geburtstag, herausgegeben von Susanne Beckmann, Peter-Paul König und Georg Wolf, Tübingen 2000, S. 157–163

Siewert 2001: Klaus Siewert, Zum Rotwelsch in der deutschen Literatur. In: „Das Schöne soll sein". *Aisthesis* in der deutschen Literatur. Festschrift für Wolfgang F. Bender, herausgegeben von Peter Heßelmann, Michael Huesmann und Hans-Joachim Jakob, Bielefeld 2001, S. 35–41

Siewert 2002a: Klaus Siewert, Forschungen und Funde. In: Aspekte und Ergebnisse der Sondersprachenforschung. III. und IV. Internationales Symposion. 17. bis 19. März 1999 in Rothenberge / 6. bis 8. April 2000 in Münster. Herausgegeben von Klaus Siewert unter Mitarbeit von Christian Efing, (Sondersprachenforschung 7), Wiesbaden 2002, S. 9–17

Siewert 2002b: Klaus Siewert, „ ... und sie knospelte ihr ersten kutschabo". Die Mindener Buttjersprache, Minden 2002

Siewert 2002c: Klaus Siewert, Die Kedelkloppersprook. Geheimsprache aus dem Hamburger Hafen. Mit einer CD „Hamburger Geheimsprachen", Hamburg 2002, 2. erw. Auflage 2009

Siewert 2002d: Klaus Siewert, Sondersprachenforschung in Deutschland. In: Peter Wiesinger, Akten des X. Internationalen Germanistenkongresses Wien 2000. „Zeitenwende – Die Germanistik auf dem Weg vom 20. ins 21. Jahrhundert", Band 3, Bern u.a. 2002, (Jahrbuch für Internationale Germanistik. Reihe A. Kongreßberichte. Band 55), S. 263–271

Siewert 2002e: Aspekte und Ergebnisse der Sondersprachenforschung II. III. und IV. Internationales Symposion. 17. bis 19. März 1999 in Rothenberge / 6. bis 8. April 2000 in Münster. Herausgegeben von Klaus Siewert unter Mitarbeit von Christian Efing, (Sondersprachenforschung 7), Wiesbaden 2002

Siewert 2002f: Klaus Siewert, Vertraut und vertraulich. Die Geheimsprache der Buttjer in der Alt- und Fischerstadt Mindens. In: Mitteilungen des Mindener Geschichtsvereins 74 (2002) S. 135–148

Siewert 2003: Klaus Siewert, Grundlagen und Methoden der Sondersprachenforschung. Mit einem Wörterbuch der Masematte aus Sprecherbefragungen und den schriftlichen Quellen, (Sondersprachenforschung 8), Wiesbaden 2003 (Habilitationsschrift Münster 1998)

Siewert 2003a: Klaus Siewert, Hamburgs Nachtjargon. Die Sprache auf dem Kiez in St. Pauli. Mit einer CD „Nachtjargon in vergessenen Hamburger Liedern", Hamburg 2003, 2. erweiterte Auflage 2009

Siewert 2003b: Klaus Siewert, Von achilen bis zulemann. Das große Wörterbuch der Münsterschen Masematte, Münster 2003, 2. Auflage 2009

Siewert 2009: Hörbuch Masematte. Gedichte und Geschichten. Gelesen von Hanna Schön und Manfred Averbeck. Herausgegeben von Klaus Siewert unter Mitarbeit von Lilia Vinnikova, Münster 2009

Siewert 2010: Klaus Siewert, Die geheime Sprache der Tiötten. Mit Dokumentenanhängen: Typoskript der Arbeit von Louis Stüve, Die Tiöttensprache, Recke 1923, mit handschriftlichen Korrekturen von Fritz Hettlage. Zettelglossar des Fritz Hettlage. Briefwechsel Friedrich Kluge - Louis Stüve 1900–1901, Hamburg/Münster 2010

Siewert 2011: Klaus Siewert, Humpisch. Eine Geheimsprache westfälischer Leinenhändler, (Sondersprachenforschung 12), Hamburg/Münster 2011

Siewert 2013a/Klüsekamp: Klaus Siewert / Jens Klüsekamp, Das Mastbrucher Emmes. Eine westfälische Sondersprache aus dem Raum Paderborn. Wörterbuch. Untersuchungen. Dokumente. Unter Mitarbeit von Jens Klüsekamp, Hamburg/Münster 2013

Siewert 2013b: Klaus Siewert, Hebraismen in deutschen Sondersprachen. In: Jiddisch im Rheinland. Auf den Spuren der Sprachen der Juden im Rheinischen. Eine Publikation des Landschaftsverbandes Rheinland. Herausgegeben von Monika Grübel und Peter Honnen, Essen 2013, S. 85–109

Siewert 2014a: ... *inti sie ni forstuontun thaz uuort thaz her sprah zi in* (Tat. 12,8). Klaus Siewert, Kleinere Schriften zur deutschen Philologie & Sprachwissenschaft, zu Geheimsprachen, Kodikologie, Keltologie und Klassischer Philologie. Festschrift zu seinem 60. Geburtstag am 15. Februar 2014. Herausgegeben von Jochen P. Becker, Christoph Gutknecht und Rudolf Post, Münster/New York 2014

Siewert 2014b: Klaus Siewert, Geheimsprachen in Westfalen, Band 1: Mindener Buttjersprache. Mettinger Humpisch (Tiöttensprache), Hamburg/Münster 2014

Siewert 2015a: Klaus Siewert, 25 Jahre moderne Sondersprachenforschung in Deutschland. In: Geheimsprachen unter besonderer Berücksichtigung der Romania. Erträge des IX. Internationalen Symposions Sondersprachenforschung. Universität Siegen. 7. bis 8. November 2014. Herausgegeben von Stéphane Hardy / Sandra Herling / Klaus Siewert, (Sondersprachenforschung 14), Hamburg/Münster 2015, S. 9–34

Siewert 2015b: Klaus Siewert, Zu Romanismen in deutschen Rotwelsch-Dialekten. In: Geheimsprachen unter besonderer Berücksichtigung der Romania. Erträge des IX. Internationalen Symposions Sondersprachenforschung. Universität Siegen. 7. bis 8. November 2014. Herausgegeben von Stéphane Hardy / Sandra Herling / Klaus Siewert, (Sondersprachenforschung 14), Hamburg/Münster 2015, S. 87–92

Siewert 2015c: Klaus Siewert, Geheimsprachen in Westfalen, Band 2: Münsters Masematte. Westfälische Viehhändlersprache, Hamburg/Münster 2015

Siewert 2017: Klaus Siewert, Geheimsprachen in Westfalen, Band 3: Sauerland. Siegen-Wittgenstein. Paderborner Land und weitere überregionale Vorkommen, Hamburg/Münster 2017

Siewert 2018a: Klaus Siewert, Typen und Muster der Codierung in deutschen Geheimsprachen. In: Kontrollierte Kommunikation. Erträge des X. Internationalen Symposions Sondersprachenforschung. Wangerland. 8. bis 10. April 2016. Herausgegeben von Stéphane Hardy / Sandra Herling / Klaus Siewert, (Sondersprachenforschung 15), Hamburg/Münster 2018, S. 9–23

Siewert 2018b: Klaus Siewert, Sprachliche Tarnung an der Nordsee: Viehhändler und Küstenfischer. In: Kontrollierte Kommunikation. Erträge des X. Internationalen Symposions Sondersprachenforschung. Wangerland. 8. bis 10. April 2016. Herausgegeben von Stéphane Hardy / Sandra Herling / Klaus Siewert, (Sondersprachenforschung 15), Hamburg/Münster 2018, S. 33–47

Siewert 2018c: Wörterbuch der jüdischen Geschäfts- und Umgangssprache. Herausgegeben und kommentiert von Klaus Siewert, Hamburg/Münster 2018

Siewert 2018d: Klaus Siewert, „Hebräisch". Die Marktsprache der Pferde- und Viehhändler in Norddeutschland. Wörterbuch. Analysen. Dokumente, Hamburg/Münster 2018

Siewert 2018e: Klaus Siewert, Besprechung von: Christian Efing / Bruno Arich-Gerz, Geheimsprachen. Geschichte und Gegenwart verschlüsselter Kommunikation. Wiesbaden 2017. In: Zeitschrift für Dialektologie und Linguistik 85 (2018) S. 359–363

Siewert 2019a: Klaus Siewert, Namen und Deonomastica in deutschen Sondersprachen. In: Namen im Geheimen. Erträge des XI. Internationalen Symposions Sondersprachenforschung. Universität Siegen. 11. bis 12. September 2017. Herausgegeben von Stéphane Hardy / Sandra Herling / Klaus Siewert, (Sondersprachenforschung 16), Hamburg/Münster 2019, S. 9–22

Siewert 2019b: Klaus Siewert, *Victor!* Namen in der Tarnsprache der deutschen Jagdflieger im Zweiten Weltkrieg. In: Namen im Geheimen. Erträge des XI. Internationalen Symposions Sondersprachenforschung. Universität Siegen. 11. bis 12. September 2017. Herausgegeben von Stéphane Hardy / Sandra Herling / Klaus Siewert, (Sondersprachenforschung 16), Hamburg/Münster 2019, S. 31–54

Siewert 2019c: Rotwellsche Grammatik oder Sprachkunst. Frankfurt am Mayn 1755. Herausgegeben und kommentiert von Klaus Siewert, Hamburg/Münster 2019

Siewert/Boretzky 2020: „Wörter=Buch von der Zigeuner=Sprache". Frankfurt und Leipzig 1755. Herausgegeben und kommentiert von Klaus Siewert. Mit Beiträgen von Norbert Boretzky, Hamburg/Münster 2020

Siewert 2021: Klaus Siewert, Besprechung von: Paul Van Hauwermeiren, Bargoens. Vijfeeuwen geheimtaal van randgroepen in de Lage Landen. Vol. I: Geheime groepstal; Vol. II: Bronnen van Bargoens; Vol. III: Bibliografie & woordregister, Gent 2020. In: Taal & Tongval. Language Variation in the Low Countries 73 (2021) S. 103–107.

Siewert 2025: Klaus Siewert, Secret Language. In: International Encyclopedia of Language and Linguistics (3rd edition). Ed. Hilary Nesi & Petar Milin (forthcoming)

Siewert 2025a: Klaus Siewert, Rotwelsch-Dialekte. Beargwöhnt, dokumentiert, erforscht und geadelt. In: Muttersprache 135 (2025) S. 60-68

Siewert 2025b: Klaus Siewert, Rotwelsch-Dialekte als Kulturform und „Immaterielles Kulturerbe". In: Verschlüsselt – Dekodiert – Dokumentiert. Erträge des XIII. Internationalen Symposions Sondersprachenforschung. Münster, 12. bis 14. Mai 2023. Herausgegeben von Klaus Siewert (Sondersprachenforschung 17), Hamburg 2025, S. 125-129

Siewert 2025c: Klaus Siewert, Das Wörterbuch deutscher Geheimsprachen (WGH). Neue Möglichkeiten und Perspektiven der Forschung. In: Verschlüsselt – Dekodiert – Dokumentiert. Erträge des XIII. Internationalen Symposions Sondersprachenforschung. Münster, 12. bis 14. Mai 2023. Herausgegeben von Klaus Siewert (Sondersprachenforschung 17), Hamburg 2025, S. 13-29

Spangenberg 1996a: Karl Spangenberg, Die Musikantensprache von Hundeshagen im Eichsfeld. In: Rotwelsch-Dialekte. Symposion Münster. 10. bis 12. März 1995. Herausgegeben von Klaus Siewert, (Sondersprachenforschung 1), Wiesbaden 1996, S. S. 94–101

Spangenberg 1996b: Karl Spangenberg, Zur Sprache der Wandermusikanten aus dem böhmischen Preßnitz. In: Rotwelsch-Dialekte. Symposion Münster. 10. bis 12. März 1995. Herausgegeben von Klaus Siewert, (Sondersprachenforschung 1), Wiesbaden 1996, S. 102–103

Stellmacher 1999: Dieter Stellmacher, Idiotikon oder Wörterbuch – eine für Sondersprache ungelöste Frage? In: Aspekte und Ergebnisse der Sondersprachenforschung. Symposion Brüssel. 28. bis 31. Mai 1997. Herausgegeben von Klaus Siewert unter Mitarbeit von Thorsten Weiland, (Sondersprachenforschung 4), Wiesbaden 1999, S. 18–20

Stellmacher 2002: Janka Stellmacher, Das Rotwelsch der Handwerksburschen auf der Walz, (Magisterarbeit) Münster2002

Striedl 2018: Philipp Striedl, Zahalsprache: Sprachliche Charakteristik der militärischen Institutionen in Israel. In: Kontrollierte Kommunikation. Erträge des X. Internationalen Symposions Sondersprachenforschung. Wangerland. 8. bis 10. April 2016. Herausgegeben von Stéphane Hardy / Sandra Herling / Klaus Siewert, (Sondersprachenforschung 15), Hamburg/Münster 2018, S. 161–192

Strommer 2015: Martina Anissa Strommer, Unserdeutsch und Kolonialdeutsch: Gemeinsamkeiten und Unterschiede zweier Sondersprachen im Deutschen Kolonialismus. In: Geheimsprachen unter besonderer Berücksichtigung der Romania. Erträge des IX. Internationalen Symposions Sondersprachenforschung. Universität Siegen. 7. bis 8. November 2014. Herausgegeben von Stéphane Hardy / Sandra Herling / Klaus Siewert, (Sondersprachenforschung 14), Hamburg/Münster 2015, S. 53–74

Torka 2022: Tobias Torka, Die Bedeutung des Rotwelschen für den kriminologischen Diskurs im langen 19. Jahrhundert, (Masterarbeit) Münster 2022

Tschudnowa 2010: Kristina Tschudnowa, Rotwelsch in der deutschen Literatur an ausgewählten Beispielen, (Staatsarbeit) Paderborn 2010

van Bekkum 2002: Wout Jacob van Bekkum, Reconstruction of Yiddish Colloquial in Winschoten. In: Aspekte und Ergebnisse der Sondersprachenforschung. III. und IV. Internationales Symposion. 17. bis 19. März 1999 in Rothenberge / 6. bis 8. April 2000 in Münster. Herausgegeben von Klaus Siewert unter Mitarbeit von Christian Efing, (Sondersprachenforschung 7), Wiesbaden 2002, S. 197–208

Van Hauwermeiren 2020: Paul Van Hauwermeiren, Bargoens. Vijf eeuwen geheimtaal van randgroepen in de Lage Landen. Vol. I: Geheime groepstal; Vol. II: Bronnen van Bargoens; Vol. III: Bibliografie & woordregister, Gent 2020

van Leeuwen-Turnovcová 2002: Jiřina van Leeuwen-Turnovcová, Zum Argot im Tschechischen. In: Aspekte und Ergebnisse der Sondersprachenforschung. III. und IV. Internationales Symposion. 17. bis 19. März 1999 in Rothenberge / 6. bis 8. April 2000 in Münster. Herausgegeben von Klaus Siewert unter Mitarbeit von Christian Efing, (Sondersprachenforschung 7), Wiesbaden 2002, S. 133–150

von Haldenwang 1999: Hasso von Haldenwang, Die Jenischen. Erinnerungen an die Wildensteiner Hausierer, Veröffentlichungen zur Ortsgeschichte und Heimatkunde in Württembergisch Franken, Crailsheim 1999 von Haldenwang 2009: Hasso von Haldenwang, Zur Eigenständigkeit des Wildensteiner Jenischen. In: Efing / Leschber 2009: Christian Efing / Corinna Leschber, Geheimsprachen in Mittel- und Südosteuropa, Frankfurt am Main/New York 2009, S. 99–102

Viehmann 1997: Sandra Viehmann, Reste sondersprachlicher Varietäten in Nordhessen, (Staatsarbeit) Münster 1997

Weikert 2007: Stefan Weikert, Die Viehhändlersprache in Deutschland: Studien zur Morphologie, Semantik und Pragmalinguistik, (Magisterarbeit) Münster 2007

Weiland 1996a: Thorsten Weiland, „Echtes masematten". Sprecherbefragungen. In: Rotwelsch-Dialekte. Symposion Münster. 10. bis 12. März 1995. Herausgegeben von Klaus Siewert, (Sondersprachenforschung 1), Wiesbaden 1996, S. 59–65

Weiland 1996b: Thorsten Weiland, Die Sprache der Hundeshagener Wandermusikanten. Studien zur Überlieferungslage und zum Wortschatz, (Magisterarbeit) Münster 1996

Weiland 1999: Thorsten Weiland, *Fuckern, jaunen, schmalmachen*. Zu Vorkommen und Funktion von Musikwörtern in Rotwelsch-Dialekten. In: Aspekte und Ergebnisse der Sondersprachenforschung. Symposion Brüssel. 28. bis 31. Mai 1997. Herausgegeben von Klaus Siewert unter Mitarbeit von Thorsten Weiland, (Sondersprachenforschung 4), Wiesbaden 1999, S. 92–110

Weiland 2000: Thorsten Weiland, Das Hundeshagener Kochum, (Dissertation) Münster 2000

Weiland 2002: Thorsten Weiland, Die Sprache Drogenabhängiger aus Hamm und Dortmund. Sprecherbefragungen und Erträge. In: Aspekte und Ergebnisse der Sondersprachenforschung. III. und IV. Internationales Symposion. 17. bis 19. März 1999 in Rothenberge / 6. bis 8. April 2000 in Münster. Herausgegeben von Klaus Siewert unter Mitarbeit von Christian Efing, (Sondersprachenforschung 7), Wiesbaden 2002, S. 35–42

Weiland 2003: Thorsten Weiland, Das Hundeshagener Kochum. Ein Rotwelsch-Dialekt von Wandermusikanten aus dem Eichsfeld. Quellen – Wörterbuch – Analysen, Paderborn/München/Wien/Zürich 2003

Weiland 2019: Thorsten Weiland, Deutsche Familiennamen aus rotwelschen Appellativen? In: Namen im Geheimen. Erträge des XI. Internationalen Symposions Sondersprachenforschung. Universität Siegen. 11. bis 12. September 2017. Herausgegeben von Stéphane Hardy / Sandra Herling / Klaus Siewert, (Sondersprachenforschung 16), Hamburg/Münster 2019, S. 23–30

Weinberg 1969: Werner Weinberg, Die Reste des Jüdischdeutschen (Studia Delitzschiana 12), Stuttgart/Berlin/Köln/Mainz 1969, zweite erweiterte Auflage 1973

Werle 2015: Sonja Werle, Die Geheimsprache der Pfadfinder und der deutschen Jugendbewegung. In: Geheimsprachen unter besonderer Berücksichtigung der Romania. Erträge des IX. Internationalen Symposions Sondersprachenforschung. Universität Siegen. 7. bis 8. November 2014. Herausgegeben von Stéphane Hardy / Sandra Herling / Klaus Siewert, (Sondersprachenforschung 14), Hamburg/Münster 2015, S. 75–86

Windolph 1998: Wolfram Windolph, Nerother Jenisch. Schriftliche Quellen und Glossar, (Sondersprachenforschung 2), Wiesbaden 1998

Wolf 1985: Siegmund A. Wolf, Wörterbuch des Rotwelschen. Deutsche Gaunersprache, Mannheim 1956, 2. überarbeitete Auflage 1985, unveränderter Nachdruck der 2. Auflage Hamburg 1993

Wolf 1986: Siegmund A. Wolf, Jiddisches Wörterbuch. Wortschatz des deutschen Grundbestandes der jiddischen (jüdischdeutschen) Sprache mit Leseproben, Mannheim 1962, 2. überarbeitete Auflage 1986, unveränderter Nachdruck der 2. Auflage Hamburg 1993

Wolf 1987: Siegmund A. Wolf, Großes Wörterbuch der Zigeunersprache (romani tšiw). Wortschatz deutscher und anderer europäischer Zigeunerdialekte, Mannheim 1960, 2. überarbeitete Auflage 1987, unveränderter Nachdruck der 2. Auflage Hamburg 1993

Ziem 2004: Florian Ziem, Das Frammersbacher Welschen und typverwandte Sondersprachen, (Magisterarbeit) Darmstadt 2004

Reihe „Sondersprachenforschung" (ab 1996). Begründet und herausgegeben von Klaus Siewert in Verbindung mit Ben Fortson, Heinrich J. Dingeldein, Christoph Gutknecht, Stéphane Hardy, Sandra Herling, Robert Jütte, Yaron Matras, Rudolf Post, Thorsten Weiland und dem Deutschen Sprachatlas, Universität Marburg/Lahn. Harrassowitz Verlag Wiesbaden (Bde. 1–11); Geheimsprachen Verlag Münster / Hamburg (Bde. 12 ff.).

1. Rotwelsch-Dialekte. Symposion Münster. 10. bis 12. März 1995. Herausgegeben von Klaus Siewert, Wiesbaden 1996
2. Wolfram Windolph, Nerother Jenisch. Schriftliche Quellen und Glossar, Wiesbaden 1998
3. The Romani element in non-standard speech. Herausgegeben von Yaron Matras, Wiesbaden 1998
4. Aspekte und Ergebnisse der Sondersprachenforschung. Symposion Brüssel. 28. bis 31. Mai 1997. Herausgegeben von Klaus Siewert unter Mitarbeit von Thorsten Weiland, Wiesbaden 1999
5. Jutta Middelberg, Romanismen in deutschen Rotwelsch-Dialekten, Wiesbaden 2001
6. Georg Schuppener, Bibliographie zur Sondersprachenforschung, Wiesbaden 2002
7. Aspekte und Ergebnisse der Sondersprachenforschung II. III. und IV. Internationales Symposion 17. bis 19. März 1999 in Rothenberge / 6. bis 8. April 2000 in Münster. Herausgegeben von Klaus Siewert unter Mitarbeit von Christian Efing, Wiesbaden 2002
8. Klaus Siewert, Grundlagen und Methoden der Sondersprachenforschung. Mit einem Wörterbuch der Masematte aus Sprecherbefragungen und den schriftlichen Quellen, Wiesbaden 2003 (Habilitationsschrift Münster 1998)
9. Marlena Abel, Slawismen in deutschen Rotwelsch-Dialekten, Wiesbaden 2003
10. Christian Efing, Jenisch unter Schaustellern. Mit einem Glossar aus schriftlichen Quellen, Wiesbaden 2004
11. Christian Efing, Das Lützenhardter Jenisch. Studien zu einer deutschen Sondersprache, Wiesbaden 2005
12. Klaus Siewert, Humpisch. Eine Geheimsprache westfälischer Leinenhändler, Hamburg/Münster 2011
13. Jörg Bergemann, Das Schloßberger Jenisch. Studien zur Überlieferungslage und zum Wortschatz, Hamburg/Münster 2012
14. Geheimsprachen unter besonderer Berücksichtigung der Romania. Erträge des IX. Internationalen Symposions Sondersprachenforschung. Universität Siegen. 7 bis 8. November 2014. Herausgegeben von Stéphane Hardy, Sandra Herling und Klaus Siewert, Hamburg/Münster 2015
15. Kontrollierte Kommunikation. Erträge des X. Internationalen Symposions Sondersprachenforschung. Wangerland. 8. bis 10. April 2016. Herausgegeben von Stéphane Hardy, Sandra Herling und Klaus Siewert, Hamburg/Münster 2018
16. Namen im Geheimen. Erträge des XI. Internationalen Symposions Sondersprachenforschung. Universität Siegen. 11. bis 12. September 2017. Herausgegeben von Stéphane Hardy, Sandra Herling und Klaus Siewert, Hamburg/Münster 2019
17. Verschlüsselt – Dekodiert – Dokumentiert. Erträge des XIII. Internationalen Symposions Sondersprachenforschung. Münster, 12. bis 14. Mai 2023. Herausgegeben von Klaus Siewert, Hamburg 2025

Wörterbuch

A

ääbsch Adj., Adv. [CL]
- einfältig [CL] ♦ **E:** pfälz. *äbsch* ‚schief, verkehrt, links' < mhd. *ebich* (PfälzWb. I 73 f.); zur semantischen Umorientierung mdal. Lexeme in Rotwelsch-Dialekten vgl. Siewert, Grundlagen, 366–368.

aaf¹ Subst. m. [SPI]
- Mann [SPI] ♦ **E:** rw. *aff* ‚Inspektor' zu jd. *aw* ‚Vater' (WolfWR 45).
aaf Indefinitpron. [SPI]
- man [SPI].

aaf² Subst. m. [Scho]
- Juli [Scho] ♦ **E:** jd. *aw* ‚Juli'.

aal Subst. m. [HN]
- Penis [HN] ♦ **E:** ugs./met. *aal* ‚Penis', wegen der Formähnlichkeit mit dem gleichnamigen Fisch (Kü 1993: 1). ♦ **V:** *einen aal wässern* ‚Geschlechtsverkehr ausüben' [HN]; vgl. → *aalen*.

aalen swV. [LüJ, RW]
- umarmen [LüJ]; mögen [LüJ]; liebhaben [LüJ]; sich behaglich fühlen [RW]; lieben [LüJ]; in den Arm nehmen [LüJ]; schmusen [LüJ]; Wange streicheln [LüJ]; Wange reiben [LüJ]; „Wange an Wange drücken, mit Umarmung" [LüJ]; „gegenseitige Streicheleinheit zukommen lassen" [LüJ] ♦ **E:** rw. *sich aalen* ‚sich behaglich fühlen' (WolfWR 1); wohl zu dt. *Aal* DWB I 5, Benennungsmotiv: sich wie ein Aal bewegen, sich wohlig winden (Klu. 1999, 1), womgl. Einfluss vom Koselaut *aa*, vgl. obdt. *aalen*, zum Koselaut *aa*: SchwäbWb. I 1 (*a* ‚Liebkosung'); vgl. → *aal*.

aale Subst. [LüJ]
- enge Umarmung [LüJ]; Streicheleinheit [LüJ]; „Wange an Wange-Drücken" [LüJ]; „Backe an Backe" [LüJ] ♦ **V:** *gib mir ein aale* ‚umarm' mich mal ganz fest' [LüJ].

aaldrisch ‚alt' → *altrisch*.

aapen swV. [JS]
apen [JS]; **arpen** [JS]
- gehen [JS]; kommen [JS] ♦ **E:** unsicher; evtl. zu roi. *apo* ‚auf, an' (WolfWZ 47); schwer zu rw. *abern* ‚schlafen' WolfWR 7. ♦ **V:** *aap pre-e-e* ‚geht fort' [JS].

äätliger Subst. m. [BM]
- Atem [BM] ♦ **E:** vgl. SchweizId. I 588 (*ätmelen* ‚schwach atmen').

ab- Präfix von Verben, Substantiven, Adjektiven in: → *abagei* bis → *abwide*, passim.

abagai swV. [LüJ]
- abhauen [LüJ] ♦ **E:** dt. *abgehen* DWB I 45 f.; vgl. → *abgeien*. ♦ **V:** *abagai, baschmande pficht* ‚abhauen, die Polizei kommt' [LüJ].

abbalzen swV. → *balzen*.

abbauen swV. [SchJ]
- fortgehen [SchJ]; weglaufen [SchJ] ♦ **E:** jd. *bauen, bo sein, bau sein* ‚kommen' We 50. ♦ **V:** *Fiesl, bau o, der Schucker scheft!* ‚Kerl, lauf davon, der Gendarm kommt' [SchJ].

abbesondern swV. [SG]
- ausstoßen [SG] ♦ **E:** Variante zu dt. *(aus)sondern* DWB I 974.

abbiegen swV. [WG]
- stehlen [WG] ♦ **E:** zu dt. *abbiegen* ‚abweichen' DWB I 13.

abbrennen swV. in:
abgebrannt Adj. [BJ]; **abrennd sei** Phras. [OJ]
- Geld und Gut verloren haben [BJ, OJ] ♦ **E:** dt./ugs. *abgebrannt sein*.

abbrocken swV. in:
abbrockt werden Phras. [WG]
- bei einem Verbrechen erwischt werden [WG] ♦ **E:** dt. *abbrocken, abbröckeln* „in kleinen brocken ablösen" DWB I 16. ♦ **V:** *die Heh brockt einen ab* ‚die Polizei hat einen erwischt' [WG]; *mich haben sie abgebrockt* ‚mich haben sie erwischt' [WG].

abbuddeln swV. → *buddeln*.

abdabern swV. [WG]
- leugnen [WG] ♦ **E:** rw./jd. *dabbern* ‚reden' WolfWR 1007.

abfätze swV. [JeS]
- abschneiden [JeS]; abhauen [JeS] ♦ **E:** wohl zu schweizdt. *abfätze*ⁿ SchweizId. I 1150 ‚sich abarbeiten'. ♦ **V:** *em Ruech de Gruenet abfätze* ‚dem Bauern das Gras abhauen' [JK].

abfansen swV. [PfJ]
- verhaften [PfJ]; arretieren [PfJ] ♦ **E:** evtl. Variante oder verderbt zu dt. *fransen* DWB IV 59.

abfassen swV. [PfJ]
- verhaften [PfJ] ♦ **E:** dt. *fassen* DWB III 1340 ff.

abflachse swV. [BM]
– schlagen [BM]; prügeln [BM] ♦ **E:** schweizdt. *abflachse^n* ‚schlagen, peitschen, durchprügeln' SchweizId. I 1165.

abgeien swV. [MUJ]
– kommen [MUJ] ♦ **E:** unsicher; evtl. zu dt. *abgehen* DWB I 45 f.; vgl. → *abagai*.

abglüüssle swV. [BM]
– abpassen [BM] ♦ **E:** schweizdt. *g(e)lüsse^n* SchweizId. III 1456, *g(e)lüss(e)le^n* ‚spähen, mit halboffenen Augen oder verstohlen, z. B. durch die halbgeöffnete Türe, sehen'.

abgnuppche Subst. n. [WM]
– Horn [WM] ♦ **E:** met. (nach der Form) zu *Knuppel*, *Knüppel* ‚Nase, Beule' PfälzWb. IV 383.

abgrasen swV. [BJ, CL]
– eine Gegend abbetteln [CL]; ein Revier abbetteln [BJ] ♦ **E:** dt./ugs. *abgrasen* DWB I 51.

abgsägter Subst. m. [PfJ]
– Schnaps [PfJ] ♦ **E:** evtl. zu dt. *absetzen* DWB I 117 f., vgl. *Aufgesetzter* ‚Fruchtschnaps', oder zu dt. *absägen* DWB I 93.

abhobeln swV. → *hobel*.

abkloppen swV. [SK]
– sammeln [SK] ♦ **E:** rw. *kloppen* ‚betteln' WolfWR 2728.

abkochen swV. [MB]
– übervorteilen [MB]; überlisten [MB]; betrügen [MB]; bescheißen [MB]; abzocken [MB]; ausnehmen [MB] ♦ **E:** rw. *jdn. kochen* ‚jemandem das Geld abnehmen' zu jd. *koach, kauach* ‚Kraft, Gewalt' (WolfWR 2526). ♦ **V:** *den chalo abkochen* ‚den Kerl bescheißen' [MB]

abkochen swV. nur in:

abgekocht Adj., Adv., Part. Perf. [WM]
– verdient [WM] ♦ **E:** met. zu dt. *abkochen* DWB I 62.

abkratzen swV. [BA]
– sterben [BA] ♦ **E:** dt. *abkratzen* ‚abschaben' DWB I 64, heute ugs.

ablain swV. [RR]
– beobachten [RR] ♦ **E:** unklar.

abnagen swV. [BJ]
– ausnehmen [BJ] ♦ **E:** met. zu dt. *abnagen* DWB I 79.

abmurksen swV. [CL]
– umbringen [CL] ♦ **E:** zu dt. *murksen* ‚schneiden, würgen' DWB XII 2716 f.

abputzen swV., auch refl. [WG];
– jmd. anderen belasten [WG]; die Schuld auf einen anderen schieben [WG]; sich als unschuldig darstellen [WG] ♦ **E:** dt. *abputzen* ‚reinigen', met. „einen wacker abputzen, ihm starken verweis geben" DWB I 84.

abreißkalender Subst. m. [HN]
– Bündel Geldscheine mit Banderole [HN] ♦ **E:** dt. *abreißen* ‚gewaltsam abtrennen' DWB I 88 f.; dt. *Kalender* DWB XI 62 f. → *abireißen*.

absädu Subst. m. [BM]
– Absatz [BM] ♦ **E:** schweizdt. zu dt. *Absatz*.

absawatte swV. [BM]
– verprügeln [BM] ♦ **E:** schweizdt. *Sawatte(n)* ‚Ohrfeige' SchweizId. VII 1478.

abscheefen swV. [PfJ]; **abschäften** swV. [LI]
– gehen [PfJ]; fortgehen [LI] ♦ **E:** → *schäffen, schäften*.

abschieben swV. [PfJ]
– durchgehen [PfJ] ♦ **E:** dt. *abschieben* DWB I 99.

abschlag Subst. m. [PfJ]
– Schläge [PfJ] ♦ **E:** dt. *abschlagen* DWB I 102 f.

abschluune swV. [JeS]
– ausziehen (Kleidungsstück) [JeS] ♦ **E:** zu → *schlune*.

abschnadern swV. [PfJ]
– gehen [PfJ] ♦ **E:** Bildung zu dt. *schnattern, schnadern* DWB XV 1196 ff.

abschnallen swV. [WG]
– beeindruckt sein [WG] ♦ **E:** dt. *abschnallen* ‚einen Gurt lösen' DWB I 106.

abschnitz Subst. f. [LüJ]
– Apotheke [LüJ] ♦ **E:** rw. *abschniz* ‚Apotheke' (WolfWR 22); evtl. zu dt./mdal. *Abschnitt* ‚Abfall (das, was abgeschnitten wird' (SchwäbWb. I 65, VI 2, 903); womgl. wegen der negativen Konnotation, vgl. ‚Totmacher' für ‚Arzt'.

abspritzen swV. [WG]
– sich über etwas freuen [WG] ♦ **E:** dt. *spritzen* „in strahl und Tropfen gewaltsam springen machen", auch ‚springen' DWB XVII 129 ff.; ugs. ‚ejakulieren'.

abstand Subst. m. [PfJ]
– Hunger [PfJ] ♦ **E:** dt. *Abstand* ‚Distanz' DWB I 126.

abstieren swV. [WG]
– Geld abnehmen [WG]; jmd. ausnehmen [WG] ♦ **E:** evtl. zu dt./mdal. *steuern, stieren* ‚lenken' oder zu dt. *stieren* ‚stochern' DWB XVIII 2858.

abstoppen swV. [WG]
– jmd. durchschauen, dessen Absichten erkennen [WG] ♦ **E:** zu dt. *stoppen* ‚anhalten' DWB XIX 353.
♦ **V:** *eine hackn abstoppn* ‚ein Verbrechen auskundschaften' [WG].

abstoßen swV. [WM]
– spielen [WM] ♦ **E:** dt. *abstoßen* ‚von sich fern bringen' DWB I 132.

abstrampeln swV. → *strempelcha*.

abstrampfen swV. [WG]
– leugnen [WG] ♦ **E:** dt. *strampfen* „mit den beinen auf die erde stampfen" DWB XIX 832 ff. Benennungsmotiv: Geste des Protestes.

abstrigensen swV. [StG]
– abrupfen [StG]; ausplündern beim Spiel [StG] ♦ **E:** wohl Weiterbildung zu dt. *striegeln* ‚glätten, met. jmd. hart rannehmen, prügeln' DWB XIX 1596 ff.

abtanzen swV. → *tanz*.

abtritt Subst. m. [SJ, TK]
– WC [SJ]; Abort [TK] ♦ **E:** schwäb. *Abtritt* SchwäbWb. I 79 f.

abwackeln swV. → *wackeln*.

abweichen Subst. n. [BJ]
– Durchfall [BJ] ♦ **E:** dt. *Abweichen* ‚Durchfall' DWB I 150.

abwide swV. [BM]
– schlagen [BM]; prügeln [BM] ♦ **E:** SchweizId. XV 579 *abwiden* ‚verprügeln'.

abbé Subst. m. [SG]
– Abort [SG] ♦ **E:** dt. *AB*, Abk. für *Abort*.

abbl ‚dreckiger Mensch' → *appel*.

abe ‚ja' → *awe*.

abelong Subst. m. [KM]
– Lust [KM]; Motivation [KM] ♦ **E:** rhein. *Amelung, Abelung* ‚Lust, Verlangen' (RheinWb. I 163). ♦ **V:** *Isch häf no käne abelong vüe tse tsange* ‚Ich habe noch keine Lust zu heiraten' [KM].

aben swV. [CL, GM, MUJ, PH, UG]
– gehen [GM]; laufen [GM]; rennen [GM]; eilen [GM]; kommen [CL, GM, MUJ, PH] ♦ **E:** roi. *aw-* ‚kommen, werden' (WolfWZ 60). → *aapen*. ♦ **V:** *ab gau!* ‚fort!' [UG]; *abt!* ‚komm!' [MUJ]; *ap!, arp!* ‚komm!' [CL, PH].

aber¹ Subst. [FS]
– Augenbraue [FS] ♦ **E:** dt. (ant.) *Aber(haar)* ‚Augenbraue'.

abern swV. [FS]
– schlafen [FS] ♦ **E:** unsicher; evtl. Bildung zu dt. *Abend* oder zu dt. (ant.) *abern, äbern* ‚wiederholen; locken, füttern' DWB I 34.

aber² Subst. m. [SK]
– Mantel [SK]; Mantelstoff [SK] ♦ **E:** rum., arab., türk. *aber* ‚grobes Tuch'.

abfäll Subst. Pl. [OJ]
– Schläge [OJ] ♦ **E:** nach WolfWR 8 zu jd. *ophel* ‚Beule'; eher zu mdal. *Abfälle* ‚Schläge' (SchwäbWb. I 13, PfälzWb. I 27). ♦ **V:** *abfäll griaga* ‚Schläge bekommen' [OJ]; *abfäll kriegen* Schläge bekommen [BJ].

abi¹ Präp. [GM]
– auf [GM] ♦ **E:** roi. *apo* ‚auf, an' (WolfWZ 47).

abi², **abe** Adv. ‚ab, herab', als Präfix in: → *abilassen, abireißen, abetirggele, abizahrer*. ♦ **E:** bair. *abi* ‚hinab'.

abilassen swV. [WG]
– vom Verbrechen ablassen [WG]; davonlaufen [WG]; fliehen [WG] ♦ **E:** dt. *ablassen* ‚auf etwas verzichten'.

abireißen swV. [WG]
– onanieren [WG] ♦ **E:** dt. *abreißen* ‚gewaltsam trennen'. → *abreißkalender*.

abetirggele swV. [BM]
– hinuntergehen [BM]; fallenlassen [BM] ♦ **E:** schweizdt. *tirggele*ⁿ ‚etwas mit den Händen unhelfen bewegen' SchweizId. XIII 1573.

abizahrer Subst. m. [WG]
– Mann, der eine leichte Arbeit hat [WG] ♦ **E:** bair. *zährer* ‚dickfälliger, sturer Mensch'.

abruzzenviertel Subst. n. [HN]
– verrufener Stadtteil [HN]; verrufene Straße [HN] ♦ **E:** ON *Abruzzen* (Region in Italien östlich von Rom).

absche Subst. m. [RH]
– Baum [RH] ♦ **E:** wohl zu frz. *arbre* ‚Baum'.

absentieren swV. [SK]
– aus der Kapelle ausstoßen [SK] ♦ **E:** rw. *absent* ‚Abschub, Ausweisung' aus mlat. (Gelehrtensprache) *absentia* (WolfWR 23).

achbrosch Subst. m. [Scho]
achprotz Subst. m. [SK]
– Mensch, gewälttätiger [Scho]; Schwindler [Scho]; Räuber [Scho]; Ratte [Scho]; Dieb [Scho]; Kerl [Scho]; Kunde (im Sinn von Vagabund. Handwerksbursche) [SK] ♦ **E:** rw. *achbrosch* ‚Spitzbube, Gauner, Dieb' (WolfWR 29) < jd. *achbrosch* ‚gewalttätiger Mensch, Schwindler', wörtl. *Mauskopf* (We 48, Post 180), evtl. mit volksetymologischem Einfluss von dt. *Protz*.
kattes achbrosch Subst. m. [Scho]
– Schwindler [Scho] ♦ **E:** jd. *chattes* ‚Lump' (We 58) und → *achbrosch*.

acheln swV. [FS, GM, HL, JSa, KJ, KMa, MB, NJ, PfJ, RW, SchJ, Scho, SE, SJ, SPI, SS, StG, WG, WH]
achele [KM, LüJ, NJ]; **achla** [OJ, SJ]; **achle** [JeS, LüJ, Scho]; **achelen** [BJ, LüJ, SS, WL]; **achlen** [RW]; **achilen** [HN, JSa, MB, PfJ, SPI]; **achielen** [MB, ME, PfJ, RW]; **achihlen** [WM]; **achieln** [HK]; **achiile** [KM, StJ]; **achüle** [SS]; **agile** [MM]; **achaile** [WH]; **achayle** [SS]; **achiela** [PfJ]; **achiln** [PfJ]; **achilla** [PfJ]; **achiele** [JS]; **achile** [JS, Scho]; **achillen** [JS]; **jachln** [NW]
– essen [BJ, FS, GM, HK, HL, HN, JS, JSa, KJ, KM, KMa, LJ, LL, LüJ, MB, ME, MM, NJ, NW, OJ, PH, RW, SchJ, Scho, SE, SJ, SS, StG, StJ, WG, WL]; speisen [GM, MB, MM]; gut essen [KM]; Essen verzehren [GM]; fressen [MB, ME, MM, NJ]; spachteln [MM, WH]; reinhauen [KM] ♦ **E:** rw. *acheln* ‚essen' (WolfWR 30) < jd. *achilen* ‚essen' aus dem hebr. Deverbativ *achi'lah* ‚Essen, Mahlzeit', dieses aus dem hebr. Verb *a'chal* ‚essen' (Avé-L. 328, We 48, Post 180, Klepsch 255). ♦ **V:** *silage acheln* ‚vegetarisch essen' [RW]; *die beisrols achilen nix vom schassörken* ‚Juden essen kein Schweinefleisch' [MM]; *nen goi achilen* ‚ein Würstchen essen' [MB]; *kappes achielen* ‚Kohl essen' [MB]; *erst mal 'ne kniffte achielen* ‚erst mal ein Butterbrot essen' [MB]; *lehm acheln* ‚Brot essen' [NJ]; *Wat häs-e tse achele doo?* ‚Was hast du zum Essen da?' [KM]; *reune dich, kalla, unser fitti, der pansche, gibt dich die schwimmlinge heu zum achilen* ‚schau mal, Karl, unser Fritz, der Verrückte, gibt den Fischen Heu zum Essen' [MB]; *jong, dä Kneät, dä häd-äver hüüt dov-achiilt* ‚Junge, der Kerl, der hat aber heute gut gegessen' [KM]; *bei dem kower gab's jofle bose zu achilen* ‚bei dem Wirt gab es ordentlich Fleisch zu essen' [MM]; *zu achilen hatten die kaffer immer was* ‚die Bauern hatten immer etwas zu essen' [MM]; *maschemau, wat kann der achilen!* ‚Der kann aber viel essen!' [MM]; *wir ham äppel geschort, wir hatten ja nix zu achilen* ‚wir haben Äpfel gestohlen, weil wir nichts zu essen hatten' [MM]; *Hoimde scharle, wenn dir dei moss nowes zom achla gricht hot, no kascht deine näpfer hier kehrig schenegla losse, bis dei rande so aussieht, wia am massfetzer sei wamp* ‚Wart ab Schultes, wenn dir deine Frau nichts zum Essen gerichtet hat, dann kannst du deine Zähne hier tüchtig arbeiten lassen, bis dein Bauch so aussieht, wie dem Metzger sein Bauch' [SJ]; *Bei dem juschbes kannschde doffche achiele* ‚Bei dem Wirt kannst du gut essen' [LL]; *Ick well awer äist 'ne Vinse Liächmen un Bauser acheln* ‚Ich will aber erst ein Stück Brot und Fleisch essen' [SS]; *os rautz achielt wie enne grannige kailoff* ‚unsere Katze frißt wie ein großer Hund' [JS]; *ich nasch achiele* ‚ich gehe essen' [JS]; *schuftig wie den hautz achelt!* ‚Schau mal, wie der Mann isst!' [SE]

achel Subst. m./n. [KM]; **achiel** Subst. f. [CL, LL]; **achiele** [HK, HN, JS, LL, MB, ME, MM, NJ]; **achîle** [PH]; **achille** [HN]; **achile** [MB, MM, SPI]; **achele** [Scho]; **acheles** Subst. f./m. [CL, JSa, KM, LL, MM, SS]; **achilon** [SPI]
– Essen [CL, HK, JS, JSa, KM, LL, MB, ME, MM, NJ, PH, SPI, SS]; Brei [MM]; Nahrung [MM]; Mahlzeit [ME]; Kost, gute [Scho] ♦ **V:** *achiele toff* ‚gutes Essen' [MB, MM]; *linke achiele* ‚schlechtes Essen' [MB]; *es gab gute achiele* ‚es gab gutes Essen' [MB]; *maloche lau, achiele toff* ‚wenig Arbeiten, gutes Essen' [MB]; *toff inne achiele und lau inne maloche* ‚gut im Essen und schlecht bei der Arbeit' [MB]; *achile abstauben* ‚etwas zu essen besorgen' [MM]; *achiele fechten* ‚etwas zu essen erbetteln' [MM]; *olf schofeles jarriken vermasselt die ganze achile* ‚ein faules Ei verdirbt den ganzen Brei' [MM]; *die achile war jofel* ‚das Essen hat gut geschmeckt' [MM]; *dein achiel schäfft heit werklich doff* [LL]; *wann bestiebe wer die achiele* ‚wann bekommen wir das Essen' [JS]; *ich bestieb achiele* ‚ich bekomme Essen' [JS]

achielen Subst. n. [HK, MM, RW, StJ]
– Essen [HK, RW]; Mahlzeit [RW]
achelei Subst. f. [RW]
– Essen [RW]; Mahlzeit [RW]
achilerei Subst. f. [MM, SchJ]; **achillerei** [LJ, MM]
– Essen [LJ, MM, SchJ]; Esserei, Art zu Essen [MM]
acheler Subst. m. [KM]; **achelere** [KM]; **achler** [Scho]
– Esser [KM, Scho]

achieles Subst. m. [NJ]
– Esser [NJ]
achelbaies Subst. n. [KM, NJ]; **achelbaiese** [KM]
– Restaurant [MM, NJ]; Imbissstube [MM]; „Haus, wo man isst" [MM]; Speiselokal [MM]; Esshaus [MM]; Pommesbude [MM]; Speiserestaurant [KM]
acheldeferfinchen Subst. [HLD]
– Mund [HLD]
achelfahrt Subst. f. [RW]
– Mahlzeit [RW]
achelpeter Subst. m. [Scho]
– Vielfraß [Scho]
achelpick Subst. [HL]
– Essen [HL]
achelputz Subst. m./n. [HL, RW, SK, WG]; **achelebutz** [KMa]
– Essen [RW, SK, WG]; Speise [HL]; Mahlzeit [RW]; Mittagsessen [HL]; Hunger [KMa]
achelputzer Subst. [LJ, SchJ]
– Essen [LJ]
achelputza swV., Phras. [LJ]
– essen [LJ]
achelsore Subst. f. [LJ]; **achelschore** [BJ]
– Eßwaren [LJ]
achielkaschube Subst. f. [HN]
– Restaurant [HN]; Eßlokal [HN]
achielschuppen Subst. m. [HN]
– Imbißbude [HN]
achilebeis Subst. m./n. [MM]
– Eßlokal [MM]
hochzeitsachile Subst. f. [MM]
– Hochzeitsessen [MM]
knabbelachiler Subst. m. [MM]
– Bauer [MM]
matzeachiler Subst. m. [MM]
– Jude [MM]
tackoachile Subst. f. [MM]
– Fast-Food [MM]
tackoachilkabache Subst. f. [MM]; **tackoachilekabache** [MM]; **tachoachilekabache** [MM]; **takoachilekabache** [MM]
– Schnellimbißbude [MM]; billiger Imbiß [MM]; Gasthaus [MM]
grünachile Subst. f. [MM]
– Rohkost [MM]; Gemüse [MM]
jachler Subst. m. [NW]
– Leckerbissen [NW]; Schmaus [NW] ♦ **E:** wohl mdal. Präfix ge-.
jachlerei Subst. f. [NW]
– Schmauserei [NW].

achere Indef.-Pron. [Scho]
– der andere [Scho] ♦ **E:** jd., hebr. *acher* ,(der) andere'.

aches[1] Subst. m. [SPI, SS, WH]
ackes [SS]
– Bruder [SS, WH]; Bruder, der auf dem Hof geblieben ist [SPI] ♦ **E:** jd. *ach* ,Bruder' (WolfWR 34). Pl. *achese* oder *ochim*.

aches[2] Num. Kard. [CL, LL]
achet [LL]
– acht [CL, LL] ♦ **E:** jd. *chess, schess* (We 58). Vgl. → *ket*[1].

ächin Subst. f. [SS]
– Schwester [SS] ♦ **E:** rw. *achaß* ,Schwester' WolfWR 28, zu jd. *achos* ,Bruder', mit Movierungssuffix *-in*.

achprotz ,Kunde' → *achbrosch*.

acht Subst. f. [HN]
– Handschellen [HN] ♦ **E:** rw. *acht* ,Handfessel' (WolfWR 34). Benennungsmotiv: Formähnlichkeit (WolfWR 34).
hamburger acht Subst. f., Phras. [HN]
– Handschellen [HN]
achter Subst. m. [SJ, WG]
– Handschellen [SJ, WG].

achtzehn und vier Phras. [HN]
– Deckname für das Kartenspiel *Siebzehn und drei* [HN].

ackel Subst. [SE]
– Auto [SE] ♦ **E:** rw. *aggeln* ,fahren', *agole* ,Wagen' aus jd. *ogal* ,gerundet', *agole* ,Wagen' (WolfWR 54).

ackern swV. [HN]
– arbeiten; „das ist der Begriff, der die Position zwischen Zuhälter und Hure ausmacht: *sie geht für mich ackern*" ♦ **E:** vgl. nd. *ackern* ,den Acker bestellen' (HWB I 37). ♦ **V:** *ackert toffte* ,arbeitet gut'; *sie ackert in der Straße* ,sie schafft im Bordell an'; *geackert* ,gearbeitet'; *zusammen geackert* ,angeschafft'.

addállala Subst. m./n. [SK]
– zusätzlicher Verdienst zum vereinbarten Geld für Musik [SK] ♦ **E:** span. *adahla* ,Trinkgeld'.

addar Subst. m. [Scho]
– Februar [Scho] ♦ **E:** jd. *adar* ,Februar'.

adel Subst. m. in:
grünadel Subst. m. [SJ]
– Waldhüter [SJ] ♦ **E:** SchwäbWb. III 871 (*Grünadel*).

adich Subst. [LJ, SchJ]
– Hut [LJ, SchJ] ♦ **E:** unklar.

adom Adv. [Scho]
– rot [Scho] ♦ **E:** jd., hebr. *adom* ‚rot'.

adoni Subst. m. [JeS]
– guter grosser Geist [JeS] ♦ **E:** *Adone* ‚got/god' (hdt./ndt. LVag. 1510), zu jd. *adójni* ‚mein Herr' (i. S. v. ‚Gott') (hebr. ‚*adoní*'); rw. wohl nicht unmittelbar aus dem Jd., sondern von den Roma übernommen; vgl. *blé d' Adoni*, das geweihte Korn, das am 4. Dezember in der Provence gesät wird WolfWR 43.

adschewinas Subst. m./n. [HN]
– Unsinn [HN] ♦ **E:** rw./jd. *haschiwene* ‚fort, weg, zurück' WolfWR 2081, Einwirkung von rw.→ *schibes* ‚id.' WolfWR 4897. ♦ **V:** *mach kein adschewinas* ‚mach keinen Unsinn, mach keinen Mist'.

afdrmedig Subst. m. [OJ]
– Dienstag [OJ] ♦ **E:** schwäb. *Aftermontag* ‚Dienstag' (SchwäbWb. I 112).

afdrmidnaile Subst. [OJ]
– Nachmitternacht [OJ] ♦ **E:** hybride Bildung aus dt. *after* und *mitt* und jd. *naile* (Dissimilationsform zu *laile* ‚Nacht').

aff Subst. m. [KMa]
– Spiegel [KMa] ♦ **E:** unsicher; evtl. zu dt. *Affe*, Benennungsmotiv womgl.: Spiegelbild, Nachäffen des Betrachters im Spiegel.

affe[1] Subst. m. [PfJ, RW]
affen [SS]
– Fellrucksack (40x60cm groß, dünne Lederriemen) [RW]; Sensenpacken [SS]; Tornister [PfJ] ♦ **E:** dt. *affe* ‚Tornister', ‚Rucksack'; Kü I 59; nach Klappenbach/Steinitz, Gegenwartssprache I 95 aus der Soldatensprache.

affe[2] Subst. m. [StG]; **aff** [WG]
– einer, der „gemolken" werden soll beim Kümmelblatt [StG]; minderwertiger Mensch [WG] ♦ **E:** → *äffchen*[2]. ♦ **V:** *affen lausen* ‚Geld gewinnen beim Kümmelblatt' [StG]; *affen schleppen* ‚jmd. zum Kümmelblatt heranholen' [StG]

äffchen[1] Subst. n. Dim. [RW]
– kleines Felleisen [RW]

äffchen[2] Subst. n. [RW]
– frisch erwanderter Geselle [RW]; gut gekleideter Geselle [RW]; unerfahrener Bursche [RW]; junger Handwerksbursche in guter Kleidung [RW] ♦ **E:** rw. *äffchen* ‚Neuling' zu dt. *Affe* (WolfWR 46).

affenfett Subst. n. [HN, SJ]
– Margarine [HN, SJ]; Schmalz [SJ] ♦ **E:** rw. *affenfett* ‚Schmalz' (WolfWR 48); ugs. *affenfett* ‚Margarine, Schmalz', nach der Vorstellung, Schmalz würde aus dem Fett der Affen hergestellt (Kü 1993: 20).

affenflöte Subst. f. [MB]
– Zigarette [MB]

affenkäfig Subst. m. [HN]
– Strafgefangenen-Transportwagen der Bundesbahn [HN]

affenkinn Subst. n. [StG]
– spitzes Kinn [StG].

affe[2] Subst. m. [BJ]
affen [StJ]; **affa** [OJ]
– Rausch [BJ, OJ] ♦ **E:** rw. *affe* ‚Rausch'. „Als *affen* bezeichnen den Rausch auch die Italiener *(monna, scimia, bertuccia)*, die Spanier und Portugiesen *(mona)* und die Tschechen *(opice)*. Der Engländer sagt *to suck the monkey* ‚den Affen saugen' für ‚sich betrinken'. Da der Betrunkene meistens Streit anfängt, sei wegen des Wortspiels oder der Doppeldeutigkeit darauf verwiesen, daß jd. *aph* ‚Zorn' ist" (WolfWR 47). ♦ **V:** *mach kein adschewinas* ‚mach keinen Unsinn, mach keinen Mist' *einen affen haben* ‚betrunken sein' [StJ].

affe[3] in:
teigaff Subst. m. [RW]; **teigaffe** [RW]
– Bäcker [RW] ♦ **E:** jd. *ophe* ‚Bäcker' (WolfWR 5789); dt. *Teig* „eine aus mehl geknetete weiche masse" DWB XXI 235 f. Vgl. → *aufe*.

affeland Subst. n. [WM]
– Afrika [WM] ♦ **E:** dt. *Affen* und *Land*.

afriwln swV. [RR]
– etwas kaputt machen [RR] ♦ **E:** unklar; evtl. zu dt. ugs. *friemeln* ‚basteln'.

aftebinum Subst. m./n. [GM]
– Gesäß, Hintern [GM] ♦ **E:** dt. *after* ‚hinter; Hintern' DWB I 185; rw. *ponim, bonum* ‚Gesicht' (WolfWR 4306). → *ponum*[1].

afterkünftig Adv. [HN]
– hinten, von hinten herum [HN] ♦ **E:** dt. *after* ‚hinter' und rw. → *künftig*.

aftulo Adj., Adv. [SK]
– sie hat geboren [SK]; sie ist nicht mehr schwanger [SK] ♦ **E:** nd. *af* ‚ab' und roi. *thulo* ‚dick', wörtl. ‚sie ist abgedickt'.

agent Subst. m. [WG]
– Spitzel [WG] ♦ **E:** dt. (ant.) *Agent* ‚Dienstleistender', im 16. Jh. aus ital. *agente* entlehnt.

aggua Subst. m. [BM]
– Wasser [BM] ♦ **E:** lat. *aqua*.

agrasa swV. [OJ]
– ein Revier abbetteln [OJ] ♦ **E:** mdal. zu dt. *abgrasen*.

agrasel Subst. [WG]
– arme Frau [WG] ♦ **E:** österr. *Agrasel* ‚Stachelbeere'.

ahlatter Subst. f. [SK]
– Apotheke [SK]; Drogerie [SK] ♦ **E:** span. *alatar* ‚Drogist'.

ahle Subst. f./m. [BJ, MUJ, OJ, SJ]
– Großmutter [BJ, MUJ, OJ, SJ]; Großvater [OJ]
alsche Subst. f. [MB, MM]; **alschke** [MM]; **olsche** [SS]
– Frau, Ehefrau [MB, MM]; ältere Frau [MM]; unordentliche Frau [MM]; Mutter [MM, SS]; Alte, alte Frau [MM]; Weib [MM]; Frauensperson [MM]; „meine Frau, nicht negativ" [MM]; „kann man auch zu einer 14- oder 19jährigen Frau sagen" [MM] ♦ **E:** dt. *alt*, heute auch ugs. (abfällig) für ‚Hausfrau, Ehefrau'; westf. *altske* ‚Mutter' (WWBA 19). Vgl. Kü I 369. ♦ **V:** *die alsche erzog ihre kotens zum schoren* ‚die Frau erzog ihre Kinder zum Stehlen' [MM]; *die alsche fing nur aus figine am plannigen* ‚die Frau weinte nur zur Täuschung' [MM]; *die alsche hatte hame dicke klüsen von der ganzen schickerei* ‚die Frau hatte dicke Augen vom vielen Trinken' [MM]; *die alsche hatte schon hei kotens und war wieder pattisch* ‚die Frau hatte schon fünf Kinder und war wieder schwanger' [MM]; *die alsche hat 'n schofles ponum* ‚die Frau ist häßlich' [MM]; *die alsche war sowieso schumm und wurde dann immer schummer* ‚die Frau war bereits dick und wurde dann immer dicker' [MM]; *er hat hamel rochus auf seine alsche* ‚er hat eine große Wut auf seine Frau' [MM]
kaffernalsche Subst. f. [MM]
– Bauersfrau [MM]; Frau [MM]
knebbelalsche Subst. f. [MM]
– Bauersfrau [MM]
schwiegeralsche Subst. f. [MM]
– Schwiegermutter [MM].

aigel ‚Kalb' → *egel*.

aisaf, eisak ‚Tabak' → *eisof*.

aitsilop Subst. f. [BB]
– Polizei [BB] ♦ **E:** Inversion zu dt. *Polizei*.

ajin Subst. m. [SS]
– Auge [SS] ♦ **E:** jd. *ajin* (Dual: *enajim*) ‚Auge' (WolfWR 1203; We 48).

akmatsch Adj. [SK]
– verrückt [SK] ♦ **E:** rum. *acmac* ‚verrückt'.

aktive Subst. f. [HN]
– Filter-Zigarette ♦ **E:** ugs. *aktive* ‚Fabrikzigarette (zum Unterschied von der selbstgedrehten)'; *aktiv* ‚vollwertig' (der aktive Soldat ist der vollwertige, im Gegensatz zum Reservisten), wohl im zweiten Weltkrieg bei den Soldaten aufgekommen (Kü 1993: 22).

alchen ‚gehen, laufen' → *holchen*.

alef Num. Kard. [CL, RW]
alf [RW]
– eins [CL, RW] ♦ **E:** jd. *ollef* ‚eins' (WolfWR 6437); hebr. *ālef* ‚eins' (MatrasJd: 292). Vgl. → *olf*.

allee Subst. f. [HN]
– Gesundheitsamt für Prostituierte ♦ **E:** dt. *Allee* ‚Baumgang, Promenade' DWB I 216, Lehnwort, zu ital. *viale*; vgl. engl. *alley*.

allerfeinster Subst. m. [KMa]
– Wein [KMa] ♦ **E:** dt. Adj. *fein* und *all* Pron., Zahlwort.

allewitt Adj. [SK]
alwit [SK]
– schnell [SK] ♦ **E:** frz. *aller* ‚gehen' und frz. *vite* ‚schnell'.

allwoase Subst. n. [KMa]
allwaser [KMa]
– Bier [KMa] ♦ **E:** dt. *Wasser*; *all-* evtl. zu engl. *Ale* ‚Bier'.

almer Subst. m. [Scho]
– Witwer [Scho]; Wittmann [Scho]
almone Subst. f. [Scho]
– Witwe [Scho] ♦ **E:** jd., hebr. *almân* ‚Witwer', *almânâh* ‚Witwe'.

alsche ‚Frau' → *ahle*.

alt Adj. in:
mit jemandem auf alt machen ‚sich mit jemandem zusammentun, gemeinsam arbeiten (z. B. ein Zuhälter und eine Dirne)' [WG, WM] ♦ **E:** dt. *alt* ‚betagt' DWB I 262 f.

alte Subst. m. [RW, WG]
– Meister [RW, WM]; Zuhälter [WG]
alte Subst. f. [WG]
– Prostituierte [WG]; Hure (neutral, wohlmeinend) [WG]
altbenk Subst. m. [WJ]; **altbeng** [BJ]
– Großvater [BJ, WJ]
altgeselle Subst. m. [RW]; **altgesellin** Subst. f. [RW]
– ehrbarer, einheimisch gewordener, älterer Geselle [RW]; Leiter einer Gesellschaft [RW]; erfahrener Geselle, der die Neulinge auf die Walz bringt [RW]
altlatz Subst. m. [HL]
– Vater [HL]
altmatzen Subst. [EF]
– Altpreußen [EF]
altmoß Subst. f. [WJ]
– Großmutter [WJ]
altrisch, oltrisch Adj., Adv. [BJ]; **aaldrisch** [OJ]
– alt [BJ]; altbacken [BJ, OJ]; von gestern [BJ, OJ]
aaldrische Subst. Pl. [OJ]; **altrische** [BJ, RR]
– Gestrige [BJ, OJ]; Eltern [BJ, OJ, RR]; Alte [BJ]; Großmutter [BJ]
uldrisch(e) moß Subst. f., Phras. [WJ]
– Großmutter [WJ] ♦ **E:** vgl. auch *ulmisch* (unter → *olem*).
ältster wilder Jäger Subst. m., Phras. [KMa]
– Großvater [KMa] ♦ **E:** dt. *alt, wild, jagen*.

altar Subst. m. [KMa, OH]
aldoar [KMa]
– Tisch [KMa, OH] ♦ **E:** dt. *Altar*.

altepahn Subst. m. [SK]
– großgewachsener Mann [SK]; Übername, „ein Gastwirt bei Bremen" [SK] ♦ **E:** span. *alto* ‚hoch' und slav. *pan* ‚Herr'.

amateurnutte Subst. f. [HN]
– Prostituierte, die von der Gesundheits-Behörde nicht registriert ist ♦ **E:** vgl. ugs. *amateurnutte* ‚junge nichtgewerbsmäßige Prostituierte', seit 1930 gebräuchlich (Kü 1993: 25).

ambach Adv. [MB, MM]
– dort, da [MM]; „etwas liegt an" [MB]; „etwas ist los" [MB]; „was los, viel los sein" [MM]; „akut" [MM]; anwesend, „etwas ist da" [MM]; o. k., in Ordnung [MM]; „was jetzt ist" [MM]; etwas vorhaben [MM] ♦ **E:** westf. *ambacht* ‚Amt, Handwerk'; *ambächtig* ‚geschäftig' (WestfWb. 122). ♦ **V:** *was ist ambach?* ‚was liegt an, was ist los?' [MB]; *dies ist jetzt nicht ambach* ‚dies ist jetzt nicht das Thema, liegt nicht an'; *es war hame was ambach* ‚es war schwer was los' [MM]; *schwer was ambach sein* ‚sehr viel los sein' [MM]; *die fleppen sind ambach* ‚die Bücher sind erschienen' [MM]; *du masselfreier bis ambach, ömmes* ‚du Glückspilz bist dabei, klarer Fall' [MM]; *da war noch Kultur ambach* ‚da war Kultur noch angesagt' [MM]; *der schock ist ambach* ‚es ist Send' [MM]; *ein hameles bambonum war ambach* ‚es gab großen Ärger' [MM]; *der seeger hatte hame lowi ambach* ‚der Mann hatte viel Geld bei sich' [MM]; *dat anim hat zohmen ambach, datte nerblo wirst!* ‚das Mädchen hat Beine zum Verrücktwerden!' [MM].

ambraasch Subst. f. [CL]
– Durcheinander [CL] ♦ **E:** pfälz. *Ambrasch* ‚Umstände, Durcheinander' < frz. *embarras* (PfälzWb. I 193).

ambuschur Subst. f. [WM]
– Ansatz [WM] ♦ **E:** pfälz. *Ambuschur* ‚Ansatz des Mundes am Blasinstrument' (PfälzWb. I 193) < frz. *embouchure*.

amen swV. [MB]
ahmen [MB]
– gehen [MB]; laufen [MB]; kommen [MB]; herkommen [MB] ♦ **E:** unsicher; evtl. zur bibl. Beteuerungsformel am Schluss von Gebeten DWB I 278 *Amen!*, schwer zu rw./roi. *amen* ‚wir' WolfWR 76 ♦ **V:** *ahmt* ‚bringt nichts' [MB]; *am her* ‚komm her' [MB]; *am zick* ‚komm schnell' [MB]; *das ahmt doch nicht* ‚das bringt doch nichts' [MB]; *er ahmt mitte ganze mischpoke* ‚er kommt mit der ganzen Familie' [MB]; *schabo natsch, die scharingli ahmt* ‚Junge lauf, die Bullen kommen' [MB]

verame swV. [PH]
– verstehen [PH].

amerikanisch Adj. in: [RW]
amerikanisch abreisen ‚mit Schulden abreisen' [RW] ♦ **E:** rw. *amerikanisch mischen* ‚fingiertes Mischen der Karten' (WolfWR 78).

amigo Subst. m. [HN]
– Italiener [HN] ♦ **E:** span. *amigo* ‚Freund'.
amigo mio Subst. m. [HN]
– Freund [HN].

amischlitten Subst. m. [HN]
– amerikanischer Wagen [HN] ♦ **E:** ugs., dt. *Schlitten*, ugs. *Ami* ‚Amerikaner'.

amoretz Subst. m. [Scho]
amoratzen Subst. m. Pl. [Scho]
– Unwissender [Scho]; Dummkopf [Scho] ♦ **E:** jd. *am horez* ‚Unwissender' (WolfWR 79, Post 181).

amos Pers.Pron., 1. Pers. Nom. Pl. [GM]
– wir [GM] ♦ **E:** rw. *amen* ‚wir, uns' (WolfWR 76) < roi. *amen* ‚wir' (WolfWZ 34).

amtmann Subst. m. [KMa, OH]
– Esel [KMa, OH] ♦ **E:** dt. *Amtmann* DWB I 282.

an-, aa- Präfix von Verben, Substantiven, Adjektiven in: → *aabore* bis → *aasörle*, passim.

aabore swV. [BM]
– unternehmen [BM] ♦ **E:** SchweizId. IV 1506 (*anbohren* ‚in aufdringlicher Weise ausforschen, zum Reden nötigen; einen um Geld angehen').

aafune swV. [JeS]
aafunele swV. [BM]
– anzünden [JeS] ♦ **E:** dt./mdal. *anfunken* ‚anbrennen' (bes. Schwarzwald, Mittelfranken); *anpfonen* ‚anzünden, brennen' (19. Jh.).

aaklufte swV. [BM]
– anziehen [BM] ♦ **E:** *ankluften* zu → *kluft*.

aalöifliger Subst. m. [BM]
– Anlauf [BM] ♦ **E:** zu dt. *anlaufen* DWB I 393 ff.

aapätschgere swV. [BM]
– befestigen [BM] ♦ **E:** *bätschgen* ‚Lappen auf Lappen nähen, flicken' (SchweizId. IV 1943).

aapflanze swV. [JeS]
– veranlassen [JeS]; in Gang setzen [JeS] ♦ **E:** rw. *pflanzen* ‚machen, tun, anfertigen' WolfWR 4158. ♦ **V:** *leetzeme aapflanze* ‚Musik machen', *de Schlüünlinger aapflanze* ‚schlafen gehen, einschlafen' [JeS].

aaranze swV. [BM]
– (grob) ansprechen [BM] ♦ **E:** SchwäbWb. I 246 (*anranzen*).

aaschale swV. [BM]
– anziehen ♦ **E:** zu → *schale* ‚Kleidung'.

aaschluune swV. [JeS]
– anziehen (Kleidungsstück) [JeS] ♦ **E:** unsicher; evtl. zu schweizdt. *schlüne(n)* SchweizId. IX 571 ‚leicht schlummern (bes. auch angekleidet, auf dem Ruhebett, einem Stuhl, am Tische)'; vgl. WolfWR 4982.

aaschnure swV. [JeS]
– jmd. anbetteln [JeS] ♦ **E:** zu → *schnorren, schnurren* ‚betteln'.

aasörle swV. [JeS]
– henken [JeS] ♦ **E:** *seilen* ‚mit Seilen befestigen, aufhängen' DWB XVI 219 ff.; schwäb. *-sǫelǝ, -sǭǝlǝ* SchwäbWb. V 1326/27.

an-, a- Präfix von Verben, Substantiven, Adjektiven in: → *anaga* bis → *antärmen*.

anaga swV. [OJ]
– ausnehmen [OJ] ♦ **E:** wohl zu dt. *annagen* ‚anknabbern' DWB I 413.

anbatten swV. [SK]; **anbutten** swV. [SK]
– schwängern [SK] ♦ **E:** zu → *pattersch* ‚schwanger'.

adraht Adj. [WG]
– schlau sein, durchtrieben sein [WG] ♦ **E:** dt. (ant.) *andrehen* ‚etwas anspinnen, anzetteln, anstellen' DWB I 316.

andraht sein Phras. [WG]
– schwanger sein [WG].

angmalt Adj. [WG]
– tätowiert [WG] ♦ **E:** dt. *anmalen* ‚mit Farbe bestreichen'.

angribt Adj. [MUJ]
– angezogen [MUJ] ♦ **E:** wohl zu dt. *anreiben* ‚mit etwas versehen, durch Streichen', *eine rote Backe anreiben* DWB I 425. → *anrieb*.

anfackeln sw.V. [PfJ]
– anzünden [PfJ] ♦ **E:** wohl zu dt. *fackeln* ‚flackern, schwanken, eine unstete Bewegung auslösen' DWB III 1228 f.

afassle Subst. n. [EF]
– Brust, weibliche [EF] ♦ **E:** zu dt. *anfassen*.

anfunken sw.V. [PfJ, SchJ]
– anbrennen [SchJ]; anzünden [PfJ] ♦ **E:** → *aafune*.

anhauen swV. [BJ, HN]; **ahhaua** [OJ]
– anbetteln [BJ, OJ]; angehen [OJ]; um Geld bitten [HN] ♦ **E:** dt. *anhauen* ‚mit der Axt schlagen, fällen' DWB I 370.

anheben swV. [BJ]; **ahhebr** [OJ]
– Beginn der Schwangerschaft [OJ, BJ]; „die Regel ist angehalten" [BJ] ♦ **E:** schwäb. *anheben* ‚anfangen'. ♦ **V:** *dia hebd ah* ‚sie hat die Regel angehalten' [OJ].

anhiaseln swV. [WG]
– tätowieren [WG] ♦ **E:** bair. *hiaseln, anhiaseln* ‚jmd. verspotten'. ♦ **V:** *angehiaselt sein* ‚tätowiert sein' [WG].

ahoischa swV. [OJ]
– anmahnen [OJ] ♦ **E:** wohl zu dt. (ant.) *anheischen* ‚abfordern' DWB I 373.

anklüften swV. [LüJ]
anklüften [PfJ]
– anziehen [LüJ, PfJ] ♦ **E:** zu dt. (ant.) *Kluft* ‚Kleid' DWB XI 1261 ff.

ankohlen swV. [PfJ]
– anlügen [PfJ]; betrügen [PfJ] ♦ **E:** → *kohl¹*.

anlegen swV. [WG]
– ein Geständnis ablegen [WG] ♦ **E:** dt. (ant.) *anlegen* u.a. ‚etwas (bes. einen Betrug) vorbereiten' DWB I 395 ff.

anpacken swV. [SG]
– beißen [SG] ♦ **E:** dt. *anpacken* ‚hart anfassen' DWB I 419.

anranzen swV. [BJ]; **ahranza** [OJ]
– angehen [BJ, OJ]; anbetteln [BJ, OJ] ♦ **E:** zu dt. *anranzen* ‚jmd. fordernd, vorwurfsvoll angehen', *einen ranzen* ‚jmd. übel mitspielen' DWB I 423.

anrauchen swV. [WG] in:
– *jemanden mit den Humaniks eine anrauchen* ‚jemanden mit den Schuhen treten' [WG] ♦ **E:** dt. *anrauchen* ‚mit dem Rauchen beginnen, eine Pfeife einrichten' DWB I 423.

anrieb Subst. m. [WG]
– Startgeld nach dem Gefängnis [WG] ♦ **E:** → *angribt*.

arußen swV. [EF]; **âruß'n** [EF]; **anrußen** [EF]
– übervorteilen [EF] ♦ **E:** dt. *Ruß* ‚kohleartige Ablagerung durch Verbrennen' DWB XIV 1554 f. ♦ **V:** *hâll âgarußt* ‚stark übervorteilt' [EF].

ansage Subst. f. [HN, WG]
– Vorwarnung [HN] ♦ **E:** dt. *Ansage* ‚fordernde Ansprache' DWB I 432. ♦ **V:** *eine Ansage machen* ‚Jemanden einen Streit ankündigen' [WG]; *jemandem eine Ansage machen* ‚jemanden benachrichtigen, daß man ihn sucht ich mach' hier 'ne ansage ‚ich warne dich'* [HN]; *meine ansage steht* ‚ich habe dich gewarnt' [WG].

anschlag Subst. m. [RW]
– ein Gespräch nach festen Regeln zwischen dem Polier, den Gesellen und dem Zugewanderten vor Antritt der Arbeit [RW] ♦ **E:** dt. *Anschlag* met. ‚Angriff, Attentat' DWB I 440 f.

anschmieren swV. [BJ, CL, PfJ]; **ahschmiera** [OJ]
aschmieræ [WJ]
– betrügen [BJ, CL, OJ, PfJ, WJ] ♦ **E:** dt. *anschmieren* ‚anstreichen; jmd. beschwindeln' DWB I 446.

ahschmirba swV. [OJ]
– anlügen [OJ] ♦ **E:** schwäb. *schmirben* ‚schmieren' (SchwäbWb. V 1003).

anschwalmen swV. [PfJ]
– anlügen [PfJ] ♦ **E:** dt. (ant.) *schwalmen* ‚schwärmen' DWB XV 2195.

ansingen swV. [WG]
– betteln [WG] ♦ **E:** dt. *ansingen* DWB I 463.

ansticken swV. [WG]
– sich an der Beute beteiligen [WG] ♦ **E:** dt. *ansticken* ‚befestigen' DWB I 485.

anstoßen swV. in:
– *a dr dächsl agastuß'n* ‚an der Deichsel angestoßen, schwanger sein' [EF] ♦ **E:** dt. *anstoßen* DWB I 487 ff.

anstreichen stV. [BJ]
– belügen [BJ] ♦ **E:** dt. *anstreichen* ‚bemalen' DWB I 491 f.

antärmen swV. [CL]
– etwas androhen [CL] ♦ **E:** pfälz. *termen, terminen* ‚einem eine Strafe, Rache, bes. Schläge androhen, ankündigen' (PfälzWb. II 223/24).

anderer Tag Subst. m., Phras. [BJ]
– morgen [BJ] ♦ **E:** dt., Neosemantisierung.

andres Subst. m. [EF]
andrees [EF]; **andreas** [EF]
– Gendarm [EF] ♦ **E:** dt. RN *Andreas*.

aneite Subst. f. [MM]
– Mädchen, Frau [MM]; Freundin [MM] ♦ **E:** wohl zu rw. *hanide* ‚Weib, das die Regel hat', danach auch *Hanne* ‚Braut, Dirne, des Zuhälters', vgl. WolfWR 2054; vgl. → *anim*.

ängk Subst. n. [KM]
– Knecht [KM] ♦ **E:** RheinWb. II 133. ♦ **V:** *der verdambde Ängk* ‚der verdammte Knecht' [KM].

anglersgare Subst. m. [LüJ]
anglersgâre [Zi]
– Angel, Angelrute [LüJ]; „wo man die Angel reintut" [LüJ]; membrum virile [Zi]; Penis [LüJ]; Fischerpenis [LüJ] ♦ **E:** roi. *kar* ‚Penis' (WolfWR 96, WolfWR 1651, WolfWZ 1310; Boretzky/Igla 1994: 135).

angströhre Subst. f. [EF, MB]
– Hut [MB]; Zylinderhut [EF] ♦ **E:** rw. *angströhre* ‚Zylinderhut' (WolfWR 98).

angustri Subst. m. [LüJ]
– Ring [LüJ]; Armreif [LüJ] ♦ **E:** rw. *angustri* ‚Ring' (WolfWR 99) < roi. *angustrin* ‚Ring' (WolfWZ 978; BoIg 8); vgl. → *gustre*.

anie Pers.Pron. [MM, Scho]
– ich [MM, Scho] ♦ **E:** jd. *anie* ‚ich' (We 48).

anim Subst. n. [MM]
aniem [MM]; **arnim** [MM]; **chanim** [MM]; **hanniehm** [MM]; **hanniem** [MM]
– Mädchen [MM]; Frau [MM]; Tochter [MM]; weibliches Wesen [MM]; weibliche Person [MM] ♦ **E:** rw. *hannide* ‚Weib, das die Regel hat'; *hanne* ‚Braut, Dirne des Zuhälters' (WolfWR 2054) jd. *nid(d)o* ‚menstruierendes Weib' (We 87); vgl. → *aneite*. ♦ **V:** *toftes anim* ‚schönes Mädchen' [MM]; *kurantes anim* ‚hübsches Mädchen', ‚schickes Mädchen, strammer Hintern und anständige Brust' [MM]; *gamme anim* ‚geile Frau' [MM]; *jovel anim* ‚toffte Frau' [MM]; *gamm auf das anim sein* ‚auf das Mädchen scharf sein' [MM]; *er hat das anim abgenabbelt* ‚er hat mit dem Mädchen geschlafen' [MM]; *roin das kurante anim!* ‚schau dir das schöne Mädchen an!' [MM]; *roin, wie das anim da böscht!* ‚schau, wie das Mädchen da läuft!' [MM]; *das anim hatte ein' ham' rochus auf den jölbst* ‚das Mädchen war sehr wütend auf den Mann' [MM]; *roin die jofle schmiege von das anim!* ‚sieh dir das schöne Mädchen an!' [MM]; *sie war ein kurantes anim* ‚sie war ein schönes Mädchen' [MM]; *anim hat mailach, laulone mit chaumeln* ‚das Mädchen hat ihre Periode, man kann nicht mit ihr schlafen' [MM]; *dat anim zog 'ne miese lobbe und fing am plannigen* ‚das Mädchen verzog das Gesicht und begann zu weinen' [MM]; *seegers hat dat anim genabbelt* ‚der Mann hat mit der Frau geschlafen' [MM]; *die zintis hatten schuckere anims* ‚die Zigeunermädchen waren schön' [MM]; *wenn die schicker warn, gabs immer stoof wegen die anims* ‚wenn sie betrunken waren, gab es immer Streit um die Mädchen' [MM]; *dat anim hat zohmen ambach, datte nerblo wirst!* ‚das Mädchen hat Beine zum Verrücktwerden!' [MM]; *wo die scharfen aniems immer rumscharwenzeln und wo de fürne lowine und nen quini immer gleich nen heiermann blechen mußt* ‚wo die scharfen Mädchen immer herumscharwenzeln und wo du für ein Bier und einen Schnaps immer gleich fünf Mark zahlen mußt' [MM]; *ein kurantes anim! jovle zomen, toften tokus und nen schucker körning inne Bluse* ‚ein hübsches Mädchen; schöne Beine, hübscher Hintern und ein schöner Busen in der Bluse' [MM]

beisanim Subst. n. [MM]
– Haushälterin [MM]; Hausfrau [MM]; Hausbewohner [MM]; Hausmädchen [MM]

bikinianim Subst. n. [MM]
– Bikini-Mädchen [MM]

knäbbelanim Subst. n. [MM]; **knebbelanim** [MM]
– Bäuerin [MM]; Bauernmädchen [MM]; Bauerstochter [MM]; Bauersfrau [MM]; Tochter vom kleinen Bauern [MM] ♦ **V:** *dat knäbbelanim drückte uns bes knierften inne fehme* ‚die Bäuerin gab uns zwei Butterbrote' [MM]; *schirm inne fehme saßen die knäbbelanims aufe leetze und pästen nache tiftel* ‚die Bäuerinnen saßen mit dem Schirm in der Hand auf dem Fahrrad und fuhren zur Kirche' [MM]

kneisanim Subst. n. [MM]
– Bauernmädchen [MM]; Bauerstochter [MM]; Bauersfrau [MM]; Mädel [MM]

nabbelanim Subst. n. [MM]
– Prostituierte [MM]; leichtes Mädchen [MM]; Hure [MM]; Nutte [MM]; Freundin [MM]; „nicht die Ehefrau" [MM]; Bumsmädchen [MM]; „Mädchen, das auf dem Strich geht" [MM]; „eine, die es öfter mal locker sieht" [MM]; „ja, eigentlich heißt das Nutte, aber schreiben Sie mal ‚leichtes Mädchen'" [MM]

putzanim Subst. n. [MM]
– Putzfrau [MM]

schechtanim Subst. n. [MM]
– Prostituierte [MM]; Hure [MM]; Nutte [MM]; Professionelle und Amateure [MM]; „Frau zum Bumsen, die läßt schnell das Höschen runter" [MM]; „eine, die es nicht so genau nimmt mit den Männern" [MM]; „leichtes Mädchen, wenn sie es nicht berufstätig macht" [MM]

tiftelanim Subst. n. [MM]
– Frau von der Kirche, Kirchgängerin [MM]

tischanim Subst. n. [MM]
– Tischdame [MM]

zintianim Subst. n. [MM]
– Zigeunermädchen [MM] ♦ **V:** *die zintianims ham den hachos schmus erzählt und dafür noch lowi be-*

wircht ‚die Zigeunerfrauen haben den Bauern nur Unsinn erzählt und dafür noch Geld bekommen' [MM]
animken Subst. n. Dim. [MM]; **anniemchen** [MM]; **animchen** [MM]; **hanniemchen** [MM]
– Mädchen [MM]
aschenanimchen Subst. n. [MM]
– Aschenputtel [MM]; Putzmädchen [MM]; „Frau, die Geld hat" [MM]; „Frau, die für Geld auf die Straße geht" [MM]; Straßenmädchen [MM] ♦ **E:** Sprecherirrtum: ugs. *asche* ‚Geld', Siewert, Grundlagen, 117 f.
animchencafe Subst. n. [MM]
– Puppen-Café [MM] ♦ **E:** Namenübersetzung.
ankatschen swV. [SG]
– essen [SG] ♦ **E:** → *katschen.* ♦ **V:** *ill'n bitten ankatschen* ‚will ein bisschen essen, habe Hunger' [SG].
annamirl Subst. n. [RR]
– Sonne [RR] ♦ **E:** bair. RN *Annamaria, Annamirl* u. a. ‚Sonne' BWB I 436.
ännerkümftig ‚gegenüber' → *künftig.*
anneschitten swV. [SG]
– Kameraden betrügen [SG] ♦ **E:** mdal., nd. *anscheißen.*
anni Subst. [LoJ]
– Jahr(e) [LoJ] ♦ **E:** zu lat. *annum* ‚Jahr'.
annonce Subst. f. [HN]
– Tipp [HN] ♦ **E:** ugs. *annonce* ‚Hinweis auf lohnenden Diebstahl', aus frz. *annonce* ‚Vorhersage' (Kü I 69). ♦ **V:** *gib 'ne annonce* ‚gib mir einen Tip' [HN].
ant Subst. m. [EF]
– Schauspieler [EF] ♦ **E:** Kürzung aus *Kommödiant,* Wolf, Fatzersprache, 113.
antin Subst. f. [EF]
– Schauspielerin [EF]
anten Subst. m. Pl. [EF]
– Schauspielertruppe [EF].
änzianele swV. [BM]
– Enziane suchen [BM] ♦ **E:** schweizdt./dt. *Enzian* DWB III 677.
aok-chopper Subst. m. [HN]
– Rollstuhl [HN] ♦ **E:** *AOK* Initialkürzung für *Allgemeine Ortskrankenkasse*; Typenbezeichnung *chopper* für Markennamen (Motorräder) *Harley-Davidson* und *Indian,* engl. *to chop* ‚abhacken'.

apache Subst. m. [WG]
– Raufbold [WG] ♦ **E:** *Apachen,* Name eines nordamerikanischen Indianer-Stammes.
ape Subst. f. [MM]
– Ball [MM] ♦ **E:** unsicher; evtl. zu rw. *appeküh* ‚Mütze' (WolfWR 118) oder jd. *epel, apel* ‚Apfel' (WolfWJ 104); wohl nicht zu westf. *ape* ‚Affe'.
apfel Subst. m. [RW]
appel [BJ, RW]; **abbl** [OJ]; **aphal** [BJ]
– Narr [RW]; dreckiger Mensch [OJ] ♦ **E:** rw. *äppeln* ‚jmd. narren, verhöhnen' zu jd. *ewil* ‚Narr, Tor' (WolfWR 121). ♦ **V:** *in die äppel hauen* ‚schief gehen, in den Sack hauen' [RW]
drägabbl Subst. m. [OJ]
– dreckiger Mensch [OJ]
veräppeln swV. [RW]
– verarschen [RW]; für dumm verkaufen [RW]; zum Narren halten [RW].
äppel Subst. m. Pl. [RW]
– Unwichtiges ♦ **E:** rw. *äppel* ‚Nichtiges' < jd. *hewel* ‚eitel, unnütz' (WolfWR 120) < hebr. *hewel* ‚Eitelkeit' (im biblischen Sinne).
drägabbl Subst. m. [OJ]
– dreckiger Mensch, Dreckspatz [OJ].
apostelklopfer Subst. m. [RW, StG]
– Buchbinder [RW, StG] ♦ **E:** rw. *apostelklopfer* ‚Buchbinder' (WolfWR 117).
aqua Subst. m. [EF, HN]
– Wasser [EF]; Aquavit (Schnaps) [HN] ♦ **E:** lat. *aqua.*
ärbern Adj. [HL]
– geziert [HL] ♦ **E:** rw. WolfWR 124, ohne Herleitung; wohl zu dt. *erber* ‚ehrenhaft' DWB II 717.
arften ‚Erbsen' in:
arftigpullig Adj. [SK]
– schwierig [SK] ♦ **E:** nd. *arften* ‚Erbsen' und nd. *pulig* von nd. *pulen* ‚klauben'. ♦ **V:** *n' arftigpulligen party* ‚ein schwieriges Musikstück' [SK].
arges Subst. [NJ]
– Silber [NJ] ♦ **E:** lat. *argentum* ‚Silber'.
arie Subst. f. in:
kackarie Subst. f. [HN]
– Durchfall [HN]
kneistarie Subst. f. [HN] ♦ **V:** *kneistarie machen* ‚zusehen' [HN]; *er macht die kneistarie* ‚er sieht zu' [HN]
pfandscheinarie Subst. f. [HN]
– Handel mit Pfandscheinen [HN]

schinscharie Subst. f. [HN]
– Handel, Geschäfte machen [HN]
schockarie Subst. f. [HN]
– Einschüchterung, Bedrohung [HN]
stoßarie Subst. f. [HN]
– Geschlechtsverkehr [HN]
wechselarie Subst. f. [HN]
– Betrug beim Geldwechseln [HN]
zimmerarie Subst. f. [HN]
– Zimmervermietung [HN]
zollarie Subst. f. [HN]
– Schmuggel [HN] ♦ **E:** dt. fachspr. *Arie.* ♦ **V:** *er macht die zollarie* ‚er lebt vom Schmuggeln' [HN].

armbänder Subst. n., Pl. [HN]
– Handschellen ♦ **E:** rw. *armband* ‚Schließkette' (WolfWR 125); ugs. *armband* ‚Handfessel'; Euphemismus (Kü II 53).

armloch Subst. m. [BM]
– Arschloch [BM] ♦ **E:** euphemistisch verhüllende Umbildung von dt. *Arschloch.*

ärmtsch Subst. m. [BM]
– Arm [BM] ♦ **E:** schweizdt. Bildung zu dt. *Arm.*

armutstille Subst. f. [HN]
– „die mußten nur Blockschulden bezahlen, die haben keine Freier gehabt"; Prostituierte, die schlecht verdient, die nie Geld hat [HN] ♦ **E:** → *dil.*

arpista → *harpiste* ‚Harfe'.

arrafa Subst. m. [FS]
– Pfarrer [FS] ♦ **E:** Inversion von *Pfarrer.*

arsch Subst. m. [HN, WG] in: *am arsch der welt;* „irgendwo hinter Harburg 'nen Reifen platzen lassen" [HN]; ganz weit draußen, außerhalb, sehr weit weg [HN] ♦ **E:** ugs. *am Arsch der Welt* ‚in abgelegenster Weltgegend'; *Arsch* als das Schlechteste, Finstere und Unbehaglichste (Kü I 74); vgl. → *armloch.* ♦ **V:** *jmd. den arsch aufreißen* ‚jmd. zusammenschlagen' [HN]; *in den Arsch gehen* ‚davonlaufen, fliehen' [WG]

arsklapperöje Subst. [SG]
– Schule [SG] ♦ **E:** zu *Arsch* und *klappern* ‚klopfen, schlagen'.

artist Subst. m. [HN]
– einer, der alles kann [HN] ♦ **E:** dt./fachspr. *Artist* ‚Zirkuskünstler', aus frz. *artiste,* lat. *ars* ‚Geschicklichkeit, Kunst' ♦ **V:** *artist bin ich selber* ‚das kann ich auch selber machen, mich kann man nicht überfahren' [HN]; *hey, du bist 'n artist auf diesem gebiet* ‚du bist hier führend' [HN]

ascheimerartist Subst. m. [HN]
– einer, der die Ascheimer (Mülleimer) nach brauchbaren Sachen sortiert [HN]

gartenzaunartist Subst. m. [HN]
– Gitarrenspieler [HN] ♦ **E:** Benennungsmotiv: Vergleich der Gitarrensaiten mit den Latten eines Gartenzauns.

schießbudenartist Subst. m. [HN]
– Schlagzeuger [HN].

as Adj. [BJ]
– grau; häßlich ♦ **E:** rw./jd. *as(ch)* ‚häßlich' WolfWR 141.

ascha Subst. in:
ascha makulla Phras. [SJ]
– am Arsch lecken [SJ]; „leck mich im Arsch" [SJ] ♦ **E:** wohl zu dt. → *Arsch,* vgl. → *makulla.*

asche Subst. f. [HL, HLD, HN, RW, StG]
– Geld [HL, HLD, HN, RW, StG]; Silbergeld [StG] ♦ **E:** rw. *asche* ‚Geld' (WolfWR 142). ♦ **V:** *rote asche* ‚Kupfergeld' [RW]; *weiße asche* ‚Silbergeld, Nickelgeld' [RW]; *blanke asche* ‚Silbergeld' [RW]; *zünftige asche* ‚viel Geld' [RW]; *alles asche* ‚schlechtes Geschäft' zu dt. *Asche* ‚Brennrückstände' [HN]

pickerasche Subst. f. [SJ]; **bickerasche** [SJ]; **pickerasch** [SJ]
– Eßwaren [SJ]; Essen [SJ] ♦ **V:** *Do, i bring a gwande pickerasch, schling ond bossert* ‚Da, ich bringe ein gutes Essen, Wurst und Fleisch' [SJ].

ascher Adj. [HLD]
– nicht gut [HLD] ♦ **E:** unsicher; rw./jd. *as(ch)* ‚häßlich' WolfWR 141 oder rw. *aschre* ‚Wohlergehen, Seligkeit' aus jd. *aschre* ‚selig, wohl' (WolfWR 148) bei semantischer Antonymie.

aschkenas Subst. n. [Scho]
– Deutschland [Scho] ♦ **E:** jd. *aschkens* ‚Deutschland' WolfWR 146.

aschoger Subst. m. [GM]
– Kaffee [GM] ♦ **E:** zu rw. *schoker* ‚Kaffee', vgl. → *schokle* (WolfWR 5107).

asphalt Subst. m. in:
asphaltbeleidiger Subst. m., Pl. [HN]
– schlechte Schuhe [HN] ♦ **E:** dt. *Asphalt* Gemisch aus Bitumen und Mineralstoffen (Straßenbelag), aus frz. *asphalte,* lat. *asphaltus* ‚unzerstörbar'.

asphaltnutte Subst. f. [HN]
- Taxifahrer [HN]
asphaltschwalbe Subst. f. [HN]
- Prostituierte [HN]
asphalttreter Subst. m. Pl. [HN]
- Schuhe [HN].

asse Subst. f. [MM]
- Ball [MM]; Fußball [MM]; „Tor schießen, guter Wurf beim Knobeln" [MM]; Hoden [MM]; Penis [MM] ♦ **E:** wohl zu westf. *asse* ‚Ball' (WestfWb. 324–328); *Ball* met. ‚Hoden, Penis'; Bedeutungsangabe ‚guter Wurf beim Knobeln' Verwechslung mit *asse* ‚Einser'. ♦ **V:** *Olf, bes, kimmel, dollar, hei! Anim mit der asse anne schmu vorbei* ‚1, 2, 3, 4, 5, dem Mädchen mit dem Penis an der Vagina vorbei!' [MM]
assemakeimer Subst. m. [MM]
- Fußballspieler [MM] ♦ **V:** *rakawele von die assemakeimers* ‚Fußballersprache' [MM].

assese! Interj., Wunschformel [Scho]
- Gesundheit! [Scho] ♦ **E:** rw./jd. *asusso!, azza* ‚Gesundheit!, Prost!' WolfWR 153, 213.

assgene swV. [CL, LL]
askern [JS]; **askenne** [Scho]
- handeln [CL, JS, LL, Scho]; Handel [CL]; Tauschen [JS] ♦ **E:** rw. *aske, asken* ‚Beschäftigung, Handel' (WolfWR 159) < jd. *assak* ‚beschäftigt, bemüht' (We 62, Post 181, Klepsch 279).
assgen Subst. m. [LL]; **asken** [CL, PH]; **aske** [StJ]
- Handel [CL, LL, PH, StJ]; Hausierhandel [CL] ♦ **V:** *auf den asken gehen* ‚Handel treiben' [CL]
askener Subst. m. [PH]; **assgener** [CL]
- Händler [CL, PH]
veraskern swV. [JS]
- vertauschen [JS] ♦ **V:** *os sossem schäft lack drom hat usere ollmische et veraskert* ‚unser Pferd war krank, deshalb hat unser Vater es vertauscht' [JS].

assmann Subst. m. [HN]
- Zigarrenstummel [HN] ♦ **E:** wohl Assimilation von dt. *Ast*.

ast Subst. m. [BJ, MM, SJ]
- Rücken [BJ]; Buckel [BJ, MM, SJ]; Schultern [MM]; Buckliger [MM]; freche Person [MM] ♦ **E:** rw. *ast* ‚Buckel' (WolfWR 154), zu dt. *Ast* ‚etwas Abstehendes' DWB I 588 f.; weithin ugs., vgl. Kü 1987: 50 f. ♦ **V:** *auf'n ast nehmen* ‚auf die Schultern nehmen' [MM]; *lach dir 'nen ast* ‚lach, bis du 'ne Erektion kriegst' [MM]; *lacht sich 'nen ast ab* [MM]

aster Subst. m. [SJ]
- Buckliger [SJ] ♦ **E:** SchwäbWb. I 346 (*Aster-* ‚langes, vorne gebogenes Hackmesser zum Abhacken von Ästen und Reisig')
åstklapper Subst. m. [SG]
- Lehrer [SG] ♦ **E:** dt. *klappern* ‚schlagen'.
ast Subst. [EF]; **äst** [EF]
- Geld [EF]; größerer Geldbetrag [EF] ♦ **E:** unsicher; evtl. zu rw. *ast* ‚Buckel', vgl. Wolf, Fatzersprache, 113.

äste Subst. Pl. [EF]
äst [EF]
- Beine [EF] ♦ **E:** dt. *Ast*, vgl. *Stecken* ‚dürre Beine' Wolf, Fatzersprache, 113.

astronauten Subst. m. Pl. [HN]
- Aufputschtabletten [HN]; Preludin [HN]; Pervitin [HN] ♦ **E:** lat. *astra* ‚Sterne', *nautilus* ‚Schiff, Boot'.
astronautenkörner Subst. n. Pl. [HN]
- Preludin [HN]; Pervitin [HN]
astronautenwasser Subst. n. [HN]
- Flensburger Dokator (Schnaps) [HN].

at Adv. [BB]
ot [BB]
- da [BB] ♦ **E:** Inversion zu *da*, bzw. mdal. *do* ‚da'. ♦ **V:** *mier saan at* ‚wir sind da' [BB].

athletenfutter Subst. n. [MB]
- Kartoffeln mit Heringen ♦ **E:** rw. *athletenfutter* ‚saurer Hering mit Kartoffeln' (WolfWR 158).

atschen swV. [GM, SK]
- bleiben [GM]
atsch Interj. [JSW]
- ruhig, sei still [JSW] ♦ **E:** roi. *ātš-* ‚bleiben, (ver)weilen, sein' (WolfWZ 58). ♦ **V:** *atschen dewel* ‚auf Wiedersehen, guten Tag' < roi. *atschen dewleha* ‚bleibt mit Gott' [SK].

atschyyn Subst. m. [JeS]
- Mittagessen [JeS]; Mittag [JeS]; Mittwoch [JeS] ♦ **E:** *at-* unklar; → *schein* ‚Tag'.

atta Adv. in:
atta gehen Phras. [MB]
- auf den Strich gehen [MB]; mit Kleinkindern spazieren gehen [MB] ♦ **E:** dt. kindersprachlich *atta* ‚adé'.

ätte Subst. m. [SS, WH]
ette [SS]; **äte** [StJ]
– Vater [SS, StJ, WH] ♦ **E:** rw. *ätte* ‚Vater' (WolfWR 159) < jd. *ette* ‚Vater' (Post 181, Klepsch 558), ahd. *atto* ‚Vater'. ♦ **V:** *Wat mät-ing äte?* ‚Was macht der Vater?' [StJ].

aue¹ Part. [LüJ]
aua [LüJ]
– ja [LüJ]; beipflichtendes Ja [LüJ]; Zustimmung [LüJ] ♦ **E:** unsicher; evtl. zu roi. *ua* ‚ja' (Sowa 1898); nach Wolf rw. *ou, oi* ‚ja' zu frz. *oui* ‚ja' (WolfWR 3999); dazu frz. Bejahung *ah oui*; womgl. auch zu dt. *ohne*, schwäb. [ãõ(nə)] in der Funktion/Bedeutung ‚bestätigend: nicht unrichtig' (SchwäbWb. V 62). ♦ **V:** *pen aue!* ‚Sag ja!' [LüJ]
aueleno Part., Interj. [LüJ]
– ja [LüJ]; auja [LüJ]; jawohl [LüJ]; zweimal ja [LüJ]; ganz gewiss [LüJ]; ja schön [LüJ]; zustimmen, bejahen [LüJ].

aue² Subst. [KMa]
aures [KMa]
– Wasser [KMa] ♦ **E:** rw. *aue* ‚Wasser', aus mhd. *ouwe* ‚Wasser' (WolfWR 161).
auebatscheler Subst. m. [KMa]; **auwebattscheler** Subst [KMa]
– Hering [KMa] ♦ **E:** zu mdal. *patscheln* ‚im Wasser herumplanschen'.

auf- Präfix von Verben, Substantiven, Adjektiven in:
→ *aufbänken* bis → *aufschupfen*, passim.

aufbänken swV. [PfJ]
– koitieren [PfJ] ♦ **E:** dt. (ant.) *bankert* ‚uneheliches Kind, auf der Bank Gezeugter', vgl. auch dt. *bänken* ‚Erdreich hochschaufeln', *Kartoffeln bänken* DWB I 1111.

aufdehna swV. [EF, MoM]; **aufdehnen** [EF]
– Tafel decken [EF, MoM] ♦ **E:** dt. (ant.) *aufdehnen* ‚aufziehen (Tischdecke)' DWB I 633.

aufdrahten haben Phras. [WG]
– jemandem davonlaufen [WG] ♦ **E:** dt. Präp. *auf*, dt. *Draht*.

aufhussen swV.
– aufhetzen [WG] ♦ **E:** dt. (ant.) *huss rufen* ‚hetzen (bes. Hunde bei der Treibjagd)' DWB X 1976. ♦ **V:** *aufgehußte Partie* ‚aufgehetzte Personen' [WG].

aufklauben swV. [BJ]
– einsammeln vom Boden [BJ] ♦ **E:** dt. (ant.) *klauben* ‚(kleinere Gegenstände) aufsammeln' DWB I 675.

aufkodan swV. [LoJ]
– aufschreiben lassen [LoJ] ♦ **E:** unsicher; womgl. zu bair. *Koderbeutel* ‚Tasche für Pflaumen u.a. Gegenstände' oder (verderbt) zu → *kober* ‚Wirt'.

aufmucken swV. [BJ]; **aufmugga** swV. [OJ]
– aufbegehren [BJ, OJ] ♦ **E:** dt. (ant.) *mucken* ‚knurren, brummen' DWB XII 2609 ff. ♦ **V:** *deam mugg is* ‚dem sag ich meine Meinung' [BJ].

aufpumpen swV. [WG]
– schwängern [WG] ♦ **E:** dt. *aufpumpen* (ant.) ‚Wasser in die Höhe pumpen' DWB I 701. ♦ **V:** *aufgepumpt sein* ‚schwanger sein' [WG].

aufreißen swV. in:
einen Knast aufreißen ‚bestraft werden (zu einer Gefängnisstrafe)' [WG] ♦ **E:** dt. *aufreißen* ‚aufsperren, plötzlich öffnen' DWB I 708 f.

aufschupfen swV. [LüJ]
– aufhören [LüJ]; aufpassen [LüJ]; still, ruhig, vorsichtig sein [LüJ] ♦ **E:** dt. (ant.) *schupfen* ‚schnell und heftig stoßen' DWB XV 2006 ff.

aufe Subst. m. [Scho]
– Bäcker [Scho] ♦ **E:** jd. *ophe* ‚Bäcker' (WolfWR 5789); vgl. *teigaffe* (unter → *affe³*).

aufgezesselt ‚aufgeschrieben' → *zesseln*.

aufra Subst. f. [FS]
– Frau [FS] ♦ **E:** Inversion zu *Frau* durch Nachstellung des konsonantischen Anlauts plus *a*.

augen Subst. n., Pl. [HN, WG]
– Brüste [WG] ♦ **E:** dt. *Auge* DWB I 789 ff. ♦ **V:** *tomaten auf den augen* „kann schlecht sehen" [HN]
augengläser Subst. n., Pl. [KJ]
– Handschuhe [KJ] ♦ **E:** *Gläser* evtl. zu *Glacé(handschuh)*.

augenwasser Subst. n. [MB]
– Korn (Schnaps) [MB].

august¹ Subst. m. [RW]
– Gefängniswagen [RW] ♦ **E:** rw. *august* wohl zu jd. *ojew* ‚Feind', nicht zum PN *August* (WolfWR 182).
grüner august Subst. m., Phras. [KJ, RW]
– Gefängniswagen [KJ, RW]; grüne Minna [KJ, RW]; Polizei [KJ]; Gendarm [KJ]

aujust mit der latte Subst. m., Phras. [RW]
– Gendarm [RW]
august mit dem ofenrohr Subst. m., Phras. [LüJ]
– Gendarm (humorvoll) [LüJ]; Polizist [LüJ] ♦ **E:** SchwäbWb. VI 2, 1552.

august² Subst. m. [SG]
– Kontrabassspieler [SG] ♦ **E:** wohl zu dt. RN *August*.

auheff Subst. m. [HLD]
– Liebhaber [HLD] ♦ **E:** jd. *auhew* ‚Freund' (We 49).

aujeff Subst. m. [HLD]
– Feind [HLD] ♦ **E:** jd. *aujew* ‚Feind' WolfWR 181.

aul Subst. [RW]
– Jahr [RW] ♦ **E:** jd. *olom* ‚Ewigkeit' (WolfWR 3966).

auland Subst. [MeT]
– (guter, starker) Kaffee [MeT] ♦ **E:** rw., nach Wolf zu rw. *oluff* ‚Schnaps' zu jd. *alluph* ‚der Ausgezeichnete, Angesehene'.

aules Subst. m. [JSa, SE]
– Topf [JSa, SE] ♦ **E:** rhein. *Aules* ‚Topf' (RheinWb. I 333) < lat. *aula, olla* ‚Topf'.

aulchen Subst.n., Dim. [SE]
– Töpfchen, kleiner Topf [SE]; Kochtopf [SE]; Nachttopf [SE]

aulschi Subst. Dim. [SE]
– Nachttopf [SE]

flosseraules Subst. m. [SE]
– Nachttopf [SE]

flosaäulchen Subst. n., Dim. [SE]; **flossaaulchen** [SE]; **flosser aulchen** [SE]
– Nachttopf [SE]; Pinkeltopf, Pinkelpott [SE].

aumeln swV. [SS]
oemelen [SS]
– sehen [SS]; mühsam, kurzsichtig hinschauen [SS]

aumerling Subst. m. [SS, WH]
– Auge [SS, WH] ♦ **E:** rw. *aumerling* WolfWR 184 ohne Herleitung; evtl. zu ugs. *eumel(n)* ‚rundliches Ding, unsympathischer Mensch'.

aupen Subst. [EF]
– Russen [EF] ♦ **E:** unklar; vgl. Wolf, Fatzersprache, 113: evtl. Herleitung aus *jowen* ‚Ionien, Griechenland'.

aures Subst. n. [NJ]
– Gold [NJ] ♦ **E:** zu lat. *aurum* ‚Gold'.

aus- Präfix von Verben, Substantiven, Adjektiven in: → *ausbaldowern* bis → *ausweisung*, passim.

ausbaldowern swV. [HLD, Jsa, Scho]; **ausbaldobra** [OJ]
– auskundschaften [HLD, Jsa, OJ]; ausdenken [OJ]; herausfinden [OJ, Scho] ♦ **E:** → *baldober*.

ausbereimen swV. [PfJ]
– auszahlen [PfJ] ♦ **E:** rw. *bereimen* ‚bezahlen', zu ahd. *rim* ‚Zahl' WolfWR 412, Schützeichel 212.

ausflohen swV. [BJ]; **ausfloa** [OJ]
– ausnehmen [BJ]; alles wegnehmen [OJ] ♦ **E:** rw. *flöhnen* ‚jmd. in betrügerischer Weise um sein Geld bringen', zu dt. *flöhnen* ‚flüchten' (WolfWR 1485).

ausflucht Subst. [BJ]; **ausfluchd** [OJ]; **ausflug** [OJ]
– krumme Tour [OJ] ♦ **E:** dt. *Ausflucht* ‚Vorwand, ausweichendes Verhalten' DWB I 859.

ausgebraten sein Phras. [WG]
ausbraten sein [WG]
– schlau sein [WG]; durchtrieben sein [WG] ♦ **E:** dt. *braten* DWB II 310 f.

ausgekocht Adj. [BJ]; **auskochd** [OJ]; **auskocht** [WG]
– durchtrieben [BJ, OJ]; klug und listig (vorbereitet) [BJ, OJ]; schlau sein [WG]; durchtrieben sein [WG] ♦ **E:** dt. *kochen* DWB XI 1553 ff.

ausgschwabt Adj. [WG]
– schlau sein [WG]; durchtrieben sein [WG] ♦ **E:** wohl zum Personengruppennamen *Schwaben*.

ausklauben swV. [BJ]; **ausglauba** [OJ]
– aussortieren [BJ, OJ] ♦ **E:** dt. (ant.) *klauben* ‚(kleinere Gegenstände) aufsammeln' DWB I 675.

ausklüften swV. [LüJ]
– ausziehen [LüJ] ♦ **E:** *auskluften* zu → *kluft*.

auskuchemen swV. [Scho]
– ausklügeln [Scho]; spitzfindig sein [Scho] ♦ **E:** zu → *kochum*.

ausgekuchemter Subst. m. [Scho]
– Ausgekochter [Scho]; Schlauer [Scho].

auslöschen swV. [PfJ]
– in den letzten Zügen liegen [PfJ]; sterben [PfJ] ♦ **E:** dt. *auslöschen* DWB I 911 f.

ausmalochen swV. [Scho]
– Schwierigkeiten beseitigen, arbeiten [Scho] ♦ **E:** zu → *malochen*.

außreißer Subst. m. [WG]
– Zeuge bei Gericht (günstig für den Angeklagten) [WG] ♦ **E:** dt. (ant.) *Austeißer* ‚Überläufer' DWB I 934.

ausschmeißerin Subst. f. [EF]; **ausschmeißera** [EF]
– Beschließerin [EF] ♦ **E:** dt. (ant.) *ausschmeißen* ‚herausreißen' DWB I 957.

ausschnocken swV. [PfJ]
– ausplündern [PfJ] ♦ **E:** rw. *schnoken* ‚stehlen', zu dt. *schnicken* ‚eine schnelle Bewegung mit der Hand, den Fingern machen' (WolfWR 5095).

ausschwächen swV. [PfJ]; **ausschwechen** [PfJ]
– austrinken [PfJ]; Eier einschlagen [PfJ] ♦ **E:** zu → *schwächen*.

ausstiebæ swV. [WJ]
– verprügeln [WJ] ♦ **E:** zu → *stieben*².

ausströmen swV. [PfJ]
– betteln [PfJ] ♦ **E:** zu → *stromen*.

ausweisung Subst. f. [RW]
– Einweihung in die Gebräuche und Rituale der Zunft oder des Schachtes [RW] ♦ **E:** dt. (ant.) *Ausweisung* ‚Demonstration der Rechts' DWB I 1014.

ausäal Subst. m. [OJ]
– Jammerlappen [OJ] ♦ **E:** unsicher; evtl. zu rw. *ausameden* ‚(Peitschenhiebe) aushalten, erdulden' zu jd. *omed* ‚Stand, Pranger' WolfWR 186.

auscher Adj. [LJ, Scho, SS, WH]
äuscher [SS, WH]; **ausker** [SS, WH]
– adelig [WH]; reich [LJ, Scho, SS, WH]; vornehm [WH] ♦ **E:** jd. *auscher, oscher* ‚reich' (WolfWR 187, We 49, Post 231, Klepsch 285).

auscher Subst. m. [SPI, SS]; **äausker** [SPI, SS]; **üscher** [SPI]
– Gutsbesitzer [SPI, SS]; Sensenhändler, der selbst Lohnhausierer beschäftigt [SS]; Chef [SS]; Herr [SS]; Reichtum [SPI].

außenbordkamerad Subst. m. [HN]
– Hering [HN] ♦ **E:** dt. *außen*, *Bord*, *Kamerad*.

ausserkindig Adv. [CL]
ausserkönig [JeS]; **usserkönig** [JeS]; **osserkönig** [JeS]; **usserkümftig** [JeS]; **usserkünftig** [JeS]
– draußen [JeS]; außen [CL, JeS]; hinaus [JeS] ♦ **E:** → *künftig*.

auß- ‚nach außen, hinaus', österr. Präfix von Verben, Substantiven, Adjektiven in: → *außidrahn* bis → *außihäckeln*.

außidrahn swV. [WG]
– die Schuld auf einen anderen schieben, sich als unschuldig darstellen [WG] ♦ **E:** dt. (ant.) *ausdrehen* ‚herauswinden' DWB I 845 f. ♦ **V:** *sich außidrahn* ‚jemand anderen belasten' [WG]

außidraher Subst. m. [WG]
– Zeuge bei Gericht („günstig für den Angeklagten") [WG]

außihäckeln swV. [WG]
– einen Streit provozieren [WG] ♦ **E:** wohl zu dt. *aushecken* ‚ausbrüten, heimlich planen' DWB I 884 f., womgl. Einfluss von rw. *heckel* ‚Narr' WolfWR 2108.
jemanden etwas außihäckeln [WG]
– betteln [WG].

aut Subst. f. [BJ]
– Haut ♦ **E:** dt./rw. *aut* ‚Haut', „jd. Aussprache" WolfWR 207.

av Subst. [HF]
– Gottesdienst [HF]
avoide [SS]
– Gottesdienst [SS] ♦ **E:** hebr. *abôdâh* ‚Gottesdienst' (Bischoff, WB d. Geheim- u. Berufssprachen).

awe Adv., Interj. [GM]
abe [GM]
– ja [GM]; gewiß [GM]; bestimmt [GM]; doch [GM]; trotzdem [GM]; „allgemeine Bejahung" [GM] ♦ **E:** roi. *awa* ‚ja, gewiß, freilich' (WolfWZ 60,61).
awade Adj. [MM]
– sicher, gewiß [MM]
aweles Adv. [GM]
– aber sicher [GM]; ganz sicher [GM]; ja doch [GM]; ganz bestimmt [GM]; „Bekräftigung, die keinen Widerspruch zuläßt" [GM] ♦ **E:** *eles* wohl zu rw. *herles, herrles* ‚hier' (WolfWR 2174).

aweide Subst. [StG]
– Verlust [StG] ♦ **E:** unklar; evtl. zu rw./jd. *ewed* ‚Knecht' WolfWR 1246. ♦ **V:** *aweide machen* ‚Verlust erleiden' [StG].

awer Subst. m. [NJ]
– Geiz [NJ] ♦ **E:** frz. *avare* ‚geizig, habgierig'.
awerig Adj. [NJ]
– habgierig [NJ].

awoonen swV [NrJ]
awolen [SP]
– verdienen [NrJ]; bekommen [SP] ♦ **E:** RheinWb. IX 555.

axti Subst. m. [RW]
– Mitglied von Axt & Kelle (Schacht der Handwerksburschen auf Wanderschaft im Baugewerbe) [RW] ♦ **E:** Koseform zu dt. *Axt* DWB I 1046 f.

ayfe geyfe Subst., Phras. [Scho]
– Liebe [Scho]; eifersüchtig [Scho] ♦ **E:** rw./jd. *aiwo* ‚Liebe, Freundschaft' WolfWR 56; jd. *geiwe* ‚Stolz' (Klepsch 287).

azkes malaikes Subst. m., Phras. [LüJ]
– Faustschlag an die Kehle [LüJ] ♦ **E:** rw. *azkes malaikes* ‚beim Raufhändel angewendeter Faustschlag auf die Gurgel' < jd. *ossok* ‚frech', *malkus* ‚Schläge' (WolfWR 211).

B

bääbe Subst. f. [OJ]
barbere [Zi]
– alte Frau [OJ, Zi] ♦ **E:** wohl zu schwäb. *Bäbe* < *Barbara*, auch in der Bed. ‚Frau, Schwätzerin' u. ä. (SchwäbWb. I 635).
barba Subst. [Zi]
– alter Mann [Zi].

baacher ‚junger Kerl' → *bocher*.

bääggeli Subst. n. [BM]
– Lebkuchen (ursprünglich in Form eines Lammes) [BM]; Süßigkeit (als Weihnachtsbescherung) [BM] ♦ **E:** schweizdt. Dim. Pl. zu *Bock* ‚lebkuchenartiges Gebäck, das ein liegendes Schaf oder Bock vorstellt' SchweizId. IV 1126.

baaie swV. [BM]
– baden [BM] ♦ **E:** frz. *baigner*.
baaiere Subst. Pl. [BM]
– Badehosen [BM].

baal ‚Mann, Eheman, Beamter' → *bal¹*.

baale ‚Haare' → *bal²*.

baale ‚Wald' → *bal³*.

baaln swV. [LOJ]
– sprechen, reden [LoJ] ♦ **E:** österr. *parln* < roman. *parlare*, *parler* (WBÖ II 338).

baas Subst. m. [MM]
– Chef, Boss [MM] ♦ **E:** westf. *baas* ‚erster Mann, Ausgezeichneter' Woeste 21.

bäbba swV. [LJ, OJ]
– schlagen [LJ, OJ]; jmd. eine runterhauen [LJ, OJ]; schießen [LJ] ♦ **E:** schwäb. *päppen* ‚kleben', hier met. ugs. ‚jmd. eine kleben, herunterhauen' (SchwäbWb. I 628).

babbe Subst. f. [HK, SK]
– Harfe [HK, SK] ♦ **E:** unsicher; evtl. met. zu rw. *babbeln* ‚plaudern, plappern' WolfWR 216; dt. *babbeln, bappern* „es klappern und bappern und blappern schlankbeinichte störche" DWB I 1120.
babbeln swV. [SK]
– Harfe spielen [SK].

babbele Subst. [JS]
– Kartoffel [JS] ♦ **E:** roi. *babb, baba* ‚Apfel, Kartoffel' (WolfWZ 2259).
babbelcha Subst. n. Dim. Pl [JSW]
– Äpfel [JSW].

baben hen daal Adv., Präp. [HN]
– nach unten [HN]
von baben hen daal Adv., Präp. [HN]
– von oben ♦ **E:** Bildungen zu nd. *vun boben dol* ‚von oben herab' (HWB I 595).

baber Adj. [SK]
– barfuß [SK] ♦ **E:** zu dt. *barfuß* ‚ohne Fußbekleidung'.

babetuttchen Subst. n. [HL]
– Kind [HL] ♦ **E:** rw. *babetuttchen* ‚Kind'; evtl. zu *pappen* ‚essen' und *tuttchen* Dim. von dt. *Titte, Dutte* ‚weibliche Brust' (WolfWR 218).

babln swV. [WG]
– betteln [WG]
babler [WG]
– Bettler [WG] ♦ **E:** wienerisch *babeln* ‚betteln', zu mdal. *babeln, babbeln* ‚schwatzen' < frz. *babiller*.

babne Subst. f. [LJ]
– Ente [LJ] ♦ **E:** roi. *papi, bapi, babni* ‚Gans' (WolfWR 4002, WolfWZ 2297).
babnebäts Subst. n. [LJ]
– Entenei [LJ] ♦ **E:** → *betz*.

babusche Subst. Pl. [BM]
– Hausschuh [BM]; Pantoffeln [BM] ♦ **E:** Bildung zu dt./ugs. *Puschen* ‚bequemer, warmer, aus Stoff hergestellter Hausschuh'.

bachatz ‚Stein' → *bachkatze*.

bächede Subst. [LüJ]
– Rotz [LüJ]; Schmutz [LüJ]; Verkrustetes [LüJ]; Klebendes [LüJ]; Verschmiertes [LüJ] ♦ **E:** wohl Kollektivbildung auf *-ete* zu dt. Pech „das aus der fichte und andern nadelhölzern gewonnene, dick eingesottene und geläuterte harz" (DWB XIII 1516 f.; SchwäbWb. I 736).

bachel Subst. m. [LüJ]
– grober Mensch, Grobian [LüJ]; Rüpel [LüJ]; störrischer Mensch [LüJ]; unbeholfener Mensch [LüJ]; *denelo* [LüJ] ♦ **E:** schwäb. *Bachel* ‚unbeholfener, blöder bzw. auch wüster, unflätiger Mensch' (SchwäbWb. I 563).

allmachtsbachel Subst. m. [LüJ]
– „Steigerung zu *bachel*" [LüJ]

bachelig Adj. [LüJ]
– grob [LüJ]; rücksichtslos [LüJ]; unverschämt [LüJ]; störrisch [LüJ] ♦ **V:** *sei net so bachelig* ‚sei net so grob' [LüJ].

bachele Subst. [Scho]
– (gute) Kost [Scho] ♦ **E:** unsicher; evtl. zu rw. *bacheln* ‚zechen, trinken' WolfWR 220 oder Bildung zu → *acheln*.

bachelen swV. [Scho, WL]
bacheln [RW]
– regnen [WL]; urinieren [WL]; trinken [RW, Scho] ♦ **E:** zu dt. *Bach*, ‚fließendes Wasser' (WolfWR 220).

bachem Subst. m. [JS, KM, MeJ, NJ, NrJ, PfJ, RW, StJ]
bachum[1] [LJ, MB, MM]; **bacheme** [KM]; **bachen** [JS, PH]; **backen** [HLD]; **back(e)n** [EF]
– Groschen [EF, HLD, JS, KM, MeJ, MM, NJ, NrJ, PfJ, PH, RW]; Zehner (Geldstück) [HL, LJ]; zehn Pfennig [LJ, MB]; Zehnpfennigstück [StJ]; Geld [MM] ♦ **E:** rw. *bachen* < jd. *pag*, auch *bag*, pl. *pagim* ‚Groschen' (WolfWR 221, We 50, Post 182), nach Wolf Kürzung aus ‚Polnischer/Preussischer/Böhmischer Groschen' oder jd. *pach*, Pl. *pachim* ‚Blech, kleines Geldstück'. ♦ **V:** *moss hat en bachum gschnift/gnifft* ‚die Frau hat einen Zehner gestohlen' [LJ]; *ne bachem* ‚ein Groschen' [JS]; *beies bachem* ‚zwei Groschen' [JS]; *drommes bachem* ‚drei Groschen' [JS]; *dollart bachem* ‚vier Groschen' [JS]; *die galster nasche nom zooker, für ne bachem sößlingches zu kinije* ‚die Kinder gehen zum Laden, um für einen Groschen Süßigkeiten zu kaufen' [JS]

bachum[2] Num. Kard. [SchJ]
– zehn (gebraucht für: 10 Pfennige, 10 Jahre und 10 Uhr) [SchJ].

bachen swV. [LüJ]
– schlagen, reinschlagen, hauen [LüJ]; eine runterhauen [LüJ]; einen Schlag versetzen [LüJ]; eine Ohrfeige geben [LüJ] ♦ **E:** schwäb. *einem eins bachen* ‚ihm einen Schlag, besonders: eine Ohrfeige geben', ugs. *backen* ‚ohrfeigen' zu *backen* ‚kleben' vom Hartwerden des Teigs beim Backen (vgl. *jdm. eine kleben*) (Kü 1987: 72). ♦ **V:** *bach ihm eine* ‚schlag ihn' [LüJ]

naebache swV. [LüJ]; **näbachae** [LüJ]
– reinkleben [LüJ]; festkleben [LüJ]; kleben bleiben [LüJ].

bacher in:
dollebacher Subst. m. [TJ]
– Verrückter [TJ]

gschutzlbacher Subst. m. [TJ]
– Irrer, Verrückter [TJ] ♦ **E:** mdal. *doll*, dt. *toll* bzw. → *gschutzt*; *-bacher* womgl. in Anlehnung an fiktive Ortsnamen *Dollenbach* bzw. *Gschutzelbach*.

bacherl ‚Bub' → *bocher*.

baches ‚kräftiger Kerl' → *bachus*[1].

bachkatze Subst. m./f. [JSa, PH]
bachchatz [JeS]
– Stein [JeS, JSa, PH] ♦ **E:** roi. *bax* ‚Stein', rw. *bachkatze* ‚(Back-)Stein', volksteymologisch zu jd. *pochus* ‚klein', vgl. *für die Katz sein*, und jd. *Kossel* ‚Wand' (WolfWR 224); *Backkatze, Bachrutscher* ‚Stein' (Hildb. 1753); *Spachaz* ‚Stein' (19. Jh.).

bache Subst. [JeS]
– Stein [JeS].

bachner Subst. m. [MUJ]
– Hahn [MUJ] ♦ **E:** rw. *basno* ‚Hahn' aus roi. *básno* ‚Hahn' (WolfWR 333). → *baschlo*.

bacho Subst. m. [MM]
– kleines Geldstück [MM] ♦ **E:** wohl zu → *bachem*.

bachokatschemme Subst. f. [MM]
– billige Kneipe [MM].

bachoodel Subst. m. [CL]
– Halbschlauer [CL] ♦ **E:** pfälz. *Bachodel* ‚Hampelmann' (PfälzWb. I 505).

bächra swV. [OJ]
– trinken [OJ] ♦ **E:** dt. *bechern* DWB I 1214#, schwäb. *bechre, bechra*.

bachrutschr Subst. m. [OJ]
– flacher Stein, den man über das Wasser hüpfen lässt [OJ] ♦ **E:** dt. *Bach* und dt. *rutschen*.

bacht Subst. f. [GM, LüJ]
pacht [LüJ]
– Glück [GM]; Dusel [LüJ]; Geld [LüJ] ♦ **E:** rw. *bacht* ‚Glück' (WolfWR 227) aus roi. *baxt* ‚Glück' (WolfWZ 77, Boretzky/ Igla 1994: 17), rw. *pacht* nicht „witzige Nebenform" zu rw. *pech* ‚Geld' (WolfWR 4004).
bachtalo adj. [ME]
– nur in der Abschiedsformel: *bachtalo drom* ‚wünsche einen glücklichen Weg' [ME].

bachulleken Subst. n. [MM]
– altes Hausmädchen [MM] ♦ **E:** Kontamination aus → *backs* ‚Haus' und → *machulle* ‚dumm'.

bachum¹ ‚Zehnpfennigstück, Groschen' → *bachem*.

bachum² Subst. [Scho]
– Jahr [Scho] ♦ **E:** jd. *b'jom* ‚im Jahr'.

bachuni Subst. f. [GM]
– Kiefer [GM]; Kinn [GM] ♦ **E:** rw. *pahunis* ‚Bart' (WolfWR 4016) < roi. *pachuni* ‚Kinn' (WolfWZ 2273).

bachus¹ Subst. m. [MM]
baches [StJ]
– kräftiger Kerl [StJ]; starker Mann [MM]; dicker Mensch [MM]; großer Körper [MM]; „Spitzname für Bernhard, war früher mein Spitzname" [MM] ♦ **E:** rhein. *Baches, Bachem* ‚dicker, plumper, unmanierlicher Kerl' RheinWb. I 358. ♦ **V:** *Dat es-ene baches* ‚Was für ein Kerl!' [StJ]

bachus² Adj. [MM]
– steinern [MM]; vollgefressen [MM] ♦ **E:** unsicher; zu roi. *bax* ‚Stein'; evtl. Anlehnung an den Namen der röm. Gottheit *Bacchus*.

bachwalm Subst. m. [PfJ]
– läppischer Mensch [PfJ]; männliches Geschlechtsteil [PfJ]; Narr [PfJ] ♦ **E:** rw. *bachwalm* ‚Penis' WolfWR 228, ohne Herleitung; dt. *Walm* ‚Wasserschwall, Strudel' DWB XXVII 1315 f., dt. *Bach*.

back Subst. m. [GM]
– Stein [GM] ♦ **E:** roi. *bar, bax* ‚Stein, Mauer' (WolfWZ 107). → *backs*.

backe ‚Groschen' → *bachem*.

backen in:
henbacken swV. [SK]
– hinsetzen [SK] ♦ **E:** nd. *hen* ‚hin' und *backen* ‚kleben, haften, starren, frieren' DWB I 1065 f.

backenkalb Subst. n. [MB]
– tollpatschiger Mensch [MB] ♦ **E:** evtl. mit Einfluss von dt. *Backe* ‚Wange'; dt. *Kalb* ‚junges Rind'.

bäcker¹ Subst. m. [SK]
– Landratsamt [SK] ♦ **E:** wohl zu rw. *bacher, bochur* „Beamter, der die Gauner und ihre Sprache kennt" zu jd. *bochur* ‚Student' WolfWR 584, schwerer zu rw. *peger, bäcker* ‚Leiche' WolfWR 4100.

bäckerbuch Subst. n. [HN]
– Kontrolle der Prostituierten durch die Gesundheits-Behörde.

bäcker² in: [RW]
süßchenbäcker Subst. m. [RW]
– Pferdeschlächter [RW] ♦ **E:** volksetymologisch zu jd. *sus* ‚Pferd' und jd. *pegern* ‚krepieren' (WolfWR 6390).

bäckerglück Subst. n. [HN]
– Frikadelle [HN] ♦ **E:** Benennungsmotiv: nach der Verwertung alter Brötchen.

backfisch Subst. m. [RW]
– Trinkgeld [RW]; zu erbettelnde Gabe [RW] ♦ **E:** wohl volksetymologisch zu persisch *Bakschisch* ‚Trinkgeld'. ♦ **V:** *um einen backfisch anhalten* ‚betteln' [RW].

backi Subst. Pl. [MM]
– Steine [MM] ♦ **E:** evtl. verkürzt aus dt. *Backstein* oder zu → *back¹*.

backling Subst. m. [MB]
– Stein [MB]; Backstein [MB]

backmann Subst. m. [MB, MM]
– Stein [MB, MM]; Backstein [MB, MM].

backofenzins Subst. m. [RW]
– Gabe zu Essen [RW] ♦ **E:** rw./dt. *backofenzins* ‚Bettelbrot' (WolfWR 230).

backs Subst. n. [MM]
bax [MM]
– Haus [MM]; minderwertiges, altes Haus [MM]; Herberge [MM] ♦ **E:** roi. *bar, bax* ‚Stein, Mauer' (WolfWZ 107). → *back*. ♦ **V:** *der seeger hate 'n joflen backs* ‚der Mann hatte ein schönes Haus' [MM].

bad¹ Subst. f. [GM]
– Schuh [GM] ♦ **E:** roi. *pata* ‚Ferse, Fußsohle' (WolfWZ 2351).

bad² neuen an der gamme Subst. n. [HN]
– Strafgefängnis Neuengamme bei Hamburg [HN] ♦ **E:** scherzhafte Umbildung zum ON *Neuengamme*.

badarini Subst. [LoJ]
– Vater [LoJ] ♦ **E:** Italisierung von dt. *Vater.*

baddasch, baddisch ‚schwanger, trächtig' → *pattersch.*

bäddig ‚fromm' → *betig.*

bäddl Subst. [OJ]
– unnützes Zeug [OJ] ♦ **E:** dt. *Bettel* ‚wertloser Kram' DWB I 1726 f.

badoglio Subst. m. [HN]
badoljo [HN]
– Italiener [HN] ♦ **E:** nach dem FN des ital. Marschalls Pietro *Badoglio* (1871–1956).

badoglioschmiere Subst. f. [HN]
– Tomaten-Ketchup [HN].

badro ‚Vater' → *patres.*

badutt Subst. [LJ]
– Gesicht [LJ] ♦ **E:** jd. *parzef, patzef, batzef* ‚Gesicht' (We 89, WolfWR 4081).

bafel Subst. m. [KP]
baafel [CL, LL]; **boowel** [CL, LL]; **bovel** [MeT]
– schlechte Ware [CL, LL]; geringe Ware [CL]; alte Ware [KP, MeT]; Ladenhüter [KP, MeT]; Dreck [CL, LL] ♦ **E:** jd. *babel, bafel* ‚minderwertige Ware' (WolfWR 233, Post 182), weitere Herleitungen: Klepsch 386. ♦ **V:** *Du hoschd mer do noch en Boowel verkient* ‚du hast du mir da noch wertloses Zeug verkauft' [CL].

bafen swV. [SJ]
– saufen [SJ] ♦ **E:** rw. *bafen* ‚trinken' < roi. *piyáv* ‚trinken' (WolfWR 234).

bagasch Subst. f. [SJ]
– Pöbel [SJ] ♦ **E:** schwäb. *Bagasche* ‚Gesindel, Pöbel' (SchwäbWb. I 575) < frz. *bagage.*

bagenem Subst. [StG]
– Wurst [StG] ♦ **E:** → *bezinem.*

bagg Subst. m. [GM]
– widerspenstiges Pferd [GM]; störrischer Gaul [GM] ♦ **E:** roi. *bagg* ‚widerspenstiges Pferd' (WolfWZ 70).

bäggeliroblete Subst. f. [BM]
– Kindergartenschüler [BM] ♦ **E:** SchweizId. VI 70.

bägr ‚Tod' → *peger.*

bagüngg Subst. m. [BM]
güngg [BM]
– Bofinger (Mensch aus Bofingen) [BM] ♦ **E:** ON *Bofingen.*

bähen swV. [SJ]
bäen [MUJ]
– anbraten [SJ]; anrösten [SJ]; abflammen (Igel) [SJ]; abbrennen [MUJ] ♦ **E:** mdal. *bähen* ‚rösten' (SchwäbWb. I 576).

bahl ‚Mann, Herr, Beamter' u. a. → *bal¹.*

bahlbinke ‚Bürgermeister' → *bal¹.*

bahle ‚Haare' → *bal².*

bählert Subst. [HeF, HF]
– Schaf [HeF, HF] ♦ **E:** rw. *bählert* ‚Schaf' WolfWR 237, zu dt. (onomatopoetisch) *bähen* ‚blöken' und rw.-Suffix *-ert.*

bählertsköpel Subst. [HF]
– Schafskopf [HF]

bählertspeek Subst. [HeF, HF]
– Schafsfleisch [HeF, HF] ♦ **E:** → *peek* ‚Fleisch'.

bahn Subst. f. [HN]
– Trabrenn-Bahn [HN] ♦ **E:** zu dt. *Bahn* ‚Spur, Pfad, bes. Eisenbahn' DWB I 1076 ff. ♦ **V:** *war auf der bahn* ‚war beim Rennen' [HN]

bahndammschattenseite Subst. f. [HN]
– billiger, schlechter Wein [HN]

bahndammspätlese Subst. f. [HN]
– schlechter Tabak [HN]

bahner Subst. m. [BM]; **bähnel** [BM]
– Bahnhof [BM]

hinbahnen, hinbahnn swV. [HK]
– hinsetzen [HK]; hinlegen [HK] ♦ **E:** wohl zu dt. *bahn(en)* ‚Spur am Boden (legen)' DWB I 1076 f.

bahne ‚Pferdefleisch' → *bane².*

baijes Subst. m./n. [MB, SE]
bajiss [JSa]; **bajes** [CL, FS, KMa, LL, NJ, OH, Scho, SE]; **baies** [KM, MeJ, NJ, NrJ, SPI, SS, StJ]; **beies** [JS, NJ]; **boies** [PH]; **beis** [LoJ, MM, StG]; **bais** [FS, MM, PH, SPI]; **baiss** [RW]; **baiß** [LüJ, Zi]; **pais** [SS]; **beiss** [MM]; **beijes** [JS]; **bäjes** [SE]; **baes** [SE]; **baiese** Pl. [KM]
– Haus [FS, JS, JSa, KM, KMa, LL, MB, MeJ, MM, NJ, NrJ, PH, Scho, SE, SPI, StG, StJ, Zi]; altes Haus [JSa, MM]; Gebäude [MM]; Wirtshaus [SJ, WJ]; Wirtschaft [SJ]; Wohnwagen [NJ]; Ort [MB]; Sache [MB] ♦ **E:** rw. *bajis* ‚Haus' (WolfWR 246) < jd. *bajes* aus hebr. [ba'-

jit] ‚Haus' (We 50, Post 183, Klepsch 301). → *beiz*. ♦ **V:** *bei beis* ‚zuhause' [MM]; *nach beis* ‚nach Hause' [MM]; *beis vom König* ‚Schloß' [MM]; *beis von den Minister* ‚Ministerium' [MM]; *beis für wuddis* ‚Parkhaus' [MM]; *beis von die allgemeine rackewelen-zerche* ‚Institut für Allgemeine Sprachwissenschaft' [MM]; *der beisrol hat mich mit nach 'n beis genommen* ‚der Jude nahm mich mit in sein Haus' [MM]; *habt ihr immer so 'ne chamine im beis?* ‚Ist es bei euch zuhause immer so heiß?' [MM]; *im ganzen beis warn nur so kotene käfterken* ‚im ganzen Haus gab es nur kleine Zimmerchen' [MM]; *schauter scherbelte nach 'n beis hin* ‚der Mann ging nach Hause' [MM]; *kowe ist bekane, und im beis alle jovel* ‚die Kleider sind in Ordnung, und zu Hause sind alle wohlauf' [MM]; *besser sonne kachelin inne fehme als son schummen geier aufm beis* ‚besser einen Spatz in der Hand, als eine Taube auf dem Dach' [MM]; *Du Schorsch, en drei baiza hab de gsucht on do hauerst* ‚Du Georg, in drei Wirtschaften habe ich dich gesucht und hier bist du' [SJ]; *er hot sei bajes verkient* ‚er hat sein Haus verkauft' [LL]; *Doffen Jaum in't Pais!* ‚Guten Tag ins Haus!' [SS]; *in dem bajes hocken oltschen* ‚In dem Haus sind alte Leute' [NJ]; *dä Tsäänts, dä schäv-ävere dof Baies.* [KM]; *bajes bossel* ‚Haus bauen' [NJ]; *ich stremen an dad bajes fir äppes zu verkennigen* ‚Ich gehe in das Haus, um etwas zu verkaufen' [SE]; *an däm bäjes as bischt* ‚In dem Haus ist Geld' [SE]

beisse Subst. f. [HN]
– Bordell [HN]

baeschen Subst. n., Dim. [SE]; **beisken** [MM]
– Häuschen [MM, SE]; Bude [MM]; kleines Haus [MM]; Haus [MM]; Kate [MM]; Toilette [SE]

achelbaies Subst. m./n. [KM]; **achelbaiese** [KM]
– Speiserestaurant [KM]

aegidiiwuddibeis Subst. m./n. [MM]
– Aegidii-Parkhaus (in Münster) [MM]

baikelbaies Subst. m./n. [StJ]
– Totenhaus [StJ]

bendinenfleppenschanägelbeis Subst. m./n. [MM]
– Lokalzeitungsredaktion [MM]

buchbeis Subst. m./n. [MM]
– Buchhandlung [MM]

burkbeis Subst. m./n. [MM]
– Arbeitsamt [MM] ♦ **V:** *den freier ken ich von 'n burkbeis* ‚den Mann habe ich beim Arbeitsamt kennengelernt' [MM]; *malochen taten die nich, die lagen dauernd am burkbeis* ‚sie arbeiteten nicht, sie waren dauernd auf dem Arbeitsamt' [MM]

chaulebaijes Subst. m./n. [MB]; **chaulebeis** [MM]
– Krankenhaus [MB, MM]; Schulhaus [MB]

chaumelbeis Subst. m./n. [MM]
– Bordell [MM]

daffeßbajes Subst. m./n. [KMa]; **daffesbajes** [OH]
– Keller [KMa, OH]

fichebais Subst. m./n. [SS, WH]
– Latrine [SS]; Abtritt [WH]

finkelbajes Subst. m./n. [KMa]
– Backhaus [KMa]

fünkelbajes Subst. m./n. [KMa, OH]
– Küche [KMa, OH]

firchenbeis Subst. m./n. [MM]
– Bettenburg (Hotel) [MM]

flösterbaies Subst. m./n. [KM]; **flösterbaiese** [KM]; **flosserbajes** [SE]
– Toilette [KM, SE] ♦ **E:** rw. *flössel* ‚Urin' WolfWR 1492.

fuselbeis Subst. m./n. [MM]
– Wirtshaus, Gastwirtschaft [MM]; Schnapskneipe, Schnapshaus [MM]; Schnapswirtschaft [MM]; „Kneipe, wo Schnaps und Bier getrunken wird" [MM]; Schnapsladen [MM]; kleine Gaststätte [MM]

granigenbeis Subst. m./n. [MM]
– Gefängnis [MM]

helaubeis Subst. m./n. [MM]
– Karnevalskneipe [MM]; Karnevalsgaststätte [MM]; Haus mit Karnevalsstimmung [MM]

kachelinbeis Subst. m./n. [MM]
– Hühnerstall [MM]

kachrebais Subst. m./n. [SJ]
– Hennenstall [SJ]

kanzlerbeis Subst. m./n. [MM]
– Kanzleramt [MM]

kijote bajes Subst. m./n. [KMa]
– Abtritt [KMa]; WC [KMa]

klarabeis Subst. m./n. [MM]
– Klarastift (in Münster) [MM]

kneisbeis Subst. m./n. [MM]
– Bauernhaus [MM]

kneisterbeis Subst. m./n. [MM]
– Schaubude auf dem Send (Jahrmarkt) [MM]; „später auch für Filmtheater/Kino" [MM] ♦ **V:** *willse aufem schock schanägeln? dann hasse immer 'nen paar tackens fürs kneisterbeis* ‚willst du auf dem Send arbeiten, dann hast du immer ein paar Mark fürs Kino' [MM]

knollbajes Subst. m./n. [RH]
– Abort, Klo [RH].

kolpingbeis Subst. m./n. [MM]
– Kolpinghaus [MM]
kotenbeis ON. [MM]
– Kinderhaus (Stadtteil von Münster) [MM]
kotenbeisken Subst. m./n. [MM]
– kleines Büdchen [MM]
lackbeies Subst. m./n. [JS]
– Krankenhaus [JS] ♦ **V:** *Die ollmische von os tschei schäft em lackbeies* ‚die Mutter von meiner Frau ist im Krankenhaus' [JS]
lowibeis Subst. m./n. [MM]
– Sparkasse [MM]; Bank [MM]
luckesbajes Subst. m./n. [CL]
– Schule [CL]
luwinebeis Subst. m./n. [MM]; **lowinebeis** [MM]; **lowinenbeis** [MM]
– Kneipe [MM]; Gaststätte [MM]; Bierhaus, Bierstube [MM]
macklebajes Subst. m./n. [CL]
– Gefängnis [CL]
masselbajes Subst. m./n. [CL]; **masslbajs** [CL]
– Pissoir [CL]
machullenpoofbeis Subst. m./n. [MM]
– Leichenschauhaus [MM]
mulobeis Subst. m./n. [MM]
– Totenhaus [MM]; Leichenhalle [MM]; Sterbehaus [MM]
murmelbeis Subst. m./n. [MM]
– Gotteshaus [MM]; Kirche [MM]
nabbelbaijes Subst. m./n. [MB]; **neibelbéjes** [MB]
– Schlachthof [MB]; Schlachthaus [MB]
niftelbaijes Subst. m./n. [MB]
– Friedhof [MB]
nobelbeis Subst. m./n. [MM]
– Stadthalle [MM]; gutes Haus [MM]; gepflegte Gaststätte [MM]
pichelbeis Subst. m./n. [MM]
– Wirtshaus [MM]; Kneipe [MM]
plümpsbeis Subst. m./n. [MM]; **plümpbeis** [MM]; **plumpsbeis** [MM]
– Toilette [MM]; Toilette ohne Wasserspülung [MM]; Badeanstalt [MM]; Scheißhaus [MM]; Lokus [MM]
prachtbeis Subst. m./n. [MM]
– Prachtbau [MM]
randalebeis Subst. m./n. [MM]
– Radaubude [MM]
ratsbeis Subst. m./n. [MM]
– Rathaus [MM]
rüschbeisken Subst. m./n. [MM]
– Haus Rüschhaus (in Münster) [MM]

schaskelbeies Subst. m./n. [NJ]; **schaskelbaies** [NrJ]; **schaskelebaies** [NJ]
– Gasthaus [NJ]; Wirtschaft [NJ, NrJ]; Kneipe [NrJ]
schawelenbeis Subst. m./n. [MM]
– Getränkekiste [MM]
schechtbeis Subst. m./n. [MM]; **schechtebeis** [MM]
– Schlachthof [MM]; Schlachthaus [MM]; Puff, Bordell [MM]
schemmbaijes Subst. m./n. [MB]; **schembais** [MB]; **chembaijes** [MB]; **schemmbeis** [MM]; **schembeis** [MM]; **schemmbais** [MM]
– Gefängnis [MB, MM]; Knast [MM]; Zuchthaus [MM]; Kittchen [MB] ♦ **V:** *kippe, lampe, schemmbeis* ‚Halbe-halbe, Anzeige, Knast' [MM]; *finete im schemmbeis* ‚Gefängnisfenster' [MM]; *vor 'n schembeis hatten sie hame more* ‚sie hatten alle Angst vor dem Gefängnis' [MM]
schickerbeis Subst. m./n. [MM]
– Gaststätte, Wirtschaft, Lokal [MM]; Kneipe [MM]
schlaunbeis Subst. m./n. [MM]
– Bauwerk von Johann Conrad Schlaun [MM]
schmarrerbeis Subst. m./n. [MM]
– Arzthaus [MM]; Praxis [MM]; Krankenhaus [MM]
schockelemaibaitz Subst. m./n. [GM]
– anrüchige Kneipe, die zu betreten sich ehrbare Bürger scheuen [GM] ♦ **E:** rw. *schokelmei, schocklemajum* ‚Kaffee', *schottlemajumbais* ‚Kaffeehaus'; jd. *schocher majim* ‚schwarzes Wasser' (WolfWR 5107).
schontebeis Subst. m./n. [MM]; **schonterbeis** [MM]; **schontebais** [MM]; **schuntbais** [NJ]; **schuntbaies** [NrJ]; **schundbeis** [JS]; **schontbäjes** [SE]; **schontbajes** [SE]
– Toilettenhäuschen [MM]; Scheißhaus [MM]; Bedürfnisanstalt [MM]; Abort [NJ, SE]; Toilette [MM, JS, NrJ]; Klo [MM, SE]
schontebeischen Subst. n. Dim. [MM]
– kleines Scheißhaus [MM]; Haus [MM]
seibelbaijes Subst. m./n. [MB]; **seibelbeiß** [MB]; **seibelbeis** [MM]; **säbelbeis** [MM]; **sebelbeis** [MM]; **seibelbeies** [JS]
– Toilette [JS, MM]; Scheißhaus [MB, MM]; Pissoir [MM]; Bedürfnisanstalt für Männer [MM]; Klo [MB]; Kabine [MB]; Kläranlage [MB] ♦ **V:** *ich nasch nom seibelbeies* ‚ich gehe zur Toilette' [JS]
stadtbeis Subst. m./n. [MM]
– Stadthaus [MM]; Rathaus [MM]
stiegenbeis Subst. m./n. [MM]
– Treppenhaus [MM]

tiftelbeis Subst. m./n. [MM]
– Kirche [MM]; Kirchengebäude [MM]; Pfarrhaus [MM]
tinnefbeies Subst. m./n. [NJ]
– Abort [NJ]
transpanimurmelbeis Subst. m./n. [MM]
– Überwasserkirche (in Münster) [MM] ♦ **E:** lat. *trans* ‚über, jenseits'; → *pani*; dt. *murmeln* ‚undeutlich sprechen'.
wattgerbajes [OH]
– Stall [OH]
wilhelmsstudikerbeis Subst. m./n. [MM]
– Westfälische Wilhelms-Universität (Münster) [MM]
wuddibeis Subst. m./n. [MM]
– Parkhaus [MM]; Garage [MM]
beisanim Subst. n. [MM]
– Haushälterin [MM]; Hausfrau [MM]; Hausbewohner [MM]; Hausmädchen [MM]
beisbewohner Subst. m. [MM]
– Hausbewohner [MM]
bajissbossler Subst. m. [JSa]
– Maurer [JSa]
beisdrachen Subst. m. [MM]
– Hausdrachen [MM]
bajeshautz Subst. m. [NJ]
– Hausherr [NJ]
beßkisse Subst. [SS]
– Latrine [SS] ♦ **E:** jd. *bes hakisse* ‚Stuhlhaus, Abtritt' (WolfWR 431).
beischenkober Subst. m. [MM]
– Kneipenwirt [MM]
beiselkotten Subst. m. [MM]
– Absteige [MM]; Stundenhotel [MM]
beisenköter Subst. m. [MM]
– Mischlingshund [MM]
beisluppert Subst. m. [StG]
– Uhrladen [StG]
beismacker Subst. m. [MM]
– Architekt [MM]; Maurer [MM]; Hausarbeiter, „jemand der etwas zu sagen hat" [MM]; Hausmann [MM]; Mann, der zu Hause ist [MM]; Hausbewohner [MM]; Chef im Haus [MM]
beismeister Subst. m. [MM]
– Hausmeister [MM]
bajesmoß Subst. f. [NJ]
– Hausfrau [NJ]
beisschlag Subst. m. [StG]
– Hausdiebstahl [StG]
beisseeger Subst. m. [MM]
– Hausbewohner [MM]; Hausmann [MM]

beisseegers Subst. m. [MM]
– Hausbesitzer [MM]
lowibeisstrehle ON [MM]
– Rothenburg (Straße in Münster) [MM]
nobelbeisbinnenhof Subst. m. [MM]
– Innenhof des Stadthauses in Münster [MM].

---

baijocke swV. [KMa]
beijocke [KMa, OH]; **bijoacke** [KMa]; **bajocke** [KMa, OH]
– sagen [KMa, OH]; beibringen [KMa, OH]; schwätzen [KMa]; schlagen (Uhr) [KMa, OH] ♦ **E:** unsicher; evtl. Bildung zu rw. *jockeln* ‚hin und her bewegen' WolfWR 2362.

bäikantech Adv. [WL]
– dabei [WL]; herbei [WL] ♦ **E:** wohl Zusammenrückung aus dt. *bei* und rw. *kandich* ‚Bordell, Herberge, Haus', zu dt. *Kante* ‚Ecke' mit Einfluss von rom. *cantine, cantina* ‚Schenke, Keller, Winkel' (WolfWR 2450). → *kand*.

baile swV. [KP]
– dreschen [KP] ♦ **E:** rw. *baile(n)* ‚dreschen' (WolfWR 240, ohne Herleitung), wohl zu dt. *beilen* ‚abschlagen' DWB I 1379.

bäinlig Subst. [JeS]
– (Tier-)Knochen [JeS] ♦ **E:** wohl zu dt. *Bein*, schweizdt. *Bäi* (ant.) ‚Knochen'.

bais[1] ‚zwei' → *bes*.

bais[2] ‚Haus' u. ä. → *baijes*.

baisrol ‚Jude' → *bajesrol*.

baißum Subst. [LüJ, Wo]
– Zahn, Zähne [Wo]; „dant" [LüJ]; „knäpfer" [LüJ]
♦ **E:** rw. *baißum* ‚Zähne' < dt. *beißen* (WolfWR 242).
baißumpflanzer Subst. m. [LüJ]
– Zahnarzt; „dantnaselobedo" [LüJ].

baitz, baitze ‚Haus, Kneipe' → *beiz*.

bäiz ‚Wirtshaus' → *beiz*.

bajen swV. [KMa]
– laufen [KMa] ♦ **E:** rw. *bajen* ‚laufen', evtl. Nebenform zu rw. *bauen* ‚gehen, kommen, laufen', dies aus jd. *bo sein, boen* ‚kommen' (WolfWR 244 und 345).

bajern ‚sterben' → *peger*.

bajes ‚Haus' → *baijes*.

bajesrol Subst. m. [CL, MM, NJ, StJ]
baiesrol [NJ]; **baiesrool** [StJ]; **baiesroole** [StJ]; **baisrol** [CL, LL, NJ]; **bäjsrool** [MoM]; **beisrol** [MM]; **baisrel** [PH]; **beiserol** [StG]; **bäjesroulem** [KMa]
– Jude [CL, KMa, MM, NJ, PH, StG, StJ]; „beisrol, das ist ein keimchen, 'n Jude ist das. Das ist einer, der zu Hause sitzt im beis und am Telefon, am rol, seine Geschäfte macht" [MM] ♦ **E**: jd. *bajisrẽel, barjsrẽl* ‚Sohn Israels, Jude'. Eigenbezeichnung der Juden (WolfWR 319, We 50, Post 183, Klepsch 325). Kürzung zu → *rolum, rolem* ‚Jude'. ♦ **V**: *der beisrol hat mich mit nach 'n beis genommen* ‚der Jude nahm mich mit in sein Haus' [MM]; *die beisrols achilen nix vom schassörken* ‚Juden essen kein Schweinefleisch' [MM]
beisrölken Subst. n. Dim. [MM]
– Jude [MM]
beißronen Subst. Pl. [MB]
– Juden [MB]
bai(e)srolkeimchen Subst. n. Dim. [NJ]; **bajesrolkeimchen** [NJ]
– Jude.

bajihsser Subst. m. [SK]
– Hund [SK]; Hündin [SK] ♦ **E**: wohl zu dt. *beißen*.

bajuffe Subst. m. [MB]
– Bauer [MB]; Trottel [MB]; zwielichtiger Kerl, zwielichtige Gestalt [MB]; komischer, schräger Typ [MB]; unordentlicher Mensch [MB]; „Schimpfwort". [MB] ♦ **E**: unsicher; evtl. zu westf. *Baifänger* ‚verwegener Mensch' (WestfWb. 38). ♦ **V**: *bick dich schie was von dem bajuffen* ‚kauf nichts von dem Bauern' [MB].

bakne Subst. f. [LJ]
backne [LJ]
– Ente [LJ] ♦ **E**: wohl zu → *babne* ‚Ente'; evtl. aus <b>/<k>-Verschreibung oder Dissimilation.
baknebäts Subst. n. [LJ]; **baknebätz** [LJ]
– Entenei [LJ] ♦ **E**: → *betz*.

bakri Subst. f. [GM]
– Schaf [GM] ♦ **E**: rw. *bakro* ‚Schaf' (WolfWR 248) < roi. *bakri* ‚Schaf' (WolfWZ 75).
bakromass Subst. m. [GM]
– Schaffleisch [GM].

bal¹ Subst. m. [MM]
baal [MM]
– Mann [MM]; Ehemann [MM]; Beamter [MM] ♦ **E**: rw. *bal* ‚Mann' (WolfWR 249) < jd./hebr. *baal* ‚Mann, Herr' (vgl. We 50, Klepsch 305).
balchochem Subst. m. [LüJ]
– Beamter, der Jenisch kann [LüJ] ♦ **E**: → *kochem*.

balcholem Subst. m. [LüJ]
– Beamter, der kein Jenisch kann [LüJ] ♦ **E**: rw. *balcholem* ‚Beamter, der die Gaunersprache und -kniffe nicht kennt' (WolfWR 256). ♦ **V**: *der seeger ging als balsaster auf 'n schock* ‚der Mann war Gehilfe auf dem Jahrmarkt' [MM]
baleboss Subst. m. [MM]; **balbos** [Scho]
– Hausherr [MM, Scho] ♦ **E**: rw. *balbos* ‚Wirt, Hausherr' (WolfWR 254, Klepsch 316). Vgl. → *walbos*.
bahlbinke Subst. m. [SK]; **bohlbinke** [SK]; **bohlwinke** [SK]; **bohlbiene** Subst. m. [SK]
– Bürgermeister [SK] ♦ **E**: evtl. mit Einfluss von rw. *bohle, bulle* ‚Landjäger' WolfWR 760, zu nl. *Bol* ‚Kopf, kluger Mensch'.
balkusch Subst. [Scho]
– Zerstreuter [Scho] ♦ **E**: jd. *bal chusch* (We 60).
balmalochener Subst. [Scho]
– Handwerker [Scho] ♦ **E**: jd. *bal* und *malochen* (We 82).
balmechome Subst. m. [Scho]; **pallemachonen** [MM]; **pallemacheuner** [SS]; **walemachoiner** [SPI]; **pallmachone** [MB]; **pallemachone** [MB]; **palemachkone** [MB]; **pannemachone** [MB]; **ballemacher** Subst. m. [JS]; **pallemann** Subst. m. [MM]; **palmack** Subst. m. [HK]; **balmach** [HK]; **palmak** [HK]; **palmer** Subst. m. [StG, HK, Him]; **balmer** [HK]
– Soldat(en) [HK, Him, MM, Scho, SPI, SS, StG, MB]; Reichswehrsoldat [MM]; Militär [MM]; Pionier [MB]; Polizei [JS, MM]; Polizist [HK, MM]; etwas verrückte Person [MB]; Engländer [MB]; Ausländer [MM]; Mann ohne Arbeit [MB] ♦ **E**: rw. *palmachome* ‚Soldat' (WolfWR 276) < jd. *baal milchomo* ‚Krieger, Soldat' (We 84, Post 183), vgl.→ *milchome*; Formen *palmach, palmer* u. a. Kürzungen. ♦ **V**: *dick, da taillachen die pallmachonen* ‚guck mal, da marschieren die Pioniere' [MB]; *rücken vor den palmern* ‚weglaufen, desertieren von den Soldaten' [StG]; *die geht mitte pallemänner* ‚die hatte so 'nen Reichswehrsoldaten' [MM]
bal merouche Subst. [Scho]
– Christkind [Scho] ♦ **E**: jd. *meruche* ‚Herr des Erbarmens'.
ballsaster Subst. m. [MM]
– Gehilfe [MM]; ungelernter Gehilfe [MM]; Helfershelfer [MM] ♦ **E**: jd. *balzasser* ‚Agent eines Händlers' (We 93, WolfWR 4742).
baltachles Subst. [Scho]
– Mensch, praktischer, entschlossener [Scho] ♦ **E**: jd. *tachles* (We 104).

baltam Subst. [Scho]
− Mensch mit Geschmack [Scho] ♦ **E:** jd. *tam* ‚Geschmack, Charme' (We 104).

bal² Subst. m./f. [JS, LüJ, MoJ, PH, WJ]
balle [GM, JS, MB, ME, PH, WJ]; **baale** [MUJ]; **bale** [LJ, LüJ, OJ, TJ]; **bahle** [LüJ]; **baala** [LüJ]; **baalen** [LüJ]; **bahl** [LüJ]; **bali** [TJ]; **pahle** [SJ]; **pale** [SJ]
− Haar [GM, TJ]; Haare [GM, JS, MB, MoJ, MUJ, PH, SJ, TJ, WJ]; Gesicht [ME]; Frisur [ME] ♦ **E:** roi. *bal* ‚Haar' (WolfWZ 79, Boretzky/Igla 1994: 19). ♦ **V:** *lolo bale* ‚rote Haare' [LüJ]; *bal em gesicht* ‚Bart' [WJ]; *ich kur dem eins in die balle* ‚Ich hau dem eins ins Gesicht' [ME]; *bale bire* ‚haarige Waden, haarige Beine' [LJ]; *Dr schabr schneid dem fiesl pahle auf am grend* ‚Der Friseur schneidet dem Jungen die Haare vom Kopf' [SJ]

ballen Subst. Pl. [MM]
− Haare [MM]; voller Haarschopf [MM]

balleputzer Subst. m. [GM]

balleputz [GM]
− Friseur [GM] ♦ **E:** dt. *Putzer*, vgl. DWB II 596 *Bartputzer*.

ballefusser Subst. m. [GM]
− Friseur [GM] ♦ **E:** → *fussen*.

ballegardsch Subst. m. [GM]
− Friseur [GM] ♦ **E:** → *gardsch*.

ballenmonteur Subst. m. [ME]
− Friseur [ME]

ballemoss Subst. f. [GM]
− Friseuse [GM] ♦ **E:** → *moss*.

balespenk Subst. m. [LüJ]
− haariger Mann [LüJ]

bahlig Adj. [LüJ]
− haarig [LüJ]

bibalengero Adj. [LüJ]
− haarlos, unbehaart, kahl [LüJ] ♦ **E:** roi. *bibalengero* ‚haarlos, unbehaart, kahl' (WolfWZ 171) < roi. *bi-* ‚ohne', roi. *bal* ‚Haare' (Boretzky/Igla 1994: 25, 19).

bibalengero Subst. m. [LüJ]
− Glatzkopf [LüJ]

ruschabahlich¹ Adj. [LüJ]; **rougebahlig** [LüJ]
− rothaarig [LüJ]

ruschebalo Adj. [LüJ]
− rothaarig [LüJ]

ruschabahlich² Subst. m. [LüJ]
− Rothaariger [LüJ].

bal³ Subst. m./f. [MUJ, WJ]
bale [BJ, LüJ]; **baale** [WJ]; **balle** [SJ, WJ]; **ballert** [BA, HLD, SJ]; **bali** [LJ, SchJ]; **pale** [SJ]; **bâle** [Him, Mat, TK]
− Wald [BA, Him, HLD, LJ, Mat, OJ, SchJ, SJ, TJ, TK, WJ]; Holz [SJ] ♦ **E:** unsicher; evtl. kontaminiert aus dt. *Bohle* und dt. *Pfahl*, mnd. *pâl*, Synonymie von ‚Holz' und ‚Wald' auch in der Umgangssprache (WolfWR 265); nach Klepsch 318 f. zu jd. *bali* ‚Wald', hebr. *bālā'* ‚Feld, Wald'; SchwäbWb. VI 2, 1582 (*Bale* ‚Wald'). ♦ **V:** *da joste die kochemer, kaffer und ruminis, oltrische und kodems, stegen und schickse, im bali beinander um en jak* ‚da lagen die Gauner, Männer und Weiber, Alte und Kinder, Buben und Mädchen, im Walde beisammen um ein Feuer' [LJ]

bale meckleburg Subst. [LJ]; **bali mecklenburgeri** [SchJ]
− Reh [LJ, SchJ] ♦ **E:** → *bale* ‚Wald'.

bale meckleburger Subst. m.
− Rehbock [LJ]

bale meckleburgerei Subst. f.
− Rehe [LJ]

bale meckleburgerin Subst. f.
− Rehgeiß [LJ]

bale mecklebugerle Subst. n., Dim.
− Rehkitz [LJ]

ballert Subst. m. [RW]
− Wald ♦ **E:** rw. *ballert* ‚Wald' WolfWR 265: „Da auch umgangssprachlich ‚Wald' und ‚Holz' gleichbedeutend gebraucht werden, ist anzunehmen, dass sich rw. dt. *bohle* ‚Brett' und dt. *pfahl*, mnd. *pal*, begrifflich vereint haben." → *bal*³ ‚Wald'.

ballertbruder Subst. m. [RW]
− Kunde, welcher sich nur in waldiger Gegend aufhält, wie in dem Thüringer Walde.

balespenk Subst. m. [LüJ, UG]; **balesbenk** [LüJ]
− Förster [LüJ]; Waldhüter [UG] ♦ **E:** rw. *ballert* ‚Wald', *balespenk* ‚Waldhüter' WolfWR 265; SchwäbWb. VI 2, 1582.

balabala Adv., Interj. [MB]
− verrückt ♦ **E:** ugs., Reduplikation von *bala*, vgl. ugs. *plemplem*.

balachesen Subst. Pl. Subst. m. [MM]
balagesen [MM]; **ballajesen** [MM]; **palagesen** [MM]
− Geld [MM]; Groschen [MM]; Gehalt [MM]; Finanzen [MM] ♦ **E:** rw. *bachen* ‚Groschen', evtl. zu jd. *pag* ‚Groschen' (WolfWR 221). ♦ **V:** *die joflen balachesen* ‚das gute Geld' [MM]; *der seeger hegt hamel balachesen* ‚der Mann hat viel Geld' [MM]; *dem ham se die*

balachesen geschort ‚ihm wurde Geld gestohlen' [MM]; *er mußte hame wullaken für die paar ballachesen* ‚er mußte schwer arbeiten für das bißchen Geld' [MM]; *die balachesen sind verschütt, plete, und keine hei beschine is mehr da* ‚das Geld ist verloren, weg, und kein Fünf-Pfennig-Stück ist mehr da' [MM]; *die schauters zogen alle ne schmiege, als wenn se se die letzten balachesen ausse patte gelellt hätten* ‚die Kerle zogen alle ein Gesicht, als wenn man ihnen die letzten Groschen aus der Tasche gezogen hätte' [MM]

balachesenfleppe Subst. f. [MM]
– Geldschein [MM]

balachesenfreier [MM]
– Geldeintreiber [MM]; Mann mit viel Geld [MM]; Geldfreier [MM]; Geldmann, „einer, der viel hat" [MM]; „Mann, der mit Geld umgeht" [MM]; „einer, der mit Geld zu tun hat" [MM]

balachesenpapierchen Subst. n. [MM]
– Zahlungsformular [MM]; Geldschein [MM]; Papiergeld [MM]; Aktie [MM]; Erlaubnisschein [MM]; Fahrkarte [MM]; Eintrittskarte [MM]

balachesenseeger Subst. m. [MM]
– „Mann, der Geld hat" [MM].

balanz Subst. [LoJ]
– Straße [LoJ] ♦ **E:** wohl zu österr., schweizdt. *balandern, palandern* ‚herumflanieren, sich herumtreiben' (WBÖ II 97, SchweizId. IV 1146).

balarottne swV. [JeS]
– fischen [JeS] ♦ **E:** unklar; evtl. Bildung mit Einfluss von roi. *paní* ‚Wasser'.

balbur Subst. [LJ]
– Streit [LJ] ♦ **E:** evtl. zu jd. *bilbel, bilbulen, balbolem*, u. ä. ‚Streitigkeit, Schwierigkeit' (We 52, WolfWR 464).

balch ‚Kind' → *balg*.

balderle Subst. [BJ]
– Sprücheklopfer [BJ]

baldes Subst. m. [OJ]
– Sprücheklopfer [OJ]

baldessa swV. [OJ]
– es mit der Wahrheit nicht so genau nehmen [OJ]

barbale swV. [BJ]
– es mit der Wahrheit nicht so genau nehmen [BJ] ♦ **E:** rw. *balderle* ‚Geist, Gespenst' < roi. *barbalé* (WolfWR 257); Benennungsmotiv: betrügerisches Geisterbannen, wobei dem Opfer falsche Versprechungen gemacht wurden.

baldert Subst. m. [SK]
ballerk [SK]; **ballert** [SK]
– Teller [SK]; Topf [SK]; Stück [SK] ♦ **E:** rw. *ballert, pallert* ‚Kupfer, Kessel' (WolfWR 267), Nebenform von rw. *bedil* aus jd. *bedil* ‚Zinn, Kupfer' WolfWR 368.

baldo Subst. [PH]
– Kittel [PH] ♦ **E:** frz. *paletot* ‚Mantel'.

baldober Subst. m. [SJ]
– Anführer [SJ] ♦ **E:** rw. *baldower* ‚Auskundschafter' (WolfWR 258) < jd. *bal dower* ‚kundig, sachverständig' (Post 183, Klepsch 311), *baal* ‚Mann', *dowor* ‚Sache, Wort'.

baldowerer Subst. m. [LJ, SJ]
– Anführer [SJ]; Auskundschafter [LJ]

baldowern swV. [CL, LJ, NJ, PfJ, SchJ, Scho, SJ, StG]; **baldovere** [KM]; **baldovern** [KM]
– auskundschaften [CL, KM, LJ, NJ, PfJ, SchJ, Scho, SJ, StG]; Gelegenheit zum Diebstahl ermitteln [SchJ]

ausbaldowern swV. [JS, JSa, MM, RW, SJ]; **ausbaldowra** [SJ]
– auskundschaften [JS, JSa, MM, RW, SJ]; ausforschen [SJ]; ausfindig machen [JS, MM]; etwas aushecken [MM, SJ]; hinterhältig erfragen [MM]; erkunden [MM]; ausspionieren [MM]; ausgucken [MM]; sich auskennen [MM]; wach sein [MM]; feststellen, wo man was klauen kann [MM]; Gelegenheiten aussuchen [MM]; herausfinden [MM]; durchdenken [MM]; ausspähen [MM]; ausklügeln [MM]; austüfteln [RW]; erkennen [MM]; suchen [MM]; ausloten [MM] ♦ **V:** *das is ein ausbaldowerter seeger* ‚das ist ein aufgewecktes Kerlchen' [MM]

ausbaldowerie Subst. f. [MM]
– Forschung [MM]

ausbaldowert Adj. [JS]
– sehr klug [JS]; mit allen Wassern gewaschen [JS].

bale ‚Haare, Wald' → *bal²* und *bal³*.

baleier Subst. m. [BM]
– Besen [BM] ♦ **E:** frz. *balais* id.

balembel Subst. n. [SS, WH]
– Bier [SS, WH] ♦ **E:** Bildung zu rw. *Plempe* ‚Bier' zu dt. *Plempel* ‚schlechtes, schales Getränk' (WolfWR 4250).

lembel n. Subst. [FS]
– Bier [FS].

balg Subst. m. [MM]
balch [HK, MB, WJ]
– Leib [MM]; Bauch [HK]; Körper [MB, MM]; Haut [MM]; Kind [HK, WJ]; böses, garstiges, ungezogenes Kind [HK]; kleines Kind, kleiner Junge [HK]; junger Bengel [HK] ♦ **E:** dt. *Balg* id. DWB I 1084 ff. ♦ **V:** *er wünschte allen gnesigen rirkeln nen balg voll schmisse und was aufs jöl* ‚er wünschte allen geizigen Bauern eine Tracht Prügel und was auf die Augen' [MM]
quälbalch Subst. m. [HK]
– Kind [HK]
dickbalg Subst. m. [MM]
– Reicher [MM]; bedeutender Mann [MM]; dicker Kerl, Dicker [MM]; Geldfürst [MM]; „jemand, der dick ist" [MM]; ein Vollgefressener [MM]; fetter, dicker Mensch [MM]; „einer, der sehr viel Geld hat" [MM]; „der hat 'nen dicken Bauch, das sind Leute, die viel Geld haben" [MM]; dicker Bauch [MM]; vollgefressen [MM]
dickbälgersippschaft Subst. f. [MM]
– reiche Sippschaft [MM].
bali¹ ‚Schwein' → *balo*.
bali² ‚Haar' → *bal²*.
balkusch ‚Zerstreuter' s. → *bal¹*.
balla Subst. m. [OJ]
balle [BJ, PfJ]
– Rausch [BJ, OJ, PfJ]; „betrunken, betrunken sein" [PfJ] ♦ **E:** unsicher; evtl. zu oder beeinflusst von dt. *Balle* ‚Rundung, schwellendes Bündel' DWB I 1092 oder rw. *balo* ‚Schwein' (WolfWR 277).
ballachienem Adj., Adv. [CL, LL]
bechinnem Adj., Adv. [Scho]; **bschinem** [Scho]
– umsonst [CL, LL, Scho] ♦ **E:** Streckform zu jd. *bachinem* ‚für nichts, umsonst', zu hebr. *b'chinnām* (Post 182, Klepsch 336). ♦ **V:** *des weer noch en Asgen, wann mer die Schoori ballachienem het* ‚Das wäre noch ein Geschäft, wenn man die Ware umsonst hätte' [LL]
unbechinnem Adj., Adv. [Scho]
– umsonst [Scho].
ballar Subst. n. [LJ]
– Dorf [LJ] ♦ **E:** rw. *balar* ‚Dorf' (WolfWR 251, ohne Herleitung). ♦ **V:** *die gojen und d'gambeser ware g'nascht unterkönnig von der montane ins ballar und hotte g'fochte, wie andere dalfener auch* ‚die Weiber und die Kinder waren hinab gegangen von dem Berge ins Dorf und hatten gebettelt, gleich anderen Bettlern' [LJ].
balle¹ ‚Haar' → *bal²*.
balle² ‚Rausch' → *balla*.
balle³ ‚Haare' → *bal²*.
balle⁴ Subst. [SPI]
– Dummkopf [SPI] ♦ **E:** unsicher; evtl. zu *balle* ‚dummer Mensch' SchwäbWB I 592; mdal. *guat* ‚Gott'.
guatballes Adj., Adv. [SPI]
– gottlos [SPI].
ballemacher ‚Polizei' s. → *bal¹*.
ballemari Subst. n. [GM]
– Brötchen [GM] ♦ **E:** dt. *ballen* ‚Teig, Mus, gehackte Speisen zu runden Klößen bilden' (DWB I 1092); vgl. dazu rw. *bolling < boll* ‚rund' WolfWR 268; *-mari* → *maro*.
ballern swV. [HK, MM, NJ, RW]
– schiessen [NJ]; schlagen [MM]; etwas wohin setzen [MM]; fahren [MM]; sitzen, setzen, hinsetzen, hinlegen [HK]; fallen [HK]; im Gefängnis schlafen [HK]; lieben (i. S. v. Geschlechtsverkehr haben) [HK]; werfen [HK]; trinken [RW]; betrinken [MM] ♦ **E:** ugs. *ballern* ‚(herum-)schießen', auch ugs. ‚sich abschießen, betrinken', vgl. Klu. 1995: 76. ♦ **V:** *sich ins sänftchen ballern* ‚sich ins Bett werfen' [HK]; *in den Sack ballern* ‚die Arbeitsstelle aufgeben, kündigen' [RW]; *baller man los!* ‚schieß los!' [RW]; *latte anballern* ‚Schulden machen' [RW]
anballern swV. [HK]
– schwängern [HK] ♦ **V:** *der junge scheeks, der ist da mitgelaufen, der hat se angeballert* ‚der junge Mann ist da mit gelaufen, der hat sie geschwängert'; *die scheekse ballern die dilms an* ‚die jungen Männer schwängern die Mädels' [HK]
hinballern swV. [HK]
– hinsetzen [HK]; hinlegen [HK]; hinfallen [HK]
verballern swV. [MM]
– aufessen [MM]; verkaufen [MM]
ballerbonen Subst. f. [MM]
– Munition [MM] ♦ **E:** dt. *Bohnen*.
ballermann Subst. m. [HN, MM, RR]
– Pistole, Schusswaffe [HN, MM, RR]; Zerstörer [MM]; Waffe [MM]; Gewehr [MM]; Flinte [MM]; Revolver [MM]; Schußkraft [MM]; Taschenflasche Schnaps [MM]; Genickschuß [MM]; Hirntöter [MM]; „einer, der richtig wüst, extrem drauf losballert" [MM];

Wüstling [MM] ♦ **V:** *einen ballermann inne zomen haben* ‚sehr schußstark sein' [MM].

ballert, ballertbruder → *bal³* ‚Wald'.

balliften ‚Suppe' → *polivka*.

bälling Subst. m. [GM]
– Bauch [GM] ♦ **E:** rw. *belly* ‚Bauch' aus engl. *belly* id. (WolfWR 399).

bällo Subst. m. [LJ]
– Beutel [LJ]; Hodensack [LJ] ♦ **E:** roi. *pelo* ‚Hodensack, Hode' (WolfWZ 2376).
doberersbällo Subst. [LJ]
– Tabaksbeutel [LJ].

balloch Subst. m. [LüJ]
– Himmel [LüJ] ♦ **E:** rw. *balloch* ‚Himmel' < jd. *baal olecho* ‚der Herr über dir' (WolfWR 271).

ballsaster ‚Gehilfe' u. ä. → *bal¹*.

balmalochener ‚Handwerker' s. → *bal¹*.

balmechome, balmer, balmach ‚Soldat' s. → *bal¹*.

balmen swV. [HK]
balmm [HK]; **palmen** [HK]
– hinlegen [HK]; setzen [HK]; hinsetzen [HK]; packen [HK]; werfen [HK] ♦ **E:** unsicher; vgl. ThürWb. 1, 537; Sp 1970: 93; evtl. zu dt. *Balm* ‚Kuhle, Loch in der Klippe' DWB I 1093. ♦ **V:** *schiewes palmen* ‚wegpacken, hinauswerfen'; *balm dich en bißchen am hidserd* ‚setz dich ein bißchen an den Ofen' [HK]
anbalmm swV. [HK]; **anpalmm** [HK]
– anzeigen [HK]; schwängern [HK]; jemanden anmachen [HK]; „Anzeige" [HK] ♦ **E:** Die Bedeutung ‚schwängern' ergibt sich aus *balmen* ‚setzen'. *Anbalmm* ist dann die direkte Übersetzung von ugs. *ansetzen* ‚schwängern', vgl. Kü 1993: 37. ♦ **V:** *der hejd uns angebalmt, weil wer keine budderei hatten* ‚der hat uns angezeigt, weil wir keine Erlaubnis hatten' [HK]
hinbalmm swV. [HK]; **hinpalmen** [HK]
– sich hinsetzen [HK]; sich hinlegen [HK].

balmosch Subst. [JS]
– Kleid [JS] ♦ **E:** Metathese zu rw. *malbusch* ‚Kleid' (WolfWR 3373), zu jd. *malbesch* ‚Gewand' (We 77).

balo Subst. [GM, JSa, JSW, LüJ, PH]
bali [GM, MB, MM]; **balie** [JSW]; **bale** [LüJ]; **bahli** [MB]
– Schwein, Sau [GM, JSa, JSW, LüJ, MB, MM, PH]; Kind [MB]; Baby [MB] ♦ **E:** rw. *balo* ‚Schwein' (WolfWR 277) < roi. *balo* ‚Schwein, Eber' (WolfWZ 87). ♦ **V:** *es hat sich nen bali gekriegt* ‚sie hat ein Kind bekommen' [MB]

balespink Subst. m. [LüJ]
– Metzger [LüJ]

balimass Subst. m. [GM]
– Schweinefleisch [GM].

baltachles ‚Mensch, praktischer, entschlossener' s. → *bal¹*.

baltam ‚Mensch mit Geschmack' s. → *bal¹*.

balutschido Adj. [GM]
balatschito [GM]
– infam [GM]; tabu [GM]; verrufen [GM]; unsauber [GM] ♦ **E:** roi. *palitschido* ‚infam' (WolfWZ 2275).
balutschido Subst. f. [GM]
– Schweinerei [GM].

balzen swV. in:
abbalzen swV. [HN]
– eine Frau hofieren, Prostituierte einem anderen Zuhälter abwerben [HN] ♦ **E:** dt. *Balz* ‚Paarungsverhalten der Vögel' (Klu. 1999: 77).

bambel Subst. m. [JeS]
– Schiffschaukel [JeS] ♦ **E:** zu schweizdt. *bambele* ‚baumeln, sich hängend hin und her bewegen'. ♦ **V:** *Myn Olmisch hät e kwante Bambel* ‚Mein Vater hat eine schöne Schiffschaukel' [JK].

bamben swV. [LüJ]
– Stuhlgang haben, aufs Klo gehen [LüJ]; scheißen [LüJ]; „Stuhlzwang haben" [LüJ]; „fuhlen" [LüJ] ♦ **E:** schwäb. *bampen* ‚cacare (fast bloß von oder gegenüber Kindern gebraucht)' (SchwäbWb. I 600).

bambonum Subst. n. [MM]
banbonum [MM]
– Ärger [MM]; Streit [MM]; Lärm, Krach [MM]; Trubel [MM]; Remmidemmi [MM]; Zirkus, Theater, Spektakel [MM]; „Aufregung, Theater, nicht notwendig Ärger, auch Lustiges" [MM] ♦ **E:** unsicher; evtl. zu frz. *bamboula* ‚Rummel' oder jd. *mabulem* ‚Streit, Schwierigkeit' (We 52) mit Inversion von *mab* zu *bam*; schwerer zu rw./jd. *bilbul, bilbel* ‚Streitigkeit, Schwierigkeit, Verwirrung, bedenklicher, verworrener Prozeß' (WolfWR 464, We 52). Vgl. → *mambolum*. ♦ **V:** *ein hameles bambonum war ambach* ‚es gab großen Ärger' [MM]; *mach nich so 'n bambonum!* ‚Mach nicht so viel Lärm!' [MM]

figinebambonummacker Subst. m. [MM]
– Veranstalter der „Skulptur '97" [MM].

bambule Subst. f. [HN]
– Zoff, Streit [HN]; „Streit suchen" [HN] ♦ **E:** frz. *bamboula* ‚Rummel', entlehnt aus der Bantusprache ‚bestimmte afrikanische Trommel', vgl. Klu. 1999: 77.

bambulenfürst Subst. m. [MM]
– Ganove [MM]; Vorsteher einer Gruppe [MM]; Sippenboss [MM]; Oberquatscher [MM].

bambusen Subst. m. Pl. [HN]
– „halbseidene Arschlöcher" [HN]; Ausländer [HN] ♦ **E:** nd. *bambuse* ‚unzünftiger, nicht dem Verband angehörender Schauermann', nd. *bambusen* ‚schlechte Matrosen oder auch Schiffzimmerleute, die nur als Handlanger dienen, gemeiner Kerl, Strolch; Taugenichts' (HWB I 202).

bammel Subst. m. [CL]
– Angst, Furcht [CL]; Respekt [CL]; Besorgnis [CL] ♦ **E:** dt./ugs. *Bammel haben* ‚Angst haben'.

bämmes Subst. [NJ]
bämes [NrJ]; **bemmes** [JSa, NJ]; **bemeschen** Subst. n. Dim. [SE]; **bemeßchen** [SE]
– Apfel [JSa, NJ, NrJ, SE] ♦ **E:** zu frz. *pomme* ‚Apfel' (WolfWR 4303). ♦ **V:** *Los mer noch en-e Bämske joon.* [NrJ]

bammerling Subst. m. [SK]
– Obst [SK]; vgl. → *pommerling*.

bampel Subst. f. [GM]
– (Luft-)Schaukel der Schausteller [GM] ♦ **E:** zu oberhess. *bampeln* ‚hängend hin- und herschwanken' (Crec. I 88).

bamscher Subst. m. [CL, LL]
– Angst [CL, LL]; Respekt [CL, LL]; Furcht [CL]; Besorgnis [CL] ♦ **E:** jd. *baal emoh* ‚Furchtsamer'; vgl. → *bammel.* ♦ **V:** *vor dem horre (hat er) bamscher* ‚vor dem hat er Angst' [CL].

bämull Subst. f. [LüJ]
– dummes Weib [LüJ]; altes Weib [LüJ]; komische Frau [LüJ]; blöde Kuh [LüJ]; Idiot [LüJ]; schwerfällige Person [LüJ]; Heulsuse [LüJ]; „eine, die gleich weint" [LüJ]; „bißchen dumm" [LüJ] ♦ **E:** mdal. *Bäh-Maul*.

ban¹ Subst. n. [WG]
– Prostituierte (als Schimpfwort) [WG] ♦ **E:** wienerisch *Ban* ‚Bein, Knochen'.

linkes ban Subst. n. [WG]
– hinterlistige Dirne [WG]

maulpuderban [WG]
– oralverkehrende Dirne [WG].

ban² in:
banfraß Subst. m. [WG]
– Essen im Gefängnis [WG] ♦ **E:** unsicher; evtl. zu wienerisch *Ban* ‚Bein, Knochen' oder zu rw. *bang* ‚Brot' WolfWR 291; schwer zu dt. *Bann* u. a. ‚Gerichtsbezirk u. a.' DWB I 1114 f.

banause Subst. m. [RW]
– unredlicher Mensch [RW]; netter kleiner Ganove [RW]; Pfuscher [RW] ♦ **E:** griech. *bánausos* ‚Handwerker' mit der Nebenbedeutung ‚Spießbürger', in dieser Bedeutung seit dem 18. Jh. in literarischen Kreisen verwendet (Klu. 1999: 77).

band Subst. [WM]
– Kapelle [WM] ♦ **E:** PfälzWb. VI 1767; vgl. auch engl. *band* id.

bandater Subst. m. [SJ]
– Hochzeitslader [SJ] ♦ **E:** Herkunft unsicher; ‚Person, die für die Einladungen zur Hochzeit und die Zeremonien zuständig ist'; vgl. Bergemann, Schloßberger Jenisch, 43.

bandeleskeiben swV. [LüJ]
– zusammenpacken; aufräumen [LüJ] ♦ **E:** rw. *bandeles-keiben* ‚zusammenpacken' (WolfWR 286, ohne Herleitung; SchwäbWb. VI 2, 1585).

bandelfresser Subst. m. [EF]
bandelfrasser [EF]; **bändleinfresser** Subst. m. [EF]
– Gaukler [EF] ♦ **E:** dt. *Band* und *Fresser;* Benennungsmotiv: Schwertschlucker, Wolf, Fatzersprache, 114.

bandelonigardsch Subst. m. [GM]
– Schuster [GM] ♦ **E:** zu ital. *pantaloni* ‚Hosen' (wohl volksetymologisch assoziiert mit *Pantoffeln*) und → *gardsch*.

banderisch Adj. [LüJ]
– schwanger ♦ **E:** wohl Kürzung aus schwäb. *selbander sein* ‚schwanger sein' (SchwäbWb. V 1340); SchwäbWb. VI 2, 1586 (*banderisch*). Vgl. → *pattersch*.

bandhoue swV. [BM]
– weggehen [BM] ♦ **E:** unsicher; evtl. zu schweizdt. *bandieren* ‚des Landes verweisen' SchweizId. IV 1281.

bandln swV. [WG]
– stehlen [WG] ♦ **E:** zu dt. *Band* ‚Schnur, Rienem' DWB I 1096 ff.

bandler Subst. m. [WG]
– Taschendieb [WG]

bandler Subst. Pl. [WG]
– Handschellen [WG].

bane¹ Subst. f. [LüJ]
– Armbanduhr [LüJ] ♦ **E:** Kürzung von → *gambane*.

bane² Subst. f./m./n. [BJ, LJ, RR, SJ]
pane [SJ]; **bani** [SJ]; **bassi** [SJ]; **pane** [RR, WJ]; **bâne** [Him, Mat]; **bahn** [OJ]
– Fleisch [Him, LJ, Mat, SJ, WJ]; Pferdefleisch [BJ, OJ, RR, SJ]; Knochen [WJ] ♦ **E:** rw. *bane, bani* ‚Fleisch, Pferdefleisch' (WolfWR 289, ohne Herleitung); SchwäbWb. I 607. ♦ **V:** *g'färbter bane* ‚Rauchfleisch' [SJ]; *a gfärbdr (gschwerzdr) bahne* ‚Pferderauchfleisch' [OJ]; *der schroter hot en ens doves stecka wella, weil er beim scharle a baar bommerling und en dalferling mit bane schniffa wella hot* ‚der Polizist hat ihn ins Gefängnis stecken wollen, weil er beim Bürgermeister ein paar Äpfel und ein Brot mit Fleisch stehlen wollte' [LJ]; *wenn se nur e kleines päckele bane hätt und g'ketscht hätt, aber nobes, nix, nit emal en pommerling hat mer...* ‚wenn sie nur ein kleines Päckchen Fleisch hätte und gegeben hätte, aber nein, nichts, nicht einmal einen Apfel hat man...' [LJ]; *Dr massfetzer machd a kiwiga schling aus am bane* ‚Der Metzger macht eine gute Wurst aus dem Fleisch' [SJ]

burmäbane Subst. f. [LJ]
– Kuhfleisch [LJ]

kibbabane Subst. f. [LJ]
– Hundefleisch [LJ]

roßbane Subst. f. [RR]
– Pferdefleisch [RR].

bane³ ‚Wasser' → *pani*.

banedi Adv. [GM]
– zu [GM]; geschlossen [GM] ♦ **E:** roi. *band-* ‚schließen, zumachen', Part. *pandedo* ‚ver-, zugeschlossen' (WolfWZ 95). → *bannen*.

pandlo swV. [JS, PH]
– zumachen [JS, PH].

banerne Subst. m. [WG]
– Tod [WG]; Christus [WG] ♦ **E:** zu dt. *Bein*, der *Beinerne*; vgl. → *boiniegel*. ♦ **V:** *der banerne holt einen* ‚sterben' [WG].

bang Subst. n. [KMa, MoM]
– Brot [KMa, MoM] ♦ **E:** frz. *pain*, it. *pane* ‚Brot'.
wäjsbang Subst. n. [MoM]
– Kuchen [MoM] ♦ **E:** mdal. *wäjs* ‚weiß'.

bäng Subst. m. [GM]
beng¹ [JS, PH]
– Teufel [GM, JS, PH]
beng² Adj. [MoJ]
– böse [MoJ] ♦ **E:** rw. *beng* ‚Teufel' (WolfWR 405) < roi. *beng* ‚Teufel' (WolfWZ 144). → *bänk*.

bangert Subst. m. [LüJ]
bankert [LJ, SJ]
– Kind [LJ, SJ]; uneheliches Kind (Schimpfwort) [LüJ]; verzogenes Kind [LüJ]; kleines, streitiges Kind [LüJ]; böses Kind [LüJ]; „gov" [LüJ] ♦ **E:** dt. *Bankert* ‚uneheliches Kind' < dt. *Bank* und *-hart*, also ‚das auf der (Schlaf-)Bank (der Magd, nicht im Ehebett) gezeugte Kind' (Klu. 1999: 78; SchwäbWb. I 613), mhd. *banchart* ‚uneheliches Kind'.

bangi kildi Subst. [SK]
– männliches Geschlechtsteil [SK] ♦ **E:** roi. *bangi klidin* ‚Dietrich' (WolfWZ 292, 2722).

bango Adj., Adv. [GM]
– schief [GM]; lahm [GM]; krumm [GM] ♦ **E:** rw. *bango* ‚lahm, krumm' (WolfWR 292) < roi. *bango* ‚krumm, schief, lahm' (WolfWZ 99).
bangomuij Subst. m. [GM]
– Schiefmaul [GM]; Fratze [GM] ♦ **E:** → *muij*.

bani ‚Wasser' → *pani*.

bani Subst. n. [KJ]
– Brot [KJ] ♦ **E:** zu ital. *pane* ‚Brot'.

banie Adj. [GM]
– groß [GM] ♦ **E:** unsicher; evtl. Nebenform zu → *baro* oder zu → *pani* (Benennungsmotiv: Weite des Meeres).

banillje Pron, Adv. [KMa]
– nichts [KMa]; nicht [KMa] ♦ **E:** rw. *banillje* id., zu it. *vano* ‚leer, hohl' und *ninnolo* ‚Spielzeug' WolfWR 294.

bänk Subst. m. [JSW]
– Kinderschreck (wie „schwarzer Mann") [JSW] ♦ **E:** rw. *beng* ‚Teufel' aus roi. *beng* ‚Teufel' (WolfWR 405). Vgl. → *bäng*.

bankarbeit Subst. f. [HLD, RW, StG]
– schlafen [RW]; Nachtruhe [HLD] ♦ **E:** rw. *bankarbeit* ‚das Schlafen auf einer Bank oder Pritsche' (WolfWR 295). ♦ **V:** *bankarbeit machen (leisten)* ‚auf der Holzbank (Tisch, Fußboden, Hobelbank) schlafen' [RW]; *bankarbeit machen* ‚auf der Bank oder blossen Diele schlafen' [StG].

bankerer Subst. m. in:
hauptbankerer Subst. m. [WG]
– Hauptbankhalter beim Stoß (Kartenspiel) [WG]
♦ **E:** dt. *Bank* (Geldinstitut).

bankerott Subst. m. in:
bankerottsbrühe Subst. f. [RW]
– Kaffee [RW]
bankrottspott Subst. m. [MB]
– Kaffeetopf [MB] ♦ **E:** rw. *bankerottsbrühe* zu dt. *bankrott* ‚zahlungsunfähig'; Benennungsmotiv: „eine Tasse Kaffee war früher in Herbergen das billigste Getränk" (WolfWR 296).

bankist Subst. m. [JS]
– Eigentümer eines kleinen, unter freiem Himmel spielenden Zirkusses [JS] ♦ **E:** zu dt. *bank* ‚erhöhtes Podium', auf der sich die Gaukler zu produzieren pflegten (Arnold 1975: 147); eher zu frz. *banquiste* ‚der, der im Zirkus das Spektakel präsentiert und anpreist' (Petit Robert 1995: 192).

bankl Subst. in:
ein bankl reißen Phras., swV. [WG]
– sterben [WG] ♦ **E:** bair./österr. *Bankl* ‚was bei Bedarf entnommen oder abgerufen werden kann'.

bannen swV. [GM]
– binden, anbinden [GM] ♦ **E:** roi. *band* ‚binden, fesseln' (WolfWZ 95), dt. *Bann* DWB I 1113 f.

bannes Subst. m. [KMa]
– Bauer [KMa]; Bürgermeister [KMa] ♦ **E:** rw. *bannes*, *parnes* ‚Bürgermeister' aus jd. *parnes* ‚Gemeindevorstand' (WolfWR 4049). → *parnes*.

bansch ‚fünf' → *pansch²*.

bänsch¹ Subst. m. [MoM]
bansch [KMa, OH]; **bänch** [LI]; **banch** [KMa]
– Butter [KMa, LI, MoM, OH] ♦ **E:** rw. *banch* ‚Butter', aus it. *pancetta* ‚Speck' (WolfWR 284).

bänsch² Subst. f. [BB]
– Schnepfe (met.) [BB]; Hure [BB] ♦ **E:** Inversion zu mda. *Schnäpp* ‚Schnepfe'.

bansche ‚Bier' → *pani*.

banschen ‚kaufen' → *bascha*.

bânt swV. 3. Pers. Sg. Präs. [MeT]
– ist [MeT] ♦ **E:** Variante zum unregelmäßig konjugierten Verbum substantivum *sein*; besonderes Verfremdungsmuster der Tiötten, dazu Siewert, Humpisch, 136.

bappen swV. [RW]
– liegen [RW]; unsicher herumirren [RW] ♦ **E:** rw. *boppen* ‚liegen' WolfWR 625, ohne Herleitung; evtl. zu dt. *pappen* ‚kleistern, kleben' DWB XIII 1446.

bar¹ Subst. m. [GM]
– Gartenzaun [GM] ♦ **E:** roi. *bar* ‚Garten, Gartenzaun, Zaun'.

bar² Subst. f. in:
barklaffte Subst. f. [HN]
– Barfrau
barschickse Subst. f. [HN]
– Barfrau ♦ **E:** dt. *Bar* ‚Thekenkneipe'.

bär¹ Subst. m. [GM]
– Bauch [GM] ♦ **E:** rw. *per* ‚Bauch' (WolfWR 4122) < roi. *per* ‚Bauch' (WolfWZ 2391).

bär² Subst. m. [WG]
– Geldschrank [WG]; Kassenschrank [WG]; *einen bären reißen* ‚Geldschrank knacken' [WG]; *nuller bär* ‚leicht zu öffnender Geldschrank' [WG] ♦ **E:** rw. *bär* ‚feuerfeste Kasse' aus jd. *peri* ‚Erwerb', volksetymologisch zu dt. *Bär* (WolfWR 304).

eisbären swV. [RW]
– auf Vorrat betteln [RW]; (viel) Geld horten [RW]; viel Geld zusammenholen [RW]; Vorrat anlegen [RW] ♦ **E:** von jd. *es* ‚Wohlstand', volksetymologisch zu dt. *Eis*, und *peri* ‚Erwerb', volksetymologisch zu dt. *Bär* (WolfWR 1173).

eisbär Subst. m. [RW]
– reicher Geselle [RW]; Geselle mit viel Geld [RW]; Fünf-DM-Stück [RW] ♦ **V:** *ein derart im eisbären Beflissener* ‚reicher Mann' [RW].

bär³ Subst. [BJ]
– Brot [BJ]; Kommissbrot [BJ] ♦ **E:** rw. *bär* ‚Laib Brot' < jd. *baras* ‚Fladenbrot' (WolfWR 303).

bär⁴ Subst. m. [BM]
– Lüge [BM]; Lügengeschichte [BM] ♦ **E:** zu dt. *Bar* ‚Last, Abgabe', *einen Bären aufbinden*.

bår Subst. [SG]
båër [SG]
– Bier [SG] ♦ **E:** mdal., dt. *Bier*.

baraablüh ‚Regenschirm' → *paraplü*.

barach Subst. m. [RW]
barrach [CL, LL, StG]; **barrache** [PH]; **parech** [Scho]; **parch** [Scho]
– Grind [CL, PH]; Kopfgrind [CL, LL, PH]; Krätze [RW, Scho, StJ]; Aussatz [Scho]; krätziger Mensch [Scho];

störrischer Mensch [Scho] ♦ **E**: rw. *parach* ‚Grind, Ausschlag' (WolfWR 4039) < jd. *porach* ‚ausschlagen, sprießen' (We 89, Post 184).

parechrosch Subst. m. [Scho]
– Krätzekopf [Scho]

barrachschaber Subst. m. [StG]; **barachschaber** [RW]
– Arzt [RW, StG]

barrachmogum ON [PH]; **barrachmokum** [CL, LL]; **barrachmookum** [LL]
– Grünstadt [CL, LL, PH] ♦ **E**: pfälz. *Grinstadt* volksetymologisch zu *Grind*; jd. *mokum* ‚Stadt'. ♦ **V**: *Wu schääffschden anne? Uf Barrachmokum* ‚Wo gehst du hin? Nach Grünstadt' [CL].

barackenelvis Subst. m. [HN]
– jmd. aus asozialen Verhältnissen [HN]; „nach den 1943er Kriegszerstörungen in B. wohnender, nicht unbedingt asozialer Mensch, der sich piekfein kleidete" [HN] ♦ **E**: nd. *barack* ‚Baracke, altes Haus' (HWB I 209) und *Elvis* männl. RN, nach dem Sänger *Elvis Presley*.

baradeblo Subst. m. [MUJ]
baradebel [OJ]; **baradobl** [WJ]
– Herrgott [MUJ]; Gott [OJ, WJ]; großer Gott [OJ] ♦ **E**: roi. *devel* ‚Gott', roi. *baro* ‚groß' Siewert/Boretzky, WB „Zigeunersprache", 42, 44; WolfWR 1002. ♦ **V**: *digge baradebel* ‚oh großer Gott' [OJ]

baradewi! Interj. [LoJ]
– Ausdruck des Erstaunens [LoJ].

baradieren swV. [BJ]
– umwickeln ♦ **E**: wohl zu dt. *paradieren* ‚in Parade vorüberziehen' DWB XIII 1453.

barassera → *barras*.

barbale ‚betrügerisch reden, schwindeln' → *balderle*.

barbauser Subst. m. [SS, WH]
barbauscher [SS]; **barböusker** [SPI, SS]
– Schmied [SPI, SS, WH] ♦ **E**: zu roi. *bar* ‚Stein' (der Zigeunerschmied benutzt in der Regel eine Stein statt eines eisernen Amboß) und roi. *buci* ‚Arbeit' (das Schmiedehandwerk war für Zigeuner eine der Haupttätigkeiten) WolfWR 309.

barbe Subst. f. [BJ]
– alte Frau ♦ **E**: rw. *barbere* ‚alte Frau' WolfWR 307, ohne Herleitung; evtl. zu jd. *babel*, → *bafel* ‚minderwertige Ware' oder roi. *baba* ‚Apfel, Kartoffel' (WolfWZ 2259).

bärches Subst. n. [OJ]
– Brot [LJ, OJ]; Kommissbrot [OJ] ♦ **E**: jd. *bärches* ‚Segensbrot zum Sabbat' (Klepsch 322, Post 185, SchwäbWb. I 638). → *berches*.

barda swV. [OJ]
– passen [OJ] ♦ **E**: evtl. zu schwäb. *batten* ‚förderlich sein, ausreichen, nützen' (SchwäbWb. I 681). ♦ **V**: *des barded* ‚ja das passt' [OJ].

bardle Subst. [WM]
– Kapelle [WM] ♦ **E**: wohl zu Apostelname *Bartholomaeus*.

bare Subst. m. [BJ]
bâre [Zi]
– Gott [BJ]; Herr [Zi] ♦ **E**: roi. *baro* ‚groß' WolfWZ 109; vgl. *barodebel* unter → *baro*.

bare Adj. [MUJ]
– dick [MUJ]; schwanger [MUJ] ♦ **E**: vgl. → *baro*.

baren swV. [GM]
bare [PH]
– tauschen [GM]; handeln [GM]; verhandeln (einen Gegenstand) [PH] ♦ **E**: roi. *par-* ‚tauschen, handeln' (WolfWZ 2305).

barepaskero Subst. m. [GM]
– Händler [GM]; Pferdehändler [GM] ♦ **E**: roi. *parepaskero* ‚Roßtäuscher, Händler' (WolfWZ 2305).

barepin Subst. m. [GM]
– Handel [GM]; Tausch [GM]; Tauschhandel [GM] ♦ **E**: roi. *parepen* ‚Tausch(handel)' (WolfWZ 2305).

bärenschnauze Subst. f. [StG]
– grosser Mund [StG] ♦ **E**: dt./ugs. *Schnauze* ‚Maul, Mund' und dt. *Bär*.

bärenpfote Subst. f. [StG]
– grosse Hand [StG].

bäreret Subst. [KMa]
– Schaffleisch [KMa] ♦ **E**: unsicher; womgl. Bildung zu roi. *backero* ‚Schaf' Siewert/Boretzky, WB „Zigeunersprache", Faks. 27.

bargunsch Sprachname [MeT]
– Tiöttensprache [MeT] ♦ **E**: Sprachname; zur Herleitung Siewert, Humpisch, 12 f.; Siewert, Geheimsprachen in Westfalen I: wohl aus Sprachname *Bargoens* (Sprachname niederländischer Krämersprachen), dieser aus < *Burgundisch*; womgl. Einfluss von engl. *(to) bargain* ‚kaufen'. → *humpisch*.

bärkse Subst. Pl. [KMa]
– Eier [KMa] ♦ **E:** rw. *bärkse* ‚Eier' aus jd. *bëizem, bëzes* ‚Eier' (WolfWR 443).
bärkskujaner Subst. [KMa]
– Hühner [KMa].

barlen swV. [HLD, RW]
– reden [RW] ♦ **E:** rw. *barlen* ‚sprechen, reden' zu frz. *parler* ‚sprechen, reden' (WolfWR 320).

barmbekbasch Subst. m. [HN]
– „ein mit allen Wassern der forschen Großstadtjugend gewaschener Bursche" [HN] ♦ **E:** ON *Barmbek* (Stadtteil von Hamburg).

bärnerorangsche Subst. m. [BM]
– Kartoffel [BM] ♦ **E:** ON *Bern* und mdal. zu dt. *Orange*.

baro Adj., Interj. [GM, LüJ, MB]
bare [JS]
– groß [GM, JS, MB]; lieb [LüJ] ♦ **E:** rw. *baro* ‚groß' < roi. *baro* ‚groß' (WolfWR 324, WolfWZ 109, Boretzky/Igla 1994: 22). → *bare*. ♦ **V:** *ich konnte es ihre baro minsch reunen* ‚ich konnte ihre große Vagina sehen' [MB]; *barodebel* ‚großer Gott, oh mein Gott!', „wenn man erschrocken ist" [LüJ]
barodebel Subst. m. / Interj. [LüJ]; **baredebel** [LüJ]; **baradebel** [LüJ]; **baràdebel** [LüJ]; **baradöbl** [LüJ]; **barodebele** [LüJ]
– Teufel [LüJ]; Tod [LüJ]; Gott, lieber Gott [LüJ]; Herrgott, großer Gott [LüJ]; Lieblingskind [LüJ]; „oh mein Gott" [LüJ]; „ganz schlimm" [LüJ]; großer Gott [LüJ] ♦ **E:** → *debel*.
barotschoche Subst. f. [GM]
– Mantel [GM]
barofore Subst. m. [GM]
– Hauptstadt [GM] ♦ **E:** rw. *foro* ‚Stadt' WolfWR 1517.
barropahn Subst. m. [SK]
– reicher Mann [SK] ♦ **E:** → *pan* ‚Herr' oder roi. *barosan* ‚reicher Herr' (WolfWR 324, WolfWZ 109).
barotse Subst. m. [StJ]
– unehrlicher, gerissener Geschäftsmann [StJ] ♦ **V:** *dat es ene Barotse, dä hät misch betup*
barodome Interj. [JS]
– mein lieber Gott! [JS].

bäro Subst. [GM]
– Familie [GM] ♦ **E:** roi. *bero* ‚Familie' (WolfWZ 149).

barrach ‚Grind' → *barach*.

barras Subst. m. [LJ, LüJ, OJ, RW]
– Militär [LüJ, RW]; Kommiss [LüJ]; Soldaten [LüJ]; Bundeswehr [RW]; Brot [RW] ♦ **E:** umstritten; rw. *barras* ‚Wehrdienst; überhaupt alles Militärische', aus rw. *barra* ‚Zopf' (der Zopf als Symbol des rückständigen, geistlosen Militärischen) WolfWR 327; eher wohl zu FN *de Barras* (frz. Staatsmann, der für die Einführung der Wehrpflicht gesorgt hat), vgl. dt. Wendung *zum Barras müssen*; schwerer zu jd. *baras* ‚Fladenbrot', so aber Kluge (1999: 82): aus *barras* ‚Kommißbrot' < jd. *baras* ‚Fladenbrot'. SchwäbWb. I 652 (*Barras* ‚Kommissbrot bei den württembergischen Soldaten in Straßburg').
barassera Subst. m. [WG]
– Maschinengewehr [WG] ♦ **E:** zu dt./soldatensprachlich *Barras* ‚Militär', dies zu FN *de Barras* (frz. Staatsmann), schwerer zu jd. *baras* ‚Fladenbrot'.

bärs Subst. m. [GM]
– Jahr [GM] ♦ **E:** rw. *bers* ‚Jahr' (WolfWR 421) < roi. *berš* ‚Jahr' (WolfWZ 150).

barsel Subst. m./n. [SJ]
– Eisen [SJ]; Fessel [SJ] ♦ **E:** rw. *barthel* ‚Brecheisen' < jd. *barsel* ‚Eisen' WolfWR 329.
bartel Subst. [HLD]
– Brecheisen [HLD].

bärtle Subst. m. [KP]
– Ofen [KP] ♦ **E:** unsicher; evtl. zu rw. *barthel* ‚Brecheisen' < jd. *barsel* ‚Eisen' WolfWR 329. ♦ **V:** *em bärtle de schüret stecken* ‚einheizen', Kapff, 212.

barwelo Adj. [GM]
– reich, vermögend [GM] ♦ **E:** rw. *barvalo* ‚reich' (WolfWR 332) < roi. *barwelo* ‚reich' (WolfWZ 114).

basch[1] Subst. m. [GM]
– Ton, Laut [GM] ♦ **E:** roi. *basch* ‚Ton' (WolfWZ 119).

basch[2] Adj., Adv. [GM]
– entzwei, kaputt [GM]; „wird auch im Zahlensystem verwendet" [GM] ♦ **E:** rw. *pasch* ‚halb' (WolfWR 4057) < roi. *paš* ‚halb, entzwei, verrückt' (WolfWZ 2344).

baschadi Subst. [SK]
– Harfe, Gitarre [SK]
baschebemn Subst. [JSW]; **batschebenn** [JSW]; **bascheben** [JSW]
– Ziehharmonika, „Ziehding" [JSW] ♦ **E:** roi. *baschadi* ‚Musikinstrument' (WolfWZ 119).

baschdiwes Subst. m. [GM]
– Mittag [GM] ♦ **E:** roi. *diwes* ‚Tag' (WolfWZ 505); *basch-* evtl. zu rw. *bass* ‚Löffel' WolfWR 335.

bascheln swV. [GM]
– spielen [GM]; musizieren [GM] ♦ **E:** roi. *baš-* ‚musizieren, spielen' (WolfWZ 119).

bascheben swV. [MUJ]
– Musik machen [MUJ]; musizieren [MUJ] ♦ **E:** roi. *baš* und *pen* ‚Musik, Musizieren, Klang' (WolfWZ 119).

baschebin Subst. m. [GM]
– Musik [GM]; Musizieren [GM].

baschen swV. [TJ]
bascha [OJ]; **baschæ** [WJ]; **basse** swV. [JS]; **banschen** swV. [SJ]
– kaufen [JS, OJ, SJ, TJ, WJ]; nehmen [JS] ♦ **E:** rw. *paschen* ‚gestohlenes Gut kaufen, um es wieder zu verkaufen' (WolfWR 4059), zu roi. *pāš* ‚Teil'; andere Herleitungen: Klepsch 332. Vgl. → *baschgen*.
verbaschen swV. [TJ]; **vrbascha** [OJ]
– verkaufen [OJ, TJ].

bäschen swV. [GM]
– sich setzen [GM] ♦ **E:** roi. *beš-* ‚sitzen, sich setzen' (WolfWZ 155).

baschepin Subst. m. [GM]
– Hälfte [GM] ♦ **E:** roi. *pāšepen* ‚Hälfte' (WolfWZ 2344).

batschibenn Subst. [JSW]; **tschibenn** [JSW]
– Bett [JSW].

baschgen swV. [LüJ]
baschgeræ swV. [LüJ]
– kaufen [LüJ]; packen [LüJ]; verhauen [LüJ]; nehmen [LüJ]; „tschoren" [LüJ]; „schniffen" [LüJ] ♦ **E:** rw. *baschen* ‚kaufen, bes. verkaufen von unehrlich erworbenen Gegenständen', also ‚Ware (Teile) verteilen' < roi. *pāš-* ‚Teil' (WolfWR 4059); vgl. Klepsch (2004: 332) mit evtl. Herleitungen aus dem Hebräischen und Französischen; SchwäbWb. VI 2, 1594 (*baschen*). Vgl. → *baschen*. ♦ **V:** *baschger es nicht* ‚kauf' das nicht' [LüJ]; *baschger ihn* ‚kauf' dir den, nimm ihm den Ball ab' [LüJ].

baschger Subst. m. [LüJ]
– Kind, das aus Inzucht entstanden ist [LüJ]; Hundemischling [LüJ] ♦ **E:** dt. *Bastard*, mhd. *bast(h)art* < afrz. *bastard* ‚rechtmäßig anerkannter außerehelicher Sohn eines Adligen'.

baschlo Subst. m. [MM]
baschloh [MM]; **baschno** [GM]
– Hahn [GM, MM]; Gockel [GM] ♦ **E:** roi. *bašno, bašlo* ‚Hahn' (WolfWZ 120, BoIg 23).

baschmande Subst. [LüJ]
– Aufpasser [LüJ]; Polizei [LüJ]; Wächter [LüJ]; *abagai, baschmande pficht* ‚abhauen, die Polizei kommt' [LüJ] ♦ **E:** evtl. zu roi. *pashemandutnò/pašaldo* ‚Nachbar' (WolfWZ 2343, Boretzky/Igla 1994: 210).

baschmuij Subst. m. [GM]
– Hasenscharte [GM] ♦ **E:** rw. *muj* ‚Mund' < roi. *mui* id. → *baschlo*.

baschot Adj. [SP]
beschot [SP]
– nicht geschäftswürdig [SP]; ungünstig [SP] ♦ **E:** rw. *poschut* Adj./Subst. ‚einfach, bloß, gewöhnlich' und ‚Pfennig' aus jd. *poschut* ‚Pfennig, Kleinigkeit' (WolfWR 4323 und 4324). ♦ **V:** *De Kluft as beschot* ‚Der Anzug ist billig' [SP].

baselompes Subst. [KM, NJ]
baselompese [KM]
– dicker Bauch [NJ]; Bauch [KM] ♦ **E:** rhein. id., RheinWb. I 489.

basklös Subst. [OH]
– Pfarrer [OH] ♦ **E:** unsicher; evtl. Umbildung zu dt. *Pastor*.

basko in:
buibasko Subst. m. [MM]
– geiler Mann [MM]; geiler Freier [MM]; Taugenichts [MM]; „Typ aus niedriger sozialer Schicht" [MM] ♦ **E:** *basko* Variante zu → *baschlo* ‚Hahn'; → *bui*.
fulebasko Adj. [MB]
– schlecht [MB]
fulebasko Subst. m. [MB]
– Scheißtag [MB] ♦ **E:** → *ful*.

baß Subst. [LJ]
– Eisen [LJ] ♦ **E:** evtl. zu jd. *barsel* ‚Eisen' (WolfWR 329).

bass[1] Subst. m. [BJ, KP, OJ]
– Löffel [BJ, KP, OJ] ♦ **E:** rw. *baß* ‚Löffel' WolfWR 335, ohne Herleitung; evtl. zu dt. *Bast* u. a. ‚Schale, Baumrinde' DWB I 1148 ff. Benennungsmotiv: Formähnlichkeit, Material Holz.

bass² Subst. m. [SK]
– Kontrabaß [SK] ♦ **E:** zu dt. *bassieren* ‚Baß singen' DWB I 1148, aus ital. *basso* ‚tief'. ♦ **V:** *där met'n basse* ‚Kontrabaßspieler' [SK]

bassettl Subst. n. Dim. [EF]; **bassettlein** Subst. n. Dim. [EF]
– Cello [EF] ♦ **E:** vgl. → *lantettl*.

bass³ Subst. m. [SS]
– Sensenpacken [SS] ♦ **E:** wohl ähnlich wie → *vigeleyne* met. auf Grund der äußeren Ähnlichkeit mit dem Musikinstrument.

bassfurze Subst. f. [BM]
– Basstuba [BM] ♦ **E:** dt. *furzen* DWB IV 954. Benennungsmotiv: Geräuschähnlichkeit.

bassel Subst. m. [MM]
– Ring [MM] ♦ **E:** jd. *barsel* ‚Eisen' (WolfWR 329). ♦ **V:** *der seeger hegt 'n joflen bassel aufe fehme* ‚der Mann trägt einen schönen Ring' [MM]; *der freier hatte die ganzen fehmen voll bassels* ‚der Mann trug an beiden Händen Ringe' [MM]

gasselbassel Subst. m. [MM]
– Ehering [MM] ♦ **E:** → *kassene* ‚heiraten'.

bast Subst. m. [MM]
– Haut [MM]; Kopf [MM] ♦ **E:** dt. *Bast*, übertragen „auf die menschliche haut, den bast an fingern und händen" DWB I 1149. ♦ **V:** *was an'n Bast sagen* ‚jmd. die Meinung sagen' [MM].

batatti Subst. m. [BM]
– Kartoffel [BM] ♦ **E:** roman., it. *patata* ‚Kartoffel'.

batiste ‚Tasche' → *budista*.

batrihnschen Subst. n. [SK]
– geheimes Wegzeichen [SK] ♦ **E:** rw. *Pattrin* ‚Blatt, Laub', aus roi. *pattrin* (WolfWR 4077, Siewert/Boretzky, WB „Zigeunersprache", 49), ‚zigeunerische Wegzeichen für nachfolgende Genossen'.

batro, batrus ‚Vater, Gott' u. ä. → *patres*.

batronallen ‚beten' → *paternellen*.

batschemerblut Subst. n. [StG]
– (vertraute) Gruppe, Gesellschaft [StG] ♦ **E:** rw. *batachemerblut sein* ‚von der gleichen vertrauten Gesellschaft sein', zu jd. *betochon* ‚Vertrauen' WolfWR 337, vgl. rw. *betuach* WolfWR 440 ♦ **V:** *aus batschemerblut* ‚von gleichem Blute, ebenfalls von einer Diebesfamilie abstammend' [StG]

batschambuli Subst. [WG] in:
nafter mit batschambuli ‚es ist bedeutungslos, uninteressant' [WG] ♦ **E:** unsicher; „vielleicht von *Batacheinerblut* – vertraute Gesellschaft" (Girtler).

batschen swV. [EF, GM]
– glauben [GM]; leihen [GM]; teilen [EF] ♦ **E:** roi. *patš* ‚glauben, (an)vertrauen, leihen' (WolfWZ 2359).

batschepin Subst. m. [GM]
– Kredit [GM]; Glaube [GM] ♦ **E:** roi. *pátšepen* ‚Glaube, Vertrauen, Kredit' (WolfWZ 2359).

batschepaskero Adj. [GM]
– gläubig (den Geldverleiher betreffend) [GM] ♦ **E:** roi. *patšepáskero* ‚gläubig, vertrauensvoll' (WolfWZ 2359).

batschert Subst. m. [JSa]
– Gans [JSa] ♦ **E:** rw. -*hart*-Bildung zu dt. *patschen* ‚ins Nasse treten, schlagen' DWB XIII 1508 f.

lachabatscher Subst. m. [LJ]; **lachenbatscher** [LJ]; **lachepatscher** [SchJ]
– Ente [LJ, SchJ]; Spottname für die Heuchlinger (Nachbarort von Leinzell) [LJ] ♦ **E:** rw. *lakenpatscher*, *lachenpatscher* ‚Infanterist, Ente', zu dt. *Lake, Lache* ‚Pfütze' (WolfWR 3064).

bättches Subst. [KMa]
– Speck [KMa] ♦ **E:** rw. *bättches* ‚Speck' aus it. *pancetta* ‚Speck' (WolfWR 284).

battel ‚Flasche' → *budell*.

batten, butten swV. in:
anbatten swV. [SK]; **anbutten** swV. [SK]
– schwängern [SK] ♦ **E:** zu → *pattersch* ‚schwanger'.

batter Subst. f. [CL, LL]
– Brieftasche [CL, LL] ♦ **E:** unsicher; evtl. zu rw. *Patter* ‚Leder' WolfWR 4074 oder zu ugs. *Patte* ‚Geld'. ♦ **V:** *Hosche dei batter net vergeß?* ‚Hast du deine Brieftasche nicht vergessen?' [CL]

baddere swV. [RH]
– stehlen [RH] ♦ **E:** unsicher; wenn nicht hierher, wohl zu rw. *pattern* ‚entlassen, loslassen' (WolfWR 4075).

batterisch, battisch ‚schwanger' → *pattersch*.

batto Subst. m. [GM]
– Stock [GM]; Stecken [GM] ♦ **E:** rw. *bat(t)um* ‚Stock' (WolfWR 340) aus frz. *bâton*.

patern Subst. m. [RH]
– Stock [RH].

batunen swV. [SP]
batunt [SP]; **batonnen** [RH]
– verkaufen [RH, SP] ♦ **E:** wohl zu rw. → *betünen* ‚bezahlen' WolfWR 6330. ♦ **V:** *Esch hoon dem Hoets en Kluft batunt* [SP].

bätz ‚Ei' → *betz*.

batz Subst. [JeH, SE, WL]
bats [SP]; **batsche** [RR]
– Kaffee [JeH, RR, SE, SP, WL] ♦ **E:** rw. *batz* ‚Kaffee' (WolfWR 341), Kürzung aus dt. *Batzmann* „name eines biers zu Wollin" DWB I 1161.

batzef ‚Penis' → *betz*.

bau Subst. m. [BJ, LoJ, MB, OJ]
– Gefängnis [BJ, MB, OJ]; Zelle bis 10 Personen [BJ]; gehen [LoJ] ♦ **E:** rw. *bau* ‚Gefängnis' zu dt. *Bau* ‚Gebäude jedweder Art'; „Die Sonderbedeutung ‚Gefängnis' verdankt das Wort sowohl dem Umstand, daß dem an freies Landstraßenleben gewöhnten Fahrenden jeder längere Aufenthalt in einem Gebäude als Freiheitsbeschränkung erschien, wie auch vor allem der früher oft angewendeten Verurteilung zur schweren Festungsarbeit, zum Festungsbau" (WolfWR 344). ♦ **V:** *em bau sei* ‚im Gefängnis sitzen' [OJ].

baubaal Subst. m. [OJ]
– Spielball [OJ] ♦ **E:** schwäb. *Fauball, Bauball* ‚Spielball der Kinder' (SchwäbWb. II 983).

baucherl Subst. n. [WG]
– Kognac mit Cola [WG] ♦ **E:** wohl zu dt. *Bauch*; evtl. met. wegen der Form des Gefäßes.

bauch Subst. m. in:
bauchlamba Subst. m. [OJ]; **bauchlappen** [BJ]
– Bauchfleisch vom Schwein [OJ] ♦ **E:** zu dt. *Bauch* DWB I 1163 ff. und dt. *Lappen*.
bauchschwester Subst. f. [WG]
– Prostituierte, Hure (neutral, wohlmeinend) [WG] ♦ **E:** rw. *schwester* in der Wendung *barmherzige schwester* ‚Dirne' (WolfWR 5272), vgl. auch rw. *bauchfreundin* ‚Dirne' WolfWR 346.

baudr Subst. [OJ]
– Rosenkranz [OJ] ♦ **E:** vgl. → *poter*. ♦ **V:** *mammsa wie a baudramah* ‚immerzu schimpfen' (wie bei einer Litanei) [OJ].

bauen[1] swV. [BJ]
baua [OJ]
– machen [BJ, OJ]; sein [BJ, OJ]; hoffen [BJ, OJ] ♦ **E:** jd. *bauen, bau sein* ‚kommen, loskommen, frei werden' We 50, WolfWR 345.
abbauen swV. [LJ]
– abhauen [LJ].

bauen[2] swV. in:
einen Prinzen bauen ‚die Zeche prellen' [WG]; *mücke bauen* ‚verschwinden' [WG] ♦ **E:** dt. *bauen* ‚herstellen' DWB I 1170 ff.
unterbauen swV. [HN]
– unterschlagen [HN] ♦ **V:** *hat was untergebaut* ‚hat was behalten' [HN]; *unterbau die Geschicht nicht* ‚erzähl' mir hier die Wahrheit' [HN].

bauer Subst. m. [JS]
– Nichtschausteller [JS]; seßhafter Nichtschausteller [JS]; ständig Seßhafter [JS]; Kirmesbesucher [JS]; Privatleute [JS]; „Bezeichnung für nicht sonderlich gelittene Kollegen, die in erster Generation schaustellerisch tätig sind und noch nicht ausreichend Erfahrung im Schaustellerberuf gesammelt haben" [JS] ♦ **E:** rw./dt. *Bauer* ‚Dummer, Unerfahrener, der sich leicht betrügen lässt' WolfWR 347.
verbauern swV. [JS]
– seßhaft werden [JS]
bauernfänger Subst. m. [RW]
– kleiner Betrüger [RW]; einer mit falschen Karten [RW]; spielender Manipulierender [RW] ♦ **E:** rw./dt. *Bauernfänger* ‚kleiner Gauner' (WolfWR 349).

baugis Subst. n. [BM]
– Schelte [BM] ♦ **E:** SchweizId. IV 1106 *bäuggen, bauggen* ‚schlagen'.

bauhütte Subst. f. [RW]
– „bei den Steinmetzen als Bezeichnung für die Vereinigung und für den Standort der Hüttengerichtsbarkeit" [RW] ♦ **E:** dt. *Bauhütte*.

baukert Subst. m. [SPI, SS, WH]
bachert Subst. m. [SPI]; **pachert** [SPI]
– Bürgermeister [SPI, SS, WH]; Ortsvorsteher [SPI] ♦ **E:** jd. *pokid* ‚Bürgermeister' (WolfWR 4279).

baumeln swV. [SJ]
– hängen [SJ] ♦ **E:** dt. *baumeln* ‚herabhängend sich bewegen' DWB I 1190.
baumelmann Subst. m. in:
den baumelmann machen ‚sich aufhängen' [SJ].

baumhansa Subst. [OJ]
– Äpfel [OJ] ♦ **E:** dt. *Baum* DWB I 1188 f. und *Hansa* (Kartoffelsorte).

baumkantig Adj. [RW]
boomkantig [RW]; **böhmkantig** [RW]; **bomkantig** [RW]
– aggressiv [RW]; unangenehm [RW]; schlecht [RW]; nicht zünftig [RW]; rau (Charakter) [RW]; hinterhältig [RW]; ungerade [RW] ♦ **E:** dt. *baumkantig* „von einem zimmerholz, dessen ecken noch spuren der rinde haben, nicht scharf zugehauen sind" DWB I 1193.

baumoss ‚Bauersfrau' s. → *moss*.

baung Subst. m. in:
stoßbaung Subst. [LoJ]
– Rehbock [LoJ] ♦ **E:** zu dt. *stoßen*, Zweitglied wohl mdal. Form von *Bock*.

bausch Subst. m. [RH]
– Wald [RH] ♦ **E:** dt. (ant.) *Bausch* ‚Busch, Baumkrone' DWB I 1198 f.

bausen swV. [LJ, LüJ, SchJ, SJ]
bausern [HLD, LJ, PfJ]
– sich fürchten [HLD, LJ, LüJ, MUJ, SchJ, SJ]; Angst haben [LJ, PfJ, SJ]; ängstlich sein [SJ] ♦ **E:** zu rw. *bausen* < dt. *bauschen* ‚schlagen', mhd. *biuschen, bûschen* ‚prügeln', schwäb. *ausbauschen* ‚abdreschen, pügeln'. „Danach ergeben sich die rw. Bedeutungen des Furcht-Habens" WolfWR 354. ♦ **V:** *baus de nobas voram stäpches* ‚du brauchst keine Angst haben vor dem Teufel' [LJ]; *da bauserts mes grawis* ‚da habe ich fürchterlich Angst' [LJ]

baus Subst. [LüJ]
– Angst [BJ, LüJ]

bauser Subst. m. [BJ, LJ, LüJ, MUJ, SJ]; **bausr** [OJ]; **bausær** [WJ]; **bauschen** Subst. [JSa, WL]; **bausam** [PfJ]; **bautzer** Subst. m. [Him]
– Angst [Him, JSa, LJ, LüJ, OJ, PfJ, SJ, WJ]; Furcht [LJ, WL]; Schrecken [LüJ]; „dar" [LüJ]; „bomser" [LüJ] ♦ **V:** *Liebe tschai, komme morgen in das große gab, habe große bauser* ‚Meine liebe Frau, ich muß morgen nach Rußland, habe große Angst' (WJ); Abschiedsbrief eines nach Rußland eingezogenen Händlers im 2. Weltkrieg an seine Frau in Wildenstein).

bauserling Subst. m. [LJ]
– Angst [LJ]

bauserich¹ Subst. m. [LüJ]
– Angsthase [LüJ]

bauserich² Adj. [LüJ]; **bauserisch** [LüJ, SJ]; **bauserig** [SJ]; **bausrig** [OJ]
– ängstlich, furchtsam [LüJ, SJ]; ausgehungert [SJ]; „Angst haben" [LüJ] ♦ **E:** SchwäbWb. VI 2, 1602 (*bauserig*).

bomserig Adj. [LüJ]
– ängstlich [LüJ]

bauskittel Subst. m. [LüJ]
– Angsthase [SJ].

bäutsch Subst. m./f. [BM]
– Ball [BM] ♦ **E:** schweizdt. *bautsche*ⁿ SchweizId. II 4,1930 ‚hin und her werfen oder stossen'.

bax Subst. [NJ]
– Tasse [NJ] ♦ **E:** unsicher; evtl. zu rw. *bachert* ‚Kaffeekessel' WolfWR 222.

bay Subst. [HF]
bäy [HeF]
– Tragekorb [HeF, HF]; Kram [HeF, HF] ♦ **E:** rhein. *bay* u. a. ‚Wiege', vgl RheinWb. I 401.

bayas Subst. m. [BJ]
– Clown [BJ] ♦ **E:** SchwäbWb. I 581, id. (*Bajass*).

bayschürer Subst. m. [HF]
bäyschürer [HeF]
– Krämer [HeF, HF]; Kiepenträger [HF] ♦ **E:** Vgl. → *bay*; *schüren* ‚jemanden antreiben' (RheinWb. VII 1917/18), *schürgen* ‚eine Last vor sich herschieben oder mit der Karre fahren', RheinWb. VII, 1919/18. ♦ **V:** *het dem bäyschürer sin schwelf verfläbt?* ‚Hat der Krämer seinen Kittel verspielt?' [HeF].

bäzem ‚Ei, Hoden' → *betz*.

bazille Subst. f. [HN]
– in: *linke bazille* ‚linker Mensch' [HN] ♦ **E:** dt./ugs. *Bazille* ‚Mikrobe, Bakterium'.

be- Präfix von Verben, Substantiven, Adjektiven in: → *bedalen* bis → *bewirchen*, passim.

beabt Adj. [MUJ]
– verheiratet [MUJ] ♦ **E:** unsicher; evtl. zu rw./roi. *bacht* ‚Glück' WolfWR 227.

beari Subst. [LoJ]
– Milchkanne [LoJ] ♦ **E:** unsicher; evtl. zu rw. *per* ‚Bauch' (WolfWR 4122) < roi. *per* ‚Bauch' (WolfWZ 2391). Benennunsmotiv: Formähnlichkeit.

beatzen Subst. [KMa]
bezzel Subst. n. [KMa]
– Mütze [KMa]; Kappe [KMa] ♦ **E:** hess. *Betze, Betzel* ‚Mütze, Kappe'.

becherisch ‚krank, todkrank' → *peger*.

bechern swV. [BJ, HN]
– saufen, Alkohol trinken [HN]; trinken [BJ] ♦ **E:** zu dt./ugs. *Becher*.

becht Subst. n. [NJ]
picht [NJ]; **pech** [CL, PH]
– Geld [CL, NJ, PH] ♦ **E:** zu jd. *pochus* ‚klein, wenig' (WolfWR 4093). ♦ **V:** *wir hocken nobes Becht* ‚Wir haben kein Geld' [NJ]; *kann man becht bosseln?* ‚Kann man hier Geld machen?' [NJ]; *hocken die hautzen doft becht?* ‚Sind reiche Leute hier?' [NJ]; *mein becht hockt schiewes* ‚Mein Geld ist weg' [NJ].

béckelen swV. [WL]
– auf den Rücken werfen [WL] ♦ **E:** zu dt. *buckeln* ‚auf den Rücken nehmen' DWB II 486; Tockert, Weimerskircher Jenisch, 15.

bed Adj. [LüJ]
– „blank beim Hausieren" [LüJ]; pleite [LüJ]; „kein Geld" [LüJ]; tot [LüJ]; hin [LüJ]; „mulo" [LüJ] ♦ **E:** schwäb. *bet sein* ‚beim Kartenspiel verloren habend' (SchwäbWb. I 945), zu frz. Adj., Adv. *bête* ‚dumm', Subst. ‚Bestie, wildes Tier'.

bedalen swV. [WL]
bedolen [WL]
– bezahlen [WL] ♦ **E:** LuxWb. I 83 *bedalen* ‚bezahlen'
gedolen swV. [RH]
– verheiraten [RH] ♦ **E:** Benennungsmotiv: Mitgift entrichtet; schwerer zu dt. *dolen* ‚erdulden' DWB II 1227 f.

bede¹ Subst. [LüJ]
beede [LüJ]
– (eine) Mark [LüJ]; Geldstück [LüJ]; Geld [LüJ]; „gore" [LüJ]; „lobe" [LüJ]; „bembes" [LüJ] ♦ **E:** rw. *bet* ‚Mark, Geldstück' < roi. *beti* ‚Mark' (WolfWR 434, WolfWZ 131). ♦ **V:** *20 beede geschuckt* ‚20 Mark gekostet' [LüJ].

bede² Num. Kard. [MeT]
– zwei [MeT] ♦ **E:** wohl zu dt./mdal. *beide*, evtl. mit Einfluss von → *bes*.

bedeftend Adj. [LüJ]
– bedeutend [LüJ]; reich [LüJ] ♦ **E:** rw. *bedeftend* ‚bedeutend', „nach 1918 in berl. niederen Judenkreisen zu hören", wohl nicht zu nd. *deftig* (WolfWR 365).

bedernäuen ‚beten' → *paternellen*.

bedi Subst. [MoJ]
– eine Mark [MoJ] ♦ **E:** rw./roi.*bete, bede, bet(i)* ‚Mark (Geldstück), auch: Jahrmarkt' WolfWR 434.

bedis Subst. [GM]
– Wanzen [GM] ♦ **E:** unsicher; evtl. zu rw. *beder* ‚Biene', „transponiert aus jd. *deworah* ‚Biene'" (WolfWR 366).

bediwwere ‚zureden, überzeugen' → *dibern*.

bedo¹ Subst. [MB, ME]
bedu [MB]
– Fahrrad [MB, ME] ♦ **E:** Kürzung aus *Velociped* ‚Fahrrad'.

bedo² Subst. m. [MB]
bedu [MB]; **pedo** [MB]
– Penis [MB]; Schwanz [MB]; Schniedel [MB] ♦ **E:** evtl. zu roi. *bedo* ‚Kerl, Unzüchtiger, Hurer' (WolfWZ 133); vgl. → *bedo³*. ♦ **V:** *reune sein pesso bedo* ‚schau dir seinen großen Penis an' [MB].

bedo³ Subst. m. [GM, LüJ]
– Mann [GM]; Kerl [LüJ]; Herr [LüJ]; Neger [GM]; „gatsche" [LüJ]; „benk" [LüJ]; „fiesel" [LüJ] ♦ **E:** Das Wort scheint erst nach dem 2. Weltkrieg die heutige Bedeutung erlangt zu haben; roi. *bedo* ‚(schlechter) Kerl, Unzüchtiger, Hurer' (WolfWZ 133) ist wohl auf die farbigen Besatzungssoldaten und die von ihnen gezeugten Kinder übertragen worden. ♦ **V:** *da, dik der bedo* ‚schau' den Mann an' [LüJ]; *schofler bedo* ‚schwieriger Mann' [LüJ]; *der bedo bescht en gallach* ‚der Mann ist ein Pfarrer' [LüJ]; *fragle mol den bedo* ‚frag' einmal den Mann' [LüJ].

naselobedo Subst. m. [LüJ]
– Arzt [LüJ]; kranker Mann [LüJ]
dantnaselobedo Subst. m. [LüJ]
– Zahnarzt [LüJ].

bedoffen swV. [WL]
bedoften [WL]
– verheiraten [WL]; (ein Mädchen oder eine Frau) anführen [WL] ♦ **E:** unsicher; evtl. zu rw. *beduften* ‚bezahlen' WolfWR 370.

bedrutten swV. in:
multe bedrutten ‚Kameraden betrügen' [SK] ♦ **E:** nl. *bedodden* ‚bedrücken', evtl. zu nl. *dot* ‚verwirrtes Garnknäuel' (WolfWR 369); ursprünglich ‚die eigene Tasche (unrechtmäßig) beschweren'.

bedsch Subst. f. [GM]
– Brust [GM] ♦ **E:** roi. *bets* ‚Brust' (WolfWZ 158).

bedubben ‚betrügen' → *betuppen*.

beducht Adj. [BJ, HK, LJ, PfJ, PH, SchJ, SJ]
beduechd [Scho]; **beduch** [PH]; **betucht** [LJ, Scho]; **beduucht** [CL, LL]; **bedûcht** [Him]; **betug** [SPI]; **beduachd** [OJ]; **beduchem** Adj. [JSa]; **bedüchen** [SPI]
– reich [BJ, CL, Him, LJ, LL, OJ, PfJ, PH, SchJ, Scho, SJ]; vermögend [CL, HK, LL, SPI]; wohlhabend [CL, HK, Scho]; angesehen [CL, LL]; sicher [BJ, OJ]; geheim [LJ]; ruhig [JSa]; gut situiert [SPI]; angenehm [Scho] ♦ **E:** rw. *betuach* ‚sicher, vertrauenswürdig' (WolfWR 440) < jd. *beducht, betucht* ‚reich, wohlhabend, geachtet'; hebr. *batuah, batuax* ‚sicher' (We 52 MatrasJd 288, MatrasVh 54, Post 187, Klepsch 337). ♦ **V:** *des is en beduucht Hautze* ‚Das ist ein reicher Bauer' [LL].

bedukem Adj. [PH]
– still [PH] ♦ **E:** rw. *beduchen* ‚still', aus jd. *betochon* (WolfWR 440).

beegene swV. [BM]
– beschlafen [BM] ♦ **E:** unsicher; SchweizId. III 314 *bechennen* ‚erkennen, kennen lernen'; womgl. zu rw. *peger* WolfWR 4100; schwer zu rw. *bekauach* ‚gewaltsam' WolfWR 389.

beeker ‚Mann, Leiche' u. a. → *peger*.

beekfiest Subst. [HK]
– Schuster [HK] ♦ **E:** rw., wohl aus ma. *pecken* ‚stoßen' (DWB XIII 1840) und unklarem *fiest*, evtl. zu dt. *fest*.

beeme ‚Kuh' → *beheime*.

beemer ‚Groschen' → *bemer*.

beesel Subst. n. [HK]
beesl [HK]; **beeselt** Subst. n. [HK]; **beselt** [HK]
– Gefängnis [HK]; Zuchthaus [HK] ♦ **E:** wohl Dim. zu rw. *beis, bes* ‚Gefängnis' aus jd. *bajis, bes* ‚Haus' (WolfWR 246, We 50); Herleitung aus nd. *Pesel* ‚heizbarer Wohnraum' im ThürWb. IV 1052.
beeselbruder Subst. m. [HK]
– Sträfling [HK]

beeseln swV. [HK]; **peseeln** [HK]
– im Gefängnis sitzen [HK]; gefangen sein [HK]
einbeeseln swV. [HK]; **inbeeseln** [HK]
– jmd. einsperren [HK].

beetsen swV. [NrJ]
– nähen [NrJ] ♦ **E:** unsicher; zu rw. *pletzen* ‚flicken' (Windolph, Nerother Jenisch, 77; WolfWR 4253) oder eher zu rhein. *betzen* ‚durch Nähen ausbessern, flicken' RheinWb. I 1157 (unter *büssen*).

beff Subst. f. [NJ]
boff [NJ]
– weibl. Geschlechtsteil [NJ] ♦ **E:** rw. *beff* ‚Vulva' aus dt. *befze* ‚Lippe', hier ‚Schamlippe' (WolfWR 372).

befuast Adj. [BB]
– betrunken [BB] ♦ **E:** Inversion zu mda. *besauf*.

bega Subst. m. [LoJ]
– Penis [LoJ] ♦ **E:** unsicher; evtl. Kürzung von dt. *begatten*.

beganeffen swV. [HLD]
– anzeigen [HLD] ♦ **E:** → *ganef*.

beganum ‚hier' → *bekan*.

begeln swV. [WG]
– bügeln [WG] ♦ **E:** obd./mdal. zu *bügeln*. ♦ **V:** *etwas begeln* ‚einen Streit für jemanden beilegen' [WG].

begenum Subst. [LüJ]
– gute Leute („wenn Leute Trinkgeld gegeben haben") [LüJ] ♦ **E:** unsicher; evtl. zu rw./jd. *begemien, bemingen* ‚Geld bezahlen' WolfWR 3613.

beger ‚Leichnam' → *peger*.

begern ‚sterben' u. a. → *peger*.

beglärer Subst. m. [KMa, OH]
– Lehrer [KMa, OH] ♦ **E:** dt. (ant.) *beklären* ‚erklären' DWB I 1419.

beglaubigen swV. [PfJ]
– versichern [PfJ] ♦ **E:** dt. *beglaubigen*.

behame Subst. [MM]
– Brust, Busen [MM] ♦ **E:** zu rw./jd. *behaime* ‚Kuh' WolfWR 377 oder Scherzbildung aus Kurzwort *BH*. ♦ **V:** *due behame* ‚dicke, große Brust' [MM].

beharche swV. [JeS]
biharche [JeS]
– bekommen, erhalten [JeS]; brauchen [JeS]; haben [JeS] ♦ **E:** unsicher; evtl. zu dt. *harken* ‚zusammenraf-

fen' DWB X 479. ♦ **V:** *D Schyyge beharcht e Gampis* ‚die Frau bekommt ein Kind' [JeS].

behauen swV. [HLD]
- beschwatzen [HLD] ♦ **E:** rw. *behauen* ‚beschwatzen' (WolfWR 376).

beheerter Subst. m. Pl. [KMa, OH]
- Haare [KMa, OH] ♦ **E:** zu dt. *Haar*, mit Präfix *be-*.

beheime Subst. n./f. [CL, MM, SS]
behaime [SS, WH]; **bohäime** [SS]; **beheyme** [SPI, SS]; **beheme** [PH]; **behemes** [SPI, Scho]; **behääme** [CL]; **beeme** [JeS]; **behämje** [MoM]; **behejme** [Scho]; **behejmes** [Scho]; **behäime** [KMa, OH]; **behames** [PH]
- Vieh [CL, MM, Scho]; Kuh [CL, JeS, KMa, MM, OH, PH, SPI, SS, WH]; Rind [MM]; Rindvieh [Scho]; schwaches, krankes Tier [MoM]; Bauer [CL, PH]; Person, fette, grobe, schwerfällige [Scho]; ein träger, langsamer Mensch [Scho] ♦ **E:** rw. *behemes* ‚Ochse, Rindvieh' (WolfWR 257) < hebr., jd. *behëime* ‚Vieh' (We 51, Post 185, Klepsch 341).

beemeli Subst. n. Dim. [JeS]
- Kalb [JeS]

behejmes askener Subst. [Scho]
- Viehhändler [Scho]

beemeboos Subst. f. [JeS]
- dumme Kuh (met., Schimpfwort) [JeS]

beemejogg Subst. m. [JeS]
- Stier, männl. Zuchttier beim Rindvieh [JeS]

behejmeroufe Subst. [Scho]
- Tierarzt [Scho] ♦ **E:** *roufe* ‚Arzt', vgl. → *raufer*.

mackelbeheime Subst. f. [MM]
- Schlachtkuh [MM].

behej Subst. [Scho]
- Aufsehen, Trubel [HN, Scho] ♦ **E:** dt./ugs. *Bohei* ‚Trubel, Aufsehen', evtl. aus Interj. *buh* und *hei* oder aus nl. *boeha, poeha* ‚Lärm, Tumult'. ♦ **V:** *mit bohei und schabau* „rauschende Party" [HN].

beheme ‚Kuh, Rind' u. a. → *beheime*.

behörde Subst. f. [HN]
- Gesundheitsbehördenstelle (für Prostituierte) [HN] ♦ **V:** *muß zur behörde* ‚muß zur Untersuchung durch das Gesundheitsamt (um den Bockschein zu bekommen)'.

behumsen swV. [MeT]
behumpsen [MeT]
- betrügen [MeT] ♦ **E:** nd. *humsen* ‚mausen, stehlen' oder aus Transposition von jd. *schmuh* ‚kleiner, unehrlicher Gewinn', Siewert, Humpisch, 77.

beiba Subst. n. [SK]
beiwa [SK]
- Bier [SK] ♦ **E:** unsicher; evtl. Nebenform von → *piwo* slav., poln., tschech., slow. *piwo* ‚Bier'; → *finne* (WolfWR 1410). ♦ **V:** *finnicht beiba* ‚Glas Bier' [SK].

beichern ‚sterben', **beicherei** ‚Beerdigung' → *peger*.

beichten swV. [WG]
- ein Geständnis ablegen [WG] ♦ **E:** dt. *beichten* DWB I 1360.

beid Subst. [OJ]
- Ausleihe [OJ] ♦ **E:** unsicher; evtl. zu dt. *bitten*. ♦ **V:** *off d beid* ‚etwas ausleihen mit dem Vorsatz, es nicht mehr zurück zu geben' [OJ]; *off beid schwedra* ‚auf Kosten anderer trinken' [OJ].

beidsche Subst. f. [HK]
peitsche [HK]
- Durst [HK]; Hunger [HK] ♦ **E:** unsicher; nach ThürWb. I 568 entweder zu rw. *baitz* ‚Gastwirtschaft, Kneipe' aus jd. *bajis* ‚Haus' (WolfWR 246), jd. *bajes* ‚Haus' (We 1973: 50) oder zu tschech. *pice*, poln. *pica* ‚Futter, Speise'.

beimus Subst. [MeJ]
- Hemd [MeJ] ♦ **E:** unsicher; evtl. zu rw. *bäy* ‚Tragekorb, Kram' WolfWR 356.

beinart Subst. [SE]
- Katze [SE] ♦ **E:** unsicher; evtl. rw. Suffigierung zu dt. *Bein* oder zu rhein. *beinern* ‚schnell herankommen' (RheinWb. I 599).

beinling Subst. m. [HLD, RW]
- Strumpf [HLD, RW]; Socke [RW]; hoher Stiefel [RW] ♦ **E:** rw. *beinling* ‚Strumpf' zu dt. *Bein* (WolfWR 384).

beis¹ ‚zwei' → *bes*.

beis² ‚Haus' u. a. → *baijes*.

beischen Subst. m. [SE]
- 50-Pfennig-Stück [SE] ♦ **E:** unsicher; evtl. Variante von rw./jd. *Poschut* ‚Pfennig' WolfWR 4324.

beiseln swV. in:
verbeiseln swV. [MM]
– essen [MM]; trinken [MM]; aufessen [MM]; auskundig machen [MM] ♦ **E:** unsicher; evtl. zu → *baijes*.

beisen scheppen Phras. [StG]
– übrig bleiben [StG] ♦ **E:** evtl. zu rhein. *scheppen* ‚schöpfen, schaufeln'; womgl. zu *beisen* ‚Beulen'.

beiß Subst. [EF]
beist [EF]
– Finanzaufseher [EF] ♦ **E:** unsicher; evtl. zu rw. *bajes din* ‚Gerichtshaus' oder zu jd. *beis* ‚zornig, schlecht' Wolf, Fatzersprache, 114; oder zu dt. *beißen*.

beisse ‚Bordell' → *baijes*.

beisser Subst. m. [KP, SK]
beißr [OJ]
– Hund [KP, SK]; Hündin [SK]; Zähne [OJ] ♦ **E:** dt. *beißen* DWB I 1399 ff., rw. *beißer* ‚Belastungszeuge, verwegener Mensch, Dirnenbeschützer, Hund u. a.' zu dt. *beißen* (WolfWR 386).

beissert Subst. m. [SK]; **beisert** [SP]; **beissara** Subst. Pl. [LoJ]; **beißom** [OJ]; **beißum** [BJ]
– Zahn [SE, SK, SP]; Zähne [BJ, LoJ, OJ, SE]

beisertcha Subst. n. Dim. [SE]; **beisertja** [SE]
– Zahn [SE]

beißerl Subst. n. [WG]
– falsches Gebiß [WG]

beißerling Subst. m. [PfJ]
– Laus [PfJ]

beissling Subst. m. [PfJ]; **beißling** [PfJ]
– Zwiebel [PfJ]

abbeißen swV. [HN]
– Beteiligung an Geschäften erwirken [HN].

beite Subst. f. [MM]
– Kneipe [MM]; Stammkneipe [MM] ♦ **E:** wohl zu → *baijes*.

beitel Subst. m. in:
lobebeitel Subst. m. [MUJ]
– Geldbeutel [MUJ] ♦ **E:** → *lowi* und mdal. zu dt. *Beutel*.

beiten¹ swV. [SK]
peiten [SK]
– trinken [SK] ♦ **E:** Nebenform zu rw. *baitz* ‚Kneipe' (WolfWR 246).

beitepahn Subst. m. [SK]
– Gastwirt [SK] ♦ **E:** → *pan* ‚Herr'.

peitekate Subst. [SK]
– Wirtshaus [SK].

beiten² swV. [SK]
– beißen [SK] ♦ **E:** nd. *beiten* ‚beißen'.

beitl Subst. [WG]
– männliches Glied [WG] ♦ **E:** mdal., entrundet zu dt. *Beutel* ‚Hodensack'.

beiwa ‚Bier' Nebenform von → *piwo* ‚Bier'.

beiwitzkritzen swV. [SK]
– Geschlechtsverkehr haben [SK] ♦ **E:** roi. *biaweskentsa* ‚Braut' (WolfWZ 165).

beiz Subst. f. [BA, PfJ, RW, SJ, WL]
beize [JSa, LüJ, RW]; **baiz** [RW, SJ, WJ]; **baitz** [BJ, LüJ, PfJ]; **boiz** [LJ, LüJ, OJ, WJ]; **bäiz** [JeS]; **baitze** [KP]; **beitz** [PfJ]; **baiß** [Zi]; **beitzg** [Him, Mat]
– Wirtshaus [JeS, JSa, KP, LJ, LoJ, LüJ, PfJ]; Kneipe [JSa, LJ]; Wirtschaft [BA, Him, LJ, LüJ, Mat, OJ, PfJ, Zi]; Gasthaus [LüJ, PfJ]; Gastwirtschaft [LüJ]; Restaurant [LüJ]; Spelunke [LüJ]; Haus [LüJ]; „kober" [LüJ]; „gitschemer" [LüJ]; „tschorkitt" [LüJ]; „koberei" [Him, Mat, Zi] ♦ **E:** rw. *baitz* ‚Gastwirtschaft' (WolfWR 246) < jd. *bajes* aus hebr. [ba'jit] ‚Haus' (Klepsch 301; We 50, Post 185). Vgl. → *baijes*. ♦ **V:** *pofer boizr, pflanz en schmelzr/auf dei schickse und dui boiz* ‚Armer Wirt, scheiß auf deine Frau und deine Wirtschaft' [LJ]; *du hosch wohl schlecht sitzleng in deira boiz, aber dei jole, der isch guat, mah sollt bloß boschta kenna, ohne z'pfräima* ‚du hast zwar schlechte Stühle in deiner Kneipe, aber dein Wein, der ist gut, man sollte bloß gehen können, ohne zu zahlen' [LJ]

baitzle Subst. n. Dim. [BJ, LüJ]; **beitzle** [Him, Mat]
– (kleine) Wirtschaft [BJ, Him, Mat]; kleine Gastwirtschaft [LüJ]; Gasthaus [LüJ]; Vesperstüble [LüJ]; Haus [LüJ]; „kober" [LüJ]; „köberle" [LüJ]

beizer Subst. m. [LJ, LüJ, PfJ, RW]; **beitzer** [Gmü, Him, LüJ, Mat, PfJ]; **baitzer** [BJ, LüJ, Wo]; **baizer** [LüJ, PfJ, SJ]; **beitzer** [BJ]; **bäizer** [JeS]; **boizr** [LJ]; **boitzr** [OJ]; **baiser** [KJ, Zi]; **beitzger** [Gmü, Him, LüJ, Mat]
– Wirt [BJ, CL, Gmü, Him, KJ, LJ, LüJ, Mat, OJ, PfJ, SJ, Wo, Zi]; Gastwirt [JeS, LüJ]; „koberer" [Gmü, Him, LüJ, Mat, Wo, Zi]; „gitschemaro" [LüJ] ♦ **V:** *pofer boizr, pflanz en schmelzr auf dei schickse und dui boiz* ‚Armer Wirt, scheiß auf deine Frau und deine Wirtschaft' [LJ]

baiserin Subst. f. [KJ]
– Wirtin [KJ]

beitzere Subst. f. [PfJ]; **beizere** [PfJ]; **bäizeri** [JeS]
– Gastwirtin [JeS]; Wirtin [PfJ]

baitzers moß Subst. f., Phras. [LüJ]; **boitzrsmoss** [OJ]; **baitzermoss** [BJ]; **baizermoss** [SJ]; **baizersmoß** [PfJ]; **beizermoss** [SJ]
– Wirtin, Wirtsfrau [LüJ, OJ, PfJ, SJ]; Gastwirtin [PfJ]; Gastwirts Ehefrau [LüJ] ♦ **V:** *Grüß de baizermoss, ben i heit dr oinzig benk, der end schwäche hatscht?* ‚Grüß dich Wirtin, bin ich heute der einzige Mann der in die Wirtschaft kommt' [SJ]; *Baizermoss, i lins, der ketscht an jesesmäßiga rande, wenn do von dr massfetzerei schling ond a bossert drin hauert, no kennemer a gwande mansche haure* ‚Wirtin, ich sehe, er trägt einen jesesmäßigen Sack, wenn dort von der Metzgerei Wurst und Fleisch drin ist, dann können wir ein gutes Essen machen' [SJ]; *Latsche dewes baizermoss, wie i spann, gibts hier an lopfa pikus ond an kiwiga jol* ‚Guten Tag Wirtin, wie ich sehe gibt es hier ein ordentliches Essen und einen ordentlichen Wein' [SJ]; *Baizermoss, zo dem faßjole kascht mr a kiwigs Stück bossert, a schling ond an kafferlehm brenga* ‚Wirtin, zu dem Faßwein kannst du mir a schöns Stück Fleisch, Wurst und ein Bauernbrot bringen' [SJ]; *Baizermoss lass amol a ronde gigges boschta* ‚Wirtin, bring eine Runde Schnaps' [SJ]

beiserkandi Subst. [LoJ]; **beiserkanti** [LoJ]
– Wirtshaus [LoJ]

fressbeiz Subst. f. [RW]
– Imbissbude; Esskneipe

beitzschwechere Subst. [PfJ]
– Wirtschaft [PfJ]

baiskitsch Subst. [KJ]
– Wirtshaus [KJ]

---

beizem ‚Ei' → *betz*.

bej Subst. [Scho]
– Mund [Scho]; Maul [Scho] ♦ **E:** jd., hebr. *päh* ‚Maul'.

bejates Subst. m. [NJ]
– jmd., der nur Dummheiten im Kopf hat [NJ] ♦ **E:** rw. *bajaz* ‚Strohsack', aus frz. *paillasse* ‚Strohsack' (WolfWR 243).

bejer ‚Leiche' → *peger*.

bekaan Adv. [MM, SP, StJ, WL]
bekahn [Scho]; **pekan** [MM]; **bekane** [HK, KMa, MM, PH]; **pekane** [MM]; **pickane** [HLD]; **bekaane** [CL]; **bikane** [MM]; **bekone** [PH]; **paken** [MM]; **bekanne** [HK]; **bekahne** [HK]; **bekoane** [HK]; **bikahne** [HK]; **bekahme** [HK]; **bekanum** [LüJ, Zi]; **beganum** [LJ]
– da, hier [CL, HK, LJ, LüJ, PH, SP, Zi]; dort [CL, Zi]; anwesend [KMa, SP, StJ, WL]; zu Hause [HK]; nach Hause [HK]; gegenwärtig [CL]; gut [HLD, MM]; schön [MM]; akut [MM]; der andere [Scho] ♦ **E:** rw. *bekanum* ‚da, hier' (WolfWR 388) < jd. *bekan* ‚hier, da dort' (Klepsch 357; We 51, Post 185, Siewert, Grundlagen: 142). ♦ **V:** *bekaane sei* ‚anwesend sein' [OJ]; *beganum boschda* ‚hierher kommen' [LJ]; *nasch(t) bekan* ‚komm(t) her' [JS]; *nobis bekaanum dieberum* ‚sie verstehen nichts' [OJ]; *maschores schemmt bekan* ‚der Chef kommt' [MM]; *kouhn bekahn?* ‚Was ist das für ein Mensch?' [Scho]; *De Mos as bekaan* ‚Die Frau ist hier' [SP]; *scheff bekan, sonst geht's gozer fagibera!* ‚hau ab, sonst geht die Hälfte verloren' [MM]; *masummes bekane* ‚da gab es Geld' [MM]; *ömmes bekane* ‚klarer Fall' [MM]; *mitte lapane konnte er bekane scheften* ‚er konnte mit der Schaufel gut umgehen' [MM]; *da schemmen wir hin, da is bekan!* ‚Da gehen wir hin, da ist etwas „los"!' [MM]; *kowe ist bekane, und im beis alle jovel* ‚die Kleider sind in Ordnung, und zu Hause sind alle wohlauf' [MM]; *da war ne piesel, wo du hamel bekan schickern konntest* ‚da gab es eine Kneipe, in der man sehr gut zechen konnte' [MM]; *do nascht enne hotz van de viehl bekan* ‚da kommt ein Mann vom Amt' [JS]; *tschei, naschens reune ob de hotz van de viehl van et gefeberte al bekan geschäft is* ‚Frau, geh mal gucken, ob der Mann von der Post schon da war' [JS]

bekaneme swV. [KM]; swV. **bekanempe** [KM]
– verstehen [KM]

baikäntije Subst. m. [StJ]
– Nebensitzender [StJ]; „der nebenan sitzt" [StJ].

---

bekneißen ‚verstehen, begreifen' → *kneisen*.

belaberen swV. [HeF, HF]
– schwängern [HF]; beschwängern [HeF] ♦ **E:** wohl zu rhein. *labbern, läbbern* ‚einen liederlichen Lebenswandel führen, Dummheiten machen', RheinWb. V 4, niederfrk. *labberich* ‚schlaff, schwach'.

beläffeten swV. [WL]
– beschwindeln [WL] ♦ **E:** lux. *beleffelen* ‚betrügen, übertölpeln' (LuxWb. I 89).

belatschern swV. [MB]
– überreden [MB] ♦ **E:** zu ugs. *latschern* ‚labern, reden'.

beleidigen in:
asphaltbeleidiger Subst. m. Pl. [HN]
– schlechte Schuhe [HN]
fußbodenbeleidiger Subst. m. Pl. [HN]
– schlechte Schuhe [HN]
parkettbeleidiger Subst. m. Pl. [HN]
– große Füße [HN]; große Schuhe [HN] ♦ **E**: dt. *beleidigen* DWB I 1444.

belesje Subst. n. [SP]
bellesjen [RH]
– Krug [RH, SP] ♦ **E**: rhein. *Boll, Bölles* ‚rundes, dickes Trinkgeschirr' (RheinWb. I 857). ♦ **V**: *e Belesje Bumesejuchem* ‚ein Krug Apfelwein' [SP].

belgen swV. [MM]
– nassauern, schnorren [MM]; „ohne Geld erwerben" [MM]; betteln [MM]; lügen [MM]; betrügen [MM]; umsonst trinken [MM]; „lau scheppen" [MM] ♦ **E**: wohl zu westf. *beleegen* ‚belügen'. ♦ **V**: *der schauter wollte nur belgen* ‚der Mann wollte nur schnorren' [MM]
bälgebier Subst. n. [MM]; **belgebier** [MM]
– Freibier [MM]; geschnorrtes Bier [MM]; „Bier, das jemand ausgibt, was für lau kommt" [MM]; „wenn einer ein Bier trinkt und bezahlt nicht" [MM] ♦ **V**: *bälgebier hügen* ‚Freibier erbetteln' [MM]; *die wollten auf lau jofles belgebier hügen* ‚die wollten nur Bier schnorren' [MM].

belifte, beliftschke ‚Suppe' → *polivka*.

belle Subst. [LüJ]
– Kropf [LüJ] ♦ **E**: rw. *bellel* ‚Kropf', nach Wolf aus dem Romani (WolfWR 396); schwäb. hingegen *Bälläll* ‚Kropf' (SchwäbWb. I 592, SchwäbWb. VI 2, 1614, *Bellel*).

bellengere Subst. m. [LüJ]
– Polizist [LüJ] ♦ **E**: evtl. zu roi. *balengero* ‚Schweinehirt' (WolfWZ 87) oder entstellt aus roi. *birengero* ‚Polizist, Gerichtsdiener' (WolfWZ 2438), dann zu → *birengere*.

beller Subst. m. [KP]
– Hund [KP] ♦ **E**: dt. *bellen*. → *bello¹*.

bellmann Subst. [HN]
– Schußwaffe ♦ **E**: nd. *bellen* ‚läuten, klingeln' (HWB I 261). → *ballermann*.

bello¹ Subst. m. [MB]
– Hund [MB] ♦ **E**: ugs., vgl. → *beller*.

bello² Subst. m. [GM, WJ]
– Hammer [GM]; Vorschlaghammer [WJ]; Penis [WJ] ♦ **E**: unsicher; im SüdhessWb. zu *bällern, ballern* ‚schlagen'.

bellutschika Subst. f. [HN]
– „beim Klapperjas die Belle" (Kartenspiel) ♦ **E**: Weiterbildung von *belle* ‚der König und die Dame der Trumpffarbe'; unsicher, ob aus frz. *belle* ‚schön'.

belmachores Subst. [StG]
– „derjenige, der die Diebe kennt, aber nicht mitmacht, auch nichts verrät" [StG] ♦ **E**: → *maschores*.

beltje Subst. [NrJ]
– Tasse [NrJ]; größeres Trinkgefäß aus Emaille [NrJ] ♦ **E**: zu rhein. *Bült* ‚Beule, Hügel' (RheinWb. I 1116).

beltski Subst. [GM]
– Spielkarte [GM] ♦ **E**: rw. *pelcki* ‚Spielkarten' (WolfWR 4107) < roi. *péltska* ‚Spielkarte' (WolfWZ 2377).

belubbert Adj. [BJ]
belubbred [OJ]
– angetrunken [OJ] ♦ **E**: rw. *belubbert* ‚betrunken' aus dt. *blubbern* (WolfWR 361).

beluxen swV. [PfJ]
– hintergehen [PfJ] ♦ **E**: ugs. *beluchsen*.

bembes¹ Subst. [LüJ]
– Pfennig [LüJ]; Geld [LüJ]; „bede" [LüJ]; „gore" [LüJ]; „lobe" [LüJ] ♦ **E**: unsicher; evtl. zu rw. *bims, bimps*, Streckform *bimbes* ‚Geld' (WolfWR 473); SchwäbWb. (I 844) „jenisch" *bempes* ‚klein'.

bembes² Subst. m./f. [LüJ]
– kleiner Bub [LüJ]; kleines Mädchen [LüJ] ♦ **E**: schwäb. *Bempes* ‚kleine Knaben', *Bämper* ‚kleines Kind' (SchwäbWb. I 600, 844).

bembesle Subst. n. Dim. [LüJ]
– kleiner Bub [LüJ]; kleines Mädchen [LüJ].

bemer Subst. m. [GM, MM]
beemer [MB]; **behmer** [MB]; **böhm** Subst. m. [RW]; **böm** [MB]
– Zehnpfennigstück [GM, RW]; 10 Pfennig [MB]; Groschen [GM, MB, MM, RW]; Geldstück (ein bestimmtes) [MB, MM]; Geld [MM] ♦ **E**: rw. *behma* ‚Groschen' (WolfWR 598) < roi. *bema* ‚Groschen' (WolfWZ 141); dt. *böhm* „eine kleine silbermünze, wie sie vor alters in Böhmen geprägt wurde, böhmischer groschen" DWB II 224.

bemmen swV. [TJ]
bennen [TK]
– sprechen [TJ, TK] ♦ **E:** roi. *penen* ‚sie sprechen' (WolfWR 404).

bemmes ‚Apfel' → *bämmes*.

bemoogele swV. [CL]
bemogeln [HLD]
– betrügen [CL, HDL] ♦ **E:** zu dt./ugs. *mogeln* ‚schwindeln, betrügen'.

bemschen swV. [SPI, SS]
benschen [SPI]
– beichten [SPI, SS]; beten, „ironisch gemeint" [SPI] ♦ **E:** jd. *benschen* ‚segnen, beichten' aus lat. *beneficere*, Jütte, Schlausmen, 95.
bemsche Subst. n. [SPI, SS]
– Auftragsbuch [SS]; Geschäftsbuch [SPI]; Notizbuch [SPI].

bemslgwälr Subst. m. [OJ]
– Maler [OJ] ♦ **E:** mdal. *Bemsel* ‚Pinsel' (SchwäbWb. I 844), *Pinselquäler*.

bemützt swV. [EF]
– betrunken [EF] ♦ **E:** wohl zu dt. *Mütze*; vgl. rw. *beblecht*, Wolf, Fatzersprache, 114.

bên → *lunkebêner*.

bendele Subst. n. [LüJ]
– Bund verschiedener Besen und Bürsten [LüJ] ♦ **E:** zu dt. *Bündel, Band*; *Bändele^{in}skrämer* ‚Krämer mit unbedeutenden Waren' (SchwäbWb. I 604).
bandeles keiben Phras. [LüJ]
– zusammenpacken [LüJ]; aufräumen [LüJ] ♦ **E:** rw. id. WolfWR 286.

bendine Subst. f. [MM]
bendiene [MM]; **bedine** [MM]; **bediene** [MM]; **bondine** [MM]
– Gegend [MM]; Land [MM]; Landschaft [MM]; Raum [MM]; Umgebung [MM]; Ort [MM]; Städtchen [MM]; Ecke [MM]; Innenstadt [MM]; Stadtviertel [MM]; Quartier [MM]; „mein Zuhause" [MM]; Haus [MM] ♦ **E:** zu jd. *medi(e)ne* ‚Gegend' aus hebr. [mədi'na:h] ‚Land, Staat, Provinz' (We 80), mit Einfluss von westf. *Berndine* RN ‚Bernhardine' (WestfWb. 641). – Verfestigt im Dialog zwischen Fahrenden: „Kunde?" – „Kenn mediene/bendine." ♦ **V:** *in der bendine* ‚draußen' [MM]; *obermacker von der bendine* ‚Herrscher des Landes' [MM]; *bendine einer rakawele* ‚sprachlicher Hintergrund' [MM]; *durch die bendine böschen* ‚durch die Gegend laufen' [MM]; *das gehört nich mehr zu meine bendine* ‚das gehört nicht mehr zu meiner näheren Umgebung' [MM]
bermudabendine Subst. f. [MM]
– Stadtviertel um die Hörsterstraße (in Münster) [MM]
drumrumbendine Subst. f. [MM]
– Umgebung [MM]
knäbbelbendine Subst. f. [MM]
– ländliche Gegend [MM]
pieselbendine Subst. f. [MM]
– Kneipenviertel [MM]
pieselnotstandsbendine Subst. f. [MM]
– Kneipennotstandsviertel [MM]
bendinenfleppenschanägelbeis Subst. m./n. [MM]
– Lokalzeitungsredaktion [MM].

benefiz Subst. n. [JS]
– Trinkgeld [JS] ♦ **E:** frz. *bénéfice* ‚Vorteil, Nutzen, Gewinn'.

benk, benkis ‚Mann, Kerl' → *pink*.

benne^1 Subst. f. [HK]
penne [HK]
– Schlafgelegenheit [HK]; Übernachtung [HK]; Herberge [HK] ♦ **E:** umstritten; rw. *penne* ‚Herberge, Gasthaus, Nachtquartier, Schlafstelle' zu jd. *binjan* ‚Gebäude', *bono* ‚er hat gebaut'. Knobloch 1977: 87 f. gegen die Herleitung von rw. *penne* aus dem „Geisterwort" *binjan*; stattdessen aus roi. *štilepen* ‚Gefängnis'. *Penne* und → *bennen, pennen* unterschiedlichen Ursprungs; der Zusammenhang mit *pennen* ‚schlafen', aus jd. *pannai* ‚müßig', ist sekundär und volksetymologisch erfolgt (vgl. WolfWR 4119, Klu. 1995: 620).
benneboss Subst. m. [HK]
– Gastwirt [HK]
bennekeue Subst. f. [HK]
– Wirtin [HK].

benne^2 swV. [JeS]
bengen [WL]; **béinen** [WL]
– sagen, reden, sprechen [JeS, WL]; weinen [JeS] ♦ **E:** zu roi. *p'enél* ‚er/sie sagt, erzählt' WolfWR 404; westmoselfränk. *bagen, bogen, bohen* ‚prahlen' (Tockert, Weimerskircher Jenisch, 15). ♦ **V:** *Béin jéinesch!* ‚sprich in der Geheimsprache!' [WL]; *Strumm schibes a beng nobes* ‚mach dich weg und sage nichts!' [WL]; *Béint net esou granech* ‚sprecht nicht in solch hohen Tönen!' [WL].

bennel Subst. [KMa]
– Wurst [KMa] ♦ **E:** wohl zu dt. *Bendel* ‚Bändchen' DWB I 1466, nach der Form.

bennen swV. [HK]
pennen [HK]; **penne** [HK]; **penn** [HK]; **binn** [HK]
– schlafen [HK] ♦ **E:** rw. → *pennen* ‚schlafen' (WolfWR 4119). „Dessen Herkunft ist nicht ausreichend klar. Man vermutet jd. *pannai* ‚müßig' als Ausgangspunkt" (Klu. 1995: 620), vgl. → *benne*, *penne* ‚Schlafgelegenheit, Herberge'.

bennerei Subst. f. [HK]; **pennerei** [HK]
– Schlafgelegenheit [HK]

bennebich Subst. n. [HK]
– Schlafgeld [HK]

bennewinde Subst. f. [HK]
– Schlafzimmer [HK]

benneschwäche Subst. f. [HK]
– Gaststätte [HK].

benschen¹ swV. [BJ, Scho, SJ, SS]
bensche [CL, LL, MoM, PH]; **benscha** [OJ]
– beten [CL, LL, MoM, PH, SJ, SS]; segnen [Scho, SJ]; danken [BJ, OJ] ♦ **E:** rw. *benschen* ‚beten' (WolfWR 410) < jd. *benschen* ‚segnen' < lat. *benedicere* (Klepsch 361, Post 185).

benschen² swV. [MB]
– koitieren [MB]; vögeln [MB] ♦ **E:** roi. *ben-* ‚gebären, geboren werden, zeugen, hervorbringen' (WolfWZ 143).

bente Subst. [MeT]
– Tisch [MeT]

bentenfeiler Subst. m. [MB, MeT]
– Tischler [MB, MeT] ♦ **E:** rw. *bente* ‚Tisch', *bentenfailer* ‚Tischler' (WolfWR 411, ohne Herleitung), zu nd./westf. *Bente* ‚Tanzboden', mhd. *veilen* ‚verkaufen', Siewert, Humpisch, 58.

benucken swV. [HeF]
– bekommen [HeF]; erhalten [HeF]; erwischen [HeF]; kriegen [HeF] ♦ **E:** unsicher; evtl. zu rhein. *nucken* ‚stossen, zerren, nicken, von der Stelle rücken', vgl. RheinWb. VI 263–265; dagegen WolfWR 3915: zu jd. *nochal* ‚er hat ein Erbe in Besitz genommen'. ♦ **V:** *bott benucken* ‚Speise bekommen' [HeF]; *huffblagen benucken* ‚Schnuggler erwischen' [HeF]; *wann de bithwölesen zinotes hitschen ens benucken?* ‚Wenn Dich die Beamten hier einmal erwischen?' [HeF]; *dem blag benuckt den ühl* ‚Der Mann bekommt nichts' [HeF].

benunze ‚Reichtum, Glück' → *penunze*.

bepoyen swV. [HeF]
– benetzen [HeF]; begiessen [HeF] ♦ **E:** → *poyen*.

bequinten swV. [MeT, MT]
– bezahlen [MeT, MT] ♦ **E:** rw., WolfWR 4442; zu mnd. *Quintessenz* ‚Auszug, Extrakt' aus lat. *quinta essentia* MNDW II/2, 1814, Siewert, Humpisch, 105.

berappen swV. [BJ, CL, HL, Him, JSa, KMa, MM, PfJ, SJ]
berabba [OJ]; **berappe** [KMa]
– bezahlen [BJ, CL, HL, Him, JSa, KMa, KMa, MM, OJ, PfJ, SJ]; ausgeben [MM] ♦ **E:** unsicher; evtl. aus jd. *rebbes*, *ribusem* ‚Zinsen' (vgl. We 92, WolfWR 4522; Klu. 1995: 98); oder zu *Rappen*, schweizdt. Geld.

beräumen, beräunen ‚ansehen, anschauen, begreifen' u. ä. → *roinen*.

berber¹ Subst. m. [RW]
– „echter Landstreicher, der die Städte meidet" [RW]; Landstreicher [RW]; Tippelbruder [RW]; „Berber sind keine reinen Penner, sondern Wanderer, der Ausdruck ist nicht negativ besetzt" [RW]; Berber ist „der hässliche Name für einen Landstreicher" [RW] ♦ **E:** zu dt. *Berber* ‚Angehöriger einer nordafrikanischen Völkergruppe', ugs. *berber* ‚Landstreicher' (Kü 94), aus arab. *barbar* ‚Berber'. Benennungsmotiv: verhaltenstypische Ähnlichkeit von Landstreichern mit nomadischen Berbern.

berbern¹ swV. [HN]
– rumlungern [HN]; „das ist einer, der auf der Straße rumlungert und wenig Geld hat" [HN]

berber² Subst. m. [HN]
– Mädchen [HN]; Frau [HN] ♦ **V:** *toffter berber* ‚hübsches Mädchen' [HN]; *klasse-berber* ‚tüchtiges Mädchen' [HN]; *berber aufreißen* ‚Mädchen kennenlernen' [HN]; *hab'n tofften berber aufgerissen* ‚habe ein hübsches Mädchen kennengelernt' [HN]

berbern² swV. [HN]
– poussieren [HN]

rumberbern swV. [HN]
– herum poussieren [HN]

lausenberber Subst. m. [HN]
– Prostituierte, die im Café Lausen ihre Bekanntschaften sucht [HN].

berches Subst. n. [Scho]
– Weck (Brötchen), geflochtener mit Mohn [Scho] ♦ **E:** jd. *berches* ‚Sabbatweißbrot' (Post 185). → *bärches*

berdsl Subst. m. [HK]
perzl [HK]; **berzel** [HK]
– Hintern [HK]; Hinterteil [HK]; Arsch [HK]; Gesäß [HK]; Hosenboden [HK]; der Hintere [HK] ♦ **E**: dt. *berzel/bürzel* ‚Steiß' (DWB I 1539; DWB II 554); ThürWb. I 1085 *Bürzel*; Sp 1996: 99, 101. ♦ **V**: *am berdsl foawern* ‚am Arsch lecken' [HK].

bereift Adj., Adv. [HN]
– ausgestattet [HN]; vorbreitet, eingestellt [HN] ♦ **E**: dt. *bereifen* ‚ein Fahrzeug mit Reifen versehen'. ♦ **V**: *du bist schlecht bereift* ‚du bist nicht gut eingestellt' [HN]; *gut bereift* ‚gut eingestellt' [HN].

bereimen swV. [EF, JSa, PfJ, PH, TK]
bereime [EF]; **beraime** [EF]; **beräumen** [GM, Gmü, LüJ]; **beraumen** [JSa]; **bereima** [EF]; **berimen** [HeF]; **baräämen** [SP]; **bareemen** [SP]; **bareemt** [SP]; **pfreima** [LJ, OJ]; **pfreimen** [Him, LJ, LüJ, SJ, TJ, Zi]; **pfrähmen** [SJ]; **pfraima** [LJ]; **pfräima** [LJ]; **pfrämen** [SJ]; **pfräumen** [SJ]; **pfroema** [SJ]; **b'freimen** [TK]; **pfreimen** [Him, KJ, TK, Zi]
– bezahlen [EF, GM, Gmü, HF, Him, JSa, KJ, LJ, LüJ, OJ, PfJ, PH, SJ, SP, TJ, TK, Zi]; zahlen [EF, LJ, SJ] ♦ **E**: rw. *bereimen* ‚bezahlen' aus ahd. *rîm* ‚Zahl' (WolfWR 412), schwäb. *bereimen* ‚bezahlen' (SchwäbWb. I 863). ♦ **V**: *Wat berimt Zinotes för et Pauen on dem Bott?* ‚Was bezahlen Sie für Bett und Speise?' [HeF]; *lott hucken, minotes berimt die büs* ‚Lassen Sie sein, ich bezahle die Flasche' [HeF]; *oh pfreimd isch ao gschltzd* ‚nicht bezahlt ist wie verschwunden' [OJ]; *du hosch wohl schlecht sitzleng in deira boiz, aber dei jole, der isch guat, mah sollt bloß boschta kenna, ohne zpfräima* ‚du hast zwar schlechte Stühle in deiner Kneipe, aber dein Wein, der ist gut, man sollte bloß gehen können, ohne zu zahlen' [LJ]; *Bostet, bostet, herles im kober hauret ein dofer freier, der pfreimt grandich z'schwächet* ‚Kommt, kommt, hier im Wirtshaus ist ein freigiebiger Fremder, der bezahlt viel zum Trinken' [LüJ]; *sich bereimen* ‚Zins zahlen' [PfJ]; *Ich baräämen de Bomesejuchem, er woa net doft* ‚ich zahle den Apfelwein, er war nicht gut' [SP]
bereimung Subst. f. [EF]; **bereiming** [EF]
– Bezahlung [EF]
berimt Adj., Adv., Part. Perf. [OH]; **bereimt** [EF]
– bezahlt [EF, OH]
beremen swV. [HF]; **berimen** [HeF, HF]
– heiraten [HeF, HF] ♦ **E**: rw. *bereimen* auch: ‚heiraten' (WolfWR 412). Benennungsmotiv: Brautgabe, Morgengabe (ein Vermögenswert, den der Ehemann der Ehefrau zu leisten hatte). ♦ **V**: *minotes huckt beremen; den thuren huckt in de gronzenbölt* ‚Ich bin verheiratet; die Frau ist im Kindbett' [HeF].

berg[1] ON [HN, OJ]
– Burgberg [OJ]; St. Pauli [HN]; insb. das Gebiet um den „Goldenen Handschuh" [HN] ♦ **E**: dt. *Berg* DWB I 1503 ff. ♦ **V**: *auf den berg gehen* ‚vom Hafen rauf nach St. Pauli gehen'; vor allem von Seeleuten bis 1833 gebraucht, als St. Pauli seinen heutigen Namen erhielt [HN]; *off da berg niebr* ‚nach Burgberg gehen' [OJ]; *off berga gao* ‚nach Burgberg gehen' [OJ].

zoptenberg Subst. m. [StG]
– Buckel [StG] ♦ **E**: evtl. nach dem gleichnamigen Berg in Niederschlesien.

berg[2] **und talversetzer** Subst. m., Phras. [HLD, RW]
– Gelegenheitsarbeiter [HLD, RW]; Benennung für jmd., der sein eigentliches Geschäft nicht versteht oder das früher Erlernte vergessen hat [HLD]; Reisende, die kein Handwerk verstehen [HLD] ♦ **E**: rw. *berg-und talversetzer* ‚Kunde, der sein Handwerk nicht recht versteht und nur vom Betteln lebt' (WolfWR 415).

berg und talverduft Adj., Phras. [RW]
– gut [RW]; brauchbar [RW]; erfahren [RW].

bergedorfer Subst. m. [HN]
– „ein unsicherer Typ, von dem man nicht genau weiß, wo er hingehört" [HN] ♦ **E**: ON *Bergedorf* (Hamburg-Bergedorf, zeitweilig abwechselnd von Berlin und Hamburg regiert).

bergfest Subst. n. [HN]
– auf den Tag die Hälfte der Strafhaft [HN]; „es kommt aus dem Bundeswehrbereich, wenn du die Grundausbildung zur Hälfe durchhast, dann haben sie das Metermaß genommen, und dann hat man auch gesoffen, wie 'ne Taufe" [HN].

beribbeln swV. [MM, NJ]
beriweln [SPI, SS]; **beriwweln** [HL]
– bezahlen [HL, Him, MM, NJ, SPI, SS] ♦ **E**: jd. *ribusem* ‚Zinsen' (vgl. We 92); jd. *ribbis* ‚Zins'; (WolfWR 4522).

berinken swV. [MeT]
– bezahlen [MeT] ♦ **E**: rw. *berinken, bereimen* ‚bezahlen', ahd. *rîmen* ‚zählen' (WolfWR 412; Schützeichel 1989: 212).

berittener Subst. m. [RW]
– Gendarm zu Pferd [RW] ♦ **E**: rw. *berittener* ‚Gendarm zu Pferde', zu dt. *reiten* (WolfWR 416).

berje Subst. m. [Scho]
birje [Scho]
− Mensch, geschickter, feiner [Scho]; Gelehrter [Scho] ♦ **E:** jd. *berje* ‚Experte' (Klepsch 362).

berkolen swV. [Zi]
− betrügen [Zi] ♦ **E:** wohl zu → *koll* ‚schwarz'.

berlin ON in:
in berlin sein ‚unseriöse Geschäfte machen' [HN]; *aus berlin sein* „eine leichtlebige, wohlhabende und wenig trinkfeste Eintagsfliege sein" [HN] ♦ **E:** ON *Berlin*; Wendung vom Mauerbau bis 1989 gebräuchlich.

berliner Subst. m. [BJ, HLD, RW, StG]
berlinr [OJ]
− Rückenbündel der Handwerksburschen [BJ, OJ]; ein mit Wachstuch überzogenes Bündel, das in der Regel die Form einer Riesenwurst hat, mit den notwendigsten Habseligkeiten angefüllt [OJ]; „Reisegepäck, nach Zunftregeln in rot-buntes Tuch eingeschlagen" [OJ]; „buntes Tuch, mit Bildern der Zunft bedruckt, das zu einem Wanderbündel geknotet wird" [OJ]; „geschnürtes Zünftiges" [OJ]; jedes Bündel, das wiederum in dem Hauptbündel eingeknotet ist [OJ]; „Charlottenburger, auch mit Speckbündeln dran" [OJ]; Reisebündel [RW, StG]; Wanderbündel [RW]; Handgepäck [StG]; Felleisen [OJ, StG]; Reisetasche [HLD, OJ]; Ranzen [OJ]; lange Gepäckrolle [OJ]; Handgepäck jeder Gattung [OJ]; Rucksack [OJ]; jede Form des Gepäcks [OJ] ♦ **E:** nach WolfWR 417 aus jd. *be alil* ‚mit der Werkstätte' (ironische Bezeichnung des mit dem Reisebündel wandernden Handwerksburschen), *Be alil* volksetymologisch zu *Berliner* transformiert; nicht zu lat. *pellina* ‚Fell(eisen), aus Ledersack und Stahlrahmen bestehender Rucksack'.

berlmusikanten Subst. m., Pl. [SG]
− Blaskapelle [SG] ♦ **E:** Erstglied unsicher, evtl. zu ON *Berlin*.

bermenuggl Subst. m. [RH]
− Bürgermeister [RH] ♦ **E:** unsicher; evtl. (nach Arnold 1961, 113) zu rw. *nucken* ‚danken' WolfWR 1112; *berme* womgl. mdal. aus *Bürgermeister*.

bermoogn ON [HK]
bermoken [HK]
− Berlin [HK] ♦ **E:** rw./jd. *mockum* ‚Stadt, Ort' WolfWR 3646; *bär-* wohl Kürzung aus ON *Berlin*; nach WolfWR 322 evtl. zu jd. *peer* ‚Glanz, Ruhm, Zierde', vgl. auch ThürWb. I 686.

bermusch Subst. [HK]
− Geschlechtsteil der Frau [HK] ♦ **E:** ugs. *Bär* ‚weibliche Schamhaare, Vulva' (Kü 1993: 78) und dt. *Musche* ‚Vulva', ‚Prostituierte' (DUW 1996: 1044).

berne Adv. in:
es ist alles berne „es ist alles in Ordnung, es interessiert mich nicht, es ist weit weg" [HN] ♦ **E:** ON *Berne* (Stadtgebietsteil in Hamburg).

bernhard Subst. m. [RW]
− Stein [RW]; Strafe (bei Steinmetzen) [RW] ♦ **E:** unsicher; evtl. zu RN *Bernhard*, womgl. Einfluss von dt. *Bernstein*. Die für den toten Bernhard zu zahlenden Strafen unter den Steinmetzgesellen später für Strafe schlechthin. ♦ **V:** *toter bernhard* ‚verhauener Stein' [RW].

bernhardiner Subst. m. in:
guckt wie ein getretener bernhardiner ‚guckt traurig' [HN]

bernhardinerblick Subst. m. [HN]
− treuer Blick [HN] ♦ **E:** dt. *Bernhardiner*, nach dem Hospiz St. Bernhard (Schweiz), wo diese Hunde gezüchtet wurden.

berochemassel Subst., Phras. [CL]
− Glück und Segen! (Wunschformel) [CL] ♦ **E:** jd. *beroche* < hebr. *berachah* ‚Segen, Glückwunsch'; → *massel*.

beroine ‚ansehen, erkennen' → *beräunen*.

bes[1] Num. Kard., Pron. [MM]
bees [MM]; **bess** [LL, MM]; **beis** [JSa, MM, SE, SS]; **beiß** [RW]; **beiss** [RW]; **bei** [MB]; **bais** [JS, MB, SS]; **beies** [JS, NJ]; **baies** [KM, StJ]; **bäis** [SS]; **bääs** [CL]; **beth** [RW]; **bejs** [Scho]
− zwei [JSa, KM, LL, MB, MM, NJ, Scho, SE, SS, StJ]; beide [MM]; beides [MM] ♦ **E:** rw. *bes* ‚zwei' (WolfWR 6437) < jd. *bes, beis, bejess, bejet* aus dem hebr. Buchstabennamen [be:t] mit der ursprünglichen Bedeutung ‚Haus' (s. auch unter *beis*), als zweiter Buchstabe des Alphabets als Zahlwort genutzt (We 51, Post 186, Klepsch 352). ♦ **V:** *bes mal* ‚zweimal' [MM]; *jut und bes* ‚zwölf' [MM]; *bees schuck* ‚zwei Mark' [MM]; *der hegt bes kotens* ‚der hat zwei Kinder' [MM]; *bees fojozer schuck* ‚2,50 DM' [MM]; *bais flioscer tack* ‚25 Pfennig' [MB]; *der hat bes jenikes in 'n granigen gesessen* ‚der hat zwei Jahre im Gefängnis gesessen' [MM]; *immer, wenn die alten plete waren, chappte der koten bes schuck oder sogar 'n heiermann aus der kasse* ‚immer wenn die Eltern fort waren,

nahm das Kind 2 Mark oder sogar 5 Mark aus der Kasse' [MM]; *wir ham von den chalo bes jarickes bewircht* ‚wir haben von dem Bauern zwei Eier bekommen' [MM]; *dat knäbbelanim drückte uns bes knierften inne fehme* ‚die Bäuerin gab uns zwei Butterbrote' [MM]; *bes schuck is 'ne schofle bewirche* ‚zwei Mark sind ein schlechter Verdienst' [MM]; *jovel is bees mal so tofte wie ömmes - und ömmes is schon hamel jovel* ‚jovel ist doppelt so gut wie ömmes, und ömmes ‚ist schon ziemlich schön' [MM]; *olf, bes, kimmel, dollar, hei – mit dem sonnof an die schmu vorbei* ‚eins, zwei, drei, vier, fünf - mit dem Schwanz an der Scham vorbei' [MM]; *beies bachem* ‚zwei Groschen' [JS]; *beies beschiene* ‚zwei Pfennig' [JS]; *beies schuck* ‚zwei Mark' [JS]; *de mebische wor no beies lemm beijer schicker* ‚der Kleine war nach zwei Bier volltrunken' [JS]; *tschei schupp mir ens beies schuck us de schlegk* ‚Frau, gib mir mal zwei Mark aus der Tasche' [JS]

beisrad Subst. m. [StG]
– 2 Thaler [StG]

baiesschuk Subst. m. [StJ]
– Zweimarkstück [StJ]

baiestalef Num. Kard. [KM]; **beiestalef** [NJ]
– acht (zwei mal vier) [KM, NJ].

bes² Subst. m./f. [MB]
– Wirt [MB]; Wirtin [MB] ♦ **E:** zu jd. *bajis, bes* ‚Haus' (WolfWR 246).

besaibeln swV. [GM]
besaibele [StJ]; **besaiweln** [SS]; **besejfeln** [Scho]; **besejfeln, sich** [Scho]
– schmutzig machen [GM]; dreckig machen [GN]; (sich) beschmutzen [GM, Scho]; bescheißen [GM]; betrügen [GM, Scho, SS, StJ]; beschwatzen [SS] ♦ **E:** *besefeln, beseibeln, beseiwelen* ‚bescheißen, betrügen'; *seifeln* ‚scheißen' (WolfWR 5299) aus jd. *besefeln* ‚mit Kot verunreinigen, betrügen' (Avé-L. 362). ♦ **V:** *wän isch dän det jät ferkoofe, dan besaibele isch.* [StJ].

beschälen swV. [MB]
– koitieren [MB]

beschäler Subst. m. [HN]
– fester Freund [HN]; „der mit 'ner Mutter losmacht..." [HN] ♦ **E:** dt./fachsprl. *beschälen* ‚(ein Tier) decken' (Klu. 1999: 101).

beschanem Subst. n. [CL, LL]
– Jahr [CL, LL] ♦ **E:** jd. *schano* (Pl. *schonim*) ‚Jahr'.
♦ **V:** *wieviel beschanem schäfft das kniffche?* ‚Wieviel Jahre ist der Junge alt?' [CL].

beschaskert, beschasselt ‚betrunken' → *schasken*.

beschattern swV. [SK]
– Geschlechtsverkehr haben [SK] ♦ **E:** zu roi. *(u) tschar-, tschakew-, tschaderw* ‚decken, bedecken' (WolfWR 3421).

beschäumen swV. [GM, HN]
beschoomen [NrJ]; **beschorme** swV. [KMa]; **beschoarme** [GM, KMa]
– bezahlen [GM, HN, KMa, NrJ] ♦ **E:** *beschäumen* volksetymologisch aus jd. *meschulmen* ‚bezahlen' (AlthJHS 119); rw. *beschulmen* (WolfWR 5188).

beschen¹ swV. [LJ, LüJ, ME, MM, PH]
peschen [JS, MoJ, PH]; **böschen** [MM]; **pöschen** [MM]
– sitzen [JS, PH]; hinsetzen [MoJ]; liegen [LJ]; stehen [PH]; gehen [ME, MM]; laufen [MM]; gemütlich gehen [MM]; springen [MM]; rennen [MM]; herumtollen [MM]; herumziehen [MM]; umherlaufen [MM]; hinkommen [MM]; fahren [MM]; weggehen [MM]; fließen [MM]; abhauen [MM]; sagen [LüJ]; (gut) sein [LüJ] ♦ **E:** roi. *beš-* ‚sitzen, sich setzen' (WolfWZ 155, Boretzky/Igla 1994: 25). Bedeutungen z. T. mit antonymischer Bedeutungsverwandlung, dazu Siewert, Grundlagen, 366–368. Vgl. → *posten*. ♦ **V:** *bösch plete* ‚hau ab' [MM]; *bösch krick* ‚hau ab, geh weg' [MM]; *lowi böscht krick* ‚Geld schwindet' [MM]; *beschde/beschte* ‚leg dich hin' / ‚setz dich' [LJ] die *beschen* nach Hause [ME]; *des bescht an quanda fiesl* ‚das ist ein toller Junge' [LüJ]; *des bescht a quants tschangele* ‚das ist ein schönes Mädchen' [LüJ]; *der bedo bescht en gallach* ‚der Mann ist ein Pfarrer' [LüJ]; *wieviel jahne bescht die moß?* ‚Wie alt ist die Frau?' [LüJ]; *latscho dibes, tschabo, beschst latscho?* ‚grüß Gott, der Herr, geht's gut?' [LüJ]; *hrlom bescht tschih quant!* ‚Das ist nicht gut!' [LüJ]; *durch die bendine böschen* ‚durch die Gegend ziehen' [MM]; *kein lobi bescht mehr in deine chatte* ‚du bekommst kein Geld mehr' [MM]; *ne klodde beschen* ‚ein wenig spazieren gehen' [MM]; *die Sache bescht ja hamel tofte* ‚die Sache läuft ja sehr gut' [MM]; *inne plinte pöschen* ‚in die Hose gehen' [MM]; *besch plete in deine firche!* ‚scher dich in dein Bett!' [MM]; *so böscht ein ganzet Jahr nun plete* ‚so geht ein ganzes Jahr ins Land' [MM]; *roin, wie das anim da böscht!* ‚guck, wie das Mädchen da läuft!' [MM]; *besch plete, du hacho!* ‚verschwinde, du Bauer!' [MM]; *besch los und hol 'ne schawele schabau!* ‚geh und hole eine Flasche Schnaps!' [MM]; *da konnte man schon kniestern, wo die masumm beschte* ‚da konnte man schon merken, wer viel Geld besaß'

[MM]; *bescht der auf die lelletour, oder hegt er eine kaline, die auf den talon teilacht und für ihn die masummes anschafft?* ‚geht der auf Diebestour oder hat er ein Mädchen, das auf den Strich geht und für ihn das Geld anschafft?' [MM]; *wat schmuste, dat böscht inne bosse?* ‚was sagst du, das geht in die Hose?' [MM]
abböschen swV. [MM]
– weggehen [MM]
herausböschen swV. [MM]
– herausspringen [MM]
hereinbeschen swV. [MM]
– hereinkommen [MM]
rumbeschen swV. [MM] ♦ **V:** *inne glotze rumbeschen* ‚über die Mattscheibe flimmern' [MM]
slalombeschen Subst. n. [MM]
– Slalomlauf [MM]
wegböschen swV. [MM]
– weglaufen [MM]
weiterbeschen swV. [MM]
– weitergehen [MM].

beschiedche ‚Pfennig' → *peschiet*.

beschikkert ‚betrunken' s. → *schicker²*.

beschmort ‚betrunken' → *schmoren*.

beschnägelt Adj. [KMa, OH]
– betrunken [KMa, OH] ♦ **E:** unsicher; evtl. zu rw. *schinageln* ‚hart arbeiten' WolfWR 4920.

bescholme ‚bezahlen' → *beschulmen*.

beschonten ‚beschmutzen' → *schund*.

beschrenken swV. [LüJ]
– schließen [LüJ] ♦ **E:** SchwäbWb. V 1126 (*schränken* ‚einschließen').

beschucken ‚bezahlen' s. → *schuck*.

beschulmen swV. [Him, JSa, SPI, SS]
beschulme [CL, JSW]; **bescholme** [JSW, MoM]; **bescholeme** [KM, StJ]; **bescholemp** [KM]; **beschummen** [JSa, MM]; **beschäumen** [HN]; **meschumeln** [SPI]
– bezahlen [CL, HN, JSa, JSW, KM, MM, MoM, SS, StJ]; übers Ohr hauen [SS] ♦ **E:** rw. *schullemen, beschulmen* (WolfWR 5188), jd. *meschumeln* ‚bezahlen' (We 83, MatrasJd 290, Post 224; Klepsch 997); jd. *scholen* ‚Preis verlangen' (We 100); zu *be-* / jd. *me-* vgl. We 51 *beschulmen*.

beschummeln ‚betrügen' → *schummeln¹*.

beschunden ‚betrügen' → *schund*.

beschwächen ‚sich betrinken' s. → *schwächen*.

besen Subst. m. [HN, StG]
– Karten [StG]; Spielkarten [HN] ♦ **E:** rw. *besen* ‚Kartenspiel, das zum Falschspiel präpariert ist' < jd. *be es* ‚mit Glück' (WolfWR 423). ♦ **V:** *besen schwingen* ‚Karten spielen' [HN].

besepen Subst. m. [GM]
– Dickes [GM]; Geschwulst [GM] ♦ **E:** roi. *besepen* ‚Dickes, Geschwulst' (WolfWZ 154).

beseperetschko Subst. m. [SK]
besepereskero [GM]
– Bürgermeister [SK]; dicker Mann [GM]; Dickwanst [GM] ♦ **E:** roi. *beseperéskero* ‚Dickwanst' (WolfWZ 154).

besi Adj. [GM]
– dick [GM]; groß [GM]; schwanger [GM] ♦ **E:** roi. *besso* ‚dick' (WolfWZ 154).

besistämming Subst. m. [GM]
– Tisch [GM]; großer Stuhl [GM]

besipimangeri Subst. [GM]
– Zigarre [GM]; große Zigarette [GM].

besiele Subst. f. [MM, Scho]
bessula [StG]
– Jungfrau [MM, Scho, StG]; Kuh [MM]; Kuh, unbelegte [Scho] ♦ **E:** jd. *besiele* ‚Virgo, auch unbelegte Kuh' < hebr. *bethulah* (We 51).

besime ‚Wurst' → *bezinem*.

besold Adj., Adv. [CL, LL, MUJ, PH, SE]
besolt [MM]; **besoldt** [JS]; **besollt** [SE]; **bsoll** Adj., Adv. [Scho]; **besoll** [MM]; **besolle** [MB]; **besoole** [StJ]
– billig [CL, JS, MB, MM, PH, Scho, SE]; bezahlt [MM]; preiswert [MB, MM]; preisgünstig [StJ]; gut [MM] ♦ **E:** rw. *besold* ‚billig' (WolfWR 429) < jd. *besoll* ‚billig' (We 52, Post 186, Klepsch 366). Bedeutungsangabe ‚bezahlt' evtl. Verwechslung mit dem quasi homophonen Part. Perf. des swV. *besolmen*. ♦ **V:** *dat läm ös besoole* ‚das Mehl ist billig' [StJ]; *der hot sei bajes besold krie(g)t* ‚der hat sein Haus billig bekommen' [LL]; *ein heiermann für die ganze sore is besolt* ‚fünf Mark für die gesamte Ware sind'; *das epi is besolle hier* ‚das Bier ist hier billig' [MB].

besolmen swV. [MM]
– bezahlen [MM]; „er hat noch zu bezahlen" [MM] ♦ **V:** *zeche besolmen* ‚seine Rechnung bezahlen' [MM] ♦ **E:** → *beschulmen*.

bessem Subst. [HF]
– Bürste [HF]; Besen [HF]; Verein [HF] ♦ **E:** rhein. *Bessem* ‚Besen' (RheinWb. I 625–628).
troppertsbessem Subst. [HF]
– Reiterverein [HF]
bessempretter Subst. [HF]
– Vereinsvorsitzender [HF]
feuelbessem Subst. [HeF, HF]
– Kleiderbürste [HeF, HF].
beßkisse ‚Latrine' → *baijes*.
beste Subst. f. [WG]
– Prostituierte [WG]; Hure (neutral, wohlmeinend) [WG]. ♦ **E:** Superlativ von dt. *gut*.
besteck Subst. n. [KP, WG]
– Schlüsselbund [WG]; Schnapsglas [KP] ♦ **E:** dt. *Besteck* ‚Gerät, Instrument' DWB I 1664 f.
bestieben swV. [PfJ]
bestiben [GM]; **bstieben** [PfJ]; **bschtiebe** [WJ]; **bschdiba** [PfJ]; **bschdiaba** [OJ]
– bekommen [GM, OJ, PfJ, WJ]; erhalten [GM]; beziehen [GM]; schenken [PfJ]; geben [PfJ]; fangen [PfJ]; ertappen [PfJ, WJ] ♦ **E:** rw. *stieben* ‚geben', *bestieben* ‚bekommen, erlangen' (WolfWR 5587, SchwäbWb. I 941).
ahbschdiabde swV. [OJ]
– anfangen [OJ]
bschdiabde Subst. n. [OJ]
– Bestelltes [OJ]
bschdiabus Subst. m. [OJ]
– Erbe [OJ].
bestoaren swV.
– verstehen [KMa]
bestoaret Part. Perf., Adj., Adv. [KMa]
– verstanden [KMa] ♦ **E:** unsicher; evtl. zu dt. *bestehen* u. a. ‚sich bewähren, verstanden haben' DWB I 1666 ff.
bestompt Adv. [KMa, OH]
– gemacht [KMa, OH] ♦ **E:** rw. *stemmen* ‚stehlen, schlagen'; *bestommen* ‚erhalten, empfangen' (WolfWR 5567).
bestowen swV. [SK]
bestufzen [SK]
– erhalten [SK]
bestiewe swV. [JSW]
– vögeln, Geschlechtsverkehr betreiben [JSW] ♦ **E:** wohl zu rw. *stieben* ‚geben' WolfWR 5587. → *bestieben*. ♦ **V:** *makeile bestufzen* ‚Schläge erhalten' [SK].

bestunken swV. [KMa]
– zubereiten [KMa] ♦ **E:** wohl zu dt. *stungen, stunken* ‚stampfen' DWB XX 549 (Stunkenwärme).

besucher Subst. m. [BJ]
– Einbrecher [BJ]; Dieb [BJ]; Bettchen [BJ] ♦ **E:** dt. *besuchen* ‚jmd. andernorts aufsuchen' DWB I 1688 f.

besummen swV. [MM]
– bezahlen [MM] ♦ **E:** → *beschulmen*; wohl mit Einfluss von *mesumme*.

beta Subst. f. [SJ]
bete [SJ]; **bette** [SJ]
– Mark [SJ]; 1 Mark [SJ]; Markstück [SJ] ♦ **E:** SchwäbWb. I 947/948 (*Bete*).

betäätsch Subst. [BB]
– Bescheid [BB] ♦ **V:** *wäs-te betäätsch!* ‚weißt du Bescheid' [BB] ♦ **E:** Inversion zu mdal. *Beschääd* ‚Bescheid'.

bete awon Phras. [Scho]
– guten Appetitt! [Scho] ♦ **E:** jd. *tawon* ‚Appetit'.

betel Subst. m. [BJ]
– unnützes Zeug [BJ] ♦ **E:** zu dt. umgangsspr. *Bettel* ‚Kram, wertloses Zeug' oder zu rw. *betel* ‚vergeblich, unnütz' < jd. *batolo* (WolfWR 435).

beten swV. in:
rosenkranz beten Phras. [RW]
– im Zuchthaus sein, einsitzen [RW] ♦ **E:** rw. *rosenkranz beten* ‚an der Kette liegen' (WolfWR 4637).

betig Adj. [BJ]
bäddig [OJ, PfJ]
– fromm [BJ, OJ] ♦ **E:** schwäb. *betig* ‚wer viel betet' (SchwäbWb. I 954). ♦ **V:** *bäddig sei* ‚fromm sein' [OJ] [PfJ].

betippt swV. [HLD]
– betrunken [HLD] ♦ **E:** rw. *betippt* ‚betrunken' (WolfWR 437), evtl. zu dt. *betippen* ‚mit den Fingern betasten' DWB I 1704.

betoenen swV. [MeT]
– machen [MeT] ♦ **E:** rw., WolfWR 438, nd. *doen* ‚tun', ugs. in Mitteldeutschland *sich betun, sich bemachen* ‚übertrieben eifrig sein'.

betrügen swV. [HN]
– in: *hintern betrügen* ‚rülpsen' [HN] ♦ **E:** dt. *betrügen* ‚täuschen, hintergehen'.

bett Subst. n. in:
ein Bett bauen ‚jemandem helfen, hineinlegen' [WG]; *jemandem ein Bett bauen* ‚jemand anderen belasten, die Schuld auf einen anderen schieben, sich als unschuldig darstellen' [WG]
bettenverleiher Subst. m. [HN]
– Hotelbesitzer [HN]
bettenvoß ON/PN [HN]
– bekanntes Hotel [HN]; Möbelladen für Betten und Wäsche, Kissen auf dem Kiez [HN]
bettschütte Subst. f. [BJ]
– Bettchen [BJ] ♦ **E:** dt. *Bett.*

bettel in:
bettelvogt Subst. m. [RW]
– Vorsteher eines Arbeitshauses [RW]; überwachender Ordnungshüter [RW]; Landvogt [RW]; Bürgermeister eines kleinen Ortes [RW]; Polizist in Zivil [RW]; Schutzmann in Zivil [RW]; Spezialist für Bettler [RW]
bettelleutschinder [PfJ]; **bettelleutschunder** [PfJ]
– Landjäger (Gendarm) [PfJ] ♦ **E:** zu dt. *Bettel* ‚das Erbettelte' DWB I 1726 f.

betteln swV. in:
komische art, um schläge zu betteln ‚Streit suchen' [HN]
bettelzinken Subst. m. [RW]
– Stempel einer Gewerkschaft o. ä. für den Gesellen [RW] ♦ **E:** rw. *bettelzinken* ‚Ortsgeschenkstempel' (WolfWR 439).

betterla Subst. → *vetter.*

betterspatz Subst. m. [KMa]
– Schindler [KMa] ♦ **E:** unsicher; evtl. zu dt. *Spatz* u. a. ‚dünner, hagerer Mensch' DWB XVI 2003 ff. und rw. *betz-* ‚Ei', in Wendungen: ‚wie auf Eiern gehen' WolfWR 443.

bettichen Subst. Pl. [JSa]
– (uneheliche) Kinder [JSa] ♦ **E:** unsicher, vgl. Besse, Saarland 37; evtl. zu rw./jd. *beza* ‚Ei' WolfWR 443.

betts Pron. [JS]
– beide [JS] ♦ **E:** wohl zu mdal. *bed, bede, bedes* ‚beide(s)'.

bettsching Subst. m. [MoM]
– Junge [MoM]; junger Mann [MoM] ♦ **E:** ital. *piccino* ‚Kleiner'.
bettschingfehle Subst. f. [MoM]
– ledige Mutter [MoM] ♦ **E:** vgl. auch → *bittschend.*

betünen swV. [MeT, MT]
– bezahlen [MeT, MT]; schlecht bezahlen [MeT]; einen Handel abschließen [MeT] ♦ **E:** rw. *tünen* ‚schlagen, in die Schranken weisen' WolfWR 335, nl. *tuin* ‚Zaun', frz. Argot *thune* ‚Geld, Almosen'; Siewert, Humpisch, 124.

betuppen swV. [HeF, HF]
bedubbe [MoM]
– schwindeln [MoM]; betrügen [HeF, HF, MoM] ♦ **E:** rw. *betuppen* ‚betrügen', dt./ugs. *betuppen*, evtl. zu frz. *duper* ‚hintergehen, betrügen' WolfWR 441. ♦ **V:** *hutzen betuppen* ‚Bauern betrügen' [HeF].

betz Subst. n. [GM, LJ, TJ, TK, WJ]
betza [LoJ]; **betze** [BJ, Him]; **bätsje** [SP]; **bätsjer** [SP]; **bätscher** [SP]; **bätz** [LJ, OJ, TK]; **bätzig** [JeS]; **bäts** [LJ]; **bäzem** [LüJ]; **bäzam** [LüJ]; **bätzem** [LüJ]; **bätzam** [LüJ]; **batzef** [Scho]; **bezem** [LüJ, PfJ]; **beizen** [MM]; **beizem** [MM]; **bezam** [LüJ, PfJ]; **bezum** [LüJ, SchJ]; **betzom** [OJ]; **bedsum** [WJ]; **betzig** [TK]; **pähn** [SK]; **bäzema** [LüJ]; **bejzem** [Scho]; **betzche** [JS, MeJ, PH]; **bätzcha** [SE]; **betzje** [CL, JS, LL]; **bätsje** [NrJ]; **bezzi** [JSa]; **pätsche** [SK]; **betzjen** [NJ]; **bezchen** [JSa]; **petzchen** [HLD]; **bätzcher** [NJ, SE]; **betzcher** [FS]; **bezela** [LüJ]; **betzele** [MoJ]; **betzala** [WJ]; **päätchen** [SK]; **pätchers** [SK]; **pätjers** [MB]; **poitschers** [SK]; **bizemli** [Scho]; **bätzchen** [SE]; **bätzjer** [SE]; **betzjer** [SE]
– Ei, Eier [CL, GM, Him, HLD, JeS, JS, LJ, LL, LoJ, LüJ, MeJ, MM, MoJ, NJ, NrJ, OJ, PfJ, PH, SchJ, Scho, SE, SK, SP, TJ, TK]; „gare" [LüJ]; Henne [PfJ]; Hoden [LüJ, Scho]; Penis [LüJ, Scho]; membrum virile [LüJ]; männliches Geschlechtsteil [LüJ] ♦ **E:** rw. *beza* ‚Ei' (WolfWR 443) < jd. *beza* ‚Ei', Pl. *bëizem, bëzes* ‚Eier, Hoden', aus hebr. [be:'tsim] ‚Eier' (We 51, Post 187, Klepsch 374). ♦ **V:** *hoffentlich steckt mir dera tschubel a bätz oder en staub* ‚hoffentlich gibt mir die Frau ein Ei oder etwas Mehl' [LJ]; *Nosen mer noch gimmel betzjer* ‚Gib mir noch drei Eier' [LL]; *a schofla bätz vramassled budd* ‚ein schlechtes Ei verdirbt das ganze Essen' [OJ]; *bezem ausswächen* ‚Eier einschlagen' [PfJ]; *eindreißte bezem* ‚eingeschlagene Eier' [PfJ]; *de bätzjer sein net mej dofft* ‚Die Eier sind nicht mehr gut' [SE]; *de mestkratzer läjen kän bätzjer meiä* ‚Die Hühner legen keine Eier mehr' [SE]
bezeme Subst. f. [PfJ]
– weibliches Geschlechtsteil [PfJ]
bezumschmunk Subst. m. [SchJ]
– Eierschmalz, Art Pfannkuchen [SchJ]

bezembrandling Subst. m. [PfJ]
– Kuchen [PfJ].

betzen swV. [NJ]
– flicken [NJ]; reparieren [NJ] ♦ **E:** zu mhd. *büezen* ‚ausbessern'; rhein. *betzen, bötzen* u. a. ‚Kleider durch Nähen ausbessern' (RheinWb. I 1156).

beude Subst. f. [RW]
– Backtrog [RW] ♦ **E:** dt. *Beute* ‚Backtrog' DWB I 1749.

beudel Subst. [TK]
boltl [KJ, TK]; **boltel** [TK]; **boldl** [TK]
– Hund [KJ, TK] ♦ **E:** unsicher; evtl. Dim. zum RN *Polt* < *Leopold* (TirolWb. I 96).

beule Subst. f. in:
beule haun Phras. [WG]
– wegwerfen [WG]; verschwinden lassen (Diebesgut, Waffen, falschen Ausweis) [WG] ♦ **E:** wohl zu dt. *beulen* ‚Falten werfen, aufbauschen'.
beuli gehen Phras. [WG]
– davonlaufen [WG]; fliehen [WG].
beulisieren swV. [WG]
– davonlaufen [WG]; fliehen [WG].

beusi Subst. [MJ]
– Vater [MJ] ♦ **E:** unsicher; evtl. zu schweizdt. *Bausi* (Kosename) SchweizId. IV 1666.

beut Subst. f. [BJ]
– Ausleihe [BJ]; das Ausleihen mit dem Vorsatz, etwas nicht zurückzugeben [BJ]; Trunk auf anderer Leute Rechnung [BJ] ♦ **E:** wohl zu dt. *Beute* DWB I 1749 f.

beuten swV. [HeF, HF]
– kaufen [HeF, HF]; kosten [HeF, HF] ♦ **E:** rw. *beuten* ‚kaufen, kosten' WolfWR 442; rhein. *beuten* ‚austauschen, besonders gefärbte Ostereier' RheinWb. I, 670 f. ♦ **V:** *schock beuten* ‚Ware kaufen' [HeF]; *mutsch beuten* ‚wohlfeil kaufen' [HeF]; *de hutzen beuten den ühl* ‚Die Bauern kaufen nichts' [HeF]; *zinotes flickt henes. Wo hucken die Krabbelen te beuten?* ‚Sie sprechen gut. Wo sind die Bücher zu kaufen?' [HeF]; *Wat beut de Sanktes hitschen?* ‚Was kostet der Wein hier?' [HeF]; *zippken, die schmerfen henes; wat beuten die?* ‚Doch, die schmecken gut, was kosten die?' [HeF]; *Het de Schütxblag zinotese Peek gebeut?* [HeF] ‚Hat der Fuhrmann dein Fleisch gekauft?' [HeF]; *Wat beuten de Böten hitschen?* ‚Was kosten die Eier hier?' [HeF]

beutfesel Subst. [HF]
– Kaufbrief [HF] ♦ **E:** → *fesel*.

bewakascha Interj. [Scho]
– bitte [Scho] ♦ **E:** jd., hebr. *bewakaschah* ‚bitteschön'.

bewegung Subst. f. [MB]
– Geld [MB] ♦ **E:** dt. *bewegen*. Benennungsmotiv: Geldkreislauf.

bewirchen swV. [MM]
bewirgen [MM]; **bewircken** [MM]; **bewirken** [MM]
– bekommen [MM]; verdienen [MM]; etwas umsonst, geschenkt bekommen [MM]; erhalten [MM]; besorgen [MM]; beziehen [MM]; gewinnen [MM]; erreichen [MM]; finden [MM]; kaufen [MM]; erwerben [MM]; „hat irgendetwas mit bezahlen zu tun" [MM] ♦ **E:** jd. *mewiechen(en)* ‚verdienen' (We 83), aus hebr. [mərī'vax] ‚Gewinn, Zins'. ♦ **V:** *bicke bewirchen* ‚etwas zu essen besorgen' [MM]; *das bewircht lang schotter* ‚das bringt viel Geld' [MM]; *nix auf lau bewirchen* ‚nichts umsonst bekommen' [MM]; *makeime bewirchen* ‚Schläge bekommen' [MM]; *ein beis bewirchen* ‚ein Haus bauen' [MM]; *brassel bewirchen* ‚Ärger bekommen' [MM]; *ich hab' das von dem seeger bewircht* ‚ich habe diesen Gegenstand von dem Mann bekommen' [MM]; *ich hab für die maloche nich mal 'ne finne bewircht* ‚ich habe für die Arbeit nicht einmal eine Flasche bekommen' [MM]; *von dem gnego kannste nich mal 'ne fluppe bewirchen* ‚von dem Geizhals kannst du nicht einmal eine Zigarette bekommen' [MM]; *wir ham von den chalo bes jarickes bewircht* ‚wir haben von dem Bauern zwei Eier bekommen' [MM]; *für die maloche ham wa ne kille bewircht, lowi oser* ‚für die Arbeit bekamen wir ein Butterbrot, aber kein Geld' [MM]; *bei den hachos ham wir dann auch noch maro bewircht* ‚bei den Bauern bekamen wir dann auch noch Brot' [MM]; *bei dem chalo kannste joflen mast bewirchen* ‚bei dem Bauern kannst du guten Speck bekommen' [MM]; *die zintianims ham den hachos nur schmus erzählt und noch lowi dafür bewircht* ‚die Zigeunerfrauen haben den Bauern nur Unsinn erzählt und noch Geld dafür bekommen' [MM]; *ich hab mir die knierfte stikum bewircht* ‚ich habe mir heimlich das Altmetall angeeignet' [MM]; *er bewirchte oser hamel lowi für seine maloche* ‚er bekam nicht viel Geld für seine Arbeit' [MM]

bewirche Subst. f. [MM]
– Verdienst [MM]; Bezahlung, Gehalt [MM]; „Reibach" [MM]; Gewinn [MM]; Erreichtes [MM]; Beute [MM]; Geschenk [MM]; „etwas, was man erhalten

hat" [MM]; „Ware, unehrlich erworben" [MM] ♦ **V:** *wenn der klisto uns kappt, is die ganze bewirche plete* ‚wenn der Polizist uns fängt, ist der ganze Verdienst dahin' [MM]; *bes schuck is 'ne schofle bewirche* ‚zwei Mark sind ein schlechter Verdienst' [MM]

laubewirche Subst. f. [MM]
– Verlust [MM]

zasterbewirchen Subst. n. [MM]
– Geldverdienen [MM].

bezinem Subst. f. [StG]
bezinnum [MM]; **bezinum** [MM]; **pezinnum** [MM]; **bezinnem** [MM]; **benzinum** [MM]; **bezimme** [MM]; **betsinem** [KM, StJ]; **besime** [CL]; **betsineme** [KM]
– Wurst [CL, KM, MM, StG] ♦ **E:** rw. *bazinum* ‚Wurst', womgl. beeinflusst durch ital. *pancetta* ‚Speck' (WolfWR 358); eher zu jd. *bezinem* ‚Wurst' aus hebr. [bətsi'na:h] ‚im Geheimen', „weil nur der Fleischer wusste, was man hineintat" (We 52); evtl. aber auch, weil ein gläubiger Jude Wurst aus Schweinefleisch allenfalls im Verborgenen aß; zu Weiterem Klepsch 367. ♦ **V:** *end bezinum* ‚Stück Wurst' [MM]; *ich hab roof auf 'n end bezinum* ‚ich habe Hunger auf ein Stück Wurst' [MM]; *ich hab mir 'n end beninum beim katzow gekindigt* ‚ich habe mir beim Metzger ein Stück Wurst gekauft' [MM]; *er wollte sich ne lowine schickern und nen toften end bezinnum frengeln* ‚er wollte ein Bier trinken und ein schönes Stück Wurst essen' [MM].

bezum ‚Ei' → *betz*.

bezzemche Subst. Dim. [JSa]
– Geldstück, Mark [JSa] ♦ **E:** wohl zu → *betz* ‚Ei', met. für Geld, vgl. ugs. *Eier* ‚Münzgeld'.

bfirchtæ swV. [WJ]
– gehen [WJ] ♦ **E:** unsicher; evtl. zu rw. *fichten, Fichte gehen* ‚stehlen gehen, heimlich verschwinden' WolfWR 1379.

bfoofli Subst. [BM]
– Pfeife [BM] ♦ **E:** schweizdt. Dim. *Pfeife*.

bhärde swV. [BM]
– stehlen [BM]; nehmen [BM] ♦ **E:** SchweizId. II 1646 (*behärten* ‚behaupten, überführen, aushalten').

bibackslaterne Subst. f. [MB]
– Rothaariger [MB] ♦ **E:** dt. *Laterne*, *bibacks-* unklar.

bibbi ‚Hut' → *bibi*.

bibbr Subst. m. [OJ]
– Penis [OJ] ♦ **E:** schwäb. *Bibber, Bibberle* ‚Penis' (SchwäbWb. I 1091 f.); vgl. → *bibes*.

bibbra [OJ]
– beischlafen [OJ].

bibeln swV. [BJ, MeT]
bibla [OJ]
– lesen [MeT, OJ]; Buch lesen [BJ]

bibel Subst. f. [HN]
– Gefängnis-Hausordnung für Strafgefangene ♦ **E:** zu dt. *Bibel* ‚Buch der Heiligen Schrift', rw. *bibern* ‚lesen' WolfWR 447.

biberisch Subst. [BJ]
– kleines Huhn [BJ] ♦ **E:** Schwäb. I 1092 (*Biberle* ‚junges Hühnchen').

bibern swV. [BJ, MUJ, PfJ, SJ, TJ]
biberen [LüJ]; **bieweren** [LJ]; **biwan** [LoJ]; **bibbern** [BJ, JSa, SJ]; **bibbra** [OJ]; **biebàrà** (G 13); **biebra** [OJ]; **biebæræ** [WJ]; **bibbere** [WJ]; **biewern** [PfJ]
– zittern [OJ]; frieren [BJ, LJ, LoJ, LüJ, MUJ, OJ, PfJ, SJ, TJ, WJ]; Angst haben [JSa] ♦ **E:** rw./jen. *biebern* ‚frieren', Frequentativum zu dt. *beben* ‚zittern', *zittern vor Kälte* (WolfWR 446, Klepsch 373); SchwäbWb. VI 2, 1649 (*biberen*). ♦ **V:** *mich biberts* ‚mich friert' [LüJ]

verbibern swV. [PfJ]; **verbiberischen** [JeS]; **verbibbera** [JeS]; **verbyyberische** [JeS]; **verbiewern** [PfJ]
– erfrieren [JeS, PfJ]; kalt werden [JeS]

bibbele swV. [CL, PH]
– frieren [CL, PH]

biberling Subst. m. [MUJ, SJ, TJ]; **bibberling** [SJ]; **biebrleng** [OJ]; **biewerling** [LJ, SchJ]; **biwerling** [LJ]
– Winter [LJ, MUJ, OJ, SchJ, SJ, TJ] ♦ **V:** *es hauert biewerling* ‚es schneit' [BJ, LJ, SchJ]

biberisch Adj. [BJ, LüJ, MUJ, PfJ, SJ, TJ]; **bîberisch** [Him, Mat, SJ, Zi]; **biberich** [CL, LL, PH, TK]; **bieberisch** [LüJ]; **biebrisch** [OJ]; **biwarisch** [LoJ]; **biewærisch** [WJ]; **biebærich** [WJ]; **biewerisch** [PfJ]; **biewerisch** [PfJ]; **biber** [TK]; **bîwerich** [TK]
– kalt [CL, Him, LL, LoJ, LüJ, MUJ, Mat, PfJ, PH, SJ, TJ, TK, WJ, Zi]; sehr kalt [BJ, LüJ, OJ] ♦ **V:** *biberisch kalt* ‚sehr kalt' [LüJ]; *s'hauært biwærisch* ‚es ist kalt' [WJ]; *Steck mr a blemb ond an gigges, draußa ischts no ganz schö biberisch* ‚Bring mir ein Bier und einen Schnaps, draußen ist es noch ganz schön kalt' [SJ]

biewernärrisch Adj., Adv. [LJ, SchJ]; **biwernärrisch** [LJ]
– kalt [LJ, SchJ] ♦ **E:** volksetymologische Variante von *biewerisch*. ♦ **V:** *es hauert biewernärrisch* ‚es ist kalt' [LJ, SchJ].

bibes Subst. [MeJ, NJ]
– Penis, männl. Geschlechtsteil [MeJ, NJ] ♦ **E:** → *bibbr*.

bibi Subst. m. [MM]
bibbi [MB]; **bibbes** [JSa]
– Hut [MB, MM]; Mütze [MM]; steifer Hut [JSa]; halbsteifer Hut, Bombe [MM]; Kopfbedeckung [MM] ♦ **E:** rw. *bibi* ‚Hut' (WolfWR 449); ugs. *Bibi* ‚steifer Hut' (Kü 1987: 104).

bibla ‚lesen' → *bibeln*.

bibs Subst. m. [HK]
pipps [HK]
– Pfeffer [HK] ♦ **E:** unsicher; entweder zu thür. *pips* ‚einzelne Erbse', ‚eßbarer Kern von Nüssen, Kirsch- und Pflanzenkernen' (ThürWb. IV 1196 f.), oder Kürzung aus lat. *piper* ‚Pfeffer'.

bich ‚Geld', **bicha** ‚bezahlen' → *pich*.

bichel Subst. m. [BM]
– Bach [BM] ♦ **E:** schweizdt. Dim. *Bach*.

bicheln ‚Alkohol trinken' → *picheln*.

bick Subst. [MB]
bike [JSa]
– Patrone [JSa, MB]; Pistole [MB] ♦ **E:** rw. *biko* ‚Schrot' (WolfWR 463) < roi. *biko* ‚Flintenkugel' (WolfWZ 212).

bicken¹ swV. [MB, ME, MM]
biggen [GM]; **bikke** [JS]; **bichen** [MB]; **pickan** [LoJ]; **biggern** swV. [GM, MUJ, TJ]; **bigeren** [LüJ]; **bikeren** [LüJ]; **bikinen** swV. [MM]
– kaufen [GM, JS, LoJ, LüJ, MB, ME, MM, MUJ, TJ]; einkaufen [MM]; verkaufen [MM]; „kreme" [LüJ]; schwätzen [LüJ]; reden [LüJ] ♦ **E:** rw. *biken* ‚kaufen' (WolfWR 462) < roi. *bikinel* ‚verkaufen' (WolfWZ 210, Boretzky/Igla 1994: 28); SchwäbWb. VI 2, 1651 (*bickeren*). ♦ **V:** *tschi bigere, es ist jaucher/put* ‚nicht kaufen, es ist zu teuer' [LüJ]; *bick dich schie was von dem bajuffen* ‚kauf nichts von dem Bauern'; *ich habe ne bodeli jadschedi gebicht* ‚ich habe eine Flasche Schnaps gekauft'; *es ihne ne nebu cholme gebickt* ‚sie hat ihm eine neue Hose gekauft' *ihne bicht die alte flinte* ‚er kauft das alte Haus'

verbicken swV. [MM]; **verbikke** [JS]
– verkaufen [JS, MM]
verbiggern swV. [LüJ]; **verbigern** [LüJ]; **verbikeren** [LüJ]
– verkaufen [LüJ]; verschwätzen [LüJ]; verraten [LüJ] ♦ **V:** *in dem dorf isch gwant, da verbikerest* ‚in dem Dorf ist es gut, da verkaufst du viel' [LüJ]
bikerer Subst. m. [LüJ]
– Käufer; Verkäufer [LüJ]; Schwätzer [LüJ] ♦ **E:** WolfWR 462 (*bikerer*); SchwäbWb. VI 2, 1651 (*Bickerer*).
verbikerer Subst. m. [LüJ]
– Verkäufer [LüJ]; Hausierer [LüJ]
bischein Subst. m. [PfJ]
– Zahltag [PfJ] ♦ **E:** → *schein*.

bicken² ‚essen' → *picken³*.

bicker ‚Zähne' → *picken³*.

bickus Subst. [Him, MB, RR]
– Essen [Him, MB, RR] ♦ **E:** rw. *picken* ‚essen'; dt./mdal. *Pick* ‚Schnabel' (WolfWR 4175).

bideker Subst. m. [SK]
böhdeker [SK]
– Töpfer [SK]; Böttcher [SK] ♦ **E:** nd. *bödeker* ‚Böttcher'.

bidoschackero Adv., Adj. [GM]
– unschuldig [GM] ♦ **E:** roi. *bidosakero* ‚unschuldig, schuldlos' (WolfWZ 187).

bidschent ‚klein' → *pitschig*.

bieberhaus Subst. n. [HN]
– Fürsorge [HN]; Wohlfahrt [HN]
bieberhausminelle Subst. f. [HN]
– Anzug von der Fürsorge, Wohlfahrt [HN] ♦ **E:** FN *Bieber*; private Knabenschule des Theodor August Bieber, später bis in die 1960er Jahre Kleiderkammer und Sitz der Sozialbehörde.

biebo ‚Bier' → *biewo*.

biebrla Subst. Dim. Pl. [OJ]
– kleine Hühner [OJ] ♦ **E:** SchwäbWb. I 1092 (*Biberle* ‚junges Hühnchen').

bied Subst. n. [NJ]
bieet [SE]
– Bett [NJ]; Wanne [SE] ♦ **E:** RheinWb. I 686 (*Biet* ‚Gestell').

biedel Subst. m. [WL]
– Die Ladung des Wagens [WL] ♦ **E:** LuxWb I 107 (*Biedel* ‚Lumpenzeug, Wagenladung').

biege Subst. f. [HN]
– in: *die biege machen* ‚abhauen' [HN] ♦ **E:** ugs., zu dt. *biegen* DWB I 1814 ff.

abbiegen swV. [WG]
– einem unsympathischen Menschen (auf der Straße) ausweichen [WG]

die strafe abbiegen Phras. [WG]
– im Gefängnis eingesperrt sein [WG].

biejen swV. [GM]
biemen swV. [JSW]
– trinken [GM, JSW]; saufen [GM] ♦ **E:** roi. *pi-* ‚trinken', (auch) ‚rauchen' (WolfWZ 2412). Vgl. → *piepen¹*.

biejen Subst. n. [GM]
– Trinken [GM]; Trank [GM]; Saufen [GM]; Sauferei [GM]; Durst [GM]

biejer Subst. m. [GM]
– Trinker [GM]; Säufer [GM] ♦ **E:** roi. *piar* ‚Trinker, Säufer' (WolfWZ 2412).

biela ‚Zahnfleisch' → *biller*.

biele Subst. [LüJ]
– Kind [LüJ]; Bruder [LüJ]; Sau [LüJ] ♦ **E:** rw. *biele* ‚Kind' (WolfWR 453), Bed. ‚Sau' wohl Verwechslung mit → *bali* ‚Schwein, Sau'.

biene Subst. f. [HLD, HN, RW, SK, StG]
bienen Pl. [KMa, TK]
– Mädchen [HN]; weibl. Wesen [StG]; Prostituierte [StG]; Laus, Kopflaus [HLD, HN, RW, StG, TK]; Wanze [KMa, RW, SK]; Floh [RW]; Ungeziefer [RW] ♦ **E:** rw. *biene* ‚Laus', auch ‚weibliches Wesen, bes. Prostituierte'; volksetymologisch aus jd. *bina* ‚Verstand, Vernunft'; „was im Kopfe saß: *bina* der Verstand, wurde auf das auf dem Kopfe Sitzende übertragen, auf die Kopfläuse" WolfWR 455; ugs. *bienen* ‚Läuse' (Kü I 101); ugs. *biene* ‚Gelegenheitsfreundin, leichtes Mädchen', Benennungsmotiv: von Blüte zu Blüte fliegen (Kü II 69). ♦ **V:** *da vassels harren männi bienen* ‚die Handwerksburschen hatten viele Wanzen' [SK]

bienchen¹ Subst. n. Dim. [StG]
– Freudenmädchen [StG]

bienen swV. [RW, SK]
– lausen [SK]; die Kleidung entlausen und nach Ungeziefer durchsuchen [RW] ♦ **V:** *der Vater bient* ‚er revidiert vor dem Schlafengehen, ob jemand Ungeziefer oder Krätze hat' [RW]

abbienen swV. [RW]
– von Läusen befreien [RW]

nachbienen swV. [RW]
– die Kleider nach Ungeziefer durchsuchen [RW]

biene Subst. f. [RW]
– Laus [RW]; Kopflaus [RW]; Wanze [RW]; Floh [RW]; Ungeziefer [RW]

bienchen² Subst. n. Dim. [RW]
– Laus [RW]; Kopflaus [RW]; Wanze [RW]; Floh [RW]; Ungeziefer [RW]

binsch Subst. [KMa]
– Laus [KMa].

bienmeckern swV. [SK]
– reiten [SK] ♦ **E:** türk. *binmek* ‚reiten'.

biere Subst. m. [LJ, LüJ, Scho]
bihre [LüJ]; **bier** [LüJ]; **bire** [LJ]; **biri** [MoJ]
– Bein(e) [LüJ, MoJ]; Fuß, Füße [LüJ, MoJ]; Wade [LJ]; Kopf [Scho] ♦ **E:** roi. *piro* ‚Fuß, Bein, Wade' (WolfWZ 2438, Boretzky/Igla 1994: 227). ♦ **V:** *spann dr modl ihre bihre!* ‚Schau auf der Frau ihre Füße!' [LüJ]; *was het des modele quante biere* ‚was hat das Mädchen für schöne Beine' [LüJ]; *bale bire* ‚haarige Waden, haarige Beine' [LJ]

bierele Subst. n. Dim. [LüJ]
– Füßchen [LüJ]; Beinchen [LüJ] ♦ **V:** *gwante bierele* ‚schöne Beinchen' [LüJ]

gachnebiere Subst. m. [LüJ]
– Hähnchenkeule [LüJ]

spraußbiere Subst. m. [LüJ]
– Holzbein [LüJ]; Holzfuß [LüJ].

bieselwirt Subst. m. [MB]
– Wirt [MB] ♦ **E:** rw. *bajis* ‚Wirtshaus' aus jd. *bajis* ‚Haus' (WolfWR 246).

biesgurke Subst. [Scho]
– böse Frau [Scho] ♦ **E:** jd. *bißgurre* ‚böse Frau' (Klepsch 373).

bietert Subst. m. [HF]
biterd [HeF, HF]
– Zahn [HeF, HF] ♦ **E:** nd./rhein. *biiten* ‚beißen'.

bietwöles Subst. m. [HF]
bitwöles [HF]; **bithwöles** [HeF, HF]
– Polizist [HF]; Gendarm [HeF]; Beamter [HF]; Polizeidiener [HeF, HF] ♦ **E:** rw. *wöles*, aus lat. *filius* ‚Sohn' WolfWR 6267; *biet-* evtl. zu dt. *Biet* u. a. ‚Gebiet' DWB II 3 f. oder zu dt./mdal. *biiten* ‚beißen'.

♦ **V:** *dem bithwöles het minotesen röhlfesel gebrellt* ‚Der Gensdarm hat meinen Gewerbeschein gesehen' [HeF].

bieweren ‚zittern, frieren' → *biberen*.

biewo Subst. n. [SK]
biebo [SK]; **beiwa** [SK]
– Bier [SK] ♦ **E:** slav. *pivo* ‚Bier'.

biff Subst. n. [LJ]
– Trinkgeld [LJ] ♦ **E:** unsicher; evtl. zu jd. *bafen* ‚trinken', evtl. aus lat. *bibere* oder frz. *boire* ‚trinken' We 111. ♦ **V:** *biff abstecka* ‚Trinkgeld geben' [LJ].

bigere swV. [Scho]
– verlangen [Scho] ♦ **E:** jd. *biggeren* ‚verlangen, fordern' (Klepsch 368).

biggen ‚kaufen' → *bicken¹*.

bigottisch Adj. [MUJ, PfJ, SJ, WJ]
– fromm [MUJ, PfJ, SJ, WJ]; frömmelnd [SJ] ♦ **E:** SchwäbWb. I 1109 (*bigottisch*).

bijaven swV. [GM]
– heiraten [GM] ♦ **E:** rw. *biaf* ‚Hochzeit' (WolfWR 445) < roi. *bjavase, bjavas* ‚sich verheiraten' (WolfWZ 165).

bijeuen swV. [MB]
– (sich) verloben [MB].

bike Subst. m. [RH]
– Patrone [RH] ♦ **E:** zu rw. *biko* ‚Schrot' aus roi. *bíko* ‚Flintenkugel' WolfWR 463.

biken ‚essen' → *picken³*.

bikerer ‚Käufer' → *bicken¹*.

bikerich ‚geizig' → *picken³*.

bilbulem Subst. [Scho]
– Entzweiung [Scho]; Händel [Scho]; Schwierigkeit [Scho]; Streitigkeit [Scho] ♦ **E:** jd. *pilpel, pilpul* ‚Erörterung, Wortstreit' (We 90).

bild Subst. n. [JSa, NJ]
bil [NrJ]; **belt** [SE]; **bilt** [NrJ, SE]; **beld** [SE]; **bellt** [SE]
– Bett [JSa, NJ, NrJ, SE] ♦ **E:** → *bölt*. ♦ **V:** *ich scheffen ins Bild* ‚ich gehe ins Bett' [NJ]; *isch mos de Biler noch bosele.* ‚ich muss die Betten noch beziehen' [NrJ]; *der had-in-t Bilt jeflosert.* ‚er hat ins Bett gemacht' [NrJ].

bilefelder Subst. m. [MeT]
bîlefelder [MeT]
– Hemd [MeT]; Leinen [MeT] ♦ **E:** Appellativ < ON *Bielefeld*.

bili ‚betrunken' → *pilo*.

bilken swV. [SK]
bilkeken [SK]
– Geschlechtsverkehr haben [SK] ♦ **E:** roi. *bul* ‚Vagina' und roi. *ker* ‚machen' (WolfWZ 1372). ♦ **V:** *da bilkten mehr auf de Kritzensträhle* ‚da hatten wir auf dem Kreuzweg Geschlechtsverkehr' [SK].

billardkugeln Subst. f., Pl. [EF]
– Fleischklöße [EF] ♦ **E:** nach der Form, dt. *Billardkugel*.

billbräu Subst. n. [HN]
– schlechtes Getränk [HN] ♦ **E:** Produktname *Billbräu* (alte Hamburger Biermarke).

biller Subst. Pl. [BJ]
biela [OJ]
– verhärtetes Zahnfleisch bei einem Zahnlosen [OJ, BJ] ♦ **E:** dt. (ant.) *Bilern* ‚Zahnfleisch' (DWB II 24). ♦ **V:** *off de biela schoaga* ‚auf dem Zahnfleisch gehen, bankrott sein' [OJ].

bilonte Adj. [LJ]
– fad [LJ]; langweilig [LJ] ♦ **E:** roi. *bilondo* ‚salzlos, fade' (WolfWZ 224).

bilondenbulefke Subst. [SK]
– schlechte Suppe [SK] ♦ **E:** rw. *polifke* aus sorb. *poliwka* (WolfWR 4285).

bimangere Subst. f. [LJ, LüJ, SJ]
bimangri [SJ]; **bimangeri** [LüJ, SchJ, TJ]; **bimangeli** [JSW]; **pimangri** [JSW]
– Zigarette [JSW, LJ, SJ, TJ]; Zigarre [SchJ]; „schmerch" [LüJ] ♦ **E:** rw. *bimangri* ‚Zigarette' < roi. *pimáskeri/ pijumni* ‚Zigarre' (WolfWR 469, WolfWZ 2412, Boretzky/Igla 1994: 216, Klepsch 370).

bimbam Subst. m. [LI]
– Schmied [LI] ♦ **E:** rw. *bimbam* ‚Schmied' WolfWR 470, dt. onomatopoetisch *Bimbam* „nachahmung des glockenläutens" DWB II 30; Benennungsmotiv: Klang des Hammers auf dem Amboss.

bimben swV. [HK]
pimpen [HK]
– sparen [HK] ♦ **E:** rw. *bimmer* ‚Haus- und Türglocke', *bimmeln* ‚betteln' WolfWR 472; „wohl zu *bim-*

meln nach dem Klang der Münzen" (ThürWb. I 772 *Bimbe*).
bimbe Subst. f. [HK]; **bimp** [SP]; **pimpe** [HK]; **bimpe** [HK]; **bimpen** [SP]; **pimpen** [HK]
– Kasse [HK]; Portemonnaie [HK]; Sparkasse [HK]; Nase [SP] ♦ **V:** *geh an der bimbe vorbei und bring bich mit* ‚geh an der Sparkasse vorbei und bring Geld mit' [HK].

bimbs Subst. [HL]
bims [CL, PH]
– Geld [CL, HL, PH] ♦ **E:** rw. *bims* ‚Brot, Geld', „Ableitung dunkel", wohl Nebenform zu rw. *Pimmer* ‚Brot' (WolfWR 473).

bimden swV. [SK]
– zittern [SK] ♦ **E:** dt. (ant.) *bidmen* ‚beben' DWB I 1810.

bimesje Subst. [SP]
– kleines Gefäß [SP]; kleiner Krug [SP] ♦ **E:** RheinWb. I 867 (*Bombes, Bommes* ‚bauchiger Krug').

bimmeln swV. [KMa]
– Glocken läuten [KMa] ♦ **E:** dt. *bimmeln* DWB II 30.
♦ **V:** *es bimmelt blimmig* ‚es läutet mit mehreren Glocken' [KMa].

bimmer Subst. in:
bimmerfinnche Subst. Pl. [SK]
– Kirschen [SK]
bimmerling Subst. m. [SK]
– Apfel [SK]; Birne [SK] ♦ **E:** unsicher; evtl. zu rw. *bimmer* ‚Glocke' WolfWR 472 oder Variante zu → *pommerling*.

bimse Subst. [MB, MeT]
bumse [MeT]
– Uhr [MB] ♦ **E:** rw. *bumse, bimse* ‚Schläge, Uhr' (WolfWR 766); onomatopoetisch nach dem Klang des Glockenschlags, vgl. kindersprachlich *Bimbam*.

bin ‚trinken' → *piepen¹*.

bindatteli Subst. [BM]
– Ei vom Perlhuhn [BM] ♦ **E:** unsicher; evtl. zu türk. *Bindalli* ‚farbenfrohes Hochzeitskleid'.

binden swV. in:
ausbinden stV. [RW]
– aus einer Gesellschaft austreten [RW] ♦ **E:** dt. *binden* DWB II 31 ff.; Benennungsmotiv: das symbolische Anstecken und Abnehmen des Schlipses, welcher die Schachtzugehörigkeit ausweist.

bindersore Subst. [WJ]
– Bürstenware [WJ] ♦ **E:** → *sore 1*.
einbinden stV. [RW]
– in eine Gesellschaft eintreten [RW]
ausgebunden Part. Perf., Adj., Adv. [RW]
– aus der Bruderschaft ausgeschlossen [RW]
eingebunden Part. Perf., Adj., Adv. [RW]
– in die Bruderschaft aufgenommen [RW].

binetre Subst. [SJ]
– Abort [SJ] ♦ **E:** Bildung zu *(Ka)binett* ‚interne, abgeschlossene Kammer' DWB II 602.

bing Subst. m. [LJ]
– Teufel [LJ] ♦ **E:** roi. *beng* ‚Teufel, Gauner, Schurke' (WolfWR 405, WolfWZ 144).
bingg Adj. [JeS]
– hässlich [JeS]; wüst [JeS] ♦ **E:** roi. *bangó* ‚krumm, schief, falsch, lahm', wenn nicht direkt aus *beng* ‚Teufel' (WolfWR 292, 405).

bink ‚Mann, Bauer' u. a. → *pink*.

binke ‚Uhr' → *pinke²*.

binkfaden Subst. m. [PfJ]
binfaden [PfJ]
– Schnaps [PfJ] ♦ **E:** rw. *bindfaden* ‚Schnaps', Synonymbildung zu mdal. *Strippe* ‚Schnaps' WolfWR 475, dt. *Strippe* ‚Bindfaden, Strick' DWB XIX 1618 ff.

binkl Subst. n. in:
– *kleines Binkl* ‚3 Jahre Arbeitshaus' [WG]; *großes Binkl* ‚5 Jahre Arbeitshaus' [WG] ♦ **E:** bair./österr. *Binkel* ‚Bündel'.
zuhälter- und vagabundenbinkl Subst. n. Phras. [WG]
– 3 Jahre Arbeitshaus [WG]
verbrecherbinkl Subst. n. [WG]
– 5 Jahre Arbeitshaus [WG]
binklhacken Subst. f. [WG]
– Diebstahl, bei dem etwas weggetragen wird [WG]
binklmurrer Subst. m. [WG]
– Diebstahl, bei dem etwas weggetragen wird [WG].

binocklerer Subst. m. [LJ]
– Bedienung [LJ] ♦ **E:** wohl zum (im württembergischen Raum verbreiteten) Kartenspiel *Binokel*, aus ital. *bin oculi* ‚zwei Augen', weil mit einem doppelten Blatt gespielt wird.

binowes Adv. [PfJ]
– gar nichts [PfJ] ♦ **E:** rw. *nobis* ‚nichts', aus ahd. *niowiht* WolfWR 3892.

binsel Subst. f. [CL]
– Magd [CL] ♦ **E:** jd. *pilzel* ,Magd', aus roman. *pulcella* ,Mädchen, Magd'.

biren swV. [LüJ]
– trinken ♦ **E:** roi. *pijel* ,trinken' (WolfWZ 2412, Boretzky/Igla 1994: 216). → *piepen¹*.

birengere ,Polizist' → *pirengeri*.

biresko Subst. m. [JSW]
– Schutzmann [JSW] ♦ **E:** roi. *pīréskəro* ,Polizist' WolfWZ 2438.

birksfijater Subst. [KMa, OH]
– Huhn [KMa, OH] ♦ **E:** *birk-* evtl. Kürzung aus *Birkhuhn*, *-fijater* unklar.

bisch Num.Kard. [GM]
bitsch [JSW]
– zwanzig [GM, JSW] ♦ **E:** roi. *bis* ,zwanzig' (WolfWZ 269).

bischt, bicht ,Geld' → *pich*.

bischucker Adj./ Adv. [GM]
– häßlich [GM] ♦ **E:** roi. *biššukr* ,unschön, häßlich, garstig' (WolfWZ 271).

bisiglett Subst. [LoJ]
– Fahrrad [LoJ] ♦ **E:** frz. *bicyclette* id.

bissig Adj. [BJ, OJ]
– teuer [BJ, OJ]; billig [BJ] ♦ **E:** rw. *bissig* ,teuer', zu dt. *beißen* WolfWR 488.

bistock Subst. m. [OH]
– Gendarm [OH] ♦ **E:** unsicher; evtl. zu dt. *Bildstock*, im Freien auf einem Pfeiler oder Sockel angebrachtes Kruzifix oder Heiligenbild, in met. Verwendung.

bitschen swV. [KMa]
– regnen [KMa] ♦ **E:** mdal. *pitschen* ,plätschern, regnen'.

bitschiglette Subst. f. [JeS]
– Fahrrad [JeS]; Motorroller [JeS]; Motorrad [JeS] ♦ **E:** zu ital. *bicicletta* ,Fahrrad'. ♦ **V:** *I knellen e Freier, wo immer Bitschiglette schnifft* ,ich kenne einen Burschen, der immer Fahrräder stiehlt' [JeS].

bitschoarhoawe Subst. [KMa]
– Nachttopf [KMa] ♦ **E:** mdal. *pitschern* ,plätschern, regnen'; dt. (ant.) *Hafen* ,Topf' DWB X 120 ff.

bittscherwetter Subst. n. [KMa, OH]
– Regenwetter [KMa, OH].

bitsel Subst. m. [KM]
bitsele [KM]; **bitzele** [NJ]
– Zahn, Zähne [KM, NJ] ♦ **E:** RheinWb. II 728 (*bitzen* ,etwas beißen').

bitzisch Adj. [KP]
– protestantisch [KP] ♦ **E:** zum ON *Bitz* (bei Hausen im Killertal), Kapff 212.

bittal Subst. [NW]
– Wirtshaus [NW] ♦ **E:** Kürzung aus dt./lat. *Spital*, *Hospital* „älteste bedeutung des wortes: gasthaus für fremde arme oder pilger" DWB XVI 2556 ff.

bitter gehen Phras. [TK]
– beten [TK] ♦ **E:** zu dt. *bitten*.

bitterling Subst. m. [LJ]
– Salz [LJ] ♦ **E:** dt. *bitter* DWB II 53 ff.

bittschen Adj. [KMa, OH]
bittschend [OH]
– klein [KMa, OH]; schlecht [KMa, OH]; langsam [KMa, OH] ♦ **E:** unsicher; evtl. zu dt. *ein bißchen* oder zu → *bettsching*. ♦ **V:** *bittschende witze* ,Kinder' [KMa]; *bittschend fohlen* ,junges Mädchen' [KMa].

bittselen swV. [BJ]
– trauern ♦ **E:** rw. *bittselen* ,trauern', zu dt. (ant.) *bittselig* ,traurig' (WolfWR 490).

biddselig sei swV., Phras. [OJ]
– trauern [OJ].

biwak Subst. n. [BJ, Gmü, LüJ]
biwack [LüJ]
– Übernachten im Freien [Gmü, LüJ]; Nachtlager [BJ]
biwak reißen Phras., swV. [Gmü]
– im Freien schlafen [Gmü] ♦ **E:** WolfWR 493: rw. *biwak reißen* ,im Freien schlafen'; fachsprachlich *Biwak* ,Nachtlager im Freien' < frz. *bivouac*, vgl. auch nd. *biwachte* ,Beiwache, Hilfswache'; die Beiwache ist im Gegensatz zur Hauptwache im Freien postiert (Klu. 1999: 114).

biwan ,frieren' → *bibern*.

bixelbeere Subst. f. [MB]
– Blaubeere [MB]; Heidelbeere [MB] ♦ **E:** dt. *Bickbeere*, *Bickelbeere* ,Heidelbeere' DWB I 1808.

bixn Subst. f. [WG]
– Vagina [WG] ♦ **E:** → *büchse*.

bizemmli Subst. [Scho]
– Ei [Scho] ♦ **E:** Dim. zu → *betz*.

blaachene Subst. [JeS]
– Ohren [JeS] ♦ **E:** wohl zu schweizdt. *Blahe^n* ‚flaches Stück (Tuch, Blech)' SchweizId. V 46.

blääde ‚fort, hinweg' → *pleite*.

blaak Adj. [HF]
– glatt [HF]; im reinen [HF] ♦ **E:** wohl zu rip. *blaakig* ‚kahl, nackt, unbedeckt', RheinWb.I 734 f., rip./niederfrk. *bläck* ‚bloß'; unwahrscheinlich: Inversion von *Kalb*.

blaat → *blat*.

blach Subst. [EF]
– Pfennig [EF]; „Maus = 100 Blach" [EF] ♦ **E:** → *blech*.

blächa swV. [OJ]
– bezahlen [OJ] ♦ **E:** dt/ugs. *blechen* ‚Geld lassen' DWB II 86.

blachen swV. [MoM]
plachen [MoM]; **blachn** [EF, MoM]
– trinken [EF, MoM] ♦ **E:** rw. *plaren* ‚trinken' WolfWR 4227, zu dt./mdal. *Plärre, Plorre, Plurre* ‚schlechter Kaffee'; vgl. Wolf, Fatzersprache, 130.
beblacht Part. Perf., Adj., Adv. [EF]; **bablacht** [EF]
– betrunken [EF].

blacky Subst. m. [HN]
– „Neger" (Schwarzafrikaner) [HN]; Schwarzer [HN]; Spitzname für einen Schwarzhaarigen [HN] ♦ **E:** engl. *black*.

bladd ‚Schlafplatz, Boden' u. a. → *platte*.

bladdertd Subst. m. [HK]
blattert [HK]; **plattert** [HK]
– Tisch [HK] ♦ **E:** rotwelschtypische *-hart-* Bildung zu dt. *platt* ‚flach, eben'. → *bladdling*.

bladdla swV. [OJ]
bläderen [LüJ]; **bläderæ** [LüJ]; **bläderle** [LüJ]
– trinken [LüJ]; saufen [LüJ, OJ]; saufen, „aber keinen Kaffee" [LüJ] ♦ **E:** schwäb. (ant.) *bläterlen* ‚langsam, aber ausdauernd trinken' (SchwäbWb. VI 2, 1661).

bläddla^1 ‚Karten spielen' → *blätteln*.

bläddla^2 ‚laufen, tanzen' → *platte*.

bläddleng ‚Salat' → *blättling*.

bladdling Subst. m. [HK]
plattling [HK]
– Fuß [HK]; Plattfuß [HK]; Tisch [HK]; Tischplatte [HK]; Gans [HK]; Ente [HK]; Blatt [HK] ♦ **E:** rw. aus dt. *platt* ‚flach, eben'; rw. *blättling* ‚Tisch' (WolfWR 519).
♦ **V:** *moole bladdlinge* ‚schlimme Plattfüße' [HK].
→ *bladdertd*.

blädln swV. [Scho]
– dumm daherreden [Scho] ♦ **E:** dt./ugs. *blödeln*.

blafert Subst. m. [NrJ]
– Zahn [NrJ] ♦ **E:** RheinWb I 737 (*Blaffert* ‚Maulwerk').

bläffa swV. [OJ]
– bellen [OJ]; drohen [OJ]
bläffe Subst. n. [OJ]; **gebläff** Subst. n. [OJ]
– Gebell [OJ] ♦ **E:** schwäb., süddt. *blaffen, bläffen* ‚bellen' (Schwäb. Wb. I 1150).

blag Subst. n./m. [HeF, HF]
blaog [OJ]
– kleines Kind [OJ]; Mensch [HeF, HF]; Mann [HeF, HF]; „er" [HeF] ♦ **E:** dt. *Blage* ‚Kind', Schimpfwort: „scheltend und geringschätzig von kindern, zumal unartigen" DWB II 60 f. ♦ **V:** *minotes holt dem blag* ‚Ich kenne den Mann' [HeF]; *die blagen hucken gahr* ‚Die Kerls sind besoffen' [HeF]; *holt dem blag og de flick?* ‚Versteht er auch die Sprache?' [HeF]; *Brell ens, Knöllen, wat dem Blag locke Lopstecken het!* ‚Sieh einmal, was der Kerl krumme Beine hat!' [HeF]; *Dem Blag plart* ‚Er trinkt' [HeF]; *Die Blagen plaren* ‚Sie trinken' [HeF]; *Wat het dem Blag zinotes geflickt? Was hat der Mann dir gesagt?* [HeF]; *dem blag thürt locken blök* ‚Der Mann raucht schlechten Tabak' [HeF]; *dem blag benuckt den ühl* ‚Der Mann bekommt nichts' [HeF]

fonkeblag Subst. m. [HF]
– Feuerwehrmann [HF]
geiblag Subst. m. [HeF, HF]
– Musikant [HeF, HF] ♦ **E:** → *geien* ‚musizieren'.
huffblag Subst. m. [HeF]
– Schmuggler [HeF]
krabbelsbalg Subst. m. [HF]
– Schreiber [HF]
blageläpper Subst. m. [HeF, HF]
– Arzt [HeF, HF]
fervblag Subst. m. [HeF]
– Lügner [HeF]
hökblag Subst. m. [HeF]
– Dieb [HeF]

kletschblag Subst. m. [HeF, HF]
- Bettler [HeF, HF] ♦ **V:** *de kletschblag plart gehr geschrödden* ‚Der Bettler trinkt gern Branntwein' [HeF]

knökelsblag Subst. m. [HF]
- Knecht [HF]; Arbeiter [HF]

limblag Subt. m. [HeF, HF]
- Freier [HeF, HF]

puffblag Subst. m. [HeF]
- Jäger [HeF]

rühlblag Subst. m. [HF]
- Kiepenträger [HF]; Handelsmann [HF]; Händler [HF]; Krämer [HF] ♦ **E:** → *roedeln* ‚handeln'.

sankteswöleseblag Subst. m. [HF]
- Meßdiener [HF]

schüttblag Subst. m. [HF]
- Fuhrmann [HF]

sömerblag Subst. m. [HF, MeT]
- Reisender [HF, MeT]; Handwerksbursche [HF]

troppertsblag Subst. m. [HF]
- Pferdehändler [HF]

wuppblag Subst. m. [HeF]
- Waagemeister [HeF].

bläichlig Subst. m. [JeS]
- Messing [JeS] ♦ **E:** wohl *ling*-Bildung zu rw. *blech* ‚dünnes, blitzendes Metall' WolfWR 535; dt. *Blech* oder (je nach Legierung) dt. *bleich*; vgl. auch *Messingblech* DWB XII 2132.

blamb, blampel, blämb, blämbel, blamp ‚Bier'
→ *plemp*.

blanco Adj. [MB]
- nackend, nackt [MB]; frei [MB]; pleite [MB] ♦ **E:** westf. *blank* ‚nackt, bloß, unbedeckt', ‚kein Geld haben' (WestfWb. 78). ♦ **V:** *blanco baden gehen* ‚nackt baden gehen' [MB]; *der chali is blanco, aber latscho* ‚der Typ ist pleite, aber ein toller Kerl' [MB].

blände swV. [BM]
- bewerfen [BM] ♦ **E:** wohl zu dt. *blenden* ‚jmd. die Sicht nehmen, verblenden' DWB II 104 ff.

blane Adj. [OJ]
- akkurat sein [OJ]; quitt sein [OJ] ♦ **E:** wohl rom., vgl. lat. *planus*.

blank Adj. [BJ]
blangg [OJ]
- leer [BJ, OJ]; ganz ohne Geld sein [BJ, OJ] ♦ **E:** dt. *blank* ‚hell, glänzend, frei von' DWB II 64 f.

blanke asche Phras., Subst. f. [RW]
- Silbergeld [RW]

blankern swV. [SK]
- sich waschen [SK]

blanker Subst. m. [EF]
- Polizist [EF]

blénkert Subst. [WL]
- Säbel [WL]

blankhut Subst. m. [HLD, KJ, RW]
- Gendarm [HLD, KJ]; Polizei [KJ]; Polizist [HLD] ♦ **E:** rw. *blankhut* ‚Gendarm', Benennungsmotiv: Blechkappe der Polizisten (WolfWR 504), vgl. rw. *blechkopp* ‚Polizist' WolfWR 538.

blankerd Subst. m. [HK]; **blankert** [HK, SK]; **plankert** [HK]; **blenkert** [HLD]
- Wein [HK, HLD, SK]; Schnaps [HK] ♦ **E:** rw. *blankert* ‚Wein' aus dt. *blank* ‚glänzend, weiß' (WolfWR 503).

blankertkanone Subst. f. [HK]
- Weinflasche [HK]

blankerdkneipe Subst. f. [HK]
- Weinkneipe [HK]

blankerdknubberd Subst. [HK]
- Weinglas [HK].

bläras Subst. [LJ]
bläres [HLD]
- Kupfer [HLD, LJ] ♦ **E:** rw. *bläres* ‚Kupfer' (WolfWR 507, ohne Herleitung), evtl. Bildung zu rw. *blech* ‚dünnes, blitzendes Metall' WolfWR 535.

blas Subst. f. [BJ]
blaos [OJ]
- Gruppe [BJ, OJ]; Saufclique [BJ, OJ] ♦ **E:** dt./ugs. *Blase* ‚Schar, Gruppe'.

bläsche bots Subst. m. [StJ]
- Gefängnis [StJ] ♦ **E:** rw. *blech* ‚Arrestgefängnis' (Wolf 537), Benennungsmotiv wohl nach der Beschaffenheit des Raumes, dt. *blechern* DWB II 86.

blaschn swV. [EF]
blâschen [EF]
- waschen [EF] ♦ **E:** OSächsWb. III 384 (*plaschen* ‚Wasser ausschütten').

blasen swV. [BJ, DG, HN, RW]
blasn [TJ]; **blosen** [BJ, PfJ, TK]; **blösen** [PfJ]; **blaosa** [OJ]; **blôsen** [TK]; **bloose** [JeS]
- trinken [DG, HN, JeS, OJ, PfJ, RW, TJ, TK]; saufen [PfJ]; Oralverkehr ausüben [HN] ♦ **E:** rw. *blasen, blosen* ‚trinken' (WolfWR 510); dt. *blasen* ‚pusten' DWB II 68 f.; *einen blasen* ‚ein Glas Alkohol trinken'; danach, dass einer die Flasche an den Mund setzte und trank, Bild eines Trompeters (Kü I 104). ♦ **V:** *laß uns*

einen blasen ‚laß uns ordentlich einen heben' [HN]; *raddau blasen* ‚Lärm machen' [RW]
blast Part. Perf., Adj., Adv. [TJ]; **bloost** [TK]; **blôs'd** [TK]
– betrunken [TJ, TK]
umblasen swV. [WG]
– jmd. niederschießen [WG]
blasi Subst. m. [SchJ, SJ, TJ]; **blase** [OJ]
– Wind [OJ, SchJ, SJ, TJ] ♦ **V:** *grawiser blasi* ‚Sturm' [SchJ]
blasius Subst. m. [BJ]
– Wind [BJ]
blaser Subst. m. [DG, NJ]; **blaosr** [OJ]; **blaisir** [OJ]; **bloser** [LJ]
– Rausch [DG, LJ, OJ]; Gewehr [NJ]; Pistole [NJ]
blasl Subst. m. [TJ]
– Rausch [TJ]
blasbalg Subst. m. [BJ]; **blaosbalg** [OJ]
– Brust [BJ, OJ]; Atmung [BJ, OJ]
blaskolben Subst. m. [StG]
– Gewehr [StG]; Pistole [StG].

blatt ‚Übernachtungsplatz im Freien' u. a. → *platte*.

blat Subst. n. [HeF, MeT]
blaat [HF]
– Zunge ♦ **E:** rw. *blat* ‚Zunge' WolfWR 513; RheinWb. I 756: *Blatt* im Niederfränkischen scherzhaft für ‚Zunge'.
blätteln swV. [LJ, SchJ]; **blattln** [TJ]; **blättlen** [LJ, UG]; **blättle** [LJ, UG]; **bläddla** [OJ]
– Karten spielen [LJ, OJ, SchJ, TJ, UG] ♦ **E:** zu rw. *blättchen* ‚Spielkarte' (WolfWR 514, Klepsch 379).
blättecher Subst. [WL]; **plättecher** [WL]
– Spielkarten [WL]
blättle Subst. n. [LJ]
– Schirm [LJ] ♦ **E:** rw. *blättel* ‚Laub' (WolfWR 517).
blättlesgerer Subst. m. [LJ]
– Schirmmacher [LJ]
blättlesketscher Subst. m. [LJ]
– Schirmmacher [LJ]
blättling Subst. m. [LJ, LüJ, PfJ, TJ, WJ]; **blättling** [MM, SchJ, SJ]; **blättleng** [LüJ]; **bläddleng** [OJ]; **blattling** [JS, JSa, LJ, TJ]; **blâetling** [Him, SJ]; **bledling** [MUJ]; **blädling** [WJ]; **blättlinger** [KP]; **blätterling** [CL, LL, SJ]
– Salat [CL, Him, JS, JSa, KP, LJ, LL, LüJ, MM, MUJ, OJ, PfJ, SchJ, SJ, TJ]; Kopfsalat [WJ]; grüner Salat [LüJ]; Salatblatt [OJ]; Spinat [LüJ]; Kuchen [KP]; Schirm [WJ] ♦ **E:** rw. *blättling* ‚Salat' (WolfWR 518, Klepsch 379), Derivation mit dem Suffix *-ling* zu dt.

Blatt. ♦ **V:** *moß, was sicherst? Ich sichere hegesle mit stupfelbossert und pflanz' noch ein blättling* ‚Frau, was kochst du? Ich koche Spätzle mit Igelfleisch und mach'noch einen Salat' [LüJ].

blau¹ Adj. in:
blauer Subst. m. [HN, MB]
– Gendarm [MB]; Polizist [HN] ♦ **E:** rw. *blauer* ‚Polizist', zu rw. *blau* ‚böse, schlimm', evtl. mit Einfluss der Farbe der Uniform (WolfWR 528); ugs. *blauer* ‚Schutzmann, Gendarm' (Kü I 105).

blau² Adj. in:
blauer Subst. m. [RW, SchJ]
– Rolandsbruder [RW]; Bayer [SchJ] ♦ **E:** dt. *blau* (Farbe).
Benennungsmotiv: „blaue Ehrbarkeit" der Rolandsbrüder bzw. Farbe der bayerischen Landesflagge.
blaumärtiner Subst. m. [RW]
– Bayer [RW]
blaue straße Subst. f., Phras. [BJ]
– Bayern [BJ]
blobhos Subst. f. [LJ]; **blophos** [LJ]; **blohos** [LJ]; **blauhosen** Subst. Pl. [BJ, Gmü, PfJ]; **blauhanzen** [LüJ]; **blauhansa** [OJ]; **blauhansen** [BJ, Him]; **blauhänsche** [MeJ]; **blabhosn** [TJ]; **blobhosen** [SchJ]; **blauhose** [KJ]
– Pflaume(n) [Gmü, LJ, PfJ, SchJ, TJ]; Zwetschge(n) [Him, KJ, LJ, LüJ, MeJ, OJ, PfJ] ♦ **E:** rw. *blauhose, blauhans* ‚Zwetschge' (WolfWR 529); *blab* mdal. zu *blau*; nach der Farbe der Frucht, *-hosn* zu dt. *Hose*. ♦ **V:** *die hott ne rende voll staubert und en waider mit relling, liranägel und dürre blohose* ‚die hat einen Beutel voll Mehl und einen Sack voll Erbsen, Bohnen und dürren Zwetschgen' [LJ].
bläuling Subst. m. [Gmü]
– Pflaume [Gmü]
blausüürihängscht Subst. m. [BM]
– Spezereiwarenhändler [BM] ♦ **E:** wohl mdal. für *Blausäurehengst*.
blauscheck Subst. m. [PfJ]
– Hundertmarkschein [PfJ] ♦ **E:** nach der Farbe der Banknote.

blau³ Adj. in:
blauer Subst. m. [HL]
– Rotköpfiger [HL]
blauer hund Subst. m., Phras. [MB]
– Rothaariger [MB] ♦ **E:** rw. *blau* ‚sehr schlecht, sehr böse'; Rothaarige galten im Volksglauben als falsch, böse, hinterhältig (WolfWR 526).

blau⁴ Adj. [BJ, OJ]
bloh [KMa]
– betrunken [BJ, OJ]
blauen sw. V. [KMa]
– trinken [KMa] ♦ **E:** rw. *blau* ‚betrunken', volksetymologisch zu dt. Farbadj. *blau*; rw. *blau* ‚sehr schlecht, böse' zu jd. *belo, wᵉlau lo, lau* ‚ohne' (mit vorgesetztem jd. Verstärkungspartikel) WolfWR 524; Klu. 2011, 130: *blau sehen, blau vor Augen*, heute *schwarz sehen*, nach dem Schwindelgefühl eines Betrunkenen.

blau⁵ Adj. [MM]
– arbeitsfrei [MM]; für nichts [MM] ♦ **E:** jd. *lau* ‚nicht, nein, kein' aus hebr. [lo:] und der hebr. Präp. [bə] ‚für', also wörtlich ‚für nichts' (We 74), vgl. → *blau machen* ‚unentschuldigt einer Arbeit fernbleiben', rw. *blauer Montag* WolfWR 524; evtl. Einfluss von Farbadjektiv *dt. blau* (vgl. Klu. 1995: 116). → *lau*.

blauding Subst. n. [KMa]
– Bett [KMa] ♦ **E:** WolfWR 525. Benennungsmotiv: Bett als Stätte der Muße.

blaufärber Subst. m. [NJ]
– Lügner [NJ]

blaumachen swV. [MM, RW]
– an einem Tag nicht arbeiten [RW]; unzulässiges Fernbleiben von der Arbeit [RW]; nicht zur Arbeit erscheinen, schwänzen [MM]

blaupfeifen swV. [RW]
– Hunger leiden ♦ **E:** rw. *blaupfeifen* ‚Hunger leiden' (WolfWR 534).

blaue Subst. m. [BJ, OJ, RW]
– Montag [BJ, OJ]; arbeitsfreier Tag [BJ, OJ] ♦ **V:** *en blaua reißa* ‚nichts tun, unentschuldigt bei der Arbeit fehlen' [OJ]; *einen blauen reißen* ‚einen Tag nicht zur Arbeit gehen' [RW]

blauer anton Subst. m., Phras.
– Arbeitsanzug [BJ, OJ]

blaubruder Subst. m. [StG]
– Kleinigkeitskrämer [StG]

blaudieb Subst. m. [StG]
– jmd., der nur Kleinigkeiten stiehlt [StG]

blauhölzer Subst. Pl. [StG]
– Weinflaschen [StG] ♦ **E:** unsicher; evtl. Benennungsmotiv: nicht aus Holz.

blauderer ‚Lehrer' → *plaudern*.

blaudse ‚Brust, Lunge' → *plauze*.

bläue Subst. [WJ]
– Planwagen [WJ] ♦ **E:** unklar.

blavon Subst. [SJ]
– Zimmerdecke [SJ]; Gesicht [SJ] ♦ **E:** dt. *Plafond* < frz. *plafond*.

blawang Subst. [KMa, OH]
– Pfarrer [KMa, OH] ♦ **E:** unsicher; evtl. zu dt. *blarren* ‚tönen' DWB II 66, rw. *blapperer* ‚Lippe' WolfWR 506; *wang* evtl. zu dt. *Wange* ‚Gesichtsbacke' DWB XXVII 1749.

bleamas Subst. m. [LJ]
bleames [OJ]
– Rausch [LJ, OJ] ♦ **E:** schwäb. *blemes* ‚leichter Rausch' (SchwäbWb. I 1195).

blech Subst. n. [HLD, LI, SJ, WM]
blach [EF]
– Pfennig [EF]; Geld [HLD, LI, SJ]; 10 Centstück [WM]; „Maus = 100 Blach" [EF] ♦ **E:** rw. *blech* ‚Geld' (WolfWR 535) zu dt. *Blech* ‚dünnes, blitzendes Metall' DWB II 85.

blechner Subst. m. [RW]
– Klempner [RW] ♦ **E:** rw. *blechner* ‚Klempner' (WolfWR 539).

blechbrötchen Subst. n. [MB]
– Bierdose [MB]

blechkopp Subst. m. [RW]
– Polizist [RW] ♦ **E:** „kann sowohl auf das Metall am Helm zurückgehen, als auch das Blitzende, Blinkende der Kopfbedeckung bezeichnen" (WolfWR 538).

blechhannes Subst. m. [KJ]
– Gendarm [KJ]; Polizei [KJ]

blechreiter Subst. m. [RW]
– Gendarm [RW] ♦ **E:** rw. *blechreiter* ‚Schutzmann' (WolfWR 541).

blechraimbich Subst. [LI]
– Geldbeutel [LI]

blechschuster Subst. m. [HLD]
– Klempner [HLD]

blechen swV. [BJ, Him, HLD, KP, LüJ, MM, NJ, PfJ, RW, SJ, SK]
– (be)zahlen [BJ, Him, HLD, KP, LüJ, MM, PfJ, RW, SJ]; zahlen, Geld geben [HLD]; Geld ausgeben [SK]; Strafe zahlen [NJ]; „bleisgeren" [LüJ]

sterblech Subst. n. [HK]
– fünfzig Pfennig [HK] ♦ **E:** *ster-* wohl mdal. Senkung (Sp 1993: 34 f.) zu rw. *stier, stierchen* ‚Huhn', ‚fünfzig Pfennig', evtl. wegen des Wappentiers, WolfWR 5591.

bleckat Adj. [TK]
– nackt [TK] ♦ **E:** Bildung zu dt. *blecken* ‚bicken, sehen lassen' DWB II 86 ff.

bledten, bleiden ‚gehen' → *pleite*.

bleek Subst. f. [HF]
– Vorhemd [HF] ♦ **E:** nl. *bleek* ‚bleich, blass', ‚Bleiche'.

bleem Subst. m. [BM]
– Brot [BM] ♦ **E:** zu rw. *lehm* ‚Brot', aus jd. → *lechem* ‚Brot' (WolfWR 3170, We74).

bleffen swV. [BJ]
– bellen [BJ]; drohen [BJ] ♦ **E:** dt. regional *blaffen*, *bläffen* ‚bellen'; vgl. → *bläffa*.

bleff Subst. [BJ]
– Gebell [BJ]

abbleffen swV. [StG]
– verscheucht werden [StG]; verduften [StG].

blei Subst. n. in:
bleimann Subst. m. [MB]
– Bleistift [MB]; Pistole [MB] ♦ **E:** dt. *Blei* DWB II 88 f.
bleispritze Subst. f. [WG]
– Revolver [WG]; Pistole [WG]
bleiere Subst. f. [BM]
– Bleikugel [BM]
bleierner Subst. m. [RW]
– Schutzmann.

bleibe Subst. f. [HN, SJ]
– Unterkunft [HN]; Zimmer [HN]; Wohnung [HN]; Aufenthaltsort [SJ] ♦ **E:** rw. *bleibe* ‚Schlafstelle', von dt. *bleiben* (WolfWR 546; Kü I 106).

bleiben swV. in:
auf nein bleiben Phras. [WG]
– kein Geständnis ablegen, beim Verhör schweigen [WG] ♦ **E:** dt. *bleiben* ‚verharren'.

bleide ‚bankrott' → *pleite*.

bleier Subst. m. [HLD, RW, StG]
pleir [HK]
– Groschen, Zehnpfennigstück [HK, RW, StG]; (früher:) Silbergroschen [RW]; Geldstück [RW]; Nickel [RW]; Zehner [HLD] ♦ **E:** rw. *bleier, blauer* ‚Zehnpfennigstück' WolfWR 547.

bleischdig Adj. [OJ]
– auflehnend [OJ] ♦ **E:** unklar; möglicherweise zu dt. *bleich* „drückt nachlassenden, geschwächten glanz aus" DWB II 96.

bleisgern, bleiskern ‚zahlen' → *pleisgern*.

blejde ‚fort, gehen' → *pleite*.

blemp ‚Bier' → *plemp*.

blempert Subst. m. [NJ]
– Polizeidiener [NJ] ♦ **E:** met. zu rw. *plempe* ‚Säbel' WolfWR 4249, ohne Herleitung.

blende Subst. [StG]
blinde [StG]
– Gelegenheit [StG] ♦ **E:** rw. *blinde machen* ‚Gelegenheit zum Diebstahl auskundschaften'. „Die ursprüngliche Bedeutung war ‚einen blinden (Einbruch, Diebstahl) machen', das heißt, probeweise in der Stille den vorgesehenen Fall vorkonstruieren, etwa wie man heute einen *blinden Alarm* durchführt" (WolfWR 561). ♦ **V:** *geht etwas auf die blinde?* ‚wird eine Gelegenheit ausspioniert?' [StG].

blender[1] Subst. m. [HN]
– Uhr (minderwertig) [HN]; „das ist ein Schmuckstück, was nach hinten los geht, also gar nichts wert ist: sieht aus wie 'ne Rolex und ist 'n Nachttopf" [HN]; „der Typ selber, wenn du jetzt von der Person sprichst, Blender, den brauchst du so nötig, wie ein Loch im Kopf, der taugt nicht" [HN]; einer, der mehr herzeigt, als er ist [HN]; jemand, der mehr sein will, als er ist [HN]; etwas, das nichts wert ist, aber wie echt aussieht [HN]; falscher Schmuck [HN] ♦ **E:** zu dt. *blenden* ‚die Sicht nehmen' DWB II 104 ff. ♦ **V:** *der blendet hier nur 'rum* ‚der blufft' [HN].

blender[2] Subst. m. [BJ, KJ, LJ, SchJ, Scho, TJ]; **blende** Subst. f. [OJ]; **blund** Subst. [MoJ]; **bluderi** Subst. [JSW]
– Spiegel [BJ, JSW, KJ, LJ, OJ, SchJ, Scho, TJ]; Uhr [MoJ] ♦ **E:** rw. *blende* ‚Spiegel, Laterne' zu dt. *blenden* (WolfWR 551, Klepsch 384).

blenggr ‚Stern' → *blinker*.

blenkert ‚Wein, Säbel' → *blank*.

blessen Subst. [MeT, MT]
– Seide [MeT, MT] ♦ **E:** ahd. *blez, blezza* ‚Stück Tuch', nd. *Plett* ‚Tuch'.

bleten ‚gehen, weggehen' u. a. → *pleite*.

bletisch Adj. [NJ, RH]
– evangelisch (weg vom rechten Glauben) [NJ] ♦ **E:** rw. *ple(i)te* ‚Flucht, Bankrott' (WolfWR 4248) < jd. *pleite* ‚fort, weg', jd. *pleto* ‚Flucht' (We 90, MatrasJd 288, Post 233, Klepsch 380).

bletzen ,schießen, werfen, flicken, zahlen' → *pletzen¹*.

blibbla beten s. → *libbla¹*.

blickschieber Subst. [StG]
– „Bettler, der mit (meist gegen Entgelt geborgten) Kindern das Mitleid der Vorübergehenden rege zu machen sucht" [StG] ♦ **E:** dt. *Blick* und *schieben*.

blieseln swV. [SJ]
brieseln swV. [SJ]; **briseln** [SJ]; **brisla** [SJ]
– flüstern [SJ] ♦ **E:** schwäb. *blislen* (SchwäbWb. I 1206).

bligg Subst. [JeS]
blig [TK]
– Kleingeld [TK]; Geld [TK] ♦ **E:** wohl zu ahd., mhd. *blic* ,Glanz, Blitz', evtl. Einfluss von mhd./nhd. *blëch* ,Metallblättchen'.

blinker Subst. m. [BJ, TJ]
blenggr [OJ]; **blinkert** Subst. m. [LJ, SchJ]
– Stern [LJ, OJ, SchJ, TJ] ♦ **E:** rw. *blinkert* ,Stern' zu dt. *blinken* ,leuchten' (WolfWR 563, Klepsch 385).

blinzen swV. [StG]
– scheinen [StG] ♦ **E:** rhein. *blinzen* ,flimmern, blinken' (RheinWb. I 786). ♦ **V:** *lewone blinzt* ,der Mond scheint' [StG].

blipplen swV. [LüJ]
bliblen [LüJ]; **blibble** [LüJ]
– beten [LüJ] ♦ **E:** rw. *b'lipplen* ,beten', „nach dem ständigen Bewegen der Lippen beim Beten" (WolfWR 565).

blibelkaffer Subst. m. [LüJ]
– Stundenmann (Angehöriger einer religiösen Sekte) [LüJ]; betender Mann [LüJ]; Pfarrer [LüJ]; Prediger [LüJ] ♦ **E:** rw. *blibelkaffer* zu rw. *b'lipplen* ,beten', nicht zu dt. *Bibel* (WolfWR 565). ♦ **V:** *lenzerei: model, lenz'die rucheulme, was herles der ruch scheft? Haurets ein finkelkaffer? Nobis! – Kasperer? Nobis! - Blibelkaffer? Kenn!* ,Fragerei: Mädchen, frag' die Bauersleute, was hier der Bauer ist? - Ist's ein Hexenmeister? Nein! - Ein Zauberer? Nein! - Ein Stundenmann? Ja!' [LüJ]

blibelkitt Subst. f. [LüJ]
– Stundenhaus [LüJ]; Kirche [LüJ]; Pfarrhaus [LüJ]

blibelmoß Subst. f. [LüJ]
– Stundenfrau (Angehörige einer religiösen Sekte) [LüJ]; betende Frau [LüJ]; Nonne [LüJ]; Predigerin [LüJ]; „die, die beim Pfarrer schafft" [LüJ]

blibenulmen Subst. Pl. [LüJ]; **blibelulmen** [LüJ]
– betende Leute [LüJ]; christliche Leute [LüJ]; Kirchgänger [LüJ]; Methodisten [LüJ]; Stundenleute (Angehörige einer religiösen Sekte) [LüJ]; SchwäbWb. VI 2, 1665 (*Blibelulme*).

blitz Subst. m. [RW]
– Kleidung [RW] ♦ **E:** rw. *blitz* ,neue Kleidung' (WolfWR 567), wohl zu dt. *Blitz* DWB II 129 ff.

blitzkunde Subst. m. [RW]
– Kleiderbettler [RW]

blitzen swV. [KJ]
– schwören [KJ] ♦ **E:** rw. *blitzen* ,erpressen' (WolfWR 566).

blitzer Subst. m. [MB]
– Gendarm [MB] ♦ **E:** rw. *blitz* ,Stadtverweis' (WolfWR 566), vgl. dt./ugs. *abblitzen* ,abgewiesen werden'.

blitzableiter Subst. [HLD, KJ, KMa, RW, SG, StG];
blitzableiterken [FS]
– Helm [StG]; Gendarm [FS, RW, StG]; Dummkopf [RW]; Polizist [KMa, SG]; Wachtmeister [HLD]; Säbel (d. Gendarm) [KJ]

blitzableiterausschuss Subst. [SG]
– Zusammenkunft der Polizisten [SG].

blobhosen ,Zwetschgen' → *blau*.

blocher Subst. m. [JeS]
– Schnauz (Schnurrbart) [JeS] ♦ **E:** wohl zu schweizdt. *Blocher* ,Bohnerbesen, Scheuerbürste'.

block¹ Subst. m. [HN]
– Kneipen(viertel) [HN] ♦ **E:** nd. *block* ,Häuserblock; besonders der Speicherbezirk im Hafen' (HWB I 358). ♦ **V:** *um den block gehen* ,durch viele Kneipen gehen, versacken' [HN].

block² Subst. m. [HN]
– Rechnungsblock in der Gaststätte [HN]; Rechnungsblock für die Prostituierten im Bordell, den die Wirtschafterin führt [HN]; Bierdeckel [HN] ♦ **E:** dt. *Block* (aus Papierblättern) DWB II 137. ♦ **V:** *was habe ich auf'm block?* ,was habe ich zu zahlen?' [HN]

blockschulden Subst. f. Pl. [HN]
– „ist in einem Puff, wenn die beim Wirtschafter wirklich nur Getränke gemacht hat und die Miete nicht hat zahlen können, weil die keinen Freier gehabt hat" [HN]; Mietschulden der Prostituierten im Bordell, in dem sie wohnt [HN].

blodern swV. [EF]
– waschen [EF] ♦ **E:** OSächsWB. III 390 (*plödern* ‚Wäsche spülen').

blofi Subst. n. [BM]
bloofti [BM]; **blowissli** [BM]
– Bleistift [BM] ♦ **E:** schweizdt. Kürzung von dt. *Bleistift*.

bloiel Subst. m. [NJ]
blöiel [KM]; **blöiele** [KM]
– Dummkopf [KM, NJ]; Grobian [KM] ♦ **E:** RheinWb. I 777, id.

blöilig Subst. [JeS]
– Zwetschge, Pflaume [JeS] ♦ **E:** schweizdt. zu dt. *blau*, nach der Farbe; vgl. rw. *Rothhosen* ‚Kirschen'. → *blau¹*.

blök Subst. [HeF, HF]
– Tabak [HeF, HF] ♦ **E:** nl. *blaken* ‚glühen, brennen', niederrhein. *bloak* ‚Ruß, Qualm'. ♦ **V:** *blök thüren* ‚Tabak rauchen' [HeF]; *zinotesen thür on dem blök hucken op den Refter* ‚Deine Pfeife und der Tabak liegen auf dem Tisch' [HeF]; *zippken, minotes versömt Blök.* ‚Ja, ich verkaufe Tabak' [HeF]; *en rüschken blök* ‚ein Paketchen Tabak' [HeF]; *dem blag thürt locken blök* ‚Der Mann raucht schlechten Tabak' [HeF]; *Schüt ens hitschen dinem Blök* ‚Gib deinen Tabak einmal her' [HeF]

blöken swV. [HF]
– Rauch machen [HF] ♦ **E:** rhein. *bloekere* ‚blaken' (RheinWb. I 741).

blökmeles Subst. [HF]
– Tabaksbeutel [HF]

blökstinnes Subst. [HF]
– Zigarre [HF] ♦ **V:** *minotes thürt blökstinesen* ‚Ich rauche Zigarren' [HeF] ♦ **E:** rhein. *stinnes* ‚Stengel, Stock, Stecken'.

blöker Subst. m. [MM]
– Schaf [MM] ♦ **E:** zu dt. onomatopoetisch *blöken* DWB II 143.

blökerkabache Subst. f. [MM]
– Schafstall [MM]

blökermänglowierer Subst. m. [MM]
– Hirte [MM].

blondchen Subst. n. [HK]
– Bier [HK] ♦ **E:** Diminutiv zu ugs./mdal. *Blondes* ‚helles Bier' ThürWb. I 842.

bloose ‚trinken' → *blasen*.

blos Subst. [EF]
– Horn [EF] ♦ **E:** dt. *blasen* DWB II 68 ff.; dt./ugs. *Blase* ‚Instrument zum Blasen'. → *blasen*.

blose Subst. m. [LJ]
– Wind [LJ] ♦ **V:** *grawiser blose* ‚Sturm' [LJ]

bloslhuber Subst. m. [KJ]
– Wind [KJ].

blotten swV. [MeT, MT]
– mahnen [MeT, MT]; ermahnen [MeT] ♦ **E:** dt. *blott* ‚kahl, geizig' (WolfWR 576, DWB II 152); nl. *bloot* ‚bloß, nackt'; vgl. auch schwed. *blott*, dän. *blot*. ♦ **V:** *Roedel gut? Ok ornlich punen kregen? Hätt de Kröger in X-dörp al bequnten? – Ne, in sinen tispel is nix mehr los. – So?, dann mott he blott' waren* ‚War der Handel erfolgreich? Hast du auch ordentlich Geld bekommen? Hat der Krüger in X-Dorf alles bezahlt? – Nein, in seinem Wirtshaus ist nichts mehr los. – So? Dann muss er angemahnt werden' [MeT]

blotzen ‚rauchen, fallen lassen, hinwerfen' → *plotzen*.

blowa blooz Phras. [Scho]
– Kuchen [Scho] ♦ **E:** unsicher; *blooz* evtl. zu obdt. *platz*, *plooz* ‚Flachkuchen'; *blowa* evtl. Kürzung aus *blauhans* ‚Pflaume' WolfWR 529.

blüah in:
in die blüah gehen Phras., stV. [WG]
– davonlaufen, fliehen [WG] ♦ **E:** Nebenform zu → *pleite* (WolfWR 577).

blubbern swV. [HN]
– trinken [HN] ♦ **E:** nd. *blubbern* ‚geräuschsvoll trinken' (HWB I 368).

abblubbern swV. [HN] ♦ **V:** *jemand abblubbern lassen* ‚jemand volltrunken machen' [HN].

blüete Subst. [JeS]
– Floh [JeS]; Wanze [JeS]; Zecke [JeS] ♦ **E:** unsicher; womgl. zu dt. *Blüte*.

blumbert Subst. n. [HK]
plumpert [HK]
– Wasser [HK]; Getränk [HK] ♦ **E:** rw-typische *-hart*-Bildung aus thür. *plumpe* ‚Pumpe' ThürWb. IV 1243.

blümche Subst. n. [Scho]
– zartes Mädchen [Scho] ♦ **E:** dt. *Blümchen*.

bluns Subst. [WM]
– Wurst [WM] ♦ **E:** PfälzWb. I 1038 (*Blunze* ‚Blutwurst, Presskopf').

blüsen Subst. Pl. [MM]
– Sträucher [MM]; Gebüsch [MM] ♦ **E:** westf. id. (WestfWb. 922).

blüte Subst. f. [CL]
blüten Pl. [NJ]; **blüthen** [StG]
– Falschgeld [CL, NJ]; falsches Geld [StG] ♦ **E:** rw. *blüte* ‚Falschgeldschein' (WolfWR 579), volksetymologisch zu rw. *Platten, Bletten* ‚Geldstücke', zu dt. *Platten* ‚zum Ausprägen von Münzen bestimmte Metallplatten' WolfWR 4234.

bluten swV. [TK]
– schlagen [TK] ♦ **E:** unsicher; evtl. zu dt. *bluten* oder rw. *blotten* ‚ermahnen' WolfWR 576.

bluttere Subst. f. [BM]
– mit baren Füßen [BM] ♦ **E:** schweizdt. *blutt* ‚kahl, bloß'.

blütti Subst. f. [BM]
– Waldlichtung [BM].

blutze swV. [JeS]
– löschen [JeS]; verlöschen [JeS]
verblutze swV. [JeS]; **verblutzen** [JeS]
– verlöschen [JeS] ♦ **E:** wohl zu schweizdt. *Blützeⁿ* SchweizId. V 298 ‚den Speichel spritzend auswerfen; spritzen, vom schmelzenden Schnee auf der Strasse'.

bluzieren swV. [WG]
– schlagen [WG] ♦ **E:** wienerisch *blunzieren* ‚schlagen'. ♦ **V:** *ich bluziere dir eine auf den Zeiger* ‚ich schlage dir auf den Kopf' [WG].

boara ‚arbeiten, betteln' → **bohren**.

bob Subst. [JSW, PH]
– Ofen [JSW, PH] ♦ **E:** roi. *bow* ‚Ofen, Backofen' (vgl. ThürWb. IV 1249).

bobbere Subst. f. [PfJ]
boppere [PfJ]
– Mund [PfJ] ♦ **E:** unsicher; evtl. zu dt. *Bobbel* ‚Wasserblase' DWB II 198 oder zu dt. *babbeln* ‚ungebrochen reden' DWB I 1057.

bober Subst. m. [EF]
– Überrock, schwerer [EF] ♦ **E:** unsicher; dt. *Pober* ‚Überrock, von Bauern getragen' aus frz. *pauvre* ‚arm' (Wolf, Fatzersprache, 114) oder zu obersorb./tschech. *bobr* ‚Biber' Umhang aus Biberfell.

boboldo Subst. m. [GM, JS]
bibáldo [PH]
– Jude [GM, JS, PH] ♦ **E:** rw. *biboldo* ‚Jude' (WolfWR 450) < roi. *biboldo* ‚Jude, Kapaun' (WolfWZ 176).

bocher Subst. m. [Scho]
boocher [CL, LL]; **baacher** [LL]; **baaches** [LL]; **bachurem** Subst. Pl. [Scho]
– Jüngling [Scho]; Junge [Scho]; „junger, rausgefressener Kerl" [CL, LL]; Mann [Scho] ♦ **E:** rw. *bochur, bacher* ‚Student, Jüngling' (WolfWR 584) < jd. *bocher, bacher* ‚Jüngling' (We 52, Post 182, Klepsch 416). ♦ **V:** *alter bocher* ‚Junggeselle, alter' [Scho]

bacherl Subst. Dim. [LoJ]
– Bub [LoJ].

bock¹ Subst. m. [HLD, JS, LüJ, MB, PH]
bok [MM]
– Hunger [HLD, JS, LüJ, MB, MM, PH] ♦ **E:** rw. *bock* ‚Hunger' < roi. *bokh* ‚Hunger', rw. *bockelig, bokhalo* ‚hungrig' (WolfWR 585, WolfWZ 319); vgl. → *buttlack*. ♦ **V:** *Meine liebe Frau! Soeben Deine Post mit großer Freude erhalten ... Viele Grüße an Schofel und Bock!* ‚Uns geht es hier schlecht, wir hungern!' 1946 aus russischer Kriegsgefangenschaft geschriebene Postkarte mit getarnter Botschaft an der unauffälligen Position von Rufnamen [LüJ]; *bock haben* ‚etwas mögen' [LüJ]; *hab' ich bock drauf* ‚möchte ich gern haben, gern tun, das will ich aber wissen'; *keinen bock haben* ‚lustlos sein keine Lust haben' [RW]

boggelo Subst. m. [LüJ]; **bogolo** [LüJ]; **bockolo** [SPI]
– Hunger [LüJ, SPI]; großer Hunger [SPI] ♦ **V:** *tschi boggelo, tschi, da kahl i nix* ‚kein Hunger, nein, da esse ich nichts' [LüJ]; *i nasch en kaflerei und hol mir 'n mass und 'n rondleng, weil i boggelo hab* ‚ich geh' in die Metzgerei und hol' mir Fleisch und Wurst, weil ich Hunger habe' [LüJ]

bockelo Adj. [LüJ]; **bokelig** Adj. [SPI]; **bockli** [GM]
– hungrig [GM, LüJ, SPI]; (selten:) geizig [GM] ♦ **E:** rw. *bokelo, bockelig* ‚hungrig, auch gierig, geizig' (WolfWR 585) < roi. *bokhelo* ‚hungrig, geizig' (WolfWZ 319).

bock² Subst. m. [HN, WG]
– Block zur Fesselung von Händen und Füßen [WG]; Gesundheitsamt, Untersuchungsstuhl des Gesundheitsamtes [HN] ♦ **E:** dt. *Bock* ‚hölzernes Gestell' DWB II 201 ff. (Bock 10). ♦ **V:** *wir müssen auf'n bock fahren* ‚wir müssen zum Gesundheitsamt' [HN]; *muß auf den bock* ‚Prostituierte muss zur Kontrolluntersuchung beim Gesundheitsamt' [HN].

bock³ Subst. m. [HN, WG]
böck [WG]
– Glück [HN] ♦ **E:** evtl. nach dem jägersprachlichen Begriff *kapitaler (Reh-)Bock* (Kü 1993: 118) oder semantische Antonymie, dann zu *bock¹*, vgl. Siewert, Grundlagen, 367. ♦ **V:** *für bock* ‚auf gut Glück' [HN]; *hast du bock an dir?* ‚kannst du mir Glück bringen?' [HN]; *hat bock an sich* ‚er bringt Glück' [HN]; *neben den Böck stehen, Bock valat sein* ‚arm sein' [WG].
bock bock bock Interj. [HN]
– toi toi toi [HN]; „drei Klatscher auf'n Arsch ist auch... soll Glück bringen, wie toi toi toi" [HN].

bock⁴ Subst. [WG]
böck [WG]
– Schuhe [WG] ♦ **E:** wohl Kürzung aus dt. *Bockleder* DWB II 205.
hacknbock Subst. [WG]
– Schuhe einer Dirne (hochhackig) [WG].

bock⁵ Subst. m. [KMa, MoM]
boack [KMa]
– Uhr [KMa, MoM] ♦ **E:** rw. *bogel, bozel* ‚Taschenuhr' zu dt. *Bossel* ‚Kugel', jd. *bozel* ‚Zwiebel'; vermutlich zuerst für die Taschenuhr gebräuchlich (WolfWR 594 und 641). ♦ **V:** *wo zeicht e Bock?* ‚Wieviel Uhr ist es?' [MoM]; *wie aal es de Bock?* ‚Wieviel Uhr ist es?' [MoM].

böcke swV. [HF]
– (sich) bücken [HF] ♦ **E:** zu dt. *(sich) bücken*, vgl. RheinWb. I 1085–1087.

böcken sw. V. [SG]
– Geschlechtsverkehr ausüben [SG]
bockschein Subst. m. [HN]
– Kontrollkarte der Prostituierten [HN] ♦ **E:** ugs. *bocken* ‚koitieren', zu dt. *Bock* ‚Rammler, Rehbock'.

bocksprengen swV. [HF]
bocksprenge [HF]
– bockspringen [HF] ♦ **E:** vgl. RheinWb. I 827.

bod schieben Phras. [JeH]
– geh fort! [JeH] ♦ **E:** wohl zu rhein. *Bodem* „Fläche, auf der man geht, steht, fährt" RheinWB I 830; dt. *schieben*.

boda Adv. in:
boda gwand ‚besonders gut', ‚sehr gut' [SJ] ♦ **E:** unklar; evtl. mdal. zu dt. *besonders*. ♦ **V:** *I ketsch uich an jole her, der ischt boda gwand, da könnt ihr tüchtig schwäcka* ‚Ich bringe euch einen Wein, der ist sehr gut, da könnt ihr tüchtig trinken' [SJ]; *Dr nei guschbenk ischd scharf wia haartling sei moss ischd boda gwand* ‚Der neue Hausherr ist scharf wie ein Messer, seine Frau ist sehr gut' [SJ].

bodacke Subst. f. [CL, LL]
– Kartoffeln [CL, LL] ♦ **E:** pfälz. *bodagge, potacke*, Nebenform zu frz. *patate* (PfälzWb. I 1128).

boddel ‚Hunger' → *botten*.

böde Subst. [JeS]
– Füsse [JeS] ♦ **E:** zu schweizdt. *Böde* ‚Schuhsohlen, Schuhe mit guten Böden'.

bodeli ‚Flasche' → *budel*.

boden swV. [SP]
booden [SP]
– gehen [SP] ♦ **E:** rw. *boderen, pattern* ‚entlassen, loslassen, fortschicken' zu jd. *pattern* id., WolfWR 4075.

bodena Subst. [JSW]
boneger [JSW]
– Igel [JSW] ♦ **E:** unsicher; evtl. zu dt. *Boden* oder *Bonnebirn* „eine kugelförmige birn" DWB II 237.

boder ‚frei' → *poter²*.

bodisem ‚Geldbeutel' → *budista*.

bodom Subst. [JS]
– Wohnwagen [JS] ♦ **E:** jd. *baud*, mhd. *boude* ‚Planwagen, Hütte' (Wolf WJ 96).

boerkasten Subst. [SG]
boierkasten [SG]
– Böttcher [SG] ♦ **E:** unsicher; *kasten* evtl. zu rw. *kaszt, kassen* ‚Holz(bude)' WolfWR 2511 und nd. *Börg* ‚Befestigung'.

bofes Subst. m. [KM]
bofese [KM]
– Griesgram [KM] ♦ **E:** RheinWb. I 391.

boff ‚Vulva' → *beff*.

böff Subst. m. [NJ]
böf [KM]; **böfe** [KM]
– Ochse [KM, NJ] ♦ **E:** frz. *boef* ‚Ochse' (RheinWb. I 834).

bogaie Subst. [Him]
– Fischbein (für Schirmspanngestelle) [Him] ♦ **E:** rw./roi. *bogaie* (WolfWR 593).

bogen Subst. m. in:
da ist ein bogen drin ‚da stimmt etwas nicht' [HN]; *das geht im bogen* ‚da ist etwas faul, unreell' [HN] ♦ **E:** dt. *Bogen* ‚Krümmung' DWB II 219.
halber bogen [MB, RW]
– ¼ Liter gewöhnlicher Schnaps [MB, RW]; ½ *bogen* ‚Flasche' [MB] ♦ **E:** rw. *halber bogen* ‚Viertelliter gewöhnlicher Schnaps' (WolfWR 595).
bögetsch Susbt. m. [BM]
– Bogen [BM] ♦ **E:** schweizdt. zu dt. *Bogen*.

boggla swV. [LJ]
– gehen [LJ] ♦ **E:** schwäb. *bocklen* ‚besonders mit den Füßen poltern, laut und schwerfällig gehen, poltern' (SchwäbWb. I 1251). ♦ **V:** *ma boden schiives* ‚wir gehen zurück (nach Hause)' [SP].

bogoni Adj. /Adv. [GM]
– ruhig [GM] ♦ **E:** roi. *pokono* ‚ruhig, friedlich, still' (WolfWZ 2492).

bohlen ‚werfen, fallen' u. a. → *bolen*.

böhm¹ ‚Zehnpfennigstück' u. a. → *bemer*.

böhm² Subst. [MM]
– Zigarre [MM]; Zigarette [MM] ♦ **E:** unsicher, evtl. met. zu rw. *böhm* ‚Stier' WolfWR 765.

böhme Subst. m. [JS]
– Zirkusmusiker und Helfer beim Zeltaufbau [JS]; Zeltarbeiter [JS] ♦ **E:** ON *Böhmen*. Benennungsmotiv: Zirkusmusiker stammten oftmals aus Böhmen.

bohmeier Subst. m. [LI]
– Lehrer [LI] ♦ **E:** rw. id., aus nl. *boeman* ‚schwarzer Mann, Popanz', auch nl. *boeha* ‚Geschrei' (WolfWR 598a).
bohmeierskaste Subst. m. [LI]
– Schule [LI].

bohnem ‚Gesicht' → *ponum¹*.

bohren swV. [BJ, RW]
boara [OJ]
– arbeiten [BJ, OJ]; unverschämt betteln [RW]; anbetteln [BJ] ♦ **E:** rw. *bohren* ‚zudringlich betteln', rw. *anbohren* ‚anbetteln, deflorieren' zu dt. *bohren* (WolfWR 601).
anbohren swV. [HN, StG]
– antreiben, auffordern [StG]; „eine Frau anfingern, die 'nen festen Hahn hat, anbohren, das ist 'ne hinterhältige Sache" [HN]
ahboara swV. [OJ]
– anbetteln [OJ].

bohrt Subst. n. [SK]
– Boot [SK] ♦ **E:** nd. *bord* ‚Boot'.

boiker Subst. m. [SS]
boker [Scho]; **bauker** [Scho]
– Morgen [Scho, SS] ♦ **E:** jd. *boker* ‚früh' (WolfWR 604).

böimtsch Subst. m. [BM]
beumel [BM]
– Baum [BM] ♦ **E:** schweizdt. Umbildung zu dt. *Baum*.

boiniegel Subst. m. [OJ]
– Tod [OJ] ♦ **E:** SchwäbWb. I 804 (der *Beinige* ‚Knochenmann, Tod'); vgl. → *banerne*.

bointsche Subst. f. [SJ]
– Karussell [SJ] ♦ **E:** unsicher; evtl. zu dt. *beunden* ‚einfrieden' DWB I 1748.

boitz ‚Wirtschaft' → *beitz*.

bojer Subst. m. [JS]
boische [RH]
– Groschen [JS]; Pfennig [JS, RH] ♦ **E:** jd. *poschet* ‚einfach', hebr. *pešutim* ‚Einfache' (Weinberg 1969: 91); jd. *poschut* ‚Pfennig', rw. *poschut* ‚Pfennig' (WolfWR 4324).

bok¹ Subst. [BB]
– Kopf [BB] ♦ **E:** Inversion zu mda. *Kobb* ‚Kopf'.

bok² ‚Hunger' → *bock*.

bokdam Subst. [LüJ]
bochdam [LüJ]
– Decke, Tuch [LüJ]; Leichentuch [LüJ] ♦ **E:** rw. *bockdam* ‚Tuch, Leinwand' < roi. *poxtan* ‚Leinen, Tuch' (WolfWR 588).

boker Subst. [MM]
– Rind [MM] ♦ **E:** rw. *boker* < jd. *boker* ‚Ochse, Rind' (WolfWR 603, We 52, Post 188).

bokup Subst. n. [PfJ]
– Geld [PfJ] ♦ **E:** rw. id., aus frz. *beaucoup* ‚wie viel' WolfWR 605.

bolande Subst. f. [LJ]
bolende [LJ]; **balende** [LJ]; **bolendre** [OJ]; **bolender** [BJ]
– Suppe [BJ, LJ, OJ] ♦ **E:** roi. *bol-* ‚eintauchen' „d. h. hier den Löffel" (WolfWR 4281, WolfWZ 322), nach Klepsch 388 evtl. zu tschech. *polevka* ‚Suppe'.

bolchen Subst. m. [MB]
– Bonbon [MB] ♦ **E:** vgl. rw. *böllerle* ‚Erbsen', zu dt./mdal. *boll* ‚rund' (WolfWR 615). Benennungsmotiv: Formähnlichkeit.

boldl Subst. m. oder n. [SJ]
– Schnaps [SJ] ♦ **E:** zu engl. *bottle* ‚Flasche'.

bole Subst. [JeS, MUJ]
bolle [WJ]
– Geld [JeS]; Rock [MUJ, WJ] ♦ **E:** dt. *boll* ‚rund, geschwollen, kuglicht' DWB II 231; SchwäbWb. I 1271 *Bolein* ‚runder Körper, Ball'. → *boll 1*.

bolen swV. [GM, LüJ, MUJ, PfJ, RW]
bole [PH]; **bolern** [GM]; **bohlen** [LüJ]; **bola** [LüJ, LJ]; **bohlæ** [WJ]
– werfen [LJ, LüJ, PH, WJ]; schmeißen [LüJ]; nachschmeißen [LüJ]; fallen [GM, LJ, LüJ, MUJ, PfJ, WJ]; fallen lassen [LüJ]; stürzen [GM, WJ]; stecken [WJ]; einen Bauchwind streichen lassen [GM]; furzen [GM]; helfen [RW] ♦ **E:** schwäb. *bolen* ‚rollen, im Bogen werfen, springen' (SchwäbWb. I 1271); rw. *bohlen* ‚werfen, fallen' < ahd. *polôn* ‚wälzen, werfen' (WolfWR 597, Klepsch 395).

hinbohlen swV. [MoJ]
– hinfallen [MoJ]

zubola swV. [LJ]
– zudecken [LJ].

bolifde, bolifze ‚Suppe' s. → *polivka*.

bolkhas Subst. m. [HeF, HF]
– Mönch [HeF, HF] ♦ **E:** unsicher; evtl. verballhornt aus: *bölkhals* ‚Schreihals'; nach WolfWR 608 zu nl. *balg* ‚Ranzen, Wanst' und *hals* ‚Tropf'.

boll¹ Adj. [BJ]
– rundlich [BJ] ♦ **E:** dt. *boll* ‚rund, geschwollen, kuglicht' (DWB II 231). → *bole*.

bollig Adj. [OJ]
– rundlich [OJ]

boll Subst. f. [BJ, OJ]
– Null [BJ, OJ]; „beim Kartenspielen eine Null bekommen" [BJ]; *a boll bschdiaba* ‚beim Kartenspiel eine Null bekommen' [OJ]
– Angst haben.

boll² Subst. [OJ]
– Angst [OJ] ♦ **V:** *boll hoa* ‚Angst haben' [OJ]
bollig Adj. [JS, NJ]; **bollich** [JS, NJ]; **bolisch** [KM]; **bollisch** [JS]
– ängstlich [JS, KM, NJ]; bange [KM] ♦ **E:** unsicher; evtl. zu rw. *bullich* ‚großer Hund' (WolfWR 761) ♦ **V:** *schabo, hesse de teps ob, weil de bollich bes date jubbere schukkrig schäfe?* ‚Junge, hast du die Mütze auf, weil du Angst hast, daß die Läuse kalt werden?' [JS].

boll³ in:
bollæspitzær Subst. m. [WJ]; **bollenspitzer** [PfJ]
– Maurer [PfJ, WJ] ♦ **E:** unsicher; evtl. zu rw. *bolt* ‚Dreck' WolfWR 616; dt. *Spitzer* ‚Spucker' DWB XVI 2616; schwer zu rw. *spitzer(t)* WolfWR 5466, 5467.

boll⁴ Adj. [WL]
– Tasse [WL]; Satte [WL] ♦ **E:** LuxWb. I 129 (*Boll* ‚halbkugelförmiges Trinkgefäß'), evtl. zu dt. *boll* ‚rund, geschwollen, kuglicht' (DWB II 231) oder zu frz. *bole* ‚Schüssel'.

bolle¹ Subst. f./m. [Him, LüJ, Mat, SJ, Zi]
bole [JeS]; **bolla** [LJ, LüJ, OJ]; **bollen** [MUJ]; **bollæ** [WJ]; **bölle** [PfJ]; **böllerle** Subst. n. Dim. [LJ, SchJ]; **böllerli** [Scho]; **böllerlen** Pl. [TJ]; **bolder** Subst. m. [RR]
– Kugel [SJ]; Erbse(n) [LJ, SchJ, Scho, TJ]; Kartoffel(n) [Him, JeS, LJ, LüJ, Mat, OJ, WJ, Zi]; Grundbirne [LüJ]; „matrele" [LüJ]; Hut [PfJ]; Knödel [RR] ♦ **E:** rw. *bolle* ‚Kartoffel' < dt./mdal. *boll* ‚rund' (WolfWR 609, Klepsch 389), dt. *Bolle* ‚Kugel' (WolfWR 5193), schweizdt. *Bolle* ‚Kartoffeln' (SchweizId. IV 1172).
♦ **V:** *so, galme, dibert die mamere, ist schnall und bolle' buttet und gleis geschwächt? kenn, mamere! - dann bostet in sauft und schlaunet!* ‚So, Kinder, sagt die Mutter, sind die Suppe und die Kartoffeln gegessen und die Milch getrunken? Ja, Mutter! – Dann geht ins Bett und schlaft!' [LüJ]; *So, galme, dibert die mamere, ist schnall und bolle' buttet und gleis geschwächt? Kenn, mamele! – Dann bostet in sauft und schlaunet!* ‚So, Kinder, sagt die Mutter, ist die Suppe und die Kartoffeln gegessen und die Milch getrunken? Ja, Mutter! – Dann geht ins Bett und schlaft!' [LüJ]

schmunkbolla¹ Subst. Pl. [LüJ]
– Bratkartoffeln [LüJ] ♦ **E:** SchwäbWb. V 1016 (*Schmunkbolleⁿ*).

schmunkbolla² Subst. m. [LüJ]
– ein Stück Fett [LüJ]; Butter [LüJ]; Fettknäuel, Fettbollen [LüJ]; Schmalzbollen [LüJ]; dicker Mensch [LüJ]; fette Leute [LüJ]

schundbolla¹ Subst. [LüJ]; **schundbollen** [WJ]; **schondbollæ** [WJ]; **schombolla** [OJ]; **schumbolle** [Gmü, Him, Mat, Wo]
– Kartoffel(n) [Gmü, Him, LüJ, Mat, OJ, WJ, Wo] ♦ **E:** rw. *schundboll(e)* (WolfWR 5193), rw./dt. *schund* ‚Dreck, Mist Unrat' WolfWR 5192.

schundbolla² Subst. m./f. [LüJ]
– ein Klumpen Dreck (Kot) [LüJ]; Scheißhaufen [LüJ]; Dreckhaufen [LüJ]; Dreckbollen [LüJ]; verdreckte Person [LüJ]; Dreckspatz [LüJ]; Schmutzfink [LüJ]; verwahrloste Person [LüJ]; sehr abfällig für Frau [WJ]
schundbolla³ Adj. [LüJ]
– ungepflegt [LüJ].

bolle² Subst. [BJ, OJ, SJ]
– Amtsdiener [SJ]; Polizist [BJ, OJ]; Polizei [BJ, OJ] ♦ **E:** wohl Kurzform zu dt. *Polizei* oder zu → *polente*; evtl. Einfluss von rw. *bulle* ‚Landjäger, Kriminalbeamter', zu nl. *bol* ‚Kopf, kluger Mensch' WolfWR 760.

bolledoft Subst. [Scho]
– Polizei [Scho]; Ortsdiener [Scho].

bolleik Adj. [SK]
bolleike [SK]
– wenig [SK]; gewöhnlich [SK] ♦ **E:** wohl zu rw. *pollack* ‚Tabaksrest im Pfeifenkopf', aus jd. *polag* ‚abgesondert' (WolfWR 4290).

bolles Subst. n. [CL]
bulles [NJ]; **bules** [NrJ]; **bollesje** Subst. n. Dim. [JS]
– Gefängnis [CL, JS, NJ, NrJ] ♦ **E:** mdal. *Bolles, Bollis* ‚Arrestlokal' < frz. *police* (SchweizWb. IV 1184, ElsWb. II 37, PfälzWb. I 1092, RheinWb. I 1114, SüdhessWb. I 1008).

bolschewiken Subst. m. Pl. [HN]
– Russische Eier [HN] ♦ **E:** dt./russ. Personengruppenname *Bolschewik*.
bolschewikenbrühe Subst. f. [HN]
– Wodka [HN].

bolsingerie Subst. n. [GM]
– Geld [GM] ♦ **E:** zu roi. *phól* ‚Napoleon' (Goldstück von 20 francs), ‚Dukaten, Goldmünze' (WolfWZ 2499).

-bolt Suffix s. → *stickbolt*.

bölt Subst. n. [HeF, HF, JS, KM, StJ]
bölte [KM]; **bolt** [WL]; **bült** [SG]
– Bett [HeF, HF, JS, SG, StJ, WL]; Tasche [WL]; altes Haus [NJ]; schlechtes Haus [KM] ♦ **E:** zu rhein. *bült* ‚verfallenes Haus, Brettergerüst' (RheinWb. I 1116), aus lat. *pulpitum* ‚Brettergerüst', dazu auch dt. *Pult*; → *bild*. ♦ **V:** *loss no de Bölt strömen* ‚Gehen wir zu Bette' [HeF]; *Minotesem Bölt huckt lock geknuckt* ‚Mein Bett ist schlecht gemacht' [HeF]; *de scheets hät em bölt geflössert* ‚der Junge hat ins Bett gepinkelt' [JS].

böltepley Subst. [HF]
– Bettzeug [HF]; Bettuch [HF].

bolz Subst. m. [MM]
bolzen Subst. m. [MB, MM]
– Mädchen [MB]; Mädchen im Haushalt, Dienstmädchen [MM]; Puppe [MB]; Kater [MM] ♦ **E:** rw. *bolzen* ‚leichtes Mädchen', evtl. zu nl. *bout* ‚Bolzen, Keule, Schenkel', womgl. Einfluss von dt. (ant.) *bald* ‚kühn', engl. *bold* id. (WolfWR 618); ugs. *Bolzen* ‚derbes Mädchen. leichtes Mädchen' (Kü 1987: 121f). ♦ **V:** *das ist 'nen bolzen* ‚das ist Klasse' [MB].

bolzen¹ in:
auf'n bolzen bringen Phras. [RW]
– herunterkommen, ausstoßen [RW]
en bolza schiaba Phras. [OJ]
– etwas Falsches, Unrechtes tun [OJ] ♦ **E:** wohl zu dt. *Bolzen* DWB II 236, fachsprachl. ‚zylinderförmiges Verbindungselement'.

bolzen² swV. [EF]
– schauen [EF] ♦ **E:** dt. *bolzen* ‚glotzen, stieren' DWB II 236.
bolzer Subst. Pl. [EF]
– Augen [EF].

bolzengänger Subst. m. [RW]
– ausgestoßener Ehemaliger [RW]; fremder Geselle [RW]; Speckjäger [RW] ♦ **E:** evtl. zu ugs. *bolzen* ‚regelwidrig fechten', wobei rw. *fechten* das regelkonforme Vorsprechen und Erbitten von Handwerksburschen bezeichnet; zu ‚Speckjäger' vgl. → *speck*.

bolzerei Subst. f. [BJ]
bolzrei [OJ]
– Ehebruch [BJ, OJ]; „Unrechtes tun" [BJ] ♦ **E:** zu dt./ugs. *bolzen* ‚koitieren' (Kü 122).

böm ‚Zehnpfennigstück, Groschen' → *bemer*.

bomaiseln sw. V. [PfJ]
– koitieren [PfJ] ♦ **E:** unsicher; evtl. zu → *bomma*.

bomba [OJ]
ahbomba swV. [OJ]
– ausleihen [OJ] ♦ **E:** dt./ugs. *pumpen* ‚ausleihen' DWB XIII 2228 f.
bomb Subst. m. [OJ]
– Leihe, Borg [OJ].

bombe Subst. f. [HN]
– Rauschgift-Zigarette [HN]; Pott Kaffee [HN] ♦ **E:** dt. *Bombe* DWB II 236.

bomele swV. [KM]
jebomelt [KM]
− spazieren [KM] ♦ **E:** zu dt. *bummeln*, RheinWb. I 867.
bummelgeicherei Subst. [EF]
− Unterhaltungsmusik [EF] ♦ **E:** dt. *geigen*, Wolf, Fatzersprache, 115.
bomletör Subst. [MB]
bombditerr [KMa]
− Kartoffel(n) [KMa] ♦ **E:** frz. *pomme de terre* ‚Kartoffel'. Vgl. → *pomm*.
bomm Subst. m. [WL]
− Kopf [WL] ♦ **E:** LuxWb. I 130 (*Bomm* ‚Kopf', met.).
bomma Subst. f. Pl. [LüJ]
bommer [KP, LüJ]; **bommen** [BJ, SJ]; **bummen** [SJ, TJ, TK]; **bomme** [SJ]; **bummern** Subst. Pl. [RR, TK]; **bommr** [OJ]; **bommes** [MUJ]
− Schulden [BJ, KP, LüJ, MUJ, OJ, RR, SJ, TK] ♦ **E:** rw. *pumpen* ‚borgen', zu dt. *Pumps* ‚Stoß' (WolfWR 4394). ♦ **V:** *bomma pflanzen* ‚Schulden machen' [LüJ]; *bommen pflanzen* ‚Schulden machen' [SJ]; *Dr kaffr beschulmd seine bomma mid gip odr mit am gloina lasl odr am nickl* ‚Der Bauer bezahlt seine Schulden mit Getreide oder einem kleinen Schaf oder Schwein' [SJ]
bommapflanzer Subst. m. [LüJ]
− Schuldenmacher [LüJ]
bumm Subst. m. [TK]
− Schuldner [TK].
bommerling¹ Subst. m. [LJ]
− junger Hund [LJ] ♦ **E:** zu rw. *bömes* ‚Hund' zu jd. *behemo* ‚Vieh' (WolfWR 620).
bommerling², **bommer** ‚Apfel' → *pommerling*.
bommsa swV. [OJ]
− aufpassen [OJ] ♦ **E:** evtl. zu rw. *bomser, bumser* ‚Hirte', Herleitung umstritten: jd. *böhm* ‚Viehhirt' oder zu rw. *bumm* ‚Schweiz' (WolfWR 767, 764).
ladebomser Subst. m. [DG]
− Schäfer [DG] ♦ **E:** Erstglied unsicher; evtl. zu dt. *Lade* „kistenförmiger gröszerer oder kleiner behälter" DWB XII 36 ff., schwerer zu rw./roi. *ladengero* ‚Verteidiger' (WolfWR 3057).
bomser Subst. m. [LüJ]
bauser [LüJ]
− Angst [LüJ] ♦ **E:** rw. *bomse haben* ‚Angst haben'; Nebenform zu → *bausen* (WolfWR 621). ♦ **V:** *Liebe tschai, komme morgen in das große gab, habe große bauser* ‚Meine liebe Frau, ich muß morgen nach Rußland, habe große Angst.' Aus dem Abschiedsbrief eines nach Rußland eingezogenen Händlers im 2. Weltkrieg an seine Frau in Wildenstein [WJ]
bomserig Adj. [LüJ]
− ängstlich [LüJ]; „Angst haben" [LüJ] ♦ **E:** rw. *bumserig* ‚scheu' (WolfWR 621).
bomserich Subst. m. [LüJ]
− Angsthase [LüJ]
bomskittel Subst. m. [LüJ]
− Angsthase [LüJ].
bon¹ Subst. in:
bonachtel Subst. [NJ, NrJ]; **bonnartel** [NJ]; **bronachel** Subst. [KM, NJ]; **bronachele** [KM].
− Mütze [KM, NJ, NrJ]; Hut, Kopfbedeckung [NrJ] ♦ **E:** rw. *bonni* ‚Hut' zu frz. *bonnet* id. oder zu roi. *bunéta* id. (WolfWR 622).
bondeckel Subst. m. [SK]
− Hut [SK] ♦ **E:** rw. *deckel* (WolfWR 973).
bon² Adv. [KMa]
bong [KMa, OH]
− gut [KMa, OH]; sehr [KMa]; viel [KMa]; mehr [KMa] ♦ **E:** frz. *bon* ‚gut', ‚Anweisung, Gutschein'.
gebont Adv. [HN]
− geht in Ordnung, ist klar [HN]; verstanden [HN]; die Sache läuft [HN].
bond Adj. in:
bondfilang Subst. m. [MoM]
− Polizist, Gendarm [MoM] ♦ **E:** mdal. *bond* ‚bunt' (wegen der Farbe der Uniform), vgl. rw. *bonterich*, WolfWR 623; → *filang*.
bonebra [OJ]
− beischlafen [OJ] ♦ **E:** wohl zu rw. *penne*, → *benne, bonne* ‚Schlafstelle, Nachtquartier' WolfWR 4119; vgl. auch → *bennen, pennen*.
bonem ‚Kuß' → *ponem*.
bongg Subst. m. [OJ]
− dreckiger Mensch [OJ] ♦ **E:** unsicher; evtl. zu rw. *Pink* ‚Schmierfink' WolfWR 4198, schwerer zu rw. *beng* ‚Teufel' WolfWR 405.
bonggr Subst. [OJ]
− Gefängnis [OJ] ♦ **E:** dt./ugs. *Bunker* ‚Gefängnis'.
eibonggra swV. [OJ]
− einsperren [OJ].

bönhase Subst. m. [RW]
– Schwarzarbeiter [RW]; Pfuscher [RW]; unzünftig arbeitender Meister oder Geselle [RW] ♦ **E:** mhd. *böhn, bähn* ‚Dach, Boden', „der Dachhase ist ein Handwerker, der kein Meister ist und heimlich unter dem Dache auf dem Boden arbeiten muss" (WolfWR 238).

bonjeskero ‚wässerig' → *pani*.

bonkhuses knecht Subst. m. [SS]
– Totengräber [SS] ♦ **E:** westf. *bonkhus* ‚Grab'; Woeste, WB d. westf. Mda. 37.

bonne Subst. f. [JeS]
– Patrone, Gewehrkugel [JeS] ♦ **V:** *Teer mr e Boone, i wott schnelle* ‚gib mir eine Patrone, ich will schiessen' [JK] ♦ **E:** zu dt./ugs. *Bohne* ‚Gewehrkugel'; Benennungsmotiv: Formähnlichkeit.

bonnes Subst. f./m. [NJ]
bones [KM]; **bonese** [KM]
– Magd [NJ]; Knecht [NJ]; Lückenbüßer [KM] ♦ **E:** RheinWb. I 1129 *bunnes* ‚die unterste, jüngste Magd auf den Bauernhöfen, die die schmutzigsten Arbeiten (Stallarbeiten) zu verrichten hat, die sich alles gefallen lassen muss'.

bönti Subst. m. [MM]
– Brocken [MM] ♦ **E:** unsicher; evtl. zu nd. *Bönn(e)* ‚Hintern'.

bontjewasser Subst. n. [HN]
– „das ist ein halbseidenes Getränk, so wie Asti spumante, wo die Weiber drauf abgefahren sind" [HN]; Limonade [HN] ♦ **E:** nd. *bontje* ‚Bonbon' (HWB I 385).

bonum ‚Gesicht, Mund, Kuss' → *ponum*.

booch Subst. [EF]
boch [EF]; **bach** [EF]
– Wasser [EF] ♦ **E:** dt. *Bach*.

boocher ‚junger Kerl' → *bocher*.

boodling Subst. m. [HK]
– Fuß [HK]; Schuhe [HK]; Hausschuhe [HK] ♦ **E:** unsicher; evtl. zu rw. *botten, botling* ‚Stiefel', *botten* ‚schnell laufen' an (WolfWR 637; ThürWb. I 913); thür. *botten* Pl. abwertend ‚(zu große) Stiefel oder Schuhe', beide aus frz. *botte* ‚Stiefel' (vgl. Klu. 1995: 128) oder zu nd./md. *pote, fote*, hd. *Pfote* ‚Hand', ‚Fuß' oder zu dt. *Boden* DWB II 210. ♦ **V:** *der heechd kies an die boodlinge* ‚der hat Geld an den Füßen', ‚der ist reich' [HK].

boofen swV. [HK]
boven [HK]
– schlafen [HK]

boofchen Subst. n. [HK]
– „der schläft mit allen" [HK] ♦ **E:** rw. *pofen* ‚schlafen'. „Im Rw. ist dt. *puffen, buffen*, nl. *poffen* ‚stoßen, knallen' erst eingeengt worden im Sinne des rw. *stoßen, knallen* ‚koitieren, beischlafen' und dann erweitert worden auf ‚schlafen' überhaupt" (WolfWR 4381).

boofi Subst. m./n. [JeS]
– Gesäss, Hintern [JeS] ♦ **E:** evtl. zu rätorom. *Boffer* ‚(auf)blasen, Kuchen, schnauben'. ♦ **V:** *Mir schniffed d Schyyge am Boofi* ‚wir greifen der Serviertochter an den Hintern' [JeS].

boofke Subst. m. [MM]
bowke [MM]
– Gauner, Ganove [MM]; Asozialer [MM]; Strolch [MM]; *bunke*, minderwertiger Mensch [MM]; Lump, Nichtsnutz [MM]; „Leute aus Brink, Tasche, Ribbergasse" [MM]; ungebildeter Mensch [MM]; gewöhnlicher Mensch [MM]; „kein Gauner" [MM]; „halber Penner" [MM]; „jemand, der inne Baracke wohnt, bei de bunken" [MM] ♦ **E:** unsicher; evtl. zu nd. *bove* ‚Bube' mit pejorativem (slavisierendem) -*ke*/-*ki*- Suffix, wie in *Radikalinski, Suffski*; westf. *boofke* (WestfWb. 946); oder zu nd. *bofui* pfui! [Ausruf des Ekels]. ♦ **V:** *die mispel stand anne ecke und lurte nache boofken* ‚die Polizei stand an der Ecke und beobachtete die Ganoven' [MM]; Alter Masemattespruch: *„roof, min roof, der seeger is'n boof...* ‚ach du meine Fresse, der Kerl, das ist ein bunke'" [MM]

boofkenallüren Subst. f. Pl. [MM]
– „nicht besonders gut erzogen" [MM]

boofkenrakawele Subst. f. [MM]
– Gaunersprache [MM]; Sprache der Asozialen [MM]

boofkensprache Subst. f. [MM]
– Gaunersprache [MM].

boog Subst. n. [HK]
– Messer [HK] ♦ **E:** wohl zu mnd. *pôk(e)* ‚Dolch' MNDW III 358.

boogern swV. [HK]; **pukern** [HK]
– stechen [HK]; messerstechen [HK]

boogerfinnichen Subst. n. [HK]
– Messer [HK]; stumpfes Messer [HK] ♦ **E:** → *finne*.

bööge swV. [BM]
– aufgeblasen sein [BM] ♦ **E:** SchweizId. I 1069 (*bogen* ‚sich aufbäumen').

booli Subst. f. [JeS]
– (Frauen-)Rock, Unterrock ♦ **E:** evtl. zu rw. *bolle* ‚Uniform, Sträflingskleidung' (WolfWR 610) oder jen. *an-, auspollen* ‚an-, auskleiden', beide wohl zu jd. *pólil* ‚gerichtlich, richterlich'.

boom Subst. m. in:
boomkrebs Subst. m. [MoM]
– Obst [MoM]; Apfel [MoM] ♦ **E:** nd./mdal *boom* ‚Baum'; dt. *Krebs*.

böömeschen Subst. n. Dim. [SP]
– Hemdenknopf [SP] ♦ **E:** RheinWb. I 1122 (*Bömmes* ‚Kopf').

boonsche Subst. m. [HN]
– Arbeit [HN] ♦ **E:** unklar. ♦ **V:** *toffter boonsche* ‚gute Arbeit' [HN]; *ruhiger boonsche* ‚braucht nicht viel zu arbeiten' [HN].

boonum ‚Gesicht' → *ponum*.

boos Subst. m. [HK, HLD, RW]
bos [HK, RW]; **boost** [HN]; **bost** [HN]; **bôß** [Gmü, Him, Mat, Zi]
– Wirt [HK, HN]; Gastwirt [HK, HLD]; Herbergsvater, Chef einer Übernachtungsstätte [RW]; Vorsteher [RW]; Chef [HN]; Poder [Gmü, Him, Mat, Zi] ♦ **E:** rw. *boos* ‚Gastwirt', Kürzung aus jd. *baal bois* ‚Herr des Hauses' (WolfWR 624).
boostin Subst. f. [HN]; **bostin** [HN]
– Chefin, Wirtin [HN]
bosn swV. [LoJ]
– übernachten [LoJ]
kaschubenboost Subst. m. [HN]
– Gastwirt [HN]
katumenboos Subst. m. [StG]
– Wirt für Bauernfänger [StG]
kittchenboos Subst. m. [RW]; **kittchenboß** Subst. m. [HK]
– Gefängniswärter [HK, RW]
penneboos Subst. m. [HK, RW]; **pennebos** [RW]; **pennboß** [HK]; **benneboos** [RW]; **pennepoost** [RW]
– Herbergsvater, Herbergswirt [HK, RW]; Vorsteher von öffentlichen Übernachtungsstellen, Nachtasylen [RW]
schlummerboos Subst. m. [RW]; **schlummerboß** [RW]
– Herbergsvater, Chef einer Übernachtungsstätte [RW]

viceboos Subst. m. [RW]; **vicebus** [RW]; **vizeboß** [RW]
– Kellner [RW]; Aufwärter [RW]; Hausknecht der Herberge, Hausknecht der *penne* ‚Herberge' [RW] ♦ **E:** rw. *Viceboos* ‚Hausdiener in der Herberge, Vertreter des Herbergswirts', lat. *vice* ‚Stellvertreter' (WolfWR 6104).
boosendilm Subst. f. [HK]
– Wirtin [HK]
boosfrau Subst. f. [HK]
– Wirtin [HK]
boosnjenters Subst. Pl. [HK]
– Wirtsleute [HK]
boosnkeue Subst. f. [HK]
– Wirtsfrau [HK]
boosnmüsch Subst. f. [HK]
– Wirtsfrau [HK]
boosenscheks Subst. m. [HK]
– Wirtssohn [HK]
boosnschrabben Subst. n. [HK]
– Wirtskind [HK].

boosæ swV. [WJ]
– necken [WJ]; in Verbindung mit dem „schwäbischen Gruß" gebrauchtes Verb [WJ]; *Kæsch me boosæ!* Jenischer „Gruß" [WJ] ♦ **E:** SchwäbWb. I 1310 (*bosen* ‚stoßen').

boosche ‚Geld' → *poscher*.

bop Subst. m. [GM]
– Ofen [GM]; Herd [GM] ♦ **E:** rw. *pow* ‚Ofen' (WolfWR 4334) < roi. *bow* ‚Ofen, Backofen' (WolfWZ 340).

boppart Subst. m. [RW]
– Narr [RW] ♦ **E:** unsicher; evtl. zu dt. *Boppe* ‚Großsprecher' DWB XIII 2001.

boppe Subst. in:
boppegardsch Subst. m. [GM]
– reicher Mann [GM] ♦ **E:** rw. *puppen* ‚Geld', wohl volksetym. Nebenform von → *punen* (WolfWR 4399).

boppele Subst. [PfJ]
– Teufel [PfJ] ♦ **E:** SchwäbWb. I 1294 (*Poppele* ‚Teufel').

boppere swV. [JeS]
– schmieden [JeS] ♦ **E:** SchwäbWb. I 1294 (*poppern* ‚klopfen, schlagen').
bopperer Subst. m. [JeS]
– Schmied, bes. Nagelschmied [JeS]
boppererfisel Subst. m. [JeS]
– Schmiedejunge, der den Blasebalg bedient [JeS].

bordell Subst. n. [HN]
- Puff [HN] ♦ **E:** frz. *bordel*, ital. *bordello* ‚kleine (Bretter-)Hütte' (Klu. 1999: 126).
bordellier Subst. m. [HN]
- Bordellbesitzer [HN]
bordellstubben Subst. m. [HN]
- Kellner im Bordell [HN].

bordfinnichen Subst. n. [HK]
portfinnichen [HK]
- Portemonnaie [HK]; Geldbörse [HK] ♦ **E:** Erstglied Kürzung aus dt./franz. *Portemonnaie* ‚Geldbörse'; zum Halbsuffix -*finnichen* → *finne*.

bordsteinschwalbe Subst. f. [HN]
- Prostituierte [HN] ♦ **E:** dt./ugs.

bordtille Subst. f. [HN]
- Prostituierte, die mit Seeleuten an Bord geht ♦ **E:** dt. *Bord* und → *dil*.

bore ‚Kuh, Rind, Kalb' → *pore*.

böre Subst. [JS]
bör [PH]
- Butter [JS, PH] ♦ **E:** frz. *beurre* ‚Butter'.

bören swV. [NJ]
- tragen [NJ] ♦ **E:** unsicher; evtl. zu rw./roi. *bari* ‚schwanger' (Windolph, Nerother Jenisch, 65) oder ahd. *beran* ‚tragen'.

borghorstern swV. [MM]
- Prügel anfangen [MM] ♦ **E:** aus ON *Borghorst* (Münsterland), vgl. → *steinfurtern*.

borgis Subst. m. [EF]
burgis [EF]; **buargers** [RR]; **boris** [EF]
- Bürgermeister [EF, RR] ♦ **E:** Kürzung von jd. *Borg-, Burgmaister*, mdal. *Borger-, Burgermeister*.
borgisserei Subst. f. [EF]; **burgisserei** [EF]
- Bürgermeisteramt [EF].

bori Subst. m. [GM]
- Schwanz [GM] ♦ **E:** roi. *pōri* ‚Schweif, Schwanz' (WolfWR 4312, WolfWZ 2523).

borjen Subst. [SE]
- Geld [SE] ♦ **E:** rw. *bareies, barje* ‚reicher Mann, modern gekleideter Mensch, Geck' aus jd. *birjah* ‚vollkommenes Wesen, feiner Mensch' (WolfWR 317).

borjermonem ‚Bürgermeister' → *bürgermali*.

börjerschütz Subst. m. [KMa]
bärjerschütz [KMa]
- Bürgermeister [KMa] ♦ **E:** dt. *Bürger* und *Schütz*.

borke Subst. f. [HL]
- Kleider [HL] ♦ **E:** dt. *Borke* ‚Rinde'.

bornis Subst. [EF]
burnis [EF]
- Winterrock [EF] ♦ **E:** arab. *Burnus* ‚weiter Mantel', über frz. *bournous* (Wolf, Fatzersprache, 115).

borschel ‚Pfennig' → *poscher*.

borschen[1] swV. [SchJ]
- gehen [SchJ] ♦ **E:** nach WolfWR 633 zu frz. *passer*. → *boschen*.

borschen[2] swV. [Scho]
- sträuben [Scho] ♦ **E:** jd. *borsten* ‚sich sträuben' aus dt. *Borste* (Klepsch 392 f.).

börse Subst. f. [MB]
- Herberge „Zur Heimat" [MB] ♦ **E:** dt. *Börse*.
börsianer Subst. m. [MB]
- Handwerksbursche [MB].

borsten Subst. Pl. in:
stachelschweinborsten [StG]
- dichtes struppiges Haar [StG] ♦ **E:** dt. *Borste* DWB II 246.

boruch Adj. [Scho]
- gesegnet [Scho] ♦ **E:** jd. *borech* ‚gesegnet' (We 52).

bos[1] Subst. m. [BJ, LJ, LüJ, PH, SJ]
boos [LJ]; **bôß** [JeS, LüJ, SJ]; **boos** [LüJ, OJ]
- Hintern, Gesäß [BJ, LüJ, OJ, PH, SJ]; „leck mich am …" [BJ]; Arsch [LJ, LüJ, SJ]; After [SJ]; Podex (SJ/G 1); „keb" [LüJ]; „schmelzer" [LüJ]; „buhl" [LüJ] ♦ **E:** rw. *boß* ‚Gesäß' (WolfWR 634), dies zu rw. *boß* ‚Haus' aus jd. *beis* ‚Haus', vgl. rw. *braune Kammer* ‚Gesäß, Podex'. ♦ **V:** *am boos muffa* ‚am Arsch lecken, am Arsch riechen' [LJ]; *muff mein bos* ‚leck mich im Arsch' [SJ]; *muff mei bos/jann mei bos* ‚leck mich am A., schmeck an meinem Arsch, riech mein Hinterteil' [LüJ]; *bos mei bos* ‚er kann mich mal' [LüJ]; *boos muffä* ‚Götz Zitat' [LüJ]; *kæsch me boosæ*. Jenischer „Gruß" [WJ]
schundboos Subst. m. [JS]
- Hintern [JS].

bos[2] ‚Hausherr, Wirt' → *boos*.

bos³ Subst. [TJ]
bôs [TK]; **boes** [TK]
– Geschlechtsteil (weiblich) [TK]; weibliche Genitalien [TJ] ♦ **E**: unsicher; evtl. zu → *bos¹*.

bos⁴ Subst. [SchJ]
– Haus [SchJ] ♦ **E**: jd. *bajis* ‚Haus' → *baijes*. ♦ **V**: *mer schefte labese* ‚wir gehen heim' [SchJ].

bos⁵ Subst. f. [BB]
– Suppe [BB] ♦ **E**: Inversion zu mdal. *Sobb* ‚Suppe'.
♦ **V**: *maagst dou di bos?* ‚Magst du die Suppe?' [BB].

bosche, boschem ‚Pfennig, Geld' → *poscher*.

boschen swV. [JSa, LüJ, Scho]
buschen [HK]; **puschen** [HK]; **buschn** [HK]; **puschn** [HK]; **puusche** [HK]; **puuschre** [HK]
– gehen [HK, JSa, LüJ]; kommen [HK]; fortgehen [HK]; hingehen [HK]; unnütz umherlaufen [Scho]; Wasser lassen [HK]; Pipi machen gehen [HK] ♦ **E**: rw. *boschen* ‚gehen', nach Wolf aus frz. *passer* ‚gehen' (WolfWR 633, Klepsch 393, SchwäbWb. I 1310). ♦ **V**: *schiewes puschen* ‚fortgehen' [HK]; *schibbes buschen* ‚weggehen' [HK]; *pusche schiwwes* ‚geh fort' [HK]; *bekane buschen* ‚nach Hause zurückkehren' [HK]; *der peeker puscht* ‚der Mann kommt' [HK]; *in die schalderkitte buschen* ‚zur Schule gehen' [HK]; *Schemmd der schmalgerd nich grannich? – Doch, es puscht, Mutti. – Soll ich denn buschen? – Ach loone, bleib man schemmen!* ‚Ist der Arzt denn nicht gut? – Doch, es geht, Mutti. – Soll ich denn kommen? – Ach nein, bleib da!' [HK]; *schuffd dich, dillichen, der hussl buschd* ‚sieh dich vor, Mädchen, der Gendarm kommt' [HK] *Schuffdich/Schufftig scheks, derr hussl/hussel buscht!* ‚Vorsicht, Junge, der Gendarm kommt!', ‚nimm dich in Acht, jetzt kommt die Polizei' [HK]; *schdiekum, der hussl buschd* ‚leise, die Polizei kommt' [HK]; *puschd schiewes, die hussels sin bikahne* ‚geh weg, die Gendarmen sind hier' [HK]; *scheeks, der hussel buscht* ‚Mann, der Wachtmeister kommt' [HK]; *der kliester buscht (oder) schlehnt* ‚der Polizist geht (oder) kommt' [HK]; *wir buschen schiebes (schibbes)* ‚wir gehen über die Grenze', ‚wir gehen fort' [HK]; *die leine buschn me schiewes* ‚heute Nacht gehen wir weg' [HK]; *der schnoarz schemmd schibbes gebuschd* ‚der Freund ist fortgegangen' [HK]; »*Scheeks, hier könn we nich penn, hier müß me schiewes buschn, sonz kriegen we noch roadmalmische – Wanzen – oder wir kriegen muckn. Hier müß me wieder jitt, dilms. Komm, wir puschen schiewes* ‚Junge, hier könn wir nicht schlafen, hier müssen wir fortgehen, sonz kriegen we noch Wanzen oder wir kriegen Läuse. Hier müssen wir wieder fort, Mädchen. Komm, wir gehen fort' [HK]; *schuffd dich, jetzt buschd der schnoarz schon wieder!* ‚guck doch mal, jetzt kommt der Bengel schon wieder' [HK]; *schuffd dich, der schnoarz buschd* ‚paß auf, der Mann kommt' [HK]; *ich busche aufs flesselfinnichen* ‚ich gehe auf Klo' [HK]; *der beeker is mit ins sänfdchen gebuschd* ‚der Mann ist mit ins Bett gegangen' [HK]; *schuul, der beeker buschd auf frejate* ‚guck, der Mann geht auf Brautschau' [HK]; *wir buschen übermalmsch* ‚wir gehen über die Grenze' [HK]; *wir buschen unterkünftig* ‚wir gehen über die Grenze' [HK]; *wir klufdn uns grannich an und buschen ins dreschoakel* ‚wir ziehen uns schön an und gehen ins Theater' [HK]; *auf die hullche puschn* ‚auf die Reise gehen' [HK]; *buscht nich hin, Kinder, die ham relln* ‚geht nicht hin, Kinder, die haben Läuse' [HK]; *Dilms! Buscht inn de finkelei! Looscht de bosenkäue nach pennen unn oahbendleechen – unn woas es schulmmt!* ‚Mädchen, geht in die Küche! Fragt die Wirtsfrau nach Übernachtung und Abendessen – und was dies kostet' [HK]; *jetzt buschd einer rein hier, zum boos, und looschd, ob wir jaunen können* ‚jetzt geht einer rein hier, zum Wirt, und fragt, ob wir spielen können' [HK]; *ich busch hoidahmd offn ringl* ‚ich gehe heute abend zum Tanz' [HK]

nachboschen swV. [LüJ]
– nachgehen [LüJ]

herbuschen swV. [HK]
– herkommen [HK]

hinbuschen swV. [HK]; **henpuusche** [HK]; **henpuuschre** [HK]
– hingehen [HK]

jittbuschen swV. [HK]
– fortgehen [HK]; über die Grenze gehen [HK] ♦ **V**: *er buschte jitt* ‚er ging fort' [HK]; *schemmd ein mooles jent, busch ich aber gleich wieder jitt* ‚das sind schlechte Leute, da geh ich gleich wieder fort' [HK]

vorbuschen swV. [HK]
– „vorweggehen, um als erster an der Wirtschaft zu sein" [HK].

böschen ‚sitzen, gehen, laufen' → *beschen*.

boscher ‚Pfennig, Geld' → *poscher*.

boschten ‚springen, eilen, laufen' → *posten*.

bose Subst. m./f./n. [MM]
pose [MM]; **booser** Subst. n./m. [CL, KM, LL, StJ]; **boser** [FS, KMa, LI, MM, NJ, NrJ, PH, SS, WH]; **bosa**

[NW]; **poser** [MM]; **bôßer** [Gmü]; **bosser** [StG]; **buser** [SPI]; **busser** [KJ, Scho, SPI]; **bauser** [SS, WH]; **bäuser** [SS]; **bosshart** Subst. m. [RW]; **boßhart** [RW]; **bosert** [JS, SE, SP, TK]; **bossert** [HK, JS, LJ, LüJ, NJ, PfJ, PH, RR, RW, SchJ, SE, SJ, SK, TJ, TK, WJ, WL]; **bossad** [LoJ]; **bossard** [JeH, SE]; **bussert** [SK]; **poster** [SG]; **pussert** [HLD, SK]; **bossart** [LüJ, SJ]; **bôßert** [SJ, Wo, Zi]; **bosehed** [LüJ]; **bosserd** [HK]; **possert** [HK]; **possrt** [HK]; **bosset** [Him, Mat]; **posset** [KJ]; **bossat** [SE]; **bosat** [SE]; **boßert** [SE]; **bóssert** [TK]; **bôsert** [TK]; **boosem** [StJ]

– Fleisch [CL, FS, Gmü, Him, HK, HLD, JeH, JS, KJ, KM, LI, LJ, LL, LoJ, LüJ, Mat, MM, NJ, NW, NrJ, PfJ, PH, RR, SchJ, Scho, SE, SJ, SK, SP, SPI, SS, StG, TJ, TK, WH, WJ, WL, Wo, Zi]; Bratenfleisch, ein Stück Fleisch [MM]; Wildfleisch [SG]; frisches Fleisch [KMa]; Eßbares [MM]; Fleischer [MM] ♦ **E:** rw. *bossor* ‚Fleisch' (WolfWR 636) < jd. *boser* ‚Fleisch' aus hebr. [ba:'sar] ‚Fleisch' (We 52, Post 189, Klepsch 428). ♦ **V:** *mufiger bossart* ‚stinkendes Fleisch' [LüJ]; *bossert vom kassert* ‚Schweinefleisch' [HK]; *ein fiers bose* ‚ein Stück Fleisch' [MM]; *bei dem kower gab's jofle bose zu achilen* ‚bei dem Wirt gab es (viel) Fleisch zu essen' [MM]; *er nutzt jede Gelegenheit um zu schoren, sei es jarikes oder kachelins oder ne macke pose vom schassor* ‚er nutzt jede Gelegenheit um zu stehlen, seien es Eier oder Hühner oder ein Stück Schweinefleisch' [MM]; *ich achiile ak drei Wääche ke Booser mi* ‚ich esse auch drei Wochen kein Fleisch mehr' [KM]; *des booser is awer vun eme alde boore* ‚Das Fleisch ist aber von einer alten Kuh' [LL]; *Baizermoss, i lins, der ketscht an jesesmäßiga rande, wenn do von dr massfetzerei schling ond a bossert drin hauert, no kenner a gwande mansche haure* ‚Wirtin, ich sehe, er trägt einen jesesmäßigen Sack, wenn dort von der Metzgerei Wurst und Fleisch drin ist, dann können wir ein gutes Essen machen' [SJ]; *Do, i bring a gwande pickerasch, schling ond bossert* ‚Da, ich bringe ein gutes Essen, Wurst und Fleisch' [SJ]; *Baizermoss, zo dem faßjole kascht mr a kiwigs Stück bossert, a schling ond an kafferlehm brenga* ‚Wirtin, zu dem Faßwein kannst du mir a schöns Stück Fleisch, Wurst und ein Bauernbrot bringen' [SJ]; *Schure, i hab a frog, ihr habt jetzt elle buttet, ist dia schling ond der bossert gwand gwea?* ‚Männer, ich habe eine Frage, ihr habt nun alle gegessen, war die Wurst und das Fleisch gut?' [SJ]; *Massfetzer, deine schling waret gwand, aber dei bossert zu kiwig* ‚Metzger, deine Würste waren gut, aber dein Fleisch zu fett' [SJ]; *ming moß fonkt matrele en bosert ob et hetzdenkelche* ‚Meine Frau kocht Kartoffeln und Fleisch auf dem Herd' [JS]

bosserei Subst. f. [SchJ, TJ]
– Fleischhauerei [TJ]; Metzgerei [SchJ]

ekelpusa Subst. [RA]
– Kalbfleisch [RA] ♦ **E:** jd. *egel* ‚Kalb' (WolfWR 1147, We 62).

flusebosert Subst. [UG]
– Entenfleisch [UG]

kaserboser Subst. m./n. [CL]
– Schweinefleisch [CL]

quibossert Subst. m. [RR]
– Hundefleisch [RR]

stupfelbossert Subst. m. [LüJ]
– Igelfleisch [LüJ] ♦ **V:** *moß, was sicherst? ich sichere hegesle mit stupfelbossert und pflanz' noch ein blättling* ‚Frau, was kochst du? Ich koche Spätzle mit Igelfleisch und mach' noch einen Salat' [LüJ]

zossenbose Subst. f. [MM]; **zossenpose** [MM]; **zossenboser** Subst. n. [MM]
– Pferdefleisch [MM]

possetdeiser Subst. m. [KJ]
– Metzger [KJ]

bossertfetzer Subst. m. [LJ, RR]; **possetfetzer** [KJ]; **boslfetza** [LoJ]
– Metzger [KJ, LJ, RR]; Fleischer [LoJ]

bosslhacker Subst. m. [TJ]; **bôselhaeker** [TK]
– Metzger [TJ, TK]

bossertlappa Subst. Pl. [SJ]
– Fleischstücke [SJ] ♦ **V:** *Schure, gschaubet her, do hot dr massfetzer schling ond bossertlappa herketscht, do kennemer mordsmäßig butta* ‚Männer, schaut her, der Metzger hat Wurst und Fleischstücke gebracht, da können wir tüchtig essen.' [SJ]

bussertpahn Subst. m. [SK]; **pussertpahn** [SK]
– Fleischer [SK]

boosersefferuff Subst. f. [LL]
– Fleischwurst [LL] ♦ **E:** → *seferuf*.

bossern swV. [RH]
– coire, bumsen [RH] ♦ **E:** Arnold 1961, 113.

boseln swV. → *bosseln*.

bosen swV. [LüJ]
bose [LüJ]; **bosà** [LüJ]
– am Arsch lecken [LüJ]; lecken [LüJ]; verarschen [LüJ]; den Buckel, Rücken raufsteigen [LüJ] ♦ **E:** dt. (ant.) *bosem, bosen* ‚Rundung, Bogen, Bucht' DWB II 256; SchwäbWb. VI 2, 1679 (*bosen*).

boß Subst. [PfJ]
– Gesäß [PfJ] ♦ **V:** *bos mei bos* ‚er kann mich mal' [LüJ]; *bos mei buj* ‚leck mir die Vulva' [LüJ]; *bos me/ mich* ‚leck mich am A.' [LüJ] ‚leck mich (Götz)', ‚l. m. a. A. (Götz von Berlichingen)' [LüJ] ‚du kannst mich mal am Arsch lecken' [LüJ] ‚laß mich in Ruhe' [LüJ]
bosmuffen swV. [MUJ]
– am A... lecken [MUJ]
bosmuffer Subst. m [LJ]
– Schimpfwort: Arschlecker, Arschloch [LJ]
schundbos Subst. [SchJ]
– After [SchJ].

boser ‚Fleisch' → *bose*.

bosgro Subst. m. [SJ]
boskro [SJ]
– Pfarrer [SJ] ♦ **E:** wohl zu roi. *moskero* ‚Pfarrer'.

bosn ‚übernachten' s. → *boos*.

bosnickel Subst. m. [LJ]
– bösartiger Mensch [LJ] ♦ **E:** zu dt. *bös* und *Nickel* ‚Teufel', „als Schelt- und Schimpfwort weitverbreitet" (WolfWR 3871).

bossen swV. [RW]
– schweigen [RW] ♦ **E:** rw. *bossen* ‚schweigen' (WolfWR 354). ♦ **V:** *boss dich!* schweig! [RW].

bosse Subst. f. [MM]
boxn Subst. f. [LoJ]
– Hose [LoJ, MM] ♦ **E:** zu dt. *Buxe/Büxe* ‚Hose'; *bosse* mit rhein. und nd. typischem *k*-Schwund, vgl. *Fuchs>Foss* oder *sechs>sess*. ♦ **V:** *wat schmuste, dat böscht inne bosse?* ‚was sagst du, das geht in die Hose?' [MM]
badebosse Subst. f. [MM]
– Badehose [MM]
malocherbosse Subst. f. [MM]
– Arbeitshose, Blaumann [MM]
bossmann Subst. m. [MM]
– Hose [MM].

bosseln swV. [GM, JSa, NJ, PfJ, SE]
bossele [NJ]; **bossle** [NJ]; **boseln** [NrJ, StJ]; **bosern** [SP]; **bosselle** [JS]
– arbeiten [GM]; bebauen [NJ]; machen [JS, NrJ, JSa, NJ, SE, StJ]; tun [SE, StJ]; herstellen [JSa, NJ]; dreschen helfen [PfJ]; basteln [SP]; werken [SP]; zusammenbauen [SP]; schaffen [SE]; bestehen [NrJ]; kochen [NrJ] ♦ **E:** rw. *bosseln* ‚machen', zu dt. *basteln* (WolfWR 635), auch mdal./ugs., RheinWb. I 882f. ♦ **V:** *bossel de fall* ‚Tür zu!' [SE]; *ich bossele das nobes* ‚ich mache das nicht' [NJ]; *wir bosseln ein Funkert* ‚wir machen ein Feuer' [NJ]; *kann man becht bosseln?* ‚Kann man hier Geld machen?' [NJ]; *de schmarges wor tschie dofft gebossellt* ‚der Kaffee war nicht gut gemacht' [JS]; *ming moß bosselt mich en fenn doft* ‚meine Frau macht mir ein Butterbrot fertig' [JS]; *bosselle dich de stropede doft* ‚bring' dein Haar in Ordnung'/‚kämm dich' [JS]; *de moß bosselt an der schwäsch* ‚Die Frau schafft in der Wirtschaft' [SE]; *Er hat der Mos e Jälempche jeboselt* ‚Er hat sie geschwängert' [NrJ].
opbosseln swV. [SE]
– aufbrummen [SE]
zusammenbosseln swV. [MM]
– zusammenschweißen [MM]; zusammenfügen [MM]; zusammenstoßen [MM]; zusammenmachen [MM]
bosseler Subst. m. [JSa]
– Maurer [JSa]
bossler Subst. m. [CL, LL, NJ]
– Hersteller, Reparierer [CL, LL]; Handwerker [NJ]
sachselcherbosseler Subst. m. [NJ]
– Scherenschleifer [NJ]
schuribossler Subst. m. [LL]
– Schirmflicker [LL]
zwickelbosler Subst. m. [MUJ]
– Scherenschleifer [MUJ].

bosser, bossert ‚Fleisch' → *bose*.

bostere swV. [NJ]
boostere [KM]
– arbeiten [KM, NJ] ♦ **E:** vgl. RheinWb. I 882.
jeboostert Part. Perf., Adj., Adv. [KM]
– abgearbeitet, erledigt [KM]
boosterschalef Subst. m. [KM]; **boosterschaleve** [KM]
– Arbeiter [KM].

böt Subst. [HeF, HF]
– Ei [HeF, HF] ♦ **E:** unsicher; evtl. zu → *betz* ‚Ei'; rhein. *Botsch* ‚Seite des Eies' RheinWb. I 886 f. ♦ **V:** *pröttelt dot thürken böten?* ‚Kocht das Mädchen Eier?' [HeF]; *zinotes bott böten* ‚Sie essen Eier' [HeF]; *de bötes hucken mutsch* ‚Die Eier sind wohlfeil' [HeF]; *Wat beuten de Böten hitschen?* ‚Was kosten die Eier hier?' [HeF]
schruppenböten Subst. Pl. [HF]
– Hühnereier [HF]
bötendeckel Subst. m. [HF]
– Eierkuchen [HF] ♦ **E:** rw. *deckel* ‚Kuchen' WolfWR 972, vgl. nl. *deksel* ‚Deckel, Bedeckung'.

böteler Subst. m. [KM]
bötelere [KM]
– Schneider [KM] ♦ **E:** wohl (unverschoben) zu rhein. *büßen* ‚nähen, flicken' (RheinWb. I 1156 und IX 1086).

böterd Subst. [HeF, HF]
– Gans [HeF, HF] ♦ **E:** rw./dt. *Buze, Böterd* ‚Gans', zu dt. *butzeln* ‚scharren' WolfWR 806.

bótilje Subst. f. [JeS]
bottil [SJ]; **potillche** [HK]; **potallje** [HK]; **potilche** [HK]
– Flasche [HK]; Schnapsflasche [SJ]; Weinkaraffe [HK]; „kleine Schnapsflasche, die se immer bei sich haben" [HK] ♦ **E:** roi. *butelgo* ‚Flasche' (WolfWZ 417), rum. *butelie*, ital. *bottiglia*, frz. *bouteille*, Middelberg, Romanismen, 51 f.; thür. weit verbreitet (ThürWb. I 913). ♦ **V:** *aus der potallje jehiebt* ‚aus der Flasche getrunken' [HK].

botötes ‚Kartoffeln' → *potates*.

bots Subst. in:
bläschebots Subst. m. [StJ]
– Gefängnis [StJ] ♦ **E:** WolfWR 537: *blech* ‚Gefängnis'; *bots* evtl. zu dt. *Bude*.

botschambær Subst. [WJ]
– Nachtgeschirr [WJ] ♦ **E:** frz. *pot de chambre* ‚Nachttopf'.

botten swV. [HeF, HF, JS, JSa, MT, NJ, SE, WL]
botte [JeS]; **boten** [NrJ]; **bodde** [JSW]; **budde** [JSW]; **butten** [EF, JS, JSW, KP, MoJ, MT, TK, Zi]; **batten** [SE]; **butt'n** [TK]
– essen [EF, HeF, HF, JS, JSa, JSW, MoJ, NJ, NrJ, SE, TK, WL, Zi]; (Essen) erbetteln [JeS] ♦ **E:** rw. *butten* ‚essen' (WolfWR 800); mdal. weit verbreitet, z. B. westf. *butten*, rhein. *botten* (RheinWb. I 887); Siewert, Humpisch, 61. ♦ **V:** *lehm botten* ‚Brot essen' [NJ]; *schnall botten* ‚Suppe essen' [NJ]; *henes botten* ‚gut essen' [HeF]; *schund budde* ‚Dreck fressen' [JSW]; *minotes het den ühl gebott* ‚Ich habe nichts gegessen' [HeF]; *zinotes flickt; minotes het enen thuren möt spörkes gronzen, die wellen botten* ‚Du sprichst: Ich habe eine Frau mit sechs Kindern, dei wollen essen' [HeF]; *Esch ha doft jebot.* (gut gegessen) [NrJ]; *zinotes bott böten* ‚Sie essen Eier' [HeF]; *bott de michel krotesepeek?* ‚Ißt der Jude Schweinefleisch?' [HeF]; *ich nasch helles botte* ‚ich geh jetzt hier essen' [JS]; *komm botten!* ‚Komm essen!' [SE]; *peek botten* ‚Fleisch essen' [HeF]; *meine schrawiener sollen butten und schwächen naschen und sich die kwast flotschen* ‚meine Kinder sollen zum Essen und Trinken kommen und sich die Hände waschen' [MoJ]

botteniere swV. [JS]
– essen [JS] ♦ **E:** evtl. Kontamination mit *dinieren*.
♦ **V:** *ich nasch jetzt botteniere* ‚ich geh jetzt essen' [JS]

botlemaanesen swV. [NrJ]; **bottelemanessen** [NJ]
– essen, speisen [NJ]

bott Subst. [HeF, HF]; **botte** [JS]; **botten** [SE]; **butten** [EF]
– Essen, Speise [EF, HeF, HF, JS, SE] ♦ **V:** *bott benucken* ‚Speise bekommen' [HeF]; *Zippken, Knöllen, hitschen in de Härk huckt henesem Bott on knäbbige Bölten* ‚Ja, mein Herr, in diesem Gasthause gibt's gutes Essen und gute Betten' [HeF]; *Wat berimt Zinotes för et Pauen on dem Bott?* ‚Was bezahlen Sie für Bett und Speise?' [HeF]; *Zinotesem Bott huckt op te Fonkert* ‚Dein Essen steht auf dem Ofen' [HeF]; *Kloppert möt Gronkwölesen huckt dot enen henesen Bott för Zinotes?* ‚Essen Sie gern Stockfisch mit Kartoffeln?' [HeF]; *de schuckelcha sein doft für zu botten* ‚Die Kartoffeln schmecken gut zum Essen' [SE]

rättebutten Subst. n. [UG]
– Nachtessen [UG]

boddel Subst. m. [KMa]; **bottel** [KMa]
– Hunger [KMa]

botlement Subst. n. [NJ]
– Nahrung, Essen [NJ] ♦ **E:** rw. *buttement* ‚Futter' (WolfWR 752). ♦ **V:** *das Botlement hockt nobes doft* ‚das Essen taugt nichts' [NJ]

bottstinnes Subst. m. [HF]
– Löffel [HF] ♦ **E:** rhein. *stinnes* ‚Stiel'.

bottine Subst. Pl. [BM]
– Schuhe [BM] ♦ **E:** frz. *bottine* ‚Stiefel'.

bottlack ‚Hunger' → *buttlack*.

bottr ‚Rosenkranz' → *poter¹*.

boue swV. [CL, LL]
– erhalten, bekommen [CL, LL] ♦ **E:** jd. *bo sein, boen* ‚kommen' (WolfWR 345, We 50, Post 188). ♦ **V:** *schäff prää, sunschd bouschde kuffes!* ‚Mach zu, sonst bekommst du Schläge' [LL, CL]; *Raine mol des Tillche, hot Roof iwwer bou, mechd e mattche achiele, bout awwer lou!* ‚Schau einmal das Mädchen, hat Hunger, möchte etwas essen, bekommt aber nichts' [CL].

bouillabaise Subst. [EF]
– Suppe [EF] ♦ **E:** frz. *bouillabaisse* ‚Fischsuppe'.

boukert Subst. [WH]
– Bürgermeister [WH] ♦ **E:** rw. *pokid, poked, boched* ‚Amtmann, Vorsteher' zu jd. *pokid* ‚Amtmann' (WolfWR 4279).

boule swV. [CL, LL]
bouln [SchJ]
– werfen, schmeißen [CL, LL]; stoßen [SchJ]; legen [SchJ]; setzen [SchJ]; stellen [SchJ] ♦ **E:** wohl zu → *bolen*.

boum ‚Gesicht' → *ponum*.

bouscher Pron., Adv. [Scho]
– nichts [Scho] ♦ **E:** jd. *bouscher* ‚Kleingeld, kleine Münze' (Klepsch 397).

bousn swV. [SchJ]
– arbeiten [SchJ] ♦ **E:** unsicher; evtl. zu rw. *bausen* ‚sich fürchten, ängstigen' aus dt. *bauschen* ‚schlagen' (WolfWR 354); womgl. zu rw. *barbauser* ‚Schmied' aus roi. *bar* ‚Stein' und roi. *buci* ‚Arbeit' (WolfWR 309).

bouserei Subst. f. [SchJ]
– „die Arbeit, die nicht gern ausgeführt wird" [SchJ].

bovenbouchem swV., Phras. [StG]
– wohnen, oben wohnen [StG]; behüt dich Gott! [StG] ♦ **E:** nd. *boven* ‚oben'; evtl. rw./roi. *busch, bouch* ‚Leib' WolfWR 784.

bowel ‚minderwertige Ware' u. ä. → *bafel*.

bowele Subst. [Scho]
– (gute) Kost [Scho] ♦ **E:** unsicher; evtl. zu rw. *bowel* ‚alte Ware' WolfWR 233, bei semantischer Antonymie (Siewert, Grundlagen, 367).

bowen swV. [RH]
– sich schämen [RH] ♦ **E:** zu rw. *bower* ‚arm', *bobeln* ‚betteln'; „Verlötung von frz. *pauvre* mit dt. *Bofel* ‚gemeines Volk, Pöbel'" WolfWR 582 und 233.

bozgern swV. [LJ]
buzgeren [LüJ]
– etwas Verbotenes tun, anstellen [LJ, LüJ]; „wenn sich zwei lieben" [LüJ]; Geschlechtsverkehr haben [LüJ]; „schniffen" [LüJ] ♦ **E:** schwäb. *bosgen* ‚einen Streich machen' (SchwäbWb. I 1311).
verbozgern swV. [LJ]
– etwas anstellen [LJ].

braak Subst. f. [HF]
– Maul [HF] ♦ **E:** rhein. *Braak* ‚(Flachs-)Breche' RheinWb. I 941.

braastele swV. [BM]
– schwatzen [BM] ♦ **E:** SchweizId. V 831 (*brasten* ‚prasseln, lärmen, jammern').

bräberen swV. [NJ]
– hinhalten [NJ]; bieten [NJ] ♦ **E:** zu dt. *brabbeln* ‚undeutlich sprechen', Windolph, Nerother Jenisch, 59.

brachertiffel Subst. m. [KJ]
– Fuchs [KJ] ♦ **E:** wohl zu bair. *Bracher* ‚Gänseküken'; rw. *diffeler* ‚geschickter Dieb' WolfWR 1020.

brachertschottel Subst. f. [KJ]
– Korb [KJ]; Holzschüssel [KJ] ♦ **E:** dt. *Schottel* ‚Schüssel'; evtl. rw. *brack* ‚Dieb', mhd. *brâchen* ‚brechen, bersten' WolfWR 644.

bracken swV. [HLD]
– stehlen [HLD] ♦ **E:** rw. *bracken* ‚stehlen'; *brack* ‚Dieb' aus mhd. *brâchen* ‚brechen', ‚gewaltsam einbrechen' (WolfWR 644).

brackmani Subst. m. [MB]
brackmann [MB]
– Stein [MB] ♦ **E:** westf. *bräkenman* ‚Knüppel; dicker Stein' (WestfWb. 104).

brafflen [LüJ]
– staunen [LüJ]; drüber reden [LüJ] ♦ **E:** schwäb. *berafflen* ‚anreden, besprechen (mit dem Nebensinn des Unwillkommenen); bewundern' (SchwäbWb. I 855).

anbrafflen swV. [LüJ]; **äbrafflæ** [LüJ]
– anschnauzen, anraunzen, anmotzen [LüJ]; anmachen [LüJ]; anschwätzen, ansprechen [LüJ]; staunen [LüJ].

brageln swV. [EF]
brägeln [EF]; **prageln** [EF]; **pregeln** [EF]
– braten [EF]; kochen [EF]; heiß [EF]; warm sein [EF]; heiß sein [EF] ♦ **E:** dt. *brägeln* ‚braten, sieden, schmoren' (DWB II 291 f.), jd. *pregeln* id.; Wolf, Fatzersprache, 114.

brägeltheka Subst. f. [EF]; **praglheka** [EF]
– Köchin [EF].

brägler Subst. m. [EF]; **pregler** [EF]
– Koch [EF].

bräglerin Subst. f. [EF]; **preglera** [EF]
– Köchin [EF].

brahl Subst. m. [LüJ]
– Bruder [LüJ] ♦ **E:** rw. *pchral* ‚Bruder' (WolfWR 4088) < roi. *phral* ‚Bruder, Kamerad' (WolfWZ 2564, Boretzky/Igla 1994: 237).

bräitlig ‚Tisch' → *bredling*.

brambori Subst. [KJ]
– Kartoffel [KJ] ♦ **E:** österr. *Brambori* ‚Kartoffel' aus tschech. *brambury* ‚Erdapfel', eigentlich ‚Brandenburger'. „So kam die Kartoffel über Böhmen nach Österreich und wurde dort als *Bramburi* bezeichnet. So schimpfen auch alte Österreicher heute noch Kartoffeln, die nichts taugen" (Volkswörterbuch.at; Hornung 177).

brämer Subst. m. [BM]
– Bremgartenwald [BM] ♦ **E:** ahd. *brâma* ‚Brombeere', bair. *bramer*.

brammes Subst. m. [HK]
brames [HK]
– Bruder [HK] ♦ **E:** unsicher; evtl. zu dt. *Brame* ‚Sprößling, Zweig' DWB II 293.

brand¹ Subst. m. [BJ, EF, KMa, MM, OJ]
brând [EF]
– Durst [BJ, EF, KMa, MM, OJ]; ausgetrocknet, fast verdurstet [BJ] ♦ **E:** rw. *brand* ‚Durst', zu dt. *Brand* (WolfWR 647). ♦ **V:** *hamel brand* ‚großer Durst' [MM]; *ich hab vonne maloche hame brand gekriegt* ‚ich bin von der Arbeit ganz durstig geworden' [MM]
brandig Adj. [MM, OJ]
– durstig [MM, OJ]
brandblasen Subst. f. Pl. [HN]
– in: *brandblasen kriegen* ‚es ist gestohlen' [HN] ♦ **V:** *das gibt brandblasen an den Fingern* ‚es ist zu gefährlich, es zu nehmen, denn es ist gestohlen' [HN].

brand² Subst. m. [HN]
– kein Geld [HN] ♦ **E:** rw. *abgebrannt* ‚ohne Geld' (WolfWR 9). ♦ **V:** *ich bin in brand geschossen* ‚ich hab verloren' [HN]; *in brand schießen* ‚kein Geld mitbringen' [HN]; *bin im brand* ‚bin im Verlust (beim Spielen)' [HN]; *ich bin absolut in brand* ‚ich muß jemand was bezahlen, mir geht's verdammt dreckig, ich hab keine Mark mehr auf der Hüfte' [HN]; *in brand geschickt sein* ‚verschuldet sein' [HN]
brandpartie Subst. f. [HN]
– „das ist eine, die Schwierigkeiten hat, weil sie dicke Titten hat und verdient kein Geld im Puff und dann hat sie auch Blockschulden, das ist 'ne Brandpartie, die schießt dich in Brand, weil du da stopfen musst, weil du den Werbekasper noch im Kopf hast, weil der auf die dicken Titten steht, kein Geld" [HN]; „man hat eine Frau, mit der man lebt und noch eine zweite, die nicht viel Geld bringt"; Frau, die dem Zuhälter kein Geld mitbringt [HN]; „wenn es einem so schlecht geht, dass man mit der ersten besten Prostituierten zusammengeht, nur um aus dem Brand zu kommen" [HN].

brändeln swV. [BJ]
brändla [OJ]; **brendla** [OJ]; **brändelen** [Gmü]
– brennen, verbrennen [BJ, Gmü, OJ]; kochen [Gmü] ♦ **E:** zu dt. *brennen, Brand* DWB II 365 ff. → *brenne(n)*.
brandi Subst. m. [MB]
– Branntwein [MB] ♦ **E:** engl. *Brandy*, aus *Brand* ‚Brand' und *wine* ‚Wein'.
brandling¹ Subst. m. [BJ, LüJ, PfJ, RR]; **brandleng** [LüJ, OJ]; **brendleng** [OJ]; **brandlung** [LüJ]; **brandung** Subst. f. [LüJ]
– Kuchen, Pfannkuchen [BJ, LüJ, OJ, PfJ, RR] ♦ **E:** rw. *brandling* ‚Pfannkuchen, Krapfen, Kuchen' (WolfWR 652).
brandling² Subst. m. [LüJ]
– Schnaps ♦ **E:** rw. *brändling* ‚Schnaps' (WolfWR 653), evtl. unter Einfluss von engl. *brandy* ‚Branntwein'.
brandling³ Subst. m. [LüJ]
– Feuerzeug [LüJ]; Streichholz [LüJ].

brandt PN [HN]
– Pfandhaus [HN]; bekanntes Leihhaus in Hamburg [HN] ♦ **E:** FN *Brandt*. ♦ **V:** *hab' alles wieder bei brandt* ‚habe alles wieder im Pfandhaus' [HN].

bränen swV. [StJ]
– verfolgen [StJ] ♦ **E:** unsicher; evtl. assimiliert zu rhein. *prängen* ‚einkeilen, festmachen' RheinWB VI 1071.

brangsch Subst. n. [BM]
– Schokoladenstengel [BM] ♦ **E:** evtl. zu frz. *branche* ‚Zweig'.

brankeln swV. [LI]
– kochen [LI]; braten [LI] ♦ **E:** wohl Bildung zu dt. *brennen, Brand*. → *brändeln*.

branned Subst. m. [HK]
brannet [HK]
– Kaffee [HK] ♦ **E:** rw. *brannoht* ‚Kaffee' (WolfWR 657, ohne Herleitung), wohl zu dt. *brennen* u. a. ‚rösten' → *brändeln*. ♦ **V:** *brauchen Se nich beschullmen, den branned* ‚den Kaffee müssen Sie nicht bezahlen' [HK]; *der branned schemmd jooker* ‚der Kaffee ist gut' [HK]

brannowes Subst. m. [HK]; **branabis** [HK]; **brannobes** [HK]; **branobis** [HK]; **brannobis** [HK]; **branovis** [HK]; **brenobes** [BO]
– Kaffee [BO, HK]; Bohnenkaffee [HK] ♦ **V:** *jookerer brannowes* ‚schöner Kaffee' [HK]; *grannicher brannowes* ‚guter Kaffee' [HK]; *schlehne mal hin un hol den brannowes* ‚geh mal hin und hol den Kaffee' [HK]
brannowesschwächn Subst. f. [HK]
– Kaffeetrinken [HK] ♦ **E:** → *schwächen*.
brannowesfinnichen Subst. n. [HK]
– Kaffeetasse [HK] ♦ **E:** → *finne*.
brannoweskanne Subst. f. [HK]
– Kaffeekanne [HK]
brannowesknubberd Subst. m./n. [HK]
– Kaffeetasse [HK] ♦ **E:** → *knubb-/knupp-*.
bräse¹ Subst. f. [MM]
– Toilette [MM] ♦ **E:** unsicher; evtl. zu *bräsig* ‚bewegungsarm, bequem', Redewendung *fett und bräsig irgendwo sitzen*. Das Benennungsmotiv von *bräse* läge dann in der Dauer des „Geschäftes"; wohl nicht zu rw. *bresem* ‚Hose' WolfWR 693. ♦ **V:** *blast mich anne mäse, wir sind inne blüsen, da gibts keine bräse* ‚leckt mich am Arsch, wir sind in der Natur, da gibts kein Klo' [MM]; *der seeger sitzt schon 'ne Stunde aufe bräse* ‚der Mann ist schon eine Stunde auf der Toilette' [MM]
hundebräse Subst. f. [MM]
– Hundeklo [MM]
bräseplinte Subst. f. [MM]
– Windel [MM]; Unterhose [MM]
jucholosbräseecke Subst. f. [MM]
– Hundetoilette [MM].
bräse² Subst. m. [OJ]
– Pfarrer [OJ] ♦ **E:** wohl zu dt./lat. *Präses*.
brasetl Subst. n. Dim. [WG]
– Armkette [WG]
brasseletten Subst. Pl. [MM]; **brasetln** [WG]
– Handschellen [MM, WG] ♦ **E:** rw. *braslet* ‚Schließeisen', aus frz. *bracelet* ‚Armband' (WolfWR 660).
brasko in:
buio brasko auf kawitschco ‚ich mache gerne Geschlechtsverkehr auf Pump (zahle aber später)' [JS] ♦ **E:** evtl. zu rw. *briske*, *braske* ‚Bruder, Genosse' zu jd. *beris* ‚Bund, Bündnis' WolfWR 704.
brassel Subst. m. [MM]
– Ärger, Streit [MM]; Durcheinander [MM]; Turbulenz, Trubel [MM]; Übereilung [MM]; Theater [MM]; Kleinkram [MM]; „viel zu tun haben; alles, was un-

angenehm ist" [MM] ♦ **E:** wohl assimiliert und Dim.-Suffix zu → *brast*, evtl. mit Einfluss von rw. *brassel* ‚Menge', rw. *brast* id., zu dt. *Pras, Bras* ‚Schmaus, üppiges Mahl' (WolfWR 661); ugs. *Brassel* ‚Mühe' (Kü 1987: 126). ♦ **V:** *brassel bewirchen* ‚Ärger bekommen' [MM]; *der schauter hat derbe brassel am hals* ‚der Mann hat viel Ärger' [MM]
masselbrassel Subst. m. [MM]
– Glück im Unglück [MM].

brassla swV. [OJ]
– aufkochen [OJ]; überlaufen [OJ] ♦ **E:** dt. *brasseln*, *prasseln* DWB II 306 f.

brast Subst. m. [MM]
– Wut, Rage [MM]; Zorn [MM]; Streit, Ärger [MM] ♦ **E:** dt. *Brast* ‚schwerer Kummer und Sorge' (DWB II 308); vgl. → *brassel*. ♦ **V:** *in brast sein* ‚ärgerlich sein' [MM]; *der jölbst war hame in brast* ‚der Mann war sehr ärgerlich' [MM]
brastig Adj. [MM]
– wütend, sauer, zornig, ärgerlich, verärgert [MM]; böse, vergrämt [MM]; mißmutig [MM] ♦ **V:** *hamel brastig* ‚sehr vergrämt' [MM].

brat ‚Bruder' → *brud*.

braten Subst. m. in:
einen braten in der röhre haben ‚schwanger sein' [HN] ♦ **E:** dt. *Braten* DWB II 310 f.
einbraten stV. [WG]
– zum Geschlechtsverkehr animieren [WG]
verbraten stV. [HN]
– ausgeben [HN]; „ich bin mein Geld in der Nacht losgeworden" [HN] ♦ **E:** ugs. *verbraten* ‚Geld ausgeben', ab 1950 gebräuchlich (Kü 1993: 873). ♦ **V:** *alles verbraten* ‚alles ausgeben' [HN].

brätsch Subst. m. [BM]
– Geschichte [BM]; Angelegenheit [BM] ♦ **E:** unsicher; evtl. zu schweizdt. *Brätsch* SchweizId. II 5,1016, *G(e)brätsch* ‚Schall von wiederholten Schlägen' u. a.

bratschen Subst. [LoJ]
– Tasche [LoJ] ♦ **E:** unsicher; evtl. zu dt. *Bratsche*, Musikinstrument, nach der Form, DWB II 312 oder zu obdt. *bratschen* ‚kelchartige Tasche, Hülse'.

brättli Subst. n. [JeS]
– Zunge [JeS] ♦ **E:** zu dt. *Brett*.

bratz Subst. [EF]
– Kompliment [EF] ♦ **E:** wohl zu dt. *prätzeln* ‚schwatzen' (DWB XIII 2078).

braukes ‚verrückt' → *broches*.

braunägele Subst. f. Pl. [KP]
– Kaffee [KP] ♦ **E:** rw. id. (WolfWR 668), zu dt. *braun*; vgl. rw. *braunhans*; dt. *Braunnägelein* ‚Gewürznelke'; vgl. → *bräunling, bruunhans*.

bräundl Subst. [KJ]
– Trunkenheit [KJ] ♦ **E:** unsicher; evtl. Präfixbildung zu bair. *rauneln* ‚brummen, schnurren' DWB XIV 294.

brauner Subst. m. [WG]
– Analverkehr [WG] ♦ **E:** zu dt. *braun* (Farbadjektiv) ♦ **V:** *Willst du einen kleinen Braunen?* ‚zum Analverkehr auffordern' [WG].

bräunlen swV. [BJ]
– angebrannt riechen [BJ] ♦ **E:** mdal. Bildung (Staubsches Gesetz) zu schwäb. *bränselen, bränzelen* (SchwäbWb. I 1351/52).

bräunling Subst. m. [TJ, TK]
brünling [TK]
– Kaffee [TJ, TK] ♦ **E:** zu dt. *braun* (WolfWR 668); vgl. → *braunägele*.

brausch Subst. n. [WL]
– Holz [WL] ♦ **E:** evtl. zu LuxWb. I 146 (*brausch* ‚struppig'), vgl. → *brosch*.

braut¹ ON [HF]
– Bracht (Ortsname im Kreis Kempen-Krefeld) [HF].

braut² Subst. f. in:
hacknbraut Subst. f. [WG]
– Prostituierte, Hure (neutral, wohlmeinend) [WG]
♦ **E:** dt. *Braut* DWB II 330 ff.
kölchbraut Subst. f. [WG]
– Prostituierte, um die man sich streitet [WG].

breagle swV. [LüJ]
– maulen [LüJ] ♦ **E:** schwäb. *bräglen* ‚umständlich reden, unaufhörlich tadeln' (SchwäbWb. I 1341).

brechln stV. [LoJ]
– lachen [LoJ] ♦ **E:** unsicher; evtl. zu dt./jägersprl. *Gebrech* ‚Maul, Gebiss'.

brechmann Subst. m. [MM]
– dicker, starker Mann [MM] ♦ **E:** dt. stV. *brechen*; ugs. *brachmann*.

breck Subst. m. [KMa]
– Arsch [KMa] ♦ **E:** unsicher; evtl. zu dt. *Brack, breken* „rejiculum, ausschusz, was als untauglich in seiner art von dem guten ausgeschossen, abgesondert, ausgebracht wird" DWB II 289.

bredling Subst. m. [LoJ]
bräitlig [JeS]
– Tisch [JeS, LoJ] ♦ **E:** rw. *brettling* ‚Tisch' (WolfWR 695), zu dt. *Brett*.

brei Adj. [HF]
– breit [HF] ♦ **E:** unsicher; evtl. zu rhein. *Brei* „breites, weitschweifiges Geschwätz" RheinWB I 954.

breien swV. [BJ]
– bitten [BJ] ♦ **E:** frz. *prier* < lat. *precari*.

bréimer Subst. m. [WL]
– Geistlicher [WL] ♦ **E:** rw. *priemer* (WolfWR 4358), evtl. zu frz. *prier*.

breissen swV. [WL]
bräissen [WL]
– brechen [WL] ♦ **E:** aus frz. *briser*, in niederld. Geheimsprachen *breeselen, brieselen*, Tockert, Weimerskircher Jenisch, 17.

breiter Subst. n. [SK]
– Gans [SK] ♦ **E:** Bildung zu dt. *breit* ‚weit ausgedehnt' DWB II 356 ff.

breitfuß Subst. m. [JSa, PH]
– Ente [JSa]; Gans [PH] ♦ **E:** rw. *breitfuß* ‚Gans, Ente', zu dt. *breit* und *Fuß* (WolfWR 678).

brellen¹ swV. [HeF, HF]
brillen [MeT]
– sehen [HeF, HF, MeT]; merken [HF] ♦ **E:** rw. *brellen* ‚sehen' (WolfWR 685), zu dt. *Brille* aus lat. *beryllus* DWB II 382 f. ♦ **V:** *brell ens, Knöllen, wat den Thuren en Tück het!* ‚Sieh einmal, welche Nase das Frauenzimmer hat!' [HeF]; *Het dot Thürken minotes gebrellt?* ‚Hat das Mädchen mich gesehen?' [HeF]; *Brell ens minotese Krotes* ‚Sieh einmal mein Schwein' [HeF]; *Brell ens, Knöllen, wat dem Blag locke Lopstecken het!* ‚Sieh einmal, was der Kerl krumme Beine hat!' [HeF]; *dem bithwöles het minotesen röhlfesel gebrellt* ‚Der Gens'darm hat meinen Gewerbeschein gesehen' [HeF]; *Lott minotes de Fesel ens brellen* ‚Laß mich den Brief einmal sehen' [HeF]
verbrellen swV. [HeF, HF]
– versehen [HeF, HF].

brell Subst. [HF]
– Aufsicht, Überwachung [HF]; Polizeiaufsicht [HF]; Lauer [HF]
brellruht Subst. f. [HF]; **brellruth** [HeF]
– Spiegel [HeF, HF] ♦ **E:** rip. *rutte* ‚Fensterscheibe' u. a.; *Raute*, RheinWb. VII 195 f.
brellwöles Subst. m. [HF]
– Aufseher [HF] ♦ **E:** rip. *Wöles* ‚eifrig tätiger Mensch, Wühler'; *Wäules* und *Wühles*, RheinWb. IX, 320 und 643.

brellen² swV. [LüJ]
brella [LüJ]
– weinen, heulen [LüJ]; schreien [LüJ] ♦ **E:** wohl mdal./schwäb. zu dt. *brüllen*.

bremer Subst. m. [MM]
– „ein Kollege, der sich gerne die ihm übertragene Arbeit aus der Hand nehmen ließ" [MM] ♦ **E:** wohl Appellativ aus ON *Bremen*; vgl. Kü 1987: 129.

brêmes Subst. [Him]
– dürrer Klepper [Him] ♦ **E:** rw. id. (WolfWR 686, ohne Herleitung), womgl. zu dt. *Breme* ‚Mücke, Bremse, Stechfliege' DWB II 362.

bremme Subst. f. [JeS]
bräme [JeS]
– Pfanne [JeS] ♦ **E:** schweizdt. *bränse, brämse* ‚anbrennen, sengen'. ♦ **V:** *Mir tschaaned in Jaari mit de Breeme go sichere* ‚wir gehen in den Wald mit den Pfannen kochen' [JeS]
breemegaaschi Subst. m. [JeS]
– Pfannenflicker [JeS]
breememänger Subst. m. [Jes]
– Pfannenflicker [JeS]
breemeverplumper Subst. m. [JeS]
– Pfannenflicker [JeS].

bremmler Subst. m. [KMa]
– Apfel [KMa]
bremmlerfiez Subst. [KMa]
– Apfelwein [KMa] ♦ **E:** unsicher; evtl. zu rhein. *Brammel* ‚Pocke' RheinWB I 904; rhein. *Fiz* ‚Apfel-, Birnenwein' (Rhein Wb. II 513).

bremsen swV. [LüJ]
bremsara [LüJ]; **bremse** [LüJ]
– furzen, Furz lassen [LüJ] ♦ **E:** rw. *bremsen* ‚furzen' (WolfWR 687), evtl. zu dt. *bremsen* ‚hemmen, einhalten' DWB II 364.
bremser Subst. m. [LüJ]
– Furz, „menschlicher Wind" [LüJ].

bremsklotz Subst. m. [HN]
– Frikadelle, Bulette [HN]; „Frau, die klammert" [HN] ♦ **E:** zu dt. *bremsen* und *Klotz*, vgl. auch dt. (ant.) *in sich bremsen* ‚essen' DWB II 364.

brendlen Subst. [BJ]
– dunkles Tropfbier [BJ] ♦ **E:** Bildung zu dt. stV. *brennen* (*gebrannt*).

brenne Subst. f. [HN]
– Verschuldetsein [HN]; Pfandhaus [HN] ♦ **E:** rw. *brennen* „die bekannte Art der Gauner und Diebe, von denjenigen ihrer Genossen, die einen einträglichen Diebstahl, Betrug usw. begangen haben, sich einen Anteil zu holen oder durch Drohung mit der Anzeige zu erpressen; jemandem schaden" zu dt. *brennen*, wohl beeinflusst von jd. *peroón* ‚Bezahlung, Vergeltung' (WolfWR 691). ♦ **V:** *in brenne sein* ‚im Verlust beim Spielen sein' [HN]; *ich bin in brenne* ‚ich muß bezahlen' [HN]; *ich bin in brenne geschossen* ‚ich bin pleite' [HN]; *in die brenne gehen* ‚sich übernehmen, verschulden' [HN].

brennen¹ stV. in:
die Steine brennen Phras. [RW, StG]
– die Polizei ist scharf hinter den Stromern her [StG]; beim Betteln wird die Polizei gerufen [RW]; es ist viel Polizei im Orte und jeder fechtende Handwerksbursche wird arretiert [RW] ♦ **E:** dt. *brennen* ‚in Feuer stehen' DWB II 365 ff., vgl. ugs. *heiß* ‚gefährlich'. → *brändeln*.
verbrennen stV. in:
das Pfeifferl verbrannt haben ‚einen Tripper haben' [WG].
brennen² stV. in:
jochnbrenner Subst. m. [HK]
– Schnapstrinker [HK]; Schnapsbrenner [HK]; „einer, der Schnaps trinkt" [HK]; „einer, der viel säuft" [HK] ♦ **E:** mdal./ugs. *brennen* ‚trinken' (Kü 1993: 129), thür. *Brenner* ‚Trinker' (ThürWb. I 980). → *jochem*.
brennerei Subst. f. [HK]
– Kneipe [HK]
brennerbor Subst. m. [HN]; **brennabor** [MB]
– Brennsprit [HN]; billiger Schnaps, Fusel [HN]; Korn (Schnaps) [MB] ♦ **E:** rw. *brennabor* ‚Branntwein'; *brenn-* zu dt. *brennen*, Zweitglied zu mhd. *awe, owe* ‚Wasser' (WolfWR 689).

brensen swV. [RH]
– stechen [RH] ♦ **E:** zu rw. *bremser* ‚Fliege, Mücke' aus dt. *Bremse* ‚Stechfliege' WolfWR 688.

bresch Subst. m. [EF]
- Hund [EF]
breschen swV. [EF]
- eilen [EF] ♦ **E:** dt. *preschen* ‚jagen, hetzen, sprengen' (DWB VII 2102).

breschlen swV. [SJ]
breschdla [SJ]
- stinken [SJ] ♦ **E:** evtl. zu schwäb. *bränseln, bränzelen* ‚brenzlig riechen' (SchwäbWb. I 1351/52).

breseln Subst. Pl. [WG]
- Ärger [WG] ♦ **E:** dt. *Brast* ‚schwerer Kummer und Sorge' (DWB II 308). ♦ **V:** *Breseln haben* ‚Ärger haben' [WG].

bresem Subst. m. [CL, PH]
broschem [PH]
- Jude [CL, PH] ♦ **E:** jd. *beris* < hebr. *b'rith* ‚Bund, Bündnis', hier wohl Kontraktion aus *b'rith mîlâh* ‚(Angehöriger aus dem) Bund der Beschneidung' (WolfWR 704, Post 189).

breslauer Subst. m. [HN]
- „ein harmloser Gast oder Freier aus den ehemaligen deutschen Ostgebieten, der die (Preis-)Verhältnisse auf dem Kiez nicht kennt" [HN] ♦ **E:** ON *Breslau*.

breßchen Subst. n. [HK]
preßchen [HK]
- warmer Bruder (Homosexueller) [HK]; Bruder [HK] ♦ **E:** wohl zu rw. *brißchen* ‚Bruder, Schwester, Geschwister' (jd. *beris* ‚Bund, Bündnis'), auch verächtlich: „So ein Prietzel", WolfWR 704; vgl. auch thür. *bröschen* ‚nichtsnutziger Mensch' (ThürWb. I 1001).

bretschn swV. [LoJ]
- brechen [LoJ] ♦ **E:** zu obd./ schweizdt. *Bratsche^n* SchweizId. V1012, *Brätschi, Brätsche^n* I, *Brätschge^n* I. ‚Werkzeug zum Schlagen, Brechen'.

brett Subst. n. [HN]
- Gesicht [HN] ♦ **E:** dt. *Brett*; met. nach der Form.
brettchen Subst. n. [SK]
- Kautabak [SK].

bretullje Subst. f. [Scho]
- Affäre [Scho] ♦ **E:** dt. *Breduille* < frz. *bredouille* ‚mit leeren Händen'.

bretzet Subst. m. [LüJ]
bretzed [LüJ]
- Rausch; „schwächer" [LüJ] ♦ **E:** wohl zu schwäb. *Bretze* ‚Brezel'. ♦ **V:** *ein bretzet im Gesicht haben* ‚einen Rausch haben' [LüJ].

brêwe Subst. [MeT]
- Schuhe [MeT]; Stiefel [MeT] ♦ **E:** rw., aus nl. *breeuwen* ‚mit Pech dichten' (WolfWR 700).
brêwetœner Subst. m. [MeT, MT]
- Schuster [MeT, MT] ♦ **E:** nd. *doen* ‚tun'.

brezel Subst. [WM]
brätsel [LI]
- Trompete [LI, WM] ♦ **E:** dt. *Brezel* ‚Butterkringel' aus ital. *Bracciatello* DWB II 379, met. nach der Form.

brief Subst. m. in:
einen brief schicken Phras. [WG]
- eine schlechte Spielkarte unbemerkt in das Kartenpaket zurückgeben und gegen eine andere austauschen [WG] ♦ **E:** rw. *brief* ‚Spielkarte', zu dt. *Brief* DWB II 379 f., schon im Liber Vagatorum um 1500, WolfWR 701.
briefer Subst. m. [RW]
- Geselle, der sich hauptsächlich durch schriftliche Papiere ausweist [RW]
brieftelfetzer Subst. m. [RW]
- Schreiber [RW] ♦ **E:** rw. *briefelvetzer* ‚Schreiber' (WolfWR 701).
brieftaube Subst. f. in:
eine brieftaube machen Phras. [WG]
- einen Briefträger berauben [WG].

briesje Subst. n. [CL, LL]
pris'chen [CL]
- Paket Ware, das en bloc verkauft wird [LL, CL] ♦ **E:** zu dt. *Prise* ‚Fang, Beute, Anteil', aus frz. *prise*, DWB XIII 2133 f.

brige Subst. m. [JeS]
- Kloster [JeS] ♦ **E:** unsicher; evtl. zu obdt./ schweizdt. *briegen* ‚weinen, flennen' DWB II 382.

brigel Subst. m. in:
brigel beiße swV., Phras. [LJ]
- arbeiten [LJ] ♦ **E:** dt. *beißen* und *Brigel*: ein für das Gebiet um Schwäbisch Gmünd typisches Weißbrot mit Kümmel und Salz (SchwäbWb. I 1448, *Prügel*).

brikel Subst. [MM]
– Kohle [MM] ♦ **E:** rom., frz. *briquette* (mit dt. Diminutivsuffix). ♦ **V:** *brikels vom kongo lellen* ‚Kohlen vom Zug klauen' [MM].

briketthuster Subst. m. [LüJ]
– Kurgast [LüJ] ♦ **E:** dt. *Brikett* ‚gepresste Kohle' und dt. *husten*; Benennungsmotiv: viele der Lützenhardter Kurgäste kamen aus dem Ruhrgebiet und arbeiteten im Kohleabbau.

brille Subst. [JeS]
– Kloster [JeS] ♦ **E:** *Brille* und *Kloster* dt./ugs. ‚Abort', „man sagt, die brille eines heimlichen gemachs von der runden öffnung in dessen sitz" DWB II 382 f.

brille Adj. [JeS]
– katholisch [JeS].

brillie Subst. m. [HN]
– Brilliant [HN] ♦ **E:** dt. *Brilliant*, vgl. → *brüller*.

brimangere ‚Zigarette' → *pie*.

brime swV. [BM]
– prügeln [BM] ♦ **E:** unsicher; evtl. zu schweizdt. *Brieme^n* ‚zudringlicher Mensch' SchweizId. IV 5, 603.

brink Subst. m. [MB]
– Hügel [MB]; kleine Anhöhe [MB] ♦ **E:** westf. *brink* ‚Hügel, Abhang' (WestfWb. 111).

brisern swV. [MUJ]
– lesen [MUJ] ♦ **E:** unsicher; evtl. Bildung zu *brissen* ‚preisgeben' WolfWR 705; schwer zu rw. *brellen* ‚sehen' WolfWR 685.

brisga Subst. Pl. [LJ]
– Geschwister [LJ] ♦ **E:** rw. *briske, brißchen* ‚Bruder, Schwester, Geschwister' < jd. *beris* ‚Bund, Bündnis' (WolfWR 704).

brisgagalm Subst. m. [LJ]
– Bruder [LJ]

brisgagoi Subst. f. [LJ]
– Schwester [LJ]

brüsdchen Subst. n. [HK]; **brüstchen** [HK]
– Mann [HK]; Schwester [HK]; Geschwister [HK]; Bruder [HK]; „Homo-Onkel, warmer Bruder" [HK]; Schwuler [HK]; Lesbe [HK]; *warmes brüsdchen* [HK]

bryysger Subst. m. [JeS]
– Bruder [JeS]

bryysgeri Subst. f. [JeS]
– Schwester [JeS]; Geschwister [JeS]; Tochter [JeS].

brisol Subst. [JeS]
– Schirm ♦ **E:** zu ital. *parasole*, rätorom. *parasol* ‚Sonnenschirm'; *Parasol, Barisal, Pardisool* ‚Regen-, Sonnenschirm' schweizdt. weit verbreitet.

britsch Adj. [SK]
– weg [SK] ♦ **E:** vgl. WolfWR 5499: *spur pritz*. ♦ **V:** *britsch truppeln* ‚weggehen' [SK].

broa drugga Adv. [OJ]
– ganz trocknen [OJ] ♦ **E:** SchwäbWb. I 1450 (*brottrocken*).

broat Subst. n. [TK]
– Brot [TK] ♦ **E:** TirolWb. I 112 (*Proat* ‚Brot').

brobe Adj. [SPI]
– gut verkauft [SPI]; „geknifft" [SPI] ♦ **E:** unsicher; evtl. zu jd. *broche* ‚Glück, Segen' We 52 f.

broche^1 Subst. f. [HN, Scho]
brooche [MB]; **brochum** [MM]; **broches** [Scho]
– Glück [HN, MM]; Gewinn [HN]; Schicksal [MM]; Segen [Scho] ♦ **E:** jd. *broche* ‚Segen' (We 52, Post 189, Klepsch 405). ♦ **V:** *keine broche dran* ‚liegt nichts drin' [HN]; *massel anne brooche* ‚Wunsch: Glück fürs Geld, guter Handel' [MB]; *massel am brochum* ‚Glück gehabt' [MM]; *lau kochum für mochum – aber massel am brochum!* ‚Nicht einmal schlau genug für Muffi sein – aber am laufenden Band Glück haben!' [MM]
– N: häufig verwendet in der Viehhändlersprache

masselbrochs Subst. [JS]
– Glück und Segen [JS] ♦ **E:** → *massel*.

broche^2 Subst. f. [SJ]
– Fleisch [SJ] ♦ **E:** unsicher; evtl. zu *broche^1*.

broches Subst. m. [LJ, SJ]
brochas [LJ]; **brooches** [CL, LL]; **brouches** [SchJ, Scho]; **brokus** [MM]
– Uneinigkeit, Streit, Zank [CL, LJ, LL, MM, SchJ, Scho]; Ärger, Wut [MM, SJ]; Zorn [SJ]; Chaos, Trubel [MM]; Feind [LJ] ♦ **E:** rw. *brauges, broges, brauches, broches* ‚erzürnt, zornig, beleidigt, nachtragend' (WolfWR 667) < jd. *beroges* ‚im Zorn' (We 92, MatrasJd 288, Post 189, Klepsch 408). Vgl. → *rochus*. ♦ **V:** *die sin im brooches minanner* ‚sind miteinander zerstritten' [LL, CL]; *der schautermann hat einen brokus auf mich* ‚der Mann ist wütend auf mich' [MM]

broches Adj. [PfJ, SJ, SPI]; **brokes** [KM]; **brouches** [NW]; **braukes** [WL]; **prouches** [Him]
– beleidigt, übel gelaunt [KM, SJ]; trotzig [PfJ]; zornig [Him, SPI]; zerkriegt, verfeindet [NW]; verrückt [WL].

brodmeu Subst. [LoJ]
– Salat [LoJ] ♦ **E:** unsicher; evtl. zu obd./schweizdt. *Mau(w) -äu-* ‚wiedergekäute Masse' SchweizId. IV 607 und dt. *Brot*.

bröer Subst. m. [SPI, SS]
– Schmied [SS]; Fabrikant [SPI]; Eisenfabrikanten oder deren Handelsvertreter [SS] ♦ **E:** wohl zu westf. *braen* ‚braten' Benennungsmotiv: Eisenerhitzer.

bröike swV. [BM]
– rauchen [BM] ♦ **E:** SchweizId. VI 801 (*beräuken* ‚räuchern, Tabak rauchen').

brok Subst. [BB]
– Korb [BB] ♦ **E:** Inversion zu *Korb*.

broker Subst. [HLD]
– Blitzkerl [HLD] ♦ **E:** WolfWR 710, zu nl. *broek* ‚Hose', ‚jmd., der Hosen trägt'.

brokus ‚Ärger, Wut, Streit' → *broches*.

brölgetau Subst. n. [HeF, HF]
– Orgel [HeF, HF]; Drehorgel [HF] ♦ **E:** zu dt. *brüllen*; nd. *Getau* ‚Gerätschaft'.

bromma s. → *brummen*.

bronachel ‚Mütze' → *bon¹*.

broneh Subst. [MB]
– Bier [MB] ♦ **E:** wohl zu rw. *braunert* ‚Bier', zu dt. Farbadjektiv *braun* (WolfWR 671).

bronken swV. [HF]
– ernst, düster dreinschauen [HF] ♦ **E:** wohl zu rip. und niederfrk. *brunkig* ‚verstimmt, ärgerlich, böse dreinschauend' (RheinWb. I 1050).

bronseln, bronze ‚urinieren' → *brunzen*.

brooche ‚Glück, Segen' → *broche¹*.

brooschem Subst. m. [CL, LL]
broschem [CL]
– närrischer, übernervöser Mensch [CL, LL]; närrischer Kerl [CL]; Jude [CL] ♦ **E:** rw. *Prosch* ‚Dieb' aus jd. *poriz* ‚Einbrecher, Räuber' (WolfWR 4369). ♦ **V:** *So en närrchder brooschem* ‚So ein närrischer Kerl' [CL, LL].

brosch Subst. [SP]
– Wald [SP] ♦ **E:** dt. (ant.) *brosch* ‚knorzig', von Bäumen (DWB II 398).

brosen swV. [SJ]
– essen [SJ] ♦ **E:** wohl zu dt. *Brosamen, Brösel* ‚Brotkrümmel' DWB II 398.

brot Subst. n. in:
brotdieb Subst. m. [KJ]
– Mond [KJ] ♦ **E:** dt. *Brot* DWB II 399 ff. Benennungsmotiv: bei Mondschein können Einbrecher nicht arbeiten und verdienen so kein Brot.

brotklappe Subst. f. [HN]
– Mund [HN] ♦ **V:** *mach die brotklappe zu* ‚halt den Mund' [HN]

brotscheer Subst. [PfJ]
– Mund [PfJ] ♦ **E:** dt. *Schere*.

brötchen Subst. n. in:
getarntes brötchen Subst., Phras. [HN]
– Frikadelle [HN] ♦ **E:** dt. *Brötchen*.

brotbink Subst. m. [PfJ]
– Bürgermeister [PfJ] ♦ **E:** → *pink*.

brotsche Subst. Pl. [SJ]
– Schuhe [SJ] ♦ **E:** unsicher; evtl. zu dt. (präfigiert) *rutschen*.

bruch¹ Subst. m. [HN, WG]
– Einbruch [HN, WG] ♦ **E:** zu dt. stV. *brechen*, ugs. *bruch* ‚Einbruch', verbrechersprachliche Kürzung (Kü II 77); nd. *brök* ‚Vergehen, Verbrechen (delictum)' (HWB I 476). ♦ **V:** *bruch machen* ‚einbrechen' [HN, WG].

bruch² Subst. [Scho]
– Schmutz [Scho]; Schäbigkeit, Unordentlichkeit [Scho]; Leid [Scho]; *im bruch sein* ‚in Kleidung und Geld heruntergekommen sein' [RW] ♦ **E:** rw. *bruch* ‚schlechte Kleidung', zu dt. *bruch* ‚Mangel, Gebrechen, Fehler' (WolfWR 718); dt. *bruch* ‚Gebrochenes' (Klu. 1999: 138).

bruchbude Subst. f. [RW]
– schlechte Werkstätte [RW]; heruntergewirtschafteter Handwerksbetrieb [RW]; alte, baufällige Behausung [RW]

bruchdink Subst. n. [SG]
– minderwertige Wirtschaft [SG]

bruchkadette Subst. m. [RW]; **bruchkadett** [RW]
– heruntergekommener Wanderbursche [RW]

bruchmallär Adj. [OJ]
– mittelos [OJ] ♦ **E:** dt. *Malheur* ‚Pech, Mißgeschick', aus frz. *malheur*.

bruder Subst. m. [RW, StG]
brud [EF]; **brat** Subst. m. [EF]; **bratt** [EF]
– Bruder [EF]; Kellner [RW, StG]; Sohn des Wirtes und der Wirtin [RW]; Sohn des Herbergsvaters [RW]; männliches Bedienungspersonal [RW]; Angestellter [RW]; *machores* [StG] ♦ **E:** dt. *Bruder*.
brüder Subst. m. Pl. [RW]
– „die anderen Gesellen" [RW]
zottelbruder Subst. m. [StG]
– Dieb [StG]
bruderherz Subst. n. [RW]
– „Freiheitsbrüder untereinander" [RW].
brüetsch Subst. [BM]
– Bruder [BM] ♦ **E:** schweizdt. *Brüeder* ‚Bruder' (SchweizId. V 413).
brügeln swV. [MeT]
– arbeiten [MeT] ♦ **E:** unsicher; evtl. zu dt. *Prügel* ‚Schläge'; Herleitung aus dem hierarchischen Verhältnis von Bauer und Knecht semantisch stimmig; vgl. auch ugs. Metaphern für ‚Arbeit' *reinhauen, weghauen, rankloppen*; oder zur germ. und roman. Wurzel *brig-, breg-* ‚Arbeit', dazu engl. *briga* ‚eine geschulte Gruppe von Arbeitsleuten', span. *bregar* ‚hart arbeiten', ital. *brigare* ‚sich abmühen' (Siewert, Humpisch, 60).
brügelhutsche Subst. m. [MeT]
– „Arbeitsmann", Arbeiter [MeT] ♦ **E:** rw.; schon im nd. Liber Vagatorum belegt: *houtz: bur*; Zweitglied wohl roman., vgl. span. *huesped* ‚Wirt' (Siewert, Humpisch, 60). Vgl. → *hutsche*.
brühe¹ Subst. f. [HN]
– Glück [HN] ♦ **E:** wohl zu jd. *broche* (We 52 f.).
brühe² in:
bankerottsbrühe Subst. f. [RW]
– Kaffee [RW] ♦ **E:** dt. *Brühe*; Benennungsmotiv: Tasse Kaffee früher in den Herbergen das billigste Getränk (WolfWR 296).
schatulienbrühe Subst. f. [RW]
– Kaffee [RW].
bruhkittel Subst. m. [LI]
braunkittel [LI]
– Floh [LI] ♦ **E:** dt. *braun* und *Kittel* ‚hemdartiger Überwurf, Arbeitsumhang' DWB XI 861 ff.
bruljes Subst. m. [CL, LL]
– Angabe, Aufschneiderei, Prahlerei [CL, LL]; Sprüche [CL] ♦ **E:** pfälz. *Brulljes* (PfälzWb. I 1283) < frz. *brouillard* ‚Nebel, Vernebelung' bzw. *brouille* ‚Zwist, Uneinigkeit'. ♦ **V:** *Muscht emol dene ehr bruljes betrachte!* ‚Du musst einmal denen ihre Streitereien betrachten' [CL, LL]; *Wann mer dene ehrn Bruljes betracht* ‚Wenn man denen ihre Streitereien betrachtet' [CL].

brull Subst. [PfJ]
– Kaffee [PfJ] ♦ **E:** unsicher; evtl. zu dt. *brühen* gebildet; womgl. Einfluss von mdal. *Prütt* ‚Kaffeesatz'.

brüller Subst. m. [GM]
– Brilliantring [GM]; vgl. → *brillie*.

brumm ON [RW]
– Schweiz [RW] ♦ **E:** rw. *bumm* ‚Schweiz', Herleitung unsicher, evtl. aus jd. *pore-medine* ‚Kuh-Land', vgl. auch rw. *pummerkessel* ‚Schweiz' (WolfWR 764).

brummen¹ swV. [BJ, HN, RW]
bromma [OJ]
– eine Strafe im Gefängnis absitzen [BJ, HN, OJ, RW] ♦ **E:** rw. *brummen* ‚absitzen, abbüßen' (WolfWR 729); *brummen* ‚eine Freiheitsstrafe verbüßen', nach dem Brummen eingesperrter Tiere (Kü I 115); nd. *brummen* ‚im Gefängnis sitzen' (HWB I 493), rw. *brummbajes* ‚Bienenstock' (WolfWR 728). → *brummer²*.
abbrummen swV. [RW]
– im Gefängnis sitzen.

brummen² swV. [RW]
– zustimmen, einverstanden sein [RW]; gutheißen [RW]; gut sein, gut laufen [RW] ♦ **E:** dt./ugs. *brummen* ‚laufen, funktionieren', vgl. DWB II 428 f. (usuelle Bedeutungen). ♦ **V:** *das schmalmachen brummt hier nicht* ‚Das Betteln lohnt hier nicht' [RW]; *brummt 10 kalte gut* ‚besser' [RW]; *brummt 10 kalte winter* ‚sehr gut, total in Ordnung' [RW]
brummt Interj. [RW]
– gut!, einverstanden!, in Ordnung! [RW] ♦ **V:** *schnack brummt!* ‚wohl gesprochen!' [RW].

brummer¹ Subst. m. [MB]
– Fünfzigpfennigstück [MB] ♦ **E:** rw. *brummer* ‚Fünfzigpfennigstück'; ursprünglich eine in Bromberg geprägte polnische Kupfermünze (WolfWR 731).

brummer² Subst. m. [BJ]
brommr [OJ]
– Hornisse [BJ, OJ] ♦ **E:** zu dt. *brummen* DWB II 428 f. → *brummen¹*.

brummochsenviertel Subst. n. [RW]
– Thüringen [RW] ♦ **E:** rw. Scherzbildung (WolfWR 733).

brüntsch Subst. m. [BM]
– Brunnen [BM]; Brunnengasse [BM] ♦ **E**: Bildung zu schweizdt. *Brünne* ‚Brunnen' (SchweizId. V 653).

brunzen swV. [CL]
prunzen [TK]; **bronze** [LüJ]
– pinkeln [MM]; urinieren, pissen, Wasser lassen [CL, TK, LüJ]; scheißen [MM] ♦ **E**: mdal., vor allem oberdeutsch *brunzen* ‚urinieren' < mhd. *brunnezen*; *brunnen*, ursprünglich ‚einen Brunnen machen' (Klu. 1999: 140).

bronseln swV. [MM]
– pinkeln [MM]

brunz Subst. m. [BM]
– wertloses Zeug, dumme Idee, Unsinn [BM]

bronzelei Subst. f. [MM]
– Scheiße [MM]

bronzbull Subst. m. [LüJ]
– Penis.

brüsdchen ‚Bruder, Onkel, Mann, Schwester' → *brisga*.

bruunhans Subst. m./n. [JeS]
brennhans [TK]
– schwarzer Kaffee [JeS]; Kaffee [TK] ♦ **E**: rw. *braunhans* ‚Kaffee' zu RN *Hans* und dt. *braun*, mit Einfluss von dt. *brennen* (WolfWR 668). ♦ **V**: *Teel mr e kwante Bruunhans mit Guriss* ‚gib mir einen guten schwarzen Kaffee mit Schnapps' [JeS]

bruunhansschottle Subst. f. [JeS]
– größere Kaffetasse [JeS]

brüünlig Subst. m. [JeS]
– Kaffee [JeS].

brüwel Num. Kard. [MeT, MT]
buwel [MeT]
– zwölf [MeT]; ein Dutzend [MeT, MT] ♦ **E**: unsicher; evtl. zu → *brügeln*; vgl. Siewert, Humpisch, 60.

halfbrüwel Num. Kard. [MeT]; **halvbrüwel** [MeT]
– sechs [MeT] ♦ **E**: nd. *halv* ‚halb'.

bryysger ‚Bruder' → *brisga*.

bschito Adv. [LüJ]
– freilich, gewiß, sicher [LüJ] ♦ **E**: rw. *bschito* ‚freilich, gewiß' < jd. *pschito* ‚freilich, gewiß' (WolfWR 741).

bschores Subst. [BJ, LüJ, OJ, Scho]
bschôris [LüJ]; **bschoares** [OJ]; **bschoures** [NW]
– Übereinkunft, Vergleich [LüJ]; „einig sein" [LüJ]; Vorteil [NW]; Gewinn [NW, Scho]; Geld aus einer Beschummelung [OJ]; verheimlichtes Geld, Geheimgeld, Schwarzgeld [LüJ]; Nebenverdienst, auf die Seite Getanes [LüJ]; „nebenher gespartes Geld auf die Seite geschafft" [LüJ]; Geld auf die Seite legen (was der Mann nicht weiß) [LüJ]; Geld [LüJ] ♦ **E**: rw. *bschora* ‚Vergleich, Übereinkunft', *beschores* ‚Schwenzelpfennig' < jd. *pschoro* ‚Vergleich' (WolfWR 742); jd. *beschores* ‚Kompromiß' (Klepsch 363). Die Bedeutungen wie etwa ‚verheimlichtes Geld' und ‚betrügen' lassen aber auch eine Anbindung an rw. *schoren* ‚stehlen' < roi. *šor* ‚stehlen, rauben' (WolfWR 5947a) zu. ♦ **V**: *b'schôris mache^n* ‚betrügen', ‚heimlich Geld auf die Seite legen', ‚Geld wegschaffen', ‚ein gutes Geschäft machen, Geld verdienen', ‚gut machen' [LüJ]

bschores Adj. [MUJ]
– heimlich [MUJ].

bschtiebe ‚bekommen, ertappen' → *bestieben*.

bsuachr Subst. [OJ]
– Einbrecher [OJ] ♦ **E**: mdal., dt. *besuchen* ‚Menschen treffen, aufsuchen' DWB I 1688 f.

buabasonn Subst. f. [SJ]
bubesonn [PfJ]
– Mond [PfJ, SJ] ♦ **E**: dt./schwäb. *Bubensonne* (SchwäbWb. I 1488).

buasch, buersch ‚Groschen' → *poscher*.

bubber Subst. f. [SS]
– Uhr, Uhrzeit [SS] ♦ **E**: unsicher; evtl. Variante zu rw. *lupper* ‚Taschenuhr' WolfWR 3324.

bub Subst. [JSW]
– Gericht [JSW] ♦ **E**: dt. *bubbern* ‚pochen' (DWB II 457); Benennungsmotiv: Hammerschlag bei Urteilsverkündung.

bubscha Subst. Dim. Pl. [SE]
– Kartoffeln [SE] ♦ **E**: unsicher; evtl. Koseform zu dt. *Bübchen*.

buch Subst. n. [HN, RW]
– Spielkarten [HN]; eine neue, örtliche Gesellschaft gründen [RW]; mehrere Gesellen gründen eine neue Gesellschaft oder Herberge [RW] ♦ **E**: dt. *Buch* DWB II 466 ff. ♦ **V**: *buch aufmachen, buch eröffnen* ‚eine neue Gesellschaft gründen' [RW]

büchl Subst. n. [WG]
– Gesundheitskarte der Dirne [WG] ♦ **E**: Dim. (österr.) zu dt. *Buch*.

buchgeselle Subst. m. [RW]
– Geldverwalter [RW]; Schriftführer [RW].

buchda swV. [OJ]
– einsperren [OJ] ♦ **E:** dt. *Bucht* DWB II 483 f., ugs. *(ein-)buchten* ‚ins Gefängnis sperren'.
einbuchta swV. [SJ]
– einsperren [SJ] ♦ **V:** *Nowes, schlitza braucht koiner ond einbuchta du i heit nowes* ‚Nein, abhauen braucht keiner, und eingesperrt wird niemand' [SJ].

buchde Subst. m. [OJ]
buchte [BJ, MUJ, PfJ, SJ]
– Schuhmacher, Schuster [BJ, MUJ, OJ, PfJ, SJ] ♦ **E:** SchwäbWb I, 1499; schwer zu rw. *buchte* ‚kleine Stube' WolfWR 747.

bücheling Subst. m. [JS]
büscheling [JS]
– Bauch [JS] ♦ **E:** rw. *busch* ‚Leib' (WolfWR 784) mit Derivationssuffix *-ling*.

büchenersprauß Subst. m. [PfJ]
– Holz [PfJ] ♦ **E:** zu dt. *büchen* ‚aus Buche' DWB II 471 und → *spraus*.

buchren swV. [SJ]
buchra [SJ]
– reden [SJ]; holen [SJ] ♦ **E:** unsicher; evtl. zu dt. *puchen* ‚prahlen' DWB VI 1157.

buchse Subst. f./m. [JeS, RR]
– Hose [RR] ♦ **E:** dt. *Buxen* ‚Hosen, Unterhosen' DWB II 597.
buchselöri Subst. n. [JeS]
– Hosenschlitz [JeS] ♦ **V:** *Gaaschi, tue s Buchselöri bschränke!* ‚Kamerad, mach den Hosenschlitz zu!' [JeS]
buchseschunter Subst. m. [JeS]
– Hosenscheisser, Angsthase [JeS].

büchse Subst. f. [HF]
– Vulva [HF] ♦ **E:** dt. *Büchse*. Vgl. → *bixn*.

büchte Subst. f. [MeT, MT]
bucht [MeT]; **buchte** [MeT]
– (großes) Geld [MeT, MT]; Geschäftsgeld [MeT] ♦ **E:** unsicher; rw. *bucht* ‚Geldt', im Niederdeutschen Liber Vagatorum 1510: *bucht – gelt*; evtl. zu as. *giboht* ‚gekauft, gezahlt', as. *buggian* ‚kaufen, bezahlen', vgl. auch got. *bugjan*, mengl. *buggen*, Siewert, Humpisch, 61; oder zu rw. *Pech* ‚Geld', aus jd. *pochus* ‚klein, wenig' WolfWR 4093. ♦ **V:** *De Tüötten strüchelden, um Buchte te quinten* ‚Die Tiötten reisen umher, um Geld zu verdienen' [MT].

buck Subst. m. [SJ]
– Berg [SJ] ♦ **E:** obdt. *Buck* ‚Hügel, Berg'.

bucke Subst. f. [SK]
– Baßposaune [SK] ♦ **E:** unsicher; evtl. zu span. *bocina* ‚Kuhhorn' oder arab. *buk* ‚Horn'.

bückeburger Subst. m. [MB]
– Gold [MB]; Kupferberg [MB] ♦ **E:** ON *Bückeburg*.

buckel Subst. m. [GM]
– Glas [GM]; Schluck [GM] ♦ **E:** unsicher; evtl. beeinflusst von dt. *Buddel* ‚kurzhalsige Flasche, Schnapsflasche' und roi. *puko* ‚geschwollen', *phuk-* ‚blasen' (WolfWZ 2623) oder zu dt. *Buckel* ‚Rücken' (KüppersWAlltag 1, S. 63), Benennungsmotiv evtl. Form des Trinkgefäßes oder Art des Trinkens (vgl. mdal. *schoppen blasen* ‚Bier trinken').

buckeln swV. [BJ, HK, HLD, Scho, SJ]
buggln [TJ]; **bucklen** [LüJ, PfJ, SJ, TK]; **buggeln** [HK]; **puckeln** [HK]; **buglen** [TK]; **buckla** [LJ]; **buckle** [TK]; **buggle** [JeS]; **buggla** [OJ]; **bückle^n** [LüJ]; **bukeln** [PfJ]
– auf dem Rücken tragen [HK, PfJ, SJ]; schwer tragen, schleppen [BJ, HK, LJ, LüJ, OJ]; arbeiten, schaffen [LüJ, TJ, TK]; tragen [HK, HLD, TK]; tun [HK]; aufbewahren [HK]; tanzen [Scho] ♦ **E:** rw. *buckeln* ‚tragen' < ugs. dt. *Buckel* ‚Rücken' (WolfWR 748, Klepsch 417); Analogiebildung zu dt. *schultern* ‚auf die Schulter nehmen'; thür. *buckeln* ‚tragen' (ThürWb. I 1054). ♦ **V:** *d'moss buckelt en ranza* ‚die Frau ist schwanger' [LJ]; *schibbes puckeln* ‚wegtragen' [HK]; *uf die bimbe gebuggeld* ‚auf die Kasse getan' [HK].

buggl Subst. [TJ]
– Arbeit [TJ]
einbuggeln swV. [HK]
– einschreiben [HK]; eintragen [HK]; ins Gästebuch eintragen [HK] ♦ **V:** *einjebuggled beim foods* ‚beim Kapellenleiter im Gewerbeschein mit eingetragen, mit eingeschrieben beim Kapellenchef' [HK].

bucken Subst. Pl. [HLD]
– Hosen [HLD] ♦ **E:** unsicher; evtl. zu dt. *Buxen* ‚Hosen, Unterhosen' DWB II 597. → *buchse*.

bucken swV. [MB]
pucken [MB]
– geben [MB]; leihen [MB] ♦ **E:** unsicher; evtl. zu roi. *bikin-* ‚verkaufen' WolfWZ 210.

buckern ‚reden, quatschen' → *pucken*.

buckert Subst. [SG]
− Polizei [SG] ♦ **E:** unsicher; evtl. zu rw./roi. *buklo* ‚Anlegeschloß' WolfWR 759. ♦ **V:** *knīst, de buckert heket* ‚Achtung, die Polizei kommt' [SG]; *knīust, de buckert heket* ‚Achtung, die Polizei kommt' [SG].

bucki Subst. m. [MM]
buggi Subst. m. [HN]
− Buchmacher [HN, MM]; Wettbüro, Wettannahmestelle [HN, MM]; Wettannahme für Pferderennen [MM] ♦ **E:** zu engl. *book* ‚Buch'.

buckibeis Subst. n. [MM]
− Verlag [MM] ♦ **E:** → *baijes*.

buckl Subst. m. [WG]
bugl [WG]
− Rücken [WG]; Freund [WG] ♦ **E:** dt. *Buckel* DWB II 484 f. ♦ **V:** *jemanden den bugl machen* ‚jemanden beschützen, jemandem helfen' [WG]

bud Adj., Adv. [GM]
− viel [GM]; teuer [GM] ♦ **E:** rw. *but* ‚viel' (WolfWR 793) < roi. *but* ‚viel, zahlreich' (WolfWZ 416).

budadda ‚Füße' → *pandatte*.

budda, budde ‚essen' → *botten*.

buddeln swV. in:
abbuddeln swV. [HN] in:
jemand abbuddeln lassen ‚jmd. volltrunken machen', „jmd. in Not gehen lassen" [HN] ♦ **E:** nd. *buddeln* ‚trinken (Alkohol)' (HWB I 524); ugs. *buddeln* ‚zechen (mit kreisender Schnapsflasche)' (Kü I 117).

buddeménten swV. [SK]
− heiraten [SK] ♦ **E:** rw. *budement* ‚Vergiftung, Futter' (WolfWR 752) → *botten*.
buddeménte Subst. f. [SK]
− Hochzeit [SK].

budderei Subst. f. [HK]
booderei [HK]; **buderei** [HK]; **pudderei** [HK]; **puderäi** [KM]; **puderäie** [KM]; **boderei** [JS, PH]
− Spielerlaubnis [HK]; Erlaubnis zum Musizieren [HK, KM]; Genehmigung [HK, JS, PH]; Gewerbeschein [HK]; Gewerbe [HK]; polizeiliche Erlaubnis [HK]; Erlaubnis von der Polizei [HK]; „Genehmigung, die man einholen mußte" [HK]; Gewerbeerlaubnis [HK]; Genehmigung fürs Spielen [HK] ♦ **E:** wohl zu rw. *poter* ‚frei, los, freilassen', jd. *potur* ‚frei, los' (WolfWR 4075), jd. *poter* ‚los, frei' (We 1973: 91), so auch ThürWb. IV 1272 *Poterei*; kaum zu rw. *butter* ‚Aufpasser, Posten', vgl. aber ThürWb. I 1100 *Butterei*. ♦ **V:** *der hat uns angebalmt, weil wer keine budderei hatten* ‚der hat uns angezeigt, weil wir keine Erlaubnis hatten' [HK]; *der ullmische heechd dann gedibberd, ob wir die budderei hatten* ‚der Vater hat dann gefragt, ob wir die Genehmigung hatten' [HK]; *loange pudderei* ‚Spielerlaubnis' [HK]

bodes Subst. [JS, PH]
− Genehmigung [JS, PH].

bude Subst. f. [RW]
− Zunftherberge oder Wohnung eines einheimischen Gesellen [RW]; Handwerksbetriebe [RW]; Herberge [RW]; Zunftlokal [RW] ♦ **E:** dt. *Bude*, DWB II 489; mhd. *buode*, mnd. *bode* ‚Hütte' (Klu. 1999: 142). ♦ **V:** *buden abschaben* ‚nach Arbeit suchen, sich nach Arbeit umschauen' [RW]

bruchbude Subst. f. [RW]
− schlechte Werkstätte [RW]; heruntergewirtschafter Handwerksbetrieb [RW]; alte, baufällige Behausung [RW].

budell Subst. f. [JS, NJ, PH]
pudell [NJ]; **battel** [GM]; **bottel** [KMa]; **botell** [KMa]; **bodehli** Subst. f. [MB]; **bodeli** [MB]; **bordilie** [MB]; **butälije** [KM]; **butäljese** [KM]; **buttélje** [SG]; **badilje** [MB]
− Flasche [GM, JS, KM, KMa, MB, NJ, PH, SG]; Ofen [MB] ♦ **E:** rw. *buddel, bottel* ‚Branntweinflasche', aus frz. *bouteille* ‚Flasche', ital. *botiglia* ‚Flasche' (WolfWR 749, Middelberg, Romanismen: 26). Bedeutungsangabe ‚Ofen' evtl. Sprecherirrtum, roi. *bow* ‚Ofen, Backofen' (WolfWZ 340), wenn nicht met. für wärmendes Getränk [Schnaps]. ♦ **V:** *pudell plemp* ‚Flasche Bier' [NJ]; *dell mich mal ne bodehli* ‚gib mir mal eine Flasche' [MB]; *ich habe ne bodeli jadschedi gebicht* ‚ich habe eine Flasche Schnaps gekauft' [MB].

buderenges Interj. in:
o lenges buderenges, mei debes hängt na ‚oh je, mein Penis hängt runter' [LüJ]. ♦ **E:** wohl Kunstwort zur Reimbildung.

budern swV. [GM]
pudern [GM]; **budien** [JSW]; **pudingern** swV. [MUJ]
− tun [MUJ]; arbeiten [GM, JSW, MUI] ♦ **E:** roi. *butew* ‚arbeiten' (WolfWZ 418).

budebaskro Subst. m. [GM]
− Arbeiter [GM]

buder Subst. f. [GM]
− Arbeit [GM] ♦ **E:** roi. *butin* ‚Arbeit' (WolfWZ 418).

puderpin Subst. m. [GM]
– Arbeit [GM] ♦ **E:** roi. *butepen* ‚Arbeit' (WolfWZ 418).

budik Subst. f. [NJ]
budike [MB]
– Geschäft [NJ]; Wirtschaft [MB] ♦ **E:** ugs. *Budike* ‚schlechte Gastwirtschaft', von frz. *boutique* unter Einfluß von dt. *Bude*; Kü, I 118, Middelberg, Romanismen: 26.
budiker Subst. m. [SS]
– Gastwirt [SS].

budista Subst. f. [LoJ]
budisse [GM]; **batiste** [MB]; **bodisem** [CL]
– Tasche [GM, LoJ, MB]; Brieftasche [MB]; Geldbeutel [CL, GM]; Geldbörse [GM] ♦ **E:** rw. *potissa, posidi* ‚Tasche' (WolfWR 4326) < roi. *potisa* ‚Tasche' (WolfWZ 2545). ♦ **V:** *schi lobi inne batiste* ‚kein Geld in der Brieftasche, kein Geld in der Tasche' [MB]
busider Subst. [MUJ]
– Tasche [MUJ].

budlach ‚Hunger' → *buttlack*.

bues Subst. [Scho]
– Tuberkulose [Scho] ♦ **E:** jd. *bus* (We 53, Post 190).

büez Subst. [BA]
büetz [BM]
– schwere Arbeit [BA]; Arbeit [BM] ♦ **E:** alem. *Büez* ‚Mühe, Last'.
büetze swV. [BM]
– arbeiten [BM].

buff¹ Subst. m. [HK]
– Freudenhaus [HK]; Puff [HK]; Bummskneipe [HK]; „wo die Männer hingegangen sind" [HK]; „wo die *klunten* drinne warn" [HK]; schlechtes Lokal [HK] ♦ **E:** rw. *puffen* ‚schlafen, übernachten, koitieren', zu dt. *puffen* ‚stoßen, knallen' DWB II 492 f.; *Puff* ‚Bordell, (kurzer) Schlaf', *einen Puff tun* ‚einen (kurzen) Schlaf tun, einen Koitus ausführen' (WolfWR 4381); Klu./Seebold: „Nach der Interjektion *puff* zunächst die Bedeutung ‚Stoß', dann, offenbar vom Fallen der Würfel aus, auch Bezeichnung für ein Brettspiel mit Würfeln. Da solche Spiele in den alten Badehäusern zwischen Männern und Frauen gespielt wurden und das Spiel dann zwanglos in mehr erotische Spiele übergehen konnte, galten die Badehäuser bald als eine Art Bordell, und *Puff* stand häufig als Teil für das Ganze daraus." (Klu. 1995), vgl. → *boofn*.

buff² Subst. in:
aufn buff jaunen [HK]

– ohne Erlaubnis, Genehmigung spielen [HK]; schwarz spielen [HK]; umsonst spielen [HK] ♦ **E:** wohl zu roi. *phuv* ‚Land' (WolfWZ 2615; Bor/Ig 1994: 239); ‚auf dem Land spielen' für unerlaubtes Musizieren; vgl. Weiland, Hundeshagen, 205.

büfferchen Subst. n. [HK]
– Flöte [HK]; Furz [HK] ♦ **E:** rw. *püffen* ‚blasen, wehen' (WolfWR 4383). ♦ **V:** *büfferchen jaunen* ‚Flöte spielen' [HK].

buffne swV. [JeS]
– Schulden machen [JeS] ♦ **E:** zu dt. *puffen*, schweizdt. *puffe* ‚stossen' DWB II 492 f., abweichend rw. *stoßen* ‚betteln'; vgl. dt. ugs. *jmdn. anstossen* ‚jmdn. um Geld angehen'.

bügel Subst. m. in:
bügelschuster Subst. m. [EF]; **buglschousta** [PM]
– Kapellmeister [EF, PM]; Leiter einer Kapelle [EF] ♦ **E:** dt. *Bügel* ‚Bogen'
DWB II 495 und *Schuster*.
bügelschwalbe Subst. f. [HN]
– Amateurprostituierte ♦ **E:** dt. *Schwalbe* (Vogelart); vgl. → *bordsteinschwalbe*.

bügeln swV. [MB]
– lügen [MB]; abzocken [MB] ♦ **E:** dt. *bügeln* ‚plätten' DWB II 496.
aufbügeln swV. [HN]
– verhauen, schlagen [HN] ♦ **E:** ugs. *aufbügeln* ‚jdn. verprügeln, misshandeln' (Kü 1999: 53). ♦ **V:** *hat mich aufgebügelt* ‚hat mich zusammengeschlagen' [HN].

bugern ‚reden' → *pucken*.

bugger Subst. m. [WL]
– Junge [WL] ♦ **E:** LuxWb. I 138 (*Bougre, Bugger* ‚ungehobelter Kerl') < frz. *bougre*.

buggi ‚Buchmacher' → *bucki*.

buggle ‚tragen' → *buckeln*.

buhei Subst. m. [MM]
buhe [MM]; **bohee** [MM]
– Lärm, Krach, Palawer, Zirkus [MM]; Faxe, Lüge, Spiegelfechterei [MM]; Stimmung [MM] ♦ **E:** jd. *behei* ‚viel Aufsehen, viel Lärm um nichts' (We 51, 66), ausführlich: Siewert, Grundlagen, 153; nicht aus den Scheuchrufen *buh* und *hei* (Duden, Das große Wörterbuch der deutschen Sprache, II, 605; Kü 1987: 141).

buhl ‚Gesäß, Geschlechtsteil' → *bul*.

bühl Subst. in:
fonkenbühl Subst. m. [HeF, HF]
– Weihrauchfaß [HeF, HF] ♦ **E:** wohl zu dt. *Bühel* ‚Hügel', DWB II 496 f.; dt. *Funken*.

buhlen swV. [SJ]
– werfen [SJ] ♦ **E:** obdt. *bolen* ‚werfen' < ahd. *bolôn*; vgl. → *bolen*.

buhor Subst. f. [LJ]
– Kuh [LJ] ♦ **E:** jd. *båra, pore* ‚Kuh'; hebr. *para* ‚Kuh' (We 90, WolfWR 4311, MatrasJd 289); → *pore*.

buien swV. [MB, MUJ]
buijen [GM, MB, MoJ]; **bujen** [JSa, JSW, LüJ, MB, MM]; **bujern** [ME]; **bujan** [ME]; **buia** [LJ]; **buie** [CL, JS, LL, PH]; **buija** [LJ]; **bujæ** [WJ]; **puien** [Gmü, Him, LüJ, Mat]; **buje** [JSW, Scho]; **bui'n** [TK]; **buiern** [KJ]; **puje** [JeS]
– beischlafen, koitieren [CL, GM, JeS, JSa, LL, ME, MM, WJ]; bumsen [MB, MUJ]; ficken [MB]; vögeln [MB]; poppen [ME]; Geschlechtsverkehr haben [JSW, LJ, MB, ME]; Geschlechtsverkehr mit der Frau, Freundin [MB]; coïre [Gmü, Him, JS, Mat, PH]; verkehren [TK]; geschlechtlich verkehren [MoJ, Scho]; Coitus [KJ] ♦ **E:** rw. *puien* ‚koitieren' (WolfWR 4385) < roi. *buije* ‚koitieren' (WolfWZ 382, BoIg 38, Klepsch 420). ♦ **V:** *ihne is am buien* ‚er vögelt' [MB]; *hat es mit ihne gebuit?* ‚hat sie mit ihm gevögelt?' [MB]; *es buit so latscho wie ne nubli* ‚sie bumst so gut wie eine Nutte' [MB]; *buj mei mui* ‚fick mich in den Mund' [LüJ]

buijhegeln swV. [GM]
– koitieren [GM] ♦ **E:** rw. *hegeln* ‚foppen, aufziehen'.

bui Subst. [JS, MB]; **buj** [MB]; **buio** [JS]; **buje** [JS]
– Geschlechtsverkehr [JS, MB]; Geschlechtsakt [JS] ♦ **V:** *buio brasko auf kawitschco* ‚ich mache gerne Geschlechtsverkehr auf Pump (zahle aber später)' [JS]

buj Subst. f. [LüJ]
– Vulva, Vagina, weibliches Geschlechtsteil [LüJ]; „mintsch" [LüJ] ♦ **V:** *bos mei buj* ‚leck mir die Vulva' [LüJ]

bujle Subst. n. Dim. [LüJ]
– kleine Vulva [LüJ]

bujen Subst. n. [LüJ, MB]; **buien** [MB]
– Geschlechtsverkehr, Sex [LüJ, MB]

buierei Subst. f. [LüJ]
– Geschlechtsverkehr [LüJ]

gachnebuier Subst. m. [LüJ]
– Hühnerficker [LüJ]

buijhegel Subst. m. [GM]
– Hurenbock [GM]; Dummficker (Schimpfwort) [GM]

bujacken swV. [MM]
– beischlafen, koitieren [MM]

bujacker Subst. m. [MM]
– geiler Mann [MM]

buijackerei Subst. f. [MM]
– Koitus [MM]

buimalochen swV. [MB]
– Geschlechtsverkehr ausüben [MB]; kräftig bumsen, bumsen als Schwerarbeit [MB]; anschaffen, Sex für Geld [MB]; Scheißarbeit verrichten [MB] ♦ **V:** *er is am buimalochen* ‚er hat Geschlechtsverkehr' [MB]

buibasko Subst. m. [MM]
– geiler Mann, geiler Freier [MM]; „Typ aus niedriger sozialer Schicht" [MM]; Seeger [MM]

buibeutel Subst. m. [MB]
– Pariser [MB]; Kondom [MB]

buitille Subst. f. [CL]
– Geliebte [CL] ♦ **V:** *Is des net em XY sei bui-tille?* ‚Ist das nicht dem XY seine Geliebte?' [CL]

hujbuj Subst. [MB]
– Quicki [MB]; „schlechtes Bumsen" [MB] ♦ **E:** dt. Interj. *hui* „etwas schnelles, plötzliches" DWB X 1883 ff.; Siewert, Grundlagen, 365 f. [poetische Bildungen]. ♦ **V:** *der bui mit es war aber'n hui* ‚der Sex mit ihr war ein Quickie' [MB]

muibui Subst. [MB]
– „Fellatio und Ähnliches, oral bumsen" [MB]; Mundkuß [MB] ♦ **V:** *es hat ihne nen latscho muibui gemacht* ‚sie hat ihn oral gut befriedigt' [MB].

buiern swV. [KJ]
bullern swV. [KJ]; **bumeißeln** swV. [KJ]
– „einen Buben meißeln", mogeln [KJ] ♦ **E:** unsicher; evtl. Bildungen zu → *buien* und *bul*.

buko Subst. m. [HN]
– Handtasche einer Prostituierten [HN] ♦ **E:** Initial-Kürzung aus *Beischlaf-Utensilien-Koffer*.

bul Subst. m./n. [BJ, JS, JSW, MB, ME, PH]
buhl [GM, JSa, LüJ, MB, ME, MM, MUJ]; **bull** Subst. f. [CL, LL, LüJ, OJ, SJ, WJ]; **pul** [JS]; **pool** [RH]
– Gesäß, Arsch, Hintern [CL, GM, JS, JSa, JSW, LL, LüJ, MB, ME, MM, MUJ, PH, RH]; After [CL, LL]; Vulva [BJ, OJ, SJ, WJ]; Fotze [LüJ]; Vagina, weibliches Geschlechtsteil [LüJ]; „vut" [BJ]; Penis [GM]; männliches Geschlecht [MB]; Beutel, Sack [MM] ♦ **E:** rw. *puhl* ‚After' (WolfWR 4384) < roi. *bul* ‚Gesäß, Steiß, Hintern, Arsch' (WolfWZ 395, Klepsch 421). ♦ **V:** *die bull waschgen* ‚die Vulva antatschen' [LüJ]; *am buhl*

malochen ‚Arschficken'; ‚am Arsch lecken'; ‚am Arsch gehen'; ‚am Geschlechtsteil gepackt' [MB]; *er (sie) kann mich mal am buhl malochen* ‚er (sie) kann mich mal am Arsch lecken' [MB]; *dick den buhl von der ische!* ‚Guck dir den Arsch von dem Mädchen mal an!' [ME]

bulen swV. [MB]; **bullen** [LüJ, SJ]; **bullæ** [LüJ]; **bulla** [OJ]
– bumsen [MB]; koitieren [OJ, SJ]; „schniffen" [LüJ]

bullen Subst. n. [LüJ]
– Geschlechtsverkehr [LüJ]

buhlmalochedi Subst. m. Pl. [MM]
– Homosexuelle [MM].

bula Subst. [NW]
– schöne Federn [NW] ♦ **E:** unsicher; evtl. zu mdal./fränk./bair. *Bu(d)la* ‚Hühner(küken)'.

buléfke ‚Suppe' → *polivka*.

bulesch Adj. [NrJ]
bolesch [NrJ]
– ängstlich [NrJ] ♦ **E:** unsicher; evtl. zu → *bul*.

bulfi Subst. n. [JeS]
– Herz [JeS] ♦ **E:** wohl Bildung zu dt. *bullern* ‚polternd schlagen' DWB II 513. Benennungsmotiv: Herzschlag.

bullamee Subst. [EF, MoM]
bullemeh [EF]
– Suppe [EF, MoM] ♦ **E:** Nebenform zu → *polivka*.

bullen[1] Subst. Pl. [WG]
– Polizei [WG] ♦ **E:** rw. *bulle* ‚Kriminalbeamter', zu nl. *bol* ‚Kopf, kluger Mensch' WolfWR 760; schwer zu dt. (ant.) Rechtswort *Bulle* ‚Urkunde, Siegel' DWB II 513; womgl. volksetymologisch beeinflusst von dt. *Bulle* (männliches Hausrind).

bullenpisse Subst. f. [HN]
– Fusel [HN] ♦ **E:** dt. *Bulle* (männliches Hausrind) DWB II 512 f.; ugs. *Pisse* ‚Urin'.

bullen[2] ‚koitieren' → *bul*.

bulles ‚Gefängnis' → *bolles*.

bulvr ‚Geld' → *pulver*.

buma Subst. [LoJ]
– Kuh [LoJ] ♦ **E:** rw. *bummer* ‚Ochse', zu jd. *behemo* ‚Vieh' (WolfWR 765).

bumarisch Adj. [LoJ]
– teuer [LoJ] ♦ **E:** unklar; Lexem bezeugt in: Das grosse Conversations-Lexicon für die gebildeten Stände 1850: *bumarischer Taffet*.

bume[1] Subst. m./f. [JeS]
– Apfel [JeS]; Birne [JeS] ♦ **E:** zu frz. *pomme* ‚Apfel'.
♦ **V:** *e kwante bume* ‚ein schöner Apfel' [JeS]

bumesejuchem Subst. m. [SP]
– Apfelwein [SP] ♦ **E:** → *joch*. ♦ **V:** *e Belesje Bumesejuchem* ‚ein Krug Apfelwein' [SP].

bume[2] Subst. n. [JeS]
– Schuld [JeS] ♦ **E:** unsicher; evtl. zu schweizdt. *bummeⁿ* onomatopoetisch (SchweizId. IV 1254f) oder zu rw. *pumpen* ‚borgen' (WolfWR 4394).

zbume Adj., Adv. [JeS]
– zuschulden [JeS] ♦ **V:** *i bi öppertem zbume* ‚ich bin jmdm. (etw.) schuldig' [JeS]; *I tschaane zum Grütsch mys zBume go pryyme* ‚ich gehe zum Gemeindepräsidenten meine Schuld bezahlen' [JeS].

bumm ON [SJ]
– Schweiz [SJ] ♦ **E:** rw. *bumser* ‚Hirte, Viehhirte', *bumm* ‚Schweiz' Parallelbildung zu dt. *Schweizer* ‚Melker' (WolfWR 767, auch 764).

bumme Subst. m. [JeS]
– Magen, Bauch [JeS] ♦ **E:** evtl. zu schweizdt. *bumme* ‚dumpf tönen' bzw. *bomme* ‚in den Eingeweiden kollern'.

bummel in:
bummelgeicherei Subst. f. [EF]; **bummelgeigerei** [EF]
– Unterhaltungsmusik [EF] ♦ **E:** dt. *bummeln* ‚langsam und ziellos gehen' DWB II 515 und *geigen*, Wolf, Fatzersprache, 115.

bummelkaschte Subst. m. [WM]
– Eisenbahn [WM].

bummen Subst. Pl. [PfJ]
– Schulden [PfJ] ♦ **E:** unsicher; evtl. zu rw. *brummen* ‚abbüßen' WolfWR 729 oder dt. *bummen* DWB II 516.
♦ **V:** *bummen pflanzen* ‚Schulden machen' [PfJ]

bummich adj. [PfJ]; **bumich** [PfJ]
– schuldig [PfJ].

bummisch Adj. [TJ]
bummich [TK]; **bummig** [TK]; **bumarisch** Adj. [LoJ]
– teuer [LoJ, TJ, TK] ♦ **E:** rw. *bummisch* ‚teuer' (WolfWR 4394, 3892). ♦ **V:** *novus bummisch* ‚billig' [TJ].

bummsen swV. [Scho]
bumsen¹ swV. [Scho]
– stoßen [Scho] ♦ **E:** dt./mdal. *bumsen* ‚anstoßen', Interj. *bumms, bumps*.
hinbummsen swV. [Scho]
– anstoßen [Scho].

bums Subst. m. [RW]
bumms [HK]
– schlechte Gaststätte, Kneipe [HK]; „arme Gaststätte ohne Tischdecke" [HK]; „Gaststätte, wo man nichts verdient" [HK]; Kaschemme [HK]; „Kneipe, wo die Letzten drin verkehren" [HK]; ordinäre, asoziale Wirtschaft [HK]; schlechte Tanzveranstaltung [HK]; „Gaststätten wie so halbe Keller" [HK]; Kellerwirtschaft [HK]; Keller [HK]; Gefängnis [HK, RW]; Freudenhaus [HK] ♦ **E:** dt. onomatopoetisch *bumsen, bummen* ‚dumpf dröhnen, heftig anprallen' DWB II 516, Interjektion *bums*. In pejorativen Determinativkomposita: *Bumslokal, Bumsmusik* (Klu. 1995: 145). Weiteres: Weiland, Hundeshagen, 206.

bumser Subst. m. [HK]
– schlecht gekleideter Mann [HK]; ungepflegter Mann [HK]; gewöhnlicher Mensch [HK]; Penner [HK] ♦ **E:** unsicher, ob zu *bums*; evtl. zu rw. *bumser* ‚Hirte, Viehhirte', das zu rw. *bumm* ‚Schweiz', Parallelbildung zu dt. *Schweizer* ‚Melker', gehört (WolfWR 767, auch 764).

bums Adv. [BJ]
– plötzlich [BJ] ♦ **E:** dt. *bums*, Interj., die plötzliche Ereignisse signalisiert.

bumsen² swV. [BJ, LJ, SchJ]
bumse [JeS]
– aufpassen [BJ, LJ, SchJ]; hüten [BJ]; verhaften [BJ] ♦ **E:** zu rw. *bumser* ‚Hirte' WolfWR 767; → *bumm* ‚Schweiz'; nach Klepsch 422 (schwer) zu rw. *pumpen* ‚borgen'.
bumser Subst. m. [BJ, LJ, RR, SJ, TJ]
– Hirte [BJ, LJ, RR, SJ, TJ] ♦ **E:** rw. *bumser* ‚Hirte', rw. *bumm* ‚Schweiz'; „*bumser* (dürfte) ursprünglich nur ‚Kuhhirt' bedeutet haben und unmittelbar aus rw. *bumm* ‚Schweiz' gebildet sein" WolfWR 767.
lazlbumser Subst. m. [SchJ]
– Schäfer [SchJ].

bumsen³ swV. [JeS, TJ]
bumse [JeS]
– (sich) fürchten [JeS, TJ] ♦ **E:** wohl Nebenform von → *bauser* ‚Angst, Furcht'.

bumser Subst. m. [JeS]; **buser** [JeS]
– Angst, Furcht [JeS]; Feigling [JeS] ♦ **V:** *De Freier hät e grandige Bumser* ‚der Kerl hat eine höllische Angst' [JeS].

bun Subst. m. [TK]
– Knabe [TK] ♦ **E:** unsicher; evtl. eine der zahlreichen Kürzungen von dt. *Bube*, z. B. *bua, bue*, DWB II 457 f.; schwer zu dt. *bung* ‚Stoß, Schlag' (DWB II 524).

bunach Subst. [JSa]
bunachel Subst. [JSa]
– Mütze [JSa] ♦ **E:** wohl zu roi. *buneta* ‚Mütze, Haube' (WolfWZ 401).

bunackel Subst. m. in: [SE]
schuntiche bunackel ‚durchtriebener Mann' [SE] ♦ **E:** unsicher; evtl. zu (undiphtogiert) *buer* ‚Bauer'. ♦ **V:** moselfränk. Schimpfwort: *Dau schuntijen Bunackel!*

bündl Subst. n. in: [WG]
bündl heu Phras. [WG]
– Tabak (Gefängniswährung) [WG] ♦ **E:** dt. *Bündel* ‚etwas Zusammengebundenes' DWB II 518 f.

bunduck Adj. [SK]
– dick [SK] ♦ **E:** rum. *bunduc* ‚dick, untersetzt'. ♦ **V:** *'ne bunducke olmersche* ‚eine dicke, alte Frau' [SK]
bunducker Subst. m. [SK]
– dicker Mensch [SK].

bunem ‚Gesicht, Grimmasse' s. → *ponum*.

bungang Subst. [BM]
– Schelte [BM] ♦ **E:** SchweizId. IV 1379 *bunggen* ‚einen dumpfen Schall von sich geben, pochen, unsanft herumstoßen'.

bungerd Subst. m. [HK]
– Keller [HK]; Luftschutzbunker [HK] ♦ **E:** rw. *-hart*-Bildung zu dt. *Bunker* ‚großes Behältnis, Schutzraum', das entlehnt aus engl. *(coal) bunker*; seit dem 19. Jh. belegt (Klu. 1995: 143). → *bunker*.

bunk Subst. m. [BJ]
bunke [MM]; **bunken** [MM]
– dreckiger Mensch [BJ]; Asozialer, Ganove, schlechter Kerl [MM]; Halunke, Strolch, Lump [MM]; „nicht echt" [MM]; „jemand, der inne Baracke wohnt" [MM]; „der wohnte hinter der Hecke, am Stadttor, das is 'n *bunke*. Er säuft, die Frau geht auf'n Strich, Kinder sind schlecht erzogen" [MM] ♦ **E:** rw. *bunken* Pl. ‚arbeitsscheues Gesindel'; niederl. *bonk* ‚Lümmel' (WolfWR 770). ♦ **V:** *die bunken mangeweelen,*

wo se nur können ‚die Ganoven betteln, wo sie nur können' [MM]
hunkenbunken Subst. m. Pl. [MM]
– Gesindel [MM] ♦ **E:** typisch westf. Bildungsmuster von Schlagreimen, vgl. *hassebassen* ‚sich beeilen'; Siewert, Grundlagen, 152 und 365 f. (poetische Bildungen).

bunker Subst. m. [BJ, WG]
– Gefängnis [BJ]; Korrektionszelle [WG] ♦ **E:** dt. *Bunker* ‚großer Behälter, Schutzraum', engl. *bunker*. → *bungerd*.

bunkern swV. [HN]
– Geld durchstecken [HN]; Geld beim Wirtschafter oder Luden unterschlagen [HN]; sparen [HN] ♦ **E:** nd. *bunkern* ‚verstecken' (HWB I 549).

verbunkern swV. [HN]
– verstecken [HN]

inbungern swV. [HK]
– einstecken [HK]

pflaumenbunker Subst. m. [HN]
– Heim für schwer erziehbare Mädchen in der Feuerbergstraße [HN]; „da haben die Luden ihre Bremsspuren hinterlassen" [HN] ♦ **E:** dt. met. *Pflaume* ‚Vulva'.

bunnestang Subst. f. [EF]
– Frau, hager [EF] ♦ **E:** mdal. für dt. *Bohnenstange*.

bunter Subst. m. [HN]
– Mulatte, Farbiger [HN] ♦ **E:** dt. *bunt* ‚farbig'.

buntig Subst. [JeS]
– (Menschen-)knochen [JeS] ♦ **E:** unsicher; evtl. zu dt./schweizdt. *Bund* ‚etwas Bindendes' SchweizId. IV 1355, vgl. → *bäinlig*.

bunum ‚Gesicht' → *ponum*.

buremm Subst. n. [Scho]
– Fastnacht [Scho] ♦ **E:** jd. *purim* ‚Purimsfest' (We 91, Post 233).

buren Subst. Pl. [Gmü, Him, Mat, RW, Wo]
– Hosen [Gmü, Him, Mat, RW, Wo] ♦ **E:** unsicher; evtl. Bildung zu (undiphtogiert) *buer* ‚Bauer'.

burg Subst. f. in:
burggeist Subst. m. [HLD]
– Gefängnisinspektor [HLD] ♦ **E:** dt. *Burg* DWB II 534 ff.

burghauz Subst. m. [LI]
– Bürgermeister [LI] ♦ **E:** → *hautz*.

burgefieker Subst. m.
– Bürgermeister ♦ **E:** → *bürger*.

burgemorum Subst. m.
– Bürgermeister ♦ **E:** → *bürger*.

burger in:
fidelburger Subst. m. [RW]
– Zigarre [RW] ♦ **E:** rw-Bildungen zu fiktiven ON auf –*burg*, Halbsuffix mit der Bezeichnungsfunktion ‚Ding'.

handburger Subst. m. [RW]
– selbstgedrehte Zigarette [RW]

hustenburger Subst. m. [RW]
– Zigarette [RW]

moosburger Subst. m. [RW]
– Zigarette [RW]

straßburger Subst. m. [RW]
– aufgelesener Zigarrenstummel [RW]; aus dem Tabak aufgesammelter Kippen gedrehte Zigarette [RW]; aus aufgelesenen Zigarrenstummeln geschnittener Tabak [RW]

wiesenburger Subst. m. [RW]
– Joint [RW].

bürger Subst. m. in:
bürgerbetrüger Subst. m. [EF]
– Nachtwächter [EF] ♦ **E:** dt.*Bürger* ursprgl. ‚Bewohner einer Burg' DWB II 537 f.; rw. *bürgermorum* zu jd. *morom* ‚der Allerhöchste' (WolfWR 777). Zu *mali* jen. *Mali* ‚Anzug' als Synonym für dt. Meister bzw. Mann (WolfWR 3373) oder rw. *Mallus* ‚Gesäß', pejorativ (WolfWR 3375).

bürgerbrief Subst. m. [HLD]
– Entlassungsschein des Bestraften [HLD]

bürgermeisder Subst. m. [HK]; **bürgermeister** Subst. m. [HK]
– der Musiker H. [HK]

burgefieker Subst. m. [SPI, SS]; **bürgesiker** Subst. m. [SPI]
– Bürgermeister [SPI, SS]

bürgermali Subst. m. [TJ]; **borjemonem** Subst. m. [KM]; **borjemoneme** [KM]; **büerjermoonem** [KM]; **bürjermoonem** [StJ]; **burjemanes** [NJ]; **bürgemorum** [StG]; **burgemorum** [RW]; **burgomolum** [WJ]; **bürgermulm** [MUJ]
– Bürgermeister [KM, MUJ, NJ, RW, StG, StJ, TJ, WJ].

burken swV. [MM]
bureken [MM]; **bueken** [MM]
– schlagen, drücken [MM]; drauflos arbeiten [MM]; schneiden [MM]; stechen [MM]; stempeln (gehen), (arbeitslos sein) [MM]; hauen [MM]; schieben [MM];

stoßen [MM]; gießen [MM] ♦ **E:** westf. *bueken* ‚klopfen, schlagen' (WWBA 198). ♦ **V:** *er kriegte hame einen geburkt* ‚er kriegte schwer einen gewischt' [MM]; *sich in'n schero kaff lowinen burken* ‚sich zwanzig Biere hinter die Binde gießen' [MM]; *der is am burken* ‚der ist arbeitslos' [MM]; *ich hab den seeger ein' mitte plotte geburkt* ‚ich habe den Mann mit einem Messer gestochen' [MM]
abburken swV. [MM]
– abschneiden [MM]
reinburken swV. [MM]
– arbeiten [MM]
verburken swV. [MM]
– schlagen [MM]; stehlen [MM] ♦ **V:** *er hat ihn ein' mitte plotte verburkt* ‚er hat ihn mit dem Messer gestochen' [MM]; *der seeger hat den kower ein' verburkt* ‚der Mann hat den Wirt geschlagen' [MM]
zerburken swV. [MM]
– zerdrücken [MM]
burkamt Subst. n. [MM]; **burkeramt** [MM]
– Arbeitsamt [MM]
burkant Subst. m. [MM]
– Arbeitsloser [MM]
burkbeis Subst. n. [MM]
– Arbeitsamt [MM] ♦ **V:** *den freier kenn ich von 'n burkbeis* ‚den Mann habe ich beim Arbeitsamt kennengelernt' [MM]; *malochen taten die nicht, die lagen dauernd am burkbeis* ‚sie arbeiteten nicht, sie waren dauernd auf dem Arbeitsamt' [MM]
burklobi Subst. n. [MM]
– Stempelgeld, Arbeitslosengeld [MM].
burke Subst. f. [MM]
– Arbeitsamt [MM]
plottenburkerei Subst. f. [MM]
– Messerstecherei [MM].

burle Subst. [PfJ]
– Arrest [PfJ] ♦ **E:** wohl zu rw. *burgerl* ‚Zuchthaus' WolfWR 776.

burmä ‚Kuh' → *pore*.

burme Subst. m. [GM]
burma [JSa]
– Zwiebel [GM, JSa] ♦ **E:** rw. *purum* ‚Zwiebel' (WolfWR 4406) < roi. *purum* ‚Zwiebel' (WolfWZ 2637).

burnes Subst. m. [CL, MUJ, SJ]
– Jacke [MUJ, SJ]; Mantel [CL, SJ]; Überzieher [CL] ♦ **E:** dt. *Burnus* < frz. *bournous* (Klepsch 427, SchwäbWb. I 1545).

bürrüs Subst. m. [BM]
– Kautabak [BM] ♦ **E:** unsicher; evtl. zu schweizdt. *pür* SchweizId. IV 1512 ‚rein, lauter, unvermischt', subst. Adj. ‚unvermischter (Tabak)'.

bürsch Subst. f. [HF]
– Börse [HF] ♦ **E:** mdal. *Bürsch*, dt. *Börse* ‚Geldbeutel' (RheinWb. I 1143).

burun Subst. m./f. [JS]
– Schwager [JS]; Schwägerin [JS] ♦ **E:** roi. *buro* ‚Bräutigam' aus kurd. *bura* ‚Schwager'; roi. *buri, borin* ‚Schwägerin' (WolfWR 411).

bürvelen swV. [KP]
bürvele [KP]
– bezahlen [KP] ♦ **E:** rw., WolfWR 783, Nebenform von → *beribbeln*, jd. *ribusem* ‚Zinsen' We 92.

büs Subst. f. [HeF, HF]
– Flasche [HeF, HF] ♦ **E:** mdal. für dt. *Büchse* ‚Dose' DWB II 476 f.; vgl. → *buschge*. ♦ **V:** *krütskes on parz gecken de büs* ‚Zwölf Groschen die Flasche' [HeF]; *plaren för parz en büs?* ‚Wollen wir zwei eine Flasche trinken?' [HeF]; *he, wöles, schüt en büs moselsanktes möt parz ruthen!* ‚Heda, Kellner, bring eine Flasche Moselwein mit zwei Gläsern!' [HeF]; *plar ens, knöllen, do huckt te büs* ‚Trinken Sie einmal, da steht die Flasche' [HeF]; *en büs sanktes* ‚eine Flasche Bier' [HeF]
sanktesenbüs Subst. f. [HF]
– Weinflasche [HF]
schmunkelsbüs Subst. f. [HF]
– Medizinflasche [HF] ♦ **E:** wohl zu rw. *schmunk* ‚Schmalz, Butter, Fett' (RheinWb. VII 1514).

busch Subst. m. [KMa]
– Wald [KMa] ♦ **E:** dt. *Busch* DWB II 556 ff.
buscherie Subst. f. [NJ]; **bujerie** [NJ]
– Wald [NJ]
buscherihautz Subst. m. [NJ]
– Jäger [NJ]; Förster [NJ].

buschge Subst. f. [LJ]
buschka [JSW]; **büchs** [TK]
– Schusswaffe [LJ]; Gewehr [JSW, TK] ♦ **E:** roi. *puška* ‚Gewehr, Flinte, Büchse' (WolfWR 4408, WolfWZ 2643), mit Einfluss von dt. *Büchse* ‚Flinte, Gewehr' DWB II 476 f., vgl. → *büs*. ♦ **V:** *buschge glendisch* ‚kurze Waffe, Pistole' [LJ]; *buschge latsche* ‚lange Waffe, Gewehr' [LJ].

buschinefe Subst. f. [RR]
– weibliche Schamgegend [RR] ♦ **E:** Weiterbildung zu rw./jd. *buscha* ‚Vulva, Scham' WolfWR 786.

busch Subst. m. in:
de busch het aueren Phras. [SG]
– sei vorsichtig (der Busch hat Ohren) [SG] ♦ **E:** dt. *Busch* ‚dicht gewachsener, laubiger Strauch, Gestrüpp' DWB II 556 ff.

buschmann Subst. m. [RW]
– Bürgermeister; Untersuchungsrichter ♦ **E:** rw. *buschmann* ‚Ortsvorsteher, Bürgermeister' (WolfWR 789); *busch* wohl zu rw./roi. *Buschka* ‚Gewehr', womgl. zu rw./roi. *Busch* ‚Leib, Körper' WolfWR 784, 4408.

buschwinde Subst. f. [RW]
– Rathaus ♦ **E:** → *winde*.

buschum Subst. m./f. [MUJ]
püschum [GM]
– Floh [GM, MUJ] ♦ **E:** rw. *pusum* ‚Floh' (WolfWR 4409) < roi. *pusum* ‚Floh' (WolfWZ 2647).

büselet Adj. [JeS]
– in Katerstimmung sein [JeS] ♦ **E:** schweizdt. *gebus(e)let* ‚angetrunken, leicht berauscht' SchweizId. IV 1743.

busen swV. [SJ]
– ansehen [SJ] ♦ **E:** unsicher; vgl. SchwäbWb I 1555.

büsen Subst. Pl. [HeF, HF]
– Stiefel [HeF, HF] ♦ **E:** rw. *büsen* ‚Stiefel' aus nl. *buis* ‚Röhre, Rohr' (WolfWR 592).

busi Subst. n. [JeS, MJ, TK]
– Fleisch [JeS, MJ, TK] ♦ **E:** österr./schweizdt. Variante von → *bose*. ♦ **V:** *De Chafler hät kwants Busi* ‚der Metzger hat schönes Fleisch' [JeS]
busisuurhansech Subst. m. [JeS]
– Fleischsalat [JeS].

busider ‚Tasche' → *budista*.

buss Subst. n. [GM, JS, PH]
– Stroh [GM, JS, PH] ♦ **E:** rw. *puß* ‚Stroh' (WolfWR 4090) < roi. *phus* ‚Stroh, Heu' (WolfWZ 2638).

busser ‚Fleisch' → *bose*.

bussno Subst. m. [GM]
busnie [JSW]
– Ziege [GM, JSW] ♦ **E:** rw. *busni* ‚Ziege' (WolfWR 4377) < roi. *buzno* ‚Ziegenbock, Bock' (WolfWZ 426).

but[1] Adj. [LüJ, SJ]
put [LüJ]; **pud** [LüJ]; **butt** [BJ]
– teuer, sehr teuer [LüJ]; viel [BJ, LüJ, SJ]; zahlreich [LüJ] ♦ **E:** rw. *but* ‚viel' (WolfWR 793) < roi. *but* ‚viel, zahlreich' (WolfWZ 416, BoIg: 39). ♦ **V:** *was schuckt's? – grandich put* ‚Was kostet es? – Sehr teuer!' [LüJ]; *tschi bigere, es ist put* ‚nicht kaufen, es ist zu teuer' [LüJ]; *o, des isch grandig put, komm, wir naschet wieder* ‚o, das ist sehr teuer, komm, wir gehen wieder' [LüJ].

but[2] Subst. m. [BJ]
– Hafer [BJ] ♦ **E:** rw. *butt* ‚Hafer' (WolfWR 798, ohne Herleitung), evtl. zu dt. *Butte* ‚Hagenbutte' DWB II 580 f.

but[3] ‚Essen' → *butten*.

butje Subst. m. [HN]
– Junge [HN]; „Form der Anrede, Spitzname" [HN] ♦ **E:** nd. *butje* ‚Kerl, Junge' (HWB I 572). ♦ **V:** *lockenbutje* „Locken-Junge" [HN].

butjer Subst. m. [MB]
buttjer [MB]; **buttcher** [MB]; **butchen** [MB]; **butschen** [MB]; **butschern** [MB]
– ein in der Mindener Altstadt Geborener [MB]; Mindener Original [MB]; Sprecher der Buttjersprache [MB] ♦ **E:** rw. *buttjer* ‚Bummler, Landstreicher' (WolfWR 802, ohne Herleitung), evtl. zu → *butschen*[1] ‚herumwerkeln, arbeiten'; westf. *butjer* ‚Bummler' (WestfWb. 143), auch als Sprachname *Buttjersprache* (Siewert, Mindener Buttjersprache, 21; Siewert, Geheimsprachen in Westfalen I, 21 und 67).

butlak ‚Hunger' → *buttlack*.

buts ‚Polizist' → *putz*[1].

butsch[1] Subst. f. [GM, JSa, JSW]
butschel Subst. f. Dim. [JSW]
– Vulva [GM, JSa, JSW] ♦ **E:** rw. *busche* ‚Schamhaftigkeit, Vulva' (WolfWR 786), zu jd. *buscha* ‚die Scham' (Avé-L. 340).

butsch[2] Subst. [BJ, Him, MUJ, OJ, WJ, Zi]
– Most [BJ, Him, MUJ, OJ, WJ, Zi] ♦ **E:** rw. *butsch* ‚Most' (WolfWR 794).

butsch[3] Subst. [SK]
– Hunger (haben) [SK] ♦ **E:** rw., wohl Substantivierung von → *butten*.

butschen¹ swV. [MB]
butchen [MB]; **butschern** [MB]
– arbeiten [MB] ♦ **E:** roi. *buchi* ‚Arbeit, Tätigkeit, Werk' (WolfWZ 418); vgl. → *butjer*. ♦ **V:** *ihne is noch am butschen* ‚er arbeitet noch' [MB]
butje Subst. [MB]
– Arbeit [MB]; Arbeitsstelle [MB] ♦ **V:** *mach mir bitte ein mao, ich muß zur butje, scharniegeln* ‚mach mir bitte ein Brot, ich muß zur Firma, arbeiten' [MB]
butscheramt Subst. n. [MB]
– Arbeitsamt [MB] ♦ **V:** *beim butscheramt mangen gehen* ‚zum Arbeitsamt betteln gehen' [MB].

butschen² swV. [GM, LüJ, SJ]
– fragen [GM, SJ]; anfragen [LüJ]; sagen, sprechen [LüJ]; im Vertrauen sagen [LüJ]; schwätzen [LüJ]; sich erkundigen [GM]; verlangen [LüJ] ♦ **E:** rw. *butschen* ‚fragen, anfragen' (WolfWR 795) < roi. *putschawa* ‚fragen, forschen, erkundigen' (WolfWZ 2651).
♦ **V:** *butsch grandig* ‚verlange viel' [LüJ]; *tschi butsche, die ulme hont* ‚nichts sagen, die Leute hören zu' [LüJ]; *tschi butsche, i glaub, der gatsch wollt kemere, des isch 'n kemerer* ‚nichts sagen, ich glaube, der Kerl will kaufen, das ist ein Käufer' [LüJ]
butschepin Subst. m. [GM]
– Frage [GM]; Verhör [GM] ♦ **E:** roi. *putschepenn* ‚Frage, Befragung, Verhör' (WolfWZ 2651).

butscher Subst. [Zi]
– Flasche [Zi] ♦ **E:** rw. *butscher* ‚Flasche' (WolfWR 796); vgl. → *büs*.

butschgajem Subst. f. [CL, LL]
butskaim [PH]; **butsgaim** [CL, PH]; **butschgaim** [CL]; **butschgeim** [CL]; **potschaie** [SS, WH]; **butschgeimer** [JS]; **putschkese** [HLD]
– Hose [CL, HLD, JS, LL, PH, SS, WH]; Unterhose [CL]
♦ **E:** rw. *buskeyen, butschkajen* u. ä. ‚Hosen' (WolfWR 792) < jd. *botte schukajim* ‚Hosen'; wörtlich ‚Häuser der Beine' (Post 190, Klepsch 420). ♦ **V:** *Er hot in die butschgajem gemasselt* ‚Er hat sich in die Hosen gemacht' [LL, CL].

butt¹ Subst. m. [SJ]
but [SJ]
– Rückentrage [SJ]; Eimer im Gefängnis [SJ] ♦ **E:** rw. *butte* ‚Eimer' WolfWR 799; mdal. *Butte(n)* ‚Rückentragegefäß, Bütte' (SchwäbWb. I 1562). ♦ **V:** *a butt voll* ‚große Menge' [SJ].

butt² Adj. [CL, LL]
– dumm [CL, LL] ♦ **E:** rw. *butt* ‚dumm' (WolfWR 797), nl. *bot*, span. *boto* ‚dumm'.

butt³ ‚viel' → *but*.

bütteln swV. [RW]
– sich mit 'ner netten Lady einlassen [RW] ♦ **E:** wohl zu rw. → *butten*, zu dt. (ant.) *büßen* ‚die Lust stillen, befriedigen' (WolfWR 800; DWB II 573).

butten swV. [EF, Gmü, HK, LüJ, MeT, MT, PfJ, SJ]
butta [SJ]; **budde** [Scho]; **budda** [OJ]; **buttn** [LoJ, HK, TJ]; **putten** [HK]; **pudden** [HK]; **budden** [HK]; **putte** [HK]; **buddn** [HK]; **botten** [MeT]; **butte** [JeS, MeJ]; **buute** [BM]
– essen [BM, EF, Gmü, HK, JeS, LoJ, LüJ, MeT, MT, NJ, OJ, PfJ, Scho, SJ, TJ]; füttern, weiden [JeS]; kochen [JeS] ♦ **E:** rw. *butten* ‚essen' < dt. *büßen* ‚stillen, befriedigen', nl. *boeten* (WolfWR 800). ♦ **V:** *schnull gebutt* ‚sattgegessen' [NJ]; *budde laaf* ‚Essen, nicht gut; nicht verstehen' [Scho]; *finale gebudded* ‚dicksatt gegessen' [HK]; *da budda benda* ‚jmd. die Luft abschnüren' [OJ]; *Schure, gschaubet her, do hot dr massfetzer schling ond bossertlappa herketscht, do kennemer mordsmäßig butta* ‚Männer, schaut her, der Metzger hat Wurst und Fleischstücke gebracht, da können wir tüchtig essen' [SJ]; *Schure, i hab a frog, ihr habt jetzt elle buttet, ist dia schling ond der bossert gwand gwea?* ‚Männer, ich habe eine Frage, ihr habt nun alle gegessen, war die Wurst und das Fleisch gut?' [SJ]; *Deine kottela detet gern butta, dene qualmt scho dold* ‚Deine Kinder würden gerne essen, denen raucht schon die Nase' [SJ]; *So, galme, dibert die mamere, ist schnall und bolle' buttet und gleis geschwächt? Kenn, mamele!-Dann bostet in sauft und schlaunet!* ‚So, Kinder, sagt die Mutter, ist die Suppe und die Kartoffeln gegessen und die Milch getrunken? Ja, Mutter!- Dann geht ins Bett und schlaft!' [LüJ]; *wir buttn oahbendleechn* ‚wir essen Abendbrot' [HK]; *im hurtich unn derr fukkermulte woar lohne zu butten bekoane* ‚in Rucksack und Felleisen war nichts Eßbares mehr vorhanden' [HK]
buttern swV. [LJ, SchJ, SJ]
– essen [LJ, SchJ, SJ]
butten Subst. n. [EF, HK]; **putten** [HK]
– Essen [EF, HK]; Speisen [HK] ♦ **V:** *jockeres butten* ‚vorzügliches Essen' [HK]; *das butten hidsd jooker* ‚das Essen schmeckt gut' [HK]; *das butten schemmd angeserfd* ‚das Essen ist angebrannt' [HK]; *butten finkeln* ‚Essen kochen' [HK]
butt Subst. [MeT, NJ]; **budd** [OJ]
– Essen [MeT, NJ, OJ] ♦ **V:** *a dalfa vrbuddeda budd* ‚ein ärmliches, karges Essen' [OJ]; *In nobbeshutsche sinen tispel gifft 'nen fitsen butt* ‚Im Bauervogtskrug

gibt's ein gutes Essen' [MeT]; *In'n Tispel bi'n fitzen Butt wöt de Rödel bequässt* ‚In der Kneipe bei einem guten Essen wurde über den Handel gesprochen' [MeT]

butte Subst. f. [HK]; **budde** [HK]; **putte** [HK]
– Mund [HK]; Schnauze [HK]; Essen [HK] ♦ **V:** *inne butte kuffn* ‚in die Schnauze hauen' [HK]

puttchen Subst. n. [HK]
– Kuß [HK] ♦ **E:** vgl. → *buttfinnichen*.

buddale Subst. n. [OJ]
– ausgezehrtes Kind [OJ]

butterei Subst. f. [EF, Gmü, HK, LJ, PfJ, SchJ, SJ, TJ]; **pudderei** Subst. f. [HK]
– Essen [Gmü, HK, LJ, PfJ, SJ, TJ]; Mahlzeit [PfJ]; das Essen [SchJ]; Esserei [EF]; zu Essen [HK] ♦ **V:** *Mei ganza butterei hauert en dr Küche* ‚Mein ganzes Essen steht in der Küche' [SJ]; Der Soldat Eduard Bär aus Schillingsfürst soll aus dem Felde nach Hause geschrieben haben: *Die Butterei hauert lack* d. h. ‚Die Verpflegung ist schlecht'. Von der Zensur befragt, was das heiße, antwortete er: „Das ist eine intime Familienangelegenheit" [SchJ]; *butterei ham wir gar nichts granniches* ‚zu Essen haben wir gar nichts Schönes' [HK]

butterig Adj. [HLD]
– hungrig [HLD] ♦ **E:** rw. *butterig* ‚hungrig' (WolfWR 800).

buttlagg Subst. m. [JeS]; **buttlack** [JS, JSW, LL, PH]; **buttlak** [LJ]; **butlack** [NJ]; **butlak** [MM]; **botlak** [NJ, SP]; **bottlack** [JS, JSW, SE]; **putlak** [LüJ]; **putlaag** [LüJ]; **buttlach** [JSa]; **budlach** [GM]; **bottlak** [SE]
– Hunger [CL, GM, JeS, JS, JSa, JSW, LJ, LL, LüJ, MM, NJ, PH, SE, SP]; ein Armer [NJ]; Essen [JSW]; Speise [JeS]; Braten [JeS] ♦ **E:** rw. *buttlak* ‚Hunger' (WolfWR 800), vgl. → *bock¹*. ♦ **V:** *Tschei ich han bottlack* ‚Frau, ich habe Hunger' [JS]; *hoi is butlack* ‚er hat Hunger' [SG]

buttlack Adj. [BJ]
– hungrig

bottlakig Adj. [NJ]; **bottlackig** [JS]
– arm [NJ]; hungrig [JS]; verhungert [JS]; billig (aussehen) [JS]

bottlacken swV. [JSW]; **butlaken** [SG]
– essen [JSW, SG]

buddschnabl Subst. [OJ]; **buttschnabel** Subst. m. [BJ, TJ]; **butschnabel** [LJ, SchJ]
– Löffel [TJ, OJ, SchJ]; Kelle [LJ, SchJ]; Maurerskelle [LJ]; Mund [BJ, SchJ] ♦ **E:** rw. *butschnabel* ‚Esslöffel' (WolfWR 800).

butterich Subst. m. [KMa, OH]
– Tisch [KMa, OH] ♦ **E:** rw. *butterich* ‚Tisch' (WolfWR 800).

buttfink Subst. m. [JS]
– Tisch [JS].

buttfinnichen swV. [HK]
– küssen [HK] ♦ **E:** → *finne*, → *puttchen* ‚Kuß' (s.v. *butten*).

buttfinnichen Subst. m. [HK]
– Kuß [HK].

buttern swV. in:
anbuttern swV. [SK]
– schwängern [SK] ♦ **E:** wohl zu nd. *butt* ‚dick'; schwer zu rw. *pattersch* (WolfWR 4076).

buttger Subst. m. [KMa]
puttger [KMa]
– Schwein [KMa] ♦ **E:** rw. (WolfWR 4333); vgl. → *pottger*.

buttlack ‚Essen', ‚Hunger' → *butten*.

buttschnabel ‚Löffel, Kelle' → *butten*.

butz¹ Subst. [LüJ]
– Vortäuschung [LüJ]; „etwas, was unwahr ist" [LüJ] ♦ **E:** rw. *putz* ‚Beschönigung, Ausrede, Ausflucht, Vorwand', *putz machen* ‚jemandem etwas weismachen', evtl. zu jd. *puz* ‚er hat zerstreut (d. h. hier: den Verdacht)' oder dt. *putzen* ‚verschönern (beschönigen)', *verputzen* ‚weiß machen (einer Mauer, ...)' (WolfWR 4415); schwäb. *Butzbacherei* ‚Aufschneiderei', *Butzenbettler*, die „in den Häusern unter Angabe von Krankheit an ihnen oder Angehörigen" betteln (SchwäbWb. I 1568/ 1569). ♦ **V:** *etwas auf butz machen* ‚etwas vortäuschen, was nicht stimmt; Vortäuschen falscher Tatsachen, so tun, als ob, Spaß machen' [LüJ]; *auf kohl machen* ‚simulieren' [LüJ]

butz² ‚Polizist' → *putz¹*.

butze Subst. f. [MB]
– Bude [MB]; altes Haus, Hütte [MB]; Schuppen [MB]; Zimmer [MB] ♦ **E:** westf. *butse* ‚Kämmerchen, kleines Zimmer, von Kindern erbaute Hütte' (WestfWb. 144).

buzakitt Subst. f. [LüJ]
– kleines Haus [LüJ].

butzel Subst. m./n. [LüJ]
buzel [PF, SJ]
– (kleines) Kind [LüJ]; Wochenkind (Neugeborenes während der ersten 6 Wochen) [SJ]; Frau [LüJ]; Lieb-

ling [LüJ]; Schwein [PF] ♦ **E:** obdt. *Butzel, Butzerl* ‚kleines Kind' (SchwäbWb. I 1571, Kü 1987: 148).
butzele Subst. n. [LüJ]
– kleines Kind, Baby [LüJ]
butzewackerle Subst. n. [LüJ]
– ganz kleines Kind.

butzen¹ swV. [LüJ, PfJ]
buzza [LJ]; **butza** [LJ, OJ]
– hauen, schlagen [LJ, LüJ, OJ]; ohrfeigen, jmd. eine schmieren [LüJ]; geben [LüJ]; durchgehen [PfJ] ♦ **E:** ahd. *bōzen* ‚schlagen' (Klu. 1999: 148). ♦ **V:** *dem hab ich eine gebutzt* ‚dem habe ich eine Ohrfeige verpaßt' [LüJ].

butzen² Subst. m. [LüJ]
butza [LüJ]
– Nasendreck (Popel) [LüJ]; Nasenkruste [LüJ]; Apfelrest [LüJ]; häßliche Frau [LüJ] ♦ **E:** ugs. *Butzen* ‚dicker, runder Gegenstand; verhärteter Nasenschleim' (Kü 1987: 148).
butzengriebler Subst. m. [LüJ]; **butzagribler** [LüJ]
– Nasenbohrer [LüJ]; Nasenstöberer [LüJ]; Popler [LüJ]
butzemann¹ Subst. m. [MB]
– Nasenpopel [MB].

butzen³ Subst. m. [BJ]
– kleines Kind [BJ] ♦ **E:** → *butzel*.

butzemann² Subst. m. [MB, LüJ]
– törichter, unerfahrener Kerl [MB]; komischer Kerl [MB]; einfältiger Kleiner [MB]; Junge [MB]; Kosewort für Klein und Groß [MB]; Gangster [MB]; Schimpfwort, wie der „konde" oder „grattler" [LüJ] ♦ **E:** rw. *butzemann* ‚Spaßvogel, Lump', dt. *bützeln* ‚plagen, wehetun, kränken, vexieren' (WolfWR 804).

butzerei ‚Polizei' → *putz¹*.

butzert Subst. m. [WL]
– Polizist [WL] ♦ **E:** rw./dt.*putz* ‚Bettelvogt, Schutzmann' (WolfWR 4414; Tockert, Weimerskircher Jenisch, 17).

butzgere Subst. f. [LüJ]
– Schimpfwort [LüJ] ♦ **E:** vgl. → *butzen 2*.

butzmatze Subst. f. [HK, SK]
putzmatzen Subst. m. [SK]
– eine Mark [HK, SK] ♦ **E:** dt. *Butzen* ‚flache Scheibe' und jd. *mezio* ‚Gewinn, Fund' (WolfWR 3584).

büüchu Subst. m. [BM]
– Bauch [BM] ♦ **E:** zu schweizdt. *Büüch* ‚Bauch'.

buugere swV. [JeS]
bugere [BM]
– schimpfen [BM, JeS] ♦ **E:** zu schweizdt. *buugere* ‚schwören, fluchen, schimpfen'; vgl. frz. Schimpfwort *bougre* ‚Bulgar', im 13. Jh. gleichbedeutend mit ‚Sodomie, Ketzer (Bogomile)', SchweizId. IV 1071.

buute ‚essen' → *butten*.

buxen Subst. f., Pl. [BJ, KP, RR, RW, TK]
bocksen [BJ]; **buxn** [TK]; **buxa** Subst. f. [OJ]; **buxæ** [LüJ, WJ]; **buxe** [MUJ, PH, Scho, SJ]; **bux** [LJ, LüJ, PfJ, RW, SJ, TJ]
– Hose(n) [BJ, KP, LJ, LüJ, MUJ, OJ, PfJ, PH, RR, RW, Scho, SJ, TK, TJ, WJ]; Unterhosen [KP, LüJ]; „auch jedes andere Beinkleid" [LüJ] ♦ **E:** mnd. *buxe* aus *buckhose* ‚Hose aus Bocksleder' (Klu. 1999: 149, WolfWR 805, Kü 1987: 148); nd. *boxen*; nl. *Boksen*. → *bosse, buchse*. ♦ **V:** *Skotele hod end bux gschmelzd ond gföseld shod grandeg gmuffd' d'muadl hod döberd ond hod am da doches vergufd* ‚Das Kind hat in die Hose geschissen und uriniert, es hat kräftig gestunken, die Mutter hat geschimpft und hat ihm den Hintern verhauen' [SJ]; *Schefften deine buxen schundlich, kaffer? Nobis, moß! Dein fürflamm, moß? Nobis, kaffer!* ‚Sind deine Hosen schmutzig, Mann? Nein, Frau! Dein Schurz, Frau? Nein, Mann!' [LüJ]; *bux feifrla!* ‚du kannst mich mal!' [OJ]

buxenfuhler Subst. m. [LüJ]
– Hosenscheißer [LüJ]

buxaschmelzr Subst. m. [BJ, OJ]
– Feigling [BJ, OJ]; „du kannst mich mal!" [BJ]
buxenkrönerei Subst. f. [PfJ]
– Kindstaufe [PfJ]
unterbux Subst. f. [LüJ]
– Unterhose [LüJ].

buxen swV. [Scho]
– umeinanderstoßen [Scho] ♦ **E:** jd. *buxen* ‚stoßen' aus mhd. *buc* ‚Schlag' (Klepsch 432).

buz¹ Subst. [LüJ]
– „nicht krank sein" (Vortäuschung) [LüJ] ♦ **E:** → *butz¹*, *etwas auf butz machen* ‚eine Krankheit vortäuschen'; vgl. SchwäbWb. I 1568/1569.

buz² ‚Polizist' u. ä. → *putz¹*.

buzel ‚kleines Kind' → *butzel*.

buzgeren ‚etwas Verbotenes tun' → *bozgern*.

byybere swV. [JeS]
– frieren [JeS] ♦ **E:** rw. *bibern* ‚gefrieren', zu dt. *bibbern*, Iterative zu dt. *beben*, mhd. *biben* ‚zittern'; WolfWR 446.
byybrach Adj. [JeS]
– kühl, kalt [JeS] ♦ **V:** *Er hurts byybrach im Jaari* ‚es ist kalt im Wald' [JeS]
byybrisch Adj. [JeS]
– sehr kalt, beißend kalt („stärker als *byybrach*") ♦ **E:** jen. *bieberisch* ‚kalt'. ♦ **V:** *Es huurt byybrisch* ‚es ist beißend kalt'.

C

(*ch-* siehe auch *g-/k-*).

calmüsern [HLD]
– umhersuchen [HLD] ♦ **E:** dt./ugs. *kalmäusern, kalmüsern* „stubenhockend studieren" DWB XI 72 f.

cappis Subst. n. Pl. [HN]
captas [HN]
– Captagon [HN]; Aufputschmittel [HN] ♦ **E:** Initialkürzung von *Captagon* [Tabletten, werden wie Preludin zum Aufputschen benutzt]. ♦ **V:** *laß mal cappies rüberwachsen* ‚gib mir Captagon' [HN].

caruso Subst. [HN]
– Karo (Spielkartenfarbe) [HN] ♦ **E:** Kontamination aus Initialkürzung von *Karo* und FN *Caruso*.

cassive ‚Legitimation' → *kassiber*.

ceedeger Subst. m. [EF]
– Apotheker [EF] ♦ **E:** sprachspielerische Modifikation des initialen ABC.

celendr bellr Subst. m. [OJ]
– Zylinder [OJ]; steifer Hut [OJ] ♦ **E:** dt. *Zylinder* DWB XXXII 1453 f.

chaanis Subst. m. [JeS]
– Korb [JeS] ♦ **E:** roi. *kanistro* Korb, entlehnt aus neugr. *känistros*, dt. *Kanister*, ital. *canestro*.
chaanismänger Subst. m. [JeS]
– Korber, Korbmacher [JeS] ♦ **E:** dt. *Menger* ‚Händler'.

chabis Adv. [BM]
– gleich, egal [BM] ♦ **E:** schweizdt. *chabis* ‚Kohl, Unsinn'.

chabo ‚Kerl, Mann, Junge' → *tschabo*.

chacheler Subst. [BM]
– Porzellankugel [BM] ♦ **E:** SchweizId. III 118 *Chachle* ‚Geschirr aus Keramik' u. ä.

chafel Adj. [JeS]
– falsch, schlecht [JeS] ♦ **E:** unsicher; evtl. zu rw. → *Chafler* ‚Schinder, Scharfrichter' (WolfWR 2537) oder Nebenform zu → *schoofel*.

chafler Subst. m. [JeS]
– Metzger, Schinder [JeS]
chafleréi Subst. f. [JeS]
– Metzgerei [JeS] ♦ **E:** rw. *Kafler* ‚Schlachter', *kafele* ‚schlachten, metzgen' (WolfWR 2537; SchwäbWb. IV 142). ♦ **V:** *Tschaan i d Chaflerei gon es Paar Längele go paasche* ‚geh in die Metzgerei ein Paar Würste kaufen'.

chai ‚Frau' → *tschai*.

chaim Subst. m. [SS]
châim [WH]; **gaim** [SS]; **goimen** [SS]
– Wein [SS, WH] ♦ **E:** jd. *jajin* ‚Wein' (WolfWR 2313). Vgl. → *jaiem*.

chaise Subst. [EF, JS]
schäs [EF]
– Sitz einer Schaukel [JS]; Wagen und Schlitten eines Fahrgeschäfts [JS]; Kutschwagen [EF] ♦ **E:** frz. *chaise* ‚Stuhl, Sitz'.

chali[1] Adj. [MB]
– abgespannt [MB] ♦ **E:** evtl. zu jd. *chole* ‚krank' (We 56).

chali[2] Subst. f. [MB, ME, MM]
chalie [ME]; **charlie** [ME]; **chalja** Subst. f. [MB]
– Mädchen [ME, MM]; Mädel [ME]; Frau [MB]; Fräulein [MB]; Fremde [MB]; Weiße [MB]; Jüdin [MB]; Deutsche [MB]; Tussi [ME] ♦ **E:** roi. *chali* ‚Nichtzigeunerin, besonders Jüdin' (WolfWZ 1641). ♦ **V:** *latschi chali* ‚gute Frau' [MB] ♦ **V:** *reune, ihne buit ne nebu chali* ‚guck, er vögelt eine neue Frau' [MB]
nublichalia Subst. f. [MB]; **nublichalja** [MB]
– junge Nutte [MB]; Nuttenweib [MB]
tattochali Subst. f. [MB]
– Lesbe, lesbische Frau [MB].

challen swV. [MB, ME, MM]
chalen [ME]; **khalen** [UG]; **chailen** [ME]; **chrallen** [MB]; **rallen** [MB, ME]
– essen [MB, ME, MM, UG]; speisen [MB]; kauen [MB]; zugreifen [MB]; „schnell zugreifen am Buffett" [MM] ♦ **E:** roi. *cha-* ‚essen' (WolfWZ 1636a). → *acheln*,

→ *kahlen.* ♦ **V:** *eine kreigeu chrallen* ‚eine Pferdewurst essen' [MB]; *nen goi challen* ‚eine Wurst essen' [MB]; *er is schon wieder am challen* ‚er ißt schon wieder' [MB]; *rall du dich das plemper* ‚nimm du dir das Bier' [MB]
rallepeng Subst. [MB]
– Mahlzeit [MB]; Nahrung [MB]; Essen [MB]; Eßbares [MB] ♦ **V:** *pause – rallepeng* ‚Pause – Essen fassen' [MB].

chalo Subst. m. [JS, MB, ME, MM, MoJ]
charlo [ME, MM]; **schalo** [MB]; **chalie** [MB]; **jalo** [MM]; **galo** [JS]
– Bauer [MM]; Kerl [MB, ME, MM]; Mann [MB, ME, MM]; alter Mann [MoJ]; ältere männliche Person [MB, MM]; Ehemann [MoJ]; Angeber [MM]; Junge [MB, MB, ME]; Typ [ME]; Luftikus [MM]; Macker [MB]; Fremder [MB]; Weißer [MB]; Deutscher [MB]; Jude [MB]; (abwertend) Außenstehender [JS] ♦ **E:** roi. *chalo* ‚Nichtzigeuner', besonders ‚Jude' (WolfWZ 1641). ♦ **V:** *den chalo kannste abnabbeln* ‚den Bauern kannst du betrügen' [MM]; *bei dem chalo ham se kimmel kachelins geschort* ‚dem Bauern wurden drei Hühner gestohlen' [MM]; *wir ham von den chalo bes jarickes bewircht* ‚wir haben von dem Bauern zwei Eier bekommen' [MM]; *bei dem chalo kannste joflen mast bewirchen* ‚bei dem Bauern kannst du schönen Speck bekommen' [MM]; *der chalo is cui* ‚der Kerl ist verrückt' [MB]; *dick, der chalo hat dich schi denters im mui* ‚guck, der Kerl hat keine Zähne im Mund' [MB]; *den chalo abkochen* ‚den Kerl bescheißen' [MB]; *es hat sich nen neuen chalo* ‚sie hat einen neuen Kerl' [MB]; *der chali is blanco, aber latscho* ‚der Typ ist pleite, aber ein toller Kerl' [MB]; *mein chalo schemmt auf schinägelei und kient zum schwächen eine flasche katschedi, damit wir schucker soben* ‚mein Mann geht zur Arbeit und kauft sich zum Trinken eine Flasche Schnaps, damit wir ruhig schlafen können' [MoJ]
tattochalo Subst. m. [MB]
– Schwuler [MB]
chaloschickse Subst. f. [MM]
– Bauersfrau [MM]; Bauernmädchen [MM]; Angeberin [MM].

chambre Subst. m. [BM]
– Zimmer [BM] ♦ **E:** frz. *chambre* ‚Zimmer'.

chamm¹ Adj. [MM]
gamm [MM]; **gemm** [MM]
– heiß [MM]; scharf [MM]; geil [MM]; rege [MM]; wild [MM]; warm [MM] ♦ **E:** jd. *chamieme, chamima* ‚Wärme, Hitze' (WolfWR 2655, We 54, Post 206, MatrasJd 288, Klepsch 791). ♦ **V:** *anim ist chamm* ‚die ist heiß, wie jedes Tier, ist läufig' [MM]; *gamm auf das anim sein* ‚auf das Mädchen scharf sein' [MM]; *gammes anim* ‚geile Frau' [MM]
gammin Adj. [MM]; **gammine** Adj. [MM]; **gamine** [MM]; **kamine** [MM, Scho]; **chamine** [MM]; **kamieme** [Scho]
– warm [MM, Scho]; schwül [MM]; heiß [MM]; verräuchert [MM]; geil [MM] ♦ **V:** *gammine keilofs* ‚läufige Hunde' [MM]
chammerich Adj. [MM]; **chammerig** [MM]
– scharf, geil [MM]; warm [MM]; schwül [MM]; spitz [MM]; fickerig [MM]; nervös [MM]; ganz gut [MM] ♦ **V:** *der hacho war ganz chammerich auf den zossen* ‚der Bauer wollte das Pferd unbedingt haben' [MM]
gammin Subst. f. [MM]; **chamine** Subst. f. [MM]; **charmine** [MM]; **kamine** [JS, MM]; **kammine** [MM]; **kamieme** [Scho]
– Hitze [MM, Scho]; Wärme [MM, Scho]; schlechte Luft [MM]; Geruch [MM]; Gestank [MM]; geile Frau [MM]; Ausstrahlung [MM]; hitziges Getue [MM]; Anheizer (getarnte Mitspieler) [JS] ♦ **V:** *bei der kamine kommste ans ölen* ‚bei der Hitze kommt man ans Schwitzen' [MM]; *schofle chamine* ‚heiße, schlechte Luft' [MM]; *habt ihr immer so 'ne chamine im beis?* ‚Ist es bei euch zuhause immer so heiß?' [MM]; *bezahlte kamine* ‚bezahlte Helfer im Publikum, die sich als Zuschauer ausgeben und die Kunststücke in Illusionsshows mitmachen' [JS].
chammerich Subst. m. [MM]
– Geilheit [MM].

chamm² Subst. m. [StG]
linker chamm ‚falscher Name' [StG] ♦ **E:** jd. *schem* ‚Name'. Vgl. → *schem²*.

chammeln ‚miteinander schlafen' → *chaumeln* oder zu *chamm¹*.

chammet Subst. m. [MM]
gammet [MM]; **chammer** [Scho]
– Esel [MM, Scho] ♦ **E:** rw. *chammer* ‚Esel' (WolfWR 831) < jd. *chammer* aus hebr. [xaˈmor] ‚Esel' (We 54, Post 190). Vgl. → *gamores*.

chammisken Subst. n. [MM]
schamisken [MM]; **kürchammisken** [MM]
– Frau [MM]; geschwätzige Frau [MM]; Kragen [MM]; Schlips [MM]; Vorhemd [MM] ♦ **E:** frz. *chemise* ‚Hemd' mit westf. Deminutivsuffix *-ken*; vgl. Middelberg, Romanismen, 26 f.

champ Subst. m. [HN]
– Knast [HN] ♦ **E:** wohl zu engl. *camp* ‚Lager'.

chandel Subst. f. [LüJ]
chandell [TK]
– Licht [LüJ, TK]; Kerze [LüJ]; „momele" [LüJ] ♦ **E:** frz. *chandelle* ‚Kerze' (WolfWR 833; Middelberg, Romanismen, 43 f.), mit (phonetischem) Einfluss auf den Anlaut von engl. *candle* ‚Kerze'.

chansonettentitten Subst. f. Pl. [HN]
– Frikadellen [HN]; Buletten [HN] ♦ **E:** frz. *chansonette* ‚Chansonsängerin' und ugs. *Titte* ‚weibl. Brust'.

chapiteau Subst. n. [JS]
chapito [JS, PH]; **chapitou** [JS]; **chapitto** [JS]; **schapito** [JS]
– Zelt [JS, PH]; Leinwanddach [JS]; Spielzelt [JS]; Zirkuszelt [JS] ♦ **E:** frz. *chapiteau* ‚Zirkus(zelt)'.

chappen swV. [MM]
– ergreifen, fangen [MM]; schnappen [MM] ♦ **E:** jd. *chappen* mit unsicherer, evtl. slav. Herkunft (vgl. We 54, Klepsch 436).

chapplecho Phras. [Scho]
– greif zu, „nimm dir" [Scho].

chäppu Subst. m. [BM]
– Mütze [BM] ♦ **E:** zu schweizdt. *Chappe* ‚Kappe'.

charett Subst. f. [JS]
scharret [JS]
– Wagen [JS]; Wohnwagen [JS] ♦ **E:** rw. *charette* ‚Kutsche', aus frz. *chariot* ‚Wagen' (WolfWR 837).
charettlobi Subst. n. [HN]
– Fahrgeld [HN] ♦ **E:** roi. *lowo* ‚Geld' (WolfWZ 1807).

charli Subst. m. [JeS]
scharli [JeS]; **chaarli** [JeS]
– Polizist [JeS] ♦ **E:** RN *Charli*.

charlie Subst. m. [RW]
charly [RW]
– Wanderbündel [RW]; Gepäckrolle [RW]; geschnürtes zünftiges Reisebündel [RW]; „Rucksackersatz" [RW]; buntes Tuch, mit Bildern der Zunft bedruckt, welches zu einem Wanderbündel geknotet wird. [RW] ♦ **E:** Kürzung aus → *charlottenburger*.

charlottenburger Subst. m. [RW, StG]
– Reisebündel [RW, StG]; Wanderbündel [RW]; Gepäckrolle [RW]; Gepäckbündel [RW]; Umhängetasche [RW]; „Rucksackersatz" [RW]; Felleisen [RW, StG]; geschnürtes zünftiges Reisebündel [RW]; traditionell geknotetes Gepäcktuch [RW]; buntes Tuch [RW]; in Zeitung geschlagenes Handbündel [RW]; Reisegepäck, nach Zunftregeln in rot-buntes Tuch eingeschlagen [RW]; jedes Bündel, das wiederum in dem Hauptbündel eingeknotet ist [RW]; buntes Tuch, mit Bildern der Zunft bedruckt, welches zu einem Wanderbündel geknotet wird. [RW]; Gepäck [RW]; Handgepäck [StG]; Reisegepäck [RW] ♦ **E:** zu jd. *cholaz* ‚er hat (den Schuh) ausgezogen' (im Charlottenburger barg der Kunde seine zur Schonung der Ledersohlen ausgezogenen Schuhe); volksetymologische Bindung an ON *Charlottenburg* (Stadtteil von Berlin) unsicher (WolfWR 839). Vgl. auch → *berliner*.

charro Subst. [JSW]
– Säbel [JSW] ♦ **E:** rw. *charro* ‚Säbel, Degen' (WolfWR 842) < roi. *charo*.

chasche Subst. f. [JeS]
– Pfote [JeS] ♦ **E:** wohl zu dt. *kaschen* ‚erhaschen' DWB XI 247.

chaschpere swV. [JeS]
– verführen [JeS]; betrügen [JeS]; wahrsagen, Karten schlagen [JeS] ♦ **E:** obdt./ugs. *kaspern* ‚betrügen'.

chasser Subst. n. [MM]
schassor [MM]; **schasseur** [MM]; **kassör** [MM]; **gassel** Subst. [MM]; **schassörken** Subst. Dim. [MM]; **schassörchen** [MM]; **gassörchen** [MM]; **gassorken** [MM]
– Schwein [MM]; dickes Schwein [MM]; Schweinchen [MM]; Sau [MM]; Ferkel [MM]; Frau (met.) [MM] ♦ **E:** jd. *chasser, chasir* ‚Schwein' (We 55; WolfWR 2504). ♦ **V:** *er nutzt jede Gelegenheit um zu schoren, sei es jarikes oder kachelins oder ne macke pose vom schassor* ‚er nutzt jede Gelegenheit um zu stehlen, seien es Eier oder Hühner oder ein Stück Schweinefleisch' [MM]; *die beisrols achilen nix vom schassörken* ‚Juden essen kein Schweinefleisch' [MM]
chasselmann Subst. m. [MM]
– Schwein [MM].

chatte[1] Subst. f. [SK]
– Raum [SK]; Zimmer [SK]; Haus [SK] ♦ **E:** slav. *chata* ‚Haus, Hütte'; Abel, Slawismen, 42.

chatte[2] ‚Tasche' → *gatte*.

chaule Adj. [MB, MM, StG]
koule [CL, LL, Scho]
– krank [CL, LL, MB, MM, Scho, StG]; mißlungen [StG]; gefangen [StG] ♦ **E:** rw. *chole* ‚krank, gefangen' (WolfWR 881) < jd. *chole* ‚krank' (We 56, Post 212,

Klepsch 867). ♦ **V:** *chaule gehen* ‚verhaftet werden'
[StG]
kohlrisch Adj. [OJ]
– krank [OJ]
chaulebaijes Subst. n. [MB]; **chaulebeis** [MM]; **koulebajes** [CL]
– Krankenhaus [CL, MB, MM]; Schulhaus [MB].

chaumeln swV. [MB, MM]
chammeln [MM]; **koumeln** [Scho]; **gaumeln** [MM, NJ, RH]
– Geschlechtsverkehr haben, vögeln [MM]; bumsen [MM]; beischlafen [Scho]; geschlechtlich verkehren [MM, NJ, RH]; koitieren [MB] ♦ **E:** rw. *chaumeln* ‚koitieren, huren' (WolfWR 852) < jd. *chomeln* ‚beschlafen', *chomal* ‚er hat sich erbarmt' (We 56 f., MatrasJd 290, Post 206). ♦ **V:** *die kann mich mal am tokus malochen, wenn man nich zum chaumeln kommt* ‚die kann mich mal ..., wenn man mit ihr nicht schlafen kann' [MM]; *anim hat mailach – laulone mit chaumeln* ‚das Mädchen hat ihre Periode – man kann nicht mit ihr schlafen' [MM]; *die schei läßt sich für lau chaumeln, da brauchst du kein lobi* ‚mit der Frau kann man umsonst schlafen, da brauchst du kein Geld für' [MB]
chaumelbeis Subst. m./n. [MM]
– Bordell [MM]
chaumelker Subst. n. [MM]; **gaumelker** [MM]; **schaumelker** [MM]
– Puff [MM].

chaussee Subst. f. [RW]
– Landstraße [RW] ♦ **E:** frz. *chaussée* ‚Straße, Fahrbahn'.
chausseegrabentapezierer Subst. m. [HLD, RW]
– Bettler [RW]; Stromer [RW]; fremder Geselle, der auch mal im Straßengraben schläft [RW]; Benennung für diejenigen, der sein eigentliches Geschäft nicht versteht oder das früher Erlernte vergessen hat [RW]; Reisender ohne Handwerk [HLD] ♦ **E:** rw. *chausseegrabentapezierer* ‚Kunde, der kein Handwerk erlernt hat und bettelnd umherzieht' (WolfWR 853).
chausseehase Subst. m. [RW]
– Neuling auf der Landstraße [RW] ♦ **E:** rw. *chaussehase* ‚Neuling auf der Landstraße' (WolfWR 854).
chausseestaude Subst. f. [RW]
– Alltagshemd [RW]; Straßenhemd [RW]
kalkchaussee Subst. f. [RW]
– staubige Straße [RW].

chavio Subst. [JS, PH]
– Huhn [JS, PH] ♦ **E:** roi. *tšáweri* ‚Huhn, Henne' (WolfWZ 3446).

chawer Subst. m. [HLD, StG]
chäwre [StG]; **kaferem** [Scho]
– Diebesgenosse [StG]; Diebesbande [StG]; Freund (e) [HLD, Scho]; Partner [Scho] ♦ **E:** rw. *chawer* ‚Kamerad, Genosse, Gefährte' < jd. *chawer* (WolfWR 855, Klepsch 432), die Form *kaferem* zum Pl. *chawerim*. Vgl. → *kafruuse*.

cheder Subst. [StG]
– Schule [StG] ♦ **E:** rw. *cheder* ‚Zimmer, Stube, Kammer' < jd. *cheder* ‚Schulzimmer, Schule' WolfWR 856.

chef Subst. m. [SG]
– Arbeitsherr [SG] ♦ **E:** dt. *Chef*, aus frz. *chef* zu lat. *caput* ‚Kopf, Oberhaupt'.
chefmoss Subst. f. [GM]
– sehr attraktive, besonders tolle, überzeugende Frau [GM]; Frau, die eine außerordentliche Wirkung ausstrahlt [GM]; die Nr. 1-Frau [GM] ♦ **E:** → *moss*.

chegele Subst. Pl. [BM]
– Kastanien [BM] ♦ **E:** SchweizId. III 179 (*Chegel* ‚Spielkegel').

chelfzieher Subst. m. [StG]
– Taschendieb [StG] ♦ **E:** rw. *chelefzieher* ‚Taschendieb' (WolfWR 858), zu jd. *chelef* ‚Fett, Talg'.

chemisch Adv. [HN]
– in: *chemisch gereinigt* ‚ausgeschlafen, mit allen Wassern gewaschen' [HN] ♦ **E:** dt. *Chemie*, zu griech. χέω, χυμεία ‚gießen; Kunst der Metallgießerei'. ♦ **V:** *der ist dreimal chemisch gereinigt* ‚das ist ein ganz Ausgeschlafener' [HN].

chemisettche Subst. n. Dim. [NJ]
– Hemd [NJ] ♦ **E:** frz. *chemisette*.

chemme Subst. f. [MM, StG]
gemme [MM, SPI, SS, WH]; **kemme** [Scho]
– Butter [MM, Scho, SPI, SS, StG, WH] ♦ **E:** jd. *chemme* ‚Butter' (WolfWR 861, We 58).
chemme am Kopf Phras. [HLD]
– Wasserkopf [HLD]
gemmesfinse Subst. f. [SS, WH]
– Butterbrot [SS, WH] ♦ **E:** → *finse* ‚Brotscheibe'.

chemp Subst. m. [BM]
– Stein [BM] ♦ **E:** wohl zu dt. *Kempe* „im hüttenwesen, der eisenklumpen, den man im zerrennherde

gewinnt, die aus den kempen gehauenen stücke" DWB XI 530.

chempele swV. [BM]
– Steine werfen, mit Steinen bewerfen [BM].

cheselonge Subst. n. [JS]
– Couch [JS]; Sofa [JS] ♦ **E:** frz. *chaiselongue* ‚Liegestuhl'.

chess ‚klug, schlau' s. → *kess¹*.

chewra kadischa Subst. f. [Scho]
– Beerdigungsverein [Scho] ♦ **E:** jd. *chevra kadischa* ‚Beerdigungsbruderschaft'.

chi ‚nicht' → *tschi*.

chich Subst. [MM]
– Oberboss [MM] ♦ **E:** unsicher; evtl. zu rw. *gigern* ‚sich plagen'; Schreibung *ch* für *g* mdal./westf. Interferenz, vgl. Siewert, Grundlagen, 361.

chigger Adj. [MM]
giker [MM]; **kicker** [Scho]; **kiker** [PH]
– lahm [MM, PH]; lahm, besonders von Pferden [Scho] ♦ **E:** jd. *chigger* (We 58).

chiis Subst. [JeS]
ches [MJ]; **chisef** [JeS]
– Geld [KJ, MJ, TK] ♦ **E:** rw. *kies* ‚Geld' (WolfWR 2602), zu roi. *kisik* ‚Geldbeutel'; vgl. → *kies¹*, → *kiss¹*.

chikago Subst. n. [HN]
– Würfelspiel mit drei Würfeln [HN] ♦ **E:** ON *Chicago*.

chikagoschreibmaschine Subst. f. [HN]
– Maschinen-Pistole [HN].

chilcher Subst. [BM]
– Kirchenfeld [BM] ♦ **E:** zu schweizdt. *Chilche* ‚Kirche'.

chilchere Subst. f. [BM]
– Kirchenfeldbrücke [BM].

chilfern swV. [WG]
– beim Geldwechsel betrügen [WG]; etwas (z. B. Geld) in das Gefängnis schmuggeln [WG] ♦ **E:** jd. *chillef* ‚Geldwechsel, Schuldverschreibung, Tausch' (We 58, Post 235).

killef Subst. [Scho]
– Wechsel [Scho].

chinnen swV. [MB]
– Wasser lassen [MB]; pinkeln [MB]; urinieren [MB] ♦ **E:** roi. *xin-* ‚kacken, scheißen' (WolfWZ 1661). ♦ **V:** *dreh dich, er is am chinnen* ‚dreh dich weg, er pinkelt' [MB]; *ihne chint gerade* ‚er pinkelt gerade' [MB]; *auch ein klisto muß mal chinnen* ‚auch ein Polizist muß mal pinkeln' [MB]

chinne Subst. [MB]; **chenne** [MB]
– Toilette [MB]; Pisse, Pipi [MB]; Mieze [MB]

chinneker Subst. n. [MM, MB]; **chinnekehr** [MB]; **chinnekär** [MB]
– Toilette [MM]; Klo [MB]; Pissoir [MB]; Klo zum Pinkeln [MB] ♦ **V:** *ihne natscht zum chinneker* ‚er geht zur Toilette' [MB].

chipfe swV. [BM]
– essen [BM] ♦ **E:** rw. *kippen* ‚essen' WolfWR 2622, mdal. bedingter Reibelaut im Anlaut und *pp*-Verschiebung zur Affrikata.

chirme swV. [JeS]
kirmen [JeS]
– tragen [JeS] ♦ **E:** schweizdt. *chirme* ‚geschäftig herumlaufen, herumstöbern' (SchweizId. III 463).

chislig Subst. m. [BM, JeS]
– Stein [BM] ♦ **E:** zu dt. *Kies(e)ling* (mhd. *kis(e)linc* ‚Kieselstein'), Weiterbildung von dt. *Kiesel* DWB XI 688 f.

chitsche swV. [JeS]
– holen [JeS]; bringen [JeS]; schicken [JeS] ♦ **E:** rw. *katschen* ‚tragen' zu dt. *ketschen*, schweizdt. *chetsche* ‚mühsam schleppen, ziehen, tragen' WolfWR 2516; SchweizId. III 579; DWB XI 628.

chittere swV. [BM]
– lachen [BM] ♦ **E:** SchweizId. III 569 (*chitteren* ‚kichern, lachen').

chittig Adj. [BM]
– zornig [BM]; wütend [BM] ♦ **E:** schweizdt. *chittig* ‚verstimmt, ungehalten' (SchweizId. III 569).

chlaffe Subst. [JeS]
– Hose, Hosen [JeS] ♦ **E:** schweizdt. (ant.) → *Klafte*, s. v. *kluft* ‚Frauenkleid', *Klaffen* ‚Hosen'. ♦ **V:** *in d Chlaffe schunte* ‚in die Hosen machen'.

chlangerlig Subst. f. [JeS]
– Glocke [JeS] ♦ **E:** zu schweizdt. *Chlängel* ‚Glockenschwengel' (mhd. *Klengel*), dt. *Klang*; vgl. SchweizId. III 656.

changle swV. [JeS]
– läuten (Haus-, Kirchenglocke) [JeS] ♦ **V:** *Tschaan a das Kitt ane go chlangle* ‚geh zu diesem Haus und läute die Glocken'.

chlöbe Subst. m. [BM]
chlööppe [BM]
– Hand [BM]; Finger [BM] ♦ **E:** SchweizId. III 617 (*Chlobe* ‚Kloben', auch ‚große Hand').

chlofi Subst. [MJ]
– Heu [MJ] ♦ **E:** schweizdt. *Chlofie^n* SchweizId. III 632 ‚kleines Bund gehechelten Wergs oder Flachses'.

chlötz Subst. Pl. [BM]
– Schleimpatzen [BM] ♦ **E:** SchweizId. III 707 (*Chlotz* ‚verdickter Klumpen von Blut, Milch, Nasenschleim' u. a.).

chlube swV. [JeS]
– rechnen [JeS] ♦ **E:** zu schweizdt. *chlu(u)pe* (mhd. *klüben*) ‚stückweise auf-, ablesen, klauben' (SchweizId. III 621).

chlunt ‚Hure, Dirne' → *klunte*.

chnätsche swV. [BM]
– schwatzen [BM] ♦ **E:** schweizdt. *chnatsche, chnätsche* ‚einen knatschenden, platschenden Ton hören lassen'.

chnoble swV. [JeS, MJ]
– beten [JeS, MJ]; den Rosenkranz beten [JeS]; fluchen [MJ] ♦ **E:** dt. *knobeln* DWB XI 1448: „altes knobel, knöchel zum würfeln gebraucht. verrät sich in mundartl. Knobeln". ♦ **V:** *Mir tschaaned i d Chlangeri go chnoble* ‚wir gehen in die Kirche beten' [JeS].

chnöchliger Subst. m. [BM]
chnöchtsch Subst. m. [BM]
– Knochen [BM] ♦ **E:** schweizdt. Bildungen zu dt. *Knochen*.

chnode Subst. [BM]
– Finger [BM] ♦ **E:** schweizdt. *Chnode* ‚Knöchel, Fingerglied'.

chnölle Subst. f., Pl. [JeS]
– Kartoffeln ♦ **E:** zu rw./dt. *Knolle*, schweizdt. *Chnolle*, WolfWR 2797.

chnoschp Subst. m. [JeS]
– „Floh, Laus, Wanze, Zecke, allgem. Ungeziefer" [JeS] ♦ **E:** zu schweizdt. *Chnoschpe* ‚Knospe'.

chnugger Subst. [JeS]
– Sitz [JeS] ♦ **E:** wohl zu dt. (ant.)/bair. *Knocker* ‚kleiner, niedriger Stuhl ohne Lehne' DWB XI 1463.
chnuggere swV. [JeS]
– sitzen [JeS]

chnugglig Subst. m. [JeS]
– Stuhl [JeS].

chnutscher Subst. [JeS]
– Zange [JeS] ♦ **E:** evtl. zu mhd. *knützen, knüsten* ‚stossen, schlagen, quetschen', nhd. *knutschen* ab 19. Jh. ‚liebkosend an sich drücken'.

chnutterlig Subst. m. [JeS]
– Bremse am Wagen [JeS] ♦ **E:** evtl. zu schweizdt. *Chnutter* ‚Knüppel'.

chnuupe Subst. m. [JeS, MJ]
knupp [JeS, MJ]; **chnuppebutz** Subst. m. [JeS]
– Polizist [JeS]; Landjäger [JeS, MJ] ♦ **E:** evtl. zu schweizdt. *Chnuppe* ‚Knorren'.

chnuutschig Adj. [JeS]
– geizig, knauserig [JeS] ♦ **E:** zu schweizdt. *chnutsche* ‚zusammenpressen'.

chochem ‚klug, gescheit, jenisch' s. → *kochem*.

cholb ‚Pfarrer' → *kolb^1*.

chole Subst. f. [JeS]
– Geld [JeS]; Batzen [JeS] ♦ **E:** zu rw. *chol* ‚Sand' aus jd. *chol* (WolfWR 880) oder dt./ugs. *Kohle* met. ‚Geld'.

cholem ‚Traum' → *kolem*.

cholev Subst. f. [MM]
gollof [MM]; **kolew** [MM]; **koluf** [CL, LL, PH]; **holeff** [MB]; **jaulaff** [SS, WH]; **kuelef** [Scho]
– Milch [CL, LL, MB, MM, PH, Scho, SS, WH] ♦ **E:** rw. *cholof* ‚Milch'; (WolfWR 1884) < jd. *chalew* ‚Milch' (We 59, Post 212, MatrasJd 290, Klepsch 665). ♦ **V:** *Froo de kaffrinem ower der koluff nosent* ‚Frag den Bauer, ob er dir Milch gibt' [LL]
cholwepore Subst. f. [MM]
– Milchkuh [MM] ♦ **E:** → *pore*.

choljes Subst. f. [MM]
– Seuche [MM]; Pferdekrankheit [MM] ♦ **E:** jd. *choljes* ‚Krankheit, besonders auch eine Erkältungskrankheit bei Pferden' (Siewert, WB Viehhändlersprache, 51; We 59).

cholme Subst. f. [MB, ME]
chalme [MB]; **golme** [MM]; **kolme** Subst. m. [GM]; **holme** [MB, ME]
– Hose [GM, MB, ME, MM]; Stock [MM]; Penis [MM]
♦ **E:** rw. *kollew* ‚Hose' (WolfWR 2847) < roi. *chólĕb* ‚Hose' (WolfWZ 1668).

unterkolme Subst. f. [GM]
– Unterhose [GM] ♦ **V:** *die abiltsche trägt aber eine tofte holme* ‚die Frau trägt aber eine tolle Hose' [MB]; *es ihne ne nebu cholme gebickt* ‚sie hat ihm eine neue Hose gekauft' [MB].

chomli Subst. f. [MB]
– Frau [MB]; Weib [MB] ♦ **E:** roi. *romni* ‚Frau' (WolfWZ 2781). → *romni*. ♦ **V:** *die chromlie is verjaselt* ‚die Frau ist verheiratet' [MB]; *ihne natscht mit ne poore chomli* ‚er geht mit einer alten Frau' [MB].

choochem ‚klug, gescheit, jenisch' s. → *kochem*.

choodem ‚Kind' → *koten*.

chooli Subst. m. [JeS]
– Schmied [JeS]; Kohlenbrenner [JeS] ♦ **E:** zu schweizdt. *Chol(l)er* ‚Kohlenbrenner, Köhler', evtl. beeinflusst von schweizdt. *Chol(l)i* ‚schwarzes oder dunkelbraunes Pferd, Rind, Kuh, Stier, Hund'; vgl. rw. *Kohle* ‚Teufel', *Kole* ‚Schmied, Schlosser', WolfWR 2825; SchweizId. III 208.

chorner Subst. [BM]
– Kornhaus [BM] ♦ **E:** schweizdt. *Chorn* ‚Korn'.

chornere Subst. f. [BM]
– Kornhausbrücke [BM].

chose Subst. f. [BM]
– Exkremente [BM] ♦ **E:** frz. *chose* ‚Sache, Angelegenheit'.

choze Subst. n. [MM]
koze [Scho]; **kuze** [Scho]; **gozer** [MM]
– Hälfte [MM, Scho] ♦ **E:** rw. *choze* ‚halb, Hälfte' (WolfWR 896) < jd. *choze* ‚Hälfte' (We 60, Post 213, 250). Vgl. → *fioze*, → *ketzje*. ♦ **V:** *scheff bekan, sonst geht's gozer fagibera!* ‚hau ab, sonst geht die Hälfte verloren' [MM]

kotse Adj., Adv. [CL, PH]
– halb [CL, PH].

chrabinnchen Subst. m./n. [SK]
– Kind [SK]; Junge [SK]; Mädchen [SK] ♦ **E:** rw. *schrabiner* (WolfWR 5138), wohl zu dt. *Schraffe, Schraffel* ‚elender Wicht, Kobold' DWB XV 1618.

chrampf Subst. m. [BM]
– Streich, einen Streich spielen [BM] ♦ **E:** schweizdt. *Krampf*.

christenwürger Subst. m. Pl. [RR]
– Knödel [RR] ♦ **E:** dt. *Christ* und *würgen* ‚erdrosseln, nach Atem ringen' DWB XXX 2192 ff.

chropfe swV. [BM]
– lachen [BM] ♦ **E:** schweizdt. *chropfe* ‚sich krümmen, würgen'.

chrümmlig Subst. m. [JeS]
– Angel ♦ **E:** zu schweizdt. *chrumm* ‚krumm', nach der Form der gebogenen Angel oder dem gekrümmten Angelhaken.

chrüsch Subst. m. [BM]
– Geld [BM] ♦ **E:** schweizdt. *Chrüsch* ‚Kleie'.

chrutze Subst. f. [BM]
– Kasten [BM]; Schlitten [BM] ♦ **E:** schweizdt. *Chrutze* ‚kistenförmiger Behälter' (SchweizId. III 937).

chrüzspänni Subst. f. [BA]
kritzspinne [HLD]
– Weste [BA, HLD] ♦ **E:** rw. *kreuzspanne* ‚Weste, Zwangsjacke' (WolfWR 2948).

chüble swV. [BM]
– trommeln [BM] ♦ **E:** SchweizId. III 116 *chüble* ‚die Trommel schlagen'.

verchüble swV. [BM]
– auslachen [BM].

chueni Subst. m. [JeS]
– Teufel [JeS]; Kerl [JeS]; Bösewicht [JeS]; jmd. mit einer unliebsamen Charaktereigenschaft [JeS] ♦ **E:** jen. und schweizdt. verbreitet, Kurzform von RN *Konrad*. Für den Teufel verwendet, aus Scheu, dessen Namen zu nennen. ♦ **V:** *wänn di nu de Chueni schniffti!* ‚wenn dich nur der Teufel holte!'; *e vermoorntne Chueni* ‚ein streitsüchtiger Kerl'.

chufi Subst. n. [JeS]
– Heu [JeS]; Stroh [JeS] ♦ **E:** unsicher; evtl. Variante von → *chlofi* oder zu schweizdt. *g(e)hüfet* SchweizId. II 1051, *g(e)hüfedig, g(e)hüfig* ‚gehäuft, bes. von Trockenmassen'.

chum Adj. [Scho]
– braun [Scho] ♦ **E:** jd. *chum* ‚braun'.

chunte Subst. f. [MM]
– Dame [MM]; Frau [MM] ♦ **E:** jd. *chonte* ‚Prostituierte' (We 60); vgl. → *klunte*.

chüübis Subst. m. [JeS]
– Kopf [JeS] ♦ **E:** mhd. *Kabez* ‚Kabis, weißer Kopfkohl' (lat. *caput* ‚Kopf'), mhd. *Kürbiz* ‚Kürbis' (lat. *cucurbita*); Kohlkopf met. für den Kopf; WolfWR 2594.

chüübissoori Subst. m. [JeS]
– Stirn [JeS]

chüübisstrubi Subst. n. [JeS]
– Bart [JeS].

chuzpe [MM]
chuzbe [MM]; **kuzpe** [Scho]
– Frechheit, Dreistigkeit, Anmaßung [MM, Scho]
♦ **E:** jd. *chutzpe* ‚Frechheit' (We 60, Klepsch 455).

cirker Subst. m. [BM]
– Circus [BM] ♦ **E:** Bildung zu dt./lat. *Circus*.

cis Subst. [EF]
– Rock [EF] ♦ **E:** wohl zu dt. *Kitz* ‚Umhängetuch' Wolf, Fatzersprache, 115; mhd. *Kütze* ‚Kleid'.

clamonis Subst. n. [StG]
– Brecheisen [StG] ♦ **E:** rw: *klamonis* ‚Einbruchswerkzeug' < jd. *k'le-umonus* ‚Handwerkszeug' (WolfWR 2656). Vgl. → *klamonet*.

coab Subst. m. [LüJ]
– Luder [LüJ]; Lump [LüJ]; Schlingel [LüJ]; verschlagene(r), undurchsichtige(r) Mann, Frau [LüJ]; verquerer Mensch [LüJ]; schlimmer Mensch [LüJ]; „ruoch" [LüJ] ♦ **E:** wohl zu dt. (ant.) *keib* ‚Zank, Hader, zänkisches Wesen' DWB XI 429 ff.; schwäb. *Kaib*, *Koeb* ‚Aas, Schuft, Schlingel, verschlagener Mensch' u. ä. (SchwäbWb. IV 147).

coab Adj. [LüJ]
– unartig [LüJ].

collie Subst. m. [HN]
– Paket für einen Strafgefangenen [HN] ♦ **E:** Bildung zu dt. (Kunstwort) *Collico* „zusammenlegbare, bahneigene Transportkiste aus Metall". ♦ **V:** *mach 'nen collie klar* ‚schick mir ein Päckchen in den Knast' [HN].

combarin Subst. [Zi]
– Frau [Zi] ♦ **E:** rw. *combarin* (WolfWR 2852), Movierung von dt. *Kumpan*.

commando Subst. n. [StG] in:
commando schieben ‚von Dorf zu Dorf betteln' [StG]
commandobrüder Subst. Pl. [StG]
– „die sich vereinigt haben, um von Dorf zu Dorf betteln zu gehen" [StG] ♦ **E:** dt./lat. *Kommando*.

continental Adv. [HN]
– in: *einen continental verpassen* [HN]; „Fußtritte, wenn der Gegner am Boden liegt" [HN] ♦ **E:** Firmenname *Continental*, früher Hamburg-Harburg, Schuhsohlenhersteller.

cordiniehr Subst. m. [LI]
– Schuster [LI] ♦ **E:** frz. *cordonnier*.

cout ‚Messer', **couter** ‚Metzger' → *koteren*. [NJ].

criminalstudent Subst. m. [StG]
– einer, der sich entscheidet, zum Pennbruder oder Verbrecher zu werden [StG] ♦ **E:** dt./lat. *crimen, kriminal* und *Student* ‚Hochschüler' DWB XX 259 ff.

crinoline Subst. f. [RW, StG]
– Zwangsreiseroute [StG]; Zwangspass [RW]; Reiseroute in Sachsen mit grünem Unterdruck [RW]; Zwangsreiseroute, mittelst welcher man direkt in die Heimat geschickt wird. Sie wird in der Regel wegen wiederholten Bettelns und Landstreichens ausgestellt [RW] ♦ **E:** rw. *grün* ‚unangenehm, unsicher' und rw. *leine* ‚Weg, Gang, Strich'; die „*crinoline* ist nichts weiter als die entstellte *grüne leine*, auf welcher der Kunde auf kürzestem Wege unmittelbar zum Heimatort zu ziehen hatte" (WolfWR 1936).

cuxhaven ON [HN]
– in: *von cuxhaven zu fuß kommen* ‚Bezeichnung für einen alten Fisch, der nicht mehr schmeckt, der nicht mehr gut ist' [HN] ♦ **E:** ON *Cuxhaven*.

cyroche Subst. [MB]
– Wanderung [MB] ♦ **E:** wohl zu rw./jd. *zirochen* ‚stinken' WolfWR 4736, → *zirochen*.

D

da befanum Adv. [Zi]
– dort [Zi] ♦ **E:** wohl zu jd. *bekan(um)* ‚bei, hier' We 51.

daaligen swV. [SP]
– (mit jmd.) gehen [SP]; einen Freund haben [SP] ♦ **E:** unsicher, evtl. zu → *teilachen*. ♦ **V:** *et hot noch kään Houts, mad-äm et daalicht* ‚Sie hat noch keinen Burschen, mit dem sie freundschaftlich verkehrt' [SP].

dääm Subst. n. [BB]
– Magd [BB] ♦ **E:** Inversion zu mdal. *Määd* ‚Mädchen, Magd'.

däämelist Subst. f. [BB]
– Mädchenliste [BB] ♦ **V:** *der nam hat-e däämelist* ‚der Mann geht zu den Mädchen, hat die Liste aller Mädchen' [BB].

daami Subst. n. [JeS]
– Heim, Zuhause [JeS]; Haus [JeS]; Bett [JeS] ♦ **E:** schweizdt. *Dami* ‚Bett' SchweizId. XII 1797, evtl. zu schweizdt. *Tämmi* ‚Feuchtigkeit, dumpfe Luft' SchweizId. XII 1789 oder mdal. Kontraktion aus *daheim*.

daami Adv. [JeS]
– daheim [JeS].

dääne swV. [BM]
– langsam gehen [BM] ♦ **E:** SchweizId. XIII 102, 122 (*tänen, tenen* ‚schleichen, davonrennen').

dabchhhaus Subst. n. [WM]
– billige Herberge [WM] ♦ **E:** PfälzWb. VI 1769 (*Tapchhaus*), pfälz. *tapchen* ‚(hinein)-tappen'.

daben¹ swV. [LJ, MUJ]
daba [LJ, LüJ]; **dabæ** [WJ]; **dappe** [BJ]; **dabbe** [JSW]; **tappen** [GM]; **tappern** swV. [GM]; **dabbere** [LüJ]; **dabæræ** [WJ]; **dabbæræ** [WJ]; **dabbern** [JSa, MB, MoJ]; **dabberen** [LüJ]
– prügeln [MB]; schlagen, zuschlagen [GM, JSW, LüJ, MB]; Prügel verabreichen, Schläge austeilen [LüJ, MB]; verprügeln [WJ]; hauen [MB, MUJ]; geben [MoJ, MUJ]; beim Kartenspielen geben [BJ]; machen [LJ]; stehlen [JSa, LüJ, WJ]; holen [LüJ]; nehmen [LüJ]; anfassen [BJ]; greifen, schnappen, festnehmen, verhaften, fest drücken [GM, JSa]; anhalten [LüJ]; Geschlechtsverkehr haben, bumsen [LüJ]; „tschoren" [LüJ]; „schniffen" [LüJ] ♦ **E:** verschiedene Herleitungsmöglichkeiten, evtl. mit gegenseitigen Beeinflussungen: roi. *dab* ‚Schlag, Hieb, Wunde, Stoß' (WolfWR 923, WolfWZ 429), rw. *tappen* ‚zugreifen' (WolfWR 5755), rw. *tapperav* ‚fangen' (WolfWR 5756), zu jd. *taphsen* ‚ergreifen, gefangennehmen' (WolfWR 5734) und roi. *taper-* ‚fassen, (er)greifen, fangen, ertappen' (WolfWZ 3262). ♦ **V:** *dab mi* ‚gib's mir' [MUJ]; *mulo daba* ‚kaputt machen' [LJ]; *fiesel, dabet mr dr bankes?* ‚Freund, verprügeln wir den Fremden?' [LüJ]; *er hat ihne eine gedabbert* ‚er hat ihm eine gehauen' [MB]; *es hat ihne inne jaikas gadabbert* ‚sie hat ihm in die Hoden geschlagen' [MB]; *heut' bin i wieder schnell gfahre, heut'hat mi e glisde daberet* ‚heute bin ich wieder zu schnell gefahren, da hat mich ein Polizist angehalten' [LüJ]; *dr muhlo muß de dabbere!* ‚Der Teufel soll dich holen!' [LüJ]; *endlich hawe di klisdis den lubnigards gedaberd* ‚endlich nahmen die Polizisten den Zuhälter fest' [GM]; *ich mus dich emol tapern* ‚ich muß dich einmal ganz fest drücken' (die Mutter zu ihrem kleinen Sohn)

[GM]; auch beim Fußballspielen, wenn jemand ruft: *dabber ihn!* ‚hol ihn dir!' [GM]

dab Subst. m. [LüJ]; **dabb** [OJ]; **dabes** [LüJ]; **daba** Subst. Pl. [LüJ]; **daben** [LüJ]
– Hieb [LüJ]; Schläge [LüJ] ♦ **V:** *daba bstieaba* ‚Schläge bekommen' [LüJ]

dabo Subst. [MUJ, WJ]; **dabæs** Subst. Pl. [WJ]
– Schläge, Hiebe [MUJ, WJ]

dappe Subst. Pl. [BJ, GM]
– Schläge, Hiebe [GM]; leichter Schlag [BJ]

dabagufferling Subst. m. [LJ]; **dabesgufferling** [LJ]
– Schlag, Schläge [LJ].

daben² swV. [LüJ]
daba [LüJ]
– laufen [LüJ] ♦ **E:** wohl zu schwäb. *Tapp(en)* ‚Fußstapfe, Fährte' (SchwäbWb. II 63).

dach Subst. n. [NJ]
– Kopf [NJ] ♦ **E:** dt. *Dach* DWB II 660 ff. ♦ **V:** *aufs Dach kuffen* ‚jemanden auf den Kopf hauen' [NJ]

dächle Subst. n. Dim. [LüJ]
– Vordach, Haustürüberdachung [LüJ]; Schirm [LüJ]

dachling¹ Subst. m. [LüJ]
– Hut [LJ] ♦ **E:** *dachling* ‚Dach; Kappe mit Schirm, Hut' (WolfWR 927).

dachling² Subst. m. [LüJ]
– Katze [LüJ]; Hase [LüJ]

dachlinger Subst. m. [TJ]
– Regenschirm [TJ]

dachlingpflânze Subst. m. [LoJ]
– Regenschirmmacher [LoJ]

dächlespflanzer Subst. m. [LüJ]
– Monteur [LüJ]; Metallbauer [LüJ]; Dachbauer [LüJ]; Überdachungshersteller, Vordächerhersteller, Vordach-Verkäufer [LüJ]

dachhase Subst. m. [KJ, RW]; **dachhas** [JSa, SJ, WJ]; **dachas** [SJ, WJ]
– Katze [Jsa, KJ, SJ, WJ]; Dachdecker, Schieferdecker [RW]; Schornsteinfeger [RW]; Zimmermann [RW]; unzünftige Zimmerleute [RW] ♦ **E:** rw. *dachhase* ‚Dachdecker' (WolfWR 925); „der Dachhase ist ein Handwerker, der kein Meister ist und heimlich unter dem Dache auf dem Boden arbeiten muss" (WolfWR 238).

dachmarder Subst. m. [BM]
– Dachdecker [BM] ♦ **E:** dt. *Dach* und *Marder*.

dächlen swV. [LüJ]
dächle [LüJ]; **dechle** [LüJ]
– gefallen [LüJ]; an etwas Gefallen haben, Spaß haben [LüJ] ♦ **E:** schwäb. *dächlen* ‚gefallen'

(SchwäbWb. II 8). ♦ V: *mir dächlet die tschai* ‚mir gefällt die Frau' [LüJ]
dechle Adj. [LüJ]
– schön [LüJ].

dachlen swV. [LüJ]
– schlachten [LüJ]; töten, totschlagen, totmachen, kaputt machen [LüJ] ♦ E: schwäb. *dachlen, dächlen* ‚schlagen, züchtigen' (SchwäbWb. II 8) mit Einfluss von schwäb. *decklen* ‚töten' (SchwäbWb. II 127).
dachler Subst. m. [LüJ]
– Metzger [LüJ].

dachling ‚Hut, Katze' s. → *dach*.

dachs Subst. m. [EF]
– Soldat [EF] ♦ E: dt. *Dachs* ‚Säugetier mit schwarzweiß gezeichnetem Kopf, langer Schnauze, gedrungenem Körper und kurzen Beinen mit langen, starken Krallen' DWB II 666.

dachstock Subst. [SK]
– Wanderstock [SK] ♦ E: mdal. *Dach* für dt. *Tag* und dt. *Stock*, vgl. nd. *Godendagstock*. Benennungsmotiv: erhobener Stock zum Gruße.

dachtel Subst. f. [OJ]
dachdl [OJ]; **tachtel** [MB, SJ]
– Ohrfeige [OJ, SJ]; Schläge [SJ]; Kopf [MB] ♦ E: rw. *tachtel* ‚Ohrfeige' < dt. *dachtel* (WolfWR 5730, SchwäbWb. II 10); vgl. *Dachtel* ‚Kopfnuß'; *Dachtel* ‚Dattel'.
tachteln swV. [KM, SJ]; **tachtele** [KM]; **doachdla** [OJ]
– schlagen [KM, SJ]; stechen [OJ]
doachdl Subst. n. [OJ]
– Messer [OJ]

dachtrement Subst. [PfJ]
– Schläge [PfJ] ♦ E: vgl. → *trachtement*.

dackl Subst. m. [RH]
– Bauer [RH] ♦ E: zu rw. *dackel* ‚Narr, Depp' zu dt. *Dackel* (Hunderasse) WolfWR 931.

dackn Subst. f. [WG]
– Decke [WG] ♦ E: österr./wienerisch *Decke*.
greane dackn Subst. f., Phras. [WG]
– gestohlener Mantel [WG].

dad Subst. m. [BJ, JS, LüJ, PH]
dat [GM]; **daad** [LüJ]; **daade** [CL]; **dade** [GM, LüJ, OJ, SJ]; **dada** [GM]; **tate** [BJ, LüJ, MB, SJ]; **tadta** [LüJ]; **tata** [MB]; **däte** [LüJ]; **daide** [LüJ]; **daede** [LüJ]; **dato** [RH]
– Vater [BJ, CL, GM, JS, LüJ, MB, OJ, PH, SJ]; Papa [LüJ]; „patres" [LüJ]; Onkel [RH] ♦ E: rw. *dad(e)* ‚Vater', zu roi. *dad* ‚Vater' (WolfWR 932, WolfWZ 431) oder jd., dt. Herleitung aus kindlichem Lallwort (Klepsch 460); *dato* [RH] ‚Onkel' evtl. „Verlötung" aus roi. *dad* und roi. *gakko* ‚Onkel', Arnold 1961, 113.
♦ V: *di daijo un de dat sin in di ganeri genasd* ‚die Mutter und der Vater sind in die Kirche gegangen' [GM]

hemmeldaide Subst. m. [LüJ]
– Gott, Himmelsvater, Herrgott [LüJ]
murgedade Subst. m. [LüJ]
– Katzenvater (Schimpfwort) [LüJ]
puerodada Subst. m. [GM]
– Großvater [GM].

daddeln swV. [HN]
– spielen (am Geldspielautomaten) [HN]; „ohne Ziel handeln" [HN] ♦ E: nd. *daddeln* ‚spielen (bes. von Karten- und Würfelspiel)' (HWB I 643).
ausdaddeln swV. [HN]
– ausspielen [HN] ♦ V: *wollen einen ausdaddeln* ‚um irgend etwas spielen' [HN]
herumdaddeln swV. [HN]
– ziellos handeln [HN]
verdaddelt Adj. [HN]
– verloren, verspielt [HN]; „wenn eine Sache schiefgelaufen ist" [HN]

daddelautomat Subst. m. [HN]
– Geldspielautomat [HN]
daddelheini Subst. m. [HN]
– einer, der viel an Spielautomaten spielt [HN]; Bewacher von Spielautomaten [HN]
daddelkasten Subst. m. [HN]
– Geldspielautomat [HN].

däddsche Subst. f. [OJ]
– große Niederlage [OJ] ♦ E: unsicher evtl. zu rw. *verdetscht* ‚dumm' WolfWR 6051 oder zu rw. *datsche* ‚Vulva' WolfWR 1068.

dade[1] Subst. m. [LüJ]
daade [LüJ]; **date** [LüJ]
– Depp, Narr, Dummkopf, Idiot, Tölpel [LüJ]; geistig behinderter Mensch [LüJ]; „niese" [LüJ]; „denelo" [LüJ] ♦ E: rw. *dade* ‚Narr' < dt. *Daderer* ‚einfältiger, albener Schwätzer' (WolfWR 933).
dadeskitt Subst. f. [LüJ]
– Irrenanstalt [LüJ].

dade² ‚Vater' s. → *dad*.

däfala Subst. Pl. Dim. [OJ]
– abstehende Ohren [OJ] ♦ **E:** mdal. zu dt. *Tafel*.

daffke Subst. [MM]
– Glück [MM] ♦ **E:** unklar; evtl. zu jd. *dafke* ‚trotzig' (We 61).

dafke Adv. [Scho]
– dennoch; trotzdem [Scho]; gerade, nun erst recht [Scho] ♦ **E:** jd. *dafke* (We 61).

dafkenist Subst. m. [Scho]
– Querkopf [Scho]

dafkig Adj. [Scho]
– contra [Scho]; widerspenstig [Scho]; querköpfig [Scho]; trotzig [Scho]

dafkigkeit Subst. f. [Scho]
– Bockigkeit, Trotz [Scho]; Renitenz, Widerspenstigkeit [Scho].

däfleng Subst. m. [OJ]
– Tisch [OJ] ♦ **E:** zu dt. *Tafel*, Suffix *-ling*.

dafnen swV. [LüJ]
– beten [LüJ] ♦ **E:** rw. *dafnen* ‚beten' < jd. *daph* ‚Buchseite, besonders im Gebetbuch' (WolfWR 935).

dahnen swV.
– schwätzen [KMa]; „schmuese" [KMa] ♦ **E:** jd. *tanen* ‚sprechen' (We 104).

dahn laaf Phras. [Scho]
– sag' nichts! [Scho] ♦ **E:** jd. *tanen* und *law*, *lau* ‚nicht', We 104.

gedahnt Adj., Adv. [KMa]
– gesagt [KMa].

dai Subst. f. [LüJ]

daio [GM, JS, PH]
– Mutter [GM, JS, LüJ, PH] ♦ **E:** rw. *daj*, *daio* ‚Mutter' < roi. *daj*, *dai* ‚Mutter' (WolfWR 938, WolfWZ 434).

daile Subst. f. [Gmü, KP]
– Haus [Gmü, KP]

fetschnerdaile Subst. f. [KP]
– Abtritt [KP]

plempeldaile Subst. f. [KP]
– Wirtshaus [KP] ♦ **E:** jd. *deles* ‚Tür' (WolfWR 977).

zotteldaile Subst. f. [KP]
– Wirtshaus [KP].

däis Num. Kard. [KMa, OH]
dais [KMa]
– drei [KMa, OH] ♦ **E:** idg. Zahlwort, vgl. sondersprachlich *drai*, *droimes* u. a. Siewert, Humpisch, 63.

quatterondäis [OH]
– „vier und drei" = sieben [OH].

daiso Adv. [GM]
– gestern [GM]; morgen [GM] ♦ **E:** roi. *taisa* ‚morgen, gestern' (WolfWZ 3238).

dakuf Adj. [CL]
dakuff [CL, LL]; **dagof** [LJ, SchJ]; **dagoff** [Scho]; **tackof** [Scho]; **dackoff** [Scho]; **dejkuf** [CL]; **deijkuff** [CL, LL]
– gewandt, fähig, gewitzt [CL, LL]; angesehen, tüchtig [CL, Scho]; beliebt [Scho]; einflussreich [Scho]; stark [LJ, SchJ, Scho]; gesund [Scho] ♦ **E:** jd. *tackef*, *tackif* ‚angesehen, einflußreich, beliebt' (WolfWR 5738, We 104, Post 191, Klepsch 462). ♦ **V:** *des Kerlche is harmend deijkuff* ‚das Kerlchen ist sehr gewitzt' [LL, CL]

dejkuffmees Subst. n. [LL]; **deijkuffmees** [CL]
– Bargeld [LL, CL] ♦ **V:** *Die schori schäfft norre geje (gegen) dejkuff-mees* ‚die Ware gibt es nur gegen Bargeld' [LL, CL].

dal Adj. [RW]
dallas Adj. [RW]; **dalles** [NJ, SE, SPI, Scho]; **dales** [KM]
– arm [KM, NJ, RW, SE, SPI, Scho]; bedürftig [NJ]; heruntergekommen [RW]; unfähig [RW]; schrottreif [SPI]; nicht gut [SPI] ♦ **E:** rw. *dal* ‚ein Armer' (WolfWR 939) < jd. *dal* ‚arm', s. auch *dalles¹*.

dalles¹ Subst. m. [CL, LL, NJ, Scho, SE, StG]; **dallas** [HK, HLD, SK]; **dales** [KM, NrJ, StJ]; **tales** [NrJ]
– Armut [CL, HK, KM, LL, Scho, SE, StG, StJ]; kein Geld [SK]; Konkurs [CL, LL]; Geldmangel, bankrott oder kaputt sein [CL]; Pleite [HK, StJ]; „am Ende sein, zerstört sein" [CL, LL]; Hunger [HK, NJ, NrJ]; Schulden [HK]; „wenn einer Armut hatte" [HK]; „wenn sie nichts mehr gehabt haben" [HK]; schlechte Kleidung [HLD] ♦ **E:** rw. *dalles* ‚Armut, Geldmangel, Not' < hebr. *dalluth* ‚Armut'; jd. *dallus* ‚Armut' (WolfWR 942, We 61, Post 192, Klepsch 469). ♦ **V:** *im dalles sein* ‚im Elend sein' [StG]; *dai sen grannich dalles* ‚sie sind sehr arm' [SK]; *dä hät de dales* ‚Bankrott' [StJ]; *im dallas sein* ‚heruntergekommen sein' [RW]; *Der hot de dalles krie(g)t* ‚Der ist ruiniert' [LL, CL]. Volksreim: *Lowlone in de Mediene / Low mees im kiss / die moos schäfft mobääres / De dalles gewiß* ‚Kein [Geschäft] im Ort / kein Geld im Beutel / die Frau ist schwanger / Der Bankrott gewiss' [LL, CL]; *esch hon en dales em raider* ‚Ich habe nichts im Magen' [NrJ]; *isch han de dales em deeflinfsche* ‚Ich habe Leere im Portemonnaie' [StJ]; *dallas am Halse* ‚dem geht es

schlecht' [HK]; *alles und dalles* ‚er erzählt sein Gutes und Schlechtes' [Scho]
grandjen dallas Subst. m., Phras. [HLD]
– Bankerott machen [HLD] ♦ **E:** → *grandig*.
dallas und co. Subst. m., Phras. [RW]
– ein in Kleidung Heruntergekommener [RW]
dales saat Subst. [KM]
– mittelloser Angeber, Aufschneider [KM]
dallesbruder Subst. m. [RW]
– ein nach seiner Kleidung Heruntergekommener [RW]
dalleskrämer Subst. m. [RW, StG]
– professionierter, zerlumpter Bettler [StG]; ein nach seiner Kleidung Heruntergekommener [RW]; armer Geschäftsmann [Scho]
dallaskrauter Subst. m. [RW]; **dalleskrauter** [RW]
– armer oder schlechter Handwerksmeister [RW]; unzünftiger oder verächtlicher Meister [RW]
dallesmann Subst. m. [Scho]
– armer Geschäftsmann [Scho]
dallaswinde Subst. f. [RW]
– armseliges Häuschen [RW].

dalansch Subst. [OJ]
– dicker Apfelpfannkuchen [OJ] ♦ **E:** SchwäbWb. II 37 *dalatschen* ‚beim Backen ungeschickt verfahren'.

dalas Subst. m. [BB]
– Salat [BB] ♦ **E:** Inversion zu *Salat*.

dalchen swV. [LJ, SJ]
dalcha [OJ]; **dalgen** [BJ]
– hinrichten [LJ]; umbringen [BJ, OJ, SJ]; aufhängen [OJ]; schlagen [BJ] ♦ **E:** jd. *taljenen* ‚hängen'; *taljen* ‚Henker' (WolfWR 5740, We 104, Post 192).

dalfen swV. [BA, Gmü, HL, Him, HLD, JSa, LJ, LüJ, Mat, NJ, PfJ, RW, SchJ, SJ]
talfen [HK, HLD, MB, MM, RW]; **taleve** [KM]; **dalfe** [JeS, LüJ]; **dalefen** [NJ]; **talefen** [NrJ, StJ]; **dalven** [RW]; **darfen** [LüJ]; **dalfene** [CL, LL]; **dalfenen** [Scho]; **dalmen** [Wo]; **dallfene** [Scho]
– betteln [CL, Gmü, HK, HL, HLD, Him, JSa, JeS, KM, LJ, LL, LüJ, MB, MM, Mat, NJ, PfJ, RW, SJ, SchJ, Scho, StJ, Wo]; betteln (gewerbsmäßig) [NrJ]; „fechten" [RW]; stehlen [HL, HLD]; tauschen [MM]; „arm sein" [LüJ]; in einer Scheune übernachten [BA]; schlagen [HLD]; essen [LüJ] ♦ **E:** rw. *dalfen* ‚betteln' (WolfWR 940) < jd. *dolfen* ‚armer Mann' (We 61, Post 192, Klepsch 466).
abdalfen swV. [RW]; **abtalfen** [RW]
– alles abbetteln [RW]; betteln [LüJ, RW]

abtalvern swV. [MM]
– verschiedene Orte abklappern [MM]
abgetalvt Adj. [MM]
– erledigt [MM]; kaputt [MM]; überlaufen (Orte) [MM]
vertalven swV. [MM]
– sich verirren [MM]
zertalven swV. [MM]
– kaputt machen [MM]
dalf Subst. m. [BJ, OJ]; **dalfr** [OJ]
– Armer [BJ, OJ]; Armut [BJ]
talfer Subst. m. [HK, MM]; **dalfa** [LJ]; **dalfen** Subst. m. [Scho]; **dalfener** [CL, LJ, SJ]
– Bettler [CL, HK, LJ, MM, SJ]; armer Mann [Scho]; Sammler [HK] ♦ **V:** *die gojen und d'gambeser ware g'nascht unterkönnig von der montane ins ballar und hotte g'fochte, wie andere dalfener auch* ‚die Weiber und die Kinder waren hinab gegangen von dem Berge ins Dorf und hatten gebettelt, gleich anderen Bettlern' [LJ]
dalfere Subst. f. [LJ]
– Bettlerin [LJ]
talfoner Subst. m. [HLD]
– Betrüger [HLD]
dalferling Subst. m. [LJ]
– Brot, erbetteltes Brot [LJ] ♦ **V:** *der schroter hot en ens doves stecka wella, weil er beim scharle a baar bommerling und en dalferling mit bane schniffa wella hot* ‚der Polizist hat ihn ins Gefängnis stecken wollen, weil er beim Bürgermeister ein paar Äpfel und ein Brot mit Fleisch stehlen wollte' [LJ]
dalfes Subst. m. [LJ] ♦ **V:** *auf den dalfes gehen* ‚um Brot betteln'; ‚betteln gehen' [LJ]
dalfianus Subst. m. [SJ]; **dalvianus** [SJ]
– Bettelei [SJ]; Vagabundentum [SJ]; Unbeholfener [MM]
talferrakawehle Subst. f. [MM]
– Geheimsprache [MM]
dalfersbink Subst. m. [PfJ]; **dalversbink** [PfJ]
– Bettler [PfJ]
talferei Subst. f. [HK]
– Bettelei [HK]
talflechum Subst. n. [LüJ]
– Bettelbrot ♦ **E:** → *lechem*.
dalfen Adj. [LüJ]
– arm [LüJ]
talvig Adj. [MM]
– langsam [MM].

dälige ON [BM]
däliger [BM]
– Waldung im Quartier Bern [BM] ♦ **E:** ON *Dählhölzli*.

dalken swV. [LüJ]
– verprügeln [LüJ]; kneten [LüJ]; kauen [LüJ]; „bachen" [LüJ]; „im Mund rumdalken" [LüJ] ♦ **E:** rw. *dalken* ‚verprügeln' < dt. mdal. *Dalk(en)* ‚unausgebackene teigige Mehlspeise, schlechtes Backwerk' (WolfWR 941, Post 192).
rumdalken swV. [LüJ]
– kauen [LüJ]
dalken [SJ] swV. [SJ]; **delchen** [SJ]
– (ver)prügeln, schlagen [SJ]
dalgemer Subst. m. [CL]; **dallkemer** [CL]
– Bäcker [CL].

däll ‚Mädchen' → *dil*.

dalladsch Subst. m. [HK]
dallätsch [HK]; **tallätsch** [HK]; **tallatsch** [HK]; **dallatsch** [HK]
– Teller [HK]; Suppenteller [HK] ♦ **E:** wohl mdal. Umbildung von dt. *Teller*.

dalled Subst. m. [StG]
– Geheimpolizist [StG] ♦ **E:** Kürzung aus *schiendalled*, jd. *schien 'sch* (Initial von *Schließer*) und *dollet* ‚d'; seit 1840 belegt als Kurzform von *Gendarm* (WolfWR 4898).

dallen¹ swV. [MM]
– wegnehmen [MM] ♦ **E:** zu rw./jd. *dalles* ‚Armut' WolfWR 942; *dallen* ‚arm machen'. → *dal*.

dallen² swV. [Scho]
– wandern [Scho]; gehen [Scho]; laufen [Scho]; weglaufen [Scho] ♦ **E:** jd. *dallen* ‚gehen' We 61.

dalles¹ ‚Armut, Bankrott, Hunger' s. → *dal*.

dalles² Subst. m. [JSa]
– Kopf [JSa] ♦ **E:** saarld./ugs. *Dalles* ‚Kopf', Besse, Saarland, 45.

dalli Adv., Interj. [HL]
– schnell [HL] ♦ **E:** dt./ugs. *dalli!* ‚jetzt aber los!'.

dam Subst. n. [BJ]
damm [CL, Scho]
– Blut [BJ, CL, Scho] ♦ **E:** zu hebr. *dam* ‚Blut'.

dambes Subst. m. [LüJ, SJ]
dampes [BJ, SJ]; **damp** [HK]; **tampes** [EF]
– Rausch, Alkoholrausch, Schwips [EF, LüJ] ♦ **E:** rw. *dambes* ‚Rausch' (WolfWR 947). ♦ **V:** *im Dampf sein* ‚betrunken sein'. *(einen) dambes haben* ‚betrinken', ‚einen Rausch haben', ‚betrunken sein', ‚zuviel getrunken' [LüJ]; *in dampe* ‚betrunken' [HK]; *Der beeker schemmd in dampe. Der koawes schemmd nie in dampe, der schwächd kein blempel* ‚Der Mann ist betrunken. Der Pfarrer ist nie betrunken, der trinkt kein Bier' [HK]

dampmann¹ Adv. [MB]
– betrunken, besoffen [MB]; niedergeschlagen [MB] ♦ **V:** *reun mal, ist der dampmann* ‚schau mal, ist der betrunken' [MB]; *ihne is schon wieder dampmann* ‚er ist schon wieder betrunken' [MB]
dampmann² Subst. m. [MB]
– Betrunkener [MB].

dampf Subst. m. [OJ]
– Rausch [BJ, OJ, SJ] ♦ **E:** thür. *dampf* ‚Dunst' in übertragener Bedeutung (ThürWb. I 1161). → *dambes*.

dambesmoss Subst. f. [CL]
– Hebamme [CL] ♦ **E:** zu dt. *gampen* ‚lustig, springen, hüpfen' (WolfWR 1634, 3744).

damdura Subst. f. [LoJ]
damedire [GM]
– Schürze [GM, LoJ] ♦ **E:** roi. *damedira* ‚Schürze' (WolfWZ 436).

damian Subst. m. [CL, RW, SJ]
– Dummkopf [SJ]; einfältiger Kerl [CL, RW] ♦ **E:** zu jd. *timahon* ‚Verdummung' (WolfWR 949).

dämisch Adj. [BJ]
demisch [OJ]
– dumm [BJ, OJ] ♦ **E:** mdal./dt. *dämisch* ‚dumm, albern' DWB II 704. ♦ **V:** *demisch guffa* ‚dumm schlagen' [OJ].

dammert Subst. m. [SS, WH]
dommert [SPI, SS]
– Ofen [SPI, SS, WH] ♦ **E:** zu jd. *tannur* ‚Ofen' (WolfWR 5747).

damp Subst. m. [SPI, SS, SG]
– jmd., der nicht zahlen kann [SS]; jmd., der kein Geld zum Bezahlen hat [SPI]; „wer durchbrennt" [SS]; Zechpreller [SPI] ♦ **E:** westf. *damp* ‚Dampf'. ♦ **V:** *da het damp* ‚ihm ist bange' [SG]; *hai es dör den damp* ‚er ist weg' [SS].

dämpen swV. [HF]
– schwitzen [HF] ♦ **E:** rip. *dämpen* ‚schwitzen, außer Atem sein'.

dampf Subst. m. [KMa, OJ, PfJ]
– Hunger [KMa, OJ, PfJ] ♦ **E:** rw. *dampf* ‚Hunger' (WolfWR 954); ugs. *dampf* ‚Hunger, Hungergefühl' (Kü II 82).

dämpfe Subst. m. Pl. [HN]
– Hunger [HN]
kohldampf¹ Subst. m. [BA, OJ, PfJ, PH, WJ]; **kohldamp** [SG]
– Hunger [BA, OJ, PfJ, PH, WJ]; Hunger haben [SG]
♦ **E:** tautologische Bildung mit rw. *Dampf* und rw. *Kohler* ‚Hunger', aus roi. *kálo* ‚schwarz' (WolfWR 2827).
kohldampf² Subst. m. [RR]
– Offizier [RR] ♦ **E:** evtl. Kürzung aus *Kohldampfschieber* ‚Hungerleider' WolfWR 2827.
dampf Adj. [JeS]
– neidig [JeS] ♦ **E:** wohl zu rw. *Dampf*, vgl. *futterneidisch*.

dämpfen swV. [BJ, Gmü, Him, LüJ, PfJ]
dampfa [OJ]; **dempfa** swV. [OJ]; **dampfen** [BJ]; **dämme** swV. [EF]; **dämma** [EF]; **däumen** [EF]; **temma** [EF]
– rauchen [BJ, EF, Gmü, Him, LüJ, OJ, PfJ]; kochen [BJ, OJ]; modrig riechen [BJ] ♦ **E:** rw. *dämpfen* ‚rauchen' (WolfWR 956, Klepsch 503), zu dt. *dampfen*.
dämpfer¹ Subst. m. [BJ, PfJ, SJ]; **dempfr** [OJ]
– Fleisch [OJ]; gesottenes Fleisch [SJ]; Braten [PfJ]; Gedämpftes [SJ]; Pferdefleisch, gekocht [BJ, OJ]
dämpfer² Subst. m. [BJ, KP]; **dempfre** [OJ]; **dämpfere** [Him]
– Schnupftabak [KP]; Zigarre [BJ, Him]; Zigarette [OJ].

dampfer Subst. m. [HN]
– guter Gast, „weil er mit dem Dampfer und nicht mit der Straßenbahn oder zu Fuß gekommen ist" [HN] ♦ **E:** wohl zu dt. ugs. *Dampf* ‚Rausch'. → *dambes*.

dampfsperre Subst. f. [RW]
– Kondom [RW] ♦ **E:** dt. *Dampf* und *Sperre*.

danabenn Subst. n. [JSW]
– Kind [JSW] ♦ **E:** WolfWZ 3267; rw./jd. *benn* ‚Sohn' WolfWR 408; Erstglied evtl. zu rw. *damm* ‚Blut' WolfWR 951.

danas Subst. m. [LJ]
– fremder Mann [LJ] ♦ **E:** unsicher; womgl. zu *danas* ‚Däne', u.a. im Litauischen.

danger Subst. m. [HK]
danajer [HK]; **tanger** [HK]
– Hunger [HK] ♦ **E:** nach ThürWb. I 1165 „vielleicht zu roi. *tang* ‚eng, schmal"'; Herleitung aus frz. *danger* ‚Gefahr' bezweifelt (vgl. Siewert, Grundlagen, 385 und Middelberg, Romanismen, 27). ♦ **V:** *ich heje danger* ‚ich habe Hunger' [HK]; *ich heech grannichen danger* ‚ich habe großen Hunger' [HK].

dänemann Subst. m. [HN, SPI]
dämemann [SPI]
– Kopfstoß [SPI]; „dänischer Kuß" [HN] ♦ **E:** Halbsuffix dt. -*mann*; *däne*- zum PN/LN *Däne(mark)*, vgl. → *Grönlandschwalben*, → *Hongkongschwalben* ‚Schläge in's Gesicht' [HN].
dänisch Adj. [HN]
– in: *dänischer kuß* ‚Bezeichnung für einen Stoß mit dem Kopf bei einer Schlägerei (mit der Stirn auf die Nasenwurzel des Gegners)' [HN].

dännet Subst. m. [EF]
– Pfennig [EF] ♦ **E:** entlehnt aus lat. Münzbezeichung *Denar(ius)*, Wolf, Fatzersprache, 115.

dant Subst. m. [GM, LüJ, MUJ]
dantos Subst. Pl. [MB]; **denters** Subst. Pl. [MB]; **dan** Subst. m. [LüJ]; **dahn** [LüJ];
– Zahn [MB] ♦ **E:** roi. *dand* ‚Zahn', roi. *dander* ‚beißen' (WolfWZ 438). ♦ **V:** *dick, der chalo hat dich schi denters im mui* ‚guck mal, der Kerl hat keine Zähne mehr im Mund' [MB]; *dem chalo seine denters sind machulle* ‚die Zähne des Mannes sind kaputt' [MB]
dantnaselobedo Subst. m. [LüJ]
– Zahnarzt [LüJ]
dannern swV. [GM]
– beißen [GM]

dander swV. [BJ]
dandl swV. [OJ]
– jmd. in den Senkel stellen, zurechtweisen [BJ, OJ] ♦ **E:** unsicher; evtl. zu dt. (ant.) Interj. *danderlo* DWB II 723.

dantes Subst. [BJ, SJ]
dandas [LJ]; **dandes** [OJ]; **deiten** [RH, SP]
– Geld [BJ, LJ, OJ, RH, SJ, SP]; Pfennig [BJ, OJ, SJ]; Spielmarke [SJ] ♦ **E:** span. *tanto*, Pl. *tantos* ‚Spiel- oder Rechenpfennig' (WolfWR 959). ♦ **V:** *nobis en dandes* ‚keinen Wert haben' [OJ]; *et hot schwoa Deiten* ‚viel Geld haben' [SP].

danuusere swV. [JeS]
– weinen [JeS]; schreien [JeS] ♦ **E:** zu jd. *demóos* ‚Träne'.

danz Subst. m. [SG]
– Musikstück [SG] ♦ **E:** mdal. für dt. *Tanz*.

dapihtzieh Subst. m. [SK]
- Tapezierer [SK] ♦ **E:** frz. *tapissier* ‚Tapezierer, Möbelhändler'.

dappelfilang Subst. m. [MoM]
- Gänserich [MoM] ♦ **E:** dt. *dappeln* ‚trippeln' DWB II 750; mdal. *dappele* ‚watscheln'.

dappelfehle Subst. f. [MoM]
- Gans [MoM]

dappelschicks Subst. [RW]
- Kellnerin [RW] ♦ **E:** jd. *schickzo* ‚nichtjüdisches Mädchen' (WolfWR 5834).

dar Subst. [LüJ]
- Angst, Furcht [LüJ]; „bauser" [LüJ]; „bomser" [LüJ] ♦ **E:** rw. *dar* ‚Furcht' < roi. *dar* ‚Angst, Furcht' (WolfWR 960, WolfWZ 439).

däres Subst. [BJ, OJ]
- dummes Zeug [OJ]; unnützes Zeug [BJ] ♦ **E:** SchwäbWb. II 80 (*Därres* ‚Schmutzkruste'). ♦ **V:** *an aalda däres aufruadla* ‚eine alte Sache aufwühlen' [OJ].

därmle Subst. n. [KP]
därmeling Subst. m. [OJ]; **därmling** [BJ, PfJ, RW, WJ]; **darmling** [PfJ]
- Wurst [BJ, KP, OJ, PfJ, WJ] ♦ **E:** rw. *darmen* ‚Wurst' (WolfWR 963), zu dt. *Darm* ‚Eingeweide' DWB II 779 f.

därrges Subst. m. [CL]
- Polizeidiener [CL] ♦ **E:** zu pfälz. *derren* ‚plagen, prügeln' (PfälzWb. II 225).

darschenen ‚predigen' → *dreschen*.

däskop Subst. m. [EF]
däskopp [EF]; **döskopf** [EF]
- ungeschickter Mann [EF]; schwerfälliger Mann [EF] ♦ **E:** dt./ugs. *Döskopf, Dös* ‚Taumel, Schwindel' DWB II 1309.

dass ‚Rock' s. → *doss*.

dassel Subst. m. [RW]
- Kopf [RW] ♦ **E:** dt./ugs., mdal. *Dassel* ‚Kopf' (z. B. SüdhessWb. I 1408).

dast Subst. f. [KMa, OH]
- Finger [KMa, OH] ♦ **E:** unsicher; evtl. zu dt. *tasten* ‚mit den Fingern berühren' DWB XXI 156 f.

datem Subst. n. Plural [StJ]
datemcher Dim. [KM]
- kleine, weibliche Brüste [KM]; weibliche Brust [StJ] ♦ **E:** wohl zu dt. *Ditte* ‚weibliche Brust' (DWB II 1197).

dätzelchen Subst. n. [WL]
- Ei [WL] ♦ **E:** wohl Variante zu *bätzchen* ‚Ei'. → *betz*.

dau Subst. m. [NJ, RH]
- Pfennig [NJ, RH] ♦ **E:** rw. *taul* ‚Pfennig', aus jd. *dal* ‚arm' WolfWR 5773.

daub Adj. [LüJ]
- dumm, blöd, ungeschickt [LüJ] ♦ **E:** mdal./ugs., mnd. *dôf* ‚taub'. ♦ **V:** *dauber schello* ‚Nichtsnutz, Tölpel'/'dummer Hund'/'blöder Kerl' [LüJ]; *daube scheaf* ‚ungeschickte Frau' [LüJ]

dof Adj. [CL]; **doof** [CL, Scho]
- blöd, dumm [CL]; geistig beschränkt [Scho].

daudr Subst. m. [LüJ]
- Knecht [LüJ] ♦ **E:** ugs. *Tater* ‚Zigeuner, Landstreicher'; vom Personengruppennamen *Tataren* (Kü 1987: 825).

dauerwurst Subst. f., in: [WG]
die Dauerwurst bekommen ‚lebenslänglich erhalten' [WG] ♦ **E:** dt. *Dauer* und dt. *Wurst*.

daun Subst. m. [MUJ]
- Herrenanzug [MUJ] ♦ **E:** evtl. zu dt. *Daune* ‚Pflaumfeder (Wärmeschutz des Leibes)' DWB II 853; *haunasch* unklar.

haunaschdaun Subst. m. [LoJ]
- Unterhemd [LoJ].

dautmoker Subst. m. [SG]
dautmoaker [SG]
- Fleischer [SG] ♦ **E:** nd. *daut* ‚tot' und nd. *moaken* ‚machen', ‚Totmacher'.

däuwerling Subst. m. [TK]
- Zigarette [TK] ♦ **E:** unsicher; evtl. zu dt. *Däumling* ‚Daumenüberzug', bes. „im berg- und mühlenbau kleine hölzer" DWB II 851; schwer zu dt. *Teufel*.

daware swV. [CL]
dáwere [PH]
- stehlen [CL, PH] ♦ **E:** wohl Bildung zu → *tappen*[1], *tappern*.

däxla swV. [LJ]
- hinrichten [LJ] ♦ **E:** evtl. zu schwäb. *dechsen* ‚totschlagen'. (SchwäbWb. II 123).

dax swV. [PfJ]; **dachs** [PfJ]
– in: *en dachs machen* ‚schlafen (gehen)' [PfJ].

day Subst. m. [HF]
däy [HeF]
– Kopf [HeF, HF] ♦ **E:** rw. *day* ‚Kopf' aus frz. *tête* ‚Kopf' (WolfWR 978). ♦ **V:** *nobes, knöllen, dot het zinotes lock in den däy* ‚Nein, das hast Du nicht gut im Kopfe' [HeF]; *Zinotes het enen henesen Huff in den Däy* ‚Sie haben einen guten Begriff' (einen hellen Verstand) [HeF]; *moleveren däy* ‚kahler Kopf, Glatze' [HeF].

deaschdig Subst. m. [OJ]
desig [HF]
– Dienstag [HF, OJ] ♦ **E:** mdal. zu dt. *Dienstag*.

debel[1] Subst. m. oder n. [SJ]
– Berg [SJ] ♦ **E:** wohl zu jd. *tebel* ‚Erdkreis, Berg'.

debel[2] Subst. m. / Interj. [LüJ, MUJ]
debe [MB]; **dewe** [MB]; **devel** [SJ]; **dewel** [GM]
– Gott [GM, MB, MUJ, SJ]; Teufel [LüJ, MB]; „oh schlimm" [LüJ] ♦ **E:** rw. *devel* ‚Gott' (WolfWR 1002) < roi. *devel* ‚Gott' (WolfWZ 483). ♦ **V:** *mo debe!* ‚oh, mein Gott!' [MB]; *mo debe* ‚ich komme, mir kommt's' [MB]
barodebel Subst. m. / Interj. [LüJ]; **barodebele** [LüJ]; **baredebel** [LüJ]; **baradebel** [LüJ]; **baradöbl** [LüJ]
– Teufel [LüJ]; Tod [LüJ]; lieber, großer Gott, Herrgott [LüJ]; „oh mein Gott", „ganz schlimm" [LüJ]; Lieblingskind [LüJ]
deweleskero Adj. [GM]
– fromm, gottgläubig [GM]
deblo Subst. m. [SJ]
– Gott [SJ]
latscho deblo Subst. Phras. [WJ]
– gefährlicher Mann [WJ]
debbeln swV. [RH]
– sterben [RH].

debern swV. [WG]
– oral verkehren [WG]
debes Subst. m. [LüJ]
– Penis [LüJ] ♦ **E:** rw. *debern* ‚rauchen', *tobere* ‚Pfeife' WolfWR 1043. ♦ **V:** *o lenges madenges, mei debes hängt na* ‚oh je, mein Penis hängt runter' [LüJ].

debisch Adj. [BJ, OJ, SJ]
– närrisch [SJ]; schwindelig [BJ, OJ] ♦ **E:** dt. *täppisch* ‚unbeholfen'.

dechle swV. [BM]
– eilen [BM]; springen [BM]; laufen [BM] ♦ **E:** SchweizId. XII 189 (*dächlen* ‚eilig davonlaufen').

decke Subst. f. in: [WG]
jemandem die Decke geben ‚jemanden in eine Decke wickeln und schlagen' [WG] ♦ **E:** dt. *Decke* DWB II 882 ff.

deckel[1] Subst. m. [HeF, HF]
– (flacher) Kuchen [HF] ♦ **E:** rw. *deckel* ‚Kuchen' (WolfWR 973).
bötendeckel Subst. m. [HeF, HF]
– Eierkuchen [HeF, HF].

deckel[2] Subst. m. [BA, EF, Him, HLD, KJ, KP, Mat, SJ, SS]
deckl [EF]
– Landjäger [Him, KP, Mat, SJ]; Polizist [BA, EF, SJ, SS]; Gendarm [EF, HLD, KJ]; Polizei [KJ] ♦ **E:** rw. met. zu dt. *Deckel*, „bezieht sich auf die Kopfbedeckung des Gendarmen" (WolfWR 974).

deckel[3] Subst. m. [EF, KP, NJ, RW, Scho]
– Mütze [EF, RW]; Hut [KP, NJ, RW, Scho] ♦ **E:** dt. *Deckel* DWB II 885 ff.
bondeckel Subst. m. [SK]
– Hut [SK] ♦ **E:** rw. *bonni* ‚Haube, Mütze', frz. *bonnet* ‚Mütze', roi. *bunéta* (WolfWR 622).
poydeckel Subst. m. [HF]
– Regenschirm [HF].

deckl Subst. m. [WG]
– Gesundheitskarte der Dirne [WG] ♦ **E:** → *deckel*[1], vgl. *Bierdeckel*.
deckelkatz Subst. f. [WG]
– Prostituierte, Hure (neutral, wohlmeinend) [WG].

decklig Subst. m. [JeS]
– Dach [JeS]; Deckel [JeS] ♦ **E:** → *deckel*[1].

deckschäler Subst. m. [MoM]
– Pferd [MoM] ♦ **E:** dt. *decken* ‚schwängern' und *beschälen* ‚begatten der Stute' DWB I 1544 f.

deeflingsche Subst. n. [StJ]
teeflingsche [StJ]
– Portemonnaie [StJ] ♦ **E:** unsicher; evtl. zu rw. *Tiefling* ‚Kellner' WolfWR 996, Pars-pro-toto-Metonymie. ♦ **V:** *isch han ken moonem em deeflingsche* ‚ich habe kein Geld im Portemonnaie' [StJ].

deele Subst. f. [LüJ]
– Anhänger (Kreuz, Schutzengel, Amulett usw.) [LüJ] ♦ **E:** schwäb. *Dele* ‚Medaille und dergleichen,

um den Hals getragen (im katholischen Schwaben allgemein)' (SchwäbWb. II 140).

deelen swV. [LüJ]
delen [GM, LüJ]; **dehlen** [GM]; **dele** [GM, PH]; **deelæ** [WJ]; **deele** [LüJ]; **deelà** [LüJ]; **dellen** [JS, MB, ME, MM]; **delln** [ME]; **tellen** [JS]
– geben, hergeben, schenken [JS, GM, LüJ, MB, ME, PH, WJ]; bringen [GM, LüJ, PH, WJ]; (be)zahlen [GM]; reichen [GM]; anbieten [GM]; leihen [JS, MB, ME]; reinhauen [LüJ]; jmd. eine schmieren [LüJ]; schlagen [WJ]; (sich) schlagen, jmd. in die Fresse hauen [ME, MM]; (an)klopfen [MM]; machen [JS] ♦ **E:** roi. *del* ‚geben, schenken, schlagen' (WolfWZ 450), → *teele*; Bedeutung ‚schlagen': evtl. Einwirkung von dt. *Delle* aus mhd. *telle*, mnl. *delle* ‚Vertiefung, Schlucht'.- Passepartout-Wort für Vorgänge und Formen der Übergabe, vgl. → *schäffen*. ♦ **V:** *lowi delen* ‚Geld bezahlen' [GM]; *kapores dellen* ‚entzwei schlagen' [MM]; *jack dellen* ‚Feuer geben' [MM]; *delema jag!* ‚reich mir (bitte) Feuer!' [GM]; *del mi jack!* ‚Gib mir Feuer!' [MM]; *mullo gedellt* ‚tot gemacht' [JS]; *del s em!* ‚(bei der Rauferei:) gib's ihm (ordentlich drauf)!' [GM]; *del mi dui nack* ‚gib mir zwei Mark' [LüJ]; *del mier* (*del em* ‚gib ihm') *di wasd* ‚gib mir die Hand' [GM]; *del ema n haijerman* (*en tsug* ‚eine Mark') ‚gib mir 5 Mark' [GM]; *del ema n pimanelo!* ‚hast du eine Zigarette für mich?!' [GM]; *tsabo, del ema di pil, ich nase gesche!* ‚(beim Fußballspiel:) Junge, schieß doch einmal den Ball herüber, das ist eine Gasse, die ich (stürmend) ausnutzen kann!' [GM]; *de gards is in n tsuglo genasd un had n jewero gedeld* ‚der Mann ging in den Wald und brachte einen Hasen mit' [GM]; *dell mich mal ein kaseifchen* ‚gib mir mal 'ne Zigarette' [MB]; *dell mich jack (für mein kaseifchen)* ‚gib mir Feuer (für meine Zigarette)' [MB]; *dell mich mal 'nen nicklo* ‚gib mit mal 'ne Mark' [MB]; *dell mich mal die panefka* ‚gib mir mal die Schaufel' [MB]; *dell mal nen heiermann* ‚gib mir mal ein Fünfmarkstück' [MB]; *ihne hat es den gono gedellt* ‚er hat was auf den Sack bekommen' [MB]; *der Esel dellte ihm den tokus* ‚der Esel trat ihm in den Hintern' [MM]; *mulo dellen* ‚totschlagen' [MM]; *ich dellte sie machulle* ‚ich schlug sie tot' [MM]; *der koten hat die ganzen fineeten eingedellt* ‚das Kind hat alle Fenster eingeschlagen' [MM]; *dell mir mal ne pimangrie* ‚Gib mir mal ne Zigarette' [ME]

abdellen swV. [MM]
– abschlagen [MM]

verdellen swV. [MM]
– schlagen [MM] ♦ **V:** *jemandem mit dem mottek was verdellen* ‚jemandem mit dem Hammer einen verpassen' [MM]

weltdellerei Subst. f. [MM]
– Weltkrieg [MM].

deerschen swV. [SE]
– betteln [SE]; fordern, verlangen [SE]; kosten [SE] ♦ **E:** unsicher; evtl. zu → *derech*. ♦ **V:** *wat haste für dat aulchen gedeerscht?* ‚Was kostet der Topf?' [SE]; *wat haste gedeerscht?* ‚Was hast du gefordert?' [SE].

deez Subst. m./f. [KMa, MM, NJ]
detz [MM]; **däätz** [OJ]; **dääze** [OJ]; **teetz** [EF]; **dez** [SJ]; **deets** [SJ]; **deetz** [BJ, CL, PfJ, RW]; **teetes** [WL]; **dets** [SJ]; **dötz** [RW]; **dääzt** [OJ]; **dääze** [OJ]
– Kopf [BJ, CL, EF, KMa, MM, NJ, OJ, PfJ, RW, SJ, WL]; Glatze [BJ, OJ] ♦ **E:** rw./ugs. *deetz* ‚Kopf' (WolfWR 978), aus frz. *tête*.

defflæ swV. [WJ]
– ohrfeigen, verhauen [WJ] ♦ **E:** schwäb. *vertaflen* ‚durchhauen' (SchwäbWb. II 1373); evtl. Einfluss von rw./jd. *defus* ‚(Ab-)Druck' WolfWR 980.

verdefflæ swV. [WJ]
– verprügeln [WJ].

deiel Phras. [SK]
– wie spät ist es? [SK] ♦ **E:** engl. *dial* ‚Sonnenuhr'.

deigselhirsch Subst. m. [OJ]
deichselhirsch [BJ]
– Pferd [BJ, OJ] ♦ **E:** dt. *Deichsel, Hirsch, schieben*.

deigselschieber Subst. m. [KJ]
– Pferd [KJ].

deisa Subst. f. [RH]
– Nacht [RH] ♦ **E:** zu roi. *deisa* ‚morgen, gestern'.

deissen swV. [BJ, LüJ]
daissen [BJ, LüJ, SJ]; **daißen** [Him, SJ, Zi]; **deisen** [KJ, LJ, LüJ, PfJ, SchJ, SJ]; **deisn** [LüJ]; **deisse** [LüJ]; **deißa** [OJ]
– schlagen [KJ, LJ, LoJ, SchJ, SJ]; erschlagen [KJ, SJ]; totschlagen, tot machen [LJ, LüJ]; töten, schlachten [BJ, Him, LüJ, OJ, PfJ, SJ, Zi]; hinmachen, kaputt machen [LüJ]; metzgen [Zi, Him] ♦ **E:** rw. *deisen* ‚schlagen' (WolfWR 982), evtl. zu dt. *deisen* ‚schwanken, zurückweichen' DWB II 914. ♦ **V:** *und die hat die schmaling deist und hats nach Gmünd in die Kasern zu de Pole, da als Hase, und hat halt der giebas wegketscht, und da hat sie halt schmerch kriegt* ‚und die hat die Katzen totgeschlagen und hat sie als Hasen

nach Gmünd in die Kaserne zu den Polen gebracht, und da hat sie halt Zigaretten dafür bekommen' [LJ]; *Moss, i hab gschpannt, daß der benk an kiwiga horboga ond a kassir daist hot* ‚Frau, ich habe gesehen, daß der Mann eine fette Kuh und ein Schwein geschlachtet hat' [SJ]; *Dr benk hot da kaffer mit am härtling dupfd, das dr rötling gschepfd ischd no hotr en dr deisd ond em seine boschr aus am rande zopfd* ‚Der Mann hat den Bauer mit dem Messer gestochen, daß das Blut gelaufen ist, dann hat er ihn erschlagen und ihm sein Geld aus der Tasche genommen' [SJ]

verdeisen swV. [LJ]
– totschlagen [LJ]

deisara swV. [LoJ]; **deisa** [LoJ]
– Prügel bekommen [LoJ]

deiss Subst. m. [DG]
– Schlag [DG]

deisser Subst. m. [LüJ]
– Metzger [BJ, LüJ]; Schlächter [LüJ]; Töter, Mörder [LüJ]; „mulomenge" der, der kaputt macht [LüJ]; Metzgerei [BJ]

aufdeiser Subst. m. [LJ]
– Einbrechwerkzeug [LJ].

deißen swV. [PfJ]
– koitieren [PfJ] ♦ **E:** unsicher; rw. *deisen* ‚schlagen' oder → *deißlere*.

deißlere Adv. in: [LüJ]
deißlere werden ‚niederkommen (Geburt/ Wochenbett)' [LüJ] ♦ **E:** rw. *deußlerei* ‚Kinderbett', *deislerei* ‚Geburt', rw. *deislere* ‚Hebamme' (WolfWR 997); evtl zu dt. *Deisel, Deichsel* (DWB II 908), Benennungsmotiv: lenkende Funktion.

deislermoß Subst. f. [LüJ]; **deißelmoß** [LüJ]
– Hebamme [LüJ].

deisten swV. in:
einen in seine finne deisten ‚die Schnapsflasche füllen' [RW]; *die finne volldeisten* ‚die Flasche füllen' [RW] ♦ **E:** unsicher; evtl. zu dt. *destillieren* ‚eine Flüssigkeit abziehen' DWB II 1033.

delache ‚gehen, laufen, hausieren' s. → *teilachen*.

delbadritsch Subst. m. [OJ]
– Dummer, Tölpel, Narr [OJ] ♦ **E:** schwäb. *d' Elbentritsch* ‚Fabelwesen, ungeschickter, einfältiger Mensch' (SchwäbWb. II 686).

dele Subst. f. [SJ]
– Katze [SJ] ♦ **E:** unklar.

deled Subst. [Scho]
– Tür [Scho] ♦ **E:** jd. *deled* ‚Tür' (WolfWR 977).

delle¹ Subst. f. [HN]
– Frikadelle [HN] ♦ **E:** Kurzform von dt. *Frikadelle*, dissimiliert aus ital. *frittatella* ‚Gebratenes, kleiner Pfannkuchen'.

delle² Subst. [SJ]
– Narr, einfältiger Mensch [SJ] ♦ **E:** unsicher; evtl. zu rw. *dalles* ‚Armut, Geldmangel' WolfWR 942 oder dt. *Delle*, vgl. ugs. *Bekloppter* ‚Narr'.

dellen swV. → *deelen*.

delleri Subst. m. [WL]
– Hut [WL] ♦ **E:** unsicher; evtl. zu dt. *Teller* bes. „rund geschnittener streif aus flor, kattun u. dergl." DWB XXI 240.

delles Interj. [SK]
– adieu, auf Wiedersehen [SK] ♦ **E:** roi. *dza devleha* ‚geh mit Gott'.

deloo Subst. n. [MoM]
– Wasser [MoM] ♦ **E:** zur frz. Partitivform *de l'eau* ‚von dem Wasser'. ♦ **V:** *e Glass Deloo* ‚ein Glass Wasser' [MoM].

demmer Subst. m. [HK]
– Abdecker [HK]; Schlachter [HK]; „Fleischer, der auch krumme Sachen macht, vielleicht nicht richtig nachgeguckt" [HK] ♦ **E:** rw. *demmer* ‚Schinder, Abdecker', jd. *tome* ‚Unreiner', „aber wohl auch gaunerymologisch auf jd. *dam* ‚Blut' bezogen" (WolfWR 5745), jd. *tomme* ‚krank, unrein' (We 107).

dsoßchensdemmer Subst. m. [HK]; **soßchensdemmer** [HK]; **zoßchensdemmer** [HK]
– Pferdeschlächter [HK]; Roßschlächter [HK]; „Wirt von 'ner Roßschlachterei" [HK]; „die, die die Pferde geschlachtet haben, die die auf 'em Markt aufkaufen" [HK]; Pferdehalter [HK] ♦ **E:** → *zosse(n)*.

den ühl Phras. [HeF, HF]
– nicht, nichts [HF]; meist in der Fügung *den ühl* ‚nichts' [HeF, HF] ♦ **E:** rw. WolfWR 5983, zu nl. *uil* m. ‚Eule, Dummkopf'. ♦ **V:** *zinotes holt den van de flick* ‚Sie verstehen nichts von der Sprache' [HeF]; *dem blag benuckt den ühl* ‚Der Mann bekommt nichts' [HeF]; *minotes het den ühl gebot* ‚Ich habe nichts gegessen' [HeF]; *den röhl huckt lock* ‚Der Handel geht schlecht' [HeF]; *et huckt den ühl de quocken* ‚Es ist nichts zu verdienen' [HeF]; *de hutzen beuten den ühl* ‚Die Bauern kaufen nichts' [HeF]; *flick nit te henes,*

dot huckt den ühl ‚Nicht so frei gesprochen, das geht nicht' [HeF].

denelo Subst. m. [LüJ]
dennelo [LüJ]; **dennælo** [WJ]; **dennalo** [LJ]; **denalo** [LJ]; **demelo** [SJ]; **dinelo** [LJ, LüJ]; **dinnelo** [GM, MoJ]; **dinne(r)lo** [JSa]; **dinolo** [MUJ]; **dinlo** [JS]; **dinlito** [JS]
– Dummer, Dummkopf, Blöder, Narr, Verrückter [GM, JS, JSa, LJ, LüJ, MoJ, SJ, WJ]; Depp [LJ, LüJ, MUJ]; Idiot [LJ, LüJ]; Spinner [LJ]; Trottel [WJ]; dämlicher Bursche [SJ]; Blödmann [LüJ]; geistig beschränkter Mensch [LüJ] ♦ **E:** rw. *dennlo* ‚Narr' (WolfWR 1021) < roi. *dinelo, delino* ‚verrückt, dumm, blöd' (WolfWZ 498). ♦ **V:** *du scheffst e denelo* ‚du bist ein Depp' [LüJ]; *der härles haudz schäfft dinnerlo* ‚der Mann ist verrückt' [JSa]
dennelo Adj. [LüJ]; **denalo** [LJ]; **dennalo** [LJ]; **dinnelo** [CL, JS, LL, MB, PH]; **dinnerlo** [JSa]; **dinnloh** [MM]; **dinlo** [MB]; **dinnlo** [MM]; **dinlo** [JS, MM]; **dindelo** [MB, ME]; **dinderlo** [MB]; **dindeerlo** [MB]; **dindalo** [MB]; **dinnelich** Adj. [GM]; **dinneli** [JSW]
– blöd [GM, LüJ, MB]; nicht ganz dicht, neben der Kappe [LJ]; verrückt [GM, JSa, LJ, MB, MM]; total verrückt [JS]; doof [LüJ, MB]; närrisch [MB]; „unmöglich" [MB]; betrunken [MB]; bekloppt, bescheuert [JS, MB, ME, MM]; nicht recht bei Sinnen [JSW]; dumm [CL, GM, JS, LL, PH]; schlecht, irre [GM, MB] ♦ **V:** *was für eine dindelo abilsche* ‚was für eine verrückte Frau' [MB]; *is er dich dindelo* ‚ist der bekloppt' [MB]; *der hegel is ja dinnlo!* ‚Der Mann ist verrückt!' [MM]; *os rautz schäft dinlo* ‚unsere Katze ist bekloppt' [JS]
dogedinnelich ‚vollständig verrückt' → *denelo*. [GM]
– total bekloppt [GM]
dinnelo Subst. m. [JSW]
– Spinner, Dummschwätzer [JSW]
denelohaus Subst. n. [LüJ]
– Anstalt [LüJ]
deneloskitt Subst. f. [LüJ]
– Irrenhaus [LüJ]
dennaloskehr Subst. f. [LüJ]
– Irrenanstalt, Irrenhaus [LüJ].

dengerd Subst. [JS]
dinkert [NJ]; **dinkertchen** Subst. n. Dim. [SE]; **denkertschen** [SE]
– Ding, Sache, Gegenstand [NJ, SE]; „Allgemeinbegriff für viele Sachen wie z. B. Radio, Fernseher, Auto, Wohnung, Licht usw." [JS] ♦ **E:** wohl zu dt. *Ding*, Derivation mit dem Suffix *-hart/-ert*. → *ding*. ♦ **V:** *das Dinkert hockt schofel* ‚Ich traue der Sache nicht' [NJ]; *hockst du gewohnt, woh das Dinkert hockt* ‚Hast Du gesehen wo die Sache, das Ding ist?' [NJ].
denkelche Subst. n. Dim. [JS]
– Ding [JS]
fonkdenkelche Subst. n. Dim. [JS]
– Kochgerät, Topf, Ofen [JS]
hetzdenkelche Subst. n. Dim. [JS]
– Herd, Ofen [JS] ♦ **V:** *ming moß fonkt matrele en bosert ob et hetzdenkelche* ‚meine Frau kocht Kartoffeln und Fleisch auf dem Herd' [JS]
hockdenkelche Subst. n. [JS]
– Sessel, Sofa, Stuhl [JS]
pofdenkelche Subst. n. [JS]
– Bett [JS]
schnöfdenkelche Subst. n. [JS]
– Nase [JS]; Taschentuch [JS] ♦ **V:** *reunens de schabo, der het e schnöfdenkelchen wie ne cari em ponum* ‚guck mal, der Junge/Mann, der hat eine Nase wie ein Penis im Gesicht' [JS]
schotzdenkelchen Subst. n. [JS]
– Auto, Fahrzeug [JS] ♦ **V:** *de klisto reunde no ming fleppe van ed schotzdenkelchen* ‚der Polizist sah nach meinen Papieren vom Auto' [JS].

denkert Subst. m. [JSa]
– Wildwechsel [JSa] ♦ **E:** unsicher; jen., vgl. Besse, Sondersprachen im Saarland, 45.

denöhl Subst. n./f. [SK]
– Milch [SK] ♦ **E:** wohl nd. kontrahiert aus Artikel *den* und *Öl* ‚fette Flüssigkeit, bes. gepresst' DWB XIII 1269 ff.

dep Subst. [SP]
depen [SP]
– Mühle [SP] ♦ **E:** unsicher; evtl. zu rhein. *däppern* ‚trampeln, stampfen', RheinWB I 1247.
depert Subst. m. [SP]; **depat** [SP]
– Müller [SP] ♦ **V:** *De Depert haalischt an der Dep* ‚Der Müller schläft an der Mühle' [SP].

deplór Adj. [SK]
– unangenehm [SK] ♦ **E:** evtl. zu franz. *deplorable* ‚beklagenswert'.

derb Adj. [HL]
– gut [HL] ♦ **E:** dt. *derb* ‚fest, tüchtig' DWB II 1012 f.

derby Subst. n. [HN]
– ein Kartenspiel [HN] ♦ **E:** engl. *Derby*. ♦ **V:** *meine Pferde machen ein Derby* ‚ich habe mehrere Nutten laufen, von denen eine besser sein will als die andere (was gut für das Geschäft war)'.

derchen swV. [BJ, Him, LJ, LüJ, Mat, SchJ, SJ] **dercha** [OJ, SJ]; **derche** [JeS, LüJ]; **dergen** [LJ]; **terchen** [HK, MM]; **dirche** [JeS]; **diecher** [RR]
– betteln [BJ, HK, Him, JeS, LJ, LüJ, Mat, MM, OJ, RR, SchJ, SJ]; hamstern [MM]; verlangen [LüJ]; *mangen* [LüJ] ♦ **E:** rw. *derchen* ‚betteln', zu jd. → *derech* ‚Weg' (WolfWR 987). ♦ **V:** *Beim lehmschupfr kaschd a dromm maro dercha odr staucha der ischd a weng gschupfd, sischd a schote* ‚Beim Bäcker kannst du ein Stück Brot betteln oder stehlen, er ist ein wenig blöd, er ist ein dämlicher Bursche' [SJ]; *wao dercha mr?* ‚wohin gehen wir betteln?' [OJ]
abderchen swV. [HK]; **abterchen** [HK]
– kassieren [HK]; abbetteln [HK].
verderchen swV. [LüJ]
– erbetteln [LüJ]
dercher Subst. m. [JSW, LJ, LüJ, SchJ, SJ, TJ]; **derchr** [OJ]; **dircher** [JeS]
– Bettler [JeS, JSW, LJ, OJ, SchJ, SJ, TJ]; Bettlerin [OJ]; Mann, der Kinder zum Betteln schickt [LJ]; Herr [JSW]
derchsmensch Subst. m. [OJ]
– Bettlerin [BJ, OJ]; Bettelstab [BJ, OJ]; „Kinder zum Betteln abrichten/schicken" [LJ]
dercherkitt Subst. f. [LüJ]; **dercheskitt** [UG]
– Armenhaus, Bettlerhaus, gutes Haus für Bettler [LüJ]
derchermoß Subst. f. [LüJ]
– Bettelweib ♦ **V:** *derchermoß: hauret so dof, lehmschupfer, und dogt mir dofen lehm oder gleiskechelte für mein gälmle zum gleisschnälle sicheren* Bettelweib: ‚Seid so gut, Bäcker, und gebt mir etwas Weißbrot oder Milchwecken für mein Kindlein, um ein Milchsüpplein zu kochen' [LüJ]
dercherulmen Subst. Pl. [LüJ]
– Bettelleute, Bettler [LüJ]
dergel Subst. n. [LJ]
– Kind, das zum Betteln geht [LJ]
dergersfisel Subst. m. [LJ]
– Mann, der Kinder beim Betteln führt [LJ]
dergersmodel Subst. n. [LJ]; **derchersmodel** [SchJ]
– Bettlerin [SchJ]; Frau, die Kinder beim Betteln führt [LJ]
derchrschbrade Subst. m. [OJ]
– Bettelstab [OJ].
derech Subst. m. [Scho, SJ]
derach [SS]; **deerach** [SS]; **deruch** [SJ]
– Weg [Scho, SJ, SS]; Straße [SS]; Richtung [Scho] ♦ **E:** jd. *derech* ‚Weg' (WolfWR 987, We 62, Klepsch 483). → *derchen*. ♦ **V:** *D'schicks hatschd mid ihram schure auf dr schtrade odr deam derech zom nägchda kaff, se weled dord a masematte heba ond dibbred deshalb blos no jenisch* ‚Das Weib geht mit ihrem Burschen auf der Landstrasse oder dem Weg zum nächsten Dorf, sie wollen dort einen Diebstahl begehen und sprechen deshalb nur noch die Kundensprache' [SJ]; *Massel auf den Deerach!* ‚Glück auf den Weg!' [SS].

dermes ‚Topf' → *termes*.

derni Adj. [GM]
– jung, schön [GM] ♦ **E:** roi. *terno* ‚jung' (WolfWZ 3267). ♦ **V:** *derni mos* ‚junger Mann' [GM]; *derni woedin* ‚schönes Auto' [GM]; *derni tserglo* ‚schöner Vogel' [GM]; *derni tsuwel* ‚junge Frau' [GM]; *tigema, da nasd e derni tsaij* ‚schau, da geht ein hübsches Mädchen' [GM].

dertche Subst. n. [CL, LL, PH]
– Furz [CL, PH]; Flatus [LL]; Blähung [CL] ♦ **E:** rw. WolfWR 991; evtl. Dim. zu pfälz. *Tort* ‚boshafter Streich, Vergnügen, Ausgelassenheit' (PfälzWb. II 364). ♦ **V:** *Tertche geschmust* ‚Windlassen' [CL]; *Wer hot'n do e dertche fahre losse?* ‚Wer hat denn da einen Furz fahren lassen?' [CL, LL]; *Wer hottn do e Dertche geloßt?* ‚Wer hat denn da einen Furz streichen lassen' [CL].

desch Num. Kard. [GM, JSa, LüJ, MB, MUJ]
– zehn [GM, JSa, LüJ, MB, MUJ] ♦ **E:** roi. *des* ‚zehn' (WolfWZ 471). ♦ **V:** *desch* dient zur Bildung neuer Zahlwörter. Die Zahlen 11–19 werden gebildet durch Kombination von *desch* und der betreffenden Einerziffer (16 deschschob). *deschdromje* oder *deschdromine* ‚dreißig'; *baschschel* und *deschdromine* ‚achzig' [GM]; *de tsabo had des lawine geswechd* ‚der Mann trank zehn (Glas) Bier' [GM]
deschli Subst. [MB]
– 10 DM [MB].

desche Subst. [Scho]
– Gras [Scho] ♦ **E:** jd. *däschäh* ‚Gras'.

dess ‚neun' s. → *tess*.

detsch Adj. [MB, SG]
– blöd, dumm, bekloppt, dämlich, verrückt [MB, SG] ♦ **V:** *detscher chalo* ‚verrückter Kerl' [MB] ♦ **E:** rw. *verdetscht* ‚dumm' (WolfWR 6051), mdal. *tätsch* ‚einfältig, dumm, verrückt', ThürWb. VI 47.
detscher Subst. m. [HK]
– Doofer [HK].

detschen swV. in:
verdetschen swV. [MM]
– jmd. schlagen [MM] ♦ **E:** unsicher; evtl. zu dt. *dätscheln* ‚anfassen' DWB II 825 f. oder zu rw. *deetz, detz* ‚Kopf' aus franz. *tête* ‚Kopf' (WolfWR 978).

deutsch Adj. in:
auf dem deutschen boden laufen ‚mit durchgetretenen Stiefeln wandern' [RW] ♦ **E:** dt. *deutsch* DWB II 1043 ff.

deuzel Subst. n. [KMa]
– Wasser [KMa] ♦ **E:** rw. *deuzel* ‚Wasser' WolfWR 1001, evtl. zu rw. *deissen* ‚schütten, einschenken' (WolfWR 982).

deviset Subst. [SP]
– Zeitung [SP] ♦ **E:** zu dt./frz. *Devise* ‚leitender Gedanke, nach dem jemand sein Handeln ausrichtet'.

dewes ‚Tag' s. → *diwes*.

di hīob Phras. [SG]
diu hīob [SG]
– „wenn sich einer dumm anstellte" [SG] ♦ **E:** kontrahiert aus Artikel und bibl. RN *Hiob*.

di Judas Phras. [SG]
diu Judas [SG]
– Verräter beim Wildern [SG]; Einer, der unkameradschaftlich handelt [SG]; Verleumder [SG] ♦ **E:** kontrahiert aus Artikel und bibl. RN *Judas*.

diaf Subst. m. [OJ]
– Polizist [OJ]

dif Subst. m. [BJ]
– Polizist [BJ] ♦ **E:** rw. *dif* ‚Polizist' zu roi. *diwjo* ‚wild' WolfWR 1018.

diafleng Subst. m. [OJ]
– Kellner [OJ] ♦ **E:** rw. *difling* ‚Kellner, Aufwärter' WolfWR 996: „weil er den Wein tauft, d. h. mit Wasser verfälscht", rw. *deuffe* ‚Brunnen'.

diärme Subst. m. [SS, WH]
– Knecht [SS, WH] ♦ **E:** rw., ohne Herleitung (WolfWR 1005); evtl. kontrahiert aus Artikel und dt./mdal. *ärme, armer*.

dibbeln ‚gehen, wandern' s. → *tippeln¹*.

dibbern swV. [CL, HK, HLD, HN, JSa, MB, MM, Scho, SJ, SPI, SS, StG, WH]
dibbere [JeS, NJ]; **dibberen** [LJ, SJ, WL]; **diabara** [LJ]; **dibara** [LJ]; **dibber** [NJ]; **dibbren** [SJ]; **dibera** [LJ]; **dîberâ** [LJ]; **dibere** [CL, KM, LüJ, PH]; **dibərə** [LüJ]; **diberen** [LJ, NJ]; **dibern** [BJ, LJ, LüJ, PfJ, TK]; **dîbern** [Mat, SJ, Zi]; **dibra** [SJ]; **diebeæræ** [WJ]; **diebera** [LJ]; **diebere** [LüJ]; **dieberen** [LüJ]; **diebern** [JS, LJ]; **diefern** [EF]; **diewere** [Scho]; **diewern** [JSW, KMa, SE]; **difern** [EF]; **dippern** [MUJ]; **divern** [MM]; **divvern** [MM]; **diwere** [CL, LL, PH]; **diwern** [BJ, MM, SchJ]; **dîwern** [TK]; **diwwere** [CL]; **diwwern** [HK, MB, MM]; **dôberen** [TK]; **dübbern** [HK]; **düwwern** [HK]; **dyybere** [JeS]; **tibbere** [JeS]; **tibere** [JeS]; **tibern** [TJ]; **tiebere** [JeS]; **tiefern** [EF]; **tifern** [EF]; **tippern** [HK]; **tyybere** [JeS]; **dâberen** [Zi]; **dabern** [LüJ]; **debera** [JeS]; **deberen** [JeS]; **dewern** [LI]; **dewwern** [MoM]
– sagen [CL, HK, LJ, LL, LüJ, SJ, WL]; sprechen [CL, EF, HK, HN, JSW, JeS, KM, KMa, LI, LJ, LüJ, MUJ, Mat, MoM, PfJ, PH, SchJ, Scho, SJ, SPI, SS, StG, TJ, TK, WH, Zi]; reden [BJ, CL, EF, HK, HLD, HN, JeS, JS, JSa, LJ, LL, LüJ, MB, MoM, SchJ, SJ, TJ, WJ]; jenisch reden [JSa, PfJ]; Sprüche machen [MB]; erzählen [HK, HN, LJ]; schwätzen [LJ, LüJ]; plaudern [HK, LJ, MoM]; benachrichtigen [CL, LL]; fluchen [JeS]; schulden [NJ]; abbieten [BJ]; verraten, ausplaudern [BJ]; anreden [BJ]; aufschwatzen [BJ]; schauen, erblicken [MB]; (be)merken, sehen, entdecken, erkennen [MB, MM]; beobachten [MB, MM]; lesen [MM]; erfahren [MM]; ahnen, vermuten, scheinen [MM]; finden, ausfindig machen [MM]; langsam verstehen [MM]; nachschauen, spähen, aufpassen zugucken, zuschauen, betrachten [MM]; leise sprechen [HK]; leise ins Ohr sagen [Scho]; über die Leute sprechen [HK]; besprechen, bereden [BJ, HK]; fragen [HK, SE]; flüstern [HK] ♦ **E:** rw. *dibbern* ‚reden, sprechen' (WolfWR 1007) < jd. *dibbern* ‚sprechen' < hebr. *dibbêr* ‚redend', *dabbar* ‚reden' (We 62, Post 193, Klepsch 495). ♦ **V:** *nobes dibera* ‚nichts verraten' [LJ]; *die dibbert* ‚die hält nicht dicht' [HN]; *nobes díberâ; ein schofler fiesel!* ‚nichts verraten, ein schlechter Mann!' [LJ]; *gwand dibern* ‚jenisch sprechen' [LJ]; *aber nur ein Kundiger kann diebra* ‚aber nur ein Eingeweihter kann (jenisch) sprechen' [BJ]; *ohne dollarreuniger kann der nie divvern* ‚ohne Brille kann er nichts sehen' [MM]; *er diwerte hame viel mast und bezinnum* ‚er entdeckte jede Menge Wurst und Speck' [MM]; *da konnste wat bereunen, kneistern und dibbern* ‚da gab es was zu sehen, schauen und gucken' [MM]; *sich kochumer divvern* ‚sich für klüger halten' [MM]; *mosse, nobes dibera mit dene fiesel, das sind ganz schofle gatsch, boschdet* ‚Mädchen, redet nicht mit den Männern, das sind ganz üble Kerle, haut ab' [LJ]; *der, wo manisch war, da hat mer dibera könne* ‚der, der eingeweiht war, da hat man reden können' [LJ];

die moss überkenftig, die ketscht das nit, wenn mir des miteinander dibert ‚die Frau oben versteht das nicht, wenn wir das miteinander sprechen' [LJ]; *jenisch dibern* ‚Jenisch sprechen/schwätzen' [LüJ]; *tschi dibere* ‚nichts sagen' [LüJ]; *so, galme, dibert die mamere, ist schnall und bolle' buttet und gleis geschwächt? kenn, mamere! – dann bostet in sauft und schlaunet!* ‚So, Kinder, sagt die Mutter, sind die Suppe und die Kartoffeln gegessen und die Milch getrunken? Ja, Mutter! – Dann geht ins Bett und schlaft!' [LüJ]; *jenisch dibbern* ‚Kundensprache, kluge Sprache, Kundensprache sprechen' [SJ]; *Kliste, i hab dei moss gschpannt beim marodebenk, se hot mr dibbert, daß se lake trittling hot* ‚Polizist, ich habe deine Frau beim Arzt gesehen, sie hat mir gesagt, daß ihre Füße nicht in Ordnung sind' [SJ]; *D'schicks hatschd mid ihram schure auf dr schtrade odr deam derech zom nägchda kaff, se weled dord a masematte heba ond dibbred deshalb blos no jenisch* ‚Das Weib geht mit ihrem Burschen auf der Landstrasse oder dem Weg zum nächsten Dorf, sie wollen dort einen Diebstahl begehen und sprechen deshalb nur noch die Kundensprache' [SJ]; *So, galme, dibert die mamere, ist schnall und bolle' buttet und gleis geschwächt? Kenn, mamele! Dann bostet in sauft und schlaunet!* ‚So, Kinder, sagt die Mutter, ist die Suppe und die Kartoffeln gegessen und die Milch getrunken? Ja, Mutter! Dann geht ins Bett und schlaft!' [LüJ]; *nowes gedibbert* ‚nichts gesagt' [SJ]; *er hots em gediwwert* ‚er hat es ihm verraten' [CL, LL]; *er kann Lotegorisch diwere* ‚er kann Lotekorisch sprechen' [CL, LL]; *dabbern, dibbern* ‚reden, sprechen, sagen' [SchJ]; *Hechst du verlinzt, was der peker gedibbert hecht? – Jeß, er hecht gedibbert, er will dich mole kuffen!* ‚Hast du verstanden, was der Mann gesagt hat? – Ja, er hat gesagt, er will dich totschlagen' [HK]; *der ullmische heechd dann gedibberd, ob wir die budderei hatten* ‚der Vater hat dann gefragt, ob wir die Genehmigung hatten' [HK]; *lag dibbern* ‚nichts sagen' [HK]; *De bosenkäue düwwert: S' sänftchen schulmmt vier dufte, unns oahbendleechen schulmmt 'n stierchen!* ‚Die Wirtsfrau sagt: Das Bett kostet fünfzig Pfennige und das Abendessen kostet eine halbe Silbermark!' [HK]; *dibbere koochum, sonst verlinsen se 's* ‚sprich Koochum, sonst verstehen sie es' [HK]; *düwwere nicht so grannich* ‚erzähl nicht alles' [HK]; *die jungen beekers heechen dann immer gedibberd: »ach, die ullmische schemmd immer bekanne«* ‚die jungen Männer haben dann immer gesagt: »ach, die Mutter ist immer dabei«' [HK]; *wir dibbern koochum* ‚wir sprechen Koochum' [HK]; *koochum diwwern* ‚Musikantensprache sprechen' [HK]; *der boos had schicho gedibberd* ‚der Wirt hat Feierabend gesagt' [HK]; *da wolln wir mal mit dem beeker en granniches plempel schwächn, da wolln wir auch ein bißchen jooker dibbern, wenn Sie extra bekahne schemmen* ‚da wollen wir mal mit dem Mann ein schönes Bier trinken, da wollen wir ein bißchen hübsch reden, wenn Sie extra hier sind' [HK]; *derr scheeks kann aber mole dübbern* ‚der Bursche kann aber schlecht [koochum] sprechen' [HK]; *dillichen, heegsde den ... verlins, was der gedibberd hat?* ‚Mädchen, hast du den ... gehört, was der erzählt hat?' [HK]

getiefert Adj., Part. Perf. [EF]; **gediwert** [MUJ]; **gediewert** [KMa]; **gediewet** [KMa]
– gesprochen, ausgesprochen [EF, MUJ]; gesagt [KMa]

dibbln swV. [WG]
– Karten spielen [WG]

abdibbern swV. [MM]
– langsam sterben [MM]; einschlafen [MM]

adiebra swV. [OJ]; **ahdiebra** [OJ]; **ahnediebra** swV. [OJ]
– abbieten [OJ]; anreden [OJ]; weiterreden [OJ]

aufdiebra swV. [OJ]
– aufschwatzen [OJ]

ausdibbern swV. [HN, MM]; **ausdiebra** [OJ]; **ausdibbln** [WG]
– mit jmd. einen Einbruch vereinbaren [WG]; ausspähen, auskundschaften [MM]; zu Ende führen [MM]; besprechen [HN]; ausplaudern [OJ] ♦ **V:** *müssen wir zu zweit ausdibbern,* ‚... unter uns besprechen' [HN]

bedibbern swV. [MM, SJ]; **bediwwern** [MM]; **bediwern** [MM]; **bediwwere** [CL]; **bediebra** [OJ]
– einem zureden, jmd. überzeugen [CL]; bereden [OJ]; beschwatzen [SJ]; ansehen, anschauen, (be)gucken, „unter die Lupe nehmen" [MM]; beobachten, betrachten, besehen [MM] ♦ **V:** *reun mal, was da zu bedibbern is* ‚schau mal, was es da zu sehen gibt' [MM]; *bedibber das mal* ‚schau dir das mal an' [MM]

bedibbert Adj. [SJ]
– verdutzt [SJ]

durchdibbern swV. [MM]
– lange schlafen [MM]

einidibbln swV. [WG]
– einbrechen [WG]

entlangdibbern swV. [MM]
– betrachten [MM]

hereindibbern swV. [MM]
– gucken, einsehen [MM]
losdibbern swV. [MM]
– kichern, lachen [MM]
madawwern swV. [MoM]
– beichten [MoM]
medappeln swV. [SK]
– viel reden [SK]
medibbern swV. [Scho]
– reden [Scho]
verdibbern swV. [HK, MM]; **verdüwwern** swV. [HK]; **verdiwwern** [HK]
– verschlafen, den rechten Zeitpunkt verpassen [MM]; etwas versprechen [HK]; sich versprechen [HK]; sich selbst reinlegen [HK]; sich selbst belasten [HK]
verdiwwerd Adj., Adv. [HK]
– versprochen [HK]; „falsches Wort gesagt" [HK]
vergedibbert Adj., Part. Perf. [MM]
– verdammt, getäuscht [MM]
vordüwwern swV. [HK]; **verdiwwern** [HK]; **vordübbern** [HK]; **vrdiebra** [OJ]; **vertibbern** [HK]; **vortippern** [HK]; **verdüwwern** [HK]
– erzählen [HK]; wiedererzählen [HK]; sagen [HK]; verzählen [HK]; verraten [HK, OJ]; vorsprechen, vorsagen (in der Schule) [HK]; vorerzählen [HK] ♦ **V:** *der beeker hejd mir was verdiwwert* ‚der Mann hat mir was gesagt' [HK]; *lack verdiwwern* ‚nichts verraten' [HK]
wegdibbern swV. [MM]
– eindösen, einschlafen [MM]
dibber Subst. m. [MB]; **diber** [BJ]; **diebr** [OJ]
– Wort [BJ, OJ]; Gerede, „jenisches Gespräch" [BJ]; Spruch [MB] ♦ **V:** *lauen dibber machen* ‚eine nicht ganz glaubhafte Geschichte erzählen'; eine Geschichte erzählen und sich bei jemanden beliebt machen, der dieses aber durchschaut und dann sagt: *reun dich ihne, er macht wieder en lauen dibber* ‚schau dir ihn an, er macht schon wieder billige Sprüche' [MB]
gediewer Subst. n. [PfJ, Scho]
– Geschwätz, Schwätzerei [LüJ, PfJ, Scho]; Gespräch [LüJ]; Sprache [HK, LüJ]; Gerede [BJ, MUJ, LüJ, OJ, Scho]; Erzählen [HK]; leeres Geschwätz [Scho]; Wort [BJ]; „jenisches Gespräch" [BJ] „sprechen" [HK]; „erzählen" [HK]; „wiedererzählt" [HK]; „miteinander Reden" [LüJ]
diberei Subst. f. [LüJ]; **dibera** [LüJ]
– Gespräch, Unterhaltung, Geschwätz, Schwätzerei, Rede [LüJ] ♦ **V:** *diberei: schmus kaffer, haurets begerisch? Nobis, moß! – Bikerich? Nobis. – Schwächerich? Nobis. – Durmerich? Nobis. – Geschwächt? Nobis, moß! – Scheffts dir schofel? Nobis. – Gielerich? Nobis. – Dof? Kenn, moß!* ‚Gespräch: Sag, Mann, bist du krank? Nein, Frau! – Hungrig? Nein. – Durstig? Nein. – Schläfrig? Nein. – Betrunken? Nein, Frau! – Ist dir schlecht? Nein. – Übel? Nein. – Gut? Ja, Weib!' [LüJ]; *jenische diberei* ‚jenisches Sprechen' [LüJ]
dibbler Subst. m. [WG]
– Kartenspieler [WG]; Einbrecher [WG]
dibberalma Subst. f. [HN]
– Frau, die zuviel redet, die nicht den Mund hält [HN]
diberfiesel Subst. m. [LJ]
– Angehöriger einer Gruppe von einigen Jungen in Leinzell [LJ]
dibberfrau Subst. f. [MB]
– Zuschauerin [MB]
dibberheini Subst. m. [HN]
– Ansager [HN]; Conférencier [HN]; einer, der zuviel redet [HN] ♦ **V:** *das ist ein dibberheini* ‚der redet zuviel, der hält nicht dicht' [HN]
dibberkasten Subst. m. [HN]
– Telefon [HN]; Radio, Rundfunkgerät [HN]
diberklub Subst. m. [LJ]
– Bezeichnung einer Gruppe von einigen Jungen in Leinzell [LJ]
dibberkörner Subst. n. Pl. [HN]
– Aufputschtabletten [HN]; Preludin [HN]; Pervitin [HN]
dibberkotelett Subst. n. [HN]
– Aufputschmittel [HN]; Preludin-Tabletten [HN]
dibbermann Subst. m. [MB]
– Sprücheklopfer, Sprüchemacher [MB]; Beobachter, Zuschauer [MB]
dibberpillen Subst. f. Pl. [HN]
– Aufputschmittel [HN]; „Sprechblasen, früher Captagon" [HN]
dibberstamm Subst. m. [HN]
– gefällige Rede, Redeschwall [HN] ♦ **V:** *tofften dibberstamm* ‚kann gut reden' [HN]; *mach keinen dibberstamm* ‚rede nicht so viel' [HN]
dibbervogel Subst. m. [HN]
– Papagei [HN]; einer oder eine, der oder die zuviel redet [HN]; Quatschkopf [HN]
gediber Subst. n. [BJ, LüJ]; **gediebr** [OJ]; **gediwer** [MUJ, OJ, SJ]; **gedibber** [HK, Scho]
dibbermaschine Subst. f. [MM]
– Brille [MM]

dibberdaumen Subst. m. [MM] ♦ **V:** *dibberdaumen haben* ‚per Zufall Glück haben' [MM]
laufdibbern Subst. n. [HLD]
– Geheimsprache [HLD]
madawwering Subst. f. [MoM]
– Kirche [MoM]
schankler diwerer Subst. m. [SchJ]
– Verteidiger [SchJ].

dibbl ‚Idiot' → *tippel*. [LJ].
dibeln Subst. Pl. [RR]
– Eltern [RR] ♦ **E:** rw. *dibeln* ‚Eltern' aus jd. *tophel* ‚alt' (WolfWR 5850).

dichem Num. Kard. [CL, LL]
– siebzig [CL, LL] ♦ **E:** womgl. Verquerung mit jd. *tichim* ‚neunzig' (Schuppener 82, WolfWR 6437, Post 193). Vgl. → *schischem, schiwwem, tischem*.

dicherbink Subst. m. [RR]
– Bettler [RR] ♦ **E:** → *derchen, derech*; → *pink*.
dichermensch Subst. n. [RR]
– Bettelweib [RR].

dicht Adj. in:
latte dicht machen ‚bezahlen' [RW] ♦ **E:** dt. *dicht*.

dick Adj. [BJ, RW]
digg [OJ]
– schwanger, trächtig [BJ, OJ]; groß [BJ] ♦ **E:** dt. *dick* DWB II 1073 ff. ♦ **V:** *dicker!* ‚lauter!' [RW]; *hast'n dicken* ‚hast Recht', Zustimmung, Ausdruck des Dankes [RW]
knüppeldick Adj. [RW]
– sehr gut [RW]
dickschwanz Subst. m. [JSa]; **dickschwänzer** Subst. m. [JSa]
– Fuchs [JSa].

dick¹ Subst. n. [BJ]
– Geld [BJ]
dickchen Subst. n. [RW]
– Zehnpfennigstück [RW] ♦ **E:** rw. *dickchen*, dt. *dick* (WolfWR 1009); evtl. Einfluss von griech. *deka* ‚zehn'; schwer zu jd. *dire* ‚Mietzins'.

dick² Subst. [BJ]
– Messer [BJ]; „stechen" [BJ] ♦ **E:** unsicher, evtl. zu rw./roi. *dick-, dukh* ‚etwas, das Schmerz zufügt' WolfWR 1013; evtl. *dicken swV.

dick³ Subst. [NJ]
tikert Subst. f. [NrJ]
– Uhr [NJ, NrJ] ♦ **E:** rw. *tick, tickert* ‚Uhr' (WolfWR 5825), zu dt. onomatopoetisch *Tick-tack*.

dicke Adj. [MB, SG]
– betrunken [MB, SG] ♦ **E:** westf. *dikke* ‚betrunken' (WestfWb. 171).
falldicke Adj. [MB]
– sturzbetrunken, vollstramm, ballerbreit [MB]
liejedicke Adj. [MB]
– sturzbetrunken vollstramm ballerbreit [MB]
taumeldicke Adj. [MB]
– sturzbetrunken vollstramm ballerbreit [MB]
schietendick Adj. [MM, RW]
– betrunken [MM, RW] ♦ **V:** *schietendicker sausebrand* ‚doll Durst haben' [MM]; *schietendick feiern* ‚Zechgelage' [MM] ♦ **E:** nd. *schieten* ‚scheißen'.
dicktus Subst. m. [MM]; **dictus** [MM]
– Rausch, einen Schwips haben [MM]; betrunken, besoffen [MM] ♦ **V:** *im dictus* ‚betrunken' [MM]; *der hacho war den ganzen Tag im dicktus* ‚der Bauer war den ganzen Tag betrunken' [MM].

dicken swV. [JS, LüJ, MB, ME, MM, PH]
dickern [ME]; **diken** [LüJ]; **diggen** [MoJ, MUJ]; **dickæ** [WJ]; **ticken** [MB]
– schauen [MB, WJ, MoJ, MUJ]; sehen, gucken, beobachten [JS, LüJ, MB, ME, MM, PH, WJ]; ansehen, anschauen [LüJ]; abschauen [LüJ]; betrachten [WJ]; hinsehen [MB]; denken [MB] ♦ **E:** roi. *dik-, dikhel* ‚sehen' (WolfWZ 488, Klepsch 502). → *ticken*. ♦ **V:** *dick!* ‚schau!' [LüJ]; *dik die tschai* ‚sieh mal die Frau da' [LüJ]; *dick dich ihne, seine jadsche ist pattosch* ‚guck mal, seine Frau ist schwanger' [MB]; *dick, der chalo hat dich schi denters im mui* ‚guck mal, der Kerl hat keine Zähne im Mund' [MB]; *dick dich modeve* ‚guck, er ist da' [MB]; *dik, da is a gwant tschai* ‚guck mal, das saubere Mädchen da' [LüJ]; *da, dik der bedo* ‚schau' den Mann an' [LüJ]; *dik meine platlinge* ‚schau einmal meine Schuhe' [LüJ]; *dik, der ist hinterkünftig* ‚schau mal, der da ist schwul' [LüJ]; *dik a moal, was der pflanzt* ‚schau mal, was der macht' [LüJ]; *dik a moal, benges, spann was da raus, da dikschst älles – quante tschutsche* ‚schau mal da drüben, Junge, [bei der Frau] da sieht man alles – tolle Brüste' [LüJ]; *dik doch die tschai, was die für e klufte hat* ‚sieh mal die Frau, was die für ein Kleid trägt' [LüJ]; *dik doch, was hat die modele e grandiches keb* ‚sieh doch, was das Mädchen für einen großen Arsch hat' [LüJ]; *oh, dik a moal, des is a quante kohl* ‚sieh

mal, das ist eine gute Sache' [LüJ]; *dik die moß mit ihre grandige gustre* ‚sieh mal die Frau da mit ihren großen Ringen' [LüJ]; *dik, die moß hauret grandig niesich* ‚schau mal, die Frau dort ist richtig dumm' [LüJ]; *dik, die liesel nascht raus* ‚sieh mal, die Sonne kommt heraus' [LüJ]; *dick, der bengo hôt veil zschaabe!* ‚Schau, der Mann hat viele Kinder!' [LüJ]; *dik den gallach, den mechere mir* ‚sieh dir den Pfarrer an, den betrügen wir' [LüJ]

zudiken swV. [LüJ]
– zuschauen [LüJ] ♦ **V:** *meg, der gatsch dikt noch zu, pflanz tschi, warte, bis er nascht* ‚paß auf, der Kerl schaut noch zu, mach nichts, warte, bis er geht' [LüJ].

dickköpfle Subst. n. [PfJ]
– Nagel [PfJ] ♦ **E:** dt. *dick* und mdal. Dim. zu dt. *Kopf*.

dickköpfpflanzer Subst. m. [PfJ]; **dickköpflespflanzer** [PfJ]
– Nagelschmied [PfJ].

dicklo Subst. m. [GM, LoJ]
– Tuch [GM]; Tischtuch [GM]; Kopftuch [LoJ] ♦ **E:** roi. *diklo* ‚Tuch' (WolfWZ 2491).

dickno Adj. [GM]
– klein [GM] ♦ **E:** roi. *tickno* ‚klein, gering, kurz, niedrig, eng'.

didel Subst. m. [SJ]
– einfältiger Mensch [SJ] ♦ **E:** SchwäbWb. II 192 (*Didel*).

diebisch Adj. [SG]
– verrückt [SG] ♦ **E:** wohl zu rw. *dilmisch* ‚albern, ungescheit' (WolfWR 1024) → *dölmer*.

diegra ‚unruhig umhergehen' s. → *tiegern*.

dienen swV. in:
bedienen [WG]
– betrügen [WG]; zusammenschlagen [WG] ♦ **E:** zu dt. *bedienen* DWB I 1230 ff.

dienstkrab Subst. [Gmü]
– Dienstmädchen [Gmü] ♦ **E:** dt. Dienst; dt. *Krappe* ‚Haken' oder dt. *Krabbe*.

dierchen Subst. n. Dim. [HK]
– Frau [HK] ♦ **E:** wohl zu thür. *Tier* ‚Frau, Mädchen' (ThürWb VI 112); evtl. zu dt. *Dirne* ‚Prostituierte', womgl. Einfluss von rw. → *derchen* ‚betteln', jd. *derech* ‚Weg' (WolfWR 987). ♦ **V:** *dufdes dierchen* ‚eine, die mit jedem losgeht' [HK]

dieswitt Interj. [SK]
– schnell, schnell! [SK] ♦ **E:** frz. *toute suite* ‚sofort, schnell'.

dietl Subst. n. Dim. [EF]
tütel [EF]; **dütl** [EF]; **dütlein** [EF]; **dietl** [EF]
– 10 Pfennige [EF]; ein Groschen [EF]

dütchen Subst. [EF]
– Groschen [EF] ♦ **E:** mnd. *Doyt*, nl. *Deut*, dt. *Tüttlein* ‚geringe Münze' (Wolf, Fatzersprache, 116); vgl. Wendung: *keinen Deut auf etwas geben*. ♦ **V:** *zwa dietla* ‚20 Pfennige' [EF].

dif ‚Polizist' s. → *diaf*.

difern ‚reden, sprechen' s. → *dibbern*.

diffel, diftel ‚Kirche', **difflen** ‚beten' s. → *tiffle*.

dift Subst. [KMa]
– Pferd [KMa] ♦ **E:** rw., WolfWR 1019 ohne Herleitung; evtl. zu dt. *Dift* ‚das Höchste, Klügste' DWB II 1149. Benennungsmotiv evtl.: herausragende Stellung des Pferdes unter den Nutztieren.

diggen swV. [JS]
– geben [JS] ♦ **E:** evtl. zu roi. *de-* ‚geben' (WolfWZ 450).

diichten swV. [WL]
fechten (betteln) [WL] ♦ **E:** dt. *dichten* ‚erfinden' DWB II 1060 f. „wie erdichten, ersinnen, erdenken, erfinden was nicht wirklich, was nicht wahr ist, fingere, confingere, häufig in böser absicht".

dijäärn swV. [MoM]
– austreten, sich entleeren [MoM] ♦ **E:** unsicher; evtl. Variante von *mijäärn*, nd. *miegen* ‚pinkeln'.

dil Subst. f. [KM, StJ]
dile [KM, StJ]; **dill** [KMa, LI, NJ, OH, WM]; **dille** [CL, LL]; **tille** [CL, LL]; **del** [NrJ]; **dell** [NJ, SE]; **däll** [WL]; **doell** [SE]
– Frau [CL, KM, LL, NrJ, StJ]; bessere Frau [KM, NJ]; Weibsbild auf Wanderschaft [HLD]; Mädel [SE]; Mädchen [KMa, LI, OH, SE, WL]; Kind [SE] ♦ **E:** rw. *dille, dillm* ‚Frauenzimmer, (Dienst-)Mädchen, Dirne' zu dt. *Tülle* ‚Rinne, Röhre', „also obszöner Vergleich mit der Vulva" (WolfWR 1022). Vgl. → *ille, töle¹*. ♦ **V:** *ose büerjermoonem häd-e doft dil* ‚Unser Bürgermeister hat eine tolle Frau' [KM]; *Is des net em XY sei Bui-Tille?* ‚Ist das nicht dem XY seine Geliebte?' [CL]; *hä plattfeßt ... mit simm Dillche* ‚er tanzt mit seinem Mädchen' [FM]

dilm Subst. f. [HK]; **dillm** [BO]; **tilm** [HK]; **tylm** [HK]; **dilmm** [HK]; **tilmen** [HK]; **tilen** [HK]; **timm** [HK]
– Mädchen [HK, BO]; junges Mädchen („bis 20 Jahre") [HK]; Tochter [HK]; Mädel [HK]; Frau [HK]; Fräulein [HK]; junge Frau [HK]; Braut [HK]; nicht verheiratetes Mädchen [HK] ♦ **V:** *loone dilms* ‚Prostituierte', ‚Straßenmädchen' [HK]; *moole dilm(m)* ‚Prostituierte', ‚schlechtes Mädchen' [HK]; *granniche dilms* ‚feine Damen', ‚Prostituierte' [HK]; *granniche dilm* ‚schönes Mädchen', ‚hübsches Mädchen' [HK]; *dilm, schlehne schiebes, loone* ‚Mädchen, geh fort, nicht' [HK]; *Dilms, schmoord nicht so viele, es wird nicht mehr geschwächd, wir müssen noch jaunen und bich verdienen!* ‚Mädchen, trinkt nicht so viel, es wird nicht mehr getrunken, wir müssen noch spielen und Geld verdienen!' [HK]; *de dilm heechd en jookeres boonum* ‚das Mädchen hat ein schönes Gesicht' [HK]; *schuffd dich, dilm, der hussl buschd* „wenn der Boß zur Tür reinkommt" [HK]; *dilm, sei schdiekum* ‚Mädchen, sei ruhig' [HK]; *De dilm hat abber en moles klüftchen ann!* ‚Das Mädchen hat aber ein schlechtes Kleid an!' [HK] Schlagertext: *wer klafumm jaund, hat massl bei de dilms* ‚wer Klavier spielt, hat Glück bei den Frauen', „das ist aus Unsinn gesungen worden, nie öffentlich" [HK]; *de dilm is finale* ‚das Mädchen ist schwanger' [HK]; *loone, dilms, das ist doch nur ein schdends* ‚nicht, Mädchen, das ist doch nur ein' [HK]; *die scheekse ballern die dilms an* ‚die jungen Männer schwängern die Mädchen' [HK]; *die dilm hat mit dem beeker gepennt oder war mit inner pennewinde* ‚das Mädchen hat mit dem Mann geschlafen oder war mit im Schlafzimmer' [HK]; *Dilms! Buscht inn de finkelei! – Looscht de bosenkäue nach pennen unn oahbendleechen – unn woas es schulmmt!* ‚Mädchen, geht in die Küche! Fragt die Wirtsfrau nach Übernachtung und Abendessen – und was dies kostet' [HK]
boosendilm Subst. f. [HK]
– Wirtstochter [HK]
egfachdilm Subst. f. [HK]
– Harfenmädchen [HK]
fiddldilm Subst. f. [HK]
– Geigenspielerin [HK]; Geigenfrau [HK]; Geigenmädchen [HK]; Gitarrenspielerin [HK]; Musikermädchen [HK]
finkeldilm Subst. f. [HK]
– Dienstmädchen [HK]

klingerdilm Subst. f. [HK]; **klenigerdilm** [HK]; **klinigerdilm** [HK]
– Harfenmädchen [HK]; Harfenistin [HK]; Musikermädchen [HK]; Musikantin [HK]; Musikerfrau [HK]; Musikermädchen [HK]; „Mädchen, die Musik gemacht haben" [HK]; „Frau, die Musik machte" [HK]; „Damen, die Musik machen" [HK]; „Mädchen, die losgezogen sind" [HK]; „ne bißchen erwachsenere, bißchen ältere Frau" [HK]; Mädchen [HK]; Harfengruppe (Lemma im Pl.) [HK] ♦ **V:** *hunnsfinnicher klingerdilm* ‚Hundeshagener Harfenmädchen' [HK]; *'ne klingerdilm und 'n klingerscheeks hat immer gerne geschwächd* ‚ein Musikantenmädchen und ein Musiker haben immer gern' [HK]; *is dillmisch, hat sich von den Studenten auslooschn lassen.* – *Klingerdilms, die sich haben auslooschn lassen, die waren dillmisch* ‚ist dumm, hat sich von den Studenten ausfragen lassen. – Harfenmädchen, die sich haben ausfragen lassen, die waren dumm' [HK]
klingerdilmgruppe Subst. f. [HK]
– Harfenmädchengruppe [HK]
klingerdilmlied Subst. n. [HK]
– Harfenmädchenlied [HK]
musikerdilm Subst. f. [HK]
– Musikmädchen [HK]
dillichen Subst. n. Dim. [HK]; **tillichen** [HK]; **tillechen** [HK]; **dilliken** [HK]; **dillche** [CL, FM]; **dillchen** [JSa]; **dillsche** [PH]; **tillche** [CL, LL]; **tillchen** [CL]; **tillesje** [CL, LL]; **dilleschen** [JSa]; **deltje** [NJ, RH]; **deltschen** [NrJ]; **dellchen** [NJ, SE]; **delchen** [SE]; **dilli** [JSa]; **dilles** [PH]; **tilles** [CL]; **dellesje** [JS]; **dillercher** [WM]; **dillerchen** [LI]
– Mädchen [CL, HK, JS, JSa, LI, LL, NJ, NR, PH, SE, WM]; kleines, junges Mädchen [HK, SE]; jenisches Mädchen [NJ]; Tochter [CL, NJ, WM]; Schwester [RH]; Fräulein [HK, SE]; Frau [HK]; unverheiratete Frau [HK]; junge Frau [HK] ♦ **V:** *das dillichen heejd en schdrammen ribberd* ‚das Mädchen ist schwanger' [HK]; *das dillichen hatte jookere schrawieners* ‚die Frau hatte hübsche Kinder' [HK]; *der palmer pennt mit dem dillichen* ‚der Soldat schläft mit dem Mädchen' [HK]; *das tillichen schwullcht aber* ‚das Mädchen raucht aber' [HK]; *schuffd dich, das dillichen verlinsd* ‚sieh dich vor, das Mädchen versteht dich' [HK]; *das dillichen heejd jookere/granniche scheekse* ‚das Mädchen hat schöne/große Brüste' [HK]; *das dillichen soll sich schuffdn* ‚das Mädchen soll sich schämen' [HK]; *der had das dillichen für eine leine wolld heirasbeln* ‚der hat das Mädchen für eine Nacht heiraten wollen' [HK]; *dillichen, heegsde den ... ver-*

lins, was der verschiwwerd/gedibberd hat? ‚Mädchen, hast du den ... gehört, was der erzählt hat?' [HK]; *dillichen, schuul dich mal den beeger an mid den vier derlingen* ‚Mädchen, sieh dir mal den Mann mit der Brille an', ‚Mädchen, guck mal nach dem Brillenträger' [HK]; *schuffd dich, dillichen, der hussl buschd* ‚sieh dich vor, Mädchen, der Gendarm kommt' [HK]; *dofft delldje* ‚schönes Mädchen' [NJ]; *Rein emol hinnerkunftich was for e schugger tillche* ‚Schau mal nach hinten, was für ein schönes Mädchen' [NJ]; *'s tillesje schefft moberes* ‚das Mädchen ist schwanger' [CL]; *Raine mol das Tillche,/ Hot Roof iwwer bou./ Mechd e mattche achiele,/ Bout awwer lou!* ‚Schau einmal das Mädchen, hat Hunger, möchte etwas essen, bekommt aber nichts' [CL]

finkeldillichen Subst. n. [HK]
– Köchin [HK]; „Mädchen, das in der Gastwirtschaft kochen lernt" [HK]

flingdillich Subst. n. [HK]
– Kellnerin [HK]; flinkes Mädchen [HK]

flingdillichen Subst. n. Dim. [HK]
– Kellnerin [HK]; Bedienung [HK]; Serviermädchen [HK]; „Mädchen, das kocht, macht Suppen" [HK]; „Mädchen, was flink ist" [HK]; flinkes Mädchen [HK]

klingerdillichen Subst. n. [HK]; **klingerdilliken** [HK]
– Musikantenmädchen [HK]; Harfenmädchen [HK]; Musikerin [HK]; unverheiratete Musikerin [HK]; „Mädchen, die Musik gemacht haben" [HK]; „Mädchen, das Musik macht" [HK]; Mädchen [HK] ♦ **V:** *die klingerdillichen schallern jooker/dufde* ‚die Musikermädchen singen gut' [HK]

dillemoss Subst. f. [KMa]; **dillemoß** [KMa]
– Großmutter [KMa]; alte Frau [KMa]

dille welangs Subst. [KMa]; **dillewilangs** [KMa]
– alter Mann [KMa]; Opa [KMa]; Großvater [KMa].

dilles Subst. n. [MoM]
– Fett [MoM] ♦ **E:** roi. *t'ulo* ‚dick, fett, feist' (WolfWR 5770).

dillmischer Subst. m. [BJ]
dillmitsch [BJ]; **dilmitsch** [HLD]
– Narr, Dummkopf, Tölpel [BJ, HLD] ♦ **E:** rw. *dilmisch* ‚ungescheit, albern' WolfWR 1024, evtl. Einfluss von roi. *dilyino* ‚dumm' WolfWR 1023; vgl. → *dölmer*.

dilpsch Subst. m. [HL]
– Sperling [HL] ♦ **E:** rw., WolfWR 1025; wohl onomatopoetisch nach dem Ruflaut des Sperlings, vgl. *Zilpzalp* ‚Weidenlaubsänger'.

dilsen swV. [TK]
– geben [TK] ♦ **E:** unsicher; evtl. zu roi. *del-* ‚geben' WolfWZ 450.

dinelo ‚dumm, Dummkopf' s. → *denelo*.

ding¹ Subst. n. [BJ, HN]
deng [OJ]
– Streich, List [BJ, OJ]; (kriminelles) Delikt [HN] ♦ **E:** rw. *ein ding drehen* ‚ein Verbrechen begehen, listig zu Werke gehen' (WolfWR 1027), dt. *Ding* DWB II 1152 ff. ♦ **V:** *ein ding drehen* ‚ein kriminelles Delikt begehen' [HN, HLD], „irgendetwas mit dem Kuhfuß aufmachen" [HN]; *da hast du aber ein ding gedreht* ‚da hast du aber was gemacht, was angerichtet' [HN]; *ein ding laufen haben* ‚bei der Staatsanwaltschaft noch eine Ermittlungssache wegen einer Straftat anhängig haben' [HN]

ding² Subst. n. [SG]
– Geschlechtsteil (weiblich) [SG].

dinkels Subst. m. [RH]
– Stall [RH] ♦ **E:** unsicher; evtl. zu → *dengerd* oder zu dt. *Dinkel* (Getreideart) DWB II 1178.

dinosaurier Subst. m. [HN]
– weltfremder, enterdeter Mensch [HN] ♦ **E:** dt. *Dinosaurier*, Bezeichnung einer frühzeitlichen, ausgestorbenen Tierart.

dippel Subst. [BJ]
– Verstand, Hirn [BJ] ♦ **E:** rw. *dippelbär* ‚Nachtkappe', Benennungsmotiv: Hirnwärmer (WolfWR 1028); rw. *dippel* ‚Fallsucht', jd. *tippol* WolfWR 5832.

dippen swV. [RW]
– geben [RW] ♦ **E:** rw. *dippen* ‚geben' (WolfWR 1029), evtl. zu dt. *tippen* „rasch mit einer spitze leicht berühren" DWB XXI 504.

dippern ‚sprechen' s. → *dibbern*.

dirchen¹ [TK]
– beten [TK] ♦ **E:** unklar; evtl. zu → *derchen*.

dirchen² ‚betteln' → *derchen*.

diren swV. [RW]
– sehen [RW] ♦ **E:** rw. *dieren* ‚sehen', zu roi. *diar* ‚sehen' (WolfWR 1016).

düerling Subst. m. [StJ]; **derling** [HK]; **terling** [HK]
– Auge [HK, StJ]; Brille [HK] ♦ **E:** rw. *dirling* ‚Auge' (WolfWR 1016). ♦ **V:** *4 derlinge* ‚Brille' [HK]; *der heejd awwer schdramme schdrubbserde an die derlinge* ‚der hat aber starkes Haar an den Augen/starke Au-

genbrauen' [HK]; *dillichen, schuul dich mal den beeger an mid den vier derlingen* ‚Mädchen, sieh dir mal den Mann mit der Brille an', ‚Mädchen, guck mal nach dem Brillenträger' [HK]; *de dilm hat jookere derlinge* ‚die Frau hat schöne Augen' [HK]; *schuffd dich, da schemmd ein jookerer schnoarz, der hat granniche derlinge und ein jookeres boonum* ‚guck, das ist ein hübscher Junge, der hat hübsche Augen und ein hübsches Gesicht' [HK]

hienerderling Subst. m. [HK]
– Hühnerauge [HK]

schdierderling Subst. m. [HK]; **schielderling** [HK]
– Brille [HK]; Schielaugen [HK]; Auge, das stiert [HK]; „einer, der schielt" [HK].

dirne Subst. f. [WG]
– Prostituierte, Hure (neutral, wohlmeinend) [WG]
♦ **E:** dt. *Dirne*.

dirredarre Subst. n. [OJ]
– Geld [OJ] ♦ **E:** bair. *Diridari, Diridare* ‚Geld'.

dirrerich Subst. m. [KMa, OH]
dirrich [KMa, OH]; **diewerich** [KMa]
– Keller [KMa, OH]; Raum im Haus [KMa, OH]; Schuppen [KMa] ♦ **E:** unsicher; evtl. zu rw./jd. *diroh* ‚Wohnung' WolfWR 1032.

disse jutze Phras. [SG]
– Anrede („burschikos"), zu erst einmal!, hör mir zu! [SG] ♦ **E:** unsicher; evtl. nd. *disse* ‚dieser' und evtl. dt. *jutsch, just* ‚das Erste' DWB X 2407.

dissen¹ swV. [MeT, MT]
– laufen [MeT, MT] ♦ **E:** nd. *dîsen* ‚laufen, rennen'; evtl. „auch nd. *dissen* ‚Spinnrocken', ‚um den Wockenstock gebundene Bündel Flachs', von dem es als Pars-pro-toto-Metonymie (Rohstoff der Ware für den, der damit handelt) insbesondere für *disselbäumer* in Frage kommt" Siewert, Humpisch, 62.

disselbäumer Subst. m. [MeT, MT]
– Hausierer [MeT, MT].

dissen² swV. [RW]
– schlagen [RW] ♦ **E:** dt. *dissens* ‚Uneinigkeit, Meinungsverschiedenheit' (Klu. 1999: 185).

disser Subst. m. [BM]
– 10 Centimes [BM] ♦ **E:** SchweizId. XIII 1796 (*Disser* ‚Zehnrappenstück' < frz. *dix* ‚zehn').

ditschen swV. [HN]
– spielen [HN]

verditschen swV. [HN]
– ohne großen Gewinn verkaufen [HN] ♦ **E:** dt./ugs. *ditschen* ‚flache Steine über das Wasser springen lassen' [HN].

ditscher Subst. m. in: [MoJ]
galmenditscher Subst. m. [SJ]
– Lehrer [MoJ, SJ] ♦ **E:** → *galm* ‚Kind' und schwäb. *tütschen* ‚schlagen' (SchwäbWb. II 519).

ditzen swV. [JS, PH]
itzen [BM]
– fischen [BM, JS, PH] ♦ **E:** unsicher; womgl. zu roi. *dica* ‚Angelrute'.

diwes Subst. m. [GM, JSa, JSW, LüJ]
diewes [MM]; **dewes** [MM, SJ]; **dewel** [SK]; **dehve** [MB]; **dibes** [LJ, LüJ]; **dies** [KMa]; **diez** [KMa]
– Tag [GM, JSa, JSW, KMa, LJ, LüJ, MB, MM, SK] ♦ **E:** rw. *dives* ‚Tag' (WolfWR 1039) < roi. *diwes, dives* ‚Tag' (WolfWZ 505). ♦ **V:** *latsche dewes* ‚Guten Tag' [SJ]; *latscho dehve/latscho dewis* ‚Guten Tag' [MB]; *latsche dibes* ‚Guten Tag' [LJ]; *latsche diewes, tschabo* ‚Guten Tag, mein Herr' [MM]; *latscho diwes/dibes* ‚Guten Tag' [LüJ]; *latscho dibes* ‚guten Tag!' [JS]; *latscho dibes* ‚auf Wiedersehen', ‚grüßen' [LüJ]; *latscho dibes, tschabo, beschst latscho?* ‚Grüß Gott, der Herr, geht's gut?' [LüJ]; *atschen dewel* ‚auf Wiedersehen, Guten Tag' [SK]; *atschen dewleha* ‚bleibt mit Gott' [SK]

baschdiwes Subst. m. [GM]
– Mittag [GM]

latschediwes Phras. [GM]; **latschodiwes** [JSW]; **latschomadiwes** [JSW]; **latschediebes** [JS]; **lattschediebes** [JS]
– guten Tag! [JSW, JS]; grüße dich, mein Freund! [JS]; Zigeuner (met. für denjenigen, der so grüßt) [JS] ♦ **E:** → *latscho¹*. ♦ **V:** *latscho diebes, tschabo* ‚grüße dich, mein Freund' [JS]

schwendidiwes Subst. m. Pl. [GM]
– Feiertage [GM].

diwi Subst. n. [MoM]
– Geld, auch besonders ‚Groschen' [MoM] ♦ **E:** unsicher; evtl. in met. Verwendung rw. *div* ‚Korn, Weizen' WolfWR 1037.

diwio Adj. [JSa]
– wild [JSa] ♦ **E:** roi. *diwjo* ‚wild' (WolfWZ 508). ♦ **V:** *diwio baalo* ‚Wildschwein' [JSa].

djene Adv. [Scho]
– viel [Scho] ♦ **E:** jd. *dijejne* ‚viel, sehr, genug' (Klepsch 502).

dlaa¹ Adj. [BB]
– alt [BB] ♦ **E:** Inversion zu mdal. *aald* ‚alt'.

dlaa² Subst. m. [BB]
– Alter (alter Mann) [BB].

dlak Adj. [BB]
tlak [BB]
– kalt [BB] ♦ **E:** Inversion zu *kalt*.

dläsch Subst. n. [BB]
tläsch [BB]
– Geld [BB] ♦ **E:** Inversion zu *Geld*. ♦ **V:** *dä nam hät je doch kä tläsch* ‚der Mann hat kein Geld' [BB].

dnaf Subst. f. [BB]
– Wand [BB] ♦ **E:** Inversion zu *Wand*.

dnik Subst. n. [BB]
– Kind [BB] ♦ **E:** Inversion zu *Kind*.

dnuu Subst. n. [BB]
– Hund [BB] ♦ **E:** Inversion zu *Hund*.

doachdla ‚stechen' s. → *dacht*.

dobbeln swV. [SS]
– essen [SS] ♦ **E:** nach Jütte, Schlausmen, 100: unklar; evtl. zu dt. (ant.) *doppeln* ‚wiederholt schlagen, trampeln' DWB II 1267.

dobbler Subst. m. [OJ]
dopl Subst. [WG]
– 10 Jahre [OJ] ♦ **E:** rw. *doppler* ‚Kerkerstrafe von zehn Jahren' (WolfWR 1055). ♦ **V:** *ein dopl* ‚zehn Jahre Haft' [WG].

doben Subst. [BJ]
dôbe Subst. [LüJ]; **dobà** [LüJ]; **daba** [LüJ]; **daub** Subst. [LJ, OJ]
– Hand, Hände [BJ, LJ, LüJ, OJ]; Faust [BJ, OJ] ♦ **E:** rw. *dôben* ‚Hand' (WolfWR 1042), schwäb. *Tape* ‚Hand' (SchwäbWb. II 60). ♦ **V:** *daub stecken* ‚die Hand geben' [LJ].

dober Subst. m. [LüJ]
– Axt [LüJ]
doberle Subst. n. Dim. [LüJ]
– Axt, Beil [LüJ] ♦ **E:** rw. *dower* ‚Beil, Axt, Hacke' (WolfWR 5860) < roi. *tover* ‚Beil, Axt' (WolfWZ 3347).

doberich ‚Tabak', **dobern** ‚rauchen' s. → *tebern*.

döbern swV. [BJ, SJ]
deberen [KP]; **debere** [KP]; **debra** [OJ]
– toben [BJ, OJ]; schimpfen [BJ, KP, OJ, SJ] ♦ **E:** schwäb. *töberen* ‚lärmen, poltern' (SchwäbWb. II 235). ♦ **V:** *Skotele hod end bux gschmelzd ond gflöseld shod grandeg gmuffd' d'muadl hod döberd ond hod am da doches vergufd* ‚Das Kind hat in die Hose geschissen und uriniert, es hat kräftig gestunken, die Mutter hat geschimpft und hat ihm den Hintern verhauen' [SJ].

dobersche Adj. [SK]
– gut, angenehm, wohltuend [SK] ♦ **E:** poln. *dobrze* ‚gut'. ♦ **V:** *dobersche knüppert* ‚wohltuende Flasche' (Schnaps).
dobsche Adj. [SK]
– gut [SK].

doches ‚Hintern' s. → *toches*.

docht Subst. m. in:
auf den docht bringen ‚verwüsten, zerstören' [RW]; *auf den docht kommen* ‚herunterkommen, verwahrlosen, abgebrannt sein, keinen Pfennig besitzen' [RW] ♦ **E:** dt. *Docht* ‚Brennfaden einer Kerze' DWB II 668 f.

docken swV. [BJ, MM, SJ, WL]
dogge [JeS, JSa, MJ]; **doggen** [LüJ]; **dogen** [LüJ]; **dogga** [OJ]; **ducken** [HeF, HF, JSa, SK, WL]
– (etwas) geben [HeF, HF, JSa, LüJ, SJ, SK]; bezahlen [JSa]; drücken [MM]; schlagen [BJ, OJ, SJ]; hauen [SJ]; auf den Kopf schlagen [BJ]; zahlen [JeS, MJ] ♦ **E:** rw. *docken* ‚geben, schenken, hauen' WolfWR 1044, ohne Herleitung; evtl. zu dt. *tucken* ‚klopfen, pochen', mit Einfluss von frz. *toquer*, fläm. *tokken* ‚stoßen, schlagen' DWB XXI 1531. → *tocken*. ♦ **V:** *dock ma* ‚gib mir!' [LoJ]; *off da kiebes doggd* ‚auf den Kopf schlagen' [OJ]; *Dr duftschaller hot dia fiesl dockd bis se gflennd ond rötling gschwizd hend* ‚Der Lehrer hat die Jungen geschlagen, bis sie geweint und Blut geschwitzt haben' [SJ]; *die fehme docken* ‚die Hand geben' [MM]; *Pflanz, doge mir ein funkerle zum toberich anfunken.- Herles, meine mapfete funkt, schniffse zum anfunken* ‚Mach, gib mir ein Streichholz zum Anzünden der Pfeife.- Hier meine Zigarre brennt, nimm diese zum Anzünden' [LüJ]; *Derchermoß: Hauret so dof, lehmschupfer, und dogt mir dofen lehm oder gleiskechelte für mein gälme zum gleisschnälle sicheren. Lehmschupfer: Nobis, nobis, dercherulmen wird lore 'dogt* - ‚Bettelweib: Seid so gut Bäcker, und geht mir etwas Weißbrot oder Milchwecken für mei-

ne Kinder, damit ich ihnen ein Milchsüpplein kochen kann – Bäckermeister: Nein, nein, Bettelleuten wird nichts gegeben!' [LüJ]
vertuchen swV. [KP]
– schlagen, prügeln [KP].

dof, doft ‚gut, schön' s. → *tof*.

dofel ‚alt', **dofelmanisch** ‚katholisch' s. → *tofel*.

dofes ‚Arrest, Gefängnis' s. → *tofes*.

doffts Subst. f. [MoM]
– Kartoffel [MoM] ♦ **E:** unsicher, evtl. Final-Kürzung aus dt. *Kartoffel*. ♦ **V:** *ongeschrofte doffts* ‚Pellkartoffeln' [MoM]
daffets Subst. f. [KMa]; **daffeß** [KMa]; **daffez** [OH]; **daffeßer** Subst. Pl. [KMa]; **dawwesser** [KMa]; **daffezer** [OH]
– Kartoffel [KMa, OH]; Kartoffeln [KMa, OH]
daffetsjäger Subst. m. [KMa]; **dawwesjäger** [KMa, OH]; **dawettsjäger** [KMa]
– Kartoffelsalat [KMa, OH]
daffeßbajes Subst. n. [KMa]; **daffesbajes** [OH]
– Keller [KMa, OH]
dawwesser schlarwer Subst. m. [KMa]
– Kartoffelsuppe [KMa]
dawwesser möser Subst. m. [KMa]
– Kartoffelbrei [KMa].

doft ‚gut, schön, fertig' u. a. → *tof*.

doft ‚Kirche' → *tiffle*.

dog Subst. f. [LüJ]
dogg [SJ]
– Puppe [LüJ, SJ] ♦ **E:** schwäb. *Dock^e* ‚Puppe, Spielpuppe des Kindes, Marionette des Puppentheaters' < mhd. *tocke* ‚Puppe, Mädchen' (SchwäbWb. II 239).
doggenstüble Subst. n. [LüJ]
– Puppenstube [LüJ].

dogedinnelich ‚vollständig verrückt' → *denelo*.

doggerbankfleppen Subst. f. Pl. [HN]
– gefälschte Ausweispapiere [HN] ♦ **E:** zu dt. *Doggerbank* ‚Untiefe in der Nordsee', dt. *Dogger* Fischerfahrzeug DWB II 1219; → *flepp*.

dogim Subst. [Scho]
– Fisch [Scho] ♦ **E:** zu jd. *dog* ‚Fisch'.

dogln swV. [LoJ]
– jagen [LoJ]; Hühner (er)schlagen [LoJ] ♦ **E:** dt. *Doggel* ‚kleiner Hund' (DWB II 1219); met. (Pars-pro-toto)

Agens für Handlung. ♦ **V:** *gadschi dogln* ‚Hühner mit dem Stock jagen' [LoJ].

dohle Subst. f. [MM]
– Hut [MM] ♦ **E:** ugs. *Dohle* scherzhafte Bezeichnung eines altmodischen, meist schwarzen Hutes, evtl. nach der (schwarzgefiederten) *Dohle* oder zu westf. *dolle* ‚kleiner zylindrischer Gegenstand', Siewert, Grundlagen, 159.
dohling Subst. m. [MM]; **doling** [MM]
– Hut, Damenhut, Mütze [MM]; krummer Hut [MM]
♦ **V:** *der seeger hatte 'n joflen dohling* ‚der Mann hatte einen sehr schönen Hut auf' [MM]
doktordohling Subst. m. [MM]
– Doktorhut [MM]
rotdohlinchen Subst. n. [MM]
– Rotkäppchen [MM].

doi Adv. [GM]
– dort, da [GM] ♦ **E:** roi. *doi* ‚dort, da' (WolfWR 522).

doigaff Subst. m. [OJ]
– Bäcker [OJ] ♦ **E:** rw. *teigaffe* ‚Bäcker' (WolfWR 5789).

doigboll Subst. f. [OJ]
– etwas aus Teig („meist abfällig") [OJ] ♦ **E:** dt. *Teig* und *Bolle* ‚Klumpen'.

dokes ‚Hintern' s. → *toches*.

dokter Subst. m. [SG]
doktor [RW]; **döktu** [BM]
– Barbier [RW]; Arzt [BM, SG] ♦ **E:** rw. *doktor* ‚Barbier, Wundarzt' (WolfWR 1046).
doktor der schaumschlägerkunst Phras. [RW]
– Friseur [RW]
doktor Übername [HK]
– Musiker E., H., M. aus Hundeshagen [HK]
doktor faust Übername [HK]
– der Musiker M. [HK]
doktor heinemann Übername [HK]
– der Musiker E. [HK].

dold Subst. [SJ]
dolt [SJ]; **doll** [SJ]
– Nase [SJ] ♦ **E:** SchwäbWb. II 248 (*Dold, Dolder* ‚Wipfel, Hervorstehendes'). ♦ **V:** *Deine kottela detet gern butta, dene qualmt scho dold* ‚Deine Kinder würden gerne etwas essen, denen qualmt schon die Nase' [SJ].

dollar Subst. m. [MM]
– Brille [MM] ♦ **E:** jd. *dollet* Num. Kard. ‚vier' (We 62; Siewert, Grundlagen, 160); Benennungsmotiv: mit

zwei Augen und zwei Gläsern. ♦ **V:** *doof übern dollar kneistern* ‚blöd über die Brille schauen' [MM]; *sie hegt 'n dollar aufen zinken* ‚sie hat eine Brille auf der Nase' [MM]

dollarknisper Subst. m. [MM]
– Brillenträger [MM]

dollarreuniger Subst. m. [MM]
– Brille [MM]; Brillenträger, Brillengucker [MM]; jmd., der etwas sieht [MM]; „vier Augen" [MM] ♦ **V:** *ohne dollarreuniger kann der nix divvern* ‚ohne Brille kann er nichts sehen' [MM].

dollebacher Subst. m. [TJ]
– Verrückter [TJ] ♦ **E:** mdal. *doll* ‚verrückt', dt. *toll*; *-bacher* in Anlehnung an einen fiktiven ON *Dollenbach*. Vgl. → *bacher*.

dollewinieren swV. [MM]
– sich etwas durch den Kopf gehen lassen [MM] ♦ **V:** *die mänglowation muß ich mir noch richtig dollewinieren* ‚die Sache muß ich mir noch richtig durch den Kopf gehen lassen' [MM].

dolles Num. Kard. [CL, LL]
dollet [MM, Scho]; **doleth** [SS, StG]; **daleth** [SS]; **tolle** [SS]; **tolles** [SS]; **dollar** [MM]; **doller** [MB]; **dollart** [JS]
– vier [MM, LL, SS, StG, CL, MB, JS, Scho] ♦ **E:** rw., jd. *dollet* ‚vier' (WolfWR 6437, We 62, Post 194, Klepsch 512). → *dollar*. ♦ **V:** *dollet schuk* ‚vier Mark' [MM]; *olf, bes, kimmel, dollar, hei – mit dem sonnof an die schmu vorbei* ‚eins, zwei, drei, vier, fünf – mit dem Schwanz an der Scham vorbei' [MM]; *dollart bachem* ‚vier Groschen' [JS]; *dollart beschiene* ‚vier Pfennig' [JS]; *dollart schuck* ‚vier Mark' [JS]; *os tschei hät dollart galstere* ‚unsere Frau hat vier Kinder' [JS].

dolmen swV. [SK]
– schimpfen [SK] ♦ **E:** evtl. zu rw. *dümmelen* ‚donnern' WolfWR 1113.

bedulmen swV. [RH]
– wahrsagen [RH] ♦ **E:** unsicher; wenn nicht hierher, evtl. zu rw. *dumm machen* ‚jmd. übervorteilen, begaunern' WolfWR 1112.

dölmer Subst. m. [MB]
döllmer [MB]
– Tölpel, tollpatschiger Mensch [MB]; Dummkopf, Dummer, Trottel, Idiot [MB]; verrückter Kerl [MB] ♦ **E:** wohl zu dt. *dahlen, dalmen* ‚kindische, läppische dinge reden und tun' (DWB II 696), nd. *dalmen*, metathetisch aus *dameln* ‚albern, unklug sich benehmen' (DWB II 703), evtl. Einfluss von rw. *dilmisch* ‚albern, ungescheit, dummer Mensch, Narr' (WolfWR 1024); vgl. → *dillmischer*.

dölmer Adj. [SG]
– dumm [SG]

düllmisch Adj. [HK]; **dalmisch** [HK]; **dillmisch** [HK]; **tillmisch** [HK]; **dülmisch** [BJ]
– dumm [BJ, HK]; verrückt [HK]; doof [HK]; „bißchen baller" [HK]; detsch [HK]; albern [HK]; „nicht alle auf den Latten" [HK]; nicht normal [HK]; krank am Geist [HK]; bißchen zurück [HK]; bekloppt [HK] ♦ **V:** *der scheeks is doch dillmisch, den ham se in kiewes gefansderd* ‚der Junge ist doch dumm, dem haben sie in den Kopf gekackt' [HK]; *du schemmsd düllmisch* ‚du bist dumm' [HK]; *der scheeks schemmt en bißchen dillmisch* ‚der junge Mann hat se nicht alle' [HK]

tilmisch Subst. m. [SJ]
– Narr [SJ].

domaine Subst. f. [SS]
– Gebiet [SS]; Handelsbezirk, Geschäftsbereich [SS] ♦ **E:** frz. *domaine* ‚Bereich'.

dome in: [JS]
barodome Interj. [JS]
– lieber Gott! [JS] ♦ **E:** zu roi. *baro* ‚groß' (WolfWZ 109). Vgl. → *baradeblo*.

domri Subst. f. [MB]
– Person [MB] ♦ **E:** wohl Variante zu roi. *romni, romdie* ‚Frau', *rom* ‚Mann' WolfWZ 2781. ♦ **V:** *ene annere domri* ‚eine andere Person' [MB].

donk Subst. m. [BJ, SJ]
– Keller [SJ]; Raum für Webstuhl [SJ] ♦ **E:** dt. *dunk* „unterirdisches gemach worin die weber ihre werkstätte haben" DWB II 1532 f.

donkesel Subst. m. [SJ]; **donkgesl** [OJ]
– Kellerassel [OJ, SJ] ♦ **E:** Zweitglied zu dt. *Assel* (Insekt) DWB I 587.

esel in der donk Phras. [BJ]
– Kellerassel [BJ, OJ, SJ] ♦ **E:** volksetymologisch zu dt. *Esel* (Lasttier).

donner, donnern Subst. m., Pl. [EF]
– Sachse(n) [EF] ♦ **E:** unsicher; evtl. zu dt. *Tunne*, Adj. nd./md. *dune* ‚aufbrausend, aufgeschwollen' DWB XXII 1807.

donnerich Subst. m. [HK]
tonnrich [HK]; **donnrich** [HK]; **donrich** [HK]; **dommerich** [HK]
– Käse [HK]; „so 'n richtiger Stinker" [HK] ♦ **V:** *der donnrich hidsd* ‚der Käse schmeckt' [HK]; *der donn-*

rich hidsd loone ‚der Käse schmeckt nicht' [HK] ♦ **E:** rw. Bildung mit Suffix *-rich*: wohl zu dt./thür. *Tonne* ‚faßartiger Behälter für Lebensmittel' (ThürWb VI 143 und 142): ‚der aus der Käsewanne'.

donnerwetter Subst. m. in:
mit gift und donnerwetter Phras. [RW]
– zünftiger Redebeginn bei Festen, Einleitung zu einem erbosten Spruch [RW]; Schnack, „Gesellenschnack beim Fassschmoren, wenn ein Geselle etwas zum Besten geben will" [RW]; Redebeginn unter Zunftgesellen [RW]; Zusatz, um Nachdruck zu verleihen [RW] ♦ **E:** dt. *Donnerwetter* „gewitter mit blitz und donner" DWB II 1256 f.

donnes Subst. n. [MoM]
– Mädchen, junge Frau [MoM] ♦ **E:** ital. *donna* ‚Frau'.
donnesfehle Subst. f. [MoM]
– schwangere Frau [MoM].

donu swV., Adj. [NJ]
– schenken [NJ] ♦ **E:** zu frz. *donner* ‚geben, schenken'.

donze swV. [RH]
– auf- und zusperren [RH] ♦ **E:** unklar; Arnold 1961, 113.
endoisen swV. [RH]
– einsperren [RH].

doolemen swV. [SP]
– heiraten [SP] ♦ **E:** evtl. ironisch zu rw. *dolmen* ‚langes Messer, Dolch' (WolfWR 1049), *dolmen* ‚henken, hinrichten' aus jd. *t(e)lijo* ‚Galgen', rw. *Talje* ‚Galgen' (WolfWR 5740). ♦ **V:** *isch doolemen en duft Tschierep* ‚ich heirate eine tolle Frau' [SP].

dootsche Subst. m. [CL, LL]
dootscher [CL, LL]; **dotscher** [CL, PH]; **tatcher** [CL, PH]; **totske** [CL, PH]
– Tisch [CL, LL, PH] ♦ **E:** rw. *tatcher, dotscher, toske* ‚Tisch' (WolfWR 5766).
dotschebeecher Subst. Pl. [CL]
– Tischtücher [CL].

dopp Subst. m. [HF, MM]
– Kreisel [HF]; Holzkreisel [MM]; Auge, Augapfel [HF] ♦ **E:** rhein. *Dopp* ‚Spielkreisel, Auge' u. a. (RheinWb. I 1405).
döppen Subst. Pl. [MM]; **döppe** [MM]
– Augen [MM] ♦ **E:** westf. *döpper* ‚Auge' (WWBA 290). ♦ **V:** *dat anim hatte pani inne döppen* ‚das Mädchen hatte Tränen in den Augen' [MM]; *machste hamel döppen* ‚da wirst du große Augen machen' [MM]

döppken Subst. n. Dim. [MM]
– Kreisel [MM]; kleines Kind [MM]
päpdöppen Subst. Pl. [MM]
– Glotzaugen [MM]
döppenzucken Subst. n. [MM]
– Augenzucken [MM].

doppel in:
doppelquatter Num. Kard. [LI]
– acht [LI] ♦ **E:** Zweitglied aus lat. *quatuor* ‚vier'.
doppelschins Num. Kard. [LI]
– zehn [LI] ♦ **E:** Num. Kard. *schins* ‚fünf', hebr. *xamiša*; Benennungsmotiv: 2 mal 5.
doppelträß Num. Kard. [KMa, LI]; **doppeltäss** [KMa]
– sechs [KMa, LI] ♦ **E:** unsicher; rw. *träß* ‚drei', aus lat. *tres* ‚drei' (WolfWR 5887) oder Num. Kard. *tess* ‚neun' (We 105); dann Benennungsmotiv: umgedrehte 9.

döppen swV. [MM]
– (gewaltsam) untertauchen [MM] ♦ **E:** rhein., westf. *döpen* ‚taufen, untertauchen' (RheinWb. VIII 1103).

dörbi Subst. n. [MB]
– Fest, Tanzfest, Feier, Veranstaltung, Vergnügen [MB] ♦ **E:** engl. *derby*. ♦ **V:** *auf dörbi gehen* ‚ausgehen, zum Tanzen gehen, auf die Piste, auf Trebe gehen, um die Häuser ziehen, zum Vergnügen ausziehen' [MB].

dorfbüttel Subst. m. [LI]
– Polizeidiener [LI] ♦ **E:** dt. *Dorf* und dt. (ant.) *Büttel* ‚Gerichtsdiener' DWB II 581.

dörfer Subst. n. Pl. in: [HN]
– *über die dörfer gehen* von hintenherum kommen [HN]; um die Ecke gehen [HN]; in einer Saufgemeinschaft die Lokalitäten aufsuchen [HN] ♦ **E:** dt. *Dorf*. ♦ **V:** *er geht über die dörfer* ‚er versucht es auf die krumme Tour' [HN].

dorgeren swV. [LüJ, MUJ]
– wahrsagen [MUJ]; betrügen, bescheißen, reinlegen, täuschen [LüJ]; über den Tisch ziehen, übers Ohr hauen, jdn. vertölpeln [LüJ] ♦ **E:** wohl zu dt. *storgern*, dies zu *Storger* ‚Hausierer, Quacksalber, Scharlatan' (DWB IXX 415/16).

dormen swV. [BJ, CL, JS, PfJ, SchJ, SS]
dorme [CL, JS, KMa, LL, PH]; **dormæ** [WJ]; **doreme** [KM]; **dorma** [SPI]; **durmæ** [WJ]; **durma** [LJ]; **durme** [CL, JS, PH, SJ, TK]; **durmla** [OJ]; **durmeln** [SJ]; **durmen** [Gmü, Him, KJ, LJ, LüJ, MUJ, Mat, PfJ, SJ, TK]

Wo]; **dirmen** [Scho]; **dirme** [Scho]; **därme** [MoM]; **dermen** [HK]; **termen** [HK]
– schlafen [BJ, CL, Gmü, HK, Him, JS, KJ, KMa, LJ, LL, LüJ, MoM, MUJ, Mat, OJ, PfJ, PH, SchJ, Scho, SJ, SPI, SS, TK, WJ, Wo]; dösen [BJ, OJ]; schlafen (in der Herberge; nur in diesem Zusammenhang) [KM]; leicht schlafen [KMa]; beischlafen [MoM]; *soben* [LüJ] ♦ **E:** rw./jd. *dormen* ‚schlafen' (WolfWR 1064) < afrz. *dormir* ‚schlafen' (Post 195, Klepsch 541, Middelberg, Romanismen, 28). ♦ **V:** *Er hat beire gedormt* ‚Er hat bei ihr geschlafen' [CL]; *do hat halt dui moss mitleid kriagt und ho den vagi bei sich durma lassa* ‚da hat die Frau halt Mitleid bekommen und hat den Händler bei sich schlafen lassen' [LJ]; *tschube/roamelel, laß mich durme bei dir, ich batronall dafür* ‚Mädchen, lass mich bei dir schlafen, ich bete dafür' [LJ]; *Dr alt benk ka nemme schurla er durmeld da ganze schei of am sitzling* ‚Der alte Mann kann nicht mehr arbeiten, er schläft den ganzen Tag auf dem Stuhl' [SJ]; *wir hoam die leine in der benne gedermd* ‚wir haben heute Nacht in der Herberge geschlafen' [HK]

ausdurmen swV. [LJ]
– ausschlafen [LJ]

därmer Subst. m. [MoM]
– Bett [MoM]

dermerei Subst. f. [HK]; **termerei** [HK]
– Schlafgelegenheit [HK]; Logis (suchen) [HK]; Schlaferei, Schlafen [HK]; Schlafzimmer [HK]; Schlafstelle [HK]; Unterkunft [HK]; Zimmer zum Schlafen [HK]; „wo de jepennt hast" [HK]; „wo wir geschlafen haben" [HK]; „Schlafen in der Gaststätte" [HK]; „Hotel, wo man übernachtet" [HK]; „Wirtschaft, wo geschlafen wurde" [HK]; „Gastwirtschaft, wo man schläft" [HK]; „Schlafgelegenheit, wo es billig ist" [HK]; „bennerei" [HK]

dorem Subst. f. [KM]; **doreme** [KM]; **dorrem** Subst. [NJ]
– Herberge [KM, NJ]

dormel Subst. m. [KMa]
– Schläfer [KMa]

dormerhitz Subst. f. [SchJ]; **durmershitz** [LJ]
– Schlafzimmer [LJ, SchJ]

dormersherberi Subst. f. [SchJ]
– Herberge [SchJ]

dorming Adj. [PfJ]; **darming** [PfJ]
– schläfrig sein [PfJ]

dormisch Adj. [PfJ]
– schläfrig [PfJ]

dormmalfes Subst. [PfJ]; **dormalfes** [PfJ]
– Schlafrock [PfJ]

durmel Subst. m. oder n. [BJ, SJ]
– Schlaf [BJ, SJ]; Schläfchen [SJ]

durmelich Adj. [LüJ]
– schwindlig, benommen [LüJ]; „einem ist schlecht" [LüJ]

durmerich¹ Subst. m. [LüJ]
– Schläfer [LüJ]

durmerich² Adj. [LüJ]
– schläfrig müde [LüJ]; „halb im Schlaf" [LüJ] ♦ **V:** *diberei: schmus kaffer, haurets begerisch? Nobis, moß! – Bikerich? Nobis. – Schwächerich? Nobis. – Durmerich? Nobis* ‚Gespräch: Sag, Mann, bist du krank? Nein, Frau! – Hungrig? Nein. – Durstig? Nein. – Schläfrig? Nein' [LüJ]

durmes Subst. m. [MUJ]
– Schlaf [MUJ]

durml Subst. m. [OJ]
– Schlaf [OJ]

guschedurme swV. [LüJ]
– schlafen gehen, im Bett schlafen [LüJ].

dorni Subst. m. [HN]
– Schnaps, bes. Doornkaat [HN] ♦ **E:** Kürzung des Markennamens der Spirituose *Doornkaat*.

dorscht Subst. m. [EF, HLD]
– Kopf [EF, HLD] ♦ **E:** met. zu dt. *Dorsche, Dorschicht* ‚Fackel, Kohlstrunk' DWB II 1303 f.

doschdig Subst. m. [OJ]

donnerschtig [HF]
– Donnerstag [HF, OJ] ♦ **E:** mdal. zu dt. *Donnerstag*.

dosengeselle Subst. m. [RW]
– Geselle, der an Feierabenden für Schnupftabak zu sorgen hat [RW] ♦ **E:** dt. *Dose, Geselle*.

doserer Subst. m. [WG]
– Dosisches Schloß [WG] ♦ **E:** *Tosisches Schloss*, ein Schloss mit mehreren Sperrhalterungen und gestuftem Schlüsselbart, nach dem FN des ital. Erfinders *Tossi*. Vgl. rw. *dusse* ‚Schloss' WolfWR 1127.

dôss Subst. [MeT, MT]
doss [MeT, RW]; **dass** [MeT, MT]; **dioß** [MeT]
– Rock [MeT, MT, RW]; „Buckskin" [MeT] ♦ **E:** rw. *doss* ‚Rock' (WolfWR 1067), schon im Liber Vagatorum belegt; Herleitung unsicher, evtl. zu frz. *dos* ‚Rücken', met. für das den Rücken Bedeckende.

feikedôss Subst. [MeT]
– Schlafrock [MeT] ♦ **E:** westf. *fåkelen* ‚im Dunkeln umhertappen' (WestfWb. II: 530); nd. *vaken*, mnd. *vak* ‚Schlaf, Schläfrigkeit'.

jassendoss Subst. [MeT, RW]
– Buxkin [MeT]

dussmann Subst. m. [SS, WH]; **dusmen** [SPI, SS]; **dusman** [SS]; **dusinen** [SS]; **doß** [SPI]
– Rock [SPI, SS, WH]

dusstrazie Subst. [MeT]; **dosstrâže** [MeT]; **dusstratzie** [MeT]; **dusstratzir** [MeT]; **doßtraze** [MeT].
– (vornehmes) Kleid [MeT] ♦ **E:** Zweitglied wohl romanisch, vgl. span. *traje* ‚Kleid, Anzug'.

dossen swV. [SJ]
– anbetteln [SJ] ♦ **E:** zu rw. *dützen* ‚betteln unter dem Vorwand von Krankheit', Nebenform von → *deisen* (WolfWR 1129).

dost Adj. [JeS]
– aufmerksam [JeS] ♦ **E:** schweizdt. *dost* SchweizId. VIII 2008.

dötsch swV. [SG]
– falschspielen [SG] ♦ **E:** unsicher, evtl. zu dt. *dötsch* ‚Schaum der Schmelzbutter'; ‚dummer, plumper Kerl' (DWB II 1313).

dotz Subst. f. [GM]
– Haustür [GM] ♦ **E:** unsicher, evtl. zu rw. *dützbetterin, dutzbetterin* ‚Bettlerin, die als angebliche Wöchnerin vor Kirchentüren liegend bettelt' (WolfWR RW 1129); rw. *dietz* ‚Dietrich' (WolfWR RW 1017) und rw. *dusse* ‚Schloß'; *dussen* ‚schließen' (WolfWR 1127).

douceur Subst. n. [JS]
doach Subst. n. [RR]
– Trinkgeld [JS]; Geld [RR] ♦ **E:** frz. *douceur* ‚Süße, Freundlichkeit, Milde, Trinkgeld'.

doud Subst. m. [Scho]
– Onkel [Scho] ♦ **E:** evtl. zu rw. *tate* ‚Vater' (WolfWR 5767).

douse swV. [Scho]
– ein Schläfchen machen [Scho] ♦ **E:** zu dt. *dösen* DWB II 1310.

dove in:
den dove flöten [HF]
– schweigen, verheimlichen [HF] ♦ **E:** unsicher; evtl. zu rw./jd. *tov* ‚gut' WolfWR 5849; *den dove flöten* ‚schönreden'; oder zu rw./jd. *dowor* ‚Wort, Sache' WolfWR 1070.

döver Adj. [PfJ]
– besser [PfJ] ♦ **E:** Komparativ zu → *tof* ‚gut'.

dowenieren swV. [SG]
– schimpfen [SG] ♦ **E:** evtl. zu dt. *toben*.

dowerich Subst. m. [SE]
dowerisch [SE]
– blöder Depp [SE]; Dummkopf [SE] ♦ **E:** Bildungen zu rhein. *tobig* ‚tölpelhaft' (RheinWb. VIII 1215). ♦ **V:** *schierp, huckt nen dowerich* ‚Mädchen, da hockt ein Dummkopf' [SE]

dowīsch Adj. [SG]
– dumm [SG].

döx Adv. [HF]
– oft [HF] ♦ **E:** rhein. *dök(s)* ‚oft'.

dr. kimbel Subst. m. [HN]
– „ein Typ, der permanent auf der Flucht ist" [HN]; Person, die sich vor der Polizei verbirgt, die von der Polizei gesucht wird [HN] ♦ **E:** FN des Hauptdarstellers *Dr. Kimbel* in der Filmserie „Auf der Flucht", mit Harrison Ford.

drä Subst. m. [BB]
– Herd [BB] ♦ **E:** Inversion zu *(H)erd*; in der Fachsprache der Backofenbauer der Boden des Backofens, nicht der Küchenherd.

drabarum Subst. m. [LJ]
– Narr [LJ] ♦ **E:** evtl. zu schwäb. *trappatsche* ‚täppischer Mensch' (SchwäbWb. II 318).

drächu Subst. m. [BM]
– Drachen [BM] ♦ **E:** zu dt. *Drache* DWB II 1315 ff.

drächele swV. [BM]
– mit Drachen spielen [BM].

dradiwaberl Subst. [WG]
– Beschuldigter [WG] ♦ **E:** wienerisch *Drahdiwaberl* ‚Drehkreisel'. ♦ **V:** *aus jemandem ein Dradiwaberl machen* ‚jemand anderen belasten, die Schuld auf einen anderen schieben, sich als unschuldig darstellen' [WG].

draeesje Subst. n. [NJ]
dreesje [KM]; **dreesjes** [KM]
– 50 Pfennig-Stück [KM, NJ] ♦ **E:** unsicher; evtl. zum RN *Therese*.

drafenko Subst. m. [SK]
– Arzt [SK]; Apotheker [SK] ♦ **E:** rw. *drab* ‚Wurzel, Arznei', WolfWR 1071, aus roi. *drāw* ‚Wurzel, Arznei'.

drah Subst. m. [OJ]
– Wahn [OJ] ♦ **E:** dt. *drehen* DWB II 1361 ff. ♦ **V:** *em drah sei* ‚betrunken sein' [OJ].

einidrahn swV. [WG]
– beim Kartenspielen betrügen [WG]; betrügen, verraten, belasten [WG] ♦ **E:** wienerisch, mdal. für dt. *eindrehen*.

drahnen swV. [TK]
– strahlen [TK] ♦ **E:** unsicher; evtl. zu *drahn*, obd. *Urdrähne* ‚Urgroßvater', nach dem Strahlennetz eines Stammbaums.

draht Subst. m. [BA, FS, HLD, KJ, RW, SJ, StG]
drath [RW, StG]; **drat** [BJ, BM, HL, Him, SJ]; **draod** [OJ]; **drot** [FS, PfJ, SJ, WJ]; **droth** [HeF]; **droht** [PfJ]; **droat** [HF]
– Geld [BA, BJ, BM, FS, HL, HLD, HeF, HF, KJ, OJ, PfJ, RW, SJ, StG, WJ] ♦ **E:** rw. *draht* ‚Geld' (WolfWR 1074), zu dt. *Draht* DWB II 1327 f., Geldmetapher, vgl. *zwirn* ‚Geld'. ♦ **V:** *Wer soll das beschulma, wer hot so gwand drat, des ischt onser scharlesbenk, des wissemer älle gwieß!* ‚Wer soll das bezahlen, wer hat soviel Geld, das ist unser Bürgermeister, das wissen wir alle gewiß!' [SJ]; *Dr gare hängt am schnürle, d schure hängt am drot un wenn dr gare gschbronge kommt no bujt er d'schure toat.* obszöner Volksreim [WJ]; *droth quocken* ‚Geld verdienen' [HeF]; *die kauel nollt sinen droth* ‚Der Weber zählt sein Geld' [HeF]; *Minotes nuckt för den droth* ‚Ich danke für das Geld' [HeF]; *Schüt den Thuren parz Gecken. Minotes het gene locken Droth* ‚Gib der Frau zwei Groschen, ich habe keine Münzen' [HeF]

fischdrath Subst. m. [StG]
– Geld, Silbergeld [StG]

kipperdraht Subst. m. [StG]
– Schweigegeld [StG]

schlummerdraht Subst. m. [RW]
– Schlafgeld [RW]

lockendroat Subst. m. [HF]
– Kleingeld [HF]

dratbeng Subst. m. [BJ]; **draodbenggis** [OJ]
– Steuereintreiber [BJ, OJ]; Gemeindepfleger [BJ, OJ]; Reicher [BJ, OJ]

droatfesel Subst. m. [HF]
– Wechsel [HF]

droatmeles Subst. m. [HF]
– Geldbeutel [HF]

draodscheages Subst. m. [OJ]
– Steuereintreiber [OJ]; Gemeindepfleger [OJ]; Reicher [OJ]

drahtzieher[1] Subst. m. [StG]
– Schellanzug [StG]; „derjenige, der die Schellanzüge abschneidet" [StG]

drahtzieher[2] Subst. m. [HLD]
– Schuster [HLD] ♦ **E:** dt. *Draht, Schusterdraht* ‚dick verzwirnter Faden'.

dräht Subst. f. [EF]
– Waldhorn [EF] ♦ **E:** dt. *Tröte* DWB XXII 1071 f.

drähtsch Subst. m. [BM]
– Draht [BM] ♦ **E:** schweizdt. *Trätsch, Trëtsch* SchweizId. XIV 1555, 1561 ‚Lederseil, aus Stroh, Sumpfgras oder Waldreben geflochtener Ring, zur Halterung des (Käse-) Kessels'.

drai[1] Subst. f. [MeT, MT]
– Ware [MeT, MT] ♦ **E:** nd./westf. *draien* ‚(sich) drehen, Handel treiben'.

draikop Subst. m. [MeT]; **draikopp** [MeT]
– Kuh [MeT] ♦ **E:** nd. *kopp* ‚Kopf'.

drai[2] Subst. m. [MeT, MT]
– Glaube [MeT, MT] ♦ **E:** nicht sicher; wohl zur Kardinalzahl humpisch → *droi(-mes)* ‚drei'; Übertragung von der Dreifaltigkeit von Gottvater, Sohn und Heiligem Geist auf den Glauben schlechthin. Ein Anschluß von hump. *drai* ‚Glaube' an nd. *draien* → *drai*[1] ist (besonders im Blick auf die abstrakten Bedeutungen des Wortes etwa im Niederländischen) ebenso möglich (Siewert, Humpisch, 63).

drallbecken Subst. n. [HLD]
– Nähmaschine [HLD] ♦ **E:** rw. *drallbecken* ‚Nähmaschine', aus dt. *drillen* ‚Fäden drehen' WolfWR 1080.

dramasko Subst. m. [MB]
damaskoro [MUJ]
– Arzt [MB, MUJ] ♦ **E:** roi. *dramaskero* ‚Arzt' (WolfWZ 546). ♦ **V:** *zum dramasko natschen* ‚zum Arzt gehen' [MB].

dranggla swV. [OJ]
– verschütten [OJ] ♦ **E:** unsicher; evtl. zu dt. *drängen*.

drangsalium Subst. n. [SG]
– Arbeit [SG] ♦ **E:** zu dt. *Drangsal* DWB II 1339.

dranschn swV. [HK]
dranschen [HK]
– teilen (Geld) [HK]; Kasse machen [HK] ♦ **E:** franz. *trancher* ‚abschneiden, zerlegen', dt. *transchieren* ‚einen Braten kunstgerecht zerteilen' (DUW 1996: 1550). ♦ **V:** *die bimbe dranschn* ‚die Kasse teilen' [HK].

dräp Subst. n. [BB]
– Pferd [BB] ♦ **E:** Inversion zu mdal. *Pärd* ‚Pferd'.
dräplatsch Subst. m. [BB]
– Pferdestall [BB].

drapp Subst. m. [SJ]
– Detektiv [SJ] ♦ **E:** schwäb. *Trapp* ‚Spur, Fußstapfe' (SchwäbWb. II 318).

drara Subst. n. [OJ]
– Post [OJ]; Aufsehen [OJ] ♦ **E:** Schallwort *trara*, vom Klang des Posthorns. ♦ **V:** *heag nobis en grandiga drara* ‚mach kein großes Aufsehen' [OJ].

dräschen swV. [SP]
– gehen [SP] ♦ **E:** → *derech.*

draschern swV. [GM]
– Angst haben, sich fürchten [GM] ♦ **E:** rw. *trash (ium)* ‚Angst' (WolfWR 5885), zu roi. *traš* ‚Furcht, Angst' (WolfWZ 3358).
drasch Subst. f. [GM]
– Angst, Furcht [GM]; Feigheit [GM].

dräsine Subst. f. [GM]
– Fahrrad [GM]; (selbstfahrendes) Eisenbahnwägelchen [GM] ♦ **E:** roi. *trĕsiena* ‚Fahrrad', entlehnt aus dt. *Draisine* (WolfWZ 3364) ‚Laufrad', Vorstufe des Fahrrads, benannt (19. Jh.) nach seinem Erfinder Karl Friedrich *Drais*, auch ‚leichtes (anfangs durch Muskelkraft fortbewegtes) Schienenfahrzeug'.

drawalje Subst. f. [RR]
– Arbeit [RR] ♦ **E:** aus frz. *travail* ‚Arbeit'.

drawall Subst. f. [MoM]
– Erbse [MoM] ♦ **E:** unsicher; evtl. entstellt aus roi. *rihill* ‚Erbse' WolfWZ 4556.

drebln swV. [RR]
– tanzen [RR] ♦ **E:** zu dt. *träppeler* ‚jmd., der mit kurzen Schritten auf- und niederläuft' DWB XXI 1257, fachsprachl. (Fußball) *dribbeln.*

dreck Subst. m. [HeF, HF, TK]
– Pottasche [HeF, HF]; Kot [TK] ♦ **E:** dt. *Dreck* ‚Schmutz' DWB II 1352 ff., mdal. auch ‚Kunstdünger'.
dreckbörste Subst. f. [SG]
– Bart [SG] ♦ **E:** dt. *Borsten* ‚dicke, abstehende Haare' DWB II 246.
dreckschwalbe Subst. f. [RW, SJ, StG]
– Maurer [RW, SJ, StG]; „Schelte für Maurer" [SJ] ♦ **E:** Dysphemismus; Anspielung darauf, dass Schwalben ihr Nest aus Kot bauen (WolfWR 1086).

drecksbratschel Subst. f. [WL]
– Ente [WL] ♦ **E:** lux. *bratschelen* ‚sich schwerfällig bewegen' (LuxWb. I 145).
dregfotzete Subst. f. [RR]
– Kartoffelsuppe [RR].

dreescher Subst. m. [EF]
drescher [EF]
– Winterrock [EF] ♦ **E:** evtl. zu dt. *draschen, dräschen* ‚stark regnen', Wolf, Fatzersprache, 116.

dreesten swV. [HF]
– sich aufblähen, wichtigtun [HF] ♦ **E:** zu dt. *sich (er)dreisten* DWB III 778.

dreh Subst. m. [BJ, OJ]
– Streich, List [BJ, OJ] ♦ **E:** dt./ugs. *drehen, den Dreh heraushaben* DWB II 1361 ff.
dreher Subst. m. [StG]
– Schlepper [StG]
drehemann Subst. m. [HN]
– selbst gedrehte Zigarette, „einer, der seine Zigaretten selbst dreht" [HN]
drehromm Subst. m. [OJ]; **drehrum** [BJ]; **drehrumm** [Scho]
– Schlüssel [OJ, BJ]; Nachschlüssel [Scho]; nachgemachter Schlüssel [Scho] ♦ **E:** mdal./ugs. *dreh herum.*
drehscheib Subst. f. [OJ]; **drehscheibe** [BJ, KJ, RW]
– Irrenhaus [BJ, KJ, OJ]; Arbeitshaus [RW]
drehwinde Subst. f. [RW]
– Narrenhaus [RW]
pfeifendreher Subst. m. [RW]; **pipendreher** [RW]; **piependreher** [RW]
– Zigarrenmacher [RW]; Zigarettendreher, Zigarettenmacher [RW]; „wenn einer einheimisch wird, drehen andere Gesellen eine Pfeife für ihn, mit einem schwarzen Band geschmückt, dann muss er diese rauchen, zuvor muss er drei Glas Bier (oder Apfelsaft) trinken" [RW] ♦ **E:** rw. *Pipendreher*, nd. *piepe* ‚Zigarrenmacher' (WolfWR 4147).

dreha swV. [EF]
drehen [EF]
– sprechen [EF] ♦ **E:** unsicher; evtl. zu dt. *drehen* met. „einer sache eine andere deutung, auslegung geben" DWB II 1362.

dreibr Subst. m. [OJ]
schnalladreibr [OJ]
– Zuhälter, liederlicher Kerl [OJ] ♦ **E:** zu → *schnalle*[1] und dt. *Treiber.*

dreien swV. [SG]
– tanzen [SG] ♦ **E:** mdal. zu dt. *drehen*.

dreimalträß Num. Kard. [LI]
– neun [LI] ♦ **E:** rw. *träß* ‚drei', aus lat. *tres* ‚drei' (WolfWR 5887).

dreimens Subst. m. [LüJ]
traimenz [LüJ]; **tremens** [LüJ]
– Rausch, Alkoholrausch [LüJ]; *dulo* [LüJ] ♦ **E:** rw. *tremens* ‚Rausch', Kürzung aus lat. *delirium tremens* (WolfWR 5897).
traimenzle Subst. [LüJ]
– Rausch [LüJ].

dreispännig Adj. [HN]
– in: *dreispännig fahren* ‚von drei Prostituierten leben' [HN]; ‚Zuhälter, der drei Prostituierte zu Freundinnen hat' [HN]; „dann haste eben mehr als zwei Weiber" [HN] ♦ **E:** dt. *dreispännig* DWB II 1391.

dreißger nudel Subst. f. [WG]
– großes Glied (Geschlechtsteil) [WG] ♦ **E:** dt. *dreißig* und *Nudel*.

dreiwer Subst. m. [SPI, SS]
dreywer [SPI, SS]
– Polizist [SS]; Gendarm [SPI] ♦ **E:** dt. *treiben*, westf. *driwer* ‚grober Mensch', WWBA 321; Jütte, Schlausmen, 102.

drenzer Subst. [RH]
– Geschäft [RH] ♦ **E:** unklar; Arnold 1961, 113.

dreschakeln ‚umhherlaufen' → *treschakeln*.

dreschen swV. [BJ]
darschenen [Scho]
– predigen [BJ, Scho] ♦ **E:** jd. *darschenen* ‚predigen' (WolfWR 1094).
drescher[1] Subst. m. [RW]
– „Benennung für diejenigen, der sein eigentliches Geschäft nicht versteht oder das früher Erlernte vergessen hat" [RW] ♦ **E:** rw./jd. *drescher* ‚Kunde, der kein Handwerk versteht, sondern nur bettelnd sein Sprüchlein herbeten kann' (WolfWR 1094).
drescher[2] Adj. [RW]
– gut, brauchbar [RW].

drescherl Subst. n. [WG]
– Homosexueller [WG] ♦ **E:** unsicher; evtl. zu rw./jd. *drescher* ‚Kunde, der kein Handwerk versteht' oder dt. *dreschen*.

drewes Subst. [HK]
– Brot, das nicht geglückt ist [HK] ♦ **E:** Bildung zu ThürWb. VI 227 *Treibe* ‚Treibmittel zum Backen'.

dri, driss ‚drei' s. → *drie*.

dribb ‚Hase' → *tripp*.

dribbeln[1] swV. [MB]
– rasieren [MB] ♦ **E:** wohl zu dt. *träppeln, träppeler* ‚jmd., der mit kurzen Schritten auf- und niederläuft' DWB XXI 1257, evtl. Einfluss von dt. *trippen*, Diminutiv *trippeln* „von nd. *drippeln*, ‚in tröpfchen niederfallen, tröpfeln, träufeln', mit besonderer vorliebe von leichtem, kaum spürbarem regenfall gebraucht" DWB XXII 647; vgl. → *drebln*.

dribbeln[2] ‚gehen, laufen' → *trippeln*.

drideln swV. in: [HN]
rumdrideln [HN]
– nicht mit der Sprache rauskommen [HN] ♦ **E:** hamb. *drideln* ‚langsam gehen, schlendern; sich herumtreiben, vergnügen; trödeln, langsam arbeiten'.

drie ‚drei' s. → *trin*.

drif Subst. m. [BB]
– Wirt [BB] ♦ **E:** Inversion zu *Wirt*. ♦ **V:** *däm Trif sin Oeref* ‚dem Wirt seine Frau' [BB]
drifeoef Subst. f. [BB]
– Wirtsfrau [BB].

drillen swV. [BJ]
drilla [OJ]
– quälen [OJ, BJ] ♦ **E:** zu dt. *drillen* ‚(Fäden) drehen, Soldaten hart ausbilden' (Klepsch 528).
drilles Subst. n. [GM]
– (großes) Karussell (der Schausteller) [GM] ♦ **E:** rw. *trillen* ‚spinnen', zu dt. *drillen* ‚drehen' (WolfWR 1095).
drillern swV. [SchJ]
– spinnen [SchJ].

drimen swV. [Scho]
– ausreißen [Scho] ♦ **E:** wohl zu dt. *trimmen* „durch den mühltrichter gehen lassen, übertragen: eilen" DWB XXII 542.

drischacken swV. [KJ]
– schlagen [KJ] ♦ **E:** dt. *trischaken* ‚peinigen, misshandeln', aus ital. *giucare i tre sciacchi* (DWB II 1420).

drîsekitt Subst. f. [Him]
– Arrest [Him] ♦ **E:** schwäb. *trese, treise* ‚keuchen, jammern' (SchwäbWb. II 367) und → *kitte*.

driss ‚drei' s. → *drie*.

dritsch Subst. m. in:
delbadritsch [OJ]
– Dummer, Tölpel, Narr [OJ] ♦ **E:** schwäb. *d' Elbentritsch* ‚Fabelwesen, ungeschickter, einfältiger Mensch' SchwäbWb. II 686.

drofschamen swV. [BB]
– wegmachen, fortmachen [BB] ♦ **E:** Inversion zu *fortmachen*. ♦ **V:** *dat dla sua es drofjeschamt* ‚ist abgerissen' [BB].

dröhnen swV. in:
rumdröhnen swV. [HN]
– sinnlos daherreden, anderen in den Ohren liegen [HN] ♦ **E:** dt. *dröhnen* „ertönen, nachklingen, gellen, einen schreienden, durchdringenden, zitternden laut von sich geben" DWB II 1433 f.

drohtstift Subst. m. [Pfj]
– Schnaps [Pfj] ♦ **E:** wohl zu dt. *Droh(ung)* DWB II 1342 f. und *stiften* ‚anzetteln' DWB XVIII 2876 ff.

drom, dromm, drumm ‚Stück' s. → *trom*.

dromine Num. Kard. [GM]
dromje [GM]
– nur in Zahlwörtern, z. B. *desch-dromine, desch-dromje* ‚30', *desch-dromje-trin* ‚33' [GM]. ♦ **E:** Bedeutungserweiterung von roi. *dromin* ‚Taler, Gulden' (WolfWZ 556); der Taler entsprach dem Gegenwert von 3 Mark, Transponierung zur Kardinalzahl 3. → *desch* ‚10'.

dromm Subst. m. [GM, MB]
drom [ME]; **tromm** [JSW]
– Weg, Straße [GM, JSW, MB, ME]; Reise [MB] ♦ **E:** rw. *drom* ‚Straße, Weg' (WolfWR 1097) < roi. *drom* ‚Straße, Weg' (WolfWZ 555). ♦ **V:** *latscho dromm* ‚gute Reise, auf Wiedersehen' [MB]; *bachtalo drom* ‚wünsche einen glücklichen Weg' [ME].

drömmeln swV. [MB]
– bummeln [MB]; etwas langsam gehen lassen [MB] ♦ **E:** westf. *drümelen* ‚langsam/träge arbeiten, schlendern, Zeit verschwenden' (WestfWb. 209).

drommes Num.Kard. [JS]
droimes [MeT]; **dromes** [MeT]; **drümmes** [MeT]
– drei [JS, Met] ♦ **E:** westf. *drai* (Woeste, 56), *drê* (WestfWb. II: 223) ‚drei'; im Henese Fleck: *troms*; idg. Zahlwort *tr-* ‚drei', vgl. lat. *tres*; WolfWR 6437. ♦ **V:** *drommes bachem* ‚drei Groschen' [JS]; *drommes beschiene* ‚drei Pfennig' [JS]; *drommes schuck* ‚drei Mark' [JS]; *en de katchim han ich drommes katschkedi geschwächt* ‚in der Gaststätte habe ich drei Schnaps getrunken' [JS].

drop Adv. [HF]
– drauf [HF] ♦ **E:** rhein. *drop* ‚darauf'.

dropp Adj. [MeT]
– schwer [MeT] ♦ **E:** evtl. zu frz. *trop* ‚zu viel'.

droppkött Subst. [MeT, MT]
– gute Groschen [MeT, MT] ♦ **E:** die gegenüber *kött* ‚Schilling' höherwertigere Münze: eine Menge an Schillingen; jd. *koton* ‚klein' (Siewert, Humpisch, 123; WolfWR 2891).

drosche Subst. f. [Scho, SS]
drasch [SS]
– Predigt [Scho, SS] ♦ **E:** zu jd. *drosch* ‚Prediger' (WolfWR 964). Vgl. → *dreschen*.

darsche Subst. m. [SS]
– Prediger [SS].

dröschertext Subst. m. in:
den dröschertext singen ‚verprügeln, Keile kriegen, wenn einer gefleddert wird' [RW] ♦ **E:** wohl zu dt. *(ver)dreschen* ‚verprügeln' DWB XXV 243.

drossel Subst. f. in:
schwattdrossel Subst. f. [RW]
– dreckiger Fuß [RW] ♦ **E:** met. zu dt. *Schwarzdrossel*, Vogelbezeichnung; nd. *schwatt* ‚schwarz'.

drosseln swV. [EF]
– schlafen [EF] ♦ **E:** unsicher; evtl. dt. *drosseln* ‚schnarchen, schlafen' oder dt. *trasen, träsen* ‚heftig schnauben' Wolf, Fatzersprache, 116.

drotl Subst. m. [EF]
drohtl [EF]; **drohtel** [EF]; **trodel** [EF]
– Braten [EF] ♦ **E:** wohl Bildung zu dt. *drehen* ‚wenden' Wolf, Fatzersprache, 116.

drohteln swV. [EF]
– braten [EF].

drschnellæ swV. [WJ]
– erschießen [WJ] ♦ **E:** schwäb. *schnellen* ‚schnellen lassen, schießen' (SchwäbWb. V 1065).

druchen swV. [SE]
druschen [SE]; **truchen** [SE]
– betteln [SE] ♦ **E:** unsicher; evtl. Bildung zu → *derech*.

drucken¹ swV. [JSa, PfJ]
drucke [BM]; **drücken** [Gmü]
– stehlen [BM, JSa, PfJ]; betteln [Gmü] ♦ **E:** rw. *drücken* ‚stehlen': „entstellt aus nd. *trecken* ‚ziehen', denn der Taschendieb zieht das Diebstahlsobjekt vorsichtig aus der Tasche des Opfers" (WolfWR 1102).
druckel machen Phras. [WG]
– Betrügen beim Kartenspiel [WG]
druckmachen Phras. [StG]
– stehlen [StG]
druklas Subst. m. [RW]; **drucklas** [Gmü]
– Diebstahl [Gmü, RW]
drücker Subst. m. [StG]
– Dieb [StG]
drückeberger Subst. m. [StG]
– Dieb [StG]
schnallendrucker Subst. m. [WG]
– Wohnungsdieb [WG]
überdrucker Subst. m. [EF]
– Winterrock [EF] ♦ **E:** mdal. *drucken* ‚ziehen', also ‚Überzieher'.

drucken² swV. [StG]
– mit der Zange abkneifen (z. B. Uhrketten) [StG] ♦ **E:** dt. *drücken* ‚pressen, zusammendrängen' DWB II 1442 ff.
druckerl Subst. n. [WG]
– Wachsabdruck eines Schlüssels [WG]
ein druckerl machen Phras. [WG]
– ein Fenster eindrücken [WG]; Fingerabdrücke abnehmen [WG].

drucker Subst. m. [WG]
– arbeitsscheuer Mensch [WG] ♦ **E:** Kürzung aus *Drückeberger*; dt. *sich drücken*, schon seit dem 13. Jahrhundert ‚sich heimlich davonmachen'.

drücker Subst. m. in:
ortsdricker Subst. m. [HK]; **ordsdrügger** [HK]
– fünfundsiebzig Pfennig [HK]; Summe Geld [HK] ♦ **E:** dt. (ant.) *ort* ‚Viertel einer Münze', „da zwei sich schneidende linien vier ecken oder winkel (*orte*) bilden, so bezeichnet *ort* auch den vierten theil wovon, zunächst den vierten theil einer münze (ursprünglich eines kreuzers, der durch ein kreuz in vier *orte* geteilt war)" (DWB XIII 1352), im Thür. noch als *ortsgulden* ‚1/4 Gulden' und *ortstaler* ‚1/4 Taler' belegt. Da *Taler* ‚3 Mark', bezeichnen *ortsdrücker* und *ortstaler* beide den Geldwert ‚fünfundsiebzig Pfennig'. In Reihenbildung wird *taler* entweder durch rw. *drücker* ‚Dreier' oder durch rw. *-drücker* aus rw. *drücken* ‚stehlen, betteln' (das aus nd. *trecken* ‚ziehen') ersetzt. Vgl. → *drücker* (unter *drucken*).

drumesko Subst. m. [GM]
– Landstreicher, „Kunde" [GM] ♦ **E:** roi. *dromeskero* ‚Wanderer, Reisender' (WolfWZ 555).

drupp Num. Kard. [LüJ]
– drei [LüJ] ♦ **E:** idg. *tr-* ‚3'.

druschl Subst. f. [OJ]
trunschel [BJ]; **trutschel** [BJ]; **druschlr** Subst. m. [OJ]
– begriffsstutzige Frau [OJ]; begriffsstutziger Mensch [BJ, OJ]; Mann [OJ] ♦ **E:** schwäb. *Trutschel* ‚einfältige Person' (SchwäbWb. II 429).

druw Subst. m. [MB]
– rauher Kerl [MB] ♦ **E:** roi. *drouvo* ‚hart, streng' (WolfWZ 559).

drybis Num. Kard. [JeS]
– drei [JeS] ♦ **E:** zu lat. *tres* ‚drei' gebildet oder eine spielerische Weiterbildung zu dt. *drei*.

dschabaskero Subst. m. [GM]
– Fußgänger, Wanderer [GM] ♦ **E:** roi. *dschapaskero* ‚Fußgänger, Wanderer, Reisender' (WolfWZ 562).

dschai ‚Mädchen, Tochter, Frau' → *tschai*.

dschelto Adj. [GM]
– gelb [GM] ♦ **E:** roi. *dšélto* ‚gelb' (WolfWZ 567).

dschi Subst. m. [GM]
– Herz [GM] ♦ **E:** rw. *tschi* ‚Herz' (WolfWR 5941) < roi. *dsi, dschi* ‚Herz, Seele, Gemüt' (WolfWZ 561).

dschiben Subst. n. [TK]
– Bett [TK] ♦ **E:** evtl. zu roi. *sovipen* ‚Schlaf' (WolfWZ 2969).

dschuberle Subst. n. [TK]
– (böser) Geist [TK] ♦ **E:** rw. *schuberle* ‚Gespenst' aus jd. *schuw* ‚(aus dem Jenseits) zurückgekehrt' (WolfWR 5171).

dschukel Subst. m. [JS, PH]
dschussel [TK]
– Hund [JS, PH, TK] ♦ **E:** roi. *dšúklo* ‚Hund' (WolfWZ 573).

dschup Subst. n. [PH]
– Laus [PH] ♦ **E:** rw. *dzuv* ‚Laus' aus roi. *dsuw* ‚Laus' (WolfWR 1133).

duählen antüän Phras. [SS]
– Arzt [SS] ♦ **E:** Zusammenrückung, wohl nd./Sauerländer Platt ‚das Wehleid antun'; Jütte, Schlausmen, 102, ohne Herleitung.

dubi Subst. [LüJ]
– Brot [LüJ] ♦ **E:** nach SchwäbWb. (II 436) aus roi., ohne Nachweis.

duchen¹ swV. in:
beduchen [SS, WH]
– betrügen [SS, WH] ♦ **E:** zu jd. *betochon* ‚Vertrauen, Zuversicht' (WolfWR 440).

duchen² swV. [GM]
– atmen [GM] ♦ **E:** zu roi. *ducho* ‚Geist, Atem, Hauch, Luft' (WolfWZ 589).

ducken ‚geben' s. → *docken*.

duckes¹ Subst. [NJ]
– hinterhältiger Mensch [NJ] ♦ **E:** Bildung zu dt. *ducken*, vgl. *Duckmäuser* ‚Heimlichtuer, hinterlistiger Mensch' DWB II 1495 f.

ducke swV. [Scho]
– bloßstellen [Scho]; nachgeben [Scho].

duckes² Subst. [NJ, RH]
– Gefängnis [NJ, RH] ♦ **E:** RheinWb. I 1538 (*Duckes* ‚Gefängnis jeglicher Art').

dud ‚Milch' s. → *thud*.

dudd¹ Subst. f. [OJ, SJ]
dutt [UG, WJ]
– weibliche Brust [OJ, SJ]; Saugschnuller [OJ]; Milch [UG] ♦ **E:** dt. (ant.) *Dutte* ‚Röhre, Brustwarze' DWB II 1768 ff.; SchwäbWb. I 519 (*Dutte* ‚weibliche Brust').
duttæ Subst. Pl. [WJ]; **duttâ** [LüJ]; **dudde** [Scho]; **dutschele** Subst. n. Dim. [LüJ]
– weibl. Brust [WJ]; Frauenbrust [LüJ]; Brust [Scho]; Euter [Scho].

dudd² Subst. m. [SG]
– in: *in'n dudden* ‚(die Seite ist) gerissen' [SG] ♦ **E:** nd. *Dutt* ‚Klumpen', hochdt. *Dutte* „was spitzig ausläuft, kegelförmig ist" alles ‚Kegelförmige' DWB II 1771 ♦ **V:** *in dutten gahn* ‚kaputtgehen'.

dude Subst. m. [LüJ]
– Depp, Narr, Dackel („Schimpfwort") [LüJ]; leicht geistig behinderter Mensch, leicht Beschränkter

[LüJ] ♦ **E:** dt. (ant.) *dude, dudenkopf, dudentopf* ‚alberner Mensch' DWB II 1497.

dudeskehr Subst. f. [LüJ]
– Narrenhaus [LüJ].

dudelding Subst. n. aus ON, Übername [HK]
– Duderstadt [HK] ♦ **E:** volksetymologische Anlehnung des ON *Duderstadt* an dt. *dudeln* ‚stümperhaft musizieren' DWB II 1498 f., Dissimilation von /r/ zu /l/.

dudern swV. [BJ]
dudra [OJ]
– singen, musizieren („eher schlecht") [BJ, OJ]; auf dem Horn blasen [BJ]; stottern [BJ] ♦ **E:** SchwäbWb. I 443 (*duderen* ‚brummen, trompeten'), evtl. mit Einfluss von dt. *dudeln* ‚stümperhaft musizieren' DWB II 1498 f.

gedudr Subst. n. [OJ]
– das Singen (eher schlecht), Musizieren (eher schlecht) [OJ].

dudle swV. [LüJ]
– trinken, saufen [LüJ]; *schwächen* [LüJ] ♦ **E:** schwäb. *dudlen* ‚(viel, lange, gewohnheitsmäßig) trinken' (SchwäbWb. II 444).

due Adj. [MM]
– dick, groß [MM] ♦ **V:** *due behame* ‚dicke, große Brust' [MM] ♦ **E:** zu roi. *t'ulo* ‚dick, fett, feist' (WolfWR 5770). Vgl. → *dilles*.

dulich Adj. [MUJ]
– dick [MUJ].

düerling ‚Auge' s. → *diren*.

düf, düfle, doff ‚Kirche' s. → *tiffle*.

dufde Subst. Pluraletantum [HK]
dufte [HK]; **dufte** [HK]; **dutte** [HK]; **dütte** [HK]
– 12,5 Pfennig [HK]; Groschen [HK] ♦ **E:** dt. *dütchen* ‚eine kleine silbermünze von verschiedenem wert' „wohl dimin. von *deut*", „niederd. *dütjen* noch im anfang des 18ten jh. gangbar, sechzehn giengen auf einen reichsthaler" (DWB II 1767); evtl. beeinflusst von *dufte* ‚gut' und/oder rw. *tupf* ‚Einpfennigstück' (WolfWR 5960). ♦ **V:** *dswei dufde* ‚fünfundzwanzig Pfennig' [HK]; *vier dufde* (4 *dütte*) ‚fünfzig Pfennig' [HK]; *1 soof, 4 dufte* ‚2,50 DM' [HK]; *1 soof, 4 dufte* ‚zwei Mark fünfzig' [HK]; *granniche 4 dufte* ‚fünfzig Mark' [HK]; *De bosenkäue düwert: S' sänftchen schulmmt vier dufte, unns oahbendleechen schulmmt 'n stierchen!* ‚Die Wirtsfrau sagt: Das Bett kostet fünf-

zig Pfennige und das Abendessen kostet eine halbe Silbermark!' [HK].

düfe swV. [StJ]
- schlafen [StJ] ♦ **E:** wohl met. zu dt. *Düffel* ‚dickes Wolltuch' (Pars-pro-Toto) DWB II 1500.

duft¹ Subst. [LüJ]
- Kleid [LüJ] ♦ **E:** unsicher; evtl. zu dt. *Taft* „im 16. jahrh. entlehnt aus ital. taffetà, leichtes glattes seidenzeug" DWB XXI 26 f.

duft² Subst. m. [LüJ]
- Wald [LüJ] ♦ **E:** zu dt. (ant.) *Duft*, ursprüngliche Bedeutung „nebel, reif und feuchtigkeit, die sich im winter an bäume, pflanzen hängt" DWB II 1500.

duft³ ‚Kirche' s. → *tiffle*.

duften swV. in:
verduften swV. [HL, NJ]
- verschwinden [HL]; verbergen [NJ] ♦ **E:** dt. *verduften* DWB XXV 257.

duftolomeus Subst. m. [MB]
- Wanderung [MB].

dufter, duftschaller ‚Lehrer' → *tiffel¹*.

duftl Subst. [RR]
- „Rieche" [RR] ♦ **E:** zu dt. *duften* ‚angenehm riechen' DWB II 1503 f.

duggen, ducken swV. in: [OJ]
duggendle macha ‚einen flachen Stein über das Wasser hüpfen lassen' [OJ] ♦ **E:** mdal. zu dt. *ducken* ‚niederdrücken, sich herabbeugen, eintauchen' DWB II 1491 ff. und *Ente*.

duhpen swV. [SK]
- täuschen [SK] ♦ **E:** franz. *duper* ‚betrügen'.

duhzement Adv. [SK]
dusma [KMa, MoM, NJ]; **dusmo** [CL]
- leise [SK]; ruhig [CL]; langsam [KMa, MoM, NJ]; leise, nicht so laut [NJ]; nicht so schnell [NJ] ♦ **E:** franz. *doucement* ‚gemächlich, sanft'. ♦ **V:** *mackere duhzement* ‚spiele leise' [SK].

dui Num. Kard. [GM, JSa, JSW, LüJ, MB, MUJ]
due [JS, LüJ]; **dus** [KMa, OH]
- zwei [GM, JS, JSa, JSW, KMa, LüJ, MB, MUJ, OH] ♦ **E:** roi. *duj* ‚zwei' (WolfWZ 585). ♦ **V:** *ihne hat noch dui denters im mui* ‚er hat noch zwei Zähne im Mund' [MB]; *dui nicklo* ‚zwei Mark' [MB]; *del mi dui nack* ‚gib mir zwei Mark' [LüJ]

dwohblech Subst. m. [SK]
- 25 Pfennig [SK]
dusmalquatter Num. Kard. [KMa, OH]
- acht [KMa]; „zwei mal vier" [OH]
dusmalschins Num. Kard. [KMa]
- zehn [KMa].

duima swV. [LoJ]
- schlafen [LoJ] ♦ **E:** wohl Nebenform zu → *dormen*.
duima Subst. [LoJ]
- Schlaf [LoJ].

duk ‚Streich' s. → *tuck*.

dul Subst. m. [SE]
duhl [SE]; **daul** [MeJ]
- Pfennig [MeJ, SE] ♦ **E:** rw. *taul, daul, doul* ‚Pfennig' WolfWR 5773.

dulfe swV. [CL, LL]
- jmd. erniedrigen, demütigen, jmd. die Meinung sagen [CL, LL]; Ware vor dem Verkaufen beschmutzen [CL] ♦ **E:** pfälz. *dulfen* ‚Hanf brechen', jedoch auch in übertragener Bed. ‚prügeln, schelten' (PfälzWb. II 598). ♦ **V:** *Der dut sei Schori als dulfe* ‚Der beschmutzt seine Ware (ein Trick, um sie als gebrauchte Ware zu angeblich günstigerem Preis abzugeben)' [CL].

dullo Subst. m. [LJ, LüJ, SJ, WJ]
dulo [LüJ]; **dullu** [LüJ]
- Rausch, Schwips [LJ, SJ, WJ]; *matto* [LüJ] ♦ **E:** schwäb. *dullo* ‚leichter Rausch' (SchwäbWb. II 448).
dulo Adj. [LüJ]; **deole** [LüJ]
- betrunken, leicht angetrunken [LüJ]
dulla Subst. m. [JS]
- Depp [JS].

dulubahna ‚Tulpe' s. → *tulpe*.

dümkes Subst. n. Dim. [HF]
- Kirmesgebäck [HF]; „Moppen" [HF] ♦ **E:** nl. *dumkes* ‚friesische Butterkekse mit Anis und Mandeln'.

dumme Subst. f. [SK]
- Kirche [SK] ♦ **E:** rw. *tuma* ‚Kirche' (WolfWR 5956), zu mhd. *tuom*, dt. *Dom*; schwer zu jd. *tum'ā* ‚Unreinheit, Verunreinigung, unreiner Ort' (Klepsch 539).

dūn Adj. [SG]
diūn [SG]
- betrunken [SG] ♦ **E:** rw. *dune* ‚betrunken' (WolfWR 1116), nd. *dūn*.

dünnes Subst. n. [HN]
– Wasser [HN]; „Klarer, ab 42 %" [HN] ♦ **E:** zu dt. *dünn*. ♦ **V:** *gib mir dünnes dazu* ‚gib mir ein Glas Wasser zum Schnaps' [HN].

dunse swV. [JeS]
düüse [JeS]
– geben ♦ **E:** evtl. zu rw. *deisen* ‚schenken, schlagen, schlachten', ohne Herleitung (WolfWR 982, SchweizId. XIII 1851).

dunsten swV. [SJ]
– im Stich lassen [SJ] ♦ **E:** dt. *dunsten* ‚Dampf ausströmen', *verdunsten* DWB II 1563f.

dunte Subst. n. [SK]
– Bett [SK] ♦ **E:** unklar.

dupfen ‚stechen' → *tupfen*.

dupli ‚Tabak' s. → *tuw*.

duppern sw. V. [SE]
– tönen, schlagen (Glocke) [SE] ♦ **E:** RheinWb. I 1533 (*duppern* ‚dumpf tönen'), hier vom Schlag der Turmuhr. ♦ **V:** *wat duppert de montder?* ‚Was zeigt die Uhr an?' [SE].

duppes Subst. m. [SPI, SS]
duppel Subst. m. [SPI]
– Dummkopf [SPI, SS] ♦ **E:** westf. *düppen* ‚Einfaltspinsel'; Woeste 63. Vgl. auch frz. *dupe* ‚Betrogener, Narr'.

durch- Präfix von Verben, Substantiven, Adjektiven in: → *durchbrennen* bis → *durchzug*, passim.

durchbrennen swV. [PfJ]
– durchgehen [PfJ] ♦ **E:** dt. *durchbrennen* DWB II 1593 „ein studentenausdruck, wonach es so viel heiszt als heimlich entwischen, durchgehen, um aus drückenden verhältnissen zu kommen."

durchstecherei Subst. f. [BJ]
– Wunder [BJ] ♦ **E:** dt. *Durchstecherei* ‚geheime, mit einem anderen verabredete Betrügerei' (DWB II 1691).

durchzug Subst. m. [BJ, OJ]
– Faden [BJ, OJ] ♦ **E:** rw. *durchzug* ‚Faden, Zwirn' (WolfWR 1123).

duren Adj. [SK]
– weit [SK] ♦ **E:** roi. *dur* ‚weit'. ♦ **V:** *duren truppeln* ‚weit gehen' [SK].

durmen ‚schlafen' s. → *dormen*.

durststillstation Subst. f. [SG]
– Brunnen [SG] ♦ **E:** dt. *Durst*, *stillen* ‚still machen, bes. bei Durst und Hunger mit Flüssigkeit versorgen' DWB XVIII 3009 ff., *Station*.

dusame swV. [KP]
dusamen [KP]; **dusama** [KP]; **dusle** swV. [Scho]
– schlafen [KP, Scho] ♦ **E:** mdal. *dusemen, duseln* ‚schlafen'.
eidusle swV. [Scho]
– einschlafen [Scho].

dusel Subst. m. [LJ, MB]
duusel [WJ]
– Glück [LJ, MB, WJ] ♦ **E:** dt. *Dusel* ‚Glück' (WolfWR 5862).

dusen swV. in:
aufdusen [LJ, SchJ]
– aufbrechen (mit Gewalt) [LJ]; aufschließen [SchJ] ♦ **E:** wohl zu rw. *dusse* ‚Schloss' (WolfWR 1127), vgl. → *doserer*.
aufduser Subst. m. [SchJ]
– Schlüssel [SchJ].

dusma ‚leise, ruhig' s. → *duhzement*.

düssel Subst. m. [BM]
– Kopf [BM] ♦ **E:** SchweizId. XIII 1851 (*Tüß* ‚Kopf'). → *dassel*.

düsseldorfer Subst. Pl. [KMa]
– lange Nägel [KMa] ♦ **E:** Deonomasticum zum ON *Düsseldorf*.

düüsleri Subst. f. [JeS]
– Kindbetterin ♦ **E:** SchwäbWb. I 517 (*düslen* ‚schlummern, schlafen').

E

eandr ‚eher, bevor' → *ehnder*.

eardäpfel Subst. Pl. [TK]
– Kartoffeln [TK] ♦ **E:** dt. (ant.) *Erdäpfel*.

eável Konj. [HF]
evel [HF]
– aber [HF] ♦ **E:** rhein. *ewel* ‚aber' (RheinWb. I 23).

ebbes Pron. [BJ, CL, OJ]
eppes [BJ]
– etwas, ein bisschen [BJ, OJ]; ein wenig [BJ, CL, OJ] ♦ **E:** mdal., jd. *ebbes* ‚etwas'.

ebbes Subst. m. [HK]; **eppes** [HK]
– Mann [HK]; Vater [HK]; verheirateter Mann [HK] ♦ **V:** *der ebbes schemmt mulmisch* ‚der Mann fragt dumm', ‚der Mann ist dumm' [HK]; *der eppes schemmt knille* ‚der Mann ist betrunken' [HK]; *schuule mal, son grannicher eppes* ‚guck mal, son hübscher Mann' [HK]; *schemmd ein mooler eppes* ‚ist ein schlechter Kerl' [HK]; *kooscher ebbes* ‚der hat was los' [HK]; *keuscher eppes* ‚frommer Mann' [HK]; *grannicher eppes* ‚Doktor', ‚einer, der finanziell etwas besser dasteht' [HK]; *Eppese, spannt mal, derr scheks flonert!* ‚Männer, guckt mal, der Junge weint!' [HK]; *hundsfinnicher ebbes* ‚Hundeshagener Mann' [HK]; *Schufftig, derr eppes schlent!* ‚Vorsicht, der Mann kommt!' [HK]
schdichelebbes Subst. m. [HK]
– Schneider [HK]; Sattler [HK] ♦ **E:** dt. *stechen*.
sookerebbes Subst. m. [HK]; **seekerebbes** [HK]; **sokerebbes** [HK]
– Händler [HK]; reisender Händler [HK]; „der in Häusern verkauft" [HK]; Hausierer [HK]
verebbessen swV. [HK]
– veräppeln, verulken, verarschen, veralbern [HK]; „albern" [HK]; Quatsch erzählen [HK]; reinlegen [HK]; verheiraten [HK] ♦ **V:** *der heejd sin keuschen schdramm verebbesd* ‚der hat seine Frau kräftig veräppelt' [HK].
ebster Subst. Pl. [KMa]
– Eier [KMa] ♦ **E:** Transposition aus rw. *betzer* ‚Eier' (WolfWR 1136).
ec-hotel Subst. n. [RW]
– Bankvorraum [RW] ♦ **E:** *EC-Karte*; Benennungsmotiv: Bankvorraum als Übernachtungs- und Aufwärmstätte.
ecke Subst. f. [HN]
– in: *um die ecken gehen* ‚einen drauf machen' [HN]; „wenn du mit 'nem Kumpel um den Block gehst, die Reeperbahn und das Umfeld ein bißchen abrasierst" [HN]; durch viele Kneipen gehen, sich in Kneipen und Discos betrinken [HN]; versacken [HN] ♦ **E:** dt. *Ecke*, nd. *üm de eck gahn* ‚draufgehen' (HWB I 925). ♦ **V:** *die Ecke machen* ‚sterben' [WG]
das eckenradl Subst. n. [WG]
– Betrügen beim Kartenspiel [WG]
eckiger Subst. m. [HeF, HF]
– Buchweizen [HeF, HF] ♦ **E:** dt. *eckig*, nach der Form der Samen; *Bucheckern* DWB II 470.

eckwinde Subst. f. [MM]
– Pfandhaus [MM] ♦ **E:** rw. *winde* ‚Tür, Haus' (WolfWR 6245).
eddel Subst. m. [HN]
– Dummkopf [HN]; halbseidener Typ [HN]; Gast, der nichts vom Kiez kennt oder versteht [HN] ♦ **E:** ugs. *edel* ‚niederträchtig; sittlich minderwertig', ironische Bezeichnung (Kü 1993: 190).
eddelig Adj. [HN]
– dumm, naiv [HN].
edem Subst. m. [SE]
– Schwiegersohn [SE] ♦ **E:** dt. *Eidam*, mdal. *Eidem, Edem* ‚Schwiegersohn' DWB III 83.
eech Subst. f. [KMa, OH]
– Stock [KMa, OH] ♦ **E:** mdal., dt. *Eiche* DWB III 78.
eedelschälep Subst. n. [BB]
– Edelstahl [BB] ♦ **E:** dt. *edel* und Inversion zu mdal. *Blesch* ‚Blech'.
eefak Subst. m. [BB]
– Kaffee, nachmittagliche Kaffeepause [BB] ♦ **E:** Inversion zu *Kaffee*.
efaknere swV. [BB]
– Kaffee trinken [BB].
eel[1] Subst. f. [MoM]
– Arbeitstag, Tagesschicht [MoM] ♦ **E:** wohl aus mdal. *Eel* ‚Elle' [Längenmaß auf die Zeit als Maßangabe übertragen]. ♦ **V:** *die Eel is voll* ‚der Arbeitstag ist vorüber' [MoM].
eel[2] Subst. [SE]
el [SE]
– Arsch [SE]; Po [SE] ♦ **E:** unsicher; evtl. Kontraktion aus *Eiland* DWB III 105 f. ♦ **V:** *flanz ma dän eel!* ‚Leck mich am Arsch!' [SE].
een Num. Kard. [HF]
– eins [HF] ♦ **E:** mdal./nd. *een*. → *ene*.
krützkes on een Num. Kard. [HF]
– elf [HF] ♦ **E:** *Krütskes* ‚10', vgl. WolfWR 6437.
eeschat Subst. m. [SP]
ierschert [SP]; **eeschaten** Subst. Pl. [SP]; **ierschaten** [SP]
– Vogel [SP] ♦ **E:** RheinWb. II 48 (*Eichert* ‚Eichhörnchen, Eichelhäher').
efrim Subst. m. [Scho]
– Jude [Scho] ♦ **E:** jd. *evrim* ‚Hebräer, Juden'.

efta Num. Kard. [JSa, JSW, MB]
efte [GM]; **ekta** [LüJ]
– sieben [BM, GM, JSa, JSW, LüJ] ♦ **E:** rw. *efta* ‚sieben'
(WolfWR 1146), roi. *efte* ‚sieben' (WolfWZ 623).

egel Subst. n. [LJ, MM, Scho, SS]
ekel [CL, SPI, RA]; **eigel** [MM, SPI]; **aigel** [SS]; **aijel**
[SS, WH]; **ejer** [SS, WH]; **ejgel** [Scho]
– Kalb [CL, LJ, MM, RA, Scho, SPI, SS, WH]; Ochse
[SPI] ♦ **E:** rw. *eigel, egel* ‚Kalb', aus jd. *egel* id.
(WolfWR 1147, We 62, Post 195, Klepsch 546, Siewert,
WB Viehhändlersprache, 55).
eegelchen Subst. n. Dim. [WL]; **neegelchen** [WL];
Subst. n. Dim. **egele** [Scho]; **ekele** [SPI]; **eigele** [SPI]
– Kalb [Scho, SPI, WL]
ekelpusa Subst. m. [RA]
– Kalbfleisch [RA] ♦ **E:** → *bose.*
ejgeln swV. [Scho]
– kalben [Scho].

egfach Subst. n. [HK]
eckfach [HK]; **echfach** [HK]
– Harfe [HK]; böhmische Hakenharfe [HK]; böhmische Begleitharfe [HK]; Harfenspiel [HK] ♦ **E:** wohl
zu dt. *Ecke* wegen der Form des Instruments; *-fach*
evtl. aus der Fachsprache der Weberei: *Fach* ‚durch
Hebung bzw. Senkung entstehender Zwischenraum
zwischen den Kettfäden, durch die das Schiffchen
geführt wird' (DUW 1996: 476).
egfachdilm Subst. f. [HK]
– Harfenmädchen [HK] ♦ **E:** → *dilm.*
egfachjauner Subst. m. [HK]
– Harfenspieler [HK] ♦ **E:** → *jaunen.*

egriere swV. [KMa]
– schreiben [KMa] ♦ **E:** franz. *écrire* ‚schreiben'.

ehl Subst. m. [RH]
– Hintern, After [RH] ♦ **E:** unsicher; evtl. zu dt. *Ehle,
Elle* DWB III 52 und 414, vgl. *einen mit der elle messen* ‚einem den rücken bläuen' DWB III 414 oder
womgl. zu → *ehle,* Benennungsmotiv: der Hintere,
Vorgängige.

ehle m., f. [MUJ, OJ, SJ]
ähle [BJ]
– Großvater [BJ, MUJ, OJ]; Großmutter [OJ] ♦ **E:** wohl
Bildung zu dt. *alt;* vgl. SchwäbWb. I 159 (*Älte* und
Altamme, Altmutter ‚Großmutter'). Vgl. → *ehne.*

ehne Subst. m. [LüJ]
– Opa [LüJ] ♦ **E:** schwäb. *An* ‚Großvater' mit regionalen lautlichen Varianten wie etwa *Ähni, Ähne*
(SchwäbWb. I 171/172).

ehrbarkeit Subst. f. [RW]
– Zunftzugehörigkeitszeichen: Farbiger Schlips,
Brosche oder eine Anstecknadel als Kennzeichen der
einzelnen Schächte, Krawatte der Zunftgesellen
[RW]; Schlips, schmales Krawattenband Halsbinde
[RW]; Schlips als Ehrenzeichen der fremdgeschriebenen Gesellen [RW] ♦ **E:** rw. *ehrbarkeit* ‚Halsbinde
der Mitglieder der Brüderschaften' (WolfWR 1149).
erft Subst. f. [RW]
– Ehrbarkeit [RW]; Krawatte der Zunftgesellen [RW]
♦ **E:** Kurzform aus kontrahierter *ehrbarkeit* ‚Schlips'.
elefant Subst. m. [RW]
– Mitglied des Freien Begegnungsschachtes [RW];
Grauschlips [RW]; Freireisender [RW] ♦ **E:** scherzhafte Umbildung von rw. *ehrbarkeit.*

ei Subst. n. in:
e ei legn ‚(große) Notdurft verrichten' [EF]; *ein ei legen* ‚die Zeche prellen' [WG]; *er legt eier* ‚er wendet
alle Vorsicht an' [StG]; *eier wärmen* ‚in den Puff gehen' [HN]; „wenn einer lügt vor seiner Ehefrau, dann
sagt er: *ich geh' eier wärmen*" [HN] ♦ **E:** dt. *Ei* DWB III
76 f., ugs. *Ei* ‚Hoden'.
eier Subst. Pl. [MM]
– Markstücke [MM] ♦ **E:** rw. *eier* ‚Geld(stücke)'
(WolfWR 1152); ugs.
eierkocher Subst. m. [HN]
– Hut [HN]; Melone [HN] ♦ **E:** ugs. *eierkocher* ‚flacher
Herrenhut mit gleichmäßig eingedrückter Kopffläche', die Delle im Hutkopf ähnelt der Vertiefung in
dem Küchengerät, in dem Eier gekocht werden (Kü II
91).

eibaræ swV. [WJ]
– einkaufen [WJ] ♦ **E:** SchwäbWb II 589 (*einbarnen*
‚einlagern').

eibrageln swV. [EF]
einbrägeln [EF]
– einheizen [EF] ♦ **E:** mhd./jd. *brägeln* ‚braten', Wolf,
Fatzersprache, 114.

eiche Subst. f. [StG]
– große Statur [StG] ♦ **E:** dt. *Eiche* DWB III 78, met.
Mensch von kräftiger Statur.

eichmann Subst. m. [MM]; **eikmann** [MM]
– Keule [MM]; Handstock, Spazierstock [MM]; Stock, Knüppel [MM]; „Handstock der Wanderburschen" [MM].

eichen in: [HN]
eineichen swV. [HN]
– „mit Gewalt auf Kurs bringen" [HN]
geeicht Adj. [HN]
♦ **E:** ugs. *auf etwas geeicht sein* ‚sich auf etwas gut verstehen', *eichen* ‚mit amtlichen Maßzeichen versehen', seit dem 19. Jh. gebräuchlich (Kü 1993: 275); dt. *(eine Waage) eichen* DWB III 80. ♦ **V:** *er ist geeicht* ‚er weiß Bescheid' [HN]; *geeicht drauf sein* ‚etwas vergleichsweise am besten beherrschen' [HN].

eidoofæ ‚einsperren' s. → *tofes*.

eie Num. Kard. [LüJ]
enger Num. Kard. [MB]; **enje** [GM]; **engja** [JSW]
– neun [GM, JSW, LüJ, MB] ♦ **E:** roj. *eija* ‚neun' (WolfWZ 641).

eigschrenkt Adj., Part. Perf. [LoJ]
– eingesperrt [LoJ] ♦ **E:** dt. *einschränken*.

eihäilige Adj. [BM]
– einhellig [BM]; unisono [BM] ♦ **E:** *einhellig*.

eikaschdla swV. [OJ]
– einsperren [OJ] ♦ **E:** unsicher; evtl. zu dt. *Kasten* oder dt. *ketschen* ‚ziehen, fangen' DWB XI 628 f.

eirahma swV. [OJ]
– einsperren [OJ] ♦ **E:** dt. *rahmen* ‚mit einer Fassung versehen' DWB XIV 64 ff.

eilära swV. [OJ]
– eingießen [OJ] ♦ **E:** evtl. zu dt. *leiern* u.a. ‚drehende, kurbelnde Bewegungen machen' DWB XII 686 f. oder zu dt. *leeren* ‚ein Gefäß leer machen' DWB XII 513 f.

eimelröder Subst. m. [SS]
– Jude [SS] ♦ **E:** wohl zu rw. *rödeln* ‚handeln' < nl. *ruilen* ‚tauschen' (WolfWR 4668), Erstglied unsicher, evtl. zu jd. → *eme, eimo, emo* ‚Furcht', vgl. WolfWR 1155.
eimelrödin Subst. f. [SS]
– Jüdin [SS].

ein-, ei-, en- Präfix von Verben, Substantiven, Adjektiven in: → *einbohren* bis → *einzwicken*, passim.

einbohren swV. [EF]
eibohra [EF]
– einschenken [EF] ♦ **E:** unsicher; evtl. zu mhd. *barel* ‚Becher', ung. *bor* ‚Wein', Wolf, Fatzersprache, 116.
eibohrer Subst. m. [EF]; **einbohrer** [EF]
– Einschenker [EF]
eibohrera Subst. f. [EF]; **einbohrerin** [EF]
– Einschenkerin [EF].

einboschten swV. [BJ]
– eingießen [BJ] ♦ **E:** *ein* und *posten* ‚laufen' DWB XIII 2025.

eindeißen swV. [PfJ]
– einschlagen [PfJ] ♦ **E:** *ein* und → *deisen*. ♦ **V:** *eindeißte bezem* ‚eingeschlagene Eier' [PfJ].

einetheatern swV. [WG]
– belasten [WG] ♦ **E:** wienerisch *eine* ‚hinein' und *Theater*.

einfahrn swV. [WG]
– bei einem Verbrechen erwischt werden [WG] ♦ **E:** dt. *ein* und *fahren*. ♦ **V:** *jemanden einfahren lassen* ‚jemand anderen belasten, die Schuld auf einen anderen schieben, sich als unschuldig darstellen' [WG].

eingeben swV. [WG]
– jemanden beeinflussen, was er beim Verhör zu sagen hat [WG] ♦ **E:** dt. *ein* und *geben*.

eingefangen Adv. [HN]
– verurteilt [HN] ♦ **E:** dt. *einfangen* ♦ **V:** *hab ganz schön was eingefangen* ‚bin schwer verurteilt worden' [HN]; *habe drei lenze eingefangen* ‚bin zu drei Jahren verurteilt worden' [HN].

eingepuppt Adj., Adv. [HLD]
– eingekleidet [HLD] ♦ **E:** dt. *ein* und *puppen* ‚wie eine Puppe kleiden' DWB XIII 2246.

eingnaht werden Phras. [WG]
– verhaftet werden [WG] ♦ **E:** wienerisch *eini* ‚hinein' und dt. *nähen*.

einheimisch Adj. [RW] in:
einheimisch werden Phras. [RW]; **einheimisch melden** [RW]; **einheimisch schreiben** [RW]
– die *Walz* (Wanderschaft) beenden, Ende der Reisezeit [RW]; einen festen Wohnsitz einnehmen, sesshaft werden [RW]; nach Hause gehen [RW] ♦ **E:** dt. *einheimisch* DWB III 197 f.

einheimischer Subst. m. [RW]
– Geselle, der nach der Walz sesshaft ist [RW]; Geselle, der nach drei Jahren die Wanderschaft ehrenvoll beendet hat [RW]; verheirateter Geselle mit festem Wohnsitz [RW]
einheimischmeldung Subst. f. [RW]
– Beendigung der Wanderschaft [RW]; Ritual, um sesshaft zu werden [RW]
scheinheimisch Adj. [RW]
– einheimisch, aber gelegentlich noch auf Wanderschaft [RW]
scheinheimischer Subst. m. [RW]
– Geselle, der eigentlich sesshaft ist, aber ab und zu noch auf Wanderschaft geht [RW] ♦ **E:** dt. *Schein* ‚täuschende Wahrnehmung, Anschein' DWB XIV 2419 ff.

einidrahn stV. [WG]
– betrügen beim Kartenspielen [WG]; betrügen, verraten, belasten [WG] ♦ **E:** wienerisch *eini* ‚hinein' und dt. *drehen.*

einidraher Subst. [WG]
– Zeuge bei Gericht (ungünstig für den Angeklagten) [WG].

einleitung Subst. f. in:
einleitung machen Phras. [StG]
– „Kunststücke machen, ehe das Kümmelblättchen beginnt" [StG] ♦ **E:** dt. *Einleitung.*

einlochen swV. [BJ]
– einsperren [BJ] ♦ **E:** dt./ugs. *einlochen.*

einmalochen swV. [PfJ]
– einsperren [PfJ] ♦ **E:** dt. *ein* und (evtl. unter Einfluss von dt. *einlochen*) zu → *malochen.*

einrahmen swV. [Gmü]
– einsperren [Gmü] ♦ **E:** dt. *ein* und *rahmen* DWB XIV 64 ff.

eirammeln swV. [BM]
eirâmmeln [BM]; **einrammeln** [BM]
– (ein)packen [BM] ♦ **E:** *ein* und *rammeln* ‚verschließen, verriegeln' DWB XIV 1477 f.

einrücken swV. in:
einrücken mit sturm Phras.
– energisch betteln [StG] ♦ **E:** dt. *einrücken.*

einschabern swV. [KJ]
– einbrechen [KJ] ♦ **E:** dt. *ein* und → *schabern.*

einschneiden swV. [WG] in:
jemanden einschneiden ‚jemanden in die Mitte nehmen und ihn schlagen' [WG] ♦ **E:** dt. *einschneiden.*

einschränken swV. [TJ]
– einsperren [TJ] ♦ **E:** dt. *ein* und → *schränken.*

einstellen swV. [RW]
– Gesellen aufnehmen [RW] ♦ **E:** rw./dt. *einstellen* ‚Gesellen aufnehmen' (WolfWR 1166).

eintagsfliege Subst. f. [HN]
– „Gast oder Freier, der nur selten ins Bordell oder auf St. Pauli geht" [HN].

eintrichtern swV. [WG]
– jmd. beeinflussen, was er beim Verhör zu sagen hat. [WG] ♦ **E:** dt. *eintrichtern* ‚mit einem Trichter befüllen' DWB III 331.

einwickeln swV. [BJ]
eiwiggla [OJ]
– betören [BJ, OJ] ♦ **E:** dt. *einwickeln.*

einzwicken swV. [WG] in:
jemanden einzwicken ‚jemanden in die Mitte nehmen und ihn schlagen' [WG] ♦ **E:** dt. *ein* und *zwicken* DWB XXXII 1115 ff.

eisbären swV. [RW]
– auf Vorrat betteln; Vorrat anlegen [RW]; viel Geld horten, viel Geld zusammenholen [RW] ♦ **E:** volksetymologische Bildung, aus jd. *es* ‚Wohlstand' und *peri* ‚Erwerb' (WolfWR 1173).

eisbär Subst. m. [RW]
– reicher Geselle, Geselle mit viel Geld [RW]; ein derart (im eisbären) beflissener [RW]; Fünf-DM-Stück [RW].

eischen swV. [BJ]
– anmahnen [BJ] ♦ **E:** schwäb. *eischen* ‚fordern, verlangen', mhd. *eischen* (SchwäbWb. II 670).

eisen Subst. n. [HN, WG]
– Pistole, Revolver, Schußwaffe [HN, WG]; Handschellen [WG]; Fußfesseln, im Gefängnis in Stein bis 1952 [WG] ♦ **E:** dt. *Eisen,* met. Pars-pro-toto ‚Gerät aus Eisen'.

eisenbahner Subst. m. [KJ]
– Ziege [KJ] ♦ **E:** unsicher; evtl. zu rw. *eisenbahn* ‚Leinwandsack' WolfWR 1178, nach dem sackartig hängenden Hals der Ziege; oder weil die Ziege als ein typisches Nutztier des Eisenbahners angesehen

wird; evtl. auch volksetymologische Weiterbildung zu → *etz, eß* ‚Ziege'.

eisof Subst. m. [StG]
ejsuf [CL, LL]; **ejsew** [Scho]; **eisaff** [SS]; **eysaff** [SS]; **essuf** [CL]; **esuf** [CL, PH]; **aisak** [SS, WH]
– Tabak [CL, LL, PH, Scho, SS, StG, WH]; Zigarre [Scho] ♦ **E**: rw. *eisef* (WolfWR 1175) < jd. *essew* ‚Kraut', ‚Rauchtabak' (We 62, Post 196). ♦ **V**: *Nosen mer e keelche ejsuf!* ‚Gib mir ein Pfeifchen voll Tabak!' [LL, CL].

eitarisch Adj. [LoJ]
– alt [LoJ] ♦ **E**: unsicher; evtl. zu rw. *eitze* ‚Ratschlag, obrigkeitliche Person', jd. *ezo* ‚Rat' WolfWR 1252.

eiwecheln swV. [EF]
– einheizen [EF] ♦ **E**: dt. (ant.) *fächeln* ‚wedeln, anfachen' DWB XXVII 2677.

ejzes ‚Ratschlag' → *ejze*.

ejder Adv. [MM]
– ehe, bevor [MM] ♦ **E**: jd. *eider* ‚ehe, bevor'.

ejgelbuser Subst. [Scho]
– Kalbfleisch [Scho] ♦ **E**: zu jd. → *egel, eigel* ‚Kalb' (We 62) und → *bose* ‚Fleisch'.

ejsef Subst. [Scho]
– Knecht [Scho] ♦ **E**: jd. *eisew* ‚Nichtjude', *eiwed* ‚Knecht' (We 62).

ejze Subst. f. [Scho]
eitzes Subst. Pl. [HN]
– Tipp [HN]; Ratschlag [Scho] ♦ **E**: jd. *ezo* ‚Rat' (WolfWR 1252); ugs. *eizes* ‚Ratschläge, Hinweise auf Erfolgsaussichten, Tricks' (Kü II 95, We 62, Post 196). ♦ **V**: *eitzes geben* ‚Tipp geben, Bescheid sagen' [HN]; *gib eitzes* ‚gib mir einen Tipp' [HN].

ek Part. [SK]
– nein, nicht [SK] ♦ **E**: schwed. *ikke* ‚nein'.

elbkähne Subst. m. Pl. [HN, SG]
– große Schuhe, große Schuhnummer [HN]; „Schuhe, die ganz link aussehen" [HN]; Holzschuhe [SG] ♦ **E**: dt. Flussname *Elbe* und *Kahn* ‚Holzboot, altes Schiff' DWB XI 33 f.

elbsegler Subst. m. [HN]
– Schirmmütze (wird von Hafenarbeitern getragen) [HN] ♦ **E**: dt. Flussname *Elbe* und dt. *segeln*.

eldga Subst. n. [FS]
– Geld [FS] ♦ **E**: Inversion zu *Geld* durch Anfügen des konsonantischen Anlauts und Anhängen von *a*.

elementenfärber Subst. m. [HLD, RW, StG]
– Bierbrauer [HLD, RW, StG]; Brauer [RW] ♦ **E**: rw. *elementenfärber* ‚Brauer' (WolfWR 1189).

elfere Subst. f. [BM]
– Elfenfrau [BM] ♦ **E**: dt. *Elfe, Elb* „die guten und die bösen Holden (Fabelwesen aus der germ. Mythologie)" DWB III 400 f. und Movierungssuffix -*ere*.

elle[1] Subst. f. [HN, StG]
– Einbruchswerkzeug [HN]; Brecheisen [HN] ♦ **E**: rw. *elle* ‚Brecheisen, Brechstange' (WolfWR 1193), zu dt. *Elle* u. a. ‚Winkel' (Klu. 1999: 217 f.; DWB III: 414). ♦ **V**: *putz' die elle* ‚geh einbrechen' [HN]; *hab' die elle vom Boden geholt* ‚werde einbrechen gehen' [HN].

elle[2] Subst. f. [HN]
– in: *die elle putzen* ‚abhauen' [HN]; *'ne elle bauen* ‚auf die Schnauze fallen' [HN] ♦ **E**: wohl zu dt. *Elle* ‚Ellenbogen' DWB III: 414; vgl. auch *die biege machen* ‚abhauen'.

elle[3] Subst. [HeF]
ellen [HF]
– Pfund [HF] ♦ **E**: rw. *ellen* ‚Pfund' WolfWR 1194, ohne Herleitung; wohl zu dt. *Elle* (Maßeinheit, von der Länge eines Unterarms) DWB III: 414. ♦ **V**: *en elle peek* ‚ein Pfund Fleisch' [HeF]; *Schet minotes en Vitt möt Luhrmon, on den Höbbel en Elle Knapp* ‚Gebt mir ein Butterbrot mit Käse, und dem Hund ein Pfund Brot' [HeF].

elmer Subst. f. [PH, CL]
elemer [CL, JS, LL, PH]
– Schuh(e) [CL, JS, LL, PH] ♦ **E**: rw. *elemer* ‚Schuhe' (WolfWR 1190) < jd. *na'alim* Pl. ‚Schuhe' (Post 195). Vgl. → *huim*. ♦ **V**: *Ich hab mer neie elemer gekient* ‚Ich habe mir neue Schuhe gekauft' [CL].

jaddeelemer Subst. f., Pl. [LL]
– Handschuhe [LL] ♦ **E**: jd. *jad* ‚Hand'.

elof Num. Kard. [MM]
– tausend, tausend Mark, tausend (DM-Schein) [MM] ♦ **E**: jd. *eilef* ‚eintausend' (We 62, Post 195, Klepsch 708). Vgl. → *telofe*.

elöikmerisch Adj. [BM]
– elektrisch [BM] ♦ **E**: Umbildung zu dt. *elektrisch*.

els Subst. in:
els kriegen ‚Unannehmlichkeiten bekommen' [StG]
♦ **E:** evtl. zu rhein. *Alsem, Els* ‚Wermuth' RheinWb I 129.

elulli Subst. [Scho]
– August [Scho] ♦ **E:** jd. *elul* ‚Monat August'.

eme Subst. f. [GM]
ejme [Scho]
– Angst, Furcht [GM, Scho] ♦ **E:** rw. *auf dem eimer sitzen* ‚in Verlegenheit sein, in Druck sein, Angst haben'; *eimo* ‚Furcht, große Furcht' (WolfWR 1155) < jd. *eme, eime* ‚Furcht' (We 62, Post 181, Klepsch 551); vgl. → *eimelröder.*

emma Subst. f. [SPI]
– Frau [SPI]; kleines Mütterchen [SPI] ♦ **E:** RN *Emma.*

emmes[1] Subst. f. [MB, JS, Scho, SS]
emes [Scho]
– Wahrheit [Scho, SS]; interner Sprachname, Jenisch [JS]; interner Sprachname, Mastbrucher Emmes [ME]
♦ **E:** rw. *emmes* ‚Wahrheit, Geständnis' (WolfWR 1200) < jd. *emmes* ‚Wahrheit' (We 63, Post 195, Klepsch 552); Siewert, Mastbrucher Emmes, 9; Siewert, Geheimsprachen in Westfalen, III. ♦ **V:** *knöste/ rackewehlste emmes?* ‚sprichst du Emmes: Jenisch?', ‚sprichst du unsere Sprache?' (Identifizierungsfrage) [JS]

emmes Interj., Adj. [CL, HN, MB, MM, Scho]; **emms** [MM]; **emmös** [MM]; **ömmes** [MM]
– wahr [CL]; wahrhaftig [Scho]; ja sicher [HN]; in Ordnung [MM]; jawohl [MM]; natürlich (selbstverständlich) [HN, MB, MM]; klar [MB, MM]; ja, fürwahr, tatsächlich [MM]; klarer Fall [MM]; wirklich [Scho]; o. k. [MM]; „hör mal zu!" [MM] ♦ **V:** *ömmes bekane* ‚klarer Fall' [MM]; *warste schon in pani? ömmes* ‚warst du schon im Wasser? Klar!' [MM]; *ist er auch n laumalocher? – emmes* ‚ist er auch ein Faulpelz? – Natürlich' [MB]; *kommst du? Emmes, sofort nach maloche* ‚Kommst du? Ja, sobald ich mit der Arbeit fertig bin' [MM]; *emmes, Schäätz?* ‚Wirklich wahr, Freund?' [CL]; *ist er auch 'n laumalocher? – emmes* ‚ist er auch ein Faulpelz? – Natürlich' [MB]

emmes schmousen swV., Phras. [SS]; **emmes schmusen** [StG]
– ins Gewissen reden [SS]; ein Geständnis machen [StG].

emmes[2] Subst. m. [CL, LL, WM]
ömmes [MB, MM]
– schwerer Gegenstand [MM]; ein großes Teil [MB]; Anführer, Hauptperson, Mann [CL, LL]; Chef, Bestimmender [CL]; merkwürdiger Typ [HN]; „neigt mehr zur Witzfigur" [HN]; Bürgermeister [WM] ♦ **E:** unsicher, wahrscheinlich zu *emmes*[1] im Sinn von ‚Kern der Sache, gewichtiger Gegenstand, Hauptperson'; möglicherweise aber auch zu jd. *emez* ‚jemand' (Kü 1993: 206), aus mhd. *iemen(s)*, rhein. (RheinWb. II 1067) *iemes, ömes* u. a. ‚jemand'. ♦ **V:** *Wu schäfftn eier emmes?* ‚Wo arbeitet euer Mann?' [LL, CL].

emti Interj., Adv. [HN]
– „nun ist absolut Schluß" [HN] ♦ **E:** engl. *empty* ‚leer'.

emton Pron. oder PN [HN]
empton [HN]
– „abschätzige Bezeichnung einer Person" [HN] ♦ **E:** unklar; evtl. RN *Anton*; vgl. *ihmsen, jenner*, abwertend. ♦ **V:** *die ist mit empton zusammen* „das ist ein Haubentaucher, kannste abhaken" [HN]. → *haube.*

seibelbeizemton Subst. m. [HN]
– Toilettenmann [HN].

end Adv. [KMa]
– fort [KMa] ♦ **E:** rw. *end*, aus dt. Part. *ent* (WolfWR 1204).

endadäbbr Subst. Pl. [OJ]
– Burgberger Endsocken aus Filzstreifen geflochten [OJ] ♦ **E:** dt. *Ende* und schwäb. *täppelen* ‚tappen, trippeln' (SchwäbWb. II 63).

endsocken Subst. Pl. [BJ]
– Burgberger Endsocken aus Filzstreifen geflochten [BJ] ♦ **E:** dt. *Socken.*

ende Subst. [StG]
– Schiff [StG] ♦ **E:** unsicher; evtl. zu dt. *Ente* (Wasservogel).

endgehen swV. [KMa]
– sterben [KMa] ♦ **E:** dt. *zu Ende gehen.*

êne Num. Kard. [MeT]
ene [MeT]; **en** [KMa]
– eins [MeT] ♦ **E:** nd. *een* ‚ein'. → *een.*

snêmans Num. Kard. [MeT]; **snemans** [MeT]
– vier [MeT] ♦ **E:** lat. *manus* ‚Hand'; *sne-* < *ens*, durch Umkehrung der Lautfolge gebildet (Siewert, Humpisch, 113); weniger wahrscheinlich: zu → *snêp-* ‚klein, wenig'.

eng Adv. [HN]
– in: *eng werden* ‚gefährdet sein („bei Planungen")' [HN] ♦ **E:** dt. *eng*.

engelmacher Subst. m. [HN]
– „Totmacher, Puste" [HN]; Schußwaffe [HN]; Abtreibung [HN] ♦ **E:** rw. *engelmacher* ‚Kinderpflegerin, die Kinder in Kost nimmt und „zu Engeln macht", d. h. bald sterben lässt' (WolfWR 1208); *engelmacherin* ‚Pflegemutter, die das Pflegekind verbrecherisch beseitigt' (Kü I 154); nd. *engelmaker* Pl., euphem. Bez. für Personen, die Kinder aus armen Familien oder unehelichen Verbindungen für ein einmaliges Entgelt in Kost nahmen und aus Gewinnsucht den Tod dieser Kinder herbeiführten (HWB I 978). ♦ **V:** *der hat'n engelmacher inner Tasche* ‚der trägt eine Pistole bei sich' [HN].

englisch Adj. [RW]
engelsch [HF]
– in: *auf englisch leder gehen* ‚barfuß gehen' ♦ **E:** rw. (WolfWR 1209).

enken Num. Kard. [SK]
– eins [SK] ♦ **E:** roi. *ek* ‚eins'.

enkeppes Adv. [HF]
– zu zweien, gemeinsam [HF] ♦ **E:** rhein. *eppes* ‚etwas', *enk* ‚beide'.

ennefäiles Subst. m. [KMa]
– Spion [KMa]; verschlagener Mensch [KMa] ♦ **E:** rw. *ennefäiles* (WolfWR 1248) < jd. *neweile* ‚Aas, gemeiner Mensch' (We 87, Post 195).

enrieven swV. [HF]
– übervorteilen [HF] ♦ **E:** mdal., dt. *einreiben* DWB III 248.

ens Part. [HeF, HF]
– mal, einmal [HF] ♦ **E:** → ene. ♦ **V:** *brell ens, Knöllen, wat den Thuren en Tück het!* ‚Sieh einmal, welche Nase das Frauenzimmer hat!' [HeF]; *plar ens, knöllen, do huckt te büs* ‚trink mal, da steht die Flasche' [HeF].

ensha Subst. Pl. [FS]
– Kartoffeln [FS] ♦ **E:** unsicher; evtl. Inversion aus *häns* (Klu. 1901, 442); vgl. *Hänsch* ‚Buchweizen' RheinWb. III 241.

entenstall Subst. m. [KMa]
– Chaise (Karre, leichte Kutsche) [KMa] ♦ **E:** dt. *Ente* und *Stall*.

enzánde Subst. n. [SK]
– Feuer [SK] ♦ **E:** franz. *encendie* ‚Feuerbrunst'.

epart Adj. [HF]
– besonders [HF] ♦ **E:** zu dt. *apart* ‚besonders'.

epi Subst. n. [HN, MB]
– Bier [MB]; Schluck [MB]; Schnaps [HN]; Korn [MB]; Benzin [MB] ♦ **E:** roi. *pi-* ‚trinken', *pi'epa* ‚Schnäpschen, Bier' (WolfWZ 2412); zuerst 1915 bei Soldaten und Hafenarbeitern bezeugt; aus frz. *épi* ‚Ähre'; heute bes. in der Arbeiterschaft gebräuchlich (HWB I 990). ♦ **V:** *dell mich ein epi* ‚gib mir ein Bier' [MB].

er- Präfix von Verben, Substantiven, Adjektiven in: → *erholung* bis → *erwandern*, passim.

erach Subst. m. [SPI]
erech [Scho]
– Wert [Scho]; Preise [SPI] ♦ **E:** jd. *erech* ‚Wert' (We 63).

erbeiß Subst. Pl. [BJ]
– Erbsen [BJ] ♦ **E:** schwäb. *erbis, erbeis* ‚Erbse' (SchwäbWb. II 765).

erbsendoktor Subst. m. [HN]
– Psychiater [HN] ♦ **E:** dt. *Erbse* abschätzig für ‚Kopf', d. h. Doktor für den, bei dem etwas im Kopf nicht stimmt.

erdbohrer Subst. m. [LJ, SchJ]
– Rettich [LJ, SchJ] ♦ **E:** rw., WolfWR 1220, dt. *bohren* und *Erde*.

erew Subst. [SS]
errev [Scho]
– Abend [Scho, SS] ♦ **E:** jd. *erew* ‚Abend' (WolfWR 1225, Klepsch 554). ♦ **V:** *ad erew* ‚bis zum Abend' [SS].

ereztapuchim Subst. Pl. [Scho]
– Erdäpfel [Scho]; Kartoffeln [Scho] ♦ **E:** jd. *erez* ‚Erde, Land' und jd. *tapuchim* ‚Äpfel'.

ergale Subst. n. Dim. in: [OJ]
boschda wie a ergale ‚laufen wie geschmiert' [OJ] ♦ **E:** dt. *Orgel*, schwäb. *laufen wie ein Örgelein* (Dim. zu *Orgel*) ‚ruhig, still' (SchwäbWb. V 80).

erholung Subst. f. in: [WG]
auf erholung sein ‚im Gefängnis eingesperrt sein' [WG] ♦ **E:** dt. *Erholung* ‚Freizeit zur Ertüchtigung'.

erl Subst. m. [LL, CL]
erle [CL, LL, PH]
– Vater [CL, LL, PH] ♦ **E:** rw./jd. *orel* ‚Unbeschnittener, Unreiner, Nichtisraelit' (WolfWR 1231, We 88, Post 196, 231, Klepsch 556). ♦ **V:** *Is eiern erle dehääm?* ‚Ist euer Vater daheim?' [LL, CL].

erlche Subst. n. Dim. [OH]
– Kalb [OH] ♦ **E:** evtl. zu → *egel*.

erler Subst. m. [RW]
– Drechsler [RW] ♦ **E:** rw. *erlauer, erlkönig* ‚Drechsler', evtl. volksetymologisch „nach dem Erlenholz" (WolfWR 1230); vgl. DWB III 906 Erlkönig „dän. ellerkonge, ellekonge, d. i. elverkonge, elvekonge, also elbkönig, elbenkönig".

erlkönig Subst. m. [RW]
– Drechsler [RW].

errammeln swV. [EF]
– verdienen [EF] ♦ **E:** rw./jd. *Ramme* ‚Betrüger' Wolf, Fatzersprache, 116, dt. *rammeln* ‚einstoßen'.

erammelt Adj., Adv. [EF]
– verdient [EF].

erscharren ‚erlauben' s. → *scharschen*.

erstmaliger Subst. m. [WG]
– junger Gefangener, der das erste Mal im Gefängnis ist [WG] ♦ **E:** dt. *erstmalig*.

erwahnen swV. [NJ, RH]
– erwählen, ins Auge fassen, aussuchen [NJ, RH]; bekommen [NJ, RH] ♦ **E:** zu dt. (ant.) *wahnen* ‚abnehmen (bes. vom Mond), verringern' DWB XXVII 649 ♦ **V:** *hockt hier was zu erwahnen?* ‚gibt es hier etwas zu haben?' [NJ].

erwandern swV. [RW]
– aufnehmen, beitreten (einem Schacht) [RW]; in der Zunft fremdschreiben [RW] ♦ **E:** dt. *wandern* DWB IX 244.

erwandert werden Phras. [RW]
– in den Schacht aufgenommen werden [RW]; auf Wanderschaft gehen, abgeholt werden, [RW]; Zeremonie beim Beginn der Wanderschaft [RW]; eingeflaggt werden [RW]

erwanderung Subst. f. [RW]
– Aufnahme in einen Schacht, Zeremonie bei Aufnahme in eine Bruderschaft [RW]; das Fremdschreiben eines Gesellen [RW]

erwanderter Subst. m. [RW]
– das aufgenommene Schachtmitglied [RW].

erwerbshöhle Subst. f. [MB]
– Wirtschaft [MB] ♦ **E:** dt. *erwerben* und *Höhle*.

esch Subst. m. [BJ]
ösch [BJ]; **eschoi** Subst. m. [OJ]; **eschscheu** [BJ]
– Feldschütz [BJ, OJ] ♦ **E:** zu schwäb. *Esch* ‚Fruchtfeld' (SchwäbWb. II 864).

esche Subst. f. [StG]
– Mädchen [StG] ♦ **E:** → *ische*.

eschterig Subst. m. [BM]
– Gehirn [BM] ♦ **E:** dt. *Estrich*, schweizdt. auch ‚der oberste Boden eines Hauses'.

esel Subst. m. [HK, WM]
– Cello [HK, WM] ♦ **E:** dt. *Esel*, metaphorisch: Spenderfeld Tiere, Empfängerfeld Musikinstrumente; motiviert nach Tierlauten; vgl. WM *kuh* ‚Baßgeige'.

eseln swV. [BJ]; **esla** [OJ]
– schwer arbeiten (meist ohne Wert) [BJ, OJ] ♦ **E:** rw. *eseln* (WolfWR 1239).

eselstehen Phras. [KJ]
– fragen [KJ] ♦ **E:** womgl. volksetymologisch zu rw. *esches* „Gauner- oder Vagabundenerzählung (um Mitleid zu erregen)", zu jd. *aschis* ‚er hat ersonnen, gedacht'
WolfWR 1238.

esel in der donk Subst. m., Phras. [BJ]
– Kellerassel [BJ] ♦ **E:** volksetymologisch zu dt. *Assel* ‚Haarwurm' DWB I 587.

eskedille Subst. m. [KP]
exgedülli [KP]
– Soldat [KP] ♦ **E:** rw. *eskedille* ‚Soldat' aus jd. *ach* ‚Bruder' und *godol* ‚groß', also „großer Bruder" (WolfWR 1250).

eskimoflip Subst. m. [HN]
– Glas Wasser mit Eisstücken [HN] ♦ **E:** Ethnonym *Eskimo* und engl. *Flip* ‚Cocktail'.

eskuchen swV. [SK]
– herhören [SK] ♦ **E:** span. *escucher* ‚anhören'.

eßzimmer Subst. n. [HN]
– Zähne [HN] ♦ **E:** ugs. *eßzimmer* ‚Mundhöhle, Mund, künstliches Gebiss' (Kü II 98). ♦ **V:** *habe ein neues eßzimmer* ‚habe ein künstliches Gebiss' [HN]

eßzimmermonteur Subst. m. [HN]
– Zahnarzt [HN].

esuf ‚Tabak' → *eisof*.

ete Subst. m. und RN [MB, MM]
ede [MM]; **eti** [MM]
– Nachbar [MB]; Gangster, Knacki [MB]; Personenname [MM] ♦ **E:** Appellativ aus RN *Eduard, Edmund*.
matrelen ede Subst. m. [MM]
– Schrebergärtner [MM] ♦ **E:** → *matrele* ‚Kartoffel'.

etmol Adv. [Scho]
– gestern [Scho] ♦ **E:** mdal. *et(es)* und *mal* ‚ehemals'.

ette Subst. m. [HK]
edde [HK]; **oette** [MB]; **oete** [MB]; **oetter** [MB]
– Vater [HK]; Alter [HK]; Mann [HK]; älterer Herr [HK]; Nachbar [MB] ♦ **E:** mdal./dt./jd. *Ätti* ‚Vater', in Thüringen kindersprachlich und „in der Sprache der ansässigen Juden" belegt (ThürWb. I 304), mhd. *atte/ätte* ‚Vater, Großvater', fnhd. *ätte* ‚Vater'. ♦ **V:** *min ette es bekahme* ‚mein Vater ist zu Hause' [HK]; *min edde war en roodmalmisch* ‚mein Vater war ein Kommunist' [HK]
ettesche Subst. f. [SPI, SS]; **etteske** [SS]
– Mutter [SPI, SS] ♦ **E:** Movierung zu jd. *ette* ‚Vater'.

etz¹ Subst. m. [CL, FS, LL]
– Wald [CL, FS]; Holz [CL] ♦ **E:** rw. *eitz* ‚Holz' (WolfWR 1183) < jd. *ez* ‚Holz, Baum' (Post 196). ♦ **V:** *Er kummt vum Etz hääm* ‚Er kommt aus dem Wald heim' [CL]; *Schäffsche mit in de etz?* ‚Gehst du mit in den Wald?' [CL].

etz² Subst. f. [CL]
ees [RA]
– Ziege [CL, RA] ♦ **E:** jd. *äß* ‚Ziege', hebr. *êz* (Post 196, We 67 *Isse*).
etzfutter Subst. n. [CL, LL]
– Ziegenfutter [CL, LL].

euber Subst. m. [BM]
eubögetsch [BM]
– Ellbogen [BM] ♦ **E:** mdal. zu *Ellenbogen*.

eufe Subst. f. [SS]
oufe [SS]
– Suppe [SS] ♦ **E:** unsicher; evtl. zu mhd. *ouwe* ‚Wasser'; rw. *aue* (WolfWR 161).

eule Subst. f. [SS]
– Wachstuch, in das die Sensen gepackt werden [SS] ♦ **E:** evtl. zu dt. *Eule* ‚Kinderhaube' DWB III 1194.

eulefka Subst. [FS]
– Hund [FS] ♦ **E:** Inversion zu *keulef* (s. → *keilef*) mit Hintanstellung des konsonantischen Anlauts und Hinzufügung von *a*.

eumel Subst. m. [HN]
– männliches Geschlechtsteil [HN] ♦ **E:** nd. *eumel* ‚Penis' (im St. Pauli-Milieu), erst nach 1945 (HWB I 1004); ugs. *eumel* ‚Penis' (Kü 1993: 216).
eumeltöpfe Subst. m. Pl. [HN]
– weibliche Brüste [HN]; Büstenhalter [HN] ♦ **E:** → *eumel* und dt. *Topf*.

ex Subst. n. [HN]
– Flasche Bier [HN] ♦ **E:** Kürzung aus *Export Bier*.

exer Subst. m. [BM]
– Examen [BM] ♦ **E:** Kürzung aus dt./lat. *Examen*.

explikation Subst. f. [JS]
– Vorstellen der Tiere (in einer Menagerie) im Innern des Zeltes [JS] ♦ **E:** frz. *explication* ‚Erklärung, Erläuterung'.
explikateur Subst. m. [JS]
– Angestellter, der die *explikation* übernimmt [JS].

exportgeselle Subst. m. [RW]
– Geselle, der bereits längere Zeit auf der Walz ist und einen Neuling losbringt und ihn unterweist (Axt & Kelle) [RW] ♦ **E:** dt./lat. *Export* und dt. *Geselle*.

F

f Subst. n., in: [HN]
f auf dem Rücken „F für Freier, Gast den man ausnehmen kann" [HN] ♦ **E:** Initialkürzung von *Freier*.

faa¹ Präp., Adv. [BB]
– ab [BB] ♦ **E:** Inversion zu mdal. *af*.

faa² Subst. m. [BB]
– Affe [BB] ♦ **E:** Inversion zu mdal. *Aaf*. [BB].

faal Subst. f. [SP, SE]
faalen [SP]; **fall** [SE]
– Tür [SE, SP] ♦ **E:** RheinWb. II 275 (*Falle* ‚Falle, Klappe'). In der Mda. nur als Bez. für Bett geläufig ♦ **V:** *Isch giin aan de Faal.* [SP]; *bossel de fall!* ‚Tür zu!' [SE].

faaschaame swV. [BB]
– öffnen [BB] ♦ **E:** Inversion zu mdal. *machsch aaf* ‚machs auf'.

faatsche Subst. f. [KMa]
– Kuchen [KMa, OH]; Wecke (Brötchen) [KMa] ♦ **E:** rw. *faatsche* ‚Kuchen, Wecken' (WolfWR 1255); aus dt. *fatsche* ‚Maulschelle' (DWB III 1363); *Maulschelle* auch ‚eine Art Gebackenes aus Butterteig' (DWB XII 1808).

faatseperrer Subst. m. [KMa, OH]; **faatschpirrer** [KMa, OH]
– Kuchen [KMa, OH]; Wecke (Brötchen) [KMa].

faber Subst. [Zi]
– Tinte [Zi]; Bleistift [Zi]
fäberlig Subst. m. [JeS]; **fääbri** Subst. m. [JeS]
– Schreibgerät [JeS] ♦ **E:** Bildungen zu → *febern*.

fachan Subst. m. [Scho]
fachaan [Scho]
– Nichtsnutz [Scho]; Lump [Scho]; armer Schlucker [Scho] ♦ **E:** zu dt. *Vagant* ‚Nichtsesshafter' (Klepsch 559). → *vagant*.

fächen swV. [MUJ]
– animieren [MUJ] ♦ **E:** wohl zu rhein. *fechten* „viel u. Unsinn reden, schwätzen" RheinWB II 345.

fachl Subst. n. Dim. [EF]
– Arrest [EF] ♦ **E:** zu dt. *Fach* ‚Falle, Schlinge, Wand, Mauer, Abteilung in Häusern' DWB III 1218 f.
fächlein Subst. n. Dim. [EF]
– Arrest [EF].

fachle Subst. f. [BA]
– Feuer [BA] ♦ **E:** schweizdt. *Fachle* ‚Fackel' (SchweizId. I 642).

fachten ‚betteln' → *fechten*.

fackeln¹ swV. [BJ]
faggla [OJ]
– brennen [BJ, OJ]
fackel¹ Subst. f. [BJ, KJ]; **faggl** [OJ]
– Feuer [BJ, KJ, OJ] ♦ **E:** rw. *fackel* ‚Feuer', aus dt. *anfachen* (WolfWR 1261, DWB I 320 f.).

fackeln² swV. [GM, HK, HLD, JS, JSa, NJ, PfJ, PH, SK, StG, WG]
fackele [BJ, CL, LL, LüJ, RW]; **faggeln** [HK]; **fakeln** [BJ, SP, KM]; **fakele** [KM]; **fackle** [JeS, LüJ]; **fagla** [OJ]; **faakele** [StJ]; **fackelen** [Gmü, Him]; **fazeln** swV. [RH]
– schreiben [CL, GM, Gmü, HK, Him, JeS, JS, JSa, KM, NJ, OJ, PfJ, PH, RH, SK, SP, StG, StJ, WG]; „von Seite der Behörde nach dem Heimathsort schreiben" [RW]; handeln [LüJ]; flunkern [RW]; ins Gästebuch eintragen [HK]; machen, tun [JS] ♦ **E:** rw. *fackeln* ‚schreiben' aus dt. *fackeln* ‚sich hin und herbewegen', WolfWR 1262, DWB III 1228 f., SchwäbWb. II 911 (*facklen*). ♦ **V:** *ein gsiberl fackeln* ‚eine Nachricht einem anderen Gefangenen oder einem Außenstehenden schreiben' [WG]; *kassiber fackeln* ‚Brief schreiben' [HLD]; *einen Gefackelten fackeln* ‚einen Brief schreiben' [NJ]; *oh schofel, oh schofel, i muß mi latsche, gwante modle und tschi fackle* ‚oh weh, oh weh, ich muß mich schämen, ich habe schöne Mädchen, aber sie können nicht schreiben' [LüJ]; *kasaf gefaggeld* ‚Brief geschrieben' [HK]; *fackel die fenäte doft* ‚mach das Fenster zu' [JS]

abfackeln swV. [HK, PfJ]; **abfaggeln** [HK]
– abschreiben [HK, PfJ] ♦ **V:** *mit der fäme abfackeln* ‚mit der Hand abschreiben' [HK]
ausgfacklt sein swV. Phras. [WG]
– im Fahndungsbuch ausgeschrieben sein [WG]
einfaggeln swV. [HK]; **einfackeln** [HK]
– einschreiben [HK]; eintragen [HK]; „eintragen im Gewerbeschein" [HK]; „ins Gästebuch eintragen" [HK]; „einschreiben in der Wirtschaft" [HK]; „einschreiben, wenn ich wo schlafe" [HK] ♦ **V:** *eingefaggeld beim foods* ‚beim Kapellenleiter im Gewerbeschein mit eingetragen', ‚eingeschrieben beim Kapellenchef' [HK]
unterfackle swV [LüJ]; **unterfaggeln** [HK]; **unnerfackle** [CL]; **ungerfaggeln** [HK]
– unterschreiben [CL, HK, LüJ]; unterzeichnen [HK] ♦ **V:** *Hosche unnerfackelt?* ‚Hast du unterschrieben?' [CL]; *das finnichen ungerfackeln lassen* ‚das Gewerbe ausdehnen und unterschreiben lassen' [HK]
verfaggeln swV. [HK]
– verschreiben [HK]
fackel² Subst. f. [JSa, RW]
– Zeugnis [RW]; Brief [JSa] ♦ **V:** *haschde deiner Mossi e Fackel geschrief?* ‚Hast du deiner Frau einen Brief geschrieben?' [JSa]
fakeler Subst. m. [KM]; **fakelere** [KM]; **fackler** [HK, PfJ, RW]; **faggler** [HK]
– Schreiber [HK, KM, PfJ, RW]; Schriftführer [HK]; Schreiberling [HK]; Schreiber im Büro [HK]; Schreiber auf dem Amt [HK]
fackelei Subst. f. [RW, SK]; **fakelei** [KM]; **fakeleie** [KM]; **facklerei** Subst. f. [Gmü, Him]
– Brief [Gmü, Him]; Schriftstück (Brief, falsche Papiere u. a.) [RW]; Post [SK]; Büro [KM]; Flunkerei [RW] ♦ **V:** *fackelei machen* swV. ‚falsches Papier anfertigen' [StG]; *fackelei machen* ‚ein Schriftstück anfertigen' [RW]
fackelfinniche Subst. m. [SK]
– Brief [SK]
fackelträger Subst. m. [RW]
– jemand, der Bettelbriefe und Adressen von Geldgebern verkauft [RW]

facklersbrink Subst. m. [PfJ]
– Schreiber [PfJ]
facklersfisel Subst. m. [PfJ]
– Schreiberlehrling [PfJ]
facklersknecht Subst. m. [PfJ]
– Schreiber [PfJ]
gefackelter Subst. m. [NJ]
– Brief [NJ] ♦ **V:** *einen Gefackelten fackeln* ‚einen Brief schreiben' [NJ]
gefaggeldes Subst. n. [JS]
– Geschriebenes [JS].

facker → in *fickfacker*.

facklæ swV. [WJ]
– tragen [WJ] ♦ **E:** unsicher; evtl. Pars-pro-toto-Metonymie *Fackel tragen*.
fackle Subst. f. [KP]
– Peitsche [KP] ♦ **E:** rw. *fackle* id. WolfWR 1263; evtl. zu dt. *Fackel* DWB III 1227.

fädd Adj. [OJ]
– reich [OJ] ♦ **E:** dt. *fett*.

fädeln swV. [PfJ]
– durchgehen [PfJ] ♦ **E:** dt. *fädeln* DWB III 1230. ♦ **V:** *s' loch fädeln* ‚verschwinden' [PfJ].

faden Subst. m. [EF]
fäden Subst. Pl. [EF]
– Haare [EF] ♦ **E:** dt. *Faden* DWB III 1231 ff.

fäderli Subst. n. [JeS]
– Weidenrute, bes. der Korbweide, zum Flechten von phantastisch schönen Weiden ♦ **V:** *Du, Gaaschi, das sind de huere kwanti Fäderli* ‚du, Mann, das sind denn phantastisch schöne Weiden' [JeS] ♦ **E:** unsicher; evtl. zu dt. *Feder*.

fadern ‚Stroh' → *federn*.

fädlig Subst. [JeS]
– Draht [JeS] ♦ **E:** zu schweizdt. *Fade* ‚Faden'.

fadling Subst. m. [TK]
– Wohnwagen [TK] ♦ **E:** rw./dt. *Fahrt*, Suffix *-ling*; vgl. rw. *Fahrt* ‚Bettelgang u. a.'.

fähme ‚Hand' s. → *feme*.

fahne Subst. f. [BJ, HK, WG, WJ]
fahna [OJ]; **fahn** [BJ, PfJ]; **fähnle** Dim. Subst. n. [LüJ]
fehnale [OJ]
– Kleid [BJ, HK, OJ, PfJ, WJ]; dünnes (leichtes) Kleid [LüJ]; billiges, geschmackloses Kleid [OJ]; dürftiges Kleid [BJ]; Rausch [BJ, OJ, WJ] ♦ **E:** rw. *fahn* ‚Kleid' (WolfWR 1266; SchwäbWb. II 939–941 (*Fänle*). ♦ **V:** *die Fahne packen* ‚Erstangeklagter sein' [WG]; *die Fahne tragen* ‚Erstangeklagter, der die gesamte Schuld auf sich genommen hat' [WG]
fahnenträger Subst. m. [WG]
– Erstangeklagter, der die gesamte Schuld auf sich genommen hat [WG].

fähne Subst. f. [HK]
– Halm [HK] ♦ **E:** wohl zu dt. *Fahne*, u. a. met. für formähnliche Pflanzen(teile) „das oberste blatt der schmetterlingsblumen" DWB III 1241.

fähnrich ‚Käse' → *fennrich*.

fahr ums eck Phras. [BJ]
– Besen [BJ] ♦ **E:** dt., Zusammenrückung.

fahrer Subst. m. [WG]
– Schnitt in die Wange mit einem Messer oder Würfelzucker (z. B. als Strafe für Verräter) [WG] ♦ **E:** zu dt. *fahren* ‚entlangfahren'.

fahrherr Subst. m. [HF]
farherr [HeF]
– Ziege [HeF, HF]
fahrherrsips Subst. f. [HF]
– Ziegenmilch [HF] ♦ **E:** rw., WolfWR 1294 (ohne Herleitung), zum Grundw. s. → *sips*.

fahrt Subst. f. [RW, StG]
– Diebstahl [StG] ♦ **E:** rw. *fahrt* ‚Bettelgang, Diebstahlsunternehmen' (WolfWR 1270). ♦ **V:** *auf die fahrt gehen* ‚auf Diebstahl ausgehen', [StG]; *auf die fahrt steigen* ‚betteln gehen, die Bettelei anfangen' [RW]; *auf der fahrt sein*, ‚betteln gehen' [RW]; *fest auf der fahrt sein*, ‚flott betteln' [RW]; *die fahrt einander verderben*, ‚zusammen in derselben Straße (Dorf) betteln' [RW].

faiken swV. [MeT, MT]
– schlafen [MeT, MT]
feikedôss Subst. m. [MeT]; **feikedoss** [MeT]
– Schlafrock [MeT] ♦ **E:** WolfWR 1271, ohne Herleitung; Siewert, Humpisch, 64: aus westf. *fäkelen* ‚im Dunkeln umhertappen' (WestfWb. II: 530); nd. *vaken*, mnd. *vak* ‚Schlaf, Schläfrigkeit'. Zweitglied romanisch; vgl. frz. *dos* ‚Rücken', lat. *dorsum*; sspr. *dos(s)*, *dosseflicker* ‚Kleidermacher' im Liber Vagatorum.

failen swV. [MeT]
faiten [MeT]
– machen [MeT]; anmachen [MB]; arbeiten [MB]; herstellen [MeT]; fertigen [MeT]; Geschlechtsverkehr haben [MB] ♦ **E:** rw. *failen* ‚machen' (WolfWR 1272); mhd. *veilen* ‚käuflich machen, verkaufen'; dt. *feilen* „feil bieten, zu kaufe bieten, hingeben" DWB III 1449.
failer Subst. m. [MeT]
– derjenige, der etwas herstellt, ursprünglich: verkauft [MeT] ♦ **E:** mhd. *veilen* ‚verkaufen', untergegangenes deutsches Wort; in der Gegenwartssprache noch in *wohlfeil* ‚billig' und *feil halten* ‚(zum Verkauf) anbieten' (nur noch literarisch, in der gesprochenen Standardsprache nicht mehr gebräuchlich). Im Liber Vagatorum 1510: *feiling* ‚kremerige' (Siewert, Humpisch, 64 f.).
bentenfailer Subst. m. [MeT, MT]; **bentenfeiler** [MB, MeT]
– Tischler [MB, MeT, MT] ♦ **E:** nd./westf. *bente* ‚Tanzboden' (Siewert, Humpisch, 65, WestfWb. I: 611); „nicht zu mnd. Bentholt ‚Bandholz, Reifholz'"; zu weiteren Spekulationen zur Herkunft Siewert, Humpisch, 65.
fluschenfailer Subst. m. [MeT, MT]; **fluchsenfailer** [MeT]; **fluchenfailer** [MeT]; **flucksenfailer** [MeT]
– Zigarrenmacher [MeT, MT] ♦ **E:** unsicher; möglicherweise zu westf. *flueseken* ‚Flaumhärchen' (Woeste, 304), vgl. ostfr. *flü* ‚Büschel Wolle, Haare' oder zu *flutse, fluete* ‚altes, stumpfes Schneidewerkzeug, Messer' (WestfWb. II: 798 f.).
kassenfailer Subst. m. [MeT, MT]
– Zimmermann [MeT, MT]
kriksenfailer Subst. m. [MeT]
– Radmacher [MeT] ♦ **E:** nd./westf. *krîschen* (von Steinen:) hell schreien; *krisk, krisken* ‚schreien, kreischen', Siewert, Humpisch, 65.
lîmesfailer Subst. m. [MeT, MT]; **limesfailer** [MeT]
– Leineweber [MeT, MT] ♦ **E:** roi. *lima* ‚Hemd' (WolfWR 3244); im nd. Liber Vagatorum *lyms* ‚Hemd'; sspr. *leimes* ‚Hemd' in einer Händlersprache im Hunsrück, Siewert, Humpisch, 66. → *lims*.
mûlschfailer Subst. m. [MeT, MT]; **mulschfailer** [MeT]
– Arzt [MeT, MT] ♦ **E:** roi. *mulo* ‚tot' (BoIg 188); ein Anschluß an mnl. *malsch* ‚weich' ist demgegenüber unwahrscheinlich, Siewert, Humpisch, 66. → *muls*.
seibelfeiler Subst. m. [MM]
– Nichtsnutz [MM] ♦ **E:** → *seibel* ‚Kot, Schmutz'.

tîmesfailer Subst. m. [MeT, MT]; **timesfailer** [MeT]
– Hutmacher [MeT, MT] ♦ **E:** nd. *timp(e)* ‚Zipfel, Spitze'. → *tims*.
trênfailer Subst. m. [MeT, MT]; **trennfeiler** [MB]; **trenfailer** [MeT]
– Schuster [MB, MeT, MT] ♦ **E:** nd. *treden, triäden* ‚treten'. → *tre*.
faitzker Subst. m. [SPI]
– Ei [SPI] ♦ **E:** wohl slawischen Ursprungs, vgl. slow. *vajce, vajicko* ‚Ei'; schwerer zu rw. *beitze, betzcher* ‚Ei' (WolfWR 443) aus jd. *bëzem, bëzes*, pl. ‚Eier', auch ‚Hoden' (We 51).
fäksel Subst. n. [HN]
– Kleingeld [HN] ♦ **E:** dt. *Wechsel(geld)*.
faktor Subst. m. [EF]
fakter [EF]; **facter** [EF]
– Schneider [EF] ♦ **E:** lat. *factor* ‚Macher, Hersteller'.
fälb Subst. m. [OJ]
fälbr Subst. m. [OJ]
– Hut [OJ] ♦ **E:** SchwäbWb. II 1033 (*Felber, Felbel* ‚Filzhut').
falchen swV. [LJ]
– scheißen [LJ]; Notdurft verrichten [LJ] ♦ **E:** unsicher; evtl. zu → *ferchen*.
falldicke Adj. [MB]
– sturzbetrunken, vollstramm, ballerbreit [MB] ♦ **E:** zu dt. *fallen* und westf. *dicke* ‚sattsam, oft'.
falle[1] Subst. f. [BA]
– Gesicht [BA] ♦ **E:** wohl zu schweizdt. *Falle* u. a. ‚betrübtes Gesicht' SchweizId. *Falle*[n] (I) I 747.
falle[2] Subst. f. [BJ, CL, HN]
fall [CL, FS, JS, JSa, LL, NJ, OJ, PH, WM]; **val** [KM]; **vale** [KM]
– Tür [BJ, CL, JS, JSa, KM, LL, NJ, OJ, PH]; Bett [BJ, CL, FS, HN, OJ, WM] ♦ **E:** rw. *fall* ‚Tür' (WolfWR 1275, ohne Herleitung), zu dt. *fallen* bzw. rw./dt. mdal. *falle* ‚Bett' (WolfWR 1276, PfälzWb. II 1025: scherzh. ‚Bett', SüdhessWb. II 337, RheinWb. II 274 f., LothrWb. 132, ElsWb. I 105, BadWb. II 9 f.). ♦ **V:** *mach die fall zu!* ‚schließ die Tür!' [CL].

falle Subst. f. [RW]
fällche Subst. n. [CL, LL]
– unwahre Angaben beim Verkauf, z. B. bei Restware von einer Messe [LL] ♦ **E:** rw. *falle reißen, falle schieben* ‚falsche Tatsachen vorschieben' WolfWR 1277.

♦ **V:** *auf die falle springt er nicht mehr* ‚auf den Leim trabbelt er nicht mehr' [RW]
falle legen Phras. [StG]
– „fangen wollen" [StG]
falle machen Phras. [RW]
– anlügen [RW]; anschwindeln [RW]
falle schieben Phras. [StG]; **fällche schieben** [LL]
– „Kunststücke machen, ehe das Kümmelblättchen beginnt" [StG] ♦ **V:** *er schiebt immer sein fällche* [LL]
fallemacher Subst. m. [StG]
– Schwindler, Aufschneider [StG]
falmäscher Subst. m. [StJ]
– Anlocker [StJ]; Türsteher [StJ] ♦ **E:** rw. *fall(en)macher* (Wolf 1279).
fallerparty Subst. f. [HN]
– „Ausdruck bei den Kartenspielen Klaperjas und Derby" [HN]
fallpartie Subst. f. [HN]
– „wenn die Prostituierte vom Anschaffen mit Blockschulden zurückkommt" (also Geld unterschlägt) [HN].
fallen stV. in:
umfallen stV. [HN]
– bei der Polizei alles zugeben [HN]; Aussage bei der Polizei machen [HN]; Aussage bei der Polizei widerrufen [HN] ♦ **E:** rw. *umfallen* ‚gestehen, zugeben' (WolfWR 5985).
falt Subst. m. [HF]
falz [WL]
– Tür [HF, WL] ♦ **E:** wohl zu → *falle* ‚Tür'.
falzen swV. [KP]
– betteln [KP] ♦ **E:** rw. *falzen* zu jd. *weazlon* ‚fauler Mensch, Müßiggänger' (WolfWR 1282).
famere Subst. f. [BM]
– Familie [BM] ♦ **E:** mdal./schweizdt. zu dt. *Familie*.
fämmler Subst. m. [KP]
– Wetzstein [KP] ♦ **E:** wohl zu (TirolWb. I 162) *femml* ‚Lichtschein', vom hellen Glanz der geschärften Schneide.
famölienstrump utfringen Phras. [SG]
– Wasser lassen [SG] ♦ **E:** nd., hochdt. *Familienstrumpf auswringen*.
fäng Subst. m. Pl. [PfJ]
– Schläge [PfJ] ♦ **E:** SchwäbWb. II 942 (*Fänge* ‚Schläge').

fangen stV. in:
einfangen stV. [WG]
– zum Geschlechtsverkehr animieren [WG] ♦ **E:** dt. *fangen*; mhd. *vahen* ‚fassen, greifen, festhalten' (Klu. 1999: 249).
fänger Subst. m. [RW]
– Kriminalpolizist [RW]; Schutzmann in Zivil [RW]; Dorfgendarm [RW] ♦ **E:** rw. *fänger* ‚Kriminalbeamter' (WolfWR 1288).
fangeise Subst. n. [LJ, OJ, SJ]; **fangeisen** [BJ, SJ, WG]; **fängeisen** [PfJ]
– Ehering [BJ, LJ, OJ, PfJ, SJ]; Handschellen [WG] ♦ **E:** rw. *fangeisen* ‚Ehering' (WolfWR 1286), heute ugs.
fanke Subst. m. [MeT, MT]
– Kind [MeT, MT]; Junge [MeT] ♦ **E:** westf. *fänte* ‚Bursche, Knabe', das *k* in *fanke* wohl aus Diminutivbildung, vgl. nd. *fentken*; ins Niederdeutsche wohl aus frz. *enfant* ‚Kind' entlehnt.
fanni Subst. [KJ]
– Feuer [KJ] ♦ **E:** unsicher; evtl. zu dt. *Pfanne* „wärmpfanne, wie man dann im winter (...) auch wohl pfannen unter die füsze giebt" DWB XIII 1614 f.
fansdern swV. [HK]
fanstern [HK]
– scheißen [HK]; „groß machen" [HK]; zur Toilette müssen [HK]; kacken [HK]; mal müssen [HK]; „einen fahren lassen" [HK]; Durchfall [HK]; normaler Stuhl [HK]; Stuhlgang [HK] ♦ **E:** unsicher; evtl. zu dt./bair. *pfansch* ‚Schneematsch' Schmeller IV 489 f. ♦ **V:** *der scheeks is doch dillmisch, den ham se in kiewes gefansderd* ‚der Junge ist doch dumm, dem haben sie in den Kopf gekackt' [HK]; *den heechd der kanas/goonas in kiewes gefansderd* ‚den hat der Hund in den Kopf gekackt' [HK]; *dich hat der koawes in kiewes gefansderd* ‚dir hat der Pfarrer in den Kopf geschissen' [HK]
befansdern swV. [HK]
– betrügen [HK]; (sich) bescheißen [HK]; einkacken, bekacken [HK]; in die Hose machen [HK]; sich besudeln [HK]; sich mit Kot vollmachen [HK]; sich schmutzig machen [HK]; Durchfall haben [HK]
befansderd Adj., Part. [HK]
– bekackt [HK]
fansder Subst. f. [HK]; **fanster** [HK]
– Scheiße [HK]; Kacke [HK]; Stuhlgang [HK]; Klo [HK]; Kot [HK]; „groß machen" [HK]; „der menschliche Stuhlgang" [HK]; „wenn de aufs Klo mußt" [HK]; „einen fahren lassen" [HK]; „sie muß mal, das ist dann *fansder*" [HK]

fansderei Subst. f. [HK]
– Durchfall [HK]; Scheißerei [HK]
fansderkasdn Subst. m.
– Klo [HK] ♦ **E:** → *kasten*.

farbe Subst. f. [LI]
färbsch [BM]
– das Gesagte [LI] ♦ **E:** WolfWR 1291, zu dt. *Farbe*, vgl. met. dt. *Farbe bekennen*, nach den Spielfarben im Kartenspiel, DWB III 1321 ff. (6).

färbe(n) swV. [KP]
ferben [BJ]; **färven** [HF]; **ferven** [HeF]; **färbra** [OJ]; **färbr** [OJ]
– lügen [HeF, HF, KP]; Sprüche klopfen [BJ, OJ]; schwindeln [HF] ♦ **E:** rw. *färben* ‚lügen' (WolfWR 1292), aus dt. *färben*, met. ‚Worte färben, fälschen'; rhein. ‚aufschneiden', ‚lügen', ‚beschönigen', RheinWb. II 296. ♦ **V:** *zinotes ferft* ‚du lügst' [HeF]; *knäbbig, zinotes het den ühl geferft* ‚sehr gut, sie haben die Wahrheit gesagt' [HeF]
färvblag Subst. [HF]; **fervblag** [HeF, HF]
– Lügner [HeF, HF]; Schwindler [HF]
färver Subst. m. [HF]; **ferver** [HeF]
– Lügner [HeF, HF]; Schwindler [HF]
elementenfärber Subst. m. [StG]
– Bierbrauer [StG].

farme Subst. f. [SK]
– Apotheke [SK] ♦ **E:** ital. *farmacia* und nd. *kate* ‚Häuschen'.
farmenkate Subst. f. [SK]
– Apotheke [SK].

farmsenberber Subst. m. [HN]
– Fürsorgezögling aus Farmsen (Fürsorgeheim) ♦ **E:** *Farmsen* ON, heute Hamburger Stadtteil im Bezirk Wandsbek (HWB II 24), → *berber*[1]. ♦ **V:** *alles farmsen vermacht* ‚alles Geld auf der Trabrennbahn in Farmsen verspielt' [HN].

farz Subst. m. in: [EF]
– Furz [EF]; kleiner Mensch [EF] ♦ **E:** dt. *Farz* ‚Furz' DWB III 1334. ♦ **V:** *klaaner farz* ‚kleines Fräulein' [EF]
farzkapsel Subst. f. [EF]
– Bett [EF].

faseln sw. V. [NJ]
– lügen [NJ]; die Unwahrheit sagen [NJ] ♦ **E:** dt./ugs. *faseln* ‚dumm daherreden', vgl. DWB III 1338, fnhd. *fasen*.

faß Subst. n. in:
faßbursche Subst. m. [RW]
– Fassgeselle [RW] ♦ **E:** dt. *Faß* DWB III 1358 ff.
faßgeselle Subst. m. [RW]
– Geselle, der das Bier ausschenkt [RW]; Geselle, der für Ordnung und Stimmung sorgt [RW]; jüngerer Geselle, der die anderen bedienen muss [RW]
faßjole Subst. m./n. [SJ]
– Faßwein [SJ] ♦ **E:** → *jol, joli* ‚Wein'. ♦ **V:** *Kliste, was willst schwächa an faßjole?* ‚Polizist, was willst du trinken, an Faßwein?' [SJ]; *Baizermoss, zo dem faßjole kascht mr a kiwigs Stück bossert, a schling ond an kafferlehm brenga* ‚Wirtin, zu dem Faßwein kannst du mir a schöns Stück Fleisch, Wurst und ein Bauernbrot bringen' [SJ].

fassetta Subst. Pl. [LJ]
fasetta [LJ]; **fasetti** [TJ]; **fassetti** [SchJ]
– Bohnen [LJ, SchJ, TJ] ♦ **E:** roi. *fatšója* ‚Bohnen' (WolfWR 1299, WolfWZ 687, Klepsch 564).

fassling Subst. m./f. [SK]
– Hand [SK] ♦ **E:** dt. *fassen* ‚ergreifen', rw. Derivat mit Suffix -*ling*.

fast Subst. [EF]
– Felleisen (lederner Rucksack) [EF] ♦ **E:** wohl zu dt. *fasten* ‚fassen' Wolf, Fatzersprache, 117.

fatel Subst. m. [SK]
– Vater [SK] ♦ **E:** dt. *Vater*, dim. Koseform.
fatel weiß Subst. m., Phras.
– Winter [SK].

fateln swV. [SK]
– fassen [SK] ♦ **E:** nd. *faten* ‚fassen'.

fatzeme Subst. f. [SS]
fatzême [WH]; **fetzaime** [SS, WH]; **fettzime** [SS]; **fatzäime** [SS]; **fatseyme** [SS]; **feddsiem** [HK]; **fettsiem** [HK]; **fettsim** [HK]; **fettziem** [HK]; **fettseim** [HK]; **fettsihm** [HK]
– Wurst [HK, SS, WH] ♦ **E:** unsicher; WolfWR 1300: rw. *fetzaime, fatzeme* Nebenform von *bazinum* (WolfWR 358) unter Einfluß von it. *pancetta* ‚Speck' oder zu dt. *Fett* und dt. *Seim* ‚zähe, schleimige Flüssigkeit', mdal. thür. *seime* ‚Strick, Leine, Seil' (Sp 1994: 293); vgl. → *bezinum*.

fatzen[1] swV. [EF]
fatz'n [EF]
– Musik machen [EF] ♦ **E:** OSächsWb. I 608 *fetzen* ‚(kräftig) ein Instrument blasen'; mhd. *fatzen* ‚fop-

pen, necken', Wolf, Fatzersprache, 117. ♦ **V:** *die lanz fatzen* ,musizieren' [EF]
fatzerei Subst. f. [EF]
– Musik [EF]
fatzer Subst. m. [EF]
– Musiker [EF]
fatzera Subst. f. [EF]; **fatzerin** Subst. f. [EF]
– Musikerin [EF]
fatzerbande Subst. f. [EF]; **fatzerbanda** [EF]
– Kapelle [EF]; Musikkapelle [EF]
fatzergesellschaft Subst. f. [EF]
– Kapelle [EF]; Musikkapelle [EF]
fatzerkompis Subst. [EF]
– Kapelle [EF]; Musikkapelle [EF]
fatzersproch Subst. f. [EF]
– Musikantensprache [EF]
nabelfatzer Subst. m. [EF]
– Militärmusiker [EF]
schtabhemmfatzer Subst. m. [EF]
– Musiker [EF]; Straßenmusiker [EF].

fatzen², **fätzen** ,schneiden, abreißen, machen' u. a. → *fetzen*.

fatzenétte Subst. f. [JeS]
– Taschentuch ♦ **E:** SchwäbWb. II 994 (*Fazenet* ,Taschentuch') < ital. *fazzoletto*. ♦ **V:** *schyyge, teel mr es fatzenettli, chan i de muffer butze* ,Mädchen, gib mir ein Taschentuch, dann kann ich mir die Nase putzen' [JeS].

fauke Subst. f. [SS, WH]
vauke [SS]; **fäauke** [SPI, SS]
– Sense [SPI, SS, WH] ♦ **E:** rw. id., zu frz. *faux* ,Sense' (WolfWR 1303).
faukenscheitz Subst. m. [SS]
– Sensenhändler [SS] ♦ **E:** *schaitz* ,Handelsmann', rw./jd. *schekez* ,nicht-jüdischer Mann', aus jd. *schekez* ,Abscheu vor dem Unreinen' (Jütte, Schlausmen, 160).
gauzefauke Subst. f. [SS, WH]
– Sichel [SS, WH] ♦ **E:** zu jd. *choze* ,halb' (WolfWR 896).

faul Adj. [BJ, OJ]
– verdächtig [BJ, OJ]; gefährlich [BJ, OJ] ♦ **E:** dt. *faul* ,verdorben' DWB III 1367 ff.
fauler Subst. m. [StG]
– Kriminalpolizist [StG] ♦ **E:** rw. id. WolfWR 1305.

faula Subst. f. [EF]
– Viola [EF] ♦ **E:** wohl Umbildung zu *Viola*.

faulen Subst. n. [SK]
– Geflügel [SK] ♦ **E:** engl. *fowl* ,Geflügel'. ♦ **V:** *en faulen sterchen* [SK].

fauljoob Subst. m. [WM]
– Eisenbahnwagen [WM] ♦ **E:** unsicher; schwer zu → *faul*, Erstglied evtl. Variante zu → *feur(iger)*.

faunz Subst. f. [EF]
– Ohrfeige [EF] ♦ **E:** dt. *faunzen* ,mit der Faust ins Gesicht schlagen' (DWB III 1378).

faust Subst. m. [EF]
foust [EF]
– Schmied [EF] ♦ **E:** OSächsWb. I 592 (*Faust* ,schwerer beidhändig zu schwingender Hammer').

fazi Subst. m. [WG]
– Hausarbeiter (Gefangener) [WG] ♦ **E:** ital. *facitore* ,Macher'.

febern swV. [BJ, CL, JS, LJ, LüJ, MoJ, OJ, TK]
fäbern [LüJ, PfJ]; **fäbere** [JeS, LüJ]; **febera** [LJ, LüJ]; **febæræ** [WJ]; **febra** [BJ, MUJ, RW, TJ]; **pfeberen** [BJ, Mat]; **pfebra** [OJ]; **fääwere** [CL, LL]; **fewere** [CL, JS, PH]; **fejwere** [CL]; **feijwere** [CL, LL]; **fêberen** [Gmü, Him, Zi]; **fæberen** [Mat]; **fêwern** [TK]; **fewern** [RR, TK]; **fewan** [LoJ]; **feberlen** swV. [TK]
– schreiben [BJ, BJ, CL, Gmü, Him, JS, JeS, LJ, LL, LüJ, LüJ, MoJ, MUJ, Mat, OJ, PfJ, PH, RR, RW, TJ, TK, WJ, Zi]; zittern [CL]; schlachten [JeS]; erzeugen, machen, schneiden, setzen [LoJ] ♦ **E:** rw. *feberen, faeberen, fehmern* ,schreiben', zu rw. *fehm* ,Hand' oder mdal. *fibern* ,bibbern, beben', „als ironische Bezeichnung für die Handbewegung beim Schreiben" WolfWR 1320. ♦ **V:** *gefeberter flep* ,Brief' [LJ]; *ich hawem en lil gefejwert* [CL]; *ich hann an de viehl gefebert* ,ich habe ans Amt geschrieben' [JS]

unterfebern swV. [CL, LL]
– abzeichnen, unterschreiben [CL, LL] ♦ **V:** *Do muschde unnerfeijwere!* ,Hier musst du unterschreiben' [CL, LL]

febre Subst. m. [OJ]; **pfebre** [OJ]
– Brief [BJ, OJ]

feberei Subst. f. [BJ]; **pfeberei** [BJ, Mat]
– Schreiberei [BJ, OJ]; Brief [Mat]

feberersbenk Subst. m. [LJ]
– Schreiber [LJ]

gefebertes Subst. n. [JS]
– Geschriebenes [JS] ♦ **V:** *tschei, naschens reune ob de hotz van de viehl van et gefeberte al bekan geschäft is* ,Frau, geh mal gucken, ob der Mann von der Post schon da war' [JS].

fechan Adj. [LoJ]
– alt [LoJ] ♦ **E:** unklar; schwer zu dt. *Fech* ‚Feind', ‚bunt' DWB III 1386.

fechten swV., stV. [BJ, HLD, LJ, MB, MM, PfJ, RW, RW, Scho, SJ, StG, StJ]
fächda [OJ]; **fechtæ** [WJ]; **fachten** [EF]
– betteln [BJ, EF, HLD, LJ, MB, MM, OJ, PfJ, RW, Scho, SJ, StG, WJ]; erstreiten [RW]; vorsprechen [RW]; gehobene ehrenhafte Art des Bettelns [RW]; schnorren [MM]; an der Türe betteln [StJ] „an der Straße stehen und betteln" [MM] ♦ **E:** rw. *fechten* ‚betteln' zu dt. *fechten*; Benennungsmotiv: handwerkliche Fechtbrüder wahrten das Erbe der ritterlichen Turniere, im 17. Jh. Spottname *Klopffechter*; daher rw. *kloppen* synonym mit *fechten* ‚betteln', WolfWR 1306, Klepsch 564, SchwäbWb. II 998 (*fechten*), RheinWb. II 346. ♦ **V:** *achiele fechten* ‚etwas zu essen erbetteln' [MM]; *die zintis gingen bei den hachos fechten* ‚die Zigeuner bettelten bei den Bauern' [MM]; *die gojen und d'gambeser ware g'nascht unterkönnig von der montane ins ballar und hotte g'fochte, wie andere dalfener auch* ‚die Weiber und die Kinder waren hinab gegangen von dem Berge ins Dorf und hatten gebettelt, gleich anderen Bettlern' [LJ]
fechter Subst. m. [MB]
– Bettler [MB]
himmelfechter Subst. m. [RW]; **himmelsfechter** [RW]
– Leineweber [RW]; Handwerksbursche [RW] ♦ **E:** rw. *Himmelsfechter* ‚Nichtstuer, Kunde, der kein Handwerk versteht'; dt. *Himmel* met. für ‚ewig': *der ewige fechter* ‚Bettler' (WolfWR 2163).
fechtbruder Subst. m. [GM, MB, RW, StG]; **fachtbruder** [EF]
– Bettelmann [EF]; Bettler [GM, RW]; bettelnder Geselle [RW]; Bettelbruder [StG]; Handwerksbursche [MB] ♦ **E:** rw. *fechtbruder* ‚Bettler' (WolfWR 1306).
fechtmeister Subst. m. [RW]
– ein Geselle, der gut betteln kann [RW].

anfechten swV. [BJ]
– gegen den Strich gehen [BJ] ♦ **E:** dt. *anfechten* ‚widerstreiten' DWB I 328 f. ♦ **V:** *des fichd me ah* ‚das geht mir gegen den Strich' [OJ].

fecke swV. [JeS]
– stehlen [JeS] ♦ **E:** zu schweizdt. *Fëcker* SchweizId. I 731 ‚Gauner, Landstreicher'; in der Schweiz ugs. Bezeichnung der sesshaften Bevölkerung für die Fahrenden; schweizdt. Bezeichnung für die Jenischen.

feden swV. [LüJ]
fede [LüJ]
– schlafen [LüJ]; übernachten [LüJ] ♦ **E:** rw. *feden* ‚beherbergen' (WolfWR 1308), SchwäbWb. II 999/1000 (*feden*).
feediche swV. [CL]
– schlafen [CL]
fede, fehde Subst. f. [JeS, LüJ, PfJ]; **fehte** Subst. f. [LüJ]; **fechte** [LüJ]
– Herberge [LüJ]; Unterkunft [JeS, LüJ]; Quartier [JeS, LüJ, PfJ]; Nachtquartier [LüJ]; Herberge bei Privatleuten [LüJ]; Bett [JeS, LüJ, PfJ]; Bettwäsche [JeS]; Bett in einem Hotel, einer Pension [LüJ]; Übernachtung(-shaus) [LüJ]; Übernachtungsmöglichkeit [LüJ]; Schlafgelegenheit [LüJ]; „etwas zum Übernachten" [LüJ]; „etwas zum Schlafen" [LüJ] ♦ **V:** *fehte linsen* ‚nach einer Herberge sehen, nach einer Übernachtung schauen' [LüJ]; *fechte machen* ‚übernachten' [LüJ].
fehtekaffer Subst. m. [LüJ]
– Hausherr (einer Herberge) [LüJ]; Besitzer der „fehte" [LüJ]; Mann vom Übernachtungshaus [LüJ]; Quartiermann [LüJ]; Wirt [LüJ]; Pensionswirt [LüJ]; Wirt, wo man schlafen kann [LüJ]; Bauer [LüJ]
fehtemoß Subst. f. [LüJ]
– Hausfrau (einer Herberge) [LüJ]; Besitzerin der „fehte" [LüJ]; Frau vom Übernachtungshaus [LüJ]; Quartierfrau [LüJ]; Wirtin [LüJ]; Pensionswirtin [LüJ].

feder Subst. f.
– in: *feder am Hut* ‚Freier' [HN]; *hab doch keine feder am hut* ‚ich bin doch kein Freier' [HN] ♦ **E:** dt. *Feder* DWB III 1392 ff.
federn Subst. Pl. [EF]
– Stroh [EF] ♦ **E:** mdal. *Federn* ‚Bettfedern aus Stroh'.
jakobsfadern Subst. Pl. [MoM]; **jakobifedern** [KJ]; **jakobsfedern** [EF]
– Stroh [EF, KJ, MoM]
lange fadern Phras. [EF, MoM]
– Stroh [EF, MoM].

fedschling Subst. m. [HK]
fätschling [HK]; **fettschling** [HK]
– Hering [HK]; Bückling [HK]; Fisch [HK] ♦ **E:** unsicher; evtl. zu rw. *fetschen* ‚peitschen' WolfWR 1419 oder zu dt. *fitschen* „hin und her flattern" DWB III 1693.

feede Subst. f. [WJ]
– (Damen-)Hut [WJ] ♦ **E:** unsicher; evtl. zu rw. *fedelo* ‚Dach', rw. *fede* ‚Bett' WolfWR 1308, 1309; oder zu dt. *Feder*, met. Pars-pro-toto.

feeme ‚Hand' → *feme*.

feetz Subst. m. [HL]
– Scherz [HL]; Ulk [HL] ♦ **E:** dt./ugs. *Fez* ‚Scherz, Unsinn'.

fegen swV. [LJ, RW]
fääche [CL, LL]; **feegæ** [WJ]
– handeln [WJ]; herumstreifen [CL, LL]; von Haus zu Haus hausieren [CL]; plündern [LJ]; trinken [RW] ♦ **E:** rw. *fegen* ‚ausräumen, plündern' zu dt. *fegen* (WolfWR 1314).

abfegen swV. [HN]
– jemand beim Spielen alles abnehmen [HN] ♦ **E:** nd. *fegen* ‚abnehmen' (HWB II 41).

feger Subst. m. [MM]
– Stromer [MM]; „temperamentvolle, rastlose Frau" [MM] ♦ **E:** rw./ugs. *feger* ‚kräftige, stämmige Weibsperson' (WolfWR 1315).

schlalomfeger Subst. m. [MM]
– Slalomgänger [MM]

schnutenfäjer Subst. m. [MB]
– Barbier ♦ **E:** nd. *schnute* ‚Schnauze'.

fegtäsch Subst. m. [HF]
fegtesch [HeF, HF]
– Grenzaufseher [HeF, HF]; Grenzwächter [HF]; Beamter [HF] ♦ **E:** rw. *fegtesch* ‚Grenzaufseher', nach WolfWR 1316, von einem „halbfranzösischen *vesitage*" ‚Untersuchung', ‚Durchsuchung', frz. *visiter* ‚untersuchen'. ♦ **V:** *Knöllen, knuck de Meles has, dot hucken Fegteschen!* ‚Geschwind den Sack weg, das find(en) Zollbeamte!' [HeF]; *Knuck de Schmerf, Knöllen, die Fegtesch holt de Flick?* ‚Schweige, der Beamte versteht die Sprache' [HeF].

fehle Subst. f. [MoM]
– Frau [MoM]; speziell ‚Bauherrin'; auch allgemein ‚weibliches (oder als weiblich angesehenes) Wesen' [MoM] ♦ **E:** rw. *fohlen* ‚Mädchen', ‚Bauerntochter', mdal./schwäb. *Fel* ‚Mädchen, Tochter' (SchwäbWb. II 1031), wohl zu lat. *filia* ‚Tochter', WolfWR 1508.

fohlen Subst. [KMa, LI, OH]
– junges Mädchen [KMa]; Mädchen [KMa, LI, OH]; Bauerntochter [KMa]

bidschend fohle Subst. [KMa]
– kleines Mädchen [KMa]

bettschingfehle Subst. f. [MoM]
– ledige Mutter [MoM]

dappelfehle Subst. f. [MoM]
– Gans [MoM] ♦ **E:** mdal. *dappele* ‚watscheln'.

donnesfehle Subst. f. [MoM]
– schwangere Frau [MoM]

fiilfehle Subst. f. [MoM]
– Hebamme [MoM] ♦ **E:** *fiil*- evtl. zu frz. *fils*, ital. *figlio* ‚Sohn'.

miaufehle Subst. f. [MoM]
– Katze [MoM] ♦ **E:** dt. (onomatopoetisch) *miau*.

schetzfehle Subst. f. [MoM]
– Meistersgattin [MoM]

schocklesfehle Subst. f. [MoM]
– Frau, die Kaffe auf die Baustelle bringt [MoM]

schreitfehle Subst. f. [MoM]
– Huhn [MoM].

fehlig Subst. m./n. [CL, LL]
– Bett [CL, LL] ♦ **V:** *nix wie ab ins fehlig!* [CL] ♦ **E:** zu rw. *fede* ‚Bett' (WolfWR 1308, ohne Herleitung), evtl. zu dt. *Feder* oder frz. *fatigue* ‚müde'.

fehlinger Subst. m. [CL, LL]
fähling Subst. m. [JS]; **fehling** [WL]
– Arzt [CL, JS, LL]; Arznei [WL] ♦ **E:** rw. *fehlinger* ‚Marktschreier, Quacksalber, Apotheker, Arzt', zu dt. *fehlig* ‚trügerisch' (WolfWR 1317); zum Lexem bes. Tockert, Weimerskircher Jenisch, 19. ♦ **V:** *ming moß nascht no de fähling* ‚meine Frau geht zum Arzt' [JS].

fehlschlag Subst. m. [HN]
– „Situationsbezeichnung: wenn die Prostituierte im Zimmer feststellt, daß der Gast kein Geld hat" [HN] ♦ **E:** dt. *Fehlschlag* ‚Mißlingen'.

fehm Subst. [HeF, HF]
fäem [HF]
– Garn [HeF] ♦ **E:** rw. (WolfWR 1318, ohne Herleitung); evtl. aus rhein. *Fadem* ‚Faden'. ♦ **V:** *Ziemen, Knöllen, minotes versömt Pley on Fehm* ‚Ja, ich habe es mit Tuch und Garn zu tun' [HeF].

fehme, fehmzelen ‚Finger, Hand' → *feme*.

fehmern swV. [RW]
– kochen ♦ **E:** evtl. zu → *feme*.

fei Adv. in: [OJ]
fei, boschd fei! ‚gewiss, verschwinde aber!' [OJ] ♦ **E:** schwäb. *fei* ‚fein, schön, angenehm, wohl' (SchwäbWb. II 1022).

feierabend Subst. m. [RW]
– Abschied [RW]; Schluss [RW]; wenn ein Geselle für immer und ewig aus der Gesellschaft ausgestoßen wird [RW]
feierabend bekommen Phras. [HLD]
– seine Stellung verlieren [HLD] ♦ **E:** rw./dt. *feierabend* ‚Entlassung' (WolfWR 1321).

feif Num. Kard. ‚fünf' nur in:
feifpohsch Subst. m. [SK]
– 0,05 Mark [SK] ♦ **E:** nd. *fiev*, engl. *five* ‚fünf'; rw./jd. *Poschut* ‚Pfennig' (Wolf 4324).
feifschock Subst. m. [SK]; **feifstock** [SK]
– 5 Mark [SK]
feiferla swV. [LJ]; **feifrla** [LJ]
– am Arsch lecken [LJ] ♦ **E:** schwäb., *du kannst mich fünferlen* ‚du kannst mich am Arsch lecken' (SchwäbWb. II 1829). ♦ **V:** *du kascht de feifrla* ‚du kannst dir deine fünf Finger nacheinander in den Hintern stecken' [LJ].

feikedôss → *faiken*.

feilen → *failen*.

feimen swV. [NJ]
– aussortieren [NJ] ♦ **E:** RheinWb II 367 *abfeimen, feimen* ‚Milch entrahmen, naschen, stehlen'.

feines Subst. n. [KMa]
– Heu [KMa] ♦ **E:** unsicher; evtl. zu rw. *feine* ‚Peitsche' WolfWR 1323 oder zu dt. *fein*.

feirig Adj. [BJ, OJ]
– arbeitslos [OJ]; arbeitsscheu [BJ] ♦ **E:** SchwäbWb. II 1043 *fei(e)rig* ‚arbeitslos', zu dt. *feiern, Feiertag, Feierabend*.

feiste Subst. m. [RW]
– Stube der Mühlknappen [RW] ♦ **E:** wohl zu dt. *Feist* ‚Furz', *feisten* ‚furzen', met. ‚Furzbude'.

feitl Subst. [WG]
– Messer [WG] ♦ **E:** wienerisch *Feitel* ‚primitives (Taschen-)Messer'.

felbe ‚Hut' → *fellme*.

feld Subst. n. in:
feldhuhn Subst. n. [RW]; **feldhühner** Subst. Pl. [HLD]
– Kartoffel(n) [HLD, RW] ♦ **E:** rw. *feldhühner* ‚Kartoffeln' (WolfWR 1332).
feldkonditor Subst. m. [RW]
– Ziegler [RW] ♦ **E:** rw. *feldkonditor* ‚Ziegelmacher' (WolfWR 1333).

feldgardsch Subst. m. [PH]
– Flurschütz [PH] ♦ **E:** → *gatsch*.

felem Subst. [PH]
– 1 Mark [PH] ♦ **E:** → *Wilhelm*.

felgen Subst. f. Pl. [HN]
– Zähne [HN] ♦ **E:** met. zu dt. *Felge* ‚etwas Gebogenes, Radkranz' DWB III 1493.
beißfelgen Subst. f. Pl. [HN]
– Zähne [HN].

felleisen Subst. n. [EF, HLD, MoM, RW]
– Tornister [MoM]; Bündel [RW]; Reisebündel [RW]; Wanderbündel [RW]; Charlottenburger [RW]; Charlottenburger mit Trageriemen [RW]; Ränzel [RW]; Rucksack [RW]; Reisetasche [HLD]; „ähnlich dem Tornister" [EF] ♦ **E:** dt. (volksetymologisch) *Felleisen*, aus nl. *valies* ‚Handkoffer, Reisetasche', dies aus frz. *valise*, dt. (erst 1462) *fellentz* (WolfWR 1342).

felleken Subst. Pl. [WL]
– Kartoffeln [WL] ♦ **E:** suffigierte Kürzung von dt. *Feldhühner*, lux. Bezeichnung für ‚Kartoffeln', Tockert, Weimerskircher Jenisch, 19.

fellmer Subst. m. [LJ, SchJ]
felbe Subst. [BJ]; **felben** [Him]
– Hut [BJ, Him, LJ, SchJ] ♦ **E:** rw. (WolfWR 1328 ohne Herleitung; Klepsch 565); evtl. zu dt. *Fell* oder dt. *Felbe* ‚Weide', Felberrinde als flaches Gefäß, DWB III 1477.

felmern swV. [SK]
fermern swV. [SK]
– Geschlechtsverkehr haben [SK] ♦ **E:** unsicher; evtl. zu rw. *fellerl* ‚Beutel, Tasche' WolfWR 1343, ohne Herleitung.

feme Subst. f. [HK, HLD, MB, MM]
fehme [JSa, HK, HL, MM]; **feem** [KM]; **feeme** [JeS, KM]; **fähme** [HK, SK]; **fehna** [SK]; **femer** [TK]; **femel** [NJ]; **femelen** [NJ, RH]; **feemele** [NrJ]; **fame** [HK]; **fäme** [HK]; **föm** [JS]; **fem** [MeJ, SE]; **fehm** [SE]; **felme** [SK]
– Hand [HF, HK, HL, HLD, HeF, JS, JeS, Jsa, KM, MB, MeJ, MM, SE, SK, TK]; Faust [MM]; Finger [HF, HK, JeS, JSa, KM, MB, MM, MeT, NJ, NrJ, RH, SE, SK] ♦ **E:** rw. *fehm* ‚Hand', evtl. zu dän., schwed. *fem* ‚fünf' (met. ‚fünf Finger einer Hand'), WolfWR 1319; oder zu dt. Num. Kard. *fünf* (aus dem md. beziehungsweise obdt. Raum, da im Nd. Nasalschwund mit Ersatzdehnung: *fiev*). ♦ **V:** *fehme schdeggen* ‚Hand geben' [HK]; *multe an der fehme* ‚Tasche an der Hand'

[HK]; *knille anne fehme* ‚Huckelchen am Finger, an der Hand' (vom Musizieren) [HK]; *schdegg ihm die fehme* ‚gib ihm die Hand' [HK]; *lange fehmens* [*machen*] ‚stehlen' [HK]; *mit der fäme abfackeln* ‚mit der Hand abschreiben' [HK]; *Do har-er de Feemele kalt* ‚Da hatte er dir Finger kalt' [NrJ]; *die zohmen inne feme nehmen* ‚die Beine in die Hand nehmen' [MM]; *die femen von den tucken lassen* ‚die Hände von den Weibern lassen' [MM]; *der seeger hegt 'n joflen bassel aufe fehme* ‚der Mann trägt einen schönen Ring' [MM]; *der freier hatte die ganzen fehmen voll bassels* ‚der Mann trug an beiden Händen Ringe' [MM]; *der strigo hegt 'n geitling aufe fehme* ‚der junge Mann trägt einen Fingerring' [MM]; *dat knäbbelanim drückte uns bes knierften inne fehme* ‚die Bäuerin gab uns zwei Butterbrote' [MM]; *schirm inne fehme saßen die knäbbelanims auffe leetze und pästen inne tiftel* ‚die Bäuerinnen saßen mit dem Schirm in der Hand auf dem Fahrrad und fuhren zur Kirche' [MM]; *er reunte durch die tiftel und kneisterte die klunker an den femen der kalinen* ‚er sah sich in der Kirche um und sah die Edelsteine an den Händen der Frauen' [MM]; *besser sone kacheline inne fehmen als son schummen geier aufm beis* ‚besser einen Spatz in der Hand, als eine Taube auf dem Dach' [MM]; *kaum haste den jadjedi inne feme un denkst, nu kommste ans schickern, dann schallert der dich doch noch 'ne strophe* ‚kaum hast du den Schnaps in der Hand und denkst, jetzt geht's ans Trinken, da singt er noch eine Strophe' [MB]; *hat der schabo dich 'n tofften jeidling aufe feme* ‚hat der Zigeuner einen schönen Ring auf dem Finger' [MB]; *er hat kabilte fehmchen* ‚er hat kalte Hände' [MB]
fömche Subst. n. Dim. [JS]; **fehmchen** [MB]; **femscha** [SE]; **fiemcher** Subst. [RH]
– Händchen [JS, MB, SE]; Finger [RH]
zitterfeme Subst. f. [MM]
– zittrige Hand [MM]
fehmebich ‚Handgeld' → *bich*
fehmelexikon Subst. n. [MM]
– Handlexikon [MM]
femenmalocher Subst. m. [MM]
– Handwerker [MM]
fehmeschneechen Subst. n. [HK]
– Taschentuch [HK] ♦ **E:** → *schneechen*.
feemeschtääscher Subst. m. [KM]
– Fingerring [KM]
fehmzelen Subst. Pl. [HF]; **femzelen** [HeF]
– Finger [HF]; Hand [HF]

fehmzelblag Subst. [HeF]
– Handzeiger [HeF]
fehmzelepley Subst. [HF]
– Handtuch [HF] ♦ **E:** Zweitglied zu *Pley* ‚Tuch'.
knoppertfehmzel Subst. f. [HF]
– Pulverturm [HF] ♦ **E:** Benennungsmotiv: Formähnlichkeit Turm und ausgestreckter Finger.
sanktesfehmzel Subst. f. [HF]
– Kirchturm [HF]
femelinge Subst. Pl. [MB]; **fehmlinge** [MB]; **femlinge** [HLD]
– Finger [HLD, MB]; Handschuhe [MB] ♦ **V:** *ihne hat schi fehmlinge* ‚er hat keine Handschuhe' [MB]
fehmerling Subst. m. [HK]; **fämerling** [HK]; **femerling** [HK]; **fähmerling** [HK]
– Ring [HK]; Fingerring [HK]; Hand [HK]; Finger [HK] ♦ **V:** *jooker fehmerling* ‚hübscher Ring' [HK].

fenda swV. [OJ]
– mitlaufen lassen [OJ] ♦ **E:** unsicher; evtl. zu dt. *pfänden* „einen als pfand (bürgen, geisel) wegführen" DWB XIII 1607.

fendrich ‚Käse' → *fennrich*.

fenehrisch ‚geschlechtskrank' → *venerisch*.

fenester Subst. n., selten f. [TJ]
feneschtær [WJ]; **fenestår** [LüJ]; **feenet** [SP]; **fenet** [MeJ]; **feenten** [SP]; **fenäschdr** [OJ]; **finester** [KMa, OH, SS, WH]; **feneter** [BJ, Him, LüJ, SPI, TJ, TK]; **fenete** [MB, MM]; **fenät** [NJ]; **fenäte** [JS]; **finete** [JS, MB, MM, PH]; **fineter** [KJ, MoJ, Zi]; **fineta** [LoJ]; **finet** [JeH, NJ, SE]; **finnet** [SE]; **finett** [JSa]; **fineta** [LoJ]; **fineete** [MB, MM, NrJ]; **fineeter** [JeS]; **vinete** [MM]; **finedi** [CL]; **finedie** [CL]; **fenedeler** [MUJ]; **fener** [RR]
– Fenster [BJ, CL, Him, JS, JSa, JeH, JeS, KJ, KMa, LoJ, LoJ, LüJ, MB, MeJ, MM, MoJ, MUJ, NJ, NrJ, OH, OJ, PH, SE, SP, SPI, SS, TJ, TK, WH, WJ, Zi]; Schaufenster [MM]; Fensterscheibe [MM]; Fensterläden [JS]; Scheibe [MM]; Auge (met.) [SS, WH]; Licht [CL]; Tür [JS]; Vorhang [JS, RR] ♦ **E:** rw. *feneter* ‚Fenster', zu frz. *fenêtre* ‚Fenster' (WolfWR 1346); *fenester*-Formen wahrscheinlich aus lat./ital. *fenestra* und Folgeformen entlehnt. SchwäbWb. II 1052 (*Feneter*) ♦ **V:** *finete im schemmbeis* ‚Gefängnisfenster' [MM]; *finete dellen* ‚Fensterscheibe einschlagen' [MM]; *feneten zu, du cuier* ‚Fenster zu, du Verrückter' [MB]; *der koten hat die ganzen fineeten eingedellt* ‚das Kind hat alle Fenster eingeschlagen' [MM]; *die fineete war so beseibelt, dat man nich durchkneistern konnte* ‚die Fensterscheibe war so schmutzig, daß man nicht hin-

durchsehen konnte' [MM]; *Oberkünftig herles in der grandiche ruchekitt schefft ein nille. Der hauret link. Spann', da linzt er zum feneter am stenkert. Kenn, ich bost' schiebes!* ‚Oben hier in dem großen Bauernhaus ist ein geistesgestörter Mensch. Der ist (sehr) böse. Sieh', hier schaut er zum Fenster am Stall heraus. Ja, ich geh' fort!' [LüJ]; fackel die fenäte doft ‚mach das Fenster, die Tür zu'; ‚zieh die Vorhänge vor die Fenster, mach die Läden vor die Fenster' [JS]

fenestern swV. [KMa]
– am Fenster gucken [KMa]

finesten swV. [KMa]
– sehen [KMa]; scheinen [KMa]; ausspionieren [KMa]

fineetenwischer Subst. m. [MM]
– Scheibenwischer [MM].

fenn Subst. [JS, SE]
fäng [SE]
– Butterbrot [JS, SE] ♦ **E:** wohl zu frz. *faim* ‚Hunger' (Middelberg, Romanismen, 31). ♦ **V:** *ming moß bosselt mich en fenn doft* ‚meine Frau macht mir ein Butterbrot fertig' [JS].

fennrich Subst. m./n. [CL, EF, PH, SK, TK]
fäänerich [SP]; **fænerich** [CL]; **fähnderich** [EF]; **fähnrich** [BJ, BJ, EF, RW]; **fänderich** [CL, PH]; **fännerich** [CL, EF, PH]; **fänrich** [LüJ, Zi]; **fänterich** [HLD]; **fehnrich** [OJ]; **fenderich** [TK]; **fendrich** [SK, TJ]; **fennerich** [CL, EF, LL]; **fenrich** [CL, LoJ]; **wänerich** [SE]; **wännerisch** [JSa]; **wenarich** [SE]; **wenderich** [BJ]; **wenerich** [SE]; **wenerisch** [SE]; **wennerich** [JSa]; **wennrich** [SS, WH]; **wentrich** [CL]; **vändrich** [KM]; **wentrich** [PH]; **wenner** [LI]; **werner** [KMa, OH]
– Käse [BJ, CL, EF, HLD, JSa, KM, KMa, LI, LüJ, OH, OJ, PH, PH, RW, SE, SK, SP, SS, TJ, TK, WH, Zi]; Stinkkäse [BJ, OJ]; Dienstmagd [EF]; Dienstmädchen [EF]; Hahn [LoJ] ♦ **E:** rw. *fähnrich, wennerich* ‚Käse', Herleitung unsicher, nach WolfWR 1268 womgl. zu jd. *watron* ‚überflüssig' (nach dem Fließen des Käses); nach Bischoff, WB d. Geheim- und Berufssprachen 24 evtl. zu ahd. *ferndrig* ‚vorjährig', ‚alt'.

jaddefennerich Subst. m. [CL, LL]
– Handkäse [CL, LL] ♦ **E:** → *jad*.

fenster Subst. n. [HeF, HF]
fensteren Subst. Pl. [HF]
– Auge, Augen [HF] ♦ **E:** gegenüber den unter → *fenester* versammelten Lemmata wohl direkt aus dt. *Fenster*.

horksfensteren Subst. Pl. [HF]
– Katzenaugen [HF]

fensterfahrt machen swV., Phras. [StG]
– „von aussen an die Fenster drücken und nachsehen, ob etwa offene Fenster den Einstieg beim Einbruch erleichtern" [StG]

flitschefensteren Subst. Pl. [HF]
– Mädchenaugen [HF].

fenti RN [MM]
fänti [MM]; **fente** [MM] ♦ **E:** evtl. Koseform von RN *Ferdinand*.

flachmann fänti Subst. m. / Übername
– Schnapstrinker [MM].

fenum¹ [LJ]
– fünf Mark [LJ] ♦ **E:** wohl Bildung zu → *feme* ‚Hand'. Benennungsmotiv: fünf Finger an einer Hand.

fenum² Subst. m. [SJ]
fênum [SJ]
– Wein [SJ] ♦ **E:** rw. *fenum* ‚Wein', zu lat. *vinum* id. WolfWR 1351; SchwäbWb. II 1512 unter (*Vinum*).

ferben ‚aufschneiden, Sprüche klopfen' u. ä. → *färben*.

ferchen swV. [LJ]
– scheißen [LJ]; Notdurft verrichten [LJ] ♦ **E:** evtl. zu *fichen* ‚furzen' (WolfWR 1377); jd. *nefieche* ‚Furz, Wind' (We 86).

ferduts Subst. f. [StJ]
– Lust [StJ] ♦ **E:** rhein. *Fiduz* ‚Vertrauen, Neigung' (RheinWb. II 443); aus lat. *fiducia* ‚Vertrauen'.

ferkelstecher Subst. m. [CL]
– Gerichtsvollzieher [CL] ♦ **E:** PfälzWb. II 1193: ‚Winkeladvokat, Makler'. Ferkelstecher urspr. der unzünftige Metzger, der nur Ferkel, aber nicht schlachtfähige Schweine abstechen durfte (SüdhessWb. II 526, RheinWb. II 399).

ferm¹ Interj. [SE]
– okay, in Ordnung [SE] ♦ **E:** RheinWb. II 400 (*ferm* ‚fest, kräftig, vortrefflich').

ferm² Adj. [BM]
– groß [BM]; dick [BM]; stark [BM] ♦ **E:** SchweizId. I 1014 (*ferm* ‚kräftig, fest, tüchtig').

ferres Subst. [NJ]
– Eisen [NJ] ♦ **E:** zu lat./frz. *ferreus, fer* ‚Eisen'.

fersierft Adj. [BB]
– verfressen [BB] ♦ **E:** → *sierfen*.

fertsche Subst. Pl. [BM]
– Ferien [BM] ♦ **E:** mdal. Bildung zu *Ferien*.

ferven ‚lügen' → *färben*.

ferzger Subst. m. [LJ, SchJ]
– Floh [LJ, SchJ] ♦ **E:** rw., WolfWR 1355, ohne Herkunftsangabe; evtl. zu dt. *ferzen* ‚furzen' DWB III 1554; vgl. ugs. *kleiner Furz* ‚kleiner Kerl'.

fesel Subst. [HeF, HF]
– Brief [HeF, HF] ♦ **E:** rw., WolfWR 1353, ohne Herleitung; evtl. zu rip., berg., niederfrk.: *fisel* ‚Fädchen', ‚Fäserchen', ‚Fetzen', ‚kleine Stückchen' (RheinWb. II 406) oder zu dt. *fäseln, feseln* ‚gedeihen machen, Unterhalt bieten' DWB III 1339. ♦ **V:** *feselen krabbelen* ‚Briefe schreiben' [HeF]; *krabbel minotes ene Fesel an mine Limthuren; dot holt Zinotes knäbbig* ‚Schreibe mir einen Brief an meine Geliebte; das kannst du sehr gut' [HeF]; *Lott minotes de Fesel ens brellen* ‚Laß mich den Brief einmal sehen.' [HeF]

beutfesel Subst. [HeF, HF]
– Kaufbrief [HeF, HF] ♦ **E:** dt. *beuten* ‚kaufen' DWB I 1753 f.

droatfesel Subst. [HF]; **drothfesel** [HeF]
– Wechsel [HF]; Wechselbrief [HF] ♦ **E:** → *draht* ‚Geld' [HF].

limfesel Subst. [HF]
– Liebesbrief [HF]

nollfesel Subst. [HeF, HF]
– Rechnung [HeF, HF]

röhlfesel Subst. [HeF, HF]; **rühlfesel** [HF]
– Gewerbeschein [HeF, HF] ♦ **V:** *dem bithwöles het minotesen Röhlfesel gebrellt* ‚Der Gendarm hat meinen Gewerbeschein gesehen' [HeF]; *het zinotes enen röhlfesel?* ‚Hast du einen Gewerbeschein?' [HeF]

schockfesel Subst. [HeF, HF]
– Frachtbrief [HeF, HF]

trollfesel Subst. [HeF, HF]
– Pass [HeF, HF].

fest¹ Adj. [RW]
– groß [RW]; gebraucht in: *fester Schnaps* ‚großer Schnaps' [RW] ♦ **E:** rw. *fest* ‚groß' (WolfWR 1356).

fest² Adv., nur in den Wendungen:
bin fest ‚bin im Verlust' [HN]; *fest machen* ‚eines bestimmte Summe Geldes beanspruchen, jemanden auf eine Forderung festlegen' [HN] ♦ **E:** dt. *fest* DWB III 1558 ff.

fetschnen swV. [KP]
– scheißen [KP] ♦ **E:** SchwäbWb. II 981 (*Fätschner* ‚Hintern', ‚gewöhnlich, gemein').

verfetschnen swV. [KP]
– scheißen [KP]

fetschner Adj. [KP]
– gewöhnlich [KP]; gemein [KP]; ordinär [KP]

fetschnerdaile Subst. f. [KP]
– Abtritt [KP]; Abort [KP]

fetschnerspink Subst. m. [KP]
– schlechter Kerl [KP]

fetschner Subst. [KP]
– schlechte Ware [KP]; Schund [KP].

fett Subst. n.; Adj. [BJ, HN, RW]
– reich [BJ, RW]; gut [RW] ♦ **E:** rw. *fett* ‚reich' (WolfWR 1360), zu dt. *fett*. ♦ **V:** *fette kaffern* ‚reiche Bauern' [RW]

fettigkeit Subst. f. [RW]; **fettigkeiten** Pl. [HLD]
– Fleisch [HLD, RW]; Wurst [HLD, RW]; Speck [RW]; Schinken [RW] ♦ **E:** rw. *fettigkeit* ‚Wurst, Speck' (WolfWR 1361).

fettläppchen Subst. n. [RW, StG]; **fettläpchen** [RW]
– Tuchmacher [RW]; Wollenweber [StG] ♦ **E:** WolfWR 1362 *fesslappen*, zu rw./dt. *Fetzen* WolfWR 1366, 1367 ‚arbeiten; schneiden'.

fettqualle Subst. f. [HN]
– dicker Mensch [HN]

fettn Subst. f. [WG]
– Gefängnisstrafe [WG] ♦ **E:** evtl. zu → *fett*.

fetz¹ Subst. m. [KMa]
– Hunger [KMa] ♦ **E:** WolfWR 1364, ohne Herleitung, rw. *damp-fetz* ‚Hunger'.

fetz² Subst. [BJ]
– Lump [BJ] ♦ **E:** rw. *fetzen* ‚Lumpen' WolfWR 1365; schwäb. *Fetz* ‚Stück Stoff, Lappen, abgerissenes Stück, Lump, dicker Kerl' (SchwäbWb. II 1449).

fetzen¹ swV. [BJ, CL, LJ, RW, SchJ]
fetze [PH]; **fätza** [OJ]; **fatzen** [BJ]; **fatza** [OJ]; **festzen** [CL]; **feddsen** [HK]; **feddsern** [HK]; **fettsern** [HK]; **fätzer** [JeS]
– schneiden [BJ, JeS, OJ]; schlachten [HK, LJ, SchJ]; stechen [CL, PH]; Holz bearbeiten [LJ, SchJ]; reißen [BJ]; abreißen [BJ, OJ]; geben [RW]; machen [BJ, OJ, RW]; hauen [JeS]; verwinden [JeS] ♦ **E:** rw. *fetzen* ‚arbeiten, machen, tun'; lat. *facere* ‚machen, tun'; frz. *façonner* ‚gestalten, bearbeiten' (WolfWR 1366) sowie rw. *fetzen* ‚schneiden, hauen, stechen' (WolfWR 1367, Klepsch 565). ♦ **V:** *lass ratza – lass fatza!* ‚einem Geschehen ein schnelles Ende bereiten' [OJ]; *wir heechen selber jefeddsert* ‚wir haben selber geschlachtet' [HK]

abfetzen swV. [WG]
– jmd. niederschießen [WG]
abifetzen swV. [WG]
– onanieren [WG]
fetzer Subst. m. [HK, Him, Mat, TK]; **fetzær** [WJ]; **feddser** [HK]; **fettser** [HK]; **fätzer** [JeS]; **fetz** Subst. m. [BJ, RH]
– Schlachter [HK, JeS, WJ]; Metzger [HK, Him, Mat, TK, WJ]; Fleischer [HK]; Säge [RH]; Gastwirt [JeS]; Meister [BJ]
brieftelfetzer Subst. m. [RW]
– Schreiber [RW]
massfätzr Subst. m. [OJ]
– Metzger [OJ]
rollfetzer Subst. m. [RW]
– Müller [RW]
rötlengsfetzer Subst. m. [SJ]; **rötlingsfetzer** [SJ]
– Bader [SJ] ♦ **V:** *Fiesl i hauer pegerisch gang zom urinprophet odr zom rötlengsfetzer ond hol mr ebes abr net zom marodebenk der ischd link* ‚Junge, ich bin krank, geh zum Apotheker oder zum Bader und hol mir etwas, aber nicht zum Doktor, der ist falsch' [SJ]
schachelfetzer Subst. m. [RW]
– Wirt [RW]
fetzærle Subst. n. [WJ]
– Beil [WJ]
fetzi Subst. f. [SchJ]
– Schlachtschüssel [SchJ]
feddserkitte ‚Fleischerladen' → *kitte*.

fetzen² [TK]
– pissen [TK] ♦ **E:** TirolWb. I 169 (*fetzn* ‚brunzen').

fetzen³ Subst. m. [WG]
fätza [OJ]; **fatzn** [EF]; **fatzen** [EF]; **fetzen** [EF]
– billiges, geschmackloses Kleid [OJ]; Vorhang, Vorhänge [EF] ♦ **E:** zu dt. *Fetzen* ‚Stück Stoff, Lappen', vgl. DWB III 1576 f. ♦ **V:** *am Fetzen sitzen* ‚die Regel haben' [WG]
1 fetzen [WG]
– 1000 Schilling Note [WG].

fetzer Subst. n., m. [HK, SK]
– Gitarre [HK, SK] ♦ **E:** wohl zu → *fatzen¹* ‚musizieren'; evtl. Einfluss von rw. *fetzen* ‚arbeiten, machen' (WolfWR 1366) oder dt. *fetzen* ‚reißen' (DWB III 1576) nach der Art des Spiels, rw. *fetzen* ‚hauen' (WolfWR 1367).

fetzgen swV. [SS]
– schneiden [SS] ♦ **E:** zu → *fetzen¹* ‚schneiden', Jütte, Schlausmen, 106.

fetzger Subst. m. [SPI, SS]; **fetscher** [SS]
– Metzger [SPI, SS]
fetzgerige Subst. f. [SS]
– Metzgerei [SS].

feucht Adj. [HN]
– geizig [HN]; sexuell erregt sein („kommt aber nicht zum Geschäft") [HN] ♦ **E:** dt. *feucht* „galt ehmals für vornehm, eingebildet" DWB III 1578. ♦ **V:** *er ist feucht* ‚er ist sehr geizig' [HN]; *ein ganz feuchter* ‚Geizkragen', ‚einer, der sehr geizig ist' [HN].

feudeln swV. [HN]
– aufwischen [HN] ♦ **E:** nd. *feudel* ‚Scheuertuch' (Klu. 1999: 262).

feuel Subst. [HeF, HF]
– Kleid [HeF, HF]; Rock [HeF, HF] ♦ **E:** rw. *feuel* ‚Rock, Kleid' WolfWR 1370; evtl. aus frz. *faille* ‚Mantel'. ♦ **V:** *feuelen hocken* ‚Kleider borgen' [HeF].
feuelen swV. [HeF, HF]
– kleiden [HeF, HF]
feuelbessem Subst. [HF]
– Kleiderbürste [HF] ♦ **E:** *bessem* ‚Bürste', ‚Besen'.
feuelspley Subst. [HF]
– Kleiderstoff [HF] ♦ **E:** *pley* ‚Tuch'.
hühlfeuel Subst. [HF]
– Ballkleid [HF]; Ballkostüm [HF]
jennesfeuel Subst. [HF]
– Uniform [HF]
lookhötefeuel Subst. [HF]; **lookhötfeuel** Subst. [HF]
– Hasenfell [HF]
paufeuel Subst. [HeF]
– Schlafrock [HeF]
poyfeuel Subst. [HF]
– Regenmantel [HF].

feuerwagen Subst. f. [PfJ]
– Hebamme [PfJ] ♦ **E:** dt. *Feuer* und *Wagen*. Benennungsmotiv: Notwendigkeit unverzüglichen Einsatzes bei Feuerwehr und Geburtshilfe.

feuk Subst. [LüJ]
– Feuer [LüJ] ♦ **E:** rw., Nebenform zu rw. *fonk, funk* ‚Feuer' WolfWR 1509, 1581, Vokalvariation wohl bedingt durch dt. *Feuer*.

feuke swV. [BM]
– furzen [BM] ♦ **E:** SchweizId. I 726 (*fäuken* ‚heimlichen Wind streichen lassen').

feul Subst. [EF]
feml [EF]; **femel** [EF]
– Laus [EF] ♦ **E:** zu dt. *femeln* ‚herauslesen (der Läuse)', Wolf, Fatzersprache, 117.

feuriger Subst. m. [RW]
– Eisenbahn [RW]; Raucher [RW] ♦ **E:** rw./dt. *feuriger* ‚Wagen, Eisenbahn' (WolfWR 1374); dt. *Feuer*.

fewan ‚erzeugen, machen' → *febern*.

fewere ‚schreiben' → *febern*.

fez Subst. m. [MM]
– Spaß [MM] ♦ **E:** dt./ugs. *Fez* (Klu. 1995: 263, unklar); evtl. zu frz. *fêtes* Pl. ‚Fest, Party'.

fichd Subst. f. [LJ, SchJ]
ficht [OJ]; **fichten** [BJ]
– Dämmerung [LJ]; Nacht [BJ, LJ]; Abend, „sechs Uhr abends" [LJ, OJ]; Sonnenuntergang [OJ] ♦ **E:** rw. *fichte* ‚Nacht', → *schwärz*; „da der Schwarzwald vielen Gaunern Unterschlupf bot und mit Fichten bestanden [...] ist, wird sich die rw. Analogie *schwarz = fichte* = Nacht gebildet haben" (WolfWR 1379). ♦ **V:** *in die fichten gehen* ‚dämmern' [BJ, LJ]

fichten swV. [LJ, LüJ, OJ]
– dämmern [LJ, LüJ, OJ] ♦ **V:** *es ficht* ‚es dämmert' [LüJ]; *des fichded* ‚es dämmert, es wird Nacht' [OJ].

fichen swV. [BJ]
fiacha [OJ]; **füchen** [BJ]
– stinken [BJ, OJ] ♦ **E:** rw. *fiechen* ‚furzen; cacare', *fieches* ‚Furz' (WolfWR 1377) < jd. *fiches*, *nefieche* ‚Furz, (Leib-)Wind' (We 86, Klepsch 567, SchwäbWb. II 1471). Vgl. → *nefiche*.

fieches Subst. Pl. [MUJ, Scho]; **fiechæs** [WJ]; **fiaches** [OJ]; **fiachdas** [LJ]; **fiechàs** [LüJ]
– Blähung(en) [LüJ, WJ]; Furz [LJ, MUJ, Scho] ♦ **V:** *fiachdas reißen* ‚einen Furz lassen' [LJ]; *en fiaches gschmusa* ‚furzen' [OJ]; *oin gschmusa* ‚furzen' [OJ].

fichebais Subst. n. [SS, WH]
– Latrine [SS]; Abtritt [WH] ♦ **E:** → *baijes* ‚Haus'.

fickediewes ‚Schlauberger, durchtriebener Mensch' → *fockediewes*.

fickfacker Subst. m. [SK]
– Spaßmacher [SK] ♦ **E:** frz. *ficfaqueur* ‚Ficker'.

fickfehler Subst. m. [HN]
– schlechtes Aussehen [HN] ♦ **E:** rw. *ficken* ‚koitieren' WolfWR 1381 zu dt. *ficken* ‚reiben u. a.' DWB III 1617 f. und dt. *Fehler*.

fiddel¹ Subst. f. [HK, SK]
fiddl [HK]; **fidel** [HK, OH]
– Geige [HK, OH, SK] ♦ **E:** dt. *Fiedel* ‚Geige' DWB III 1623 f.; ahd. *fidula* ‚Geige'; jd. *fidel* ‚Geige'; mhd. *videl*, weitere Herkunft unklar (Klu. 1995: 286). ♦ **V:** *fiddl gejaund* ‚Geige gespielt' [HK]

leichtmetallfiddl Subst. f. [HK]; **leichtmetallfiddel** [HK]
– Aluminium-Geige [HK]; „Geige aus Leichtmetall" [HK]

fiddlfritze Subst. m. [HK]
– Geigenspieler [HK]; Geigenfritze [HK]; „ein Fritze, der Geige spielt" [HK]; „einer, der die Geige spielt und seine Faxen dabei macht" [HK]

fiddljauner Subst. m. [HK]
– Geigenspieler [HK] ♦ **E:** → *jaunen*.

fiddlbeeker Subst. m. [HK]
– Geigenspieler [HK] ♦ **E:** → *beeker*.

fiddlboochn Subst. m. [HK]; **fiddlboogen** [HK]; **fiddlboogn** [HK]; **fiddlboochen** [HK]
– Geigenbogen [HK]; Fiedelbogen [HK]

fiddldilm Subst. f. [HK]
– Geigenspielerin [HK] ♦ **E:** → *dilm*

fiddlscheeks Subst. m. [HK]
– junger Mann, der die Geige spielt [HK] ♦ **E:** → *scheeks*.

fiddel² Subst. f. [JSa]
fiddelchen Subst. Dim. [JSa]
– „Frau mit negativen Eigenschaften" [JSa]; Kosewort [JSa] ♦ **E:** rw. *fiedelelse* ‚Dirne' WolfWR 1385, mhd. *füdel* ‚Mädchen, Magd', vgl. rw. *geigen* ‚koitieren'.

fidel¹ Subst. [MeT]
fīdel [MeT, MT]
– Stadt [MeT, MT] ♦ **E:** rw. *vill* ‚Stadt', zu frz. *ville* WolfWR 6114.

brinkoffsfīdel ON [MeT]
– Schwedt (an der Oder in Brandenburg, Uckermark) [MeT]

fītsenfīdel Subst. [MeT]; **fitsenfidel** [MeT]; **fitsenfīdel** [MeT]
– Hauptstadt [MeT] ♦ **E:** → *fitsen* Adj. ‚groß'.

grīpenfīdel ON [MeT]; **gripenfidel** [MeT]
– Greifenhagen (in Westpommern/Polen) [MeT]

hamfīdel ON [MeT]; **hamfidel** [MeT]
– Hamburg [MeT]

lübfīdel ON [MeT]; **lübfidel** [MeT]
– Lübeck [MeT]

stintsfīdel ON [MeT]; **stintsfidel** [MeT]
– Stettin [MeT]

willemfidel ON [MeT]
– Berlin [MeT].

fidel² Subst. [BM]
– Hund [BM] ♦ **E:** unsicher; evtl. zu ugs. *fidél* ‚vergnügt, unbeschwert' oder zum PN *Fidelis*.

fidelburger Subst. m. [RW]
– Zigarre [RW] ♦ **E:** nach PN *Fidel Castro*.

fidle Subst. n. [LJ]
fidla [LJ]
– Arsch [LJ] ♦ **E:** schwäb. *füdle* ‚Arsch', ursprünglich ‚Arschloch', *fud* ‚weibliche Scham' (SchwäbWb. II 1814 f.).

fieche Subst. f. [SPI, SS, WH]
– Polizei [SPI, SS, WH] ♦ **E:** unsicher; nach WolfWR 1383 zu rw. *fickern* ‚umherstreifen'; evtl. zu westf. *fiech* ‚alberner Mensch'; WWBA 443, Jütte, Schlausmen, 106.

fieches ‚Furz' → *fichen*.

fiedeln swV. [HN]
– ducharbeiten [HN]
durchfiedeln swV. [HN]
– von Anfang bis Ende durchführen [HN]
wegfiedeln swV. [HN]
– umbringen [HN] ♦ **E:** zu dt. *fiedeln* DWB III 1625.

fiegge swV. [BM]
– lungern [BM] ♦ **E:** SchweizId. I 715 (*fiegge* ‚energielos herumfahren, herumrutschen').

fiers Subst. m. [MM]
fers [MM]; **vers** [MM]
– Stück [MM] ♦ **E:** womgl. zu dt. *Vers* ‚Teil (eines Gedichts), Gedichtstrophe'. ♦ **V:** *ein fiers bose* ‚ein Stück Fleisch' [MM]; *einen fiers reunen* ‚einen Blick werfen' [MM]; *fiers an die malme* ‚ein Berg Schulden' [MM]; *nen kotenen vers butter bewirgt* ‚ein kleines Stück Butter bekommen' [MM].

fies Adj. [BJ, OJ]
– gemein [BJ, OJ] ♦ **E:** dt./ugs. *fies* ‚teuflisch, hinterhältig' DWB III 1628 f.

fiesel Subst. m. [BJ, CL, GM, LJ, LL, LüJ, MoJ, MUJ, OJ, PfJ, SJ, SchJ, TJ]
fiesl [LJ, LüJ, SJ, SPI, Scho, WJ]; **fisel** [BM, JS, JeS, LJ, LüJ, MJ, MJ, PfJ, PH, SJ, TK, Wo]; **fiſel** [Him, Mat]; **fißel** [LüJ, Mat]; **fissel** [JSa]; **visel** [LüJ]; **fiegl** [SPI]
– Bursche [BJ, GM, JeS, LJ, LL, Mat, OJ, PH, SchJ]; Kerl [GM, LüJ, MoJ, SchJ, TJ]; Mann [BJ, CL, Him, JSa, LJ, LL, LüJ, MoJ, OJ, SchJ, SPI, TJ, Wo]; junger, lediger Bursche [LüJ]; Junge [BM, JS, LüJ, Mat, PfJ, SJ]; Junggeselle [PfJ]; Jüngling [LüJ]; Bube [LüJ, MJ]; Knabe [JeS, LüJ, TK]; junger Mann [GM, LüJ, MUJ, SJ, WJ]; kleiner Kerl, Mann [LüJ]; kleiner Bub, Bübchen [LüJ]; kleines Kind [SJ]; Ehemann [LüJ]; Sohn [BJ, MJ, Mat, OJ, PfJ, SJ]; Mannsbild [LüJ]; Kumpan [LüJ]; Kamerad [LüJ]; Freund [LJ, LüJ]; Lehrling [JeS]; Herr [LüJ, PfJ]; Mensch, knauseriger, geiziger [Scho]; „üble Bezeichnung für einen Mann" [Scho]; Geizhals [Scho]; schlechter Kerl [CL, LL]; Bursche, auch abwertend für Mann [CL]; Spitzbube [LüJ]; schlapper Kerl [BJ]; schräger Vogel [SPI]; Penis [SJ] ♦ **E:** rw. *fiesel* ‚Junge, Bursche, Zuhälter; männliches Individuum schlechthin' < dt. *Fisel* ‚Penis' (WolfWR 1388, Klepsch 569); SchwäbWb. II 1523 (*Fisel*). ♦ **V:** *schupfte fisel* ‚Bursche, paß' auf' [LüJ]; *kochemer fiesel* ‚kluger Kerl' [LüJ]; *gwander fiesel* ‚netter Mann' [LJ]; *a laggr fiesel* ‚ein schlapper Kerl' [OJ]; *So en schofler fiesel* [LL, CL]; *so en linker fiesel.* [CL]; *fiesel, wie spannt's aus?* ‚Freund, wie siehts's aus?' [LJ]; *fiesel, spann emol, a gwande goi* ‚Freund, schau einmal, eine hübsche Frau' [LJ]; *fiesel meck* ‚paß auf, Junge' [LüJ]; *des bescht an quanda fiesl* ‚das ist ein toller Junge' [LüJ]; *fiesel nasch, der bauer kommt* ‚Junge hau' ab, der Bauer kommt' [LüJ]; *fiesel pfich, der gallach nascht* ‚Junge, hau ab, der Pfarrer kommt' [LüJ]; *es hauret/scheffteta schofeler fiesel* ‚das ist ein schlimmer, gefährlicher Mann' [LüJ]; *fiesel pfich, dr greeling naascht!* ‚Freund, komm, der Förster naht!' [LüJ]; *fiesel, meinst 's haure keine grünwedel herles im kracher?* ‚Kamerad, meinst du, es seien keine Forstwächter hier im Wald?' [LüJ]; *fiesel, dabet mr dr bankes?* ‚Freund, verprügeln wir den Fremden?' [LüJ]; *der fiesel ist knaascht* ‚der Spitzbube ist ab' [LüJ]; *fiesel boscht aus dieser schwöche/ gatschemme, denn der plamp ist nobes/ tschi doof/gwand* ‚Freund(e), gehen wir aus dieser Wirtschaft, denn das Bier ist nicht gut' [LJ]; *nobes diberá, ein schofler fiesel!* ‚nichts verraten, ein schlechter Mann' [LJ]; *fiesel postet! der schroter kommt* ‚Freunde, geht, Polizei kommt!' [LJ]; *moss, der fiesel haurat g'wandt* ‚Mädchen, der Kerl isch charmant' [LJ]; *o, mei fisele het grandig mansche* ‚o, mein Junge hat viel gegessen' [LüJ]; *d'Steckabaurs-moss hat aber gnissa, daß dr fiesel au no ebbas anders auf'm herza hot* ‚die Steckabauer-Frau [Familienname] hat aber gewußt, daß der Mann auch noch etwas anderes auf dem Herzen hat' [LJ]; *der jonge fiesel schwöcht au geara, ond mit dene goia bostet der au oft furt* ‚der junge Mann trinkt auch gerne

und mit den Frauen geht er auch oft aus' [LJ]; *der hat die fiesel grandig gstocha, wenn se nachts net glei boschdet sin* ‚der hat die Männer sehr geschlagen, wenn sie nachts nicht gleich gegangen sind' [LJ]; *hast gufferling bestiebt von dene fiesel wegen dene murrer?* ‚hast du von den Kerlen Prügel bekommen, wegen der Katzen?' [OJ]; *mosse, nobes dibera mit dene fiesel, das sind ganz schofle gatsch, boschdet* ‚Mädchen, redet nicht mit den Männern, das sind ganz üble Kerle, haut ab' [LJ]; *der fiesel hat kein lobe, nobes gwand, da müsse mir boschde* ‚der Mann hat kein Geld, [das ist] nicht gut, da müssen wir abhauen' [LJ]; *fiesel, i tät jetz en grandiger stupfler kahle* ‚Mann, ich würde jetzt [gern] einen schönen Igel essen' [LJ]; *Fiesl i hauer pegerisch gang zom urinprophet odr zom rötlengs ond hol mr ebes abr net zom marodebenk der ischd link* ‚Junge, ich bin krank, geh zum Apotheker oder zum Bader und hol mir etwas, aber nicht zum Doktor, der ist falsch' [SJ]; *Dr duftschaller hot dia fiesl dockd bis se gflennd ond rötling gschwitzd hend* ‚Der Lehrer hat die Jungen geschlagen, bis sie geweint und Blut geschwitzt haben' [SJ]; *Dr schabr schneid dem fiesl pahle auf am grend* ‚Der Friseur schneidet dem Jungen die Haare vom Kopf' [SJ]; *Dr gloi fiesl ischd gwand dr ald nowes, der duad zviel loschora* ‚Der kleine Junge ist gut, der alte nicht, der beobachtet zu viel' [SJ]; *Fiesel, meinst 's haure keine grünwedel herles im kracher?* ‚Kamerad, meinst du, es seien keine Forstwächter hier im Wald' [LüJ]; *Fiesl naatsch dr gliste tschefft* ‚Kumpel hau ab, ein Polizist kommt' [WJ]
fiselche Subst. n. Dim. [JS]; **fiesele** [PfJ, TJ]; **fiesale** [OJ]; **fisele** [LüJ, PfJ]
– (kleiner) Junge, Jüngelchen [JS, LüJ, PfJ, TJ]
dergersfisel Subst. m. [LJ]
– Mann, der Kinder beim Betteln führt [LJ]
diberfiesel Subst. m. [LJ]
– Bezeichnung für Angehörige einer Gruppe von einigen Jungen in Leinzell [LJ]
gritzlrsfiesl Subst. m. [OJ]
– Ratsschreiber [OJ]
kieslersfiesel Subst. m. [LüJ]; **kiesersfisel** [PfJ]
– Maurer [PfJ] ♦ **E:** rw. *Kies* ‚Stein' WolfWR 2601, *kîslerfisel*; SchwäbWb. IV 422 (*Kislersfisel*).
kniefiesel Subst. m. [SchJ]; **kniefiesl** [Scho]
– Geizhals [SchJ]; ein Mann, der seine Knie durchgewetzt hat und sich aus Geiz keine neue Hose kauft [Scho] ♦ **E:** mdal. *kniebes* ‚Geizhals'.

mangingerfiesel Subst. m. [LJ]; **maningerfisel** [LJ]; **mauginerfisel** [LJ]
– Handwerksbursche [LJ]
ruochefisel Subst. m. [LüJ]
– Bauernjunge [LüJ]
schdradefiesl Subst. m. [OJ]
– Fahrender [OJ]
sendæfiesl Subst. m. [WJ]
– Zigeunerjunge [WJ] ♦ **E:** → *sinte* ‚Sinto'.

fietschler Subst. m. [EF]
– Bauernmusikant [EF] ♦ **E:** OSächsWb. III 360 (*pfietschen* ‚quietschen, pfeifen').

fietz Subst. m. [KMa]
fitse [MeT]; **fietse** [KMa]
– Wein [KMa]; Apfelwein [KMa]; Weißwein [MeT]; Perlwein [MeT]; Branntwein [MeT]; Sekt [MeT] ♦ **E:** rhein. *Fiz* ‚Apfel-, Birnenwein' (RheinWb. II 513).
fitseklar Subst. m. [MeT]; **fîtseklâr** [MeT]
– Weißwein [MeT] ♦ **E:** dt. *klar*, lat. *clarus* ‚hell'.
fitsefunken Subst. m. [MeT]; **fîtsefunksen** [MeT]
– Perlwein, Sekt [MeT] ♦ **E:** rw. *funck, fonck* ‚Feuer'-Bildungen bereits im LVag 1510, Siewert, Humpisch, 68.
fitseplump Subst. m. [MeT]; **fîtseplump** [MeT]
– Rotwein ♦ **E:** wohl zu ugs. *plempe* ‚unklare Flüssigkeit'. → *plumpert*.
bremmlerfiez Subst. m. [KMa]
– Apfelwein [KMa].

fietze ‚Fahhrad' → *vieze*.

fiewerach ‚fort, entfernt' → *fiwrach*.

figardes Subst. m. [SS, WH]
– Ring [SS, WH] ♦ **E:** zu jd. *godar* ‚umringeln' (WolfWR 1615).

figge swV. [BM]
figga [OJ]
– reiben, scheuern [OJ]; beschlafen [BM] ♦ **E:** schwäb. *ficken* ‚reiben, jucken, kratzen' SchwäbWb. II 1467, die Bed. ‚beschlafen' auch dt./ ugs. ♦ **V:** *mei nuasche figgd me* ‚mein Schuh reibt mir an der Ferse' [OJ].

figine Subst. f. [HN, MM]
figiene [MM]; **vigine** [MM]
– Täuschung [HN, MM]; Angeberei [MM]; Vorwand [MM]; Unsinn [MM]; Aufschneiderei [MM]; Bluff [MM]; Show [HN]; Zauberei [HN]; leichter Betrug [HN]; „so tun als ob" [HN] „hinterhältige Unwahrheit" [MM]; „das stimmt nicht" [MM]; „er hat uns

einen vorgeschwindelt" [MM] ♦ **E:** unsicher; evtl. zu *vig(el)ine* ‚Geige, Fiedel', womgl. beeinflußt von hochsprl. *fingieren*, schwer zu westf. *figer* ‚hochmütig' (WWBA. 449); Weiteres: Siewert, Grundlagen, 163; vgl. *fiole*. ♦ **V:** *lau oser figine* ‚ehrlich gesagt' [MM]; *auf figine mimen* ‚schauspielern, auf Schau machen' [MM]; *figine schieben* ‚so tun, als ob' [MM]; *alles figine un magente!* ‚Alles Täuschung und Betrug!' [MM]; *mach figine* ‚verstell dich' [HN]; *er schiebt figine* ‚er macht uns was vor' [MM]; *die alsche fing nur aus figine am plannigen* ‚die Frau weinte nur zur Täuschung' [MM]; „wenn ich jemanden was erzähle, was nicht der Richtigkeit oder der Wahrheit entspricht" [HN]; *hol mal den seegers ausser spiese, er soll figine machen* ‚hol mal den Kerl aus der Kneipe, er soll den „Verkauf anstoßen"' [HN]

figinebambonum Subst. n. [MM]
– Lärm um Nichts [MM]

figinebambonummacker Subst. m. [MM]
– Veranstalter der „Skulptur '97" [MM]

figinenfreier Subst. m. [MM]; **figinefreier** [MM]
– Angeber [MM]

figinenköster Subst. m. [MM]; **figineköster** [MM]; **figieneköster** [MM]
– Aufschneider [MM]; Angeber [MM]; Betrüger [MM]; Schlauberger [MM]; „einer, der unwahre Sachen sagt" [MM]; „einer, der sein Handwerk versteht" [MM]; „einer, der so tut, als arbeite er, tut es aber nicht" [MM]

viginemachen Subst. n. [MM]
– Budenzauber [MM]

figinennummer Subst. f. [MM]
– Salto mortale [MM]

figinenschieber Subst. m. [MM]; **viginenschieber** [MM]; **figienenschieber** [MM]
– Aufschneider [MM]; Angeber [MM]; Schwindler [MM]; Vortäuscher [MM]; Lügner [MM]; „einer, der unwahre Sachen sagt" [MM]; „einer, der sein Handwerk versteht" [MM]; „jemand, der etwas vortäuscht" [MM]; „einer, der nicht echt ist, sagt nicht die Wahrheit" [MM]; „der tut so, als ob er krank ist oder so" [MM]; „einer, der so tut als ob" [MM]

figinenseeger Subst. m. [MM]; **figineseeger** [MM]
– Aufreißer [MM]; Schausteller [MM] ♦ **V:** *figineseeger, die fuhren von ein' schock zum andern* ‚die Schausteller fuhren von einem Jahrmarkt zum anderen' [MM].

fiibes Subst. f. [KM]
– Ausschlag [KM]; Krätze [KM] ♦ **E:** unsicher; evtl. zu dt. *Fieber*, u. a. ‚Ausschlag' DWB II 443 f.; schwer zu RheinWb. II 361 *Feibel* ‚Anschwellung, Kolik'.

fiilfehle Subst. f. [MoM]
– Hebamme [MoM] ♦ **E:** Erstglied evtl. zu frz. *fils*, ital. *figlio* ‚Sohn'; → *fehle*.

filang Subst. m. [MoM]
– Mann [MoM] ♦ **E:** frz. *vilain*, ital. *villano* ‚Bauer' (WolfWR 6233).

bondfilang Subst. m. [MoM]
– Polizist [MoM]; Gendarm [MoM] ♦ **E:** mdal. *bond* ‚bunt' (wegen der Farbe der Uniform).

dappelfilang Subst. m. [MoM]
– Gänserich [MoM]

griifilang Subst. m. [MoM]
– Förster [MoM]; Jäger [MoM] ♦ **E:** mdal. *grii* ‚grün' (Farbe der Uniform).

großfilang Subst. m. [MoM]
– Bürgermeister [MoM]

schworzfilang Subst. m. [MoM]
– Pfarrer [MoM] ♦ **E:** mdal. *schworz* ‚schwarz'.

filius Subst. m. [MeT, MT]
– Pfannekuchen [MeT, MT] ♦ **E:** lat. *filius* ‚Sohn'; Benennungsmotiv unklar.

filmen swV. [HN, MB]
– spinnen [HN]; jmd. hereinlegen [MB] ♦ **E:** ugs. (veraltet) *filmen* ‚jd. hereinlegen' oder westf. *flimen* ‚schmeicheln', westf. *flimer* ‚Heuchler' (WestfWb. 310). ♦ **V:** *hat rumgefilmt* ‚hat eine Show abgezogen', ‚hat herumgesponnen (betrunken)' [HN]; *den hab ich aber gefilmt* ‚den hab ich aber ganz schön verschaukelt' [MB].

filschi Subst. m. [GM]
– Polizist [GM]; Schutzmann [GM] ♦ **E:** rw. *filzen* ‚die Kleidung auf Ungeziefer durchsuchen, die Papiere visitieren'; rw. *filzbruder* ‚Gendarm' (WolfWR 1398); s. auch → *filzen*.

filsere Subst. [LJ]
filseri [SchJ, Scho]
– Feile [LJ, SchJ]; Säge [LJ, SchJ, Scho] ♦ **E:** rw. *filseri*, mhd. *vîle* ‚Feile' (WolfWR 1396).

filu Subst. n. [HK]
– „einer, der listig ist" [HK] ♦ **E:** rw. *filou* ‚erstklassiger Gauner' belegt (WolfWR 1395), dt. *Filou*, jmd., der andere mit Schläue, Raffinesse zu übervorteilen

versteht' (DUW 1996: 507), im 17. Jh. entlehnt aus franz. *filou* ‚Gauner'.

filzen swV. [BJ, HLD, HN, MM, RW, SJ]
filza [OJ]
– durchsuchen (bes. „an der Grenze") [BJ, HN, MM, OJ, RW, SJ]; durchkämmen [SJ]; untersuchen [RW]; heraushandeln [SJ]; Läuse suchen [RW]; auf Reinlichkeit untersuchen [RW]; die Kleider wegen Ungeziefers nachsehen [RW]; seitens der Polizei am Körper und in den Sachen untersuchen [RW]; die Kleidung nach „Filzbienen", Ungeziefer untersuchen [HLD] ♦ **E:** rw. *filzen* ‚die Kleidung auf Ungeziefer durchsuchen' (WolfWR 1398); Klu. 1999: 265; nd. *filzen* ‚durchsuchen', ‚nach verbotenen Gegenständen durchsuchen' (HWB II 73; Kü I 167).
filz[1] Subst. m. [MM]
– Bettuch [MM]
filz[2] Subst. [RW]
– Laus [RW]
filzer Subst. m. [SJ]
– Kamm [SJ]
filzlaus Subst. f. [RW]; **filslus** [MB]
– Fünfzigpfennigstück [RW]; Zwanzigpfennigstück [RW]; altes silbernes 20-Pfg.-Stück [MB]; geiziger Geselle [RW] ♦ **E:** rw. *filzlaus* ‚Zwanzigpfennigstück', Benennungsmotiv: geribge Größe dieser Silbermünze (WolfWR 1399).
filzmucken Subst. f. Pl. [HN]
– Filzläuse.

fimele swV. [BM]
– fischen [BM] ♦ **E:** SchweizId. I 827 (*fimmlen* ‚herausklauben erlesen, kleine Dieberein begehen').
fimu Subst. m. [BM]
– Fisch [BM] ♦ **E:** evtl. auch zu *fimmel* ‚Ähre, längliches Etwas' SchweizId. I 826.

fimmeln swV. [HK]
– riechen [HK]; stinken [HK]; schlechter Geruch [HK] ♦ **E:** lat. *fimum, fimus* ‚Mist, Dünger'. ♦ **V:** *moole fimmeln* ‚stinken' [HK]; *fimmeld grannich* ‚riecht gut' [HK]; *es fimmeld jooker* ‚es riecht gut' [HK]; *es fimmeld moole* ‚es riecht schlecht' [HK]; *die sänfdchen fimmeln* ‚die Betten riechen' [HK]; *hier fimmelds verscherfd* ‚hier riechts verbrannt' [HK].

fimmen swV. [NJ]
– rauchen [NJ] ♦ **E:** frz. *fumer* ‚rauchen'.
fimm Subst. [NJ]
– Zigarette [NJ] ♦ **V:** *steck mir ein fimm* ‚gib mir eine Zigarette' [NJ].

fimp Subst. [HF]
– Lüge [HF] ♦ **E:** wohl zu rhein. *Fimpes* ‚Dummes Gerede', ‚Geschwätz', RheinWb. II460; schwerer zu *fimmeln* ‚faseln', ‚Unsinn reden' und *Fimmel* ‚Splin', ‚Überspanntheit'.
fimpen swV. [HF]
– übertreiben [HF].

finale Adj. [HK]
finnale [HK]; **fünale** [HK]
– satt [HK]; sattgegessen [HK]; voll [HK]; dicksatt [HK]; gut satt [HK]; schwanger [HK]; „Frau in Umständen" [HK]; „in anderen Umständen" [HK] ♦ **E:** dt. *Finale* ‚Schlußszene der einzelnen Akte', ‚glanzvoller Abschluß', aus italienisch *finale*, lat. *finalis* (DUW 1996: 508). ♦ **V:** *stramm finale* ‚gut gegessen', ‚hoch schwanger', ‚satt' [HK]; *die keue schemmt finale* ‚die Frau ist schwanger' [HK]; *de dilm is finale* ‚das Mädchen ist schwanger' [HK]; *schemmd finale* ‚ist in Umständen' [HK]; *finale gebudded* ‚dicksatt gegessen' [HK].

finden[1] swV. [BJ]
– „mitlaufen lassen" [BJ] ♦ **E:** rw. *finden* ‚stehlen' (WolfWR 1402).
finden[2] [KMa]
– sehen [KMa] ♦ **E:** dt. *finden* ‚mit den Augen finden'.

fineiseln swV. [PfJ]
– regnen [PfJ] ♦ **E:** SchwäbWb. II 1504 *fineisln, finesseln* ‚regnen, weinen' (WolfWR 1403).

finester, fineter, finett ‚Fenster' → *fenester, feneter*.

finger Subst. m., in:
mit dem Finger schweißen können ‚Homosexuell sein' [WG]; *schlimmer finger* ‚brutaler Zuhälter' [HN]; *den finger gebrochen haben* ‚Zuhälter sein' [HN]; *schon in der wiege die finger gebrochen haben* ‚ein geborener Zuhälter sein' [HN] ♦ **E:** zu dt. *Finger* (vgl. WolfWR 1405).
fingerla Subst. Dim. [EF]; **fingerlein** [EF]
– Zigarre [EF]
fingerling Subst. m. [BJ, LJ]; **fengreng** [OJ]
– Ring [LJ]; Fingerhandschuhe [BJ, OJ]
fingertraktierer Subst. m. [SG]
– Geige [SG].

finglfort Subst. [LoJ]
– Küche [LoJ] ♦ **E:** zu → *finkeln* ‚brennen, sieden, kochen'.

fini Interj. [KJ, KM]
– Schluß! [KJ, KM]; fertig! [KJ] ♦ **E:** frz. *fini* ‚beendet'.

fink Subst., in:
schmochfink Subst. [RW]; **schmochfinke** [RW]
– Pfeife [RW]; Tabakspfeife [RW] ♦ **E:** dt. *schmauch* ‚Rauch', nd. *schmorchen* ‚rauchen' (WolfWR 5004); rw. → *finkel, finkeln* ‚brennen, kochen' (WolfWR 1408), rw. *funk* ‚Licht, Feuer' (WolfWR 1581).
schnalzfink Subst. m. [LüJ]
– Zigarre [LüJ] ♦ **E:** rw. *schmalfink* ‚Tabakspfeife' (WolfWR 5000); vgl. nd. *smälen, smelen, smölen* ‚langsam und qualmend brennen'; SchwäbWb. V 1028 (*Schnalzfink*).

finke Subst. Pl. [KP]
– Schuhe [KP] ♦ **E:** oberdt. *Finken* ‚Hausschuhe, Strohschuhe' (BadWb. II 156, SchweizWb. I 868), dies zu mlat. *vicones*.

finkel Subst. [SK]
– Hexe [SK] ♦ **E:** zu rw. *finkeln* ‚brennen, kochen', ‚Person, die Hexenelixiere braut' (Wolf 1407). → *fink, finkeln*. ♦ **V:** *gfengglede johle* ‚verhexter Wein' [BJ, OJ]

finkelkaffer Subst. m. [LüJ]
– Hexenmeister [LüJ]; geiziger Mann [LüJ]; undurchsichtiger Mann (klug) [LüJ]; Angeschlagener [LüJ]; alter Mann [LüJ]; „Mann, der es mit allem nicht so genau nimmt" [LüJ]

finkelmoß Subst. f. [LüJ, NJ, PfJ]; **fingkelmos** [NrJ]; **fengglmoos** [OJ]; **finkelmus** [LJ]; **finkelmuß** [LJ]; **finkelmusch** [BJ]
– Hexe [BJ, LJ, LüJ, OJ, PfJ]; unheimliche, unerträgliche Frau [NrJ]; durchtriebene Frau [LüJ]; verschlagene Alte [LüJ]; undurchsichtige, kluge Frau [LüJ]; Angeschlagene [LüJ]; geizige Frau [LüJ]; „kann schön oder blöd sein" [LüJ]; eine Frau, die unverträglich ist und ein loses Mundwerk hat [NJ] ♦ **E:** SchwäbWb. II 1509/1510 (*finkelmoss*); WolfWR 1407 (*finkelmos*). ♦ **V:** *Dat es en Fingkelmos, bleif der dane* ‚Das ist eine Hexe, bleib ihr fern' [NrJ]

finkelmößle Subst. n. Dim. [LüJ]
– Göre [LüJ]; kleine Hexe [LüJ]; verschlagene Alte [LüJ]; undurchsichtige, kluge Frau [LüJ]

finkelmaier Subst. m. [PfJ]
– Kaufmann [PfJ]; Lügner [PfJ]; Großmaul [PfJ]; Händler [PfJ]

finkelschütz Subst. m. [PfJ]
– Hexenmeister [PfJ]

finkeln swV. [BJ, HK, KMa, LJ, TJ]
finkele [HK]
– brennen (Schnaps) [BJ, LJ]; sieden [BJ]; kochen [HK, KMa, TJ]; Mittagbrot essen [HK] ♦ **E:** rw. *finkeln* ‚kochen, brennen' zugrunde, zu rw./dt. *funk(en)*, ‚Feuer' (WolfWR 1407, 1408, 1409). → *fink, finkel*. ♦ **V:** *grannich finkeln* ‚gut kochen' [HK]; *butten finkeln* ‚Essen kochen' [HK]

gfinkelt Adj. [LJ]; **gefinkelt** [LJ]; **gfenklt** [LJ]
– rot [LJ] ♦ **V:** *gefinkelte fluse* ‚Limonade, Brause' [LJ]; *gefinkelter jole* ‚Rotwein' [LJ]; *gfinkelter schwörmer* ‚roter Bart' [LJ]; *schbann, da muffer, der isch gfenklt* ‚sieh, die rote Nase (versoffen)' [LJ]

gefinkelter Subst. m. [LJ, LüJ]; **gfinkelter** [LJ, PfJ]; **gfinklete** [Him, LüJ, Mat, Wo, Zi]; **gfinglada** [LoJ]; **gfengglede** [OJ]; **gefinkelten** [NJ, SE, SP]; **gefinkelte** [JSa, NJ]; **gfinkelta** [LJ]; **gefenkelte** [JSa]; **gfenkldær** [WJ]; **gfinklete** [BJ]; **jefengkelte** [NrJ]; **jefinkelte** [NJ]; **gefinkel** [HLD]; **gefunkerter** [JSa]; **geféenkelten** [WL]; **gfunkten** [TK]; **funken** Subst. [TK]; **funkten** [TK]
– Branntwein, Schnaps [BJ, Him, JSa, LJ, LoJ, LüJ, Mat, NJ, NrJ, PfJ, SE, SP, TK, WJ, WL, Wo, Zi]; Weinbrand [OJ]; Kräuterschnaps [NrJ]; Likör [LJ]; Cognac [BJ, OJ] ♦ **V:** *gfinkelter giegas* ‚Likör'/ ‚Branntwein' [LJ]; *gefinkelter johann* ‚Branntwein' [LJ]; *Hautz schwäsche mer e Scheimert on e Gefinkelder* ‚Mann trinken wir ein Bier und einen Schnaps' [JSa]; *gefinkel schwächen* ‚Branntwein trinken' [HLD]

finkler Subst. m. [TJ, TK]
– Ofen [TJ, TK]

finken Subst. Pl. [MB]
– Sommersprossen [MB]

kneisperfinken Subst. m. Pl. [MM]; **kniesterfinken** [MM]; **knisterfinken** [MB]
– Stielmus [MM, MB] ♦ **E:** rw. *Kniest*, westf. *Knuiste* ‚Knorren, Knöchel' WolfWR 2778.

finkelbajes Subst. n. [KMa]
– Backhaus [KMa]

finkelbeeker ‚Koch' → *beeker*.

finkeldermes ‚Kochtopf' → *termes*.

finkeldilm ‚Dienstmädchen' → *dil*.

finkeldillichen ‚Köchin' → *dil*.

finkenhärrla Subst. Dim. [BM]; **finkenherrlein** [BM]
– kleines Glas, Schnapsglas [BM]

finkeljochen Subst. m. [BJ, HLD]
– Schnaps [BJ]; Branntwein [HLD]

finkelkeue ‚Köchin' → *goi*.

finkelmatz ‚Dienstmädchen' → *matz*.

finkelpott Subst. m. [HK]
– Kochtopf [HK]

finkelei Subst. f. [HK]
– Küche [HK]; Kochen [HK]; Kocherei [HK] ♦ **V:** *de ullmische is (es) in derr finkelei unn fladdert (floah-*

dert) ‚die Frau ist in der Küche und wäscht' [HK]; *bei uns bleibt heute die finkelei kullmisch* ‚bei uns bleibt heute die Küche kalt' [HK]; *Dilms! Buscht inn de finkelei! – Looscht de bosenkäue nach pennen unn oahbendleechen – unn woas es schulmmt!* ‚Mädchen, geht in die Küche! Fragt die Wirtsfrau nach Übernachtung und Abendessen – und was dies kostet' [HK]

fücklete Subst. [TK]
– Schnaps [TK]

gefängeldes Subst. n. [JS]; **gefengeldes** Subst. n. [JS]
– Bier [JS]; etwas zum Trinken [JS].

finne Subst. f. [BJ, CL, MB, MM, PH, RW, StG]; **finn** [NJ]; **fin** [SP]; **finen** [SP]; **feng** [NJ]; **finnichen** Subst. n. Dim.[HK]; **finnechen** [HK]; **finnichn** [HK]; **finnerchen** [HK]; **finnche** Subst. [CL, LL, SK]
– „kann vieles heißen" [HK]; „kann man allgemein für alles sagen" [HK]; „allgemeiner Ausdruck" [HK]; „das ist ein vieldeutiger Begriff" [HK]; „sagen se für alles" [HK]; „für alles was gewesen" [HK]; „alles" [HK]; Stück [CL, LL, PH, SP]; Teil [CL, LL]; Ding [HK]; Gegenstand [HK]; kleines Ding [HK]; Glas [HK]; Brotschnitte [SK]; Butterbrot [NJ]; kleines Gefäß [BJ]; Behälter [BJ]; Flasche [MB, MM, RW]; Bierflache [MM]; Schnapsflasche [RW, StG]; Wandergewerbeschein [HK]; Gewerbeschein, Gewerbeerlaubnis für die Wandermusik [HK]; Gewerbesteuer [HK]; Ausweis [HK]; Papiere [HK]; Zulassung [HK]; Genehmigung [HK]; (hübsche) Frau [HK]; (hübsches) Mädchen [HK]; Nutte [HK]; (hübscher) Mann [HK]; „Mann oder Frau, nicht gescheit" [HK]; „geht auf den Strich" [HK]; „einer, der nicht so gut ist" [HK]; männliches Geschlechtsteil [HK]; Geschlechtsteil (von Mann oder Frau) [HK]; Brüste [HK]; Ort, Dorf [HK]; Klo [HK]; kleines Gebäude [HK]; Haus [HK]; Raum [HK] ♦ **E:** rw. *finne* ‚Ding, Behältnis jeder Art' (WolfWR 1410); rw. *finne, finchen* „in vielfacher Bedeutung gebraucht (auch in Zusammensetzungen), an sich ganz unbestimmt überhaupt ‚Ding', daher auch ‚Stück, Teil', dann besonders ‚(kleineres) Behältnis jeder Art' wie Dose, Büchse, Futteral, Kapsel", auch ‚Arbeitsbuch, Wanderbuch', ‚Rohr, Pfeife' (WolfWR 1410); womgl. Einfluß von jd. *pinkes* ‚Notizbuch, Tagebuch' und dt. *pin, pinne* ‚kleiner spitzer pflock, nagel, stift' (DWB XIII 1861). ♦ **V:** *finne lechum* ‚Stück Brot' [CL]; *joot fäng* ‚Butterbrot' [NJ]; *nosen mer norre e finnche vun deim boser* ‚Gib mir nur ein Stückchen von deinem Fleisch' [CL]; *der seeger hängt an der finne* ‚der Mann ist ein Trinker' [MM]; *finne schumm* ‚dicke Flasche, Flasche Sekt' [MM]; *'ne finne lowinen* ‚eine Flasche Bier' [MM]; *ich hab für die maloche nich mal 'ne finne bewircht* ‚ich habe für die Arbeit nicht einmal eine Flasche bekommen' [MM]; *finne legen* ‚der Herbergsvater verbietet, auswärts gekauften Schnaps aus der Flasche zu trinken' [StG]; *einen in seine finne deisten* ‚die Schnapsflasche füllen' [RW]; *die finne volldeisten* ‚die Flasche füllen' [RW]; *finnichn plempl* ‚Glas Bier' [HK]; *schemmd aber 'n finnichen* ‚komische Kleidung' [HK]; *beeker sin finnichen* ‚Geschlechtsteil des Mannes' [HK]; *floader erst mal dein finnichen* ‚wasch erst mal dein Geschlechtsteil' [HK]; *mooles finnichen* ‚schlechte Frau' [HK]; *das finnichen schemmt mole* ‚das Mädchen ist schlecht' [HK]; *keuschen sin finnichen* ‚Geschlechtsteil der Frau' [HK]; *beegersch am finnichen* ‚geschlechtskrank' [HK]; *das finnichen ungerfackeln lassen* ‚das Gewerbe ausdehnen und unterschreiben lassen' [HK]; *mein finnichen schemmt beschullmt* ‚mein Gewerbe ist bezahlt' [HK]; *wir schlehnen in das finnichen* ‚wir gehen in das Haus' [HK]

finniche beiba Subst. n., Phras. [SK]; **finnicht beiba** [SK]
– Glas Bier [SK]

bimmerfinnche Subst. Pl. [SK]
– Kirschen [SK]

bulefkenfinniche Subst. f. [SK]
– Topf [SK]

dobberfinniche Subst. m. [SK]
– Kautabak [SK]; Tabak [SK]

fackelfinniche Subst. m. [SK]
– Brief [SK]

flosserfinniche Subst. m. [SK]
– männliches Geschlechtsteil [SK] ♦ **E:** → *flessseln*.

funkersfinniche Subst. m., n. [SK]
– Streichholz [SK]

futtefinniche Subst. f. [SK]
– Bett [SK]

gabelfinniche Subst. f. [SK]
– Gabel [SK]

geißfinniche Subst. f. [SK]
– fünf Mark [SK] ♦ **E:** jd. *kesseph* ‚Silber' (Wolf 2578, 2606).

häblingsfinniche Subst. m.; Subst. f. [SK]
– Arm [SK] ♦ **E:** dt. *heben*.

hellfinniche Subst. f. [SK]
– Kerze [SK]; Lampe [SK]

hörlingsfinniche Subst. m. [SK]
– Ohr [SK]

hoichelfinniche Subst. f. [SK]
– Flöte [SK] ♦ **E:** nd. *hoicheln* ‚hauchen'.
klapperfinniche Subst. m. Pl. [SK]
– Holzschuhe [SK]; Holzpantoffeln [SK]
klesmerfinniche Subst. f. [SK]
– Harfe [SK] ♦ **E:** → *klesmer*.
klimperfinniche Subst. f. [SK]
– Harfe [SK]; Gitarre [SK]
knackerfinniche Subst. f. [SK]
– Gewehr [SK]
kreisfinniche Subst. f. [SK]
– Ring [SK]
maiumfinniche Subst. f. [SK]
– Brunnen [SK]; Quelle [SK] ♦ **E:** → *majem*.
scherneifinniche Subst. f. [SK]; **tscherneifinniche** [SK]
– Kaffeetasse [SK]
schuttefinniche Subst. f. [SK]
– Bett [SK]
schütterfinniche [SK]; **schütterfinnichen** Subst. f. [SK]; **schutterfinnichen** [SK]
– Tanzsaal [SK]
spattfinniche Subst. n. [SK]
– Bett [SK] ♦ **E:** nd. *spatt* ‚Bett'.
steckerfinniche Subst. f. [SK]
– Gabel [SK] ♦ **E:** dt. *stechen, stecken*.
schwärzfinniche Subst. f. [SK]
– Festerladen [SK] ♦ **E:** → *schwärz* ‚Nacht'.
tschärfinniche Subst. f. [SK]
– Stuhl [SK] ♦ **E:** engl. *chair* ‚Stuhl'.
beeferfinnichen Subst. n. [HK]; **päferfinnichen** [HK]
– Gewehr [HK]; Revolver [HK]; Pistole [HK]
boogerfinnichen Subst. n. [HK]; **boogfinnichen** [HK]
– Messer [HK]
bordfinnichen Subst. n. [HK]; **portfinnichen** [HK]
– Portemonnaie [HK]; Geldtasche [HK]; Geldbörse [HK]
brannowesfinnichen Subst. n. [HK]
– Café [HK]; Kaffee [HK]; Kaffeetasse [HK]; Kaffeekanne [HK]; kleines Kännchen [HK]; „eine Frau, die gerne Kaffee trinkt" [HK]
eichsfinnichen Subst. n. [HK]
– Eichsfeld [HK]; jmd. aus dem Eichsfeld [HK]; Eichsfelder Mädchen [HK]
flatterfinnichen Subst. n. [HK]
– Vogel [HK]
flösselfinnichen Subst. n. [HK]; **flesselfinnichen** [HK]; **fleßlfinnichen** [HK]
– Klo [HK]; Toilette [HK]; Bedürfnisanstalt [HK]; Klo für Mann und Frau [HK]; Männerabort [HK]; Pinkelbude [HK]; Abort [HK]; Klosett [HK]; „Toilette nur für Männer, zum pullern" [HK] ♦ **V:** *ich busche aufs flesselfinnichen* ‚ich gehe auf Klo' [HK]; *B. schemmd schibbes geschlehnd aufs flesselfinnichen* ‚B. ist fortgegangen, zur Toilette' [HK]
horchlingsfinnichen Subst. n. [HK]
– Radio [HK]; Telefon [HK]
hunnsfinnichen Subst. n. [HK]; **hunsfinnichen** [HK]; **hundsfinnichen** [HK]; **hunssfinnichen** [HK]
– Hundeshagen [HK]; „der Ort hier" [HK] ♦ **V:** *hunnsfinnichen klinger* ‚Musikant aus Hundeshagen' [HK]; *hunnsfinnicher klingers* ‚Hundeshagener Musikanten' [HK]; *der beeker schemmt aus hunnsfinnichen* ‚der Mann ist aus Hundeshagen' [HK]
hunnsfinnichen Subst. n. [HK]
– Einwohner von Hundeshagen [HK]
hunnsfinnicher Subst. m. oft Pl. [HK]; **hunsfinnicher** [HK]; **hundsfinnicher** [HK]; **hundsfinnischer** [HK]; **hunnsfinnischer** [HK]; **hunssfinnicher** [HK]; **hunnesfinnicher** [HK]
– Hundeshagener [HK]; einer aus Hundeshagen [HK]; Mann aus Hundeshagen [HK] ♦ **V:** *die hunnsfinnischer schemmen granniche jenters* ‚die Hundeshägener sind gute Leute' [HK]; *hundsfinnicher ebbes* ‚Hundeshagener Mann' [HK]; *hunnsfinnicher käue* ‚Hundeshagener Frau' [HK]; *hunnsfinnicher klinger* ‚Hundeshagener Wandermusiker' [HK]; *hunnsfinnicher klingerdilm* ‚Hundeshagener Harfenmädchen' [HK]; *hunnsfinnicher schrappen* ‚Hundeshagener Kinder' [HK]
kleisfinnichen Subst. n. [HK]
– Milchkännchen [HK]; Milchtasse [HK]; Milchgeschäft [HK]; Milchflasche [HK]; Milchfrau [HK]; Molkerei [HK]; „Kuchen, Schmand, irgendetwas mit Backwaren" [HK]
klimperfinnichen Subst. n. [HK]
– Klavier [HK]
knallfinnichen Subst. n. [HK]
– Gewehr [HK]; Pistole [HK]; Revolver [HK]; Schießgewehr [HK]; Knaller an Silvester [HK]
lehmerfinnichen Subst. n. [HK]; **lechmerfinnichen** [HK]
– Brötchen [HK]; Stückchen Gebäck [HK]; Plätzchen [HK]; Brot [HK]; Butterstücke [HK]; Butterbrot [HK]; Bäckerin [HK]
ohrfinnichen Subst. n. [HK]; **ohrfinnerchen** [HK]
– Streich [HK]; Ohrring [HK]; Ohr [HK] ♦ **V:** *jetzt heech ich meine ohrfinnichen verloren* ‚jetzt habe ich meine Ohrringe verloren' [HK]; *der heejd granniche*

ohrfinnichens drin ‚der hat sehr schöne Ohrringe drin' [HK]
puttfinnichen swV. [HK]
– küssen [HK]
puttfinnichen Subst. n. [HK]; **buttfinnichen** [HK]; **buddfinnichen** [HK]; **buttfinnechen** [HK]
– Kuß [HK]; Mund [HK] ♦ **V:** *puttfinnichen schdeggen* ‚küssen' [HK]; *der beeker hat dem keuschen en puttfinnichen geschdeggd* ‚der Mann hat der Frau einen Kuß gegeben' [HK]
rollerfinnichen Subst. n. [HK]; **rollerfinnechen** [HK]
– Fahrzeug [HK]; Auto [HK]; Fahrrad [HK]; Motorrad [HK]; Handwagen [HK]; Wagen [HK]; Eisenbahn [HK]; Moped [HK]; Pferdewagen [HK]; Erntewagen [HK]; Schubkarren [HK]; „was eben *rollert*" [HK]; „alles, was damals gerollt ist" [HK]; „wo man mit fuhr" [HK]; „was fährt" [HK]; „alles, was Räder hat" [HK]; „jedenfalls was Fahrbares" [HK]; „konnste alles für sagen" [HK]
rottfinnichen Subst. Pl. [HK]
– rote Rosen [HK]
spielfinnerchen Subst. n. [HK]
– Spielzeug [HK]
schdreichfinnichen Subst. n. [HK]
– Streichholz [HK]; Instrument [HK]; „Instrument, was man streicht" [HK]; Streichinstrument [HK]; Geige [HK]; Kontrabaß [HK]; Streichbaß [HK]; Baß [HK]
scheiberlingsfinnichen Subst. n. [HK]
– Fernseher [HK]
schwarzfinnichen Subst. Pl. [HK]
– schwarze Rosen [HK]
schwullchfinnichen Subst. n. [HK]
– Pfeife [HK]; Zigarre [HK]; Zigarettenschachtel [HK]; „wo man rauchen darf" [HK]; „einer, der raucht" [HK]; „Mädchen, das raucht" [HK]
weddelfinnichen Subst. n. [HK]
– Tanzsaal [HK]; Tanzboden [HK]; Tanzlokal [HK]; Saal [HK].

finneß Subst. m. [NJ]
– schlechter Mensch [NJ] ♦ **E:** RheinWb. II 465 (*Finessen* ‚Kniffe, Schelmenstreiche').
finnessen swV. [NJ]
finnessen [RH]
– greifen [NJ, RH]; fangen [NJ, RH]; haschen [NJ, RH]; stehlen [NJ, RH]; übervorteilen [RH].

finnigen Subst. [BO]
– Pfennig [BO] ♦ **E:** wohl zu dt. *Pfennig*.

finse Subst. f. [SPI, SS]
vinse [SS]
– Brotscheibe [SS]; Markstück [SS]; Mark [SPI] ♦ **E:** unsicher; evtl. zu westf. *flinse* ‚flaches Stück', Woeste 303, Jütte, Schlausmen, 107; schwer zu slav. *Peniaze* ‚Geld' Theilacker 114. ♦ **V:** *mailachs finse* ‚100 Mark' [SPI]
gemmesfinse Subst. f. [SS, WH]
– Butterbrot [SS, WH] ♦ **E:** → *gemme* und *finse*.
mailachsfinse Subst. f. [SS]
– Hundertmark [SS] ♦ **E:** → *mailach* und *finse*.

finzel Subst. [MM]
– Sekt [MM] ♦ **E:** unsicher; evtl. zu → *finne*.

fiogg Subst. [MJ]
– Schnee [MJ] ♦ **E:** schweizdt. *Focke^n* ‚Flocke, Schnee' SchweizId. I 732.

fiole Subst. f. [MM]
viole [HLD, JS]
– Aufschneiderei [MM]; fauler Zauber [MM]; hinterhältig vorgehen [MM]; belügen [MM]; betrügen [MM]; sich verstellen [MM]; markieren, Krankheit vortäuschen [MM]; Spaß machen, Sprüche erzählen, „leicht die Unwahrheit sagen" [MM]; „einen unterjubeln" [MM]; „so tun, als ob" [MM]
fiole schieben Phras. [MM]; **viole schieben** [HLD, MM]; **fioole schiiben** [StJ]
– Leute an der Nase herumführen [MM]; Mätzchen, einer, der nicht gern arbeitet [MM]; heucheln, tarnen [StJ]; von der Seite gehen [HLD] ♦ **E:** rw. *violen schieben* ‚Mätzchen machen' (WolfWR 6116), evtl. zu roi. *fala* (WolfWZ 670, WolfWR 6116). ♦ **V:** *auf die viole gestempelt sein* ‚gekauft sein' [JS]; *der seeger macht ein' auf fiole* ‚der Mann gibt an' [MM].

fioze Subst. f. [MM]
– Hälfte [MM]; 0,50 DM Stück [MM] ♦ **E:** jd. *choze* ‚Hälfte, halb' (WolfWR 896, Klepsch 561). Vgl. → *kotse*.

fiozer Adj. [MM]; **fojozer** [MM]; **fiocer** [MB]; **fioscer** [MB]
– halb [MB, MM]; „nur im Zusammenhang mit Zahl- und Mengenangaben gebraucht" ♦ **V:** *beschine ist ein fiozer tack* „ein halber Groschen" [MM]; *fiozerjutolf* ‚halb elf' [MM]; *kimmel fiozer takes* ‚35 Pfennige' [MM]; *olf fojozer schuck* ‚1,50 DM' [MM]; *bees fojozer schuck* ‚2,50 DM' [MM]; *fiocer tacken* ‚5 Pfennig' [MB]; *olf fioscer tack* ‚15 Pfennig' [MB]; *bais fioscer tack* ‚25 Pfennig' [MB]

fiozerratt Subst. [MM]
– 1,50 DM [MM]
fiozerschuck Subst. m. [MM]
– 50 Pfennige [MM]
fiozertack Subst. m. [MM]
– 5 Pfennige [MM]
sommerfiozerjenikenferien Subst. Pl. [MM]
– Sommersemesterferien [MM].

firchdig Adj. [OJ]
– groß [OJ]; stark [OJ] ♦ **E:** SchwäbWb. II 1845 (*fürchtig* steigernd ‚groß, sehr'). ♦ **V:** *merch, a firchdiga* ‚du bist ein Frauenzimmer' [OJ].

firchemen swV. [JS]
– scheißen [JS] ♦ **E:** unsicher; evtl. *verchemmen*, zu rw./jd. *chemme* ‚Butter' WolfWR 861. ♦ **V:** *de scheets hät in de kloder gefirchemt* ‚der Junge hat in die Hose geschissen' [JS]
befircheme swV. [JS]
– betrügen [JS].

firchen swV. [MM]
– schlafen [MM]; mit jemandem schlafen [MM]; ins Bett gehen [MM] ♦ **E:** wohl zu rw. *fichte* ‚Nacht'. ♦ **V:** *in die fichten gehen* ‚heimlich verschwinden, zumal zur Nacht', zu dt. *Fichte* ‚Nadelholz (aller Art), met. Schwärze', DWB III 1612ff., vgl. *Schwarzwald* (WolfWR 1379).
ausfirchen swV. [MM]
– ausschlafen [MM] ♦ **V:** *wat ausgefirchtet* ‚etwas Ausgefallenes' [MM]
ausgefircht Adj.; Adv. [MM]
– ausgeschlafen [MM]; ausgepennt [MM]; hochtrabend [MM]; raffiniert, ausgeklügelt [MM] ♦ **V:** *sie schmusen ausgefircht* ‚sie reden hochtrabend daher' [MM]
firche Subst. f. [MM]; **virche** [MM]; **pfirche** [MM]
– Bett [MM] ♦ **V:** *der hegel schemmte nache maloche sofort inne firche* ‚der Mann ging nach der Arbeit sofort schlafen' [MM]
edelfirche Subst. f. [MM]
– teure Betten, Daunenbetten [MM]
firchenbeis Subst. m., n. [MM]
– Hotel [MM]
firchenwäsche Subst. f. [MM]
– Bettwäsche [MM]
fircheschwere Subst. f. [MM]
– Bettschwere [MM].

fisasche Subst. f. [KMa, OH]
faschat [RR]
– Gesicht [KMa, OH, RR] ♦ **E:** dt. *Visage* < frz. *visage* ‚Gesicht'.

fisch¹ Subst. m. [WG]
– Messer [WG] ♦ **E:** evtl. zu dt. *Fisch*, nach der Ähnlichkeit in der Form.

fisch² Subst. m. [HN]
– in: *einen dicken fisch an der Angel haben* ‚einen sehr zahlungskräftigen Freier an der Angel haben', ‚hat einen Patient rübergezogen, den er noch melken kann' ♦ **E:** zu rw./dt. *Fisch* ‚Brocken, Beute, Fang' WolfWR 1413, ugs. *großer fisch* ‚wichtiger Mann, den man für sich zu gewinnen sucht' (Kü II 107).
fischen swV. [SJ]; **fische** [BM]
– betteln [SJ]; nehmen [BM]; greifen [BM]; finden [BM] ♦ **E:** rw./dt. *fischen* ‚stehlen' WolfWR 1414; SchweizId. I 506 (*fischen* ‚etwas erlangen, erhaschen').

fischdrath Subst. m. [StJ]
– Geld [StJ]; Silbergeld [StJ].

fisel ‚Junge, Knabe' → *fiesel*.

fisematenten Subst. Pl. [MM, SJ]
fissematenten [MM]; **fissemadenten** [SJ]; **fissemadende** [CL]
– Dummheiten [MM]; Schiebung [MM]; Sprüche [SJ]; Geflausel vormachen [CL] ♦ **E:** dt. *Fisematenten* ‚Schwierigkeiten, Ausflüchte, Scherereien', 16. Jh. *visepatenten* ‚dummes Zeug, Nichtigkeiten', mnd. *visepetenten*, fnhd. *fisiment* ‚bedeutungsloser Zierat (am Wappen)'; evtl. aus kanzleisprachlich mlat. **visae patentes (litterae)* ‚ordnungsgemäß geprüfte Patente' (); vgl. Klu. 1995, 268: „zahlreiche andersartige Erklärungsversuche können nicht ausreichend gestützt werden"; ugs./mdal. (SchwäbWb. II 1525/1526, PfälzWb. II 1406/07, SüdhessWb. II 751/52, RheinWb. II 495/96, LothrWb. 163, ElsWb. I 149/50, BadWb. II 161/62). Unwahrscheinlich: Herleitung aus frz. *visitez ma tente* ‚besuchen Sie mein Zelt'.
fissæmagogglæ swV. [WJ]
– kopulieren [WJ] ♦ **E:** wohl auf der Grundlage von *fisematenten*, rw. → *gogl* ‚Kunde der Dirne' aus dt. *Gockel*.

fisser Subst. m. [SK]
– Arzt [SK] ♦ **E:** unsicher; evtl. zu rw. → *fetzen* ‚schneiden' WolfWR 1367; womgl. zu engl. *physician* ‚Arzt'.

fißling Subst. m. [HK]
füßling [HK]
– Hausschuh [HK]; Pantoffel [HK]; warme Socken [HK]; Winterhausschuhe [HK] ♦ **E:** rw. Bildung zu dt. *Fuß*; vgl. dt. *füßling* ‚den Fuß bedeckender Teil eines Strumpfes' (DUW 1996: 553). ♦ **V:** *breitenbacher fißlinge* „die werden in Breitenbach gemacht" [HK]
fißlingsbeeker ‚Mann aus Breitenbach, der Hausschuhe verkauft hat' → *beeker*.
füßlingshausen Ortsübername [HK]
– Breitenbach [HK].

fistepöhle Subst. f. [SS, WH]
– Rübe [SS, WH] ♦ **E:** wohl zu dt. *Fistel* „ein in röhren oder gängen tief gehendes geschwür" DWB III 1691; Zweitglied wohl nd. *Pöhl* ‚Pfahl'; nach WolfWR 4180 (schwer) zu nl. *peen* ‚Mohrrübe'.

fisu Subst. m. [BM]
fis [BM]
– Sohn [BM]; Junge [BM] ♦ **E:** zu frz. *fils* < lat. *filius*.

fitessn swV. in:
auffitessn swV. [LoJ]
– daraufsetzen [LoJ] ♦ **E:** wohl zu dt. *fitschen* „hin und her flattern, wie ein schmetterling, oft zur thür aus und einspringen" DWB III 1693.

fits Adj. [MeT]
fits [MeT]; **fitz** [MeT]; **fitsen** [MeT]
– gut [MeT]; groß [MeT] ♦ **E:** nd./westf. *fîst* ‚dick, fett' (WestfWb. II: 708); nicht zu engl. *fit* ‚geeignet, passend', frz. *fait* ‚gemacht' u. a., Siewert, Humpisch, 68. ♦ **V:** *In nobbeshutsche sinen tispel gifft 'nen fitsen butt* ‚Im Bauervogtskrug gibt's ein gutes Essen' [MeT]; *Mit Strücheln und Klinken lichten wöt menige fitze Külter versoimt* ‚Durch Reisehandel und Türgeschäfte wurde manches gute Bett verkauft' [MeT]; *In'n Tispel bi'n fitzen Butt wöt de Rödel bequässt* ‚In der Kneipe bei einem guten Essen wurde über den Handel gesprochen' [MeT]
fitsenfidel Subst. [MeT]; **fitsenfidel** [MeT]; **fizenfidel** [MeT]; **fitsenfidel** [MeT]
– Hauptstadt [MeT]
fitsentroppe Subst. m. [MeT]; **fitsetroppe** [MeT]; **fitsetroppe** [MeT]
– Gott (wörtlich: guter, großer Meister) [MeT] ♦ **E:** nd./westf. *tropp, trupp* ‚eine Menge von Menschen oder Vieh' (Woeste, 275), sspr. *tropper* ‚Bürgermeister' in einer nl. Sondersprache; Siewert, Humpisch, 69. → *troppe*.

fitschen swV. [WL]
– „niedrig schmeicheln" [WL] ♦ **E:** LuxWb. I 382 *fitschen* ‚angeben, niedrig schmeicheln', auch schweizdt. *fitschen* ‚prangen, zierlich tun, sich zierlich benehmen, sich brüsten' (SchweizId. I 1152).

fitscher Subst. m. [OH]
– Hurer [OH] ♦ **E:** zu mdal. *fitzen, fitschen* ‚sich schnell hin und her bewegen'.
fitschermoß Subst. f. [OH]
– Hure [OH]
lowifitscher Subst. m. [OH]; **mannefitscher** Subst. m. [OH]
– Spitzbube, Betrüger [OH].

fitse ‚Apfelwein' u. ä. → *fietz*.

fitt Subst. [HF]
vitt [HF]
– Butterbrot [HF] ♦ **E:** unsicher; rw. *fitt/vitt*, evtl. Nebenform von → *finne* ‚Ding, Stück, Teil' WolfWR 6117.

fittern swV. [SPI, SS]
fitteren [SS]; **fiddern** [SPI]
– handeln [SS]; hausieren [SPI, SS] ♦ **E:** zu rhein. *fittern* ‚Schwieriges arbeiten', RheinWb. II 506.
fitterkiste Subst. f. [SS]
– Warenkasten [SS].

fitz Subst. m. [EF]
– Herr [EF]; Mann [EF] ♦ **E:** „an der Bildung können mehrere Wurzeln beteiligt sein" (Wolf, Fatzersprache, 118): rw. *fitzer* ‚Peitsche', dt. *fetschen* ‚auspeitschen' (WolfWR 1419), lat. *vize* ‚Stellvertreter', mdal. *Fizé* ‚sonderbarer Patron, Spaßmacher', dt. *Fetzl* ‚böser, nichtswürdiger Mensch'; dt. *fitz* ‚männliche Person', vgl. *Wunderfitz* ‚ein Neugieriger' (DWB III 1694). → *fitzkajöner*.
höllfitz Subst. m. [EF]
– Person, unangenehme männliche [EF]
tscharberfitz Subst. m. [EF]
– fremder Mann [EF].

fitzel Subst. n. [HN]
– Kleingeld [HN] ♦ **E:** Klu. 1999: 268, *Fitze*; nd. *fitzel* ‚Fetzen, (unsauber) abgeschnittenes oder abgerissenes kleines Stück' (HWB II 95).

fitzer[1] Subst. [KP]
– Peitsche [KP] ♦ **E:** dt. *fitzen* ‚mit der Rute, Peitsche schlagen', *Fitzer* „hieb mit der ruthe" vgl. DWB III 1695 f.

ausfetza swV. [LJ]
– auspeitschen [LJ] ♦ **E:** wohl mit Einfluss von rw. *fetzen* ‚hauen' WolfWR 1367.

fitzer² Subst. m. [LüJ, Wo]
– Pfennig [LüJ, Wo] ♦ **E:** rw. *fitzer* < dt. *Fitzchen* ‚Fädchen', das auch in der Bedeutung ‚nichts, ein wenig' benutzt wird (WolfWR 4157). Vgl. → *pfitzig*.

fitzkajöner Subst. m. [MM]
– Luftikus [MM] ♦ **E:** Erstglied wohl nicht rw. *fitz* ‚Faden, Zwirn' (WolfWR 1416), eher zu dt. *fitz* ‚männliche Person', vgl. *Wunderfitz* ‚ein Neugieriger' (DWB III 1694); *-jöner* wohl zu rw. *jonen* (WolfWR 1669 s. v. Gauner); vgl. → *fitz, trampeljöner*.

fīwe Subst. [MeT, MT]
fiwe [MeT]
– Hand [MeT, MT] ♦ **E:** nd. *fīf* ‚fünf' (Finger), met. für ‚Hand'.

fiwrach Adv. [CL, PH, SPI]
fiwerach [CL, PH, RA]; **fiewerach** [CL, LL]; **friefrach** [Scho]; **fiefrach** [Scho]; **fifrach** [SPI]; **fiberach** [CL]
– fort [CL, LL, PH, SPI, RA]; entfernt [CL, LL]; hinweg [RA]; weggegangen [Scho]; gegangen [Scho] ♦ **E:** rw. *fiwrach* ‚fort' (WolfWR 1422) < hebr. Gen. 31, 21 *wajiwerach* ‚und er entfloh' (We 109, MatrasJd 289, Post 254, Klepsch 582). ♦ **V:** *schääf fiwerach* ‚verschwinde!' [CL]

fifrachatzen swV. [SPI]
– fortgehen [SPI]; weggehen [SPI].

fix Adj. [RW]
– gut [RW]; toll [RW]; nett [RW] ♦ **E:** dt. *fix* ‚fertig, erledigt, bereit' DWB III 1696 f. ♦ **V:** *fix bedankt* ‚herzlichen Dank' [RW]; *fixe tippelei* ‚gute Reise' [RW].

fläasa swV. [OJ]
– waschen [OJ] ♦ **E:** wohl Bildung zu dt. *flößen, fließen*. Vgl. → *floss*.
afläasa swV. [OJ]
– abwaschen [OJ].

fläbben ‚Karten spielen' → *fläpp*.

flach Adj. in:
flachheim Subst. n. [MM]
– Baracke [MM] ♦ **E:** dt. *flach* DWB III 1698 f.
flachmann Subst. m. [MM]
– Schnapsflasche [MM] ♦ **V:** *flachmann fänti* Übername [MM]
flachi Subst. m. [JeS]
– Teller [JeS].

flachs¹ Subst. m. [BJ, Gmü, KP, SJ, Wo]
flaggs [OJ]; **flaggsle** Dim. [OJ]
– Hemd [BJ, Gmü, OJ, SJ]; Stoff [SJ, KP]; Tuch [SJ, KP]; Ware(n) [KP, Wo]; Zeug [KP]; Haar [KJ] ♦ **E:** dt. *Flachs* ‚Lein' DWB III 1701 f.
langer flachs Phras. [KP]
– Ellenwaren [KP]
flächsestaude Subst. f. [PfJ]
– Hemd [PfJ] ♦ **E:** → *staud*.

flachs² Subst. m. [BJ, KJ, LüJ, RW, StG]
flachse [RW]; **flax** [PfJ]; **flux** [PfJ]; **flox** [RW]; **flächsle** Subst. n. Dim. [LJ, LüJ, SchJ]
– Mark [BJ, LüJ, PfJ]; eine Mark [LJ, SchJ, StG]; Markstück [RW]; Einmarkstück [RW]; Ein-Frankenstück [RW]; 50 Pfennig [LJ]; Geld [LJ, KJ] ♦ **E:** rw. *flachs* ‚Einmarkstück, Geld', WolfWR 1432, Klepsch 574, SchwäbWb. II 1591, ohne Herleitung, wohl zu dt. *Flachs* met. „samenbolle oder hülse des flachses" DWB III 1700 f. ♦ **V:** *flachs haben* ‚mehrere Markstücke besitzen' [HLD].

flachsen swV. [HN]
– sich unterhalten [HN]; vormachen, täuschen [HN]; auf die Schippe nehmen [HN]; „Trug machen" [HN] ♦ **E:** rw. *flachsen* ‚schmeicheln, betrügen' (WolfWR 1433; Klu. 1999: 269); ugs. *flachsen* ‚verspotten, anulken', evtl. Kontraktion aus *filaxen* ‚ausziehen' (Kü I 170). ♦ **V:** *laß dich doch nicht flachsen* ‚laß dir doch nichts vormachen' [HN]
flächsle swV. [LüJ]
– Spaß machen [LüJ]
(he)rumflachsen swV. [HN]
– „sich unterhalten, es muss nicht alles der Wahrheit entsprechen"
flachs³ Subst. m. [LüJ]
– Spaß, Scherz [LüJ].

flacken swV. [MeT, MT]
– stehlen [MeT, MT]; schmuggeln [MeT]; schnüffeln [MeT] ♦ **E:** rw. *flacken* ‚stehlen' WolfWR 1434 (ohne Herleitung); mhd. *flacken* ‚herumstrolchen', norw./dän. *flakke* ‚umherstreifen', vgl. altisl. *flakka* ‚als Bettler umherschweifen' ♦ **V:** *Hutsche flackt!* ‚Der Mann ist ein Dieb!' [MeT].

flackern swV. [SJ]
– brandstiften [SJ] ♦ **E:** dt. *flackern* SchWb. II 1536 (*flackeren*).
anflagern swV. [SJ]
– anzünden [SJ].

flader Subst. m. [KM]
fladere [KM]
– Gewerbeschein zum Musizieren [KM] ♦ **E:** RheinWb. II 534 (*Flader* ‚etwas Ausgebreitetes, Fladen').

fláderi Subst. m. [JeS]
– Arzt [JeS] ♦ **E:** SchwäbWb. II 1537 (*Fladerer* ‚Balbierer, Bader'). ♦ **V:** *I muess zum Fladeri tschaane, er huurt mr lagg* ‚ich muss zum Arzt gehen, es ist mir schlecht'.

fläderling[1] Subst. m. [LüJ]
fläderleng [LüJ]; **flätterling** [BJ, LüJ, PfJ]; **flädderling** [LüJ]; **fläddrleng** [OJ]; **fläterling** [LüJ]; **flatterling** [PfJ]
– Vogel [BJ, LüJ, OJ, PfJ]; Taube [PfJ]; Ungeziefer [PfJ] ♦ **E:** rw. *flätterling* ‚Vogel' < dt. *flattern* (WolfWR 1452), SchwäbWb. II 1545 (*Flätterling*).

fladern[1] swV. [HK, HLD, JeH, LüJ, NrJ, RW, SE]
flaadern [SP]; **flahdern** [SK]; **flaaderen** [NrJ]; **fladeren** [LüJ]; **fladere** [KP, MeJ]; **pfladern** [LüJ]; **pfladeren** [LüJ]; **pfladere** [Him]; **floadern** [HK]; **floahdern** [HK]; **flâddern** [HK]; **flodern** [HK, SE]; **flodere** [JeS]; **fladdere** [JS]
– waschen [Him, HK, HLD, JeH, JeS, JS, KP, LüJ, MeJ, NrJ, RW, SE, SK, SP]; Wäsche waschen [HK]; Wäsche stehlen, betrügen [HLD]; schwenken [JeS]; spülen [JeS]; regnen [HLD, SK]; weinen [SK]; baden [JeS]; sich waschen [SK] ♦ **E:** rw. *fladern, pfladeren* ‚waschen', WolfWR 1440, SchwäbWb. II 1537 (*fladeren*). Vgl. → *fleddern*. ♦ **V:** *Do jon esch mesch noch joot fladern* ‚Dann gehe ich mich noch gut waschen' [NrJ]; *floader erst mal dein finnichen* ‚wasch erst mal dein Geschlechtsteil' [HK]; *die keue hecht mir mein kemschling gefladert* ‚die Frau hat mir mein Hemd gewaschen' [HK]; *ullmische is in derr finkelei unn fladdert* ‚die Frau ist in der Küche und wäscht' [HK]; *ming moß schäft grannige fladdere zu fladdern* ‚meine Frau geht große Wäsche waschen' [JS]

geflaadert Adj. [SP]
– gewaschen [SP]

fladdert Subst. [RH]
– Seife [RH]

flader Subst. [RW]
– Badezimmer ♦ **E:** rw. *flader* ‚Bad(estube)' (WolfWR 1438).

fladere Subst. f. [LüJ]; **fladàre** [LüJ]; **fladære** [WJ]; **pfladere** [LüJ]; **fladder** [JS]; **flader** [SE]
– Wäsche [JS, LüJ, SE]; Bürste [LüJ, WJ]

fläderling[2] Subst. m. [LüJ]
– Wäschelumpen [LüJ]

flatterfahrer Subst. m. [RW]
– Wäschedieb [RW]

abfloadern swV. [HK]
– abwaschen [HK]

auffloadern swV. [HK]
– aufwaschen [HK]

ausfloadern swV. [HK]
– auswaschen [HK]

fladerer Subst. Pl. [Zi]
– Fische [Zi] ♦ **E:** zu rw. *fladern* ‚waschen', Benennungsmotiv: Bewegung im Wasser.

floaderei Subst. f. [HK]; **floahderei** [HK]; **fladerei** [HK]
– Wäsche [HK]; Unterwäsche [HK]; Wäsche(teile) [HK]; Bettwäsche [HK]; Wäscherei [HK]; Waschen [HK]; „wenn se gewaschen haben" [HK]; „Wäsche, die man waschen muß" [HK] ♦ **V:** *moole floaderei* ‚schmutzige Bettwäsche' [HK]

sänfdchenfloaderei Subst. f. [HK]; **sänfchenfloaderei** [HK]
– Bettwäsche [HK]; Bettzeug [HK]; Nachthemd [HK]; Schlafanzug [HK]; Unterwäsche [HK].

fladern[2] swV. [RW]
– brandstiften; anzünden ♦ **E:** unsicher; womgl. zu dt. *Flader* ‚Ahorn', Fladerholz ‚(Brenn)holz' DWB III 1708 f.; schwer zu → *flackern* oder dt. *flammen*.

flaggen swV. in:
ausflaggen swV. [RW]
– Ehrbarkeit ausbinden [RW]
einflaggen swV. [RW]
– Ehrbarkeit einbinden [RW]; jemanden in die Gesellschaft aufnehmen [RW]; bei den Freien Vogtländern Deutschlands (Bauhandwerker): Nadel einstechen [RW] ♦ **E:** dt. *flaggen* ‚eine Fahne wehen lassen' DWB III 1709.

fläke swV. [KM]
– machen [KM]; tun [KM] ♦ **E:** rw. *flikken* ‚tun, machen' WolfWR 1469 (ohne Herleitung), wohl zu dt. *flicken* ‚ausbessern' DWB III 1774 ff.

jefläk Part. Perf., Adj. [KM]
– gemacht [KM].

flambo Subst. m. [KP]
– Hut [KP] ♦ **E:** rw. *flambo* ‚Hut' WolfWR 1442, ohne Herleitung; evtl. zu frz. *flambeau* ‚Leuchter'; SchwäbWb. II 1538.

fläme Subst. f. [BM]
flame [BM]
– Flasche [BM] ♦ **E:** unsicher; evtl. zu dt. *flamm* „in der älteren wundarzneikunde paniculus, eine geschwulst" DWB III 1711 f.; vgl. auch schweizdt. *Fläme^n* ‚Euter trächtiger Kühe' SchweizId. II 1,1196.

flamm Subst. [PH, TK]
– Bier [PH, TK] ♦ **E:** unsicher; evtl. zu dt. *Flamme*, nach dem Brauverfahren von Schwarzbier, vgl. *Flammbräu*.

flamme swV. [JeS]
– brennen [JeS] ♦ **E:** zu dt. *Flamme* DWB III 1711 f.

flämmlen swV. [KP]; **flämmle** [KP]; **flämmlen** [MeJ]
– rauchen [KP, MeJ]

flemse swV. [NJ]
– brennen [NJ]

flämmichen Subst. n. [HK]; **flämmechen** [HK]; **flämmchen** [HK]
– (kleines) Licht [HK]; (kleine) Lampe [HK]; Feuer [HK]; Beleuchtung [HK]; „alles, was brennt" [HK]
♦ **E:** rw. *flammen* ‚Licht machen', WolfWR 1444, Diminutiv mit und ohne Sproßvokal.

flämmes Subst. m. [SE]
– Kuchen [SE] ♦ **E:** Kürzung aus dt. *Flammkuchen*.

flämmler Subst. m. [KP]; **flimmerle** Subst. n., Dim. [KP]
– Pfeife [KP]; Zigarre [KP]

flammer Subst. m. [HL, HLD, KJ, RW, StG]; **flemmer** [RW]
– Schmied [HL, HLD, KJ, RW, StG]; Hufschmied [RW]
♦ **E:** rw. *flammer* ‚Schmied' (WolfWR 1445).

flämmling Subst. m. [LüJ]
– Kuchen [LüJ] ♦ **E:** rw. *flämmling* ‚Kuchen', WolfWR 1447, SchwäbWb. II 1539 (*Flämmling*).

flämmlig Subst. [JeS]
– Feuer [JeS].

flammen swV. [SS]
– essen [SS]; tüchtig essen [SS] ♦ **E:** zu dt./nd. *flammen* ‚tüchtig zulangen', Jütte, Schlausmen, 108.

flammis Subst. m. [EF]; **flammo** Subst. m. [WG]
– Hunger [EF, WG].

flänts ‚Milch' → *flenz*.

flanzen ‚machen' s. → *pflanzen*.

fläp Subst. f. [GM, StJ]
flöp [StJ]
– Leberwurst [StJ]; Zigarette [GM] ♦ **E:** rw. *flabbe* ‚hervorstehender Mund', zu nd. *Flabbe* ‚herabhängende Unterlippe, Mund', WolfWR 1424; vgl. → *flieben* ‚essen'.

fläpp, fläppen ‚Ausweis, Zettel, Gewerbeschein, Spielkarte' u. ä. → *flepp*.

flarre Subst. f. [SG]
– Geschlechtsteil (weiblich) [SG]; Mädchen [SG] ♦ **E:** zu dt./mdal. *Flarre* ‚Fleck, Placken u. a.' DWB III 1724 f.

flattern swV. in:
flatterling Subst. m. [LJ, SK, SchJ, TJ]
– Taube [LJ, SchJ]; Vogel [LJ, SK, TJ]; Geflügel [SK]
♦ **E:** rw. *flätterling* ‚Vogel' (WolfWR 1452, Klepsch 575), zu dt. *flattern* DWB III 1731 ff., Derivation mit Nomen-agentis-Markierung *er* und dem Suffix *-ling*.
♦ **V:** *glawiner flatterling* ‚kleiner Vogel' [LJ]; *kuler flatterling* ‚Rabe, Krähe' [LJ]; *kouler flatterling* ‚Krähe' [SchJ]

flattermann^1 Subst. m. [MB, MM]
– Huhn [MB]; Hähnchen [MB, MM]; Hahn [MM]; gegrilltes Hähnchen [MM]

flattermann^2 Subst. m. [MM, RW]
– unsteter Mann [RW]; Flugblatt [MM] ♦ **E:** dt. *flattern* u. a. ‚sich hin und her bewegen' DWB III 1731 ff.

flatterstenz Subst. m. [PfJ]; **flatterstanz** [Gmü]
– Schirm [Gmü, PfJ]

flattermann^3 Subst. m. [HN, MB]
– starkes Zittern [MB]; das große Zittern haben, bekommen [MB]; fliegende Hände nach Sauferei [MB]; „wenn du ein Date hast und hast Scheißangst in der Hose" [MB]; Angst [HN, MB]; Dünnschiß [HN, MB]; Abgang [MB] ♦ **E:** nd. *flattern* (bis 1900) auch ‚dünn scheißen' HWB II 99. ♦ **V:** *er macht den flattermann* ‚jetzt hat er Angst' [MB].

flattern swV. [LI]
– sterben [LI] ♦ **E:** dt. *flattern* u. a. ‚(hinweg)flattern' DWB III 1731 ff.

geflattert Part. Perf., Adj. [LI]
– gestorben [LI]

flattermoß Subst. f. [LI]
– Totenfrau [LI]

geflatterte worzel Phras. [LI]
– Hering [LI].

flavern swV. [RH]
– wachen [RH] ♦ **E:** ohne Herleitung, Arnold 1961, 113.

flax ‚Mark' → *flachs^2*.

fleärmus Subst. f. [HF]
– Knebelbärtchen [HF] ♦ **E:** rhein. *Fläermus* ‚Fledermaus', Benennungsmotiv: Ähnlichkeit in der Form.

flebbe ‚Schein, Ausweis, Zettel, Buch' u. a. → *flepp*.

fleck Subst. m. [WG]
– Brieftasche [WG]

fleckerl Subst. n. [WG]
– 1000 Schilling-Note [WG] ♦ **E:** rw. *Fleck* ‚Brieftasche' WolfWR 1457, wienerisch *Fleck* ‚Brieftasche, 1000-Schilling-Note'. ♦ **V:** *bei jemandem im fleck sitzen* ‚jemanden ausnehmen' [WG]; *einen fleck ziehen* ‚Brieftasche stehlen' [WG].

flecken swV. [HF]
flicken [HeF, HF]
– sprechen [HeF, HF]; sagen [HeF, HF]; berichten [HF]; erzählen [HF]; beichten [HF] ♦ **E:** zu *fleck*, *flick* ‚Sprache', etwa im Sprachnamen *Henese Fleck*, Honnen, Geheimsprachen im Rheinland, 56 und 79 (*vlek*, *vleke* ‚beichten, erzählen, sprechen'), WolfWR 1468.
♦ **V:** *den ühl flicken* ‚nichts sagen' [HeF]; *waröm flickt zinotes nobes?* ‚Warum sagen Sie nein?' [HeF]; *flick nit te henes, dot huckt den ühl.* ‚Nicht so frei gesprochen, das geht nicht' [HeF]; *ziemen, flick mar an den härkswöles hitschen* ‚Oh ja, bestellen Sie nur bei dem Kellner da' [HeF]; *minotes flickt den heneseflick* ‚Ich spreche Krämerlatein' [HeF]; *zinotes holt den ühl van de flick* ‚Sie verstehen nichts von der Sprache' [HeF]; *Flick ens, af dot Thürken möt Zinotes limen willt* ‚Frage einmal, ob das Mädchen mit dir freien will' [HeF]; *flick ens an de Wöles, wo sinen Netten huckt* ‚Frage den Jungen einmal, wo sein Vater ist' [HeF]; *Wat het dem Blag zinotes geflickt?* ‚Was hat der Mann dir gesagt?' [HeF]

verflecken swV. [HF]; **verflicken** [HeF]
– fehlsprechen [HeF, HF]; falsch sprechen [HF]

flick Subst. [HF]; **fleck** [HF]
– Sprache [HF]; Wort [HF]; Gespräch [HF]; Krämerlatein [HF]

henese fleck interner Sprachname [HF]; **henese flick** [HF]
– Breyeller Krämersprache ♦ **E:** → *henes* ‚gut, schön'.
♦ **V:** *holt dem blag og de flick?* ‚Versteht er auch die Sprache?' [HeF]; *Knuck de Schmerf, Knöllen, die Fegtesch holt de Flick?* ‚Schweige, der Beamte versteht die Sprache' [HeF]

fleckuhles Subst. [HF]; **flickuhles** [HeF]
– Predigtstuhl [HeF, HF]; Kanzel [HeF]

fleddern swV. [HLD, RW, SJ]; **fledern** [RW]; **flettern** [RW]
– waschen [HLD]; regnen [HLD]; sich prügeln [RW]; verprügeln [RW]; verhauen [RW]; sich schlagen [RW]; die Ehrbarkeit oder den Ohrring abreißen [RW]; anbetteln [RW]; ausbinden [RW]; nehmen [SJ]; betrügen, bestehlen [HLD]; einen schlafenden Kunden oder eine schlafende Person bestehlen [RW] ♦ **E:** zu rw. *fladern* ‚waschen' (WolfWR 1440). → *fladern*.
♦ **V:** *kaffern fledern* ‚Bauern anbetteln' [RW]

fledderei Subst. f. [RW]; **flederei** [RW]
– Schlägerei [RW]; Keilerei [RW].

fledermaus Subst. f. [HLD]
fledermäusl Subst. n. Dim. [KJ]
– Brief [HLD, KJ] ♦ **E:** dt. *Fledermaus* DWB III 1745f. Benennungsmotiv: fliegender Brief, Brieftaubenpost.

fledermäuselbink Subst. m. [KJ]
– Postbote [KJ].

fleisch Subst. n. in:
fleischkiste Subst. f. [HN]
– Sarg [HN]

fleischmann Subst. m. [RW, SK]
– Gendarm [SK]; Polizist [RW] ♦ **E:** rw. *fleischmann* ‚Gaunerverfolger, Polizeimann, Gendarm, Verräter, Gehilfe des Scharfrichters' (WolfWR 1462); nicht zum FN, zu dt. (ant.) *Fleischmann* ‚Häscher, Auffänger' (DWB III 1761 ‚eine Art Häscher, welche die Diebe auf obrigkeitlichen Befehl aufsuchen').

fleitjer Subst. m. [SG]
flütjer [SG]
– Vogel [SG] ♦ **E:** unsicher; evtl. ablautstufig zu dt. *fliegen* oder zu nd. *Fleet* ‚Glattrochen' (der wie ein Vogel durch das Wasser fliegt).

fleitsche Subst. f. [SK]
– Flöte [SK] ♦ **E:** nd. *fleitjen* ‚pfeifen'.

flemmen[1] swV. [EF]
flemma [EF]
– weinen [EF] ♦ **E:** OSächsWb. I 634 (*flämmen* ‚weinen'), dt./ugs. *flannen, flennen* ‚den Mund verziehen, weinen' (Klu. 1995, 272) → *flennen*.

flemmen[2] swV. [MM]
– Fußball spielen [MM]; (einen Ball) schießen [MM]; Ball spielen [MM] ♦ **E:** ugs./westf., rhein., z. B. RheinWb. II 547 (*flämmen* ‚werfen, eilen, springen').
♦ **V:** *fußball flemmen* ‚Fußball spielen' [MM]; *nen jovlen stiefel flemmen* ‚einen schönen Ball spielen'

[MM]; *einen in die eigene Kiste flemmen* ‚ein Eigentor schießen' [MM]

flemmer Subst. m. [MM]
– Fußballschuh [MM]

flemmerei Subst. f. [MM]
– Fußballspiel [MM]

fußballflemmen Subst. n., Phras. [MM]
– Fußballspielen [MM]

flemmerkabuff Subst. n. [MM]
– Umkleidekabine [MM]

flemmverein Subst. m. [MM]
– Fußballverein [MM]

flemmweltmeisterschaft Subst. f. [MM]
– Fußballweltmeisterschaft [MM].

flemsen ‚brennen' → *flämsen*.

flender Subst. m. [MM]
– Durchfall [MM] ♦ **E:** westf. *fländerie* ‚Kuhfladen' (WWBA. 466).

flennen swV. [MM, NJ, SJ]
flenne [CL, Scho]; **flannen** [PfJ]; **flenn** [HK]; **floonen** [HK]; **flonen** [SJ]
– weinen [CL, HK, MM, NJ, PfJ, Scho, SJ]; heulen [HK, PfJ, SJ]; lachen [HK]; albern lachen [HK] ♦ **E:** dt. *flennen* ‚heftig weinen, heulen' (DUW 1996: 517), „den mund, das gesicht verziehen, wie weinende und lachende thun (...), allmählich gilt *flennen* blosz für weinen" (DWB III 1768 f.); SchwäbWb. I 1066 unter (*pflennen*), PfälzWb. II 1452/53, SüdhessWb. II 798, RheinWb. II 598, ElsWb. I 170, BadWb. II 176/77; *flennen* im HK ‚lachen': wohl antonymische semantische Verwandlung (vgl. Siewert, Grundlagen, 367). ♦ **V:** *Dr duftschaller hot dia fiesl dockd bis se gflennd ond rötling gschwizd hend* ‚Der Lehrer hat die Jungen geschlagen, bis sie geweint und Blut geschwitzt haben' [SJ]

flenn Subst. n. [HK]
– Lachen (semantische Antonymie) [HK]

floonern swV. [HK]; **flonern** [HK, JS]; **flanern** [HK]
– weinen [HK]; heulen [HK]; lachen (semantische Antonymie) [HK, JS] ♦ **V:** *Eppese, spannt mal, derr scheks flonert!* ‚Männer, guckt mal, der Junge weint!' [HK].

flenz Subst. f. [SK]
flänts [KM, StJ]
– Milch [KM, SK, StJ] ♦ **E:** rw. *flens, flenz* ‚Milch', dt. *flinzen* ‚glänzen, gleißen' (Wolf 1464). ♦ **V:** *no schmahsche flens* ‚saure Milch' [SK].

flepp Subst. m./f. [BJ, Him, KP, Mat, WJ, WM, Zi]
flebb [HK, LJ, MUJ, WL]; **flep** [LJ, SP]; **fläpp** [CL, HF]; **fläbb** [HeF, OJ]; **fleep** [NJ, RH]; **fleppe** Subst. f. [HK, JS, MM, NJ, PfJ, RW, SG, SK, StG, StJ]; **flebbe** [EF, HLD, JSa, KMa, LL, LüJ, MM, PfJ, PH, RW, SJ, TJ, TK]; **fläpe** [KM, StJ]; **fläppe** [GM]; **fläpe** [NrJ]; **flähba** [OJ]; **fleppen** Subst. Pl. [HN, RW]; **fleppm** [LoJ]; **flepn** [WG]; **flepen** [SP]; **flebbm** [HK]; **flebben** [HK]; **fläppen** [SE]; **fleppn** [TK]
– Ausweis [BJ, CL, HK, Him, KMa, LJ, LL, Mat, MM, OJ, SchJ, SE, SG, SJ, SK, WG, Zi]; Papier (Ausweis) [HN, JS, JSa, MM, PfJ]; echter Ausweis [BJ]; falsches Papier [BJ]; Ausweispapiere [NJ, SP, StJ, TK]; Stück Papier [SchJ]; Blatt Papier [MM]; Seite [MM]; Papiere [BJ, CL, HK, Him, JS, KM, Mat, NJ, OJ, PH, Zi]; Pass [Him, MUJ, Mat, Zi]; Legitimation [CL, PH]; Urkunde [NJ]; Führerschein [MM, WG]; Lappen (Führerschein) [SJ]; Gewerbeschein [CL, GM, HK, SE, SG, SK, WJ]; Wandergewerbsschein [CL, HK, LL, NrJ, SP]; Wanderbuch [EF]; Hausierbuch [LoJ]; Gesundheitskarte der Dirne [WG]; Schein [MUJ]; Formular [MM]; Geldschein [MM]; Postkarte [HF]; Brief [LI, MM, WM]; Plakat [MM]; Amtsblatt [SJ]; Buch [SJ]; Spielkarte(n) [HeF, NJ, RH]; Bett [SK]; Zeugnis [PfJ]; Wanderbuch [PfJ]; Gesicht [PfJ]; Gewerbe [HK]; Genehmigung [HK]; Zulassung [HK]; Erlaubnis [HK]; Kartenspiel [HK]; Noten [HK, LI, WM]; Notenblätter [HK]; Spielerlaubnis [HK, WM]; Fahrkarte [HK]; Karten [HK]; Dokument [JS]; Patent [WL]; Arbeitsbuch [HLD]; Flinte [PfJ] ♦ **E:** rw. *flebbe* ‚Paß', ‚Wanderbuch', ‚Gewerbeschein', WolfWR 1456: „Etymologie ungeklärt"; zu rw. *Flette* ‚falscher Brief', dt. Herkunft mit verschiedenen Möglichkeiten, vgl. WolfWR 1466; womgl. Einfluss von dt. *Lappen*, verächtliche Bezeichnung für ‚Schriftstück'; Klepsch 575 (abwegig): evtl. Onomatopoetikum. PfälzWb. II 1453; RheinWb. II 556 BadWb. II 177. ♦ **V:** *gefeberter flep* ‚Brief' [LJ]; *a gwandr fläbb* ‚echter Ausweis' [OJ]; *a lenggr, lauer fläbba* ‚falscher Ausweis' [OJ]; *linke flepn* ‚gefälschter Ausweis' [WG]; *die fleppen krallen* ‚den Führerschein einziehen' [MM]; *der asgent uhne flebbe* ‚der handelt ohne Gewerbeschein' [CL]; *hoschde dein fleppe im kiss?* ‚hast du deinen Ausweis in der Tasche?' [CL]; *die hatten mir auf 'n schock die fleppen geschort* ‚sie stahlen mir auf dem Jahrmarkt meine Ausweispapiere' [MM]; *Der asgent uhne flebbe* [LL]; *moole fleppe* ‚Bummskneipe' [HK]; *flebbm jaunen* ‚Karten spielen' [HK]; *de klisto reunde no ming fleppe van ed schotzdenkelche* ‚der Polizist sah nach meinen Papieren vom Auto' [JS]

flebb Subst. [HK]
– Verdienst [HK]
fleppchen Subst. n. Dim. [RW]
– Mappe mit Papieren [RW]
flepperle Subst. n. Dim. [LJ]
– Schürze [LJ]; *blaus flepperle* ‚Schürze' [LJ]
flebber Subst. m. [BJ, EF, TJ]; **fleber** [PH]; **flêber** [PH]; **flepper** [WM]
– Paß [TJ]; Ausweis [PH]; Beamter [BJ]; Ratsschreiber [BJ]; Feldwebel [EF]
flebbert Subst. m. [LI]
– Brief [LI]
flebberei Subst. f. [RW, TK, TJ]
– Ausweispapiere [TJ, TK]; Legitimationspapiere [RW] ♦ **V:** *dufte flebberei* ‚gute Legitimationspapiere' [RW]; *linke flebberei* ‚falsche Legitimationspapiere' [RW]
fleppen swV. [BJ, HK, StJ]; **flepen** [SP]; **fläppen** [SJ]; **fläpen** [RW]; **flebben** [HF, HK, PfJ, RW, SchJ, SJ]; **fläbben** [HeF, HF]; **flebba** [SJ]; **fleppe** [HK]; **flebbm** [HK]
– Ausweispapiere kontrollieren [SP, StJ]; Papiere nachsehen [StG]; kontrollieren [HK, RW]; nach Papieren fragen [RW]; den Ausweis wegnehmen [BJ]; Karten spielen [HF, SJ]; karten [HeF]; bezahlen [SJ]; gehen [PfJ]; kassieren [HK]; erhalten [HK]; sammeln [HK]; (Geld) einsammeln [HK]; Geld einwerfen [HK]; „mit dem Notenblatt rumgehen: »Geben Sie auch was für die Musik?«" [HK]; „mit dem Notenblatt ankommen" [HK]; „kassieren auf der Reise" [HK]; „mit dem Teller kassieren, rumgehen" [HK]; „absammeln von den Leuten" [HK]; „Geld einsammeln für Musik" [HK]; kassieren (Brauch unter Wandermusikantinnen, mit dem Notenblatt, der *fleppe*, einen Trichter in der Hand zu bilden, in den die Gäste die Münzen warfen) [HK] ♦ **V:** *geflebbt werden* kontrolliert werden, nach den Papieren gefragt werden [CL, RW]; *Ich bin geflebbt worre* [CL]; *Scharle, bevor du mit deiner moss boschta willst, muscht au no flebba* ‚Schultes, bevor du mit deiner Frau gehen willst, mußt du noch bezahlen' [SJ]; *Den hot mich den Moerjen geflept* [SP]
geflept Part. Perf., Adj. [SP]
– kontrolliert, Papiere geprüft [SP]
fleppern swV. [RW]; **flebbern** [RW]
– Schriften fälschen [RW]
umherflebbm swV. [HK]
– Geld sammeln [HK]

verfläbben swV. [HeF, HF]
– verkarten (verspielen) [HeF, HF] ♦ **V:** *het dem bäyschürer sin schwelf verfläbt?* ‚Hat der Krämer seinen Kittel verspielt?' [HeF]
fleppenfackeler Subst. m. [RW]
– Papierefälscher [RW]
flebbmjauner ‚Kartenspieler' → *jaunen* [HK].
fleppenkontrolle Subst. f. [RW]
– Überprüfung der Papiere [RW]
flepesbenk Subst. m. [LJ]; **flebbespinker** [Scho]
– Beamter [LJ, Scho]
flebbmspieler Subst. m. [HK]
– Kartenspieler [HK]
laberfleppe Subst. f. [MM]
– Wisch [MM]
masematteffleppe Subst. f. [MM]
– Masematte-Buch [MM]
papierfleppe Subst. f. [MM]
– Zettel [MM]
riesenfleppe Subst. f. [MM]
– Plakat [MM]
schallerflebbe Subst. f. [SJ]
– Gesangbuch [SJ]
schenegelflebbe Subst. f. [SJ]; **schinegelflebbe** [SJ]
– Arbeitsbescheinigung [SJ]
schanklerflepper Subst. m. [SchJ]
– Gerichtsschreiber [SchJ]
masematteffleppenmänglowierer Subst. m. [MM]
– Masematte-Autor [MM].

fleres Subst. m. [NJ, NrJ]
fleeres [NJ, NrJ]
– Kaffee [NJ, NrJ] ♦ **E:** rhein. *Flöres* ‚Kaffee' (RheinWb. II 652). ♦ **V:** *Isch han en dofte Fleeres jeschwäscht.* (scherzh.) [NrJ].

fleschen swV. [EF]
– weinen [EF] ♦ **E:** OSächsWb. I 648 (*fleschen* ‚heftig weinen').

flesseln swV. [EF, MoJ]
flüsseln [EF]
– kleine Notdurft verrichten [EF]; pinkeln [MoJ]; pissen [EF] ♦ **E:** dt. *flösseln*, ablautend zu *fließen*. → *flossern*.

flessen Subst.; Adj. [MeT, MT]
– Heimat [MeT, MT]; Westfalen [MeT, MT]; „gut gelaunt" [MeT, MT] ♦ **E:** nd./westf. *vlessen* ‚aus Flachs' (Woeste, 303), nd. *vlass* ‚Flachs': Flachs als Symbol für die Heimat und den Wohlstand der Tiötten, Siewert, Humpisch, 70.

fletsch Subst. f. [JSa]
– Spielkarte [JSa]
fletschen swV. [JSa]
– Karten spielen [JSa] ♦ **E:** PfälzWb. II 1428 (*flätschen* ‚mit der flachen Hand schlagen'), hier: ‚Spielkarten auf den Tisch klatschen'; „Nebenform zu *flette* ‚falscher Brief'", Besse, Saarland, 57.

flettern swV. [HN]
– einem schlafenden Betrunkenen alles abnehmen [HN] ♦ **E:** → *fleddern*; eher nicht zu nd. *flett* ‚Fußboden innerhalb des Hauses' Klu. 1999: 275; nd. *flett* ‚quer über die gesamte Breite des älteren Bauernhauses verlaufende Diele zwischen dem Kammerteil und dem Wirtschaftsteil' (HWB II 124).

flettscherd Subst. m. [HeF]
fletschert [HF]; **flaachert** Subst. m. [SP]; **flaacherten** [SP]
– Teller [HeF, SP] ♦ **E:** zu dt. *flach* DWB III 1698 f. ♦ **V:** *ene flettschert sips* ‚ein Teller Milch' [HeF]
fletsch Subst. [RH]
– Mütze [RH] ♦ **E:** Benennungsmotiv: Formähnlichkeit Teller/(Schläger-)Mütze.

flick¹ ‚Sprache', **flicken** ‚sprechen' → *flecken*.

flick² Subst. m. [RW]
– Knabe ♦ **E:** rw. *flick* ‚Knabe', vgl. rw. *flitsch* ‚Mädchen', zu schwed. *flicka* ‚Mädchen' (WolfWR 1467, 1477).

fliddern swV. [MM]
– auskundschaften [MM] ♦ **E:** rw. → *fleddern*.

flieben swV. [BO, LI]
– essen [BO, LI] ♦ **E:** rw. *flieben* ‚essen', zu nd. *flappe* ‚Mund, herabhängende Unterlippe' (WolfWR 1424); → *fläp*, *fluppen*.

flieder Subst. m. [SJ, WG]
– Geld („nach dem Adler auf der Münze") [SJ, WG] ♦ **E:** Kürzung aus dt. *Fledermaus* ‚Gröschel (Münzbezeichnung)', wegen des verzerrt aussehenden Adlers (DWB III 1746); WolfWR 1466 (*flette*).

fliederpapier Subst. n. [RR]
– offizielles Schreiben [RR] ♦ **E:** rw. *fliederpapier* ‚amtliches Schreiben' aus dt. *Fließpapier* ‚Löschpapier' (WolfWR 1466).

fliege Subst. f. in: [WG]
die Fliege machen ‚davonlaufen, fliehen' [WG] ♦ **E:** dt. *Fliege* DWB III 1778 ff.

fliegen¹ swV. [SJ]
– durchgehen [SJ] ♦ **E:** SchwäbWb. II 1570/1571 (*fliegen*).

flieger Subst. m. [WG]
– Ausbruchsverdächtiger [WG].

fliegen² swV. [RW]
– gestehen [RW]; verhaftet werden [RW] ♦ **E:** rw. *fliegen* ‚gestehen, verhaftet werden' (WolfWR 1470).
hochfliegen swV. [RW]
– einsperren [RW]; verraten einer undurchsichtigen Sache an die Polizei [RW].

fliegl ‚Arm' → *flügel*.

flieren swV. [HeF, HF]
– Karten spielen [HF]; karten [HeF] ♦ **E:** RheinWb. II 605 (*Flider*, *Flieren* ‚Fetzen').
flier Subst. f. [HeF, HF]
– Spielkarte [HF]; Postkarte [HF]
flieren Subst. n. [HF]
– Karten [HF]; Kartenspiel [HF].

flimmerle Subst. n. [SJ]
– Feuer [SJ] ♦ **E:** Bildung zu dt. *flimmern*, DWB III 1798 f.
flimmerlolly Subst. m. [HN]
– Hamburger Fernsehturm Telemichel [HN]
flimmerschuppen Subst. m. [HN]
– Kino [HN].

flink Adj. in:
flingdillichen ‚Kellnerin' → *dilm*.
flingschwans Subst. m. [HK]
– Kellner [HK]; Bedienung [HK] ♦ **E:** wohl zu dt. *flink* DWB III 1800, schwer zu rw. *flikken* ‚tun, machen' (WolfWR 1469).

flins Subst. n. [WG]
– Geld [WG] ♦ **E:** rw. *flins* ‚Geldstück', zu dt. *flinzen* ‚glänzen, gleißen' (WolfWR 1474).

flinte¹ Subst. f. [MB]
– Gewehr [MB] ♦ **E:** dt. *Flinte* ‚Gewehr' DWB III 1802, von *Flint* (Feuerstein), der im Zündmechanismus verwendet wurde; seit dem 17. Jhd. belegt.

flinte² ON [MB]
– Fischerstadt (Ortsteil in Minden an der Weser) [MB]; Häuserzeile [MB]; altes Haus, Gemäuer [MB]; Kneipe [MB] ♦ **E:** unsicher; evtl. zu dt. *Flinte* ‚Gewehr', nach den Wehranlagen bei der Mindener Fischerstadt; vgl. auch *die Flinte in's Korn werfen* ‚den Militärdienst quittieren, aufgeben', oder zu rw. *flinte*

‚Schnapsflasche, Penis' WolfWR 1475, zu *Flint* ‚Feuerstein', Benennungsmotiv: Fischerstadt als sozialer Brennpunkt. ♦ **V**: *ihne bicht die alte flinte ‚er kauft das alte Haus'* [MB].

flintenverzieher Subst. m. [KJ]
– Most [KJ] ♦ **E**: wohl zu rw. *flinte* ‚Schnapsflasche, Penis' WolfWR 1475.

flintenstein Subst. m. [PfJ]
– Bodenrüben [PfJ].

flipp flapp Phras. [SE]
– Ohr [SE] ♦ **E**: wohl zu dt. *Flappe* ‚etwas Herabhängendes, bes. Körperteile' DWB III 1724. ♦ **V**: *span, do den hautz as nich doft, der sperrt die flipp-flappen op, schmus nobes!* ‚Sei vorsichtig, der Mann versucht unser Gespräch zu belauschen, der sperrt die Ohren auf, sei lieber ruhig!' [SE].

flitke Subst. [MM]
– Flügel [MM] ♦ **E**: westf. *Flittke* ‚Flügel'.

flitsch Subst. f. [HeF, HF]
– Tochter [HeF, HF]; Mädchen [HeF, HF]; Dirne [HF] ♦ **E**: rw. *flitsch* ‚Tochter, Mädchen', evtl. zu schwed. *flicka* id. (WolfWR 1477). ♦ **V**: *Mine netten het spörkes gronzen: troms Wölesen on troms Flitschkes* ‚mein Vater hat sechs Kinder: drei Söhne und drei Töchter' [HeF]

flitschken Subst. n. [HF]; **flitschkes** Subst. [HF]
– Tochter [HF]; Mädchen [HF]; Dirne [HF]

flitschefensteren Subst. Pl. [HF]
– Mädchenaugen [HF].

flittchen Subst. n. [CL, MM]
– leichtsinnige Frau, Lebefrau, Dirne [MM]; liederliches Frauenzimmer [CL] ♦ **E**: dt./ugs. *Flittchen* ‚id.'.

flittem Subst. [JeH]
flitem [SP]
– Messer [JeH, SP] ♦ **E**: rw. *flitsche, flittem* ‚Säbel, Messer', zu dt. *Flitsche* ‚Geschoss, Pfeil' (WolfWR 1478).

flitzen swV. [HN, WG]
– weglaufen [HN]; „wenn du merkst, daß du nicht so viel Geld bei dir hast und stiften gehst, ohne daß du bezahlen mußt" [HN]; wegwerfen [WG]; verschwinden lassen (Diebesgut, Waffen falschen Ausweis) [WG] ♦ **E**: dt. *flitzen* ‚sich schnell bewegen', ‚davoneilen, flüchten', dt. *Flitz* ‚Pfeil', DWB III 1808; ugs./nd. *flitzen* ‚sich pfeilschnell bewegen, huschen, rennen, sausen' (Kü I 172, HWB II 130). ♦ **V**: *geh flitzen* ‚hau ab', ‚verschwinde' [HN]; *die flitze machen* ‚abhauen' [HN]

flitzmann Subst. m. [HN]
– einer, der abhaut, ohne zu bezahlen [HN] ♦ **V**: *den flitzmann machen* ‚weglaufen' [HN]; *er macht'n flitzmann* ‚er haut ab' [HN].

floaken swV. [HK]
flaken [HK]; **floagen** [HK]
– stehlen [HK]; klauen [HK]; bestehlen [HK]; klemmen (stehlen) [HK] ♦ **E**: unklar, nd.; schwer zu thür. *flaken* ‚schlagen, prügeln' (Sp 1994: 95).

flock Subst. [BJ]
flogg [OJ]
– eine Mark [BJ, OJ] ♦ **E**: wohl zu ugs. *Flocken* ‚Geld'.

flodaratza Subst. [LoJ]
– Fasan [LoJ] ♦ **E**: dt. *Ratz* ‚Ratte' DWB XIV 208; dt./mdal. *flattern*.

flode Subst. f. [SJ]
flodi [MJ, WL]; **flude** [SJ, TK]
– Wasser [SJ, TK, MJ, WL] ♦ **E**: SchwäbWb. II 1586 (*Flote*). Vgl. → *flute* (unter → *fliten*).

flodan swV. [LoJ]
– waschen [LoJ].

floh Subst. m. in:
flöhe Subst. Pluraletantum [MB]
– Geld [MB] ♦ **E**: dt. *Floh* (Ungeziefer) DWB III 1812 ff.; Geldmetapher, wie *Mäuse, Kröten*.

flohbeis Subst. n. [StG]
– Spielhaus [StG]

flohgaager Subst. m. [EF]
– Schwabenaustreiber [EF]; Kammerjäger [EF]

flohkiste Subst. f. [MB]
– Bett [MB] ♦ **E**: westf. *flôkiste* ‚scherzhaft für Bett' (WestfWb. 312).

flohen swV. [StG]
– Geld abgewinnen [StG].

flôjen swV. [MeT]
flojen [MeT]
– urinieren [MeT] ♦ **E**: rw. *flojen* ‚urinieren' (WolfWR 1487); holl. *vloeien* ‚fließen'; ndl. sspr. *floje*, Siewert, Humpisch, 70.

flôje Subst. f. [MeT, MT]; **floje** [MeT]
– Urin [MeT, MT].

floke Subst. [SS, WH]
– Schere [SS, WH] ♦ **E**: WolfWR 1488 ungeklärt; evtl. zu dt. *Flocke* „flocke an spiesz und anderm kriegsgeräth" DWB III 1811.

flonsche swV. [KM]
– schlecht oder ungenau arbeiten [KM] ♦ **E:** wohl zu dt. (ant.) *fluntschen* ‚verdrehen, verzerren' DWB III 1851.

jeflonsch Subst. n. [KM]
– Gepfusche, schlecht ausgeführte Arbeit [KM].

flöörlig Subst. m. [JeS]
– Blume ♦ **E:** zu frz. *fleur* ‚Blume'.

flor Subst. m. [PfJ]
– Gulden [PfJ] ♦ **E:** Kürzung von *Florin* ‚Florentiner Gulden'.

flori Subst. n. [JSa, MeJ]
fluri [KJ]
– Wasser, Bach [Jsa, KJ, MeJ] ♦ **E:** vgl. → *fladern¹*, *flossen¹*, → *florian*.

florian Subst. m. [KJ, TJ]
– Wasser [KJ, TJ] ♦ **E:** Deonomasticum: Hl. Florian, Schutzpatron der Feuerwehrleute, ikonographische Darstellung: mit Wasserkübel.

florrern swV. [JS]
– waschen [JS]

florrer Subst. [JS]
– Wäsche [JS] ♦ **E:** unsicher; evtl. zu → *flurre* oder Rhotazismus zu → *fladern¹*.

flosch Subst. [StG]
– Monat ♦ **E:** unsicher; evtl. met. (wegschwimmen, vergehen) zu rw. *floschen* ‚schwimmen' WolfWR 1491.

flossen¹ swV. [HeF, HF, MUJ, RW, SK]; **flösseln** swV. [BJ, HK, JSa, PfJ, SchJ, SJ, TJ, TK]; **flößeln** [PfJ, Zi]; **flößlen** [Gmü, Him, Mat, Wo]; **flösslen** [TK]; **flössln** [LoJ]; **flöseln** [SJ]; **flösele** [StJ]; **flössla** [LJ, SJ]; **flössle** [JeS, TK]; **flessele** [JS]; **flesseln** [HK, JS, PH, TK]; **flessla** [OJ]; **flosseln** [TK, PfJ]; **flossern** swV. [HK, MUJ, NJ, SE]; **flosern** [SP]; **flossæræ** [WJ]; **flosseren** [WL]; **flössern** swV. [JSa, SK]; **flössere** [JS]; **flößeren** [Gmü, Him]; **flossten** swV. [RW]; **flöstere** [KM, StJ]; **flüsslen** swV. [TK]; **flüssnen** swV. [KP]; **flüßle** [MJ]; **fleisln** [RR]
– regnen [BJ, HK, JeS, JSa, LJ, MUJ, OJ, OJ, PfJ, RW, SchJ, SJ, TJ, TK, WJ, WL, Zi]; nässeln [BJ, Gmü, OJ]; weinen [Him, LJ, MUJ, OJ, SchJ, SJ, WJ]; urinieren [BJ, GM, HK, JS, JeS, KM, LJ, LoJ, OJ, PfJ, SE, SJ, SP, SchJ, StJ, WL]; pinkeln [HK, JSa, KP, NJ, RR, SE]; Wasser lassen [HK, JS, SK]; Harn lassen [TJ]; sein Wasser abschlagen [HeF]; pissen [HK, NJ, RW, TK]; austreten [HK, SE]; pullern [HK]; Urin lassen [HK]; kleines Bedürfnis [haben] [HK]; Pipi machen [HK, SE]; klein austreten [HK]; harnen [JS, PH]; fließen [PfJ, WL]; „mingere" [Gmü, Him, Mat, Wo]; Wasser trinken [RW]; bumsen [SJ] ♦ **E:** rw. *flösseln* ‚regnen, urinieren' (WolfWR 1492, Klepsch 578), SchwäbWb. II 1586 (*flösslen*). Ablaut-Bildung zu st. V. dt. *fließen*. Vgl. → *fluss*. ♦ **V:** *es flößlet* ‚es regnet' [LüJ]; *flösele ob-et Tsaibelbaies* [StJ]; *Skotele hod end bux gschmelzd ond gflöseld shod grandeg gmuffd' d'muadl hod döberd ond hod am da doches vergufd* ‚Das Kind hat in die Hose geschissen und uriniert, es hat kräftig gestunken, die Mutter hat geschimpft und hat ihm den Hintern verhauen' [SJ]; *Ich gee flosern.* [SP]; *der goonerd heechd geflesseld und geseeweld* ‚der Hund hat gepißt und geschissen' [HK]; *staud geflossert* ‚Hose gepinkelt' [SE]; *staudt geflossert* ‚Hose gemacht (Pipi)' [SE]

hinflesseln swV. [HK]
– Wasser lassen [HK]; Urin lassen [HK]; hinmachen, hinpissen, „hinpullern" [HK]; „Pipi hinmachen" [HK]; hinseichen [HK]; „auf die Straße pullern" [HK]

floss Subst. n., f. [HeF, JeS, LoJ, Mat, RW, TK]
– Wasser [Mat, LoJ, Mat, TK]; Urin [HeF]; Suppe [JeS, RW]

flouse Subst. [PfJ]
– Wasser [PfJ]

flössel Subst. m. [SJ, BJ]; **flessl** [OJ]; **flessel** [HK]; **fleßl** [HK]
– Urin [BJ, HK, OJ, SJ]; Regen [HK]; Pinkel [HK]

flößle Subst. n. [PfJ]; **flössle** [PfJ]
– Dachrinne [PfJ]; Kanalisation [PfJ]

flossen² Subst. [MUJ]
– Regen [MUJ]

flößer Subst. m. [BM]
– Löschblatt [BM] ♦ **E:** Benennungsmotiv: fließende Tinte.

flosse¹ Subst. f. [BM, LJ]; **floss** [LJ]; **flossa** [LJ, OJ]; **flossen³** Subst. Pl. [BJ]
– Hand [LJ]; Hände [BJ]; Fuß [BM] ♦ **E:** dt./ugs. *Flosse* (von Fischen) DWB III 1818, ablautend zu st. V. dt. *fließen*. ♦ **V:** *wenn mer der gallach schpanift hend, da sind mir mosse glei na und ham ihn d'flossa nagstreckt* ‚wenn wir den Pfarrer gesehen haben, da sind wir Mädchen gleich hin und haben ihm die Hand hingestreckt' [LJ]

flößling Subst. m. [BJ, LüJ, RW, TJ]; **flessleng** [OJ]; **flossling** [RW]; **fließling** [BJ]; **flössling** [TK]
– Fisch [BJ, LüJ, OJ, TJ, TK] ♦ **E:** rw. *Flößling* ‚Fisch' Wolf 1494. ♦ **V:** *flössling ketschn* ‚fischen' [TJ]

flosserling Subst. m. [SK]
– Hering [SK]
flossetlaudi Subst. m. [KJ]
– Fisch [KJ]; Hering [KJ]
flosserlingstromme Subst. [SK]
– Fluß [SK]; Bach [SK] ♦ **E:** rw. *Drom* ‚Straße, Weg' WolfWR 1097.
flossert Subst. m. [BJ, HK, HLD, JeH, JS, LJ, NJ, PfJ, RR, RW, SE, SchJ, SJ, TJ]; **flosert** [NrJ, SP]; **floset** [StJ]; **flussert** [FS, NJ]; **floseret** [RW]; **flosserd** [HK]; **flassert** [HK]; **flessert** [HK]; **flossett** [FM, JS]; **flosset** [KJ, LI]; **flossart** [SE]; **flossat** [SE]; **flössert** [SchJ, SK]; **flossend** Subst. m. [RW]; **flosser** Subst. m. [HK, SE]; **flossl** Subst. m. [TJ]; **fluuse** Subst. m. [OJ]; **flusse** [BJ]; **floße** [PfJ]; **floßen** [PfJ]; **flosse**[2] [PfJ]
– Wasser [BJ, FS, HK, HLD, JS, JeH, KJ, LI, LJ, Mat, NJ, NrJ, OJ, PfJ, RR, SE, SK, SP, StJ]; Fluß [BJ, LJ, RR, SJ]; Brunnen [SJ]; Bach [HK, RR, SJ, StJ]; Regen [BJ, OJ, RW]; Geheul [BJ, OJ]; Fisch [RW]; Wasserwaage [SchJ] ♦ **V:** *gwand flossert* ‚Limonade' [SchJ]; *gwanter Flossl* ‚Limonade' [TJ]; *mooles flosserd* ‚kleiner Bach' [HK]; *am flosserd lang* ‚am Bach entlang' [HK]; *schwächt mehn Flossett als beh Wihn* ‚Trinkt mehr Wasser als wie Wein' [FM]
flosserfinniche Subst. m. [SK]
– männliche Geschlechtsteil [SK] ♦ **E:** Benennungsmotiv: Ding zum Wasserlassen.
flosserstenz Subst. m. [RW]; **flosenstenz** [RW]; **flossenstenz** [SJ]
– Regenschirm [RW, SJ]
flösserle Subst. [TJ]
– Wasserwaage [TJ]
flosskandi Subst. f. [LoJ]; **flösskandi** [LoJ]
– Pissoir [LoJ]
flösterbaies Subst. n. [KM]; **flösterbaiese** [KM]
– Toilette [KM]
flossetschurri Subst. [KJ]
– Schirm [KJ]
flossetschurrimenger Subst. m. [KJ]
– Schirmflicker [KJ]
flossebelifzke Subst. f. [PfJ]; **flossebolifzke** [PfJ]; **flossertbifze** [PfJ]
– Wassersuppe [PfJ]
flosseschwaderer Subst. m. [PfJ]
– Gans [PfJ]
flösselfinnichen ‚Klo' → *finne* [HK]; **flösseldermes** ‚Nachttopf' → *termes* [HK]; **flosaäulchen** Subst. [SE]; **flossaaulchen** [SE]; **flosseraulchen** [SE]
– Nachttopf [SE]; Pinkelpott [SE]; Pinkeltopf [SE]

flosserbajes Subst. n. [SE]
– Toilette [SE]
ziegelflössertle Hydronym [LJ]
– Ziegelbach in Leinzell [LJ].

flöt Subst. [RH]
– Musik [RH] ♦ **E:** zu dt. *flöten* ‚pfeifen, Flöte spielen' DWB III 1823 f.
flöte[1] Subst. f. [MM]
– Zigarette [MM] ♦ **E:** dt./ugs. *Flöte* ‚Zigarette' (Kü 246).
flöten swV. [StJ]; **flööten** [StJ]
– verpfeifen [StJ].

flöte[2] Subst. f. [RW]
– Arbeitshaus [RW]; Gefängnis [RW]; Krankenhaus [RW] ♦ **E:** zu dt. *blöde* ‚schwach' DWB II 138 ff., ahd. *plôdi* ‚krank, leidend'; „völlig synonym mit rw. *krank* ‚gefangen, in Haft befindlich'. Auch ist ahd. *blôden* ‚in Furcht setzen' heranzuziehen" (WolfWR 1496).

flöterd Subst. m. [HeF, HF]
– (weicher) Milchkäse [HF]; Weichkäse [HF] ♦ **E:** dt. *flöten*, vgl. rhein. *Flötenkäse* ‚Quarkkäse', so benannt, weil man ihn den Stubenvögeln gab, um sie zum Singen zu bringen (RheinWb. II 675).

flotschen swV. [MoJ, MUJ]
– waschen [MUJ] ♦ **E:** Bildung zu ablautend stV. dt. *fließen*; vgl. → *floss(en)*.
flotsche Subst. f. [MUJ]
– Wäsche [MUJ]
flotscher Subst. m. [JeS, LüJ, Zi]; **flutscher** [TK]; **flotsche** [MJ]
– Fisch [JeS, LüJ, MJ, TK, Zi] ♦ **E:** rw. *flotscher* ‚Fisch', *floschen* ‚schwimmen' (WolfWR 1491); wohl zu dt. *flutschen* ‚rutschen, gut vorankommen' (Klu. 1999: 277); Benennungsmotiv: die glitschige, schlüpfrige Haut von Fischen. SchwäbWb. II 1587 (*Flotscher*).
♦ **V:** *meine schrawiener sollen butten und schwächen naschen und sich die kwast flotschen* ‚meine Kinder sollen zum Essen und Trinken kommen und sich die Hände waschen' [MoJ]
flotschne swV. [JeS]
– fischen [JeS]; „verbotenerweise" fischen [JeS]; waschen [JeS]; regnen [JeS]; urinieren [JeS].

flotten Subst. m. [RH]
– Floh [RH] ♦ **E:** wohl zu dt. *flottern* ‚flattern, hin- und herspringen' DWB III 1826.

flotter otto Phras. [HN]
– Durchfall ♦ **E:** ugs. *den flotten Otto haben* ‚Durchfall haben' (Kü I 174); ugs. *flott* ‚schnell', RN *Otto*.

flottn Subst. [RR]
– Hut [RR] ♦ **E:** unsicher; evtl. zu dt. *fluttern* ‚flattern' DWB III 1862.

flox ‚Geldstück, Frankenstück' → *flachs²*.

fluderer Subst. m. [KJ]
– Taube [KJ] ♦ **E:** zu dt. *flattern* DWB III 1731 ff.

flug Subst. m. in: [WG]
einen Flug machen ‚davonlaufen, fliehen' [WG] ♦ **E:** zu dt. *fliegen, Flug* DWB III 1780 ff., 1837 f.
abflug Subst. m. [HN]
– in: *den abflug machen* ‚verschwinden'.

flügel Subst. m. [BJ]
fliegl [OJ]
– Arm [BJ, OJ] ♦ **E:** dt. *Flügel* DWB III 1839 ff., mdal. entrundet *fliegl*.

flügling Subst. m. [Zi]
– Vogel [Zi].

fluggere Subst. f. [BM]
– Flugzeug [BM] ♦ **E:** mdal. Kürzung aus dt. *Flugzeug*.

fluhte ‚Wasser, Bach' → *fluten*.

flunken Subst. m. [MM]
flunk Subst. m. [SG]
– Bein [MM]; Hand [MM]; steifes Bein [MM]; Arm [MM, SG] ♦ **E:** westf. *flunk* ‚Flügel, Arm' (WWBA. 486). ♦ **V:** *der schauter hatte 'n lahmen flunken* ‚der Mann hatte ein lahmes Bein' [MM]; *der seeger war beim raufer, weil sein flunken inne machulle war* ‚der Mann war beim Arzt, weil sein Bein verletzt war' [MM]
flunki¹ Subst. m. [MB]
– Fuß [MB]; dicker Fuß [MB].

flunkern swV. [MB, MeT, MT, SG]
– aufschneiden [MB]; lügen [MB, MeT, MT, SG] ♦ **E:** rw. *flunkern* ‚lügen' (WolfWR 1502). ♦ **V:** *ho flunkert* ‚er schneidet auf, er lügt' [SG]
flunki² Subst. m. [MB]
– Lügner [MB]; Gehilfe [MB]; (unzuverlässiger) Bruder Leichtfuß [MB] ♦ **E:** westf. *flunker* ‚unzuverlässiger Mensch, Lügner' (WestfWb. 316).

fluppen swV. [JSa]
– rauchen [JSa] ♦ **E:** rw. *flabbe* ‚vorstehender Mund' (WolfWR 1424) oder zu dt./ugs. *fluppen* ‚ein floppendes Geräusch machen' (von den Lippen beim Ziehen an der Zigarette), ugs. *fluppe* ‚Zigarette' → *fläp, flieben*.
fluppe Subst. f. [MB, MM]
– Zigarette [MB, MM]; Zigarettenkippe [MB]; Zigarettenstümmel [MB] ♦ **V:** *von dem gnego kannste nich mal 'ne fluppe bewirchen* ‚von dem Geizhals kannst du nicht einmal eine Zigarette bekommen' [MM]
flepscher Subst. Pl. [JS]
– Zigaretten [JS].

flurre Subst. f. [CL]
– Wäsche [CL] ♦ **E:** Bildung zu pfälz. *fluttern* (Rhotazismusform) ‚durcheinanderwirbeln, flattern' (PfälzWb. II 1484). Vgl. → *fladern¹*.

fluschen¹ swV. [TJ]
flouschen [SchJ, Scho]; **fluscha** [LJ]; **flauscha** [LJ]; **pfluscha** [LJ]
– schwimmen [LJ, SchJ, Scho, TJ]; waschen [LJ]; fließen [TJ] ♦ **E:** rw. *floschen* (WolfWR 1491); wohl zu dt. *Flossen, fließen* DWB III 1793 ff. Vgl. → *fladern¹, flossen¹*.
pfluscherei Subst. f. [LJ]
– Wäsche [LJ]
fluscherle Subst. [TJ]
– Handtuch [TJ].

fluschen² swV. [MeT]
flusken [MeT]
– (Zigarre) rauchen [MeT] ♦ **E:** rw. *fluschen* ‚rauchen' (WolfWR 1504, ohne Herleitung), zu verschiedenen möglichen Herleitungen Siewert, Humpisch, 71.
flusche Subst. f. [MeT]
– Zigarre [MeT]
fluschenfailer Subst. m. [MeT]; **fluchsenfailer** [MeT]; **flucksenfailer** [MeT]
– Zigarrenmacher [MeT] ♦ **E:** → *failen*.

fluscher Subst. m. [BM]
– Fleisch [BM]; Metzger [BM] ♦ **E:** unsicher; evtl. nach dem Häuten oder Zerteilen der Tiere zu dt. *Flusch* „wenn haare, wolle, werch knäuel und haufen bilden ... schnitt sich aus der hand einen groszen fetzen, ein grosz stück" DWB III 1853.

fluse Subst. f. [LJ]
fluß [SS]
– Wasser [LJ, SS] ♦ **E:** zu dt. *Fluß*, met. Pars-pro-toto. Vgl. → *flossen¹, floss*. ♦ **V:** *gefinkelte fluse* ‚Limonade,

Brause' [LJ]; *der jole, der isch wie a fluse* ,der Wein, der schmeckt wie Wasser' [LJ]
flusen swV. [SJ]; **fluusa** [OJ]
– weinen [SJ]; regnen [OJ]
flussern [NJ]
– regnen [NJ] ♦ **V:** *es flussert* ,es regnet' [NJ]
flüsseln [GM]
– urinieren [GM]
fluusrig Adj. [OJ]; **flusserig** [BJ]
– wässrig [BJ, OJ]
fluuseschnall Subst. f. [OJ]
– Wassersuppe [OJ].

flüstere swV. [KM]
flüstern [SK]
– hinweisen (drohend) [KM] ♦ **E:** zu dt. *flüstern* ,leise sprechen' DWB III 1854.
flüsterkate Subst. f. [SK]
– Kirche [SK] ♦ **E:** nd. *kate* ,Haus'.
zur flüsterkate führen Phras. [SK]
– heiraten [SK].

flute Subst. f. [BM]
– Ohrfeige [BM] ♦ **E:** SchweizId. I 1231 (*Flute* ,Teiggericht, Fladen').

fluten swV. [BJ]
flüde [LüJ]
– regnen [BJ, LüJ]; fließen [BJ]; weinen [BJ]; ertrinken [BJ]; ertränken [BJ] ♦ **E:** rw. *fluten* ,regnen', *flude* ,Wasser' (WolfWR 1481), SchwäbWb. II 1597 (*fluten*).
flude Subst. m. [BJ, LüJ, OJ, TK]; **fluhte** [LüJ]; **flute** [LüJ, Wo]; **fluhde** [LüJ]; **fludi** Subst. m. [JeS, SJ, Zi]; **fluti** [KJ]
– Kaffee [OJ, SJ]; schwarzer Kaffee [BJ]; Wasser [JeS, KJ, LüJ, TK, Wo, Zi]; Bach [LüJ]; Fluß [JeS, LüJ]; Strom [LüJ]; jedes Gewässer [JeS, LüJ]; Bier [LüJ] ♦ **E:** rw. *fludi* ,Kaffee' (WolfWR 1481).
fluse Subst. f. [MUJ]
– Wasser [MUJ]
flutegatsche Subst. m., f. [LüJ]
– Wasserwaage
fluteschure Subst. [LüJ]
– Wasserwaage
fludibuchse Subst. f. [JeS]
– Badehose.

fluuen stV. [StJ]
– jmd. beim Spiel ausnehmen [StJ] ♦ **E:** evtl. zu → *fluten*; rip. u. südnfrk. verbreitet (RheinWb. I 648). ♦ **V:** *Dä han isch jefluut* ,Den habe ich ausgenommen' [StJ].

foabern swV. [HK]
foawern [HK]; **fabern** [HK]
– Instrumente stimmen [HK]; Geigen stimmen [HK]; machen [HK]; tun [HK]; herrichten [HK]; waschen [HK]; arbeiten [HK]; suchen [HK]; finden [HK]; Geschlechtsverkehr haben [HK]; „wohin fassen" [HK] ♦ **E:** lat. *faber* ,Verfertiger, Künstler'. ♦ **V:** *einen foabern lassen* ,pupsen' [HK]; *schuule mal, was die schrabbens foawern* ,guck mal, was die Kinder machen' [HK]; *am berdsl foawern* ,am Arsch lecken' [HK]; *die foawerd awwer en boonum* ,die macht aber ein Gesicht' [HK]; *ich foabere die klingn* ,ich stimme die Instrumente' [HK]; *klingens gefoawerd* ,Instrumente gestimmt' [HK]; *klings foabern* ,Instrumente stimmen' [HK]; *der beeker foawerd viel dsoorus* ,der Mann macht viel Lärm' [HK]; *fabert lone* ,ist verstimmt' [HK]; *der foaberd moole* ,der spielt verkehrte Töne, der stimmt schlecht' [HK]
anfoawern swV. [HK]
– anrufen (telefonieren) [HK].

fochen swV. [SJ]
fôchen [SJ]
– stehlen [SJ] ♦ **E:** SchwäbWb. II 1597 (*fochen*).

focher Subst. m. [SJ]
– Zahn [SJ] ♦ **E:** wohl zu dt. *Focher* ,Fächer' DWB III 1863; Benennungsmotiv: Formähnlichkeit mit einer Zahnleiste.

fochln stV. [LoJ]
– schreiben [LoJ] ♦ **E:** wohl zu → *fackeln*².

fochtel Subst. m. [StJ]
fortel Subst. m. [StJ]
– Regenschirm [StJ] ♦ **E:** schwäb. *Fochte, Focher* ,Fächer' (SchwäbWb. II 1598).

fochteln swV. [JSW]
fuchteln [JSW]
– betteln [JSW] ♦ **E:** zu rw. → *fechten* ,betteln' (WolfWR 1306) oder *focheln* (WolfWR 1262).

fock Subst. m. [WL]
– Hunger [WL] ♦ **E:** lux. *Fock* ,Hunger' (LuxWb. I 397).

fockediewes Subst. m. [CL]
fickediewes [CL]; **figgediwwes** [CL]
– schlauer, durchtriebener Mensch [CL]; Schlauberger [CL] ♦ **E:** zu lat. *vocativus* ,Rufer, Schreier', in dt. Mundarten weit verbreitet, (PfälzWb. II 1492, SüdhessWb. II 873, RheinWb. IX 142, ElsWb. I 103,

BadWb. II 192). ♦ V: *so ein schlechter fickediewes!* ,so ein schlechter Kerl!' [CL].

focken[1] swV. [SJ]
foggen [BJ, SJ]
– koitieren [SJ]; beischlafen [SJ]; reiben [BJ]; „mein Schuh reibt an der Ferse" [BJ] ♦ E: rw. *ficken, focken* ,koitieren' (WolfWR 1381). Vgl. → *figga*.
mossefogger Subst. m. [GM]
– Weiberheld [GM]; Schürzenjäger [GM]; Casanova [GM]; Playboy [GM] ♦ V: *de mossefogger is fonde tssabos in de kadsem fer kuerd woern* ,der Schürzenjäger wurde von den Männern in der Kneipe verprügelt' [GM].

focken[2] swV. [HLD, RW]
fucken [HeF, HF]
– gehen [HeF, HF, RW]; laufen [RW]; kommen [HF]; reisen [HLD] ♦ E: rw. *focken* ,laufen' WolfWR 1507, nach Wolf vielleicht zu rw. *ficke* ,Tasche, Sack'; eher wohl zu nd./nl. *focken* ,ziehen' DWB III 1864 f. ♦ V: *mott zinotes nog in trombs tenten fucken?* ,Müssen Sie noch in drei Häuser gehen?' [HeF]; *minotes mott nog in parz tenten fucken, on dann trollt minotes möt den troppert no dülken* ,Ich muß noch in zwei Häuser gehen, und dann reite ich nach Dülken' [HeF]
fockenletzer Subst. m. [HLD]
– (Wander-)Musikant [HLD] ♦ E: → *leitzer* ,Musikant' (unter → *leetz*).

foden[1] Subst. m. [EF, MoM]
– Telegraf [EF, MoM]
foden[2] swV. [EF, MoM]
– telegrafieren [EF, MoM]
foden zieh swV. Phras. [EF, MoM]; **fadl zieh** [EF]
– telegrafieren [EF, MoM] ♦ E: dt. *Faden*, hier der Papierstreifen aus dem Telegraphen.

fof ,sechs' → *woff*.

fokanjen swV. [MB]
fakhanje [RA]
– verkaufen [MB, RA] ♦ E: Bildung mit Präfix *ver-* zu rw. *kinjen* ,kaufen', → *kiene* (WolfWR 2616); jd. *kinjenen* ,kaufen' (We 72).

foksem Subst. n. [KM]
– Gold [KM] ♦ E: Bildung zu rw. *fuchs* ,Gold' (WolfWR 1564). Vgl. → *fuchs*.
foksemplonsch Subst. n. [KM]; **fuksesplönschje** Subst. n. [KM]
– Goldwasser (Danziger) [KM] ♦ E: rw. *plomb* ,Wasser', zu dt. *plinsen, plümsen* ,weinen, waschen,

baden' WolfWR 4259; mdal. auch im Rheinland und Ostflandern bezeugt.

föllenpitten Subst. m. [SG]
– Klarinette [SG] ♦ E: met. zu nd. *Pitten* ,Penis'; *föllen* evtl. zu dt. *Fohlen, Föllen* DWB III 1869.

fommeln swV. in:
befommeln swV. [EF]; **befummeln** [EF]
– bestellen [EF]; ausrichten [EF]; etwas unternehmen [EF] ♦ E: OSächsWb. I 197 (*befummeln* ,alles Notwendige verrichten').

fonkeln swV. [HLD]
– schreiben [HLD] ♦ E: wohl zu rw. *fackeln* ,schreiben' aus dt. *fackeln* ,hin- und herbewegen' (WolfWR 1261).

fonkes fonkert ,Feuer' s. → *funk*.

fönn Subst. n. [WL]
– Pfund [WL] ♦ E: mdal. *Fönn* ,Pfund', Tockert, Weimerskircher Jenisch, 20.

fonz Subst. f. [HeF, HF]
– Weißbrot [HeF, HF] ♦ E: evtl. zu lat. *panis* ,Brot' (WolfWR 1510), RheinWb. II 702 (*Fonz*): „Gebildbrot in der Gestalt eines geschwungenen S (in Tiergestalt zu Martin, Nikolaus ...)", *Fonzenbrot* ,feines Weißbrot'.
fonzekröngel Subst. m. [HeF, HF]
– Brezel [HeF, HF]
fonzekröngelknucker Subst. m. [HF]
– Bäcker [HF]; Konditor [HF] ♦ E: → *knucken* ,machen'.
fonzspetzen Subst. Pl. [HF]; **fonzspitzen** [HF]
– Weizen [HF].

föömsche Subst. f. [StJ]
– Hand [StJ]; Händchen [StJ] ♦ E: mdal. gerundet zu → *feme* ,Hand' (Wolf 1319).

foorli Subst. n. [BM]
– Feuer [BM] ♦ E: unsicher; evtl. zu frz. *four* ,Ofen'.
foortsche swV. [BM]
– Feuer machen [BM].

föörmli Subst. n. [BM]
– Hosenknopf [BM] ♦ E: SchweizId. I 1015 (*Form, Formel* ,Scheibchen aus Holz oder Bein, das mit Tuch überzogen wird, um daraus einen Kleiderknopf zu machen').
footsch Subst. m. [BM]
– Knopf [BM].

foosch Subst. m., n. [HK]
fosch [HK]; **boosch** [HK]
– Blut [HK] ♦ **E:** rw. *foosch* ‚Blut', dt. *Feisch* ‚Blut (von Hirsch, Reh, Hase)', bes. jägersprachlich, DWB III 1465, Weiland, Hundeshagen, 240.

footsape swV. [BB]
– aufpassen [BB] ♦ **E:** Inversion zu mda. *ofpasse*.

footz Subst. m. [HK]
foods [HK]; **voz** [HK]; **boz** [HK]; **fooz** [HK]
– Kapellmeister [HK]; Chorführer [HK]; Leiter, Führer [HK]; Gewerbeinhaber [HK]; „Chef von der Kapelle" [HK]; „der, der die Kapelle geleitet hat" [HK]; „der, der 's Gewerbe hatte" [HK] ♦ **E:** unsicher; unter der Bedingung semantischer Verwandlung (Siewert, Grundlagen, 366–368) evtl. zu dt. *fosz* „taugenichts, faulenzer, lump" (DWB IV 42) oder zu dt. *fötzel* „hundsfott, schelm, lump, liederlicher mensch" (DWB IV 45). ♦ **V:** *einjebuggeld beim foods* ‚eingeschrieben beim Kapellenchef, beim Kapellenleiter im Gewerbeschein mit eingetragen' [HK]
kapellfoods Subst. m. [HK]; **kapellfootz** [HK]
– Kapellmeister [HK]; Chorführer [HK]; Dirigent [HK]; „von der Kapelle der Chef" [HK]; „der die Kapelle geleitet hat" [HK]; „der hatte die Kapelle" [HK]; „der, der das Gewerbe hatte, wenn die Frauen noch keinen Gewerbeschein hatten" [HK]; „dasselbe wie *foods*" [HK].

föp Subst. m. [KM]
föpe [KM]
– Kinderschnuller [KM] ♦ **E:** rhein. *Foppe* „Saugstopfen aus Gummi für kleine Kinder" RheinWb. II 703.

fôr Subst. m. [MeT, MT]
for [HF, MeT]; **fore** [GM]; **vorro** [JSW]; **foro** [JS, PH]; **foru** [JS]
– Stadt [GM, JS, JSW, PH]; Markt [HF, MeT, MT]; Mark [MeT, MT]; „Geldstück" [MeT]; „damals Courant, jetzt RM" [MeT] ♦ **E:** rw. *foro* ‚Stadt, Markt, Mark (Geldstück)' (WolfWR 1516) < roi. *foro* ‚Stadt, Marktort, Markt', aus lat. *forum* ‚Marktplatz' (WolfWZ 776), Siewert, Humpisch, 71. ♦ **V:** *null for* ‚hundert Mark' [MeT]; ½ *null for* ‚fünfzig Mark' [MeT]; *trant null for* ‚tausend Mark' [MeT]
barofore Subst. m. [GM]
– Hauptstadt [GM].

forelle Subst. f. in:
knastforelle Subst. f. [HN]
– Hering ♦ **E:** ugs. *knastforelle* ‚Hering' (Kü II 164).

forgel Subst. f. [JS]
– Gabel [JS] ♦ **E:** nd. *forke* ‚Heugabel'.

forlesprauß Subst. n. [PfJ]
– Holz [PfJ] ♦ **E:** schwäb. *Forle* ‚Kiefer' (SchwäbWb. II 1645); → *spraus*.

forschen swV. [SS]
– auskundschaften [SS] ♦ **E:** dt. *forschen* DWB IV 1 f.

försder Übername [HK]
– „Spitzname für einen Musiker, der Wildern ging" [HK] ♦ **E:** dt. *Förster* DWB IV 5 f.

fortel ‚Regenschirm' → *fochtel*.

fösen swV. [HF]
fosen [HeF, HF]
– spinnen [HeF, HF]; drehen [HF] ♦ **E:** wohl zu rhein. *fese* „Seitenfaser, Schlinkse an Hülsenfrüchten" RheinWb. II 405. ♦ **V:** *rispel fösen* ‚Flachs spinnen' [HeF]
föstend Subst. f. [HeF]; **föstent** [HF]
– Spinnerei (Fabrik) [HeF, HF]
fösturen Subst. f. [HF]; **fösthuren** [HeF, HF]
– Spinnerin [HeF, HF].

fotografieren swV. [HN]
– „wenn einer vergißt, Prost zu sagen, wenn er einen ausgegeben hat" ♦ **E:** dt. *fotographieren*, im 19. Jahrhundert aus engl. *photography* entlehnt; im Deutschen erstmals 1839 belegt. ♦ **V:** *hol' mal'n fotoapparat* ‚sag endlich Prost' [HN].

fotsak Subst. m. [BB]
– Metzger [BB] ♦ **E:** Inversion zu mda. *katsof* ‚Metzger'. Vgl. → *katzoff*.
fotsakerai Subst. f. [BB]
– Metzgerei [BB].

foust ‚Schmied' → *faust*.

fraband Subst. [OJ]
– aufs Ganze gehen, gefährlich spielen [OJ] ♦ **E:** zu frz. *va banque* ‚beim Glücksspiel auf den ganzen Einsatz setzen'.

frack Subst. m. in: [WG]
einen Frack bekommen; *den Staatsfrack angemessen bekommen* ‚lebenslänglich erhalten' [WG] ♦ **E:** dt. *Frack* DWB IV 47; euphemistisch für ‚Gefängniskleidung'.

fraglen swV. [LüJ]
frakln [LüJ]; **frackln** [LoJ]; **fraggln** [TJ]; **frackeln** [KJ]
– fragen [KJ, LoJ, TJ]; ausfragen [LüJ]; anfragen [LüJ]; ausforschen [LüJ]; befragen [LüJ]; sprechen [LüJ] ♦ **E:** rw. *frakeln* ‚ausforschen' (WolfWR 1526); evtl. Kontamination aus dt. *fragen* und *raglen* ‚reden'; SchwäbWb. II 1693 (*fracklen*). ♦ **V:** *fragle mol den gatsch/bedo* ‚frag' einmal den Mann' [LüJ].

frallermann Subst. m. [MM]
– Schutt [MM]; Steine [MM] ♦ **E:** Erstglied unklar, singulärer Beleg in MM, evtl. verderbt oder onomatopoetisch vom reibenden Geräusch von Schutt; vgl. MM *backmann* ‚Steine, Ziegel'.

frame swV. [BM]
– treffen [BM] ♦ **E:** unsicher; evtl. zu *fromme^n* SchweizId. I 1295, *frumme^n* ‚1. fördern, nützen, helfen 2. bewirken, veranlassen, verschaffen 3. «frümme^n», zum Voraus bestellen, machen lassen, aufgeben'.

främsle swV. [BM]
– essen [BM] ♦ **E:** wohl zu els./jd. *frimsel* ‚Gericht aus dünnen Nudeln' < frz. *vermicelle* ‚Würmchen' (BadWb. II 233).

frank Adj. [WG]
– ehrlich [WG] ♦ **E:** rw. *frank* ‚ehrlich, unbescholten' (WolfWR 1528), zu dt. (ant.) *frank* ‚frei' DWB IV 56 f., vgl. *frank und frei*. ♦ **V:** *frank sein* ‚ehrlich sein, unbescholten sein' [WG]; *frankes Spiel* ‚ehrliches Spiel' [WG]

frankfurter Subst. m. [WG]
– ehrlicher Mensch [WG] ♦ **E:** volksetymologisch zum ON *Frankfurt*.

frankist Subst. m. [WG]
– ehrlicher, unbescholtener Mensch [WG]
franken swV. [NJ, RH, SE]; **frangken** [NrJ]
– heiraten [NJ, RH, SE] ♦ **V:** *Di frangken hout* ‚die heiraten heute' [NrJ]
gefrankt Adj. [NJ, RH]; **jefrankt** [NJ]
– verheiratet [NJ, RH] ♦ **E:** wohl zu rw. *frank* ‚ehrlich, unbescholten' (WolfWR 1528), womgl. beeinflusst von dt. *freien* ‚heiraten' DWB IV 105 ff., vgl. Wendung *frank und frei*.

franz Subst. m. [EF]
fränz [EF]; **fanz** [EF]
– Schuster [EF]; Hausknecht [EF]; Kaffeekanne [EF] ♦ **E:** Appellativ aus RN *Franz*.

fraß Subst. m. in:
banfraß Subst. m. [WG]
– Essen im Gefängnis [WG] ♦ **E:** dt. *Fraß*, Umlaut-Bildung zu dt. stV. *fressen* DWB IV 132 ff. → *ban* 2.
häfenfraß Subst. m. [WG]
– Essen im Gefängnis [WG] ♦ **E:** süddt. *Hafen* ‚irdener Topf'.
frässe swV. [BM]
– begreifen [BM]; glauben [BM] ♦ **E:** schweizdt. *fressen* SchweizId. I 1321.
frassen swV. in: [EF]
Pudelmütz gefrassen ‚betrunken' [EF].

frau waser Phras. [LI]
frau was [KMa]
– Bier [KMa, LI] ♦ **E:** rw. *frau waser* ‚Bier', volksetymologische Entstellung „aus *färbwasser*, denn der Bierbrauer (...) heißt rw. *elementenfärber*" (WolfWR 1592).

freier Subst. m. [BJ, GM, HK, HN, JS, JeS, LüJ, MB, MM, RW, SJ, SPI, Wo]
freir [OJ]; **freyer** [HK]; **freejr** [HK]
– Mann [GM, HK, JS, JeS, MB, MM, SPI, Wo]; Kerl (abwertend) [GM, JS, LüJ, MB, MM]; Kunde [JS]; Person [MM]; Bursche [JeS]; Jüngling, unverheirateter Mann [JeS]; junger Mann [GM]; Fremder [LüJ]; freigebiger, fremder Mann [LüJ]; Kamerad [JeS, LüJ]; lediger Mann [LüJ]; Freund (einer Frau oder eines Mädchens) [JeS, LüJ, MB, MM]; Hochzeiter [BJ, OJ, SJ]; Brautwerber [LüJ]; verheirateter Herr [HK]; „einer, der auf Heirat kommt" [HK]; Bräutigam [HK]; „jemand auf Brautschau" [HK]; „Bursche, der um ein Mädchen wirbt" [HK]; Liebhaber [LüJ, MB, MM]; Zuhälter [MM]; Freier [HK, MM]; Kunde einer Dirne [BJ]; Kunde von Nutte [MB]; „Patient, der zu einer Auserwählten geht und dafür löhnt und nachgucken darf" [HN]; „Gast für Hühner" [HN]; „(sehr) guter Gast" [HN]; „Gerupfter beim Kümmelblättchen (Kartenspiel der Bauernfänger)" [RW]; Schausteller [MM]; Sendbeschicker [MM]; Losbudenbesitzer [MM]; Jahrmarktsaussteller [MM]; Verkäufer auf dem Send [MM]; „jemand, der anderen etwas weismachen will" [MM]; „Anrede von Jenischen unter sich" [JeS] ♦ **E:** rw. *freier* ‚Bauer, derjenige, der betrogen oder bestohlen werden soll, Kunde der Dirne, allgem. Fremder, Herr, Mann, Bursche' (WolfWR 1536); bes. ‚jemand, der um ein Mädchen freit' (DWB IV 107 f.; DUW 1996: 534). ♦ **V:** *schofler freier* ‚Bösewicht' [MM]; *linker freier* ‚schlechter Gast' [HN]; *grantiger freier* ‚schwer zu nehmender Gast' [HN]; *den freier le-*

dern ‚den Freier bestehlen' [StG]; *der freier hatte die ganzen fehmen voll bassels* ‚der Mann trug an beiden Händen Ringe' [MM]; *Bostet, bostet, herles im kober hauret ein dofer freier, der pfreimt grandich z'schwächet* ‚Kommt, kommt, hier im Wirtshaus ist ein freigiebiger Fremder, der bezahlt viel zum Trinken' [LüJ]; *den freier kenn ich von 'n burkbeis* ‚den Mann habe ich beim Arbeitsamt kennengelernt' [MM]; *der freier hat massel gehabt* ‚der Mann hat Glück gehabt' [MM]; *der freier hat 'n jofles romdi* ‚der Mann hat ein nettes Mädchen' [MM]; *hauret die ruchamodel ein nille? nobis, freier!* ‚Ist das Bauernmädchen ein Dummkopf? Nein, mein Freund!' [LüJ]; *hauret die ruchamodel ein nille? Nobis, freier!* ‚Ist das Bauernmädchen ein Dummkopf? Nein, mein Freund!' [LüJ]

balachesenfreier Subst. m. [MM]
– Geldeintreiber [MM]; Mann mit viel Geld [MM]; Geldfreier, Geldmann [MM]; „einer, der viel hat" [MM]; „Mann, der Geld hat" [MM]; „Mann, der mit Geld umgeht" [MM]; „einer, der mit Geld zu tun hat" [MM]

figinenfreier Subst. m. [MM]; **figinefreier** [MM]
– Angeber [MM]

gammelfreier Subst. m. [MM]
– Taugenichts [MM]

gasselfreier Subst. m. [MM]
– „einer, der sich verheiraten will" [MM]

haschfreier Subst. m. [HN]
– rauschgiftsüchtiger Gast [HN]; „einer, der die Genußfähigkeit etwas ausdehnt und statt nur Whisky auch kleine Zügler nimmt" [HN]

kalomesfreier Subst. m. [GM]
– Krachmacher [GM]

kaminefreier Subst. m. [MB]
– Angeber [MB]

kippesfreier Subst. m. [MM]
– Gehilfe (beim Verkauf) [MM]; Teilhaber [MM]; Partner [MM]; „Halbe-halbe machen nach unehrlichem Geschäft" [MM]

kulturfreier Subst. m. [MM]
– Kulturträger [MM]

lowinenfreier Subst. m. [MM]
– Biertrinker [MM]

magentefreier Subst. m. [MM]
– Angeber [MM]

masemattefreier Subst. m. [MM]; **masemattenfreier** [MB, MM]
– Händler [MB, MM]; Klinkenputzer [MM]; Hausierer [MM]; Schrotthändler, Schrotter [MB]; Sprecher [MM]; Masemattemann [MM]; „jemand, der Masematte spricht" [MM]; „jemand, der die Mundart beherrscht" [MM]; „einer, der die Sprache spricht" [MM]; „Sprachgenie Masematte" [MM]

masselfreier Subst. m. [MM]
– Glückspilz [MM]; „jemand, der Glück hat" [MM]; Schornsteinfeger [MM]

mispelfreier Subst. m. [MM]
– Polizist [MM]

nerbelofreier Subst. m. [MM]
– Verrückter [MM]; Blöder [MM]; Spinner [MM]; dummer Kerl [MM]; verrückter Mann, Kerl [MM]; „jemand, der nicht ganz richtig ist" [MM]; „Spinner, keiner für die Klapsmühle" [MM]

pernodfreier Subst. m. [HN]
– Gast, der nur Pernod trinkt [HN]

putzfreier Subst. m. [HN]
– Gast, der immer Streit sucht [HN]

politfreier Subst. m. [MM]
– Politiker [MM]

sahnefreier Subst. m. [HN]
– Schwächling [HN]; „einer, dem man in der ersten Stunde ein paar Mark abnehmen kann" [HN]; einer, der gerne gibt [HN]

schalmeienfreier Subst. m. [MM]
– Musikant [MM]

scheinfreier Subst. m. [HN]
– als Gast Getarnter (zum Zweck polizeilicher Ermittlungen) [HN]

schockfreier Subst. m. [JS, MB]; **schoggfreier** [HK]; **schobbfreier** Subst. m. [HK]
– Marktschreier, Marktmann, Marktleute, Marktfreier [HK]; Marktbezieher [HK]; „die Aussteller auf dem Markt" [HK]; „Mann von der Kirmes (der die Kundensprache spricht)" [HK]; Händler [HK]; Viehhändler [HK]; „einer, der auf den Jahrmarkt geht" [HK]; „einer, der auf dem Jahrmarkt einen Stand hat" [HK]; „die auf die Märkte reisen, auf den Jahrmärkten, wo wir auch tätig warn, als Musiker" [HK]; Schausteller (auf der „Messe") [HK, JS, MB]; Landfahrer [MB]; Kirmesmann [MB]; Mitarbeiter auf der Kirmes [MB]; Aussteller [MB]; Jahrmarktshändler [MB]; Hilfskraft [JS]; (abwertend) reisender Arbeiter [JS]; mitreisender Schaustellergehilfe [JS] ♦ V: *dat is die ische von den schockfreier* ‚das ist die Freundin des Schaustellers' [MM]; *die schockfreier mußten jofel rakawelen, wenn se wat verscherbeln wollten* ‚die Kirmesleute mußten schön reden, um etwas verkaufen zu können' [MM]

schofelfreier Subst. m. [MM]
– Mistkerl [MM]

seibelfreier Subst. m. [HN, MB]
– Spinner [HN]; Scheißkerl [MB]; mieser Mensch [MB]; „Gast, der nur redet und nichts ausgibt, an dem nichts zu verdienen ist" [HN]; jemand, der zuviel redet und/oder nicht mit den Prostituierten mitgeht [HN] ♦ **V:** *er ist dich doch ein seibelfreier* ‚er ist doch ein Scheißkerl' [MB]
stammfreier Subst. m. [HN]
– „Gast einer Prostituierten, der regelmäßig wieder kommt" [HN]
tittenfreier Subst. m. [HN]
– „Gast, der vollbusige Frauen leiden mag" [HN]
tinneffreier Subst. m. [MM]
– Marktschreier, billiger Jakob [MM]; Trödelhändler [MM]; „einer, der billige Klamotten verkauft" [MM]; „jemand, der Blödsinn erzählt" [MM]; „handelt mit wertlosem Zeug, auf dem Flohmarkt" [MM]; „erzählt nur Quatsch", Quatschkopf [MM]
freierstück Subst. n. [HN]
– große Dummheit [HN] ♦ **V:** *sich ein freierstück geleistet haben* ‚Mist gemacht haben' [HN]
frejate Subst. f. [HK]
– Brautschau [HK] ♦ **V:** *schuul, der beeker buschd auf frejate* ‚guck, der Mann geht auf Brautschau' [HK].

freisprechen swV. [RW]
– „Lehrlinge werden zu Gesellen ernannt" [RW]; „den Gesellen nach der Lehrzeit auf die Wanderschaft entlassen" [RW]; „wenn der Lehrling seine Lehrzeit beendet hat und auf Wanderschaft gehen will, wird er vorher freigesprochen" [RW] ♦ **E:** dt. *freisprechen* DWB IV 121.
freispruch Subst. m. [RW]
– „offiziell auf die Wanderschaft entlassen werden" [RW].

fremd Adj., Adv. [HLD, RW] in:
fremdmachen swV. refl. Phras. [RW]
– auf der Wanderschaft sein [RW]; auf der zünftigen Walz sein [RW]; Geselle während der Reisezeit [RW]; weiterwandern [RW]; zur Zeit außer Arbeit [RW]; arbeitslos [HLD] ♦ **E:** rw. *fremd* ‚frei, arbeitslos' (WolfWR 1543).
fremdschreiben swV. refl. Phras. [RW]
– einer Gesellenzunft beitreten [RW]; auf die zünftige Walz gehen [RW]; auf Walz gehen [RW]; losgehen auf Wanderschaft [RW]; sich einer Bruderschaft anschließen [RW]; „Handlung auf dem Handwerkssaal, wenn der Geselle verpflichtet wird, seinen Heimatort im Radius von 50km nicht zu berühren und auch die anderen Gesellenverpflichtungen einzuhalten" [RW]
fremdgeschrieben Adj., Part. Perf. [RW]
– auf der zünftigen Walz sein [RW]; Geselle während der Reisezeit [RW]
fremdgeschriebener Subst. m. [RW]
– Handwerksgeselle auf zünftiger Wanderschaft [RW]
fremdenschleuder Subst. f. [RW]
– Mietauto [RW].

frengeln swV. [MM]
– essen [MM]; schnell essen [MM] ♦ **E:** rhein. *Frängel* ‚dickes Stück Brot, Knüppel' RheinWb. II 725, westf./ugs., womgl. mit Einfluss von dt. *fretzen* ‚weiden, füttern' DWB IV 141, rhein. *frinseln*. ♦ **V:** *wir hatten als kotens kaum was zu frengeln* ‚als wir Kinder waren, hatten wir kaum etwas zu essen' [MM]; *wenne roof has, frengelste alles* ‚wenn du Hunger hast, ißt du alles' [MM]; *er wollte sich ne lowine schickern und nen toften end bezinnum frengeln* ‚er wollte ein Bier trinken und ein ordentliches Stück Wurst essen' [MM]
verfrengeln swV. [MM]
– aufessen, auffressen [MM]
frengelage Subst. f. [MM]
– Essen [MM]
frengelei Subst. f. [MM]
– Esserei [MM].

freschle ‚Monat' → *frosch*.

freßbrett Subst. n. [HN]
– Gesicht [HN]; Mund [HN] ♦ **E:** dt. *fressen* DWB IV 132 ff. und *Brett*.
freßluke Subst. f. [HN]
– Mund [HN] ♦ **E:** *Luke* DWB XII 1286 f.

frett Subst. n. [HeF, HF]
– Hebamme [HeF, HF] ♦ **E:** rhein. *Frett(chen)* ‚Hebamme, altes Weib' RheinWb. II 792.

fretz Subst. [NJ]
– Knüppel [NJ] ♦ **E:** unsicher; evtl. zu rhein. *bretzen, britzen* ‚schlagen', vgl. Windolph, Nerother Jenisch, 56; RheinWB I 992.

fretzig Adj. [LJ]
– kalt [LJ] ♦ **E:** unsicher; evtl. zu dt. *frostig* DWB IV 258 oder frz. *froid* ‚kalt'.

freudenhausbeleuchtung Subst. f. [HN]
– unzureichende Beleuchtung, schummrige Ausleuchtung [HN]

freudenhauspreise Subst. m. Pl. [HN]
– übersteigerte Preise [HN]; hohe Preise [HN]; „sehr teuer" [HN]; „wenn du irgendwo hingehst, kriegst 'nen Campari-Soda und hast nicht mal die Mutter auf dem Schoß, und das für 11 Euro" [HN] ♦ **E:** dt. *Freudenhaus* DWB IV 149.

freund Subst. m. [HN]
– Zuhälter [HN]

freundschaft Interj., Subst. f. [HN]
– mein Freund, mein Lieber! (Grußformel) [RW] ♦ **E:** dt. *Freundschaft* DWB IV 167 f.

fridadeuse Subst. f. [MM]
– Frikadelle [MM] ♦ **E:** Umbildung von *Frikadelle* (ital. *fritatella*) mit dem Movierungssuffix frz. *-euse* (wie *Friseuse, Masseuse*) in Anlehnung an RN *Frieda*; vgl. → *Frikadelle*.

friddmécher Subst. m. [WL]
– Matratze [WL] ♦ **E:** evtl. zu dt. *Friedenmacher* DWB IV 189; Tockert, Weimerskircher Jenisch, 20, ohne Herleitung.

friedhofsspargel Subst. m. [MB]
– Zigarette [MB] ♦ **E:** dt. *Friedhof* DWB IV 195 und dt. *Spargel* DWB XVI 1934 ff.

friedig Subst. m. [HF]
– Freitag [HF] ♦ **E:** rhein./kleverländisch *Fridich* ‚Freitag' (RheinWb. II 777).

friemeln swV. [MB, MM]
pfrimeln [MB]
– „kniffeln, machen" [MB, MM]; etwas Filigranes handhaben, z. B. einen Faden durch ein Nadelöhr *friemeln* [MB] ♦ **E:** dt./ugs. *pfriemeln* ‚mit den Fingerspitzen hin und her drehen, zwirbeln'.
gefriemelte Subst. f. [MM]
– (selbstgedrehte) Zigarette [MM].

frikadelle Subst. f. in:
frikadellenlouis Subst. m. [HN]
– Besitzer einer Imbißbude [HN]; Verkäufer im Imbiß [HN]
frikadellenpuff Subst. m. [HN]
– Imbißbude [HN] ♦ **E:** dt. *Frikadelle*, dissimiliert aus ital. *frittatella* ‚Gebratenes, kleiner Pfannkuchen'; vgl. → *fridadeuse*.

frinsel Subst. m. [MM]
– Verehrer [MM] ♦ **E:** unsicher; schwer zu rhein. *frinseln* ‚behaglich essen, verschnüren' RheinWb. II 815,

womgl. Umbildung von dt. *Freund*, schwer zu rw./jd. *fritzel* ‚Schlüssel, Eindringling' WolfWR 1558.

frippchen Subst. n. [JeH]
fripschen [SP]; **fripscher** Subst. m. [SP]
– Soldat [JeH, SP] ♦ **E:** rhein. *Frippchen* ‚eingebildeter Mensch, stutzerhaft gekleidet' RheinWb. II 815; evtl. aus frz. *fripier* ‚Strolch, Gauner'.

frisch Adv. [HN]
– in: *frisch sein* ‚viel Glück haben', ‚Geld haben, „nicht nur in der Tasche; sondern auch auf der Bank"' [HN] ♦ **E:** dt. *frisch* DWB IV 204 ff.

frischleng Subst. m. [OJ]; **frischling** [BJ]
– Anfänger auf der Landstraße [BJ, OJ] ♦ **E:** rw. *frischling* ‚Anfänger' WolfWR 1555, dt. *Frischling* u. a. ‚halbwüchsiges Mädchen' DWB IV 215.

fritz Subst. m. [KMa]
– schwere Schläge [KMa] ♦ **E:** wohl in Anlehnung an RN *Fritz* zu rw. *fitzer* ‚Peitsche', WolfWR 1419.

fritzchen Subst. n./m. [RW, SK]
– Preußen [RW, SK] ♦ **E:** rw. *fritzchen* ‚Preuße' (WolfWR 1556), zu RN *Friederich (der Große)*. ♦ **V:** *in dat fritzchen truppeln* ‚in die altpreußischen Gebiete gehen' [SK].

fritze Subst. [JeS]
– Zeichen [JeS]; Zinken [JeS] ♦ **E:** Kürzung aus ugs. *Friedrich Wilhelm* ‚Unterschrift', *seinen Friedrich Wilhelm unter etwas setzen*; evtl. Kontamination mit dt. *ritzen*.

fritzel Subst. m. [HeF, HF]
– Schlüssel [HeF, HF] ♦ **E:** jd. *perez* ‚Eindringen'. ♦ **V:** *zippken, Knöllen, minotes het de Fritzel van den henese Flick* ‚Ja, mein Herr, ich habe den Schlüssel zum Krämerlatein' [HeF]
klusterfritzel Subst. [HF]
– Uhrschlüssel [HF].

frosch Subst. m. [BJ, LJ, LüJ, OJ, RW]
froosch [OJ]; **frösch** [Gmü, LJ]; **freschle** Subst. Dim. [OJ]; **freschli** [SchJ]
– Monat [BJ, LJ, LüJ, OJ, RW]; 1 Monat eingesperrt [OJ]; ein Monat (im Gefängnis) [SchJ]; 3 Monate Gefängnis [BJ]; 5 Monate Arrest [Gmü] ♦ **E:** rw. *frosch* ‚Monat' < jd. *parscho, parascha* ‚Abschnitt' (WolfWR 1560, Klepsch 585), volksetymologisch assimiliert. ♦ **V:** *dribis freschla bschdiaba* ‚drei Monate Gefängnis bekommen' [SchJ]; *leck fresch am ...* ‚du kannst mich oft!' [SchJ].

frost Subst. m. [HN]
– in: *frost haben* ‚Angst haben' [HN] ♦ **E:** rw. *frost* ‚Missbehagen, Verdruss, Mangel' (WolfWR 1561), zu dt. *Frost*.
frostbeulen Subst. f. Pl. [HN]
– Angst [HN] ♦ **V:** *er hat frostbeulen* ‚er hat große Angst' [HN].
frot Subst. n. [BB]
– Dorf [BB] ♦ **E:** Inversion zu *Dorf*.
frumen swV. [Scho]
– schauen [Scho] ♦ **E:** jd. *frumen* ‚schauen' (Klepsch I 586).
frumer Subst. [Scho]
– Auge [Scho]
tollet frumer Subst. [Scho]
– Brille (4 Augen) [Scho] ♦ **E:** → *dollar*.
fuake swV. [BB]
– kaufen [BB] ♦ **E:** Inversion zu *kaufen*.
fuase swV. [BB]
– saufen [BB] ♦ **E:** Inversion zu *saufen*.
fuaserai Subst. [BB]
– Sauferei [BB]
befuasen swV. [BB]
– sich betrinken [BB]
jefuast Adv., Part. Perf. [BB]
– betrunken [BB].
fuchs[1] Subst. m. [BJ]
– Schlauer [BJ]; Meister [BJ] ♦ **E:** dt./ugs. *ein Fuchs sein* ‚raffiniert, schlau handeln', dt. *Fuchs* DWB IV 330 ff.
fuchser Subst. m. [SJ]; **fuggsr** [OJ]; **fuxer** [SJ]
– Lehrer [SJ]; Schulmeister [SJ]; Meister [OJ]; Schlauer [OJ] ♦ **E:** SchwäbWb. II 1809 (*Fuchser* ‚Quälgeist').
fuchs[2] Subst. m.; Subst. n. [EF, HLD, KJ, LüJ]
fuks [StJ]
– Geld, Gold [StJ]; Goldstück [EF, HLD]; 10 Markstück [EF] ♦ **E:** rw. *fuchs* ‚Gold(stück), Geld' aufgrund der farblichen Gemeinsamkeit von Kupfer(münzen), Gold und dem Fuchsfell (WolfWR 1564); vgl. Bedeutungsangabe ‚Weizen'; SchwäbWb. II 1808; RheinWb. II 857.
füchsle Subst. n. Dim. [LüJ]
– Goldstück [LüJ]; kleine Münze [LüJ]; Weizen [KJ]
fuggsig Adj. [OJ]
– golden [OJ]

fuchsen Adj. [BJ]
– golden ♦ **V:** *fuchsene schah* ‚goldene Uhr' [WG]
fuchsener Subst. m. [WG]
– Geldschrank [WG]; Kassenschrank [WG]
goldfuchs Subst. m. [SJ]
– Goldstück [SJ]
silberfuchs Subst. m. [LüJ]
– Fünfzigpfennig-Stück [LüJ]; Geldmünze [LüJ]; Fünfmarkstück [LüJ]
fuchsnetz Subst. n. [HLD]
– Geldbeutel [HLD].
fuchslungensaft Subst. m. [MB]
– Korn (Schnaps) [MB] ♦ **E:** wohl zu rw. *fuchs* ‚Brand' (WolfWR 1568), *fuchsbjjaingorgel* ‚Branntweinbrenner'.
fuchszgr Subst. m. in: [OJ]
a lenggr fuchzgr ‚Falschspieler' [OJ] ♦ **E:** schwäb. *fuchzg* ‚fünfzig', *linker* Fünfziger; vgl. ugs. *falscher Fünfziger*.
fucken ‚gehen, kommen' → *focken*[2].
fuckern swV. [HK]
fockern [BO, HK]
– auf der Straße spielen, Straßenmusik machen [HK]; musizieren in den umliegenden Ortschaften, in der Umgebung [HK]; Musik machen auf Hinterhöfen [HK]; Geld sammeln [HK]; einsammeln [BO]; auf der Straße Geld sammeln [HK]; auf der Straße singen [HK]; auf der Straße spielen und mit dem Hut rumgehen [HK]; durch die Straße ziehen [HK]; von Haus zu Haus gehen und Geld sammeln [HK]; Blechmusik oder Drehorgel auf der Straße spielen [HK]; von Haus zu Haus spielen [HK]; Geld wechseln [HK]; betteln [HK] ♦ **E:** dt. *fuckern* „betrug machen, besonders im spiel, im handel, handelschaft treiben, tauschen, schachern" (DWB IV 362); vgl. → *fuggern*. ♦ **V:** *wir schlehnen jetzt fockern in die winde* ‚wir gehen jetzt in das Haus und machen Musik' [HK]
langfuckern swV. [HK]
– als Straßenmusikant Häuser und Straßen entlanggehen [HK]
rumfuckern swV. [HK]
– hier und da aufspielen [HK] ♦ **V:** *der hat jepfleppt und hat rumjefuckert* ‚er hat abkassiert und aufgespielt' [HK]
umherfuckern swV. [HK]
– Geld sammeln [HK]

zusammenfuckern swV. [HK]
– zusammenspielen [HK] ♦ **V:** *die ham sich ganze kandchen zusammengefuckert* ‚die haben sich ganze Häuser zusammengespielt' [HK]
fuckerbeeker ‚Straßenmusiker' [HK] → *beeker.*
fuckermulte ‚Geldtasche' [HK] → *multe.*
fouckerreise Subst. f. [HK]
– Fahrt über die nächsten, umliegenden Dörfer [HK]
fuckertour Subst. f. [HK]
– auf der Straße Musik machen und Geld sammeln [HK]
fuckerant Subst. m. [HK]
– Straßenmusikant [HK]; Blechmusikant auf der Straße [HK]; Straßenwandermusiker [HK]; „die auf der Straße fuckern" [HK]; „derjenige, der in umliegenden Orten musiziert" [HK]; „der mit Musik auf die Straße geht, der fuckert" [HK]; „der auf der Straße musiziert oder bettelt" [HK]; „einer, der auf Jahrmärkten spielt und den Hut hinlegt" [HK]; „der hat jepfleppt und hat rumjefuckert" [HK]
fuckerei Subst. f. [HK]
– Musik [HK]; Straßenmusik [HK]; Musikkreise [HK]; Spielerei [HK]; Musizieren in umliegenden Orten [HK]; „auf den Orten von Haus zu Haus ziehen" [HK]; „auf der Straße spielen, musizieren, nicht in Gaststätten" [HK]; „Straßenmusikanten, die Häuser und Straßen langfuckern" [HK]; Geld sammeln [HK]; Sammelei [HK]; Kassieren [HK]
gefuckere Subst. n. [HK]
– Musizieren auf der Straße [HK].

fücklete ‚Schnaps' → *finkeln.*

fud ‚Vulva' → *futt.*

fude Subst. f. [BM]
– Gesäß [BM] ♦ **E:** zu schweizdt. *Fude, Füdli* ‚Hintern' (SchweizId. III 1023).
füdlewüsch Subst. m. [BM]
– Toilettenpapier [BM] ♦ **E:** schweizdt. *Wüsch* ‚Büschel, Besen, Schriftstück' SchweizId. XVI 218.

fuegeli Subst. n. [BM]
– Käfer [BM]; Ungeziefer [BM] ♦ **E:** SchweizId. I 692 (*Vögelein*, auch zur Bez. von geflügelten Insekten).

füessle swV. [BM]
– gehen [BM] ♦ **E:** dt. *füßeln*, zu *Fuß* DWB IV 964 ff.

fuffi Subst. m. [RW]
– fünfzig DM [RW] ♦ **E:** Kürzung zu dt. *fuffzig, fünfzig* DWB IV 586 ff.

fuge Subst. f. [MM]
– Vagina [MM]; Nische [MM]; Gefängnis, Zuchthaus [MM] ♦ **E:** dt. *Fuge* u. a. „längliche vertiefung, kerbe, rinne oder riefe, in welche ein anderer als theil eingelassen und so mit jenem verbunden wird" DWB IV 378 ff.; wohl nicht zu roi. *fuga* ‚Flucht' (WolfWZ 803), da *fuga* nur im Vlax vorkommt (Rumänisch), nicht im Sintes.
fugenmalocher Subst. m. [MM]
– Maurer [MM]; Fuger [MM]; Ersatzmann [MM]
fuge swV. [BM]
– tragen [BM]; schwer arbeiten [BM].

fugge Subst. Pl. [CL]
– Unsinn [CL] ♦ **E:** pfälz. *Fucken* ‚unsinniges Zeug, versteckte Unarten, Hinterlist, Grillen, Launen' (PfälzWb. II 1630, SüdhessWb. II 989, RheinWb. II 865/66); vgl. → *fuuge.*

fuggern swV. [SPI, TK]
fuggæræ [LüJ, WJ]; **fuggen** [SPI, SS]
– handeln [LüJ, WJ]; hausieren [TK]; betteln [SS]; etwas erbetteln [SPI, SS]; zechprellen [SS] ♦ **E:** dt. *fuggern* ‚Tauschhandel treiben' DWB IV 395, nach FN *Fugger*, oder zu westf. *fuggen* ‚betteln', Woeste, 311.

fugi Subst. [BM]
– Bonbon [BM] ♦ **E:** unklar; evtl. zu engl. *fugee* ‚Flüchtling'.

fuhl Subst. m. [GM]
– Gesäß [GM]; Hintern [GM] ♦ **E:** Entstellung aus *buhl;* rw. *puhl* ‚After' (WolfWR 4384) < roi. *bul* ‚Gesäß', ‚Steiß', ‚Hintern', ‚Arsch' (WolfWZ 395).

führ Subst. m. [HeF, HF]
– Spion [HeF, HF] ♦ **E:** rhein./mdal. *Für* ‚Marder', aus lat. *furio* ‚Dieb, Marder'.

führen swV. in:
vorführen swV. [HN]
– linken [HN]; verarschen [HN]; betrügen [HN]; eine Frau oder ein Mädchen mit aufs Zimmer nehmen [HN] ♦ **E:** dt. *führen* DWB IV 430 ff. ♦ **V:** *bin vorgeführt worden* ‚bin betrogen worden' [HN].

fuhrendei Subst. f. in: [SK]
fuhrendei olmersche alte Frau [SK] ♦ **E:** roi. *phuri dai* ‚alte Mutter', ‚Stammesmutter' (WolfWZ 2635); → *olmisch* ‚alt' (unter → *olem*).

ful Subst. m./n. [LüJ, MB, MUJ]
fuhl [GM, LüJ, MB, ME]; **fool** [ME]; **vulo** [JSW]; **vul** [ME]; **fuhle** [MB]; **fulen** [LüJ]

– Exkrement [GM]; Kot [GM, LüJ]; Stuhl (Exkremente) [LüJ]; Stuhlgang [LüJ]; Kacke [LüJ]; Dreck [GM, LüJ, MUJ]; Scheiße [GM, LüJ, MB, ME]; Sch..ßdreck [LüJ]; Unrat [GM]; Schrott [GM]; Mist [LüJ, MB, ME]; Blödsinn [ME]; Müll [ME]; das Ungute [MB]; „was keinen Wert hat" [LüJ] ♦ E: rw. *fu(h)l* ‚Kot, Mist, Dreck' (WolfWR 1570) < roi. *ful* ‚Kot, Mist, Dung, Exkrement, Dreck' (WolfWZ 806). ♦ V: *einen fuhl pflanzen* ‚Mist bauen, Scheiße machen/bauen, etwas Mißlungenes produzieren, etwas Blödes tun, Unfug anrichten, Stuhlgang machen' [LüJ]

fulen swV. [JSW, LüJ]; **fuhlen** [GM, ME]; **fuhla** [LüJ]; **fula** [LüJ]; **pfuhlà** [LüJ]; **fileⁿ** [LüJ]; **vulen** [JSW]
– Stuhlgang haben [JSW]; cacare [LüJ]; scheißen [GM, JSW, LüJ, ME]; kacken [LüJ]; „bamben" [LüJ]

anfulen swV. [ME]
– anscheißen (met.), jmd. anzeigen [ME] ♦ E: rw. *fule (n)* ‚Notdurft verrichten' (WolfWR 1570) < roi. *fuhlen* ‚kacken, (be)scheißen' (WolfWZ 806).

fuhl Adj. [MB]; **ful** [MB]; **fulo** [MB]
– schlecht [MB]; nicht gut [MB]; link [MB]; blöd [MB] ♦ V: *ihne fährt aber 'n fuhles wodi* ‚er fährt aber ein schlechtes Auto' [MB]; *fulo sein* ‚fies drauf sein, scheiße drauf sein' [MB]; *fuhler gannef* ‚ein blöder Angeber' [MB]; *hier kandelt es aber fuhl* ‚hier riecht es aber schlecht' [MB]

gefuhlt Adj., Adv. [ME]
– angeschissen [ME]; scheiße [ME]

fulebasko Adj., Adv. [MB]
– schlecht [MB]

fulebasko Subst. m. [MB]
– Scheißtag [MB]

buxenfuhler Subst. m. [LüJ]
– Hosenscheißer [LüJ]

fulekehr Subst. m. [LüJ]; **fulkär** [JSW]
– Toilette [LüJ]; Scheißhaus [LüJ]

fuhlkitt Subst. f. [LüJ]; **filkitt** [LüJ]
– Toilette, Klo, Klosett, WC [LüJ]; Abtritt [LüJ]; Abort [LüJ]; Scheißhaus [LüJ]

fulnolle Subst. f. [LüJ]
– Nachttopf [LüJ]

fulokei Subst. m. [MB]
– männlicher Fiesling [MB].

fuleme Subst. m. [StJ]
– Stotzheimer [StJ]; Stotzheimer Hausierer [StJ] ♦ E: vgl. RheinWb. II 885, Honnen, Geheimsprachen Rheinland, 132.

füllen in: [HN]
gefüllt Adj., Part. Perf.
– reich; viel Geld ♦ E: dt. *gefüllt* ‚angefüllt (mit Geld)' DWB IV 896 ff.

fülli Subst. f. [JeS]
– Unterkunft [JeS]; Nachtquartier [JeS] ♦ E: zu ital. *villa* ‚Landhaus'.

fummel Subst. m. [HN, MM]
– (abgetragenes) Kleidungsstück [MM]; Kleid [HN] ♦ E: ugs. *Fummel* ‚abgetragenes Kleid' (Kü 1987: 260); rw. *fummel* ‚liederliches Weib' (WolfWR 1578); nd. *fummel* ‚abgetragenes Kleidungsstück' früher auch ‚modisches Kleid im Ggs. zur Tracht' (HWB II 208 f.).

glitzerfummel Subst. m. [MM]
– Galaanzug [MM]; festliches Kleid [MM]

fummeltante Subst. f. [HN]
– „einer, der sich als Weib, in Weiberklamotten abgibt" [HN]; „Homosexueller, der im Stripteaselokal auftritt oder animiert" [HN].

fummeln swV. [EF]
fummele [CL]; **fummle** [BM]; **fommeln** [EF]; **fumle** [BM]
– reinigen [CL]; bearbeiten [BM]; Stiefel putzen, Knöpfe putzen [BM, EF] ♦ E: zu dt. *fummeln* ‚reibend bearbeiten, herumhantieren' DWB IV 526 f.; PfälzWb. II 1640, SüdhessWb. II 1002, RheinWb. II 888, SAA 70, ElsWb. I 1116 f., BadWb. II 251; vgl. rw. *fummeln* ‚onanieren, koitieren' WolfWR 1578.

fumperd Subst. m. [HK]
fumpert [HK]; **bfumferd** [HK]
– Nase [HK]; dicke Nase [HK]; Alkoholikernase [HK] ♦ E: thür. *pfumpf, pfumpfer* ‚Nase' (ThürWb. IV 1164), mit rotwelschtypischem Suffix *-hart*.

fune swV. [JeS]
– brennen [JeS]; anzünden [JeS] ♦ E: zu schweizdt. *Funke* ‚Feuer, Fackel' SchweizId. I 869; wohl nicht zu lat. *fornax* ‚Ofen' oder lat. *fenum* ‚Heu'; vgl. → *funi*.

funeli Subst. n. [BM]
– Streichhölzchen [BM].

fünfler Subst. m. [BJ]
– Falschspieler [BJ] ♦ E: WolfWR 1579; zu dt. *fünf* DWB IV 548 ff.; *Fünfer* bes. ‚Sieggroschen', auch „ein lümmel, auch bauernfünfer, wol ursprünglich ein mehr als vierschrötiger mensch".

füngger Subst. m. [BM]
– 5 Centimes [BM] ♦ E: zu → *fune* oder dt. *fünf*.

funghi di latschi Subst. m., Phras. [RW]
- Fußpilz [RW] ♦ **E:** ital. *funghi* 'Pilz' und dt. *latschen* 'langsam schleppend gehen' (Klu. 1999: 505).

funi Subst. f./m. [BM, JeS, TK]
- Feuer [JeS]; Schnaps [JeS, TK]; Licht [JeS]; Zündholz [BM] ♦ **E:** wohl zu → *Fune*, schwer zu lat. (*spiritus*) *vini* 'Weingeist'.

funigaaschi Subst. n. [JeS]
- Feuerwehr

funisoori Subst. m. [JeS]
- Feuerzeug

afunele swV. [BM]
- anzünden [BM].

funk Subst. n./m. [Him, JeS, KJ, LJ, LoJ, MUJ, SchJ, TJ, TK, WJ]
fonk [LüJ]; **funken** [TK]; **funga** [RR]
- Feuer [JeS, KJ, LJ, LoJ, MUJ, SchJ, TJ, TK, WJ]; Feuerzeug [JeS, TK]; Streichholz [JeS]; Licht [Him, LJ, LoJ, MUJ, RR, SchJ, TJ, TK, WJ]; Brennen [WJ] ♦ **E:** rw. *funk* 'Licht, Zündholz' (WolfWR 1581, Klepsch 588); dt. *funken* u. a. 'glänzen' (DWB IV 607 f.). ♦ **V:** *en funk pflanza* 'Feuer machen' [LJ]; *en funk stecka* 'Feuer geben' [Him, LJ, LüJ, Mat, TJ]

funkerle Subst. n. Dim. [TK]; **funkerl** [CL]; **funkerln** Pl. [TK]; **funkerlæ** [WJ]; **fünkeler** [MeJ, SG]; **fonggrle** [OJ]
- kleines Feuer [OJ]; Feuer [CL, TK]; Zündholz [Him, LüJ, Mat, OJ, TJ, WJ]; Streichhölzer [WJ]; Feuerzeug [TJ]; Schnaps [MeJ]; Zigarre [SG] ♦ **V:** *pflanz', doge mir ein funkerle zum toberich anfunken* 'Mach, gib mir ein Streichholz zum Anzünden der Pfeife.' [LüJ]

funker Subst. m. [HK, TJ]
- Ofen [TJ]; Feuer [HK]

funkes Subst. n. [JSa]; **fonkes** [WL]
- Feuer [JSa, WL]

funkert Subst. m. (BJ, CL.LüJ, HK, JSa, JeH, LI, LL, LoJ, LüJ, MeJ, NJ, NrJ, PfJ, PH, SE, SK, SS, WH); **fungkert** [NrJ, SP]; **fonkert** [HeF, HF, WL]; **vonket** [KM]; **funkerd** [HK]
- Feuer [BJ, CL, HK, JSa, JeH, LI, LJ, LL, LoJ, LüJ, MeJ, MUJ, NJ, NrJ, PfJ, SE, SK, SP, SS, TJ, WH, WL]; kleines Feuer [BJ]; Kerzenlicht [LJ]; Licht [LJ, LoJ, LüJ, MUJ, PfJ, SchJ, TJ]; Ofen [HeF, HF]; Kerze [SchJ]; Feuerzeug [CL, LüJ, PH, SchJ]; kleines Feuerzeug [LüJ]; Zündholz [BJ, CL, LüJ, PfJ]; Streichholz [LüJ, PfJ]; Flamme [HK]; Bäcker [KM] ♦ **V:** *wir bosseln ein Funkert* 'wir machen ein Feuer' [NJ]; *hockst du funkert?* 'Hast du Feuer?' [NJ]; *stogg mer gewand Fonggerd!* 'Gib mir Feuer!' [JSa]; *Zinotesem Bott huckt op te Fonkert* 'Dein Essen steht auf dem Ofen' [HeF]; *foawer mal ein bißchen funkerd* 'mach mal ein bißchen Feuer' [HK]

funken swV. [BJ, Him, JSa, LüJ, NJ, PfJ, SE, SPI, TJ, TK, Zi]; **funke** [JeS, MeJ, PH]; **feuern** [SPI]; **fungan** [LoJ]; **fungken** [NrJ]; **fonke** [JS, LüJ]; **fongke** [StJ]; **vongke** [KM]; **fongga** [OJ]; **fone** [MJ]
- brennen [BJ, Him, JeS, KM, LüJ, MJ, OJ, PfJ, PH, TJ, TK, Zi]; blitzen [BJ, OJ]; kochen [JS, JSa, LoJ, MeJ, NJ, NrJ, SE, SP, StJ]; jdn. hinausfeuern [SPI]; feuern [MJ]; sieden [MeJ] ♦ **V:** *schnall funken* 'Suppe kochen' [NJ]; *bossert funken* 'Fleisch kochen' [NJ]; *fongga schnell* 'Blitz' [OJ]; *Esch mos noch fongke joon* 'Ich muss noch kochen gehen' [StJ]; *Die Mos hat jefugkt* 'Die Frau hat gekocht' [NrJ]; *herles, meine mampfete funkt, schniffse zum anfunken* 'hier, meine Zigarre brennt, nimm diese zum Anzünden' [LüJ]; *ming moß fonkt matrele en bosert ob et hetzdenkelche* 'meine Frau kocht Kartoffeln und Fleisch auf dem Herd' [JS]; *aich gehe an de schursch für äppes zu funken* 'Ich gehe in den Wagen, um etwas zu kochen' [SE]

abfunken swV. [LüJ, PfJ]; **abfunke** [JeS]
- abbrennen [JeS, LüJ, PfJ]

anfunken swV. [HK, LJ, LüJ, TJ]; **anfonke** [LüJ]
- anzünden [LJ, TJ]; Feuer machen [LüJ]; anbrennen [LüJ]; angucken [HK] ♦ **V:** *Pflanz, doge mir ein funkerle zum toberich anfunken.- Herles, meine mapfete funkt, schniffse zum anfunken.* 'Mach', gib mir ein Streichholz zum Anzünden der Pfeife.- Hier meine Zigarre brennt, nimm diese zum Anzünden.' [LüJ]

verfunken swV. [JeS, LüJ, PfJ]; **vofonken** [LüJ]
- brennen [KM]; verbrennen [JeS, KM, LüJ, PfJ]

funkeln swV. [RW, SK]; **fünkeln** [KMa, OH]
- heizen [SK]; kochen [KMa, OH, SK, SS, WH]; braten [RW]

funkern swV. [HK, MeT, SK]; **fungkern** [SP]; **funkere** [NJ]; **fünkern** [SPI, SS, WH]
- kochen [NJ, SP, SS, WH]; heizen [SK]; brennen [MeT, SPI]; Feuer machen [HK]; feuern [HK]; „mit den Augen" [HK]

funkerle swV. [LüJ]; **fönkele** [JS]
- Feuer machen [HK, JS]; zündeln [LüJ]; mit Feuer spielen [LüJ]

funkejörgle swV. [PfJ]
- Feuer machen [PfJ]

gfunkl Subst. n. [Scho]
- Licht [Scho]

gefunkelt Adj., Part. Perf. [BJ]; **gfonggled** [OJ]
- leuchtend [BJ, OJ]; glitzrig [BJ, OJ]

gfunkter Subst. m. [TJ]; **gfunkata** [LoJ]; **gefunkelter** Subst. m. [JSW, NJ]
– Schnaps [JSW, LoJ, NJ, TJ]
vongketeräi Subst. f. [KM]; **vongketeräie** [KM]
– Bäckerei [KM]
funkelei Subst. f. [SK]
– Zündeln, Feuermachen [SK]
fünkelbajes Subst. n. [KMa]
– Feuer [SK]; Küche [KMa, SK]
fonkeblag Subst. m. [HF]
– Feuerwehrmann [HF]
fonkenbühl Subst. [HF]
– Weihrauchfaß [HF]
funkfetzer Subst. m. [LJ, SchJ, Scho]; **funkenfetzer** [LJ]
– Schmied [LJ, SchJ, Scho]
funkenstieber Subst. m. [HK]
– Schmied [HK]; Schornsteinfeger [HK] ♦ E: rw. *funkenstieber* ,Schmied' (WolfWR 1583).
funkersfinniche Subst. m./n. [SK]
– Streichholz [SK]
fonkeknucker Subst. m. [HeF, HF]
– Feuerstahl [HeF, HF]
funkknüppler Subst. m. [BJ]; **fonggagnibblr** [OJ]
– Schmied [BJ, OJ]
fonkemopp Subst. m. [HF]
– Feuerstein [HF]
funkplatz Subst. m. [LoJ]
– Freilager [LoJ]
fonkepley Subst. [HeF, HF]
– Feuerschwamm [HeF, HF]; Schwamm [HF]
funkschneller Subst. m. [BJ]
– Blitz [BJ]
fonkeschütt Subst. m. [HF]
– Funkenwagen [HF]; Eisenbahn [HF]; Dampfwagen [HF]
fonkertstinnes Subst. m. [HF]; **fonkertstines** [HF]; **fonkestinnes** Subst. m. [HF]
– Stocheisen (Schürhaken) [HF]; Kerze [HF]
funkstangerl Subst. n. Dim. [LoJ]
– Streichholz [LoJ]
funkspraus Subst. m. [DG, LüJ]; **fonksprauß** [LüJ]
– Zündholz [DG, LJ]; Brennholz [LüJ]; brennendes Holz [LüJ]; Feuerholz [LüJ]
funkspreisle Subst. n. Dim. [LüJ]
– Zündholz, Streichholz [LüJ]; Feuerholz [LüJ]; Anfeuerholz [LüJ]
fonkdenkelche Subst. n. Dim. [JS]
– Kochgerät [JS]; Topf [JS]; Ofen [JS]

funks Subst. m. [MeT]; **funksen** [MeT]
– Schnaps [MeT]
fitsefunken Subst. m. Pl. [MeT]; **fitsefunksen** [MeT]
– Branntwein [MeT]; Perlwein, Sekt [MeT] ♦ E: → *fietz*; evtl. Einfluss von nd./westf. *fist* ,dick, fett' (WestfWb. II: 708); nicht zu engl. *fit* ,geeignet, passend', frz. *fait* ,gemacht' u. a., Siewert, Humpisch, 68.
funkerei Subst. f. [PfJ]
– Bäckerei [PfJ]
funlinger Subst. m. [JeS]
– Brandstifter [JeS]
funkig Adj. [JSa]
– warm [JSa]; heiß [JSa]
gefünkelt Adj., Part. Perf. [KMa]; **gefunkt** Adj., Part. Perf. [KMa]; **gefünkt** [OH]
– gekocht [KMa, OH].

funke Subst. m. [MeT, MT]
– Kaiser [MeT, MT]; König [MeT, MT] ♦ E: rw., evtl. Nebenform zu rw. *finke, pink* ,Mannsperson', zu dt./mdal. *pink* ,Penis' WolfWR 1582 und 4198; oder zu dt. *Funke* ,Leuchte', auch ,Schelm, Stadtsoldat' DWB IV 593 ff.

funkeleflausele swV. [CL]
– anschwindeln [CL]; sich ausreden [CL] ♦ E: PfälzWb. II 1643 *Funkelfausen:* ,Ausflüchte, Schwindel, Unsinn' (SüdhessWb. II 1000, RheinWb. II 899).

fünkern swV. [SS]
– jemanden hinausweisen [SS] ♦ E: zu dt./ugs. *feuern* ,hinauswerfen'.

funkn haüsla Phras. [PM]
– Haus vom bekanntesten Schönthaler Kapellenmeister Michael Funk [PM]. ♦ E: FN *Funk*.

funz¹ Subst. f. [EF]
– Lampe [EF]; Licht [EF]
funzel Subst. f. [BJ, HN, RR]; **funsel** [CL, NJ]; **funssel** [CL]; **fonzl** [OJ]
– Lampe [NJ]; Licht [CL, NJ, RR]; Leuchte [RR]; trübe Lampe [BJ, OJ]; schwache Lampe [HN]; Taschenlampe [HN]; Mond [OJ] ♦ E: rw. *funzel* ,kleine, trüb brennende Lampe' (WolfWR 1586), zu fnhd. *voncksel* ,Zündstoff, Zunder'; ugs. und mdal. im Deutschen weit verbreitet. ♦ V: *die funzel glüht* ,pralle Erektion; schnelles Sex-Geschäft' [HN].
funzelbeleuchtung Subst. f. [HN]
– schlechte Beleuchtung [HN].

funz² Subst. m. [EF]
- Schuhmacher [EF] ♦ **E:** wohl zu dt. (ant.) *Fanz* ‚Schuhmacher' (Eulenspiegel 1519) DWB III 1320 f.; Wolf, Fatzersprache, 118: evtl. metonymische Übertragung von *funzel* ‚Schusterlampe' auf den Handwerker.

fur Subst. f. [SJ]
für [SJ]
- Waren [SJ] ♦ **E:** rw. *fur* ‚Waren' (WolfWR 1587), evtl. zu roi. *fōro* ‚Markt' oder dt. *Fuhre* ‚Wagenladung'.

fürchten¹ Adj. [BJ]
- groß [BJ]; stark [BJ] ♦ **E:** unsicher; evtl. zu rw. *führ*, aus ndl. *fier* ‚kühn, stolz' WolfWR 1571.

fürchten² swV. [BJ]
- waschen [BJ]; abwaschen [BJ] ♦ **E:** unsicher; evtl. zu rw./roi. *fuhr* ‚Kleid, Gewand' WolfWR 1572.

furde Subst. f./n. [SK]
- Wind [SK] ♦ **E:** roi. *phurd* ‚blasen' (WolfWZ 2633).
♦ **V:** *'ne granniche furde* ‚starker Wind' [SK]
furdepasko Subst. [SK]
- Flöte [SK] ♦ **E:** roi. *phurdepaskeri* ‚Pfeife, Trompete' (WolfWZ 2633).

fürflamm Subst. [LüJ]
firflam [SE]
- Schurz [LüJ]; Schürze [SE] ♦ **E:** mdal. *für-* ‚vor-' und dt. *Flamme*; vgl. schwäb. *Fürfleck, Fürtuch* ‚Schurz, Schürze'. Benennungsmotiv: Schutz vor Schmutz, Funken [Flammen]. ♦ **V:** *schefften deine buxen schundich, kaffer? nobis, moß! dein fürflamm, moß? nobis, kaffer!* ‚Sind deine Hosen schmutzig, Mann? Nein, Frau! Dein Schurz, Frau? Nein, Mann!' [LüJ].

fursched Subst. f. [OJ]
furschett [BJ, LüJ, SPI]; **furschet** [SPI]; **fuschet** [SE]; **fuschert** [SE]
- Gabel [OJ, LüJ, BJ, SPI, SE] ♦ **E:** zu roi. *forscheta* ‚Gabel' (WolfWZ 778) oder frz. *fourchette*.

fürscheiben Subst. f. Pl. [PfJ]
fürscheim [PfJ]; **fürscheiling** Subst. m. [PfJ]; **fürscheinling** [PfJ]
- Brille [PfJ] ♦ **E:** mdal. *für-* ‚vor-' und dt. *Scheibe* DWB XIV 2385 ff.

furzemagores Subst. Pl. [CL]
- für nichts und wieder nichts [CL] ♦ **E:** Bildung zu pfälz. *fitzekapores, futzekapores* (PfälzWb. II 1409, 1663) unter Anlehnung an dt. *Furz* DWB IV 950 ff.

fusch Subst. m. [KJ]
- Fisch [KJ] ♦ **E:** vokalvariierende Bildung zu dt. *Fisch* DWB III 1679 ff.

fusel¹ Subst. m. [KP]
- Köcher für den Wetzstein [KP] ♦ **E:** rw. *fusel* ‚Köcher des Wetzsteins', zu dt. *fuseln* ‚hin und her bewegen' (WolfWR 1596).

fusel² Subst. m. [HN, MM, OJ, SS, WG]
fuusl [OJ]; **fussel** [MB, SS]; **fusel** [BJ]; **fisel** [SG]; **fiusel** [SG]
- schlechtes (alkoholisches) Getränk [BJ, OJ]; schlechter Schnaps [HN, MM]; Alkohol [MM]; Korn, Schnaps [MB, MM, SG, SS, WG]; selbst gebrannter Schnaps [HN] ♦ **E:** rw. *fusel* ‚schlechter Schnaps' (WolfWR 1597), zu dt./nd. *fusel* ‚schlechter Branntwein'.

fuselbeis Subst. m./n. [MM]
- Wirtshaus, Gastwirtschaft [MM]; Schnapskneipe [MM]; Schnapshaus [MM]; Schnapswirtschaft [MM]; „Kneipe, wo Schnaps und Bier getrunken wird" [MM]; Schnapsladen [MM]; Kneipe [MM]; kleine Gaststätte [MM]

fuselpulle Subst. f. [MM]
- Schnapsflasche [MM].

fuß Subst. m. in:
fußlappen Subst. m. [RW]
- Weißkohl [RW]; Kohl [RW] ♦ **E:** rw. *fußlappen* ‚(gekochter) Weißkohl' (WolfWR 1599).

fußlatscher Subst. m. [RW]
- Polizist, Gendarm, der zu Fuß unterwegs ist [RW] ♦ **E:** rw. *fußlatscher* ‚Gendarm zu Fuß' (WolfWR 1600); zu dt. *latschen* ‚gehen' (DWB XII 278).

fussen swV. [GM]
fußen [KMa, OH]
- alle Arten des Gehens, bes. beschleunigt gehen [GM]; laufen [GM, KMa, OH]; eilen [GM]; rennen [GM]; gehen [KMa, OH] ♦ **E:** dt. *fuszen* „zu Fuße sich fortbewegen, zu Fuße gehen, behend gehen, eilen im Gehen" (DWB IV 1020).

ballefusser Subst. m. [GM]
- Friseur [GM] ♦ **E:** → *bal²*.

plattfussen swV. [JeH]
- tanzen [JeH].

futere swV. [BM]
- aufbegehren [BM] ♦ **E:** SchweizId. I 1135 (*futteren* ‚schimpfen, poltern, zürnen').

futt Subst. f. [MM, SJ]
fut [MB, WG]; **fud** [OJ, RR]
– Vagina [MB, MM, WG]; Vulva [OJ, SJ]; weibliche Schamgegend [RR]; Hintern [MM]; Frau [MM]; Frau (abwertend) [MB]; Mädchen [MM]; Prostituierte (als Schimpfwort) [WG] ♦ **E:** dt. *fut* ‚Vulva' DWB IV 1060 ff., ältere Form von *Fotze* (WolfWR 1603 und 1521). ♦ **V:** *is dat deine ische? laß mich mit die futt ma scherbeln* ‚Ist das deine Freundin? Laß mich mit dem Mädchen einmal tanzen' [MM]; *bist du der sejes von die schei? laß mich mit die fut mal schermeln* ‚bist du der Kerl von der Frau? Laß mich mal mit der Frau tanzen' [MB]

futlapperln Subst. Pl. [WG]
– Schamlippen [WG] ♦ **V:** *mit den Futlapperln einen Tango patschen* ‚sich sexuell als Frau für einen Mann interessieren' [WG]

futschlecker Subst. m. [WG]
– minderwertiger Mensch [WG]

futtfegen swV. [MM]
– rührig sein [MM]; Unruhe verbreiten [MM] ♦ **V:** *die alsche war im beis am futtfegen* ‚die Frau wirbelte im Haus herum' [MM]

futtfeger Subst. m. [MM]
– geschäftige Frau [MM] ♦ **E:** rw. *feger* ‚kräftige, stämmige Weibsperson' (WolfWR 1315).

futtfinger Subst. m. [MM]
– Stinkefinger [MM]; dreckiger Finger [MM]

futtefinniche Subst. f. [SK]
– Bett [SK].

futterluke Subst. f. [SG]
– Mund [SG] ♦ **E:** dt. *Futter* und *Luke* DWB XII 1286 f.

futte-schutte Phras., Interj. [SK]
– guten Morgen! ♦ **E:** unsicher; vgl. *schutto-schutto* ‚guten Morgen'; evtl. zu roi. *Schut* ‚Essig', vgl. ugs. *im Essig liegen* ‚verkatert sein'.

futze swV. [BM]
– springen [BM] ♦ **E:** SchweizId. V 1210 (*pfutze, pfütze* ‚sich schnell bewegen').

futze kappore! Phras., Interj. [SS]
– pfui Teufel! [SS] ♦ **E:** zu jd. *fuze kappore* „Fluchwort, Ausdruck des Abscheus oder Ekels" (WolfWR 1607, WolfWJ 112 f.).

fuu Adv. [BB]
– auf [BB] ♦ **E:** Inversion von mdal. *uf* ‚auf'.

fuuge Subst. [BM]
– Flausen [BM] ♦ **E:** SchweizId. I 699 (*Fügen* ‚Sprünge, Ränke, Späße'); vgl. → *fugge*.

fydu Subst. m. [BM]
– Hund [BM] ♦ **E:** schweizdt. *Fido* ‚Name für kleinere Hunde' < ital. *fido* ‚treu' (SchweizId. I 681).

fyge Subst. f. [BM]
– Gesicht [BM] ♦ **E:** unsicher; evtl. zu dt. *Fuge* „enge verbindung zweier aneinander passender theile" DWB IV 378.

G

gää Adj. [OJ]
– übergroß [OJ] ♦ **V:** *da gääa (koldr) schiaba* ‚übergroßen Hunger haben' [OJ] ♦ **E:** SchwäbWb. III 18 (*gäh* ‚jäh, plötzlich, stark').

gaab Subst. n. [CL, JSa, LL, LüJ, WJ]
gab Subst. m. [GM, JS, JSW, JSa, LüJ, MUJ, PH]
– Dorf [CL, GM, JS, JSW, LL, MUJ, PH, WJ] ♦ **E:** roi. *gab, gaw* ‚Dorf' (WolfWZ 821), evtl. mit Einfluss von rw. *gabal* ‚Stadt' WolfWR 1608. ♦ **V:** *großes gaab* ‚Rußland' [WJ, LüJ]; *Liebe tschai, komme morgen in das große gab, habe große bauser* ‚Meine liebe Frau, ich muß morgen nach Rußland, habe große Angst.' Aus dem Abschiedsbrief eines nach Rußland eingezogenen Händlers im 2. Weltkrieg an seine Frau in Wildenstein [WJ].

gaadsch ‚Mann' → *gatsch*.

gaag Subst. m. [BM]
gwaag Subst. m. [BM]
– Dummkopf [BM] ♦ **E:** schweizdt. *Gagel*, verächtlich: ‚Kind, nicht ausgewachsener Mensch' SchweizId. II 139.

gaahl Adj. [EF]
– gelb [EF] ♦ **E:** mdal. *gelb* DWB V 2878 ff. und dt. *Stöcklein*. ♦ **V:** *gaahls stackele* ‚Zigarre' [EF].

gaal Adj. [WJ]
– gut [WJ] ♦ **E:** unsicher; evtl. zu dt. *geil* oder *gelb* u. a. ‚verschlagen', Symbolfarbe für Ewigkeit, Neid und Gier, DWB V 2878 ff. → *ken*.

gaari ‚Penis' → *gari*.

gaaschi ‚Kerl, Ehemann, Vater' → *gatsch*.

gab[1] ‚Dorf' → *gaab*.

gab² Subst. f. [GM]
- Schere [GM] ♦ **E:** rw. *gadni* ‚Schere' (WolfWR 1616) < roi. *kat* ‚Schere' (WolfWZ 1335).

gabel Subst. f. [HN]
- in: *mit der gabel schreiben* ‚bei der Zeche zu viel berechnen' [HN] ♦ **E:** dt. *Gabel* DWB IV 1117 ff.

gabelfinniche Subst. f. [SK]
- Gabel [SK]

gäbele Subst. Pl. Dim. [LüJ]; **gäbala** [LJ]
- Dummheiten, Faxen [LüJ]; Blödsinn [LüJ]; Widersprechen [LüJ] ♦ **E:** schwäb. *ein Gäbelein gegen einen machen* ‚zum Spott zwei Finger gabelförmig gegen ihn ausstrecken, Gebärde des „Rübchenschabens"' (SchwäbWb. III 4). ♦ **V:** *gäbele machen* ‚Schwierigkeiten machen; etwas ohne Sinn machen' [LüJ]; *mach keine gäbele* ‚mach keinen Scheiß'/ ‚mach kein Theater' [LüJ]; *gäbala stecka* ‚jemanden verulken, dummer Spaß, hinter seinem Rücken Faxen machen, Grimassen schneiden mit Gesicht und Händen' [LJ].

gäbsche Subst. Pl. [BM]
gäbtsch [BM]
- Schulaufgaben [BM] ♦ **E:** zu dt. *geben* (*Aufgabe*).

gachne ‚Henne, Huhn' → *kachni*.

gackelche Subst. n. Dim. [JSW]
gackli [SPI]
- Ei [JSW, SPI] ♦ **E:** wohl zu dt. *gackern* DWB IV 1130, kaum zu → *kachni*.

gacko ‚Onkel, Freund, Mann' → *kako*.

gad Subst. [JS, MUJ, PH]
gaht [GM]
- Hemd [GM, JS, MUJ, PH] ♦ **E:** rw. *gad* ‚Hemd' (WolfWR 1613) < roi. *gad* ‚Hemd' (WolfWZ 823).

gadding Adj. [LL]
gaddings [CL]; **gardings** [CL];
- passend [CL, LL]; gelegen [CL, LL]; zutreffend [CL] ♦ **E:** westmd./mdal. *gattings* ‚passend', zu mhd. *gaten* ‚vereinigen, an die Seite stellen' (PfälzWb. III 58, SüdhessWb. II 1112/13, RheinWb. II 975, SAA 70, LothrWb. 184, ElsWb. I 242, BadWb. II 301). ♦ **V:** *du kummscht mer grad gaddings* ‚Du kommst mir gerade recht' [CL, LL]; *des Brett is mer grad gaddings* ‚Das Brett passt mir gerade, ist geeignet' [CL, LL].

gäder Subst. m. [SJ]
gädr [OJ]; **gäter** [BJ]; **geäder** [BJ]
- Armgelenk [SJ]; Handgelenk [BJ, OJ] ♦ **E:** SchwäbWb. III 113 f. (*Geäder* ‚Handgelenk').

gädrleng Subst. m. [OJ]
- Armreif [OJ] ♦ **E:** dt. Suffix -*ling*.

gadsche ‚Mann, Bauer, Leute' → *gatsch*.

gadscheppere Subst. f. [LJ]
- Wirtschaft [LJ] ♦ **E:** evtl. Nebenform von → *gatschemme*.

gadschi ‚Frau, Mädchen' → *gatsch*.

gadschini Adj. [LoJ]
- klein [LoJ] ♦ **E:** wohl zu rw./jd. *chatchenen* ‚zerschneiden', *chatiche* ‚Teil von einem Ganzen' WolfWR 849.

gaffe swV. [Scho]
- neugierig schauen [Scho] ♦ **E:** dt. (ant.) *gaffen* ‚betrachten, anschauen' DWB IV 1136 ff.

gaffer Subst. Pl. [Scho]
- Neugierige [Scho].

gaffel Subst. f. [RW]
- Zunft [RW] ♦ **E:** dt. *Gaffel* ‚Gilde, Zunft' DWB IV 1135.

gag¹ Subst. n. [SJ]
gock [SJ]
- Ei [SJ]

gagak Subst. f. [PfJ]
- Henne [PfJ] ♦ **E:** dt. *gack* onomapoetisch, Lautgebung von Hühnern, DWB IV 1128; SchwäbWb. III 9 (*Gackele* ‚Ei, Henne').

gag² Subst. m. [HN]
- in: *mein gag* ‚persönliche Note' [HN] ♦ **E:** engl. *gag* ‚Spaß, Witz'.

gägge swV. [BM]
- singen [BM] ♦ **E:** SchweizId. II 178 (*göggen* ‚unschön klingen').

gaggel Subst. Pl. [BM]
- Exkremente [BM] ♦ **E:** SchweizId. II 165 (*Gackel* ‚festes, kugelförmiges Exkrement').

gagges Subst. m. [PH]
- Lehrer [PH] ♦ **E:** pfälz. *Gackes* ‚Stotterer, einfältige Person', PfälzWb. III 7f.

gaggle swV. [BM]
– prahlen [BM] ♦ **E:** SchweizId. II 167 (*gaggelen* ‚gackern, hastig reden, hell lachen').

gahr Adj. [HF]
– betrunken [HF] ♦ **E:** zu dt. Adj. *gar* ‚fertig gekocht' DWB IV 1312 ff.; RheinWb. II 1024 (*gar* ‚gänzlich, fertig').
gahr hucken Phras. [HF]
– betrunken sein [HF] ♦ **V:** *die blagen hucken gahr* ‚Die Kerle sind besoffen' [HF].

gahrenporte Subst. f. [SK]
– Harfe [SK] ♦ **E:** nd., hochdt. *Gartenpforte* DWB IV 1411, Benennungsmotiv: Ähnlichkeit zwischen den Harfensaiten und den Latten einer Gartenpforte.

gahrlich Subst. [EF]
gärtling [EF]
– kleines Billard [EF] ♦ **E:** zu dt. *Gart* ‚Treibstecken, Gerte' DWB IV 1381 f.; Wolf, Fatzersprache, 118.

gahrtscho[1] Adj. [LüJ]
– glatzköpfig [LüJ] ♦ **E:** rw. *gahrtscho* ‚glatzköpfig, kahl' (WolfWR 1618) < roi. *gahrtscho* ‚kahl, glatzköpfig' (WolfWZ 847, BoIg 111).
gahrtscho[2] Subst. m. [LüJ]
– Glatzkopf [LüJ].

gaht ‚Hemd' → *gad*.

gai[1] Adv. [GM]
– da, hier [GM] ♦ **E:** roi. *kai* ‚hier' (WolfWZ 1263).

gai[2] ‚Gebiet' s. → *gäu*.

gai[3] Subst. [KMa]
– Säge [KMa] ♦ **E:** dt./mdal. *Geige* DWB V 2567 ff.; Benennungsmotiv: Hin und Her-Bewegen der Säge. → *Geigen, Geige*.

gaies ‚Nichtjuden, schlechtes Volk' → *goi*.

gaif ‚Schulden' → *keif*[1].

gailing Subst. n. [SS]
geyling [SPI, SS]
– Glas [SPI, SS] ♦ **E:** unsicher; evtl. zu roi. *goi* ‚Wurst', Benennungsmotiv: nach der Form. ♦ **V:** *gäiling scheicher* ‚Glas Bier' [SS].

gäje Subst. [JeS]
– Geldstück [JeS] ♦ **E:** unsicher; evtl. zu *gai* ‚Gebiet' s. → *gäu*, schwer zu *geue* ‚Frau' → *goi*[2].

galaumes ‚Unsinn, unhaltbares Gerede' → *kalaumes*.

galawerich Subst. n. [PfJ]
– Gegend [PfJ] ♦ **E:** unsicher; evtl. Präfixbildung (kollektiv) zu rw./jd. *lewaige* ‚Geleit', WolfWR 3229 oder zu dt. *lavieren* u. a. „so dasz die grenzen verschwimmen" DWB XII 394.

galech ‚Priester' → *gallach*.

galerie Subst. f. [WG]
– Verbrecherszene [WG]; Teilnehmer am Stoßspiel, die um den Spieltisch stehen oder sitzen [WG] ♦ **E:** rw. *galerie* ‚Diebsbande' WolfWR 1627, zu dt. *Galerie*, aus frz./ital. *Galerie, galeria*, hier als Bezeichnung für das Verbrecheralbum der Polizei (Hornung 1998: 376; Siewert, Hamburgs Nachtjargon, 75).
galerist Subst. m. [WG]
– Verbrecher aus der Szene [WG] ♦ **E:** rw. *gallerist* ‚Mitglied einer Diebsbande, Zuhälter' WolfWR 1627.

galgen Subst. m. in:
galgenposamentier Subst. m. [RW, StG]; **galgenposamenter** [RW]; **galgenpostamenter** [RW]; **galgenposamentierer** Subst. m. [RW]
– Seiler [RW, StG] ♦ **E:** dt. *Galgen*, DWB IV 1167 ff.; zum Kompositum: „Das Wort kann erst im 18. Jh. gebildet sein, denn die dt. Wörterbücher buchen erst 1691 *Passementier*, 1728 *Posamentirer*" (WolfWR 1622).

galgennägel Subst. Pl. [BJ, KMa, OH, SJ]; **galchennägel** [BJ, PfJ]; **galgennächel** [PfJ]; **galchenneechel** [PfJ]; **galchanegl** [OJ]; **gelganegl** [OJ]
– gelbe Rüben [BJ, OJ, PfJ, SJ]; Möhren [BJ, OJ, PfJ]; Rüben [KMa, OH] ♦ **E:** schwäb. *Galgennägel* ‚Möhre', SchwäbWb. III 29.

gallach Subst. m. [CL, Gmü, Him, JS, JSaMB, LJ, LüJ, MeJ, MM, MUJ, OJ, PH, PfJ, RW, SJ, SK, SPI, SchJ, Scho, TJ, TK, WJ, WL, Wo, Zi]
galach [BA, JeS, RW]; **galla** [EF, RW]; **gallag** [MM]; **gallak** [SPI, SS, WH]; **galech** [BJ]; **galloch** [SJ]; **goloch** [LoJ]; **challach** [MM]; **jalach** [KM, StJ]; **jalache** [KM]; **galane** [GM]; **kalach** [RA]; **gallochem** Subst. m. Pl. [CL, JS, PH]; **galochem** [CL]; **galouchem** [CL]; **galogem** [CL]; **galloochem** [CL]; **galoochem** [CL]; **galaichem** [SPI]; **galauchem** [SPI]; **gallorum** [TK]; **gallorium** [TJ, TK]; **galluechem** [Scho]; **galuchem** [Scho]
– Pfarrer, Pastor, Priester [BA, CL, GH, Gmü, Him, JS, JSa, KM, LJ, LoJ, LüJ, MB, MeJ, MM, MUJ, PH, PfJ, RW, SJ, SK, SPI, SS, SchJ, Scho, StJ, RA, TJ, TK, WJ, WL, Wo, Zi]; katholischer Pfarrer, Priester [BJ, GM, OJ]; Oberpfarrer [PfJ]; Geistlicher [JeS, RW]; Geschorener [BJ]; Prediger [RW]; Kaufmann [PfJ]; Händler

[PfJ]; Bauer [EF] ♦ **E:** rw. *gallach* ‚Pfarrer' (WolfWR 1625) < jd. *galach, gallach* ‚Pfarrer, christlicher, meist katholischer Geistlicher, Tonsurierter' < hebr. *galach* ‚kahl geschoren'. (We 63, Post 196, MatrasJd 289, Klepsch 595, SchwäbWb. III 23, PfälzWb. III 15, SüdhessWb. II 1062, BadWb. II 278). Die Formen *gallochem* u. ä. leiten sich von der hebr. Pl.-Form ab. ♦ **V:** *bisse mucker, was der gallach inne tiftel geschmust hat?* ‚Hast du eine Ahnung, was der Pfarrer in der Kirche gesagt hat?' [MM]; *besser 'n kower inne tiftel als 'n challach inne katschemme!* ‚Es ist besser, wenn ein Wirt in die Kirche geht, als wenn ein Priester in eine Kneipe geht!' [MM]; *die ham sogar 'n challach die knete geschort* ‚sie stahlen sogar einem Geistlichen das Fahrrad' [MM]; *grawiser gallach* ‚Bischof' [LJ]; *wenn mer der gallach schpaniſt hend, da sind mir mosse glei na und ham ihn d'flossa nagstreckt* ‚wenn wir den Pfarrer gesehen haben, da sind wir Mädchen gleich hin und haben ihm die Hand hingestreckt' [LJ]; *der bedo bescht en gallach* ‚der Mann ist ein Pfarrer' [LüJ]; *dik den gallach, den mechere mir* ‚sieh dir den Pfarrer an, den betrügen wir' [LüJ]; *fiesel pfich, der gallach nascht* ‚Junge, hau ab, der Pfarrer kommt' [LüJ]
gallachei Subst. f. [LüJ]
– Pfarrhaus [LüJ]; Pfarramt [LüJ]; Pfarrei [LüJ]
gallachine Subst. f. [RW]; **gallachin** [RW]
– Pfarrersfrau [RW]
gallachkehr Subst. f. [LüJ]
– Pfarrei [LüJ] ♦ **E:** → *kär*.
gallachkutt Subst. f. [LJ]
– Pfarrhaus [LJ] ♦ **E:** → *kutt*.
gallachstudiker Subst. m. [MM]
– Student der Theologie [MM]
gallachschickse Subst. f. [BJ, MUJ, RW, SJ]; **gallachschiggs** [OJ]
– Pfarrköchin [MUJ, SJ]; Pfarrersmagd [MUJ, OJ, RW]
gallachwinde Subst. f. [RW]
– Pfarrhaus [RW] ♦ **E:** → *winde*.
gauzegallak Subst. m. [SS]; **gaugallakf** [SS]; **gäauzegallak** [SS]
– Küster [SS] ♦ **E:** zu jd. *choze* ‚halb'.
obergallach Subst. m. [LüJ, MM]
– Papst [MM]; Oberpfarrer [LüJ]
der kleine gallak Subst., Phras. [SS]
– Kaplan [SS]
gallach reißen swV., Phras. [Gmü]
– Spektakel machen (Krach machen/ aufbegehren) [Gmü]

gálachisch Adj. [JeS]
– brav [JeS]; fromm [JeS].

galle Subst. f. [SK]
– Stadt [SK]; größeres Dorf [SK] ♦ **E:** rw. *gallen* ‚Stadt' LVag. 1510, rw. *kalle* ‚Messe, Jahrmarkt'; „die in Babylonien zur Zeit des Talmuds zweimal jährlich abgehaltenen Lehrversammlungen hießen *kallah*" (WolfWR 2432).

gallern swV. [MB]
– regnen [MB]; stark regnen [MB]; gießen (bei starkem Regen) [MB] ♦ **E:** westf. *gallern* ‚heftig regnen, strömen' (WestfWb. 351).

gallsterich Adj. [MB]
– regnerisch [MB]; fettig [MB]; ranzig [MB]; eklig [MB].

galli Subst. m. [MJ]
– Hund [MJ] ♦ **E:** zu *gellen* ‚bellen' DWB V 3037 ff.

gallino Subst. f. [KJ]
galyyne [JeS]
– Huhn [JeS]; Henne [JeS, KJ] ♦ **E:** ital. *gallina* ‚Henne'.

gallore Subst. m. [SJ]
– Pfarrer [SJ] ♦ **E:** wohl Weiterbildung zu → *gallach*; schwer zu schwäb. *Galluri* ‚dummer, alter Kerl' SchwäbWb. III 32. ♦ **V:** *D' moss nosterd en dr duft am gallore ihre senda* ‚Die Frau beichtet in der Kirche dem Pfarrer ihre Sünden' [SJ].

galm Subst. m. [LJ, LüJ, PfJ, SJ, SPI, TK, WJ]
galme [CL, Gmü, Him, LL, LüJ, Mat, PH, Wo, Zi]; **galma** [OJ]; **galmæ** [LüJ, WJ]; **galmen** [BJ, MUJ, PfJ]; **galmes** [MeJ]; **galem** [SE]; **galmche, galmchi, galmessi** Subst. n., Dim. [JSa]; **galmchen** [NJ]; **gálmeli** [JeS]; **gelmeli** [TK]; **galmschi** [SE]; **galemcha** [SE]; **galemchen** [SE]; **jalmpje** [NJ]; **jälempjen** [NrJ]; **gälmle** [LJ, LüJ, OJ]
– Kind [BJ, CL, JSa, JeS, LL, LüJ, NrJ, PH, SE, SJ, SPI, TK]; (viele) Kinder [JeS, MUJ, WJ]; kleines Kind, Kindlein, Kleinkind [Gmü, Him, Mat, JeS, LüJ, NJ, OJ]; größeres Kind [LüJ, Wo, Zi]; uneheliches Kind [CL]; Knabe [LJ, PfJ]; Junge [LJ]; Bürschchen [LJ]; Schwester [NJ]; „gov" [LüJ]; „tschabe" [LüJ]; Säugling [JeS]; Schule [JeS]; Schüler [LüJ]; Lehrer [WJ] ♦ **E:** rw. *galm* ‚Kind' < dt. *galmen* ‚schreien' (WolfWR 1630). ♦ **V:** *galmæ gschtibæ* ‚Kinder bekommen' [WJ]; *die galmen schniffen* ‚die Bürschchen haben lange Finger' [LJ]; *Herles, galma, hauret der patres ein schei im kittle wegen hamore und stenzerei* ‚Hier,

Kinder, sitzt der Vater einen Tag im Arrest wegen Händels und Schlägerei' [LüJ]; *jetzt hot er koin gore, om dem galm ebbes z-mascha z-kaufa* ‚jetzt hat er kein Geld, um dem Knaben etwas zu essen zu kaufen' [LJ]; *So, galme, dibert die mamere, ist schnall und bolle' buttet und gleis geschwächt? Kenn, mamele! – Dann bostet in sauft und schlaunet!* ‚So, Kinder, sagt die Mutter, ist die Suppe und die Kartoffeln gegessen und die Milch getrunken? Ja, Mutter! – Dann geht ins Bett und schlaft!' [LüJ]; *deræ hechæs æ galmæle pflanzt* ‚Der haben sie ein Kind gemacht' [WJ]; *et galmschi geht an de haip* ‚Das Kind geht ins [sic] Hütte' [SE]; *derchermoß: hauret so dof, lehmschupfer, und dogt mir dofen lehm oder gleiskechelte für mein gälmle zum gleisschnälle sicheren. lehmschupfer: nobis, nobis, dercherulmen wird lore 'dogt!* ‚Bettelweib: Seid so gut, Bäcker, und gebt mir etwas Weißbrot oder Milchwecken für mein Kindlein, um ein Milchsüpplein zu kochen. Bäckermeister: Nein, nein, Bettelleuten wird nichts gegeben!' [LüJ]

galmenditscher Subst. m. [SJ]
– Lehrer [SJ]

galmendreherei Subst. f. [LJ]
– Zeugung eines Kindes [LJ]

galmaguffe Subst. f. [OJ]
– Schule [OJ]

galmenguffer Subst. m. [BJ, LJ, LüJ, MUJ, PfJ, UG]; **galmaguffer** [LJ, LüJ]; **galmaguffr** [OJ]; **galmeguffer** [GMü, Him, Mat, Wo]; **galmæguffær**
– Lehrer [BJ, Gmü, Him, LJ, LüJ, MUJ, Mat, OJ, UG, WJ, Wo]; Schullehrer [LJ]; Schülerprügler [LüJ]; Kinderverprügler [LüJ]; Kinderschläger [LüJ]; Oberlehrer [BJ, PfJ]; Schule [BJ] ♦ **E:** *guffer* zu rw. *guffen* ‚schlagen' WolfWR 1969, mdal./bair. *Goffe* ‚Arschbacke'. ♦ **V:** *dr grandig galmaguffr* ‚Oberlehrer' [OJ]

galmengufferin Subst. f.
– Lehrerin [LüJ]

galmagufferei Subst. f. [LJ, OJ]; **galmegufferei** [PfJ]; **galmengufferei** [PfJ]
– Schule [LJ, OJ, PfJ]

galmengutterei Subst. f. [SJ]
– Schule [SJ]

gálmelikitt Subst. f. [JeS]
– Kinderheim [JeS]

galmenkrönerei Subst. f. [PfJ]
– Kindstaufe [PfJ].

galmin Subst. m. [EF]
gallmien [EF]
– Galopp (schneller Tanz) [EF] ♦ **E:** wohl zu dt. *galmen* ‚Lärm machen' Wolf, Fatzersprache, 118.

galo Adj. [GM, MUJ]
gali [GM]
– schwarz [GM, MUJ]; dunkel [GM] ♦ **E:** rw. *kalo* ‚schwarz', aus roi. *kālo* ‚schwarz' (WolfWR 2437, WolfWZ 1281); vgl. → koll.

galoich Subst. n. [LüJ]
– Schwarzgeld [LüJ] ♦ **E:** unsicher, ob Kontraktion aus *galo bich*, oder *galo* ‚schwarz' mit dt. Suffix *-ich*. ♦ **V:** *galoich lobe* ‚Schwarzgeld' [LüJ]

galoich Adj. [LüJ]
– schwarz (Arbeit) [LüJ] ♦ **V:** *einen auftrag galoich machen* ‚einen Auftrag schwarz erledigen' [LüJ]; *pflanz es mir galoich* ‚mach es mir schwarz' [LüJ]

galo tschabo Subst. m. Phras. [GM]
– „Neger" [GM]

gali sintes Subst. Phras. [GM]
– echte (weil dunkelhäutige) Zigeuner [GM]; „Eigenbezeichnung der Zigeuner" [GM]

galigoij Subst. [GM]
– Blutwurst [GM]

galomaro Subst. n. [GM]
– Schwarzbrot [GM]

galoraschaij Subst. m. [GM]
– Mönch [GM].

galpes Subst. m. [WL]
– Kind [WL] ♦ **E:** zu frz. *galopin* ‚Kind, das schon laufen kann, Gassenjunge, Lausbub'.

galyyne ‚Henne' → *gallino*.

galzter Subst. n. [NJ]
gaalster [SP]; **galster** [JS, MeJ, SE]; **galsdo** [SE]; **gaalstern** Subst. m. Pl. [SP]; **galztern** [NJ]; **galstern** [JeH]

galstachen Subst. n. Dim. [SE]
– Kind(er) [JeH, JS, MeJ, NJ, SE, SP]; kleines Kind [NJ]
♦ **E:** RheinWb. II 993 (*galstern* ‚gellend lachen, schreien'). Vgl. → galm. ♦ **V:** *die galster nasche nom zooker, für ne bachem sößlingches zu kinije* ‚die Kinder gehen zum Laden, um für einen Groschen Süßigkeiten zu kaufen' [JS]; *os tschei hät dollart galstere* ‚unsere Frau hat vier Kinder' [JS]

gaalsterndoft Subst. f. [SP]
– Schule [SP].

gamaschewasser Subst. n. [WM]
– Tee [WM] ♦ **E:** dt. (ant.) *Kamasche, Gamasche* ‚Überstrümpfe (seitlich zuknöpfbar), Reitstrümpfe' DWB XI 95 und dt. *Wasser*.

gamaskri Subst. f. [GM]
gamasgri [JSa]; **gamasgere** [MUJ]; **gamaskære** [WJ]; **karamáskri** [PH]
– Pistole [GM, MUJ]; Revolver [GM, PH]; (Handfeuer-)Waffe [WJ]; Gewehr [GM, JSa] ♦ **E:** zu roi. *karemaskeri* ‚Gewehr, Pistole, Revolver' (WolfWZ 1311).

gambane[1] Subst. f. [LüJ]
– Zigarette, „Schmärch" [LüJ] ♦ **E:** unsicher; evtl. Weiterbildung von rw. *gammede* ‚Ofen', zu tschech. *kamna* ‚Ofen', WolfWR 1635.

gambane[2] ‚Uhr' → *kampane*.

gambes Subst. n. [JS, MeJ]
gampes [WL]; **kampes** [JS]; **gampis** [JeS, MJ]; **gambesi** [RH]; **gampesli** Subst. n. Dim. [JeS]; **gambeser** Subst. Pl. [LJ]
– Kind(er) [JeS, JS, LJ, MeJ, MJ, RH] ♦ **E:** rw. *gampes* ‚Kind' aus dt. *gampen* ‚lustig springen, hüpfen' (WolfWR 1634, SchweizId. II 310 *Gampessli* ‚kleines Kind'). ♦ **V:** *es gampesli beharche* ‚ein Kind bekommen' [JeS]; *die gojen und d'gambeser ware g'nascht unterkönnig von der montane ins ballar und hotte g'fochte, wie andere dalfener auch* ‚die Weiber und die Kinder waren hinab gegangen von dem Berge ins Dorf und hatten gebettelt, gleich anderen Bettlern' [LJ]

gambesmedde Subst. f. [CL]
– Kindbett [CL] ♦ **E:** → *mitte* ‚Bett' (WolfWR 3637).
kambeskaffer Subst. m. [JS]
– Lehrer [JS].

gamisli ‚Hemd' → *kamis*.

gamm ‚heiß, geil, scharf' u. ä. → *chamm*.

gammelchen Subst. Dim. [JSa]
gammelschi [JSa]
– Kind [JSa] ♦ **E:** unsicher; evtl. zu → *chaumeln* oder lothrd. *Gameller* ‚Burschen', aus frz. *Gamins* (LothrWb I 181). ♦ **V:** *de Haudzi had der Móss e Gammelschi gebósseld* ‚der Mann hat der Frau ein Kind gemacht' [JSa].

gammelmann Subst. m. [MB]
– Prügel [MB]; Schläge [MB] ♦ **E:** westf. *gammelen* ‚betrügen; sich stoßen, begatten' (WestfWb. 351). ♦ **V:** *gammelmann kriegen* ‚verhauen werden' [MB].

gammeln swV. in: [HN]
vergammelt Adj. [HN]
– schlecht [HN]; verschimmelt [HN]; verdorben [HN] ♦ **E:** Klu. 1999: 297; ugs. *vergammelt* ‚schimmelig, abgestanden' (Kü II 298).

gammert Subst. m. [SS]
– Spitzbube [SS] ♦ **E:** unsicher; evtl. zu rw. *ganhard* ‚Teufel' < jd. *gehennim* ‚Hölle' (WolfWR 1641).

gammin, gammine ‚warm, geil, Wärme, Hitze' → *chamm*.

gamores Subst. m. [SPI, SS]
– Esel (auch met. als Schimpfwort) [SPI, SS] ♦ **E:** zu jd. *chamor* ‚Esel' (WolfWR 831); Vgl. → *chammet*.

gampis ‚Kind' → *gambes*.

gamsel ‚Hemd' → *kamis*.

gan Subst. Pl. [JSa]
– Ohren [JSa] ♦ **E:** roi. *kan, gan* ‚Ohr' (WolfWZ 1296).

ganaschder ‚Korb' → *kanes*.

gander Subst. m. [BM]
– Vagabund [BM] ♦ **E:** unsicher; evtl. zu schweizdt. *gänder* SchweizId. II 2,337 *im Ggänder umerlaufe* ‚nichts tun' oder Kürzung aus *Vagant*.
gandere swV. [BM]
– herumvagieren [BM].

ganderling Subst. m. [LoJ]
– Ring [LoJ] ♦ **E:** wohl Nebenform zu → *gatterling*.

ganfen ‚stehlen' → *gannef*.

gang Subst. m. [HN]
– in: *langer gang* ‚Durchfall' [HN] ♦ **E:** dt. *Gang* DWB IV 1219 ff.
abgang Subst. m. [HN]
– in: *abgang machen* ‚(heimlich) verschwinden' [HN].

gangeri ‚Kirche' s. → *kangeri*.

gani ‚Huhn' → *kachni*.

gannef Subst. m. [MB, MM, SS, Scho]
ganeff [MB, SPI]; **ganev** [MM]; **gennef** [MM]; **ganäff** [NW]; **jennef** [MM]; **jannef** [MM]; **ganof** Subst. m. [HK]; **ganow** [NJ]; **ganov** [CL]; **kanov** [JS]; **ganoffer** Subst. m. [SJ]; **ganofer** [HLD]; **ganfer** [LJ, SJ]; **janever** [KM]; **janevere** [KM]
– Dieb [CL, JS, KM, LJ, MM, NW, SJ, SS, Scho]; Spitzbube [MM]; Polizist [MM]; Betrüger [HK, HLD, MM];

kein echter Bursche [MM]; unbrauchbarer Mensch [HLD]; Gauner [MB]; Ganove [MB]; Verbrecher [NJ]; Bandit [HK]; Halunke [MB]; Schelm [SJ]; Strolch [MB]; übler Typ [MM]; schräger Typ [MB]; herausgeputzter Galan [MB]; Angeber [MB]; schlechter Mensch [MB]; Person, freche, gerissene [Scho]; „kann wohl sein, daß er dir ein' vor die Fresse haut, in der richtigen Kneipe..." [MM]; Diebstahl [SPI] ♦ E: rw. *gannew* ‚Dieb' (WolfWR 1643) < jd. *gannew, gannaw* ‚Dieb, gerissene Person', aus hebr. *ga'nav* ‚Dieb' (We 63, Post 197, 206, Klepsch 599). Die Formen *ganof* u. ä. beeinflusst von dt. *Ganove*, gleicher Herkunft; SchwäbWb. IV 193/194 (*Kanoffer*). ♦ V: *fuhler gannef* ‚ein blöder Angeber' [MB]

gansert Subst. m. [JSW]
– Dieb [JSW]

magentegannef Subst. m. [MM]
– Betrüger [MM]

gannef Adj., Adv. [MB]
– durchtrieben [MB]; geklaut [MB]

ganfen swV. [HLD, KMa, SJ, SK, SPI, SS, SchJ, TK]; **ganfa** [LJ]; **ganfe** [CL, LL]; **gannfen** [Scho]; **gamfen** [KMa, Zi]; **gannefen** [MM, Scho]; **ganäffa** [NW]; **janeve** [KM]; **gamferen** [SS]; **ganofen** [HK]
– stehlen [CL, HLD, KM, KMa, KMa, LJ, LL, MM, NW, SJ, SK, SPI, SS, SchJ, Scho, TK, Zi]; betrügen [HK, MM]; nehmen [CL]; bestehlen [Scho] ♦ V: *Das Mäuslein gampft und mampft* ‚das Mäuslein stiehlt und frisst' [SK]; *Do hoschde awer de Matze geganft!* ‚da hast du aber etwas nicht richtig gemacht' [CL, LL]

begannefen swV. [Scho]
– stehlen, bestehlen [Scho]

ganowen swV. [NJ]
– auskundschaften [NJ]

ganovengallerie Subst. f. [HN]
– Lichtbildkartei im Polizei-Präsidium [HN]; Verbrecher-Album [HN] ♦ E: rw. *Gallerie* ‚Diebsbande' (WolfWR 1627).

gans Subst. f. [TK]
– Ente [TK] ♦ E: dt. *Gans* DWB IV 1255 ff. „bei der bedeutung ist zu bemerken ein ausweichen. in verwandte vögelarten. wie die gans in art und gestalt zwischen ente und schwan steht".

gänsbaa Subst. n. [EF]
– Flöte [EF] ♦ E: dt. *Gänsebein* DWB IV 1266, Benennungsmotiv: nach der Form des Instrumentes.

gänseschnawwel Subst. m. [WM]
– Klarinette [WM] ♦ E: dt. *Gänseschnabel*, Benennungsmotiv: nach der Form des Mundstücks.

gansen swV. [RW]
– stehlen [RW] ♦ E: jd. *gaslan* ‚Räuber' (WolfWR 1644).

gant Adj. [BJ]
– abgewirtschaftet [BJ]

gand Subst. m. [OJ]
– Bankrott [OJ] ♦ E: obdt. *Gant* ‚Zwangsversteigerung, Konkurs' (SchwäbWb. III 58).

vrganded sei swV. Phras. [OJ]
– abgewirtschaftet haben [OJ]

komertsgant Subst. m. [StG]
– Bauernfänger [StG].

ganti Subst. f. [MM]
– Gans [MM] ♦ E: westf. *gante* ‚Gänserich' (WWBA. 530).

gantwasser Subst. n. [PfJ]; **gandwasser** [PfJ]
– Kaffee [PfJ] ♦ E: rw. *gantwasser* ‚Kaffee', WolfWR 1647 (ohne Herleitung), wohl zu dt. *gant* ‚Gänserich' DWB IV 1282, vgl. dt./ugs. *Gänsewein*, scherzhafte Bezeichnung für Trinkwasser; vgl. → *bankerottsbrühe*.

gäntle swV. [BM]
– mit Murmeln spielen [BM] ♦ E: zu schweizdt. *Gand* ‚Kies, Stein' SchweizId. II 336.

gäntel Subst. [BM]
– Achatkugel [BM].

gaosr Subst. m. [OJ]
– Schirm [OJ]; Stockschirm [OJ] ♦ E: schwäb. *Ganser, Ganskragen* ‚Gänsehals, Klarinette' u. a. (SchwäbWb. III 53, 56).

gäppert Subst. m. [MT, MeT]
gawert [MT, MeT]
– Mund [MT, MeT] ♦ E: nd. *gäppe, gäbbel* ‚Mund'.

gar Adj. [SS]
– fertig [SS] ♦ E: jd. *gor*, aus mhd. *gar* ‚gänzlich, völlig'.

garamaskero Subst. m. [GM]
– Schütze [GM]; Förster [GM] ♦ E: roi. *garamasskáro* ‚Schütze, Jäger' (WolfWZ 1311).

garmaskere Subst. m. [LüJ]; **garamaschkera** [TJ]; **garamasgere** [TK]
– Pistole, Revolver [LüJ, TJ, TK] ♦ E: roi. *garamasskári* ‚Gewehr, Pistole' (WolfWZ 1311). [TJ].

garamatte Subst. f. [SJ]
– Flinte [SJ].

garant ‚schön, gut' → *kurant*.

gardienen Subst. f., Pl. in:
schwedische gardienen Subst. Pl. [MB]
– Gefängnis [MB] ♦ **E:** rw. *schwedische gardinen* ‚Gefängnis'; das schwedische Eisen galt als besonders hart (WolfWR 1650).

gardsch ‚Bauer, Mann, Nichtzigeuner' → *gatsch*.

gare¹ Subst. [TJ, TK]
– Wagen [TJ, TK] ♦ **E:** ital. *carro* ‚Wagen', dt. *Karre*.

gare² swV. [OJ]
– zittern [OJ] ♦ **E:** SchwäbWb. III 71 (*garren* ‚knarren, knirschen').

gärer Subst. m. in:
schlingengärer [LJ]; **schlingergärer** [LJ]
– Metzger [LJ] ♦ **E:** rw. *Schlinge, schlingling* ‚Wurst' (WolfWR 4969, SchwäbWb. V 945) und dt. *gar(en)* DWB IV 1349.

gärgeln swV. in: [MoM]
abgärgeln swV. [MoM]
– „abgearbeitet" [MoM] ♦ **E:** zu mhess. *gärgeln* ‚schwer arbeiten' (HessNassWb.; handschr. Apparat). ♦ **V:** *gegärgelte Latt* ‚Buttermilch' [MoM].

gari Subst. m. [JSW, JeS, LL, MoJ, TJ, TK]
gaari [JSa, LoJ]; **gare** [LJ, LüJ, MUJ, SJ, WJ]; **gary** [SPI]; **jori** [JeS, MM]
– Penis [LJ, LL, LoJ, MM, MUJ, SJ, TJ, WJ]; Schwanz [MM]; Glied [LJ]; männliches Geschlechtsteil [JSa, LüJ, MoJ, SPI, TK]; „bezem" [LüJ]; Dunkelhäutiger [JSW]; Zigeuner [JSW]; Übername einer bestimmten Person in Leinzell [LJ] ♦ **E:** rw. *gari* ‚Penis' (WolfWR 1651) < roi. *kar* ‚Penis' (WolfWZ 1310, BoIg 135), bzw. roi. *jaro* ‚Ei, Hoden' (WolfWZ 1222). ♦ **V:** *Dr gare hängt am schnürle, d schure hängt am drot un wenn dr gare gschbronge kommt no bujt er d'schure toat* ‚Der Penis hängt an der Leine, die Vulva am Geld, und wenn er angesprungen kommt, stößt er die Vulva tot' [WJ]
jorimann Subst. m. [MM]
– männliches Geschlechtsteil [MM]
anglersgare Subst. m. [LüJ]
– Penis [LüJ]; „Fischerpenis" [LüJ]; Angel [LüJ]; Angelrute [LüJ]; „wo man die Angel reintut" [LüJ]
matschelesgare Subst. m. [LüJ]
– Fischhaken [LüJ]
garikiss Subst. m. [CL, LL]
– Hodensack [CL, LL].

garline Subst. f. in:
jochngarliene Subst. f. [HK]
– Schnapsflasche [HK] ♦ **E:** rw. *karline* ‚(Schnaps-)Flasche' WolfWR 2480; Herleitung umstritten: jd. *karo* ‚Erquickung' und *logina* ‚Flasche'; dagegen Schützeichel (in Gottschald 1982, 72): aus PN *Karoline*; → *jochem, karline*.

garnieren swV. [WG]
– stehlen [WG] ♦ **E:** rw. *garnieren* (WolfWR 1652).

garnitur Subst. f. [WG]
– sämtliche Nebenstrafen (Fasttage, hartes Lager, Dunkelhaft) [WG] ♦ **E:** rw. *garnitur* ‚Nebenstrafe', „sie garniert die Hauptstrafe" (WolfWR 1653); evtl. Einfluss von rw. *garnitur* ‚Diebesbeute', zu roi. *kärje de* ‚schießen' (WolfWR 1652). ♦ **V:** *die Garnitur machen* ‚Erstangeklagter sein' [WG].

garst ‚Holz' → *gascht, kasch*.

gart Num. Kard. [JS, PH]
– vier [JS, PH] ♦ **E:** frz. *quatre* ‚vier' oder frz. *quart* ‚ein Viertel'.

gartenzaunartist Subst. m. [HN]
– Gitarrenspieler [HN] ♦ **E:** dt., milieutypisches Benennungsmotiv: jd, der vor dem Gartenzaun seine Kunst darbietet, Straßenmusikant.

gärtu Subst. m. [BM]
– Garten [BM] ♦ **E:** Bildung zu dt. *Garten* DWB IV 1388 ff.

gas Subst. n. [HN]
– in: *gib gas* ‚sage Prost' [HN]; *gib gas* ‚komm in die Hufe, beeile Dich' [HN] ♦ **E:** dt. *Gas geben* ‚sich beeilen' (Kü I 187).

gasch Subst. m.
– Haus [TK] ♦ **E:** rw. *gascht, kast, kasten* ‚Gefängnis, Bordell, Haus', mit Einfluss von roi. *kašt* ‚Holz, Stock, Stab', „denn eine ältere Bezeichnung für Gefängnis ist der Stock, das Stockhaus, da die Gefangenen in Holzblöcke geschlossen wurden" (WolfWR 2511). → *gascht*. ♦ **V:** *d'r gasch* ‚zu Hause' [TK].

gäschbes Subst. Pl. [OJ]
– dumme Sachen [OJ]; Faxen [OJ] ♦ **E:** wohl zu dt. *Gespaß* ‚heiterer Zeitvertreib' DWB V 4137.

gaschd-hendre Phras. [OJ]
– Gehrock, Frack [OJ] ♦ **E:** schwäb. *gehst du hinter (mir her)*; Zusammenrückungen als Bezeichnungen für den Gehrock u.a. → *gehnachhinten*.

gasche Subst. [KP]
– Ware [KP]; Traggestell für Ware [KP]; Bündel auf dem Rücken [KP] ♦ **E:** SchwäbWb. III 77.

gäschemen ‚regnen' → *geschem*.

gaschgucker Subst. m. [SK]
– Betrunkener [SK] ♦ **E:** unsicher; evtl. zu nd. *Gaschen* ‚Stoff, bes. Flanell'; dt. *gucken*.

gascho Subst. n. [CL, LL]
gaschott Subst. n. [CL]
– Gefängnis [CL, LL]; Dorfarresthaus [CL] ♦ **E:** frz. *cachot* ‚Gefängnis, Kerker'. ♦ **V:** *Dodefor wersch de gascho boue* ‚Dafür wirst du Gefängnis kriegen' [CL, LL]; *Er wird ins Gascho misse* ‚Er wird in Gefängnis müssen' [CL].

gascht Subst. m. [GM, JS, JSa]
gaschd [WJ]; **gast** [LüJ, MUJ, UG]
– Holz [GM, JS, JSa, MUJ, UG]; Brennholz [WJ]; Stock [GM]; Stecken [GM]; Wald [LüJ]; Baum [LüJ] ♦ **E:** rw. *kaszt* ‚Holz', *gascht* ‚Stab, Stock' (WolfWR 2511) < roi. *kašt* ‚Holz, Baum, Stock, Stab' (WolfWZ 1334, BoIg 137). → *gasch*. ♦ **V:** *in gast gehen* ‚ins Holz gehen' [LüJ]

lindogascht Subst. m. [LüJ]
– Lindenbaum [LüJ] ♦ **E:** dt. *Linde* (Baum) DWB XII 1026 ff. ♦ **V:** *ein tschirklo gielt im lindogascht in latscho sommerrat* ‚ein Vogel pfeift im Lindenbaum in lauer Sommernacht' [LüJ].

gasge swV. [JeS]
– heiraten [JeS] ♦ **E:** zu → *kassene*.

gashaxen Subst. f. [WG]
– Werkzeug zum Aufbrechen von Kassen und Türen (‚Ziegenbein') [WG] ♦ **E:** wienerisch, dt. *Geiß* ‚Ziege' DWB V 2796 ff. und dt. *Hechse* ‚Kniebug' DWB X 738 f.; Benennungsmotiv: nach der Form.

gass ‚Heu' → *kass¹*.

gasseln ‚verheiraten' → *kassene*.

gasser ‚Speck' → *kasser*.

gast¹ Subst. m. [WG]
– Kunde der Dirne (abwertend, im Milieu der Prostitution) [WG] ♦ **E:** dt. *Gast* DWB IV 1454 ff.

gast² ‚Holz' → *gascht*.

gäter ‚Handgelenk' → *gäder*.

gatis Subst. m. [EF]
gadis [EF]; **gaades** [EF]
– Bürgermeister [EF] ♦ **E:** zu rw./roi. *Gatscho* ‚sesshafter Mann', met. Totum pro parte: Bürgermeister als Exponent der Sesshaften, Wolf, Fatzersprache, 119. Vgl. → *borgis*.

gatisserei Subst. [EF]
– Bürgermeisteramt [EF].

gatsch Subst. m. [CL, EF, JS, JSa, LJ, LüJ, MeJ, WL]
gadsch [CL]; **jatsch** [JS]; **gaadsch** [WJ]; **gaatsch** [CL, LL]; **gardsch** [GM, JS]; **gārdsch** [CL, PH]; **gatscho** Subst. m. [BJ, JS, JSa, MB]; **gadscho** [LüJ]; **gardscho** [JS]; **gaatsert** Subst. m. [WL]; **gäätsert** [WL]; **gaatscher** Subst. m. [WL]; **gaalschter** [WL]; **gasche** Subst. Pl. [LJ, LüJ, TK]; **gadsche** [JS, ME, SJ]; **gaatsche** [WJ]; **gatschi** [JSW, JSa, MM, TJ, WG]; **gadschi** [KJ, LoJ, TK]; **gaaschi** [MJ]; **gâsche** [Zi]; **gatsche** [JS, LJ, LüJ, MUJ]; **gâdsche** [TK]; **gardsche** [JS]
– Nichtzigeuner [GM, JS, JSW, JSa, LüJ, MB, ME, WG]; Sesshafter [BJ, JS]; Auswärtiger [SJ]; Fremder [JeS, LüJ, MB, SJ]; Bauer [CL, GM, JS, KJ, LL, LüJ, MM, TJ, TK]; Mann [CL, GM, JS, JSa, JeS, LJ, LL, MeJ, MM, PH, SJ, TK, WJ, WL]; Mensch [JS]; Kerl [JeS, LJ, LüJ]; Kerl (verächtl.) [GM]; befreundeter Mann [LJ]; Schauspieler [EF]; Liebhaber [SJ]; Ehemann [LüJ]; Vater [JeS]; Herr [JS, LüJ]; Hausherr [CL, LL]; nobler Mann [LüJ]; älterer Mann, Alter [LüJ]; männliche Person [LüJ]; junger Bursche [GM]; Kind [LüJ, WL]; Kurgäste [LüJ]; Leute, „in der Mehrzahl allgemein für ‚Leute, Sesshafte'" [JeS, JS, LüJ, MUJ, TK, Zi]; Menschen (Nichtjenische) [LoJ]; Angehörige [JeS]; Familie [JeS]; Tochter [JeS]; Weißer [JSW]; „bedo" [LüJ]; „benk" [LüJ]; „fiesel" [LüJ]; „abfällig oder scherzhaft für einen Kollegen" [JS]; König (beim Kartenspiel) [GM] ♦ **E:** rw. *gatscho* ‚Mann, Bauer'; *gatschi* ‚Frau, Bäuerin'; *gasche* ‚Leute' (WolfWR 1666) < roi. *gadscho* ‚Nichtzigeuner, Bauer, Landwirt, Mann, Mensch' (WolfWZ 826). ♦ **V:** *gwander gatsch* ‚Mann, der in Ordnung ist' [LJ]; *verkrênter gadschi* ‚Ehemann' [TK] s. → *krone*; *mei gatsche* ‚meine Eltern' [LüJ, WJ]; *schofeler gadscho* ‚Umschreibung für einen Richter' [LüJ]; *ein ultrischer gatsche* ‚ein alter Mann' [LüJ]; *uldrisch gaadsch* ‚Großvater' [WJ]; *schäffd e Gaadscho, noowes e Tschaawo* ‚er ist Deutscher, kein Roma' [JSa]; *zopp den gardscho* ‚übervorteile den Bauern' [JS]; *wer hat den gatsch geschort?* ‚wer hat den Bauern bestohlen?' [JS]; *Rein emol üwerkinfdich die gaatsche, wie se achielen un schassgene dun* ‚Schau, da drüber die Herren, wie sie fressen und saufen' [LL, CL]; *der gaatsch hot an glanz em*

gsicht ‚Der Mann ist betrunken' [WJ]; *dr gaatsch gufft dæ heegl; un d' moß gufft d'glont; dr gaatsch biggd s'doofe; und d' moß biggd dæ schond* ‚Der Mann ist ein Narr; die Frau ist eine Dirne; der Mann ißt das Gute; und die Frau ißt den Dreck. Der Mann schlägt den Narren; und die Frau schlägt die Dirne; der Mann ißt das Gute; und die Frau ißt den Dreck' [WJ]; *die hotte die gasche bekaspert und die muße bekohlt* ‚sie hatten die Leute belogen und den Weibern vorerzählt' [LJ]; *is ke gwander gatsch, da boschde mir* ‚das ist kein netter Mann, da gehen wir' [LJ]; *mosse, nobes dibera mit dene fiesel, das sind ganz schofle gatsch, boschdet* ‚Mädchen, redet nicht mit den Männern, das sind ganz üble Kerle, haut ab' [LJ]; *der gatsch hat gwand sporesrassel* ‚der Mann hat viel Geld' [LJ]; *fragle mol den gatsch* ‚frag' einmal den Mann' [LüJ]; *meg, der gatsch dikt noch zu, pflanz tschi, warte, bis er nascht* ‚paß auf, der Kerl schaut noch zu, mach nichts, warte, bis er geht' [LüJ]; *tschi butsche, i glaub, der gatsch wollt kemere, des isch 'n kemerer* ‚nichts sagen, ich glaube, der Kerl will kaufen, das ist ein Käufer' [LüJ]
gatschele Subst. n., Dim. [LüJ]
– kleiner Mann [LüJ]
gadschi Subst. f. [MB]; **gadsi** [JS]; **gaaschi** [JeS]; **jadschi** [MB]; **jadsche** [MB]
– Frau [JS, MB]; Weib [MB]; blonde Frau [MB]; weißblonde Frau [MB]; Tochter [JeS]; junges Mädchen [MB] ♦ **E:** rw. *gatschi* ‚Frau', roi. *gadsiori, gaxi* ‚Frau' (WolfWR 1666); mdal. *g>j.* ♦ **V:** *dick dich ihne, seine jadsche ist pattosch* ‚guck mal, seine Frau ist schwanger' [MB]; *die jadschi is lupokano auf dich* ‚die Frau ist geil auf dich' [MB]
jadschedi Subst. f. [MB]
– Frauenrunde [MB]; „mehrere Frauen tratschen" [MB]
gatsch Adj., Adv. [JSa]
– deutsch (Sprache) [JSa] ♦ **E:** roi. *gatschi* Subst. m. Pl. ‚Nicht-Zigeuner, bes. Deutsche', met. für deren Sprache, oder Kürzung aus → *gadschgano* u. a. ‚deutsch'. ♦ **V:** *noppi gatschi, jenisch baal* ‚nicht deutsch, sondern jenisch sprechen' [JSa]
gatschen swV. [EF, MoM, RH]
– arbeiten [RH]; schauspielern [EF]; Theater spielen [MoM]
ballegardsch Subst. m. [GM]
– Friseur [GM] ♦ **E:** → *balle.*
bandelonigardsch Subst. m. [GM]
– Schuster [GM] ♦ **E:** zu ital. *pantaloni* ‚Hosen' (wohl mit *pantòfola* ‚Pantoffeln' verwechselt).

bauergatsche Subst. m. [LüJ]
– Bauer [LüJ]
bichgatsche Subst. m. [LüJ]
– Geschäftsmann, reicher Mann [LüJ]
boppegardsch Subst. m. [GM]
– reicher Mann [GM]
gitschegatsche Subst. m. [LüJ]
– Mann mit Hut [LüJ]
gitschomaregatsche Subst. m. [LüJ]
– Wirt [LüJ]
gowegardsch Subst. m. [GM]
– Witzbold [GM]; Spaßvogel [GM]; Gebärdenschneider [GM] ♦ **E:** → *gowe.*
kluntegardsch Subst. m. [GM]; **glundegards** [GM]
– Hurenbock [GM]; Zuhälter [GM]; liederlicher Kerl [GM] ♦ **E:** → *klunte.* ♦ **V:** *de glundegards lesd saij lubnis pudern* ‚der Zuhälter läßt seine Prostituierten (für sich) arbeiten' [GM]
kurgatsche Subst. m. [LüJ]
– Kurgäste [LüJ]
lowigardsch Subst. m. [GM]; **lobegatsche** [LüJ]
– reicher Mann [GM, LüJ]; Geschäftsmann [LüJ] ♦ **E:** → *lowi, lobi.*
lollogatsch Subst. m. [MUJ]
– Bürgermeister [MUJ]
lupnigardsch Subst. m. [GM]
– Dirnenbesucher [GM]; Zuhälter [GM]; sexuell verkommener Mann [GM] ♦ **E:** → *lupni.*
malochergardsch Subst. m. [GM]; **malochegard** [GM]
– Arbeiter [GM] ♦ **V:** *de tsabo tsefd en ladso malochegards* ‚der Mann ist ein guter Arbeiter' [GM]
sindogatscho Subst. m. [LüJ]
– Zigeuner [LüJ]
gätscheknüppel Subst. m. [GM]
– Spinner [GM]; Idiot [GM] ♦ **E:** dt. *Knüppel* DWB XI 1522 f.; zu *gätsche-* vgl. rw. *getschen* ‚Junggeselle' (WolfWR 1666).
gatschirakewehle Subst. f. [MM]
– „Sprache der Bauern, im Gegensatz zur Masematte" [MM]
gardschginer Subst. m. [JS, PH]
– Deutscher [JS, PH]; nichtreisender Mann [JS, PH].

gatschemme Subst. f. [LJ]
gatscheme [MUJ]; **gatschimme** [PH]
– Kneipe [LJ]; Wirtshaus [MUJ]; Wirtschaft [PH] ♦ **E:** roi. *katšĭma, kertšĭma* ‚Schenke'. (WolfWR 2498, WolfWZ 1382.). ♦ **V:** *fiesel, boscht aus dieser gatschemme, denn der plamp ist nobes gwand* ‚Freund

(e), gehen wir aus dieser Wirtschaft, denn das Bier ist nicht gut' [LJ].

gatschen swV. [MB]
– schlagen [MB] ♦ **E:** westf. *gatsen* ‚zerraufen, schlagen', westf. *gatsken* ‚mit der Rute schlagen' (WestfWb. 357).

gatschgano Adj. [SK]
– nichtzigeunerisch, deutsch [SK] ♦ **E:** roi. *gatschkeno* (Adj.) ‚bäuerlich, nichtzigeunerisch, deutsch' (WolfWZ 826). → *gatsch*. ♦ **V:** *gatschgano mackern* ‚hochdeutsch sprechen' [SK]; *lone gatschgano mackern* ‚nicht hochdeutsch sprechen' [SK]

gatschgeno Subst. m. [GM]
– Deutscher [GM].

gatschi Part., Adv. [MB]
gatscho [MB]; **jadschi** [MB]
– nichts [MB]; gar nichts [MB] ♦ **E:** unsicher; wohl Kontraktion aus *gar* und → *tschi* ‚gar nicht', evtl. zu → *gatsch*.

gatte Subst. f. [MM]
gatt [WL]; **chatte** [MM]; **chatt** [MM]; **chitte** [MM]; **jitte** [MM]; **kitte** [MM]
– Tasche (keine Handtasche) [MM]; Tasche am Anzug oder in der Hose [MM]; Hosentasche [MM]; Hintern, Arsch [MM, WL] ♦ **E:** westf. *gat* ‚Loch, Hintern' (WWBA); eher nicht zu roi. *kisik* ‚Börse, Geldbeutel, Beutel' (WolfWZ 1422) „Ableitung phonetisch schwierig"; *i*-Varianten evtl. beeinflusst von jd. *kis* ‚Beutel' (WolfWR 2602), roi. *kisik*. ♦ **V:** *chatte von seine plinte* ‚seine Hosentasche' [MM]; *lau masumm auffe chatte* ‚wenig Geld in der Tasche' [MM]; *der seeger hat kein lowi inne chatte* ‚der Mann hat kein Geld' [MM]; *schmonk/schmunk mer de gatt* ‚leck' mich am Arsch' [WL]

gattschmonkert Subst. m. [WL]
– Speichellecker [WL].

gatterklopfen swV. Phras. [HL]
– betteln [HL] ♦ **E:** entweder zu dt. *Gatter* ‚Zauntor, Schranke' oder zu MM *gatte* ‚Tasche'.

gatterling Subst. m. [TJ, TK]
gadderling [TK]; **gäterling** [BJ, Mat, SJ]; **götterling** [WJ]; **geitling** [HN, JS, MM]; **geidling** [MB]; **cheitling** [MM]; **kaitli** [GM]; **jeitling** [MB]; **jeidling** [MB]; **jeichling** [MB]
– Ring [GM, HN, JS, MB, Mat, SJ, TJ, WJ]; Fingerring [HN, MM, TJ, TK]; Ehering [TJ]; bunter Ring [MM]; Stein des Rings [MB]; Armreif [BJ]; Vogel [MM]; bunter Vogel [MM]; besonderer Vogel [MM]; Spatz [MM]; Grünfink [MM] ♦ **E:** rw. *gaterling, keiterling* u. ä. ‚Fingerring', aus jd. *godar* ‚umringeln, umgeben' (WolfWR 1615); SchwäbWb. III 90 (*Gätterling*). Die Bezeichnungen für Vögel etymologisch eher zu rhein.-westfäl. *Geitling* ‚Schwarzdrossel, Amsel' (RheinWb. II 1165), wenn nicht Verquerung mit *Ringdrossel, Ringeltaube* u. a. ♦ **V:** *schobicka jeichling* ‚toller Ring' [MB]; *schucker jeitling* ‚schöner Ring' [MB]; *hat der schabo dich 'n tofften jeidling aufe feme* ‚hat der Zigeuner einen schönen Ring auf dem Finger' [MB]; *der seeger hat 'nen chaitling auffe fehme* ‚die hatten früher Ringe auf, die möglichst bunt waren' [MM]; *der striego hegt 'n geitling aufe fehme* ‚der junge Mann trägt einen Fingerring' [MM]

getterlinge Subst. Pl. [SS, WH]
– Handschuhe [SS, WH].

gattermien Subst. f. [EF]
gatjemien [EF]
– Unterhose [EF] ♦ **E:** OSächsWb. II 25 (*Gatterhose*), Erstglied zu ungar., südslav. *gatya* ‚Hose'.

gattig¹ Adj. [BJ, MM]
– gierig, überteuert [MM] ♦ **E:** unsicher, evtl. zu jd. *chattes-(ponem)* ‚nicht zahlungsfähig' (We 56).

gattig² Adj. [BJ]
– gut [BJ]; fein [BJ]; sauber [BJ]; brav [BJ] ♦ **E:** schwäb. *gattig* ‚geschickt, passend, angenehm, gefällig, artig' (SchwäbWb. II 90).

gatzer [EF]
gâtzer [EF]; **gatzla** Subst. [EF]; **gâtzla** [EF]; **gâtzk(e)n** [EF]; **gatzlein** [EF]
– Ei(er) [EF] ♦ **E:** Bildung zu erzgebirgisch *gatzen* ‚gackern von Hühnern' OSächsWb. II 26.

gau Adj. [SS]
– krank [SS] ♦ **E:** zu jd. *chole* ‚krank' (WolfWR 881). Vgl. → *chaule*.

gäu Subst. n. [BJ]
goi [LüJ]; **gai** [OJ]; **gei** [TJ, WG]
– Gebiet [LüJ]; Dorf [TJ] ♦ **E:** schwäb. *Gäu* ‚Gegend, Land' (SchwäbWb. III 92, Klepsch 594). ♦ **V:** *gai, i rutsch ens gai (gäu)!* ‚ich gehe auf Handelschaft' [OJ, BJ]; *ins Gei gehen* ‚in die Arbeit, zu einem Verbrechen gehen' [WG]

ruchagoi Subst. n. [LüJ]
– ländlicher Bezirk [LüJ]; Bauernort [LüJ].

gaudium Subst. n. [PfJ]
– Lärm [PfJ] ♦ **E:** lat. *gaudium* ‚Freude'. ♦ **V:** *gaudium machen* ‚lärmen' [PfJ].

gauer Subst. [MeT]
goren Subst. [MeT]
– Kupfer [MeT] ♦ **E:** unsicher; evtl. zu rw. *gore* ‚Geld' < roi. *chairo* ‚Pfennig, Kreuzer' oder roi *çarçun* ‚Kupfer'; oder zu rw. *gordel* ‚Kessel', *gordelmelochner* ‚Kupferschmied' WolfWR 1874, evtl. zu tschech. *Kotel* ‚Kessel', russ. *gorn* ‚Herd, Feuerstelle', vgl. Abel, Slawismen, 44.

gorenklits Subst. m. [MeT]; **gorenklitz** [MeT]; **gorkenklitz** [MeT]
– Kupferschmied ♦ **E:** mnd. *glîs* ‚Glanz', *glitze* ‚Spieß' (MNDW II/1, 122). → *klits³*.

gorentiötte Subst. m. [MeT]
– Kesselhändler, Kesselflicker [MeT] ♦ **E:** nd. *todde* ‚Bündel, Packen'; westf. *toddeln* ‚schleppend gehen', nd. *toddern* ‚langsam gehen, ziehen', altniederdt. *tiohan* ‚ziehen'. → *tiötte*.

gaugl Subst. f. [OJ]
– lange Tabakspfeife [OJ] ♦ **E:** zu schwäb. *gauken* ‚schaukeln, sich hin und herbewegen' (SchwäbWb. III 101).

gauke Subst. f. [SS, WH]
– Nase [SS, WH] ♦ **E:** zu jd. *chautem* ‚Nase' (WolfWR 851).

gaulig Adj. [JeS]
– warm [JeS] ♦ **E:** evtl. zu rätorom. *chalirà* ‚heiß, brünstig'.

gaulisch Adj. [PfJ]
– wie ein Gaul (saufen) [PfJ] ♦ **E:** zu dt. *Gaul* (abwertend für ‚Pferd') DWB IV 1566 ff.; SchwäbWb. III 106 (*gaulisch* ‚wie ein Gaul'), also ‚saufen wie ein Gaul'. → *gella*.

gäulog Subst. n. [SJ]
geilog [SJ]
– Fünfmarkstück [SJ]; Gaulauge [SJ] ♦ **E:** wohl zu dt. *Gaul* ‚Pferd' DWB IV 1566 ff. und dt. *Auge*; Benennungsmotiv: Ähnlichkeit in der Größe; vgl. *großaugeder* (unter → *grosse*).

gaumeln ‚miteinander schlafen' s. → *chaumeln*.

gaumer Subst. m. [LüJ]
– Durst [LüJ] ♦ **E:** rw. *gaumer* ‚Durst' (WolfWR 1668, ohne Herleitung), zu dt. *Gaumen* „wo der geschmack, auch eszbegier, durst sich äuszern" DWB IV 1576 ff.; SchwäbWb. III 107 (*Gaumer*).

gaurisch Adj. [LJ]
– fürchterlich [LJ] ♦ **E:** schwäb. *gauren* ‚knarren, singen'; *Gaure* ‚Schreier, Heuler'. SchwäbWb. III 107 f. ♦ **V:** *und der kober, der isch kappisch, weil sei moss so gaurisch tönt* ‚und der Wirt ist verärgert und böse, weil seine Frau so fürchterlich schreit' [LJ].

gautschen swV. [BJ, SJ]
– auspressen [SJ]; pressen [BJ] ♦ **E:** rw./dt. *gautschen* ‚Flüssigkeit auspressen' (z. B. bei der Papierfabrikation und im Buchdruck) (DWB IV 1590 ff.; WolfWR 1885).

gautsche Subst. m. [LüJ]; **gautscher** [LJ, LüJ, SJ]
– Most [LJ, LüJ, SJ, Zi]; Apfelmost [LüJ]; Schnaps [LüJ]

grabbengautscher Subst. m. [LüJ, SJ]; **grabagautschert** Subst. m. [LüJ]; **grabbagautschert** [Him, LüJ, Zi]; **grabengautschert** [LüJ]
– Most [SJ, Zi, Him] ♦ **E:** rw. *grabbengautscher* ‚Most', zu dt. (ant.) *grabbe* ‚Kernobst' (engl. *crab* ‚Holzapfel') (WolfWR 1885); SchwäbWb. VI 2, 2363 (*Krappengautscher*).

gautz Subst. m. [PH]
– böser Mann [PH] ♦ **E:** viell. zu pfälz. *Kautz* ‚sonderbarer Mensch' (PfälzWb. IV 147).

gauzefauke Subst. f. [SS]
– Sichel [SS] ♦ **E:** zu jd. *choze* ‚halb' und → *fauke* ‚Sense' (WolfWR 896).

gauzegallak Subst. m. [SS]; **gaugallak** [SS]; **gäauzegallak** [SS]
– Küster [SS] ♦ **E:** zu jd. *choze* ‚halb' und *gallach* ‚Pfarrer' (WolfWR 896).

ge-, g- Präfix von Verben, Substantiven, Adjektiven in: → *gebammel* bis → *gezoppt*, passim.

geam Subst. m. [OJ]
– Schirm [OJ]; Stockschirm [OJ] ♦ **E:** evtl. zu SchwäbWb. III 114 (*gearmet* ‚mit Armen versehen').

gebah heh Phras. [OJ]
– irgendwo hin [OJ]; „auch zum Nachbarn" [OJ] ♦ **E:** schwäb. *heh* ‚hin'; *gebah* unsicher, schwer zu schwäb. *geba* ‚geben'.

gebammel Subst. n. [SJ]
– Gebetsbüchlein [SJ] ♦ **E:** met. zu rw. *gebammel* ‚Uhrkette' (WolfWR 1674), zu dt. *bimmeln, bammeln*

‚läuten' DWB I 1095 f., DWB II 30; Benennungsmotiv: Rosenkranz.

gebeechert ‚gestorben' s. → *peger*.

gebeiert Adj. [NJ]
– tot [NJ] ♦ **E:** → *peger*; vgl. auch rhein. *beiern* ‚(Toten-)Glocke läuten'.

geben stV. in:
abergeben stV. [WG]
– Karten ausgeben beim Stoß [WG] ♦ **E:** dt. *geben*.

gebere Subst. f. [JeS]
– Ziege [JeS] ♦ **E:** zu schweizdt. *Gebere, Gyybere, Gybe* (einem Lockruf für Ziegen) SchweizId. II 97 oder zu frz. *Chèvre*, rätor. *Chevra* ‚Ziege'.

gebetbuch Subst. n. [GM, HN]
gebetsbüchlein Subst. n. Dim. [SJ]; **gebetbüchlein** [EF]; **gabatbüchl** [EF]; **gabatbüchel** [EF]; **gabatbüchl** [EF]; **gebetbüchle** [PfJ]
– Kartenspiel [HN, PfJ]; Spielkarte(n) [EF, HN, SJ]; zehn Mark [GM]; Hausordnung [HN] ♦ **E:** rw. *gebetbüchlein* ‚Spielkarten' (WolfWR 1677); SchwäbWb. III 128 unter (*Gebetsbuch*).

geblaut Adj., Part. Perf. [KMa]
– gelitten [KMa] ♦ **E:** evtl. zu dt. *bleuen* ‚schlagen' DWB II 111 ff.

gebommsd Adj. Part. Perf. [OJ]
– verhaftet [OJ] ♦ **E:** evtl. zu → *bommsa*.

gechel Adj. [RH]
– dumm [RH] ♦ **E:** unsicher; evtl. zu rw. *heckel* ‚Narr, Dummkopf' zu dt./mdal. *Hegel* id. → *häckel*.

geck¹ Pron. [GM]
– kein [GM] ♦ **E:** roi. *kek* ‚kein, niemand' (WolfWZ 1358).

geck² Subst. [HF, HeF]
geek [HF]
– Groschen [HF]; Silbergroschen [HeF] ♦ **E:** rw. *geck* id. (WolfWR 1683); nd./westf. *jösken* ‚kleine Silbermünze'im Wert von 7 Pfennigen', Siewert, Humpisch, 81. ♦ **V:** *Schüt den Thuren parz Gecken. Minotes het gene locken Droth* ‚Gib der Frau zwei Groschen, ich habe keine Münze' [HeF]; *krütskes on parz gecken de büs* ‚zwölf Groschen die Flasche' [HeF]; *troms gecken* ‚drei Groschen' [HeF].

gedächtniskasten Subst. m. [SG]
– Kopf [SG] ♦ **E:** dt. *Gedächtnis* und *Kasten*.

gedack Subst. [Scho]
– Brust, weibliche [Scho] ♦ **E:** jd. *getáck* ‚Euter, weibliche Brust'.

gedibelt Adj., Part. Perf. [CL]
– gestorben [CL] ♦ **E:** unsicher; evtl. zu rw. *tippeln* ‚gehen, wandern, reisen' oder *abdibbern* ‚sterben' → *dibbern*.

gediber ‚Gerede, Geschwätz' → *dibbern*.

gedicht Subst. n. in: [HN]
gedicht aufsagen ‚Aussage machen, etwas Bestimmtes erzählen' [HN]; *gedicht machen* ‚Rechnung machen' [HN] ♦ **E:** dt. *Gedicht* (poetischer Text in Reimform) DWB IV 2013 ff. ♦ **V:** *mach' mein gedicht* ‚mache meine Rechnung' [HN].

geduckt Adj., Part. Perf. [JeH]
– gegeben [JeH] ♦ **E:** RheinWb. II 1428 (*tucken* ‚stoßen, knuffen').

gedurmt ‚geschlafen' → *dormen*.

geek ‚Silbergroschen' → *geck*.

geel¹ Subst. m. [HF, HeF]
– Hintern [HF, HeF] ♦ **E:** wohl zu ahd., mhd. *geil* ‚kräftig, üppig', schwer zu ndl. *geel* ‚gelb'.

geel² Adj. [HF]
– gelb [HF]; golden [HF] ♦ **E:** rhein., ndl. *geel* ‚gelb'.
gehl Subst. f. [HF]; **gehlen** Pl. [HeF]
– Karolin (Münze) [HF] ♦ **E:** zu rhein. u. ndl. *geel* ‚gelb, golden'. Karolin oder Karldor, 1726 von dem bayrischen Kurfürsten Karl Albrecht nach dem Louisdor geschaffen, Friedrichsdor (Friedrich d'or) von Friedrich dem Großen eingeführt und zwischen 1741 und 1855 geprägt. ♦ **V:** *spöhrkes gehlen* ‚sechs Friedrichsdor, Karolinen' [HeF].

geeßeldopp ‚unruhiger Mensch' → *geselen*.

geet Subst. f. [HF, HeF]
– Bückling [HF, HeF] ♦ **E:** rhein. *Get* ‚Ziege, dürrer Mensch, dürres Etwas', RheinWb. II 1145 ff., II 1212. ♦ **V:** *geeten kripelen* ‚Bücklinge braten' [HeF]; *minotes versömt geeten* ‚Ich verkaufe Bücklinge' [HeF].

geetschig Adj. [JeS]
– klein [JeS]; jung [JeS]; elend [JeS]; miserabel [JeS]; alt [JeS]; gering [JeS] ♦ **E:** evtl. zu schweizdt. *Gätsch, Getsch* ‚Kot, Unrat, etwas Nichtiges' gebildet.

geezla swV. [OJ]
– schütten [OJ]; verschütten [OJ] ♦ **E:** zu *Gatze* ‚Schöpflöffel' < ital. *cazza* (SchwäbWb. III 91).
neigeezla swV. [OJ]
– eingießen [OJ].

gefackelter ‚Brief' s. →*fackeln²*.

gefahr Subst. m./n. [LI, LüJ, SK, SS]
gefar [LüJ, SPI]; **gfahr** [LüJ]; **gfar** [TK]; **gfaar** [JeS]; **gefor** [JeH, SE]; **geforr** [SE]; **gefoa** [SP]; **gefoahd** Subst. n. [LI]; **gefaach** [WL]; **gfartl** Subst. m. [TJ, TK]
– Dorf [JeH, JeS, LI, LüJ, SE, SK, SP, SPI, SS, TJ, TK, WL]; Ortschaft [SP] ♦ **E:** rw. *kefar* ‚Dorf' (WolfWR 2544) < jd. *kefar* ‚Dorf' (We 70, SchwäbWb. III 155 (*G(e)far*). ♦ **V:** *wohnisches g'fahr* ‚katholisches Dorf' [LüJ]; *großes geforr* ‚Stadt' [SE]; *Herles im g'fahr scheft der kolb krillisch und der kritsch wohnisch* ‚Hier im Dorf ist der Pfarrer evangelisch und der Bürgermeister katholisch' [LüJ]; *herlem im g'fahr hauret ein lenker schuker; buz und scharle schefftem aber dof* ‚Hier im Dorf ist ein strenger Gendarm; der Polizeidiener und der Schultheiß sind aber gut' [LüJ]

gefahrhans Subst. m. [RH]
– Ortsvorsteher [RH] ♦ **E:** RN *Hans*.

geforbines Subst. m. [JeH]; **gefoabiines** [SP]
– Ortsvorsteher [JeH, SP]; Bürgermeister [SP]

gefoakaadi Subst. m. [SP]
– Ortsvorsteher [SP]; Bürgermeister [SP] ♦ **E:** →*kadi*.

gefängnis Subst. n. in:
gefängnisfraß Subst. m. [WG]
– Essen im Gefängnis [WG]
gefängnisratte Subst. f. [HLD]
– Advokat [HLD] ♦ **E:** dt. *Gefängnis* DWB IV 2125 ff.

gefikt Subst. n. [TJ]
– Gericht [TJ] ♦ **E:** wohl zu rw. *fieche* ‚Polizei', rw. *fickern* ‚umherstreifen' (WolfWR 1383).

gefinkelt(er) ‚Branntwein, Schnaps' s. →*finkeln*.

gefitze Subst. n. in: [RW]
dachdeckergefitze Subst. [RW]
– Spottname für Dachdecker [RW] ♦ **E:** dt. *Gefitze* „verfitzter, verworrener knäuel" DWB IV 2142.

geflebbt werden ‚kontrolliert werden' s. →*flepp*.

geflickt Adj., Part. Perf. [BJ]
gfliggd [OJ]
– arm [BJ, OJ]; lumpig [BJ, OJ]; Armer [BJ, OJ] ♦ **E:** zu dt. *flicken* DWB III 1774 ff.

gefodisch Subst. f. [SE]
– Hebamme [SE] ♦ **E:** unsicher; evtl zu dt. *fördern*, „bene cedere, gedeihen, weiter kommen, von statten gehen" DWB III 1894.
gefoatischen Subst. Pl. [SP]
– Ureltern [SP]
kriipsgefoadisch Subst. f. [SP]
– Hebamme [SP] ♦ **E:** unsicher; evtl zu dt. *kripfen* „heftig oder rasch greifen, ergreifen" DWB XI 2320.

gefoppeltes Subst. n. [FS]
gefoppel Subst. [FS]
– Wurst [FS] ♦ **E:** rw. *foppen* ‚lügen, betrügen', „ursprünglich ein echtes rw Wort ... könnte auch übers Jidd. Oder Rw. in die Umgangssprache (ab 17. Jh.) gelangt sein" (WolfWR 1512); „kommt zuerst in der zweiten hälfte des 15 jh. unter den gaunern vor", urspr. Bedeutung: „‚was sie sagen' = wie sie es nennen" DWB III 1887 f. Benennungsmotiv: minderwertiger Inhalt von Wurst; vgl. ugs. *Geheimnisträger* ‚Frikadelle'.

gefunkelt(er) ‚Branntwein, Schnaps' s. →*funk*.

gehadæræ Subst. n. [WJ]
– Lumpensammeln [WJ] ♦ **E:** zu dt. *Hadern* ‚Lumpen', *Hadernschneider* DWB X 117 ff.

gehann Subst. m. [KMa, OH]
– Fleisch [KMa, OH]; Speck [KMa] ♦ **E:** deonomastisch aus RN *Johannes*.

gehannjörg Subst. m. [KMa, OH]
– Fleisch [KMa, OH]; Speck [KMa] ♦ **E:** RN *Johannes* und *Georg*.

gehatt Subst. [EF]
gahâtt [EF]; **ghâtt** [EF]; **gahattn** [EF]
– Fisch [EF] ♦ **E:** unsicher; evtl. (nach Form und Flossen) zu dt. *Hattel* ‚Haferähre' DWB X 560.

gehechelter Subst. m. [FS, Jsa, KMa, LI, OH, PfJ]
gehæchelter [FS]; **gehäschelder** [JSa]; **kechelter** [LüJ]; **kächlde** [OJ]; **kechelte** [BJ, PH]; **kêchelte** [Him]; **gehechelde** [LL, CL]; **gehechelte** [CL]; **gehechelten** [JSa]; **gehegeldes** [CL, LL]
– Kuchen [CL, Jsa, KMa, LI, LL, OH, PH]; Wecken [BJ, LüJ, OJ, PfJ]; Weck [Him, LüJ]; Semmel [BJ, Him, OJ]; Brötchen [FS] ♦ **E:** rw. *kechelte* ‚Wecken, Semmel', *gehechelter* ‚Kuchen, Semmel' (WolfWR 1694), zu dt. (ant.) *hecheln* „mit der hechel flachs oder hanf bearbeiten" DWB X 737 f. ♦ **V:** *dat hät Gehäschelder gebackt* ‚sie hat Kuchen gebacken' [JSa].

gleiskechelte Subst. Pl. [LüJ]
– Milchwecken [LüJ] ♦ **V:** *derchermoß: hauret so dof, lehmschupfer, und dogt mir dofen lehm oder gleiskechelte für mein gälmle zum gleisschnälle sicheren. lehmschupfer: nobis, nobis, dercherulmen wird lore 'dogt!* ‚Bettelweib: Seid so gut, Bäcker, und gebt mir etwas Weißbrot oder Milchwecken für mein Kindlein, um ein Milchsüpplein zu kochen. Bäckermeister: Nein, nein, Bettelleuten wird nichts gegeben!' [LüJ].

geheim Adj. in:
geheime Subst. f. [WG]
– Geheimprostituierte [WG] ♦ **E:** dt. *geheim* DWB V 2351 ff.
geheimer Subst. m. [OJ, RW]; **geheime** [OJ]
– Polizist [OJ]; Kriminalbeamter in Zivil [RW]; Kriminalpolizist [RW]; Schutzmann in Zivil [RW] ♦ **E:** rw. *geheimer* ‚Kriminalpolizeibeamter' (WolfWR 1695).
geheimrad Übername [HK]; **geheimrat** [HK]
– der Musiker H. [HK]

gehen swV. in: [HN]
geht auf mich ‚das Getränk (die Runde) bezahle ich' [HN].

gehirn Subst. n. in: [HN]
gehirn juckt ‚will Schläge haben' [HN] ♦ **E:** dt. *Gehirn* DWB V 2483 ff. ♦ **V:** *ihm juckt das gehirn* ‚er meldet sich, um was auf die Backen zu kriegen, er bettelt um Schläge' [HN]
gehirnklempner Subst. m. [HN]
– Psychiater [HN].

gehl ‚gelb, golden, Goldmünze' → *geel*.

gehnachhinten Phras. [BJ]
– Frack [BJ]; Gehrock [BJ] ♦ **E:** vgl. → *gaschd-hendre*.

gehös Subst. n. [EF]
gehöse [EF]
– Hose [EF] ♦ **E:** Kollektivbildung zu dt. *Hose* DWB X 1837 ff.

gei ‚Dorf' → *gäu*.

geich Subst. f. [WJ]
– Hexe [WJ] ♦ **E:** unsicher; evtl. zu dt. *geichen* ‚hetzen, jagen' DWB V 2558; oder Bildung zu rw./jd. *geinom* ‚Hölle' WolfWR 1707.

geicherei ‚Musik' → *geigen*.

geien swV. [HF, HeF]
– musizieren [HF, HeF]; singen [HF] ♦ **E:** rw. *geien* ‚musizieren', aus mdal. *geigen* (WolfWR 1702); moselfrk./rheinfrk. *gai, gei* ‚Geige'.
gei Subst. f. [HF]; **gey** [HF]
– Lied [HF]
geiblag Subst. m. [HF]
– Musikant [HF] ♦ **E:** aus *gei* ‚Lied' und *blag* ‚Mann'.
geihospel Subst. f. [HF]
– Drehorgel [HF] ♦ **E:** dt./mdal. *hospel* ‚Mühle'.
geikrabbel Subst. n. [HF]
– Liederbuch [HF].

geiern[1] swV. [HN, MM]
– jmd. ausnehmen [HN]; aufpassen [HN]; betteln [HN] ♦ **E:** zu dt. *Geier*, ein Greifvogel, Aasfresser DWB V 2559 ff.
geier Subst. m. [JSW]
– Gerichtsvollzieher [JSW].
geiern[2] swV. [MM]
– lachen [MM] ♦ **E:** ugs. ‚mißgünstig über jmd. sprechen, auslachen', vgl. Kü 1987: 279.

geies Subst. n. [JS]
– Hals [JS] ♦ **E:** unsicher; evtl. zu rw./jd. *chaies* ‚Leben, Kopf' WolfWR 823. ♦ **V:** *de geies von os knöffje schäft sporkesich* ‚der Hals von unserem Sohn ist schmutzig' [JS].

geigen swV. [HN]
– spielen [HN] ♦ **E:** dt. *geigen* ‚fideln, auf der Geige spielen' DWB V 2575 ff.
übergeigen swV. [HN]
– den anderen beim Spielen schlagen [HN]
vergeigen swV. [HN]
– beim Spielen verlieren [HN] ♦ **V:** *das ding habe ich vergeigt* ‚ich war zu doof dafür' [HN]; *die Partie habe ich vergeigt* ‚ich habe ein Spiel durch eigene Schuld verloren' [HN]
vorgeigen swV. [HN]
– etwas vormachen [HN] ♦ **V:** *dir geig ich ein' vor* ‚dir mache ich was vor' [HN]
geige Subst. f. [KJ, MB, RW, SJ]
– Säge [KJ, SJ]; Flasche [MB]; zwanzig DM (nach dem Motiv auf dem Geldschein) [RW] ♦ **E:** Benennungsmotiv: Hin- und Herbewegen des Geigenbogens, vgl. SchwäbWb. III 222 (*Geige*), bzw. Geige auf dem Geldschein.
bummelgeicherei Subst. [EF]
– Unterhaltungsmusik [EF] ♦ **E:** dt. *bummeln* und *geigen*, Wolf, Fatzersprache, 115.

geigenkasten Subst. m. [RW]
– „Muckamt" [RW]; Ort, an dem man um Geld vorsprechen kann [RW].

geika Subst. n. [SK]
– Ei [SK] ♦ **E:** poln. *jaiko* ‚Ei'.

geiln swV. in:
abigeiln swV. [WG]
– „eine Prostituierte zieht sich zurück vom Kunden" [WG] ♦ **E:** zu dt. *geil* DWB V 2581 ff.

geimel Subst. [KJ]
– Mädchen [KJ] ♦ **E:** unsicher; evtl. Diminutivbildung zu rw./jd. *chaim* ‚Jude' WolfWR 824 oder zu dt. *geimen* ‚offen stehen', *gymen* ‚Spalt, Riss' DWB V 2606.

geißeln swV. [JSa]; **gäscheln** swV. [JSa]
– (Fische) angeln [JSa] ♦ **E:** dt. *geißeln* ‚auspeitschen'; Benennungsmotiv: Formähnlichkeit von Angelrute und Peitsche. ♦ **V:** *Schwemmesjer gaescheln* ‚Fische angeln' [JSa].

geißfinniche Subst. f. [SK]
– fünf Mark [SK] ♦ **E:** rw. *kesef*, zu jd. *kesseph* ‚Silber' (WolfWR 2578) und *finniche* (s. unter → *finne*) (WolfWR 1410).

geist Subst. m. [BJ, KJ]
– Mensch [KJ]; falscher Mensch [BJ] ♦ **E:** unsicher; evtl. zu dt. *Geist* ‚Dämon' DWB V 2623 ff.

geister Subst. Pl. [KJ]
– Leute [KJ].

geitling → *gatterling*.

gelb Adj. in:
einen gelben machen ‚Geldschrank knacken' [WG] ♦ **E:** dt. *gelb* DWB V 2878 ff.

gelbfüchser Subst. m. [BJ]; **gelbfiggsla** Subst. Pl. [OJ]
– Goldstück [BJ]; Goldstücke [OJ]

gelbfüßler Subst. m. [LJ, SchJ]
– Badenser [LJ, SchJ] ♦ **E:** ursprünglich Bezeichnung für die Schwaben, Südwestdeutschen allgemein, später Verengung auf Bewohner von Baden-Schwaben.1582: Schwaben *gelb Füß haben* (Johann Fischart); bei Sebastian Sailer (um 1756) einer der sieben Schwaben der *Gelbfüßler*. *-füßler* als Nebenform zu *Fiesel* (WolfWR 1719) danach unzutreffend.

gelbvögel Subst. Pl. [Gmü]
– Goldstücke [Gmü].

geld Subst. n. in:
handgeld Subst. n. [HN]
– „wenn der erste Patient nach oben mitkam und man die Blockschulden (Miete usw.) bezahlt hat, das ist das erste, der Freier war gekommen und man hat Handgeld machen können" [HN]; erste Einnahme des Tages [HN]; erster Gast [HN]

fußgeld Subst. n. [HN]
– zweiter Freier [HN]; zweiter Gast [HN]

kopfgeld Subst. n. [HN]
– dritter Freier [HN]; dritter Gast [HN]

geldhai Subst. m. [WG]
– Wucherer [WG]

geldmändle Subst. n. Dim. [PfJ]
– Kapitalist [PfJ] ♦ **E:** mdal. Dim. zu dt. *Mann*.

gelde Subst. f. [WJ]
– Holzzuber [WJ] ♦ **E:** rw. *gelle* ‚Zuber' (tragbares Wassergefäß), dt./mdal. *Gelte* ‚mit Handgriffen versehenes Gefäß', mhd. *gelte* (WolfWR 1730, SchwäbWb. III 299).

gelerieb Subst. f. [WM]
– Klarinette [WM] ♦ **E:** pfälz. *Gelberübe* ‚Karotte', Benennungsmotiv: nach der Form.

gelimmeld Adj., Part. Perf. [Scho]
gelimmld [Scho]
– gewöhnt [Scho] ♦ **E:** jd. *gelimmelt* ‚zum Zugtier abgerichtet' (Klepsch 608).

gella Subst. [EF]
gäulein Subst. n. [EF]
– Pferd [EF] ♦ **E:** zu dt. *Gaul* DWB IV 1566 ff. → *gaulisch*.

gelle Subst. m. [OJ]
– Schultheiß [OJ]; Bürgermeister [OJ] ♦ **E:** wohl zu dt. *gellen* „mit einem gellenden klange aufschlagen, anschlagen" (DWB V 3037 ff.).

gellern sw. V. [KMa]; **gillern** [KMa]
– bellen [KMa] ♦ **E:** rw. *gellern* ‚bellen', zu dt. *gellen* (WolfWR 1731).

gelmeli ‚Kind' → *galm*.

gelse Subst. f. [SK]
– Fliege [SK] ♦ **E:** dt./mdal. *Gelse* ‚Mücke, Schnake' DWB V 3052. ♦ **V:** *hei harre ne gelse in de lätze wie e klesmerte* ‚er hatte eine Fliege in der Geige, als er anfing zu spielen' [SK].

gemahnt Adj., Adv., Part. Perf. [LI]
– gut [LI] ♦ **E:** wohl zu dt. *mahnen* DWB XII 1462 ff.

gemalebuscht ‚gekleidet' s. → *malebusch*.

gemärret Adj., Adv., Part. Perf. [OH]
– verheiratet [OH] ♦ **E:** zu mdal. *mären* ‚anbinden' (SüdhessWb. IV 537).

gemechelt Adj., Adv., Part. Perf. [OH]
– geschlagen [OH] ♦ **E:** zu dt. *meucheln* DWB XII 2161.

gemeinde Subst. f. in: [HN]
– Kiez, Viertel [HN] ♦ **E:** dt. *Gemeinde* DWB V 3220 ff.
♦ **V:** *einen gang durch die gemeinde machen* ‚durch viele Kneipen gehen' [HN].

gemele¹ Subst. [BM]
– Peitsche [BM] ♦ **E:** zu schweizdt. *gamme* Schweiz-Id. 2,299 ‚Schwinger, Hakenschwung'.

gemele² Subst. [BM]
– Ziege [BM] ♦ **E:** wohl zu schweizdt. *gämmeli* (II) SchweizId. 2,299 ‚Stall für Kleinvieh'; ‚Ziege' met. totum pro parte.

gemme Subst. f. [SPI]
– Frau [SPI]; Lebewesen weiblichen Geschlechts (stadt-/dorfbekannt) [SPI] ♦ **E:** zu dt. *Gammel* „von weibern in tadelndem sinne" DWB IV 1212.

gemme ‚Butter' s. → *chemme*.

gemoahlt Adj., Adv., Part. Perf. [LI]
– gesagt [LI] ♦ **E:** zu mhd. *mahelen* ‚versprechen', dt. *Mahl* ‚Gerichtsverhandlung' DWB XII 1452.

gemsle ‚Hemd' → *kamis*.

gemul Subst. n. [PH]
– Fleisch [PH] ♦ **E:** wohl zu pfälz. *Gemulbe* ‚das durch Zerreiben, Zermalmen Entstandene' PfälzWB III 195 f.

gemüt Subst. n. in: [HN]
geht auf mein gemüt ‚bezahle ich' [HN] ♦ **E:** zu dt. *Gemüt* DWB V 3293 ff.

genefl Subst. n. [OJ]
geneva¹ [BJ]
– Neugieriger [BJ]; neugieriges Kind [OJ] ♦ **E:** wohl zu *ganowen* ‚auskundschaften' → *gannef*.

genefla Adj. [OJ]; **geneva²** [BJ]
– heimlich [BJ]; naseweis [OJ].

genesaurum ‚Schnaps' s. → *jennesaurum*.

genickschußbar Subst. f. [HN]
– Übername für das Lokal „Zum Silbersack" (St. Pauli) [HN].

genie Subst. n. [EF]
schenie [EF]
– Maler [EF] ♦ **E:** dt. *Genie*, aus frz. *genie* ‚Künstler'.

genirwes Subst. [SS, WH]
– Apfel [SS, WH] ♦ **E:** zu rw. *karnaiwesen* ‚Kartoffeln' (WolfWR 2481), evtl. aus roi. *keraw* ‚kochen' oder roi. *kirno* ‚faul'.

genissen Adj., Part. Perf. [MUJ]
– verstanden [MUJ] ♦ **E:** zu mdal. *geneißen* ‚erkennen, verstehen'. Vgl. → *kneisen*.

genkel Subst. [BJ]
gengil [BJ]; **gengle** [LüJ]; **genggl** [OJ]; **gängling** Subst. m. [Zi]
– Uhr [LüJ, OJ, Zi] ♦ **E:** rw. *gängling, gänglein* ‚Uhr' (WolfWR 1640), vermutlich zu schwäb. *gankelen* ‚langsam schwingen, von einem aufgehängten Gegenstand', *Gankeler* ‚alles, was herabhängt und sich leicht bewegt; so auch ein Glockenschwengel' (SchwäbWb. III 46).

genglespflanzer Subst. m. [LüJ]; **gengelespflanzer** [LüJ]; **gänglingpflanzer** Subst. m. [Zi]
– Uhrmacher [LüJ, Zi] ♦ **E:** rw., WolfWR 1640 → *pflanzer*; SchwäbWb. VI 2, 1975 (*Gängleins-pflanzer*).

gengle Subst. [LüJ]
– Katze [BJ] ♦ **E:** Benennungsmotiv: der hin- und herpendelnde Schwanz der Katzen.

gent¹ Subst. [SG]
– Mädchen [SG] ♦ **E:** nd. *jentig* ‚niedlich, hübsch, bes. von kleinen Kindern'.

gent² ‚Leute' → *jent*.

georginen Subst. f., Pl. [MM]
– Blumen [MM] ♦ **E:** dt./nd. *Georgine* ‚Seerosendahlie', Deonomasticum: nach dem russischen Botaniker J. G. *Georgi*, 1729–1802.

gepeuschelt Adj., Adv., Part. Perf. [OH]
– verheiratet [OH] ♦ **E:** wohl du dt. *pauschen* ‚zusammenraufen, bündeln' DWB XIII 1513.

gepfuuse ‚Geplärre' s. → *pfusen*.

gepiedelt Adj., Adv., Part. Perf. [JeH]
– gegeben [JeH] ♦ **E:** unsicher; evtl zu moselfrk. *piedeln* ‚mit den Fingerspitzen hantieren oder zeitraubende, oft nutzlose, Kleinarbeit verrichten'.

ger Subst. m. [Scho]
gerem Pl. [Scho]
– Fremder [Scho]; Nichtjuden [Scho]; niedriges Volk [Scho] ♦ **E:** jd. *ger* ‚Fremder, Nichtjude' (We 64).

gerach Subst. m. [RH]
– Straße [RH] ♦ **E:** unsicher; evtl. zu → *derech* ‚Straße' oder (met.) zu rw./jd. *keresch* ‚Brett' WolfWR 2574.

gerade Adj. in:
gerade machen ‚aggressiv erledigen' [HN]; *sich für jemanden gerade machen* ‚für jemanden kämpfen' [WG]; *gerade Geschichte* ‚ehrliche Geschichte' [WG]
♦ **E:** dt. *gerade* ‚gradlinig, nicht krumm' DWB V 3542 ff.

gerben swV. [BJ, LJ]
gärba [OJ]; **gerble** swV. [JeS]
– sich erbrechen [BJ, JeS, LJ, OJ] ♦ **E:** rw./dt. *gärben* ‚drücken, würgen, rülpsen' (WolfWR 1742).

gere swV. [PH]
– machen [PH] ♦ **E:** roi. *kerâva* ‚machen, tun' (WolfWZ 1372).
blättlesgerer Subst. m. [LJ]
– Schirmmacher [LJ].

germe Subst. f. [PH]
– Wanze [PH] ♦ **E:** roi. *kérmo* ‚Wurm' (WolfWR 2961).

gerne Subst. [JeS, LJ]
– Speck [LJ]; Fleisch [JeS] ♦ **E:** ital. *carne* ‚Fleisch' (WolfWR 2482, Middelberg, Romanismen, 32).

gernte Subst. [LI]
– Wein [LI] ♦ **E:** unsicher; evtl. zu dt. *ernten, Geerntetes*.

geruch Subst. m. [BJ]
– Blume [BJ] ♦ **E:** zu dt. *riechen, Geruch* DWB XIV 910 ff.

gerupftes Subst. n. [KJ]
– Heu [KJ] ♦ **E:** zu dt. *rupfen* ‚herausziehen, zupfen' DWB XIV 1529 ff.

gerusch Subst. n. [BJ]
– unnütze Sachen [BJ] ♦ **E:** schwäb. *Gerust* ‚wertloser Kram' (SchwäbWb. III 435, Klepsch 612).

gerwinkel Subst. m. [CL]
– Schlüssel [CL] ♦ **E:** unsicher; evtl. zu dt. *Ger* ‚Spieß, Speer, Stange' DWB V 3542 und (nach dem Bart eines Schlüssels) dt. *Winkel*.

gesangbok Subst. n. [SG]
gesangboek [SG]
– Gewehr [SG] ♦ **E:** nd., hochdt. *Gesangbuch*.

geschäft Subst. n. [WG]
– Brüste, Busen [WG] ♦ **E:** dt. *Geschäft* DWB V 3814 ff.

geschärscht Adj., Adv., Part. Perf. [KMa]
geschärcht [KMa]
– gestohlen [KMa] ♦ **E:** HessNassWb. III 100 (*schärschen* ‚laufen, eilen').

geschassket ‚getrunken' → *schasken*.

gescheis Subst. [RR]
– Dachschräge [RR] ♦ **E:** wohl zu dt. *Gescheit* ‚Gebilde aus Holz(scheiten)' DWB V 3852.

geschem Subst. m. [Scho]
ischem Subst. m. [CL]
– Regen [CL, Scho] ♦ **E:** rw. *gäschemen* ‚regnen' zu jd. *geschem* ‚Regen' (WolfWR 1659, We 64, Post 244, Klepsch 613).
geschemen swV. [Scho]; **gäschemen** [KMa]; **ischeme** swV. [CL]
– regnen [CL, KMa, Scho]

gische Subst. f. [DG, SJ]; **geist** Subst. [BJ]
– Hut [DG, SJ]; steifer Hut [BJ] ♦ **E:** SchwäbWb. III 663. Vgl. → *geist*.

geschgorem Subst. m. [Scho]
– Mensch, schlechter [Scho] ♦ **E:** jd. Bildung mit *ge-* zu jd. *schkorem* ‚Lüge, Verleumdung' (We 96).

geschichte Subst. f. in: [WG]
gerade Geschichte ‚ehrliche Handlung' [WG]; *flache geschicht* ‚kleines Verbrechen, welches nichts bringt' [WG] ♦ **E:** dt. *Geschichte* DWB V 3857 ff.

geschiel Subst. n. [LI]
gescheel [KMa]
– Käse [KMa, LI] ♦ **E:** Kollektivbildung zu dt. *schälen* ‚die Rinde oder Schale abschneiden' DWB XIV 2064 f.

geschirr Subst. n. [EF]
gescher [EF]; **gescherr** [EF]; **gscherr** [EF]; **getscherr** [EF]
– Gut [EF]; Hof [EF] ♦ **E:** dt. *Geschirr* DWB V 3886 ff., *im geschirre sein* „angestrengt thätig sein".

geschmaling ‚Katze' → *schmale*.

geschmatter Subst. [Scho]
- Getaufter [Scho] ♦ **E:** zu jd. *schmatten* ‚taufen' (We 98).

geschnägelt Adj., Adv. [KMa, OH]
- betrunken [KMa]; getrunken [OH] ♦ **E:** evtl. zu rw. *schinnagel* ‚falsches Zeugnis, faules Attest'; Herkunft unsicher, evtl. aus roi. *tčinákero* ‚wertlos' oder jd. *schin* ‚schlecht' und dt. *Nagel* (WolfWR 3783).

geschnitze Subst. f. [GM]
- (Brot-)Korb [GM] ♦ **E:** roi. *kosnítsa* ‚Korb' (WolfWZ 1523).

geschrödde Subst. m., n. [HF]
geschrödden [HeF]
- Branntwein [HF, HeF]; Schnaps [HF] ♦ **E:** dt. *schrot, geschröte* ‚grob gemahlenes Korn' (zum (Korn)branntwein), DWB XV 1773 ff. ♦ **V:** *en ruth geschrödden* ‚ein Schnaps' [HeF]; *de kletschblag plart gehr geschrödden* ‚Der Bettler trinkt gern Branntwein' [HeF]

geschröddeknucker Subst. m. [HF]
- Destillateur [HF] ♦ **E:** → *knucker* ‚Hersteller, Macher'.

geschröddenhärk Subst. f. [HF]
- Schnapskneipe [HF]; Schnapsschenke [HF].

geschütz Subst. n. [SK]
- Notenständer [SK] ♦ **E:** dt. *Geschütz* (Waffe) DWB V 3975 ff.

geschwächt ‚betrunken' s. → *schwächen*.

geschwärzter bane Phras. [BJ]
- Rauchfleisch vom Pferd [BJ] ♦ **E:** s. → *bane²*.

geschwollen Adj., Adv., Part. Perf. [BJ]
geschwolln [EF]; **gschwolla** [OJ]
- schwanger [BJ, OJ]; betrunken [EF] ♦ **E:** dt. *geschwollen*, Benennungsmotiv: Umfang des Mutterleibes.- Vgl. die parallele Bildung *dick* ‚betrunken'.

geseires Subst. n. [MM, SJ]
gsaires [Scho]; **geseres** [Scho]; **gseres** [Scho]
- Sorgen [Scho]; Verhängnis [Scho]; Schwierigkeit [Scho]; Aufwand [Scho]; Plage [Scho]; Mißgeschick [Scho]; Gerede [MM]; (leeres) Geschwätz [MM, Scho, SJ] ♦ **E:** rw. *geseires* ‚widrige Verhältnisse, unnützes Geschwätz' (WolfWR 1764) < jd. *geseire, geseire*, Pl. *geseires* ‚böser Zustand, Plage, Schwierigkeit, Aufwand' (We 64, Post 198, Klepsch 618). ♦ **V:** *geseires machen* ‚wehklagen' [SJ].

geselen swV. [HF]; **gesele** [HF]
- Kreisel spielen [HF] ♦ **E:** niederfrk. *jēsele(n)* ‚geißeln, den Kreisel mit einer Geißel antreiben'.

geeßeldopp Subst. m. [HF]
- unruhiger, quirliger Mensch [HF] ♦ **E:** mdal. *Geeßel* ‚Geißel' und *Dopp* ‚Holzkreisel'.

gesellschaft Subst. f. in: [RW]
- Organisation [RW]; Vereinigung [RW]; Handwerksburschen, die einander begegnen und sich nicht am → Berliner nach Zunftzugehörigkeit unterscheiden lassen, grüßen sich *Guten Tag, Gesellschaft!* [RW] ♦ **E:** rw. *Gesellschaft*, auch Gruß unter Handwerksburschen auf der Walz, dt. *Gesellenschaft* (WolfWR 1765).

geseres ‚Sorgen, böser Zustand' → *geseires*.

gespringe Subst. n. [BJ]
- „etwas miteinander haben" [BJ]; Liebelei, Techtelmechtel [BJ] ♦ **E:** zu dt. *springen*, Präfix *ge-*.

gespritzter Subst. m. [HN]
- „unseriöser, doppelseitiger Mensch; ein Betrogener, der selbst zum Betrüger taugt" ♦ **E:** → *spritzen*.

gespuiner Subst. m. [SS]
- Schlüssel [SS] ♦ **E:** wohl zu dt. *spunden, spünden* ‚verschließen' DWB XVII 232 f.

gestankel Subst. n. Dim. [EF]
- Blähung [EF] ♦ **E:** zu dt. *Gestank*.

gesteckt Adj. Adv. [EF]
- gezahlt [EF] ♦ **E:** rw. *stechen, stecken* ‚geben' (WolfWR 5541), zu dt. *stecken* DWB XVII 1298 ff. ♦ **V:** *niscnt gesteckt* ‚unbezahlt' [EF].

gestromt ‚umhergetrieben' → *stremen*.

gesungenen ‚Wein' s. → *singen*.

get Pron. [HF]
- etwas [HF] ♦ **E:** niederfrk. *get, jet* ‚etwas' RheinWb. II 205.

getterlinge ‚Handschuhe' → *gatterling*.

Geue ‚Frau, Mädchen' → *goi¹*.

gewaltige Subst. m. [BJ]
gewaldige [OJ]
- Gewaltiger, Großer [BJ]; großer Herr [BJ, OJ]; Gott [BJ, OJ] ♦ **E:** dt. *gewaltig* ‚sehr stark, übermächtig' DWB VI 5112 ff.

gewaltigen swV. [BJ]
- herrschen [BJ].

gewand Subst. n. in:
hackngewand Subst. n. [WG]
– Berufskleidung der Dirne [WG] ♦ **E:** dt. *Gewand* ‚Kleid(ung)'; wienerisch *Hackn* ‚Arbeit, Prostitution'.

gewant ‚schön, gut' s. → *quant*.

gewarbis Subst. [EF]
– Gewerbeschein [EF] ♦ **E:** mdal., dt. *Gewerbe*. ♦ **V:** *n gewarbis aushammln* ‚den Gewerbeschein versorgen bzw. seine Frist verlängern' [EF].

gewehrpiep Subst. f. [EF]
gewehrpiepe [EF]
– Flöte [EF] ♦ **E:** dt. *Gewehr* und nd./mdal. *pipe* ‚Pfeife'.

gewerbe Subst. n. in: [StG]
lippschgewerbe Phras. [StG]
– Brotbeutel [StG] ♦ **E:** rw. *Lippsches Gewerbe* ‚Vagabundierbeutel' WolfWR 3252, dt. *Gewerbe* und evtl. rw. *leep* ‚listig, schlau' WolfWR 3177.

gewerkt Adj., Part. Perf. [KMa]
– geführt [KMa] ♦ **E:** dt. *werken, fuhrwerken* DWB IV 478 f.

gewinnung Subst. f. [BJ]
– Geburt [BJ] ♦ **E:** zu dt. *gewinnen* ‚etwas durch Glück hinzubekommen' DWB VI 5923 ff.

gewitterhund Subst. m. [SG]
– Hexe [SG] ♦ **E:** dt. *Gewitter* DWB VI 6376 ff. und dt. *Hund*.

geyf ‚schuldig' → *keif¹*.

geyfe Subst. in:
ayfe geyfe Phras. [Scho]
– Liebe [Scho]; eifersüchtig [Scho] ♦ **E:** jd. *geiwe* ‚Stolz' (Klepsch 287).

gezeke Subst. n. [Scho]
gseres [Scho]; **gseeras** [NW]
– Geschrei [Scho]; Gesinge [Scho]; langes, unangenehmes Gerede [NW] ♦ **E:** dt. Kollektivpräfix *ge-* und jd. *zekenen* ‚schreien schimpfen, singen' (We 110).

gezoppt ‚erwischt, gestohlen' s. → *zupfen*.

gfinkelt ‚rot', **gfinkelter** ‚Schnaps' s. → *finkeln*.

gflitter Subst. n. [KJ]
– Papier [KJ] ♦ **E:** Kollektivbildung zu dt. *Flitter* DWB III 1805 f.

flittern swV. [KJ]
– schreiben [KJ].

gflößt Subst. [PfJ]
geflost [PfJ]
– Niederkunft [PfJ] ♦ **E:** Kollektivbildung zu dt. *flößen* ‚fließen machen, eintrichtern' DWB III 1820 f., mdal. SchwäbWb. III 165.

gflüglete Subst. m. [BJ]
– Engel [BJ] ♦ **E:** zu dt. *Flügel* DWB III 1839 ff.

gfoist Adj., Adv. [LJ]
– schön [LJ]; herrlich [LJ]; hübsch [LJ]; „Steigerung von → *quant*" [LüJ] ♦ **E:** Bildung zu dt. *fein:* *gefeinst, hier mit *n-* Schwund (Staubsches Gesetz), SchwäbWb. III 162 (*gefeinserlet, gefeint*) oder zu mdal./obdt. *gfoist*, dt. *gefallen* DWB IV 2108 ff. (*gefallen* II.). → *übergfoist*.

gfonggled ‚glitzrig, leuchtend' s. → *funk*.

gfrieß Subst. n. [OJ]
– Gesicht [OJ] ♦ **E:** schwäb. *Gefriss* ‚Gesicht' SchwäbWb. III 170.

ghai Subst. n. [BJ]
– gerodeter Wald [BJ] ♦ **E:** schwäb. *Gehau, Gehäu* ‚ausgehauene Waldstrecke' SchwäbWb. III 187.

ghazter Subst. m. [WG]
– Homosexueller [WG] ♦ **E:** wienerisch, zu dt. *heizen*, ugs./mdal. *Geheizter* ‚Warmer'.

ghümt Subst. n. [BM]
– Geld [BM] ♦ **E:** unsicher; evtl. zu mdal./nd. *humsen* ‚mausen, stehlen'; vgl. WolfWR 2256.

gial Subst. m. [LJ]
– Maul [LJ]; Kopf [LJ] ♦ **E:** rw. *giel* ‚Mund', mhd. *giel*, frz. *gueule* ‚Maul, Rachen' (WolfWR 1789, SchwäbWb. III 651). → *giel¹*. ♦ **V:** *der tschubel, der kennt i jetzt grad guffe in der gial na* ‚der Frau könnt ich jetzt glatt eins aufs Maul geben' [LJ]
giala swV. [LJ]
– köpfen [LJ].

gibagno Subst. m. [JS, PH]
– Lehrer [JS, PH] ♦ **E:** entstellt aus roi. *sikerpaskero* ‚Lehrer' (WolfWZ 2898).

gibaskro Subst. m. [GM]
– Sänger [GM] ♦ **E:** roi. *gipaskro* ‚Sänger' (WolfWZ 883).

giberen swV. [LüJ]
kibara [LüJ]; **kibern** [Mat]
– reden [LüJ]; sprechen [LüJ]; erzählen [LüJ, Mat]
♦ **E:** unsicher; evtl. Nebenform zu *dibbern* ‚reden' oder zu roi. *gipaskro* ‚Sänger' (WolfWZ 883).

giches ‚Most, Schnaps' → *gickes*.

gichtere Subst. Pl. [CL]
– große Angst [CL] ♦ **E:** westmd./mdal. *Gichter(n)*: ‚heftige, von Angstzuständen begleitete Krämpfe, bes. bei Kindern' (PfälzWb. II 310 SüdhessWb. II 808, RheinWb. II 632).

gickel Subst. m. [KMa]
– Pferd [KMa] ♦ **E:** rw. *gickel* id.; WolfWR 1783 (ohne Herleitung); hess. *Gickel* ‚met. Stolz, Hahn', *Gickel* ‚Haushahn' DWB VII 7314 f., „bildlich für hochmut, stolzes gebahren, dünkel".

gicker Subst. m. [EF]
gücker [EF]; **gickel** Subst. [JSW]
– Auge [EF, JSW] ♦ **E:** wohl zu ostmd. *gieken* ‚schauen, sehen', dt. *gucken*.

gickes Subst. m. [BJ]
gigges [OJ, SJ]; **giggis** [OJ]; **giges** [PfJ]; **gieges** [PfJ]; **giegas** [LJ]; **gigas** [LJ]; **gagges** [SJ]; **giches** [PfJ]; **gieger** Subst. m. [PfJ]
– Schnaps [BJ, LJ, OJ, SJ]; Most [PfJ]; Blödsinn [SJ] ♦ **E:** rw. *gikes* ‚Schnaps' (WolfWR 1785, ohne Herleitung); SchwäbWb. III 899 (*Gückes* ‚Schnaps'). ♦ **V:** *gfinkelter giegas* ‚Likör, Branntwein' [LJ]; *Steck mr a blemb ond an gigges, draußa ischts no ganz schö biberisch* ‚Bring mir ein Bier und einen Schnaps, draußen ist es noch ganz schön kalt' [SJ]; *Baizermoss lass amol a ronde gigges boschta* ‚Wirtin, bring eine Runde Schnaps' [SJ]; *Mir sirflet no an gigges, der ischt gwand, aber vermufft mr boschtet gern end schwäche nei, blos hatschemer lak, no boschtet mr ab* ‚Wir trinken noch einen Schnaps, der ist gut; aber verflixt, wir gehen gern in die Wirtschaft; und wenn wir ins Schwanken geraten, dann gehen wir eben heim' [SJ].

gicks Subst. m. [EF]
– Mißton [EF] ♦ **E:** dt. *gicksen* ‚leise, kleinlaut reden' DWB VII 7321, mhd. *gicksen* ‚leicht schreien' Wolf, Fatzersprache, 120; OSächsWb. II 101 (*gicks, gicksen*).

gicksen swV. [WG]
– stehlen [WG] ♦ **E:** unsicher, evtl. zu dt. *gieken* ‚stechen', „mit langen oder stumpfen instrumenten" DWB VII 7345.

gieb Subst. [OJ]
giep [BJ]; **gip** [Him, SJ]; **gîp** [Him, SJ]; **kib** [GM]; **gib** [JS, KJ, PH]
– Getreide [BJ, Him, KJ, OJ, SJ]; Korn [BJ, GM, OJ]; Frucht [GM, SJ]; Futtergetreide [JS, PH] ♦ **E:** rw. *gieb* ‚Getreide' (WolfWR 1787, SchwäbWb. III 647) < roi. *gib* ‚Korn, Getreide' (WolfWZ 880). ♦ **V:** *Dr kaffr beschulmd seine bomma mid gip odr mit am gloina lasl odr am nickl* ‚Der Bauer bezahlt seine Schulden mit Getreide oder einem kleinen Schaf oder Schwein' [SJ]

klebengib Subst. [KJ]
– Pferdekorn [KJ]; Hafer [KJ].

giegala swV. [BJ, OJ]
– zittern (vor Erregung) [BJ, OJ] ♦ **E:** SchwäbWb. III 660 (*ginkeln* ‚hin und herschwingen').

giel[1] Subst. [JeS, LüJ, RW, TK]
gil, gîl [BJ, LüJ, MeT, Zi]
– Hals [BJ]; Mund [JeS, LüJ, RW, TK, Zi]; Maul [JeS, LüJ]; Kopf [JeS] ♦ **E:** rw. *giel* ‚Mund', mnd. *gil* ‚Schlund' < mhd. *giel*, frz. *gueule* ‚Maul, Rachen' (WolfWR 1789). → *gial*. ♦ **V:** *halt dei giel* ‚halt deinen Mund' [LüJ].

gilen swV. [BJ]
– schlucken [BJ]

gielleetzeme Subst. f. [JeS]
– Mundharmonika [JeS] ♦ **E:** → *leetz*.

giel[2] Subst. [LüJ]
– Kotze [LüJ]

gielen swV. [LüJ]; **gîlen** [Zi]; **giela** [LüJ]; **giele** [JeS]
– speien [LüJ]; brechen, sich erbrechen [JeS, LüJ]; sich übergeben [LüJ]; kotzen [LüJ]; schwer atmen [BJ]; weinen [Zi] ♦ **E:** rw. *gielen* ‚speien, erbrechen' (WolfWR 1790, ohne Herleitung); nach SchwäbWb. (III 658) evtl. aus hebr. *gilla* ‚enthüllen'.

gielerich Adj. [LüJ]
– übel, schlecht [LüJ]; kotzübel [LüJ]; „zum Kotzen" [LüJ] ♦ **E:** rw. *gielerig* ‚zum Erbrechen übel' (WolfWR 1790, ohne Herleitung); SchwäbWb. VI 2, 2040. ♦ **V:** *diberei: schmus kaffer, haurets begerisch? Nobis, moß! – Bikerich? Nobis. – Schwächerich? Nobis. – Durmerich? Nobis. – Geschwächt? Nobis, moß! – Scheffts dir schofel? Nobis. – Gielerich? Nobis. – Dof? Kenn, moß!* Gespräch: Sag, Mann, bist du krank? Nein, Frau! – Hungrig? Nein. – Durstig? Nein. – Schläfrig? Nein. – Betrunken? Nein, Frau! – Ist dir schlecht? Nein. – Übel? Nein. – Gut? Ja, Weib! [LüJ]

gielerei Subst. f. [JeS]
– Erbrochenes [JeS]; Lüge [JeS].

giel³ Subst. m. [BM]
gieltsch Subst. m. [BM]; **gielt** [BM]; **gielteli** Subst. n. Dim. [BM]
– Junge [BM] ♦ **E:** SchweizId. II 213 (*Giel* ‚Buben').

giel⁴ ‚Fleisch' → *gil¹*.

giep ‚Getreide, Korn' → *gieb*.

giere Subst. [OJ]
– „Kopf auf dünnem, langen Hals" [OJ] ♦ **E:** unsicher; evtl. zu dt. *gieren* ‚schief stehen' (DWB VII 7372).

giesche¹ Subst. f. [BM]
– Mund [BM] ♦ **E:** SchweizId. II 479 (*Giesch* ‚großes weites Maul').

giesche² ‚Hut' → *gische*.

giffele swV. [JS]
– lachen [JS] ♦ **E:** zu dt. *giffen* ‚schreien, kläffen' (DWB VII 7423).

giffu Subst. m. [BM]
– Kaffee [BM] ♦ **E:** Umbildung zu dt. *Kaffee*.

gift Subst. n. [RW] in:
mit gift und donnerwetter [RW]
– zünftiger Redebeginn bei Festen; Einleitung zu einem erbosten Spruch; Gesellenschnack beim Fassschmoren, wenn ein Geselle etwas zum Besten geben will; Redebeginn unter Zunftgesellen; Schnack; Zusatz, um Nachdruck zu verleihen ♦ **E:** dt. *Gift*, ahd./mhd. ‚Gabe, Verleihung', vgl. dt. *Mitgift* DWB VII 7423 ff., met. im Nhd. „stoff, der an oder in einem lebenden organismus schädliche wirkungen, krankheit oder tod hervorruft" DWB VII 7427.

gifthäbche Subst. n. Dim. [WM]
– Apotheke [WM] ♦ **E:** pfälz. *Häbche* Dim. zu *Hafen* ‚Topf, Gefäß' (PfälzWb. III 560).

giftmischer Subst. m. [RW, WM]
– Apotheker [RW, WM]; Destillateur [RW]; Drogist [RW] ♦ **E:** rw. *giftmischer* ‚Arzt, Apotheker' (WolfWR 1794).

giftmischerei Subst. f. [SG]
– Apotheke [SG]

giftnudel Subst. f. [HN]
– Zigarette [HN] ♦ **E:** *giftnudel* ‚schlechte Zigarre (Zigarette)', *-nudel* wegen der zylinderförmigen Gestalt der Zigarre, *gift* wegen der gesundheitsschädlichen Wirkung (Kü I 197).

giftschenigeler Subst. m. [RW]
– Betonbauer [RW]; Zimmerer, der Schalungen herstellt (Betonbau) [RW]

giftler Subst. m. [WG]
– Rauschgiftsüchtiger [WG]

giftlerin Subst. f. [WG]
– Rauschgiftsüchtige [WG]

giftl Subst. [TJ]
– Schwester [TJ] ♦ **E:** wohl zu dt. *Gift* ‚Gabe, Geschenk' DWB VII 7423 ff., vgl. *Mitgift*.

gig Subst. f. [MM]
– Kutsche, Einspänner [MM]; Rennwagen [MM] ♦ **E:** engl. *gig* ‚zweirädriger, offener Wagen'.

gigackse Subst. [BJ]
– Esel [BJ] ♦ **E:** onomatopoetisch, nach dem Schrei von Eseln.

gigag Subst. f. [CL]
– Wäscheklammer [CL] ♦ **E:** rw. *gickgack* ‚dieses und jenes alberne Zeug' (WolfWR 1786) oder pfälz. *Gigack* ‚Gans', nach der Form des Gänseschnabels.

gigas, gigges ‚Schnaps' → *gickes*.

gigges ond gagges Phras. [BJ]
– dies und das [BJ]; egal [BJ]; gleich [BJ] ♦ **E:** schwäb. *gickesgackes machen* ‚viel Worte machen und nichts Vernünftiges damit sagen' SchwäbWb. III 651.

giggl¹ Subst. m. [OJ]
– Brotanschnitt [OJ]; Brotende [OJ] ♦ **E:** wohl (nach der Form) zu *gig* ‚kleines Boot' DWB VII 7471.

giggl² Subst. [OJ]
– Blässhuhn [OJ] ♦ **E:** unsicher; evtl. zu schwäb. *Gückel* ‚Hahn'.

giggr Subst. m. [OJ]
– Penis [OJ] ♦ **E:** wohl zu dt./mdal. *gieken* ‚stechen' (DWB VII 7345).

gigser Subst. m. [Pf]
– Messer [Pf] ♦ **E:** SchwäbWb. III 657 (*gigsen* ‚stechen').

giiren Subst. Pl. [MJ]
– Hühner [MJ] ♦ **E:** wohl zu schweizdt. *gīreⁿ* SchweizId. I 2,406 ‚kirren, hohe, schneidende Töne hervorbringen'.

giker ‚lahm' s. → *chigger*.

gil¹ Subst. [MeT]
– Fleisch, Speck [MeT]

giler, gîler [MeT]
– Fleischer [MT, MeT] ♦ **E:** rw., WolfWR 1797, ohne Herleitung; im nl. Bargoens *gila* ‚Speck', Siewert, Humpisch, 73.

gil² ‚Hals' → *giel¹*.

gilb Adj. [BJ]
– gelb [BJ] ♦ **E:** dt. *gelb* (Farbe) DWB V 2878.

gilbert Subst. m. [EF]
– Salz [EF] ♦ **E:** Bildung zu *gelb, gilben*, evtl. unter Einfluss von RN *Gilbert*.

gilbhansen Subst. Pl. [BJ]
– Mirabellen [BJ]; Ringlotten [BJ] ♦ **E:** Zweitglied wohl zu RN *Hans*.

gilch Subst. [KMa]
– Pferd [KMa] ♦ **E:** unsicher; evtl. Verfremdung aus *gickel* durch partielle Inversion (*gilck*).

gilcha swV. [OJ]
– schlucken [OJ]; schwer atmen [OJ] ♦ **E:** wohl Intensivbildung zu → *giel¹* (WolfWR 1789).

gilchas Subst. [LJ]; **gilchis** [OJ]
– Hals [LJ, OJ].

gilen ‚schlucken' → *giel¹*.

gilfen swV. [Scho]
– schimpfen [Scho] ♦ **E:** jd. *gilferen* ‚ausdauernd schimpfen' (Klepsch 623).

gilobaskre Subst. f. [LüJ]
– Geige [LüJ] ♦ **E:** roi. *gil-* ‚singen; Lied; Sänger' (WolfWZ 883, Boretzky/Igla 1994: 97) < roi. *bas-* ‚(ein Instrument) spielen', *basaldi* ‚Geige' (WolfWZ 119, Boretzky/Igla 1994: 23).

gimel Num. Kard. [KM, RW, SS]
gimmel [CL, LL, MM, Scho]; **kimel** [KM]; **kimmel** [MM, SS]; **kümmel** [MB, StG]
– drei [CL, KM, LL, MM, RW, SS, Scho] ♦ **E:** rw./jd. *gimmel* ‚drei' (WolfWR 6437, We 64, Post 198, Klepsch 624). ♦ **V:** *kimmel schuk* ‚drei Mark' [MM]; *kimmel fiozer takes* ‚35 Pfennige' [MM]; *bei dem chalo ham se kimmel kachelins geschort* ‚dem Bauern wurden drei Hühner gestohlen' [MM]; *für kimmel schuck kannste die schawele kindigen* ‚für 3 Mark kannst du die Flasche Schnaps kaufen' [MM]; *ich hatte nur kimmel lowinen geschickert* ‚ich hatte nur drei Bier getrunken' [MM]; *olf, bes, kimmel, dollar, hei – mit dem sonnof an die schmu vorbei* ‚eins, zwei, drei, vier, fünf – mit dem Schwanz an der Scham vorbei' [MM].

gimeler Subst. m. [BM]
– Gymnasiast [BM] ♦ **E:** schweidt. Bildung zu *Gymnasium*.

gimmelen swV. [HF]
– hämisch lächeln [HF]; grinsen [HF] ♦ **E:** niederfrk. *gimmeln* ‚verstohlen lachen, kichern'.

gimpel Subst. m. [SJ]
– Dummkopf [SJ]; dämlicher Bursche [SJ]; Dummer [SJ] ♦ **E:** schwäb. *Gimpel* ‚einfältiger Mensch' SchwäbWb. III 660. ♦ **V:** *einen gimpel rupfen* ‚einem Dummen das Geld abnehmen' [SJ].

ginggis Subst. m. [JeS, MJ]
ginggel [TK]
– Hase [JeS]; Kaninchen [JeS]; Katze [JeS, MJ, TK] ♦ **E:** alem./schweizdt. *Küngele, Ginggel* ‚Kaninchen', < rätorom. *cunigl* < lat. *cuniculus* (SchweizId. II 367, BadWb. II 327).

ginkerich Subst. m. [JSa]
ginkrich [JSa]; **ginggrisch** [JSa]
– Uhr [JSa] ♦ **E:** wohl zu roi. *gin, ginn* ‚Zahl' (WolfWZ 884). ♦ **V:** *Haudzi, wad schäffd dann de Ginggrisch?* ‚Mann, wieviel Uhr ist es?' [JSa].

ginne Subst. f. [MM]
chinne [MM]
– Mädchen, Frau [MM] ♦ **E:** unsicher; viell. von westf. *gine* ‚Regine' (WWBA. 552).

ginnum ‚Kopfgrind' → *kinum*.

gintle swV. [BM]
– herumvagabundieren [BM] ♦ **E:** SchweizId. X 55 (*spaginteln* ‚schnell herumspringen, gehen').

gip ‚Getreide, Frucht' → *gieb*.

gipfel Subst. m. [BJ]
– Brotanschnitt [BJ]; „Brotende" (Knust, Knapp) ♦ **E:** schwäb. *Gipfel* ‚Wipfel, oberes Ende' SchwäbWb. III 661.

gir Subst. m. [BJ, Him]
– Kopf auf dünnem, langem Hals [BJ]; Mund [Him] ♦ **E:** wohl Kürzung aus dt. *Giraffe* „mundartlich, bezeichnung mit ironischem sinn: für ein frauenzimmer mit einem langen hals" DWB VII 7544 oder zu alem. *Gir* ‚Geier'.

giral Subst. m. [JS, PH]
girel [GM, JeS]; **gihrall** [LüJ]
– Käse [GM, JS, JeS, PH] ♦ **E:** rw. *gihrall* ‚Käse' (WolfWR 1796) < roi. *kiral* ‚Käse' (WolfWZ 1413, Bo/Ig 1994: 143).

girbes Subst. m. [OJ]
– Kopf [OJ] ♦ **E:** wohl zu dt. *Kürbis* DWB XI 2797 ff., evtl. unter Beeinflussung von schwäb. *Girbel* ‚Kopfwirbel, Scheitel' SchwäbWb. III 662.
girbesdrillr Subst. m. [OJ]
– Henker [OJ]
girbeszwiggr Subst. m. [OJ]
– Henker [OJ].

girchen Subst. Pl. [LüJ, MUJ]
gircha [LüJ]; **girche** [JS, LüJ, PH]; **circha** [LüJ]; Subst. m. Pl. **gircher** [LüJ]
– Schuh(e) [JS, MUJ, PH] ♦ **E:** rw. *gurken, girchen* ‚Stiefel, Schuhe', entstellt < fnhd. *Korken* ‚Pantoffeln' (ab 1595 belegt, Korkholz zum Herstellen leichter Schuhe) WolfWR 1979; SchwäbWb. III 662 (*Girchen*).
→ *girsche, görch, kirche.*

girel Subst. m. [WL]
– „Tasche, die an der Seite hing" [WL] ♦ **E:** LuxWb. II 55 *Gierel, Gierdel* ‚Gürtel'.

giren swV. [GM]
– braten [GM]; backen [GM] ♦ **E:** roi. *kerəw-* ‚kochen, sieden' (WolfWZ 1374).

girgu Subst. m. [BM]
– mächtiger Mann [BM] ♦ **E:** schweizdt. *Girgel* ‚hochgewachsener, hagerer Mensch' (SchweizId. II 417).

giri Subst. m. [WG]
– Pferdefleischhauer [WG] ♦ **E:** unsicher; evtl. zu obdt. *giere^n* SchweizId. 2,408 ‚auseinanderklaffen'.

girsche Subst. m. [JeS]
– Schuh [JeS] ♦ **E:** wohl zu rw. *gurke* ‚Stiefel' → *girchen*, oder evtl. zu oder mit Einfluss von schweizdt. *girschen* ‚knirschen' (SchweizId. II 430).

gischde Subst. m. [TK]
– Gendarm [TK] ♦ **E:** TirolWb. I 238 (*Gischte*, ‚herumstreichende Hündin, Frau', zu *gischte* ‚herumstreichen').

gische Subst. f. [BJ, SJ, TK]
giesche [OJ]; **güschi** [TK]; **gietsche** Subst. f. [LüJ, MUJ]; **giedsche** [WJ]; **gitsche** [LüJ]; **gitsch** [LüJ]
– Hut [BJ, MUJ, OJ, SJ, TK]; Herrenhut [WJ]; *da giesche off dr schneid hoa* ‚den Hut schräg tragen' [OJ]

♦ **E:** rw. *gische* ‚Hut' (WolfWR 1808, ohne Herleitung); Konstanzer Hans 1791: *gische*; SchwäbWb. III 663 (*Gische*).
gitschegatsche Subst. m. [LüJ]
– Mann mit Hut [LüJ]

gītsch Subst. m. [LüJ]
– Mensch aus Baden (Schimpfwort) [LüJ] ♦ **E:** SchwäbWb. III 665 (*Gitsch*).

gitschemaro Subst. m. [LüJ]
gitschemare [LüJ]; **getschemare** [LüJ]; **gitschemer** Subst. m. [LüJ]
– Wirt [LüJ]; Gastwirt [LüJ]; „Beizer" [LüJ]; „Koberer" [LüJ]; Verkäufer [LüJ] ♦ **E:** rw. *gritschimari* ‚Gastwirt', zu roi. *kerčemáro* ‚Wirt' (WolfWR 2498, WolfWZ 1382). ♦ **V:** *wie kann des sein, daß mich der gitschemaro heimschickt, wo ich noch gar nicht viel gschwächt hab'* ‚wieso schickt mich der Wirt schon nach Hause, obwohl ich noch gar nicht viel getrunken habe' [LüJ]
gitschomaregatsche Subst. m. [LüJ]
– Wirt [LüJ].

gitschen[1] ‚kaufen' → *kitschen.*

gitschen[2] swV. [JS]
– gehen [JS] ♦ **E:** unsicher; evtl. zu dt./mdal. *gitschen* ‚schaukeln' (DWB VII 7571).

gitz Subst. m. [JeH]
gits [SP]; **gitsen** Subst. [SP]
– Nase [JeH, SP] ♦ **E:** rw. *gitz* ‚Nase' (WolfWR 1812, ohne Herleitung), wohl zu dt. *gitzen* ‚pfeifen, zischen, brummen' DWB VII 7589. ♦ **V:** *bots dain gits!* ‚putz deine Nase!' [SP].

gitzling Subst. m. [BJ]
– Blässhuhn [BJ] ♦ **E:** zu schwäb. *Gitzelein* ‚Kosename für die Ente' SchwäbWb. III 666.

giwe Subst. m. [GM]
– Gesang [GM]; Singen [GM] ♦ **E:** roi. *giben* ‚Gesang, Singen' (WolfWZ 883). ♦ **V:** *lundsema de giwe!* ‚höre dir den Gesang an!' [GM].

gizegustre Subst. m. [LüJ]
– Ohrring [LüJ] ♦ **E:** wohl zu → *gitz* ‚Nase'; rw. *gustrin* ‚Ring' zu roi. *gusteri(n)* ‚Ring, Reif' (WolfWR 1989). → *gustre.*

glääb ‚Pferd' → *klaeb.*

glaaf Subst. [OJ]
– Tierfell [OJ] ♦ **E:** rw. *klaff* ‚Tierfell' aus jd. *k'laph* ‚Papier, Pergament, Spielkarte' (WolfWR 2560).

glaapf Subst. m. [OJ]
– Rausch [OJ] ♦ **E:** schwäb. *Klapf* ‚Knall, Schlag, Schmutzrand' SchwäbWb. IV 446.
glaapfig Adj. [OJ]
– rauschig [OJ].

gläbbr ‚Pferd' → *klaeb*.

glack Subst. [TK]
glaggl Subst. [TK]
– Ohr [TK] ♦ **E:** TirolWb. I 238 (*Glagg* ‚etwas schlaff Hängendes').

gladi Adj. [BM]
gladif Adj. [BM]
– glatt [BM] ♦ **E:** Bildung zu dt. *glatt* DWB VII 7705 ff.

gläffde ‚lumpiger Kerl' → *klafte*.

glägere Subst. f. [BM]
– Gelegenheit [BM] ♦ **E:** mdal. zu dt. *Gelegenheit* DWB V 2938 ff.

glagg Subst. f. [TJ]
– Uhr [TJ] ♦ **E:** wohl onomapoetisch *klick-klack*, vgl. *tick-tack*.

glaggd Agj., Adv., Part. Perf. [OJ]
– betrogen [OJ] ♦ **E:** dt./ugs. *gelackt sein, der Gelackmeierte sein*.

glaiemer Subst. Pl. [Scho]
– Beine [Scho] ♦ **E:** jd. *raglajim*, Pl., jd. *regel* ‚Fuß, Bein'.

glamm Subst. f. [OJ]
– Not [OJ] ♦ **E:** schwäb. *Klamm* ‚Einklemmung, Quetschung' SchwäbWb. IV 442.
glamm sei Adv. [OJ]
– in Geldnot sein [OJ] ♦ **E:** dt./ugs. *klamm sein*.

glämse ‚weinen' → *glemsen*.

glänggerlig Subst. m. [JeS]
– Ohrring [JeS]; Schmuck [JeS]; Uhrenkette [JeS] ♦ **E:** SchweizId. III 660 *Chlänkel, Chlänker* ‚Glockenschwingel'.

glänzen Subst. n. [BJ]
– Glas [BJ] ♦ **E:** rw. *glanz, glansert* ‚Glas' < dt. *glänzen, gleißen* (WolfWR 1817).
glanz Subst. m. [BJ, WJ]
– Rausch (met.) [BJ, WJ] ♦ **V:** *der gaatsch hot an glanz em gsicht* ‚Der Mann ist betrunken' [WJ]
glänzer¹ Subst. Pl. [BJ]; **glenzr** [OJ]
– Augen [BJ, OJ]

glänzert Subst. m. [HK, JSa]; **gländserd** [HK]; **glansert** [LüJ]; **glanzert** [JeS, PH, WL]; **glänserle** Subst. Dim. [LoJ]; **glänzerle** [TJ, TK, UG]; **glänzerli** [JeS]; **glänzer²** Subst. m. [BO]
– Glas [BO, HK, JeS, LoJ, UG]; Trinkglas [JSa, TJ, TK, PH]; Brille [JeS, WL]; Fensterscheibe [WL]; Spiegel [WL]; Herdplatte [HK].

glärchen Subst. n. [OJ]
gläre Subst. f. [OJ]
– Sonne [OJ] ♦ **E:** rw. *klärchen* ‚Sonne', zu dt. *(sonnen)klar* WolfWR 2671; Kontamination mit weibl. RN → *Klara, Klärchen, Claire*, Siewert, Grundlagen, 202; vgl. → *Lorenz*.

glase, glasi, glass ‚Gewehr, Schusswaffe' → *klass²*.

glasi della moore Phras., ON [HN]
– Spitzname für das Hamburger Gefängnis *Glasmoor* [HN].

glasije ON [MB]
– „Glacis" (Park in Minden) [MB].

glass Subst. f. [OJ]
– Sonne [OJ] ♦ **E:** zu schwäb. *Glast* ‚Glanz, Schimmer, Schein' SchwäbWb. III 672, evtl. Einfluss von dt. *Glas*. → *glesterich*.

glassante Subst. f. Pl. [CL, LL]
– Handschuhe, bes. Glacé-Handschuhe [CL, LL] ♦ **E:** zu dt. *Glacé*, aus frz. *glacé* ‚Glanz', *Glacéhandschuhe* (PfälzWb. III 326, SüdhessWb. II 1376, RheinWb. II 1256, BadWb. II 422), bzw. PfälzWb. III 332 *Glässing* ‚Glacéhandschuhe'. ♦ **V:** *Er ist mit de glassante kumm* [CL, LL].

glastcher Subst. Pl. [RH]
– Weintrauben [RH] ♦ **E:** wohl Bildung zu dt. *Glast* ‚Glanz, Schein, Schimmer' DWB VII 7696 ff.; vgl. → *glass, glesterich*.

glaszeich Subst. n. [EF]
klaszeich [EF] ♦ **E:** zu dt. *Zeug* ‚Sache, Ding' DWB XXXI 825 ff.; *glas-, klas-* zu dt. *klar(es)* oder zu rw. *glanz, glansert* ‚Glas' → *glänzen*; vgl. Wolf, Fatzersprache, 139.

glatt Adj. /Adv. [BJ, HN]
gladd [OJ]
– gut [BJ, HN, OJ]; sauber [BJ, OJ]; hell [BJ] ♦ **E:** rw. *glatt* ‚gut' (WolfWR 1823), zu dt. *glatt* ‚glänzend, eben' DWB VII 7705 ff. ♦ **V:** *er ist glatt* ‚er ist in Ordnung' [BJ]; *er ist ein glatter* ‚auf den kann ich mich ver-

lassen, der spricht nicht bei der Schmiere' ‚er ist in Ordnung' [BJ]; *glatter hecht* ‚der Mann ist in Ordnung, auf den ist Verlass' [BJ]

glatte Subst. f. [SK]
– zwei Mark [SK]

glattling Subst. m. [LJ, SchJ, TJ]
– Fisch [LJ, SchJ, TJ] ♦ **E:** zu dt. *glatt*; nach der glatten Haut von Fischen (Klepsch 627). ♦ **V:** *glattling ketschn* ‚fischen' [TJ]

glatthart Subst. m. [HLD]
– Tisch [HLD] ♦ **E:** Derivation, rw. Suffix *-hart* zu dt. *glatt*.

glawin Adj. [LJ]
– klein [LJ] ♦ **E:** rw. *glawin* ‚klein', Umbildung zu mdal. *glā* ‚klein' (Klepsch 627). ♦ **V:** *glawiner flatterling* ‚kleiner Vogel' [LJ]; *glawins dufterle* ‚Kapelle' [LJ]

glawiner Subst. m. [LJ, SchJ]
– Anfänger [LJ, SchJ]; Kleiner [SchJ] ♦ **E:** rw. *glawiner* ‚Anfänger' (WolfWR 1816).

glawinerle Subst. n. [LJ]
– Baby [LJ] ♦ **E:** rw. *glandisch* ‚klein', rw. *glawiner(la)* ‚Anfänger, Säugling' (WolfWR 1816, ohne Herleitung), evtl. zu dt. *glendern* ‚gleiten, glitschen' DWB VII 8332; vgl. → *glendisch*.

glawta ‚Hündin' → *klafte*.

gleber ‚Pferd' → *klaeb*.

gledu Subst. m. [BM]
gletu [BM]
– Trinkglas [BM] ♦ **E:** Bildung zu dt. *Glas* DWB VII 7659 ff.

glefere Subst. m. [LüJ]
– Depp [LüJ]; Flegel [LüJ]; Blöder [LüJ]; unbeholfener, schwerfälliger Mann [LüJ] ♦ **E:** mhd. *klaffære*, schwäb. *Kläffer* ‚Schwätzer, Verleumder' (SchwäbWb. IV 435).

gleferle Subst. n., Dim. [LüJ]
– Depp [LüJ].

gleichr Subst. m. [BJ, OJ]
gleicher [HLD]
– Kamerad [BJ, OJ]; Mitgesell [HLD] ♦ **E:** dt. *gleich* DWB VII 8014 ff.

gleimt Adj., Part. Perf. [SJ]
gloemt [SJ]
– beschissen [SJ]; betrogen [SJ] ♦ **E:** Part. Perf. zu dt. *leimen* ‚jmd. hereinlegen' DWB XII 698 f. „der heutigen niedrigen rede aber gehört an *einen leimen* für einen betrügen, wobei etwa an. auf den leim locken des vogelstellers angeknüpft ist".

gleis[1] Subst. [MM]
– Seuche [MM]; Pferdekrankheit [MM] ♦ **E:** unsicher; evtl. zu rw. *gleiß* u. a. ‚Euter', ahd. *glīz* ‚Glanz' WolfWR 1829, vgl. → *gleis*[2].

gleis[2] Adj. [LJ]
– weiß [LJ] ♦ **E:** rw. *gleiß* (WolfWR 1829, Klepsch 627, SchwäbWb. III 689), zu ahd. *glīz*, *clīz* ‚Glanz', dt. *Gleiß* ‚Glanz'.

gleis[3] Subst. [LJ, LüJ, MM, MUJ, NJ, PfJ, SE, SchJ, TJ, TK]; **glis** [RW]; **gleeis** [SP]; **gleiß** [LJ, LüJ, OJ, PfJ]; **gleiss** [LJ, LoJ, MeJ, RR, WJ]; **gleisse** [JeS]; **kleis** [NJ, NrJ, PfJ, SE, WL]; **kleeis** [SP]; **klies** [NJ]; **klees** [JS]; **kleeß** [JS]; **kleiß** [SE]; **kläis** [LI]
– Silber [MM]; Milch [JS, JeS, LI, LJ, LoJ, LüJ, MeJ, MUJ, NJ, NrJ, OJ, PfJ, RR, RW, SE, SP, SchJ, TJ, TK, WJ, WL]; Molke [WL]

gleißle Subst. n., Dim. [OJ]
– Milch [OJ] ♦ **E:** dt. *gleis* „aus der gaunersprache stammende bezeichnung der milch" DWB VII 8286; Benennungsmotiv: helle Farbe. ♦ **V:** *oder e häflele gleiß, nit emal des hast bestiebt von dera tschubel* ‚oder ein Töpfchen Milch, nicht einmal das hast du von der Frau bekommen' [LJ]; *wenn mer in d'Ölhäuser unser gleiß gholt hend, ham mer dort naus de pommerling gtschort* ‚wenn wir in den Ölhäusern unsere Milch geholt haben, haben wir dort draußen die Äpfel gestohlen' [LJ]; *So, galme, dibert die mamere, ist schnall und bolle' buttet und gleis gschwächt? Kenn, mamele! – Dann bostet in sauft und schlaunet!* ‚So, Kinder, sagt die Mutter, ist die Suppe und die Kartoffeln gegessen und die Milch getrunken? Ja, Mutter! – Dann geht ins Bett und schlaft!' [LüJ]; *o mutter, hättet sie net a bissle gleis, mei tschabo hent nix zu bicke* ‚o Mutter, haben Sie nicht vielleicht etwas Milch, meine Kinder haben nichts zu essen' [LüJ]

gleisbitsch Subst. [LJ]
– Milchkanne [LJ] ♦ **E:** schwäb. *bütsche* ‚aufrechtstehendes, oben offenes, aber auch mit Deckel versehenes Gefäß mit Handhabe' (SchwäbWb. I 1560).

gleißkante Subst. f. [LJ]
– Euter [LJ] ♦ **E:** schwäb. *Kante* ‚Kanne' (SchwäbWb. IV 195).

gleiskechele Subst. n. [LüJ]
– Milchschale [LüJ]; Milchkanne [LüJ]; Milchflasche [LüJ]; Milchpfännle [LüJ] ♦ **E:** Dim. zu schwäb. *Kachel* ‚Topf' SchwäbWb. IV 139.

gleiskechelte Subst. [LüJ]
– Milchwecken [LüJ] ♦ **E:** → *gehechelde.* ♦ **V:** *Derchermoß: Hauret so dof, lehmschupfer, und dogt mir dofen lehm oder gleiskechelte für mein gälme zum gleisschnälle sicheren. Lehmschupfer: Nobis, nobis, dercherulmen wird lore 'dogt* ‚Bettelweib: Seid so gut Bäcker, und geht mir etwas Weißbrot oder Milchwecken für meine Kinderlein, um ein Milchsüpplein zu kochen. Bäckermeister: Nein, nein, Bettelleuten wird nichts gegeben!' [LüJ]

gleißkittle Subst. n. [LüJ]
– Milchhaus [LüJ]; Milchhäusle [LüJ] ♦ **E:** WolfWR 1829 (*gleiskittle*); SchwäbWb. III 689 (*Gleiskittlein*).

gleiskut Subst. f. [LJ]
– Euter [LJ]

gleisschnälle Subst. f. [LüJ]
– Milchsuppe [LüJ]; Milchsüpplein [LüJ] ♦ **E:** rw. *gleisschnalle* (Wo1985: 1829), SchwäbWb. III 689 (*Gleisschnalle* ‚Milchsuppe'); → *schnalle²*.

gleisbolifze Subst. [Pfl]; **gleisbolifzke** [Pfl]; **gleiflbolifze** [Pfl]
– Milchsuppe [Pfl] ♦ **E:** → *polivka.* ♦ **V:** *Derchermoß: Hauret so dof, lehmschupfer, und dogt mir dofen lehm oder gleiskechelte für mein gälme zum gleisschnälle sicheren. Lehmschupfer: Nobis, nobis, dercherulmen wird lore 'dogt* ‚Bettelweib: Seid so gut Bäcker, und geht mir etwas Weißbrot oder Milchwecken für meine Kinderlein, um ein Milchsüpplein zu kochen. Bäckermeister: Nein, nein, Bettelleuten wird nichts gegeben!' [LüJ]; *mei mamere sutteret gerade mei gleisschnälle* ‚meine Mutter kocht gerade meine Milchsuppe' [LüJ]

gleisschund Subst. m. [LüJ]
– Sahne (Rahm) [LüJ] ♦ **E:** SchwäbWb. VI 2, 2046 (*Gleisschund*).

gleistrampel Subst. m./n. [LJ, SchJ, Scho, TJ]; **gelistrempel** [BJ]; **gleißdrambl** [OJ]
– Kuh [BJ, LJ, OJ, SchJ, TJ]; Tierarzt [Scho] ♦ **E:** rw./jen. → *gleis* ‚Milch' und dt. *Trampel* DWB XXI 1178 f.

gleistrampelmarodebenk Subst. m. [LJ]; **gleistrampelmarodepink** [SchJ]
– Tierarzt [LJ, SchJ]

gleistrampelranggerle Subst. n. Dim. [TJ]
– Kalb [TJ] ♦ **E:** rw. *rangeln* ‚raufen', jen. *ranggerle* ‚Kind', zu dt. *rangen* ‚ringend kämpfen' (WolfWR 4485).

gleischba ‚Holzsplitter' → *kleisber.*

glemsen swV. [LüJ]
glämse [JeS]
– weinen [JeS, LüJ]; flennen [JeS]; schreien [LüJ] ♦ **E:** rw. *glemsen* ‚weinen' (WolfWR 1830, ohne Herleitung), SchwäbWb. IV 484 (*klemsen*). ♦ **V:** *Mödele, warum glemsest so grandich? Hast vom patres guffes bestieb?* ‚Mädchen, warum weinst du so arg? Hast' vom Vater Hiebe bekommen?' [LüJ].

glemser Subst. n. [SK]
– Glas [SK] ♦ **E:** wohl umgebildet aus rw. *glänzer(t)* ‚Glas', zu dt. *glänzen, gleißen* (WolfWR 1817).

glendisch Adj. [LJ]
– kurz [LJ] ♦ **E:** rw. *glandisch, glendisch,* WolfWR 1816 (ohne Herleitung), evtl. zu dt. *glendern* ‚gleiten, glitschen' DWB VII 8332. ♦ **V:** *buschge glendisch* ‚kurze Waffe, Pistole' [LJ].

glenga swV. [OJ]
– musizieren [OJ] ♦ **E:** dt. *klingen* st.V. DWB XI 1179 ff.

gleng Subst. f. [OJ]
– Musikinstrument [OJ]; enges Tal [OJ] ♦ **E:** Bed. ‚enges Tal': zu mhd. *klinge* „Bach, Rinnsal, Talschlucht, in der man das Wasser rauschen hört" DWB XI 1173 f.

glengaschellr Subst. m. [OJ]
– Musikant [OJ].

glenk Part. Perf. [TK]
– gegeben [TK] ♦ **E:** zu tirol. *glangen* ‚nach etwas greifen' (TirolWb I 372).

glenzen swV. [LüJ]
– bemerken [LüJ]; erwischen [LüJ]; sehen [LüJ]; schauen [LüJ]; mitkriegen [LüJ] ♦ **E:** Ansatz *glenzen* unsicher, nur als *glenzt* belegt, womgl. Partizip von *lenzen* ‚sehen, schauen', dann Ansatz **gelenzen.*

glenzich Adj. [WJ]
– klein [WJ] ♦ **E:** rw. *glendisch* ‚klein'; vgl. → *glawin.*

glepfa swV. [OJ]
– abhauen [OJ]; sterben [OJ] ♦ **E:** schwäb. *kläpfen* ‚knallen, mit Handschlag verabschieden' SchwäbWb. IV 447.

glepfe Subst. f. [OJ]
– große Niederlage [OJ].

glepper ‚Pferd' → *klaeb.*

glesel Subst. [BM]
– Spielkugel [BM] ♦ **E:** Dim.-Bildung zu dt. *Glas,* vgl. → *glesterich.*

glesmer ‚Musikant' → *klesmer.*

glesterich Subst. [RW]
glesteich [HLD]
– Glas [HLD, RW] ♦ **E:** wohl Bildung zu dt. *Glast* ‚Glanz, Schein, Schimmer' DWB VII 7696 ff.; → *glass*; vgl. *glansert* (unter → *glanz*).

gletsch Subst. f. [KMa]
kletsch [KMa]
– Seife [KMa] ♦ **E:** zu dt. *glitschen* ‚gleiten' DWB VIII 128 ff.

gletter Subst. m. [JeS]
– Tisch [JeS] ♦ **E:** rw. *glatt* ‚Tisch', zu dt. *glatt* (WolfWR 1824); → *glatt, glattling*.

gleunig Adj. [MB]
– leuchtend [MB]; glänzend [MB]; glühend [MB] ♦ **E:** westf. *glöinen* ‚glühen' (WestfWb. 372); westf. *gleien* ‚glänzen' (WestfWb. 370).

glewa ‚Pferd' → *gläbbr*.

glid Adv. [BJ]
– sehr gut [BJ]; alle Glieder unversehrt [BJ] ♦ **E:** wohl zu dt. *gelid* „in feiner weise zusammen gegliedert" DWB V 3018 f.
glie gwand Phras. [OJ]
– sehr gut [OJ] ♦ **E:** → *quant*.

glied Subst. n. [LüJ]
glid [BJ, UG]; **gliedl** Subst. m. Dim. [LoJ]; **glidel** [TJ]; **glîdel** [TK]
– Familienmitglied (Sohn, Tochter, Bruder, Schwester, Oheim, Tante, Neffe, Nichte) [LüJ]; Schwester [TJ, TK, UG]; Geschwister [LoJ]; Bruder und Schwester, Vetter und Base [BJ] ♦ **E:** zu dt. *Glied* (z. B. in einer Reihe/Familie), SchwäbWb. III 692 (*Glid*). ♦ **V:** *glied ond gsus* ‚Bruder und Schwester' [OJ].

gliesmerei ‚Musik' → *klesmer*.

glimm Subst. [WL]
– Feuer [WL] ♦ **E:** zu dt. *glimmen* DWB VIII 86.
glimmert Subst. m. [MeT, WL]
– Zigarre
glimmstengel Subst. m. [KMa, PfJ]; **klemmstengel** [PfJ] ♦ **E:** *klemm-* unsicher, ob hierher; womgl. zu dt. *klemmen* DWB XI 1139 ff.
– Zigarre [KMa, MeT]; Zigarette [PfJ]; Ofen [WL].

glimsen swV. [UG]
– weinen [UG] ♦ **E:** dt. *glimmen* u. a. ‚glänzen, von den Augen' DWB VIII 86ff; vgl. → *gluster*.

glis ‚Milch' → *gleis*[4].

glisseke Subst. [MM]
– Eisbahn [MM] ♦ **E:** dt. (ant.) *Gleiß* ‚Glanz' (vgl. WolfWR 1817), nd. suffigiert. Vgl. → *gleis*[2].

gliste, glisde, glisto ‚Gendarm, Polizist' → *klisto*.

glitschen in:
verglitschen swV. [HN]
– verkaufen [HN]; „wenn du im Turm hängst und mußt trotzdem aus Geldnot etwas verglitschen" [HN] ♦ **E:** dt. *glitschen* ‚gleiten (lassen)' DWB VIII 128 ff.

glitschin Subst. [LüJ]
– Schlüssel [LüJ] ♦ **E:** rw. *glitschin* ‚Schlüssel' (WolfWR 2722) < roi. *klidi* ‚Schlüssel' (WolfWZ 1442, Boretzky/Igla 1994: 145); SchwäbWb. VI 2, 2321 (*Klidschin*).

glitz Adj. [OJ]
– klein [OJ]; wenig [OJ]; jung [OJ] ♦ **E:** Kürzung aus dt. *klitzeklein* ‚sehr klein, winzig klein' (belegt 19. Jh., doch sicher älter), in der Umgangssprache pleonastisch verstärktes *klein*, vgl. onomatopoetische Adj. rhein./moselfrk. *klitz, klinsch, klinz, klinzeg* ‚klein, unbedeutend, etwas Kleines'.

glitzern swV. in:
glitzerband Subst. n. [HN]
– Halskette mit echten Steinen [HN] ♦ **E:** dt. *glitzern* DWB VIII 137 ff.
glitzermann Subst. m. [HN]
– echter Stein [HN]; Brillant [HN]; Stern [HN].

glocke Subst. f. [BJ]
– Uhr [BJ] ♦ **E:** dt. *Glocke* DWB VIII 142 ff. ♦ **V:** *was hab' ich an der glocke* ‚was habe ich zu bezahlen' [HN]; *einen in der glocke haben* ‚betrunken sein' [HN].

glonde ‚liederliche Frau, Hure' → *klunte*.

glonker(t) ‚Edelstein, Halskette' → *klunker*.

glotzophon Subst. n. [HN]
– Brille [HN] ♦ **E:** *glotzen* ‚starren' Klu. 1999: 328; dt./griech. *Phon-* ‚Klang', Analogiebildung, *Grammophon*.
glotzerlich Subst. [PfJ]
– Auge [PfJ].

glubere ‚Uhr' → *lupper*.

glucker Subst. Pl. [Gmü, LüJ, SPI]
– Goldstücke [Gmü, LüJ, SPI]; Hoden [LüJ] ♦ **E:** rw. *glucker* ‚Goldstücke(e)' < rw. *chelek* ‚Geld', (An-)Teil

(besonders an der Diebesbeute, am Betrugsertrag) < jd. *cheluka* ‚Teilung' (WolfWR 859, 1841); Belege in der Bed. ‚Hoden' wohl beeinflusst von oder direkt zu schwäb. *Klucker* ‚kleines Kügelchen' (SchwäbWb. IV 506/07).

gluckere Subst. f. [PfJ]; **glupper** Subst. [PfJ]
– Taschenuhr [PfJ] ♦ **E:** *glupper* evtl. beeinflusst von oder womgl. direkt zu dt. (ant.) *Luppe* ‚ein aus mehreren Stücken zusammengeschmolzener Eisenklumpen' DWB XII 1312.

gluckerspflanzer Subst. m. [PfJ]
– Uhrmacher [PfJ]

gluckerle Subst. Pl. Dim. [LüJ]
– Hoden, Goldstücke [LüJ].

glufe Subst. f. [SJ]
gluf [LüJ]; **gliefle** Subst. n. Dim. [LüJ]
– Nadel [LüJ, SJ]; Stecknadel [LüJ]; Sicherheitsnadel [LüJ] ♦ **E:** schwäb. *Glufe* ‚Stecknadel' (SchwäbWb. III 717).

glufer Subst. m. [LüJ, SJ]; **glûfer** [SJ]
– Schneider [SJ]

glufenmichel Subst. m. [LüJ]; **glufemichel** [LüJ]
– diensteifriger Mensch [LüJ]; unbeholfener Mann [LüJ]; blöder Mensch [LüJ]; schräger Typ [LüJ]; Dummkopf (S40) ♦ **E:** rw. *glufemichel* ‚diensteifriger Mensch' (WolfWR 1843, ohne Herleitung); zu dt. *glufe* ‚Stecknadel' (DWB VIII 430 ff.; Klu. 1999: 329); vgl. *Erbsenzähler* ‚kleinkarierte Menschen' SchwäbWb. III 718.

glühen swV. in:
bis in die Knochen glühen Phras. [WG]
– homosexuell sein [WG]

glühpickel Subst. m. [SK]
– Polizist [SK] ♦ **E:** dt. *glühen* ‚leuchten, glitzern' DWB VIII 441 ff.; Benennungsmotiv: die blankgeputzte Helmspitze.

glungele Subst. f. [JeS]
– Flasche [JeS] ♦ **E:** unsicher; evtl. zu schweizdt. *glüng(e)le*ⁿ SchweizId. 2,632 „mit den Bechern beim Zutrinken anstossen".

glunt Subst. m. [LüJ]
– Lump [LüJ] ♦ **E:** rw. *glunt* ‚Lump', von der Nebenform *Klunt* zu dt. *Klunker* ‚Lumpen, Fetzen' als Inbegriff von Schmutz (WolfWR 1847) oder m. zu → *klunte* ‚Dirne, Hure'.

glunte ‚liederliche Frau, Hure' → *klunte*.

glurn Subst. Pl. [WG]
– Augen [WG] ♦ **E:** rw./wienerisch *Glurn* ‚Augen' WolfWR 1849, aus nl. *gluren* ‚gucken', schwerer zu dt. *luren* ‚lauern'.

glusch Adj. [SK]
– gut [SK]; gutmütig [SK] ♦ **E:** poln. *glupi* ‚dumm'; russ. *glupostj* ‚Dummheit'.

gluster Subst. [MT, MeT]
– Fenster mit Scheiben [MT, MeT]; Fensterscheibe [MeT] ♦ **E:** dt. *glustern* ‚glänzen, von den Augen' „iterativ zu glosten ist glüstern ‚glimmen'" DWB VIII 481; schwerer zu rw., vgl. im Liber Vagatorum: *glesterich, glesterick*, (dt. *glas-*, umgelautet > *gles*).

gmach Subst. n. [TK]
– Geschlechtsteil [TK] ♦ **E:** dt. *Gemächt* DWB V 3144 ff.

gmoggelts Subst. n. [SJ]
gmoggls [PfJ]; **gmogglts** [PfJ]
– Mehlspeise [PfJ, SJ] ♦ **E:** schwäb. *Gemockeltes* ‚in kleine Stücke geschnittener Eierkuchen' (SchwäbWb. III 346).

gnaaschd ‚Arrest' → *knast*.

gnatzen swV. [SJ]
– maulen [SJ] ♦ **E:** SchwäbWb. III 522 (*knarzen* ‚wehleidig tun, jammern').

gnazig Adj. [SJ]
– mürrisch [SJ].

gnausn svV. [LoJ]
– bekommen [LoJ] ♦ **E:** unsicher, evtl. zu dt. *gnausen, knausen* ‚geizen' DWB VIII 630.

gnautscherla Subst. n. Dim. [EF]
– Cello [EF] ♦ **E:** zu mdal. *knautschen* ‚weinen, jammern, quietschen' (OSächsWb. II 581).

gneabra swV. [OJ]
gnoabra [OJ]
– beischlafen [OJ]; lümmeln [OJ] ♦ **E:** zu dt. *knappen, knäppern* ‚klappen, klatschen' „von gewissen tönen ... der ton, den der auerhahn beim balzen hören laszt ehe er schleift" DWB XI 1344 ff.

gnebberling ‚Kirchen' → *knäpperling*.

gnego Subst. m. [MM]
– Geizhals [MM]; Geizkragen [MM]; „wenn einer geizig ist" [MM]; Besserwisser [MM] ♦ **E:** westf. *gnegelen* ‚geizen'; *gnegeler* ‚Geizhals' (WWBA. 567). ♦ **V:** *von dem gnego kannste nich mal 'ne fluppe bewirchen*

‚von dem Geizhals kannst du nicht einmal eine Zigarette bekommen' [MM]; *von dem gnego kannste nix bewirchen* ‚von dem Geizhals kannst du nichts bekommen' [MM]; *der gnego hat nie was im jumpfermann* ‚der Geizhals hat nie Geld' [MM]; *von den gnego kannste kein poscher bewirchen* ‚von dem Geizhals kannst du kein Geld bekommen' [MM]

gnesig Adj. [MM]
– geizig [MM]; verbittert [MM]; zornig [MM] ♦ **V:** *er wünschte allen gnesigen rirkeln nen balg voll schmisse und was aufs jöl* ‚er wünschte allen geizigen Bauern eine Tracht Prügel und was aufs Maul' [MM]

gnesepinn Subst. m. [MM]
– Geizhals [MM].

gneife Subst. f. [OJ]
– Zange [OJ] ♦ **E:** zu dt. *kneifen* DWB XI 1402 f.

gneifer Subst. m. [BJ]
– Zange [BJ].

gneisen ‚wahrnehmen, erkennen, verstehen, sehen' → *kneisen*.

gnesig ‚geizig' → *gnego*.

gnibbeln swV. [BJ]
– handwerken [BJ]; arbeiten [BJ] ♦ **E:** unsicher; evtl. zu mdal. *gnippe^n* ‚träge, langsam arbeiten' SchweizId. 2, 666.

gnibben swV. [OJ]
– handwerken [OJ].

gnir Subst. m. [BB]
gnie [BB]
– Ring [BB] ♦ **E:** Inversion zu dt. *Ring*.

gniete ON [BB]
knierte [BB]
– Ettringen in der Eifel [BB] ♦ **E:** Inversion des Ortsnamens *Ettring(en)*.

gniffen swV. [LJ]
– stehlen [LJ] ♦ **E:** Nebenform zu rw. *gannew* ‚Dieb', zu jd. *ganewen* ‚stehlen' (WolfWR 1643, We 63) → *gannef*. ♦ **V:** *moss hat en bachum gnifft* ‚die Frau hat einen Zehner gestohlen' [LJ].

gnirfale Subst. [OJ]
– knorriger Mensch [OJ] ♦ **E:** unsicher; evtl. zu *knirren* ‚knurren, murren, brummen' DWB XI 1441.

gnise swV. [BB]
– singen [BB] ♦ **E:** Inversion zu dt. *singen, Singerei*.

gniserai Subst. f. [BB]
– Singerei [BB].

gniss Subst. f. [LJ]
– Laus [LJ]; Übername für eine bestimmte Person in Leinzell [LJ] ♦ **E:** evtl. zu dt. (ant.) *Niss, Nisse* ‚Ei der Laus' DWB XIII 860.

gnissa ‚bemerkt, erkannt' → *geneisen*.

gnit Subst. n. [BB]
– Ding [BB] ♦ **E:** Inversion zu dt. *Ding*.

gnudaits Subst. f. [BB]
– Zeitung [BB] ♦ **E:** Inversion zu dt. *Zeitung*.

gnuifiesl Subst. m. [OJ]
– Geizhals [OJ] ♦ **E:** rw. *kniefiesel* ‚Geizhals' (WolfWR 2777), wohl zu mdal. *Kniebes* ‚Knauser, Geizhals' WolfWR 2800 und → *fiesel*.

gnuowes Subst. m. [SS]
– Kopf [SS] ♦ **E:** unklar, Jütte, Schlausmen, 115; evtl. zu mdal./dt. *Knopf*.

gnurfl Subst. m. [OJ]
– knorriger Mensch [OJ] ♦ **E:** schwäb. *Knurfel* ‚Knorpel, Knorren' SchwäbWb. IV 555.

gnurk Subst. m. [MeT]
– Gewehr [MeT] ♦ **E:** nd. *gnuoren, gnueren* ‚knurren, brummen'.

gnurkhutsche Subst. m. [MeT]
– Jäger [MeT] ♦ **E:** rw.; schon im nd. Liber Vagatorum: *houtz*; vermutlich romanischen Ursprungs, vgl. span. *huesped* ‚Wirt'. → *hutsche*.

gnurkklits Subst. m. [MeT]; **gnurkklitz** [MeT]; **gnurklitz** [MeT]
– Büchsenschmied [MeT] ♦ **E:** mnd. *glîs* ‚Glanz', *glitze* ‚Spieß' (MNDW II/1: 122); → *klits*.

gnusch Subst. m. [BB]
knusch [BB]
– Junge [BB]; Sohn [BB] ♦ **E:** Inversion zu *Jung(e)*.

goagerus Subst. m. [KMa]
– Geißbock [KMa] ♦ **E:** unsicher; evtl. zu dt. *Gugel* ‚Kapuze, met. Narr' DWB IX 1047 ff.

goardewoscht Subst. f. [KMa]
gartenwurst [KMa]
– Gurke [KMa] ♦ **E:** mdal./dt. *Garten* und *Wurst*.

goarje Subst. [KMa]
– Rucksack [KMa]; Sack [KMa] ♦ **E:** evtl. zu → *gari*.

goarjewerker Subst. m. [KMa]
– Sackträger beim Dreschen [KMa]; Dreschmaschine [KMa].

gobe Subst. f. [JS, LüJ]
goba [LüJ]
– Unsinn [LüJ]; Ärger [LüJ]; Blödsinn [LüJ]; Sache [LüJ]; Mist [LüJ]; „kein Spaß mehr, schon ernst" [LüJ]; Periode der Frau [LüJ]; Sachen [JS] ♦ **E:** roi. *kovas* ‚Dingsda', Substantivierung des Demonstrativpronomens und Füllwortes roi. *kova* (WolfWZ 1533, Boretzky/Igla 1994: 149). ♦ **V:** *gobà machen* ‚dumme Sachen machen' [LüJ]; *mog, pflanz' keine gobe* ‚mach' keinen Unsinn' [LüJ]
gober Subst. [MoJ, MUJ]
– Periode [MUJ]; Menstruation [MoJ]; Sache [MUJ].

göbeln swV. [MB]
– erbrechen [MB]; kotzen [MB]; sich übergeben [MB] ♦ **E:** ugs.; unsicher, womgl. onomatopoetisch oder zu ugs. *Gosche* ‚Mund' oder zu dt. *Kübel* DWB XI 2485 ff. ♦ **V:** *er hat den ganzen fuhle rausgegöbelt* ‚er hat den ganzen Mist ausgekotzt' [MB].

gockes Subst. [RH]
– Ei [RH] ♦ **E:** zu rw. *gock* ‚Huhn' WolfWR 1853, womgl. Einfluss von dt. *Gockel* ‚Hahn' DWB XIII 660 ff. oder zu lux. *Gackelchen* ‚Ei' (LuxWb. II 6); vgl. → *kackelcher*.

gockl Subst. m. [EF]
gockel [EF]
– Bauer [EF] ♦ **E:** zu dt. *gokel* ‚Narr' Wolf, Fatzersprache, 120.

godar swV. [BJ]
– umzingeln [BJ] ♦ **E:** rw. *gadern, gattern* ‚Fingerring', zu jd. *godar* ‚umringeln, umgeben' (WolfWR 1615).

godder Subst. m. [GM]
godde [PH]
– Stück [GM, PH]; Brocken [GM] ♦ **E:** roi. *koter* ‚Stück, Brocken, Lumpen' (WolfWZ 1526). ♦ **V:** *godde maro* ‚Stück Brot' [PH].

godel Adj. [Scho]
– groß [Scho] ♦ **E:** jd. *godel* ‚groß'.
godeler zaddik Phras. [Scho]
– Mensch, frommer [Scho] ♦ **E:** → *godel* und jd. *zaddik* ‚Frommer'.

gof Subst. m. [LüJ]
goof [BM, LüJ]; **gov** [LüJ]; **gôf** [Zi]; **gôfe** Subst. Pl. [Gmü]
– Kind, böses Kind [LüJ, Zi]; unartiges Kind [LüJ]; ungezogenes Kind [LüJ]; verzogenes Kind [LüJ]; Range [LüJ]; „bangert" [LüJ]; „galm" [LüJ]; „tschabe" [LüJ]; Kleinkind [BM]; kleinere Kinder [Gmü]; streitiger Bub [LüJ]; Schläge [BM] ♦ **E:** rw. *gof* ‚(böses) Kind, Range, Göre' (WolfWR 1857, ohne Herleitung); schweizdt. *Gof* ‚ungezogenes Kind' (SchweizId. II 130); vgl. bayrisch *Goff* ‚Dummkopf' < ital. *goffo* ‚Tölpel, plumper Mensch' (Klu. 1999: 330); SchwäbWb. III 735 (*Gof^e*).

saugof Subst. m. [LüJ]
– ungezogenes Kind [LüJ]; streitiges Kind [LüJ]; Hundsbub [LüJ]; „Steigerung zu gof" [LüJ]
gof Adj. [LüJ]
– unartig [LüJ].

gofe ‚prügeln' → *guffen*.

goffe Subst. f. [SJ]
– Hinterbacke [SJ] ♦ **E:** wohl zu schwäb. *Groffe* ‚Partie am Hinterteil des Schweins' SchwäbWb. III 848.

gogelum Subst. m. [BM]
goggelungg [BM]
– Schokolade [BM] ♦ **E:** Umbildung zu schweizdt. kindersprachl. *Goggelade* (SchweizId. VIII 432).

gogere Subst. f. [BM]
– Geographie [BM] ♦ **E:** aus dt. *Geographie*.

gogl Subst. m. [WG]
– Kunde einer Dirne (abwertend) [WG] ♦ **E:** zu dt. *Gockel* DWB VIII 660 ff. oder zu dt. *gokel* ‚Narr'. ♦ **V:** *gstopfter gogl* ‚reicher Kunde' [WG].

gogommæri ‚Gurke' → *gugommer*.

gohat Subst. m. [LoJ]
– Hahn [LoJ] ♦ **E:** unsicher; evtl. zu rw. *gockerl* ‚Huhn' WolfWR 1853 oder Kürzung aus dt. *Gockelhahn* DWB VIII 663.

goi¹ Subst. m. [CL, LüJ, MM, Scho]
– Christ [LüJ, Scho]; Nichtjude [CL, Scho]; Mann [MM] ♦ **E:** rw. *goi* ‚Nichtjude, Christ' (WolfWR 1860) < jd. *goi* ‚Nichtjude' (We 64, Post 198, Klepsch 643).
gojem Subst. m. [Scho]
– Christ [Scho]
gajes Subst. Pl. [Scho]; **jaies** [KM]
– Leute [KM]; Nichtjuden [Scho]; niedriges Volk [Scho] ♦ **E:** rw. *gais, gaies* ‚Leute' < jd. *goi* ‚Nichtjude' (WolfWR 1860).

gojern swV. [NW]
– Arbeiten tun, die Juden am Samstag nicht verrichten dürfen (z. B. einheizen) [NW]

gojischer kopp Phras. [Scho]
– Denkschwäche, Schwerfälligkeit, Vergesslichkeit [Scho] ♦ **E:** jd. *goiischer kopp* ‚einer der schwer lernt, meistens von einem Nichtjuden gesagt' (We 65).
goi² Subst. f. [BJ, JSa, LJ, LüJ, OJ, Zi]; **goj** [LJ]; **gui** [RH]
– Frau [BJ, JSa, LJ, LüJ, OJ, Zi]; Mutter [RH]
goje Subst. f. [CL, FS, KMa, PH, SPI, SS, Scho, WH]; **goie** [BJ, Gmü, LJ, MM]; **goije** [LL]; **gaia** [TK]; **goja** [SPI]; **geue** [MM]; **keue** [HK]; **choie** [MM]; **cheie** [MM]; **cheue** [MM]; **jeue** [MB]
– Frau [BJ, CL, FS, Gmü, JeS, LJ, MB, MM, OJ, PH, SS, Scho, TK, WH]; Frau (abwertend) [CL, LL]; Weib [LJ, LüJ]; Dame [MM]; Ehefrau [JeS, LüJ]; Mädchen [JSa, LüJ, MM, Zi]; nichtjüdische Frau, Mädchen, unleidige Frau [CL]; nichtjüdische Frau [BJ]; Mutter [JeS]; alte Kuh [KMa] ♦ **E:** rw. *goje*, jd. *goie* ‚Nichtjüdin' (WolfWR 1860, We 64, Post 198, Klepsch 645). ♦ **V:** *spann emol, a gwande goi* ‚Schau einmal, eine schöne Frau' [LJ]; *der jonge fiesel schwöcht au geara, ond mit dene goia bostet der au oft furt* ‚der junge Mann trinkt auch gerne und mit den Frauen geht er auch oft aus' [LJ]; *die gojen und d'gambeser ware g'nascht unterkönnig von der montane ins ballar und hotte g'fochte, wie andere dalfener auch* ‚die Weiber und die Kinder waren hinab gegangen von dem Berge ins Dorf und hatten gebettelt, gleich anderen Bettlern' [LJ]; *schofle goi, steckt uns nit emal e bißle schmunk* ‚so eine schlechte Frau, gibt uns nicht einmal ein bißchen Schmalz' [LJ]; *roin die choie mit den schoflen scheetz!* ‚Schau dir das Mädchen mit dem häßlichen Freund an!' [MM]; *schofle goi* ‚geizige Frau' [LJ]; *So e aldi goie* ‚so ein altes Weib' [CL, LL]; *du aldi goije* ‚du alte Tante' [CL]
gük Subst. f. [SPI]; **jück** [SPI]; **yück** [SPI]
– Frau [SPI]
gäjeli Subst. n. Dim. [JeS]
– Weibchen [JeS]
dsinterkeue Subst. f. [HK]
– Zigeunerfrau [HK] ♦ **E:** → *sinto*.
masemattengeuer Subst. f. [MM]
– Händlerin, Frau, die Masematte spricht [MM]
ruchagoi Subst. f. [LüJ]
– Bauernmagd [LüJ]; Bauernmädchen [LüJ]; Bauernkind [LüJ]; Bäuerin [LüJ]; Bauersfrau [LüJ]
schenaglsgoi Subst. f. [OJ]
– Magd [OJ]
schawesgoije Subst. f. [CL]
– Reinemachfrau [CL] ♦ **E:** jd. *schawwes, schabbes* ‚Sabbat'; Bezeichnung für nichtjüdische Person, die in orthodoxen Familien den Ofen anzündete und andere, den Juden am Sabbat verbotene Arbeiten verrichtete.

goja Subst. m. [NW]
– Mann [NW] ♦ **E:** sekundäres Maskulinum zu rw. → *goie* ‚Frau'.

goi³ Subst. f. [JS, MB, PH]
goij [GM]; **koij** [JSW]; **guie** [JSW]; **guj** [JSW]; **guje** [JSW]; **geu** [MB]; **goien** [MUJ]
– Wurst [GM, JS, JSW, MB, MUJ, PH]; billige Leberwurst [JSW] ♦ **E:** rw. *goig* ‚Wurst' (WolfWR 1877) < roi. *goi* ‚Wurst' (WolfWZ 909). ♦ **V:** *nen goi challen, achilen* ‚eine Wurst essen' [MB]; *zum katzoff, nen goi biken* ‚zum Schlachter, eine Wurst kaufen' [MB]; *bing vo dem guje* ‚etwas von der billigen Wurst' [JSW]
goier Subst. m. [PH]
– Metzger [PH]
galigoij Subst. f. [GM]
– Blutwurst [GM]
loligoij Subst. f. [GM]
– rote Wurst [GM]; Mettwurst [GM] ♦ **E:** → *lolo* ‚rot'.

goi⁴ ‚Gebiet' → *gäu*.

goischd Subst. m. [OJ]
a lenggr goischd ‚ein falscher Mensch' [OJ] ♦ **E:** schwäb. *Goischd*, dt. *Geist*.

gôjen swV. [MeT]
gohjen [MeT]
– werfen [MeT] ♦ **E:** nl. *gooien* ‚werfen'; direkte Entlehnung aus dem Niederländischen (Siewert, Humpisch, 74).

gölbst Subst. m. [MM]
jölbst [MM]
– Mann [MM]; Kerl [MM]; Junge [MM]; Bursche [MM]; Bauer [MM]; komischer Kerl [MM]; „schlecht aussehender Mann" [MM]; „dusseliger Hund" [MM] ♦ **E:** westf. *gölpes* ‚dummer Junge' (WWBA. 572); viell. beeinflusst von westf. *jölpel* ‚Schimpfwort' (WWBA. 734). ♦ **V:** *der jölbst war hame in brast* ‚der Mann war sehr ärgerlich' [MM]; *das anim hatte ein' ham' rochus auf den jölnst* ‚das Mädchen war sehr wütend auf den Mann' [MM]; *mit lowi war lau oser bei den jölbst* ‚der Mann hatte keinen Pfennig mehr' [MM]
filmjölbst Subst. m. [MM]
– Mann vom Film [MM]
geschäftsjölbst Subst. m. [MM]
– Geschäftsmann [MM].

gold Subst. n. in:
goldfinger Subst. m. [RW]
– Vergolder [RW]
goldfuchs Subst. m. [SJ]
– Goldstück [SJ] ♦ **E:** dt. *Gold*.

gölert Subst. m. [HF, Hef]
– Esel [HF, Hef] ♦ **E:** wohl von *gölern* ‚schreien, lärmen'. RheinWb. II 1304.

goll Subst. f. [OJ]
golle [BJ]; **galle** [Scho]
– Mädchen [BJ, OJ]; Braut [BJ, Scho] ♦ **E:** wohl zu → *kalle*, schwer zu zu SchwäbWb. III 746 *Goll* ‚Gimpel'. ♦ **V:** *schwarza/roada goll* ‚schwarzer/rothaariger (gefährlicher) Mensch' [OJ].

gollo Subst. m. [BJ]
gölle [BJ]
– Schultheiß [BJ] ♦ **E:** rw. *gollo* ‚Bürgermeister' < jd. *golo* ‚gefangennehmen' (WolfWR 1869).

gollof ‚Milch' → *cholev*.

golme ‚Hose' → *kolme*.

golmert Subst. m. [CL, LL]
– Schimpfwort [CL, LL]; „*golmert* wurde auch als Ausdruck für ‚Bruder' genannt" [CL, LL] ♦ **E:** unsicher; evtl. zu pfälz. *Kalmen* ‚ungeschickter, unbeholfener Mensch', PfälzWb. IV 28, auch als Schimpfwort gebraucht.

golmisch Subst. [HK]
– Geld [HK] ♦ **E:** unsicher; evtl. zu roi. *golomo* ‚Erdklumpen' (Bor/Ig 1994: 100), vgl. rw. *kies, schotter*, ‚Geld'; oder met. zu dt. *golmer* ‚Goldammer' DWB VIII 878.

goloch ‚Pfarrer' → *gallach*.

golom Subst. [MUJ]
gulum [MUJ]
– Auto [MUJ] ♦ **E:** rw. *gole* ‚Wagen, Fahrzeug', zu jd. *agolo* ‚Wagen' (WolfWR 1865).

gomangerer Subst. m. [MUJ]
– Soldat [MUJ] ♦ **E:** roi. *gurmangere* ‚Soldaten' (WolfWZ 1605).

gomba Subst. m. [EF]
– Busen [EF]; Brust (weibliche) [EF] ♦ **E:** OSächsWb. II 689 (*Kumpen* ‚halbkugeliges Gefäß') oder tschech. *Gomba* ‚Knopf', met. ‚Brustwarze' Wolf, Fatzersprache, 120.

gomel Subst. m. [SJ]
– Amtsrichter [SJ] ♦ **E:** rw. *gomol* ‚Kamel, Richter', zu jd. *gamal* ‚Kamel', „als Schimpfwort genauso beliebt wie dt. *Kamel*" (WolfWR 1870), das wohl volksetymologisch zu jd. *gamal* gebildet ist. ♦ **V:** *Dr benk hot da kaffer mit am härtling dupfd, das dr rötling gschepfd ischd no hotr en dr deisd ond em seine boschr aus am rande zopfd dr klischde hot den vermuffda schure en da kanlo gschmissa wega dem hallas, dr gomel hod droht, hoim de, sonschd machschd ama schena schei da baumelma* ‚Der Mann hat den Bauer mit dem Messer gestochen, daß das Blut gelaufen ist, dann hat er ihn erschlagen und ihm sein Geld aus der Tasche genommen, der Polizist hat den schlechten Kerl ins Gefängnis geschmissen wegen dem Streit, der Amtsrichter hat gedroht, pass auf, sonst wirst du eines schönen Tages aufgehängt' [SJ].

gond- in:
vergondert Adj., Part. Perf. [LüJ]
– verkommen, heruntergekommen [LüJ]; in Konkurs gegangen [LüJ] ♦ **E:** schwäb. *verganten* ‚zwangsversteigern' (SchwäbWb. VI 2, 1880); obdt. *Gant* ‚Zwangsversteigerung, Konkurs' (SchwäbWb. III 58), → *gant*.

gondel Subst. f. [MB]
– Auto [MB] ♦ **E:** dt. *Gondel* DWB VIII 883 f.

gonggla swV. [OJ]
– schwanken [OJ] ♦ **E:** schwäb. *gunkeln* ‚hin und herschwanken' SchwäbWb. III 925.

gonggIr Subst. m. [OJ]
– langer Mensch [OJ]; schwieriger Mensch [OJ].

gono Subst. m. [GM, JS, JSW, MB, PH]
– Sack [GM, JS, JSW, PH]; Hoden(sack) [GM, JSW]; männliches Glied [MB]; Penis [JSW, MB]; Pimmel [MB]; Schwanz [MB]; Dödel [MB] ♦ **E:** rw. *gono* ‚Sack' (WolfWR 1872) < roi. *gono* ‚Sack' (WolfWZ 918). Vgl. → *koni*. ♦ **V:** *ihne hat es den gono gedellt* ‚er hat was auf den Sack bekommen' [MB]

mangemaskero gono Subst. m. [GM]
– Bettelsack [GM] ♦ **E:** roi. *mangamaskero gono* ‚Bettelsack' (WolfWZ 1868).

göns Adj. [SK]
– klein [SK] ♦ **E:** unsicher; evtl. zu dt. *gönseln* ‚winseln, wehklagen' DWB VIII 957.

goof Adj. [BM]
– schön [BM]; hübsch [BM] ♦ **E:** unsicher; evtl. zu rw./jd. *gofsche* ‚Gück' WolfWR 2868.

goof ‚Kind' → *gof*.

goppes Subst. m. [RR]
– Sauerkraut [RR] ♦ **E:** zu dt. *Kompost, Kompes* „eingemachtes kraut u. dgl., hauptsächlich eine art sauerkraut" DWB XI 1685.

göppu Subst. m. [BM]
– Fahrrad (Militärgöppu) [BM]; Gefährt [BM] ♦ **E:** SchweizId. XV 1182 (*Göppel* ‚Welo, Fahrrad'); zu dt. *Göpel* ‚Triebwerk' DWB VIII 957 f.

görch Subst., Pl. [LJ]
– Schuh(e) [LJ] ♦ **E:** rw. *gurken*, → *girchen* ‚Stiefel, Schuhe', volksetymologisch entstellt aus dt. *Korken* ‚Pantoffeln' (WolfWR 1979).

görchketscher Subst. m. [LJ]
– Schuhmacher [LJ].

gore[1] Subst. f. [BJ, LJ, LüJ, OJ, PfJ, SJ]
goori Subst. n. [CL, LL]; **gori** Subst. m. [PH, SchJ, TJ]
– Geld [BJ, CL, LJ, LL, LüJ, OJ, PH, PfJ, SJ, SchJ, TJ]; Kreuzer [BJ] ♦ **E:** rw. *gore* ‚Geld' < roi. *xajri, xairo* ‚Kreuzer, Pfennig' (WolfWR 1875, WolfWZ 1638); SchwäbWb. III 751 (*Gore*); vgl. → *gauer*. ♦ **V:** *jetzt hot er koin gore, om dem galm ebbes z-mascha z-kaufa* ‚jetzt hat er kein Geld, um dem Knaben etwas zu essen zu kaufen' [LJ]; *wenn die stranze komme sind, von Flochberg, von wo, ... Deufstätten, Matzenbach, und sie hen kein gore oder rogel oder sporesrassel ghätt, zum Schluß is halt der X. gkomma und hats in der doves gketscht* ‚Wenn die Hausierer gekommen sind, von Flochberg, Deufstätten, Matzenbach, und sie haben kein Geld gehabt, zum Schluß ist halt der X. gekommen und hat sie ins Kittchen gesteckt' [LJ]; *Hosche harmend goori im kiss?* ‚Hast du viel Geld in der Tasche?' [LL, CL]

goraschbel Subst. n. [LüJ]
– Geld [LüJ]; Kleingeld [LüJ]; „Pulver" [LüJ]; „gore" [LüJ]

gorenklits Subst. m. [MT]
– Kupferschmied [MT] ♦ **E:** *klits* → *gauer*.

gorentiötte Subst. m. [MeT]
– westfälischer Kesselhändler [MeT] ♦ **E:** *tiötte* → *gauer*.

gôre[2] Subst. [Him, Mat, Wo]
– Waren [Him, Mat, Wo] ♦ **E:** unsicher; evtl. zu *gore*[1]; schwerer zu → *sore*.

görgel Subst. [SPI, SS]
– Glas [SPI, SS] ♦ **E:** zu westf. *görgeln* ‚gurgeln' Woeste 82; womgl. Einfluss von roi. *goi* ‚Wurst', Benennungsmotiv: nach der Form.

gorgelverrisser Subst. m. Pl. [KMa, OH]
– Klöße [KMa, OH] ♦ **E:** mdal., zu dt. *Gurgel* ‚Kehle, Schlund' DWB IX 1143 ff. und *verreißen*.

goris Subst. m. [MJ]
– Schnaps [MJ] ♦ **E:** unsicher; evtl. zu rw. *keris, karles* ‚Wein', „zwei jidd. Wurzeln": jd. *koro, koras* ‚Erquickung, Erfrischung' und jd. *koran* ‚glänzen' (WolfWR 2479).

gorlepin Subst. m. [GM]
– Geschrei [GM] ♦ **E:** wohl Verquickung von roi. *godli* ‚Lärm, Geräusch, Geschrei, Getöse' (WolfWZ 908) u. roi. *k'arepen* ‚Rufen, Geschrei' (WolfWZ 1312).

gosarän Subst. f. [NW]
– Weib [NW]; Bäuerin [NW] ♦ **E:** unsicher; evtl. zu mdal. *gausen, geusen* ‚ungereimt schwatzen' DWB IV 1588 f.; womgl. zu dt. *Korsarin*.

gosch Subst. m. [LoJ]
– Korb [LoJ] ♦ **E:** slav. *koš* ‚Korb'.

goschpflanzer Subst. m. [LoJ]
– Korbmacher [LoJ].

goschen swV. [SJ]
– schreien [SJ] ♦ **E:** schwäb. *goschen* (SchwäbWb. III 754).

gosche Subst. f. [MM, Scho]; **gosch** [SJ]; **gusche** [KMa, SJ]
– Mund [KMa, MM, SJ, Scho]; Maul [MM] ♦ **E:** ugs. *Gosche* ‚Mund' (Kü 1987: 303), vgl. auch rom., ital. *gorcia* ‚Kehle'.

goshein Subst. [HK]
– Pferd [HK] ♦ **E:** unklar; schwer zu rw. *zosse* ‚Pferd', zu jd. *sus* ‚Pferd' (WolfWR 6390), jd. *suss, zuss* ‚Pferd' (We 1973: 104), womgl. aber /g/ aus ⟨з⟩ verschrieben.

gossippen swV. [SK]
gospen swV. [SK]
– viel reden [SK] ♦ **E:** engl. *to gossip* ‚schwatzen'.

gotschum Subst. m. [JSW]
gottschem [JSW]; **gotschumer** Subst. m. [JSW]
– Mann [JSW] ♦ **E:** unsicher; evtl. Bildung zu → *gatsch*.

götterling ‚Ring' → *gatterling*.

gotteskäfer Subst. m. [BJ]
goddeskäafr [OJ]
- Wanze [BJ, OJ] ♦ **E:** dt. *Gott* und dt. *Käfer* (Insekt) DWB XI 18 f.

gottlieb Subst. m. [RW]
- Rock [RW] ♦ **E:** RN *Gottlieb*.

goussert Subst. m. [WL]
- Kesselflicker [WL] ♦ **E:** evtl. zu lux. *Kossong* ‚fahrender Händler' (LuxWb. II 445).

gowe¹ Subst. Pl. [GM]
- Gebärden [GM]; Späße [GM]; Unfug [GM]; Unsinn [GM] ♦ **E:** wohl zu jd. *gawe* ‚Gebärden' (AlthJHS 126), schwerer zu roi. *kowa* ‚Ding, Sache, Zeug, Ware, Angelegenheit' (WolfWZ 1533).
gowegardsch Subst. m. [GM]
- Witzbold [GM]; Spaßvogel [GM]; Gebärdenschneider [GM].

gowe² Subst. [PH]
- Messing [PH] ♦ **E:** roi. *kowa* ‚Sache, Ding', als Passepartout-Wort für viele Dinge gebraucht (WolfWZ 1533).

gox Subst. m. [SJ]
- Hut [SJ]; Schädel [SJ] ♦ **E:** dt./mdal. *Gocks* ‚steifer Hut' (SchwäbWb. III 734/735, PfälzWb. III 374), wohl aus jd. *gag* ‚Dach' (WolfWR 2837). ♦ **V:** *gox antreiben* ‚auf den Schädel schlagen' [SJ].

grääagrubel Subst. f. [LJ]
- Hebamme [LJ] ♦ **E:** wohl zu rw. → *krone* ‚Frau' (WolfWR 2966) und *krabbeler* ‚Säugling' DWB XI 1910.

grabbeln swV. in: [HN]
abgrabbeln swV. [HN]
- betatschen [HN] ♦ **E:** Klu. 1999: 333; nd. *grabbeln* ‚tasten, suchend herumtasten, mit sexueller Absicht tasten' (HWB II 394).
grabbelmaloche Subst. f. [HN]
- Frauenverführung [HN]; Mädchenverführung [HN]; „Frau oder Mädchen versuchen, zu verführen" [HN]; mit den Händen abgrabbeln, abtasten, betatschen [HN].

grabbe Subst. in:
grabbagaudschr Subst. m. [OJ]; **grabbengautscher** [LüJ, SJ]; **grabagautschert** [LüJ]; **grabbegautscher** [PfJ]; **grabbegautschert** [BJ, LüJ]; **grabengautschert** [LüJ]
- Most [BJ, LüJ, OJ, PfJ, SJ]; Apfelmost [LüJ] ♦ **E:** rw. *grabbengautscher* ‚Most' aus dt. (ant.) *grabbe* ‚Kernobst' (engl. *crab* ‚Holzapfel') und *gautscher* zu dt. *gautschen* ‚Flüssigkeit auspressen' (so noch heute bei der Papierfabrikation und im Buchdruck) (WolfWR 1885); SchwäbWb. VI 2, 2363 (*Krappengautscher*).

grabbes¹ Subst. [KMa]
- Pickel, Nagel, Gabel [KMa] ♦ **E:** WolfWR 1886, ohne Herleitung; wohl zu hess./mdal. *Krappen* ‚karstartiges Gerät'.

grabbes² Subst. m. [KMa, OH]
- Stein [KMa, OH] ♦ **E:** unsicher; evtl. zu rhein. *Krabbes* ‚verkümmerte Frucht' RheinWb. IV 1307.

gräber Subst. n. Pl. [HN]
- Kreuz (Spielkartenfarbe) [HN] ♦ **E:** dt. *Grab*, Kürzung aus *Grabkreuz*.

gräberoller Subst. m. Pl. [Gmü]
gräbeschnalle Subst. [Gmü]
- Fallobst [Gmü] ♦ **E:** unsicher; evtl. zu dt. *Graben* oder zu rhein. *Krabbes* ‚verkümmerte Frucht', vgl. *grabbes²*; dt. *rollen* bzw. *schnallen*.

graddemacher Subst. m. [LüJ]
- Korbmacher [LüJ] ♦ **E:** mdal./obdt. *Kratten* ‚Korb' und dt. *Macher*. SchwäbWb. IV 695 (*Krattenmacher*).

grade Subst. f./n. in: [WG]
auf die Grade ‚sich mit bloßen Fäusten schlagen' [WG]; *aufs Grade eingezogen werden* ‚unschuldig verurteilt werden' [WG] ♦ **E:** dt. *gerade* ‚gradlinig, nicht krumm' DWB V 3542 ff.

grädel Subst. n. [BM]
griedel [BM]
- Spielkugel [BM] ♦ **E:** SchweizId. VI 585 (*Gerëdel* ‚grober Kies').
grädele swV. [BM]; **griedele** [BM]
- mit Murmeln spielen [BM].

gradling Subst. m. [LoJ]
- Fisch [LoJ] ♦ **E:** zu dt. *gerade* ‚gradlinig, nicht krumm' DWB V 3542 ff. Benennungsmotiv: nach der Form.

gradschauen swV. [KJ]
- schießen [KJ]; wildern [KJ] ♦ **E:** dt. *schauen* u.a. ‚erspähen' DWB XIV 2310 ff.

graffel Subst. n. [Scho]
– altes Zeug [Scho] ♦ **E:** dt. *Geraffel* ‚unbrauchbares Gerät, Gerümpel' DWB V 3560.

graffert Subst. [JSa]
– Hände [JSa] ♦ **E:** Bildung zu rhein. *graffen* ‚raffen, hastig zugreifen' (RheinWb. II 1343).

grager Subst. [BM]
– Krakeel (in der Schwimmschule) [BM] ♦ **E:** zu dt. *krakeelen* ‚lärmen' DWB XI 1977 f.

grai Subst. m. / n. [LJ, LüJ]
graai [JSa]; **grae** [LüJ]; **grei** [JSW, MB, MM, MUJ, SJ]; **graij** [JSW]; **krei** [JS, JSW, MB, PH]; **krai** [GM, MB, WJ]; **kraij** [GM]; **kraif** Subst. m. [JSW]
– Pferd, Gaul [GM, JS, JSW, JSa, LJ, MB, MM, MUI, PH, SJ, WJ] ♦ **E:** rw. *grey, grai* ‚Pferd' (WolfWR 1913) < roi. *grai* ‚Pferd' (WolfWZ 927, BoIg 101).

graibane Subst. f. [LJ]; **kraibane** [LJ]
– Pferdefleisch [LJ] ♦ **E:** → *bane²*.

kreigeu Subst. f. [MB]
– Pferdewurst [MB] ♦ **V:** *eine kreigeu chrallen* ‚eine Pferdewurst essen' [MB]

graijengero Subst. m. [GM]
– Pferdehändler [GM] ♦ **E:** roi. *grajengero* ‚Pferdehändler' (WolfWZ 927).

graijmass Subst. m. [GM]
– Pferdefleisch [GM] ♦ **E:** → *mass*.

graimuloketzscher Subst. m. [LJ]; **graimuloketscher** [LJ]; **greimuloketscher** [LJ]
– Schinder [LJ]; Pferdeschinder [LJ] ♦ **E:** → *ketscher*, *mulo*.

zertamengerograij Subst. m. [GM]
– Zugpferd [GM] ♦ **E:** roi. *zertamangero grai* ‚Zugpferd' (WolfWZ 3404).

kreizig Subst. [Mat]
– Pferd [Mat].

graich Subst. m. [LJ]
– Wagen [LJ] ♦ **E:** unsicher; evtl. zu dt. *gereichen* ‚gelangen, kommen' DWB V 3619.

gräif Subst. n. [KMa]
– Salz [KMa] ♦ **E:** rw. id. WolfWR 1890, ohne Herleitung.

grall Subst. f. [OJ]
– Hand [OJ] ♦ **E:** dt. *Kralle* DWB XI 1981 f.
gralla swV. [OJ]
– krallen [OJ]; stehlen [OJ]

grallr Subst. m. [OJ]; **grâl** [EF]; **karl** [EF]
– Kriminalpolizist [OJ]; General [EF] ♦ **E:** Variante *karl* volksetymologisch beeinflust von RN *Karl*.

gram Subst. f. [BB]
– Mark [BB] ♦ **E:** Inversion zu dt. *Mark*.

grammig Adj. [SS]
– hungrig [SS] ♦ **E:** unsicher; evtl. Bildung zu dt. *Gramm* ‚kleinste Gewichtseinheit' oder zu dt. (ant.) *gramm* ‚rauh, heiser' DWB VIII 1997 f. oder zu dt. *Gram* ‚Hass, Kummer' DWB VIII 1761 ff.

grammutsche Subst. f. [CL, LL]
– Ziege [CL, LL] ♦ **E:** unsicher; evtl. zu pfälz. *grammeln* ‚meckern'; *-mutsch* zu rw. *Mutsch* ‚Fohlen', womgl. Einfluss von nl. *mutje* ‚Haufen, Menge', vgl. rw. *mutsch* (WolfWR 3747); semantisch schwerer zu WolfWR 2915 *Krammutchen* ‚Läuse'. ♦ **V:** *Weje denne grammutsche schäff ich bal(d) meschugge* ‚Wegen diesen Zeigen werde ich bald verrückt' [CL, LL]; *Er duut die grammutsche hiede* ‚Er hütet die Ziegen' [CL].

grampfa swV. [OJ]
– stehlen [OJ] ♦ **E:** dt. *Krampf* ‚Haken, Klammer' DWB XI 2010.

grampolschiibe Subst. f. [BA]
– 5-Franken-Stück [BA] ♦ **E:** SchweizId. II 739 (*Krambol* < frz. *carambole*); dt. *Scheibe*.

granat Subst. m. [WG]
– besserer, gescheiter Mann [WG]; Leibwächter [WG]; Freund [WG] ♦ **E:** zu ital. *granot* ‚Falschspieler'.

grandig Adj./Adv. [BJ, BM, CL, HLD, JeS, LJ, LüJ, MeJ, OJ, PfJ, SJ, SPI, TJ, TK, Wo, Zi]
grandich [LL, LüJ, MUJ, WJ, WJ]; **grandeg** [SJ]; **grantig** [LüJ, SPI, WJ]; **grannig** [HK, JS, JSW]; **grannich** [HK, SK]; **grammich** [SK]; **grennig** [MT, MeT]; **jranisch** [KM]; **grand** [BJ, KMa]; **granisch** [HK]; **grannisch** [JS]; **garnig** [MeT]; **granich** [SE]; **granig** [SE]; **grannt** [KMa, OH]
– groß [BJ, BM, CL, HK, HLD, JS, JeS, KM, KMa, LJ, LL, LüJ, MeJ, OJ, PfJ, SJ, SPI, TK, WJ, Wo, Zi]; großartig [BM, HK, LJ]; gewichtig [LüJ]; mächtig [JeS, SJ]; angenehm [SK]; außergewöhnlich [LJ]; eindrucksvoll [LJ]; ehrbar [KM]; angesehen [KM]; gewaltig [KM]; gut [HK, KMa, OH, SE, SK]; sehr gut [HK, SE]; viel [CL, HK, JeS, JS, LJ, MT, MeT, SK, TJ, TK]; umfangreich [CL, LL, LüJ]; hoch [LüJ]; reich [LüJ]; dick [JSW, JeS]; schön [CL, HK, JS, JeS, SE, SK]; sehr schön

[HK]; hübsch [HK]; sehr hübsch [HK]; fein [HK]; schnell [SK]; sehr [LJ, LüJ, SK]; arg [LüJ]; stark [CL, BJ, JeS, LüJ, OJ]; kräftig [SJ]; fest [KMa, OH]; vorteilhaft [SK]; teuer [MUJ, WJ]; prima [SPI]; lieb [HK]; besser [HK]; hervorragend [HK]; schön angezogen [HK]; annehmbar [HK]; vornehm [HK]; gut gekleidet [HK]; stellt was vor [HK]; super [HK]; bombig [HK]; elegant [HK]; lobenswert [HK]; etwas Besonderes [HK]; bedeutend [BM]; jooker [HK] ♦ E: rw. *grandig* ‚groß, stark, vornehm, gewaltig, fein, gut, schön' < frz. *grand* ‚groß', ital. *grande* ‚groß' (WolfWR 1896; Middelberg, Romanismen, 32f.); Suffix dt. *-ig*. ♦ V: *jranisch jefar* ‚große Stadt' [KM]; *jranije koober* ‚ehrbarer Mann, Herr' [KM]; *dr grandig schei* ‚Fest- und Feiertag' [OJ]; *nochs scheftet's grandige jamm* ‚noch war's hoch am Tage' [LJ]; *der hat die fiesel grandig gstocha, wenn se nachts net glei boschdet sin* ‚der hat die Männer sehr geschlagen, wenn sie nachts nicht gleich gegangen sind' [LJ]; *die hätt halt grandig kalmuffe bestiebt* ‚die haben halt ganz schön Prügel bekommen' [LJ]; *die tschubel hat grandig kinum* ‚die Frau hat viele Läuse' [LJ]; *fiesel/moss, i tät jetz en grandiger stupfler/stichling kahle* ‚Mann/Mädchen, ich würde jetzt gern einen schönen Igel essen' [LJ]; *oh, meine budadda, die tun grandig weh, mei trittling sind halt nix* ‚oh, meine Füße sind arg weh, meine Schuhe sind halt nix' [LJ]; *truppele grammich* ‚geh schnell' [SK]; *grannich holster* ‚Mädchen, das reichlich gibt' [SK]; *Nicht so grannich mackern, must kochum mackern* ‚nicht so schön (verständlich) reden, mußt Klesmersprache anwenden' [SK]; *grandiche pflanzen* ‚sich großmachen, den Großen spielen/mimen, angeben', ‚großartig, stolz sein' [LüJ]; *Skotele hod end bux gschmelzd ond gflöseld shod grandeg gmuffd' d'muadl hod döberd ond hod am da doches vergufd* ‚Das Kind hat in die Hose geschissen und uriniert, es hat kräftig gestunken, die Mutter hat geschimpft und hat ihm den Hintern verhauen' [SJ]; *grandich pich* ‚viel Geld' [LüJ]; *butsch grandig* ‚verlange viel' [LüJ]; *aber nicht so grandich schwäche* ‚aber nicht soviel trinken' [LüJ]; *dik, die moß hauret grandig niesich* ‚schau mal, die Frau dort ist richtig dumm' [LüJ]; *dik die moß mit ihre grandige gustre* ‚sieh mal die Frau da mit ihren großen Ringen' [LüJ]; *o, mei fisele het grandig mansche* ‚o, mein Junge hat viel gegessen' [LüJ]; *o, des isch grandig put, komm, wir naschet wieder* ‚oh, das ist sehr teuer, komm, wir gehen wieder' [LüJ]; *oberkünftig herles in der grandiche ruchekitt schefft ein nille. der hauret link* ‚Oben hier in dem großen Bauernhaus ist ein geistesgestörter Mensch. Der ist (sehr) böse' [LüJ]; *dik doch, was hat die modele e grandiches keb* ‚sieh doch, was das Mädchen für einen großen Arsch hat' [LüJ]; *mog, jetzt grandich dof pletze* ‚jetzt streng dich an und schieß gut' [LüJ]; *Mödele, warum glemsest so grandich? Hast vom patres guffes bestieb?* ‚Mädchen, warum weinst du so arg? Hast'vom Vater Hiebe bekommen?' [LüJ]; *Linz' in dem heges, wo man spannt, hauret ein g'wanter plauderer. Der stekt dof z'biket undz'schwächet und kemeret grandich sore* ‚Schau, in dem Dörfchen, wo man hinguckt, ist ein braver Schulmeister. Der gibt gut zu essen und zu trinken und kauft viel Ware.' [LüJ]; *Bostet, bostet, herles im kober hauret ein dofer freier, der pfreimt grandich z'schwächet* ‚Kommt, kommt, hier im Wirtshaus ist ein freigiebiger Fremder, der bezahlt viel zum Trinken' [LüJ]; *Spann, die grandich kitt herles! – Kenn gneistse lore? Nobis! – Die schofelkitt haurets* ‚Schau, das große Haus hier! – Ja, kennst du es nicht? – Nein. – Das Zuchthaus ist es' [LüJ]; *Oberkünftig herles in der grandiche ruchekitt schefft ein nille. Der hauret link. Spann', da linzt er zum feneter am stenkert. Kenn, ich bost' schiebes!* ‚Oben hier in dem großen Bauernhaus ist ein geistesgestörter Mensch. Der ist (sehr) böse. Sieh', hier schaut er zum Fenster am Stall heraus. Ja, ich geh' fort!' [LüJ]; *grannicher beeker/grannicher peker* ‚schöner Mann'/ ‚hübscher Mann'/ ‚vornehmer Herr', ‚feiner Herr' [HK]; *granniges (granniches) knippchen (knebbchen)* ‚fünf Mark' [HK]; *grannicher dilm* ‚feine Dame', ‚Prostituierte', ‚hübsches Mädchen' [HK]; *granniches dillichen* ‚schönes Mädchen' [HK]; *grannige jenters* ‚liebe Leute' [HK]; *grannicher simmes* ‚der stellt was vor' [HK]; *grannicher eppes* ‚Doktor', ‚einer, der finanziell etwas besser dasteht' [HK]; *der granniche noobel* ‚der liebe Gott' [HK]; *das schemmd en granniches jent* ‚das sind bessere Leute, die was zahlen können' [HK]; *schemmd aber 'n grannicher beeker* ‚das ist aber eine annehmbare Person' [HK]; *schuffd dich, es hat sich 'nen grannichen needchenbeeker angeschafft* ‚sieh mal, sie hat sich 'nen hübschen Autofahrer angeschafft' [HK]; *Schemmd der schmalgerd nich grannich? – Doch, es puscht, Mutti. – Soll ich denn buschen? – Ach loone, bleib man schemmen!* ‚Ist der Arzt denn nicht gut? – Doch, es geht, Mutti. – Soll ich denn kommen? – Ach nein, bleib da!' [HK]; *hidsd grannich* ‚schmeckt gut' [HK]; *der granniche beeker – hat nur rellen im wickserde und seewl im weidchen* ‚der feine Mann – hat nur Läuse im Bart und Scheiße in der Hose' [HK]; *butterei ham wir gar nichts granni-*

ches ‚zu Essen haben wir gar nichts Schönes' [HK]; *düwwere nicht so grannich* ‚erzähl nicht alles' [HK]; *fimmeld grannich* ‚riecht gut' [HK]; *schuffd dich, da schemmd ein jookerer schnoarz, der hat granniche derlinge und ein jookeres boonum* ‚guck, das ist ein hübscher Junge, der hat hübsche Augen und ein hübsches Gesicht' [HK]; *die hunnsfinnischer schemmen granniche jenters* ‚die Hundeshägener sind gute Leute' [HK]; *schemmd ein granniches klufdchen* ‚ist ein schönes Kleid' [HK]; *mit dem beeker en granniches plempel schwächn* ‚mit dem Mann ein schönes Bier trinken' [HK]; *schullmd grannich* ‚kostet viel' [HK]; *en grannichen beeker ein bich aus der multe gedsubbd* ‚einem feinen Mann Geld aus der Tasche gestohlen' „Sowas hat's ja nicht gegeben bei uns! – Hat's auch gegeben, vielleicht, bei manchen." [HK]; *wir klufdn uns grannich an und buschen ins dreschoakel* ‚wir ziehen uns schön an und gehen ins Theater' [HK]; *das dillichen heejd granniche scheekse* ‚das Mädchen hat große Brüste' [HK]; *das schemmd grannich* ‚das ist sehr gut, schön' [HK]; *das schullmmd grannich* ‚das ist sehr teuer' [HK]; *granniches triddchen* ‚guter Schuh' [HK]; *der gasserd hidsd grannich* ‚der Speck schmeckt sehr gut' [HK]; *der heejd granniche ohrfinnichens drin* ‚der hat sehr schöne Ohrringe drin' [HK]; *der hejd en granniches bingkchen in der mulde* ‚der hat eine schöne Uhr in der Tasche' [HK] *derr scheks kann abber grannig jaunen* ‚der Bursche kann aber gut spielen (musizieren)' [HK]; *die klingerdilms schallern grannich* ‚die Musikermädchen singen gut' [HK]; *er hat 'n granniches keuschen* ‚er hat eine schöne Frau' [HK]; *er schwächd grannich* ‚er trinkt viel' [HK]; *grannich angeklufded* ‚sehr gut angezogen' [HK]; *grannich schmausen* ‚gut essen' [HK]; *granniche keue* ‚hübsche Frau' [HK]; *granniche kneewels* ‚große Bauern' [HK]; *granniche krachlinge* ‚gute Zähne', ‚hübsche Zähne', ‚Goldzähne' [HK]; *granniche schdierchen* ‚50 Mark' [HK]; *grannich bich* ‚viel Geld' [HK]; *grannich hellich heejn* ‚viel Geld haben' [HK]; *1 granniche linken* ‚10,- DM' [HK]; *grannicher lingken* ‚hundert Mark' [HK]; *granniches stierchen* ‚fünfzig Pfennig' [HK]; *granniches boonum* ‚hübsches Gesicht' [HK]; *granniche scheekse* ‚schöne, große Brüste' [HK]; *granniches dillichen* ‚schöne Frau' [HK]; *grannig gekluftet* ‚gut angezogen' [HK]; *grannig lockeriert* ‚viel Geld verdient' [HK]; *grannig schallern* ‚hervorragend singen' [HK]; *granniche bolüfde* ‚gute Suppe' [HK]; *granniche/grannige dilm* ‚schönes Mädchen' [HK]; *ich heech grannichen danger* ‚ich habe großen Hunger' [HK]; *die grannige schursch schäft zebris* ‚der große Wagen ist kaputt' [JS]; *de waletto bestiebt grannig kuffes für de kiebes* ‚der Arbeiter bekommt viele Schläge auf den Kopf' [JS]; *ming moß schäft grannige fladdere zu fladdern* ‚meine Frau geht große Wäsche waschen' [JS]; *os rautz achielt wie enne grannige kailoff* ‚unsere Katze frisst wie ein großer Hund' [JS]; *ich han nen schursch verkinnigt un grannig dran maviert* ‚ich hab einen Wagen verkauft und viel dran verdient' [JS]; *E grandios Palaar* ‚eine Stadt' [JeS]; *I tschaane is grandig Palaar go schinagle* ‚ich gehe in die Stadt arbeiten' [JeS]; *im grandigen beis* ‚im großen Haus', Euphemismus für ‚Zuchthaus'; vgl. → *granigen, granigenbeis*.

grandig Subst. m. [BJ]
– großer Lump [BJ]; Meister [BJ]; Feiertag, Festtag [BJ]

grandjer Subst. m., Pl. [HLD]; **jranije** Subst. Pl. [KM]
– Honoratioren, bedeutende Männer [KM]; großer Herr [HLD]

granisch Subst. m. [HK]
– feiner Mann [HK]; „einer, der etwas bessergestellt ist" [HK]

grandigpflanzer Subst. m. [LüJ]
– Angeber [LüJ]; stolzer Mann [LüJ]

grandiche pflanzen swV. Phras. [LüJ]
– sich großmachen [LüJ]; den Großen spielen [LüJ]

grandschadel Subst. m. [JSa]
– Gendarm [JSa]

grandjogg Subst. m. [JeS]
– Großer [JeS]; Riese [JeS]; Kerl [JeS]

grandmammere Subst. f. [JeS]
– Großmutter [JeS]

grandpeetres Subst. m. [JeS]
– Großvater [JeS] ♦ **E:** zu frz. *grand prêtre* ‚hoher Priester'.

granigen Subst. m. [MM]
– Gefängnis [MM]; Zuchthaus [MM] ♦ **E:** verkürzt aus rw. *grannigebais* ‚Strafanstalt' (WolfWR 1896). → *grandig* ♦ **V:** *der hat bes jenikes in 'n granigen gesessen* ‚der hat zwei Jahre im Gefängnis eingesessen' [MM]; *der älteste koten mußte in'n granigen, weil er schmuh gemacht hatte* ‚das älteste Kind musste wegen Betrügereien ins Gefängnis' [MM]

granigenbeis Subst. m./n. [MM]
– Gefängnis [MM].

graningen swV. [MM]
– „seine Zeit (im Gefängnis) absitzen" [MM].

grandy Subst. m. [HN]
– Hafenarbeiter [HN] ♦ **E:** nd. *grandi* ‚Nichtseemann, Zivilist', spez. auch ‚Werftarbeiter' (HWB II 397).

gränem Adj. [BM]
grächnem [BM]
– richtig [BM] ♦ **E:** zu schweizdt. *g(e)rechnen* ‚abrechnen' (SchweizId. VI 126).

gränen ‚heiraten' → *greane*.

granit Subst. [RW]
– Leberwurst [RW] ♦ **E:** evtl. zu dt. *Granit* (Gesteinsart); Benennungsmotiv: Farbähnlichkeit.

granium Subst. m. [BM]
– Kopf [BM] ♦ **E:** lat. *cranium* ‚Schädel'.

granjepahn Subst. m. [SK]
– Herr [SK] ♦ **E:** rom./span. *grande* ‚groß' und *pan* ‚Mann, Herr'.

grannids Subst. f. [HK]
– Grenze [HK] ♦ **E:** dt. *granitz* ‚Grenze' (DWB IX 124 ff.), im 13. Jh. aus dem Slawischen entlehnt, poln. *granica*, tschech. *Hranice*, mhd. *greniz(e)*, durch Luther hochsprachlich (Klu. 1995: 337).

grannitza Subst. f. [HK]
– Grenze [HK] ♦ **E:** wohl Neuentlehnung aus dem Slavischen (wohl Russischen) aus der Zeit der russisch bewachten deutsch-deutschen Grenze.

grantig Adj. [HN]
– zornig [HN]; aufsässig [HN] ♦ **E:** Klu. 1999: 334; nd. *grantich* ‚übellaunig, ärgerlich' (HWB II 398); ugs. *grantig* ‚gereizt, schlechtgelaunt, mürrisch', zu *grand* ‚grober Sand', *grandig* ‚rauh', auf den Menschen übertragen ‚ungesellig, unverträglich' (Kü I 202). ♦ **V:** *grantiger freier* ‚schwer zu nehmender Gast' [HN]; *der freier wird grantig* ‚der Gast wird aufsässig' [HN].

grasen Subst. m. [RH]
– Roggen [RH] ♦ **E:** unsicher; schwer zu dt. *Gras*; evtl. zu dt. (ant.) *krasen, kraseln* ‚kämmen, scharren, zusammenkratzen' DWB XI 2068, vgl. *Spreu vom Weizen trennen*.

gräsmeler Subst. m. [BM]
gräsmelinger [BM]
– Gras [BM] ♦ **E:** Derivation zu dt. *Gras*, Suffixe *-mel*, *-ing*.

grasober Subst. m. [KJ]
– Gendarm [KJ]; Polizei [KJ] ♦ **E:** dt. *Gras* DWB VIII 1898 ff. und dt. *Ober(er)* DWB XIII 1073 ff. Benennungsmotiv: grüne Uniform; vgl. → *grün*.

grat Subst. in: [WG]
gratgwand Subst. n. [WG]
– graue Kleidung der Häftlinge [WG] ♦ **E:** vgl. dt. *Gradgericht* „ein landgericht, das seinen namen von den zur gerichtslaube führenden stufen hat" DWB VIII 1686; *grad* ‚Stufe'; dt. *Gewand*.

gratmurrer Subst. m. [WG]
– Essen im Gefängnis [WG] ♦ **E:** Zweitglied *murrer* unsicher, evtl. zu dt. *murren* ‚mürrisch sein'. Benennungsmotiv: Unzufriedenheit mit dem (schlechten) Essen.

grätling Subst. m. [PfJ]
– Hering [PfJ] ♦ **E:** rw. (WolfWR 1899), zu dt. *Gräte* DWB VIII 2043 ff.

gratten Subst. m. [TK]
– Wagen [TK] ♦ **E:** TirolWb. I 251 (*Grattn* ‚Karren, schlechter Wagen'); obdt. *Kratten* ‚Korb, Wagenkorb'.

graddemacher Subst. m. [LüJ]
– Korbmacher [LüJ] ♦ **E:** SchwäbWb. IV, 695 (*Krattenmacher*).

grattler ‚fahrendes Volk' → *krattler*.

grätz Subst. f. [WM]
– Violine [WM] ♦ **E:** zu dt. *kratzen, Krätze* DWB XI 2072 f.

grätza Subst. f. [OJ]
gretza [OJ]; **gredda** [OJ]
– Weiden- oder Haselnusskorb [OJ] ♦ **E:** dt., bes. obdt. *Krätze* ‚Korb, Rückentragkorb' DWB XI 2073 ff.

grätzamachr Subst. m. [OJ]
– Korbmacher [OJ]

schenagrätza Subst. f. [OJ]
– Schienenkorb [OJ]; Burgberger Korb [OJ]

hupf-ens-grätzle Subst. n., Phras. [OJ]
– lebhaftes Kind („hüpf' ins Körbchen") [OJ].

grätzel Subst. n. [PH]
– Kind [PH] ♦ **E:** unsicher; evtl. Kürzung von → *hupfens-grätzle* oder Dim.-Bildung zu dt. *grätz* ‚gereizt' DWB VIII 2070.

gratzfiaß macha Phras. [OJ]
– vor jemandem buckeln [OJ] ♦ **E:** dt. *Kratzfuß* DWB XI 2080.

grau Adj. in: [RW]
graukitte Subst. f. [RW]
– Autobahnrasthof [RW]
opa grau Subst m., Phras. [RW]
– Autobahn [RW] ♦ **E:** dt. *grau* (Farbe) DWB VIII 2071 ff.; dt. *Opa* ‚Großvater'; Benennungsmotiv: wohl Farbe des Fahrbahnbelages.

graula swV. in: [OJ]
vgraula swV. [OJ]
– verärgern [OJ]
nausgraula swV. [OJ]
– jemanden zum Fortgehen bringen [OJ] ♦ **E:** rw. *graulen* ‚zornig sein' (WolfWR 1902), zu dt. *graulen* ‚ängstlich erschaudern' DWB VIII 2160.

graumi Adj. [LoJ]
– groß [LoJ] ♦ **E:** dt. *geraum* adj. ‚umfangreich, weit' DWB V 3580.

graundert Subst. m. [SK]
graunert [SK]
– Kohl [SK] ♦ **E:** rw. *grunert* ‚Kraut' (WolfWR 1946), wohl zu dt. *grün*.

graunickel ‚Schwein' → *gronickel*.

graupe Subst. [HN]
– selbständiger Taxifahrer [HN]; Taxenbesitzer [HN] ♦ **E:** dt. *Graupe* ‚enthülstes und gerundetes Gersten- oder Weizenkorn' DWB VIII 2168 ff., wahrscheinlich aus dem Slawischen, vgl. gleichbedeutend obersorbisch *krupa*, poln. *krupa* oder ugs. *Graupe* ‚ein Taxi, das keiner Funkzentrale angeschlossen ist'.

grautschebäng Subst., Phras. [BM]
– große Zange [BM] ♦ **E:** zu dt. *groß*, Zweitglied evtl. zu frz. *pinces* ‚Zange'.

grawis Adj., Adv. [LJ, SchJ, TJ]
– groß [LJ, SchJ, TJ]; fürchterlich [LJ] ♦ **E:** rw. *graviser* ‚groß' (WolfWR 1905) < lat. *gravis* ‚schwer, gewichtig'; „ins Rw. wohl über dt. *gravitätisch* gelangt". ♦ **V:** *grawiser blose* ‚Sturm' [LJ]; *grawise höpfe* ‚Großmutter' [LJ]; *grawiser höpfi* ‚Großmutter' [SchJ]; *grawiser hopf* ‚Großvater' [LJ, SchJ]; *da bauserts mes grawis* ‚da habe ich fürchterlich Angst' [LJ]
grawis Subst. m. [SchJ]
– ein Ausgelernter [SchJ]
grawiser Subst. m. [LJ]
– Bischof [LJ].

grawutsch Subst. f. [LL]
grawwutsch [CL]
– Hemdkragen [CL, LL]; Gurgel [CL, LL] ♦ **E:** pfälz. *Krawutsch* ‚Kragen, Gurgel, Hals', zu dt. *Krawatte*, aus frz. *à la cravate* „nach kroatischer Art". ♦ **V:** *Er hot en an de grawutschel genumm* ‚Er hat ihn an der Gurgel gepackt' [CL, LL].

grea → *grün*.

greafachal Subst. m. [LoJ]
– Reiter [LoJ] ♦ **E:** wohl zu rw./roi. → *grai* ‚Pferd' WolfWR 1913 und rw. → *fackeln* ‚sich hin und herbewegen' WolfWR 1262.

greakies Subst. [LoJ]
– Nuß [LoJ] ♦ **E:** unklar; womgl. mdal. für dt. *Grünkies*.

grean → *grün*.

greana ‚heiraten' → *krönen*.

greans Subst. n. [TK]
– Fleisch (frisches und geselchtes) [TK] ♦ **E:** dt. *grün* „als gegensatz zu getrocknet, verdorrt, verwelkt" DWB IX 640 ff.; vgl. → *grün, groa*.

grebe Subst. [TK]
– Schwein [TK] ♦ **E:** unsicher; evtl. zu dt. *graben* DWB VIII 1546 ff.

grecks Subst. f. [HF]
gricks [HF, HeF]
– Floh [HF, HeF] ♦ **E:** niederrhein. für ‚kleines Mädchen, das verkehrt, launisch ist'; ‚Störenfried, Quertreiber', RheinWb. II 1377; *griexse* im nl. Liber Vagatorum 1574.

gredern swV. [SJ]
– heiraten [SJ] ♦ **E:** wohl zu dt. *Grad* „ranghöhe innerhalb der geistlich-religiösen ordnung ... im bereich des gesellschaftlichen und genealogischen" DWB VIII 1663.

grei ‚Pferd' → *grai*.

greifen stV. [BJ]
greifa [OJ]
– verhaften [BJ]; festnehmen [BJ, OJ]; betrügen [HN]; stehlen [HN] ♦ **E:** dt. *greifen* DWB IX 14 ff.; vgl. auch → *griffle*.
abgreifen swV. [HN]
– einen Freier finanziell ausnehmen [HN]; „jemandem das Geld wegnehmen" [HN]

greifling Subst. m. [EF, RW]
– Hand [RW]; Handschuhe [EF]
greifer Subst. m. [BJ, HN, MM, RW, SK]; **greifr** [OJ];
greiferle Subst. n., Dim. [KP]; **greifert** Subst. m. [SK]
– Polizeibeamter [MM]; Polizist [RW, SK]; Schutzmann in Zivil [RW]; Kriminalpolizist [BJ, OJ, RW]; Kriminalpolizei [BJ]; Hand [KP, SK] ♦ **E:** rw. *greifer* ‚Kriminalpolizist' (WolfWR 1910); von dt. *greifen*.
greifmaloche Subst. f. [HN]
– Taschendiebstahl [HN]
greifmann¹ Subst. m. [HN]
– Taschendieb [HN]; einer, der klaut [HN] ♦ **V:** *er macht den greifmann* ‚er ist beim Stehlen, er langt dem Gast in die Tasche' [HN]
greifmann² Subst. m. [HN]
– eine Handvoll Tabak [HN]
schlangengreifer Subst. m. [RW]
– jmd., der sein Geschäft nicht versteht oder das früher Erlernte vergessen hat [RW]
gräfferling Subst. m. [JS]; **grefferling** [JS]
– Hand [JS]; Finger [JS]
grefferten Subst. Pl. [JeH]; **greiferten** [SP]
– Hände [JeH, SP].
greigeln swV. [SS]
greygeln [SS]
– sehen [SS] ♦ **E:** ungeklärt; Jütte, Schlausmen, 115.
greinen swV. [SJ]
grēnen [SG]
– heulen [SJ]; schreien [SJ]; weinen [SG] ♦ **E:** schwäb. *greinen* ‚weinen' (SchwäbWb. III 821/822).
greisling Subst. m. [HK]
kreisling [HK]
– Garten [HK]; Hof [HK]; Biergarten [HK]; Gartenwirtschaft [HK]; „Platz, wo man Musik gemacht hat" [HK] ♦ **E:** wohl zu dt. *Kreis* „kreis von menschen der sich um einen vorgang als den mittelpunkt bildet, corona" DWB XI 2144 ff.
gemüsegreisling Subst. m. [HK]
– Gemüsegarten [HK]
grasgreisling Subst. m. [HK]
– Grasgarten [HK]; Grashof [HK].
greizschbannr Subst. m. [OJ]
– Weste [OJ] ♦ **E:** dt. *Kreuz* und *spannen* DWB XVI 1895 ff.
grek Adv. [GM]
– weg [GM]; fort [GM] ♦ **E:** roi. *krik* ‚weg, fort, beiseite' (WolfWZ 1557).

grell Adj. [MM]
– bissig [MM] ♦ **E:** dt. *grell*, nach der älteren Bed. ‚zornig, scharf' DWB IX 95 ff. ♦ **V:** *wenn der kneis, wo wir den zossen schoren wollen, aber einen grellen keilow hat?* ‚wenn der Bauer, wo wir das Pferd stehlen wollen, aber einen scharfen Hund hat?' [MM].
gremen ‚kaufen, verkaufen' → *krämen*.
grend ‚Kopf' → *grind*.
grennt sein Phras. [WG]
– erledigt sein [WG] ♦ **E:** wohl zu dt. *rennen* ‚eilen' DWB XIV 807 ff. ♦ **V:** *die hackn ist grennt* ‚das Verbrechen ist gelaufen, erfolgreich beendet' [WG].
gretel Subst. f. [LüJ]
– Sonne [LüJ] ♦ **E:** Nach dem RN *Gretel*; Benennungsmotiv: *Gretel*, damalige Wirtin des Lützenhardter Gasthauses „Die Sonne".
gretzen swV. [BJ]
– kratzen [BJ] ♦ **E:** zu schwäb. *krätzen* ‚kratzen', *Krätze* SchwäbWb. IV 697 f.
gretzig Adj. [BJ, OJ]
– scharf [BJ, OJ]; liebestoll [BJ, OJ].
griaga swV. [OJ]
– bekommen [OJ] ♦ **E:** mdal., hochdt. *kriegen*. ♦ **V:** *abfäll griaga* ‚Schläge bekommen' [OJ].
gribsich Subst. n. [OJ]
– Obst [OJ] ♦ **E:** Bildung zu schwäb. *Grübs* ‚Kerngehäuse des Obstes, Obst' SchwäbWb. III 866.
griebler Subst. m. [LüJ]
– Bohrer [LüJ]; Anfasser [LüJ]; Betaster [LüJ] ♦ **E:** zu schwäb. *grüblen* ‚mit den Fingern graben, (in der Nase) bohren, stieren' (SchwäbWb. III 864/865).
butzengriebler Subst. m. [LüJ]; **butzagribler** [LüJ]
– Nasenbohrer [LüJ]; Nasenstöberer [LüJ]; Popler [LüJ] ♦ **E:** schwäb. *Butze* ‚vertrockneter Nasenschleim' SchwäbWb. I 1569.
gries Subst. m. [SJ]
gris [SJ]
– Glück [SJ] ♦ **E:** unsicher; bei semantischer Antonymie (Siewert, Grundlagen, 367) zu dt. *Gries* ‚Schauder, Horror' DWB IX 265.
griewes-grawes Subst. n./m. [Scho]
– Worte [Scho]; viele Worte um Nichts [Scho] ♦ **E:** ugs./mdal. *Kribes-Krabes* ‚Krimskrams'.

griff Subst. m. [TK]
– Hand [TK] ♦ **E:** rw. *griffling, griffel* ‚Finger, Handschuh' WolfWR 1917, Klepsch 654, von dt. *greifen*.
griffle swV. [LüJ]; **griffla** [LüJ]
– anfassen [LüJ]; betatschen [LüJ]; antatschen [LüJ]; angrabbeln [LüJ]; begrapschen [LüJ]; (hin-)langen [LüJ] ♦ **E:** dt. *griffeln*, Intensivbildung zu *greifen* (WolfWR 1917).
grifflen swV. [DG]; **greffeln** [SE]
– schreiben [DG, SE]
griffel Subst. m. [CL, HK, HN, KMa, LL, MM, LüJ, SJ, Scho]; **greffel** [KMa, SE]; **grifflie** [ME]; **griffle** Subst. Pl. [LüJ]
– Finger [CL, HK, HN, KMa, LL, LüJ, ME, MM, SJ, Scho]; Hand [SE] ♦ **V:** *Er muß die griffel spitze* ‚Er muß schwören' [LL]; *greffel stecken* ‚Hand geben' [SE]
griffling Subst. m. [BJ, Gmü, Him, KJ, LJ, LoJ, LüJ, Mat, PfJ, RR, SJ, SPI, SS, SchJ, TJ, TK, WH, Wo, Zi]; **grifling** [RR, SPI]; **griffleng** [OJ, LüJ]; **grifleng** [LüJ]; **grytflig** Subst. m. [JeS]
– Finger ♦ **E:** Variante *gryfflig* zu schweizdt. *gryffe*.
griewerlinge Subst. Pl. [SS, WH]
– Handschuhe [SS, WH]; Finger [BJ, CL, Gmü, HK, HN, KMa, LJ, LL, LüJ, MM, MW, Mat, OJ, PfJ, RR, SJ, SJ, SPI, TJ, Zi]; Fingerle [LüJ]; Hand [BJ, Him, KJ, LJ, LoJ, LüJ, OJ, PfJ, RR, SE, SJ, SS, SchJ, TJ, TK, WH, Wo, Zi]; Hände [LüJ, Scho]; Arm [KJ] ♦ **V:** *griffling naufschabara* ‚schwören' [LJ, SchJ]; *lacke/lafe griffling naufschabern* ‚einen Meineid leisten' [LJ]
grifflingshocker Subst. m. [LJ]
– Fingerring [LJ]
grifflingsstrittling Subst. m. [PfJ]
– Handschuh [PfJ] ♦ **V:** *lacker grifflingshocker* ‚Ehering' [LJ]
griffler Subst. m. [LüJ]
– „der, der antatscht, befasst" [LüJ]
grift Subst. [MUJ]
– Finger [MUJ]; Hand [MUJ]
gröfflek Subst. m. [WL]
– Hand [WL] ♦ **E:** zu lux. *Gréff* ‚Handlung des Greifens, Griff' und *-ling*.

gri → *grün*.

grille Subst. f. [SJ]
– Rübe [SJ] ♦ **E:** zu dt. *Grille* (SchwäbWb. III 835 s.v. *Grille 4*).

grillen swV. [PfJ]
– heulen [PfJ]; weinen [PfJ] ♦ **E:** zu dt. *grellen, grillen* ‚schreien' DWB IX 325 f.

grillisch Adj. [BJ, JS, OJ]
grillich [RW]; **grillsch** [HK]; **grellsch** [HK]; **krills** [HK]
– evangelisch [BJ, HK, RW]; protestantisch [JS, OJ]
♦ **E:** rw. *grille* ‚Protestant, Lutheraner', *grillisch* (volksetymologisch) zu jd. *krio* ‚Riß', *krie* ‚der rituelle, mit einem Schnitt begonnene Riß in der Kleidung', jd. *crilisch, grillisch* Pl. ‚die vom alten, katholischen Glauben Abgetrennten' (WolfWR 1918).

grimmchen Subst. n. Dim. [JSa]
– Kripobeamter ohne Uniform [JSa] ♦ **E:** zu dt. *krimmen* ‚mit gekrümmten Klauen oder Fingern packen' DWB XI 2305 ff.

grimmen ‚kaufen, verkaufen' → *kremen*.

grimmig Adj. [TK]
– viel [TK] ♦ **E:** dt. *grimmig* DWB IX 858 ff.: „eine ganz neue sinnesrichtung ergibt sich dadurch, dasz sich der charakterisierenden bedeutung eine quantitierende beigesellt".

grind Subst. m. [BJ, LüJ, PfJ, SJ]
grint [TK]; **grend** [OJ, SJ]; **grehd** [OJ]
– Kopf [BJ, LüJ, OJ, PfJ, SJ, TK]; Gesicht [PfJ] ♦ **E:** rw. *grind* ‚Kopf' (WolfWR 1923), zu dt./schwäb. *Grind* ‚Wundschorf, Kopf' SchwäbWb. III 838. ♦ **V:** *da grend driggna* ‚zurechtweisen' [OJ]; *Dr schabr schneid dem fiesl pahle auf am grend* ‚Der Friseur schneidet dem Jungen die Haare vom Kopf' [LüJ]
grendig Adj. [SJ]; **grendeg** [SJ]; **grindig** [SJ]
– dreckig [SJ] ♦ **E:** dt. *grindig* ‚mit Wundschorf, Grind behaftet' SchwäbWb. III 840.

grischbenes Subst. m. [OJ]
– großer, dünner Mensch [OJ] ♦ **E:** PN *Krispinus* SchwäbWb. IV 762; lat. Cognomen ‚kraushaarig'.

gritsche Subst. f. [JeS, TK]
– Laus [JeS, TK] ♦ **E:** unsicher; evtl. zu schweizdt. *ri(t)schge^n* SchweizId. VI 1862, *g(e)ritsch(g)e^n* ‚knirschen, knarren, bes. von Tierstimmen'.

grittche Subst. n. Dim. [KMa]
grett Subst. m. [KMa]
– Kaffee [KMa] ♦ **E:** rw. *grett* ‚Kaffee', wohl zu dt. *gretten* ‚sieden' (WolfWR 1912).

gritz Subst. m. [MoM]
– Käse [MoM] ♦ **E:** unsicher; evtl. zu roi. *kiral* ‚Käse, Quark' unter Einfluss von dt. *Grütze* (WolfWZ 1769).

gritzla swV. [OJ]
– schreiben [OJ]

kritzler Subst. m. [KP]
– Paß [KP]; Wandergewerbeschein [KP] ♦ **E:** dt. *kritzeln* DWB XI 2343 f.

gritzlersbenggis Subst. m. [OJ]; **gritzlersbenk** [BJ]
– Ratsschreiber [BJ, OJ] ♦ **E:** → *pink*.

groa → *grün*.

groa Subst. f. [OJ]
– Ehefrau [OJ]; Perle [OJ] ♦ **E:** unsicher; evtl. zu dt. *grün* „als gegensatz zu getrocknet, verdorrt, verwelkt" DWB IX 640 ff.; obdt. auch ‚betrügerisch, falsch, hinterlistig'; rw. *gron, grün* ‚unangenehm' WolfWR 1936; vgl. → *grün, greans*.

groanikel ‚Schwein, Hase' u. a. → *grün*.

grodeis Subst. n. [SJ]
– eisige Kälte [SJ] ♦ **E:** dt. *Eis* und evtl. dt. *groß*.

gröfflek → *griff*.

grombatsch Subst. m. [OJ]
– 5 Jahre [OJ] ♦ **E:** unsicher; wenn 5 Jahre Gefängnis: evtl. zu rw. *gron, grün* ‚unangenehm' WolfWR 1936 und dt. *Batsch, Patsch* ‚Schlag' DWB XIII 1506 f.

grommet Subst. n. [HF]
– langes ungepflegtes Haar bei Männern [HF] ♦ **E:** dt. *Grummet* ‚zweiter Grasschnitt' DWB IX 637 f., mhd. *gruonmat*.

grommli, grommlo ‚Kuh' s. → *krumni*.

grone Subst. m. [SG]
groine [SG]
– Förster [SG] ♦ **E:** zu dt. *grün*; vgl. *von der grünen Farbe* ‚zu den Jägern gehörig'.

grönen ‚heiraten' → *krönen*.

gronert ‚Salat' u. a. → *grün*.

gronickel Subst. m., n. [BJ, LJ]
gronikel [PfJ]; **kronickl** [TK, WJ]; **kroniggl** [TK]; **kronigl** [LoJ, RR]; **kronikel** [MUJ, PfJ]; **kronickel** [SK, TK]; **krônikel** [Him, Mat]; **gronnickel** [SchJ]; **groanikel** [LüJ]; **groaniggl** [OJ]; **groanigl** [LüJ]; **graunickel** [PfJ]; **gruniggl** [TJ]; **grunickel** [TK]; **krûnikel** [Him, Mat]; **karnickel** [SK]
– Schwein [BJ, Him, LJ, LoJ, LüJ, MUJ, Mat, OJ, PfJ, RR, SK, SchJ, TJ, TK, WJ]; Sau [LüJ]; Wildsau [LüJ]; Ferkel [RR]; kleine Sau [RR]; Hase [LüJ]; komischer Alter [LüJ]; Schreier [LüJ]; „Schimpfwort" [LüJ] ♦ **E:** rw. *groanickel* ‚Schwein', rw. *grunzer, gruntznickel*, aus dt. *grunzen* (WolfWR 1959, Klepsch 658);

schwäb. *graunen, gronen* ‚grunzen' (SchwäbWb. III 812); rw. *nickel* ‚Teufel, als Schelt- und Schimpfwort weit verbreitet' (WolfWR 3871); Bedeutung ‚Hase': wohl eher zu dt. *grün* zu stellen. SchwäbWb. III 849/850 (*Gronickel*).

graunikelbossert Subst. m. [PfJ]; **grenikelbossert** [PfJ]
– Fleisch [PfJ]

groanikelsmaß Subst. f. [LüJ]; **groanickelsmaß** [LüJ]; **gronickelmass** [LJ]
– Schweinefleisch [LüJ]; Hasenfleisch [LüJ]; Schweinefett [LJ]

groamass Subst. f. [OJ]
– Siedfleisch vom Schweinskopf [OJ] ♦ **E:** rw. *kronickels-maß* (WolfWR 1959).

gronkwöles Subst. [HF]
gronkwöhles [HF, HeF]
– Kartoffel [HF, HeF] ♦ **E:** zu dt. *Grund* ‚Grund, Erde' DWB IX 667 ff. (*gronk* gutturalisierte Form); *wöhles* evtl. zu dt. *wühlen*. ♦ **V:** *gronkwölesen pröttelen* ‚Kartoffeln kochen' [HeF]; *Kloppert möt Gronkwölesen huckt dot enen henesen Bott för Zinotes?* ‚Essen Sie gern Stockfisch mit Kartoffeln?' [HeF].

grönland LN in:
in grönland sein ‚auf der Flucht vor der Polizei sein' [HN]

grönlandschwalben Subst. f. Pl. [HN]
– Ohrfeigen [HN]; Schlag mit der Handfläche ins Gesicht, von oben [HN] ♦ **E:** LN *Grönland* und dt. *Schwalbe*; Benennungsmotiv: Flügelschlag der Schwalben; für die Schlagrichtung: Lage auf dem Globus; vgl. → *hongkongschwalben*.

gronz Subst. [HF, HeF]
gronzen Pl. [HF]
– Kind [HeF]; Kinder [HF] ♦ **E:** rip. *Grunze* f. ‚ein Kind, das oft weint', RheinWb. II 1469; rw. *gronz* bei WolfWR 5147 irrtümlich zu jd. *sherozim* ‚Wurm, Würmer' gestellt, s. v. *schratz*. ♦ **V:** *Mine netten het spörkes gronzen: troms wölesen on troms flitschkes* ‚mein Vater hat sechs Kinder: drei Söhne und drei Töchter' [HeF]; *dot hucken henese gronzen* ‚Das sind schöne Kinder' [HeF]; *De Pröttelsthuren het zinotese Gronz en Fitt geschoten* ‚Die Köchin hat deinem Kinde ein Butterbrot gegeben' [HeF]; *Het de Gronz Schrock?* ‚Hat das Kind Hunger?' [HeF]

gronzenbölt Subst. n. [HF]
– Kinderbett [HF] ♦ **E:** rhein. *Bült* ‚Hauseinrichtung' u. ä. RheinWb. I 1116. ♦ **V:** *minotes huckt beremen;*

den thuren huckt in de gronzenbölt ‚Ich bin verheiratet; die Frau ist im Kindbett' [HeF]
gronzefück Subst. f. [HF]
– Kinderfreude [HF]
gronzentend Subst. f. [HeF]; **gronzentent** [HF]
– Schule [HF, HeF]
gronzentürken Subst. n. [HF]
– Kindermädchen [HF]
gronzetentewöles Subst. m. [HF]
– Schüler [HF]
gronzepretter Subst. m. [HF, HeF]
– Lehrer [HF, HeF]; Meister [HF] ♦ **E:** evtl. zu frz. *pretre* ‚Priester'.

gröscherl Subst. n. in:
gröscherlhacken Subst. m. [WG]
– kleines Verbrechen, welches nichts bringt [WG]
♦ **E:** dt. *Groschen* und → *hackn*.

grosse Subst. [StG]
– 1000 Mark [StG] ♦ **E:** dt. *groß* DWB IX 457 ff.; Benennungsmotiv: Geldschein mit dem höchsten Wert.
grouß Adj. [SE]
– erstaunt [SE] ♦ **V:** *wat runt et schirpchi grouß aus de scheincha?* ‚Was schaut das Mädchen erstaunt aus den Augen?' [SE]
großfilang Subst. m. [MoM]
– Bürgermeister [MoM] ♦ **E:** → *filang*. [MoM]
großes oberamt Phras. [LüJ]
– Preußen [LüJ]; Hohenzollern [LüJ] ♦ **E:** rw. *großoberamt* ‚Preußen' (WolfWR 1932); SchwäbWb. V 10 (*grosses Oberamt*).
grossaugeder Subst. m. [RR]
– Kronenthaler [RR] ♦ **E:** *groß* und *augicht*. Benennungsmotiv: Ähnlichkeit der Münze mit einem großen Auge, vgl. → *gäulaug*.
grotmudder Subst. f. [SG, SK]
– Kontrabass [SG, SK]; Harfe [SK]; (selten:) Gitarre [SK] ♦ **E:** nd. *grot* ‚groß' und nd. *mudder* ‚Mutter'.
♦ **V:** *haare sa de grotmudder öbbern buk gestrakt* ‚hat sie die Harfe übern Bauch gestrichen' („altmärkisch um 1890") [SK]; *harn se olle großmutter nommen und harn se übern buk estriegt* „wie eben" [SK].

grubba ‚pfuschen' → *gruppen*.

grubben Subst. Pl. [SG]
♦ **E:** Kinder [SG] ♦ **E:** wohl zu dt. *krabben, krabbeln* DWB XI 1914.

grubelgräd Subst. f. [LJ]
grubelgrät [LJ]; **gruablgred** [OJ]
– Hebamme [LJ, OJ] ♦ **E:** schwäb. *grublen* ‚mit den Fingern graben' (SchwäbWb. III 863) und RN *Grete*.

gruben swV. [PfJ]
– ausruhen [PfJ] ♦ **E:** mdal. *geruhen* (SchwäbWb. III 431), vgl. → *gruken*.

gruft Subst. f. [RR]
– Kirche [RR] ♦ **E:** dt. *Gruft* „im eigentlichen sinne die kellerartige anlage in kirchen, auch anderen geistlichen gebäuden, gewöhnlich unter dem altar" DWB IX 631.

grühtchen Subst. m. [SK]
– Garten [SK] ♦ **E:** Dim. zu dt. *Kraut* ‚Kohl' DWB XI 2105ff; met. Pars-pro-toto.

gruitsch Adj. [SK]
kruhtsch [SK]
– kalt [SK] ♦ **E:** engl. *crouch* ‚sich kauern, Schüttelfrost haben'.

gruken swV. [LüJ]
– sitzen [LüJ]; bleiben [LüJ]; vorsichtig sein [LüJ] ♦ **E:** schwäb. *geruhen* [gruəgə] ‚ausruhen' (SchwäbWb. III 431), vgl. → *gruben*. ♦ **V:** *der grukt im stillepen* ‚der sitzt im Gefängnis' [LüJ]; *im dofes gruken* ‚im Gefängnis sitzen' [LüJ].

grull Subst. f. [LüJ, OJ]
grïll [LüJ]
– Vulva [OJ]; Vagina [LüJ]; membrum muliebre [LüJ]; schlampige, dumme Frau [LüJ] ♦ **E:** schwäb. *Krull* ‚dichtes gelocktes Haar, Schamhaar des Weibes; weibliche Scham; altes Weib' (SchwäbWb. IV 789).
grulla swV. [OJ]
– beischlafen [OJ]
grullebane Subst. m. [UG]
– Penis [UG].

grummen Subst. Pl. [SG]
– Kinder [SG] ♦ **E:** unsicher; evtl. zu dt. *grummen* ‚brüllen' DWB IX 635 f.

grumpe swV. [MJ]
– kaufen [BM, LüJ] ♦ **E:** wohl zu schweizdt. *Grämpel* ‚Kleinhandel', *vergrämple^n* SchweizId. 2, 736 f.
vergrumpe swV. [MJ]
– (unvorteilhaft) verkaufen [MJ]; vertrödeln, verlieren [MJ].

grün Adj. [BJ, HN, RW, SK]
grean [WG]; **grea** [OJ]
– jung [BJ]; verdächtig, suspekt [WG]; falsch [WG]
♦ **E:** met. zu dt. *grün* DWB IX 640 ff.; wienerisch *grean* ‚grün, betrügerisch, falsch, hinterlistig'; vgl. → *greans, groa.* ♦ **V:** *a greaner Mensch* [WG]
grüne minna Subst. f. [HN, RW, WG]
– Arrestantenwagen [WG]; Gefangenen-Transportwagen [HN]
grüner august Subst. m. [RW]
– Gefängniswagen [RW]
grüner heinrich Subst. m. [WG]
– Arrestantenwagen [WG]
grüner jäger Subst. m. [KMa, OH]
– Kopfsalat, Salat [KMa]; Salat [OH] ♦ **E:** nach WolfWR 1945 *jäger* vermutlich entstellt aus rw. *jörj, görgel* ‚Fleisch, Speck' < roi. *goi* ‚Wurst'.
greane dackn Subst. f. [WG]
– gestohlener Mantel [WG]
greane teile Subst. Pl. [WG]
– schlechte Beute [WG]
grean schmeulern Phras. [WG]
– reden, um von Außenstehenden nicht verstanden zu werden [WG]
greane vögel Subst. Pl. [WG]
– Polizei [WG]
greaner wappler Subst. m. [WG]
– Aufseher [WG]; Justizbeamter
mutter grün Subst. f. [RW]
– im Freien [RW, SK]; draußen [RW]; in freier Natur [RW]; unter freiem Himmel [RW]; Sommer [RW]; freie Landschaft [RW]; freies Feld [RW]; Wiese [RW] ♦ **E:** rw. *bei mutter grün schlafen* ‚im Freien übernachten' (WolfWR 1936). ♦ **V:** *freiplatte bei mutter grün haben* ‚kostenlos in der Natur übernachten' [RW]; *bei mudder grün holgatzen* ‚im Freien schlafen' [SK]
grüne[1] Subst. m. [BM, KMa]; **grün** [KMa, OH]; **greaner** [WG]
– Spitzel [WG]; Förster [KMa, OH]; Polizist [BM]
grüne[2] Subst. m., Pl. [RW]
– Polizei [RW]; Soldaten [RW]; Vertretung der staatlichen Gewalt [RW]
grün Interj. [WG]
– „Ruf des Aufpassers, wenn die Polizei naht" [WG]
♦ **E:** wörtl. *ein Grüner*, im Wienerischen auch ‚Polizist'. ♦ **V:** *grean doi!* [WG]; *grean!* [WG]; *grean, die Schmier ist da!* [WG]; *grean is, die Schmier!* [WG]
greane Subst. f. [WG]
– eine hinterlistige Angelegenheit [WG] ♦ **V:** *jemanden eine Greane machen* ‚Jemanden hereinlegen'

[WG]; *sich hinunterlassen auf die Greane* ‚eine Prostituierte zieht sich vom Kunden zurück' [WG]; *eine greane erzählen* ‚lügen' [WG]
grünert Subst. m. [Him, SK]; **gronert** [JSa, LJ, SchJ]; **kronert** [LI, LJ, PfJ, SE]; **groanert**[1] [LüJ]; **grunert** [BJ]; **groanrd** [OJ]; **gruenet** [JeS]
– Kraut [Him, LJ, LüJ, OJ, PfJ, SchJ]; Gemüse [Him, OJ]; Kappes, Kohl [JSa]; Weißkohl [JeS]; Krauskohl [JeS]; Salat [LI]; Kopfsalat [JeS]; Gras [JeS]; Wiese [SK]; Krautgarten [OJ]; Beilage zum Essen [SE]; Birnen [LJ]; weibl. Brust [JeS] ♦ **E:** rw. *grunert, kronert* ‚Kraut, Kohlkopf, Heu' (WolfWR 1946, Klepsch 657); zu dt. *grün*, Derivation mit dem Suffix *-hart/-ert*.
groanert[2] Subst. m. [LüJ]
– Fleisch [LüJ] ♦ **E:** evtl. zu *groanikel* ‚Schwein' (Schweinefleisch) oder semantische Verwandlung von *groanert* ‚Kraut'.
groahat Subst. [LoJ]
– Heu [LoJ]
groahatmuggl Subst. m. [LoJ]
– Heustadel [LoJ]
grünling[1] Subst. m. [KJ, LüJ]; **groaling** [LoJ]
– Apfel [LoJ]; Salat [LüJ]; Gras [KJ]
grünling[2] Subst. m. [WM]
– Neuling [WM]
grünling[3] Subst. m. [BJ, KJ, LüJ, RR, Zi]; **grünleng** [LüJ]; **grüling** [LüJ]; **greeling** [LüJ]; **grealeng** [OJ]; **greiling** [RR]
– Landjäger [BJ, OJ]; Gendarm [BJ]; Polizist [LüJ, OJ]; Jäger [LüJ, RR]; Waldhüter [OJ, Zi]; Förster [KJ, LüJ, OJ, RR] ♦ **E:** rw. *grünling* ‚Garten, Zaun, Waldhüter, Jäger, Förster' (WolfWR 1949); Benennungsmotiv: Farbe der Uniform, Bekleidung. ♦ **V:** *fiesel pfich, dr greeling naascht!* ‚Freund, komm, der Förster naht!' [LüJ]
grünlingsbutz Subst. m. [LüJ]
– Waldhüter [LüJ]; Waldschütz [LüJ] ♦ **E:** rw. *grünlingsbutz* (WolfWR 1949).
grünadel Subst. m. [BJ, MUJ, SJ]
– Waldhüter [BJ, SJ]; Jäger [MUJ]; Förster [BJ, MUJ] ♦ **E:** rw. *grünadel* ‚Waldhüter' WolfWR 1938.
grünadler Subst. m. [BJ]; **greadlr** [OJ]; **greænaddl** [WJ]
– Landjäger [OJ]; Waldhüter [OJ]; Förster [BJ, OJ, WJ]; Waldhaus [BJ] ♦ **E:** rw. *grünadler* ‚Waldhüter' WolfWR 1938.
griifilang Subst. m. [MoM]
– Förster [MoM]; Jäger [MoM] ♦ **E:** mdal. *grii* ‚grün' und → *filang*.

grünradel Subst. m. [PfJ]; **grünrattel** [Him, SchJ, TJ]; **grearattel** [LJ]; **gräerattel** [Scho]; **greanrattel** [LJ]; **grünrattler** Subst. m. [Mat]
– Förster [LJ, PfJ, SchJ, Scho, TJ]; Jäger [PfJ, WJ]; Waldhüter [Him, Mat] ♦ **E:** rw. *grünrattler* id., zu jd. *raz* ‚Läufer', *razen* ‚laufen' (WolfWR 1950).
grüenspächt Subst. m. [BM]; **greanspecht** [WG]
– Polizist [BM]; Aufseher [WG]; Justizbeamter [WG] ♦ **E:** rw. *grünspecht* ‚Jäger, Förster' WolfWR 1954. Benennungsmotiv: Farbe der Uniform, Bekleidung.
grünstaud Subst. m. [BJ, SJ]; **greaschdaud** [OJ]; **greæstaud** [WJ]; **grünstäudel** Subst. m. [Him]; **grünstäudle** Subst. n. Dim. [PfJ]; **greasteidl** [LoJ]; **grünstaudler** [Gmü]
– Förster [BJ, OJ, PfJ, WJ]; Jäger [LoJ, PfJ, WJ]; Waldhüter [Him, OJ, SJ]; Landjäger [OJ]; Feldhüter [Gmü] ♦ **E:** rw. *grünstaud(ler)* ‚Waldhüter, Jäger, Förster', zu jd. *sodad* ‚verschließen', „der Waldhüter verschließt den Gaunern den Wald" WolfWR 1956.
grünwedel Subst. m. [LüJ]; **grewaidla** [RR]
– Förster [LüJ]; Forstwart [LüJ]; Forstwächter [LüJ]; Jäger [LüJ, RR]; Waldschütze [LüJ]; Polizist [LüJ] ♦ **E:** rw. *grünwedel* ‚Jäger' WolfWR 1938; *-wedel, waidla* wohl zu dt. *waidmann, waid* DWB XXVIII 611 ff., womgl. Einfluss von rw. *Wedl* ‚Einfaltspinsel, großzügiger Dirnenkunde' WolfWR 6182, ohne Herleitung; SchwäbWb. III 883 (*Grünwedel*). ♦ **V:** *fiesel, meinst 's haure keine grünwedel herles im kracher?* ‚Kamerad, meinst du, es seien keine Forstwächter hier im Wald?' [LüJ]; *meinst scheffte kein grünwedel herles im jahre?* ‚Meinst du, es sei kein Förster im Wald?' [LüJ]
grunsprache Subst. f., Sprachname [SG]
– Musikantensprache [SG]
grünsteiger Subst. m. [Mat]
– Waldhüter [Mat]
gruenetpleri Subst. m. [JeS]
– Kohlgarten [JeS]; Gemüsegarten [JeS]
gruenetsuurhansech Subst. m. [JeS]
– Kopfsalat [JeS].
grüntsch Subst. m. [BM]
– Grund [BM] ♦ **E:** mdal./schweizdt. zu *Grund*.
grunzer Subst. m. [BJ]
gronzr [OJ]; **jruntzer** [MB]; **grunste** [HLD]
– Schwein [BJ, HLD, MB, OJ] ♦ **E:** rw. *grunzer* ‚Schwein' aus dt. *grunzen* (WolfWR 1959).

gruppen swV. [BJ, PfJ]
grubba [OJ]
– pfuschen [BJ, OJ]; bezahlen [PfJ] ♦ **E:** schwäb. *gruppen* ‚an etwas herumfingern, umständlich arbeiten' SchwäbWb. III 883.
grubbr Subst. m. [OJ]
– Pfuscher [OJ] ♦ **V:** *so a grubbr!* ‚so ein Pfuscher!' [OJ].

gruschd Subst. m. [OJ]
gruhschd [Scho]
– unnütze Sachen [OJ, Scho] ♦ **E:** schwäb. *Gerust* ‚wertloser Kram' SchwäbWb. III 435.

grüse Subst. f. [MT, MeT]
– Mädchen [MT, MeT] ♦ **E:** mnd. *grüe, grîe* ‚kleine Köderfische, junge Fischbrut', vgl. hd. *Backfisch* für ‚junges Mädchen'; evtl. Lehnübersetzung von franz. *grisette* ‚Mädchen von leichten Sitten'; nd. *-ken* Diminutivsuffix.

grüseken Subst. n. [MeT]; **grûseken** [MeT]; **grüsken** [MeT]
– Mädchen [MeT] ♦ **V:** *de tiötte versnüfft, bat dat grüseken quässt* ‚Der Kaufmann versteht, was das Mädchen sagt.' [MeT]; *Knos dat grüseken?* ‚Kennst du das Mädchen?' [MeT]; *Is dat grüseken sankset?* ‚Ist das Mädchen verheiratet?' [MeT].

grüßler Subst. m. [RW]
– zureisender Geselle [RW] ♦ **E:** dt. *grüßen*; Benennungsmotiv: vor Einführung von Wanderpapieren Ausweisung der zureisenden Gesellen durch einen bestimmten Gruß.

grütsch Subst. m. [JeS]
– Gemeindepräsident [JeS]; Anwalt [JeS]
grütscheréi Subst. f. [JeS]
– Gemeindebezirke [JeS]; Gemeindekanzlei [JeS] ♦ **E:** unsicher; evtl. zu schweizdt. *chrutsche^n* SchweizId. III 919 ‚schwerfällig einhergehen'.

grützkasten Subst. m. [RW]
– Krankenhaus [RW] ♦ **E:** rw. *grützkasten* ‚Krankenhaus' (WolfWR 1962, ohne Herleitung), evtl. zu dt. *Grütze* ‚geschrotetes Getreide' DWB IX 1019 ff.

gryfflig → griff.

gsaaf Subst. n. [Scho]
– langes Gerede [Scho] ♦ **E:** jd. *gsaf* ‚Schriftstück'; *gsafer* ‚Redner, Marktschreier' (Klepsch 661 f.).

gschaffdlhuber Subst. m. [Scho]
– Wichtigtuer [Scho] ♦ **E:** dt. ugs. *Geschaftelhuber* ‚umtriebiger Mensch, Wichtigtuer', zu oberdt. *Gschaftl* ‚Beschäftigung, Pöstchen'.

gschauben swV. [BJ, SJ]
gschauba [OJ]; **gschoba** [SJ]; **gschoben** [SJ]
– sehen [SJ]; schauen [SJ]; ansehen [BJ, OJ, SJ] ♦ **E:** schwäb. *geschauen* [gšaubə] SchwäbWb. III 452/453.
♦ **V:** *Schure, gschaubet her, do hot dr massfetzer schling ond bossertlappa herketscht, do kennemer mordsmäßig butta* ‚Männer, schaut her, der Metzger hat Wurst und Fleischstücke gebracht, da können wir tüchtig essen' [SJ]; *Gschob amol, da hatschd dr massfetzer* ‚Schau, da kommt der Metzger' [SJ].

gschbrang Subst. n. [OJ]
gschdragg [OJ]
– „etwas miteinander haben" [OJ] ♦ **E:** schwäb. *Gesprang* ‚das viele Herumlaufen (in Liebessachen)' SchwäbWb. III 542.

gschdeam Adj. [OJ]
gschdeamel Adj. [BJ]
– ruhig [BJ, OJ]; gemütlich [BJ, OJ] ♦ **E:** schwäb. *gestüm* ‚ruhig' SchwäbWb. III 567.

gschdebbd Adj. [OJ]
– getüpfelt [OJ]; bunt [OJ] ♦ **E:** mdal. *gestüpft* ‚mit Stupfen (Punkten) versehen'; vgl. SchwäbWb. III 567 (*Gestupfe*).

gschdiechem ‚ruhig' → *stike*.

gschert Adj. [BJ]
gscheard [OJ]; **gschewat** [LoJ]
– bäuerlich [BJ]; dumm [BJ, LoJ]; fremd [OJ]; verdächtig [OJ] ♦ **E:** schwäb. *geschert* SchwäbWb. III 462. ♦ **V:** *du gscheardr ramml!* ‚du dummer Hund!' [OJ]

gschêrt's mechel Phras. [TK]
– Mädchen (bäuerlich) [TK]
gscherter Subst. m. [SJ]; **gschewata** [LoJ]; **gsehêrter** [TK]; **gscherter** [TK]
– Bauer [SJ, TK]; Idiot [LoJ]; der jenischen Sprache Unkundiger [SJ].

gschicht Subst. f. in: [WG]
die Gschicht haben ‚die Regel haben' [WG]; *eine grade de Gschicht* ‚Bei Gericht niemandem in den Rücken gefallen sein' [WG] ♦ **E:** dt. *Geschichte* ‚Angelegenheit' DWB V 3857 ff.

gschiddicht ‚verheiratet' → *schittichen*.

gschiß Subst. n. [WG]
– ein Paket, das ins Gefängnis geschickt wird [WG] ♦ **E:** wohl zu dt. *Geschiss* ‚Betrug' DWB V 3896.

gschling Subst. n. [KJ]
– Haar [KJ] ♦ **E:** dt. *Geschlinge* DWB V 3921. Vgl. → *schlinge*.

gschmotz Subst. n. [LJ]
– Feuer [LJ] ♦ **E:** zu dt. *schmoren, schmorgeln, schmurgeln* ‚brutzeln' DWB XV 1109 ff.
geschmorkeltes Subst. n. [PfJ]; **geschmorgeltes** [PfJ]; **gschmorgelts** [PfJ]
– Speise [PfJ].

gschmu Subst. f. [LüJ]
gschmĭ [LüJ]; **gschmi** [LJ]
– Vagina [LJ]; membrum muliebre [LüJ]; weibliches Geschlechtsteil [LüJ] ♦ **E:** rw. *schmu* ‚Vulva', zu dt. *Musche* ‚Vulva' (WolfWR 5034); jd. *schmu-e* ‚weibliche Scham' (We 99); im Jd. Südwestdeutschlands die Form *smoja* mit gleicher Bedeutung zu hebr. [smu:'ja:h] ‚die Versteckte', Matras (1991: 290). SchwäbWb. III 485 (*G^{e}schmu*). Vgl. → *schmu^l*.

gschmus ‚Geschwätz' → *schmusen*.

gschnaggled Adj. [OJ]
– gefunkt [OJ]; begriffen [OJ] ♦ **E:** dt./ugs. *etwas geschnackelt haben* ‚etwas begriffen haben', vgl. *schnackeln* DWB XV 1156.

gschnalld Adj. [OJ]
– verstanden [OJ] ♦ **E:** dt./ugs. *etwas geschnallt haben* ‚etwas begriffen haben', *schnallen* DWB XV 1163 f.

gschnapt Adj., Part. Perf. [PfJ]
– gestohlen ♦ **E:** rw./dt. *schnappen* ‚ergreifen, gefangen nehmen' WolfWR 5051.

gschnokt Adj., Part. Perf. [PfJ]
– gestohlen ♦ **E:** zu rw. *schnoken* ‚stehlen, schmuggeln', zu dt. *schnicken* ‚eine schnelle Bewegung mit der Hand, den Fingern ausführen' WolfWR 5095.

gschpusi Subst. f. [Scho]
– Freundin [Scho] ♦ **E:** ugs. *Gespusi* ‚Gespielin, Freundin', zu ital. *sposo, sposa* ‚Bräutigam, Braut', dies zu lat. *sponsus, sponsa* id.

gschradn Subst. m., Pl. [LoJ]
– am Funkplatz Anwesende [LoJ] ♦ **E:** unsicher; evtl. (mit r-Metathese) zu rw./roi. *gschor* ‚Dieb' WolfWR 5947a.

gschroit Adj. [KJ]
– verrückt [KJ] ♦ **E:** wohl zu dt. (ant.) *Schreue*, f. „züchtigung, schlag, kopfnusz" DWB XV 1736.
gschroiter Subst. m. [KJ]
– Gendarm, Polizei [KJ].

gschtaub Subst. n. [LoJ]
– Mehl [LoJ] ♦ **E:** Kollektivbildung (*ge-*) zu dt. *Staub* DWB XVII 1069 ff.

gschtengad Subst. n. [LoJ]
– Stall [LoJ] ♦ **E:** Kollektivbildung (*ge-*) zu dt. *stinken* DWB XVIII 3146 ff.

gschtiebæ ‚sein, werden' → *stieben*.

gschtradi Subst., evtl. auch Adv. [LoJ]
– weggehen (Abschied, Aufbruch) [LoJ]; wegfahren [LoJ] ♦ **E:** Bildung zu → *strade* ‚Landstraße' WolfWR 5630, aus ital. *Strada* ‚Straße'.

gschuckt Adj. [LüJ]
gschutzt Adj. [TK]
– blöd, deppisch [LüJ]; nicht ganz normal [LüJ]; dumm [TK]; etwas dumm [LüJ]; verrückt [TK] ♦ **E:** schwäb. *g^{e}schuckt* ‚geistig etwas anormal' (SchwäbWb. III 498). Vgl. → *gschupft*.

gschude ‚Narr' → *schaute*.

gschuhfe Subst. f. [Scho]
– Antwort [Scho] ♦ **E:** jd. *tschuwe* ‚Antwort' (We 108).

gschupft Adj. [BJ, JeS, SJ]
gschupfd [OJ]
– spinnert [SJ]; narrisch [SJ]; blöd [OJ, SJ]; verrückt [BJ, JeS, OJ]; toll [JeS] ♦ **E:** schwäb. *geschupft* SchwäbWb. III 498/499. Vgl. → *gschuckt*. ♦ **V:** *Beim lehmschupfr kaschd a dromm maro dercha odr staucha der ischd a weng gschupfd, sischd a schote* ‚Beim Bäcker kannst du ein Stück Brot betteln oder stehlen, er ist ein wenig blöd, er ist ein dämlicher Bursche' [SJ]; *die hackn ist gschupft worden* ‚das Verbrechen ist erfolgreich beendet' [WG]
gschupfter Subst. m. [SJ]
– Narr [SJ]; Betrüger [SJ].

gschutzt Adj. [JeS, KJ, LoJ, TJ]
– dumm [JeS, LoJ, TJ]; verrückt [JeS, KJ, TJ] ♦ **E:** rw./schwäb. *geschutzt* (SchwäbWb. III 500); evtl. zu mundartlich *schutzen* ‚werfen, schaukeln', in Analogie zu *verrücken/verrückt*.
gschutzter Subst. m. [KJ]
– Gendarm [KJ]; Polizei [KJ]

gschutzlbacher Subst. m. [TJ]
– Irrer [TJ]; Verrückter [TJ] ♦ **E:** Kompositum aus *gschutzt* und *-bacher*, evtl. in Anlehnung an einen fiktiven Ortsnamen *Gschutzelbach*. Vgl. → *dollebacher*.
gschutztenkannele Subst. n. [TJ]
– Irrenhaus [TJ] ♦ **E:** *kannele* wohl Dim. zu rw. *kanti* ‚Haus' (WolfWR 2450), *kantele*.
gschutztnkanti Subst. f. [LoJ]
– Irrenhaus [LoJ].

gschwaodl Subst. n. [OJ]
– „unfeine Duftwolke" [OJ] ♦ **E:** zu dt. *Schwade* DWB XV 1167 ff.

gschwecht ‚betrunken' → *schwächen*.

gschwohner Subst. m. [LoJ]
– Knödel [LoJ] ♦ **E:** rw. *gschwohne* ‚Knödel' (WolfWR 1965, ohne Herleitung).

gseres ‚Schwierigkeit, Geschrei' → *geseires*.

gserfd Adj. [OJ]
gserft [CL]
– überspannt [OJ]; von einem, der spinnt [CL] ♦ **V:** *dear isch gserfd* ‚überspannt' [OJ] ♦ **E:** jd. *ksarft* ‚verrückt'.

gsib ‚Kassiber' → *kassiber*.

gsichert ‚gesotten' → *sichere*.

gsims Subst. n. [PfJ]
– Penis [PfJ] ♦ **E:** dt. *Gesims* ‚Zierde an Gebäuden' DWB V 4107 f. ♦ **V:** *gsims pflanzen* ‚koitieren' [PfJ].

gsiwal Subst. [LoJ]
– Sieb [LoJ] ♦ **E:** wohl Dim. zu dt. *Sieb* DWB XVI 773 ff.
gsiwalpflanzer Subst. m. [LoJ]
– Siebmacher [LoJ] ♦ **E:** rw. *pflanzen* ‚machen, tun' WolfWR 4158.

gspiene swV. [BM]
gspienze swV. [BM]; **gespunze** [BM]; **gspippe** swV. [BM]; **gspappe** [BM]
– schauen [BM] ♦ **E:** SchweizId. X 390 (*spienzen*, *gspienzen* ‚spähend schauen').

gsteppt Adj. [BJ]
– bunt [BJ]; getüpfelt [BJ] ♦ **E:** dt. *steppen* ‚nähen, stopfen, stechen' DWB XVIII 2377 ff.

gstibn ‚kriegen, bekommen', s. → *stieben^2*.

gstirn ‚Henne, Huhn' → *stiri*.

gstopft Adj. in:
gstopft sein Phras. ‚reich sein' [WG]
– reich sein [WG] ♦ **E:** zu dt. *stopfen* ‚ausgiebig befüllen' DWB XIX 308 ff.
gstopfter gogl Subst. m., Phras. [WG]
– reicher Kunde [WG] ♦ **E:** *Gockel* ‚Hahn' DWB VIII 660 ff.

gstrupft Adj., Part. Perf. [LüJ]
– (gerichtlich) bestraft [LüJ] ♦ **E:** zu schwäb. *strupfen* ‚abstreifen, streifend abrupfen' SchwäbWb. V 1886.

gstübercho Adj., Adv. [BM]
– gestohlen [BM] ♦ **E:** SchweizId. X 1096 (*gestübercho* ‚stibitzt, gestohlen'), Kontamination aus *übercho* ‚bekommen' und *g'stohlen*.

gu Dem.Pron. [GM]
guij [GM]
– dieser [GM] ♦ **E:** wohl zu roi. *káwa* ‚dieser' (WolfWZ 1343), roi. *kowa* ‚jener' (WolfWZ 1532).

guba ‚Wirt' → *kober*.

guck Subst. [WG]
– Fenster, vor allem Zellenfenster [WG]; Kartenname beim Stoß [WG] ♦ **E:** dt. *gucken* ‚sehen, schauen' DWB IX 1031 ff.
gucker Subst. m. [EF]
– Brille [EF]
guckerle Subst. n. Dim. [KP]; **guckelchen** Subst. n. Dim. [WL]
– Fenster [KP]; Augen [KP, WL]
guckkasten Subst. m. [EF]
– Bergwerkskasten [EF]; tragbares Bergwerksmodel [EF].

gudlo Adj. [LüJ]
– süß [LüJ] ♦ **E:** rw. *gudlo* ‚süß', < roi. *gudlo* ‚süß, Zucker, Honig' (WolfWR 1968, WolfWZ 964, BoIg 102).
gudlo Subst. m. [JS, LüJ, PH]; **gutloh** [GM]; **kuttlo** [LüJ]
– Kaffee [LüJ]; Honig [LüJ]; Zucker [GM, JS, LüJ, PH]
♦ **E:** zur Bedeutung ‚Kaffee' vgl. *süßling* ‚Zucker, Kaffee'.

guf Subst. m. [Scho]
gufes [BJ]
– Körper [BJ, Scho] ♦ **E:** jd., hebr. *guf* ‚Körper' (We 65).

guffen swV. [BJ, Him, LJ, LüJ, MUJ, Mat, PfJ, SJ, SchJ, TJ, TK, Zi]
gufen [LJ, TJ]; **guffa** [OJ]; **guffæ** [WJ]; **goffen** [BJ]; **goofe** [BM]; **kuffen** [GM, Jsa, NJ, TK]; **kuffe** [CL, JS, JSW, LI, PH]; **kufen** [JSa, NrJ, SP]; **gufne** [JeS]; **jekuft** Part. Perf. [NrJ]
– schlagen, hauen [BJ, CL, GM, Him, JS, JSW, JSa, JeS, LüJ, MUJ, Mat, NJ, NrJ, OJ, PH, PfJ, SJ, SP, WJ, Zi]; sich schlägern [GM, LJ, LüJ, SJ, SchJ, TJ, WJ]; prügeln [BM, GM, JeS, LüJ, Mat, SJ]; verprügeln [JeS, LüJ]; streiten [SchJ]; raufen [MUJ]; stoßen [JeS, SJ]; stechen [JeS]; schneiden [LI]; werfen [JeS] ♦ **E:** rw. *guffen* ‚schlagen', zu mhd. *goffe, guffe* ‚Hinterbacke', mdal./bair. *Goffe* ‚Arschbacke' (WolfWR 1969, Klepsch 664). SchwäbWb. III 905 (*guffen*).- Beleg *gute* (PH) wohl verderbt / verschrieben aus *gufe*. ♦ **V:** *Skotele hod end bux gschmelzd ond gflöseld shod grandeg gmuffd' d'muadl hod döberd ond hod am da doches vergufd* ‚Das Kind hat in die Hose geschissen und uriniert, es hat kräftig gestunken, die Mutter hat geschimpft und hat ihm den Hintern verhauen' [SJ]; *moss hat den batron gufft, weil er so schwecht, so schwecht und im soft gar neme ketscht* ‚die Frau hat den Vater geschlagen, weil er so trinkt, so trinkt, und im Bett gar nichts mehr bringt' [LJ]; *der tschubel, der kennt i jetzt grad guffe in der gial na* ‚der Frau könnt ich jetzt glatt eins aufs Maul geben' [LJ]; *aufs Dach kuffen* ‚Jemanden auf den Kopf hauen' [NJ]; *kiebes kuffen* ‚Jemanden auf den Kopf hauen' [NJ]; *Tschai guff mr a paar jare ei* ‚Mädchen, schlag' mir ein paar Eier (in die Pfanne) rein' [WJ]; *ich kuff de schabo vör de betzjes* ‚ich hau dem Jungen in die Eier' [JS]
kuffese swV. [PH]
– schlagen [PH]
abgoofe swV. [BM]
– prügeln [BM]
verguffen swV. [LüJ, SJ]; **verkuffen** [MoJ, WL]
– verprügeln [LüJ, SJ, WL]; verhauen [LüJ, MoJ]; schlagen [LüJ]; verschlagen [LüJ] ♦ **E:** SchwäbWb. VI 2, 1880 (*verguffen*).
guff Subst. m. [MUJ, SJ, TK, TJ]; **guf** [TJ]; **kuff** [TK]
– Schlag [MUJ, SJ, TK]; Prügel [SJ, TK] ♦ **V:** *guff geben* ‚schlagen' [TK]
kuffen Subst. Pl. [HLD]; **guffen** [TK]
– Schläge [HLD, TK] ♦ **V:** *grandige kuffen stecken* ‚schwere Schläge austeilen' [HLD]
kuffes Subst. Pl. [GM, JS, PH, SE]; **guffes** [LüJ, OJ, TK]; **gufes** [BJ, PfJ]; **kufes** [NrJ]; **kuffe** [JS]
– Schläge [BJ, JS, LüJ, NJ, OJ, PfJ, PH, TJ, TK]; Schlag, Hieb [GM]; Prügel [LüJ, NrJ, SE]; Schläge [NrJ]; Schlä-

gerei [BJ] ♦ **E:** rw. *gufes, guves* ‚Schlag, Prügel', zu mdal./bair. *goffe* ‚Arschbacke' (WolfWR 1969). ♦ **V:** *Mödele, warum glemsest so grandich? Hast vom patres guffes bestieb?* ‚Mädchen, warum weinst du so arg? Hast' vom Vater Hiebe bekommen?' [LüJ]; *de waletto bestiebt grannig kuffes für de kiebes* ‚der Arbeiter bekommt viel Schläge auf den Kopf' [JS]; *du bestiebst kuffes vör et ponum* ‚du bekommst Schläge ins Gesicht' [JS]; *du bestiebst kuffe* ‚ich werde dich schlagen/ ich schlage dich' [JS]

guffer Subst. m. [JeS, LJ]; **guffr** [OJ]; **kuffer** [JSa]; **kufers** [RR]
– Schlag [LJ, OJ, RR]; Lehrer [LJ]; „wer andere schlägt", Schläger [JSa]; Hammer [JeS, JSa] ♦ **V:** *doch wär der guffer no ärmer, wenn sei weib den reicha blambpflanzer vergönt hät* ‚doch wär der Lehrer noch ärmer, wenn seine Frau den reichen Bierbrauer geheiratet hätte' [LJ]

gufferei Subst. f. [LJ, LüJ, MoJ, PfJ, SchJ, TJ]; **guffærei** [WJ]; **kufferei** [JSa, SPI]
– Schlägerei [JSa, LJ, LüJ, MoJ, PfJ, SchJ, WJ]; Streit [TJ]; Rauferei [LüJ]; Händel [LüJ]; „in eine Schlägerei verwickelt" [SPI]; Krach [TK]

gufferling Subst. m. [LJ]
– Prügel [LJ] ♦ **V:** *hast gufferling bestiebt von dene fiesel wegen dene murrer?* ‚hast du von den Kerlen Prügel bekommen, wegen der Katzen?' [LJ]

guffernuß Subst. f. [LJ]
– Schlag mit den Fingerknöcheln seitlich an die Stirn [LJ] ♦ **E:** evtl. Tautologie, wenn zu dt./ugs. *Nuß* ‚Stoß, Schlag'; vgl. dt. *Kopfnuß.*

kuffeser Subst. m. [GM]
– Schläger [GM]; Raufbold [GM]

kuffert Subst. m. [JeH]
– Messer [JeH]

kuffertmakert Subst. m. [NJ]
– Hammer [NJ]

kuffertmackes Subst. Pl. [NJ]
– Hammerschläge [NJ]

guffermente Subst. Pl. [LüJ]; **guffertermente** [PfJ]
– Ohrfeige [LüJ]

galmenguffer Subst. m. [LüJ]; **galmaguffer** [LüJ]; **galmaguffr** [OJ]
– Lehrer [LJ, LüJ, MUJ, OJ]; Schullehrer [LJ]; Schülerprügler [LüJ]; Kinderverprügler [LüJ]; Kinderschläger [LüJ] ♦ **E:** SchwäbWb. III 34 (*Galmenguffer*); WolfWR 1630 (*galmenguffer*).

galmengufferei Subst. f. [LüJ]
– Schule [LüJ]; Erziehungsanstalt [LüJ]; Kinderrauferei [LüJ]; Kinderprügelei [LüJ]

galmengufferin Subst. f. [LüJ]
– Lehrerin [LüJ]

schollaguffr Subst. [OJ]
– Bauer [OJ] ♦ **E:** dt. *Scholle* ‚Erdklumpen' DWB XV 1453 ff.

tschutscheguffer Subst. m. [LüJ]
– Herzinfarkt, Herzschlag [LüJ] ♦ **E:** rw./roi *tschutsi* ‚(weibliche) Brust' WolfWR 5950.

gugelfranz Subst. m. [BJ]
– Mönch [BJ] ♦ **E:** dt. *Gugel* ‚Kapuze' < lat. *cuculla* DWB IX 1047 ff.; Benennungsmotiv: Kapuze an der Mönchskutte. RN *Franz.*

gugelfränzin Subst. f. [BJ]
– Nonne [BJ].

gugere Subst. f. [BM]
– Eiterbläschen [BM] ♦ **E:** schweizdt. *gügere(n)* ‚Eiterblatter' (SchweizId. II 158).

guggermugn Subst. f. [KJ]
– Scheune [KJ] ♦ **E:** unsicher; evtl. rw. *gugge* ‚Loch', evtl. dt. *Mücken.*

gugi Subst. n. [BM]
– Bonbon [BM] ♦ **E:** zu schweizdt. *Gueteli* ‚Süßigkeit, Bonbon' (SchweizId. II 554).

gugle swV. [BM]
– lachen [BM] ♦ **E:** SchweizId. II 158 (*gugelen* ‚hellauf lachen').

guglhupf Subst. m. [WG]
– Irrenanstalt [WG] ♦ **E:** Benennungsmotiv: der von Josef II. in Wien erbaute, einem *Gugelhupf* (Topfkuchen; DWB IX 1050 f.) ähnliche runde Narrenturm.

gugommer Subst. f./m. [BJ, SJ]
gugommr [OJ]; **gogommæri** [WJ]; **gogemerum** [LJ, SchJ]; **goglmerum** [TJ]
– Gurke [BJ, LJ, OJ, SJ, SchJ, WJ] ♦ **E:** mdal./schwäb. *Gugommer, Guckummer* u. ä. (SchwäbWb. III 903), in süd- und westmitteldeutschen Mundarten weit verbreitet, aus lat. *cucumer;* roi. *kukumri* ‚Gurke'. (WolfWZ 1588).

gui Subst. f. [SE]
goir Subst. [KJ]; **goirl** Subst. Dim. [KJ]
– Mädchen [KJ, SE]; Frau [SE] ♦ **E:** wohl zu → *goi.*
♦ **V:** *gui is battich* ‚Das Mädchen ist schwanger' [SE].

guitarre Subst. f. [SK]
– Gitarre [SK] ♦ **E:** span., im Deutschen seit etwa 1715 nur in Form *Gitarre* gebräuchlich; „*u* und *i* werden getrennt gesprochen".

guizl Subst. m. [SJ]
− Teufel [SJ] ♦ **E:** dt. *Geißel*, Benennungsmotiv: Vergleich des geschwänzten Teufels mit dem Geißelriemen.

gük ‚Frau' s. → *jück*.

gulla Subst. m. [EF]
− Bauer [EF] ♦ **E:** unsicher; evtl. zu dt. *Gule* ‚Haushahn' (DWB IX 1070 f.).

gullo Subst. m. [MB]
− Zucker [MB] ♦ **E:** rw. *gudlo* ‚süß, Zucker' (WolfWR 1968) < roi. *gudlo* ‚süß' (WolfWZ 964).

gulern sw. Verb [GM]
− zuckern [GM]; verzuckern [GM] ♦ **E:** roi. *guler-* ‚versüßen, verzuckern' (WolfWZ 964). ♦ **V:** *die daijo had de maijgli gegulerd* ‚die Mutter hat den Kuchen gezuckert' [GM].

gulm, gulum ‚Auto, Radreifen' → *kulm*.

gummi Subst. m., n. in: [RW]
gummihammer kriegen Phras. [RW]
− abgewiesen werden [RW]; bei Gasthäusern oder Krautern abgewiesen werden [RW]; Absage beim Vorsprechen bekommen [RW]; eine Klatsche kriegen [RW] ♦ **E:** dt. *Gummi* DWB IX 1093 ff.

gummihutschn Subst. f. [TJ]
− Fahrrad [TJ] ♦ **E:** rw. *gummihutsch'n* ‚Fiaker' WolfWR 1973, dt. *Hutsche* ‚Schlitten' DWB X 1993; rw. *hutschen* ‚kriechen, gekrümmt sitzen' WolfWR 2277. Benennungsmotiv: Material der Reifen.

gummirutsch Subst. m. [JeS]
− Auto [JeS]; Fahrrad [JeS]

gummihütten Subst. f. [WG]
− Irrenanstalt [WG] ♦ **E:** Benennungsmotiv: Gummizelle.

gummimark Subst. f. [HN]
− die alte Reichsmark, vor der Währungsreform [HN]

gummiwurst Subst. f. [HN]
− Bockwurst, die zum zweiten Mal aufgebrüht wurde [HN].

gumpas Subst. [LoJ]
gowas Subst. [RR]
− Kraut [LoJ, RR] ♦ **E:** zu dt. *Kompost, Kompes* „eingemachtes kraut u. dgl., hauptsächlich eine art sauerkraut" DWB XI 1685, mdal. *Kumbst, Gumpes* < lat. *compositum*. → *goppes*.

gumper Subst. m. [SJ]
− Großmaul [SJ] ♦ **E:** zu schwäb. *gumpen* ‚hüpfen', SchwäbWb. III 923 (*Gumper-* ‚munteres Kind').

gungel Subst. m. [PH]
− Stock [PH] ♦ **E:** evtl. zu pfälz. *Kunkel* ‚Spinnrocken'; Benennungsmotiv: nach der Form (PfälzWb. IV 696).

gunkel¹ swV. [BJ]
− schwanken [BJ] ♦ **E:** schwäb. *gunkelen* ‚hin und herschwanken' SchwäbWb. III 925.

gunkel² Subst. m. [BJ]
− langer Mensch [BJ]; schwieriger, entscheidungsschwacher Mensch [BJ].

gunst Subst. f. in: [RW]
mit gunst und verlaub [RW]; *mit gunst und erlaubnis* [RW]; *mit gunst und verlaubnis* [RW]
− traditioneller Beginn jedes Gesellenschnacks [RW]; obligatorische Anrede im Zunfthandwerk [RW]; offizielle Formel [RW]; Gruß [RW]; Schnack [RW]; ehrbarer Gesellenschnack auf dem Handwerkssaal, wenn ein Geselle etwas zum Besten geben will [RW]; traditioneller, zünftiger Beginn von Reden und Sprüchen [RW]; Einleitung zu einem höflichen Spruch (z. B. vor dem Bürgermeister) [RW] ♦ **E:** dt. *Gunst* DWB IX 1104 ff.

günther RN in:
waldgünther [EF]
− Pflaume [EF] ♦ **E:** dt. *Wald* und RN *Günther*.

gupfen¹ Subst. m. [SJ]
− Nase [SJ]; Häufchen [SJ] ♦ **E:** schwäb. *Gupfen* ‚Giebel, Gipfel' SchwäbWb. III 928.

gupfen¹ swV. [SJ]
− „ein Häufchen draufsetzen" [SJ].

gure Subst. f. [BM]
− böses Weib [BM] ♦ **E:** SchweizId. II 409 (*Gurr, Gurre* abschätz. ‚Weibsperson').

guren swV. [LüJ, MUJ]
gure [JS, PH]
− raufen [MUJ]; schlagen [JS, LüJ, PH]; hauen [LüJ] ♦ **E:** roi. *kurel* ‚schlagen, prügeln, kämpfen' (WolfWZ 1605; Romlex 2002).

gurenbenn Subst. [LüJ]; **gurenben** [LüJ]; **gurebenn** [LüJ]; **gurebe** [UG]
− Händel [LüJ]; Schlägerei [LüJ]; Streit [LüJ]; handfester Streit [LüJ]; Schläge [LüJ]; Rauferei [LüJ]; Lärm [UG] ♦ **E:** roi. *kurêpen* ‚Schlägerei' (WolfWZ 1605); SchwäbWb. III 929 (*gurepen*).

gurer Mann Phras. [WM]
− Schornsteinfeger [WM] ♦ **E:** pfälz./mdal. (Rhotazismus) *guter*, dt. *Mann*.

gurgle swV. [BM]
– trinken [BM] ♦ **E:** dt. *gurgeln* DWB IX 1152 ff.
gurgelmutter Subst. f. [MB]
– Wirtin [MB].

guri Subst. m. [TK]
– Schnaps [TK] ♦ **E:** TirolWb. I 266 (*Guri* ‚Schnaps').

gurke Subst. f. [MM, WG]
– mannliches Glied [WG]; Bordell [MM] ♦ **E:** dt./ugs. *Gurke* ‚Penis', ab 1900 (Kü 1987: 313). [MM]. ♦ **V:** *auf die gurke gehen* ‚einen Puffbesuch machen' [MM]; *die Gurke rebeln* ‚onanieren' [WG]; *die Gurke nehmen* ‚oral verkehren' [WG]
gurkengustav Subst. m. [HN]
– Schimpfname (für einen Mann) [HN] ♦ **E:** RN *Gustav*.
gurkenguste Subst. f. [HN]
– Schimpfname (für eine Frau) [HN] ♦ **E:** → *guste*.
gurkenmacher Subst. m. [RW]
– Gärtner [RW] ♦ **E:** rw. *gurkenmacher* ‚Gärtner' (WolfWR 1980).
gurkerln swV. [WG]
– onanieren [WG] ♦ **V:** *eine gurkerln* ‚oral verkehren' [WG].

gurt Subst. m. [HLD]
– Fünfmarkschein [HLD] ♦ **E:** rw. *gurt* ‚Fünfmarkschein' (volksetymologisch) zu jd. *(c)hager* ‚Dukaten', Querung mit jd. *chogor(o)* ‚Gurt, Gürtel' (WolfWR 1982).

gürtel Subst. m. [BM]
– Gurten (ein Berg) [BM] ♦ **E:** zu *Gürten* (Gebirge bei Bern).

gurti Subst. n. [JeS]
guti [BM]; **gutt** [BM]; **gut** [BM]
– Messer [BM, JeS] ♦ **E:** rw. *kutoh* ‚Messer' aus frz. *couteau* ‚Messer' (WolfWR 3032) oder aus engl. *cut* ‚schneiden'; SchweizId. II 532 (*Guti, Gutel* ‚schlechtes, geringes Messer'). ♦ **V:** *Mir tupfed em Fisel mit em Gurti äini uf e Chüübis* ‚wir geben dem Burschen mit dem Messer eins auf den Kopf' [JeS]
gurtigaaschi Subst. m. [JeS]
– „jmd., der die Messer in Ordnung bringt" [JeS]
gurtimänger Subst. m. [JeS]
– Messerschleifer [JeS].

gusch Subst. f. [Him, JeH, LJ, Mat, OJ, PfJ, SJ, SP, WJ]
gusche [SJ]; **kusch** [SP]; **kuschen** [SP]
– Haus [JeH, LJ, Mat, OJ, PfJ, SJ, SP, WJ]; Gebäude [SP] ♦ **E:** rw. *gusch* ‚Haus' < kroat. *kuća* ‚Haus' (WolfWR 1986); SchwäbWb. III 935/936 (*Gusch*). ♦ **V:** *Dr blemb ischt doch gwand, in jeder gusch ischt er bekannt – der blemb mr schallet bis alles lallet ond beim kala, do werdmer ons aala, aala* ‚Das Bier ist doch gut, in jedem Haus ist es bekannt – das Bier, wir singen, bis alle lallen und beim Essen, da werden wir uns aalen, aalen' [SJ]
kolbægusch Subst. f. [WJ]
– Pfarrhaus [WJ]
schulgusch Subst. f. [WJ]
– Schulhaus [WJ]
schmelzgusch Subst. f. [Him]
– Abtritt [Him]
guschbenk Subst. m. [SJ]; **guschbink** [PfJ]
– Hausherr [PfJ, SJ] ♦ **V:** *Dr nei guschbenk ischd scharf wia haartling sei moss ischd boda gwand* ‚Der neue Hausherr ist scharf wie ein Messer, seine Frau ist sehr gut' [SJ].

guschblu Subst. m. [GM]
– Pferdemetzger [GM] ♦ **E:** roi. *kušvelo* ‚Schinder, Abdecker, Henker' (WolfWZ 1622).
guschblingermass Subst. m. [GM]
– Pferde(metzger)fleisch [GM] ♦ **E:** → *mass*.

gusche[1] Subst. f. [BJ, KP, LüJ, OJ, WJ]
gusch [MUJ]; **guschi** [JeS]; **jusche** [WJ]
– Bett [BJ, JeS, KP, MUJ, OJ, WJ] ♦ **E:** rw. *gusche* ‚Bett' < frz. *couchée* ‚Nachtlager' (WolfWR 1986), frz. *se coucher* ‚schlafen gehen'. SchwäbWb. III 936 (*Gusche, guschen*). ♦ **V:** *I tschaane is Guschi go schluune* ‚ich gehe ins Bett, schlafen' [JeS]
gusche[2] swV. [BJ]; **kusche** [OH]; **guschele** swV. [LüJ]; **guschala** [OJ]
– sich schlafen legen [OH]; schlafen [LüJ]; kuscheln [BJ, OJ]
guschedurme swV. [LüJ]
– schlafen (gehen) [LüJ]; im Bett schlafen [LüJ] ♦ **E:** → *dormen*; SchwäbWb. III 936 (*Gusche-durme*).
guschemalusche swV. [LüJ]
– schlafen gehen [LüJ].

gusche[3] Adj. [BJ]
– gewaltig [BJ]; zornig [BJ] ♦ **E:** unsicher; evtl. zu rw. *gusche* ‚Maul, Mund', DWB IX 1196.

guschte Subst. m. [GM]
– Finger [GM] ♦ **E:** rw. *gusto* ‚Finger' (WolfWR 1988) < roi. *gušto* ‚Finger, Zehe' (WolfWZ 981).

guste Subst. f. [HN]
– Frau (abwertend) [HN] ♦ **E:** Kürzung, Koseform aus RN *Auguste* [die Erhabene]. ♦ **V:** *dumme guste* ‚dumme Gans' [HN]
gurkenguste Subst. f. [HN]
– Schimpfname (für eine Frau) [HN].

gustieren swV. in: [WG]
eine hackn ausgustieren ‚ein Verbrechen auskundschaften' [WG]; *die Hur gustiert* ‚die Prostituierte ist willig' [WG] ♦ **E:** wienerisch *gustieren* ‚genießen'.
gusto Subst. m. in: [WG]
einen gusto haben ‚an etwas interessiert sein' [WG] ♦ **E:** dt. *gustieren* ‚an etwas Geschmack haben' DWB IX 1208, < lat. *gusto*.
gustokatz Subst. f. [WG]
– Prostituierte auf der Suche nach einem Freund [WG]; Dirne, die gratis mit jemandem schläft [WG].

gustre Subst. m., f. [LüJ, MUJ]
guschdre [LüJ]; **gustri** [GM, JS, LüJ, PH]; **gustere** [LüJ]; **kustere** [LüJ]
– Ring [GM, JS, MUJ, PH]; Fingerring [LüJ]; Ehering [GM]; Reif [LüJ]; Armreif [LüJ] ♦ **E:** rw. *gustrin* ‚Ring' (WolfWR 1989) < roi. *gusterin* ‚Fingerring, Ring, Reif' (WolfWZ 978). ♦ **V:** *dik die moß mit ihre grandige gustre* ‚sieh mal die Frau da mit ihren großen Ringen' [LüJ]
angustri Subst. m. [LüJ]
– Ring [LüJ]; Armreif [LüJ] ♦ **V:** „eigentlich nur *gustri*, *gustre*; nur selten *angustri*" [LüJ]
gizegustre Subst. m. [LüJ]
– Ohrring [LüJ]
sonekaigustre Subst. m. [LüJ]
– Goldring [LüJ]
raggergustri Subst. f. [GM]
– Ehering [GM] ♦ **E:** *ragger* zu roi. *rak-* ‚(be)schützen, behüten, bewahren, bewachen' (WolfWZ 2670) oder roi. *raker-* ‚sprechen, reden' (WolfWZ 2671).

gut¹ Adj., Adv. in:
gut dôf ‚guten Tag, grüß Gott!' [LüJ] ♦ **E:** tautologisch aus dt. *gut* ‚gut' und jd. *toff* ‚gut'; vgl. in Norddeutschland verbreitete Begrüßungsformel *moin, moin!*
gutentagmann Subst. m. [HN]
– Geschäftsführer [HN]; Empfangschef [HN] ♦ **E:** Zusammenrückung aus dt. *gut, Tag, Mann*.

gut² Num. Kard. [JS]
– fünfzig [JS] ♦ **E:** jd. *jud* ‚zehn' (We 69). ♦ **V:** *gut schuck* ‚fünfzig Mark' [JS].

gutle Subst. [MUJ]
– Kaffee [MUJ] ♦ **E:** unsicher; zu dt. *gut* oder zu → *gudlo*.

gutloh ‚Zucker' s. → *gudlo*.

guts Subst. m. [BB]
– Zug [BB] ♦ **E:** Inversion zu *Zug*.

gutsch¹ Adj. [GM]
– teuer [GM] ♦ **E:** roi. *kut* ‚teuer, kostbar, wertvoll' (WolfWZ 1629).

gutsch² ‚Kammer, Stube' → *kutt*.

gütsch Subst. m. [BM]
– Flasche [BM] ♦ **E:** zu schweizdt. *Guttere* ‚Flasche'.

gutschierling ‚Wagen' → *kutschieren*.

gutshamlisch Subst. m. [EF]
– Gutsbesitzer [EF] ♦ **E:** dt. *Gut* und erzgebirg./mdal. *Heimel* ‚kräftiger, ungehobelter Kerl' (OSächsWb. II 289).

gutt, gut ‚Messer' → *gurti*.

güüschi Subst. m. [MJ]
– Hut [MJ]; neumodisches, leichtes Frauenhütchen (spöttisch) [MJ] ♦ **E:** schweizdt. *Güschi* SchweizId. 2,482 ‚Sache von geringem Wert', vgl. *Güschihuet* II 1787.

gwaaldächd Adj. [OJ]
– gewaltig [OJ]; zornig [OJ] ♦ **E:** *gewaltig* DWB VI 5112 ff. ♦ **V:** *gwaaldächdr* ‚ein Großer' [OJ]; *waaldächd* ‚echt' [OJ]; *waaldächdr* ‚ein Echter' [OJ].

gwalma swV. [OJ]
– rauchen [OJ] ♦ **E:** dt. *qualmen* DWB XIII 2311.

gwälr, quälen in:
bemslgwälr Subst. m. [OJ]
– Maler [OJ] ♦ **E:** schwäb. *Bemsl* ‚Pinsel' und dt. *Quäler* DWB XIII 2306.

gwand ‚schön, lieb, fein' u. a. → *quant*.

gwant Subst. m. [LoJ]
– Hund [LoJ] ♦ **E:** unsicher; evtl. zu dt. *wendig* DWB XXVIII 1807 ff. Vgl. → *quien*.

gwaoschd Adj., Adv. [OJ]
gwaoschdig Adj., Adv. [OJ]
– großer Bauchumfang [OJ] ♦ **E:** mdal. *gewanst(ig)* (*n*- Schwund nach Staubschem Gesetz), zu dt. *Wanst*; vgl. SchwäbWb. III 599 (*gewampet* ‚mit dickem Bauch versehen').

gwine Subst. f. [SS]
quien Subst. m. [SK]
– Käse [SK, SS] ♦ **E:** rw. *gewine* ‚Käse' < jd. *gewino* ‚Käse' (WolfWR 1773).

gwinnerin Subst. f. [Scho]
– Hebamme [Scho] ♦ **E:** zu schwäb. *gewinnen* bes. ‚Obst pflücken' (SchwäbWb. II 626).

gyps Subst. m. [RW]
– Geld [RW] ♦ **E:** rw. *gips* ‚Geld', kontrahiert aus *gib es!* (WolfWR 1803); volksetymologisch zu *gips* (Bindemittel, Werkstoff) DWB VII 7536 ff.

H

ha Subst. [RH]
– Bein [RH] ♦ **E:** unsicher; evtl. zu dt. (ant.) *hader* ‚Lumpen, herabhängendes Stück, bes. Penis' DWB X 109 ff. (2).

hano Interj. [OJ]
– los jetzt [OJ] ♦ **E:** schwäb. *ha nun* Interj. ‚ja nun, aber'.

häächele swV. [KM, MT]
häächeln swV. [KM]
– schlecht über jd. reden [KM, MT] ♦ **E:** zu dt. *hecheln*, jd. *durchhecheln* ‚über jemand herziehen' (RheinWb. III 386).

haaligen swV. [SP]
haalischen swV. [SP]
– schlafen [SP] ♦ **E:** wohl zu rhein. *halig* ‚totmüde, abgespannt' RheinWB III 120.

haarekapper Subst. m. [MB]
– Friseur [MB] ♦ **E:** westf. *kappen* ‚abschneiden' (WestfWb. 530). ♦ **V:** *ich muß zum haarekapper* ‚ich muß zum Friseur' [MB].

haarig Adj. [BM]
– haarsträubend [BM]; ausnehmend [BM] ♦ **E:** SchweizId. II 1511 (*haarig* ‚unangenehm, widrig, schwierig').

habben swV. [HF]
haben [HF]; **häben** [PfJ]
– koitieren [PfJ] ♦ **E:** rw. *in die häbin gehen* ‚koitieren' zu rw. *häbin* ‚Suppe' (WolfWR 2103, ohne Herleitung).

haber ‚Fleisch, Schinken' → *hafer*.

haberer Subst. m. [WG]
– Freund [WG] ♦ **E:** hebr. *chawer* ‚Freund'. ♦ **V:** *mit jemandem haberiert sein* ‚mit jemandem befreundet sein' [WG].

häbig Adj. [SJ]
häbeg [SJ]
– ruhig [SJ]; brav [SJ] ♦ **E:** SchwäbWb. III 1006 f. (*häbig*).

habit Subst. n. [EF]
– bergmännischer Leinenkittel [EF] ♦ **E:** dt./lat. *Habit* ‚Ordens-, Berufskleidung'.

häbitz Subst. m. [BM]
– Habersack [BM] ♦ **E:** Bildung zu dt. *Haber* ‚Hafer' DWB X 78 ff.

häbling Subst. m. [SK]
– Arm [SK] ♦ **E:** Bildung zu dt. stV. *heben* DWB X 721 ff.
häblinge Pl. [SK]; **häblings** [SK]
– Arme [SK]
häblingsfinniche Subst. m., f., Pl. [SK]
– Arm, Arme [SK].

habuchene Subst. m. [GM]
– Bauer [GM] ♦ **E:** dt. *hainbüchen, haimbüchen*, aus *hagenbüchen, hainbüchen* ‚derb, grob, knorrig' DWB X 174 f., mhd. *hagebüechin* ‚aus dem Holz der Hagebuche'. ♦ **V:** *heimbüchene Vögel* ‚Bauern' [GM].

hach ‚Mann' → *hacho*.

hachel Subst. m. [BJ, HN]
– Messer [HN]; männliches Geschlechtsteil [HN]; Korb [BJ] ♦ **E:** unsicher; evtl. zu dt. *Hachel* ‚Granne, Bart der Ähre'; ugs. *hacheln* ‚in Streit liegen; zanken' (Kü 1993: 316).

hächel Subst. m. [BM]
hichel [BM]; **hägenz** Subst. m. [BM]; **higenz** [BM]; **högens** [BM]
– Mann [BM] ♦ **E:** SchweizId. II 1080 *Hegel* ‚Kerl, Grobian, Bauernlümmel'.

hächer Subst. Pl. [KMa]
häger [KMa, OH]
– Zähne [KMa, OH] ♦ **E:** zu hess. *hachen* ‚hauen', dt. *Hauer*.
hächerpraktisch Subst. m. [KMa]
– Zahnarzt [KMa].

hachlesbunem Subst. m. [Scho]
– Scheinheiliger [Scho]; „Leute zum Besten halten" [Scho] ♦ **E:** jd. *lehachles ponem* ‚Halsstarriger, Trotzkopf' (We 75). Vgl. →*ponum*.

hacho¹ Subst. m. [BJ, CL, GM, JS, JSa, MB, MM, MUJ, PH, SPI]
hache [LJ]; **hach** [BM]
– Bauer [BJ, JS, JSa, LJ, MB, PH]; Bauer (abwertend) [CL, GM, MM]; Bauernjunge [MB]; Landwirt [MB]; Landei [MB]; Blödmann [MB]; Depp [MUJ]; Lümmel [MB]; Idiot [MB]; Kerl [MM, SPI]; Mann [MB, MM, SPI]; übler Kerl [MM]; „Mann, ein Schimpfwort" [MM]; Beamter, Aufseher [MM]; Strolch [MB]; Zigeuner [MB] ♦ **E:** rw. *hacho, hachner* ‚Bauer' (WolfWR 1998) < roi. *hacho* ‚Bauer' (WolfWZ 1005). ♦ **V:** *ich hab den hacho beseibelt* ‚ich habe den Bauern über's Ohr gehauen' [MM]; *der hacho war ganz chammerich auf den zossen* ‚der Bauer wollte das Pferd unbedingt haben' [MM]; *die zintis gingen bei den hachos fechten* ‚die Zigeuner bettelten bei den Bauern' [MM]; *die zintis ham die hachos beschort, wo se nur konnten* ‚die Zigeuner haben die Bauern bei jeder Gelegenheit bestohlen' [MM]; *den hachos ham se die kachelin aus'n stall geschort* ‚den Bauern wurden die Hühner aus dem Stall gestohlen' [MM]; *wenn schock war auf'n kaff, ham die hachos hame lowi ausgegeben* ‚wenn auf dem Dorf Kirmes war, gaben die Bauern viel Geld aus' [MM]; *der hacho kneisterte mies* ‚der Bauer schaute böse drein' [MM]; *der wollte den hacho doch nur linken* ‚er wollte den Bauern doch nur betrügen' [MM]; *bei den hachos ham wir dann auch noch maro bewircht* ‚bei den Bauern bekamen wir dann auch noch Brot' [MM]; *wat der hacho wohl geroint hat, als die ganzen metreln plete waren!* ‚wie der Bauer wohl geschaut hat, als er bemerkte, daß die Kartoffeln fort waren!' [MM]; *die hachos hatten hame more, daß ihnen was geschort wurde* ‚die Bauern hatten große Angst, bestohlen zu werden' [MM]; *besch plete, du hacho!* ‚verschwinde, du Bauer!' [MM]; *die zintianims ham den hachos schmus erzählt und noch lowi dafür bewircht* ‚die Zigeunerfrauen haben den Bauern nur Unsinn erzählt und dafür noch Geld bekommen' [MM]; *du hach!* ‚du Bäuerle' [OJ]; *beim hacho matrelis schoren/bicken* ‚beim Bauern Kartoffeln klauen/kaufen' [MB]; *du alten hacho* ‚du alter Gauner' [MB]; *schiloer hacho* ‚Sperma', ‚kalter Bauer' [MM]; *der seeger hat 'nen schiloen hacho anne plinte hängen* [MM]

hachemer Subst. m. [GM]
– Bauer [GM] ♦ **E:** Weiterbildung von *hacho*.

hacheze Subst. f. [LJ]; **acheze** [LJ]
– Bäuerin [LJ] ♦ **E:** Movierung von *hacho*.

hachokatschemme Subst. f. [MM]
– Bauernkneipe [MM]; Gaststätte [MM]; üble Kneipe [MM]; Bauernwirtschaft [MM]; Männerwirtschaft [MM]; „Gaststätte, wo diese Typen hingehen" [MM]; „schäbige Wirtschaft mit Männern" [MM]; „in Damengesellschaft geht man da nicht hin" [MM].

hacho² Pron. [GM]
– jeder [GM] ♦ **E:** roi. *hako* jeder (WolfWZ 1003).

hacht Subst. m. [EF]
hâcht [EF]
– Bauer [EF]; Musiker, ländlich [EF] ♦ **E:** wohl Bildung zu →*hacho¹*.

hachta Subst. f. [EF]; **hachtin** [EF]
– Bäuerin [EF]

hachtnstheka Subst. f. [EF]; **hachtinstheka** [EF]
– Person, unangenehme weibliche [EF] ♦ **E:** RN *Thekla* oder Kürzung aus dt. *Schartek*e ‚altes Weib' DWB XIV 2224 ff.

hack Subst. f. [EF]
hâck [EF]
– Hebamme [EF] ♦ **E:** dt. *Hag* ‚Hexe' Wolf, Fatzersprache, 120.

hackbastel Subst. m. [LJ, SchJ]
– Beil [LJ, SchJ] ♦ **E:** zu dt. *hacken*; -*bastel* Kürzung aus RN *Sebastian* (Klepsch 671, vgl. rw. *häckerling* id. WolfWR 2007).

hacke¹ Subst. f. [HN]
– in: *hat einen an der hacke* ‚er ist verrückt' [HN] ♦ **E:** dt. *Hacke* DWB X 99 ff.

hacke² Subst. [JS]
– Trinkgeld [JS] ♦ **E:** rw. *hacke* ‚Arbeit, Geschäft', zu jd. *hogun* ‚ehrbar, anständig'; *hackenweis'l* ‚Alibibeweis für ehrliche Arbeit' (WolfWR 2000).

hackel Adv. [LJ, SS, Scho, WH]
– viel [SS, WH]; alles, alle [Scho] ♦ **E:** rw. *hackel* ‚alles' (WolfWR 2001) < jd. *haggel, hackel* ‚ganz, sehr, alles' < hebr. *hakól* ‚alles, das Ganze' (We 65, Post 199, MatrasJd 289, MatrasVh 54, Klepsch 674). ♦ **V:** *hackel laaf* ‚dumm, saudumm, saublöd' [LJ]

hacklpackl Subst. n. [Scho]
– alle Sachen [Scho] ♦ **E:** jd. *hackel backel* ‚alles zusammen' (We 65, Post 199); Siewert, Grundlagen, 365 f. (poetische Bildungen).

häckel Subst. m. [KMa, LI, OH]
– Gendarm [KMa, LI, OH] ♦ **E:** rw. *heckel* ‚Narr', zu mdal./dt. *hegel* ‚Narr' WolfWR 2108.
dorfhäckel Subst. m. [LI]
– Polizeidiener [LI].

hackelcher Subst. n, Dim. Pl. [CL]
♦ **E:** pfälz. *Hackelchen* kindersprachl. ‚Zähne' (PfälzWb. III 555), zu dt. *hacken*.

häckeln swV. [HN]
– jmd. etwas unbemerkt aus der Tasche ziehen [HN]; Taschendiebstahl verüben [HN]; „herausfingern" [HN] ♦ **E:** zu dt. *Haken* ‚(mit einem Haken) ziehen' DWB X 177 ff.; vgl. *härken*.

häcker Subst. m. [SS]
– Jude [SS] ♦ **E:** zu dt. (ant.) *Höcker*, nd. *Höker* ‚Kleinhändler' DWB X 1651.

hackern Subst. [RH]
– Axt [RH] ♦ **E:** zu dt. *hacken* ‚mit einem Werkzeug zerteilen' DWB X 103 ff.

bosslhacker Subst. m. [TJ]
– Metzger [TJ] ♦ **E:** rw./jd. *bossor* (WolfWR 636).
→ *hackbastel, hackelcher, hackespitscher*.

hackespitscher Subst. m. [LI]
– Zimmermann [LI] ♦ **E:** zu dt. *Hacke* DWB X 99 ff.; dt. *spitz*.

hackn Subst. f. [WG]
– Arbeit [WG]; unehrliche Tätigkeit [WG]; Verbrechen [WG] ♦ **E:** unsicher; zu rw. *hacke* ‚Arbeit, Geschäft' WolfWR 2000, aus jd. *hogun* ‚ehrbar'; vgl. → *hacke²*; oder nach Wehle, Wiener Galerie, 78: von dt. *Hacke* ‚Beil'. ♦ **V:** *die hackn ist fertig* ‚die Arbeit ist fertig' [WG]; *die hackn ist gut gegangen* ‚die Sache ist gut gegangen' [WG]; *die hackn ist schön gedreht worden* ‚das Verbrechen ist gut ausgegangen' [WG]; *die hackn ist gschupft worden* ‚das Verbrechen ist vereitelt worden' [WG]; *eine hackn mit jmd. ausmachen* ‚mit jmd. einen Einbruch vereinbaren' [WG]; *eine hackn abstoppen* ‚ein Verbrechen auskundschaften' [WG]; *eine hackn abschmiern* ‚ein Verbrechen auskundschaften' [WG]; *eine hackn ausgustieren* ‚ein Verbrechen auskundschaften' [WG]; *eine hackn ausgneißen* ‚ein Verbrechen auskundschaften' [WG]; *in die hackn gehen* ‚auf den Strich, in die Arbeit, zu einem Verbrechen gehen' [WG]; *die hackn ist grennt* ‚Das Verbrechen ist erfolgreich beendet' [WG]; *die hackn ist gfalln* ‚das Verbrechen ist mißlungen' [WG]

hackenstat Adj., Adv. [WG]
– arbeitslos [WG] ♦ **E:** mhd. *stade* ‚ohne'.
hacknbock Subst. m. [WG]
– Schuhe einer Dirne [WG] ♦ **E:** → *Böck* ‚Schuhe'.
hacknbraut Subst. f. [WG]
– Prostituierte [WG]; Hure (neutral, wohlmeinend) [WG]
hackngeher Subst. m. [WG]
– Dieb [WG]; Einbrecher [WG]
hackngewand Subst. n. [WG]
– Berufskleidung der Dirne [WG]
hacknweisl Subst. n. [WG]
– Arbeitsnachweis
binklhacken Subst. f. [WG]
– Diebstahl, bei dem etwas weggetragen wird [WG]
gröscherlhacken Subst. f. [WG]
– kleines Verbrechen, das wenig oder nichts einbringt [WG] ♦ **E:** *Gröscherl* Dim. zu dt. *Groschen*.
kerndlhackn Subst. f. [WG]
– Schaufenstereinbruch bei einem Juwelier [WG]
kimmlerhacken Subst. f. [WG]
– kleines Verbrechen, das wenig oder nichts einbringt [WG] ♦ **E:** mhd. *kimme* ‚Laus'.
klirrenhackn Subst. f. [WG]
– Auslagendiebstahl [WG]
lakritzihackn Subst. f. [WG]
– kleines Verbrechen, das wenig oder nichts einbringt [WG]
tatschlerhackn Subst. f. [WG]
– Kinderschändung [WG] ♦ **E:** wiener. *tatschkerln* ‚streicheln'.
wohnungshackn Subst. f. [WG]
– Wohnungsstrich [WG].

hadenlaafer Subst. m. [EF]
hadlafer [EF]; **hadnlafer** [EF]; **hadelafer** [EF]; **hadenlafer** [EF]; **heidenläufer** [EF]; **haadenlaafer** [EF]; **hadinlayer** [EF]; **hadeinlayer** [EF]
– Förster [EF]; Heger [EF] ♦ **E:** dt. *Heide* ‚Wald, Flur' DWB X 795 ff., dt. *laufen*.

hadæræ swV. [WJ]
– sammeln [WJ] ♦ **E:** dt. *Hadern* ‚Lumpen, Stoffreste, Lappen' DWB X 111.
hadern¹ Subst. Pl. [BJ, WG]
– Bett [WG]; Quartier [WG]; Karten [WG]; Kartenspiel [BJ] ♦ **E:** rw. *hader* (WolfWR 2013) zu dt. *Hadern* ‚Lumpen, Stoffreste, Lappen', früher als Material zur Herstellung von Papier (auch Spielkarten) verwendet.

hadern² swV. [BJ]; **hadra** swV. [OJ]
– spielen (falsch) [BJ, OJ]
hadrlomb Subst. m. [OJ]
– Falschspieler [OJ]; Lump [OJ]
hadernpost Subst. f. [WG]
– Diebstahl, bei dem es nicht um Geld geht [WG].

hadschen swV. [GM]
– finden [GM]; aufheben [GM] ♦ **E:** roi. *hats-* ,finden, aufheben, auflesen' (Wolf 1042). ♦ **V:** *hasde s lowi gehadschd?* ,hast du das Geld gefunden?' [GM].

häerles Subst. m. [NrJ]
häerlesch [NrJ]
– Jungbauer [NrJ]; Junggeselle [NrJ] ♦ **E:** rw. *herr*, Kürzung aus *bahnher, bohnherr* ,Anführer beim Diebstahl, Einbruch oder Raub', WolfWR 239 und 2149; Windolph, Nerother Jenisch, 41.

håf Subst. n. [SG]
heåf [SG]
– Brot [SG] ♦ **E:** unsicher; evtl. zu dt. *Hafer, Haber* ,Getreide' DWB X 78.

hafe Subst. m. [KMa, OH]
hawe [KMa, OH]; **hoawe** [KMa]
– Glas [KMa, OH]; Topf [KMa, OH]; Krug [KMa] ♦ **E:** dt. *Hafen* ,Topf, Geschirr', *Häfner* ,Töpfer' DWB X 120 ff.

häfen Subst. [WG]
– Gefängnis [WG] ♦ **E:** dt. *Hafen* ,Behältnis' DWB X 120 ff. (1) oder dt. *Hafen* (2) ,Ankerplatz von Schiffen' DWB X 123 f.
haflinger Subst. m. [WG]
– Mitgefangener [WG]
häfenhaberer Subst. m. [WG]
– Mitgefangener [WG]
häfenwagen Subst. m. [WG]
– Arrestantenwagen [WG]
häfenfraß Subst. m. [WG]
– Essen im Gefängnis [WG].

hafer Subst. m. [WJ]
haber [LJ, SJ]
– Fleisch [SJ] ♦ **E:** SchwäbWb. III 991 ff.; dt. *Haber, Hafer* DWB X 77 ff.
schwarzer haber Subst. m., Phras. [LJ, SchJ]
– geräucherter Schinken [LJ, SchJ]
schwarzer hafer Subst. m., Phras. [WJ]
– Rauchfleisch [WJ].

hagalo Subst. [BJ]
– Oberhaupt [BJ] ♦ **E:** Kürzung aus jd. *lecho adaunoi hagadulo* ,Dir, Ewiger, ist die Größe' (Weinberg 1994, 161).

haggl Subst. in:
schmalhaggl Subst. m. [TJ]
– Katze [TJ] ♦ **E:** evtl. zu dt. (ant.) *Hegel* ,Stier, Querkopf' → *hegel*; → *schmal(ert)* ,Katze'.
häggl ,Bauer, Dummkopf' → *hegel*.

häglig Subst. m. [JeS]
– Angel [JeS] ♦ **E:** evtl. zu schweizdt. *Haagge* ,Haken' oder zu rw. *heeg/* dt. *Hag* ,Dornbusch, Buschwerk'; Benennungsmotiv: wohl die als Angel verwendeten biegsamen Buschzweige.

hagsaicher Subst. m. [KP]
hagstutzer [KP]
– Lehrer [KP]; Pastor [KP] ♦ **E:** dt. *Hag* ,Zaun' DWB X 137 ff.

hahd Subst. in:
hendr hahd, dr ... Komplize als Aufpasser [OJ]; *voardr hahd, dr ...* ,Spion' [OJ]; *naochdr hahd* ,hinten, zuletzt, im Nachhinein' [OJ] ♦ **E:** zu schwäb. *Haad* ,Hand', *hinterhand, vorderhand, nachderhand*.
hahd schehs Subst. f. [OJ]
– Handkarren [OJ] ♦ **E:** *schees* < frz. *chaise* ,Gefährt'.

hahn¹ Subst. m. in: [WG]
jemandem den Hahn geben ,Laufpaß' [WG]; *den Hahn abdrehen* ,jemandem die Geldquelle abschneiden' [WG] ♦ **E:** dt. *Hahn*.

hahn² Subst. n. [HN]
– Kerl; Mann ♦ **E:** ugs. *Hahn* ,Ehemann, junger Mann' (Kü II 128).

hahn³ Subst. m. [EF]
– Hanswurst [EF] ♦ **E:** dt. *Hahnrei* ,betrogener Ehemann' DWB X 170 ff.

haiätsen swV. [GM]
– koitieren [GM] ♦ **E:** wohl zu dt. *heien* ,coire' (DWB X 813), mhd. *hîwen*.

häier ,fünf' → *hei*.

haik Subst. n. [GM]
– Fahrrad [GM] ♦ **E:** wohl zu engl. *bicycle, bike* ,Fahrrad'; Neuprägung der Nachkriegszeit, Kontakte zwischen (besonders weiblichen) Angehörigen der jenischen Gruppen in Gießen und den dort zahlreich stationierten Soldaten der US-Streikräfte. ♦ **V:** *mer*

wole uf em haik in de tsunelo pese un tsuge ramelo ‚wir wollen auf dem Fahrrad in den Wald fahren und schön vögeln' [GM]; *mir pese uf em haik in di katsem un sweche a bugel lawinche* ‚wir fahren mit dem Fahrrad in die Kneipe und trinken ein schönes Bierchen' [GM].

haila Adj. [LoJ]
– billig [LoJ] ♦ **E:** unsicher; evtl. zu rw./jd. *helligen, heiligen* ‚teilen' WolfWR 859.

häilich Subst. n. [PfJ]
– Geld [PfJ] ♦ **E:** dt. *heilig, das Heilige*, mdal. für ‚Armenkasse, Stiftungsgeld' (SchwäbWb III 1354).

häime swV. [JeS]
– schweigen, still sein, sich still halten [JeS]; verschweigen [JeS] ♦ **E:** Deutungskonkurrenz, wohl zu *schweizdt. häime* ‚sich vorsehen, hüten' (im Heim sich bergen), dt. *heimen* ‚hehlen, verschweigen', *heimlich*, jd. *hámtenen* ‚warten, abwarten' (hebr. *l'hamtín*); vgl. WolfWR 2124, SchweizId. II 1285. ♦ **V:** *Häim di, Freier* ‚sei still, Kamerad' [JeS].

haip Subst. f. [SE]
– Hütte [SE] ♦ **E:** RheinWb. III 338 (*Häupe* ‚Bienenkorb, armseliges Haus, Hütte'). ♦ **V:** *et galmschi geht an de haip* ‚Das Kind geht in die Hütte' [SE].

haijoff Subst. m. [RH]
– Ofen [RH] ♦ **E:** unsicher; evtl. zu dt. *Ofen* und dt. *heiß*; vgl. → *häis, hitz²*; wohl kaum „Nebenform zu rw. *hitz, Hitzling* WolfWR 2177" (Arnold 1961, 114).

häis Subst. [SS]
– Licht [SS] ♦ **E:** unsicher; evtl. zu dt. *Heiß* ‚Hitze' DWB X 908.

hajes Subst. m. [KMa]
– Kopf [KMa]; Hals [KMa] ♦ **E:** wohl zu rw. *chaies, chajes, hayes* ‚Leben', aus jd. *chai* ‚Leben' (WolfWR 823).

hajor Subst. m. [BJ]
– Heuriger [BJ]; Most [BJ] ♦ **E:** zu mdal. /bes. obdt. *heuer* ‚diesjährig', dt. *heurig* DWB X 1292.

hajoum Adv. [Scho]
hajem [Scho]; **hajaum** [Scho]
– heute [Scho] ♦ **E:** rw. *hajom* id., zu jd. *ha jom* ‚der Tag; heute' (WolfWR 2019). → *jom*.

hajussr Subst. m. [OJ]
– Most [OJ] ♦ **E:** wohl zu frz. *jus* ‚Saft' gebildet; evtl. dt. *ha* Interjektion zum Ausdruck des Plötzlichen, Überraschenden (Erstlingswein, Heuriger) DWB X 5 f.

haken Subst. m. Pl. [BJ]
hoaga [OJ]
– Beine [BJ, OJ]; Füße [BJ, OJ] ♦ **E:** zu dt. *Haken* DWB X 177 ff.

hakodesch Adj. [Scho]
– heilig [Scho] ♦ **E:** jd. *kodesch, kaudesch* ‚heilig' (We 70). → *lochne kodesch*.

halb Adj. [LüJ]
half [HeF]; **halv** [MeT]; **holf** [HF]
– halb [HF, HeF, LüJ, MeT] ♦ **E:** dt. *halb* DWB X 184 ff. ♦ **V:** *halbs räpple* ‚eine halbe Mark' [LüJ]; *halv brüwel* ‚sechs' (=halb zwölf) [MeT]; *Enen halfen Plotten* ‚Einen halben Taler' [HeF]; *holf krützkes* ‚fünf' (=halb zehn) [HF, HeF]; *holf uhr* ‚fünfzig' (=halb hundert) [HF, HeF]; *holf uhr on krützkes* ‚sechzig' (=halb Hundert und zehn) [HF]

halbe Adv. [HN]
– in: *halbe halbe machen* ‚teilen' [HN]

halbdollar Subst. m. [MM]
– Fünfmarkstück [MM]; Fünfmarkschein [MM] ♦ **E:** wohl nicht zu jd. *dollet* ‚vier', MM *dollar*; eher zu amerik. *Dollar*.

halbe Nase Phras. [WM]
– halber Dollar [WM].

halefuck Subst. m. [BM]
– Helveter [BM] ♦ **E:** zu *Helveter* ‚Schweizer', aus lat. *Helvetia*.

hälenga Adv. [LJ]
– heimlich [LJ] ♦ **E:** schwäb. *hälingen* ‚insgeheim, still' (SchwäbWb. III 1066).

halieche Subst. [Scho]
hanleche [Scho]
– Gang [Scho] ♦ **E:** zu → *holchen*.

hall¹ Subst. f. in:
a hall hob'n ‚guter Hoffnung sein' [EF] ♦ **E:** erzgeb. *eine Helle haben*, evtl. zu mhd. *hell* ‚stark', Wolf, Fatzersprache, 120.

hall² Adj. [EF]
– stark [EF]; sehr [EF]; nett [EF] ♦ **E:** mhd. *hell* ‚stark'.

hallas Subst. m. [MM, PfJ, RW, RW, SJ]
– Trubel [MM]; Streit [MM, SJ]; Spaß [MM]; Krach [MM]; Lärm [PfJ, RW]; Randale [MM]; Geschrei [RW]; Theater [MM]; Trallala [MM] ♦ **E:** rw. *hallas, halles* ‚Lärm, Streit' (WolfWR 2028, ohne Herleitung); ugs.,

bes. Ruhrgebiet; SchwäbWb. III 1068; Herkunft unsicher; womgl. Einfluss von estnisch *hallas*, Inessiv Sg. von ‚Reif'. ♦ **V:** *hamel hallas machen* ‚viel Staub aufwirbeln' [MM]; *mach nich so 'n hallas!* ‚Mach nicht solch einen Krach!' [MM]; *hallas pflanzen* ‚lärmen' [SJ]; *Dr benk hot da kaffer mit am härtling dupfd, das dr rötling gschepfd ischd no hotr en dr deisd ond em seine boschr aus am rande zopfd dr klischde hot den vermuffda schure en da kanlo gschmissa wega dem hallas, dr gomel hod droht, hoim de, sonschd machschd ama schena schei da baumelma* ‚Der Mann hat den Bauer mit dem Messer gestochen, daß das Blut gelaufen ist, dann hat er ihn erschlagen und ihm sein Geld aus der Tasche genommen, der Polizist hat den schlechten Kerl ins Gefängnis geschmissen wegen dem Streit, der Amtsrichter hat gedroht, pass auf, sonst wirst du eines schönen Tages aufgehängt' [SJ]

hallasvogel Subst. m. [MM]
– Draufgänger [MM].

hallen swV. [BJ]
halla [OJ]
– antworten [BJ, OJ] ♦ **E:** zu dt. *hallen* ‚Schall reflektieren, wiederhallen' DWB X 232 f.

haller Subst. m. [JeS]
– Lügner [JeS]; Angeber, Wichtigtuer [JeS] ♦ **E:** unsicher; evtl. zu dt. *hallen* ‚Schall zurückwerfen'; schwer zu rw. *halles* ‚Lärm' (WolfWR 2028).

hallere swV. [JeS]
– lügen [JeS]

hallerei Subst. f. [JeS]
– Lüge [JeS].

hallermann Subst. m. [MB]
– Groschen [MB] ♦ **E:** evtl. zu dt. *Heller* DWB X 971 f. oder zu *Heiermann* unter → *hei*.

hälles ‚hier' → *herles*.

hälmle Subst. n., Dim. [BJ, Gmü, KP]
hälmla [OJ]
– Haar(e) [BJ, Gmü, KP, OJ]; Bart [BJ, KP, OJ]; Sauerkraut [KP]

halmer Subst. [MoM]; **helmer** [EF]
– Stroh [EF, MoM] ♦ **E:** zu dt. *Halm* ‚Strohhalm' DWB X 237 ff.

hals Subst. m. [EF]
hâls [EF]
– Handwerker [EF] ♦ **E:** unsicher; evtl. Kürzung aus rw. *halsabschneider* ‚Wucherer' WolfWR 2031.

halsbändle Subst. n. Dim. [PfJ]
– Schlinge des Wilderers [PfJ] ♦ **E:** Dim. zu dt. *Halsband*.

hamauge Subst. [LüJ]
– Dummkopf, Depp [LüJ] ♦ **E:** evtl. Zusammenhang mit rw. *hanne* ‚Tölpel, Dummkopf' (WolfWR 2056); zumindest scheint der erste Wortteil die lexikalische Bedeutung ‚dumm' zu haben, denn in anderen Rotwelsch-Dialekten finden sich ähnliche Bildungen, etwa → *hamdade* ‚Trottel, Dummkopf' (GM), für das Lerch (Gießener Manisch, 240) einen Zusammenhang mit dt. *Hampel* ‚Einfaltspinsel, tölpelhafter Mensch' und dt. *Hans* ‚Narr, Dummkopf' vermutet; weiterhin → *haneper* ‚Dummkopf' (SJ), → *hamballe*; vgl. auch SchwäbWb. III, 1093 (*Hamoche* ‚Spottname von Fischern').

häm swV. [BJ]
– sterben ♦ **E:** wohl zu schwäb. *heimen, heimlen* ‚heimtun, heimgehen, sterben' (SchwäbWb. III 1367).

hambacher Subst. m. [SchJ]
– Bart [SchJ] ♦ **E:** rw. *hambacher* WolfWR 2035; Benennungsmotiv: Hambacher Fest (1832), Vollbart als Symbol der 1848er Demokraten, Männer mit Vollbärten wurden als *Hambacher Hengste* bezeichnet (Klepsch 678).

hamballe[1] Adj., Adv. [PfJ]
– dumm [PfJ] ♦ **E:** unsicher; SchwäbWb. III 1108; schwer zu rw. *etwas mit dem Handballen rechts kaufen* ‚stehlen'.

hamballe[2] Subst. m. [SPI]; **hambale** [LüJ]
– dummer Kerl [LüJ]; kleiner Verrückter [SPI].

hambocksland ON [WM]
– Amerika [WM] ♦ **E:** ON *Hamburg*; Benennungsmotiv: nach den Auswanderungswellen von Hamburg nach Amerika, ab 1847 Hamburg-Amerika-Linie.

hamburger Subst. m. [RW]
– Wachstuchrolle, worin Reisegepäck ist [RW]; Taschentuch, in das das Reisegepäck eingeknotet wird [RW]; wandernder Handwerksgeselle [RW] ♦ **E:** „rw. Bildung wie Berliner oder Charlottenburger. Es handelt sich um das ‚Bündel, welches das *hon* birgt, die Habe des Wanderers'. Das schließt volksetymologische Umbildung nach dem Muster des ältern *Hamburgers*, des Handwerksburschen, nicht aus." (WolfWR 2036).

hamburger zimmerer Subst. m., Phras. [RW]; **hamburger zimmermann** [RW]; **hamburger zimmerleute** Pl. [RW]; **hamburger zimmermannsleute** [RW]
– Oberbegriff für alle reisenden Gesellen [RW]; wandernde Handwerksgesellen [RW]; reisende Bauhandwerker [RW]

hamburgere swV. [BM]
– Hilfsarbeitern verrichten [BM].

hamdade Subst. m. [GM]
– Trottel [GM]; Dummkopf [GM]; Blödmann [GM]
♦ **E:** wohl Kürzung von dt. *hampel* ‚Einfaltspinsel, tölpelhafter Mensch' (DWB X 321); *tatt, tattl* ‚Greis, Vater' s. *deite* (DWB II 914).

hamdenen swV. [Scho]
hamdine [Scho]; **hammbenne** swV. [Scho]
– ausborgen [Scho]; borgen [Scho] ♦ **E:** jd. *hamtenen* ‚auf Borg verkaufen' (We 65).

hamdrahnn swV. [WG]
– töten [WG] ♦ **E:** mdal. *heim* und *drehen*.

hamel¹ Adj.; Adv.; Indef. Pron. [MM]
hame [MM, Scho]
– sehr [MM]; groß [MM]; viel [MM, Scho]; gut [MM]; stark [MM]; ziemlich [MM]; riesig [MM]; schwer [MM]; sehr viel [MM]; heftig [MM]; „Entscheidung, die vermutlich negativ ausgeht" [MM] ♦ **E:** rw./jd. *hame, harbe* ‚viel' (We 66); Varianz durch den Schwund des silbenauslautenden *-r* vor Konsonant im Westf. (WolfWR 2068). Vgl. → *hamer*, → *harbe*, → *harmet*. ♦ **V:** *jovel is bees mal so tofte wie ömmes – und ömmes is schon hamel jovel* ‚jovel ist doppelt so gut wie ömmes, und ömmes ist schon recht jovel' [MM]; *der seeger hegt hamel more* ‚der Mann hat große Angst' [MM]; *hamel brand* ‚großer Durst' [MM]; *hamel stoof* ‚großer Ärger' [MM]; *hame maloche* ‚Fleiß' [MM]; *hamel piene* ‚starke Schmerzen' [MM]; *hame zeit* ‚einige Zeit' [MM]; *hame rof* ‚schrecklicher, großer Hunger' [MM]; *hame macke* ‚sehr viel', ‚ordentliches Stück' [MM]; *hamel rochus hegen* ‚sehr wütend sein' [MM]; *hamel am schanägeln* ‚hart arbeiten' [MM]; *hamel hallas machen* ‚viel Staub aufwirbeln' [MM]; *hamel bambonum* ‚schwer was los', ‚unheimlich laut' [MM]; *hame korant* ‚bezaubernd schön' [MM]; *hamel jovel* ‚wunderschön' [MM]; *hamel mucker* ‚hellwach', ‚sehr schlau' [MM]; *hame wullaken* ‚sehr schwer arbeiten' [MM]; *hame jackes* ‚teuer' [MM]; *hamel jovel* ‚ganz toll' [MM]; *hamel geschickert* ‚schwer getrunken' [MM]; *hamel jovler seeger* ‚ganz toller Mann' [MM]; *hamel toften seeger* ‚ein sehr feiner Kerl' [MM]; *hamel jontef haben* ‚sich sehr amüsieren' [MM]; *hamel peseln* ‚häufig hingehen' [MM]; *es gab hame zu beschen* ‚es ließ sich eine Menge losmachen' [MM]; *es war hamel was ambach* ‚es war schwer was los' [MM]; *hame lowi* ‚viel Geld' [MM]; *hame muffe haben* ‚große Angst haben' [MM]; *einen hamen strang anne malme haben* ‚viele Schulden, viel angeschrieben haben' [MM]; *hamel reibach bei Lowi* ‚Reichtum' [MM]; *hamel auf zack sein* ‚ziemlich auf Zack sein' [MM]; *der seeger hegt hamel balachesen* ‚der Mann hat reichlich Geld' [MM]; *er hegt hamel lowi* ‚der Mann hat reichlich Geld' [MM]; *hamel jackes* ‚zu teuer' [MM]; *hamel klötze/döppen machen* ‚große Augen machen' [MM]; *hamel trallafitti* ‚Trubel' [MM]; *hame achile* ‚gutes Essen' [MM]; *der is hame betucht* ‚jemand, der viel Geld hat' [MM]; *der seeger mußte hame lowi beschollen* ‚der Mann mußte viel Geld bezahlen' [MM]; *ich hab vonne maloche hame brand gekriegt* ‚ich bin von der Arbeit sehr durstig geworden' [MM]; *der jölbst war hame in brast* ‚der Mann war sehr ärgerlich' [MM]; *der seeger hegt hame lowi inne patte* ‚der Mann hat viel Geld in der Tasche' [MM]; *ein kaffermann für die sore is hame jackes* ‚20 Mark für die Ware ist sehr teuer' [MM]; *das anim hatte ein' ham' rochus auf den jölbst* ‚das Mädchen war sehr wütend auf den Mann' [MM]; *die koten hatten hame jontef auf'n schock* ‚die Kinder hatten viel Spaß auf der Kirmes' [MM]; *wenn schock war auf'n kaff, ham die hachos hame lowi ausgegeben* ‚wenn auf dem Dorf Kirmes war, gaben die Bauern viel Geld aus' [MM]; *als koten hatten wir immer hame more vor den keilof* ‚als Kinder hatten wir immer sehr viel Angst vor dem Hund' [MM]; *die alsche hatte hame dicke klüsen von der ganzen schickerei* ‚die Frau hatte dicke Augen vom vielen Trinken' [MM]; *mi soner alten knierfte kann man hame reibach machen* ‚mit solchem Alteisen kann man viel Geld verdienen' [MM]; *die schickse hat hame lowi anne zohmen* ‚das Mädchen hat viel Geld' [MM]; *der koten hatte hame more vor den scharfen keilof* ‚das Kind hatte große Angst vor dem Hund' [MM]; *der seeger is hame mucker* ‚der Mann ist sehr schlau' [MM]; *die hachos hatten hame muffe, daß ihnen was geschort wurde* ‚die Bauern hatten große Angst, bestohlen zu werden' [MM]; *der macker hat mitte knierfte hame reibach gemacht* ‚der Mann hat mit dem Altmetallhandel viel Geld verdient' [MM]; *bei der maloche mußte hame schanägeln* ‚bei der Arbeit mußt du dich sehr anstrengen' [MM]; *vor 'n schembeis hatten die hame more* ‚sie hatten alle Angst vor dem Gefängnis' [MM];

dat zirochte immer hame bei die ‚bei denen stank es immer sehr' [MM]; *er teilacht in die strehle, wo die lowine und der quini hamel schmecken* ‚er geht in die Straße, wo das Bier und der Schnaps gut schmecken' [MM]; *in sein poofekäfterken zirochte es hame nach sorroff* ‚in seinem kleinen Schlafzimmer roch es stark nach Schnaps' [MM]; *er mußte hame wullaken für die paar balachesen* ‚er mußte schwer arbeiten für das bißchen Geld' [MM]; *er hat hamel rochus auf seine alsche* ‚er hat eine große Wut auf seine Frau' [MM]; *er bewirchte oser hamel lowi für seine maloche* ‚er bekam nicht viel Geld für seine Arbeit' [MM]; *da war ne piesel, wo du hamel bekan schickern konntest* ‚da gab es eine Kneipe, wo man sehr gut zechen konnte' [MM].

hamen swV., refl. [PfJ]
– aufpassen, vorsichtig sein [PfJ]
ham de Phras. [PfJ]; **hamde** [PfJ]
– pass auf [PfJ]; hau ab [PfJ]; verschwinde [PfJ]; nimm dich in Acht [Scho]
hamfenen swV. [BJ]; **hamtenen** [Scho]
– warten [Scho] ♦ **E**: wohl zu rw./jd. *hamtenen* ‚warten, erwarten' (WolfWR 2045); schwerer zu dt. *hemmen* „in der bewegung zurückhalten" DWB X 983 f. und dt. *Hame* DWB X 306 ff.; SchwäbWb. III 1090 (*hamen* ‚mit dem Hamen fischen').

hamer¹ Adj. [HN]
hammer¹ [HN]
– prima [HN]; gut [HN]; Klasse [HN] ♦ **E**: rw. *harbe* ‚viel', zu jd. *harbe* ‚viel' (WolfWR 2068). Vgl. → *hamel*, → *harbe*, → *harmet*. ♦ **V**: *hamer tof, hammer toff* ‚alles klar, ganz große Klasse' [HN].

hamer² Subst. m. [BM]
– Apfel [BM] ♦ **E**: unsicher; evtl. Pars-pro-toto-Metonymie Gefäß für Inhalt, *Epfelchammer* SchweizId. III 250 ‚Vorratskammer für Obst'.

hamet Num. Kard. [SS]
– dreißig [SS] ♦ **E**: jd. *lammed* ‚dreißig' (WolfWR 6437).

hamfe Subst. [JeS]
– Hemd [JeS] ♦ **E**: Kürzung von rw. *hanfstaude* ‚Hemd' WolfWR 2052. → *hanf*.

hamfenen → *hamen*.

hamfidel ON → *hamm³*. [MeT]

hamm¹ Subst. m. [MeT, SK]
– Schinken [MeT, SK] ♦ **E**: dt. *Hamme* f. „der theil vom knie bis zur hüfte, dickbein, lende, schenkel"; ahd. *hamma*, mhd. *hamme*, engl. *ham* DWB X 309 f.

hamm² Subst. m. [SS]
– Sense [SS]; Sensenkasten [SS] ♦ **E**: dt. *Hamme* „landschaftlicher ausdruck für verschiedene theile der sense" DWB X 310, westf. *hamme* ‚Sensengriff', Woeste, 91.

hamm³ Subst. f. [LI]
– Nase [LI] ♦ **E**: wohl zu dt./mdal. *Hame* „gebogene Fessel" u. a. DWB X 306 f.

hamfidel ON [MeT]; **hamfidel** [MeT]
– Hamburg [MeT] ♦ **E**: ndl. *vyle* ‚een stadt', vermittelt über den Nl. Liber Vagatorum 1547; sspr. im Bargoens von Zeele 1841: *vyl* ‚stad'. → *fidel*; *ham-* in *Hamburg* von der *Hammaburg*, im 9. Jahrhundert n. Chr. zum ersten Mal urkundlich erwähnt; zu as. *hamme* ‚etwas Gekrümmtes'.

hammeltreiber Subst. m. [MoM]
– Stock [MoM] ♦ **E**: wohl dt. *Hammel* und *Treiber*, wenn nicht Umbildung zu → *heimtreiber*.

hammer² Subst. m. [WG]
– Schuhe [WG] ♦ **E**: unsicher; evtl. zu *hamm* m. „jeder umzäunte oder gehegte ort" DWB X 308 f.

hamp, hampf ‚Brot' → *hanf³*.

hampeln swV. [SS, WH]
– borgen [SS, WH] ♦ **E**: rw., WolfWR 2044 (ohne Herleitung); westf. *hamfen* ‚stehlen', vgl. Woeste, 91, 71.
hampelkniffer Subst. m. [SS]
– betrügerischer Sensenhändler [SS] ♦ **E**: → *kniffen* ‚verkaufen'.

hamperich Subst. m. [EF]
– Handwerksbursche [EF] ♦ **E**: erzgeb./ostmd. *Hamberch* ‚Handwerk' (OSächsWb. II 223).

hampfe ‚Hemd' → *hanf²*.

hämpflig Subst. m. [JeS]
– Schlinge [JeS] ♦ **E**: rw. *hänfling* ‚Strick' WolfWR 2051; zu dt. *Hanf*, schweizdt. *Hamf*.

hamtenen ‚warten, erwarten' → *hamen*.

hamtreiber ‚Stock' → *heimtreiber, hammeltreiber*.

hämtsch Subst. m. [BM]
– Hammer [BM] ♦ **E**: mdal./dt. *Hammer* (Werkzeug) DWB X 313 ff.

hanach Subst. m. [OJ]
– kleine ungezogene Person [OJ] ♦ **E:** wohl zu schwäb. *Hannake* ‚grober, ärmlicher, einfältiger Mensch' (SchwäbWb. II 1151).

hand Subst. f. in:
hinterhand Subst. f. [BJ]
– Aufpasser als Komplitze [BJ] ♦ **E:** dt. *Hand* DWB X 324 ff.
vorhand Subst. f. [BJ]
– Spion [BJ]
nachhand Adv. [BJ]
– im Nachhinein [BJ]; hinten [BJ]
handburger Subst. m. [RW]
– selbstgedrehte Zigarette [RW]; gedrehte Zigarette [RW]
handchaisse Subst. f. [BJ]; **handschäs** [PfJ]
– Handkarren [BJ]; Maurerschubkarre [PfJ]; Hackebeil [BJ]
handmasser Subst. m. [Zi]
– Handwerksbursche [Zi]
handsteinperle Subst. f. [HN]
– Leitungswasser [HN] ♦ **E:** nd. *handsteen* ‚in älteren Küchen ein steinernes Becken zum Waschen, Spülen und als Ausguß für schmutziges Wasser' (HWB II 503).
handsteiner riesling Phras. [HN]
– schlechter, billiger Wein [HN]
handwasser Subst. n. [SJ]
– Handwerker [SJ]
handwerkssaal Subst. m. [RW]; **handwerkersaal** [RW]
– Ort der rituellen Zunftzusammenkünfte [RW]; Versammlungsraum [RW]; Versammlungsraum für rituelle Handlungen unter Ausschluss der Öffentlichkeit [RW].

hånefutter Subst. n. [SG]
– Brotkrumen [SG] ♦ **E:** dt. *Hahn* (Federvieh) DWB X 159 ff. und *Futter*.

haneper Subst. m. [SJ]
– Blödel [SJ]; Dummkopf [SJ] ♦ **E:** SchwäbWb. III 1151 (*Hannebel*, *Hanneber*, Neckname).

hanf¹ Subst. m. [OJ]
– Haare [OJ]; Bart [OJ] ♦ **E:** met. zu dt. *Hanf* (Pflanzenart, mit haarähnlichen Fasern) DWB X 431 ff.
hänfling Subst. m. [LJ, SchJ]
– Strick [LJ, SchJ]; Seil [LJ] ♦ **E:** rw. *hänfling* (WolfWR 2051, Klepsch 680), zu dt. *Hanf*.

hanf² Subst. m. [BJ, RW, TJ]
– Hemd ♦ **E:** Kürzung von rw. *hanfstaude*, WolfWR 2052, WolfWZ 1055; zu dt. *Hanf* ‚hänfenes Kleidungsstück' und roi. *hempa* ‚Hanf', „aus der Lautähnlichkeit von *hempa* und dt. *Hembd* u. ä. ergab sich fürs RW die Gleichsetzung von Hemd mit Hanf" (WolfWR 2052).
hampfe Subst. [MUJ]; **hampf** [TK]; **hamfer** Subst. m. [TK]
– Hemd [MUJ, TK]; Nachthemd [MUJ]
hanfert Subst. m. [DG, LüJ]; **hanfa** [TK]
– Hemd [DG, LüJ, TK]
hanfertpflanzerin Subst. f. [LüJ]
– Näherin [LüJ]
hanfstaude Subst. f. [LJ, Mat, PfJ, RR, SJ]; **hanfschdaud** [OJ]; **hanfstaud** [TK]
– Hemd [LJ, Mat, OJ, PfJ, RR, SJ, TK] ♦ **E:** rw. *hanfstaude* (WolfWR 2052).

hanf³ Subst. m. [BA, BJ, BM, HLD, RW, TJ]
hampf [OJ]; **hamp** [MB]
– Brot [BA, BJ, BM, HLD, OJ, RW]; Schwarzbrot [RW, TJ]; trockenes Brot [RW]; schlechtes Brot [MB]; Esswaren [HLD] ♦ **E:** rw. *hanf* ‚Brot', zu jd. *ophe* ‚Bäcker' WolfWR 2050.

hängen swV. in: [HN]
in den seilen hängen ‚fertig sein' [HN]; *er hängt in den seilen* ‚er ist volltrunken, er ist vollkommen fertig' [HN] ♦ **E:** dt. *hängen* DWB X 449 ff.
abhängen stV. [WG]
– stehlen [WG]
hänger Subst. m. [RW]
– Ohrring [RW]; zünftiger Ohrring [RW]; Ohrring mit Handwerkswappen [RW]; Ohrring mit Kettchen [RW]
hängeliner Subst. m. [HN]
– Mantel, der hängen geblieben ist [HN]; vom Gast vergessener Mantel [HN].

haniffel Subst. m., Pl. [SJ]
haniffl [SJ]
– Schuhe [SJ] ♦ **E:** unsicher; evtl. zu dt. *Hanf* „die aus der hanfpflanze gewonnenen fasern", Material zur Herstellung von Schuhen, DWB X 431 f.

hannes¹ Subst. m. [KMa]
hanifes Subst. m. [Scho]
– Hase [KMa, Scho]; Stallhase [KMa] ♦ **E:** jd. *hänifes* ‚Hase' (Klepsch 680), mit volksetymologischem Einfluss RN *Hans*, *Hannes*.

hannes² Subst. m. [KP]
– Brei [KP] ♦ **E:** unsicher; evtl. aus RN *Johannes, Georg,* vgl. → *gehann.*
hefenhannes Subst. m. [KP]
– Polizist [KP] ♦ **E:** „urspr. Familienübername eines früheren Schutzmanns" Kapff 212.

hannick Subst. m. [GM]
– Brunnen [GM]; Quelle [GM] ♦ **E:** rw. *chanig, hani* ‚Brunnen, Quelle' (WolfWR 825) < roi. *hanik* ‚Brunnen, Quelle' (WolfWZ 1022).

hannippel ON [HK]
– Hannover [HK] ♦ **E:** Verfremdung des ON *Hannover.*

hannis Subst. m. [EF]
hannes [EF]; **hamis** [EF]; **hames** [EF]
– Jude [EF] ♦ **E:** zu den RN *Abraham, Hannes;* vgl. SchwäbWb. III 1150 *Hänlein* ‚Jude'.
hannissen Subst. Pl. [EF]
– Juden [EF]
hannissin Subst. f. [EF]; **hanissa** [EF]
– Jüdin [EF]
hannistempel Subst. m. [EF]
– „Judentempel" [EF].

hanore Subst. f. [LüJ]
hamore [LüJ]; **hamor** [LüJ]; **hamuren** Pl. [LüJ]
– Streit [LüJ]; Händel [LüJ]; Rangelei [LüJ]; Lärm [LüJ]; Schlägerei [LüJ]; Wortgefecht [LüJ]; Ärger [LüJ] ♦ **E:** rw. *hamor* ‚Lärm, Streit', *hamure* ‚streiten', wohl Kontamination aus jd. *hamon* ‚Lärmen, Tumult' und *mora* ‚Furcht' (WolfWR 2042); SchwWB III, 1093 (*hamuren*). ♦ **V:** *herles, galma, hauret der patres ein schei im kittle wegen hamore und stenzerei.* ‚Hier, Kinder, sitzt der Vater einen Tag im Arrest wegen Händels und Schlägerei.' [LüJ].
hämflre swV. [LüJ]
– streiten [LüJ]
hamuren swV. [LüJ]
– streiten [LüJ].

hanoster Subst. m. [LoJ]
hani Subst. m. [LoJ]
– Most [LoJ] ♦ **E:** rw. *hanaster* ‚Obstwein, Most', zu dt./mdal. „(Wein vom) *hohen Ast*" (WolfWR 2046); *hani* Kürzung.

hans Subst./RN in:
hans hache Phras. [BJ]
– ungezogenes Kind [BJ] ♦ **E:** unsicher; evtl. RN *Hans* und rw. *hach* ‚Bauer' WolfWR 1998.

hansatheater Subst. n. [HN]
– Strassenstrich am Steindamm (in Hamburg) [HN] ♦ **E:** nach dem ehemaligen Variete-Theater am Steindamm im Hamburger Stadtteil St. Georg. ♦ **V:** *mach kein hansatheater* ‚lüg nicht, zieh keine Show ab' [HN]; *sie ist bedienung im hansatheater* ‚sie ist eine (sehr) naive Nutte' [HN].

hansel Subst. m. [BJ]
– Kasten [BJ]; Schrank [BJ] ♦ **E:** rw. *hansel* ‚Kasten, Trog' (WolfWR 2061, ohne Herleitung); evtl. Dim. zum RN *Hans.*
marohansel Subst. m. [SJ]
– Backtrog [SJ]
schilderhans Subst. m. [StG]
– lange Nase [StG] ♦ **E:** evtl. zu PN *Schinderhannes* (dt. Räuber, 18. Jh., mit ausgeprägter Nase), wohl mit Einfluss von rw. *hansel* ‚Kasten, Trog' (WolfWR 2061).

hansifar Subst. Pl. [GM]
– Wanzen [GM] ♦ **E:** unsicher; evtl. Kürzung und Weiterbildung zu rw. *hans walter* ‚Laus' WolfWR 2060.

hantekannte Subst. f. [MB]
– Ziehharmonika [MB]; Schifferklavier [MB]; Akkordeon [MB] ♦ **E:** poetische Bildung zu dt. *Kante* und dt. *Hantel* „handhabe zum anfassen einer sache" DWB X 466; vgl. *masselbrassel, hunkenbunken* u. a., Siewert, Grundlagen, 365 f. ♦ **V:** *er täuscht schukker auffe hantekannte* ‚er spielt schön auf dem Akkordeon' [MB].

hanue Subst. f. [Scho]
– Freude [Scho] ♦ **E:** jd. *hanoe* ‚Freude, Nutzen' (We 66).

hanzen Subst. Pl. [HF, MeT]
– weibliche Brüste [HF, MeT]; Busen [HF] ♦ **E:** moselfrk./rip. *Hans* ‚ein kräftig entwickeltes junges Mädchen', RheinWb. III 237; *Gleishanse* ‚schöne Brüste', ugs. *Hanzen* ‚Brüste'.

haoromm in:
haoromm sabl Phras. [OJ]
– Mädchen mit unordentlichen Haaren [OJ] ♦ **E:** *haoromm* wohl zu roi. *romni* ‚Frau' WolfWZ 2781 und dt. *Haar;* zur Spezifikation unordentlich vgl. DWB XIV 1591: *jedes barthaar ist ein bajonet, jedes haupthaar ein sabel* (Schöpf 573).

hapfn Subst. f. [WG]
– Bett [WG]; Quartier [WG] ♦ **E:** wienerisch *Hapfn* ‚Bett'.

harassel Subst. f. [BJ]
– Mädchen mit unordentlichen Haaren [BJ] ♦ **E:** schwäb. *Haar-assel* ‚weibliche Person mit zerzausten Haaren' (SchwäbWb. III 1170); dt. *Assel* (1. Wurm; 2. Dachbalken, Abdeckung) DWB I 587 f.

harbe Adj. [SPI, SS]
harf [KMa]
– groß [SPI, SS]; schwanger [SS]; viel, mehr, sehr [KMa] ♦ **E:** jd. *harbe* ‚viel' (WolfWR 2068, Klepsch 682). Vgl. → *hamel*, → *hamer*, → *harmet*.

harbe Subst. m. [SPI]
– Mensch, der mit Vorsicht zu genießen ist [SPI]

harbemauken Subst. n. [SPI, SS]; **harbe mauken** [SPI]
– Großstadt [SS]; große Stadt [SPI] ♦ **E:** → *mokum*, *mauken* ‚Stadt' (WolfWR 3646).

harvekaffraime Subst. m. [SS]
– Großbauer [SS] ♦ **E:** *kaffraime* ‚Bauer' (unter → *kaffer*).

harvemasematte Subst. f. [SS]
– Sensengroßhandel [SS] ♦ **E:** → *masematte* ‚Handel'.

harbogen ‚Kuh, Ochse' → *horbogen*.

harburg ON in:
der kommt aus harburg ‚der hat keine Ahnung' (nach der spät eingemeindeten, südlich von Hamburg liegenden Arbeitervorstadt).

härchen swV. [GM]
– weinen [GM] ♦ **E:** wohl zu dt. *hörcheln* DWB X 1802 ‚röcheln, schwer und dumpf atmen'.

härchling Subst. m. [TK]
herchling [TK]
– Hut [TK] ♦ **E:** unsicher; evtl. zu dt. Haar, Material für Filzhüte.

harder Subst. m. [WM]
– Dollar [WM] ♦ **E:** unsicher; evtl. zu dt. *hart*, ein *Harter*.

hardl Subst. [OJ]
– Bein [OJ] ♦ **E:** unsicher; schwer zu dt. *hart*. ♦ **V:** *da hardl neiwurza* ‚ein Bein stellen' [OJ].

härdleng ‚Messer' → *härtling*.

härel Subst. Pl. [BM]
hirel [BM]
– Haare [BM] ♦ **E:** schweizdt. Bildung zu dt. *Haar*.

harf ‚viel, mehr, sehr' → *harbe*.

harfe Subst. f. in: [SK]
harfenholster Subst. n. [SK]
– Harfenspielerin [SK] ♦ **E:** dt. *Harfe* DWB X 474 ff. und → *holster* ‚Mädchen'. Vgl. → *harpiste*.

harfenjule Subst. f. [HK]
– Harfenspielerin [HK]; Harfenmädchen [HK]; Harfenspieler [HK]; „Frau, die Harfe gespielt hat" [HK] ♦ **E:** → *jule*.

harfenlieschen Subst. n. [HK]
– Harfenspielerin [HK]; Harfenmädchen [HK]; Harfenspieler [HK]; „Frau, die Harfe gespielt hat" [HK]

harfenloddchen Subst. n. [HK]; **harfenlottchen** [HK]; **harfenlottche** [HK]
– Harfenspielerin [HK]; Harfenspieler [HK]; „Frau, die Harfe gespielt hat" [HK]

harfenzipper Subst. m., f. [HK]
– Harfenspielerin [HK]; Harfenspieler [HK]; „Frau, die Harfe gespielt hat" [HK]

harfendsubfer Subst. m. [HK]
– Harfenspieler [HK]

harfentheka Subst. f. [EF]
– Harfenmädchen [EF].

hargenen swV. [MM, Scho]
– töten [MM, Scho]; ermorden [MM]; erschlagen [Scho] ♦ **E:** rw. *hargenen* (WolfWR 2069), aus jd. *hargenen* ‚töten' (We 66, Klepsch 683).

haring Subst. m. in: [WG]
gsölchter Haring ‚magerer Mensch' [WG] ♦ **E:** dt./mdal. *geselchter Hering*, DWB X 1104 ff.

härk Subst. f. [HeF, HF]
härich Subst. [KM]; **härech** [KM]; **härije** [KM]
– Wirtshaus [HeF, HF]; Gasthaus [HF]; Gaststätte [KM]; Gasthof [HF]; Kneipe [HF] ♦ **E:** rw. *härk*, wohl Umbildung aus dt. *Herberge* (WolfWR 2071). ♦ **V:** *Me gon en de härech ene schaskere!* ‚Wir gehen ins Gasthaus einen trinken' [KM]; *loss hitschen pauen, dot huckt en knäbbige Härk* ‚Laßt uns hier logieren, das ist ein gutes Wirtshaus' [HeF]; *Zippken, Knöllen, hitschen in de Härk huckt henesem Bott on knäbbige Bölten* ‚Ja, mein Herr, in diesem Gasthause gibt's gutes Essen und gute Betten' [HeF]

geschröddenhärk Subst. f. [HF]
– Schnapskneipe [HF]; Schnapsschenke [HF]

köthärk Subst. f. [HF, HeF]; **köthärk** [HF]
– Bierlokal [HF]; Bierhaus [HF, HeF]; Bierschenke [HF]
sanktesenhärk Subst. f. [HF]
– Weinhaus [HF]
härksblag Subst. m. [HF, HeF]
– Gastwirt [HF]; Wirt [HF, HeF]
härksturen Subst. f. [HF]
– Wirtin [HF]; Gastwirtin [HF]
härkswöles Subst. m. [HF, HeF]
– Kellner [HF, HeF] ♦ **V:** *ziemen, flick mar an den härkswöles hitschen* ‚Oh ja, bestellen Sie nur bei dem Kellner da' [HeF]
härijekoober Subst. m. [KM]; **härijekoobere** Pl. [KM]
– Gastwirt [KM]
härijemos Subst. f. [KM]; **härijemose** [KM]
– Wirtsfrau, Gastwirtin [KM]

harke Subst. f. in:
mit der harke schreiben ‚zuviel berechnen' [HN]; *er schreibt mit der harke* ‚er berechnet zuviel' [HN] ♦ **E:** dt. *Harke, harken* DWB X 478 ff.; *die Haare härken* ‚kämmen' RheinWb III 262.
härken stV. [HF]
– kämmen [HF]
schmelenhärk Subst. f. [HeF, HF]; **schmelenherk** [HeF]
– Kamm [HF, HeF]
schmelenhärkeknucker Subst. m. [HF]
– Kamm-Macher [HF].

harl Subst. m. [RR]
– Großvater [RR] ♦ **E:** mdal. bair. *Herrl, Herrle, Herrlein* ‚Großvater' (Schmeller I 1153).

härlek Subst. [WL]
– Kuh [WL] ♦ **E:** lux. *Har* ‚Horn' LuxWb. II 1115.

harlekin Subst. [HLD]
– „Gemisch von Fleisch und Fisch und ähnlichen Überresten, die von des Reichen Tische fallen" [HLD] ♦ **E:** dt. *Harlekin*, aus ital. *Arlecchino* DWB X 480, Benennungsmotiv: Flickenkostüm der Figur aus der Commedia dell'arte.

härles ‚hier, hierher' → *herles*.

härling Subst. m. [HLD, SK]
haarlinge Subst. Pl. [HLD]
– Haar [HLD, SK]; Wolle [HLD] ♦ **E:** rw. *härling* ‚Haar, Wolle', zu dt. *Haar* ‚Haar' oder mhd./dt. *Har* ‚Flachs' (WolfWR 1994). ♦ **V:** *sa harre 'n härling in de bulefke* ‚sie hatte ein Haar in der Suppe' [SK]

harmet Adj., Adv. [MUJ, PH, UG]
harmæd [WJ]; **harmend** [CL]; **harment** [LüJ]
– viel [CL, LüJ, PH, WJ]; teuer [PH]; sehr [CL]; gut [LüJ, UG, WJ]; dick [MUJ, WJ]; fett [WJ] ♦ **E:** rw. *harmet* ‚viel, teuer' (WolfWR 2068) < zu jd. *harbe* ‚viel' (We 66, Post 199, MatrasJd 289). → *hamel*, → *hamer*, → *harbe*. ♦ **V:** *dæs tscheffd æ harmæde moß* ‚Das ist eine dicke Frau.' [WJ].

harnmauken ON [SS]
– Berlin [SS] ♦ **E:** rw. *horn* ‚reich', wohl aus jd. *hon* ‚Geld', ‚Reichtum' (WolfWR 2233); → *mauken* ‚Stadt'.

harntreiber Subst. m. [WG]
– großes Glied [WG] ♦ **E:** dt. *Harn* DWB X 487 und dt. *treiben*.

harpiste Subst. f. [SK]
– Harfe [SK]
harpista Subst. f. [SK]
– Harfenspielerin [SK] ♦ **E:** span. *arpista* ‚Harfenspielerin'.

hart¹ Subst. n. [HF]
– Herz [HF] ♦ **E:** niederfrk. und nl. *hart* ‚Herz'.

hart² in:
harte Subst. n. [WG]
– hartes Lager [WG] ♦ **E:** dt. *hart* ‚unbequem', wohl nicht zu dt. *Hart* ‚Wald' DWB X 509.
harter Subst. m. [RW]
– Nordhäuser (Schnaps) [RW] ♦ **E:** rw. *harter* ‚Schnaps, Korn' (WolfWR 2076), zu dt. *hart*.
hârter Subst. [EF]; **harter** [EF]
– Blähung [EF] ♦ **E:** Benennungsmotiv: hart im Bauch liegend, Wolf, Fatzersprache, 121.
hart³ Subst. [KJ, TK]
– Messer [KJ, TK] ♦ **E:** Kürzung aus rw. → *härtling*.
härdchen Subst. n. [HK]; **härtchen** [HK]; **hertchen** [HK]
– Messer [HK]; Taschenmesser [HK]; scharfes Messer [HK]; Küchenmesser [HK]; Klappmesser [HK] ♦ **V:** *mitten härdchen geboogerd* ‚mit dem Messer gestochen' [HK]; *heegd 'n härdchen in der multe* ‚hat ein Messer in der Tasche' [HK]
rasierhärdchen Subst. n. [HK]
– Rasiermesser [HK]
härtling Subst. m. [BJ, Gmü, Him, MUJ, Mat, PfJ, SJ, SchJ, TJ, TK, WJ, Wo]; **härdleng** Subst. m. [OJ]; **hertling** [LJ, TK]; **herdling** [LJ]; **hertlig** [JeS]; **haertling**

[SJ]; **haartling** [SJ]; **hartling** [TK]; **hirtling** [KJ, LoJ, RR, SchJ]
– Messer [BJ, Gmü, Him, JeS, LJ, LoJ, MUJ, Mat, OJ, RR, SJ, SchJ, TJ, TK, WJ, Wo]; Messerschleifer [BJ]; Scherenschleifer [BJ]; Stein [PfJ, SchJ, WJ]; Knochen [SchJ, WJ] ♦ **E**: rw. *härtling* (WolfWR 2077, Klepsch 684), zu dt. *hart, härten* DWB X 510 f. ♦ **V**: *gschupfter hirtling* ‚Backstein' [SchJ]; *Schteck mr n härtling* ‚Gib mir das Messer' [WJ]; *Dr benk hot da kaffer mit am härtling dupfd, das dr rötling gschepfd ischd no hotr en dr deisd ond em seine boschr aus am rande zopfd dr klischde hot den vermuffda schure en da kanlo gschmissa wega dem hallas, dr gomel hod droht, hoim de, sonschd machschd ama schena schei da baumelma* ‚Der Mann hat den Bauer mit dem Messer gestochen, daß das Blut gelaufen ist, dann hat er ihn erschlagen und ihm sein Geld aus der Tasche genommen, der Polizist hat den schlechten Kerl ins Gefängnis geschmissen wegen dem Streit, der Amtsrichter hat gedroht, pass auf, sonst wirst du eines schönen Tages aufgehängt' [SJ]; *Dr nei guschbenk ischd scharf wia haartling sei moss ischd boda gwand* ‚Der neue Hausherr ist scharf wie ein Messer, seine Frau ist sehr gut' [SJ]
hirtlingsbuckler Subst. m. [SchJ]; **härtlingsbuckler** [Scho]
– Tagelöhner auf dem Bau [SchJ, Scho]
härdlengsgnibblr Subst. m. [OJ]
– Scherenschleifer [OJ]
hertlinsguffer Subst. m. [PfJ]
– Steinhauer [PfJ]
hertlingsknepper Subst. m. [PfJ]
– Steinhauer [PfJ]
hirtlingtupfer Subst. m. [LoJ]
– Messerstecher [LoJ]
hertlingsdupferei Subst. f. [LJ]
– Messerstecherei [LJ].

harve ‚groß, viel' → *harbe*.

harzgänger Subst. m. [RW]
– Geselle, der der Zunft untreu wird und heimlich ausbindet [RW]; ein aus dem Schacht ausgestoßener Geselle [RW]; Geselle, der dem Schacht untreu wird [RW]; Geselle, der aus der Gesellschaft ausgetreten ist [RW]; Geselle, der die Bannmeile missachtet oder vor Beendigung der Walz nach Hause geht [RW]; Geselle, der die Reisezeit unterbricht und damit von der Walz ausscheidet [RW]; Speckjäger [RW] ♦ **E**: Gebirgsname *Harz* (wohl nicht Appellativ dt. *Harz*) und dt. *Gänger*.

has Adv. [HF]
– weg [HF]; fort [HF] ♦ **E**: unsicher; evtl. zu hochdt. *Hast* ‚Ungestüm, Eile'; vgl. RheinWb. III 298/299. ♦ **V**: *has trollen* ‚weggehen' [HF, HeF]; *Plar de Ruth has!* ‚Das Glas geleert!' [HeF]; *Knöllen, knuck de Meles has, dot hucken Fegteschen!* ‚Geschwind den Sack weg, das find(en) Zollbeamte!' [HeF].

häscheln swV. [JSa]
– betteln [JSa] ♦ **E**: wohl zu dt. *heischen* ‚erbitten, betteln' DWB X 897 ff. ♦ **V**: *gehäschelder Schmónk* ‚erbettelter Speck'.

haschifejne swV. [Scho]
– weglaufen [Scho]; aus dem Staub machen [Scho] ♦ **E**: jd. *haschiweine* ‚weglaufen' (We 66).

haschler Subst. m. [WG]
– Rauschgiftsüchtiger [WG] ♦ **E**: dt. *Hasch* (Rauschmittel), aus arab. *hašīš* ‚Gras, Rauschmittel der Hanf-Pflanze'.

haschlerin Subst. f. [WG]
– Rauschgiftsüchtige(r) [WG].

häschniggel Subst. m., n. [SJ]
– Heuschrecke [SJ] ♦ **E**: schwäb. *Heuschnickel* ‚Heuschrecke' (SchwäbWb. III 1561).

hase, haserl Subst. in:
ein haserl ist eingespannt ‚einen schwachen, unerfahrenen Spieler besiegen' [WG] ♦ **E**: dt. *Hase* DWB X 526 ff.

hase Subst. m. [LüJ]; **häsle** Subst. n. Dim. [OJ]
– Floh [OJ] ♦ **E**: rw. *hase* ‚Floh' (WolfWR 2083), zu dt. *Hase*, rw. *den Hasen machen* ‚fliehen'; SchwäbWb. III 1206.

haspel[1] Subst. f. [BJ]
– ausgezehrtes Kind [BJ] ♦ **E**: schwäb. *haspeln* ‚sich rasch, ungeordnet, verworren herumbewegen' (SchwäbWb. III 1219).

haspeln swV. [BJ]
– hexen [BJ]; zittern [BJ].

haspel[2] ‚Mühle, Schinken' → *hospel*.

hassel Subst. m. [MM]
– Fahrrad [MM]; Ring [MM]; Reifen, Spielreifen [MM]; Ehering [MM]; (altes, vergammeltes) Spielzeug [MM]; „Rad, das man am Stock führt" [MM]; Hula-Hoop-Reifen [MM] ♦ **E**: westf. *hassel* ‚Welle, runde Holzscheibe' (WWBA 637).

hatschen swV. [SJ]
– gehen [SJ]; kommen [SJ]; laufen [SJ] ♦ **E:** bair., süddt. *hatschen* ‚(schleppend) gehen'. ♦ **V:** *Grüß de baizermoss, ben i heit dr oinzig benk, der end schwäche hatscht?* ‚Grüß dich Wirtin, bin ich heute der einzige Mann der in die Wirtschaft kommt?' [SJ]; *Mir sirflet no an gigges, der ischt gwand, aber vermufft mr boschtet gern end schwäche nei, blos hatschemer lak, no boschtet mr ab* ‚Wir trinken noch einen Schnaps, der ist gut; aber verflixt, wir gehen gern in die Wirtschaft; und wenn wir ins Schwanken geraten, dann gehen wir eben heim' [SJ]; *Gschob amol, do hatsch dr massfetzer* ‚Schau, da kommt der Metzger' [SJ]; *Wer hatscht scho morgens end schwäche nei, was send des für lake schure, se laßet die moss ond dia kottela drhoim, bei murke ond kipp* ‚Wer geht schon morgens ins Wirtshaus rein, was sind das für schlechte Kerle, sie lassen die Frau und die Kinder daheim, bei Katze und Hund' [SJ]; *D'schicks hatschd mid ihram schure auf dr schtrade odr deam derech zom nägchda kaff, se weled dord a masematte heba ond dibbred deshalb blos no jenisch* ‚Das Weib geht mit ihrem Burschen auf der Landstrasse oder dem Weg zum nächsten Dorf, sie wollen dort einen Diebstahl begehen und sprechen deshalb nur noch die Kundensprache' [SJ].

hätz Subst. f. [OJ]
– Mütze [OJ]; Gipsermütze [OJ]

hatzel Subst. f. [BJ]
– Mütze [BJ]; Gipsermütze [BJ] ♦ **E:** schwäb. *Hatzel* ‚Perücke, Mütze' (SchwäbWb. III 1227).

han Subst. [EF]
– Bad [EF] ♦ **E:** Kürzung aus rw./jd. *hanide* ‚Frau in der Menstruation' WolfWR 2054, nach jüdischem Glauben unrein und zu rituellem Bad verpflichtet; vgl. Wolf, Fatzersprache, 120.

haube Subst. f. in:
haubenlerche Subst. f. [LJ, HN]; **haubenlerch** [LJ]
– Ordensschwester [LJ]; Krankenschwester [HN] ♦ **E:** ugs. *haubenlerche* ‚Krankenschwester'; Benennungsmotiv: nach dem gleichnamigen Vogels mit der spitzen Federhaube (Kü II 131); dt. *Haube* (hutähnliche Kopfbedeckung) DWB X 562 ff.
haubentaucher Subst. m. [HN]
– unfähiger Zuhälter.

haudern swV. [PfJ]
– fahren [PfJ] ♦ **E:** dt. *haudern* ‚Lohnfuhrdienste verrichten' DWB X 572 f.

häudre Subst. m. [OJ]
– alter, schlechter Gaul [OJ].

hauen swV. in:
in die äppel hauen ‚schief gehen' [RW]; *in den Sack hauen* ‚aufgeben, schiefgehen' [RW]; *in die pfanne hauen* ‚verraten' [HN]; *hau mich nicht in die pfanne* ‚verrate mich nicht' [HN]; *beule haun* ‚wegwerfen, verschwinden lassen' [WG]; *in die Schlinge hauen* ‚sich aufhängen' [WG]; *in schale hauen* ‚schön anziehen' [WG]; *jemanden auf den Markt hauen* ‚verraten' [WG]; *über die Häuser hauen* ‚davonlaufen, fliehen' [WG] ♦ **E:** dt. *hauen* DWB X 574 ff.

abihaun swV. [WG]; **obihaun** [WG]
– betrügen [WG]; Betrügen beim Kartenspielen [WG] ♦ **V:** *die weh wird obighaut* ‚einen schwachen, unerfahrenen Spieler besiegen' [WG]

anhauen swV. [HN, RW]
– um etwas besonders Wünschenswertes extra bitten [RW]; um Geld bitten [HN]; vorsprechen [RW] ♦ **E:** rw. *anhauen* ‚anbetteln' (WolfWR 2086).

nachhauen swV. [WG]
– mit dem Messer stechen [WG].

hauer¹ Subst. m. [EF]
– Vollbart [EF] ♦ **E:** zu mdal./alem. *hauen* ‚schneiden', Wolf, Fatzersprache, 121.

hauer² Subst. m. [EF]
– Galopp [EF] ♦ **E:** zu dt. *hauen* ‚schnell gehen', thür./bair. ‚ein altes Pferd spornen' Wolf, Fatzersprache, 121.

hauern swV. [BJ, LJ, SJ, SchJ, TJ]
haura [LJ, OJ]; **hauer** [SJ]; **haure** [SJ]; **hauren** [LüJ]; **hauæra** [WJ]; **huren** [MJ, TK]; **huure** [JeS]
– sein [BJ, JeS, LJ, LüJ, MJ, OJ, SJ, WJ]; leben [LüJ]; dazugehören [LüJ]; bedeuten [LüJ]; sich befinden [JeS]; werden [LJ, SJ, SchJ, TK]; machen [SJ, TJ]; stehen [BJ, JeS]; ruhen [SJ]; bleiben [JeS]; setzen [SJ]; sitzen [BJ, OJ]; kauern [OJ]; (sich) niederhocken [LüJ]; ducken [LüJ]; liegen [BJ]; haben [JeS]; halten [JeS]; klappen [LJ]; verstehen [LJ] ♦ **E:** rw. *hauern, hauren* ‚liegen, sich niederhocken', zu dt. *hauern* ‚zusammengebückt sitzen' (WolfWR 2087, Klepsch 686); schwäb. *hauren* ‚niederkauern' (SchwäbWb. III 1261); Bedeutungserweiterung zu ‚sein, werden, machen' analog *beschen, scheffen* ‚sein' aus ‚sitzen'. ♦ **V:** *macheres hauern* ‚schwanger sein' [SchJ]; *es hauret* ‚es ist' [LüJ]; *'s hauert biewerling* ‚es schneit' [LJ]; *'s hauert biewernärrisch* ‚es ist kalt' [LJ]; *'s hauært biwærisch* ‚es ist kalt' [WJ]; *es huret doof* ‚Es ist/

geht gut' [MJ]; *moss, der fiesel haurat g'wandt* ‚Mädchen, der Kerl isch charmant' [LJ]; *Herles, galma, hauret der patres ein schei im kittle wegen hamore und stenzerei* ‚Hier, Kinder, sitzt der Vater einen Tag im Arrest wegen Händels und Schlägerei' [LüJ]; *Derchermoß: Hauret so dof, lehmschupfer, und dogt mir dofen lehm oder gleiskechelte für mein gälme zum gleisschnälle sicheren. Lehmschupfer: Nobis, nobis, dercherulmen wird lore 'dogt* ‚Bettelweib: Seid so gut Bäcker, und geht mir etwas Weißbrot oder Milchwecken für meine Kinderlein, um ein Milchsüpplein zu kochen. Bäckermeister: Nein, nein, Bettelleuten wird nichts gegeben!' [LüJ]; *Spann, die grandich kitt herles! – Kenn gneistse lore? Nobis! – Die schofelkitt haurets* ‚Schau, das große Haus hier! – Ja, kennst du es nicht? – Nein. – Das Zuchthaus ist es' [LüJ]; *Bostet, bostet, herles im kober hauret ein dofer freier, der pfreimt grandich z'schwächet* ‚Kommt, kommt, hier im Wirtshaus ist ein freigiebiger Fremder, der bezahlt viel zum Trinken' [LüJ]; *Linz' in dem heges, wo man spannt, hauret ein g'wanter plauderer. Der stekt dof z'biket undz'schächet und kemeret grandlich sore* ‚Schau, in dem Dörfchen, wo man hinguckt, ist ein braver Schulmeister. Der gibt gut zu essen und zu trinken und kauft viel Ware.' [LüJ]; *die tschai isch nobes gwand, wo herles hauret* ‚die Frau, die das versteht, ist nicht gut' [LJ]; *wenn einer nobes manisch war, dann hat der au nit hauere, dann hat der boschda könne* ‚wenn einer nicht eingeweiht war, dann hat der auch nicht verstanden, dann hat der abhauen können' [LJ]; *schbann emol da, den tschabo kenn i au, der haueret von da oder da* ‚Schau einmal da, den Mann kenn ich auch, der kommt von dort oder dort' [LJ]; *Du Schorsch, en drei baiza hab de gsucht on do hauerst* ‚Du Georg, in drei Wirtschaften habe ich dich gesucht und hier bist du' [SJ]; *Hoim de, dia schure hauret vielleicht no bei dr moss em senftling, oder se send end duft boscht zom patronalla* ‚Wart ab, die Männer sind vielleicht noch bei der Frau im Bett, oder sie sind in die Kirche gelaufen zum beichten' [SJ]; *Mei ganza butterei hauret en dr Küche* ‚Mein ganzes Essen steht in der Küche' [SJ]; *Baizermoss, i lins, der ketscht an jesesmäßiga rande, wenn do von dr massfetzerei schling ond bossert drin hauert, no kennemer a gwande mansche haure* ‚Wirtin, ich sehe, er trägt einen jesesmäßigen Sack, wenn dort von der Metzgerei Wurst und Fleisch drin ist, dann können wir ein gutes Essen machen' [SJ]; *Fiesel i hauer pegerisch gang zom urinprophet odr zom rötlengsfetzer ond hol mr ebes abr net zom marodebenk der ischd link* ‚Junge, ich bin krank, geh zum Apotheker oder zum Bader und hol mir etwas, aber nicht zum Doktor, der ist falsch' [SJ]; *Er hauerd nowes lopf em giwes* ‚Er ist nicht richtig im Kopf' [SJ]; *Fiesel, meinst 's haure keine grünwedel herles im kracher?* ‚Kamerad, meinst du, es seien keine Forstwächter hier im Wald?' [LüJ]; *das hauret ein dofer kohl* ‚das ist ein gutes (schönes) Zeug oder Sach' [LüJ]; *hauret die ruchamodel ein nille? Nobis, freier!* ‚Ist das Bauernmädchen ein Dummkopf? Nein, mein Freund!' [LüJ]; *hauret herles das steinhäufle krillisch oder wohnisch? Nobis. Kaime schefften herlem* ‚Ist hier die Stadt evangelisch oder katholisch? Nein. Juden wohnen darin' [LüJ]; *herlem im g'fahr hauret ein lenker schuker; buz und scharle schefftem aber dof* ‚Hier im Dorf ist ein strenger Gendarm; der Polizeidiener und der Schultheiß sind aber gut' [LüJ]; *Oberkünftig herles in der grandiche ruchekitt schefft ein nille. Der hauret link. Spann', da linzt er zum feneter am stenkert. Kenn, ich bost' schiebes!* ‚Oben hier in dem großen Bauernhaus ist ein geistesgestörter Mensch. Der ist (sehr) böse. Sieh', hier schaut er zum Fenster am Stall heraus. Ja, ich geh' fort!' [LüJ].

haun → hauen.

haunaschdaun Subst. f. [LoJ]
– Unterhemd [LoJ] ♦ **E:** wohl zu *hanfstaude* (unter → *hanf²*); → *staude*.

haus Subst. n. in:
um die häuser gehen ‚sich in Kneipen und Discos betrinken' [HN] ♦ **E:** dt. *Haus* DWB X 640 ff.

häusl Subst. n., Dim. [WG]; **heißl** [TK]
– Abort [TK]; Gefängniskло [WG] ♦ **E:** Dim. zu dt. *Haus*.

hausbink Subst. m. [PfJ]
– Hausherr [PfJ]

hausgnaube Subst. f. [KP]; **hausnaube** [KP]; **hausgnauben** Pl. [KP]; **hausknochen** Subst. m. [LüJ, PfJ]
– Hausschlüssel [LüJ, PfJ] ♦ **E:** rw. *hausknochen* ‚Hausschlüssel' (WolfWR 2094); SchwäbWb. III, 1286 (*Hausknochen*).

hausnauben [KP]
– Kartoffel(n) [KP]

haushund Subst. m. [SG]
– Katze [SG]

hausmäs Subst. m. [EF]; **hausmess** [EF]
– Hauslehrer [EF] ♦ **E:** → *mäs*.

hausmücke Subst. f. [BJ]
– Eingesessener [BJ]

hausmuff Subst. m. [EF]
– Hausknecht [EF]
hauspreis Subst. m. [HN]
– ermäßigte Preise für Angestellte; Vergünstigung
hausschwall Subst. m. [RR]
– Hausknecht [RR]
häuserrucker Subst. m. [WG]
– starker Mann [WG]; Leibwächter [WG]; Freund [WG]
haushaltsvotze Subst. f. [HN]
– Frau, die nicht anschaffen geht [HN].

hauserle Subst. Pl. [SJ]
– Johannisbeeren [SJ] ♦ **E:** PN *Johannes*, mdal. *Hanserle* (*Hans > Haus*, Staubsches Gesetz).

häusliger Subst. m. [BM]
– Hals [BM] ♦ **E:** zu dt. *Hals* und Suffix *ling*.

häuten swV. [SJ]
– prügeln [SJ]; schlagen [SJ] ♦ **E:** SchwäbWb. III 1303 (*hauten*).

häuter Subst. m. [BJ, Him, SJ]
– schlechtes Pferd [Him, SJ]; älteres Pferd [BJ] ♦ **E:** SchwäbWb. III 1303 (*Häuter*).

hautz Subst. m. [FM, FS, HLD, JS, JSa, NJ, NrJ, SE, WL]
houts [NrJ, SP]; **houtz** [BJ, JeH, NJ]; **hotz** [JS]; **hauz** [LI, MeJ, SE]
– Mann [FS, JS, JSa, JeH, LI, MeJ, NJ, NrJ, PH, SE, SP, WL]; Gatte [NJ]; Ehemann [NJ]; Vater [NJ, WL]; alter Mann [JSa, WL]; Jungmann [NJ]; Bauer [BJ, HLD, WL]; Familienoberhaupt [WL] ♦ **E:** rw. *hauhns, hautz* u. ä. ,Stümper, Bauer, Mann' (WolfsWR 2089). Vgl. → *hutz*. ♦ **V:** *der Hautz hockt doft* ,der Mann ist gut' [NJ]; *so en Hautz ess goar net kochem* ,so ein Kerl ist gar nicht klug' [FM]; *mein Hautz hockt mullag* ,mein Mann ist krank' [NJ]; *der hautz hockt doft gekluft* ,Der Mann ist gut gekleidet' [NJ]; *de hotz van de viehl* ,der Mann vom Amt, von der Behörde' [JS]; *do nascht enne hotz van de viehl bekan* ,da kommt ein Mann vom Amt' [JS]; *de hotz hätt stropede ob de kiebes wie es sossem am tokes* ,der Mann hat Haare auf dem Kopf wie ein Pferd am Hintern' [JS]; *den hautz striemt an de schwäch* ,Der Mann geht ins Wirtshaus' [SE]; *schuftig wie den hautz achelt!* ,Schau mal, wie der Mann isst!' [SE]; *span, do den hautz as nich doft, der sperrt die flipp-flappen op, schmus nobes!* ,Sei vorsichtig, der Mann versucht unser Gespräch zu belauschen, der sperrt die Ohren auf, sei lieber ruhig!' [SE]

hautzi Subst. Dim. [JSa]
– junger Mann, Mann, Kamerad [JSa]
hauzen Subst. m., Pl. [SE]; **houtsen** [SP]; **hautsem** [PH] **hautze** [CL, FM, JS, LL]; **hautse** [PH]; **hotze** [JS]
– Leute [CL, FM, JS, LL, PH, SE, SP]; Kerle [SE] ♦ **V:** *dofte hotze* ,gute Leute' [JS]; *quandte hotze* ,sehr gute Leute' [JS]; *sendte hotze* ,vornehme Leute' [JS]; *annern Hautze zoppe nobes* ,andere Leute geben nichts' [FM]; *Doahremm, Hautze, schwecht noch Plempel, Jaiem oder Branntewihn!* ,Darum, Leute, trinkt noch Bier, Wein oder Branntwein!' [FM]; *die Hautzen aus dem Kaff hocken schofel* ,Die Ortsbewohner sind keine guten Leute' [NJ]; *wieviel hautzen hocken wir* ,wieviel Mann sind wir', [NJ]; *hocken die hautzen doft becht?* ,Sind reiche Leute hier?' [NJ]; *die hautze glaawen ääm net alles* ,die Leute nehmen einem nicht alles ab' [LL].

heitzjen Subst. m. Dim. [NJ]
– Mann [NJ]
buscheriehautz Subst. m. [NJ]
– Jäger [NJ]; Förster [NJ]
bajeshautz Subst. m. [NJ]
– Hausherr [NJ]
flasterhauz Subst. m. [NJ]
– Arzt [NJ].

havelock Subst. m. [RR, Scho]
hawwelock [Scho]
– Mantel, Überzieher [RR, Scho] ♦ **E:** engl. *havelock* ,umhangartiger, ärmelloser Mantel'.

hawaiimücken Subst. f. Pl. [HN]
– Filzläuse ♦ **E:** LN *Hawaii* und dt. *Mücke* DWB XII 2606 ff.

hawas Subst. m. [PfJ]
– Streit [PfJ] ♦ **E:** dt. (ant.) *Hawass* ,Blödsinn, Unsinn'. Benennungsmotiv: von Soldaten des Ersten Weltkrieges geprägt, nach der damaligen französischen Nachrichtenagentur *Havas*, deren geschönte Meldungen oftmals angezweifelt wurden. Beispiel: *Verzöu ke Hawass!*
hawas Interj. [PfJ]
– auf zum Angriff [PfJ] ♦ **E:** mdal. *hawass* „Hetzruf".

hawern swV. [PfJ]
– da sein, vorhanden sein [PfJ] ♦ **E:** SchwäbWb. III 1261 (*hawern* ,da sein'), evtl. zu aram. *hawah*, hebr. *hajah* ,sein'. ♦ **V:** *hawert* ,er ist da, abgekommen' [PfJ]

ghawert Adj., Adv., Part Perf. [PfJ]
– gewesen [PfJ].

haxe Subst. Pl. [BM]
– Füße [BM] ♦ **E:** dt. *Hachse, Hechse* ‚Kniebug' DWB X 738 f.
schwinghaxe Subst. f. [RW]
– hinkender Handwerksgeselle [RW].

hayef Subst. [FS]
– Schuld [FS] ♦ **E:** Nebenform zu → *keif¹*.

hazl Subst. n. [RR]
– Haartracht [RR] ♦ **E:** wohl dt. *Haar* und Suffix *-sel*.

he Subst. m. [SG]
heo [SG]
– Hut [SG] ♦ **E:** unsicher; evtl. verkürzt aus nd. *Hood* ‚Hut'.

heaga ‚haben, sein' → *hegen*.

healldiez Subst. m. [KMa]
helldiez [KMa]
– Sonntag [KMa] ♦ **E:** zu dt./mdal. *hell* DWB X 961 ff. und *diez* (< lat. *dies* ‚Tag', span. *dias* ‚Tage').
heallmächer Subst. m. [KMa]
– Fenster [KMa] ♦ **E:** dt. *machen*.

heär Subst. m. [HF]
– Herrgott [HF] ♦ **E:** dt. *Herr*.

hebin Subst. f. [KP, Wo]
heppen [KP]
– Suppe [KP, Wo] ♦ **E:** rw. *hebin* ‚Suppe' (WolfWR 2103, ohne Herleitung); evtl. zu dt. (ant.) *heppig* ‚mager, ausgedörrt' DWB X 999.
heppenebs Subst. f. [KMa]
– Kartoffelsuppe am Samstag [KMa]
judenhäbin Subst. f. [KP]; **judehäbin** [KP]
– Kaffee [KP].

hechling Subst. m. [LoJ]
– Hut [LoJ] ♦ **E:** zu dt. *hoch*.

hecht Subst. m. [BM]
– Star [BM]; Held [BM]; Kopfsprung [BM] ♦ **E:** zu dt. *Hecht* (Fischart) DWB X 739 f.

heck, hecht ‚sein, haben' → *hegen*.

heeischel Subst. m. [SP]
hiischel [SP]; **heeisel** [SP]; **heischat** [SE]; **heichat** [SE]; **heischer** Pl. [SE]
– Bauch [SE, SP]; Ohren [SE] ♦ **E:** unsicher; evtl. zu dt. *heischen* ‚fordern, begehren' DWB X 897 ff. ♦ **V:** *Den Houts hot en doften Heeischel* ‚einen dicken Bauch' [SP]

hechert Subst. m. [RH]; **hicherten** Subst. m. Pl. [RH]
– Bauch [RH]; Ohren [RH].

heejel ‚Verrückter' → *hegel*.

heeken swV. [HK]
– klauen [HK] ♦ **E:** wohl zu dt. *haken* „mit haken fassen" DWB X 181.

heemtrewwer ‚Stock' → *heimtreiber*.

heet Adj. [HF, HeF, MeT]
– teuer [HF, HeF, MeT]; wert [HF]; reich [HF] ♦ **E:** hochdt./nd. *heiß, heet* ‚heiß' DWB X 903 ff. ♦ **V:** *heet versömen* ‚teuer verkaufen' [HeF]; *de sanktes huckt minotes te heet* ‚Der Wein ist mir zu teuer' [HeF]; *de knapp huckt heet*. ‚Das Brot ist teuer' [HeF]; *dot huckt nit de heet* ‚Das ist nicht zu theuer' [HeF]

heesfilang Subst. m. [MoM]
– Schmied [MoM] ♦ **E:** dt./mdal. *heiß, hees* ‚heiß'; → *filang*.

hefamm Subst. f. [OJ]
– Hebamme [OJ] ♦ **E:** SchwäbWb. III 1305.

hefel Subst. m., n. [SJ]
– Exkremente [SJ]; Dreck [SJ] ♦ **E:** schwäb. *Hefel* ‚Sauerteig, Überbleibsel', SchwäbWb. III 1324 f.

heft¹ Subst. n. [BJ, EF, KMa, LJ, OJ, PfJ, RW]
heftle Subst. n., Dim. [OJ]
– Dorf [BJ, KMa, LJ, OJ, PfJ]; Ortschaft [LJ]; Marktflecken [RW] ♦ **E:** rw. *heft* ‚Dorf', von dt. *haften* „der Ort, an dem man haftet, an dem man sich aufhält" (WolfWR 2115).
heften swV. [BJ, KMa]; **hefta** [OJ]
– hängen bleiben [BJ, OJ]; dabei sein [KMa]; sich aufhalten [KMa].

heft² Subst. [EF, KMa, OH]
– Nase [EF, KMa, OH] ♦ **E:** rw. *heft* ‚Nase', met. zu dt. *Heft* ‚Handgriff, Haken' WolfWR 2114.

hege ‚Geld' → *hegen*.

hegel¹ Subst. m. [BJ, GM, JS, JSa, LJ, LüJ, ME, MeJ, MM, SJ, TJ, TK]
hegl [LoJ]; **heegl** [WJ]; **heejel** [KM]; **häggl** [OJ]; **heckel** [JSa]; **heger** Subst. m. [TK]
– männliche Person [MM]; Mann [MM, TJ, TK, WJ]; reicher Mann [LJ]; alter Mann [JSa]; schlechter Mann [JSa]; Kerl [MM, SJ, TJ]; Herr [MM]; Kumpel [MM]; Bursche [MM]; Mensch [MM]; Person [MM]; Freund [LoJ, WJ]; Kamerad [LoJ]; Kind [BJ]; Knabe [TK]; Bauer [OJ, WJ]; Stenz [MM]; Dummkopf [BJ, GM, LüJ,

MeJ, OJ]; Depp [LüJ]; Blöder [GM]; Verrückter [JS, KM, LüJ]; Narr [GM, LJ, LüJ, SJ]; Spinner [ME]; Trottel [ME]; Idiot [ME]; Esel (met.) [LüJ] ♦ **E:** rw. *heckel, hegel* ‚Narr, Dummkopf' (WolfWR 2108), zu dt. (ant.) *Hegel* ‚Stier, Querkopf, Narr' DWB X 777, obdt. *Hegel* ‚Narr', SchwäbWb. III 1330. ♦ **V:** *verkrennter hegel* ‚Ehemann' [TJ]; *lingger hegel* ‚Feind' [TJ]; *der hegel ist zu kochum, der muckert sofort, wenn der zossen verchibbra geht* ‚der Kerl ist zu schlau, der bemerkt sofort, wenn das Pferd verschwunden ist' [MM]; *Heini reunte rot, kappte den hegel an die strotte und mekeimte ihm sein rösch* ‚Heini sah rot, ging dem Kerl an den Hals und schlug ihm ins Gesicht' [MM]; *dr gaatsch is æ heegl; un d'moß tschäfft æ glont; dr gaatsch biggd s'gwand; und d' moß biggd dæ schond* ‚Der Mann ist ein Narr; die Frau ist eine Dirne; der Mann ißt das Gute; und die Frau ißt den Dreck.' [WJ]; *dr gaatsch gufft dæ heegl; un d' moß gufft d'glont; dr gaatsch biggd s'doofe; und d' moß biggd dæ schond.* ‚Der Mann schlägt den Narren; und die Frau schlägt die Dirne; der Mann ißt das Gute; und die Frau ißt den Dreck' [WJ]

hegele Subst. n. Dim. [LüJ, TJ]; **hegerle** [TK]; **heejele** [KM]; **hägerle** [TK]; **hägele** [TK]
– Knabe [KM, TJ, TK]; kleines, dummes Kind [LüJ]

hegesle Subst. n. Dim. [LüJ]
– Kind [LüJ]

hegelkitt Subst. f. [LüJ]
– Narrenhaus [LüJ]

buijhegel Subst. m. [GM]
– Hurenbock [GM]; Dummficker (Schimpfw.) [GM] ♦ **E:** → *buijen*.

luwinenhegel Subst. m. [MM]; **lowinenhegel** [MM]
– Getränkekellner [MM]

muhhäggl [OJ]
– Dummkopf [OJ]; Bauer [OJ] ♦ **E:** wohl onomatopoetisch *muh* (Lautgebung von Kühen) DWB XII 2626.

politikhegel Subst. m. [MM]
– Politiker [MM]

stadthegel Subst. m. [MM]
– Ratsherr [MM]

weihnachtshegel Subst. m. [MM]
– Weihnachtsmann [MM]

hegeln swV. [SJ]
– foppen [SJ] ♦ **E:** obdt. *hegeln* ‚foppen, aufziehen' (WolfWR 2108).

hegel² Subst. m. [BM, EF]
hegu [BM]
– Messer [BM, EF] ♦ **E:** schweizdt. *Hegel* ‚grobes Klapp-, Taschenmesser' SchweizId. II 1080.

hegen swV. [BJ, HLD, HN, MM, SPI]
heaga [OJ]; **heegen** [HK]; **hecken** [LoJ]; **hegge** [JeS]; **hechen** [HK, PH]; **heechen** [HK]; **heechn** [HK]; **hejen** [HK, MB]; **heejen** [HK]; **heejn** [HK]
– haben [BJ, HK, HN, JeS, LoJ, MB, MM, OJ, SPI]; besitzen [HK, MB, MM]; sein [OJ]; aufbewahren [MM]; behalten [MB]; merken [MM]; „was an Land ziehen" [MM]; sparen [HN]; pflegen [MB]; machen [HLD]; benehmen [HK]; sich herausstellen [HK] ♦ **E:** rw. *heegen* ‚sein, stehen, haben' (WolfWR 2113, ohne Herleitung), wohl zu dt. *Hag* u. a. „der zaun, wie er um garten, feld oder grundstück zur abgrenzung des eigenthums gezogen ist" DWB X 137 ff. ♦ **V:** *hamel jontef hegen* ‚sich sehr freuen' [MM]; *hamel rochus hegen* ‚sehr wütend sein' [MM]; *ne jofle kowe hegen* ‚gute Kleidung tragen' [MM]; *keine Zerche hegen* ‚keine Ahnung haben' [MM]; *etwas tacko mucker hegen* ‚etwas schnell bemerken' [MM]; *massel hegen* ‚Glück haben' [MM]; *heijste lobi?* ‚Haste Geld?', ‚Kannste zahlen?' [MB]; *heijste lobi inne wast?* ‚hast du Geld in der Hand?' [MB]; *hegt lauf* ‚steht schlecht' [HLD]; *der seeger hegt hamel more* ‚der Mann hat große Angst' [MM]; *ne klodde zerche hegen* ‚wenig Ahnung haben von etwas' [MM]; *was hegt der seeger für 'nen jovlen obermann auf* ‚was trägt der Mann für einen schönen Hut' [MM]; *der seeger hegt hamel balachesen* ‚der Mann ist reich' [MM]; *er hegt hamel lowi* ‚der Mann ist reich' [MM]; *der hegt bes kotens* ‚er hat zwei Kinder' [MM]; *sie hegt 'n dollar aufen zinken* ‚sie hat eine Brille auf der Nase' [MM]; *der streigo hegt 'n geitling aufe fehme* ‚der junge Mann trägt einen Fingerring' [MM]; *der seeger hegt hame lowi inne patte* ‚der Mann hat viel Geld in der Tasche' [MM]; *hegste die masematte?* ‚verstehst du Masematte?' [MM]; *der schauter hegt 'ne jofle kowe* ‚der Mann trägt gute Kleidung' [MM]; *bescht der auf die lelletour, oder hegt er eine kaline, die auf den talon teilacht und für ihn die masummes anschafft?* ‚Geht der auf Diebestour, oder hat er ein Mädchen, das auf den Strich geht und für ihn das Geld anschafft?' [MM]; *er hegt* ‚er legt Geld zurück', ‚er bunkert Geld', ‚er hat Geld' [HN]; *sich heechen* ‚wenn einer krank ist, aber er ist nicht krank', ‚sich anstellen' [HK]; *Hechst du verlinzt, was der peker gedibbert hecht? – Jeß, er hecht gedibbert, er will dich mole kuffen!* ‚Hast du verstanden, was der Mann gesagt hat? – Ja, er hat gesagt, er will dich totschlagen' [HK]; *der beeker heejd 'n jookeres needchen* ‚der Mann hat ein schönes Auto' [HK]; *heegd 'n härdchen in der multe* ‚hat ein Messer in der Tasche' [HK]; *heechsde pinke? – Loone!* ‚Hast du Geld? – Nein!'

[HK]; *de dilm heechd en jookeres boonum* ‚das Mädchen hat ein schönes Gesicht' [HK]; *heechd das bich verschmoord* ‚hat das Geld versoffen' [HK]; *ich heeche schubber* ‚ich habe Angst' [HK]; *das dillichen heejd en schdramm ribberd* ‚das Mädchen ist schwanger' [HK]; *die keue hechd 'nen ganz schönen rippert* ‚die Frau ist schwanger' [HK]; *dsubbe doch das bich, die jenters heechen es doch* ‚nimm doch das Geld, die Leute haben es doch schon in der Hand' [HK]; *den heechd der kanas/goonas in kiewes gefansderd* ‚den hat der Hund in den Kopf gekackt' [HK]; *der goonas heechd dich in kiewes geseeweld* ‚der Hund hat dir in den Kopf geschissen' (Redensart) [HK]; *der balch heechd muggn* ‚das Kind hat Läuse' [HK]; *der heejd awwer schdramme schrubbserde an die terlinge* ‚der hat aber starkes Haar an den Augen/starke Augenbrauen' [HK]; *der heejd schdramme knülln* ‚der hat starke Beulen' [HK]; *der heejd sin keuschen schdramm verebbesd* ‚der hat seine Frau kräftig veräppelt' [HK]; *der heejd sin keuschen schdramm vermeischd* ‚der hat seine Frau kräftig verhauen' [HK]; *die schallerei heeje ich awwer schmingsch* ‚die Singerei habe ich aber dicke' [HK]; *dillichen, heegsde den … verlins, was der gedibberd/verschiwwerd hat?* ‚Mädchen, hast du den … gehört, was der erzählt hat?' [HK]; *du bist en jookerer scheeks, heegsd relln im wigserde un seewl im weidchen* ‚du bist ein toller Bursche, hast Läuse im Bart und Scheiße in der Hose' [HK]; *der hejd en granniches bingkchen in der mulde* ‚der hat eine schöne Uhr in der Tasche' [HK]; *ich heje/heche danger* ‚ich habe Hunger' [HK]; *massl heejn* ‚Glück haben' [HK]; *verlins heejn* ‚hören' [HK]; *wir heejn aufn ruscherd gebennd* ‚wir haben auf Stroh geschlafen' [HK]; *wir heejn schicho* ‚wir haben Feierabend' [HK]; *der heechd kies an die boodlinge* ‚der hat Geld an den Füßen', ‚der ist reich' [HK]
hege Subst. f. [HN]
– Geld [HN] ♦ **E:** dt. *Hege* „allgemeiner unterhalt, schutz und schirm" DWB X 775 f. ♦ **V:** *herr hege toff* ‚er hat viel Geld', ‚er hat gespart' [HN]; *er macht die hege* ‚er spart' [HN]; *'ne toffte hege* ‚da hat man etwas bei über' [HN]; *hege toff?* ‚hast du was bei über?' [HN]
hegefis Phras. [HLD]
– fortgehen [HLD] ♦ **E:** *fis* ‚Füße'; vgl. *sich auf die Socken machen*.

heges Subst. m. [BJ, LüJ, OJ, SJ]
heagis [OJ]; **häges** [BJ]; **hekis** [BJ]
– Herberge [SJ]; altes Haus [BJ, SJ]; Armenhaus [SJ]; kleines Haus [LüJ, SJ]; kleines Dorf [LüJ]; kleiner Raum, kleines Zimmer [LüJ]; altes, verkommenes Haus [LüJ, OJ]; Spital [SJ]; Sarg [BJ] ♦ **E:** rw. *heges, hegis, heckdisch* ‚Spital, Armenhaus, Gasthaus' zu jd. *hekis* ‚zur Ader lassen', neuhebr. *hâkdasch* ‚abgesondert sein' WolfWR 2107; evtl. beeinflusst von dt. *Hege* „allgemeiner unterhalt, schutz und schirm" DWB X 775 f.; vgl. SchwäbWb. III 1331 (*Hegis*). ♦ **V:** *Linz' in dem heges, wo man spannt, hauret ein g'wanter plauderer. Der stekt dof z'biket undz'schächet und kemeret grandlich sore* ‚Schau, in dem Dörfchen, wo man hinguckt, ist ein braver Schulmeister. Der gibt gut zu essen und zu trinken und kauft viel Ware.' [LüJ]; *de letschd heagis* ‚Sarg' [OJ]

hegesle¹ Subst. n. Dim. [LüJ]
– kleines Haus [LüJ]; kleine Wohnung [LüJ].

hegesle² Subst. Pl. [LüJ]
– Spätzle, Spatzen [LüJ]; Knöpfle [LüJ] ♦ **E:** evtl. zu schwäb. *Heges*, Dim. *Hegesle* ‚Eidechse' (SchwäbWb. II 563); Benennungsmotiv: Formähnlichkeit; „weit verbreitet ist spatzen im süddeutschen für kleine, in wasser gekochte mehlklöse" DWB XVI 2006. ♦ **V:** *moß, was sicherst? Ich sichere hegesle mit stupfelbossert und pflanz' noch ein blättling* ‚Frau, was kochst du? Ich koche Spätzle mit Igelfleisch und mach' noch einen Salat' [LüJ].

hegu ‚Messer' → *hegel*.

heh Subst. f. [WG]
– Polizei [WG] ♦ **E:** unsicher; evtl. zur Interj. dt. *heh! *Hehmann*, Benennungsmotiv: Ruf des Polizisten; oder zu dt. *Hecher* ‚(mittelalterl.) Scharfrichter'; schwer zu dt. *Höhe* (da Polizisten früher beritten waren, sie also in der Höhe waren), vgl. Schranka 1905, 78; Wehle, Wiener Galerie, 59; Girtler 1996, 127. ♦ **V:** *vor der heh abplanken* ‚sich vor der Polizei schützen' [WG]; *die heh hat den schlauch, weil die hackn gut gegangen ist* ‚Die Polizei hat das Nachsehen, weil das Verbrechen unbemerkt durchgeführt wurde' [WG]; *in der heh sein* ‚verhaftet sein' [WG]

hehwams Subst. m. [WG]
– Polizeispitzel [WG].

hehwern swV. [SK]
– liebhaben [SK] ♦ **E:** rw. *aiwo* ‚Liebe', zu jd. *ahawa* ‚Liebe' (Wolf WR 56).

hei Adj.; Num. Kard. [CL, JS, LL, MM, RW]
hai [MB, SS]; **heh** [LL]; **hej** [Scho]
– fünf [CL, JS, LL, MB, MM, RW, SS, Scho] ♦ **E:** rw. *hei* ‚fünf' (WolfWR 6437) < jd. *hei* ‚fünf', fünfter Buchstabe des hebr. Alphabets (We 66, Post 199, MatrasJd

289, Klepsch 690). ♦ **V:** *hei beschine* ‚Fünf-Pfennig-Stück' [MM]; *hei peschiet* ‚fünf Pfennige' [MM]; *hei schuk* ‚fünf Mark' [MM]; *die alsche hatte schon hei kotens und war wieder pattisch* ‚die Frau hatte schon fünf Kinder und war wieder schwanger' [MM]; *die balachesen sind verschütt, plete, und keine hei beschine is mehr da* ‚das Geld ist verloren, weg, und kein Fünf-Pfennig-Stück ist mehr da' [MM]; *olf, bes, kimmel, dollar, hei – mit dem sonnof an die schmu vorbei* ‚eins, zwei, drei, vier, fünf – mit dem Schwanz an der Scham vorbei' [MM]; *hei beschiene* ‚fünf Pfennig' [JS]; *hei schuck* ‚fünf Mark' [JS]; *hei tagg* ‚fünf Groschen' [JS]

kaffhei Num. Kard. [MB]
– 25 (Mark) [MB]

heitack Subst. m. [MM]; **heitak** [MM]; **heidack** [JS]
– Fünfzigpfennigstück [MM]; fünf Groschen [MM]; fünfzig Pfennig [JS, MM]

häier Adj., Num. Kard. [KM]
– fünf [KM] ♦ **E:** zu jd. *hei* ‚fünf' (We 66).

heiermann Subst. m. [GM, HK, HN, JS, JSa, MB, MM, RW, SE, SPI]; **haiamaan** [SP]; **heyermann** [MB]
– Fünfmarkstück, fünf Mark, Fünfer [GM, HK, JS, JSa, MB, MM, RW, SE, SP, SPI]; größere Münze [MB]; Geldstück [SE] ♦ **E:** zu jd. *hei* ‚fünf' (We 66), in nd. Rotwelsch-Dialekten zu (oder beeinflusst von) dt. *Heuer*, entrundet *Heier* (DWB X 1284: „miete, pacht und das dafür entrichtete). ein nur dem niederdeutschen sprachgebiete angehöriges wort"; Klu. 1995: 364). Querung beider Etyma durch Quasihomophonie und sachliche Zusammenhänge in Norddeutschland und dem nd. Sprachgebiet wahrscheinlich. Beim *Anheuern* war die Aushändigung eines *Heiermanns* (Fünfmarkstück) symbolischer Vertragsabschluss. Belege aus md. und obdt. Rotwelsch-Dialekten Herleitung wohl sämtlich zu jd. *hei*. ♦ **V:** *einen heiermann locker machen* ‚einen ausgeben, viel bezahlen müssen' [MM]; *ein heiermann für die ganze sore is besolt* ‚fünf Mark für die gesamte Ware sind billig bezahlt' [MM]; *immer wenn die alten plet waren, chappte der koten aus der kasse bes schuck oder sogar 'n heiermann* ‚immer wenn die Eltern fort waren, nahm das Kind 2 Mark oder sogar 5 Mark aus der Kasse' [MM]; *wo die scharfen aniems immer rumscharwenzeln und wo de fürne lowine und nen quini immer gleich nen heiermann blechen mußt* ‚wo die scharfen Mädchen immer herumscharwenzeln und wo du für ein Bier und einen Schnaps immer gleich fünf Mark zahlen mußt' [MM]; *das mach ich dich forn heiermann* ‚das mach ich dir für fünf Mark' [MB]; *dell mal nen heiermann* ‚gib mir mal ein Fünfmarkstück' [MB]

heiermannslude Subst. m. [HN]
– Zuhälter, der wenig Geld hat [HN]

heiermannsschlitz Subst. m. [HN]
– Vagina [HN]

heiermannszigarre Subst. f. [HN]
– Zuhälter, der wenig Geld hat [HN]

sportschauheiermann Subst. m. [MM]
– (Sportschau)-Medaille [MM]

abheiern swV. [MM]
– in Raten abstottern [MM]

abgeheiert Adj., Adv, Part. Perf. [MM]
– erledigt [MM]; fertig [MM] ♦ **E:** evtl. Einfluss von rw. *heichse, haige* ‚Prügel, Schläge', zu jd. *hikko* ‚schlagen, stoßen' WolfWR 2121.

heia Subst. f. [MB]
– Bett [MB] ♦ **E:** westf./kinderspr. *Heia* ‚Bett, Wiege'; womgl. Zusammenhang mit dem Wiegenlied-Refrain *eia* (*popeia*); evtl. auch Anschluß an altes Wortgut: idg. **kei-* ‚liegen, schlafen' (Klu. 1999: 363); westf. *heia* kinderspr. ‚Bett, Wiege'.

heib¹ Subst. [SE]
– Bett [SE] ♦ **E:** RheinWb. III 338 (*Häupe*, mdal. *Heip* ‚strohgeflochtener Bienenkorb').

heib² Subst. [MM]
– Stück [MM]; ein bißchen [MM] ♦ **E:** unsicher; evtl. zu dt./mdal. *Hieb* ‚Stück' DWB X 1306 f. ♦ **V:** *kein heib schauwe* ‚kein bißchen besser' [MM]; *kein heib zerche* ‚kein bißchen Ahnung' [MM].

heidegeschwader Subst. n. [RW]
– Bettler [RW]; Landstreicher [RW]; Penner [RW] ♦ **E:** dt. *Heide* (Landschaft mit Heidebewuchs) DWB X 795 ff. und *Geschwader* bes. ‚Reiterstaffel' DWB V 3978 ff.

heider Subst. m. [CL]
– (meist altes) Pferd [CL] ♦ **E:** pfälz. *Häuter* ‚altes, abgetriebenes Pferd' (PfälzWb. III 732). ♦ **V:** *so en alde Heider* ‚so ein altes Pferd' [CL].

heies Subst. [JSa]
heiet [JSa]; **heijes** [RH]
– Mund [JSa, RH] ♦ **E:** zu dt. *hauen, Hauer* DWB X 574 ff.

heiers Subst. Pl. [MM]
– Zähne [MM]

heiligkeit Subst. f. [RW]
– Herberge zur Heimat [RW]; Herberge in kirchlicher Trägerschaft [RW] ♦ **E:** rw. *heiligkeit* ‚christliche Herberge zur Heimat' (WolfWR 2122).

heilprophet Subst. m. [StG]
– Arzt [StG] ♦ **E:** dt. *heilen* und *Prophet*.

heimgangen swV. [BJ]
hoimgao [OJ]
– sterben [BJ, OJ] ♦ **E:** rw. *heimgehen* ‚sterben' (WolfWR 2126).

heimen swV. [BJ]
heime [LüJ]
– schweigen [BJ, LüJ]; achtgeben [BJ]; still sein [BJ] ♦ **E:** rw. *heimen* ‚vorsichtig sein, schweigen', zu dt. *heimen* ‚verhehlen, verschweigen' (WolfWR 2124), evtl. Einfluss von jd. *hamtenen* ‚warten, abwarten'.

hoim de Interj. / Phras. [OJ, SJ]; **hoimde** [LJ]; **hamde** [LJ]; **hoem de** [SJ]; **ham di o** [SchJ]
– nimm dich in Acht! [OJ]; sei ruhig [LJ, SchJ]; laß dich heimgeigen [LJ]; abwarten [LJ]; wart ab [SJ, SchJ]; sei ruhig [LJ, SJ]; geh heim [LJ]; horch [LJ]; hau ab [SJ]; pass auf [SJ]; lass ab [SJ]; sei vorsichtig [SJ] ♦ **V:** *Hoimde scharle, wenn dir dei moss nowes zom achla gricht hot, no kascht deine näpfer hier kehrig schenegla losse, bis dei rande so aussieht, wia am massfetzer sei wamp* ‚Wart ab Schultes, wenn dir deine Frau nichts zum Essen gerichtet hat, dann kannst du deine Zähne hier tüchtig arbeiten lassen, bis dein Bauch so aussieht, wie dem Metzger sein Bauch' [SJ]; *Hoim de, dia schure hauret vielleicht no bei dr moss em senftling, oder se send end duft boscht zom patronalla* ‚Wart ab, die Männer sind vielleicht noch bei der Frau im Bett, oder sie sind in die Kirche gelaufen zum beichten' [SJ]; *Dr benk hot da kaffer mit am härtling dupfd, das dr rötling gschepfd ischd no hotr en dr deisd ond em seine boschr aus am rande zopfd dr klischde hot den vermuffda schure en da kanlo gschmissa wega dem hallas, dr gomel hod droht, hoim de, sonschd machschd ama schena schei da baumelma* ‚Der Mann hat den Bauer mit dem Messer gestochen, daß das Blut gelaufen ist, dann hat er ihn erschlagen und ihm sein Geld aus der Tasche genommen, der Polizist hat den schlechten Kerl ins Gefängnis geschmissen wegen dem Streit, der Amtsrichter hat gedroht, pass auf, sonst wirst du eines schönen Tages aufgehängt' [SJ].

heimlichr Subst. m. [OJ]
– Kriminalpolizist [OJ] ♦ **E:** dt. *heimlich* ‚getarnt, im Verborgenen' DWB X 873 ff.

heimtreiber Subst. m. [EF]
hamtreiber [EF, MoM]; **hammtreiber** [EF]; **heemtrewwer** [KMa, OH]
– Stock [EF, KMa, MoM, OH] ♦ **E:** dt. *Heimtreiber*. Vgl. → *hammeltreiber*.

heinrich RN in: [WG]
grüner heinrich Subst. m. [WG]
– Arrestantenwagen [WG] ♦ **E:** RN *Heinrich*.

heiopei Subst. m. [MB]
– Idiot [MB] ♦ **E:** westf., lautmalerische Bildung.

heiraspeln swV. [SK]
heirasbeln [HK]
– heiraten [HK, SK] ♦ **E:** Kontamination aus dt. *heiraten* und → *raspeln*. Heiraspeln „komische entstellung von heirathen (...) volksmäßig in mitteldeutschen gegenden" (DWB X 891). Vgl. → *verraspeln*. ♦ **V:** *der had das dillichen foor eine leine wolld heirasbeln* ‚der hat das Mädchen für eine Nacht heiraten wollen' [HK]

verheiraspeln swV. [SK]; **verheirasbeln** [HK]
– verheiraten [HK, SK]; heiraten [HK] ♦ **V:** *den scheeks wolln se verheirasbeln* ‚den Mann wollen sie verheiraten' [HK]

verheirasbeld Adj., Adv., Part. Perf. [HK]
– verheiratet [HK].

heis Subst. n. [SJ]
– Kleidung [SJ] ♦ **E:** obdt. *Häß, Heiß* ‚Kleidung' (SchwäbWb. III 1219).

heischat ‚Bauch' → *heeischel*.

heisla swV. [SJ]
– spielen [SJ] ♦ **E:** schwäb. *häuslen* ‚spielen' (SchwäbWb. III 1288).

heislsach Subst. f. [SJ]
– Spielzeug [SJ] ♦ **E:** schwäb. *Häuselsach* (SchwäbWb. III 1273).

heiß Adj. [BJ, HLD, HN, RW]
heiss [RW]; **hoiß** [OJ]
– gefährlich [BJ, HLD, OJ]; beschwerlich [BJ]; unsicher [BJ]; Ort, wo scharfe Polizei ist [BJ]; zum Betteln gefährlich [BJ]; scharf [BJ, HLD]; gefährliche Ware [BJ]; nicht rechtmäßig [HN]; geil [HN] ♦ **E:** rw. *heiß* ‚gefährlich, unsicher' (WolfWR 2131). ♦ **V:** *a hoißr schure* ‚gefährliche Ware' [OJ]; *es ist heiß* ‚es ist ge-

stohlen' [HN]; *heiß sein* ‚etwas gerne haben wollen' [HN]; *er ist heiß* ‚er ist „scharf" (auf eine Frau oder auf Spielen)' [HN]; *kaff ist heiß* ‚die Polizei schaut dort den Wanderburschen scharf auf die Finger' [BJ]; *N. N. ist ein heißer kaf, in N. N. gibt's nichts zu fechten* ‚N. N. ist ein beschwerliches Dorf, dort gibt es nicht zu betteln' [BJ]

heißl ‚Abort' → *haus*.

heixe Subst. f. [RW]
– Prügel [RW] ♦ **E:** rw. *heichse* Prügel, Schläge, zu jd. *hikko* ‚schlagen, stoßen' (WolfWR 2121). ♦ **V:** *heixe bestieben* ‚Prügel bekommen' [RW]
verheixen swV. [RW]
– prügeln, verprügeln [RW].

hejdef Adj. [Scho]
– lustig [Scho] ♦ **E:** jd. *heidoff* ‚lustig, fröhlich' (Klepsch 689).

hejen ‚haben, besitzen, behalten, pflegen' → *hegen*.

hejnes Adj. [Scho]
– hinterlistig, schmeichlerisch, schönredend [Scho]; falsch [Scho]; freundlich (ironisch) [Scho] ♦ **E:** jd. *heines* ‚freundlich, schmeichlerisch' (We 66).
beloschen hejnes Subst. f. [Scho]
– Schmeichelsprache [Scho] ♦ **E:** → *loschen* ‚Sprache'.

hēken [SG]
– kommen [SG] ♦ **E:** unsicher; evtl. zu rw. → *hegen* ‚stehen, sein' WolfWR 2113. ♦ **V:** *knīust, de buckert heket* ‚Achtung, die Polizei kommt' [SG].

helch Subst. n. [Him, JeS, Mat, SJ, TK]
hellich [EF, HK]; **helling** Subst. [EF]
– Geld [EF, HK, Him, JeS, Mat, SJ, TK]; Steuer [HK]; viel Geld, große Geldsumme [JeS] ♦ **E:** rw. *hellich* ‚Geld' (WolfWR 859) < jd. *chëlek* ‚Teil, Anteil', *chëileken* ‚teilen' (We 57, Post 205, Klepsch 691). ♦ **V:** *das hellich schon berappt/beschullmt* ‚die Steuer schon bezahlt' [HK]; *grannich hellich heejn* ‚viel Geld haben' [HK]; *lag hellich heejn* ‚kein Geld haben' [HK]; *mooles hellich heejn* ‚wenig/kein Geld haben' [HK]; *schdrammes hellich abdsabbn* ‚viel Geld abnehmen' [HK]
hellichreiber Subst. m. [LJ, SchJ]
– Geldbeutel [LJ, SchJ] ♦ **E:** rw. *reiber* ‚Sack, Säckel' < lat. *raupe* ‚Fell, Haut' (WolfWR 4517).

hell Adj. [PfJ]
– gescheit [PfJ] ♦ **E:** dt. *hell* DWB X 961 ff.

hellding Subst. n. [LI]
– Lampe [LI]
helllucher Subst. m. [MoM]
– Auge [MoM] ♦ **E:** → *luche*.
hellmächer Subst. m. [KMa]
– Fenster, Lampe [KMa] ♦ **E:** dt. *machen*.
hellschrofer Subst. m. [MoM]
– Fenster [MoM] ♦ **E:** → *schrofer*.

helles Interj. in: [SE]
helles, de schiens kemmt ‚Schau mal, der Freier kommt' [SE] ♦ **E:** wohl zu → *herles*.

hellum Adv. [DG]
– hier [DG] ♦ **E:** unsicher; womgl. Kontaktion aus dt. *hell* und *um*; SchwäbWb. III 1413.

helmblau Adj. [OJ]
– lebenslänglich [OJ]; falsch [Scho]; freundlich (ironisch) [Scho] ♦ **E:** rw. *himmelblau* ‚zu lebenslänglich Kerker verurteilt', aus jd. *ha-olom* ‚die zukünftige Zeit, Ewigkeit' (WolfWR 2162), hier wohl volksetymologisch beeinflusst; rw. → *blau* ‚sehr schlecht' (WolfWR 524).

helmessen Subst. Pl. [JeH]
hälmese(n) [SP]
– Haare [JeH, SP] ♦ **E:** Bildung zu dt. *Halm* DWB X 237 ff.

helte swV. [BM]
– laufen [BM] ♦ **E:** SchweizId. II 1179 (*hälden* ‚sich neigen, im Gehen schwanken').

hemat Subst. n. [TK]
– Hemd [TK] ♦ **E:** tirol. *Hemat* ‚Hemd' (TirolWb. I 288).

hemm und schemm Phras. [Scho]
– Name, ein guter und ein schlechter [Scho] ♦ **E:** jd. *schem* ‚Name' (We 96).

hemmeler Subst. m. [BM]
– Hemd [BM] ♦ **E:** Bildung zu dt. *Hemd* DWB X 980 ff.

hemmeln swV. [SK]
– sterben [SK] ♦ **E:** rhein. *himmeln* (gesenkt: *hemmeln*) ‚sterben' (RheinWb. III 648).

henderk Subst. m. [SS, WH]
– Käse [SS, WH] ♦ **E:** unsicher; nach WolfWR 1268 Variante von *fähnrich, wennrich* ‚Käse'.

hendsche Subst. m. [WM]
– Pfarrer [WM] ♦ **E:** pfälz. *Händsche* (Handschuh) u. a. ‚unbeholfener, schwächlicher Mensch, Angsthase, Feigling' (PfälzWb. I 640).

henern swV. [JS, PH]
– hören [JS, PH] ♦ **E:** wohl roi.-beeinflusste Variante zu dt. *hören*.

henes[1] Adj.; Adv. [HF, HeF]
– schön [HF]; gut [HF, HeF]; außerordentlich [HF]; stark [HF]; groß [HF]; einmalig [HF]; großartig [HF] ♦ **E:** unsicher; nach WolfWR 2138 zu roi. *hóino* ‚edel, fein, vornehm'; Klepsch 693 f. mit weiteren Herleitungen. ♦ **V:** *pau henes!* ‚Schlaf gut!' [HeF]; *hitschen in de tent hucken tromb henese thürkes* ‚In diesem Hause sind drei hübsche Mädchen' [HeF]; *flick nit te henes, dot huckt den ühl.* ‚Nicht so frei gesprochen, das geht nicht' [HeF]; *Zippken, Knöllen, hitschen in de Härk huckt henesem Bott on knäbbige Bölten* ‚Ja, mein Herr, in diesem Gasthause gibt's gutes Essen und gute Betten' [HeF]; *huckt te henes?* ‚Ist er gut?' [HeF]; *zippken, knäbbig; et huckt genen heneseren hitschen in de vill* ‚Ja, sehr gut; es ist kein besserer hier an diesem Ort' [HeF]; *zippken, die schmerfen henes; wat beuten die?* ‚Doch, die schmecken gut, was kosten die?' [HeF]; *Zinotes het enen henesen Huff in den Däy* ‚Sie haben einen guten Begriff (einen hellen Verstand)' [HeF]; *dot huckt enen henese klau rispel* ‚Das ist ein schöner Stein Flachs' [HeF]; *de michel het henese teck an de Schmerf* ‚Der Jude hat einen langen Bart' [HeF]; *dot huckt henes* ‚Das steht schön' [HeF]; *ene melesefeuel huckt og henes* ‚Ein Sackrock steht auch gut' [HeF]; *dot hucken henese gronzen* ‚Das sind schöne Kinder' [HeF]; *Kloppert möt Gronkwölesen huckt dot enen henesen Bott för Zinotes?* ‚Essen Sie gern Stockfisch mit Kartoffeln?' [HeF]; *Schüt nog en Ruth; dot huckt henese Köth* ‚Gib noch ein Glas; das ist gutes Bier' [HeF]

henes[2] Subst. m. [HeF]
– Freitag [HeF]

henese flick Subst. m., Sprachname [HF]; **hesese fleck** [HF, HeF]
– schöne, gute, vertraute, werte Heimatsprache [HF]; Krämerlatein [HeF] ♦ **E:** → *Fleck, Flick* ‚Sprache'; nicht: „weil es sich um eine Flickersprache handelt". ♦ **V:** *minotes flickt den henese-flick* ‚Ich spreche Krämerlatein' [HeF]; *holt Zinotes den Henese-Flick?* ‚Verstehen Sie Krämerlatein?' [HeF]; *zippken, Knöllen, minotes het de Fritzel van den henese Flick.* ‚Ja, mein Herr, ich habe den Schlüssel zum Krämerlatein' [HeF]; *zinotes flickt henes. Wo hucken die Krabbelen te beuten?* ‚Sie sprechen gut. Wo sind die Bücher zu kaufen?' [HeF]

henese poy Phras. [HF]
– der Rhein (das großartige Wasser) [HF] ♦ **E:** → *poyen, poy*.

hengst Subst. m. ♦ **E:** in Nomen agentis-Funktion zum Appellativ dt. *Hengst* DWB X 985 f.

klopphengst Subst. m. [MB]
– Impotenter [MB] ♦ **E:** rw. *klopphengst* ‚mit Kryptorchismus behaftetes männliches Individuum'; *Klopfhengst* ‚Wallach' (WolfWR 2727).

pechhengst Subst. m. [MB]
– Schuster [MB] ♦ **E:** rw. *pechhengst* ‚Schuster' (WolfWR 4095).

perückenhengst Subst. m. [MB]
– Perückenmacher [MB]

pomadenhengst Subst. m. [MB]
– Stutzer [MB]

stalenhengst Subst. m. [MB, MeT]; **stâlenhengst** [MeT]
– Geschäftsreisender [MB]; „feiner Geschäftsreisender" [MeT] ♦ **E:** nl. *staal* ‚Warenprobe'.

hengstle Subst. n. [KP]
– Streichholz [KP] ♦ **E:** SchwäbWb. III 1421 (Hengst 8), mit diesem Beleg; evtl. mdal. Bildung zu dt. *hängen*.

henne Subst. f. [RW]
– Frau ♦ **E:** dt. *Henne* ‚Huhn' (WolfWR 2143).

hennig Adj. [MM]
hennige [MB]
– handlich [MB]; stattlich [MB]; kräftig [MB]; schnell [MM]; pfiffig [MM]; viel [MM]; klein [MM]; dünn [MB]; wenig [MM] ♦ **E:** dt./mdal. *händig* ‚behende, handlich, flink', DWB X 398 f.; RheinWb. III 208. ♦ **V:** *hennig nache tiftel schemmen* ‚schnell zur Kirche gehen' [MM]; *hennig lowi* ‚viel Geld' [MM]

hennig Subst. m. [MM]
– „flotter Junge" [MM]

hennichen Subst. n., Dim. [MB]
– dünner Mensch [MB]; schneller Mensch [MB]; großer Mensch [MB]; wuchtiger Mensch [MB] ♦ **V:** *ihne ist doch nen hennigen* ‚was ist er für ein großer Mensch' [MB].

hent Subst. m. [BM]
– Schnaps [BM] ♦ **E:** unsicher; evtl. zu SchweizId. II 1764 *hent* Interjektion (Warnung, Belehrung).

hentas Subst. [MM]
– Bein [MM] ♦ **E:** unklar; schwer zu dt. *Hand* oder rw. *henas* ‚Freundschaft, Gnade' WolfWR 2138.

hepfi Subst. f. [SJ]
– Frau [SJ] ♦ **E:** unsicher; evtl. zu schwäb. *Hepfe, Hepfi* ‚Hefe'.

heppele swV. [KP]
– tanzen [KP] ♦ **E:** rw. id., zu dt. *hüpfen* (WolfWR 2144).

her-, heraus- Präfix von Verben, Substantiven, Adjektiven in: → *herauszopfen* bis → *hervedder*, passim.

herauszopfen swV. [SJ]
rauszopfen [SJ]
– herausziehen [SJ] ♦ **E:** dt. *zupfen* DWB XXXII 627 ff.
♦ **V:** *Dr lehm, den i aus dem schwarzmann rauszopf, sieht lak aus* ‚Das Brot, das ich aus dem Ofen herausziehe, sieht schlecht aus' [SJ].

herbertine ON [HN]
– Herbertstraße (auf St. Pauli) [HN] ♦ **E:** PN *Herbert*.

herbling Subst. m. [PfJ]
– Salz [PfJ] ♦ **E:** dt. *herb* ‚scharf, bitter' u. a. DWB X 1054 ff.

hercherling Subst. m. [SS, WH]
– Flasche [SS, WH] ♦ **E:** unsicher; evtl. zu rw. *härk* ‚Wirtshaus' WolfWR 2145, zu dt. *Herberge*.

herdbrei Subst. m. [SJ]
– Kaffee [SJ] ♦ **E:** dt. *Herd* DWB X 1074 ff. und *Brei*.

herdling ‚Messer' → *härtling*.

here Subst. Pl. [MUJ]
– Beine [MUJ] ♦ **E:** roi. *hero* ‚Bein, Schenkel' (WolfWZ 1063).

hercher Subst. [GM]
– Knie [GM]; Bein, Beine [GM]; Füße [GM]

herengere Subst. [MUJ]
– Strumpf [MUJ] ♦ **E:** roi. *herengeri* ‚Strumpf, Gamasche' (WolfWZ 1063).

hergerichtet Adj., Adv. Part. Perf. [BJ]
heargrichd [OJ]
– krank [OJ]; schwerkrank [BJ] ♦ **E:** rw./dt. *hergerichtet* ‚krank' (WolfWR 2146).

hering Subst. m. [RW]
– Schlips [RW] ♦ **E:** Benennungsmotiv: Formähnlichkeit mit einem Hering; abwertende Bezeichnung der Schlipse anderer durch die Freien Vogtländer Deutschlands.

heringsbändiger Subst. m. [EF, HLD, RW]; **härings-bändiger** [RW]
– Kaufmannsgehilfe [EF]; Kaufmann [HLD, RW]; Kaufleute, „alle ohne Unterschied" [RW] ♦ **E:** rw./dt. *heringsbändiger* ‚Kaufmann' (WolfWR 2147).

herken swV. [HeF]
herkes [HF]
– stehlen [HF, HeF] ♦ **E:** RheinWb. III 261 (*härken* ‚mit der Harke arbeiten, scharren').

herknellen swV. [PfJ]
herknöllen [PfJ]
– verprügeln [PfJ] ♦ **E:** dt. *hert* und → *knellæ*, zu dt. *Knall*.

herles Interj., Adv., Pron., Part. [JSa, LJ, LL, LüJ, MoJ, MUJ, PfJ, SJ, SchJ, TJ, WJ, Wo]
herrles [LJ, PfJ]; **herless** [CL, PH, RH]; **härles** [GM, JSa]; **herrlas** [LJ]; **hirles** [BJ, Gmü, WJ]; **hierles** [LüJ]; **hirlesti** [LoJ]; **herlis** [PfJ, MeJ]; **herlem** [JeS, LüJ]; **herlom** [LüJ]; **hirlem** [LüJ]; **helles** [JS]; **hälles** [SE]
– hier, hierher [BJ, GM, Gmü, JS, JeS, LJ, LüJ, MeJ, MoJ, MUJ, SE, SJ, Wo]; herwärts [PH]; dort drüben [LüJ]; nahe bei [LL, CL]; da sein [WJ]; anwesend [LoJ]; dieser, diese, dieses [BJ, Gmü, LJ, LüJ, MUJ, PfJ, SJ, TJ]; dieser hier [SchJ]; der da, der dort [JSa, LüJ, PfJ]; jetzt, in diesem Augenblick [GM, WJ]; heute [WJ]; gegenwärtig [LL, CL]; ja [LJ]; fein [RH]; hallo (Begrüßung) [LJ] ♦ **E:** zu rw. *herles, hirles* ‚hier, dieser', jen. Demonstrativpronomen (WolfWR 2174, ohne Herleitung; Klepsch 694); SchwäbWb. III 1680.
♦ **V:** *herles tschabo* ‚hallo, Junge!' [LJ]; *moss, boschde mir jetzt, herrles* ‚Mädchen, gehen wir jetzt, los' [LJ]; *schäätz, schäff herles, mer klamooren e mattche* ‚Freund, komm her, wir karten ein bisschen.' [LL, CL]; *de härlesse Haudz beräimd sei Blómberd* ‚der Mann bezahlt sein Bier' [JSa]; *Pflanz, doge mir ein funkerle zum toberich anfunken.- Herles, meine mapfete funkt, schniffse zum anfunken.* Mach', gib mir ein Streichholz zum Anzünden der Pfeife.- Hier meine Zigarre brennt, nimm diese zum Anzünden. [LüJ]; *Spann, die grandich kitt herles! – Kenn gneiste lore? Nobis! – Die schofelkitt haurets* ‚Schau, das große Haus hier! – Ja, kennst du es nicht? – Nein. – Das Zuchthaus ist es' [LüJ]; *Bostet, bostet, herles im kober hauret ein dofer freier, der pfreimt grandich z'schwächet* ‚Kommt, kommt, hier im Wirtshaus ist ein freigiebiger Fremder, der bezahlt viel zum Trinken' [LüJ]; *die tschai isch nobes gwand, wo herles hauret* ‚die Frau,

die das versteht, ist nicht gut' [LJ]; *ach, mir ketschet noch en herles, viel-leicht isch der jole gwand* ‚ach, wir trinken hier noch einen, vielleicht ist der Wein gut' [LJ]; *Fiesel, meinst 's haure keine grünwedel herles im kracher?* ‚Kamerad, meinst du, es seien keine Forstwächter hier im Wald?' [LüJ]; *Herles im g'fahr scheft der kolb krillisch und der kritsch wohnisch* ‚Hier im Dorf ist der Pfarrer evangelisch und der Bürgermeister katholisch' [LüJ]; *hauret herles das steinhäufle krillisch oder wohnisch? Nobis. Kaime schefften herlem* ‚Ist hier die Stadt evangelisch oder katholisch? Nein. Juden wohnen darin' [LüJ]; *herlem im g'fahr hauret ein lenker schuker; buz und scharle schefftem aber dof* ‚Hier im Dorf ist ein strenger Gendarm; der Polizeidiener und der Schultheiß sind aber gut' [LüJ]; *Oberkünftig herles in der grandiche ruchekitt schefft ein nille. Der hauret link. Spann' da linzt er zum feneter am stenkert. Kenn, ich bost'schiebes!* ‚Oben hier in dem großen Bauernhaus ist ein geistesgestörter Mensch. Der ist (sehr) böse. Sieh', hier schaut er zum Fenster am Stall heraus. Ja, ich geh' fort!' [LüJ]

herless Subst. m. [NJ, JSa]
– Mann [NJ, JSa]; Junge [JSa, NJ]
herrlesbink Subst. m. [PfJ]
– Herr [PfJ].

hermedeetzjer Subst. f. [CL, LL]
– Busen [CL, LL] ♦ **E:** → *harmet* und pfälz. *Deetzjer*, dt. *Titte* DWB XXI 527. ♦ **V:** *rein emol newekinftig die Moss, doffe Hermedeetzjer* ‚schau mal da neben die Frau, ein schöner Busen!' [CL, LL].

herr Subst. m. [WG]
– Kunde einer Dirne (neutrale Bezeichnung, meist im Gespräch mit Polizisten und Außenstehenden) [WG] ♦ **E:** dt. *Herr* DWB X 1124 ff. ♦ **V:** *Wieviel Herren hast du gemacht?* ‚Wie viele Freier hast du heute gehabt?'
herrla Subst. Pl. [OJ]; **herrlen** [BJ]
– Herrschaften [BJ, OJ].

herstrahen swV. [WG]
herstrahn [WG]
– ein Verbrechen durchführen [WG] ♦ **E:** dt./mdal. *herstreuen* DWB X 1167. ♦ **V:** *eine Bank herstrahen* ‚ein Verbrechen durchführen' [WG].

herterich Subst. m. [RW]
– Messer [RW] ♦ **E:** vgl.→ *härtling* (unter → *hart³*) (WolfWR 2077).

hertklinge Subst. f. [RW]
– Messer [RW].

hertling¹ ‚Messer, Stein' → *härtling* (unter *hart³*).

herüberwachsen stV. in: [HN]
rüberwachsen lassen ‚hergeben' [HN]; *laß mal 'rüberwachsen* ‚gib her' [HN] ♦ **E:** dt. *herüber* und *wachsen*.

herümprassler Subst. m. [EF]
remprâssler [EF]
– Zettelbote [EF] ♦ **E:** dt. *herum* und *prasseln* ‚prahlen' (OSächsWb. III 403).

hervedder Subst. m. [SS]
– Pfarrer [SS] ♦ **E:** rw. *feddern* ‚fordern', zu jd. *feddern* id. (WolfWR 1307).

herzpracker Subst. m. [WG]
– Herzstich [WG] ♦ **E:** dt. *Herz*, wienerisch *pracken* ‚schlagen, klopfen'.

heschel Adj. [JS]
– doof [JS] ♦ **E:** unsicher; evtl. zu dt. *heschen* ‚schluchzen', *heschen, hetschen* ‚bummeln' DWB X 1266 f. oder dt. *hescheln* ‚mit dem Heschelrechen nach dem Schnitt des Getreides die zerstreut liegen gebliebenen Ähren zusammenrechen' (DWB X 1266).

heschpen swV. [KP, Wo]
heschpe [KP, Wo]
– tanzen [KP]; heiraten [KP, Wo] ♦ **E:** schwäb. *häspen* ‚haspeln, tanzen, heiraten' (SchwäbWb. III 1219).
verheschpen swV. [KP]
– verheiraten [KP]
heschpete Subst. f. [KP]
– Hochzeit [KP].

hespeln swV. [SPI, SS]
hiäspeln [SPI, SS]; **haspeln** [SPI]; **jespeln** [SS]
– schreiben [SPI, SS]; sich in Widersprüche verwickeln [SPI]; sich verhaspeln [SPI] ♦ **E:** dt./ugs. *haspeln* ‚(verwickelt) reden'; DWB X 545; Wahrig 1712.

hessich Subst. m. [MM]
hessek [MM, SS, Scho]; **hessik** [CL, PH]; **häsek** [SS, WH]; **hässek** [SS]; **hässeke** [SS]
– Unglück [CL, PH]; Schaden [MM, Scho, SS, WH]; Verlust [MM, Scho, SS] ♦ **E:** *hessik* ‚Verlust' (WolfWR 2154), zu jd. *hessek* ‚Schaden' (We 66); vgl. ugs. Wendung *damit ist's Essig* ‚daraus wird wohl nichts', volksetymologisch.

hetsche Subst. f. Pl. [SJ]
– Handschuhe [SJ] ♦ **E:** mdal./schwäb. zu dt. *Handschuhe* (SchwäbWb. III 1129).

hetzdenkelche Subst. n. [JS]
– Herd [JS]; Ofen [JS] ♦ **E:** zu dt. *hitzen* ‚erhitzen' und *Dingelchen* (Dim. zu dt. *Ding*). ♦ **V:** *ming moß fonkt matrele en bosert ob et hetzdenkelche* ‚meine Frau kocht Kartoffeln und Fleisch auf dem Herd' [JS].

heu in: [WG]
bündl heu Subst. n. [WG]
– Tabak (Gefängniswährung) [WG] ♦ **E:** rw. *heu* ‚Tabak', zu dt. *Heu* DWB X 1275 f., WolfWR 2156.

heubund Subst. m. [StG]
– struppiger Bart [StG].

heuer Subst. [KMa]
– Heim [KMa] ♦ **E:** unsicher; evtl. zu rw. *kieuer* ‚Schornstein', zu sorb. *Kur* ‚Rauch' (WolfWR 2606) oder dt. *Heuer* ‚Miete, Pacht' DWB X 1284.

hex Subst. f. [WG]
– periodische Meldepflicht bei der Polizei [WG] ♦ **E:** rw. *hex* ‚Polizeiaufsicht', zu jd. *hekesch* ‚Prüfung' WolfWR 2021.

hiadei Adv. [TJ]
– hierher [TJ] ♦ **E:** mdal. *hia* ‚hier' und *daig* ‚von hierher' (TirolWb. I 125).

hias Subst. f. [SP]
hiesen Pl. [SP]
– Schinken [SP] ♦ **E:** rhein. *Hees, Hiis* u. ä. ‚Hächse, Hinterteil des Unterschenkels, Wade' RheinWb. III 33.

hibbeler Subst. m. [MeT]
– Jude [MeT] ♦ **E:** rw. *hippe* ‚geschicktes Ausfragen, hinterhältige Versprechen', zu jd. *chiba* ‚Liebe'; vgl. jd. *auf die hippe*, (volksetym.) *schippe nehmen*. Benennungsmotiv: „hinterhältige Methode der ‚süßen Tour' bei Vernehmungen, d. h. durch Versprechungen, an deren Erfüllungen gar nicht gedacht wird, etwas herauszubekommen suchen" (WolfWR 2171).

hibbig Adj. [CL]
– läufig [CL] ♦ **E:** pfälz. *hüpfig* ‚zum Hüpfen aufgelegt, tanzlustig, übermütig, mannstoll' (PfälzWb. III 1261).

hibes Subst. m. [WL]
hibbes [WL]
– Kopf [WL] ♦ **E:** in Anlehnung an dt. *Haupt* Variante zu → *kiebes*, Tockert, Weimerskircher Jenisch, 23.

hieben swV. [HK]
– trinken [HK] ♦ **E:** nd. *hieven*, hochdt. *heben*, vgl. ugs. *einen heben* ‚trinken'. ♦ **V:** *aus der potallje jehiebt* ‚aus der Flasche getrunken' [HK].

hieferle Subst. n. [EF]
– kleines Fräulein [EF]; Zwerg [EF] ♦ **E:** obersächs. *Hiefer, Hieferle* ‚kleiner, schwächlicher, im Wachstum zurückgebliebener Mensch' (OSächsWb. II 332).

hienk Subst. m. [SJ]
– Hirsch [SJ] ♦ **E:** rw. *hienk(e)* ‚Hirsch, Reh' (WolfWR 2159, ohne Herleitung), SchwäbWb. III 1579.

hienge Subst. f. [SJ]
– Reh [SJ].

hiere Subst. f. [OJ]
– Gans [OJ] ♦ **E:** schwäb. *Hire* ‚junge Gans' (SchwäbWb. III 1680).

hierla Subst. n., Dim. Pl. [OJ]; **herrla** [OJ]; **herrlen** [BJ]
– Gans [BJ]; kleine Gans, kleine Gänse [BJ, OJ].

hifelefulem Subst. [Scho]
hiffelefuhnem [Scho]
– unnütze Rede(n) [Scho]; Narreteien, Nebensächlichkeit [Scho] ♦ **E:** jd. *hewelawolem, heflefulem* ‚unnütze Reden' (We 66).

hille Adv. [SG]
– eilig [SG] ♦ **E:** nd. *hille* ‚eilig, hurtig' DWB X 1332. ♦ **V:** *häw et nich sä hille!* ‚hab' es nicht so eilig, geh langsam!'

hillschrofer Subst. m. [MoM]
– Messer [MoM] ♦ **E:** dt. *Hille*, eine bestimmte Wurst, DWB X 1331; → *schrofer*.

himes Subst. m. [JSa]
– After [JSa] ♦ **E:** unsicher; evtl. zu rhein. *Hümes, Himes* ‚Wasserriss, kleiner Graben, schluchtartige Stelle', met. Gesäßkerbe (RheinWb. III 937).

himken Subst. n. [HF]
himpken [HF]
– ein Gläschen Branntwein [HF]; Schnaps, Schnäpschen [HF] ♦ **E:** dt. *Hümpchen* (niederfrk. *Hümpken*), Dim. von *Humpen* DWB X 1907 f.

himmel Subst. m. in:
solange der Himmel blau ist bekommen ‚lebenslänglich erhalten' [WG] ♦ **E:** dt. *Himmel* ‚Himmel', met. ‚Ewigkeit' DWB X 1332 ff.

himmelblau Adv., Adj. [BJ]
– immer, ewig [BJ]

himmelfechter Subst. m. [RW]
– Leineweber [RW]
himmelsfechter Subst. m. [HLD, RW]
– Handwerksbursche [RW]; Nichtstuer [HLD]; Benennung für diejenigen, die ihr eigenes Geschäft nicht verstehen oder das früher Erlernte vergessen haben [RW] ♦ **E:** rw. *himmelsfechter* ‚Nichtstuer', *ewiger Fechter* ‚Bettler' (WolfWR 2163). → *fechten* ‚betteln' (WolfWR 1306).
himmelsgeige Subst. f. [SG]
– Kontrabass [SG]
himmelskomiker Subst. m. [HN]
– Pastor, Pfarrer [HN]
himmelssteig Subst. m. [RW]
– Aufzug [RW] ♦ **E:** rw. *himmelssteig* ‚Paternoster' (WolfWR 2164).

hinkel Subst. n. [HK]
– Huhn [HK]; Hähnchen [HK] ♦ **E:** mdal. *Hinkel, Hünkel* ‚junges Huhn' (DWB X 1952), *Hinkel* ‚Henne' in Hessen und Rheinland-Pfalz (DWA 15: Karte 8).

hinlangen swV. [HN]
– betrügen [HN]; stehlen [HN]; schlagen [HN] ♦ **E:** ugs. *hinlangen* ‚sich etwas unrechtmäßig aneignen' (Kü 1993: 348). ♦ **V:** *hat bei mir hingelangt* ‚hat mir zuviel berechnet' [HN]; *kann ganz schön hinlangen* ‚er ist stark, kann sich gut schlagen' [HN].

hinterkünftig Adj., Adv. [GM, HN, SK]
hingerkünftig [BM]; **hinnerkennisch** [JSa]; **hinterkümftig** [JeS]; **hinterkinftig** [PH]
– hinten [BM, GM, HN, JeS, PH, SK]; nach hinten [GM]; hintenhinaus [GM]; hintenherum [GM]; der dort, die dort, jene(r) [JSa] ♦ **E:** rw. *hinterkünftig* ‚die hinten gelegenen Wohnungen' (WolfWR 3018). → *künftig.*

hintern Subst. m. in: [HN]
hintern betrügen ‚rülpsen' [HN] ♦ **E:** ugs. *hintern betrügen* ‚sich erbrechen' (Kü I 235).

hippe Subst. f. [MB]
hipp [KMa]
– Ziege [KMa, MB] ♦ **E:** dt. (ant.) *hippe, hipplein* ‚Ziege' DWB X 1552 (Hippe 3), westf. *hippe* ‚Ziege' (WestfWb. 457).
hippelatt Subst. f. [KMa]
– Ziegenmilch [KMa] ♦ **E:** → *latt.*

hirbetler Subst. m. [LJ]
– Geld [LJ] ♦ **E:** dt. *herbei* und dt. *betteln.*

hirchla swV. [LüJ]
hirrchle [LüJ]
– röcheln [LüJ]; schwer atmen [LüJ]; schnaufen [LüJ]; keuchen [LüJ]; schnarchen [LüJ] ♦ **E:** wohl zu dt. *hörcheln* ‚röcheln, schwer und dumpf atmen' (DWB X 1802).

hirengere Subst. Pl. [LüJ]
– Strümpfe [LüJ] ♦ **E:** roi. *herengeri* ‚Strumpf' (WolfWZ 1063).

hirk Subst. m. [MT, MeT]
– Schäfer [MT, MeT]; Papst [MT] ♦ **E:** rw. *hirk* (WolfWR 2173, ohne Herleitung), wohl Bildung zu dt. *Hirte* ‚Hüter einer Herde' DWB X 1572 ff.

hirles ‚hier, anwesend' → *herles.*

hirsch Subst. m. in: [WG]
einen Hirsch machen ‚in Einzelhaft sitzen' [WG] ♦ **E:** nach Girtler 1998: 203 aus jd. *hephresch* ‚Unterschied'.

hirtling ‚Messer' → *härtling.*

hirwas Subst. m. [LoJ]
– Kopf [LoJ] ♦ **E:** unsicher; evtl. zu *Kirwes* ‚Kürbis' oder Variante zu → *kiebes,* s. auch → *hibes.*

hischerten Subst. Pl. [JeH, SP]
diescheden Subst. Pl. [JSa]
– Ohren [JSa, JeH, SP] ♦ **E:** rw. *hischerten* (WolfWR 2175, ohne Herleitung); womgl. Bildung zu dt. *hissen* ‚etwas mit Tauen in die Höhe ziehen' DWB X 1579 f.; Form *diescheden* durch Agglutination des Artikels *die.* ♦ **V:** *Den Houts schpaant den Hischerten un beknässt miers* ‚Hört die Ohren' (Phras. für ‚hören') [SP]

hischen swV. [SP]
– hören [SP].

hitler FN in:
mach' jetzt nicht den Hitler ‚führe keine großen Reden' [HN].

hitschen¹ Adv. [HF, HeF]
– hier [HF, HeF]; da [HF]; her [HF]; hin [HF] ♦ **E:** rw. *hitschen* (WolfWR 2176, ohne Herleitung). ♦ **V:** *Paut Zinotes hitschen?* ‚Logieren Sie hier?' [HeF]; *so, og hitschen, knöllen?* ‚So, bist du auch hier?' [HeF]; *Huckt zinotesen Thuren hitschen?* ‚Ist deine Frau hier?' [HeF]; *Zippken, Knöllen, hitschen in de Härk huckt henesem Bott on knäbbige Bölten* ‚Ja, mein Herr, in diesem Gasthause gibt's gutes Essen und gute Betten' [HeF]; *Wat beut de Sanktes hitschen?*

‚Was kostet der Wein hier?' [HeF]; *ziemen, flick mar an den härkswöles hitschen* ‚Oh ja, bestellen Sie nur bei dem Kellner da' [HeF]; *hitschen, knöllen, dot hucken knäbbige* ‚Hier, mein Herr, das sind sehr gute.' [HeF]; *wo trollt zinotes fan hitschen her?* ‚Wohin reisen Sie von hier?' [HeF]; *loss hitschen pauen, dot huckt en knäbbige härk* ‚Laßt uns hier logieren, das ist ein gutes Wirtshaus' [HeF]; *hitschen in de tent hucken tromps henese thürkes* ‚In diesem Hause sind drei hübsche Mädchen' [HeF]; *limt zinotes an de pröttelsthuren hitschen?* ‚Freien Sie die Köchin hier?' [HeF]; *Schüt ens hitschen dinem Blök* ‚Gib deinen Tabak einmal her' [HeF]; *Wat beuten de Böten hitschen?* ‚Was kosten die Eier hier?' [HeF]; *loss hitschen pauen, dot huckt en knäbbige Härk* ‚Laßt uns hier logieren, das ist ein gutes Wirtshaus' [HeF]; *zippken, knäbbig; et huckt genen heneseren hitschen in de vill* ‚Ja, sehr gut; es ist kein besserer hier an diesem Ort' [HeF].

hitschen² swV. [GM]
– tragen [GM] ♦ **E:** roi. *hidš-* ‚tragen' (WolfWZ 1070).
hitschepen Subst. m. [GM]
– Tragen [GM]; Transport [GM] ♦ **E:** roi. *hidšepen* ‚Tragen, Transport' (WolfWZ 1070).
hitschetschabo Subst. m. [GM]
– Träger [GM] ♦ **E:** → *tschabo*.

hitz¹ Subst. f. [OJ]
hiz [BJ]
– Gefahr [BJ, OJ] ♦ **E:** rw. *Hitze* ‚Verhör', Benennungsmotiv: wo jmd. eingeheizt wird (WolfWR 2178; DWB X 1581 ff.).
hitzig Adj. [OJ]; **hizig** [BJ]
– gefährlich [BJ, OJ].

hitz² Subst. f. [Him, JeS, LJ, OJ, SJ, SK, SchJ, TJ]
hitze [SK]; **hiz** [BJ]
– Zimmer [LJ, SchJ, TJ]; Stube [BJ, Him, JeS, OJ, SJ, SK]; beheizter Raum [BJ, OJ] ♦ **E:** rw. *hitz* ‚Stube' (WolfWR 2177, Klepsch 698), zu dt. *hitze* (heizbarer Raum); SchwäbWb. III 1698/1699.
hitzerei Subst. f. [LJ]
– Sommer [LJ]
hitsert Subst. m. [CL, PH]; **hidserd** [HK]; **hitzert** [HK]
– Ofen [CL, HK, PH] ♦ **V:** *balm dich en bißchen an hidserd* ‚setz dich ein bißchen an den Ofen' [HK]
hitzling Subst. m. [Gmü, HK, Him, KJ, LJ, LüJ, RR, SchJ, TJ, TK, WJ, Zi]; **hizling** [BJ]; **hidsling** [HK]; **hitz-**

leng [LüJ, OJ]; **hitzlig** [JeS, MJ]; **hidserling** Subst. m. [HK]; **hitzerling** [CL, HK]; **hitserling** [PH]
– Ofen [BJ, CL, Gmü, HK, Him, JeS, KJ, LJ, LüJ, MJ, OJ, PH, RR, SchJ, TJ, TK, WJ, Zi]; Herd [BJ, OJ]; Wärme [HK]; Sommer [SchJ, TJ]; aufbrausende Person [LüJ]
hitzkäfer Subst. m. [KP]; **hitzkäferle** Subst. n. Dim. [KP]
– Ofen [KP]
hitzmichel Subst. m. [SJ]; **hitzmichl** [OJ]
– Ofen [OJ, SJ]; Herd [OJ]
turmhitz Subst. f. [TJ]
– Schlafzimmer [TJ].

hitzen swV. [HK]
hidsn [HK]
– schmecken [HK]; gut schmecken [HK]; echt sein [HK]; gut sein [HK]; etwas taugen [HK] ♦ **E:** unsicher; evtl. zu dt. *hitzen* ‚heiß machen' DWB X 1583; vgl. ugs. *heiß* ‚sehr gut', *heiß sein* ‚begierig sein' Kü 1993: 337 f. ♦ **V:** *hidsd nicht* ‚ist schlecht, taugt nichts' [HK]; *der beeker hidsd nicht* ‚der Mann taugt nichts' [HK]; *das butten hidsd jooker* ‚das Essen schmeckt gut' [HK]; *'s hidsd* ‚es schmeckt' [HK]; *der boos hidsd nicht* ‚der Wirt taugt nicht' [HK]; *hitzt grannig (grannich)* ‚schmeckt gut' [HK]; *die jenters hidsen nich* ‚die Leute sind zugeknöpft, wortkarg' [HK]; *der donnrich hidsd loone* ‚der Käse schmeckt' [HK].

hixen swV. [HK]
– besorgen [HK] ♦ **E:** unsicher; evtl. zu dt. *heischen* ‚begehren, bitten, fordern' (DWB X 897 ff.); schwer zu dt. *hixen* ‚aufstoßen, rülpsen' DWB X 1586.
anhixen swV. [HK]
– betteln [HK]; fordern [HK]; Getränke fordern [HK]; anhauen [HK]; ansprechen [HK]; anmachen [HK]; auffordern, Geld zu geben [HK]; aus dem Ärmel locken [HK]; anfragen [HK]; animieren [HK]; borgen [HK]; besorgen [HK]; anstiften [HK]; „leeres Glas hochhalten oder Trinkgeste in Richtung der Gäste machen" [HK]; „wenn man etwas haben will" [HK]; „nachbohren, daß ich was kriegen möchte" [HK]; „jemanden auffordern, Geld zu geben" [HK]; „fragen: »was wollen Sie hören?«" [HK]; „Geben Sie mal einen aus!" [HK]; „sagen, daß man was haben will" [HK]; „den Wirt nach einer Spielerlaubnis fragen" [HK] ♦ **V:** *pich anhixen* ‚Spiellohn fordern' [HK]; *hix doch mal en blembel an, wir hom so beidsche* ‚fordere doch ein Bier, wir haben so einen Durst' [HK]
hix Subst. in: [HK]
hix machen ‚aus dem Ärmel locken' [HK].

hoaga ‚Beine, Füße' → *haken*.

hoaraboog ‚Kuh, Ochse' → *horbogen*.

hoaraschloadr Subst. m. [OJ]
– Maulwurfsgrille [OJ]; Kerl, dem Hörner aufgesetzt wurden [OJ] ♦ **E:** schwäb., dt. *Hornschleuder, -schlauder* ‚Hirschkäfer' (SchwäbWb. III 1823).

hoarf Subst. f. [KMa]
– Sense [KMa]; Säge [KMa] ♦ **E:** dt. *Harfe* (Musikinstrument) DWB X 474 ff. Benennungsmotiv: wohl wegen der Ähnlichkeit des Instrumentes mit einem Sensenblatt bzw. einer Säge(spannvorrichtung).

höbbel Subst. m. [HF, HeF]
– Hund [HF, HeF] ♦ **E:** wohl zu dt. *hoppeln* ‚sich auf und nieder bewegen' DWB X 1799. ♦ **V:** *Minotesen Höbbel paut* ‚Mein Hund schläft' [HeF]; *minotesen höbbel het schrock* ‚Mein Hund hat Hunger' [HeF]; *Schet minotes en Vitt möt Luhrmon, on den Höbbel en Elle Knapp* ‚Gebt mir ein Butterbrot mit Käse, und dem Hund ein Pfund Brot' [HeF]
krotesehöbbel Subst. m. [HF]
– Schweinehund [HF]
palmhöbbel Subst. m. [HeF]
– Fuchs [HeF]
höbbelschütt Subst. f. [HF]
– Hundekarren [HF]
höbbelskau Subst. f. [HF]
– Hundehütte [HF] ♦ **E:** rhein. *Kaue* ‚Hütte'.

hobel Subst. m. [HN]
– Automobil ♦ **E:** dt. *Hobel*, Werkzeug, DWB X 1587 f.; Benennungsmotiv: Hin- und Herbewegung beim Hobeln.
hobbel Subst. m. [HK]
– Tischler [HK] ♦ **E:** met. Pars-pro-toto: Das Werkzeug für den Handwerker.
rotzhobel Subst. m. [HL]
– Mundharmonika [HL]
hobelhengst Subst. m. [RW]
– Tischler [RW]
hobeloffizier Subst. m. [HLD, RW]
– Tischler [HLD]; Schreiner [HLD]; Zimmermann [HLD] ♦ **E:** rw. *hobeloffizier* ‚Tischler' (WolfWR 2181).
abhobeln swV. [HN]
– Geschlechtsverkehr ausüben [HN]
gehobelt werden Phras. [WG]
– verhaftet werden [WG].

hobs Adj. ‚schwanger' → *hops*. [OJ].

hobsen Subst. m. [HK]
hobser Subst. m. [HK]
– Schuster [HK] ♦ **E:** unsicher; evtl. zu dt. *Hopser* „einer der hopst, ein munterer, hüpfender tanz", vielleicht nach dem Verrücken des Schemels bei der Arbeit; vgl. *stoppelhopser* Spottname des Bauern DWB X 1801.

hobuche ‚Kuh' → *horbogen*.

hoch- Präfix von Verben, Substantiven, Adjektiven in: → *hochfliegen* bis → *hochnehmen*, passim.

hochfliegen swV. [RW]
– einsperren [RW]; verraten einer undurchsichtigen Sache an die Polizei [RW] ♦ **E:** rw. *hochfliegen* ‚arretiert werden' (WolfWR 2185) ♦ **E:** dt. *hoch*; → *hoh, höh, hohe(t)*.

hochgehen swV. [HLD, PfJ, RW, SJ]
– arretiert werden [HLD, PfJ, RW, SJ]; verschütt gehen [SJ]; erwischt werden [RW]; festgenommen werden [RW] ♦ **E:** rw. *hochgehen* ‚verhaftet werden' (WolfWR 2186). ♦ **V:** *hochgehen lassen* ‚verraten' [RW].

hochnehmen swV. [RW]
– zum Ausgeben veranlassen ♦ **E:** rw. *hochnehmen* ‚zum Ausgeben animieren' (WolfWR 2189).

hochfuß Subst. m. [PfJ]
– Reh [PfJ] ♦ **E:** dt. *Fuß* und dt. Adj. *hoch* „erhebung über einen punkt der ebene bezeichnend" DWB X 1590 ff.

hochling Subst. m. [TJ]; **hechling** [LoJ]
– Hut [TJ, LoJ] ♦ **E:** dt. Adj. *hoch* „erhebung über einen punkt der ebene bezeichnend" DWB X 1590 ff.

hochlandschotte Subst. m. [HN]
– sehr geiziger Mensch [HN] ♦ **E:** Personengruppenname *Schotten*, dt. *Land* und dt. Adj. *hoch* „erhebung über einen punkt der ebene bezeichnend" DWB X 1590 ff. Benennungsmotiv: vermeintlicher Geiz der Schotten.

hochmattis Subst. [RW]
– Scheune [RW] ♦ **E:** rw. id., zu jd. *matben* ‚Stroh' (WolfWR 2188).

hochständer Subst. m. [BJ, Zi]; **hoaschdendr** [OJ]
– Reh [BJ, OJ, Zi] ♦ **E:** rw. id., Benennungsmotiv: wegen der hohen Ständer, Beine eines Rehes (WolfWR 2192).

hocher Subst. m. [LoJ]
– Bauer [LoJ] ♦ **E:** unsicher; evtl. zu dt. *hocken* ‚sich niederlassen' DWB X 1649 ff.
hocherin Subst. f. [LoJ]
– Bäuerin [LoJ]
hocherkandi Subst. f. [LoJ]
– Bauernhaus [LoJ].

hochern swV. [ME]
– lügen [ME] ♦ **E:** unsicher; evtl. Variante zu rw. *schochern* ‚schwarz machen' zu jd. *schochor* ‚schwarz' (WolfWR 5106).

hocherten Subst. Pl. [NJ]
– Ohren [NJ] ♦ **E:** wohl zu dt. *horchen* ‚lauschen' DWB X 1802 ff.

hock¹ Subst. f. [HF, HeF]
– Kappe [HF, HeF]; Mütze [HF] ♦ **E:** rw. id, WolfWR 2194 (ohne Herleitung); wohl zu dt. *Hock* ‚Hügel' DWB X 1647.

hock² Subst. [HF]
– Anleihe [HF]; Kredit [HF] ♦ **E:** wohl zu → *hocken*.

hocken swV. [BJ, HF, HeF, JS, LJ, NJ, SK, SchJ, WL]
hoken [LüJ, NrJ, StJ]; **hogga** [NrJ, OJ, StJ]; **hock** [LoJ]; **huke** [KM]; **huken** [KM, SP]
– sein [LüJ, SP, SchJ, WL]; (anwesend) sein [NrJ]; sitzen [JS, KM, SP, SchJ, WL]; setzen [JS]; Strafe absitzen [BJ]; eine Strafe verbüßen [OJ]; einsitzen (im Gefängnis) [StJ]; liegen [SK, SP, SchJ]; wohnen [NJ]; bekommen [LJ, SchJ]; haben [LoJ, NJ]; besitzen [LoJ, NJ]; borgen [HF, HeF]; leihen [HF]; überlassen [HF]; tun [StJ]; stehen [JS, SP, WL] ♦ **E:** rw. *hocken, hucken* ‚sein, liegen, sitzen, stehen' (WolfWR 2196), dt. *hocken* ‚gebückt sitzen, kauern' DWB X 1649 ff. ♦ **V:** *feuelen hocken* ‚Kleider borgen' [HeF]; *er bleibt in der Schule huke* ‚bleibt in der Schule sitzen' [KM]; *ich hocken schnoll* ‚ich bin satt' [NJ]; *du hockst nobes kurasch* ‚du hast keinen Mut' [NJ]; *mein Hautz hockt mullag* ‚mein Mann ist krank' [NJ]; *die Moß hockt gemullt* ‚die Frau ist tot' [NJ]; *wir hocken nobes Becht* ‚Wir haben kein Geld' [NJ]; *Mer huken hee* ‚Wir sind hier' [SP]; *es hockt schofel* ‚Das Ding, die Sache, der Handel, das Unternehmen ist schlecht' [NJ]; *hockt es schofel* ‚wenn etwas nicht gut auszugehen scheint' [NJ]; *der Zankert hockt schofel* ‚der Gendarm ist nicht gut' [NJ]; *das Dinkert hockt schofel* ‚Ich traue der Sache nicht' [NJ]; *die Hautzen aus dem Kaff hocken schofel* ‚Die Ortsbewohner sind keine guten Leute' [NJ]; *wieviel hautzen hocken wir* ‚wieviel Mann sind wir', [NJ]; *hockst du gewohnt, woh das Dinkert hockt* ‚Hast Du gesehen wo die Sache, das Ding ist' [NJ]; *hockst du funkert?* ‚Hast du Feuer?' [NJ]; *wo hockt eine Schächerei?* ‚Wo ist eine Gastwirtschaft?' [NJ]; *hockt in dem Kaff ein Katzof?* ‚Ist in dem Ort eine Metzgerei?' [NJ]; *wo hockt eine penne?* ‚Gibt es hier eine Schlafgelegenheit?' [NJ]; *Hockt hier was zu erwahnen?* ‚Gibt es hier eine Gelegenheit etwas zu haben?' [NJ]; *hocken die hautzen doft becht?* ‚Sind reiche Leute hier?' [NJ]; *in dem bajes hocken oltesch en* ‚In dem Haus sind alte Leute' [NJ]; *mein becht hockt schiewes* ‚Mein Geld ist weg' [NJ]; *der Hautz hockt doft* ‚der Mann ist gut' [NJ]; *die Moss hockt nobes doft* ‚die Frau ist nicht gut' [NJ]; *das Botlement hockt nobes doft* ‚das Essen taugt nichts' [NJ]; *hockt gemullt* ‚etwas was zerbricht, oder entzweigeht', „man kann ihm nicht trauen" [NJ]; *der hautz hockt doft gekluft* ‚Der Mann ist gut gekleidet' [NJ]; *die moß hockt doft gekluft* ‚Die Frau ist gut gekleidet' [NJ]; *herloms moß hokt dof* ‚die Frau ist gut' [LüJ]

erhocken swV. [SchJ]
– bekommen [SchJ]

verhocken swV. [HF, HeF, LJ]
– nichts bekommen [LJ]; borgen, verborgen [HeF]; verleihen [HF]

hockert Subst. m. [RH]
– Stuhl [RH]

hockdenkelche Subst. n. Dim. [JS]
– Sessel [JS]; Sofa [JS]; Stuhl [JS]

huket Subst. m. [KM]; **hukede** [KM]
– Stuhl [KM].

hode Subst. m. [JeS]
– Kartoffel, Kartoffeln [JeS] ♦ **E:** SchweizId. II 993 (*Hoden* ‚Kartoffel').
hodesuurhansech Subst. m. [JeS]
– Kartoffelsalat [JeS].

hofsänger Subst. m. [HN]
– Straßenmusikant [HN] ♦ **E:** dt. *Hofsänger*.

höft Subst. n. [BJ, LüJ]
– Dorf [BJ, LüJ]; Bauernhof [BJ] ♦ **E:** dt. *(Ge)höft* ‚Hofstätte' DWB V 2492 f.

hohe Adj. in: [BJ, OJ]
hohe schule Phras. [BJ, HLD]; **hoa schual** [OJ]
– schwerer Kerker [BJ, OJ]; Zuchthaus [HLD]. ♦ **E:** dt. *Höhe* DWB X 1705 ff., *hoch*; → *hoch*.
höh Subst. f. in:
in der Höh sein ‚beim Stoß verlieren' [WG] ♦ **E:** Benennungsmotiv: „weil von den beiden Karten, die abgehoben werden, die obere verliert".

hohet Subst. n. [JSa]; **hohe** [JSa]
– Reh [JSa] ♦ **E:** vgl. → *hochständer* (unter → *hoch*) (WolfWR 2192).

hohmah Subst. m. [OJ]
– großer Herr [BJ, OJ]; Gott [BJ, OJ] ♦ **E:** schwäb. *Ma* ‚Mann'. ♦ **V:** *mammsa wie a hohmah* ‚ganz fürchterlich schimpfen' [OJ]

hoh Subst. f. [LI]
– Geige [LI] ♦ **E:** WolfWR 2199, ohne Herleitung; womgl. Bildung zu dt. *Höhe*, Benennungsmotiv: hohe Töne.

hohansl Subst. [LoJ]
– Radio [LoJ] ♦ **E:** evtl. zu RN *Hans, Hansel*; ho- unsicher, womgl. zu → *hoh, hoch* oder *hohe*.

hohl Adj. [HF]
– leer [HF]; dumm [HF]; unerfahren [HF] ♦ **E:** dt. *hohl* DWB X 1712 ff.

hohlding Subst. n. [LI]
– Fass [LI] ♦ **E:** rw. *hohlding* ‚Fass' WolfWR 2206, dt. *Ding* und *hohl*.

hohlding frau waser Phras. [LI]
– Fass Bier [LI].

hohn Adv. [BJ]
– genug ♦ **E:** rw. *hon* ‚Geld und Gut' zu jd. *hon* ‚genug', WolfWR 2221.

hohrbuchen ‚Kuh, Ochse' → *horbogen*.

hoicheln swV. [SK]
– blasen [SK] ♦ **E:** dt. *hauchen, häucheln* „den athem dem geöffneten munde entströmen lassen" DWB X 570 f.

hoichelfinniche Subst. f. [SK]
– Flöte [SK] ♦ **E:** → *finne*.

hoile swV. [OJ]
– zittern [OJ] ♦ **E:** unsicher; evtl. zu dt. *heulen* DWB X 1288 ff.

hoim de Interj. ‚ruhig, verschwinde, pass auf' u. ä. → *heimen*.

hoiß → *heiß*.

hoisters ‚Mädchen' → *holster²*.

hoiwel Subst. [KMa]
– Gesicht [KMa] ♦ **E:** unsicher; evtl. zu dt. *Hobel*; → *hobel*.

hojl Adj. [BJ]
– nackt [BJ] ♦ **E:** unklar; womgl. zu dt. *heulen* ‚laut und klagend weinen' DWB X 1288 ff.

hojl Subst. m. [BJ]
– Penis [BJ].

hok Subst. f. [BB]
huk [BB]
– Kuh [BB] ♦ **E:** Inversion zu *Kuh*.

höken swV. [HF, HeF]
– stehlen [HF, HeF] ♦ **E:** rw. *höken, herken* ‚stehlen' WolfWR 2209 (ohne Herleitung); evtl. zu dt. *höken* ‚Kleinverkauf betreiben' DWB X 1731. ♦ **V:** *de merten het peek gehökt* ‚Die Katze hat Fleisch gestohlen' [HeF]

hökblag Subst. m. [HF, HeF]
– Dieb [HF, HeF].

holchen swV. [HLD, NJ, SJ, Scho]
holcha [SJ]; **holichen** [NJ]; **holche** [JeS]; **holije** [KM]; **holesche** [StJ]; **holgen** [SPI, SS]; **hulchen** [HK, PH]; **hulche** [CL, LL]; **hullchen** [HK]; **halchenen** [Scho]; **harcha** swV. [NW]; **harchen** [NW]; swV. **alchen** [RW]; **alchæ** [WJ]
– laufen [JeS, NJ, NW, RW, SJ, Scho]; weglaufen [Scho]; gehen [CL, HK, HLD, JeS, KM, LL, PH, RW, SJ, SPI, SS, Scho, StJ]; fahren [JeS]; dahinschleichen [CL, LL]; springen [CL, PH]; dahinschlurfen [CL]; wegschicken [WJ]; reisen [HK, KM]; wandern [HK]; kriechen [JeS]; eilen [JeS]; auf Reisen gehen [HK]; kommen [HLD, JeS]; sein, bestehen aus [JeS] ♦ **E:** rw. *halchen, holchen* und zahlreiche Varianten ‚gehen' (WolfWR 2027) < jd. *halchenen* ‚gehen' (We 66, Post 200, Klepsch 699). ♦ **V:** *holch dich* ‚pack dich' [SJ]; *alch dich!* ‚hau ab!' [RW]; *Holch de, dr kliste kommt, mr schlitzet, der buchtet ons en da dofes nei* ‚Gehen wir, der Polizist kommt, wir verschwinden, der sperrt uns sonst ins Gefängnis' [SJ]; *Schorsch, bevor du jetzt holcha willst, müßemer noch a schalling pflanza* ‚Georg, bevor du jetzt gehen willst, müßen wir noch ein Lied singen' [SJ]; *harchma* ‚Laufen wir' [NW]; *kamara, harch!* ‚Freund, schau, dass du weiter kommst' / ‚Es ist höchste Zeit, dass wir uns aus dem Staube machen!' [NW]

forthullchen swV. [HK]
– fortreisen [HK]

umholche swV. [JeS]
– umfallen [JeS]

verholche swV. [JeS]; **vertholche** [JeS]; **verholchen** [JeS]
– weggehen [JeS]; verreisen [JeS]; fortlaufen [JeS]; entfliehen [JeS]; durchbrennen [JeS]; sich verlaufen [JeS]

jeholich Adj., Adv. Part. Perf. [KM]
– weggegangen [KM]

holisch Subst. f. [KM]
– Gewerbereise des Straßenmusikanten [KM]

holischer Subst. m. [NJ]; **holijer** [KM]; **hölijer** [KM]; **holijere** [KM]; **hölger** [SS]
– Handwerksbursche [SS]; Reisender [KM]; Straßenmusikant [KM]; Gefangener [NJ] ♦ **E:** rw. *holchen* ‚gehen', zu jd. *halchenen, halchener* ‚gehen; der in bestimmter gaunerischer Absicht, zu besonderem Zweck Gehende, Fußgänger, Hausierer' (WolfWR 2027).

hölcherling Subst. m. [SS, WH]; **holeschling** [StJ]
– Fuß [SS, WH]; Schuh [SS, StJ]; Stiefel [SS, WH]

holischlinge Subst. m. Pl. [KM]
– Schuhe [KM]; Füße [KM]; Beine [KM]

hölgerlingsmalöcher Subst. m. [SS]
– Schuhmacher [SS]

hullche Subst. f. [HK]; **hultche** [HK]; **hullsche** [HK]; **hulche** [HK]; **hüllche** [HK]
– Reise [HK]; Wanderreise [HK]; Musikreise [HK]; Reise der Wandermusiker [HK]; Fahrt [HK]; auf Reisen gehen [HK]; Reiserei [HK]; „Reise, überall hin: Feste, Gaststätten, nicht nur auf der Straße" [HK]; Fremde [HK] ♦ **V:** *auf der hullche beekersch* ‚auf der Reise krank' [HK]; *auf die hullche puschn* ‚auf die Reise gehen' [HK]

hullcheklinger Subst. m. [HK]; **hulchenklinger** [HK]
– Wandermusiker [HK] ♦ **E:** → *klingn*.

holeff ‚Milch' → *cholev*.

holen[1] swV. [HF, HeF, LüJ]
hoalen [HF, HeF]
– kennen [HF]; wissen [HF]; verstehen [HF, HeF, LüJ]; erfahren [HF]; hören [HF, HeF]; können [HeF]; holen [HF] ♦ **E:** rw. *holen* ‚verstehen, hören' (WolfWR 2211, ohne Herleitung); zu dt. *holen* in usueller Bedeutung ‚herbeischaffen', „allgemeinere bedeutung erlangen, erwerben, gewinnen" DWB X 1741 ff. ♦ **V:** *Den Hutz holt minotes ten ühl* ‚Der Bauer kennt mich nicht' [HeF]; *Holt Zinotes de Krabbel?* ‚Können Sie das lesen?' [HeF]; *Den troppersblag holt minotes henes* ‚Der Bürgermeister kennt mich gut' [HeF]; *zinotes holt den ühl van de flick* ‚Sie verstehen nichts von der Sprache' [HeF]; *krabbel minotes ene Fesel an mine Limthuren; dot holt Zinotes knäbbig.* ‚Schreibe mir einen Brief an meine Geliebte; das kannst du sehr gut' [HeF]; *holt Zinotes den Henese-Flick?* ‚Verstehen Sie Krämerlatein?' [HeF]; *holt dem blag og de flick?* ‚Versteht er auch die Sprache?' [HeF]; *ja mulenger, der gliste holt jenisch* ‚der Landjäger versteht auch das Jenisch' [LüJ]

holen[2] swV. in: [HN]
einen von der palme holen ‚onanieren' [HN]; *staubtuch holen* ‚Redensart, wenn einer vergisst, Prost zu sagen, wenn er einen ausgegeben hat' [HN]

einholen swV. [HN]
– für Prostituierte einkaufen [HN]

einholer Subst. m. [HN]
– jemand im Puff, den man zum Einkaufen schickt [HN]; „Laufbursche im Bordell, wenn die Prostituierten etwas gekauft haben wollen" [HN]

holen[3] swV. [SK]
– schlafen [SK] ♦ **E:** wohl romanisch, vgl. span. *holgazan* ‚schläfrig, träge'.

holf ‚halb' → *halb*.

holije ‚gehen, reisen' → *holchen*.

holka Subst. f. [SK]
– Mädchen [SK] ♦ **E:** tschech. *holka* ‚Dirne' (nicht im verächtlichen Sinn).

walholka Subst. f. [SK]
– Wirtstochter [SK] ♦ **E:** → *walbos*.

walbosholka Subst. f. [SK]
– Wirtstocher [SK].

höll Subst. f. [EF]
– Person, unangenehme weibliche [EF] ♦ **E:** zu dt. *Hölle* DWB X 1744 ff.

höllfitz Subst. m. [EF]
– Person, unangenehme männliche [EF]

holltheka Subst. f. [EF]; **hölltheka** [EF]
– Person, unangenehme weibliche [EF]

höllenmaschine Subst. f. [HN]
– Würfelbecher [HN].

holländern swV. [MM]
– auswärts Arbeit haben [MM] ♦ **E:** Appellativ aus dem LN *Holland*; Benennungsmotiv: deutsche Wanderarbeiter in Holland, vgl. *Hollandgänger*, Siewert, Humpisch, 14.

holler Subst. m. [KMa, OH]
– Hut [KMa, OH] ♦ **E:** wohl gekürzt aus dt. *hollerkopf* ‚Weichselzopf', eine krankhafte Verfilzung und Verdickung der Kopfhaare (DWB XXVIII 536).

hollerkraasch Subst. [Scho]
– Taufe [Scho] ♦ **E:** jd. *houlekraasch* ‚Namengebung bei Mädchen' < frz. *haute la creche* ‚empor die Wiege' (Beranek, Westjidd. Sprachatlas, Karte 23).

holme ‚Hose' → *cholme*.

hölner Subst. Pl. [EF]
hölzer [EF]
– Kartoffel [EF] ♦ **E:** zu dt. *Holz* „eine mit waldbäumen und sträuchern dicht bestandene fläche" DWB X 1763 ff., vgl. *Holzapfel* ‚wilder Apfel', Wolf, Fatzersprache, 121.

holster¹ Subst. m. [SK]
– Leinentornister der Männer [SK]; Hanfumhängetasche der Frauen [SK] ♦ **E:** dt./mdal. *holster* ‚Tornister, Tasche, Köcher, Pistolenhalfter' u. a. (RheinWb. III 777).

holster² Subst. n. [SK]
– Mädchen [SK] ♦ **E:** met. zu → *holster¹*: ‚Tasche' > ‚Scheide, Vulva'. Ähnl. → *büchse, dil, kachel*. ♦ **V:** *grannich holster* ‚besseres Mädchen', ‚Mädchen, das gut gibt' [SK]; *boleike holster* ‚Mädchen, das wenig gibt', ‚gewöhnliches Mädchen', ‚Mädchen das nichts gibt' [SK]

hoisters Subst. f., Pl. [SK]
– Mädchen [SK]

harfenholster Subst. n. [SK]
– Harfenspielerin [SK]

holsterklüftchen Subst. n. [SK]
– Mädchenkleidung [SK]

holsterwahl Subst. f. [SK]
– Damenwahl [SK]

holsterweitling Subst. m. [SK]
– Schlüpfer [SK]

walbosholster Subst. f., n. [SK]
– Wirtstochter [SK] ♦ **E:** → *walbos*.

holt Subst. n. [SG]
– Wald [SG] ♦ **E:** nd. *Holt* ‚Holz' → *hölner*.

höltern Adj. [MT, MeT]
– aus Baumwolle [MT, MeT] ♦ **E:** nd., hochdt. *hölzern*.

holten swV. [HF]
halten [HF]
– kennen [HF]; verstehen [HF] ♦ **E:** wohl zu → *holen¹*. ♦ **V:** *minotes holt dem blag* ‚Ich kenne den Mann' [HeF]; *Knuck de Schmerf, Knöllen, die Fegtesch holt de Flick?* ‚Schweige, der Beamte versteht die Sprache' [HeF].

holzen swV. [RW, SJ]
– durchhauen [SJ]; prügeln [SJ]; schlagen [SJ]; sich mit den *Stenzen* (Wanderstöcken) prügeln [RW]; sich mit Knüppeln prügeln [RW]; unmögliches Benehmen [RW] ♦ **E:** rw. *holzen* ‚sich mit Knüppeln prügeln' (WolfWR 2218); SchwäbWb. III 1787; dt. *Holz*. → *hölner*.

holzbiete swV. [KP]
– dreschen [KP]

holzklaube Subst. m. [RR]
– Lehrer [RR]

holzpyjama Subst. m. [HN, WG]
– Sarg [HN] ♦ **V:** *inn' holzpyjama hauen* ‚umbringen' [HN]; *einen Holzpyjama anziehen/angemessen bekommen* ‚sterben' [WG]

holzschrofer Subst. m. [MoM]
– Holzhauer [MoM]; Waldarbeiter [MoM] ♦ **E:** → *schrofer*.

holzwurm Subst. m. [BJ, RW, WG]; **hoolzwur** [OJ]
– Tischler [RW, WG]; Drechsler [RW]; Schreiner [BJ, OJ, RW]; Zimmerer [RW]; Berufe im Holzgewerbe [RW] ♦ **E:** rw. *holzwurm* ‚Tischler' (WolfWR 2220).

hommona LN [Scho]
– Ungarn [Scho] ♦ **E:** nach einer Stadt in der Slowakei, ungar. *Homonna*.

hompa Subst. [EF]
homba [EF]; **humba** [EF]
– Butter [EF] ♦ **E:** roi. *Homolka* ‚Quarkkäse' WolfWZ 1108, tschech. *Homole masla* ‚Stück Butter', Wolf, Fatzersprache, 122.

honen swV. [LüJ]
hohnen [LüJ]
– hören, zuhören [LüJ], horchen [LüJ] ♦ **E:** unsicher; evtl. Nebenform zu *holen¹*. ♦ **V:** *tschi butsche, die ulme hont* ‚nichts sagen, die Leute hören zu' [LüJ]

honer Subst. m. [LüJ]
– Ohr, Ohren [LüJ]; Zuhörer [LüJ]; Mann, der horcht [LüJ]

hönerei Subst. f. [LüJ]
– Gesang [LüJ] ♦ **E:** rw. *höhnerei* ‚Gesang' (WolfWR 2208).

honergekratzeltse Subst. n. [SG]
hoinergekratzeltse [SG]
– Notenhandschrift [SG] ♦ **E:** zu dt. *Huhn* und dt. *kratzeln, kritzeln* ‚scharren, einritzen' DWB XI 2343 f.

hongkongschwalben Subst. f. Pl. [HN]
– Ohrfeigen [HN]; Schlag mit dem Handrücken ins Gesicht, von unten [HN] ♦ **E:** ON *Hongkong* und dt.

Schwalbe DWB XV 2182 ff.; Benennungsmotiv: Flügelschlag der Schwalben; für die Schlagrichtung: Lage auf dem Globus; vgl. → *grönlandschwalben*.

honzer Subst. m. [SK]
– Bauer [SK] ♦ **E:** tschech. *honza* ‚Dummkopf'.

hooch Adj./Adv. [HK]
– dick [HK] ♦ **E:** wohl zu dt. *hoch*. ♦ **V:** *der gasserd schemmd hooch* ‚der Speck ist dick' [HK]
hoocher Subst. m. [BM]
– Handstand, Hochstand [BM].

hoochom Subst. m. [JeS]
– Laden [JeS] ♦ **E:** unsicher; evtl. zu dt. *hoch* ‚hoch gelegen', semantisch schwer zu jd. *chochom* ‚klug'.

höpe swV. [KM]
– würzen [KM] ♦ **E:** unsicher; evtl. zu rhein. *hopfen* ‚Hopfen zusetzen, mit Hopfen würzen' (RheinWb. III 806).
jehöp Adj., Part. Perf. [KM]
– gewürzt [KM].

hopf Subst. m. [BJ, LJ, OJ, SchJ, TJ]
hopfer Subst. m. [BJ]
– Bauer [BJ, LJ, OJ, SchJ]; Vater [LJ, SchJ]; Ehemann [TJ]; Mann [SchJ] ♦ **E:** rw. *hopf* ‚negative Bezeichnung für Person' (Bauer, der Betrogene) „Nach Adelung war *hopfe* eine Schelte der altgedienten Soldaten für die Neuangeworbenen"; Herkunft unklar. WolfWR 2224, Klepsch 701; schwer zu dt. *Hopf* „die feste substanz der gesäuerten milch nach abseihung der molken", Abschaum DWB X 1794 f. ♦ **V:** *grawiser hopf* ‚Großvater' [LJ]
höpfe Subst. f. [LJ]; **hopf** [BJ]; **hepfe** [OJ]
– Bäuerin [BJ, LJ, OJ]; Mutter [LJ] ♦ **V:** *grawise höpfe* ‚Großmutter' [LJ]
höpfi Subst. f. [SchJ, TJ]
– Bäuerin [SchJ]; Mutter [SchJ, TJ]; Frau [SchJ].

hopp Subst. in:
sila hopp ON [OJ]
– Stettberg [OJ] ♦ **E:** wohl zu dt. *Hopp* ‚Erhöhung, Anhöhe' DWB X 1798 f.

hoppnehmen swV., Phras. [RW]
– festnehmen [RW] ♦ **E:** zu dt. Interj. *hopp*, ugs. jemanden *hopp nehmen* DWB X 1798.

hops Adj. [BJ, BM, Him, KP, MUJ, PfJ, RR, SJ, WJ]
hobs [OJ]
– schwanger [BJ, BM, Him, KP, MUJ, OJ, PfJ, RR, SJ, WJ] ♦ **E:** rw. *hops* ‚schwanger', zu dt. *Hoppe* ‚Erhöhung, Anschwellung' (WolfWR 2227, Klepsch 702).

hops gehen stV., Phras. [BJ]
hobs gao [OJ]
– hochgehen [BJ, OJ]; pleite gehen [OJ]; verhaftet werden [BJ, OJ] ♦ **E:** dt./ugs. *hops gehen* ‚bei etwas umkommen, entzweigehen, auf frischer Tat ertappt werden'.

horbogen Subst. m., f. [LJ]
horboge [BJ, SJ]; **hôrbôge** [SJ, Wo]; **hörböge** [LüJ]; **horboga** [LüJ, SJ]; **horbogga** [TK]; **horbogn** [TK]; **hoorboochæ** [WJ]; **hoorboge** [JeS]; **hornboga** [LüJ]; **hornbogen** [LüJ]; **horbocher** [SchJ]; **hohrbuchen** [MUJ]; **harbogæ** [WJ]; **harbogn** [TJ]; **haarbogen** [RR]; **horbock** [WJ]; **hôrbôg** [Mat, SJ]; **hoaraboog** [OJ]; **horbung** [KJ]; **horpuckel** [PH]; **hobuche** [PfJ]; **horbora** [LJ]
– Kuh [BJ, JeS, KJ, LüJ, MUJ, OJ, PH, RR, SJ, SPI, TJ, TK, WJ, Wo]; Rind [Mat, PfJ, SJ]; Ochse [LJ, MUJ, OJ, SchJ]; Stier [Mat] ♦ **E:** rw. *hornbock, horbogen, harbogen* ‚Kuh', zu dt. *Horn* und *Bock*; *Bogen* allgemeine Bezeichnung für Tier (WolfWR 2234, Klepsch 704). Die Form *horbora* evtl. zu jd. → *pore* ‚Kuh'. → *wollbogen*. ♦ **V:** *mass vom horbogen* ‚Rindfleisch' [LJ]; *Moss, i hab gschpannt, daß der benk an kiwiga horboga ond a kassir daist hot* ‚Frau, ich habe gesehen, daß der Mann eine fette Kuh und ein Schwein geschlachtet hat' [SJ]
hoarabeggle Subst. n., Dim. [OJ]; **horboegle** Subst. n. [BJ]
– Kalb [BJ, OJ]
krumme härb Subst. f., Phras. [UG]
– Geiß [UG]
pitschig harbogn Subst., Phras. [TJ]
– Kalb [TJ]
hobuchenbossert Subst. m. [PfJ]
– Fleisch [PfJ]
hôrbôgmast Subst. n. [Mat]
– Rindfleisch [Mat]
hornspetz Subst. f. [KMa]
– Rindswurst [KMa].

horchen swV. in:
horchemann Subst. m. [HN]
– Lauscher, heimlicher Zuhörer [HN] ♦ **E:** rw. *horcher* ‚Ohr' zu dt. *horchen* DWB X 1802 ff. (WolfWR 2228).

♦ V: *horchemann machen* ‚hören' [HN]; *macht den horchemann* ‚er hört zu', ‚er lauscht' [HN]
horscheling Subst. m. [StJ]
– Spanner [StJ]; Spion [StJ]
horcher Subst. m. [EF, WL]
– Ohr(en) [EF, WL]
horchert Subst. m. [WL]; **horcherten** Pl. [WL]
– Ohren [WL]
horchleken Subst. m. Pl. [WL]
– Ohren [WL]
horchmuschel Subst. f. [HN]
– Ohr [HN]
horchlingsfinnichen Subst. n. [HK]
– Radio [HK]; Telefon [HK]
horschlappe Subst. f., Pl. [JS]
– Ohren [JS] ♦ **E:** rw. *horchlappen* ‚Ohren' (WolfWR 2228), dt. *Lappen*.

horem bedorem Phras. [Scho]
– Wichtigtuer, Angeber [Scho] ♦ **E:** jd. *horem bedorem* ‚Angeber, Großtuer' (We 67).

horik Subst. m. [Scho]
– schlechter Mensch [Scho] ♦ **E:** rw. *hork* ‚Bauer' (WolfWR 2230, SchwäbWb. III 1817), zu mhd. *horic* ‚schmutzig'.
horikchen Subst. n. Dim. [Scho]
– hässliches, missgestaltetes Tier [Scho].

hork Subst. f. [HF, HeF]
– Katze [HF, HeF] ♦ **E:** rw. *hork* ‚Bauer, Katze', WolfWR 2230; evtl. zu mhd. *horec* adj. ‚schmutzig'. Im Bergischen *hork* in der Sprache der Viehhändler ‚schlecht gefüttertes Kalb'.
horksfensteren Subst. Pl. [HF]
– Katzenaugen [HF].

hörling Subst. m. [HLD, SK]
– Ohr [HLD, SK] ♦ **E:** rw. *hörling* (WolfWR 2231), Derivat zu dt. *hören*.
hörlingsfinniche Subst. m. [SK]
– Ohr [SK].

hormel Subst. m. [CL, LL]
– Rausch [CL, LL]; Besoffenheit [CL] ♦ **E:** pfälz. *Hormel* ‚Rausch' (PfälzWb. III 1179). ♦ **V:** *Schäätz, ich hab en Hormel* ‚Schatz, ich habe einen Rausch' [CL, LL].

hormes Subst. f. [KMa, OH]
– Uhr [KMa, OH]; Zeit [KMa, OH] ♦ **E:** unsicher; evtl. zu lat. *hora* ‚Stunde' und dt. *messen*, wenn nicht zu → *horn*. ♦ **V:** *Wie viel hormes?* ‚Wieviel Uhr ist es?' [KMa, OH].

horn Subst. n. [MoM]
– Uhr [MoM]; Stunde (bei Zeitangaben) [MoM] ♦ **E:** dt. *Horn*, met. ‚Uhr', Benennungsmotiv: Formähnlichkeit von Hörnern mit Stundenstrichen. ♦ **V:** *Wieviel Hörner hat der Bock* ‚Wieviel Uhr ist es?' [MoM]
hornbock Subst. m. [BJ]
– Ochse [BJ] ♦ **E:** rw. *hornbock* ‚Kuh', WolfWR 2234; vgl. → *horbogen*.
hornikel Subst. m. [LüJ, SE, SJ]; **hornickel** [NJ, RW, SE]; **hornikel** [LüJ]; **hornackel** [SK]; **hornukel** [HK]; **hornuckel** [HK]; **horneckel** [WL]; **hornigl** [MeJ]
– Kuh [HK, LüJ, MeJ, NJ, RW, SE, SJ, SK, WL]; Ochse [LüJ, NJ, RW, SK, WL]; Stier [LüJ, RW, WL]; Farren (Vatertier) [LüJ]; Tier [HK]; Ziege [HK]; Schaf [HK]; Kuhhorn [HK]; Dummkopf [HK]; „wenn einer sich blöd anstellt" [HK]; „Scheltwort" [LüJ] ♦ **E:** rw. *hornickel* ‚Kuh, Ochse' (WolfWR 2235), rw. *nickel* ‚Schwein' (WolfWR 3870) und dt. *Horn*. Vgl. → *horbogen*.
hornickelschnitter Subst. m. [SJ]
– Kuhdieb [SJ]
hornschrofer Subst. m., f. [MoM]
– Kuh [MoM]
hornwesen Subst. n. [BJ]
– Maulwurfsgrille [BJ]; Kerl, dem Hörner aufgesetzt wurden [BJ].

hörnle Subst. Pl. [KP]
– Läuse [KP] ♦ **E:** rw. *hörnle* (WolfWR 2236, ohne Herleitung), Dim. zu dt. *Horn*, vgl. dt. *Hörnlein, Hörnler* DWB X 1829 f.

hörrlapiepka Subst. f. [EF]
herrleinpiepka [EF]
– Pfeife [EF] ♦ **E:** unsicher; evtl. zu obersächs. *Horle* ‚Röhre' (OSächsWb. II 396) oder mdal. *Herrlein* ‚Großvater'; dt. *Pfeife*.

horscheling ‚Spion' → *horchen*.

hort Subst. [LoJ]
– Messer [LoJ] ♦ **E:** wohl zu → *hart³* ‚Messer'; schwer zu dt. *Hort* ‚Schatz, Geliebter'.

hoschbes ‚Wirt, zappeliger, sonderbarer Mensch' → *hospes*.

hoschen swV. [SJ]
– schaukeln [SJ] ♦ **E:** schwäb. *hoschen* ‚schaukeln' (SchwäbWb. III 1827).

hose, hosn Subst. f. in:
blabhosn Subst. f., Pl. [TJ]; **bloohosse** [PH]
– Pflaumen [PH, TJ] ♦ **E:** rw. *Blauhans, Blauhose* ‚Zwetschge, Pflaume' (WolfWR 529); *blab* mdal. zu *blau*; Benennungsmotiv: Farbe der Frucht; dt. *Hose*.

hospel Subst. f. [HF, HeF]
haspel [HF]
– Mühle [HF, HeF]; Schinken [HF, HeF] ♦ **E:** rw. *hospel* ‚Mühle' (WolfWR 2238), zu dt. *haspel* ‚Winde', auch dt. (ant.) *häspe* ‚Kniebug, Hamme': „e scheen schwechlich gesundheit – frisst alle morjen en schweinehaschpel zum frihstick" (s.v. Haspe 5) DWB X 554.
hospelen swV. [HF, HeF]
– mahlen [HF, HeF]
hospelblag Subst. m. [HF, HeF]
– Müller [HF, HeF]
hospeletüne Subst. n. [HF]
– Schinkenklopfen [HF] ♦ **E:** rhein. *tünen* ‚schlagen'.
hospelstroppert Subst. m. [HF]
– Karusselpferd [HF]
geihospel Subst. f. [HF]
– Drehorgel [HF] ♦ **E:** *gei* ‚Lied' (→ *geien*).
knükerthospel Subst. f. [HF]
– Kaffeemühle [HF]
poyhospel Subst. f. [HF]
– Wassermühle [HF]
troppertshospel Subst. f. [HF]
– Karussell [HF].

hosper Adj., Adv., Interj. [LJ]
– auf [LJ] ♦ **E:** rw. *hosper* ‚offen, auf', evtl. zu lat. *apertus* ‚offen' WolfWR 2239. ♦ **V:** *hosper-hosper* ‚auf, auf!' [LJ].

hospes Subst. m. [OH, RW]
hoschbes [CL, LL]; **huspes** [PH]; **juspes** [CL, PH]; **juschbes** [LL]; **juschpes** [CL]; **jusbess** [CL]; **jusper** [CL, PH]; **uschbes** [KMa]
– Wirt [CL, LL, OH, PH, RW, Scho]; Zappelphilipp [LL]; übernervöser Kerl [CL, LL] ♦ **E:** rw. *hospes* ‚Wirt' (WolfWR 2240), pfälz. *Hospes* ‚närrischer, fahriger, gutmütiger Mensch' (PfälzWb. III 1196), rhein. *Hospes* ‚Hausvater, Gatte' u. a. (RheinWb. III 843), direkt aus lat. *hospes* ‚Wirt' oder über jd. Vermittlung (*oschpis* ‚Wirtshaus') (We 108, 292, Post 254, Klepsch 749).
♦ **V:** *jooden hosbes* ‚gutmütiger Ehemann' [NJ]
usches Subst. n. [SS, WH]; **usbesch** [KMa, OH]; **juspes** Subst. n. [CL, PH]; **juschbess** [Scho]
– Gasthaus [PH]; Wirtshaus [CL, KMa, OH, SS, WH]; Wirtschaft [KMa, OH]; Hotel [CL]

usbeschmoss Subst. f. [KMa]
– Wirtin [KMa]
usbeschwelangs Subst. m. [KMa, OH]; **usbeschwilangs** [KMa]
– Wirt [KMa, OH].

hossle swV. [Scho]
– mitgehen [Scho] ♦ **E:** SchwäbWb. III 1837 (*hosslen* ‚mit schlotterigen Beinen gehen').

hotsche Subst. f. [WJ]
– Wohnzimer [WJ] ♦ **E:** SchwäbWb. III 1838, 1934 (*hotschen* ‚ausruhen', *hutschen* ‚schaukeln, wiegen').
hotschen swV. [PfJ]
– sitzen [PfJ]; wohnen [PfJ]; ausruhen [PfJ].

hötschn Subst. f. [LoJ]
– Hacke [LoJ] ♦ **E:** unsicher; dt. *Hacke* polysem; ‚Hacke am Fuß' wohl zu mdal. *hatschen* ‚gehen, latschen, humpeln'.

hotte hüh Phras. [HN]
– kleine Flasche Sekt [HN]; „Ponny" [HN]; Pikkolo [HN] ♦ **E:** kinderspr. *hottehü* ‚Pferd' (HWB II 725; Kü I 242).

hotzen Subst. f. [HK]
hotze [HK]
– Wiege [HK]; Kinderbettchen [HK]; Kinderbett zum Schaukeln [HK] ♦ **E:** ThürWb. III 236 (*Hotze* ‚Kinderwiege auf Kufen'); dt. *hotzeln* ‚rütteln schütteln, schaukeln, wiegen' DWB X 1846 f.
hotzele swV. [RH]
– gehen [RH] ♦ **E:** „hotzeln auch in der mehr verblassten bedeutung bewegen, sich bewegen" DWB X 1846 f.

hötzerlek Subst. m. [WL]
– Ofen [WL] ♦ **E:** mdal. *Heizerling*, lux. *hëtzen* ‚heizen' (LuxWb. II 153).

hourebock Subst. m. [Scho]
– „dumm wie eine Kuh" [Scho] ♦ **E:** wohl zu → *horbogen*, evtl. Einfluss von dt. *huren* DWB X 1960.

huasten ‚Hals' → *husten*.

hubberling Subst. m. [CL]
hupferling [Him, LüJ, Mat]
– Floh [CL, Him, LüJ, Mat] ♦ **E:** rw. *hupferl, hupferling* ‚Floh' (WolfWR 2266), zu dt. *hupfen, hüpfen*. → *hupfen*.

hubbschderd Subst. m. [HK]; **huppstert** [HK]
– Floh [HK]; Laus [HK] ♦ **E:** nd. *huppen* und nd. *Stert* ‚Schwanz'.

hubbserd Subst. m. [HK]; **huppsert** [HK]; **hupsert** [HK]
– Floh [HK]; Laus [HK]; Flohspringen [HK].

hübel Subst. m. [BM]
– Kopf [BM] ♦ **E:** schweizdt. *Hübel* ‚Erhöhung, Beule am Körper' (SchweizId. II 948).

hucherl Subst. n. [WG]
– Kopfhörer im Gefängnis [WG] ♦ **E:** Dim. zu dt. *horchen* ‚lauschen, belauschen' DWB X 1802 ff.

huck¹ Subst. f. [BJ, SJ]
hugg [OJ]; **huggle** Subst. n. Dim. [OJ]
– altes Haus [BJ, SJ]; kleines, altes Haus [OJ]; Armenhaus [SJ] ♦ **E:** schwäb. *Hucke* ‚Kramladen' (SchwäbWb. III 1849 f.).

hucklerei Subst. f. [BJ]
– Krämerladen [BJ, OJ].

huck², **hugge** in: [BJ, OJ]
d huck, hugge vohl griage ‚Schläge bekommen' [BJ, OJ] ♦ **E:** dt. *Hucke* ‚Last auf dem Rücken, Bündel, Rucksack' DWB X 1858 f.

huckeln swV. → *hukele*.

hucken¹ swV. [HF, HeF, SE]
– sein [HF, HeF, SE]; haben [HF]; bleiben [HF, HeF]; werden [HF]; schulden [HF]; hocken [SE] ♦ **E:** rw. → *hocken* (WolfWR 2196), zu dt. *hocken*. ♦ **V:** *huck knäbbig!* ‚leb wohl!', *huck hitschen!* ‚bleib hier!' [HF]; *hitschen hucken* ‚hier sein' [HeF]; *gahr hucken* ‚betrunken sein' [HeF]; *berehmen hucken* ‚verheiratet sein' [HeF]; *den röhl huckt lock* ‚Der Handel geht schlecht' [HeF]; *et huckt den ühl de quocken* ‚Es ist nichts zu verdienen' [HeF]; *de Krotesen hucken mutsch* ‚Die Schweine sind wohlfeil' [HeF]; *De Krotes huckt henes för mol te knucken* ‚Das Schwein ist gut zum Schlachten' [HeF]; *de knapp huckt heet.* ‚Das Brot ist teuer.' [HeF]; *hitschen in de tent hucken trombs henese thürkes* ‚In diesem Hause sind drei hübsche Mädchen' [HeF]; *minotes huckt beremen; den thuren huckt in de gronzenbölt* ‚Ich bin verheiratet; die Frau ist im Kindbett' [HeF]; *et hucken nit all michelen, die schmelen an de schmerf habben* ‚Es sind nicht alle Juden, die einen Bart haben' [HeF]; *dot huckt henes* ‚Das steht schön' [HeF]; *ene melesefeuel huckt og henes* ‚Ein Sackrock steht auch gut' [HeF]; *Dot huckt ene locken Röhl* ‚Das ist ein schlechter Handel' [HeF]; *dot hucken henese gronzen* ‚Das sind schöne Kinder' [HeF]; *zinotesen thür on dem blök hucken op den Refter* ‚Deine Pfeife und der Tabak liegen auf dem Tisch' [HeF]; *de sanktes huckt minotes te heet* ‚Der Wein ist mir zu teuer' [HeF]; *huckt dot thürken schmerfig?* ‚Ist das Mädchen mündig?' [HeF]; *flick ens an de Wöles, wo sinen Netten huckt* ‚Frage den Jungen einmal, wo sein Vater ist' [HeF]; *lott hucken, Knöllen!* ‚Laß bleiben!' [HeF]; *Minotes huckt mörrig* ‚Ich bin müde' [HeF]; *Minotesem Bölt huckt lock geknuckt* ‚Mein Bett ist schlecht gemacht' [HeF]; *Minotesen Peek huckt versömt* ‚Mein Fleisch ist verkauft' [HeF]; *Huckt zinotesen Thuren hitschen?* ‚Ist deine Frau hier?' [HeF]; *Minotese Krotesepeek huckt nog in de Pick* ‚Mein Schweinefleisch liegt noch im Salz' [HeF]; *knuck de Schmerf, dot huckt den Troppertsblag* ‚Schweige doch, das ist der Bürgermeister' [HeF]; *flick nit te henes, dot huckt den ühl* ‚Nicht so frei gesprochen, das geht nicht' [HeF]; *Wo hucken die Krabbelen te beuten?* ‚Wo sind die Bücher zu kaufen?' [HeF]; *huckt Zinotes enen Röhlblag?* ‚Sind Sie ein Kaufmann?' [HeF]; *Knöllen, knuk den Teps, dot huckt ene Pretter* ‚Thue den Hut ab, das ist ein Geistlicher' [HeF]; *Schüt nog en Ruth; dot huckt henese Köth* ‚Gib noch ein Glas; das ist gutes Bier' [HeF]; *Zinotesem Bott huckt op te Fonkert* ‚Dein Essen steht auf dem Ofen' [HeF]; *Kloppert möt Gronkwölesen huckt dot enen henesen Bott för Zinotes?* ‚Essen Sie gern Stockfisch mit Kartoffeln?' [HeF]; *Knöllen, knuck de Meles has, dot hucken Fegteschen!* ‚Geschwind den Sack weg, das find(en) Zollbeamte!' [HeF]; *loss hitschen pauen, dot huckt en knäbbige Härk* ‚Laßt uns hier logieren, das ist ein gutes Wirtshaus' [HeF]; *Zippken, Knöllen, hitschen in de Härk huckt henesem Bott on knäbbige Bölten* ‚Ja, mein Herr, in diesem Gasthause gibt's gutes Essen und gute Betten' [HeF]; *huckt te henes?* ‚Ist er gut?' [HeF]; *zippken, knäbbig; et huckt genen heneseren hitschen in de vill* ‚Ja, sehr gut; es ist kein besserer hier an diesem Ort' [HeF]; *zippken, dot huckt enen breyellschen* ‚Gewiß, der ist von Breyell zu Haus' [HeF]; *dot huckt ene michel* ‚Das ist eine Jude' [HeF]; *dot huckt ene knökelige wöles* ‚Das ist ein fleißiger Junge' [HeF]; *dot huckt ene knäbbingen blageläpper* ‚Das ist ein tüchtiger Arzt' [HeF]; *dot huckt enen henese klau rispel* ‚Das ist ein schöner Stein Flachs' [HeF]; *hitschen, knöllen, dot hucken knäbbige* ‚Hier, mein Herr, das sind sehr gute.' [HeF]; *dot huckt nit de heet* ‚Das ist nicht zu theuer' [HeF]; *plar ens, knöllen, do huckt te büs* ‚Trinken Sie einmal, da steht die Flasche'

[HeF]; *wo hucken zinotese wölesen?* ‚Wo hocken Deine Kinder?' [HeF]; *wat huckt de ketel?* ‚Was Zeit (wie viel Uhr) ist es?' [HeF]; *schierp, huckt nen dowerich* ‚Mädchen, da hockt ein Dummkopf' [SE].

hucken² Adj. [SE]
– schwanger [SE] ♦ **E**: wohl zu dt. *Huck, Hucke* ‚Hügel, Haufen' DWB X 1858 f.; RheinWb. III 870 (*hucken* ‚ein Kind huckepack tragen').

hudd Subst. f. [OJ]
huddl [OJ]
– leichtsinniges Mädchen [OJ] ♦ **E**: Kürzung aus rw. *hudelmetz* ‚Hure' WolfWR 2242, dt. *Hudel* ‚Lumpen'; schwäb. *Hudel* ‚leichtsinnige Weibsperson' (SchwäbWb. III 1851).

hudelmetz Subst. f. [BJ, KP]
– zugängliches Weib [KP]; leichtsinniges Mädchen [BJ] ♦ **E**: dt. *Metze* ‚leichtfertiges Weibsbild' (DWB XII 2154).

huden swV. [SE]
– haben [SE]; sein [SE] ♦ **E**: unklar; evtl. zu dt. *hudeln* „wie ein nichtswerter mensch verfahren" DWB X 1862.

hüeltenschaitz Subst. m. [SS]
– Holzwarenhändler [SS] ♦ **E**: nd., hochdt. *hölzern*; → *schetz* ‚Handelsmann'.

huersch Subst. f. [HF]
huerschel Subst. n. Dim. [HF]
– freches Frauenzimmer [HF]; alte Jungfer [HF] ♦ **E**: unsicher; evtl. zu dt. *Hure* ‚Prostituierte' DWB X 1958 ff.

huf¹ Subst. m. [HN]
– in: *komm in die hufe!* ‚beeil Dich!', ‚sieh zu, dass du Geld verdienst' [HN] ♦ **E**: dt. *Huf* ‚Pferdefuß' DWB X 1866.

huf² in:
abhufen swV. [RW]
– abreisen [RW] ♦ **E**: dt. (ant.) *hufen* ‚zurückgehen lassen', Interjektion *huf!* ‚los jetzt!' DWB X 1868 f.

huff Subst. m. [HF]
– Schleichhandel [HF]; Schmuggel [HF] ♦ **E**: rw. *huff* ‚Schleichhandel, Schmuggel' (WolfWR 2243), Herleitung unsicher, evtl. zu dt. *hufen* u. a. ‚schieben' DWB X 1868 f. ♦ **V**: *gehuffte Kaffee* ‚geschmuggelter Kaffee' [HF]; *zinotes het enen henesen Huff in den Däy* ‚ihr habt einen guten Schmuggel im Kopf (einen hellen Verstand)' [HeF].

huffen swV. [HF, HeF]; **huvven** [HF]
– schmuggeln [HF, HeF]; schleichen [HF] ♦ **E**: im Raum Kempen, Geldern *huffen, hufen* ‚schmuggeln', vgl. RheinWb. III 897. ♦ **V**: *zippken, knöllen, minotes hufft den ühl mehrl* ‚Ja, ich schmuggele nicht mehr' [HeF]

huffblag Subst. m. [HF, HeF]; **huvvenblag** [HF, HeF]
– Schmuggler [HF, HeF]

huffblagentroll Subst. f. [HF]
– Schmugglerpfad [HF]

huffblagenbessem Subst. [HF]
– Verein gegen das Schmuggeln [HF] ♦ **V**: *knöllen, et huckt den ühl te nollen, wat den huffblagen-bessem för breyell quockt* ‚Ja, Freund, es ist nicht zu berechnen, was der Verein gegen das Schmuggeln für Breyell nützt' [HeF].

hügel Subst. m. [HN]
– angesammeltes Geld [HN]; viel Geld (beim Spielen gewonnen) [HN] ♦ **E**: dt. *Hügel* ‚Anhöhe' DWB X 1873 f.

hügen swV. [MM]
– schnorren [MM]; anpumpen [MM]; leihen [MM]; betteln [MM]; nassauern [MM]; „etwas zu trinken schnorren" [MM]; „was umsonst an Land ziehen" [MM] ♦ **E**: nd. *hügen* ‚hoffen, erbitten, stumm betteln'; schwer zu westf. *hüder* ‚Sparer' (WWBA 690). „das is', wenn ich einem andern auffem Fell sitze und erwarte von dem, daß er für lau was ausgibt" [MM] ♦ **V**: *bälgebier hügen* ‚Freibier erbetteln' [MM]; *auf lauscheppe hügen* ‚schnorren' [MM]; *die wollten auf lau jofles belgebier hügen* ‚die wollten nur Bier schnorren' [MM]

hügerei Subst. f. [MM]
– Schnorrerei [MM].

hugg ‚kleines, altes Haus' → *huck²*.

hugo Subst. m. [HN, MM]
– Zigarette [MM]; Zigarettenkippe [HN, MM] ♦ **E**: Appellativ aus PN *Hugo*.

flotter hugo Phras. [HN]
– Durchfall [HN].

hüh Interj. [HN]
– vorwärts [HN]; los gehts [HN] ♦ **E**: zu nd. *hü* ‚Zuruf an die Zugtiere, wenn sie anziehen sollen' (HWB II 727); wohl nicht zu rw. *hui* ‚geschwind' (WolfWR 2247); nd. *hui* ‚Ausruf bei einer schnellen oder plötzlichen Bewegung' (HWB II 730). ♦ **V**: *mach mal richtig hüh* ‚leg' mal richtig los' [HN].

hühl Subst. m. [HF]
– Tanz [HF]; Ball [HF] ♦ **E:** rw. id., WolfWR 2245 (ohne Herleitung), rhein. *heul* ‚private Tanzbelustigung', ‚Ball' (RheinWb. III 604).
hühlfeuel Subst. m. [HF]
– Ballkleid [HF]; Ballkostüm [HF] ♦ **E:** mdal. *feudel* ‚Wischlappen'.
hühltend Subst. f. [HeF]; **hühltent** [HeF]
– Ballhaus [HeF]; Tanzlokal [HF]
verhühlen swV. [HF]; **verhülen** [HeF]
– verspielen [HF, HeF].

huhn Subst. n. [HN]
– Prostituierte [HN]; die abhängig arbeitende Prostituierte (von Zuhältern so bezeichnet) [HN]; Mädchen [HN]; Frau [HN] ♦ **E:** dt. *Huhn* DWB X 1875 ff. ♦ **V:** *hühner* ‚weibliche Angestellte im Striptease-Lokal' [HN]; *huhn aufreißen* ‚versuchen, ein Mädchen kennenzulernen' [HN]; *huhn aufgerissen* ‚ein Mädchen kennengelernt' [HN]; *komm, mein huhn hat heute pause, laß sie mal in ruhe* [HN]
hühnerembryo Subst. m. [HN]
– Hühnerei [HN]
hühnerhabicht Subst. m. [HN]
– unfähiger Zuhälter [HN]; „die haben eine Chance, wie ein Schneeball in der Sauna" [HN]
hühnersteig Subst. m. [EF]
– Orchester(raum) [EF]
hühnerstrip Subst. m. [HN]
– Hähnchen-Grill [HN].

hui Subst. m. [BJ, OJ]
– Eile [BJ, OJ]; „plötzlich" [BJ] ♦ **E:** rw. *hui* ‚geschwind' (WolfWR 2247), dt. *hui* Interj., *im Hui* ‚schnell, in Eile'. ♦ **V:** *em hui* ‚geschwind, in Eile' [OJ, BJ]; *äll hui* ‚immer wieder' [OJ, BJ]
hui denn Interj. [MB]
– alter Mindener Gruß [MB]
hujbuj Subst. m. [MB]
– „schnell-schnell" [MB]; „Quicki" [MB]; schlechtes Bumsen [MB]; Fellatio [MB] ♦ **V:** *der bui mit es war aber'n hui* ‚der Sex mit ihr war nur ein Quickie' [MB].

huijackl Subst. m. [WJ]
– Dummkopf [WJ] ♦ **E:** *jackel* vom PN *Jakob*; *hui* evtl. aus franz. *oui* ‚ja', nach dem Kundengruß *hui schwager* (WolfWR 5221), oder zu rw. *hui* ‚geschwind' (WolfWR 2247).

huim Subst. Pl. [LoJ]
– Schuhe [LoJ] ♦ **E:** unsicher; schwer zu jd. *na'al*, Pl. *na'alim* ‚Schuhe', vgl. → *elmer*.

huitzel Subst. n. [KP]
– Schwein [KP] ♦ **E:** schwäb. *Heinzel* ‚Schwein' (SchwäbWb. III 1387).

huke swV. → *hocken, hucken¹*.

hukele swV. [BJ]
hucklen [DG]; **huggala** [OJ]
– springen [BJ, OJ]; hüpfen [BJ, OJ]; gehen [DG] ♦ **E:** *huckeln* ‚gehen, weggehen, springen' (SchwäbWb. III 1850).

huklatsch Subst. m. [BB]
– Kuhstall [BB] ♦ **E:** Inversion zu *Kuhstall*.

hulchen ‚gehen, dahinschleichen, springen' → *holchen*.

hulke Subst. m. [HLD]
– Lügner [HLD] ♦ **E:** rw. *hulke* ‚Lügner', wohl zu dt. *Hulkenbold*, Schimpfwort (WolfWR 2249, DWB X 1895).

hülle Subst. f. [JeS]
– Mütze [JeS]; Kappe [JeS] ♦ **E:** schweizdt. *Hulle, Hülle* ‚haubenartiges Kopfbedeckung' (SchweizId. II 1160).

hüls Subst. [MT, MeT]
– Pfennig [MT, MeT] ♦ **E:** rw. *hüls* (WolfWR 2250, ohne Herleitung); evtl. zu dt. *Hülse* ‚einschließender, flacher Gegenstand' DWB X 1900 f.

snepenhuls Subst. [MeT]; **snepenhul** [MeT]
– Zigarrillo, „Zigarre minderer Qualität?" [MeT] ♦ **E:** nd. *sneppe* ‚Schnepfe' (Woeste, 246); *huls* evtl. zu dt. *Hülse* oder dt. *hals* ‚Hals' (Woeste 90).

hum Subst. f. [HF]
– Bassgeige [HF]; Kontrabass [HF] ♦ **E:** zu rhein. *hummen* ‚summen, brummen' (RheinWb. III 939). → *hummel²*.

humaniks Subst. Pl. [WG]
– Schuhe [WG] ♦ **E:** Markenname eines österreichischen Schuhfilialisten, ab 1907 in Wien. ♦ **V:** *jemanden mit den Humaniks eine anrauchen/geben* ‚jemanden mit den Schuhen treten' [WG].

hummel¹ Subst. [EF]
hommel [EF]; **humml** [PM]
– Pfarrer [EF, PM] ♦ **E:** dt. *Hummel* (Insekt), met. „faule und räuberische leute" DWB X 1903 f.
schwarze hummel Phras. [EF]
– Pastor [EF]

weißa hummel Phras. [EF]
– Pfarrer [EF].

hummel² Subst. f. [HK]; **humml** [HK]
– Gitarre [HK]; Guitarre [HK]; Klampfe [HK] ♦ **E:** dt. *Hummel* „eine Art Saiteninstrument, von nur zwei Saiten, eine art sackpfeife von nur zwei tönen" (DWB X 1904, Hummel 4), wohl zu *hummen* ‚summen', evtl. zu *hummel* (kugelförmiges Insekt). → *hum* und → *hummel¹*.

hummljauner Subst. m. [HK]
– Gitarrenspieler [HK] ♦ **E:** → *jaunen*.

hummelscheeks Subst. m. [HK]
– Gitarrenspieler [HK] ♦ **E:** → *scheeks*.

hümpel Subst. m. [BM]
– Hund [BM] ♦ **E:** unsicher; evtl. zu dt. *hümpeln* ‚schwerfällig gehen' DWB X 1908 f.; SchweizId. *hümpele^n* 2,1301.

humpisch Subst. n., Sprachname [MT, MeT]
humpes [MeT]
– Tiöttensprache [MT, MeT] ♦ **E:** Sondersprache nordwestfälischer Kaufleute um Mettingen; vgl. → *bargunsch*; dt. *hümpel* ‚Bündel, Haufen'; engl. *hump* ‚Höcker, Buckel', engl. *to hump* ‚auf die Schulter nehmen und tragen'. *Humpisch* als Sprache derer, die ein Bündel, den → *Ripert*, auf dem Rücken tragen. Unzutreffende Herleitung von WolfWR 2255 zu → *behumsen* ‚betrügen', vgl. Siewert, Humpisch, 12; Siewert, Geheimsprachen in Westfalen I, 215. ♦ **V:** *quäss humpisch!* ‚sprich die Tiöttensprache' [MeT].

humus Subst. m. [KJ]
– Betrunkenheit [KJ]; Rausch [KJ] ♦ **E:** unsicher; evtl. zu lat. *Humus* ‚(Fuß-)Boden, met. Niedriges, Gemeines'.

hund Subst. m. [EF, HLD, HN, MB, WG]
– Schloß an der Zellentür [WG]; Vorhängeschloss [HLD]; Wurst [EF]; Schulden [HN] ♦ **E:** rw. *hund* ‚Vorhängeschloss' (WolfWR 2257, ohne Herleitung), wohl zu dt. *Hund* DWB X 1910 ff. Benennungsmotiv: Sicherheitsgewährung durch Schloß und Wachhund. ♦ **V:** *hund haben* ‚Schulden haben' [HN]; *dort habe ich einen hund vor der tür* ‚dort habe ich Schulden' [HN]

blauer hund Subst. m., Phras. [MB]
– Rothaariger [MB] ♦ **E:** aus jd. *belo* ‚ohne' und *w^e lau* (rw. *lau* ‚böse, schlecht' mit vorgesetztem jd. Verstärkungspartikel): rw. *blau* ‚sehr schlecht, sehr böse'; Rothaarige galten im Volksglauben als falsch, böse, hinterhältig (WolfWR 524, 526).

hundemarke Subst. f. [HN]
– Erkennungsmarke des Kriminalbeamten [HN] ♦ **E:** ugs. *hundemarke* ‚Erkennungsmarke der Polizeibeamten in Zivil' (Kü II 143).

hundeschlachter Subst. m., Übername für Personengruppen [HK]
– Leute aus Hundeshagen [HK].

hunger Subst. m. in:
hungerhaken Subst. m. [HN]
– dünner Mensch [HN] ♦ **E:** dt. *Hunger* „starke begierde nach Speise" DWB X 1943 ff. ♦ **V:** *auf dem hungerhacken sein* ‚pleite sein' [HN]; *hungerhaken auf'm turm* ‚Freier ohne Geld im Zimmer' [HN]

hungerlampe Subst. f. [HN]
– Bezeichnung für das beleuchtete Frei-Schild auf Taxen [HN]

hungerstillstation Subst. f. [SG]
– Fleischerei [SG].

huob Subst. [OJ]
– Gemarkungsname [OJ] ♦ **E:** wohl zu dt. *Hub* ‚Vertiefung, Ausgehobenes' DWB X 1849.

hupfen sw. V. [OJ, WG]
hüpfen [BJ, HN]; **hüppeln** swV. [RW]
– tanzen [HN, RW] ♦ **E:** dt. *hüpfen* ‚springen' DWB X 1954 ff., dt. *hüpfen, hoppeln* ‚Bewegung von unten nach oben' (Klu. 1999: 389), nd. *hüppen, hüppeln*. → *hubberling*. ♦ **V:** *in die Kiste hupfen* ‚sterben' [WG]; *du bist dran mit hüpfen* ‚du bist dran mit tanzen' (Aufforderung an eine Striptease-Tänzerin zum Tanzen) [HN]

hupfdohle Subst. f. [HN]
– Striptease-Tänzerin [HN]; „Frau mit schönen Beinen, nur zum Tanzen zu gebrauchen, nicht als Nutte" [HN]; junge, dümmliche Frau [HN]

hupf ens grätzle Subst. n., Phras. [OJ]
– lebhaftes Kind [OJ]

hüpf ins körbchen Subst. n., Phras. [BJ]
– lebhaftes Kind [BJ]

hupfer Subst. m. [BJ]
– Sack [BJ] ♦ **E:** vgl. rw. *hupfer, hupser* ‚Rheinpfälzer', evtl. „scherzhaft von dem Tanz auf die aus dem Rheinland Stammenden übertragen" WolfWR 2264.

hupferl Subst. n. [WG]; **hupfle** [UG]
– Schaf [UG]; behinderter Mensch [WG]

hüpfer Subst. m. [HN]
– Tänzerin [HN]; „Frau, die für weiteres offen sein könnte" [HN] ♦ **V:** *flotter hüpfer* ‚flotte Biene, schicke Frau' [HN]; *hüpfer machen* ‚verschwinden' [HN]; *mach'n hüpfer* ‚verschwinde' [HN]

hupfrleng Subst. m. [OJ]; **hüpperling** [SS, WH]
– Floh [OJ, SS, WH] ♦ **E:** rw. *hüpferl, hüpferling* ‚Floh' (WolfWR 2266), zu dt. *hüpfen* DWB X 1954 ff.
huppmannel Subst. n. Dim. [EF]
– Floh [EF].

hupphegen Subst. m. [HL]
– Wirtschaft [HL] ♦ **E:** wohl zu dt./jägersprl. *Hupp* ‚Ende der Jagd', *huppen* „beendigung des treibens und der zusammenkunft auf neuem versammlungsplatz" DWB X 1956; *hegen* wohl zu dt. *Hag* ‚abgegrenzter Platz' DWB X 137 ff.

hurbel Subst. [EF]
hurbl [EF]
– Ohrfeige [EF] ♦ **E:** OSächsWb. II 394 (*Horbel* ‚Ohrfeige').

hurcherlstock Subst. m. [WG]
– Stockwerk im Nordtrakt des Gefängnisses in Stein, in dem diejenigen untergebracht werden, die wegen guter Führung gegen Ende der Haftzeit Kopfhörer haben durften [WG] ♦ **E:** Bildung zu *horchen* und *Stock* ‚Stockwerk'. → *hucherl*.

hure Subst. f. in: [HN]
leasinghure Subst. f. [HN]
– Prostituierte, die von einem Zuhälterring an einen außenstehenden Zuhälter vermietet wurde [HN] ♦ **E:** dt. *Hure* ‚Prostituierte' DWB X 1958 ff.
hurenhütten Subst. f. [WG]
– Gasthaus [WG]; Kaffeehaus [WG]; Nachtlokal [WG].

huren ‚sein' → *hauern*. [TK]

hurtich Subst. m. [HK]
hordich [HK]
– Rucksack [HK]; Reff [HK] ♦ **E:** zu dt. *horde* ‚flechtwerk von reisig und stäben' „zunächst nur in der technischen sprache erhalten" unter anderem in Tabaksmanufakturen „wo es ein viereckiges flechtwerk von reisern oder draht" bezeichnet, DWB X 1804 f. ♦ **V:** *hurtich aufgehuckt* ‚Rucksack aufgesetzt' [HK]; *im hurtich unn derr fukkermulte woar lohne zu butten bekoane* ‚in Rucksack und Felleisen war nichts Eßbares mehr vorhanden' [HK].

husch Subst. m. [BB]
– Schuh [BB] ♦ **E:** Inversion zu *Schuh*. ♦ **V:** *isch hon de husche aan* ‚ich habe die Schuhe an' [BB].

husche Subst. f. [MM]
– Häscher [MM]; Polizei [MM] ♦ **E:** rw. *husche* ‚Soldat, Polizist, Gendarm', „mdal. entstellt aus ung. *husár*

‚Husar', ursprünglich ‚Räuber'; im Dt. seit dem 16. Jh. als *huser, husseer*" (WolfWR 2273).
huschmann Subst. m. [MM]
– Polizist [MM]
huschchen Subst. n. [RW]
– Gendarm [RW]

hussl Subst. m. [HK]; **hussel** [HK]
– Polizist [HK]; Gendarm [HK]; Polizei [HK]; Wachtmeister [HK]; Landpolizist [HK]; Ortspolizist [HK]; Wachmann [HK]; *kliester* [HK] ♦ **V:** *puschd schiewes, die hussels sin bikahne!* ‚geht weg, die Gendarmen sind hier!' [HK]; *schdiekum, der hussl buschd* ‚leise, die Polizei kommt' [HK]; *der hussl schemmd schibbes* ‚der Polizist geht fort' [HK]; *scheeks, der hussel buscht* ‚Mann, der Wachtmeister kommt' [HK]; *schuffd dich, dillichen, der hussl buschd* ‚sieh dich vor, Mädchen, der Gendarm kommt' [HK]; *schuffd dich, dilm, der hussl buschd* „wenn der Boß zur Tür reinkommt" [HK]; *schuffdig, der hussl buschd* ‚paß auf, der Polizist kommt' [HK]; *Schuffdig scheks, der hussel buscht!* ‚Vorsicht, Junge, der Gendarm kommt!', ‚nimm dich in Acht, jetzt kommt die Polizei' [HK].

huschele Subst. [TJ]
– Geige [TJ] ♦ **E:** dt. *huschen* „flüchtig über etwas hin gleiten" DWB X 1974 f.; Benennungsmotiv: Streichen des Bogens über die Saiten.

husen Subst. Pl. [EF]
husn [EF]; **hosen** [EF]
– Franzosen [EF] ♦ **E:** zu dt. *Hose*, Kürzung aus *Rothosen* (der frz. Soldaten), Wolf, Fatzersprache, 132.

huspes ‚Wirt' → *hospes*.

huss Subst. f. [EF]
huß [EF]; **hus** [EF]
– Gans [EF]

hußala Subst. n. Dim. [EF]; **hussala** [EF]; Subst. n. Dim. **husselein** [EF]
– Gänschen [EF]; Gänserich [EF] ♦ **E:** obersächs. *Huse* ‚Gans, Lockruf für Gänse' (OSächsWb. II 427).

hussekes Subst. Pl. [MT, MeT]
– Kartoffeln [MT, MeT] ♦ **E:** mhd. *husecke* ‚Mantel', mit westf. *-kes*-Suffix; vgl. dt./frz. *Housse* ‚Schonüberzug für Polstermöbel'.

hussjee Subst. m. [CL, LL]
– Gerichtsvollzieher [CL, LL] ♦ **E:** pfälz. *Hussjee* < franz. *huissier* ‚Gerichtsdiener'. ♦ **V:** *bei dem schäfft*

de Hussjee ei(n) un aus ‚Bei dem geht der Gerichtsvollzieher ein und aus' [CL, LL].

hussn swV. [HK]
hussen [HK]
– laufen [HK]; gehen [HK] ♦ **E:** vgl. dt. *hussen* ‚huss rufen, hetzen', *hussig* ‚schnell, hurtig' (DWB X 1976).

husten swV. [BJ]
– gestehen [BJ] ♦ **E:** dt. *husten* „vermöge eines krankhaften reizes in der kehle" DWB X 1977 f.

aushuaschda swV. [OJ]
– gestehen [OJ]

huasten Subst. f. [WG]
– Hals [WG] ♦ **E:** rw. *husten* ‚Hals, Gurgel' WolfWR 2275, dt. *Husten* DWB X 1976 f., mdal. *Huasten* ‚Husten, Hals'. ♦ **V:** *jemanden bei der huasten haben* ‚würgen' [WG]

hustenburger Subst. m. [RW]
– Zigarette [RW].

hut Subst. m. [HN, RW]
– Perücke [HN] ♦ **E:** dt. *Hut* (Kopfbedeckung) DWB X 1978 ff.

schwarze hüte Phras., Subst. m. Pl. [RW]
– alle rechtschaffenen Fremden [RW] ♦ **E:** *schwarz* nach der „schwarzen Ehrbarkeit".

hüter Subst. [SK]
– Wasser [SK] ♦ **E:** griech. *hydor* ‚Wasser'.

hutkatuffel Subst. f. [MB]
– Eier [MB] ♦ **E:** zu dt. *Kartoffel*, Benennungsmotiv: Ähnlichkeit in der Form; evtl. zu dt. *Haut*.

hutschen swV. [HK]
– kriechen [HK]; laufen [HK]; rutschen [HK]; schlecht laufen [HK] ♦ **E:** rw. *huttschen* ‚kriechen' (WolfWR 2277), thür. *hutschen* ‚sich rutschend oder kriechend fortbewegen' (Sp 1994: 141).

huttschen Subst. f. [HK]; **huttsche** [HK]
– Fußbank [HK]; Fußbänkchen [HK].

hüttn Subst. f. [WG]
– Gasthaus [WG]; Kaffeehaus [WG]; Nachtlokal [WG]
♦ **E:** zu dt. *Hütte* DWB X 1994 ff.

hutz Subst. m. [EF, HF, HeF, JeS, MoM]
hutse [MT, MeT]; **hutsche** [MT, MeT]; **hutzke** [MeT]; **huoske** [JeS, MeT]
– Bauer [HF, HeF, MT, MeT]; Mann [MT, MeT]; Kerl [MeT]; Bursche [MeT]; ungeschickter, ungelernter Kleinhandwerker [JeS]; Einwohner von Aettenschwil/AG (Übername) [JeS] ♦ **E:** im nd. Liber Vagatorum *houtz* ‚bur'; wohl Nebenform zu → *hautz*, so ebenfalls in der nl. Geheimsprache von De Kempen; romanischer Ursprung (so Stüve 1923: 15) eher unwahrscheinlich. ♦ **V:** *alla hutz* ‚unzufriedener Tänzer' [EF, MoM]; *hutzen betuppen* ‚Bauern betrügen' [HeF]; *den hutz paut* ‚Der Bauer schläft' [HeF]; *de hutzen beuten den ühl* ‚Die Bauern kaufen nichts' [HeF]; *Den Hutz holt minotes ten ühl* ‚Der Bauer kennt mich nicht' [HeF]; *versöm den Hutz ene Meles Tihn* ‚Verkaufe dem Bauern einen Sack Kaffeebohnen' [HeF]; *Knos den hutsche?* ‚Kennst Du den Mann?' [MeT]; *Hutsche bant lunsch* ‚Der Bursche taugt nichts' [MeT]; *Hutsche flackt!* ‚Der Mann ist ein Dieb!' [MeT]

hulzentent Subst. f. [HeF]; **hutzentent** [HF]
– Bauernhof [HF, HeF]; Bauernhaus [HF]

hutsenobbes Subst. m. [MT, MeT]; **hutschennobbes** [MeT]; **hutsenobes** [MeT]
– Dorfschulze [MT, MeT]; Bauervogt [MT, MeT] ♦ **E:** germ. *nob-*, *nab-* ‚stoßen', ‚fangen', engl. *nab* ‚ergreifen, packen'. → *nobbes*.

hutsenknölle Subst. m. [MeT]; **hutschenknölle** [MeT]
– Bauernsöhne [MeT]; Bauernsohn [MeT] ♦ **E:** wohl zu mhd. *knolle* ‚Erdscholle' (met. für ‚Bauer, plumper, grober Mensch'). → *knölle*.

hutsenprügel Subst. m. [MT, MeT]
– Bauernknecht [MT, MeT] ♦ **E:** unsicher; evtl. zu dt. *Prügel* ‚derber Knüppel' oder zu germ. *brig-*, *breg-* ‚Arbeit'; umfänglich zur Herleitung: Siewert, Humpisch, 79.

hutzentomp Subst. f. [HF]
– Bäuerin [HF]

hutzentürken Subst. n. [HF]
– Bauernmädchen [HF]

hutzeschwelf Subst. f. [HF]
– Bauernkittel [HF]

hutzewelefer Subst. m. [HF]
– Bauernkirmes [HF]

hutzewöles Subst. m. [HF]
– Bauernbursche [HF]

brügelhutsche Subst. m. [MT, MeT]
– Arbeitsmann [MT, MeT]; Arbeiter [MeT] ♦ **E:** → *hutsenprügel*.

gnurkhutsche Subst. m. [MT, MeT]
– Jäger [MT, MeT] ♦ **E:** nd. *gnuoren*, *gnueren* ‚knurren, brummen'. → *gnurk*.

knaspelhutsche Subst. m. [MT, MeT]
– Barbier [MT, MeT] ♦ **E:** wohl zu nd./westf. *knaostern* ‚Wort das Geräusch malt, wenn man auf etwas

Hartes beißt'; vgl. *Knasterbart* (Goethe), *knasterbärtig* (Wieland). → *knaspel*.

krôihutsche Subst. m. [MT, MeT]; **krojhutsche** [MeT]
– Schreiber [MT, MeT] ♦ **E:** Erstglied wohl romanisch, vgl. frz. *crayon* ,Bleistift'.

nobbeshutsche Subst. m. [MT, MeT]
– Dorfschulze [MT, MeT]; Bauervogt [MT, MeT]

olmershutsche Subst. m. [MT, MeT]
– Altenteiler [MT, MeT] ♦ **E:** nd. *olt, aolt* ,alt'. → *olms*.

rœdelshutsche Subst. m. [MT, MeT]; **rœdelhutsche** [MeT]
– Kaufmann [MT, MeT] ♦ **E:** wohl zu nl. *ruilen* ,tauschen'. → *roedeln*.

schmursenhutsche Subst. m. [MT, MeT]
– Holländer [MT, MeT] ♦ **E:** zu *schmurse* ,Butter', vgl. mnd. *smêren* ,ein Brot beschmieren, fetten' (MNDW III: 295). → *schmurse*.

strükelhutsche Subst. m. [MT, MeT]
– Geschäftsreisender [MT, MeT]; Strücheltiötte [MeT] ♦ **E:** nd./westf. *struekeln* ,stolpernd gehen', nd. *struk, strük, strüeke* ,Gesträuch'; vgl. mnd./mnl. *strūkeln*.

tispelhutsche Subst. m. [MT, MeT]
– Wirt [MT, MeT]; Krüger [MT, MeT] ♦ **E:** mnd. *disputêren* ,mit Worten streiten, disputieren' (MNDW I: 434), *tispelteeren, dispelteeren*; wohl nicht aus mlat. *hospitale*. → *tispel*.

huuffe Subst. m. [MJ]
– Dorf [MJ] ♦ **E:** SchweizId. II 1943 (*Hufe* ,Haufen, Ansammlung von Menschen').

huure ,sein, haben' u. ä. → *hauern*.

I

ibbe Adj. [MM]
ibber [MM, Scho]; **iffer** [Scho]
– blind [MM, Scho]; verrückt [MM]; blöd [MM] ♦ **E:** zu jd. *iwwer* ,blind' (We 67). ♦ **V:** *lau lone! der zuos is auf ollef scheinink ibber!* ,nichts da, das Pferd ist auf einem Auge blind' [MM]

ibbemann Subst. m. [MM]
– Dummkopf [MM].

ierl Subst. m. [SP]
ial [SP]
– Gesäß [SP] ♦ **E:** unsicher; evtl. zu RheinWb. II 215 (*Ierl* ,Euter'). ♦ **V:** *Plants ma den Ierl!* ,Leck mich am Arsch!' [SP].

ieseren Adj. [HF]
– eisern [HF] ♦ **E:** dt. *eisern*, mhd. *îsern* DWB III 375 f.

iessere Subst. f. [BM]; **ysere** [BM]
– Eisenbahn [BM].

ifterken Subst. n. [HN]
– ein Dummer [HN]; Dummkopf [HN] ♦ **E:** unsicher; evtl. Diminutivbildung zu dt. *efern* ,streiten, zanken' DWB III 32.

igel Subst. m. in: [HN]
einen igel in der tasche haben ,geizig sein' [HN] ♦ **E:** dt. *Igel* (Stacheltier) DWB X 2044 f.

igi Adv. [GM]
– gestern [GM] ♦ **E:** roi. *igi* ,gestern' (WolfWZ 1157).

ihaha Subst. n. [OJ]
– Pferd [OJ]; Pferdefleisch [OJ] ♦ **E:** onomatopoetisch vom Wiehern eines Pferdes (WolfWR 2284).

ihmsen evtl. Phras. [HN]
– Person [HN] ♦ **E:** unsicher; evtl. aus dt./ugs. *ihm sein* (*Geld*).

ilet Subst. Pl. [SPI]
– Kinder [SPI] ♦ **E:** rw./jd. *jeled* ,Knabe, Kind' WolfWR 2308.

ille Subst. f. [HN, MB]
– Mädchen [MB]; Übername für Frau [HN] ♦ **E:** unsicher; evtl. zu RN *Ille* oder zu rw. *Dille, Dillm* ,Frauenzimmer, (Dienst-)Mädchen, Dirne'. → *dil*. ♦ **V:** *eine jofle ille* ,ein hübsches Mädchen' [MB]; *eine dufte ille* ,ein tolles Mädchen' [MB]; *miese ille* ,ein schlechtes Mädchen' [MB]

illenfang Subst. m. [MB]
– Anmache [MB]; „man sprach von *illenfang*, wenn man ein Mädchen auf der Straße ansprechen und ,abschleppen' wollte" [MB]

illenjagd Subst. f. [MB]
– Anmache [MB]; „man sprach von *illenjagd*, wenn man ein Mädchen auf der Straße ansprechen und ,abschleppen' wollte" [MB]

illern swV. [EF]
– schauen [EF] ♦ **E:** OSächsWb. II 439 (*illern* ,spähen, heimlich gucken').

iltis Subst. m. [HLD, JeS]
– Polizist [JeS]; Knecht [JeS]; Spion [HLD] ♦ **E:** rw. *iltis, iltisch* ,Polizist, Schutzmann, Stadtknecht, Büttel' aus dt. *Iltis* DWB X 2061; Benennungsmotiv: wohl Nachtaktivität des Tieres (Kü 374).

ilufem Num. Kard. [Scho]
- tausend [Scho] ♦ **E:** jd. *eilef*, Pl. *alofem, elefim* ‚tausend' (We 62, Post 195). → *elof* ‚1000', *telofe*.

imme¹ Subst. f. [SK]
- Laus [SK]; Wanze [SK] ♦ **E:** volksetymologische Synonymenübertragung von dt. *Imme* ‚Biene' auf rw. *biene* ‚Laus, Ungeziefer' (aus jd. *bina* ‚Verstand, Kopf') WolfWR 455.
immen swV. [SK]
- lausen [SK].

imme² Subst. f. [GM]
- Zigarettenkippe [GM] ♦ **E:** unsicher; evtl. met. zu rw. *imme* ‚Mutter', schwer zu rw. *inne* ‚Leiden, Qual' WolfWR 2288, 2291.

impotenzbrühe Subst. f. [HN]
- Pernod [HN]
impotenzwasser Subst. n. [HN]
- Cola [HN] ♦ **E:** dt./lat. *Impotenz* und dt. *Brühe, Wasser*.

inderli Subst. n. [BM]
- Indianerbuch [BM] ♦ **E:** zu dt. *Indianer* (amerikanische Ureinwohner).
indianer Subst. m. [RW]
- Kleingeld [RW]; rotes Geldstück (10 Pfennig, 2 Pfennig, 1 Pfennig) [RW] ♦ **E:** Benennungsmotiv: Farbähnlichkeit des Kleingeldes mit der Hautfarbe von Indianern.
indianerbier Subst. n. [HN]
- zusammengekippte Bierreste. [HN]

indisch Adj. in: [HN]
indischer sand ‚war wohl nichts', ‚umsonst', ‚nichts' [HN]; *bei mir gibt es indischen sand* ‚von mir gibt es nichts' [HN] ♦ **E:** LN *Indien*; Benennungsmotiv: evtl. Nichtverfügbarkeit von indischem Sand(stein) als begehrtem Baustoff.

infam Adj. in: [MB]
infam sein ‚ausgestoßen, tabuisiert' [MB] ♦ **E:** dt./lat. *infam(is)*, frz. *infâme* ‚berüchtigt', zu lat. *fama* ‚Ruf' (Klu. 1999: 399).

in'n dudden → *dudd²*.

insch Subst. m. [BB]
- Schnee [BB] ♦ **E:** Inversion von mdal. *Schnii* ‚Schnee'.

insläpen swV. [SG]
- sterben [SG] ♦ **E:** nd. *einschlafen*.

insoimen swV. [MeT]
- einkaufen [MeT] ♦ **E:** → *säumen*.

intacko Adj. [MB]
- heile [MB]; in Ordnung [MB]; gut [MB]; tadellos [MB] ♦ **E:** lat. *intactus*, frz. *intact* ‚unberührt, unverletzt, einwandfrei' (Klu. 1999: 403).

irba Subst. n. [FS]
- Bier [FS] ♦ **E:** Inversion von *Bier* mit anlautendem Vokal und Anhängen von *a*.

irchka Subst. f. [FS]
- Kirche [FS] ♦ **E:** Inversion von *Kirche* mit anlautendem Vokal und Anhängen von *a*.

irel Subst. f. [BM]
- Nase [BM] ♦ **E:** unsicher; evtl. (mit r-Metathese) zu dt. *Rille* ‚Abfluss' DWB XIV 957.

irles Art. [TJ]
- der, die, das [TJ] ♦ **E:** wohl Nebenform zu → *herles, hirles* ‚hier, dieser'.

irmalensfreund Subst. m., Phras. [LüJ]
- Schaf [LüJ] ♦ **E:** wohl zu RN *Irmale*; dt. *Freund*.

ische Subst. f. [CL, HN, JS, LL, MB, ME, MM, PH, SPI, Scho]
isch [SPI, SS, Scho]; **ixscha** [FS]
- Frau [CL, HN, JS, LL, MB, PH, SPI, Scho]; Dame [MM]; (jüngere) Frau [MB, MM]; Mädchen [FS, HN, MB, ME, MM]; Mädel [MB, ME]; geschlechtsreifes Mädchen [MM]; junges Mädchen [MM]; Freundin [MB, ME]; Freundin vom Mann [MB]; Mutter [CL]; Weibsstück [CL]; Nutte [MM]; Jüdin [SS]; Biene [MB]; spitze Biene [MB] ♦ **E:** rw. *ische* (WolfWR 2297) < jd. *ische* ‚Frau' (We 67, Post 200, MatrasJd 289. Klepsch 710). → *isk*. ♦ **V:** *dat is die ische von den schockfreier* ‚das ist die Freundin des Schaustellers' [MM]; *der hot do noch e Ische* [LL]; *die Ische mecht ich net, un wann se en goldne Dooges het* [LL]; *reune mal das ponum von der ische* ‚guck dir mal das Gesicht von der Frau an' [HN]; *ihne hat ne nebu ische* ‚er hat eine neue Frau' [MB]

vorzimmerische Subst. f. [MM]
- Vorzimmerdame [MM]
ischenpoussierer Subst. m. [MM]
- Weiberheld, Casanova [MM].

ischem ‚Regen' → *geschem*.

isk Subst. m. [SS]
isch [SPI, Scho]
– Jude [SS] ♦ **E:** rw. *isch* zu jd. *isch* ‚Mann' (WolfWR 2297, Klepsch 709). → *ische*.

isländer Subst. m. [RW]
– „Sweater" (Pullover) [RW] ♦ **E:** zum LN *Island*.

ispe Subst. f. [GM]
issemer Subst. [GM]
– Wand [GM]; Zimmer [GM]; Wohnung [GM] ♦ **E:** rw. *isba* ‚Stube', ‚Zimmer' (WolfWR 2296), < roi. *isma*, *isba* ‚Stube', ‚Zimmer' (WolfWZ 1193).

isse Subst. f. [MM, Scho]
isses Pl. [Scho]; **issen** Pl. [Scho]
– Ziege [MM, Scho] ♦ **E:** jd. *isse* ‚Ziege' (We 67).

its Subst. f. [BB]
– Zehe [BB] ♦ **E:** Inversion zu mdal. *Zih* ‚Zehe'. ♦ **V:** *isch han lake itse* ‚ich habe kalte Zehen' [BB].

itter Subst. m. [Scho]
– April [Scho] ♦ **E:** unsicher; evtl. zu hebr., jd. *ijjar* ‚April'.

itzig Subst. m. [HN, PfJ, Scho, SJ]
itzich [Scho]
– Jude [PfJ, Scho, SJ] ♦ **E:** *itzig* ‚Jude', Deonomasticum aus dem Namen *Isaak* (*Jizchak*), vgl. Siewert, WB Viehhändlersprache, 63; abwertend: *Itzig, Mausch und Sander – einer wie der ander*.

J

ja in: [SK]
ja delles ‚auf Wiedersehen' [SK] ♦ **E:** roi. *dza devleha* ‚geh mit Gott'.

jaa Subst. n. [JSa]
– Bett [JSa] ♦ **E:** jd. *jaschenen* ‚schlafen', *joschel* ‚Bett' (We 69). ♦ **V:** *mer schogge änd Jaa* ‚wir gehen ins Bett' [JSa]
jaasche Subst. n. [KMa]; **jahsche** [KMa, OH]
– Bett [KMa]; Bett, Lager, Streu [KMa, OH] ♦ **V:** *ds jahsche bestompe* ‚das Strohlager zurechtmachen' [KMa].

jabbel¹ Subst. m. [MB]
– Mund [MB] ♦ **E:** zu nd. *Jabbel* ‚Mund', *jabbeln* ‚plappern, schnell reden'. ♦ **V:** *halt den jabbel* ‚halt den Mund' [MB]
jabbel² Subst. m. [MM]; **jappel** [MM]
– Zigarette [MM]; Zigarre, Zigarrenstummel [MM].

jabbel³ Subst. m. [HN]
– beim Klapperjas-Spiel der Jas [HN] ♦ **E:** wohl Variante von *Jas* (Trumpf Bube, die höchste Karte).

jabbeln swV. [MB]
– reden [MB]; quatschen [MB]; quasseln [MB]; schwätzen [MB] ♦ **E:** rw. *jabbern* ‚reden, sprechen' (WolfWR 2302); rw. *jäbeln* ‚schreien, fluchen', zu jd. *jolal* ‚jammern' (WolfWR 2304, 2318); evtl. Querung mit rw. *gabeln, jabeln* ‚schwören', nach den wie Zinken einer Gabel hochgereckten Schwurfingern (WolfWR 1609).

jabbon Subst. n. [SK]
– Seife [SK] ♦ **E:** wohl Romanismus, vgl. span. *jabon* ‚Seife'.

jäble swV. [JeS]
– weinen [JeS]; jammern [JeS] ♦ **E:** wohl zu jd. *jólal* ‚jammern' (hebr. *jilél* ‚er hat gejammert'), *jelóle* ‚Wehklage, Jammergeschrei' (hebr. *jelalá*).

jäche swV. [BM]
– jagen [BM] ♦ **E:** zu dt. *jagen* DWB X 2213 ff.

jachler, jachlerei → *acheln*.

jächer Subst. m. [KMa]
– Salat [KMa] ♦ **E:** rw. *grüner jäger* ‚Salat', *jäger* wohl entstellt aus rw. *görgel* ‚Fleisch', ironische Bezeichnung fleischloser Speise (WolfWR 1945).

jack¹ Subst. m./n. [MB, MM]
jak [GM, LJ, MM]; **jaak** [JSa]; **jahk** [ME]; **jag** [JS, MUJ, PH]; **jaag** [WJ]; **jaki** [MB]
– Feuer [GM, JS, JSa, LJ, MB, ME, MM, MUJ, PH, WJ]; (Zigaretten-)Feuer [ME]; Feuerzeug [JSa]; Licht [WJ] ♦ **E:** rw. *jack* ‚Feuer, Licht' zu roi. *jak* ‚Feuer' (WolfWR 2305, WolfWZ 1214). ♦ **V:** *jack dellen* ‚Feuer geben' [MM]; *del mi jack!* ‚Gib mir Feuer!' [MM]; *dell mich jack* ‚gib mir Feuer' [MB]; *da joste die kochemer, kaffer und ruminis, oltrische und kodems, stegen und schickse, im bali beinader um en jak* ‚da lagen die Gauner, Männer und Weiber, Alte und Kinder, Buben und Mädchen, im Walde beisammen um ein Feuer' [LJ]
jackern swV. [GM]; **jagen** [JS, PH]
– brennen [GM, JS, PH]; feuern [GM]; heizen [GM] ♦ **E:** roi. *jagra* ‚feuern, heizen, brennen' (WolfWZ 1214).

jack² Subst. n. [SS]
jak [SPI, SS]; **jask** [SPI]
– Gewerbeschein [SPI, SS] ♦ **E:** → *jackes* ‚teuer'; Benennungsmotiv: die z. T. hohen Gebühren, die für die Ausstellung eines Wandergewerbescheins verlangt wurden.

jäck Num. Kard., Pron. [GM, JSa]
jek [LüJ, MUJ]; **jeck** [MB]
– eins [GM, JSa, LüJ, MB, MUJ]; ein [GM] ♦ **E:** roi. *jek* ‚eins, ein, jemand' (WolfWZ 1229, Boretzky/Igla 129).

jacke Subst. f. in:
jacke aufknöpfen Phras. [RW]
– „reist ein Geselle mit aufgeknöpfter Jacke auf eine Bude oder Herberge eines anderen Schachtes zu, so kündigt er damit Streit an" [RW]; „es sich gemütlich machen beim Platznehmen am Gesellentisch nach Aufforderung oder Mehrheitsbeschluss" [RW]
jacke zuknöpfen [RW]
– „Ausdruck von Höflichkeit" [RW].

jackes Adj., Adv. [JS, MM, SE, SS]
jakkes [MB]; **jakka** [SE]; **jackeres** [Scho]; **jakkeres** [Scho]; **janka** [SE]; **janker** [SE]
– teuer [JS, MB, MM, Scho, SE, SS]; gut [MM]; zu teuer [MM]; hoch [MM] ♦ **E:** rw. *jocker* ‚teuer', zu jd. *jauker* ‚teuer', hebr. *jâkâr* ‚hoch im Preise' (We 68, WolfWR 2363) → *joker*. ♦ **V:** *war aber jakkes, der kover* ‚der Anzug war aber teuer' [MB]; *hamel jackes* ‚zu teuer' [MM]; *ein kaffermann für die sore is hame jackes* ‚20 Mark für die Ware ist sehr teuer' [MM].

jackis ‚Augen' → *jag*.

jad Subst. f. [CL]
jat [JS, PH]; **jarde** [CL, LL]
– Hand [CL, JS, LL, PH] ♦ **E:** rw. *jad* ‚Hand' (WolfWR 2307) < jd. *jad* ‚Hand' (Post 201, Klepsch 715).

jaddefennerich Subst. m. [CL, LL]
– Handkäse [CL, LL] ♦ **E:** → *fennrich* ‚Käse' (WolfWR 1268, Post 201).

jaddeelemer Subst. f., Pl. [CL, LL]
– Handschuhe [CL, LL] ♦ **E:** rw. *elemer* ‚Schuhe' zu jd. *naalaim* ‚Schuhe' (WolfWR 1190).

jaddemassler Subst. m. [CL]
– Handwerksbursche [CL]

jardepeecher Subst. f., Pl. [CL, LL]
– Handtücher [CL, LL]

jardepicht Subst. m. [LL]; **jardespicht** [CL]
– Handgeld [CL, LL]; erste Tageseinnahme [CL, LL] ♦ **E:** rw. *Pech* ‚Geld' (WolfWR 4093), aus jd. *pochus* ‚klein, wenig'.

jadebusen Adj., Adv. [MM]
– großherzig [MM] ♦ **E:** Appellativ vom Hydronym *Jadebusen* (bei Wilhelmshaven); Benennungsmotiv: Ähnlichkeit in der Form, herzförmig.

jadschi ‚Frau' s. → *gadschi*.

jag Subst. n. [GM, MUJ]
jagg [WJ]; **jaggæ** Pl. [WJ]; **jagge** [JS, MUJ, PH]; **jackis** [MM]; **jackies** [MB]; **jackes** [SPI]
– Auge [GM, MUJ, PH]; Augen [JS, MB, MM, WJ]; Geld [MM, SPI]; Kleingeld [MM]; Kaufpreis [SPI] ♦ **E:** rw. *jack* ‚Auge' (WolfWR 58) < roi. *jak* ‚Auge' (WolfWZ 1213). ♦ **V:** *jackis auf chitte* ‚Kleingeld in der Tasche' [MM].

jagalo Subst. n. [GM]
– Streichholz [GM] ♦ **E:** roi. *iagalo* ‚Streichholz' (WolfWZ 1214).

jägän Subst. f. [KM]
jägene [KM]
– verrücktes Weib [KM] ♦ **E:** unsicher; evtl. zu rw. → *jack* ‚Feuer' WolfWR 2305.

jagd Subst. f. in:
jagdreise Subst. f. [RW]
– Prügelei [RW]; Prügel [RW]; wegen unzünftigen Betragens einen Gesellen auf dem Handwerkssaal verprügeln [RW] ♦ **E:** dt. *Jagd* DWB X 2204 ff. ♦ **V:** *jagdreise verpassen* ‚verprügeln' [RW]

jagdschein Subst. m. [HN] ♦ **E:** rw. *den Jagdschein haben* ‚Straflosigkeit nach StGB § 51 (alte Fassung) wegen Unzurechnungsfähigkeit genießen' (WolfWR 2310); ugs. *Jagdschein* ‚amtliche Bescheinigung über Hirnversehrtheit, über geistige Unzurechnungsfähigkeit' (Kü II 146). ♦ **V:** *einen jagdschein haben* ‚verrückt sein' [HN].

jagebud Adj., Adv. [GM]
– billig [GM] ♦ **E:** unklar; *-gebud* womgl. zu dt. *Gebotgeld, Gebietgeld* DWB IV 1813; vgl. Auch mdal. *bud* ‚teuer'.

jahne Subst. n. [LJ, LüJ]
janne [WJ]; **jani** [SchJ]; **jäni** [JeS]
– Jahr [JeS, LJ, LüJ, SchJ, WJ] ♦ **E:** rw. *jane* < hebr. *Jâmîn*, jd. *jamim* ‚Jahr' (WolfWR 2344, Klepsch 722).

jemchen Subst. n., Dim. [OJ]; **jänsche** [StJ]; **jämsche** [StJ]; **jenche** [JS]; **jäntsche** [KM]; **jäntsches** [KM]; **jenniken** Subst. n., Dim. [MM]; **jänneken** [MM]
– Jahr [JS, KM, MM, OJ, StJ]; Jahre (im Gefängnis, Haftzeit) [StJ] ♦ **E:** rw. *jämmchen* ‚Jahr', zu jd. *jamim* ‚Jahr' (WolfWR 2344). ♦ **V:** *Wifil Jämsche häs de je-*

huk? ,Wieviel Jahre hast du gesessen?' [StJ]; *ich hab bes jenikes in' granigen gesessen* ,ich habe zwei Jahre im Gefängnis gesessen' [MM]; *ming schursch es all so ollmisch datt mar die jenches tschie mi zälle kann* ,mein Wagen ist schon so alt, daß man die Jahre nicht mehr zählen kann' [JS]
jedes jahne Phras. [LüJ]
– alljährlich [LüJ]
neujahne Subst. n. [LüJ]
– Neujahr [LüJ].

jahr ,Wald' → *jar*.

jahsche ,Bett, Lager' → *jaa*.

jaiem Subst. m. [FM, KM, StJ]
jajem [Scho]; **jajemm** [Scho]; **jaieme** [KM]; **jajim** [CL, FS, PH]; **jaijn** [SPI]; **jaien** [RA]; **jajom** [SPI]
– Wein [CL, FS, KM, PH, Scho, SPI] ♦ **E:** rw. *jajin* ,Wein' (WolfWR 2313) < jd. *jajin* ,Wein' (We 67, Post 201, MatrasJd 289, Klepsch 718). Vgl. → *jol.* ♦ **V:** *Bei de Jaiem erst gesetzt!* ,Bei den Wein erst gesetzt!' [FM]; *Doahremm, Hautze, schwecht noch Plempel, Jaiem oder Branntewihn!* ,Darum, Leute, trinkt noch Bier, Wein oder Branntwein!' [FM]
jaieme swV. [StJ]
– urinieren [StJ]
jajemmsoreff Subst. m. [Scho]; **jajensoref** [Scho, RA]
– Branntwein [Scho, RA]; Schnaps [Scho, RA] ♦ **E:** → *sorof*.

jaies ,Leute' s. → *goi*.

jaikas ,Eier' s. → *jari¹*.

jak ,Feuer' s. → *jack*.

jakkes Subst. Pl. [MB]
– Schläge [MB] ♦ **E:** unsicher; evtl. zu rw. → *jack* ,Feuer' WolfWR 2305.

jaklisch Adj. [LJ, RW, SchJ]
– württembergisch, schwäbisch [LJ, RW, SchJ] ♦ **E:** *jaklisch* ,württembergisch', nach dem schwäbischen Spottnamen *Jockel(e)* (RN *Jakob*) gebildet (WolfWR 2314, Klepsch 720).
jaklische Subst. n. [LüJ]; **joklische** [BJ]; **joglescha** [OJ] ♦ **V:** *das jaklische* ,Württemberg' [LüJ]; *im Joklische* ,im Schwäbischen' [BJ]; *em joglescha* ,im Schwäbischen' [OJ]
jakobiner Subst. m. [LJ, SchJ]
– Württemberger [LJ, SchJ]; Spottname für die Schwaben [SchJ]

jakobinerländle Subst. n. [RW]
– Württemberg [RW]
jakobiner strode Phras. [BJ]; **jakobiner schdrade** [OJ]
– Schwaben, Württemberg (BJ, OJ).

jakob Subst. m. [KMa]
– Sonne [KMa] ♦ **E:** rw. id., WolfWR 2315; Deonomasticum vom RN *Jakob*; vgl. → *Lorenz, Klara*.
jakobsfedern Subst. f., Pl. [RW]
– Stroh [RW] ♦ **E:** rw. *jakobsfedern*; Benennungsmotiv: ironische Bezeichnung des unter der Sonne getrockneten Strohs als Bettfeder-Ersatz (WolfWR 2316).

jal Subst. [RH]
– Hintern, Gesäß [RH] ♦ **E:** unsicher; evtl. zu rw. *jale* ,Lärm, Spektakel, Gejammere' zu jd. *jolal* ,jammern' WolfWR 2318; schwer zu rw. *jaholt* ,Speck' WolfWR 2311 (Arnold 1961, 114).

jalach ,Pfarrer' s. → *gallach*.

jalche swV. [JeS]
jalchen [TK]
– betteln [JeS, TK]
jalchni Subst. m. [JeS]
– Bettler ♦ **E:** rw. *jalcher* ,Bettler', zu jd. *jólach* ,gehen', hebr. *jeléch* ,er wird gehen' WolfWR 2317.

jalde Subst. [SS]
– Mädchen [SS] ♦ **E:** rw. *jadl* ,Kind', zu jd. *jaldo* ,Mädchen' WolfWR 2308.

jalmpje ,kleines Kind' → *galm*.

jamele swV. [StJ]
– betteln [StJ] ♦ **E:** rhein. *gampeln* ,betteln' (RheinWb. II 997).

jamm¹ ,Tag' → *jom*.

jamm² Subst. n. [CL, LL]
– Meter [CL, LL]; Elle [CL] ♦ **E:** rw./jd. *ammo* ,Elle' (WolfWR 82, Post 201). ♦ **V:** *schneidschd mer die Kluftcher uff dollet Jamm* ,schneide mir den Kleiderstoff auf 4 Meter' [LL, CL]
jam Subst. n. [PH]; **jamsche** [PH]
– Elle [PH].

jamm³ Subst. n. [Scho]
jomm [Scho]
– Meer [Scho] ♦ **E:** jd. *jamm, jomm* ,Meer' (We 67).

jamm godel Subst. n., Phras. [Scho]
- Ozean (großes Meer) [Scho] ♦ **E:** → jd. *godel*, hebr. *gadol* ‚groß'.

jammerkasten Subst. m. [SG]
- Abfalleimer [SG] ♦ **E:** dt. *Jammer* ‚Not, Leid, Kummer' DWB X 2250 ff. und dt. *Kasten*.

jamule Adj. [SPI]
- fest [SPI] ♦ **E:** unsicher; evtl. zu → *chamm*.

jän Subst. [OH]
- Wein [OH] ♦ **E:** → *jajem*.

jänä swV. [BJ]
- überlisten [BJ] ♦ **E:** wohl zu → *jenisch*.

jänä Subst. [BJ]
- immer wiederkehrendes Gezeter [BJ].

janes Adj. [HF]
- toll [HF]; verrückt [HF]; geck [HF] ♦ **E:** rw. *janes* ‚toll, geck' WolfWR 2321 (ohne Herleitung); wohl zu *Janes*, Kurzform von RN *Johann*; ‚einfältiger, dummer, ungeschickter, steifer Mensch', vgl. RheinWb. III 1139.

janesen swV. [HF, HeF]
- phantasieren [HF, HeF]; tollen [HF, HeF].

janeve ‚stehlen' s. → *gannef*.

jängele Subst. m. [StJ]
- Stromer [StJ]; Wandergeselle [StJ] ♦ **E:** RheinWb. II 1008 ‚Hausierer'.

jängelefläp Subst. f./m. [StJ]
- Blutwurst, Stromer [StJ] ♦ **V:** *e Schtöckske Jängelefläp* ‚ein Stückchen Blutwurst' [StJ].

jangelmien Subst. m. [EF]
- Jude [EF] ♦ **E:** unsicher; evtl. Variante zu jd. *jingelchen* ‚kleiner Junge', evtl. Einfluss von engl. *young* ‚jung' oder frz. *jongle* ‚Spott', vgl. Wolf, Fatzersprache, 122.

jangi Subst. n. [GM]
- Honig [GM] ♦ **E:** roi. *anguin, janjin* ‚Honig' (WolfWZ 985).

jangst Subst. m. [KMa]
jangs Subst. m. [KMa]
- Hund [KMa] ♦ **E:** zu rhein./ugs. *jankern, janksen* ‚heulen, winseln' RheinWb. III 1140.

jani ‚Jahr' → *jahne*.

jäniche ‚Zirkusleute' → *jenisch*.

jänisch ‚gescheit, klug, jenisch' → *jenisch*.

jankef Subst. m. [Scho]
- Jakob [Scho] ♦ **E:** jd. *jankew* RN Jakob (We 67) ‚derjenige, dem man wohltätig gegenüber zu sein hat'.

janker Subst. m. [WG]
- Geldschrank [WG]; Kassenschrank [WG] ♦ **E:** wienerisch *Janker* ‚Panzerkassette', wohl met. zu → *jankerle*. ♦ **V:** *einen janker reißen* ‚Geldschrank knacken' [WG]

verjankern swV. [WG]
- etwas verstecken [WG].

jankerle Subst. n. [KP]
- Rock [KP] ♦ **E:** rw. *jankerle* ‚Rock, Jacke' WolfWR 2324, dt. *Janker* ‚kurzes Obergewand' DWB X 2263.

jannagel Subst. m., n. [MM]
- Gesindel [MM] ♦ **E:** unsicher; evtl. Kontamination aus rw. *janner, jauner* ‚Gauner', *janitschek* ‚Zechpreller' (WolfWR 1669, 2323) und rw. *schinnageln* ‚arbeiten' WolfWR 4920 oder zu dt. *Janitschar* ‚türkischer Soldat', aus türk. *jenî-tsjerî* ‚neuer Soldat' DWB X 2263.

jannen swV. [JSa, LüJ]
- lecken [JSa, LüJ] ♦ **E:** rw. *jannen* ‚lecken' (WolfWR 2325, ohne Herleitung), mdal., SchwäbWb. IV 75 (*jannen*). ♦ **V:** *jann mei bos!* ‚Leck mich am Arsch' [LüJ]; *jann mei ehl!* ‚Leck mich am Arsch' [JSa].

jantes Subst. [SJ]
- Pfennig [SJ] ♦ **E:** rw. *dantes* ‚Spielmarken', aus dt. *Tantes* ‚Spiel- oder Rechenpfennig' (WolfWR 959, DWB XXI 117).

jantsche Subst. [KP]
- Kuchen [KP] ♦ **E:** SchwäbWb. IV 75.

japse Subst. m. Pl [HN]
- Japaner [HN] ♦ **E:** zum Ethnonym *Japaner*, ugs. *Japs* ‚Japaner' (HWB II 859), Kürzung aus *Japanese* (Kü I 252).

japsen swV. [MB]
- hecheln [MB]; nach Luft schnappen [MB] ♦ **E:** westf. *japsen* ‚nach Luft schnappen, flapsen, schwätzen' (WestfWb. 508).

jar Subst. n. [CL, PH]
jâr [TK]; **jaa** [JSa]; **jahr** [SK]; **johr** [JSa]; **jahre** [LüJ]; **jaari** [JeS]; **jaarem** [JSa]
- Wald [CL, JeS, JSa, LüJ, PH, SK, TK] ♦ **E:** rw. *jaar* (WolfWR 2301) < jd. *jaar*, hebr. *ja'ar* ‚Wald' (Post 202). ♦ **V:** *mer schäcke ins Joor Hohe schuppe* ‚wir gehen in den Wald, Rehe wildern' [JSa].

jarde ‚Hand' → *jad*.

jari[1] Subst. m. [JS, MB, PH]
jarri [MM]; **jerri** [MM]; **jaare** Subst. Pl. [WJ]; **jare** [GM, MUJ, SJ]
– Ei [GM, MB, MM, SJ]; Eier [JS, MUJ, PH, WJ]; Hoden [GM, MB, WJ] ♦ **E:** rw. *jaro* < roi. *jaro* ‚Ei' (WolfWR 2328, WolfWZ 1222). ♦ **V:** *ich challe mich 'n jari* ‚ich esse ein Ei' [MB]; *Tschai guff mr a paar jare ei* ‚Mädchen, schlag' mir ein paar Eier (in die Pfanne) rein' [WJ]
jarriken Subst. n., Dim. [MM]; **jariken** [MM]; **jaricken** [MM]; **järiken** [MM]; **jarricken** [MM]; **jareken** [MM]; **jerriken** [MM]; **jalliken** [MM]; **jaliken** [MM]; **jalleken** [MM]
– Ei [MM]; Eier [MM]; Hühnerei [MM] ♦ **V:** *vom jucholo die jarrikes makeimen lassen* ‚sich vom Hund in die Eier beißen lassen' [MM]; *wir ham von den chalo bes jarickes bewircht* ‚wir haben von dem Bauern zwei Eier bekommen' [MM]; *er nutzt jede Gelegenheit, um zu schoren, sei es jarikes oder kachelins oder ne macke pose vom schassor* ‚er nutzt jede Gelegenheit, um zu stehlen, seien es Eier oder Hühner oder ein Stück Schweinefleisch' [MM].

jeiker Subst. [MM]
– Ei [MM]

jaikas Subst. Pl. [MB]; **jeikas** [MB]; **jaika** [LüJ]
– Eier [MB]; Hoden [MB]; „die Eier – so oder so" [MB] ♦ **E:** wohl direkt aus russ. *jaiko* ‚Ei', mutmaßlich von dt. Soldaten aus Rußland nach dem Zweiten Weltkrieg mitgebracht; womgl. Einfluss von oder Querung mit rw. *jaro* < roi. *jaro* ‚Ei'. ♦ **V:** *os hat ihne inne jaikas gadabbert* ‚sie hat ihm in die Hoden geschlagen' [MB].

jari[2] Subst. m. [MB]
– Schmerz [MB] ♦ **E:** unsicher; evtl. zu dt. *jären* ‚aufsieden' DWB X 2264.

järjel Subst. n. [MoM]
– Geld [MoM] ♦ **E:** unsicher; evtl. zu rw./jd. *jarschnen* ‚erben' WolfWR 2329 oder RN mdal. *Järi* ‚Georg'; vgl. *Marie* ‚Geld'.

jarmulke Subst. f. [Scho]
– Käppchen, schwarzes [Scho] ♦ **E:** jd. *jarmulke* ‚Käppchen der orthodoxen Juden' < poln. *jarmułka*.

järno Adj. [GM]
– nüchtern [GM] ♦ **E:** rw. *jerno* ‚nüchtern' (WolfWR 2352) < roi. *jerno* ‚nüchtern' (WolfWZ 1235).

jaro Subst. n. [GM]
– Mehl [GM] ♦ **E:** roi. *jarro, jaro* ‚Mehl' (WolfWZ 1223).

jarok Adj. [Scho]
– grün [Scho] ♦ **E:** jd., hebr. *jarok* ‚grün'.

jarriken ‚Ei' → *jari*[1].

jasemir Subst. m. [HN]
– Bezeichnung für die höchste Karte beim Klapperjas-Spiel, den Jas (Klavierjassen ist ein bes. im Hamburger Hafen und in den Niederlanden verbreitetes Kartenspiel) [HN] ♦ **E:** *jas* zu nl. *jassen* ‚Jacken', → *jass*, evtl. Kontamination mit RN *Kasimir*.

jasger Subst. m. [CL]
jaskær [WJ]; **jasgri** [JSa]; **jatzger** [LJ]; **jazger** [LJ]
– Jäger [Cl, JSa, LJ, WJ]; Wilderer [LJ] ♦ **E:** rw. *jasker* ‚Förster, Jäger', zu frz. *chasseur* ‚Jäger' WolfWR 2332; Middelberg, Romanismen, 34: „zweifelhaft", eher zu dt. *Jäger*.

jazgera swV. [LJ]
– wildern [LJ]

jasken swV. [MM]
– herumrennen [MM]

jaschke Subst. m. [RH]
– Förster [RH]

jasche Subst. m. [RH]
– Wald [RH].

jass Subst. m. [LoJ]
jaß [LI, OH]; **jassen** [MeT]
– Sakko [LoJ]; Rock [LI, OH]; schlichter Rock [MeT]; Hausrock [MeT]; Hauskleid [MeT]; Joppe [MeT]; Rock [LI, OH] ♦ **E:** rw. *jaß* ‚Rock' WolfWR 2334; westf. *Juss* ‚bequemes Hauswams, Joppe'; nl. *jas* ‚Rock, Gehrock, Kleid', Siewert, Humpisch, 81; wienerisch *Jaß* ‚Überrock, Mantel'.

jaskes Subst. n. [MT, MeT]
– Kattun (glatter Stoff) [MT, MeT] ♦ **E:** WolfWR 2333; *-kes* nd. Suffix, Siewert, Humpisch, 81.

jasseln ‚heiraten' s. → *kassene*.

jasser [SK]
– Schimpfwort [SK] ♦ **E:** unsicher; poln. *jasyr*, arab. *asir* ‚Kriegsgefangener, Sklave', Abel, Slavismen, 46, oder jd. *chaser* ‚Schwein'.

jasser ‚Schwein' s. → *kasser*.

jat ‚Hand' s. → *jad*.

jatschedi ‚Schnaps' s. → *katschedi*.

jatt Subst. f. [MB]
– Tasche [MB] ♦ **E:** nd./westf. *gat* ‚Loch, Hintern', DWB IV 1488 „das kopfloch im gewande". ♦ **V:** *inne jatt* ‚in der Jacke'; ‚in der Tasche'; ‚inne Tasche (Hosen- oder Jackentasche)' [MB]; *schi lobi inne jatt* ‚kein Geld in der Tasche' [MB]; *mitte wast inne jatt* ‚mit der Hand in der Tasche' [MB].

jauchetrichter Subst. m. [SG]
– Bassposaune [SG] ♦ **E:** dt. *Jauche* (gesammelte flüssige Exkremente von Menschen und Tieren) DWB X 2268 f. und *Trichter* DWB XXII 423 ff. Benennungsmotiv: Formähnlichkeit.

jaukel Subst. m. in:
schnaubenjaukel [MB]
– netter, unerfahrener Mensch [MB]; dufter Typ [MB]; Komiker [MB]; komischer Kerl [MB]; Geizhals [MB] ♦ **E:** wohl zu dt. *schnauben, Schnauber* ‚prahlender, trotziger Gesell' DWB XV 1200 und 1204; evtl. zu PN mdal. *Jockel* aus *Joachim*.

jaukem Adj. [StJ]
– raffiniert [StJ] ♦ **E:** unsicher; evtl. zu → *joker*.
jaukeme Subst. m. [StJ]
– Raffinierter [StJ]

jauker ‚teuer' → *joker*.

jaulaff ‚Milch' → *cholev*.

jaum ‚Tag' → *jom*.

jaunen swV. [HK]
jaunn [HK]
– spielen, musizieren [HK]; Musik machen [HK]; mit Instrumenten spielen [HK]; vorspielen [HK]; Karten spielen [HK] ♦ **E:** rw. *joner, jauner* ‚Spieler, Falschspieler' (WolfWR 1669). „Zu jd. *jōwōn* ‚Griechenland', zu dem es ein **yewōne(r)* ‚Grieche', eigentlich ‚Jonier' gegeben haben kann" (Klu. 2011: 336). Benennungsmotiv: „die Griechen waren und sind wegen ihrer Geschicklichkeit im Falschspiel überall berüchtigt" (WolfWR 1669). *jaunen* im HK die im Sozialprestige höchststehende Form des Musizierens. ♦ **V:** *flebbm jaunen* ‚Karten spielen' [HK]; *jetzt buschd einer rein hier, zum boos, und looschd, ob wir jaunen können* ‚jetzt geht einer rein hier, zum Wirt, und fragt, ob wir spielen können' [HK]; *aufn buff jaunen* ‚ohne Erlaubnis spielen', ‚umsonst spielen' [HK]; *vorloone gejaund* ‚umsonst gespielt' [HK]; *gejaunt vorloone* ‚umsonst gespielt' [HK]; *mooler simmes – läßt nicht jaunen* ‚der unfreundliche Angeber – er läßt uns nicht musizieren' [HK]; *der boos hat uns nicht jaunen lassen* ‚der Wirt hat uns nicht spielen lassen' [HK]; *man müßte klafumm jaunen können* ‚man müßte Klavier spielen können' [HK]; *wer klafumm jaund, hat massl bei de dilms* ‚wer Klavier spielt, hat Glück bei den Frauen', „das ist aus Unsinn gesungen worden, nie öffentlich" (Schlagertext) [HK]; *fiddl gejaund* ‚Geige gespielt' [HK]; *ausn kiewes jaunen* ‚ohne Noten spielen' [HK]; *derr scheks kann abber grannig jaunen* ‚der Bursche kann aber gut spielen (musizieren)' [HK]; *die klingerscheeks jaunn jooker* ‚die Musiker spielen gut' [HK]; *Dilms, schmoord nicht so viele, es wird nicht mehr geschwächd, wir müssen noch jaunen und bich verdienen!* ‚Mädchen, trinkt nicht so viel, es wird nicht mehr getrunken, wir müssen noch spielen und Geld verdienen!' [HK]

mitjaunen swV. [HK]
– mitspielen (in einer Kapelle) [HK]
rungerjaunen swV. [HK]; **runterjaunen** [HK]
– runterspielen [HK]; Straße/Strecke runterspielen [HK]; sich durchspielen, bis zu einem entfernten südlichen Ort [HK]; abspielen [HK]; ohne Schliff spielen [HK]; vom Notenblatt runterspielen [HK]
vorjaunen swV. [HK]
– vorspielen [HK]
weiterjaunen swV. [HK]
– weiterspielen [HK]
jaunen Subst. n. [HK]
– Musizieren [HK]; Musik machen [HK]
jauner Subst. m. [BO, HK]
– Musiker, Musikant [HK]; Musikspieler [HK]; Spieler [HK]; „Spieler, der Musik macht" [HK]; „einer, der Musik macht" [HK]; Spielmann [BO]; Kartenspieler [HK]

egfachjauner Subst. m. [HK]; **eckfachjauner** [HK]
– Harfenspieler [HK]; Harfenspielerin [HK]; „Frau, die Harfe spielt" [HK]
fiddljauner Subst. m. [HK]; **fiddeljauner** [HK]
– Geigenspieler [HK]; „Mann, der die Geige spielt" [HK]; „einer, der 'ne Geige spielt" [HK]
flebbmjauner Subst. m. [HK]
– Kartenspieler [HK]
hummljauner Subst. m. [HK]; **hummeljauner** [HK]
– Gitarrenspieler [HK]; Gitarrenspielerin [HK]; „der Gitarre spielt" [HK]
knubbeljauner Subst. m. [HK]; **knubberdjauner** Subst. m. [HK]
– Gläserspieler [HK]
luschenjauner Subst. m. [HK]
– „Mann, der die Trompete spielt" [HK]

roonerjauner Subst. m. [HK]
– Schifferklavierspieler [HK]
stummeljauner Subst. m. [HK]
– Es-Klarinette [HK]; B-Klarinette [HK].

jaunern [KMa]
– kläglich bellen [KMa] ♦ **E:** hess. *jaunern* ‚jaulen'.

jebbero ‚(Wild-)Kaninchen' → *jewro*.

jefar ‚Stadt' s. → *kaff*.

jefeschbuuser Subst. m./n. [Scho]
jefeschbuser [Scho]
– Fleisch, geräuchertes [Scho] ♦ **E:** jd. *jewesch* ‚getrocknet' und → *bose*.

jehe swV. [BM]
– eilen [BM]; springen [BM]; laufen [BM] ♦ **E:** mdal., dt. *gehen*.

jeidling ‚Ring' s. → *gatterling*.

jeiker ‚Ei' → *jari¹*.

jejöngkelte Subst. m. [StJ]
– Schnaps [StJ] ♦ **E:** Variante zu *gefinkelter* s. unter → *finkeln*.

jek ‚eins' s. → *jäck*.

jekef Subst. m. [Scho]
– Narr [Scho] ♦ **E:** jd. *jekew, jeikew* ‚Narr', wörtl. *Jakob* (We 68).

jekumperken Phras. [Scho]
– irgendeiner [Scho] ♦ **E:** jd. *jekumperken*: abschlägige Antwort, auf die Frage „Wer kommt?" (We 68).

jell Part. [JeS]
iel [BM]
– ja [JeS] ♦ **E:** *gëlt* SchweizId. II 276, *gë, gëll, gënd*; „1. Fragew. mit Erwartung oder Voraussetzung zustimmender Antwort i. S. v. nicht wahr? 2. mehr Ausrufwort, oft als Ausdruck des Rechthabens in Bez. auf eine Voraussagung, die sich bestätigt hat"; → *schmusen*.

jellschmuuse swV. [JeS]
– wahrsagen [JeS].

jem Part. [BM]
jes [BM]; **isse** [BM]; **ienz** [BM]
– ja [BM] ♦ **E:** unsicher; evtl. mdal. Varianten zu dt. *ja*, engl. *yes*.

jemchen ‚Jahr' → *jahne*.

jenisch Adj. [GM, JSa, LJ, OJ, RW, SchJ, SJ, TJ]
jänisch [JeS]
– klug [LJ, SJ, TJ, SchJ]; jenisch-klug [OJ]; schlau [LJ, RW]; wissend [TJ, OJ]; gescheit [LJ, OJ, SchJ, SJ]; kundig [OJ]; eingeweiht [TJ]; gewitzt [RW]; jenisch [JSa]; die Jenischen betreffend [JeS] ♦ **E:** rw. *jenisch* ‚klug' zu roi. *dšan-* ‚wissen', *chando*, ‚klug, wissend' (WolfWR 2346, Klepsch 724). „[Der Sprecher] bezeichnet sich als klug, den anderen als dumm, das gleiche gilt für die Wertung seiner Sprache. Auch die jenische Sprache kann nur ‚die kluge Sprache' bedeuten" (WolfWR 2346). ♦ **V:** *jenisch gedibert* ‚jenisch gesprochen' [LüJ]; *jenisch diebra* ‚klug und gescheit reden' [OJ]; *jenisch dibbern* ‚Kundensprache', ‚kluge Sprache', ‚Kundensprache sprechen' [SJ]; *d'schicks hatschd mid ihram schure auf dr schtrade odr deam derech zom nägchda kaff, se weled dord a masematte heba ond dibbred deshalb blos no jenisch* ‚Das Weib geht mit ihrem Burschen auf der Landstrasse oder dem Weg zum nächsten Dorf, sie wollen dort einen Diebstahl begehen und sprechen deshalb nur noch die Kundensprache' [SJ]

jenisch Subst. n., interner und externer Sprachname [JS, LJ, LüJ, OJ, RW, WJ]
– Händlersprache [LüJ, WJ]; Rotwelsch [RW]; Kundensprache [RW]; Schausteller-Sprache [JS] ♦ **V:** *ja mulenger, der gliste holt jenisch* ‚der Landjäger versteht auch das Jenische' [LüJ]; *penn jenisch* ‚sprich Jenisch' [LüJ]

grattlerjenisch Subst. n. [LüJ]
– Sondersprache der Grattler [LüJ] ♦ **E:** mdal./bair. *grattler* ‚Asozialer, Zugezogener aus Tirol'.

hochjenisch Subst. n. [LüJ]
– phonetisch nicht dialektal eingefärbtes Jenisch [LüJ]

originaljenisch Subst. n. [LüJ]
– von Primärsprechern überliefertes, authentisches Jenisch [LüJ]

jenischdiebr Subst. n., Phras. [OJ]
– „Gespräch auf jenisch" [OJ]

jenischer Subst. m. [JS, OJ]; **jenischær** [WJ]; **jenische** Pl. [JSa, LüJ, SE, WG]; **jäniche** [NJ]
– Jenische [JSa, OJ]; Kundiger der jenischen Sprache [OJ]; alles „fahrende" Volk [LüJ]; Händler [LüJ, WJ]; ambulante Händler [SE]; Zirkusleute [NJ]; Korbmacher, Kesselflicker, Messerschleifer, Altwarenhändler, Bürstenbinder [JS]; Zigeuner [WG]; Halbzigeuner [WG]; „niemals aber Zigeuner" [LüJ]

jenische ulmen Subst. Pl., Phras. [LüJ]
– umherziehende Leute [LüJ]

jenisch woaln swV., Phras. [KMa, OH]
– in der Musikantensprache sprechen [KMa, OH].

jenne Subst. f. [MM]
– Bart [MM] ♦ **E:** westf. *genkes* ‚oberste Haut' (WWBA. 544). ♦ **V:** *die rakawele hat 'ne ham jenne* ‚die Sache hat einen Bart' [MM].

jennes Subst. m. [HF, HeF]
– Soldat [HF, HeF] ♦ **E:** rw., WolfWR 2347 (ohne Herleitung); evtl. zum RN *Johannes*; kaum zu frz. *jeunesse* ‚Jugend'.

jennesfeuel Subst. m. [HF]; **jennesefeuel** [HF]
– Uniform [HF] ♦ **E:** mdal. *feudel* ‚Wischlappen'.

jennesenpretter Subst. m. [HF]; **jennesepretter** [HF]
– Leutnant [HF]; Offizier [HF]

jennesentent Subst. n. [HF]
– Kaserne [HF]

jennesenteps Subst. m. [HF]
– Helm [HF].

jennesaurum Subst. m. [SS, WH]
genesaurum [SS]; **genesairem** [SPI, SS]
– Schnaps [SPI, SS, WH] ♦ **E:** rw. id., zu jd. *jajin* ‚Wein' und jd. *soroph* ‚brennen' (WolfWR 2313).

jenniken ‚Jahr' → *jahne*.

jenssen swV. [WL]
– wimmern [WL] ♦ **E:** LuxWb. II 238 (*jinksen* ‚winseln, wimmern').

jent Subst. m. [BM, HK]
gent [HL]
– Leute [HK]; Familie [HK]; Volk [HK]; ein Chor Leute [HL]; böse Leute [HK]; Bürger [HK]; Publikum [HK]; Asoziale [HK]; Menschheit [HK]; Händler [BM] ♦ **E:** rw. *jent, gent* „zu Bestehlender, zu Betrügender", allgem. ‚Leute' (WolfWR 2348, ohne Herleitung); zu lat. *gens, gentis* ‚Geschlecht, Stamm, Volk' (Georges 1998: 2919). ♦ **V:** *mulmisches jent* ‚schlechte Leute' [HK]; *moles jent* ‚schlechte Leute', ‚Knastrologen', ‚Heruntergekommene', ‚Asoziale', ‚Leute, die nichts geben' [HK]; *schemmd ein mooles jent, busch ich aber gleich wieder jitt* ‚das sind schlechte Leute, da geh ich gleich wieder fort' [HK]; *das schemmd ein jent* ‚das sind böse Leute' [HK]; *das jent schemmd dufde hier* ‚das sind gute Leute hier' [HK]; *granniches jent* ‚lockeres Publikum in der Kneipe' [HK]; *ham nicht jeschdeggd, das jent* ‚haben nichts gegeben, die Leute' [HK]

dsoorusjent Subst. m. [HK]
– „Leute, die nichts taugen" [HK]; „Leute, die über Tische und Bänke gehen" [HK]

jenter Subst. Pl. tant. [HK]; **jenters** Subst. m. Pl. [HK]; **jentners** [HK]
– Leute [HK]; viele Leute [HK]; Familie(n) [HK]; Volk [HK]; Menschen [HK] ♦ **V:** *dsubbe doch das bich, die jenters heechen es doch* ‚nimm doch das Geld, die Leute haben es doch schon in der Hand' [HK]; *der schdeggd gar nichts inner dufd: das schemmen jenters* ‚der gibt gar nichts in der Kirche: das sind Leute' [HK]; *die jenters wohnen oberkünftig* ‚die Leute wohnen oben' [HK]; *die hunnsfinnischer schemmen granniche jenters* ‚die Hundeshägener sind gute Leute' [HK]; *er kneistet die jenters* ‚er kennt die Leute' [HK]; *ulmische jenters* ‚alte Leute' [HK]; *dufde jenters* ‚gute Leute' [HK]; *die jenters da, die ham doch muckn* ‚die Leute da, die haben doch Läuse' [HK]; *die jenters hidsen nich* ‚die Leute sind zugeknöpft, wortkarg' [HK]; *mulmische jenter* ‚böse Leute' [HK]

boosnjenters Subst. m. Pl. [HK]; **boosenjenters** [HK]; **boosnjenders** [HK]
– Wirtsleute [HK]; Wirt und Wirtin [HK]; Gastleute [HK]; Gastwirtfamilie [HK]; Wirtsehepaar [HK]; Wirtsfamilie [HK]; Gaststättenleute [HK]; Mann und Frau in der Wirtschaft [HK]; Mann und Frau [HK]

kimmeljenters Subst. m. Pl. [HK]
– Einkäufer [HK]

schobbjenters Subst. m. Pl. [HK]; **schobjenters** [HK]
– Marktleute [HK]; fahrende Leute [HK]; „Leute, die verkaufen" [HK]; „Leute, die auf dem Markt verkaufen" [HK]; „Leute, die auf dem Jahrmarkt einen Stand haben" [HK]; Schausteller [HK]; Marktschreier [HK]; Marktbezieher [HK]; „alle auf dem Markt, auch Musiker" [HK]; „mehrere Leute, die auf dem Markt waren" [HK]; „die da Buden hatten, die auch auf Märkten reisen" [HK]; „die Aussteller auf dem Markt" [HK]; „Leute vom Handel" [HK]; *schobbleute* [HK]

tippeljenters Subst. m. Pl. [HK]
– Leute, die auf der Straße musizieren [HK].

jerba Subst. m. [SK]
– Tee [SK] ♦ **E:** unsicher; evtl. amerik. *yerba* ‚Tee'.

jeremiaden swV. [MM]
jeremiassen swV. [MM]
– klagen [MM]; sich beklagen [MM] ♦ **E:** dt. *Jeremiade*, nach PN *Jeremia*; Benennungsmotiv: bibl. Buch der Klagelieder, die man dem Propheten Jeremia zuschrieb.

abjeremiassen swV. [MM]
– durchschauen [MM]
abgejeremiast Adj., Adv., Part. Perf. [MM]
– durchschaut [MM].

jerete Subst. f. [BM]
– Reihe, die durch Händereichen entsteht [BM] ♦ **E:** unsicher; evtl. kollektive Präfixbildung ge- zu *rättel, redel, reiteln* ‚mit dem reitel zusammenschnüren' DWB XIV 767, 825.

jericho Subst. n./m. [MM]
– Gericht [MM]; Schiedsrichter nach langem Streit [MM] ♦ **E:** bibl. ON *Jericho*; Benennungsmotiv wohl biblisch: letzte Station von Jesus, bevor er in Jerusalem hingerichtet wird. ♦ **V:** *ich muß vor jericho* ‚ich muss vor Gericht' [MM]
jericho Adj. [MM]
– sehr schlimm [MM].

jerke Subst. m. [SS, WH]
– Gastwirt [SS, WH]; Wirt [WH]; Mann [SS, WH] ♦ **E:** unsicher; rw. *härk* ‚Wirtshaus, Herberge' WolfWR 2071, evtl. mdal. zu dt. *Herberge* DWB X 1060 ff.

jeronimo Subst. [MM]
– viel Unglück [MM] ♦ **E:** unsicher; evtl. Variante zu → *jeremiaden, jericho*, beeinflusst oder direkt vom PN *Hieronymus, Jeronimo*.
jeronimo Adj. [MM]
– schlecht [MM].

jerozen Subst. [Scho]
– Willen [Scho] ♦ **E:** jd. *jerozen* ‚sein Wille'.

jerusalemsfreund Subst. m., Phras. [LüJ]
– Schaf [LüJ]; Schäfer [LüJ] ♦ **E:** rw. *jerusalemsfreund* ‚Schaf, Hammel' (WolfWR 2353); Benennungsmotiv: evtl. der von Schafen gern gefressene Jerusalemsklee.

jes Num. Kard. [MB]
– neun [MB] ♦ **E:** Nebenform zu → *tess* ‚neun' (WolfWR 6437).

jeschke Subst. f. [HK]
– Kirche [HK] ♦ **E:** rw. *jeschke* ‚Kirche', zu jd. *chasoko, chesko* ‚Macht, Stärke, Kraft' (WolfWR 1662).

jeske Subst. [EF]
jeskel [EF]; **jeskl** [EF]
– abgestandenes Bier [EF]; verschaltes Bier [EF] ♦ **E:** dt. *Jest* ‚Schaum, Gischt' DWB X 2312; Benennungsmotiv: Tropfbier aus schaumigem Rest im Faß, Wolf, Fatzersprache, 122.

jesööms Subst. n. [BB]
– Gemüse [BB] ♦ **E:** Inversion zu mdal. *Jemöös* ‚Gemüse'.

jess Part. [HK, SK]
jes [HK, LI]; **jeß** [HK]
– ja [HK, LI, SK] ♦ **E:** rw. *jes* ‚ja' WolfWR 2354, wohl zu engl. *yes* ‚ja' oder tschech. *jest* ‚ja, so ist es'. ♦ **V:** *Hechst du verlinzt, was der peker gedibbert hecht? – Jeß, er hecht gedibbert, er will dich mole kuffen!* ‚Hast du verstanden, was der Mann gesagt hat? – Ja, er hat gesagt, er will dich totschlagen' [HK].

Jesus Christus Subst. m.
– Stock [EF, MoM] ♦ **E:** Benennungsmotiv: wohl vom Gruß mit erhobenem Stock (*gelobt sei Jesus Christus!*), vgl. Wolf, Fatzersprache, 119, wenn nicht ‚Opferstock', vgl. rw. *joisl*, dt. *Jesus* ‚Christus, Kruzifix' WolfWR 2364. → *joisel*.

jett Pron. [HF]
– etwas [HF] ♦ **E:** rhein. *jet* ‚etwas' (RheinWb. III 1167).

jetten swV. [RW]
– per Anhalter fahren [RW]; trampen [RW] ♦ **E:** engl. *jet*, eigentlich ‚Düse', gekürzt aus *jet plane* ‚Flugzeug mit Düsenantrieb' (Klu. 1999: 411).
jet-set-geselle Subst. m. [RW]
– Geselle, der auch mit bequemen Beförderungsmitteln reist [RW].

jeue ‚Frau' s. → *goi¹*.

jewro Subst. m. [GM]
jebbero [MM]
– Hase [GM]; (Wild-)Kaninchen [MM] ♦ **E:** roi. *chewro, jewro* ‚Hase' (WolfWZ 1659).

jibbern swV. [MB]
– quieken [MB]; winseln [MB] ♦ **E:** westf. *jibbelen* ‚winseln, piepen' (WestfWb. 510).

jidd Subst. m. [HN]
jid [Scho]
– Jude [HN, Scho] ♦ **E:** nd. *Jüde*, jd. *jid* ‚Jude'.

jif Subst. m. [MM]
jiv [LüJ]
– Schnee [MM] ♦ **E:** rw. *jiv* ‚Schnee' < roi. *jiw* ‚Schnee' (WolfWR 2358; Boretzky/Igla 125; WolfWZ 1242).

jilles Subst. m. [NJ]
– Hunger [NJ] ♦ **E:** wohl zu rw. *gielen* ‚speien, erbrechen' WolfWR 1790, Windolph, Nerother Jenisch, 47;

schwer zu RheinWb. II 1234 (*Gimms* ‚heißes Verlangen'). ♦ **V:** *jilles im reipert* ‚Hunger im Leib' [NJ].

jinglisch Adj. [LoJ]
– jung [LoJ] ♦ **E:** zu dt. *jung*.

jitschen swV. [Scho]
– beschneiden [Scho] ♦ **E:** rw. *jidschen* WolfWR 2357 < dt. *jüdschen* ‚jüdisch machen, beschneiden' (DWB IV/2, 2360).

jitt Adv. Interj. [HK]
jitz [HK]; **jütt** [HK]
– fort [HK]; weg [HK]; raus hier [HK] ♦ **E:** unsicher; evtl. zu *jüdeln, juden* v. „die art eines juden haben, namentlich im handeln" DWB X 2354; ugs. *auf jütt sein* ‚unterwegs sein'. ♦ **V:** *mooler peker, jitt* ‚schlechter Mann, raus hier' [HK]; *Scheeks, hier könn we nich penn, hier müß me schiewes buschn, sonz kriegen we noch roadmalmische – Wanzen – oder wir kriegen muckn. Hier müß me wieder jitt, dilms* ‚Junge, hier können wir nicht schlafen, hier müssen wir fortgehen, sonst kriegen wir noch Wanzen oder wir kriegen Läuse. Hier müssen wir wieder fort, Mädchen' [HK]

jittbuschen swV. [HK]
– fortgehen [HK] ♦ **E:** → *buschen*.

jittrollern swV. [HK]
– fortfahren [HK] ♦ **E:** → *rollen*.

jittdsubben swV. [HK]
– wegnehmen [HK] ♦ **E:** → *dsubbm*.

joawel Subst. m. [KMa]
– Wind [KMa] ♦ **E:** wohl zu dt. *Gewell* „wellenförmige erscheinungen" DWB VI 5462 ff.

job Pers. Pron. [GM]
– er (3. Pers. Sg. Nom. m.) [GM] ♦ **E:** roi. *job* ‚er' (WolfWZ 1247).

jöbele swV. [KM]
– sich übergeben [KM]; brechen [KM] ♦ **E:** rhein. *göbbeln* ‚sich erbrechen' (RheinWb. II 1292).

joche Subst. [LüJ, MT, MeT]
– Weste [LüJ, MT, MeT]; Jacke [LüJ] ♦ **E:** rw. *joche* ‚Weste' (WolfWR 2359, ohne Herleitung), zu dt. *Joch* „gestell, welches, auf hals oder kopf der zugthiere gelegt, dieselben mit dem pfluge oder wagen verbindet" DWB X 2328 ff.; vgl. → *kreuzspanner* ‚Weste'.

jochel Subst. m. [TJ, TK]
joch [TK]
– Wein [TJ, TK] ♦ **E:** rw./jd. *jajin, jocherl* u. a. Varianten ‚Wein' WolfWR 2313; Verschleierung: *-el* Kürzung von jd. *ollef* (Buchstabe a), *joch-* zu jd. *jud* (Buchstabe j), Anfangsbuchstaben von jd. *jajin*.

jochem Subst. m. [FM, NrJ, PfJ]
juchem [JeH, NJ, NrJ, SP, StJ]; **juchum** [NJ]; **jochn** [HK]; **jochen** [HK]; **jochim** [BO]; **jechim** [KMa, LI, OH]
– Wein [JeH, KMa, LI, NJ, OH, SP, StJ]; Schnaps [BO, HK, NrJ]; Fusel [FM]; Klarer [NrJ]; Branntwein [HK]; Most [PfJ] ♦ **E:** Nebenform zu rw. *jajin* (WolfWR 2313); vgl. → *jajem, jochel*; rw. *jochen, jochim* ‚Wein, Branntwein', jd. *jajin* ‚Wein', *jajin soroph* ‚Branntwein' (WolfWR 2313), jd. *jäjen* (We 1973: 67). ♦ **V:** *jochn geschmoord* ‚Schnaps getrunken' [HK]; *Schwecht ich, minner Seel! kenn Jochem* ‚Tränke ich, meiner Seel! keinen Fusel' [FM]

jochnbeeker Subst. m. [HK]
– Schnapstrinker [HK] ♦ **E:** → *beeker*.

jochnbrenner Subst. m. [HK]
– Schnapstrinker [HK] ♦ **E:** → *brennen*.

jochngarliene Subst. f. [HK]
– Schnapsflasche [HK] ♦ **E:** → *garliene*.

jochnknubberd Subst. [HK]
– Schnapsglas [HK] ♦ **E:** → *knubb-/ knupp-*.

bumesejuchem Subst. m. [SP]
– Apfelwein [SP] ♦ **E:** → *bume¹*. ♦ **V:** *e Belesje Bumesejuchem* ‚ein Krug Apfelwein' [SP].

jochum Part. [JSa, RH]
juchum [JSa]; **jochem** [RH]
– ja [JSa] ♦ **E:** unsicher; evtl. Weiterbildung von mdal. *jo* ‚ja', schwer zu → *jochem*. ♦ **V:** *Haudzi schwäsche e Schäimerd? – Juchem!* ‚Junge, trinkst du ein Bier? – Ja!' [JSa].

jod ‚zehn' → *jud*.

jofel Adj., Adv., Interj. [MB, ME, MM, Scho]
jovel [MM]; **jowel** [MM]; **joefel** [MM]; **joefn** [Scho]; **joufn** [Scho]
– schön [ME, MM, Scho]; gut [MM, Scho]; toll [MM]; hübsch [MB, MM]; nett [MM]; prima [MM]; wohlauf [MM]; interessant [MM]; förderlich [MM]; schick [MM]; in Ordnung [MM]; kostbar [MM]; mit Stil [MM]; tüchtig [MM]; spaßig [MM]; problemlos [MM] ♦ **E:** rw. *jofe* ‚schön', zu jd. *jophe* ‚schön', *jofi!* Interj. ‚herrlich!' (WolfWR 2363 b; We 68). ♦ **V:** *jovel is bees mal so tofte wie ömmes – und ömmes is schon hamel jovel* ‚jovel ist doppelt so gut wie ömmes, und ömmes ist

schon ziemlich *jovel*' [MM]; *hamel jovel* ‚wunderschön', ‚schwer in Ordnung' [MM]; *jovel am picheln sein* ‚ausgiebig trinken' [MM]; *die joflen balachesen* ‚das gute Geld' [MM]; *jovlen rochus haben* ‚ganz schön in Rage sein' [MM]; *immer jovel am malochen* ‚immer schön am Arbeiten' [MM]; *eine jovle macke mast* ‚ein ordentliches Stück Speck' [MM]; *hamel jovler seeger* ‚ganz toller Mann' [MM]; *eine jofle ille* ‚ein hübsches Mädchen' [MB]; *jovle töle* ‚tolles Mädchen' [MM]; *jovler körning* ‚ein schöner Busen' [MM]; *sich in jovle kowe werfen* ‚sich in Schale schmeißen' [MM]; *jofel nerblo, wat?* ‚schön verrückt, was?' [MM]; *jofel und toft* ‚schön und gut' [MM]; *was hegt der seeger für 'nen jovlen obermann* ‚was trägt der Mann für einen schönen Hut' [MM]; *die hat jovle klötze* ‚die hat einen schönen Busen' [MM]; *jovel anim* ‚Mädchen, das in Ordnung ist' [MM]; *jovler kower* „höchstes Lob für einen Wirt" [MM]; *der hat'n jovlen rees drauf* ‚Sprüche klopfen' [MM]; *die achile war jofel* ‚das Essen hat gut geschmeckt' [MM]; *der seeger hat 'n joflen backs* ‚der Mann hat ein schönes Haus' [MM]; *bei dem kower gab's jofle bose zu achilen* ‚bei dem Wirt gab es gutes (viel) Fleisch zu essen' [MM]; *der seeger hatte 'n joflen dohling* ‚der Mann hatte einen schönen Hut auf' [MM]; *die wollten auf lau jofles belgebier hügen* ‚die wollten nur Bier schnorren' [MM]; *roin die jofle schmiege von das anim!* ‚Sieh dir das schöne Mädchen an!' [MM]; *die hatten 'n jofles ker da* ‚sie hatten ein schönes Haus' [MM]; *die kaline hat aber 'n joflen körning!* ‚das Mädchen hat einen schönen Busen!' [MM]; *der schauter hegt 'ne jofle kowe* ‚der Mann trägt gute Kleidung' [MM]; *bei dem chalo kannste joflen mast bewirchen* ‚bei dem Bauern kannst du guten Speck bekommen' [MM]; *die schockfreier mußten jofel rakawelen, wenn se was verscherbeln wollten* ‚die Kirmesleute mußten gut reden können, um etwas verkaufen zu können' [MM]; *der freier hat 'n jofles romdi* ‚der Mann hat ein nettes Mädchen' [MM]; *kowe ist bekane, und im beis alle jovel* ‚die Kleider sind in Ordnung, und zu Hause sind alle wohlauf' [MM]; *sie ist eine tofte töle und hat jovle schumme zömkes* ‚sie ist eine hübsche Frau mit schönen drallen Beinen' [MM]; *ein kurantes anim! Jovle zomen, toften tokus und nen schucker körning inne Bluse* ‚ein hübsches Mädchen! Schöne Beine, hübscher Hintern und ein schöner Busen in der Bluse' [MM]

jofelino[1] Adj., Adv. [MM]
– bestens [MM]; gut [MM]; sehr gut [MM]; „noch schöner" [MM]; prima [MM] ♦ **E:** ital. Suffix *-ino*.

jofelino[2] Subst. m. [MM]
– netter Mann [MM]

joveln swV. [MM]
– feiern [MM] ♦ **V:** *tofte joveln* ‚ordentlich feiern' [MM].

joger ‚teuer' → *joker*.

jogg Subst. m. [JeS]
– Mann [JeS]; Ehemann [JeS]; Sohn [JeS]; Bursche, Kerl [JeS]; Kamerad [JeS]; Anrede von Jenischen unter sich (du); *der jogg* auch: ich [JeS] ♦ **E:** schweizdt. *Jögg, Joggel* SchweizId. III 25, aus RN *Jakob; Joggel(i)*, wie *Hans* und *Kobi*, zur Bezeichnung eines beliebigen Individuums, oft „mit verächtlicher Nebenbedeutung".

jogl Subst. m. [WG]
– Geldschrank [WG]; Kassenschrank [WG] ♦ **E:** wienerisch *Jogl* ‚Tresor'. ♦ **V:** *einen jogl reißen* ‚Geldschrank knacken' [WG].

johann Subst. m. [HLD, LJ, RW, SchJ]
– Wein [LJ, RW, SchJ]; Brandwein [HLD] ♦ **E:** Kürzung aus rw. *finkeljochen* ‚Branntwein' unter Einfluss von RN *Johann*, zu jd. *jajen, jajem* ‚Wein' (We 67, WolfWR 1409, Klepsch 729). → *jochel, jochem*.

gefinkelter johann Subst. m., Phras. [LJ]
– Branntwein [LJ].

johner Subst. m. [LoJ]
– Musikant [LoJ] ♦ **E:** wohl zu rw. *joner, jauner* ‚Spieler, Betrüger' (WolfWR 1669, SchwäbWb. IV 104, *Joner* ‚Spieler, Falschspieler'). → *gauner*, → *jaunen*.

joi Pers. Pron. [GM]
– sie (3. Pers. Sg. Nom. f.) [GM] ♦ **E:** *roi. joi* ‚sie' (WolfWZ 1248).

joisel Subst. m. [BJ]
– Jesus [BJ] ♦ **E:** zu rw. *joisl* ‚Christus; Kruzifix' WolfWR 2364, mdal. Dim. zu dt. *Jesus*.

jök Subst. [HF, HeF]
– Kalb [HF, HeF] ♦ **E:** unklar; evtl. Onomatopoeticum nach dem Blöken der Tiere.

jökepeek Subst. m. [HF, HeF]
– Kalbfleisch [HF, HeF] ♦ **E:** rw. *peek* ‚Fleisch' WolfWR 4099, ohne Herleitung; womgl. zu *pek* ‚alte Kuh' RheinWb. VI 604.

jokeb Subst. m. [HF]
jokep [HF]
– Teer [HF] ♦ **E:** rw. id. WolfWR 2365, ohne Herleitung; womgl. beeinflusst von Phras. rhein. *Jokepp-*

lass, Lossprechung in der Beichte (aus einer Sage, bis 1890 auch in gewöhnlicher Rede), RheinWB III 1197.

jokeln swV. [BJ]
jogla [OJ]; **jakeln** [BJ]
– reiten [BJ, OJ] ♦ **E:** unsicher; evtl. zu dt. *jucken, jücken* ‚springen, laufen' DWB X 2347 ff.; SchwäbWb. IV 98 (*joklen* ‚wankend einhergehen').
jokler Subst. m. [BJ]; **joglr** [OJ]
– Reiter [BJ, OJ].

joker Adj. [BO, CL, HK, PfJ]
jooker [CL, HK]; **jooger** [CL, LL]; **joger** [CL, GM, SPI]; **jocher** [MoJ, MUJ, WJ]; **jocker** [HK]; **jogger** [SPI]; **jouker** [CL, JSa, Mat, NrJ]; **jauker** [MM, NrJ, SE]; **jaucker** [SPI]; **jaukær** [WJ]; **jauka** [SE]; **jauga** [RH]; **jauke** [MM, StJ]; **jouke** [StJ]; **jucker** [KJ]
– teuer [CL, GM, JSa, KJ, LL, Mat, MM, MoJ, MUJ, NrJ, PfJ, SPI, StJ, WJ]; übertreuert [LL, CL, SPI]; gut [BO, HK]; sehr gut [HK]; schön [HK]; hübsch [HK]; recht [HK]; richtig [HK]; prima [HK]; günstig [HK]; toll [HK]; vorzüglich [HK]; fein [HK]; besser [HK]; intelligent [HK]; lobenswert [HK] ♦ **E:** rw. *jocker* ‚teuer' (WolfWR 2363) < jd. *joker, jauker* ‚teuer, selten' (We 68, Klepsch 734, Post 202); vgl. → *jackes*. ♦ **V:** *die Schori schäfft mer zu jooger* ‚Die Ware ist mir zu teuer' [LL, CL]; *au schäätz, de schuckt awer (j)ooger* ‚Freund, das ist aber teuer' [CL]; *jooker schuulen* ‚richtig sehen' [HK]; *das blembl is jooker* ‚das Bier ist gut' [HK]; *spann emol den jookeren schdends da an* ‚sieh mal den hübschen Angeber da an' [HK]; *das dillichen heeid jookere scheekse* ‚das Mädchen hat schöne Brüste' [HK]; *de dilm heechd en jookeres boonum* ‚das Mädchen hat ein schönes Gesicht' [HK]; *jokere koai* ‚hübsche Frau' [HK]; *der beeker heechd en jookeres keuschen* ‚der Mann hat eine hübsche Frau' [HK]; *schemmd ein jookerer schnoarz* ‚ist ein schöner Mann' [HK]; *das butten hidsd jooker* ‚das Essen schmeckt gut' [HK]; *da wolln wir mal mit dem beeker en granniches plempel schwächn, da wolln wir auch ein bißchen jooker dibbern, wenn Sie extra bekahne schemmen* ‚da wollen wir mal mit dem Mann ein schönes Bier trinken, da wollen wir ein bißchen hübsch reden, wenn Sie extra hier sind' [HK]; *schuffd dich, da schemmd ein jookerer schnoarz, der hat granniche derlinge und ein jookeres boonum* ‚guck, das ist ein hübscher Junge, der hat hübsche Augen und ein hübsches Gesicht' [HK]; *es fimmeld jooker* ‚es riecht gut' [HK]; *der branned schemmd jooker* ‚der Kaffee ist gut' [HK]; *der gasserd hidsd jooker* ‚der Speck schmeckt gut' [HK]; *die lockeration schemmte am jockersten* ‚die Geldeinnahme war am günstigsten' [HK]; *du bisd en jookerer scheeks, heegsd relln im wigserde un seewl im weidchen* ‚du bist ein toller Bursche, hast Läuse im Bart und Scheiße in der Hose' [HK]; *jockere derlinge* ‚gute Augen' [HK]; *jockeres butten* ‚vorzügliches Essen' [HK]; *jooker fehmerling* ‚hübscher Ring' [HK]; *joker unn mole* ‚recht und schlecht' [HK]; *jookere keue* ‚gute Frau' [HK]; *jokerer scheeks* ‚hübscher Junge' [HK]; *jookere schdändserde* ‚schöne Beine' [HK]; *jookeres dillichen* ‚hübsches Mädchen' [HK]; *jookeres klufdchen* ‚schönes Kleidchen' [HK]

joukel Adj. [KM]
– teuer [KM] ♦ **V:** *net joukel* ‚billig' [KM]
jokerisch Adj. [LJ]; **jackrich** Adj. [CL, LL]
– teuer [CL, LJ, LL]
jonniken Adj. [NJ, RH]
– teuer [NJ, RH]; E: „wohl Nebenform von rw. jofe", Windolph, Nerother Jenisch, 77.

joklisch ‚schwäbisch' → *jaklisch*.

jol Subst. m. [BJ, LJ, LüJ, SchJ, SJ, WJ]
johl [SJ]; **jole** [KP, LJ, LüJ, MeJ, MUJ, PfJ, SJ, SPI, WJ]; **jöle** [LüJ]; **johle** [LüJ, OJ, SJ, WJ]; **joole** [WJ]; **jôle** [Him, Mat, Zi]; **jolæ** [WJ]; **jolle** [HN]; **joule** [Scho]; **joli** Subst. m. [CL, GM, Gmü, Him, JS, JSa, LüJ, MJ, Mat, PH, TK, WJ, Wo, Zi]; **jooli** [JeS]
– Wein [BJ, CL, GM, Gmü, Him, JS, JeS, KP, LJ, LL, LüJ, MeJ, MJ, MUJ, Mat, OJ, PH, PfJ, SJ, SPI, TK, WJ, Wo, Zi]; Most [LüJ, SJ, SchJ, Scho, WJ]; Most, Birnenmost [JeS]; Flasche Bier [HN]; „kleine, ursprünglich 0,33 l-Flasche" [HN]; Flasche Schnaps [HN]; Kaffee [SJ] ♦ **E:** rw. *jole, joli* ‚Wein', zu jd. *jud* (J, Anfangsbuchstabe von jd. *jajin* ‚Wein', „hüllende Abkürzung"), „*-el* kann als Abkürzung von jidd. *ollef* = a aufgefaßt werden, dem zweiten Buchstaben von *jajin*. Dafür sprechen die Formen *jod(e)l, jole, joli*" (WolfWR 2313; vgl. Post 202, Klepsch 736); *jolle* in HN evtl. beeinflusst von *jolle* ‚kleines Boot'. → *jaiem*, → *jochel*. ♦ **V:** *gwanter jole* ‚guter Wein' [KP]; *gefinkelter jole* ‚Branntwein' [LJ]; *I ketsch uich an jole her, der ischt boda gwand, da könnt ihr tüchtig schwächa* ‚Ich bringe euch einen Wein, der ist sehr gut, da könnt ihr tüchtig trinken' [SJ]; *Mir schmoret no a Glas, es mues ja net glei's Ende sei, der jol ischt gwand ond kiwig, drom wird er gschwächt, no ischt ellas lopf* ‚Wir trinken noch ein Glas, es muß ja nicht gleich das Ende sein, der Wein ist schön und gut, darum wird er getrunken, dann ist alles gut' [SJ]; *Latsche dewes bai-*

zermoss, wie i spann, gibts hier an lopfa pikus ond an kiwiga jol ‚Guten Tag Wirtin, wie ich sehe gibt es hier ein ordentliches Essen und einen ordentlichen Wein' [SJ]; *du hosch wohl schlecht sitzleng in deira boiz, aber dei jole, der isch guat, mah sollt bloß boschta kenna, ohne z'pfräima* ‚du hast zwar schlechte Stühle in deiner Kneipe, aber dein Wein, der ist gut, man sollte bloß gehen können, ohne zu zahlen' [LJ]; *ach, mir ketschet noch en herles, vielleicht isch der jole gwand* ‚ach, wir trinken hier noch einen, vielleicht ist der Wein gut' [LJ]; *der jole, der isch wie a fluse* ‚der Wein, der ist wie Wasser' [LJ]; *der schrassgend harmend Joli* ‚der trinkt viel Wein' [LL]

faßjole Subst. m. [SJ]
– Faßwein [SJ] ♦ **V:** *Kliste, was willst schwäcka an faßjole?* ‚Polizist, was willst du trinken, an Faßwein?' [SJ]; *Baizermoss, zo dem faßjole kascht mr a kiwigs Stück bossert, a schling ond an kafferlehm brenga* ‚Wirtin, zu dem Faßwein kannst du mir a schöns Stück Fleisch, Wurst und ein Bauernbrot bringen' [SJ]

schdrabudljohle Subst. m. [OJ]
– Gänsewein [OJ]; Wasser [OJ]

sprudeljolle Subst. f. [HN]
– Flasche Sekt [HN].

jöl Subst. n. [MM]
jöll [MM]
– Mund [MM]; Maul [MM]; Gesicht [MM]; Auge [MM] ♦ **E:** wohl aus franz. *gueule* ‚Mund, Maul'. ♦ **V:** *er wünschte allen gnesigen rirkeln nen balg voll schmisse und was aufs jöl* ‚er wünschte allen geizigen Bauern eine Tracht Prügel und was auf die Augen' [MM].

jölbst ‚Kerl, Bursche, Mann' s. → *gölbst*.

jole Subst. f. [MM]
– Wagen [MM]; Auto [MM] ♦ **E:** frz. *carriole* ‚kleines Fahrzeug', daraus dt./ugs. *karriolen* ‚unsinnig und schnell fahren'; Middelberg, 34 f.

joli ‚Wein' → *jol*.

jolli Subst. m. [HN]
– der Joker im Kartenspiel [HN] ♦ **E:** ugs., dt. *Joker*.

jom Subst. m. [BJ, JeS, OJ]
joum [Scho]; **jaum** [SS]; **jamm** [LJ]
– Tag [LJ, OJ, BJ, SS, JeS, Scho] ♦ **E:** rw. *jom, jam* ‚Tag' (WolfWR 2366) < jd. *jom* ‚Tag' (Post 201, MatrasJd 289, Klepsch 737). ♦ **V:** *nochs scheftet's grandige jamm* ‚noch war's hoch am Tage' [LJ]

joumolf Subst. m. [Scho]
– Sonntag [Scho] ♦ **E:** Num. Kard. → *olf*. Hier und nachfolgend Benennung der Wochentage nach numerischer jd. Zählung 1 bis 6: → *olf, bejs, gimmel, dollet, hej, woff*; jd. *jom* ‚Tag'.

joumbejs Subst. m. [Scho]
– Montag [Scho]

joumgimml Subst. m. [Scho]
– Dienstag [Scho]

joumdollet Subst. m. [Scho]
– Mittwoch [Scho]

joumhej Subst. m. [Scho]
– Donnerstag [Scho]

joumfouf Subst. m. [Scho]
– Freitag [Scho]

joumholedet Subst. m. [Scho]
– Geburtstag [Scho] ♦ **E:** jd. *holedet* ‚Geburt'.

joum kippur Subst. m., Phras. [Scho]; **joum kipper** [Scho]
– langer Tag [Scho] ♦ **E:** jd. *jom kippur* ‚Versöhnungstag'; Benennungsmotiv: ganztägiges Fasten und langes Verweilen in der Synagoge.

jomtoff Subst. m. [CL]; **jontef** [MB, MM, Scho]; **jonteff** [MM, Scho]; **jantef** [MB]; **gontef** [MM]
– Spaß [MB, MM]; Laune [MM]; Freude [MB, MM]; Lust [MB, MM]; Pläsier [MM]; Vergnügen [MM]; Quatsch [MM]; Feiertag [Scho]; Sonntag [CL] ♦ **E:** rw. *jonteff* ‚Feiertag' (WolfWR 2366) < jd. *jóntef* ‚Feiertag' (We 69, Post 201, MatrasJd 289, Klepsch 730). ♦ **V:** *hamel jontef hegen* ‚sich sehr freuen' [MM]; *lau jontef verstehen* ‚keinen Spaß verstehen' [MM]; *ne klodde jontef hegen* ‚Interesse haben' [MM]; *die koten hatten hame jontef auf'n schock* ‚die Kinder hatten viel Spaß auf der Kirmes' [MM]

karnevalsjontef Subst. m. [MM]
– Fastnachtsvergnügen [MM].

jomeren swV. [LüJ]
jommeren
– Heimweh haben weinen [LüJ]; Unzufriedenheit zum Ausdruck bringen [LüJ]; jammern [LüJ]; *jommerescht* ‚hast Du Heimweh?' [LüJ] ♦ **E:** dt. *jammern* ‚wehklagen', SchwWb. IV, 72 (*jammeren* ‚Heimweh haben', *Jammer* ‚Sehnsucht nach etwas Verlorenem; Heimweh').

jomer Subst. [LüJ]; **jommer** [LüJ]
– Heimweh [LüJ]; Sehnsucht (nach den Eltern) [LüJ]; „früher ziemlich häufig, durch die Hausiererei; da weiß fast noch jeder, was das bedeutet" [LüJ].

jonen swV. [BJ, RW]
joone [JeS]
– spielen [BJ, JeS, RW] ♦ **E:** rw. *joner, jauner* ‚Spieler, Falschspieler', zu jd. *jowen* ‚Grieche' (WolfWR 1669, SchwäbWb. IV 104). Benennungsmotiv: „die Griechen waren und sind wegen ihrer Geschicklichkeit im Falschspiel überall berüchtigt" (WolfWR 1669) → *gauner*, → *jaunen*.

joner Subst. m. [RW]
– Spieler [RW]

fitzkajöner Subst. m. [MM]
– Luftikus [MM] ♦ **E:** rw. *fitz* ‚Faden, Zwirn' zu dt. *Fitze* ‚Garngebinde' (WolfWR 1416); *-jöner* vermutlich zu rw. *jonen* (WolfWR 1669 s.v. *Gauner*).

tippeljöner Subst. m. [MM]; **tippeljäner** [MM]
– Vagabund [MM]; Stadtstreicher [MM]; Landstreicher [MM]; unsteter Mann [MM]; Wanderer [MM]; Wanderbursche [MM]; jemand auf der Walz [MM]; „einer, der hamstern geht" [MM]; Obdachloser [MM]; Nichtseßhafter [MM]; Streuner [MM]; Penner [MM] ♦ **E:** rw. *tippeln* ‚gehen, wandern', zu dt. *trippeln* ‚mit kurzen Schritten schnell gehen', beeinflusst von dt. *tippen* ‚leicht anstoßen' WolfWR 5833.

trampeljöner Subst. m. [MM]; **trampeljöhner** [MM]
– Fahrrad [MM] ♦ **E:** dt. *trampeln* ‚treten' DWB XXI 1180 ff.

jonern Subst. n. [BJ]
jonom Subst. [OJ]
– unechtes, aufgeregtes Getue [BJ, OJ]; immer wiederkehrendes Gezeter [OJ] ♦ **E:** unsicher; evtl. zu → *jonen* oder → *jomeren*.

jonglieren swV. [HN]
– rechnen [HN]; mehrere Nutten, Geschäfte gleichzeitig laufen haben [HN] ♦ **E:** dt./frz. *jonglieren*, met. ‚mit Zahlen jonglieren'.

jontef ‚Spaß, Vergnügen' u. ä. → *jom*.

jooden hosbes Subst. m., Phras. [NJ]
– gutmütiger Ehemann [NJ] ♦ **E:** rhein. *jood* ‚gut' und → *hospes* ‚Hausvater' u. a. (RheinWb. III 843).

jookes Subst. m. [CL]
– Spaß [CL] ♦ **E:** lat. *iocus* ‚Scherz'.

jooli ‚Wein' → *jol*.

joone ‚spielen' → *jonen*.

jopp Subst. f. [MB]
joppe [ME]; **jub** [LüJ]
– Jacke [MB, ME]; Weste [LüJ] ♦ **E:** dt./mhd. *joppe*, ital. *giubba, guppa* ‚Jacke, Wams' aus arab. *Gubba* ‚Obergewand mit langen Ärmeln' (Klu. 1999: 412).
♦ **V:** *schie lobie in der jopp* ‚kein Geld in der Jacke' [MB].

jori ‚Penis' s. → *gari*.

jörj Subst. [KMa, OH]
– Fleisch [KMa, OH] ♦ **E:** rw. *görgel, jörj* ‚Speck, Fleisch' aus roi. *goi* ‚Wurst' (WolfWR 1877).

joschel ‚Bett' → *juschen*.

joschi Subst. m. [WG]
– Winterrock [WG]; Überrock in der Strafanstalt [WG] ♦ **E:** wienerisch *Joschi* ‚Mantel, Überrock, Überzieher'.

joschpel Subst. f. [KM]
joschpele [KM]
– Vulva [KM] ♦ **E:** rw. *joschnen* ‚schlafen' zu jd. *joschnen* ‚schlafen' (WolfWR 2371); roi. *pele* ‚Hodensack' (WolfWZ 2376). → *josten*.

josig Subst. m. [HF]
– Mittwoch [HF] ♦ **E:** rhein. *Joustich* u. a., mdal. Form zu rhein. *Gudestag* (RheinWb. II 1483).

jœsken Subst. n. Dim. [MeT]
– Groschen [MeT] ♦ **E:** nd./westf. *jösken*, 1930 noch als kleine Silbermünze im Wert von 7 Pfennigen bekannt; aus RN *Joseph* (mnd. *josepsdaler*) und Diminutivsuffix nd. *-ken*, Siewert, Humpisch, 81.

jossaum Subst. m. [Scho]
– Waise [Scho] ♦ **E:** jd. *jossaum* ‚Waise'.

josten swV. [LJ]
jooschde [JSa]; **joschen** [Scho]; **jooschen** [HLD]; **joschten** [RH]; **jaschenen** [Scho]
– schlafen [JSa, ME, Scho]; liegen [LJ] ♦ **E:** rw. *joschnen* ‚schlafen' zu jd. *joschenen* ‚schlafen' (WolfWR 2371, We 69). → *joschpel*, → *juschen*. ♦ **V:** *Komm, mer schòòge jooschde* ‚Komm, wir gehen ins Bett' [JSa]; *da joste die kochemer, kaffer und ruminis, oltrische und kodems, stegen und schickse, im bali beinander um en jak* ‚da lagen die Gauner, Männer und Weiber, Alte und Kinder, Buben und Mädchen, im Walde beisammen um ein Feuer' [LJ]

joost Subst. [RH]
– Bett [RH].

jota Adj. [BJ]
– ohne Geld, keinen Wert [BJ] ♦ **E:** SchwäbWb. IV 106 (kein *Jota* haben ‚nichts haben' nach Mt. 5,18).

jott Part. [PfJ]
– ja [PfJ] ♦ **E:** wohl Bildung zu mdal. *jo* ‚ja'.

jotte swV. [KMa]
– dreschen [KMa] ♦ **E:** rw. id. (WolfWR 2372, ohne Herleitung).

jotter Subst. Pl. [KMa]
– Getreide [KMa]; Körner ♦ **E:** unsicher; evtl. zu dt./griech. *Jota* „jot und jota als bild für eine äuszerste kleinigkeit nach dem griech. texte Matth. 5, 18" DWB X 2337 f.

joukel ‚teuer' → *joker*.

jouze Subst. [Scho]
– Pflicht [Scho] ♦ **E:** jd., *du bist jouzer* ‚du hast deine Pflicht getan, du bist fertig' (We 68).

jovel ‚schön, hübsch, prima' u. a. → *jofel*.

jräks Subst. f. [KM]
jräkse [KM]
– Floh [KM]; Laus [KM] ♦ **E:** unsicher; evtl. zu RheinWb. IV 1321 (*kräcksen* ‚krächzen, knacken').

jramaas Subst. f. [KM]
– Freude [KM]; Gefallen [KM]; Spaß [KM] ♦ **E:** rhein. *Gramatzenmacher* ‚Spaßmacher' (RheinWb. II 1344).

jranisch ‚groß, angesehen, gewaltig' s. → *grandig*.

jreese swV. [KM]
– grinsen [KM]; lächeln [KM] ♦ **E:** rhein. mdal., zu dt. *grinsen* DWB IX 379 ff.

jromes Subst. n. [KM]
jromese Pl. [KM]
– Kind(er) [KM] ♦ **E:** wohl zu RheinWb. II 142: *Grömer* ‚Kind, das weinend spricht'.

jromesköberche Subst. m. [KM]
– Junge [KM] ♦ **V:** *Ming Dooter hät jäts no-e Jromeskööberche jetsop* ‚Meine Tochter hat jetzt noch einen Jungen gekriegt' [KM]

jromespölt Subst. f. [KM]; **jromespölte** [KM]
– Kinderbett [KM]

jromesschniisje Subst. n. [KM]; **jromesschniisjes** [KM]
– Mädchen [KM].

jrongele Subst. n. Pl. [StJ]
– Kartoffeln [StJ] ♦ **E:** Umbildung zu rhein. *Grundbirne* ‚Kartoffel' u. ä. (RheinWb. II 1458).

jubbere ‚Ungeziefer, Läuse, Wanzen' → *tschubæ*.

jubelchen ‚Laus' s. → *tschubæ*.

juch Subst. m. in: [MB]
auf 'n juch gehen ‚sich amüsieren' [MB] ♦ **E:** ugs. *auf Jück gehen* ‚sich amüsieren'; evtl. zu dt. (ant.) *jucken/jücken* ‚springen' (DWB X 2348).

jucheln swV. [MM]
juckeln [ME, MM]
– fahren [ME, MM]; laufen [MM]; reiten [MM]; Geschlechtsverkehr haben [MM] ♦ **E:** rw./ugs. *juckeln* ‚langsam fahren' (WolfWR 2377). ♦ **V:** *mit der leeze jucheln* ‚mit dem Fahrrad fahren' [MM]
wegjucheln swV. [MM]
– abhauen [MM]; mit dem Fahrrad oder zu Fuß abhauen [MM]

jucklu Subst. n. [ME]
– Auto [ME].

juchelo Subst. m. [MM]
jucholo [MM]; **juchuloo** [MM]; **juckelo** [MM]; **jachelo** [MM]; **juckel** [SJ, SK]; **jucklo** [MB]; **juklo** [MB]
– Hund [ME, MM, SJ, SK]; Köter [MB, MM]; übler Kerl (met.) [MM]; Bruder Leichtfuß, lustiger Kerl [MM]; Junge [MB]; Mann [MB] ♦ **E:** rw. *schuckel* (WolfWR 5174) < roi. *dšúklo* ‚Hund' (WolfWZ 573). → *tschuckel*. ♦ **V:** *sich vom juchuolo die jarrikes makeimen lassen* ‚sich vom Hund in die Eier beißen lassen' [MM]; *beim schoren mußte einer schmiere stehen und kneistern, wo der juchelo war* ‚beim Stehlen mußte einer aufpassen, wo der Hund war' [MM]; *der seeger war spee auf mich wie 'n juchelo* ‚der Mann hatte eine Stinkwut auf mich' [MM]; *er machte stoff mitte jachelos inne pinte* ‚er fing mit einigen Hundskerlen Streit in der Kneipe an' [MM]; *es ihr jucklo kandeelt aber link* ‚ihr Hund riecht aber schlecht' [MB]; *er hat den jucklo katzobelt* ‚er hat den Hund getötet' [MB]

juckelkate Subst. f. [SK]
– Hundehütte [SK]

jucholosbräseecke Subst. f. [MM]
– Hundetoilette [MM].

juchem ‚ja' → *jochum*.

jück Subst. n. [SS, WH]
jük [SS]; **gük** [SS]
– Frau [SS, WH] ♦ **E:** rw. *jück* ‚Frau' (WolfWR 2376 ohne Herleitung), zu westf. *jüchen* ‚hinter den Männern her sein', *jüchte* ‚mannstolles Mädchen' Woeste 115. ♦ **V:** *taufleche gück* ‚alte Frau' [SS]

üskers jück Subst. n., Phras. [SS]
– Gastwirtin [SS] ♦ **E:** → üsker.

jucken swV. in: [HN]
gehirn juckt ‚will Schläge haben' [HN]; *ihm juckt das gehirn* ‚einer will was auf die Membrane, er bettelt um Schläge' [HN] ♦ **E:** dt. *jucken* DWB X 2347 ff.

jucker ‚teuer' → *joker*.

juckert Subst. m. [SE]
– Brille [SE] ♦ **E:** wohl zu rhein. *Juckel, juckeln* ‚Wippe, schaukeln'; Benennungsmotiv: Formähnlichkeit.

jucklischluck Subst. m. [MB]
– Korn (Schnaps) [MB] ♦ **E:** rw. *juckeler* ‚Kutscher', zu mdal./westf. *juckeln* ‚langsam, gemütlich fahren' WolfWR 2377; dt. *Schluck* DWB XV 798 ff.; ugs. *Kutscherschluck*.

jud¹ Subst. m. [SPI, WJ]
– Jude [WJ]; Betrüger [WJ]; Händler [SPI, WJ]; Viehhändler [SPI] ♦ **E:** *Jude* ‚Angehöriger des jüdischen Volkes, jüdischer Händler'.

jude unterm nagel Subst. m., Phras. [RW]
– Splitter unterm Nagel [RW]

judeln swV. [BJ]; **judala** [OJ]
– handeln [BJ, OJ].

jud² Subst. m. [WG]
– Kitzler [WG] ♦ **E:** wienerisch *Jud* ‚Klitoris'.

jud³ Subst. m. [BJ, OJ, PfJ, Zi]
jûd [Him]
– Hase [BJ, Him, OJ, PfJ, Zi] ♦ **E:** rw. id., WolfWR 2378 (ohne Herleitung).

jud⁴ Num. Kard. [MM]
jut [MM]; **gut** [MB]; **jutt** [MB, MM]; **jod**; **juss** [CL, LL]; **jus** [SS, Scho]
– zehn [CL, LL, MB, MM, RW, SS, Scho] ♦ **E:** rw. *jud, juss* ‚zehn' (WolfWR 6437) < jd. *jud* ‚zehn' (We 69, Post 202, Klepsch 747) aus dem hebr. Buchstabennamen mit dem Zahlwert ‚zehn', zehnter Buchstabe des hebr. Alphabetes.

jutbes Num. Kard. [MM]; **jutbees** [MM]; **jussbess** [CL, LL]; **jussbäis** [CL]; **jussbäss** [CL]
– zwölf [CL, LL, MM] ♦ **E:** rw./jd. *bet, bess* ‚zwei' (WolfWR 6437).

juthei Num. Kard. [MM]
– fünfzehn [MM] ♦ **E:** rw./jd. *hei* ‚fünf' (WolfWR 6437).

jussolef Num. Kard. [CL, LL]; **jussouluf** [CL]; **jussooluf** [CL]; **jutolf** [MM]
– elf [CL, LL, MM] ♦ **E:** rw./jd. *aleph, oleph* ‚eins' (WolfWR 6437). ♦ **V:** *fiozer-jut-olf* ‚halb elf' [MM]

judzig Num. Kard. [MM]
– elf [MM]

jutschuk Subst. m. [MM]
– 10 DM [MM] ♦ **E:** → *schuk* ‚Mark'.

jütermann Subst. m. [MM]; **juttermann** [MM]; **juddermann** [MM]; **jutermann** [MM]; **juttmann** [MB]
– Zehnmarkschein [MM]

judschuckjüttermann Subst. m. [MM]
– 10 DM [MM].

jude Subst. m. [BM]
– „Poder" [BM] ♦ **E:** SchweizId. III 12 (*Jud* ‚Wirbelknochen'); Benennungsmotiv: Formähnlichkeit der Wirbel mit einer Rosenkranzkette (*Pater, Poder*).

judner Subst. m. [TJ]
– Speck [TJ] ♦ **E:** zu rw. *jaholt* ‚Speck' WolfWR 2311 (veraltete Form), Verhüllung durch jd. *jud* (Buchstabe J).

jukelo Adj. [MM]
– bestußt [MM] ♦ **E:** unsicher; evtl. zu → *juchelo* ‚Hund'.

juks Part. [LoJ]
– ja [LoJ] ♦ **E:** unsicher; evtl. zu dt. *ja* oder ugs. *Jux* ‚Spaß'.

jule¹ Subst. f. in: [HK]
jule mit de jartentür ‚Harfenspielerin' („Spitzname"), Harfenmädchen [HK] ♦ **E:** RN *Julia*.

harfenjule Subst. f. [HK]
– Harfenspielerin [HK]; Harfenmädchen [HK]; Harfenspieler [HK]

harfenjulchen Subst. n. [HK]
– Harfenspielerin [HK]; Harfenmädchen [HK]; Harfenspieler [HK].

jule² swV. [JS]
– weinen [JS] ♦ **E:** rw. *jolen* ‚jammern, lärmen' zu jd. *jolal* ‚jammern', *jelolo* ‚Jammer, Wehklage' (WolfWR 2318), evtl. auch Wortspiel mit rw. *jole, joli* ‚Wein' (WolfWR 2313).

jumbo Subst. m. [RW]
– Mitglied des Freien Begegnungsschachtes [RW] ♦ **E:** *Jumbo* ‚Elefant'; Benennungsmotiv: Farbähnlichkeit, die Mitglieder tragen graue Ehrbarkeit (Kleidung).

jumpfermann Subst. m. [MM]
jungfermann [MM]
– Jacke [MM]; Jackentasche [MM]; Hosentasche [MM]; Tasche [MM]; Manteltasche [MM]; Portemonnaie [MM]; Pullover [MM]; Jacke [MM] ♦ **E:** unsicher; evtl. von ital. *giuppa* ‚Jacke'; ugs./mdal. *jumper* ‚Arbeitsjacke' oder zu rw./dt. *Juffart* ‚Spaßmacher, der vom bettelnden Einsammeln gespendeter Gaben lebte' DWB X 2271, danach *Gauf* ‚hohle Hand' WolfWR 2381, DWB IV 1542f. ♦ **V:** *keinen tacken auf'n jungfermann haben* ‚keinen Groschen in der Tasche haben' [MM]; *moos im jumpferman haben* ‚Geld in der Tasche haben' [MM]; *der gnego hat nie was im jumpfermann* ‚der Geizhals hat nie Geld' [MM]; *ich hab's lowi im jumpfermann* ‚ich habe mein Geld verdient' [MM]; *er hätte keinen tacken auf'n jungfermann* ‚er hätte kein Groschen in der Tasche' [MM].

jung Adj. in:
junger jawel Subst., Phras. [KMa]
– Ziegenlamm [KMa] ♦ **E:** rw. id. (WolfWR 2338, ohne Herleitung); evtl. zu dt. *Gabler* ‚junger Hirsch', DWB IV 1121.
jungfrau Subst. f. [HN]
– beim Klapper-Jas (auch beim Knobeln), wenn jd. keinen Punkt, Stich bekommt [HN] ♦ **E:** dt. *Jungfrau*.
jungmansch Adj. [MeT]
– jung [MeT] ♦ **E:** dt. *jung*; nd./westf. *menske* ‚Mensch' (Woeste, 174), *mannsmenske* ‚Mann' (Woeste, 170). Wohl nicht zu → *mansch* ‚fünf' (aus lat. *manus*, vgl. frz. *main* ‚Hand') oder rw. *mansche* ‚Essen' → *mans*.
junglo Adj. [JS, PH]
– schlecht [JS, PH] ♦ **E:** roi. *dzunglo* ‚hässlich, schmutzig, böse, schlecht' (WolfWZ 574).
junkydollar Subst. m. [RW]
– Fünf-DM-Schein [RW] ♦ **E:** ugs., dt./engl. *Junkie* ‚Drogensüchtiger'; *Dollar* (amerik. Währung).
jures Subst. m. [NJ]
– Richter [NJ] ♦ **E:** zu lat. *jus, juris* ‚Recht'.
juro Subst. m. [GM]
– Maulesel [GM] ♦ **E:** roi. *juro* ‚Maulesel' (WolfWZ 1254).
juschen swV. [GM]
juscheln swV. [JSa]; **juuschele** [CL]
– schlafen [CL, GM, HLD]; mit jmd. (für Geld) ins Bett gehen [JSa] ♦ **E:** rw. *juhschen* ‚schlafen', *juhsch*

‚Schlaf' (WolfWR 2371) zu jd. *joschnen* ‚schlafen'. → *joschen, josten*.
jusche Subst. f. [GM]; **joschel** [Scho, RA]; **juschebin** Subst. f. [GM]
– Bett [GM, Scho, RA] ♦ **E:** roi. *-bin*.
jusele Subst. n. Dim. [Scho]
– Zehner (zehn Mark) [Scho] ♦ **E:** jd. *jusele* ‚zehn Mark' → *jud⁴*, *jus* ‚zehn'.
juspes ‚Wirt, Gasthaus' s. → *hospes*.
juss ‚zehn' → *jud⁴*.
just Adv. [BJ]
juste [BJ]
– gerade [BJ]; jetzt [BJ]; direkt [BJ] ♦ **E:** dt. *just*, frz. *juste*, aus lat. *justus*.
jut ‚zehn' → *jud*.
jute Num. Kard. [LI]
– sieben [LI] ♦ **E:** unklar; evtl. Sprecherirrtum.
jutze Subst. f. [SG]
– Salamander [SG] ♦ **E:** unsicher; evtl. zu nd. *Ütze* ‚Kröte'.
juwelechen Subst. n. Dim. [NJ]
– Kaffeetasse [NJ] ♦ **E:** rhein. *Gubbel, Guwwel, Jubbel* ‚Tasse' < frz. *gobelet* (RheinWb. II 1478).
juwen Subst. m. [RH]
– Mark [RH] ♦ **E:** evtl. Bildung zu dt. *Juwel* met. ‚etwas Wertvolles' aus afrz. *joel* DWB X 2407 f.

K

kää Subst. f. [BB]
– Ecke [BB] ♦ **E:** Inversion zu *Eck*. ♦ **V:** *dat is-en kää af* [am zu verbauenden Kaminstein].

kaale ‚essen' → *kahlen*.

kääligge ‚teilen' → *kejlek*.

kaamele swV. [CL, LL]
kamele [CL, PH]; **kameln** [CL, PH]
– koitieren [CL, LL, PH] ♦ **E:** rw. *chaumeln* ‚koitieren' (WolfWR 852) < jd. *gomal* ‚er hat vergolten, einen Liebesdienst erwiesen' < hebr. *chomal* ‚er hat sich erbarmt' (We 56, Post 206), evtl. auch zu roi. *kameló* ‚Liebe' (Klepsch 869).

kaanes Subst. m. [StJ]
– Korb [StJ] ♦ **E:** roi. *kanise* < griech. *kánistron* (WolfWZ 1304).

koneser Subst. m. [PH]
- Korbmacher [PH]

kaanesboseler Subst. m. [StJ]
- Korbmacher [StJ] ♦ **E:** dt. *bosseln* ‚an etwas herumhantieren, herstellen, basteln' DWB II 265. ♦ **V:** *Scheets, hok di Schmeetse* (‚Weiden') *pleete, di Kaanesboseler kome!*

kaar Subst. [HF]
- Reifrock [HF] ♦ **E:** zu dt. *Karre* DWB XI 223 ff.; Benennungsmotiv: Ähnlichkeit mit der Laufkarre für kleine Kinder.

kaas Subst. m. [TK]
- Käse [TK] ♦ **E:** TirolWb. I 326 (*Kâs* ‚Käse').

kääschigge swV. refl. [CL, LL]
- Schadenfreude über jemand haben [CL, LL]; schadenfroh sein [CL] ♦ **E:** rw. *cheschek* ‚Freude, Lustbarkeit' zu jd. *cheschek* ‚Lust' < hebr. *cheschek* (WolfWR 867, Post 208). ♦ **V:** *do kann er sich awer kääschigge* ‚Da darf er aber schadenfroh sein' [CL, LL].

kaassadegehen swV., Phras. [CL]
- sich davonmachen [CL] ♦ **E:** pfälz. *gassaten gehen* (PfälzWb. III 52), aus student. *gassatim*; in Anlehnung an dt. *Gasse* aus *grassatim / grassatum (gehen)*, zu lat. *grassari* ‚umherschwärmen'.

kabache Subst. f. [MB, MM]
- Hütte [MM]; Haus [MM]; Wohnung [MM]; Zimmer [MM]; Kabuff [MM]; Baracke [MM]; Kabine [MM]; Bude [MM]; alte Bude [MB] ♦ **E:** rw. *klabache* ‚altes, baufälliges Haus' (WolfWR 2645); mdal./nd. *kabache* ‚niedriges, schlechtes Haus', evtl. Einfluss von russ. *Kabak* ‚Branntweinschenke' und/oder mlat. *capanna* ‚Hütte'. Vgl. → *kabuff*. ♦ **V:** *auf'n Brink, da standen nur so alte kabachen* ‚auf dem Brink standen nur alte Häuser' [MM]

auskabachen swV. [MM]
- kaputtwohnen [MM]

verkabachen swV. [MM]
- ausgeben, verjubeln [MM]

wegkabachen swV. [MM]
- umziehen [MM]

fitnesskabache Subst. f. [MM]
- Fitnessraum [MM]

junggesellenkabache Subst. f. [MM]
- Junggesellenbude [MM]

klamottenkabache Subst. f. [MM]
- Bekleidungsgeschäft [MM]; Zeughaus [MM]

rackewelenzerchekabache Subst. f. [MM]
- Institut für (Allgemeine) Sprachwissenschaft [MM]

tackoachilkabache Subst. f. [MM]; **tackoachilekabache** [MM]; **tachoachilekabache** [MM]; **takoachilekabache** [MM]
- Schnellimbißbude [MM]; Gasthaus [MM]

tenniskabache Subst. f. [MM]
- Tennishalle [MM].

kabba swV. [OJ]
- ertappen [OJ]; schnappen [OJ] ♦ **E:** rw. *kappen* ‚fangen, ergreifen' < lat. *capere* (WolfWR 2464).

kabbern swV. [Scho]
- zusammenpassen [Scho] ♦ **E:** jd. *chawwer/chabber* ‚Freund'; *chabbern* ‚zusammenpassen' (We 57).

kabbes[1] Subst. m. [KMa]
- Bauer [KMa] ♦ **E:** zu mdal. *Kabbes* ‚Kohl'.

kabbes[2] Subst. m. [MT, MeT]
kabber [MeT]
- Priester [MT, MeT]; Pastor [MT, MeT] ♦ **E:** zu rw. *kappesierer* ‚betrügerischer Almosensammler, der als Pfaffe geht' (WolfWR 2470); Liber Vagatorum 1510: *kabas* ‚Haupt'; wohl aus dem Romanischen ins LV gelangt, vgl. span. *cabeza*; lat. *caput* ‚Kopf'.

kaben swV. [JS, MUJ, PH]
caben [LüJ]
- essen [JS, MUJ, PH] ♦ **E:** roi. *xabe* ‚Essen, Mahl, Nahrung' (WolfWZ 1636a); roi. *chaben* ‚Essen, Speise' (WolfWZ 1636a).

kabingastube Subst. f. [JS]
- Speisezimmer [JS].

kabere swV. [KM]
- teilen [KM] ♦ **E:** unsicher; evtl. zu RheinWb. IV 7 (*kaben* ‚stehlen stibitzen').

käbithebi PN [JS]
- Käthe [JS] ♦ **E:** Umbildung von RN *Käthe* nach dem Codierungsschlüssel der bi-Sprache.

kabole Subst. f. [Scho]
- Anspruch [Scho]; Befugnis [Scho] ♦ **E:** jd. *kabole* ‚Ermächtigung, Befugnis' (We 69).

kabore ‚Unheil, Verderben; tot' → *kappore*.

kabschre legen swV., Phras. [StG]
- verstecken [StG] ♦ **E:** rw./jd. *kewer, kabber* ‚Grube, Höhle, das Versteckte' WolfWR 2589.

kabuff Subst. n. [BJ, HN, JS, MM, OJ]
- Absteige [HN]; kleiner Raum [HN]; kleines Zimmer [MM]; Haftzimmer, Haftzelle [MM]; schäbige Stube, schäbiger Raum [BJ, JS, OJ]; Anbau [JS] ♦ **E:** rw. *ka-*

buff ‚schäbiges Zimmer', zu oder beeinflusst von nl. *kombof* ‚Notküche' (WolfWR 2394), nd. *kabuff* ‚enger dumpfer Wohn- oder Aufenthaltsraum, oft abwertend gebraucht; ugs' (HWB II 906), mndd. *kabuse* ‚Bretterverschlag', wohl Zusammenhang mit *kombüse* ‚Schiffsküche' oder mit der Streckform mnd. *kuffe* ‚kleines, schlechtes Haus' (Kü I 254). Vgl. → *kabache*.

abkabuffen swV. [MM]
– Schotten dichtmachen [MM]

umkabuffen swV. [MM]
– umziehen [MM]

abkabufft Adj., Adv. Part. Perf. [MM]
– erledigt, kaputt, [MM]; ein Ende haben [MM]

auskabufft Adj., Adv. Part. Perf. [MM]
– schlau [MM]; mit allen Wassern gewaschen [MM]

hochkabufft Adj., Adv. Part. Perf. [MM]
– hochgejubelt [MM]

verkabufft Adj., Adv. Part. Perf. [MM]
– verprügelt [MM].

kachel Subst. f. [KP, LüJ, RR]
kächele Subst. n. Dim. [LüJ]
– Ofen [KP]; Pfanne [LüJ]; Topf [LüJ]; Vagina [LüJ]; weibliche Schamgegend [RR]; „buj" [LüJ]; kleines „bujle" [LüJ] ♦ **E:** schwäb. *Kachel* ‚irdener Kochtopf; Vulva' (SchwäbWb IV 139/140), aus lat. *cacabus* ‚Kochtopf'; evtl. Einfluß von rw. *kalches, kalaches* ‚Pfanne, Topf, Kessel' < jd. *kalachas* ‚Topf, Kessel, Pfanne' (WolfWR 2422). ♦ **V:** *'s ist e' kachel z'viel im Ofen* ‚es ist ein Fremder da. Vorsicht!' [KP]

kachelküche Subst. f. [HN]
– „kommt aus dem Bereich des Knastes, dort werden Strafgefangenen gesammelt, bevor sie auf ihre Zellen kommen" [HN]; Raum im Hamburger Untersuchungsgefängnis, in dem die Gefangenen auf die Vorführung zum Gericht warten [HN]

gleiskechele Subst. n. Dim. [LüJ]
– Milchschale [LüJ]; Milchkanne [LüJ]; Milchflasche [LüJ]; Milchpfännle [LüJ].

kacheln swV. [KJ, TJ]
kachl [WJ]; **kächla** [LJ]
– lachen [KJ, LJ, TJ, WJ] ♦ **E:** rw. *kacheln, kakeln* ‚reden, sprechen, schwatzen', zu dt. *kackeln, gackeln* ‚gackern (der Hühner)' (WolfWR 2396).

kächlde ‚Wecken, Semmel' s. → *gehechelde*.

kachni Subst. f., n. [GM, JS, JSW, LüJ, MB, ME, PH, WJ]
kachne [LJ, LüJ, WJ]; **kaschni** [JSW]; **gachne** [LJ, LüJ, MUJ]; **gachle** [LüJ]; **kachenel** [CL]; **gachnele** [LüJ]; **kachli** [MB]; **kacheline** [MM]; **kachelin** [MM]; **kachenellche** [CL]; **kachalinche** [JSa]; **kachelinchi** [JSa]; **kachelinchen** [MM]; **kachlinger** Subst. m. [TJ, TK]; **kaschmin** Subst. [MM]; **kachnum** [Him]; **kachre** Subst. [SJ]; **gani** Subst. [LoJ]
– Henne, Huhn [CL, GM, Him, JS, JSW, JSa, LJ, LoJ, LüJ, MB, ME, MM, MUJ, PH, SJ, TJ, TK, WJ]; junges Huhn [LüJ]; Hühnchen, kleine Henne [LüJ, MM]; Hähnchen [MB]; Küken [LüJ, MM] ♦ **E:** rw. *kachni, gachne* ‚Huhn, Henne' (WolfWR 2397) < roi. *kachni, khajni* ‚Huhn, Henne' (WolfWZ 1276; BoIg 1994: 155). Konstanzer Hans 1791: 8 (*gachene*); SchwäbWb. VI 2, 2250 (*Gachne, Gachnele*). ♦ **V:** *a gachne schnifft* ‚ein Huhn geklaut' [LüJ]; *gani dogln* ‚Hühner mit Stock jagen' [LoJ]; *mamere hat e gachne getschort im ruochekehr* ‚Mama hat im Haus der Bauern eine Henne gestohlen' [LüJ]; *penn ja tschi von de getschorte gachle* ‚sag' ja nichts von dem geklauten Huhn' [LüJ]; *es hat ihne ein kachli gebacken* ‚sie hat ihm ein Hähnchen gebacken' [MB]; *besser sonne Kacheline inne fehme als son schummen Geier; aufm beis* ‚besser einen Spatz in der Hand als eine Taube auf dem Dach' [MM]; *bei dem chalo ham se kimmel kachelins geschort* ‚dem Bauern wurden drei Hühner gestohlen' [MM]; *er hat sich so 'n kachelin gechappt und ihm sofort 'n hals; umgedreht* ‚er hat sich ein Huhn gefangen und ihm sofort den Hals umgedreht' [MM]; *den hachos ham se die kachelin aus'n stall geschort* ‚den Bauern wurden die Hühner aus dem Stall gestohlen' [MM]; *er nutzt jede Gelegenheit, um zu schoren, sei es jarikes; oder kachelins oder ne macke pose vom schassor* ‚er nutzt jede Gelegenheit, um zu stehlen, seien es Eier oder Hühner oder ein Stück Schweinefleisch' [MM]; *besser sonne kacheline inne fehmen, als son schummen geier aufm beis* ‚besser einen Spatz in der Hand, als eine Taube auf dem Dach' [MM]; *schloof kindche schloof! / de käiluf schlooft im hof, / die schunnre schlooft im gääsestall / un aa die kachenellcher all, / schloof kindche schloof!* ‚Schlaf Kindchen, schlaf! / der Hund schläft im Hof, / die Katze schläft im Geißenstall / und auch die Hühnchen alle, schlaf Kindchen, schlaf!' [CL]

parikachli Subst. n. [MB]
– ½ Hähnchen [MB]

gachnebiere Subst. m. [LüJ]
– Hähnchenkeule [LüJ]

gachnebuier Subst. m. [LüJ]
– Hühnerficker [LüJ]

kachnik Subst. f. [LJ]
– Henne [LJ]; Entenbraten [LJ]

kalecker Subst. [SK]
– Geflügel, Huhn [SK] ♦ **V:** *'ne Bulwecke von'n Kalecker* ‚Hühnersuppe' [SK]

kachelinbeis Subst. m., n. [MM]
– Hühnerstall [MM]

kachrebais Subst. m., n. [SJ]
– Hennenstall [SJ]

kachelinstall Subst. m. [MM]
– Hühnerstall [MM].

kachol Adj. [Scho]
– blau [Scho] ♦ **E:** jd., hebr. *kachol* ‚blau'.

kackarie Subst. f. [HN]
– Durchfall [HN]; schlechte Arbeit [HN] ♦ **E:** dt./ugs. *kacken*; → *arie*.

kackmaloche Subst. f. [HN]
– Stuhlgang [HN]; schlechte Arbeit [HN]

kackonkel Subst. m. [HN]
– Toilettenmann [HN]

verkackeiern swV. [HN]
– auf den Arm nehmen [HN] ♦ **E:** ugs. *verkackeiern* ‚jdn. veralbern, betrügen' (Kü 1993: 878).

kackelcher Subst. n. Dim. Pl. [WL]
– Augen [WL] ♦ **E:** zu lux. *Gackelchen* ‚Ei' (LuxWb. II 6) oder *Guckelchen* ‚Augen' (LuxWb. II 87).

kadafuja off Phras. [OJ]
– irgendwohin [OJ] ♦ **E:** unsicher; *off* wohl ‚ab, weg'; *kadafuja* evtl. Kunstwort.

kadätsch ‚Vagina' → *kartätsche*.

kaddel Subst. m. [SK]
– Taler [SK] ♦ **E:** roi. *chadwel* ‚Dukaten' (WolfWZ 1637).

kadeisemm Subst. Pl. [Scho]
– arme Leute [Scho] ♦ **E:** jd. *kadejsem* ‚armer Mensch, Mann mit schlechten Eigenschaften' (Klepsch 762).

kader Subst. m. [BM]
– Kadett [BM] ♦ **E:** dt. *Kadett* ‚Militärschüler', aus frz. *cadet* ‚Jüngster'.

kädes Subst. [NJ]
– Mord [NJ]; Blutbad [NJ]; Bluttat [NJ] ♦ **E:** rw./jd. *ketel* ‚Mord, Totschlag' (WolfWR 2585); eher zu lat. *cædes* ‚Tötung, Schlachtung' Windolph, Nerother Jenisch, 66.

kadett Subst. m. [StG, WG]
– armer Mensch [WG]; schlechter Kerl [StG] ♦ **E:** rw. *kadett* ‚Handwerksbursche, Kunde, Landstreicher', „(Gauner-)Kamerad, einer, den man kennt", zu jd. *chadre* ‚Kammer' (WolfWR 2399), nicht zu frz. *cadet* ‚Jüngerer, Offiziersanwärter'.

kadi Subst. m. [RW]
– Richter [RW] ♦ **E:** ugs. *kadi* ‚Richter', aus arab. *qāḍī* ‚Richter' (Klu. 1999: 416, Kü II 148). ♦ **V:** *vor kadi* ‚vor Gericht' [RW].

kaduck Adj. [MM]
katúhn [SK]
– still [MM, SK] ♦ **E:** RheinWb. IV 25 (*kaduk* ‚abgemattet, schwach, kleinlaut').

käes Subst. [Scho]
– Wissen [Scho] ♦ **E:** jd. *käse* ‚veraltete Neuigkeit'. Der Buchstabenname *kess* für <h> kürzt hebr. *hākām* ‚Weiser, gebildeter Mensch' ab (Klepsch 806).

kaetlen swV. [KP]
kaetle [KP]
– spielen [KP] ♦ **E:** SchwäbWb. IV 263 (*katle* ‚im Dreck spielen)'.

kafel Subst. m. oder n. [SJ]
kaffel [BJ]; **kafl** [OJ, SJ]
– verdorbenes Fleisch [OJ, SJ]; Schweinefleisch [SJ]; Fleisch vom Abdecker [SJ]

kafler Subst. m. [LüJ, SJ]; **kaflr** [OJ]; **kofler** [RR]; **kâfler** [Him]; **kawler** [PH]
– Abdecker [OJ, RR, SJ]; Metzger [LüJ, PH]; Schinder [Him] ♦ **E:** rw. *kaviller, kafler* ‚Abdecker, Schinder', aus dt. *fillen* ‚schinden, die Haut abziehen' (WolfWR 2537).

kaflerei Subst. f. [LüJ]
– Metzgerei [LüJ]

kafel Adj. [TK]
– schlecht [TK]

kâfelen swV. [Him]
– schlachten [Him]; metzgen [Him].

kaferem ‚Freund, Partner' → *chawer*.

kâferling Subst. [Gmü]
– Brot [Gmü] ♦ **E:** rw. *kaferling* ‚Brot', mit volksetymologischem -ling-Suffix entstellt *kafferlehm* ‚Bauernbrot' (WolfWR 2404), unter → *kaff*¹.

kaff¹ Subst. n. [BA, BJ, CL, GM, HL, HLD, JS, KJ, KMa, LL, MB, MM, MUJ, NJ, PfJ, RW, SJ, SPI, SS, Scho, RA] **kafft** [JSW, PH]; **kaf** [KM, RW]; **khaf** [LüJ]; **khāf** [LüJ]; **kaaf** [OJ]; **kafs** [KM]; **kfar** Subst. n. [PH]; **kefar** [Scho]; **jefar** [KM]; **jefache** Subst. Pl. [KM]

– Dorf [CL, GM, HL, HLD, JS, JSW, KJ, KMa, LL, LüJ, MB, MM, MUJ, PH, PfJ, RW, SJ, Scho, RA]; Ort [LüJ, SS]; Ortschaft [LüJ, PfJ]; kleiner Ort [LüJ]; kleines Dorf [BJ, MM, OJ]; kleine Ortschaft [LüJ, RW]; kleines Bauerndorf [KM]; kleines, armseliges Dorf [CL, Scho, SPI]; altes Dorf [MM]; Bauerndorf [BA]; verschlafenes Nest [RW]; kleine Stadt [MM, RW]; Provinzstadt, Kleinstadt [Scho]; Stadt [KM]; Ansiedlung [NJ] ♦ **E:** rw. *kaff* ‚Dorf' aus roi. *gav, gaf* ‚Dorf' (WolfWR 2405, WolfWZ 821) oder jd. *kaff* ‚Dorf' aus hebr. *kephar* ‚Dorf' (We 69, WolfWR 2544, Post 203, Klepsch 768).
♦ **V:** *Jranisch jefar* ‚große Stadt' [KM]; *mer strenzen norre in de kaffe* ‚Wir hausieren nur in Dörfern' [CL]; *kaff ist heiß* ‚die Polizei schaut dort den Wanderburschen scharf auf die Finger' [RW]; *wenn schock war auf'n kaff, ham die hachos hame lowi ausgegeben* ‚wenn auf dem Dorf Kirmes war, gaben die Bauern viel Geld aus' [MM]; *auff 'n kaff scherbeln die noch jeden Sonntag inne tiftel* ‚auf dem Dorf geht man noch jeden Sonntag in die Kirche' [MM]; *D'schicks hatschd mid ihram schure auf dr schtrade odr deam derech zom nägchda kaff, se weled dord a masematte heba ond dibbred deshalb blos no jenisch* ‚Das Weib geht mit ihrem Burschen auf der Landstrasse oder dem Weg zum nächsten Dorf, sie wollen dort einen Diebstahl begehen und sprechen deshalb nur noch die Kundensprache' [SJ]; *mer strenzen norre in de Kaffe* ‚wir hausieren nur in Dörfern' [LL]; *die Hautzen aus dem Kaff hocken schofel* ‚Die Ortsbewohner sind keine guten Leute' [NJ]; *hockt in dem Kaff ein Katzof?* ‚Ist in dem Ort eine Metzgerei?' [NJ]

dusselkaff ON [MM]
– Düsseldorf [MM]

kuhkaff Subst. n. [MM, RW]
– Kuhdorf [MM]; „ursprünglich ein Dorf in dem es keine Kunden, keine Herbergen oder einheimische Gesellen gibt, sondern nur *kuhköppe*" [RW]; Dorf oder Stadt ohne Gesellen oder Gesellenherberge [RW]; da, wo nichts los ist [RW]; kleines Dorf [RW]; stinklangweiliger, kleiner Ort [RW]

kaffer Subst. m. [BA, BJ, CL, EF, HL, HLD, JS, KJ, KMa, LJ, LüJ, MB, MM, MoJ, NJ, PH, PfJ, RW, SJ, SK, SchJ, Scho, Wo]; **kaffr** [OJ, RW, SJ]; **käffer** [JSa]; **kaffert** Subst. m. [EF, SE, WL]; **kaffat** [EF, SE]; **kaafert** [SP]; **kaffrin** Subst. m. [JSa]; **kaffrine** [SE]; **kaffrinum** [CL, PH]; **kaffrienem** [CL]; **kaffrieme** [CL]; **kaffraime** [SS]; **kafreime** [SPI]; **kaffreme** [WH]; **kaffreyme** [SPI]; **kaferiines** [KM, NrJ, StJ]; **kafriner** [SPI]; **kafler** [LJ]; **käfler** [UG]; **kaffern** Subst. Pl. [RW]; **kaferiinese** Subst. Pl. [KM]; **kaaferten** Subst. Pl. [SP]; **kafferim** Subst. Pl. [GM]; **kaferiim** [StJ]

– Bauer [BA, CL, EF, GM, HL, HLD, JS, JSa, KJ, KM, KMa, LJ, LüJ, MB, MM, NJ, OJ, PfJ, RW, SE, SJ, SK, SP, SPI, SS, SchJ, Scho, StJ, WH, WL, Wo]; Bauer (als Schimpfwort) [BJ, OJ, Scho]; kleiner Bauer [MM]; dicker Bauer [NrJ]; Dorfbewohner [KMa, RW]; Mann [CL, LJ, PH]; Ehemann [LüJ]; Kerl [JSa, MM]; dicker Mann [NrJ]; „jmd., der nichts gibt" [SK]; „auch alle, die keine Händler sind" [CL]; ungehobelte Person [Scho]; Nichtjenischer [MoJ]; Nichtschausteller [JS]; Außenstehender [JS]; ständig Seßhafter [JS]; „Benennung für diejenigen, der sein eigentliches Geschäft nicht versteht oder das früher Erlernte vergessen hat" [RW]; Kirmesbesucher [JS]; beschränkter Mensch [HLD]; Tölpel [Scho]; dummer Mensch [EF]; Gendarm [UG] ♦ **E:** jd. *kaffer* ‚Bauer' (We 69, Post 203, Klepsch 770), rw. *kaffer* ‚Bauer', von jd. *kapher*, rabbinersprachlich *kaphri* ‚Bauer' (WolfWR 2408). Wenn *kaff* < roi. *gav*, liegt unterschiedliche Herkunft von *kaff* und *kaffer* vor. ♦ **V:** *blöder kaffer* ‚blöder Bauer' [MM]; *fette kaffern* ‚reiche Bauern' [RW]; *kaffern fledern* ‚Bauern anbetteln' [RW]; *de Käffer duud noowes malooche* ‚der Kerl tut nichts arbeiten' [JSa]; *zu achilen hatten die kaffer immer was* ‚die Bauern hatten immer etwas zu essen' [MM]; *dä Kaferiines hät sesch en noi Tsosem jeköndischt* [KM]; *da joste die kochemer, kaffer und ruminis, oltrische und kodems, stegen und schickse, im bali beinander um en jak* ‚da lagen die Gauner, Männer und Weiber, Alte und Kinder, Buben und Mädchen, im Walde beisammen um ein Feuer' [LJ]; *Dr kaffr beschulmd seine bomma mid gip odr mit am gloina lasl odr am nickl* ‚Der Bauer bezahlt seine Schulden mit Getreide oder einem kleinen Schaf oder Schwein' [SJ]; *Schefften deine buxen schundlich, kaffer? Nobis, moß! Dein fürflamm, moß? Nobis, kaffer!* ‚Sind deine Hosen schmutzig, Mann? Nein, Frau! Dein Schurz, Frau? Nein, Mann!' [LüJ]

käfferle Subst. n. Dim. [LüJ]
– kleiner oder alter Mann [LüJ]

kafferin Subst. f. [RW]
– Bäuerin [RW]

kafferrinchen Subst. n. Dim. [JS, RW]; **kafrienche** [NJ]; **kaferiinsche** [StJ]
– naives, plumpes Mädchen (abwertend) [JS]; Bäuerin [RW]; Bauernkinder [RW]; Bauernmädchen [NJ]; Bauersfrau [StJ]

kafriechem Subst. f. [Scho]
– Landpomeranze [Scho]

kafferitsche Subst. f. [RW]
– Bauernmädchen [RW]

begerkaffer Subst. m. [LüJ]
– Totengräber [LüJ]; Leichenschauer [LüJ]; toter Mann [LüJ]; sterbenskranker Mann [LüJ] ♦ **E:** rw. id., WolfWR 4100; SchwäbWb. VI, 2, 1581.

blibelkaffer Subst. m. [LüJ]
– Stundenmann (Angehöriger einer religiösen Sekte, Methodist) [LüJ]; betender Mann [LüJ]; Pfarrer [LüJ]; Prediger [LüJ] ♦ **E:** rw. id. WolfWR 565; SchwäbWb. VI, 2, 1665.

fehtekaffer Subst. m. [LüJ]
– Hausherr (einer Herberge) [LüJ]; Besitzer der *fehte* [LüJ]; Mann vom Übernachtung(-shaus) [LüJ]; Quartiermann [LüJ]; Wirt [LüJ]; Pensionswirt [LüJ]; Wirt, wo man schlafen kann [LüJ]; Bauer [LüJ]

finkelkaffer Subst. m. [LüJ]
– Hexenmeister [LüJ]

kambeskaffer Subst. m. [JS]
– Lehrer [JS]

kaffernalsche Subst. f. [MM]
– Bauersfrau [MM]; Frau [MM]

kafferlehm Subst. m. [BJ, LüJ, SJ]; **kaffernlehm** [PfJ]
– Bauernbrot [BJ, LüJ, PfJ, SJ] ♦ **V:** *Hoscht an gwanda kafferlehm mitbrocht?* ‚Hast ein gutes Bauernbrot mitgebracht?' [SJ]; *Baizermoss, zo dem faßjole kascht mr a kiwigs Stück bossert, a schling ond an kafferlehm brenga* ‚Wirtin, zu dem Faßwein kannst du mir a schöns Stück Fleisch, Wurst und ein Bauernbrot bringen' [SJ]

kafferkarriere Subst. f. [JS]
– Karriere eines Seßhaften [JS]

kaffermoß Subst. f. [LüJ]; **kaffernmoß** [LüJ]
– Bauersfrau [LüJ]

kaffernperser Subst. m. [MM]
– Lodenmantel [MM]

kafferrammel Subst. m. [BA]; **kafferramu** [BA]
– Bauernbursch [BA]

kaffern swV. [MB]
– klug daherreden [MB]; schnorren [MB]; leihen, ohne es zurückzugeben [MB]

verkaffern swV. [JS]
– verbauern [JS].

kaff² Num. Kard. [CL, LL, MM, SE, SS, jS]
kaf [MM, Scho]
– zwanzig [CL, JS, LL, MM, SE, SS, Scho]; Zwanzigmark-Schein [MM] ♦ **E:** rw. *kaff* ‚zwanzig' (WolfWR 2495, 6437) < jd. *kaff* Buchstabenzahl für zwanzig (We 69, Post 203, MatrasJd 289, Klepsch 767). → *kafta*. ♦ **V:** *kaff schuk* ‚zwanzig Mark' [CL, JS]; *kaf schuk* ‚zwanzig Mark' [MM]; *kaff teloven* ‚zwanzig Tausender' [MM]; *kaff beschien* ‚zwanzig Pfennige' [MM]; *kaff schock* ‚zwanzig Mark' [SE]

kaffermann Subst. m. [MB, MM]
– Zwanziger [MM]; Zwanzigmarkschein [MM]; Zwanzig Mark [MM]; 20 DM [MB] ♦ **V:** *ein kaffermann für de sore is hame jackes* ‚20 Mark für die Ware ist sehr teuer' [MM]

kaffhei Num. Kard. [MB, MM]
– fünfundzwanzig [MB, MM]; 25 (DM) [MB] ♦ **V:** *kaffhei schuck* ‚25 Mark' [MM]

kaffolf Subst. m. [MM]
– „17 und 4" (Kartenspiel) [MM]

kaffschuck Num. [MM]
– 20 DM [MM]; 20-DM-Schein [MM].

kaffee Subst. m. [MB]
– Schnaps [MB] ♦ **E:** dt. *Kaffee* DWB XI 21 f. ♦ **V:** *tasse kaffee* ‚Korn (Schnaps)'.

kaffer ‚Bauer' → *kaff¹*.

käfrigstul Subst. m. [Scho]
– Jude [Scho] ♦ **E:** jd. (Klepsch 772); Lexem zweifelhaft, Gewährsleute in Schopfloch kennen das Wort nicht.

kafruuse Subst. m. [StJ]
kafferuse [LL, MM]; **kafferhuse** [MM]; **kafruze** [Scho]; **kaffruster** [Scho]; **chawrusse** [StG]
– Bauer [MM, StJ]; alter Bauer [MM]; Tölpel [StJ]; Diebesbande [StG]; „Leute, die man nicht für voll nimmt" [MM]; Kinder und jüngere Burschen [LL]; Gesellschaft (herabwürdigend) [Scho] ♦ **E:** rw. *chawer* ‚Kamerad, Gefährte', *chawrusse* ‚Genossenschaft, Bande' (WolfWR 855), zu jd. *chawruse* ‚Genossenschaft' (We 57, Post 204, Klepsch 772). → *chawer*. ♦ **V:** *muscht der emol die Kafferuse betrachde!* ‚Musst dir einmal diese Bande betrachten' [LL]; *was net alles a(n)stellen, die Kafferuuse!* ‚Was die nicht alles anstellen, die Rasselbande!' [LL].

kaft Subst. m. [RH]
käft [RH]
– Gesäß [RH] ♦ **E:** RheinWb. IV 52 *Kaft, Käft* ‚Kerbe, Arschfurche'.

kafta Num. Kard. in: [RW]
kafftalleser Subst. m. [RW]
– Vierundzwanzigkreuzerstück [RW] ♦ **E:** rw. *kaftalleser*, aus jd. *koph dollet* ‚vierundzwanzig' (WolfWR 2411). → *kaff²*.
kaftemännche Subst. n. [RW]
– fünfundzwanzig Pfennig [RW].

kaftan Subst. m. [HN, MM]
– Mantel [HN, MM]; Anzug [MM]; Kleid [MM]; Garderobenstück [MM]; „jüdische Bekleidung" [MM]; „Überkleid der Juden" [MM]; „Überhang, den der Priester anhat" [MM] ♦ **E:** Entlehnung aus türk. *kaftan* (Klu. 1995: 417). ♦ **V:** *ziemlich kolone aussem kaftan kneistern* ‚dumm aus der Wäsche gucken' [MM]; *der schauter hat'n joflen kaftan an* ‚der Mann trägt einen schönen Anzug' [MM]
glitzerkaftan Subst. m. [MM]
– Galaanzug [MM]
nobelkaftan Subst. m. [MM]
– festlicher Anzug [MM].

kafter Subst. m. [MM]
kafte [MM]; **kaftert** Subst. m. [MM]; **kaffert** [MM]
– Mantel [MM]; Anzug [MM]; Kleidung [MM]; Kleider [MM] ♦ **E:** evtl. zu → *kaftan*, oder zu rw./jd. *kaftor* ‚Knopf' (met., Pars pro toto) (WolfWR 2413).
pelzkafter Subst. m. [MM]
– Pelzmantel [MM].

käfterken Subst. n. Dim. [MM]
kafterle [EF]
– kleines Zimmer [MM]; Arrest [EF] ♦ **E:** rw *käfterchen* ‚kleines Zimmer' (WolfWR 2412), zu dt. (ant.) *Käfter* „kleiner enger wohnraum, schlafbehältnis, kämmerchen, verschlag" DWB XI 26. ♦ **V:** *im ganzen beis warn nur so kotene käfterken* ‚im ganzen Haus gab es nur kleine Zimmer' [MM].

kafterle ‚Arrest' → *käfterken*.

kagoem Subst. m. [Scho]
– Feiertag, christlicher [Scho]; Weihnachten [Scho] ♦ **E:** jd. *chag* ‚Feiertag'.

kahkenolmer (burschikose Anrede) → *kako*.

kahle Subst. m. [MUJ]
– Mann [GM, MUJ]; Bauer [GM, MUJ] ♦ **E:** roi. *xalo, chalo* ‚Nichtzigeuner' (WolfWZ 1641). → *chalo*.
kalo Subst. m. [GM]; **kali** [GM]
– Kerl [GM].

kahlen swV. [JSa, LJ, SJ, SPI]
kaale [CL, LL]; **kale** [JS, PH]; **kalle** [JSW]; **kaal** [WJ]; **kahla** [LüJ, SJ]; **kala** [SJ]; **kallen** [GM, WJ]
– essen [CL, GM, JS, JSW, JSa, LJ, LL, LüJ, PH, SJ, SPI, WJ]; (für alle Formen des Verzehrens gebr.) [GM] ♦ **E:** rw. *kahlen* ‚essen' (WolfWR 2416) < roi. *chala* ‚essen' (WolfWZ 1636a, 2416). → *challen*. ♦ **V:** *fiesel/moss, i tät jetz en grandiger stupfler/stichling kahle* ‚Mann/Mädchen, ich würde jetzt gern einen leckeren Igel essen' [LJ]; *kalle ben* ‚nichts zu essen' [JSW]; *da ketscht kei murr mehr'rum, die sind alle gkahlt* ‚da läuft keine Katze mehr herum, die sind alle aufgegessen' [LJ]; *Dr blemb ischt doch gwand, in jeder gusch ischt er bekannt – der blemb mr schallet bis alles lallet ond beim kala, do werdmer ons aala, aala* ‚Das Bier ist doch gut, in jedem Haus ist es bekannt – das Bier, wir singen, bis alle lallen und beim essen, da werden wir uns aalen, aalen' [SJ]; *I han koin napfer me em bonum ond ka deswega blos no musel kahla; meine napfr hot dr napferrizupfr alle auszopfd* ‚Ich habe keinen Zahn mehr im Mund und kann deshalb nur noch weiches Brot essen; meine Zähne hat der Zahnarzt alle gezogen' [SJ]

kahlus Subst. m. [LJ]
– Essen [LJ] ♦ **V:** *der kahlus isch gwand* ‚das Essen ist gut' [LJ]

kallepin Subst. n. [GM]
– Essen, Speise, Mahlzeit [GM]
kallepinnen swV. [GM]
– essen [GM]

kahlmugga Subst. Pl. [LJ]; **kalmucka** [LJ]; **kalmugga** [LJ]; **kalmuffe** [LJ]
– nichts zum Essen bekommen [LJ]; Prügel [LJ] ♦ **E:** Bedeutung ‚Prügel' evtl. beeinflusst von *Kalmücke* (Anghöriger eines westmongolischen Volkes). ♦ **V:** *kahlmucka reiße* ‚Prügel bekommen' [LJ]; *die hätt halt grandig kalmuffe bestiebt* ‚die haben halt ganz schön Prügel bekommen' [LJ]

kallätschke Subst. [HL]
– Kuchen [HL]

gekall Subst. n. [GM]
– Essen [GM]; Speise [GM] ♦ **V:** *delema des gekall* ‚reiche das Essen herüber' [GM].

kahlkibbes Subst. m. [PfJ]
kahlkiewes [PfJ]
– Kahlkopf [PfJ]; Glatze [PfJ] ♦ **E:** dt. *kahl* und → *kiebes*.

kähm Subst. m. [EF]
köm [EF]
– Kümmel [EF] ♦ **E:** OSächsWb. II 688 (*Kämml* ‚Kümmel').

kahn¹ Subst. m. [BM, FS, KJ, SJ]
– Bett [BM, FS, KJ, SJ] ♦ **E:** ugs. *Kahn* ‚Bett'. Benennungsmotiv: kahnförmige Vertiefung, so auch ugs. *Molle* ‚Bett'.

kahn² Subst. m. [KMa]
– Gefängnis [KMa] ♦ **E:** rw. *kahn* ‚Gefängnis, Haus, Arrest', zu jd. *kaan* ‚hier, allhier'; „die Gleichsetzung von Haus und Gefängnis ist dem ungebundenen Fahrenden oder Gauner selbstverständlich" (WolfWR 2417).

kahn³ Subst. m. [BO]
– Wirt [BO] ♦ **E:** wohl zu dt. *Kahm, Kahn* ‚Schaum' „besonders von wein, bier" DWB XI 31 f.

kahnen swV. [MB]
kandeelen swV. [MB]; **kandelen** [GM, LüJ]; **kandeln** [MB]
– schlecht riechen, stinken [GM, LüJ, MB] ♦ **E:** roi. *k'and* ‚Gestank, Geruch', roi. *khandêlo* ‚stinkend' (WolfWZ 1299). ♦ **V:** *hier kandeelt's* ‚hier stinkt es' [MB]; *hier kandelt es aber fuhl* ‚hier riecht es aber schlecht' [MB].
kannen swV. [GM]
– scheißen [GM]
kandeele Subst. f. [MB]
– Gestank [MB] ♦ **V:** *is das hier eine kandeele* ‚ist das hier ein Gestank' [MB].

kahre Subst. [MUJ]
– Spass [MUJ] ♦ **E:** unsicher; evtl. zu → *kari*.

kahtewitt Adj., Adv. [SK]
– geschwind (weglaufen) [SK] ♦ **E:** unsicher; evtl. zu frz. *vite* ‚schnell' und nd. *Gatt* ‚Loch, Öffnung'; womgl. auch zu nd. *kate* ‚taglöhnerhütte, häuslerwohnung auf dem lande' DWB XI 274 und nd. *witt* ‚weiß, unberührt' im Sinne von ‚verlassene Hütte'.

kai Subst. f. [KM]
kaie [KM]
– Gesäß [KM] ♦ **E:** unsicher; evtl. zu dt. *Kai* ‚Ufer' „zum aus und einladen eingerichtet" DWB XI 35.

kaicha Subst. f. [RR]
– schlampige Stube [RR] ♦ **E:** bair. *Keiche*, mhd. *kîche* „Ort, der einem den Atem hemmt" ‚Gefängniszelle'.

kaif ‚Schulden' → *keif¹*.

kaile ‚Pfeife, Flasche' → *kele*.

kailer Subst. m. [JSa, PH]
keiler [PH]
– Ochse [JSa, PH] ♦ **E:** evtl. zu dt. *Keiler, Keuler* ‚Wildschweineber' DWB XI 650.

kailof, käilof ‚Hund' → *keilef*.

kaim Subst. m. [BJ, Him, LJ, LüJ, OJ, SJ, SchJ, StJ, WJ]
kajm [Scho]; **keim** [JS, LüJ, PH, PfJ, StG]; **kiim** Subst. m. [KM]; **kiime** Subst. Pl. [KM]; **keimes** [MUJ]; **kaimchen** Subst. n., Dim. [JSa, MB, OJ, SJ]; **kaimchen** [Gmü, OJ]; **kaimschen** [StJ]; **keimchen** [JS, MB, MM, NJ, PH, RW]; **keimken** [MM]; **kiimsche** [StJ]
– Jude [BJ, Gmü, Him, JS, JSa, KM, LJ, LüJ, MB, MM, MUJ, NJ, OJ; WJ, PH, PfJ, RW, SJ, SchJ, Scho, StG, StJ]; Kind [StJ] ♦ **E:** rw. *chaim* ‚Jude' < jd. *chajim* ‚die Lebenden' (WolfWR 824, Post 204). ♦ **V:** *hauret herles das steinhäufle krillisch oder wohnisch? Nobis. Kaime schefften herlem* ‚Ist hier die Stadt evangelisch oder katholisch? Nein. Juden wohnen darin' [LüJ]; *die keimkes hatten auch nich alle lowi* ‚nicht alle Juden hatten Geld' [MM]

kajm Interj. [EF]; **kaim** [EF]
– Prosit! (wörtl. ‚auf das Leben!') [EF]
keimkesrakawehle Subst. f. [MM]
– Sprache der Juden [MM].

kaimche ‚Laus' → *kinum*.

kaitli ‚Fingerring' → *gatterling*.

kajesen swV. [Scho]
– leben [Scho]
kajes Subst. n. [Scho]; **kajem** [Scho]
– Leben [Scho] ♦ **E:** jd. *chajes* ‚Leben' (We 53). → *kaim*.

kak Subst. f. [GM]
– Achselhöhle [GM] ♦ **E:** roi. *khak* ‚Achsel(höhle), Schulter' (WolfWZ 1271).

kakäwi Subst. f. [GM]
– Kessel [GM]; Wasserkessel [GM] ♦ **E:** roi. *kakewi* ‚Kessel' (WolfWZ 1273).

kakelakunte Subst. f. [MB]
– Matsche [MB] ♦ **E:** Kontamination, mit romanisierendem Fugenelement *la* verschmolzenes dt. *Kacke* und nd. *Kunte* ‚Hintern, Gesäß'.

kakeloores Adj. [CL]
kalloores [CL]
– schlecht, ungeeignet [CL] ♦ **E:** zu ugs./pfälz. *kokolores* ‚Unfug, Possen' (PfälzWb. VI 1780).

kakert Subst. f. [HL]
– Gans [HL] ♦ **E:** zu dt. *gackern* ‚schnattern' DWB IV 1130.

kaklemang Subst. n. [JS]
– Akrobatik auf der Straße [JS] ♦ **E:** evtl. zu dt. *gaukeln* „urspr. von gewissen spielenden u. ä. Bewegungen" DWB IV 1553 ff. und frz. Adverbialsuffix *-ment* oder aus roi. *kchélibnangero* ‚Schauspieler, Gaukler, Artist' (WolfWZ 1360).

kako Subst. m. [JSW, MB]
gacko [JSW]
– Onkel [JSW, MB]; Junge [JSW]; Freund [JSW]; Mann [JSW]; Ring [MB] ♦ **E:** roi. *kako* ‚Onkel, Vetter, Freund', roi. *gaki* ‚Tante' (WolfWZ 1275).
kaki Subst. f. [MB]
– Tante [MB]
kahkenolmer Subst. m. [SK]
– burschikose Anrede [SK].

kaksburg Subst. f. [HL]
– Haus [HL] ♦ **E:** zu dt. *Burg* und evtl. zu nd. *kakeln* ‚schwätzen, reden'.

kalabreser Subst. m. [RW]
kallabreser [MB]; **kalebreser** [MB]
– Hut [RW]; Schlapphut [RW]; Kopfbedeckung der fremden Gesellen [RW]; breitkrempiger dunkler Herrenhut [MB] ♦ **E:** aus ON *Calabrien*.

kalaeschen swV. [Scho]
kaläsche [Scho]
– prügeln [Scho]; aushauen [Scho] ♦ **E:** wohl zu *Kalesche* ‚Kutsche' aus slawonisch *kolasa*; ital. *calessa*, frz. *calèche*.

kalajes Subst. Pl. [Scho]
– Krankheit [Scho] ♦ **E:** jd. *chalajes* ‚Krankheit' (We 53).

kalanus Subst. m. [HLD]
– Fenster [HLD]; Spiegel [HLD] ♦ **E:** rw. *kalanus* ‚Fenster' aus jd. *challon* ‚Fenster' (WolfWR 830).

kalasig Adj. [Scho]
– eine Seuche haben [Scho] ♦ **E:** jd. *chalasig* ‚verseucht'.

kalaumes Subst. m. [CL, JSa, NrJ]
galaumes [CL, NrJ]
– Unsinn [NrJ]; Geschwätz [NrJ]; dummes Gerede [JSa]; ungereimtes Gerede [CL]; alles Negative [CL] ♦ **E:** rw. *chalaumes* (WolfWR 885) < jd. *cholaumes* Pl., < hebr. *cholom* ‚Traum' (We 56, Post 204, 245, Klepsch 787, 855). ♦ **V:** *wad duud de härlesse Haudz fier e Kalaumes diewere!* ‚was tut dieser Kerl für einen Unsinn reden!' [JSa]
schmuusgalaumes Subst. m. [CL]
– Lüge [CL]
kaloomesmacher Subst. m. [CL]
– Geschäftsverderber [CL].

kalausche Subst. f. [SS]
– Uhr [SS] ♦ **E:** Kontamination aus jd. *schoo* ‚Stunde' und jd. *kalches* ‚Kessel, Pfanne'.

kalausches Subst. Pl. [Scho]
– Zeug, wertloses, unangenehmes [Scho] ♦ **E:** jd. *chalausches* ‚Wertloses' (We 53).

kalben swV. [HN]
– entbinden ♦ **E:** dt. *kalben* ‚das Gebären der Kuh' DWB XI 54; dt. *Kalb* DWB XI 50 ff.
kalbmien Subst. [EF]
– Kalbfleisch [EF] ♦ **E:** *-mien* (häufig nachgestellt) zum Possesivpronomen *mein*, Wolf, Fatzersprache, 127.

kalbln swV. [EF]
kalbeln [EF]; **kälbeln** [EF]
– sich übergeben [EF] ♦ **E:** rw. *kälbern* ‚sich erbrechen' (WolfWR 2424), zu dt./mdal. *kälbern* ‚speien, sich erbrechen' DWB XI 56 f.

kalchuse Subst. m. [MM]
– Ausländer [MM] ♦ **E:** zu rw./roi. *kalo* ‚schwarz, met. Zigeuner' WolfWR 2437; vgl. *Kaffer-(h)use* [MM].

käle swV. [BB]
– lecken [BB] ♦ **E:** Inversion zu mda. *läke* ‚lecken'.

kalf Subst. [Scho]
– Messer [Scho] ♦ **E:** jd. *challef* ‚Messer' (We 53).

kalfa Subst. m. [EF]
kâllfâ [EF]; **kalfer** [EF]; **kâlfâkter** Subst. m. [EF]
– ausgewachsener Mensch [EF]; Krüppel [EF]; Buckliger [EF]; Zwerg [EF] ♦ **E:** rw./jd. *chalfan* ‚Geldwechsler, Geringgeschätzter', jd. *kal* ‚gering', Wolf, Fatzersprache, 122; WolfWR 828.

kali Adj. [JS]
— schwarz [JS] ♦ **E:** rw./roi. *kalo* ‚schwarz' (WolfWR 2437). → *koll¹*.

kalieze swV. [Scho]
— Huf abstossen [Scho] ♦ **E:** jd. *chalieze* ‚den Huf abstoßen' (We 53).

kaline¹ Subst. f. [JSW, MM]
kaliene [MM]
— Mädchen [MM]; Frau [MM]; Dame [MM]; Freundin [MM]; Braut [MM]; Tochter [MM]; „ältere Frau, die einen unterstützt" [MM]; dumme Frau [JSW] ♦ **E:** wohl zu rw./jd. *kalle* ‚Braut' aus hebr. *kala* ‚Braut' (WolfWR 2431, We 69), deminutive oder hypochoristische Ableitung; evtl. beeinflusst von jd. *kal* ‚gering, leicht'. → *kalle*. ♦ **V:** *reun die kaline* ‚schau dir das Mädchen an' [MM]; *die kaline hat aber 'n joflen körning!* ‚Das Mädchen hat einen schönen Busen!' [MM]; *da schmergelte die kaline über dat ganze löf* ‚da lachte das Mädchen über das ganze Gesicht' [MM]; *der seeger hegt sich 'ne kaline, die für ihm auffen talong teilacht* ‚der Mann hat ein Mädchen, das für ihn auf den Strich geht' [MM]; *bescht der auf die lelletour, oder hegt er eine kaline, die auf den talon teilacht und für in die masumumes anschafft?* ‚Geht der auf Diebestour, oder hat er ein Mädchen, das auf den Strich geht und für ihn das Geld anschafft?' [MM]; *er reunte durch die tiftel und kneisterte die Klunker an den femen der kalinen* ‚er sah sich in der Kirche um und sah die Edelsteine an den Händen der Frauen' [MM]

kalinenkarneval Subst. m. [MM]
— Weiberfastnacht [MM]

künstlerkaline Subst. f. [MM]
— Künstlerin [MM]

oberkaline Subst. f. [MM]
— Chefin [MM].

kaline² ‚Schnapsflasche' → *karline*.

kaljes Subst. m. [CL, LL]
kalljes [CL]; **kalches** [CL]
— Hintertreibung [CL, LL]; Vereitelung [CL, LL]; Abtrag machen [CL]; Übles, Ungutes [CL]; „eine Sache bei anderen schlecht machen" [CL]; verraten [CL]; Übles nachreden [CL] ♦ **E:** rw. *kalches* ‚Vereitelung, Hintertreibung' (WolfWR 2427) < jd. *kallje machen* ‚verderben, zunichte machen', bes. ‚ein Geschäft, eine Verlobung hintertreiben', wohl zu hebr. *kala* ‚Vertilgung' oder *qlala* ‚Fluch' (We 69 f., Post 205, Klepsch 785 f.). ♦ **V:** *Kaljes / Kalches mache* ‚vereiteln, hintertreiben' [CL]; *kallje(s) machen* ‚Geschäft, verderben, verachten' [Scho]; *er hot mer Kaljes gemacht* ‚er hat mir Schwierigkeiten gemacht' [CL, LL]; *er hot mer bei meine Schwierleit Kaljes gemacht* ‚er hat bei meinen Schwiegerleuten gegen mich intrigiert' [CL]; *er hot em Kaljes gemacht* ‚Er hat ihm Probleme gemacht' [CL]; *Kalljes schmuse* ‚vereiteln, hintertreiben' [CL]; *er hot Kaljes geschmust* ‚er hat üble Nachrede verbreitet' [CL, LL].

kalkstäächer Subst. f. Pl. [CL, LL]
— Ohren [CL, LL] ♦ **E:** dt. *Kalk* und *Steinchen*; Benennungsmotiv unklar. ♦ **V:** *er kann die Kalkstäächer noch so harmend stelle, er beraamt lo* ‚er kann die Ohren noch so arg stellen, er versteht nicht' [CL, LL].

kallabusch Subst. [HN]
kallebusch [MB]
— Gefängniszelle auf der Davidwache [HN]; Gefängnis [MB]. ♦ **E:** zu span. *calabozo* ‚Arrestzelle, Kerker'; „im *calabozzo* gelandet ... Was der deutsche Seemann in seinem Hang zur Umdeutung fremder Sprachen aber *Kalabusch* nannte" (facebook.com/groups/Schiffahrt.g.h.m/permalink/3168090766645372).

kallde Adj. [SK]
— warm [SK] ♦ **E:** ital. *caldo* ‚warm'.

kalle Subst. f. [HLD, MM, RW, Scho, SPI, SS]
— Braut [HLD, MM, SPI, Scho, SS]; Wirtstochter [HLD, RW]; Mädchen [MM]; Frau [HLD] ♦ **E:** rw. *kalle* ‚Braut, Schöne, Dirne' (WolfWR 2431) < jd. *kalle* ‚Braut' < hebr. *kallah* (We 69, Post 205, Klepsch 784). → *kaline¹*.

kallebache Subst. f. [MB]
— Hütte [MB]; Haus [MB]; altes Haus, Bruchbude [MB]; baufälliges Haus [MB]; altes Schiff [MB] ♦ **E:** evtl. Variante (Streckform) zu → *kabache*. ♦ **V:** *er butschert in die kallebache dort* ‚er arbeitet in dem Haus dort' [MB].

kallef Subst. n. [Scho]
— Messer [Scho] ♦ **E:** jd. *challef* ‚Messer' (We 53).

källen swV. [GM, JSa]
kellen [LüJ]; **kella** [LüJ]; **killen** [LüJ]; **kehlen** [LüJ]; **gielen** [LüJ]
— tanzen [GM, JSa, LüJ]; spielen [LüJ]; Musik machen [LüJ]; musizieren [LüJ]; pfeifen [LüJ]; singen [LüJ] ♦ **E:** roi. *khel-, khelel* ‚spielen, tanzen' (WolfWZ 1360); dagen unwahrscheinlich eine Herleitung aus rw. *kehle* ‚Pfeife, Tabakspfeife; Musikinstrument' zu jd. *k'li* ‚Gerät, Instrument, Werkzeug' (WolfWR2547).

♦ **V:** *quand kellà* ‚schöne Musik machen' [LüJ]; *ein tschirklo gielt im lindogascht in latscho sommerrat* ‚ein Vogel pfeift im Lindenbaum in lauer Sommernacht' [LüJ]
aufkehlen swV. [LüJ]
– aufspielen
kehl Subst. [LüJ]
– Spiel, Tanz [LüJ]
källebangeri Subst. m. [GM]
– Musiker [GM]; fahrendes Volk [GM]; „Die gehobenen Schichten der Fahrenden (...) sprechen von den niederen als den källebangeris." [GM] ♦ **E:** roi. *kélibnangro* ‚Spieler' (WolfWZ 1360).
källepin Subst. m. [GM]
– Messe, Jahrmarkt [GM].

kallesch Adj. [Scho]
– ohnmächtig [Scho]; übel [Scho]; schwach [Scho] ♦ **E:** jd. *challesch* ‚schwach' (We 53/54).
kallesch sein Phras. [Scho]
– eine Schwäche für etwas haben [Scho]
kalschenen swV. [Scho]
– ohnmächtig werden [Scho].

kalliboren ‚verstecken, versaufen' → *kapohren*.

kalljen swV. [Scho]
– fluchen [Scho] ♦ **E:** hebr. *kalal* ‚fluchen' (We 70).

kalo¹ ‚Teufel' → *koll*.

kalo² ‚Mann' → *kahle*.

kalomes Subst. m. [GM, JS]
– Krach, Lärm [GM, JS]; Palaver [JS]; Streit [JS] ♦ **E:** wohl zu roi. *gola, gala* ‚schreien, rufen, kreischen' (WolfWZ 908), schwer zu → *kalaumes*; hebr. *chalomot* ‚Träume' (RhWb IV, 61).
kalomesfreier Subst. m. [GM]
– Krachmacher, Lärmer [GM].

kalot Subst. f. [KM]
kalote [KM]
– Tasche [KM] ♦ **E:** rw. *kalitte* ‚Jacke', aus nd. *Kalitte* ‚Wanst, Beutel, Ranzen' (WolfWR 2428).

kalouchem Subst. f. [Scho]
kalouchemm [Scho]
– Brot, großes Stück [Scho] ♦ **E:** jd. *kalouche* ‚großes Stück Brot' (Klepsch 786).

kalti nas Phras., Übername [WM]
– Russe [WM] ♦ **E:** dt. *kalt* und dt. *Nase*.

kaltschmied Subst. m. [StG]
– Kupferschmied [StG] ♦ **E:** dt. *kalt* und dt. *Schmied*.

kalumes Subst. m. [WJ]
– alter Gauner (freundschaftlich) [WJ] ♦ **E:** unsicher; evtl. zu → *kalaumes*.

kalunze Subst. Pl. [RR]
– Exkremente [RR]; Kot [RR] ♦ **E:** unsicher; evtl. kollektive Präfixbildung *ge-* zu rw. *luns, lunsch* ‚schlecht' WolfWR 3323.

kam¹ Subst. m. [GM]
– Sonne [GM] ♦ **E:** rw. *kam* ‚Sonne' (WolfWR 2443) < roi. *kham* ‚Sonne' (WolfWZ 1286).

kam² Subst. m. [JSa]
– Korb [JSa] ♦ **E:** wohl Kürzung zu roi. *kanistro* ‚Korb' (WolfWZ 1304).
kamenbosseler Subst. m. [JSa]; **kambosseler** [JSa]; **kamchensbosseler** Subst. m. [JSa]
– Korbmacher [JSa].

kamara Subst. m. [NW]
– Freund, Genosse [NW] ♦ **E:** zu dt. *Kamerad* DWB XI 97 f. → *kamerud* ♦ **V:** *das ist ein kamara!* (auch verächtlich ironisch) [NW].

kameltreiber Subst. m. [HN]
– orientalischer Typ [HN] ♦ **E:** dt. *Kamel* und dt. *treiben*.

kamenes Subst. [Scho]
– Volk, niedriges [Scho] ♦ **E:** jd. *chamaunes* ‚niedriges Volk' (We 54).

kamerud Subst m. [RW]
kamrud [RW]
– Kamerad [RW]; Geselle [RW]; nur bei Axt und Kelle gebräuchliche Neubildung für Kamerad, die den militärischen Beiklang vermeiden soll. Ersatzwort für Kamerad, um den militärischen Beiklang zu meiden [RW]; Begrüßung unter allen zünftigen Gesellen [RW] ♦ **E:** zu dt. *Kamerad* DWB XI 97 f. → *kamara*.

kamerutsche Subst. f. [SK]
kammerutsche [SK]; **kamerutsch** [SK]
– Kammer [SK] ♦ **E:** Weiterbildung von dt. *Kammer* ‚Wohnstube' DWB XI 109 ff.

kamesool Subst. n. [KM]
kamesoole [KM]
– Oberbekleidung [KM] ♦ **E:** dt. (ant.) *Kamisol* ‚Jacke, Weste' (RheinWb. IV 111), aus frz. *camisole*. → *kamis*.

♦ **V:** *Roon ens, dat Kamesool doo!* ‚schau mal, das Kleid da!' [KM].

kamgei Subst. [StG]
– Mädchen [StG] ♦ **E:** rw. *cham* ‚scharf, geil' aus jd. *chamiene* ‚Hitze' (We 54); rw. *goie/keue* ‚Frau, Mädchen' aus jd. *goie* ‚Nichtjüdin, Christin' (WolfWR 1860).

kamin Subst. m. [PfJ]
– Zylinderhut [PfJ] ♦ **E:** dt. *Kamin* DWB XI 100 f. Benennungsmotiv: nach der Form.

kaminkäs Subst. m. [LJ, PfJ]
– Rauchfleisch [LJ, PfJ]; Schinken [PfJ] ♦ **E:** dt. *Käse*.

kamine, kamieme ‚warm; Wärme, Hitze' u. ä. → *chamm*.

kaminen swV. [HN]
– simulieren [HN] ♦ **E:** zu jd. *cham(ieme)* ‚Wärme, Hitze' (We 54, Post 206, MatrasJd 288, Klepsch 791; vgl. WolfWR 2655); vgl. → *chamm*. ♦ **V:** *er kamint* ‚er tut nur so' [HN]

rumkaminen swV. [HN]
– Scheiße erzählen [HN]; herumspinnen [HN]

kamine Subst. f. [HN] ♦ **V:** *kamine machen* ‚so tun als ob, gut vortragen' [HN]; *laß die kamine* ‚laß den Vortrag' [HN]

kaminefreier Subst. m. [MB]
– Angeber [MB].

kamis Subst. n. [BJ]
gamisse [Wo]; **gamüüse** [MJ]; **gemsch** [PH]; **kemmsel** Subst. n. Dim. [JS]; **kemsel** [SK]; **kämsel** [KM]; **gemsel** [JSa]; **kemzel** [SK]; **kemfel** Subst. m. Dim. [HLD]; **kempsel** [SK]; **kimpsel** [MB]; **gemsje** [LL]; **gemsle** [OJ, Wo]; **gemschel** [CL, LL, OH]; **gamsel** [GM]; **gâmisli** [JeS]
– Hemd [CL, GM, HLD, JS, JSa, JeS, KM, LL, MB, MJ, OJ, PH, SK, Wo]; Unterrock [KM] ♦ **E:** rw. *gemsel*, zu lat. *camisiale* ‚Hemd' (WolfWR 2446), frz. *camisole* ‚Wams, Unterjacke', ital. *camicia* ‚Hemd'. → *kamesool*. ♦ **V:** *Der teilacht uhne gemschel rum* ‚Der läuft ohne Hemd herum' [CL].

kamm¹ Subst. m. in: [HN]
kamm schreiben ‚bei der Zeche zu viel berechnen' [HN] ♦ **E:** dt. *Kamm* DWB XI 101 ff.; Benennungsmotiv: Bildähnlichkeit, mehrere Striche parallel wie Kammzähne auf den Bierdeckel schreiben (zuviel berechnen).

kamm² Subst. [SS]
– Durst [SS] ♦ **E:** jd. *chamiene* ‚Hitze' (We54).

kammig Adj. [SS]
– durstig [SS].

kammer¹ Subst. m. [Scho]
– Mensch, grober, gemeiner, dummer [Scho] ♦ **E:** jd. *chammer* ‚Esel' (We 54), Pl. *kamaurem*.

kammer² Subst. f. in: [WG]
braune Kammer ‚After' [WG] ♦ **E:** dt. *Kammer* → *kamerutsche*.

kammerjäger Subst. m. [EF]
– Schwabenaustreiber [EF] ♦ **E:** dt. *Kammerjäger* ‚Jäger im persönlichen Dienst eines Fürsten, Ratten- und Mäusefänger' DWB XI 122.

kämmerling Subst. m. [SK]
– Kamm [SK] ♦ **E:** Ableitung auf *-ling* zu dt. *kämmen* DWB XI 108 f.

kampane Subst. f. [MB]
kampani [GM]; **kambanie** [MB]; **kambani** [JS, PH]; **kabane** [MM]; **kupane** [GM]; **gambane** [LüJ]; **gambana** [JSW]; **gambauer** [MUJ]; **galbano** [JSW]
– Uhr [GM, JS, JSW, LüJ, MB, MM, MUJ, PH]; Armbanduhr [LüJ] ♦ **E:** rw. *cumpanie, gambahni* ‚Uhr' (WolfWR 3013) < roi. *kambana* ‚Uhr, Glocke', *gambana* ‚Stunde, Uhr' (WolfWZ 1289; Romlex 2005); lat. *campana* ‚Glocke'. SchwäbWb. IV 187 (*Kampene*). ♦ **V:** *was schmust die kambanie?* ‚wie spät ist es?' [MB].

kamsche swV. [BB]
– schmecken [BB] ♦ **E:** Inversion zu mda. *schmacke* ‚schmecken'.

kamtühschchen Subst. n. [SK]
kamtus'chen [SK]
– Rock der Frau [SK] ♦ **E:** volksetymologisch dt. *Kammertuch* „feinste Art Leinwand", aus ON *Cambrai* DWB XI 130 f.; nd. *Contusche, Cantusch* aus franz. *contouche*.

kamuche Subst. f. [BA]
– Stadt [BA] ♦ **E:** unsicher; evtl. zu rw. *mochem* ‚Stadt', *ka-* evtl. Kollektivsuffix *ge-*. oder (nach der Systematik rotwelscher Bildungen zur Bezeichnung von Städten) Anfangsbuchstaben einer bestimmten Stadt.

kän Bejahung, Bestätigung → *ken*.

kan Adv. [Scho]
– hier [Scho] ♦ **E:** jd. *kaan, kan* ‚hier' (We 70). → *bekaan*.

kanacken Subst. m. Pl. [HN]
– Ausländer [HN]; Südländer [HN] ♦ **E:** nd. *kanaker* ‚Kanake, Eingeborener der Südseeinseln' (HWB II 939).

kanbere Subst. [KJ]
– Schrank [KJ] ♦ **E:** unsicher; evtl. Pars-pro-toto zu frz. *chambre* ‚Schlafzimmer'.

kand Subst. f. [BJ, OJ]
kandi [LoJ, SJ]; **kante** [LJ]; **kanti** [LoJ, SJ, SchJ, TJ, Zi]; **kander** Subst. f. [TK]
– Haus [LJ, LoJ, SJ, SchJ, TJ, TK]; Absteige [BJ, OJ]; Abort, Abtritt [BJ]; Stube [Zi]; Ecke [SJ] ♦ **E:** rw. *kandich, kanti, kande* ‚Bordell, Herberge, Haus', Herleitung unsicher, evtl. zu dt. *Kante* ‚Ecke' oder zu frz. *cantine* ‚Schenke', span., ital. *cantina* ‚Keller, Winkel' (WolfWR 2450, Klepsch 796).

kanterl Subst. n. Dim. [LoJ]
– Häuschen [LoJ]

hocherkandi Subst. f. [LoJ]
– Bauernhaus [LoJ]

letzt kanti Subst. m., Phras. [SchJ, SJ, TJ]
– Sarg [SchJ, SJ, TJ]

patronallkanti Subst. f. [TJ]; **patrenallkantela** Subst. f. Dim. [SchJ]
– Kloster [TJ]; Kapelle [TJ] ♦ **V:** *glawins patrenallkantela* ‚kleine Kapelle' [SchJ]

schmelzkand Subst. f. [OJ]
– Abort [OJ]

schmorkand Subst. f. [OJ]
– Abort [OJ]; Abtritt [OJ]

turmkanti Subst. f. [TJ]
– Herberge [TJ]

gschutztenkannele Subst. n. Dim. [TJ]
– Irrenhaus [TJ].

kande swV. [BM]
– stehlen [BM] ♦ **E:** schweizdt. *handen/kanden* ‚an sich nehmen, mausen, stibitzen' (SchweizId. II 1400).

kandl ‚Feuer, Zündholz' → *kant³*.

kaneck Subst. f. [SE]
– Wagenbremse [SE] ♦ **E:** RheinWb. V 1019 (*Kanik* ‚Wagenbremse') verkürzt aus frz. *mécanique* ‚Wagenbremse'.

kanegeren swV. [LJ]
– betrügen [LJ] ♦ **E:** rw. *kangen* ‚kaufen' aus jd. *kanjen* ‚kaufen' (WolfWR 2616).

kanes Subst. m. [CL, PH]
kranes Subst. m. [NJ]
– Korb [CL, NJ, PH] ♦ **E:** zu roi. *kanise, kanistro* ‚Korb' (WolfWZ 1304).

kranesbosseler Subst. m. [NJ]; **kamenboßler** Subst. m. [RH]
– Korbmacher [NJ, RH]

kanesmanger Subst. m. [PH]
– Korbmacher [PH]

ganaschter Subst. m. [JeS]
– Korb [JeS]

ganaschtermangerli Subst. m. [JeS]
– Korbmacher [JeS].

kanfenen swV. [Scho]
– bestechen [Scho]; sprechen, gut zusprechen [Scho]; schmeicheln, loben, schöntun [Scho] ♦ **E:** jd. *chanfenen* ‚schmeicheln, loben' (We 54).

kanufe treiben Phras. [Scho]
– schmeicheln, loben, schöntun [Scho]

kanufetreiberei Subst. f. [Scho]
– Schmeichelei [Scho] ♦ **E:** jd. *chanufe* ‚Schmeichelei'.

kangeri Subst. f. [JS, MM]
gangeri [GM]; **kangere** [MUJ]; **kanggri** [JSa]; **kangel** Subst. [JSa]
– Kirche [GM, JS, JSa, MM, MUJ] ♦ **E:** rw. *kangheri* ‚Kirche' (WolfWR 2452) < roi. *kangeri* ‚Kirche' (WolfWZ 1302).

kangli Subst. f. [GM]
– Kamm [GM] ♦ **E:** roi. *kangli* ‚Kamm' (WolfWZ 1303).

kännen swV. [GM]
– kämmen [GM].

kanichen swV. [LJ]
kanjenen [Scho]; **kanje** [RA]
– kaufen [RA] ♦ **E:** jd. *kanjenen* ‚kaufen' (We 72, Klepsch 794). → *kiene*.

verkannicha swV. [LJ]
– verkaufen [LJ].

kanifle swV. [Scho]
– beischlafen [Scho] ♦ **E:** jd. *kanifeln* ‚koitieren' (Klepsch 793).

kanifle Subst. [Scho]
– Beischlaf [Scho].

kanjenen ‚kaufen' → *kanichen*.

kanlo Subst. m. [SJ]
– Arrest [SJ]; Gefängnis [SJ]; Haus [SJ] ♦ **E:** rw. *kahn* ‚Gefängnis' aus jd. *kaan* ‚hier, allhier' (WolfWR 2417)

und rw. *lo, lau* ‚nein, nichts' aus jd. *lau* ‚falsch' (WolfWR 3131). ♦ **V:** *Dr benk hot da kaffer mit am härtling dupfd, das dr rötling gschepfd ischd no hotr en dr deisd ond em seine boschr aus am rande zopfd dr klischde hot den vermuffda schure en da kanlo gschmissa wega dem hallas, dr gomel hod droht, hoim de, sonschd machschd ama schena schei da baumelma* ‚Der Mann hat den Bauer mit dem Messer gestochen, daß das Blut gelaufen ist, dann hat er ihn erschlagen und ihm sein Geld aus der Tasche genommen, der Polizist hat den schlechten Kerl ins Gefängnis geschmissen wegen dem Streit, der Amtsrichter hat gedroht, pass auf, sonst wirst du eines schönen Tages aufgehängt' [SJ].

kanone Subst. f. [WG]
kanl Subst. n. [WG]
– Pistole, Revolver [WG] ♦ **E:** dt. *Kanone* „geschütz mit längerem rohr, das gewöhnliche feldgeschütz" DWB XI 169.

kanore Subst. f. [RW]
– Steckbriefverzeichnis [RW] ♦ **E:** rw. *konore* ‚Steckbriefverzeichnis' aus jd. *gemorha* ‚Talmud, Vollendung, Vollkommenheit' (WolfWR 1735; Klepsch 609).

kanpiesling Subst. m. [MM]
– Eberpenis [MM] ♦ **E:** unsicher; *kan-* evtl. zu roi. *Gono* ‚Hodensack', schwer zu dt. *Kone/Kon* ‚Gattin, auch bei Tieren' (DWB XI 1689); rw. *ling-* Bildung zu mdal./ugs. *pieseln*, hochdt. *pissen*.

kanschen Pron. [SK]
– nichts [SK] ♦ **E:** evtl. zu roi. *khandi* ‚wenig' (WolfWZ 1301). ♦ **V:** *ek hebbe kanschen* ‚ich besitze nichts' [SK].

kant¹ Subst. m. [GM]
– Ohr [GM] ♦ **E:** roi. *kand, cant* ‚Ohr' (WolfWZ 1296).

kant² Subst. [SJ]
– Eimer [SJ] ♦ **E:** dt. regional (schwäb.) *Kante* ‚Kanne' (SchwäbWb. IV 195).

kant³ Subst. [EF]
kandel Subst. f. [EF]; **chandel** [LüJ]; **kandl** [EF]; **kändel** [EF]; **käntl** [EF]; **kandln** Subst. Pl. [EF]
– kleines Licht [EF, LüJ]; Kerze [LüJ]; Feuer [EF]; Zündholz [EF] ♦ **E:** WolfWR 833, frz. *chandelle* ‚Kerze', lat. *candela* ‚Kerze, Licht', dt. *kenten* ‚zünden, heizen' DWB XI 554 f.; SchwäbWb. IV, 684 (*Schandell*).

eikandeln swV. [EF]; **einkänteln** [EF]
– einheizen [EF].

kant⁴ ‚Haus' → *kand*.

kante Subst. f. in: [HN]
die kante geben ‚vollgas geben, losmachen' [HN]; *gib ihm die kante* ‚mach los, Beeilung' [HN] ♦ **E:** unsicher; zu dt. *Kante* oder *Kanne*; dt./ugs. *sich die Kante/Kanne geben* ‚gehörig einen trinken'. Benennungsmotiv: früher üblich, Wein in Gaststätten in Kannen zu servieren; oder: Tischkante, auf die der Betrunkene aufschlägt.

kantstein Subst. m. in: [HN]
willst du Bekanntschaft mit dem kanntstein machen? [HN] Drohung im Sinne von ‚Hau ab, sonst gibt's Schläge und du landest in der Gosse, auf dem Bordstein' [HN]; *geh an den kantstein* ‚geh mir aus den Augen, hau ab' [HN].

kanten Subst. m. [HN]
– Stück Brot im Gefängnis [HN] ♦ **E:** nd. *kanten* ‚Endstück des Brotes, größeres Stück Brot oder Gebäck' (HWB II 946).

kantum Adj., Adv. [BJ, PfJ]
– bankrott [BJ]; zwangsversteigern [PfJ]; umdrehen [PfJ] ♦ **E:** rw. *kantum machen*, zu dt. *Gant* ‚gerichtliche Versteigerung, Konkurs' (WolfWR 2455), dt./ugs. *kantum machen* ‚umstürzen, Bankrott machen' SüdhessWb. III 1090. → *gant*.

kanuke Subst. f. [Scho]
– Kirchweihfest [Scho] ♦ **E:** jd. *chanukke* ‚Chanukkafest'.

kanum Subst. [MeJ]
– Korb [MeJ] ♦ **E:** unsicher; evtl. Nebenform zu rw./jd. *gannew, kanuf* ‚Dieb' WolfWR 1643, Benennungsmotiv: Behältnis für Diebesgut, Pars-pro-toto-Metonymie.

kanyn Subst. n. [BM]
– Kaninchen [BM] ♦ **E:** zu dt. *Kaninchen* DWB XI 161 f.

kapado Adj. [GM]
– link [GM]; grob [GM] ♦ **E:** unsicher; evtl. Bildung zu roi. *gab* ‚Dorf' (WolfWZ 821).

kapat Subst. [HLD, RW]
– Speck [HLD, RW]; Schweinefleisch [HLD] ♦ **E:** rw. *kapat* ‚Schweinefleisch, Speck' (WolfWR 2456, ohne Herleitung), evtl. zu dt. *kapaun, kapaunenschmalz* ‚durch Kastration entstandenes Fett' DWB XI 182.

kapazunder Subst. m. [WG]
– angesehener Mensch [WG]; gescheiter Mensch [WG] ♦ **E:** zu dt. *Kapazität*, aus lat. *capacitas* ‚Fassungsvermögen', evtl. Kontamination mit dt. *Zunder* DWB XXXII 556 ff.

kapeister Adv. in: [HN]
kapeister gehen ‚umfallen vom Schnaps, den Bach runtergehen, schief laufen' [HN] ♦ **E:** nd. *kappheister* ‚kopfüber' (HWB II 1217).
kapeisterwasser Subst. n. [HN]; **kapeigenwasser** Subst. n. [HN]
– hochprozentiger Schnaps [HN]; schlechter Schnaps, Fusel [HN].

kapelal Subst. n. [RR]
– Hosentür, „eigentlich kleine Kapelle" [RR] ♦ **E:** dt. *Käppele, Kapelle* „cäpele im haus, kleine capell", met. auch ‚Pissoir, Abtritt' DWB XI 183.
kapellusch Subst. m. [EF]; **kappelusch** [EF]
– Kapellmeister [EF]
käppeli Subst. n. [KP]
– Kirche [KP]
käppelespink Subst. m. [KP]
– Pfarrer [KP]
käppelisch Adj. [KP]
– katholisch [KP].

kapern swV. [JSa, MB]
– rauben [MB]; fassen, ergreifen [JSa] ♦ **E:** dt. *kapern*, westf. *kaperen* ‚rauben, stehlen, zerstören' (DWB XI 184; WestfWb. 529). ♦ **V:** *de Mäwwerisch had de Nulles gekaaperd* ‚Die Katze hat sich die Wurst geschnappt' [JSa].

käpernicken swV. [HL]
– laufen [HL] ♦ **E:** rw. *käpernicken* ‚laufen', aus dem FN *Käpernick*. Fritz Käpernick war ein in den 1880er Jahren bekannter Schnellläufer (WolfWR 2458).

kapieren swV. [PfJ]
– begreifen [PfJ]; verstehen [PfJ] ♦ **E:** dt. *kapieren*, aus lat. *capere* ‚erfassen'.

kapitalistenbrause Subst. f. [HN]
– Sekt [HN]; Champagner [HN] ♦ **E:** dt. *Kapitalist* und *Brause* ‚Gährung des Weins oder Biers' DWB II 328.

kaplan Subst. m. [SK]
– Schimpfwort [SK] ♦ **E:** serb. *kaplan* ‚Leopard', bulg. *kaplan* ‚Tiger', türk. *kaplan* ‚Tiger, Panther'.

kapnäfoo Subst. m. [BB]
– Backofen [BB] ♦ **E:** Inversion zu *Backofen*.

kapnäfooschaame Subst. m. [BB]
– Backofenbauer [BB]
kapnätsch Subst. m. [BB]
– Backstein [BB] ♦ **E:** Inversion zu mdal. *Backstän*.

kapohren swV. [SK]
– begraben [SK] ♦ **E:** rw. *kaboren, verkaboren* ‚verstecken' (WolfWR 2589), zu jd. *keiwer, kewuro* ‚Begräbnis' und zu jd. *mekabern* ‚begraben'. → *kappore*. ♦ **V:** *he is koport* ‚er ist gestorben' [SK]
kaporem swV. [Scho]
– graben [Scho]
verkapuren swV. [JS, RW]
– verstecken [JS, RW]
verkalliboren swV. [MM]; **verkaliboren** [MM]
– verstecken [MM]; „verstecken, sich selbst oder etwas Gestohlenes" [MM]; Diebesgut verkaufen [MM]; versaufen [MM] ♦ **V:** *matrelen verkaliboren* ‚Kartoffeln setzen' [MM]; *die schore ham se im busch verkalibort* ‚das Diebesgut versteckten sie im Wald' [MM].

kapore(s) ‚Verderben; tot' → *kappore*.

kappe Subst. f. [SK]
– Tasse [SK] ♦ **E:** rw. *kippe, kuppe* ‚Behältnis, Büchse, Kasten, Schachtel, Dose' zu jd. *kuppo, kippo, kippe* ‚Büchse, Kasten' (WolfWR 2620). (Avé-L. 447). ♦ **V:** *ne kappe schernei* ‚eine Tasse Kaffee' [SK]
kopni Subst. f. [GM]
– Tasse [GM].

kappen¹ swV. [LJ, PfJ, SchJ]
kappæ [WJ]
– bellen [LJ, SchJ, WJ]; schimpfen [LJ, PfJ, SchJ, WJ] ♦ **E:** rw. *sich kappen* ‚sich zanken, schimpfen', zu mdal. *kappen* ‚derb ausschelten, abfertigen' (WolfWR 2465).
kappisch Adj. [PfJ]
– zornig [PfJ].

kappen² swV. [BJ, HN, JS, MB, MM, Scho]
kapen [MM, MoJ]; **chappen** [MM]
– nehmen, schnappen [BJ, MB, MM, Scho]; erhaschen [Scho]; greifen [MM]; wegnehmen [HN, MM]; fassen [MB, MM]; erwischen [MB, MM]; fangen [MB]; einfangen [MM]; sich genehmigen [MM]; ziehen [MM]; beißen (bes. Pferd oder Hund) [MM, Scho]; nach etwas streben [MM]; auffordern [MM]; klauen [MM]; stehlen [JS, Scho]; übers Ohr hauen [MM]; betrügen [MB]; hereinlegen beim Spiel [MM]; bescheißen [MB]; „am Buffet alles für sich sicherstellen" [MM]; essen [MoJ]; durchhauen [HN]; wegschneiden [HN]; abschneiden [MB] ♦ **E:** rw. *kappen* ‚fangen, ver-

haften, stehlen', jd. *chappen* ,ergreifen', lat. *capere* ,erfassen, ergreifen' (WolfWR 2464); westf. *kappen* ,abschneiden' (WWBA. 761). ♦ **V:** *es hat ihne ums lobi gekappt* ,sie hat ihm das Geld gestohlen' [MB]; *den hab ich gekappt* ,den hab ich gefaßt' [MB]; *in die zemonses kappen* ,in die Beine beißen' [MM]; *sich eine schawele kappen* ,sich eine Flasche genehmigen' [MM]; *sich eine kaline kappen* ,ein Mädchen (zum Tanz) auffordern' [MM]; *chappen nach lowi und reibach* ,den Luxus lieben' [MM]; *kappte den hegel an die strotte* ,er ging dem Kerl an den Hals' [MM]; *er hat sich so 'n kachelin gechappt und sofort 'n hals umgedreht* ,er hat sich ein Huhn gefangen und ihm sofort den Hals umgedreht' [MM]; *immer, wenn die alten plete waren, chappte der koten bes schuck oder sogar 'n heiermann aus der kasse* ,Immer wenn die Eltern fort waren, nahm das Kind 2 Mark oder sogar 5 Mark aus der Kasse' [MM]; *wenn der klisto uns kappt, is die ganze bewirche plete* ,wenn der Polizist uns fängt, ist der ganze Verdienst dahin' [MM]; *ich laß mich nich kappen, da bin ich zu kochum zu* ,ich laß mich nicht fangen! Dazu bin ich zu schlau' [MM]; *wir ham immer für lau gematscht, bis se uns gekappt haben* ,wir habem immer geangelt, bis sie uns erwischten' [MM]; *Heini reunte rot, kappte den hegel an die strotte und mekeimte ihm sein rösch* ,Heini sah rot, ging dem Kerl an den Hals und schlug ihm ins Gesicht' [MM]

kappenfest Subst. n. [HN]
– Stehlen, Diebstahl [HN] ♦ **V:** *hier ist kappenfest* ,hier wird gestohlen' [HN].

kapper Subst. m. [MM]
– Frisör [MM]; einer, der die Haare schneidet [MM] ♦ **E:** westf. *kappen* ,abschneiden' (WestfWb. 530) → kappen².
haarekapper Subst. m. [MB]
– Friseur [MB] ♦ **V:** *ich muß zum haarekapper* ,ich muß zum Friseur' [MB].

käpper Subst. m. [LJ]
– Bauer [LJ] ♦ **E:** unsicher; evtl. zu → *kaffer*.

kappes Subst. m. [MB]
kabas [BJ]; **kappus** [Scho]; **kobes** [FM]; **kibes** [JS, LüJ, MeJ, PfJ, SJ]; **kiebes** [BJ, JS, JSa, MoJ, NJ, OJ, SJ]; **kîbes** [Him, Mat]; **kiebis** [LüJ, OJ]; **kiibes** [KM, NrJ, StJ]; **kibis** [BM, Wo, Zi]; **kibbis** [HLD]; **kibbes** [WL]; **kiewes** [JSW, JSa, LL, PfJ, SE]; **kiwes** [PH, SE, TJ]; **kîwes** [TK]; **hiwes** Subst. m. [RR]; **kiewas** [PfJ]; **kewes** [SE]; **keibes** [SK]; **kübis** [TK]; **giebes** [MUJ]; **gibes** [BJ]; **giebas** [LJ]; **giebæs** [WJ]; **gipser** [Scho]; **giwes** [SJ, SchJ]; **kürbes** Subst. m. [TK]; **kürwes** [TK]; **knewes** Subst. m. [RH]
– Kopf [BJ, BM, Gmü, HLD, Him, JSW, JSa, KM, LJ, LL, LüJ, MB, MeJ, MoJ, MUJ, Mat, NJ, NrJ, OJ, PH, PfJ, RR, RW, SE, SJ, SK, SchJ, Scho, StJ, TJ, TK, WJ, WL, Wo, Zi]; Gipskopf [Scho]; Kohlkopf [Scho]; Kohl [MB]; Verstand [SJ]; dummes Geschwätz [MB]; Unsinn, Blödsinn [MB]; Tasse [JSa] ♦ **E:** rw. *kiebes, kobes* ,Kopf', von dt. *kabis(z)* ,weißer Kopfkohl', ahd. *chapuz*, aus lat. *caput* ,Kopf, Haupt' (WolfWR 2594, Klepsch 625). ♦ **V:** *dschuba auf dem kiebis* ,Läuse auf dem Kopf' [LüJ]; *Bachkatze an de Kiewes kuffe* ,Steine an den Kopf werfen' [JSa]; *Kniffche! spann ä Mol den Kobes* ,Junge, sieh einmal den Kopf (der Münze)' [FM]; *de waletto bestiebt grannig kuffes für de kiebes* ,der Arbeiter bekommt viel Schläge auf den Kopf' [JS]; *de hotz hätt stropede ob de kiebes wie e sossem am tokes* ,der Mann hat Haare auf dem Kopf wie ein Pferd am Hintern' [JS]; *und die hat die schmaling deist und hats nach Gmünd in die Kasern zu de Pole, da als Hase, und hat halt der giebas wegketscht, und da hat sie halt schmerch kriegt* ,und die hat die Katzen totgeschlagen und hat sie als Hasen nach Gmünd in die Kaserne zu den Polen gebracht, und da hat sie halt Zigaretten dafür bekommen' [LJ]; *Ihr schure, i hab uich schalla gschpannt, no hot mei kibes dibbert, do boscht nei* ,Männer ich habe euch singen gehört, da hat mein Verstand gesagt, da gehst du hinein' [SJ]; *Er hauerd nowes lopf em giwes* ,Er ist nicht richtig im Kopf' [SJ]; *kiebes kuffen* ,Jemanden auf den Kopf hauen' [NJ]; *kappes achielen* ,Kohl essen' [MB]; *kiebes schlomes* ,Tasse Kaffee, Kanne Kaffee' [JS]

kiebesje Subst. n. Dim. [JS]
– kleiner Kopf [JS]; kleines Gefäß [JS]; Kanne [JS]; Tasse [JS]

kapuster Subst. m. [SS]; **kabuster** [Scho]
– Kraut [SS, Scho] ♦ **E:** mlat. *caputia* ,Weißkohl', obd. *kappes* ,Kohl' (Klepsch 760, Wahrig 2033).

baonikiewes Subst. m. [LL]; **banikiewes** [LL]
– Wasserkopf [LL] ♦ **E:** → *pani*.

glatzkibes Subst. m. [LüJ]
– Glatzkopf [LüJ]

nillekiebes Subst. m. [LüJ]
– Penis [LüJ].

kapphans Subst. m. [JeS]
– Kapuziner (Angehöriger des Kapuzinerordens) [JeS] ♦ **E:** Kürzung aus *Kapuziner*; RN *Hans*. ♦ **V:** *De Kapphans huurt toof, chasch en grad no wäge Lobi aaschnure* ,Der Kapuziner ist gut, du kannst ihn gerade noch wegen Geld anbetteln' [JeS].

kappisch Adj. [LJ]
– wütend [LJ]; verärgert [LJ]; zornig [LJ]; böse [LJ]
♦ **E:** rw. *käppisch* ‚schlecht', zu dt./mdal. *köppisch* ‚eigensinnig, trotzig' (WolfWR 2468). ♦ **V:** *und der kober, der isch kappisch, weil sei moss so gaurisch tönt* ‚und der Wirt ist verärgert und böse, weil seine Frau so fürchterlich schreit' [LJ].

kapplecho machen Phras. [Scho]
– nehmen [Scho] ♦ **E:** zu jd. *chappen* ‚nehmen' (We 54). → *kappen²*.

kappore Subst. f. [LüJ]
kapore [Scho]; **kabore** [LüJ]; **kabores** Pl. [LüJ]; **kaporas** [LJ]; **kapores** [LüJ, SJ]
– Mord [LJ]; Untergang [SJ]; um's Leben kommen [SJ]; Unheil [LüJ]; Scheiße [LüJ]; Verderben [LüJ, Scho]; Zerstörung [Scho] ♦ **E:** rw. *kappore* ‚Unheil, Unglück, Tod', *kappores gehen* ‚ums Leben kommen' (WolfWR 2469) < jd. *kapore, kapores* ‚Sühnung, Zerstörung, Verderben' (We 70, Post 206, Klepsch 755) < hebr. *kapparoth* ‚Schlachtopfer; Sühne, Sühneopfer, Sündenbock'; dazu auch jüd. Fest Jom Kippur, zu dem als Sühne für die Sünden des Jahres ein Tier geopfert wurde. ♦ **V:** *kabores pflanzen* ‚Scheiße bauen' [LüJ]
kabore Adj., Adv. [JS, LüJ, OJ, Scho]; **kabores** [LüJ, OJ]; **kapore** [SJ, Scho]; **kapores** [CL, KMa]; **kapoores** [KM]; **kappore** [LüJ]
– kaputt, erledigt, tot [BJ, CL, JS, KM, LüJ, MM, NW, OJ, RW, Scho]; entzwei, zerrissen [MM]; verarmt [KMa]; umgekommen [NW]; bankrott [NW]; „mulo" [LüJ] ♦ **V:** *kaboures sein* ‚erledigt sein' [NW]; *kapores dellen* ‚entzwei schlagen' [MM]; *kapore machen* ‚tot machen, umbringen, ermorden, töten' [SJ]
kapore Subst. f. [MM]
– Rechnung [MM]; Bierdeckel [MM]
kapores swV. [NJ]
– zerstören [NJ]; vernichten [NJ] ♦ **E:** zum seltenen verbalen Gebrauch: Windolph, Nerother Jenisch, 63.
futze kappore Interj., Phras. [SS]; **futzekabore** [Scho]
– pfui Teufel! [SS]; „ist nicht viel" [Scho]
kaporehaendel Subst. m. [Scho]
– Sündenbock [Scho]
kaporehinkl Subst. m. [Scho]
– Sündenbock [Scho] ♦ **E:** dt./mdal. *Hinkel* ‚Huhn' DWB XI 1444, *Hähndel* ‚Hähnchen', nach dem jüdischen Brauch, am Jom Kippur zur Versöhnung ein Huhn zu schlachten, auf das symbolisch die Sünden übertragen werden (We 70, WolfWR 2469).

käpsch Subst. m. [BB]
– Speck [BB] ♦ **E:** Inversion zu *Speck*.

kar Subst. m. [MB]
kari [MB, ME, MM]; **gari** [CL, GM, TJ]; **karie** [MB]; **cari** [JS]
– Penis, männl. Geschlechtsteil [CL, GM, JS, MB, ME, MM]; Schwanz, Pimmel [MB, ME]; Arschloch [CL] ♦ **E:** rw. *gari* ‚Penis' (WolfWR 1651) < roi. *kar, kari* ‚Schwanz, Penis' (WolfWZ 1310). ♦ **V:** Sprüche: *karie, minsch und Eierkuchen, jeder soll sein Glück versuchen* ‚Schwanz, Muschi und Eierkuchen, jeder soll sein Glück versuchen' [MB]; *die minsch, die lag im Haferstroh, und fühlt' sich so geborgen, da kam der kleine kari von oben und bot ihr „Guten Morgen". Die minsch, die wurde rot vor Wut und wollt den kari beißen, da nam der kari seinen klot, und tat die minsch mit schmeißen* [MM]; *reunens de schabo, der het e schnöfdenkelche wie ne cari em ponum* ‚guck mal, der Mann, der hat eine Nase wie ein Penis im Gesicht' [JS]; *schovel lack cari* ‚geschlechtskrank' [JS].

kär ‚Haus, Wohnung' → *kehr*.

karamaski Subst. f. [MB]
kramaski [JSW]; **gemaskerie** [JSW]
– Pistole [JSW, MB]; Gewehr [JSW, MB] ♦ **E:** roi. *karemaskeri* ‚Gewehr' (WolfWZ 1311). ♦ **V:** *er malocht nur mit karamaski* ‚er arbeitet nur mit der Pistole' [MB]
kamangerie Subst. m. [MM]
– Waffe [MM]; Pistole [MM]; Polizeirevier [MM]
kramasko Subst. [JSW]
– Axt [JSW].

karánden swV. [SK]
– schreiben [SK] ♦ **E:** russ. und bulg. *karandas* ‚Beistift', türk. *karandas* ‚Schiefer, schwarzer Stein'; vgl. *Caran d'Ache* als Pseudonym des Zeichners Poire Emanuel, geb. 1858, danach die gleichnamige Schweizer Schreibwarenfirma.

karatschi Subst. m. [SK]
– Fuhrmann [SK] ♦ **E:** türk. *kiradschi* ‚Fuhrmann'.

karbausche Subst. f. [SS]
karböuske Subst. Dim. [SPI]; **karbauske** [SPI]
– Mütze [SS]; Hut [SPI] ♦ **E:** wohl zu dt. *Kapuze* ‚am Mantel befestigte, meist spitze Mütze', aus mlat. Caputium; vgl. ital. *cappuccio*, frz. *capuce*, DWB XI 202.

karben ‚sich schämen' → *karme*.

karbolmäuschen Subst. n. [KJ]
– Krankenschwester [KJ] ♦ **E:** dt. *Karbol* (Desinfektionsmittel) und dt. *Mäuschen* DWB XII 1820.

karbonate Subst. f. [EF]
– Klops [EF] ♦ **E:** dt. *Karbonade* ‚gebratenes Rippenstück' < frz. *carbonade*.

kärellen swV. [GM]
– kochen [GM] ♦ **E:** roi. *kerew* ‚kochen, sieden' (WolfWZ 1375).

kärepaskero Subst. m. [GM]
– Koch [GM].

kären swV. [GM]
gere [JS]
– machen, tun [GM, JS] ♦ **E:** roi. *ker-, kerel* ‚machen, tun' (WolfWZ 1372).

karen swV. [GM]
– rufen [GM] ♦ **E:** roi. *k'ar-* ‚rufen, schreiben, nennen, heißen' (WolfWZ 1312).

karjole Subst. f. [MM]
– Ärger [MM] ♦ **E:** dt./ugs. *karriolen* ‚unsinnig durch die Gegend fahren, herumstreunen'; dt. *Kariole* „kleiner leichter kutschwagen auf zwei rädern, einspänner", aus frz. *cariole, carriole*, it. *carriuola* DWB XI 217. ♦ **V:** *karjole machen* ‚Ärger machen' [MM].

karl RN in:
klempners karl Subst. m., Phras. [BJ, RW]; **klengners karl** [RW]
– Gendarm [BJ, RW] ♦ **E:** rw. *klemme* ‚Gefängnis' zu dt. *Klemme* ‚enger Ort', volksetymologisch angelehnt an dt. *Klempner* ‚Blechschmied' DWB XI 1144; *karl* zu dt. *kerl* (WolfWR 2693).

schallers karl Subst. m., Phras. [RW]
– Lehrer [RW]

karlchen bäcker Subst. m., Phras. [HLD]
– Teufel („der die Seelen in den Ofen schiebt") [HLD].

karline Subst. f. [MB]
kaline [MB, HK]; **karoline** [RW, StG]; **caroline** [RW]; **garliene** [HK]; **koarliene** [HK]
– Schnapsflasche [MB, RW, StG]; braunes Steingut [MB]; Kaffeetopf [MB] ♦ **E:** unsicher; evtl. zu rw. *karline* ‚Schnapsflasche', aus jd. *koro* ‚Erquickung' und *logina* ‚Flasche' (WolfWR 2480); womögl. zu dt. *kar* ‚Geschirr mancherlei Art' (DWB XI 202 ff.) oder Appellativ aus RN *karoline* ‚Schnapsflasche' (Schützeichel in Gottschald 1982: 72).

karme swV. [CL, LL]
karmen [CL]; **karben** swV. [CL, PH]
– sich schämen [CL, LL, PH] ♦ **E:** rw./jd. *charbe* ‚Schande, Scham' (WolfWR 843, Post 206, We 55, Klepsch 799, 801). ♦ **V:** *karm dich e mattche, e bissje* ‚schäm dich wenigstens ein wenig' [CL, LL].

karnaiwesen Subst. f. [SPI, SS, WH]
kanoiwese [SPI]
– Kartoffel [SPI, SS, WH] ♦ **E:** → *genirwes* ‚Apfel'.

karnekate Subst. f. [SK]
– Fleischerei [SK] ♦ **E:** rw. *karne* < it. *carne* ‚Fleisch' (WolfWR 2482); nd. *Kate* ‚Haus, Hütte'.

karnen Subst. n. [KJ]
karwen [KJ]
– Essen [KJ] ♦ **E:** unsicher, evtl. aus dem Romanischen, vgl. it. *carne* ‚Fleisch', span. *carne* ‚Fleisch', Middelberg, Romanismen, 32. Vgl. → *karnekate*.

karnickel ‚Schwein' → *gronickel*.

karnickelschlag Subst. m. [HN]
– Schlag mit der Hand ins Genick [HN]
karnickelfangschlag Subst. m. [HN]
– Schlag mit der Hand ins Genick [HN] ♦ **E:** dt. *Karnickel* ‚Kaninchen' DWB XI 219; dt. *Fang* und *Schlag*; Benennungsmotiv: nach der Methode, Hauskaninchen zu töten.

karo Subst. m./n. [GM, MB, MM]
karro [SG]
– Butterbrot [MM]; Brot [MB, MM]; Scheibe Brot, Schnitte [GM, MM, SG]; Stück [GM] ♦ **E:** rw. *kahre, karo* ‚Brot' (WolfWR 2418), aus jd. *káaro* ‚Schüssel, met. Essen'; evtl. auch Kontraktion aus → *killemaro* ‚Butterbrot'.

bauernkaro Subst. m./n. [MM]; **bauernkarro** [MM]
– Bauernbrot [MM]; Schinkenbrot [MM]; Bauernstuten [MM]; Schnitte Brot [MM]; „Butterbrot vom Bauern, mit Schinken" [MM]; „großes Stück Weißbrot mit Schinken und Schwarzbrot" [MM].

karona Subst. f. [NJ]
– Familie [NJ] ♦ **E:** dt./ugs. *Korona* ‚Gefolgschaft, Gesellschaft, Clique' (RheinWb. IV 1270), aus lat. *corona* ‚Krone, Kranz'.

karote Subst. f. [Scho]
karoude [Scho]
– Reue [Scho]; Angst [Scho] ♦ **E:** jd. *charote, chorote* ‚Reue' (We 60). ♦ **V:** *karote haben* ‚bereuen, sich's anders überlegen' [Scho].

karotte Subst. f. [WG]
– männliches Glied [WG] ♦ **E:** dt./frz. *Karotte* ‚Mohrrübe' DWB XI 222; Benennungsmotiv: Formähnlichkeit.

karötter Subst. m. [MM]
– „einer, der zuhause kein Moos hat" [MM] ♦ **E:** unsicher; evtl. zu rw. *garrot* ‚Knebel zum Erwürgen' (WolfWR 1654), zu frz. *garrot* id., womgl. unter Einfluß von *Karat, Halbkaräter* ‚Edelstein mit einem Gewicht von 0,5 Karat'.

halbkarötter Subst. m. [MM]
– Armer, Asozialer [MM]; „Typ, der ein großer Geschäftsmann sein will und ein kleiner Mauschler ist" [MM]; „die, die kein Geld haben" [MM] ♦ **V:** Spruch: *Wer schleicht sich da bei uns am Stand herum? – Das sind die halbkarötter mitte laumassum* ‚Wer schleicht da um den (Jahrmarkt-)Stand herum? Das sind arme Leute ohne Geld' [MM].

karpathen Subst. Pl. [MB]
kapaaten [MB]
– Grünanlagen [MB]; ödes Hinterland [MB]; Gegend, Umgebung [MB]; „weit weg" [MB]; außerhalb der Stadt [MB] ♦ **E:** aus Gebirgsname *Karpaten*.

karpe Subst. f. [Scho]
karpene Subst. f. [Scho]
– Schande [Scho]; Scham [Scho] ♦ **E:** jd. *charpe* ‚Schande, Scham' (We 55).
karpenen swV. [Scho]; **karpenne** [Scho]
– sich schämen [Scho].

karras Subst. m. [SG]
– Schnaps [SG] ♦ **E:** rw. *karles* ‚Wein', „zwei jidd. Wurzeln": jd. *koras* ‚Erquickung', jd. *koran* ‚glänzen' (WolfWR 2479), rw. *karline* ‚Schnapsflasche' (WolfWR 2480).

kartätsche Subst. f. [GM]
kadätsch Subst. f. [LüJ]
– Vagina, weibliches Geschlechtsteil [GM, LüJ] ♦ **E:** wohl zu dt. *Kardetsche* ‚Bürste zum Wolle kämmen, Pferdestriegel' DWB XI 210, evtl. zu rw. *kedesche* ‚Bordellhure niedrigster Art' < jd. *kdescho* ‚gemeine Metze, Bordelldirne' (WolfWR 2540). → *kladätsche*.

kartl Subst. n. Dim. [EF]
kärtlein Subst. n. Dim. [EF]
– Gebetbuch [EF] ♦ **E:** dt. *Karte, Spielkarte*; Bezeichnung der Spielkarten als ‚Gebetbuch mit den 32 Blättern' oder ‚Gebetbuch des Teufels' (PfälzWb. III 89).

kartn Subst. f. [WG]
– Gesundheitskarte einer Dirne [WG].

kartuffeln swV. [RW]
– Bezeichnung für Gendarmengalopp [RW] ♦ **E:** rw. *kartuffeln* zu dt. *Kartoffel*, „ironische Bezeichnung für das ungeschickte, schwerfällige Galoppieren der berittenen Gendarmen" (WolfWR 2489).

karussellkaschube Subst. f. [HN]
– das drehbare Restaurant auf dem Telemichel (Hamburger Fernsehturm) [HN] ♦ **E:** → *kaschube*.

kas Subst. m. [WG]
käs [WG]; **käsin** Subst. f. [WG]
– Aufseher [WG]; Justizbeamter, Justizbeamtin [WG] ♦ **E:** rw. *käs* ‚Wache, Wachtposten', vermutete Initial-Kürzung aus ‚Kaiserlich Königlicher Arrestschließer' irrig; 1851 bereits *käs* ‚Wache, Aufpasser beim nächtlichen Diebstahl' (Girtler 1996, 131); Wolf zufolge Kürzung eines mit <*ch*> anlautenden rw. Lexems, „jidd. *chess* = ch" (WolfWR 2493).

kasaf Subst. m. [MM]
kesaf [Scho]
– Wandergewerbeschein [MM]; Arbeitsbuch [MM]; Ausweis [MM]; Gewerbeschein [MM]; Papiere, Schriftstück [MM, Scho]; Führerschein [MM]; Attest [Scho]; Garantie [Scho]; Handelslizenz [Scho]; Scheck [Scho]; Schuldverschreibung [Scho] ♦ **E:** rw. *kassaph, kesaf* (WolfWR 2519) < jd. *kesaw* ‚Handelslizenz', zu hebr. *kataw* ‚schreiben' (Klepsch 661); → *kassiber*. ♦ **V:** *für die masematten brauchste'n kasaf* ‚für den Handel benötigt man einen Wandergewerbeschein' [MM].

kasch Subst. m. [MB, MM, SK]
katsch Subst. m. [MB]; **katscho** [MB]; **gascht** [JSW, PH]; **garst** Subst. m. [JSW]
– Holz [JSW, MM, PH]; Stock [JSW, MB, SK]; Knüppel [MB]; Schlagstock [MB] ♦ **E:** rw. *kaszt* ‚Holz, Stock, Stab', zu roi. *kašt* id. (WolfWR 2511, WolfWZ 1334). ♦ **V:** *er haut ihne mit 'n katscho* ‚er schlägt ihn mit dem Knüppel' [MB]

kaschkorako Subst. m. [MB]
– dicker Knüppel [MB] ♦ **E:** *korako* unsicher, evtl. zu rw. *korah* ‚Anführer der Diebe' WolfWR 2875.

kaschmänglowierer Subst. m. [MM]
– Schreiner [MM]

katschmarch Subst. m. [MB]
– Stock, Knüppel [MB].

kaschbra ‚täuschen' → *kaspern*.

kasche¹ Subst. f. [MM, Scho]
– Frage [MM]; Problem [MM, Scho] ♦ **E:** jd. *kaschje* ‚Frage' (We 70).

kasche² Adj. [Scho]
kosche [Scho]
– schwer [Scho] ♦ **E:** jd. *kasche, kosche* ‚schwierig'.

kaschemme Subst. f. [CL, HN, JSa, MB, MM, RW, SPI]
kaschäm [StJ]; **katschemme** [GM, JSa, MB, MM, RW]; **katscheme** [MB, SS]; **katschäm** [StJ]; **katschemm** [JS]; **katchim** [JS]; **gatschem** [UG]
– Bierwirtschaft [CL]; Wirtschaft, Wirtshaus, Kneipe [HN, JS, JSa, MB, MM, RW, UG]; Gaststätte [GM, JS, MM, StJ]; billige Kneipe [SPI, SS]; Restaurant [GM]; heruntergekommes Gasthaus [HN, RW]; schlechte Wirtschaft [HN, RW]; „dreckige, fiese Gaststätte, wo man am Besten nur Flaschenbier trinkt" [RW]; „altes, vielleicht sogar zwielichtiges Haus" [MM] ♦ **E:** rw. *kaschemme* ‚schlecht beleumundete Wirtschaft' < roi. *katšíma, kertšíma* ‚Wirtshaus, Schenke' (WolfWR 2498, WolfWZ 1382). → *schemm¹*. ♦ **V:** *besser 'n kower inne tiftel als 'n challach inne katschemme!* ‚Es ist besser, wenn ein Wirt in die Kirche, als wenn ein Priester in die Kneipe geht!' [MM]; *kommste mit inne katschemme, einen schickern?* ‚Gehst du mit in die Kneipe, einen trinken?' [MM]; *en de katchim han ich drommes katschkedi geschwächt* ‚in der Gaststätte habe ich drei Schnaps getrunken' [JS]

kacherer Subst. m. [RR]
– Wirt [RR]

hachokatschemme Subst. f. [MM]
– Gaststätte [MM]; Bauernkneipe [MM]; üble Kneipe [MM]; „Gaststätte, wo diese Typen hingehen" [MM]; Bauernwirtschaft [MM]; Männerwirtschaft [MM]; „schäbige Wirtschaft mit Männern" [MM]; „in Damengesellschaft geht man da nicht hin" [MM]

nobelkatschemme Subst. f. [MM]
– Nobel-Restaurant [MM]

vereinskatschemme Subst. f. [MM]
– Vereinslokal [MM]

kaschemmenboß Subst. m. [HN]
– Gastwirt [HN]

kaschemmenkellner Subst. m. [HN]
– ungelernter Kellner [HN]

katschemaro Subst. m. [GM]
– Wirt [GM]

kaschemmenkover Subst. m. [MM]; **kaschemmenkower** [MM]; **katschemmenkover** [MM]
– Wirt, Kneipenwirt [MM]

katschemmenrakewele Subst. f. [MM]
– Kneipensprache [MM]; „Masematte" [MM].

kascho Subst. m. [PfJ, SJ]
– Arrest [PfJ, SJ] ♦ **E:** rw. *kascho, kaschut* ‚Arrest, dunkler Kerker' (WolfWR 2398), aus frz. *cachot*.

kaschott Subst. n. [MM]
– Gefängnis [MM].

kaschte Subst. m. [WM]
– Dampfer [WM] ♦ **E:** pfälz. *Kaschte* ‚Kasten'.

kaschube Subst. f. [HN]
– Gaststätte [HN]; „netter Typ, aber zwielicht, faul und hinterhältig, nach den Bewohnern der Kaschubei" [HN] ♦ **E:** unsicher; evtl. Variante zu → *kaschemme*; mit Einfluss von oder direkt zu ON *Kaschubei* (Landstrich in Pommerellen/Polen, Nähe Danzig, in dem Kaschubisch gesprochen wird).

kaschubenboost Subst. m. [HN]
– Gastwirt [HN]

achielkaschube Subst. f. [HN]
– Restaurant [HN]

karussellkaschube Subst. f. [HN]
– das drehbare Restaurant auf dem Telemichel (Hamburger Fernsehturm) [HN].

kaschufn Subst. f. [Scho]
– strammes Weib [Scho] ♦ **E:** jd. *kaschufe* ‚kräftige, auffallende Frau' (Klepsch 805).

kaseeres Subst. n. [Scho]
– Grünzeug [Scho] ♦ **E:** jd. *kasseres* ‚Salat, Gemüse' (Klepsch 814).

kasel Subst. n. [KM]
kasele [KM]
– Kleid [KM]

kasialen Subst. Pl. [MM]
– Kleidung [MM] ♦ **E:** zu dt./lat. *Kasel* ‚umhangähnliches Messgewand' DWB XI 254.

kasele¹ swV. [KM]
– zu Fuß verreisen [KM] ♦ **E:** rhein. *kaseln* ‚nachlässig gehen' (RheinWb. IV 240).

kasele² ‚heiraten' → *kassene*.

kaseliines Subst. m. [KM]
kaseliinese [KM]
– Verrückter [KM]; Esel [KM] ♦ **E:** unsicher; evtl. zu rw./jd. *Chasne* u. a. „tolles Lärmen mit Zank und Unfug" WolfWR 845.

kasematte Subst. f. [PfJ]
– Geschäft [PfJ] ♦ **E:** wenn nicht zu dt. *Kasematte* ‚Wallgewölbe' (als Ort des Handels), aus frz. *casemate*, ital. *casamatta* id., wohl Verwechslung mit → *masematte*.

kasematuckeln swV. in:
verkasematuckeln swV. [MB, MM]; **verkassematuckeln** [JS, MM]; **verkassematucken** [MM]; **verkasematuken** [MM]; **verkasematucken** [MB, MM]; **verkasematucheln** [MB]; **verkasemattuln** [SPI]; **verkasematuckern** [MM]
– essen [MB, MM]; verzehren [JS, MB, MM]; verputzen, vertilgen [MB]; sich einverleiben [MB]; (einen) trinken [MB, MM]; einen zusammen trinken [MB]; einen zur Brust nehmen [MB]; Alkohol trinken [MB]; verhauen [MB, MM]; schlagen, vermöbeln [MM]; prügeln [MM]; zerkratzen, zerschlagen [MM]; polieren [MM]; (unter der Hand) verkaufen [MM]; erstehen [MM]; verkaufen [MM]; verhökern [SPI]; etwas beibringen [MM]; erklären, klarmachen [MB, MM]; mitteilen, erzählen [MB, MM]; erläutern [MB]; verstecken [MB, MM]; beischlafen [MM] ♦ **E:** dt./ugs. *verkasematuckeln* ‚(in kurzer Zeit größere Mengen) verkonsumieren', Herkunft unklar, evtl. Kunstwort; zum breiten Bedeutungsspektrum evtl. westf. *kasematten* ‚schlagen' (WWBA. 768) und dt. *tucken* ‚pochen' (DWB XXII 1531). ♦ **V:** *ich habe mir einen verkasematuckelt* ‚ich habe mir einen zur Brust genommen' [MB]; *ich habe ihm das verkasematuckelt* ‚ich habe ihm das erläutert' [MB]; *der macker hat ihn ein' mit schmackes verkasematuckt* ‚der Mann hat ihn kräftig verhauen' [MM]

kassamaduggla swV. [OJ]
– unterdrücken, bevormunden [OJ]

kasematte swV. [BJ]
– unterdrücken, bevormunden [BJ].

kasemotten Subst. Pl. [MB]
– Geld [MB] ♦ **E:** unsicher; evtl. met. zu dt. *Kasematte* ‚befestigter Raum, Tresor' DWB XI 254; *kase-* sonst wohl. rw./jd. und dt./ugs. *Motten* met. ‚Geld', vgl. *Mücken*.

kaserisch Subst. [Scho]
– Unflat [Scho]; Schmutz [Scho]; Durcheinander [Scho] ♦ **E:** jd. *chaserisch* ‚Durcheinander, Schmutz, Unrat' (We 56).

kashejne swV. [Scho]
– schaden [Scho] ♦ **E:** jd. *chasmeine* ‚Schaden' (We 55).

kasiale Subst. m. [MM]
– Gepäckträger (am Fahrrad) [MM] ♦ **E:** unsicher; evtl. zu rw./jd. *Chasimen* ‚Päckchen' WolfWR 847.

kasiedeste Subst. [Scho]
– fromme Person [Scho] ♦ **E:** jd. *chasid, chosid* ‚Frommer' (We 60).

kasmejne Subst. f. [Scho]
– Besieglung [Scho]; Geschäft [Scho]; Abschluss, (Hand-)Schlag [Scho] ♦ **E:** jd. *chasmeine* ‚Abschluss, Besiegelung' (We 55).

kasmenen swV. [Scho]
– besiegeln, unterschreiben [Scho].

kasoke Subst. f. [Scho]
– Vorrecht, Gewohnheitsrecht [Scho] ♦ **E:** jd. *chasoke* ‚Vorrecht, Gewohnheitsrecht' (We 55).

kasorem, kisoren ‚Schaden, Fehler' → *kassorem*.

kaspeln in: [HN]
verkaspelt Adj./Adv., Part. Perf. [HN]
– vermittelt [HN] ♦ **E:** wohl zu rw. *kaspern* ‚betrügen, lügen, täuschen', aus jd. *kaswen(en)* ‚lügen' (WolfWR 2501). → *kaspern*.

kaspern swV. [JSa, KJ, LJ, LüJ, PfJ]
kaschbra [OJ]; **kappern** swV. [PfJ]
– heimlich bereden [JSa]; sich verständigen [JSa]; lügen [LJ]; betrügen [JSa, KJ, LüJ, PfJ]; täuschen [OJ]; zaubern [LüJ]; flachsen [OJ] ♦ **E:** rw. *kaspern* ‚betrügen, lügen, täuschen' < jd. *kaswen(en)* ‚lügen' (WolfWR 2501).

bekaspern swV. [BJ, LJ]
– flachsen [BJ]; täuschen [BJ]; Schauspielerei [BJ]; belügen [LJ] ♦ **V:** *die hotte die gasche bekaspert und die muße bekohlt* ‚sie hatten die Leute belogen und den Weibern vorerzählt' [LJ]

rumkaspern swV. [HN]
– rumspinnen, herumalbern [HN]

kasperer Subst. m. [LüJ]
– Betrüger [LüJ]; Zauberer [LüJ] ♦ **V:** *lenzerei: model, lenz' die rucheulme, was herles der ruch scheft? Kenn, patres! – Ulme, hauret der kaffer wohnisch? Nobis,*

model! – Krillisch? Kenn. – Schefft er niesich? Nobis! – Schofel? Nobis! – Vermufft? Nobis! Grandich? – Kenn! – Haurets ein finkelkaffer? Nobis! -Kasperer? Nobis! – Blibelkaffer? Kenn! – Scheffts ein bikerischer oder lenker benk? Nobis, ein dofer! – Schefft er herles vom g'fahr? Kenn! – Steckt er lenk? Nobis, model! – Dof? Kenn! – Hauret dof, model, schupf dich auf und bost' schiebes! Kenn, patres! ,Fragerei: Mädchen, frag' die Bauersleute, wer hier der Bauer ist? Ja, Vater! – Leute, ist der Mann katholisch? Nein, Mädchen! – Evangelisch? Ja! – Ist er dumm? Nein! – Bös? Nein! Arm? Nein! – Reich? Ja! – Ist's ein Hexenmeister? Nein! – Ein Zauberer? Nein! – Ein Stundenmann? Ja! Ist es ein hungriger oder böser Mann? Nein, ein guter! – Ist er hier vom Dorfe? Ja! – Gibt er schlecht (beim Betteln)? Nein, Mädchen! – Gut? Ja! – Es ist gut, Mädchen, höre auf und gehe fort! Ja, Vater!' [LüJ]

kaspern Subst. n. [KJ]
– Schwindelei [KJ]; Betrug [KJ]
kaspero Subst. m. [RH]
– Arzt [RH]
gekasper Subst. n. [LJ]; **gekaschbr** [OJ]
– Lügerei [LJ]; Schauspielerei [OJ].

kass¹ Subst. m. [JS, LJ, MUJ, PH]
kas [JSW]; **kaß** [SE]; **khass** [UG]; **gass** [GM]
– Heu [GM, JS, JSW, LJ, MUJ, PH, SE, UG] ♦ **E:** rw. *kas* ,Heu' (WolfWR 2492) < roi. *k'as* ,Heu' (WolfWZ 1326).

kass² Subst. m. [GM]
– Husten [GM] ♦ **E:** rw. *khas* ,Husten' (WolfWR 2590) < roi. *chas* ,Husten' (WolfWZ 1652).
kassen swV. [GM]
– husten [GM].

kassamaduggla swV. → *kasematuckeln*.

kassäuer Subst. [SS]
kassäauer [SPI]
– Hemd [SPI, SS] ♦ **E:** rw. *kassaunis* ,Kleidung', von jd. *kessones* ,Unterkleid, Hemd' (WolfWR 2502).

kassboller Subst. m. [MB]
– Korn (Schnaps) [MB] ♦ **E:** unsicher; evtl. zu rw./jd. *Chasne* ,wildes Gelage' WolfWR 846; dt. *bollern* ,poltern' DWB II 233.

kasse¹ Subst. [MB, MeT]
kaste Subst. m. [SK]
– Haus [MB, MeT, SK] ♦ **E:** *kasse* Nebenform von → *kaste(n)*.

kasten Subst. m. [RW]
– Gefängnis [RW] ♦ **E:** unsicher; evtl. zu roi. *kašt*, wobei sich die Bedeutung von ,Holz' über ,Holzblock, in dem Gefangene eingeschlossen werden, Stockhaus, Arrestlokal' zu ,Haus, Gebäude' entwickelt habe (WolfWR 2511). → *kasch*. Dagegen nd. Liber Vagatorum 1510: *kass – ein hus*, wohl aus dem Romanischen, vgl. etwa span. *casa*, aus lat. *casa* ,Häuschen, Hütte', Siewert, Humpisch, 82. *Kasten*-Formen evtl. beeinflusst von oder direkt aus dt./mdal. *Kasten* „von theilen eines gebäudes und vom ganzen", ,Haus, Bude' DWB XI 263 ff.

kasseradle Subst. [PfJ]
– Gefängnis [PfJ]

soimkasse Subst. [MeT]; **soimkassen** [MeT]; **soimskassen** [MeT]; **seumerkassen** [MeT]
– Laden [MeT]; Ladengeschäft [MeT]; „Wiederverkäufer mit Laden" (Louis Stüve) [MeT] ♦ **E:** mnd. *sôme* ,Maß für Getreide, Packen, Ballen, Last eines Saumtieres'. → *sömeren* ,Bestellungen sammeln', *versömen* ,verkaufen'. ♦ **V:** *De Soimskassen käump later* ,Das Ladengeschäft kam später dran' (nach Aufgabe des mobilen Verkaufs und Gründung des ersten Ladengeschäftes von C&A Brenninkmeyer) [MeT]

geigenkasten Subst. m. [RW]
– Muckamt [RW]; Ort, an dem man um Geld vorsprechen kann [RW]

grützkasten Subst. m. [RW]
– Krankenhaus [RW]

kehrkasten Subst. m. [SK]
– Haus, Bauernhaus [SK]

posselkasse Subst. [MB, MeT]
– Küche [MB, MeT] ♦ **E:** rw. *posseln* ,kochen', *posselkasse* ,Küche', zu jd. *boschal* ,er hat gekocht' (WolfWR 4327).

schallerkasten Subst. m. [RW]
– Schule [RW]

kesekerîe Subst. f. [MeT]; **keskerîe** [MeT]; **keskeri** [MB, MeT]
– (größeres) Haus [MB, MeT]; Hofanlage [MeT] ♦ **E:** *kese-* < *kasse*; *-ker* wohl zu rw. *ker* ,Haus, Hof, nähere Umgebung'; *-ei* Suffix in der Bedeutung ,größere organisatorische Einheit', vgl. *Bäckerei, Försterei*.

kassenfailer Subst. m. [MeT]
– Zimmermann [MeT] ♦ **E:** mhd. *veilen* ,verkaufen', untergegangen; vgl. *wohlfeil* ,billig' (nur noch literarisch, in der gesprochenen Standardsprache nicht mehr gebräuchlich). Im Liber Vagatorum 1510: *feiling* ,kremerige'.

kasse² swV. [WJ]
– küssen [WJ] ♦ **V:** *kass mei waddl* (Götz-Zitat) ♦ **E:** mdal., dt. *küssen* DWB XI 2869 ff. ♦ **V:** *kass mei waddl* (Götz-Zitat).

kasseme Interj. [Scho]
– du kannst mich mal ... [Scho]; „Götz von Berlichingen" [Scho] ♦ **E:** unsicher; evtl. zu rw./jd. *kassam, kossem* ‚Wahrsager, Wahrsagerei' WolfWR 2503.
kassemafuggere swV. [CL]; **kassemaduckere** [CL]
– am A(rsch) lecken [CL] ♦ **E:** *fuggere* zu frz. *foutre* ‚beischlafen', Klepsch 809 f.

kassen¹ Subst. m. [Scho]
– Vorbeter [Scho] ♦ **E:** jd. *chassen* ‚Vorbeter' (We 55).

kassen² in:
verkassen swV. [MM]
– (im Spiel) verlieren [MM] ♦ **E:** zu dt. *Kasse* ‚Behältnis für Geld' DWB XI 259 f. → *kässu*.

kassene swV. [CL, LL, PH]
kasseln swV. [JS, PH]; **kasele** [JS, StJ]; **koseln** [StJ]; **gasseln** [MM]; **jasseln** [MB]; **jaseln** [MB]
– heiraten [CL, JS, LL, MB, MM, PH, StJ]; verheiraten [MB]; Geschlechtsverkehr ausüben [MM] ♦ **E:** zu rw. *kassene, gassene, chassne* ‚Hochzeit' (WolfWR 846) < jd. *chassne, chassuno* ‚Vermählung, Hochzeit' (We 55, Post 207, Klepsch 810). ♦ **V:** *mer sinn schun mem beschanem verkassent* ‚wir sind schon 40 Jahre verheiratet' [LL, CL]; *er is verkassent* ‚er ist verheiratet' [CL]; *die beiden sind schon lange vergasselt* ‚die beiden sind schon lange miteinander verheiratet' [MM]
gekasselt Adj., Adv., Part. Perf. [PH]
– verheiratet [PH]
vergasseln swV. [MB, MM]; **verkassele** [CL]; **verjasseln** [MB]
– verheiraten [CL, MB, MM]
verkasselt Adj., Adv., Part. Perf. [PH]; **vergasselt** [HN]
– verheiratet [PH, HN] ♦ **V:** *die chromlie is verjaselt* ‚die Frau ist verheiratet' [MB]
kassene Subst. f. [Scho]; **kassenne** [Scho]; **kassemätt** Subst. f. [KMa, OH]; **kassnet** [OH]
– Hochzeit [KMa, OH, Scho]
gasselbassel Subst. m. [MM]
– Ehering [MM]
gasselfreier Subst. m. [MM]
– „einer, der sich verheiraten will" [MM]
gasselmann Subst. m. [MM]
– Ehemann [MM]; Freier [MM]; Bräutigam [MM]; Trauring [MM]; Geschlechtsverkehr [MM]

gasseltag Subst. m. [MM]
– Hochzeitstag [MM].

kasser Subst. m./n. [CL, LJ, PH, SPI, Scho, RA] **kassir** [SJ]; **gasser** [SS]; **jasser** [MB]; **kassîr** [SJ]; **kasserem** Pl. [Scho]; **kasserem** [CL]; **kaserem** [CL]; **kaserum** [LJ]; **kasiren** [SS, WH]; **kassert** Subst. m. [SK, Zi]; **gassert** [SK]; **kossert** [SK]
– Schwein [CL, LJ, MB, PH, SJ, SPI, SS, Scho, RA, WH, Zi]; Sau [CL, LJ, PH, SJ]; Speck [SK, SS] ♦ **E:** rw. *kasser* < jd. *chaser* ‚Schwein' (WolfWR 2504, We 55, Post 207, Klepsch 811); die Formen mit den Endungen *en, -em, -um* sind aus Pl.-Formen (*chaserim*) gebildet. ♦ **V:** *Moss, i hab gschpannt, daß der benk an kiwiga horboga ond a kassir daist hot* ‚Frau, ich habe gesehen, daß der Mann eine fette Kuh und ein Schwein geschlachtet hat' [SJ]; *kummsch morje zum Quellflääsch, mer nawelen unser Kasserem* ‚kommst du morgen zum Schlachtfest, wir schlachten unser Schwein' [CL]
kasserei Subst. f. [Scho]
– Schweinerei [Scho]
kaserboser Subst. m. [CL]
– Schweinefleisch [CL]
kassertrejfe Adj. [Scho]
– außerordentlich unrein [Scho]; verkehrt, sehr verkehrt [Scho] ♦ **E:** jd. *chasser* ‚Schwein' und jd. *treife* ‚rituell unrein' (We 55, 107); Benennungsmotiv: jüdische Speisegesetze.
verkassern swV. [Scho]
– beschmutzen [Scho].

kassiagern ‚koitieren' → *katziano*.

kassiber Subst. m. [HN, JS, RW, StG]
kaßiber [JS]; **cassive** [StG]; **gsib** [WG]; **gsiberl** Subst. n. Dim. [WG]
– geheime Mitteilung, geheime Botschaft [HN, JS, WG]; Brief [RW]; Legitimation [StG]; heimlich im Gefängnis geschriebenes Briefchen [StG]; „wer eine Nachricht aus dem Gefängnis schmuggelt" [RW] ♦ **E:** rw. *kassiber* ‚Brief', aus jd. *kessaw* ‚Brief' (WolfWR 2510); dt. *kassiber* ‚aus dem Gefängnis geschmuggelter Brief' (Kü 1993: 431); → *kasaf*. ♦ **V:** *ein gsiberl fackeln* ‚eine Nachricht einem anderen Gefangenen oder einem anderen Außenstehen schreiben' [WG]; *ein gsib ist unter den Waggon gefallen* ‚ein kassiber wird von einem Aufseher entdeckt' [WG]; *ein linkes gsib* ‚ein kassiber scheitert' [WG]

kaseifchen Subst. n. Dim. [MB]; **katzefchen** [MB]; **kezefchen** [MB]
– Bescheinigung [MB]; Formular [MB]; Zettel [MB]; Attest [MB]; Wechsel [MB]; Zigarette [MB] ♦ **E:** Benennungsmotiv ‚Zigarette': met. Pars-pro-toto, Papier, in das der Tabak gewickelt wird. ♦ **V:** *dell mich mal e'in kaseifchen* ‚gib mir mal 'ne Zigarette' [MB]

kassiebern swV. [KJ]
– mitteilen [KJ].

kassimes Adj. [MT, MeT]
kassims [MeT]
– klug [MT, MeT]; fromm [MeT]; keusch [MeT] ♦ **E:** rw. *kassimes* ‚fromm' < jd. *chasid*, Pl. *chasidim* ‚Frommer, Fromme'.

unkassimes Adj. [MT, MeT]
– unkeusch [MT, MeT]; „unklug" [MeT].

kassorem Subst. Pl. [Scho]
kassoremm [Scho]; **kasorem** [SPI]; **kisoren** [Scho]
– Schaden [Scho]; Fehler [SPI, Scho]; Krankheit [Scho] ♦ **E:** rw. *chassoren* ‚Mangel, Leibesschaden' (WolfWR 848), zu jd. *chasoren, chisoren* ‚Schaden, Fehler' (We 58, Post 207).

kässu Subst. f. [BM]
– Kasse [BM] ♦ **E:** schweizdt. Bildung zu dt. *Kasse* ‚Behältnis für Geld' DWB XI 259 f. → *kassen*².

kastamanje Subst. m. [MB]
– Kastanie [MB]; Großkotz, Angeber [MB] ♦ **E:** wohl Bildung aus dt. *Kastanie* DWB XI 261; met. Bedeutung evtl. nach der Wendung *die Kastanien aus dem Feuer holen*.

kastanie ON [HN]
– bekannter Straßenstrich in der Kastanienallee (Hamburg) [HN] ♦ **V:** *sie schafft in der kastanie* ‚Prostituierte steht in der Kastanienallee' [HN].

kastenloch¹ Subst. n. [EF]
kastnloch [EF]; **kâstenloch** [EF]
– After [EF] ♦ **E:** dt./mdal. *Kasten* ‚Behälter' DWB XI 263 ff. und dt. *Loch*.

kâstngeist Subst. m. [EF]
kastgeist [EF]
– noble, feine Gesellschaft [EF] ♦ **E:** dt. *Kaste* „geschlossener stand, innerhalb dessen gewisse rechte ausschlieszlich sich vererben" DWB XI 262.

kastenloch² Subst. n. [EF]
– Adeliger [EF].

kastrierte Subst. f. [HN]
– Filter-Zigarette [HN] ♦ **E:** ugs. *Kastrierte* ‚Filterzigarette, nikotinarme Zigarette' (Kü II 154).

käsuf ‚Silber' → *kesef*.

kät Subst. f. [BB]
– Decke [BB] ♦ **E:** Inversion zu mdal. *Däck* ‚Decke'.

katalo Subst. in:
katalo machen Phras. [EF]
– Mittagsschlaf halten [EF] ♦ **E:** wohl zu ital. *Catalogna* ‚wollene Bettdecke', Wolf, Fatzersprache, 123.

kate Subst. f. [SK]
kahte [SK]; **kahse** Subst. f./n. [SK]
– Haus [SK]; Raum [SK] ♦ **E:** dt. *Kate* „taglöhnerhütte, häuslerwohnung auf dem lande" DWB XI 274, auch *Kotter, kot(e), kotten* DWB XI 1899, nd. *kate* ‚Hütte, kleines schlechtes Haus', hierher wohl auch → *kitte* (WolfWR 2641).

farmenkate Subst. f. [SK]
– Apotheke [SK] ♦ **E:** *Pharmazie* (Wissenschaft von den Arzneimitteln) aus spätlat. *pharmacia* < griech. *pharmakeía*.

klesmerkate Subst. f. [SK]
– Musikantenhaus [SK]

mädkate Subst. f./m. [SK]; **malkate** [SK]; **mallekaten** [SK]
– Irrenhaus [SK]

rollerkate Subst. f. [SK]
– Bahnhof [SK]

schlummerkate Subst. f. [SK]
– Schlafkammer [SK]

schüttekate Subst. f. [SK]; **schüttekaten** [SK]
– Tanzsaal [SK]

schunekate Subst. f. [SK]; **schuntekate** [SK]
– Abort [SK]

zuckelkate [SK]
– Hundehütte [SK].

käthlein Subst. n. Dim. [EF]
kattl Subst. n. Dim. [EF]
– Bratsche [EF]; Viola [EF] ♦ **E:** zum RN *Käthe, Katharina*.

katjenen swV. [Scho]
– schneiden [Scho]; betrügen [Scho]; schwindeln [Scho] ♦ **E:** jd. *chatjenen* ‚schneiden, schwindeln' (We 56).

katjener Subst. m. [Scho]; **kajet** Subst. m. [Scho]
– Schneider [Scho]; Halsabschneider [Scho]; Schwindler [Scho]

katejse Subst. m. [Scho]
– Schwindler [Scho]; niedriger, ungebildeter Mensch [Scho].

katrente Subst. f. [MB]
– Flucht [MB]; fluchtartiges Verschwinden [MB]
katrente Adv. [MB]
– weg [MB] ♦ **E:** unsicher; evtl. zu roi. *katar* ‚woher kommst du?' Siewert/Boretzky, WB „Zigeunersprache", 46. ♦ **V:** *mein lobi is katrente* ‚mein Geld ist weg' [MB]; *katrente machen* ‚ausreißen, fliehen, abhauen, weglaufen, verschwinden, Abgang machen die Flucht ergreifen, Flucht' [MB]; *katrente gehen* ‚weglaufen, verschwinden, abhauen, die Flucht ergreifen' [MB]; *jeh katrente* ‚geh stiften' [MB]; *reune dich, Kalla, unsern Fitti jeht dich mit das janze lobi katrente* ‚Kalla, schau mal, unser Fritz haut mit dem ganzen Geld ab' [MB].

katsch ‚Holz, Stock' → *kasch*.

katschedi Subst. m./f. [CL, GM, JS, LL, LüJ, MoJ, PH]
katschedie [CL]; **katschede** [LJ, LüJ, WJ]; **kadschede** [LüJ]; **katschete** [LüJ, MUJ]; **katschadie** [JSW]; **katschadi** [JSW]; **chatschedi** [JSa]; **hatschedi** [JSa]; **katschkedi**[1] [JS]; **gatschedie** [CL]; **jatschedi** [MB]; **jadschedi** [MB]; **jadjedi** [MB]; **jatjedie** [MB]
– Schnaps [CL, JS, JSW, JSa, LJ, LL, LüJ, MB, MoJ, MUJ, PH, WJ]; Branntwein [GM, LüJ]; Kognak [GM]; Likör [LJ]; „alle Arten von hochprozentigem Alkohol" [GM]; alkoholhaltiges Heimatwasser [MB]; hochprozentig Alkoholisches [JS]; Schluck [MB] ♦ **E:** rw. *katschedi* ‚Branntwein' (WolfWR 2515) < roi. *chatscherdi* ‚Branntwein, Schnaps' (WolfWZ 1655). ♦ **V:** *kaum haste den jadjedi inne feme un denkst, nu kommste ans schickern, dann schallert der dich doch noch 'ne strophe* ‚kaum hast du den Schnaps in der Hand und denkst, jetzt geht's ans Trinken, da singt er noch eine Strophe' [MB]; *ich habe ne bodeli jadschedi gebicht* ‚ich habe eine Flasche Schnaps gekauft' [MB]; *en de katchim han ich drommes katschkedi geschwächt* ‚in der Gaststätte habe ich drei Schnaps getrunken' [JS]; *mein chalo schemmt auf schinägelei und kient zum schwächen eine flasche katschedi, damit wir schucker soben* ‚mein Mann geht zur Arbeit und kauft sich zum Trinken eine Flasche Schnaps, damit wir ruhig schlafen können' [MoJ].

katschkedi[2] Subst. f. [MM]
– Wirtschaft [MM]; Fuselkneipe [MM]; „Kneipe, in der nur Schnaps ausgeschenkt wird" [MM]

katschemuij Subst. m. [GM]
– Sammelbegriff für alle Arten von hochprozentigen alkoholischen Getränken [GM]

katschern swV. [GM, JS, JSa, PH]
– brennen [GM, JS, JSa, PH] ♦ **E:** roi. *xatš-* ‚brennen, verbrennen, anzünden' (Romlex 2002, WolfWZ 1654).

katschebangerle Subst. [LüJ]
– Streichholz, Streichhölzer [LüJ].

katschemme ‚Wirtschaft, Kneipe' s. → *kaschemme*.

katschen swV. [MM]
ketscha [LJ]; **ketschen** [BJ, LJ, SJ]; **kätscha** [OJ]; **kätschen** [KM, MB]
– fangen [BJ, MB, OJ, SJ]; packen [MM]; greifen [MM]; erwischen [MM]; „ergreifen, etwa beim Klauen" [MM]; schnappen [MM]; fischen [BJ, OJ]; wegnehmen [MM]; tragen [SJ]; bringen [SJ]; holen [LJ]; geben [LJ]; tun [LJ]; sein [LJ]; stoßen [LJ]; werfen, schmeißen [LJ]; verstehen [LJ] ♦ **E:** verschiedene Herleitungen, Zuordnung nicht in allen Fällen sicher; je nach Bedeutung mehr oder minder klar zu rw. *katschen* ‚tragen' (WolfWR 2516), dt. *ketschen* ‚schleppen' DWB XI 628 f., schwäb. *ketschen* ‚schwerfällig tragen, schleppen, ziehen' (SchwäbWb. IV 355) oder zu engl. *to catch* ‚fangen, ergreifen'. ♦ **V:** *flössling ketschn* ‚fischen' [TJ]; *glattling ketschn* ‚fischen' [TJ]; *ketschde* ‚setz dich' [LJ]; *kätsch de Mörf* ‚halte den Mund' [KM]; *galmakutt ketscha* ‚der Schule fernbleiben' [LJ]; *moss hat den batron gufft, weil er so schwecht, so schwecht/und im soft gar neme ketscht* ‚die Frau hat den Vater geschlagen, weil er so trinkt, so trinkt und im Bett gar nichts mehr bringt' [LJ]; *wenn ma machnmol en rechta schmetter hot, en fetta schmaling ketscha, noch-ara moss spanna, no kennat mr doch dsfrieda sei* ‚wenn man manchmal einen richtigen Rausch hat, eine fette Katze essen und nach anderen Frauen gucken, da können wir doch zufrieden sein' [LJ]; *wenn se nur e kleines päckele bane hätt und g'ketscht hätt, aber nobes, nix, nit emal en pommerling hat mer...* ‚wenn sie nur ein kleines Päckchen Fleisch hätte und gegeben hätte, aber nein, nichts, nicht einmal einen Apfel hat man...' [LJ]; *ach, mir ketschet noch en herles, vielleicht isch der jole gwand* ‚ach, wir trinken hier noch einen, vielleicht ist der Wein gut' [LJ]; *die moss überkenftig, die ketscht das nit, wenn mir des miteinander dibert* ‚die Frau oben versteht das nicht, wenn wir das miteinander sprechen' [LJ]; *Baizermoss, i lins, der ketscht an jesesmäßiga rande, wenn do von dr massfetzerei schling ond a*

bossert drin hauert, no kennemer a gwande mansche haure ‚Wirtin, ich sehe, er trägt einen jesesmäßigen Sack, wenn dort von der Metzgerei Wurst und Fleisch drin ist, dann können wir ein gutes Essen machen' [SJ]; *I ketsch uich an jole her, der ischt boda gwand, da könnt ihr tüchtig schwächa* ‚Ich bringe euch einen Wein, der ist sehr gut, da könnt ihr tüchtig trinken' [SJ]; *Schure, gschaubet her, do hot dr massfetzer schling ond bossertlappa herketscht, do kennemer mordsmäßig butta* ‚Männer, schaut her, der Metzger hat Wurst und Fleischstücke gebracht, da können wir tüchtig essen' [SJ]

kätscher¹ Subst. m. [SK]
– Gefängnis [SK]

kätscher² Subst. m. [SJ]
– Träger [SK]

abketschen swV. [SJ]
– abbrechen [SJ]

ankatschen swV. [SG]
– essen [SG] ♦ **V**: *ill'n bitten ankatschen* ‚will ein bisschen essen' [SG]

anketschen swV. [SJ]
– festbinden [SJ]

ausketschen swV. [SJ]
– auspacken [SJ]

schibesketscha swV. [LJ]
– fortwerfen, wegwerfen [LJ]

wegketscha swV. [LJ]
– abschlagen [LJ] ♦ **V**: *und die hat die schmaling deist und hats nach Gmünd in die Kasern zu de Pole, da als Hase, und hat halt der giebas wegketscht, und da hat sie halt schmerch kriegt* ‚und die hat die Katzen totgeschlagen und hat sie als Hasen nach Gmünd in die Kaserne zu den Polen gebracht, und da hat sie halt Zigaretten dafür bekommen' [LJ]

blättlesketscher Subst. m. [LJ]
– Schirmmacher [LJ]

görchketscher Subst. m. [LJ]
– Schuhmacher [LJ]

graimuloketzscher Subst. m. [LJ]; **graimuloketscher** [LJ]; **greimuloketscher** [LJ]
– Schinder, Pferdeschinder [LJ]

schmalingsketscher Subst. m. [LJ]
– Katzenfänger [LJ].

katschmarek Subst. [ME]
– Katze [ME] ♦ **E**: wohl zu roi. *kas* ‚laufen, rennen' (Bo/Ig 1994: 136); *-marek* nur schwer zu roi. *máčka* ‚Katze' (Bo/Ig 1994: 172); evtl. beeinflusst vom poln. FN *Kaczmarek*.

katsof ‚Metzger' → *katzoff*.

katt¹ Subst. f. [GM]
– Schere [GM] ♦ **E**: rw. *gadni* ‚Schere' (WolfWR 1616) < roi. *kat* ‚Schere' (WolfWZ 1355).

katt² Subst. m. [WL]
– Mark [WL] ♦ **E**: LuxWb. II 364 (*Kitt, Katt* ‚Mark, Franken').

kattechenn Subst. [MB]
kattchenn [MB]
– Unfug, Quatsch, Mist [MB]; Murmelspiel [MB] ♦ **E**: unsicher; evtl. zu rw./jd. *katef* ‚Spaßvogel' WolfWR 2514; schwer zu nd. *Katt* ‚Katze'. ♦ **V**: *seine maloche war nur kattechenn* ‚seine Arbeit war Mist' [MB].

kättele swV. [BM]
– mit einem Karren fahren [BM]

kättu Subst. m. [BM]; **kättel** Subst. m. [BM]; **kittel** [BM]
– Karren [BM]; Wagen [BM] ♦ **E**: zu schweizdt. *Kääre* ‚Karren'.

kattemanisch Adj. [CL, LL, PH]
kathemanisch [CL]; **kattemaanisch** [CL]
– protestantisch [CL, LL, PH]; evangelisch [CL, PH]
♦ **E**: rw. *kattemanisch* ‚protestantisch' (WolfWR 870), aus jd. *chaddesch emuna* ‚neuer Glaube' (We, Post 202, Klepsch 760).

kaddeschemone Subst. Pl. [Scho]
– Protestanten [Scho].

kattenkopp ‚Förster' → *kopf*.

kattes dalfen Subst m., Phras. [Scho]
– Schwindler [Scho] ♦ **E**: jd. *chattesdalfen* ‚armer Schlucker' (We 56), jd. Redensart *Chattes, Dalfen und Compagnie*, ironisch für eine zahlungsunfähige Person oder ein Geschäft.

kattl ‚Bratsche, Viola' → *käthlein*.

katuffel in → *hutkatuffel*.

katumenboos Subst. m. [StG]
– Wirt für Bauernfänger [StG] ♦ **E**: evtl. zu → *katuna*; → *boos*.

katuna Subst. f. [GM]
– Zelt [GM] ♦ **E**: roi. *katuna* ‚Zelt' (WolfWZ 1340).

katuschemm Subst. n./f. [Scho]
– nichts Gescheites [Scho] ♦ **E**: rw. *chiddusch* ‚neue Nachricht', zu jd. *chiduschem* ‚Neuigkeit' (WolfWR 870, We 58, Post 203).

katz¹ Subst. f. [EF]
katze¹ [HLD, HN]
– Geigenfutteral [EF]; Geldbörse [HN]; Ranzen, Rucksack [HLD] ♦ **E:** dt. *katze, geldkatze* „lederner hohler gurt, der als geldbeutel dient, Beutel, Geldbörse" DWB XI 290 f.

katz² Subst. f. [EF, MoM, Scho]
katze² [EF]
– Stubenmädchen [EF, MoM]; Liebchen [Scho] ♦ **E:** rw. *katze* ‚Frauenzimmer', zu dt. *Katze* (WolfWR 2519); Benennungsmotiv: „teils wegen Schmeichelns, teils wegen des Kratzens".
deckelkatz Subst. f. [WG]
– Prostituierte [WG]; Hure (neutral, wohlmeinend) [WG]
gustokatz Subst. f. [WG]
– Prostituierte auf der Suche nach einem Freund [WG]; Dirne, die gratis mit jemandem schläft [WG].

kâtz³ Subst. [Him]
– Viehfutter [Him] ♦ **E:** wohl Kollektivbildung mit Präfix *ge-* zu dt. *atzen* ‚abweiden, fressen' (DWB I 597).

katzbach Substantiv m. [SS, WH]
– Wetzstein [SS, WH] ♦ **E:** rw. *bachkatze* ‚Backstein' (WolfWR 224), volksetymologische Bildung aus jd. *kossel* ‚Wand' und dt. *Backstein*; womgl. Einfluss von dt. *Katze*, nach der Eigenschaft des Kratzens, vgl. → *katze*.

katze³ ON [HN]
– ehemaliges bekanntes Striptease-Lokal „Zur roten Katze" in Hamburg [HN].

katzenkopf ‚Schlosser' u. a. → *kopf*.

katzenpan Subst. m. [SK]
– Herr [SK] ♦ **E:** rw. *gatsche, gatze* ‚Mann, Bauer', *katzenpan* wohl volksetymologische Anlehnung an dt. *Katze* (WolfWR 1666); poln. *pan* ‚Herr'.

kätzern swV. [KMa]
– zudringlich bitten [KMa] ♦ **E:** rw. id. (WolfWR 2523, ohne Herleitung); wohl zu dt. *kätzern, ketzern* ‚ärgern, quälen' DWB IV 305.

katziano Subst. m. [GM]
– Klitoris [GM]; Vagina [GM] ♦ **E:** roi. *katziano* ‚Klitoris' (WolfWZ 1342).
kassiagern swV. [GM]
– koitieren [GM].

katzoff Subst. m. [FS, GM, Jsa, LJ, MB, MM, NJ, RW, SE, SchJ, Scho]
kazoff [LJ, StG]; **katzof** [NJ, SE, SS, Scho, WH]; **katsof** [StJ]; **katzow** [MM, RW]; **katzhof** [NJ, SE]; **katzkoff** [HLD, RW]; **katzkow** [RW]; **katzef** [Scho]; **kazzef** [KMa]; **katschow** [MM]; **katzowe** [MB, MM]; **katzuf** [CL, PfJ, Zi]; **katzuff** [CL, FS, PH, PfJ, RW]; **kazuff** [CL]; **kazzuf** [CL]
– Metzger, Fleischer, Schlachter [CL, FS, GM, HLD, JSa, KMa, LJ, MB, MM, NJ, PH, PfJ, RW, RW, SE, SS, SchJ, Scho, StG, StJ, WH, Zi]; Metzgerei [NJ]; Messer [MB]; Ehrbarkeitsnadel der Schlachtergesellen [RW] ♦ **E:** rw. *katzoff* ‚Fleischer' (WolfWR 2524) < jd. *kazow, kazew* ‚Fleischer' (We 72, Post 207, Klepsch 816). ♦ **V:** *ich hab' mir 'n end beninum beim katzow gekindigt* ‚ich habe mir beim Metzger ein Stück Wurst gekauft' [MM]; *was hast du für eine religion? – Ich bin kazoff* ‚Was hast du für ein Gewerbe? – Ich bin Metzger' [StG]; *zum katzoff, nen goi bicken* ‚zum Schlachter, eine Wurst kaufen' [MB]; *de katzof hott doft lenglie* ‚Der Metzger hat gute Wurst' [SE]

katzeffe swV. [Scho]
– schlachten [Scho]

katzobeln swV. [MB]
– schlachten [MB]; abstechen [MB]; abschlachten mit einem Messer [MB]; töten, umbringen [MB] ♦ **V:** *er hat den jucklo katzobelt* ‚er hat den Hund getötet' [MB]

katzowenbluut Subst. n. [MM]; **katsoovenbluut** [StJ]
– Fleischerblut [MM] ♦ **V:** *katzowenblut ist keine buttermilch* ‚Fleischerblut ist keine Buttermilch' (Warnung) [MM]; *katsoovenbluut es kene Butermelesch* (Schlachtruf der Metzger bei Keilereien) [StJ].

kau Subst. f. [HF, HeF]
– Gefängnis [HF, HeF, RR] ♦ **E:** dt. *Kaue* DWB XI 310; dazu nl. *kooi* ‚Käfig, Bett' und nl. *kooien* ‚einsperren', dt. *Koje*. Vgl. auch RheinWb. IV 309–311. ♦ **V:** *ziemen, minotes mott nog tromps krütskes dag in de kau* ‚Ja, ich muß noch 30 Tage im Gefängnis sitzen' [HeF]
troppertskau Subst. f. [HF]
– Pferdestall [HF].

kauach Subst. f. [Scho]
– Ansehen [Scho]; Stärke [Scho]; Mut [Scho]; Kraft [Scho] ♦ **E:** jd. *kauach* ‚Kraft, Stärke' (We 70).

kaud Subst. [BJ, OJ]
– Wasserkraut [BJ, OJ] ♦ **E:** SchwäbWb. IV 286 (*Kauder* ‚verwachsene Masse von Pflanzenwurzeln').

kaudern¹ swV. [BJ]
– unverständlich reden [BJ] ♦ **E:** dt. (ant.) *kaudern* ‚unvernehmlich sprechen', „schreien, kollern wie der welsche hahn" DWB XI 307 f.

kaudern² Subst. n. [BJ]
– unverständliche Rede [BJ]

kaudrwälsch Subst. n. [OJ]; **kauderwelsch** [BJ]
– unverständliches Reden [OJ] ♦ **E:** dt. *Kauderwelsch* ‚unverständliche Sprache, Sprechweise, aus mehreren Sprachen gemischt' DWB XI 308 ff.; Klu.-Seebold²³ 434. → *wälsch*.

kaudesch Subst. m. [Scho]
– Monat [Scho] ♦ **E:** jd. *chaudesch* ‚Monat' (We 56).

kaudra swV. [OJ]
– sich unwohl und krank fühlen [OJ] ♦ **E:** schwäb. *kauderen* ‚kränklich, mürrisch sein', *kauderig* ‚unwohl, kränklich' (SchwäbWb. IV 287).

kaudrig Adj. [BJ, OJ]
– unwohl [BJ]; unpässlich [BJ].

kauelen swV. [HF, HeF]
– weben [HF, HeF] ♦ **E:** unsicher; evtl. zu rhein. *Kazaue* ‚Webstuhl' RheinWb. IV 355.

kauel Subst. m. [HF, HeF]
– Weber [HF, HeF] ♦ **V:** *minotese wöles wörd og en kauel, dot huckt heneser as huffen* ‚Mein Junge wird auch Weber, das ist besser als schmuggeln' [HeF]; *die kauel nollt sinen droth* ‚Der Weber zählt sein Geld' [HeF]

kauelstent Subst. f. [HF]
– Webschule [HF]; Fabrik [HF]

sanktesekauel Subst. [HF]
– Kirchenorgel [HF].

kauets Subst. f. [StJ]
– Katze [StJ] ♦ **E:** mdal. Bildung zu dt. *Katze*.

kaufmich Subst. m./ Phras. [StG]
– Kaufmann [StG] ♦ **E:** ugs. zu dt. *kaufen*; wohl Zusammenrückung aus Imperativsatz.

kauja Adj. [SE]
– gut [SE] ♦ **E:** unklar; evtl. iteratives ugs. *jau* ‚ja' und *ja* ‚ja, einverstanden'.

kaukatzi Subst. [JS]
kaukautzi [JS]
– komische Szene zur Einleitung einer Vorstellung [JS] ♦ **E:** evtl. zu frz. *cocasse* ‚drollig, spaßig, ulkig', mit Einfluss von dt. *Kauz* met. ‚komischer Kerl, Geizhals' DWB XI 366 ff. → *kauz*.

kaulem Subst. [Scho]
– Zeug [Scho]; wert- oder sinnloses Zeug [Scho] ♦ **E:** jd. *chaulem* ‚Unnützes, wert- oder sinnloses Zeug'. → *kalaumes*.

kaume Subst. f. [StG]
– Bauernhaus [StG] ♦ **E:** rw. *chome* ‚Mauer, Wand', aus jd. *chomo* ‚Mauer, Wand' (WolfWR 887).

kaumer Subst. m. [Scho]
– Maurer [Scho].

kaumeldeltje Subst. n. [NJ]
– Hure [NJ] ♦ **E:** rw. *chaumeln* ‚koitieren, huren' < jd. *chomal*. Vgl. → *koumeln*; Dim. zu → *dil*.

kaune ‚Kunde' → *kone*.

kauser werden Phras. [Scho]
– sich 's überlegen [Scho] ♦ **E:** jd. *chauser werden* ‚anderen Sinnes werden' (We 57).

kausper Adj. [PfJ]
– heikel [PfJ] ♦ **E:** SchwäbWb. IV 296 id.

kaute Subst. f. [Scho]
– Nase [Scho] ♦ **E:** jd. *chaute* ‚Nase' (We 57).

kautelge Subst. m. [SS]
– Junge [SS] ♦ **E:** zu westf. *kutelig* ‚noch zu klein'. → *koten*.

kautschen swV. [LüJ]
– wohnen ♦ **E:** evtl. zu engl. *couch* ‚(Liege-)Sofa', *to couch* ‚(nieder-)kauern'.

kauwes Subst. m. [SS, WH]
– Wirt [SS, WH]; Gastwirt [WH] ♦ **E:** unsicher; evtl. zu jd. *kowo* ‚Schlafkammer' WolfWR 2813; hierzu auch → *kober*; oder deonomastisch aus PN westf. *Kowes* ‚Jakobus'; vgl. WWBA 877.

kauz Adj [BJ]
kauzig Adj. [OJ]
– fromm [BJ, OJ]; heilig [BJ] ♦ **E:** zu dt. *Kauz* (Eulenart), met. ‚komischer Mensch' DWB XI 366 ff. → *kaukatzi*.

kautz Subst. m. [BJ, PfJ]
– Bauer [PfJ]; Frommer [BJ]; alte Jungfer [BJ]

keizle Subst. Dim. [OJ]
– Frommer [OJ]; alte Jungfer [OJ].

kavalierschnupfen Subst. m. [WG]
– Tripper [WG] ♦ **E:** dt. *Schnupfen* ‚krankhafter Nasenfluss' DWB XV 1387 f.; *Kavalier* ‚höflicher Begleiter einer Dame', zu frz. *chevalier* ‚Ritter', dies zu lat.

caballus ‚Hengst, Pferd'. ♦ **V:** *einen Kavalierschnupfen haben* ‚einen Tripper haben' [WG].

kavent Adj. [CL]
– tüchtig [CL] ♦ **E:** pfälz. *kavent* ‚kräftig, gesund, kompetent'.

kavenzmann Subst. m. [MB]
kaffenzmann [MB]; **kaventsmann** [MM]; **kawensmann** [MM]; **kawenzmann** [MM]
– Stein [MB]; ein Dicker [MB]; ganz Großer [MB]; große Person [MB]; Riesenkerl [MM]; kräftiger Mann [MM]; großes Teil [MB]; großes Stück [MB]; großer Klotz, dicker Brocken [MB, MM]; großer, schwerer Gegenstand [MM] ♦ **E:** ugs. *Kaventsmann* ‚beleibter Mann, großer Gegenstand', in der Seemannssprache ‚große Welle', aus *Kavent*, in der älteren dt. Rechtssprache ‚Bürge'. ♦ **V:** *das war dich saun kavenzmann* ‚das war ein großer Kerl' [MB]

strehlekaventsmann Subst. m. [MM]
– Steinbrocken aus Straßenasphalt [MM].

kawalle[1] Subst. f. [SK]
– Pferd [SK] ♦ **E:** rw. *cavall* < lat. *caballus* ‚Hengst, Pferd' (WolfWR 2390); vgl. → *kavalierschnupfen*.

kawalle[2] Subst. f. [SK]
– Flöte [SK] ♦ **E:** bulg. *kawal* ‚Schalmei', rum. *caval* ‚Schalmei', türk. *kawal* ‚Flöte'.

kaweskero Subst. m. [GM]
– Bürgermeister [GM] ♦ **E:** unsicher; evtl. zu roi. *beseperésko* ‚Dickwanst, Bürgermeister' (WolfWZ 154).

kawitschko Subst. [JS]
kawitschco [JS]; **krawitschko** Subst. [JS]
– Pump, Anleihe [JS]; auf's Geratewohl [JS] ♦ **E:** russ. *grabitschko* ‚der kleine Diebstahl'. ♦ **V:** *auf kawitschko* ‚auf Pump/auf Verdacht' [JS]; *buio brasko auf kawitschco* ‚ich mache gerne Geschlechtsverkehr auf Pump (zahle dann später)' [JS]; *auf kawitschko auffahren* ‚versuchen, direkt auf den Kirmesplatz noch eine Genehmigung zum Aufbau zu bekommen' [JS].

keack Adj. [KMa]
keck [KMa, OH]
– groß [KMa, OH]; viel [KMa, OH]; gut [KMa, OH]; dick [KMa, OH] ♦ **E:** unsicher; evtl. zu dt. *keck* ‚lebendig' u. a. DWB XI 375 ff.

keb Subst. n. [LüJ]
keeb [LüJ]; **keep** [LüJ]
– Hintern [LüJ]; Arsch [LüJ] ♦ **E:** roi. *geeb* ‚Loch, Höhle, Grube, Vagina' (WolfWZ 1658; Boretzky/Igla:

115). ♦ **V:** *dik doch, was hat die modele e grandiches; keb* ‚sieh doch, was das Mädchen für einen großen Arsch hat' [LüJ]

kebloch Subst. n. [LüJ]
– Arschloch [LüJ]; „Schimpfwort" [LüJ]

keben swV. [LüJ] ♦ **V:** *keb' me doch* ‚leck mich, lass mich in Ruhe' [LüJ].

verkeben swV. [LüJ]
– verarschen [LüJ].

kechelte ‚Wecken, Semmel' s. → *gehechelde*.

kedaches Subst. n. [Scho]
– Fieber [Scho] ♦ **E:** jd. *kedáches* ‚Fieber' (We 70).

kederer Subst. [WG]
– Brot [WG] ♦ **E:** zu dt. (ant.) *Koder, Köder* u.a. ‚Lappen, Lederstreifen, Lockspeise' DWB XI 1569 ff.; wienerisch *Käder* ‚Brot'.

kee Subst. m. [LJ]
keh [SchJ]
– Schnaps [LJ, SchJ] ♦ **E:** rw. *keh* ‚Branntwein, Schnaps', evtl. Kürzung aus *kemsorroph* ‚Branntwein' oder *katschedi* ‚Branntwein' (WolfWR 2549).

keek Subst. [SP, StJ]
keik [SE]; **keeken**[1] Pl. [SP, StJ]; **keiken** [JeH, RH]
– Auge(n) [RH, SE, SP, StJ] ♦ **E:** rw. *kieken, keiken* ‚gucken', zu nd. *kieken* ‚gucken' (WolfWR 2596).

keikertchen Subst. Dim. Pl. [JeH]
– Augen [JeH]

keeken[2] swV. [SP]
– gucken [SP] ♦ **V:** *Mer keeken de Mos* ‚Wir schauen nach der Frau' [SP]

kiekerei Subst. f. [SK]
– Theater [SK]

kiksje Subst. n. Dim. [KM]; **kiksjes** Pl. [KM]
– Auge(n) [KM].

keets Subst. f. [CL]
– Buckel [CL] ♦ **E:** pfälz. *Köze* ‚Rückentragkorb, Rücken, Buckel' (PfälzWb. IV 507); mhd. *kötze* ‚Korb, Rückenkorb'.

kefone Subst. f. [Scho]
– Genauigkeit [Scho]; Andacht [Scho] ♦ **E:** jd. *kewone* ‚Andacht, Genauigkeit' (We 71).

keft Subst. m. [MeJ]
– Hintern [MeJ] ♦ **E:** wohl zu rw. *kefel* ‚Kot' WolfWR 2545, evtl. Einfluss von rw. *kehfel* ‚doppelt' aus jd. *kephel* id., WolfWR 2546; Benennungsmotiv: zwei Pobacken.

keh ‚Schnaps' → *kee*.

kehr Subst. m./f./n. [LüJ, MB, MM, MoJ, MUJ, WJ, WJ]
kär [GM, JSW]; **ker** [JS, JSW, LüJ, MM, PH]; **keer** [LüJ]; **kher** [UG]; **kör** [LJ]; **gfär** [MeJ]
– Haus, Heim, Wohnung [GM, JS, JSW, LJ, LüJ, MB, MM, MoJ, MUJ, PH, UG, WJ]; Hof [MM]; Platz [GM]; Dorf [GM, MeJ]; Pfarre [MM]; Ecke [MM]; Quartier, Viertel [MM]; Gegend, nähere Umgebung [MM] ♦ **E:** rw. *kehr* ‚Haus' (WolfWR 2550) < roi. *kher* ‚Haus' (WolfWZ 1371). ♦ **V:** *gwants kehr* ‚ein schönes Haus' [LüJ]; *von ker zu ker beschen* ‚von Haus zu Haus gehen' [MM]; *die hatten 'n jofles ker da* ‚sie hatten ein schönes Haus' [MM]; *schondige kehr, da muff'lts* ‚ein schmutziges Haus, da stinkt es' [WJ]; *ich natsch ins kehr* ‚ich geh ins Haus' [MB]; *der seeger is nich aus unser ker* ‚der Mann stammt nicht aus unserer Gegend' [MM]; *die zintis schemmten von ker zu ker und warn am mangen* ‚die Zigeuner zogen von Haus zu Haus und bettelten' [MM]
amtskehr Subst. f. [LüJ]
– Amtsgebäude, Amtshaus/-stube [LüJ]; Rathaus [LüJ]; Amtsgericht [LüJ]; Bürgermeisteramt [LüJ]; amtliches Gebäude [LüJ]
chinneker Subst. n. [MM]; **chinnekehr** [MB]
– Klo, Toilette [MB, MM] ♦ **E:** → *kinnicer*.
dennaloskehr Subst. f. [LüJ]
– Irrenanstalt, Irrenhaus [LüJ]
dudeskehr Subst. f. [LüJ]
– Narrenhaus [LüJ]
fulekehr Subst. f. [LüJ]
– Toilette [LüJ]
gallachkehr Subst. f. [LüJ]
– Pfarrei [LüJ]
kinnemaskerikär Subst. [GM]
– Abort [GM]; Toilette [GM]
kolbakehr Subst. f. [LüJ]
– Pfarrhaus [LüJ]
lollokehr Subst. [MUJ]
– Rathaus [MUJ]
meimelker Subst. n. [MM]
– Toilette [MM]
moertepinnekär Subst. m. [GM]
– Pissoir [GM]
nasslingerkär Subst. n. [GM]
– Krankenhaus [GM]
naselokehr Subst. f. [LüJ]
– Krankenhaus [LüJ]
ratsker Subst. n. [MM]
– Rathaus [MM]

rinnekehr Subst. [MB]
– Klo, Toilette [MB] ♦ **E:** wohl volksetymologische Umbildung von → *chinneker*, dt. *Rinne* ‚schmaler, vertiefter Abfluss'.
ruochekehr Subst. f. [LüJ]
– Bauernhaus [LüJ] ♦ **V:** *mamere hat e gachne getschort im ruochekehr* ‚Mama hat im Haus der Bauern eine Henne gestohlen' [LüJ]
schontker Subst. n. [MM]; **schuntker** [JS]; **schondkehr** [LüJ]; **tschundekär** [GM]
– Scheißhaus, Klo, Toilette [GM, MM]; Abort [JS, LüJ]
seibelkehr Subst. n. [MB]
– Klo [MB]; mieser Dreck [MB]
sturmkehr Subst. f. [LüJ]
– Rathaus [LüJ]
tschatschepaskerokär Subst. [GM]
– Gerichtsgebäude [GM]
trabengerokär Subst. f. [GM]
– Apotheke [GM]
tscholingerkär Subst. m. [GM]
– Sozialamt [GM]
kehrkasten Subst. m. [SK]
– Bauernhaus [SK]
kehrschure Subst. [LüJ]
– Hausaufgaben [LüJ]
kehri Adv. [MB]; **kerie** [MB]; **keri** [GM]
– nach Hause, heim [GM, MB]; weg, fort [GM] ♦ **V:** *er ist matto und will kehri natschen* ‚er ist kaputt und will nach Hause gehen' [MB]; *ich will kerie* ‚ich will nach Hause' [MB]
kehregehen Phras. [LüJ]
– heimgehen [LüJ]
kehrenasche swV. [LüJ]
– heimgehen [LüJ]; hausieren [LüJ].

kehrche Subst. m. [RH]
– Besen [RH] ♦ **E:** zu dt. *kehren* ‚mit dem Besen fegen' oder zu rw. → *kehr* ‚Haus'.

kehren swV. [SK, MoJ]
– Geld sammeln [SK]; machen, tun [MoJ] ♦ **E:** zu rw. *keren* ‚Geld, Vermögen' (WolfWR 2573) < jd. *keren* ‚Kapital'; Herleitung Beleg MoJ unsicher, evtl. zu *kehr* ‚Haus': ‚Hausarbeit verrichten'.
kerkohlen swV. [SK]
– sammeln [SK]
kehrpahn Subst. m. [SK]
– „jeder Mann, bei dem gesammelt wird" [SK]
kehrrani Subst. m. [SK]
– „Frau, bei der zwecks Geldeinsammelns musiziert wird" [SK]

kehrschönna Subst. f. [SK]
– „Frau, bei der gesammelt wird" [SK].

kehrig Adj. [SJ]
– tüchtig [SJ] ♦ **E:** SchwäbWb. IV 339 (*kerig* ‚emsig, häuslich'), zu dt. *kehren* ‚mit dem Besen fegen' oder zu rw. → *kehr* ‚Haus'. ♦ **V:** *Hoimde scharle, wenn dir dei moss nowes zom achla gricht hot, no kascht deine näpfer hier kehrig schenegla losse, bis dei rande so aussieht, wia am massfetzer sei wamp* ‚Wart ab Schultes, wenn dir deine Frau nichts zum Essen gerichtet hat, dann kannst du deine Zähne hier tüchtig arbeiten lassen, bis dein Bauch so aussieht, wie dem Metzger sein Bauch' [SJ].

keibe Subst. f. [HLD]
– Gaunerin [HLD] ♦ **E:** rw. *keibe* ‚Weib, Geliebte, Zuhälterin', wohl zu dt. *Kebse, Kebsweib* (WolfWR 2554, DWB XI 373 f.), Bischoff, WB d. Geheim- u. Berufssprachen zufolge zu hebr. *kôbâh* ‚Loch, Vulva'.

keif¹ Subst. m. [HN, MB, MM, OJ, RW]
kaif [MB, SPI, StJ]; **gaif** [SS]; **kaifes** Subst. Pl. [LJ, MUJ, SchJ]; **kauffes** [SPI]; **kaijeff** Subst. m. [GM]; **kajeff** [NJ]; **kajoofes** [CL, LL]
– Geldschuld [BJ, GM]; Schulden [CL, LJ, LL, MM, MUJ, NJ, OJ, RW, SPI, SS, SchJ]; Rechnung [MM]; Anzahlung [MM]; „auf Raten kaufen" [MM] ♦ **E:** rw. *keif* ‚Geldschuld' (WolfWR 2555) < jd. *chow(a)* ‚Schuld', *chajow* ‚Schuldner' (We 53, Post 204, Klepsch 775); vgl. → *hayef*, → *kofes*. ♦ **V:** *beschulm zuerscht mol dei kajofes* ‚bezahl zuerst deine Schulden' [LL, CL]; *op kaif koofe* ‚auf Pump kaufen' [StJ]; *auf keif schickern* ‚auf Kosten anderer Leute trinken' [MM]; *weil wir kein lowi hatten, mußten wir alles auf keif kindigen* ‚da wir kein Geld hatten, mußten wir alles auf Raten kaufen' [MM]; *etwas keif sein* ‚etwas schuldig sein' [WG]; *keif sein* ‚schuldig sein' [WG]; *was isch ds keif* ‚was bin ich schuldig?' [OJ]; *em keif sei* ‚Geldschulden haben' [OJ]; *auf kaif* ‚auf Pump'; *auf keif gekauft* ‚auf Raten gekauft' [MB]; *auf keif* ‚anschreiben, auf Pump' [HN]; *keif machen* ‚Schulden auf der Herberge machen', ‚Schlafgeld oder Eßwaaren auf die Papiere oder das Bündel so lange borgen, bis man durch *geschenk* oder *fechten* so viel zusammengebracht hat, um es wieder auslösen zu können' [RW]
geyf Adj., Adv. [SPI, SS]; **kaiff** [NW]; **kajef** [Scho]
– schuldig [NW, Scho, SPI, SS]; mit der Zahlung im Rückstand sein [NW] ♦ **V:** *er ist mir etwas kaiff* ‚er ist mir etwas schuldig' [NW]
kajoofisch Adj., Adv. [CL]; **kofes** [CL]; **koofes** [CL]
– schuldig [CL]

kaifen swV. [StJ]
– Schulden machen [StJ].

keif² Adv. [SJ]
– „Tausend" [SJ] ♦ **E:** wohl zu rw./jd. → *keif¹* met. ‚teuer' WolfWR 2555; vermutlich adverbial verwendet.

keifen swV. [MB]
– schreien, grölen [MB]; laut und grell schreien (Frauen) [MB]; zanken [MB]; meckern [MB] ♦ **E:** dt. stV./swV. *keifen*, mhd. *kiben, kiven* ‚kläffen, zanken' DWB XI 442 ff.; Klu. 1999: 436.
keifen Subst. n. [MB]
– Geschrei [MB]; extremer Gestank [MB].

keildeek Subst. f. [EF]
– Hure [EF] ♦ **E:** wohl zu rw. *kdesche* ‚Bordellhure niedrigster Art', aus jd. *kdescho* ‚Bordelldirne' (WolfWR 2540).

keilef Subst. m. [MB, MM, NJ, RA]
keileff [MB]; **kailoff** [GM, JS, RW]; **kailef** [FS, StJ]; **kailof** [MM, RW]; **kailaf** [SS]; **kaileff** [MB]; **keiloff** [HN, JS, MB, MM, RW]; **kejlef** [Scho]; **kälof** [KMa]; **käilof** [JeS, OH]; **käilef** [LI, WL]; **keilof** [SPI]; **keilov** [SPI]; **keiluff** [BA, PH, PfJ, RW]; **kailuf** [Gmü]; **keilow** [MM]; **keilauf** [MM]; **kelef** [NrJ]; **keeleff** [Scho]; **keleve** [NrJ]; **kelof** [LJ, SchJ]; **keluf** [PH]; **kielef** [NJ]; **kilef** [KM, StJ]; **kileve** [KM]; **killef** [NJ]; **kailach** Subst. m. [SPI]; **kreilef** Subst. m. [MB]; **kniluf** Subst. m. [LüJ]; **kalf** Subst. m. [RW]; **kalb** [RW]
– Hund [BA, FS, GM, Gmü, HN, JS, KM, KMa, LI, LüJ, MB, MM, NJ, NrJ, OH, PH, PfJ, RW, SPI, SS, SchJ, Scho, StJ, RA, WH]; großer Hund [MB, MM]; Spürhund [MM]; Köter [MB]; altes, böses Pferd [WL]; Querkopf, dummer Kerl [WL]; schlechter Kerl [MB]; Schurke [StJ]; Person, gemeine [Scho]; Schloß [LJ, SchJ]; Türschloß [LJ] ♦ **E:** rw. *kailoff, kelof, kalb* ‚Hund' (WolfWR 2561) < jd. *kelew* ‚Hund' (We 70, Avé-L. 389, Post 208, MatrasJd 290, Klepsch 822). → *klafte*. Bedeutung ‚Schloß' transponiert aus der Bedeutung von rw. *hund* WolfWR 2257; *kalb* volksetymologische Anlehnung an dt. *Kalb*. ♦ **V:** *Da küt ä Kilef* ‚da kommt ein Hund' [StJ]; *als koten hatten wir immer hame more vor den keilof* ‚als Kinder hatten wir immer sehr viel Angst vor dem Hund' [MM]; *wenn der kneis, wo wir den zossen schoren wollen, aber einen grellen keilow hat?* ‚wenn der Bauer, bei dem wir das Pferd stehlen wollen, aber einen scharfen Hund hat?' [MM]; *ein dofter killef* ‚ein guter Hund' [NJ]; *kommt dich da so'n keileff auf mich zu*

‚kommt da so ein Hund auf mich zu' [MB]; *lief dich doch 'n keileff direkt über meine mauken* ‚da lief ein Hund direkt über meine Füße' [MB]; *or rautz achielt wie enne grannige kailoff* ‚unsere Katze frißt wie ein großer Hund' [JS]; *oh laich ossere kailoff schäft schovel lack* ‚oh Mensch unser Hund ist schwer krank' [JS]

killefje Subst. Dim. [JS]
– kleiner Hund [JS]

minenkeilof Subst. m. [MM]
– Spürhund [MM].

keilen swV. [LL, WG]
– jemand zum Kaufen finden und animieren [LL]; anbieten [WG] ♦ **E:** zu dt./studentisch *jemanden keilen* ‚zum Eintritt in die Verbindung werben' (DWB V 449), wienerisch *keilen* ‚anpreisen, beschwatzen, zu verkaufen suchen', wohl von dt. *keilen* ‚schlagen' → *keiler*[4]. ♦ **V:** *den wu ich gekeilt hab, der kient aach* ‚der, dem ich etwas angeboten habe, der kauft auch' [LL]

ankeilen swV. [CL, LL, StG]
– einen Kaufinteressenten suchen und bearbeiten [CL]; anbetteln [StG]

keiler[1] Subst. m. [WG]
– Leute, die Fremde zum Spiel animieren [WG]

keiler[2] Subst. m. [WG]
– Verkäufer von unechtem Schmuck und Uhren [WG]

keiler[3] Subst. m. [LL]
– Fingerring [LL].

keiler[4] Subst. m. [MB]
kalas Subst. m. [RR]
– Schlägertyp, Schläger [MB]; Schläge [RR] ♦ **E:** rw. *keilen* ‚hart arbeiten, schlagen, prügeln' WolfWR 2556, zu dt. *keilen* ‚hart arbeiten, verhauen, prügeln' DWB XI 449 f.

keiler[5] Subst. m. [BM]
keilu [BM]
– Hund [BM] ♦ **E:** zu → *keilef* ‚Hund' unter volksetymologischer Anlehnung an dt. *Keiler* (männliches Wildschwein).

keim Interj. [HLD]
– sei gegrüßt [HLD] ♦ **E:** zu jd., hebr. *chaim* ‚(auf das) Leben!', Grußformel beim Zuprosten.

kein Adv., Interj. [Scho]
– egal, ganz [Scho] ♦ **E:** unsicher; evtl. zu jd., hebr. *chaim* ‚(auf das) Leben!', Grußformel beim Zuprosten.

keitel Subst. m. [PfJ]
– Brottstück [PfJ] ♦ **E:** SchwäbWb. IV 308 (*Keidel* ‚Keil, großes Stück Brot').

kej Num. Kard. [Scho]
– achtzehn [Scho] ♦ **E:** jd. *chei* ‚achtzehn' (We 57).

kejder Subst. n. [Scho]
– Zimmer [Scho] ♦ **E:** jd. *cheider* ‚Zimmer' (We 57).

kejfer Subst. n. [Scho]
– Grab [Scho] ♦ **E:** jd. *keiwer, kefer* ‚Grab' (We 70).

kejfer owes Subst., Phras. [Scho]
– Friedhof [Scho] ♦ **E:** jd. *keiwer owes* ‚Friedhof', wörtl. ‚Grab der Väter' (We 71).

kejlek Subst. m. [Scho]
kilik [RA]; **chilik** [RA]
– Anteil, Teil [Scho, RA] ♦ **E:** jd. *cheilek* ‚Teil, Anteil', jd. *cheliken, cheileken, chelukenen* ‚teilen' < hebr. *chalak*, (We 57, Post 205).

kejleken swV. [Scho]; **kääligge** [CL, LL]; **käälike** [CL]
– teilen [CL, LL, Scho] ♦ **V:** *die dun draus als käälike* ‚sie tun draußen (auf Handelsreisen) gewöhnlich teilen' [CL].

kejn Subst. m. [Scho]
– Geschmack [Scho]; Charme, Anmut [Scho]; Talent [Scho]; Humor, Witz [Scho]; Wesen einer Sache, Bedeutung [Scho]; Verstand [Scho]; Zweck [Scho] ♦ **E:** jd. *chein* ‚Geschmack, Charme, Verstand, Zweck' (We 57).

kejnponem Subst. m. [Scho]
– dummer Tor [Scho] ♦ **E:** jd. *cheinponem* ‚Tor, Neunmalkluger' (We 58).

kejrisch Adj. [Scho]
– schwerhörig [Scho]; taub [Scho] ♦ **E:** jd. *cheirisch* ‚schwerhörig, taub' (We 58).

kejrischer Subst. m. [Scho]
– Schwerhöriger [Scho].

kejschek Subst. m. [Scho]
– Lust [Scho] ♦ **E:** jd. *cheischek* ‚Lust' (We 58).

kele Subst. f. [CL, PH]
keel [CL, LL]; **kehle** [CL, HLD]; **keil** [FS]; **kaile** [SS, RA, WH]; **keyle** [SPI]; **kelep** Subst. [SP]; **kelpen** [SP]; **kelb** [RH]
– Pfeife [CL, FS, HLD, PH, SPI, SS, RA, WH]; Tabakspfeife [CL, LL]; Flasche [RH, SP, SS, WH] ♦ **E:** rw. *kehle* ‚Pfeife (meistens Tabakspfeife, aber auch das Musikinstrument)', rw. *keli* ‚Instrument, Gerät, Gefäß',

beide zu jd. *k'li* ‚Gerät, Instrument, Werkzeug, Gefäß' (WolfWR 2547, 2562, Post 208).

keelche Subst. n., Dim. [CL] ♦ **V:** *ich schäff net uhne Keelche* ‚ich geh nicht ohne Pfeife' [CL, LL]

kellen Subst. [LJ]
– Pfeife [LJ]; Musikinstrument [LJ]

kellen swV. [JS, PH]
– spielen [JS, PH].

kelebangere Subst. Pl. [MUJ]
– Zirkusleute [MUJ] ♦ **E:** roi. *kchélibnangero* ‚Schauspieler, Gaukler, Artist' (WolfWZ 1360).

kelef ‚Hund' → *keilef*.

kellemann Subst. m. [HN]
– Zuhälter [HN] ♦ **E:** rw. *killemann* ‚Mitglied einer bestimmten Gaunergesellschaft', *kille* ‚Gemeinde, Stadt', zu jd. *k(eh)illo, kohol* ‚Versammlung, Gemeinde', evtl. mit Einfluss von roi. *k'el* ‚spielen' (WolfWR 2612).

kellen ‚tanzen' s. → *källen*.

keller Subst. m. [WG]
– Korrektionszelle [WG] ♦ **E:** dt. *Keller* DWB XI 512 ff.

kellie Subst. m. [RW]
– Mitglied von Axt & Kelle (Schacht von Handwerksburschen) [RW] ♦ **E:** dt. *Kelle* (Maurerwerkzeug) DWB XI 510 f.

kellnerieren swV. [SK]
– als Kellner tätig sein [SK] ♦ **E:** dt. *Kellner* ‚Servierer' DWB XI 521 f.

kemeren ‚kaufen' → *kimmeln*.

kemmsel ‚Hemd' → *kamis*.

ken Pron., Adv., Part. [PH, RW, SJ, SPI, SS, RA, WJ]
kenn [Gmü, JS, JSa, JeH, LL, LüJ, MB, MUJ, NJ, PH, RW, SE, SK, SS, Scho, StG, WH, Zi]; **kenn'n** [MB]; **kän** [KM, SP, SS, StJ, WJ]; **känn** [SE] **kent** [PH]; **kebin** [MB]; **keim** [LüJ, SJ, WJ]
– ja [Gmü, JS, JSa, JeH, KM, LL, LüJ, MB, MUJ, NJ, PH, RW, SE, SJ, SK, SP, SPI, SS, Scho, StG, StJ, RA, WH, WJ, Zi]; jawohl, „weißte Bescheid?" [MB]; kenn ich, weiß ich, in Ordnung [MB]; klar, na klar [NJ]; ja, ich verstehe [RW]; selbstverständlich [Scho]; stimmt [RA] ♦ **E:** rw. *ken* ‚ja' zu jd. *ken* ‚richtig, recht' (WolfWR 2570). ♦ **V:** *Ken! ik holge met* ‚Ja! Ich gehe mit' [SS]; *kenn!* Gruß unter Kunden [RW]; *kenn, kunde!* oder: *kunde, kenn!* Gruß bei einer Begegnung unterwegs, Begrüßung unter Vaganten und Landstreichern [RW]; *servus, kunde – kenn* Gruß und Gegengruß [RW]; *ken, kuberosam/bohnpfann amen* Grußformel [RW]; *kenn matilde* ‚Grüß Gott!' [Gmü], Abschiedsgruß (temuratisch) [RW]; *ken, Kunde, ken Mathilde; kunde? ken mathes?* Landfahrer-Begrüßungsformel [RW]; *lenzerei: model, lenz' die rucheulme, was herles der ruch scheft? Kenn, patres!* ‚Fragerei: Mädchen, frag' die Bauersleute, wer hier der Bauer ist? Ja, Vater!' [LüJ]; *Spann, die grandich kitt herles! – Kenn gneistse lore? Nobis! – Die schofelkitt hauret*. ‚Schau, das große Haus hier! – Ja, kennst du es nicht? – Nein. – Das Zuchthaus ist es' [LüJ]; *So, galme, dibert die mamere, ist schnall und bolle' buttet und gleis geschwächt? Kenn, mamele! – Dann bostet in sauft und schlaunet!* ‚So, Kinder, sagt die Mutter, ist die Suppe und die Kartoffeln gegessen und die Milch getrunken? Ja, Mutter! – Dann geht ins Bett und schlaft!' [LüJ]; *Oberkünftig herles in der grandiche ruchekitt schefft ein nille. Der hauret link. Spann', da linzt er zum feneter am stenkert. Kenn, ich bost' schiebes!* ‚Oben hier in dem großen Bauernhaus ist ein geistesgestörter Mensch. Der ist sehr böse. Sieh nur, hier schaut er zum Fenster am Stall heraus. Ja, ich geh' fort!' [LüJ]

kendor Interj. [MM]
– sieh an [MM]

kengaal Interj. [WJ]
– gut so [WJ]

kennrus Interj. [MB]
– ja [MB].

kenftig in *neben-, ober-, unterkenftig* u. a. → *künftig*.

kennern swV. [MM]
– Haus mit einem Geheimzeichen markieren [MM] ♦ **E:** zu dt. *kennen* ‚kenntlich machen', mhd. *erkennen* ‚bekannt machen' DWB XI 532 ff.

kennien, kennjen, kennigen ‚kaufen, verkaufen' → *kiene*.

kennschütz Subst. m. [RW]
– Bäcker [RW] ♦ **E:** rw. *schütz* ‚Bäckerknecht', wohl Nebenform von rw. *scheeks*, zu jd. *schekez* WolfWR 5213, vgl. *löbenschütz* ‚Brotmeister' WolfWR 3257; Erstglied unsicher; evtl. zu dt. *kennen* ‚sich auskennen' oder womgl. zu → *ken*.

-kenntlich Halbsuffix bei Richtungsadverben → *künftig*.

kenum ‚Laus' → *kinum*.

keps Subst. n. [JS]
– Huhn [JS] ♦ **E:** unsicher; evtl. Kurzform zu *kaporehinkel, kaporehähndel* ‚Sühnehuhn', das als symbolisches Opfer geschlachtet wurde (We 70).

ker ‚Haus' → *kehr*.

kerf Subst. n. [LJ]
– Arsch, Hintern [LJ] ♦ **E:** schwäb. *Kerfe* ‚Kerbe' (SchwäbWb. IV 336), zu dt. *Kerbe* DWB XI 557 ff.

kerfling Subst. m. [LJ]
– Arsch [LJ].

kerflinge Subst. Pl. [MB]
– Schuhe [MB]; Ringe [MB] ♦ **E:** wohl zu dt. *gerben* ‚Leder bearbeiten' DWB V 3588 f. Bedeutungsangabe ‚Ringe' evtl. Sprecherirrtum, vgl. → *geitling*.

kerinaschken Subst. Pl. [SK]
– „arbeitende Menschen im Gegensatz zu Landstreichern" [SK] ♦ **E:** roi. *keribnaskero* ‚Arbeiter', BoIg 141 (*keripé*).

kermes Subst. f. [SG]
– Jahrmarkt [SG] ♦ **E:** dt./mdal. *Kirmes* ‚Kirchweih, Jahrmarkt', Kürzung aus *Kirchmesse* DWB XI 835 f.

kermo Subst. m. [MM]
– Angelwurm [MM] ♦ **E:** roi. *kirmo* ‚Wurm' (WolfWZ 1418).

germe Subst. [JS]
– Wanze [JS].

kerndl Subst. Pl. in:
kerndlhackn Subst. f. [WG]
– Schaufenstereinbruch bei einem Juwelier [WG] ♦ **E:** mdal. *kerndl* ‚Körner', met. ‚Edelsteine'.

-kero roi. in der Funktion von Nominalisierungen in:
besepereskero Subst. m. [GM]
– dicker Mann [GM]; Dickwanst [GM] ♦ **E:** roi. *beseperéskero* ‚Dickwanst' (WolfWZ 154).
kinnepaskero Subst. m. [GM]
– Käufer [GM] ♦ **E:** roi. *kinepaskero* (WolfWZ 1408).
pireskero Subst. m. [GM]
– Polizist [GM] ♦ **E:** rw. *pireskero* ‚Polizeimann' (WolfWR 4206) < roi. *pireskero* ‚Polizist' (WolfWZ 2438).
sasteskero Subst. m. [GM]
– Schmied [GM] ♦ **E:** roi. *sasstesskáro* ‚Schmied, Eisenarbeiter' (WolfWZ 2856).

wescheskero Subst. m. [GM]
– Förster [GM]; Jäger [GM] ♦ **E:** rw. *wesheskro* ‚Förster, Jäger' (WolfWR 6184) < roi. *weseskero* ‚Förster, Waldhüter, Jäger' (WolfWZ 3682).

kerpral Subst. m. [HF]
– Hahn [HF] ♦ **E:** zu dt. *Korporal* ‚Unteroffiziersrang', aus lat. *corpus*; *kerpral* evtl. aus der Zeit der Franzosenherrschaft am linken Niederrhein (1794-1814).

kesch Subst. [EF]
– Spitzenranzen [EF]; Rucksack [EF] ♦ **E:** dt. *Käscher, Ketscher* ‚sackförmiges Netz an einer Stange' DWB XI 248. → *ketscherling*.

kesch Subst. n. [EF, MoM]
kösch [EF]
– Tageskosten [EF, MoM]; Unkosten [EF]; Zeche [EF] ♦ **E:** rw. *kesch* ‚Bargeld, Geld' aus jd. *kisch* ‚Klang', *kischkess* ‚Läuten der Ladenkasse' WolfWR 2577; oder aus engl. *cash* ‚Bargeld'.

keschben Subst. m. [Scho]
– Rechnung [Scho] ♦ **E:** jd. *cheschbon* ‚Rechnung' (We 58, Post 208).

keschbenen swV. [Scho]; **keschbene** [Scho]
– kalkulieren [Scho]; rechnen, ausrechnen [Scho].

keschiefes Adj. [Scho]
– vortrefflich, fein [Scho] ♦ **E:** jd. *cheschiewes* ‚fein, vortrefflich' (We 58).

kesef Subst. n. [Scho]
keseff [RH]; **käsuf** [Him, LüJ]
– Silber [Him, LüJ, Scho]; Groschen [RH] ♦ **E:** rw. *kesef, kösof* ‚Silber' zu jd. *kesseph* ‚Silber' (WolfWR 2578, Post 208).

keskeri ‚Haus' → *kasse¹*.

kess Adj. [HL, HN, RW, SK]
chess [StG]; **köß** [RW]
– klug [HL, SK, StG]; schlau [RW, StG]; geschickt [HL]; gewitzt [RW]; frech [RW] ♦ **E:** rw. *kess* ‚klug, gescheit', „dem Gaunertum angehörig"; „hüllendes Kurzwort für jd. *chochum* ‚Kluger, Weiser', dessen Anfabgsbuchstaben jd. *chess* = ch ist" (WolfWR 2580). ♦ **V:** *kesse biene* ‚flottes Mädchen' [RW]

kesser vater Subst. m., Phras. [HN]
– schwer einschätzbarer Mensch [HN]; „Frau, die sich auf Kerl zurechtgemacht hat, lesbische Frau, auf männlich zurecht gemacht" [HN]

chessenpenne Subst. f. [StG]
– Wirtshaus, in dem Gauner Unterkunft finden [StG]

keßmus Subst. m. [HN]; **cesmus** [HN]
– „lesbische Frau, die die männliche Rolle übernommen hat, trägt Männerhaarschnitt und Männerkleidung, ist oft weiblicher Zuhälter" ♦ **E:** → *moss*.

kessln swV. [BJ, TJ]
kessla [OJ]
– strolchen, herumstrolchen [BJ, OJ]; laufen [TJ] ♦ **E:** schwäb. *kessle(n)* ‚müßig, eilfertig herumlaufen, herumstrolchen' (SchwäbWb. IV 354).

kesselche Subst. n. Dim. [JSW]
– Kind [JSW]

kesslbudd Subst. f. [OJ]
– eine Frau, die oft außer Hause ist [OJ]

kessler Subst. m. [BJ]; **kesslr** [OJ]; **kesslrs benggis** [OJ]
– Kesselflicker [BJ, OJ]; Pfannenflicker [BJ, OJ] ♦ **E:** wenn zu schwäb. *kessle(n)* ‚müßig, eilfertig herumlaufen, herumstrolchen', Benennungsmotiv: Mobilität; womgl. Einfluss von oder direkt zu dt. *Kessel* DWB XI 619 ff.

kesslrs benggis Subst. m. [OJ]
– Kessel- und Pfannenflicker [OJ].

ket[1] Num. Kard. [RW]
kess [Scho]
– acht [RW, Scho] ♦ **E:** rw./jd. *chess, chett* ‚acht', hebr. *xēt* ‚acht' (WolfWR 6437, We 58, Klepsch 829); achter Buchstabe des hebr. Alphabetes.

ket[2] Adv. [BB]
– dick [BB] ♦ **E:** Inversion zu mdal. *deck* ‚dick'. ♦ **V:** *ket oerf* ‚dicke Frau' [BB].

ketauwes Subst. m. [Scho]
ketofes [Scho]
– Spaß [Scho]; dummer Witz [Scho] ♦ **E:** jd. *ketauwes, ketōwes* ‚Spaß, dummer Witz' (We 71).

ketel Subst. m. [HF, HeF]
– Uhr (Taschenuhr mit Kette) [HF, HeF]; Glocke [HF, HeF] ♦ **E:** rw. *ketel* ‚Glocke, Uhr' (WolfWR 2586, ohne Herleitung); evtl. zu dt. *Kettel* ‚kleine kette, zur verschlieszung von fensterladen und thüren, besonders gartenthüren, zaunthüren, stallthüren u. ä.' DWB XI 635.

ketelen swV. [HF, HeF]
– läuten [HF, HeF]

ketelsblag Subst. m. [HF, HeF]
– Küster („Läutemann") [HF, HeF].

ketscherling Subst. m. [LJ]
ketzerling [MB]
– Stein [LJ, MB] ♦ **E:** unsicher; evtl. zu dt. *Käscher, Ketscher* ‚sackförmiges Netz an einer Stange' „wann sie zum schepfen (des bernsteins) kommen, so bringt ein jeder sein eigenen ketscher mit sich" DWB XI 248; womgl. zu schwäb. *ketschen* ‚schleppen, schwerfällig tragen' (SchwäbWb. IV 355). → *kesch*.

kettene Adv. [LüJ]
– beieinander [LüJ] ♦ **E:** roi. *ketane* ‚zusammen' (WolfWZ 1386; Boretzky/Igla 141).

ketterln Subst. n. [LoJ]
ketterl [LoJ]
– Kochgeschirr [LoJ]; Essgeschirr [LoJ]

ketterlpflanzer Subst. m. [LoJ]
– Pfannenflicker [LoJ]

ketterlschrenzierer Subst. m. [LoJ]
– Geschirrhändler [LoJ] ♦ **E:** unsicher; evtl. zu mdal./nd. *Ketel* ‚Kessel', schwerer zu rw. *ketel* ‚Glocke, Uhr' (WolfWR 2586).

ketz Adj. [HLD]
– schlau [HLD]; aufgeweckt [HLD] ♦ **E:** unsicher; evtl. zu → *kess* oder Kürzung aus rw. *marketzer* ‚besonders geschickter Dieb' (WolfWR 3405). ♦ **V:** *Wer nicht ketz und kochum kann, muss pleite schieben* ‚Wer nicht gerissen und schlau ist, ist hier nicht zu gebrauchen' [HLD].

ketzje Subst. f./n. [Scho]
– Hälfte [Scho]; halb [Scho]; ein bisschen [Scho] ♦ **E:** jd. *chetzje* ‚Hälfte, halb' (We 58). → *choze*.

keuche Subst. f. [KJ]
– Kirche [KJ] ♦ **E:** dt. (ant.) *keiche, keuche* ‚Gefängnis' DWB XI 434, bair. *Keuche* ‚Kerker, schlechtes, finsteres Gemach' (Schmeller I 1219).

keuchen swV. [PfJ]
– husten [PfJ] ♦ **E:** dt. (ant.) *keuchen* id. DWB XI 434 ff., tautologisch *Keuchhusten*.

keue ‚Frau' → *goi*.

keule Subst. f. [HN]
– Flasche Sekt [HN]

keulen Subst. f. Pl. [HN]
– Beine [HN] ♦ **E:** dt. *Keule* DWB XI 647 ff.; Benennungsmotiv: Ähnlichkeit in der Form. ♦ **V:** *schwing die keulen* ‚verschwinde' [HN].

keulen swV. in:
auskeuln swV. [WG]
– ein Verbrechen auskundschaften [WG] ♦ **E:** evtl. zu ugs. *keulen* ‚arbeiten', zu dt. *Keule* DWB XI 647 ff.

kewannti Subst. m. [Scho]
– Oktober [Scho] ♦ **E:** jd. *cheschwan* ‚Oktober'.

kewer Subst. m. [EF]
– Kaiser [EF]; König [EF] ♦ **E:** wohl zu rw. *kober* ‚Wirt, met. König' Wolf, Fatzersprache, 124.

kfar ‚Dorf' → *kaff*.

kib ‚Frucht, Korn, Getreide' s. → *gieb*.

kibârâ swV. [WJ]
– erzählen [WJ] ♦ **E:** SchwäbWb. IV 390 (*kipperen* ‚handeln, verhandeln').

kibbeln swV. [MB]
kabbeln [MB]
– zanken ♦ **E:** westf. *kibbelen, kabbelen* ‚zanken' (WestfWb. 546).

kibbes ‚Kopf' → *kappes*.

kiberer Subst. m. [WG]
– Polizei [WG] ♦ **E:** rw. *kiberer* (WolfWR 2607), evtl. zu jd. *koiwesch/kobesch sein* ‚bezwingen, bedrücken' oder jd. *kewius* ‚Gewissheit, Sicherheit' oder zu mhd. *kiben, kabelen* ‚schimpfen' (Wehle, Wiener Galerie, 77).

kiebes ‚Kopf' → *kappes*.

kiebig Adj. [MUJ, OJ]
kibig [Him, SJ]; **kiebich** [MB, WJ]; **kiwig** [Him, KJ, LoJ, SJ]; **kiewig** [BJ, SJ]; **kiwi** [SchJ]
– fett [BJ, Him, KJ, MUJ, OJ, SJ, WJ]; herzhaft (vom Essen) [BJ]; schön [SJ]; teuer [BJ, OJ, SJ, SchJ]; gut [BJ, LoJ, OJ, SJ]; nett [SJ]; ordentlich [SJ]; derb [BJ, OJ]; frech, keck [MB]; ergiebig [KJ]; oft [BJ] ♦ **E:** rw. *kiebig* ‚derb, tüchtig, keck, fett, gut, tüchtig, schön, gut' u. a., zu dt./mdal. *kiebig, keif* ‚fest, derb, dicht' (WolfWR 2595). ♦ **V:** *kibige diel* ‚schönes Mädchen' [SJ]; *a kiebiga budd* ‚ein herzhaftes Essen' [OJ]; *nobis kiebig* ‚billig' [OJ]; *Moss, i hab gschpannt, daß der benk an kiwiga horboga ond a kassir daist hot* ‚Frau, ich habe gesehen, daß der Mann eine fette Kuh und ein Schwein geschlachtet hat' [SJ]; *Latsche dewes baizermoss, wie i spann, gibts hier an lopfa pikus ond an kiwiga jol* ‚Guten Tag Wirtin, wie ich sehe gibt es hier ein ordentliches Essen und einen ordentlichen Wein' [SJ]; *Ond wenn i mi en dr schwäche omgschaub, dann lins i a kiwige moss ond a gwande schure* ‚Und wenn ich mich in der Wirtschaft umschaue, dann sehe ich eine nette Frau und ordentliche Männer' [SJ]; *Mir schmoret no a Glas, es mues ja net glei's Ende sei, der jol ischt gwand ond kiwig, drom wird er gschwächt, no ischt ellas lopf* ‚Wir trinken noch ein Glas, es muß ja nicht gleich das Ende sein, der Wein ist schön und gut, darum wird er getrunken, dann ist alles gut.' [SJ]; *Baizermoss, zo dem faßjole kascht mr a kiwigs Stück bossert, a schling ond an kafferlehm brenga* ‚Wirtin, zu dem Faßwein kannst du mir a schöns Stück Fleisch, Wurst und ein Bauernbrot bringen' [SJ]; *Massfetzer, deine schling waret gwand, aber dei bossert zu kiwig* ‚Metzger, deine Würste waren gut, aber dein Fleisch zu fett' [SJ]; *Dr massfetzer machd a kiwiga schling aus am bane* ‚Der Metzger macht eine gute Wurst aus dem Fleisch' [SJ].

kiebitzen swV. [BJ]
– beim Kartenspiel (mit unlauteren Absichten) zuschauen [BJ, OJ]
kiebitza Subst. m. [OJ]
– Kiebitz [JSW]; Verräter [JSW] ♦ **E:** ugs. → *kiberer* (WolfWR 2607).

kien Subst. m. [HLD, MM]
– Vorsicht [MM] ♦ **E:** rw. *kien* ‚Vorsicht' aus jd. *kiwen* ‚aufmerksam, beflissen sein' (WolfWR 2600). ♦ **V:** *auf'n kien sein* ‚aufpasen, auf dem Posten sein' [HLD, MM].

kiene swV. [LL]
kienen [MoJ]; **kinnen** [GM]; **kinjenen** swV. [MM]; **kinnegen** [NJ]; **kinigen** [NJ]; **kinnigen** [MM, NJ]; **kinije** [JS]; **kindigen** [MM]; **kündigen** [RW, StG]; **köndije** [KM]; **köndichen** [KM]; **kennien** [SE]; **kennijen** [SE]; **kenigen** [SE]; **kennigen** [SE]
– kaufen [GM, JS, KM, MM, MoJ, NJ, SE, StG]; einkaufen, anschaffen [MM]; kriegen, bekommen [MM] ♦ **E:** rw. *kinjenen* ‚kaufen' zu jd. *kinjen* ‚kaufen, verkaufen' (WolfWR 2616, Post 209); vgl. auch → *kimmeln*. ♦ **V:** *wild gekennicht* ‚Ware gekauft' [SE]; *ich hab mir 'n end beninum beim katzow gekindigt* ‚ich habe mir beim Metzger ein Stück Wurst gekauft' [MM]; *weil wir kein lowi hatten, mußten wir alles auf keif kindigen* ‚da wir kein Geld hatten, mußten wir alles auf Raten kaufen' [MM]; *für kimmel schuck kannste die schawele kindigen* ‚für 3 Mark kannst du die Flasche Schnaps kaufen' [MM]; *ming moß hät sich e dofft malbig gekinnicht* ‚meine Frau hat sich ein schönes Kleid gekauft' [JS]; *die galster nasche nom zooker, für ne bachem sößlingches zu kinije* ‚die Kinder gehen zum

Laden, um für einen Groschen Süßigkeiten zu kaufen' [JS]; *mein chalo schemmt auf schinägelei und kient zum schwächen eine flasche katschkedi, damit wir schucker soben* ‚mein Mann geht zur Arbeit und kauft sich zum Trinken eine Flasche Schnaps, damit wir ruhig schlafen können' [MoJ]
verkiene swV. [CL, LL]; **verkeinen** [CL]; **verkhenen** [UG]; **verkīne** [CL]; **verkindigen** swV. [MM]; **verkinnigen** [MM]; **verkinnijen** [WL]; **verkinjenen** [MM]; **verkinneyen** [NJ]; **verkenigen** [SE]; **verkinije** [JS]; **verkennijen** [SE]; **verkennigen** [SE]; **verkündigen** [RW]
– verkaufen [CL, JS, LL, MM, NJ, RW, SE, UG, WL]; erbetteltes Zeug verkaufen [RW, SE]; ausbieten [RW]; etwas kaufen [RW] ♦ **E:** Variante *verkündigen* aus volksetymologischer Anlehnung. ♦ **V:** *Tinnef verkient sich bloß äämol!* ‚schlechte Ware verkauft sich bloß einmal!' [CL]; *unger hei tagg wurd tschie verkinnigt* ‚unter 50 Pfennig wurde nicht verkauft' [JS]; *ich stremen an dad bajes fir äppes zu verkennigen* ‚Ich gehe in das Haus, um etwas zu verkaufen' [SE]; *ich hann nen schursch verkinnigt un grannig dran maviert* ‚ich habe einen Wagen verkauft und viel dran verdient' [JS].
kinnepaskero Subst. m. [GM]
– Käufer [GM]
kinnepen Subst. m. [GM]
– Kauf [GM]; Markt [GM].

kier Subst. [HF]
– Mal [HF] ♦ **E:** zu dt. *Kehre* ‚Kehre, Wendung'; nl. *keer* ‚Wendung, Mal'; im Limburgischen *kieēr*.

kies¹ Subst. m./n. [BJ, HLD, JeS, KJ, KMa, LJ, LüJ, MB, MM, OJ, PfJ, RR, RW, SJ, SPI, SS]
kîs [Him, TK]; **kis** [JeS, TK]; **kiss** [JSa]; **kiesem** [PfJ]; **ghis** [BM]
– Geld [BJ, BM, HLD, Him, JeS, JSa, KMa, KJ, LJ, LüJ, MB, MM, OJ, PfJ, RR, RW, SPI, SS, TK] ♦ **E:** rw. *kies* ‚Geld' evtl. aus roi. *kisik* ‚Beutel, Geldbeutel' oder jd. *kis* ‚Beutel, Säckel' (We 72, Avé-L. 389, Post 209, MatrasJd 290; WolfWR 2602: wohl von rw. *kies* ‚Stein' (vgl. rw. *steiner* ‚Münzgeld') aus dt. *Kies* ‚grober, steiniger Sand' DWB XI 687 f. → *chiis*, → *kiss¹*. ♦ **V:** *ens kies ruadla* ‚Geld beschaffen' [OJ]
kise Adj., Adv. [RR]
– reich [RR]
kiesbink Subst. m. [PfJ]
– Kapitalist [PfJ]
kiesbunker Subst. m. [RW]
– versteckte, eingenähte Tasche für das Geld [RW]
kieselfutter Subst. n. [MM]
– Lockgeld für Betrüger [MM]
kiesgeselle Subst. m. [RW]
– Geselle mit viel Geld [RW]; Geldverwalter [RW]; Jüngstreisender, der die Gemeinschaftskasse verwaltet [RW]; Geselle, der nur auf Arbeit oder Geld aus ist [RW]
kiesreiber Subst. m. [LüJ, PfJ, SPI]; **kiesreibr** [OJ]; **kîsreiber** [Him]; **kirsreimer** Subst. m. [RW]; **kiesreibert** Subst. m. [BJ, SPI]
– Geldbeutel [BJ, Him, LüJ, OJ, PfJ, RW]
kieswerk Subst. n. [RW]
– Geldautomat [RW]
klimperkies Subst. m. [RW]
– Kleingeld [RW]
lüttkies Subst. m. [RW]
– Kleingeld [RW]
schlafkies Subst. m. [RW]
– Übernachtungsgeld [RW]
schlummerkies Subst. m. [RW]
– Übernachtungsgeld [RW]
schmorkies Subst. m. [RW]
– Geld zum Versaufen [RW].

kies² Subst. m. [HL, LüJ, SJ]
khīs [LüJ]
– Stein [Him, HL, LüJ, SJ]; Hoden [LüJ] ♦ **E:** rw. *kies* ‚Stein' (WolfWR 2601) < dt. *Kies* ‚grober, steiniger Sand' DWB XI 687 f.
kîsel Subst. m. [Him]
– Stein [Him]
kissling Subst. m. [HL]
– Stein [HL]
kiestreter Subst. m. [HN]
– Kellner [HN]
mommeleskies ON [LüJ]
– Burg Lichtenstein [LüJ] ♦ **E:** Namensübersetzung: rw. *momeli* ‚Licht' aus roi. *momeli* ‚Licht, Kerze, Fackel' WolfWR 3669.

kiesel Subst. m. [HN]
– Würfel [HN] ♦ **E:** zu dt. *Kiesel(stein)* DWB XI 691 f.
kieseler Subst. m. [SJ]
kiseler [SJ]
– Maurer [SJ] ♦ **E:** dt. *Kiesel* ‚Kieselstein, Hagelstein, Graupel' DWB XI 688 f., vgl. → *kies²*; nach SchwäbWb. IV 422 (*Kisler*) zunächst ‚Beutelschneider' (→ *kiss*), dann ‚Maurer'. ♦ **V:** *Dr scharle, des ischt doch a ganz gwanter benk ond dazu dr kieseler dr massfetzer ond dr duftschaller, des sind doch gwande schwächer* ‚Der Schultes, das ist doch ein ganz netter

Mensch und dazu der Maurer, der Metzger und der Lehrer, das sind fröhliche Trinker' [SJ]

kieslersbink Subst. m. [PfJ]; **kieslerspink** [LüJ]; **kieselerbenk** [SJ]
– Maurer [PfJ, SJ] ♦ **V:** *Kieselerbenk i hätt a schenasch für die* ‚Maurer, ich hätte eine Arbeit für dich' [SJ]

kieslersfiesel Subst. m. [LüJ]; **kiesersfisel** [PfJ]
– Maurer [LüJ, PfJ] ♦ **E:** SchwäbWb. IV 422 (*Kislersfisel*); WolfWR 2601 (*kîslerfisel*).

kiessäte Adj. [HL]
– wählerisch im Essen [HL] ♦ **E:** OSächsWb. II 531 (*kiesätig* ‚wählerisch'); zu dt. *kiesen* ‚wählen' DWB XI 692 ff. und nd. *eten* ‚essen'.

kietscher ‚Geld' → *kitschen¹*.

kieverche Subst. f. [KM]
kieverches [KM]
– Bohne [KM] ♦ **E:** rhein. *Kifer(bohne)* ‚Bohne, die enthülst wird' (RheinWb. IV 464).

kiez Subst. m. [HN]
kits [WG]
– Vergnügungsviertel [HN]; Reeperbahn [HN]; St. Pauli [HN]; (Prostituierten-)Strich [WG] ♦ **E:** rw. *kitz* ‚geringschätzige Bezeichnung für ein anrüchiges Stadtviertel' (WolfWR 2644), Herkunft unsicher: „ein merkwürdiges altes wort des nordöstlichen Deutschlands" DWB XI 699 f.

seibelkiez Subst. m. [HN]
– „Kiez, auf dem nur Spinner sind" [HN]

kiezgänger Subst. m. [HN]
– „Patienten, die am Wochenende einströmen" [HN]; Gast, der sehr oft auf dem Kiez ist [HN]

kiezgefilde Subst. n. [HN]
– St. Pauli [HN].

kiffe Subst. f. [SPI, SS]
– Haus [SPI, SS]; baufälliges Haus [SS] ♦ **E:** rw. *kiffe* ‚alter Frauenhut, altes Haus', zu nd. *kiffe* ‚elendes, kleines Haus' (WolfWR 2608).

kiife swV. [StJ]
– lauern [StJ]; aufpassen [StJ] ♦ **E:** jd. *kiwen* ‚aufmerksam, beflissen', vgl. rw. *uf 'n kien sein, uf 'n kien passen* ‚geschäftstüchtig sein, genau aufpassen' (WolfWR 2600).

kiim ‚Jude' → *kaim*.

kiis ‚Geldbeutel' → *kiss¹*.

kiiwes Subst. [SP]
kiiwesen [SP]
– Katzen [SP]; „selten auch Bürgermeister" [SP] ♦ **E:** rw. *kiebes* ‚Kopf, Verständnis, Auffassungsgabe' (WolfWR 2594), zu dt. *kabis(z)* ‚weißer Kohlkopf', mdal. RheinWb. IV 452 (*Kibes* ‚Katze, Bürgermeister').

fresskiwwel Subst. m. [RH]
– Bürgermeister [RH].

kil Subst. f. [GM, JS, PH]
kill [JSW, MB]; **kihl** [JSa]; **kille** [MM]
– Butter [GM, JS, JSW, JSa, MB, MM, PH]; Butterbrot [MM]; Schnitte Brot [MM] ♦ **E:** roi. *khil* ‚Butter' (WolfWZ 1399). ♦ **V:** *schdògg mer die Kihl!* ‚Gib mir die Butter!' [JSa]; *für die maloche ham wa ne kille bewircht, lowi oser* ‚für die Arbeit bekamen wir ein Butterbrot, aber kein Geld' [MM]

schmuckille Subst. f. [MM]
– Butterbrot [MM]

killemaro Subst. f. [MM]
– Butterbrot [MM]; Brot [MM]; Schnitte Brot [MM].

kilbe Subst. f. [JS]
– Kirmes [JS] ♦ **E:** mdal. (alem./schwäb.) Kurzform zu *Kilchwih, Kilweih* ‚Kirchweih'; schwäb. *Kilbe, Kilbi, Kirbe, Kirby, Kirwe* ‚Kirchweih' (SchwäbWb IV 406–410).

kilches Subst. m. [SchJ, TJ]
– Hals [SchJ, TJ] ♦ **E:** rw. *chilges, killges* ‚Hals' (WolfWR 872) < hebr. *cholok* ‚glatt, unbehaart' (im Gegensatz zum bärtigen Kinn) (Klepsch 835).

killef ‚Wechsel' → *chilfern*.

killek¹ Subst. m. [Scho]
– Unterschied [Scho] ♦ **E:** jd. *chillek* ‚Unterschied' (We 58).

killek² Adv. [Scho]
– egal, ganz [Scho].

killeruderer Subst. m. [Scho]
– Person, die Klatsch in der Gemeinde verbreitet [Scho] ♦ **E:** jd. → *kille* ‚Gemeinde' (We 71) und jd. *ruddeln* ‚klatschen, tratschen' (We 72), zu mhd. *rüeden* ‚lärmen, sich lärmend bewegen'.

killeschmus Subst. m. [Scho]
– Gemeindeklatsch [Scho] ♦ **E:** → *schmusen*.

killestaenkerer Subst. m. [Scho]
– Person, die sich über eine führende Person beklagt [Scho]. ♦ **E:** dt. *stänkern* ‚Gestank verursachen, Zank anstiften' DWB XVII 836.

killet Subst. [JeH, MeJ]
kilät [SP]
– Hose [JeH, MeJ, SP] ♦ **E:** unsicher; evtl. zu rw. *keli* ‚Gefäß' zu jd. *k'li* ‚Instrument, Gerät, Gefäß' WolfWR 2562.

killijoches Subst. m. [KMa]
killjoches [KMa]; **killjochem** [KMa, OH]
– Rock [KMa, OH]; Jacke [KMa] ♦ **E:** rw. *joche* ‚Weste' (WolfWR 2359, ohne Herleitung), wohl zu dt. *Joch* „das gestell, welches, auf hals oder kopf der zugthiere gelegt, dieselben mit dem pflug oder wagen verbindet", DWB X 2328 ff., schwerer zu dt. *Joppe* ‚Jacke' DWB X 2336 f.; *kill-* unsicher, evtl. zu dt. *kille(n)* ‚weich, schmeichelnd' DWB XI 704.

kilo Subst. n. [WG]
ein kilo ‚100 Schilling Note' [WG] ♦ **E:** dt. *Kilo*.

kime ‚Laus' → *kinum*.

kimel ‚drei' → *gimel*.

kimm Adj. [JeS]
– listig [JeS] ♦ **E:** unsicher; evtl. zu rw./jd. *kimme*, → *kinum* ‚Laus' WolfWR 2617.

kimmern swV. [RW]
kemeren [LüJ]; **kemmeren** [LüJ]; **kümmern** [TK]; **kimmen** swV. [PH]; **kümmeln** swV. [SchJ, Scho]
– kaufen [LJ, LL, PH, RW, SchJ, Scho, TK]; verkaufen [CL, LJ, LL] ♦ **E:** rw. *kimmern, kemern, kümmern* u. a. < jd. *kinjen, kanjen* ‚kaufen' (WolfWR 2616, Klepsch 1466); vgl. auch → *kiene, kimmler*. ♦ **V:** *Linz' in dem heges, wo man spannt, hauret ein g'wanter plauderer. Der stekt dof z'biket undz'schächet und kemeret grandlich sore* ‚Schau, in dem Dörfchen, wo man hinguckt, ist ein braver Schulmeister. Der gibt gut zu essen und zu trinken und kauft viel Ware' [LüJ]
verkemmeren swV. [LüJ]; **verkimmere** [CL, PH]; **verkümmere** [JeS]; **verkümmern** [JeS, TK]; **verkimmeln** swV. [CL, JSa, MM]; **verkimmele** [CL, PH]; **verkümmeln** [HLD, PFJ, RW]; **verkimmen** [PH]
– verkaufen [CL, HLD, JeS, LüJ, MM, PH, PH, PfJ, RW, TK]; betrügerisch verkaufen [MM]; Ware verhandeln [JeS]; verlieren [MM]; verspielen [MM]
kemerer Subst. m. [LüJ]
– Käufer [LüJ] ♦ **E:** WolfWR2616 (*kemerer*); SchwäbWb. VI, 2, 2396 (*Kämerer*). ♦ **V:** *tschi butsche, i glaub, der gatsch wollt; kemere, des isch 'n kemerer* ‚nichts sagen, ich glaube, der Kerl will kaufen, das ist ein Käufer' [LüJ].

kimmeltürk Subst. m. [WG]
kümmeltürke [MB]
– Fremder [MB]; Ausländer [MB]; armer Mensch [WG] ♦ **E:** dt. *Kümmel* DWB XI 2589 ff. und *Türke*; ursprünglich ‚Student aus der Umgebung von Halle', weil diese Gegend wegen ihres Kümmelanbaus scherzhaft *Kümmeltürkei* genannt wurde (Klu. 1999: 493).
kümmeltürmer Subst. m. [StG]
– Bauernfänger [StG].

kimmich Subst. [PfJ]
kimmig [PfJ]
– Kamm [PfJ] ♦ **E:** wohl zu dt. *Kimme* ‚Kerbe, Zacke „das kammrad ... hat acht und vierzig kimmen"' DWB XI 705, *Kimmweide* „bei korbmachern, die weiden womit sie die staken. am boden verflechten" DWB XI 706 f.

kimmler Subst. m. [WG]
– minderwertiger Mensch [WG] ♦ **E:** unsicher; evtl. zu → *kimmern, verkimmmeln*.
kimmlerhacken Subst. f. [WG]
– kleines Verbrechen, welches nichts bringt [WG].

kindo Adj. [GM]
– nass, feucht [GM] ♦ **E:** roi. *kind* ‚naß, feucht' (WolfWZ 1409).

kinn Subst. n. in:
affenkinn Subst. n. [StG]
– spitzes Kinn [StG] ♦ **E:** dt. *Affe* DWB I 182 und *Kinn* DWB XI 774 ff.

kinnemaskerikär Subst. f. [GM]
– Abort [GM]; Toilette [GM] ♦ **E:** roi. *xin máskri* ‚Abort, Abtritt' (WolfWZ 1661) und → *kehr*.
kinnepin Subst. m. [GM]
– Durchfall, Kot [GM]; „das in die Hose Gemachte, bei Kindern" [GM] ♦ **E:** roi. *xinepen* ‚Durchfall, Diarrhöe' (WolfWZ 1661).

kinnemskore Subst. f. [Scho]
– Lumpen [Scho] ♦ **E:** jd. → *kinum* und → *schore¹*.

kinnen¹ swV. [GM]
– zählen [GM]; rechnen [GM] ♦ **E:** roi. *gin-* ‚zählen, rechnen, (vor)lesen' (WolfWZ 884).

kinnen² ‚kaufen' → *kiene*.

kinnicer Subst. [RR]
– kleines Kind [RR] ♦ **E:** wohl zu → *chinneker*. Benennungsmotiv: kleines Scheißerchen.

kinum Subst. f., meist Pl. [LJ, LüJ, MUJ, PH, SchJ]
kinnem [KMa, LI, OH, PfJ, Scho]; **kinem** [PfJ]; **kinnemm** [Scho]; **kîneme** [Zi]; **ginnem** [WL]; **kenum** [LüJ, WJ]; **kênum** [Gmü, Him, Mat, Wo]; **kenom** [OJ]; **kienom** [BJ]; **kenem** [LüJ]; **kimme** Subst. f. [HL]; **kimmel** Subst. f. [NJ]; **kemele** [StJ]; **kimmeln** [NJ]; **kimmelen** [NJ]; **kemel** [StJ]; **kiem** Subst. [TJ]; **kîm** [TK]; **kime** [StG]; **kem** [WJ]; **kmam** [WJ]; **kinnadlen** Subst. Pl. [StG]; **kaimche** Subst. n. Dim. [SS, WH]
– Laus [BJ, Gmü, HLLJ, Him, LüJ, Mat, NJ, OJ, PH, PfJ, SchJ, Scho, StJ, TJ, TK, WJ, Wo, Zi]; Läuse [KMa, LJ, MUJ, NJ, OH, SS, Scho, StG, StJ, WH, WJ]; Ungeziefer [KMa, LI, NJ, OH]; Kopfgrind [WL] ♦ **E**: rw. *kinne, kinum* u. ä. ‚Laus' (WolfWR 2617) < jd. *ken* ‚Laus'; Formen *kinum, kenum, kenem, kmam* aus jd. Pl. *kinnem* (Avé-L. 390, We 72, Post 209, Klepsch 836); Variante *kaimche* wohl beeinflusst von → *kaim*. ♦ **V**: *die tschubel hat grandig kinum* ‚die Frau hat viele Läuse' [LJ]

kenemer Subst. m. [LüJ]
– jemand, der Läuse hat [LüJ]

kenomrecher Subst. m. [OJ]; **kinnemrechen** Subst. m. [PfJ]; **kinemrechen** [PfJ]
– Kamm [OJ, PfJ, Scho] ♦ **E**: dt. (ant.) *Rechen* (Gerät zum Zusammenraffen von Heu, Laub) DWB XIV 339 f.

kenomzupfr Subst. m. [OJ]; **kenumzupfer** [WJ]; **kinumzupfer** [LJ]; **kinnemzupfer** [Scho]; **kinnemmzupfer** [Scho]
– Kamm [OJ, Scho]; Läusekamm [WJ, LJ].

kipfe swV. [BM]
– stehlen [BM] ♦ **E**: schweizdt. *kippen* ‚schnell und heimlich wegnehmen, im Kleinen stehlen' (SchweizId. III 404).

kipp Subst. m. [BJ, Him, JSa, JeS, LJ, LüJ, Mat, MeJ, MUJ, PH, PfJ, SJ, TK, WJ, Wo, Zi]
kib [LüJ]; **kip** [LüJ]; **kibb** [LüJ]; **kippa** [LJ]; **kibba** [OJ]; **kippen** [LJ]; **kiven** [MeJ]; **kippert** Subst. m. [LJ]
– Hund [BJ, Him, JSa, JeS, LJ, LüJ, Mat, OJ, PH, PfJ, SJ, TK, WJ, Wo, Zi] ♦ **E**: rw. *kipp* ‚Hund', aus dt. *Kiepe* ‚Kasten', rw. Bedeutung von *kipp* ‚Hund' transponiert über *Hund*, in der Bergmannssprache ‚Förderkasten' (WolfWR 2618). ♦ **V**: *haschde Kipp acheeld?* ‚Hast du Hund gegessen?' [JSa]; *i soll begara wia on kipp* ‚ich soll sterben wie ein Hund' [LüJ]; *Wer hatsch scho morgens end schwäche nei, was send des für lake schure, se laßet die moss ond dia kottela drhoim, bei murke ond Kipp* ‚Wer geht schon morgens ins Wirtshaus rein, was sind das für

schlechte Kerle, sie lassen die Frau und die Kinder daheim, bei Katze und Hund' [SJ]

kibbabane Subst. f. [LJ]
– Hundefleisch [LJ]

kipperei Subst. f. [LJ]
– Essen (abwertend) [LJ]; Hundefraß [LJ]

stupfelkib Subst. m. [LüJ]
– Igelhund [LüJ] ♦ **E**: rw. *stupfen, stupfling* ‚Igel' WolfWR 5687; SchwäbWb. VI, 2, 3252 (*Stupfelkib*).

kippmass Subst. m./f. [LüJ]; **kippamaß** [LüJ]; **kippenmass** Subst. m./f. [JSa]; **kibbamass** [OJ]; **kippâmass** [WJ]
– Hundefleisch [BJ, LJ, OJ, WJ]

kippekazuf Subst. m. [PfJ]; **kippekazuff** [PfJ]
– Hundemetzger [PfJ]

kippe[1] Subst. f. [CL, HN, JS, LL, MM, PH, PfJ, RW, Scho]
kipe [StJ]; **kipper** Subst. m. [BJ]
– Diebesanteil [SJ]; Teilhaberschaft [Scho]; Anteil [JS, PfJ]; Halbpart [CL, PH]; fester Verdienst [SK]; Gemeinschaft [JS]; gemeinsame geschäftliche Tätigkeit [JS] ♦ **E**: rw. *kippe nehmen* ‚die Beute teilen' < jd. *kippe* ‚Teilhaberschaft' (WolfWR 2619, We 72, Post 209, Klepsch 830). ♦ **V**: *kippe oder lampen* ‚teilen oder verschütt gehen' [HN]; *kippe oder lampe* ‚Anteil oder Anzeige' [MM]; *kibbe oder guffes* ‚es wird geteilt oder es gibt Schläge' [BJ]

kippe machen Phras. [HN, JS, LL, MM, RW]; **kibbe macha** [OJ]
– teilen [BJ, HN, LL, RW, StJ]; „zu gleichen Teilen" [LL]; Halbe-Halbe machen [BJ, OJ, MM]; zur Hälfte, zu gleichen Stücken teilen [JS]; Geschäft auf Halbpart machen [JS]; „Halbe-halbe machen nach unehrlichem Geschäft" [MM]; gemeinschaftlich handeln [CL, PH]

in kippe stehen Phras. [JS]
– sich die Einnahmen aus einem Geschäft teilen [JS]; zur Hälfte, zu gleichen Stücken teilen [JS]; Geschäft auf Halbpart machen [JS]

kipper bekommen Phras.
– Schweigegeld bekommen [StG]

kipperdraht bekommen Phras.
– Schweigegeld bekommen [StG]

kipper nehmen Phras. [StG]
– mit jmd. teilen [StG]; einen Teil von dem Erworbenen abgeben [StG]; Schweigegeld bekommen [StG]

kippekabber Subst. m. [Scho]
– Geschäftspartner [Scho]

kippesfreier Subst. m. [MM]
– Gehilfe (beim Verkauf) [MM]; Teilhaber [MM]; Partner [MM].

kippe² Subst. f. [OJ]
– Zigarettenstummel [OJ] ♦ **E:** dt. *Kippe* ‚Spitze' DWB XI 782, ugs./nd. *kipp* ‚Zigarettenstummel' (HWB II 1038).
kippenmulde Subst. f. [HN]
– Aschenbecher [HN].

kippe³ Subst. f. [WJ]
– Fußball-Tor [WJ] ♦ **E:** engl. *keeper* ‚Torwart'.
kippær Subst. m. [WJ]
– Torwart [WJ].

kippe⁴ Subst. f. [HLD, Scho]
– Kasse [Scho]; „Bestimmtes" [HLD] ♦ **E:** rw. *kippe* ‚Behältnis, Kasten, Büchse', zu jd. *kuppo, kippo, kippe* id. (WolfWR 2620).

kippen¹ swV. [BJ, Scho]
kibba [OJ]
– trinken [BJ, OJ, Scho]; das Glas Bier kippen, austrinken [Scho] ♦ **E:** dt. *kippen* ‚umschlagen' DWB XI 784 ff. Benennungsmotiv: von der Neigung des Bechers beim Trinken.

kippen² swV. [SK]
– schreiben [SK] ♦ **E:** unsicher; evtl. zu → *kippe¹*.
kippu Subst. f. [SK]
– Brief [SK].

kippen³ swV. [SchJ]
– essen [SchJ] ♦ **E:** rw. *kippen* id., WolfWR 2622, Nebenform zu rw. *chaben* ‚essen'; zu roi. *çáv* ‚ich esse' (WolfWZ 1636a, Klepsch 839). ♦ **V:** *randi vollkippen* ‚sich satt essen' [SchJ]
kipperei Subst. f. [SchJ]
– das Essen [SchJ].

kippen⁴ swV. [HN]
– die Bereitschaft einer Frau zur Prostitution erwirken [HN] ♦ **E:** wohl zu dt. *kippen* ‚umkippen' DWB XI 784 ff.; vgl. → *kippen¹*.

kippern¹ swV. [BJ]
kibbra [OJ]
– handeln [BJ, OJ]; verkaufen [BJ, OJ] ♦ **E:** rw. *kipper* „einer, der mit falschem Geld, unechten Goldsachen u. ä. betrügt", zu dt. (ant.) ‚wiegen, wägen' WolfWR 2623; schwäb. *kippere(n)* ‚Wucherhandel treiben' (SchwäbWb. IV 390).

vrkibbra swV. [OJ]
– handeln [BJ, OJ]; verkaufen [OJ]
kibbrer Subst. m. [OJ]
– Händler [OJ]
kippern² [PfJ]
– defäkieren [PfJ] ♦ **E:** rw. *kippern* ‚scheißen', bair./schwäb. *kippern* ‚Wucherhandel treiben, bescheißen' (WolfWR 2624).

kippes Adj., Adv. [LL] in:
kippes sein ‚verfeindet sein, böse miteinander sein' [LL, CL] ♦ **E:** rw. *kibbus* ‚Schlag, Streich' (WolfWR 2591), zu jd. *kobesch (sein)* ‚bezwingen, unterdrücken', pfälz. *kippes* ‚böse, feindlich', *Kippes* ‚Streit'.

kirche Subst. Pl. [LoJ]
kirchha [JSW]
– Schuhe [JSW, LoJ] ♦ **E:** rw. → *girchen, gurken* ‚Schuhe' aus dt. *Korken* ‚Pantoffeln' (WolfWR 1979); vgl. *Pantoffelbaum* ‚Korkeiche' (DWB XIII 1426).

kirchturmhüpfer Subst. m. [JS]
– Schausteller, der mit seinem Wagen nur einen sehr kleinen; Kreis an Orten/Plätzen bedient, nur von Schützenfest zu; Schützenfest zieht [JS] ♦ **E:** dt. *Kirchturm* und dt. *hüpfen* ‚springen' DWB X 1954 ff.
kirchturmreisender Subst. m. [JS]
– „Schausteller, der einen maximalen Radius von 30km bereist und beschickt" [JS]; „Selbstbezeichnung der Schausteller, die nur einen kleinen, überschaubaren Raum um den Winterwohnsitz herum bereisen" [JS] ♦ **E:** dt. *Kirchturm* und dt. *reisen*.

kiri Subst. [SK]
– Laus [SK]; Wanze [SK] ♦ **E:** roi. *kirja* ‚Ameise' (WolfWZ 1415).

kirm Subst. f. [KJ]
– Korb [KJ] ♦ **E:** bair. *Kirben* und *Zainer* ‚Körbe und Flechter' (Schmeller II 1128).
kirmzäuner Subst. m. [KJ]
– Korbmacher.

kirma swV. [LJ]
kirmen [UG]
– koitieren [LJ] ♦ **E:** rw. *kirmes* ‚Bauch, Leib', *kirmen* ‚koitieren' (WolfWR 2626, ohne Herleitung); zu dt. *Kirmes* ‚Kirchmesse, Kirmes, met. Menstruation' DWB XI 835 f. → *kirwas*.

kirschenpflücker Subst. m. [RW]
– Bettler [RW]; Landstreicher im Sommer [RW] ♦ **E:** dt. *Kirschen* und *pflücken*.

kirschenpflücker im sommer Subst. m., Phras. [RW]
– Selbstbezeichnung der Landstreicher [RW]
kirschenpflücker im winter Subst. m., Phras. [RW]
– jmd., der sein eigentliches Geschäft nicht versteht oder das früher Erlernte vergessen hat [RW] ♦ **E:** rw. *kirschenpflücker im winter* ‚ironische Berufsangabe des Kunden, der kein Handwerk erlernt hat' (WolfWR 2627).

kirwas Adj. [LoJ]
hiwerless [RR]
– schwanger [LoJ, RR] ♦ **E:** rw. *kirmes* ‚Bauch, Leib'; *kirmen* ‚koitieren' (WolfWR 2626). → *kirma*.

kisara Subst. m. [LoJ]
– Stein [LoJ] ♦ **E:** zu dt. *Kiesel* DWB XI 688 f.; vgl. → *kieseler*.

kischa Subst. m. [GM]
– Sand [GM] ♦ **E:** roi. *kisa* ‚Sand' (WolfWZ 1428). ♦ **V:** *di tsawis baseln im kischa* ‚die Kinder spielen im Sand' [GM].

kischew Subst. m. [WG]
kischef [Scho]
– Zauberei [Scho]; Unglück [WG] ♦ **E:** jd. *kischef* ‚Zauberei, Hexerei' (We 72).

kisoph Subst. [HLD]
– Ring [HLD] ♦ **E:** rw. *kesef* ‚Silber' aus jd. *kesseph* ‚Silber' (WolfWR 2578). → *kesef*. ♦ **V:** *kisoph ob de fem* ‚Ring am Finger' [HLD].

kisoren ‚Schaden' → *kassorem*.

kiss[1] Subst. [CL, JSa, LL, MeJ, Scho]
kiis [WL]
– Geldtasche [CL, JSa, LL]; Geldbeutel [Scho, WL]; Beutel, Tasche [MeJ, Scho]; Hosen- oder Rocktasche [CL, JSa]; Busen [Scho] ♦ **E:** rw. *kies* ‚Beutel' < jd. *kis* ‚Beutel' (WolfWR 2602, 2603, Post 209, Klepsch 840) oder zu oder mit Einfluss von roi. *kisik* ‚Börse, Geldbeutel, Beutel'; vgl.→ *kies*[1], *kissick*. ♦ **V:** *haschde loowi äm Kiss?* ‚hast du Geld in der Tasche?' [JSa].

kissick Subst. f. [GM]
– Geldbörse, Geldbeutel [GM] ♦ **E:** roi. *kisik* ‚Börse, Geldbeutel, Beutel' (WolfWZ 1422).
kisseziechlesabzieher Subst. m. [PfJ]
– Gerichtsvollzieher [PfJ]
lowikissick Subst. f. [GM]
– Geldbörse, Geldbeutel [GM].

kiss[2] Subst. f. [SS, WH]
kisse [SS]
– Stube [SS, WH] ♦ **E:** rw. *kiss* ‚Stube', evtl. zu kroat. *gusch* ‚Haus' oder rw. *küse* ‚Gefangenenhaus' (WolfWR 2630).

kiss[3] Subst. [PH]
– Hund [PH] ♦ **E:** unsicher; evtl. zu dt. *Kiss(e)* ‚Scharre', *kissen* ‚scharren' DWB XI 851 f.

kissliff Subst. m. [Scho]
– November [Scho] ♦ **E:** jd. *kislew* ‚November'.

kîßnägel Subst. m. Pl. [Him]
kißnägel [LüJ]
– Zähne [Him, LüJ] ♦ **E:** mdal. *Kesse* ‚Spalte' und rw. *Ägel* ‚Speise', rw./jd. *acheln* WolfWR 2637; evtl. auch Kompositum aus dt. *küssen und Nägel*.

kiste Subst. f. [RW]
– Sarg [RW]; Automobil [RW] ♦ **E:** nd. *kiste* ‚Auto (abwertend), Sarg' (HWB II 1042); ugs. *kiste* ‚Fahrzeug' (Kü I 273). ♦ **V:** *er ist in die kiste gesprungen* ‚er ist gestorben' [RW]; *in die Kiste hupfen* ‚sterben' [WG]
kistleshochzeit Subst. f. [LüJ]; **kischdleshozich** [LüJ]
– Beerdigung [LüJ] ♦ **E:** dt. *Kiste*, dt. *Hochzeit*. Benennungsmotiv: Bild einer versammelten Trauergemeinde, euphemistisch umschrieben.
kiste Adj., Adv. [PfJ]
– betrunken [PfJ].

kisum Subst. f. [BB]
– Musik [BB] ♦ **E:** Inversion zu *Musik*.
tsnatkisum Subst. f. [BB]
– Tanzmusik [BB].

kit Subst. m. [WG]
– Brot [WG] ♦ **E:** wohl zu dt. *Kitt* (Bindemittel) DWB XI 860 f., ugs. Wien ‚Geld, Brot'; evtl. zu → *kitt*[1].

kitschen[1] swV. [EF]
kitsche [BM]
– kaufen [BM, EF]
verkitschen swV. [Gmü, Him, SJ, SS, Zi]; **verkitsche** [BM, JeS]; **vergitschen** [LüJ, Wo]; **verklitschen** swV. [EF, RW, SG]; **verklitschn** [EF]; **verkitzen** swV. [RW]
– verkaufen [BM, EF, Gmü, Him, JeS, LüJ, RW, SJ, Wo, Zi]; heimlich verkaufen [SG]; erbettetes Zeug verkaufen [RW] ♦ **E:** rw. *kitschen* ‚kaufen', Herkunft unsicher, evtl. aus jd. *kinjen, kanjen* ‚kaufen' (WolfWR 2616) oder aus roi. *kinel* ‚kaufen' (WolfWZ 1408; BoIg 143) oder zu dt. *kitze* ‚Korb' DWB XI 700. ♦ **V:** *auf Schein verkitschen* ‚gegen Empfangsschein

verkaufen' [SS]; *i weiß tschi, soll i mei wordom vergitsche?* ‚ich weiß nicht, ob ich meinen Wagen verkaufen soll' [LüJ]
kietscher Subst. m. [JSa]
– Geld [JSa]
weißkitscher Subst. m. [EF]
– Zaungast (jmd., der etwas bekommt, ohne zu bezahlen, Markt- und Messedieb) [EF] ♦ **E:** zu rw. *kitscher* ‚Käufer' und rw. *weis* ‚schlau', Wolf, Fatzersprache, 138 f.

kitschen² swV. [JS]
– machen [JS] ♦ **E:** unsicher; evtl. zu dt. *Kitt* ‚Bindemittel' DWB XI 860, *kitten* ‚zusammenfügen', schwer zu rw. *kitte* ‚Haus', *Kitten schieben* ‚Einschleichen in ein Haus, um zu stehlen' WolfWR 2641. ♦ **V:** *gambes kitschen* ‚Kinder machen' [JS]
bekitsche swV. [JS]
– machen [JS].

kitscher → kitschen¹

kitt¹ Subst. m. [RW, SJ]
– Geld [RW, SJ] ♦ **E:** jd. *chütt, chut* ‚Zwirn(faden)', Transposition der Bedeutung auf rw. *zwirn* ‚Geld' (WolfWR 2638); evtl. mit Einfluss von → *kittschen¹*.
kitt Adj. [PfJ]
– gut [PfJ] ♦ **E:** unsicher; evtl. zu *kitt¹* oder eher zu schwäb. *kitt* ‚quitt' (SchwäbWb. IV 898/99).

kitt² Subst. f. [JeS, LüJ, TK]
kitte [RW, SJ]; **kittle¹** Subst. n. Dim. [BJ, LüJ, OJ, Mat, PfJ, SJ]; **kittchen¹** Subst. n. Dim. [RW]
– Verschlag [SJ]; Haus [RW, TK]; enger Raum [LüJ]; Abort [RW, SK]; Gastlokal [RW] ♦ **E:** rw. *kitt(e)* ‚Haus, Herberge, Gefängnis' (WolfWR, 2641), zu nd. *Kate, Kotten* u. a.; nl. *Keet* ‚Schuppen, Bude', schwed. *Kitte, Kätte* ‚Verschlag, Stall', mhd. *Kate, Kote* ‚Hütte, kleines, niedriges Haus, Stall'; → *kate*, → *kittchen*, → *kitzelkammer*. ♦ **V:** *toofs Kitt* ‚ein schönes Haus' [TK]
kittgäje Subst. f. [JeS]
– Hausmeisterin [JeS]
kittgaaschi Subst. m. [JeS]
– Hausmeister [JeS]; Hausbesitzer [JeS] ♦ **V:** *Em Kittgaaschi sind mr no grandig zbume* ‚dem Hausbesitzer sind wir noch recht viel schuldig'
kittpryym Subst. m. [JeS]
– Hauszins, Mietzins [JeS]
kittschränke Subst. f. [LüJ]
– Haustür [LüJ] ♦ **E:** SchwäbWb. IV, 429, nur für Lützenhardt belegt.

begerkitt Subst. f. [LüJ]
– Krankenhaus [LüJ]; Trauerhaus [LüJ]; Totenhaus, Leichenhalle [LüJ]
bettelkitt Subst. f. [LüJ]
– Bettelhaus [LüJ]
bibelkitt Subst. f. [LüJ]
– Stundenhaus [LüJ]; Kirche [LüJ]; Pfarrhaus [LüJ]
buzakitt Subst. f. [LüJ]
– Wohnung des Polizeidieners [LüJ]; kleines Haus [LüJ]
dadeskitt Subst. f. [LüJ]
– Irrenanstalt [LüJ]
deneloskitt Subst. f. [LüJ]
– Irrenhaus [LüJ]
dercherkitt Subst. f. [LüJ]
– Armenhaus [LüJ]
fuhlkitt Subst. f. [LüJ]; **fulkitt** [LüJ]
– Abtritt [LüJ]; Scheißhaus [LüJ]
gleißkittle Subst. f. Dim. [LüJ]
– Milchhäusle [LüJ]
graukitte Subst. f. [RW]
– Autobahnrasthof [RW]
hegelkitt Subst. f. [LüJ]
– Irrenhaus, Narrenhaus [LüJ]; Haus für (geistig) Behinderte [LüJ]
idiotenkitt Subst. f. [LüJ]
– Irrenanstalt [LüJ]
kolbekitt Subst. f. [LüJ]
– Pfarrhaus [LüJ]
naselokitt Subst. f. [LüJ]
– Krankenhaus [LüJ]
niesekitt Subst. f. [LüJ]
– Irrenanstalt [LüJ]; Nervenklinik [LüJ]; Deppenhaus [LüJ]
nuschekitt Subst. f. [LüJ]
– Narrenhaus [LüJ]
plaudererskitt Subst. f. [LüJ]
– Schulhaus [LüJ]; Haus des Lehrers [LüJ]
religionskitte Subst. f. [RW]
– Handwerkskammer [RW]
ruchekitt Subst. f. [LüJ]; **ruchakitt** [LüJ]; **ruachakitt** [LüJ]
– Bauernhaus [LüJ] ♦ **V:** *Oberkünftig herles in der grandiche ruchekitt schefft ein nille. Der hauret link. Spann', da linzt er zum feneter am stenkert. Kenn, ich bost' schiebes!* ‚Oben hier in dem großen Bauernhaus ist ein geistesgestörter Mensch. Der ist (sehr) böse. Sieh, hier schaut er zum Fenster am Stall heraus. Ja, ich geh' fort!' [LüJ]

scharleskitt Subst. f. [LüJ]
– Rathaus [LüJ]; ‚Wohnung des Schultheißen' [LüJ]
schnegelkitt Subst. f. [LüJ]
– Arbeiterhaus [LüJ]; Fabrik [LüJ]; Werkstatt [LüJ]; Arbeitsamt [LüJ]
schmelzkitt Subst. f. [LüJ]
– Klo [LüJ]
schofelkitt Subst. f. [LüJ]
– Zuchthaus [LüJ]; Armenhaus [LüJ]; schlechtes, baufälliges Haus [LüJ]; Puff [LüJ] ♦ **V:** *Spann, die grandich kitt herles! – Kenn gneistse lore? Nobis! – Die schofelkitt hauret*s ‚Schau, das große Haus hier! – Ja, kennst du es nicht? – Nein. – Das Zuchthaus ist es' [LüJ]
schondkitt Subst. f. [LüJ]; **schundkitt** [LüJ]
– Abort [LüJ]; Scheißhaus [LüJ]
sinsenkitt Subst. f. [LüJ]
– Villa (Herrschaftshaus) [LüJ]
sintikitt Subst. f. [LüJ]
– Zigeunerhaus [LüJ]
spraußkitt ON [LüJ]
– Holzhausen [LüJ] ♦ **E:** Namenübersetzung: → *spraus*.
sturmkitt Subst. f. [LüJ]
– Rathaus [LüJ]
tschorkitt Subst. f. [LüJ]
– Spelunke [LüJ]; Wirtshaus, wo sich Ganoven treffen [LüJ].

kitt³ Subst. f. [WJ]
– Schwester [WJ] ♦ **E:** rw./dt. *Kutte* ‚Vulva', *kitteln* ‚beischlafen' WolfWR 2642, 3036.

kittchen² Subst. n. [BJ, HLD, LJ, MB, NJ, OJ, RW, SJ, SK, SS, SchJ, Scho, WL]
kittche [CL, JeH, KMa, MeJ, NJ, PH]; **kitchen** [JeH, SP]; **kittgen** [BJ]; **kittle²** [BJ, LüJ, OJ, Mat, PfJ, SJ]; **kittschen** [LJ]; **kippchen** [BA]
– Arrest [BJ, LJ, LüJ, Mat, MeJ, OJ, RW, SJ]; Gefängnis [BA, BJ, CL, HLD, JeH, KMa, MB, NJ, PH, PfJ, SJ, SK, SP, SS, SchJ, Scho, WL] ♦ **E:** von → *kitt²* beeinflusste Weiterbildung von dt. *keiche(n), keuche(n)* ‚Gefängnis, Kerker' DWB XI 434, 439 (*Keichenmeister*), mhd. *kîche* (WolfWR 2640, Klepsch 842). ♦ **V:** *duftes Kittchen* ‚Gefängnis mit gutem Ruf' [RW]; *mieses Kittchen* ‚Gefängnis in Verruf' [RW]; *Herles, galma, hauret der patres ein schei im kittle wegen hamore und stenzerei* ‚Hier, Kinder, sitzt der Vater einen Tag im Arrest wegen Händels und Schlägerei' [LüJ]
kittchenboos Subst. m. [RW]
– Gefängniswärter, Gefängnisboss [RW]

kitte ‚Haus, Verschlag' → *kitt²*.

kitteln swV. [WM]
– sammeln [WM] ♦ **E:** pfälz. Musikantensprache *kitteln* ‚Geld sammeln' (PfälzWb. VI 1779).
kittier Subst. m. [WM]
– Sammler [WM].

kitz Subst. m. [MoM]
gitz [KP]
– Speck [MoM]; Fleisch [KP, MoM] ♦ **E:** rw. *gitz* ‚Fleisch' WolfWR 1811 (ohne Herleitung); evtl. zu rw./dt. *Gitzlin(g)* ‚Stück Brot', wohl zu rhein. *kitz, kitzchen* ‚ein wenig' DWB VII 7589.
gitzpenk Subst. m. [KP]
– Metzger [KP].

kitz ‚Strich' → *kiez*.

kitze Subst. f. [BA]
– Haus [BA] ♦ **E:** wohl zu → *kitt²*.

kitzelkammer Subst. f. [HN]
– kleiner Raum [HN] ♦ **E:** dt. *Kammer* ‚(kleines) Zimmer'; zum Erstglied Deutungskonkurrenzen: zu → *kitt²* oder rw. *kitteln* ‚schlafen', zu dt. *Kutte* ‚Vulva' „denn im Rw ist schlafen fast immer auch beischlafen" WolfWR 2642; oder womgl. zu → *kitzen¹* (wenn Räucherstube oder Raucherzimmer).

kitzen¹ swV. [GM]
– rauchen (Tabak) [GM] ♦ **E:** roi. *xats*- ‚brennen, glühen, leuchten' (WolfWZ 1654). ♦ **V:** *de gadso kidsd jeg pimaneri* ‚der Mann raucht eine Zigarette' [GM].

kitzen² ‚kaufen' → *kitschen*.

kivis Subst. m. [KP]
– Verständnis [KP] ♦ **E:** wohl zu dt./ugs. *auf dem Quivive sein* ‚auf der Hut sein, aufpassen, etwas durchschauen', aus frz. *qui vive*; Benennungsmotiv: Quivive? Kontrollruf von französischen Wachsoldaten bes. vor der Revolution 1789 an Personen, die ein Tor oder einen bestimmten Weg passieren wollten. Legitimierende Antwort: Vive le Roi, vive la révolution!

klaat Adj. [SP]
– schön [SP]; aufgeweckt [SP] ♦ **E:** dt./mdal. *glatt* u. a. ‚glänzend' DWB VII 7705 ff. ♦ **V:** *Dat es en gaants klaat Houts* ‚ein sehr aufgeweckter Mann' [SP].

klabaas Subst. f. [KM]
klabaase [KM]
– Geldtasche [KM] ♦ **E:** rhein. *Kabass* ‚Tragtasche in Form eines Geldbeutels' (RheinWb. IV 2).

klabastern swV. [SK]
– gehen [SK] ♦ **E:** rw. *klapastern* ‚dreschen, klopfen' (WolfWR 2661), aus dt. *klabastern*, im Nd. ‚polternd laufen, reiten, fahren' DWB XI 887 f.

klabbes Subst. m. [SK]
klabbetz Subst. m. [SK]; **klapetz** [EF, SK]
– Junge [SK]; Kind [EF] ♦ **E:** tschech. *chlapec* ‚Junge'.
klappere Subst. n. Pl. [SK]
– Jungen [SK]
klapetzl Subst. n., Dim. [EF]
– kleines Kind [EF]
klappetzstreufling Subst. m. [SK]
– Jungenstrumpf [SK]
klabbetzweitling Subst. m. [SK]
– Jungenhose [SK]
walbosklappes Subst. m./n. [SK]
– Wirtssohn [SK].

klabot Subst. [RW]
– Kleidung [RW] ♦ **E:** rw. *claffot, klabot, kluft* ‚Anzug, Kleid(ung)' zu jd. *keliphas* ‚Schale, Kleidung', neuhebr. *qillûph* (WolfWR 2736); → *kluft*.

klabuster in: [MB]
klabusterbeeren Subst. Pl. [MB]
– Kotreste an der Pobehaarung [MB] ♦ **E:** westf. *klabusterbi^ere* ‚verhärteter Kot am Hintern der Tiere' (WestfWb. 558).

klachajem Subst. n. [LL]
klachajim [CL]
– Gewehr [CL, LL]; Waffe [CL] ♦ **E:** rw. *klaseim* ‚Gewehr', zu jd. *k'le sajin* ‚Waffe, Gewehr' (WolfWR 2674, Post 210); → *klass²*.

kladätsche Subst. f. [GM]
– Klitoris [GM]; Vagina [GM] ♦ **E:** wohl zu rw. *klate* ‚Jungfer' zu nd. *kladde, klâter* ‚Schmutz, Lumpen' (WolfWR 2675), mit Einfluss von → *kartätsche*.; vgl. auch rw. *klater* ‚heruntergekommener Mensch, besonders weiblichen Geschlechts' (WolfWR 2676). ♦ **V:** *di tschaij tschefd e tschugene kladätsche* ‚das Mädchen hat eine tolle Klitoris bzw. Vagina' [GM].

kladder Subst. f. [HF]
– Seife [HF] ♦ **E:** nl. *kladder* ‚Schmiere, Schmierfink, Pfuscher'; rhein. *Klatter* RheinWb. IV 658/659.

kladern Subst. f. [WG]
– Angst [WG] ♦ **E:** rw. *kladerer* ‚Feigling'; *kladern* ‚Angst' (WolfWR 2649, ohne Herleitung); evtl. zu mdal./bair. *klader* ‚Kleid', vgl. *Fracksausen* ‚Angst'.

♦ **V:** *es geht jemandem die kladern* ‚Angst haben' [WG].

klädu Subst. f. [BM]
– Klasse [BM] ♦ **E:** zu dt. *Klasse* ‚Spalt, Riss; Abteilung' DWB XI 1005 f.

klaeb Subst. m. [SJ]
klæb [Him]; **klaêb** [SJ]; **gläab** [OJ]; **klob** [SJ]; **glebi** [BM]; **glübi** [BM]; **glewa** [LoJ]; **glowe** [SPI]; **klebbm** Subst. m. [TJ]; **kleben** [RR]; **klebn** [TK]
– Pferd [BM, Him, LoJ, OJ, RR, SJ, SPI, TJ, TK] ♦ **E:** rw. *kleb, kleber* ‚Pferd' aus dt. *Klepper* ‚Pferd' (WolfWR 2683).
klepper Subst. m. [PfJ]; **glepper** [BM]; **kleber** [SJ]; **gläbbr** [OJ]; **gleber** [BM]; **gluber** [BM]; **galuberli** Subst. n. Dim. [BM]; **glubt** Subst. [BM]
– Pferd [BM, LoJ, PfJ, SJ, TK]; älteres Pferd [OJ]; Gaul [SPI]

kleebiss Subst. m. [RW]; **klebis** [HLD]
– Pferd [HLD, RW]
gläabadeißr Subst. m. [OJ]
– Pferdemetzger [OJ]; Metzger [OJ]
gläabamass Subst. m. [OJ]
– Pferdefleisch [OJ]
glewaschodara Subst. m. [LoJ]
– Pferdehändler [LoJ]
klebeiser Subst. m. [RR]
– Füllen (Fohlen) [RR]
klebrute Subst. f. [KP]
– Peitsche [KP].

klǣgen swV. [HL]
– arbeiten [HL]
klǣge Subst. f. [HL]; **klǣje** [HL]
– Arbeit [HL] ♦ **E:** OSächsWb. II 544 (*klägen* ‚schwere, minderwertige Arbeit verrichten').

klaevede Subst. m. [GM]
– Klee [GM] ♦ **E:** roi. *gleja* ‚Klee' (WolfWZ 897). ♦ **V:** *di krumni kald kleewede* ‚die Kuh frißt Klee' [GM].

klaff Subst. [Him, JS]
– Mantel [JS]; Fell eines Tieres [Him] ♦ **E:** wohl zu rw. *klaff* ‚Tierfell', aus jd. *k'laph* ‚Papier, Pergament' (WolfWR 2560), möglicher Einfluss von rw. *kluft, klaft* ‚Rock' (WolfWR 2736).

klafte Subst. f. [MM, Scho]
klaffte [HN]; **glawta** [BJ]; **gläffde** [OJ]
– Hündin [BJ]; Frau, Mädchen [HN]; Tratschweib, schlechtes Frauenzimmer [MM]; Kundin, schwierige [Scho]; Schwätzerin [Scho]; böse Frau [Scho]; Xan-

tippe [Scho]; lumpiger Kerl [BJ, OJ] ♦ **E:** rw. *klafte* ‚Hündin' (WolfWR 2561) < jd. *klawta, klafte* ‚Hündin' (We 70, 72, Post 210, Klepsch 843), movierte Form zu → *keilef*.
barklaffte Subst. f. [HN]
– Barfrau [HN]
klaffte Subst. f. [MB]
– Bäuerin [MB].

klaftern swV. [GM]
– bummeln [GM]; in die Geschäfte gehen, ohne einzukaufen [GM] ♦ **E:** rw. *klaften* ‚in den Geschäften umhergehen, meist ohne zu kaufen'. ♦ **V:** *hoid mer klafdern* ‚heute wollen wir bummeln gehen (ohne die Absicht, etwas zu kaufen)' [GM]
klafften dzug Subst. m. [MB]
– Mindener Kreisbahn (Bummelbahn) [MB].

klafumm Subst. [HK]
klawumm [HK]
– Klavier [HK] ♦ **E:** wohl Kontamination aus dt. *Klavier* und (onomatopoetisch) *wumm*, evtl. Querung mit rw. *fumm* ‚Baßgeige' WolfWR 1577, *vum* ‚große Trommel' → *locke vum* s.v. *lock*. ♦ **V:** *man müßte klafumm jaunen können* ‚man müßte Klavier spielen können' (Schlagertext) [HK]; *wer klafumm jaund, hat massl bei de dilms* ‚wer Klavier spielt, hat Glück bei den Frauen', „das ist aus Unsinn gesungen worden, nie öffentlich" [HK].

klamau Subst. m. [NJ]
– Geschrei [NJ] ♦ **E:** dt./ugs. *Klamauk* ‚mit ausgelassenem Herumtollen verbundener Lärm, Krach'; wohl berlinerisch, aus einer lautmalenden Interjektion gebildet; rhein. *Klamau* ‚Unsinn, Lärm' (RheinWb. IV 602).
klamauen swV. [NJ]
– schreien [NJ].

klamm Adj. [MM, SG]
– eng, knapp [MM]; kein Geld, pleite [MM, SG]; „hat nix auf der Weste" [MM]; „keine Kohlen auf der Tasche" [MM]; „feucht" [MM] ♦ **E:** rw. *klamm sein* ‚in Geldverlegenheit sein' (WolfWR 2652), dt./ugs. *Klamm* ‚Not' DWB XI 934 f. ♦ **V:** *klamm mit lobi sein* ‚knapp bei Kasse sein' [MM]; *klamm sein* ‚wollen, aber nicht können' [HN].

klammern[1] Subst. Pl. [WG]
– Handschellen [WG] ♦ **E:** dt. *Klammer* ‚Zwinge' DWB XI 938 ff.

klammern[2] swV. [MB]
– glücksspielen [MB]; Karten (Klammerjass) spielen [MB]; klauen [MB, WB] ♦ **E:** Kürzung aus dem Namen des Kartenspiels *Klammerjas, Klapperjas*; rw. *klaberjaß* ‚Kartenglücksspiel' (WolfWR 2646).

klammhaken Subst. m. [Zi]
– Gewehr [Zi] ♦ **E:** rw. *klammhaken* ‚Gewehr' (WolfWR 2654), aus dt. (ant.) *Klamm* ‚Zwang' DWB XI 934 f. und dt. *Haken*.

klamonet Subst. [JSa]
– Einbrecherwerkzeug [JSa] ♦ **E:** rw. *klamonis* ‚Einbruchswerkzeug' < jd. *k'le umonus* ‚Handwerksgerät' (WolfWR 2656). → *clamonis*.
schasklamöne Subst. f. [MM]
– Werkzeugtasche [MM]; Kaffeeflasche [MM] ♦ **E:** jd. *schas-klamonis* ‚Gesamtheit aller Nachschlüssel und Dietriche' (WolfWR 2656). ♦ **V:** *dem seeger ham se den mottek ausse schasklamöne geschort* ‚sie haben dem Mann den Hammer aus dem Werkzeugkasten geklaut' [MM].

klamor Subst. [CL, PH]
klamore[1] Pl. [CL]
– Karte(n) [CL, PH]; Spielkarten [CL] ♦ **E:** rw. *gemore* ‚Belehrung, Denkzettel, Spielkarte(n)' (WolfWR 1735) < jd. *gemora* ‚Talmud' (Post 210); Benennungsmotiv: das Studieren der Spielkarten wird mit dem Studium des Talmud verglichen.
klamore[2] swV. [LL, PH]; **klamoore** [CL]; **klamor** [LL, PH]
– Karten spielen [CL, LL, PH].

klamotten Subst. f., Pl. [MM]
– Sachen [MM]; Kleider [MM]; Kleidungsstück [MM]; Wäsche [MM] ♦ **E:** rw./ugs. *klamotten* ‚Kleider' (WolfWR 2657, Klepsch 844); Herkunft unsicher; evtl. tschech. *Klamol* ‚Bruchstück' oder jd. *k'le umonos* ‚Handwerkszeug'. ♦ **V:** *meschugge ausse klamotten reunen* ‚dumm aus der Wäsche gucken' [MM]
klamottenkabache Subst. f. [MM]
– Bekleidungsgeschäft [MM]; Zeughaus [MM]; Kaufhaus [MM]; Modehaus [MM]; Textilgeschäft [MM].

klampfl Subst. n. [WG]
– Wachzimmer im Gefängnis [WG] ♦ **E:** zu wienerisch *klampfeln* ‚verraten, denunzieren'.

klamüsern swV. [MB]
– rumgammeln [MB] ♦ **E:** dt./ugs. *klamüsern, kalmäusern* „geizen, stubenhockend studieren" DWB XI 72 f.

abklamüsern swV. [MM]
– zu Ende sein [MM]
ausklamüsern swV. [MM]
– austüfteln, erfinden, ausklügeln [MM]; ausspekulieren [MM]; ausspionieren, auskundschaften [MM]; herausfinden [MM]; entdecken [MM]; feststellen [MM]; ausdenken, überlegen [MM]; einen Einbruchsplan vorbereiten [MM]; etwas klarstellen [MM]; Zusammenhänge erkennen [MM]; „Hintergrund erkennen, ohne böse Absicht" [MM]
durchklamüsern swV. [MM]
– (einen Einbruchsplan) besprechen [MM]; zu Ende besprechen [MM]
herausklamüsern swV. [MM]
– auskundschaften [MM]; ausfindig machen [MM]; Problemlösung finden [MM]
rumklamüsern swV. [MB]
– rumgammeln [MB]
verklamüsern swV. [MM]
– jmd. etwas klarmachen [MM]
vollklamüsern swV. [MM]
– vollquatschen [MM]
wegklamüsern swV. [MM]
– ausreden [MM]; bequatschen [MM].

klappache Subst. f. [HL]
– Stube [HL] ♦ **E:** rw. *klabache* ‚verwahrlostes Haus, schäbiges Zimmerchen' (WolfWR 2645). → *kabache*.

klappe Subst. f. [BM, RW, StG]
klapp [FS, WM]
– Bett [BM, FS, WM]; Schlafstätte [RW]; Wirtschaft für Kümmelblättchenspieler [StG] ♦ **E:** rw. *klappe* ‚(Gauner-)Kneipe, Bett', zu dt. *Klappe* ‚Tür, Öffnung; Falle, met. Bett' (WolfWR 2662).

klappern¹ swV. in:
klapperschütz Subst. m. [HLD, RW, StG]; **klapperschütze** [RW]
– Müller [HLD, RW, StG]; Wassermüller [RW, StG] ♦ **E:** dt. *klappern* (vom Klappen verursachtes Geräusch) DWB XI 970 ff.; rw. → *schütz* ‚Meister' (WolfWR 5213).
klapper Subst. f. [EF]
– Uhr [EF]
klappermacher Subst. m. [EF]
– Uhrmacher [EF]
klapperfinniche Subst. m. Pl. [SK]
– Holzschuhe, Holzpantoffel [SK] ♦ **E:** → *finne, finniche* ‚Ding' (WolfWR 1410).
kläpperlinge Subst. m. Pl. [HLD]
– Holzschuhe [HLD].

klappern² swV. [HN]
– Klapperjas spielen [HN]
ausklappern swV. [HN]
– um Getränke oder Geld spielen [HN]
klapperjas Subst. m. [HN]
– Kartenspiel [HN] ♦ **E:** rw. *klaberjaß* ‚Kartenglücksspiel' (WolfWR 2646); nd. *klapperjaß, klaberjas* ‚Name eines dem Schafskopfspiel ähnlichen Kartenspiels'; *jas* zu nl. *jassen*, evtl. Kontamination mit RN *Kasimir*.

klapsen swV. in:
klapsdoktor Subst. m. [HN]
– Psychiater [HN] ♦ **E:** dt. *klapsen* ‚klappen, klatschen' DWB XI 981.
klappsmann Subst. m. [HL]
– dummer Mensch [HL] ♦ **E:** rw. id., WolfWR 2670.
klapsmühle Subst. f. [HN]
– Irrenhaus ♦ **E:** ugs. *klapsmühle* ‚Nervenheilanstalt, spielt an auf die sinnlosen, schwergängigen Mühlen, die die Irren mit den Händen drehen oder mit den Füßen treten mußten' (Kü I 277).
verklappsen swV. [HN]
– etwas vormachen [HN] ♦ **E:** ugs. *verklapsen* ‚jdn. anführen, veralbern' (Kü I 499). ♦ **V:** *willst mich wohl verklappsen?* ‚willst mich wohl auf den Arm nehmen?'.

klar Adj. in: [MeT]
klâren Subst. [MeT]
– Fenster [MeT] ♦ **E:** rw. id., WolfWR 2672, zu dt. *klar* ‚rein, durchsichtig', aus lat. *clarus*; vgl. rw. *scheinling* ‚Spiegel' und ähnliche Bildungen.
klarer Subst. m. [EF]
– Wein [EF] ♦ **E:** Benennungsmotiv: helle Farbe, Durchsichtigkeit. ♦ **V:** *Ein klarn!* ‚Bitte ein Glas Wein!' [EF]
klarling Subst. m. [SK]
– Auge [SK] ♦ **E:** rw. *klärling* ‚Auge' (WolfWR 2673).
fitseklar Subst. m. [MeT]
– Weißwein [MeT] ♦ **E:** wohl zu rhein. *Fiz* ‚Apfel-, Birnenwein' (RheinWb. II 513) → *fietz*; schwer zu → *fits* ‚gut, groß'.
klar ross Subst. n., Phras. [MeT]; **klarross** [MeT]; **klarros** [MeT]
– helles Bier [MeT] ♦ **E:** rw., im nl. Liber Vagatorum 1547: *rosch* ‚Bier', im Nd. *roy* ‚Bier'; aus nl. *roes* ‚Rausch', mnd. *rûsch* ‚Trunkenheit'. → *ross*.

klara Subst. f. [MM]
klare [BJ]
– Sonne [BJ, MM] ♦ **E:** rw. *klärchen* ‚Sonne' (WolfWR 2671), dort Herleitung (Kürzung) aus *sonnenklar*; eher Appellativ aus RN *Klara*, vgl. → *lorenz* ‚Sonne'.

klarabeis Subst. m./n. [MM]
– Klarastift (in Münster) [MM] ♦ **E:** rw. → *beis* ‚Haus' (WolfWR 246).

klarinette Subst. f. in: [HN]
hat einen an der klarinette ‚ist verrückt' [HN] ♦ **E:** dt. *Klarinette* Musikinstrument, aus frz. *clarinette* < ital. *clarinetto*, Dim. von *clarino* ‚hohe Trompete', zu ital. *claro* ‚hell tönend'.

klass¹ Subst. m. [EF]
klas [EF]
– (jüngster) Kollege [EF]; der Jüngste der Gesellschaft [EF] ♦ **E:** dt. *Klasse* ‚Abteilung' DWB XI 1005 f. dt. *Klasse* OSächsWb II 548 (*Kläßlein* ‚Gesellschaft, Clique').

klass² Subst. n. [BJ]
klaß [LüJ, PFJ]; **klasse** [PfJ]; **glass** [MUJ]; **glase** [LJ]; **glasi** [SchJ]; **glassen** [LoJ]; **klaseim** [JSa, PH]; **klasaimche** Subst. Dim. [JSW]
– Gewehr [BJ, JSa, LJ, LüJ, MUJ, PH, PfJ, SchJ]; Pistole [JSW, MUJ]; Flinte [PfJ]; Schusswaffe [LoJ]; Präservativ [JSa] ♦ **E:** rw. *klaseim* ‚Gewehr, Pistole' (WolfWR 2674) < jd. *k'le sajin* ‚Waffe, Gewehr' (Avé-L 363, Post 210, Klepsch 626). → *klachajem*.

klät Subst. m. [KM]
kläte [KM]
– Tasche [KM] ♦ **E:** wohl zu dt. *klater, kläter* „zerlappet, zerfetzte kleidungsstücke" DWB XI 1008.

klatschen Subst. n. [RW]
– geselliges Singen mit Händeklatschen [RW]; geselliges Singen beim Zimmermannsklatsch in unterschiedlicher Formation [RW]; zünftiger Gesellenbrauch [RW] ♦ **E:** dt. *klatschen* ‚in die Hände schlagen' DWB XI 1011 ff.

klatsch Subst. m. [RW]
– geselliges Spiel zu einem Klatschlied [RW]; Zimmermannsklatsch [RW]

rundklatsch Subst. m. [RW]
– bestimmte Variante des Klatschens [RW]

klatscher Subst. m. [HN]
– Ohrfeige [HN] ♦ **V:** *gibt klatscher* ‚es gibt Schläge' [HN].

klau Subst. m. [HF, HeF]
– Stein (5 Pfund), Batzen [HF] ♦ **E:** unsicher; evtl. zu dt. *Kloben* ‚Holzstück, Stange' DWB XI 1215 ff. oder zu dt. *klei* ‚Ton, festes Erdreich' DWB XI 1064 f., weit verbreitet in westgerm. Sprachen, z. B. engl. *clay*. ♦ **V:** *dot huckt enen henese klau rispel* ‚Das ist ein schöner Batzen Flachs' [HeF].

klaubaum Subst. m. [HN]
– Brechstange [HN] ♦ **E:** nd. *klaumboom* ‚Gerät (Stange mit einem gekrümmten und gespaltenen Ende) zum Ausziehen großer Nägel' (HWB II 1068); dt. *Klaue* ‚Kralle' DWB XI 1026 ff., vgl. *Kuhfuß, Geißfuß*.

klauben swV. in:
ausklauben swV. [SJ]
– auswählen, aussuchen [SJ] ♦ **E:** dt. *klauben* „mit den fingern oder zähnen langsam, mühsam, sorgsam losmachen, herausmachen, aufnehmen, aussuchen, sammeln" DWB XI 1019 ff.

klauen swV. [SG, WL]
– stehlen [SG, WL] ♦ **E:** ugs. rw. *klauen* ‚stehlen', zu dt./ugs. *Klaue* ‚Hand' WolfWR 2681; DWB XI 1026 ff.

klauner Subst. m. [WL]
klanner [WL]; **klaunen** Pl. [WL]
– Hose [WL] ♦ **E:** unsicher; evtl. zu rhein. *Klander* „Glanzstärke, Steifglanz, Appretur in einem Zeuge, auf Leinwand u. Kattun" RheinWB IV 609, vgl. Tockert, Weimerskircher Jenisch, 25.

klausper Adj. [PfJ]
– heikel [PfJ] ♦ **E:** SchwäbWb. IV 462.

klavier Subst. m./n. [WG]
– falsches Gebiß [WG]; Maschinengewehr [WG] ♦ **E:** dt. *Klavier* (Musikinstrument) DWB XI 1040 f.; Benennungsmotiv: Formähnlichkeit der Klaviatur mit einem Gebiss bzw. Patronengurt eines Maschinengewehrs.

klavier spielen swV., Phras. [HN, WG]
– Fingerabdrücke nehmen [WG]; Fingerabdrücke abgeben [HN] ♦ **V:** *mußte klavierspielen* ‚man hat mir meine Fingerabdrücke abgenommen' [HN]

klavongsi Subst. n. [BM]
– Klavier [BM] ♦ **E:** Kunstbildung zu *Klavier*.

klebes Subst. m. [EF]
klewies [EF]; **klebis** [EF]; **klaiber¹**
– Bäcker [EF, LüJ] ♦ **E:** rw. *kleba* ‚Brot' < poln., tschech. *chléb* ‚Brot' (WolfWR 2682); evtl. volksetymologisch beeinflusst von dt. *Kleber* ‚Klebstoff', *kleben*, SchwäbWb. I, 465: „Getreide, das bei viel Son-

nenschein gereift ist, besitzt viel *Kleber* und Stärkemehl", mit (volksetym.) Einfluss von dt. *Kleiber* ,Spechtmeise'.

klebohr Subst. m. [SK]; **klewa** [SK]
– Brot [SK]

klaiber² Subst. m. [LüJ]
– Geldbeutel [LüJ] ♦ **E:** unsicher; zu dt. *Kleber* ,Klebstoff' oder Verwechslung mit → *kiesreiber*, s. v. *kies¹*.

klebis ,Pferde' → *klaeb*.

kledaasche Subst. f. [KM]
kladaasch [KM]
– Frauenkleid [KM]

kledadschjen Subst. Pl. [MB]
– Kleider [MB]

kledaschjen swV. [MB]
– Klamotten packen [MB] ♦ **E:** zu dt. *Kleid* und frz. Suffix *-age* (vgl. dt. *Blamage, Courage*); rhein. *Kleidasch* (RheinWb. IV 691).

kleen swV. [MB]
– klieren [MB]; kleistern [MB] ♦ **E:** dt. *kleien*, nd. *kleen* ,schmieren, sudeln' DWB XI 1086.

kleenen Subst. [HF, HeF]
– Kleesamen [HF, HeF] ♦ **E:** rw. id., WolfWR 2686; zu dt. *Klee* (Pflanzenart) DWB XI 1059 ff. ♦ **V:** *minotes het parz uhr plotten an de klenen verhült* ,ich habe zweihundert Thaler am Kleesamen verloren' [HeF]; *versöm de michel ene meles klenen* ,verkaufe dem Juden einen Sack Kleesamen' [HeF]

kleff Subst. f. [TJ]
kläf [TK]
– weibliche Genitalien [TJ]; weibliches Geschlechtsteil [TK] ♦ **E:** unsicher; evtl. zu dt. *Lefze* ,Lippe' DWB XII 515ff, mit Kollektivsuffix *ge-*, **gelefze*, oder zu → *klaffen, Kluft*.

kleisber Subst. m. [BJ]
gleischba [OJ]
– Holzsplitter [BJ, OJ] ♦ **E:** schwäb. *Kleispe* ,Holzsplitter' SchwäbWb. IV 481.

kleisbern swV. [BJ]
– jubeln, juchzen [BJ] ♦ **E:** unsicher; evtl. zu dt. Adj. *kleisper* ,launig', schwer zu dt. *Kleisper* ,Splitter' DWB XI 1133.

kleistertiegel Subst. m. [LJ, SchJ]
– Buchbinder [LJ, SchJ] ♦ **E:** rw. id., auch *Kleisterhengst* ,Buchbinder' WolfWR 2691, dt. *Tiegel* ,feuerfester Topf' DWB XXI 494 f., met. Pars pro toto für den Beruf, vgl. *leimtiegel* ,Schreiner'.

kleja Subst. m. [GM]
klidsu Subst. m. [GM]; **klövje** Subst. m. [JS]
– Schlüssel [GM, JS] ♦ **E:** rw. *glitschen, klidin* ,Schlüssel' (WolfWR 2722) < roi. *kleja* ,Schlüssel' (WolfWZ 1440), roi. *klidin, glitschin* ,Schlüssel, Schloß' (WolfWZ 1442). ♦ **V:** *die tsaij had de kleja bas gekeerd* ,das Mädchen zerbrach den Schlüssel' [GM]; *delema de klidsu, ich wil di wude ufkeern* ,gib (bitte) den Schlüssel, ich möchte die Türe aufschließen' [GM].

klemine Subst. f. [JeS]
– Wohnung [JeS] ♦ **E:** rw. *klammine* ,Kammer' aus jd. *chamima* ,Hitze' (WolfWR 2655).

klemm Subst. f. [HF, HeF]
klemmes [WL]; **klemme** [HLD]
– Gefängnis [HF, HLD, HeF, WL] ♦ **E:** rw. *klemme* ,Gefängnis' aus dt. *Klemme* ,enger Ort' DWB XI 1137 ff., WolfWR 2693.

schirpeklemm Subst. f. [HF]
– Mausefalle [HF].

klemmen¹ swV. [BJ, MM]
klemmæ [WJ]; **glemma** [OJ]
– stehlen, klauen [BJ, MM, OJ, WJ]; betrügen [MM] ♦ **E:** rw./ugs. *klemmen* ,stehlen' (WolfWR 2694), dt. *Klamme* ,Klaue, Hand' DWB XI 397, wurzelverwandt mit dt. *Klemme*. ♦ **V:** *die ham nur geklemmt, weil die roof hatten* ,die haben nur gestohlen, weil sie Hunger hatten' [MM]

verklemmen swV. [MM]
– stehlen, klauen [MM].

klemmen² swV. [SPI, SS, WH]
– essen [SPI, SS, WH]; gut essen [SS] ♦ **E:** rw. *klemmen* ,essen' (WolfWR 2695), ohne Herleitung; zu dt. *klemmen* „auch vom packen mit der faust, wie klaue selbst auch von den menschlichen nägeln und fingern" DWB XI 1139 ff.

klempners karl Subst. m., Phras. [BJ, HLD, RW]
klengners karl [RW]
– Gendarm [BJ, RW]; Wachtmeister [HLD] ♦ **E:** rw. *klemme* ,Gefängnis', zu dt. *klemme* ,enger Ort'; dt. *Kerl* ,Mann' (WolfWR 2693), mit Einfluss von RN *Karl*.

klenken swV. [WL]
– sabbern [WL] ♦ **E:** LuxWb. II 387 (*klénken* ,Schleimfäden laufen lassen, sabbern').

kleopatra Subst. f. [MM]
– Kleptomanin [MM] ♦ **E:** Appellativ vom PN *Kleopatra*.

kleschn Subst. f. [WG]
– Vagina [WG]; Prostituierte (als Schimpfwort) [WG] ♦ **E:** wienerisch *Kleschn* ‚weibliches Genital'. ♦ **V:** *die Kleschn geilt auf* ‚sexuell erregt werden' [WG]
kleschndoktor Subst. m. [WG]
– Frauenarzt [WG].

klesmer Subst. m. [SK]
glesmer [SK]
– Musikant [SK] ♦ **E:** rw. *klesemer* ‚Musikinstrumente' < jd. *k'le semorim* (WolfWR 2701).
klesmern swV. [SK]
– musizieren [SK]
klesmerie Subst. f. [SK]; **gliesmarie** [SK]; **klesmerei** Subst. f. [SK]; **gliesmerei** [SK]
– Musik [SK]; Aufspielen einer Kapelle [SK] ♦ **E:** wohl mit (volksetym.) Einfluss von PN *Marie*.
klesmerfinniche Subst. f. [SK]
– Harfe [SK]
klesmerkate Subst. f. [SK]
– Musikantenhaus [SK].

kletsch[1] Subst. [HLD]
– Kuchen [HLD] ♦ **E:** rw. *kletsch* ‚Kuchen' (WolfWR 2702), aus dt./mdal. *Klitsch* ‚Gebäck' DWB XI 1211 oder Kontraktion aus rw. *kallätschke* ‚Kuchen', aus tschech. *Koláč* ‚Semmel' WolfWR 2430.

kletsch[2] Subst. m. [NJ]
kleetsch [NrJ]
– Falle [NJ]; Hausiererware [NrJ] ♦ **E:** zu dt. *klatschen*; vgl rhein. *Klatsch, Klätsch* ‚klatschender Schall, Schlag'; Benennungsmotiv: Geräusch beim Zuschnappen der Mausefalle.
kletsche Subst. f. [NJ]
– Mausefalle [NJ].

kletschen swV. [HF, MT, MeT]
klettschen [HeF]; **kletsken** [MeT]
– betteln [HF, HeF]; vorschlagen [MT, MeT] ♦ **E:** rw. *clötzen* ‚(den Türklopfer) schlagen' (WolfWR 2707), nl. *klotzen* ‚schlagen', mdal./rhein. *klätzen* ‚an einer Glocke schlagen' (RheinWb. IV 780); zur Bedeutung ‚vorschlagen': Siewert, Humpisch, 84. ♦ **V:** *knapp klettschen* ‚Brot betteln' [HeF]
kletschblag Subst. m. [HF, HeF]; **klettschblag** [HF]
– Bettler [HF, HeF].

kletter Subst. m. [HF, HeF]
– Schneider [HF, HeF] ♦ **E:** rw. *kletter* (WolfWR 2705, ohne Herleitung); evtl. zu dt. *klittern* u. a. „kleine unnütze sachen verfertigen" DWB XI 1213 f.

kletterer Subst. m. [LJ, TJ]
– Maurer [LJ, TJ] ♦ **E:** wohl zu dt. *klettern* (vgl. Klepsch 845).

klettern swV. [HN]
– absteigen [HN]; prostituieren [HN] ♦ **E:** rw. *klettern* „Aufsuchen von Räumen, die von Kupplern oder Hehlern benutzt oder benötigt werden (Absteigequartier)", zu dt. *kletter* ‚Schmutzfleck', *klettern* ‚beflecken, beschmutzen' (WolfWR 2706); ugs. *klettern* ‚coire' (Kü II 162).
kletterpoove Subst. f. [HN]; **kletterpove** [HN]
– Absteige [HN].

klettert Subst. m. [LüJ]
klett Subst. m. [JS]
– Tisch [JS, LüJ] ♦ **E:** rw. *glatt* ‚Tisch' (WolfWR 1824), zu dt. *glatt* ‚eben'. ♦ **V:** *ob esser klett hockt dofte schmonk und längeling mit maro* ‚auf unserem Tisch steht gute Butter mit Wurst und Brot' [JS]
klettertpflanzer Subst. m. [LüJ]
– Tischler [LüJ].

kliäffer Subst. m. [SS]
– Polizei [SS] ♦ **E:** zu dt. *Kläffer* ‚Verleumder, jmd., der fortwährend schimpft oder nörgelt' DWB XI 900.

klickern swV. in:
verklickern swV. [MM]; **verknickern** swV. [MM]; **verknicken** swV. [MB]
– erklären [MM]; verständlich machen [MM]; erzählen [MM]; handeln [MM]; (unter der Hand) verkaufen, teuer verkaufen [MB, MM] ♦ **E:** ugs. *verklickern* ‚erklären', aus nd. *verklickern* ‚erzählen'; Belege in der Bedeutung ‚verkaufen' wohl beeinflusst von oder zu *klicker* dt./ugs. ‚Murmel, Knippkugel' met. ‚Geld', vgl. DWB XI 1160. ♦ **V:** *lobi verklickern* ‚Geld verjubeln' [MM]
trostverklicker Subst. m. [MM]
– Pfarrer [MM].

klickmänner Subst. m. Pl. [HN]
– Handschellen [HN] ♦ **E:** dt. *klicken* (ein helltönendes Geräusch machen) DWB XI 1159; Benennungsmotiv: Geräusch beim Zuschnappen der Handschellen.

kliesterputt Subst. m. [RW]
– Tapezierer ♦ **E:** dt. *Kleister* (Klebstoff) DWB XI 1134 f. und dt. *Topf*; Pars-pro-toto für den Handwerker.

klîmes Subst. n. [MeT]
klims [MeT]
– Goldstück [MeT] ♦ **E:** unsicher; evtl. aus jd. *kejlim* ‚Gefäß, Gerät' oder zu dt. *glimmen, glimsen* ‚glühen, glänzen', mnd. *glinsen*, engl. *glimpse* ‚glänzen'.

klimsklitz Subst. m. [MeT]; **klîmsklits** [MeT]; **kleimsklitz** [MeT]
– Goldschmied [MeT] ♦ **E:** wohl zu mnd. *glîs* ‚Glanz', *glitze* ‚Spieß' MNDW II/1,122; *glitzerig, glitzericht* ‚glänzend' DWB VIII 136 f. ♦ **V:** *klitzerechte dinger* „weiszpfennige". → *klits³*.

klimmzüge am brotschrank Subst. m. Pl., Phras. [HN]
– nichts zum Essen [HN] ♦ **E:** ugs., Kü II 162.

klimpern swV. [StG]
– telegraphieren [StG] ♦ **E:** dt. *klimpern* ‚hell klingen' DWB XI 1169 f.

klimperfinniche Subst. f. [SK]
– Harfe [SK]; Gitarre [SK] ♦ **E:** → *finniche*.

klimperkasten Subst. m. [EF]; **klimperkâst'n** [EF]
– Klavier [EF].

kling¹ Subst. [BJ]
– Musikinstrument [BJ] ♦ **E:** rw. *kling* ‚Musikinstrument' (WolfWR 2712) zu dt. *klingen* ‚tönen' DWB XI 1179 ff.

klingelbink Subst. m. [RR]
– Musikant [RR]

klingler Subst. m. [TJ]; **klinger** Subst. m. [OH, Zi]; **klingerer** Subst. m. [RR]
– Musiker [TJ, RR, Zi]; Musikant [OH]

klingeln swV. [TJ]; **klingle** [JeS]; **klingen** swV. [BJ, KMa, OH, TK]
– musizieren [BJ, TJ, TK]; aufspielen [KMa]; spielen [OH]

klingererbingl Subst. m. [RR]
– Musikant [RR]

klingenscheller Subst. m. [BJ, Zi]
– Musikant [BJ, Zi].

kling² Subst. f. [BJ]
– enges Tal [BJ] ♦ **E:** schwäb. *Klinge* ‚Schlucht, enge Tal- oder Waldschlucht' (SchwäbWb. IV 490).

klinge¹ in: [PfJ]
dobberklinge Subst. f. [SK]; **tôberichskling** [LüJ]
– Pfeife [LüJ]; Tabakspfeife [PfJ, SK]; Messer [PfJ] ♦ **E:** rw. *dobberklinge* ‚Tabakspfeife' WolfWR 1043, zu jd. *k'li* ‚Gerät, Instrument', roi. *thuv* ‚Rauch', *thuvarél* ‚rauchen' (WolfWR1043); evtl. Einfluss von rw. → *kling¹* ‚Musikinstrument' (WolfWR 2712) nach der Synonymie von *Pfeife*.

klinge² Subst. f. in:
über die klinge hüpfen ‚sterben' [WG]; *über die klinge springen lassen* ‚töten' [WG] ♦ **E:** dt. *Klinge* „von der schwertklinge, denn er ist gegeben von dem singenden klange des auf den helm geschlagenen schwertes" DWB XI 1171 ff.

klingel, klinke Subst. f. in:
klinken putzen swV., Phras. [MB, RW, StG]; **klingel putzen** swV. [RW]
– betteln [MB, RW, StG]; „fechten" gehen [StG]; von Tür zu Tür gehen und vorsprechen [StG] ♦ **E:** rw. *klinken putzen* ‚betteln' (WolfWR 2716), zu dt. *Klinke* ‚Drücker am Türschloss, Riegel' DWB XI 1194 ff.

türklinkenputzer Subst. m. [RW]
– Bettler [RW]; Benennung für jmd., der sein eigentliches Geschäft nicht versteht oder das früher Erlernte vergessen hat [RW].

klinkse Subst. f. [MeT]
– Stube [MeT] ♦ **E:** rw. *klinkse* WolfWR 2717 (ohne Herleitung); evtl. zu rw. *kling*-Bildungen ‚Musik, Klingeln, Klang' oder zu dt. *Klinke* ‚Drücker am Türschloss' DWB XI 1194 ff.

klinzig Adj. [CL, MoJ]
– klein [CL, MoJ] ♦ **E:** Kontraktion von dt. *klein* und dt. *winzig*, vgl. pfälz. *kleinwunzig* ‚winzig klein' (PfälzWb. IV 301).

klirren swV. in:
klirrenhackn Subst. f. [WG]
– Auslagendiebstahl [WG] ♦ **E:** dt. *klirren* „tönen mit einem gewissen zitternden klingen, z. b. eine eingeschlagene fensterscheibe" DWB XI 1210 f.

klisters Subst. Pl. [MT, MeT]
– Erbsen [MT, MeT]; (met.) Münzgeld [MeT]; Stielmus [MeT] ♦ **E:** wohl zu mnd. *klîster* ‚Leim, klebrige Substanz'; *klîsen* ‚Klettenfrüchte' (MNDW II/1: 582), schwer zu westf. *klicker* ‚Murmeln'.

klisterfinken Subst. Pl. [MT, MeT]
– Erbsen [MT, MeT]; (met.) Münzgeld [MeT]; Stielmus [MeT] ♦ **E:** vgl. → *kneisperfinken, kniesterfinken* ‚Stielmus', nd. *knîsterfinken* ‚Rübstiel'.

klisto Subst. m. [JS, JSW, LüJ, MB, MM]
kliste [LJ, MUJ, SJ]; **klist** [TK]; **klischde** [SJ]; **kliesto** [JS]; **klistro** [GM]; **glisto** [JSa, MoJ, SJ]; **glisdo** [UG]; **gliste** [LJ, LüJ, SJ, TK, WJ]; **glisde** [LüJ, WJ]; **glischde** [LüJ]; **glischti** [TJ]; **chlisti** [ME]; **klisti** [MB]; **klissti** [LoJ]; **klistie** [JSW]; **klister** Subst. m. [CL, GM, JS, PH]; **klisteri** [SchJ]; **knist** Subst. m. [GM]; **knisto** [JS]; **knistos** [MB]; **knistro** [GM]
– Polizist [GM, JS, JSW, JSa, LJ, MBTJ, MM, MoJ, MUJ, SJ, UG, WJ]; Schutzmann, Gendarm [CL, GM, JS, JSW, LoJ, MB, PH, SJ, SchJ, TJ, TK]; Polizei [GM, LüJ, MB, ME]; Polizeidiener [TK]; Landjäger [LJ, LüJ]; Schütz [LüJ] ♦ **E:** rw. *klisto, klister* ‚Polizist, Gendarm' (WolfWR 2719, Klepsch 845) < roi. *klisto, klistro* ‚Polizist, Gendarm' (WolfWZ 1178). ♦ **V:** *de Haelles hat gediewert be de glisdi* ‚der Mann hat bei der Polizei etwas verraten' [JSa]; *dann kamen die klistos und brachten ihn ins stillopeng* ‚dann kam die Polizei und brachte ihn ins Gefängnis' [MB]; *natscht dich da so'n klisto lang* ‚es kommt ein Polizist daher' [MB]; *auch ein klisto muß mal chinnen* ‚auch ein Polizist muß mal pinkeln' [MB]; *wenn der klisto uns kappt, is die ganze bewirche plete* ‚wenn der Polizist uns fängt, ist der ganze Verdienst dahin' [MM]; *Laura, dr kliste nascht,/ laß dich no net lenza* ‚Laura, der Polizist geht um, laß dich nur nicht erwischen' [LJ]; *Holch de, dr kliste kommt, mr schlitzet, der buchtet ons en da dofes nei* ‚Gehen wir, der Polizist kommt, wir verschwinden, der sperrt uns sonst ins Gefängnis' [SJ]; *Kliste, was willst schwächa an faßjole?* ‚Polizist, was willst du trinken, an Faßwein?' [SJ]; *Schure, jetzt ischt dr kliste do, no kenna mar oin schalla ond oin schwächa* ‚Männer, jetzt ist der Polizist da, dann können wir einen singen und einen trinken' [SJ]; *Kliste, i hab dei moss gschpannt beim marodebenk, se hot mr dibbert, daß se lake trittling hot* ‚Polizist, ich habe deine Frau beim Arzt gesehen, sie hat mir gesagt, daß ihre Füße nicht in Ordnung sind' [SJ]; *ja mulenger, der gliste holt jenisch* ‚der Landjäger versteht auch das Jenische' [LüJ]; *heut' bin i wieder schnell gfahre, heut'hat mi e glisde daberet* ‚heute bin ich wieder zu schnell gefahren, da hat mich ein Polizist angehalten' [LüJ]; *Dr benk hot da kaffer mit am härtling dupfd, das dr rötling gschepfd ischd no hotr en dr deisd ond em seine boschr aus am rande zopfd dr klischde hot den vermuffda schure en da kanlo gschmissa wega dem hallas, dr gomel hod droht, hoim de, sonschd machschd ama schena schei da baumelma* ‚Der Mann hat den Bauer mit dem Messer gestochen, daß das Blut gelaufen ist, dann hat er ihn erschlagen und ihm sein Geld aus der Tasche genommen, der Polizist hat den schlechten Kerl ins Gefängnis geschmissen wegen dem Streit, der Amtsrichter hat gedroht, pass auf, sonst wirst du eines schönen Tages aufgehängt' [SJ]; *de klisdro had den tsurer gedaberd* ‚der Polizist erwischte (und verhaftete) den Dieb' [GM]; *Fiesl naatsch dr gliste tscheffd* ‚Kumpel hau ab, ein Polizist kommt' [WJ]; *de kliesto reunde no ming fleppe van ed schotzdenkelche* ‚der Polizist sah nach den Papieren vom Auto' [JS]

glischtnascht Subst. m. [SJ]
– Polizist [SJ]

klisterei Subst. f. [GM, JS]; **kliesterei** [JS]; **klisderaij** [GM]; **glisterei** [MoJ]; **glisderei** [LüJ]
– Polizei(station) [GM, JS, MoJ] ♦ **V:** *nas greij, di klisderaij komd!* ‚lauf weg, die Polizei kommt!' [GM]

klibisterei Subst. f. [JS]
– Polizei(station) [JS] ♦ **E:** doppelte Verfremdung, nach dem Codierungsschlüssel der bi-Sprache aus *klisterei*, vgl. Siewert, Mindener Buttjersprache, 21 f.

glistwordom Subst. m. [GM, LüJ]
– Polizeiauto [GM, LüJ]

rureklister Subst. m. [GM]
– Ruhr(gebiets)polizist [GM]

knispel Subst. f. [MM]
– Polizei [MM]; Polizist [MM].

klits[1] Subst. m. [MB, MT, MeT]
– Dreier [MB, MT, MeT]; Taler [MeT] ♦ **E:** rw. *klits* ‚Dreier (Münze)' (WolfWR 2721), nach Wolf zu → *klits*[2].

klitschken Subst. Dim. [HF]
– Fettmännchen (eine jülich-pfälzische, kurkölnische Kupfermünze im Wert von 2,5 Pfennigen, bis 1824) [HF] ♦ **E:** mdal. (ant.) RheinWb. II 418.

klits[2] Adj. [BJ]
– klein [BJ]; wenig [BJ] ♦ **E:** rw. *klitz* ‚klein, jung, wenig' (WolfWR 2721), ab 1800 ugs. in *klitzeklein*, *klitz-* ‚sehr klein, winzig' (Kü IV 1518); *klits* Adj. ‚klein, jung, wenig' im Bargoens von Zeele, Krämersprache in Ostflandern.

klits[3] in:
gnurkklits Subst. m. [MeT]; **gnurkklitz** [MeT]; **gnurkklitz** [MeT]
– Büchsenschmied [MeT] ♦ **E:** wohl zu mnd. *glîs* ‚Glanz', *glitze* ‚Spieß' (MNDW II/1,122), dt. *glitzerig*,

glitzericht ‚glänzend' DWB VIII 136 f., met. für metallverarbeitende Berufe; nd. *gnuoren, gnueren* ‚knurren, brummen'. → *gnurk*.

gorenklits Subst. m. [MeT]; **gorenklitz** [MeT]; **gorenklitze** [MeT]; **gorkenklitz** [MeT]
– Kupferschmied [MeT] ♦ **E:** → *gauer*.

klimsklitz Subst. m. [MeT]; **klîmsklits** [MeT]; **klinsklitz** [MeT]
– Goldschmied [MeT] ♦ **E:** → *klims*.

knätterklits Subst. m. [MeT]; **knätterklitz** [MeT]
– Schlosser ♦ **E:** rw., WolfWR 2768 (ohne Herleitung); dt./ westf. *knattern* „für das Geräusch, das ein hämmernder Specht macht", allgemein auch ‚knattern' (Woeste, 134) oder dt. *knattern* ‚knistern, prasseln, bes. von Feuer' DWB XI 1360 ff.

kriksenklits Subst. m. [MeT]; **kriksenklitz** [MeT]
– Wagner (Berufsbezeichnung für Radmacher) [MeT] ♦ **E:** wohl zu nd./westf. *krisk, krisken* ‚schreien, kreischen' (Woeste 144), Metathese sk > ks. Benennungsmotiv: Geräusch von Wagenrädern in Fahrt oder zu → *krick*.

wittenklits Subst. m. [MeT]; **wittenklitz** [MeT]
– Klempner ♦ **E:** nd. *witt* ‚weiß'; met. Pars-pro-toto: Weiß(eisen) für denjenigen, der mit Weißeisen arbeitet.

klitsch Subst. Pl. [EF]
– Bergleute [EF] ♦ **E:** dt. *glitschen* ‚gleiten, gleiten lassen' DWB VIII 128 ff.; die Bergleute sind früher auf sog. Arschledern in die Stollen gerutscht, Wolf, Fatzersprache, 124.

klitschken ‚Münzeinheit' → *klitz¹*.

kliwes-klawes Subst. n. [SS]
– Geld [SS] ♦ **E:** unsicher; evtl. zu → *klits¹* ‚Dreier (Münze)' WolfWR 272 und rhein. *Klawermotten* ‚viel Geld' RheinWb. IV 675. ♦ **V:** *Hiäst die Kliwes-Klawes?* ‚Hast du Geld?' [SS].

klob Subst. m. [PfJ]
– Geizhals [PfJ] ♦ **E:** unsicher; evtl. aus Prät. von dt. *klieben* stV. ‚spalten' DWB XI 1160 ff.

klobe Subst. m. [LI]
– Bierglas [LI] ♦ **E:** rw. *klobe* ‚Bierglas', met. zu jd. *kelew* ‚Hund': „schon früh wurden die Juden von getauften Glaubensgenossen verleumdet, den kirchlichen Kelch ironisch mit dem ähnlich lautenden *kelew* zu bezeichnen" (WolfWR 2723).

klodde Subst. f. [MM, MeT]
klotte [MM]
– Land [MeT]; Länderei [MeT]; Erdscholle [MeT]; Wenigkeit [MM]; ein kleines Stück, ein bißchen [MM] ♦ **E:** nd./westf. *Klodden* ‚Klumpen, Verdickung', westf. *klödderen* ‚in einzelne Stücke fallen', westf. *klodde* ‚Fetzen, Lumpen' (WWBA. 819). Vgl. → *klüht*.
♦ **V:** *up de klodde* ‚auf dem Land' [MeT]; *noch 'ne klodde beschen* ‚noch ein wenig laufen' [MM]; *der seeger hat keinen klotten mucker* ‚der hat überhaupt keine Ahnung' [MM]; *der schauter is doch keine klodde mucker* ‚der Mann hat doch keine Ahnung' [MM]

klodden Subst. m. [MeT]
– Landesherr [MeT]

kloddentroppe Subst. m. [MeT]
– Landesherr [MeT] ♦ **E:** nd./westf. *tropp, trupp* ‚eine Menge von Menschen oder Vieh' (Woeste 275), sspr./ nl. *tropper* ‚Bürgermeister' (Mo II, 400); → *troppe*.

kloddenruscher Subst. m. [MT, MeT]; **kloddenrutscher** [MeT]; **kloddenrusker** [MeT]
– Geometer [MT, MeT]; Landmesser [MeT] ♦ **E:** jd. *rosham* ‚er hat verzeichnet'. → *ruschen*.

kloder Subst. f. [JS]
– (große) Hose [JS] ♦ **E:** unsicher; evtl. zu nd./westf. *Klodden* ‚Klumpen, Verdickung', *klodderig* ‚klumpig', hochdt. *kloder* ‚Klumpen, Erdscholle' DWB XI 1221. ♦ **V:** *de scheets hät in de kloder zerachmet* ‚der Junge hat in die Hose gefurzt' [JS]

klöderchen Subst. n. Dim. [JS]
– kleine Hose, Unterhose [JS] ♦ **V:** *schabo, du hast et klöderche beseibelt* ‚Junge, du hast deine Unterhose beschissen' [JS].

klofims Subst. Pl. [HLD]
– Spielkarten [HLD] ♦ **E:** rw. *klofims* ‚Spielkarten' aus jd. *k'laph* ‚Papier, Pergament, Spielkarte' (WolfWR 2569).

kloft ‚Kleidung' → *kluft*.

kloftern swV. [JSW]
– zahlen [JSW] ♦ **E:** unklar; womgl. zu dt. *klaftern* ‚messen' DWB XI 905.

klompe Subst. m. [LI]
– Kartoffel [LI] ♦ **E:** dt. *Klumpen*, DWB XI 1290 ff., mdal. *Klompe* ‚Klumpen'.

klond ‚Hure, liederliche Frau' → *klunte*.

klöös Subst. m. [LI]
klôs [OH]
– Gendarm [LI, OH] ♦ **E:** rw. *klöös, klisto* ‚Gendarm' aus roi. *klisto* ‚Reiter' (WolfWR 2719).

klopfen swV. [Gmü, KJ, RW]
– betteln [Gmü, KJ]; „fechten" [RW] ♦ **E:** zu dt. *(an) klopfen* DWB XI 1223 ff., met. rw. *klopfen* ‚betteln' (WolfWR 2728, Klepsch 847). → *gatterklopfen*.

abklopfen swV. [RW]; **abkloppen** [RW]
– betteln [RW]; überall vorsprechen [RW]; nach alter Handwerkstradition vorsprechen [RW]; zünftig um Reisegeld vorsprechen, bei Handwerkskammern, Meistern oder zur Not auch in Kneipen [RW]; von Haus zu Haus „fechten" [RW]; eine Ortschaft oder eine Straße „abfechten" [RW]; „schmal machen" [RW] ♦ **V:** *eine winde abklopfen* ‚in einem Haus betteln' [RW]

anklopfen swV. [BJ]
– sterben [BJ]; abhauen [BJ]

aufklopfen Subst. n. [RW]
– Umfrage bei der Lade (Zunft) [RW]; Ritual auf der Herberge [RW]; Gesellenversammlung; zur festgesetzten Zeit klopfte der Altgeselle mit dem „Reglement", einem mit Bändern geschmückten Holzstab, dreimal auf den Herbergstisch [RW]; zeremonieller Zeptergebrauch des Altgesellen [RW]; Treffen der Schächte, mit dem Ritual, dass beim Eintreten geklopft wird [RW]; Abhalten der Gesellenversammlung auf der Herberge [RW]; Ritual auf der Herberge hinter verschlossenen Türen [RW]; „nach oben gehen" [RW]

vogtländisch aufklopfen Phras.
– geselliger, lustiger Abend [RW]; nichtzünftiges Zusammenkommen zum geselligen Abend [RW]

klopfen Subst. n. [BJ]
– Niederlage [BJ]

klopfer Subst. m. [TJ]; **klöpfer** [LJ, SchJ]; **klöpper** [JSW, SS, WH]; **klopfær** [WJ]
– Hammer [LJ, SS, ScJ, TJ, WH]; Schmied [WJ]; betuchter Mann, der heruntergewirtschaftet hat [JSW] ♦ **E:** rw. *klopper* ‚Hammer' (WolfWR 2729).

klopp¹ Subst. f. [EF]
klopf [EF]; **klopfe** [EF]
– käufliche Dirne [EF]; Hure [EF]

kloppmusch Subst. f. [EF]; **klopfmusche** [EF]
– käufliche Dirne [EF]; Hure [EF] ♦ **E:** → *musche*.

klöpferchen Subst. n. Dim., in: [HN]
klöpferchen machen Phras. [HN]
– „anschaffen" [HN] ♦ **E:** Benennungsmotiv: in der Herbertstraße und auf St. Pauli (Hamburg) klopfen die Prostituierten ans Fenster, um einen Freier anzulocken.

klopfmaloche Subst. f. [HN]
– „Anschaffen" [HN]

klopp² Subst. m. [RW]
– gewöhnliches, unzünftiges Betteln [RW]; Bettelei von Haus zu Haus [RW] ♦ **E:** rw. *kloppen* ‚betteln' (WolfWR 2728).

kloppen swV. in: [HN]
sprüche kloppen ‚erzählen' [HN]

apostelklopfer Subst. m. [RW]
– Buchbinder [RW] ♦ **E:** rw. *apostelklopfer* ‚Buchbinder'; Benennungsmotiv: Einbinden der Bibel.

kloppert Subst. m. [HF, HeF]
– Stockfisch (getrockneter Fisch) [HF, HeF] ♦ **E:** rw., WolfWR 2730, wohl zu dt. → *klopfen*. Benennungsmotiv: weil man den Fisch vor dem Trocknen erst weichgeklopft hat. ♦ **V:** *Kloppert möt Gronkwölesen huckt dot enen henesen Bott för Zinotes?* ‚Essen Sie gern Stockfisch mit Kartoffeln?' [HeF].

klopphengst Subst. m. [MB]
– Impotenter [MB] ♦ **E:** rw. *klopphengst* ‚Freier, Heiratslustiger; Wallach (kastrierter Hengst)', „einer, der bei mannbaren Mädchen *anklopft* ... bewußt doppeldeutig" (WolfWR 2727).

klopps Subst. m. [EF]
klops [EF]
– Pferdekot [EF]; Karbonade [EF] ♦ **E:** dt. *Klops* ‚kugelförmige Frikadelle, Fleischklops' DWB XI 1234.

klosener Subst. m. [LoJ]
– Pistole [LoJ] ♦ **E:** rw. *klaseim* (WolfWR 2674) < jd. *k'le sajin* ‚Waffe'; vgl. → *klass²*.

klöte Subst. [MM]
kloete [MM]; **klot** [MM]
– Hoden [MM] ♦ **E:** westf. *klöte* ‚Hoden' (WWBA. 822). ♦ **V:** Spruch: *die minsch, die lag im Haferstroh, und fühlt sich so geborgen, da kam der kleine kari von oben und bot ihr „Guten Morgen". Die minsch, die wurde rot vor Wut, und wollt den kari beißen, da nahm der kari seinen klot, und tat die minsch mit schmeißen* [MM].

klötze Subst. Pl. [MM]
– Hoden, (met.) Eier [MM]; Augen [MM]; Busen, Brüste [MM] ♦ **E:** ugs. *Klotz* ‚Hoden' (Kü 1987: 427), mit semantischer Umorientierung. ♦ **V:** *machste hamel klötze* ‚da machst du große Augen' [MM]; *die hat jovle klötze* ‚die hat einen schönen Busen' [MM].

klübben Subst. m. [MT, MeT]
klüwwen [MT, MeT]
– Kopf [MT, MeT] ♦ **E:** mnd./nl. *kluwen* ‚Kugel, Knäuel'.

kluft Subst. f./m. [BM, CL, EF, GM, HL, HLD, Him, JSa, JeS, LJ, LL, LüJ, MUJ, Mat, RR, RW, SJ, SK, SP, SchJ, WJ, Zi];
klufte [LüJ]; **gluftd** [OJ, PfJ]; **ghluft** [BM]; **kloft** [MJ, WL]; **kluften** Subst. [SP]; **kluftæ** [WJ]; **kluftig** Subst. [JeS]
– Kleid [BM, CL, GM, Him, JeS, LL, LüJ, Mat, PfJ, SJ, WJ, Zi]; Kleider [HL, JSa, LüJ, MUJ, WJ]; Kleidung [HLD, JeS, LJ, MJ, OJ, RR, RW, SJ, SK, SchJ, WL]; spezielle Kleidung [RW]; Tracht [RW]; zünftiger Anzug [RW]; Zunftkleidung aus schwarzem Samt- oder Manchesterstoff mit Perlmuttknöpfen und Schlapphut [RW]; Mantel des Mannes und der Frau [SK]; ausschließlich Frauenkleid [JeS]; Anzug [EF, GM, JeS, LüJ, RW, SJ, SP]; Rock [EF]; Kleiderstoff [CL, LL] ♦ **E:** rw. *kluft* ‚Anzug, Kleid(ung)' (WolfWR 2736), zu jd. *keliphas* ‚Schale', hebr. *qilluph* ‚Schale' (Klepsch 631); Transposition von Bedeutung zum Lexem: rw. *schale* ‚Kleidung' (WolfWR 2736). ♦ **V:** *stramm in kluft sein* ‚fein gekleidet sein' [RW]; *dufte kluft* ‚ein guter Anzug' [RW]; *miese kluft* ‚abgegriffen und zerlumpt gehen' [RW]; *dik doch die tschai, was die für e klufte hat* ‚sieh mal die Frau, was die für ein Kleid trägt' [LüJ]

kluftche Subst. n., Dim. [LL]; **glufdche** [GM]; **klüftchen** [SK]; **glüftel** Subst. n., Dim. [EF]; **kliftle** [KP]
– Kleid [EF, KP, LL]; Kleiderstoff [LL]; Kleidung der Frau und der Kinder [SK]; Anzug [KP] ♦ **V:** *roijn dere mos ir glufdche!* ‚schaue dir das Kleid der Frau an!' [GM]

klufterei Subst. f. [GM, LüJ]; **glufderaij** [GM]
– Kleid [GM]; Kleidung [GM, LüJ]; Kleidungsstück [LüJ]; Anzüge [LüJ]; Anzugsordnung [LüJ]; Bekleidungshaus, Modehaus [LüJ]; Kleiderfabrik [LüJ] ♦ **V:** *sbanif dere tsaij ir glufderaij!* ‚betrachte die Kleider des Mädchens!' [GM]

kluftbosseler Subst. m. [JSa]
– Schneider [JSa]

kluftgeselle Subst. m. [RW]
– gut gekleideter Geselle [RW]

klufthumpen Subst. m. [RW]
– eine spendierte Runde (Bier-Stiefel) beim Kauf einer neuen Kluft [RW]; einen ausgeben beim Kauf einer Kluft [RW]

kluftjude Subst. m. [RW]
– Kluft-Schneider [RW]; Hersteller von Zunftbekleidung, Gesellenkluft [RW]; Schneider, der Klüfte herstellt und verkauft [RW]

kluftenpanzer Subst. m. [PfJ]
– Schneider [PfJ]

kluftmachores Subst. m. [StG]
– Hausvater im Gefängnis [StG]

kluftschuri Subst. m. [TJ]; **kluftschure** [LJ]; **klufterschuri** [SchJ]
– Schrank [LJ, SchJ, TJ]

holsterklüftchen Subst. n. [SK]
– Mädchenkleidung [SK]

reisekluft Subst. f. [RW]
– Tracht die auf der Wanderschaft getragen wird, als Zeichen der Identifikation mit dem eigenen Beruf und der Verwurzlung in einer gerne akzeptierten Tradition [RW]

sponkluft Subst. f. [RW]
– gute, ordentliche Gesellenkleidung [RW]; gepflegte Kluft [RW]; feine Ausgehkluft [RW]; zünftige Bekleidung [RW]; gutgebrauchte Zunftkleidung [RW] ♦ **E:** evtl. zu dt./lat. *spons* ‚Verlobte(r)' DWB XVI 2673.

klufte swV. [JeS]
– ankleiden [JS]

gekluft Part. Perf., Adv. [NJ]
– angekleidet, gekleidet [NJ] ♦ **V:** *doft gekluft* ‚gut angezogen' [NJ]; *der hautz hockt doft gekluft* ‚Der Mann ist gut gekleidet' [NJ]; *die moß hockt doft gekluft* ‚Die Frau ist gut gekleidet' [NJ]

ankluften swV. [LüJ]; **anklüften** [LüJ]; **ahglufda** [OJ]; **aaklufte** [BM]
– anziehen (von Kleidern), sich ankleiden [BM, LüJ, OJ] ♦ **E:** rw. *sich ankluften* ‚sich anziehen' (WolfWR 2736).

auskluften swV. [LüJ]; **ausklüften** [LüJ]; **ausglufda** [OJ]
– ausziehen (Kleidung), (sich) auskleiden [LüJ, OJ]

einkluften swV. [RW]
– die Kluft zum ersten Mal anziehen [RW]; zünftig einkleiden [RW]; neue Zunftkleidung besorgen [RW]; sich geschenkte bessere Kleidung anziehen [RW]

eingekluftet werden Phras. [RW]
– von der Polizei mit besserer Kleidung für den Transport ins Arbeitshaus versehen werden [RW]

klafte Subst. m. [NrJ]; **kläft** [MeJ]; **klafft** Subst. [MUJ]; **klaften** [NJ, NrJ]; **klaffen** [NJ]
– Rock [MeJ, NJ]; Mantel [NJ]; Jacke [NrJ]; Fell [MUJ] ♦ **E:** → *chlaffe* ♦ **V:** *dä maan hod-e neie klafte* ‚der Mann hat einen neuen Rock' [NrJ].

klüht Subst. [HF]
– Land [HF]; Ländereien [HF]; Feld [HF] ♦ **E:** zu ripuar. *klütten* ‚Erdschollen' und nl. *kluit* ‚Klumpen, (Erd)-Scholle'. Vgl. → *klodde*.

knappspetzeklüht Subst. [HF]
– Kornfeld [HF]

sankteseklüht Subst. [HF]
– Friedhof [HF].

klule swV. [Scho]
– alles besser wissen [Scho]; „der weiß alles besser" [Scho] ♦ **E:** unsicher; evtl. Derivat mit Präfix *ge-* zu dt. *Lulle* ‚Narr, Dummkopf' DWB XII 1287.

klunderbajes Subst. n. [CL]
– Klo [CL] ♦ **E:** unsicher; evtl. zu dt. *Klunte* pej. ‚Frau' DWB XI 1301 f. → *baijes*.

klûners Subst. Pl. [MT, MeT]
– Augen [MT, MeT] ♦ **E:** evtl. zu nd. *klüüs* ‚runde Öffnung am Bug eines Schiffes, durch die die Ankerkette läuft', mndl. *kluse* (HWB II 1120); westf. *glüsen* ‚Augen' (WWBA. 565), oder ge-Präfix-Derivat von westf. *lünken* ‚umherschauen'.

klunker Subst. m. [BJ, HN, SJ]
glonggr [OJ]; **glonkert** Subst. m. [BJ]
– Halskette [BJ]; Halskette mit Glasperlen [SJ]; wertvolle Ohrringe [HN]; große Glasperlen für Halskette [SJ]; „besserer Stein" [BJ, OJ]; Hoden [SJ] ♦ **E:** dt. *Klunker* „troddel, quaste, und was sonst so als beiwerk hängt" DWB XI 1297 f., nd. *klunkern* ‚baumeln, pendelnd herabhängen' (HWB II 1115).

geglonggr Subst. n. [OJ]
– Halskette [OJ].

kluns Subst. [MT, MeT]
– Hund [MT, MeT] ♦ **E:** rw. *kluns* ‚Hund, Hundsfott', Nebenform von → *klunte* (WolfWR 2741).

klunte Subst. f. [GM, HN, JS, MM, PH, TK]
kluntn [LoJ]; **klunt** [CL, NJ, SPI, TK]; **klund** [TK]; **klont** [JS, WL]; **klond** [JSa, MUJ]; **chlunt** [JeS]; **glunt** [TJ]; **glund** [LüJ]; **glunte** [LüJ]; **glont** [LüJ, MUJ, WJ]; **glond** [MeJ, OJ, SJ]; **glonde** [LüJ]
– Dirne, Hure, Prostituierte [CL, GM, JS, JSa, JeS, LoJ, LüJ, MeJ, MM, MUJ, PH, SPI, TJ, TK, WJ]; gute Hure [NJ]; Drecksweib [GM]; liederliches Weibsbild [WL]; lasterhafte Frau [GM]; schlechtes Frauenzimmer [LüJ]; nicht ganz astreine Frauenperson [LüJ]; undurchsichtige Frau [LüJ]; Schlampe [LüJ]; lumpige Frau [OJ]; leichtlebige Frau [LüJ]; unehrliche Frau [LüJ]; schlechte Frau [SPI]; leichte Dame [SPI]; Frau [HN]; Mädchen [HN]; Puppe [MM] ♦ **E:** rw. *klunte, klunde* ‚Dirne, Hure'; wohl kontaminiert aus dt. *Klunse, Klunte* ‚Spalt, Ritze' und dt. *Klunker* ‚schmutziger Lappen, Kotklümpchen' (WolfWR 2742); SchwäbWb. III 719 (*Glunte*). ♦ **V:** *Bisch e Chlunt* ‚du bist eine Hure' [JeS]; *de neerveliche tsabo deld saij lowi dere glund* ‚der verrückte Kerl trägt all sein Geld zu der Hure hin' [GM]; *dr gaatsch is æ heegl; un d' moß tschäfft æ glont; dr gaatsch biggd s'gwand; und d' moß biggd dæ schond* ‚Der Mann ist ein Narr; die Frau ist eine Dirne; der Mann isst das Gute; und die Frau isst den Dreck' [WJ]; *dr gaatsch gufft dæ heegl; un d' moß gufft d'glont; dr gaatsch biggd s'doofe; und d' moß biggd dæ schond*. ‚Der Mann schlägt den Narren; und die Frau schlägt die Dirne; der Mann isst das Gute; und die Frau isst den Dreck' [WJ]

chlüntli Subst. n. [JeS]
– junge Dirne [JeS]

glondianus Subst. m. [MeJ]
– Zuhälter [MeJ]

gluntchonte Subst. f. [BJ]
– lumpige Frau [BJ]

drecksglonde Subst. f. [LüJ]
– Schlampe [LüJ]

kluntegardsch Subst. m. [GM]
– Hurenbock [GM]; Zuhälter [GM]; liederlicher Kerl [GM] ♦ **V:** *de glundegards lesd saij lubnis pudern* ‚der Zuhälter läßt seine Prostituierten (für sich) arbeiten' [GM]

glontæheegl Subst. m. [WJ]
– schlechtes Mannsbild [WJ]

chluntejogg Subst. m. [JeS]
– Schürzenjäger [JeS]

chluntemäjoor Subst. m. [JeS]
– jmd., der mit Dirnen zu tun hat, „Huerebueb" [JeS] ♦ **V:** *De chluntemäjoor tschaant go chluntne* ‚der Hurenbub geht huren'

kluntemoss Subst. f. [GM]
– Nutte, Hure, Prostituierte [GM]; liederliches, lasterhaftes Mädchen [GM] ♦ **V:** *di kluntemoss had em lowi getsuerd* ‚die Prostituierte hat ihm Geld gestohlen' [GM]

kluntenwuddi Subst. m. [MM]
– Puppenwagen [MM]

chluntne swV. [JeS]
– mit einer Dirne schlafen, huren [JeS]
klonden swV. [JSa]; **glonde** [MeJ]
– liederlich sein, ausschweifen [JSa]; kopulieren, coire [MeJ].

kluper Subst. f. [LüJ]
– Uhr [LüJ] ♦ **E:** SchwäbWb. IV 513 (*Klupper* ‚Taschenuhr').

klüppu Subst. m. [BM]
– Klub [BM] ♦ **E:** zu dt. *Klub*.

klüsen Subst. Pl. [HN, MM]
– Augen [HN, MM] ♦ **E:** nd. *Klüsen* ‚Augen', zu nd. *klüüs* ‚runde Öffnung am Bug eines Schiffes, durch die die Ankerkette läuft', mndl. *kluse* (HWB II 1120); vgl. → *kluners*. ♦ **V:** *die alsche hatte hame dicke klüsen von der ganzen schickerei* ‚die Frau hatte dicke Augen vom vielen Trinken' [MM]; *ich hau Dir eins auf die klüsen* ‚du kriegst was auf die Augen' [MM].

kluster Subst. f. [HF, HeF, MeT]
– Uhr [HF, HeF, MeT]; Taschenuhr [MeT] ♦ **E:** nl. *kluister* f. ‚Kette', dt. *Klauster* aus lat. *claustrum* ‚kleines Vorhängeschloß' DWB XI 1040; Pars-pro-toto: Kette für Uhr an der Kette. ♦ **V:** *trollt zinotese kluster lock?* ‚Geht deine Uhr nicht richtig?' [HeF]

klusterknucker Subst. m. [HF, HeF]
– Uhrmacher [HF, HeF]

klusterfritzel Subst. m. [HF]
– Uhrschlüssel [HF]

klustertent Subst. n. [HF]
– Uhrmacherhaus [HF].

knäbbel Subst. m. [MM]
knebbel [MM]; **knabbel** [MM]
– Bauer, Landwirt [MM]; kleiner Bauer [MM]; unsympathischer Kerl [MM] ♦ **E:** unsicher; verschiedene Herleitungen möglich: westf. *knabbel* ‚getrockneter Weißbrotbrocken' (WWBA. 829), nd. *knewwel*, *knebbel* ‚Knebel', met. ‚grobe, unangenehme Person' (Westmünsterl.WB: 489 f.) dt. *knebel* u. a. ‚Stock, Knüppel, junger, starker Mann' (DWB XI 1374 ff.); vgl. Klu. 1995: 453 und 455: Zusammenhang von dt. *Knebel* und *Knabe* nach dem Geschlechtsteil. ♦ **V:** *früher fuhrn die knäbbels noch mit zossens nache tiftel* ‚früher fuhren die Bauern noch mit Pferden zur Kirche' [MM]; *meine mama schmonselte mich, dat wir nache knäbbels scheften wollten* ‚meine Mutter sagte mir, daß wir zu den Bauern gehen wollten' [MM]

knabbelachiler Subst. m. [MM]
– Bauer [MM]

knebbelalsche Subst. f. [MM]
– Bauersfrau [MM]

knäbbelanim Subst. n. [MM]; **knebbelanim** [MM]
– Bäuerin [MM]; Bauernmädchen [MM]; Bauerstochter [MM] ♦ **V:** *dat knäbbelanim drückte uns bes knierften inne fehme* ‚die Bäuerin gab uns zwei Butterbrote' [MM]; *schirm inne fehme saßen die knäbbelanims aufe leetze und pästen nache tiftel* ‚die Bäuerinnen saßen mit dem Schirm in der Hand auf dem Fahrrad und fuhren zur Kirche' [MM]

knäbbelbendine Subst. f. [MM]
– ländliche Gegend [MM]

knäbbelkneis Subst. m. [MM]
– Bauer [MM]

knäbbelknilch Subst. m. [MM]
– Bauer [MM]

knäbbelkümpken Subst. n. [MM]
– große Tasse [MM]

knäbbelmaloche Subst. f. [MM]
– Bauernarbeit [MM]; Landarbeit [MM]

knebbelschock Subst. m. [MM]
– Dorfkirmes [MM]

knebbeltrine Subst. f. [MM]
– Bauersfrau [MM]; Magd [MM]; Dienstmädchen [MM]

knäbbelzossen Subst. m. [MM]
– Arbeitspferd [MM].

knäbbig Adj. [HF, HeF]
knäbbing [HeF]
– schön, reizend [HF]; reich [HF]; gut [HF, HeF]; tüchtig [HF]; stramm [HF] ♦ **E:** niederl. *knap* ‚hübsch, schmuck, fein'; RheinWb. IV 834 *knäbbig*. ♦ **V:** *knäbbig pauen* ‚gut schlafen' [HeF]; *knäbbige schütt* ‚Wagen' [HF]; *krabbel minotes ene Fesel an mine Limthuren; dot holt Zinotes knäbbig* ‚Schreibe mir einen Brief an meine Geliebte; das kannst du sehr gut' [HeF]; *Zippken, Knöllen, hitschen in de Härk huckt henesem Bott on knäbbige Bölten* ‚Ja, mein Herr, in diesem Gasthause gibt's gutes Essen und gute Betten' [HeF]; *zippken, knäbbig; et huckt genen heneseren hitschen in de vill* ‚Ja, sehr gut; es ist kein besserer hier an diesem Ort' [HeF]; *hitschen, knöllen, dot hucken knäbbige* ‚Hier, mein Herr, das sind sehr gute' [HeF]; *knäbbig, zinotes het den ühl geferft* ‚Sehr gut, Sie haben die Wahrheit gesagt' [HeF]; *dot huckt ene knäbbingen blageläpper* ‚Das ist ein tüchtiger Arzt' [HeF]; *loss hitschen pauen, dot huckt en knäbbige Härk* ‚Laßt uns hier logieren, das ist ein gutes Wirtshaus' [HeF].

knabin Subst. [JS]
– Kot [JS] ♦ **E:** unsicher; evtl. zu dt. *knappen* ‚klappen, klatschen, knallen' DWB XI 1344 oder zu dt. *Kneppel* ‚Knüppel, z. B. in einer Glocke' DWB XI 1412.

knackær Subst. Pl. [WJ]
– Vögel [WJ] ♦ **E:** unsicher; evtl. zu dt. *knackern* ‚knackend beißen, nagen' DWB XI 1331 f.

knackalma Subst. f. [HN]
– Schimpfwort für eine Frau [HN] ♦ **E:** rw. *knôk* ‚Taler, Groschen, Geld' aus dt. *knack* ‚kleine Münze' (DWB XI 1331); vergleichbare Bildung wie ugs. *(Acht-)Groschenjunge* ‚Polizeispitzel, zu homosexuellem Verkehr bereiter Jugendlicher' (Kü 18; DWB IX 455); RN *Alma, Heini*.

knackheini Subst. m. [HN]
– Schimpfwort für einen Mann [HN].

knacken[1] swV. [HN, NJ]
– etwas gewaltsam aufmachen [NJ]; einbrechen [HN]; aufbrechen [HN] ♦ **E:** rw. *knacken* ‚aufbrechen' (WolfWR 2749) zu nd. *knacken* ‚einen harten Gegenstand mit Kraft auf- oder abbrechen' (HWB II 1125); ugs. *knacken* ‚etw. gewaltsam aufbrechen oder ausrauben' (Kü I 286).

knacken[2] swV. [RW]
– schlafen [RW] ♦ **E:** dt. *knacken* „von gewissen kurzen scharfen tönen" DWB XI 1328 ff., heute ugs. Benennungsmotiv: Geräuschbildung beim Schlafen: röcheln, schnarchen.

wegknacken swV. [HN]
– schlafen [HN] ♦ **V:** *einen weggeknackt* ‚gut geschlafen' [HN]

knacker[1] Subst. m. [RW]
– Schlafplatz auf einer Holzbank [RW]; Schlaf auf der Bank, dem Tisch oder blanken Fußboden [RW] ♦ **E:** rw. *knacker* ‚Schlaf auf der Holzbank' (WolfWR 2751).

knacker[2] Subst. m. [EF, LJ, SK]; **knackerle** Subst. n. Dim. [TJ]; **knackerli** [JeS]
– Nuß [JeS, LJ, SchJ, TJ]; Eichhörnchen [JeS]

knacker[3] Subst. m. [EF, HLD]; **knackert** Subst. m. [SK]
– Holz [HLD, SK]; Wald [EF, SK] ♦ **E:** rw. id., WolfWR 2751.

knackeri Subst. f. [SchJ]
– Taschenuhr [SchJ]

knacker[4] Subst. m. [HN]
– alter Mann [HN] ♦ **E:** nd. *knacker* ‚alter Mann' auch als Schimpfname (HWB II 1126); auch „gemütliche Anrede" (Kü I 286).

knacker[5] Subst. m. [HN]
– Einbrecher [HN] ♦ **E:** ugs. *knacker* ‚Einbrecher, Ausrauber' (Kü I 286).

knacker[6] Subst. m. [RW]; **knackie** Subst. m. [HN]
– Gefängnisasse [HN, RW]

knacker[7] Subst. m. [RW]
– Kinnbart [RW]

knackert Subst. m. [MeT]
– Zucker [MeT] ♦ **E:** rw. id., WolfWR 2754.

knackerfinniche Subst. f. [SK]
– Gewehr [SK] ♦ **E:** rw. *knacker* ‚Pistole' WolfWR 2750.

knäise ‚zuhören, horchen' → *kneisen*.

knakjetsch Adj., Adv. [SK]
knaschek [SK]
– verrückt [SK] ♦ **E:** wohl zu rw. *knacker* ‚Holz, Reisig' WolfWR 2751, met. ‚Holzkopf'. ♦ **V:** *hei schemmet knakjetsch in keibes* ‚er ist verrück im Kopf' [SK].

knal Adj. [BB]
gnal [BB]
– lang [BB] ♦ **E:** Inversion zu mda. *lank, lang*.

knäl Adj. [SP]
– betrunken [SP] ♦ **E:** rw. *knille, knüll* ‚betrunken' WolfWR 2782; RheinWb. IV 845 (*knäll* ‚bezecht').

knülte Adj. [BM]
– betrunken [BM].

knall Adj. [SS, WH]
– ordinär [SS, WH] ♦ **E:** zu rw./ugs. *knallen* ‚koitieren' < dt. *knallen* ‚zuschlagen' (WolfWR 2759); westf. *knalle* ‚Hure', Woeste 133.

knallen[1] swV. in: [HN]
– *(vor den) latz knallen* ‚schlagen' [HN] ♦ **E:** dt. *knallen* DWB XI 1335 f.

knallkopp Subst. m. [RW]
– Champagner [RW] ♦ **E:** Benennungsmotiv: Herausknallen des Champagnerkorkens beim Öffnen der Flasche.

knallmann Subst. m. [HN]
– Flasche Sekt [HN]

knallscheit Subst. m. [RW]
– Gewehr, Flinte [RW] ♦ **E:** rw. *knallen* ‚schießen, erschießen' (WolfWR 2758).

knallen[2] swV. [MB]
– schielen [MB] ♦ **E:** unsicher; evtl. zu dt. (ant.) *knallen, knellen* ‚brechen, bersten' DWB XI 1410. ♦ **V:** *reune dich ihne da, er da mit sein eines auge, wie er knallt* ‚guck mal, wie er auf dem einen Auge schielt' [MB].

knäller Subst. m. in: [SS]
schnunknäller Subst. m. Pl. [SS]
– Hosenträger [SS] ♦ **E:** rw. *schnun* ‚Hose' WolfWR 5098 (ohne Herleitung); rw. *knäller* ‚Knecht', Jütte, Schlausmen, 167.

knallhernche Subst. n. Dim. [WM]
– Begleitinstrument [WM] ♦ **E:** mdal. *Knallhörnchen* (PfälzWb. VI 1780).

knap Subst. f. [BB]
– Bank [BB] ♦ **E:** Inversion zu *Bank*.

knäpfen ‚beißen, essen, kauen' s. → *näpfen*.

knapp Subst. [HF, HeF]
– Brot [HF, HeF] ♦ **E:** mdal./rhein. *Knabbel* ‚dickes, rundes Stück, Brotbrocken', RheinWb. IV 832; rip. *Knäppchen* ‚Brotende'. ♦ **V:** *knapp klettschen* ‚Brot betteln' [HeF]; *de knapp huckt heet* ‚Das Brot ist teuer:' [HeF]; *schet minotes en vitt möt luhrmon, on den höbbel en elle knapp.* [HeF] ‚Gebt mir ein Butterbrot mit Käse, und dem Hund ein Pfund Brot' [HeF]

knappknucker Subst. m. [HF, HeF]
– Bäcker [HF, HeF]

knappkoter Subst. m. [HF]
– Brotmesser [HF]

knappspetzen Subst. Pl. [HF]; **knappspitzen** [HF]
– Roggen [HF]

knappspetzeklüht Subst. [HF]; **knappspetzeklüt** [HF]
– Kornfeld [HF].

knäre Subst. [HL]
– Papiergeld [HL] ♦ **E:** zu *kneren* ‚zerknittern' (OSächsWb. II 584).

knarre Subst. f. [LJ, SG]
knarr [NJ]
– Gewehr [LJ, NJ, SG] ♦ **E:** ugs. *Knarre* ‚Gewehr'.

knaspel Subst. m. [MeT]
– Bart [MeT] ♦ **E:** dt. *knaspeln* (onomatopoetisch) ‚knirschen, knarschen, prasseln' DWB XI 1356 f., nd./westf. *knaostern* Geräusch, wenn man auf etwas Hartes beißt; vgl. *Knasterbart* (Goethe), *knasterbärtig* (Wieland).

knaspelhutsche Subst. m. [MeT]
– Barbier [MeT] ♦ **E:** → *hutsche*.

knassen ‚strafen' → *knast¹*.

knast¹ Subst. m. [HL, HLD, MM, RW, SchJ, Scho, WG]
knascht [CL]; **knaascht** [LL]; **gnaaschd** [OJ]; **knass** [Scho]
– Gefängnis [CL, LL, MM, RW]; Arrest [OJ, RW]; Gefängnisstrafe [HLD, RW]; Strafe [HL, RW, SchJ, Scho] ♦ **E:** rw. *knast* ‚Strafe' (WolfWR 2766) < jd. *knas* ‚Geldstrafe', rw. *knassen* ‚bestrafen' ‚Geldstrafe', *(ver)knassen* ‚bestrafen' aus hebr. q^e*näs* ‚Geldstrafe' (Klu. 1999: 454, We 72, Post 211, Klepsch 635). ♦ **V:** *knast kriegen* ‚das Urteil empfangen, Gefängnis bekommen' [RW]; *er hockt im knaascht* ‚er sitzt im Gefängnis' [LL]; *einen Knast aufreißen* ‚verurteilt werden (zu einer Gefängnisstrafe)' [WG]

knastologe Subst. m. [MM]; **knasteloge** [MM]
– Gefangener [MM]

knaster Subst. m. [RW]
– Richter [RW]

knassen swV. [Scho]
– strafen [Scho]

verknassen swV. [Scho]
– bestrafen [Scho]

verknast werden swV. Pass. [RW]
– das Urteil empfangen [RW]; ins Gefängnis müssen [RW]; eingesperrt werden [RW].

knast² Subst. m. [Scho]
knaster Subst. m. [Scho]
– schlechtes Zeug [Scho] ♦ **E:** dt. *Knaster* ‚Tabak' (DWB II 604 *Canaster*).

knatsch Adj. [KM]
– völlig, gänzlich [KM] ♦ **E:** RheinWb. IV 871 (*knatsch* ‚gänzlich, total').

knatterpeng Subst. m. [MB]
– Kittchen, Gefängnis [MB] ♦ **E:** wohl zu rw. *Beng* ‚Teufel, Gendarm' WolfWR 405, 406, aus roi. *beng* und dt. *knattern*. → *Knätterklits* ‚Schlosser'.

knax Subst. m. [RW]
– Zunftstrafe [RW] ♦ **E:** wohl zu rw. *knast* ‚Strafe', aus jd. *knassen* ‚bestrafen' WolfWR 2766.

knäz Subst. m. [KMa, OH]
– Knecht [KMa, OH] ♦ **E:** unsicher; evtl. zu mdal. *Knäächt* ‚Knecht'.

knebeln swV. [EF]
knöbeln [EF]
– beten [EF] ♦ **E:** rw. *knobeln* ‚beten' (WolfWR 2787), zu dt. *nippeln*, nd. *knipen* „mit ganz kurzem Öffnen

der Lippen trinken". Benennungsmotiv: lautloses Bewegen der Lippen beim stillen Beten.

knecht Subst. m. [RW]
– jmd., der sein eigentliches Geschäft nicht versteht oder das früher Erlernte vergessen hat ♦ **E:** rw. *knechte* pl. ‚Kunden, die kein Handwerk verstehen' (WolfWR 2769), zu dt. *Knecht*.

knecksert Subst. m. [WL]
– Nuss [WL] ♦ **E:** LuxWb. II 409 (*knécksen* ‚knacken').

kneels Subst. [BO]
– Groschen [BO] ♦ **E:** wohl Variante von rw. *kneeks* ‚Groschen' aus dt. *Knacker* als Bezeichnung einer kleinen Münze (WolfWR 2792).

kneff Subst. m. [JSa, JeH, NJ]
knäf [SP]; **knäfen** [SP]; **knöff** [JS]; **kniff** [CL, LI, LL, MeJ, PH]; **knifft** Subst. m. [OH]; **knifte** Pl. [OH]
– Sohn [JS, JSa, NJ]; Junge [JeH, NJ, SP]; Jungmann [NJ]; Knabe, Bursche [CL, JSa, JeH, LI, LL, NJ, OH PH]; Bube [CL, LL, MeJ]; Mann [JS] ♦ **E:** rw. *kniff* ‚Junge, Knabe, Bube' (WolfWR 2779), zu mdal./dt. *Knabe*.

knefje Subst. m. Dim. [NJ]; **kneffchen** [JSa]; **kniffche** [FM, LL]; **knöffje** [JS]; **knifsche** [JS]; **kneffi** [JSa]
– Junge, Knabe, Bube [JS, JSa, LL]; Sohn [JSa]; kleiner Sohn [JS] ♦ **V:** *Des kniffche is awer gewachs(e)* [LL]; *de geies von os knöffje schäft sporkesich* ‚der Hals von unserem Sohn ist schmutzig' [JS]; *Kniffche! spann ä Mol den Kobes* ‚Junge, sieh einmal den Kopf (der Münze)' [FM].

kneipchen Subst. n. Dim. [JSa]
– kleines spitzes Messer [JSa] ♦ **E:** dt./mdal. *Kneip, Kneif* ‚Messer, Schustermesser'. → *knief*.

kneipe Subst. f. [EF]
kneip [EF, WM]
– Gasthaus [EF]; Wirtschaft [WM] ♦ **E:** rw. *kneip* ‚Diebswirtshaus' (WolfWR 2772), dt./ugs. *Kneipe* ‚Wirtshaus'.
lutschkneip Subst. f. [EF]
– Logierhaus [EF].

kneis¹ Subst. m. [SJ]
– Stein [SJ] ♦ **E:** dt./bergmännisch *Kneist, Gneis, Kneis* ‚Gesteinsart' (DWB XI 1433).

kneis² Subst. m. [MM]
kneiss [MM]
– Bauer [MM]; Kerl [MM] ♦ **E:** unsicher; evtl. zu rw. *kneissen* ‚wahrnehmen, bemerken', *(Be)kneister* ‚Bekannter, Auskundschafter' (WolfWR 2773) → *kneisen* oder zu dt. *Gneist* ‚fest sitzender, klebriger Schmutz oder Dreck an alten Sachen oder am menschlichen Körper' (DWB XIII 638 f.). ♦ **V:** *wenn der kneis, wo wir den zossen schoren wollen, aber einen grellen keilow hat?* ‚wenn der Bauer, bei dem wir das Pferd stehlen wollen, aber einen bissigen Hund hat?' [MM]

kneisanim Subst. n. [MM]
– Bauernmädchen, Bauerntochter [MM]; Bauersfrau [MM]; Mädel [MM]
kneisbeis Subst. m./n. [MM]
– Bauernhaus [MM]
kneisfamilie Subst. f. [MM]
– Bauersfamilie [MM]
kneisterei Subst. f. [MM]
– Bauernhof [MM].

kneisen swV. [BO, JS, LI, LJ, MUJ, SchJ, WL]
kneisn [TJ]; **kneissen** [LüJ, SJ]; **kneißen** [Gmü, Him, JSa, Mat, PfJ, Wo, Zi]; **knäise** [JeS]; **gnaisen** [GM]; **gneißen** [BJ]; **gneise** [CL, LL, LüJ]; **gneisen** [LJ, LüJ]; **gneissa** [OJ]; **gneißæ** [WJ]; **knuuse** swV. [KM]; **knuusen** [KM]; **knausen** [WL]; **knösen** swV. [JS]; **kneisten** swV. [HLD, RW, WL]; **kneistern** swV. [HLD, MB, MM]; **gneistern** [MM]; **gneiste** [JS]; **knisten** [SG]; **kniusten** [SG]; **kneispern** swV. [MM]
– verstehen [CL, Gmü, Him, JS, JS, JSa, KM, LJ, LL, LüJ, MUJ, Mat, SP, TJ, WJ, WL, Wo, Zi]; wahrnehmen [CL, LüJ, MM]; bemerken [BJ, LüJ, OJ, PfJ, SJ, WJLI]; etwas merken, mitkriegen, mitbekommen [LJ, MM]; begreifen [LüJ, PfJ, TJ]; erfahren [LüJ, LJ, WJ]; erkennen [BJ, JS, LL, LüJ, MB, OJ]; erkennen, wissen [CL, WJ]; sehen [CL, GM, LüJ, MB, MM, PfJ, RW]; schauen [LüJ, MB, MM]; gucken [JS, LüJ, MB]; ansehen [MM]; anschauen [MM]; sich umschauen [MM]; auspähen [MM]; beobachten [MB]; hinschauen [LüJ]; linsen [MM]; zuschauen [MB]; entdecken [MM]; etwas checken [LüJ]; etwas erblicken [MM, RW]; gut hören [LüJ]; zuhören, horchen [JeS]; kennen [JeS, JS, LüJ, SP, SchJ, TJ, WL]; lesen [MM]; scheinen [HLD]; sprechen [BO, JS]; wissen [LJ, LL, PfJ, SchJ, TJ]; zeigen [HLD]; angeben [MM]; „diken" [LüJ]; den Charlottenburger (Wanderbündel) auspacken, Charlie aufmachen [RW]; auf das Auspacken eines Berliners oder des gebettelten Geldes Acht geben [RW] ♦ **E:** rw. *kneissen* ‚wahrnehmen, bemerken, erfahren, erkennen, begreifen, wissen', *(Be)kneister* ‚Bekannter,

Auskundschafter' (WolfWR 2773) aus mdal. schwäb. *geneisen* (SchwäbWb. III 357), bair./obdt. *geneißen, geneusen* ‚wahrnehmen, wittern, spüren' (WolfWR 2773, Klepsch 638). Vgl. → *knispel, knossen, kneis 2*.
♦ **V:** *gneis!* ‚schau!' [LüJ]; *Häs et jeknuus? Da knuuset di Mam!* ‚Hast du verstanden? Sonst erklärt es die Mutter!' [KM]; *die ruuche gneisen low* ‚Die Bauern bemerken nichts' [LüJ]; *die hens nobes kneist* ‚die haben es nicht verstanden' [LJ]; *was kneistern die döppen?* ‚was sehen meine Augen?' [MM]; *Haudzi gneißd noowes* ‚der Kerl versteht nichts' [JSa]; *d'Steckabaurs-moss hat aber gnissa, daß dr fiesel au no ebbas anders auf'm herza hot* ‚die Steckabauer-Frau (Familienname) hat aber gewußt, daß der Mann auch noch etwas anderes auf dem Herzen hat' [LJ]; *den gards, der wo da nasd, den gnaijs ich* ‚den Mann, der dort geht, kenne ich' [GM]; *Spann, die grandich kitt herles! – Kenn gneistse lore? Nobis! – Die schofelkitt haurets* ‚Schau, das große Haus hier! – Ja, kennst du es nicht? – Nein. – Das Zuchthaus ist es' [LüJ]; *die fineete war so beseibelt, dat man nich durchkneistern konnte* ‚die Fensterscheibe war so schmutzig, daß man nicht hindurchsehen konnte' [MM]; *beim schoren mußte einer schmiere stehen und kneistern, wo der juchelo war* ‚beim Stehlen mußte einer aufpassen, wo der Hund war' [MM]; *der hacho kneisterte mies* ‚der Bauer schaute böse drein' [MM]; *da konnte man schon kneistern, wo die masumm beschte* ‚da konnte man schon merken, wer viel Geld besaß' [MM]; *hasse die plautze von den seeger gekneistert?* ‚Hast du den dicken Bauch des Mannes gesehen?' [MM]; *die mispel hatte gekneistert, wie die am lellen waren* ‚die Polizei hatte bemerkt, wie sie dabei waren zu stehlen' [MM]; *er reunte durch die tiftel und kneisterte die klunker an den femen der kalinen* ‚er sah sich in der Kirche um und sah die Edelsteine an den Händen der Frauen' [MM]; *da konnste wat bereunen, kneistern und dibbern* ‚da gab es was zu sehen, schauen und gucken' [MM]; *ich hab ihn in der toflemontifle gekneistert* ‚ich hab ihn in der katholischen Kirche gesehen' [MB]; *Bekneest Houts, bekneest mjerts.* (feststehende Redewendung für einen Mann, der schwer von Begriff ist) [SP]; *knöste emmes?* ‚sprichst du Jenisch?' / ‚sprichst du unsere Sprache?' [JS]; *knist, lat de forten heken et kümmt en gron* ‚sei vorsichtig' [SG]; *kniust, lat de forten heken et kümmt en gron* ‚sei vorsichtig' [SG]; *eine hackn ausgneißen* ‚ein Verbrechen auskundschaften' [WG]
abgekneispert Adj., Part. Perf. [MM]
– erledigt, kaputt [MM]

bekneist Adj., Adv. [SJ]
– bekannt [SJ]
gekneispert Adj., Part. Perf. [MM]
– verstanden [MM]
gnissa Adj., Part. Perf. [OJ]
– bemerkt [OJ]; erkannt [OJ]
jeknuus Adj., Part. Perf. [KM]
– verstanden [KM]
abkneistern swV. [MM]
– abgucken [MM]
ankneisten swV. [HL]; **ankneistern** swV. [MM]
– betrachten [MM]; ansehen [HL]
ausgneißen swV. [WG]
– auskundschaften [WG]
bekneesen swV. [SP]; **bekneißen** [JSa]; **bekneistern** swV. [MM]
– ansehen, an/begucken [MM]; „unter die Lupe nehmen" [MM]; verstehen, begreifen [JSa]; verstehen [SP] ♦ **V:** *begneißt sei* ‚bekannt sein' [OJ]
durchkneispern swV. [MM]
– sich durchwursteln [MM]
hochkneispern swV. [MM]
– Karriere machen [MM]; „aus seiner Gesellschaftsschicht aus eigener Kraft aufsteigen" [MM]
verkneissen swV. [WL]; **verkneisten** swV. [WL]; **verkneispern** swV. [MM]
– gedanklich verarbeiten [MM]; eine Sache, Idee verdauen [MM]; etwas verstehen [WL]
verkneisterfinken swV. [MM]
– verstehen [MM]
kneisel Subst. m. [LJ]
– Schlaukopf [LJ]; Übername für eine bestimmte Person in Leinzell [LJ].
kneisterbeis Subst. m./n. [MM]
– „Schaubude auf dem Send, später auch für Filmtheater, Kino" [MM] ♦ **V:** *willse auffem schock schanägeln? dann hasse immer 'nen paar tackens fürs kneisterbeis* ‚willst du auf dem Send arbeiten, dann hast du immer ein paar Mark fürs Kino' [MM]
kneisterfahrrad Subst. n. [MM]
– Brille [MM]
kneisterkasten Subst. m. [MM]
– Fernseher [MM]
kneisterling Subst. m. [MB, MM]
– Brille [MB, MM]; Auge [MM]
kneistermaschine Subst. f. [MM]
– Brille [MM]
kneisterschiene Subst. f. [MM]
– Brille [MM]

kneisterschirmken Subst. n. [MM]
– Bildschirm [MM].

knelen Subst. [JeH]
knäälen [SP]
– Kopf [JeH, SP] ♦ **E:** rw. *knelen* ‚Kopf' (WolfWR 2774, ohne Herleitung); evtl. zu dt. *knellen* ‚knallen, krachen, knacken', zu engl. *knoll* ‚läuten', *knell* ‚Glockenschlag', ags. *cnyll* ‚läuten' DWB XI 1410 f.

knelle swV. [JeS]
– kennen [JeS] ♦ **V:** *leersch de dä freier scho knelle* ‚du lernst den Burschen dann schon kennen' [JeS].

knell Adj., Adv. [RH]
– betrunken [RH] ♦ **E:** zu mdal. *knülle* ‚betrunken', vgl. dt. *knüllen, knullen,* schlagen, puffen, stoßen DWB XI 1516 f., rw. *knull* ‚Vulva' WolfWR 2807.

knellæ swV. [WJ]
– verhauen [WJ] ♦ **E:** LuxWb. II 406 (*knällen* ‚ohrfeigen').

kneller Subst. m. [Scho]
– Kind, starkes [Scho]; Junge [Scho]; Bube [Scho] ♦ **E:** unsicher; evtl. met. zu dt. *knallen* ‚laut tönen' DWB XI 1335 ff. oder *knellen* ‚knallen, krachen, knacken'.

knellert Subst. m. [NJ]
– Tabak [NJ]; geflochtener Tabak [NJ] ♦ **E:** RheinWb. IV 848 (*Knäller* ‚schlechter, übelriechender Rauchtabak'). ♦ **V:** *steck mir knellert* ‚gib mir Tabak' [NJ].

knepen Subst. Pl. [MB]
– Augen [MB] ♦ **E:** nd. zu hochdt. *Knöpfe.*

knepperling Subst. m. [CL]
gnebberling [JS, PH]
– Kirsche [CL, PH]; Zucker [JS] ♦ **E:** rw. *knipp(er)ling* ‚Kirschen, Obst' (WolfWR 2783, ohne Herleitung); evtl. zu PfälzWb. IV 332 (*knäppen* ‚mit den Zähnen nach etwas schnappen, zubeißen'), rip. *knippen* „mit steinkügelchen (schnellerchen) spielen" DWB XI 1436.

gnebberlingsbrei Subst. m. [JS]
– Kirschbrei [JS].

knete Subst. f. [MM]
knetsch Subst. [PfJ]
– Geld [MM, PfJ] ♦ **E:** dt. *kneten* ‚mit den Händen drücken, formen' DWB XI 1412 ff.; ugs. *Knete* ‚Geld'; Benennungsmotiv: „Übertragung wohl deshalb, weil man Geld häufig längere Zeit in der Hand hält" (Klu. 1995: 455).

staatsknete Subst. f. [MM]
– Staatsgelder [MM]
knetenkralle Subst. f. [MM]
– Finanzamt [MM].

kneten swV. [MM]
– fahren [MM] ♦ **E:** westf. *knieteren* ‚schnell laufen' (WWBA. 836); Einfluss von PN *Gerrie Knetemann* (1951–2004, niederländischer Radrennfaher) unwahrscheinlich.

knete Subst. f. [MM]
– Fahrrad [MM] ♦ **V:** *die ham sogar 'n challach die knete geschort* ‚die haben sogar einem Geistlichen das Fahrrad geklaut' [MM]
knetemann Subst. m. [MM]; **knetermann** [MM]; **kneterman** [MM]
– Fahrrad [MM]

knetemännerknubbel Subst. m. [MM]
– Haufen von Fahrrädern [MM]
knetemannschlauch Subst. m. [MM]
– Fahrradschlauch [MM].

knetterer Subst. m. [OH]
– Trompeter [OH] ♦ **E:** zu dt. *knattern* ‚einen knisternden Ton erzeugen' DWB XI 1360 ff.

kniarer Subst. m. [WG]
kniera [WG]
– feiger Mensch [WG]; Verräter [WG] ♦ **E:** wienerisch *Kniarer* ‚Duckmäuser, Schmeichler'.

knick Subst. m. in:
einen knick im Auge haben ‚nicht recht Bescheid wissen' [HN]; *über den knick gehen* ‚Umwege nehmen (auf der Flucht), sich verstecken, sich schützen' [HN], vgl. → *kapeister gehen.* ♦ **E:** dt. *Knick* ‚Beugung, Bruch' DWB XI 1416.

knicken swV. in:
verknicken swV. [MB]
– verkaufen [MB] ♦ **E:** wohl Variante von *verklickern* → *klickern.* ♦ **V:** *laß uns den krummen verknicken* ‚laß uns den Schrott verkaufen' [MB].

knie Subst. n. in: [WG]
in die knie gehen ‚ein Geständnis ablegen' [WG] ♦ **E:** dt. *Knie* DWB XI 1421 ff.

knief Subst. n. [MB, MM]
– Messer [MB, MM] ♦ **E:** rw. *kneif, knief* ‚Messer' zu mdal./dt. *Kneif* ‚(Schuster-)Messer', nd. *Knief* ‚Messer' (WolfWR 2770). Vgl. → *kneipchen.*

knistos Subst. [MB]
– Messer [MB].

kniel Subst. m. [HF]
– Zimt [HF] ♦ **E:** dt. (ant.) *Kanel* ‚Zimt' DWB XI 160, mhd. *kanêl* aus it. *cannella*, frz. *canelle*, zu lat. *canna* ‚Rohr'; nl. *kaneel* ‚Zimt'.

knierfte[1] Subst. Pl. [MM]
– Buntmetall [MM]; Altwaren [MM]; Schrott, Alteisen [MM]; „gefundene Sachen" [MM]; „Rückstände von teuren Materialien, wie Abfall von Kupferdachrinnen" [MM] ♦ **E:** wohl zu westf. *knifte* ‚abgekniffenes Stückchen' (Woeste 135). ♦ **V:** *mit soner alten knierfte kann man hame reibach machen* ‚mit solchem Alteisen kann man viel Geld verdienen' [MM]; *ich habe mir die knierfte stikum bewircht* ‚ich habe mir heimlich das Altmetall besorgt' [MM]; *der macker hat mitte knierfte hame reibach gemacht* ‚der Mann hat mit dem Altmetallhandel viel Geld verdient' [MM].

knierfte[2] Subst. f. [MM]
knirfte [MB, MM]; **knifte** [MB]; **kniffte** [MB]; **kniawte** [MM]
– Butterbrot [MB, MM]; Schnitte, Scheibe Brot [MB, MM]; Brot, Stück Brot [MB, MM]; Doppelschnitte [MM]; dicke Scheibe Brot [MM]; Stulle [MB] ♦ **E:** westf. *knifte* ‚dicke Scheibe Brot' (WWBA. 837). ♦ **V:** *knierfte verballern* ‚das Frühstücksbrot wegputzen' [MM]; *dat knäbbelanim drückte uns bes knierften inne fehme* ‚die Bäuerin hat uns zwei Butterbrote in die Hand gedrückt' [MM]; *erst mal 'ne kniffte achielen* ‚erst mal ein Butterbrot essen' [MB]
frühstücksknierfte Subst. f. [MM]
– Frühstücksbrot [MM].

knies Subst. m. [MM]
– Streit, Ärger [MM]; Unfrieden [MM] ♦ **E:** nl. *kniezen* ‚zanken'; dt./ugs. *knies* ‚Streit, Zank' (Kü 1987: 434).
♦ **V:** *knies haben* ‚Ärger haben' [MM]; *er hatte knies inne döppen* ‚er hatte Tomaten auf den Augen' [MM].

knieschützer Subst. m. Pl. [WG]
– Teigwaren (Hörnchen) [WG] ♦ **E:** dt. *Knie* DWB XI 1421 ff. und *schützen*. Benennungsmotiv: Ähnlichkeit in der Form.

kniese swV. [BB]
knische [BB]
– stinken [BB] ♦ **E:** Inversion zu *stinke(n)*.
kniitschich Adj. [BB]; **kniischich** [BB]
– stinkig [BB] ♦ **E:** Inversion zu *stinkisch*.

kniest[1] Subst. m. [MM]
– Dreck, Schmutz, Mist [MM] ♦ **E:** zu dt. *Gneist* ‚fest sitzender, klebriger Schmutz oder Dreck an alten Sachen; am menschlichen Körper' DWB XIII 638 f.
→ *kneis*[2].

kniest[2] Subst. [HL]
– Knopf [HL] ♦ **E:** rw. *kniest* ‚Knopf' zu mdal./westf. *Knuiste*, hochdt. *Knust* ‚Knorren, Knöchel' (WolfWR 2778). Benennungsmotiv: Knochen Herstellungsmaterial für Knöpfe.

kniesterfinken Subst. m. Pl. [MM]
knisterfinken [MB]
– Stielmus [MM] ♦ **E:** westf. *Kni(e)sterfinken* ‚Stielmus' (Woeste 135), zu dt. *knistern* ‚Knirschen der Zähne; Schall der Zermalmung' (DWB XI 1445) und westf. *Finke* ‚Stippe/Mus' (Woeste 299 und 255). Benennungsmotiv: weil Stielmus viel Sand mit sich trägt.
kneisperfinken Subst. m. [MM]
– Stielmus [MM].

kniete swV. [BB]
kniere swV. [BB]
– trinken [BB] ♦ **E:** Inversionen zu *trinken*. ♦ **V:** *dat han isch lif jekniet* ‚das habe ich viel getrunken' [BB].

kniff ‚Junge' s. → *kneff*.

kniffen swV. [SPI, SS, WH]
– verkaufen [SS, WH]; übers Ohr hauen [SS] ♦ **E:** zu westf. *knippen* ‚Schnippchen schlagen' Woeste, 135. ♦ **V:** *geknifft* ‚verkauft' [SPI]; *brobe kniffen* ‚gut verkaufen' [SS].

knilch Subst. m. [MM]
knillch [HL]; **knülch** [MB]
– Kerl [MM]; Knabe [MM]; kleiner Kerl [MB]; Bauer, junger Bauer [HL, MM] ♦ **E:** rw. *knölle* ‚Knecht, bäuerischer, grober Kerl' zu dt. *Knoll(e)* id., WolfWR 2796; dt./ugs. (Klu. 1995: 456).
knäbbelknilch Subst. m. [MM]
– Bauer [MM].

knipsen swV. in:
ausknipsen swV. [HN]
– mit der Pistole erschießen [HN] ♦ **E:** dt. *knipsen*, *knippen* „schnippen, schnellen, einem einen fingerknips geben" DWB XI 1439.

knirrficker Subst. m. [RW]
– Weber [RW] ♦ **E:** dt. (ant.) *knirrficken* ‚stoßen, prügeln'; *Knirrficker* ‚verachtenswerter Mensch' DWB XI 1439 s.v. Knirfix.

knispel Subst. f. [MM]
– Brille [MM]; Auge [MM]

knispeln swV. [MM]
– sehen, gucken [MM]; erblicken [MM]; schauen [MM] ♦ **E:** unsicher; evtl. zu dt. *Knispel* ‚Bündel, Büschel, von dicht beisammensitzenden Dingen' DWB XI 1444, auch dt. *knispeln* ‚durch Nesteln oder Schnippen mit den Fingern ein leises, helles Geräusch verursachen'; oder zu rw. *gniesen, kneissen* ‚wahrnehmen, sehen' WolfWR 2773; vgl. → *kneisen*.
♦ **V:** *lau knispeln* ‚schlecht sehen' [MM]; *er knispelte die kotene schore* ‚er sah die geringe Ausbeute' [MM]
verkonsemaknispeln swV. [MM]
– jemandem etwas klarmachen [MM]; verkaufen [MM]; verspeisen [MM]; trinken [MM]; verhauen [MM]
dollarknisper Subst. m. [MM]
– Brillenträger [MM].

knist Subst. m. [SG]
knīst [SG]; **knīust** [SG]
– Junge [SG] ♦ **E:** unsicher; evtl. zu nd. *Knuust* ‚kräftiger Bursche'. ♦ **V:** *de kniust lēurt in düstern un lövert upn möndschön* ‚der Junge lauert im Dunkeln und wartet auf den Mondschein (Spruch, wenn einer schwerfällig von Begriff ist)' [SG].

knittel Subst. m. [KMa, OH]
– Bursche [KMa, OH]
knittelbisser Subst. m. [LI]
– Klarinettenbläser [LI] ♦ **E:** dt. *Knüttel* ‚Stock' DWB XI 1531 ff.; dt. *beißen* DWB I 1399 ff.

knittern[1] swV. [MB]
– stricken [MB] ♦ **E:** nd./ostfries. *knütten* ‚stricken'.

knittern[2] swV. [MB]
– falten [MB] ♦ **E:** dt. *knittern* ‚in Falten brechen' DWB XI 1447 f.; Klu. 1999: 456.

knittlen swV. [Him, LüJ]
nittlen swV. [LüJ]; **niglen** swV. [LüJ]
– tanzen [Him, LüJ]; bumsen [LüJ] ♦ **E:** rw. *knittlen* ‚tanzen' (WolfWR 2785); SchwäbWb. IV 557 (*knüttlen* ‚tanzen'), schwäb. *knütten* ‚mit vorgestreckten (abgebogenen) Knien gehen' SchwäbWb. VI, 2, 2336.
nigler Subst. m. [LüJ]
– Tanz [LüJ].

knochen Subst. m. [HN, WG]
– spezielles Einbruchswerkzeug [HN] ♦ **E:** dt. *Knochen* DWB XI 1454 ff. ♦ **V:** *bis in die Knochen glühen* ‚homosexuell sein' [WG]

hausknochen Subst. m. [LüJ, PfJ]
– Hausschüssel [LüJ, PfJ] ♦ **E:** rw. *hausknochen* ‚Hausschlüssel' (WolfWR 2094); SchwäbWb. III, 1286 *(Hausknochen)*.

knöf Subst. m. [KM]
knöff [WL]; **knöfe** [KM]
– starker Junge [WL]; Kerl [WL]; Dummkopf [KM] ♦ **E:** LuxWb. II 409 *(Knëff* ‚Grünschnabel, unerfahrener Mensch'). → *kneff*.

knofl Subst. m. [RR]
– Penis [RR] ♦ **E:** wohl zu dt. *Knopf* ‚Überbein, Auswuchs am Körper' DWB XI 1471.

knok Subst. m. [HF, HeF, MT, MeT]
knôk [MeT]; **knök** [MeT]; **kniök** [MeT]; **kniok** [MeT]; **kniäk** [MeT]; **knoak** [HF]; **kneek** [SK]; **kneet** [SK]; **knochen** Subst. m. [MB]; **nag** Subst. m. [MUJ];
– Reichstaler [HF, HeF]; Taler [HF, MT, MeT, SK]; Mark [MUJ]; 1.- DM [MB]; Geldstück im Wert von drei Mark [SK] ♦ **E:** rw. *knôk* ‚Taler, Groschen', *knocker*, Bezeichnung einer kleinen Münze (WolfWR 2793); zu dt. *Gnacken, Knacken* „geringhaltige sächsische, hessische, stolbergische und diesen nachgeprägte braunschweig-grubenhagensche Groschen aus dem 15. und 16. Jh." → *nag, nack*. ♦ **V:** *en half kneek* ‚1,50 DM' [SK]; *krütskes uhr knök* ‚tausend Reichstaler' [HeF]; *bede kniok* ‚zwei Thaler' [MeT].

knökelen swV. [HF, HeF]
– arbeiten [HF, HeF] ♦ **E:** nd. *Knökel* ‚Knochen, Ellbogen'.
knökel Subst. [HF]
– Arbeit [HF]; Handwerk [HF]
knökelig Adj. [HF]
– fleißig [HF]; eilig [HF] ♦ **V:** *dot huckt ene knökelige wöles* ‚das ist ein fleißiger Junge' [HeF].
knökelsblag Subst. m. [HF, HeF]
– Knecht [HF, HeF]; Arbeiter [HF, HeF]
knökelstent Subst. n. [HF]
– Werkstatt [HF]
knökelsturen Subst. f. [HF]; **knökelsthuren** [HeF]
– Magd [HF, HeF].

knökert Subst. m. [HF, HeF]
– Kaffee [HF, HeF] ♦ **E:** rw. *knökert* ‚Kaffee' (WolfWR 2795, ohne Herleitung); evtl. zu rhein. *Knökel* ‚Würfel' RheinWb. IV 984. ♦ **V:** *den thuren plart knökert* ‚Die Frau trinkt Kaffee' [HeF]
knökertstend Subst. f. [HeF]
– Kaffeehaus [HeF].

knölle Subst. m. [MT, MeT]
knöllen [HF]
– Freund [HF]; Kamerad [HF]; Herr [HF]; Bruder [HF]; Landsmann [HF]; Knecht [MT, MeT] ♦ **E:** rw. *knölle* ‚Knecht, bäuerischer, grober Kerl' WolfWR 2796, zu dt. *Knoll(e)* ‚Flegel, Rüpel, grober Kerl, Tölpel, Tolpatsch'; RheinWb. IV 986 *Knolle, Knollen*. → *knilch*. ♦ **V:** *nobes, knöllen, dot het zinotes lock in den däy* ‚Nein, das hast Du nicht gut im Kopfe' [HeF]; *lott hucken, Knöllen!* ‚Laß bleiben!' [HeF]; *brell ens, Knöllen, wat den Thuren en Tück het!* ‚Sieh einmal, welche Nase das Frauenzimmer hat!' [HeF]; *zippken, Knöllen, minotes het de Fritzel van den henese Flick* ‚Ja, mein Herr, ich habe den Schlüssel zum Krämerlatein' [HeF]; *Ziemen, Knöllen, minotes versömt Pley on Fehm* ‚Ja, ich tue in Tuch und Garn' [HeF]; *Zippken, Knöllen, hitschen in de Härk huckt henesem Bott on knäbbige Bölten* ‚Ja, mein Herr, in diesem Gasthause gibt's gutes Essen und gute Betten' [HeF]; *hitschen, knöllen, dot hucken knäbbige* ‚Hier, mein Herr, das sind sehr gute' [HeF]; *plar ens, knöllen, do huckt te büs* ‚Trinken Sie einmal, da steht die Flasche' [HeF]; *Brell ens, Knöllen, wat dem Blag locke Lopstecken het!* ‚Sieh einmal, was der Kerl krumme Beine hat!' [HeF]; *Knöllen, knuck de Meles has, dot hucken Fegteschen!* ‚Geschwind den Sack weg, das find(en) Zollbeamte!' [HeF]; *Knöllen, knuk den Teps, dot huckt ene Pretter* ‚Thue den Hut ab, das ist ein Geistlicher' [HeF]; *Knuck de Schmerf, Knöllen, die Fegtesch holt de Flick?* ‚Schweige, der Beamte versteht die Sprache' [HeF]; *Plar ens, Knöllen* ‚Trink einmal!' [HeF]
hutsenknölle Subst. m. [MeT]; **hutschenknölle** [MeT]
– Bauernsöhne [MeT]
knöller Subst. m. [Scho]
– starkes, kräftiges Kind [Scho].

knolle Subst. f. [PfJ]
knoll [RH]; **knollen** Pl. [PfJ]
– Kartoffel(n) [PfJ]; Kot [RH]; Nase [HN] ♦ **E:** zu dt. *Knolle* (etwas klumpig Geformtes, bes. Pflanzen) DWB XI 1464 ff. ♦ **V:** *einen auf die knolle kriegen* ‚einen auf die Nase kriegen, geschlagen werden' [HN]
knollbajes Subst. m./n. [RH]
– Abort, Klo [RH].
knollig Adj., Adv. [RH]
– reich [RH] ♦ **E:** Benennungsmotiv: Kartoffel als Metapher für Wohlstand.

knollfinken Subst. Pl. [KJ]
– Knödel [KJ] ♦ **E:** rw. *knollfink* ‚Kloß' (WolfWR 2797), zu dt. *Knolle* ‚Klumpen' DWB XI 1464 ff.

knööre swV. [JeS]
– schlagen, niederschlagen [JeS] ♦ **E:** wohl zu schweizdt. *chnöre^n* SchweizId. III 757 ‚Stück Holz, Klotz; Stein-, Felsblock, grosser Stein im Geröll'; ‚in schweren Schuhen einherschreiten, so dass der Boden knarrt und dröhnt'. ♦ **V:** *I knööre di muuli!* ‚ich schlag dich tot' [JeS].

knopf Subst. m. [RW, StG]
knopp^1 [EF, RW]
– Pfennig [RW]; 10 Pfennig [EF]; 25 Pfennig [EF] ♦ **E:** rw. *knopf* ‚zwei Heller, ein Kreuzer', *knöppe* ‚Geld', wohl aus *knippig* ‚geizig', *knöpfig, knoppes*, nicht zu dt. *Knopf* (WolfWR 2800). ♦ **V:** *knopf steigen* ‚eklig fechten gehen' [RW]; *auf den knopf gehen* ‚Haus für Haus abbetteln' [StG]
knöppe Subst. Pl. [MB]
– Geld [MB]
drei knöpp Phras., Subst. Pl. [EF]
– 75 Pfennig [EF]
knüpsche Subst. n. [KM]; **knüpsches** [KM]
– Fünfpfennigmünze [KM].

knopp^2 Subst. m. [HF]
knöp Subst. Pl. [HF, HeF]
– Schläge [HF, HeF]; Schlag [HF]; Ohrfeige [HF] ♦ **E:** rw. *knop* ‚Schlag, Stoß, Ohrfeige' (WolfWR 2799), ohne Herleitung), evtl. aus dt. *Knöppel* ‚Knüppel' DWB XI 1483. ♦ **V:** *knöp stiepen* ‚Schläge austeilen' [HeF]
knopper Subst. m. [HF]; **knoppert** Subst. m. [HF]
– Schießpulver [HF]
knoppertfehmzel Subst. m. [HF]
– Pulverturm [HF].

knöppchen Subst. n. Pl. [RH]
– Kirschen [RH] ♦ **E:** zu dt. *Knopf* DWB XI 1470 ff.

knopploch Subst. n. [EF]; **knopfloch** [EF]; **gnopploch** [EF]
– Beamter [EF] ♦ **E:** Benennungsmotiv: zugeknöpfte Person. ♦ **V:** *etwas ins gnopploch griechn* ‚einen Orden empfangen' [EF]
schwarzknopploch Subst. n. [EF]
– Adliger [EF] ♦ **E:** dt. *Knopfloch*, DWB XI 1482; OSächsWb. II 596.

knorr^1 Subst. m. [SJ]
– Hahn [SJ] ♦ **E:** schwäb./bair. *Knorr* ‚harter, rundlicher Auswuchs' SchwäbWb. IV 549.

knorr² Subst. m. [KMa]
– Schnaps [KMa] ♦ **E:** rw. *knorr* ‚Schnaps', evtl. aus dt. *knorrig* ‚hart' oder dt. *Knorre* ‚großes Stück' WolfWR 2804.

knösel Subst. m. [MB]
– Pfeife [MB]; Tabakspfeife [MB] ♦ **E:** westf. *Knüsel* ‚kurze Pfeife' (WestfWb. 591).

knospeln swV. [MB]
– gebären [MB] ♦ **E:** roi. *knospi* ‚Blüte' aus dt. *Knospe* (WolfWZ 1453).

knossen swV. [MT, MeT]
– kennen [MT, MeT] ♦ **E:** Nebenform zu → *kneisen*. ♦ **V:** *knos den hutsche?* ‚Kennst Du den Mann?' [MeT]; *Knos dat grüseken?* ‚Kennst du das Mädchen?' [MeT].

knotsche swV. [CL]
– abtasten [CL]; abdrücken [CL] ♦ **E:** pfälz. *knotschen* ‚drücken, kneten' (PfälzWb. IV 377).

knotzen swV. [WG]
– im Gefängnis eingesperrt sein [WG] ♦ **E:** wienerisch *knotzen* ‚sitzen, hocken'.

knourz Subst. m. [Scho]
– Kind, schwächliches [Scho] ♦ **E:** SchwäbWb. IV 550 (*Knorz* ‚Knorren, Stumpf').

knoutsch Subst. m. [Scho]
– Person, langsame [Scho] ♦ **E:** bair. *Knautscher* ‚einer, der ständig jammert'.

knovel Adj. [MM]
knofel [MM]
– gut [MM] ♦ **E:** wohl Kontamination aus → *jovel* ‚gut' und ugs. *knorke* ‚gut'.

knozer Subst. m. [KMa, OH]
– Schuster [KMa, OH] ♦ **E:** zu dt./mdal. *knozen, knorzen* ‚kneten, mühsam arbeiten, an etwas herumschaffen' DWB XI 1493.

knucken Subst. m. [HLD]
– Stock [HLD] ♦ **E:** rw. *knucken* ‚Stock' WolfWR 2806 (ohne Herleitung); nd. *Knocken*, hochdt. *Knochen* DWB XI 1454 ff.

knucken swV. [HF]
– tun, machen [HF] ♦ **E:** evtl. zu *knucken* RheinWb. IV 1022 ‚fest aufstoßen, knuffen, brechen, falten'. ♦ **V:** *knuk den Teps!* ‚Zieh den Hut!' [HF]; *Knuck enen Dopp!* ‚Drück ein Auge zu!' [HF]; *knuck de Schmerf!* ‚Halt den Mund!' [HF]; *knuck öm ut de Tent!* ‚Wirf ihn hinaus!' [HF]; *knuck de Schmerf, dot huckt den Troppertsblag* ‚Schweige doch, das ist der Bürgermeister' [HeF]; *Minotesem Bölt huckt lock geknuckt* ‚Mein Bett ist schlecht gemacht' [HeF]; *Knöllen, knuck de Meles has, dot hucken Fegteschen!* ‚Geschwind den Sack weg, das find(en) Zollbeamte!' [HeF]; *Knöllen, knuk den Teps, dot huckt ene Pretter* ‚Thue den Hut ab, das ist ein Geistlicher' [HeF]; *Knuck de Merten van den Refter* ‚Jage die Katze vom Tisch' [HeF]; *Lott ene Plotten knucken* ‚Laß einen Thaler wechseln' [HeF]

mollknucken swV. [HF]; **molknucken** [HeF]
– töten [HF]; schlachten [HF, HeF]; zerbrechen [HF] ♦ **E:** → *mulo* ‚tot'.

knucker Subst. m. [HF]
– Macher [HF]; Hersteller [HF]

fonkeknucker Subst. m. [HF]
– Feuerstahl [HF]

fonzekröngelknucker Subst. m. [HF]
– Bäcker, Konditor [HF]

geschröddeknucker Subst. m. [HF]
– Destillateur [HF]

knappknucker Subst. m. [HF]
– Bäcker [HF]

krotesemollknucker Subst. m. [HF]
– Metzger, Schlachter [HF]

langertsknucker Subst. m. [HF]
– Krautpresser [HF]

schmelenhärkeknucker Subst. m. [HF]
– Kammhersteller [HF]

trenzeleknucker Subst. m. [HF, HeF]
– Schuster [HF, HeF].

knudel Subst. m. [StG]
knödel [RW, StG]
– Ziegelbäcker, Bäcker [StG]; Bäcker [RW] ♦ **E:** rw. *knödel, knudel* ‚Bäcker, Brotlaib, dicke Person' (WolfWR 2792), zu dt. *Knödel* ‚Kloß' DWB XI 1463 f.

knujerei Subst. f. [SK]
– Arbeit [SK] ♦ **E:** nd. *knojen* ‚mühselig arbeiten'.

knükert Subst. m. [HF]
– Kaffee [HF] ♦ **E:** RheinWb. IV 1020/1021 *Knüchel* ‚Rest Tabak in der Pfeife'; Benennungsmotiv: Ähnlichkeit gemahlener Kaffee mit gerauchtem Pfeifentabak.

knükertkrögel Subst. m. [HF]
– Kaffeekanne [HF]

knükerthospel Subst. f. [HF]
– Kaffeemühle [HF]

knükertspoy Subst. n. [HF]
– Kaffeewasser [HF]

knükertstent Subst. n. [HF]
– Kaffeehaus [HF].

knüppel Subst. m. in:
gätscheknüppel Subst. m. [GM]
– Spinner, Idiot [GM] ♦ **E:** dt. *Knüppel* ‚hölzener Schlägel' DWB XI 1522f.
paniknüppel Subst. m. [GM]
– Wasserwaage [GM]
räseknüppel Subst. m. [GM]
– Trainingspartner beim Sport [GM]
knüppelbur Subst. m. [RW]
– Altgeselle (einer Zunft) [RW]; Vorsitzender bei fröhlichen Zusammenkünften [RW]; Spottname für ehrbaren Altgesellen oder Wortführer [RW]; Trudelbur [RW]
knüppelgeselle Subst. m. [RW]
– Leiter des Trudelns [RW]
knüppeldick Adj., Adv. [RW]
– sehr gut [RW]; in Ordnung [RW].

knupper Subst. [RW]
– Flasche [RW]
knüppert Subst. [SK]; **knuppert** [SK]
– Flasche [SK] ♦ **E:** rw. *knupper* ‚Flasche', zu nd. *knīpen* ‚trinken', zu hochdt. *nippen* ‚in kleinen Schlucken trinken' (WolfWR 2810).

knurrhahn Subst. m. [SJ]
– Amtmann [SJ] ♦ **E:** dt. *Knurrhahn* ‚Brummkopf, mürrischer Mensch' (DWB XI 1525).

knüß Subst. m. [BM]
knüüss [BM]
– Mann [BM]; Kerl [BM]; Grobian [BM] ♦ **E:** SchweizId. III 761 (*Chnus, Chnüssi* ‚vierschrötige, zum Dreinschlagen geneigte Burschen').

knust Subst. m. [NJ]
– Streit [NJ] ♦ **E:** RheinWb. IV 1076 (*Knust* ‚Zank').

knutsch Subst. f. [FS]
– Ziehharmonika [FS] ♦ **E:** zu dt. *knutschen* ‚(zusammen-)drücken' DWB XI 1529 f.

knutsen Subst. m. [WL]
knuutsen [WL]
– Knochen [WL] ♦ **E:** rhein. *Knutz* ‚knorriges Stück, Knöchel', RheinWB IV 1088; Tockert, Weimerskircher Jenisch, 27.

koares Subst. m. [SJ]
– Schnaps [SJ] ♦ **E:** unsicher; evtl. zu rw./jd. *koach* ‚Stärke, Kraft, Gewalt' WolfWR 2526.

koba Subst. f. [MB]
– Frau, die ihre Tage hat [MB] ♦ **E:** evtl. zu roi. *kowa* ‚Ding, Sache, Zeug' (WolfWZ 1533).

kobeler Subst. m. [KM]
kobelere [KM]
– Schuster [KM] ♦ **E:** unsicher; evtl. zu dt. *Kobel* ‚Gehäuse, Gefäß' DWB XI 1539.

köben Subst. m. [MB]
– Korn (Schnaps) [MB] ♦ **E:** nd. → *Köm* ‚Schnaps', Kürzung aus *kömmel*, mnd. *kōme, kamīn, kome(n)* < lateinisch *cuminum* ‚Kümmel'.

kober Subst. m. [BJ, GM, JS, LJ, LüJ, MB, MM, MUJ, PH, PfJ, SJ, SPI]
kobr [OJ]; **kobre** [OJ]; **koober** [JeS, KM]; **kobær** [WJ]; **kower** [MM, OH, WM]; **kover** [MM]; **koower** [MM]; **kuber** [EF]; **kuper** [EF]; **guba** [PM]; **kuwer** [EF]; **kowes** Subst. m. [SS, WH]; **kowl** Subst. m. [RR]; **chabber** Subst. m. [MM]
– Wirt [BJ, EF, EF, JS, JeS, KM, LüJ, MB, MM, OH, OJ, PH, PM, PfJ, SJ, SPI, StG, WG, WM]; Gastwirt [EF]; Platzmeister [JS]; Chef [MM]; Herr [EF]; Besitzer, Inhaber [MM]; (männlicher) Freund [MB]; Begleiter [MB]; Zuhälter [JS, MB]; Wirtshaus [LüJ, RR]; Kaschemme [RR] ♦ **E:** rw. *kober, koberer* ‚Wirt' (WolfWR 2813), zu jd. *kowo, kübbo* ‚Bordell, Zelt, Hütte, kleines Gelaß' zurückführt; Klepsch 848: aus dt. *Koben* ‚Gemach, Stall'. ♦ **V:** *He Koober, schtik os nore Schefje Schächer!* ‚He, Wirt gib uns noch ein Bier' [KM]; *Mir tschaaned is Koober gon es Putsch schweche* ‚wir gehen ins Wirthaus einen Most trinken' [JeS]; *bei dem kower gab's jofle bose zu achilen* ‚bei dem Wirt gab es (viel) Fleisch zu essen' [MM]; *der seeger hat den kower ein' verburkt* ‚der Mann schlug den Wirt' [MM]; *bei den kower geht nix auf malme* ‚bei dem Wirt kann man nicht anschreiben lassen' [MM]; *kower, noch 'n quinie und 'ne lowine!* ‚Wirt, noch einen Schnaps und ein Bier!' [MM]; *ultrischkober* ‚alter Wirt' [LJ]; *und der kober, der isch kappisch, weil sei moss so gaurisch tönt* ‚und der Wirt ist verärgert und böse, weil seine Frau so fürchterlich schreit' [LJ]; *Bostet, bostet, herles im kober hauret ein dofer freier, der pfreimt grandich z'schwächet* ‚Kommt, kommt, hier im Wirtshaus ist ein freigiebiger Fremder, der bezahlt viel zum Trinken' [LüJ]

kowern swV. [MM]; **kobern** [MM]
– einschenken [MM]; bewirten [MM]; kellnern [MM]

gubere Subst. f. [PM]
– Wirtin [PM]

kööberche Subst. n. Dim. [KM]; **kööberches** [KM]
– kleiner Mann [KM]; Junge [KM]
köberle Subst. n. [LüJ]
– kleine Wirtschaft [LüJ]
kober Subst. f. [MM]
– Mädchen [MM]; Animiermädchen [MM]; Animation im Bordell [MM]
koberer Subst. m. [LüJ, MUJ, Mat, TJ, WG]; **kooberer** [JeS]; **kobærær** [WJ]; **kowara** [LoJ]; **koobere** [KM]
– Wirt [MUJ, Mat, TJ, WJ]; Gastwirt [GM, JeS, LoJ, LüL, WG]; Mann [KM]; Kumpel [KM]
kööblinger Subst. m. [JeS]
– Gastwirt [JeS]
koberin Subst. f. [GM, SJ]; **kobererin** [WG]; **koberi** [WJ]; **kobære** [WJ]; **kowerine** [MM]; **kowerin** [MM]; **kowrin** [MM]; **koverine** [MM]; **kubera** [EF]; **kuberin** [EF]; **kuwera** [EF]; **kupere** [EF]; **kupera** [EF]
– Wirtin [BJ, EF, GM, MM, OJ, SJ, WG, WJ]; Chefin [MM]; Bordellmutter [WG]
koberei Subst. f. [GM, JS, LJ, LüJ, MeJ, MoJ, PH, SchJ, TJ, WJ]; **kooberei** [JeS]; **kowerei** [TK]; **koowerei** [CL]; **kuuwerei** [JSa]; **guuwerei** [JSa]; **kobere** Subst. f. [PfJ]; **kowere** [PfJ]; **kôweri** [TK]
– Gaststätte, Gasthaus, Gastwirtschaft [BJ, CL, GM, JS, JSa, JeS, LJ, LüJ, MeJ, MUJ, OJ, PfJ, PH, SchJ, TJ, TK, WH, WJ]; Restaurant [MoJ]; Lokal [GM]; billiges Wirtshaus [SS]; Kneipe [GM] ♦ **V:** *Natsche mr in d' koberei ge bicke* ‚Gehen wir in die Wirtschaft zum Essen' [WJ]
beischenkober Subst. m. [MM]
– Kneipenwirt [MM]
brandkowl Subst. m. [RR]
– Wirtshaus [RR]
härijekoober Subst. m. [KM]; **härijekoobere** [KM]
– Gastwirt [KM]
jromesköberche Subst. n. Dim. [KM]
– Junge [KM]
kaschemmenkover Subst. m. [MM]; **kaschemmenkower** [MM]; **katschemmenkover** [MM]
– Wirt, Kneipenwirt [MM]
tiftelkower Subst. m. [MM]
– Kaplan [MM]
koobergäje Subst. f. [JeS]
– Gastwirtin [JeS]
koberlowe Subst. n. [SJ]
– Geld zum Versaufen [SJ]
kowerlowi Subst. n. [MM]
– Trinkgeld für den Wirt [MM]
kupermarkis Subst. m. [EF]
– Kellner [EF]
kupermusch Subst. f. [EF]
– Kellnerin [EF]
kobersmoß Subst. f. [LüJ]; **kobersmoss** [LüJ]
– Wirtin, Gastwirtin [LüJ]; Frau vom Wirt [LüJ]
kuwerpinkis Subst. m. [EF]; **kuwerspenkis** [EF]; **kuperpinkis** [EF]; **kuberspinkis** [EF]; **kuberspinges** [EF]; **kuperpinges** [EF]
– Wirtssohn [EF]
kiwertheka Subst. f. [EF]; **kuberstheka** [EF]; **kuwerstheka** [EF]; **kubertheka** [EF]; **kupertheka** [EF]; **kuberstekela** [EF]
– Wirtstochter [EF]
kuberteege Subst. f. [EF]
– Fräulein [EF].

---

köber Subst. m. [EF]
– Kaiser [EF]; König [EF] ♦ **E:** unsicher; evtl. zu rw. → *kober* ‚Wirt', Wolf, Fatzersprache, 124.

---

koberment Subst. n. [BJ]
– Schläge [BJ] ♦ **E:** zu rw. *koberen* ‚schlagen, prügeln' (SchwäbWb. IV 559).

---

kobern swV. [WG]
– mit jemandem tratschen [WG] ♦ **E:** unsicher; evtl. zu rw. → *kober* ‚Wirt'.
kobernder Subst. m. [WG]
– ein Mensch, der viel redet [WG].

---

kobes ‚Kopf' → *kappes*.

---

kobis Subst. m. [EF]
koopis [EF]; **kopis** [EF]
– Kaufmann [EF] ♦ **E:** zu nd. *kopen* ‚kaufen'.
koopisgong Subst. m. [EF]; **kopisjunge** [EF]
– Kaufmannslehrling [EF].

---

kowl Subst. [RR]
kobl [RR]
– Gefängnis [RR] ♦ **E:** dt. *Kobel* ‚enges, altes Haus, Hütte für Tiere' DWB XI 1539.

---

kochem Adj., Adv. [FM, GM, KJ, KM, LJ, LüJ, PfJ, RW, SJ, SPI, SS, WJ]; **koochem** [CL, JS, JSW, LL]; **kohchem** [KMa, LI]; **kochum** [HLD, JSW, MM, RW]; **koschem** [RW]; **kohom** [MUJ]; **koochmen** [SS]; **kochmen** [SS]; **kuchem** [SPI]; **chochem** [BJ]; **choochem** [JeS]
– klug [BJ, CL, GM, JS, JeS, KJ, KM, KMa, LI, LJ, LL, LüJ, MM, MUJ, PfJ, RW, SJ, SS, WJ]; schlau, raffiniert, gescheit, pfiffig, gerissen [BJ, CL, GM, JS, JSW, KJ, LL, MM, PfJ, SJ, SPI]; auf Draht [MM]; erfahren [MM]; weise [MM]; sauber, rein, in Ordnung [BJ, MM]; ausgekocht [CL, MM]; gut im Kopf [MM]; wach, ausge-

schlafen [MM]; unverdächtig [BJ]; betrügerisch [SS]; geheim [MM]; eingeweiht [LI, StG]; aufgeklärt [KMa]; zurückhaltend [MM]; „verrät nicht alles, was er weiß" [MM]; „jenisch" [BJ, JSW] ♦ **E:** rw. *kochem* ‚klug, gescheit' (WolfWR 2814) < jd. *chochem, chochom* ‚klug, kluge Person' (We 58/59, Post 211, Klepsch 885). ♦ **V:** *kochume segerse* ‚kluge Kerle' [MM]; *kohome moss* ‚kluge Frau' [MUJ]; *kochum für Mochum* ‚reif für Muffi' [MM]; *die kochume rackewehle* ‚Masematte' [MM]; *kochem schmusen* ‚Diebessprache reden' [SJ]; *ketz und kochum* ‚schlau und aufgeweckt' [HLD]; *So en Hautz ess goar net kochem* ‚So ein Kerl ist gar nicht klug' [FM]; *Wer nicht ketz und kochum kann, muss pleite schieben* ‚Wer nicht gerissen ist, ist nicht zu gebrauchen' [HLD]; *ich laß mich nich kappen, da bin ich zu kochum zu* ‚ich laß mich nicht fangen! Dazu bin ich zu schlau' [MM]; *der hegel ist zu kochum, der muckert sofort, wenn der zossen verchibbra geht* ‚der Kerl ist zu schlau, der bemerkt sofort, wenn das Pferd verschwunden ist' [MM]; *kochem schmuse* ‚Musikantensprache sprechen' [KM]; *er machte mich kochum* ‚er weihte mich in die Geheimnisse ein' [RW]; *Lau, ik sin koochmen* ‚Nein, ich bin klug' [SS]

kochemern swV. [RW]
– Rotwelsch reden [RW]

kochem machen swV., Phras. [RW]
– einweihen [RW]; unterweisen [RW]

kochum Subst. n. [SK]
– Musikersprache [SK] ♦ **V:** *nich kochum* ‚die Musikantensprache nicht sprechen' [SK]; *nicht kochum mackern* ‚die Musikantensprache nicht verstehen können' [SK]

choch Subst. m. [MM]
– Schlaumeier [MM]

kochemer Subst. m. [LJ, LüJ]; **cochemer** [StG]; **kochamer** [KJ]; **kuechemm** Subst. m. [Scho]
– Siebengescheiter [Scho]; gescheiter Mensch [LüJ, StG]; Gauner [LJ]; Korbmacher [KJ]; Jänischer [KJ] ♦ **V:** *da joste die kochemer, kaffer und ruminis, oltrische und kodems, stegen und schickse, im bali beinander um en jak* ‚da lagen die Gauner, Männer und Weiber, Alte und Kinder, Buben und Mädchen, im Walde beisammen um ein Feuer' [LJ]

hänschen kochum Subst. n., Phras. [MM]
– Schlauberger, Naseweis [MM]; Übername [MM]

balchochem Subst. m. [LüJ]
– Beamter, der Jenisch kann [LüJ] ♦ **E:** rw. *balchochem* ‚Beamter, der die Gaunersprache kennt; gefürchteter Kriminalbeamter' WolfWR 255.

lowkoochem Subst. m. [CL, LL]
– ein Dummer [CL, LL]

kochemer loschen Subst. m./f., Phras. [HF, RW]
– Krämerlatein [HF]; Sprache der Weisen [RW]; Rotwelsch [RW]; Walzsprache [RW].

kochen swV. in:
akocha swV. [OJ]
– fertig machen [OJ]; überwältigen [OJ] ♦ **E:** zu dt. *kochen* DWB XI 1553 ff.

auskochen swV. [SJ]
– auspacken [SJ]

kochlinger Subst. m. [TJ]
– Herd [TJ].

kochern swV. [GM, JS, PH]
kocheren [LüJ]; **kokeren** [LüJ]
– lügen, betrügen [GM, JS, PH]; sagen [LüJ] ♦ **E:** roi. *xox-* ‚lügen, leugnen, (be)schwindeln, betrügen' (WolfWZ 1666).

kocherpen Subst. m. [GM]; **kocheben** [PH]
– Lüge [GM, PH]

kochebasgero Subst. m. [GM]
– Lügner [GM].

kodaler Subst. m. [JeH]
koerdeler [SP]; **kuerdeler** [SP]
– Jude [JeH, SP] ♦ **E:** rw. *kodaler* ‚Jude', verderbte Form aus *lotekorisch* ‚jüdisch', dies aus jd. *losch'n ha-koidesch* ‚heilige Sprache, hebräisch' (WolfWR 3273).

kodesch → *lochne-kodesch* ‚Händlersprache'.

kodig Adj. [LoJ]
– schuldig (Geld) [LoJ] ♦ **E:** rw. *kot* ‚alles Verdächtige, unredlich Erworbene', wohl zu dt. *Kot* ‚Exkremente'; *kotig* ‚schuldig' (WolfWR 2887).

koeres ‚nichtsnutzige Leute' → *koores*.

kofes Subst. Pl. [PH]
– Schulden [PH] ♦ **E:** jd. *chow*, Pl. *chowess* ‚Schuld'; vgl. *kaiofes* unter → *keif*^{d} (WolfWR 2555, We 57, Post 211, Klepsch 866).

koffengt Subst. n. [SK]
– Süßbier [SK] ♦ **E:** dt./lat. *Konvent*, Klostersprache *kofent* ‚Konventbier', im Gegensatz zu *Paterbier* ‚Starkbier'.

kofler Subst. m. [HLD]
– Henker [HLD] ♦ **E:** rw. *kofler* ‚Abdecker, Schinder' (WolfWR 2537), Herleitung schwierig, „ältester Bestandteil ist dt. *villen* ‚schinden, die Haut abziehen'".

kohjot Subst. m./n. [SK]
– Schimpfwort [SK] ♦ **E:** dt. *Kojote* ‚Präriewolf', aus aztekisch *cóyotl* ‚Mischling'.

kojotenkenkessel Subst. m. [SK]
– Dummkopf [SK] ♦ **E:** jd. *kessil* ‚Narr' (WolfWR 2581).

kohl¹ Subst. m. [LJ, LüJ, OJ, PfJ, RW, SJ, SS, Scho]
kool [BM]; **khoul** [WJ]; **koul** [SchJ]; **kol** [BJ, HLD]; **koll** [Scho]
– Stimme [Scho]; Rede [RW]; Erzählung [BJ, LJ]; dummes Geschwätz [SchJ, Scho, WJ]; dummes Zeug [HLD]; Lüge [BM, LüJ, PfJ, SJ, SchJ]; Aufschneiderei [SJ]; Gerücht [SS]; Schwindel [HLD, RW]; Sache, Ding [LüJ] ♦ **E:** unsicher; nach WolfWR 2824 zu roi. *kálo* ‚schwarz' (rw. *schwarz* ‚lügnerisch'); oder zu hebräisch *qôl* ‚Gerücht' (Duden), jd. *kol* ‚Stimme' (Post 211, Klepsch 857, 860). ♦ **V:** *kohl vormachen* ‚schwindeln' [RW]; *kohl machen* ‚anlügen, unnötige Worte machen, vorschwindeln, den Leuten beim Fechten Krankheiten, Unglücksfälle, usw. vorschwindeln' [RW]; *kohl reißen* Lügen auftischen, Witze reißen, anlügen, vorschwindeln [RW]; *das hauret ein dofer kohl* ‚das ist ein gutes (schönes) Zeug oder Sach' [LüJ]; *om ds kohl romm!* ‚den habe ich getäuscht!' [OJ]

kohlen swV. [JSa, LJ, MUJ, PfJ, RW, SJ]; **kohla** [LJ, OJ]; **kohlæ** [WJ]; **kolen** [BJ]; **koulen** [BJ]; **koole** [BM, JS, JeS]
– lügen [BJ, BM, JS, JSa, JeS, LJ, MUJ, PfJ, SJ, WJ]; betrügen [RW]; schwindeln [BJ, JS, OJ, RW]; anschwärzen [BJ]; herauswinden [BJ]; täuschen [BJ, OJ]; schwatzen [BM]

gekohlt Part. Perf., Adj., Adv. [RW]
– totgemacht [RW] ♦ **E:** unsicher, ob hierher; evtl. zu dt. *keulen* ‚töten' DWB XI 650.

ankohlen swV. [LüJ]
– anlügen [LüJ]

bekohlen swV. [LJ]
– vorerzählen [LJ] ♦ **V:** *die hotte die gasche bekaspert und die muße bekohlt* ‚sie hatten die Leute belogen und den Weibern vorerzählt' [LJ]

rauskohla swV. [OJ]
– herauswinden [OJ]

verkohlen swV. [LJ, LüJ, RW]; **vrkohla** [OJ]
– anlügen, belügen [LJ, RW]; betrügen [LüJ]; jmd. zum Besten halten [RW]; anschwindeln, etwas vorschwindeln [RW]; falsch aussagen [RW]; verarschen, verkaspern [RW]; anschwärzen [OJ]

kol melochnen swV., Phras. [HLD]
– „Kohl machen", schlechte Arbeit verrichten [HLD] ♦ **E:** → *malochen*.

kohlreißen swV., Phras. [Gmü, PfJ]; **kohlreisen** [PfJ]
– lügen [Gmü, PfJ]

kohlenschwindeln swV., Phras. [PfJ]
– lügen [PfJ]

kooler Subst. m. [JeS]
– Lügner

kohlbenk Subst. m. [LüJ]; **kohlpink** [LüJ]
– Amtsperson [LüJ]; Richter [LüJ]; verlogener Mann [LüJ]; Sprüchemacher [LüJ] ♦ **E:** rw. *kohlpink* ‚Amtsperson, Richter' WolfWR 2829.

kohlbruder Subst. m. [SJ]
– Aufschneider [SJ]

kohlreiser Subst. m. [LüJ]
– Lügner [LüJ]

döferskol Subst. [LüJ]
– „etwas Besseres sein wollen" [LüJ] ♦ **E:** Konstanzer Hans 1791: *deferer* ‚besser'.

schofelskohl Subst. m. [LüJ]
– hinterhältige, gemeine Lüge [LüJ]; Schlimmes, „nichts Gutes" [LüJ] ♦ **V:** *oh schofelskohl!* ‚ach du Schreck!' [LüJ]

koolig Adj., Adv. [BM]; **kohlich** [LüJ, WJ]
– lustig [BM]; ärgerlich [LüJ, WJ].

kohl² Subst. m. [MM, TJ, TK]
kool [JeS]; **koal** [TK]
– Hunger [BM, JeS, MM, TJ, TK] ♦ **V:** *kohl mampfen* ‚im Gefängnis sein, Hunger haben' [MM] ♦ **E:** rw. *kohler* ‚Hunger' (WolfWR 2827), zu roi. *kálo* ‚schwarz', Transposition: rw. *schwarz* ‚arm'. → *kollere*.

kohldampf Subst. m. [BJ, GM, Him, MM, Mat, OJ, PH, RW, TJ, WJ]; **kooldampf** [BM, JeS]; **koldampf** [CL, JSa, LJ, TK]; **kohldamp** [KMa, SG]
– Hunger [BJ, BM, CL, GM, Him, JSa, JeS, KMa, LJ, MM, Mat, OJ, PH, RW, TJ, TK, TK, WJ]; Hunger haben [SG] ♦ **E:** rw. *Dampf* ‚Hunger', zu met. dt. *Dampf* ‚Angstschweiß, Bedrängnis' WolfWR 954; *kohldampf* ‚Hunger' (WolfWR 2827), Tautologie: rw. *kohler* ‚Hunger', zu roi. *kálo* ‚schwarz'. ♦ **V:** *kohldamp, kohldampf schieben,* ‚Hunger haben, hungern' [HLD, RW]; *Mensch, hann ich e Kohldamp* ‚Mensch, habe ich einen Hunger' [JSa]

kohler Subst. m. [BJ, LJ]; **kolter** Subst. m. [BJ, LJ, OJ]; **koldr** [OJ]
– Hunger [BJ, LJ, OJ]

kohlenjuri Subst. m. [WG]
– armer Mensch [WG]

kolderich Adj., Adv. [SJ]; **koldrig** [OJ]
– ausgehungert [SJ]; hungrig [OJ].

kohle Subst. f. in:
kohlenfresser Subst. m. [RW]
– Schmied [RW]; Schlosser [RW] ♦ **E:** dt. *Kohle* DWB XI 1582 ff.

kohlensack Subst. m. [WG]
– Gefängnispfarrer [WG] ♦ **E:** Benennungsmotiv: schwarze Kleidung.

koibs Subst. Pl. [GM]
keups [GM]
– Schläge, Hiebe [GM] ♦ **E:** unsicher; evtl. zu dt. *käupeln* ‚schwankend sich bewegen, kippen' DWB XI 361 f. oder dt. *Kopf*.

koije Subst. f. [GM]
choli Subst. f. [LüJ]2; **koli** [MoJ]
– Ärger, Wut [GM, MoJ]; Zorn [LüJ] ♦ **E:** roi. *cholin*, *xoli* ‚Galle, Ärger, Erregung, Zorn, Wut' (Boretzky/Igla 117, WolfWZ 1670).

koijepin Subst. m. [GM]
– Ärger, Zorn [GM]

koijern swV. [GM]
– Ärger, Zorn haben [GM]; sich ärgern, zürnen [GM].

koje Subst. f. [BO]
– Bett [BO] ♦ **E:** dt. *Koje* ‚enges Bett (in der Kajüte)', Herleitung unsicher, DWB XI 1600.

kok Subst. f. [KM]
koke [KM]
– Huhn [KM] ♦ **E:** rw. *gock* ‚Ei', wohl zu roi. *kachni* ‚Huhn, Henne', beeinflusst von dt. *Gockel* ‚Hahn' DWB VIII 660 ff. (WolfWR 1853).

kokel Subst. m. [KM]; **kokele** [KM]
– Hahn [KM].

koks Subst. m. [RW]
– Melone [RW]; Hut [RW]; schwarzer Hut [RW]; oben runder Hut der Maurer mit schmaler Krempe [RW] ♦ **E:** rw. *koks* < jd. *gag* ‚Dach' (Wolf 2837); dagegen Matras: aus jd. *kouffele* ‚Hut', hebr. *kova* ‚Hut'.

koksen swV. [MB]
kooksen [MM]
– schlafen [MB, MM] ♦ **E:** ugs. *koksen* ‚schlafen'.

kokser Subst. m. [WG]
– Rauschgiftsüchtiger [WG]
kokserin Subst. f. [WG]
– Rauschgiftsüchtige [WG] ♦ **E:** rw. *koks* ‚Kokain', ab 1918 (WolfWR 2838, ohne Herleitung), zum Pflanzennamen *coca*; *kokain* fachsprachliche Neubildung zum Namen des Strauchs *Koka* im 19. Jahrhundert; span. *Coca*, aus *Quechua*; rw.-Bildungen beeinflusst von dt. *Koks*: durch Erhitzen unter Luftabschluss gewonnener Brennstoff aus Stein- oder Braunkohle.

koksstierer Subst. m. [WG]
– armer Mensch [WG].

koksofen Subst. m. [MB]
– Pfeife [MB] ♦ **E:** dt. *Koks* ‚aus Kohle hergestellter Brennstoff' und dt. *Ofen*.

kolani Subst. m. [MM]
– Sarg [MM] ♦ **E:** wohl zu rw/jd. *chole* ‚krank, gefangen' WolfWR 881.

kolb¹ Subst. m. [LJ, LüJ, MUJ, OJ, PfJ, SchJ, WJ]
kolp [Him, Mat, SJ]; **cholb** [JeS]; **kolbe** [BJ]; **kolwe** [JSa]; **kolm** Subst. m. [KMa, LI]; **kolme** [JS]
– Pfarrer, Pastor [BJ, Him, JS, JSa, JeS, KJ, KMa, LI, LJ, LüJ, MUJ, Mat, NrJ, OJ, PfJ, SJ, SchJ, WJ]; Geistlicher [KJ] ♦ **E:** rw. *kolb* ‚Pfarrer', aus dt. (veraltet) *kolbe* ‚geschorener Kopf' (WolfWR 2843, Klepsch 854); zur Variante *kolm*: evtl. Einfluss von dt. *Kolm* ‚Bergkuppe' DWB XI 2586 f. ♦ **V:** *Dr kolb is e verschwächter benk* ‚Der Pfarrer ist ein Trinker' [WJ]

oberkolb Subst. m. [LüJ]
– Oberpfarrer [LüJ]

kolbægusch Subst. f. [WJ]; **kolbegusch** [PfJ, WJ]
– Pfarrhaus [PfJ, WJ]

kolbakehr Subst. f. [LüJ]
– Pfarrhaus [LüJ]

kolbekitt Subst. f. [LüJ]
– Pfarrhaus [LüJ]

kolbespinde Subst. f. [LüJ]
– Haushälterin des Pfarrers [LüJ] ♦ **E:** WolfWR 2843.

kolmater Subst. m. [KJ]
– Pfarrer [KJ].

kolb² Subst. [JS, PH]
– Hose [JS, PH] ♦ **E:** rw. *kollew* ‚Hose', zu roi. *chóleb*, *cholib* ‚Hose' (WolfWZ 1668; WolfWR 2847).

kolben Subst. m. [BJ, LüJ, PfJ]
kolba [OJ]
– große Nase [BJ, LüJ, OJ, PfJ]; Flasche Bier [LüJ] ♦ **E:** rw. *kolben* ‚Nase' (WolfWR2844), zu dt. *Kolben* DWB XI 1602 ff.; SchwäbWb. IV 572; ugs. verbreitet, Kü 1987: 505.

lötkolben Subst. m. [LüJ]
– Nase [LüJ]; Bierflasche [LüJ] ♦ **E:** rw. *lötkolben* ‚Nase'; ugs. bezogen auf die rote Trinkernase; zu rw. *löten* ‚trinken', nicht zu fachspr. *Lötkolben* (WolfWR

3282); ugs. verbreitet, Kü 1987: 444; SchwäbWb. IV 1304.

kölch Subst. m. [WG]
– Streit [WG] ♦ **E:** wienerisch *Kelch, Kölch* ‚Auseinandersetzung'.

kolem Subst. m. [Scho]
koulem [Scho]
– Traum [Scho] ♦ **E:** rw. *cholemen* ‚träumen, glauben, sich einbilden', zu jd. *cholom* ‚Traum, Einbildung', (WolfWR 885, We 56, Post 191, Klepsch 855 f.).
cholem Interj. [LüJ]
– nichts, nein [LüJ]; „das ist gelogen" [LüJ] ♦ **E:** unter Einfluß von → *kohl¹* ‚Lüge'.
koulemen swV. [Scho]
– träumen [Scho]; sich langsam bewegen [Scho]; langsam arbeiten [Scho]
verkolemen swV. [Scho]
– geistesabwesend sein [Scho]
verkolemt Adj., Part. Perf. [Scho]
– verträumt [Scho]; langsam [Scho]
kolemer Subst. m. [Scho]
– Träumer [Scho]; Arbeiter, langsamer [Scho] ♦ **E:** jd. *cholemer* ‚Träumer' (We 59).
balcholem Subst. m. [LüJ]
– Beamter, der kein Jenisch kann [LüJ] ♦ **E:** *balcholem* ‚Beamter, der die Gaunersprache und Ganovenkniffe nicht kennt' < jd. *baal cholom* ‚Träumer', WolfWR 256.
kolemjossef Subst. m. [Scho]
– Träumer [Scho]
kolempeter Subst. m. [Scho]
– Träumer [Scho].

koletschen swV. [SK]
– sammeln [SK] ♦ **E:** zu rw. *kolatschenmacher* ‚Straßenräuber' (WolfWR 2842), aus dt. *Calesse, Kalesche* ‚leichte, offene Kutsche' DWB II 602.

koli ‚Wut' → *koije*.

kolin Subst. m./f. [GM]
– Brust [GM] ♦ **E:** roi. *kolin* ‚Brust' (WolfWZ 1475).

koll¹ Adj. [NJ]
kuhl [LJ]; **kul** [LJ]; **kouli** Adj. [SchJ]; **kolarisch** Adj. [LoJ]
– schwarz [LJ, LoJ, NJ, SchJ] ♦ **E:** rw. *kalo* ‚schwarz', zu roi. *kālo* ‚schwarz' (WolfWR 2437, WolfWZ 1281, Klepsch 894). ♦ **V:** *kuler Flatterling* ‚Rabe, Krähe' [LJ]
kohl kalo Adj. [BJ]
– schwarz [BJ]

kole Subst. m. [BJ, PfJ]; **kôle** [Him, Mat]; **koule** [BJ, Him, Mat]; **kalo** [BJ]; **koale** [LüJ, OJ, SJ]
– Teufel [BJ, Him, LüJ, Mat, OJ, SJ]; Schmied [PfJ]; Schlosser [PfJ]
koles schwarz Subst., Phras. [BJ]
– Teufelsküche [BJ]; Hölle [BJ].

kollmar Subst. m. [JeH]; **kolmer** [SP]; **kollmann** Subst. m. [NJ]; **kollmen** [NJ]; **kollmenn** [NJ]
– Pfarrer [NJ]; Pastor [JeH, SP] ♦ **E:** *mar* ‚Herr' (WolfWR 2849), Varianten beeinflusst von dt. *Mann*.

koll² ‚Stimme' → *kohl¹*.

kollebakri Subst. m. [GM]
– Revolver [GM] ♦ **E:** unsicher; evtl. zu rw. *kol* ‚alles' WolfWR 2840 oder *chaule* ‚krank' WolfWR 881 und rw. *pegern* ‚sterben, töten, vergiften' WolfWR 4100; oder evtl. zu roi. *kalo* ‚schwarz' WolfWR 2437, auch ‚Gendarm' WolfWZ 1281, und roi. *phag-* ‚brechen, zerbrechen, knicken' WolfWZ 2258.

koll³ Subst. f. [RH]
– Schule [RH] ♦ **E:** wohl zu frz. *école* ‚Schule', evtl. Querung mit jd. *kol* ‚Stimme' WolfWR 2841. → *kohl¹*.
koller Subst. m. [SPI, SS, WH]
– Lehrer [SPI, SS, WH].

kollere swV. [JeS]
– hungern ♦ **E:** rw. *kollern* ‚hungern' aus roi. *kálo* ‚schwarz'. Transposition: rw. *schwarz* ‚arm, ohne Geld, hungernd' (WolfWR 2827). → *kohl²*.

kollmar, kollmann ‚Pfarrer' → *koll*.

kollo Subst. n. [GM]
– Gefängnis [GM] ♦ **E:** jd. *golus* ‚Gefangenschaft, Exil' (Avé-L. 348).

kolme ‚Hose' → *cholme*.

kolone Adj. [MB, MM]
kulone [MM]
– verwirrt [MB, MM]; betrunken [MB]; verrückt, bekloppt, närrisch [MM]; leicht benommen [MM]; blöde [MM]; verstört, komisch [MM]; verstimmt [MM]; schwindelig [MM]; entnervt [MM]; aufgeregt [MM]; irre [MM]; unklug [MM]; kaputt [MM]; „nicht ganz richtig im Kopf" [MM]; „einen am Appel haben" [MM] ♦ **E:** jd. *kulone* ‚verrückt' (We 74). ♦ **V:** *ziemlich kolone aussem kaftan kneistern* ‚ziemlich dumm aus der Wäsche gucken' [MM]; *der schauter macht mich total kolone* ‚der Mann macht mich total verrückt' [MM]

kölschen swV. [HF]
kölsche [HF]
– mit Klickern spielen [HF] ♦ **E:** rhein./rip. (RheinWb. IV 1142) *köl(t)sch* ‚kölnisch', bes. ‚(Stein-)Klicker'.

koluf ‚Milch' s. → *cholev*.

köm Subst. m. [RW]
– Schnaps [RW]; klarer Schnaps [RW] ♦ **E:** nd. *Köm* ‚Schnaps', mnd. *köme, kamīn, kome(n)* < lateinisch *cuminum* ‚Kümmel', verkürzt aus *kömmel* ‚Kümmel' (Klu. 1999: 464). → *köben*.
kömbuddel Subst. f. [RW]
– Schnapsflasche [RW].

kombremende Subst. Pl. [OJ]
koprement [OJ, PfJ]
– Schläge [OJ, PfJ] ♦ **E:** unsicher; evtl. zu frz. *comprimer* ‚schlagen'. ♦ **V:** *kombremende setza* ‚Schläge austeilen' [OJ].

komertsgant Subst. m. [StG]
– Bauernfänger [StG] ♦ **E:** rw. *commerciant* ‚Berufs(falsch)spieler', zu jd. *kamzon* ‚mit voller Hand Nehmender' unter Einfluss von frz. *commerce* ‚Handel' (WolfWR 2855); vgl. → *kommando*.

komliant ‚Komödiant' → *komödiant*.

kommando Subst. n. [RW]
– Abstecher [RW]; Ausflug [RW] ♦ **E:** rw. *kommando* ‚Abstecher vom Wege, Ausflug, Bettelei in der weiteren Umgebung des Standorts', wohl aus jd. *komaz* ‚nehmen (mit voller Hand)', *kamzon* ‚Einsammler, mit voller Hand Nehmender' (WolfWR 2853); vgl. → *komertsgant*.
kommando schieben stV., Phras. [RW]
– betteln, Abstecher zum *fechten* schieben, betteln [RW]; von einem Ort aus abwechselnd in der Umgegend, Ausflug machen [RW]; aus der Stadt, wo man zugewandert ist, nach den nächsten Dörfern gehen, diese abbetteln und in dieselbe Stadt zurückkehren [RW]
commandoschieber Subst. m. [RW]; **kommandoschieber** [HLD, SG]
– reisender Handwerksbursche [HLD]; Handwerksbursche [SG]
commandobrüder Subst. m. Pl. [RW]
– Kunden, welche monatelang auf einer *penne* ‚Herberge' liegen und die Dörfer ringsum nach und nach *abklopfen* (abbetteln) [RW].

kommode Adv. in:
kommode machen swV., Phras. [RW]
– es sich bequem machen [RW]; Hut abnehmen, besonders beim Essen und Trinken [RW]; Jacke ausziehen, nach Aufforderung [RW] ♦ **E:** frz. *commode* ‚bequem'.
kommodich Adj. [RW]
– gemütlich [RW]
komodeheißer Subst. m. [RW]
– Geselle, der den gemütlichen Feierabend einläutet [RW]; jemand am Ort, bei dem sich der Geselle nach Arbeitsmöglichkeiten, anderen Gesellen in der Gegend und deren Reisezielen erkundigen kann [RW].

komödiant Subst. m. [JS]
– Schausteller [JS] ♦ **E:** dt. *Komödiant* ‚Schauspieler', aus ital. *commediante* DWB XI 1683.
komliant Subst. m. [JS]
– Komödiant [JS].

komp Subst. m. [EF]
kamp [EF]
– Laus [EF] ♦ **E:** dt. *kompe* ‚Kumpan, Geselle, Genosse' (DWB XI 1685).

kompass Subst. m. [SG]
– Uhr [SG] ♦ **E:** dt. *Kompass* „im 16. jh. auch von uhren" DWB XI 1684 f. ♦ **V:** *köke mal upn kompaß* ‚Wie spät ist es?' [SG].

kompis Subst. f. [EF]
– Kompaniebeutel [EF]; Gesellschaft [EF] ♦ **E:** kontrahiert zu dt./frz. *Kompanie*.
kompisbeutel Subst. m. [EF]
– Gesellschaftskasse [EF].

kompliment Subst. n. in: [JS]
kompliment machen swV., Phras.
– ‚sich vor Publikum verbeugen' [JS] ♦ **E:** dt./frz. *Kompliment*.

kompliziert Adj. in:
mit jemandem kompliziert sein ‚jmd. ist Kumpane' [WG] ♦ **E:** dt./frz. *Komplize* ‚Freund, Mittäter'.

konditor Subst. m. in:
feldkonditor Subst. m. [RW]
– Ziegler [RW] ♦ **E:** rw. *feldkonditor* ‚Ziegelmacher' (WolfWR 1333), dt. *Feld* und *Konditor* ‚Feinbäcker'.
luftkonditor Subst. m. [RW, StG]
– Ziegler [RW]; Ziegelbäcker [StG]
zweckenconditor Subst. m. [RW]
– Nagelschmied [RW].

kone Subst. m. [FS, LüJ]
kaune Subst. m. [Scho]
– Kunde, Käufer [Scho]; Schürzenjäger [Scho]; Mann [FS] ♦ **E:** rw. *kone* ‚Käufer, Besitzer, Abkäufer gestohlener Ware' (WolfWR 2863) < jd. *kone* ‚Käufer, Besitzer' (WolfWR2863, We 70, Post 212, Klepsch 870).
auf kone handeln swV., Phras. [LüJ]
– jemanden betrügen [LüJ]; auf Schulden handeln [LüJ]; auf Pump leben [LüJ]
kone swV. [PH]
– kaufen [PH]
verkone swV. [CL, PH]
– verkaufen [CL, PH]
kaunert Subst. m. [SS, WH]
– Kaufmann [SS, WH].

konfident Subst. m. [WG]
– Verräter [WG] ♦ **E:** österr. *Konfident* ‚Polizeispitzel'.

konfifchen Subst. [MM]
– Verein [MM] ♦ **E:** lat. *convivium* ‚Geselligkeit, Festgelage'.

kongo Subst. m. [MM]
– Kohlenzug [MM] ♦ **E:** roi. *kohlenger wago* ‚Kohlenwagen' (WolfWZ 1471), kontrahiert zu *kongo*; evtl. volksetymologisch beeinflusst vom LN *Kongo*. ♦ **V:** *brikels vom kongo lellen* ‚Kohlen vom Zug klauen' [MM].

koni Subst. m. [MM]
– Sack [MM]; Tasche [MM]; Rucksack [MM]; männliches Geschlechtsteil [MM]; Schwanz [MM]; Hodensack [MM]; „Sack voll Kartoffeln" [MM] ♦ **E:** roi. *gono* ‚Sack' (WolfWZ 918). → *gono*.
jutekoni Subst. m. [MM]
– Sack, Jutesack [MM].

konje Subst. [JS, PH]
– Pferd [JS, PH] ♦ **E:** obersorb. *kon*, Genitiv *konja* ‚Pferd'.

konn Subst. [KMa, LI]
– Schnaps [KMa, LI]; Essen [LI] ♦ **E:** rw. *konn* ‚Schnaps' (WolfWR 2864, ohne Herleitung), Kürzung aus RN *Konrad*.
konroad Subst. m. [KMa]; **konrad** m. [KMa, OH]
– Schnaps [KMa, OH] ♦ **E:** appellativisch zum RN *Konrad*.

konschd Subst. f. [OJ]
– Arbeit [OJ] ♦ **E:** dt. *Kunst, können* DWB XI 2666 ff. ♦ **V:** *a freia konschd* sonstige Arbeit [OJ]; *nobis a konschd* nicht schwer [OJ].

konstabelpahn Subst. m. [SK]
– Polizist [SK] ♦ **E:** dt. *Konstabel* ‚Junker' u. a. DWB XI 1742 f., engl. *constable* ‚Schutzmann'; → *pan* ‚Herr'.

konteln swV. [StG]
– reisen [StG] ♦ **E:** wohl zu dt. *gondeln* ‚verreisen' DWB VIII 885 f.

kontrillje Subst. f. [MB]
katrillje [MB]
– Rock [MB]; Frauenrock [MB] ♦ **E:** zu dt./frz. *Quadrille* ‚Tanz zu vier Paaren' DWB XIII 2298; RheinWb. IV 1275 *Quadrillenschwenker*.

koober ‚Gastwirt' → *kober*.

kool ‚Hunger' → *kohl²*.

koores Subst. n. [CL]
koeres [Scho]
– Gesindel [CL]; nichtsnutzige Leute [Scho] ♦ **E:** mdal. *Kor, Kores* ‚Pack, Bande' (SchwäbWb. IV 628, PfälzWb. IV 481).

kopel Subst. [LüJ]
koppel [LüJ, SJ]; **kobel** [MUJ]; **kobbel** [LüJ]
– Hose [LüJ, MUJ, SJ]; Unterhose [LüJ]; „auch jedes andere Beinkleid" [LüJ] ♦ **E:** unsicher; evtl. zu dt. *Kobel* ‚Behausung' DWB XI 1539, SchwäbWb. IV 558 (*Kobel* ‚Behälter') DWB XI 1539 oder dt. *Koppel* ‚Verbindung, auch: Gürtel' DWB XI 1785 f.; womgl. Einfluss von roi. *holep* ‚Hose' (Romlex 2002, WolfWZ 1668).
kopelschonder Subst. m. [LüJ]
– Hosenscheißer [LüJ]
underkoppel Subst. m. [LüJ]; **onderkobbel** [LüJ]; **onderkoppel** [LüJ]
– Unterhose [LüJ].

köpel Subst. m. [HF, HeF]
köppel [HF]
– Kopf [HF]; Haupt [HF, HeF] ♦ **E:** Bildung zu mdal. *kopp*.
bählertsköpel Subst. m. [HF]
– Schafskopf [HF]
kroteseköpel Subst. m. [HF]
– Schweinskopf [HF].

kopf¹ Subst. in:
kattenkopp Subst. m. [MM]; **katzenkopp** Subst. m. [RW]; **katzenkopf** [RW]; **katzkoff** [RW]; **katzkopf** [HLD]

– Schlosser [HLD, RW]; Schmied [RW]; Förster, Jagdaufseher [MM] ♦ **E:** rw. *Katzenkopf* ‚Schlosser'; *Katzenkopf* im 18. Jh. eine Art von Vorlegeschloss; volksetymologisch aus tschech. *kočka* ‚Katze' und rw. *kupf* ‚Eisen', dies aus tschech. *kov* ‚Metall' (WolfWR 2522, 3021).

kopf² Subst. m. in:
kopfkissen Subst. n. [RW]
– Flasche wird vor dem Schlafengehen mit Schnaps gefüllt [RW] ♦ **E:** rw. *kopfkissen* ‚Schnapsflasche, die für die Nacht mit aufs Lager genommen wird' WolfWR 2870, zu dt. *Kopf* ‚Haupt' DWB XI 1744 ff. und dt. *Kissen* DWB XI 852 ff.
kopfschuster Subst. m. [HLD, RW, StG]
– Hutmacher [HLD, RW, StG]; Zeltmacher [RW] ♦ **E:** rw. *kopfschuster* ‚Hutmacher' WolfWR 2872.
köpp Subst. m. Pl. [EF]
köpfe [EF]
– (Musik-)Noten [EF] ♦ **E:** Kürzung aus dt. *Notenkopf* DWB XIII 904.
köppnifeln swV. [EF]
– Noten schreiben [EF]
köppel Subst. f. [SK]
– Musikkapelle [SK]; Kapelle [SK]
rabenköppel Subst. n. [SK]; **robbenköppel** [SK]
– Lehrlingskapelle [SK] ♦ **E:** tschech. *rob* ‚Knabe'.

kopp → *draikopp*.

koppblech Subst. n. [SK]
– 0,20 M [SK] ♦ **E:** rw. *kopfstück* ‚Zwanzigkreuzerstück', rw. *Blech* ‚Geld' WolfWR 2819, 535.

koppert Subst. m./f. [SK]
– Heu [SK]; Wiese [SK] ♦ **E:** rw. *kupfer, kupper, kopper* ‚Heu' WolfWR 3022, ohne Herleitung, wohl zu dt. *Koppel* „feld, wiese oder stück überhaupt das nicht als garten dient" DWB XI 1785 f.

koprement ‚Schläge' → *kombremente*.

kaschkorako ‚dicker Knüppel' → *kasch*.

korber Subst. m. [TK]
– Korbmacher [TK] ♦ **E:** TirolWb. I 350 (*Korwer* ‚Korbflechter').

korbis Subst. m. [BM]
– Korporal [BM] ♦ **E:** schweizdt. Bildung zu *Korporal*.

korche Subst. n. Dim. [CL]
– Zigarre [CL] ♦ **E:** Umbildung zu → *schmerche, schmorche*.

koren swV. [JSa]
– probieren, kosten [JSa] ♦ **E:** dt./mdal. *küren, kuren, koren* ‚kosten, schmecken', DWB XI 2803 f. ♦ **V:** *kóor emòò, wie dad schmaggd!* ‚Probiere einmal, wie das schmeckt!' [JSa].

kores Subst.
khores [UG]
– Kurzware [UG] ♦ **E:** → *schore¹*. Vgl. → *kinnemskore*.

korf Subst. m. [BB]
– Korb [BB] ♦ **E:** rhein./nd. *Korf* ‚Korb'.

korker Num. Kard. oder Adv. [SK]
– eins [SK] ♦ **E:** roi. *kokero* ‚allein'.

korlass Subst. [LoJ]
– Wein [LoJ] ♦ **E:** rw. *kollas* ‚Wein', wohl zu jd. *koras* ‚Erquickung, Erfrischung' (WolfWR 2479).

körning Subst. m. [MM]
körnig [MM]
– Busen [MM]; Brust [MM]; Brüste [MM]; Frauenbrüste [MM]; „toller Busen" [MM] ♦ **E:** Bildung zu dt. *korn* ‚Ähre, Knospe', homologische Metapher (Formähnlichkeit), Zusammenspiel mit *kimme* ‚weibliches Genital': *Kimme und Korn*; in der ugs. Verbalerotik weit verbreitet. ♦ **V:** *jovler körning* ‚schöner Busen' [MM]; *die kaline hat aber 'n joflen körning!* ‚Das Mädchen hat einen schönen Busen!' [MM]; *ein kurantes anim! Jovle zomen, toften tokus und nen schucker körning inne Bluse* ‚ein hübsches Mädchen! Schöne Beine, hübscher Hintern und ein schöner Busen in der Bluse' [MM].

körwoater Subst. n. [MB]
– Korn (Schnaps) [MB] ♦ **E:** nd. *küren* ‚reden, erzählen' und nd. *woater* ‚Wasser'.

kos Subst. m. [MoM]
koss [Scho]; **kozze** [FS]
– Becher [Scho]; Branntwein [MoM]; Schnaps [FS, MoM] ♦ **E:** rw. id., zu jd. *kos* ‚Becher' (WolfWR 2881).

kösch Subst. [EF]
– Bergwerkstadt [EF]; tragbares Bergwerksmodell [EF]; Bergkasten [EF] ♦ **E:** unsicher; evtl. zu tsch. *koš* ‚Korb', Wolf, Fatzersprache, 125.

koschen swV. [GM]
– fluchen [GM] ♦ **E:** roi. *koš-* ‚fluchen, verwünschen, schmähen' (WolfWZ 1521).
koschepen Subst. m. [GM]
– Fluch [GM]

koscher Adj. [CL, JSa, LL, MB, MB, MM, Scho]
kooscher [JS, KM]; **kouscher** [Scho]; **kouscha** [NW]; **kuschr** [OJ]
– rein [CL, JS, LL, MB, MM, Scho]; sauber [CL, JSa, KM, LL, MB, MB, MM, NW, OJ]; schlau [MM]; richtig, in Ordnung [MB, MM, Scho]; raffiniert [MB, MM]; gut [MM, Scho]; zuverlässig [MM]; unverdächtig [CL, OJ]; „auch das körperliche Befinden betreffend" [CL]; „Eigenschaft von Fleisch" [MM]; „Art des Schlachtens bei den Juden" [MM] ♦ **E:** rw. *koscher* ‚rein, ehrlich, unverdächtig' (WolfWR 2884) < jd. *koscher* ‚tauglich, in Ordnung, richtig, gut' (We 73, Post 212, MatrasJd 290, Klepsch 873). ♦ **V:** *der seeger is koscher* ‚der Mann ist in Ordnung' [MM]; *Der Gaatsch kummt mer net kooscher vor* ‚Der Mann kommt mir nicht sauber vor' [LL]; *Heit is mer garnet richtig kooscher* ‚heute geht es mir gar nicht richtig gut' [LL]; *Die Sach' ist nicht koscher* ‚Sie ist nicht in Ordnung, ich wittere Unrat' [NW].

koschnizengero Subst. m. [GM]
– Korbmacher [GM] ♦ **E:** roi. *košnitsengero* ‚Korbmacher' (WolfWZ 1523).

koscho Subst. m. [MoM]
– Schwein [MoM] ♦ **E:** frz. *cochon* ‚Schwein'.

koschuff Adj. [LJ]
– dunkel [LJ] ♦ **E:** rw./jd. *chochesch* ‚Finsternis, finster' (WolfWR 892).

kosmejne Subst. f. [Scho]
– Trumpf [Scho] ♦ **E:** jd. *chasmeine, chosmeine* ‚Abschluss, Schlag, Trumpf' (We 55).

koss ‚Becher' → *kos*.

kossen Subst. f. [SK]
– grüne Erbse [SK] ♦ **E:** frz. *cosse* ‚Schote'.

kossen swV. [SK]
– sich übergeben [SK] ♦ **E:** rw. *kotzen* ‚gestehen, mit der Sprache herauskommen, sich erbrechen', jd. *kozen*, dt. *kotzen* (ab 15. Jh.) WolfWR 2894. → *kotzen*.

kossert ‚Speck' s. *kassert* (unter → *kasser*).

köster Subst. m. [MM]
– kleiner Bauer [MM] ♦ **E:** dt./mnd. *koster, kuster* ‚Küster' (Klu. 1995: 480); in sondersprachlichen Komposita als Halbsuffix zur Nomen-agentis-Markierung.

apenköster Subst. m. [MM]
– „jemand, der was daher macht, wo nichts dahinter ist" [MM] ♦ **E:** westf. *apenköster* ‚Faxenmacher, Komiker' (WestfWb. 186).

figinenköster Subst. m. [MM]; **figineköster** [MM]; **figieneköster** [MM]
– Aufschneider [MM]; Betrüger [MM]; Angeber [MM]; Schlauberger [MM]; Mann der Täuschung [MM]; „einer, der unwahre Sachen sagt" [MM]; „einer, der so tut, als arbeite er, tut es aber nicht" [MM]

nerbeloköster Subst. m. [MM]; **nerbloköster** [MM]; **naerbloköster** [MM]
– Dummkopf, Narr [MM]; Spinner, Verrückter [MM]; närrischer, verrückter Kerl [MM]; Aufseher für Verrückte [MM]; Oberidiot [MM]; „jemand, der nicht ganz richtig im Kopf ist" [MM].

kostgänger Subst. m. [BJ, RW]
koschdgengr [OJ]
– Bauch [BJ, OJ, RW] ♦ **E:** rw. *kostgänger* ‚dicker Bauch, schwanger sein' (WolfWR 1886).

kostgängerschuk Subst. m. [RW]
– Bauchladen [RW].

köt¹ Subst. n. [HF]
köht [HF, HeF]; **köth** [HeF]
– Bier [HF, HeF] ♦ **E:** zu nl. (ant.) *keute, keyte, keyte* ‚Bier', fries. *koit* ‚Bier'; in Mitteldeutschland dt. (ant.) *Keiterling* ‚Bier'. ♦ **V:** *ene krögel köth* ‚eine Kanne Bier' [HeF]; *köth pröttelen* ‚Bier brauen' [HeF]; *minotes plart köth* ‚Ich trinke Bier' [HeF]; *Schüt nog en Ruth; dot huckt henese Köth* ‚Gib noch ein Glas; das ist gutes Bier' [HeF]

köthärk Subst. f. [HF, HeF]; **köthärk** [HF]
– Bierschenke [HF]; Bierlokal [HF]; Bierhaus [HF, HeF]

köhtprötteler Subst. m. [HF]; **kötprötteler** [HF]
– Bierbrauer [HF, HeF]

köhtspetzen Subst. Pl. [HF]; **köhtspitzen** [HF]; **kötspetzen** [HF]
– Gerste [HF].

köt² Subst. m. [MeT]
köte [SG]; **kot** [MeT]; **koet** [MeT]
– Schilling [MeT]; Geldstück [MeT]; 10 Pfennig [SG]; 5 Pfennig [SG] ♦ **E:** rw. *köt* ‚Schilling', aus jd. *koton* ‚klein' WolfWR 2888; im nd. Liber Vagatorum 1510: *köt – ein witt pennig*. ♦ **V:** *'n köt* ‚ein Schilling' [MeT]; *bede köt* ‚zwei Schilling' [MeT]

droppkött Subst. m. [MeT]
– die gegenüber *kött* ‚höherwertigere Münze', wörtlich: ‚eine Menge an Schillingen' [MeT].

köte[1] swV. [KM]
jeköt Part. Perf. [KM]
– betteln [KM] ♦ **E:** unsicher; evtl. zu rw. *kot* ‚alles unredlich Erworbene' oder met. zu rw. *kötling* ‚Topf', aus dt. *Kot* ‚Erde' WolfWR 2887 und 2890; schwer zu dt. *köten* ‚reden' (DWB XI 1887).

köte[2] ‚Münzeinheit' → *köt*[2].

koten Subst. m. [MM]
kooten [MM]; **kôten** [Him]; **koteng** [MM]; **kodem** [LJ, PH]; **koodem** [CL, LL]; **kôtem** [Zi]; **choodem** [JeS]; **kodemche** Subst. Dim. [LL]; **kottele** Subst. Dim. [SJ]; **kôtele** [SJ]; **kotele** [SJ]; **kottela** [SJ]; **kotteln** [SJ]
– Kind(er) [CL, Him, JeS, LJ, LL, MM, PH, SJ, Zi]; Kleinkind [MM]; Junge, Jungens [MM]; kleiner Junge [MM]; Kleiner, Kleine [MM]; uneheliches Kind [CL]; eheliches Kind [CL]; Sohn [MM] ♦ **E:** rw. *koton* ‚klein, jung' (WolfWR 2891) < jd. *koton* ‚klein, jung, Kind' (We 73, Post 212). ♦ **V:** *Schdiegem, die koodem spannen* ‚Still, die Kinder hören zu' [LL]; *der hegt bes kotens* ‚er hat zwei Kinder' [MM]; *als kotens hatten wir kaum was zu frengeln* ‚als wir Kinder waren, hatten wir kaum etwas zu essen' [MM]; *die koten hatten hame jontef auf'n schock* ‚die Kinder hatten viel Spaß auf der Kirmes' [MM]; *als koten hatten wir immer hame more vor den keilof* ‚als Kinder hatten wir immer sehr viel Angst vor dem Hund' [MM]; *als koten hatten wir oft roof bis unter die arme* ‚als Kinder hatten wir oft großen Hunger' [MM]; *wat hamse uns als kotens oft makeimt!* ‚wir wurden als Kinder oft geschlagen' [MM]; *die alsche hatte schon hei kotens und war wieder pattisch* ‚die Frau hatte schon fünf Kinder und war wieder schwanger' [MM]; *der koten fing am plannigen* ‚das Kind begann zu weinen' [MM]; *dat schlör erzog ihre kotens zum schoren* ‚das Weib erzog ihre Kinder zum Stehlen' [MM]; *der älteste koten mußte in'n granigen, weil er schmuh gemacht hatte* ‚das älteste Kind mußte wegen Betrügereien ins Gefängnis' [MM]; *die koten mußten den zossen anne leine nehm' und dann immer rumteilachen* ‚die Kinder mußten das Pferd an die Leine nehmen und bewegen' [MM]; *da joste die kochemer, kaffer und ruminis, oltrische und kodems, stegen und schickse, im bali beinander um en jak* ‚da lagen die Gauner, Männer und Weiber, Alte und Kinder, Buben und Mädchen, im Walde beisammen um ein Feuer' [LJ]; *Wer hatscht scho morgens end schwäche nei, was send des für lake schure, se laßet die moss; ond dia kottela drhoim, bei murke ond kipp* ‚Wer geht schon morgens ins Wirtshaus rein, was sind das für schlechte Kerle, sie lassen die Frau und die Kinder daheim, bei Katze und Hund' [SJ]; *Deine kottela detet gern butta, dene qualmt scho dold* ‚Deine Kinder würden gerne essen, denen raucht schon die Nase' [SJ]; *Skotele hod end bux gschmelzd ond gflöseld shod grandeg gmuffd' d'muadl hod döberd ond hod am da doches vergufd* ‚Das Kind hat in die Hose geschissen und uriniert, es hat kräftig gestunken, die Mutter hat geschimpft und hat ihm den Hintern verhauen' [SJ]

koterie Subst. f. [MM]
– Kinder [MM]; Kinderschar [MM]; kleine Kinder [MM]; mehrere Kinder [MM]; Kindergarten [MM]

jesuskoten Subst. m. [MM]
– Jesuskind [MM]

malocherkoten Subst. m. [MM]
– Arbeiterkind [MM]

negerkoten Subst. m. [MM]
– Kind eines Schwarzafrikaners [MM]

seiberkoten Subst. m. [MM]
– zahnendes Kind [MM]

kotenbeis[1] ON., Namenübersetzung [MM]
– Kinderhaus (Stadtteil von Münster) [MM]

kotenbeis[2] Subst. m./n. [MM]
– kleine Behausung, Bude [MM]

kotenbeisken Subst. Dim. [MM]
– kleine Bude [MM]

kotenmoos Subst. n. [MM]; **kootenmoos** [MM]
– Kleingeld [MM]; Kindergeld [MM]

kotenproblem Subst. n. [MM]
– Kinderproblem [MM]

kotenschowemänglowierer Subst. m. [MM]
– Bauchladenhändler [MM]

kotenzeit Subst. f. [MM]
– Kindheit [MM]

koodemich Adj. [CL, LL]
– klein [CL, LL]; unscheinbar [CL]

koten Adj. [MM, SS, Scho]
– klein [MM, SS, Scho]; kurz [MM] ♦ **V:** *koten hejnes'che* ‚kleiner Mann' [Scho]; *im ganzen beis warn nur so kotene käfterken* ‚im ganzen Haus gab es nur kleine Zimmerchen' [MM]; *die ganze mischpoke wohnte in ein' kontenen beis* ‚die ganze Sippschaft wohnte in einem kleinen Haus' [MM]; *die zintis, die hatten manchmal ein' kotenen zossen vor ihren wuddi* ‚die Zigeuner hatten manchmal nur ein kleines Pferd vor ihren Wagen gespannt' [MM]; *er knispelte die kotene schore* ‚er sah die geringe Ausbeute' [MM]

kotig Adj. [MM]
– klein [MM].

koteren swV. [HF, HeF]
– schneiden [HF, HeF] ♦ **E:** rhein. *Koter* ‚Pflugmesser' RheinWb. IV 1282, frz. *couteau* ‚Messer', vgl. auch engl. *cutter*; evtl. Einfluss von → *koten* ‚klein' (kleinschneiden, in Stücke schneiden). ♦ **V:** *schmelen koteren* ‚Haare schneiden' [HeF]

cout Subst. [NJ]
– Messer [NJ]

koter Subst. m./n. [HF, HeF]
– Messer [HF, HeF]

couter Subst. m. [NJ]
– Metzger [NJ]

kotebetz Subst. [JeH]
– Messer [JeH]

knappkoter Subst. m./n. [HF, HeF]
– Brotmesser [HF, HeF]

schmelekoter Subst. m./n. [HF]
– Rasiermesser [HF].

kotze ‚halb' → *choze.*

kottern swV. [MB]
– essen, speisen [MB]; kauen, mampfen [MB] ♦ **E:** unsicher; evtl. zu nd. *kottbrääken, -brecken* ‚zerbrechen; in Stücke gehen'. ♦ **V:** *ein maro kottern* ‚ein Butterbrot essen' [MB]

kottermann Subst. m. [MB]
– Butterbrot [MB] ♦ **V:** *erst mal 'nen kottermann achielen* ‚erst mal ein Butterbrot essen' [MB].

kotti Subst. [JS, PH]
– Häcksel [JS, PH] ♦ **E:** roi. *koti* ‚Spreu, Häcksel' aus roi. *kuti* ‚wenig, klein' (WolfWZ 1528, 1627).

kotz[1] Subst. f. [WG]
– Bett in der Korrektionszelle [WG] ♦ **E:** wienerisch *Kotzen* ‚grobe Decke'.

kotz[2] Subst. m. [OJ]
– Reicher, Angeber [OJ] ♦ **E:** rw. *kotz* ‚Prahler' (WolfWR 2893) < jd. *kozen* ‚Vornehmer, Reicher' (We 73, Post 213, Klepsch 901).

kozin Subst. m. [BJ]
– Reicher, Angeber [BJ]

kozin Adj. [BJ]; **kuzzn** [Scho]
– reich [BJ, Scho].

kotzen swV. [EF]
kotzn [Scho]
– sich übergeben [EF]; sich ekeln [Scho] ♦ **E:** rw. *kotzen* ‚sich erbrechen, gestehen', zu dt. *kotzen*, jd. *kozen*, WolfWR 2894, DWB XI 1905 f. → *kossen.*

koudesch Subst. f. [Scho]
– ganze Gemeinde [Scho] ♦ **E:** vgl. → *lochne kodesch.*

kouhn Subst. n. [Scho]
– Kind [Scho] ♦ **E:** jd. *koun* ‚Mann, Kind' (Klepsch 870). Vgl. → *koten.*

koule ‚krank' → *chaule.*

koulem ‚Traum' → *kolem.*

koumeln ‚beischlafen' → *chaumeln.*

kowakowatschanipnip Adj., Adv. [SK]
– abergläubisch [SK] ♦ **V:** *hei is kowakowatschanipnip* ‚er ist abergläubisch' [SK] ♦ **E:** roi. *tšowachānapen* ‚Hexerei' (WolfWZ 3521).

kowe Subst. f. [MM]
kove [MM]; **koove** [MM]; **kower** Subst. m. [MB]; **kover** [MB]; **kowes** Subst. [PfJ]; **koufes** [Scho]
– Kleidung [MM]; Kleider [MM]; Kleid [MM]; Wäsche [MM]; Anzug [MB, MM]; Mantel [MB, MM]; Zeug [MM]; Garderobe [MM]; Schulden [PfJ, Scho]; „was zum Anziehen" [MM] ♦ **E:** rw. *kowe* ‚Hut, Mütze', zu jd. *kowa, kauwe* ‚Hut, Mütze' (WolfWR 2897), jd. *kowo* ‚Zelt, Hütte' (WolfWR 2897); womgl. noch Einfluss von roi. *kowa* ‚Ding, Sache, Zeug' (WolfWZ 1533); vgl. → *kober.* ♦ **V:** *zieh dein kover an* ‚zieh deinen Mantel an' [MB]; *hame schucker ausse kowe roinen* ‚sehr gut aus der Wäsche schauen' [MM]; *hamel mies ausse kowe reunen* ‚sehr dumm aus der Wäsche gucken' [MM]; *in jovle kowe werfen* ‚in Schale schmeißen' [MM]; *der schauter hegt 'ne jofle kowe* ‚der Mann trägt gute Kleidung' [MM]; *der scheetz hatte so 'ne more, dat er sich die kowe beseibelt hat* ‚der junge Mann machte sich vor Angst in die Hose' [MM]; *kowe ist bekane, und im beis alle jovel* ‚die Kleider sind in Ordnung, und zu Hause sind alle wohlauf' [MM]

gartenmallocherskowe Subst. f. [MM]
– Arbeitskleidung für Gartenarbeiten [MM]

karnevalskove Subst. f. [MM]
– Karnevalskostüm [MM]

malochkowe Subst. f. [MM]
– Arbeitskleidung [MM]

nerwelokowe Subst. f. [MM]; **nerbelokowe** [MM]
– Karnevalskostüm [MM]; „verrückte Kleidung" [MM]

sonntagskowe Subst. f. [MM]
– Sonntagskleidung [MM]

kowenmalocher Subst. m. [MM]
– Schneider, Kleidermacher [MM]; Verkäufer von Bekleidung [MM]
kowenmalocherchen Subst. n. Dim. [MM]
– Schneiderlein [MM] ♦ **V:** *das muckere kowenmalocherchen* ‚das tapfere Schneiderlein' [MM]
koveschäppken Subst. n. Dim. [MM]
– Kleiderschrank [MM].

kower ‚Wirt' u. a. → *kober*.

koze ‚Hälfte, halb' → *chotze*.

kozenille Adj. [CL]
– verrückt [CL] ♦ **E:** rw. *choze* ‚halb' zu jd. *chozo* ‚Hälfte', jd. *chosser* ‚Mangel'; rw. *nille* ‚Narr, Spaßmacher' (WolfWR 894, 896, 3882).

kraakzelen Subst. Pl. [HF]
krakzelen [HF]
– Nüsse [HF] ♦ **E:** RheinWb. IV 1231 *Krackkern* (ganz kleine Sorte Walnüsse im Gebiet Kleve-Emmerich).

krabbelen swV. [HF, HeF]
– schreiben [HF, HeF] ♦ **E:** dt. (ant.) *krabbeln* ‚kritzeln, unleserlich schreiben' DWB XI 1911 ff. (5.a); RheinWb. IV 1304. ♦ **V:** *feselen krabbelen* ‚Briefe schreiben' [HeF]; *krabbel minotes ene Fesel an mine Limthuren; dot holt Zinotes knäbbig* ‚Schreibe mir einen Brief an meine Geliebte; das kannst du sehr gut' [HeF]; *holt zinotes de krabbel?* ‚Können sie das lesen?' [HeF]
verkrabbelen swV. [HF, HeF]
– sich verschreiben [HF, HeF]; falsch schreiben [HF]
krabbel Subst. [HF, HeF]
– Schrift [HF, HeF]; Schein [HF, HeF]; Buch [HF, HeF] ♦ **V:** *zinotes flickt henes. Wo hucken die krabbelen te beuten?* ‚Du redest gut daher. Wo sind die Bücher denn zu kaufen?' [HeF]
krabbelpoy Subst. f. [HF]
– Tinte [HF]
krabbelsbalg Subst. m. [HF]; **krabbelblag** [HeF]; **krabbelsblag** [HF]
– Schreiber [HF, HeF]
krabbelstent Subst. n. [HF]
– Schreibstube [HF]; Kontor [HF]; Büro [HF]
krabbelstinnes Subst. m. [HF]; **krabbelstines** [HF]
– Feder [HF]; Federhalter [HF]
geikrabbel Subst. [HF]
– Liederbuch [HF]
nollkrabbel Subst. [HF]
– Rechenbuch [HF]

tellkrabbel Subst. [HF]
– Gebetbuch [HF]; Brevier [HF].

krachen swV. [RW]
– „gehen" (sterben) [RW]; arretiert werden [RW] ♦ **E:** rw. *krachen gehen* ‚sterben, verhaftet werden' (WolfWR 2902), zu dt. *krachen* ‚ein krachendes Geräusch machen, kränkeln, gebrechlich sein', „was mit einem kurzen scharfen knalle oder schalle bricht" u. a. DWB XI 1916 ff.
kraach Subst. [RH]
– Schulden [RH]
krachn Subst. f. [WG]; **krag** Subst. [RH]
– Pistole [RH, WG]; Revolver [WG]
kracher[1] [LüJ, PfJ]
– Nuß [PfJ]; Apfel [LüJ] ♦ **E:** rw. *kracherling* ‚Nuß' WolfWR 2905, zu dt. *Krach* „von dem, was plötzlich bricht" DWB XI 1915 f.
krächerl Subst. n. Dim. [LüJ]; **krächerle** Pl. [LüJ]
– Nuß, Nüsse [LüJ]
krächerlesstöber Subst. m. [LüJ]
– Nußbaum [LüJ]
kracher[2] Subst. m. [Him, LüJ]
– Schwarzwald [LüJ]; Wald [Him, LüJ] ♦ **E:** rw. *kracher* ‚Wald, Holz' WolfWR 2904. ♦ **V:** *Fiesel, meinst 's haure keine grünwedel herles im kracher?* ‚Kamerad, meinst du, es seien keine Forstwächter hier im Wald?' [LüJ]
krachert[1] Subst. n. [SK]
– Gewitter [SK]
krachert[2] Subst. m. [JS, PfJ, RR]; **krachet** [LI]; **grachert** [KJ]; **krachat** [LoJ]; **kracht** [TK]; **krachet** [TK]
– Wald [KJ, PfJ, RR]; Holz [JS, KJ, LI, LoJ, RR, TK]; Gebüsch [LoJ]
krachus Subst. [TJ]; **krach** Subst. [TK]
– Holz [TJ, TK]
krachatpfahler Subst. m. [LoJ]
– Wald [LoJ]
krachusschieber Subst. m. [TJ]
– Tischler [TJ] ♦ **E:** rw. *schieben* u. a. ‚heimlich schnell bewegen, fragwürdige Geschäfte machen' WolfWR 4893, zu dt. *schieben*; *schieber* als Agensmarkierung produktiv, vgl. → *sprausschieber* ‚Hobel, Tischler' unter → *spraus* ‚Hobel, Tischler'.
krächerling Subst. m. [UG, WJ]; **krachling** [HLD]
– Zahn [HLD]; Zähne [WJ]; Nuß [UG] ♦ **E:** rw. *krächling* ‚Knochen, Zahn' WolfWR 2906.
krachel Subst. m. [KM]
– Zucker [KM]; Krach [PfJ]; Handel [PfJ]; Lärm [PfJ]; Streit [PfJ].

krackerla Subst. n. Dim. [LJ, SchJ]
krackerle [LJ]; **krakerle** [LJ]
– Gespenst [LJ, SchJ]; Geist [LJ] ♦ **E:** rw. *krackerla* ‚Gespenst' (WolfWR 2908, ohne Herleitung); zu dt. *Kracke* ‚Klappergaul, schlechtes Pferd' allgemein „etwas kleines, schlechtes, unansehnliches, von menschen, thieren und dingen" DWB XI 1927 ff.; vgl. auch schwäb. *kracken* ‚knarren, krachen' SchwäbWb. IV 663.
krakerla swV. [LJ]
– spuken [LJ].

kraffatenmacher Subst. m. [EF]
– Schauspieler [EF] ♦ **E:** OSächsWb. II 475 (*Kaffaten*, *Kraffaten* ‚dumme Späße, Albereien, Kaspereien').

krafni Subst. f. [GM]
– Nagel [GM] ♦ **E:** roi. *krafni* ‚Nagel' (WolfWZ 1539).

kraft Subst. f. in: [JS]
mit halber kraft ‚gegen ein Trinkgeld' [JS] ♦ **E:** rw. *mit halber kraft fahren* ‚ohne Fahrkarte für ein Trinkgeld an den Schaffner fahren' (WolfWR 2909).

kraftlatz Subst. m. [HL]
– starker, junger Mensch [HL] ♦ **E:** OSächsWb. II 638 (*Kraftlatz* ‚starker junger Mann, Kraftprotz').

krai ‚Pferd' → *grai*.

kraie in:
kraiebais Subst. n. [StG]
– Untersuchungsarrest [StG] ♦ **E:** rw. *kreien* ‚melden, rufen, schreien' (WolfWR 2939), zu jd. *kerio* ‚Ausruf, Vorlesung', und rw. → *baijes* ‚Haus' (WolfWR 246).

krajöhl Subst. n. [MM]
– Geschrei [MM] ♦ **E:** nd. *karjöhlen, krajöhlen* ‚johlen, krakeelen'.

krakelen swV. [MM]
krakehlen [KMa]
– schreien [MM]; schimpfen [KMa] ♦ **E:** dt./ugs. *krakeelen* ‚laut schreien (um Streit anzufangen); lautstark schimpfen; sich lautstark streiten' DWB XI 1977 f.; westf. *krakelen* ‚zanken, streiten' (Woeste 141); *krakelen* ‚schimpfen, lärmen' (WWBA).
krakeeler Subst. m. [MM]
– Schreihals [MM]
krakehlwasser Subst. n. [PfJ]; **krakeelwasser** [PfJ]
– Schnaps [PfJ].

krakler Subst. m. [TK]
– Zigeuner [TK] ♦ **E:** wohl zu rw. *racklo* ‚Mann' aus roi. *racklo* ‚Bursche, Knecht, Knabe Junge' (WolfWR 4473).

krakmon Subst. m. [HF, HeF]
– Ochse [HF, HeF] ♦ **E:** rw. (WolfWR 2910, ohne Herleitung); evtl. zu dt. *Krake* „ein groszes und halb fabelhaftes seethier" DWB XI 1976, schwerer zu frz. *craquement* ‚Krachen, Knacken'.

krallen swV. [LüJ, SJ]
krallæ [WJ]
– stehlen [LüJ, SJ, WJ]; klauen [LüJ]; fangen [SJ]; jagen [SJ] ♦ **E:** rw. *krallen* ‚fangen' zu dt. *Kralle* ‚Klaue' (WolfWR 2912), *krallen* ‚mit einer Klaue an sich reißen' DWB XI 1892 f., SchwäbWb. IV, 671; *Kralle* ‚Klaue' im ironischen Zusammenspiel mit der Bedeutung ‚klauen'.

kraller Subst. m. [Him]
– Marder [Him].

krallja Subst. m. [EF]
– Kreuzer [EF] ♦ **E:** wohl zu roi. *krall, kralo* ‚König'; Benennungsmotiv: Münzbild.

kraln swV. [EF]
– musizieren [EF] ♦ **E:** unsicher; evtl. zu rw. *kralling* ‚Hand' WolfWR 2912, zu *krallen* ‚mit einer Klaue an sich reißen' DWB XI 1892 f.

krambol Subst. m. [SJ]
– Streit [SJ] ♦ **E:** frz. *carambole* ‚Zusammenstoß'.

krämen swV. ‚kaufen' → *kremen*.

kramm Subst. m. [SS]
brambet Subst. [LI]
– Hunger [LI, SS] ♦ **E:** unsicher; evtl. zu dt. *Kramm* ‚Krampf' DWB XI 2003; Benennungsmotiv: vor Hunger krampfender Magen. *brambet* verderbt oder evtl. kontaminiert mit → *brambori* ‚Kartoffel'.

krammutchen Subst. Pl. [HL]
– Läuse [HL] ♦ **E:** rw. id., zu jd. *keroim* ‚Lumpen, zerissene Kleidung' WolfWR 2915.

krampf Subst. m. [JS, LJ, SJ, SchJ, Scho]
– Aufschneiderei [SJ]; Erdichtetes [Scho]; Trinkgeld [JS] ♦ **E:** rw. *krampf* ‚Aufschneiderei, Trinkgeld; Diebsfahrt, „zu allem verwendbarer Gauner"' (WolfWR 2916), zu dt. *Krampf, Krampe* ‚Haken, Klammer' (WolfWR 2916; DWB XI 2010). ♦ **V:** *krampf machen* ‚betrügen, unterschlagen' [LJ, SchJ]; *mach keine krämpf* ‚sage nichts Unwahres' [Scho]

krampfen swV. [KJ, SJ]
– stehlen [KJ, SJ]; fassen [SJ].

krämpfling Subst. m. [TK]
– Fingerring [TK] ♦ **E:** wohl zu dt. *Krampf, Krampe* ‚Haken, Klammer' DWB XI 2010.

krämtsch Subst. f. [BM]
– Kramgasse [BM] ♦ **E:** zu dt. *Krämer* ‚Kaufmann', *Kram* ‚Trödel, 'DWB XI 1985 ff. und *Gasse*.

kranes ‚Korb' → *kanes*.

kranich Subst. n. [CL]
– Kraut [CL] ♦ **E:** unsicher; evtl. zu rw. *kräncher* ‚Spitzen, Kanten' aus jd/dt. *Krinne* ‚Kerbe, Spitze, Zacken' WolfWR 2917 oder Umbildung zu pfälz. *Grünes* ‚Suppenkraut' (PfälzWb. III 487).

kranisch Adj. [JeH]
kraanisch [SP]
– fein [JeH, SP] ♦ **E:** rw. id., WolfWR 2918 (ohne Herleitung); evtl. zu → *grandig*.

krank Adj. [LJ]
– gefangen [LJ] ♦ **E:** rw. *krank* ‚verhaftet, gefangen', zu dt. *krank* WolfWR 2919. ♦ **V:** *krank zopfa* ‚gefangen nehmen' [LJ].

kräsche Subst. n. [KMa]
krähsche [KMa, OH]
– Fett [KMa, OH]; Öl [KMa] ♦ **E:** wohl zu dt. *kreischen* „besonders von dem was in der pfanne oder sonst zischend, sprazelnd, in hohem tone schreiend gebraten, geröstet wird" DWB XI 2153 ff.

kräschich Adj. [KMa]
– fettig [KMa]; ölig [KMa] ♦ **V:** *kräschich de boser* ‚das Fleisch ist fett' [KMa].

kräsche jotter Subst. Pl., Phras. [KMa]
– Ölsamen [KMa].

krassni Subst. f. [GM]
– Stute [GM]; Weibsstück [GM]; Hure [GM] ♦ **E:** rw. *grasni* ‚Hure' (WolfWR 1913) < roi. *grasni* ‚Stute, liederliche Dirne'.

krät Subst. m. [BB]
– Dreck [BB] ♦ **E:** Inversion zu *Dreck*.

krättich Adj. [SPI]
– nicht einwandfrei [SPI]; minderwertig [SPI] ♦ **E:** dt. (ant.) *krättig* ‚von krankem Vieh, das den Wurm hat' (DWB XI 2070).

krattler Subst. m. [LüJ]
grattler [LüJ]
– fahrendes Volk [LüJ]; Dahergelaufener [LüJ]; Penner [LüJ]; Schausteller (Chef) [LüJ]; Karrusselbremser [LüJ]; Jenischer [LüJ]; Scherenschleifer [LüJ]; Karrenleute [LüJ]; „nicht so hell (intelligent)" [LüJ]; „unterstes Stück von den Jenischen" [LüJ]; „minderwertiger Mensch" [LüJ]; „zum Beispiel die Matzenbacher" [LüJ] ♦ **E:** rw. *krattler* ‚fahrende Leute', rw. *kratten* ‚zweirädriger Wagen', zu dt. *Kratte* ‚Korb, Wagenkorb', WolfWR 2925; SchwäbWb. VI 2, 2363 (*Krattler* ‚fahrende Leute').

grattlerjenisch Subst. n. [LüJ]
– Sondersprache der „Grattler" [LüJ]

grattlersprache Subst. f. [LüJ]
– Geheimsprache des fahrenden Volkes [LüJ].

krätzchen Subst. n. Dim. [MB]
– Hut [MB] ♦ **E:** unsicher; evtl. zu rw. *kratzling* ‚Zwiebel' oder rw. *krätzling* ‚Dornbusch', zu dt. *kratzen* WolfWR 2927, 2928.

kratzen swV. in:
ankratze Subst. f. [MM]
– Anzahlung [MM]; „zwanzig Prozent Gewinn, den der Vertreter gleich behalten durfte" [MM] ♦ **E:** dt. *kratzen* DWB XI 2075 ff., ugs. *Ankratz* ‚Beliebtheit' (Kü 1987: 33).

kratzling Subst. m. [PfJ]
– Rettich [PfJ]; Zwiebel [PfJ] ♦ **E:** rw. *kratzling* ‚Zwiebel' (WolfWR 2927).

zusammenkratzen swV. [RW]
– betteln [RW].

kraus Adj. [KMa]
– schnell [KMa] ♦ **E:** unsicher; evtl. zu dt. *kraus* met. ‚unstet' DWB XI 2091.

kraut Subst. n. in:
kraut fressen Phras. [HLD]
– aus der Gefangenschaft fliehen [HLD] ♦ **E:** rw. *kraut* ‚Flucht', *Krautsuppe essen* ‚flüchten' (WolfWR 2930), vgl. dt. (ant.) *Kraut* mit breitem Bedeutungsspektrum, u.a. in „das kraut verschütten bei einem, in ungnade fallen; ins kraut hinein, tapfer drauf los; das geht mit kräutern zu, mit unrechten dingen" DWB XI 2105 ff.

krautblärre Subst. f., Pl. [CL, LL]
– Ohr(en) [CL, LL] ♦ **E:** rw. *kraut* ‚Kopfhaar' (WolfWR 2929), rw. *kraut* ‚Grünes, Garten' (WolfWR 2931); Zweitglied mdal. *Blätter*. ♦ **V:** *Du geherscht umgebuit*

for en nasse Sack, dass der die krautblärre owe raus wachsen Drohung [LL]
krautgarten Subst. m. [RW]
– bairisches Schwaben [RW] ♦ **E:** rw. *krautgarten* ‚Schwabenkreis' (WolfWR 2933).

krauten swV. in:
verkrauten swV. [MM]
– verkuppeln [MM] ♦ **E:** unsicher; evtl. zu rw. *mitkrauten* ‚mitgehen' (WolfWR 2930) oder zu dt. *Kraut*.

krauter Subst. m. [BJ, MM, RW, SJ]
– Handwerker [MM, RW]; Handwerksmeister, Chef [MM, RW]; selbstständiger Handwerksmeister [RW]; kleiner Handwerker [RW, SJ]; Kleinmeister [RW]; kleinerer Meisterbetrieb [RW]; zunftloser Handwerker [RW]; Pfuscher, Oberpfuscher [BJ]; Unternehmer [RW]; Arbeitgeber [RW] ♦ **E:** rw. *krauter* ‚Handwerksmeister' (WolfWR 2932; „die Etymologie ist noch ungeklärt"); mdal./schwäb. „ein unruhiger, widersetzlicher mensch", nd. *krûter* „ein (krausköpfiger) jähzorniger mensch" DWB XI 2114, evtl. zu dt. *Kraut* ‚Kost, Speise, Getreide' DWB XI 2105 ff.; Benennungsmotiv: Kostgeber. ♦ **V:** *krauterer stoßen* ‚bei Meistern nach Arbeit fragen' [RW]

krauten swV. [RR, RW]
– wandern [RW]; gehen [RR] ♦ **E:** Benennungsmotiv: Wanderschaft der Walzbrüder von Handwerksbetrieb zu Handwerksbetrieb.

krautern swV. [RW]
– arbeiten [RW]; bisschen arbeiten [RW]; den Meister machen [RW]; in kleinen Betrieben, Werkstätten vor sich hinarbeiten [RW]; selbstständig arbeiten [RW]

krauterei Subst. f. [RW]
– Handwerksbetrieb [RW]

krauterer Subst. m. [HLD, RW]
– schlechter Arbeiter [RW]; geiziger Meister [HLD]

kraudara Subst. m. [LoJ]
– Fuß, Füße [LoJ] ♦ **E:** Benennungsmotiv: Wanderschaft, → *krauten* ‚wandern'.

krautbunker Subst. m. [RW]
– Kreishandwerkerschaft [RW]

krauterfee Subst. f. [RW]
– Meisterstochter [RW]; schöne Tochter vom Meister [RW]; Frau vom Unternehmer [RW]

krautermobil Subst. n. [RW]
– Auto vom Meister, Unternehmer [RW]; Firmenwagen [RW]; Baufahrzeug [RW]

dallaskrauter Subst. m. [RW]; **dalleskrauter** [RW]
– armer oder schlechter Handwerksmeister [RW]; verachteter Meister [RW]; unzünftiger Meister [RW]

plankenkrauter Subst. m. [RW]
– Kapitän [RW]

sponkrauter Subst. m. [RW]
– guter, zünftiger Handwerksmeister [RW]; kleiner Unternehmer [RW]; Meister in einem kleinen Betrieb [RW]; einheimischer Meister [RW] ♦ **E:** *spon-* evtl. zu dt. *sporen* ‚antreiben' DWB XVI 2684.

kray Subst. in:
sponkray Subst. f. [RW]; **sponkrey** [RW]; **spohnkrei** [RW]; **sponkrei** [RW]
– gute Frau [RW]; gutes Kind (Tochter) [RW]; hübsches, fixes Mädchen [RW]; Mädel [RW]; schöne Frau [RW] ♦ **E:** unsicher; evtl. zu rw./roi. *krei* ‚Pferd, met. Frau' WolfWR 1913, vgl. → *grai* ‚Pferd'; *spon-* zu dt. (ant.) *spons* ‚Verlobte, Verlobter' aus lat. *sponsa, sponsus* DWB XVI 2673.

kreat Subst. f. [KMa]
kräht [KMa, OH]
– Geldbeutel [KMa, OH] ♦ **E:** zu rw. *kröten* ‚Geld', *kräht* ‚Geldbeutel', wohl zu dt. *Kröte* met. ‚kleines Ding' (WolfWR 2971).

krebessen Subst. Pl. [JeH]
kreebesen [SP]; **grebesen** [RH]; **kribesen** [SP]; **kreebe** Subst. f. [SP]
– Hand, Hände [JeH, RH, SP] ♦ **E:** rw. *krebessen* ‚Hände', zu dt./mdal. *grapschen* ‚schnell nach etwas greifen', RheinWb. II 1413 (*grippen* ‚hastig greifen, grabschen'); rw. *krebseri* ‚Hebamme' WolfWR 2936, 2938.

krebseri Subst. f. [SchJ, Scho, TJ]; **krebsære** [WJ]; **krebsere** [PfJ]
– Hebamme [PfJ, SchJ, Scho, TJ, WJ]

krebseremoß Subst. f. [PfJ]
– Hebamme [PfJ]

krebsnmusch Subst. f. [LoJ]
– Hebamme [LoJ].

krebs Subst. m. [RW, SS, StG]
– Seiler [RW, StG]; Schuldner [SS] ♦ **E:** rw. *krebs* ‚Seiler' WolfWR 2937, zu dt. *krebsen* DWB XI 2131 f.; Benennungsmotiv: typische, mit dem Abseilen und Schuldenabtragen vergleichbare mühselige Vorwärts- und Rückwärtsbewegung von Krebsen.

boomkrebs Subst. m. [MoM]
– Obst [MoM]; Apfel [MoM] ♦ **E:** nd. *boom* ‚Baum'; dt. *Krebs, Krebsauge* ‚etwas Kugelförmiges' DWB XI 2127 ff.; 2131.

kredithai Subst. m. [WG]
– Wucherer [WG] ♦ **E:** dt./ugs. *Kredithai* ‚mit unsauberen Mitteln arbeitender Kreditgeber'.

kreebe ‚Hand' → *krebessen*.

kregel Subst. m. [JeS]
– Wurm [JeS]; Schimpfwort für Zigeuner [JeS] ♦ **E:** unklar, vgl. Arnold 1961, 115 und Fußnote 6.

kregele swV. [RH]
– graben [RH] ♦ **E:** unklar, vgl. Arnold 1961, 115.

krehtpliet Subst. m. [SK]
– Schimpfwort [SK] ♦ **E:** dt. (seit 18. Jh.) *Krethi und Plethi* von hebr. (2. Sam. 8,18) *ha-krethi we ha-pelethi* ‚Leibwache des König David', ursprünglich der Kreter und der Philister.

krei¹ ‚Pferd' → *grai*.

krei² Subst. m. [MB]
– Kragen [MB] ♦ **E:** unsicher; evtl. zu dt. (ant.) *Krei* u. a. ‚Erkennungszeichen für zusammengehörige Verbände am Helm, Fahne' DWB XI 2136 f.

kreis Subst. m. in: [WG]
mit jemandem im Kreis gegangen sein ‚mit jemandem eingesperrt gewesen sein' [WG] ♦ **E:** dt. *Kreis* DWB XI 2144 ff.

kreisfinniche Subst. f. [SK]
– Ring [SK] ♦ **E:** → *finne, finniche* ‚Ding, Stück, Teil, Gegenstand', evtl. zu jd. *pinkes* ‚Notizbuch, Tagebuch' (WolfWR 1410).

kreissäge Subst. f. [MB]
– Hut [MB] ♦ **E:** dt. *Kreissäge*; Benennungsmotiv: nach der Form der Krempe.

kreister Subst. m. [TK]
– Bett [TK] ♦ **E:** evtl. zu TirolWb. I 356 (*kreisten* ‚ächzen, stöhnen').

kremen swV. [LüJ]
gremen [LüJ]; **greme** [BM]; **gremmen** [LüJ]; **gromen** [LüJ]; **grimmen** [LüJ]; **grame** [BM]; **grume** [BM]
– kaufen [BM, LüJ]; verkaufen [LüJ] ♦ **E:** dt., schwäb. *krämen* ‚kaufen, verkaufen, handeln' SchwäbWb. IV 673; dt. *Krämer* DWB XI 1996 ff.; womgl. schwach beeinflusst von rw. *kinjenen* ‚kaufen', zu jd. *kinjen, kanjen* oder roi. *kin-* ‚kaufen' (WolfWR 2616).

chrom Subst. [LüJ]
– Geschenk, Mitbringsel, Präsent [LüJ]; „Ende der 1960er war das noch gang und gäbe: Wenn die Eltern oder Großeltern von der Reise, vom Hausieren wiederkamen, sind die Kinder entgegengelaufen und haben gefragt: ‚Hast du mir ein *chrom* mitgebracht?'". ♦ **E:** wohl implizite Derivation von *krämen, gremen* ‚kaufen', womgl. mit Einfluss von rw. *krommen* ‚Schilling (Geldstück)', WolfWR 2964. ♦ **V:** *oh lenz einmal, Jochen sein quante schure, wo er sich grimmt hat* ‚sieh mal den schönen Rucksack, den Jochen sich gekauft hat' [LüJ]; *den han i net grimmt, den han i gschnifft* ‚den habe ich nicht gekauft, den habe ich gestohlen' [LüJ]

vergrimmen swV. [Him, LüJ]; **vergremen** [LüJ]
– verkaufen [Him, LüJ]; SchwäbWb. II 1200 (*verkrämen*).

kremes Subst. [RR]
– Dreck [RR] ♦ **E:** unsicher; evtl. zu dt. *Kremm, Kram* „allerlei ‚zeug', besonders mit dem begriff des manigfaltigen" DWB XI 2167, 1985 ff.

krennen ‚heiraten' → *krönen*.

krepp Adj. [MT, MeT]
– besoffen [MT, MeT]; betrunken [MeT] ♦ **E:** rw. *krepp* ‚betrunken', wohl aus dt. *kreppisch* ‚streitsüchtig, reizbar' (WolfWR 2943).

kreppes Subst. [MT, MeT]
– Wolle [MT, MeT] ♦ **E:** romanisch; vgl. frz. *crêpe de Chine, Georgette* ‚Seide; Wolle' < lat. *crispus* ‚kraus, wellenförmig'.

kretza swV. [LJ]
– rennen [LJ] ♦ **E:** unsicher; evtl. zu dt. (ant.) *krätzen* ‚etwas auf dem Rücken tragen' DWB XI 2079, Benennungsmotiv: Wanderhandel, oder zu rw. *ratzen* ‚rennen' (WolfWR 4503), zu jd. *razen* ‚laufen, weglaufen', womgl. Kreuzung von beiden Lexemen.

kreuln swV. in:
einikreuln swV. [WG]
– einbrechen [WG] ♦ **E:** zu wienerisch *kräullen, gräun* ‚kriechen, klettern'.

kreuz Subst. n. in:
kreuzspanner Subst. m. [Gmü, HLD, LJ, SchJ]; **kreuzspanne** Subst. f. [RW]; **kreuzspann** [Him, Mat]; **kreuzspinne** [RW];
– Weste [Gmü, Him, LJ, Mat, RW, SchJ]; Brusttuch [HLD] ♦ **E:** rw. id., zu dt. *Kreuz* und *spannen* (WolfWR 2948); Variante *kreuzspinne* volksetymologisch beeinflusst.

kreuz- und querschläger Subst. m., Phras. [RW]
– Feilenhauer [RW]

kreuzlink Adj. [PfJ]
– schlecht [PfJ].

krewes Subst. n. [MeT]
kreft [MeT]
– Fleisch [MeT] ♦ **E:** mnd. *grêve* ‚feste, dürre Fleischrückstände' (MNDW II/1: 159), vgl. hochdt. *Griebe, Grieben(schmalz)* „feste überbleibsel von ausgelassenen fettstückchen" DWB IX 250 ff.; sspr. *crew* ‚Fleisch' im nd. Liber Vagatorum.
krêwehacker Subst. m. [MT, MeT]
– Fleischer [MT, MeT].

krick Adj., Adv., Part. [MB, MM]
krieck [JS]; **kriek** [JS]; **gree** [MoJ]
– weg, fort [JS, MB, MM, MoJ]; tot [MB]; durchgedreht, verrückt [MB]; total [MB]; ganz [MB]; ruckzuck [MM]; schnell [MM]; vorbei [MM]; verschwunden [JS] ♦ **E:** roi. *krik* ‚weg, fort, beiseite' (WolfWZ 1557). ♦ **V:** *ihne is nu krick* ‚jetzt ist er verrückt' [MB]; *sich krick lachen* ‚kaputt lachen' [MB]; *natsch krick* ‚hau ab' [MM]; *ich naasch kree* ‚ich geh fort' [MoJ]; *bösch krick* ‚hau ab, geh weg' [MM]; *krick natschen* ‚ausflippen, durchdrehen' [MB]; *latsch krick* ‚hau ab' [MM]
natschkriken swV. [MM]; **natschkricken** [MM]
– davonlaufen, abhauen, weggehen [MM]; pleite gehen [MM]; betrügen [MM] ♦ **E:** zu → *naschen*.

kriksen¹ swV. [MT, MeT]
– fahren [MT, MeT] ♦ **E:** rw. *kriksen* ‚fahren' WolfWR 2954, evtl. zu nd./westf. *krisk, krisken* ‚schreien, kreischen' (Woeste 144), Metathese sk > ks. Benennungsmotiv: Geräusch von Wagenrädern in Fahrt; oder zu → *krick*.
kriksenfailer Subst. m. [MeT]
– Radmacher [MeT] ♦ **E:** mhd. *veilen* ‚verkaufen'; vgl. dt. *wohlfeil* ‚billig' (nur noch literarisch, in der gesprochenen Standardsprache nicht mehr gebräuchlich). Im Liber Vagatorum 1510: *feiling* ‚kremerige'. → *failer*.
kriksenklits Subst. m. [MeT]; **kriksenklitz** [MeT]
– Wagner (Berufsbezeichnung für Radmacher) [MeT] ♦ **E:** → *klits 3*.

krickerlpartie Subst. f. [WG]
– Straßenkehrer im Gefängnis [WG] ♦ **E:** zu dt. *Krücke, krücken* „mit der krücke ziehen, arbeiten" DWB XI 2425 ff.

krietschn swV. [EF]
krietschen [EF]
– singen [EF] ♦ **E:** OSächsWb. II 652, 661 (*krietschen* ‚schrille Töne von sich geben').
krätschen swV. [EF]; **kratsch'n** [EF]
– musizieren [EF]

kritscher Subst. m. [EF]; **krietscher** [EF]
– Sänger [EF]
krietscha Subst. f. [EF]
– Sängerin [EF].

kriksen² swV. [MT, MeT]
– lügen [MT, MeT] ♦ **E:** rw. *kriksen* ‚lügen' WolfWR 2954, ohne Herleitung; evtl. zu dt. (ant.) *krücken* ‚mit einer Krücke ziehen', z. B. Schlamm aus der Salzpfanne (DWB XI 2429), ugs. *krücken* ‚lügen'.

krillisch Adj. [LJ, LüJ, PfJ]
krilisch [LJ]; **krittisch** Adj. [PfJ]; **kritisch** [PfJ]
– evangelisch [LJ, LüJ, PfJ] ♦ **E:** rw. *grille* ‚Lutheraner', jd. *kerie-e, krie-e* ‚Riss' (We 71, Klepsch 883). „die vom alten, vom katholischen Glauben Abgetrennten, Losgerissenen." (WolfWR 1918); Einfluss von dt. *kritisch*, volksetymologische Assimilation. ♦ **V:** *hauret herles das steinhäufle krillisch oder wohnisch?* Nobis. *Kaime scheften herlem* ‚Ist hier die Stadt evangelisch oder katholisch? Nein. Juden wohnen darin' [LüJ]; *herles im g'fahr scheft der kolb krillisch und der kritsch wohnisch* ‚Hier im Dorf ist der Pfarrer evangelisch und der Bürgermeister katholisch' [LüJ]
krillische Subst. Pl. [LüJ]
– Evangelische [LüJ].

krimm Subst. m. [MB]
– Gendarm [MB] ♦ **E:** Kurzform zu dt. *Kriminalpolizist*.

krimmling Subst. m. [PfJ]
– Bohne [PfJ] ♦ **E:** wohl zu dt. *krumm*.

kripelen swV. [HF, HeF]
– braten [HF, HeF] ♦ **E:** rw. id., zu dt. (ant.) *grieben* ‚rösten' (WolfWR 2957); RheinWb. II 1399 (*grieben*). → *krewes*. ♦ **V:** *geeten kripelen* ‚Bücklinge braten' [HeF].

kripsich Subst. n. [Him]
– Obst [Him] ♦ **E:** zu dt./mdal. *Kribs, Grübes* ‚Kerngehäuse und Kehlkopf, Überrest des gegessenen Obstes' DWB XI 2328 ff.

krire Subst. f. [MB]
keriere [Scho]
– Kälte [MB, Scho] ♦ **E:** jd. *krire* < rabbinersprachlich *k'rīrāh* ‚Kälte' (Klepsch 656). ♦ **V:** *in so 'ner krire kann man nicht malochen* ‚in so einer Kälte kann man nicht arbeiten'.

krisnick Subst. f. [GM]
– Gericht [GM] ♦ **E:** rw. *grisen* ‚Gesetz' WolfWR 1927, zu roi. *krisni* ‚Gericht, Amt' WolfWZ 1563; SchwäbWb. IV 770.

kritsch Subst. m. [LüJ, Wo]
– Bürgermeister [LüJ]; Schultheiß [Wo] ♦ **V:** *Herles im g'fahr scheft der kolb krillisch und der kritsch wohnisch* ‚Hier im Dorf ist der Pfarrer evangelisch und der Bürgermeister katholisch' [LüJ]

krispendanz Subst. f. [SK]
– Zusammenkunft der Wachmeister [SK] ♦ **E:** dt. *tanzen*.

kritsch ‚Bürgermeister' → *krisnick*.

kritzensträhle Subst. f. [SK]
– Kreuzweg [SK] ♦ **E:** dt. *Kreuz* und → *strähle* ‚Straße'.

kritzler → *gritzla*.

krögel Subst. m. [HF, HeF]
– Krug [HF]; Kanne [HF, HeF] ♦ **E:** nl. *Kroeg*, nd. *Kroog* ‚Krug'; nicht zu *Krögel* (RheinWb. IV 1548) ‚Verkümmertes, Verkrüppeltes'. → *krug*. ♦ **V:** *ene krögel köth* ‚eine Kanne Bier' [HeF]

knükertkrögel Subst. m. [HF]
– Kaffeekanne [HF]

sipskrögel Subst. m. [HF]
– Milchtopf [HF].

krôjen swV. [MeT]
– schreiben [MeT] ♦ **E:** wohl romanisch.; frz. *crayonner* ‚mit dem Bleistift schreiben'; *graillonner* ‚schreiben' (Argot), Siewert, Humpisch, 91.

krojhutsche Subst. m. [MeT]; **krôihutsche** [MeT]
– Schreiber [MeT] ♦ **E:** rw.; schon im Niederdeutschen Liber Vagatorum belegt: *houtz: bur*; vermutlich romanischen Ursprungs, vgl. span. *huesped* ‚Wirt'. → *hutsche*.

krojer Subst. m. [SG]
kroijer [SG]
– Wirt [SG]

krojersche Subst. f. [SG]; **kroijersche** [SG]
– Wirtsfrau [SG] ♦ **E:** dt. *Krüger, Kreuger* ‚Krugwirt, Wirt einer Krugwirtschaft' DWB XI 2436 f.; womgl. Einfluss von → *krojen*, Benennungsmotiv: Anschreiben von Wirtsschulden.

kroll Subst. m. [RH]
– Korn, Roggen [RH] ♦ **E:** aus dt. *Geroll*, rw. → *Roll[2]* ‚Mühle' oder zu dt. (ant.) *Kroll* ‚Locke, Gekräuseltes' DWB XI 2351 f.

kromer Subst. m. [TK]
– Kaufmann [TK] ♦ **E:** TirolWb. I 353 *Kramer* ‚Krämer'.

krommeln swV. [StG]
– verlegen werden [StG] ♦ **E:** evtl. zu dt. *grummeln* „murren, schelten, unzufrieden brummen" DWB IX 635. ♦ **V:** *er krommelte schwer* ‚er war schwer in Verlegenheit' [StG].

krommen[1] Subst. m. [HF, HeF]
– Schilling [HF, HeF] ♦ **E:** unsicher; womgl. zu rw. *grimm* ‚gut, groß, stark' (WolfWR 1922).

krommen[2] Subst. m. [WL]
– Hase [WL] ♦ **E:** unsicher; evtl. zu dt./nl. *krümmen, krommen* ‚sich krümmen, biegen'. Vgl. → *krumme(r)*.

krone Subst. f. [HL, KJ, LüJ, MB, RW]
– Ehefrau [LüJ]; Mädchen [HL, KJ]; Geliebte [HL, KJ]; Braut [HL, KJ]; Frau [HL, MB, RW]; Ehefrau [LüJ, MB, RW]; Meisterin [RW]; Wirtsfrau [RW] ♦ **E:** rw. *krone* ‚Frau, Ehefrau', evtl. zu jd. *koran* ‚strahlen' (WolfWR 2966, Klepsch 884) oder dt. *krönen* ‚symbolisch bekränzen, z. B. Brautkranz' DWB XI 2380 f.; vgl. auch jd. *keren* ‚Horn', *baal karnajim* ‚Hörnerträger' rw. *kröner* ‚(gehörnter)Ehemann'; SchwäbWb. IV 774 (*Krone* ‚Frau').

krönerin Subst. f. [HLD, Pfj]; **krööneri** [JeS]; **grönerin** [LüJ]; **gronin** [LüJ]
– Ehefrau [JeS, LüJ, Pfj]; Braut [LüJ]; weibliche Heiratsperson [LüJ]; Frau [HLD] ♦ **E:** schwäb. *Krönerin* ‚Braut' (SchwäbWb. IV 775).

kroner Subst. m. [LüJ]; **kröner** [Pfj]; **gröner** [LüJ]; **krööner** [JeS]
– Ehemann [JeS, LüJ]; Bräutigam [LüJ]; männliche Heiratsperson [LüJ]; Hochzeiter [LüJ] ♦ **E:** SchwäbWb. IV 775 (*Kroner, Kröner*).

krönung Subst. f. [TJ]; **grenong** [OJ]
– Hochzeit [OJ, TJ]

grönerei Subst. f. [LüJ]; **krönerei** [LJ, Pfj, SchJ]; **krennerei** [TJ]; **kröönig** Subst. [JeS]
– Hochzeit [JeS, LJ, LüJ, Pfj, SchJ, TJ]; Trauung [JeS]; Rathaus, Kirche [LüJ]; Heiratsinstitut [LüJ]; Standesamt [LüJ]

krönlichten Subst. [KJ]
– Hochzeitstag [KJ]

grenmoss Subst. f. [SJ]
– Braut [SJ].

krönen swV. [Him, KJ, LJ, LüJ, Mat, SJ, SchJ, TK]; **kröna** [LJ]; **kröne** [SJ]; **krênen** [TK]; **krene** [JS, PH]; **kreanen** [TK]; **krennen** [TJ]; **krienen** [MUJ]; **grönen**

[LüJ]; **greana** [OJ]; **greenæ** [WJ]; **krönern** swV. [PfJ]; **grenern** [PfJ]; **krönicken** swV. [SG]; **kröinicken** [SG]; **kröniken** [SG]
– heiraten [Him, JS, KJ, LJ, LüJ, MUJ, Mat, OJ, PH, PfJ, SG, SJ, SchJ, TJ, TK, WJ]; verheiraten [SG] ♦ **E:** vgl. auch schwäb. *krönen* ‚bekränzen, heiraten, mit der Brautkrone schmücken' (SchwäbWb. IV 774).
verkronen swV. [MB, RW]; **verkrenen** [LJ]; **vergrönen** [LJ, SJ]; **vergrünen** [SJ]; **verkrönern** swV. [PfJ]
– heiraten [LJ]; verheiraten [MB, RW, SJ] ♦ **V:** *des isch au a schofler benk, seit der dui moss vom Steckabaur vergrönt hot* ‚das ist auch ein übler Bursche, seit der das Mädchen vom Steckabauer geheiratet hat' [LJ]; *doch wär der guffer no ärmer, wenn sei weib den reicha blambpflanzer vergönt hät* ‚doch wäre der Lehrer noch ärmer, wenn seine Frau den reichen Bierbrauer geheiratet hätte' [LJ]
verkrönt Adj., Part. Perf. [HK, SchJ]; **vergrönt** [LJ, LüJ]; **verkrent** [LJ]; **vergränt** [MUJ]; **vergrünt** [Gmü, Mat]; **verkrönert** Adj., Part. Perf. [PfJ]
– verheiratet [Gmü, LJ, LüJ, MUJ, PfJ, SchJ]. ♦ **E:** schwäb. *verkrönen* ‚verheiraten' (SchwäbWb. II 1201). ♦ **V:** *tschi vergrönt* ‚nicht verheiratet' [LJ]; *die sind vergrönt* ‚sie sind verheiratet' [LüJ]; *verkrennter hegel* ‚Ehemann' [TJ].

kronert[1] Subst. m. [JSa]
– Dachs [JSa] ♦ **E:** unsicher; evtl. rw. Suffixbildung zu rw. *kröngel* ‚Kringel, Wurst', zu dt. *Kringel* (nach der Form) WolfWR 2968; dt. *krumm* ‚gebogen', vgl. Besse, Sondersprachen im Saarland, 95 (s. v. *Krummer*).

kronert[2] ‚Kohl, Salat, Birnen' s. → *grün*.

kröngel Subst. m. [HF, HeF]
– Kringel (Gebäck) [HF]; Wurst [HF, HeF] ♦ **E:** mdal. Rundungsform zu dt. *Kringel* DWB XI 2315 ff.
fonzekröngel Subst. m. [HF]
– Brezel [HF]
fonzekröngelknucker Subst. m. [HF]
– Bäcker [HF]; Konditor [HF].

kronikel ‚Schwein' → *gronickel*.

kroppl Subst. n. [EF]
kroppel [EF]
– kleines Faß [EF] ♦ **E:** unsicher; evtl. zu dt. *Groppen* ‚Topf, Kessel' DWB IX 445; womgl. met. zu dt. *Krüppel* ‚Zwerg' DWB XI 2472 ff.

kröten Subst. Pl.tant. [MM]
– Geld [MM] ♦ **E:** rw. *kröten* ‚Geld', „Ableitung dunkel", evtl. zu met. dt. *Kröte* ‚kleines Ding, Kind' oder frz. Argot *crapaud* ‚Geldbörse' (WolfWR 2971); heute ugs.

krotes Subst. n. [HeF]
– Schwein [HeF] ♦ **E:** rw. *krotes* ‚Schwein', aus mhd. *croz* ‚Verwesung, Fleck, Unreinlichkeit, Schmutz'; vgl. frz. *crotte* ‚Kot, Mist'. (WolfWR 2972). ♦ **V:** *Brell ens minotese Krotes* ‚Schau einmal, mein Schwein' [HeF]
krotesen Subst. Pl. [HF]
– Schweine [HF] ♦ **V:** *krotesen versömen* ‚Schweine verkaufen' [HeF]; *de krotesen hucken mutsch* ‚Die Schweine sind billig' [HeF]
krotesehöbbel Subst. m. [HF]
– Schweinehund [HF]
kroteseköp Subst. m. [HF]
– Schweinskopf [HF]
kroteseloopstecke Subst. Pl. [HF]
– Schweinefüßchen [HF]
krotesemollknucker Subst. m. [HF]
– Metzger, Schlachter [HF]
krotesepeek Subst. [HF, HeF]
– Schweinefleisch [HF, HeF] ♦ **E:** → *peek*.

krotzen swV. [HF, HeF]
– stehlen [HF, HeF] ♦ **E:** rw. *krotzen* ‚stehlen' (WolfWR 2974, ohne Herleitung); evtl. zu dt. *krozen* ‚sich mühsam bewegen' DWB XI 2424.

krücken swV. [MB]
– lügen [MB] ♦ **E:** → rw. *kriksen*[2].

krückmann Subst. m. [MM]
krickmann [GM]
– Handstock [MM]; Stock [GM] ♦ **E:** zu dt. *Krücke* ‚krummes, krummgewachsenes Stück Holz' DWB XI 2425 ff.

krug Subst. m. [RW]
– Herberge [RW]; Zunftherberge [RW]; Wirtschaft [RW] ♦ **E:** dt. *Krug*, mnd. *kroch, kruch* ‚Schenke' (Klu. 1999: 489). → *krögel*.
krugmutter Subst. f. [RW]
– Herbergsmutter [RW]
krugvater Subst. m. [RW]
– Herbergsvater [RW].

kruller Subst. m. [MB]
– Zug [MB]; Eisenbahn [MB] ♦ **E:** zu nd. *krullen* ‚rollen'.

krumme Subst. m. [MB]
– Schrott [MB] ♦ **V:** *laß uns den krummen verticken, verknicken* ‚laß uns den Schrott verkaufen' [MB] ♦ **E:** dt. (ant.) *krumme* ‚Werkzeug, Sichel' DWB XI 2453; vgl. → *krummer*.

krummei Subst. [Zi]
– membrum muliebre [Zi] ♦ **E:** rw. *krummei* ‚Vulva' (WolfWR 2977), zu dt. *Krümme* u. a. „unebenheit, erhöhung und vertiefung des bodens" DWB XI 2453 ff.; vgl. → *kummei*.

krummer Subst. m. [HLD, JSa]
krumme [HLD, JSa]
– Hase [JSa, HLD]; Kaninchen [JSa, HLD]; Dachs [JSa] ♦ **E:** zu dt. *krumm* ‚kurvig, nicht gerade' DWB XI 2441 ff. → *krommer²*, → *krumme*. Benennungsmotiv: Körperform.

krummacker Subst. [JSW]
– Kartoffel [JSW] ♦ **E:** nicht sicher zu *krumm*; evtl. zu *grund-* in *Grundbirne* ‚Kartoffel' DWB IX 761 f.

krummholz Subst. m. [LüJ, PfJ, RW, SchoJ]; **krummholzer** [LüJ, RW]
– Wagner, Stellmacher [PfJ, RW, SchoJ]; Karosserie- und Wagenbauer [RW]; Schreiner [PfJ] ♦ **E:** rw. *krummholz* ‚Stellmacher, Wagner' (WolfWR 2978), schwäb. *Krummholz* ‚Wagner' (SchwäbWb. IV 792).

krummholzschieber Subst. m. [LJ, SchJ]
– Wagner [LJ, SchJ].

krumni Subst. f. [GM]
grumnie [JSW]; **grommli** [JSa]; **grommlo** [JSa]
– Kuh [GM, JSW, JSa] ♦ **E:** rw. *gurummi* ‚Kuh' (WolfWR 1983) < roi. *grummli, grumni, gurumni* ‚Kuh, Rind' (WolfWZ 976).

dickni gormni Subst., Phras. [GM]
– Kalb, kleine Kuh [GM]

krumnimass Subst. n. [GM]
– Kuhfleisch [GM].

krumpatsch Subst. m. [OJ]
– 5 Jahre [OJ] ♦ **E:** rw. *krumpatsch* ‚5 Gulden, Kerkerstrafe von fünf Jahren', zu rw. *grimm* ‚groß', *Grimm, Krimm* ‚Gericht, Landgericht' (WolfWR 2982 und 1922).

krüppler Subst. m. [RW]
– Arbeiter [RW] ♦ **E:** *krêpel* ‚kleiner unansehnlicher Mensch', zu dt. *Krüppel* (WolfWR 2940).

krüppelschütz Subst. m. [RW]
– Kleinmeister [RW]; kleinster Handwerker [RW].

krütchen Subst. n. Dim. [SK]
kruitchen [SK]; **kuitchen** Subst. n. Dim. [SK]
– Garten [SK] ♦ **E:** nd. *Krut*, dt. *Kraut* ‚Grünzeug' DWB XI 2105 ff.

krützkes Num. Kard. [HF]
krütskes [HeF]
– zehn [HF, HeF] ♦ **E:** zu dt. *Kreuz*, nl. *kruis* ‚Kreuz'. „Die Zahl (Kopf) auf der Münze", RheinWb. IV 1473. Herleitung aus *Kreuzer* „eine kleine münze, ursprünglich mit einem kreuze bezeichnet": Markierung mit *Xr* oder einfach *X*, das als ‚zehn' gedeutet wurde, DWB XI 2190. ♦ **V:** *krütskes nethen* ‚zehn Pfennige' [HeF]; *krütskes schröm* ‚zehn Uhr' [HeF]; *krütskes on parz gecken de büs* ‚zwölf Groschen die Flasch' [HeF]; *krütskes gecken* ‚eine Mark' [HF]; *krütskes uhr knök* ‚tausend Reichstaler' [HeF]

krützkes on een Num. Kard. [HF]; **krütskes on ehn** [HeF]
– elf [HF, HeF]

krützkes on parz Num. Kard. [HF]
– zwölf [HF]

parz krütskes Num. Kard. [HeF]
– zwanzig [HeF]

krützkrützkes uhr Num. Kard. [HF]
– zehntausend (zehn x zehn x hundert) [HF]

krütskes uhr Num. Kard. [HF, HeF]
– tausend, eintausend (zehn x hundert) [HF, HeF].

krüwwe Subst. f. [SS, WH]
– Warenkasten des Hausierers [SS, WH] ♦ **E:** rw., zu dt. *Krippe* ‚Futterkasten', mhd. *krebe* ‚Korb' (WolfWR 2983).

kübel Subst. m. in:
aufn kübel kommen [RW]
– herunterkommen, verarmt sein [RW]; verkommen sein [RW]; verschlissene Kluft tragen [RW] ♦ **E:** rw. *kübel* ‚Trommel' WolfWR 2984, zu dt. *Kübel* ‚bauchförmiger Behälter' „man brauchte kübel, natürlich umgekehrte, als trommeln, in der fasnachtlust hauptsächlich" DWB XI 2485 ff.; zum Benennungsmotiv: *dem kübel den boden ausstoßen* ‚Unheil heraufbeschwören'.

kübelgeselle Subst. m. [RW]
– verarmter, verwahrloster Geselle [RW]; Geselle, der schlecht in Kluft ist [RW]; heruntergekommener Geselle [RW]

kübelschinder Subst. m. [RW]
– Küfer [RW].

kuber ‚Wirt' → *kower*.

kübes ‚Kopf' → *kappes*.

kübnel Subst. [WG]
– Abort in der Zelle [WG] ♦ **E:** → *kübel*. Benennungsmotiv: noch in den 1960er Jahren befand sich in der Zelle bloß ein Kübel für die Notdurft. Er wurde bei der sogenannten *Kübelpartie* von Gefangenen weggetragen und ausgeleert.

kubub Subst. m. [RW]
– Konsul [RW]; Botschafter [RW] ♦ **E:** zu rw. *kuckuck* ‚Amtssigel, Konsul', volksetymologisch zu jd. *chokak* ‚eingegraben, markiert' (evtl. unter Einfluss von K. u. K.) WolfWR 2988, → *kuckuck*; Form womgl. volksetymologisch beeinflusst von dt. *Bub(e)*.

kuck Subst. [BA]
– Schnaps [BA] ♦ **E:** wohl zu dt./obd. *Gucke* ‚kleines Gefäß, hohle Eierschale' DWB XI 2518, met. Gefäß für Inhalt.

kückel Subst. m. [SS, WH]
– Schneider [SS, WH] ♦ **E:** rw. *kückel* ‚Schneider', evtl. zu dt. *kieksen* ‚stechen' WolfWR 2987.

kucksels Subst. Pl. [MT, MeT]
– Eier [MT, MeT] ♦ **E:** Deutungskonkurrenz: zu mnd. *koksel* ‚gekochte Speise' oder zu rw. *gock-* < roi. *kachni* ‚Henne' (Siewert, Humpisch, 92; WolfWR 1853).

kuckuck Subst. m. [RW]
– Stempel in den Reisepapieren (der den Erhalt eines Geschenks belegt) [RW]; Stempel einer Gewerkschaft o. ä. über ein Geschenk [RW]; „ein von der Obrigkeit ins Nest der Papiere gelegtes Ei in Gestalt eines runden Stempels, das dem Besitzer Schaden bringt" [RW] ♦ **E:** rw. *kuckuck* ‚Amtssigel', volksetymologisch zu jd. *chokak* ‚eingegraben, bezeichnet' (WolfWR 2988). → *kubub*.

kuechemm ‚Siebengescheiter' → *kochem*.

küepesch Adj. [KM]
– wählerisch [KM]; verwöhnt [KM] ♦ **E:** rhein. *küppisch* ‚wählerisch' (RheinWb. IV 1751). ♦ **V:** *Jä-vet däm, dä es net küepesch. Di es-aver net küepesch* [KM].

kufed Subst. f. [Scho]
– Ehre [Scho] ♦ **E:** jd. *kowed* ‚Ehre' (We 73).

kuffen ‚schlagen, hauen, stechen, schneiden'. s. → *guffen*.

kuffer Subst. m. [SJ]
kuffr [SJ]
– After [SJ]; Arsch [SJ] ♦ **E:** wohl zu dt. *Koffer*, schwäb. *Kuffer* ‚Koffer, Kiste, Truhe' DWB XI 1576 f. ♦ **V:** *muffr en da kuffr* ‚leck mich im Arsch' [SJ].

kuffert ‚Heu' → *kupfer*.

kugel Subst. f. in:
schnaufkugla Subst. f. [OJ]
– Kartoffel [OJ] ♦ **E:** dt. *Kugel* DWB XI 2534 ff. Benennungsmotiv: Form.

kügele Subst. n. Dim. Pl. [KP]
– Apfel [KP]; Nüsse [KP]; Eier [KP]

kugelbumm Subst. [Zi]
– Mond [Zi].

kuh Subst. f. [WM]
– Baßgeige [WM] ♦ **E:** met. zu dt. *Kuh* (Rind, weiblich) DWB XI 2546 ff.; PfälzWb. IV 668 (*Kuh, Baßkuh* ‚Bassgeige').

kuhhorn Subst. n. [HK, RW]
– Alphorn, Trompete [HK]; Badenser [RW]

kuhkaff Subst. n. [RW]
– ursprünglich ein Dorf in dem es keine *Kunden*, keine Herbergen oder einheimische Gesellen gibt, sondern nur *Kuhköppe* [RW]; (kleines) Dorf [RW]; Dorf oder Stadt ohne Gesellen oder Gesellenherberge [RW]; Ort, in dem nichts los ist [RW]; Nest, in dem keine Seele ist [RW]; stinklangweiliger, kleiner Ort [RW]

kuhkopp Subst. m. [RW]
– jeder, der nie auf Tippelei bzw. Walz war [RW]; nicht gereister Geselle [RW]; Normalbürger [RW]; alle, die nicht eingebunden sind [RW]; der Außenstehende [RW]; der Gesellschaft fernstehende Person [RW]; jemand, der nicht eingeweiht ist [RW]; Zivilist [RW] ♦ **E:** Benennungsmotiv: „jeder, der nie auf der Walz war, ist ein Kuhkopp, denn er blickt den Wandergesellen ebenso neugierig nach wie die Kühe".

kühmäuler Subst. n. Pl. [KMa]
– Handschuhe [KMa] ♦ **E:** Benennungsmotiv: Ähnlichkeit in der Form.

kuhmoggel Subst. [LüJ]
– Kuh [LüJ]

kuhpeck Subst. [KP]
– Milch [KP]

kuhpriester Subst. m. [JSa]
– Bauer [JSa]

kuhschwanz Subst. m. [RW]
– junger Geselle bei der Behobelung [RW].

kühlen swV. [RW]
– trinken [RW] ♦ **E:** dt. *kühlen* DWB XI 2565 ff.

kui Adj. [MB]
cui [MB]
– verrückt, bekloppt, bescheuert [MB]; unmöglich [MB]; doof, blöd [MB]; irre, schwachsinnig [MB] ♦ **E:** unklar; dt. *Kui* in „bair. *aufs kui* ‚hilft nichts'" DWB XI 2585 (kui?); vgl. → *kuijängeri*. ♦ **V:** *der chalo is cui* ‚der Kerl ist verrückt' [MB]

kuijackel Subst. m. [GM]; **huijackel** Subst. m. [GM]
– dummer, vorlauter Mensch [GM]; Halbnarr [GM]; Blödmann, Dummkopf, Trottel [GM].

kuiæ swV. [WJ]
– kauen (Kautabak) [WJ] ♦ **E:** schwäb. *käuen, kujen* ‚kauen'.

kuijängeri Subst. m. [GM]
– Handwerksbursche [GM]; Landstreicher [GM]; Kunde [GM] ♦ **E:** unsicher; evtl. zu dt. *gehen, Gänger* und evtl. dt. *Kui* in „bair. *aufs kui* ‚hilft nichts'" DWB XI 2585 (kui?); vgl. → *kui*.

kükenkribbe Subst. f. [SG]
– Tisch [SG] ♦ **E:** dt. *Küken* ‚junges Huhn' und *Krippe* DWB X 2320 ff.

kuksers Subst. Pl. [MT, MeT]
– Augen [MT, MeT] ♦ **E:** zu dt. *gucken* ‚betrachten, schauen' DWB IX 1031 ff.

kukuruz Subst. m. [RW]
– Mais [RW] ♦ **E:** österr. *kukuruz* ‚Mais', entlehnt aus serb. *kukuruz* ‚Mais' (Klu. 1999: 492).

küler Subst. m. [MT, MeT]
– Schmied [MT, MeT] ♦ **E:** rw. *kohle* ‚Schmied', aus nd. *kölen* ‚dampfen, schwelen' (Woeste 138) oder rw. roi. *kálo* ‚schwarz' (BoIg 133; WolfWR 2825).

kulle Subst. f. [BJ]
– Wollfussel [BJ] ♦ **E:** unsicher; evtl. zu dt. (ant.) *Külle* ‚Kaninchen' oder womgl. zu dt. *Kulle, Kullensack* ‚Hoden(sack)' DWB XI 2586.

kullen Subst. f. [RW]
– Stadt [RW] ♦ **E:** unsicher; evtl. zu ON *Köln*, eher zu → *galle*.

küller Subst. m. [SS]
– Löffel [SS] ♦ **E:** zu frz. *cuiller* ‚Löffel'.

kulm Subst. m. [CL, LL]
gulm [LJ]; **gulum** [WJ]; **gulo** [WJ]
– Auto [CL, LL, WJ]; Rad [LJ]; Reifen (vom Auto, Fahrrad, Motorrad) [LJ] ♦ **E:** unsicher; evtl. zu rw. *culm* ‚hoch', zu dt. *Kulm* ‚Berggipfel' WolfWR 3006; schwer zu rw. *kulm* ‚Meißel' WolfWR 3005. ♦ **V:** *Du hoscht do awer en doffe kulm* ‚Du hast da aber ein gutes Auto' [LL].

kulpen[1] Subst. Pl. [MB, SG]
– Augen [MB, SG] ♦ **E:** dt./ugs. *kulpen* ‚glotzen'. ♦ **V:** *geschickert? du hast dicke kulpen* ‚hast du getrunken? Du hast dicke Augen' [MB]; *sparr dine kulpen up* ‚sperr deine Augen auf' [SG].

kulpen[2] swV. [HLD, SG]
– schlafen [HLD, SG] ♦ **E:** rw. *kulpen* ‚schlafen' (WolfWR 3008) zu jd. *kulmus* ‚Feder'.

kulpus Subst. m. [HLD]
– Schlaf [HLD] ♦ **V:** *einen duften kulpus hegen* ‚gut schlafen' [HLD].

küls Subst. m. [MM]
– Kopf [MM]; Hals [MM] ♦ **E:** westf. *költs, külts* ‚Kopf' (WWBA. 865).

külter [MT, MeT]
– Bett [MT, MeT]; Bettstatt [MeT] ♦ **E:** westf. *külter* ‚(schlechtes) Bett' < frz. *coulte* ‚Matratze, Kissen' < lat. *culcita*. ♦ **V:** *mit Strücheln und Klinken lichten wöt menige fitze Külter versoimt* ‚durch Reisehandel und Türgeschäfte wurde manches gute Bett verkauft' [MeT].

kumbesch Subst. f. [NJ]
– Freundin, Gefährtin [NJ] ♦ **E:** zu *Kumpan* mit dem Movierungssuffix -*sch* (< lat. *issa*).

küme Subst. f. [BB]
– Mücke [BB] ♦ **E:** Inversion zu mda. *Mück* ‚Mücke'.

kumera Subst. m. [StG]
– Friedhof [StG] ♦ **E:** unsicher; evtl. (Pars-pro-toto: Grabsteine) zu rw./jd. *Chome* ‚Mauer, Wand' WolfWR 887. ♦ **V:** *peikelbeis auf dem kumera* ‚Totenhaus auf dem Friedhof' [StG].

kumeriche Subst. Pl. [LI]
– Schläge [LI] ♦ **E:** wohl zu dt. *kummern* ‚mit Beschlag belegen' DWB XI 2606 f.

kummche Subst. n. Dim. [CL]
– Tasse [CL] ♦ **E:** Dim. zu pfälz. *Kump* ‚Schüssel, Tasse' (PfälzWb IV 691).

kummei Subst. f. [HLD]
– Frau [HLD] ♦ **E:** rw. *kummei* ‚Vulva, Frau' (WolfWR 2977, ohne Herleitung); vgl. → *krummei*.

kümmel Subst. [BJ]
– Kugel [BJ]; Schrot [BJ, PfJ] ♦ **E:** met. zu dt. *Kümmel* DWB XI 2589 ff.

kümmelblättchen Subst. n. Dim. [HLD]
– Glücksspiel [HLD] ♦ **E:** rw. *kümmelblättchen* ‚Glücksspiel' (WolfWR 3011), zu jd. *gimmel* ‚drei'. Benennungsmotiv: das Spiel wird mit drei Kartenblättern gespielt.

kümmeln ‚kaufen' → *kimmeln*.

kümmere swV. [JeS]
– kaufen ♦ **E:** evtl. zu dt. *kummern* ‚mit Beschlag belegen' DWB XI 2606 f., oder rw. *kimmern* ‚kaufen' aus jd. *kinjon* ‚Gekauftes' (hebr. *kinján*), oder roi. *kinél* ‚er/sie kauft' an (WolfWR 2616).

kummerer Subst. Pl. [HLD]
– Kaufleute [HLD] ♦ **E:** rw. *kummerer* ‚Kaufmann' (WolfWR 2616).

kümmkes Subst. Pl. [MM]
– Behälter [MM] ♦ **E:** westf. *kümpken* ‚große henkellose Tasse, aus der Suppe oder auch Knabbeln (eingeweichtes gebrochenes Brot) gegessen wurde'.

kumpane Subst. m. [SG]
– Aufpasser [SG] ♦ **E:** dt. *Kumpan* ‚Geselle' DWB XI 2611.

kumpf Subst. m. [PfJ, RR, TJ, TK, WJ]
kump [BJ, SJ]; **kompfl** Subst. m. [OJ]
– Nase [OJ, PfJ, RR, SJ, TJ, TK, WJ]; große Nase [BJ, OJ] ♦ **E:** zu dt. (ant.) *kumpf* ‚stumpf', „besonders aber von nasen: kumpfe nasen" DWB XI 2615 f., vgl. dt. *kumpfnasig* DWB XI 2616.

kuncheln swV. [KMa]
– handeln [KMa]; organisieren [KMa] ♦ **E:** wohl zu dt. *kunkeln, kungeln* ‚aushandeln, etwas im gemeinsamen Gespräch abmachen' (Klu. 1999: 494). → *kungeln*.

kunde Subst. m. [BJ, CL, JS, JSa, KM, MB, PH, PfJ, RW, SJ, SK, StG, TK]
konde [LüJ, SJ]; **kond** [OJ]; **kunt** [KM, LoJ]; **kundi** [JeS]
– Geselle [RW]; Kundiger, Kennender [BJ, OJ, SJ]; Beherrscher der Walzsprache [RW]; ein der Geheimsprache kundiger Bettler, Landstreicher, früher vor allem reisender Geselle [RW]; wandernder Handwerksbursche [RW, SK]; Handwerksbursche [LüJ, MB, RW, StG]; Wanderbursche [RW]; erfahrener Wanderbursche [RW]; geriebener Wandergeselle [RW]; reisender Geselle [RW]; nicht seßhafter Mensch [SJ]; Reisender [RW]; Landstreicher [CL, JS, JeS, KM, PH, RW]; Landstreicher, der in Ordnung ist [RW]; Penner, der ok ist [RW]; Gleichgesinnter [JSa]; Vagabund [JeS, RW, TK]; berufsloser Tippelbruder [RW]; Bettler [BJ, OJ, PfJ, RW, SJ]; Mann (abwertend gemeint) [LoJ]; unkundig, nicht zur Zunft gehörend [BJ]; Kerl, Typ [RW]; netter Kerl [RW]; „Kunde ist man, wenn man zum zweiten Male in demselben Striche reist und in denselben Herbergen einkehrt" [RW]; Bezeichnung der Stromer untereinander [RW]; Reisende, die sich mit Kleingewerken (Lumpensammler, Scherenschleifer, usw.) und Bettelgeschäften über Wasser halten [RW]; billiger Arbeiter [JS]; reisender Arbeiter (abwertend) [JS] ♦ **E:** rw. *kunde* ‚wandernder Handwerksbursche, Landstreicher, Bettler', zu hebr. *kēn* bzw. jd. *ken* ‚richtig, echt', jd. *kun* ‚Rechter, Wahrer, Richtiger' WolfWR 3017; mit Einfluss von dt. *kennen, kundig, kund* (Klepsch 896). ♦ **V:** *dufter kunde* ‚guter Kerl' [RW]; *mieser kunde* ‚schlechter Kerl, Geselle mit gemeinen/schlechten Ansichten, der diese noch öffentlich vertritt' [RW]; *de kunde nascht en et stillepenn* ‚der Kerl geht ins Gefängnis' [JS]

kundenbruder Subst. m. [JS]
– einfacher Arbeiter [JS]

kundenfahrt Subst. f. [RW]
– Reise eines Kunden [RW]

kundenfänger Subst. m. [StG]
– Abgesandter vom Herbergsvater, um Handwerksburschen in seine Wirtschaft zu locken [StG]

kundenkompanie Subst. f. [RW]
– Gemeinschaft der Leute auf der Straße [RW]

kundennetz Subst. n. [RW]
– weite Verteilung der Wanderburschen [RW]

kundenpenne Subst. f. [RW]
– Gesellenherberge [RW]

kundenschall Subst. m. [RW]
– Walzsprache [RW]; Sprache der Handwerksgesellen auf Rotwelsch [RW]; Wanderschaft [RW]

kundensprache Subst. f. [RW]; **kundispraach** [JeS]; **kondesprache** [LüJ]
– Rotwelsch der Walzbrüder [RW]; Kundensprache, Jargon der Tippelbrüder und Landstreicher [JeS, LüJ]

kundenspürsinn Subst. m. [RW]
– Spürsinn des Wanderburschen [RW]

kundenvernunft Subst. f. [RW]
– Vernunft des Wanderburschen [RW]
kundmann Subst. m. [HL]
– Mensch [HL]
kundschaft¹ Subst. f. [RW]
– Arbeitsnachweis, Zeugnis [RW]; Nachweis über Lehrzeit, Arbeit und offene Schulden [RW]; Zeugnis im Zunfthandwerk [RW]; Wanderbuch [RW]; schriftliche Ausweispapiere [RW]; passartiges Reise- und Führungszeugnis [RW]; Stempel [RW]
kundschaft² Subst. m. [SK]; **kondschaft** [OJ]
– wandernder Handwerksbursche [SK]; Kundiger [OJ]
blitzkunde Subst. m. [RW]
– Kleiderbettler [RW]
zoppkunde Subst. m. [RW]
– Dieb [RW]
kundig Adj. [RW]
– schlau, gewitzt [RW] ♦ **V:** *kundig machen* ‚einweihen' [RW]
ohkondig Adj. [OJ]
– unkundig [OJ]; nicht der Zunft angehörend [OJ].

künftig, kenftig, kentlich und weitere Varianten, Halbsuffix in:
afterkünftig Adv./Präp. [HN]
– hinten, von hinten herum [HN] ♦ **E:** rw. *-künftig, -kenftig* zu dt. *kommen* (WolfWR 3018).
ännerkümftig Adv./Präp. [JeS]; **ännerkönig** [JeS]
– gegenüber, neben [JeS]
hinterkünftig Adv./Präp. [RW]; **hinterkenftig** [LJ]; **hinnerkentlich** Adv./Präp. [JS]
– hinter mir, hinten [JS, LJ]; im Hinterhaus wohnen [RW]; abgelegene Straße [RW]; die Wohnungen in den Hinterhäusern [RW]
hinterkunft Subst. f. [RW]
– Hinterhaus [RW]
nebenkünftig Adv./Präp. **neberkenftig** [LJ]; **neberkentlich** Adv./Präp. [JS]
– neben [GM, JS, LJ, SK]; nebenan [GM, LJ]; seitlich [LJ]; im Nebenraum [StG]; in einem Nebenzimmer [StG]
oberkünftig Adv./Präp. [GM, LüJ, StG]; **oberkenftig** [LJ]; **oberkinftig** [JS]; **oberkindig** Adv./Präp. [CL]; **oberkentlich** Adv./Präp. [JS]
– oben [GM, JS, LJ, LüJ]; obenherum [GM]; darüber [JS]; hoch [CL]; alles, was oben steht [StG]; im Oberhaus, in einer oberen Etage [StG]
seitenkünftig Adv./Präp. [HL]
– seitwärts [HL]

überkenftig Adv./Präp. [LJ]; **überkünftig** [GM]; **überkentlich** Adv./Präp. [JS]
– oben [LJ]; über [LJ]; drüben [JS]; gegenüber [GM] ♦ **V:** *die moss überkenftig, die ketscht das nit, wenn mir des miteinander dibert* ‚die Frau da oben versteht das nicht, wenn wir das miteinander besprechen' [LJ]
unterkünftig Adv./Präp. [GM, JS, SK, Zi]; **unterkenftig** [LJ]; **unterkönnig** Adv./Präp. [LJ]; **unnerkentlich** Adv./Präp. [JS]
– herunter [LJ]; unten [GM, JS, LJ, SK, Zi]; unter [JS, LJ]; unten herum [GM] ♦ **V:** *die gojen und d'gambeser ware g'nascht unterkönnig von der montane ins ballar und hotte g'fochte, wie andere dalfener auch* ‚die Weiber und die Kinder waren hinab gegangen von dem Berge ins Dorf und hatten gebettelt, gleich anderen Bettlern' [LJ]
vorderkenftig Adv./Präp. [LJ]; **vornerkentlich** Adv./Präp. [JS]
– vorne [JS]; vor mir [LJ].

kungeln swV. in:
auskungeln [RW]
– aus dem Schacht ausbinden, ausschließen [RW] ♦ **E:** dt. *kunkeln, kungeln* ‚etwas im gemeinsamen Gespräch abmachen' (Klu. 1999: 494). → *kuncheln*.

küni Adj. [GM]
– müde [GM] ♦ **E:** roi. *khino* ‚müde, matt, träge, faul' (WolfWZ 1411).

kunkelkern Subst. m. [SK]
– Pulver zum Fischfang [SK] ♦ **E:** rhein. *Kuckelekern* u. a. ‚Früchte des Fischerkörnerstrauches, zum Betäuben der Fische' (RheinWb IV 1641).

kunold Subst. m. [SJ]
– Teufel [SJ] ♦ **E:** zu RN *Konrad*, schwäb. ‚Teufel' (SchwäbWb. IV 608).

kunst Subst. f. [BJ, RW]
– Handwerk [BJ, RW]; freies Handwerk [BJ]; Arbeit [RW] ♦ **E:** rw. *kunst* ‚Arbeit', zu dt. *Kunst* (WolfWR 3019).
kunstreise Subst. f. [SK]
– Musikreise [SK] ♦ **V:** *auf Kunstreise gehen* ‚auf Musiktour gehen' [SK].

kuntsch Subst. f. [GM]
– Ecke [GM]; Winkel [GM] ♦ **E:** roi. *kuntš* ‚Ecke, Winkel' (WolfWZ 1596).

kupane ‚Uhr' → *kampane*.

kupfer Subst. n. [BJ, Him, LüJ, Mat, TJ, Wo]
kupfa [LoJ]; **kuffert** Subst. [BJ, SchJ]; **kuffrd** [OJ]; **gupfert** [KJ]
– Heu [BJ, Him, KJ, LüJ, Mat, OJ, SchJ, TJ, Wo]; Gras [LüJ]; Klee [LoJ, LüJ]; Viehfutter [Mat, OJ]; Häcksel [LüJ]; Futter [Mat] ♦ **E:** rw. *kupfer* ‚Heu', wohl zu dt. *Kupfer* (WolfWR 3022, Klepsch 893). Benennungsmotiv: Stoff aus Verschiedenem, „von mehreren arten oder stücken" DWB XI 2758.
kupfermuckn Subst. f. [WG]; **kupfermuggn** [TJ]
– Bett [WG]; Quartier [WG]; Heustadel [TJ]
kupfermucknbewohner Subst. m. [WG]
– armer Mensch [WG]
kupferbergwerk Subst. n. [StG]
– rote Nase [StG].

kurant Adj., Adv. [MM, Scho]
korant [GM, MM]; **garant** [GM, KMa, OH]
– hübsch [MM]; schön [GM, MM, Scho]; gut aussehend, flott, süß, schick [MM]; gut angezogen (bei Männern) [MM]; gutaussehend (bei Frauen) [MM]; gut, gute Qualität [GM, KMa, MM, OH]; satt [KMa, OH]; elegant [MM]; proper [MM]; nett [MM]; prima [MM]; normal [MM]; großzügig [MM]; „strammer Hintern und anständige Brust" [MM]; „in Ordnung, auch in Bezug auf Vieh" [MM] ♦ **E:** westf. *kurant* (WWBA. 920); veraltet hochsprachlich *Kurant, Courant, Korrent* bis zur Einführung der Mark als Reichswährung 1871 und regional noch bis 1907 jede Geldsorte, die ihren Wert in sich trug, deren Wert dem des in ihr enthaltenen Edelmetalls entsprach. ♦ **V:** *korantes boser* ‚gutes Fleisch' [MM]; *korante pore* ‚gute Kuh' [MM]; *korante ische* ‚hübsches Mädchen' [MM]; *kurantes anim* ‚hübsches Mädchen' [MM]; *hame korant* ‚bezaubernd schön' [MM]; *roin das kurante anim!* ‚Schau dir das schöne Mädchen an!' [MM]; *sie war ein kurantes anim* ‚sie war ein hübsches Mädchen' [MM]; *ein kurantes anim! Jovle zomen, toften tokus und nen schucker körning inne Bluse* ‚ein hübsches Mädchen! Schöne Beine, hübscher Hintern und ein schöner Busen in der Bluse' [MM].

kuppede Subst. [RR]
– Koffer [RR] ♦ **E:** rw./jd. *kuppe, kippe* ‚Behältnis, Kasten' WolfWR 2620.

kurasch Subst. f. [NJ]
– Mut [NJ] ♦ **E:** aus frz. *courage*. ♦ **V:** *du hockst nobes kurasch* ‚du hast keinen Mut' [NJ].

kuren swV. [GM, MB, ME]
curen [ME]; **kujn** swV. [ME]; **kujen** [ME]
– verhauen [MB, ME]; kloppen [MB]; verkloppen [MB]; schlagen, hauen, verprügeln [GM, MB, ME] ♦ **E:** roi. *kur-* ‚schlagen, prügeln, kämpfen' (WolfWZ 1605). ♦ **V:** *Tschi meder hab ich ihn gekurt!* ‚Nein, auf keinen Fall habe ich ihn geschlagen' [ME]
kur Subst. m. [GM]
– Schlag, Hieb [GM]; Prügel [GM]
kure Subst. Pl. [MB]
– Schläge [MB]; Korrektionszelle [MB] ♦ **V:** *kure kriegen* ‚Schläge bekommen' [MB]
kurarei Subst. f. [ME]
– Schlägerei [ME]
kurebaskero Subst. m. [GM]
– Schläger [GM]; Raufbold [GM]
kuremuli Subst. m. [GM]
– Totschlag, Mord [GM]
kurepen Subst. m. [GM]
– Schläge [GM]; Schlägerei, Raufhandel [GM]
kurirefli Subst. m. [GM]
– Schlagring [GM].

kures Subst. m. [SE]
– Jacke [SE] ♦ **E:** RheinWb. IV 1767 (*Kurres* ‚kurze, dicke Männerjoppe ohne Taille' < frz. *cuirasse*, ital. *corazza*).

kurve Subst. f. in:
eine Kurve machen ‚einem unsympathischen Menschen (auf der Straße) ausweichen' [WG]; *eine Kurve kratzen* ‚davonlaufen, fliehen' [WG] ♦ **E:** dt. *Kurve* ‚Wegebiegung'.

kurzer Subst. m. [KMa]
– Schnaps [KMa] ♦ **E:** dt. *kurz*, mdal. *en Kurze* ‚ein Schnaps'.

kusch Subst. f. [RH, WL]
– Bett [RH]; kleines Haus [WL]; Zimmer [WL] ♦ **E:** frz. *coucher* ‚schlafen'; RheinWb. IV 1780 (*Kusche* ‚Bett, Haus').
kuscha swV. [LJ]
– ruhig sein [LJ] ♦ **E:** schwäb. *guschen, kuschen* ‚sich niederlegen, ducken, nachgeben' < frz. *coucher* ‚schlafen' (SchwäbWb. III 936). ♦ **V:** *kuschde* ‚warte ab' [LJ].

kusche Subst. f. [MB]
– Wurst [MB] ♦ **E:** unsicher; evtl. zu dt. *Kuschel* ‚Schwein' DWB XI 2864.

kuschef Adj. [Scho]
– tüchtig [Scho] ♦ **E:** jd. *choschew* ‚angesehen, geachtet'.

kuscheln swV. in: [RW]
kuschelplatte Subst. f. [RW]
– Übernachtung bei einem Mädchen [RW] ♦ **E:** dt./mdal. *kuscheln* ‚zärtlich umarmen' und → *platte*.
kuscheldimuschel Subst. n., Phras. [MM]
– außereheliche spielerische Beziehung [MM] ♦ **E:** dt. (met.) *Muschel* ‚Vagina', poetische Bildung: Siewert, Grundlagen, 365 f.

kuschem Subst. m. [Scho]
– Schwerhörige (r) [Scho] ♦ **E:** jd. *chuschem* ‚schwerhörig, taub' (Post 213).

kuschemuckel Subst. n. [CL]
– Heimlichkeit, bei der etwas ausgeheckt wird [CL] ♦ **E:** pfälz. *Kuschemuckel* ‚verstecktes Spiel, betrügerische Manöver' (PfälzWb. IV 711).

kuschkuschwal Subst. m. [SK]
– Schimpfwort [SK] ♦ **E:** roi. *kuschwelo* ‚Abdecker, Henker'.

küseln swV. [MB]
– kreiseln [MB]; rollen [MB]; kugeln [MB]; drehen [MB]; mit Drehkreisel spielen [MB] ♦ **E:** westf. *küsel* ‚Kreisel, Wirbel', westf. *küselen* ‚kreiseln' (WestfWb. 649).
brummküsel Subst. m. [MB]
– dicker Kopf (nach dem Saufen) [MB].

kusemm Subst. m. [Scho]
kuson [Scho]
– Bräutigam [Scho]; Freund [Scho] ♦ **E:** jd. *chosen* ‚Bräutigam' (We 60).

kusen Subst. n., Pl. [SS, WH]
– Schafe [SS, WH] ♦ **E:** rw., WolfWR 3030 (ohne Herleitung); evtl. zu rhein. *Kuse* ‚Bauernschaft' (RheinWb. IV 1782), Jütte, Schlausmen, 134.

kuss Subst. m. [BJ, OJ, SJ]
küß [SJ]; **küss** [SJ]
– Stein [BJ, OJ]; Steine, Kies [SJ] ♦ **E:** dt. *Kies* ‚feinkörnige Steine' DWB XI 687 f.

kutoh ‚Messer' → *kuut*.

kütsch Subst. n. [BB]
– Stück [BB] ♦ **E:** Inversion zu *Stück*.
üerfkütsch Subst. n. [BB]
– Frühstück [BB].

kutschabo¹ Subst. m. [MB]
– Säugling [MB]; kleiner Junge [MB]; reicher Mann [MB] ♦ **E:** roi. *kutš* ‚teuer, kostbar, selten, wertvoll' und roi. *schabo* ‚Junge, Sohn, Kind' (WolfWZ 1629, 3448); evtl. auch Einfluss von roi. *kuti* ‚klein, kurz' (WolfWZ 1627).
kutschabo² Adj., Adv. [MB]
– schwanger [MB]; tragend [MB] ♦ **V:** *es is schon wieder kutschabo* ‚sie ist schon wieder schwanger' [MB].
kutschmama Subst. f. [MB]; **kutschmamai** [MB]; **kutschmamie** [MB]
– Großmutter, Oma [MB]; Amme [MB]; Kind [MB]
♦ **V:** *nabelo kutschmama* ‚unmögliches Kind' [MB].

kutschieren swV. [PfJ]
gudschiere [OJ]
– herumfahren [PfJ, OJ] ♦ **E:** dt. *Kutsche* ‚bedeckter Reisewagen' DWB XI 2884.
kutschierling Subst. m. [PfJ]; **gutschierling** [BJ]
– Wagen [BJ, PfJ]; Fahrzeug [BJ, OJ].

kutt Subst. f. [LJ, PH]
gutsch [LJ]
– Kammer [LJ]; Stube [LJ]; Zimmer [LJ]; Haus [PH]
♦ **E:** rw. *küse* ‚Gefangenenhaus' (WolfWR 3029), evtl. zu kroatisch *kuca* ‚Haus'; tschech. *kut'* ‚Zuchthaus'; Abel, Slawismen, 44 (*gusch*).
scharlekut Subst. f. [LJ]
– Rathaus [LJ]
zletschtkut Subst. f. [LJ]
– Sarg [LJ] ♦ **E:** schwäb. *zletscht* ‚zuletzt; die letzte Kammer'.

kuttal Subst. Pl. [LoJ]
– Kinder [LoJ] ♦ **E:** unsicher; evtl. zu rw./jd. *kud(er)*, *kot(on)* ‚klein, jung' WolfWR 2891.

kuttch ‚Messer' → *kuut*.

kutte¹ Subst. Pl. [KMa, OH]
– Füße [KMa, OH] ♦ **E:** unsicher; evtl. met. zu dt. *Kutsche* ‚(zweirädriger) Wagen' DWB XI 2884 ff.

kutte² Subst. f. in:
kuttenbrunzer Subst. m. [RR, WG]
– Gefängnispfarrer [WG]; Panzer [RR] ♦ **E:** dt. *Kutte* „form- und kunstloses, umfassendes gewand", auch ‚Kappe, Mönchskappe' DWB XI 2891 ff.; Girtler 1996, 129.
kuttinger Subst. m. [WG]
– Gefängnispfarrer [WG]
kuttinger in der violetten Subst. m., Phras. [WG]
– Richter [WG]

kuttinger in der roten Subst. m., Phras. [WG]
– Staatsanwalt [WG]
kuttinger in der schwarzen Subst. m., Phras. [WG]
– Verteidiger [WG].

kuttle Subst. Pl. [PH]
– Lumpen [PH] ♦ **E:** dt. *Kuttel* ‚Falte, auch Fetzen' DWB XI 2891; *Kuttel* ‚Gedärme' (PfälzWb. IV 715).

kuut Subst. f. [KM]
kuute [KM]; **kutoh** Subst. n. [KMa]; **kufert** Subst. m. [SP]; **kufat** [SP]; **kuttch** Subst. m. [KMa, OH]
– Messer [KM, KMa, OH, SP] ♦ **E:** rw. *kutoh*, zu frz. *couteau* ‚Messer' (WolfWR 3032).

kuuter Subst. m. [KM]; **kuutere** [KM]
– Metzger [KM].

kuwweler Subst. m. [WL]
– Schinder [WL] ♦ **E:** LuxWb. II 489 *kuw(w)elen* ‚hart hernehmen, schinden'.

kuze ‚Hälfte, halb' → *choze*.

kuzen Subst. [SPI]
– Vermögen [SPI] ♦ **E:** jd. *kozen* ‚Vermögen', Theilacker 125.

kwant, kwenttus ‚gut schön' u. ä. → *quant*.

kwesen swV. [SP]
– sprechen [SP] ♦ **E:** dt. (ant.) *keden* ‚reden, sagen' DWB XI 380 ff., ahd. *quedan* ‚reden'; dazu evtl. auch RheinWb. VI 1331 (*questen* ‚stöhnen, nörgeln'). ♦ **V:** *Et git mierts gekwest* ‚Es wird nichts gesprochen' [SP].

kwetsch ‚Kuh' → *quetsch*.

kwi, kwin ‚Hund' → *quem*.

kwitsch Subst. f. [SP]
– Arbeit [SP] ♦ **E:** rw. *quitschen* ‚arbeiten' WolfWR 4444 (ohne Herleitung); wohl zu dt. *quitschen* ‚hin und her laufen' DWB XIII 2378.

kwitschen swV. [SP]
– arbeiten [SP]

kwitschert Subst. m. [SP]
– Arbeiter [SP].

L

laabra swV. [OJ]
– viel reden [OJ]
gelaabr Subst. n. [OJ]
– Rederei [OJ] ♦ **E:** dt./ugs. *labern*.

laaf Adj. [LJ, LüJ, MUJ, OJ, Scho, WJ]
laf [LJ, SPI, SchJ, UG]
– dumm [LJ, OJ, SchJ, Scho]; geizig [LJ, LüJ, SchJ, WJ]; schlecht [LJ, MUJ, OJ, SPI, Scho, UG]; böse [LüJ, MUJ, WJ]; frech [LüJ, WJ]; träge [OJ]; ungeschickt [Scho] ♦ **E:** jd. *lau, lo* ‚nicht, nein, kein' (We 74, WolfWR 3131). Vgl. → *lau*. ♦ **V:** *hackel laaf* ‚dumm, saudumm, saublöd' [LJ]; *hakel laf* ‚ganz schlecht' [SPI]; *lafe griffling naufschaberen* ‚Meineid leisten' [LJ]; *massumme laaf* ‚ich habe wenig Geld' [Scho].

laffe Subst. m. [Scho]
– einfältiger Mensch [Scho]; dummer Mensch [Scho] ♦ **E:** dt. *Laffe* ‚Geck' Klu.[23] 499.

läägla swV. [OJ]
– nörgeln [OJ]
salbläägla swV. [OJ]
– massiv nörgeln [OJ] ♦ **E:** unsicher; evtl. zu schwäb. *läglen* ‚stark trinken' (SchwäbWb. IV 926).

laam Subst. m. [LoJ]
– Trottoir [LoJ] ♦ **E:** zu öster./dt. *Lahm* ‚Lehm, Lehmboden'.

laar Subst. m. [BM]
laari [BM]
– Arrest [BM] ♦ **E:** wohl aus franz. *l'arrêt*.

laasteck Subst. m. [HF]
– langer, hagerer Mensch [HF] ♦ **E:** rhein. *Lassert* ‚einer mit nachlässiger Körperhaltung', *e langk Laster* ‚ein lang aufgeschossener Mensch' RheinWb. V 147, 151; redensartlich *e het en L. verschluckt* ‚er hat eine gerade, steife Haltung'.

laasten Subst. Pl. [EF]
leisten [EF]
– Füße [EF] ♦ **E:** dt. *Leisten* ‚Fußmodell des Schusters' DWB XII 722.

lab[1] Subst. m. [GM, MUJ]
– Name [GM, MUJ] ♦ **E:** roi. *lab* ‚Wort, Rede, Namen' (WolfWZ 1687).

lab[2] Subst. f. [LüJ]
labbe [LüJ]
– Mund [LüJ]; Gosch [LüJ]; Maul [LüJ] ♦ **E:** rw. *labbe* ‚Mund' (WolfWR 3036); ugs. *Labbe* ‚Mund, herunterhängende Lippe' (Küpper 1987: 476), SchwäbWb IV 991 (*Lappf*). ♦ **V:** *halt die lab* ‚halt den Mund' [LüJ].

läbäise Adv. [KMa]
– hinweg [KMa] ♦ **E:** zu hebr. *lebeto* ‚nach Hause' (HessNassWb. II 1).

labba Subst. m. [OJ]
lappen [Scho]
– Geldschein [OJ]; Geldscheine [Scho] ♦ **E:** dt./ugs. *Lappen* ‚Geldschein'.

laben swV. [JS]
– nehmen [JS] ♦ **E:** schweizdt. *lāpen* ‚mit den Finger, beziehungsweise Händen plump, ungeschickt greifen' SchweizId. III 1351.

labonie Subst. f. [HLD]
– Sonne [HLD] ♦ **E:** rw. *labona* ‚morgens, früh'; *labonie* ‚Sonne' WolfWR 3049.

lachabatscher Subst. m. [LJ]
lachapatscher [LüJ]; **lachenbatscher** [LJ]; **lachæbatschær** [WJ]; **lackepatscher** [RR]; **lackenpatscher** [TJ]; **lachabadschre** [OJ]; **lachebatscher** [PfJ]; **lachenpatsche** [PfJ]; **lachenpatscher** [KJ]; **lachepatscher** [Gmü, Him]; **lachpatsche** [Wo]
– Ente [Gmü, Him, KJ, LJ, LüJ, OJ, PfJ, RR, TJ, WJ, Wo]
lockerbotsch Subst. f. [LoJ]
– Ente [LoJ]
lachabadschl Subst. n. [OJ]
– Ente [OJ]; Spottname für die Heuchlinger (Nachbarort von Leinzell) [LJ] ♦ **E:** rw. *lakenpatscher* ‚Infanterist, Ente', aus dt. *Lache* ‚Pfütze' und dt. *patschen* (WolfWR 3064, Klepsch 904).

lacheten ‚stehlen' → *lakäechen*.

lachtaube Subst. f. [MM]
– (Grill-)Hähnchen [MM]; halbes Hähnchen [MM] ♦ **E:** met. zu dt. *Lachtaube* (Taubenart) DWB XII 33.

lack¹ Subst. f. [SS, WH]
– Milch [SS, WH]
lücke Subst. f. [SS]
– Milch [SS]
lakmer Subst. [SS]
– Milch [SS] ♦ **E:** rw. *latsche* ‚Milch' WolfWR 3125, zu roi. *latscha* ‚Brühe' oder rom., vgl. ital. *latte* ‚Milch', lat. *lac* ‚Milch'.

lack² Subst. m. [WL]
– Branntwein [WL] ♦ **E:** rw. *lack* ‚Branntwein' WolfWR 3053, aus jd. *log* ‚kleines Flüssigkeitsmaß'.
lackert Subst. m. [WL]
– Branntweintrinker [WL]

lacken swV. [WL]
– mit Branntwein betäuben [WL]
belacken swV. [WL]
– mit Branntwein betäuben [WL].

lack³ Adj. [HK, Him, JS, LJ, Mat, PfJ, SJ, SchJ]
lak [RH, SJ]; **lagg** [JeS, OJ, TK]; **lag** [HK]; **leck** [LüJ]; **lack** [LüJ]
– krank [JS, JeS]; schlimm [JeS, LüJ]; übel [JeS]; schwindlig [JeS]; tot [RH]; träge [OJ]; schlecht [HK, Him, JeS, LüJ, Mat, PfJ, SchJ, TK]; dumm [LüJ, Mat, PfJ, SJ]; nicht [HK]; nicht in Ordnung sein [SJ]; nicht gut [PfJ]; nichts [HK]; nein [HK]; kein [HK]; ist nichts [HK]; wenig [HK]; böse [JeS, PfJ]; falsch [JeS, SJ]; krumm [JeS] ♦ **E:** rw. *lacker, lack* ‚treulos, falsch, schlecht, dumm' WolfWR 3054, „mehrere Wurzeln": dt./mdal. *lack*, ‚matt, müde, träge, fade, lau'; fries. *lak* ‚Fehler, Mangel'; roi. *lako* ‚leicht, gering'; (Klu. 1995: 498, WolfWR 3054, WolfWZ 1699, Klepsch 908, SchwäbWb. IV 910/911). ♦ **V:** *lacke griffling naufschaberen* ‚Meineid leisten' [LJ]; *lacke scheinling* ‚Brille' [LJ]; *lacke schix* ‚Dirne' [PfJ]; *lacker benk* ‚falscher, hinterhältiger Mann' [LJ]; *lacker grifflingshocker* ‚Ehering' [LJ]; *lacker schure* ‚Frucht, Korn' [LJ]; *Mir sirflet no an gigges, der ischt gwand, aber vermufft mr boschtet gern end schwäche nei, blos hatschemer lak, no boschtet mr ab* ‚Wir trinken noch einen Schnaps, der ist gut; aber verflixt, wir gehen gern in die Wirtschaft; und wenn wir ins Schwanken geraten, dann gehen wir eben heim' [SJ]; *Wer hatscht scho morgens end schwäche nei, was send des für lake schure, se lasset die moss ond dia kottela drhoim, bei murke ond kipp* ‚Wer geht schon morgens ins Wirtshaus rein, was sind das für schlechte Kerle, sie lassen die Frau und die Kinder daheim, bei Katze und Hund' [SJ]; *Dr lehm, den i aus dem schwarzmann rauszopf, sieht lak aus* ‚Das Brot, das ich aus dem Ofen herausziehe, sieht schlecht aus' [SJ]; *Kliste, i hab dei moss gschpannt beim marodebenk, se hot mr dibbert, daß se lake trittling hot* ‚Polizist, ich habe deine Frau beim Arzt gesehen, sie hat mir gesagt, daß ihre Füße nicht in Ordnung sind' [SJ]; *lag loone* ‚war nichts', ‚nicht gut', ‚nichts' [HK]; *loone lag* ‚nicht gut', ‚nicht tun' [HK]; *schuffd dich, der beeker schemmd loone lag* ‚sieh dich vor, der Mann ist nicht gut' [HK] *kimmel das nicht, loone lag* ‚kauf das nicht, das ist nichts' [HK]; *verlinsd loone lag* ‚versteht gar nichts' [HK]; *schemmd lag* ‚ist nichts' [HK]; *lack verdiwwern* ‚nichts verraten' [HK]; *der gasserd hidsd lag* ‚der Speck schmeckt schlecht' [HK]; *der gasserd schemmd lag* ‚der Speck ist schlecht' [HK]; *lag bich*

‚wenig/kein Geld' [HK]; *lag hellich heejn* ‚kein Geld haben' [HK]; *verkneise lack* ‚verstehe nicht' [HK]; *lag masseln* ‚nichts sagen' [HK]; *lag dibbern* ‚nichts sagen' [HK]; *lag schiwwern* ‚nichts sagen' [HK]; *os sossem schäft lack drom hat usere ollmische et veraskert* ‚unser Pferd war krank, deshalb hat unser Vater es verkauft' [JS]; *oh laich ossere kailoff schäft schovel lack* ‚Oh Mensch, unser Hund ist schwer krank' [JS]; *schovel lack minch* ‚geschlechtskrank (bei Frauen)' [JS]; *schovel lack cari* ‚geschlechtskrank (bei Männern)' [JS]; *es huurt mr lagg bim Süesslig schweche* ‚es wird mir schlecht beim Teetrinken' [JeS]; *en lagg hob'n* ‚günstig' [TK]
lakig Adj. [JSa]
– krank [JSa]
lackeschmuh Subst. m. [PfJ]
– Betrug [PfJ]
lackbeies Subst. n. [JS]
– Krankenhaus [JS]
lackmann Subst. m. [PfJ]
– dumme Person [PfJ].

lackböck Subst. Pl. nur in:
die lackböck angemessen bekommen ‚sterben' [WG]
♦ **E:** österr. *Bock* ‚schwerer Schuh' WBÖ: III 515, Pl. *die Böcke*. Vgl. auch Girtler, Matreier Gespräche: 260; dt. *Lack*.

lacker Subst. m. nur in:
schoorlacker Subst. m. [MoM]
– Zimmermann [MoM] ♦ **E:** *lacker* wohl zu dt. *Lackel* ‚grober Kerl'; zu *schoor-* vgl. *Scharwerker*, Spottname für den Maurer und den Zimmermann, zu mhd. *scharwerc* ‚Fronarbeit'.

lacks Subst. m. [MoM]
– Hitze [MoM]; Sonne [MoM] ♦ **E:** dt. *Lack* ‚die sich auf dem Kranze des Ofens zeigende Flamme, aus deren Natur der Schmelzer die Beschaffenheit des Schmelzens erkennen kann' (hüttenmännisch) DWB XII 34; *Lack* ‚erwärmter Dunst', *Ofenlack* ‚warmer Luftzug vom Ofen her, Ofenhitze' Schmeller I 1432.

lädda Subst. m. [OJ]
lätt Subst. m. [BM]
– Brot [BM, OJ] ♦ **E:** dt./mdal. *Lett, Letten* ‚toniger, klebriger Boden' (SchwäbWb. IV 1191). ♦ **V:** *lädda geschmus* ‚unsinniges Gerede' [OJ].

ladderich Subst. m. [HK]
latterich [HK]
– Salat [HK]; Kohl [HK] ♦ **E:** dt./mdal. *Lattich* ‚Salat' DWB XII 281; ThürWb. IV 97.

läddra swV. [OJ]
– bezahlen [OJ] ♦ **E:** rw. *ledern* ‚ausbeuten, bezahlen' WolfWR 3174, dt./ugs. *ledern* ‚bezahlen'; SchwäbWb. 4, 1088.

ladengero Subst. m. [LüJ]
– Kaufmann [LüJ]; Verteidiger [LüJ] ♦ **E:** roi. *lada* ‚Laden, Geschäft' (WolfWR 3057, Romlex 2005).

lädere swV. [BM]
– brennen [BM] ♦ **E:** SchweizId. III 1487 *lätteren, läderen* ‚auflodern, verbrennen'.

ladli Subst. m. [BM]
– Dummkopf [BM] ♦ **E:** SchweizId. III 1487 *Lätter* ‚träger Mensch'.

ladlibottine Subst. Pl. [BM]
– Holzschuhe [BM] ♦ **E:** rw. *botten* ‚Stiefel' aus frz. *botte* ‚Stiefel' WolfWR 637. → *boodling*.

ladschen swV., refl. [GM]
latsche [LüJ]; **latscha** [LüJ]
– sich schämen [GM, LüJ] ♦ **E:** roi. *ladš* ‚sich schämen' (WolfWZ 1693). ♦ **V:** *oh schofel, oh schofel, i muß mi latsche, gwante modle und tschi fackle* ‚oh weh, oh weh, ich muß mich schämen, ich habe schöne Mädchen, aber sie können nicht schreiben' [LüJ]

ladsch Subst. f. [GM]
– Schande [GM] ♦ **E:** rw. *laz* ‚Schande' (WolfWR 3167) < roi. *ladš* ‚Scham, Schande' (WolfWZ 1693).

laschepin Subst. m. [GM]
– Scham [GM] ♦ **E:** roi. *ládš pen* ‚Scham, Schande, Schmach' (WolfWZ 1693).

lädu Subst. m. [BM]
– Laden [BM]; Brett [BM] ♦ **E:** zu dt. *Laden*.

läerek Subst. m. [BB]
lärke [BB]
– Kerl [BB]; Mann [BB] ♦ **E:** Inversion zu mdal. *Kärel* ‚Kerl'.

laetz Adj. [Scho]
– böse [Scho] ♦ **E:** SchwäbWb. IV 1193 *letz* ‚verkehrt, schlimm'.

lafe stV. [BB]
– laufen [BB] ♦ **E:** mdal. zu dt. *laufen*.

läufer Subst. m. [KP]
– Fuß [KP]

läuferle Subst. [KP]
– Schuh [KP]

läuferles anstieber Subst. m., Phras. [KP]
– Schuster [KP]

laferl Subst. n. [LoJ]
– Fahrrad [LoJ].

lafeete Subst. f. [BM]
lafere [BM]
– Mund [BM]; Gesicht [BM]; Maul [BM] ♦ **E:** schweizdt. *Lafere* ‚großes, breites Maul, Fratze' SchweizId. III 1109.

lafler Subst. m. [HLD]
– Zunge [HLD] ♦ **E:** wohl zu dt. *Laferer, lafern* ‚Schwätzer, schwätzen' DWB XII 55; falls Verschreibung zu rw. *laller* ‚Zunge' WolfWR 3066.

lafunen swV. [SchJ]
lafume [Scho]
– stehlen [SchJ, Scho] ♦ **E:** rw. *lewone machen* ‚das Türschloß mit Löchern umbohren, so dass es herausgeschnitten werden kann' zu jd. *lewono* ‚Mond' WolfRW 3230; Klepsch 927.

lage Subst. f. nur in:
die lage spannen ‚aufpassen' [SK] ♦ **E:** dt. *Lage* ‚Situation' (Kundensprache) und WolfRW 5421 *spannen* ‚sehen, beobachten, aufpassen, (be)lauern'.

lagg Subst. m. [JeS]
– See [JeS] ♦ **E:** zu frz. *lac* ‚See'.

laggiera swV. [OJ]
– betrügen [OJ] ♦ **E:** dt./ugs. *lackiert sein* ‚angeschmiert sein' SchwäbWb. IV 912, nach WolfRW 392 aus dt./mdal. *Lachs* ‚Geld'.

läggr Subst. m. [OJ]
– Zunge [OJ] ♦ **E:** zu dt. *lecken*.

laguti Subst. n. [BM]
– Messer [BM] ♦ **E:** SchweizId. II 532 *Guti* ‚schlechtes Messer', aus frz. *le couteau*.

lähne Nacht → *laile* [SK].

laicha swV. [OJ]
vrlaicha swV. [OJ]
– vertreiben [OJ]; wegschicken [OJ] ♦ **E:** SchwäbWb. IV 88 *jäuchen, läuchen* ‚verjagen, verscheuchen'.

laif Subst. f. Pl. [OJ]
laifl Subst. f. Pl. [OJ]
– Beine [OJ]; Füße [OJ] ♦ **E:** zu dt. *lauf(en)*.

laifling Subst. m. [RR]
– Hase [RR] ♦ **E:** unsicher; evtl. Bildung zu rw./jd. *laile* ‚Nacht', *leilegänger* ‚Nachtgänger' WolfWR 3063 oder eher zu dt. *laufen*.

laile Subst. f. [CL, LL, LüJ, OJ, PH, SS]
leile [JSa, LJ, LüJ, PfJ]; **laila** [SS, Scho]; **lähne** [SK]; **lääli** [JeS]; **läli** [JeS, TK]; **lail** [JeS]; **leine** [HK, TK]
– Nacht [CL, HK, JSa, JeS, LL, LüJ, OJ, PH, PfJ, SK, SS, Scho, TK] ♦ **E:** rw. *laile* ‚Nacht' (WolfWR 3063) < jd. *laile* ‚Nacht' (We 158, Post 213, Klepsch 913); jd. *laila* ‚Nacht' (WolfWR 3063). ♦ **V:** *doffe laila* ‚gute Nacht' [SS]; *latscho leile* ‚gute Nacht' [LüJ]; *schei und leile* ‚Tag und Nacht' [LüJ]; *loale du!* ‚Du Nachtwächter!' [OJ]; *der had das dillichen foor eine leine wolld heirasbeln* ‚der hat das Mädchen für eine Nacht heiraten wollen' [HK]; *die leine buschn me schiewes* ‚heute Nacht gehen wir weg' [HK]; *bei laile nasche mer in stupfel* ‚bei Nacht gehen wir auf Igeljagd' [LüJ]; *wir hoam die leine in der benne gedermd* ‚wir haben heute Nacht in der Herberge' [HK]; *z lääli butte* ‚zu Abend essen' [JeS]

lääli Adj. [JeS]; **läli** [JeS]
– dunkel [JeS]; dämmrig [JeS]

leilegänger Subst. m. [LJ]
– Dieb (bei Nacht) [LJ]

leileschlickes Subst. m. [SS, WH]
– Nachtwächter [SS, WH] ♦ **E:** Zweitglied zu jd. *sch(e)liach* ‚Bote'.

beleile Adj., Adv. [CL, LL]; **belaile** [LL]
– nachts [LL]; bei Nacht [CL] ♦ **E:** jd. *balaile* ‚in der Nacht, nachts'. ♦ **V:** eine Frau über ihren Mann: *Der schäfft meischt belaile pläde* ‚Der ist meist nachts nicht da' [LL]

leineduder Subst. m. [HK]
– Nachtwächter [HK].

lais Subst. n. [BB]
– Seil [BB] ♦ **E:** Inversion zu *Seil*.

laise swV. [LüJ]
– einnehmen, (das Geld, das man beim *strenzen* einnimmt)

einlaisen swV. [LüJ]
– einnehmen [LüJ]

laise Subst. [LüJ]
– Einnahme [LüJ] ♦ **E:** ungeklärt, vgl. Efing, Lützenhardter Jenisch, 130.

läisling Subst. m. [JeS]
leisling [JeS]; **leislig** [JeS]
– Rad [JeS] ♦ **E:** unsicher; evtl. zu rw. *lúselinge* (Basel 1430), *Leisling* ‚Ohren', Benennungsmotiv: Ähnlichkeit in der Form; oder zu rw. *läufling* ‚Fuss', rw. *laufer* ‚Wagen' WolfWR 3140, 3141; schwer zu dt. *leise*.

lajem Subst. f. [CL, LL]
– Schiefertafel [CL, LL] ♦ **E:** pfälz. *leie* ‚Schiefer, Schiefertafel' PfälzWb. IV 911.

lajeme swV. [CL, LL]
– lesen [CL, LL] ♦ **E:** jd. *leienen* ‚lesen' (WolfWR 3196, Post 2014, Klepsch 915).

lak Adj. [BB]
– kalt [BB] ♦ **E:** Inversion zu mdal. *kall* ‚kalt'. ♦ **V:** *dä efak es lak* ‚der Kaffee ist kalt' [BB].

lakäechen swV. [Scho]
lakäeche [Scho]; **lacheten** [SchJ]; **lekheache** [RA]
– stehlen [SchJ, Scho]; (weg)nehmen [RA] ♦ **E:** rw. *lokeachen* ‚stehlen' aus jd. *lakeachen* ‚stehlen' WolfWR 3202, Klepsch 915, We 77; vgl. → *lekiechen*.

lake nur in:
en lake merte haben ‚einen Bart haben' [PfJ] ♦ **E:** unsicher; *lake* evtl. zu *Lake* ‚Sud, Brühe' DWB XII 79; die nd. Form (unverschobenes germ. k) mit der Ausbreitung des Heringshandels nach Süden in unveränderter Form auch im Mittel- und Oberdeutschen verbreitet, also zu PfJ kompatibel; *merte* evtl. zu rw. *merten* ‚Branntwein' WolfRW 3550 oder zu rw. *merten* ‚Katze' WolfRW 3549.

lakegusch Subst. n. [PfJ]
lackegusch [PfJ]
– Haus [PfJ] ♦ **E:** rw. *gusch* ‚Haus' WolfWR 1985; Erstglied entweder zu rw. *lack* ‚schlecht, arm, wertlos' WolfWR 3054 oder zu rw. *lek* ‚Gefängnis' WolfWR 3171, so auch SchwäbWb. IV 932 s. v. *lakegusch* ‚Haus' [Verbrechersprache].

lakei Subst. m. [CL]
– Diener [CL] ♦ **E:** dt. *Lakei*, aus frz. *laquais*.

laken Subst. Pl. [WL]
– Lumpen [WL] ♦ **E:** lux. *lak, laken* ‚Lumpen' LuxWb. III 9. ♦ **V:** *en nilles laken* ‚ein Sack Lumpen' [WL]; *lake fir stillercher* ‚Ruf der Kirschenhändler' [WL]

lakert Subst. m. [WL]
– Lumpenkrämer [WL] ♦ **V:** *bei de lakerten* ‚Weimerskrämer' [WL]

lakersprooch Subst. f. [WL]
– Händlersprache der Lumpenkrämer [WL]

lakerschmus Subst. m. [WL]
– Händlersprache der Lumpenkrämer [WL].

läkräf Subst. n. [BB]
läkräfie Dim. [BB]
– Ferkel [BB] ♦ **E:** Inversion zu *Ferkel*.

lakritze nur in:
lakritzefähnerich Subst. m. [SJ]; **lakritzefähnrich** [SJ]
– Apotheker [SJ] ♦ **E:** dt. *Lakritze* < mlat. *liquiritia* ‚Süßwurzel'.

lakritzihackn Subst. f. [WG]
– kleines Verbrechen, welches nichts bringt [WG] ♦ **E:** wiener. *Lakritz*, auch ugs. ‚Kleinkram, mit dem man sich nicht abgibt' (Hornung 516); rw. *hacke* ‚Arbeit, Geschäft' aus jd. *hogun* ‚ehrbar, anständig' WolfWR 2000.

lakum Brot → *lechem*.

lallizom Subst. m. [MM]
– Gehfehler [MM]; Hinkebein [MM]; „jemand, der einen steifen Fuß nachzieht" [MM] ♦ **E:** jd. *zōmes, zūmes* ‚Knochen, Bein(e)' (We 110); *lalli* evtl. zu dt. *lallen* „mit ungelenker zunge und undeutlich sprechen" DWB XII 81 f.; Benennungsmotiv: ungelenkes Sprechen beim Lallen und ungelenkes Laufen.

lallr Subst. m. [OJ]
– Zunge [OJ] ♦ **E:** zu dt. *lallen*; schwäb. *Lälle* ‚Zunge' SchwäbWb. IV 933.

läm Subst. n. [BB]
– Mehl [BB] ♦ **E:** Inversion zu *Mehl*.

lambert Subst. m. nur in:
schworzlambert Subst. m. [MoM]
– Lehrer [MoM] ♦ **E:** rw. *lamden, lampen* ‚der etwas gelernt hat, Gelehrter' aus jd. *lamdon* ‚Gelehrter' WolfWR 3070; rw. *schwarz* ‚arm, vorbestraft'.

lamentieren swV. nur in:
lametierholz Subst. n. [EF]; **lamentierholz** [EF]; **lâmetierzholz** [EF]; **lâmntierholz** [EF]; **lammetierholz** [EF]
– Klarinette [EF]
lamentierkasten Subst. m. [EF]
– Leierkasten [EF] ♦ **E:** dt. *lamentieren* ‚jammern, klagen' DWB XII 81, aus lat. *lamentum* ‚Klagegeschrei'.

lames Num. Kard. [CL, LL, Scho]
lammert [MM]; **hamet** [SS]; **lammed** [Scho]
– dreißig [CL, LL, MM, SS, Scho] ♦ **E:** jd. *lammed* ‚dreißig', nach dem hebr. Zahlbuchstaben *Lamed* für die Zahl 30 (WolfWR 6437, We 74, Post 214, Klepsch 917).

lamesolf Num. Kard. [Scho]
– einunddreißig [Scho]

lames pschinem Subst. Pl. [Scho]
– 30 Pfennig [Scho].

lämet Subst. m./n. [KM]
lämede [KM]; **lemmet** [HF]
– Tollpatsch [KM]; ungeschickte, schläfrige/dösige Person [HF] ♦ **E:** dt. *belemmert* zu dt. *lahm* DWBneu IV 939 f., ,jemand, der gehindert, lahm geschlagen oder beschädigt ist, tollpatschig erscheint'; dagegen RheinWb. V 387: aus lat. *linamentum* ,Docht der Öllampe', met. ,lange, hagere Person, harmloser, dummer, unbeholfener Mensch'.

lamfisel Subst. m. [RR]
– Gendarm, Gänsedarm (dt. ant. *Gensdarm* ,Gendarm') [RR] ♦ **E:** rw. *lamfisel* ,Gendarm' WolfWR 3072; evtl. Kontamination aus rw. *lamden* ,ausgelernter Gauner' aus jd. *lamdon* ,Gelehrter' und rw. *fisel* ,männliche Person' WolfWR 1388, aus dt. *fisel* ,Penis' DWB III 1690.

lämmerschwänze Subst. Pl.
– Übername für Personengruppennamen Leinefelder [HK] ♦ **E:** Neckname für die Einwohner von Leinefelde, früher Schafzüchter und Wollverarbeiter; evtl. unter Einfluss von thür. *Lämmerschwanz* ,Schwächling, Feigling' (ThürWb. IV 40).

lamor Subst. m. [SchJ, TJ]
lamur [LJ]
– Mond [LJ, SchJ] ♦ **E:** unsicher; jd. *lewone* ,Mond' Klepsch 918; oder womgl. zu frz. *l'amour* ,Liebe'; Benennungsmotiv: Verbindung von romantischer Liebe und Mondschein; evtl. auch Umbildung zu rw. *lampe* ,Mond' WolfWR 3075

lampe Subst. f. [HLD]
– Licht [HLD] ♦ **E:** rw. *lampe* ,Mond' WolfWR 3075, aus dt. *Lampe*.

lampe Subst. f. [CL, MM]
– „alles, was schief geht" [CL]; Anzeige, „Ärger mit der Polizei" [MM] ♦ **E:** rw.*lamden, lampen* ,jmd., der den Dieb stört' aus jd. *lamdon* ,Gelehrter', rw. *lampe* ,Polizei' WolfWR 3070. ♦ **V:** *kippe, lampe, schemmbeis* ,Halbe-halbe, Anzeige, Knast' [MM]; *kippe oder lampe!* ,Anteil oder Anzeige!' [MM]
lambe machen swV., Phras. [CL]; **lampen machen** [StG]
– auskneifen [StG]; ausreißen [StG]; hintertreiben [CL]

lampenreisser Subst. m. [StG]
– einer, der Radau schlägt [StG].

lampentunker Subst. m. [StG]
– Zeugfärber [StG] ♦ **E:** wohl zu dt. *lampen* ,schlaff herabhängen' DWB XII 88 f. und dt. *tunken* ,in eine Flüssigkeit eintauchen' DWB XXII 1794 ff.

landere Subst. f. [BM]
– Landesausstellung (1914 in Bern) [BM] ♦ **E:** mdal. Kürzung aus *Landesausstellung*.

landi Subst. m. [RR]
ländi [JeS]; **lingli** [JSW]
– Fleisch [JSW, JeS, RR]; Speck [JeS] ♦ **E:** rw. *landi* ,Fleisch', *geschwärzter landi* ,Geselchtes', *Quilandi* ,Hundefleisch' WolfWR 3079 (ohne Herleitung); evtl. zu dt. *Lende* (hochwertiger Bereich von Schweinefleisch, Körperregion) DWB XII 742 f. ♦ **V:** *geschwärzter landi* ,Geselchtes' [RR]
kronigllandi Subst. m. [RR]
– Schweinefleisch [RR]
quilandi Subst. m. [RR]
– Hundefleisch [RR]
rindlandi Subst. m. [RR]
– Rindfleisch [RR].

landjäger Subst. m. [PfJ]
– Groschenkipf (länglich geformtes Brot) [PfJ] ♦ **E:** dt. *Landjäger* ,Gendarm' DWB XII 120, evtl. Einfluss von dt. *lang*; mdal. Bezeichnung für eine geräucherte Wurstart (z. B. SchwäbWb. IV 959); zur Bezeichnung von Brot für einen Groschen nur in Pfedelbach belegt, SchwäbWb. IV 959.

lândsleut Subst. Pl. [EF]
landsleute [EF]; **landsleut** [EF]
– Fichten [EF] ♦ **E:** wohl zu dt. *lang* (vgl. rw. Bildungen *Langfuß, Langhals* u. a. (WolfWR 3089 ff.) und dt. *Leute*, beeinflusst von dt. *Landsleute*.

landstiefel Subst. m. [EF]; **lândstiefel** [EF]
– Gutsbesitzer [EF] ♦ **E:** Pars-pro-toto-Metonymie; schwere Stiefel als charakteristisches Attribut von Hof- und Gutsbesitzern und Landadligen; dt. *Land* und *Stiefel*.

lang Adj. in: ♦ **E:** dt. *lang* DWB XII 153 ff.
länge Subst. f. [WG] ♦ **V:** *sich einen in die Länge ziehen* ,onanieren' [WG]; *die volle Länge bekommen*; *die ewige Länge bekommen* ,lebensänglich erhalten' [WG]
leng Subst. f. [OH]; **leong** [KMa]; **längele** Subst. Dim. [JeS]; **lenglie** [SE]
– Wurst [JeS, KMa, SE]; Würste [JeS] ♦ **V:** *tschaan zum chafler, es paar längele go paasche!* ,geh zum

Metzger ein Paar Würste kaufen!' [JeS]; *de katzhof hott doft lenglie* ‚Der Metzger hat gute Würste' [SE]
läng Subst. f. [BM]
– Länggasse [BM]
längling[1] Subst. m. [LJ, SchJ, TJ]
– Bindfaden [LJ]; Strick [SchJ, TJ]
längling[2] Subst. m./f. [CL, JSa, LI, LL, PH, SE, SK]; **länglig** [JeS]; **lengling** [NJ, SE]; **lengleng** [OJ]; **legling** [LüJ]; **längerling** Subst. m. [NJ, SK]; **längeling** [HLD, JS, SE, SK]; **lengerling** [SE]; **längelich** Subst. m. [SE]; **lengelich** [SE]
– Wurst [CL, JS, JSa, JeS, LI, LL, LüJ, PH, SE]; runde, lange Wurst [OJ]; Würste [JeS]; Schlackwurst [HLD] ♦ **E:** rw. *längling* ‚Wurst' (WolfWR 3094, Klepsch 919). ♦ **V:** *ob osser klett hockt dofte schmonk und längeling mit maro* ‚auf unserem Tisch steht gute Butter mit Wurst und Brot' [JS].
lenglingchen Subst. n. Dim. [OH]
– Würstchen [OH]
metlängling Subst. f. [SK]
– Mettwurst [SK] ♦ **E:** nd. *Mett* ‚gehacktes Fleisch'.
saussenlängling Subst. m. [SK]
– Bratwurst [SK] ♦ **E:** frz. *saucisse* ‚Bratwurst, Wurst'.
langbein Subst. n. [HK]
– Reh [HK]
langhals Subst. m. [LüJ, SS, WH]; **laijhals** [LüJ]
– Flasche [LüJ, SS, WH] ♦ **E:** WolfWR 3090, id.
lange hund Subst. m., Phras. [PM]
– Braunschweiger Wurst [PM]
langmachen swV. [StG]
– weglaufen [StG]
langnaset Subst. m. [KJ]
– Wind [KJ]
langohr Subst. m./n. [CL, Him, JSa, JeS, LJ, LüJ, PH, PfJ, SPI, SchJ, TJ, WJ]; **laangoar** [OJ]; **langoor** [JeS]; **lampoor** [JeS]; **langöhrl** Subst. n. Dim. [RR]
– Hase [CL, Him, JSa, JeS, LüJ, OJ, PH, PfJ, SPI, SchJ, TJ, WJ]; Kaninchen [LüJ]; Esel [JeS, LJ] ♦ **E:** rw. *langohr* WolfWR 3101 und 3102, SchweizId. I 415, DWB XII 177.
lampoorbusi Subst. n. [JeS]
– Hasenfleisch [JeS]; Kaninchenfleisch [JeS] ♦ **E:** rw. *langohr* und → *bose*.
langmichel Subst. m. [HLD]
– Degen [HLD] ♦ **E:** rw. *langmichel* ‚Säbel, Degen' (WolfWR 3586).
langrassel Subst. f. [OJ]; **langraßler** Subst. m. [LüJ, PfJ]
– Eisenbahn [LüJ, OJ, PfJ]

langraßlersbink Subst. m. [PfJ]
– Stationsvorstand [PfJ]
langschäfter Subst. m. [JSa, RH]; **langschäftger** [RH]
– Hirsch [JSa, RH]; Reh [RH]
langschwanz Subst. m. [PfJ]
– Fuchs [PfJ]
langwedel Subst. m. [Him, LüJ]; **laangwedl** [OJ]
– Fuchs [Him, LüJ, OJ] ♦ **E:** rw. *langwedel* ‚Fuchs' (WolfWR 3106).
langert Subst. m. [HF]
– Kraut [HF]
langertsknucker Subst. m. [HF]
– Krautpresser [HF] ♦ **E:** rw. *langert*, mit rw. *-hart*-Suffix, WolfWR 3088; *Knucker* nur in Zusammensetzungen: *trenzeleknucker* ‚Schuster' WolfWR 5893, *klusteknucker* ‚Uhrmacher' WolfWR 2743, *knappknucker* ‚Bäcker' WolfWR 2761; *knuck* lautmalerisch, „die gröbste Art dieses Schalles" (Adelung II 1674), rw. *knucker* ‚jemand, der bei seiner Tätigkeit knackende Geräusche macht'.
langertstaat Subst. [HF]
– eine Schnitte Brot mit Kraut [HF].

langsame Subst. Pl. [KMa]
– Läuse [KMa] ♦ **E:** wohl zu dt. *langsam* DWB XII 179 f.; Benennungsmotiv: im Gegensatz zu hüpfenden Flöhen langsame Bewegung von Läusen.
langsame schalunke Phras. [SG]
– Läuse [SG].

laninger[1] Subst. m. [LJ, MoJ, MUJ, RR]
lanenger [LüJ, Mat]; **lanengr** [OJ]; **leininger** [LJ, SchJ]; **laninger** [PfJ]; **laniger** [PfJ]; **laalinger** [JeS]; **lenninger** [HLD]
– Soldat [JeS, LüJ, Mat, PfJ, SchJ]; Russe[MoJ]; Landjäger [OJ]; Polizist [LüJ, OJ, RR]; Militär [SchJ] ♦ **E:** rw. *laniger* ‚Soldat', wohl beeinflusst von roi. *lonri* ‚Soldat' (WolfWR 3108, Klepsch 929) und/oder dt. *Landjäger*. ♦ **V:** *d laalinge tschaaned i dr stradi naa* ‚die Soldaten gehen die Straße entlang' [JeS]; *zu die leininger scheffen* ‚einrücken' [SchJ].
leiningers kanti Subst. f. [SchJ]
– Kaserne [SchJ].

laninger[2] Subst. m. [RR]
– Geld [RR] ♦ **E:** unsicher; evtl. zu dt. *Lohner* „der lohn gibt, belohner" DWB XII 1141; schwer zu rw. *laninger* ‚Soldat' WolfWR 3108.

lankert nur in:
groter lankert Subst. m. [SK]
– Esel [SK] ♦ **E:** rw. *langert*, vgl. rw. *langohr* ‚Esel‘ (WolfWR 3088 und 3102); nd. *grot* ‚groß‘.
lüter lankert Subst. m. [SK]
– Hase [SK] ♦ **E:** vgl. rw. *langohr* ‚Hase‘ (WolfWR 3101); nd. *lütt* ‚klein‘.

lanlord Subst. m. [WM]
– Wirt [WM] ♦ **E:** engl. *landlord* ‚Vermieter, Wirt‘.

länte swV. [BM]
– werfen [BM] ♦ **E:** unsicher; evtl. zu SchweizId. III 1308 *landen, länten* ‚an Land, ans Ziel kommen‘.

lantettl Subst. n. Dim. [EF]
– Cello [EF] ♦ **E:** → *lanz¹* ‚Baßgeige‘; *-ettl* Diminutivsuffix; Bezeichnungsmotivation: *Cello* ‚kleiner Baß‘. → *bassetl* (unter *bass²*).

lanti Subst. m. [RR]
– Lump [RR] ♦ **E:** unsicher; evtl. Kürzung von bair. *Polanti* ‚Handlanger‘.

lanz¹ Subst. f. [EF]
lânz [EF]
– Baßgeige [EF]; Baß [EF] ♦ **E:** met. nach der Form, zu dt. *Lanze* ‚plattes, rund zulaufendes Gerät‘ DWB XII 189 (6): „bei den bildhauern ein plattes auf einer seite rund zulaufendes werkzeug, dessen sie sich zum modellieren in thon und wachs bedienen".
lanzstrafer Subst. m. [EF]
– Baßgeiger [EF] ♦ **E:** dt./mdal. *streifen, strafen* ‚gleitend berühren‘ DWB IXX 1264; speziell in der Musik: *über die saiten, die tasten fahren: die Franzosen ... streiffen auch die accorte (beim lautenspiel) mit denen fingern, als wenn sie krazten* (Baron, Instrument der Lauten,1727), *sie hat eine laute in der hand ... und wenn es dunkelt das taal entlang, streift sie die saiten sacht* (Eichendorff 1864).

lanz² Subst. [KMa]
– Kännchen (Schnaps) [KMa] ♦ **E:** zu dt. *Lanze* ‚Hohlgefäß‘ DWB XII 189 (7): „lanze, das eiserne stäbchen, welches in den thönernen bombenformen angebracht wird und dieselbe frei in der luft hält, wenn die bombe gegossen wird".

lap Subst. m. [BB]
– Ball [BB]
tsoflap Subst. m. [BB]; **tsuflap** [BB]
– Fußball [BB] ♦ **E:** Inversion aus *Ball, Fußball*.

läp ON [BB]
– Bell [BB]
läper Adj. [BB]
– Beller [BB] ♦ **E:** Inversion aus *Bell, Beller*.

lapane Subst. f. [MM]
– Schaufel [MM]; (Schaum-)Löffel [MM]; Schüppe [MM]; Spaten [MM] ♦ **E:** wohl zu slav. *lopata* ‚Schaufel‘, Abel, Slawismen, 50; oder met. zu rw./ugs. *Laban(d)* ‚langer Mensch‘, aus sorb. *Laban*. ♦ **V:** *mitte lapane konnte er bekane scheften* ‚mit der Schaufel konnte er gut umgehen‘ [MM].
lapanenlauscher Subst. m. Pl. [MM]
– große Ohren [MM]
lapanenmaloche Subst. f. [MM]
– Arbeit auf dem Bau [MM]; Bauarbeiter (Tiefbau) [MM]; Erdarbeiter [MM]; Gärtner [MM]; „jemand, der mit der Schüppe arbeitet" [MM]
lapanenmalocher Subst. m. [MM]
– Hilfsarbeiter [MM]; Bauarbeiter [MM]; Tiefbauarbeiter [MM]; „Mann, der mit der Schüppe arbeitet, Tiefbau" [MM].

läpp nur in:
uhr läpp Subst. [HeF]
– hundert Kronentaler [HeF] ♦ **E:** unsicher; evtl. rw. *lappen* ‚Geldschein‘ WolfWR 3113, rhein. *Läpp* ‚Lappen‘ RheinWb. V 118.

läppchen Subst. n. [StG]
– Weber [StG] ♦ **E:** rw. *läppchen* ‚Weber, Schneider‘ (WolfWR 3110).
fettläppchen Subst. n. [StG]
– Wollenweber [StG].

lappe Subst. m. [WM]
– Handwerksbursche [WM] ♦ **E:** dt. *lappe* u. a. ‚großer, starker Mensch‘ DWB XII 193; lux. *lappes* ‚schwerfälliger, linkischer, großer Mensch‘ LuxWb. III 14.

lappen Subst. m. [LL, SK]
labbe [CL, LL]; **lappe** [CL]; **lappæ** [WJ]
– Anzugstoff [CL, LL, WJ]; Handtuch [SK] ♦ **E:** dt. *Lappen* ‚Stück Zeug‘ DWB XII 194 f. ♦ **V:** *Heit hab ich en Oolem labbe verkient* ‚Heute habe ich eine Menge Stoffe verkauft‘ [CL, LL].

läpper Subst. m. [HF]
– Arzt [HF] ♦ **E:** wohl zu rhein. *Läpper* u. a. ‚Klempner, Mensch ohne Charakter‘ RheinWb. V 128.

blageläpper Subst. m. [HF, HeF]
– Arzt [HF] ♦ **E:** rw. *Blag* ‚Mensch, Mann' WolfWR 499. [HF]. ♦ **V:** *dot huckt ene knäbbingen blageläpper* ‚Das ist ein tüchtiger Arzt' [HeF]
troppertsläpper Subst. m. [HF, HeF]
– Pferdearzt [HF, HeF].

läppern swV. [HLD]
– in kleinen Zügen genießen [HLD] ♦ **E:** dt. *läppern* ‚lecken, schlürfen' DWB XII 199.

läppjähr Subst. n. [MB]
– Bier [MB] ♦ **E:** frz. *la bière* ‚das Bier'.

lapsch Subst. m. [HL]
– unbehülflicher Mensch [HL] ♦ **E:** dt. *lappe/lapp* ‚Narr', *lapparsch* ‚schlaffer Mensch' DWB XII 192.

lapsebossert Subst. m. [PfJ]
– Fleischstück [PfJ] ♦ **E:** wohl zu rw. *lapp* ‚Löffel' SchwäbWb. IV 992 und → *bossert* ‚Fleisch' (unter *bose*).

larchang Subst. n. [JS]
larcháng [PH]; **larschang** [JS]; **laschah** [KMa]
– Geld [JS, KMa, PH] ♦ **E:** rw. *laschah* ‚Geld' WolfWR 3119. Herleitung Wolfs von roi. *látšo* ‚gut' semantisch und phonetisch schwer; daher eher aus frz. *l'argent* ‚Geld', so SchwäbWb. IV 998, PfälzWb. IV 786.

lare Subst. m. [MUJ]
– Depp [MUJ] ♦ **E:** schwäb. *Lare* ‚Einfaltspinsel, dummes Weib', gekürzt aus PN *Hilarius* SchwäbWb. III 1582.

lari Subst. m. [JeS]
– Kaffee [JeS] ♦ **E:** unsicher; evtl. zu dt. *Lari(fari)* ‚unnützes Zeug' DWB XII 202. ♦ **V:** *e schwarze lari* ‚ein schwarzer Kaffee' [JeS].

larifari Subst. m. [LJ]
– Teufel [LJ] ♦ **E:** „Auch als Name des Hanswursts, besonders oberdt. [... Die ältere Form *la re fa re*] zeigt die Herkunft aus ital. Notennamen." Klu.[23] 503.

laro Subst. m. [JS]
läro [PH]
– Lehrer [JS, PH] ♦ **E:** roi. *laro* ‚Lehrer', aus dt. *Lehrer*, vgl. Efing, Schausteller, 92.

larv Subst. f. [OJ]
larf [LüJ, WJ]
– Gesicht [LüJ, OJ, WJ] ♦ **E:** rw. *larve* (WolfWR 3118, ohne Herleitung), zu dt. *Larve* ‚Gesicht, Maske' DWB XII 207 ff. ♦ **V:** *die hot æ gwande larf* ‚Die hat ein hübsches Gesicht' [WJ].

läsch Adj. [UG]
– schlecht [UG] ♦ **E:** unsicher, vgl. → *malläschda* ‚Unbehagen', *laschoren* ‚ausfragen'.

laschen swV. [LJ] nur in:
lasche mi ‚leck mich [am Arsch]' [LJ] ♦ **E:** frz. *lèche (mon cul)!*

laschoren swV. [LJ, LüJ, SchJ, TJ]
loschoren [LüJ, SJ]; **loscharen** [LüJ]; **loschora** [SJ]; **looschn** swV. [HK]; **looschen** [HK]; **loschen** [HK]; **läuschen** [SG]; **lauschen** [PfJ]; **läschen** [SG]
– fragen [HK, LJ, LüJ, SchJ, TJ]; auskundschaften [SchJ]; beobachten [SJ]; erkunden [SJ]; ausfragen [HK, LüJ]; aushorchen [HK, LüJ]; hören [HK, LüJ, PfJ, SG] ♦ **E:** zu jd. *loschen, lauschen* ‚Sprache' (We 75, WolfWR 3120, Klepsch 921). SchwäbWb. IV 1293. ♦ **V:** *Dr gloi fiesl ischd gwand dr ald nowes, der duad zviel loschora* ‚Der kleine Junge ist gut, der alte nicht, der beobachtet zu viel' [SJ]; *loosche mal en boos* ‚frag mal den Wirt' [HK]; *jetzt buschd einer rein hier, zum boos, und looschd, ob wir jaunen können* ‚jetzt geht einer rein hier, zum Wirt, und fragt, ob wir spielen können' [HK]; *Dilms! Buscht inn de finkelei! – Looscht de bosenkäue nach pennen unn oahbendleechen – unn woas es schulmmt!* ‚Mädchen, geht in die Küche! Fragt die Wirtsfrau nach Übernachtung und Abendessen – und was dies kostet' [HK]; *wir wollen den beeker mal looschn* ‚wir wollen den Mann mal fragen' [HK]; *loosch mal den beeker* ‚frag mal den Mann' [HK]; *dee lascho huurt lingg* ‚dieser Milchkaffee ist schlecht' [JeS]; *löosche / lösche ma!* ‚sieh!' [SG]
auslooschn swV. [HK]; **auslooschen** [HK]
– ausfragen [HK]; aushorchen [HK]
auslooscher Subst. m. [HK]
– Aushorcher [HK]
verlooschn sw. V. [HK]
– verloben [HK]; „die sind verlobt" [HK]; „Verlobung" [HK]; verstehen [HK]; erzählen [HK]; aushorchen [HK] ♦ **V:** *ich verloosche nicht, was der verschiwwert, der diwwert ja so grannich* ‚ich verstehe nicht, was der erzählt, der redet ja so...' [HK]
verlooschd Adj. [HK]; **verloscht** [HK]
– verlobt [HK]; verstanden [HK]
verlooschung Subst. f. [HK]
– Verlobung [HK]; „die Feier" [HK]; Erzählung [HK]
looschkeue ‚Frau, die fragt, ob man spielen darf' [HK] ♦ **E:** → *keue*.

lasemen Subst. [RH]
– Laus [RH] ♦ **E:** unsicher; womgl. zu rw. *laasel* ‚Schaf' (WolfWR 3042).

lassan Subst. [EF]
– Eisenbahn [EF] ♦ **E:** unsicher; evtl. zu rw. *laatsche* ‚Frachtwagen' oder dt. *lass-* ‚müde, langsam', vgl. Wolf, Fatzersprache, 126.

lästern nur in:
ablästern swV. [MM]
– beichten [MM]; verpfeifen [MM] ♦ **E:** dt./ugs. *lästern* „gewöhnlich aber, mit betonung des schmähsüchtigen, ehrenrühriges über einen sagen, böses reden, durch reden beschimpfen" DWB XII 259 ff.

laterne Subst. f. [MB]
– Flasche [MB] ♦ **E:** ugs. *Laterne* ‚Schnapsflasche' Kü 484.

latsch Subst. m. [BB]
– Stall [BB] ♦ **E:** Inversion zu *Stall*.
dräplatsch Subst. m. [BB]
– Pferdestall [BB] ♦ **E:** Inversion zu mdal. *Perd* ‚Pferd'.

latsche Subst. f. [SJ]
lâtsch [HL]; **lascho** Subst. m. [JeS]; **láscho** [JeS]; **laschi** [JeS]; **laschuri** Subst. [JeS]; **láschoor** [JeS]
– Milch [SJ]; dünner Kaffee [SJ]; Kaffee [HL]; Milchkaffee [JeS]; Kaffee ohne Milch [JeS] ♦ **E:** wohl aus einer (räto-)romanischen Bildung zu lat. *lac*; SchwäbWb. IV 1014.

latschen swV. [SJ]
– gehen [SJ]; laufen [SJ] ♦ **E:** dt. *latschen* ‚sich schwerfällig fortbewegen' DWB XII 278 f. (vgl. WolfWR 3043 *Laatsche*). ♦ **V:** *latschig latschen* ‚unbeholfen daher laufen' [SJ].

latschen Subst., Pluraletantum [SJ]; **latschla** [EF]; **lätschlein** [EF]
– Schuhe [EF, SJ] ♦ **E:** rw. *laatschen* ‚bequeme Hausschuhe' WolfWR 3044.

latsche Subst. m. [LJ]
– einfältiger, dummer Kerl, Mann [LJ]; unbeholfener Mann [LüJ]; Kurgast [LüJ]; Lulatsch [LüJ] ♦ **E:** schwäb. *Latsche* ‚einfältiger, plumper, ungeschickter Mensch'. SchwäbWb. IV.

kurlatsche Subst. m. [LüJ]
– Kurgast [LüJ]; Urlauber [LüJ]

latschig Adj. [SJ]
– unbeholfen [SJ] ♦ **V:** *latschig latschen* ‚unbeholfen daher laufen' [SJ].

latschepin Subst. m. [GM]
– Gesundheit [GM] ♦ **E:** roi. *látšəpen* ‚Güte, Gutmütigkeit, Guttat' (WolfWZ 1717).

latscho¹ Adj./Adv. [GM, JS, JSa, LüJ, MB, ME, MM, MUJ]
ladscho [JS, PH]; **latsche** [LJ, MM]; **latschi** [MM]
– schön, gut [JS, JSa, LüJ, MB, ME, MM, MUJ, PH]; freundlich [GM, LüJ]; gütig [LüJ]; groß [GM]; tüchtig [LüJ]; lang [LJ]; lieb [GM]; hübsch [LüJ]; reif [GM]; sehr [GM]; sehr schön [GM]; stolz [GM]; toll, super [MB, ME]; hervorragend [LüJ]; ungewöhnlich (positiv/negativ) [MB]; modern [JS]; schick [JS] ♦ **E:** roi. *latšo* ‚gut, gütig, tauglich, heiter', roi. *ladscho diwes* ‚Guten Tag' (WolfWZ 1717). ♦ **V:** *latscho dibes, tschabo, beschst latscho?* ‚grüß Gott, der Herr, geht's gut?' *latsche diewes* ‚Guten Tag' [CL]; *latscho laile* ‚Gute Nacht' [LüJ]; *latscho ratte* ‚Gute Nacht' [LüJ]; *latsche dibes* ‚Guten Tag' [LJ]; *latscho dewes, schei* ‚Guten Tag, meine Dame' [MM]; *latscho diwes* ‚Guten Tag' [JSa]; *latscho diebes* ‚Guten Tag!' [JS]; *latsche diewes, tschabo* ‚Guten Tag, mein Herr' [MM]; *latscho diebes taschabo* ‚grüß dich, lass uns reden, mein Freund' [JS]; *latschi ratt* ‚gute Nacht' [JSa]; *buschge latsche* ‚lange Waffe, Gewehr' [LJ]; *latscho terchers* ‚schöne, gute Schuhe' [ME]; *latscho chali* ‚schönes Mädchen' [ME]; *latschi chali* ‚gute Frau' [MB]; *latscho ulme* ‚nette Leute' [LüJ]; *latscho dehve* ‚guten Tag' [MB]; *latscho dromm* ‚gute Reise, auf Wiedersehen' [MB]; *es buit so latscho wie ne nubli* ‚sie bumst so gut wie eine Nutte' [MB]; *ein tschirklo gielt im lindogascht in latscho sommerrat* ‚ein Vogel pfeift im Lindenbaum in lauer Sommernacht' [LüJ].

latsches Subst. m. [GM]
– Komiker [GM]; Spaßvogel [GM]

latschi Subst. f. [GM]
– Liebe (zwischen zwei Menschen) [GM]

latschediebes Interj., Grußformel [JS]; **lattschediebes** [JS]; **latschediwes** [GM]
– Guten Tag! [GM, JS]; Zigeuner (derjenige, der so grüßt) [JS]

latscho² Subst. m. [MB, WJ]
– Mann [WJ]; männl. Person [WJ]; toller Kerl [MB]; Mindener Männer [MB]; Ur-Mindener [MB]; Zigeuner [MB]; Anrede [WJ] ♦ **E:** Kürzung aus Grußformel *latscho dibes!*, met. für diejenigen, die sich so grüßen. ♦ **V:** *schuckerer latscho* ‚schöner Mann' [MB]; *der chali is blanco, aber latscho* ‚der Typ ist pleite, aber ein toller Kerl' [MB]

latscho deblo Subst. m. [WJ]
– gefährlicher Mann [WJ]

latschodehverackewehler [MB]
– Schnaps (Produktname) [MB]; Bezeichnung für eine selbsthergestellte Spirituose, so genannt von Atta Hannemann, Wirt des „Schüttehof" in Lerbeck / Porta Westfalica (Anfang der 70er Jahre, vom Hg. gehört) ♦ **E:** → *rackewelen* (unter *rackern*).

latt¹ Subst. f. [KMa, LüJ, MoM, OH]
– Milch [KMa, LüJ, MoM, OH]; *gegärgelte Latt* ‚Buttermilch' [MoM] ♦ **E:** it. *latte*, frz. *lait* ‚Milch' (WolfWR 3125).

lattschrofer Subst. m. [MoM]
– (große) Frauenbrust [MoM] ♦ **E:** → *schrofe, schrofen.*

hippelatt Subst. f. [KMa]
– Ziegenmilch [KMa]

rompelatt Subst. f. [KMa, OH]; **rompellatt** [KMa]; **rombellatt** [KMa]
– Dickmilch [KMa, OH]; Gronmelch [KMa].

latt² Subst. f. [LüJ, Him]
ladd [OJ]; **lott** [HF, HeF]
– Säbel [LüJ]; Degen [HF, HeF]; Gewehr [OJ]; Seitengewehr [Him] ♦ **E:** rw. *latte* ‚Gewehr' (WolfWR 3128), zu dt. *Latte* ‚langes, schmales Holz' DWB XII 279 f. ♦ **V:** *off dr ladd hao* ‚im Visier haben, nicht leiden mögen' [OJ]

lattinger Subst. m. [TJ]
– Gendarm [TJ]

lâtt Subst. [EF]
latte [EF]; **lättlein** Subst. n. Dim. [EF]; **lattl** [EF]
– Gulden [EF] ♦ **E:** rw. *late* ‚ein Gulden' WolfWR 3121 (ohne Herleitung); evtl. zu dt. *latten* ‚prügeln, prägen' Wolf, Fatzersprache, 126.

lattchern swV. [HL]
– bummeln [HL]; herumstrolchen [HL]

lattcher Subst. m. [HL]
– Bummler [HL]

lattech Adj. [SJ]
– arm sein [SJ] ♦ **E:** rw. *lattech* ‚arm', *lattcher* ‚Bummler' WolfRW 3129, zu dt. *latschen* ‚lässig gehen'.

latte Subst. f. [SJ]
– Schulden [SJ] ♦ **E:** evtl. aus der Redensart *etwas auf der Latte haben* ‚Schulden haben', dt. *Latte* ‚Kerbholz für Schuldnotizen'.

latten swV. [KP]
– essen [KP] ♦ **E:** unsicher; evtl. zu → *latt¹*.

latterli Subst. n. Dim. [BM]
– kleine Leiter [BM] ♦ **E:** zu dt. *Leiter*.

latüchte Subst. f. [MB, MM]
latuechte [MM]
– Lampe [MB, MM]; Laterne [MB] ♦ **E:** Kontamination aus dt. *Laterne* und nd. *Lüchte*, WestfWb. 674.

leezenlatüchte Subst. f. [MM]
– Laterne mit umgelegtem Fahrradreifen [MM]; rezente Kunstbildung, Skulpturprojekt Münster 1997.

latudere Subst. f. [BM]
– Laterne [BM] ♦ **E:** Umbildung zu *Laterne*, vgl. SchweizId. III 1484 *Latättere*.

latwerche Subst. f. [KMa]
lattwerje [KMa]
– Matte [KMa]; Quark [KMa] ♦ **E:** mdal. *Latwerge*, hess. ‚Frucht-, vor allem Pflaumenmus', aus lat. *elektuarium* ‚das zu Leckende'.

latz Subst. m. [HL]
laadz [OJ]
– Freund [HL]; Kerl [HL]; Meister [HL] ♦ **E:** rw. *latz* ‚Freund, Kerl, Meister' (WolfWR 3130), zu roi. *látso* ‚gut'; vgl. → *latscho¹*. ♦ **V:** *aaldr laadz* ‚alter Mensch' [OJ]

altlatz Subst. m. [HL]; **aaldlaadz** [OJ]
– Vater [HL]; Papst [OJ]

kraftlatz Subst. m. [HL]
– starker, junger Mensch [HL].

lätz Adj. [LüJ, OJ, Scho]
letz [LüJ]; **lötz** [TK]
– schlecht [LüJ, OJ, TK]; falsch [LüJ]; ungeschickt [OJ]; verkehrt [LüJ]; böse [Scho] ♦ **E:** dt./mdal., schwäb. *letz* ‚verkehrt, linkisch, falsch' SchwäbWb. IV 1193. ♦ **V:** *des is e lätze* ‚sie ist eine böse Frau mit einem losen Mundwerk' [Scho]

letze Subst. m. [LüJ]
– Verkehrter (falsche Person) [LüJ] ♦ **V:** *an den letze kommen* ‚an den Verkehrten geraten' [LüJ].

latzæ swV. [WJ]
– fischen mit der Schlinge [WJ] ♦ **E:** schwäb. *latzen, lätzen* ‚eine Schlinge, Schleife machen'.

lau¹ Adv., Adj., Indef.-Pron., Prät. [CL, HK, JS, JeS, KM, LL, LüJ, MB, MM, NJ, OJ, SPI, SS, StG, TK, WH, WL]
loo [CL, LL]; **läau** [SS]; **lo** [CL, JeS, PH, TK, Zi]; **lou** [CL, PH, Scho]; **lao** [FS]; **laaf** [CL, LL, Scho]; **laaf** [RA]; **low** [CL, LL]; **lohne** Adj., Adv., Indef.-Pron.,

Prät. [BO, HK, HLD, MB, SK]; **lone** [HK]; **loone** [HK]; **lori** [JeS, TK]; **loori** [JeS]
– nicht [CL, HK, JeS, LL, MB, MM, RA, SK, SS, Scho, StG, WH, Zi]; nichts [CL, HK, JS, JeS, KM, LL, MB, MM, PH, TK, WL]; nein [CL, FS, HK, JeS, MM, PH, SPI, SS, Scho]; nie [MM]; nicht viel [SPI]; (für) umsonst [HK, MB, MM]; kostenlos [MM]; kein [CL, JeS, MM]; nein, nichts da [MM]; nicht richtig [NJ]; schlecht [BO, HLD, MB, NJ]; falsch [CL, NJ]; wenig [MB, LüJ, MM, Scho]; ohne [CL, LL]; faul [MB, OJ]; weniger gut [OJ]; „etwas ist unglaublich" [MM]; „etwas stimmt nicht" [MM]; billig [MB]; ohne Bezahlung [MB]; nicht kaufen [HK]; nicht essen [HK]; schlimm [HK]; „hier hat 's keinen Zweck" [HK]; „irgendetwas stimmt hier nicht, da gehen wir gar nicht rein" [HK]; übel [JeS]; wertlos [Scho] ♦ **E:** rw. *lau* ‚nein, nichts' (WolfWR 3131) < jd. *lo, lau* ‚nichts, nein, ohne' (We 74, Post 215, MatrasJd 290, Klepsch 937); heute ugs. *für lau*. Formen *lohne, loone, lone:* Kürzungen aus *laulone* (s. weiter unten). ♦ **V:** *oser, lau* ‚nichts da' [MM]; *fer lau* ‚umsonst, für lau' [NrJ]; *der welt ales fer lau* ‚der Welt alles für umsonst' [NrJ]; *lau machen* ‚unentschuldigt einer Arbeit fernbleiben' [MM]; *lau masumm aufe chatte* ‚wenig Geld in der Tasche' [MM]; *lau schauwe* ‚nicht in Ordnung' [MM]; *lauer schmus* ‚dummes Gerede' [MM]; *nix auf lau bewirchen* ‚nichts umsonst bekommen' [MM]; *lau was zu schickern* ‚etwas umsonst zu trinken' [MM]; *lau malochen* ‚umsonst arbeiten' [MM]; *einen lauen lenz haben* ‚arbeitslos, ohne Sorgen sein' [MM]; *der maschores is inne maloche lau schauwe!* ‚der Polier ist bei der Arbeit nichts wert' [MM]; *wer lau nen toften schautermann, den makeim ich den schero* ‚willst du nicht mein Bruder sein, so schlag ich dir den Schädel ein' [MM]; *die wollten auf lau jofles belgebier hügen* ‚die wollten nur Bier schnorren' [MM]; *die masematten sind lau* ‚der Handel geht schlecht' [MM]; *wir ham immer für lau gematscht, bis se uns gekappt haben* ‚wir haben immer kostenlos geangelt, bis sie uns erwischten' [MM]; *mit lowi war lau oser bei den jölbst* ‚der Mann hatte keinen Pfennig' [MM]; *wullachen war bei dem lau oser* ‚er arbeitete nie' [MM]; *ich hab lau masumm auffe chatte* ‚ich habe kein Geld in der Tasche' [MM]; *irgend etwas zirochte da nach schonte, etwas war da lau schauwe* ‚irgend etwas roch da nach Scheiße, irgend etwas war da nicht in Ordnung' [MM]; *lau, ik sin koochmen* ‚Nein, ich bin klug' [SS]; *lau machure* ‚nichts wert sein' [SS]; *Er hot lo gediwwert* ‚er hat nichts gesagt' [CL, LL]; *lau schmusen* ‚Unwahrheit sagen, nichts sagen' [NJ]; *Lau lane in de medine* ‚niemand weit und breit' [CL]; *schmus lau* ‚nichts sagen', ‚Süßholz raspeln' [NJ, SPI]; *Er beraamt low* ‚er versteht nichts' [CL]; *So en Low-Michel* ‚so ein Nichtsnutz, Armseliger' [CL]; *Raine mol des Tillche,/ Hot Roof iwwer bou./ Mechd e mattche achiele,/ Bout awwer lou!* ‚Schau einmal das Mädchen, hat Hunger, möchte etwas essen, bekommt aber nichts' [CL]; *kann ek lohne verknusen* ‚ich kann es nicht vertragen' [SK]; – in Tautologien auch: *kann ek lohne nich verknusen* [SK]; *lohne moos* ‚kein Geld' [SK]; *lobi lau* ‚kein Geld' [MB]; *maloche lau, achiele toff* ‚wenig Arbeiten, gutes Essen' [MB]; *schmous nômen lau!* ‚Sprich gar nichts!' [SE]; *ihne is lau inne meschore* ‚er ist pleite' [MB]; *lauen dibber machen* ‚eine nicht ganz glaubhafte Geschichte erzählen' [MB]; *for/für lau* ‚umsonst' [MB]; *jibtes was for lau?* ‚gibt es 'was umsonst?' [MB]; *lau schickern* ‚umsonst trinken' [MB]; *lau lene* ‚kein Stück' [MB]; *die schei läßt sich für lau chaumeln, da brauchst du kein lobi* ‚mit der Frau kann man umsonst schlafen, da brauchst du kein Geld für' [MB]; *Heechste pinke? – Loone!* ‚Hast du Geld? – Nein!' [HK]; *Schemmd der schmalgerd nich grannich? – Doch, es puscht, Mutti. – Soll ich denn buschen? – Ach loone, bleib man schemmen!* ‚Ist der Arzt denn nicht gut? – Doch, es geht, Mutti. – Soll ich denn kommen? – Ach nein, bleib da!' [HK]; *mooles zwicken, loone* ‚schlechtes Essen, nicht essen' [HK]; *dilm, schlehne schiebes, loone* ‚Mädchen, geh fort, nicht kaufen' [HK]; *loone lag* ‚nicht gut', ‚nicht tun' [HK]; *lag loone* ‚war nichts', ‚nicht gut', ‚nichts' [HK]; *schuffd dich, der beeker schemmd loone lag* ‚sieh dich vor, der Mann ist nicht gut'; [HK] *kimmel das nicht, loone lag* ‚kauf das nicht, das ist nichts' [HK]; *verlinsd loone lag* ‚versteht gar nichts' [HK]; *Schuffd dich! Der scheeks solls loone verlinsen!* ‚Vorsichtig! Der Mann soll es nicht mitkriegen!' [HK]; *loone dilms* ‚Prostituierte', ‚Straßenmädchen' [HK]; *loone, 's schullmd nichts mehr* ‚hier hats keinen Zweck, sie bezahlen nichts mehr' [HK]; *loone beegersch* ‚geschlechtskrank' [HK]; *der donnrich hidsd loone* ‚der Käse schmeckt nicht' [HK]; *loone beeker* ‚in acht nehmen' [HK]; *der scheeks schemmd loone* ‚der junge Mann ist nichts' [HK]; *in kiewes loone* ‚hat en bißchen wenig Verstand im Kopp' [HK]; *das schemmd loone* ‚das taugt nichts' [HK]; *das schullmd loone* ‚das ist billig' [HK]; *im hurtich unn derr fukkermulte woar lohne zu butten bekoane* ‚in Rucksack und Felleisen war nichts Eßbares mehr vorhanden' [HK]

laubewirche Subst. f. [MM]
– Verlust [MM]

loudahne swV. [Scho]
– nicht viel reden [Scho]
loujitzlach Subst. m. [Scho]
– Tunichtgut [Scho]
loukejfez Subst. m. [Scho]
– Leichtfuß [Scho]; Taugenichts [Scho]; kein Gefallen [Scho]
lowkoochem Subst. m. [LL]; **lookhuuchem** [RA]
– dummer Kerl [LL, RA] ♦ **E:** → *kochem.*
loukouhn Subst. m. [Scho]
– Mensch (herabwürdigend) [Scho]
laumann Subst. m. [MB, MM, HN]; **lauman** [KM]; **laumän** [KM]; **louisch** [Scho]; **loumann** [Scho]
– fauler Mann [MM]; schlechter Mensch [MM]; Taugenichts [MM]; Arbeitsscheuer [KM]; Unzuverlässiger [KM]; „jemand, der etwas umsonst will" [MM]; „jemand, der alles umsonst haben will" [MM]; „jemand, der umsonst mittrinkt" [MM]; „einer, der nichts taugt" [MM]; „jemand, auf den man sich nicht verlassen kann, kein Typ" [MM]; „auf den ist kein Verlaß, verspricht und hält nicht" [MM]; „jemand, der lau ist" [MM]; „jemand, der wartet, bis ihm ein Bier ausgegeben wird" [MM]; Kniepiger [MM]; Nichtsnutz [MB, MB]; Versager [MB]; Faulpelz [MB]; Betrüger [Scho]; Pferd, das nicht ziehen will [Scho] ♦ **E:** jd. *laumann* ‚Nichtsnutz', auch: ‚Pferd, das nicht ziehen will' (We 74). ♦ **V:** *den laumann machen* ‚faulenzen' [HN]
laumalocher Subst. m. [MB, MM]; **laumolochr** [OJ]; **loumalochener** [Scho]
– Arbeitsloser [MB, MM]; Drückeberger [MM]; Faulenzer [OJ, Scho]; Faulpelz [MB, MM]; „jemand, der umsonst arbeitet" [MM]; „jemand, der nicht gern arbeitet" [MM]; „einer, der keinen Spaß an der Arbeit hat" [MM]; „einer, der nichts macht" [MM]; „Drückeberger, arbeitet gar nicht" [MM]; „Umsonstmalocher" [MM]; Nassauer [MB] ♦ **V:** *ist er auch 'n laumalocher? – emmes* ‚ist er auch ein Faulpelz? – Natürlich' [MB]
laumaloche Subst. f. [MB]
– leichte Arbeit [MB]; unbezahlte Arbeit [MB]
loumalochen swV. [Scho]
– faulenzen [Scho]; nicht arbeiten [Scho]
laumasum Subst. f. [MM]
– fehlendes Geld [MM] ♦ **V:** *wer schleicht sich da bei uns am Stand herum? – Das sind die halbkarötter mitte laumasum* [MM]
laumichel Subst. m. [HN]; **lumich** [MB]
– Faulenzer [HN, MB] ♦ **V:** *den laumichel machen* ‚faulenzen' [HN]

loumispenen swV. [Scho]
– nicht füttern [Scho]
laupiken Adv. [MM]
– nichts los [MM] ♦ **E:** roi. *picho* ‚Tropfen' (WolfWZ 2417).
lauscheppen swV. [MM]; **lauschöppen** [MM]
– nassauern [MM]; schnorren [MM]; umsonst trinken [MM]; „auf Kosten von anderen leben" [MM]; „einer, der das kleinste Stück (bei der Arbeit) nimmt" [MM]; „etwas umsonst abstauben wollen" [MM]; „darauf ausgehen, etwas umsonst zu bekommen" [MM]; „durchschleifen lassen, freihalten lassen" [MM]
lauscheppe Subst. f. [MM] nur in: *lauscheppe hügen* schnorren [MM]
lauscheppen Subst. n. [MM]
– Schnorrerei [MM]; „einer, der möglichst viel für sein bißchen Arbeit an Land ziehen will" [MM]
lauschepper Subst. m. [MM]; **lauschöpper** [MM]; **lauschäper** [KM]; **lauschäpere** [KM]
– Nassauer [KM, MM]; Schmarotzer [MM]; Schnorrer [KM]; „trinkt für lau" [MM]; „der sich stikum mit 'reinhängt" [MM]; „jemand, der sich freihalten läßt" [MM]
lousejse Subst. m. [Scho]
– Nichtstuer [Scho]
laudoff Adj. [SPI]; **lodoff** [SPI]
– nicht schön [SPI] ♦ **E:** → rw. *doff/toft.*
laulone Adv., Adj., Indef.-Pron. [CL, LL, MM, WL]; **lau lohne** [MM]; **lau lone** [MM]; **lau loone** [KM]; **lau lene** [MB]; **lololum** [SS, WH]; **lolonum** [SS, WH]
– allein [MM]; gar nichts [MM]; kaum [MM]; kein [MM]; keins mehr [MM]; kein Stück [MB]; nein [MM, SS, WH]; nicht [MM]; nichts [MM, SS, WH]; nichts da [MM]; niemals [MM]; ohne [MM]; umsonst [MM]; es ist nicht gut [WL]; nichts für uns, nicht doch [CL]; nicht reagieren [KM]; nichts sagen [KM]; „mach' ich nicht" [MM]; „da mach ich nicht mit" [MM]; „ohne mich" [MM]; „Pustekuchen" [MM] ♦ **E:** jd. *lo lanu* ‚nicht uns', hebr. *lō lānū* ‚nicht für uns', Anfang Psalm 115 (We 74, Post 215, WolfWR 3131). ♦ **V:** *wie war's mit dem moos? – laulone* ‚er hat nichts gegeben' [MM]; *lau lone! der zuss is auf ollef scheinink ibber!* ‚nichts da, das Pferd ist auf einem Auge blind' [MM]; *ohne hame maloche, lau lone* ‚ohne Fleiß, kein Preis' [MM]; *maloche laulone* ‚arbeitslos' [MM]; *mau lohne* ‚nichts zu verdienen' [MB]; *lau lohne machen* ‚unbezahlter Urlaub' [MM]; *anim hat mailach – laulone mit chaumeln* ‚das Mädchen hat ihre Periode – man kann nicht mit ihr „schlafen"'

[MM]; *für lau lohne* ‚ohne Bezahlung' [MM]; *es ist lau lone* ‚es ist nichts los da' [StG]
laulonemalocher Subst. m. [MM]; **laulonmalocher** [MM]
– Faulenzer [MM]; Faulpelz [MM]; schlechter Arbeiter [MM]; „jemand, der für die Arbeit nicht in Frage kommt" [MM]; Arbeitsloser [MM]; jemand, der nicht gern arbeitet [MM]; „einer, der keinen Spaß an der Arbeit hat" [MM]; Drückeberger [MM]; „jemand, der ab und zu arbeitet" [MM]; „Umsonstmalocher" [MM]
lau oser Adv., Indef.-Pron., Part. [MM]; **lau eser** [MM]; **lau ohser** [MM]
– kommt nicht in Frage [MM]; nein [MM]; nicht mehr [MM]; nichts da [MM]; nichts [MM]; nichts Bestimmtes [MM]; niemals, nein, nicht [MM]; weniger [MM]; „es gibt nichts mehr" [MM]; „mach ich nicht" [MM] ♦ **E**: jd. *lau* ‚nicht, nein' und → *oser*. ♦ **V**: *lau oser figine* ‚ganz ehrlich gesagt' [MM]
verloone Adj. [HK]; **vorloone** [HK]; **verlohne** [HK]
– umsonst (trinken) [HK]; für umsonst [HK]; umsonst spielen [HK]; kostenlos [HK]; „nichts bekommen" [HK]; „hat keinen Zweck" [HK]; „nichts bei rausgekommen" [HK]; „haben kein Geld gekriegt" [HK] ♦ **V**: *verloone schwächn* ‚umsonst trinken' [HK]; *schinnagelsd vorloone* ‚arbeitest umsonst' [HK]; *vorloone gejaund* ‚umsonst gespielt' [HK]; *gejaund vorloone* ‚umsonst gespielt' [HK].

lau² Subst. f. [LI]
– Trommel [LI] ♦ **E**: unsicher; rw. *lau, laubblank* ‚Trommel' WolfWR 3133 (ohne Herleitung).

laubijeud Adj. [MB]
– unverheiratet [MB] ♦ **E**: vgl. rw. *Biaf* ‚Hochzeit' (WolfWR 445); roi. *bjavase, bjavas* ‚sich verheiraten' (WolfWZ 165).

laudi Subst. [KJ]
– Fleisch [KJ] ♦ **E**: unsicher; evtl. zu rw./roi. *lautih, laudori* ‚Mädchen, Vulva' WolfWR 3162.
laudibuxen Subst. Pl. [KJ]
– Haut [KJ] ♦ **E**: ugs./mdal. *Buxe* ‚Hose'.

laudra swV. [OJ]
– meinen [OJ] ♦ **E**: dt. *läutern* ‚klar machen, von Begriffen' (DWB XII 387).

läue¹ Subst. nur in:
zur läue ushange ‚zum Hals hinaushängen' [BM] ♦ **E**: unsicher; evtl. zu schweizdt. *Laufe*ⁿ SchweizId. III 1141 ‚Wasserfall, Bachstrudel, Sturzbach'.

läue² swV. [BM]
– brennen [BM] ♦ **E**: zu schweizdt. *Lō(w)* SchweizId. III 1544, *Lau*ʷ, *Lō*ʷ, *Läu II, Laub* (II) bes. ‚der scharfe, gerbsäurehaltige Saft im grünen (bes. Eichen-) Holz'.

lauf Subst. m. [WG]
– Einzelzelle (vorübergehend) im Polizeigefängnis [WG] ♦ **E**: unsicher; evtl. zu dt. *Lauf* ‚Zeitabschnitt'.

läufer von glarus Subst. m., Phras. [BA]
– Durchlauf [BA]; „Der Läufer von Glarus" ein Gedicht von August Stöber (1808–1884). ♦ **E**: schweizdt. *Durchlauf* ‚Durchfall'.

läufling Subst. m. [Gmü, LüJ, RR]
– Fuß [Gmü, LüJ, RR] ♦ **E**: rw. *läufling* (WolfWR 3144), aus dt. *laufen*.

laukig Adj. [JSa]; **laugisch** [RH]
– kalt (vom Wetter) [JSa, RH] ♦ **E**: zu dt. *lau* „was nicht oder nicht mehr entschieden warm empfunden wird" DWB XII 285 ff.

lauksen Num. Kard. [KMa]
– zehn [KMa] ♦ **E**: unsicher; evtl. zu rhein. *lauksen* ‚durch Schmeicheln erbetteln' RheinWb. V 209.

lauma Subst. m. [MM]
– Same [MM] ♦ **E**: singulärer Beleg zweifelhaft; evtl. zu → *laumann*.

lauscher Subst. m. [JSa, SE, SJ]
lauschr [OJ]; **lauscherd** [HK]; **lauschert** [HK]
– Ohr, Ohren [HK, JSa, OJ, SE, SJ] ♦ **E**: zu dt. *lauschen* ‚aufmerksam zuhören' DWB XII 353 ff.; rw. *lauschling* ‚Ohr' (WolfWR 3152). ♦ **V**: *d lauschr schbitza* ‚gut zuhören' [OJ]; *nobis en lauschr* ‚kein Interesse' [OJ]
lauschling Subst. m. [SJ]
– Ohr [SJ].

lauschmen swV. [SS]
– sagen [SS] ♦ **E**: zu jd. *loschon* ‚Sprache' (WolfWR 3273).

lauser Subst. m. [SPI, SS]
– Fisch [SPI, SS] ♦ **E**: *Lausfisch* bereits fnhd. „als verstümmelte Form des lat. *alosa* [der Maifisch]" (FnhdWb 9.1, 451). Maifisch eine Heringsart, die zur Laichzeit die größeren Flüsse hinaufwandert.

lausrechen Subst. m. [PfJ]
– Kamm [PfJ] ♦ **E**: schwäb. *Lausrechen* ‚Kamm' (scherzhaft) SchwäbWb. IV 1054.

lautern swV. [MT, MeT]
– messen [MT, MeT]; wiegen [MeT, StG]; ausspionieren [StG] ♦ **E:** nl. *loutern* ‚abklären, prüfen, untersuchen', dt. *läutern* ‚klären' DWB XII 386 ff.

lawäde Subst. m. [GM]
– Salat [GM]; Grünzeug (zum Essen) [GM] ♦ **E:** unsicher; evtl. zu roi. *livadijn*, aus rum. *livada* ‚Wiese' (WolfWZ 1786). ♦ **V:** *mer hawe madrele, mas un lawäde gekald* ‚wir aßen Kartoffeln, Fleisch und Salat' [GM].

lawasch Subst. m. [SJ]
– Geschwätzmacher [SJ]; Schwätzer [SJ] ♦ **E:** unsicher; evtl. zu dt. *labern* ‚unsinnig daherreden' DWB XII 7; womgl. beeinflusst von dt. *Gewäsch*.

lawedo Subst. m. [GM]
– Kunde [GM]; Landstreicher [GM] ♦ **E:** zu roi. *lautar, lavutaris* ‚Musikant', bes. zigeunerischer (WolfWZ 1721).

lawid Adj. [KJ]
– krank [KJ] ♦ **E:** dt./mdal. *lawede* ‚matt, müde', evtl. aus lat. *labari* ‚umfallen, schief gehen'.

lawigspeck Subst. m. [StG]
– Finanzkassenverwalter einer Strafanstalt, Rendant [StG] ♦ **E:** unsicher; evtl. zu rw. *laven* ‚ausloben, versprechen' WolfWR 3164 und dt. *Speck*.

lawine ‚Bier' → *lowine*.

lawur Subst. f. [KMa]
– Arbeit [KMa] ♦ **E:** rw., WolfWR 3166, zu it. *lavoro*, lat. *labor* ‚Arbeit'.

lawurn swV. [KMa]; **lawuren** [KMa, OH]
– arbeiten [KMa, OH]; holen [KMa, OH]; befehlen [KMa, OH].

lawwerlappen Subst. m. Pl. [SG]
– Brüste [SG] ♦ **E:** ugs. *labbern* ‚schlürfen, saugen' Kü 476.

lazl Subst. m. [LJ, SchJ, TJ]
lasel [Him, SJ]; **lasl** [OJ, SJ]; **laasel** [LJ]; **latzert** [JeS]; **lazel** [LJ]; **lazert** [JeS, TJ, TK]
– Schaf [Him, JeS, OJ, SJ, TK] ♦ **E:** rw. *laasel* ‚Schaf' WolfWR 3042, evtl. zu *Lazarus*, Schutzpatron der Kranken, Schwachen, oder zu roman. *lassus* ‚faul, träge', Klepsch 922; SchwäbWb.IV 998 (*Lasel*). ♦ **V:** *mass vom laasel* ‚Hammelfleisch' [LJ]; *dr kaffr beschulmd seine bomma mid gip odr mit am gloina lasl odr am nickl* ‚Der Bauer bezahlt seine Schulden mit Getreide oder einem kleinen Schaf oder Schwein' [SJ]

lazlbumser Subst. m. [LJ, TJ, SchJ]; **laselbumser** [SJ]; **laselbomser** [Him]; **laslbommsr** [OJ]; **lazelbumser** [LJ]
– Schäfer [Him, LJ, OJ, SchJ, SJ, TJ] ♦ **E:** rw. *bumser* ‚Hirte' SchwäbWb.IV 998 unter (*Lasel*).

lean Subst. f. [KM]
leane [KM]
– Nacht [KM]

leanspichel Subst. n. [KM]
– abgestandenes Bier [KM]; das erste Bier morgens aus dem Faß [KM]

leanspichler Subst. m. [KM]; **leanspichlere** [KM]
– Nachtwächter [KM] ♦ **E:** unsicher; evtl. zu rhein. *Lände* ‚Gelände' RheinWb. V 85; oder zu rw. *leile* ‚Nacht' WolfWR 3063 (Honnen, Geheimsprachen Rheinland, 105); *-pichler* wohl zu dt. *picheln* ‚saufen' DWB XIII 1836.

lebche Subst. n. Dim. [WM]
– Musikant auf Reise [WM] ♦ **E:** unsicher; evtl. zu rw. *leberl* ‚Pfarrer' aus jd. *lewi* WolfWR 3168, womgl. zum jd. PN *Löb, Löw*.

leber Subst. f. [WG]
– nur in: *sich einen von der leber ziehen* ‚onanieren' [WG] ♦ **E:** zu dt. *Leber*.

lebsch Adj. [SK]
– angenehm [SK]; gut [SK]; schön [SK] ♦ **E:** wohl zu rw./jd. *lef* ‚Herz, Mut', *lebtoftig* ‚gutherzig' WolfWR 3179.

lebschmied Subst. m. [EF]
– Bäcker [EF] ♦ **E:** zu tschech. *chleb* ‚Brot'; dt. *Schmied*.

lech Subst. [RR]
– Hüftbreite [RR]; Arschbacken [RR] ♦ **E:** unsicher; evtl. zu rw./jd. *lechem* ‚Brot, Brötchen' WolfWR 3170; ugs. *Brötchen* ‚Pobacken'.

leche Subst. f. [SK]
– Steckrübe [SK] ♦ **E:** unsicher; evtl. zu rw./jd. *lechem* ‚Brot, Nahrung' WolfWR 3170 oder nd. *lech(t)* ‚hell, klar'.

lechem Subst. m./n. [CL, FS, HK, JeS, KMa, LüJ, OH, PH, SJ, WM, Zi]
lechum [HLD, LJ, SJ, SK, SchJ, StG, TJ, TK]; **laechem** [Scho]; **laechemm** [Scho]; **leachem** [CL, FS, PH]; **leechem** [CL, JSa, LL]; **lechmen** [SS, WH]; **laikmen** [SS,

WH]; **lechman** [SS, WH]; **laichmen** [SS]; **liächmen** [SPI, SS]; **lächem** [KM]; **lem** [MeJ]; **lagem** [CL]; **lakum** [SJ]; **legem** [BO, CL, KMa, LI, OH]; **leham** [KJ]; **lehem** [JeS, KJ]; **lehm** [LüJ]; **lahm** [LüJ]; **lehchen** [SK]; **lechen** [MB]; **lerchem** [MB]; **leechm** [HK]; **leechn** [HK]; **lehchn** [HK]; **lechen** [HK]; **lechn** [HK]; **lech** [TK]; **lerch** [NW]; **lern** [LüJ]
– Brot [BO, CL, FS, HK, HLD, JSa, JeS, KJ, KM, KMa, LI, LJ, LL, LüJ, MB, MeJ, NW, OH, PH, SJ, SK, SPI, SS, SchJ, Scho, StG, TJ, TK, WH, WM, Zi] ♦ **E:** rw. *lechem* ‚Brot' (WolfWR 3170) < jd. *lechem* ‚Brot'; hebr. *lechem* ‚Brot'; jd. *lechem* ‚Brot' (WolfWR 3170; We 74, MatrasJd 290; Post 214, Klepsch 923); PfälzWb. IV 858, SüdhessWb. IV 224, BadWb. III 411, SchwäbWb. IV 1081/1082). ♦ **V:** *scheible lehm* ‚Brotleib' [PfJ]; *dofer lehm* ‚gutes Brot, Weißbrot' [LüJ]; *Ik well awer äist 'ne Vinse Liächmen un Bauser acheln* ‚Ich will aber erst ein Stück Brot und Fleisch essen' [SS]; *Er hot schun hei finne lechem mit sefferuf achielt* ‚Er hat schon 5 Wurstbrote gegessen' [LL, CL]; *Leechem mit Schmanem fallt immer ufs Bonem!* ‚Ein Butterbrot fällt immer aufs Gesicht' [CL]
lehmer Subst. m. [HLD]
– Bäcker [HLD]
lemchesfunker Subst. m. [RH]
– Bäcker [RH]
lechumgeiger Subst. m. [SJ]
– Bettelmusikant [SJ]; „Bettelmusikant ums Brot" [SJ]; Musikant [SJ] ♦ **V:** *Lechumgeiger spiel auf zom plattfüßla ond zom schalla* ‚Musikant spiel auf zum tanzen und zum singen' [SJ]
lechumschieber Subst. m. [HLD]; **legumschieber** [HL, SJ]
– Bäcker [HL, HLD, SJ]
lechumschupfer Subst. m. [LJ, SchJ, TJ]; **läechemschupfer** [Scho]
– Bäcker [LJ, SchJ, Scho, TJ] ♦ **V:** *Derchermoß: Hauret so dof, lehmschupfer, und dogt mir dofen oder gleiskechelte für mein gälme zum gleisschnälle sicheren. Lehmschupfer: Nobis, nobis, dercherulmen wird lore ‚dogt* Bettelweib: Seid so gut Bäcker, und geht mir etwas Weißbrot oder Milchwecken für meine Kinderlein, um ein Milchsüpplein zu kochen. Bäckermeister: Nein, nein, Bettelleuten wird nichts gegeben!' [LJ]
lechumspunt Subst. [LJ, SchJ]
– Vesperzeit [LJ]; neun Uhr und vier Uhr nachmittags, gemeint ist die Vesperzeit [SchJ]
lehchenkraumen Subst. f. [SK]
– Brotkrumen [SK] ♦ **E:** nd. *kraumen* ‚Krumen'.

kafferlehm Subst. n. [LüJ]
– Bauernbrot [LüJ]
mittagleechn Subst. n. [HK]; **mittagleechen** [HK]; **mittagsleechn** [HK]
– Mittagsbrot [HK]; Mittagessen [HK]
oahbendleechn Subst. n. [HK]; **oahbendleechen** [HK]; **abendleechen** [HK]
– Abendessen [HK]; Abendbrot [HK]; Abendbrotessen [HK]; „abends essen" [HK] ♦ **V:** *Dilms! Buscht inn de finkelei! – Looscht de bosenkäue nach pennen unn oahbendleechen – unn woas es schulmmt!* ‚Mädchen, geht in die Küche! Fragt die Wirtsfrau nach Übernachtung und Abendessen – und was dies kostet' [HK]; *wir buttn oahbendleechn* ‚wir essen Abendbrot' [HK]; *De bosenkäue düwwert: S' sänftchen schulmmt vier dufte, unns oahbendleechen schulmmt 'n stierchen!* ‚Die Wirtsfrau sagt: Das Bett kostet fünfzig Pfennige und das Abendessen kostet eine halbe Silbermark!' [HK]
schmunkleechn Subst. n. [HK]; **schmunklechen** [HK]
– Butterbrot [HK]; Butterstücke [HK]; Fettbrot [HK]; Schmalzbrot [HK]; Schmandkuchen [HK]; Butterbrötchen [HK]
talflechum Subst. n. [HK]
– Bettelbrot [HK]
wittlehchen Subst. n. [SK]
– Weißbrot [SK] ♦ **E:** nd. *witt* ‚weiß'.
lehmern swV. [HK]
– kochen [HK]; backen [HK] ♦ **V:** *kleddsch lehmern* ‚Kuchen backen' [HK]
lehmer Subst. m. [HK]
– Bäcker [HK]
lenert Subst. m. [HK]
– Bäcker [HK]
lehmerfinnichen Subst. Pl. [HK]
– Brötchen [HK].

lecken swV. in: ♦ **E:** dt. *lecken* DWB XII 477 ff.
leck mi am arsch Phras. [WJ]
– Honig [WJ]
lecker[1] Subst. m. [SJ]; **leckel** [RR]
– Zunge [RR, SJ]; SchwäbWb. IV 1083/1084 (*Lecker*)
lecker[2] Subst. m. [SK]
– Hund [SK]
lecks Subst. m. [SchJ]; **lex** [LJ]
– Hund ♦ **E:** rw. *lex* ‚Hund' (WolfWR 3231 ohne Herleitung; Klepsch 925).
lexfidle Subst. n. [LJ]
– Hundearsch (Schimpfwort) [LJ] ♦ **E:** süddt. *Füdle* ‚Hintern'. ♦ **V:** *ja, ja am lexfidle, du bisch a lexfidle* [LJ].

lecker³ Subst. m. [SK]
– Arzt [SK] ♦ **E:** wohl aus tschech. *léka* ‚Arzt', auch schwed. *läkare* ‚Arzt'.

lederen swV. [KP]
ledere [KP]
– bezahlen [KP] ♦ **E:** dt./ugs. *ledern* ‚bezahlen'.
ledern swV. [StG, StJ]
– bestehlen [StJ]; Geld ablocken [StG] ♦ **E:** ugs. *abledern* ‚bestehlen', „entweder Anspielung auf den Lederbeutel für das Geld oder auf die Redensart ,ihm das Fell über die Ohren ziehen'" (Kü 1993, 9). ♦ **V:** *den freier ledern* ‚den Freier bestehlen' [StJ].

leehen swV. [MUJ]
– nehmen [MUJ] ♦ **E:** evtl. zu dt. *Lehen* „etwas dargeliehenes im allgemeinen" DWB XII 537 ff. oder zu dt. *leihen*.

leerum Subst. [JeS]
– Vogelheim [JeS] ♦ **E:** evtl. zu lat. *lorum* ‚Lederriemen', an die gefangene Vögel gebunden wurden.

leetz Subst. f. [WJ]
leeze Subst. f. [HK]; **leze** [HK]; **löts** [JS]; **läits** [KM]; **läitse** [KM]; **lätze** [SK]; **leezen** [HK]; **lezen** [HK]; **lötzel** Subst. f. [WL]
– Musikinstrument [KM]; Geige [SK]; Mundharmonika [WJ]; Ziehharmonika [WJ]; Harmonika [WL]; Orgel [HK, JS]; Drehorgel [HK]; Kirchenorgel [HK] ♦ **E:** jd. *lezan* ‚Musik, Musikant' (WolfWR 3221, Post 214).
laietsem Subst. f. [LL]; **leitsem** [PH]; **lajetsem** [CL]; **lätsem** [CL, PH]; **letzem** [LüJ, PfJ]; **lezem** [KMa, OH]; **letzum** [UG]; **letzmi** [JeS]; **leetzme** [JeS]; **letzme** [JeS]; **leetzeme** [JeS]; **leitze** [NJ]; **läise** [OH]
– Musik [CL, JeS, NJ, PH]; Harmonika [CL]; Musikinstrument [LüJ, UG]; Mundharmonika [JeS]; Handorgel [JeS, LüJ]; Geige [KMa, OH]; Akkordeon [LüJ]; Ziehorgel [LüJ]; Ziehharmonika [LüJ] ♦ **V:** *das huurt e kwanti leetzeme* ‚das ist eine gute Musik' [JeS]; *d leetzeme aapflanze* ‚Musik machen' [JeS]
läätsje Subst. n., Dim. [CL, LL]
– Ton [CL, LL]; Wort [CL, LL] ♦ **V:** *Er hot kää läätsje geschmust* ‚er hat kein Wort geredet' [LL]
leezen swV. [HK]; **läitse** [KM]; **jeläits** [KM]
– musizieren [KM]
lezemen swV. [JSa]; **leetzeme** [JeS]; **leezme** [JeS]; **litzme** [JeS]
– ein Musikinstrument spielen, musizieren [JeS, JSa]; Musik machen [JeS]; Handorgel spielen [JeS]; Orgel spielen [HK]; orgeln [HK]; Drehorgel spielen [HK] ♦ **V:** *er kann gut läize* ‚er kann gut spielen' [OH]

letzameren swV. [LüJ]; **letzamern** [LüJ]
– musizieren [LüJ]
letzer Subst. m. [HLD]; **läitser** [KM]; **leitzer** [NJ, RH]; **lötzert** [WL]
– Musiker [KM]; Musikant [FM, HLD, NJ, RH, WL]; Harmonikaspieler [WL] ♦ **E:** rw. *letzer* ‚Musikant' (WolfWR 3221).
makesläitser Subst. m. [KM]; **makesläitsere** [KM]
– Bassist (Streichbassist) [KM]
leezenbeeker Subst. m. [HK]
– Orgelspieler [HK]
leezenspieler Subst. m. [HK]
– Drehorgelspieler [HK]
lezemer Subst m. [FM, JSa, KMa, LI, OH, RH, WM]; **letzemer** [PfJ]
– Musikant [JSa, KMa, LI, OH, PfJ, RH, WM]; Spieler [WM] ♦ **V:** *So wied hott's de Konst gebroacht, doß mer Lezemer veroacht* ‚So weit hat es die Kunst gebracht, dass man Musikanten verachtet' [FM]
leitzemer Subst. Pl. [FS]
– Musikanten [FS]
letzamerei Subst. f. [LüJ]; **letzammerei** [PfJ]; **letzamerei** [PfJ]
– Musik [LüJ, PfJ]
läitsesch Subst. n. [KM]; **läitsesche** [KM]
– Musikerhaus [KM]
läitsesche Subst. f. [KM]
– Musikerin [KM]
große läize Subst. f. [OH]
– Streichbass [OH].

---

leetze Subst. f. [MM]
leeze [MM]; **letze** [MM]
– Fahrrad [MM] ♦ **E:** Deutungskonkurrenz; aus dem neulat. Kunstwort *velociped* ‚Fahrrad' oder aus jd. *lezan* u. a. ‚Orgel' im HK, met. für ‚Fahrrad'; historisches Argument: Zuzug von Hundeshagenern nach Münster/Klein-Wolbeck. ♦ **V:** *schirm inne fehme saßen die knäbbelanims aufe leetze und pästen nache tiftel* ‚die Bäuerinnen saßen mit dem Schirm in der Hand auf dem Fahrrad und fuhren zur Kirche' [MM]
leetzen swV. [MM]
– fahren [MM]; radfahren [MM]
leezenbahn Subst. f. [MM]
– Radweg [MM]
leetzenfan Subst. m. [MM]
– Fahrradfan [MM]
leetzenladen Subst. m. [MM]
– Fahrradgeschäft [MM]

leezenlatüchte Subst. f. [MM]
– Skulpturprojekt Münster 1997 (Laterne mit umgelegtem Fahrradreifen) [MM]
leezenleute Subst. Pl. [MM]
– Radfahrer [MM]
letzmann Subst. m. [MM]; **leezmann** [MM]; **lezmann** [MM]
– Fahrrad [MM]
leezenpatt Subst. m. [MM]
– Fahrradweg [MM]
leezenpriester Subst. [MM]
– Kaplan [MM]; „armes Schwein" [MM]
leezenritter Subst. m. [MM]
– Fahrradfahrer [MM]
leezenschlauch Subst. m. [MM]
– Fahrradschlauch [MM]
leezenschmied Subst. m. [MM]
– „Fahrradhändler, der auch repariert und flickt" [MM]
leezentritt Subst. m. [MM]
– Fahrradpedale [MM]
silberleeze Subst. f. [MM]
– Silberfahrrad [MM]
standleze Subst. f. [MM]
– Stehrad, Fitness-Fahrrad [MM]
wahlkampfleetze Subst. f. [MM]
– Wahlkampffahrrad [MM].

leetzerig Adj. [MM]
– faul [MM] ♦ **E:** unsicher; schwer zu nd. *lei, leu* ‚faul', *leetze* oder rw. *letzer*.

lef Subst. n. [CL, LL]
leff [Scho]; **leäve** [HF]; **leawa** [OJ]
– Herz [CL, LL, Scho]; Leben [HF, OJ] ♦ **E:** rw. *lef* m. ‚Herz' (WolfWR 3179) < jd. *lew* ‚Herz, Mut' (We 74, Post 214, Klepsch 925).

lefai Subst. f. [BB]
– Eifel [BB] ♦ **E:** Inversion zu *Eifel*.

lefitsche Subst. m. Pl. [BB]
– Stiefel [BB] ♦ **E:** Inversion zu *Stiefel*.

leföit Subst. m. [BB]
– Teufel [BB] ♦ **E:** Inversion zu *Teufel*.

lefzgen Subst. [BM]
– Leutnant [BM] ♦ **E:** schweizdt. *Lëfzge^n* SchweizWB II 3,1163 ‚Lektion'.

lefznsteftn Subst. m. [RR]
– Lippenstift [RR] ♦ **E:** dt. *Lefze* ‚Lippe' DWB XII 515 ff. und dt. *Stift*.

legäfje Subst. n. [BB]
– Wägelchen [BB] ♦ **E:** Inversion zu *Wägelchen*.

legem ‚Brot' → *lechem*.

legen swV. [LJ]
– vergraben [LJ] ♦ **E:** zu dt. *legen*. ♦ **V:** *ein ei legen* ‚die Zeche prellen' [WG]; *kabschre legen* ‚verstecken' [StG]
auflegn swV. [EF] nur in: *auflegn lossen* ‚absammeln, kassieren' [EF]
leger Subst. n. [TK]
– Bett [TK]
legerling Subst. m. [Gmü]
– Henne [Gmü]; Benennungsmotiv: Eier *legen*.

legg Subst. m./f. [JeS]
– Strafanstalt [JeS]; Zuchthaus [JeS]; Gefängnis [JeS] ♦ **E:** rw. *leck* ‚Gefängnis', zu mdal./rhein. *lech* ‚hungrig, schmachtend', evtl. beeinflusst von frz. *logement* (WolfWR 3171). ♦ **V:** *huursch du au herlem i dem grandige legg?* ‚bist du auch hier in diesem großartigen Zuchthaus?' [JeS]
leggler Subst. m. [JeS]
– Zuchthäusler [JeS]; Strafgefangener [JeS] ♦ **V:** *lins, d leggler linsed zu de legg uus* ‚schau, die Gefangenen schauen zum Zuchthaus hinaus' [JeS].

legof Subst. m. [BB]
legofe [BB]; **legöfje** Dim. [BB]
– Vogel [BB] ♦ **E:** Inversion zu *Vogel*. ♦ **V:** *du bösen legof* (starkes Schimpfwort) [BB].

lehaches Adv. [Scho]
– „um zu ärgern" [Scho] ♦ **E:** jd. *lehachles* ‚zum Trotz' (We 75, Klepsch 928, Post 199).
lehaches ponem Subst., Phras. [Scho]
– Halsstarriger [Scho].

lehkolben Subst. m. [RR]
– Pfarrer [RR] ♦ **E:** rw., zu jd. *lewi* ‚Priester' (WolfWR 3168), dt. *Kolben* u. a. ‚Narr' DWB XI 1602 ff.

lehm Subst. m./n. [BM, JSa, JeS, KJ, LüJ, NJ, PfJ, RR, SJ, TK, WJ]
lem [SE]; **leem** [BM, JeS, LoJ, NrJ, SE]; **lemm** [SE]; **leam** [OJ]; **lem** [JeH, JeS, MJ, RR, SP]; **lääm** [JeS]; **lähm** [JeS]; **lêm** [Gmü, Him, Mat, Wo]; **löm** [JeH]; **liam** [SE]; **liem** [SE]; **limm** [WL]
– Brot [BM, Gmü, Him, JSa, JeH, JeS, KJ, LoJ, LüJ, MJ, Mat, NrJ, OJ, PfJ, RR, SE, SJ, SP, TK, WL, Wo]; Mehl [JSa] ♦ **E:** Gleicher Herkunft wie → *lechem*, hier mit volksetymologischer Anlehnung an dt. *Lehm* (WolfWR 3170); SchwäbWb. IV 1081/1082 unter (*Le-*

chem). ♦ **V:** *Dr lehm, den i aus dem schwarzmann rauszopf, sieht lak aus* ‚Das Brot, das ich aus dem Ofen herausziehe, sieht schlecht aus' [SJ]; *lehm botten* ‚Brot essen' [NJ]; *lehm acheln* ‚Brot essen' [NJ]; *e lygu leem* ‚Brot essen' [BM]

lemcha Subst. [SE]
– Brot [SE]

lehmer Subst. m. [SK]
– Bäcker [SK]; Ziegelbäcker [StG]

lehmerei Subst. f. [SK]
– Bäckerei [SK]

verlehmen swV. [SK]
– backen [SK]; Weißbrot oder Milchwecken backen [LüJ]

lehmhansel Subst. m. [SJ]; **lehmhansl** [SJ]
– Bäcker [SJ]

leemlinger Subst. m. [JeS]
– Bäcker [JeS]

leempflanzer Subst. m. [LoJ]
– Bäckerei [LoJ]

lehmschieber Subst. m. [SJ]; **leamschiabr** [OJ]
– Backofen [OJ] ♦ **V:** *Mei lehmschieber ist nowes gwand* ‚Mein Backofen ist nicht mehr in Ordnung' [SJ]; *Worom will dei lehmschieber abpfludra.* ‚Warum will dein Backofen kaputtgehen?' [SJ]

lehmschupfer Subst. m. [LüJ, SJ, WJ]; **lemschupfer** [LJ]; **lehmschupfr** [SJ]; **leamschupfr** [OJ]; **lêmschupfer** [Gmü, Him, Mat, SJ]
– Bäcker [Gmü, Him, Mat, SJ] ♦ **E:** → *schupfer, maroschupfer* ‚Bäcker' (unter → *maro*). SchwäbWb. IV 1081/1082.

lehmschupferei Subst. f. [LüJ]
– Bäckerei

kafferlehm Subst. m. [SJ]
– Bauernbrot [SJ] ♦ **V:** *Hoscht an gwanda kafferlehm mitbrocht?* ‚Hast ein gutes Bauernbrot mitgebracht?' [SJ]; *Baizermoss, zo dem faßjole kascht mr a kiwigs Stück bossert, a schling ond an kafferlehm brenga* ‚Wirtin, zu dem Faßwein kannst du mir a schöns Stück Fleisch, Wurst und ein Bauernbrot bringen' [SJ]

ruchalehm Subst. n./m. [LüJ]
– Bauernbrot [LüJ].

leibern swV. [HL]
– locken [HL]; verleiten [HL] ♦ **E:** unsicher; evtl. zu dt. *Leib.*

leibes Subst. m. [WL]
leiper [WL]
– Bauch [WL] ♦ **E:** dt. *Leib* ‚Körper'.

leicht ‚Hin und Her, Schicksal, Posse' nur in:
o leicht Interj. [JS, PH]; **o laich** [JS]
– oh, Mann [JS]; hoppla [JS, PH]; oh weh [JS, PH] ♦ **E:** germ. *leich* ‚rhytmische Bewegung, Hin und Her, Spiel (des Schicksals)', bair. *der possen, den man einem spielt* DWB XII 611 f., s. v. Leich 3. ♦ **V:** *oh laich ossere kailoff schäft schovel lack* ‚Oh weh, unser Hund ist schwer krank' [JS].

leidenpension Subst. f. [MB]
– Gefängnis [MB] ♦ **E:** dt. *Leiden* und dt./frz. *Pension.*

leidi Subst. n. [OH]
– Mädchen [OH] ♦ **E:** unsicher; evtl. zu dt. *leiden*; oder evtl. zu engl. *Lady* ‚Frau'.

leidselig Adj. [OJ]
– vertrauensvoll [OJ] ♦ **E:** dt. *leutselig* DWB XII 850 f.

leienen swV. [LJ]
– lesen [LJ] ♦ **E:** rw. *leinen* ‚lesen' (WolfWR 3196) < jd. *lei(e)nen* ‚lesen' (Post 214).

leiermann Subst. m. [MM]
– Zuhälter [MM] ♦ **E:** zu *laile* ‚Nacht' (WolfWR 3063) unter Einfluss von dt. *Leier-*, oder direkt aus dt. *leiermann* ‚Trödler, fauler Mensch' (DWB XII 685).

leile ‚Nacht' → *laile.*

leimen swV. [SJ]
leima [OJ]
– betrügen [OJ, SJ]; koitieren [SJ]; lügen [SJ] ♦ **E:** rw. *Leim* ‚Lüge' WolfWR 3193, wohl zu dt. *leimen* ‚kleben', ugs. ‚betrügen' (SchwäbWb. IV 1150); → *leimsch.*

beleimen swV. [SJ]
– betrügen [SJ]; koitieren [SJ]; lügen [SJ].

leimes Subst. m. [JSa, NJ, NrJ, RH, SE, WL]
leiwes [SE]; **laimes** [NJ, NrJ]; **lemes** [JS]; **leimese** Pl. [NrJ]
– Hemd [JS, JSa, NJ, NrJ, RH, SE, WL]; Bluse [JS]; Nachthemd [JS]; ‚alles, was man auf dem Oberkörper anzieht' [JS]; Bett-Tuch [WL] ♦ **E:** rw. *lima* ‚Hemd' < roi. *lima* ‚Hemd' (WolfWR 3244); RheinWb. V 365 [Kundensprache]. ♦ **V:** *wat het da der scheets für e dofte lemes an* ‚was hat der Junge da für ein schönes Hemd an' [JS]; *de leimes beschonten / begowen* ‚besudeln' [WL].

leim nur in:
leimhengst Subst. m. [WG]
– Tischler [WG] ♦ **E:** dt. *Leim* (Klebemasse) DWB XII 695 ff.; dt. *Hengst.*

leimi¹ Subst. m. [MM]
– Architekt [MM]
leimsieder Subst. m. [WG]
– Schmeichler [WG] ♦ **E:** dt. *sieden* ‚köcheln'.
leimtiegel Subst. m. [SchJ]
– Schreiner [SchJ] ♦ **E:** dt. *Tiegel* ‚feuerfestes Gefäß' DWB XI 494 f., Pars pro toto: berufstypisches Gerät für den Handwerker, vgl. → *kleistertiegel*.

leimi² Subst. m. [MB]
– Engländer [MB] ♦ **E:** aus engl. *lime juice* ‚Limettensaft'. Der Übername *Limey* bezeichnet zum einen Matrosen der britischen Kriegs- und Handelsmarine, zum anderen als Ethnophaulismus „die Briten" oder auch „die Engländer" im Allgemeinen. Benennungsmotiv: Pars-pro-toto: *lime juice* als typisches Matrosengetränk gegen Skorbut.

leimsch Adj. [MM]
laima [RH]
– „nicht richtig im Kopf" [MM]; verrückt [RH] ♦ **E:** unsicher; evtl. zu jd. *leimach* ‚ungeschickter Mensch' (We 75) oder zu rw. *Leim* ‚Lüge' WolfWR 3193; vgl. → *leimen*.
leimacht Subst. m. [RH]
– Narr [RH].

leinden swV. [StG]
– logieren [StG] ♦ **E:** unsicher; evtl. zu rhein. *lein* ‚allein' RheinWb. V 366.

leine Subst. f., nur in: [HK, MB, SJ]
leine ziehen ‚ausreissen' [SJ]; *zieh Leine!* ‚geh fort' [SJ]; *dsi leine!* ‚hau ab!', ‚geh fort', ‚mach dich fort' [HK, MB] ♦ **E:** Deutungskonkurrenz: rw. *leine* aus dt. Leine ‚Weg, Gang, Strich der Prostituierten' WolfWR 3195; dagegen Röhrich 1999: 955: schiffahrtliches Sondergut aus der Zeit des alten Binnenschifffahrtsbetriebes, in der die Fahrzeuge vom Ufer der Wasserstraße her (vom *Leinpfad*) getreidelt wurden, vgl. Weiland, Hundeshagen, 291 f.

leis Subst. m. [WJ]
– Vögel [WJ] ♦ **E:** wohl zu dt. *Leis* ‚Lied, Gesang' DWB XII 712.

leischt Subst. m. [BM]
leist [BM]
– Lehrer [BM] ♦ **E:** unsicher; evtl. zu dt./schweizdt. *Leisten* ‚Maßlatte' SchweizId. I 3,1469.

leisetreter Subst. Pl. [KMa]
leisetrearer [KMa]
– Hausschuhe [KMa] ♦ **E:** dt. *leise* und dt. *treten*.

leiwand Adj. [WG]
– fair [WG]; in Ordnung [WG] ♦ **E:** österr. dt. ‚schön, gut'.

lekerche swV. [SPI]
– übervorteilen [SPI] ♦ **E:** rw. *lekechnen* ‚stehlen, nehmen' aus jd. *lokechnen* ‚nehmen, stehlen' WolfWR 3202; *lekëichen(en)* ‚nehmen, Geschäft abschließen' We 75.

lekiechen swV. [SPI, SS]
lekichen [SS, WH]
– heiraten [SPI, SS, WH]; poussieren [SS] ♦ **E:** zu jd. *lokechnen* ‚nehmen', hier: ‚eine Frau nehmen' (WolfWR 3202). ♦ **V:** *Schma! is et wohr, diu wöst balle lekiechen?* ‚Hör! Ist es wahr, du wolltest bald heiraten?' [SS]

vermelikiechen swV. [SS]
– sich verheiraten [SS]; vermählen [SS] ♦ **E:** Kontamination mit dt. *vermählen*.

lelen swV. [GM, MM]
lellen [ME, MM]; **lällen** [MM]
– betteln [MM]; geben [GM]; klauen [ME, MM]; nicht bezahlen [MM]; stehlen [ME, MM] ♦ **E:** Deutungskonkurrenz: rw. *laile* ‚Nacht', aus jd. *leila* ‚Nacht' (WolfWR 3063), Diebstahl bei Nacht; oder zu roi. *le-, lel-* ‚nehmen' (WolfWZ 1719); vgl. Siewert, Grundlagen, 221. ♦ **V:** *brikels vom kongo lellen* ‚Kohlen vom Zug klauen' [MM]; *den schauter ham se dat ganze lowi gelellt* ‚dem Mann wurde das gesamte Geld gestohlen' [MM]; *Der Chabo wurde beim Lellen getappert* ‚der Kerl wurde beim Stehlen erwischt' [ME]; *die mispel hatte gekneistert, wie die am lellen waren* ‚die Polizei hatte bemerkt, wie sie dabei waren zu stehlen' [MM]; *die schauters zogen alle ne schmiege, als wenn se se die letzten balachesen ausse patte gelellt hätten* ‚die Kerle zogen alle ein Gesicht, als wenn man ihnen die letzten Groschen aus der Tasche gestohlen hätte' [MM]

leller Subst. m. [MM]
– Dieb [MM]

lällepeng Subst. m. [MM]
– Dieb [MM] ♦ **E:** → *pink*.

lelletour Subst. f. [MM]; **lelltour** [MM]
– Betteltour [MM]; Diebestour [MM]; Klautour [MM]; „auf Raub ausgehen" [MM] ♦ **V:** *bescht der auf die lelletour oder hegt er eine kaline, die auf den talon teilacht und für ihn die masummes anschafft?* ‚Geht der auf Diebestour, oder hat er ein Mädchen, das auf den Strich geht und für ihn das Geld anschafft?' [MM]

lembel ‚Bier' → *balembel*.

lemble Subst. n. Dim. [OJ]
– Mond [OJ]; trübe Lampe [OJ] ♦ **E**: dt., schwäb. Dim. zu *Lampe*.

lemoniberg Subst. m. [WG]
– Irrenanstalt [WG] ♦ **E**: für „Baumgartner Höhe", wo sich die Einrichtung befindet.

lennche Subst. n. [KMa, OH]
– Holz [KMa, OH] ♦ **E**: ital. *legno* ‚Holz' (Hess-NassWb. II 122, mit diesem Beleg).

lenchepetzer Subst. m. [KMa]
– Holzmacher [KMa]; Waldarbeiter [KMa] ♦ **E**: unsicher; evtl. zu dt. *lenne* ‚Spitz-Ahorn'; *petzer* wohl zu rw. *fetzen* ‚arbeiten, machen, tun' aus lat. *facere* ‚machen, tun' WolfWR 1366.

lencheschäwer Subst. m. [KMa]
– Schreiner [KMa].

lengelink Subst. m. [HK]
– Feldgieker [HK] ♦ **E**: rw.-typische *-ling*-Bildung zu dt. *lang*. Der Feldgieker ist eine Eichsfelder Wurstspezialität, für die der letzte Darm des Schweins verwendet wird, der „in das Feld guckt".

lengen swV. [LoJ, TJ, TK]
– geben [LoJ, TJ, TK]; leihen [TJ] ♦ **E**: süddt. *längen*, dt. *langen* (SchweizId. III 1326). ♦ **V**: *leng her* ‚gib mir' [LoJ].

lenz¹ Subst. m. [MM, OJ]
– Freude [OJ]; Liebe [OJ]; Ruhe [OJ]; Spaß [MM] ♦ **E**: rw. *lenz* ‚Spaß', zu dt. *Lenz* ‚Sonn- und Feiertag', mdal. *lanzen* ‚sich gütlich tun' (WolfWR 3212); ugs. *einen lauen Lenz haben* ‚arbeitslos, ohne Sorgen sein'.

lenza swV. [OJ]
– sich freuen [OJ]; gefallen [OJ]; lieben [OJ] ♦ **V**: *des lenzd me* ‚das freut mich' [OJ].

lenz² ‚Späher, Aufpasser' → *linsen*.

lenzen¹, *lenza* ‚spähen' u. ä. → *linsen*.

lenzen² swV. [LüJ]
– fragen [LüJ] ♦ **E**: rw. → *linsen* ‚lauschen, aufhorchen' (WolfRW 3251).

lenzerei Subst. f. [LüJ]
– Fragerei [LüJ] ♦ **V**: *lenzerei: model, lenz'die rucheul-me, was herles der ruch scheft? Kenn, patres! – Ulme, hauret der kaffer wohnisch? Nobis, model! – Krillisch? Kenn. – Schefft er niesich? Nobis! – Schofel? Nobis! – Vermufft? Nobis! Grandich? – Kenn! – Hauret ein fin-kelkaffer? Nobis! -Kasperer? Nobis! – Blibelkaffer? Kenn! – Schefft's ein bikerischer oder lenker benk? Nobis, ein dofer! – Schefft er herles vom g'fahr? Kenn! – Steckt er lenk? Nobis, model! – Dof? Kenn! – Hauret dof, model, schupf dich auf und bost'schiebes! Kenn, patres!* ‚Fragerei: Mädchen, frag'die Bauersleute, was hier der Bauer ist? Ja, Vater! – Leute, ist der Mann katholisch? Nein, Mädchen! – Evangelisch? Ja! – Ist er dumm? Nein! – Bös (schlecht)? Nein! Arm (heruntergekommen, verganter)? Nein! – Reich? Ja! – Ist's ein Hexenmeister? Nein! – Ein Zauberer? Nein! – Ein Stundenmann? Ja! Ist es ein hungriger oder böser Mann? Nein, ein guter! – Ist er hier vom Dorfe? Ja! – Gibt er schlecht (beim Betteln)? Nein, Mädchen! – Gut? Ja! – Es ist gut, Mädchen, höre auf und gehe fort! Ja, Vater!' [LüJ].

leo Adv. [ME]
– schnell [ME]; aber dalli [ME] ♦ **E**: wohl zu jd. *lehëi* ‚wäre es nur so, es möge sein' (We 68, s. v. *jehei*) ♦ **V**: *Nahsch leo!* ‚Geh, bitte', ‚Geh, aber schnell jetzt!' [ME].

lepus Subst. m. [SG]
leipus [SG]; **lippel** [BM]
– Hase [SG] ♦ **E**: lat. *lepus* ‚Hase'.

lermes¹ Subst. [SK]
– Gefäß [SK] ♦ **E**: nur aus einer der Innenschriften der Klesmerkate bekannt; evtl. Umbildung aus rw. *dremes, dörmes* ‚Topf, Schüssel' (WolfWR 1065).

lermes² Adj. [SK]
– kräftig [SK] ♦ **E**: unsicher; evtl. zu dt. *Lärm, Lärmenschlagen, Lärmenblasen* DWB XII 206.

lesak Subst. m. [BB]
– Kessel [BB] ♦ **E**: Inversion zu *Kessel*.

lesäsch Subst. m. [BB]
– Sessel [BB] ♦ **E**: Inversion zu *Sessel*.

leschem Konj. [LüJ]
– deshalb, deswegen [LüJ] ♦ **E**: rw. *leschem* ‚deshalb, deswegen' (WolfWR 3216) < hebr. *le-sem* ‚für, um … willen' „an sich eine Präposition, die nominalisierten Verben vorangeht; funktional gesehen und in der Übersetzung entspricht *leschem* eigentlich einer deutschen Konjunktion *damit, um zu*" (Hinweis von Yaron Matras).

leserl Subst. n. Dim. [WG]
– Buch [WG]; Heft [WG]; Zeitung [WG] ♦ **E**: Dim. zu dt. *lesen*.

lessi Subst. f. [JeS]
lassei Subst. f. [WL]
– Milch [JeS, WL] ♦ **E:** lothr./frz. *lacé* ‚Milch' (Tockert, Weimerskircher Jenisch, 29), frz. *lait*. ♦ **V:** *lessi teele* ‚(ein Kind) stillen' [JeS]
brillasssei Subst. f. [WL]
– geronnene Milch [WL] ♦ **E:** wallonisch *pris lassé* ‚geronnene Milch', Tockert, Weimerskircher Jenisch, 17.
lessikitt Subst. n. [JeS]
– Dorfsennerei [JeS]; Milchsammelstelle [JeS].

lett Subst. n. [EF]
lette [SK]
– Bett [EF, SK] ♦ **E:** ital. *letto* ‚Bett'.
lettlein Subst. n. Dim. [EF]; **lettl** [EF]
– kleines Bett [EF]
lettn Subst. f. nur in: *eine lettn haben* [WG]
– krank sein [WG]; verletzt sein [WG].

letter Subst. [JeS]
– Buch [JeS] ♦ **E:** zu frz. *lettre*, ital. *lettera* ‚Buchstabe, Brief, Literatur', rätor. *letra* ‚Buchstabe'.

letting Adj. [LI]
– schlecht [LI] ♦ **E:** rw. *lunsch, letting* ‚schlecht' WolfWR 3323 (ohne Herleitung).

letzn Subst. [KJ]
– Ei [KJ] ♦ **E:** unsicher; evtl. verhört oder verschrieben aus rw. *betze* ‚Ei', dies aus jd. *bëizem* ‚Eier' (WolfWR 443).

leuchtkugel Subst. f. [StG]
– ¼ Ltr. enthaltendes Glas Schnaps [StG] ♦ **E:** rw. *leuchtkugel* ‚Viertelliter Schnaps' (WolfWR 3224).
leucht Subst. f. [KMa]
– Schnapsflasche [KMa].

leudesje Subst. [JS]
– jemand aus eigener Reihe, der etwas Verbotenes gesagt oder getan hat [JS] ♦ **E:** unsicher; evtl. zu dt. *Leute* verengt: ‚Verwandte, Gruppenmitglieder' DWB XII 839 Leute 7; schwer zu rw. *lauschling, leusling* ‚Ohr' WolfWR 3152.

leuflinge Subst. m., Pl. [SK]
– Hülsenfrüchte [SK] ♦ **E:** rw. *läuflinge* ‚Erbsen' (WolfWR 3145), zu dt. *laufen*; Benennungsmotiv: Rollen, Kullern von Erbsen.

leute swV. [BM]
– betteln [BM] ♦ **E:** unsicher; evtl. zu dt. *läuten* DWB XII 375ff; oder zu dt. *Leute* nach der rw. Wendung *von unseren Leuten sein* ‚Jude, Gauner, Schinder sein' WolfWR 3226.

leveit Subst. m. [BB]
– Teufel [BB] ♦ **E:** Inversion zu mdal. *Teifel* ‚Teufel'.

lewal Subst. m. [LoJ]
läwerl Subst. m. [JS, RR]
– Pfarrer [JS, LoJ, RR] ♦ **E:** rw./jd. *lewerl* ‚Pfarrer, Geistlicher', aus jd. *lewi* ‚Priester' WolfWR 3168.

lewone Subst. f. [StG]
lefone [Scho]
lafone [LüJ]
– Mond [LüJ, Scho, StG] ♦ **E:** rw. *lewone* ‚Mond' (WolfWR 3230) < jd. *lewone* ‚Mond' (We 75, Post 214, Klepsch 927). ♦ **V:** *lewone blinzt* ‚der Mond scheint' [StG].

lez ‚Musik', **lezemer** ‚Musikant' → *leetz*.

li Subst. n. [KJ]
– Bett [KJ] ♦ **E:** frz. *lit* ‚Bett'.

libbla¹ swV. [LJ]
– spinnen [LJ] ♦ **E:** unsicher; evtl. zu schwäb. *lappel, luppel* ‚Tölpel'. SchwäbWb. IV 991, 1346.
libboras Subst. m. [LJ]
– Depp [LJ]; Idiot [LJ]; Spinner [LJ].

libbla² swV. [OJ]
blibbla [OJ]
– beten [OJ]
libblig Adj. [OJ]
– fromm [OJ] ♦ **E:** wohl Bildung zu schwäb. *Luppel, Lüppel* ‚herabhängende Lippe' oder dt. *Lippe*, vom Bewegen der Lippen beim Beten.

lichten Subst. [KJ]
– Tag [KJ] ♦ **E:** dt. *licht* ‚hell'.

licken swV. [MB]
– trinken [MB] ♦ **E:** evtl. zu nd. *licken* ‚schlecken' oder nd. *Leck* ‚Traufe'.

liede swV. [BM]
– singen [BM] ♦ **E:** schweizdt. *lieden* ‚singen' SchweizId. III 1099.

liedsche Subst. n., Dim. [HF]
– Liedchen, Liedlein [HF] ♦ **E:** dt. *Lied*.

lieje Adj. nur in:
liejedicke [MB]
– sturzbetrunken [MB]; vollstramm [MB]; ballerbreit [MB] ♦ **E:** ugs. *dick(e)* betrunken; *lieje* unsicher, evtl. zu dt. *liegen*.

liemen swV. [HF, HeF]
limen [HF]
– freien [HeF, HF]; lieben [HF] ♦ **E:** unsicher; zu rw. *luimen* ‚schlafen' WolfWR 3239 oder nl. *lijmen* ‚überreden', RheinWb.V 365. [HF]. ♦ **V:** *türsch limen* ‚Mädchen freien' [HeF]; *limt zinotes an de pröttelsthuren hitschen? ‚Freien Sie die Köchin hier?'* [HeF]; *flick ens, af dot thürken möt zinotes limen willt* ‚Frage einmal, ob das Mädchen mit dir freien will' [HeF]

limblag Subst. m. [HF, HeF]
– Freier [HF, HeF]

limfesel Subst. m. [HF]
– Liebesbrief [HF]

limturen Subst. f. [HF]; **limthuren** [HeF]
– Geliebte [HF, HeF].

lieni Subst. m. [JeS]
lîni [TK]
– Bauch [JeS, TK]; Magen [JeS] ♦ **E:** unsicher; evtl. zu dt. *Liene* ‚wilde Sau, Bache' DWB XII 1019; oder womgl. zu lat. *lien* ‚Milz' (WolfWR 3241).

lierep Subst. f. [BB]
– Brille [BB] ♦ **E:** Inversion zu dt. *Brille*. ♦ **V:** *de lierep mos doch ierentwo säin* ‚die Brille muss doch irgendwo sein' [BB].

liesche swV. [CL]
– fragen [CL] ♦ **E:** evtl. zu rw. *loschen* ‚sprechen'. → *loschen*.

lieschen Subst. n. [MB]
½ *lieschen* ‚Flasche' [MB] ♦ **E:** unsicher; evtl. zu dt. *Liese* Teil von etwas, bes. „die vorderste eiserne röhre an einem blasebalge" DWB XII 1019 f.; oder Diminutiv zum PN *Liese*.

liesl Subst. n./f. [WG]
– Polizeigefängnis in Wien [WG] ♦ **E:** zum RN *Elisabeth*; Benennungsmotiv: Lage an der Elisabeth-Promenade.

liesel Subst. f. [LüJ]
– Sonne [LüJ] ♦ **E:** rw. *lies(er)l* ‚Sonne' WolfWR 3240; weibliche Rufnamen zur Bezeichnung der Sonne im Rotwelschen üblich: → *gretel*, → *klara*.

lif Adj. [BB]
– viel [BB]; Inversion zu dt. *viel*.

liggra swV. [OJ]
– bemerken [OJ]; verstehen [OJ] ♦ **E:** schwäb. *lickern* ‚entdecken, ausfindig machen' SchwäbWb. IV 1228.

vrliggra swV. [OJ]
– verstehen, bemerken [OJ].

lil Subst. m./n. [CL, GM, JS, LL]
lîl [PH]; **lill** [MUJ]; **liehl** [JS]; **liel** [LüJ]
– Brief [CL, LL]; Wander-Gewerbeschein [GM, JS, LüJ]; Reisegewerbekarte [LüJ]; Wandergewerbe [CL]; Ausweis, Paß [LüJ, MUJ]; „das Papier (...), auch der Flebbe" [CL]; Papiere [JS, PH] ♦ **E:** zu roi. *lil* ‚Papier, Brief, Schriftstück, Buch' (WolfWZ 1763, WolfWR 3238). ♦ **V:** *Ich hawem en lil gefeijwert* ‚Ich habe ihm einen Brief geschrieben' [LL, CL].

lîm(e)s Subst. [MeT]
lims [MeT]; **limes** [MeT]
– Hemd [MeT]; Leinwand [MeT] ♦ **E:** rw. *limm* ‚Hemd' < roi. *lima* ‚Hemd' (WolfWR 2344).

limesfailer Subst. m. [MeT]; **lîmesfailer** [MeT]
– Leineweber [MeT].

limpern swV. [MB]
– sehen [MB] ♦ **E:** wohl Bildung zu rw. *linzen, linsen* ‚gucken, ausspionieren' WolfWR 3251.

limpfe Subst. Pl. [MM]
– Flüssigkeiten [MM] ♦ **E:** wohl zu westf. *limsel* ‚Leim, klebrige Flüssigkeit' (WWBA. 981).

linecheln swV. [NJ]
linicheln [NJ, RH]
– lachen [NJ, RH] ♦ **E:** unsicher; evtl. zu dt. *lächeln* DWB XII 15 ff.

liner Subst. m./f. [BM]
– Lineal [BM] ♦ **E:** schweizdt. *linner* ‚Lineal' SchweizId. III 1285.

link Adj., Adv. [CL, GM, HL, HLD, HN, JS, KJ, LJ, LL, LüJ, MM, MUJ, PfJ, SJ, SPI, StG, TK, WJ]
lingg [BM, JeS, TJ, TK]; **lingk** [SP]; **lenk** [Gmü, Him, LüJ, Wo]; **lengg** [OJ]
– schlecht [BM, GM, Gmü, HLD, Him, JeS, JS, LüJ, SP, KJ, TK, Wo]; falsch (charakterlich) [GM, JeS, LüJ, PfJ]; gemein [LüJ]; hinterlistig, link [MM, WG]; betrügerisch [MM]; böse [LüJ, PfJ, SPI]; dumm [HL, LüJ]; durchtrieben [MM]; feige [GM]; gefährlich [SP]; hinterhältig [GM]; nicht korrekt [MM]; skeptisch [MM]; unangenehm [GM]; unehrlich [MM]; ungesetzlich

[MM]; unrichtig [LL]; verkehrt [LL]; widerwärtig [GM]; gefälscht [OJ]; „taugt nichts" [MM]; „nicht in Ordnung, lügt, kann man nicht über den Weg trauen" [MM]; „jmd., dem man nicht trauen kann" [MM]; „jmd., bei dem man aufpassen muß" [MM]; (eben das Gegenteil von „recht") [LL]; „schlecht, falsch, unrichtig, verkehrt" (eben das Gegenteil von „recht") [CL]; „alles Negative, schlecht, ungeeignet" [CL] ♦ E: rw. *link* ‚schlecht, falsch, gefälscht, unrichtig, verkehrt' (WolfWR 3247, Klepsch 933); zu dt. *link* DWB XII 1044 ff. ‚linke Seite', auch (7) „link, dem rechten in sittlicher beziehung entgegengesetzt".
♦ V: *link sein* ‚sich falsch oder hinterlistig verhalten' [WG]; *auf link* ‚auf die krumme Tour' [MM]; *linker freier* ‚fieser Typ' [MM]; *lenke model* ‚schlechtes Frauenzimmer' [LüJ]; *e lingge gaaschi* ‚ein unzuverlässiger, hinterhältiger Mann' [JeS]; *link in'n Magen* ‚Hunger haben' [SG]; *hai is link* ‚unehrlich handeln' [SG]; *dat is ein ganz linker seegerling!* ‚Das ist ein ganz hinterlistiger Kerl!' [MM]; *link machen* irgendetwas (von Bau) mitnehmen, „organisieren" [MM]; *linke Schmus machen* ‚Unwahrheit sagen' [StG]; *linkes moos* ‚Falschgeld' [SJ]; *linker drath* ‚falsches Geld' [StG]; *Fiesl i hauer pegerisch gang zom urinprophet odr zom rötlingsfetzer ond hol mr ebes abr net zom marodebenk der ischd link* ‚Junge, ich bin krank, geh zum Apotheker oder zum Bader und hol mir etwas, aber nicht zum Doktor, der ist falsch' [SJ]; *so en linker fiesel* ‚So ein schlechter Bursche' [LL, CL]; *Oberkünftig herles in der grandiche ruchekitt schefft ein nille. Der hauret link. Spann', da linzt er zum feneter am stenkert. Kenn, ich bost' schiebes!* ‚Oben hier in dem großen Bauernhaus ist ein geistesgestörter Mensch. Der ist (sehr) böse. Sieh', hier schaut er zum Fenster am Stall heraus. Ja, ich geh' fort!' [LüJ]; *herlem im g'fahr hauret ein lenker schuker; buz und scharle schefftem aber dof* ‚Hier im Dorf ist ein strenger Gendarm; der Polizeidiener und der Schultheiß sind aber gut' [LüJ]; *Dem sei linke Massematte!* ‚dem seine unlauteren Geschäfte!' [LL, CL]; *linker chamm* ‚falscher Name' [StG]; *Er holt mer die Massematt link gemacht* ‚Er hat mein Geschäft verdorben' [CL]; *Er hot link gediewert* ‚er hat Falsches gesagt' [CL]; *das huurt e linggi schnalle* ‚das ist eine schlechte Suppe' [JeS]; *linke hand am linken griff!* Aufforderung an einen Volltrunkenen, das Lokal zu verlassen und sich dabei festzuhalten, ohne jd. anzurempeln (vom Aussteigehinweis in der alten Straßenbahn); *scheffts ein bikerischer oder lenker benk? nobis, ein dofer!* ‚Ist es ein hungriger oder böser Mann? Nein, ein guter!'

[LüJ]; *oh, lenk* ‚o weh' [LüJ]; *oh lenges, oh lenges madenges* ‚oh je, das ist etwas, Achtung!' [LüJ]; *o lenges buderenges/madenges, mei debes hängt na* ‚oh je, mein Penis hängt runter' [LüJ]; *oh lenges, oh lenges, das war ein schofler Tag* ‚Oh Gott, das war ein schlechter Tag heute' [LüJ]; *oh lenk, i hab e quante moß* ‚oh ja, ich habe eine tolle Frau' [LüJ].

lenk Subst. n. [LüJ]
– das Arge [LüJ]; das Böse [LüJ]; das Schlechte [LüJ]; das Unangenehme [LüJ]

eine linke drehen Phras. [WG]
– hinterlistig sein [WG]; jmd. übervorteilen [WG]

lingger hegel Subst. m., Phras. [TJ]
– Feind [TJ]

lingge scheinling Subst. m., Phras. [TJ]
– Brille [TJ]

lingger schuri Subst. m., Phras. [TJ]
– Feind [TJ]

linken swV. [MM, SJ, SK]; **linke** [StG]; **lengga** [OJ]
– betrügen [MM]; betrügen wollen [StG]; unehrlich handeln [SK]; irreführen [OJ]; klauen [MM]; leugnen [SJ]; lügen [SJ]; stehlen [MM] ♦ V: *der wollte den hacho doch nur linken* ‚er wollte den Bauern doch nur betrügen' [MM]

belinken swV. [WG]
– die Zeche prellen [WG]

linkmichel Subst. m. [DG, StG]; **längkmischel** [KM]
längkmischele Pl. [KM]
– schlechter Kerl [DG]; dummer Mensch, Neuling [StG]; Dummkopf [KM]; Faulenzer [KM]; Ungeschickter [KM]

linkemai Adv. [MM]
– linke Seite [MM]; linker Hand [MM]; links [MM]; linksherum [MM] ♦ V: *seeger, roin mal linkemai!* ‚Mann, sieh mal nach links!' [MM] ♦ E: rw. *linker mai* ‚linke Seite' (Spangenberg 91).

längkerei Subst. f. [KM]
– Menstruation [KM]

linksmalocher Subst. m. [SS]
– Schneider [SS]

linker Subst. m. [HK]
– Aufsässiger [HK] ♦ E: Von Wolf als rw. *link* ‚schlecht, falsch, gefälscht, unrichtig, verkehrt' gebucht (WolfWR 3247), das Rw. bewahrt eine ältere Bedeutung des dt. Wortes (DWB XII 1048, Trü 4: 476 f.); heute ugs.

verlinken swV. [HK]
– veralbern [HK]

linkheimer Subst. [SPI]
– unehrliche Person [SPI].

linke Subst. m. [HK]
– zehn Pfennig(e) [HK]; Groschen [HK]; Geld [HK]; Geldstück [HK]; *2 linke* ‚zwanzig Pfennig' [HK]; *7 linke* ‚siebzig Pfennig' [HK]; *1 soof, 2 linke* ‚2,20' [HK] ♦ **E:** unklar; schwer mit ThürWb. IV 292 zu rw. *link* ‚falsch, verkehrt'. ♦ **V:** *kuffn sich denn noch die letzten linke in der multe* ‚schlagen sich denn noch die letzten Groschen in der Tasche': „wenn einer nicht mit Geld umgehen kann" [HK]
linken Subst. m. [HK]; **lingken** [HK]; **lingn** [HK]; **link** [HK]
– Groschen [HK]; zehn Pfennig [HK] ♦ **V:** *1 granicher linken* ‚10,- DM' [HK]; *2 grannicher linkens* ‚zwanzig Mark' [HK]; *grannicher linken* ‚hundert Mark' [HK]; *granniche linken* ‚hundert Mark' [HK]; *halber linken* ‚fünf Pfennig' [HK]
linker Subst. m. [HK]; **linkr** [HK]
– ein Groschen [HK]; zehn Pfennig [HK].

linsen swV. [HK, LüJ, MM, SJ, TJ]
linse [BM, JeS]; **lensa** [OJ, SJ]; **lense** [LüJ]; **lensen** [LüJ, SJ]; **linschn** [LoJ]; **linzen** [HK, JeS, LüJ, TK]; **lünsen** [SS]; **lenzen** [LJ, LüJ]; **lenza** [LJ]; **lünsen** [SPI]
– horchen [JeS, LoJ, LüJ, SK, TJ]; hören [HK, LoJ, SPI, SS, TJ, TK]; sehen [HK, JeS, LJ, LüJ, MM, SJ, TK]; schauen [BM, JeS, LJ, LüJ, SJ]; ansehen [SJ]; gucken [HK, LJ, LüJ, MM]; hinschielen [OJ]; schielen [MM]; spähen [LJ, MM]; „vorsichtig um die Ecke schauen" [MM]; erspähen [LJ]; erwischen [LJ]; abschreiben [HK]; heimlich gucken [HK]; fragen [LüJ]; aufpassen [JeS]; „mit den Augen wahrnehmen" [HK]; „wenn man was Kleineres begückt hat" [HK]; „ein Auge auf jemanden haben" [HK] ♦ **E:** rw. *linsen, linzen, lenzen* ‚sehen, blicken', zu dt. *l(e)ins,* Nebenform von dt. *leise* „in leise entfaltet sich der sinn des verstohlenen, heimlichen, unbemerkten" (WolfWR 3251, s. v. *linz;* DWB XII 715); ugs., mundartlich *linsen* ‚lauschen'; vgl. bair. *lins(ch)en* ‚lauschen, spüren'; SchwäbWb. IV 1257 (*linzen*). ♦ **V:** *lins!* ‚pass auf!' [JeS]; *mog, lenz* ‚paß' auf, schau' [LüJ]; *Laura, dr kliste nascht, laß dich no net lenza* ‚Laura, der Polizist geht um, laß dich nur nicht erwischen' [LJ]; *lins mal, wat de ossling geiert* ‚wie spät ist es' [MM]; *Baizermoss, i lins, der ketscht an jesesmäßiga rande, wenn do von dr massfetzerei schling ond a bossert drin hauert, no kennemer a gwande mansche haure* ‚Wirtin, ich sehe, er trägt einen jesesmäßigen Sack, wenn dort von der Metzgerei Wurst und Fleisch drin ist, dann können wir ein gutes Essen machen' [SJ]; *Linz' in dem heges, wo man spannt, hauret ein g'wanter plauderer. Der stekt dof z'biket und z'schwächet und kemeret gran-*

dich sore ‚Schau, in dem Dörfchen, wo man hinguckt, ist ein braver Schulmeister. Der gibt gut zu essen und zu trinken und kauft viel Ware' [LüJ]; *Ond wenn i mi en dr schwäche omgschaub, dann lins i a kiwige moss ond a gwande schure* ‚Und wenn ich mich in der Wirtschaft umschaue, dann sehe ich eine nette Frau und ordentliche Männer' [SJ]; *Oberkünftig herles in der grandiche ruchekitt schefft ein nille. Der hauret link. Spann', da linzt er zum feneter am stenkert. Kenn, ich bost' schiebes!* ‚Oben hier in dem großen Bauernhaus ist ein geistesgestörter Mensch. Der ist (sehr) böse. Sieh', hier schaut er zum Fenster am Stall heraus. Ja, ich geh' fort!' [LüJ]; *oh lenz einmal, Jochen sein quante schüre, wo er sich grimmt hat* ‚sieh mal den schönen Rucksack, den Jochen sich gekauft hat' [LüJ]; *model, lenz die rucheulme, was herles der ruch schefft? kenn, patres!* ‚Mädchen, frag' die Bauersleute, wer hier der Bauer ist? Ja, Vater!' [LüJ].
belinsen swV. [MM]
– begucken [MM]
durchlinzen swV. [MM]
– durchsehen [MM]
lenz² Subst. m. [LJ]
– Aufpasser [LJ]; Späher [LJ]; Übername für eine bestimmte Person in Leinzell [LJ]
linse Subst. f. [SJ]; **linsen** Pl. [HK]; **linserli** [JeS]
– Auge [JeS, SJ]; Augen [HK, JeS]
linser Subst. m. [TJ]
– Ohr [TJ]
lenzerei Subst. f. [LüJ]
– Fragerei [LüJ]; Guckerei [LüJ]; Brillengeschäft [LüJ]
laaf Subst. m. [LüJ]
laf [LüJ]
– dumm [LüJ]; geizig [LüJ]; schlecht [LüJ]; böse [LüJ]; frech [LüJ, WJ] ♦ **E:** jd. *lau, lo* ‚nicht, nein, kein' WolfWR 3131). Vgl. → *lau.* ♦ **V:** *hackel laaf* ‚dumm, saudumm, saublöd' [LüJ].
verlins Subst. m. [HK]
– nur in: *verlins heejn* ‚hören' [HK]
verlinsen swV. [HK]; **verlinsn** [HK]; **verlinzen** [HK]
– verstehen [HK]; hören [HK]; mitkriegen [HK]; begreifen [HK]; was mitkriegen [HK]; „ich verstehe das" [HK] ♦ **V:** *'ne miese lobbe ziehen* ‚ein langes Gesicht ziehen' [MM]; *dat anim zog 'ne miese lobbe und fing am plannigen* ‚das Mädchen verzog das Gesicht und begann zu weinen' [MM] *Schuffd dich! Der scheeks solls loone verlinsen!* ‚Vorsichtig! Der Mann soll es nicht mitkriegen!' [HK]; *Hechst du verlinzt, was der peker gedibbert hecht? – Jeß, er hecht gedibbert, er will dich mole kuffen!* ‚Hast du verstanden,

was der Mann gesagt hat? – Ja, er hat gesagt, er will dich totschlagen' [HK]; *schuffd dich, das dillichen verlinsd* [HK]; *dibbere koochum, sonst verlinsen s 's* ,sprich Koochum, sonst verstehen sie es' [HK]; *schuffd dich moal, die schrabbm solln das nich verlinsn* ,sei mal ruhig, die Kinder sollen das nicht hören' [HK]; *verlinsd loone lag* ,versteht gar nichts' [HK].

lippsch Subst. n. nur in:
lippsch gewerbe Phras. [StG]
– Brotbeutel [StG] ♦ **E:** rw. *lippsches gewerbe* ,Vagabundierbeutel' WolfWR 3252; *lipp-* evtl. zu rw. *leep* ,listig' (WolfWR 3177) oder zum Toponym *Lippe*.

lipsche swV. [BB]
– spielen [BB]; Part. Perf. *jelipscht* ♦ **E:** Inversion zu dt. *spielen*.

liranägel Subst. Pl. [LJ]
lyyrenegel [JeS]
– Bohnen [JeS, LJ] ♦ **E:** evtl. aus schwäb. *lire, liene* ,Waldreben, Schnur' (SchwäbWb. IV 1243) und *ägel, agel* ,Essen, Speise' (< *achel-*) (WolfWR 3253). ♦ **V:** *die hott ne rende voll staubert und en waider mit relling, liranägel und dürre blohose* ,die hat einen Beutel voll Mehl und einen Sack voll Erbsen, Bohnen und dürren Zwetschgen' [LJ].

liter Subst. m./n. [HF]
liffer [JS]; **littra** [Scho]; **littre** [Scho]; **litares** [RA]
– Liter [HF, JS]; Pfund [JS, RA, Scho]
liefchen Subst. n. [WL]; **liwachen** [SE]
– Pfund [SE, WL] ♦ **E:** zu dt. *Liter* „ein hohlmasz, aus dem franz. Litre" DWB XII 1072; dazu wohl beeinflusst von frz. *livre* ,Pfund'.

litsch¹ Adv. [BB]
– still [BB] ♦ **E:** Inversion zu dt. *still*.

litsch² Subst. n. [KP]
– Bett [KP] ♦ **E:** „aus irgend einem roman. Dialekt < lat. *lectus*, etwa rätorom. *létg*" SchwäbWb. IV 1259.

littam Subst. [SE]
– Tanz [SE] ♦ **E:** unsicher; evtl. zu rhein. *Littum*, RheinWb. V 502. ♦ **V:** *en hat et Littum* ,er ist närrisch'.

livree Subst. f. [RR]
– Kleidung [RR] ♦ **E:** frz. *livrée* ,uniformartige Bekleidung für Bedienstete', im 14. Jahrhundert entlehnt.

lo, lohne, lolonum ,nein, nicht' → *lau*.

loale Subst. m. [OJ]
– Nachtwächter [OJ] ♦ **E:** rw. *leile(gänger)* ,Nacht(wächter)' WolfWR 3063.

loam Subst. f. [BB]
loame [BB]; **luam** [BB]
– Maul [BB] ♦ **E:** Inversion zu dt. *Maul*. ♦ **V:** *hal de luam* ,halte das Maul! halte den Mund!' [BB].

loange Subst. oder Adj. [HK]
– nur in: *loange pudderei* ,Spielerlaubnis, Freibrief' [HK] ♦ **E:** unsicher; evtl. zu rw. *launiger* ,Soldat, Wache, Landjäger' WolfWR 3108; Benennungsmotiv: offizielles, mit Erlaubnis der Obrigkeit stattfindendes Spielen.

loanpark Adj. [HK]
– nur in: *loanpark schenke* ,nichts geben' [HK] ♦ **E:** unsicher; evtl. Weiterbildung zu rw./jd. *lau, lao* ,nichts' WolfWR 3131; oder evtl. zu rw./jd. *laune* ,Galle, Bitternis' WolfWR 3148.

lobach Subst. m. [SPI]
– Verlust [SPI] ♦ **E:** wohl Kontamination aus rw. → *reibach* ,Gewinn' und rw. → *lo/lau* ,kein' WolfWR 3131; oder *bach* zu rw. → *pach* ,Groschen'.

lobbe Subst. f. [MM]
lawwe [HL]; **labb** Subst. f. [OJ]
– Mund [MM, OJ]; blödes Gesicht [MM]; Gesicht [MM] ♦ **E:** westf. *lobbe* ,Hals- und Brustbehang beim Rindvieh, Vorderbug' (WWBA. 987). Schwäb. *Lapp* ,Mund' SchwäbWb. IV 991. ♦ **V:** *'ne miese lobbe ziehen* ,ein langes Gesicht ziehen' [MM]; *dat anim zog 'ne miese lobbe und fing am plannigen* ,das Mädchen verzog das Gesicht und begann zu weinen' [MM].

hängelobbe Subst. f. [MM]
– „einer, der das Gesicht hängen läßt" [MM]
paaplawwe Subst. f. [HL]
– wer etwas mit offenem Munde dumm begafft [HL]
lobbenart Subst. f. [MM]
– Dialekt [MM]
lobbergasse Subst. f. [MM]
– Mund [MM].

lobbengges Subst. m. [OJ]
– Bräutigam [OJ]
lobmodl Subst. f. [OJ]
– Braut [OJ] ♦ **E:** zu dt. *lob-* in *geloben, verloben* und → *pink*, → *model*.

lobe, lobi ,Geld' → *lowi*.

lobele swV. [BM]
- locker werden [BM] ♦ **E:** schweizdt. *lopperig* ‚lose, wackelig' (SchweizId. III 1352).

loch Subst. n. [EF, MoM, OJ]
looch [OJ]
- „normales Loch" [OJ]; Arrest [OJ]; Hintern [OJ]; freier Tag [EF, MoM] ♦ **E:** dt. *Loch*. ♦ **V:** *I drabb dr ois ens loch nei!* ‚Ich trete dich gegen den Hintern' [OJ]; *ein loch suchen* ‚davonlaufen, fliehen' [WG].

locha swV. [OJ]
- bezahlen [OJ] ♦ **E:** unsicher; evtl. zu dt. *lochen* ‚ein Loch schaffen' DWB XII 1099, vgl. *ein Loch im Portemonnaie*; oder initialgekürzt zu *blech* ‚Geld' WolfWR 535.

lochnekodesch Subst. n., Adj [CL, PH]
lotegorisch [CL]; **lotekolisch** [CL]; **lotekôrisch** [Him]
- Händlersprache [CL, PH]; „Sprache der aus dem Leininger Land" [CL]; „Jüdisch" [Him] ♦ **E:** zu jd. *loschn (ha) kodesch* ‚heilige Sprache, Hebräisch' (WolfWR 3273, Post 215 f.); PfälzWb. IV 1036 *lotegolisch, lotekorisch*; SüdhessWb. IV 368 *lochnekodesch*, BadWb. III 490 *Lotekolisch*.

lock Adj. [HF, HeF]
- arm [HF]; klein [HF]; krank [HF]; schlecht [HF]; schwach [HF]; wenig [HeF] ♦ **E:** rw. *lack* ‚schlecht, schlimm' WolfWR 3054 „mehrere (mögliche) Wurzeln": dt. *lack*, Nebenform zu dt. *lau* ‚matt, müde', rw. → *lau*, roi. *lako* ‚leicht gering'. ♦ **V:** *lock plaren* ‚wenig trinken' [HeF]; *den röhl huckt lock* ‚Der Handel geht schlecht' [HeF]; *Dot huckt ene locken Röhl* ‚Das ist ein schlechter Handel' [HeF]; *nobes, knöllen, dot het zinotes lock in den däy* ‚Nein, das hast Du nicht gut im Kopfe' [HeF]; *brell ens, knöllen, wat dem blag locke lopstecken het!* ‚Sieh einmal, was der Kerl krumme Beine hat!' [HeF]; *dem blag thürt locken blök* ‚Der Mann raucht schlechten Tabak' [HeF]; *trollt zinotese kluster lock?* ‚Geht Ihre Uhr nicht gut?' [HeF]; *minotesem bölt huckt lock geknuckt* ‚Mein Bett ist schlecht gemacht' [HeF]

locke Subst. m. [HF]
- armer Wicht [HF]

lokheuer Subst. m. [HF]; **lookhöt** [HF]; **lokhöt** [HF]
- Hase [HF]; Dummkopf [HF] ♦ **E:** WolfWR 3263.

locken droat Subst. m., Phras. [HF]
- Kleingeld [HF] ♦ **E:** mdal./nd. *droat* ‚Draht'. ♦ **V:** *schüt den thuren parz gecken. minotes het gene locken droth* ‚Gib der Frau zwei Groschen, ich habe keine Münze' [HeF]

locke poy Subst. f. /Flussname Phras. [HF]
- kleines Wasser [HF]; Maas [HF]

locke schetprögel Subst. m., Phras. [HF]
- Pistole [HF] ♦ **E:** mdal. ‚Schiessprügel'. [HF].

locke schütt Subst. f., Phras. [HF]
- Schiebkarre [HF]

locke schwing Subst. m., Phras. [HF]
- Dolch [HF]

locke vill Subst. n., Phras. [HF]
- Dorf [HF]; Ort [HF]; Städtchen [HF]

locke vum Subst. f., Phras. [HF]; **locke fumm** [HF]
- kleine Trommel [HF] ♦ **E:** *fumm* ‚Baßgeige' (F. L. A. von Grolman, Wörterbuch der in Teutschland üblichen Spitzbuben-Sprachen, Giessen 1822; WolfWR 1577); → *vum* ‚große Trommel' [HF].

lockere Subst. f. [BM]
- Lokomotive [BM] ♦ **E:** Umbildung zu dt. *Lokomotive*.

lockerieren sw. V. [HK]
lokerieren [HK]; **lockrieren** [HK]; **lockreern** [HK]; **lukreren** [HK]
- (Geld) verdienen [HK]; gut verdienen [HK]; „was man verdient" [HK]; „Verdienst" [HK] ♦ **E:** wohl zu dt., bes. österr. *lukrieren* ‚Gewinn abwerfen, verdienen' aus lat. *lucrum* ‚Gewinn, Profit'; womgl. Einfluss von dt. *lockern, einem geld ablockern*, iterativ von dt. *locken* (DWB XII 1113), thür. *löckern* ‚betteln' (ThürWb. IV 308). Vgl. → *luck*. ♦ **V:** *grannig lockeriert* ‚viel Geld verdient' [HK]; *haben wer bloß das rollermoos lockeriert* ‚wir haben nur soviel verdient, daß wir weiterkommen' [HK]

lackerie Subst. f. [HK]
- Verdienst [HK]

lockeration Subst. f. [HK]; **lukeration** [HK]
- Verdienst [HK]; Geschäft [HK]; Einnahmen [HK]; Geldeinnahme [HK]; „was man verdient hat" [HK] ♦ **V:** *die lockeration schemmte am jockersten* ‚die Geldeinnahme war am günstigsten' [HK]; *die lockeration scheffte mole* ‚der Verdienst war' [HK].

lockes Subst. m. [EF]
lockos [EF]
- Louisdor [EF] ♦ **E:** unklar, Wolf, Fatzersprache, 126; evtl. aus RN *Louis* oder zu dt. *lockern, locken*, redensartlich *einem Geld ablockern, einem das Geld aus der Tasche lockern* (DWB XII 1113).

löda swV. [OJ]
löden [PfJ]
– trinken [OJ, PfJ] ♦ **E:** dt./ugs. *einen löten* ‚trinken', vgl. DWB XII 1206 f. *löten* ‚einbrennen'. → *löten.*

loddegōwe Subst. [PH]
– Buntmetallschrott [PH] ♦ **E:** unsicher; evtl. dt. *Lotter* ‚zerlumpter Kerl' DWB XII 1210 f. oder dt. *Loth* ‚Blei' DWB XII 1204 ff. Zweitglied → *gowe.*

lödenfensters Subst. Pl. [SG]
– Brille ♦ **E:** wohl zu dt. *Loth* ‚Blei' DWB XII 1204 ff.; Benennungsmotiv: Formähnlichkeit bleiverglaster Fenster mit Brillen. ♦ **V:** *lödenfensters sin in ordnung* ‚kann gut sehen' [SG].

lof Adj. [BB]
– voll [BB] ♦ **E:** Inversion aus dt. *voll.*

löf Subst. n. [MM]
löw [MM]; **löv** [MM]
– Gesicht [MM] ♦ **E:** → *lobbe.* ♦ **V:** *da schmergelte die kaline über dat ganze löf* ‚da lachte das Mädchen über das ganze Gesicht' [MM].

löffl Subst. m. [WJ]
leffl [OJ]; **löffel** [EF, KMa, OH, PfJ, Zi]
– Ohr [PfJ, WG, Zi]; Ohren [EF, KMa, OH] ♦ **E:** rw. *löffel* ‚Ohren' (WolfWR 3260).
den löffel wegschmeissen Phras. [WG]
– Selbstmord begehen [WG]; sterben [WG]
einen löffel haben Phras. [WG]
– an etwas interessiert sein [WG]
langlöffel Subst. m. [HK]
– Polizist [HK]; Staatssicherheit [HK]
schäumlöffel Subst. m. [GM]
– Ohren [GM] ♦ **E:** dt. *Schaumlöffel* ‚großer, tiefer, meist durchlöcherter Löffel zum Abschäumen kochender Speisen' (DWB XIV 2371).

lohmfahrt Subst. f. [RR]
– Eisenbahn [RR] ♦ **E:** dt. *Fahrt*, Erstglied unklar.

lohne → *lau¹.*

loi¹ Subst. m. [HK, SJ]
– Zuhälter [HK, SJ] ♦ **E:** rw. *louis, loi* ‚Zuhälter', rw. *lude* WolfWR3299 aus dem RN *Louis*. „Da auch *Lud(e)wig* und *Alphons* rw. ‚Zuhälter' bedeuten, ist […] daran zu denken, daß der in der ersten Hälfte des 19. Jhs. weitverbreitete Modename *Louis* von Außenstehenden oft als Anruf und Anrede der Dirnen für ihre Beschützer gehört und spottweise allgemein auf jeden Zuhälter übertragen wurde" (WolfWR 3287); SchwäbWb. IV 1332 *Lui.*

loi² Subst. f. [BB]
– Eule [BB] ♦ **E:** Inversion aus dt. *Eule* [oil].

löibsch Subst. f. [BM]
– Laube [BM]; Arkade [BM] ♦ **E:** mdal. zu dt. *Laube.*

loigl Subst. n. [OJ]
– Faß (mit 5 Litern) [OJ] ♦ **E:** dt. *Lägel, Lagel* ‚Gefäß, Behälter für Flüssigkeiten' DWB XII 61 f.

löitsch Subst. [JeS]
leutsch [JeS]
– schlechter Wachhund [JeS] ♦ **E:** dt. *Leutsch* ‚Hund', bes. „besonders wenn er die brünstigen weibchen aufsucht", auch als Schimpfwort, DWB XII 850; vgl. rw. *lötsch* ‚böse' WolfWR 3283.

lokhöt Subst. n. [HF, HeF]
lookhöt [HF]; **lokheuer** [HF]
– Hase [HF, HeF]; Dummkopf [HF] ♦ **E:** WolfWR 3263 ohne Herleitung; wohl zu rhein. *Lokes, Lökes* ‚Bösewicht, grober, ungeschickter Mensch' RheinWb. V 533; rhein. *Höt* ‚Haupt' RheinWb. III 845.

lookhöt(e)feuel Subst. [HF]
– Hasenfell [HF].

lokum Subst. [PfJ]
– Post [PfJ] ♦ **E:** unsicher; vgl. SchwäbWb. IV 1279.
lokumfakler Subst. m. [PfJ]; **lokumfackler** [PfJ]
– Postassistent.

lolo¹ Adj. [GM, LüJ]
lole [MUJ]; **loli** [GM]; **lollo** [JS, PH]
– rot [GM, JS, LüJ, MUJ, PH]; rothaarig [LüJ] ♦ **E:** rw. *lolo* ‚rot' (WolfWR 3264) < roi. *lôlo* ‚rot' (WolfWZ 1799). ♦ **V:** *lolo bale* ‚rote Haare' [LüJ]
loloball(engero) Adj. [GM]
– rothaarig [GM] ♦ **E:** roi. *lôloballéngĕro* ‚rothaarig' (WolfWZ 1799).

loli¹ Subst. m. [TJ]; **lole** [MeJ]; **looli** [JeS]; **lohli** [JeS]
lolo² [LüJ]; **loori** [JeS]; **lowe** [TK]; **lowi** [TK]
– Gendarm [MeJ, TJ, TK]; Polizist [JeS, TJ]; Landjäger [LüJ]; sesshafter Bürger [JeS]

loli² Subst. f. [JS]
– Gendarmerie [JS] ♦ **E:** Benennungsmotiv: rote Uniformaufschläge oder allgemein Farbe *rot*, die im Rw. für ‚böse, falsch' steht, bes. Rothaarigen zugeschrieben; evtl. Einfluss von mdal. *lolle* ‚Tölpel' zu dt. *lallen.*

loolikitt Subst. n. [JeS]
– Polizeiposten [JeS]

lollo Subst. m. [JS]
– Rotarmist [JS]
lollogatsch Subst. m. [MUJ]; **lologascho** [LoJ]
– Bürgermeister [MUJ]; Polizist [LoJ]
loligoij Subst. f. [GM]
– Mettwurst [GM]; rote Wurst [GM] ♦ **E:** → *goij*.
lollokehr Subst. f. [MUJ]
– Rathaus [MUJ] ♦ **E:** roi. → *kehr* ‚Rathaus' (WolfWZ 1799).
lolomatschi Subst. f. [GM]
– Forelle [GM] ♦ **E:** roi. *lôlo mădscho* ‚Forelle' (WolfWZ 1799).
lolomoll Subst. f. [GM]
– Rotwein [GM] ♦ **E:** roi. *lulli-moll* ‚Rotwein' (WolfWZ 1799).
lolischach Subst. m. [GM]
– Rotkraut [GM] ♦ **E:** roi. *lôlo* und *šach* (WolfWZ 3064).
lolingerschach Subst. m. [GM]
– Rotkraut [GM].

lomm'n Subst. [SG]
– 3 Mark [SG] ♦ **E:** unsicher; evtl. zu rw. *lomel* ‚Klinge' WolfWR 3265.

lompen Subst. Pl. [EF]
lumpen [EF]
– Spitzen [EF]; geklöppelte Spitzen [EF] ♦ **E:** zu dt. *Lumpen* DWB XII 1293 ff.
lompenhändler Subst. m. [EF]; **lumpenhändler** [EF]; **lumpenhannler** [EF]; **lumpenhannler** [EF]
– Spitzenhändler [EF]
lumpenhändlerin Subst. f. [EF]; **lompenhändlerin** [EF]
– Spitzenhändlerin [EF].

lon Subst. m. [GM, MUJ]
loon [JSa]
– Salz [GM, JSa, MUJ] ♦ **E:** rw. *lon* ‚Salz' (WolfWR 3266) < roi. *lon* ‚Salz' (WolfWZ 1800).
londomatscho Subst. m. [GM]
– Hering [GM] ♦ **E:** roi. *londo matscho* ‚Hering' (WolfWZ 1800).

longe Subst. f. [JS]
– lange Leine [JS] ♦ **E:** dt. *Longe* < frz. *longe*.

longke swV. [KM]
jelongk Part. Perf. [KM]
– hinschauen [KM]; sehen [KM] ♦ **E:** RheinWb. IV 620: *lunken*; schwer zu rw. *linzen, lunschen* ‚sehen' (WolfWR 3251). ♦ **V:** *lunke de forten* ‚sei vorsichtig' [SG].

loni Subst. m. [MM]
– Zuhälter [MM] ♦ **E:** unsicher; evtl. rw./roi. *lonri* ‚Soldat' WolfWR 3108 oder dt. *Lohn* oder rw. *loth* ‚Schandlohn im Bordell' (WolfWR 3280).

loob Adj. [LoJ]
– häßlich [LoJ] ♦ **E:** altbair./salzburgisch *loob* ‚schlecht, grantig, mürrisch'; pongauerisch: *léb lob* ‚ziemlich schlecht'.

loopsteck Subst. m. [HF]
lopsteck [HeF]; **lopstek** [HF]
– Bein [HF, HeF]; Fuß [HF, HeF] ♦ **E:** aus mdal. *lopen* ‚laufen' und *stek* ‚Stecken, Stock', WolfWR 3270. ♦ **V:** *brell ens, knöllen, wat dem blag locke lopstecken het!* ‚Sieh einmal, was der Kerl für krumme Beine hat!' [HeF]
kroteseloopstecke Subst. Pl. [HF]
– Schweinefüßchen [HF].

loor Subst. f., in:
d'loor Subst. f. [BM]
– Lorraine [BM] ♦ **E:** zu frz. ON *Lorraine* [Lothringen].

loori Subst. m. [JeS]
– Grab [JeS] ♦ **E:** evtl. Nebenform zu *Löri* ‚Loch (im Boden)' oder zu schweizdt. *Lore* ‚Haufen zusammengelesener Steine', *Stäi-Lore* ‚mit Steinen verschüttetes Gelände' SchweizId. III 1374.

löötig Adj., nur in:
tue wi die löötige söi ‚sich wie richtige Schweine benehmen' [BM] ♦ **E:** schweizerdt. *lötig* ‚echt, ursprünglich, urwüchsig' SchweizId. III 1502.

loover Subst. f. [HF]
– schlechtes Essen [HF] ♦ **E:** zu rhein. *Labber* ‚flüssiger Kot', RheinWb. V 4.

lopf Adj. [SJ]
– gut [SJ]; ordentlich [SJ]; richtig [SJ] ♦ **E:** unsicher; evtl. zu dt./mdal. *lüpfen* ‚emporheben' DWB XII 1312. ♦ **V:** *Mir schmoret no a Glas, es mues ja net glei's Ende sei, der jol ischt gwand ond kiwig, drom wird er gschwächt, no ischt ellas lopf* ‚Wir trinken noch ein Glas, es muß ja nicht gleich das Ende sein, der Wein ist schön und gut, darum wird er getrunken, dann ist alles gut' [SJ]; *Latsche dewes baizermoss, wie i spann, gibts hier an lopfa pikus ond an kiwiga jol* ‚Guten Tag Wirtin, wie ich sehe gibt es hier ein ordentliches Es-

sen und einen ordentlichen Wein' [SJ]; *Er hauerd nowes lopf em giwes* ‚Er ist nicht richtig im Kopf.' [SJ].

lopp Subst. m. [HF, HeF]
– Kronentaler [HF, HeF]; Geldstück [HF]; Lappen [HF] ♦ **E:** wohl nach dem sogenannten *Laubtaler*, einem seit 1726 geprägten großen französischen Taler mit einem Laubkranz auf dem Revers; sonst zu *lowo* ‚Geld' (WolfWR 3269).

lorchen Subst. Pl. [HLD]
– Kaffeebrötchen [HLD] ♦ **E:** rw. *lorchen* ‚Brötchen', Nebenform zu *lechem* WolfWR 3272.

lorenz Subst. m. [MB, MM]
– Sonne [MB, MM]; Sauna [MB] ♦ **E:** Appellativ aus PN *Lorenz*. Benennungsmotiv: der auf dem Feuer zu Tode gefolterte Heilige Laurentius. ♦ **V:** *jovler lorenz* ‚schönes Wetter' [MM]; *der lorenz lacht!* ‚Die Sonne scheint!' [MB]

lorenzstrehle Subst. f., Namenübersetzung [MM]
– Sonnenstraße [MM] ♦ **E:** *Sonne* zu hebr. [sōna] ‚Prostituierte'; in der Sonnenstraße in Münster befand sich früher das Bordell.

lorfelein Subst. Pl. Dim. [EF]
lorfala [EF]
– Zähne [EF] ♦ **E:** unsicher; evtl. zu dt. *lorbsen* ‚mit der Zunge anstoßen', Wolf, Fatzersprache, 126.

löri Subst. n. [BM, JeS]
löre Subst. f. [BM]
– Loch [BM, JeS]; Höhle [JeS]; Wunde [JeS]; Narbe [JeS]; Türe [BM] ♦ **E:** zu schweizdt. *Löri* ‚Loch'; vgl. tirol. *Lauer* ‚Trichter'. SchweizId. III 1376. ♦ **V:** *i hau dr es löri uf e chüübis!* ‚ich schlage dir ein Loch in den Kopf!' [JeS]; *i ei löre yche/yne* ‚in einem fort, ununterbrochen' [BM].

loripen Subst. m. [GM]
– Raub [GM] ♦ **E:** roi. *looripen* ‚Raub, Beute' (WolfWZ 123). ♦ **V:** *de tsabo had di sore fon dem loripen fe bigerd* ‚der Kerl hat die Beute von dem Raub verkauft' [GM].

loronängero Subst. m. [GM]
– Dieb [GM] ♦ **E:** roi. *looromengro* ‚Dieb' (WolfWZ 1823). ♦ **V:** *di klisdis sin he les geabd un de loronängero is um di kunds genasd* ‚als die Polizisten kamen, rannte der Dieb um die Ecke' [GM].

lösch Subst. f. [WL]
– Laterne [WL] ♦ **E:** unsicher; evtl. zu frz. *liste* ‚Streifen, Leiste des Schreiners', vgl. Tockert, Weimerskircher Jenisch, 29, s. v. *lösch(t)*. ♦ **V:** *kuff d'lösch aus!* ‚Lösch die Laterne aus!' [WL].

loschement Subst. n. [SJ]
loschment [SJ]; **losement** [PfJ]
– Zimmer [PfJ, SJ] ♦ **E:** frz. *logement* ‚Wohnung'. SchwäbWb. IV 1292 (*loschement*).

loschen¹ Subst. f. [Scho]
– Sprache [Scho] ♦ **E:** rw. *loschen* ‚Sprache, Zunge' (WolfWR 3273) < jd. *loschen*, hebr. *lâschôn* ‚Sprache' (We 75, Avé-L. 398, Klepsch 936).

kochemer loschen Subst. f. [HF, RW]
– Krämerlatein [HF]; „Sprache der Weisen" [RW]; Rotwelsch [RW]; Walzsprache [RW] ♦ **E:** → *kochem* und *loschen* (WolfWR 2814, Post 211).

kochemer loschen Adj., Adv.
– eingeweiht [SJ]; gescheit [SJ]

losche swV. [JeS]
– undeutlich sprechen [JeS]

luse swV. [JS]
– sagen [JS].

loschen² swV. [GM]
– sich freuen [GM] ♦ **E:** roi. *lošan-* ‚sich freuen' (WolfWZ 1802). ♦ **V:** *des tsawi loschd sich, wen die dijo wild* ‚das Kind freut sich, wenn die Mutter kommt' [GM].

loschen³ ‚fragen, auskundschaften' → *laschoren*.

loscher Adj. [MUJ]
– rein [MUJ] ♦ **E:** evtl. Umbildung aus → *koscher*.

löschen in:
löschhorn Subst. n. [SJ]
– Nase [SJ] ♦ **E:** schwäb. *Löschhorn* met. ‚Nase' (SchwäbWb. IV 1293)

löschen swV. [HN]
– trinken [HN]; erledigen, zu Ende bringen (aus der Hafenwirtschaft) [HN]

ablöschen swV. [HN]
– trinken [HN]; erledigen, zu Ende bringen [HN]

loschoren ‚auskundschaften' → *laschoren*.

löscht Subst. f. [WL]
– Tür [WL] ♦ **E:** evtl. zu frz. *liste* ‚Borte, Streife' (dt. *Leiste*), im Lothr. *lischt* f. ‚Leiste des Schreiners'. ♦ **V:** *kuff d'löscht!* ‚Mach die Türe auf!' [WL]; *kuff d'löscht zou!* ‚Mach die Türe zu!' [WL].

losen swV. [KJ, LüJ, PfJ, SJ, SchJ, Scho, TK]
loosa [OJ]; **loosæ** [WJ]; **louse** [Scho]; **lousen** [SchJ]; **luse** [JeS]; **lusen** [JeS, TK]; **losere** swV. [Zi]

– lauschen [KJ]; horchen [JeS, KJ, LüJ, OJ, PfJ, SJ, SchJ, Scho]; hören [LüJ, OJ, PfJ, SJ, Scho, TK, WJ, Zi]; aufpassen [LüJ] ♦ **E:** rw. *losen* zuhören, aufpassen < süddt./mdal. *losen, lusen* ‚hören, horchen' (WolfWR 3276, Klepsch 942, SchwäbWb. IV 1294/1295). ♦ **V:** *loosa wie a hächalesmachr* ‚ganz angestrengt horchen, horchen wie ein Korbmacher' [OJ]
loser Subst. m. [SJ, TJ]; **loosr** [OJ]; **lôser** [SJ]; **louser** [SchJ]; **luse** [RR]
– Ohr [RR, SJ, TJ]; Ohr des Wildes [SchJ]
lusera Subst. Pl. [RR]
– Ohren [RR]
losling Subst. m. [LüJ]
– Ohr [LüJ] ♦ **E:** rw. *losling* (WolfWR 3152).

lotegorisch, lotekolisch ‚Sprache der Carlsberger Händler' → *lochne-kodesch*.

löten swV. [MB]
lööte [BM]; **löden** [LüJ]
– trinken [LüJ, MB]; saufen [BM, LüJ] ♦ **E:** rw. *löten* ‚trinken', aus dt. *Lote, Latte* ‚Schoß, Zweig, junger Trieb', auch schweizdt. und ugs. *löten* ‚trinken' (WolfWR 3282, SchweizId. III 1501). → *löda*.

lötkolben Subst. m. [LüJ]
– Nase [LüJ]; Bierflasche [LüJ].

lotenfänger Subst. m. [SG]
loitenfänger [SG]
– Pferd (das ein „Leinenfänger" ist) [SG] ♦ **E:** dt. *fangen*; Erstglied unklar, womgl. zu *Loite*, fachspr. Holzwirtschaft: Rutschbahn für Stammholz, mit Einsatz von Leinen und Seilen.

löti Subst. m. [MM]
– Installateur [MM]; Klempner [MM] ♦ **E:** vgl. rw. *lötkolben* ‚Klempner', zu dt. *löten* ‚Metalle verbinden' (WolfWR 3281).

lotsch Subst. m. [BB]
lötsch [BB]
– Stuhl [BB] ♦ **E:** Inversion zu dt. *Stuhl*.

lotsche Subst. [SJ]
lôtsche [SJ]; **lüsch** [BM]
– Geld [BM, SJ] ♦ **E:** wohl zu rw. *loth* ‚Gulden, Lohn im Bordell' WolfWR 3280; SchwäbWb. IV 1304/1305 (*Lotsche* mit unsicherer Herleitung aus *lowe*).

lotschen nur in:
lotschkeue Subst. f. [HK]; **lotschkäue** [HK]
– Hebamme [HK]; Kindfrau [HK] ♦ **E:** unsicher; evtl. zu → *lotsche*; thür. *Latsch(en)frau* ‚Hebamme' (ThürWb. IV 93). → *geue*.

louder Subst. n. [RR]
– totes Vieh [RR]; Aas [RR]; Köder [RR] ♦ **E:** dt. *Luder* „luder heiszet soviel als ein gefallenes vieh, oder ein aas" DWB XII 1232.

lousen swV. [SE]
– Geld einnehmen [SE] ♦ **E:** dt. *lausen* auch: ‚das Geld aus dem Beutel ziehen, in einzelnen Stücken stehlen' DWB XII 359.

lovisel Subst. m. [RR]
– Bauer [RR]; Wirt [RR] ♦ **E:** WolfRW 3289, verkürzt aus *loer fiesel* ‚schlechter Kerl' oder Dim. zum PN *Alois*.

lowadàri Interj. [LoJ]
– Ausruf des Erstaunens [LoJ] ♦ **E:** roi, evtl. zu *lovo* ‚Geld' gebildet; WolfRW 3292.

lowi Subst. m./f./n. [CL, GM, JS, JSW, MM, MoJ, OH, SE, SchJ, TJ, TK, WJ]
lōwi [PH]; **lôwi** [TK]; **lowe** [SJ, LoJ]; **lowie** [CL, JS, JSW, NJ, SE]; **loowi** [CL, HK, Jsa, LL]; **loowe** [JeS]; **loiwe** [SJ, WJ]; **loovi** [MM]; **lovi** [MM]; **lowwee** [JSa]; **loba** [JeS]; **lobi** [BM, JS, JeS, MB, ME, MM]; **lobe** [JS, JeS, LJ, LüJ, MeJ, MUJ, OJ, SJ, WJ]; **loobe** [LüJ, WJ]; **loobi** [JeS]; **lôbe** [Gmü, Mat, SJ]; **loobi** [HK, MM]; **loorbi** [MM]; **lorvi** [MM]; **lobbi** [JeS]; **lobby** [SPI]; **lobie** [MB]; **loobie** [MB]; **lowwie** [HK]; **loby** [ME, JS, SPI]; **jowi** [RH]
– Geld [BM, CL, CL, GM, Gmü, HK, JS, JSW, JSa, JeS, LL, LoJ, LüJ, MB, ME, MeJ, MM, MoJ, MUJ, Mat, NJ, OH, OJ, PH, SE, SJ, SchJ, TJ, WJ]; Mark [NJ]; Einnahmen [SPI]; Rappen (Geldstück) [JeS]; „wenig Geld" [JeS] ♦ **E:** rw. *lowi* ‚Geld' (WolfWR 3292, Klepsch 943) < roi. *lowo* ‚Münze' (WolfWZ 1807); roi. *lóvo* ‚Geldstück', pl. *lóve* ‚Geld' (WolfWR 3292). ♦ **V:** *hame lowi* ‚viel Geld' [MM]; *lang lowi* ‚viel Geld' [MM]; *galoich lobe* ‚Schwarzgeld' [LüJ]; *schi lobi* ‚kein Geld' [MB]; *schie lobie in der jopp* ‚kein Geld in der Jacke' [MB]; *schi lobi inne batiste* ‚kein Geld in der Tasche' [MB]; *lobi lau* ‚Geld ist nicht'; ‚Geld ohne Arbeit'; ‚wenig Geld'; ‚kein Geld' [MB]; *hasse lobi?* – *lobi lau* ‚Hast Du Geld? – Kein Geld' [MB]; *heijste lobi* ‚hast du Geld' [MB]; *das tofte lobi* ‚das gute Geld' [MM]; *hamel reibach bei lowi* ‚Reichtum' [MM]; *lowi und reibach* ‚Luxus' [MM]; *loovi auf de patte haben* ‚Geld im Portemonnaie haben' [MM]; *klamm mit lobi sein* ‚knapp bei Kasse sein' [MM]; *hame lowi bewirchen* ‚viel Geld verdienen' [MM]; *er hegt hamel lowi* ‚er hat viel Geld' [MM]; *hennig lowi* ‚viel Geld' [MM]; *der seeger hatte hame lowi ambach* ‚der Mann hatte viel Geld bei sich'

[MM]; *der seeger hat lowi bekaan* ‚der Mann hat Geld bei sich' [MM]; *der seeger mußte hame lowi beschollen* ‚der Mann mußte viel Geld bezahlen' [MM]; *der seeger hat kein lowi inne chatte* ‚der Mann hat kein Geld' [MM]; *der seeger hegt hame lowi inne patte* ‚der Mann hat viel Geld in der Tasche' [MM]; *ich hab's lowi im jumpfermann* ‚ich habe mein Geld verdient' [MM]; *wenn schock war auf'n kaff, ham die hachos hame lowi ausgegeben* ‚wenn auf dem Dorf Kirmes war, gaben die Bauern viel Geld aus' [MM]; *weil wir kein lowi hatten, mußten wir alles auf keif kindigen* ‚da wir kein Geld hatten, mußten wir alles auf Raten kaufen' [MM]; *die keimkes hatten auch nich alle lowi* ‚nicht alle Juden hatten Geld' [MM]; *für die maloche ham wa ne kille bewircht, lowi oser* ‚für die Arbeit bekamen wir ein Butterbrot, aber kein Geld' [MM]; *den schauter ham se dat ganze lowi gelellt* ‚dem Mann wurde das gesamte Geld gestohlen' [MM]; *die schickse hatte hame lowi anne zohmen* ‚das Mädchen hatte viel Geld' [MM]; *mit lowi war lau oser bei den jölbst* ‚der Mann hatte keinen Pfennig' [MM]; *die zintianims ham den hachos nur schmus erzählt und noch lowi dafür bewircht* ‚die Zigeunerfrauen haben den Bauern nur Unsinn erzählt und dafür noch Geld bekommen' [MM]; *er bewirchte oser hamel lowi für seine maloche* ‚er bekam nicht viel Geld für seine Arbeit' [MM]; *Dei loowi mecht ich hawe* ‚Dein Geld möchte ich haben' [LL, CL]; *Er hot harmend Loowi bei sich* ‚Er hat viel Geld bei sich' [CL]; *der fiesel hat kein lobe, nobes gwand, da müsse mir boschde* ‚der Mann hat kein Geld, [das ist] nicht gut, da müssen wir abhauen' [LJ]; *Des send doch gwande schure, se tscherdlen da ganza schei, drom laßed se doch oin schwächa, da lowe hendse doch* ‚Das sind doch gute Kerle, sie arbeiten den ganzen Tag, darum laßt sie doch einen trinken, denn Geld haben sie doch' [SJ]; *glamm bei lobe* ‚schmal bei Kasse' [OJ]; *dell mal Lobi, ich hab tschi!* ‚Gib mir Geld, ich hab keins!' [ME]; *schinums oser lobi* ‚Arbeitsamt' [MB]; *mein lobi is katrente* ‚mein Geld ist weg' [MB]; *reune dich, Kalla, unsern Fitti jeht dich mit das janze lobi katrente* ‚Kalla, schau mal, unser Fritz haut mit dem ganzen Geld ab' [MB]; *wie is dich das mit das lobi?* ‚wie steht's mit dem Geld?' [MB]; *die schei läßt sich für lau chaumeln, da brauchst du kein lobi* ‚mit der Frau kann man umsonst schlafen, da brauchst du kein Geld für' [MB]; *es hat ihne ums lobi gekappt* ‚sie hat ihm das Geld gestohlen' [MB]; *wenn ich von de viehl tschie lowie bestieb nasche wer manke* ‚wenn ich vom Amt kein Geld bekomme, gehen wir betteln' [JS]

lowibeis Subst. n. [MM]
– Bank [MM]; Sparkasse [MM]
lowibeisstrehle ON [MM]
– Rothenburg (Straßenname Münster)[MM]
lobebeitel Subst. m. [MUJ]
– Geldbeutel [MUJ]
lowigardsch Subst. m. [GM]; **lowigatscho** [JSa]; **lobegatsche** [LüJ]; **lowigatsch** [RH]
– reicher Mann [GM, JSa, LüJ, RH]; Geschäftsmann [LüJ] ♦ **E:** → *gardsch*.
lowikissick Subst. f. [GM]
– Geldbeutel [GM]; Geldbörse [GM] ♦ **E:** → *kiss(ick)*.
lobikitt Subst. n. [JeS]
– Bank (Geldinstitut) [JeS]
lowischein Subst. m. [TJ]
– Zahltag [TJ] ♦ **E:** → *schein* ‚Tag'.
burklobi Subst. n. [MM]
– Stempelgeld [MM]
heidenlobi Subst. n. [MM]
– eine Menge Geld [MM]
kowerlowi Subst. n. [MM]
– Trinkgeld für den Wirt [MM]
lobirandi Subst. m. [JeS]
– Geldbeutel [JeS]; Geldkassette [JeS]; Portemonnaie [JeS]
mangemaschloff Subst. n. [SK]
– Trinkgeld [SK]; Bettelgeld ♦ **E:** roi. *mangemaskero lowo* ‚Almosen', (WolfWR 3392 und 3292).
mangemaskerolowi Subst. n. [GM]
– Bettelgeld [GM] ♦ **V:** *de gards had es manemaskero lowi getsuerd* ‚der Kerl stahl das Bettelgeld' [GM]
mangevele lowi Subst. n. [GM]
– Bettelgeld [GM] ♦ **V:** *es mangevele lowi is greg!* ‚das Bettelgeld ist verschwunden' [GM] ♦ **E:** → *mangen*.
schaskelobi Subst. n. [MM]; **schaskelowi** [MM]
– Trinkgeld, Geld zum Vertrinken [MM]
streiklowi Subst. n. [MM]
– Streikgeld [MM].

---

lowine Subst. f. [MM, UG]
luwine [CL, JS, MM]; **luwīne** [PH]; **luwiene** [JSW]; **lowiene** [MM]; **lovine** [MM]; **lawine** [GM, MB, MoJ, MUJ]; **lawiene** [JSW]; **lawiner** Subst. [KJ]
– Bier [CL, GM, JS, JSW, KJ, MB, MM, MUJ, PH, UG]; Bierkrug [MM]; Flasche Bier [JSW, MM]; Glas Bier [MB, MM]; volles Bierglas [MM]; großes Bier mit Schluck [MB]; großes Bier mit Schnaps [MB]; volle Bierflasche [MB]; eine Runde Bier und Schnaps [MB] ♦ **E:** rw. *lovina* ‚Bier' (WolfWR 3288) < roi. *lowina* ‚Bier' (WolfWZ 1806). ♦ **V:** *ich hatte nur kimmel lowinen geschickert* ‚ich hatte nur drei Bier getrunken'

[MM]; *kower, noch 'n quinie und 'ne lowine!* ‚Wirt, noch einen Schnaps und ein Bier!' [MM]; *wo die scharfen aniems immer rumscharwenzeln und wo de fürne lowine und nen quini immer gleich nen heiermann blechen mußt* ‚wo die scharfen Mädchen immer herumscharwenzeln, und wo du für ein Bier und einen Schnaps immer gleich fünf Mark zahlen mußt' [MM]; *er wollte sich ne lowine schickern und nen toftet end bezinnum frengeln* ‚er wollte ein Bier trinken und ein schönes Stück Wurst essen' [MM]; *er teilacht in die strehle, wo die lowine und der quini hamel schmecken* ‚er geht in die Straße, wo das Bier und der Schnaps gut schmecken' [MM]; *laß uns ne lawine schickern* ‚laß uns ein Bier trinken' [MB]

lowinchen Subst. n. [MM]; **lowienchen** [MM]; **luwinchen** [MM]
– kleines Bier [MM]

luwinebeis Subst. n. [MM]; **lowinebeis** [MM]; **lowinenbeis** [MM]
– Bierstube [MM]; Gaststätte [MM]; Kneipe [MM]

lowinenfreier Subst. m. [MM]
– leidenschaftlicher Biertrinker [MM]

luwinenhegel Subst. m. [MM]; **lowinenhegel** [MM]
– Getränkekellner [MM]

lowinenhochamt Subst. n. [MM]
– Frühschoppen [MM]

lowinenstrehle Subst. f. [MM]
– Straße im Kneipenviertel [MM]

dröppellowine Subst. f. [MM]
– „wenn einer das Bier untern Hahn stellt, und das dröppelt da so rein, das is 'n schofles Bier, das is nich koscher" [MM].

luaf Adj. [BB]
– faul [BB] ♦ **V:** *luafë näts* ‚faule Zähne' [BB] ♦ **E:** Inversion zu dt. *faul*.

luamfaa Subst. m. [BB]
– Maulaffe [BB] ♦ **E:** Inversion zu dt. *Maulaffe*. ♦ **V:** *Du tlaër Luamfaa!* derbes Schimpfwort [BB].

lubbel Subst. m. [LJ]
– Maul [LJ]; Gosch [LJ] ♦ **E:** schwäb. *luppel* ‚große, unschöne, herabhängende Lippe'. SchwäbWb. IV 1346; schwäb. *lappel* ‚Maul'. SchwäbWb. IV 991.

lübfīdel ON [MeT]
– Lübeck [MeT] ♦ **E:** Initialkürzung aus ON *Lübeck*; →*fidel*.

lubne Subst. f. [JS, LJ, LüJ, MUJ]
lubnee [JS]; **lupni** [GM, MB]; **lubpne** [LüJ]; **lubni** [JS, PH]
– Hure [JS, LJ, LüJ, PH]; Dirne [GM, LüJ]; verkommene Frau [GM]; Weibsstück [GM]; Nutte [LüJ, MB] ♦ **E:** rw. *lubni* ‚Dirne' (WolfWR 3296) < roi. *lubni* ‚Dirne, Hure' (WolfWZ 1809). ♦ **V:** *de lubne nascht ob do tolong* ‚die Hure geht auf den Strich' [JS]

lupnigardsch Subst. m. [GM]
– Dirnenbesucher [GM]; sexuell verkommener Mann [GM]; Zuhälter [GM] ♦ **E:** →*gardsch*.

lupokane Subst. m. [GM]
– Hurer [GM]; schlechter, verkommener Kerl [GM] ♦ **E:** rw. *lubkano* ‚Hurer' (WolfWR 3296) < roi. *lubekano* ‚geil, unzüchtig, buhlerisch' (WolfWZ 1809).

lupnipen Subst. f. [GM]
– Geilheit [GM]; Wollust [GM] ♦ **V:** *de klunde ir jage kadsern for lubnipen* ‚die Augen der Hure brennen ja vor Geilheit' [GM]

lupokano Adj. [MB]
– geil [MB]; geil sein [MB]; rössig sein [MB] ♦ **E:** rw. *lubkano rom* ‚Hurer' (WolfWR 3296); roi. *lubekano* ‚geil, unzüchtig, buhlerisch' (WolfWZ 1809). ♦ **V:** *die jadschi is lupokano auf dich* ‚die Frau ist geil auf dich' [MB].

luche swV. [MoM]
– beobachten [MoM]; horchen [MoM]; sehen [MoM] ♦ **E:** rw. *lugen* ‚zuhören, sehen, horchen', aus dt. *lugen* (WolfWR 3307, DWB XII 1270 ff.).

verluche swV. [MoM]
– auskundschaften [MoM].

luck Subst. [MT, MeT]
luk [MeT]
– Schulden [MT, MeT] ♦ **E:** unsicher; evtl. zu westf. *lueken* ‚abzapfen', oder zu lat. *lucrum* ‚Gewinn, Vorteil'.

luckern[1] swV. [EF]
– schauen [EF] ♦ **E:** frequentativ zu dt. *lugen* ‚schauen' DWB XII 1270 ff.

luckern[2] swV. [SG]
– trinken [SG] ♦ **E:** wohl onomatopoetisch nach dem Geräusch beim Trinken, vgl. *gluckern*.

luckn Subst. [PM]
– Lache [PM]; See [PM] ♦ **E:** wohl zu dt. *Lucke* u. a. ‚Spalt, Öffnung (im Boden)', DWB XII 1226 ff. ♦ **V:** *wennst mi' ärghern toust, nåcha saff' ich döi luckn dåu unt as, åffa koa(n)st dein truagh am sånd hoimzöiha!* [PM].

ludd Subst. [OJ]
– Schwierigkeit [OJ] ♦ **E:** unsicher; evtl. zu dt. *Ludel* ‚Lumpen, zerfetztes Zeug' DWB XII 1230.

lude¹ Subst. m. [MM]
– Zuhälter [MM] ♦ **E:** Deutungskonkurrenz: rw. *lude* ‚Zuhälter' (WolfWR 3299), aus PN *Ludewig*; oder zu dt. *Luder* ‚Prostituierte'; ‚sündliches wolleben' (DWB XII 1232), dt. *Luderer* ‚der da in luderei lebt' (DWB XII 1234).

lude² Subst. [HLD]
– Brechstange [HLD] ♦ **E:** unsicher; evtl. zu rw. *lude* ‚Strolch, Zuhälter' WolfWR 3299.

ludi Subst. m. [GM]
lurdi [JS, PH]; **loddi** [JS]
– Soldat [GM, JS, PH] ♦ **E:** rw. *lurdo* ‚Soldat' (WolfWR 3225) < roi. *lurdo* ‚Soldat, Krieger' (WolfWZ 1823).

lueger Subst. m. [BM]
– Augen [BM] ♦ **E:** schweizdt. *lueger* ‚Augen' SchweizId. III 1229.

lufdra swV. [OJ]
– „nicht ganz die Wahrheit sagen" [OJ] ♦ **E:** wohl zu dt. *Luft*, *Luftikus*.

luft Subst. f. [WG]
lüftsch [BM] in: *es ist luft* ‚es ist bedeutungslos, uninteressant' [WG]; *auf luft sitzen* ‚unschuldig eingesperrt sein' [WG]
luftkonditor Subst. m. [StG]
– Ziegelbäcker [StG]
luftschutzgepäck Subst. n. [HN] in: *mit luftschutzgepäck reisen* ‚ein Heimatloser, Ausgebombter sein' [HN]
luftverdichter Subst. m. [MB]
– Handwerksbursche [MB] ♦ **E:** rw. *luft- und dichtmacher* ‚Kunde ohne Handwerk, Arbeitsscheuer' (WolfWR 3304), dt. *Luft*.

lugges Subst. m. [CL, PH]
– Lehrer [CL, PH] ♦ **E:** rw. *luach* ‚Tafel, Kalender, Notizbuch' zu jd. *luches* ‚Tafeln, Kalender'; hebr. *lûach*, *lûchôth* ‚Tafeln' (WolfWR 3294, Post 216).

lux Subst. f. [PH]; **luxer** [PH]
– Schule [PH]

luckesbajes Subst. n. [CL]
– Schule [CL].

luhrmon Subst. m. [HF, HeF]
luermon [HF]
– Käse [HF, HeF] ♦ **E:** unsicher; zu rw. *lurs* m ‚Käse', evtl. zu niederl. *lui* ‚faul' mit Halbsuffix *mann* WolfWR 3327 oder zu rhein. *Lurm* ‚Fettschicht auf der gekochten Milch' (RheinWb. V 636). ♦ **V:** *schet minotes en vitt möt luhrmon, on den höbbel en elle knapp.* ‚Gebt mir ein Butterbrot mit Käse, und dem Hund ein Pfund Brotkanten' [HeF].

luinett Subst. f. [JS]
– Brille [JS] ♦ **E:** frz. *lunettes* ‚Brille'.

luken swV. [MeT]
lûken [MeT]
– (sich etwas) leihen, borgen [MeT] ♦ **E:** wohl zu westf. *lueken* ‚abzapfen', Siewert, Humpisch, 93. ♦ **V:** *nobis luken!* ‚nichts borgen!' [MeT].

lukketieren swV. [MB]
– sehen [MB] ♦ **E:** dt. *lugen* ‚sehen, achtgeben' (WolfWR 3307), evtl. Einfluß von engl. *to look* ‚sehen'.

lulatsch Subst. m. [HL]
– großer, träger Mensch [HL] ♦ **E:** dt./ugs. *Lulatsch*.

lulern swV. [GM]
– warten [GM] ♦ **E:** roi. *lulerw-* ‚warten' (WolfWZ 1814).

lull Adj. [CL]
– blöd [CL] ♦ **E:** dt. *Lulle* ‚Narr, Dummkopf' (DWB XII 1287).

lülle swV. [JeS]
– rauchen [JeS] ♦ **E:** zu dt. *lullen* ‚saugen (wie Kinder am Finger)' (SchweizId. III 1261 f., DWB XII 1287 f.).

lülli Subst. f. [JeS]
– Tabakpfeife [JeS] ♦ **E:** zu dt. *Lollepfeife*, *Lullenpfeife*, ein altes Musikinstrument (ndl. *lul(le)pijpe*), ndl. *lul* ‚Pfeife, Penis, Trottel'; schweizdt. *Luller*, *Lulli*, *Lülli* ‚Lutschbeutel für Kinder, Tabakpfeife, Zigarre'. (WolfWR 3311, SchweizId. III 1261 f., DWB XII 1288).

lumaani Subst. n. [JeS]
– Licht [JeS] ♦ **E:** roi. *lumína* ‚Licht', rum. *lumină* ‚Licht, Kerze'.

lümer Subst. m. [BB]
– Müller [BB] ♦ **E:** Inversion zu dt. *Müller*.

lumpenie Subst. f. [ME]
– Schlampe [ME] ♦ **E:** wohl zu dt. *Lump* ‚schlechter Mensch' DWB XII 1292; vgl. rw. *lumpen* pl. ‚Kleider'

WolfWR 3317; WolfWZ 141; -enie evtl. zu → *anim* ‚Frau, Mädchen'. ♦ **V:** *Dick, voll die Lumpenie!* ‚Krass, voll die Schlampe' [ME].

lun Subst. [TJ]
– Mond [TJ] ♦ **E:** rom., zu lat. *luna* ‚Mond'.

lune swV. [JeS]
– „übersitzen" (im Wirtshaus nach der Polizeistunde) [JeS]; rauchen [JeS] ♦ **E:** rw. *lunen* ‚übernachten', zu jd. *lünen* ‚übernachten' (hebr. *lalún*). ‚übersitzen' und ‚rauchen' erklären sich daraus, dass trotz Wirtshausschluss nicht nur weitergetrunken, sondern – ebenfalls verbotenerweise – noch geraucht wurde (WolfWR 3321).

lung Subst. m. [BM]
– Radnabenkeil [BM] ♦ **E:** schweizdt. *Lunn, Lung* ‚Achsnagel, Lünse' (SchweizId. III 1296).

lunkebên(er) Subst. m. [MeT]
lunkeben [MeT]; **lunkebeen** [MeT]
– Hase(n) [MeT] ♦ **E:** dt. (ant.) *lunk* ‚schnell', ahd. *lungar* und nd./mdal. *Been* ‚Bein'.

lûns Adj. [MeT]
lûnsch [MeT]; **lûns(ch)** [MeT, MT]; **lunsch** [MeT]
– schlecht, böse [MeT, MT] ♦ **E:** rw. *luns(ch)* ‚schlecht, böse' (WolfWR 3323, ohne Herleitung); womgl. auch zu westf. *lühnsk* ‚launisch'. ♦ **V:** *hutsche bant lunsch* ‚der Kunde ist schlecht' [MeT].

lunte Subst. f. [MB]
– Spaß [MB]; Laune [MB] ♦ **E:** dt./nd. *Lunte* ‚Docht zum Feuer' DWB XII 1307 f., ugs. *Lunte haben* ‚Lust auf etwas haben'; *lunte riechen* ‚auf etwas Bedrohliches aufmerksam werden' [HN].

lünter nur in:
schabelünter Subst. m. [MM]
– zerlumpt gekleideter Mann [MM] ♦ **E:** *luntscher* ‚blinder Bettler' (WolfWR 3323); rw. *schaben* ‚betteln' zu dt. *schaben* ‚kratzen' i. S. v. ‚(Geld) zusammenkratzen' (WolfWR 4767).

luntzen swV. [ME]
– Zigarette anzünden [ME] ♦ **E:** wohl zu dt. *Lunte* ‚Stab, Stange, Stock zum Anzünden' DWB XII 1307 f. ♦ **V:** *Ich luntz mir eine Piemangrie* ‚Ich zünde mir eine Zigarette an' [ME].

lunzen¹ swV. [NJ]
lunse [CL]
– kleines Schläfchen machen [CL]; schlafen [NJ] ♦ **E:** zu mhd. *lunzen* ‚leicht schlummern, schlummernd verweilen'; PfälzWb. IV 1072 *lunzen* ‚leicht schlummern, ein Schläfchen, Nickerchen machen'.

lunzen² swV. [GM, SS]
– hören [GM, SS] ♦ **E:** Nebenform zu → *linsen, lünsen*.

lupper Subst. m. [HL, SK, StG]
luppert [HLD, TK]; **lubbert** [JS]; **lupre** [StG]; **luupi** [JeS]; **lopper** [JeS, MJ]; **luber** [LüJ]; **lôber** [Gmü]; **luppere** Subst. f. [JeS]; **luppera** [JeS]; **luppera** [TK]; **lupere** [JeS]; **lobræ** [WJ]; **lubbere** [Him, WJ, Wo]; **lubbre** [OJ]; **luppre** [LJ]; **lubre** [SJ]; **lobere** [PfJ]; **lôbere** [Mat]; **lopere** [BM]; **loppere** [JeS]; **loberte** [PfJ]; **glubbre** [OJ]; **glubere** [BJ]
– Uhr [BJ, BM, HL, Him, JS, JeS, LJ, LüJ, MJ, OJ, PfJ, SK, StG, TK, WJ, Wo]; Taschenuhr [Gmü, HLD, Mat, OJ] ♦ **E:** rw. *lupper, glupper* ‚Uhr', Herleitung unsicher: „Auch mag lat. *lupa* ‚Hure' im Sinne eines Wortspiels *Uhr – Hur'* bewusst herangezogen sein." WolfWR 3324; SchwäbWb. IV 1346 (*Lupper*); evtl. aber auch zu mdal. *luppern* ‚spähen, lauern' (RheinWb. V 628, SüdhessWb. IV 448) und dt. (ant.) *Luppe* ‚Klumpen Eisen, Vergrößerungsglas' DWB XII 1312. ♦ **V:** *was schmust der lupper?* ‚wie spät ist es?' [HL]; *fuchs luppert* ‚goldene Uhr' [StG]; *luppert hegt* ‚Uhr schlägt' [HLD]; *händ si loori e luppere?* ‚haben Sie keine Uhr?' [JeS]; *d luppere tschaant kwant* ‚die Uhr geht richtig' [JeS]

lubbes Subst. f. [JS, PH]
– Uhr [JS, PH]

lubrebossler Subst. m. [SJ]
– Uhrmacher [SJ]

luberpflanzer Subst. m. [LüJ]
– Uhrmacher [LüJ]

luppertschuster Subst. m. [HL]
– Uhrmacher [HL]

beisluppert Subst. m. [StG]
– Uhrladen [StG]

luppern swV. [ME]
– gucken, angucken [ME] ♦ **V:** *Der Chabo hat geluppert!* ‚Der Kerl hat geschaut' [ME].

lura swV. [JeH, OJ]
luren¹ [JeH]; **luueren** [SP]; **luureln** [SP]
– singen [JeH, OJ, SP]; leise singen [SP]; spielen (meist falsch) [OJ] ♦ **E:** rw. *luren* ‚singen' (WolfWR 3326, ohne Herleitung); schwäb. (veraltet) *lürlen* ‚jauchzen' (SchwäbWb. IV 1347).

luren² swV. [HF, JeH, MM]
luhren [SE]; **luræ** [WJ]; **luern** [GM]
– schauen [HF, MM]; belauern [MM]; beobachten [GM, MM]; fragen [HF]; hinhören [MM]; gucken, spannen [MM, SE]; spekulieren [MM]; spähen [WJ]; Ausschau halten [GM]; blicken [GM]; (hinterhältig) gucken [GM]; „(doof) gucken" [MM]; „(Liebespaare) ausspähen" [MM]; „hinter die Gardine gucken" [MM]; sehen [SE] ♦ **E:** dt./mdal. *luren* ,lauern, warten, schleichen', dt. *lauern* (HessNassWb. II 52, RheinWb. V 179, WWBA. 1005). ♦ **V:** *die mispel stand anne ecke und lurte nache boofken* ,die Polizei stand an der Ecke und beobachtete die Ganoven' [MM]
lurer Subst. m. [MM]
– Spanner [MM]
lurbruder Subst. m. [MM]
– Spanner [MM].

lûrs Subst. m. [MT, MeT]
lurs [MeT]
– Käse [MT, MeT] ♦ **E:** rw. *lurs* ,Käse' (WolfWR 3327); vgl. → *luhrmon*.

lusch Subst. f. [BB]
♦ **E:** Inversion zu mdal. *Schul*.
luscherestem Subst. [BB]
– Schulmeister (leicht abfällig) [BB] ♦ **E:** Inversion zu dt. *Schulmeister*.

lüsche Subst. [PH]
– Schuhe [PH] ♦ **E:** rw. *lasche* ,Schuhe' WolfWR 3044 aus dt./ugs. *Latschen* ,Schuh'.

luschen sw. V. [HK]
lusse [HK]
– blasen [HK]; Trompete blasen [HK]; trompeten [HK]; Blasinstrument spielen [HK]; spielen [HK]; Karten mischen [HK] ♦ **E:** wohl zu rw. *loschen* ,sprechen', jd. *loschon* ,Sprache' (WolfWR 3273), jd. *löschen* ,Sprache' (We 75), schwer zu dt. *lauschen*. ,Karten mischen' evtl. Bedeutungserweiterung Spielen im allgemeinen. Vgl. ugs. *Lusche* ,schlechtes Kartenblatt' (Kü 1993: 510).
vorluschen sw. V. [HK]
– vorspielen [HK]; vorblasen [HK]; vortrompeten [HK]; „die Hauptsache spielen" [HK]; „vorblasen, ob sie spielen konnten" [HK]; „vorspielen, wegen der Genehmigung" [HK]; mit Blasinstrumenten vorspielen [HK]

lusche Subst. f. [HK]; **luschen** [HK]
– Trompete [HK]; Blasinstrument [HK]; Musikinstrument [HK]; Posaune [HK]; Bläser [HK]; Blaskapelle [HK]; Blasmusik [HK]; Blechmusikanten [HK]
luschenjauner Subst. m. [HK]
– Mann, der Trompete spielt [HK]
luschenspieler Subst. m. [HK]
– Trompetenspieler [HK]
luscher Subst. m. [HK]
– Bläser [HK]; Trompeter [HK]; Blasmusiker [HK]; Trompetenspieler [HK]; Musiker [HK]; Stümper [HK]; Blaskapelle [HK]; Männerblaskapelle [HK] ♦ **V:** *mobbibacher luschers* ,Hundeshagener Blasmusiker' [HK]
luscherchor Subst. m. [HK]
– Blaskapelle [HK]; Kapelle [HK]; „vier Mann, die geblasen haben" [HK]; Gruppe [HK]
luscherei Subst. f. [HK]
– Blaskapelle [HK]; Trompetenmusik [HK]; Kapelle [HK]; Musikmachen [HK]; Harfenmädchen und Bläser [HK].

lüschje Subst. f. [KM]
lüschjes Pl. [KM]
– Ei [KM] ♦ **E:** unsicher; evtl. zu rhein. *lüsche* u. a. ,Schote, Schale von Hülsenfrüchten' RheinWb. V 642.

luse Subst. f. [SJ]
luuse [OJ]
– Freiheit [SJ]; Gelegenheit [OJ]; viel Freiheit [OJ] ♦ **E:** ahd. *luse*, schwäb. *Luse* ,Muße, Freiheit' SchwäbWb. IV 1348.

lusen¹ ,sagen' → *loschen¹*.

lusen² ,horchen' → *losen*.

lusteren swV. [HF]
lustern [MB, MeT]; **lustere** [JS]
– hören [JS, MB, MeT, OJ]; horchen [HF]; zuhören [MB]; (aufmerksam, heimlich) zuhören [MeT] ♦ **E:** *lustern* ,hören' WolfWR 3328, nd./westf. *lustern*, nl. *luisteren* ,horchen, lauschen'; RheinWb. V 233 f., s. v. *laustern*.
lusters Subst. m. [MeT]; **luser** [JS, RR]; **lusen** [KJ]
– Ohren [JS, KJ, MeT, RR]
lusterkos Subst. m. [HF, HeF]
– Beichtstuhl [HF, HeF] ♦ **E:** WolfWR 3328, zu nl. *luisteren* ,horchen'.
lusterlopp Subst. m. [HF, HeF]
– Ohr [HF, HeF]; Horchlappen [HF] ♦ **E:** WolfWR 3328, zu nl. *luisteren* ,horchen'.

lutschen swV. [JeH, SP]
– rauchen [JeH, SP] ♦ **E:** dt. *lutschen* DWB XII 1353, hier ‚an der Pfeife, Zigarre, Zigarette saugen'.
lutsch Subst. f. [RH, SP]; **lutschen** [SP]
– Zigarre [SP]; Zigarette [RH]
lutschert Subst. m. [RH, SP]
– Zucker [RH, SP] ♦ **E:** rw. *lutscher* ‚Zucker' von dt. *lutschen* WolfWR 3333.

lutschkneipe Subst. f. [EF]
lutschkneip [EF]
– Logierhaus [EF]; Unterkunft für die erzgebirgischen Blasmusikanten [EF] ♦ **E:** unsicher; zu dt. *Lusche* ‚Schlampe', *luschig* ‚liederlich, unsauber' Wolf Fatzersprache, 126 oder zu rw. *luschen* ‚blasen'.

lütt Subst. m. [BM]
– (Hunde-)Kot [BM]; Exkremente [BM] ♦ **E:** wohl initialgekürzt zu schweizdt. *flutterig* -ü- SchweizId. I 1233, *g(e)flütterig, pflutterig* ‚weich, ohne Festigkeit, Kot auf durchweichten Strassen und Wegen'. ♦ **V:** *Flūte^n* SchweizId. I 1231, *Pflūt(e^n), Flutte^n* (II) ‚Klöße'.
üfe lütt sy Phras. [BM]
– reinfallen [BM]
lütte swV. [BM]
– scheißen [BM].

luugs Subst. m. [HK]
luuks [HK]; **luks** [HK]; **lugs** [HK]; **lux** [HK]; **luck** [JS, PH]
– Mark [JS, PH]; eine Mark [HK]; fünfzig Pfennig [HK]; Geld [HK]; „hat was mit Geld zu tun" [HK] ♦ **E:** wohl zu roi. *lôki* ‚Gulden' (WolfWZ 1699); womgl. zu oder beeinflusst durch dt. *Lachs* ‚Salmo salar', met. ‚Geld, Vermögen' (ThürWb. IV 14). „Als Bild für Geld vorwiegend über Mitteldeutschland verbreitet" (DWB XII 30 f.). Benennungsmotiv: metallischer Glanz der Schuppen des Fisches. ♦ **V:** *10 lugse (luxe)* ‚zehn Mark' [HK]; *20 luugse* ‚zwanzig Mark' [HK]; *5 lu(u)gse* ‚fünf Mark' [HK]; *50 lugse* ‚fünfzig Mark' [HK]; *6 lukse* ‚6 DM' [HK]; *ich hoab 20 luugse beschdomm* ‚ich habe zwanzig Mark bekommen' [HK]; *ich hab 'nen halben luugs beschdommen* ‚ich habe fünfzig Pfennig bekommen' [HK].

lüüntsch Subst. m. [BM]
– Laune [BM] ♦ **E:** unsicher; evtl. zu schweizdt. *Luntsch* ‚Schelte' SchweizId. III 1345.

luus Subst. f. [JeS]
– Wanze [JeS] ♦ **E:** schweizdt. *Luus* ‚Laus' (SchweizId. III 1450).

lüüsefüdle Subst. Pl. [BM]
– Haare [BM] ♦ **E:** schweizdt. *Läuse* und *Füdle* ‚Hintern'.

luwine ‚Bier' → *lowine*.

lygu Subst. m. [BM]
ligel [BM]; **lüngg** [BM]
– Stück [BM] ♦ **E:** wohl zu schweizdt. *Lung* SchweizId. III 1339 „noch nicht zusammengenähter, am Stuhl verfertigter Strumpf" oder zu *Lunn* SchweizId. III 1296, ‚Achsnagel, Stütz- oder Verbindungsscheit, Radschraube am Leiterwagen'.

lyyber Adj. [JeS]
– fertig, erschöpft [JeS]; am Ende seiner Kraft sein [JeS] ♦ **E:** schweizdt. *lyyber* ‚frei, unabhängig, ledig, los' (SchweizId. III 982). ♦ **V:** *i huur lyyber* ‚ich kann nicht mehr' [JeS].

M

ma Pron. [LüJ]
– warum, was, wie [LüJ] ♦ **E:** rw. *ma* ‚id.' < jd. *ma, ma naumer* WolfWR 3335, We 75, 82).
ma harbe Phras. [Scho]
– wie viel? [Scho] ♦ **E:** *häme/härbe* ‚viel' (We 66).

maa Präp. [BB]
– am [BB] ♦ **E:** Inversion von dt. *am.*

mää Subst. n. [BB]
– Heim [BB] ♦ **E:** Inversion von mdal. *hääm.*

maal Subst. f. [KM]
maale [KM]
– Tasche in Kleidungsstücken [KM] ♦ **E:** mhd. *malhe* ‚Ledertasche, Mantelsack', ahd. *malaha.*

määlach ‚großer, überragender Mann' → *mailach^1*.

maar Subst. m. [EF]
maaren Subst. Pl. [EF]; **maarn** [EF]
– Holländer [EF]

maarin Subst. f. [EF]
– Holländerin [EF]

maarn Subst. n. [EF]; **marn** [EF]
– Holland [EF] ♦ **E:** nl. *Maar* ‚Meer', met. für das Volk, das am Meer wohnt.

määscher Subst. m. [JeS]
– Käse [JeS]; Senn [JeS]
määscheréi Subst. m. [JeS]
– Käserei [JeS]

meeschi [JeS]; **määschi** [JeS, MJ]; **mäsche** [JeS, TK]; **mäschi** [JeS]
– Käse [JeS, MJ, TK] ♦ **E:** unsicher; evtl. zu ital. *formaggio* ‚Käse'.
määschisuurhansech Subst. m. [JeS]
– Käsesalat [JeS].

määt Subst. f. [BB]
– Magd [BB] ♦ **E:** mdal. Form von dt. *Magd*, vgl. RheinWb. V 721.

mäbbas Subst. m. [LJ]
mäbbl Subst. m. [LJ]
– Apfel [LJ] ♦ **E:** zu schwäb. *Moppes, Möppes* ‚größeres Stein-, Glaskügelchen zum Spielen' SchwäbWb. IV 1746.

machanne sein swV. [Scho]
– genießen [Scho] ♦ **E:** jd. *mechaje* ‚Freude' Klepsch 1025; ‚Genuss' We 80.

macheime Subst. f. [MM]
– Mädchen, Frau [MM] ♦ **E:** wohl zu jd. *makeimen* ‚schlagen', *makeime* ‚Kuh, die beim Melken ausschlägt' We 77, Siewert, Grundlagen, 229; womgl. zu jd. *macheres* ‚schwanger' oder jd. *machille* ‚Vulva', Klepsch 948 f. ♦ **V:** *mit der macheime scherbeln* ‚mit dem Mädchen tanzen' [MM].

machen[1] swV. in:
eine Ansage machen Phras. [WG]
– jemandem einen Streit ankündigen [WG] ♦ **E:** dt. *machen*.
mit jemandem auf alt machen Phras. [WG]
– sich mit jemandem zusammentun, gemeinsam arbeiten (z. B. ein Zuhälter mit einer Dirne) [WG]
einen Ziagl machen Phras. [WG]
– Gruppensex haben [WG]
nominativ machen Phras. [WG]
– Karten zinken [WG]
eine scharfe machen Phras. [WG]
– eine Gewalttat setzen [WG]
einen gelben machen Phras. [WG]
– Geldschrank knacken [WG]
einleitung machen Phras. [StG]
– Kunststücke machen, ehe das Kümmelblättchen beginnt [StG]
machen[2] swV. [MB]
– stehlen [MB] ♦ **E:** rw. *machen* ‚stehlen' (WolfWR 3340).
eine scher machen Phras. [WG]
– Brieftasche stehlen [WG]

eine brieftaube machen Phras. [WG]
– einen Briefträger berauben [WG]
abimachen swV. [WG]
– betrügen [WG]; jemandem eine Frau ausspannen [WG] ♦ **V:** *ein Weib abimachen* [WG]
aufmachen swV. [WG]
– mit dem Messer stechen [WG]
vermachen swV. [HN]
– stehlen [HN]
zuagmachtes Subst. n. [WG]
– Klappmesser [WG] ♦ **V:** *ich hau' dir eine mit dem Zuagmachten auf den Schädel* [WG].

machengo Subst. m. [MM]
– Rücken [MM] ♦ **E:** unsicher; evtl. zu rw./jd. *machne* ‚Militärlager', *machnesaim* ‚Lenden' WolfWR 3344, 3345; Zweitglied: roi. *-engo*.

macheres Adj. [SchJ]
machäras [LJ]; **machäeres** [Scho]; **mabärisch** [UG]
– schwanger [LJ, Scho, UG] ♦ **E:** evtl. zu rw. *machern* ‚koitieren' < jd. *machriach sein* ‚nötigen, zwingen'. (WolfWR 3341) oder zu jd. *maberes* ‚schwanger'; vgl. Klepsch 948. Vgl. → *mobäres*. ♦ **V:** *macheres hauern* ‚schwanger sein' [SchJ].

mächeser Subst. m. [KMa, OH]
– Kartoffelbrei [KMa, OH] ♦ **E:** evtl. zu rw. *mackesen* ‚schlagen, prügeln' aus jd. *makeinen* ‚schlagen' WolfWR 3353.

machiele Subst. f. [Scho]
machille [Scho]
– Gesäß [Scho] ♦ **E:** jd. *mechiele* ‚Gesäß' (We 80).

machone Adj. [MB]
– faul [MB] ♦ **E:** unsicher; evtl. zu → *machulle*, vgl. → *kolone*.

machschejfe Subst. f. [Scho]
maggeschejfe [Scho]
– Hexe [Scho]; verrufene Frau [Scho]; häßliches Weib [Scho]; Magd [Scho] ♦ **E:** jd. *machschëife* ‚Hexe, häßliches, altes Weib' (We 75).

machschofe Part. [Scho]
machschoufe [Scho]; **maschove** [MM]
– nicht wahr [Scho]; nicht [Scho]; nein [Scho]; „stimmt nicht, nicht richtig" [MM]; „hat mit dem Kopf, dem Behalten (Gedächtnis) zu tun" [MM] ♦ **E:** jd. *machschowe* ‚nein, nicht, nicht wahr; Gedanke' (We 76, Post 216).

machser Subst. n. [Scho]
– Gebetbuch [Scho] ♦ **E:** jd. *machser* ‚Gebetbuch für Feiertage' (We 76).

machtoneschaft Subst. f. [Scho]
– Liebschaft [Scho]; Freundschaft [Scho] ♦ **E:** jd. *mach(a)toneschaft* ‚Freundschaft, Liebschaft' We 75.

machtoneschaft Adj. [Scho]
– verschwägert [Scho].

machulle Adj., Adv. [CL, JSa, MB, MM, Scho]
machúlle [PH]; **machholle** [KMa]; **macholle** [MoM]; **machole** [KM]; **macholo** [JSa]; **magulle** [MM]; **machaule** [RH]; **macholo** [RH]; **muchulle** [MM]; **maschulle** [SJ]
– bankrott [CL, PH, SJ, Scho]; pleite [MM]; verarmt [KMa, MoM]; defekt [MB, MM]; dumm [MM]; kaputt [MB, MM]; müde [MoM]; erschöpft [KM]; krank [CL, JSa, RH]; leicht bekloppt [MM]; verrückt [MB, MM]; tot [MM]; aus [MB]; verwirrt [MB]; durchgedreht [MB]; zerbrochen [MB]; volltrunken [MB]; bescheuert [MB] ♦ **E:** rw. *mechulle* ‚verhaftet, gefangen, bankrott' (WolfWR 3498) < jd. *mechulle* ‚erledigt, bankrott, krank' (We 80, Post 217, Klepsch 951), vgl. → *marole*. ♦ **V:** *machulle dellen* ‚siegen' [MM]; *ihm ging sein zimonsen machulle* ‚er hat sich das Bein verletzt' [MM]; *finnen inne machulle makeimen* ‚Flaschen zerschlagen' [MM]; *die masminen sind vom vielen teilachen inne machulle gegangen* ‚die Schuhe sind vom vielen herumlaufen kaputt gegangen' [MM]; *der seeger war beim raufer, weil sein flunken inne machulle war* ‚der Mann war beim Arzt, weil sein Bein verletzt war' [MM]; *den schauter war beim äppel schoren sein zimonsen inne machule gegangen* ‚der Mann verletzte sich beim Äpfelstehlen den Fuß' [MM]; *mein wodi is machulle* ‚mein Auto ist kaputt' [MB]; *machulle inne birne* ‚verrückt Kopf' [MB]; *er hat machulle gemacht* ‚er ist bankrott' [Scho]

machulle Subst. f. [CL, MM, PH, SS, Scho]; **machulla** [SPI]
– Bankrott [CL, PH, SPI, SS, Scho]

machuul Subst. m. [RA]
– durchtriebener Mensch [RA]

machullen swV. [JSa, MM]; **maschullen** [MM]
– kaputt machen [MM]; töten [MM]; verletzen [MM]; krank sein [JSa]

machullenkamp Subst. m. [MM]
– Friedhof [MM]

machullenpoofe Subst. f. [MM]
– Sarg [MM]

machullenpoofbeis Subst. m./n. [MM]
– Leichenschauhaus [MM]

machullepeter Subst. m. [Scho]
– Bankrotteur [Scho].

macke¹ Subst. f. [MM]
– Eßbares [MM]; Portion [MM]; Stück [MM] ♦ **E:** wohl zu rw. *mack* ‚Speck, Schmer' (< roi. *Mak* ‚Salbe, Schmer') WolfWR 3348; womgl. Auch Einfluss von jd. *macke* ‚Schlag, Unglück, Fehler' aus hebr. [ma'ka:h] ‚Unglück' (We 76). ♦ **V:** *hame macke* ‚sehr viel, ordentliches Stück' [MM]; *eine macke mast* ‚ein Streifen Speck' [MM]; *er nutzt jede Gelegenheit, um zu schoren, sei es jarikes oder kachelins oder ne macke pose vom schassor* ‚er nutzt jede Gelegenheit, um zu stehlen, seien es Eier oder Hühner oder ein Stück Schweinefleisch' [MM].

macke² Subst. m. [CL, MB, Scho]
magga [OJ]
– Fehler [CL]; Gebrechen [OJ, Scho]; Angewohnheit [MM]; Beschädigung [MB]; „schadhaft" [CL]; Unglück [Scho] ♦ **E:** jd. *macke* ‚Schaden' (We 76, Post 217, Klepsch 957), PfälzWb. IV 1094 *Macken* ‚schadhafte Stelle, Fehlplatz, Gebrechen'.

macke³ Subst. f. [Scho]
– teure Ware [Scho] ♦ **E:** jd. *macke* ‚teure Ware', We 76.

mackeln swV. [MB, MM, Scho]
mackle [Scho]
– jmd. verhauen [MM]; schlagen [MB, MM]; hauen [MB, Scho]; prügeln [Scho]; schlachten [Scho] ♦ **E:** zu rw. *mackel* ‚Stock' (WolfWR 3349) < jd. *mackeln* ‚verprügeln' aus hebr. [ma'kal] ‚Stock' (We 76, MatrasJd 290, Post 217, Klepsch 959).

vermackeln swV. [MB, MM]; **vermakkeln** [MM]; **vermackern** [MM]
– schlagen [MM]; verarbeiten [MM]; verbeulen [MM]; verhauen [MB, MM]; verprügeln [MM]; verunstalten [MM]; zurichten [MM] ♦ **V:** *vermackelte hoffnung* ‚gescheiterte Hoffnung' [MM]

mackelei Subst. f. [MB, MM]
– Keilerei [MM]; Schlägerei [MB]

mackelbeheime Subst. f. [MM]; **mackelbehejme** [Scho]
– Schlachtkuh [MM, Scho]

macklebajes Subst. n. [CL]; **mackelbajes** [RA, Scho]
– Gefängnis [CL, RA]; Zuchthaus [Scho]; Arrest [RA]

mackelsuss Subst. n. [Scho]
– Schlachtpferd [Scho]

mackelatur Subst. f. [MB]
– Schlägerei [MB]
mackes Subst. Pl. [HK, MB, WL]
– Schläge [HK, MB, WL]; bes. Fußtritte [WL] ♦ **E:** rw. *mackes* ‚Schläge, Prügel, Hiebe', jd. *makko*, Pl. *makkos* ‚Schlag, Stoß, Hieb' (WolfWR 3353), jd. *macke* Pl. *mackes* ‚Schlag' (We 76). ♦ **V:** *en huet säi mackes* ‚er hat seinen Teil (Schläge)' [WL]
mackessen swV. [WL]
– schlagen [WL]
mackler Subst. m. [Scho]
– Schläger [Scho].

macker Subst. m. [MB, MM, SK]
maggr [OJ]; **makker** [MM]
– Zuhälter [MB, MM, OJ]; Bursche [MM]; Chef [MB, MM]; Freier [MM]; Freund [MM]; Gönner [OJ]; Kellner [SK]; Kumpel [MM]; Macher, Organisator [MM]; Mann, Kerl [MM]; Schläger [MM]; männliche Person [MB]; Halbverlobter [MB] ♦ **E:** rw. *macker* ‚Kenner, Bekannter, Vertrauter, Partner, Meister, Gauner' (WolfWR 3351), wohl aus hebr. [ma'kar] ‚Bekannter'; jd. *makor* ‚Bekannter, Freund', womgl. Einfluss von frz. *marqueur* ‚Aufwärter'. ♦ **V:** *schräger macker* ‚ein verdächtiger Typ' [MM]; *ein richtig muckerer macker* ‚ein richtiger Kerl' [MM]; *reune dich den macker von die abilte* ‚sieh dir den Freund von dem Mädchen an' [MB]; *der macker rachmimt* ‚der Kerl stinkt' [MB]
beismacker Subst. m. [MM]
– Architekt [MM]; Maurer [MM]; Hausarbeiter, „jemand, der etwas zu sagen hat" [MM]; Hausmann [MM]; „Mann, der zu Hause ist" [MM]; Hausbewohner [MM]; Chef im Haus [MM]
figinebambonummacker Subst. m. [MM]
– Veranstalter der „Skulptur '97" [MM]
holzhackermacker Subst. m. [MM]
– Holzhacker [MM]
möllemacker PN [MM]
– Möllemann (dt. Politiker) [MM]
obermacker Subst. m. [MM]
– Aufsicht [MM]; Boß [MM]; Bürgermeister [MM]; Chef [MM]; Herrscher [MM]; Institutsdirektor [MM]; Kanzler [MM]; Leiter [MM]; Minister [MM]; Oberbürgermeister [MM]; Oberer [MM]; Präsident [MM]; Vorsitzender [MM] ♦ **V:** *obermacker von der bendine* ‚der Herrscher des Landes' [MM]
plastikmacker Subst. m. [MM]
– Bildhauer [MM]
politikmacker Subst. m. [MM]
– Politiker [MM]

teutonenmacker Subst. m. [MM]
– Germane, Teutone [MM].

mackern[1] swV. [SK]
– sprechen [SK]; verstehen [SK] ♦ **E:** zu rw./jd. *macker* ‚Kenner', *de macker haben* ‚verstehen' zu jd. *makor* ‚Bekannter, Kamerad, Freund' WolfWR 3351. ♦ **V:** *mackere nich* ‚ich verstehe nicht' [SK]; *mackern grannich* ‚flirten', ursprüngl. ‚schön sprechen' [SK]; *en speck mackern*; *gatschgano mackern* ‚hochdeutsch sprechen' [SK]; *lone gatschgano mackern* ‚nicht hochdeutsch sprechen' [SK].

mackern[2] swV. [SK]
– machen [SK]; tun [SK] ♦ **E:** wohl zu nd. *maken* ‚machen', engl. *make* ‚machen'. ♦ **V:** *moritz mackern* ‚richtig spielen' [SK]; *tuha mackern* ‚Geschlechtsverkehr haben' [SK] ♦ **E:** roi. *tuha* ‚mit dir'. ♦ **V:** *unzelmann mackern* ‚sich dumm stellen' [SK] ♦ **E:** rw. *unzeln* ‚schwindeln' (WolfWR 6005).

mackert Subst. m. [NJ]
– Hammer [NJ] ♦ **E:** *-hart*-Bildung zu → *mackes* ‚Schläge, Prügel, Hiebe' (WolfWR 3353) < jd. *makko* ‚Schlag, Streich. Stoß, Hieb' (We 67, Avé- L. 411, MatrasJd 290, Post 217, Klepsch 962).

mackes Subst. Pl. [CL, GM, JSa, MM, NJ]
mackess [NJ]; **makkes** [SJ, StG]; **magges** [CL, LL]; **makes** [Pfʃ]
– Schläge [CL, GM, JSa, MM, NJ, PfJ]; Prügel [GM, MM]; Haue [MM]; Hiebe [GM]; Kampf [NJ]; Schlag [SJ]; Mißhandlung [StG] ♦ **E:** rw. *mackes* ‚Schläge, Prügel, Hiebe' (WolfWR 3353) < jd. *makko* ‚Schlag, Streich. Stoß, Hieb' (We 67, Avé- L. 411, MatrasJd 290, Post 217, Klepsch 962). ♦ **V:** *na, kniffche, hosche heit magges krie(g)t* ‚Na, Kerlchen, hast du heute Schläge bekommen?' [CL, LL]; *er hot sei magges gebout* ‚Er hat seine Schläge bekommen' [CL]
mackessen swV. [NJ]; **mackesse** [CL]; **makese** [KM]
– schlagen [CL, KM, NJ]; kämpfen [NJ]
jemakes Adj., Adv., Part. Perf. [KM]
– geschlagen [KM];
makeskoober Subst. m. [KM]; **makeskoobere** [KM]
– Schmied [KM]
makesläitser Subst. m. [KM]; **makesläitsere** [KM]
– Bassist (Streichbassist) [KM] ♦ **E:** Benennungsmotiv: über die Saiten streichen; → *leetz*.
makespichel Subst. f. [KM]; **makespichele** [KM]
– Baß [KM]
makespichler Subst. m. [KM]; **makespichlere** [KM]
– Bassist [KM].

mackessen ‚verhauen' → *mackes*.

macro Subst. m. [StG]
– Bordellbesitzer, Zuhälter [StG] ♦ **E:** frz. *maquereau* ‚Zuhälter'.

mäd Adj. nur in:
mädkate Subst. f. [SK]
– Irrenhaus [SK] ♦ **E:** engl. *mad* ‚wahnsinnig'.

maddo ‚betrunken, Rausch' → *mato*.

madedore Subst. m. [SG]
mannedore [SG]
– Wilddieb [SG] ♦ **E:** unsicher; evtl. nd. *Madedor* ‚Matador, Stierkämpfer, der dem Stier den Todesstoß versetzt' oder zu rw. *madarn* ‚in höchstem Grade verächtlich' WolfWR 3356 (ohne Herleitung).

madenges Interj. [LüJ]
– „Ausdruck des Staunens" [LüJ] ♦ **V:** *oh lenges, oh lenges madenges* ‚oh je, das ist etwas, Achtung!' [LüJ].

maderer Subst. m. [WG]
– Hunger [WG] ♦ **V:** *einen maderer haben* ‚Hunger haben' [WG] ♦ **E:** rw. *mader* ‚Hunger' WolfWR 3358 (ohne Herleitung).

madium Subst. m. [HLD]
– Ort [HLD] ♦ **E:** rw. *madium, medine* ‚Land' aus *medina* ‚Land, Gerichtsbezirk' WolfWR 3502, → *medine*.

madl Subst. n. [TK, WG]
– Prostituierte [WG]; Hure (neutral, wohlmeinend) [WG]; Mädchen [TK] ♦ **E:** wienerisch *Madl* ‚Mädchen'.

mädlig Subst. m. [BM]
– Made [BM] ♦ **E:** unsicher; evtl. *ling*-Bildung zu dt. *Made* DWB XII 1425 f. oder zu schweizdt. *mädlen* ‚kleine Schwaden machen' (SchweizId. IV 75).

mädrich Subst. m. [KMa]
– Lehm [KMa] ♦ **E:** zu hess. *Maddel* ‚weicher Schmutz', *mäddeln* ‚in weicher Masse herumkneten' (HessNassWb. II 214).

mærle Subst. n. [KP]
– Pferd [KP] ♦ **E:** Dim. zu dt. *Mähre* ‚Pferd' DWB XII 1467 f.

mäert Subst. m. [HF]
– Markt [HF] ♦ **E:** niederrheinisch *mert* ‚Markt'; RheinWb. V 886 f.

mäfel Adj. [BM]
– rasch [BM] ♦ **E:** unsicher; evtl. zu schweizdt. *mäffele^n, maffle^n* SchweizId. IV 93 ‚still grollend widerreden, keifen, durcheinander plaudern'.

magaratz Subst. m. [MM]
– Esel [MM] ♦ **E:** roi. *magari* ‚Esel' (WolfWZ 1834).

magente Subst. f. [MM]
mengentee [SJ]
– Aufschneiderei [MM]; Täuschung, Angeberei [MM]; die Unwahrheit sagen, spaßig angeben [MM] ♦ **E:** wohl zu rw. *mangen* ‚betteln' aus roi. *mangav* ‚ich bettele', roi. *mang-* ‚bitten' Siewert/Boretzky, WB „Zigeunersprache", 47. ♦ **V:** *dat war alles magente, watt der seeger schmuste* ‚der Mann gab nur an' [MM]; *alles figine un magente!* ‚Alles Täuschung und Betrug!' [MM]

magentefreier Subst. m. [MM]
– Angeber [MM]

magentegannef Subst. m. [MM]
– Betrüger [MM]

magenteseeger Subst. m. [MM]
– Angeber [MM].

magge Adj. [SPI]
– teuer [SPI] ♦ **E:** unsicher; falls polysemes ‚teuer' für ‚wertvoll' steht, evtl. zu rw./roi. *magro* ‚Vater' WolfWR 3362.

magister Subst. m. [NJ]
majister [KM]; **majistere** [KM]; **mister** [LI, OH]
– Lehrer [KM, LI, NJ, OH] ♦ **E:** dt. (ant.) *Magister* ‚Lehrer' < lat. *magister*.

magnerling Subst. m. [KJ]
– Finger [KJ] ♦ **E:** unsicher; evtl. zu dt. *Mage* ‚Seitenverwandter' DWB XII 1435.

mags Subst. m. [HK]
moaks [HK]; **max** [HK]
– Bürgermeister [HK]; Schulze [HK]; „derjenige, der die Erlaubnis gibt" [HK] ♦ **E:** Deutungskonkurrenz; zu ugs. *Max, feiner Max* ‚vornehm handelnder Mensch' (Kü 1993: 530), *den dicken Max markieren* ‚groß tun' aus dem PN *Maximilian* (DWB XII 1836), oder zu rw. *meches* ‚Zoll, Zolleinnehmer, Grenzwärter', jd. *maches* ‚Zoll' (WolfWR 3494), wegen der zu entrichtenden Gebühren und Gewerbesteuern.

mähn Subst. f. [GM]
– Hals [GM]; Nacken [GM] ♦ **E:** roi. *men* ‚Hals, Nacken, Genick' (WolfWZ 1931).

mahsilen ‚urinieren' → *masseln*.

mai[1] Part. [StG]
– horch, pass auf [StG] ♦ **E:** wohl zu frz. *mais* ‚ja doch!', rhein. *mā*, Affirmationspartikel (RheinWb. V 659).

mai[2] ‚hundert' → *meim*.

maibeln swV. [SS, WH]
– tanzen [SS, WH] ♦ **E:** rw. *maibeln* ‚tanzen' (WolfWR 3488) < jd. *movil* ‚Bote', oder hess. *waibeln* ‚sich hin und her bewegen', Vilmar, Idiotikon 434.

maiem ‚Wasser' → *majem*.

maiemeere swV. [KM]
maiemeert [KM]
– frühstücken (Kaffee trinken) [KM] ♦ **E:** wohl zu → *majem* u. a. ‚Kaffee'. [KM].

maies ‚Geld' → *mees*.

maifeier Subst. f. [MB]
– in den Arsch treten [MB]; Tritt ins Gemächte [MB]; ins Geschlechtsteil treten [MB] ♦ **E:** dt. *Mai* und dt. *Feier*; vgl. *Maifahrt* ‚den Eintritt des Sommers feiern' DWB XII 1480. ♦ **V:** in: *in die maifeier treten* ‚in den Hintern treten' [MB].

maigga Subst. f. [LoJ]
maika [JS, RR]; **meika** [KJ]; **meike** [KJ]; **maingg** [TJ]; **meinke** [TK]; **meinge** [TK]; **meingga** [TK]
– Mutter [JS, KJ, LoJ, RR, TJ, TK] ♦ **E:** wohl zu den Varianten des Namens *Maria*, vgl. etwa SchweizId. IV 122, *Meigge*[n] (II), *Mīggschi*, *Mīggeli* I, *Mīggi* I, Entstellungen des Namens *Maria*.

meikel Subst. m. [LüJ]
– Kopf [LüJ] ♦ **E:** unklar; schwer zu rw. *michels* ‚ich' (WolfWR 3588).

mailach[1] Subst. m. [SPI, SS]
määlach [CL, LL]; **melcher** [LJ]; **mejlech** [Scho]
– König [LJ, SPI, SS, Scho]; großer, überragender Mann [CL, LL] ♦ **E:** rw. *melech*, jd. *melech* ‚König'; (WolfWR 3374, We 81, Post 223, Klepsch 1038). Bei *melcher* möglicherweise Zusammenhang mit dem Namen *Melchior*, einem der heiligen drei Könige. ♦ **V:** *ches um den Mailach* ‚acht um den König' [SS]; *graute mailach* ‚Gott' wörtl. *der große König* [SS]
mailächer Subst. m. [SS, WH]
– König [SS, WH]

mailachs finse Subst. f., Phras. [SS]
– Hundertmark [SS] ♦ **E:** westf. *finse* ‚flaches Stück, Scheibe Brot, Markstück'.

mailach[2] Subst. [MM]
meilach [MM]
– Ausfluss [MM]; Blut [MM]; Kot [MM]; Menstruationsblut [MM]; Nasenausfluss [MM]; „Periode haben" [MM]; Tage [MM]; Schleim [MM]; Scheiße [MM] ♦ **E:** rw./hebr. *melach* ‚weibliche Blutung' (Spangenberg 91; Siewert, Grundlagen, 228). ♦ **V:** *anim hat mailach – laulone mit chaumeln* ‚das Mädchen hat ihre Periode – man kann nicht mit ihr schlafen' [MM]; *der hat mailach inne plinte* ‚der hat Scheiße in der Hose' [MM].

mailitz Subst. m. [SS]
– Advokat [SS] ♦ **E:** rw. *melitz* aus jd. *meliz* ‚Advokat', (WolfWR 3519).

mais Adj. [SK]
meis [SK]; **meise** [SK]
– schlecht [SK]; unangenehm [SK] ♦ **E:** Nebenform von → *mies* (WolfWR 3595). ♦ **V:** *n' meisen juckel* ‚ein scharfer Hund' [SK]; *meise truppeln* ‚schlecht gehen' [SK].

maiwen Verb [SS]
– zu Bett bringen [SS] ♦ **E:** hebr. *mebi* ‚bringend', Jütte, Schlausmen, 138.

majem Subst. n. [CL, KMa, LL, Scho]
majemm [Scho]; **majim** [SS, WH]; **maiem** [CL, KM]; **maim** [CL, PH]; **maïm** [CL]; **maium** [StG]; **majum** [HL]; **majom** [SPI]; **mojum** [CL, PH]; **maier** [GM]; **meirum** Subst. n. [MB]; **meimel** Subst. [HK, JS, MM]; **meimeln** [JS, MB]; **meimelatur** Subst. f. [MB, MM]; **maimelatur** [MM]
– Wasser [HL, KMa, LL, PH, SPI, SS, Scho, StG, WH]; Regen [CL, GM, HK, JS, MB, MM]; Regenwetter [MM]; Dauerregen [MB]; Meer [StG]; See [StG]; Kaffee [KM]; Urin [MM]; Jauche [MM] ♦ **E:** rw., jd. *majiim* ‚Wasser', (WolfWR 3368, We 76, 77, MatrasJd 290, Post 218, Klepsch 966), die Form *maier* ist volksetym. an den FN *Maier* angeglichen. Die Bedeutung ‚Kaffee' im KM legt nahe, dass es sich bei *maiem* dort um eine Kürzung aus *schokolamaiem handeln dürfte, vgl. → *schokle*, → *maiemeere*. ♦ **V:** *Gell, de Joli is doffer wie majem* ‚Gelt, der Wein ist besser als Wasser' [CL]; *majemm soreff* ‚schlechter Schnaps' [Scho]

maiumfinniche Subst. f. [SK]
– Brunnen [SK]; Quelle [SK]

schocklemajem Subst. n./m. [CL, LL, Scho]; **schoklemajem** [CL]; **schocklemajum** [CL, PH]; **schoklemajum** [CL, JS, PH, SchJ]; **schoklemaium** [SchJ]; **schoglæmaium** [WJ]; **schockelmaium** [SJ]; **schockelmai** [BA]; **schocklemei** [StG]; **schokolamai** [MM]; **schocklamai** [MM]; **schokelamai** [MM]; **schocklamain** [MM]; **schucklamai** [MM]; **schokelemeium** [SE]; **schokolemeium** [SE]; **schaklmei** [KJ]; **schogglemajem** [Scho]
– Kaffee [BA, CL, FS, JS, KJ, MM, PH, PH, SE, SJ, SchJ, Scho, StG, WJ] ♦ **E:** jd. *schochor* ‚schwarz', wörtl. ‚schwarzes Wasser' (Post 247). → *schokle*.
maijeme swV. [CL, KMa, LL, RA]; **majemem** [Scho]; **maimen** [JSa, PH]; **maiem** [JSa]; **meymelen** swV. [NJ]; **meimeln** [HK, JS, MB, MM, NJ, Scho]; **maimeln** [MM]; **meimele** [NJ]; **meimla** [LJ]
– regnen [HK, JS, JSa, MB, MM]; urinieren [LJ, MM, NJ, Scho]; pinkeln [MM, NJ]; pissen [NJ, RA]; weinen [PH]; leicht regnen [HK]; leichter Regen [HK]; schwach regnen [HK]; ein bisschen regnen [HK] ♦ **E:** jd. *majemen, meimeln* ‚regnen', auch ‚urinieren' (We 76 f., WolfWR 3368). ♦ **V:** *in die firche gemeimelt* ‚in das Bett gemacht' [MM]; *in die plinte meimeln* ‚in die Hose machen' [MM]; *es fängt am meimeln* ‚es beginnt zu regnen' [MM]; *es majemt* ‚es regnet' [KMa]; *dat hat so gemeimelt, dat uns dat pani inne masminen lief* ‚es regnete so stark, daß uns das Wasser in die Schuhe lief' [MM]
anmaimeln swV. [MM]
– beschimpfen [MM]
hereinmeimeln swV. [MM]
– hereinregnen [MM]
meimellisch Adj. [JS]
– regnerisch [JS]
meimelker Subst. n. [MM]
– Toilette [MM]
meimelpani Subst. n. [MM]
– Regenwasser [MM]
tintenmeimeler Subst. m. [MM]
– Beamter, Schreiberling [MM]
majem soreff Subst. m. [Scho]
– schlechter Schnaps [Scho]
majemrosch Subst. m. [Scho]
– Wasserkopf [Scho]
maiern [CL, GM, LL]
– regnen [CL, GM, LL].
makáhke Subst. m. [SK]
– Schimpfwort [SK] ♦ **E:** span. *macaco*, engl. und franz. *macaque* ‚Affe'.

makeimen swV. [MB, MM]
mackeimen [MM]; **maggaime** [CL, LL]; **makeien** [JSa]; **makeilen** [SK]; **makkeimen** [MB]; **magaiemen** [KMa]
– schlagen [CL, JSa, LL, MM, SK]; ausschlagen [KMa]; kloppen [MM]; verhauen [MB, MM]; verprügeln [MM]; zusammenschlagen [MB, MM]; züchtigen [JSa]; Schläge androhen [SK]; treten [MM]; tun, machen [MM]; ankloppen [MB]; anbringen [MB]; wichsen [MB] ♦ **E:** rw. *makeimen* u. ä. ‚schlagen', jd. *makeinen* ‚schlagen' (WolfWR 3353, We 77, MatrasJd 290, Post 218, Klepsch 956); → *mackes*. ♦ **V:** *mulo makeimen* ‚totschlagen' [MM]; *stuss makeimen* ‚Unsinn machen' [MM]; *matrelen makeimen* ‚Kartoffeln schälen' [MM]; *jemandem die schmiege oder lobbe makeimen* ‚jemandem ins Gesicht schlagen' [MM]; *vom jucholo die jarrikes makeimen lassen* ‚sich vom Hund in die Eier beißen lassen' [MM]; *wat hamse uns als kotens oft makeimt* ‚wir wurden als Kinder oft geschlagen' [MM]; *ich makeim dir eins vor'n chero* ‚ich hau' dir einen vor den Kopf' [MM]; *wer lau nen toften schautermann, den makeim ich den schero* ‚Willst du nicht mein Bruder sein, so schlag ich dir den Schädel ein' [MM]; *da packt er sich den hegel anne strotte und makeimt ihm in sein rösch* ‚da packt er den Mann beim Kragen und schlägt ihn ins Gesicht' [MM]; *Heini reunte rot, kappte den hegel an die strotte und mekeimte ihm sein rösch* ‚Heini sah rot, ging dem Kerl an den Hals und schlug ihm ins Gesicht' [MM]; *hei makeilt* ‚er droht Schläge an' [SK]; *her makeilt ehr* ‚er schlägt sie' [SK]; *ein Bild an die Wand makaimen* ‚ein Bild an die Wand hängen'
makeimern swV. [MM]
– machen [MM]
anmakeilen swV. [SK]
– Schläge versetzen [SK]
wegmakeimern swV. [MM]
– hinausbefördern [MM]
magaim Subst. m./f. Pl. [CL, PH]; **magaīm** [PH]; **makeime** [MM]; **makajem** [CL]; **makeile** [SK]; **markeile** [SK]
– Schläge [CL, MM, PH, SK]; Arbeit, Aufgabe [MM]; Prügel [MM]; Schlägerei [MM] ♦ **V:** *makeime bewirchen* ‚Schläge einstecken' [MM]
makeiene Subst. f. [Scho]
– Kuh, die beim Melken ausschlägt [Scho]
pr-makeime Subst. f. [MM]
– Öffentlichkeitsarbeit [MM]
makeimerei Subst. f. [MM]
– Schlägerei [MM]

makeimer Subst. m. [JSa, MM]
– Lehrer [JSa]; Krieger [MM]; Macher [MM] ♦ **V:** *jeder ist der makeimer von sein massel* ‚jeder ist seines Glückes Schmied' [MM]
assemakeimer Subst. m. [MM]
– Fußballspieler [MM] ♦ **V:** *rakawele von die assemakeimers* ‚Fußballersprache' [MM]
speismakeimer Subst. m. [MM]; **speissmakeimer** [MM]
– Arbeiter [MM]; Bauarbeiter [MM]; Bauhilfsarbeiter [MM]; Baumeister [MM]; Maurer [MM]; Koch [MM]; „Speismacher am Bau in Sand und Zement" [MM]
oberspeismakeimer Subst. m. [MM]
– Baumeister [MM]
ammakaimen swV. [MB]
– schlagen [MB]; bauen [MB]; anbauen [MB]; anbringen [MB]; anmachen [MB]; abwichsen [MB]
makaime Subst. f. [MB]
– Backpfeife [MB].

makera swV. [LJ]
– erfahren [LJ]; wissen [LJ] ♦ **E:** jd. *makir sein* ‚(er) kennen, bekannt sein' (WolfWR 3351). ♦ **V:** *s'makert* ‚es ist bekannt' [LJ].
makerei Subst. f. [LJ]
– bekannte Tatsache [LJ]; Tatsache [LJ].

makes → *mackes*.

makkener Subst. m. [StG]
– Nachschlüsseldieb [StG] ♦ **E:** rw. *macken* ‚Diebstahl mit Nachschlüsseln' wohl aus jd. *makeinen* ‚schlagen', „da der *mackener* nach Öffnen der Wohnung mit Nachschlüssel alle versperrten Behälter gewaltsam aufbricht" WolfWR 3350.

makulla swV. nur in:
ascha makulla ‚leck mich im Arsch' [SJ] ♦ **E:** unsicher; evtl. Umbildung zu frz. *lèche mon cul*.

mal Adj. [SK]
malle [SK]
– schlecht [SK]; verrückt sein [SK] ♦ **E:** wohl zu nd. *mall* ‚verrückt', ugs. *malle*, evtl. Einfluss von frz. *mal* ‚schlecht'.
malkate Subst. f. [SK]
– Irrenhaus [SK]
mallekaten Subst. m. [SK]
– Irrenhaus [SK]
mallepansch Adj. [MB]
– doof [MB]; beschränkt [MB].

malad Adj. [NJ, PfJ]
malache [MB]; **malát** [JeS]; **malak** [SE]; **maláhk** [SK]; **malaader** [JeS]; **malader** [JeS]
– krank [JeS, MB, NJ, PfJ, SE]; müde [SK] ♦ **E:** mhd. *malad* ‚krank, entkräftet' < afrz. *malade*, Middelberg, Romanismen, 38. Vgl. → *malenggerisch*.
maladanbink Subst. m. [PfJ]
– Arzt [PfJ].

malaikes Subst. Pl. [LüJ]
– Schläge [LüJ] ♦ **E:** rw. *azkes malaikes* ‚beim Raufhändel angewendeter Faustschlag auf die Gurgel ' < jidd. *ossok* ‚frech', *malkus* ‚Schläge' (WolfWR 211).

malebusch Subst. m. [GM, LüJ, PH, SPI, WJ]
malabusch [LJ, LoJ, LüJ, MUJ]; **malabosch** [WJ]; **malbosche** [MeJ]; **malbusch** [LüJ]; **malbesch** [JSa, Scho]; **malbech** [RH]; **malebusche** [CL, JSW]; **malæbusch** [WJ]; **mallebusch** [CL]; **malebuusch** [CL, LL]; **mahlbursch** [LI]; **malbuschen** [SPI]; **maalwöösch** [KM]; **maalwöösches** [KM]; **malmisch** Subst. m. [HK, HLD]; **mallmisch** [HK]; **malmesch** [HK, JSa, SK]; **malmich** [HK]; **malbich** [SPI]; **malbig** [JS]; **walebusch** [LüJ]; **wallebusch** [LüJ]; **walmüsch** Subst. m. [CL, PH]; **walmusch** [Gmü, Him, Mat]; **wallmisch** [HLD, LJ, SchJ, TJ]; **wallmich** [SS, WH]; **warmisch** [KJ]; **walmes** [OJ]; **malfis** Subst. f. [JeS]; **malfes** [LüJ, OJ, PfJ, SJ]; **mali** Subst. [TJ]; **malle** [CL, LL]
– Kleid [JS, MeJ]; Gewand [Scho]; abgetragenes, schlechtes Kleid [KM]; Anzug [CL, JSW, LüJ, PH, SPI, TJ, WJ]; schöner Anzug [SPI]; Mantel [GM, HK, HLD, KJ]; Kittel [HLD, SchJ]; Rock [CL, Gmü, HK, HLD, Him, LI, LJ, LüJ, Mat, OJ, PH, PH, PfJ, SJ, SS, TJ, WH]; Rock für Mann [CL, PH]; Jacke [HK, JSa, RH]; Männer-, Knabenrock [HK, OJ]; „Rock des Mannes und der Frau" [SK]; Kleidung [LJ]; Stoff [CL, GM, LJ, LoJ, MUJ, SPI]; Anzugstoffe [CL, LL, LüJ, PH]; Joppe [HK]; Frauenrock [HK, JeS]; Oberbekleidung [HK]; Gehrock [HK]; Hut [SP]; schöner Hut [SP]; unordentliche Kleidung [SPI]; Kittel [PfJ] ♦ **E:** rw. *malebusch, malbusch, malmisch* ‚Männerrock, Kleidung(stück)' (WolfWR 3373) < jd. *malmesch* ‚Gewand', jd. *malbusch* ‚Kleid' (Ave-L. 396, We 77, Post 218, Klepsch 970). *Walmusch* u. ä. „entstellte Form" WolfWR 3373. ♦ **V:** *Ich hab' immer mit Mallebuusche geasgent* ‚Ich habe immer mit Kleidern gehandelt' [LL, CL]; *hasde de malebus ladso fe bigerd?* ‚konntest du den Stoff gut (d. h. gewinnbringend) verkaufen' [GM]; *Er a(s) gent mit Mallebuusche.* / Auch: *er asgent mit Malle* [CL]; *jookerer malmisch* ‚schöner Mantel' [HK]; *mich pickelds underm malmisch* ‚ich friere unter dem Man-

tel' [HK]; *ming moß hät sich e dofft malbig geknnicht* ‚meine Frau hat sich ein schönes Kleid gekauft' [JS]; *dik a moal de malebusch* ‚sieh mal, der Anzug dort' [LüJ]; *sie naschen mit malebusch* ‚sie gehen (hausieren) mit Anzugstoffen' [LüJ].
malbeschen swV. [Scho]
– kleiden [Scho]
malabuschketscher Subst. m. [LJ]
– Schneider [LJ]
undermalmesch Subst. m. [SK]; **undermalmisch** [HK]; **untermalmisch** [HK]
– Unterrock [HK, SK]; Untermantel [HK]; Unterrock der Frau [HK]
malbuschen swV. [NrJ]; **mallebuuschen** [CL]
– sich in Schale werfen [NrJ]; sich schön machen [NrJ] ♦ **V**: *dä hot sich ma jemalbuscht* ‚hat sich aber schick gemacht' [NrJ]; *du bischt awer ooscher gemallebuuscht!* ‚gut gekleidet' [CL]; *kuk ees, wii dä jemalbuscht as* ‚sieh, wie der gekleidet ist' [NrJ]
gruuslmalmisch Subst. m. [HK]; **kruuslmalmisch** [HK]
– Eichsfelder Trachtenmantel, Mantel mit Krause [HK]; Tracht [HK]; Kräuselrock [HK]; Schlottermantel [HK]; „Schlottermantel, wo se de Kinder drin getragen haben" [HK]
owermalmisch Subst. m. [HK]
– Mantel [HK]; Rock [HK]; Oberrock (bei Frauen) [HK]; Jacket [HK]; Umhang [HK]; Überzieher [HK]; Pelerine [HK]; Jacke [HK]; Übermantel [HK]; Anzug für den Herrn [HK]; Umhängetuch [HK]
roodmalmisch Subst. f. [HK]; **roadmalmisch** [HK]
– Kommunist(en) [HK]; „rote Socke(n)" [HK]; KPD-Angehörige(r) [HK]; „rote Genossen, auch SED" [HK]; „SED-Parteimitglied" [HK]; „bei Honeckers Zeiten, die Roten" [HK]; „der ist rot angehaucht" [HK]; Linker [HK]; „sei vorsichtig, der horcht dich aus" [HK]; roter Mantel [HK]; Wanze [HK]; Bettwanze [HK]; Rotwild [HK] ♦ **E**: *roodmalmisch* ‚Wanze' nach dem rötlich-braunen Äußeren der Gemeinen Bettwanze (Cimex lectularius). ♦ **V**: *min edde war en roodmalmisch* ‚mein Vater war ein Kommunist' [HK]; »*Scheeks, hier könn we nich penn, hier müß me schiewes buschn, sonz kriegen we noch roodmalmische – Wanzen – oder wir kriegen muckn. [...] Hier müß me wieder jitt, dilms. Komm, wir puschen schiewes – alles raus – nehmt euern dsienerd raus, dilms, lieber woanders beschullmen mir mehr hellich*«, würden wir da noch sagen. Damit der Wirt das nicht hört, hatten wir ne Ausrede gefunden. »*Dilms, schnell, den dsienerd raus, hier kriegen we nachher noch roodmalmi-*

sche oder wir kriegen noch muckn.« ‚»Junge, hier könn wir nicht schlafen, hier müß me fortgehen, sonz kriegen we noch Wanzen oder wir kriegen Läuse. [...] Hier müß me wieder fort, Mädchen. Komm, wir gehen fort – alles raus – nehmt euern Koffer, Mädchen, lieber bezahlen wir woanders mehr Geld«, würden wir da noch sagen. Damit der Wirt das nicht hört, hatten wir ne Ausrede gefunden. »Mädchen, schnell, den Koffer raus, hier kriegen we nachher noch Wanzen oder wir kriegen hier noch Läuse.«' [HK]; *schuffd dich, puschel da nich rin, da schemm de roodmalmisch* ‚sieh dich vor, geh da nicht rein, da sind Kommunisten' [HK].
sommermalmisch Subst. m.
– Anzug oder Mantel für den Sommer [HK]; Sommerrock [HK]; Jackett [HK]; Sommerkleid [HK]
windermalmisch Subst. m. [HK]; **wintermalmisch** [HK]
– Wintermantel [HK]; Winterrock [HK] ♦ **V**: *Heechst den windermalmisch angeklufded?* ‚hast du den Wintermantel angezogen?' [HK].

maleksen nur in:
triddchensmalekser Subst. m. [HK]; **trittchensmalekser** [HK]
– Schuster [HK]; Schumacher [HK] ♦ **E**: unsicher; evtl. zu thür. *malkern, malkse(r)n* ‚in etwas wühlen, an etwas herumdrücken und sich oder die Sache beschmutzen', ThürWb. IV 453 oder zu rw. → *maloochen*.

malenggerisch Adj. [JeS]
malénggerisch [JeS]; **malénggerisch** [JeS]; **malignerisch** [JeS]; **malagerisch** [JeS]; **malinggerisch** [JeS]; **linggerisch** [JeS]
– krank [JeS]; blass [JeS]; bleich [JeS] ♦ **E**: unsicher; evtl. Weiterbildung von mhd. *malad* ‚krank, entkräftet' < afrz. *malade*, Middelberg, Romanismen, 38; schwer zu ital. *maligno* ‚böse, boshaft, arglistig'. Vgl. → *malad*.

malesse Subst. f. [SJ]
– Problem [SJ] ♦ **E**: dt./frz. *malaise* ‚Unbehagen'; vgl. Klu. 1999, 535. → *malläschda*.
malaies Subst. m. [NJ]
– jmd., der wehleidig und bedauerlich tut [NJ]
malaies Adj. [NJ]
– wehleidig [NJ].

malette Subst. [JeS]
– Schleifstein [JeS] ♦ **E**: zu frz. *molette* ‚Rädchen, Reibstein, Walze'.

malisch Pron. [KM]
– jeder [KM] ♦ **E:** rhein. *mallich* ‚jeder einzelne' < *mannlich* RheinWb. V 791.

malke Subst. f. [CL]
– „unappetitliches, schmuddeliges Weib" [CL]
malka Subst. f. [Scho]
– Königin [Scho] ♦ **E:** rw. *malke* ‚Königin' (WolfWR 3374) < jd. *malke* ‚Königin' (We 81, Post 219, Klepsch 970).

malläschda Subst. Pl. [OJ]
– Missgeschick [OJ]; Schwierigkeiten [OJ] ♦ **E:** dt./ugs. *Malästen* < frz. *malaise*. → *malesse*.

mälm Subst. m. [HF]
– schlechtes Mehl [HF] ♦ **E:** rhein. *Melm* u. a. ‚trockener, mehliger Staub', RheinWb. V 1069 f.

malme swV. [CL, PH]
malmen [Scho]
– borgen [CL, PH, Scho]; leihen [Scho] ♦ **E:** rw./jd. *malwen, malmen* ‚borgen, leihen' (WolfWR 3380, We 77, Post 219); jd. *malwe sein* ‚borgen'.

malme Subst. f. [MM]
– Bon [MM]; Kredit [MM]; Schulden [MM]; Deckel zum Anschreiben [MM]; „die Latte einer Kneipe" [MM]; Kneipe [MM]; Zeche [MM] ♦ **V:** *an die malme hauen* ‚anschreiben lassen' [MM]; *einen hamen strang anne malme haben* ‚viele Schulden, viel angeschrieben haben' [MM]; *fiers an die malme* ‚Berg Schulden' [MM]; *bei den kower geht nix auf malme* ‚bei dem Wirt kann man nicht anschreiben lassen' [MM]

malmeler Subst. m. [MM]
– Schuldner [MM]; „einer, der in Gaststätten anschreiben läßt" [MM].

malmedeien swV. nur in:
vermalmedeit Part., Adj., Adv. [JS]
– verflucht [JS] ♦ **E:** dt. *maledeien, vermaledeit* ‚verflucht' DWB XXII 1499; über romanische Sprachen vermittelt aus lat. *maledicere* (Klu./Seebold 2011, 954).

malmsch Subst. m. [HK] nur in: *linker malmsch* ‚links' [HK]; *rechter malmsch* ‚rechts' [HK] ♦ **E:** unsicher; evtl. zu dt. *Mal(busch)* ‚Zeichen, Grenze', vgl. *Malbaum* „baum der als merk- oder denkzeichen dient; auf wäldern und wiesen die grenzmarkung angebend" DWB XII 1499.

übermalmsch Adv. [HK]
– über die Grenze [HK] ♦ **V:** *wir buschen übermalmsch* ‚wir gehen über die Grenze' [HK].

malochen swV. [CL, GM, HDL, JS, KJ, LüJ, MB, MM, NJ, SJ, SPI, SS, Scho, WG]
maloochen [HK, MM]; **mallochen** [MM]; **malôchen** [Zi]; **malooche** [CL, JSa, LL, SPI]; **maloche** [JS, JeS]; **malöche** [CL, PH]; **malocha** [OJ]; **melooge** [CL]; **malocheme** swV. [KM]; **malochnen** [KMa]; **malooksen** sw. V. [HK]
– arbeiten [CL, GM, HK, JS, JSa, KJ, KM, KMa, LL, MB, MM, NJ, OJ, PH, SPI, SS, Scho, WG]; schwer arbeiten [HK]; hart arbeiten [SPI]; schuften [OJ]; machen (jede Art nicht weiter präzisierter Tätigkeit) [JeS]; hinauswerfen [Zi]; lecken [CL]; belügen [HLD] ♦ **E:** rw. *malochen* ‚arbeiten' (WolfWR 3522) < jd. *melochnen* ‚arbeiten' (Ave-L- 396, We 82, MatrasJd 290, Post 224, Klepsch 974). ♦ **V:** *doches malochen* ‚leck mich im Arsch' (LüJ, SJ) ‚am Hintern arbeiten' [SJ]; *eimalocha* ‚einsperren' [OJ]; *bruunhans maloche* ‚Kaffee kochen' [JeS]; *muuli maloche* ‚totschlagen, töten' [JeS]; *für lau malochen* ‚ohne Lohn arbeiten' [MM]; *inne öle malochen* ‚Erdarbeiten ausführen' [MM]; *mulo malochen* ‚töten' [MM]; *jemandem am tokus malochen* ‚jemandem am Arsch lecken' [MM]; *der kochume macker malocht vor* ‚der kluge Mann baut vor' [MM]; *malochen taten die nich. Die lagen dauernd am burkbeis* ‚sie arbeiteten nicht. Sie waren dauernd auf dem Arbeitsamt' [MM]; *die können uns alle am tokus malochen* ‚die können uns alle mal am Arsch lecken' [MM]; *du kannst mich mal am doogs maloksen* ‚du kannst mich mal am Arsch lecken' [HK]; *acheln, piffen und paufen iäs de beste malauche* ‚Essen, Trinken und Schlafen ist die beste Arbeit' [SS]; *de tsabo had swer malochd* ‚der Mann arbeitet hart' [GM]; *Du kannst mich am Dooges maloche* ‚Du kannst mich am Arsch lecken' [CL]; *am buhl malochen* ‚Arschficken'; ‚am Arsch lecken'; ‚am Arsch gehen' [MB]; *du kannst mich mal am buhl malochen* ‚du kannst mich mal Arsch lecken' [MB]; *in so 'ner krire kann man nicht malochen* ‚in so einer Kälte kann man nicht arbeiten' [MB]; *er malocht nur mit karamaski* ‚er arbeitet nur mit der Pistole' [MB]

abmalochen swV. [MM]
– schwer arbeiten [MM]

aigmalochen swV., nur in:
aigmalocht Adj. [RR]
– eingesperrt [RR]

anmalochen swV. [MM]
– sich anbiedern [MM]
ausmaloochen swV. [HK]
– ausarbeiten [HK]
buimalochen swV. [MB]
– kräftig bumsen [MB]; Scheißarbeit (verrichten) [MB]
loumalochen swV. [Scho]
– faulenzen [Scho]; nicht arbeiten [Scho]
mitmalochen swV. [MM]
– mitmachen, mitarbeiten [MM]
schwattmalochen swV. [MM]
– schwarzarbeiten [MM] ♦ **E:** *schwatt* rw. *schwarz* ‚ungesetzlich', ugs., vgl. auch *schwarzfahren, schwarzschlachten, Schwarzmarkt.*
stiefmalochen swV. [GM]
– arbeiten [GM]; beischlafen [GM]; koitieren [GM]; schlafen [GM]; viel, hart, schwer arbeiten [GM] ♦ **E:** *stief-* zu rw. *stiffeln* ‚schlagen', *stiefeln* ‚strafen', *stiefelfrau* ‚Dirne, die masochistische Neigungen befriedigt' (WolfWR 5594)
maloche Subst. f. [GM, JS, MB, MM, MUJ, SJ]; **malloche** [MM]; **maloche** [OJ]; **malochen** [NJ]; **maloouche** [MM]; **malouche** [Scho]; **melouche** [KMa, Scho]
– Arbeit [JS, KMa, MB, MM, MUJ, OJ, SJ, Scho]; schlechte Arbeit [KMa]; Arbeit(sstätte) [GM]; Aufgabe [MM]; eine schwere unnoble Tätigkeit [NJ]; Geschäft [MM]; Broterwerb [MB] ♦ **E:** rw. *maloche* ‚Arbeit, Beschäftigung, Gewerbe, Handwerk' (WolfWR 3522); jd. *melocho* ‚Arbeit' (Ave-L. 396). ♦ **V:** *der maschores is inne maloche lau schauwe* ‚der Polier ist bei der Arbeit nichts wert' [MM]; *ohne hame maloche, lau lone* ‚ohne Fleiß, kein Preis' [MM]; *auffe maloche wird heut nich mehr geschickert* ‚während der Arbeitszeit wird heute nicht mehr getrunken' [MM]; *bei der maloche mußte hame schanägeln* ‚bei der Arbeit mußt du dich sehr anstrengen' [MM]; *er bewirchte oser hamel lowi für seine maloche* ‚er bekam nicht viel Geld für seine Arbeit' [MM]; *ich mus uf di malochd* ‚ich muß zur Arbeit gehen' [GM]; *maloche lau, achiele toff* ‚wenig Arbeiten, gutes Essen' [MB]; *jehste auf maloche?* ‚gehst du zur Arbeit?' [MB]; *nache maloche natschen* ‚zur Arbeit gehen' [MB]; *matto vone maloche* ‚kaputt von der Arbeit' [MB]; *seine maloche war nur kattechenn* ‚seine Arbeit war Mist' [MB]; *maros auffe maloche mitnehmen* ‚belegte Brote mit zur Arbeit nehmen' [MB].
himaloche Subst. f. [MM]
– Hilfsarbeit [MM]

knäbbelmaloche Subst. f. [MM]
– Bauernarbeit [MM]; Landarbeit [MM]
lapanenmaloche Subst. f. [MM]
– Bauarbeit [MM]
nachtmaloche Subst. f. [MM]
– Nachtschicht [MM]
nebenmaloche Subst. f. [MM]
– Nebenbeschäftigung [MM]
scheißmaloche Subst. f. [MM]
– Drecksarbeit [MM]
schwarzmaloche Subst. f. [MM]
– Schwarzarbeit [MM]
stickmaloche Subst. f. [MM]
– Stickereiarbeit [MM]
stiefmalocht Subst. f. [GM]
– Beischlaf [GM]; Schwerarbeit [GM] ♦ **E:** → *stiefmalochen.*
malocher Subst. m. [MM, SPI]; **malochr** [OJ]; **maloocher** [HK]; **malochner** [KMa]; **malochener**[1] [Scho]
– Arbeiter [HK, HLD, MM, OJ, Scho]; Mensch [SPI]; schwer arbeitender Mensch [SPI]; Schuhmacher [KMa]
malochener[2] Subst. m. [SS]
– Taler (beim Viehhandel) [SS]; Handgeld, durch das der Kauf rechtskräftig wird [SS] ♦ **E:** trotz nahezu gleichlautender Form wohl eher mit *mailächer* ‚König' (vgl. auch *mailachs finse* ‚Hundertmark') verwandt als mit *malochen* ‚arbeiten'.
druckmalocher Subst. m. [MM]
– Drucker [MM]
fugenmalocher Subst. m. [MM]
– Ersatzmann [MM]; Fuger [MM]; Maurer [MM]
gesundheitsmalocher Subst. m. [JS]
– Arzneiverkäufer [JS]
hölgerlingsmalöcher Subst. m. [SS]
– Schuhmacher [SS] ♦ **E:** zu rw. *hölcherling* ‚Fuß' aus jd. *halchenen* ‚gehen' (WolfWR 2027).
holzmalocher Subst. m. [MB]
– Zimmermann [MB]
kowenmalocher Subst. m. [MM]
– Bettenbauer [MM]; Kleidermacher [MM]; Schneider [MM]; Verkäufer von Bekleidung [MM]
kowenmalocherchen Subst. n. Dim. [MM]
– Schneiderlein [MM] ♦ **V:** *das muckere kowenmalocherchen* ‚das tapfere Schneiderlein' [MM]
kulturmalocher Subst. m. [MM]
– Kulturschaffender [MM]
kwettmalocher Subst. m. [MM]
– Faulpelz [MM]

labermalocher Subst. m. [MM]
– einer, der große Worte macht [MM]; Mann der Rede [MM]
lapanenmalocher Subst. m. [MM]
– Bauarbeiter [MM]; Bauarbeiter im Tiefbau [MM]; Erdarbeiter [MM]; Gärtner [MM]; Hilfsarbeiter [MM]; Tiefbauarbeiter [MM]; „jemand, der mit der Schüppe arbeitet" [MM]
loumalochener Subst. m. [Scho]
– Faulenzer [Scho]
masemattemalocher Subst. m. [MM]
– Masematteforscher [MM]
masminenmalocher Subst. m. [MM]
– Schuhmacher [MM]
mieswettermalocherrente Subst. f. [MM]
– Schlechtwettergeld [MM]
pattenmalocher Subst. m. [MM]
– Taschendieb [MM]; „Jude, der Geldbörsen klaut" [MM]
püttmalocher Subst. m. [MM]
– Bergmann [MM]; Kanalarbeiter [MM]; Tiefbauarbeiter [MM]; „einer, der im Wasser arbeiten muss" [MM]; „einer, der in der Zeche arbeitet" [MM]
quettmalocher Subst. m. [MM]
– Drückeberger [MM]; Faulpelz [MM]
rillmalocher Subst. m. [MM]
– „geiler Mann" [MM]
sägewerkmalocher Subst. m. [MM]
– Sägewerker [MM]
scheimalochr Subst. m. [OJ]
– Tagedieb [OJ]
schondmalochr Subst. m. [OJ]|
– Drecksarbeiter [OJ]
schreibtischmalocher Subst. m. [MM]
– Schreibtischarbeiter [MM]
stichlingsmalocher Subst. m. [HLD]
– Schneider [HLD]
tokusmalocher Subst. m. [MM]
– Homosexueller [MM]
trittchesmalocher Subst. m. [GM]; **trittchensmaloocher** [HK]; **triddchensmaloocher** [HK]; **trittlingsmalocher** Subst. m.[HLD]
– Schuster [GM, HK]; Schuhmacher [HK]; Arbeit [HLD] ♦ **E:** rw. *trittches* Schuh (WolfWR 5921).
gartenmallocherskowe Subst. f. [MM]
– Gartenkluft [MM]
buhlmalochedi Subst. Pl. [MM]
– Homosexuelle [MM]
malocherbosse Subst. f. [MM]
– Arbeitshose, Blaumann [MM]; Vorarbeiter [MM]

malochergardsch Subst. m. [GM]
– Arbeiter [GM] ♦ **E:** → *gatsch*. ♦ **V:** *de tsabo tsefd en ladso malochegards* ‚der Mann ist ein guter Arbeiter' [GM].
malochergruppe Subst. f. [MM]
– Arbeitsgruppe [MM]
malocherkoten Subst. m. [MM]
– Arbeiterkind [MM]
malocherkowe Subst. f. [MM]; **malochkowe** [MM]
– Arbeitskleidung [MM]
malochermeierling Subst. m. [MM]
– Arbeitsschuh [MM]
malocherrat Subst. m. [MM]
– Betriebsrat [MM]
malocheschuppen Subst. m. [MM]
– Firma [MM]
maloge Subst. f. [JS]
– überraschende Tricks [JS]; Geheimnis eines Zaubertricks [JS].

malochener Subst. m. [SS]
– Taler (beim Viehhandel) [SS]; „Handgeld, durch das der Kauf rechtskräftig wird" [SS] ♦ **E:** Trotz nahezu gleichlautender Form wohl eher zu *mailächer* ‚König' (vgl. → *mailachs finse* ‚Hundertmark') als zu → *malochen* ‚arbeiten', Jütte, Schlausmen, 138.

malter Subst. m./n. [KJ, SchJ]
– Bier [KJ]; Maß Bier [SchJ]; Wein [SchJ]; „Scheßenlack" [KJ]; „Moitern" [KJ] ♦ **E:** rw. *malterl* ‚Seidel, Maß' < dt. (ant.) *Malter* (Getreide-, Holz- und Zahlmaß) (WolfWR 3378, Klepsch 975).
maltern Subst. Pl. [RR]
– Schulden [RR] ♦ **E:** wohl direkt aus dt. *Malter* bes. ‚Zahlmaß' DWB XII 1512, evtl. beeinflusst von rw. *malterl* ‚Seidel, Maß'.

mäm ‚vierzig' → *mem*.

mambolum Subst. n. [MB]
– Ärger [MB]; Durcheinander [MB] ♦ **V:** *es hat mambolum mit ihne* ‚mit ihm gibt's Ärger' [MB] ♦ **E:** jd. *mabulem* ‚Streit, Schwierigkeit' We 52. Vgl. → *bambonum*.

mamem swV. [Scho]
meimen [Scho]
– Kredit geben [Scho]; glauben [Scho]; trauen [Scho] ♦ **E:** jd. *māmen, meimen* ‚glauben, trauen, Kredit geben' We 77.
mammesch Adj. [Scho]; **mammeschdig** [Scho]
– verlässlich [Scho]; reell [Scho].

mämerk Subst. n., Pl. [SS, WH]
mänserk [WH]
– Kinder [SS, WH] ♦ **E:** rw. *mamser, mämerk* zu jd. *mämerk* ‚Kinder' (WolfWR 3388).

mamme Subst. f. [OJ, SJ]
memme [Scho]; **mamere** Subst. f. [LüJ]; **mamære** [WJ]; **mamär** [JS]; **mammär** [JS, PH]; **mámeere** [JeS]; **mámmeere** [JeS]; **mámeer** [JeS]; **mammere** [JeS, LüJ]
– Mutter [JS, JeS, Scho, PH] ♦ **E:** rw. *mamme* ‚Mutter' (WolfWR 3382), dt. regional *Mamme* ‚Mutter', jd. *mame, meme* ‚Mutter' (Klepsch 976). Die Formen *mamere* u. ä. evtl. zu frz. *ma mêre*; vgl. → *meere*. ♦ **V:** *So, galme, dibert die mamere, ist schnall und bolle' buttet und gleis geschwächt? Kenn, mamele! – Dann bostet in sauft und schlaunet!* ‚So, Kinder, sagt die Mutter, ist die Suppe und die Kartoffeln gegessen und die Milch getrunken? Ja, Mutter!- Dann geht ins Bett und schlaft!' [LüJ]; *mamere hat e gachne getschort im ruochekehr* ‚Mama hat im Haus der Bauern eine Henne gestohlen' [LüJ]; *mei mamere sutteret gerade mei gleissschnälle* ‚meine Mutter kocht gerade meine Milchsuppe' [LüJ].

mampfete Subst. f. [LüJ]
– Zigarre [LüJ] ♦ **E:** vermutlich ursprünglich **dampfete*, zu → *dämpfen* ‚rauchen'; rw. *dämpfere* ‚Zigarre' (WolfWR 956). ♦ **V:** *pflanz', doge mir ein funkerle zum toberich anfunken. – herles, meine mampfete funkt, schniffse zum anfunken* ‚Mach' schon, gib mir ein Streichholz zum Anzünden der Pfeife. – Hier, meine Zigarre brennt, nimm diese zum Anzünden.' [LüJ].

mamser Subst. m. [JS, JeS, SJ, Scho, StG]
mamsejrem Pl. [Scho]
– Bastard [SJ, StG]; Verräter [JS, JeS]; Spitzel [JeS]; böses Kind [Scho]; gemeiner Mensch [Scho]; niederträchtiger Mensch [Scho]; Schurke [Scho] ♦ **E:** rw. *mamser* ‚Bastard, Hurenkind, Verräter' (WolfWR 3388) < jd. *mamser* ‚Bastard' (We 77, Post 219, Klepsch 978).

vermamser Subst. m. [JeS]; **fermamser** [StJ]; **vrmammsr** [OJ]
– Verräter [JeS, OJ, StJ]

mamsen swV. [LoJ]; **mamse** [JeS, Scho]; **mammsa** [OJ]
– schreien [LoJ]; schimpfen [OJ]; verklagen [JeS]; sagen [JeS]; schlechtmachen [Scho]

vermamsen swV. [JS, LüJ, SJ]; **vermamse** [JeS]; **vermammse** [JeS]; **vermansen** swV. [MUJ]
– verraten [JS, JeS, MUJ, SJ]; ausplaudern [JeS]; anzeigen [JeS]; ausschelten [SJ] ♦ **E:** rw. *vermamsern* ‚verraten' (WolfWR 3388; SchwäbWb. II 1233). Vgl. → *verwamsen*.

vermampft Adj., Part. Perf. [LüJ]
– verschrieen [LüJ]

mamserei Subst. f. [JS]
– heimliche Anzeige [JS]

mamsebenitt Subst. m. [Scho]; **mamsebenerre** [KMa]
– Scheinheiliger [Scho]; Jude [KMa] ♦ **E:** rw. *mamser ben hanide* ‚Hurensohn, gemeines Schimpfwort' WolfWR 3388, aus jd. *mamser bēne nidde* ‚Sohn der Menstruierenden' (We 77).

man Subst. [WG]
– Messer [WG] ♦ **E:** unsicher; evtl. Kürzung von rw. *mangera* ‚(Schuss-)Waffe' WolfWR 3393; vgl. auch Girtler, Matreier Gespräche, 264.

mand Subst. Pl. [OJ]
mandala Subst. Pl. Dim. [OJ]; **mahdale** [OJ]
– Männer [OJ]; Leutchen [OJ] ♦ **E:** Dim. zu dt. *Mann*.

mandesle Subst. n. [OJ]
– eine Person [OJ].

mande¹ Pron. [JS, PH]
– ich [JS, PH] ♦ **E:** roi. *mánde* ‚mir'.

mande² swV. [JeS]
– fragen [JeS] ♦ **E:** zu frz. *demander*, ital. *domandare* ‚fragen, verlangen', evtl. beeinflusst von roi. *mangél* ‚er/sie bittet, bettelt, verlangt'.

mant Subst. f. [JeS]
– Frage [JeS].

mandjare Subst. n. [ME]
– Essen, Mahlzeit [ME] ♦ **E:** rom.; vgl. ital. *mangiare* ‚essen'.

mandoline Subst. f. [WG]
– Maschinenpistole [WG] ♦ **E:** dt. *Mandoline*. Benennungsmotiv: Formähnlichkeit von Geigen, hier Mandolinen, mit Maschinenpistolen und Maschinengewehren.

mangen¹ swV. [GM, JS, JSW, LJ, LüJ, MB, MM, MUJ, Mat, SJ, TK]
mange [JS, MeJ, PH]; **mängen** [LüJ]; **manke** [JS]; **manken** [JS, NJ, WL]; **mangge** [JSa, JeS]; **manggen** [CL]; **magen** [LJ]; **mangä** [LüJ, WJ]; **mångern** swV. [LoJ]; **mangern** [JSW]; **mangere** [JeS]; **mangeln** swV. [JSW]; **mankle** [CL, LL]; **mageln** [GM]; **maugen** [LüJ]
– betteln [CL, GM, JS, JSW, JSa, JeS, LJ, LL, LoJ, LüJ, MB, MeJ, MM, MUJ, Mat, NJ, PH, SJ, TK, WJ, WL]; anpumpen [LüJ]; einhandeln, einnehmen [LüJ]; verlan-

gen [LüJ]; hamstern [GM]; hausieren [GM, JS, JSW]; schlagen [SJ]; schnorren [MM]; stehlen [MB, WJ]; verhauen [SJ]; beim Bauern handeln oder betteln [MB]; über Land fahren und tauschen oder betteln [MB]; klauen [MB]; machen [MB]; tricksen [MB]; hindrehen [MB]; zurechtkommen [MB] ♦ **E:** rw. *mangen* ‚betteln' (WolfWR 3392) < roi. *mang-* ‚bitten, betteln, fordern, verlangen' (WolfWZ 1868). ♦ **V:** *Er geht mankle* ‚er geht betteln' [CL]; *die zintis schemmten von ker zu ker und warn am mangen* ‚die Zigeuner zogen von Haus zu Haus und bettelten' [MM]; *de tsabo nasd ins gabche maneln* ‚der Mann geht in das Dorf, um zu betteln' [GM]; *mangen bei die qualis* ‚betteln bei den Bauern' [MB]; *beim butscheramt mangen gehen* ‚beim Arbeitsamt betteln gehen' [MB]; *wenn ich von de viehl tschie lowie bestieb nasche wer manke* ‚wenn ich vom Amt kein Geld bekomme, gehen wir betteln' [JS]; *mir tschaaned go mangge vo kitt zu kitt* ‚wir gehen betteln von Haus zu Haus' [JeS]; *manken schéiwen* ‚betteln gehen' [WL]; *des isch net jaucher genug, du muscht mehr mange* ‚das ist nicht teuer genug, du mußt mehr verlangen' [LüJ].
manger Subst. m. [JS, JSa, JeS, MUJ]; **mangger** [JeS]
– Bettler [JS, JSa, JeS, MUJ]
manges Subst. m. [KP]
– Hund [KP] ♦ **E:** SchwäbWb. IV 1438 *Manges*, mit diesem Beleg, und evtl. Herleitung aus RN *Magnus*; womgl. zu rw. *mangen* ‚betteln' (WolfWR 3392), wenn nicht zu → *mangen²*.
mankler Subst. m. [CL]
– Bettler [CL]
mankert Subst. m. [WL]
– Bettler [WL]
mangepen Subst. f. [GM]
– Bettel [GM]; Bettelei [GM] ♦ **E:** roi. *mangepen* ‚Betteln, Bettelei, Bitte(n)' (WolfWZ 1868). ♦ **V:** *de tsabo is uf de manepen* ‚der Mann ist auf dem Bettel (d. h. auf Bettelreise)' [GM]
mangebaskro Subst. m. [GM]
– Bettler [GM] ♦ **E:** roi. *mangepaskero* ‚Bettler' (WolfWZ 1868). ♦ **V:** *de manebaskro tsefd bogli* ‚der Bettler ist hungrig' [GM]
mangemaskero gono Subst. m. [GM]
– Bettelsack [GM] ♦ **E:** roi. *mangamaskero gono* ‚Bettelsack' (WolfWZ 1868).
mangemaskero lowi Subst. n. [GM]
– Bettelgeld [GM] ♦ **E:** roi. *mangamaskero lowo* ‚Almosen, Bettelgeld' (WolfWZ 1668); → *lowi*. ♦ **V:** *de gards had es manemaskero lowi getsuerd* ‚der Kerl hat das Bettelgeld gestohlen' [GM]

mangevele lowi Subst. n. [GM]
– Bettelgeld [GM] ♦ **E:** → *lowi*. ♦ **V:** *es mangevele lowi is greg!* ‚das Bettelgeld ist verschwunden' [GM]
mangemaschloff Subst. n. [SK]
– Trinkgeld [SK] ♦ **E:** roi. *mangemaskero lowo* ‚Almosen, Bettelgeld' (WolfWR 3392 und 3292)
mangkitt Subst. f. [UG]
– Bettelhaus [UG]
mangewelen swV. [MB, MM]; **mangewehlen** [MB, MM]
– beschaffen [MM]; betteln [MB, MM]; erbetteln [MM]; Essen besorgen [MM]; verdienen [MM]; beim Bauern handeln oder betteln [MB]; über Land fahren und tauschen oder betteln [MB]; klauen [MB]; stehlen [MB]; machen [MB]; tricksen [MB]; hindrehen [MB]; zurechtkommen [MB] ♦ **E:** rw. *weelen* ‚tanzen' (WolfWR 6183) und rw. *mangen* ‚betteln' (WolfWR 3392). ♦ **V:** *die bunken mangeweelen, wo se nur können* ‚die Ganoven betteln, wo sie nur können' [MM]; *mangen bei die qualis* ‚betteln bei den Bauern' [MB]; *beim butscheramt mangen gehen* ‚beim Arbeitsamt betteln gehen' [MB]
mangeweler Subst. m. [MM]
– Bettler [MM]
mangingerfiesel Subst. m. [LJ]; **maningerfisel** [LJ]; **mauginerfisel** [LJ]
– Handwerksbursche [LJ] ♦ **E:** Bestimmungswort zu roi. *mang-* ‚bitten, betteln' (WolfWZ 1868); → *fiesel*.
mangeveli Subst. m. [MB]
– Bettler [MB]
mankedeli Subst. m. [JS]
– Bettler [JS].

mangen² swV. [MB]
– essen [MB] ♦ **E:** zu frz. *manger* ‚essen'.

mángeri Subst. f. [JeS]
– Pistole [JeS]; Revolver [JeS]; Gewehr [JeS]; generell Schusswaffe [JeS] ♦ **E:** evtl. Kontraktion aus roi. *jogomengro* ‚Gewehr, Schießgewehr' (zu roi. *jag* ‚Feuer, Geschoss, Kugel' u. a.) oder evtl. beeinflusst von roi. *karemáskeri* ‚Gewehr, Pistole, Revolver' (WolfWR 3393). ♦ **V:** *de glisto schnellt mit de mangeri* ‚der Polizist schießt mit der Pistole' [JeS].

mänglowieren swV. [MM]
mänglovieren [MM]; **mängelowieren** [MM]; **menglovieren** [MM]
– ausdenken [MM]; befördern [MM]; einfädeln [MM]; etwas geschickt handhaben [MM]; experimentieren [MM]; fahren [MM]; helfen [MM]; herausdrängen [MM]; herstellen [MM]; hindeichseln [MM]; sich

durchmogeln [MM]; tätig sein [MM]; viel machen [MM]; zusammendenken [MM]; „geschickte Handlungsweise" [MM]; „mal ja, mal nein sagen" [MM]; „teilen mit eigenem Vorteil" [MM] ♦ E: wohl zu roi. *mang-* ‚bitten, betteln etc.' (WolfWZ 1868).
herummänglowieren swV. [MM]
– an einer Sache arbeiten [MM]
scheromenglowieren swV. [MM]
– geistig arbeiten, mit dem Kopf arbeiten [MM]
menglovation Subst. f. [MM]; **mänglowation** [MM]
– geschickte Handlungsweise [MM]; Sache [MM]
♦ V: *die mänglowation muß ich mir noch richtig dollewinieren* ‚die Sache muß ich mir noch richtig durch den Kopf gehen lassen' [MM]
mänglowierer Subst. m. [MM]
– Macher [MM]; Staatssekretär [MM]
chefmänglowierer Subst. m. [MM]
– Betriebsratsvorsitzender [MM]
genmänglowiererei Subst. f. [MM]
– Gentechnologie [MM]
kulturmänglowierer Subst. m. [MM]
– Kulturveranstalter [MM]
masemattefleppenmänglowierer Subst. m. [MM]
– Masematte-News-Service [MM]
masemattemänglowierer Subst. m. [MM]
– Masematteforscher [MM]
masminenmänglowierer Subst. m. [MM]; **masminenmäglowierer** [MM]
– Schuhmacher [MM]
scheromenglowierter Subst. m. [MM]
– Akademiker [MM].

manilla Subst. f. [MM]
– Brust (weiblich) [MM] ♦ E: rw. *mamme* ‚Mutter' (WolfWR 3382), lat. *mamilla* ‚Brustwarze'.

manisch¹ Subst. m. [LJ]
manesch [LJ, LüJ, NJ]
– Zigeuner [LJ, LüJ, NJ] ♦ E: roi. *manuš* ‚Zigeuner, Mensch, Mann' (WolfWR 3402, WolfWZ 1875).
manisch² Subst. N., Sprachname [JS, JSW, LJ, LüJ]; **maanisch** [JeS]
– Sprache der „Zigeuner" [LJ, LüJ]; „Zigeunersprache" (Sammelbegriff für die verschiedenen Romani-Dialekte) [JeS]; Sprachname für die Sprache der „Zigeuner" [JS]; „die französische (d. h. elsässische) Form des Jenischen" [JeS]; „Geheimsprache, die in Schloßberg/Bopfingen gesprochen wird" [LJ]; „Idiom der Bewohner vom Berleburger ‚Zigeunerberg'" [JSW]

manischer Subst. m. [JS, LüJ, MUJ, SJ]; **manischær** [WJ]; **manescher** [WL]
– Zigeuner [LüJ, MUJ, SJ, WJ, WL]; Sinti [JS]; Urstamm [LüJ]; Nicht-Arier [LüJ]; „Synonym für Asozialer" [JS]
manische Subst. Pl. [JSa, JSW]; **maniche** [NJ]; **maanischi** [JeS]; **di maanische** [JeS]; **manischen** [SE]
– Zigeuner [JeS, NJ, SE]; Sinto, Sinti [JSa]; Bewohner des „Bergs" [JSW]; Elässer Jenische [JeS]
manisch³ Adj. [LJ, LüJ, OJ, WJ]; **maanisch** [JSa, JeS]; **mônisch** [Mat]; **manesch** [WL]
– zigeunerisch [Mat, LüJ, OJ, WJ, WL]; „die Sprache der Sinti betreffend" [JSa]; „die Zigeuner betreffend" [JeS]; eingeweiht [LJ] ♦ V: *der, wo manisch war, da hat mer dibera könne* ‚der, der eingeweiht war, da hat man reden können' [LJ]; *wenn einer nobes manisch war, dann hat der au nit hauere, dann hat der boschda könne* ‚wenn einer nicht eingeweiht war, dann hat der auch nicht verstanden, dann hat der abhauen können' [LJ]; *manisch raggere/rackere* ‚das Idiom des Berleburger „Bergs" sprechen' [JSW].

mank Subst. [MeT]
– Klosett [MeT] ♦ E: westf. *mange* ‚zweihenkliger, tiefer Korb', Siewert, Humpisch, 95.

manken, manklen ‚betteln' → *mangen¹*.

manko Adj. [NJ]
– schlecht [NJ] ♦ V: *manko merkes* ‚schlechte Ware' [NJ]
manko Subst. n. [SPI]
– Verlust [SPI] ♦ E: dt. *Manko* < it. *manco*.

mänli Subst. m. [GM]
– Kaffee [GM] ♦ E: roi. *meleli* ‚Kaffee' (WolfWZ 1929); vgl. → *mellche*.

mannel Subst. n., nur in:
wâldmannel [EF]; **waldmännlein** [EF]; **wâldmannl** [EF]
– dürre Fichte [EF]; Brief [EF]; Schriftzüge [EF] ♦ E: zu dt. *Wald* und *Männlein*; ‚dürre Fichte' met. für ‚Schriftzug, Brief', Wolf, Fatzersprache, 138.

männerstüberl Subst. n. [WG]
– After [WG] ♦ E: dt. *Mann* und dt. *Stube*.

männi Adj. [SK]
– viel [SK] ♦ E: engl. *many* ‚viel'. ♦ V: *männi moosch* ‚viel Geld' [SK].

manoli Adj. [MM]
– „nicht richtig im Kopf" [MM] ♦ **E:** *manoli* ‚verrückt' aus Produktnamen der Zigarettenfirma *Manoli*. Um 1890 in Berlin aufgekommen: die Zigarette wurde durch eine Lichtreklame angepriesen, bei der nacheinander aufleuchtende Glühbirnen eine kreisende Bewegung erzeugten; als Gebärde mit dem Zeigefinger vor der Stirn imitiert. *Manoli sein* ‚linksherum sein, völlig verrückt sein' (Kü 1987: 520).

manopol Subst. n. [KMa]
– Schnaps [KMa] ♦ **E:** unsicher; evtl. zu dt./lat. *Monopol* ‚Vorrecht, alleiniger Anspruch, alleiniges Recht, besonders auf Herstellung und Verkauf eines bestimmten Produktes', dann womgl. bezogen auf das Branntweinmonopol.

mans Num. Kard. [MeT]
mansch [MeT]
– fünf [MeT]

snêmans Num. Kard. [MeT]; **snemans** [MeT]
– vier (5 minus 1) [MeT] ♦ **E:** zu lat. *manus* ‚Hand', fünf Finger einer Hand; *sne-* Inversion aus *ens* ‚eins', Siewert, Humpisch, 95 und 112 f.

mans Adv. [RH]
– viel [RH] ♦ **E:** unsicher, ob hierher; evtl. zu → *meim* ‚100'.

mansch Subst. n. [JS, KM]
– Spiellohn [KM]; Trinkgeld [JS] ♦ **E:** rw. *manig, mansch* ‚Trinkgeld, Geld' (WolfWR 3613), jd. *mincho* ‚Tribut, Abgabe'. ♦ **V:** *mansch machen* ‚Trinkgelder einsammeln in Schaubuden'.

mantsche swV. [KM]
– Spiellohn einsammeln [KM]

manschen¹ swV. [MM]; **mansche** [JS]
– betteln [MM]; schnorren [MM]; Geld einsammeln [JS]

abmanschen swV. [MM]
– abklappern [MM]

anmanschen swV. [MM]
– anbetteln [MM].

manschen² swV. [LüJ, SJ, SK]
mahscha [OJ]; **manschare** [OJ]; **mahsche** [KMa, OJ]; **mascha** [LJ]; **manché** [JS, PH]
– essen [JS, KMa, LJ, LüJ, OJ, PH, SJ, SK] ♦ **E:** rw. *manschen*, aus frz. *manger* (WolfWR 3398); SchwäbWb. IV 1461/1462 (*mantschen*). ♦ **V:** *jetzt hot er koin gore, om dem galm ebbes z-mascha z-kaufa* ‚jetzt hat er kein Geld, um dem Knaben etwas zu essen zu kaufen' [LJ]; *mei fisele het grandig mansche* ‚mein Junge hat viel gegessen' [LüJ].

mansche Subst. f. [Him, SJ, SPI]; **mahscha** [OJ]; **manschare** [OJ]; **mahsche** [KMa, OJ]
– Essen [Him, KMa, OJ, SJ, SPI] ♦ **V:** *Baizermoss, i lins, der ketscht an jesesmäßiga rande, wenn do von dr massfetzerei schling ond a bossert drin hauert, no kennemer a gwande mansche haure* ‚Wirtin, ich sehe, er trägt einen jesesmäßigen Sack, wenn dort von der Metzgerei Wurst und Fleisch drin ist, dann können wir ein gutes Essen machen' [SJ].

mansen in *vermansen* ‚verraten' → *mamser*.

mäntele Subst. n. [Wo]
– Rock [Wo] ♦ **E:** mdal. Diminutiv zu dt. *Mantel*.

mänts Adj. [KM]
– schlecht gelaunt [KM] ♦ **E:** unsicher; evtl. zu rhein. *mäntelich* ‚einsam, zurückgezogen' RheinWb. V 847.

manzen swV. [EF]
maanzen [EF]; **mahnzen** [EF]
– schlafen [EF]

mahnzerich Subst. m. [EF]; **manzerich** [EF]
– Schlaf [EF] ♦ **E:** unsicher; evtl. zu dt. *manzen* ‚Geräusche einer Katze machen' DWB XII 1615, ‚röcheln, schnarchen' met. für ‚schlafen'; oder zu dt. *manezen* ‚träumen', so Wolf, Fatzersprache, 126.

manziu Subst. n. [EF, MoM]
– Stroh [EF, MoM]; Lager zum Schlafen [EF] ♦ **E:** unsicher; evtl. zu rum. *manunchiu* ‚Flachsstroh' (Wolf, Fatzersprache, 127); womgl. beeinflusst von frz. *maison* aus lat. *mansione* ‚Unterkunft'.

mappe Subst. f. [MM]
– Miene, Gesichtsausdruck [MM]; Gesicht [MM]; Kopf [MM]; Mund [MM] ♦ **E:** dt./ugs. *Mappe* (Klu. 1995: 539).

mapul Subst. [SJ]
– Glück [SJ] ♦ **E:** unsicher; singulärer Beleg, evtl. Nebenform von oder entstellt aus *masul, masel* ‚Glück' WolfWR 3435.

mar Partikel [HeF]
– nur [HF]; aber [HF] ♦ **E:** rhein. *mar* ‚doch, nur' u. a. (RheinWb. V 849). ♦ **V:** *ziemen, flick mar an den härkswöles hitschen* ‚Oh ja, bestellen Sie nur bei dem Kellner da'.

maracheln swV. [KMa, OH]
– stinken [KMa, OH] ♦ **E:** jd. *merachem sein* ‚sich erbarmen' We 82; jd. *marachem* ‚gnädig' Klepsch 982.

marachem Subst. n. [Scho]
– Elend [Scho].

marama Subst. m. [SPI]
– Betrüger [SPI] ♦ **E:** jd. *maramme* ‚Chaos, unangenehme Lage, schlechte Ware', aus hebr. *merume* ‚betrogen' Klepsch 983.
marama swV. [SPI]
– betrügen [SPI]; belügen [SPI].

march nur in:
katschmarch Subst. m. [MB]
– Stock [MB]; Knüppel [MB] ♦ **E:** roi. *kašt* ‚Stock, Stab' (WolfWZ 1334); evtl. Einfluss von roi. *mar-* ‚töten, schlagen, dreschen' (WolfWZ 1877).

marchel Subst. f. [JeS]
– Katze [JeS] ♦ **E:** evtl. zu roi. *múrga* ‚Katze, Rotfuchs (Pferd)' (rum. *murg* ‚braun, Rappe, Brauner; Rufname für Pferde, Rinder') oder rum. *murgui* ‚murren' (WolfWR 3734).

marende ‚Essen, essen' → *morenden*.

marfesen swV. [Scho]
– borgen [Scho]; leihen [Scho] ♦ **E:** jd. *marbesen, marwesen* ‚leihen' We 77.

märggere Subst. f. [BM]
– Briefmarke [BM] ♦ **E:** mdal. zu dt. *Marke*.

marie Subst. f. [MB, WG]
– Geld [MB, WG] ♦ **E:** rw. *marie* ‚Geld', wohl Umbildung zu roi. *maro* ‚Brot' (WolfWR 3414), evtl. beeinflusst von PN *Marie*; met. Geld für Brot.

marienblume Subst. f. [HLD]
marijahbleamle Subst. Dim. [OJ]
– Jungfrau [HLD, OJ] ♦ **E:** dt. *Marienblume* DWB XII 1626.

marillenernte Subst. f. [WG] nur in:
zur Marillenernte sein Phras. [WG]
– im Gefängnis eingesperrt sein (im in der Wachau gelegenen Gefängnis Stein) [WG] ♦ **E:** österr. *Marille* ‚Aprikose'.

maringotte Subst. f. [JS]
– Wohnwagen [JS] ♦ **E:** dt. *Maringotte* ‚hölzerner Wohnwagen oder kleiner Pferdewagen für Artisten und Zirkusleute' < frz. *maringotte*.

märk Subst. f. [KM]
märke [KM]
– Mutter [KM] ♦ **E:** rhein. *Märg* ‚Maria, gutmütige Frau' u. a. (RheinWb. V 857 f., *Märg* II).

marke Subst. f. [StG]
– Ring [StG] ♦ **E:** wohl zu dt. *Marke* ‚Grenze, Grenzland' DWB XII 1636 f.

marki Subst. f. Pl. [GM]
– Mark (Währungseinheit) [GM] ♦ **E:** dt. *Mark*. ♦ **V:** *di sore sugd bans marki* ‚die Ware kostet 5 Mark' [GM].

markis Subst. m. [EF]
– Kellner [EF] ♦ **E:** dt./stud. *Markus, Markör* ‚Kellner', aus frz. *marqueur*, Wolf, Fatzersprache 127.
kupermarkis Subst. m. [EF]
– Kellner [EF].

markli Subst. f. [GM]
– Kuchen [GM] ♦ **E:** roi. *markeli* ‚Kuchen' (WolfWZ 1892). ♦ **V:** *mer hawe de maijgli gekald* ‚wir aßen den Kuchen' [GM]; *de gards hed en maijerlin getsefd* ‚der Mann hat einen Kuchen gebacken' (euph. für ‚er hat sich betrunken') [GM].

markmann Subst. m. [HN]
– Gruppenangehöriger [HN] ♦ **E:** ON Marckmannstraße [Hamburg] ♦ **V:** *ich bin in der Marckmannstrasse* (im dortigen Kinderkrankenhaus im Arbeiterviertel Rothenbergsort) *geboren worden* ‚ich weiß, wo es langgeht, gehöre zur Szene'.

markt Subst. m. [WG] nur in:
jmd. auf den Markt hauen Phras. [WG]
– verraten [WG] ♦ **E:** dt. *Markt*. Benennungsmotiv: öffentlich zur Schau stellen.

maro[1] Subst. m./n. [CL, GM, JS, JSW, LJ, LL, LoJ, MB, MeJ, MM, MoJ, MUJ, OJ, SJ, TJ, TK, WJ]
māro [PH]; **mahro** [JSW, LüJ]; **maaro** [JSa]; **marro** [KJ]; **maru** [WJ]; **mao** [Him, MB]
– Brot [CL, GM, Him, JS, JSW, Jsa, KJ, LJ, LL, LoJ, LüJ, MB, MeJ, MM, MoJ, MUJ, PH, SJ, TJ, TK, WJ]; Scheibe, Stück Brot [MM]; Butterbrot [MB, MM, SJ]; Brotlaib [OJ]; Essen [MM]; belegtes Brot [MB]; Butterstulle [MB]; Kniffte [MB] ♦ **E:** rw. *maro* ‚Brot' < roi. *maro* (WolfWR 3418, WolfWZ 1892). ♦ **V:** *schwarzer maro* ‚Schwarzbrot' [LJ]; *maro kale* ‚Brot essen' [GM]; *en tsach maro* ‚ein Laib Brot' [GM]; *en gode maro* ‚ein Stück Brot' [GM]; *galo maro* ‚Schwarzbrot' [GM]; *Beim lehmschupfr kaschd a dromm maro dercha odr staucha der ischd a weng gschupfd, sischd a schote* ‚Beim Bäcker kannst du ein Stück Brot betteln oder stehlen, er ist ein wenig blöd, er ist ein dämlicher Bursche' [SJ]; *wes maro ich achile, des rees ich schallere* ‚wes Brot ich eß', des Lied ich sing' [MM]; *bei den hachos ham wir dann auch noch maro bewircht* ‚bei

den Bauern bekamen wir dann auch noch Brot' [MM]; *mach mir bitte ein mao, ich muß zur butje scharniegeln* ‚mach mir bitte ein Brot, ich muß zur Firma, arbeiten' [MB]; *ein maro kottern* ‚ein Butterbrot essen' [MB]; *maros auffe maloche mitnehmen* ‚belegte Brote mit zur Arbeit nehmen' [MB]; *ob osser klett hockt dofte schmonk und längeling mit maro* ‚auf unserem Tisch steht gute Butter mit Wurst und Brot' [JS]; *ruochen, ihr kahlet maro* ‚Bauern, ihr eßt Brot' [LüJ]

ballemari Subst. n. [GM]
– Brötchen [GM] ♦ **E:** dt. *ballen* ‚Teig, Mus' (DWB I 1092); dazu auch rw. *bolling* < *boll* ‚rund' (WolfWR 268).

gwanter maro Subst. m., Phras. [TJ]; **gwandter maro** [TK]
– Kuchen [TJ, TK] ♦ **E:** → *gwant* ‚gut, süß'.

killemaro Subst. n. [MM]
– Butterbrot [MM]; Brot [MM]; Scheibe Brot [MM]; Schnitte Brot [MM] ♦ **E:** → *kille* ‚Butter'.

kilaro Subst. [MM]
– Brot [MM]; Butterbrot [MM]; Scheibe Brot [MM]; Schnitte Brot [MM] ♦ **E:** wohl Kürzung zu *killemaro*.

marohansel Subst. m. [SJ]
– Backtrog [SJ]

maropflanzer Subst. m. [LoJ]
– Bäckerei [LoJ]

maroschieber Subst. m. [SJ]
– Bettler um's Brot [SJ]

maroschupfer Subst. m. [TJ]
– Bäcker [TJ] ♦ **E:** rw. *schupfen* ‚backen' (vom Einschieben des Brotes beim Backen) WolfWR 5201; → *lechumschupfer* ‚Bäcker').

maro² Adj. [MM]
– kaputt [MM] ♦ **E:** roi. *mar-* ‚töten' (WolfWZ 1877).

marode Adj. [LJ, MM, MoJ, RR]
marod [OJ, SJ]; **maraude** [PfJ]
– krank [LJ, MoJ, OJ, PfJ, RR, SJ]; bankrott [OJ]; ermüdet [SJ]; matt [MM, SJ]; lahm [MM]; kaputt [MM] ♦ **E:** dt. *marode* ‚matt, müde' DWB XII 1669 f. < frz. *maraud* ‚herumziehender Bettler'; vgl. Klu. 1995, 541, Klepsch 986; evtl. mit Einfluss von roi. *mar-* ‚töten' (WolfWZ 1877).

marodepink Subst. m. [MM, SchJ]; **marodebenk** [LJ, SJ]; **marodebengges** [OJ]; **maroddepink** [Scho]
– Arzt [LJ, MM, OJ, SJ, SchJ] ♦ **E:** rw. *marodepink* ‚Arzt' (WolfWR 3320). ♦ **V:** *Kliste, i hab dei moss gschpannt beim marodebenk, se hot mr dibbert, daß se lake trittling hot* ‚Polizist, ich habe deine Frau beim Arzt gesehen, sie hat mir gesagt, daß ihre Füße nicht in Ordnung sind' [SJ]; *Dr marodebenk hot se kuriert, se hot stenzelscheinling an de trittling ket, aber jetzt boscht se wieder wia mössle* ‚Der Arzt hat sie kuriert, sie hat Hühneraugen an den Füßen gehabt, aber jetzt läuft sie wieder wie ein Mädchen' [SJ]; *Fiesl i hauer pegerisch gang zom urinprophet odr zom rötlengsfetzer ond hol mr ebes abr net zom marodebenk der ischd link* ‚Junge, ich bin krank, geh zum Apotheker oder zum Bader und hol mir etwas, aber nicht zum Doktor, der ist falsch' [SJ].

marole Adv., Adj. [MM]
marule [MM]
– erschöpft [MM]; „jemandem ist nicht wohl" [MM]; kaputt [MM]; müde [MM]; pleite [MM]; „taugt nichts mehr" [MM] ♦ **E:** wohl zu roi. *mar-* ‚töten' (WolfWZ 1877); evtl. kontaminiert mit oder Einfluss von jd. *mapole* ‚Untergang, Fall' (We 77); → *machulle*. ♦ **V:** *marole böschen* ‚sich vor der Verantwortung drücken, abhauen' [MM].

marschei Subst. m. [JSW]
– Pfarrer [JSW] ♦ **E:** wohl zu roi. *raschei* ‚Priester, Pfarrer'.

märte Subst. n. [MeT]
märten [MeT]
– Kind [MeT]; Mädchen [MeT] ♦ **E:** rw. *märte(n)* ‚Kind' WolfWR 3426 (ohne Herleitung); aus dem RN *Martin, Märten*, Siewert, Humpisch, 94.

märtenquässer Subst. m. [MT, MeT]
– Lehrer [MT, MeT] ♦ **E:** rw./ugs. *quasseln, quössen* WolfWR 4428 ‚unsinnig reden', nd. *quatern*, Siewert, Humpisch, 94.

martiene Subst. f. [StG]
– Wanderschaft [StG] ♦ **E:** Bildung zu → *medine*.

mardaine Subst. f. [SS, WH]
– Handel [SS] ♦ **V:** *auf die mardaine gehen* ‚auf Handel gehen' [SS, WH]

mardiner Subst. m. [SchJ]; **märtiner** [LJ]; **mardiner** [SchJ]
– Bayer(n) [LJ, SchJ] ♦ **E:** zu → *medine* hier: ‚das Land (Bayern)'; *blau* wg. Wappenfarbe von Bayern (WolfWR 532). ♦ **V:** *blauer märtiner* ‚Bayer' [LJ].

märweling Subst. n. [CL, JS, LL, PH]
– Gebäck [CL]; Kaffeestückchen [CL, LL]; Konfekt [CL]; Brot [JS]; Brötchen [PH] ♦ **E:** zu dt. *mürbe*, pfälzisch *märb* ‚mürbe'; *e Märwes* ‚Mürbegebäck, Kaffeestückchen' (PfälzWb IV 1472).

marwiechen swV. [HLD]
– bezahlen [HLD] ♦ **E:** jd. *mewiechen(en)* ‚verdienen' We 83. Vgl. → *bewirchen*.

marz ON [BM]
– Marzili (Quartier in der Stadt Bern) [BM].

mas ‚Fleisch' → *mass*.

mäs Subst. m. [EF]
mees [EF]
– Lehrer [EF] ♦ **E:** wohl Kürzung von *Magister*, mdal. *Määster, Meester, Maaster* ‚Meister'; evtl. Einfluss von frz. (Argot) *ces mess* ‚die Herren'.

hausmäs Subst. m. [EF]
– Hauslehrer [EF]

obermäs Subst. m. [EF]
– Oberlehrer [EF]

postmäs Subst. m. [EF]
– Postmeister [EF]; Postschalterbeamter [EF]

tanzmäz Subst. m. [MoM]; **tanzmess** [EF]; **tanzmäs** [EF]; **tânzmâs** [EF]
– Tanzmeister [MoM]; Tanzlehrer [EF].

maschbucha Subst. f. [SPI]
maschbueche [Scho]
– Frau [SPI]; Ehefrau [SPI]; Verwandtschaft [Scho] ♦ **E:** jd. *maschbuche* ‚Familie' (Klepsch 988). Vgl. → *mischpoke*.

masche Subst. f. [MM]
– Art [MM]; „ausgefallene Angewohnheit" [MM]; Trick [MM] ♦ **E:** dt./ugs. *Masche*; evtl. Einfluss von jd. *mezio* ‚Gewinn, Lösung' (Röhrich II 1992: 1004).

maschemau Interj. [MM, Scho]
maschmau [MM]
– ah! oh! [MM]; Ausruf des Erstaunens, der Verneinung, Verweigerung, Zustimmung [MM]; erstaunt sein [MM]; „mach ich nicht mit" [MM]; Fluch [Scho] ♦ **E:** jd. *jemachschemau* ‚Fluch (nach der Erwähnung eines Namens), Erstaunen' (We 68). ♦ **V:** *maschminus maschmau* (Ausruf des Erstaunens) [MM]; *maschemau, hat der seeger 'ne tofte alte* ‚Donnerwetter, was hat er für eine schöne Frau' [MM]; *maschemau, wat kann der achilen!* ‚der kann aber viel essen!' [MM]

mascheminus Interj. (zum Ausdruck des Erstaunens, oft in Verbindung mit negativen Aussagen) [MM]; **maschiminus** [MM]; **maschmine** [MM]; **maschminus** [MM]
– ah! oh! [MM]; *maschminus maschmau* (Ausruf des Erstaunens) [MM] ♦ **V:** *und da stand plötzlich der seeger vor mir, 'n mispel mit seine pickelhaube... mascheminus!* ‚... und plötzlich stand ein Polizist vor mir...!' [MM] ♦ **E:** spielerische Umbildung von *maschemau*, dt./lat. *minus* ‚abzüglich'.

mäscher Subst. m. [BM]
– Kopf [BM] ♦ **E:** schweizdt. *Mäscher* ‚geschwulstartiger, harter Auswuchs am menschlichen Körper' SchweizId. IV 444.

maschken swV. [KMa]
– bezahlen [KMa]; tun [KMa] ♦ **E:** rw. *maschkenen* ‚Geld auf Pfänder darleihen' aus jd. *maschkenen* ‚zum Pfand nehmen' WolfWR 3433.

maschkes Subst. m. [Scho]
maschkiesen Pl. [Scho]
– gerissener Mensch [Scho]; gewalttätiger Mensch [Scho] ♦ **E:** jd. *maschkes* ‚gerissener, auch gewalttätiger Mensch' (We 77).

maschores Subst. m. [JSa, MB, MM, PH, PfJ, SJ, SPI, Scho]
maschōres [CL, PH]; **maschôres** [CL, SJ]; **maschoores** [CL, HK, NrJ]; **maschoeres** [Scho]; **machores** [CL, MM, StG]; **meschores** [MM, SPI, Scho]; **moschores** [MM]; **muschores** [CL]; **maschore** [OJ]; **maschenes** [JS]
– Knecht [CL, JSa, PH, PfJ, SPI, Scho]; Diener [CL, Scho]; Händlergehilfe [CL]; Untergebener [Scho]; Gehilfe [CL]; Kellner [StG]; Halbvorgesetzter [MM]; Vorarbeiter [MM, SJ]; Aufseher [MM]; Aufseher im Gefängnis [MM]; Vorarbeiter im Gefängnis [MM]; Wärter im Zuchthaus [MM]; Wächter im Gefängnis [SJ]; Wachtmeister [MB]; Gefangenenwärter [MM]; (Ober-) Aufseher im Knast [MM]; Schinder, Aufseher [OJ]; Chef [MM]; Leiter [MM]; Mann [NrJ]; „einer, der mit großen Händlern reist, auf Tour geht" [MM]; Reisende [CL]; Schinder [SJ]; Anführer [HK]; dummer Mensch [HK]; Metzger [SPI]; Polier [MM]; Gebetbuch [Scho] ♦ **E:** rw. *meschores, maschores* ‚Diener' (WolfWR 3562) < jd. *meschores* ‚Diener, Untergebener' (We 82, Post 219, Klepsch 993). Bedeutungen ‚Chef, Leiter': semantische Antonymie, Siewert, Grundlagen, 367. → *massörsche*. ♦ **V:** *maschores schemmt bekan* ‚der Chef kommt!' [MM]; *der maschores is inne maloche lau schauwe!* ‚der Polier ist bei der Arbeit nichts wert' [MM]; *ich hatte schon immer 'n rochus auf den maschores* ‚ich hatte schon immer eine Wut auf den Aufseher' [MM]; *schovele maschenes* ‚schlechter Mann' [JS]

kluftmachores Subst. m. [StG]
– Hausvater im Gefängnis [StG]
obermaschores Subst. m. [MM]
– Leiter [MM]
vizemaschores Subst. m. [MM]
– Vizepräsident [MM].

maschugge ‚verrückt' → *meschugge*.

maschummen ‚Geld' → *masummes*.

mase¹ Subst. f. [MM]
– Masematte (interner Sprachname) [MM] ♦ **E:** Kurzform aus → *masematte²*.

mase² Subst. f. [Scho]
– Geschichte [Scho] ♦ **E:** jd. *māse* ‚Geschichten, Angelegenheiten'; *māse bebau* ‚unwichtige Sache'; *māse stuss* ‚unsinnige oder unglaubwürdige Geschichte' (We 78).
mase bebau Subst. f. [Scho]
– unwichtige Sache [Scho]
mase stuss Subst. [Scho]
– unglaubwürdige Geschichte [Scho].

masel Subst. m. [WG]
– Stemmeisen [WG] ♦ **E:** wienerisch *Meißel*.

masematte¹ Subst. f. [JS, MB, MM, MUJ, SJ, SPI, SS]
massematte [CL, LL, PfJ, Scho]; **massemad** [WJ]; **massmad** [LüJ]; **massemat** [CL, PH]; **massemátt** [CL, PH]; **massematt** [CL]; **massomatt** [LJ]; **masslo** Subst. n. [WJ]
– Geschäft [CL, LüJ, MB, MUJ, PH, PfJ, Scho, WJ]; Handelsgeschäft [Scho]; gutes Geschäft [LJ]; Handel [LL, MB, MM, SPI, SS]; Wandel [LL]; Handel und Wandel [CL]; Hausiererei [MM]; zweifelhafte Beschäftigung [SJ]; Unternehmen [JS] ♦ **E:** rw. *masematten* ‚Handel und Wandel' (WolfWR 4342) < jd. *massa umatan* ‚Handel, Handelsbetrieb' (We 78, Post 220, Klepsch 1007). ♦ **V:** *dofte masematte* ‚gutes Geschäft' [SPI]; *doffe masematte* ‚gutes Geschäft!' [SS]; *masematte heba* ‚Diebstahl begehen' [SJ]; *D'schicks hatschd mid ihram schure auf dr schtrade odr deam derech zom nägchda kaff, se weled dord a masematte heba ond dibbred deshalb blos no jenisch* ‚Das Weib geht mit ihrem Burschen auf der Landstrasse oder dem Weg zum nächsten Dorf, sie wollen dort einen Diebstahl begehen und sprechen deshalb nur noch die Kundensprache' [SJ]; *Mr hen æ gwande massemad gmengd* ‚Wir haben ein gutes Geschäft gemacht' [WJ]; *was er für massematte macht* ‚was er für Geschäfte macht' [Scho]

masematten Subst. Pl. [HLD, MM, StG, WL]; **massematten** [MM, Scho]; **masematte** [CL, LL]
– Geschäfte [HLD, MM, StG, WL]; Handel [Scho] ♦ **V:** *Wie sind die masematten?* ‚Wie geht das Geschäft?' [MM]; *Wie schäffen die massematte?* ‚Wie laufen die Geschäfte?' [CL, LL]
massematter Subst. m. [MM, Scho]; **masemätter** [SS]; **massemätter** [WH]; **masematter** [MB]
– Händler [MB, MM, Scho]; Handelsmann [SS, WH]; Hausierer [MM]
harvemasematte Subst. f. [SS]
– Sensengroßhandel [SS] ♦ **E:** rw. *harbe* ‚viel, groß', aus jd. *harbe* ‚viel' WolfWR 2068.
wuddimasematten Subst. n. [MM]
– Autohandel [MM]
wullemasematte Subst. m. [SS]
– Wollwarenhandel [SS]
masemattenfreier Subst. m. [MB, MM]
– Händler [MB, MM]; Hausierer [MM]; Masemattemann [MM]; Schrotthändler [MB]; Schrotter [MB]
masemattengeue Subst. f. [MM]
– Masematte-Frau [MM]
masematteminister Subst. m. [MM]
– Wirtschaftsminister [MM]
massematten swV. [MM]
– Geschäfte machen [MM]; handeln [MM]; kaufen, verkaufen [MM]; *massematten gehen* ‚hausieren' [MM] ♦ **V:** *die masematten sind lau* ‚die Geschäfte laufen schlecht' [MM]
masematuchen swV. [MB]; **massematuchen** [MB]
– stehlen [MB]
masematuche Subst. f. [MB]
– leichte, einfache Angelegenheit [MB] ♦ **V:** *das war 'ne masematuche* ‚das war leicht' [MB].
masematte² Subst. F., interner Sprachname [MM]
– „Masemattensprache" [MM]; tofte Sprache [MM]; „da sprechen wir davon" [MM]; „die kochume rackewehle" [MM]; „eigenwillige Sprache" [MM]; „hier beschriebene Mundart" [MM]; „Mundart" [MM] ♦ **E:** → *masematte¹*. Siewert, Grundlagen; Siewert, Geheimsprachen in Westfalen, II. ♦ **V:** *der seeger hegt die masematte* ‚der Mann spricht Masematte' [MM]; *die meisten ham ja keine zerche vonne masematte* ‚die meisten haben ja keine Ahnung von der Masematte' [MM]
pseudomasematte Subst. f. [MM]
– Pseudo-Masematte [MM]
masemattefleppe Subst. f. [MM]
– Masematte-Buch [MM]

masemattefreier Subst. m. [MM]; **masemattenfreier** [MM]
– „einer, der die Sprache spricht" [MM]; „jemand, der die Mundart beherrscht" [MM]; „jemand, der Masematte spricht" [MM]; „Sprachgenie Masematte" [MM]

masemattemänglowierer Subst. m. [MM]
– Masematteforscher [MM]

masemattemalocher Subst. m. [MM]
– Masematteforscher [MM]

masemattemärchen Subst. n. [MM]
– Märchen in Masematte [MM]

masemattemetropole Subst. f. [MM]; **masemattenmetropole** [MM]
– Masematte-Metropole (Münster in Westfalen) [MM]

masemattenrakewele Subst. f. [MM]
– Masemattensprache [MM]

masemattespezie Subst. m. [MM]
– Fachmann für Masematte [MM]

masemattenstez Subst. m. [MM]; **masemattestetz** [MM]
– „jemand, der Masematte nachmachen will, etwa ein Student, aber nicht dazugehört" [MM]; Masemattenkerl [MM]

masemattetext Subst. m. [MM]
– Masematte-Text [MM]

masemattefleppenmänglowierer Subst. m. [MM]
– Masematte-News-Service [MM]

massematten swV. [MM]
– Masematte sprechen [MM].

---

masern ‚reden, schimpfen' → *massern*.

---

masingero Subst. m. [GM]
massingæro [WJ]
– Metzger [GN, WJ] ♦ **E:** rw. *massengro* ‚Fleischer' (WolfWR 3428) < roi. *masengro* ‚Fleischer' (WolfWZ 1896). ♦ **V:** *ich hab e goij gebigerd baijm masingero* ‚ich kaufte ein Wurst beim Metzger' [GM].

---

masmine Subst. f. [MM]
maßmiene [MM]; **massmine** [MM]
– Arbeitsschuhe [MM]; Schuh(e) [MM]; Bein, Fuß, Füße[MM] ♦ **E:** unsicher; *-mi(e)ne* evtl. aus hebr. [min'ᶜal] ‚Stiefel', jd. *minaal* ‚Schuh' (WolfWR 3533); *mas(s)-* unklar, nach der Bedeutung ‚Arbeitsschuhe' (vs. → *Massmeier* ‚Sonntagsschuhe', zum Wortfeld Schuhe Siewert, Grundlagen, 370 f.) womgl. verkürzt aus → *masematte¹* oder zu dt. *Mase* „fleck an irgend einem dinge, schmutzfleck oder farbfleck" DWB XII 1698 f. ♦ **V:** *jovle masminen* ‚gute Schuhe' [MM]; *die masminen sind vom vielen teilachen inne machulle gegangen* ‚die Schuhe sind vom vielen Herumlaufen kaputt gegangen' [MM]; *dat hat so gemeimelt, dat uns dat pani inne masminen lief* ‚es regnete so stark, daß uns das Wasser in die Schuhe lief' [MM]; *meine plinte war im Eimer, die masminen hatten ne Macke* ‚meine Hose war hinüber, die Schuhe hatten ein Loch' [MM]

masminchen Subst. n. [MM]; **maßminchen** [MM]
– kleiner Schuh [MM]

masminenmänglowierer Subst. m. [MM]; **masminenmäglowierer** [MM]
– Schuhmacher [MM]; Schuster [MM]

masminenmalocher Subst. m. [MM]
– Schuhmacher [MM]

masminenpünte Subst. f. [MM]
– volksetym. Namenübersetzung: ‚Schuh-Kahn' (Cafe *Schucan* in Münster).

---

masn Subst. f. [WG]
– Wohnung [WG]; Bett [WG] ♦ **E:** zu frz. *maison* ‚Haus'. ♦ **V:** *in der masn pausn* ‚in der Wohnung schlafen' [WG].

---

masockelchen, massokelchen → *mass*.

---

mass Subst. m./n. [CL, GM, GM, JS, JSa, JeS, LJ, LüJ, MB, MoJ, MUJ, OJ, PH, SJ, TJ, TK]
maß [CL, Him, JSW, LüJ, Mat, SJ, WJ]; **mast** [MM, PfJ, StG]; **mas** [JSW, MB, MeJ]; **maass** [JeS]
– Fleisch [CL, GM, Him, JS, JSW, JeS, Jsa, LJ, LüJ, MB, Mat, MeJ, MoJ, MUJ, OJ, PH, SJ, StG, TJ, TK, WJ]; Speck [CL, GM, JSW, MM]; Wurst [PfJ]; Fett [CL, LJ, MM]; „sonstige Fettigkeiten (außer Wurst)" [MB] ♦ **E:** rw. *mass* ‚Fleisch' (WolfWR 3428) < roi. *mas* ‚Fleisch' (WolfWZ 1896); SchwäbWb. IV 1518 (*Massfetzer*). ♦ **V:** *mufiger mass* ‚stinkendes Fleisch' [LüJ]; *nasch en kaflerei und hol mir 'n mass und 'n rondleng, weil i boggelo hab* ‚ich geh' in die Metzgerei und hol' mir Fleisch und Wurst, weil ich Hunger habe' [LüJ]

massfetzer Subst. m. [SJ]; **mäßfetzer** [SJ]; **massfätzr** [OJ]
– Metzger [OJ, SJ] ♦ **V:** *Gschob amol, do hatscht dr massfetzer* ‚Schau, da kommt der Metzger' [SJ]; *Schure, gschaubet her, do hot dr massfetzer schling ond bossertlappa herketscht, do kennemer mordsmäßig butta* ‚Männer, schaut her, der Metzger hat Wurst und Fleischstücke gebracht, da können wir tüchtig essen' [SJ]; *Hoimde scharle, wenn dir dei moss nowes zom achla gricht hot, no kascht deine näpfer hier kehrig schenegla losse, bis dei rande so aussieht, wia am massfetzer sei wamp* ‚Wart ab Schultes, wenn dir dei-

ne Frau nichts zum Essen gerichtet hat, dann kannst du deine Zähne hier tüchtig arbeiten lassen, bis dein Bauch so aussieht, wie dem Metzger sein Bauch' [SJ]; *Massfetzer, deine schling waret gwand, aber dei bossert zu kiewig* ‚Metzger, deine Würste waren gut, aber dein Fleisch zu fett' [SJ]; *Dr scharle, des ischt doch a ganz gwanter benk ond dazu dr kieseler dr massfetzer ond dr duftschaller, des sind doch gwande schwächer* ‚Der Schultes, das ist doch ein ganz netter Mensch und dazu der Maurer, der Metzger und der Lehrer, das sind fröhliche Trinker' [SJ]; *Dr massfetzer machd a kiwiga schling aus am bane* ‚Der Metzger macht eine gute Wurst aus dem Fleisch' [SJ]; *eine macke mast* ‚ein Streifen Speck' [MM]; *bei dem chalo kannste joflen mast bewirchen* ‚bei dem Bauern kannst du guten Speck bekommen' [MM]; *schabolcher von mass* ‚Fleischstücke' [LJ]

massfetzerei Subst. f. [SJ]
– Metzgerei [SJ] ♦ **V:** *Baizermoss, i lins, der ketscht an jesesmäßiga rande, wenn do von dr massfetzerei schling ond a bossert drin hauert, no kennemer a gwande mansche haure* ‚Frau Wirtin, ich sehe, er trägt einen jessesmäßigen Sack, wenn dort von der Metzgerei Wurst und Fleisch drin ist, dann können wir ein gutes Essen machen' [SJ]

masockelchen Subst. Pl. [KMa, OH]; **massokelchen** [KMa]
– Klöße [KMa, OH]; Pfannkuchen [KMa] ♦ **E:** Diminutivbildung zu rw. → *mass* ‚Fleisch'; HessNassWb. II 269.

staabmasockelchen Subst. Pl. [KMa]
– Mehlpfannkuchen [KMa]

bakromass Subst. m. [GM]
– Schaffleisch [GM] ♦ **E:** → *bakri*.

balimass Subst. m. [GM]
– Schweinefleisch [GM] ♦ **E:** → *balo*.

graijmass Subst. m. [GM]
– Pferdefleisch [GM] ♦ **E:** → *graij*.

groamass Subst. m. [OJ]
– Siedfleisch vom Schweinskopf [OJ]

groanikelsmaß Subst. m./f. [LüJ]; **groanickelsmaß** [LüJ]
– Schweinefleisch [LüJ]; Hasenfleisch [LüJ] ♦ **E:** rw. *kronickels-maß* ‚Schweinefleisch', *grunzer* ‚Schwein' (WolfWR 1959). Vgl. → *groanert²*.

kibbamass Subst. m. [OJ]; **kippæmass** [WJ]; **kippamaß** [LüJ]
– Hundefleisch [LüJ, OJ, WJ]

krumnimass Subst. m. [GM]
– Kuhfleisch [GM] ♦ **E:** → *krumni*.

murgemaß Subst. m./f. [LüJ]; **murgenmaß** [LüJ]
– Katzenbraten [LüJ] ♦ **E:** rw. *murke* ‚Katze', zu roi. *múrka* ‚Katze', dt. (ant.) *murner* ‚Kater' (WolfWR 3734).

stachlingeromass Subst. m. [GM]
– Igelfleisch [GM]

stupfelmaß Subst. m./f. [LüJ]
– Igelfleisch [LüJ]

trappertmass Subst. m./f. [LüJ]
– Pferdefleisch [LüJ]

tschugglmaß Subst. m./f. [WJ]; **tschuggelmaß** [LüJ]
– Hundefleisch [LüJ, WJ]

uschblingermass Subst. m. [GM]
– Pferde(metzger)fleisch [GM] ♦ **E:** → *guschblu*.

mass Adj. [GM]
– fleischig [GM].

massæradde Subst. f. [WJ]
– Feier [WJ]; Fest [WJ]; Rutschbahn auf Eis [WJ] ♦ **E:** unsicher; evtl. zu dt. *Maskerade* DWB XII 1706 f., schwerer zu rw. *massim* ‚herrschaftliches Schloss' WolfWR 3444.

massakrieren swV. [SPI]
– plagen [SPI]; jdm. wehtun [SPI] ♦ **E:** dt. *Massaker* ‚Gemetzel, Blutbad'; im 17. Jh. aus frz. *massacre*.

massang Subst. m. [MoM]
– Maurer [MoM] ♦ **E:** frz. *macon* ‚Maurer'.

massek Adj. [StG]
– stark [StG] ♦ **E:** unsicher; evtl. zu dt. *massig* DWB XII 1711.

masseker Subst. m. [SS]
– Teufel [SS] ♦ **E:** rw. *masik* ‚Schadenbringer, Teufel', aus jd. *masik* ‚Unhold, schädlicher Dämon' (WolfWR 3437). → *massik*.

massel Subst. m./n. [CL, GM, HLD, JS, LJ, LL, MB, MM, MUJ, SJ, SPI, SS, Scho, StG]
masel [MM, NJ]; **massl** [HK, OJ, Scho, WJ]; **masoles** Subst. n. [Scho]
– Glück [CL, GM, HK, HLD, JS, LJ, LL, MM, MUJ, NJ, OJ, SJ, SPI, SS, Scho, StG, WJ]; Dusel [MM]; Erfolg [JS] ♦ **E:** rw. *masel, massel* ‚Glück' (WolfWR 3435) < jd. *massel* ‚Glück', jd. *masol* ‚Gestirn, Stern, Glücksstern, Glück' (Ave-L. 410, We 79, Post 220, Klepsch 1001). ♦ **V:** *massel am brochum* ‚Glück gehabt', *massel anne brooche* ‚Wunschformel: viel Glück beim Handel' [MM]; *der freier hat massel gehabt* ‚der Mann hat Glück gehabt' [MM]; *Do hosche awer massel g'hat!* ‚Da hast du aber Glück gehabt' [CL, LL]; *massl*

doff! ‚viel Glück' [LJ, OJ]; *masseltof!* ‚gratuliere'
[Scho]
masselbrassel Subst. m. [MM]
– Glück im Unglück [MM]
masslebrouche Subst. M., Phras. [Scho]; **masselbrochs** [JS]
– Glück und Segen [JS, Scho]; viel Glück [Scho] ♦ **E:** jd. *broche* ‚Segen' → *broche¹*; in der Viehhändlersprache Wunschformel nach Verkaufsabschluss: *massel und brooche!*, Siewert, WB Viehhändlersprache, 47.
masselbruder Subst. m. [MM]
– Glückspilz [MM]
masselfreier Subst. m. [MM]
– Glückspilz [MM]; Schornsteinfeger [MM]; „jemand, der Glück hat" [MM]
masselfreund Subst. m. [MM]
– Schicksalsgefährte [MM]
masselseeger Subst. m. [MM]
– Glückspilz, Schornsteinfeger [MM]
masseltasse Subst. f. [MM]
– Glückstasse [MM]
masseltour Subst. f. [MM]
– Glück [MM]; Glückssträhne [MM]; Glückstour [MM]; „Unternehmen, um etwas an Land zu ziehen" [MM]
berochemassel Phras. [CL]
– Segen und Glück [CL] ♦ **E:** Umkehrung von usuell *massel und brooche.* → *masslebrouche*, s. o. im Artikel.
masseln¹ swV. [HK, JS, MM]
– Glück haben [HK, MM]; glücken [MM]; gut gehen [MM]; klappen [MM]; gelingen [MM]; erfolgreich, glücklich sein [JS] ♦ **V:** *jovel masseln* ‚gut gehen' [MM]
vermasseln swV. [HK, JS, JSa, MM, NJ]; **vermassele** [CL, PH]; **vermassen** [Scho]; **vrmassla** [OJ]
– ein Verhältnis kaputt machen [MM]; kaputt machen [HK]; jmd. etwas kaputt machen („dass er Pech hat oder nicht weiterkommt") [HK, MM]; jmd. Schaden zufügen [NJ]; „ein Geschäft zunichte machen" [HK]; „einen Keil hereintreiben" [HK]; verraten [HK, JSa, PH]; verderben [CL, HK, Scho]; verpatzen [MM, OJ]; verlieren [MM]; verunstalten [MM]; vereiteln [Scho]; krumm machen [Scho]; vorenthalten [MM]; etwas nicht richtig machen [HK]; etwas falsch machen [MM]; verulken [HK]; anzeigen [HK]; verpassen [HK]; vergessen [HK]; nicht mehr taugen [JS] ♦ **V:** *En doffe April vermasselt den Mai!* ‚Ein guter April verdirbt den Mai' [CL]; *der schock ist vermasselt* ‚der Markt taugt nichts mehr' [JS]

vermasslung Subst. f. [HK]
– Verrat [HK]; Abreden [HK]; „verulken" [HK]; „veralbern" [HK]; „einem das miesmachen" [HK]; „wie *vermasseln*" [HK].

masseln² swV. [MM, MUJ, SJ]
maseln [CL, SJ]; **masihlen** [GM, WJ]; **massele** [CL, JS, PH]; **massla** [SJ]; **masslæ** [WJ]
– urinieren [CL, GM, SJ, WJ]; harnen [CL, JS, PH]; pinkeln [MUJ]; mingere [CL]; „austreten klein" [CL]; bumsen [SJ]; scheißen [GM] ♦ **E:** rw. *masseln* ‚urinieren' (WolfWR 3441) < jd. *masseln, maschten* ‚urinieren' (Klepsch 1005, Post 220). ♦ **V:** *de tsabo is masile* ‚der Mann ist hinausgegangen, um Waser zu lassen' [GM]
masselbajes Subst. n. [CL]; **masslbajs** [CL]
– Pissoir [CL]
meddemassler [CL]
– Bettnässer [CL] ♦ **E:** rw. *mitte, mette* ‚Bett' (WolfWR 3637). ♦ **V:** *des is en meddemassler* ‚er ist ein Bettnässer' [CL]

masseln³ swV. [HK]
– sprechen [HK]; sagen [HK]; reden [HK]; abreden [HK]; erzählen [HK] ♦ **E:** wohl Dissimilation aus → *massern* ‚erzählen, sprechen'. ♦ **V:** *lag masseln* ‚nichts sagen' [HK].

masserem¹ Phras. [StG]
– behüt dich Gott! [StG] ♦ **E:** unsicher; evtl. zu jd. → *massel* ‚Glück' oder rw./roi. *Maschari* ‚Mutter Gottes' WolfWR 3429.
masserem² swV. [StG]
– oben wohnen [StG]; wohnen [StG].

massern swV. [HK, JSW, Scho]
masern [LoJ]; **masseren** [WL]
– erzählen [HK]; sprechen [HK]; reden [JSW, WL]; verraten [Scho]; herabsetzen [Scho]; schimpfen [LoJ] ♦ **E:** rw. *massern* ‚verraten, angeben, schwatzen', jd. *mossern* ‚verraten, angeben, schwatzen' (WolfWR 3695), jd. *moser* ‚Verräter' (We 85).
masserer Subst. m. [HK, Scho]
– Erzähler [HK]; Verräter [Scho]
vermassern swV. [HK, Scho]
– verraten [HK, Scho]; erzählen [HK]; verulken [HK]; veralbern [HK]; „einem das miesmachen" [HK]; reden [Scho]; über jemanden Schlechtes reden [Scho]; krumm machen [Scho].

massik Subst. m. [CL, LL, LüJ]
massig [JeS, TK]; **masik** [WL]; **maassig** [JeS]; **massek** [Scho]; **messich** [Scho]
– dickköpfiges, eigenwilliges Kind [CL, LL]; störrischer Mensch [CL]; störrisches Kind [CL]; ungehobelter Mensch [CL]; störrisches Pferd [CL, LL, WL]; bösartiges Pferd [CL]; Teufel [JeS, LüJ, TK]; Geck, Narr [LüJ, WL]; Schädling [Scho]; gefährlicher Mensch [Scho]; Schaden [Scho] ♦ **E:** rw. *masik* ‚Schadenbringer' (WolfWR 3437) < jd. *masik* ‚schädlicher Dämon, Unhold' (We 78, Post 221, Klepsch 1011); PfälzWb. IV 1210/10, SüdhessWb. IV 558/59, RheinWb. V 933/34, ElsWb. I 1717, HessNassWb. II 269. Vgl. → *masseker*.
♦ **V:** *des Sussem is en Massik* ‚das Pferd ist ein bösartiges Tier' [LL, CL]; *Der roochest mich noch kabut, der Massik* ‚Der ärgert mich noch zu Tode, der Unhold' [LL, CL]

massig Adj. [LüJ]; **maassig** [JeS]; **massich** [LüJ]; **massik** Adj. [LüJ]
– elend [JeS]; miserabel [JeS]; schlecht (charakterlich) [JeS]; zornig, wütend [LüJ]; böse [LüJ] ♦ **V:** *e maassige chueni* ‚ein elender Kerl' [JeS]; *e maassige ruech* ‚ein schlechter Bauer' [JeS]

massigruech Subst. m. [JeS]
– Teufelskerl [JeS] ♦ **E:** → *ruch*.

massing Adj. [LoJ]
– schlimm [LoJ]

massing Subst. [LoJ, Zi]
– Teufel [LoJ, Zi] ♦ **E:** wohl zu → *massik*.

massjon Subst. f. [CL]
– eine ganze Menge [CL] ♦ **E:** pfälz. *Massion* ‚Menge' (PfälzWb. IV 1211).

mässle Subst. n. Dim. [KP]
– Flasche [KP]; Schoppen [KP] ♦ **E:** Dim. zu dt. *Maß*.

massle swV. [LüJ]
masslä [LüJ]
– regnen [LüJ]; urinieren [LüJ] ♦ **E:** rw. *masseln* ‚urinieren' (WolfWR 3441).

massledoge Subst. f., meist Pl. [CL, LL, PH]
massledouche [CL]; **masledōge** [PH]
– Kartoffel [CL, LL, PH] ♦ **E:** pfälz. *Matzen-dokelchen*: Pellkartoffeln, scherzh. (PfälzWb. IV 1221, WolfWR 3446).

masslo Subst. m. [GM]
maßlo [JSW]
– Fett [GM]; Butter [JSW] ♦ **E:** roi. *maslo* ‚Fett, Schmalz'; slow. *maslo* ‚Butter' (WolfWZ 1855).

massmattuken Subst. Pl. [SPI]
– kleine Schlägerei [SPI]; Scharmützel [SPI] ♦ **E:** zu hebr. *mattok* ‚süß' und jd. *maisse* ‚Tat'.

massmeier Subst. m. [MM]
maßmeier [MM]; **maschmeier** [MM]
– Schuh [MM]; Sonntagsschuh [MM] ♦ **E:** evtl. zu rw. *massgeir*, jd. *masger* ‚Schnalle, Verschluss' WolfWR 3436; die edleren Schuhe vs. → *masminen* ‚Arbeitsschuhe'. ♦ **V:** *die maßmeier tun mir weh* ‚die Schuhe drücken' [MM].

massörsche Subst. n. [SPI, SS]
– Dienstmädchen [SS]; Magd [SPI] ♦ **E:** Movierung zu → *maschores* ‚Diener'.

mast Subst. n. [MM]
– Glück [MM] ♦ **E:** unsicher; evtl. Bildung zu → *massel*; womgl. beeinflusst von dt. *Mast*
– ‚gemästet sein' DWB XII 1712.

masu Subst. n. [BM]
– Glück [BM]; Schwein (met.) [BM] ♦ **E:** wohl zu → *massel*.

masumme Subst. f. [MM]
masúmme [CL]; **massumme** [CL, Scho]; **massume** [NJ]; **masumm** [MM]; **masum** [MM]; **mesumme** [KMa, StG]; **messume** [HLD]; **massummen** Subst. Pl. [SPI, Scho, WL]; **masommen** [WL]; **masummen** [SE, Scho]; **maschummen** [SS]; **misomme** Subst. n. [KMa, OH]; **massūmes** Subst. n. [CL]; **massúmme(s)** [CL, PH]; **masummes** [MM]; **massummes** [MM]; **massūmes** [PH]; **mussumes** [JSW]
– Geld [CL, JSW, KMa, MM, NJ, OH, PH, SE, SPI, SS, Scho, StG]; viel Geld [CL, MM]; Verdienst [CL]; bares Geld [WL]; Betrug [HLD]; Schuldschein [Scho] ♦ **E:** rw. *mesummen* ‚bar, abgezählt' (WolfWR 3572) < jd. *mesummonim* ‚Bargeld', *mesummen* (We 83, Post 225, Klepsch 1013). ♦ **V:** *lau masumm auffe chatte* ‚wenig Geld in der Tasche' [MM]; *da konnte man schon kneistern, wo die masumm beschte* ‚da konnte man schon merken, wer viel Geld besaß' [MM]; *ich hab lau masumm auffe chatte* ‚ich habe kein Geld in der Tasche' [MM]; *lekiechen is en schaufel Dinges, wann me kein Pais un keine Maschummen un ok keine Schyife hiät* ‚Heiraten ist ein schlimm Ding, wenn man kein Haus und kein Geld und auch kein Mädchen hat' [SS]; *bescht der auf die lelletour oder hegt er eine kaline, die auf den talon teilacht und für in die masummes anschafft?* ‚Geht der auf Diebestour oder hat er ein Mädchen, das auf den Strich geht und für

ihn das Geld anschafft?' [MM]; *quant masommen / massummen am bolt* ‚viel Geld im Beutel' [WL]
masummen gsaaf Subst. f. [Scho]
– Schuldschein [Scho]
abschäftmasummes Subst. f. [MM]; **abschäftmasumes** [MM]
– Steuergelder [MM]; Steuern [MM]
laumasum Subst. f. [MM]
– fehlendes Geld [MM] ♦ **V:** *laumasum haben* ‚kein Geld haben' [MM]; Spruch auf Ausstellungen: *wer schleicht sich da bei uns am Stand herum? Dat sind die halbkarötter mitte laumassum* ‚wer schleicht das an unserm Stand herum? Das sind Asoziale, ohne Geld in der Tasche' [MM]
sassermesummen Subst. n. [Scho]
– Vermittlungsgeld [Scho].

matabre swV. [SPI]
– verraten [SPI] ♦ **E:** unsicher; evtl. zu jd. *dappern* ‚reden'.

matepin Subst. m. [GM]
– Rausch [GM]; Trunkenheit [GM] ♦ **E:** rw. *mattipen* ‚Trunkenheit' (WolfWR 3450) < roi. *matepen* ‚Trunkenheit, Rausch' (WolfWZ 1908).

mätesjen Subst. n. Dim. [NrJ]
– Verrückter [NrJ] ♦ **E:** unsicher; evtl. zu rw. *mattipen* u. ä. ‚Trunkenheit' (WolfWR 3450). ♦ **V:** *dä houts hokt e mätesjen* ‚Da hockt ein Verrückter' [NrJ].

mato[1] Adj. [GM]
mado [CL]; **maddo** [JS, PH]
– betrunken [GM, JS, PH]; müde [CL] ♦ **E:** rw. *matto* ‚betrunken' (WolfWR 3450) < roi. *mato* ‚trunken, betrunken' (WolfWZ 1908).

mato[2] Subst. [SJ]; **maddo** [LJ, MUJ, WJ]
– Rausch [LJ, SJ, WJ]; Suff [MUJ]
mättes Adj., Adv. [RH]
– verrückt [RH].

matof Subst. m. [LJ, SchJ]
– Keller [LJ, SchJ] ♦ **E:** rw. *matto* ‚abwärts, unten' aus jd. *mattof* ‚Keller' (WolfWR 3461).

matomato Phras. [SK]
– „es schmeckt mir gut" [SK] ♦ **E:** unsicher; evtl. aus ital. *m(e) amato(re)* ‚das gefällt mir' (Dieck 463); eher zu → *mato* (Middelberg, Romanismen, 39).

maträll Adj. [GM]
– verrückt [GM] ♦ **E:** wohl zu rw. *trallig* ‚verrückt' (WolfWR 1059) in Kontamination mit *mato*.

matrele Subst. f./m. [CL, JS, LüJ, MM, MoJ, PH, TK]
matrelli [JeS]; **matrelle** [UG]; **madrela** [OJ]; **madreele** [CL, LL]; **madreelæ** [WJ]; **madrele** [GM, JSW]; **matreele** [MM]; **matrille** [StG]; **matréll** [SK]; **mattrel** [SK]; **makrele** [JSa]; **matreli** [JSW]; **matrelis** [MB]; **matrelen** Subst. Pl. [LJ]; **matrellen** [MB, MUJ]; **matrehlen** [MB]; **mantrelen** [MB]; **matrelos** [MB]
– Kartoffel(n) [CL, GM, JS, JSW, JSa, JeS, LJ, LL, LüJ, MB, MM, MoJ, MUJ, OJ, PH, SK, StG, TK, UG, WJ]; Grundbirne, Grundbiere [LüJ] ♦ **E:** rw. *matrellen* ‚Kartoffeln'; *matreli* ‚Kartoffel' (WolfWR 3453) < roi. *matreli* ‚Kartoffel' (WolfWZ 1909). ♦ **V:** *matrelen makeimen* ‚Kartoffeln schälen' [MM]; *wat der hacho wohl geroint hat, als die ganzen matrelen plete waren!* ‚wie der Bauer wohl geschaut hat, als er bemerkte, daß die Kartoffeln fort waren!' [MM]; *in dem Bschaanem sin die Madreele awer jooger* ‚In diesem Jahr sind die Kartoffeln aber teuer' [CL]; *Loß' der was verzeehle,/ Vun de alde Beele;/ Hot'se kää Madreele,/ Kann 'se aa kää scheele!* ‚Lass dir etwas erzählen, von der alten Beele, hat sie keine Kartoffeln, kann siw auch keine schälen' [CL]; *In dem Bschaanem sind die madreele awer jooger* ‚In diesem Jahr sind die Kartoffeln aber teuer' [LL]; *dell mich mal die mantrelen* ‚gib mir mal die Kartoffeln' [MB]; *beim hacho matrelis schoren/bicken* ‚beim Bauern Kartoffeln klauen/ kaufen' [MB]; *ming moß fonkt matrele en bosert ob et hetzdenkelche* ‚meine Frau kocht Kartoffeln und Fleisch auf dem Herd' [JS]

bratmatrele Subst. f. [MM]
– Bratkartoffel(n) [MM]
knuspermatrelen Subst. f. [MM]
– Kartoffelchips [MM]
matschmatrele Subst. f. [MM]
– Kartoffelpürree [MM]
pellmatrele Subst. f. [MM]
– Pellkartoffel [MM]
matrelen ede[1] Subst. m. [MM]
– Schrebergärtner [MM]
matrelen ede[2] [MM]
– Übername [MM]
matrelenernte Subst. f. [MM]
– Kartoffelernte [MM]
matrelespanzer Subst. m. [LüJ]
– Traktor [LüJ]
matrelensalat Subst. m. [MM]
– Kartoffelsalat [MM].

matrini Subst. Pl. [KJ]
– Eltern [KJ] ♦ **E:** unsicher; evtl. Romanismus, vgl. span. *madrina* ‚Patin', lat. *matrina*.

matroß Subst. f. [KMa]
matross [KMa]
– Mädchen [KMa]; Magd [KMa] ♦ **E:** rw. *matroß* ‚Mädchen, Magd', zu dt. *Matratze* oder (eher) zu franz. *maîtresse* ‚Geliebte', WolfWR 3454; verbreitet ugs. (Kü 524).

matsch¹ Subst. m. [SK]
– Streichholz [SK] ♦ **E:** engl. *match* ‚Streichholz'.

matsch² Subst. m. [LJ, UG]
madsch [LJ]; **matsche** [CL, Him, JS, OJ, PH, SJ]; **matsch(e)** [WJ]; **matschi** [GM, JSW, TJ]; **matscho** [JSa, MB]
– Fisch [CL, CL, Him, JS, JSW, JSa, LJ, MB, OJ, PH, SJ]; Hering [OJ, SJ]; Angel [LJ] ♦ **E:** rw. *mačo; matscho* ‚Fisch' (WolfWR 3354) < roi. *matscho* ‚Fisch' (WolfWZ 1914); SchwäbWb. IV 1525 (*Matsch*).
matschen swV. [GM, JS, LJ, MB, MM, PH]; **matschæ** [WJ]; **madscha** [LJ]; **matscho** [JSa]; **matschele** [LüJ]
– fischen [GM, JS, JSa, LJ, LüJ, MB, PH, WJ]; angeln [LJ, MB, MM]; Fische fangen [GM]; greifen [GM] ♦ **E:** roi. *mādschināwa* ‚fischen' (WolfWZ 1914). ♦ **V:** *mit der wasge matschele* ‚mit der Hand fischen' [LüJ]; *wir ham immer für lau gematscht, bis se uns gekappt haben* ‚wir haben immer schwarz geangelt, bis sie uns erwischt haben' [MM]; *ihne is zum matschen genatscht* ‚er ist zum Fischen gegangen' [MB]
madscher Subst. m. [LJ]; **matscher** [MB]
– Fischer [LJ, MB]
matscheskro Subst. m. [GM]
– Fischer [GM] ♦ **E:** roi. *mačeskero* ‚Fischer' (WolfWZ 1914).
matscheiesgare Subst. m. [LüJ]
– Fischhaken [LüJ]
lolomatschi Subst. m. [GM]
– Forelle [GM]; roter Fisch [GM] ♦ **E:** roi. *lōlo mādscho* ‚Forelle' (WolfWZ 1799).
londomatscho Subst. m. [GM]
– Hering [GM]; Salzfisch [GM] ♦ **E:** roi. *londo matscho* ‚Hering' (WolfWZ 1800).
sabeskomatsch Subst. m. [GM]
– Aal [GM]; Schlangenfisch [GM].

matsche Adj. [MM]
– erledigt [MM] ♦ **E:** wohl gekürzt aus → *matschove*.

matscher¹ Subst. m. [EF]
mâtscher [EF]
– Doktor (Arzt) [EF] ♦ **E:** zu dt. *matschen* ‚im Dreck wühlen' Wolf, Fatzersprache, 127.

matscher² nur in:
blembmatscher Subst. m. [EF]
– Brauer [EF]
blembmatscherei Subst. f. [EF]
– Brauerei [EF] ♦ **E:** dt. *matscher* ‚Getränkeverfälscher' (DWB XII 1756); erzgebirgisch *Plempe* ‚schlechtes, abgestandenes Bier' (OSächsWb. III 388).

matschka Subst. f. [MM]
– Katze [MM] ♦ **E:** rw. *maschke*, aus roi. *mátška* ‚Katze' (WolfWR 3431, WolfWZ 1900).

matschove Subst. f. [MM]
matschofe [MM]; **matschore** [MM]
– Hintern [MM]; zweites Gesicht (met. für Gesäß) [MM]; „nicht gelungener Handel" [MM] ♦ **E:** jd. *meschowes* ‚Dreck, schlechte Ware, Durcheinander, Pack' (We 79).
matschover Subst. m. [MM]
– Hausierer [MM].

matteler Subst. m. [BM]
– Mattenhof (Quartier) [BM].

mattemich Adv. [CL]
mattche [CL]
– wenig [CL] ♦ **E:** rw. *mattche* ‚wenig, bisschen, Kleinigkeit' (WolfWR 3457) < jd. *meat*, hebr. *m'at* ‚wenig' (We 122, MatrasJd 290, Post 221). ♦ **V:** *raine mol des tillche, hot roof iwwer bou. mechd e mattche achiele, bout awwer lou!* ‚Sieh einmal das Mädchen, hat Hunger über alles, möchte ein wenig essen, hat aber nichts' [CL].

matterkasten Subst. m. [EF]
matterkâsten [EF]
– Klavier [EF] ♦ **E:** zu dt. *martern* ‚quälen' DWB XII 1684 ff.

matto Adj. [MB, MoJ]
mato [LüJ]; **mado** [LüJ]
– kaputt [MB]; geschafft [MB]; erschöpft [MB]; schlapp [MB]; krank [MB]; müde [MB]; betrunken [LüJ, MB, MoJ]; besoffen [MB] ♦ **E:** rw. *matto* ‚betrunken' aus roi. *mato* ‚betrunken' WolfWR 3450.
mättes Adj. [NJ]
– verrückt [NJ] ♦ **E:** wohl zu *matto*, Windolph, Nerother Jenisch, 65. ♦ **V:** *matto sein* ‚betrunken sein'; ‚schlapp sein'; ‚müde sein'; ‚besoffen sein'; ‚krank, kaputt sein'; ‚müde'; *er hat sich matto geschickert* ‚er hat sich kaputtgetrunken'; *matto vone maloche* ‚ka-

putt von der Arbeit'; *er ist matto und will kehrinatschen* ,er ist kaputt und will nach Hause gehen'.
matto Subst. m. [LüJ]
mato [LüJ]; **mado** [LüJ]
– (leichter) Rausch [LüJ]
sonekaimatto [LüJ]
– Goldrausch (Titel eines Liedes von Schnuckenack Reinhardt) [LüJ].

matz¹ Subst. m. [EF]
màtz [EF]; **mâtz** [EF]
– Hut [EF]; Zylinderhut [EF] ♦ **E:** dt. *matz*, aus lat. *maturus* ,Reifeprüfung', zu der man in früheren Zeiten besondere Zylinder oder melonenähnliche Hüte trug; Wolf, Fatzersprache, 127.

matz² nur in:
finkelmatz Subst. m. [HK]
– Koch [HK]; schlechter Koch [HK]; Köchin [HK]; „Köchin, die schmutzig ist, nichts taugt" [HK]; Dienstmädchen [HK] ♦ **E:** veraltete Kurzform des RN *Matthäus, Matthias. Mätzchen* ,feuriger Hausdrachen, der den Hausbewohnern freundlich gesinnt ist', Schimpfwort für schmutzigen, liederlichen Menschen (ThürWb. IV 541 f. s. v. *matz¹*).

mätz Subst. f. [OJ]
– Dirne [OJ] ♦ **E:** dt. *Metze* u. a. ,leichtfertiges Mädchen, Hure', mhd. *metze* DWB XII 2149 ff.

matze¹ nur in:
butzmatze Subst. f. [HK, SK]; **putzmatzen** Subst. m. [SK]
– eine Mark [HK, SK] ♦ **E:** unsicher; nach Dieck 454 zu jd. *mezio* ,Gewinn, Fund' und dt. *butzen* ,flache Scheibe Brot'; evtl. zu rw. *matze* ,ungesäuertes Brot' WolfWR 3464 (Brot-Geld-Metaphorik).

matze² ,ungesäuertes Brot' → *mazze*.

matzen Subst. m., Pl. [EF]
mâtzen [EF]; **matzn** [EF]
– Preußen [EF]
altmatzn Subst. m., Pl. [EF]
– Altpreußen [EF] ♦ **E:** dt. *Matz* „als scheltwort für einen feigen, weibischen oder auch thörichten kerl" DWB XII 1769.

matzenbächer Subst. m. aus ON [SPI]
– Händler aus Matzenbach [SPI]; kleiner Gauner (Schimpfwort) [SPI].

mau Adj./Adv. [CL, MM, NJ, OJ]
– schlecht [MM, NJ]; bedenklich [OJ]; nichts [MM]; ruhig [MM]; „schlechte Geschäfte" [CL]; übel [MM]; ungeklärt [MM]; unklar [OJ] ♦ **E:** rw. *mau* ,bedenklich, faul', dt./ugs. *mau* (WolfWR 3465).
mau lohne [MB]
– nichts zu verdienen [MB] ♦ **E:** vgl. → *laulohne*.

maucheln swV. [SS]
– stillschweigen [SS] ♦ **E:** unsicher, evtl. zu dt. *maucheln* ,heimlich und hinterlistig handeln', DWB XII 1771.

maucher Subst. m. [Scho]
mocher [Scho]
– Verkäufer [Scho]; Geschäftsmann [Scho] ♦ **E:** jd. *maucher* ,Verkäufer, Geschäftsmann' (We 79).

maudi Subst. m. [BM]
– Kater [BM] ♦ **E:** schweizdt. *Maudi* ,männliche Katze, Kater in der Brunstzeit' SchweizId. IV 83.

mauen¹ Subst. Pl. [MM]
– Arme [MM] ♦ **E:** dt./nd. *Maue* ,Ärmel, Hemdsärmel' (DWB XII 1772). ♦ **V:** *muckis inne mauen haben* ,etwas in den Armen haben, stark sein' [MM].

mauen² swV. [MM]
– (gut) essen [MM] ♦ **E:** wohl zu dt. *mäuen* ,wiederkäuen' (DWB XII 1773).

mauer Subst. f. nur in: [WG]
jdm. die Mauer machen Phras. [WG]
– aufpassen bei einem Verbrechen [WG]; jmd. beschützen [WG]; jmd. helfen [WG] ♦ **E:** rw. *mauer machen* ,als Komplize den eigentlichen Dieb abschirmen' (WolfWR 3467).

mauf Subst. m. [KMa]
– Hund [KMa] ♦ **E:** rw., zu dt. *maufen* ,bellen' DWB XII 1781, WolfWR 3468.

maukas Adj. [WG]
maugg [JeS]; **maukas sein** [WG]
– bewußtlos sein [WG]; tot [JeS, WG] ♦ **E:** rw. *maukas machen* ,umbringen', zu jd. *mócho* ,er hat ausgelöscht, vertilgt' (hebr. *machá*) (WolfWR 3469); vgl. auch schweizdt. *maugere* ,kränkeln (besond. beim Vieh), liegenbleiben, nicht fressen wollen', *maug(e) le* ,dahinsiechen, sterben', *abmaugle, vermaugle* ,langsam dahinschwinden, zugrunde gehen (bes. beim Vieh)' SchweizId. IV105.
vermauggere swV. [JeS]
– töten [JeS].

mauke Subst. f. [MT, MeT]
mauggere [BM]
– Katze [BM, MT, MeT] ♦ **E:** rw. *mauke* ‚Katze', „Koseform von *Maria*" (WolfWR 3431); eher zu westf. *mauen* ‚miauen' mit nd. Diminutivsuffix *-ke*.

mauken[1] Subst. f., Pl. [MB, MM]
mauke [MM]
– Fuß, Füße [MB, MM]; Schweißfüße [MB] ♦ **E:** ugs. (Kü 1987: 526); fachspr. *Mauke* ‚Fußkrankheit der Pferde', aus mndd. *muke* (Klu. 1999: 546). ♦ **V:** *lief dich doch 'n keileff direkt über meine mauken* ‚da lief ein Hund direkt über meine Füße' [MB]
giftmauken Subst. f., Pl. [MB]
– Schuhe [MB]
schweißmauken Subst. f., Pl. [MM]
– Schweißfüße [MM].

mauken[2] Subst. m./n. [SS, WH]
mauchem [FS]; **mäauken** [SPI]
– Stadt [FS, SPI, SS, WH] ♦ **E:** rw. *mockum*, zu jd. *mokum* ‚Stadt' (WolfWR 3646).
kleines maukendingen Subst. n., Phras. [SPI]
– kleine Stadt [SPI]
maukennest Subst. n. [SPI]
– kleines Versteck [SPI] ♦ **E:** schwäb. *Maukennest* ‚Versteck, heimlich angesammelter Vorrat' (SchwäbWb. IV 1535).

maul Subst. n. [TK]
– Mund [TK] ♦ **E:** dt. *Maul*.
maulpracker Subst. m. [WG]
– Schlag auf den Mund [WG] ♦ **E:** österr. *Pracker* ‚Werkzeug zum Klopfen oder *Schlagen*'.

maumel Adj. [HK]
– doof [HK] ♦ **E:** wohl Weiterbildung zu rw. *mau* ‚faul, erfolglos' WolfWR 4365.

maunse Subst. f. [MT, MeT]
– Hand [MT, MeT] ♦ **E:** rw. *maunse* ‚Hand', aus roi. *músi(n)*, *músni* ‚Arm' (WolfRW 3741); eher rom., frz. *main*, lat. *manus* ‚Hand' → *mans*.

mauntz(e)n swV. [EF]
– schlafen [EF] ♦ **E:** wohl zu mdal. *maunzen* ‚miauen, krächzen' (OSächsWB III 180); Benennungsmotiv: geräuschvoll schlafen, schnarchen. → *manzen*.

maunza Subst. m. [EF]
maunzer [EF]
– Semmel [EF] ♦ **E:** unsicher; evtl. zu dt. *mahen* ‚Mohn', *-za* evtl. zu dt. *Zeug*; Wolf, Fatzersprache, 127. Vgl. aber auch → *mautze*.

mäurerskotlett Subst. n. [PfJ]
– Käse [PfJ] ♦ **E:** Scherzh. Bildung, vgl. HessNassWb. II 291 *Maurerkotelett* ‚Handkäse'.

maus Subst. n. [EF, OH]
meisl Subst. n. Dim. [EF]; **meisel** [EF]; **a maisl** [EF]
– Markstück [EF]; 1 Mark [OH] ♦ **E:** unsicher; evtl. zu rw./jd. *meß, mäß, moos* ‚Geld', Wolf, Fatzersprache, 127.

mauscheln swV. [JSa, KMa, Scho]
mauschla [LJ, OJ]; **mauschle** [Scho]; **mauschen** [KMa]
– geheimnisvoll reden [OJ, Scho]; jüdisch-deutsch sprechen [Scho]; Karten spielen [LJ]; beim Kartenspiel betrügen [JSa]; betrügen [KMa] ♦ **E:** rw. *mauscheln* ‚betrügen, heimlich, betrügerisch verfahren' zumal im Kartenspiel: ‚betrügen beim Mischen, Geben', zu dt./mdal. *mäuscheln, muscheln* ‚undeutlich reden' (WolfWR 3478, 3479; DWB XII 2733 f.); wohl zu jd. *mosche, mausche* ‚Moses' (Übername für Juden), *mauscheln* ‚wie ein Jude sprechen' (We 79, Post 221 f., Klepsch 1020).
mauschel Subst. m./f. [EF, SJ]
– Geschwätz [SJ]; Musik [EF]
mausche Subst. m. [KMa]
– Jude [KMa] ♦ **E:** zum jd. RN *mausche* ‚Moses'.

mauschke Subst. f. [SK]
mauschers [SK]; **mauschert** [SK]
– Katze [SK] ♦ **E:** rw. *maschke* ‚Katze' < tschech. *mácka*, roi. *mátška* (WolfWR 3431, WolfWZ 1900).

mäuse Subst. f., Pl. nur in:
weiße mäuse [PH]
– Mottenkugeln [PH] ♦ **E:** dt. *weiß, Maus*; Benennungsmotiv: Farbähnlichkeit.

mausen swV. [EF, PfJ, SJ]
mausa [OJ]; **mausæ** [WJ]; **maus'n** [EF]
– stehlen [EF, OJ, PfJ, SJ, WJ]; naschen [WJ]; kopulieren [WJ] ♦ **E:** dt./ugs. *mausen* ‚Mäuse fangen, stehlen, stibitzen' DWB XII 1826 ff., SchwäbWb. IV 1563 (*mausen*).
mauserle Subst. n. Dim. [KP]
– Katze [KP].

mausk Subst. m. [SS]
– Jude [SS] ♦ **E:** jd. *mosche* ‚Moses', verallgemeinernd für Jude überhaupt (WolfWR 3476). ♦ **V:** *un derbyi an Mausk und Doffmausk und Schaufelmausk gaif is* ‚und dabei an Juden und Katholiken und Protestanten schuldig ist' [SS]

doffmausk Subst. m. [SS]; **doffmaus** [SS]
– Katholik [SS] ♦ **E:** jd. *tow* ‚gut'; Benennungsmotiv: wertend, guter Jude, jmd., der den rechten Glauben hat.
schaufelmausk Subst. m. [SS]; **schäaufelmausk** [SS]
– Protestant [SS] ♦ **E:** zu → *schovel, schaufel* ‚schlecht'; Benennungsmotiv: abwertend, schlechter Jude, jmd., der einen irrigen Glauben hat.

mautze Subst. f. [FS]
– Brot [FS] ♦ **E:** zu dt./mdal. *Moze, Mutze* „eine art feinen backwerks" DWB XII 2838.

mauzerschlössli Subst. n. [BM]
– Vorlegeschloss [BM] ♦ **E:** schweizdt. *Malchen-, Malzenschloss* u. a. ‚Vorhängeschloss' (SchweizId. IX 736).

maviere swV. [JS]
– verdienen [JS] ♦ **E:** jd. *mewiechen(en)* ‚verdienen' We 83. Vgl. → *bewirchen.*

mawel Subst. m. [SS]
– Schuh [SS] ♦ **E:** jd. *minaal* ‚Schuh' (WolfWR 3533).

maxn Subst. f. [WG]
– Schlinge [WG] ♦ **E:** wohl zu PN *Max*: ‚Herz-Ober beim Kartenspiel Watten, Herz-König'. Benennungsmotiv: mit dem Max macht man den entscheidenden Stich und gewinnt; Beier, Rufnamen, 35. ♦ **V:** *jemanden eine maxn legen* ‚hineinlegen' [WG].

mäz nur in:
tanzmäz Subst. m. [MoM]
– Tanzmeister [MoM] ♦ **E:** vom PN *Matthäus.* Appellativisch für einen törichten, albernen Menschen (DWB XII 1768 f.).

mäzie ‚billig' → *mezie.*

mazorker Subst. m. [LJ]
matsorger [SchJ]
– Honig [LJ, SchJ] ♦ **E:** Nebenform zu *meschi* ‚Honig', roi. *mescho*; ung. *méz* ‚Honig' (WolfWZ 1947, WolfWR 3485, 3559); abweichende Herleitungen: Klepsch 1024.

mazorkersbucklerin Subst. f. [LJ]
– Biene [LJ]

mazorkerskut Subst. f. [LJ]
– Bienenstand [LJ] ♦ **E:** → *kutt.*

mazze Subst. m., meist. Pl. [CL]
matze [CL, LL, Scho]; **mouze** [Scho]
– Sabbatgebäck [CL, LL]; ungesäuertes Brot [Scho]; ungesalzenes Brot [Scho] ♦ **E:** rw. *matze* ‚ungesäuertes Brot' (WolfWR 3463) < jd. *mazo, matze* ‚ungesäuertes Brot' (We 78 f., Post 221, Klepsch 1016). ♦ **V:** *Do hoschde awer de matze geganft!* ‚da hast du aber etwas nicht richtig gemacht' [CL, LL]

matzeachiler Subst. m. [MM]
– Jude [MM]

matzebecker Subst. m. [MM]
– Auge [MM] ♦ **E:** vgl. rw. *matzeponum* ‚durch Blattern, Finnen oder Sommersprossen entstelltes Gesicht' (WolfWR 3464).

me Pers.Pron. [LüJ]
– ich [LüJ] ♦ **E:** rw. *me* ‚ich', zu roi. *me* id. (WolfWR 3486). Vgl. → *minotes.*

meäder Subst. m. [KMa]
– Lehm [KMa] ♦ **E:** zu dt. *Mader* bes. ‚feuchte Materie' DWB XII 1428.

meaga swV. [OJ]
– meckern [OJ]; nörgeln [OJ] ♦ **E:** mdal./dt. *meckern.*

mebich Adj. [JS]
mebisch [JS]
– klein [JS] ♦ **E:** unsicher; evtl. Bildung zu jd. *ische* (We 67), bes. ‚kleines Mädchen'.

mebischer Subst. m. [JS]
– Kleiner [JS] ♦ **V:** *de mebische wor no beies lemm beijer schicker* ‚der Kleine war nach zwei Bier volltrunken' [JS].

mebulesmacher Subst. m. [Scho]
– Streitsüchtiger [Scho] ♦ **E:** jd. *mebulesmacher* ‚Streitsüchtiger' We 52.

mechæræ swV. [WJ]
– betrügen [WJ] ♦ **E:** unsicher; evtl. Bildung zu rw./frz. *mechant* ‚schlecht, bösartig' WolfWR 3491.

meche¹ swV. [CL, PH]
mecheren [LüJ]; **mechärä** [LüJ]
– übervorteilen [CL, LüJ, PH] ♦ **E:** rw. *meches* ‚Zoll, Maut' (WolfWR 3494), zu jd. *meches* ‚Zoll, Maut' (Post 222); evtl. mit Einfluss von oder Querung mit rw. *mechire* ‚Verkauf', zu jd. *mechira* ‚id.' WolfWR 3496 und rw. *mechire* ‚Gefängnisstrafe, Hausarrest', zu jd. *mechuar* ‚abscheulich, schändlich' WolfWR 3497. ♦ **V:** *dik den gallach, den mechere mir* ‚sieh dir den Pfarrer an, den haun wir übers Ohr' [LüJ].

meche² Subst. n. [SJ]
– Schaf [SJ] ♦ **E:** unsicher; evtl. zu onomatopoetisch *mäh* (SchwäbWb. IV 1570).

mechel¹ Subst. n. [TK]
– Mädchen (jen.) [TK] ♦ **E:** unsicher; evtl. Variante zu rw./jen. *model* WolfWR 3649 oder zu dt. *Mädel.* ♦ **V:** *g'schêrts mechel* [TK].

mechel² ‚Jude' → *michel.*

mechiele Subst. f. [LJ, Scho]
– Vergebung [Scho] ♦ **E:** jd. *mechile* ‚Vergebung' Klepsch 1026.
mechiele swV. [Scho]
– um Vergebung bitten [Scho].

meck¹ Subst. f. [HF, HeF]
– Buckel [HF, HeF] ♦ **E:** rw. *meck* ‚Buckel' (WolfWR 3500, ohne Herleitung); wohl zu dt. *Meckel* ‚Makel' DWB XII 1837.

meck² Subst. n. [KMa, OH]
– Mittag [KMa, OH]; Mittagessen [KMa, OH] ♦ **E:** unsicher; evtl. zu *meck¹* ‚Buckel' (des Tages) WolfWR 3500.
meckschlorwe Subst. m. [KMa]; **meckschlarwer** Subst. m. [KMa, OH]
– Mittagessen [KMa]; Mittagsuppe [KMa, OH] ♦ **E:** rw. *Schloarwer* ‚Suppe', zu dt. *schlabbern* WolfWR 4973.

mécken Subst. [WL]
– Geld [WL] ♦ **E:** wohl zu lux. *mouk* ‚Geldschatz', Tockert, Weimerskircher Jenisch, 30. ♦ **V:** *en huet keng mécken méih hocken* ‚Er hat kein Geld mehr' [WL].

meckerfehle Subst. f. [MoM]
– Ziege [MoM] ♦ **E:** rw. *meckes* ‚Ziege' (WolfWR 3501), dt. onomatopoetisch *mäck* (Lautgebung von Ziegen) und dt. *Fehle* ‚Fell' DWB III 1422.
megg Subst. f. [JeS]
– Ziege [JeS].

meckes¹ Subst. m. [GM, JS, PH]
mägges [CL, LL]; **meckesser** Subst. m. [JS]; **meckesse** Subst. Pl. [JS]
– Jenische [JS]; „einer, der anderen zu Diensten ist, von ihnen ausgenützt wird" [CL, LL]; „abfällige Bezeichnung der Zigeuner für die nach Zigeunerart lebenden Nichtzigeuner bzw. Zigeunermischlinge in Gießen" [GM]; [GM]; „herabsetzende Bezeichnung für Siebmacher und andere" [PH] ♦ **E:** rw. *meckeser* „herumziehender Krämer mit irdenem Geschirr (weil diese Leute gewöhnlich Ziegen stehlen und mit sich führen" (WolfWR 3501), danach evtl. zu → *megg* (unter *meckerfehle*); dt./mdal. *Meckes, Mekes* ‚herumziehender Händler, Wichtigtuer, Großtuer, Angeber'* und ‚dienstwillige Person, Mensch, der anderen zu Gefallen handelt, sich ausnutzten läßt'; *eem de M. mache* ‚jemandem bereitwillig zur Hand sein, für jemanden den Narren, Hanswurst spielen' (PfälzWb. IV 1261 f., HessNassWb. II 210). Regionalsprachlich *meckes* als Schimpfwort für sozial als minderwertig eingeschätzte Wandergewerbetreibende.

meckes² Subst. m. [WL]
mäckes [WL]
– Magen [WL] ♦ **E:** rom., vgl. lat. *stomachus*, frz. *estomac.* ♦ **V:** *eng am meckes hunn* ‚besoffen sein' [WL].

mecklenburgeri Subst. f. [SchJ]
meckleburgere [LJ]
– Ziege [LJ, SchJ]; Geiß [LJ] ♦ **E:** rw., WolfWR 3501; dt. onomatopoetisch *mäck* (Lautgebung von Ziegen), dt. *meckern* und volksetym. zum LN *Mecklenburg*.
bale meckleburg Subst. [LJ]; **bali mecklenburgeri** [SchJ]
– Reh [LJ, SchJ] ♦ **E:** → *bale* ‚Wald'.
bale meckleburger Subst. m.
– Rehbock [LJ]
bale meckleburgerei Subst. f.
– Rehe [LJ]
bale meckleburgerin Subst. f.
– Rehgeiß [LJ]
bale mecklebugerle Subst. n., Dim.
– Rehkitz [LJ].

medde ‚Bett' → *mitte.*

mede Subst. m. [SK]
– Arzt [SK] ♦ **E:** Kürzung von lat. *medicus.*

medele Subst. m. [LüJ]
mödele [LüJ]
– Spaß [LüJ]; Scherz [LüJ]; Unsinn [LüJ] ♦ **E:** jd. *mödelen* ‚seltsame Gewohnheiten' SchwäbWb. IV 1725. ♦ **V:** *mach' keine medele* ‚mach' keinen Unsinn' [LüJ].

meder! Interj. [ME]
– niemals!, auf keinen Fall! [ME] ♦ **E:** roi. *má-de* ‚nein, auf keinen Fall' (BoIg. 172 s. v. *ma* 1). ♦ **V:** *Tschi meder hab ich ihn gekurt!* ‚Nein, auf keinen Fall habe ich ihn geschlagen' [ME].

medig Subst. m. [OJ]
mene [JeS]
– Montag [JeS, OJ] ♦ **E:** schwäb. *Medig, Mendig* ‚Montag' (SchwäbWb. IV 1740).

medine Subst. f. [GM, LJ, SJ, SchJ, Scho, StG]
medina [StG]; **mediene** [CL, LL]; **mediine** [CL]; **mertiene** Subst. f. [HK]; **mardiene** [HK]; **martiene** [HK]
– Umgebung [CL, GM, LJ, LL, SJ, SchJ, Scho, StG]; Gegend [LJ, Scho, StG]; Land [HK, SJ, Scho]; Wiese [GM]; Gelegenheit [StG]; Staat [Scho]; Ort [Scho]; Regierung [HK]; Erlaubnis [HK]; Regierungsbezirk [HK]; Reiserei [HK]; Wanderreiserei [HK] ♦ **E:** rw. *medine, mertine* ‚Land' (WolfWR 3502) < jd. *medina* ‚Land, Gerichtsbezirk, Kreis', (We 80, Post 222, Klepsch 1028). ♦ **V:** *was gebts neies in de mediene?* ‚Was gibt es Neues in der Gegend?' [LL]; *lauloone in de mediene/ kä mees im kiss/ die moss schläfft mobääres/ de dalles gewiss* ‚keine Geschäfte in der Umgebung, kein Geld im Beutel, die Frau schwanger, der Ruin ist gewiss' [LL]

medinegeier Subst. m. [Scho]
– Bettler [Scho]; Hausierer [Scho] ♦ **E:** rw. *medinegeier, medinegeher* ‚Landhausierer' (WolfWR 3502), aus jd. *medinegeier/-geher/-gänger* ‚Hausierer, Bettler' We 80. *Medinegeier* (Scho) wohl Verschreibung.

medinetaenzer Subst. m. [Scho]
– jmd., der auf jede Tanzveranstaltung geht [Scho] ♦ **E:** jd. *medienetänzer* ‚einer, der auf jeden Tanz geht' We 80.

medr ‚Monat' → *meter*.

medune Subst. f. [Scho]
– Leckerbissen [Scho] ♦ **E:** jd. *medune* ‚Leckerbissen' (Klepsch 1031).

meere Subst. f. [JeS]
– Mutter [JS, JeS, Scho, PH] ♦ **E:** frz. *mère* ‚Mutter', vgl. → *mamme*.

mees Subst. n. [CL, LL]
meies [NJ]; **mejes** [Scho]; **maies** [KM]; **miesch** [BM]
– Geld [BM, CL, KM, LL, NJ, PH]; Mark [NJ] ♦ **E:** rw. *moos, mous, mees, maas* ‚Geld' (WolfWR 3677) < jd. *mees* < hebr. *moos mesummonim* ‚Bargeld' (We 85, Post 222).

messen Subst. Pl. [HLD]
– Gelder [HLD]

dejkuffmees Subst. n. [LL]; **deijkuffmees** [CL]
– Bargeld [CL, LL] ♦ **E:** jd. *takiph* ‚mächtig, stark, angesehen'. ♦ **V:** *Die schori schäfft norre geje dejkuffmees* ‚Die Ware gibt es nur gegen Bargeld' [CL, LL]

schaskermaies Subst. n. [KM]
– Trinkgeld [KM]

schmuulmaies [KM]
– Schwarzgeld [KM].

meffert Subst. m. [JSa]
meffer [JSa]; **mefferich** Subst. m. [MeJ]
– Katze [JSa, MeJ] ♦ **E:** zu → *mewerich*; mit differenter Suffigierung: *-ert*.

mefiechen swV. [Scho]
– verdienen [Scho] ♦ **E:** jd. *mewiechen(en)* ‚verdienen, einbringen' (We 83).

mefiechenen swV. [Scho]
– einbringen (Preis) [Scho].

megach Subst. m. [CL, LL]
meegach [CL]; **meckach** [Scho]; **mekach** [Scho]; **meikach** [RA]
– Preis [CL, RA, Scho]; Preis einer Ware [LL]; Kauf [Scho]; Kaufpreis [RA, Scho] ♦ **E:** jd. *mekach* ‚Kauf, Verkauf' < hebr. *mikach* ‚Kauf, Kaufpreis' (We 80, Post 223). ♦ **V:** *was is de megach von der schoori* ‚das ist der Preis der Ware' [CL, LL]; *do is de meegach awer harmed* ‚da ist der Preis aber hoch' [CL].

mekaddesch swV. [Scho]
– Handel abschließen [Scho].

megille Subst. f. [Scho]
– Brief [Scho]; Epistel [Scho]; Erzählung [Scho] ♦ **E:** jd. *megille* ‚Epistel' (We 81).

mégo Subst. n. [JeS]
mego [BM]
– Zigarettenstummel [BM, JeS]; Zigarrenstummel [JeS] ♦ **E:** zu frz. *mégot* ‚Zigaretten-, Zigarrenstummel'. ♦ **V:** *teel mr es mego zum toobere* ‚gib mir einen Zigarettenstummel zum Rauchen' [JeS].

mehlhas Subst. n. [KP]
– Kind [KP] ♦ **E:** rw. *mehlhas* ‚Kind', aus roi. *mel* ‚Schmutz' und dt. *Hose*, WolfWR 3509.

melig Adj. [KP]
– geil [KP].

mei Subst. [MM]
– Seite [MM] ♦ **E:** rw. *mei* ‚Seite' (Siewert, Grundlagen, 240).

linkemai Adv. [MM]
– linke Seite [MM]; linker Hand [MM]; links [MM]; linksherum [MM] ♦ **V:** *seeger, roin mal linkemai!* ‚Sieh mal nach links!' [MM]

rechtemai Adv. [MM]
– rechte Seite [MM]; rechter Hand [MM]; rechts [MM]; rechtsherum [MM] ♦ **V:** *die fehme von rechtemai* ‚die rechte Hand' [MM].

meiches bekaspern swV., Phras. [HLD]
– schmuggeln [HLD] ♦ **E:** rw. *meiches bekaspern* ‚schmuggeln' aus jd. *meches* ‚Zoll, Maut' WolfWR 3494.

meier gehen swV., Phras. [WG]
– verhaftet werden [WG]

meier sein swV., Phras. [WG]
– im Gefängnis eingesperrt sein [WG]; verhaftet sein [WG] ♦ **E:** wohl zu dt. *Meier* ‚Vorsteher, Hauptperson' aus lat. *maior* ‚größer' DWB XII 1902 ff.; vgl. dt./ugs. *gelackmeiert* ‚betrogen'.

meierei Subst. f. [WG]
– Brüste [WG] ♦ **E:** rw. *meierei* (WolfWR 3511) < dt. *Meierei* ‚Bauerngut, Milchwirtschaft'.

meierling Subst. m. [MM]

meilinge Subst. Pl. [MB]; **meilinger** [MB]; **maiklinge** [MB]
– Schuh(e) [MB, MM]; Treter [MB]; Füße [MB] ♦ **E:** unsicher; evtl. zu dt. *Maier* „becher aus einer maie, birke geschnitten" DWB XII 1480.

malochermeierling Subst. m. [MM]
– Arbeitsschuhe [MM] ♦ **E:** rw./jd. *meloche* ‚Arbeit' WolfWR 3522. → *malochen*.

meiern nur in:

abmeiern swV. [MM]
– beim Skat gewinnen [MM]; Glückslos auf dem Send (Kirmes) mit Gewinn [MM]; Schulden bezahlen [MM] ♦ **E:** zu dt./ugs. jd. *meia, meier machen* ‚jmd. herunterputzen'. → *meier gehen*.

vermeiern swV. [RH]
– verheiraten ♦ **E:** dt. *vermeiern* ‚zu einer meierei machen, einem meier, pächter geben, verpachten' (DWB XXV 851).

vermaiert Adj., Adv., Part. Perf. [RH]
– verheiratet.

meies ‚Geld' → *mees*.

meiestögens Subst. m. [BM]
– Blumenstock [BM] ♦ **E:** schweizdt. *Maienstöck* ‚Strunk einer Pflanze' SchweizId. X 1738.

meim Num. Kard. [CL, LL]

meem [CL]; **mei** [JS, MB, MM, SS]; **mey** [CL]
– hundert [CL, JS, LL, MM, SS]; einhundert [MB] ♦ **E:** rw., jd. *mem* (WolfWR 6437), jd. *meo, mei* ‚hundert' (We 81), hebr. *mē'a* ‚hundert', Pl. *mē'ōt* ‚hundert(e)' (Klepsch 1032). → *meis, mejes*. ♦ **V:** *mai un schess* ‚108' [MM]; *mai schuck* ‚hundert Mark' [MM]; *oluf meschugge schäfft meim meschugge!* ‚ein narr macht 100 andere!' [CL]; *mei schuck* ‚100 DM' [MB]; *beis mei schuck* ‚200 DM' [MB]; *de raglo hat mei schuck geschort* ‚der Arbeiter hat hundert Mark gestohlen' [JS]

mai² Subst. [MM]
– Hunderter, Hundertmarkschein [MM]

meis Subst. f. [StG]; **mais** [MB]
– 1000 Mark [StG]; ½ *mais* ‚50 DM' [MB]

kleine meis Subst. f., Phras. [StG]
– 100 Mark [StG]

meihemer Subst. m. [SPI]
– 100-Markschein [SPI]

meirat Subst. m. [MM]
– 300 Mark [MM]

meischuck Subst. Pl. [SS]
– hundert Mark [SS]

meiermann Subst. m. [MM]
– hundert Mark [MM].

meimeln ‚regnen, urinieren' → *majem*.

meischen nur in:

vermeischen swV. [HK]
– verhauen [HK]; schlagen [HK]; hauen [HK]; verdreschen [HK]; schwer verhauen [HK]; verkloppen [HK]; geschlagen [HK]; dazwischenhauen [HK]; „Schlägerei" [HK] ♦ **E:** thür. *möschen* ‚schlagen, prügeln' (ThürWb. IV 717).

meise¹ Subst. f. [HL] nur in:

meise weessen Phras.
– schlau sein [HL] ♦ **E:** zu rw. *maase* ‚Tat, Handlung' WolfWR 3337.

meise² Subst. f. [MM]
– Zigarette [MM] ♦ **E:** unsicher; evtl. zu dt. *Meise* ‚Tragkorb, Schlauch u. a.' DWB XII 1946 f.

meisel ‚Markstück' → *maus*.

meite Subst. f. [MM]
– Mädchen [MM] ♦ **E:** dt. kontrahiert < *magite*, dt. *Maid* DWB XII 1472 f.

mejes Num. Kard. [Scho]
– hundert [Scho] ♦ **E:** jd. *mëjes* ‚hundert' We 81. → *meim, meis*.

bejs mejes Num. Kard. [Scho]
– zweihundert [Scho]

gimml mejes Num. Kard. [Scho]
– dreihundert [Scho].

mejus Subst. m. [TJ]
– Wald [TJ] ♦ **E:** unsicher; evtl. zu jd. *mëjes* ‚hundert' We 81; Benennungsmotiv: Vielzahl von Bäumen.

mejuschef Adj. [Scho]
– bequem [Scho] ♦ **E:** jd. *mejúschew* ‚gemütlich, bequem, angenehm' We 81.

melak Subst. m. [LJ]
melac [LJ]
– Grobian [LJ]; Übername für eine bestimmte Person in Leinzell [LJ] ♦ **E:** schwäb. *Melak* ‚grober, roher Geselle, ungeschliffener, läppischer Mensch, Halunke'; starkes Schimpfwort; wohl aus FN, nach dem grausamen frz. General *Ezéchiel Mélac* (17. Jahrh.) SchwäbWb. IV 1593.

melamett Subst. m. [Scho]
melomet [SPI]
– Schulmeister [SPI]; Lehrer [Scho] ♦ **E:** jd. *melammed* ‚Lehrer' Klepsch 1037.

melcher ‚König' → *mailach*.

mele Subst. [MUJ]
melie [JSW]; **melle** [JS, PH]
– Kaffee [JS, JSW, MUJ, PH]
mellche Subst. f. [GM]
– Kaffee [GM]
meller Subst. m. [MB]
– Kaffee [MB]
melleli [JS, PH]
– Kaffee [JS, PH]; Milch [JS, PH] ♦ **E:** roi. *meleli* ‚Kaffee' (WolfWZ 1929).

meles Subst. m. [HF, HeF]
mäiles [KM]; **mäilese** [KM]
– Bauch [HF, HeF, KM]; Sack [HF, HeF] ♦ **E:** rw. *meles* ‚Sack, Bauch' WolfWR 3518 (ohne Herleitung); womgl. Kürzung aus dt. *Mehlsack*. ♦ **V:** *ene meles spitzen* ‚ein Sack Hafer' [HeF]; *Ich schäf jets ene deke Mailes* ‚Ich habe jetzt einen dicken Bauch' [KM]; *versöm den hutz ene meles tihn* ‚Verkaufe dem Bauern einen Sack Kaffeebohnen' [HeF]; *knöllen, knuck de meles has, dot hucken fegteschen!* ‚Geschwind den Sack weg, das find(en) Zollbeamte!' [HeF]; *versöm de michel ene meles klenen* ‚Verkaufe dem Juden einen Sack Kleesaamen' [HeF]

blökmeles Subst. m. [HF]
– Tabaksbeutel [HF]

melesefeuel Subst. m. [HF, HeF]
– Sackrock [HF, HeF]; Sackkleid [HF] ♦ **E:** rw. *melesefeuel* ‚Sackrock' WolfWR 3518. ♦ **V:** *ene melesefeuel huckt og henes* ‚Ein Sackrock steht auch gut' [HeF]

meleseschürer Subst. m. [HF]
– Sackträger [HF]

droatmeles Subst. m. [HF]
– Geldbeutel [HF]. ♦ **E:** dt./mdal. *Draht, droat* ‚Geld' RheinWb. I 1430.

melochen ‚arbeiten' s. → *malochen*.

mem Num. Kard. [CL, SE, Scho]
memm [CL, SS, Scho]; **mäm** [CL, LL]
– vierzig [CL, LL, SE, SS, Scho] ♦ **E:** rw., jd. *mem* ‚vierzig', (WolfWR 6437), < hebr. Zahlbuchstabe *mem*, Zahlenwert 40. (We 82, MatrasJd 290, Post 224, Klepsch 1039). ♦ **V:** *mem schock* ‚vierzig Mark' [SE]
memolf Num. Kard. [Scho]
– einundvierzig [Scho].

memmcher Subst. f. Pl. [CL, LL]
– Busen [CL, LL]; „Busen der Frau" [CL] ♦ **E:** pfälz. *Mämme* ‚Mutterbrust' (PfälzWb. IV 1151, SüdhessWb. IV 514 f., RheinWb. V 799 f., LothrWb. 351, ElsWb. I 680), zu lat. *mamma* ‚Mutterbrust'. ♦ **V:** *rain emal de moss ehr doffe memmcher* ‚schau einmal der Frau ihre schönen Brüste' [CL].

memmers Num. Kard. [MeT]
– eins [MeT] ♦ **E:** unsicher; evtl. zu mnd. *memme* ‚mein', Siewert, Humpisch, 96.

menaiem Subst. Pl. [SPI]
– Augen [SPI] ♦ **E:** rw. *enaim* ‚Augen', zu jd. *ajin, enajim* ‚Auge' (WolfWR 1203, Klepsch 268 f.).

mend Subst. n. [KMa, OH]
– Geschirr [KMa, OH]; Axt [KMa, OH]; Beil [KMa, OH] ♦ **E:** zu rw./roi. *men, menigro* ‚Henker, Scharfrichter' WolfWR 3526.
mende Subst. f. [KMa, OH]
– Handwerksgerät [KMa, OH]; Geschirr [KMa, OH].

mengen[1] swV. [CL, LüJ, MB, TJ]
mengæ [WJ]; **mänge** [BM, JeS]; **menge** [JeS, PH]; **mängge** [JeS]; **mangere** swV. [JeS]
– machen, tun [BM, CL, JeS, LüJ, PH, WJ]; holen [LüJ]; kriegen [LüJ]; betteln [TJ]; bumsen [MB]; arbeiten [JeS]; flicken [JeS]; verarbeiten [JeS]; jede Art nicht weiter präzisierter Tätigkeit [JeS] ♦ **E:** wohl zu roi. *mäng(r)a* ‚arbeiten' WolfWZ 1870, vermutlich mit Verquerungen: roi. *mangav* ‚ich bitte, bettle', dt. *mengen* (DWB XII 2015–2018), *Menger* ‚Händler' (DWB XII 2019).

mengen[2] swV. [JeS]
– verzinnen, Kessel flicken [JeS]

mänger Subst. m. [JeS]; **menger** [JeS]
– Verzinner, Kesselflicker [JeS] ♦ **E:** rw. *meng* ‚Kesselflicker' zu ahd. *mangâri* ‚Händler, Kaufmann', mhd. *mangære, mengære* ‚herumziehender Händler, Trödler, Hausierer' lat. *mango* ‚betrügerischer Händler, Warenzurichter'; *mängisch* ‚rotwelsch' „da die *Mengen* eine der stärksten Gruppen der Rotwelschsprecher waren" (WolfWR 3528).

mengenkes Subst. n. [CL]
mengenges [LüJ]; **menkenke** [LüJ, StG]; **menkenkele** [LüJ]; **menggenggele** [LüJ]; **menkenkeles** [LüJ]
– fauler Zauber [CL]; umständliches Gerede [CL]; leere Einwände [LüJ]; Blödsinn [LüJ]; Theater [LüJ]; Rumalbern [LüJ]; Dummheiten [LüJ]. ♦ **E:** rw. *menkenke* ‚leere Einwände, unbegründetes Widersprechen, weitläufige Umstände' WolfWR 3531; zu jd. *mechanne sein* ‚um etwas weitschweifig herumreden, eine Sache umschreibend bezeichnen' (WolfWR 3531, Post 224); mdal. *Mengenke, Mengenkes* ‚komisch-unverständliches Tun, unnötige Umstände, Aufhebens, Ausflüchte' (PfälzWb. IV 1293, SüdhessWb. IV 627/28, RheinWb. V 1059). ♦ **V:** *menkenke machen* ‚betrügen wollen' [StG]; *mach keine menkenkele* ‚mach keinen Unsinn' [LüJ].

mengentee ‚Schwindel' → *magente*.

menger Subst. m. [MUJ]
mengær [WJ]; **mengkær** [WJ]
– Katze [MUJ, WJ]; Hund [WJ] ♦ **E:** unsicher; evtl. zu dt. *Menger* ‚Unruhestifter, Friedensstörer' DWB XII 2018 oder schwäb. *Münke, Minkel* ‚Katze' SchwäbWb. IV 1814. ♦ **V:** *Hend Er koi Katz, koin Hond, koin fettæ mengær?* ‚Haben Sie keine Katze, keinen Hund, keine fette Katze?' [WJ]; *Sonja schmeiß das Messer ra, drondæ sprengt æ fettær mengær* ‚Sonja wirf das Messer herunter, unten springt ein fetter Hund (Katze)' [WJ].
mulomenger Subst. m. [LüJ]
– Totmacher [LüJ].

menggl Subst. [TJ]
menkel [RR]; **menhel** [TK]; **mendl** [RR]
– Mund [RR, TJ, TK]; Gesicht [RR, TJ] ♦ **E:** unsicher; evtl. zu dt. *munkeln* ‚heimlich essen, naschen' DWB XII 2696 f., mdal./schweizdt. *münggelen* ‚wohlbehaglich und schnell kauen'.

mengla swV. [OJ]
– betrügerisch mischen [OJ] ♦ **E:** dt. *mengen* ‚mischen' DWB XII 2018.

menn ‚Schnaps' → *minetz*.

mennige Adj. [MM]
menike [MM]; **maniker** [MM]; **menigge** [Scho]
– schwindsüchtig [Scho]; blöd [MM]; krank, verrückt [MM] ♦ **E:** jd. *mennigge* ‚schwindsüchtig' (We 82).
meniggener Subst. m. [Scho]
– Schwindelsüchtiger [Scho]
ticksmennige Adj. [MM]
– verrückt, unklar im Kopf [MM].

mensch¹ Subst. m., in:
greaner Mensch [WG]
– verdächtiger, suspekter Mensch [WG] ♦ **E:** dt. *Mensch*. → *grün*.

mensch² ‚Vagina' → *minsch*.

mentele Subst. n. [KP]
mendale [OJ]
– Frauenkleid [KP, OJ]; Hemd [KP] ♦ **E:** schwäb., Dim zu dt. *Mantel* DWB XII 1607 ff. ♦ **V:** *ebbes am mendale* ‚eine Absicht haben'; *am mendale gschuggd* ‚Angst vor etwas haben' [OJ].
mentum Subst. [KP]; **mendom** [KP]
– Salat [KP].

menuche Subst. f. [RA, Scho]
menueche [Scho]
– Ruhe [RA, Scho] ♦ **E:** jd. *menūche* ‚Ruhe' (We 82).
♦ **V:** *lass mir mein menueche* ‚lass mir meine Ruhe' [Scho].

mephistophele Subst. m. [PfJ]
mophistophele [PfJ]
– Teufel [PfJ] ♦ **E:** PN. *Mephistopheles*, literarische Figur des Teufels.

meramme swV. [Scho]
– betrügerisch [Scho] ♦ **E:** jd. *meramme* ‚betrügerisch' (We 82).

merbach Subst. m. [FS]
– Hunger [FS] ♦ **E:** rw. *merbach* ‚Hunger', evtl. zu jd. *rewach* ‚Weite' WolfWR 3542.

merches Subst. m. [FS]
– Förster [FS] ♦ **E:** rw./jd. *me(r)ches* ‚Förster, Grenzwächter' WolfWR 3494 und 3543.

merde Subst. f. [JS]
– Frau [JS] ♦ **E:** unsicher; evtl. zu rw. *merfen* ‚huren', jd. *merubbo* ‚begattet' WolfWR 3544.
schockmerde Subst. f. [JS]
– mitreisende Schaustellergehilfin [JS].

merela Subst. [SK]
– schlechte Geldeinnahme [SK] ♦ **E:** roi. *merela* ‚er stirbt'.

merkes Subst. f. [NJ]
– Ware [NJ] ♦ **E:** rom., lat. *mercatus* ‚Handel'. ♦ **V:** *manko merkes* ‚schlechte Ware' [NJ]
merkeshautz Subst. m. [NJ]
– Kaufmann [NJ] ♦ **E:** → *hauz*.

merkro Subst. m. [StG]
– Bordellbesitzer, Zuhälter [StG] ♦ **E:** unsicher; evtl. zu roi. *mar-* ‚schlagen, töten' Siewert/Boretzky, WB „Zigeunersprache", 47, oder zu rw. *mer-fen* ‚huren' WolfWR 3544.

mersfunken Subst. m. [PfJ]
– Braten [PfJ] ♦ **E:** rw. *-funk(en, ert)* ‚Feuer', auch rw. Halbsuffix, WolfWR 1581 ff.; *mers-* unsicher; evtl. zu dt. *märb* ‚mürbe' DWB XII 1618 oder zu rw. *merbach* ‚Hunger' WolfWR 3542.

merte Subst., nur in:
en lake merte haben Phras. [PfJ]
– einen Bart haben [PfJ] ♦ **E:** unsicher; evtl. zu rw. *merten* ‚Katze' WolfWR 3549 oder deonomastisch zu RN *Martin*, appell. ‚Affe'.

merten Subst. m. [HF, HeF]
– Katze [HF, HeF] ♦ **E:** rw. *merten* ‚Katze' (WolfWR 3549). ♦ **V:** *de merten het en schirp in de schmerf* ‚Die Katze hat eine Maus im Maul' [HeF]; *de merten het peek gehökt* ‚Die Katze hat Fleisch gestohlen' [HeF]; *knuck de merten van den refter* ‚Jage die Katze vom Tisch' [HeF].

merve Subst. f. [SK]
– Gesicht [SK]; Mund [SK] ♦ **E:** rw. *murf* ‚Mund', dt./mdal., nl. *murf* ‚Maul' (WolfWR 3731).

merz Part. [JeH, RH]
– nein [JeH]; nichts [RH] ♦ **E:** rw. id. (WolfWR 3553, ohne Herleitung); wohl zu *merzen* ‚aussondern, wegtun', vgl. *ausmerzen*, zum Monatsnamen *März*: „das wort, ein landwirtschaftliches, ist zunächst gebraucht von der im märz vorgenommenen aussonderung der schafe" DWB XII 2110.

mēs ‚Geld' → *mees*.

meschli Subst. n. Dim. [SchJ]
– Mädchen [SchJ] ♦ **E:** Dim. zu dt. *Musche* ‚liederliche Frau, Hure' DWB XII 2731, *Muschel*, *Mutze* ‚Vulva'.

meschofes Subst. [Scho]
– schlechte Ware [Scho] ♦ **E:** jd. *meschōfes* ‚Dreck, schlechte Ware' We 79.

meschugge Adj. [CL, HLD, JSa, LJ, LL, MB, MM, MUJ, NW, OJ, PH, PfJ, SJ, SS, Scho, StG, WJ]
meschucke [LJ, Scho]; **meschuke** [LüJ]; **maschugge** [CL, PH]; **maschuck** [Scho]; **maschucke** [HK, MM]; **maschuck** [JSa]; **mischugge** [MM]; **maschokka** [SE]
– verrückt [JSa, LJ, LL, LüJ, MB, MM, NW, OJ, PH, PH, PfJ, SE, SS, Scho, StG, WJ]; bekloppt [MM]; blöde [LJ, MB, MM]; doof [MB, MM]; dumm [HLD, MB, MM]; durcheinander [MM]; geistig zurück [MM]; idiotisch [LJ]; irrsinnig [MUJ, SJ]; unsinnig [OJ]; wahnsinnig [LJ]; bescheuert [MB]; bestußt [MB]; etwas blöd [HK] ♦ **E:** rw. *meschugge* ‚verrückt' (WolfWR 3563) < jd. *meschuggo*, *meschugge* ‚verrückt' (We 82, MatrasJd 290, Post 224, Klepsch 1045). ♦ **V:** *du bist ja meschugge!* ‚du bist ja verrückt!' [MM]; *Ich schäff doch net meschugge* ‚Ich bin doch nicht verrückt'. [CL]; *Oluf meschugge schäfft meim meschugge!* ‚Ein Narr macht hundert andere!' [CL]; *hamel meschugge ausse klamotten reunen* ‚sehr dumm aus der Wäsche schauen' [MM]

maschuker Subst. m. [HK]; **meschugger** [Scho]; **meschuggener** Subst. m. [Scho]; **meschugoem** Subst. m. [Scho]
– Dummer [HK]; Verrückter [Scho]; Unsinniger [Scho]

meschugas Subst. [Scho]; **meschugosem** Pl. [Scho]
– Verrücktheit [Scho].

messingōwe Subst. [PH]
– Messing [PH] ♦ **E:** tautologische Bildung dt. *Messing* mit rw. → *gowe²* ‚Messing'.

mester allerhand Subst. m., Phras. [SG]
– Bürgermeister [SG] ♦ **E:** dt. *Meister* und *allerhand* DWB I 224.

mesumme ‚Geld' → *masumme*.

mete ‚Tuchent, Federbett' → *mitte*.

meter Subst. m. [EF, KM, KMa, LoJ, OJ, PfJ, RR, SJ, StG, TJ, WG]
medr [OJ]; **metere** Subst. f. [KM]
– Monat [LoJ, OJ, TJ]; ein Monat Gefängnis [SJ]; Mark [KM, KMa, PfJ, SJ]; 1 Mark [EF, RR, StG]; Geld [KM] ♦ **V:** *1 Meter* ‚eine Mark' [StG]; *ein Meter* ‚ein Jahr Haft' [WG]; *zwei Meter* ‚zwei Jahre Haft' [WG]; *fünfg Meter Schmalz* ‚fünf Jahre Haft' [WG] ♦ **E:** rw. *meter*

,Mark (Geldstück)', nach der gleichlautenden Abkürzung m für ,Meter' und für ,Monat' (WolfWR 3575).

meterdergoll Subst. m. [JS]
meterdergöll [PH]
– Lehrer [JS, PH]; Schullehrer [JS] ♦ **E:** frz. *maître d'ecole* ,Schulmeister'.

metlängling Subst. f. [SK]
– Mettwurst [SK] ♦ **E:** nd. *Mett* ,gehacktes Fleisch' und → *längling* (unter → *lang*).

mette ,Bett' → *mitte*.

metzgari Subst. m. [RH]
– Fleischer [RH] ♦ **E:** dt./roi. *Metzger* und roi. Formationsmorphem zur Kennzeichnung des Agens -*ari*.

meume Subst. f. [MB]
– (altes) Mütterchen [MB]; Mutter [MB] ♦ **E:** dt. (ant.) *Muhme* (weibl. Seitenverwandte) DWB XII 2644 ff.

mewe Subst. f. [MM]
– (Vieh-)Weide [MM] ♦ **E:** Deverbale Substantivierung zu *mäuen, möwen, mewen* ,widerkäuen', *möuwen wie das vych, oder widerköuwen, der mewet die speis vorhin ee er sie isset wie ein ochs* DWB XII 1773; Pars-pro-toto-Metonymie.

mewerich Subst. n., f. [CL]
mewerisch [CL]; **mäwerisch** [JSa]; **mewwerech** [WL]; **mewweri** [WL]
– Kater [CL]; Katze [CL, JSa, WL] ♦ **E:** Onomatopoeticon, vgl. nd. *mawen, mouwen* ,miauen'; vgl. auch Tockert, Weimerskircher Jenisch, 40; Besse, Saarland 111.

mewwertchen Subst. n., Dim. [WL]
– Katze [WL].

mezie Subst. f. [CL, LL, RA, Scho]
medsie [CL]; **mezzie** [CL]
– Gelegenheit [Scho]; günstige Kaufgelegenheit [CL, LL]; günstiger Kauf [CL]; billiger Kauf [Scho]; günstiges Geschäft [CL]; vorteilhaftes Angebot [CL]; Ausgang eines Geschäfts [RA] ♦ **E:** rw. *mezie* ,Fund, guter Kauf' (WolfWR 3584) < jd. *mezi* ,günstige Gelegenheit, Fund' (We 83, Post 225, Klepsch 1051).
mäzie Adj. [SPI]; **mezie** [CL, LL]; **medsie** [CL]
– billig [SPI] ♦ **V:** *hosche kää mezie for mich?* ,Hast du nichts Preiswerteres für mich?' [CL, LL]; *des war e medsie!* ,das war günstig' [CL].

mezt Subst. m. [MoM]
– Mittag [MoM] ♦ **E:** zu dt. *Mitte*; vgl. rw. *mittjomm* ,Mittag' (WolfWR 3640).

miaufilang Subst. m. [MoM]
– Kater [MoM] ♦ **E:** onomatopoetisch *miau* und → *filang*.

mibsche swV. [MeJ]
– stinken[MeJ] ♦ **E:** lothr. *mipsen* ,unangenehm, schlecht riechen' LothrWb. 364.

michel[1] Subst. m. [EF, HF, HeF]
michl [EF]; **mechel** [HF]
– Jude [HF, HeF]; Handwerksbursche [EF] ♦ **E:** Deutungskonkurrenzen; evtl. zu rw./jd. *mauschel* ,armer Jude' (Wolf 3476) oder dt./mdal. *michel* ,(unbeholfener) Mensch', DWB XII 2168, RheinWb. V 119/20; evtl. Bezug zum Erzengel *Michael*, Engel Israels in der Bedeutung „wer ist gleich Gott" (Daniel 10,13); vgl. Klepsch 1020 f. ♦ **V:** *versöm de michel ene meles klenen* ,Verkaufe dem Juden einen Sack Kleesaamen' [HeF]; *dot huckt ene michel* ,Das ist eine Jude' [HeF]; *bott de michel krotespeek?* ,Ißt der Jude Schweinefleisch' [HeF]; *de michel het henese teck an de Schmerf* ,Der Jude hat einen langen Bart' [HeF]; *et hucken nit all michelen, die schmelen an de schmerf habben* ,Es sind nicht alle Juden, die einen Bart haben' [HeF]

mischeln swV. [KJ]
– betteln [KJ]

michel bestompe swV., Phras. [KMa, OH]
– Schläge austeilen [KMa, OH]

michelsturen Subst. f. [HF]
– Jüdin [HF]

linkmichel Subst. m. [StG]
– dummer Mensch [StG]; Neuling [StG]

rühlmichel Subst. m. [HF]
– Handelsjude [HF]

funkenichl Subst. m. [PM]
– Kapellmeister [PM].

michel[2] nur in:
hitzmichel Subst. m. [SJ]
– Ofen [SJ] ♦ **E:** unsicher; evtl. zu dt. *michel* ,groß' (DWB XII 2169) oder → *michel 1*.

michelen swV. [HF, HeF]
– lachen [HF, HeF] ♦ **E:** rw., WolfWR 3587 (ohne Herleitung); evtl. zu → *michel 1*. ♦ **V:** *möt de Fenstere michelen* ,liebäugeln' [HeF]; *den thuren michelt* ,das Frauenzimmer lacht' [HeF].

mick Subst. f. [RH]
– Geliebte [RH] ♦ **E:** rw. *mick*, Pl. *mickmer* ,Frau' (WolfWR 3592, ohne Herleitung); evtl. zu dt. *mick*

und mack „ein durcheinander, gemenge bezeichnend" DWB XII 2170.

middel Subst. f. [SK]
– Seife [SK] ♦ **E:** tschech. *mydlo* ,Seife'.

midnaile Subst. f. [OJ]
– Mitternacht [OJ] ♦ **E:** dt. *Mitte* und → *naile*.

midschei Subst. m. [OJ]
mittelschy [JeS]; **mittelschien** [JeS]; **mittelschiin** [JeS]; **mitterschein** [KJ]
– Nachmittag [OJ]; Mittag [KJ] ♦ **E:** dt. *Mitte* und → *schein* ,Tag'.

mittel Subst. m. [LI]
– Mittag [LI].

miechampel Subst. f. [MM]
– Ameise [MM] ♦ **E:** nd. *miegampelte* ,Ameise' (Woeste 1930: 175).

mief Subst. m. [NJ]
– Gestank [NJ] ♦ **E:** rw. *muffen, miefen* ,stinken' WolfWR 3711, dt./ugs. *Mief*.

miefen swV. [NJ, SJ]
– stinken [NJ, SJ] ♦ **V:** *es mieft* ,es stinkt' [NJ].

miegen swV. [MB, MM]
miejen [MB]
– pissen, schiffen, pinkeln [MB, MM]; urinieren [MB, MM]; regnen [MM] ♦ **E:** westf. *Miege* ,Regenschauer' (WWBA. 1041); westf. *migen* ,urinieren' (WWBA. 1043). ♦ **V:** *es ist gediegen daß die ziegen beim miegen den schwanz hochbiegen* [MM]

anmiegen swV. [MM]
– anpinkeln [MM].

miegewippe Subst. f. [MM]
– Schiffschaukel [MM] ♦ **E:** westf. *miegen* ,urinieren', ugs. *schiffen*, volksetym. *Schiffschaukel*; westf. *wippe* ,Schaukel'.

miejemacke Subst. f. [MB]
– Ameise [MB]; Mücke [MB] ♦ **E:** westf. *mîjämeken* ,Ameise' Woeste 175.

mienes Subst. [Scho]
– Scheinheiligkeit [Scho]; Verstellung [Scho] ♦ **E:** jd. *mienes* ,Verstellung, Scheinheiligkeit' We 83. ♦ **V:** *mienes machen* ,sich schönheilig benehmen, schön tun' [Scho].

mierepin Subst. m. [GM]
– Unglück [GM] ♦ **E:** roi. *meripen, meriben* ,Sterben, Tod' (WolfWZ 1935).

mierts Part. [SP]
miats [SP]
– nichts [SP]; nein [SP] ♦ **E:** rw. *merz* ,nein' WolfWR 3553. ♦ **V:** *Et git mierts gekwest* ,Es wird nichts gesprochen' [SP].

mies Adj./Adv. [FS, GM, HL, HLD, MM, OJ, SJ, SK, Scho, StG]
mis [CL, JS, PH]; **mīs** [CL, PH]; **mîs** [CL, TK]
– schlecht [CL, GM, HL, HLD, JS, MB, MM, OJ, PH, PH, SJ, Scho, StG, TK]; böse [MB, MM, OJ]; übel [MM, OJ]; ärgerlich [MM]; arm [SJ]; dumm [MM]; entsetzt [MM]; flau [StG]; gemein [MM]; niederträchtig [MM]; sauer [MM]; schlecht aufgelegt [MM]; unangenehm [SK]; hässlich [Scho]; unwohl [Scho]; schlimm [FS]
♦ **E:** rw. *mies* ,ungünstig, schlecht, unangenehm, widrig' (WolfWR 3595) < jd. *mies* ,schlecht' (We 83, Post 225, Klepsch 1059). ♦ **V:** *es ist mies* ,es geht schlecht' [StG]; *mies ausse kowe reunen* ,dumm aus der Wäsche gucken' [MM]; *'ne miese lobbe ziehen* ein langes Gesicht machen [MM]; *dat is 'n ganz miesen seeger!* ,das ist ein schlechter Mensch!' [MM]; *der hacho kneisterte mies* ,der Bauer schaute bös drein' [MM]; *miese ille* ,ein schlechtes Mädchen' [MM]

miswettermalocherrente Subst. f. [MM]
– Schlechtwettergeld [MM]

mischach Adj. [JS, PH]
– schlecht [JS, PH].

miesche swV. [BM]
– schlagen [BM]; ohrfeigen [BM] ♦ **E:** wohl zu *mischel* ,(Ruten-)Bündel, Büschel' → *miescher*. Pars-pro-toto-Metonymie: Instrument für den Vorgang im Ganzen; DWB XII 2248 f.

miescher Subst. m. [BM]
– Kopf [BM]; Haarschopf [BM] ♦ **E:** SchweizId. IV 467 f. s. v. *mies* ,Moos'.

miesemeschinne Subst. m. [Scho]
– widernatürlicher Tod [Scho] ♦ **E:** jd. *miesemeschinne* ,widernatürlicher Tod' (We 84).

miet Subst. [HF]
mith [HF, HeF]
– Fuchs (kleine Münze) [HF, HeF] ♦ **E:** RheinWb. V 1196, evtl. aus nl. *mijt*, mnd. *mite* ,Milbe'.

miff Subst. m. [WL]
– Schimpfwort für Belgier [WL] ♦ **E:** zu frz. *muffe* (für *mufle* ,widerlicher Mensch, Flegel') oder zu dem am Rhein und in den nl. Geheimsprachen weit verbreiteten *muffen, müffen* ,muffig riechen', Tockert, Weimerskircher Jenisch, 31.

miftern swV. [SS]
— sterben [SS] ♦ **E:** rw. *niftern* ‚sterben', zu jd. *niftern* ‚sterben' (WolfWR 3877). Vgl. → *nifken*.

migda Subst. m. [OJ]
— Mittwoch [OJ] ♦ **E:** schwäb. *Mikde* ‚Mittwoch' (SchwäbWb. IV 1717).

miggerig Adj. [BM]
— klein [BM] ♦ **E:** dt./ugs. *mickerig* ‚klein', nd. *mikkern* ‚schwach (von Gestalt), zurückgeblieben sein'.

mii Subst. n. [BB]
— Hemd [BB] ♦ **E:** Inversion zu mdal. *Himm* ‚Hemd'.

mijäärn swV. [MoM]
— essen [MoM]; fressen [MoM] ♦ **E:** unklar; womgl. zu rhein. *mijen* ‚mähen' RheinWb. V 1131; vgl. → *dijäärn*.

mijäärer Subst. m. [MoM]
— Maul [MoM]; Mund [MoM]

mijääring Subst. f. [MoM]
— Mahlzeit [Zeit und Speisen]

schichtmijääring Subst. f. [MoM]
— Abendessen [MoM].

miketz Adj. [Scho]
— dämpfig (Pferd) [Scho] ♦ **E:** jd. *mikétz* ‚dämpfig (Pferdekrankheit)' (We 84), jd. *maikenen* ‚husten' (Siewert, WB Viehhändlersprache, 78).

milange Subst. f. [LI]
— Ehefrau [LI] ♦ **E:** unsicher; nach WolfWR 3603 womgl. aus dt. *Gemahlin*; evtl. zu frz. *mélange* ‚Mischung'.

milchbub Subst. m. [WG]
— „junger Gefangener, der das erste Mal im Gefängnis ist" [WG] ♦ **E:** dt. *Milch* und *Bub*, vgl. dt./ugs. *Milchgesicht* ‚junger, unerfahrener Bursche'.

milchome Subst. m. [SS]
mechome [Scho]
— Krieg [SS] ♦ **E:** jd. *milchome* < hebr. *milchamah* ‚Krieg' (Post 226).

milchsäulich Subst. Dim. Pl. [PfJ]
— Handschuh [PfJ] ♦ **E:** schwäb. *Milchsäule* ‚Spanferkel'; Benennungsmotiv: nach der Form, so SchwäbWb. IV 1672.

milchdöppe Subst. Pl. [KMa]
— Handschuhe [KMa].

mill[1] Num. Kard. [NJ, SE]
mil Subst. f. [JS]
— tausend [NJ]; eintausend [SE]; 1000 Mark [JS, SE]
♦ **E:** rom. *mille* ‚tausend'.

milli Subst. [OJ]; **milligramm** [OJ]
— Minute [OJ]

millemäppchen Subst. n. [JS]
— Geldbörse [JS].

mille Subst. [OJ]
mill[2] [OJ]
— Milch [OJ] ♦ **E:** schwäb. *Mill* ‚Milch' (SchwäbWb. IV 1665).

millkendle Subst. n. Dim. [OJ]
— Milchkännchen [OJ] ♦ **E:** Dim zu schwäb. *Kante* ‚Kanne'.

millgschirrle Subst. n. Dim. [OJ]
— Busen [OJ].

millionenviertel Subst. n. [MM]
— Pluggendorf (ON, altes Masematte-Viertel in Münster) [MM] ♦ **E:** Deutungskonkurrenz: zum Zahlwort *Million*, Benennungsmotiv: Kinderreichtum des Viertels, oder evtl. zu roi. *milo* ‚Mühle', Benennungsmotiv: zahlreiche Mühlen an der Pluggendorfer Aa.

milo Subst. m. [GM]
— Nabel [GM] ♦ **E:** roi. *milo* ‚Nabel' (WolfWZ 1965).
♦ **V:** *tigema der tsaij irn milo* ‚betrachte den Nabel des Mädchens' [GM].

milöper Subst. m. [SG]
milöiper [SG]
— Aufpasser [SG] ♦ **E:** wohl zu nd. *Mitloper*, hochdt. *Mitläufer*.

milott Subst. m. [WL]
— Herrgott [WL] ♦ **E:** engl. *mylord* ‚Herr, Gott'.

mimen swV. [MM]
— nachmachen [MM] ♦ **E:** dt. *Mime* m. ‚Schauspieler', Entlehnung (18. Jh.) aus lat. *mīmus* ‚Schauspieler'.
♦ **V:** *auf figine mimen* ‚(etwas) vortäuschen' [MM].

minetz Subst. m. [MoM]
menn Subst. m. [KMa]
— Branntwein [MoM]; Schnaps [KMa, MoM] ♦ **E:** unsicher; evtl. rom., it. *mente* ‚Geist'; Variante *menn* evtl. beeinflusst von → *mennige*.

minetzfilang Subst. m. [MoM]
— Gastwirt [MoM].

minje Subst. n. [MM]
minjum [MB]
– Geld [MB, MM] ♦ **E:** jd. nicht belegt, wohl aus hebr. *min'ja:h* ‚Zählung'.

minkeln swV. [JSa]
– essen [JSa] ♦ **E:** zu mdal. *Minkel* ‚Bissen, Happen' (PfälzWb. IV 1469).

minna Subst. f. [WG] nur in:
grüne minna Subst. f., Phras. [WG]
– Arrestantenwagen [WG] ♦ **E:** rw. *Inne* ‚Leiden', zu jd. *innes* ‚Leiden, Qual, Folter', *meanne sein* WolfRW 2291; wohl beeinflusst vom RN *Minna*; vgl. ugs. *jd. zur Minna machen* ‚jd. zusammenstauchen'.

minotes Pers.Pron. [HF, HeF]
minuetes [HF]; **minutes** [HF]
– ich [HF, HeF]; mich [HF, HeF]; mir [HF, HeF] ♦ **E:** rw. *minotes* 1. Pers. Sg. Pers.Pron. ‚ich, mir, mich', rw. *minotesem* 1. Pers. Sg. Poss.Pron. ‚mein' (WolfWR 3614); fläm. *minut, minot. minots* 1510 im nd. Liber Vagatorum (WolfWR 3614); vgl. → *zinotes*. ♦ **V:** *Minotes bott gehr krotesepeek, og bählertspeek möt pobben* ‚Ich esse gern Schweinefleisch, auch Schafsfleisch mit Rüben' [HeF]; *Minotes nuckt för den droth* ‚Ich danke für das Geld' [HeF]; *krabbel minotes ene Fesel an mine Limthuren; dot holt Zinotes knäbbig* ‚Schreibe mir einen Brief an meine Geliebte; das kannst du sehr gut' [HeF]; *zippken, Knöllen, minotes het de Fritzel van den henese Flick* ‚Ja, mein Herr, ich habe den Schlüssel zum Krämerlatein' [HeF]; *zippken, minotes versömt Blök* ‚Ja, ich verkaufe Tabak' [HeF]; *Ziemen, Knöllen, minotes versömt Pley on Fehm* ‚Ja, ich tue in Tuch und Garn' [HeF]; *Minotes mott strömen* ‚Ich muß fort' [HeF]; *dann mot minotes strömen* ‚Dann muß ich gehen' [HeF]; *minotes het parz uhr plotten an de klenen verhült* ‚Ich habe zweihundert Thaler am Kleesamen verloren' [HeF]; *de sanktes huckt minotes te heet* ‚Der Wein ist mir zu teuer' [HeF]; *minotes thürt blökstinesen* ‚Ich rauche Zigarren' [HeF]; *minotes mott nog in parz tenten fucken, on dann trollt minotes möt dem troppert no dülken. Ich muß noch in zwei Häuser gehen, und dann reite ich nach Dülken.* [HeF]; *Minotes huckt mörig* ‚Ich bin müde' [HeF]; *Minotes plart* ‚ich trinke' [HeF]; *Minotes plaret* ‚ich trank' [HeF]; *Minotes het geplart* ‚ich habe getrunken' [HeF]; *Minotes har geplart* ‚ich hatte getrunken' [HeF]; *Minotes sall plaren* ‚ich werde trinken' [HeF]; *Schüt minotes ene Sitterd* ‚Gib mir einen Stuhl' [HeF]; *Den Hutz holt minotes ten ühl* ‚Der Bauer kennt mich nicht' [HeF]; *Het dot Thürken minotes gebrellt?* ‚Hat das Mädchen mich gesehen?' [HeF]; *minotes flickt den henese-flick* ‚Ich spreche Krämerlatein' [HeF]; *minotes versömt geeten* ‚Ich verkaufe Bücklinge' [HeF]; *minotes plart köth* ‚Ich trinke Bier' [HeF]; *minotes het den ühl gebott* ‚Ich habe nichts gegessen' [HeF]; *schüt den thuren parz gecken. minotes het gene locken droth* ‚Gib der Frau zwei Groschen, ich habe keine Münze' [HeF]

minotesen Poss.Pron. m. [HF]; **minotesem** [HeF]; **minotese** [HeF]; **minotesen** [HeF]
– mein [HeF]

minotesen Poss.Pron. f. [HeF]; **minotese** [HeF]
– meine [HeF]

minotesem Poss.Pron. n. [HeF]; **minotese** [HeF]
– mein [HeF]

minotese Poss.Pron. Pl. [HeF]
– meine [HeF] ♦ **V:** *minotesen netten hukt mol; de tent wört versömt* ‚Mein Vater ist tot; das Haus wird verkauft' [HeF]; *minotesen tent beut krütskes uhr plotten* ‚Mein Haus kostet tausend Thaler' [HeF]; *dem bithwöles het minotesen röhlfesel gebrellt* ‚Der Gendarm hat meinen Gewerbeschein gesehen' [HeF]; *Minotesem Bölt huckt lock geknuckt* ‚Mein Bett ist schlecht gemacht' [HeF]; *Minotesen Höbbel paut* ‚Mein Hund schläft' [HeF]; *Minotesen Netten hukt mol; de Tent wört versömt* ‚Mein Vater ist tod; das Haus wird verkauft' [HeF]; *Minotesen Peek huckt versömt* ‚Mein Fleisch ist verkauft' [HeF]; *Lott minotes de Fesel ens brellen* ‚Laß mich den Brief einmal sehen' [HeF]; *Schüt minotesen Troppert en Pardong Spitzen* ‚Gib meinem Pferde ein Viertel Hafer' [HeF]; *Schet minotes en Vitt möt Luhrmon, on den Höbbel en Elle Knapp* ‚Gebt mir ein Butterbrot mit Käse, und dem Hund ein Pfund Brot' [HeF]; *vesöm minotes den thür* ‚Verkaufe mir die Pfeife' [HeF]; *brell ens minotese krotes* ‚Sieh mein Schwein einmal' [HeF]; *minotese krotesepeek huckt nog in de pick* ‚Mein Schweinefleisch liegt noch im Salz' [HeF]; *minotesen höbbel het schrock* ‚Mein Hund hat Hunger' [HeF].

minsch Subst. f. [CL, GM, JS, JSW, JSa, JeS, LL, LoJ, LüJ, MB, ME, ME, MM, MoJ, MUJ, PH, TJ, TK, WJ]
mintsch [LüJ, MB]; **minch** [JS]; **misch** [RH]; **mensch** [LJ, SPI]; **mönch** [RH]
– Vagina [GM, JS, LJ, LoJ, LüJ, MB, ME, ME, MM, MUJ]; Vulva [CL, JSW, LL, LüJ, RH, WJ]; Möse [ME]; Scheide [MB, MM]; Geschlechtsteile der Frau [MM]; weibliches Geschlechtsteil [CL, LüJ, MB, MoJ, SPI, TK]; weibliche Genitale [JS, PH, TJ]; weibliche Scham [JSa]; Pflaume [MB]; Hure [JeS]; Schnecke [JeS] ♦ **E:** rw. *minsch* ‚Vulva', aus roi. *mintš, minsch* ‚Cunnus'

(WolfWZ 1971, WolfWR 3615); Formen *mensch*, *mönch* wohl volksetymologisch. ♦ **V:** *Rom ragger die minsch. Böse manische Beschimpfung.* [WJ]; *dem romni das minsch bestiewe* ‚dem Weib das Geschlechtsteil besteigen, vögeln' [JSW]; *gling, glang, glori, minsch makeimt den jori* [MM]; *Die minsch, die lag im Haferstroh, und fühlt sich so geborgen, da kam der kleine kari von oben und bot ihr „Guten Morgen". Die minsch, die wurde rot vor Wut, und wollt den kari beißen, da nahm der kari seinen klot, und tat die minsch mit schmeißen.* [MM]; *Olf, bes, kimmel, dollar, hei, mit dem sonnof anne minsch vorbei* (Scherzvers sexuellen Inhalts) [MM]; *karie, minsch und Eierkuchen, jeder soll sein Glück versuchen* ‚Schwanz, Pflaume und Eierkuchen, jeder soll sein Glück versuchen' [MB]; *ihne will es mal vor die minsch reunen* ‚ich möchte mal ihre Pflaume sehen' [MB]; *ich konnte es ihre baro minsch reunen* ‚ich konnte ihre große Vagina sehen' [MB]; *schovel lack minch* ‚geschlechtskrank (bei Frauen)' [JS]
minschen swV. [GM]
– huren [GM]; koitieren [GM] ♦ **E:** roi. *mindzed* ‚huren' (WolfWZ 1971).

miro Pron. Poss. [GM]
– mein [GM] ♦ **E:** roi. *miro* ‚mein'.

miroff Subst. n. [NJ]
– Mund [NJ] ♦ **E:** rhein. *morf* (verächtl.) ‚Gesicht, Fresse', RheinWb. V 1293; vgl. auch Windolph, Nerother Jenisch, 50, Nr. 100. ♦ **V:** *ik gew'sche glick einen in dat miroff; de krit wat füar et miroff.*

mirre Subst. f. [Scho]
merre [Scho]
– Weide (für das Vieh) [Scho] ♦ **E:** jd. *mirre* ‚Weide' (We 84).

mis ‚schlecht' → *mies.*

mischte¹ Subst. f. [LüJ]
– Unordnung, Durcheinander [LüJ]; Abfallgrube [LüJ]; Sauerei [LüJ]; Saustall [LüJ] ♦ **E:** dt./mdal. *Miste, Mischte* ‚Dungstätte'.
mischdkratzær Subst. m. [WJ]
mischtkratzer [LüJ]; **mieschdgratzer** [OJ]; **mistkratzer** [PfJ]; **mestkratzer** [SE]
– Hahn [LüJ, OJ, PfJ, WJ]; Huhn [OJ] ♦ **E:** rw. *mistkratzer* ‚Huhn' WolfWR 3633; Zweitglied zu dt. *kratzen.*
♦ **V:** *de mestkratzer läjen kän bätzjer meiä* ‚die Hühner legen keine Eier mehr' [SE].

mischte² Subst. f. [LüJ]
– Gelage [LüJ] ♦ **E:** rw./jd. *Mischte* ‚Gelage, Gastmahl' WolfWR 3625.

mischgene swV. [LL]
mischkeln swV. [Scho]; **mischkelln** [CL]; **miskeln** swV. [MB]; **mischkla** [RA]
– wiegen [CL, LL, MB, RA, Scho]; messen [MB]; zählen [MB]; schwer sein [MB] ♦ **E:** rw. *mischkeln* ‚wiegen' (WolfWR 3621) < jd. *mischkel*, hebr. *mischkal* ‚Gewicht' (We 123, Post 226, Klepsch 1063); westf. *miskelen* ‚wiegen' (WestfWb. 757). ♦ **V:** *der schrabink miskelt aber* ‚der Schrank hat aber ein Gewicht' [MB]
miskel Subst. f. [MB]
– Waage [MB].

mischl Subst. n. [LoJ]
– Fräulein [LoJ] ♦ **E:** → *minsch.*

mischlen swV. [NW]
– zusammenpacken [NW] ♦ **E:** unsicher; wahrscheinlich zu → *mischgene.* ♦ **V:** *mischl* ‚pack zusammen!' [NW].

mischpet Subst. n. [SS, Scho]
– Gericht [SS, Scho]; Prozess [Scho] ♦ **E:** rw., jd. *mischpot* ‚Gericht' (WolfWR 3624, We 85, Post 227).
mischpeten swV. [Scho]
– prozessieren [Scho].

mischpoke Subst. f. [JS, MB, MM, SPI, SS]
mischpoch [NW]; **mischpoche** [GM, Scho]; **mischpocke** [MM]; **maschbuche** [Scho]; **mispoke** [MM]; **misspuke** [ME]; **misbuke** [SPI]; **muschpoke** [MB, MM]; **muschbache** [CL]; **muschpooches** Subst. f. [CL]; **muschelbaaches** [LL]; **muschbaaches** [CL]; **mischbuachem** [SPI]
– Verwandtschaft [CL, LL, MB, ME, MM, SPI, SS, Scho]; Familie [JS, MB, MM, NW, Scho]; Verwandtschaft des Ehepartners [MM]; „fragwürdige Gemeinschaft" [MM]; verächtliche Sippschaft [NW]; Gesindel [GM]; (große) Sippe [CL, JS, MB]; Sippschaft [MM]; Gesellschaft [CL, MB, NW]; „Theater" [MM]; Ärger [MM]; zwielichtige Gesellschaft [MB]; schlechte Gesellschaft [MB]; Durcheinander [MB] ♦ **E:** rw. *mischpoche* ‚Familie, Gesellschaft, Diebesbande samt ihrem Anhang, Zuchthausgenossen, (Geheim-)Polizei, Vigilanten' (WolfWR 3623) < jd. *mischpocho* ‚Geschlecht, Gattung, Völkerstamm, Familie, Hausgenossenschaft' (Avé-L. 475, We 85, Post 226, Klepsch 988). ♦ **V:** *mischpoke ableiern* ‚die ganze Verwandtschaft nacheinander um Geld bitten' [MM]; *fiese mischpoke* ‚bucklige Verwandtschaft' [MM]; *die*

ganze muschbaaches war uff de hochzich ‚die gesamte Familie war auf der Hochzeit' [CL]; *die ganze mispoke rakawelte durcheinander* ‚die ganze Verwandtschaft redete durcheinander' [MM]; *die ganze mischpoke wohnte in ein' kotenen beis* ‚die ganze Sippschaft wohnte in einem kleinen Haus' [MM]; *er ahmt mitte ganze mischpoke* ‚er kommt mit der ganzen Familie' [MB]
automischpoke Subst. f. [MM]
– Automobilindustrie [MM]
dallasmischpoke Subst. f. [MM]; **dallasmuschpoke** [MM]
– Dallas-Sippe (TV-Serie „Dallas Clan", ab 1978) [MM]
kabinettsmischpoke Subst. f. [MM]
– Kabinett [MM].

misgen Subst. Pl. [SS, WH]
– Haare [SS, WH] ♦ **E:** rw., WolfWR 3628 (ohne Herleitung); evtl. zu rw. *mispe* ‚Heu', zu jd. *mispo* ‚Viehfutter' (WolfWR 3631).

mispe Subst. [Scho]
– Futter [Scho] ♦ **E:** jd. *mispe* ‚Futter' (We 85).
mispenen swV. [Scho]
– füttern [Scho]
loumispenen swV., Phras. [Scho]
– nicht füttern [Scho].

mispel Subst. f. [MM]
– Aufseher [MM]; Gericht [MM]; Polizei [MM]; Polizist [MM]; Bauer [MM] ♦ **E:** jd. *mizvo* ‚Gesetz, Gebot' (Siewert, WB jüd. Geschäfts- und Umgangssprache: 32); jd. *mischpet* (Weinberg 85), *mischpot* ‚Gericht' (WolfWR 3624). Vgl. → *mischpet*. ♦ **V:** *wenn in Münster was geschort worden war, ging die mispel automatisch erst nach mochum* ‚wenn in Münster ein Diebstahl geschah, suchte die Polizei zuerst die Täter im Herz-Jesu-Viertel' [MM]; *die mispel stand anne ecke und lurte nache boofken* ‚die Polizei stand an der Ecke und beobachtete die Ganoven' [MM]; *die mispel hatte gekneistert, wie die am lellen waren* ‚die Polizei hatte bemerkt, wie sie dabei waren zu stehlen' [MM]
amateurmispel Subst. f. [MM]
– Amateurstreife [MM]
mispelfinger Subst. m. [MM]
– Möhre [MM]
mispelfreier Subst. m. [MM]
– Polizist [MM]
mispelverschnitt Subst. m. [MM]
– (halbherziger) Polizist [MM].

miss Subst. f. [OH]
misses Pl. [LI]
– Mädchen [LI, OH] ♦ **E:** engl. *Miss* (Anredeform einer unverheirateten Frau).

mīt Subst. n. [OH]
– Fleisch [OH] ♦ **E:** engl. *meat* ‚Fleisch'.

mitsche swV. [KMa]
– fortgehen [KMa]
mittsche Adv. [KMa, OH]
– herbei [KMa, OH] ♦ **E:** unklar; rw., WolfWR 3636 (ohne Herleitung).

mitscho Adj., Adv. [GM]
– schlecht [GM] ♦ **E:** roi. *midšo* ‚böse, schlecht, schlimm, falsch, übel, arg' (WolfWZ 1957).

mitte Subst. f. [SPI, SS, WH]
mittes [MoJ, Scho]; **mette** [CL, JS, LJ, WJ]; **mete** [LoJ]; **metten** [JSa]; **medde** [CL, LJ, LL, PH]; **mädde** [CL]; **med** [LJ]; **metti** Subst. n. [JeS]; **mettine** [CL]; **mitsche** [MB]; **mietje** [MB]
– Bett [CL, JS, JSa, JeS, LJ, LL, MB, MoJ, PH, SPI, SS, Scho, WH, WJ, WJ]; Tuchent (Federbett) [LoJ] ♦ **E:** rw. *mitte* < jd. *mitto* ‚Bett, Bettuch' (WolfWR 3637, We 85, Post 225, Klepsch 1052). ♦ **V:** *du k'erscht schun längschd in die medde* ‚Du gehörst schon längst ins Bett' [CL, LL]; *er natscht mit seiner moss inne mitsche* ‚er geht mit seiner Frau ins Bett' [MB]
meddemassler Subst. m. [CL, LL]
– Bettnässer [CL, LL]
metteskore Subst. Pl. [CL]
– Bettzeug [CL]; Bettücher [CL]
gambesmedde Subst. f. [CL]
– Kindbett [CL]
motten swV. [RH]
– schlafen [RH].

mittel Subst. f. [BM]
– Matte [BM] ♦ **E:** unklar; Bedeutungsangabe polysem: evtl. Matte-Quartier in Bern, dazu Sprachname Mattenenglisch; schwer zu dt. *Mittel*.

mo Poss.Pron. [MB]
ma [JSW]
– mein [JSW, MB] ♦ **V:** *mo schabo* ‚mein Junge'; ‚mein Mann' [MB] ♦ **E:** roi. *me* ‚ich' (WolfWZ 1917).

moanig Subst. [HF]
– Montag [HF] ♦ **E:** rhein. *Moenich, Moanig* u. ä. (RheinWb. V 1273).

mobäres Adj. [OJ]
mobääres [CL]; **moberes** [CL, Scho]; **mobéres** [CL]; **mumbääres** [CL]; **m'bääres** [CL]
– schwanger [CL, OJ, Scho] ♦ **E:** rw. *mepperes* ‚schwanger' (WolfWR 3536) < jd. *maberes, me'uberes* < hebr. *me'ubérêth* ‚schwanger'. (We 79, MatrasJd 290, Post 216, Klepsch 1067). ♦ **V:** *'s tillesje schefft moberes* ‚Das Mädchen ist schwanger' [CL].

mobchen Subst. [HLD]
– kleine Häuser [HLD] ♦ **E:** wohl (evtl. verhört oder verschrieben) zu *mokchen* aus rw. *mokum* ‚Stadt' WolfWR 3646, aus jd. *mokem* ‚Stadt, Dorf' (We 85).

mobein Subst. n. [StG]
– Geld [StG] ♦ **E:** unsicher; wohl zu *moos* ‚Geld' Wolf WR 3677; RheinWb. V 1278 f. 2c; RheinWb. V 1280: *moosbein* (ohne Bedeutungsangabe); evtl. Analogie zur dt. Wendung *an den Hacken, am Bein haben* ‚wohlhabend sein, Geld haben'.

mochum ‚Ort, Stadt' → *mokum*.

mochummaje ‚Kaffee' → *mokum*.

mode Subst. f. nur in:
mode machen Phras. [WG]
– umwandeln, zusammenschlagen (ein Lokal) [WG] ♦ **E:** rw. *mode machen* ‚mit jemandem fertig werden, eine Wohnung ganz ausräumen', nach Wolf aus jd. *modo* ‚Freund' (WolfWR 3647); eher zu dt. *modelieren* ‚verändern, umdekorieren'.

model Subst. n. [JS, JeS, LJ, LüJ, MJ, MUJ, PfJ, RR, SJ, SchJ]
môdel [PH]; **môdel** [Him]; **môdel** [LüJ]; **modl** [LüJ, OJ, SJ, Scho]; **môkel** [Mat]; **mōde** [RR]; **modi** [BM]
– Frau [Hi, JeS, LüJ, MUJ, Mat, OJ, RR, SJ]; junge Frau [LüJ]; Mädchen [BM, JS, JeS, LJ, LüJ, MJ, PH, PfJ, RR, SJ, SchJ, Scho]; Fräulein [LüJ, SJ]; Geliebte [LüJ]; lediges Mädchen [LüJ]; Mutter [OJ]; Weib [LüJ, SJ]; Tochter [MJ, PfJ]; junges, unverheiratetes Mädchen [PfJ]; Magd [PfJ] ♦ **E:** rw. *model* ‚Weib, Frau, Mädchen' (WolfWR 3648, ohne Herleitung); wohl zu dt. *Mädel* oder zu *(Back-)model* gehörig (Klepsch 1071); SchwäbWb. IV 1725. ♦ **V:** *lenke model* ‚schlechtes Frauenzimmer' [LüJ]; *o, spann model, die schure und nobes kei'bich!* ‚Oh, sieh Geliebte, Blumen und noch kein Geld!' [LüJ]; *a schdramma modl* ‚eine saubere Frau' [OJ]; *lenzerei: model, lenz' die rucheulme, was herles der ruch scheft. Kenn, patres! – Ulme, hauret der kaffer wohnisch? Nobis, model! – Krillisch? Kenn. – Schefft er niesich? Nobis! – Schofel? Nobis! – Vermufft? Nobis! Grandich? – Kenn! – Haurets ein finkelkaffer? Nobis! – Kasperer? Nobis! – Blibelkaffer? Kenn! – Scheffts ein bikerischer oder lenker benk? Nobis, ein dofer! – Schefft er herles vom g'fahr? Kenn! – Steckt er lenk? Nobis, model! – Dof? Kenn! – Hauret dof, model, schupf dich auf und bost'schiebes! Kenn, patres!* ‚Fragerei: Mädchen, frag' die Bauersleute, wer hier der Bauer ist. Ja, Vater! – Leute, ist der Mann katholisch? Nein, Mädchen! -Evangelisch? Ja! – Ist er dumm? Nein! – Bös (schlecht)? Nein! Arm (heruntergekommen, vergantet)? Nein! – Reich? Ja! – Ist's ein Hexenmeister? Nein! – Ein Zauberer? Nein! – Ein Stundenmann? Ja! Ist es ein hungriger oder böser Mann? Nein, ein guter! – Ist er hier vom Dorfe? Ja! – Gibt er schlecht (beim Betteln)? Nein, Mädchen! – Gut? Ja! – Es ist gut, Mädchen, höre auf und gehe fort! Ja, Vater!' [LüJ]; *oh schofel, oh schofel, i muß mi latsche, gwante modle und tschi fackle* ‚oh weh, oh weh, ich muß mich schämen, ich habe schöne Mädchen, aber sie können nicht schreiben' [LüJ]

modelchen Subst. n. [GM]
– Fräulein [GM]; Mädchen [GM]

mödele Subst. n./f. Dim. [LüJ]; **modeli** [BM]; **mödeli** [JeS]; **modele** [LüJ]
– (kleines) Mädchen [BM, JeS, LüJ]; Fräulein, junge Frau [LüJ] ♦ **V:** *Mödele, warum glemsest so grandich? Hast vom patres guffes bestieb?* ‚Mädchen, warum weinst du so arg? Hast du vom Vater Hiebe bekommen?' [LüJ]; *dik doch, was hat die modele e grandiches keb* ‚sieh doch, was das Mädchen für einen großen Arsch hat' [LüJ]; *das modele het gsicheret, das best könne tschi kahle* ‚die Frau hat gekocht, das konnte man nicht essen' [LüJ]; *was het des modele quante biere* ‚was hat das Mädchen für schöne Beine' [LüJ]

modeler Subst. m. [BM]
– „Junge, der den Mädchen nachläuft" [BM]

dergersmodel Subst. n. [LJ]
– „Frau, die Kinder beim Betteln führt" [LJ]

lobmodl Subst. n. [OJ]; **lobmadl** [RR]
– Braut [OJ, RR]

ruchamodel Subst. n. [LüJ]
– Bauernmädchen [LüJ] ♦ **V:** *hauret die ruchamodel ein nille? Nobis, freier!* ‚Ist das Bauernmädchen ein Dummkopf? Nein, mein Freund!' [LüJ]

schinakelmodel Subst. n. [LJ]
– Magd [LJ]

maudi Subst. [JeS]
– Vagina [JeS].

modern swV. [GM]
– furzen [GM]; urinieren [GM] ♦ **E:** volksetym. zu roi. *muterw-* ‚harnen, urinieren' (WolfWZ 2068), evtl. unter Einfluss von rw. *motern* ‚regnen' (WolfWR 3696), zu jd. *motor* ‚Regen' (Avé-L. 403).

modewel Interj. [MM]
modehve [MB]; **modewe** [MB]; **modebe** [MB]; **mo debe** [MB]
– mein Gott! [MB]; „ja, was ist denn hier los!" [MB]; guck mal! [MB]; sieh mal da! [MB]; ich komme! [MB]; mir kommt's! [MB]; Ausdruck des Erstaunens, der Beachtung [MB]; oh!, ah! (Ausruf des Erstaunens) [MM] ♦ **E:** roi. *mo dewel* ‚mein Gott' (WolfWZ 483, 1979).

modisek Subst. f. [BM]
– Mädchenschule [BM] ♦ **E:** schweizdt. *Modisek* ‚Mädchensekundarschule' SchweizId. VII 680.

modum Subst. n. [LJ]
– Auto [LJ]; Wagen [LJ] ♦ **E:** wohl zu lat. *motum* ‚Bewegung'.

moertepin Subst. m. [GM]
– Urin [GM] ♦ **E:** rw. *muttera* ‚Urin' (WolfWR 3749), zu roi. *muter* ‚Harn, Urin' (WolfWZ 2068). Vgl. → *muteren*.

moertepinnekär Subst. m. [GM]
– Pissoir [GM] ♦ **E:** → *kehr*.

möfe swV. [KM]
müfen [PH]
– duften [KM]; riechen [PH] ♦ **E:** rw. *muffen, müffen* ‚stinken, riechen', aus dt. *muffen, müffeln* ‚moderig riechen, stinken' (WolfWR 3711, DWB XII 2624).
möf Subst. n. [KM, MM]; **möfe** Subst. f. [KM]
– Nase [KM]; Gesicht [MM]; Kopf [MM] ♦ **E:** rw. *muffer* ‚Nase' (WolfWR 3711).
möfling Subst. m. [KM]; **möflinge** [KM]
– Stinker [KM].

mofecktisch Adj. [MB]
– aufgeregt [MB]; nervös [MB]; unruhig [MB] ♦ **E:** wohl Weiterbildung von dt. *hektisch*. ♦ **V:** *ihne is im puff immer ganz mofecktisch* ‚er ist im Puff immer ganz nervös' [MB].

möft Subst. f. [BM]
– Manövriermaschine [BM] ♦ **E:** Kontraktion aus dt. *Manöver*.

mog Subst. m. [LüJ]
– sture Person [LüJ] ♦ **E:** SchwäbWb. IV 1721.

moggen¹ swV. [LüJ]
– trotzen [LüJ] ♦ **E:** → *mucken*.

mogeln swV. [CL]
– betrügen [CL] ♦ **E:** dt./ugs. *mogeln* ‚schummeln, betrügen', mhd. *mûchen* ‚heimlich tun' (Klepsch 1071).

moggen² swV. [LüJ]
meggen [LüJ]; **mecken** [LüJ]
– still sein [LüJ]; nichts tun [LüJ]; unterlassen [LüJ]; aufpassen [LüJ]; aufmerken [LüJ] ♦ **E:** roi. *muk-, mek-* ‚lassen' (Boretzky/Igla 187). ♦ **V:** *mog, tschi penne, hinterkünftig nascht er* ‚paß auf, nichts sagen, er kommt von hinten' [LüJ].

moges Subst. n. [KP]
mögis [JeS, TK]
– Geld [JeS, KP, TK] ♦ **E:** rw. *moges* ‚Geld', zu jd. *meches*, hebr. *mäkäs* ‚Abgabe, Zoll' oder Streckform von *moos* (WolfWR 3506).

moggl Subst. f./m. [KJ, OJ, PfJ]
moggl [OJ]; **moggale** Subst. n., Dim. [OJ]; **moggælæ** [WJ]; **muckle** [Him]
– Mädchen [KJ]; liebes Mädchen [OJ]; Frau [KJ, OJ]; Mutter [OJ]; Tannenzapfen [OJ]; Zapfen (von Fichte oder Forche) [WJ]; Kartoffel [Him, PfJ] ♦ **E:** schwäb. *Mockel* ‚Kartoffel, Tannenzapfen, plumpes Weibsbild, untersetztes Kind' u. a. (SchwäbWb. IV 1722).

moggla Subst. Pl. [SJ]; **muggle** [JeS]
– Kartoffeln [JeS, SJ].

mogum, mohken ‚Ort, Stadt, Ort' → *mokum*.

möhn Subst. f. [NJ]
– Greisin [NJ] ♦ **E:** rhein. *Möhne, Mühne* ‚Tante, ältere Frau' u. a. (RheinWb. V 1367).

mohr Subst. f. [HF, HeF]
– Zopf [HF, HeF] ♦ **E:** rw., WolfWR 3653 (ohne Herleitung); rhein. *Mor* ‚Möhre'.

mohræ Subst. [WJ]
– Streit [WJ].

mohrich Adj. [SK]; **morich** [SK]
– bange [SK] ♦ **E:** rw., wohl aus jd. *mora* ‚Furcht' (WolfWR 3473; dazu Klepsch 1077 f.).

moi Adj. [MeT, SS, WH]
môi [MT, MeT]; **mōi** [MeT]
– schön [MT, MeT, SS, WH] ♦ **E:** rw., aus nl. *mooi* ‚schön' (WolfWR 3656).

mois Subst. f. [OJ]
– Vulva [OJ] ♦ **E:** zu dt. *Maus*.

mojum ‚Wasser' → *majem*.

mokeier Subst. m. [StG]
– Pferdehändler [StG]

mokeli Subst. n. [KP]
– Vieh [KP] ♦ **E:** wohl zu rw. *mackes* ‚Schläge', zu jd. *magajemen* ‚schlagen' (WolfWR 3353, Klepsch 956); zunächst wohl zur Bezeichnung von Vieh, dass durch einen Schlag ins Genick geschlachtet wird (Klepsch 961).

mokum Subst. m./f./n. [CL, GM, LI, LJ, MM, NJ, SJ, Scho]
mokem [CL, KM, MM, NJ, Scho]; **mockum** [LüJ]; **maukem** [GM]; **mochum** [DG, Gmü, HLD, Him, MM, Mat, SPI, StG]; **mocham** [LüJ]; **mochem** [LüJ, Scho]; **mookum** [LL]; **mogum** [SchJ]; **mohken** [SK]; **moogn** [HK]; **moken** [HK]; **mooken** [HK]; **mookn** [HK]; **mokeme** Subst. Pl. [KM]
– Dorf [GM, Gmü, Him, KM, LJ, LüJ, Mat, NJ, SK]; Stadt [CL, DG, GM, HK, HLD, LI, LL, LüJ, MM, SJ, SK, Scho, StG]; Ort [HK, LL, LüJ, MM, Scho]; Ortschaft [LJ, SchJ]; kleiner Ort [SPI]; Herz-Jesu-Viertel, Muffi (altes Masematteviertel in Münster) [MM]; Klein-Muffi [MM]; „Stadtteil: Kanal-Wolbecker Straße" [MM]; „Wohnviertel zwischen Querstraße und Kanal" [MM]; Muffi [MM]; Stelle [Scho] ♦ **E:** rw. *mockum* ‚Stadt' (WolfWR 3646) < jd. *mokom, mokem* ‚Stadt, Dorf' (Avé-L. 447, We 85, MatrasJd 91, Post 227, Klepsch 1068). ♦ **V:** *grannich mohken* ‚erfolgversprechender Ort' [SK]; *das mochum ist heiß* ‚der Ort ist unsicher' [StG]; *kochum für mochum* ‚reif für Muffi' [MM]; *mochum anne öle* ‚das Herz-Jesu-Viertel am Kanal' [MM]; *mochum liegt anne öle* ‚das Herz-Jesu-Viertel liegt am Kanal' [MM]; *wenn in Münster was geschort worden war, ging die mispel automatisch erst nach mochum* ‚wenn in Münster ein Diebstahl geschah, suchte die Polizei die Täter zuerst im Herz-Jesu-Viertel' [MM]

mökemche Subst. n. Dim. [KM]; **mökemches** [KM]
– kleines Dorf [KM]

mogen Subst. m. [RH]
– Bürgermeister (eines Ortes, einer Stadt) [RH]

barrachmogum ON [PH]; **barrachmokum** [LL]; **barrachmookum** [LL]; **barrachmokum** [CL]
– Grünstadt [CL, LL, PH] ♦ **E:** → *barach*.

chassirmokum ON [SJ]
– Schweinfurt [SJ] ♦ **E:** → *chasser*.

donaumochum ON [StG]
– Wien [StG] ♦ **E:** Gewässername *Donau*.

elbmochum ON [StG]
– Dresden [StG] ♦ **E:** Gewässername *Elbe*.

ischmookum ON [CL, LL]
– Mannheim [CL, LL] ♦ **E:** jd. *isch* ‚Mann' (Post 200).

meileckmochum Subst. f. [StG]
– Residenz [StG] ♦ **E:** → *mailach*.

messmochum ON [StG]
– Leipzig [StG] ♦ **E:** dt. *Messe*. Benennungsmotiv: Leipziger Buchmesse.

obermohken Subst. m. [SK]
– Stadt [SK] ♦ **E:** dt. *oben*.

pappelmogum Subst. m. [SchJ]; **pappelmokum** [LJ]
– Altar [LJ, SchJ] ♦ **E:** rw. *babbeln* ‚lallen, schwatzen', zu dt. *bappeln* ‚stammeln, unklar reden, schwatzen, plaudern, plappern' (WolfWR 216).

schobbmoogn Subst. n. [HK]; **schoppmoogen** [HK]
– Marktstadt [HK]; „Ort, wo Viehmarkt ist" [HK]; „Stadt, wo Markt ist" [HK]; „Kleinstadt, wo was los ist, Kirmes" [HK]; „Stadt, wo was los ist, Vergnügen" [HK]

zelemookum ON [LL]
– Kreuznach [LL] ♦ **E:** → *zelem* ‚Zeichen, Kreuz' (Post 255).

mochumbeis ON [StG]
– Berlin [StG]

bermoogn ON [HK]; **bermoken** [HK]
– Berlin [HK] ♦ **E:** *ber-* zu *baijes* oder Kürzung aus ON *Berlin*.

mokumschin [SJ]
– Stuttgart [SJ]

moogchen Subst. n. [HK]; **mookchen** [HK]
– Stadt [HK]; kleine Stadt [HK]; Städtchen [HK]; Kleinstadt [HK]; „größer als ein Dorf, kleiner als eine Stadt" [HK]

mochummaje Subst. [Zi]
– Kaffee [Zi] ♦ **E:** rw. *majem* ‚Wasser' aus jd. *majim* ‚Wasser' WolfWR 3368 und 3646 (*mochummaje* s.v. *mokum*).

mol[1] Subst. m. [GM, LüJ, MUJ]
mool [JSa, JeS]; **mon** [RH]
– Wein [GM, JSa, JeS, LüJ, MUJ, RH]; Most [LüJ] ♦ **E:** rw. *mol* ‚Wein' (WolfWR 3658) < roi. *mol* ‚Wein', *molengéro* ‚Weinhändler' (WolfWZ 2006). Querung mit rw. *mole* < jd. *mole* ‚voll, angefüllt' wahrscheinlich. Vgl. → *moole*.

mol² Adj. [NrJ]
moll [HF, MT, MeT]; **mohlen** [SE]
– tot [HF, MT, MeT, NrJ, SE] ♦ **E:** rw. *mulo, moll* ‚tot' (WolfWR 3722) < roi. *múlo* ‚tot' (WolfWZ 2052). ♦ **V:** *dä as mol* ‚der ist hinüber' [NrJ]; *Minotesen netten hukt mol; de tent wört versömt* ‚Mein Vater ist tot; das Haus wird verkauft' [HeF]
mollen sw.V [HF, HeF, JSa, PfJ]; **mole** [KM, MeJ, NrJ]; **jemolt** [KM]; **molle** [NJ, RH]; **mule** [NrJ]
– sterben [HF, HeF, KM]; schlachten [MeJ, NJ, NrJ, PfJ, RH]; töten [KM, NrJ]; wildern [JSa] ♦ **V:** *mier han en schpoorkes jemult* ‚wir haben ein Schwein geschlachtet' [NrJ]
mollknucken swV. [HF]; **mol knucken** [HeF]
– schlachten [HF, HeF]; töten [HF, HeF]; zerbrechen [HF]
mulles Subst. [RH]
– Wurst [RH]
krotesemollknucker Subst. m. [HF]
– Metzger, Schlachter [HF]
vermollen swV. [HF]
– verrechnen [HF]; verzählen [HF]
moll Subst. f. [PfJ]
– Metzgerei [PfJ]
moller Subst. m. [PfJ]
– Metzger [PfJ].

mole¹ Adj. [HK, Scho]
moole [HK]; **mol** [HK]; **moll** [HK]
– schlecht [HK]; nicht gut [HK]; wenig [HK]; nichts taugen [HK]; unfreundlich [HK]; nicht hübsch [HK]; klein [HK]; verflucht [HK]; nicht schön [HK]; arm [HK]; schlimm [HK]; alt [HK]; voll [Scho]; „Lump" [HK]; „taugt nichts" [HK] ♦ **E:** unsicher; evtl. zu dt. (ant.) *Molesten* ‚Beschwerden', aus lat. *molestus* ‚lästig'. ♦ **V:** *Hechst du verlinzt, was der peker gedibbert hecht? – Jeß, er hecht gedibbert, er will dich mole kuffen!* ‚Hast du verstanden, was der Mann gesagt hat? – Ja, er hat gesagt, er will dich totschlagen' [HK]; *'s schemmd ein mooler koatz* ‚es ist ein unfreundlicher Wirt' [HK]; *heechd uns der kliesder so moole gemacht* ‚hat uns der Polizist so schlecht gemacht' [HK]; *das finnichen schemmt mole* ‚das Mädchen ist schlecht' [HK]; *mooler blankert* ‚Essig' [HK]; *mooler peker, jitt* ‚schlechter Mann, raus hier' [HK]; *mooles zwicken, loone* ‚schlechtes Essen, nicht essen' [HK]; *mooles sänfdchen* ‚schlechtes Bett' [HK]; *mooles keuschen* ‚schlechte Frau' [HK]; *moole schdorjen* ‚schlechte Reden' [HK]; *mooles plempel* ‚schlechtes Bier' [HK]; *mir schemmd so moole* ‚mir ist so schlecht' [HK]; *derr scheeks kann aber mole dübbern* ‚der Bursche kann aber schlecht [koochum] sprechen' [HK]; *die lockeration scheffte mole* ‚der Verdienst war schlecht' [HK]; *das schemmd ein mooles finnichen* ‚das ist ein schlechtes Mädchen' [HK]; *mooler simmes – läßt nicht jaunen* ‚der unfreundliche Angeber – er läßt uns nicht musizieren' [HK]; *mooler quien* ‚schlechter Kerl' [HK]; *schullmd moole* ‚kostet nicht viel' [HK]; *mooles finnichen* ‚schlechte Frau' [HK]; *mooler peeker* ‚ein Heruntergekommener', ‚der kann dich verraten' [HK]; *moole fleppe* ‚Bummskneipe' [HK]; *du mooles gasserd* ‚du verfluchtes Schwein' [HK]; *er schwächd moole* ‚er trinkt wenig' [HK]; *joker unn mole* ‚recht und schlecht' [HK]; *mole dilm* ‚schlechtes Mädchen', ‚Prostituierte' [HK]; *moole beegersch* ‚geschlechtskrank' [HK]; *moole bladdlinge* ‚schlimme Plattfüße' [HK]; *moole floaderei* ‚schmutzige Bettwäsche' [HK]; *mooles hellich heejn* ‚wenig/kein Geld haben' [HK]; *moole kneewels* ‚arme Bauern' [HK]; *moole fimmeln* ‚stinken' [HK]; *mooles boonum* ‚schlechtes Gesicht', ‚kein hübsches Gesicht' [HK]; *mooles flosserd* ‚kleiner Bach' [HK]; *moles jent* ‚schlechte Leute', ‚Knastrologen', ‚Heruntergekommene', ‚Asoziale', ‚Leute, die nichts geben' [HK]; *moole schdändserde* ‚schlechte Beine/O-Beine', ‚kann nicht gut gehen' [HK]; *moole scheeks* ‚keine schönen Brüste' [HK]; *De dilm hat abber en moles klüftchen ann!* ‚Das Mädchen hat aber ein schlechtes Kleid an!' [HK]; *schemmd ein mooles jent, busch ich aber gleich wieder jitt* ‚das sind schlechte Leute, da geh ich gleich wieder fort' [HK]; *Uns schlehnt es ganz mole hier* ‚Uns geht es sehr schlecht hier' [HK]; aus einer Postkarte, die eine in der DDR lebende Mutter 1961 an ihre Tochter im Westen geschickt hat, mit einem in den Text integrierten geheimsprachlichen Satz zur damaligen Lage in Ostdeutschland.
mooles Subst. n. [HK]; **moles** [HK]
– Schlechtes [HK]; nichts Gutes [HK]; schlechte Sache [HK]; „Obst oder Essen, das nicht schmeckt" [HK]
molepeekersch ‚geschlechtskrank' ♦ **E:** → *beekern*.
moolig Adj. [HK]; **molig** [HK]
– schlecht [HK] ♦ **V:** *molig gekluftet* ‚schlecht gekleidet' [HK]
molitsch Adj. [HK]
– schlecht [HK] ♦ **V:** *molitschr scheeks* ‚einer, der nichts gibt' [HK].

mole² ‚betrunken' → *moole*.

molle Subst. f. [MB]
– Bett [MB] ♦ **E:** dt. *Mulde* ‚Vertiefung', mdal. *Molle* ‚Bett' (WolfWR 2417).

mollich Adj. [NJ]
– weich, mild [NJ] ♦ **E:** dt. *mollig*.

molter Subst. f. [KM]
– Mahllohn [KM] ♦ **E:** dt. mdal. *Molter* ‚Mahllohn in Natura' < lat. *moltura* (RheinWb VI 1249).

molterer Subst. m. [KM]
– Müller [KM].

molum ‚betrunken' → *moole*.

molveren Adj. [HF]
– kahl [HF]; nackt [HF]; öde [HF] ♦ **E:** unsicher; evtl. zu rhein. *Molwes* ‚Mensch mit dickem Kopf' RheinWb. V 1258.

molveren day Subst. m. [HF]
– Glatze [HF]; kahler Kopf [HF] ♦ **E:** rw. *Deetz, Day* ‚Kahlkpf, Glatze' aus frz. *tête* ‚Kopf' WolfWR 978.

mömme Subst. f. [SS, WH]
– Mutter [SS, WH] ♦ **E:** unsicher; evtl. zu westf. *Mömme* ‚Mutter' aus dt./kindersprachl. *Mami, Mama, Mamme*; WolfWR 2288: Herleitung aus jd. *Em* ‚Mutter', *immi* ‚meine Mutter'.

mommeleskies → *kies*.

mommes ‚Geld' → *mummes*.

mönchengladbach ON, Adv.
– „wenn oben einer dünn ist, die Frau, obenrum" [MoJ] ♦ **E:** Appellativ aus ON *Mönchengladbach*.

mond Subst. m. [NJ]
– Uhr [NJ] ♦ **E:** dt. *Mond*, Benennungsmotiv: Formähnlichkeit [rund].

moner Subst. [RR]
– Falten im Gesicht [RR] ♦ **E:** unklar; womgl. zu dt. *Mond*.

mönert Subst. m. [MM]
– Taube [MM] ♦ **E:** rw. *men, mön* ‚Hals' WolfWR 3526; Suffix *hart, -ert*. Benennungsmotiv: die für Tauben charakteristische Auf-und-Ab-Bewegung des Halses.

moneten Subst. Pl.tant. [MB, MM]
– Geld [MM, MB] ♦ **E:** rw. *moneten* ‚Geld' aus lat. *monetae* ‚Münzen' (WolfWR 3674); ugs.

monnek Adv. [HF]
– allein [HF] ♦ **E:** unsicher. Mögliche Anschlüsse: *mannig* ‚mannhaft' DWB XII 1590; mhd. *munich*, nhd. *Mönch* ‚Mönch, bes. Klausner'.

monnie Subst. n. [MB]
monni [SG]; **monneh** [KMa]; **mánnē** [OH]
– Geld [MB, SG, KMa, OH] ♦ **E:** von engl. *money* ‚Geld' oder frz. *monnaie* ‚Münze, Geld(stück)'.

montane Subst. f. [LJ]
monter [SK]
– Berg [LJ, SK] ♦ **E:** rw. *montane* ‚Berg', frz. *montagne*, ital. *monte* ‚Berg, Gebirge' (WolfWR 3676). ♦ **V:** *die gojen und d'gambeser ware g'nascht unterkönig von der montane ins ballar und hotte g'fochte, wie andere dalfener auch* ‚die Weiber und die Kinder waren hinab gegangen von dem Berge ins Dorf und hatten gebettelt, gleich anderen Bettlern' [LJ]

monte la citrone Phras. [WG]
– Irrenanstalt [WG] ♦ **E:** rom. Kunstbildung; Benennungsmotiv: Steinhof in Wien mit Otto Wagner Kirche, die nach ihrer Form einer Zitrone ähnelt. [WG].

monte scherbelino [MM]
– Coerder Müllkippe (Coerde bei Münster) [MM] ♦ **E:** rom. Kunstbildung; *scherbelino* zu dt. *Scherbe* und ital. Suffix (Kü 1987: 544).

montere Subst. f. [BM]
– Schaufenster [BM] ♦ **E:** zu franz. *montrer* ‚zeigen'.

monterli Subst. n. [BM]
– kleines Schaufenster [BM]

möntsch Subst. f. [BM]
– Schaufenster [BM].

mo̱o̱ergrep Subst. f. [BB]
mo̱o̱ergrepe̱ [BB]
– Kartoffel [BB] ♦ **E:** Inversion von *grom* und *per*, rhein. *Grundbirne* ‚Kartoffel' RheinWb. II 1458 ff.

moog Subst. f. [CL, LL]
– dicke, fette Frau [CL, LL] ♦ **E:** pfälz. *Moke, Mooke* ‚Zuchtsau, Muttersau, wohlgenährte, dicke, träge, schlampige, unsaubere Frau' (PfälzWb. IV 1388) < zu mhd. *mocke* ‚Sau, Zuchtsau'.

möögge swV. [BM]
– brüllen [BM] ♦ **E:** schweizdt. *möggelen* ‚brüllen vom Vieh' SchweizId. IV 124.

mooggere Subst. Pl. [BM]
– Mühlen [BM] ♦ **E:** Suffigiertes Deverbativum zu schweizdt. *mugglen, muckeln* ‚dumpfen Laut von

sich geben, leise murmeln, Mahlgeräusche von sich geben' SchweizId. IV 133 f.; Frequentativ zu dt. *muckeln* ‚leise, verhohlen, undeutlich reden, murmeln'; vgl. DWB XII 2609. Benennungsmotiv: nach dem charakteristischen Geräusch von Mühlen im Betrieb.

moolberen swV. [SP]
– kleiden [SP] ♦ **E:** wohl desubstantiviert aus nhd. *moll* m. (Lehnwort < ital. *molle*) „gewebe von seide, später von wolle, von Italien her gekommen", „man macht auch in neuern zeiten einen moll, der wie tiegerfelle aussieht, indem verschiedene tigerartige flecke eingewebet" DWB XII 2480; eher nicht zu rw. *malbusch* ‚Mantel, Rock' (Honnen, Geheimsprachen Rheinland, 210).

moole Adj. [CL, LL]
moule [KMa]; **molum** Adj. [LüJ, MB]
– betrunken [CL, KMa, LüJLL, MB] ♦ **E:** rw. *mole* < jd. *mole* ‚voll, angefüllt' < hebr. *mâlê* (WolfWR 3660, Post 228, Klepsch 1073); Einfluss von roi. *mol* ‚Wein' wahrscheinlich. Vgl. → *mol*. ♦ **V:** *er ist molum* ‚er ist betrunken' [LüJ]
molum Subst. m. [LoJ, LüJ, SchJ]; **mölum** [LüJ]
– Rausch [LoJ, SchJ] ♦ **V:** *einen molum haben* ‚betrunken sein' [LüJ].

moore Subst. f. [StG]
– Zeitung [StG] ♦ **E:** jd. *mores* ‚eine Lehre' (Klepsch 1077).

möörig Adj. [BM]
– reizend [BM] ♦ **E:** schweizdt. *mörig* ‚niedlich, nett, anmutig, possierlich' SchweizId. III 379.

moos Subst. f./n. [CL, FS, HK, HLD, JS, KJ, KMa, LJ, MB, MM, OJ, SJ, Zi]
mohs [SG, SK]; **mohsch** [SK]; **mus** [HeF, KP]; **mūs** Subst. f. [HF]; **mos** [HK, Scho]; **most** Subst. m. [WL]
– Geld [CL, FS, HK, HLD, JS, KJ, KMa, KP, LJ, MB, MM, OJ, SG, SJ, SK, Scho, WL, Zi]; Pistole (alte Goldmünze) [HF]; Tanzgeld [HK] ♦ **E:** rw. *moos* < jd. *mos* ‚Geld' (WolfWR 3677, 3737, We 85, Post 228, Klepsch 180). ♦ **V:** *linkes moos* ‚Falschgeld' [SJ]; *a lenggs moos* ‚Falschgeld' [OJ]; *nothringskes müs* ‚vier Pistolen' [HeF]; *moos im jumpfermann haben* ‚Geld in der Tasche haben' [MM]; *moos schibbern* ‚Geld zählen', ‚Geld zahlen' [HK]; *moos beschulmen* ‚Tanzgeld zahlen' [HK]; *schibber mal das moos* ‚zähl mal das Geld' [HK]

moosmichel Subst. m. [Zi]
– Geldbeutel [Zi]; Portemonnaie [Zi]

mohschruifer Subst. m. [SK]
– Geldbörse [SK] ♦ **E:** *ruefer* ‚Geldsack'.
handmoos Subst. n. [HK]
– Handgeld [HK]; „Geld aus der ersten Wirtschaft" [HK]; „das erste Geld, von zu Hause mitgenommen" [HK]; Anfangsgeld [HK]; „erstes Geld, was Sie kriegen" [HK]; „das erste eingenommene Geld" [HK]; „was man in der ersten Wirtschaft verdient hat" [HK]; fünfzehn Pfennig [HK]; Taschengeld [HK]; *fehmebich* [HK]

kleckermoos Subst. n. [MM]
– Taschengeld [MM]
klickermoos Subst. n. [MM]
– Spielgeld, Taschengeld [MM]
kotenmoos Subst. n. [MM]; **kootenmoos** [MM]
– Kindergeld [MM]; kleines Geld [MM]; Kleingeld [MM]

ortsmoos Subst. n. [HK]; **ordsmoos** [HK]; **ortsmos** [HK]
– fünfundsiebzig Pfennig [HK]; Geldstück [HK]
rollermoos Subst. n. [HK]; **rollmoos** Subst. n. [HK]
– Fahrgeld [HK]; „kleines Geld, das für die Bank aufgerollt wird" [HK]; „Geld, das man haben mußte, um weiter zu kommen" [HK] ♦ **V:** *haben wer bloß das rollermoos lockeriert* ‚wir haben nur soviel verdient, daß wir weiterkommen' [HK]

sassermos Subst. n. [Scho]
– Vermittlungsgeld [Scho]
sauermoos Subst. n. [MM]
– Falschgeld [MM]
schaskemoos Subst. n. [MM]
– Geld für Getränke [MM]; Trinkgeld [MM]
schickermoos Subst. n. [MM]
– Geld für Getränke [MM]; Geld zum Saufen, Vertrinken [MM]; Trinkgeld [MM]; „Geld, was der Vater in der Tasche behält, um zu trinken" [MM]; „Geld zum Plattmachen" [MM]
stempelmoos Subst. n. [MM]
– Stempelgeld [MM].

moosanteln Subst. Pl. [WG]
– Filzläuse [WG] ♦ **E:** dt. *Moos*, mdal. *Anteln* ‚Ameisen' (kleines Getier in den Schamhaaren).

möppel Subst. m. [SG]
– Junge [SG] ♦ **E:** wohl zu ugs. *Moppel* ‚dicklicher Mensch' Kü 544.

moppen Subst. N., Pl. [HF, SK]
mopp [HF]
– Knopf, Knöpfe [HF, SK]; Gebäck [HF]; Pfeffernüsse [HF]; Stein [HF] ♦ **E:** rhein. *moppen* ‚Gebäck, Pfeffer-

nüsse' u. a. (RheinWb.V1282), nl. *mop* ‚Backstein'. WolfWR 3679.

fonkemopp Subst. f. [HF, HeF]
– Feuerstein [HF, HeF] ♦ **E:** rhein. *Fonke* ‚Funken'.

schmiesmoppen Subst. f., Pl. [HF]
– Hemdenknöpfe [HF] ♦ **E:** rhein. *Schmies* ‚Hemd' < frz. *chemise*.

möpse Subst. Pl. [SS]
– Geld [SS] ♦ **E:** rw. *mops* ‚Geld', aus rw. *meps* ‚klein', (WolfWR 3537 und 3680); heute ugs.

mopsen swV. [MB, SJ]
mopsa [OJ]; **mobse** [JSa]
– stehlen [JSa, MB, OJ, SJ] ♦ **E:** rw. *mopsen* ‚stehlen', dt./ugs. *mopsen* ‚stibitzen, stehlen' (WolfWR 3681).

moras ‚Angst' → *mores*.

morastl Subst. f. [WG]
– häßliche Frau [WG] ♦ **E:** zu dt. *Morast* ‚Sumpffläche' DWB XII 2527 f., früh entlehnt aus dem Romanischen, afrz. *maresc* ‚Lache, Sumpf'.

moremm Subst. [Scho]
– Wurst, Würste [Scho] ♦ **E:** jd. *morem* ‚Wurst' Klepsch 1076.

moren Subst. [JSa]
more [JeS, PH, TK, UG]; **mores** [MUJ]
– Streit [JSa, MUI, TK]; Krach [PH, TK] ♦ **E:** jen. *More* ‚Prügelei, Streit', nach Besse, Saarland, 112 nicht zu → *mores 1* ‚Furcht, Angst'.

moori Subst. m. [JeS]; **mori** [JeS]
– Krach [JeS]; Lärm [JeS]; Streit [JeS]; Rauferei [JeS]
♦ **V:** *mir tschaaned is koober gon e moori pflanze* ‚wir gehen ins Wirtshaus einen Streit anstiften' [JeS]; *moori mängge* ‚streiten' [JeS]

morerei Subst. f. [LüJ]
– Streit [LüJ]; Händel [LüJ]

mures Subst. Pl. nur in:
mures lernen Phras. [JS]
– verprügeln [LüJ] ♦ **V:** *ich werd' dich mures lernen* ‚du bekommst gleich eine Tracht Prügel' [JS]

moren swV. [UG]; **moorne** [JeS]
– streiten [JeS, UG]; händeln [JeS]; kämpfen [JeS]
♦ **V:** *e vermoorntne chueni* ‚ein streitsüchtiger Kerl' [JeS]

vermoorne swV. [JeS]
– sich zerstreiten [JeS]

moornergaschi Subst. m. [JeS]

dr umterkünftig moornergaaschi Phras. [JeS]
– der Teufel [JeS] ♦ **V:** *dr umterkünftig moornergaaschi* ‚der Teufel in der Hölle' [JeS].

morenden swV. [KMa, OH]
moarjende [KMa]; **marente** [FM]
– essen [KMa, OH] ♦ **E:** rw. *morende* ‚Essen' aus it. *merenda* ‚Vespermahlzeit' WolfWR 3686. ♦ **V:** *mer honn zoh marente wenk genunk* ‚wir haben zu essen wenig genug' [FM]

morende Subst. f. [LI]; **marende** [OH]
– Essen [LI, OH]; Speisen [OH]

schiebmoarende Subst. f. [KMa]
– Abendessen [KMa].

mores[1] Subst. f., m. [Gmü, JS, LJ, MM, OJ, PH, PfJ, SPI, Wo]
möres [PH]; **morés** [PfJ]; **moores** [CL, JSa, LL]; **moræs** [WJ]; **mōres** [CL]; **moras** [LJ]; **more** [MM]; **moore** [MB]; **mooris** [JeS]; **morest** [PfJ]
– Angst [CL, Gmü, JS, JSa, JeS, LJ, MB, MM, OJ, PH, PfJ, SJ, SPI, WJ, Wo]; Furcht [CL, JeS, LL, SJ]; Respekt [CL, LL]; Schrecken [SJ] ♦ **E:** rw. *maure, moire, more* u. a. ‚Furcht, Angst, Besorgnis' < jd. *more* ‚Angst, Furcht'; (WolfWR 3473, We 79, Post 228, Klepsch 1077, Besse, Saarland, 112 f.). ♦ **V:** *moore haben* ‚Angst haben' [MB]; *en mores siggra* ‚Anstand beibringen' [OJ]; *der seeger hegt hamel more* ‚der Mann hat große Angst' [MM]; *der koten hatte hame more vor den scharfen keilof* ‚das Kind hatte große Angst vor dem Hund' [MM]; *vor 'n schembeis hatten die hame more* ‚sie hatten alle Angst vor dem Gefängnis' [MM]; *der scheetz hatte so 'ne more, dat er sich die kowe beseibelt hat* ‚der junge Mann machte sich vor Angst in die Hose' [MM]; *vor dem horre (hat er) Moores* ‚vor dem hat er Angst' [CL, LL]

more Adj. [MM]
– feige [MM]

moreseeger Subst. m. [MM]
– Angsthase [MM]

morig Adj. [MM]
– ängstlich [MM].

mores[2] ‚Streit' → *moren*.

mörf Subst. f. [KM]
mörve [KM]
– Mund [KM] ♦ **E:** rw. *murf, morf* ‚Mund, Kuss', dt./mdal. *murfeln* ‚kauen' DWB XII 2715, nl. *Murf* ‚Maul' (WolfWR 3731). → *Murf*. ♦ **V:** *kätsch de Mörf* ‚halte den Mund' [KM]

mörfje Subst. n. [KM]; **mörfjes** [KM]
– Kuß [KM]
mörfkaseliines Subst. n. [KM]; **mörfkaseliinese** [KM]
– Maulesel [KM]
mörve swV. [KM]
– küssen [KM].

morig ‚ängstlich' → *mores¹*.

moriggl Subst. m. [TJ]
– Gerichtsdiener [TJ] ♦ **E:** wohl zu rw. *mohrrübe* ‚Polizist', zu jd. *meriwa* ‚Zank' (WolfWR 3655).

moritz PN [SK] nur in:
moritz mackern Phras. [SK]
– richtig spielen [SK] ♦ **E:** anthroponymische Wendung, RN *Moritz* zum Kartenspiel: „Quartett ‚Max & Moritz' Spielkarten: Ein lustiges Kartenspiel" (zit. nach Originalverpackung von 1910/20er. Hersteller: Franz Schmidt, Spielwarenfabrik Nürnberg). Terminus ante quem non für die Wendung: 1865, Herausgabe der Geschichte von Wilhelm Busch; → *mackern*.

moroaler Subst. m. [KMa]
mararer [KMa, LI, OH]
– Maurer [KMa, LI, OH] ♦ **E:** wohl Bildung zu dt. *Maurer*.

morra Subst. f. [EF]
mohre [EF]
– Nase [EF] ♦ **E:** zu dt. *Morach* ‚Morchel, Mohrrübe', Wolf, Fatzersprache, 127; vgl. DWB XII 2476 (s. v. Mohrrübe). Benennungsmotiv: Formähnlichkeit.

mörrig Adj. [HF]
– müde [HF]; faul [HF]; nachlässig [HF]; träge [HF] ♦ **E:** rhein. *mörrech* ‚mürbe, weich' (RheinWb. V 1423 s. v. *mürge*); WolfWR 3690 (ohne Herleitung). ♦ **V:** *minotes huckt mörrig* ‚Ich bin müde' [HeF].

mors Subst. m. [MM]
morsch [MM]
– Hintern [MM] ♦ **E:** Kontraktion aus nd. *am/im Ors* ‚am/im Arsch' (Kurzform Götzzitat).

mos¹ ‚Mädchen, Frau' → *moss*.

mos² ‚Geld' s. → *moos*.

mosch Subst. m. [GM]
– Herr [GM]; Jüngling [GM]; junger Mann [GM]; Kerl [GM]; Mann [GM] ♦ **E:** rw. *murš* ‚Mann, Kerl' (WolfWR 3969) < roi. *murš* ‚Mann, Kerl' (WolfWZ 2058).

mösch Subst. n. [SK]
– Geld [SK] ♦ **E:** rhein. *Mösche han* ‚viel Geld haben', met. zu *Mösch* ‚Sperling' (RheinWb. V 1443).

mosche Subst. m. [SS]
– Advokat [SS] ♦ **E:** rw. *mauschel* ‚der Erste, Oberste, Richter' aus jd. *mosche* ‚Herrscher, Gewaltiger' (WolfWR 3475).

moschuf ‚Dreck' → *mouschuf*.

moselsanktes Subst. m. [HF, HeF]
– Moselwein [HF, HeF] ♦ **E:** Gewässername *Mosel* und → *sanktes²*. ♦ **V:** *he, wöles, schüt en büs moselsanktes möt parz ruthen!* ‚Heda, Kellner, bring eine Flasche Moselwein mit zwei Gläsern!' [HeF].

möser Subst. m. [KMa]
– Brei [KMa] ♦ **E:** wohl zu dt. *möserig* ‚sumpfig' DWB XII 2597.

moserer Subst. m. [StG]
– Lehrer [StG] ♦ **E:** Deutungskonkurrenz: zu rw. *mossern/mosern* aus jd. *mosern* ‚schwätzen, verraten' (WolfWR 3695, We 85) oder zum Deonomasticum *mosern* ‚kritteln, nörgeln', aus FN *Moser* (Hans Moser, 1880–1964).

mosergartl Subst. n. [WG]
– Friedhof in Stein (ON) [WG] ♦ **E:** FN *Moser* (Gefängnisarzt Dr. Moser) und Dim. zu dt. *Garten*.

moskero Subst. m. [GM]
moskoro [MUJ]; **moskro** [JS, JSW, LüJ, PH]
– Bürgermeister [GM, JS, JSW, LüJ, MUJ, PH] ♦ **E:** roi. *moskero* ‚Ortsvorsteher, Bürgermeister' (WolfWZ 2028).

moss Subst. f. [CL, GM, JS, JSa, JeH, KMa, LJ, LL, MB, MoJ, MUJ, OJ, PH, SE, SJ, SPI, WL]
moß [CL, Him, JS, JSW, KMa, LI, LüJ, NJ, OH, PfJ, SE, SJ, WJ, Wo]; **mos** [JSW, KM, NrJ, SE, SP]; **mose** [KM]; **mosen** [SP]; **mosch** [RR, SJ, TJ, TK]; **mooss** [BM]; **muß** [LJ]; **muße** [LJ]; **muss** [MeJ, SE]; **musch** [EF, TK]; **musse** Subst. f. [MeT, SG]; **mussen** [MT, MeT]; **mosschen, mossi** Subst. Dim. [MT, MeT]; **muschen** [MT, MeT]; **mussken** [MT, MeT]
– Frau [BM, CL, EF, GM, HimWo, JS, JSW, JSa, JeH, KMa, LI, LJ, LL, MB, MoJ, MT, MUJ, MeT, NJ, NrJ, OH, OJ, PH, PfJ, RR, SE, SJ, SP, SPI, TJ, TK, WJ, WL]; Dame [JSa]; Weib [LJ, MeJ]; Weibchen [PfJ]; Ehefrau [BM, CL, KM, LL, LüJ, MeT, NrJ, WJ]; Mädchen [GM, LJ, MB, MeT, OJ, SJ, TK]; Fräulein [GM]; Gattin [NJ]; alte Frau [JSa]; Mutter [BM, JSa, PfJ, RR, SJ, WL];

Tochter [MeT, OJ]; Freundin [MB]; Angestellte (negativ) [JS]; weibliche Person [JS]; Hure [MeT]; Geliebte [MeT]; Kellnerin [EF]; Geschlechtsteile (weiblich) [SG] ♦ **E:** rw. *muss, moss* ‚Mädchen, Frau, Dirne' zu dt./mdal. *Musche, Mutze* ‚weibliche Genitalien' (WolfWR 3744, Klepsch 1082); SchwäbWb. IV 1770/ 1771 unter (*Moss*). ♦ **V:** *dæs tscheffd æ harmæde moß* ‚Das ist eine dicke Frau' [WJ]; *de Móss hat kwant Trittscher aan* ‚die Frau hat schöne Schuhe an' [JSa]; *dr gaatsch is æ heegl; un d' moß tschäfft æ glont; dr gaatsch biggd s'gwand; und d' moß biggd dæ schond* ‚Der Mann ist ein Narr; die Frau ist eine Dirne; der Mann ißt das Gute; und die Frau ißt den Dreck' [WJ]; *d'moss buckelt en ranza* ‚die Frau ist schwanger' [LJ]; *und der kober, der isch kappisch, weil sei moss so gaurisch tönt* ‚und der Wirt ist verärgert und böse, weil seine Frau so fürchterlich schreit' [LJ]; *moss, laß mich schlauna/durme bei dir, ich batronall dafür* ‚Mädchen, laß mich bei dir schlafen, ich bete dafür' [LJ]; *Derchermoß: Hauret so dof, lehmschupfer, und dogt mir dofen lehm oder gleiskechelte für mein gälme zum gleisschnälle sicheren. Lehmschupfer: Nobis, nobis, dercherulmen wird lore 'dogt* ‚Bettelweib: Seid so gut Bäcker, und geht mir etwas Weißbrot oder Milchwecken für meine Kinderlein, um ein Milchsüpplein zu kochen. Bäckermeister: Nein, nein, Bettelleuten wird nichts gegeben!' [LüJ]; *moss hat en bachum gschnift/gnifft* ‚[die] Frau hat einen Zehner gestohlen' [LJ]; *moss hat den batron gufft, weil er so schwecht, so schwecht, und im soft gar neme ketscht* ‚[die] Frau hat den Vater geschlagen, weil er so trinkt, so trinkt, und im Bett gar nichts mehr bringt' [LJ]; *die hotte die gasche bekaspert und die muße bekohlt* ‚sie hatten die Leute belogen und den Weibern vorerzählt' [LJ]; *moss, der fiesel haurat g'wandt* ‚Mädchen, der Kerl isch charmant' [LJ]; *des isch au a schofler benk, seit der dui moss vom Steckabaur vergrönt hot* ‚das ist auch ein übler Bursche, seit der das Mädchen vom Steckabauer [Familienname] geheiratet hat' [LJ]; *d'Steckabaurs-moss hat aber gnissa, daß dr fiesel au no ebbas anders auf'm herza hot* ‚die Steckabauer-Frau [Familienname] hat aber gewußt, daß der Mann auch noch etwas anderes auf dem Herzen hat' [LJ]; *do hat halt dui moss mitleid kriagt und ho den vagi bei sich durma lassa* ‚da hat die Frau halt Mitleid bekommen und hat den Händler bei sich schlafen lassen' [LJ]; *wenn ma machnmol en rechta schmetter hot, en fetta schmaling ketscha, noch-ara moss spanna [...] no kennat mr doch ds-frieda sei* ‚wenn man manchmal einen richtigen Rausch hat,

eine fette Katze essen und nach anderen Frauen gucken [...] da können wir doch zufrieden sein' [LJ]; *moss, boschde mir jetzt, herrles* ‚Mädchen, gehen wir jetzt, los' [LJ]; *du bisch heut so gwand angezoge, was isch moss, wo boschdest denn heut na?* ‚du bist heute so schön angezogen, was ist Mädchen, wo geht du denn heute hin?' [LJ]; *wenn mer der gallach schpanift hend, da sind mir mosse glei na und ham ihn d'flossa nagstreckt* ‚wenn wir den Pfarrer gesehen haben, da sind wir Mädchen gleich hin und haben ihm die Hand hingestreckt' [LJ]; *moss, i tät jetz en grandiger stichling kahle* ‚Mädchen, ich würde jetzt [gern] einen schönen Igel essen' [LJ]; *mosse, nobes dibera mit dene fiesel, das sind ganz schofle gatsch, boschdet* ‚Mädchen, redet nicht mit den Männern, das sind ganz üble Kerle, haut ab' [LJ]; *die moss überkenftig, die ketscht das nit, wenn mir des miteinander dibert* ‚die Frau oben versteht das nicht, wenn wir das miteinander sprechen' [LJ]; *gwande moss* ‚schöne Frau' [LJ]; *Hoim de, dia schure hauret vielleicht no bei dr Moss em senftling, oder se send end duft boscht zom patronalla* ‚Wart ab, die Männer sind vielleicht noch bei der Frau im Bett, oder sie sind in die Kirche gelaufen zum beichten' [SJ]; *Moss, i hab gschpannt, daß der benk an kiwiga horboga on daist hot* ‚Frau, ich habe gesehen, daß der Mann eine fette Kuh und ein Schwein geschlachtet hat' [SJ]; *Wer hatscht scho morgens end schwäche nei, was send des für lake schure, se laßet die moss ond dia kottela drhoim, bei murke ond kipp* ‚Wer geht schon morgens ins Wirtshaus rein, was sind das für schlechte Kerle, sie lassen die Frau und die Kinder daheim, bei Katze und Hund' [SJ]; *Ond wenn i mi en dr schwäche omgschaub, dann lins i a kiwige moss ond a gwande schure* ‚Und wenn ich mich in der Wirtschaft umschaue, dann sehe ich eine nette Frau und ordentliche Männer' [SJ]; *D' moss nosterd en dr duft am gallore ihre senda* ‚Die Frau beichtet in der Kirche dem Pfarrer ihre Sünden' [SJ]; *Dr nei guschbenk ischd scharf wia haartling sei moss ischd boda gwand* ‚Der neue Hausherr ist scharf wie ein Messer, seine Frau ist sehr gut' [SJ]; *mei moss is dehääm* ‚meine Fau ist daheim' [LL]; *driwe die Nochbers-Moss schäfft alle Morje in die Diffle* ‚Drüben die Nachbarsfrau geht jeden Morgen in die Kirche' [LL, CL]; *Scheffen deine buxen schundlich, kaffer? Nobis, moß! Dein fürflamm, moß? Nobis, kaffer!* ‚Sind deine Hosen schmutzig, Mann? Nein, Frau! Dein Schurz, Frau? Nein, Mann!' [LüJ]; *diberei: schmus kaffer, hauret begerisch? Nobis, moß! – Bikerich? Nobis. – Schwächerich? Nobis. – Durmerich? No-

bis. – Geschwächt? *Nobis, moß!* – *Scheffts dir schofel? Nobis.* – *Gielerich? Nobis.* – *Dof? Kenn, moß!* ‚Gespräch: Sag, Mann, bist du krank? Nein, Frau! – Hungrig? Nein. – Durstig? Nein. – Schläfrig? Nein. – Betrunken? Nein, Frau! – Ist dir schlecht? Nein. – Übel? Nein. – Gut? Ja, Weib!' [LüJ]; *moß, was sicherst? Ich sichere hegesle mit stupfelbossert und pflanz' noch ein blättling* ‚Frau, was kochst du? Ich koche Spätzle mit Igelfleisch und mach' noch einen Salat dazu' [LüJ]; *die Moss hockt nobes doft* ‚die Frau ist nicht gut' [NJ]; *die Moß hockt gemullt* ‚die Frau ist tot' [NJ]; *die moß hockt doft gekluft* ‚Die Frau ist gut gekleidet' [NJ]; *er natscht mit seiner moss inne mitsche* ‚er geht mit seiner Frau ins Bett' [MB]; *die Moss schafft neue Räwerling, da kann der Hegel kloftern* ‚Die Frau bekommt Kind auf Kind, dann kann ihr Mann, der Dummkopf, arbeiten' [JSW]; *reunes de moß, die het e murf wie ne tokes em pomum* ‚guck mal, die Frau, die hat einen Mund wie ein hintern im Gesicht' [JS]; *da tuckert die moss, aber janz alleene* ‚was geht es mich an'/ ‚is alles nicht so schlimm (wörtlich ‚dort arbeitet die Frau, aber ganz alleine')' [JS]; *de moß bosselt an der schwäsch* ‚die Frau schafft in der Wirtschaft' [SE]
mösslæ Subst. n., Dim. [WJ]; **mösle** [PfJ]; **mössle** [LJ, LüJ, PfJ, SJ]; **mößle** [LJ, LüJ, PfJ]; **messle** [OJ]; **möschele** Subst. n., Dim. [TJ]; **meschel** [RR]; **mößje** [JS]; **messle** [LüJ]; **mêßle** [Mat]; **mosseli** [BM]
– Mädchen [LJ, LüJ, Mat, OJ, PfJ, RR, SJ, TJ, WJ]; Fräulein [LJ, PfJ]; Freundin [LüJ, WJ]; lediges Mädchen [LüJ]; Tochter [LüJ, OJ, PfJ]; unverheiratete Frau [LJ]; kleine Frau [BM, JS, LüJ]; Frauenzimmer [BM]; altes Weib [LüJ] ♦ V: *d'r scharle hot doch au a gwands mössle dr hoimda* ‚der Bürgermeister hat doch auch ein hübsches Mädchen zu Hause' [LJ]; *Dr marodebenk hot se kuriert, se hot stenzelscheinling an de trittling ket, aber jetzt boscht se wieder wia mössle* ‚Der Arzt hat sie kuriert, sie hat Hühneraugen an den Füßen gehabt, aber jetzt läuft sie wieder wie ein Mädchen' [SJ]
aaldrischmoss Subst. f. [OJ]; **altmoß** [KMa, LüJ, OH]
– Großmutter [KMa, LüJ, OH, OJ]; Wirtin, Frau des Wirtes [LüJ] ♦ E: → *altrisch* (unter → *alt*).
baizeyrmoss Subst. f. [SJ]; **beizermoss** [SJ]; **boitzrsmoss** [OJ]
– Wirtin [OJ, SJ] ♦ V: *Grüß de baizermoss, ben i heit dr oinzig benk, der end schwäche hatscht?* ‚Grüß dich Wirtin, bin ich heute der einzige Mann der in die Wirtschaft kommt?' [SJ]; *Baizermoss, i lins, der ketsch an jesesmäßiga rande, wenn do von dr massfetzerei schling ond a bossert drin hauert, no kennemer a gwande mansche haure* ‚Wirtin, ich sehe, er trägt einen jesesmäßigen Sack, wenn dort von der Metzgerei Wurst und Fleisch drin ist, dann können wir ein gutes Essen machen' [SJ]; *Latsche dewes baizermoss, wie i spann, gibts hier an lopfa pikus ond an kiwiga jol* ‚Guten Tag Wirtin, wie ich sehe gibt es hier ein ordentliches Essen und einen ordentlichen Wein' [SJ]; *Baizermoss, zo dem faßjole kascht mr a kiwigs Stück bossert, a schling ond an kafferlehm brenga* ‚Wirtin, zu dem Faßwein kannst du mir a schöns Stück Fleisch, Wurst und ein Bauernbrot bringen' [SJ]; *Baizermoss lass amol a ronde gigges boschta* ‚Wirtin, bring eine Runde Schnaps' [SJ]
bajesmoß Subst. f. [NJ]
– Hausfrau [NJ] ♦ E: → *baijes*.
baumoß Subst. f. [KMa, OH]
– Bauersfrau [KMa, OH]
ballemoss Subst. f. [GM]
– Friseuse [GM] ♦ E: → *bal²*.
blibelmoß Subst. f. [LüJ]
– betende Frau, Nonne [LüJ]; Predigerin [LüJ]; Stundenfrau (Angehörige einer religiösen Sekte) [LüJ]; „die, die beim Pfarrer schafft" [LüJ]
chefmoss Subst. f. [GM]; **scheefmoss** [OJ]
– Chefin [OJ]; sehr attraktive, besonders tolle, überzeugende Frau [GM]; Frau, die eine außerordentliche Wirkung ausstrahlt [GM]; die Nr. 1-Frau [GM] ♦ E: dt. *Chef* im Bestimmungswort von Determinativkomposita: „Haupt-" bzw. „Ober-".
deislermoß Subst. f. [LüJ]; **deißelmoß** [LüJ]
– Hebamme [LüJ] ♦ E: rw. *deiselmoss* ‚id.' (WolfWR 997); evtl. zu dt. *Deisel, Deichsel* (DWB II 908), Benennungsmotiv: lenkende Funktion.
derchermoß Subst. f. [LüJ]
– Bettelweib [LüJ] ♦ E: → *derchen*. ♦ V: *derchermoß: hauret so dof, lehmschupfer, und dogt mir dofen lehm oder gleiskechelte für mein gälmle zum gleissschnälle sicheren. lehmschupfer: nobis, nobis, derchrulmen wird lore 'dogt!* ‚Bettelweib: Seid so gut, Bäcker, und gebt mir etwas Weißbrot oder Milchwecken für mein Kindlein, um ein Milchsüpplein zu kochen. Bäckermeister: Nein, nein, Bettelleuten wird nichts gegeben!' [LüJ].
fechtemoß Subst. f. [LüJ]
– Hausfrau (einer Herberge) [LüJ]; Besitzerin der *fechte* [LüJ]; Wirtin [LüJ]

finkelmus Subst. f. [LJ]; **finkelmuß** [LJ]; **finkelmoß** [LüJ]
– Hexe [LJ, LüJ]; durchtriebene, verschlagene Frau [LüJ]; geizige Frau [LüJ] ♦ **E:** *finkel* ‚Küche, Feuer' (WolfWR 1408).
finkelmößle Subst. n. Dim. [LüJ]
– Göre [LüJ]; kleine Hexe [LüJ]; verschlagene Alte [LüJ]; undurchsichtige, kluge Frau [LüJ]
harijemos Subst. f. [KM]
– Gastwirtin [KM] ♦ **E:** wohl zu dt. *Herberge*. [KM].
jungmoß Subst. f. [KMa]
– Hausfrau [KMa]
kaffermoß Subst. f. [LüJ]
– Bauersfrau [LüJ]
kobersmoß Subst. f. [LüJ]; **kobersmoss** [LüJ]
– Wirtin, Gastwirtin [LüJ]; Frau vom Wirt [LüJ]
kurgastmoß Subst. f. [LüJ]
– weiblicher Kurgast [LüJ]
mulomoss Subst. f. [GM]
– Totenfrau [GM] ♦ **E:** → *mulo*.
olle musse Subst. f. [SG]
– alte Frau [SG]
rammelmoss Subst. f. [SJ]
– Bäuerin [SJ] ♦ **E:** SchwäbWb. V 122 (*Rammelsmoss*).
ruchamoß Subst. f. [LüJ]; **ruochemoß** [LüJ]
– Bauersfrau [LüJ]
schallmusche Subst. f. [EF]; **schållmusch** [EF]
– Harfenistin [EF] ♦ **E:** dt. *schallen*.
scharlesmoss Subst. f. [SJ]
– Frau des Bürgermeisters [SJ]
schrawinermoss Subst. f. [GM]
– Hebamme [GM] ♦ **E:** → *schrawiner*.
sinsemoss Subst. f. [WJ]; **sinsemoß** [LüJ]
– Frau [WJ]; Ehefrau [WJ]; Dame [LüJ]; feine Frau [LüJ]; Stadtfrau [LüJ]; Reiche [LüJ] ♦ **E:** SchwäbWb. V 1365 (*Sensfmoss*).
sintimoß Subst. f. [JS, LüJ]
– Zigeunerin [JS, LüJ]
sossetsmoß Subst. f. [LI]
– Zuckerfrau [LI]
stichlersmoß Subst. f. [PfJ]
– Näherin [PfJ]
trübmoß Subst. f. [KMa]; **trübmoss** [KMa]
– Großmutter [KMa]
uldrisch(e) moss Subst. F., Phras. [WJ]
– Großmutter [WJ] ♦ **E:** → *altrisch*.
usbeschmoss Subst. f. [KMa]
– Wirtin [KMa]

witmoß Subst. f. [LüJ, PfJ]
– Witwe [LüJ, PfJ]; Witfrau [LüJ]
witzemoss Subst. f. [KMa]
– Hebamme [KMa]
mossefogger Subst. m. [GM]
– Weiberheld [GM]; Schürzenjäger [GM]; Casanova [GM]; Playboy [GM] ♦ **E:** rw. *ficken, focken* ‚koitieren' (WolfWR 1381) und rw. *focken, fucken* ‚laufen, wandern, gehen' (WolfWR 1507). ♦ **V:** *de mossefogger is fonde tssabos in de kadsem fer kuerd woern* ‚der Schürzenjäger wurde von den Männern in der Kneipe verprügelt' [GM].

mossern swV. [CL, StG]
mosselen [WL]
– sprechen, reden [StG, WL]; angeben [CL]; aushorchen [StG] ♦ **E:** rw. *mosser* ‚Verräter' < jd. *mosser* ‚Verräter' (WolfWR 3695). Vgl. → *massern*.
moser Subst. m. [Scho]
– Verräter [Scho].

motschka Subst. f. [WG]
– schlechtes Getränk [WG]; schlechte Kost [WG] ♦ **E:** tschech. *motschka* ‚Jauche'.

mottek Subst. m. [ME, MM]
motek [MM]; **mortek** [MM]; **motteck** [MB]
– Hammer [MB, ME, MM] ♦ **E:** slav. (poln./russ.) *mottek* ‚Hammer', Abel, Slawismen, 52; Variante *mortek* (MM) wohl beeinflusst von oder direkt aus roi. *mortel* ‚Hammer' (WolfWZ 2026). ♦ **V:** *dem seeger ham se den mottek ausse schasklamöne geschort* ‚dem Mann wurde der Hammer aus dem Werkzeugkasten gestohlen' [MM]; *er haut ihne mit 'n motteck* ‚er schlägt ihn mit dem Hammer' [MB]
mottekstrehle ON [MM]
– Hammer Straße [MM].

motten[1] swV. [JSa, RH]
– wildern [JSa]; Fische fangen [JSa]; suchen [RH] ♦ **E:** rw. *mozenen* ‚suchen' (WolfWR 3702) < jd. *mozo* ‚er hat gesucht'.

motten[2] Subst. Pl. [WL]
– Geld [WL] ♦ **E:** wohl zu dt. *Motte* ‚Schabe, Schmetterling' DWB XII 2601 f., ugs. met. ‚Geld'; evtl. Kontraktion aus oder Einfluss von *Moneten* ‚Geld'.

motz Subst. m. [MoM]
– Hinterteil [MoM]; Schwanz [MoM]; Penis [MoM] ♦ **E:** zu *motz* ‚etwas Kurzes, Verstümmeltes, Verschnittenes' DWB XII 2603; vgl. auch mdal. *motz* ‚Vulva'. ♦ **V:** *den motz schrofe* ‚den Hintern ver-

hauen' [MoM]; *dem Donnes de Motz verschrofe* ‚beischlafen' [MoM]
motzschrofer Subst. m. [MoM]
– Hund [MoM] ♦ **E:** „in Hessen ist *mutz* gewöhnlicher name der schäferhunde mit gestutztem schwanz" DWB XII 2841 s. v. *mutz*; zu *schrofer* DWB XV 1801 s. v. *schruffen* ‚spalten, grob abhobeln'.

mouschuff Subst. m. [CL, LL]
moschuft [CL]; **moschuf** [CL]; **maschoufes** [Scho]
– Dreck [CL, LL, Scho]; Müll [CL]; Schmutz [Scho] ♦ **E:** jd. *moschef* ‚Mist' < hebr. *môschâb* ‚Sitz' (im Sinn von Abtritt) (We 79, Post 228, Klepsch 996, PfälzWb. IV 1431, SüdhessWb. IV 776, SchwäbWb. IV 1768).
♦ **V:** *hoschd mer do noch en Mouschuff vekient* ‚du hast mir da noch minderwertiges Zeug verkauft' [CL, LL]
mouschuffe swV. [CL]
– beschmutzen [CL].

moutze Subst. m. [CL, LL]
motze [CL]
– Brötchen [CL, LL]; Weck [CL, LL]; Kuchen [CL] ♦ **E:** pfälz. *Mutzen* m., *Mutze* f.: ‚Gebildbrot, längliches Weißbrot, Kuchen, Weck' (PfälzWb. IV 1502, SüdhessWb. IV 852, RheinWb. V 1316 *Moz*, ElsWb. I 744 *Motz(en)*.
moutzer Subst. m. [CL]
– Bäcker [CL].

mozze Subst. m. [KMa]
– Bluse [KMa]; kurze Jacke [KMa] ♦ **E:** hess. *Mutzen, Motzen* ‚Jacke' (HessNassWb. II 406).

muader, muatter ‚Mutter' → *mudder*.

muap Subst. m. [BB]
muapę [BB]
– Baum [BB] ♦ **E:** Inversion zu *Baum*.

muck nur in:
schißmuck Subst. m. [SJ]
– Angsthase [SJ] ♦ **E:** zu dt. *Mücke* f. DWB XII 2608, Mücke 4.b: „mücke gern als bild für den kleinen oder schwächlichen menschen".
mücke[1] Übername [MM].
mücke[2] Subst. f., nur in:
mücke machen Phras. [MB]
– abhauen [MB] ♦ **E:** ugs. *Mücke machen* ‚flüchten, davongehen' Kü 550.

muckeln[1] swV. [MB]
– arbeiten [MB] ♦ **E:** zu westf. *schamuggelen* ‚emsig arbeiten' (WestfWb. 983).

muckeln[2] swV. [MB]
– schweigen [MB] ♦ **E:** evtl. von westf. *mukken* u. a. ‚schmollen' (Westf. Wörterbuch-Archiv 1064). ♦ **V:** *muckles!* ‚Still sein!'; ‚Aufhören mit dem Lärm!'.

mucken swV. nur in:
aufmucken [SJ, SS]; **afmukken** [SS]
– sich auflehnen [SJ]; schimpfen [SS]; verärgert sein [SS]; vorlaut sein [SJ] ♦ **E:** rw. *aufmucken*, zu dt. *gegen etwas mucken* ‚sich auflehnen' DWB XII 2609 ff. (WolfWR 172); ugs., vgl. Wahrig 483.

mücken Subst. Pl. [MM]
– Geld [MM] ♦ **E:** rw. *mücken* ‚Geld', zu jd. *michjo* ‚Nahrung' (WolfWR 3707); heute ugs.

mucker[1] Subst. m. [SS]
müker [SPI]
– Pastor [SS, SPI]; Musiker aus Preßnitz [HK]; Musiker aus Böhmen [HK]; Musiker aus Österreich (Böhmen) [HK] ♦ **E:** dt. *Mucker* ‚Heimtücker, Scheinheiliger' DWB XII 2614 f., mnd. *mucken* ‚halblaut aufbegehren'; ThürWb. IV 724 *Mucker* ‚Strenggläubiger, Orthodoxer'; evtl. Einfluss von dt./ugs. *Mucke* ‚Musik', Weiland, Hundeshagen, 307.

böhmenmucker Subst. m. [HK]
– Musiker aus Böhmen [HK]; Musiker aus Österreich [HK]; Musiker aus Preßnitz [HK]
muckersch Adj. [HK]
– böhmisch [HK]
muckersche Subst. f. [HK]
– Frau aus Böhmen [HK]
muecke Subst. f. [SS]; **mauke** [SPI]
– Predigt [SPI, SS].

muckern swV. [MM]
mukkern [MM]; **murn** [JS]
– aufpassen [MM]; bemerken [MM]; beobachten [MM]; bestaunen [MM]; denken [MM]; erfahren [MM]; erkennen [MM]; finden [MM]; gucken [MM]; halten für [MM]; hören [JS, MM]; meinen [MM]; merken [MM]; sagen [MM]; sehen [MM]; sprechen [MM]; verstehen [JS, MM]; wahrnehmen [MM]; wissen [MM]; „etwas verstanden haben" [MM] ♦ **E:** DWB XII 2615: *muckern* 3: „sich als mucker zeigen: diese leute muckern, sind mucker; er muckerte mit den muckern"; vgl. westf. *mukken* ‚sich rühren, Laut von sich geben' (WWBA. 1064); Form *murn* Kontraktion.
♦ **V:** *was schmust der osnick, was muckert der osnitz?*

‚wie spät ist es?' [MM]; *der seeger muckerte dat schnell* ‚der Mann merkte das schnell' [MM]; *der hat was gemuckert* ‚der hat was gemerkt' [MM]; *er muckerte, daß die schikse einen tuck auf ihn hatte* ‚er merkte, dass das Mädchen ein Auge auf ihn geworfen hatte' [MM]; *der hegel ist zu kochum, der muckert sofort, wenn der zossen verchibbra geht* ‚der Kerl ist zu schlau, der bemerkt sofort, wenn das Pferd verschwunden ist' [MM]
hermukkern swV. [MM]
– herhören [MM]
vermuckern swV. [MM]
– sehr lange im Gefängnis sitzen [MM]
mucker² Adj. [MM]; **mucker** [SJ]; **mukker** [MM]
– wach [MM, SJ]; auf Draht [MM]; aufgeweckt [SJ]; aufmerksam [MM]; clever [MM]; gerissen [MM]; gescheit [MM]; hellwach [MM]; hübsch [MM]; klar [MM]; klug [MM]; munter [MM]; nervös [MM]; pfiffig [MM]; rege [MM]; richtig [MM]; schick [MM]; schlau [MM]; tapfer [MM]; toll [MM]; „etw. verstanden haben" [MM] ♦ **V:** *bisse mucker, was der gallach inne tiftel geschmust hat?* ‚Hast du eine Ahnung, was der Pfarrer in der Kirche gesagt hat?' [MM]; *hame(l) mucker* ‚hellwach, sehr schlau' [MM]; *ein richtig muckerer macker* ‚ein richtiger Mann' [MM]; *das muckere kowenmalocherchen* ‚das tapfere Schneiderlein' [MM]; *eine klodde mucker sein* ‚die große Ahnung haben' [MM]; *keine klodde mucker sein* ‚kein bißchen gescheit sein, nicht ganz gescheit sein, keine Ahnung haben' [MM]
ordnungsmuckermann Subst. m. [MM]
– Ordnungshüter [MM]
mucker sein swV. [Scho]
– kennen [Scho].

mucki Subst. [MM]
– Kraft [MM] ♦ **E:** dt./ugs. *muckis* ‚Muskeln'. ♦ **V:** *mucki inne mauen haben* ‚Kraft in den Armen haben' [MM].

mudder Subst. f. [SK]
muadær [WJ]; **muater** [TK]
– Mutter [SK, TK, WJ] ♦ **V:** *æklopfæ hämærle, mei vadær isch ækrämærle, mei muadær isch æ brommelhaf, brommelt dæ ganze nachmittach, Äpfl raus, Birne raus, gange mr wieder in æ andærs Haus* ‚...mein Vater ist ein Krämerlein... meine Mutter ist dauernd am Schimpfen...' [WJ] ♦ **E:** dt. *Mutter*.
muadl Subst. n., Dim. [SJ]
– Mutter [SJ] ♦ **V:** *Skotele hod end bux gschmelzd ond gflöseld shod grandeg gmuffd' d'muadl hod döberd ond hod am da doches vergufd* ‚Das Kind hat in die Hose geschissen und uriniert, es hat kräftig gestunken, die Mutter hat geschimpft und hat ihm den Hintern verhauen' [SJ]
muatta boschi! Interj. [LoJ]
– Ausruf des Erstaunens [LoJ]
mutter grün Phras. [HLD]
– das freie Feld [HLD] ♦ **V:** *bei Mutter grün* ‚im Freien' [JSW]; *bei mudder grün holgatzen* ‚im Freien schlafen' [SK].

muderai Subst. f. [BB]
– Dummheit [BB] ♦ **E:** Inversion zu *dumm* und Suffix *-erei*.

muff Subst. m. [EF]
– Knecht [EF]; Hausknecht [EF] ♦ **E:** sächs. *Muff* ‚einsilbiger, verschlossener Mensch' (Müller-Fraureuth II 254).
hausmuff Subst. m. [EF]
– Hausknecht [EF].

muffe Subst. f. [MM, SPI]
muff [OJ]
– Po [MM]; Hintern [MM]; „A-Loch" [MM]; Angst [MM, SPI] ♦ **E:** dt./fachsprl. *Muffe* DWB XII 2623 ugs. *jd. geht die Muffe, Muffe haben* ‚Angst haben'. ♦ **V:** *hame muffe haben* ‚große Angst haben' [MM]; *deam gadd muff* ‚er hat Angst' [OJ]; *die hachos hatten hame muffe, daß ihnen was geschort wurde* ‚die Bauern hatten große Angst, bestohlen zu werden' [MM]; *das mufft kwant* ‚das riecht gut' [JeS]
muffensausen Subst. n. [MM]
– „A-lochsausen" [MM]; Angst [MM]; Angst in den Gliedern [MM]; Fracksausen [MM]; Zittern [MM].

muffen¹ swV. [LüJ]
– schlagen [LüJ]; zuschlagen [LüJ]; verhauen [LüJ] ♦ **E:** rw. *muffen* ‚abprügeln' (WolfWR 3712); evtl. Einfluss von → *muffe*.

muffen² swV. [CL, EF, HF, JeS, LJ, LüJ, MUJ, PfJ, SJ, SchJ, Scho]
muffe [JeS]; **muufe** [CL, LL]; **muffa** [LJ]; **muffa** [OJ]; **muffn** [LoJ, TJ]; **miefen** [SJ]; **müffen** [EF, HF, HeF]; **müfen** [GM]; **muffeln** swV. [EF]; **muffæ** [WJ]; **muffala** [OJ]; **müffele** [JeS]; **müffken** swV. [SK]; **mufften** [SK]
– stinken [CL, EF, GM, HF, HeF, JeS, LJ, LL, LoJ, MUJ, OJ, SJ, TJ, WJ]; (übel) riechen [CL, EF, GM, JeS, LJ, LL, LüJ, PfJ, SJ, SK, SchJ, Scho, TJ]; duften [EF, JeS]; lecken [SJ] ♦ **E:** rw. *muffen* ‚stinken, riechen' (WolfWR 3711, Klepsch 1088), zu *muff* ‚Schimmel' DWB XII 2622 f. (muff 3), mhd. *müffeln* ‚faulig riechen'. ♦ **V:**

am boos muffa ‚am Arsch riechen, am Arsch lecken' [LJ]; *muff mein bos* ‚leck mich im Arsch' [SJ]; *muffr en da kuffr* ‚leck mich im Arsch' [SJ]; *Skotele hod end bux gschmelzd ond gflöseld shod grandeg gmuffd' d'muadl hod döberd ond hod am da doches vergufd* ‚Das Kind hat in die Hose geschissen und uriniert, es hat kräftig gestunken, die Mutter hat geschimpft und hat ihm den Hintern verhauen' [SJ]; *do hin muufts awer* ‚hier drinnen stinkt es aber' [LL, CL]; *es mufft dof* ‚es riecht gut' [LüJ]; *de gonze tent müfft* ‚Das ganze Haus stinkt' [HeF]; *æ schondige kehr, da muffælts* ‚ein schmutziges Haus, da stinkt es' [WJ]
muff Subst. m. [OJ]; **müf** [GM]; **mief** [HF]
– Gestank [GM, HF, OJ]; Geruch [OJ]
müfebin Subst. m. [GM]
– Gestank [GM] ♦ **E:** Neubildung mit dem roi. Wortbildungssuffix -*bin*.
muffert Subst. m. [PfJ]
– Mist [PfJ]
mufferle Subst. n. [LJ, SchJ]
– Streichholz [SchJ]; Zündholz [LJ] ♦ **E:** Benennungsmotiv: Schwefelgeruch.
muffde Subst. m. [OJ]
– Stinker [OJ]; lumpiger Kerl [OJ]
muffel Subst. m. [Scho]
– eine Person, die nicht spricht [Scho] ♦ **E:** evtl. beeinflusst von oder direkt zu dt. *Muffel* ‚mürrischer Mensch' DWB XII 2623.
mufti Subst. m. [LJ, SJ, SchJ, Scho, TJ]; **muffde** [OJ]
– Apotheker [LJ, SJ, SchJ, Scho, TJ]
mufferling Subst. m. [DG, LJ]
– Nase [LJ]; Schnupftabak [DG]
muffen Subst. Pl. [MM]
– „Schimpfwort der Holländer für uns" [MM]
muffer Subst. m. [Him, JeS, LJ, LüJ, SJ, SchJ, TJ, Zi]; **muffert** [HLD]; **muffr** [OJ, SJ]; **muffere** Subst. f. [JeS]; **muffe** [KJ]; **muff** [TK]
– Nase [HLD, Him, JeS, LJ, LüJ, OJ, SJ, SchJ, TJ, TK, Zi]; Mund [OJ]; Gesicht [KJ]; Fuchs, Dachs [SchJ]; Stall [SchJ] ♦ **E:** Bedeutungen Mund etc. evtl. beeinflusst von dt. *Muffel* ‚u. a. Schnauze von Tieren' DWB XII 2623. ♦ **V:** *schbann, da muffer, der isch gfenklt* ‚sieh, die rote Nase (versoffen)' [LJ].
bosmuffer Subst. m. [LJ]
– Schimpfwort i. S. v. ‚du kannst mich am Arsch lecken' [LJ] ♦ **V:** *Kæsch me boosæ!* „Jenischer Gruß" [WJ]
rottmuffen Subst. Pl. [MM]
– „Schimpfwort der Holländer für uns" [MM]

muffköppe Subst. m., Pl. [MM]
– Holländer [MM]
muffnägel Subst. m., Pl. [LüJ]
– Zigarren [LüJ]
muffernuß Subst. f. [LJ]
– Schlag auf die Nase [LJ] ♦ **E:** analog zu dt. *Kopfnuß*; dt. *Nuß* ‚Schlag, Stoß'.
muffi ON [MM]
– Herz-Jesu-Viertel (altes Masematte-Viertel in Münster) [MM]; Stadtteil: Kanal-Wolbecker Straße [MM]; „Wohnviertel zwischen Querstraße und Kanal" [MM]; „das Viertel hier" [MM]; Stadtteil [MM] ♦ **E:** Benennungsmotiv: nach dem Schimpfwort (*rott*)*muffen* (s. oben im Artikel und unter *kleinmuffi*) für die Bewohner des Viertels (nach Erklärung von Gewährsleuten, Siewert, Grundlagen, 247), womgl. wegen des damals üblen Geruchs in dem Viertel.
großmuffi ON [MM]
– „Wolbecker Ecke" (Stadtteil Wolbeck, Münster) [MM]; Arbeiterviertel [MM]
kleinmuffi ON [MM]
– „das Viertel hier" [MM]; Herz-Jesu-Viertel, Klein-Muffi [MM]; Wohnviertel um die Herz-Jesu-Kirche [MM]; Wolbecker Viertel [MM] ♦ **E:** „Es gab früher in Münster ein Stadtviertel, da oben an der Wolbecker Straße, und zwar alles, was hinter der Pumpe lag; die Pumpe stand ungefähr, wo jetzt die Handelsschulen sind, und dahinter, das ist *muffi*.; *Muffi* kommt von den Holländern, die nannten uns die *rottmuffen*, Schimpfwort der Holländer für uns; und viele Holländer wurden da angesiedelt um die Jahrhundertwende mit dem Kanal, und darum sagte man *kleinmuffi*. Waren natürlich Wanderarbeiter, Leute, die hinzukamen, das war'n ziemlich wildes Völkchen, und daher sagte man *kleinmuffi*." [Sprecher MM]; „Das war früher schlimm. *Kleinmuffi* – da durften Sie sich nicht hintrauen – als Junge so – die ham Sie da sofort verdroschen, als Außenstehender." [Sprecher MM]
mufig Adj. [LüJ]
– stinkend [LüJ] ♦ **V:** *mufiger bossart/mass* ‚stinkendes Fleisch' [LüJ].

---

muffert Subst. m. [SS, WH]
– Semmel [SS, WH] ♦ **E:** westf. *moppen* ‚kleines Gebäck', Woeste 177.

---

muffte swV. [JeS]; **mufften** [JeS]
– verachten [JeS] ♦ **E:** unsicher; evtl. zu → *muffen*².

mug Adj. [MUJ]
– ruhig [MUJ] ♦ **E:** unsicher; evtl. zu *mucker²* (unter *muckern*).

mugg Subst. m. [OJ]
– Armer [OJ] ♦ **E:** zu rw. *mucken* ‚betteln', *muger* ‚Hunger' (WolfWR 3706).

mugger Subst. m. [JeS]
– Bettler [JeS]

muger Subst. m. [KP]
– Hunger [KP]

hausmugga Subst. Pl. [OJ]
– „Hausarme" [OJ]

mugge swV. [BM, JeS]; **muggne** [JeS]
– betteln [JeS]; stehlen [BM, JeS]

muggerkönig Subst. m. [JeS]
– jmd., der das Betteln am besten versteht [JeS].

muggi Subst. f. [BM]
– Unterkiefer [BM]; Mund [BM] ♦ **E:** unsicher; evtl. zu schweizdt. *Müggi* SchweizId. IV 126 ‚Murrkopf, schmollender; mürrisch verschlossener, Mensch' und *Muggi* 4,133 ‚Kopfhänger'.

muggle swV. [BM]
– aufbegehren [BM]; reklamieren [BM] ♦ **E:** dt. *muckeln* ‚leise, verhohlen, undeutlich reden; heimlich von etwas sprechen' DWB XII 2609.

muggn sw. V. [HK]
– lausen [HK]

muggn Subst. f. Pl. [HK]; **muckn** [HK]; **mucken** [HK]
– Läuse [HK]; Kopfläuse [HK]; Flöhe [HK]; Ungeziefer [HK] ♦ **E:** dt./thür. *Mücken/Mucken* ‚Mücken' ThürWb. 4, 722 f. ♦ **V:** *der balch heechd muggn* ‚das Kind hat Läuse' [HK]; *die jenters da, die ham doch muckn* ‚die Leute da, die haben doch Läuse' [HK]; »Scheeks, hier könn we nich penn, hier müß me schiewes buschn, sonz kriegen we noch roadmalmische – Wanzen – oder wir kriegen muckn. [...] Hier müß me wieder jitt, dilms. Komm, wir puschen schiewes – alles raus – nehmt euern dsienerd raus, dilms, lieber woanders beschullmen mir mehr hellich«, würden wir da noch sagen. Damit der Wirt das nicht hört, hatten wir ne Ausrede gefunden. »Dilms, schnell, den dsienerd raus, hier kriegen we nachher noch roadmalmische oder wir kriegen noch muckn.« ‚»Junge, hier könn wir nicht schlafen, hier müß me fortgehen, sonz kriegen we noch Wanzen oder wir kriegen Läuse. [...] Hier müß me wieder fort, Mädchen. Komm, wir gehen fort – alles raus – nehmt euern Koffer, Mädchen, lieber bezahlen wir woanders mehr Geld«, würden wir da noch sagen. Damit der Wirt das nicht hört, hatten wir ne Ausrede gefunden.»Mädchen, schnell, den Koffer raus, hier kriegen we nachher noch Wanzen oder wir kriegen hier noch Läuse.«' [HK].

mugi Subst [BM]
– Bonbon [BM] ♦ **E:** unsicher; evtl. zu schweizdt. *G(e)müegi* SchweizId. IV 117.
– ‚der Butzen, die Blütennarbe des Obstes' oder zu rw. *moggl* ‚Tannenzapfen, Obstkern' WolfWR 3652.

müglere Subst. f. [BM]
– Möglichkeit [BM] ♦ **E:** mdal. zu dt. *Möglichkeit*.

mühle Subst. f. [MB]
– Arbeitshaus [MB]; Irrenanstalt [HN] ♦ **E:** Kürzung aus ugs. *Tretmühle* ‚eintönige, gleichmäßig abwechslungslose Tätigkeit, Arbeitsplatz mit immer derselben Arbeit [...]. Meint eigentlich ein Mühlrad, das nicht durch Wasser betrieben wird, sondern durch ein Tier oder einen Menschen, der im Innern des Radgangs fortwährend auf der Stelle tritt' Kü 847. ♦ **V:** *in der mühle sein* ‚für andere bei geringem Verdienst arbeiten' [HN].

muhhackl Subst. m. [LüJ]
– Dummkopf [LüJ] ♦ **E:** bair. *Muhackel* ‚ungesitteter, plumper Mann' < mhd. *müe* ‚Mühe, Verdruß', mhd. *hache* ‚Bursche' Kü 1987: 552.

mui Subst. m./f./n. [CL, JS, JSa, LL. LüJ, MM, MB, ME, MoJ, MUJ, PH, WJ]

muij [GM, MB]; **muy** [JSW]; **muj** [LüJ]
– Mund [GM, JS, JSW, JSa, LL, LüJ, MB, ME, MM, MoJ, MUJ, PH, WJ]; Gesicht [GM, JSa, MB, MM]; Schnauze [ME]; Maul [LüJ, MB, ME]; Gosch [LüJ]; Fotze, Vulva [LüJ] ♦ **E:** rw. *muj* ‚Mund' (WolfWR 3717) < roi. *mui* ‚Mund, Gesicht' (WolfWZ 2047). ♦ **V:** *roin mal, wat die schei 'n schuckeres mui hat!* ‚sieh mal, wie schön das Gesicht des Mädchens ist!' [MM]; *mui!* ‚Sei still!' [MoJ]; *halt's mui! -* ‚Halt das Maul!' [CL, MM]; *muy wie e kachnibul* ‚Mund wie ein Hühnerarsch!' [JSW]; *Dem kuj ich eins ins Muj!* [ME]; *Tschukks Muj!* [ME]; *halts muij* [MB]; *dick, der chalo hat dich schi denters im mui* ‚guck, der Kerl hat keine Zähne im Mund' [MB]; *dickes mui, der chalo* ‚große Fresse, der Kerl' [MB]; *raggere dei mui* ‚halt den Mund' [LüJ]; *buj mei mui* ‚fick mich in den Mund' [LüJ]

mujpaschepen Subst. [ME]
– Mundharmonika [ME]

muiken Subst. n. [MM]
– Gesichtchen [MM] ♦ **E:** nd. Dim. *-ken*.

muikes Subst. m., Pl. [MM]
– Männer [MM]
bangomuij Subst. m. [GM]
– Fratze [GM]; Schiefmaul [GM]
baschmuij Subst. n. [GM]
– Hasenscharte [GM]
muibui Subst. [MB]
– „Fellatio und Ähnliches" [MB]; „oral bumsen" [MB]; Mundkuß [MB] ♦ **V:** *es hat ihne nen latscho muibui gemacht* ‚sie hat ihn gut oral befriedigt' [MB]
mujen swV. [LüJ]
– Geschlechtsverkehr haben [LüJ].

muicheln swV. [SK]
– riechen [SK]; Winde lassen [SK] ♦ **E:** *mücheln* ‚verderben, schimmelig riechen'; Iterativbildung zu *muchen*. DWB XII 2603 f.

mujack Subst. m. [MB]
– Dreck [MB]; Matsch [MB]; Schlamm [MB] ♦ **E:** unsicher; evtl. zu *mücheln* ‚verderben, schimmelig riechen'; Iterativbildung zu *muchen*. DWB XII 2603 f.
♦ **V:** *es muß wieder durch den mujack natschen* ‚sie muß wieder durch den Schlamm laufen' [MB].

mul Subst. n./m. [KP]
mull [TK]
– Kalb [KP]; Ochse [KP]; Stier [TK] ♦ **E:** rw. *mul* ‚Ochse, Kalb' von roi. *múlo* ‚tot', met. „das, was getötet, geschlachtet wird" (WolfWR 3718).

mulak Adj. [NJ]
mulbak [NJ]
– krank [NJ] ♦ **E:** rhein. *malack* < frz. *malade* (RheinWb. V 785). ♦ **V:** *mein Hautz hockt mullag* ‚mein Mann ist krank' [NJ].

muldom Adv. [SPI]
– viel [SPI]; sehr viel [SPI] ♦ **E:** evtl. aus lat. *multum*.

mulẹfẹ swV. [BB]
– heftig schlagen [BB] ♦ **E:** rw. *mulo* ‚tot' zu roi. *mulo* ‚tot, erledigt, kaputt' mit verbaler Suffigierung, Wolf WR 3722, WolfWZ 2052.

jẹmulẹft Adj., Part. Perf. [BB]
– zusammengeschlagen [BB] ♦ **E:** mdal. *je-*, Präfix *ge-*.

mulfrig Adj. [OJ]
– gefährlich [OJ]; unbehaglich [OJ] ♦ **E:** wohl zu dt. *mulmig* ‚mulchig, bes. von Erde, met. unbehaglich', *mir wird ganz mulmig*. DWB XII 2657 s. v. mulmicht.

mülli nur in:
mülli gehen Phras. [WG]; **mülli sein** Phras. [WG]
– verhaftet werden [WG]; verhaftet sein [WG] ♦ **E:** Brettspiel *Mühle*. Benennungsmotiv: Position, in der der Gegenspieler festgesetzt ist, also keinen Zug mehr machen kann.

müllisieren swV. [WG]
– verhaftet werden [WG].

mullje ‚Tasche' → *multe*.

mullmisch Adj. [HK]
mulmisch [HK]; **mullmesch** [HK]
– dumm [HK]; verrückt [HK]; unangenehm [HK]; böse [HK]; schlecht [HK]; albern [HK] ♦ **E:** wohl zu dt. *mulmig*, fnhd. *mulmicht, mülmicht* ‚unbehaglich, bedenklich, gefährlich, unwohl' (20. Jh.), zu dt. (ant.) *Mulm* m. ‚zerfallene Erde, Staub, morsches, faulendes Holz', evtl. Einfluss von → *dilmisch* ‚dumm' (WolfWR 1024). ♦ **V:** *mulmisches jent* ‚schlechte Leute' [HK]; *mulmische jenter* ‚böse Leute' [HK]; *der ebbes schemmt mulmisch* ‚der Mann fragt dumm', ‚der Mann ist dumm' [HK]; *der eppes schemmt mulmisch* ‚der Mann ist dumm' [HK]; *reune mol, der peeker schemmt mulmisch* ‚guck mal, der Mann spinnt' [HK]

vermulmischen swV. [HK]
– veralbern [HK].

mulo[1] Adj. [CL, GM, JS, JeS, LJ, LL, LoJ, LüJ, MB, ME, MM, MoJ, NJ, PH, SJ, TJ, WJ]
muulo [JSa, JeS]; **moll** [MT, NJ]; **muuli** [JeS]; **muli** [JeS]; **muhlo** [LüJ]
– tot [CL, GM, GM, JS, JSa, JeS, LJ, LL, LoJ, LüJ, MB, ME, MM, MoJ, MT, NJ, PH, SJ, TJ, WJ]; gestorben [LüJ, MM]; entzwei [GM, WJ]; kaputt [GM, JeS, LJ, LoJ, LüJ, MB, ME, MM, MoJ, TJ]; zerbrochen [GM, JS]; pleite [WJ]; erledigt [MM]; k. o. [MM]; tabu [WJ]; müde [ME]; schlecht [JS, JeS] ♦ **E:** rw. *mulo* < roi. *mulo* ‚tot, gestorben' (WolfWR 3722, WolfWZ 2052). → *mulẹfẹ*.
♦ **V:** *I be mulo* ‚Ich bin pleite (erledigt, am Ende)' [WJ]; *mulo makeimen* ‚totschlagen' [MM]; *mulo dellen* ‚totschlagen' [MM]; *mulo malochen* ‚töten' [MM]; *die ham zwar geschort, aber kein' mulo gemacht* ‚die haben zwar gestohlen, aber nicht gemordet' [MM]; *höchstens wenn einer mal halb mulo war, kam so 'n wuddi vonne teewinde* ‚nur wenn einer halb tot war, kam ein Krankenwagen' [MM]; *mulo daba* ‚kaputt machen' ‚tot machen, totschlagen' [LJ]; *schefte mulo/ scheftemulo* ‚totarbeiten' [SJ]; *er hockt moll* ‚er ist tot' [NJ]; *die Moß hockt gemull* ‚die Frau ist tot' [NJ]; *hockt gemull* ‚etwas was zerbricht, oder entzweigeht'; „man kann ihm nicht trauen", „er ist

nicht richtig" [NJ]; *der schäfft schun e paar beschaanem mulo* ‚der ist schon ein paar Jahre tot' [CL]; *Mann, bin ich mulo.* [ME]; *mulo sein* ‚tot sein'; ‚kaputt sein'; ‚tot' [MB]; *mulo gedellt* ‚tot gemacht' [JS]; *wer ist mulo genascht* ‚wer ist verstorben?' [JS]; *wenn wat mulo nascht* ‚wenn was kaputt geht' [JS]
mulo naschen swV., Phras. [JSW]
– sterben [JSW] ♦ **V:** *Ich dabbe da gleich ens of dei tschiro, bis de mulo nascht* ‚Ich schlage dir gleich einen auf den Kopf, dass du kaputt gehst!' [JSW].
muule swV. [JeS]; **mule** [JeS]
– umbringen [JeS]; töten [JeS]
vermuule swV. [JeS]; **vermule** [JeS]
– verenden [JeS]
mulopeng Adj. [GM]; **mullupeng** [MB]
– tot [GM]; gestorben [GM]; kaputt [MB] ♦ **E:** roi. *mulipe* ‚Tod, Totschlag' (WolfWZ 2052). → *mulipeng.*
mulohai Adj. [GM]
– gestorben [GM]; tot [GM] ♦ **E:** *-hai* unsicher: womöglich eine elative Form von *mulo*, zu rw. *chaies, hayes* ‚Leben' (WolfWR 823): ‚totes Leben', also ‚ganz tot, mausetot'.
mullen swV. [NJ]; **mollen** [NJ]
– sterben [NJ] ♦ **E:** roi. *mula* ‚sterben, töten' (WolfWZ 2052).
muligern swV. [GM]
– morden [GM]; töten [GM]
mulo[2] Subst. m. [GM, JS, JSW, JeS, LJ, LüJ, MB, MM, MUJ, NJ, PH, SJ, WJ]; **muulo** [JSa, JeS]; **muli** [GM]; **muhlo** [LüJ]
– Tod [GM, GM, JS, JeS, LJ, LüJ, MB, MM, MUJ, NJ]; Leiche [GM]; Toter [GM, LüJ]; Totengeist [GM]; Geist [GM, MUJ]; Geist eines Toten [JSW]; böser Geist [JS, PH]; Gespenst [GM, JSa, JeS]; Teufel [JSa, LüJ, SJ, WJ]; das Böse [WJ]; Ende [MB]; Kinderschreck, „schwarzer Mann" [JSW] ♦ **E:** rw. *mulo* ‚Geist, Gespenst' (WolfWR 3722) < roi. mulo ‚Toter, Leichnam, Kadaver, Gespenst, Geist' (WolfWZ 2052). ♦ **V:** *Jung, geh lööf, de Mulo äs ferm Hambach* ‚Junge, lauf, der Mulo ist vor der Hambach' (Straße am „Berg") [JSW]; *die soll doch dr mulo raggara* ‚Dich soll doch der Teufel holen' [LüJ]; *dr muhlo muß de dabbere!* ‚Der Teufel soll dich holen!' [LüJ]
mulendo Subst. m. [LüJ]
– Toter [LüJ] ♦ **E:** rw. id. (WolfWR 2722).
mulenger Interj. [LüJ]
– hol mich der Teufel! [LüJ] ♦ **E:** wohl zu roi. *mulo* ‚Toter, Leichnam' WolfWZ 2052. ♦ **V:** *ja mulenger, der gliste holt jenisch* ‚der Landjäger versteht auch das Jenische' [LüJ]

muller Subst. m. [JeS]
– Metzger [JeS]
mulinger Subst. m., Pl. [GM]
– die Toten [GM] ♦ **E:** roi. *mulo* ‚Toter, Leichnam' (WolfWZ 2052), GM-typisches Suffix *-inger* (vgl. → *tscholinger, nasslinger*).
gemullte Subst. m. [NJ]; **gemollte** [NJ]
– der Tote [NJ]
kuremuli Subst. m. [GM]
– Mord [GM]; Totschlag [GM]
mulipeng Subst. m. [GM]
– Totschlag [GM] ♦ **E:** roi. *mulipe* ‚Tod, Totschlag' (WolfWZ 2052).
muulipleri Subst. m. [JeS]
– Friedhof [JeS]
mulobeis Subst. m./n. [MM]
– Totenhaus, Leichenhalle [MM]; Sterbehaus [MM]
mulomenger Subst. m. [LüJ]
– Totmacher [LüJ]
mulomoss Subst. f. [GM]
– Totenfrau [GM]
mulopenk Subst. m. [MM]; **mulebeng** [MoJ]
– Tod, Sensenmann [MM]; Teufel [MoJ]
mulopflanzer Subst. m. [SJ]; **mulumpflanzer** [LüJ]
– Arzt [LüJ, SJ]; Doktor [LüJ]; Totengräber [LüJ]
mulotschaij Subst. f. [GM]
– Totenfrau [GM]
mulo und bänk Phras. [JSW]
– Kinderschreck-Paar [JSW]
muledebe Interj. [MoJ]
– meine Güte, meine Fresse! [MoJ] ♦ **E:** *debe* zu roi. *dewel* ‚Gott'; vgl. → *modewel.*

mûls Adj. [MeT]
mûlsch [MeT]; **mulsch** [MB]; **mulsk** [MeT]
– krank [MB, MeT] ♦ **E:** nd., omd. *mulsch* ‚angefault, weich', mnl. *malsch* ‚weich' (Klu. 1999: 573).
mulschfailer Subst. m. [MeT]; **mûlschfailer** [MeT]
– Arzt [MeT] ♦ **E:** → *failer.*

multe Subst. f., n. [HK, SK]
mulde [HK]; **mullje** Subst. Dim. [StG]
– Tasche [HK, SK, StG]; Geldbörse [SK]; Einkaufstasche [HK]; Handtasche [HK]; Beutel [HK] ♦ **E:** rw. *multe, mulde* ‚Tasche' (WolfWR 3719), aus dt. *Mulde* ‚längliches, ausgehöhltes Gefäß' DWB XII 2652f. ♦ **V:** *multe bedrutten* ‚Kameraden betrügen' [SK]; *der hejd en granniches bingkchen in der mulde* ‚der hat eine schöne Uhr in der Tasche' [HK]; *'n härdchen in der multe* ‚hat ein Messer in der Tasche' [HK]; *kuffn sich denn noch die letzten linke in der multe* ‚schlagen

sich denn noch die letzten Groschen in der Tasche'
„wenn einer nicht mit Geld umgehen kann" [HK]; *en grannichen beeker ein bich aus der multe gedsubbd* ‚einem feinen Mann Geld aus der Tasche gestohlen' [HK]; *multe an der fehme* ‚Tasche an der Hand' [HK]
fuckermulte Subst. f. [HK]; **fukkermulte** [HK]
– Geldtasche [HK]; Reisetasche [HK]; Umhängetasche [HK]; Felleisen [HK]; Tasche für Geld [HK]; Portemonnaie [HK]; „Tasche, in die man das Geld steckt" [HK]; „Tasche zum Geld einsammeln" [HK]; „großes Portemonnaie unter dem ersten Rock" [HK]; „das ist, wenn die manchmal auf der Straße Musik gemacht haben, dann hatten die ne *fuckermulte*, wo se 's Geld reingetan haben" [HK] ♦ **V:** *im hurtich unn derr fukkermulte woar lohne zu butten bekoane* ‚in Rucksack und Felleisen war nichts Eßbares mehr vorhanden' [HK].

multhuckenhügel Subst. f. [SG]
– Berg [SG] ♦ **E:** dt. *Hügel*.

mumern Subst. f. [RR]
– Münze [RR] ♦ **E:** zu rw. *mume, mummes* ‚Geld' WolfWR 3386.

mumli Subst. f./n. [GM, JS, PH]
mumle [JeS]; **momele** [LüJ]; **momeli** [LüJ]; **mamele** [MUJ]; **mom** [LüJ];
– Kerze [GM, LüJ]; Lampe [GM, LüJ]; Licht [GM, JS, JeS, LüJ, MUJ, PH]; Wachs [GM, LüJ] ♦ **E:** rw. *mom* ‚Wachs' (WolfWR 3668), rw. *momeli, mumli* ‚Licht, Leuchte, Fackel' (WolfWR 3669) < roi. *mom* ‚Wachs, Kerze', *momeli* ‚Kerze, Licht' (WolfWZ 2013).

mumm Subst. m. [SK]
– Tabak [SK] ♦ **E:** aus Produktname, an der schleswig-holsteinischen Küste einst beliebte Tabaksorte *Peter Obbe Mumm*; volksetym. aus *petum optimum*; *petema* ‚Tabak' und lat. *optimus* ‚der beste'.
obbe mumm Subst. m., Phras. [SK]
– Tabak [SK].

mummala Subst. n. [EF]
mumala [EF]
– Dirne, käufliche [EF]; Hure [EF] ♦ **E:** wohl zu rw. *mume, mummes* ‚Geld' (WolfWR 3386); Pars-proto-Metonymie nach einer charakteristischen Eigenschaft: ‚jemand, der für Geld etwas tut'; oder zu dt. *mummel* ‚Verhüllung', ‚Heimliches' (DWB XII 2661 f.), *ale Mummelsuse* ‚unangenehme Frau' (Müller-Fraureuth 2, 257).

muhmelein Subst n., Dim. [EF]
– Dirne, Hure [EF].

mummes Subst. n. [JeH]
mommes [FM]; **mumes** [SP]; **mussumes** [JSW]
– Geld [JSW, JeH, SP] ♦ **E:** rw. *mummes* (WolfWR 3386) < jd. *mommon* < hebr. *mamôn* ‚Geld, Vermögen' (Post 229). ♦ **V:** *Bann ich nur sihn Mommes hätt! ‚Wenn ich nur seine Geld hätte!'* [FM].

mummlig Adj. [JeS]
– kühn [JeS] ♦ **E:** wohl deverbale Adjektivbildung zu *mummeln* v. ‚undeutlich, heimlich reden, ein Gerücht zumurmeln' DWB XII 2663 s.v. mummeln 2. „vil ding geschehen heimlich, darvon niemand nichts weisz, mann mummelt aber gleichwol heimlich also davon, bisz es selbs auszbricht, und ruchtbar wirt ... mummeln aber ist halbe wort reden, mit halben munde, das ist heimlich, nit offentlich".

mundharfe Subst. f. [LJ]
mundharf [LJ]
– Mund [LJ]; Vagina [LJ] ♦ **E:** dt. *Mund* und *Harfe*. Benennungsmotiv: Cunnilingus.

munnesen Subst. f., Pluraletantum [NJ]
munese [NrJ]
– Ungeziefer [NrJ]; Mäuse [NJ] ♦ **E:** zu *munnes, munneschen* ‚Katze' RheinWb. V 1411; Windolph, Norother Jenisch, 67, Nr. 260. Maus Quasiantonym zu Katze, „semantische Antonymie": Siewert, Grundlagen, 367; vgl. *mausen* v. ‚Mäuse fangen'. ♦ **V:** *bleif fon däm wäk, dä hot munese.* [NrJ].

munscher Subst. m. [LoJ]
– Hunger [LoJ] ♦ **E:** rw. *manschen* ‚essen' aus franz. *manger* ‚essen' (WolfWR 3398).
munschn Subst. m. [LoJ]
– Mund [LoJ].

muntalli Subst. [KJ]
– Mund [KJ] ♦ **E:** mdal. Bildung zu dt. *Mund*.

munter Subst. m., n. [JeH, SE, SP]
monter [SE]; **montder** [SE]; **munta** [SE]; **monta** [RH]; **moot** [RH]; **mond** [RH]; **mut** [RH]
– Uhr [JeH, RH, SE, SP] ♦ **E:** rw. *munter, monter* ‚Uhr' < frz. *montre* (WolfWR 3728). ♦ **V:** *wat spant de monter? ‚wieviel Uhr ist es? / Wie spät ist es?'* [SE]; *wat spant de munter? ‚Uhrzeit?'* [SE]; *wad spant de munta? ‚Wieviel Uhr?'* [SE]; *wat spahnt de monter? ‚Was zeigt die Uhr?'* [SE]; *wat duppert de montder? ‚Was zeigt die Uhr an?'* [SE].

muntsch Subst. m. [BM]
– Kuss [BM] ♦ **E:** schweizdt. *Muntschi* ‚Kuss' SchweizId. IV 346.

muppeschen Subst. Pl., (Dim.) [JSa]
nupesen [SP]
– Läuse, Ungeziefer [JSa, SP] ♦ **E:** rhein. *Muppes* ‚Laus' (RheinWb. V 1418).

murdaliper Subst. m. [SK]
– „Schimpfwort" [SK] ♦ **E:** roi. *murdalipen* ‚Aas' (WolfWZ 2042).

mürde swV. [BM]
– sich mit Anstrengung bewegen [BM] ♦ **E:** schweizdt. *mürde* ‚zu Tode quälen, sich ohne Geschick und rechten Erfolg abquälen' SchweizId. IV 397.

mure Subst. m. [JS]
– Neger [JS] ♦ **E:** dt. *Mohr* aus lat. *maurus* ‚Maure, Nordwestafrikaner' Klu. 2011, 630.

murf Subst. m. [JS, JSa, SE]
muref [SE]; **muaf** [SE]; **merv** [JS]
– Mund, Maul [JS, JSa, SE] ♦ **E:** rw. *murf* ‚Mund, Kuss' (WolfWR 3731), aus dt./mdal., nl. *Murf* ‚Mund'. → *Mörf*. ♦ **V:** *reunes de moß, die het e murf wie ne tokes em ponum* ‚guck mal, die Frau, die hat einen Mund wie einen Hintern im Gesicht' [JS]; *hal dein muaf, de knef schockt et!* ‚Halte Deinen Mund, der Junge begreift es!' [SE].

murgsen swV. [NJ]
– schlachten [NJ] ♦ **E:** dt. *murksen* ‚grob schneiden, langsam töten', *abmurksen* DWB XII 2716 f.

murke Subst. f. [LüJ, SJ]
murg [LüJ]
– Katze [LüJ, SJ] ♦ **E:** rw. *murke* ‚Katze' (WolfWR 3734, SchwäbWb. IV 1821) < roi. *múrka* ‚Katze' (WolfWZ 2056). → *murr*. ♦ **V:** *Wer hatscht scho morgens end schwäche nei, was send des für lake schure, se laßet die moss ond dia kottela drhoim, bei murke ond kipp* ‚Wer geht schon morgens ins Wirtshaus rein, was sind das für schlechte Kerle, sie lassen die Frau und die Kinder daheim, bei Katze und Hund' [SJ].

murgedade Subst. m. [LüJ]
– Katzenvater (Schimpfwort) [LüJ]
murgemaß Subst. f. [LüJ]; **murgenmaß** [LüJ]
– Katzenbraten [LüJ].

murkitos Subst. Pl. [StG]
– Wanzen [StG] ♦ **E:** wohl aus *Moskito* (Stechfliege), aus lat. *musca* ‚Fliege'.

murmelbeis Subst. n. [MM]
– Gotteshaus [MM]; Kirche [MM] ♦ **E:** dt. *murmeln* DWB XII 2718 ff. und → *baijes*.
murmelschuppen Subst. m. [MM]
– Gebetshaus [MM]; Kirche [MM]
transpanimurmelbeis Subst. m. [MM]; **transpanimurmelschuppen** Subst. m. [MM]
– Überwasserkirche in Münster [MM]. ♦ **E:** rezente Kunstbildung, lat. *trans* und → *pani*.

murn swV. ‚hören, verstehen' → *muckern*.

murr[1] Subst. m. [Him, LJ, OJ, SJ]; **murre** Subst. f. [WJ]
– Katze [Him, LJ, OJ, SJ, WJ] ♦ **E:** rw. *murr* < dt. *Murner* ‚Kater' (WolfWR 3734). → *murke* ♦ **V:** *hast gufferling bestiebt von dene fiesel wegen dene murrer?* ‚hast du von den Kerlen Prügel bekommen, wegen der Katzen?' [LJ]; *da ketscht kei murr mehr'rum, die sind alle gkahlt* ‚da läuft keine Katze mehr herum, die sind alle aufgegessen' [LJ]

murrgel Subst. Pl. [MUJ]
– Katzen [MUJ]
murræmaß Subst. m. [WJ]
– Katzenfleisch [WJ]
murraschlegel Subst. m. [LJ]
– Katzenschlegel [LJ].

murr Subst. f. [LüJ]
– Kraft [LüJ] ♦ **E:** rw. *murr* ‚Kraft, Mark' < jd. *moro* ‚stark, männlich' (WolfWR 3735).

murrer[1] Subst. m. [WG]
– schlechte Kost [WG]; schlechte Sache [WG]; schlechtes Getränk [WG] ♦ **E:** unsicher; evtl. zu hebr. *morer* ‚saures Kraut'.
gratmurrer Subst. m. [WG]
– Essen im Gefängnis [WG].

murrer[2] Subst. m. [WG]
– gestohlener Schmuck [WG]
linker murrer Subst. M., Phras. [WG]
– Diebstahl unechten Schmucks [WG]
binklmurrer Subst. m. [WG]
– „Diebstahl, bei dem etwas weggetragen wird" [WG] ♦ **E:** rw. *murer, muri* ‚Raub, Diebstahl' (WolfRW 3732), zu *maure* ‚Angst, Lärm, ruchbar gewordener Diebstahl' (WolfRW 3473) aus jd. *bemore sein* ‚sich fürchten'; Klepsch 1077–1079.

murrkäker Subst. m. [HL]
- Frosch [HL] ♦ **E**: rw. *murrkäker* ‚Frosch' (WolfRW 3736, ohne Herleitung); wohl zu nd./ostfries. *Kickert* ‚Frosch', *murr-* onomatopoetisch.

murweln swV. [GM]
- sterben [GM] ♦ **E**: roi. *mer-* ‚sterben' (WolfWZ 1935); evtl. beeinflusst von roi. *mar-* ‚töten, ermorden, schlachten, schlagen, dreschen' (WolfWZ 1877).

mus ‚Pistole (Geldstück)' → *moos*.

musch Subst. [JeH, SP]
- Tabak [JeH, SP] ♦ **E**: rw. *musch* ‚Tabak', wohl aus roi. *mótsa* ‚Gemisch aus Tabaksasche und Saft' (WolfWR 3739).

muschen swV. [SP]
- rauchen [SP].

muschbache ‚Verwandtschaft, Gesellschaft' → *mischpoke*.

musche Subst. f. [SJ]
musch [EF, HK, LoJ, OJ]; **muschann** [OJ]
- Vulva [SJ]; Geschlechtsteil der Frau [HK]; Frau [EF, HK, LoJ]; Mutter [HK]; Kellnerin [EF]; liebes Mädchen [OJ]; Kosename vom Mädchen [HK] ♦ **E**: rw. *musche* ‚Frau, Mädchen, Geliebte, Vulva' < dt. *Musche*, *Müsche* ‚Vulva' (WolfWR 3744).
boosnmüsch Subst. f. [HK]; **boosnmusch** [HK]
- Wirtsfrau [HK]; Frau vom Gastwirt [HK]; Köchin [HK]; Bedienung [HK]
bermusch Subst. f. [HK]
- Geschlechtsteil der Frau [HK]
kloppmusch Subst. f. [EF]
- Dirne, käufliche [EF]
krabbelmusch Subst. f. [HK]; **grabbelmusch** [HK]; **krawwlmusch** [HK]
- Hebamme [HK]
kupermusch Subst. f. [EF]
- Kellnerin [EF].

muscheln nur in:
seemuscheln Subst. Pl. [StG]
- grosse Ohren [StG] ♦ **E**: dt. *Muschel*.

musel Subst. m. [SJ]
muschel Subst. n. [JeS]
- Brot [JeS, SJ]; weiches Brot [SJ] ♦ **E**: schwäb. *Musel* ‚das Weiche im Brot' (SchwäbWb. IV 1828). ♦ **V**: *I han koin napfer me em bonum ond ka deswega blos no musel kahla; meine napfr hot dr napferrizupfr alle auszopfd* ‚Ich habe keinen Zahn mehr im Mund und kann deshalb nur noch weiches Brot essen; meine Zähne hat der Zahnarzt alle gezogen' [SJ].

muser Subst. [BM]
- Museum [BM] ♦ **E**: frz. *musée*, dt. *Museum*.

musgero Subst. m. [UG]
- Schultheiß [UG] ♦ **E**: roi., Kapff, 214; evtl. zu roi. *muskári* ‚Büffelkalb' BoIg. 190; SchwäbWb. IV 1769.

musik Subst. f. [HN]
- Martinshorn des Polizeiwagens [HN] ♦ **E**: dt. *Musik*.

musieke Subst. f. [SK]
- Musik [SK] ♦ **E**: Streckform zu dt. *Musik* < lat. *musica*. ♦ **V**: *wei willt musieke maken* ‚wir wollen auf Tour gehen' [SK].

musikantenbucht Subst. f. [EF]
- Orchesterraum [EF] ♦ **E**: dt. *Bucht* und *Musikant*.

muskei Subst. m. [WL]
- Kot [WL] ♦ **E**: zu dt. *mus*; *-kei* unklar; evtl. verderbt aus *brei* oder zu lux./moselfränkisch *kä(ch)* ‚Köche'. „anzunehmen, dasz wir es bei mus und bei brei mit zwei ausdrücken einer vorgeschritteneren germanischen kochkunst zu thun haben, die beide zunächst auf eine schwerflüssig hergestellte speise, die letztere aus mehl, die erstere aus kernfrüchten und obst, zielen, als zukost zu fleisch und brot" DWB XII 2728 f.

muskete Subst. f. [EF]
muschket [EF]
- weibliches Geschlechtsteil [EF] ♦ **E**: → *musche*; evtl. Einwirkung von dt. *Muskete* ‚Gewehr', Wolf, Fatzersprache, 128.

mussen, mussken ‚Frau' → *moss*.

mussi Subst. m. [GM]
- Arm [GM] ♦ **E**: rw. *musi* ‚Hand', *mossin* ‚Arm' (WolfWR 3741) < roi. *musi* ‚Arm, Hand' (WolfWZ 2060).

mussquê Subst. [MT, MeT]
mussquê [MeT]; **uschke** [JS, PH]; **mußque** [MeT]
- Schwein [JS, MT, MeT, PH]; Mutterschwein [MeT] ♦ **E**: nd. *mutt, müttken* ‚Mutterschwein', westf. auch *müsken* (oft als Lockruf gebraucht); vgl. Siewert, Humpisch, 97.

schondmussle Subst. m. [LüJ]
- Schmutzfink [LüJ] ♦ **E**: → *schunt*.

mussspritze Subst. f. [StG]
– Regenschirm [StG] ♦ **E:** rw. *mußspritze* ‚Regenschirm' (WolfWR 3743); rw. *musi* ‚Hand' (WolfWR 3741) aus roi. *musi* ‚Arm'.

mut Adj. [BB]
– dumm [BB] ♦ **E:** Inversion zu *dumm*.

muteren swV. [LüJ]
mutteren [LüJ]
– urinieren [LüJ]; bieseln (Wasser lassen) [LüJ]; schlecht [LüJ]; böse [LüJ]; frech [LüJ, WJ] ♦ **E:** rw. *muttera* ‚Urin' < roi. *muter* ‚Urin' (WolfWR 3749). Vgl. → *moertepin*.

muter Subst. m. [LüJ]; **mutter** [LüJ]
– Urin [LüJ].

mutsch Adj. [HF, HeF]
mutškes [HF]
– wohlfeil [HF, HeF]; preiswert [HF] ♦ **E:** rw., WolfWR 3747; niederrhein. *mutsch, mutschkes* ‚billig' (RheinWb. V 1467). ♦ **V:** *mutsch beuten* ‚wohlfeil kaufen' [HeF]; *de Krotesen hucken mutsch* ‚Die Schweine sind wohlfeil' [HeF].

mutschl Subst. f. [OJ]
– Tannenzapfen [OJ] ♦ **E:** schwäb. *Mutschel* ‚Tannenzapfen' (SchwäbWb. V 1845).

muttestüpfe swV. [BM]
– exerzieren [BM]
muttestüpfer Subst. m. [BM]
– Infanterist [BM] ♦ **E:** schweizdt. *Muttestupfe* ‚(spöttisch) von den Marschübungen der Rekruten unter den alten kantonalen Drillmeistern, vom Soldatendienst überhaupt' SchweizId. XI 1185; *Muttestüpfer* ‚Schollentreter, Infanterist' SchweizId. XI 1188.

mutz Subst. f. [HK]
– Tabakspfeife [HK] ♦ **E:** mdal. *Mutz* ‚Stumpf, kurze Tabakpfeife' (HessNassWb. II 405, ThürWb. IV 774).

mutze Subst. f. [SJ]
– Vulva [SJ] ♦ **E:** dt. *mutz, mutze* ‚Vulva' (DWB VI 2837).

mütze nur in:
bemützt Adj. [EF]
– betrunken [EF] ♦ **E:** erzgeb./ugs., Wolf, Fatzersprache, 114.

muu Präp. [BB]
– um [BB] ♦ **E:** Inversion zu *um*.

müürtsch Subst. f. [BM]
– Mauer [BM] ♦ **E:** mdal. zu dt. *Mauer*.

müüssi Subst. n. [BM]
– Beule [BM] ♦ **E:** schweizdt. *Müüssi* ‚Beule am Leib' SchweizId. IV 487.

muut Subst. f. [KM]
muute [KM]
– Vorratsstelle (im Stroh) [KM] ♦ **E:** rhein. *Maute, Muute* ‚Obstversteck in Heu oder Stroh, zum Nachreifen des Obstes' (RheinWb. V 1011).

N

nääbl Subst. m. [OJ]
– Tabakrauch [OJ] ♦ **E:** mdal. zu dt. *Nebel, nebeln*.
näabla swV. [OJ]
– rauchen [OJ].

nääfolschęn swV. [BB]
jęnääfolscht [BB]
– schlafen [BB] ♦ **E:** Inversion zu mdal. *schlofen*.

nääim ON [BB]
– Mayen (bei Koblenz) [BB] ♦ **E:** Inversion des ON.

nääsę swV. [BB]
neesę [BB]; **jęneest** [BB]
– sehen [BB] ♦ **E:** Inversion zu *sehen*. ♦ **V:** *Näästę dat?* [BB].

nääts Zahlwort [BB]
neets [BB]
– zehn [BB] ♦ **E:** Inversion zu *zehn*. ♦ **V:** *öm nääts rou* [BB].

nätsch Subst. m. [BB]
– Stein [BB] ♦ **E:** Inversion zu mdal. *Stään*.

nabbel Adj. [MM]
– verrückt [MM] ♦ **E:** unsicher; evtl. Variante von → *nerbelo* oder zu → *nabbeln*.

nabbeln swV. [MM, SPI, Scho]
nabla [LJ]; **nawele** [CL]; **nabbeln** [CL]
– schlachten [CL, SPI]; metzgern [LJ]; unrituell schlachten [Scho]; beischlafen [MM]; bumsen [MM]; vögeln [MM]; ein Mädchen lieben, mit ihr schlafen [MM]; Geschlechtsverkehr haben [MM]; lieben (mit Mädchen schlafen) [MM]; (miteinander) schlafen (koitieren) [MM]; küssen [MM] ♦ **E:** jd. *nabbeln* ‚ein Tier auf unkoschere Weise schlachten, ein Tier heruntermachen, den Preis drücken, coire' (We 86, Matras Jd 291, Klepsch 1095). ♦ **V:** *seegers hat dat*

anim genabbelt ‚der Mann hat mit der Frau geschlafen' [MM]; *kummsch morje zum quellflääsch, mer nawelen unser kasserem* ‚kommst du morgen zum Quellfleisch, wir schlachten unser Schwein' [CL]

nabbler Subst. m. [SPI]
– Metzger [SPI]; Schlachter [SPI]

nabble Subst. f. [MM]
– Schwägerin [MM]

schwägerinnennabbler Subst. m. [MM]
– Weiberheld [MM]

abnabbeln swV. [MM]
– ausnehmen [MM]; koitieren, küssen [MM]; schröpfen [MM] ♦ **V:** *den chalo kanste abnabbeln* ‚den Bauern kannst du betrügen' [MM]; *er hat das anim abgenabbelt* ‚er hat mit dem Mädchen geschlafen' [MM]

nabbelei Subst. f. [MM]
– bumsen [MM]; Geschlechtsverkehr [MM]; Vögelei [MM]; „da ham'se alle durcheinander, „Gruppensex" würde zu weit gehen." [MM]

nabbelanim Subst. n. [MM]
– Freundin [MM]; Hure [MM]; leichtes Mädchen [MM]; Mädchen, das auf den Strich geht [MM]; „nicht die Ehefrau" [MM]; Nutte [MM]; Prostituierte [MM]; „Bumsmädchen" [MM]; „eine, die es öfter mal locker sieht" [MM]

nabbelkrug Subst. m. [MM]
– Heidekrug (Ausflugslokal bei Münster) [MM]

nabbelphoto Subst. n. [MM]
– Pornophoto [MM]

nabbelschore Subst. f. [MM]; **nabbelschoren** [MM]
– Dirne [MM]; Prostituierte [MM]; „leichtlebiges Mädchen" [MM]; „Prostituierte oder Frau, mit der man ins Bett geht, kann zur Not auch seine eigene Frau sein" [MM]

nubli Subst. f. [MB]
– Hure [MB]; Nutte [MB] ♦ **E:** unsicher, ob zu *nabbeln*; evtl. Metathese von roi. *lubni* ‚Hure' (WolfWZ 1809). ♦ **V:** *es buit so latscho wie ne nubli* ‚sie bumst so gut wie eine Nutte' [MB]

nublichalia Subst. f. [MB]; **nublichalja** [MB]
– junge Nutte [MB]; Nuttenweib [MB]

nabel Subst. m. [EF]
nobel [EF]; **nobl** [EF]
– Soldat [EF]; Militär [EF] ♦ **E:** wohl zu rw. *nobel, nabels* ‚Pächter auf dem Lande, Edelmann' aus frz. *noble* ‚vornehm, edel' WolfWR 3891; schwer zu → *nabbeln*.

nabelfatzer Subst. m. [EF]
– Militärmusiker [EF]

nabelkapelusch Subst. m. [EF]; **nabelkapellusch** [EF]
– Militärkapellmeister [EF].

näbelchree Subst. f. [JeS]
– Klosterfrau [JeS]; Nonne [JeS] ♦ **E:** dt. *Nebelkrähe*, met. ‚Geistliche', „andere gehen zu einer alten nebelkrähen im dorf und lassen sich das haupt oder hände durch einen segen curiren" DWB XIII 484; Benennungsmotiv: aschgraue Farbgebung von Nebelkrähen und Nonnentrachten. ♦ **V:** *my bryysgeri huurt e näbelchree im polänt* ‚meine Schwester ist eine Nonne im Kloster' [JeS].

nabla ‚metzgern' → *nabbeln*.

nach- Präfix von Verben, Substantiven, Adjektiven in: → *nachbeulisieren* bis → *nachlegen*, passim.

nachbeulisieren swV. [WG]
– nachlaufen (Polizei dem Verbrecher) [WG] ♦ **E:** rw. *polit* ‚Deserteur', *paulisieren* ‚davonlaufen', zu jd. *polat* ‚glatt, schlüpfrig sein, entfliehen', mit Einfluss von roi. *pal* ‚nach, hinter, um' (WolfWR 4288).

nachdibln swV. [WG]
– nachlaufen (Polizei dem Verbrecher) [WG] ♦ **E:** → *tippeln¹*.

nachlegen swV. [WG]
– nur in: ♦ **V:** *eine Schaufel nachlegen* ‚Schwierigkeiten machen' [WG].

nachtwächter Subst. m. [SG]
– Hundehütte [SG] ♦ **E:** dt. *wachen* und *Nacht*.

nack Subst. f./m. [CL, JS, LL, LüJ, MB, MM, MUJ, PH, SJ, WJ]
nag [GM]
– Nase [CL, GM, JS, LL, LüJ, MB, MM, MUJ, PH, SJ, WJ]; Brille [MB] ♦ **E:** rw. *nack* ‚Nase' (WolfWR 3772) < roi. *nak* ‚Nase' (WolfWZ 2090). ♦ **V:** *du kannscht mer die Nack in die Bull stecke* Abwandlung des Götzzitates [LL, CL]; *hat er dich ne schumme nack* ‚er hat eine dicke Nase' [MB]; *schugger nack* ‚Riesennase' (Übername) [LüJ]; *koste nack!* ‚putz' dir die Nase!' [RH]

nagewelo Subst. n. [GM]
– Brille [GM] ♦ **E:** schweizdt. *Velo* ‚Fahrrad'; wörtl. ‚Nasenfahrrad'.

nadding Adj., Adv. [OH]
– schlecht [OH] ♦ **E:** wohl von engl. *nothing* ‚nichts'.

nadele Subst. n. [MUJ]
naddæle [WJ]; **naddele** [LüJ]; **naddel** [WJ]
– Teufel [LüJ, MUJ, WJ]; Geist [MUJ] ♦ **E:** unsicher; evtl. zu roi. *natele* ‚abwärts, nach unten' (Boretzky/Igla 196) oder zu *Nadler, Nadeler* ‚einer, der mit der Nadel arbeitet' DWB XIII 258, s. v. Nadler; nach der speziellen Bedeutung von *Nadel* ‚für etwas strafe, wiedervergeltung zu erwarten haben, auf heiszen kohlen gehen, sitzen; auf der nadel haben, ähnlich wie auf dem kerbholze haben, noch auf der (schneider-)rechnung haben' DWB XIII 250. Vgl. → *naidl.*

naden Subst. f. [Scho]
nedinje [Scho]
– Mitgift [Scho] ♦ **E:** jd. *näden* ‚Mitgift' (We 86).

naem ‚Auge' → *najem.*

näert Präp. [BB]
– drin [BB] ♦ **E:** Inversion zu mdal. *dren* ‚drin'.

näfferich Subst. m. [NJ]
näwerich [NJ]
– Katze [NJ] ♦ **E:** zu rhein. *nappen* RheinWb. VI 79, s. v. nappen; sondersprachliche Formen in NJ wg. 2. Lautverschiebung: geminiertes germ. /p/ zur Affrikata /pf/ und Assimilation; „neckend schlagen; nach etwas schnappen, ohne ernsthaft zuzubeissen; den Kopf bewegen, mit dem Kopfe die Bewegung des Stossens machen; ein Stück Vieh, das den Kopf schüttelt, um die Fliegen zu verjagen". Pars-proto-toto-Metonymie nach einer charakteristischen Eigenschaft (Katz-und-Maus-Spiel) des Bezeichneten.

nafke Subst. f. [MM, Scho]
naffke [Scho, StG]; **naffeke** [SS, WH]; **naffge** [CL, LL]; **nafgel** [RH]
– Dirne [Scho, StG]; Hure [SS, RH, WH]; Nutte [CL, LL]; Prostituierte [MM, Scho] ♦ **E:** rw. *nafke* ‚Hure, Straßendirne' < jd. *naphko* ‚öffentliche Dirne' (Avé-L. 577, WolfWR 3780, We 86, Post 229, Klepsch 1098).
naffgene Verb [CL, LL]
– huren [CL, LL] ♦ **E:** jd. *naphkenen* ‚huren' (WolfWR 3780, Post 229). ♦ **V:** *naffgene, schassgene, achiele sin die schänschde Gefiehle* ‚vögeln, trinken, essen – das Schönste auf der Welt' [CL, LL].
nafkener Subst. n. [Scho]
– Hurenhaus [Scho]
nafkebajes Subst. n. [RA, Scho]
– Freudenhaus [Scho]; Bordell [RA]
nafkenscheits Subst. m. [RA]
– Zuhälter [RA].

nafter Adj. [WG]
– bedeutungslos, uninteressant [WG] ♦ **E:** wienerisch *nafta* ‚nichts, vergeblich, unbrauchbar'.

nag ‚Mark' → *knok.*

nägel → *kißnägel.*

nagel Subst. [DG]
– Messer [DG] ♦ **E:** unsicher; evtl. zu rw. *nageln* ‚koitieren' WolfWR 3785.

nagele swV. [KP]
nagelen [KP]
– einkaufen [KP] ♦ **E:** rw. *nageln* ‚einkaufen; koitieren', dt. *nageln* (WolfWR 3785, DWB XIII 268); womgl. beeinflusst von rw. *nagel* ‚Ausweis, Zeugnis', „Ableitung dunkel" (WolfWR 3783).
vernagele swV. [KP]; **vernagelen** [KP, Wo]
– verkaufen [KP, Wo] ♦ **E:** rw. *vernageln* ‚verkaufen' (WolfWR 3785). ♦ **V:** *nōbis vernagelt* ‚gut verkauft' [KP]
vernagelt sein swV. [PfJ]
– überschuldet (sein) [PfJ]. ♦ **V:** *Alles ist vernagelt* ‚es ist alles verschuldet' [PfJ].

nagelmacher Subst. m. [EF]
nalmacher [EF]; **nâlmâcher** [EF]
– verliebter Mann [EF] ♦ **E:** rw. *nägel machen* ‚großtun, prahlen', aus dt./mdal. *Nagel* ‚Dünkel' (WolfWR 3784); evtl. Einfluss von rw. *nageln* ‚koitieren' WolfWR 3785.

näggale Subst. m. [OJ]
– Landjäger [OJ] ♦ **E:** rw. *näckele* ‚Landjäger' < roi. *nagako* ‚Feind' (WolfWR 3774), schwäb. *neckele* ‚Landjäger' (SchwäbWb. V 1984), els. *Neckes* ‚Schimpfname für den Flurschützen' (ElsWb. I 766).

nâggeln Subst. n. [EF]
– Essen [EF] ♦ **E:** dt. *nackeln* ‚das Bewegen der Zähne' DWB XIII 243.

naggln swV. [TJ]
nagg'le [TK]
– tanzen [TJ, TK] ♦ **E:** dt./mdal. *nackeln, naggeln* „sich lose hin und her bewegen, wackeln, zunächst vom kopfe, dann auch von andern körpertheilen und dingen" DWB XIII 243.

naglig Subst. [JeS]
– Knochen [JeS] ♦ **E:** wohl zu schweizdt. *Nagel* SchweizId. IV 682.

naidl Subst. m. [EF]
neidel [EF]
– Feldwebel [EF] ♦ **E:** zu dt. *Nadel* DWB XIII 250; volksetymologische Verbindung des Synonyms von Feldwebel: *Spieß 1* (< lat. *hospes*) mit *Spieß 2* ‚spitzes Gerät'. Vgl → *nadele*.

naile Subst. f. [OJ]
– Nacht [OJ] ♦ **E:** dissimilierte Variante zu → *laile*.
♦ **V:** *z'naile* ‚Gute Nacht, z' Nächtle' [OJ].

nais Adj. [OH]
– schön [OH] ♦ **E:** engl. *nice* ‚schön'.

najem Subst. n. [KMa]
naem [SPI]; **naiemer** Subst. Pl. [Scho]
– Auge(n) [KMa, Scho, SPI]; schöne Augen [SPI] ♦ **E:** rw. *najem* ‚Augen' aus jd. *ajin, enajim* ‚Auge' (WolfWR 1203; Post 229, Klepsch 1100 f.).

nakejfe Subst. f. [Scho]
– Mädchen [Scho]; Weibsbild [Scho] ♦ **E:** jd. *nekejfe* ‚Mädchen' (We 87, Klepsch 1101).

nakutsch Subst. [SK]
– Pfennig [SK] ♦ **E:** roi. *na kutsch* ‚nicht teuer' (WolfWR 3755, WolfWZ 1629).

naldjass Subst. n. [GM]
– Hufeisen [GM] ♦ **E:** roi. *naltchas* ‚Hufeisen' (WolfWZ 2099).

naldjaskero Subst. m. [GM]
– Hufschmied [GM] ♦ **E:** roi. *naltchàskoro* ‚Hufschmied' (WolfWZ 2099).

nälęk Adj. [BB]
– klein [BB] ♦ **E:** Inversion zu mdal. *klään* ‚klein'.
♦ **V:** *nälkę Kroom* ‚Kleinkram' [BB].

nam Subst. m. [BB]
nämche Dim.
– Mann [BB]; Männchen [BB] ♦ **E:** Inversion zu *Mann*.

nämetsch Subst. m. [BM]
nämtsch [BM]
– Name [BM] ♦ **E:** morphologische Erweiterung von dt. *Name*.

nane[1] Subst. f. [LoJ]
– Nase [LoJ] ♦ **E:** unsicher; evtl. zu obersächsisch/erzgeb. *Nanni* ‚Nase' (OSächsWb. III 283, Müller-Fraureuth II 273); evtl. beeinflusst von roi. *nak* ‚Nase' (Romlex 2002, s. v. *nak*, WolfWZ 2090).

nane[2] Part. [LüJ]
– nein [LüJ] ♦ **E:** roi. *na* ‚nicht' (WolfWZ 2073; Boretzky/Igla 189); roi. *nane* ‚(er/sie) ist nicht' (Boretzky/Igla 194). „*Nane* wird als verneinende Antwort auf eine Satzfrage häufiger gebraucht als *na*" (WolfWZ 2102); „ganz wenig benutzt; man sagt meistens → *tschi*".

nango Adj. [GM]
– bloß [GM]; kahl [GM]; nackt [GM] ♦ **E:** rw. *nango* ‚nackt' (WolfWR 3793) < roi. *nango* ‚nackt, bloß, kahl' (WolfWZ 2104).

nangern swV. [GM]
– (sich) ausziehen [GM] ♦ **E:** roi. *nanger-* ‚(sich) entkleiden, ausziehen, entblößen' (WolfWZ 2104).

nanna swV. [OJ]
– trinken [OJ] ♦ **E:** unsicher; evtl. zu dt. *nanne*, u. a. Kosewort für Mutter; vgl. DWB XIII 348.

nannl Subst. n. Dim. [EF]
nannel [EF]
– Kaffeekanne [EF] ♦ **E:** PN *Nanni, Nannel* aus *Marianne*, Wolf, Fatzersprache, 128; vgl. EF *Franz*.

napp Subst. [MoJ]
– Nase [MoJ] ♦ **E:** unsicher; evtl. zu oder beeinflusst von roi. *nak* ‚Nase', vgl. → *nane*.

näp Subst. Pl. [BB]
– Beine [BB] ♦ **E:** Inversion zu mdal. *Bään* ‚Bein'.
♦ **V:** *nääpschękitę Näp* ‚dicke Beine' [BB].

näpfen swV. [LüJ, PfJ, SJ]
nepfen [LJ, SJ, SchJ, Scho, TJ]; **näpfæ** [WJ]; **näpfen** [LüJ]; **näpfe** [JeS, LüJ]; **nepfen** [JeS]; **nepfa** [JeS]; **näppe** [JeS]; **knäpfen** swV. [LüJ]; **knepfä** [LüJ]
– beißen [JeS, LJ, LüJ, SJ, SchJ, Scho, TJ, WJ]; abbeißen (vom Brot)[LüJ, Scho]; essen [JeS, LüJ]; kauen [LüJ, SJ]; koitieren [PfJ, SJ]; kopulieren [WJ]; „schlecht auf jemanden zu sprechen sein" [LüJ] ♦ **E:** rw. *nepfen* ‚beißen, kauen, nagen, jucken' < dt./mdal. *Näpper* ‚Bohrer' (WolfWR 3795) oder zu dt. mundartlich *näpfen* ‚sich auf- und niederbewegen, sich hin und herbewegen' (SchwäbWb. IV 1941, Klepsch 1114).

abnäpfen swV. [LüJ]
– abbeißen [LüJ]

näpfer Subst. m. [LüJ, SJ]; **nepfer** [SJ, SchJ, TJ]; **napfer** [SJ]; **napfr** [SJ]; **knäpfer** [LüJ]; **knapfer** Subst. m. [LüJ]
– Zahn, Zähne [LüJ, SJ, SchJ, TJ]; Beißer [LüJ]; Maus [SchJ] ♦ **E:** rw. *näpfer, näpfling* ‚Zahn, Maus'

(WolfWR 3795, Klepsch 1115). ♦ **V:** *grawiser nepfer* ‚Ratte' [SchJ]; *Hoimde scharle, wenn dir dei moss nowes zom achla gricht hot, no kascht deine näpfer hier kehrig schenegla losse, bis dei rande so aussieht, wia am massfetzer sei wamp* ‚Wart ab Schultes, wenn dir deine Frau nichts zum Essen gerichtet hat, dann kannst du deine Zähne hier tüchtig arbeiten lassen, bis dein Bauch so aussieht, wie dem Metzger sein Bauch' [SJ]; *I han koin napfer me em bonum ond ka deswega blos no musel kahla; meine napfr hot dr napferrizupfr alle auszopfd* ‚Ich habe keinen Zahn mehr im Mund und kann deshalb nur noch weiches Brot essen; meine Zähne hat der Zahnarzt alle gezogen' [SJ]

nepferei Subst. f. [LJ]
– Gebiß [LJ]; Zähne [LJ]

nepferle Subst. n., Dim. [TJ]
– Maus [TJ]

näpfling Subst. m. [LüJ]; **näpfleng** [LüJ]
– Zahn, Zähne, Gebiß [LüJ]

nepferling Subst. m. [LJ]
– Maus [LJ]

näpferrupfer Subst. m. [LüJ]
– Zahnarzt [LüJ]

näpferzupfer Subst. m. [LüJ]; **napferrizupfr** [SJ]; **näpferizupfer** [LüJ]; **nepferizupfer** [SJ, SchJ, Scho]; **nepferzupfer** [TJ]; **gnäpferzupfer** [LüJ]
– Zahnarzt [LüJ, SJ, SchJ, TJ] ♦ **E:** dt. *zupfen* (wörtl. Zahnzieher). ♦ **V:** *I han koin napfer me em bonum ond ka deswega blos no musel kahla; meine napfr hot dr napferrizupfr alle auszopfd* ‚Ich habe keinen Zahn mehr im Mund und kann deshalb nur noch weiches Brot essen; meine Zähne hat der Zahnarzt alle gezogen' [SJ].

näpu Subst. m. [BM]
– Goldmünze [BM] ♦ **E:** schweizdt. *Näppel* ‚Napoleon d'or, 20-Frankenstück' (SchweizId. IV 771).

narbolo Subst. m. ‚Narr' → *nerbelo*.

narregetanne Subst. f. [Scho]
– junges Mädchen [Scho] ♦ **E:** jd. *naregedane* ‚junge Frau' Klepsch 1103.

narrhiere Subst. m. [OJ]
– Narrenkasper [OJ] ♦ **E:** zu dt. *Narr*; *-(h)iere* Suffigierung oder unklares Grundwort eines Kompositums.

nas Subst. [WM]
– Schilling [WM] ♦ **E:** unsicher; evtl. Initialverschreibung aus dt. *Maß*, vgl. DWB XV 152.

naschen swV. [GM, JSa, LJ, LüJ, MoJ, TJ, WJ]
nâschen [TK]; **naaschen** [LüJ]; **nahschen** [ME]; **naasche** [GM, JeS]; **nasche** [JS]; **naschn** [LoJ]; **nasen** [JS]; **naschten** swV. [LJ]; **naatschæ** [WJ]; **natschæ** [WJ]; **natschen** [MB, MUJ]; **naschik** [JSW]
– gehen [GM, JS, JSa, JeS, LJ, LoJ, LüJ, MB, ME, MoJ, MUJ, TJ, TK, WJ]; kommen, nahen [GM, LüJ, WJ]; rennen [GM, MB, WJ]; abhauen [LJ, LüJ]; „alle Arten der Fortbewegung" [GM]; aufstehen [TJ]; eilen [GM]; fliehen [LJ, LüJ]; fortjagen [GM]; laufen [GM, JSW, MB, ME]; sich bewegen [TJ]; verschwinden [LüJ, WJ]; weggehen, fortgehen [LüJ, MB]; fliehen [LüJ] ♦ **E:** rw. *naschen* ‚gehen, fliehen' (WolfWR 3801) < roi. *naš-* ‚laufen, rennen, eilen, (ent)fliehen, flüchten' (WolfWZ 2116). ♦ **V:** *naschn dami* ‚heimgehen' [LoJ]; *nasch o* ‚geh weg, lauf weg' [LoJ]; *nahsch ab!* ‚verschwinde!' [ME]; *krick natschen* ‚ausflippen, durchdrehen' [MB]; *nasch(t) bekan* ‚komm(t) her' [JS]; *nasch krieck* ‚geh weg' [JS]; *Laura, dr kliste nascht, laß dich no net lenza* ‚Laura, der Polizist geht um, laß dich nur nicht erwischen' [LJ]; *er sei vor einem schucker davo-gnascht* ‚er sei vor einem Polizisten weggelaufen' [LJ]; *die gojen und d'gambeser ware g'nascht unterkönnig von der montane ins ballar und hotte g'fochte, wie andere dalfener auch* ‚die Weiber und die Kinder waren hinab gegangen von dem Berge ins Dorf und hatten gebettelt, gleich anderen Bettlern' [LJ]; *Fiesl naatsch dr gliste tschefft* ‚Kumpel hau ab, ein Polizist kommt' [WJ]; *I naatsch in duft, gebadernallæ* ‚Ich gehe in die Kirche um zu beten' [WJ]; *Natschæ mr in d' koberei ge bicke* ‚Gehen wir in die Wirtschaft zum Essen' [WJ]; *Tschaile natsch mr ins tschiibe un mengæ æ tschabe* ‚Mädchen, gehen wir ins Bett und machen ein Kind' [WJ]; *Du Hegel, ich nahsch doch nicht!* [ME]; *pree natschen* ‚weggehen, abhauen, weglaufen, vorlaufen' [MB]; *kehri natschen* ‚nach Hause gehen' [MB]; *er ist matto und will kehri-natschen* ‚er ist kaputt und will nach Hause gehen' [MB]; *ich natsch ins kehr* ‚ich geh ins Haus' [MB]; *natsch pre* ‚geh weg'; ‚geh zurück'; ‚hau ab'; ‚lauf weg'; ‚lauf vor'; ‚renn weg' [MB]; *nache maloche natschen* ‚zur Arbeit gehen' [MB]; *schabo natsch, die scharingli ahmt* ‚Junge, lauf, die Bullen kommen' [MB]; *natscht es dich noch mit ihne?* ‚Geht sie noch mit ihm?' [MB]; *die toffelmonen natschen wieder ine tiftel* ‚die Katholiken gehen wieder in die Kirche' [MB]; *ihne is zum matschen genatscht* ‚er ist zum Fischen gegangen' [MB]; *er natscht mit seiner moss inne mitsche* ‚er geht mit seiner Frau ins Bett' [MB]; *einen natschen lassen* ‚furzen' [MB]; *natschen gehen*

‚auf den Strich gehen' [MB]; *do nascht enne hotz van de viehl bekan* ‚da kommt ein Mann vom Amt' [JS]; *de kunde nascht en et stillepenn* ‚der Kollege geht ins Gefängnis' [JS]; *ich nasch nom seibelbeies* ‚ich gehe zur Toilette' [JS]; *wenn ich von de viehl tschie lowie bestieh nasche wer manke* ‚wenn ich vom Amt kein Geld bekomme, gehen wir betteln' [JS]; *meine schrawiener sollen butten und schwächen naschen und sich die kwast flotschen* ‚meine Kinder sollen zum Essen und Trinken kommen und sich die Hände waschen' [MoJ]; *spre naschen* ‚gehen, verschwinden, abhauen, weglaufen, vorlaufen' [LüJ]; *schiebes naschen* ‚abhauen, fortgehen' [LüJ]; *fiesel nasch, der bauer kommt* ‚Junge hau' ab, der Bauer kommt' [LüJ]; *fiesel pfich, der gallach nascht* ‚Junge, hau ab, der Pfarrer kommt' [LüJ]; *oh, des isch grandig put, komm, wir naschet wieder* ‚oh, das ist sehr teuer, komm, wir gehen wieder' [LüJ]; *der fiesel ist knaascht* ‚der Spitzbube ist abgehauen' [LüJ]; *jetzt meg, wir müssen nasche* ‚jetzt paß auf, wir müssen gehen' [LüJ]; *bei laile nasche mer in stupfel* ‚bei Nacht gehen wir auf Igeljagd' [LüJ]; *mog, tschi penne, hinterkünftig nascht er* ‚paß auf, nichts sagen, er kommt von hinten' [LüJ]; *tschai, nasche mer enne wald zum tschomeren* ‚Mädchen, gehen wir in den Wald zum Knutschen' [LüJ]; *meg, der gatsch dikt noch zu, pflanz tschi* ‚warte, bis er nascht' ‚paß auf, der Kerl schaut noch zu, mach nichts, warte, bis er geht' [LüJ]; *sie naschen mit malebusch* ‚sie gehen (hausieren) mit Anzugstoffen' [LüJ]; *i nasch en kaflerei und hol mir 'n mass und 'n rondleng, weil i boggelo hab* ‚ich geh in die Metzgerei und hol mir Fleisch und Wurst, weil ich Hunger habe' [LüJ]; *fiesel pfich, dr greeling naascht!* ‚Freund, komm, der Förster naht!' [LüJ]
gwant naschen swV., Phras. [TJ]
– funktionieren [TJ]; Glück haben [TJ]
in schrenz naschen swV., Phras. [TJ]
– hausieren [TJ] ♦ **E:** rw. *schrenz* ‚Stube, Kammer', wohl zu dt. *Schranne* ‚Verkaufsraum', WolfWR 5156, DWB XV 1642 f.
abnaschen swV. [TJ]
– fortgehen [TJ]; heimgehen [TJ]
dre nasen swV. [JS]
– hineingehen [JS]
kehrenasche swV., Phras. [LüJ]
– heimgehen [LüJ]; hausieren [LüJ]
prenaschen swV., Phras. [GM]
– fortlaufen [GM] ♦ **E:** → *pre*.

rausnaschen swV. [LüJ]
– herauskommen [LüJ] ♦ **V:** *dik, die Hesel nascht raus* ‚sieh mal, die Sonne kommt heraus' [LüJ]
natschkriken swV., Phras. [MM]; **natschkricken** [MM]
– abhauen [MM]; betrügen [MM]; davonlaufen [MM]; pleite gehen [MM]; weggehen [MM] ♦ **E:** roi. *krik* ‚weg, fort, beiseite' (WolfWZ 1557), aus *ke rik* ‚zur Seite'.
nascher Subst. Pl. [TJ]
– Schuhe [TJ]
naschepaskero Subst. m. [GM]
– Fußgänger [GM]; Läufer [GM] ♦ **E:** roi. *našepaskero* ‚Läufer, Fußgänger, Deserteur' (WolfWZ 2116).
naschepin Subst. m. [GM]
– Flucht [GM]; Lauf [GM]; Reise [GM] ♦ **E:** roi. *našepen* ‚Lauf, Laufen, Entlaufen, Flucht' (WolfWZ 2116).
natscherei Subst. f. [MB]
– Spaziergang [MB].

naschiwaschi Subst. n. [WG]
– ‚Kartenspiel' [WG] ♦ **E:** wohl Kunstbildung; andere Bezeichnung für *Stoß*, organisiertes verbotenes Glücksspiel.

näschtem Subst. n., Sg. u. Pl. [BB]
nä(ä)schtemsche [BB]
– Mädchen [BB] ♦ **E:** Inversion zu mdal. *Mädsche* ‚Mädchen'. ♦ **V:** *Dat Näschtämsche, dat schalt aver mut. E jeet bai dat Näschtämsche* ‚er geht zu dem Mädchen freien'. [BB].

naseler Subst. m. [BM]
– Taschentuch [BM] ♦ **E:** zu dt. *Nase*.
nasenstüber Subst. m. [MB]
– Pfeife [MB] ♦ **E:** vgl. rw. *nasenwärmer* ‚kurze Tabakspfeife' (WolfWR 3805).

naserer Subst. m. [WG]
– Polizeiarzt [WG] ♦ **E:** wohl zu wienerisch *Naserer/Nosera* ‚neugieriger Mensch' (Hornung 561).

naserines Subst. m. [JS]
– Vorwitziger [JS] ♦ **E:** wohl zu dt. *Nase*, Benennungsmotiv: weil ein Vorwitziger seine Nase in alles steckt.

naß, nâß Adj. [EF, HN, JS]
– geizig [HN]; ohne Geld [EF]; „Steigerung von feucht, sexuelle Erregung ist befriedigt und folglich keine Bereitschaft mehr zum Geldausgeben vorhanden" [HN] ♦ **E:** dt. (Bordelljargon) *nass* ‚ohne Geld, umsonst', rw. *nasser Junge, nasser Kober* ‚nichtzah-

lender Bordellbesucher', jd. *naussen sein* ‚schenken' (WolfWR 3811). ♦ **V:** *für naß* ‚umsonst' [JS]
naßkittel Subst. m. [EF]; **nâßkittel** [EF]; **nâßkittl** [EF]; **naßkittel** [EF]
– Geiziger [EF]
nassauer Subst. m. [EF]
– armer Schlucker [EF]; Zaungast [EF] ♦ **E:** ugs. *Nassauer* ‚Schmarotzer'; nicht zum Namen Nassau, Wolf, Fatzersprache, 128.
nassauer bank Phras. [KMa]
– Wirtshaus [KMa].
naßwilangs Subst. m. [KMa]; **nasswilangs** [KMa]
– Wirt [KMa].

nässelich Adj. [GM]
nesselisch [GM]
– durchtrieben [GM]; schalkhaft [GM]; spitzbübisch (im guten Sinn) [GM]; verrückt [GM] ♦ **E:** unsicher; evtl. zu dt. (ant.) *näselicht* ‚zänkisch, scheltsüchtig' DWB XIII 410.

nassauer → *naß*.

nassele Adj. [LJ]
nassela [LJ]; **nassli** [GM]; **nassolo** [MUJ]; **naselo** [JS, LüJ]; **nasselo** [LüJ]; **naslo** [JS]
– krank [GM, JS, LJ, LüJ, MUJ]; unwohl [GM]; schlecht [JS] ♦ **E:** roi. *naselo* ‚krank'. (WolfWR 3815); (WolfWZ 2111). ♦ **V:** *nassolo gatsch* ‚kranker Mann' [MUJ]
naselo Subst. m. [LüJ]
– Verrückter [LüJ].
naselobedo Subst. m. [LüJ]
– kranker Mann [LüJ]
dantnaselobedo Subst. m. [LüJ]
– Zahnarzt [LüJ]
nasblu Adj. [JS]
– krank [JS]; schlecht [JS]
nasslepin Subst. n. [GM]
– Krankheit [GM] ♦ **E:** rw. *nasvalipen* ‚Krankheit' (WolfWR 3815) < roi. *naslepen* ‚Krankheit' (WolfWZ 2111).
naslepin Adv. [GM]
– ohnmächtig [GM]
nasslingerkär Subst. n. [GM]
naselokehr [LüJ]
– Krankenhaus [GM, LüJ] ♦ **E:** *kär* aus roi. *kher* ‚Haus'.
naselokitt Subst. f. [LüJ]
– Krankenhaus [LüJ]
naselowordom Subst. m. [LüJ]
– Rollstuhl [LüJ].

nassne sköche Interj., Phras. [StG]
– pass auf! [StG] ♦ **E:** unsicher; Honnen, Geheimsprachen Rheinland, 145 ohne Erklärung; *sköche* evtl. zu rw./jd. *skoker, zchoken* u. a. ‚Spieler'; *nassne* womgl. zu → *naß*.

nast Subst. n. [EF]
nest [KMa]
– Bett [EF]; Dorf [EF, KMa]; Stadt [EF] ♦ **E:** rw. *nest* ‚Dorf, Marktflecken', WolfWR 3860; zu dt. *Nest*.
nastfatzer Subst. m. [EF]
– Stadtkapellmeister [EF].

naste Adj. [RR]
– frech [RR]; draufgängerisch [RR] ♦ **E:** bair. *(n)astig* ‚frech, störrisch' Schmeller I 658.

natere Subst. f. [BM]
– Naturkunde (Schulfach) [BM]; Naturgedicht [BM] ♦ **E:** mdal./schweizdt., dt. *Natur*.

näts Subst. n. Pl. [BB]
– Zähne [BB] ♦ **E:** Inversion zu mdal. *Tsän* ‚Zähne'. [BB].

nätsch ‚Geldstück' → *neet*.

natsche swV. [MB]
– verrückt werden [MB]; durchdrehen [MB] ♦ **E:** unsicher; evtl. zu rw. → *naschen* ‚gehen, fliehen' (WolfWR 3801) oder evtl. zu dt. *natschen* ‚weinen' DWB XIII 426.

natschen ‚gehen' → *naschen*.

natutter Adv. [BM]
– natürlich [BM] ♦ **E:** Umbildung zu dt. *natürlich*.

natzen swV. [ME]
– erwischen [ME] ♦ **E:** roi. *netzo* ‚Netz' (WolfWR 2151); westf./ugs. *vernatzen* ‚täuschen, jd. verarschen'. ♦ **V:** *Chabo, laß dich nicht natzen!* ‚Freund, lass dich nicht erwischen!' [ME].

naube swV. [KP]
nauben [KP]
– stricken [KP] ♦ **E:** unsicher; evtl. zu dt./alem. *nuber, nufer* „fleisig, emsig, handfest etwas zethun" DWB XIII 967 und 977 f.
nauberin Subst. f. [KP]
– Strickerin [KP]
naubete Subst. n. [KP]
– Strickzeug [KP]
hausnauben Subst. Pl. [KP]
– Kartoffeln [KP] ♦ **E:** SchwäbWb. III 1291.

hausnäubles Subst. m. [KP]
– Kartoffelsalat [KP].

nausbolen swV. [PfJ]
– hinauswerfen [PfJ] ♦ **E:** schwäb. *bolen* ‚werfen'.

nausboschten swV. [PfJ]
– auslaufen [PfJ] ♦ **E:** → *böschen*.

naute Subst. f. [KMa]
– Matte [KMa] ♦ **E:** rw. *naute* ‚Zuckerwerk aus Sirup und Mohn', dt./mdal. WolfWR 3824; *Matte* quarkähnlicher Frischkäse (DWB XII 1763 f.).

nawele ‚schlachten' → *nabbeln*.

naz Subst. [EF]
– kleine Portion [EF] ♦ **E:** evtl. Kürzung aus RN *Ignaz*, met. für das österreichische Heer; Benennungsmotiv: evtl. kleine Essensrationen beim österreichischem Heer, Wolf, Fatzersprache, 128.

nebbich Adv. [Scho]
näwwich [Scho]
– ach was (nichts dahinter) [Scho] ♦ **E:** rw. *nebbich* ‚ja, fürwahr, leider' WolfWR 3827, Herleitung unsicher, evtl. aus ahd. *ni eo wiht*, mhd. *niwecht* ‚nichts', Klepsch 1106.

nebbich ponem Phras. [Scho]
– bemitleidenswerter Mensch [Scho].

nebenkünftig Präp./Adv. [GM, SK, StG]
neber(s)künftig [JSa]; **newer(s)kennisch** [JSa]
– im Nebenraum, Nebenzimmer [StG]; neben [GM, SK]; nebenan [GM, JSa]; nebendran [GM]; nebenherum [GM]; jmd., über den gesprochen wird, ohne dass er es merkt [JSa] ♦ **E:** rw. *-künftig* als Halbsuffix in Verbindungen (WolfWR 3018), dt. *neben*. Vergleichbare Bildungen s. → *künftig*.

neebo Präp. [BB]
neboo [BB]
– oben [BB] ♦ **E:** Inversion zu *oben*.

needal Subst. m. [BB]
– Laden [BB] ♦ **E:** Inversion zu *Laden*.

needchen Subst. n. [HK]
netchen [HK]; **neetje** [HK]; **neetjen** [HK]
– Auto [HK] ♦ **E:** unsicher; evtl. zu dt. *nied* Adj. ‚angenehm' DWB XIII 741. ♦ **V:** *da puschte der junge Mann, stieg aus sein needchen, das needchen stand an der schdrehle* ‚da kam der junge Mann, stieg aus seinem Auto, das Auto stand an der Straße' [HK]; *der beeker heejd 'n jookeres (granniches S 23, 27) needchen* ‚der Mann hat ein schönes Auto' [HK]

needchenbeeker ‚Autofahrer' [HK] ♦ **E:** → *beeker*.

neefasche swV. [BB]
– schaffen [BB] ♦ **E:** Inversion zu *schaffen*.

neefascherei Subst. f. [BB]; **nefascherei** [BB]
– Arbeit [BB]; Schafferei [BB].

neegaf Subst. m. [BB]
negaf [BB]
– Auto [BB]; Wagen [BB] ♦ **E:** Inversion zu *Wagen*.

neegua Subst. (Sg. u. Pl.) [BB]
– Auge [BB] ♦ **E:** Inversion zu *Augen*. ♦ **V:** *Dat Määtsche hät olpe Neegua* ‚Das Mädchen hat blaue Augen' [BB].

neekabe swV. [BB]
– backen [BB] ♦ **E:** Inversion zu *backen*.

neelatse swV. [BB]
– zahlen [BB] ♦ **E:** Inversion zu *zahlen*.

neeschoke swV. [BB]
– kochen [BB] ♦ **E:** Inversion zu *kochen*. ♦ **V:** *jeschokte Moogrepe* ‚gekochte Mohrrüben' [BB]

neschok Subst. m. [BB]
– Kuchen [BB].

neesert Subst. m. [SP]
nesert [RH]
– Zug, Eisenbahn [RH, SP] ♦ **E:** unsicher; evtl. Inversion von *Draisine*, schwer zu rhein. *Näsert* ‚Umschlagetuch' RheinWb. VI 103.

neet Subst. f. [HF]
neth [HeF]
– Pfennig [HF, HeF]

nätsch Subst. m. [JeS]
– Rappen (Geldstück) [JeS] ♦ **E:** rw. *nedsch, ehtsch* ‚zwei Heller, Kreuzer, Sechskreuzerstück', Herleitung unsicher, evtl. zu tschech. *něco* ‚wenig' (WolfWR 3834); rhein. *niet* ‚Sechspfennigstück' RheinWb.VI 209. ♦ **V:** *krütskes nethen* ‚zehn Pfennige' [HeF].

nefejle Subst. f. [Scho]
nejfel Subst. [Scho]; **nejfelchen** Subst. n. Dim. [Scho]
– Aas [Scho]; Prostituierte [Scho]; Fehlgeburt [Scho]; Geschöpf [Scho] ♦ **E:** jd. *nëifel(chen)* ‚kleines, hässliches Geschöpf'; ‚Fehlgeburt, Frühgeburt' (We 87).

nefejre Subst. [Scho]
– unrituell getötetes Tier [Scho]; Sünde [Scho].

nefiche Subst. m./f. [BJ]
nefieche [Scho]
– Furz [Scho]; Wind [Scho]
nefieche swV. [Scho]
– furzen[Scho] ♦ **E:** rw. *nefiche* ‚Furz' (WolfWR 3840) < jd. *nephicho* ‚Furz' (We 86, Post 229). → *fichen*.

nefo Subst. m. [BB]
– Ofen [BB] ♦ **E:** Inversion zu *Ofen*.

nefolsche swV. [BB]
– schlafen [BB] ♦ **E:** Inversion zu mdal. *schlofen* ‚schlafen'. ♦ **V:** *Mier han jenefolscht. Wo dom-er nefolsche di Naach?* [BB].

neger nur in: ♦ **E:** unsicher; evtl zu rw. *neker* ‚kleiner Dieb', aus jd. *nechor* ‚Fremdling' oder dt. *Neger* ‚Schwarzafrikaner' DWB XIII 520 f.
neger sein Adv. [WG]
– ohne Geld sein [WG] ♦ **E:** wiener. *neger sein* ‚ohne Geld sein'.
negerschweiß Subst. m. [WG]
– dünner Kaffee [WG]
negeroni Subst. m. [WG]
– armer Mensch [WG].

negert Subst. f. [TJ]
nêgert [TK]; **neigert** [TK]
– Nacht [TJ, TK] ♦ **E:** wohl zu dt. *Neige* „herannahendes ende des tages oder gröszerer zeiträume" DWB XIII 566 2c; *-ert* rw. Suffigierung *-hart, -ert*. Herleitung aus dt. *Neger* (im 18. Jh. entlehnt) lectio difficilior.

nehl Subst. m. [JSa]
– Arsch [JSa] ♦ **E:** zu dt. *nülen* v. ‚fugen ziehen, mit dem Nuteisen aushöhlen' DWB XIII 978; zu dt. *Nut* ‚Fuge'. ♦ **V:** *jann mi am nehl* ‚leck' mich am Arsch' [JSa]; *dad nehljanne schäffd noowes gewand* ‚Arschkriecherei ist nicht gut' [JSa]; *haschde de nehl schondisch* ‚hast du dir in die Hose gemacht?' [JSa].

nehle Subst. m., f. [OJ]
– Großmutter [OJ]; Großvater [OJ] ♦ **E:** unsicher; evtl. Deonomasticum aus Rufname *Ne(h)le*, Hypokoristikum < RN. *Cornelia*.

neien swV. [MB]
neihen [MB]
– gehen [MB]; schnell weglaufen [MB]; schlagen [MB] ♦ **E:** westf. *näien* ‚nähen, schlagen, sticken', *du^ernäien* ‚schlagen, weglaufen' (WestfWb. 786).
♦ **V:** *ich hab ihm eine geneit, und er war am ütern* ‚ich habe ihn geschlagen, und er hat mit den Armen gerudert' [MB]

überneien swV. [MB]
– jmd. mit einem Gegenstand schlagen [MB]
neilinge Subst. m., Pl. [MB]
– Schuhe [MB].

neist Part., Pron. [JeH]
– nichts [JeH] ♦ **E:** mdal. *neist* ‚nichts' vgl. (Hess-NassWb. II 462).
neist gequest Phras. [JeH]
– nichts sagen! [JeH].

nek Subst. n. [BB]
neke [BB]
– Kind [BB] ♦ **E:** Inversion zu mdal. *Kenn* ‚Kind'.

neke swV. [BB]
– kennen [BB] ♦ **E:** Inversion zu *kennen*.

nekenisch Subst. m. [BB]
– Schinken [BB] ♦ **E:** Inversion zu *Schinken*.

neloo swV. [BB]
– holen [BB]; nehmen [BB] ♦ **E:** Inversion zu *holen*.

nempfing Subst. m. [MoJ]
– Pfennig [MoJ] ♦ **E:** Verfremdung durch Lautumstellung von mdal. *Pfenning, Penning*.

nepfe swV. [BM]
nupfe [BM]
– hinken [BM]; gehen [BM]; eilen [BM]; springen [BM]; laufen [BM] ♦ **E:** zu schwzdt. *napfen* ‚sich auf und nieder bewegen'. SchweizId. IV 776; vgl. auch DWB XIII 349.

nepper Subst. m. [HK, NJ, StG]
– „Gauner, der mit falschen Pretiosen betrügt" [StG]; Zuhälter [NJ]; Lautrinker [HK]; „Trinker, welcher sich umsonst durchschlaucht" [HK]; „der andere ausnützt" [HK] ♦ **E:** zu rw. *neppen* ‚unechte Sachen als echte verkaufen, betrügen' (WolfWR 3850, Klepsch 1105); rw. *nepper* ‚Gauner', ‚Betrüger'; Herleitung unsicher, womgl. aus mdal. *nappen, noppen* ‚aus dem Wolltuch nach dem Weben die Noppen, das heißt Wollknoten, herausrupfen' (WolfWR 3850), eher von rw. *neppe* ‚Dirne' aus hebr. *n'ap* ‚einbrechen, betrügen' Klu. 1995: 586; evtl. Einfluss von dt. *nippen* ‚trinken'.
neppen swV. [JS]
– wertloses Zeug, Billigschmuck verkaufen [JS]
neppgeschäft Subst. n. [JS]
– Verkauf von Billigschmuck [JS]

neppgeue Subst. f. [MM]
– Betrügerin [MM].

nerbelo Adj., Adv. [MB, MM]
naerblo [MM]; **nerblo** [MB, MM]; **nerbloh** [MM]; **nerbulo** [MM]; **nervelo** [GM]; **nerwelo** [MM]; **nablo** [JS, MB, ME, SPI]; **narblo** [JS, PH]; **nabloh** [JS]; **nabelo** [LüJ, MB, MoJ]; **nabeloh** [MB]
– dumm [GM, JS, MB, MM, PH, SPI]; närrisch [GM, MM]; verrückt [GM, JS, LüJ, MB, MM, MoJ]; bestußt [MM]; blöd [JS, MB, ME, MM]; blöde [GM]; dämlich [MM]; doof [MB, MM]; geistig zurück [MM]; irre [MM]; nicht ganz dicht im Kopf [MM]; verduzt [MM]; verwirrt [MM]; bekloppt [MB]; unmöglich [MB]; bescheuert [MB] ♦ **E:** rw. *narwelo* ‚Narr' (WolfWR 3799), aus roi. *narbulo* ‚närrisch, dumm, einfältig, albern, verrückt; Narr' (WolfWZ 2107). ♦ **V:** *jovel nerblo, wat?* ‚schön verrückt, was' [MM]; *die schallerei macht ein' ja nerbelo* ‚die Singerei macht einen ja verrückt' [MM]; *dat anim hat zohmen ambach, datte nerblo wirst!* ‚Das Mädchen hat Beine zum verrückt werden!' [MM]; *er is doch nabeloh* ‚er ist doch bekloppt' [MB]; *nabelo kutschmama* ‚unmögliches Kind' [MB]; *der schienum schäff nablo* ‚der Marktleiter ist blöd' [JS]

narbolo Subst. m. [MUJ]; **nabelo** [LüJ]; **nabolo** [JS]; **nervelo** [GM]; **nablo** [ME]; **navelo** [JSW]; **noweloff** Subst. m. [JSW]
– Depp [LüJ, MUJ]; Blöder [GM]; „Mensch, der einem auf die Nerven geht" [GM]; Narr [GM]; Verrückter [GM, JS, LüJ]; Dummkopf [JSW] Ignorant [JSW]; Idiot [ME]; Spinner [ME]; Bauer [ME]; Asi [ME]

nerbelofreier Subst. m. [MM]
– Blöder [MM]; dummer Kerl [MM]; jmd., der nicht ganz richtig ist [MM]; Spinner [MM]; „Spinner, aber keiner für die Klapsmühle" [MM]; verrückter Kerl, Mann [MM]

nerbeloköster Subst. m. [MM]; **naerbloköster** [MM]; **nerbloköster** [MM]
– Aufseher für Verrückte [MM]; dummer Kerl [MM]; Dummkopf [MM]; jmd., der nicht ganz richtig im Kopf ist [MM]; Narr [MM]; närrischer Kerl [MM]; Oberidiot [MM]; Spinner [MM]; Verrückter [MM]; verrückter Kerl [MM]

nerbeloschauter Subst. m. [MM]
– Spinner [MM]; Verrückter [MM]

nerwelokowe Subst. f. [MM]; **nerbelokowe** [MM]
– Karnevalskostüm [MM]; verrückte Kleidung [MM]

nervelich Adj./Adv. [GM]; **nervelisch** [GM]
– blöde [GM]; dumm [GM]; närrisch [GM]; verrückt [GM] ♦ **E:** wohl kontaminiert aus *nerbelo* und dt. *nervös*.

nés Num. Kard. [MB]
– sieben [MB] ♦ **E:** jd. *nés*, Kardinalzahl aus der semitisch-hebräischen Reihe, Siewert, Mindener Buttjersprache: 175; daneben *soijn, söjen* ‚7', Siewert, WB jüd. Geschäfts- und Umgangssprache, 100; idg./roi. *efta* ‚7'.

nesseln swV. [SJ]
nessla [OJ]; **nesseln** [BJ]; **nieseln** swV. [MB]; **miseln** [MB]
– regnen [BJ, OJ, SJ]; leicht regnen [MB]; urinieren [SJ] ♦ **E:** schwäb. *nässelen* ‚fein regnen' (SchwäbWb. V 1968); westf. *nieselen* ‚fein regnen' (WestfWb. 801).

net Negation [HF]
– nicht [HF] ♦ **E:** mdal., dt. *nicht*.

netsch Subst. m. [PfJ]
– Kreuzer [PfJ]; Geld [PfJ] ♦ **E:** *netsch* ‚Etschkreuzer', der in Meran im Etschtal geschlagene Kreuzer, zum Gewässernamen *Etsch* (von Schrötter 324).

netten Subst. m. [HF, HeF]
– Vater [HF, HeF] ♦ **E:** unsicher; evtl. zu rhein. *nötteln, nütteln* ‚mürrisch sein, ständig nörgeln' (RheinWb. VI 256 und 304). ♦ **V:** *Mine netten het spörkes gronzen: troms Wölesen on troms Flitschkes* ‚mein Vater hat sechs Kinder: drei Söhne und drei Töchter' [HeF]; *Minotesen netten hukt mol; de tent wört versömt* ‚Mein Vater ist tot; das Haus wird verkauft' [HeF]; *flick ens an de Wöles, wo sinen Netten huckt* ‚Frage den Jungen einmal, wo sein Vater ist' [HeF]

nettesenturen Subst. f. [HF]; **nettesenthuren** [HeF]
– Mutter [HF, HeF].

neugieriger Subst. m. [HLD]
– Richter [HLD] ♦ **E:** dt. *neugierig*; Benennungsmotiv: richterliche Vernehmung.

nevi Adj./Adv. [GM]
newe [MUJ]
– neu [GM, MUJ] ♦ **E:** rw. *nevo* ‚neu' (WolfWR 3866) < roi. *nevo* ‚neu' (WolfWZ 2154).

nevifore ON [GM]
– Neustadt [GM].

neumen swV. [RH]
– Geschlechtsverkehr haben, coire [RH] ♦ **E:** unsicher; womgl. zu dt. *neumelk*, mdal. *noimelch* ‚wiederholt Milch gebend' (DWB XIII 678).

newes Subst. m. [MM]
nebes [MM]; **nefesch** [Scho]
– Bauch [MM, Scho]; Leib [Scho] ♦ **E:** jd. *nefesch* ‚Leib, Bauch' (We 86) < hebr. *näfesch* ‚Seele, Leben'.
♦ **V:** *der hat ein' in'newes gekriegt* ‚ihm wurde in den Bauch geschlagen' [MM].

niase Subst. m. [LüJ]
– Dummkopf [LüJ]; Depp, Narr [LüJ]; Esel (met.) [LüJ] ♦ **E:** rw. *ni(e)se* ‚Dummkopf, Narr, Tropf' (WolfWR 3875); nach SchwäbWb. IV 2044) evtl. Herkunft aus Ortsnamen wie *Niessle, Niessler Kapf, Niesitz*; womgl. Einfluss von frz. *niais* ‚Trottel'.

niesekitt Subst. f. [LüJ]
– Irrenanstalt [LüJ]; Narrenhaus [LüJ]; Nervenklinik [LüJ]

niese Adj. [LüJ]
– dumm [LüJ]

niesich Adj. [LüJ]
– dumm [LüJ]; blöd [LüJ] ♦ **V:** *dik, die moß hauret grandig niesich* ‚schau mal, die Frau dort ist richtig dumm' [LüJ].

nickel[1] Subst. m. [SJ]
nickl [SJ]; **nick'l** [TK]; **niggl** [TJ, TK]; **niggel** [JeS]; **nukkele** Subst. Dim. [SJ]
– Teufel [JeS, TJ, TK]; Schwein [SJ] ♦ **E:** rw. *nickel* ‚Teufel' (WolfWR 3871), wohl zu dt. *Nickel* u. a. „schelt- und schimpfwort gegen personen beiderlei geschlechts" DWB XIII 733 ff. bzw. Kürzung aus *grunznickel* ‚Schwein' (WolfWR 3870). ♦ **V:** *Dr kaffr beschulmd seine bomma mid gip odr mit am gloina lasl odr am nickl* ‚Der Bauer bezahlt seine Schulden mit Getreide oder einem kleinen Schaf oder Schwein' [SJ]; *dr niggel zupft di* ‚der Teufel holt dich' [JeS]
grunznickel Subst. m. [SJ]
– Schwein [SJ]
bosnickel Subst. m. [LJ]
– bösartiger Mensch [LJ]
nickli Adv. [MoJ]
– weg [MoJ] ♦ **V:** *ich naasch nickli* ‚ich geh fort (schere mich zum Teufel)' [MoJ]; *ich schreeb meine pandelo und meine sülje an und nasch nickli* ‚ich ziehe meine Hose und meine Schuhe an und haue ab' [MoJ].

nickel[2] Subst. m. oder n. [SJ]
– Zehnpfennigstück [SJ] ♦ **E:** dt. *Nickel* „ein fast silberweisses, vollkommen dehnbares metall, das sich gewöhnlich als begleiter von kobalterzen findet" DWB XIII 733 ff., 3.e (ab 1873 Prägung von Münzen aus Nickel) (WolfWR 3872, SchwäbWb. IV 2027).
nicklo Subst. m. [MB]; **niklis** [JSW]; **nigglo** [JS, PH]
– eine Mark [JS, MB, PH]; 1 DM [MB]; Markstück [MB]; Geldstück [MB]; Geld [JSW]; *dui nicklo* ‚zwei Mark' [MB] ♦ **V:** *ihne hat noch dui denters im mui, dui nicklo inne jatt* ‚er hat noch zwei Zähne im Mund, zwei Mark in der Tasche' [MB]; *dell mich mal 'nen nicklo* ‚gib mir mal 'ne Mark' [MB]
nickli Subst. [MB]
– Kleingeld [MB]
nicklies Subst. Pl. [ME]
– Münzgeld [ME]; Euro [ME] ♦ **V:** *Dell mal fünf Nicklies! Gib mal fünf Euro!* [ME]
panschnicklo Subst. m. [MB]
– 5 DM [MB] ♦ **E:** → *pansch*[2].

nidrecken swV. [KMa]
– niederkauen [KMa] ♦ **E:** hess. *niederrücken* ‚wiederkäuen' (HessNassWB II 464).

niebeln swV. [MB]
niepeln [MB]
– gucken [MB]; sehen [MB]; schauen [MB]; hinschauen [MB]; zugucken [MB]; blinzeln [MB] ♦ **E:** unsicher; evtl. zu *nebeln, nibeln* ‚neblicht sein' DWB XIII 485. ♦ **V:** *er kann dich schi niebeln* ‚er kann dich nicht sehen' [MB].

nieder Adv., Präfix in:
niederguffen swV. [SJ]
– niederschlagen [SJ]
niederlage Subst. f. [SS]
– Niederlassung im Handelsbezirk [SS]; „meistens diente ein Gasthof als Quartier oder Warenlager" [SS] ♦ **E:** dt. (ant.) *Niederlage* ‚Ort oder Stadt, wo Waren ein- und ausgeladen und eingelagert werden' DWB XIII 769 f., 5 und 6; veraltet für ‚Zweiggeschäft'; Klappenbach/Steinitz IV 2653.
niederlegen swV. [WG]
– ein Geständnis ablegen [WG]
niederpletzen swV. [PfJ]
– niederwerfen [PfJ]

nief¹ Adj. [BB]
niäf [BB]; **niefe** [BB]
– brauchbar [BB]; brav [BB]; fein [BB]; gut [BB]; lieb [BB]; schön [BB] ♦ **E:** Inversion zu *fein*. ♦ **V:** *et redef es nief* ‚Das Wetter ist schön' [BB].

nief² Subst. m. [BB]
– Wein [BB] ♦ **E:** Inversion zu *Wein*. ♦ **V:** *en Schalef Nief* ‚eine Flasche Wein' [BB].

nies Subst. f. [KMa]
– Nacht [KMa] ♦ **E:** unsicher; evtl. zu dt. *nießen* „nutzen und genusz wovon haben, es geniesen (körperlich und geistig)" DWB XIII 838 ff. Benennungsmotiv: Erholung durch Schlaf.

nieschen¹ swV. [HL, JeS]
niesche [JeS]; **nesche** [JeS]; **niescha** [JeS]; **nysche** [BM]
– beobachten [HL]; nachschauen [JeS]; suchen [JeS]; durchsuchen [JeS]; fragen [JeS]; finden [JeS]; schauen [BM]; versuchen [BM]; probieren [BM] ♦ **E:** rw. *nischen* ‚suchen, untersuchen' WolfWR 3885, zu schweizdt. *nüese, nosche, nu(u)sche* ‚suchend in etwas herumwühlen, herumkramen (und es dadurch in Unordnung bringen)', dt./mdal. *nüschen, nu(e)schen* ‚herumriechen, die Nase wie die Schweine und Hunde in alles stecken' SchweizId. IV 832ff., DWB XIII 1010. ♦ **V:** *freier, tschaan emaal go niesche!* ‚Kamerad, geh einmal nachschauen!' [JeS]

nysch Subst. m. [BM]
– Blick [BM] ♦ **V:** *e nysch näh, schnappe* ‚einen Blick reinwerfen, in Augenschein nehmen' [BM].

nieschen² nur in:
ausnieschen sw. V. [HK]
– auszanken [HK] ♦ **E:** unsicher; evtl. zu mdal./thür. *nüschen, nuschen* ‚prügeln, ohrfeigen, schlagen, stoßen' ThWb IV 917 oder zu → *nieschen¹*.

niese Subst. M. [LüJ]
– Dummkopf [LüJ]; Esel [LüJ]; Narr [LüJ]; Verrückter [LüJ] ♦ **E:** rw. *ni(e)se* ‚Dummkopf, Narr, Tropf' (WolfWR 3875, ohne Herleitung), evtl. Kürzung aus mdal. *Nieselpriem* ‚langweiliger, mürrischer, einfältiger, nicht sehr unterhaltsamer Mensch', zu dt./mdal. *nieseln, nüseln* ‚nuscheln, nörgeln' oder zu mdal./ugs. *priemen* ‚langsam und schlecht arbeiten' (Kü 1983: 628).

niesich Adj. [LüJ]
– dumm [LüJ] ♦ **V:** *lenzerei: model, lenz' die rucheulme, was herles der ruch scheft? Kenn, patres! – Ulme, hauret der kaffer wohnisch? Nobis, model! – Krillisch?*

Kenn. – Schefft er niesich? Nobis! – Schofel? Nobis! – Vermufft? Nobis! Grandich? – Kenn! – Hauret ein finkelkaffer? Nobis! – Kasperer? Nobis! – Blibelkaffer? Kenn! – Scheffts ein bikerischer oder lenker benk? Nobis, ein dofer! – Schefft er herles vom g'fahr? Kenn! – Steckt er lenk? Nobis, model! – Dof? Kenn! – Hauret dof, model, schupf dich auf und bost' schiebes! Kenn, patres! ‚Fragerei: Mädchen, frag' die Bauersleute, was hier der Bauer ist? Ja, Vater! – Leute, ist der Mann katholisch? Nein, Mädchen! – Evangelisch? Ja! – Ist er dumm? Nein! – Bös (schlecht)? Nein! Arm (heruntergekommen, vergantet)? Nein! – Reich? Ja! – Ist's ein Hexenmeister? Nein! – Ein Zauberer? Nein! – Ein Stundenmann? Ja! Ist es ein hungriger oder böser Mann? Nein, ein guter! -Ist er hier vom Dorfe? Ja! – Gibt er schlecht (beim Betteln)? Nein, Mädchen! – Gut? Ja! – Es ist gut, Mädchen, höre auf und gehe fort! Ja, Vater!' [LüJ]

niesekitt Subst. f. [LüJ]
– Narrenhaus [LüJ].

nieselprim Subst. m. [MB]
– Nörgler [MB] ♦ **E:** evtl. zu → *niese*.

niet Subst. [EF, MoM]
niete [EF]
– freier Tag [EF, MoM] ♦ **E:** dt. *Niete* ‚Los, das keinen Gewinn bringt', DWB VI 209, Wolf, Fatzersprache, 128.

nieten swV. nur in:
umnieten swV. [WG]
– jmd. niederschießen [WG]
niedernieten swV. [WG]
– jmd. niederschießen [WG] ♦ **E:** ugs. jd. *umnieten* ‚umlegen, töten'.

nietlig Subst. m. [JeS]
– Nagel [JeS] ♦ **E:** zu dt./schweizdt. *Niete* ‚Metallbolzen, Nagel' DWB VI 209.

niffeln swV. [EF]
nifeln [EF]
– schreiben [EF] ♦ **E:** erzgeb./mdal. *niffeln* ‚reiben, schaben' (Müller-Fraureuth II 287).

nifteln swV. [MB]
nifken swV. [MM]; **nifkenen** [Scho]; **nifkare** [RA]
– sterben [MB, MM, RA, Scho] ♦ **E:** rw. *niftern* ‚sterben' (WolfWR 3877) < jd. *nifken, niftern* ‚sterben' (Avé-L. 433, We 87, Post 230).

niftelbaijes Subst. n. [MB]
– Friedhof [MB].

niggl Subst. m. ‚Teufel' → *nickel*.

niggli Subst. [PH]
– Metall [PH] ♦ **E:** → *nickel*².

nigle swV. [JeS]
– stechen (Insekt) [JeS]; beißen (Schlange) [JeS] ♦ **E:** zu schweizdt. *nig(e)le* ‚kribbelndes, stechendes Gefühl (z. B. in den Fingern) bei Kälte bzw. mangelnder Blutzirkulation' (SchweizId. IV 708).

niibeln swV. [SP]
– stochern [SP] ♦ **E:** rhein. *nibbeln* ‚knabbern, zaghaft essen' RheinWb. VI 182.

niiles Subst. [SP, WL]
nieles [SE]
– Tasche [SP]; Sack [SE, SP, WL]; Portmonnaie [SE]; große Tasse ohne Henkel [WL] ♦ **E:** zu dt. *niele* f. ‚Waldrebe', „deren reben zu seilen, leinen verwendbar sind (gibt gute bindseil. 284)" DWB XIII 823. ♦ **V:** *kein bischt nieles* ‚kein Geld im Sack / kein Geld im Portmonnaie' [SE]; *en nilles* ‚laken ein Sack Lumpen' [WL]; *nobes méih am nilles* ‚nichts mehr im Beutel' [WL]; *en huet vill kitten am nilles hocken* ‚er hat viel Geld im Beutel' [WL]; *en nilles plömpert* ‚ein Humpen Bier' [WL]

nillesseschleppert Subst. m. [WL]
– Sackträger [WL]; Hilfsarbeiter [WL]
kittennilles Subst. [WL]
– Geldbeutel aller Art [WL].

niilesen swV. [SP]
♦ **E:** stinken [SP] ♦ **E:** unsicher; evtl. zu *niele* ‚Faulbaum' DWB XIII 823.

nijal Subst. n. [GM]
– Frühling [GM]; Sommer [GM] ♦ **E:** rw. *nijall* ‚Frühling, Lenz' (WolfWR 3879) < roi. *nijal* ‚Sommer, Frühling' (WolfWZ 2159).
nijaleskero Adj. [GM]
– sommerlich [GM] ♦ **E:** roi. *nijalleskero* ‚sommerlich' (WolfWZ 2159).

nikai Adv. [GM]
– nirgends [GM]; nirgendwo [GM] ♦ **E:** roi. *nikai* ‚nirgends' (WolfWZ 2162).

niklen swV. [LüJ]
♦ **E:** tanzen [LüJ] ♦ **E:** schwäb. *nicklen* ‚Kopf und Nacken hin und herbewegen, tanzen', zu dt. *nicken* (SchwäbWb. V 2028).
nigler Subst. m. [LüJ]
– Tanz [LüJ].

niko Pron. [GM]
– niemand [GM] ♦ **E:** rw. *niko* ‚niemand' (WolfWR 3881) < roi. *niko* ‚niemand' (WolfWZ 2167).

nilfes Subst. m. [OJ]
– Dummkopf, Narr [OJ]
nilfes Adj. [OJ]
– dumm [OJ] ♦ **E:** wohl zu → *nille*.

nill Subst. [NJ]
nilles¹ Subst. m. [NJ]; **niles** [SE]; **nieles** [SE]
– Kopf [NJ]; Bauch [SWE] ♦ **E:** zu schwäb. *Nülle* ‚Beule, Blase' (SchwäbWb. V 2028).
nillekiebes Subst. m. [LüJ]
– Penis [LüJ].

nille Subst. f./m. [LüJ, SJ, Scho, WJ]
nilli [JeS, MoJ, SchJ]; **nili** [JeS]; **nilles²** Subst. m. [JS]
– Dummkopf [LüJ, OJ, WJ]; dummer Kerl [SchJ]; Blöder[MoJ]; Narr [JeS, LüJ, OJ, WJ]; dämlicher Bursche [SJ]; dummer Kerl [SJ]; Esel (met.) [LüJ]; Verrückter [LüJ]; Irrer [JeS]; Geistesgestörter [JeS]; böser Geist [JeS]; dummer Mensch [Scho]; ungeschickter Mensch [Scho]; Penis [JS, OJ, SJ, WJ] ♦ **E:** rw. *nille* ‚Narr, Spaßmacher, Penis' (WolfWR 3882, Klepsch 1121), schwäb. *Nülle, Nolle* ‚großer starker Mensch, Grobian, Dummkopf, Narr' (SchwäbWb. IV 2082).
♦ **V:** *hauret die ruchamodel ein nille? Nobis, freier!* ‚Ist das Bauernmädchen ein Dummkopf? Nein, mein Freund!' [LüJ]; *Oberkünftig herles in der grandiche ruchekitt schefft ein nille. Der hauret link. Spann', da linzt er zum feneter am stenkert. Kenn, ich bost' schiebes!* ‚Oben hier in dem großen Bauernhaus ist ein geistesgestörter Mensch. Der ist (sehr) böse. Sieh', hier schaut er zum Fenster am Stall heraus. Ja, ich geh' fort!' [LüJ]; *der tscheffd æ nille* ‚der ist ein Dummkopf' [WJ]
nillo Subst. m. [GM]
– Dummkopf [GM]; Blöder [GM]; beschränkter Mensch [GM]
nillig Adj. [OJ]; **nille** [LüJ, OJ]; **nilli** [JS, JeS, PH]
– dumm [JS, JeS, OJ, PH]; einfältig [JeS]; nicht normal [LüJ]
nillkuffert Subst. m. [NJ]; **nellkuffer** [NJ]
– Lehrer [NJ]
nillesje Subst. n. [JS]
– „jemand, der sich schämen sollte" [JS]
nillikitt Subst. n. [JeS]
– Nervenheilanstalt [JeS]; Irrenanstalt [JeS] ♦ **V:** *de bryysger isch is nillikitt gholcht* ‚der Bruder ist ins Irrenhaus gekommen' [JeS].

nilles ‚Sack, Tasse ohne Henkel' → *niiles*.

nilper Adj. [JeS]
– dumm [JeS]; einfältig [JeS]; verrückt [JeS] ♦ **E:** unsicher; evtl. zu roi. *di(ni)ló* ‚dumm, verrückt, Dummkopf, Narr' bzw. *dilipé, delinipé* ‚Dummheit, Verrücktheit', womgl. Einfluss von dt. *nul(l)pe* ‚dummer Mensch'; eher nicht zu rw. → *nille* ‚Narr, Spaßmacher, Penis'.
nilper Subst. m. [JeS]; **nielper** [JeS]
– Schwachsinniger [JeS]; Geisteskranker [JeS]; Dummkopf [JeS]; Trottel [JeS]; Narr [JeS]; Zirkusclown [JeS]; jmd., der den Clown oder Spaßmacher spielt [JeS]
nilperisch Adj. [JeS]
– wütend [JeS]; von Sinnen [JeS]; verrückt [JeS]; geisteskrank [JeS]; läppisch [JeS]; närrisch [JeS] ♦ **V:** *de jogg huurt e nilperische gaaschi* ‚der Kerl ist ein verrückter Mann' [JeS]
nilpergaaschi Subst. m. [JeS]
– jmd., der kein Jenisch versteht [JeS]
nilperkitt Subst. n. [JeS]
– Irrenanstalt [JeS]; Nervenheilanstalt [JeS].

nina Adv. [LüJ]
– jetzt [LüJ] ♦ **E:** roi. *nina* ‚jetzt, sofort, nun' (WolfWZ 2168).

nippeln swV. nur in:
abnippeln [MB]
– sterben [MB] ♦ **E:** rw. *abnibbeln* ‚sterben', jd. *niwel* ‚verwelkt' (WolfWR 20). ♦ **V:** *ihne ist abgenippelt* ‚er ist gestorben'.

nippen swV. [SG]
– schlafen [SG] ♦ **E:** nd. *nippen* ‚nicken, einschlummern'; *der nip* „ein schläfchen", *nippen* ‚schlummern' DWB XIII 852.

nisch Subst. f. [WL]
– Gläschen Schnaps [WL] ♦ **E:** wohl zu *nische* ‚muschelartige Vertiefung' DWB XIII 855 f.; zur Bezeichnung eines flachen Schnapsglases. Pars-pro-toto-Metonymie Form für den Gegenstand.

nischel Subst. m. [GM]
nisel [BM]
– Nase [BM, GM] ♦ **E:** unsicher; evtl. rw. *nischen* ‚suchen, untersuchen, visitieren', *nischer* ‚Aufspürer, Aufsucher, Streifer', zu mdal./dt. *nüschen* ‚herumsuchen, wühlen wie die Schweine, die „Nase in alles stecken"' (WolfWR 3885); in mitteldeutschen Mundarten als *Nüschel, Nischel* ‚Kopf' weit verbreitet (ThürWb. IV 916, OsächsWb. III 304).

nisseln swV. [EF]
– kleine Notdurft verrichten [EF] ♦ **E:** zu dt. *nieseln* ‚leicht regnen', Wolf, Fatzersprache, 128.

nîte swV. [KP]
nîten [KP]
– kochen [KP] ♦ **E:** dt. *nieten* ‚sich sättigen' DWB XIII 843.
nîtere Subst. f. [KP]
– Küche [KP].

nittl Subst. [Scho]
– Weihnachten [Scho] ♦ **E:** jd. *niddel* ‚Weihnachten', Klepsch 1120.

no Part. [SK]
– nein [SK]; nicht [SK] ♦ **E:** engl. *no* ‚nein'.

noameäten swV. [HF]
– sich erbrechen (bes. bei Betrunkenen) [HF] ♦ **E:** wörtl. mdal. *noch einmal essen* oder *noch einmal nachmessen*. RheinWb. V 1101.

nobbes Subst. m. [MB, MeT]
nobis [MeT]; **nowes** [MeT]
– Gendarm [MB, MeT] ♦ **E:** rw. *nobbes* ‚Gendarm' (WolfWR 3890, ohne Herleitung); wohl zur germ. Wurzel *noḇ-* ‚stoßen, fangen', engl. *to nap* ‚ergreifen, packen', womgl. Einfluss von rw./jd. *newele, newelo* ‚Schuft, Aas' WolfWR 3867, Siewert, Humpisch, 97.
hutschennobbes Subst. m. [MeT]; **hutsenobbes** [MeT]; **hutsenobes** [MeT]
– Dorfschulze [MeT]; Bauernvogt [MeT]
stübbesnobbes Subst. m. [MeT]; **stübbesnobes** [MeT]
– Gendarm [MeT]
nobbeshutsche Subst. m. [MeT]
– Dorfschulze [MeT]; Bauernvogt [MeT] ♦ **V:** *in nobbeshutsche sinen tispel gifft nen fitsen butt* ‚Im Bauervogtskrug gibt's ein gutes Essen' [MeT].

noberi Subst. f. [SchJ]
– Turmuhr [SchJ] ♦ **E:** dt. *nappen, noppen* ‚sich hin- und herbewegen' (Klepsch 1123). ♦ **V:** *Wieviel nobert's?* ‚Wieviel Uhr ist es?' [SchJ].

nobis Part., Pron. [BM, HF, JeS, KJ, LJ, LüJ, MeJ, MJ, MeTMT, OJ, TK, WL]
nôbis [Gmü, Him, Mat, Zi]; **nobes** [FM, HF, JS, LJ, LüJ, MeT, NJ, OJ, SE, SP, TK, WL]; **nobas** [LJ]; **nowas** [PfJ]; **nowás** [PfJ]; **nowis** [SG]; **nööbes** [NrJ]; **noppi**

[LoJ]; **nowes** [JSa, LI, MUJ, PfJ, SJ, SchJ]; **nōwes** [PH]; **nôwes** [TK]; **noowes** [JSa]; **novus** [TJ]; **nowus** [KJ]
– nein [BM, Gmü, HF, JS, JeS, KJ, LJ, LüJ, MJ, MT, MUJ, MeT, NJ, NrJ, OJ, PfJ, SE, SJ, TJ]; nichts [BM, HF, JSa, JeS, LJ, MJ, MeT, NJ, NrJ, OJ, PH, PfJ, SE, SJ, SP, TK, WL]; nicht [Gmü, HF, Him, LI, LJ, LoJ, MT, Mat, MeT, PfJ, SG, SJ, SchJ, TJ, Zi]; kein [JSa, JeS, SchJ]; arm [JeS]; schlecht[MeJ] ♦ **E:** rw. *nobis* ‚nichts' zu ahd. *niowiht* ‚nichts'. „Was DWB VII 862 über *nobis* bringt, ist infolge Unkenntnis der gesamten rw. Belege überholt; unhaltbar dort vor allem die Vermutung, es wäre erst aus *Nobiskrug* gefolgert" WolfWR 3892. ♦ **V:** *nowis quisten* ‚nichts sagen' [SG]; *nobes dibera* ‚nichts verraten' [LJ]; *nôwes dîwere!* ‚nicht sagen!' [TK]; *nowes gedibbert* ‚nichts gesagt' [SJ]; *noppi baaln* ‚nichts sagen' [LoJ]; *nobes schmusen* ‚nichts sagen' [NJ]; *ich schmusen nobes* ‚Ich sage nichts' [NJ]; *die Moss hockt nobes doft* ‚die Frau ist nicht gut' [NJ]; *das Botlement hockt nobes doft* ‚das Essen taugt nichts' [NJ]; *ich bossele das nobes* ‚ich mache das nicht' [NJ]; *ich schinegele nobes* ‚ich arbeite nicht' [NJ]; *du hockst nobes kurasch* ‚du hast keinen Mut' [NJ]; *wir hocken nobes Becht* ‚Wir haben kein Geld' [NJ]; *nobes rohnen* ‚nicht sehen' [NJ]; *nobes schauwer* ‚keinen Wert – kein Zweck' [NJ]; *nobes vergnausen* ‚jemanden nicht leiden können' [NJ]; *nôwes schmâlen!* ‚nicht sagen!' [TK]; *nobes, knöllen, dot het zinotes lock in den däy.* ‚Nein, das hast Du nicht gut im Kopfe' [HeF]; *fiesel boscht aus dieser schwöche/ gatschemme, denn der plamp ist nobes doof/gwand* ‚Freund(e), gehen wir aus dieser Wirtschaft, denn das Bier ist nicht gut' [LJ]; *Annern Hautze zoppe nobes* ‚Andere Leute geben nichts' [FM]; *Spann, die grandich kitt herles! – Kenn gneistse lore? Nobis! – Die schofelkitt haurets* ‚Schau, das große Haus hier!– Ja, kennst du es nicht? – Nein. – Das Zuchthaus ist es' [LüJ]; *Dercherrmoß: Hauret so dof, lehmschupfer, und dogt mir dofen lehm oder gleiskechelte für mein gälme zum gleisschnälle sicheren. Lehmschupfer: Nobis, nobis, dercherulmen wird lore 'dogt* ‚Bettelweib: Seid so gut Bäcker, und geht mir etwas Weißbrot oder Milchwecken für meine Kinderlein, um ein Milchsüpplein zu kochen. Bäckermeister: Nein, nein, Bettelleuten wird nichts gegeben!' [LüJ]; *nobes diberá, ein schofler fiesel!* ‚nichts verraten, ein schlechter Mann' [LJ]; *baus de nobas voram stäpches* ‚du brauchst keine Angst haben vor dem Teufel' [LJ]; *wenn se nur e kleines päckele bane hätt und g'ketscht hätt, aber nobes, nix, nit emal en pommerling hat mer...* ‚wenn sie nur ein kleines Päckchen Fleisch hätte und gegeben hät-

te, aber nein, nichts, nicht einmal einen Apfel hat man...' [LJ]; *in ganz Leinzell isch nobes kein schmaling mehr rumg'ketscht* ‚in ganz Leinzell ist keine Katze mehr herumgelaufen' [LJ]; *mosse, nobes dibera mit dene fiesel, das sind ganz schofle gatsch, boschdet* ‚Mädchen, redet nicht mit den Männern, das sind ganz üble Kerle, haut ab' [LJ]; *die tschai isch nobes gwand, wo herles hauret* ‚die Frau, die das versteht, ist nicht gut' [LJ]; *der fiesel hat kein lobe, nobes gwand, da müsse mir boschde* ‚der Mann hat kein Geld, das ist nicht gut, da müssen wir abhauen' [LJ]; *wenn einer nobes manisch war, dann hat der au nit hauere, dann hat der boschda könne* ‚wenn einer nicht eingeweiht war, dann hat der auch nicht verstanden, dann hat der abhauen können' [LJ]; *die hens nobes kneist* ‚die haben es nicht verstanden' [LJ]; *o, spann model, die schure und nobes kei'bich!* ‚Oh, sieh Geliebte, Blumen und noch kein Geld!' [LüJ]; *hauret die ruchamodel ein nille? Nobis, freier!* ‚Ist das Bauernmädchen ein Dummkopf? Nein, mein Freund!' [LüJ]; *Schefften deine buxen schundlich, kaffer? Nobis, moß! Dein fürflamm, moß? Nobis, kaffer!* ‚Sind deine Hosen schmutzig, Mann? Nein, Frau! Dein Schurz, Frau? Nein, Mann!' [LüJ]; *diberei: schmus kaffer, haurets begerisch? Nobis, moß! – Bikerich? Nobis. – Schwächerich? Nobis. – Durmerich? Nobis. – Geschwächt? Nobis, moß! – Scheffts dir schofel? Nobis. – Gielerich? Nobis. – Dof? Kenn, moß!* ‚Gespräch: Sag, Mann, bist du krank? Nein, Frau! – Hungrig? Nein. – Durstig? Nein. – Schläfrig? Nein. – Betrunken? Nein, Frau! – Ist dir schlecht? Nein. – Übel? Nein. – Gut? Ja, Weib!' [LüJ]; *Hoimde scharle, wenn dir dei moss nowes zom achla gricht hot, no kascht deine näpfer hier kehrig schenegla losse, bis dei rande so aussieht, wia am massfetzer sei wamp* ‚Wart ab Schultes, wenn dir deine Frau nichts zum Essen gerichtet hat, dann kannst du deine Zähne hier tüchtig arbeiten lassen, bis dein Bauch so aussieht, wie dem Metzger sein Bauch' [SJ]; *Mei lehmschieber ist nowes gwand* ‚Mein Backofen ist nicht mehr in Ordnung' [SJ]; *Nowes, schlitza braucht koiner ond einbuchta du i heit nowes* ‚Nein, abhauen braucht keiner, ond eingesperrt wird niemand' [SJ]; *Er hauerd nowes lopf em giwes* ‚Er ist nicht richtig im Kopf' [SJ]; *Dr gloi fiesl ischd gwand dr ald nowes, der duad zviel loschora* ‚Der kleine Junge ist gut, der alte nicht, der beobachtet zu viel' [SJ]; *waröm flickt zinotes nobes?* ‚Warum sagen Sie nein?' [HeF]; *span, do den hautz as nich doft, der sperrt die flipp-flappen op, schmus nobes!* ‚Sei vorsichtig, der Mann versucht un-

ser Gespräch zu belauschen, der sperrt die Ohren auf, sei lieber ruhig!' [SE]
nobes swV. [SE]; **noba** [LüJ]
– verneinen [SE]; verweigern [LüJ]
novus bummisch Phras. [TJ]
– billig [TJ] ♦ **E:** rw. *bummisch* ‚schuldig, teuer' (WolfWR 4394).
novus gwant Phras. [TJ]
– schlecht [TJ] ♦ **E:** → *quant* ‚gut'.
nobissa swV. [OJ]; **nôbißen** [Wo]
– betrügen [OJ, Wo]
vernöbesen swV. [KP]
– betrügen [KP]; ausschimpfen [KP]; prügeln [KP]; verspielen [KP]
nobäng Part. [BM]
– nein [BM]
nobisquant Part. [BM]
– nein [BM].

nōbis Adj. [KP]
noobel [HK]
– gut [HK, KP]; schön [HK]; fein [HK]; elegant [HK]; schön angezogen [HK]; besser [HK]; hübsch [HK]; schick [HK]; vornehm [HK]; toll [HK]; sehr gut [HK] ♦ **E:** dt. *nobel* < frz. *noble*. ♦ **V:** *nōbis vernagelt* ‚gut verkauft' [KP]; *noobeler beeker* ‚feiner Herr' [HK]
noobel Subst. m. [HK]; **nobel** [HK]
– der liebe Gott [HK]; Kaiser [HK]; eucharistischer Heiland [HK]; Gott [HK]; Papst [HK]; Amtsperson [HK]; vornehmer Mann [HK] ♦ **E:** rw. *nobel* ‚Pächter auf dem Land' aus frz. *noble* ‚vornehm, edel' (WolfWR 3891). ♦ **V:** *der grannische noobel* ‚der liebe Gott' [HK]
noblgusch Subst. f. [PfJ]
– Haus [PfJ] ♦ **E:** rw. *Gusche* ‚Bett' WolfWR 1986, SchwäbWb. III 936 met. zu frz. *coucher* ‚schlafen' oder rw. *Gusch* ‚Haus' aus kroat. *kuca* ‚Haus' WolfWR 1985.
nockat Adj. [TK]
– nackt [TK] ♦ **E:** mdal. *nackert* ‚nackt'.

nôdler Subst. m. [CL]
nôdler [PH]; **noudler** [RR]; **noreler** [CL, LL]
– Schneider [CL, LL, PH, RR] ♦ **E:** rw. *nadler* ‚Schneider' (WolfWR 3778), aus dt. Nadel; *noreler* pfälzische Form mit *d*-Rhotazismus. ♦ **V:** *in dem kaff bei aschaffeburg schinnigeln laure noreler* ‚in dem Ort bei Aschaffenburg arbeiten nur Schneider' [CL]
norelern Subst. f. [CL, LL]
– Schneiderin [CL, LL].

nodln swV. [EF]
nodeln [EF]; **noteln** [EF]
– schreiben [EF] ♦ **E:** wohl zu dt. *Noten* (musikalische Notation) gebildet, Wolf, Fatzersprache, 128; schwerer zu erzgeb. *nädeln* ‚stricken' (Müller-Fraureuth II 269).

nogg Subst. m. [JeS]
– einfältiger Kerl [JeS]; Dummkopf [JeS]; Trottel [JeS] ♦ **E:** wohl Nebenform zu schweizdt./ugs. *jogg*, auch *nogg* bzw. *noggä* ‚Schimpfwort für Mann u. Frau'; kaum von roi. *nagáko* ‚Feind', rw. Dim. *näckele* ‚Polizist', *nöckl* ‚Feind', SchweizId. IV 709.

noggi Subst. m. [BM]
– Kosewort [BM] ♦ **E:** wohl zu schweizdt. *Nogg* ‚Jakob' (SchweizId. IV 709).
noggig Adj. [BM]; **noggelig** [BM]
– reizend [BM].

nohsen swV. [SK]
– etwas riechen [SK] ♦ **E:** nd. *Nöös*, engl. *nose* ‚Nase'.

nok Part. [BM]
– nein [BM] ♦ **E:** schweizdt. *nägg* ‚nein', SchweizId. IV 702.

nokeln swV. [EF]
nockeln [EF, PM]; **nackeln** [EF]; **nuckeln** [EF]
– essen [EF, PM] ♦ **E:** dt. *nackeln* ‚den Kopf hin und her bewegen' DWB XIII 243.
nokeln Subst. n. [EF]
– Essen
nuckelei Subst. f. [EF]; **nockelei** [EF]
– Esserei [EF].

noll Subst. f. [HF, HeF, OJ]
– Abort [HF]; Abtritt [HF, HeF]; Rechnung [OJ] ♦ **E:** rw. *noll* ‚Abtritt', zu mdal. *nullen, nollen* ‚urinieren' WolfWR 3895.

nolle Subst. n. [JeS, LüJ]
nulli [JeS]; **nulleli** [JeS]; **nuddeli** Subst. n. [JeS]; **nuddle** Subst. f. [JeS]
– Hafen [LüJ]; Topf [JeS, LüJ]; Schüssel [JeS]; Krug [JeS]; Tasse [JeS]; Kaffeeschüsselchen [JeS] ♦ **E:** schwäb. *Nollen* ‚rundlicher, harter Körper, Topf' (SchwäbWb. V 2055).
fulnolle Subst. n. [LüJ]
– Nachttopf [LüJ]
nullimänger Subst. m. [JeS]
– Kesselflicker [JeS]
nollespflanzer Subst. m. [LüJ]
– Hafner [LüJ].

nollen swV. [HF, HeF]
nullen [HF]
– rechnen [HF, HeF]; zählen [HF, HeF]; „Nullen machen" [HF]; Rechnungen schreiben [HF] ♦ **E:** rw. *nollen* ‚rechnen, zählen', WolfWR 3899, wohl zur Num. Kard. *null*. ♦ **V:** *die kauel nollt sinen droth* ‚Der Weber zählt sein Geld' [HeF]
vernollen swV. [HeF]
– verzählen [HeF]; verrechnen [HeF]
nollfesel Subst. [HF]
– Rechnung [HF]
nollkrabbel Subst. [HF]
– Rechenbuch [HF].

nômen Part., nur in:
schmous nômen lau! ‚sprich gar nichts!' [SE] ♦ **E:** rhein. *nummen* ‚nur' (RheinWb. VI 278).

nominativ Subst. m., nur in:
nominativ machen Phras. [WG]
– Karten zinken [WG] ♦ **E:** dt./fachsprl. *Nominativ*; Sachzusammenhang: Zinken von Spielkarten mit der Nadel oder Präparierung mit Phosphor; Phosphorzeichen sichtbar mit dunklen Brillen.

none Subst. f. [ME]
– Mutter [ME] ♦ **E:** unsicher; evtl. zu roi. *noniza* ‚Nonne' (WolfWZ 2179).

noochrichtel Subst. n. Dim. [EF]; **noochrichtl** [EF]
– Brief [EF] ♦ **E:** mdal., Dim. zu dt. *Nachricht*.

nöötsch Subst. f. [BM]
– Note [BM] ♦ **E:** zu dt. *Note*.

nopper Subst. m. [KP]
– Kreuzer [KP] ♦ **E:** rw. *nobis* ‚nichts' WolfWR 3758. Benennungsmotiv: geringer Münzwert; schwer zu dt. *noppen* ‚kurze Bewegungen auf und niederwärts machen' DWB XIII 886. → *nobis*.

nopplen swV. [LüJ]
– tanzen [LüJ]; bumsen [LüJ] ♦ **E:** zu dt. *noppen* ‚kurze Bewegungen auf und niederwärts machen' DWB XIII 886; SchwäbWb. IV 2059 (*nopplen* ‚rütteln').

nordlicht Subst. n. [HLD, StG]
– ¼ Ltr. Fuselschnaps [StG]; ein großes Glas Schnaps [HLD] ♦ **E:** rw. *nordlicht* ‚Schnaps, Nordhäuser Korn, Glas mit ¼ Liter gewöhnlichem Schnaps' WolfWR 3904; Benennungsmotiv: Produktname Nordhäuser Doppelkorn.

noreler Subst. m. ‚Schneider' s. → *nodler*.

norrat Adj. [TK]
– verrückt [TK] ♦ **E:** mdal. *narret, norret* ‚narricht, verrückt' (TirolWb. II 446).

nörsch Subst. m. [JeS]
norsch [JeS]
– Schwein [JeS]; Mutterschwein [JeS]; Sau [JeS] ♦ **E:** unsicher; evtl. zu rw. *nürschel* ‚Bett', mdal./obdt. *nusch* ‚Trog' DWB XIII 1108 f.; österr. *nursch* ‚Futtertrog, Holzrinne', *nürscherl* ‚Futternapf'. ♦ **V:** *de nörsch mached mr muuli* ‚das Schwein machen wir tot' [JeS]
nörschli Subst. n., Dim. [JeS]
– Ferkel [JeS]
nörscheréi Subst. f. [JeS]; **nörscheryy** [JeS]
– großer Schweinestall [JeS]; Schweinezucht [JeS]
nörschestacherlig Subst. m. [JeS]
– Schweinigel (Igelart mit schweinsähnlicher Schnauze) [JeS].

nos Subst. f. [BB]
– Sonne [BB] ♦ **E:** Inversion zu mdal. *Sonn*. ♦ **V:** *Scheint mer de Nos op de Bok* ‚die Sonne scheint mir auf den Kopf' [BB].

nöscheri Subst. m. [BM]
– Dandy [BM] ♦ **E:** unsicher; evtl. zu *noscherei* „gedankenlose, vergessliche, nachlässige Person" SchweizId. IV 833.
nöscherig Adj. [BM]
– hochmütig [BM]
nöschere swV. [BM]
– stolzieren [BM]; großtun [BM].

nosene swV. [CL, PH]
nosēne [PH]; **nossnen** [Scho]; **noosene** [CL, LL]; **naasere** [CL]; **nôsene** [CL]; **nousene** [CL]
– geben [CL, LL, PH, PH, Scho]; schenken [CL, LL] ♦ **E:** rw. *nassenen, nosenen* u. ä. ‚schenken, geben' (WolfWR 3811) < jd. *nossen, nossnen* < hebr. *nâtha'n* (Avé-L. 414, We 86, 123, Post 230, Klepsch 1125). ♦ **V:** *er hot jus schuck genoset. Noosen mer e skorche!* ‚Er hat zehn Mark gegeben. Schenken wir etwas!' [CL].

nostern swV. [MeT, SJ]
nossen [SK, SPI]; **nostere** [JeS]; **noschtere** [JeS]
noschdra [OJ]
– beten [JeS, MeT, OJ, SK]; beichten [MeT, OJ, SJ]; hergeben [SPI]; den Sonntagsgottesdienst besuchen [JeS] ♦ **E:** rw., zu kirchenlat. *pater noster* (WolfWR 3910). ♦ **V:** *D' moss nosterd en dr duft am gallore ihre senda* ‚Die Frau beichtet in der Kirche dem Pfarrer ihre Sünden' [SJ]

nosterplügge f. [MeT]
– Gebetbuch [MeT]
nosterpradde Subst. f. [MT, MeT]
– Beichtstuhl [MT, MeT].

notringskes Num. Kard. [HF]
nothringskes [HeF]
– vier [HF, HeF] ♦ **E:** WolfWR 6437 (ohne Herleitung).
♦ **V:** *nothringkes müs* ‚vier Pistolen (Geldstücke)'
[HeF].

nötzeling Subst. m. [JSW]
– Polizeispitzling [JSW] ♦ **E:** evtl. zu dt. *nutzen, nutz*
DWB XIII 1025.

notzer Subst. m. [Scho]
– Christ [Scho] ♦ **E:** jd. *notzer* ‚Christ' Klepsch 1124.

noudsn Subst. Pl. [NW]
– Federn [NW]; Bettfedern [NW] ♦ **E:** unsicher; evtl.
zu *nodern* ‚aufwühlen, aufschütteln' DWB XIII 878.
noudsntroga Subst. m. [NW]
– Federnträger [NW]; Gans [NW].

noule swV. [BM]
nüele [BM]
– schlendern [BM]; umherstreichen [BM]; laufen
[BM]; springen [BM] ♦ **E:** schweizdt. *nülen* ‚sich die
Zeit vertreiben' (SchweizId. IV 717).

noumen swV. [Scho]
noume [Scho]
– spenden [Scho] ♦ **E:** jd. *nousenen* ‚spenden'
Klepsch 1125.

noudln swV. [RR]
– erbrechen [RR] ♦ **E:** unsicher; evtl. zu bair. *noudln*
‚nadeln, Nadeln abwerfen'.

nover Subst. m. [NJ]
– Bote [NJ] ♦ **E:** zu rw./jd. *nowi* ‚Wahrsager' Wolf WR
3912, vgl. Windolph, Nerother Jenisch, 57, Nr. 166.

nowes ‚nein, nicht, kein' → *nobis*.

nuascha Subst. Pl. [OJ]
nuasche [OJ, SJ]; **nuesche** [JeS, SJ]; **nuesch** [JeS];
nuoschen [JeS, TK]; **nuoscha** [JeS]
– Schuhe [JeS, OJ, SJ, TK]; Hausschuhe [JeS]; Stuhl
[JeS] ♦ **E:** rw. *nuschen* ‚Schuh', aus roi. *Muzi* ‚Schuhe'
WolfWR 3920; SchwäbWb. IV 2088.
nuesche swV. [BM]; **nueschte** [BM]
– gehen [BM]

nuaschenpflanzer Subst. m. [SJ]; **nueschpflanzer**
[JeS]; **nueschpflänzer** [JeS]
– Schuster [SJ]; Schuhmacher [JeS] ♦ **E:** SchwäbWb.
IV 2088 (*Nuschenpflanzer*).
nuescheschunt Subst. m. [JeS]
– Schuhwichse [JeS].

nuasche Subst. m. [LüJ]
nuesche [LüJ]
– Dummkopf, Blödmann [LüJ]; Narr, Depp [LüJ];
Verrückter, Idiot, geistig Behinderter [LüJ]; Esel
(met.) [LüJ] ♦ **E:** SchwäbWb. IV 2088 (*Nusche*).
nuschekitt Subst. f. [LüJ]
– Narrenhaus [LüJ]; Irrenhaus [LüJ]; Nervenklinik
[LüJ]
nuasche Adj. [LüJ]; **naschen** [JS, PH]
– dumm [JS, PH]; nicht normal [LüJ].

nuaschl Subst. m. oder n. [SJ]
– Schwein [SJ]; Sau [SJ] ♦ **E:** unsicher; evtl. zu dt./
mdal. *Nuschel* ‚unsauberes Weib' RheinWb. VI 284.

nubbeln swV. [JSW]
– stehlen [JSW] ♦ **E:** unklar; womgl. zu rhein. *Nubbel*
„Bezeichnung für eine traditionelle, angekleidete
mannsgroße Strohpuppe als eine Figur des Sündenbocks im rheinischen Karneval".

nubel Subst. m. [KM]
nubele [KM]
– Ungebildeter [KM] ♦ **E:** rw. *nebel, nowel* ‚Narr, Tor'
aus jd. *nowol* ‚Narr' WolfWR 3830.

nuckelpinne Subst. f. [GM]
– kleiner Wagen [MB]; Uhr [GM] ♦ **E:** dt./ugs. *Nuckelpinne* ‚kleines Fahrzeug mit niedrig-tourigem Motor', Kü I 364.

nucken swV. [HF, HeF]
– danken [HF, HeF]; den Kopf (dankend) neigen
[HF]; sich schämen [HF] ♦ **E:** rw. *nucken* ‚danken',
aus jd. *nochal* ‚er hat ein Erbe bekommen' WolfWR
3915; womgl. Einfluss von mhd. *nucken, nücken* ‚nicken', vgl. RheinWb.VI 263. ♦ **V:** *Minotes nuckt för
den droth* ‚Ich danke für das Geld' [HeF]; *minotes
nuckt* ‚Ich danke' [HeF].

nudel Subst. f. [WG] nur in:
dreißger nudel Subst. f., Phras. [WG]
– großes Glied [WG] ♦ **E:** dt./ugs. *Nudel* met. ‚Penis'.

nuechte swV. [BM]
nüechtele [BM]; **mönschele** [BM]
– stinken [BM] ♦ **E:** schweizdt. *nüechten* ‚schimmlig, modrig riechen' (SchweizId. IV 71).
nüechtelig Adj. [BM]
– feuchtkalt [BM]; übelriechend [BM]; dunstig [BM].

nuggeln nur in:
vernuggln sw. V. [HK]; **vernuggeln** [HK]; **vernuckeln** [HK]; **verknuckeln** [HK]
– zuschließen [HK]; verschließen [HK]; abschließen [HK]; schließen [HK]; (Haustür) zumachen [HK]; Tür zuschließen [HK]; abriegeln [HK] ♦ **E:** wohl zu rw. *vernollen* ‚verschließen', jd. *noal* ‚er hat verriegelt' (WolfWR 3897).

null Num. Kard. [MeT]
nulls [MeT]
– einhundert [MeT] ♦ **E:** zu dt. *Null* DWB XIII 979 f., rw. *nollen* ‚rechnen, zählen' WolfWR 3899.
trantnul Num. Kard. [MeT]; **trantnull** [MeT]
– eintausend [MeT] ♦ **E:** → *trant* ‚groß, dick'.

nülle Subst. [WG] nur in:
mit Nülle Phras. [WG]
– bedeutungslos, uninteressant [WG] ♦ **E:** wohl zu dt. *Null* „besonders vergleichend und übertragen von einer person oder sache, die (wie das für sich nichts geltende zahlzeichen 0) nichts zu bedeuten hat, ohne gehalt, wert und ansehen ist" DWB XIII 979.
nullerich Subst. m. [EF]; **nollerich** [EF]
– Hanswurst [EF].

nulles[1] Subst. m. [NJ]
– böser Geist [NJ] ♦ **E:** unsicher; evtl. zu rw. *nille* ‚Narr' WolfWR 3882, dt. *nollen* ‚futuere', dt. *nülen* ‚wühlen' DWB XIII 978.

nulles[2] Subst. m. [JSa]
– Lyonerwurst [JSa] ♦ **E:** evtl. met. zu dt. *nülle* ‚Penis' DWB XIII 980.

nullje Interj. nur in: [MoM]
zune nullje! Wendung, die zum Schweigen oder zur Verwendung der Maurersprache auffordert. [MoM]
♦ **E:** wohl zu dt. *null* ‚nichts' mit Dim.-Suffix *-je* ‚-chen'.

nüllkenmaker Subst. m. [MB]
– Zigarrenmacher [MB] ♦ **E:** wohl zu *rüllkenmaker*; nd. *rüllken* ‚Röllchen, Rolle Kautabak', in Anlehnung an *nülle* ‚Penis'.

nulpe Subst. f. [MB]
– Schwachkopf [MB]; Versager [MB] ♦ **E:** ugs. *Nulpe* ‚Tabackspfeife, Nase' und ‚dummer, energieloser Mensch, Nichtskönner' (Kü 576).

nümet Adv. [MT, MeT]
nüms [MT, MeT]; **nunmet** [MeT]
– nichts [MT, MeT] ♦ **E:** westf. *nümmes* ‚niemand', Siewert, Humpisch, 99.

nummern swV. [NJ]
nummeren [NJ]
– zählen [NJ] ♦ **E:** zu dt. *Nummer*.

nun Num. Kard. [CL, JS, MB, MM, SS, Scho]
nuun [CL, LL]
– fünfzig [CL, LL, MB, MM, Scho] ♦ **E:** rw., jd. *nun* ‚fünfzig' nach dem Zahlbuchstaben *nun* des hebr. Alphabets (WolfWR 6437, We 88, MatrasJd 291, Post 230, Klepsch 1128). *nun* ‚zehn' (JS) Irrtum des Glossarschreibers, vgl. Efing, Jenisch der Schausteller, 104. ♦ **V:** *nun schuck* ‚zehn Mark' [JS]
nunolf Num. Kard. [Scho]
– einundfünfzig [Scho]
nunnermann Subst. m. [MM]
– fünfzig Mark [MM]
nunschuck Num. Kard., Subst. f. [MM]
– fünfzig [MM]; 50 Mark [MM].

nupe Subst. Pl. [BB]
– Bohnen [BB] ♦ **E:** Inversion zu mdal. *Buhne* ‚Bohnen'.

nuppen swV. [SS]
– hören [SS] ♦ **E:** → *vernuppen* ‚verstehen'.

nurdo Subst. m. [GM]
– Soldat [GM] ♦ **E:** rw. *lurdo* ‚Soldat' (WolfWR 3325) < roi. *lurdo* ‚Soldat, Krieger' (WolfWZ 1823).

nusch Subst. [EF, WG]
– Messer [EF, WG] ♦ **E:** zu tschech. *nuz* ‚Messer'.
rasiernusch Subst. [EF]; **raseernusch** [EF]
– Rasiermesser [EF].

nüscher Subst. m. [JeS]
niescher [JeS]; **nischer** [MJ]; **nüschere** Subst. f. [JeS]
– Schwein [JeS, MJ]; Eber [JeS]; männl. Zuchtschwein [JeS]; Schimpfwort (etwa Schweinekerl) [JeS] ♦ **E:** rw. *nischen* ‚suchen, untersuchen', zu dt./mdal. *nüschen* „wühlen wie die Schweine" (WolfWR 3885).

nußschol Subst. f. [EF]
nußschale [EF]
– Kahn [EF] ♦ **E:** mdal. für hochdt. *Nußschale*.

nuttere swV. [JeS]
nuttern [JeS]
– sieden (z. B. Wasser) [JeS] ♦ **E:** unsicher; evtl. zu dt. *nütteln* ‚sich hin- und herbewegen' DWB XIII 965f.; vgl. auch WolfWR 3924.

O

oam nur in:
den oam ophonen ‚zögern, zurückhalten' [HF] ♦ **E:** unsicher; evtl. zu rhein. *ommer, ömmer* ‚glühende Holzkohle; Klicker, klickendes Gräusch', RheinWb. VI 400.

obä Subst. m. [OJ]
– Depp [OJ] ♦ **E:** schwäb. *obele* ‚Ochs, dummer Bursch' SchwäbWb. V 5.

obbe mumm Subst. m., Phras. [SK]
– Tabak [SK] ♦ **E:** aus Produktname, an der schleswig-holsteinischen Küste einst beliebte Tabaksorte *Peter Obbe Mumm*; volksetym. aus *petum optimum*; *petema* ‚Tabak' und lat. *optimus* ‚der beste'; → *mumm*.

obbe Affirmationspart. [MB, ME]
owwa [JSW]
– ja! [JSW, MB, ME]; richtig! [ME] ♦ **E:** roi. *ova!* ‚ja!' (Boretzky/Igla 23).

ober- Präfix, Adj. in:
oberkünftig [GM, JSa, LüJ, MoJ, StG, Zi]; **oberkindig** [CL]; **oberkümftig** [JeS]; **oberkinftig** [PH]
– hoch [CL]; oben [GM, JeS, LüJ, MoJ, PH, Zi]; obenherum [GM]; darüber [PH]; alles, was oben steht [StG]; im Oberhaus, in einer oberen Etage [StG]; jd., über den gesprochen wird, ohne dass er es merkt [JSa] ♦ **E:** rw. *oberkünftig* ‚die oberen Wohnungen', ‚Oberstube', zu dt. *oben* und Halbsuffix *-künftig* (WolfWR 3018). Vergleichbare Bildungen s. → *künftig*. ♦ **V:** *Oberkünftig herles in der grandiche ruchekitt schefft ein nille. Der hauret link. Spann' da linzt er zum feneter am stenkert. Kenn, ich bost' schiebes!* ‚Oben hier in dem großen Bauernhaus ist ein geistesgestörter Mensch. Der ist (sehr) böse. Sieh', hier schaut er zum Fenster am Stall heraus. Ja, ich geh' fort!' [LüJ]

oberkönig Adv. [JeS]
– oben [JeS]; darüber [JeS]; hinauf [JeS]; hinten [JeS]; dahinter [JeS] ♦ **V:** *obekönig hät de ruech kwanti schariseli* ‚da oben hat der Bauer schöne Kirschen' [JeS]

oberamt Subst. n. nur in:
groß oberamt Subst. n., Phras. [PfJ]; **großoberamt** [PfJ]
– Preußen [PfJ]

oberlink Adj., Adv. [GM, WJ]
– sehr schlecht [GM, WJ]; sehr feige [GM]; sehr unangenehm [GM] ♦ **E:** Elativ zu dt. *link*, analog z. B. *faul* > *oberfaul*.

obersichtig Adj. [SG]
– das zweite Gesicht habend, hellseherisch begabt sein [SG]

obrfätz Subst. m. [OJ]
– großer Lump [OJ]; Obermeister [OJ]

oberflotschergaaschi Subst. m. [JeS]
– Fischereiaufseher [JeS]

oberförster Subst. m. [HN]
– „höherrangiger Polizist in Uniform, nicht vom Kiez, daher unerfahren, nicht ganz ernst zu nehmen, keine Gefahr" [HN]

obergrütschgaaschi Subst. m. [JeS]
– Gemeinde(rats)präsident [JeS]

obergsaafer Subst. m. [Scho]
– Oberschreiber [Scho] ♦ **E:** → *kassiber*.

oberkuchem Subst. m. [Scho]
– Neunmalkluger [Scho]; Besserwisser [Scho] ♦ **E:** → *kochum*.

obermann Subst. m./n. [Gmü, HLD, Him, JSa, KJ, LJ, LüJ, MB, MM, PfJ, SG, StG]; **obermanni** [KJ]; **overmann** [MM, RR]; **obrmah** [OJ]; **obermäntche** [HK]; **obermännchen** [HK]; **obermannicken** [HK]; **obermännichen** [HK]; **obermäntje** [HK]; **obermänntchen** [HK]; **owermännche** [LI]; **owermännichen** [HK]; **owermännsche** [HK]
– Hut [Gmü, HK, HLD, Him, JSa, KJ, LJ, MB, MM, OJ, PfJ, RR, SG, StG]; Haube [KJ]; Jackett [MM]; „jede Art von Kopfbedeckung" [LüJ]; Kappe [LI]; Käppchen [MM]; Mantel [HK, MM]; Mütze [HK] ♦ **E:** rw. *obermann* ‚Hut' (WolfWR 3941). [MM]. ♦ **V:** *was hegt der seeger für 'nen jovlen obermann auf* ‚was hat der Mann für einen schönen Hut auf' [MM]

obermannpflanzer Subst. m. [LüJ, PfJ]
– Hut- oder Kappenmacher [LüJ, PfJ]

obi Subst. m. [MM]
– Hut [MM] ♦ **E:** Kurzform zu → *obermann* ‚Hut', vermutlich beeinflusst von *Bibi* (veraltet) ‚modischer Damenhut'.

obermäs Subst. m. [EF]; **obermess** [EF]
– Oberlehrer [EF]

obermeier Subst. m. [MM]
– Jacke, Oberbekleidung [MM]
obermien Subst. m. [EF]
– Oberlehrer [EF]
obermohken Subst. m. [SK]
– Stadt [SK] ♦ **E:** → *mokum*.
oberschien Subst. m. [StG]
– Oberaufseher [StG]
obibringen swV. [WG]
– überführen [WG]
obisteigen swV. [WG]
– in die Korrektionszelle müssen [WG]
obitreten swV. [WG]
– in die Korrektionszelle müssen [WG]
oberkolb Subst. m. [PfJ]
– Oberpfarrer [PfJ]
oberkümftigrottel Subst. m. [JeS]
– Flugzeug [JeS]
obersänz Subst. m. [JeS]; **obersäns** [JeS]
– Gerichtspräsident [JeS].

obi → *ober*.

obstinats Adj. [NJ]
obstinal [NJ]; **obstinalt** [NJ]
– frech [NJ]; vorlaut [NJ] ♦ **E:** dt. *obstinat* ‚starrsinnig, unbelehrbar' < lat. *obstinatus*.

och Part. [HF]
og [HF, HeF]; **oet** [HF]; **öt** [HF]
– auch [HF, HeF] ♦ **E:** rhein. *och, ooch* ‚auch' (RheinWb. I 296), *oet, öt* eher zu niederrhein. *es.* ♦ **V:** *röhlt Zinotes og?* ‚Treiben Sie auch Handel?' [HeF]; *holt dem blag og de flick?* ‚Versteht er auch die Sprache?' [HeF]; *thürt zinotes og?* ‚Rauchen Sie auch?' [HeF].

ochsen swV. [EF]
– lernen [EF] ♦ **E:** dt./ugs. *ochsen* ‚lernen', nachgebildet zu dt. *büffeln* ‚lernen'.

ochte Num. Kard. [GM]
ochter [JSW]; **ochto** [JSa]; **ochta** [MB]
– acht [GM, JSa, MB] ♦ **E:** roi. *ochto* ‚acht' (WolfWZ 2213).

oef Subst. f. [BB]
ooref [BB]; **uaf** [BB]; **uerf** [BB]
– Frau [BB] ♦ **E:** Inversion zu *Frau, Froo* u. ä. ♦ **V:** *Dat sen Nam en Ooref* sie sind verheiratet [BB]
wiertsoref Subst. f. [BB]
– Wirtsfrau [BB].

oette ‚Nachbar' → *ette*.

ofen Subst. m. [HN]
– „liebstes Ding, Auto, Frau u. s. w." [HN] ♦ **E:** dt. *Ofen* DWB XIII 1154ff.
öflinger Subst. m. [JeS]
– Ofen [JeS]; Holzofen [JeS]; elektrischer Ofen [JeS]; Radiator [JeS] ♦ **E:** zu dt. *Ofen*, schweizdt. *Ofe*.
ofenröhre Subst. f. [EF]
– Zylinderhut [EF] ♦ **E:** dt. *Ofen und Röhre*. Benennungsmotiv: Form und Farbähnlichkeit.

offenburger Subst. m. [LüJ]
– Offenbarungseid [LüJ] ♦ **E:** Deonomastikum zum ON. *Offenburg*.

offiz Subst. m. [EF]
– Offizier [EF] ♦ **E:** Kurzform zu dt. *Offizier*.

öflinger Subst. m. → *ofen*.

og Subst. n. [SJ]
– Auge [SJ] ♦ **E:** mdal./nd., rhein. u. a. *Oog* ‚Auge' (etwa RheinWb. I 308).

ogoll Subst. m. [GM]
– Storch [GM] ♦ **E:** roi. *ogol* ‚Storch' (WolfWZ 2202).

ohgleich Adj. [OJ]
– bucklig [OJ] ♦ **E:** dt./schwäb. *ungleich*.

ohles Subst. m. [JeH]
– Topf [JeH] ♦ **E:** mdal./rhein. *Aules* ‚Topf' (RheinWb. I 333) < lat. *olla*.

öhme Subst. f. [MM]
– Dreck [MM]; Mist [MM]; schlechte Luft [MM] ♦ **E:** westf. *ömich* ‚morsch' (WWBA. 110). ♦ **V:** *habt ihr immer so 'ne öhme?* ‚Stinkt es bei euch immer so?' [MM]
öhmen swV. [MM]
– verarschen [MM]
veröhmen swV. [MM]
– verulken [MM].

ohr nur in:
öhrlig Subst. m. [BM]; **öhrliger** [BM]
– Ohr [BM] ♦ **E:** dt. *Ohr* DWB XIII 1224 ff.
ohrling Subst. m. [HK]
– Ohrring [HK].

oi! Interj. [StG]
– *oi weh!* Warnruf [StG].

oichhierale Subst. n. [OJ]
– Raupe [OJ] ♦ **E:** mdal./schwäb. *Eichhirele* ‚Eichhörnchen' (SchwäbWb. II 559). Benennungsmotiv: vergleichbarer Bewegungsablauf.

öiger Subst. [BM]
– Auge [BM] ♦ **E:** zu schweizdt. *äugen* ‚sehen lassen' (SchweizId. I 140).

oilken Subst. [MT, MeT]
okken [MeT]; **ölken** [MeT]; **auland** Subst. [MT, MeT]
– Kaffee [MT, MeT]; guter, starker Kaffee [MeT] ♦ **E:** unsicher; evtl. zu rw. *oluff* ‚Schnaps' aus jd. *alluph* ‚der Ausgezeichnete', so WolfWR 3971. ♦ **V:** *okken pogen, ölken pojen* ‚Kaffee trinken' [MeT].

oken ON [HF]
– Aachen (Stadt) [HF] ♦ **E:** niederfrk. Form des Städtenamens.

okkulöm Subst. f. [MM]
– (Tabaks-) Pfeife [MM] ♦ **E:** zu dt. *okulieren* ‚einpfropfen, einstopfen' DWB XIII 1269. Pars-pro-toto-Metonymie Tätigkeit für betroffenes Gerät.

okto Num. Kard. [LüJ]
– acht [LüJ] ♦ **E:** roi. *ochtó* ‚acht' (WolfWZ 2213; Boretzky/Igla 200), aus dem Griechischen entlehnt.

olchen swV. [MB]
– spucken [MB]; rotzen [MB]; quallern [MB] ♦ **E:** unsicher; evtl. zu westf. *Ülk* ‚etwas Schmutziges', *ülken* ‚stinken'.

ölch Subst. [MB]
– Rotz [MB]; Spucke [MB].

öle Subst. f. [MM]
oele [MM]
– Dreck, Mist [MM]; dreckiges Wasser [MM]; Kanal [MM]; Tankstelle [MM] ♦ **E:** westf. *ölik* ‚trübe' (WWBA. 1105). ♦ **V:** *inne öle malochen* ‚Erdarbeiten ausführen' [MM]; *Mochum anne öle* ‚das Herz-Jesu-Viertel am Kanal' [MM]; *Mochum liegt anne öle* ‚das Herz-Jesu-Viertel liegt am Kanal' [MM]

ölemann Subst. m. [MM]
– Kanalarbeiter [MM].

oleich Interj. [JS, PH]
oleicht [JS, PH]; **oh laich** [LüJ, JS]
– oh Mensch! [JS]; hoppla! [JS, PH]; oh weh! [LüJ, JS, PH]; oh Schreck![LüJ]; oh nein! [LüJ]; oh je! [LüJ]; mein lieber Mann! [LüJ]; Vorsicht! [LüJ]; Achtung! [LüJ] ♦ **E:** wohl aus hebr. *alelai* ‚wehe' (SchwäbWb. VI/2 2418); volksetym. Angleichung an Interj. dt. *Oh!* ♦ **V:** *oh laich ossere kailoff schäft schovel lack* ‚Oh Mensch, unser Hund ist schwer krank' [JS]; *o laich!* ‚oh weh!' [LüJ].

olem Subst. m. [FS]
oolem [CL, LL]; **ulma** [LüJ]; **ulme** [LüJ]; **ulmen** [LüJ, TJ]; **ulm** [LoJ]
– große Masse, große Menge, viele [CL, LL]; Leute, ein Haufen Leute [LüJ, TJ]; Menschen, Personen [LüJ]; Fremde [LüJ]; Nichtjenische [LoJ]; Dorf [FS] ♦ **E:** rw. *oilom, aulem, olem* ‚Welt, Land, Dorf, Menge' u. a. (WolfWR 3966) < jd. *olom* ‚Weltall, Ewigkeit', *oulem* ‚Welt, Ort, Fremde' (Avé-L. 426, Post 230, Klepsch 1140). ♦ **V:** *jenische ulmen* ‚umherziehende Leute, jenische Leute, Zigeuner-Leute' [LüJ]; *latscho ulme* ‚nette Leute' [LüJ]; *tschi butsche, die ulme hont* ‚nichts sagen, die Leute hören zu' [LüJ]; *ulme, hauret der kaffer wohnisch? nobis, model!* ‚Leute, ist der Mann katholisch? Nein, Mädchen!' [LüJ]; *uff dem Bäämche waren en Oolem Ebbel* ‚auf dem Bäumchen war eine Menge Äpfel' [CL, LL]; *er hot en oolem schori vekient* ‚er hat eine Menge Waren verkauft' [CL]; *Ulme, hauret der kaffer wohnisch? Leute, ist der Mann katholisch?* [LüJ]

blibelulmen Subst. Pl. [LüJ]
– betende Leute [LüJ]; Kirchgänger [LüJ]; Christen [LüJ]; Methodisten [LüJ]; Stundenleute (Angehörige einer religiösen Sekte) [LüJ]

dercherulmen Subst. Pl. [LüJ]
– Bettelleute, Bettler [LüJ] ♦ **V:** *dercherßmoß: hauret so dof, lehmschupfer, und dogt mir dofen lehm oder gleiskechelte für mein gälmle zum gleisschnälle sicheren. lehmschupfer: nobis, nobis, dercherulmen wird lore 'dogt!* ‚Bettelweib: Seid so gut, Bäcker, und gebt mir etwas Weißbrot oder Milchwecken für mein Kindlein, um ein Milchsüpplein zu kochen. Bäckermeister: Nein, nein, Bettelleuten wird nichts gegeben!' [LüJ]

rucheulme Subst. Pl. [LüJ]
– Bauern, Bauersleute [LüJ] ♦ **V:** *lenzerei: model, lenz' die rucheulme, was herles der ruch schefft? kenn, patres!* ‚Fragerei: Mädchen, frag die Bauersleute, wer hier der Bauer ist. Ja, Vater!' [LüJ]

olemsch Adj. [KM]; **olmsch** [JSW, MeT]; **olms** [MeT]; **ollmisch** [JS]; **olmisch** [JeS]; **ollmig** [JS]; **oltemesch** [WL]; **oltesch** [NJ, WL]; **oltmansch** [MeT]; **oltrisch** [LJ]; **oldrisch** [LüJ]; **ooltesch** [WL]; **uldrisch** [LüJ, WJ]; **ultrisch** [LJ, LüJ, MUJ]; **ullmisch** [HK]; **ulmerisch** [JeS]; **ulmisch** [HK, JeS]; **ulmitz** [JeS]
– alt [HK, JS, JSW, KM, LJ, LüJ, MUJ, MeT, NJ, WJ, WL] ♦ **E:** rw. *altrisch, olmisch, olmsch, ulmisch* u. a. ‚alt', gebildet zu jd. *olom* ‚Weltall, Ewigkeit' (WolfWR 73 und 3966); vgl. *altrisch* s.v. → *alt.* ♦ **V:** *tschi oltrisch* ‚jung' [LJ]; *uldrisch gaadsch* ‚Großvater' [WJ]; *uld-*

risch(e) moß ‚Großmutter' [WJ]; *ein ultrischer gatsche* ‚ein alter Mann' [LüJ]; *uldrisches jahne* ‚altes Jahr' [LüJ]; *da joste die kochemer, kaffer und ruminis, oltrische und kodems, stegen und schickse, im bali beinander um en jak* ‚da lagen die Gauner, Männer und Weiber, Alte und Kinder, Buben und Mädchen, im Walde beisammen um ein Feuer' [LJ]; *du ullmische scharwidde* ‚du alte Ziege' (Schimpfwort) [HK]; *enne ullmische zinterkäue* ‚eine alte Zigeunerfrau' [HK]; *ullmische käue* ‚alte Frau' [HK]; *ullmischer beeker* ‚alter Mann' [HK]; *ulmische jenters* ‚alte Leute' [HK]; *in dem bajes hocken olteschen* ‚In dem Haus sind alte Leute' [NJ]

orl Adj. [JS]
– alt [JS]

ultrischkober Subst. m. [LJ]
– alter Wirt [LJ]; alter Gastwirt [LJ]

olmer Subst. m. [SG, SK]; **ulmer** [HLD]; **olter** [NJ, RH, SE, TK]; **olle** [SG]; **olmert** [SK]; **oltrisch** Subst. m. [NJ]; **ultrisch** [PH]; **oldesch** [JS]; **olmisch** [JeS]; **olmischi** [JeS]; **ulmisch** [JeS]; **ullmischer** Subst. m. [HK]; **ollmischer** [JS]; **olemsche** [KM]; **olmischjogg** Subst. m. [JeS]; **oldmöscher** Subst. m. [WL]; **oldmöschel** [WL]; **oltemöscher** [WL]; **holtmöschel** [WL]
– Mann [TK]; alter Mann [HK, HLD, SG, SK]; Vater [HK, JeS, NJ, PH, RH, SK, WL]; Großvater [HK, WL]; älterer Herr [HK]; Alter [HK]; der Alte (Vater) [JS, JeS, KM, WL]; die Alten [JS]; Papa [JS]; allgemeine Respektperson [JeS]; Meister [JeS, WL]; Vorgesetzter [JeS]; Lehrer [JeS]; Ehemann [JeS, TK]; Mutter [SE] ♦ **V:** *der ulmische heechd dann gedibberd, ob wir die budderei hatten* ‚der Vater hat dann gefragt, ob wir die Genehmigung hatten' [HK]

olemsches Subst. Pl. [KM]
– Eltern [KM] ♦ **V:** *Wä-mer et Sondaas nomedaas os Olemsche besööke jont, dan jid-et et ovents immer noch jät tse schaskere.* ‚Wenn wir am Sonntag Nachmittag unsere Eltern besucht haben, gab's abends immer noch was zu trinken' [KM]

olmers Subst. m. [SK]
– alter Mann [SK]; Vater [SK]

oltesch Subst. f. [NJ, RH]; **oldisch** [RH]; **ooltesch** [WL]; **olemsche** [KM]; **olsche** [JSW]; **olmisch** Subst. f. [JeS]; **olmischi** [JeS]
– Mutter [JeS, NJ, RH]; die Alte (Mutter) [KM]; Alte (abwertend) [JSW]; die Alte [WL]; Großmutter [WL]; Frau [TK]

uldrische Subst. Pl. [WJ]
– die Alten [WJ]

olmische [JeS]
– die Alten, Eltern [JeS]

olmersche Subst. f. [SK]; **olmerske** [MeT]; **olmische** [JS]
– alte Frau [MeT, SK]; Mutter [MeT]; alte (Mutter) [JS]

ulmische Subst. f. [HK]; **ulllmische** [HK]
– Mutter [HK]; Frau [HK]; Alte [HK]; ältere Frau, Dame [HK]; alte Frau [HK]; Großmutter [HK]; Oma [HK]; Vater und Mutter [HK] ♦ **V:** *du schemmsd die ullmische* ‚du bist die Mutter' [HK]; *de ullmische is in derr finkelei unn fladdert* ‚die Frau ist in der Küche und wäscht' [HK]; *der scheeks und de ullmische schuulen durch de Brille* ‚der junge Mann und die alte Frau sehen durch die Brille' [HK]; *der ullmischen fehlen de krachlinge* ‚der alten Frau fehlen die Zähne' [HK]; *die jungen beekers heechen dann immer gedibberd: »ach, die ullmische schemmd immer bekanne«* ‚die jungen Männer haben dann immer gesagt: »ach, die Mutter ist immer dabei«' [HK]; *Heuje weerd die ullmische berammelt!* ‚Heute wird die Frau begraben!' [HK]

großullmische Subst. f. [HK]
– Großmutter [HK]; Oma [HK]

schwiegerullmische Subst. f. [HK]
– Schwiegermutter [HK] ♦ **V:** *warte mal, bis die schwiegerullmische buschd* ‚warte mal, bis die Schwiegermutter kommt' [HK]

olmischgäje Subst. f. [JeS]; **ulmischgaie** [JeS]
– Großmutter [JeS]

olmischgaaschi Subst. m. [JeS]; **ulmischgaschi** [JeS]
– Großvater [JeS]

olmershutsche Subst. m. [MT, MeT]
– Altenteiler [MT]; Ruhesitz [MeT]; Altenteil auf Bauernhöfen [MeT]

fuhrendei olmersche Subst. f. [SK]
– alte Frau [SK] ♦ **E:** roi. *phuri dai* ‚alte Mutter, Stammesmutter'.

kahkenolmer Subst. m. [SK]
– burschikose Anrede ♦ **E:** roi. *kako* ‚Onkel', Anrede von älteren Fremden durch Zigeunerkinder (WolfWR 3966).

ölen swV. [MB]
– trinken [MB] ♦ **E:** westf. *ölen* ‚sich betrinken' (WestfWb. 818)

beölen swV. [HN]
– über etwas lachen [HN].

olf¹ Num. Kard., unbest. Art., Indef.Pron. [MB, MM, SE, SS]
ollef [MM]; **oluf** [CL, LL]; **ooluf** [CL]; **ouläf** [CL]
– eins [CL, LL, MB, MM, SE, SS]; ein, eine [MM] ♦ **E:** rw. *oluf* < jd. *ollef* ‚eins' (WolfWR 6437) < jd. *ollef* hebr. *aleph* Zahlbuchstabe für eins (We 88, MatrasJd 292, Post 230, Klepsch 1132). ♦ **V:** *olf Schuck* ‚eine Mark' [MM]; *olf delofe* ‚1000 Mark' [MM]; *olf, bes, kimmel, dollar, hei – mit dem sonnof an die schmu vorbei* ‚eins, zwei, drei, vier, fünf – mit dem Schwanz an der Scham vorbei' [MM]; *oluf meschugge schäfft meim meschugge* ‚Ein Narr macht 100 andere' [CL]; *olf tack* ‚10 Pfennig' [MB]; *olf fioscer tack* ‚15 Pfennig' [MB]; *lau lone! der zuos is auf ollef scheinink ibber!* ‚nichts da, das Pferd ist auf einem Auge blind' [MM]

olffinse Subst. [SS]
– Einmarkstück [SS] ♦ **E:** *finse* ‚Markstück', westf. *flinse* ‚flache Scheibe', Woeste 303.

olmalolf Subst. n. [MM]
– Einmaleins [MM]

olfbahnstrehle Subst. f. [MM]
– Einbahnstraße [MM].

olf² Subst. m. [SS]
– Bauer [SS]; Dummkopf [SS]; Kerl [SS]; Taugenichts [SS] ♦ **E:** unsicher, evtl. Kurzform einer abwertenden Personenbezeichnung aus RN *Adolph*, Jütte, Schlausmen, 147.

olmisch ‚alt' → *olem*.

olp Adj. [BB]
– blau [BB] ♦ **E:** Inversion zu mdal. *bloo*.

oltrichter Subst. m. [SG]
oaltrichter [SG]
– Bassposaune [SG] ♦ **E:** zu dt. *Trichter* und wohl zu dt. *alt*.

oltrisch ‚alt' s. → *olem*.

oluf ‚eins' → *olf*.

oluff Subst. m. [HLD]
– Schnaps [HLD] ♦ **E:** rw. *oluff* ‚Schnaps' (WolfWR 3971) < jd. *alluph* ‚der Ausgezeichnete'.

omkassaggla swV. [OJ]
– herumtreiben [OJ] ♦ **E:** mdal. *herum* und mdal. *kasackern* ‚eilen, rennen', *gassaten* ‚herumstreifen', evtl. zu dt. *Kasack* aus frz. *casaque* ‚Reiserock'.

omleifer Subst. m. [SPI]
– Händler [SPI] ♦ **E:** mdal., dt. *Herumläufer*.

ömmes¹ ‚fürwahr', ‚schwerer Gegenstand' → *emmes¹*.

ömmes² Subst. m. [JSW, MB]
– Mann [MB]; Kerl [MB]; großer Kerl [MB]; Narr [MB]; Faulpelz [JSW] ♦ **E:** westf. *ömmes* ‚ungewöhnlich dicker Mann; kleiner, dicker Junge' (WestfWb. 819).

omreng Subst. m. [OJ]
– Kurve [OJ] ♦ **E:** dt. *um* und *Ring*. ♦ **V:** *rutsch omreng* ‚fahr um die Kurve' [OJ].

onger Präpos. [HF]
– unter [HF] ♦ **E:** mdal. Form (Gutturalisierung) zu dt. *unter*.

ongeschroft Part. Perf. [MoM]
– gepellt [MoM] ♦ **E:** dt. *ungeschrappt/ungeschruppt* ‚ungeschält', nach dem Kochen zu pellen. ♦ **V:** *ongeschrofte doffts* ‚Pellkartoffeln' [MoM].

onkel Subst. m. [HN]
– Außenstehender, kein Gruppenangehöriger [HN] ♦ **E:** dt. *Onkel* DWB XIII 1289. ♦ **V:** *der hat 'nen onkel* ‚Vorsicht! Der kennt jmdn., der einflussreich ist, Beziehungen hat' [HN].

pissonkel Subst. m. [HN]
– „Toilettenmann" [HN].

oolem ‚große Menge' → *olem*.

oomenssierefe Subst. n. [BB]
– Abendessen [BB] ♦ **E:** mdal. dt. *Abend* und rw. *serfen* ‚brennen, braten, kochen' aus jd. *srepho* ‚Brand' WolfWR 5329.

oorefschnäm Subst. m. [BB]
– Fraumensch [BB]; allgemeine, nicht abfällige Bezeichnung für die Frau [BB] ♦ **E:** Inversion zu *Fraumensch*.

oos Subst. n. [CL]
– durchtriebener Mensch (Mann und Frau) [CL] ♦ **E:** mdal. Form (Verdumpfung *a>o*) zu dt. *Aas* (PfälzWb. I 7).

op Präp. [HF]
– auf [HF] ♦ **E:** mdal. zu dt. *auf.* ♦ **V:** *zinotesen thür on dem blök hucken op den Refter* ‚Deine Pfeife und der Tabak liegen auf dem Tisch.' [HeF]; *Zinotesem Bott huckt op te Fonkert* ‚Dein Essen steht auf dem Ofen.' [HeF].

opera Subst. [RR]
– Brille [RR] ♦ **E:** Kürzung aus dt. *Opera-Brille* ‚Opernglas'.

opering Subst. [LoJ]
– Uhr [LoJ] ♦ **E:** unsicher; evtl. Bildung zu rw. *appekük, oppecke* ‚Kappe' WolfWR 118, nach dem Schließdeckel einer Taschenuhr.

ophuker Subst. m. [KM]
– Geschlechtsverkehr [KM] ♦ **E:** dt. *Aufhocker.*

oraff Subst. m. [CL]
oref [Scho]; **oreff** [SPI]
– Bürge [Scho]; Garantie [CL, SPI] ♦ **E:** jd. *orew* ‚Bürge' (Avé-L. 428, We 88, Klepsch 1136).

orasa Subst. Pl. [PfJ]
– alte Reste [PfJ] ♦ **E:** schwäb. *Urasen* ‚Speiseüberreste' (SchwäbWb. VI/1 289). ♦ **V:** *orasa achiela* ‚Reste essen' [PfJ].

orel¹ Adj. [Scho]
– unbeschnitten [Scho] ♦ **E:** jd. *ōrel* Pl. *arëilem* ‚Nichtjude, unbeschnitten' (We 88, Post 231).

orel² Subst. m. [Scho]; **areilem** Pl. [Scho]
– Nichtjude [Scho].

örf Adv. [BB]
ürf [BB]
– früh [BB] ♦ **E:** Inversion zu mdal. *fröö, früh.*

orginal Adj. [MB]
– ehrlich [MB]; direkt [MB]; geradewegs [MB]; genau [MB] ♦ **E:** dt./lat. *Original,* zu lat. *origo* ‚Ursprung' DWB XIII 1347f. ♦ **V:** *orginal tobiffte* ‚rundum in Ordnung' [MB].

ort nur in:
ortsdricker, ortsdrücker Subst. m. [HK]
– fünfundsiebzig Pfennig [HK] ♦ **E:** dt. (ant.) *ort* Münzbezeichnung, u. a. ‚Viertel einer Münze' DWB XIII 1352, 4.a und rw. *drücken* ‚stehlen, betteln' aus nd. *trecken* ‚ziehen' WolfWR 1102.
ortsmoos Subst. n. [HK]
– fünfundsiebzig Pfennig [HK].

örtlig Subst. m. [BM]
örtliger [BM]
– Mauer [BM] ♦ **E:** DWB XIII 1362 *örteln* ‚säumen', mhd. *geörtelt* ‚eingesäumt, umsäumt', ahd. *ort* ‚Spitze, Winkel', ahd. *ort widar orte* (Hildebrandslied).

örtsch Subst. [BM]
– Ort [BM] ♦ **E:** zu dt. *Ort* ‚bewohntes, geschlossenes Gebiet'.

osapa Subst. [FS]
– Fleisch [FS] ♦ **E:** Inversion zu *pose* (s. → *bose* ‚Fleisch') durch Anfügen des konsonantischen Anlauts und Anhängen von *a* am Wortende.

oscher Adj. [CL, PH]
ōscher [PH]; **ooscher** [CL, LL]
– reich [CL, LL, PH]; wohlhabend [CL, LL]; vornehm [CL] ♦ **E:** rw. *auscher* ‚reich' < jd. *oscher sein* ‚reich sein' (WolfWR 187, Avé-L. 430, We 49, Post 231). ♦ **V:** *Du bischd awer ooscher gemallebuscht!* ‚Du bist aber vornehm gekleidet' [CL, LL].

oschpis Subst. m. [CL]
– Wirt [CL] ♦ **E:** lat. *hospes* ‚Gastwirt', rom. *hospice* ‚Herberge'.
oschpiseste Subst. f. [CL]
– Wirtin [CL].

ösel Subst. m. [MM]
ozel [Scho]
– dreckiger Mensch [MM]; Faulpelz [Scho] ♦ **E:** rw. *ozel* ‚untätiger Spitzbube' (WolfWR 4000) < jd. *özel* ‚Faulpelz' (We 88).
ozel Adj. [Scho]
– faul [Scho]
öselich Adj. [MM]
– schmutzig [MM]
ozelstreich Subst. m. [Scho]
– dummer Streich [Scho]; schlechter Zustand [Scho].

ösenkaukending Subst. n. [SG]
öisenkaukending [SG]
– Gewehr [SG] ♦ **E:** dt./mdal. *Öse,* nd. *kauken* ‚gucken', dt. *Ding.* Benennungsmotiv: Visiereinrichtung, durch die man beim Zielen guckt.

oser Indef. Pron., Adv. [MB, MM, Scho]
ohser [MM]
– kein [MM]; nein [MM, Scho]; nicht [MM, Scho]; nicht gerade [MM]; nichts [MM]; nichts da [MM]; niemals [MM]; schlecht [MM]; „ist wohl nicht" [MM]; ohne [MB] ♦ **E:** rw. *osser* ‚verboten' (WolfWR 3987) < jd. *oser* ‚nein, nichts' (Avé-L. 329, We 88, Post 232, Klepsch 1459). ♦ **V:** *oser laulone* ‚nichts' [MM]; *lau oser* ‚niemals, nein, nicht, nichts da, kein, nichts mehr, nichts, aussichtslos, vergeblich, nicht' [MM]; *oser, lau* ‚nichts da' [MM]; *tschi oser* ‚nichts da' [MM]; *oser hamel* ‚nicht viel' [MM]; *er bewirchte oser mal brassel* ‚er bekam selten mal Ärger' [MM]; *mit lowi war lau oser bei den jölbst* ‚der Mann hatte keinen Pfennig' [MM]; *wullachen war bei dem lau oser* ‚er arbeitete nie' [MM]; *er bewirchte oser hamel lowi für*

seine maloche ‚er bekam nicht viel Geld für seine Arbeit' [MM].

oskar Subst. m. [SJ]
– trockenes Brot [SJ] ♦ E: rw. *trockener oskar* ‚trockenes Brot', volksetym. PN *Oskar* zu jd. *ossok* ‚frech, verhärtet' (WolfWR 3988).

osnik Subst. m./f. [GM, JS, MB, MM, StG]
osnick [MB, MM]; **osneck** [NJ]; **osning** [MM]; **osnink** [MM]; **osnitz** [MM]; **ossneik** [MM]; **ossning** [MM]; **osnak** [LJ]; **osnäk** [UG]; **ossling** [MM]; **osming** [JS]; **ochse** [StG]; **oswieck** [MB]; **usmer** [HLD]
– Uhr [GM, JS, LJ, MB, MM, NJ, StG, UG]; Ring [JS]; Sonne [MM]; Tageszeit [MM] ♦ E: rw: *osnik, ossnick* ‚Uhr', zu jd. *os* ‚Wunder, Zeichen, Buchstaben' mit slav. Endung, mit Einfluss von jd. *osen* ‚Ohr' (Avé-L. 326, WolfWR 3989). ♦ V: *usmer muckt* ‚die Turmuhr schlägt' [HLD]; *lins mal, wat de ossling geiert* ‚wie spät ist es' [MM]; *wat schmust der osnik?* ‚Wie spät ist es?' [MM]; *kenn es wat de osning schmust* ‚wieviel Uhr ist es' [MM]; *was muckert der osnitz?* ‚wie spät ist es?' [MM]; *roin mal wat der osnig schmust!* ‚Sieh mal nach, wie spät es ist!' [MM]; *was schmust osneck?* ‚wie spät?' [NJ]; *auffe osnick dicken* ‚aus die Uhr schauen' [MB]; *was schmust die osnick* ‚wie spät ist es?' [MB]
schotterosnik Subst. m. [MM]
– Parkuhr [MM]
tackenosnik Subst. m. [MM]
– Parkuhr [MM]
ochsenmalage Subst. m. [StG]
– Uhrmacher [StG].

ossenstirne Subst. f. [StG]
– breite Stirn [StG] ♦ E: nd. zu dt. *Ochsenstirn*.

osterbub Subst. m. [WM]
– Konfirmand [WM] ♦ E: dt. *Ostern* und dt. *Bub*. Benennungsmotiv: weil die Konfirmation zur Osterzeit erfolgt.

östreichere Subst. f. [LJ]
oestreicheri [SchJ]
– Sonne [LJ, SchJ] ♦ E: rw. *Östreicherie* ‚Sonne', met. „Land im Osten" als Bezeichnung für die im Osten aufgehende Sonne (WolfWR 3993, Klepsch 1139).

otten Adj. [MT, MeT]
– wählerisch [MT, MeT] ♦ E: rw. *otten* ‚wählerisch' < jd. *odan* ‚wohllebend' (WolfWR 3996) oder nd./westf. *oaten* ‚den teller nicht leer machen', Siewert, Humpisch, 100.

ougemänt Subst. m. [BM]
– Augenblick [BM] ♦ E: Kontamination aus dt. *Augenblick* und *Moment*.
ougemänteli Subst. n. Dim. [BM]
– kurzer Augenblick [BM].

oui Affirmationspart. [SchJ]
– ja [SchJ] ♦ E: frz. *oui* ‚ja'. [SchJ].

out Adj. [HF]
– alt [HF] ♦ E: mdal., südnfrk. *out* ‚alt' (RheinWb. I 130/131).

över Präp. [HF]
– über [HF] ♦ E: *ower, öwer* mdal. für dt. *über*.
överhändsig Adv. [HF]
– im übrigen [HF]
overnetten Subst. m. [HF]; **oevernetten** [HF]
– Großvater [HF] ♦ E: → *netten* ‚Vater'.
öeveroll Präp. [HF]
– überall [HF].

owelappe Subst. m. [KMa]
ofenlappen [KMa]
– Pfannkuchen, auf der Herdplatte gebacken [KMa] ♦ E: dt. *Ofen* und *Lappen*.

owet Subst. m. [SG]
ouwet [SG]
– Apfel [SG] ♦ E: Slavismus: poln. *owoc* ‚Obst', böhm. *owoce*.

owi- Präfix, nur in:
owilassen swV. [WG]
– herunterlassen [WG]; mit jemandem nichts zu tun haben wollen [WG]. ♦ E: wienerisch *owi* ‚herunter', aus *ab-hin*.

P

pa Adv., Konj. [OJ]
– aber [OJ] ♦ E: zu dt. *aber*.

pääggu Subst. m. [BM]
– Schaf [BM] ♦ E: Onomatopoeticum, zu schweizdt. *Pägg* ‚Schrei von Schafen' (SchweizId. IV 1076).

päätchen ‚Ei' → *betz*.

päch Subst. n. nur in:
ds päch gä Phras. [BM]
– sich schnell davonmachen [BM] ♦ E: dt. *Pech* ‚Stoff aus Harz, Holzteer' DWB XIII 1516 f. oder rw. *pech* ‚Unglück', aus jd. *pechus* ‚Mangel' WolfWR 4094;

schweizdt. *'s Pech gën* ‚Reißaus nehmen' (SchweizId. IV 964).
päche swV. [BM]; **pächiere** swV. [BM]
– Reißaus nehmen [BM].

pachen swV. [WL]
– Flicken auf den Schuh setzen [WL] ♦ **E:** zu lux. *Pach* ‚Flickerei' (LuxWb. I 326).
pachert Subst. m. [WL]
– (Flick-)Schuster [WL].

packen swV. [SK, WG]
– setzen [SK] ♦ **V:** *die Fahne packen* ‚Erstangeklagter sein' [WG] ♦ **E:** dt. *packen.* → *päckle*.

packler Subst. m. [WG]
– Falschspieler [WG] ♦ **E:** wienerisch *backln* aus lat. *baculum* ‚Schlag, Stoß'; Stoß-Spiel, ein verbotenes Glücksspiel, Hornung 103.

packer Subst. m. [MB]
– Pastor ♦ **E:** wohl nd./ostwestf. Form von hd. *Pastór: páster*; differenter Konsonantismus evtl. aus Kontamination von *páster* und → *macker* erklärbar.

päckle swV. [BM]
– packen [BM]; pflücken [BM]; glauben [BM] ♦ **E:** schweizdt. *päcklen* ‚ergreifen, packen, einpacken' (SchweizId. IV 1104).
päcklinger Subst. m. [BM]
– Paket [BM].

päfern swV. [HK]
pafern [HK]
– schießen [HK] ♦ **E:** mdal. *pfeffern* ‚schießen, knallen' (ThürWb. IV 1078).
beeferfinnichen Subst. n. [HK]; **päferfinnichen** [HK]
– Gewehr [HK]; Pistole [HK]; Revolver [HK].

paff Adv. [BM]
– überrascht [BM]; sprachlos [BM] ♦ **E:** schweizdt. *paff* ‚außer Fassung, bestürzt' (SchweizId. IV 1038); dt./ugs. *baff.*

päffen swV. [SPI, SS]
– rauchen [SPI, SS] ♦ **E:** ugs./westf. *paffen* ‚Dampf hervorstoßen beim Rauchen', Woeste 196.
päfferling Subst. m. [SS]
– Zigarre [SS].

pagare swV. [BM]
– zahlen [BM] ♦ **E:** ital. *pagare*.

päger Subst. m. [SJ]
– vergifteter Kuchen für Hunde [SJ] ♦ **E:** zu rw. *peger* ‚Leiche, Kadaver' → *peger*.

paggel Subst. m. [BM]
panggel [BM]
– Stock [BM] ♦ **E:** schweizdt. *Bakele, Baggel* ‚Spazier- und Zuchtstock' < lat. *baculum* (SchweizId. IV 1105).

paggu Subst. m. [BM]
– Pferd [BM] ♦ **E:** schweizdt. *Baggel* ‚schlechtes, abgearbeitetes Pferd' SchweizId. IV 1072.

pahle ‚Haare' → *bal²*.

pahn ‚Herr' → *pan*.

pai Subst. [SS, WH]
– Mund [SS, WH] ♦ **E:** jd. *pe* ‚Kuß' (WolfWR 4098).

paisach Subst. [SS, WH]
– Tür [SS, WH] ♦ **E:** rw. *pessach* ‚Tür', aus jd. *pessach* ‚Tür' (WolfWR 4132).

pajäggu Subst. m. [BM]
– Pajass, Possenreisser [BM] ♦ **E:** zu schweizdt. *Bajass* SchweizId. IV 1099, der Hanswurst im Bauernspiel; dt. *Pajaz, Paias* aus frz. *paillasse* ‚Strohsack, met. Hampelmann, Hanswurst'.

päkaro Subst. m. [GM]
– Bäcker [GM] ♦ **E:** wohl zu roi. *pek* ‚Bäcker' (WolfWZ 2371), evtl. mit Einfluss von dt. *Bäcker*.

palaar Subst. n. [JeS]
balaar [JeS]; **palar** [JeS, TK]; **pallent** Subst. [KJ]
– Dorf [JeS, KJ, TK]; Stadt [JeS] ♦ **E:** unsicher; evtl. zu roi. *p'al* ‚Brett' met. ‚Bretterbude' oder zu roi. *baló* ‚Schwein, Bauer, Dörfler' (WolfWR 251). ♦ **V:** *mr holched is palaar in es koober, äis go schweche* ‚wir gehen ins Dorf in ein Wirtshaus, einen trinken' [JeS]
palaargaaschi Subst. m. [JeS]
– Dorfbewohner [JeS]
palaarpleri Subst. m. [JeS]
– Dorfplatz [JeS].

palavern swV. [SJ]
– reden [SJ] ♦ **E:** dt./ugs. *palavern*.

pale Subst. ‚Haare, Holz' → *bal²*, bal³.

palier Subst. f. [LoJ]
– Suppe [LoJ] ♦ **E:** unsicher; evtl. zu → *polivke* ‚Suppe'.

paljaas Subst. m./f. [KM]
plajaase [KM]
– Behelfsruhestätte [KM] ♦ **E:** rhein. *Baljas* ‚primitives Notlager auf Stroh' (RheinWb. I 415) < frz. *paillasse* ‚Strohsack'.

pall Subst. f. [GM]
– Brett [GM] ♦ **E:** rw. *pall* ‚Brett' (WolfWR 265) < roi. *pal* ‚Brett' (WolfWZ 2274).

pallemachonem, palmer, palmak ‚Soldat' → *bal¹*.

palme Subst. f. nur in: [WG]
sich einen von der Palme ziehen ‚onanieren' [WG] ♦ **E:** dt. *Palme* DWB XIII 1413 f. Benennungsmotiv: Formähnlichkeit Palmbaum mit eregiertem Glied.

palmen Adj. [HF]
– rot [HF] ♦ **E:** unklar; evtl. zu rw. *balm* ‚Krieger, Soldat' WolfWR 276; evtl. Benennungsmotiv: rote Uniform. ♦ **V:** *palmen teck* ‚rote Haare' [HF]

palmhöbbel Subst. m. [HF, HeF]
– Fuchs [HF, HeF] ♦ **E:** rw. *Höbbel* ‚Hund', aus nl. *heuvel; hovele* ‚Hund' nl. LVag. 1547; *Palmhöbbel* wörtl. ‚roter Hund' WolfWR 2180.

palmer Subst. m. [SPI]
– (starker) Raucher [SPI] ♦ **E:** unsicher; evtl. zu dt. *palmen, gepalmt* ‚mit der siegespalme bekränzt' DWB XIII 1414. Benennungsmotiv: nach den von Wolken umhüllten Raucher. Herleitung aus rw. *pelmer* ‚Hirte' (Theilacker, Der Kochemer Loschen, 133) semantisch schwierig.

pampam Subst. n. [WG]
– Maschinengewehr [WG] ♦ **E:** onomatopoetisch nach dem Geräusch mehrfachen Feuerns.

pan Subst. m. [EF]
pahn [SK]
– (vornehmer) Herr [EF, SK]; Mann [SK] ♦ **E:** slav. *pan* ‚Herr'.

altepahn Subst. m. [SK]
– großgewachsener Mann [SK]; „ein Gastwirt bei Bremen" [SK] ♦ **E:** rom., span. *alto* ‚hoch'.

beitepahn Subst. m. [SK]
– Gastwirt [SK]

bussertpahn Subst. m. [SK]; **pussertpahn** [SK]
– Fleischer [SK] ♦ **E:** → *boser*.

katzenpahn Subst. m. [SK]
– Herr [SK] ♦ **E:** → *gatsch*.

kehrpahn Subst. m. [SK]
– jeder Mann, bei dem gesammelt wird [SK]

konstabelpahn Subst. m. [SK]
– Polizist [SK] ♦ **E:** engl. *constable* ‚Schutzmann'.

pahnapahn Subst. m. [SK]
– Bäcker [SK] ♦ **E:** rom., frz. *pain*, span. *pan* ‚Brot' und slav. *pan* ‚Herr'. Middelberg, Romanismen, 40.

trittchenpahn Subst. m. [SK]
– Schuhmacher [SK].

pandatte Subst. f. Pl. [HK]
pandotte [HK]; **bandatte** [HK]; **bandadde** [HK]; **poantoak** [HK]; **budadda** [LJ]
– Kartoffel [HK]; Hausschuhe [HK]; Schuhe [LJ]; Füße [LJ] ♦ **E:** wohl Querung von rw. *panken* ‚Schuhe', aus kroat. *opanak* ‚Sandale' WolfWR 4028, und rw. *putthacken, batteters* ‚Kartoffeln', wohl aus rom./span. *patata*, ital. *petacchina* ‚Kartoffeln' (WolfWR 4412), als Lehnwort dt. *Batate* ‚Süßkartoffel', mdal. in Thüringen, Hessen und Franken ‚Kartoffel' (Klu. 1995: 85). ♦ **V:** *oh, meine budadda, die tun grandig weh, mei trittling sind halt nix* ‚oh, meine Füße sind arg weh, meine Schuhe sind halt nix' [LJ].

pandelo Subst. [MoJ]
– Hose [MoJ] ♦ **E:** wohl zu frz. *pantalon* ‚Hose'; vgl. aber auch → *banedi*. ♦ **V:** *ich schreeb meine pandelo und meine sülje an und nasch nickli* ‚ich ziehe mir meine Hose und meine Schuhe an und haue ab' [MoJ].

pandlo ‚zumachen' → *banedi*.

pane ‚Fleisch, Knochen' → *bane²*.

päne swV. [BM]
– fortbringen [BM]; laufen [BM] ♦ **E:** zu schweizdt. *banen* ‚eine Bahn ziehen, spez. durch den Schnee' oder zu schweizdt. *bennen* ‚Wagen, Schlitten' SchweizId. IV 1270; 1289.

panefka Subst. f. [MB]
– Schaufel [MB] ♦ **E:** poln. *panewka* ‚Pfanne'; vgl. nd. *pannschüppe* ‚Schaufel'. ♦ **V:** *mitte panefka malochen* ‚mit der Schaufel arbeiten' [MB].

paner Subst. m. [SE]
– evangelischer Pastor [SE] ♦ **E:** unsicher; evtl. zu roi. *pani* ‚Wasser' WolfWZ 2291 (met. Taufender) oder zu dt. *Panier* ‚Fahne, Feldzeichen' DWB XIII 141 f.

pani Subst. m./n. [GM, JS, LüJ, MB, MM, MoJ, WJ]
pany [LüJ]; **bani** [CL, JS, JSW, JSa, JeS, LL, PH]; **bali** [JSW]; **bane** [LüJ, MUJ, WJ]; **banè** [LüJ]; **panie** [MB];

paning Subst. [JS, PH]; **bansche** Subst. [KP]; **pomig** Subst. [HLD]
– Wasser [CL, GM, HLD, JS, JSW, JSa, LL, LüJ, MB, MM, MoJ, MUJ, WJ]; Teich [GM]; See [GM, WJ]; Meer [GM]; Regen [MM]; Tränen [MM]; Bier [KP, LüJ]; Schwimmbad [GM]; Wasser als Badegelegenheit [MB]; Blut [GM]; „fluhte" [LüJ] ♦ **E:** rw. *pany* ‚Wasser' (WolfWR 4031) < roi. *pani* ‚Wasser' (WolfWZ 2291; Boretzky/Igla 1994: 207). ♦ **V:** *pani inne döppen* ‚Tränen in den Augen' [MM]; *schofles pani* ‚Schnaps' [MM]; *warste schon in pani? ömmes!* ‚warst du schon im Wasser? Klar!' [MM]; *dat anim hatte pani inne döppen* ‚das Mädchen hatte Tränen in den Augen' [MM]; *dat hat so gemeimelt, dat uns dat pani inne masminen lief* ‚es regnete so stark, daß uns das Wasser in die Schuhe lief' [MM]; *panie pienen* ‚Wasser trinken' [MB]
bonzenpani Subst. n. [MM]
– Bonzensee [MM]
dröppelpani Subst. n. [MM]
– Dusche [MM]; Tropfwasser [MM]; „was am Bierhahn herunterläuft" [MM]
juhlepani Subst. n. [MM]; **jühlepane** [MM]
– Dreckwasser [MM]; Jauche [MM]; trübes Wasser [MM] ♦ **E:** westf. *Jülle* ‚Gülle, Jauche' (WWBA. 741).
kribbelpani Subst. n. [MM]
– Brause [MM]; Mineralwasser [MM]; Sekt [MM]; Selterwasser [MM]; Sprudel [MM]; Sprudelwasser [MM]; „stark kohlensäurehaltiges Wasser" [MM]
meimelpani Subst. n. [MM]
– Regenwasser [MM]
mittelmeerpani Subst. n. [MM]
– Mittelmeer [MM]
nobelpani Subst. n. [MM]
– Wein [MM]
seepani Subst. n. [MM]
– Seewasser [MM]
transpanimurmelbeis Subst. m./n. [MM]
– Überwasserkirche in Münster [MM]
transpanimurmelschuppen Subst. m. [MM]
– Überwasserkirche in Münster [MM]
volkspani Subst. n. [MM]
– öffentliche Badeanstalt [MM]
panianstalt Subst. f. [MM]
– Badeanstalt [MM]
panibeis Subst. m./n. [MM]
– Schwimmbad [MM]
panibengel Subst. m. [MM]
– Wasserwaage [MM]
paniburg Subst. f. [MM]
– Wasserburg [MM]

banikiewes Subst. m. [LL]; **baonikiewes** [LL]; **banikiewes** [CL]
– Wasserkopf [CL, LL]
paniknüppel Subst. m. [GM, MM]
– Wasserwaage [GM, MM]; Pumpenschwengel [MM]
panikat Subst. m. [MM]
– mobiler Brunnen [MM]; Wasser-Katalysator [MM]
paniloch Subst. n. [MM]
– Brunnen [MM]
panimalocher Subst. m. [MM]
– Bademeister [MM]
paniorchester Subst. n. [MM]
– Wasserwerk (Parlamentsgebäude des deutschen Bundestages in Bonn) [MM]
panischonte Subst. f. [MM]
– schlechtes (wässriges) Bier [MM]
panischwengel Subst. m. [MM]
– Wasserleitung [MM]; Waserrohr [MM]
panitruppe Subst. f. [MM]
– Marine [MM]
panischuppen Subst. m. [MM]
– Wasserwerk [MM]
paniseite Subst. f. [MM]
– Wasserseite [MM]
panitemperatur Subst. f. [MM]
– Wassertemperatur [MM]
banitschäro Subst. m. [GM]
– Kopf [GM] ♦ **E:** → roi. *schero* ‚Kopf'; wörtl. *Wasserkopf*.
paniwerk Subst. n. [MM]
– Wasserwerk [MM]
panizerche Subst. f. [MM]
– Meeresbiologie [MM]
bonjeskero Adj. [GM]
– wässerig [GM] ♦ **E:** roi. *panjeskero* ‚Wasser, wässerig' (WolfWZ 2291).

panier Subst. f. [WG]
– schöner Anzug [WG] ♦ **E:** wohl met. zu dt. *Panier* ‚Fahne' DWB XIII 1421 f., vgl. auch österr. *Panier* ‚Masse zum Panieren'.

panife swV. [BM]
– stehlen [BM] ♦ **E:** schweizdt. *spanifen* ‚lauern, vagabundieren' (SchweizId. X 307).

panne Subst. f. [MM]
– Gesicht [MM]; Miene [MM] ♦ **E:** westf. *panne* ‚Pfanne, met. Gesicht' [WWBA].

panneau Subst. n. [JS]
– Nudelbrett [JS] ♦ **E:** frz. *panneau* ‚Schild'; bei den schweizerischen Artisten bezeichnet *Nudelbrett* einen brettartigen Sattel.

pansch¹ Adj. [MB]
pantsch [MB]; **panschen** [MB]; **pantschen** [MB]
– verrückt [MB]; blöd [MB]; bekloppt [MB]; unmöglich [MB]; dumm [MB]; doof [MB]; bescheuert [MB] ♦ **E:** wohl zu dt. ugs. *panne* ‚bekloppt', aus frz. *panne* ‚Nervenzusammenbruch'. ♦ **V:** *reune dich, kalla, unser fitti, der pansche, gibt dich die schwimmlinge heu zum achilen* ‚schau mal, Karl, unser Fritz, der Verrückte, gibt den Fischen Heu zum Fressen' [MB]
panschmann Subst. m. [MB]
– Dummkopf [MB]
mallepansch Adj. [MB]
– doof [MB]; beschränkt [MB].

pansch² Num. Kard. [LüJ, MB]
bansch [GM, LüJ, MUJ]; **bantsch** [JSW, JSa]
– fünf [GM, JSW, JSa, LüJ, MUJ] ♦ **E:** roi. *pantš* ‚fünf' (WolfWZ 2293; Boretzky/Igla 1994, 207). ♦ **V:** *bansch tschuck* ‚fünf Mark' [LüJ]
bansch nack [WJ]
– zwanzig Mark [WJ].

pantöller Subst. m. [SS, WH]
– Stock [SS, WH] ♦ **E:** rw. *battum* ‚Stock', aus frz. *bâton* ‚Stock' (WolfWR 340). → *batto*.

panz Subst. m. [WM]
– Bauch [WM] ♦ **E:** dt. *Pansen, Panz* ‚Bauch'.

papär Subst. m. [JS, PH]
– Vater [JS, OH] ♦ **E:** zu dt. *Papa*.

papen swV. [HL]
– dumm sehen [HL]

paaplawwe Subst. m.
– wer etwas mit offenem Munde dumm begafft [HL] ♦ **E:** zu rw. *paff* ‚verblüfft' WolfWR 4012 (ohne Herleitung), wohl zu dt. Interj. *paff* DWB XIII 1407.

papi¹ Subst. f. [GM]
papja [JS, PH]
– Gans [GM, JS, PH] ♦ **E:** rw. *papi, bappni* ‚Gans' (WolfWR 4002) aus roi. *papin, papi* Subst. f. ‚Gans' (WolfWZ 2297).
papchen Subst. n. [JS, PH]
– Ente [JS, PH]
papinjengero Subst. m. [GM]
– Gänsehirt [GM] ♦ **E:** roi. *papinjengero* ‚Gänsehirt' (WolfWZ 2297).

papi² Subst. f. [GM]
papnee [GM]
– Apfel [GM] ♦ **E:** roi. *pabui* ‚Apfel' (WolfWZ 2259). Vgl. → *pawing*.

papierl Subst. n. [WG]
– Zigarettenpapier [WG] ♦ **E:** dt. *Papier*. ♦ **V:** Wenn Gefangene bei der Gefängnisgreißlerei Tabak und Zigarettenpapier kauften, sagten sie *ein bündl heu und papierln*.

papinori Subst. m. [SK]
– Affe (met., Schimpfwort) [SK] ♦ **E:** roi. *papinori* ‚Affe' (WolfWZ 2298).

pappelmokum Subst. n. [LJ]
pappelmogum [SchJ]
– Altar [LJ, SchJ] ♦ **E:** rw. *babbeln* ‚lallen, schwatzen'; dt. *bappeln* ‚stammeln, schwatzen, plappern' (WolfWR 216) und → *mokum* ‚Ort'.

pappenheimer Subst. m. [HLD]
– Buchbinder [HLD] ♦ **E:** zu dt. *Papp(e)* ‚Leim, Kleister des Buchbinders, Schuhmachers' DWB XIII 1443 (Pappe 2) in volksetym. Anlehnung an ON *Pappenheim*, FN *von Pappenheim* DWB XIII 1447.

papphengst Subst. m. [WG]
– Schuster [WG] ♦ **E:** wohl zu dt. *Papp(e)* ‚Leim, Kleister des Buchbinders, Schuhmachers' DWB XIII 1443 (Pappe 2), wohl nicht zu roi. *pàf* ‚Fuß' (WolfWR 4034); auch rw. *pappenheimer* – ‚Schaftstiefel'; dt. *Hengst* als Grundwort/Halbsuffix in Komposita met. für jd., der etwas tut.

pappn Subst. [EF]
pappen [EF]
– 10 Pfennige [EF] ♦ **E:** unsicher; evtl. zu rw. *puppen* ‚Geld' WolfWR 4399, womgl. Einfluss von dt. *Pappenstiel* „heute ist ein tag, wo mir fünfthalb gulden ein pappenstiel sind" DWB XIII 1447.

pär swV. [JS, PH]
– Bauch [JS, PH] ♦ **E:** rw. *per* ‚Bauch' aus roi. *por* ‚Nabel' WolfWR 4122.

para Subst. f. [GM]
– Dampf [GM]; Nebel [GM] ♦ **E:** roi. *para* ‚Dampf' (WolfWZ 2309).

parade Subst. f. [JS]
– Aufstellung aller Mitwirkenden [JS]; Bühne [JS]; Vorstellung des Programms [JS]; „Werbeauftritt der Mitwirkenden vor Beginn einer Schaudarbietung auf dem Podium der Schaubude, in dem sie sich selbst

und das Programm vorstellen und die Zuschauer zum Eintritt animieren" [JS] ♦ **E:** dt. *Parade* ‚Schaustellung', um 1800 aus frz. *parade* DWB XIII 1452. ♦ **V:** *parade machen* ‚draußen, außerhalb des Theaters, auf einer vorgezogenen Bühne Reklame machen, etwas durch Musik, Tanz, Animation etc.' [JS]

paradebett Subst. n. [JS]
– Vorrichtung vor dem Zelt, auf der zu Werbezwecken z. B. tote exotische Tiere gezeigt werden [JS]

paradepodium Subst. n. [JS]
– Bühne, auf der das Programm vorgestellt wird [JS]

paradezug Subst. m. [JS]
– Werbezug durch die Stadt [JS]

arschparade Subst. f. [JS]
– „Ausdruck des Schaustellers, wenn z. B. sein Geschäft gegenüber einer Schaubude oder eines guten Rekommandeurs aufgebaut war und die Leute mit den Rücken zu seinem Unternehmen standen." [JS]

parantschowern swV. [GM]
– befehlen [GM] ♦ **E:** roi. *parancow* ‚befehlen' (WolfWZ 2311).

paraplü Subst. n./m. [EF]
paraplüh [EF]; **parablü** [HK]; **baraablüh** [HK]; **baaraablühn** [HK]
– Regenschirm [EF, HK]; Schirm [HK] ♦ **E:** frz. *parapluie* ‚Regenschirm'.

parasol Subst. m. [EF]
– Sonnenschirm [EF] ♦ **E:** frz. *parasol* ‚Sonnenschirm'.

parat Adj. [SK]
– bereit [SK] ♦ **E:** lat. *paratus* ‚bereit'.

paratebel Subst. m. [TJ]
– Gott [TJ]; Kreuz [TJ] ♦ **E:** zu roi. *dewel* ‚Gott' (WolfWZ 483) und roi. *baro* ‚groß'.

pardong Subst. f. [HF, HeF]
perdong [HF]
– Elle [HF, HeF]; Maß [HF] ♦ **E:** rw. *pardong* ‚Maß' WolfWR 4043, wohl aus frz. *bâton* m. ‚Stock, Stab'. ♦ **V:** *Schüt minotesen Troppert en Pardong Spitzen* ‚Gib meinem Pferde ein Viertel Hafer' [HeF]; *en pardong pley* ‚eine Elle Tuch' [HeF]

pare Adj. [WJ]
pari [GM, MM, TJ]
– schwanger [GM, MM, TJ, WJ]; in anderen Umständen (S 21); schwer [GM] ♦ **E:** rw. *bari* ‚schwanger' (WolfWR 315) < roi. *p'aro* ‚schwer, schwanger' (WolfWZ 2328).

paripin Subst. m. [GM]
– Last [GM]; Schwere [GM] ♦ **E:** roi. *p'ərəpen* ‚Schwere, Last, Bürde' (WolfWZ 2328).

parech, parch ‚Krätze' → *barach*.

pareschuuri Subst. m. [JeS]
párischuuri [JeS]; **barischurli** [JeS]; **paraschuri** [JeS]
– Regenschirm [JeS] ♦ **E:** unsicher; evtl. Bildung aus frz. *parapluie* ‚Regenschirm', *parasol* ‚Sonnenschirm' und → *schore* ‚Ware', evtl. Einfluss von roi. *beschínd* ‚Regen', *brschindéskeri* ‚Zelt, Regenschirm'. ♦ **V:** *teel mr de pareschuuri, es chunt go flössle* ‚gib mir den Regenschirm, es fängt an zu regnen' [JeS]

schurri Subst. m. [KJ]
– Regenschrim [KJ]

pareschuurigaaschi Subst. m. [JeS]
– Schirmflicker [JeS].

pari¹ Subst. f. [GM]
– Strafe [GM] ♦ **E:** rw. *paki* ‚Strafe' (WolfWR 4017) < roi. *päki* ‚Strafe, Buße' (WolfWZ 2269).

pari² Adj. [WG]
parie [MB]
– „Hälfte-Hälfte" [MB]; halb halb [MB]; gleich [MB] ♦ **E:** dt. *pari* ‚gleich, ausgeglichen' < lat. *pari*, dt. *Parität*, lat. *paritas* ‚Gleichstellung', mhd. *par* ‚zwei von gleicher Beschaffenheit' (Klu. 1999: 607, 613). ♦ **V:** *pari pari machen* ‚etwas teilen' [MB]; *auf jemanden pari sein* ‚Sympathie für jemanden empfinden' [WG]; *pari sein* ‚alt sein' [WG]

pari kachli Subst. n., Phras. [MB]
– ½ Hähnchen [MB].

parnes Subst. m. [RA, Scho]
parnosem Pl. [Scho]
– jüdischer Gemeindevorsteher [Scho]; Vorsteher der Gemeinde [RA] ♦ **E:** jd. *párnes* Pl. *parnosem* ‚jüdischer Gemeindevorsteher' (We 89). Vgl. → *bannes*.

parnose Subst. f. [Scho]
– Lebensunterhalt [Scho]; Ernährung [Scho] ♦ **E:** jd. *parnöse* ‚Lebensunterhalt, Ernährung' (We 89).

parosch Subst. m. [SS]
– Floh [SS] ♦ **E:** rw. *parosch* ‚Floh' (WolfWR 4052) < hebr. *par'ōsch* ‚Floh'.

parti Subst. f. [SK]
– Musikstück [SK]; Notenhandschrift [SK] ♦ **E:** dt. *Partie* aus frz. *partie* u. a. ,Melodie, einzelner Teil eines Ton- oder Schriftstückes' DWB XIII 1477 f.

partie Subst. f. [WG]
– nur in: *aufgehußte Partie* [WG]; aufgehetzte Personen [WG] ♦ **E:** wienerisch *Partie* ,Gruppe, Clique, Bande' < frz. *partie*.

parz Num., Pron. [HF, HeF]
– beide [HF]; ein [HF]; zwei [HF] ♦ **E:** wohl zu rhein. *Part* ,der größte Teil, Hälfte' (RheinWb. VI 524 f.).
♦ **V:** *Schüt den Thuren parz Gecken. Minotes het gene locken Droth* ,Gib der Frau zwei Groschen, ich habe keine Münze' [HeF]; *krütskes on parz gecken de büs* ,Zwölf Groschen die Flasche' [HeF]; *plaren för parz en büs?* ,Wollen wir zwei eine Flasche trinken?' [HeF]; *he, wöles, schüt en büs moselsanktes möt parz ruthen!* ,Heda, Kellner, bring' eine Flasche Moselwein mit zwei Gläsern!' [HeF]; *minotes mott nog in parz tenten gehen, on dann trolt minotes möt den troppert no dülken* ,Ich muß noch in zwei Häuser gehen, und dann reite ich nach Dülken' [HeF]

parz plotten Num., Subst. Pl. [HeF]
– zwei Taler [HeF] ♦ **V:** *de uhr parz plotten* ,Das Hundert zwei Thaler' [HeF]

parz krützkes Num. [HF]
– zwanzig [HF] ♦ **E:** *krützkes* ,10' WolfWR 6437; zweimal X (römische Zahl) ,zehn'.

parz krützkes uhr Num. [HF]
– zweitausend [HF] ♦ **E:** *krützkes uhr* ,1000' WolfWR 6437.

parz uhr Num. [HF]
– zweihundert [HF] ♦ **E:** *uhr* ,100' WolfWR 6437. ♦ **V:** *minotes het parz uhr plotten an de klenen verhült* ,Ich habe zweihundert Thaler am Kleesamen verloren' [HeF]

krützkes on parz Num. [HF]
– zwölf [HF] ♦ **E:** *parz* ,2' WolfWR 6437.

parze Subst. f. [MM]
– Mund [MM]; Fenster [MM] ♦ **E:** jd. *parzef, patzef, batzef*, Subst. ,Gesicht, Fratze, Grimasse; auch Penis' (We 89).

pasch adj. [MB, ME]
parsch [MB]
– kaputt [MB, ME]; tot [ME] ♦ **E:** roi. *paš* ,halb', auch ,entzwei, verrückt' (WolfWZ 2343); rw. *pasch* ,halb', roi. *pasch* ,Teil, Anteil' (WolfWR 4057).

paschawippen Subst. f. [SK]
– musizieren [SK] ♦ **E:** roi. *bašáwiben* ,Musik' (WolfWZ 119), roi. *bašalipé* ,Musik, Musizieren' (Boretzky/Igla 23). → *muipaschepen* ,Mundharmonika'.

paschepen Subst. f. [ME]
– Musik [ME].

paschen swV. [KJ, LJ, SK, SchJ]
paasche [JeS]; **baasche** [JeS]; **basche** [JeS]; **passen** [WL]; **pōsche** [PH]; **poschen** [KMa, OH, TK]
– kaufen [JeS, KJ, LJ, SK, SchJ, TK, WL]; fassen [SK]; gehen [PH]; laufen [SK]; packen [SK]; schmuggeln [KJ]; heiraten [KMa, OH] ♦ **E:** rw. *paschen, verpaschen* ,Kaufen und Verkaufen unehrlich erworbenen Gutes, heimlicher Handel', ,Ware verteilen', zu roi. *paš* ,Teil' (WolfWR 4059, WolfWZ 2344). ♦ **V:** *hei is beie paschet* ,er ist begraben' [SK]

henpaschen swV. [SK]
– hinsetzen [SK]

verpaschen swV. [SK]; **verpaasche** [JeS]; **verbaasche** [JeS]; **verbasche** [JeS]
– etwas versetzen [SK]; verkaufen [JeS]

passer Subst. m. [WG]
– Hehler [WG] ♦ **E:** rw./jd. *paschen* ,gestohlenes Gut weiterverhandeln, schmuggeln'.

passerei Subst. f. [WG]
– Hehlerei [WG].

paselacken Subst. Pl. [MB]
– Ausländer [MB]; Kanacken [MB]; Schwarzfüße [MB]; unangenehme Leute [MB]; Zigeuner [MB]; Pack [MB]; fremde Völker [MB]; Gesindel [MB]; Soldaten [MB] ♦ **E:** westf. *paselekken* ,Fremde, Auswärtige; Leute, die nicht viel taugen, Herumtreiber' (WestfWb. 840, DWB VI 539).

pate Subst. f. [StG]
patte [JS, MB, MM]; **pappe** [JS]
– Brieftasche [JS, MM]; Geld [JS, MB, MM]; Geldbörse, Portemonnaie [MB, MM, JS, StG]; Börse [JS]; Kasse [MM]; Tasche [MM]; viel Geld [MB] ♦ **E:** rw. *padde* ,Geldbörse', Entstellung aus rw. *platten* ,Geld'; evtl. Einwirkung von nd. *Padde* ,Kröte' (rw. *kröten* ,Geld') (WolfWR 4011) und roi. *potisa* ,Tasche' (WolfWZ 2545). ♦ **V:** *loobi auffe patte haben* ,Geld in der Tasche haben' [MM]; *ne blanke patte haben* ,kein Geld in der Tasche haben' [MM]; *der seeger hegt hame lowi inne patte* ,der Mann hat viel Geld in der Tasche' [MM]; *seeger hat nix, aber gar nix, auf patte* ,der Mann hat überhaupt kein Geld' [MM]; *die schauters zogen alle ne schmiege, als wenn se se die letzten balachesen ausse patte gelellt hätten* ,die Kerle zogen

alle ein Gesicht, als wenn man ihnen die letzten Groschen aus der Tasche gestohlen hätte' [MM]; *schi patte mehr* ‚kein Geld mehr' [MB]
staatspatte Subst. f. [MM]
– Steuer [MM]
pattendrücker Subst. m. [StG]
– Taschendieb [StG]
pattenmalocher Subst. m. [MM]
– Taschendieb [MM]; „Jude, der Geldbörsen klaut" [MM]
pattenschorer Subst. m. [MM]
– Taschendieb [MM].

paternellen swV. [JeH, SE, SK]
paternällen [JSa]; **paternäle** [NrJ]; **paternälen** [SP]; **padanellen** [SE]; **badernallen** [PfJ]; **bardenallen** [PfJ]; **battærnallæ** [WJ]; **patronellen** [NJ]; **paternellesen** [JSa]; **patronallen** [MM, MUJ, SJ, SchJ, Scho, TJ]; **paternolle** [JeS]; **paternalle** [MeJ]; **paternollen** [Gmü, Him, Mat, SchJ, Wo]; **patronalen** [KJ]; **patronalla** [SJ]; **batarnallà** [SchJ]; **baternallen** [JeS]; **padernallen** [PfJ]; **baternolla** [JeS]; **paternollen** [PfJ]; **batronallen** [LJ]; **batranalen** [LJ]; **badronalæ** [WJ]; **badronalla** [OJ]; **batteræ** [WJ]; **badæræ** [WJ]; **baderenaln** [RR]; **bardanallá** [PfJ]; **pardenallá** [PfJ]
– beten [Gmü, Him, JSa, JeH, JeS, KJ, LJ, MeJ, MM, MUJ, Mat, NJ, OJ, PfJ, RR, SE, SJ, SP, SchJ, Scho, TJ, WJ, Wo]; beichten [NrJ, OJ, SP]; predigen [PfJ]; lesen [SK] ♦ **E:** rw. *paternollen* ‚beten', zu kirchenlat. *pater noster* (WolfWR 4066, Klepsch 299); schwäb. *pateren, paternallen* ‚(den Rosenkranz) beten' (SchwäbWb. I 676). ♦ **V:** *moss/tschubel, laß mich schlauna/durme bei dir, ich batronall dafür* ‚Mädchen, laß mich bei dir schlafen, ich bete dafür' [SJ]; *I naatsch in duft, gebadernallæ* ‚Ich gehe in die Kirche um zu beten' [WJ]; *schòògsche nomòò en de Dófd paddernelle?* ‚Gehst Du nochmal in die Kirche beten?' [JSa]; *weil der nit patronallt* ‚weil der nicht betet' [Scho]
paternoller Subst. m. [JeS]; **baternoller** [JeS]
– Pfarrer [JeS]
batronallkantella Subst. f. [LJ]
– Kapelle [LJ] ♦ **E:** → *kante* (hier romanisierter Diminutiv).
patronallkanti Subst. f. [SchJ, TJ]
– Kloster [SchJ, TJ]; Kapelle [TJ] ♦ **E:** jen. *kanti* ‚Haus'. [TJ].
batronallkut Subst. f. [LJ]
– Kloster [LJ] ♦ **E:** -*kut* → *gutsch*.
battærnallæmoss Subst. f. [WJ]
– Betfrau [WJ]

batronallschei Subst. m. [LJ, OJ]; **patronall schei** [SchJ]; **patronallschein** Subst. m. [TJ]
– Sonntag [LJ, OJ, SchJ, TJ] ♦ **E:** rw. *schei(n)* ‚Tag' WolfWR 4848.
patronalschremse Subst. f. [KJ]
– Kirche [KJ]
paterneyen swV. [SJ]
– beten [SJ].

patersoll Subst. m. [MUJ]
– Regenschirm [MUJ] ♦ **E:** (volksetymologische Umbildung) zu → *parasol*.

pätjers ‚Eier' → *betz*.

patres Subst. m. [LüJ]
patrus [TJ, TK]; **batrus** [TK]; **patris** [JeS, LüJ]; **päätris** [JeS]; **peetres** [JeS]; **patrele** [MUJ]; **pâtris** (G1); **patro** Subst. m. [NJ]; **batroh** [LJ]; **batro** [LJ]; **batron** [LJ]; **badro** [OJ]
– Vater [JeS, LJ, LüJ, MUJ, OJ, RR, SchJ, TJ, TK, WJ]; Gott [NJ] ♦ **E:** rw. *patris* ‚Vater' < lat. *pater*, Genitiv *patris* ‚Vater' (WolfWR 4071) über mhd. *patron(e)*; vgl. auch frz. *patron* ‚Meister, Hausherr' (Middelberg, Romanismen, 24). ♦ **V:** *moss hat den batron gufft, weil er so schwecht, so schwecht, und im soft gar neme ketscht* ‚die Frau hat den Vater geschlagen, weil er so trinkt, so trinkt, und im Bett gar nichts mehr bringt' [LJ]; *Mödele, warum glemsest so grandich? Hast vom patres guffes bestieb?* ‚Mädchen, warum weinst du so arg? Hast'vom Vater Hiebe bekommen?' [LüJ]; *Herles, galma, hauret der patres ein schei im kittle wegen hamore und stenzerei* ‚Hier, Kinder, sitzt der Vater einen Tag im Arrest wegen Händel und Schlägerei' [LüJ]; *de peetres huurt zdaani* ‚der Vater ist zu Hause' [JeS]
pari Subst. m. [JeS, TJ, TK]; **parei** [TK]
– Vater [JeS, TJ, TK]; liebevolle, intime Bezeichnung für Vater [TJ] ♦ **E:** wohl Kurzform zu *patres*.
patriner Subst. m. [SchJ, TJ]; **patrini** [KJ, LoJ]; **patrine** [WJ]; **patrani** [RR]
– Vater [LoJ, RR, SchJ, TJ, WJ]; Eltern [KJ] ♦ **E:** Suffix -*iner* evtl. negativ konnotiert, vgl. *schlawiner* ‚Gauner, Schlingel'.
patrizele Subst. f./n. [MUJ]; Subst. f. **patrineri** [SchJ]
– Mutter [MUJ, SchJ] ♦ **E:** Movierung zu *patres, patris*.
batrohnalde Subst. f. [LJ]; **batronalde** [LJ]
– Mutter [LJ] ♦ **E:** -*alde* wohl zu dt. *Alte*.

patronallen, patronellen ‚beten' → *paternellen*.

patschen¹ Subst. Pl. nur in:
die Patschen aufstellen ‚sterben' [WG] ♦ **E:** wienerisch *Patschen* ‚Hausschuhe'.

patschen² swV. [EF, MoM]
pâtschen [EF, MoM]; **bâtschen** [EF]
– teilen [EF, MoM]
patsching Subst. [EF, MoM]; **patschung** [EF]; **pâtsching** [EF]
– Teilung [EF, MoM] ♦ **E:** wohl zu → *paschen* (t- Epenthese), roi. *paš* ‚Teil' (WolfWR 4059, WolfWZ 2344).

pätscher Subst. Pl. [SS]
– Eier [SS] ♦ **E:** westf. *paskai* ‚Osterei'; Woeste 195.

patter Subst. [Scho]
– Ware [Scho]; Vieh, das man loswerden will [Scho] ♦ **E:** jd. *patter* ‚Ware, bes. Vieh'; *pattern* ‚loswerden' (We 89).
pattern swV. [Scho]
– loswerden [Scho].

pattersch Adj., Adv. [MM]
baddersch [JSa]; **battersch** [MoM, SK]; **pattisch** [MM]; **baddasch** [CL, LL]; **battisch** [KMa, SE]; **baddisch** [JSa, Scho]; **batisch** [NrJ, SP, UG]; **battes** [SS, WH]; **pattes** [SS]; **patuse** [MM]; **pattosch** [MB]; **pattasch** [MB]; **patisch** [KM]; **pattig** [JS]; **battich** [SE]; **batterisch** Adj., Adv. [SK]
– in Umständen [MM, SE]; in anderen Umständen [CL]; schwanger [CL, JS, JSa, KM, KMa, LL, MB, MM, MoM, SE, SK, SP, SS, UG]; trächtig [CL, MB, Scho, SS, WH] ♦ **E:** rw. *pattersch* ‚trächtig' < jd. *pattersch* ‚hochschwanger' (WolfWR 4076, We 89, Post 232, Klepsch 297). ♦ **V:** *de Mos as batisch* ‚die Frau ist schwanger' [SP]; *gui is battich* ‚Das Mädchen ist schwanger.' [SE]; *die moss, die is battich* ‚Die Frau, die ist in Umständen.' [SE]; *schönna schemmet batterisch* ‚die Frau ist schwanger' [SK]; *die alsche hatte schon hei kotens und war wieder pattisch* ‚die Frau hatte schon fünf Kinder und war wieder schwanger' [MM]; *de Boore schäfft baddasch* ‚die Kuh ist trächtig' [LL]; *dick dich, ihne seine jadsche ist pattosch* ‚guck mal, seine Frau ist schwanger' [MB]; *die abilte is pattosch* ‚die Frau ist in Umständen' [MB]; *es is pattosch von ihne* ‚sie ist von ihm schwanger' [MB]; *ming moß schäft pattig* ‚meine Frau ist schwanger' [JS].

pattex Subst. m. [HN]
– Dieb [HN] ♦ **E:** Produktname *Pattex* (Klebstoff).
♦ **V:** *Pattex an den Fingern haben* ‚stehlen' [HN].

pattisch ‚schwanger' → *pattersch*.

pattjacken Subst. Pl. [MM]
badjacke [SJ]
– Asoziale [MM]; Ausländer [MM]; Fremder [SJ]; kein Einheimischer [SJ]; Kleinkriminelle [MM]; Penner [MM]; Schimpfwort für Asoziale [MM]; Tippelbrüder [MM] ♦ **E:** westmünsterländ. *Patjack* ‚Holländer', abschätzig; westfriesischen Ursprungs.

patüke Subst. n. [SK]
– Apotheke [SK] ♦ **E:** rw. *patyka* ‚Apotheke', aus dem Kroatischen (WolfWR 4080).

pauen swV. [HF, HeF]
päaufen [SPI]
– logieren [HF, HeF]; schlafen [HF, HeF, SPI]; rasten [HF] ♦ **E:** rw. *pauen, puffen, pofen* WolfWR 4381 ‚schlafen, übernachten', rhein. *paueren* ‚ausruhen' (RheinWb. VI 575), kleverländisch *Pöfchen* ‚kurzes Mittagsschläfchen' (RheinWb. VI 1012). ♦ **V:** *knäbbig pauen* ‚gut schlafen' [HeF]; *pau henes!* ‚Schlaf gut!' [HeF]; *Paut Zinotes hitschen?* ‚Logieren Sie hier?' [HeF]; *Wat berimt Zinotes för et Pauen on dem Bott* ‚Was bezahlen Sie für Bett und Speise' [HeF]; *wo paut zinotes do?* ‚Wo logieren Sie da?' [HeF]; *Bey den härksblag graff; do huckt et henes pauen* ‚Beim Gastwirthe Graff; da ist es gut logieren' [HeF]; *Wo paut zinotes te breyell?* ‚Wo steigen Sie zu Breyell ab?' [HeF]; *Do paut minotes og; dot huckt og en knäbbige härk* ‚Da kehr ich auch ein; da ist es auch sehr gut logieren' [HeF]; *Minotesen Höbbel paut* ‚Mein Hund schläft' [HeF]; *loss hitschen pauen, dot huckt en knäbbige Härk* ‚Laßt uns hier logieren, das ist ein gutes Wirtshaus' [HeF]; *den hutz paut* ‚Der Bauer schläft' [HeF]

verpauen swV. [HF, HeF]
– verschlafen [HF, HeF]

paufeul Subst. m. [HF]; **paufeuel** [HF]
– Schlafrock [HF]

pau Subst. m. [HF]
– Schlaf [HF]

pautent Subst. f. [HF]
– Gasthof [HF]; Schlafzimmer [HF] ♦ **E:** rhein. *Tent* ‚Raum, Zimmer' (RheinWb. VI 1137/38).

pauker Subst. m. [HN]
– Geschäftsfreund (auf dem Kiez) [HN] ♦ **E:** dt. *pauken* u. a. ‚die Pauke schlagen, bläuen, verprügeln' DWB XIII 1511.

pauper Subst. m. [NJ]
– der Arme [NJ] ♦ **E:** lat. *pauper* ‚arm'.

pauseln swV. [SJ]
pausn swV. [LoJ]
– fürchten [LoJ]; schweigen [SJ] ♦ **E:** rw. *bausen* ‚sich fürchten, ängstigen, schweigen' aus dt. *bauschen* ‚schlagen'. „Danach ergeben sich die rw. Bedeutungen des Furcht-Habens und Schweigens" WolfWR 354. Vgl. → *bauser*.

pausierer Subst. m. [WG]
– Mann, der eine leichte Arbeit hat [WG] ♦ **E:** zu dt. *Pause*.

pawing Subst. m. [LüJ]
– Apfel [LüJ] ♦ **E:** roi. *pabui* ‚Apfel' (WolfWZ 2259). Vgl. → *papi²*.

paze Subst. f. [MM]
patzel Subst. [MM]
– Tür [MM] ♦ **E:** jd. nicht belegt, dennoch wahrscheinlich aus hebr. [pa'tsa:h] ‚öffnen' oder einem seiner Deverbativa.

pechhengst Subst. m. [MB, SG]
pickhengst [SG]
– Schuster [MB]; Schuhmacher [SG] ♦ **E:** rw. *pechhengst* ‚Schuster' WolfWR 4095.

pecken ‚stechen, nähen, tätowieren' → *picken*.

pécken swV. [WL]
– nehmen [WL] ♦ **E:** lux. *peken* ‚picken, aufpicken' (LuxWb. I 333). ♦ **V:** *dee péckt elauter schond* ‚der nimmt lauter Schundware' [WL]
schondpéckert Subst. m. [WL]
– Schmutzfink [WL]
wifertspeckert Subst. m. [HF]
– Heugabel [HF] ♦ **E:** → *wiefert*.

pedde Subst. f. [MM]
bedi [GM]
– Schlampe [MM]; Frau [GM] ♦ **E:** roi. *peda* ‚Hure, Weibsstück' (WolfWZ 133).

pédeeter Subst. m. [JeS]
– Revolver [JeS] ♦ **E:** unsicher; evtl. zu schweizdt. *be* ‚Wunde, Verletzung' oder schweizdt. *bajen, been* ‚hauen, schlagen' SchweizId. IV 897; 1102.

pedo Subst. n. [MB]
– Fahrrad [MB] ♦ **E:** Kurzform aus dt./lat. *Velociped* ‚Fahrrad'.

peege Subst. f. [CL]
– Mädchen [CL] ♦ **E:** wohl zu rw. *peger* ‚Leiche, Kadaver, Kerl'. → *peger*.

peek Subst. m. [HF, HeF]
– Fleisch [HF, HeF] ♦ **E:** rw. *peek* ‚Fleisch' (WolfWR 4099, ohne Herleitung); Honnen, Geheimsprachen Rheinland, 74: evtl. zu RheinWb. VI 815 *pickeln* im Zusammenhang mit Pökelfleisch. ♦ **V:** *peek botten* ‚Fleisch essen' [HeF]; *en elle peek* ‚ein Pfund Fleisch' [HeF]; *de merten het peek gehökt* ‚Die Katze hat Fleisch gestohlen' [HeF]; *Minotesen Peek huckt versömt* ‚Mein Fleisch ist verkauft' [HeF]; *Het de Schütblag zinotese Peek gebeut?* ‚Hat der Fuhrmann dein Fleisch gekauft?' [HeF]

peekdeckel Subst. m. [HF, HeF]
– Fleischkuchen [HF, HeF]
peekschuck Subst. m. [HF]
– Fleischladen [HF]
bählertspeek Subst. m. [HF, HeF]
– Schafsfleisch [HF, HeF]
jökepeek Subst. m. [HF, HeF]
– Kalbfleich [HF, HeF]
krotesepeek Subst. m. [HF, HeF]
– Schweinefleisch [HF, HeF] ♦ **V:** *Minotes bott gehr krotesepeek, og bählertspeek möt pobben* ‚Ich esse gern Schweinefleisch, auch Schaffleisch mit Rüben' [HeF]; *bott de michel krotesepeek?* ‚Ißt der Jude Schweinefleisch?' [HeF]; *Minotese Krotesepeek huckt nog in de Pick* ‚Mein Schweinefleisch liegt noch im Salz' [HeF]
voksepeek Subst. m. [HF, HeF]
– Kuhfleisch [HF]; Rindfleisch [HeF].

peel Subst. [OH]
– Klarinette [OH] ♦ **E:** unsicher; evtl. zu rw. *peller* ‚steifer Hut, Penis erectus' WolfWR 4110. Benennungsmotiv: nach der Form.
peeler Subst. m. [OH]
– Klarinettist [OH].

peene ‚erzählen' → *pennen*.

peffern swV. [NJ]
piffern [NJ, RH]
– schmerzen [NJ, RH] ♦ **E:** dt. *pfeffern*, vgl. rhein. *dat peffert* ‚das tut weh' (RheinWb. VI 685).

pegel Adj. [MM]
peiger [MM]
– betrunken [MM] ♦ **E:** zu dt. *pegeln* „dem gesöff ergeben sein, gerne trinken" DWB XIII 1524.
pegelschicker Adj. [MM]
– betrunken [MM]; gestrichen voll [MM]; randvoll [MM]; saumäßig besoffen [MM]; sturzbesoffen [MM];

total besoffen [MM]; volltrunken [MM] ♦ **E:** → *schicker*.
pegelbeschickert Adj. [MM]
– volltrunken [MM].

peger Subst. m. [SJ]
peker [HK]; **peeger** [HK]; **peeker** [HK]; **beeger** [HK]; **beeker** [HK]; **bägr** [OJ]; **beger** [LüJ]; **bejer** [HLD]; **pejger** [Scho]; **pädert** [RH]
– Leiche [HLD, LüJ, SJ, Scho]; Tod [LüJ, OJ, SJ]; Kranker [LüJ]; Toter [Scho]; üble Person [Scho]; Arzt [RH]; Mann [HK]; Kerl [HK]; Herr [HK]; Bursche [HK]; Jüngling [HK] ♦ **E:** rw. *peger* ‚Leiche, Kadaver' < jd. *peger* ‚Leichnam' (WolfWR 4100, Post 184, Klepsch). Bedeutung ‚Mann' womgl. in Anlehnung an ugs. *Aas* ‚Kerl' (DWB I 6). ♦ **V:** *schuule mal den beeker an* ‚sieh dir mal den Kerl an' [HK]; *der beeker heechd aber geschmoord* ‚der Mann hat sich aber ordentlich betrunken' [HK]

figglebeeker Subst. m. [HK]
– Geigenspieler [HK]; Geigenmann [HK]; Geiger [HK]
finkelbeeker Subst. m. [HK]; **finkelpeeger** [HK]; **finkelbeker** [HK]
– Koch [HK] ♦ **E:** → *finkeln*.
fißlingsbeeker Subst. m. [HK]
– „Mann aus Breitenbach, der Hausschuhe verkauft hat" [HK]
fuckerbeeker Subst. m. [HK]
– Straßenmusiker [HK]
jochnbeeker Subst. m. [HK]
– Schnapstrinker [HK]
kittenbeeker Subst. m. [HK]
– Geschäftsmann [HK]
llingerbeeker Subst. m. [HK]
– Musiker [HK]
leezenbeeker Subst. m. [HK]
– Drehorgelspieler [HK] ♦ **E:** → *leetz*.
needchenbeeker Subst. m. [HK]; **neetchenbeeker** [HK]; **needchenpeeker** [HK]
– Autofahrer [HK]
plempelbeeker Subst. m. [HK]
– „einer, der gerne Bier trinkt" [HK]
pusselbeeker Übername, Personengruppenname [HK]
– Bayer [HK] ♦ **E:** ThürWb. IV 1326 *pussel* ‚niedliches kleines Kind, trippelnder kleiner Mensch'.
schinnoagelbeeker Subst. m. [HK]; **schinnagelbeker** [HK]; **schinagelbeker** [HK]; **schinnagelbeeker** [HK]; **schienagelpeker** [HK]
– Bauarbeiter [HK]; Fabrikarbeiter [HK]; Maurer [HK]; Arbeitsmann[HK]

schlummerbeeker Subst. m. [HK]
– Schlafkamerad [HK]; Beischläfer [HK]
schobbeeker Subst. m. [HK]; **schoppeeker** [HK]
– Marktschreier [HK]
simmesbeeker Subst. m. [HK]
– Mann auf dem Hof [HK]; Herr auf dem Gut [HK]
sookerbeeker Subst. m. [HK]
– Händler [HK]
stichelbeeker Subst. m. [HK]
– Schneider [HK]
wasslbeeker Subst. m. [HK]
– Bettler [HK]
w-beeker Subst. m. [HK]
– Wechselbruder [HK]
bäkern swV. [SE]; **bägra** [OJ]; **baikeme** [StJ]; **baikere** [StJ]; **bajern** [SE]; **bajan** [SE]; **bejchern** [PfJ]; **beichern** [PfJ]; **bechern** [KJ, MUJ]; **beegere** [JeS]; **beekern** [HK]; **bekern** [HLD]; **begara** [LJ]; **begara** [LüJ]; **begarren** [LJ]; **begere** [JeS, LüJ]; **bejgere** [Scho]; **began** [RR]; **begeren** [JeS, LüJ, TK]; **begern** [LJ, LüJ, SJ]; **beggera** [JeS]; **beggern** [SS, WH]; **bekeren** [LüJ, SJ]; **bêkeren** [Gmü, Him, SJ]; **pägere** [JeS]; **päijere** [KM]; **bajäären** [SP]; **peegere** [JeS]; **peekern** [HK]; **peeggere** [JeS]; **pegere** [JeS]; **pegern** [SJ, SchJ, TJ]; **peigeln** [MM]; **peigern** [EF, MM]; **peijern** [MB]; **beijern** [JS]; **peikeln** [StG]; **peikern** [EF, EF, JSa, MB, StG]; **pejgern** [Scho]
– sterben [EF, HK, HLD, JS, JeS, KJ, KM, LJ, LüJ, MB, MM, MUJ, OJ, PfJ, RR, SE, SJ, SP, SS, SchJ, Scho, StG, StJ, TJ, TK, WH]; töten [StG]; (Pferd) schlachten [MB]; verrecken [JeS, Scho]; kränkeln [HK]; krank sein [JeS] ♦ **E:** rw. jd. *pegern* ‚sterben' < jd. *peger* ‚Leichnam' (WolfWR 4100, We 90, Post 185). ♦ **V:** *en éss gebääkert* ‚er ist gestorben' [JSa]; *i soll begara wia on kipp* ‚ich soll sterben wie ein Hund' [LüJ]; *die holten nur 'n raufer wenn se halb am peigeln waren* ‚sie holten nur einen Arzt, wenn sie fast starben' [MM]
verpeegere swV. [JeS]; **zerpeegere** [JeS]
– zerreißen [JeS]; kaputtmachen [JeS]
gepeikert Adj., Part. Perf. [EF, MoM]; **jepäiert** [KM]; **gepeigert** [EF]; **gebeigert** [EF]; **gebegart** [LüJ]; **gebeechert** [MUJ]
– gestorben [EF, KM, LüJ, MUJ]; tot [EF, MoM]
pegert Adj., Part. Perf. [WJ]; **pêgert** [TK]; **begert** [LoJ, LüJ]; **bägert** [PfJ, TK]; **becheret** [LüJ]; **beechert** [PfJ]; **bechært** [WJ]; **pegert** [TJ]; **beggert** [SS]; **pejger** [Scho]
– tot [LoJ, LüJ, SS, Scho, TJ, TK]; gestorben [PfJ, TJ, WJ]; kaputt [LoJ] ♦ **E:** obdt. Part.-Perf.-Bildungen ohne Präfix *ge*-.

pegert Subst. m. [SJ]; **begert** [RR, SJ]
– Aas [RR, SJ]
bechærdær Subst. m. [WJ]
– Leichnam [WJ]
pegerer Subst. m. [SchJ, TJ]; **begerer** [SJ]; **bêgerer** [RR, TK]; **becherer** [KJ]
– Arzt [KJ, RR, SJ, SchJ, TJ, TK]; Doktor [KJ]
pegererei Subst. f. [SchJ]; **pegerei** [TJ]; **begerei** [LJ]; **bägrei** [OJ]; **beicherei** [PfJ]; **pejcherei** [PfJ]
– Beerdigung [LJ, OJ, PfJ, SchJ, TJ]
bägerisch Adj. [TK]; **bägrig** [OJ]; **bechærisch** [WJ]; **becherisch** [MUJ]; **beecherisch** [PfJ]; **beegersch** [HK]; **beekers** [HK]; **beekersch** [HK]; **begarisch** [LoJ]; **begerisch** [LüJ]; **bejcherisch** [PfJ]; **bêkerisch** [Him]; **bekerisch** [HK]; **bekersch** [HK]; **bekrisch** [HK]; **peekersch** [HK]; **pêgerisch** [TK]; **pegerisch** [SJ, SchJ, TJ]; **pekersch** [HK]
– krank [HK, LoJ, LüJ, SJ, SchJ, TJ, TK, TK, WJ]; todkrank [LüJ, MUJ, OJ, PfJ, SJ]; sterbenskrank [Him, LJ, LüJ]; gestorben [LüJ]; tot [LüJ]; halb [LüJ]; kaputt [LüJ]; müde [HK]; „nasselo" [LüJ] ♦ **E:** rw. *begerisch* WolfWR 4100; SchwäbWb. VI 2, 1581 (*bägerisch*).
♦ **V:** *pegerisch hauern* ‚sich krank fühlen' [SchJ]; *Fiesl i hauer pegerisch gang zom urinprophet odr zom rötlengsfetzer ond hol mr ebes abr net zom marodebenk der ischd link* ‚Junge, ich bin krank, geh zum Apotheker oder zum Bader und hol mir etwas, aber nicht zum Doktor, der ist falsch' [SJ]; *diberei: schmus kaffer, haurets begerisch? Nobis, moß! – Bikerich? Nobis. – Schwächerich? Nobis. – Durmerich? Nobis. – Geschwächt? Nobis, moß! – Schefffts dir schofel? Nobis. – Gielerich? Nobis. – Dof? Kenn, moß!* ‚Gespräch: Sag, Mann, bist du krank? Nein, Frau! – Hungrig? Nein. – Durstig? Nein. – Schläfrig? Nein. – Betrunken? Nein, Frau! – Ist dir schlecht? Nein. – Übel? Nein. – Gut? Ja, Weib!' [LüJ]; *diberei: schmus, kaffer, hauerst begerisch? nobis, moß!* ‚Gespräch: Sag', Mann, bist du krank? Nein, Frau!' [LüJ]; *auf der hullche beekersch* ‚auf der Reise krank' [HK]; *du schemmst pekersch/peekersch* ‚du bist krank' [HK]; *die keue schemmd beekersch* ‚die Frau ist krank' [HK]; *'s schemmd beekersch auf der blaudse* ‚es ist lungenkrank' [HK]; *ich schemme beekersch* ‚ich bin krank/müde' [HK]; *loone/lone beegersch* ‚geschlechtskrank' [HK]; *beegersch am finnichen* ‚geschlechtskrank' [HK]
molepeekersch Adj. [HK]; **moole beegersch** [HK]
– geschlechtskrank [HK]
peegeri Subst. f. [JeS]; **begeri** [JeS]
– Krankheit [JeS]

pejgerling Subst. m. [Scho]
– ekelhafter Mensch [Scho]
zoskenpeiker Subst. m. [StG]; **zuskenbeiker** [StG]
– Pferdemetzger [StG]
peikelbeis Subst. n. [StG]; **baikelbaies** [StJ]
– Totenhaus [StG, StJ] ♦ **V:** *peikelbeis auf dem kumera* ‚Totenhaus auf dem Friedhof' [StG]
begerbochdam Subst. m. [LüJ]; **begerbokdam** [LüJ]
– Leichentuch ♦ **E:** rw. *begerbochdam* (WolfWR 4100, SchwäbWb. VI 2, 1581 *Bägerboschdam*).
begerkaffer Subst. m. [LüJ]
– Totengräber; Leichenschauer [LüJ]; toter Mann [LüJ]; sterbenskranker Mann [LüJ] ♦ **E:** rw. *begerkaffer* (WolfWR 4100, SchwäbWb. VI 2, 1581 *Bägerkaffer*).
beekerskadn Subst. f. [HK]; **beekerschkannchen** [HK]; **beekerschkasdn** [HK]
– Krankenhaus [HK]
begererpflanzer [TK]
– Arzt [TK]
beekerschkeit Subst. f. [HK]
– Krankheit [HK]
pegererkanti Subst. f. [TJ]
– Krankenhaus [TJ]
begerkitt Subst. f. [LüJ]
– Krankenhaus; Trauerhaus [LüJ]; Totenhaus [LüJ]; Leichenhaus [LüJ] ♦ **E:** rw. *begerkitt* ‚Krankenhaus' (WolfWR 4100, SchwäbWb. VI 2, 1581).
begererskut Subst. f. [LJ]
– Krankenhaus [LJ,] ♦ **E:** *-kut → gutsch*.
peigellaken Subst. n. [MM]
– Leichentuch [MM]
begarersmedine Subst. f. [LJ]; **begerersmedine** [LJ]
– Friedhof [LJ]
pegerschrenz [TJ]
– Krankenhaus [TJ]
peikerschurrig Subst. n. [StG]
– Gift zum Töten der Hunde [StG]
begererspflanzer Subst. m. [LJ]; **pegererpflanzer** [TJ]; **pegererspflanzer** [SchJ]; **peegerepflanzer** Subst. m. [JeS]; **begerepflanzer** [JeS]; **beggererpflanzer** [JeS]
– Arzt [JeS]; Schreiner [LJ, SchJ, TJ] ♦ **E:** Benennungsmotiv ‚Schreiner': Herstellung von Särgen.
peigelscharett Subst. n. [MM]
– Leichenwagen [MM] ♦ **E:** frz. *charette* ‚Karren'.
pegerersschinagler Subst. m. [SchJ]; **begarerschinägler** [LJ]; **begerersschinäkler** [LJ]; **pegererschinagggler** [TJ]
– Totengräber [LJ, SchJ, TJ] ♦ **E:** → *schinageln*.

begersins Subst. m. [LüJ]
– Arzt

begerwende Subst. f. [LüJ]; **bekerwende** [Gmü]; **pegererswind** [SchJ]
– Krankenhaus [LüJ, SchJ]; Spital [Gmü] ♦ **E:** WolfWR 4100 (*begerwende*).

beijer Adv. [JS]
– vollständig, gesamtheitlich [JS] ♦ **V:** *beijer schicker* ‚volltrunken' [JS]; *de mebische wor no beies lemm beijer schicker* ‚der Kleine war nach zwei Bier volltrunken' [JS].

pegieme Subst. f. [Scho]
– Makel [Scho]; Schwäche [Scho]; Scharte am Schlachtmesser [Scho] ♦ **E:** jd. *pegieme* ‚Schaden, Schwäche, Makel, Scharte am Schlachtmesser' We 89.

peiaz Subst. m. [MM]
– Narr, Dummkopf [MM] ♦ **E:** wohl zu it. *pajazzo* ‚Narr, Hanswurst', dt. *bajass* (Klu. 1995: 74).

paijatze Subst. f. [MM]
– Narretei [MM]

medienpaijatz Subst. m. [MM]
– Medienclown [MM].

peigeln ‚sterben' → *peger*.

peiger ‚betrunken' → *pegel*.

peije Subst. f. [BM]
– Zimmer [BM]; Ladenlokal [BM]; Wohnung [BM] ♦ **E:** schweiz. *Bei(j)e^n* ‚Bienenstock samt seiner Bevölkerung; gelegentlich übertragen auf die menschliche Behausung' SchweizId. IV 911.

peikern^1 swV. [MB]
– tätowieren [MB]

gepeikert Adj. [MB]
– tätowiert [MB] ♦ **E:** wohl zu dt. *peigeln* ‚fixieren, den Grund peilen' DWB XIII 1524; eher nicht zu → *peger(n)* aus jd. *peigern* ‚verrecken, sterben'.

peikern^2 ‚sterben' → *peger*.

peilen swV. [MB, MM]
poilen [MT, MeT]
– sehen [MB, MM, MT, MeT]; ansehen [MM, MeT]; beobachten [MM]; erblicken [MM]; gucken [MM]; hinsehen [MM]; schauen [MM]; hinschauen [MB]; genauer betrachten [MeT] ♦ **E:** dt. *peilen* ‚auf Sicht messen, anpeilen, sichten' DWB XIII 1524.

peiten swV. [SK]
– trinken [SK] ♦ **E:** zu rw. → *beiz* ‚Kneipe' (WolfWR 246).

peitekaten Subst. f. [SK]
– Gaststätte [SK]; Wirtschaft [SK] ♦ **E:** nd. *kate* ‚Haus'.

peiterling Subst. m. [StG]
– Ring [StG] ♦ **E:** evtl. Verschreibung aus rw. *geiterling/gaderling/geitling* ‚Fingerring'.

pej Subst. [Scho]
– Mund [Scho] ♦ **E:** jd. *pëi* ‚Mund, Maul' We 90.

pekelen swV. [HF, HeF]
pickelen [HF]
– weinen [HF, HeF]; klagen [HF] ♦ **E:** rw. *pekelen* ‚weinen' (WolfWR 4105), nl. *pekelen* bedeutet ‚(ein) pökeln', *pekel* ‚Pökel, Salzlake'.

pelle Subst. f. [MB]
– Kleidung [MB] ♦ **E:** rw. *pelle* ‚Kleidung' (WolfWR 4109), zu dt. *auspellen* ‚ausziehen'.

pellmänner Subst. m., Pl. [MB]
– Pellkartoffeln [MB]; Kartoffeln [MB].

pellen swV. [JeH]
– schlafen [JeH] ♦ **E:** Nebenform zu rw. *pennen* ‚schlafen'.

pello Subst. [StG]
– Ring [StG] ♦ **E:** wohl zu rhein. *pelloten* ‚etwas rundförmig Gewundenes, Knäuel' < franz. *pelote* RheinWb. VI 610.

pelmen swV. [SS]
– rauchen [SS] ♦ **E:** waldeckisch *pälmen* ‚stark rauchen'; Bauer, WaldeckWb, 79.

pelmer Subst. m. [SS, WH]
– Hirt [SS, WH] ♦ **E:** rw. *pelmer* ‚Hirt' (WolfWR 4111, ohne Herleitung).

pempel nur in:
pempelschwächer Subst. m. [StG]
– Bierbrauer [StG] ♦ **E:** evtl. zu rhein. *Pümpel* ‚tiefe Stelle im Bach, Wasserloch'.

pempert Subst. n. [HF]
– Brennstoff [HF]; Oel [HF] ♦ **E:** evtl. zu rhein. *Pümpert* ‚schweres Faß' (RheinWb. VI 1198).

pempertschütt Subst. [HF]
– Auto [HF]; Kraftwagen [HF]

pempertkrögel Subst. m. [HF]
– Oelkrug [HF].

pen Subst. f. [GM]
pēne [PH]
– Schwester [PH, GM]; Krankenschwester [GM] ♦ **E:** rw. *peen, pehn* ‚Schwester' (WolfWR 4084) < roi. *phen, pçen* ‚Schwester' (WolfWZ 2383).

pendel Subst. n. [WG]
– „Seil mit Nachrichtenzettel für jemanden, dessen Zelle sich unterhalb oder neben der Zelle des Absenders befindet, befördern" [WG] ♦ **E:** dt. *Pendel* ‚Schwinggewicht' DWB XIII 1540.
pendeln swV. [WG]
– eine Nachricht mit dem Pendel befördern [WG].

pêne Subst. [MeT]
pên Subst. [MeT]; **pen** [MeT]
– Brot [MeT] ♦ **E:** rom., frz. *pain*, it. *pane* ‚Brot'.

penert Subst. [NJ]
– männl. Geschlechtsteil [NJ] ♦ **E:** rw. *-hart*-Bildung zu → *pennen¹* oder *Penis*.

penez Subst. [OJ]
– Schulbank [OJ]; Strafbank [OJ] ♦ **E:** unsicher; evtl. zu rw. *penne* WolfWR 4119 oder direkt oder unter Einfluss zu schwäb. *Pen* ‚Strafe, Pein'; womgl. auch Einfluss von schülerspr. *Penne* ‚Schule', lat. *penna* ‚Feder'.

penk ‚Mann, Bauer, Vater' → *pink*.

penkes ‚Protokoll' → *pinkes*.

penn Subst. f. [HF, HeF]
pinn [HF]
– Laus, Läuse [HF, HeF] ♦ **E:** rw. *penn* ‚Läuse' (WolfWR 4118), zu rip. *pin* ‚Stift, Stachel'; nl. *pen* f. ‚Nagel, Bolzen, Stachel' (RheinWb.VI 852).

penne¹ Subst. f. [SK]
– Brotschnitte [SK] ♦ **E:** franz. *pain* ‚Brot'.
penschrämper Subst. m. [MT, MeT]; **penschramper** [MeT]; **pênschrämper** [MeT]
– Bäcker [MT, MeT].

penne² Subst. f. [HLD, MB, SJ, StG]
penna [JSa]
– Herberge [HLD, SJ]; Wirtshaus [JSa]; Herberge „Zur Heimat" [MB]; unsichere, falsche Herberge [StG] ♦ **E:** rw. *penne* ‚Herberge, Gasthaus, Nachtquartier, Schlafstelle' (WolfWR 4119). ♦ **V:** *wo hockt eine penne?* ‚Gibt es hier eine Schlafgelegenheit?' [NJ]
penner Subst. m. [JSa, MB, PH]
– Kunde, Tippelbruder [JSa]; Handwerksbursche [MB]; Feldschütz [PH] ♦ **E:** rw. *penne* ‚Gasthaus' als Unterkunft für Fahrende außerhalb der Stadtmauern; *penner* oder *pennbruder*: jmd., der dort verkehrt, also keine feste Wohnung hat; von dort entwickelt sich die Bedeutung ‚Asozialer, Stadtstreicher'.
pennbruder Subst. m. [HLD, MM]
– Stadtstreicher [MM]; Handwerksbursche [HLD]
penneboos Subst. m. [HLD, StG]; **penneboss** [StG]; **penneboß** [BO]; **bennebos** [StG]
– Gaunerwirt [StG]; Herbergsvater [HLD, StG]; Herbergswirt [StG]; Wirt [BO] ♦ **V:** *wilder penneboos* verräterischer Herbergsvater [StG]; *penneboos bient* der Herbergsvater sieht vor dem Schlafengehen nach, ob der Kunde Läuse oder Krätze hat [StG].

pennen¹ swV. [GM, HLD, LüJ, MB, MM, NJ, SE, SG, SJ, WL]
penne [JeS, MeJ]; **benen** [LüJ]; **päne** [NrJ]; **pännen** [SE]; **pelen** [SP]; **penen** [SP]
– schlafen [GM, HLD, JeS, MB, MeJ, MM, NJ, NrJ, SE, SG, SJ, SP, WL]; „soben" [LüJ]; „schnurcheln" [MB] ♦ **E:** rw. *pennen* ‚schlafen'; vermutlich zu jd. *pannai* ‚müßig' (WolfWR 4119); der Zusammenhang von *penne* und *pennen* wird erst im Rotwelschen hergestellt; ugs. verbreitet (Kü 1987: 599). ♦ **V:** *mer hon em rouschert jepänt.* [NrJ]
pän Subst. [KM]; **pänn** [SE]; **penn** Subst. f. [WL]
– Schlafstätte [KM]; Schlafhaus [WL]; Ausspann [SE]; Rastplatz [SE]; Rastplatz der Händler [SE].

pennen² swV. [GM, LüJ, MB]
penen [LüJ]; **benen** [LüJ]; **bennen** [MoJ]; **penne** [JS, LüJ, PH]; **peenæ** [WJ]; **pen** [JS]
– sagen, sprechen [GM, JS, MB, MoJ, PH, WJ]; reden [GM, LüJ]; erzählen [LüJ, WJ] ♦ **E:** rw. *benen, pennen* ‚sprechen' (WolfWR 404) < roi. *pennawa* ‚sagen, reden, erzählen' (WolfWZ 2383; Boretzky/Igla: 1994: 235). ♦ **V:** *rill pennen* ‚furzen' [LüJ]; *pen aue!* ‚Sag ja!' [LüJ]; *pen schie* ‚sag nein'; ‚nein sagen, etwas ablehnen' [MB]; *penn jenisch* ‚sprich Jenisch' [LüJ]; *tschih mae penne!* ‚Nichts mehr sagen!' [LüJ]; *nobes pennen* ‚nichts sagen' [LüJ]; *I muaß dr was peenæ* ‚Ich muß dir etwas erzählen' [WJ]; *die ruochen pennen das net* ‚die Bauern sagen das nicht' [LüJ]; *ich hätte gekohlt, wenn ich nicht die Wahrheit gepennt hätte* ‚ich hätte gelogen, wenn ich nicht die Wahrheit gesagt hätte' [LüJ]; *penn tschi(h)* ‚sage nichts' [LüJ]; *tschi pennen* ‚nicht(s) sagen, verheimlichen' [LüJ]; *mog, tschi penne, hinterkünftig nascht er* ‚paß auf, nichts sagen, er kommt von hinten' [LüJ]; *penn ja tschi von de getschorte gachle* ‚sag' ja nichts von dem geklauten Huhn' [LüJ].

penunze Subst. f., Pl. [MM]
benúnze [SK]; **penonze** [SG]; **pinünse** Subst. f. [SS]; **pennunsen** Subst. Pl. [MM]; **penunzen** [MM]; **pienunzen** [MM]; **pinunsen** [MB]; **pienunsen** [MB]; **pinansen** [MB]; **pienonsen** [MB]
– Geld [MB, MM, SG, SS]; Gelder [MM]; Finanzen [MM]; Reichtum [SK]; Glück [SK] ♦ **E:** rw. *penunse*, wohl aus dem Slavischen, poln. *penadz* ‚Geld‘, sorb. *pjenjezy* ‚Geld‘ (WolfWR 4120); im frz. Argot *pécuniaux* ‚Geld‘; Abel, Slawismen, 54. ♦ **V:** *benunze bestufzen* ‚Glück haben, reich werden‘; *in 'ne benunze truppeln* ‚in einen Ort gehen, von dem bekannt ist, daß dort reichlich gegeben wird‘.

pepperwaterdrunken Phras. [SG]
– betrunken [SG] ♦ **E:** nd., hochdt. *Pfefferwasser, (ge)trunken*.

peres Subst. [Scho]
– Mist [Scho] ♦ **E:** jd. *perre* ‚Mist‘ Klepsch 1145.

permission Subst. f. [JS]
– Spielerlaubnis [JS]; Standerlaubnis [JS] ♦ **E:** frz. *permission* ‚Erlaubnis‘, lat. *permissio* ‚Zulassung, Erlaubnis‘. ♦ **V:** *permission machen* ‚Platz- und Erlaubnis auswirken‘ [JS].

permoneje Subst. n. [KM]
permonejes [KM]
– Brieftasche [SPI] ♦ **E:** zu dt./frz. *Portemonnaie*.

perren Subst. m. [KMa]
– Kuchen [KMa] ♦ **E:** unsicher; evtl. zu dt. *beeren* ‚eine Masse wenden und kneten‘ DWB I 1244.

perückenhengst Subst. m. [MB]
– Perückenmacher [MB] ♦ **E:** dt. *Perücke* und → *hengst*.

perzen swV. [MB, MM]
– rauchen [MB, MM] ♦ **E:** ugs. *perzen* ‚kiffen, Haschisch oder Marihuana rauchen‘.

perz Subst. f. [MB]
– Zigarette [MB]

perze Subst. f. [MB]
– Rauch [MB].

peschen swV. ‚sitzen, laufen‘ → *beschen*.

peschiet Subst. f./ n. [MM]
beschiene [MM]; **beschine** [JS, MM]; **pschiedem** [RA, Scho]; **beschitche** Dim. [PH]; **beschietsche** [PH]; **beschiedche** [CL, LL]
– Pfennig [CL, JS, LL, MM, PH, RA, Scho]; fünf Pfennig [MM]; Geldschein [MM] ♦ **E:** rw. *poschut* ‚Pfennig‘ (WolfWR 4324) < jd. *poschet*, Pl. *peschitim* ‚Pfennig. Kleinigkeit‘ (We 91, Post 186, Klepsch 411 f.). → *poscher*. ♦ **V:** *hei beschine* ‚fünf Pfennig‘ [MM]; *heibe schiene* [sic] 0,05 DM [MM]; *beschine ist ein fiozer tack* ‚eine *beschine* ist ein halber Groschen‘ [MM]; *die balachesen sind verschütt, plete, und keine hei beschine ist mehr da* ‚das Geld ist verloren, weg, und kein Fünf-Pfennig-Stück ist mehr da‘ [MM]; *die skorcher schucken tichim beschiedcher* ‚Die Zigaretten kosten 90 Pfennig‘ [LL].

peschore Subst. f. [Scho]
peschores [Scho]
– Vergleich (in Geschäften) [Scho] ♦ **E:** jd. *peschōre* ‚Vergleich (im Geschäft oder in Streitfällen)‘ We 90.

pesen swV. [GM, MB, MM]
päsen [MM]
– gehen [GM, MM]; rennen [GM, MB, MM]; laufen [GM, MM]; eilen [MM]; fahren [MM]; sich beeilen [MM]; „Steigerung von rennen" [MM]; „alle Formen der Fortbewegung" [GM] ♦ **E:** dt. *pesen* ‚rennen‘, aus engl. *to pace* ‚im Paßschritt reiten‘ (Klu. 1995: 622); westf. *päsen* ‚laufen‘ (WWBA. 1126), rhein. *pesen* ‚schnell laufen‘ (RheinWb. VI 623). ♦ **V:** *schirm inne fehme saßen die knäbbelanims aufe leetze und pästen nache tiftel* ‚die Bäuerinnen saßen mit dem Schirm in der Hand auf dem Fahrrad und fuhren in die Kirche‘ [MM]; *mit ihre leetzen inne runde päsen* ‚mit den Rädern Runden drehen‘ [MM]

anpesen swV. [MM]
– heranlaufen, herbeilaufen [MM]

verpesen swV. [MM]
– abhauen [MM]

pesemann Subst. [MM]
– nur in: *pesemann machen* ‚schnell abhauen‘ [MM]

peseln swV. [MM]; **pesseln** [MM]
– eilen [MM]; gehen [MM]; laufen [MM]; Rad fahren [MM]; radeln [MM]; rennen [MM]; sich bewegen [MM] ♦ **E:** Iterativbildung zu → *pesen*. ♦ **V:** *mit der leeze peseln* ‚radeln‘ [MM]; *hamel peseln* ‚oft gehen‘ [MM]; *durche bendine peseln* ‚durch die Gegend laufen‘ [MM]; *die matreelen sind am toftesten, wenn sie durchs schassörken gepeselt sind* ‚die Kartoffeln schmecken am besten, wenn sie durchs Schweinchen gegangen sind‘ [MM]

abpeseln swV. [MM]
– fortlaufen, davonlaufen [MM]; losreiten [MM]

anpeseln swV. [MM]
– heranlaufen, herbeilaufen [MM]

lospeseln swV. [MM]
— loslaufen [MM]; losreiten [MM]
raufpeseln swV. [MM]
— hinaufsteigen [MM]
zupeseln swV. [MM]
— auf jemanden zulaufen [MM]
peese Subst. f. [MM]
— nur in: *peese machen* ‚sich beeilen' [MM].

pesso Adj. [MB]
— fett [MB]; dick [MB]; stark übergewichtig [MB]; groß [MB]; voluminös [MB] ♦ **E:** roi. *besso* ‚dick' (WolfWZ 154). ♦ **V:** *dick ihne sein pesso bedo* ‚schau dir seinen großen Schwanz an' [MB].

pesten swV. [MM]
— stänkern [MM] ♦ **E:** nd., bes. westmünsterländisch *pesten, pessen* ‚stänkern, sticheln, Streit suchen, ärgern'; vgl. ugs. *verpesten* ‚Gestank verbreiten'. ♦ **V:** *Schäi uut te pesten!* ‚hör' auf zu stänkern'.

pesto Poss.Pron. [ME]
— sein [ME]; ihr [ME] ♦ **E:** roi. *pésko* ‚sein, ihr' (Boretzky/Igla 1994: 215).

pestuitscheck Subst. m. [WG]
— minderwertiger Mensch [WG] ♦ **E:** unklar; womgl. Bildung zu dt. *Pest*.

peszach Subst. [SS]
— Ostern [SS] ♦ **E:** rw. *péßach* ‚Tür', aus jd./hebr. *pessah* ‚Tür, Pforte' WolfWR 4132.

petatsche Subst. f. [KM]
petatsches Pl. [KM]
— Händchen [KM] ♦ **E:** dt. *Tatze* ‚Pfote, grobe menschliche Hand' DWB XXI 160 f., ugs. *betatschen* ‚jemanden mit der Hand berühren'.

petîet Adj. [SK]
— klein [SK] ♦ **V:** *'n petieten schrabinchen* ‚ein kleines Kind' ♦ **E:** frz. *petit* ‚klein'.

petschauer Subst. Pl. [PM]
— Bezeichnung der Musikgesellschaften und Kappellen aus Schönthal [PM]; Petschauer Musiker [PM] ♦ **E:** ON *Petschau* in Böhmen.

pett Subst. f. [MB]
— Mütze [MB]; Hut [MB] ♦ **E:** westf. *pette, pet* ‚Mütze' (WestfWb. 847).

petur Adj. [StG]
— reich [StG] ♦ **E:** unklar; womgl. Bildung zu dt. *betucht* ‚wohlhabend'.

petur Subst. m. [StG]
— Reichtum [StG].

petzchen ‚Eier' → *betz*.

pfääje swV. [BM]
— Reißaus nehmen [BM] ♦ **E:** schweizdt. *pfäijen* ‚sich davon schleichen, sich davon machen' (SchweizId. V 1205).

pfadme swV. [BM]
— stehlen [BM]; nehmen [BM] ♦ **E:** zu schweizdt. *pfad (tun)* ‚etwas vorsichtig tun' SchweizId. V 1053.

pfaffe Subst. m. [MB]
— Pastor [MB] ♦ **E:** dt. *Pfaffe* DWB XIII 1354 f., mhd. *pfaffe*, ahd. *pfaffo* ‚Geistlicher', wohl entlehnt aus griech. *papas* ‚Kleriker', nicht aus lat. *papa* (Klu. 1999: 623).

pfaffenschickse Subst. f. [SJ]
— Pfarrköchin [SJ] ♦ **E:** → *schikse*.

pfaffenkutte Subst. f. [KJ]
— Klosterfrau [KJ].

pfåhler Subst. m. [LoJ]
— Baum [LoJ] ♦ **E:** zu dt. *Pfahl* „ein zugespitztes (mehr oder minder langes und starkes) holzstück zum einschlagen in den Erdboden" DWB XIII 1597 f.

pfälzer Subst. m. [JS]
— Zeltarbeiter [JS]; Zirkusmusiker und Helfer beim Zeltaufbau [JS] ♦ **E:** Deonomasticum aus dem Landschaftsnamen *Pfalz*. Benennungsmotiv: Landschaft für typischen Beruf, vgl. *Schweizer* ‚Melker'.

pfandere Subst. f. [BM]
— Pfandleihanstalt [BM] ♦ **E:** zu dt. *Pfand* „was als sicherheitsleistung genommen oder gegeben wird" DWB XIII 1603 ff.

pfånnafratz'n Subst. Pl. [EF]
pfannenfratzen [EF]; **pfannafratzn** [EF]
— Krapfen [EF] ♦ **E:** dt. *Pfanne* und dt. *Fratze* ‚verzerrtes Gesicht'.

pfariere swV. [BM]
pftcke [BM]
— stehlen [BM] ♦ **E:** unklar; womgl. zu rw. *fartzer* ‚Auslagendieb' WolfWR 1296.

pfeberen ‚schreiben' → *febern*.

pfeffern swV. [PfJ, StG]
pfeffra [OJ]
– schießen [OJ]; schleudern [OJ]; essen [StG]; „schieflen" [PfJ] ♦ **E:** dt. *pfeffern* DWB XIII 1638. ♦ **V:** *quant pfeffern* ‚gut essen' [StG]
niederpfeffern swV. [WG]
– jmd. niederschießen [WG]
pfeffrig Adj. [OJ]
– teuer [OJ].

pfeif Subst. f. [EF]
pfeife [EF]
– Frau [EF] ♦ **E:** dt. *pfeifen, Pfeife* DWB XIII 1641 ff. Benennungsmotiv: Formähnlichkeit mit Pfeifen, bes. Orgelpfeifen, Wolf, Fatzersprache, 129. ♦ **V:** *a rachte pfeif / e rachta pfeif* ‚Frau, groß, dick' [EF]
pfeifferl Subst. n., Dim. [WG]
– Penis [WG] ♦ **V:** *das Pfeifferl verbrannt haben* ‚einen Tripper haben' [WG]
pfeifbude Subst. f. [EF]; **pfeifbud** [EF]
– Abort [EF]
pfeifenbrett Subst. n. [EF]; **pfeifenbrat** [EF]; **pfeifenbratt** [EF]; **pfeifbraatel** Subst. n. Dim. [EF]
– Abort [EF]
pfeiffenkopp Subst. m. [EF]; **pfeifenkopp** [EF]; **pfeif'nkopp** [EF]; **pfeifenkopf** [EF]
– Bierfaß [EF]; kleines Faß [EF]
pfeiffenköppel Subst. n. Dim. [EF]; **pfeifenköpflein** [EF]; **pfeif'nköppl** [EF]
– kleines Bierfaß [EF]
pfeifen swV. [LJ, WG]; **pfeiffen** [StG]
– verraten [StG, WG]; schießen [LJ] ♦ **E:** rw. *pfeifen* ‚eingestehen, aussagen' (WolfWR 4146). ♦ **V:** *pfeifen wie ein lercherl* ‚ein Geständnis ablegen' [WG]; *helle pfeiffen* ‚bei der Teilung das Meiste verlangen' [StG].

pfendle nahschiaba Phras. [OJ]
– beleidigt sein (dabei die Unterlippe vorschieben) [OJ] ♦ **E:** schwäb. Dim. zu dt. *Pfanne*. Benennungsmotiv; Formähnlichkeit einer vorgeschobenen Unterlippe mit einer Pfanne.

pferrig Adj. [KP]
pferik [KP]
– reich [KP]; teuer [KP] ♦ **E:** rw. *pferrig* ‚teuer, reich' (WolfWR 4150, ohne Herleitung), schwäb. *pfärrig* ‚eingepfarrt sein, etwas schuldig sein' (SchwäbWb. I 1016).

pferskneis Adj. [LüJ]
– gut [LüJ] ♦ **E:** unsicher, Deutungskonkurrenzen, evtl. verderbter Beleg; womgl. zu *verkneispern*

‚durchdenken, eine Idee entwickeln' Siewert, Grundlagen, 205, → *kneis* oder zu rw. *kneissen* WolfWR 2773.

pfichen swV. [LüJ]
pficha [LüJ]; **pfiche^n** [LüJ]; **pfichtà** [LüJ]; **pfichda** [OJ]; **pfichten** [MUJ]
– kommen [LüJ, MUJ]; weggehen [LüJ, OJ]; gehen [LüJ]; abhauen [LüJ]; fortgehen [LüJ]; abgehen [LüJ]; fliehen [LüJ]; herkommen [LüJ]; verschwinden [LüJ]; „naschen" [LüJ] ♦ **E:** rw. *pfichen* ‚gehen' (WolfWR 4153, ohne Herleitung). ♦ **V:** *pfich* ‚Komm!' [LüJ]; *es pficht jemand* ‚es kommt jemand' [LüJ]; *abagai, baschmande pficht* ‚abhauen, die Polizei kommt' [LüJ]; *es pficht jemand* ‚es kommt jemand' [LüJ]; *fiesel pfich, dr greeling naascht!* ‚Freund, komm, der Förster naht!' [LüJ]; *fiesel pfich, der gallach nascht* ‚Junge, hau ab, der Pfarrer kommt' [LüJ]
pfiches Subst m. [MUJ]
– Wind (Blähung) [MUJ].

pfiff Subst. m. [EF]
piff [EF]
– Knecht [EF]; Hausknecht [EF] ♦ **E:** rw. *pfiffges, pfiffes* ‚Handwerksbursche' von dt. *pfiffig* ‚schlau, verschlagen' WolfWR 4155.
pfiffes Subst. m. [SJ, UG]
– Bettler [SJ]; Handwerksbursche[UG]; nicht seßhafter Mensch [SJ]; Schlaumeier [SJ].

pfitzig Subst. m. [LüJ, Him]
– Pfennig [LüJ, Him] ♦ **E:** rw. *pfitzig* ‚Pfennig' (WolfWR 4157), zu dt. *Fitzchen* ‚Fädchen, ein wenig' DWB III 1695. Vgl. → *fitzer*.

pfladern swV. [LüJ]
pfladræ [WJ]; **pflandra** [OJ]; **fladdern** [NJ]; **pflötsche** [Him]
– (sich) waschen [Him, LüJ, NJ, OJ]; baden [OJ]; Wäsche waschen [WJ] ♦ **E:** schwäb. *pfladeren* ‚im Wasser herumplätschern' (SchwäbWb. I 1054).
pflaadr Subst. Pl. [WJ]; **pfladere** [Him]
– Kleider [WJ]; Wäsche [Him, WJ].

pflanzen swV. [JeS, LJ, LüJ, PfJ, SJ, SchJ, TJ]
pflanze [JeS]; **pflanza** [LJ, OJ, SJ]; **planzæ** [WJ]; **pflanzn** [LoJ]; **flanzen** [SE, WL]; **pfälzen** [TK]
– machen [JeS, LJ, LoJ, LüJ, OJ, PfJ, SJ, SchJ, TJ, TK, WJ]; bauen [JeS, OJ, SchJ]; herstellen [LoJ, SchJ]; spielen [WL]; sein [OJ]; singen [SJ]; tun [JeS, SJ, TK]; cacare [SJ]; angeben [LüJ]; großartig, stolz sein [LüJ]; anfangen [JeS]; beginnen [JeS]; anstiften [JeS]; setzen [JeS] ♦ **E:** rw. *pflanzen* ‚machen, tun, anfertigen'

(WolfWR 4158, Klepsch 1148), zu dt. (ant.) *pflanzen* „an einen ort fest hinsetzen, hinstecken, hinstellen zu vorübergehendem oder dauerndem verharren", ,pflegen, sich putzen, zieren, schmücken', DWB XIII 1310 ff.; gegenwartssprachlich bedeutungsverengt. ♦ **V:** *en funk pflanza* ,Feuer machen' [LJ]; *hegesle pflanzen* ,Spätzle machen' [LüJ]; *bommen pflanzen* ,Schulden machen' [SJ]; *hallas pflanzen* ,lärmen' [SJ]; *kohl pflanzen* ,etwas Schlechtes machen' [LüJ]; *krach pflanzen* ,lärmen' [SJ, LüJ]; *kabores pflanzen* ,Scheiß bauen' [LüJ]; *tschabe pflanzen* ,Kinder machen' [LüJ]; *bumich pflanzen* ,koitieren' [PfJ]; *krach pflanzen* ,lärmen' [PfJ]; *schalling pflanzen* ,singen' [PfJ]; *spuling pflanzen* ,koitieren' [PfJ]; *zündling pflanza* ,Feuer machen' [PfJ]; *ein käfferle pflanzen* ,onanieren' [LüJ]; *einen fuhl pflanzen* ,Mist bauen, etwas Mißlungenes produzieren' [LüJ]; *strauberts pflanzen* ,kämmen (die Haare machen)' [LüJ]; *mog, pflanz keine gobe* ,mach keinen Unsinn' [LüJ]; *dik a moal, was der pflanzt* ,schau mal, was der macht' [LüJ]; *flanz ma dän eel!* ,Leck mich am Arsch!' [SE]; *Schorsch, bevor du jetzt holcha willst, müßemer noch a schalling pflanza* ,Georg, bevor du jetzt gehen willst, müßen wir noch ein Lied singen' [SJ]; *Pflanz, doge mir ein funkerle zum toberich anfunken.- Herles, meine mapfete funkt, schniffse zum anfunken.* Mach', gib mir ein Streichholz zum Anzünden der Pfeife.- Hier meine Zigarre brennt, nimm diese zum Anzünden. [LüJ]; *pofer boizr, pflanz en schmelzr auf dei schickse und dui boiz* ,Armer Wirt, scheiß auf deine Frau und deine Wirtschaft' [LJ]; *moß, was sicherst? Ich sichere hegesle mit stupfelbossert und pflanz' noch ein blättling* ,Frau, was kochst du? Ich koche Spätzle mit Igelfleisch und mach' noch einen Salat dazu' [LüJ]; *grandiche pflanzen* ,sich großmachen, den Großen spielen/mimen' [LüJ]; *meg, der gatsch dikt noch zu, pflanz tschi, warte, bis er nascht* ,paß auf, der Kerl schaut noch zu, mach nichts, warte, bis er geht' [LüJ]

pfälze swV. [JeS]; **pfelze** [JeS]; **pfälzen** [JeS]
– tun [JeS]; machen [JeS] ♦ **V:** *pfälz lau!* ,tu es nicht!' [JeS]

grandiche pflanzen swV., Phras. [LüJ]
– den Großen spielen [LüJ]; sich großmachen [LüJ]

pflanzer Subst. m. [LüJ]; **pflanzer** [StG]; **pflanzr** [OJ]
– Macher [LüJ, OJ]; Schuster [StG] ♦ **E:** als Halbsuffix *-pflanzer* im Rotwelsch in zahlreichen Berufsbezeichnungen.

baißumpflanzer Subst. m. [LüJ]
– Zahnarzt [LüJ]; „dantnaselobedo" [LüJ]

blambpflanzer Subst. m. [LJ, LüJ]
– Brauer [LüJ]; Bierbrauer [LJ]; Bierhersteller [LüJ]; Biermacher [LüJ]; Bierpanscher [LüJ] ♦ **V:** *doch wär der guffer no ärmer, wenn sei weib den reicha blambpflanzer vergönt hät* ,doch wär der Lehrer noch ärmer, wenn seine Frau den reichen Bierbrauer geheiratet hätte' [LüJ]

bommapflanzer Subst. m. [LüJ]
– Schuldenmacher [LüJ]

dächlespflanzer Subst. m. [LüJ]
– Schirmmacher [LüJ]; Vordachhersteller [LüJ]; Überdachungshersteller [LüJ]; „Vordach-Verkäufer" [LüJ]; Dachbauer [LüJ]; Metallbauer [LüJ]; Monteur [LüJ]

driddlengspflanzr Subst. m. [OJ]
– Schuhmacher [OJ]; Schuster [OJ]

genglespflanzer Subst. m. [LüJ]; **gengelespflanzer** [LüJ]
– Uhrmacher [LüJ]

grandigpflanzer Subst. m. [LüJ]
– Angeber [LüJ]; Stolzer [LüJ]

hanfertpflanzerin Subst. f. [LüJ]
– Näherin [LüJ]

ketterlpflanzer Subst. m. [LoJ]
– Pfannenflicker [LoJ]

klettertpflanzer Subst. m. [LüJ]
– Tischler [LüJ]

leempflanzer Subst. m. [LoJ]
– Bäcker [LoJ]

luberpflanzer Subst. m. [LüJ]
– Uhrmacher [LüJ]

maropflanzer Subst. m. [LoJ]
– Bäcker [LoJ]

mulopflanzer Subst. m. [SJ]; **mulumpflanzer** [LüJ, UG]
– Arzt [LüJ, SJ, UG]; Doktor [LüJ]; Totengräber [LüJ]

nollespflanzer Subst. m. [LüJ]
– Hafner [LüJ]

nueschpflanzer Subst. m. [JeS]; **nueschpflänzer** [JeS]
– Schuhmacher [JeS]

obermannpflanzer Subst. m. [LüJ]
– Hutmacher [LüJ]; Kappenmacher [LüJ]

peegerepflanzer Subst. m. [JeS]; **begerepflanzer** [JeS]; **begerepflanzer** [JeS]; **beggererpflanzer** [JeS];

pegererpflanzer Subst. m. [TJ]; **pegerers pflanzer** [SchJ]
– Arzt [JeS]; Schreiner [SchJ, TJ] ♦ **E:** → *peger*.

pflotscherpflanzer Subst. m. [LüJ]
– Schirmmacher [LüJ]; Regenschirmmacher [LüJ]

schottlapflanzer Subst. m. [LüJ]; **schottelepflanzer** [TJ]
– Glashersteller [LüJ]; Korbmacher [LüJ, TJ]; Töpfer [LüJ] ♦ **E:** jen. *Schottele* ‚Korb'.

schuberlespflanzer Subst. m. [LüJ]
– Geistermacher [LüJ]; Geistererlöser [LüJ]; „Geist oder Spuk machen" [LüJ]

schurelespflanzer Subst. m. [LüJ]
– Schreiner [LüJ]; Bürstenmacher [LüJ]; Warenhersteller [LüJ]

schurespflanzer Subst. m. [LüJ]; **schurepflanzer** [LüJ]
– Bürstenmacher [LüJ]; Bürstenbinder [LüJ]; „jeder, der etwas herstellt" [LüJ]

staudenpflanzerin Subst. f. [PfJ]
– Näherin [PfJ]

stichlingspflanzer Subst. m. [Zi]
– Schneider [Zi]

trittlingpflanzer Subst. m. [TJ]; **trittlingspflanzer** [Gmü, Him, Mat, Wo, Zi]
– Schuhmacher [TJ]; Schuster [Gmü, Him, Mat, Wo, Zi]

zainpflanzer Subst. m. [LJ]; **zeinipflanzer** [TJ]
– Korbmacher [LJ, TJ] ♦ **E:** schwäb. *Zaine* ‚Korb'.

zupflanzen swV. [PfJ]
– verschließen [PfJ]

zufplanzt Adj., Part. Perf. [PfJ]
– verschlossen [PfJ].

pflärga Subst. m. [OJ]
– Auswurf [OJ] ♦ **E:** schwäb. *Flargen* ‚zäher Schleimauswurf' (SchwäbWb. II 1541).

pflaster nur in:
pflasterhautz Subst. m. [RH]
– Arzt [RH]

pflasterschmierer Subst. m. [EF]; **pflâsterschmierer** [EF]; **pflåsterschmierer** [LoJ]; **pflästerlesstreicher** [PfJ]
– Arzt [EF, PfJ]; Doktor [EF, LoJ] ♦ **E:** zu dt. *Pflaster* ‚Wundpflaster' DWB XIII 1723 ff.

pflastersteine Subst. Pl. [StG] ♦ **V:** *die Pflastersteine brennen* ‚es befinden sich in dem Ort vigilierende Polizisten' [StG]

pflasterer Subst. m. [EF]
– Arzt [EF].

pflaum Subst. [LoJ]
– Bier [LoJ] ♦ **E:** wohl zu dt. *flaum* ‚schmutzig trübe von Wasser' DWB III 1735.

pflaumien Subst. [EF]
pflaummien [EF]; **pflaummien** [EF]
– Krapfen [EF] ♦ **E:** zu dt. *pflaume* u. a. ‚eine Art Walzenschnecke, mit walzenförmig gewundener Schale'; womgl. Einfluss von dt. *pflaum* u. a. „lockerer schaum, z. b. von bier" DWB XIII 1729. *-mien* evtl. zu dt. *Miene* ‚Aussehen, Gesichtsausdruck' DWB XII 2172 ff. oder nachgestelltes Possesivpron. (Wolf, Fatzersprache, 127).

pfliageln swV. [TJ]
pfiagln [TK]; **pflüaglen** [TK]
– betteln [TJ, TK] ♦ **E:** zu dt. *pflügen* DWB XIII 1779 f. Benennungsmotiv: Ähnlichkeit der Bewegungsabläufe, Auf- und Abgehen.

pfliagler Subst. m. [TJ]
– Bettler [TJ].

pflömes Subst. m. [BM]
– großer Stein [BM] ♦ **E:** schweizdt.*pflum(pf)* ‚plumpe Masse, dickleibige Person' SchweizId. V 1248; *pflump(f)se*ⁿ SchweizId. V 1249 ‚im Wasser einen dumpfen Schall hervorbringen, z. B. von einem ins Wasser fallenden schweren Gegenstand'.

pflotscher Subst. m. [LüJ]
– Schirm, Regenschirm [LüJ] ♦ **E:** rw. *flotscher* ‚Regenschirm' (WolfWR 1491, ohne Herleitung), SchwäbWb. II 1587 (*Flotschert*).

pflotscherpflanzer Subst. m. [LüJ]
– Schirmmacher [LüJ]; Regenschirmmacher [LüJ] ♦ **E:** SchwäbWb. VI 2, 1925 (*Pflotscherpflanzer*).

pfludern swV. nur in:
abpfludern [SJ]; **abpfludere** [KP]; **abpfluderen** [KP]; **abpfludra** [SJ]
– sterben [KP, SJ]; kaputtgehen [SJ] ♦ **E:** schwäb. *abpfluderen* ‚sterben' (SchwäbWb. I 50), dies zu *pfluderen* ‚flattern, plätschern, brodeln' (SchwäbWb. I 1069). ♦ **V:** *Worom will dei lehmschieber abpfludra* ‚Warum will dein Backofen kaputtgehen?' [SJ].

pflume Subst. [BM]
– großes Stück [BM] ♦ **E:** schweizdt. *Pflum* ‚Pflaume, met. plumper Mensch' (SchweizId. V 1247/48).

pfluschen swV. [SchJ, TJ]
– waschen [SchJ, TJ] ♦ **E:** jen. *pfluschen* ‚waschen', mdal. *pfluschen, fluschen* ‚waschen'.

pfluscher Subst. m. [SchJ, TJ]
– Maler [TJ]; Tüncher [SchJ]

grawiser pfluscher Subst. m. [TJ, SchJ]
– Kunstmaler [TJ, SchJ]

pfluscherei Subst. f. [SchJ, TJ]
– Wäsche [SchJ, TJ]
pfluscherle Subst. n. [SchJ]
– Handtuch und Seife [SchJ].

pflüüsslig Subst. m. [BM]
pflüüssliger [BM]
– Bäcker [BM] ♦ **E:** wohl zu schweizdt. *pflüstere^n* ‚aufquellen, aufbauschen (von Teigmasse)' SchweizId. V 1264.

pfoad Subst. n. [TK]
– Hemd [TK] ♦ **E:** tirol. *Pfoat* ‚Hemd' (TirolWb. I 65).

pfohd Subst. n. [OJ]
– Jahr [OJ]; ein Jahr [OJ] ♦ **E:** unsicher; evtl. zu rw. *plund* ‚ein Jahr (Kerker)' WolfWR 4165.

pföl Subst. [KP]
– Gulden (10 Mark-Stück) [KP]; Mark [KP] ♦ **E:** unsicher; evtl. zu der ursprünglichen Bezeichnung des Gulden: *Florin*, (Gold-)*floren* < mlat. *florenus* (Abkürzung fl.) „dessen urbild, zuerst 1252 von Florenz ausgeprägt, seit 1300 etwa über die Alpen drang. seit spätestens 1340 wurde er auch in Deutschland geprägt. gegen ende des jahrhunderts hatten diese deutschen münzen die Florentiner verdrängt", DWB IX 1054–1062.

pfoofli Subst. n. Dim. [BM]
– Pfeife [BM] ♦ **E:** zu dt. *Pfeife*.

pfööne swV. [BM]
pföne [BM]
– stehlen [BM] ♦ **E:** wohl zu schweizdt. *Pfön* ‚Föhn', im Sinne von ‚wie vom Föhn weggeblasen, weggetaut'.

pfosten Subst. m. [WG]
– minderwertiger Mensch [WG] ♦ **E:** wienerisch *Pfosten* ‚dicker Mann'.

pfote nur in:
bärenpfote Subst. f. [StG]
– grosse Hand [StG] ♦ **E:** dt. *Pfote* und *Bär*.

pfreimen, pfräumen ‚bezahlen' → *bereime*.

pfuhl Subst. m. [MoJ, WJ]
pfuhlen Subst. [MUJ]
– Kot [WJ]; Stuhlgang [MUJ]; Mist [MoJ] ♦ **E:** dt. *Pfuhl* ‚Jauche, Sumpf(loch), Morast' DWB XIII 1804 f.
pfuhlæ swV. [WJ]
– cacare [WJ]

pfuhlisch Adj. [MoJ]
– häßlich [MoJ].

pfuipfuijepen swV. [SK]
– Geschlechtsverkehr haben [SK] ♦ **E:** zu roi. *bujepen* ‚Begattung' (WolfWZ 382), Einfluss von dt. Interj. *Pfui!*

pfund^1 Subst. n. [JS]
– Zwanzig-DM-Schein [JS] ♦ **E:** dt. *Pfund* „ein bestimmtes geldmasz (weil das geld ursprünglich gewogen ward)" DWB XIII 1810 ff. Benennungsmotiv: evtl. Übertragung auf 20-Mark-Schein wg. Pfund Sterling, 20 Schillinge wert (von Schrötter 508).
pfund^2 Adv. [BM]
– gleich [BM]; egal [BM] ♦ **E:** schweizdt. *pfündig* ‚ein Pfund wert', *Pfund* ‚Geld- und Wägemaß' SchweizId. V 1152, 1160; Benennungsmotiv: ein Pfund ist immer gleich, egal, was gewogen wird.

pfunde swV. [BM]
– sich entleeren [BM]; scheißen [BM] ♦ **E:** schweizdt. *pfunden* ‚derb-komisch für cacare' (SchweizId. V 1159).
pfundi Subst. f. [BM]
– Abtritt [BM]; Latrine [BM] ♦ **V:** *i d pfundi recke* ‚einen Misserfolg erleiden' [BM].

pfuscher Subst. m. [EF]
– Bauernmusikant [EF] ♦ **E:** dt. *pfuschen* ‚stümperhaftes Betreiben eines Handwerks', „heimlich und unberechtigt eine nicht zunftgemäsz gelernte, nur dem zünftigen handwerker zukommende arbeit verrichten" DWB XIII 1814 f.

pfusen^1 swV. [MUJ]
pfuusa swV. [OJ]; **pfußæ** [WJ]
– heulen [OJ]; weinen [MUJ, WJ] ♦ **E:** schwäb. *pfusen* ‚schluchzen, weinen' (SchwäbWb. I 1088).
gepfuuse Subst. n. [OJ]
– Geplärre [OJ].

pfusen^2 swV. [BA]
– stehlen [BA] ♦ **E:** unsicher; evtl. met.zu schweizdt. *pfusen* ‚zischen, sausen' (SchweizId. V 1188).

pfuuse swV. [BM]
– schlafen [BM] ♦ **E:** schweizdt. *pfusen* ‚halb im Schlaf schnarchen, schläfrig herumliegen' (SchweizId. V 1205).

pfycke swV. [BM]
pflücke [BM]
– stehlen [BM]; nehmen [BM] ♦ **E:** zu dt. *pflücken*.

physik Subst. f. [JS]
– Zaubern, Zauberei [JS] ♦ **E:** Benennungsmotiv: Sprachspott, Physik als Wissenschaft von der Erklärung der Naturphänomene als Zauberei.

piano Adj. [SG]
– leise [SG] ♦ **E:** ital. *piano* ‚leise'.

pich Subst. n. [LüJ, SchJ]
pech [PH]; **bich** [HK, LüJ, OJ, PfJ]; **sbich** (mit agglutinierten Artikel) [OJ]; **pich** [Gmü, Him, HK, Wo]; **bichte** Subst. [HLD]; **bicht** [JSa, SE]; **bischt** [SE]; **binsch** Subst. [PH]
– Geld [Gmü, Him, HK, HLD, JSa, LüJ, PH, PH, PfJ, SE, SchJ, Wo]; „gore" [LüJ]; „lobe" [LüJ] ♦ **E:** rw. *pech, pich* u. a. ‚Geld' < jd. *pochus* ‚klein, wenig, gering, schlecht' (WolfWR 4093, Klepsch 368); SchwäbWb. I 1094 (*Bich*). ♦ **V:** *pich erhocken* ‚Geld erheiraten' [SchJ]; *lacker Pich* ‚falsches Geld' [SchJ]; *heechd das bich verschmoord* ‚hat das Geld versoffen' [HK]; *kein biscbt nieles* ‚kein Geld im Sack'/ ‚kein Geld im Portemonnaie' [SE]; *an däm bäjes as bischt* ‚In dem Haus ist Geld' [SE]

bicha swV. [OJ]
– bezahlen [OJ] ♦ **V:** *o, spann model, die schure und nobes kei' bich!* ‚Oh, sieh Geliebte, Geschenke, aber kein Geld!' [LüJ]; *o, spann' moß, die blümle und noch kein bich!* ‚Oh, sieh' Frau, die Blumen und noch kein Geld!' [LüJ]; *grandich pich* ‚viel Geld' [LüJ]

biche Subst. f. [OJ]
– Geldschuld [OJ]

bichgatsche Subst. m. [LüJ]
– Geschäftsmann, reicher Mann

bennebich Subst. n. [HK]; **pennebich** [HK]; **pennepich** [HK]
– Schlafgeld (im Hotel) [HK]; Übernachtungsgeld [HK]

fehmebich Subst. n. [HK]
– Handgeld [HK]

schlummerbich Subst. n. [HK]
– Schlafgeld [HK]; Hotelgeld [HK]

schmoorbich Subst. n. [HK]
– „Geld, was einer versoffen hat" [HK]

schmusbich Subst. n. [LüJ]
– Schmusgeld, „Geld, das man fürs *schmusen* bekommt" [LüJ]; Bestechungsgeld [LüJ]

schwächebich Subst. n. [HK]; **schwächepich** [HK]
– Trinkgeld [HK].

pichel Subst. f. [KM]
pichele [KM]
– Trompete [KM] ♦ **E:** unsicher; evtl. zu jd. *pach* ‚Blech', vgl. rw. *pechsohf* ‚Messing', WolfWR 4096.

pichler Subst. m. [KM]
– Trompeter [KM].

picheler Subst. m. [KM]
– Lehrer [KM]

pichelersche Subst. f. [KM]; **pichelersches** [KM]
– Lehrerin [KM] ♦ **E:** zu dt. *picheln, pickeln, bickeln* ‚(mit dem Pickel) schwer arbeiten' (DWB XIII 1837).

picheln swV. [MB, MM]
bicheln [SJ]; **bichla** [OJ]
– Alkohol trinken [SJ]; trinken [MB, MM, OJ] ♦ **E:** rw. *picheln, bacheln* ‚trinken' (WolfWR 220), zu dt. *Bach*, dt./ugs. *picheln* ‚gerne trinken, saufen' (DWB XIII 1836 f.). ♦ **V:** *einen picheln* ‚einen trinken' [MM]

pichelbeis Subst. m./n. [MM]
– Kneipe [MM]; Restaurant [MM]; Wirtshaus [MM]; „Essen zu Hause oder Esslokal" [MM].

picher Subst. m. [KP]
– Schuster [KP] ♦ **E:** dt. *pichen* ‚mit Pech bestreichen' DWB XIII 1837, Pars-pro-toto: *Pech* als Arbeitsmaterial für den Handwerker.

pick Subst f. [HF]
– Salz [HF] ♦ **E:** rw. *pick* ‚Salz' WolfWR 4171, ohne Herleitung; evtl. zu rhein. *Pickel* ‚Salzlake' (RheinWb. VI 815). ♦ **V:** *Minotese Krotesepeek huckt nog in de Pick* ‚Mein Schweinefleisch liegt noch im Salz' [HeF].

pickan ‚kaufen' → *bicken¹*.

pickane ‚gut, schön' → *bekaan*.

pickel Subst. m. [TK]
– Pferd [TK] ♦ **E:** wohl zu rw. *picken* ‚fressen' WolfWR 4175, vgl. rw. *pick* ‚Huhn' 4172.

pickelhaube Subst. f. [BM, MB]
– Gendarm [MB]; Kerl [BM] ♦ **E:** rw. *pickelhaube* ‚Gendarm' (WolfWR 4173).

picken¹ swV. [HF, HeF, WL]
pecken [HF, WG]
– nähen [HF, HeF]; tätowieren [WG]; stechen [WL] ♦ **E:** rw. *picken* ‚nähen' WolfWR 4174, zu dt. *picken, pieken* ‚stechen' DWB XIII 1840 f.

peckerl Subst. n. [WG]
– Tätowierung [WG]

peckturen Subst. f. [HF]; **pickthuren** [HeF]
– Näherin [HF, HeF].

---

picken² swV. [WG]
– kleben, ausharren [WG] ♦ **E:** unsicher; womgl. zu dt. *Pech*, mnd. *pik, pek* DWB XIII 1516 f., schwer zu rw. *picken* ‚essen', *pickuswinde* ‚Haus, in dem Arme gespeist werden' WolfWR 4175. ♦ **V:** *auf einem linken Schoem picken* ‚unter einem falschen Namen im Gefängnis einsitzen' [WG].

picken³ swV. [BJ, GM, JSa, KJ, LI, LJ, LüJ, MUJ, PH, SJ, SK, WJ]
piken [SJ]; **bicken** [BJ, Gmü, HK, Him, JSa, LüJ, MUJ, Mat, PfJ, SPI, Wo]; **biken** [LJ, LüJ]; **bikken** [LüJ]; **bicke** [CL, LüJ, PH, WJ]; **bike** [LüJ]; **biggen** [LüJ]; **bigge** [OJ]; **biggæ** [WJ]; **bigga** [OJ]; **biggà** [LüJ]; **pikkuse** swV. [KMa]
– essen [BJ, CL, GM, Gmü, HK, Him, JSa, KJ, KMa, LI, LJ, LüJ, LüJ, MUJ, Mat, OJ, PH, PfJ, SJ, SK, SPI, WJ, Wo]; „kahlen" [LüJ] ♦ **E:** rw. *picken* ‚essen' (WolfWR 4175), *pickert* ‚Gabel' (WolfWR 4176), zu dt. *picken* ‚auflesen mit dem Schnabel, stechen' DWB XIII 1840 f. ♦ **V:** *Natschæ mr in d' koberei ge bicke* ‚Gehen wir in die Wirtschaft zum Essen' [WJ]; *o mutter, hättet sie net a bissle gleis, mei tschabo hent nix zu bicke* ‚o Mutter, haben Sie nicht vielleicht etwas Milch, meine Kinder haben nichts zu essen' [LüJ]; *Natschæ mr in d' koberei ge bicke* ‚Gehen wir in die Wirtschaft zum Essen' [WJ]; *linz' in dem heges, wo man spannt, hauret ein g'wanter plauderer. der stekt dof z'biket und z'schwächet und kemeret grandich sore* ‚Schau, in dem Dörfchen, wo man hinguckt, ist ein braver Schulmeister. Der gibt gut zu essen und zu trinken und kauft viel Ware' [LüJ]; *dr gaatsch is æ heegl; un d' moß tschäfft æ glont; dr gaatsch biggd s'gwand; und d' moß biggd dæ schond.* Der Mann ist ein Narr; die Frau ist eine Dirne; der Mann ißt das Gute; und die Frau ißt den Dreck. [WJ]; *dr gaatsch gufft dæ heegl; un d' moß gufft d'glont; dr gaatsch biggd s'doofe; und d' moß biggd dæ schond.* Der Mann schlägt den Narren; und die Frau schlägt die Dirne; der Mann ißt das Gute; und die Frau ißt den Dreck [WJ]; *Linz' in dem heges, wo man spannt, hauret ein g'wanter plauderer. Der stekt dof z'biket und z'schwächet und kemeret grandlich sore* ‚Schau, in dem Dörfchen, wo man hinguckt, ist ein braver Schulmeister. Der gibt gut zu essen und zu trinken und kauft viel Ware' [LüJ]; *Natschæ mr in d' koberei ge bicke* ‚Gehen wir in die Wirtschaft zum Essen' [WJ]

bikere swV. [LüJ]
– essen [LüJ]

bicke Subst. f. [MM]
– Essen, Lebensmittel [MM] ♦ **V:** *bicke bewirchen* ‚etwas zu essen besorgen' [MM]

pickus Subst. m. [BJ, BM, HLD, KJ, SJ, SK]; **bickus** [MB]; **pikus** [PfJ, SJ]; **picus** [StG]; **biggus** [OJ]
– Essen [BJ, BM, MB, OJ, SJ]; besseres Essen [HLD]; Mittagessen, warmes [StG]; Mahlzeit [KJ]; Kost [PfJ]; Eßnapf [SK] ♦ **V:** *Latsche dewes baizermoss, wie i spann, gibts hier an lopfa pikus ond an kiwiga jol* ‚Guten Tag Wirtin, wie ich sehe gibt es hier ein ordentliches Essen und einen ordentlichen Wein' [SJ]

biggus Interj.
– guten Appetit! [OJ]

pickerei Subst. f. [SK]; **bickerei** [Gmü, LJ]; **pickere** [Gmü, StG]
– Essen [LJ, SK]; warmes Mittagessen [StG]

pickerasche Subst. f. [SJ]; **bickerasche** [SJ]; **pickerasch** [SJ]
– Essen [SJ]; Eßwaren [SJ] ♦ **V:** *Do, i bring a gwande pickerasch, schling ond bossert* ‚Da, ich bringe ein gutes Essen, Wurst und Fleisch' [SJ]

pikuase swV. [KMa]
– essen [KMa]; fressen [KMa]

bicker Subst. m. [BJ]
– Zähne [BJ]; Zahnarzt [BJ]

pickert Subst. m. [HeF]; **peckert** [HF]
– Gabel [HeF, HeF]

picknapp Subst. m. [SK]
– Essnapf [SK]; Teller [SK]

tschunderpicker Subst. m. [GM]
– Scheißdreckfresser, Schleimscheißer, Arschkriecher [GM]; einer, der zu Kreuze kriecht [GM]; Radfahrer [GM]

bikerisch Adj. [BJ, LüJ, PfJ]; **bickerisch** [Mat]; **bikerich** [LüJ]; **biggærisch** [WJ]; **biggrig** [OJ]
– geizig [BJ, LüJ, OJ, PfJ, WJ]; neidig [LüJ]; knauserig [LüJ]; knickerig [LüJ]; hungrig [LüJ, Mat, OJ, PfJ, WJ] ♦ **V:** *bikerischer benk* ‚Geizhals' [LüJ]; *a biggrig glob* ‚ein Geizhals' [OJ]; *scheffts ein bikerischer oder lenker benk? nobis, ein dofer!* ‚Ist es ein hungriger oder böser Mann? Nein, ein guter!' [LüJ]; *diberei: schmus kaffer, haurets begerisch? Nobis, moß! – Bikerich? Nobis. – Schwächerich? Nobis. – Durmerich? Nobis. – Geschwächt? Nobis, moß! – Scheffts dir schofel? Nobis. – Gielerich? Nobis. – Dof? Kenn, moß!* ‚Gespräch: Sag, Mann, bist du krank? Nein, Frau! – Hungrig? Nein. – Durstig? Nein. – Schläfrig? Nein. – Betrun-

ken? Nein, Frau! – Ist dir schlecht? Nein. – Übel? Nein. – Gut? Ja, Weib!' [LüJ]

mikschloarwerpicke Subst. n. [LI]
– Mittagessen [LI] ♦ **E:** zum Erstglied s. → *meck²*.

picknick Subst. m., n. [StG]
– Mittagessen, warmes [StG] ♦ **E:** dt. *Picknick*, im 18. Jh. < engl. *picknick*, frz. *piquenique* DWB XIII 1841.

piddeln swV. [RH]
– geben [RH] ♦ **E:** mdal./rhein. *piddeln* ‚etwas mit den Fingerspitzen bewegen', RheinWb. VI 822ff.

pie Subst. n. [ME]
– (Zigaretten-)Feuer [ME]
pien swV. [ME]; **pienen** swV. [MB, ME]; **piennen** [MB]; **pinen** [MB]
– rauchen [MB, ME]; kiffen [ME] ♦ **E:** roi. *pi-* ‚rauchen' (WolfWZ Nr. 2412). ♦ **V:** *Laß uns eine pien!* ‚Lass uns eine rauchen' [ME]

pimangelo Subst. f./m. [GM]; **piemangrie** [ME]; **pimangre** [JS]; **pimángre** [PH]; **pimangri** [JS, ME]; **pimangi** [MB]; **pimangel** [MB]; **pimango** [MB]; **pimanglo** [MB]; **pimanski** [MB]; **pymangerie** [MB]; **primangi** [MB]; **primanglie** [MB]; **pimanjen** [MB]; **primanjen** [MB]; **pimangero** [GM]; **primangere** [MUJ]; **primangelo** [MM]
– Zigarette(n) [GM, JS, MB, ME, MM, MUJ, PH]; Zigarillo [MM]; Zigarre [MB, MM]; Fluppe [MB] ♦ **E:** rw. *bimangeri* ‚Zigarette' (WolfWR 469); roi. *pimáskeri* ‚Zigarre' (WolfWZ 2412), Pl. *primangili*. ♦ **V:** *Haste 'ne Pimangrie für mich?* [ME]; *dell mich mal nen pimanglo* ‚gib mir mal 'ne Zigarette' [MB]

besipimangeri Subst. f. [GM]
– Zigarre [GM]; große Zigarre [GM] ♦ **E:** roi. *besso* ‚dick' und *pimangero*.

pimock Subst. f. [MB]
– Zigarre [MB].

piek Adj. [HL]
– gut [HL] ♦ **E:** rw. *piek* ‚gut, fein', nl. *puik* ‚vortrefflich, allerfeinst', vgl. dt. *piekfein, pico bello* (WolfWR 4179).

pielen Subst. Pl. [HF, HeF]
– Möhren [HF, HeF] ♦ **E:** rw. *pielen* ‚Möhren' (WolfWR 4180), zu nl. *peen* ‚gelbe Rübe, Mohrrübe, Möhre'.

pienze swV. [CL]
– leise weinen [CL] ♦ **E:** pfälz. *piensen, pienzen* ‚weinerlich klagen' (PfälzWb. I 896).

piep Subst. f. [EF]
piepe [EF]; **pfieb** [EF]; **piepka** Subst. f. [EF]
– Pfeife [EF] ♦ **E:** tschech. *pipka* ‚Pfeife' Wolf, Fatzersprache, 130; evtl. Einfluss von mdal./nd. *Piepe* und hochdt. *Pfeife*.

pfieber Subst. m. [EF]; **pfieper** [EF]
– Straßenmusikant [EF]

hörrlapiepka Subst. f. [EF]
– Pfeife [EF]

piepenterger Subst. m. [HF]; **pipenterger** [HeF]
– Organist [HF, HeF] ♦ **E:** rw. *pipenterger* ‚Organist' WolfWR 4204, mdal., *Pfeifenzieher;* vgl. rw. *pfeifendreher* ‚Zigarrenmacher' WolfWR 4147.

piepen¹ swV. [SK]
pieren swV. [JS, MM]; **pienen** swV. [MB]; **piennen** [MB]; **pinen** [MB]; **pin** swV. [JS, PH]; **bīn** [PH]; **bin** [JS, PH]; **pin** [JS, PH]
– trinken [JS, MB, MM, PH, SK]; einen trinken [MB]; sich betrinken [MB]; saufen [MB]; einen saufen [MB]; sich besaufen [MB]; Alkohol trinken [MB]; schreiben [MB]; rauchen [MB]; hausieren [JS]; musizieren [JS]; spielen [JS] ♦ **E:** überwiegend sicher zu roi. *pi-, piava* ‚trinken', roi. *pipen* ‚Getränk' (Siewert/Boretzky, WB „Zigeunersprache": 32 (Faks.); WolfWZ 2412); Belege mit den Bedeutungsangaben ‚schreiben, spielen, musizieren, rauchen' wohl unter Einfluss von oder zu roi. *perjas* ‚Scherz, Spaß', daraus rw. *pieren* ‚spielen, musizieren' WolfWR 4181. → *pilo, piero*. ♦ **V:** *einen piepen* ‚einen trinken' [SK]; *laß uns noch 'n sorrof pieren!* ‚Laß uns noch einen Schnaps trinken!' [MM]; *panie pienen* ‚Wasser trinken' [MB]; *wollen wir piennen gehen?* ‚sollen wir 'was trinken gehen?' [MB]

berisge Subst. [UG]
– Schnaps [UG].

piepen² Subst. Pl. [MB, MM]
– Geld [MB, MM] ♦ **E:** rw. *piepen* ‚Geld' (WolfWR 4399), ugs.

pieper Subst. m. [SG]
– Floh [SG] ♦ **E:** wohl zu *pieperling*, nd. *pipperling* ‚Zärtling', vgl. DWB XIII 1843.

pieren swV. ‚trinken' → *piepen¹*.

piero Subst. m. [MM]
piro [MM]
– Hühldöpp [MM]; kleines Glas, großer Schnaps [MM] ♦ **E:** roi. *pi, piava* ‚trinken' Siewert/Boretzky, WB „Zigeunersprache": 32 (Faks.). → *pilo, piepen¹*.

piese Subst. f. [MM]
– (kleines) Mädchen [MM]; zickige Frau [MM] ♦ **E:** rw. *pietzen* ‚weibliche Brüste', aus dt./mdal. *pütsche* ‚Brunnen' WolfWR 4182.

piesel Subst. f. [MM]
pisel [MM]; **piesell** [MM]
– Kneipe [MM] ♦ **E:** westf. *pisel* ‚Wirtshaus' (WWBA. 1146). ♦ **V:** *die schautermänner schemmten inne piesel* ‚die Männer gingen in die Kneipe' [MM]; *da war ne piesel, wo du hamel bekan schickern konntest* ‚da gab es eine Kneipe, wo man sehr gut zechen konnte' [MM]

pieselbendine Subst. f. [MM]
– Kneipenviertel [MM]

pieselnotstandsbendine Subst. f. [MM]
– Kneipennotstandsviertel [MM].

pieseln swV. [MM]
– gießen [MM]; pinkeln, „vor allem bei kleinen Kindern" [MM]; regnen [MM] ♦ **E:** ugs., wohl Kontamination aus dt. *nieseln* ‚leicht regnen' und ugs. *Pipi* ‚Urin'.

piesel Subst. m. [HN]
– kleiner Typ [HN]; Nichtsnutz [HN].

pieselotten Subst. f., Pl. [MB]
piselotten [MM]
– Geld [MB]; Geldstücke [MB]; Münzen [MB]; Kleidung [MB, MM]; Klamotten [MB, MM]; „persönliche Wäsche, Bekleidung" [MM]; Schuhe [MM]; Kram [MM]; Eigentum, „das, was man so bei sich hat" [MM]; „was herumliegt" [MB] ♦ **E:** dt./ugs. ‚Habseligkeiten, Geld' Kü 614 „ab 1930".

piff ‚Knecht' → *pfiff*.

piffen swV. [SS]
– trinken [SS] ♦ **E:** dt. *puffen* ‚blasen', Jütte, Schlausmen, 150.

pifferling Subst. m. [WH]
– Zigarre [WH] ♦ **E:** zu dt. *Pfeife*.

pille Subst. f. [MM]
– Fußball [MM] ♦ **E:** wohl im 14. Jh. entlehnt aus mlat. *pila* ‚Ball', schwerer zu dt. *Beule* ‚Geschwulst', daraus rw. *pille* ‚Fallsucht' WolfWR 4187.

pillern[1] swV. [MM]
– schlagen [MM] ♦ **E:** rw. *pille* zu dt. *Beule*; vgl. Siewert, Grundlagen: 260; WolfWR 4187. ♦ **V:** *jemandem blöd in die schmiege pillern* ‚jemanden grundlos ins Gesicht schlagen' [MM].

pillern[2] swV. [MB]
– pinkeln [MB] ♦ **E:** westf. *pilleren* ‚harnen' (WestfWb. 851).

pilo Subst. m. [MM]
– Schnaps, Kurzer [MM] ♦ **E:** roi. *pilo* ‚betrunken', *piwen* ‚Getränk' (WolfWZ 2412). → *piero, piepen*[1].

bili Adj. [GM]
– betrunken [GM].

pimangelo, pimangero ‚Zigarette' → *pie*.

pimato Adj. [GM]
– nüchtern [GM] ♦ **E:** roi. *bimato* ‚nüchtern' (WolfWZ 229).

pimm Subst. f. [JSa]
– Steinschleuder [JSa] ♦ **E:** zum Onomatopoeticum dt. *pim, pimpeln, pimmeln* DWB XIII 1858; Pars-prototo-Metonymie: Geräusch beim Einschlag für das verursachende Gerät.

pimmerling Subst. m. [SK]
pimperling [SK]
– Obst [SK]; Apfel [SK]; Birne [SK] ♦ **E:** → *pommerling*.

pimock ‚Zigarre' → *pie*.

pimoreck Subst. m. [MB]
– Hammer [MB] ♦ **E:** unsicher; evtl. zu roi. *mortel* ‚Hammer' WolfWZ 2026, slav. Suffix *-eck*, vgl. → *mottek*.

pimpern swV. [GM]
– koitieren [GM] ♦ **E:** rw. *pimpern* ‚koitieren' zu dt. *pimpern* ‚stoßen' DWB XIII 1858, nd. *pümpeln* (WolfWR 4195).

pimpern Subst. n. [SG]
– Geschlechtsverkehr [SG]

pimpert Subst. m. [HeF]
– Öl [HeF] ♦ **E:** rw. *pimpert* „das aus den Ölfrüchten gestoßene" (WolfWR 4196).

pin, pinen ‚trinken' → *piepen*[1].

pink Subst. m. [BJ, Gmü, KJ, KP, LüJ, RR, SJ, SchJ]
pinck [LoJ]; **pinke** [HK]; **bink** [HF, KJ, KJ, PfJ, SJ, WJ]; **bing** [WJ]; **bingl** [RR]; **binke** [HK]; **benk** [BJ, HF, HeF, LJ, LüJ, SJ, WJ]; **beng** [MUJ, SJ]; **penk** [Him, Him, KP, LüJ, Mat]; **pinker** Subst. m. [HK]
– Mann [BJ, Gmü, HF, HK, HeF, Him, KJ, KJ, KP, LJ, LoJ, MUJ, Mat, PfJ, RR, SJ, SchJ, WJ]; Mannsbild [LüJ]; männliche Person [LüJ]; Vater [PfJ, RR, WJ]; Bauer [SJ]; Ehemann [WJ]; Liebhaber [LüJ]; junger

Mann [LüJ]; alter Mann [SJ]; Bursche [LJ]; Kerl [BJ, LüJ]; junger Kerl [LüJ]; Fremder [LüJ]; fremder Mann [LüJ]; Mensch [HF, HeF]; Herr [Him]; Meister [PfJ]; Förster [HK]; Offizier [HK]; Polizist [HK]; „bedo" [LüJ]; „gatsche" [LüJ]; „fiesel" [LüJ]; „lediger fiesel" [LüJ] ♦ **E:** rw. *pink* ‚Mannsperson' (WolfWR 4198, Klepsch 370), aus westgerm. Wurzel in der Bedeutung ‚Penis', vgl. ostfries. *Pink* ‚Penis', dt. *pinkeln*.
♦ **V:** *bikerischer benk* ‚Geizhals', ‚geiziger Mann/Kerl' [LüJ]; *scheffts ein bikerischer oder lenker benk? nobis, ein dofer!* ‚Ist es ein hungriger oder böser Mann? Nein, ein guter!' [LüJ]; *lacker benk* ‚falscher, hinterhältiger Mann' [LJ]; *des isch au a schofler benk, seit der dui moss vom Steckabaur vergrönt hot* ‚das ist auch ein übler Bursche, seit der das Mädchen vom Steckabaur [Familienname] geheiratet hat' [LJ]; *Grüß de baizermoss, ben i heit dr oinzig benk, der end schwäche hatscht?* ‚Grüß dich Wirtin, bin ich heute der einzige Mann der in die Wirtschaft kommt?' [SJ]; *Moss, i hab gschpannt, daß der benk an kiwiga horboga ond a kassir daist hot* ‚Frau, ich habe gesehen, daß der Mann eine fette Kuh und ein Schwein geschlachtet hat' [SJ]; *Dr scharle, des ischt doch a ganz gwanter benk ond dazu dr kieseler dr massfetzer ond dr duftschaller, des sind doch gwande schwächer* ‚Der Schultes, das ist doch ein ganz netter Mensch und dazu der Maurer, der Metzger und der Lehrer, das sind fröhliche Trinker' [SJ]; *Dr benk hot da kaffer mit am härtling dupfd, das dr rötling gschepfd ischd no hotr en dr deisd und em seine boschr aus am rande zopfd dr klischde hot den vermuffda schure en da kanlo gschmissa wega dem hallas, dr gomel hod droht, hoim de, sonschd machschd ama schena schei da baumelma* ‚Der Mann hat den Bauer mit dem Messer gestochen, daß das Blut gelaufen ist, dann hat er ihn erschlagen und ihm sein Geld aus der Tasche genommen, der Polizist hat den schlechten Kerl ins Gefängnis geschmissen wegen dem Streit, der Amtsrichter hat gedroht, pass auf, sonst wirst du eines schönen Tages aufgehängt' [SJ]; *Dr alt benk ka nemme schurla er durmeld da ganze schei of am sitzling* ‚Der alte Mann kann nicht mehr arbeiten, er schläft den ganzen Tag auf dem Stuhl' [SJ]; *lenzerei: model, lenz'die rucheulme, was herles der ruch scheft? Kenn, patres! – Ulme, hauret der kaffer wohnisch? Nobis, model! – Krillisch? Kenn. – Schefft er niesich? Nobis! – Schofel? Nobis! – Vermufft? Nobis! Grandich? – Kenn! – Hauret s ein finkelkaffer? Nobis! – Kasperer? Nobis! – Blibelkaffer? Kenn! – Scheffts ein bikerischer oder lenker benk? Nobis, ein dofer! – Scheft er herles vom g'fahr? Kenn! – Steckt er lenk? Nobis, model! – Dof? Kenn! – Hauret dof, model, schupf dich auf und bost'schiebes! Kenn, patres!* ‚Frageerei: Mädchen, frag'die Bauersleute, was hier der Bauer ist? Ja, Vater! – Leute, ist der Mann katholisch? Nein, Mädchen. – Evangelisch? Ja! – Ist er dumm? Nein! – Bös (schlecht)? Nein! Arm (heruntergekommen, vergantet)? Nein! – Reich? Ja! – Ist's ein Hexenmeister? Nein! -Ein Zauberer! Nein! – Ein Stundenmann? Ja! Ist es ein hungriger oder böser Mann? Nein, ein guter! – Ist er hier vom Dorfe? Ja! – Gibt er schlecht (beim Betteln)? Nein, Mädchen. – Gut? Ja! -Es ist gut, Mädchen, höre auf und gehe fort! Ja, Vater!' [LüJ]; *Dr kolb is æ værschwächter benk* ‚Der Pfarrer ist ein Trinker' [WJ]

penkle Subst. m./n., Dim. [KP]
– Knabe [KP]; Bube [KP]

binkerl Subst. m./n. Dim. [RR]
– Knabe [RR]

bengo Subst. m. [LüJ]
– Mann ♦ **E:** evtl. unter Einfluss von roi. → *bedo* ‚unzüchtiger Kerl'. ♦ **V:** *dick, der bengo hôt veil zschaabe!* ‚Schau, der Mann hat viele Kinder!' [LüJ]

pingis Subst. m. [EF]; **pinkis** [EF]; **penkis** [EF]; **benges** [LüJ, MUJ]; **bengges** [OJ]; **benggis** [OJ]; **benkes** [LüJ]; **bankes** [LüJ]
– junger Mann [LüJ, MUJ]; Mann [OJ]; Mannsbild [LüJ]; männliche Person [LüJ]; Kerl [LüJ, OJ]; Liebhaber [LüJ]; Bursche [LüJ]; Fremder [LüJ]; Knabe [EF, RR]; Sohn [EF]; Junge [LüJ]; Greiser [LüJ]; abfälliger als „benk" [LüJ] ♦ **E:** rw. *benges* (WolfWR 4198, SchwäbWb. VI 2, 1616 Benkes). ♦ **V:** *fiesel, dabet mr dr bankes?* ‚Freund, verprügeln wir den Fremden?' [LüJ]; *dik a moal, benges, spann was da raus, da dikschst älles* [LüJ] – *quante tschutsche* [LüJ] ‚schau mal da drüben, Junge, (bei der Frau) da sieht man alles – tolle Brüste' [LüJ]

altbenk Subst. m. [LüJ, WJ]
– Großvater [LüJ, WJ]

amtsbenk Subst. m. [LüJ]
– männliche Amtsperson [LüJ]; Bürgermeister [LüJ]; Amtsschreiber [LüJ]; Amtsschreiber auf dem Rathaus [LüJ]; Angestellter [LüJ]; Angestellter auf dem Amt [LüJ]; Beamter [LüJ]; Schultheiß [LüJ] ♦ **E:** rw. *amtsbink* (WolfWR 86).

aaldbengges Subst. m. [OJ]
– Großvater [OJ]; Altvater [OJ]

bahlbinke Subst. m. [SK]; **bohlbinke** [SK]; **bohlwinke** [SK]
– Bürgermeister [SK] ♦ **E:** rw. *polpinke* (WolfWR 760).

draodbenggis Subst. [OJ]
– Steuereintreiber [OJ]; Gemeindepfleger [OJ]; Reicher [OJ]
gitzpenk Subst. m. [KP]
– Metzger [KP]
gritzlersbenggis Subst. m. [OJ]
– Ratsschreiber [OJ] ♦ **E:** dt. *kritzeln* ‚schreiben'.
gschdadischer bink Subst. m., Phras. [RR]
– Fremder [RR]
gestopfter binkl Subst. m., Phras. [WG]
– reicher Mann [WG]
guschbenk Subst. m. [SJ]
– Hausherr [SJ] ♦ **V:** *Dr nei guschbenk ischd scharf wia haartling sei moss ischd boda gwand* ‚Der neue Hausherr ist scharf wie ein Messer, seine Frau ist sehr gut' [SJ]
kesslrs benggis Subst. m. [OJ]
– Kesselflicker [OJ]; Pfannenflicker [OJ]
kieslerspink Subst. m. [LüJ]
– Maurer
kohlbenk Subst. m. [LüJ]; **kohlpink** [LüJ]
– Amtsperson [LüJ]; Richter [LüJ]; verlogener Mann [LüJ]; Sprüchemacher [LüJ]
kuberpinkis Subst. m. [EF]; **kuperpinkis** [EF]; **kuwerpinkis** [EF]
– Wirtssohn [EF]; junger Mann [EF]
langraßlersbink Subst. m. [PfJ]
– Stationsvorstand [PfJ]
lällepeng Subst. m. [MM]
– Dieb [MM]
lobbink Subst. m. [RR]; **lobbengges** [OJ]
– Bräutigam [OJ, RR]
maladenbink Subst. m. [PfJ]
– Arzt [PfJ]
marodepink Subst. m. [MM]; **marodebengges** [OJ]; **maroddepink** [Scho]
– Arzt [MM, OJ, Scho]
mulopenk Subst. m. [MM]
– Tod, Sensenmann [MM]
plempelpink Subst. m. [KP]
– Wirt [KP]
radischer bink Subst. m., Phras. [RR]
– Fremder [RR]
ruaßbengges Subst. m. [OJ]
– Kaminfeger [OJ]
scharlesbenk Subst. m. [SJ]
– Bürgermeister [SJ] ♦ **V:** *Wer soll das beschulma, wer hot so gwand drat, des ischt onser scharlesbenk, des wissemer älle gwieß!* ‚Wer soll das bezahlen, wer hat soviel Geld, das ist unser Bürgermeister, das wissen wir alle gewiß!' [SJ]
schanneg penk Subst. m. [KP]
– Polizist [KP]; Gendarm [KP]
schdradebengges Subst. m. [OJ]
– Hausierer [OJ]
schinakelbenk Subst. m. [LJ]
– Knecht [LJ]
schnellpenk Subst. m. [KP]
– geiler Mann [KP]
schupfersbink Subst. m. [PfJ]
– Bäcker [PfJ]
staubpink Subst. m. [KJ]
– Müller [KJ]
stichlersbink Subst. m. [PfJ]
– Schneider [PfJ]
stupferles penk Subst. m. [KP]
– Schneider [KP]
trapertsbenk Subst. m. [LüJ]
– Fuhrmann; Pferdebursche [LüJ]; Pferdepfleger [LüJ]; Pferdeknecht [LüJ] ♦ **E:** SchwäbWb. II 320 (*Träppertspenk*)
zenkabenkert Subst. m. [LJ]
– Gabel [LJ] ♦ **E:** dt. *Zinken*.

---

pinke[1] Subst. f. [HK, HLD]
– Geld [HK, HLD]; Kasse, Sparkasse [HK] ♦ **E:** unsicher; evtl. rw. *pinke* ‚Geld' (WolfWR 4120) zu rw. *penunge* ‚Geld', slav. Herkunft; schwerer aus griech. *pinax* ‚Schüssel' über aramäisch, neuhebräisch *pinka* ‚Geldbüchse, Geld' (Röhrich 1999: 1185); nach Klu. 1995: 633 lautmalende Bildung *pinke* nach dem Klang der Münzen; seit dem 19. Jh. ugs. (Kü 1993: 612).

---

pinke[2] Subst f. [HK]
– Uhr [HK]
pinker Subst. m. [SK]; **pinkart** [SK]; **pinkert** [SK]
– Uhr [SK] ♦ **E:** unsicher; evtl. zu rw. *pinkert* ‚Stern' (WolfWR 4201), Benennungsmotiv: Formähnlichkeit; oder zu dt. *Pinke* „die schmiede, wo man pinkt, hämmert" DWB XIII 1860, rhein. *pinkern* ‚Anschlagen der Glocke' (RheinWb. VI 851), Benennungsmotiv: Glockenschlag; nach der Verwendung (s. u.) hierher. ♦ **V:** *12 pinken* ‚zwölf Uhr' [HK]
binkchen Subst. [HK]; **binktchen** [HK]; **bingdchen** [HK]; **bingkchen** [HK]; **pinkchen** [HK]; **pinktchen** [HK]; **pünkchen** [HK]
– Uhr [HK]; Armbanduhr [HK]; Wanduhr [HK]
armbinkchen Subst. n. Dim. [HK]
– Armbanduhr [HK].

pinkert Subst. m. [NJ]
- männl. Geschlechtsteil. [NJ] ♦ **E:** → *pink*.

pinkes Subst. m. [WL]
pénkes [WL]; **pénkert** Subst. m. [WL]; **pinkl** Subst. m. [Scho]
- Protokoll [WL]; Handelsbuch [Scho] ♦ **E:** jd. *pinchas, pinkas* ‚Notiz, Notizbuch'. ♦ **V:** *e pénkert / penkes / pinkes erhaschen* ‚ein Protokoll erwischen' [WL].

pinne¹ Subst. f. [SK]
- Nagel unter dem Schuh [SK] ♦ **E:** dt. *Pinn, Pinne* DWB XIII 1861, nd., engl. *pin* ‚Pflock, Nagel, Stift, Reißzwecke, Bolzen'.

pinnörkel Subst. m. [MM]; **pinöckel** [MB]
- kleiner, länglicher Stift [MB, MM]; Schreibgerät [MM].

pinneken Subst. n., Pl. [HF]; **pinnecken** [HF]; **pinnecken** [HeF]
- Tee [HF, HeF] ♦ **E:** WolfWR 4202, ohne Herleitung. WennTeeblätter Benennungsmotiv: Formähnlichkeit der gerösteten kleinen Teeblätter mit kleinen Nägeln → *pinne¹*; wenn aufgegossener Tee: womgl. nach den im Vergleich relativ kleinen Teetassen; vgl. dt. *Pinn* ‚kleines Schnapsglas'.

pinne² Subst. f. [MB]
- Schmerzen [MB] ♦ **E:** westf. *pīne* ‚Pein, Schmerzen' (WestfWb. 852).

scheropinne Subst. f. [MB]
- Kopfschmerzen [MB].

pins Subst. [StG]
- Mädchen [StG] ♦ **E:** zu rhein. *Pinkse* ‚zimperliches Mädchen' (RheinWb. VI 851), *pinselich* ‚geziert, zimperlich' (RheinWb. VI 864).

pinte Subst. f. [BM, MB]
punt [BM]
- Wirtschaft [BM]; Kneipe [BM, MB] ♦ **E:** dt. *Pinte* ‚Flüssigkeitsmaß, Krug, met. Gastwirtschaft' DWB XIII 1866 („ein gewöhnliches wirtshaus, eine schenke, so genannt nach dem bilde einer bier- oder weinkanne als wirtshauszeichen"; vs. *Krug* ‚Gastwirtschaft': „in der pinte war ein bedenkliches gedränge"); frz. *pinte* ‚geeichtes Gefäß', lat. *pincta* ‚markiert' (Klu. 1999: 633).

pintsch Subst. m. [EF]
- Hut [EF] ♦ **E:** unsicher; evtl. zu dt. *pint, pinn(e)* ‚spitz zulaufender Gegenstand' DWB XIII 1861, 1865, nach der Form des Hutes.

pinünse ‚Geld' → *penunzen*.

piölte ‚Lagerstatt' → *pölt*.

piose Subst. n. [GM]
- Kartenspiel [GM] ♦ **E:** rw. *besen* ‚Kartenspiel, das zum Falschspiel präpariert, gezeichnet ist', zu jd. *be es* ‚mit Glück' (WolfWR 423).

pirengeri Subst. m. [GM]
birengere [LüJ]; **pireskero** Subst. m. [GM]; **pirenglo** [JS]
- Polizist [GM, JS, LüJ]; Schutzmann [GM]; Soldat [GM]; Kriminaler [JS] ♦ **E:** rw. *pireskero* ‚Polizeimann' (WolfWR 4206) < roi. *pirengero, pireskero* ‚Polizist' (WolfWZ 2438, Boretzky/Igla 1994: 217).

piri Subst. m. [GM]
- Kessel [GM]; Kochtopf [GM]; Tasse [GM]; Topf [GM] ♦ **E:** rw. *pili, piri* ‚Topf' (WolfWR 4186) zu roi. *piri* ‚Topf, Kochtopf' (WolfWZ 2435).

piromachero Subst. m. [GM]
- Kesselflicker [GM]; Topfmacher [GM].

pirn Subst. [KMa]
- Kuchen [KMa] ♦ **E:** unsicher; evtl. zu dt. *pirn*, Nebenform von *Birne* DWB II 40, < lat. *pirum*.

pisacken swV. [HLD]
- schikanieren [HLD] ♦ **E:** dt./nd. *pisacken* „durch empfindliches zusetzen quälen, plagen" DWB XIII 1868.

piselotten ‚Kleidung, Kram' → *pieselotten*.

pisquiel Subst. [NJ]
- weibl. Geschlechtsteil [NJ] ♦ **E:** frz. *pisser* und frz. *quille* ‚Kiel', Windolph, Nerother Jenisch, 71.

pitern swV. [SP]
- lügen [SP] ♦ **E:** unsicher; evtl. zu *pitern* ‚in der Speise herumstochern u. dabei das Beste heraussuchen u. naschen' RheinWb. VI 891, met. ‚die Wahrheit teilen'.

pitsche Subst. f. [MB]
- Kneipe [MB] ♦ **E:** dt. *pitschen* ‚kneipen, zechen' DWB XIII 1872.

pitschen swV. [SK]
- Geschlechtsverkehr haben [SK] ♦ **E:** dt./ugs. *Pitsche* ‚Vagina', dt. *pitschen* ‚harnen', seit dem 19. Jh. (Kü 615).

verpitschen swV. [SK]
– Geschlechtsverkehr haben [SK] ♦ **V:** *hei verpitschte sei schone wedder* ,er hatte schon wieder Geschlechtsverkehr mit ihr' [SK].

pitschend Adj. [KMa]
pittschend [KMa]; **bidschent** [KMa]
– klein [KMa, TJ]; schlecht [KMa] ♦ **E:** rw. *pitschend* ,schlecht' (WolfWR 4275, s. v. *pochus*; HessNassWb. II 641). ♦ **V:** *bidschend fohle* ,kleines Mädchen' [KMa]; *bidschend moss* ,junge Frau' [KMa]

pitschig Adj. [TJ] ♦ **E:** → *horbogen*. ♦ **V:** *pitschig harbogn* ,kleine Kuh, Kalb' [TJ].

pittermann Subst. m. [MM]
– Gefängnis [MM]; Knast [MM] ♦ **E:** deverbale Bildung zu nd. *pitten* ,prügeln', mit für MM typischem Halbsuffix -*mann*, vgl. Siewert, Grundlagen: 364.

piu Subst. n. [SS]
– Geld [SS] ♦ **E:** unsicher; evtl. Kürzung aus *Pinunzen* (aus poln. *pieniądze*, dies aus dem Westgermanischen entlehnt); oder deverbale Substantivierung von dt./schweizdt. *bitten* ,betteln' (DWB II 51 ff.; SchweizId. IV 1851); Pars-pro-toto-Metonymie: Tätigkeit für das Produkt; schwer zu rw. *punen* ,Geld' (WolfWR 4396).

piute swV. [BM]
– betteln [BM] ♦ **E:** zu schweizdt. *bitten* ,betteln' (SchweizId. IV 1851).

piwo Subst. n. [ME, MM]
– Bier [ME, MM]; Schnaps [ME] ♦ **E:** slav., poln., tschech., slow. *piwo* ,Bier', Abel, Slawismen, 41; evtl. Einfluss von roi. *pilo*, ,betrunken', *piwen* ,Getränk' (WolfWZ 2412). → *pien*.

pläätsen swV. [SP]
– spielen (Karten spielen) [SP] ♦ **E:** rhein. *plätzen* ,Karten spielen' (RheinWb. VI 969).

placken¹ swV. [GM]
– sich hinbegeben [GM] ♦ **E:** hess. *placken* ,sich bemühen, behelfen' (HessNassWb. II 642). ♦ **V:** *plag dix in di juse!* ,marsch ins Bett!' [GM].

placken² swV. [EF]
plachen [EF]; **blach'n** [EF]
– trinken [EF] ♦ **E:** unsicher; evtl. Variante zu rw. *plar* ,Getränk, Durst' (WolfWR 4227, Wolf, Fatzersprache, 130) oder met. zu dt. *blechen* ,Geld lassen' DWB II 86.

pladdern swV. [SG]
– regnen [SG] ♦ **E:** nd. *pladdern* ,heftig regnen'.

pläddla swV. [LJ]
plättle [JeS, PH]
– tanzen [JeS, LJ, PH] ♦ **E:** zu rw. *plattfußen* ,tanzen' WolfWR 4236.

plädiren swV. [KP]
plädire [KP]; **plädieren** [Wo]
– reden [KP]; singen [KP, Wo] ♦ **E:** dt. *plädieren* „vor gericht verfechtend sprechen, vertheidigen" DWB XIII 1876.

plädu Subst. m. [BM]
– Platz [BM]; Ort [BM]; Stelle [BM] ♦ **E:** schweizdt. zu dt. *Platz*.

plafere swV. [BM]
– schwatzen [BM]; klatschen [BM] ♦ **E:** schweizdt. *blaferen* ,schwatzen, plappern' (SchweizId. V 32).

pläffert Subst. m. [WL]
plöffert [WL]
– Franken [WL]; Mark [WL] ♦ **E:** dt. *Blaffert* (Münzeinheit) DWB II 60 < frz. *blafard* ,bleich, hell'.

plafon Subst. n. [MM]
– Gesicht [MM] ♦ **E:** rw. *plafond* ,Hut' (WolfWR 4220), aus frz. ugs. *plafon* ,Schädel, Hut'.

plaisern ,bezahlen' → *bleisgern*.

plaiserpen Subst. m. [GM]
– Lohn [GM]; Bezahlung [GM] ♦ **E:** roi. *pleiserpen* ,(Be-)Zahlung, Lohn, Entlöhnung' (WolfWZ 2475).

plämp, plamp ,Bier' → *plemp*.

plämpie Subst. n. [BM]
– Erdgeschoss [BM] ♦ **E:** wohl zu schweizdt. *plämpi* ,etwas Herabhängendes' SchweizId. V 102.

plämpu Subst. m. [BM]
– Pendel (einer Uhr) [BM] ♦ **E:** zu schweizdt. *plampen* ,schaukeln, pendeln' SchweizId. V 97.

plane Adj. [MM]
– gut [MM]; klar, sauber, rein, in Ordnung [MM]; rein [MM] ♦ **E:** zu dt. *plan* adj. ,klar und deutlich, verständlich' DWB XIII 1882, s. v. 1b. ♦ **V:** *jetzt ist plane* ,jetzt wird es Zeit' [MM]; *plane machen* ,ein krummes Ding drehen, etwas mitgehen lassen (nicht so schlimm wie Diebstahl)' [MM].

plangschen swV. [KP]
plangsche [KP]
– bezahlen [KP] ♦ **E:** sorb. *placic* ‚zahlen' WolfWR 4223.

plankn Subst. f., nur in: [WG]
die plankn machen Phras. [WG]
– jemanden beschützen, jemandem helfen, aufpassen bei einem Verbrechen [WG]
die planken aufstellen Phras. [WG]
– mit einer Sache nichts zu tun haben wollen [WG]
♦ **E:** dt. *Planke* DWB XIII 1892 f.
abplanken swV. [WG]
– mit jemandem nichts zu tun haben wollen [WG]; jemanden beschützen, jemandem helfen [WG] ♦ **V:** *vor der Heh abplanken* ‚vor der Polizei schützen' [WG].

plannen swV. [StG]
– jmd. hereinlegen [StG] ♦ **E:** zu dt. *planen* 4, DWB XIII 1887 f.; ugs. *Planer* ‚lebenserfahrener Mann, Ränkeschmied' Kü 616.

plannigen swV. [MM]
planegen [MM]; **planigen** [MM]; **planningen** [MM]; **planjenen** [Scho]
– heulen [MM]; naß machen [MM]; regnen [MM]; weinen [MM, Scho] ♦ **E:** rw. *planjen* ‚weinen' (WolfWR 4225: „jd."); weder im West- noch im Ostjd. nachweisbar; evtl. aus lat. *plangere* ‚klagen'. ♦ **V:** *der koten fing am plannigen* ‚das Kind begann zu weinen' [MM]; *die alsche fing nur aus figine am plannigen* ‚die Frau weinte nur zur Täuschung' [MM].

planti Subst. f. [MM]
– Ente [MM] ♦ **E:** evtl. verkürzt und dissimiliert aus rw. *plattfuß* ‚Gans' (WolfWR 4235) oder zu dt./ugs. *plantschen* ‚im Wasser spielen'.

planz Subst. [WG]
– blinder Alarm [WG] ♦ **E:** wohl zu obdt./schweizdt. *planz* ‚dummer Spaß, Posse' SchweizId. V 124.

plar Subst. m. [HF, HeF]
– Getränk [HF, HeF]; Durst [HF] ♦ **E:** rw. *plar* ‚Getränk, Durst' (WolfWR 4227), zu dt./ugs *Plörre*, rip. *Plör* ‚dünner Kaffee' (RheinWb.VI 982), nd. *plören* ‚verschütten'.
plaren swV. [HF, HeF]
– trinken [HF, HeF] ♦ **E:** rw. *plaren* ‚trinken' (WolfWR 4227). ♦ **V:** *plar!* ‚trink!' [HeF]; *plart!* ‚trinkt!' [HeF]; *lock plaren* ‚wenig essen' [HeF]; *de kletschblag plart gehr geschrödden* ‚Der Bettler trinkt gern Branntwein' [HeF]; *Plar de Ruth has!* ‚Das Glas geleert!' [HeF]; *plaren för parz en büs?* ‚Wollen wir zwei eine Flasche trinken?' [HeF]; *plar ens, knöllen, do huckt te büs* ‚Trinken Sie einmal, da steht die Flasche' [HeF]; *Plar ens, Knöllen!* ‚Trink einmal!' [HeF]; *minotes plart* ‚ich trinke' [HeF]; *minotes plaret* ‚ich trank'/ ‚ich würde trinken' [HeF]; *minotes het geplart* ‚ich habe getrunken' [HeF]; *minotes har geplart* ‚ich hatte getrunken'/ ‚ich würde getrunken haben' [HeF]; *minotes sall plaren* ‚ich werde trinken' [HeF]; *zinotes plart* ‚du trinkst' [HeF]; *zinotes plaret* ‚du trankst' [HeF]; *zinotes het geplart* ‚du hast getrunken' [HeF]; *zinotes har geplart* ‚du hattest getrunken' [HeF]; *zinotes sall plaren* ‚du wirst trinken' [HeF]; *dem Blag plart* ‚er trinkt' [HeF]; *dem Blag plaret* ‚er trank' [HeF]; *dem Blag het geplart* ‚er hat getrunken' [HeF]; *dem Blag har geplart* ‚er hatte getrunken' [HeF]; *dem Blag sall plaren* ‚er wird trinken' [HeF]; *den Thuren plart* ‚sie trinkt' [HeF]; *den thuren plaret* ‚sie trank' [HeF]; *den thuren het geplart* ‚sie hat getrunken' [HeF]; *den thuren har geplart* ‚sie hatte getrunken' [HeF]; *den thuren sall plaren* ‚sie wird trinken' [HeF]; *för plaren* ‚Wir trinken' [HeF]; *för plareten* ‚wir tranken' [HeF]; *för habben geplart* ‚wir haben getrunken' [HeF]; *för söllen plaren* ‚wir werden trinken' [HeF]; *ör plart* ‚Ihr trinkt' [HeF]; *ör plaret* ‚ihr tranket' [HeF]; *ör habt geplart* ‚ihr habt getrunken' [HeF]; *ör hart geplart* ‚ihr hattet getrunken' [HeF]; *ör söllt plaren* ‚ihr werdet trinken' [HeF]; *seu plaren* ‚Sie trinken' [HeF]; *die Blagen plaren* ‚sie trinken' [HeF]; *die Blagen plareten* ‚sie tranken' [HeF]; *die Blagen habben geplart* ‚sie haben getrunken' [HeF]; *die Blagen haren geplart* ‚sie hatten getrunken' [HeF]; *die Blagen söllen plaren* ‚sie werden trinken' [HeF]; *die Thürsch plaren* ‚sie trinken' [HeF]; *die thürsch plareten* ‚sie tranken' [HeF]; *die thürsch habben geplart* ‚sie haben getrunken' [HeF]; *die thürsch haren geplart* ‚sie hatten getrunken' [HeF]; *die thürsch söllen plaren* ‚sie werden trinken' [HeF]; *Zinotes plart te henes* ‚Du trinkst zu viel' [HeF]; *den thuren plart knökert* ‚Die Frau trinkt Kaffee' [HeF]; *minotes plart köth* ‚Ich trinke Bier' [HeF]
verplaren swV. [HF, HeF]
– verzehren [HF, HeF].

plärren swV. [EF, PfJ]
plärre [CL]; **plärrn** [EF]; **pläätsen** swV. [SP]
– singen [EF]; laut weinen [CL]; weinen [PfJ, SP]; heulen [PfJ] ♦ **E:** dt. *plärren* ‚schreien, heulen, weinen' DWB XIII 1898 f.

plärrer Subst. m. [EF]
– Sänger [EF]
plärerl Subst. n. [RR]; **plärrer** Subst. m. [KJ]
– Kalb [KJ, RR] ♦ **E:** rw. *plärerl* ‚Kalb' WolfWR 4228.
plärrschrofer Subst. m. [MoM]
– Schaf [MoM]
plärrverein Subst. m. [EF]; **plerrverein** [EF]
– Gesangsverein [EF].

pläsīrlich Adj. [SG]
– spassig [SG] ♦ **E:** dt. *Pläsier* ‚besonderes Vergnügen' aus frz. *plaisir* Klu./Seebold 2011, 709; Middelberg, Romanismen, 41.

plasterkate Subst. f. [SK]
– Apotheke [SK] ♦ **E:** dt. *Pflaster* und nd. *Kate* ‚Haus, Hütte'.

plästern nur in:
abplästern swV. [MM]
– beichten [MM]; verpfeifen [MM] ♦ **E:** wohl zu nd. *plästern* ‚regnen'.

platefies Subst. Pl. [SPI]
– Marktaufseher [SPI] ♦ **E:** unsicher; evtl. zu dt. *Plattfuß* oder zu dt. *Platte*, rw. *Fiesel* ‚junger Mann'

plätschgern swV [ME]
– regnen [ME] ♦ **E:** wohl Variante zu dt. *plätschern* oder nd. *plästern* ‚regnen'.

plätschkerer Subst. m. [EF]
pletschkerer [EF]
– Essen [EF] ♦ **E:** zu schles. *plätsche, pletsche* ‚Schale, Suppenschüssel', vgl. DWB XIII 1901; Zweitglied *kerer* unsicher, evtl. kombiniertes Suffix oder zu dt. *kehren*.

platte Subst. f. [MM, SJ]
plate [MM]; **blatt** [LüJ]
– Schlafen im Freien [MM]; Wanderschaft [MM] ♦ **E:** rw. *platt* ‚vertraut, Sicherheit, Zuflucht bietend', zu jd. *polat* ‚entwischen, entkommen', *pleto* ‚Flucht, Entrinnen'; *platt machen* ‚im Freien schlafen' (WolfWR 4232 und 4248).
platten swV. [NJ, StG]; **plattmachen** swV., Phras. [HLD, PfJ, StG]; **platte machen** [MM]; **blatt machen** [LüJ]
– das Nachtlager im Freien aufschlagen [LüJ]; ohne Wohnung sein, abhauen, im Freien schlafen, auf Wanderschaft gehen [MM]; draußen schlafen [NJ, StG]; im Freien nächtigen [HLD, PfJ, StG]; weggehen [MM]; weglaufen [MM]

platte putzen swV., Phras. [SJ, JS]; **bladd butza** [OJ]; **platte butzen** [PfJ]; **s'platt butzen** [PfJ]; **platte boschten** [PfJ]
– durchgehen [PfJ]; entfernen, entfliehen [SJ, JS]; verschwinden [OJ] ♦ **E:** *boschten* evtl. beeinflusst von oder direkt zu → *böschen*.
platte reißen swV., Phras. [MM]
– Reißaus nehmen [MM]
plattln swV. [LoJ]
– übernachten im Freien am Lagerplatz [LoJ].

plattling Subst. m. [LüJ]
– Schuh(e) [LüJ]; Fuß, Füße[LüJ] ♦ **E:** zu dt. *platt* ‚flach, eben', *Platte* ‚flaches Stück' DWB XIII 1906 ff.
♦ **V:** *dik meine plattlinge* ‚schau einmal meine Schuhe' [LüJ]

plätterchen Subst. n. Dim. Pl. [KMa]
– Pfannkuchen [KMa]
plattfuß Subst. m. [HLD, LJ]
– Gans [HLD, LJ] ♦ **E:** rw. *plattfuß* ‚Gans' (WolfWR 4235).
plattfüßeln swV. [NJ, SJ, SchJ]; **plattfußlen** [Him]; **blattfesen** [NJ]; **platfeesele** [NrJ]; **plattfussen** [JeH, SE]; **blattfußen** [BJ]; **plattfüßla** [SJ]; **bladdfießla** [OJ]; **plattfüssle** [PH]; **pláttfüßle** [PH]; **platfuusen** [SP]; **plattfußen** [PfJ]; **plattfüsse** [MeJ]; **plattfuhen** [OH]; **plattfüßle** [JS]; **plattfüßen** [LI]; **plattféissen** [WL]; **plattfesse** [FM]; **plattfoussen** [WL]
– tanzen [BJ, Him, JS, JeH, LI, MeJ, NJ, NrJ, OH, OJ, PH, PfJ, SE, SJ, SP, SchJ, WL] ♦ **E:** rw. *plattfußen, plattfüßeln* ‚tanzen' (WolfWR 4236, Klepsch 1150); vgl. dt. *platteln* ‚Platten (d. h. Handflächen und Schuhsohlen) zusammenschlagen', *Schuhplattler*.
♦ **V:** *Lechumgeiger spiel auf zom plattfüßla ond zom schalla* ‚Musikant spiel auf zum tanzen und zum singen' [SJ]; *ech schéiwe mat schécks plattféissen / plattfoussen* ‚ich gehe mit dem Mädel tanzen' [WL]; *mer woore fester platfeesele* ‚wir waren tanzen' [NrJ]; *Spann! hä plattfeßt, beh enn Ohl* ‚Sieh, er tanzt wie ein Aal' [FM]
bläddla swV. [OJ]
– laufen [OJ]; tanzen [OJ] ♦ **E:** wohl Kürzung aus → *plattfußen* oder direkt zu dt. *platteln*, s. o.; schwer zu rw. → *platte*.
plattfüßer Subst. m. [LI]
– Tanzboden [LI]
meschukkener plattfüßer Subst. m., Phras. [LI]
– Maskenball [LI].
platt Adj., Adv.
– fertig, erschöpft [OJ]; am Boden sein [OJ]; erstaunt sein [OJ]

platt machen swV. [HN]
– jmd. umhauen, zu Boden strecken [HN]
plätteln swV. [JS]
– mit dem Teller am offenen Ring einer Arena kassieren [JS] ♦ **E:** rw. *platten* ‚Geld(stücke)' WolfWR 4234, zu dt. *Platten* ‚die zum Ausprägen bestimmten Münzplatten'.

plätteren Subst. Pl. [WL]
plättercher Subst. Pl. Dim. [WL]; **plättecher** [WL]
– Karten [WL] ♦ **E:** Bildung zu *Blatt* ‚Spielkartenblatt'.

platz Subst. m. [EF]
plâtz [EF]
– Senf [EF] ♦ **E:** wohl zu dt. *platz* ‚Schlag, Klatsch' DWB XIII 1916; vgl. *ein Schlag Senf*.

platzen¹ swV. [EF]
plâtzen [EF]; **plâtz'n** [EF]
– Notdurft verrichten [EF]; scheißen [EF] ♦ **E:** zu dt. *platz* ‚Schlag, Klatsch' und ‚flacher, dünner Kuchen' DWB XIII 1916.

platzen² swV. [KMa]
– trinken [KMa] ♦ **E:** unsicher; evtl. zu mhd./nhd. *blatzen, platzen* ‚sich hastig und lärmend stürzen auf, geräuschvoll auffallen' Lexer I 300; DWB XIII 1921; *platzerei, plätzerei*, f. ‚schwätzerei, das austragen von geheimnissen' DWB XIII 1924; vgl. auch *platzen* u. a. ‚zu Boden schlagen' 1921 ff.

plätzgele swV. [BM]
– mit Murmeln spielen [BM] ♦ **E:** zu schweizdt. *blatzgen* ‚mit runden Scheiben nach einem Ziel werfen' (SchweizId. II 298).

plätzierer Subst. m. [JS]
plätzirer [PH]
– Platzanweiser (im Zirkus) [JS, PH] ♦ **E:** dt. *Platz* ‚Raumfläche' DWB XIII 1916 ff.
platzmacher Subst. m. [JS]
– Attraktion, die einem Schausteller den Zugang zu einer Kirmes auch mit Standard-Angeboten ermöglicht [JS]; „Etwa ein Puppentheater, damit der gleiche Schausteller daneben seine Losbude stellen kann, die alleine keinen Stellplatz erhalten hätte, da es zu viele andere Losbuden gibt", Efing, Schausteller, 107.

plaudern swV. [WG]
– ein Geständnis ablegen [WG] ♦ **E:** dt. *plaudern* „traulich schwatzen, dann auch mit tadelndem nebensinne des albernen, ungehörigen schwatzens und klatschens oder des ausschwatzens von heimlichkeiten" DWB XIII 1928.

plauderer Subst. m. [Gmü, Him, LoJ, LüJ, Mat, SJ, WG, Zi]; **blaudrer** [OJ]; **blaudrle** Subst. Dim. [OJ]
– Schulmeister [LüJ]; Verräter [WG]; Lehrer [Gmü, Him, LüJ, Mat, OJ, SJ, Zi]; Dr. med. [LoJ] ♦ **E:** rw. *plauderer* ‚Lehrer', zu dt. *plaudern* ‚schwatzen, erzählen' (WolfWR 4242). ♦ **V:** *linz' in dem heges, wo man spannt, hauret ein g'wanter plauderer. der stekt dof z'biket und z'schwächet und kemeret grandich sore* ‚Schau, in dem Dörfchen, wo man hinguckt, ist ein braver Schulmeister. Der gibt gut zu essen und zu trinken und kauft viel Ware' [LüJ]

plauderkasten Subst. m. [BA]
– Schulhaus [BA]
plaudererskitt Subst. f. [LüJ]
– Schule, Schulhaus, Haus des Lehrers [LüJ]
plaudererskitt Subst. f. [LüJ]
– Schulhaus [LüJ]
plauderwinde Subst. f. [SJ]
– Schulhaus [SJ].

plauten Subst. Pl. [WL]
– Abfall der Wolle [WL]; wenig Haare [WL]; wenig Federn [WL] ♦ **E:** zu lux. *Plaut(en)* ‚Kratzdistel(wolle)', Tockert. Weimerskircher Jenisch, 33; evtl. Einfluss von rhein. *blutt* ‚kahl, bloß' (RheinWb. IV 1 815).
plautert Subst. m. [WL]
– jmd. mit wenig Haaren [WL]
plautespréngert Subst. m. [WL]; **pläitespréngert** [WL]
– Floh [WL].

plauze Subst. f. [MM]
plautze [HK, MM]; **blaudse** [HK]
– Bauch [MM]; dicker Bauch [MM]; Brust [HK]; Lunge [HK]; Husten [HK]; „unschöner Gesichtsbereich" [MM] ♦ **E:** rw. *plautz* ‚Haut, Fell' WolfWR 4245 (ohne Herleitung), dt. *Plauze* ‚Eingeweide, Lunge' aus sorb. *pluco* ‚Lungenflügel', sorb. *pluca* ‚Lunge', Abel, Slawismen, 55. ♦ **V:** *hats auf der blaudse* ‚er ist erkältet' [HK]; *'s schemmd beekersch auf der blaudse* ‚die Lunge kränkelt, es ist lungenkrank' [HK]; *die achiele inne plauze malochen* ‚das Essen in den Bauch schlagen' [MM]; *inne plautze makeimen* ‚trinken' [MM]; *hasse die plautze von den seeger gekneistert?* ‚Hast du den dicken Bauch des Mannes gesehen?' [MM].

plawang Subst. m. [KMa]
– Pfarrer [KMa] ♦ **E:** *plaw-* wohl zu rw. *blaff* u. a. ‚belügen, ängstigen' WolfWR 498; dt. *blaffen* ‚sich fruchtlos mühen' DWB II 60; Suffix *-ang*.

plawinnen swV. [GM]
– schwimmen [GM] ♦ **E:** roi. *plawin-* ‚schwimmen' (WolfWZ 2475).

pleegne swV. [BM]
pleetne [BM]; **poleete** [BM]
– blaguieren [BM]; viel schwätzen [BM] ♦ **E:** schweizdt. *boleten, baleten* ‚lärmend reden, schwatzen' (SchweizId. IV 1182).

plei Subst. m. [JS]
pleri Subst. m. [JeS]; **pläri** [JeS]
– Platz [JS, JeS]; Arbeitsplatz [JeS]; Unterkunftsort [JeS]; Standplatz der Fahrenden [JeS]; Wiese [JeS]; Ebene [JeS] ♦ **E:** nl. *plein, plä* ‚Platz' (RheinWb. VI 973). ♦ **V:** *mir tschaaned uf e pleri go rümpfne* ‚wir gehen auf den Platz korben' [JeS]
schoofplei Subst. m. [JS]
– Grabplatz [JS]; Friedhof [JS]
palaarpleri Subst. m. [JeS]
– Dorfplatz [JeS].

pleisgern swV. [MUJ]
pleisgeren [LüJ]; **bleisgern** [LüJ, MUJ]; **bleiskern** [PH]; **bleisgeren** [LüJ]; **bleisgærǣ** [WJ]; **pleisgen** [TJ]; **bleiseren** swV. [LüJ]; **plaisern** [GM]
– (be)zahlen [GM, LüJ, MUJ, MUJ, PH, TJ, WJ]; entlohnen [GM]; „blechen" [LüJ] ♦ **E:** rw. *bleisern* ‚bezahlen' < roi. *te pleiseraf* ‚bezahlen' (WolfWR 548).

pleissle swV. [KP]
pleisslen [KP]
– in der Hausierersprache sprechen [KP] ♦ **E:** rw. *pleißnen*, evtl. zu dt. *plädieren*, nd. *pleiten*, womgl. Einfluss von dt. *pleistern* bauhandwerklich ‚verputzen' (WolfWR 4247). Vgl. → *plisseln*.
verpleisslen swV. [KP]
– ausschwatzen [KP].

pleistern swV. [MB]
– regnen [MB]; stark regnen [MB] ♦ **E:** westf. *plästern* ‚regnen'.
pleistertüte Subst. f. [MM]
– Regenschirm [MM].

pleite Adv. [MM]
plejte [Scho]; **blejde** [Scho]; **plete** [MM, NJ, PH]; **plēte** [PH]; **pleete** [MM]; **blääde** [CL, LL]; **bleijde** [LL]; **pläite** [KM]

– fort [CL, LL, MM, PH, Scho]; beiseite [MM]; davon [MM]; schnell [MM]; vorbei [MM]; weg [CL, MM, Scho]; hinweg [CL, LL] ♦ **E:** rw. *ple(i)te* ‚Flucht, Bankrott' (WolfWR 4248) < jd. *pleite* ‚fort, weg', jd. *pleto* ‚Flucht' (We 90, MatrasJd 288, Post 233, Klepsch 380). ♦ **V:** *plete böschen* ‚verschwinden, weglaufen, wegrennen, weggehen, weitergehen, abhauen' [MM]; *pläite (plääte) schéiwen (scheffen) sich wegmachen, sterben* [WL]; *plete scheften* ‚verschwinden' [MM]; *schafft plete* läuft weg [NJ]; *plete pesen* ‚davonfahren' [MM]; *die teilachen plete* ‚die läßt man laufen' [MM]; *brand haut plete beim schickern* ‚Durst schwindet beim Trinken' [MM]; *besch plete in deine firchen* ‚scher dich in dein Bett' [MM]; *Mein Kälufft is blääde* ‚Mein Hund ist fort' [LL]; *Schäff bleijde, sunschd bouschde Kuffes!* ‚Verschwinde, sonst bekommst du Schläge' [LL]; *wat der hacho wohl geroint hat, als die ganzen matrelen plete waren!* ‚wie der Bauer wohl geschaut hat, als er bemerkte, daß die Kartoffeln fort waren!' [MM]; *besch plete, du hacho!* ‚Verschwinde, du Bauer!' [MM]; *immer, wenn die alten plete waren, chappte der koten aus der kasse bes schuck oder sogar'n heiermann* ‚immer wenn die Eltern fort waren, nahm das Kind zwei oder sogar fünf Mark aus der Kasse' [MM]; *die balachesen sind verschütt, plete, und keine hei beschine is mehr da* ‚das Geld ist verloren, weg, und kein Fünf-Pfennig-Stück ist mehr da' [MM]
pleite Subst. f. [Scho]
– Bankrott [Scho]
bleten swV. [NJ]; **blêdten** [TK]; **bletn** [TJ]; **bleiden** [TK]; **pleete** [JeS, MJ]; **blejde** [Scho]; **pleten** [JeS, TK]; **pleta** [JeS]
– gehen [JeS, MJ, Scho, TJ, TK]; weggehen, in die Fremde gehen [NJ]; kommen [JeS]; eilen [JeS]; davoneilen [JeS]; fliehen [JeS]; laufen [MJ] ♦ **V:** *wir scheffen bleten* ‚wir laufen weg' [NJ]
bleter Subst. m. [NJ]
– Fremder [NJ]
plaete poschten swV., Phras. [Wo]; **pläte boschten** [PfJ]
– fortgehen [Wo]; durchgehen [PfJ]
pleitemachen swV., Phras. [MM]; **plätemachen** [MM]; **pleete schäfen** swV. [NrJ]; **pleite scheffen** [StG]
– abhauen [MM]; verduften [StG]; verschwinden lassen [StG]; weglaufen [NrJ]; wegmachen [MM] ♦ **V:** *esch sei pleete jescheft*. [NrJ]
pleite schieben swV., Phras. [HLD]
– nicht zu gebrauchen [HLD]

pleite werden swV., Phras. [StG]
– verurteilt werden [StG]
bletisch Adj. [NJ]
– evangelisch (weg vom rechten Glauben) [NJ]
plejtesejne frifrach Phras. [Scho]
– fort! [Scho]; schnell fort von hier! [Scho]
plejtesejne gehalchent Phras. [Scho]
– aus dem Staub gemacht [Scho].

plemp Subst. m., f., n. [EF, NJ, SJ]
plempe [HK, HLD, MM, SJ]; **plembe** [BO]; **blemb** [EF, SJ]; **blemp** [EF]; **blämb** [EF]; **plemm** [NJ]; **plem** [EF]; **lemm** [JS]; **plam** [TK]; **plum** [RH]; **plamp** [Gmü, Him, JSa, KP, LJ, Mat, PfJ, SchJ, Wo, Zi]; **plampe** [SJ, WJ]; **blamb** [LJ, LüJ, OJ, WJ]; **blamp** [LJ]; **plamb** [LJ]; **plämp** [NrJ]; **plamm** [PH, WJ]; **blam** [LüJ, MUJ]; **blamm** [LüJ, WJ]; **plomb** [Jsa, TJ, TK]; **plomp** [SE]; **blomb** [PfJ, SE]; **blomp** [SE]; **plump** [JeH, SE]; **plembel** Subst. m. [KMa, OH]; **plempel** [EF, FM, HK, KP]; **blembel** [CL, HK, OH]; **blempel** [HK, SJ]; **pêmbel** [FS]; **blempl** [EF, HK]; **plempl** [HK]; **plimpel** [KP]; **plämpel** [LI]; **plampel** [SJ]; **blampel** [SJ]; **blember** Subst. m. [LüJ]; **blemberle** Subst. Dim. [LüJ]; **plemper** [MB]; **plompert** Subst. m. [JSa]; **plumpert** [MeT]; **plömpert** [WL]; **plombert** [RH]
– Bier [BO, CL, EF, FS, Gmü, HK, Him, JS, JeH, Jsa, KMa, LJ, LüJ, MB, MUJ, Mat, NJ, NrJ, OH, OJ, PH, PfJ, RH, SE, SJ, SchJ, TJ, TK, WJ, WL, Wo, Zi]; Glas Bier [LI]; schlechtes Bier [KMa, OH]; Getränk [KP]; schlechtes Getränk [SJ]; (schlechter, dünner) Kaffee [MeT]; dünnes, suppiges Essen [MM]; „undefinierbares Suppengericht" [MM]; „hin und her Geschwapptes" [SJ]; „geringeres Bier" [HLD]; „luine" [LüJ] ♦ **E:** rw. *plamp* < dt. *Plempel* ‚schlechtes, schales Getränk' (WolfWR 4250, Klepsch 376). ♦ **V:** *budell plemp, pudell plemp* ‚Flasche Bier' [NJ]; *en nilles plömpert* ‚ein Humpen Bier' [WL]; *steck' mer e blember* ‚gib mir ein Bier' [LüJ]; *fiesel boscht aus dieser schwöche/ gatschemme, denn der plamp ist nobes/ tschi doof/ gwand* ‚Freund(e), gehen wir aus dieser Wirtschaft, denn das Bier ist nicht gut' [LJ]; *Steck mr a blemb ond an gigges, draußa ischts no ganz schö biberisch* ‚Bring mir ein Bier und einen Schnaps, draußen ist es noch ganz schön kalt' [SJ]; *Doahremm, Hautze, schwecht noch Plempel, Jaiem oder Branntewihn!* ‚Darum, Leute, trinkt noch Bier, Wein oder Branntwein!' [FM]; *Dr blemb ischt doch gwand, in jeder gusch ischt er bekannt – der blemb mr schallet bis alles lallet ond beim kala, do werdmer ons aala, aala* ‚Das Bier ist doch gut, in jedem Haus ist es bekannt – das Bier, wir singen, bis alle lallen und beim essen, da werden wir uns aalen, aalen'; *rall du dich das plemper* ‚nimm du dir das Bier' [MB]; *de mebische wor no beies lemm beijer schicker* ‚der Kleine war nach zwei bier volltrunken' [JS]

plempen swV. [KP]; **plempe** [KP]
– trinken [KP]
gansplempel Subst. m. [KP]
– Wasser (Gänsewein) [KP]
gwanter plempel Subst. m. [KP, SJ]
– Wein [KP, SJ]
brendlesblamb Subst. m. [OJ]
– dunkles Tropfbier [OJ]
blemblr Subst. m. [OJ]
– Bierbrauer [LJl, LüJ, OJ] ♦ **V:** *doch wär der guffer no ärmer, wenn sei weib den reicha blambpflanzer vergönt hät* ‚doch wär der Lehrer noch ärmer, wenn seine Frau den reichen Bierbrauer geheiratet hätte' [LüJ]
blembmatscher Subst. m. [EF]; **plempmätscher** [EF]; **blempmatscher** [EF]
– Brauer [EF]
blembmatscherei Subst. f. [EF]; **blempmatscherei** [EF]; **plempmätscherei** [EF]
– Brauerei [EF]
blambpflanzer Subst. m. [LJ, LüJ]; **plamppflanzer** [PfJ]
– Bierbrauer [LüJ, PfJ]; Brauer [LüJ]; Biermacher [LüJ]; Bierhersteller [LüJ]; Bierpanscher [LüJ] ♦ **V:** *doch wär der guffer no ärmer, wenn sei weib den reicha blambpflanzer vergönt hät* ‚doch wär der Lehrer noch ärmer, wenn seine Frau den reichen Bierbrauer geheiratet hätte' [LüJ]
blambschwechr Subst. m. [OJ]
– Biertrinker [OJ]
blampsiecherei Subst. f. [LJ]; **plampsichererei** [SchJ]
– Brauerei [LJ, SchJ] ♦ **E:** zu *sichern*, wörtl. ‚Bierkocherei'.
plampsicherer Subst. m. [SchJ]; **blampsiecherer** [LJ]; **plomsicherer.** [TJ]
– Bierbrauer [LJ, SchJ, TJ]
blampterminsel Subst. m. [LJ]
– Bierkrug [LJ]
plemplbeeker Subst. m. [HK]
– Biertrinker [HK]
plempeldaile Subst. f. [KP]
– Wirtshaus [KP]
plempelkneipe Subst. f. [HK]
– Bierkneipe [HK]
blembelknubberd Subst. m. [HK]
– Bierkneipe [HK]

plempelkoch Subst. m. [HK, StG]
– Bierbrauer [HK, StG]

plemplwinde Subst. f. [HK]
– Bierstube [HK]; warmes Bier, Bier das nicht schmeckt [HK]

blempmatscher Subst. m. [EF]
– Bräuer [EF]

blempmatscherei Subst. f. [EF]
– Brauerei [EF]

plempelschwächer Subst. m. [StG]
– Bierbrauer [StG]

plempelpink Subst. m. [KP]
– Wirt [KP]

plampbeizer Subst. m. [PfJ]; **plampbelzer** [PfJ]; **[pl]ampbälzer** [PfJ]
– Bierbrauer [PfJ].

plempe Subst. f. [MM, SG]
plemme [MB]
– Degen, Säbel [MM]; feststehendes Messer [MM]; Gewehr [MB, MM, SG]; Messer [MM]; Schleppsäbel der Polizisten [MM]; Seitengewehr [MM] ♦ **E:** westf. *plempe* ‚Säbel' (WWBA. 1153); rw. *plempe* ‚Säbel, Klinge' (WolfWR 4249). ♦ **V:** *die schmier ging da nur mit gezogene plempe hin* ‚die Polizei ging dahin nur mit gezogenem Säbel' [MM]

plembes karl Phras. [SS]
– Polizist [SS] ♦ **E:** vgl. die von dt. *klemmen* ‚(er)greifen' abgeleitete Bezeichnung *Klempners Karl* ‚Wachtmeister' (WolfWR 2693).

plempel ‚Bier' → *plemp*.

plemplem Adj. [NJ]
– dumm [NJ] ♦ **E:** ugs. *plemplem* ‚dumm', Herkunft unklar.

pleng Adj. [KM]
– satt [KM]; genug gegessen [KM] ♦ **E:** frz. *plein* ‚voll'.

plente ‚Lumpen' → *plinte*.

plete ‚fort, weg, bankrott' → *pleite*.

pletsch Subst. f. [KP]
– Kappe [KP] ♦ **E:** schwäb. *blätsch* ‚Weiberhaube, abgetragene, schlappige Kappe oder Haube' SchwäbWb. I 1169.

pletten swV. [MB]
– verhauen [MB]; schlagen [MB]; einen starken Schlag versetzten [MB] ♦ **E:** rw. *verpletten* ‚durchprügeln, verkeilen', evtl. zu dt. *bletzen* ‚flicken' (WolfWR 554).

verpletten swV. [MB]
– schlagen [MB]; verhauen [MB]; einen starken Schlag versetzen [MB]; heimzahlen [MB]; *einen verpletten* ‚einen Schlag versetzen' [MB] ♦ **V:** *einen verplettet bekommen* ‚verhauen werden' [MB].

pletzen[1] swV. [LüJ, SchJ]
– schießen [LüJ]; hauen [LüJ]; rauchen [SchJ] ♦ **E:** zu dt. *platzen* „einen platz thun, einen schall geben" DWB XIII 1922 ff., Klepsch 384; vgl. → *plotzen*. ♦ **V:** *mog, jetzt grandich dof pletze* ‚jetzt streng dich an und schieß gut' [LüJ]

bogepletze Subst. n. [LüJ]; **bogenplätzen** [LüJ]
– Bogenschießen [LüJ].

pletzen[2] swV. [LüJ]
bletzen [MoJ]
– flicken [LüJ]; werfen [LüJ]; zahlen [LüJ, MoJ] ♦ **E:** rw. *pletzen* ‚flicken' (WolfWR 4253); nhd. *pletzen* ‚flicken' DWB XIII 1933 f., mhd. *blëtz* ‚Lappen, Flicken, Fetzen', SchwäbWb. I 1198 *bletzen*. ♦ **V:** *Schulden pletzen* ‚Schulden machen' [LüJ]

schuldenpletzer Subst. m. [LüJ]; **schuldapletzer** [LüJ]
– Schuldenmacher

pletz Subst. m. [LüJ, RH]; **bletz** [LüJ]
– Flicken [LüJ]; Fleck [LüJ]; „was Draufgemachtes" [LüJ]; Ausweispapier [RH]; Spielkarte [RH]; Schulden [LüJ] ♦ **E:** SchwäbWb. I 1196 (*Bletz*).

pley Subst. m. [HeF]
– Tuch [HeF] ♦ **E:** rw. *pley* (WolfWR 4255, ohne Herleitung), evtl. zu rhein. *Plei* ‚Fläche, Platz'. ♦ **V:** *en pardong pley* ‚eine Elle Tuch' [HeF]; *Ziemen, Knöllen, minotes versömt Pley on Fehm* ‚Ja, ich tue in Tuch und Garn' [HeF]

pleyrühl Subst. m. [HF]
– Tuchhandel [HF]

böltepley Subst. m. [HF]
– Bettuch [HF]; Bettzeug [HF] ♦ **E:** → *bölt*.

fehmzelepley Subst. m. [HF]
– Handtuch [HF] ♦ **E:** → *fehme* ‚Hand'.

feuelspley Subst. m. [HF]
– Kleiderstoff [HF]

fonkepley Subst. m. [HF]
– Feuerschwamm [HF].

plieren swV. [HL]
– blinzeln [HL] ♦ **E:** rw. *plieren* ‚blinzeln', mdal. *plierig* ‚triefäugig' WolfWR 4256.

plimensaft Subst. m. [SG]
pliumensaft [SG]
– Bier [SG] ♦ **E:** zu rw. *plimpert, plimpel, plempe* ‚Bier' WolfWR 4250. → *plemp*.

plinte Subst. f. [HF, MB, MM]
plente [HF]; **plenten** Subst. Pl. [HF]; **plinten** [HF]
– Hose [MM]; Schlüpfer [MM]; alte Schlotterhose [MB]; Unterhose [MB]; Lumpen [HF] ♦ **E:** rw. *plinten* ‚Lumpen' (WolfWR 4258, ohne Herleitung), Herkunft unsicher; schwer zu dt. *Plinte* „quadratische unterlagsplatte einer säule oder statue" DWB XIII 1935.
♦ **V:** *inne plinte böschen* ‚in die Hose gehen' [MM]; *der hat mailach inne plinte* ‚der hat Scheiße in der Hose' [MM]; *seeger hat sich die plinte beseibelt* ‚der Mann hat sich die Hose beschmutzt' [MM]; *meine plinte war im Eimer, die masminen hatten ne macke* ‚meine Hose war hinüber, die Schuhe hatten ein Loch' [MM]; *der seeger hat nen schiloen hacho anne plinte hängen* ‚der Kerl hat nen kalten Bauern an der Hose hängen' [MM]

badeplinte Subst. f. [MM]
– Badehose [MM]

bräseplinte Subst. f. [MM]
– Unterhose [MM]; Windel [MM]

maiplinte Subst. f. [MM]
– kurze Hose, Shorts [MM]

pissplinte Subst. f. [MM]
– Frau [MM]

spendierplinte Subst. f. [MM]
– Spendierhose [MM]

plintenschlürer Subst. m. [MM]
– Hosenträger [MM]

plintentasche Subst. f. [MM]
– Hosentasche [MM].

plisseln swV. [PfJ]
– heimlich reden [PfJ] ♦ **E:** schwäb. *blisle* ‚flüstern, leise ins Ohr reden' (SchwäbWb. I 1206). Vgl. → *pleissle*.

ploder Subst. m. [BM]
– Bauch [BM] ♦ **E:** zu schweizerdt. *bloder*.

plomp ‚Bier' s. → *plemp*.

plonsch Subst. n. nur in:
foksemplonsch Subst. m. [KM]; **fuksesplönschje** Subst. n. Dim. [KM]
– Goldwasser (Danziger) ♦ **E:** rw. *fuchs* ‚Gold' und *plonsch*, Nebenform zu rw. *plomp* ‚Wasser' (WolfWR 1564 u. 4259).

plonsche Subst. f. [KM]
– Wasser [KM]
plonsche swV. [KM]
– waschen [KM]
jeplonsch Adj., Adv., Part. Perf. [KM]
– gewaschen [KM].

plötsch Subst. m. [BM]
ploder [BM]
– Rausch [BM] ♦ **E:** schweizdt. *Pluder* ‚Matsch, breiige Masse' (SchweizId. V 29).
plotsche swV. [BM]
– lungern [BM].

plott Adj. nur in:
plotte pretter Phras. [HF, HeF]; **plotte peter** [HF]
– evangelischer Pfarrer [HF, HeF] ♦ **E:** wohl verkürzt zu *plattdeutsch*; Benennungsmotiv: weil die Messe nicht auf lateinisch gelesen wurde; *pretter* < frz. *prêtre*.

plotte Subst. f. [MB, MM]
– Messer [MB, MM]; Taschenmesser [MM]; Schwert [MM]; Gewehr [MM]; Pistole [MM]; Waffe [MM] ♦ **E:** rw. *ploten* ‚stechen' (Herkunft unsicher, WolfWR 4261). ♦ **V:** *er hat ihn ein' mitte plotte verburkt* ‚er hat ihn mit dem Messer gestochen' [MM]; *ich hab den seeger ein' mitte plote geburkt* ‚ich habe den Mann mit einem Messer gestochen' [MM]

plottenburkerei Subst. f. [MM]
– Messerstecherei [MM].

plotten Subst. Pl. [HF, HeF]
– Platten [HF]; Taler [HeF] ♦ **E:** rw. *platten* ‚Geldstücke' (WolfWR 4234) zu dt. *platt* ‚flach, eben', *Platte* ‚flaches Stück' DWB XIII 1906 ff., vgl. → *plattling*, darunter *plätteln*; kaum zu sorb. *płaćić* ‚bezahlen', tschech. *plátce* ‚Bezahler' (vgl. WolfWR 4261). ♦ **V:** *minotesen tent beut krütskes uhr plotten* ‚Mein Haus kostet tausend Thaler' [HeF]; *minotes het parz uhr plotten an de klenen verhült* ‚Ich habe zweihundert Thaler am Kleesamen verloren' [HeF]; *Enen halfen Plotten* ‚Einen halben Taler' [HeF]; *de uhr parz plotten* ‚Das Hundert zwei Thaler' [HeF]; *Lott ene Plotten knucken* ‚Laß einen Thaler wechseln' [HeF]

parz plotten Phras. [HeF]
– zwei Taler [HeF]

plotte gehl Subst. f. [HF, HeF]
– Friedrichs d'or (preußische Münze 1741–1855) [HF, HeF].

plotzen swV. [JeS, LüJ, SJ]
plotze [CL, JeS]; **blotzen** [BJ, SJ]; **blozen** [LüJ]; **plotza** [LJ]; **blotza** [OJ]; **pfloza** [JeS]; **bleschn** [RR]
– fallen [JeS, LüJ, SJ]; fallen lassen [LüJ]; werfen, schmeißen [LüJ]; schmeißen [LüJ]; niederwerfen [SJ]; rauchen [BJ, CL, LJ, OJ, RR, SJ] ♦ **E:** rw. *plozen* ‚fallen', *niederplozen* ‚niederwerfen' < dt. *plotzen* ‚schwer mit Geräusch fallen' (WolfWR 4263), schwäb., pfälz. *plotzen* ‚stoßen, platschend hinfallen, stark rauchen'. (SchwäbWb. I 1217, PfälzWb. I 1027). Vgl. → *pletzen¹*. ♦ **V:** *blotza lao* ‚fallen lassen, abtreiben' [OJ]; *er plotzt samich schmerrcher am daag* ‚er raucht viele Zigaretten am Tag' [CL]
niederpletzen swV. [PfJ]
– niederwerfen [PfJ]
verplotze swV. [JeS]; **verplotzen** [JeS]
– umfallen [JeS]
blotzr Subst. m. [OJ]
– Raucher [OJ]; Stein [OJ]
weißblotzr Subst. m. [OJ]
– Gipser [OJ]
schomblotzr Subst. m. [OJ]
– Maurer [OJ].

plöver Subst. M. [JeS]
– Regen [JeS]; Schnee [JeS] ♦ **E:** zu frz. *pleuvoir*, rätorom. *plover* ‚regnen'.
plövere swV. [JeS]; **plövern** [JeS]; **plövera** [JeS]
– regnen [JeS]

pluere swV. [KM]
– sich fein machen [KM] ♦ **E:** rhein. *pludern* ‚sich ordentlich waschen' RheinWb. VI 986.
jepluert Part. Perf., Adj., Adv. [KM]
– herausgeputzt [KM]

plügge Subst. f. [MT, MeT]
– Geschäftsbrief [MeT]; Brief [MT, MeT]; Geschäftsbuch [MeT]; Buch [MT, MeT]; Zinsen [MT, MeT]; Zoll [MT, MeT]; Ausweispapier [MeT] ♦ **E:** rw. *plügge* ‚Buch, Brief, Zoll, Zinsen' (WolfWR 4266, ohne Herleitung); nd. *plüggen* met. ‚Geldstücke', nl./ugs. *Plugske* ‚Bankbrief', Siewert, Humpisch, 101.
nosterplügge Subst. f. [MeT]
– Gebetbuch [MeT].

plui Subst. [KP]
– Nickel (10 Pfennig) [KP] ♦ **E:** rw. *bleier, blauer, plui* ‚Zehnpfennigstück' (WolfWR 547, ohne Herleitung); evtl. zu dt. *blau*; *Blauer Gulden* (nl. *blauwe gulden*) Sammelbegriff für unterwertige Goldmünzen aus den Niederlanden.

gwanter plui Phras. [KP]
– 20 Pfennig [KP].

plümestrieker Subst. m. [HF]
plümestriker [HeF]
– Schmeichler [HeF] ♦ **E:** rw. *flauen, plümen* u. a. ‚Bettfedern' (WolfWR 1454), zu dt. *Flaum*, nl. *Pluim*, frz. *plume* ‚Feder'; *Plümme* ‚Mädchen, Huhn mit Schopf'; niederfrk. *strieken* ‚streichen, streicheln' (RheinWb.VI 988). ♦ **V:** *Plümestriker!* ‚Du Schmeichler!' [HeF].

plump¹ Subst. n. [JeH, SP]
– Bier [JeH, SP] ♦ **E:** Nebenform zu → *plemp*, → *plomb*.

plump² Subst. n. [JeS]
– Zinn [JeS] ♦ **E:** rw. *plump* ‚Blei' zu lat. *plumbum*, *plumbum album* ‚Blei, Zinn' (WolfWR 4268).
verplumpe swV. [JeS]
– verzinnen [JeS].

plumpert ‚schlechter Kaffee' → *plemp*.

plümpsen swV. [MM]
plümsen [MT, MeT]; **plumsen** [MeT]
– baden, schwimmen [MM, MT]; waschen [MT, MeT]; weinen [MT, MeT] ♦ **E:** westf. *plümpsen* ‚baden' (WWBA. 3546).
plümpse Subst. f. [MM]
– Badeanstalt [MM]; Baden im Teich [MM]; Badewanne [MM]
plümpsanstalt Subst. f. [MM]
– Badeanstalt [MM]
plümpsbeis Subst. n. [MM]; **plümpbeis** [MM]; **plumpsbeis** [MM]
– Badeanstalt [MM]; Lokus [MM]; Scheißhaus [MM]; Toilette ohne Wasserspülung [MM]; Toilette [MM].

plünnen Subst. Pl. [MB]
– Wäsche [MB] ♦ **E:** nd./ostwestf. *plünden, plünnen* ‚Sammelsurium, Gesamtheit der Kleidungsstücke, die man anzieht', ugs. Kü 620; vgl. *Plunderkammer* DWB XIII 1947.

plunschen swV. [SK]
– ins Wasser fallen [SK] ♦ **E:** wohl aus frz. *plonger* ‚tauchen'.

plurrenstaken Subst. m. [MM]
– Schirm [MM] ♦ **E:** mdal./westf. *plörren, plurren* ‚gießen, regnen'; nd. *Staken* ‚Stab, Stecken'.

plymse Subst. Pl. [MeT]
plumpse [MeT]
– Federn [MeT] ♦ **E:** → *plümestrieker*.

pöal Subst. M. [HF]
– (Grenz-)Pfahl [HF] ♦ **E:** zu rhein. *Pohl* ‚Pfahl'.

poalen swV. [HF]
pohlen [HF, HeF]
– die Notdurft verrichten [HF]; seine Not verrichten [HeF] ♦ **E:** unsicher; zu rw. *Bolt* ‚Dreck' aus dt. *boll* ‚rund, kugelig' WolfWR 616 oder mdal. zu hochdt. *pfuhlen* ‚mit Jauche düngen' (RheinWb.VI 800).

poasch Subst. m. [KM]
– der Beste [KM] ♦ **E:** rhein. *bäs* ‚Haupt des Hausgesindes, Hausherr, Dienstherr' RheinWb. I 485.

pobben Subst. Pl. [HF, HeF]
– Rüben [HF, HeF] ♦ **E:** rw. *pobben*, zu dt. *Pappen* ‚Rüben' (WolfWR 4271).

pocktam Subst. m. [LoJ]
– Leinen [LoJ]; Schnittwaren [LoJ] ♦ **E:** rw. *bockdam* ‚Tusch, Leinwand' aus roi. *póchtan* ‚Leinwand, Tuch, Barchent' WolfWR 588.

poditer Subst. m. [RH]
– Verrräter [RH] ♦ **E:** unsicher; evtl. zu lat. *prodere* ‚verraten' (Arnold 1961, 116).

podium Subst. n. [JS]
– Bühne an Fahrgeschäften [JS]; Laufgang im Karussell [JS]; erhöhtes Podest an Schaubuden oder Warenaus-; Spielungsgeschäften, auf dem der Rekommandeur das Publikum zur Teilnahme am Spiel oder der Schaudarbietung auffordert [JS]; um die Fahrzeuge herumführender Standfläche für die Zuschauer [JS] ♦ **E:** dt. *Podium*, aus lat. *podium* < griech. *pódion*, Dim. von *poús* (Genitiv: *podós*) ‚Fuß'.
paradepodium Subst. n. [JS]
– Bühne, auf der das Programm vorgestellt wird [JS]
rekommandierpodium Subst. n. [JS]
– Bühne, auf der Werbung gemacht wird [JS].

poduffen swV. [JS]
– arbeiten [JS] ♦ **E:** zu rw. *buffen* ‚arbeiten, totschlagen, Schaufenster einschlagen, um zu stehlen' WolfWR 755, dt./mdal. *anbuffen* ‚schwängern'; *po-* wohl Präfix *be-*.

pofen swV. [GM, JS, MM, SJ, SS, WH]
pofe [JS]; **poofen** [MB, MM]; **paufen** [WH]; **puffen** [SJ]; **poven** [MB]
– koitieren [JS, SJ]; schlafen [GM, MB, MM, SJ, SS, WH]; übernachten [MM, SJ]; ruhen [MM] ♦ **E:** rw. *puffen, pofen* ‚schlafen, übernachten, nächtigen', wohl zu dt. *puffen, buffe*, nl. *poffen* ‚stoßen, knallen' met. ‚koitieren, beischlafen'; dazu auch *Puff* ‚Bordell' (WolfWR 4381).
auspoofen swV. [MM]
– ausschlafen [MM]
verpoven swV. [MM]
– verschlafen [MM]
pofe Subst. f. [MM, SJ]; **poofe** Subst. f. [MB, MM]
– Bett [MB, MM, SJ] ♦ **V:** *mit de kachelin ausse poofe* ‚mit den Hühnern aus dem Bett' [MM]
machullenpoofe Subst. f. [MM]
– Sarg [MM]
pofdenkelche Subst. n. Dim. [JS]
– Bett [JS]
poofkammer Subst. f. [MM]
– Schlafzimmer [MM]
poofekäfterken Subst. n. Dim. [MM]; **poofkäfterken** [MM]
– (kleines) Schlafzimmer [MM] ♦ **V:** *in sein poofekäfterken zirochte es hame nach sorroff* ‚in seinem kleinen Schlafzimmer roch es stark nach Schnaps' [MM]
poofklamotten Subst. f. Pl. [MM]
– Schlafanzug [MM]
machullenpoofbeis Subst. m./n. [MM]
– Leichenschauhaus [MM].

pofer ‚arm, elend' → *pover*.

pogge Subst. f. [MB]
– Frosch [MB]; Kröte [MB] ♦ **E:** nd. *Pogge* DWB XIII 1972.

pöhle Subst. f. nur in:
fistepöhle Subst. f. [SS, WH]
– Rübe [SS, WH] ♦ **E:** unsicher; nach WolfWR 4180 (rw. *pielen* ‚Möhren') womgl. zu nl. *peen* ‚Mohrrübe', Jütte, Schlausmen, 107; eher met. (wg. der Form) zu dt./mdal. *Pöhl* ‚Pfahl'

pöhlen swV. [MM]
pölen [MM]
– bolzen [MM]; Fußball spielen [MM]; Pfähle ‚reinhauen' [MM]; „schlechten Fußball spielen" [MM]
♦ **E:** ugs., bes. Ruhrgebiet; Herleitung unsicher; evtl.

zu dt. *Pfahl*. Benennungsmotiv: Pfosten des Fußballtores, zwischen die Pfosten schießen.
pöhlerei Subst. f. [MM]
– Spiele [MM].

pohsch Subst. m. [SK]
poosch [KM]; **poosche** [KM, RA]; **purscher** [HLD]
– Kreuzer [SK]; kleinstes Geldstück (1/1 Smucken, später ein Pfennig) [SK]; Pfennig [HLD, KM, RA] ♦ **E:** rw. *poschut* ‚Pfennig', zu jd. *poschut* ‚Pfennig, Kleinigkeit' (WolfWR 4324); evtl. Einfluss von roi. *paš* ‚halb, halber' (WolfWZ 2344).
feifpohsch Subst. m. [SK]
– 0,05 Mark [SK] ♦ **E:** mdal./nd. *fiev, feif* ‚fünf'.
zwisspoosch Subst. m. [SK]
– zwei Pfennig [SK].

poilen ‚sehen' → *peilen*.

pojauken Subst. Pl. [MM]
– (zugewanderte) Leute [MM] ♦ **E:** unsicher; evtl. zu *Pojatz, Pajatz* ‚Hanswurst, ungeschliffener Mensch', nd. Nebenform von *Bajazzo, Pagliaccio*, eine Figur aus der italienischen Commedia dell'arte; womgl. Einfluss von LN *Polen*. Vgl. → *pattjacken*.

poje swV. [KP]
peije [BM]
– zahlen [BM, KP] ♦ **E:** frz. *paier* ‚zahlen'.

pôjen ‚trinken' → *poy*.

pök Adj. [MM]
pük [MM]
– sauber, rein [MM] ♦ **E:** wohl zu nd./mnl. *puik* (alte Qualitätsbezeichnung), vgl. dt. *piekfein* (Klu. 1995: 631).

pokes Subst. m./f. [WL]
– Tasche [WL] ♦ **E:** lux. *Pôkes* ‚Tasche' (LuxWb. I 340), frz. *poche*, von fränkisch *pokko* ‚Tasche', normannisch *pok*; engl./mdal. *poke* ‚Sack'.

polänt Subst. n. [JeS]
– Kloster [JeS] ♦ **E:** rw. *polent* ‚Burg, Schloß' zu jd. *paltin* ‚Burg, Palast', hebr. *palatín*, zu lat. *palatinus* ‚Palast' (WolfWR 4283). ♦ **V:** *mir tschaaned is pölänt go bottle* ‚wir gehen ins Kloster, etwas zu essen erbetteln' [JeS].

poleffken Subst. Pl. [HLD]
– Kartoffeln [HLD] ♦ **E:** wohl zu → *polivka* ‚(Kartoffel-)Suppe'.

polente Subst. f. [HK, MB, MM, WG]
polende [StG]; **pollende** [HLD]; **bolende** [HK]; **polent** [HK]
– Polizei [HK, MB, MM, StG, WG]; Polizist [HK]; Gendarm [MB]; Wache [HK]; Ortsbehörde [StG]; Rathaus [StG, HK]; Wohnung des Polizisten [HLD]; öffentliches Haus [HK] ♦ **E:** unsicher; evtl. zu rw. *polent* ‚Burg, Schloß' als Sitz der „Jurisdiktion", zu jd. *paltin* ‚Burg, Palast', wohl volksetymologisch beeinflusst von dt. *Polizei* (WolfWR 4238); dagegen Klu. 1995: 639 direkte „gaunersprachliche Abwandlung des Wortes *Polizei*"; heute ugs. ♦ **V:** *mackers von die polente* ‚Polizisten' [MM]

polyp Subst. m. [BM]; **poli** [BM]
– Polizist [BM]

revierpolente Subst. f. [MM]
– Revierpolizist [MM].

polinteri Subst. f. [SchJ]
– Suppe [RR, SchJ] ♦ **E:** unsicher; evtl. zu → *polivka* ‚Suppe'; schwer zu ital. *polenta* ‚Maisspeise'.

polivka Subst. f. [EF, MoM]
bolifde [HK]; **boliften** [RR]; **bolüfde** [HK]; **polüfte** [HK]; **bulüfte** [HK]; **pelifte** [HK]; **balliften** [KJ]; **belifftschke** Subst. f. [TK]; **beliffz'ke** [TK]; **beliftschge** [TJ]; **belifzke** [PfJ]; **bôliftzk** [Him, Zi]; **bolifze** [PfJ]; **bolifzke** [PfJ]; **buléfke** [SK]
– Suppe [EF, HK, Him, KJ, KJ, MoM, PfJ, RR, SK, TJ, TK, Zi]; Vorsuppe [HK]; Kartoffelsuppe [RR] ♦ **E:** rw. *polifke* ‚Suppe' (WolfWR 4285) < sorb. *poliwka* ‚Suppe'. ♦ **V:** *granniche bolüfde* ‚gute Suppe' [HK]

bulefkenfinniche Subst. f. [SK]
– Topf [SK]

bilondenbulefke Subst. f. [SK]
– schlechte Suppe [SK] ♦ **E:** roi. *bilondo* ‚ungesalzen'.

schdierchenbulüfde Subst. f. [HK]
– Hühnersuppe [HK] ♦ **E:** Erstglied → *gstiern*.

stenzenbuhlef Subst. f. [SK]
– Prügel (wörtl. Prügelsuppe) [SK] ♦ **V:** *hei bestufzte 'ne granniche stenzenbuhlef* ‚er erhielt eine ordentliche Tracht Prügel' [SK].

poliz Subst. f. [EF]
politz [EF]
– Polizei [EF]; Amt [EF]; Amtsgebäude [EF] ♦ **E:** Umbildung aus dt. *Polizei*.

polizeifinger Subst. Pl. [KMa, OH]
– Rüben [KMa, OH] ♦ **E:** rw. *polizeifinger* ‚Mohrrüben', *-finger* zu rw. *fingen, finne* ‚Stückchen, Teil,

Ding, Behältnis jeder Art' (WolfWR 1410), nicht zu dt. *Finger* (WolfWR 4289).

pollen Subst. [StG]
– Goldstück [StG] ♦ **E:** zu rw. *pollen* ,Stempel', evtl. zu dt. *boll* ,rund' (WolfWR 4292), oder zu mlat. *bulla* ,Siegel aus Gold oder Blei'.

poller Subst. m. [MM]
polter Subst. m. [MM]; **poli** Subst. m. [BM]
– Kopf [BM, MM] ♦ **E:** dt./westf. *bolle* ,runder Körper' Wöste 36. ♦ **V:** *jemandem den poller makeimen* ,töten, erdolchen' [MM]
pöller Subst. m. [TK]
– Hut [TK].

polscher Subst. m. [SJ]
– Pfennig [SJ] ♦ **E:** wohl Nebenform zu → *poscher*.

pölt Subst. n. [KM]
piölte [MT, MeT]; **pölte** [KM]
– Bett [KM, MT, MeT]; Lagerstatt [MeT]; einfaches Bett [MeT] ♦ **E:** rw. *bölt* ,Bett', nl. *bultzak* ,Strohsack' WolfWR 617, rhein. *Bült, Bölt* ,Bretterzelt, Wohnraum, Hauseinrichtung'. ♦ **V:** *ich holich no-em Pölt* ,Ich gehe zu Bett' [KM]
pölten swV. [KM]
– schlafen [KM] ♦ **V:** *Willi, schäfste dof jepölt?* ,Willi, hast du gut geschlafen?' [KM].

poltern lassen Phras. [WG]
– verraten [WG] ♦ **E:** rw. *poltern lassen* ,verraten' (WolfWR 4300), zu dt. *poltern* „ein schallendes getöse machen" DWB XIII 1991 f.

pomäd ,Arrest' → *pommerle*.

pomadenhengst Subst. m. [MB]
– Stutzer [MB] ♦ **E:** dt. *Pomade* „wolriechende haar- und hautsalbe", aus franz. *pommade*, ital. *pomata* DWB XIII 1994.

pomatschka Subst. [WG]
– Schnaps (Gefängnisschnaps) [WG]; in der Zelle heimlich hergestellter Schnaps [WG] ♦ **E:** *-atschka* slav./russ. Kosesuffix; *pom(a)-* unsicher, evtl. zu *pom* Interj. Onomatopoeticum ,bumm' DWB XIII 1994, zu *pom-* ,Apfel' oder zu tschech./böhm. *pomalu* ,langsam'; zum sog. Zellenschnaps: Girtler, Randkulturen, 69.

pomm Subst. f. [SK]
– Kartoffel [SK] ♦ **E:** frz. *pomme de terre* ,Kartoffel'.
→ *bomletör*.

pommerle Subst. n. Dim. [EF]
pommerla [EF]; **pummerlein** [EF]; **pommerla** [EF]; **pomäd** [EF]
– Arrest [EF] ♦ **E:** wohl zu erzgeb. *Pomade* ,Seelenruhe, Langsamkeit, Gleichgültigkeit' Müller-Fraureuth I 182; Wolf, Fatzersprache, 131.

pommerling Subst. m. [LJ, LüJ]
bommerling [CL, Him, LJ, LüJ, MUJ, Mat, PH, PH, PfJ, SJ, Wo]; **bommerleng** [LüJ]; **bommrleng** [OJ]; **bommærling** [WJ]; **pummerling** [SchJ]; **bummerling** [KJ, PfJ, RR, TJ, TK]; **bümmerlig** [TK]; **pome** Subst. [MJ]; **pomi** [TK]; **pamsch** [BM]; **pommer** Subst. m. [LüJ]; **bommer** [LüJ]; **pummer** [BM]; **pammer** [BM]; **bommes** Subst. m. [JS]; **bomes** [SP]; **bomesen** Subst. Pl. [SP]; **bomeche** Subst. m. [MeJ]; **bomzel** Subst. m. [HF]; **bommernse** Subst. Pl. [JS]
– Apfel, Äpfel [CL, HF, Him, JS, JS, KJ, LJ, LüJ, MeJ, MUJ, OJ, PH, PHBM, PfJ, RR, SJ, SP, SchJ, TJ, TK, TK, WJ, Wo]; Obst [Mat]; Kopf [LüJ, MJ]; „pawing" [LüJ] ♦ **E:** rw. *pommerling* ,Apfel' aus frz. *pomme* ,Apfel' (WolfWR 4303); Varianten evtl. auch beeinflusst von frz. *pommier* ,Apfelbaum'. ♦ **V:** *der schroter hot en ens doves stecka wella, weil er beim scharle a baar bommerling und en dalferling mit bane schniffa wella hot* ,der Polizist hat ihn ins Gefängnis stecken wollen, weil er beim Bürgermeister ein paar Äpfel und ein Brot mit Fleisch stehlen wollte' [LJ]; *wenn se nur e kleines päckele bane hätt und g'ketscht hätt, aber nobes, nix, nit emal en pommerling hat mer...* ,wenn sie nur ein kleines Päckchen Fleisch hätte und gegeben hätte, aber nein, nichts, nicht einmal einen Apfel hat man...' [LJ]; *wenn mer in d'Ölhäuser unser gleiß gholt hend, ham mer dort naus de pommerling gtschort* ,wenn wir in den Ölhäusern unsere Milch geholt haben, haben wir dort draußen die Äpfel gestohlen' [LJ]; *mir boschdet und schnoget pommerling* ,wir gehen und stehlen Äpfel' [LJ]
bummerlingsbrandling Subst. m. [PfJ]
– Apfelkuchen [PfJ]
bomesfiets Subst. m. [SP]
– Apfelwein [SP]
bomesejuchem Subst. m. [SP]; **bomäsenjuchem** [SP]
– Apfelwein [SP]
bommerlengstöber[1] Subst. m. [LüJ]
– Apfelbaum [LüJ]; Apfelbaumstütze [LüJ]; SchwäbWb. VI 2, 1676 (*Pommerlingstöber*)
bommerlengstöber[2] Subst. m. [LüJ]
– Most, „*gautscher*" [LüJ]; Most-Rausch [LüJ]
pommhansen Subst. [SS, WH]
– Apfel [SS, WH]

pammerle swV. [BM]; **wammerle** [BM]
– Äpfel stehlen [BM].

pong Adj. [BM]
– schön [BM]; hübsch [BM] ♦ **E:** wohl zu frz. *bon* ‚gut'.

pontansch Adj. [HL]
– verrückt [HL] ♦ **E:** WolfWR 4307, Herleitung unklar.

pontscho Subst. m. [SK]
– Mantel [SK] ♦ **E:** span., engl., frz. *poncho* ‚Umhang'.

ponum[1] Subst. n./m. [JS, MB, MM, SS, StG, WH]
ponem [MB, Scho, WG]; **poonem** [StJ]; **ponim** [StG]; **bonum** [GM, HK, HL, KMa, Li, MoJ, PH, SJ]; **bônum** [Gmü, Mat, SJ, Wo]; **boonum** [CL, HK, LL]; **bonem** [PH, RH, SPI]; **boonem** [KM, StJ]; **booneme** [KM]; **bohnem** [NJ]; **bunum** [SchJ]; **bunem** [JSa, Scho]; **buhnemm** [Scho]; **boum** Subst. n./m. [NJ]; **bone** [SJ]; **bum** [LJ]
– Gesicht [CL, GM, HK, JS, KM, KM, LL, MB, MM, MoJ, NJ, NJ, SPI, SS, SchJ, Scho, Scho, StG, StJ, WG, WH]; Angesicht [MM]; Antlitz [HK]; Aussehen [Scho]; dummes Gesicht [HL]; Fratze [SPI]; Grimmasse [Scho]; Gesichtszug [MM]; Mund [CL, GM, JSa, KMa, LL, Li, PH, PH, SJ, Scho, Scho, WH]; Maul [SJ, CL]; Nase [LJ]; Kuß [CL, RH]; Kopf [Gmü, MM, Mat, Scho, Wo]; Gesichtsausdruck [JS] ♦ **E:** rw. *ponim* ‚Gesicht, Mund' (WolfWR 4306) < jd. *ponim* ‚Gesicht' (Post 188, We 90, Klepsch 423). ♦ **V:** *Ich schlag der ins boonum* ‚Ich schlage dir ins Gesicht' [LL]; *Halt's boonum!* ‚Halte den Mund!' [LL]; *ne fluppe ins ponum stecken* ‚eine Zigarette in den Mund stecken' [MM]; *das ponum vom schauter schmergelt breit* ‚der Kerl lacht über das ganze Gesicht' [MM]; *den zossen das ponum abgesäbelt* ‚das Pferd geschlachtet' [MM]; *die alsche hat 'n schofles ponum* ‚die Frau ist hässlich' [MM]; *ponum linkes* ‚abstoßender Mensch' [StG]; *die foawerd awwer en boonum* ‚die macht aber ein Gesicht' [HK]; *I han koin napfer me em bonum ond ka deswega blos no musel kahla; meine napfr hot dr napferrizupfr alle auszopfd* ‚Ich habe keinen Zahn mehr im Mund und kann deshalb nur noch weiches Brot essen; meine Zähne hat der Zahnarzt alle gezogen' [SJ]; *hat er dich denn für'n ponum?* ‚was hat der denn für ein Gesicht?' [MB]

ponumka Subst. n. [MM]
– Gesicht [MM] ♦ **E:** slav. Suffix *-ka*.

aftebinum Subst. m./n. [GM]
– Gesäß, Hintern [GM] ♦ **E:** dt. *After*; wörtl. ‚das hintere Gesicht'.

nebbich ponem Subst. m./n., Phras. [Scho]
– bemitleidenswerter Mensch [Scho]

lehaches ponem Subst. m./n.c, Phras. [Scho]
– Halsstarriger [Scho]

rigseponem Subst. m./n. [Scho]
– Wüterich [Scho]

ponum[2] Subst. n. [MB]
– Geld [MB] ♦ **E:** Benennungsmotiv: Portrait-Abbildungen auf Münzen.

poofen ‚schlafen, übernachten, koitieren' → *pofen*.

pöögg Subst. m. [BM]
– fester Rotz [BM] ♦ **E:** schweizdt. *Bögg* ‚vertrockneter Nasenschleim' (SchweizId. IV 1082).

pööggeaubung Subst. n. [BM]
– Taschentuch [BM]

pöögge(r) Subst. f. [BM]
– Nase [BM]; Mund [BM] ♦ **V:** *öpperem d würm us der pögge zie* ‚ausfragen' [BM]; *öpperem d pöögge aahänke* ‚alle Schande sagen' [BM].

pöpen Subst. [SG]
pöipen [SG]
– Gewehr [SG] ♦ **E:** unsicher; evtl. zu roi. *perepen* ‚Füllung, Ladung', *peribnaskeri* ‚Gewehr' WolfWZ 2393 oder womgl. zu *peu-, peuderling* „so einer dem anderen an seinem Leibe Schaden thut, mit scharfen Waffen oder ander dinge" DWB XIII 1581.

pore Subst. f. [MM, Scho]
bore [PH, Scho, SS]; **por** [SJ]; **boor** [OH]; **bohre** [SJ]; **boore** [CL]; **bor** [SJ]; **bora** [LJ, SPI]; **boere** [Scho]; **boare** [KMa]; **parem** Subst. f., Pl. [Scho]; **borem** [NJ]; **burmä** [LJ]
– Kuh [CL, LJ, MM, NJ, OH, PH, PH, Scho, SJ, SPI, SS]; alte Kuh [KMa, Scho]; Rind [CL, PH, Scho]; Bulle [Scho] ♦ **E:** rw. *pore* < jd. *pore* ‚Kuh' (We 90, WolfWR 4311, Post 188, MatrasJd 289, Klepsch 390).

borle Subst. n., Dim. [CL, PH]
– Kalb [CL, PH]

cholwepore Subst. f. [MM]
– Milchkuh [MM] ♦ **E:** → *cholew*.

burmäbane Subst. f. [LJ]
– Kuhfleisch [LJ] ♦ **E:** → *bane*[2].

poorepuusa Subst. n. [RA]
– Kuhfleisch [RA] ♦ **E:** → *boser*.

porre¹ Subst. f. [MM]
- Haar [MM] ♦ **E:** unsicher; zu dt. *Porre* ‚Lauch' DWB XIII 2003, Benennungsmotiv: Formähnlichkeit; oder rw. *porr* ‚Busch, Gesträuch' aus roi. *bor* ‚Gebüsch' (WolfWR4313).

porre² Subst. f. [MM]
- Mißtrauen [MM] ♦ **E:** unsicher; roi. *bor, bar* ‚Zaun, Hecke, Gebüsch' Siewert/Boretzky, WB „Zigeunersprache": 42, WolfWR 4313; schwer zu rw. *portées* ‚vom Falschspieler eingeschmuggelte Karten' (WolfWR 4315).

porrporren swV. [SK]
- Winde lassen [SK] ♦ **E:** evtl. zu roi. *phurd* ‚blasen, Winde lassen' (WolfWZ 2633).

purrtjen swV. [SG]
- Winde lassen [SG].

porsche Subst. m. [SK]
pôrsch [MeT]; **porsch** [MeT]; **porsen** Subst. m. [MeT]; **pôrsen** [MeT];
- Schwein [MeT, SK] ♦ **E:** rw. *porsch* ‚Schwein' aus franz. *porc* ‚Schwein' (WolfWR 4314).

port¹ Subst. n. [SK]
- Boot [SK] ♦ **E:** wohl zu dt. *Bord* „rand des schiffes und dann das schiff selbst" DWB II 238 f.; evtl. Einfluss von engl. *board* ‚Brett'.

port² Subst. f. [NJ]
porte [JeS, SK]
- Tür [JeS, NJ, SK] ♦ **E:** nd. *poort* ‚Pforte'.

portel Subst. m. [JeS]
- Regenschirm [JeS] ♦ **E:** zu ital. *portatile*, rätorom. *purtabel* ‚tragbar'.

porten swV. [HF, HeF]
- bügeln (ein Spiel, eine Art Kegeln) [HF, HeF] ♦ **E:** rw. *porten* WolfWR 4316, ohne Herleitung; rhein. *parteln* ‚das Kegelspiel spielen' RheinWb. VI 525.

pörtner Subst. m. [BM]
- Portemonnaie [BM] ♦ **E:** zu dt./frz. *Portemonnaie*.
pörtnerli Subst. n. Dim. [BM]
- kleines Portemonnaie [BM].

pörtsch Subst. m. [BM]
- Abhang [BM]; Rain [BM] ♦ **E:** zu schweizdt. *Bort, Port* ‚Böschung' (SchweizId. IV 1627).

portugal ON [SJ]
- Vorstadt von Spalt (Mittelfranken) [SJ] ♦ **E:** LN *Portugal*.

pos Subst. [TK]
- Gesäß [TK] ♦ **E:** unsicher; evtl. zu dt. *Po* ‚Gesäß, Hintern' oder zu tirol. *poas* ‚Flachsgarbe, Bündel' (TirolWB. I 98).

posamentier Subst. m.
- Seiler [StG] ♦ **E:** dt. *Posamentier* ‚jmd., der Borten, Schnüre, Quasten herstellt', u. a. Galgenstricke, aus frz. *passementer*, DWB XIII 2009.
galgenposamentier Subst. m. [StG]
- Seiler [StG].

poscher Subst. m. [MB, MM, SJ, SS, StG]
pooscher [HK]; **pōscher** [SG]; **boscher** [BJ, CL, HK, KMa, KP, LJ, LüJ, PH, PfJ, SJ, SchJ]; **bauscher** [SJ]; **booscher** [HK, HLD, LJ, PfJ]; **booschær** [WJ]; **bôscher** [Gmü, Him, LüJ, Mat]; **boschr** [SJ]; **pocher** [MB, SG]; **bosche** Subst. [CL, PH]; **poschi** [MB, TJ]; **boosche** [OJ]; **böschem** Subst. [LüJ]; **poschn** [HK]; **boschet** Subst. m. [SJ]; **bôschet** [SJ]; **polscher** Subst. m. [SJ]; **borschel** Subst. [JSa]
- Pfennig [CL, Gmü, HK, HK, HLD, Him, JSa, KMa, KP, LJ, LüJ, MB, Mat, PH, PH, PfJ, SJ, SS, StG]; ein Pfennig [LJ, SchJ, SG]; Groschen [TJ]; Geld [LJ, LüJ, MB, MM, OJ, SG, SJ] ♦ **E:** rw. *poschut* ‚Pfenning', aus jd. *poschut, poschit, poschet* ‚Pfenning, Kleinigkeit; einfach' (WolfWR 4324, We 91, Klepsch 397) < hebr. *pešutim* ‚Einfache'. → *peschiet*. ♦ **V:** *zwie boscher auch* ‚12 Uhr' [SchJ]; *von den gnego kannste kein poscher bewirchen* ‚von dem Geizhals kannst du kein Geld bekommen' [MM]; *Dr benk hot da kaffer mit am härtling dupfd, das dr rötling gschepfd ischd no hotr en dr deisd ond em seine boschr aus am rande zopfd dr klischde hot den vermuffda schure en da kanlo gschmissa wega dem hallas, dr gomel hod droht, hoim de, sonschd machschd ama schena schei da baumelma* ‚Der Mann hat den Bauer mit dem Messer gestochen, dass das Blut gelaufen ist, dann hat er ihn erschlagen und ihm sein Geld aus der Tasche genommen, der Polizist hat den schlechten Kerl ins Gefängnis geschmissen wegen dem Streit, der Amtsrichter hat gedroht, pass auf, sonst wirst du eines schönen Tages aufgehängt' [SJ]

poosch Subst. m. [HK]; **boosch** [HK, HL]; **bosch** [HK]; **posch** [HK]; **buasch** [SP]; **buersch** Subst. m. [SP]; **borsch** [SE]; **borch** [SE]
- ein Pfennig [HK]; Groschen [SP]

booscherling Subst. m. [LJ]; **boscherling** [LJ]
- Pfennig [LJ]; Pfennigstück [LJ]; Zehnerle [LJ]; zehn Pfennig [LJ]

booschenstück Subst. n. [HK]
– Pfennigstück [HK]
boscherwinde Subst. f. [SJ]
– Sparkasse [SJ] ♦ **E:** rw. *winde* ‚Tür'.

poschen swV. [LI, WM]
– heiraten [LI, WM] ♦ **E:** rw. *poschen* ‚heiraten' WolfWR 4321; hess. ‚anködern, durch Zarttun zutunlich machen'.

poschten ‚gehen, laufen, bringen' → *posten*.

posseln swV. [MeT]
– kochen [MeT] ♦ **E:** rw. *posseln* ‚kochen', jd. *boschal* ‚er hat gekocht' (WolfWR 4327).
posselkasse Subst. f. [MB, MT, MeT]
– Küche [MB, MT, MeT] ♦ **E:** jd. *posselkasse* ‚Küche'.

post¹ Subst. m. in:
hadernpost Subst. f. [WG]
– Diebstahl, bei dem es nicht um Geld geht [WG] ♦ **E:** zu dt. *Post*, im 16. Jh. entlehnt aus frz. *poste*, ital. *posta* DWB XIII 2017 ff.
postkralla Subst. m. [EF]; **postkrallein** [EF]
– Postschalterbeamter [EF]; Postmeister [EF]; Schalterbeamter [EF]
postmäs Subst. m. [EF]; **postmess** [EF]
– Postmeister [EF]
postschwede Subst. m. [EF]; **postschwed** [EF]
– Briefträger [EF]
postsekris Subst. m. [EF]
– Postsekretär [EF]
post² Subst. m. [StG]
– Wirt [StG] ♦ **E:** unsicher; evtl. zu dt. *Post(station)* ‚Versorgungsstelle von Boten und Pferden', DWB XIII 2017 ff.; oder met. aus Gaststätte „Zur Post".

posten Subst. n. [SK]
– Bett [SK] ♦ **E:** wohl zu nd. *post, posten* ‚Pfosten', Pars-pro-toto: Bettgestell für das ganze Bett.

posten swV. [JL]
poschte [SeS]; **poschten** [Him, Mat, SJ, Wo]; **poschda** [JL]; **bosten** [LüJ]; **boschten** [BJ, JL, JSa, LüJ, PfJ, SJ]; **boschda** [JL, OJ]; **boschdæ** [WJ]; **baschdæ** [WJ]; **baschtæ** [WJ]; **bosta** [JL]; **boschta** [JL, SJ]; **boschtà** [LüJ]; **botschen** [SJ]
– gehen [BJ, JL, JSa, JeS, LüJ, OJ, PfJ, SJ, WJ]; springen, laufen [JSa, LüJ, PfJ, SJ]; schnell laufen, sich beeilen [LüJ]; weggehen [BJ]; dahingehen [BJ]; auslaufen, irgendwohin gehen, heimgehen [BJ]; abhauen [JL]; rennen [LüJ]; kommen [LüJ]; ankommen, anfangen [BJ]; bringen [SJ]; geben [Him, Mat, Wo] ♦ **E:** rw. *boschten, bosten* ‚gehen', das Wolf auf frz. *passer* ‚gehen' zurückführt (WolfWR 633); eher zu schwäb. *posten* ‚herumlaufen, springen, gehen', zu dt. *Post* DWB XIII 2017 ff., verkürzt aus *Postgänge machen*. SchwäbWb. I 1318. Vgl. → *beschen¹*. ♦ **V:** *boste* ‚Komm!' [LüJ]; *boscht* ‚er kommt, geht' [PH]; *bod schiebes!* ‚geh fort!'[JeH]; *schiebes bosten* ‚fliehen, fortgehen, abhauen, tscheffen, naschen' [LüJ]; *es bostet jemand* ‚es kommt jemand' [LüJ]; *tschi boste* ‚stehenbleiben; nicht rennen' [LüJ]; *fei, boschd fei* ‚gewiss, verschwinde aber!' [OJ]; *schiebes bosten* ‚fliehen, laufen' [LüJ]; *beganum boschda* ‚hierher kommen' [JL]; *es bostet jemand* ‚es kommt jemand' [LüJ]; *geba heh boschda* ‚irgendwohin gehen'. [OJ]; *boschda wie a ergale* ‚laufen wie geschmiert' [OJ]; *hauret dof, model, schupf dich auf und bost' schiebes!* ‚Es ist gut, Mädchen, höre auf und gehe fort!' [LüJ]; *Hoim de, dia schure hauret vielleicht no bei dr moss em senftling, oder se send end duft boscht zom patronalla* ‚Wart ab, die Männer sind vielleicht noch bei der Frau im Bett, oder sie sind in die Kirche gelaufen zum beichten' [SJ]; *Mir sirflet no an gigges, der ischt gwand, aber vermufft mr boschtet gern end schwäche nei, blos hatschemer lak, no boschtet mr ab* ‚Wir trinken noch einen Schnaps, der ist gut; aber verflixt, wir gehen gern in die Wirtschaft; und wenn wir ins Schwanken geraten, dann gehen wir eben heim' [SJ]; *Ihr schure, i hab uich schalla gschpannt, no hot mei kibes dibbert, do boscht nei* ‚Männer ich habe euch singen gehört, da hat mein Verstand gesagt, da gehst du hinein' [SJ]; *Baizermoss lass amol a ronde gigges boschta* ‚Wirtin, bring eine Runde Schnaps' [SJ]; *Dr marodebenk hot se kuriert, se hot stenzelscheinling an de trittling ket, aber jetzt boscht se wieder wia mössle* ‚Der Arzt hat sie kuriert, sie hat Hühneraugen an den Füßen gehabt, aber jetzt läuft sie wieder wie ein Mädchen' [SJ]; *Scharle, bevor du mit deiner moss boschta willst, muscht au no flebba* ‚Schultes, bevor du mit deiner Frau gehen willst, mußt du noch bezahlen' [SJ]; *oberkünftig herles in der grandiche ruchekitt schefft ein nille. der hauret link. spann', da linzt er zum feneter am stenkert. kenn, ich bost' schiebes!* ‚Oben hier in dem großen Bauernhaus ist ein geistesgestörter Mensch. Der ist (sehr) böse. Sieh', hier schaut er zum Fenster am Stall heraus. Ja, ich geh' fort!' [LüJ]; *So, galme, dibert die mamere, ist schnall und bolle' buttet und gleis geschwächt? kenn, mamere! – dann bostet in sauft und schlaunet.* ‚So, Kinder, sagt die Mutter, sind die Suppe und die Kartoffeln gegessen und die Milch getrunken? Ja, Mut-

ter! – Dann geht ins Bett und schlaft!' [LüJ]; *Bostet, bostet, herles im kober hauret ein dofer freier, der pfreimt grandich z'schwächet* ‚Kommt, kommt, hier im Wirtshaus ist ein freigiebiger Fremder, der bezahlt viel zum Trinken' [LüJ]; *fiesel boscht aus dieser schwöche/gatschemme, denn der plamp ist nobes/tschi doof/gwand* ‚Freund(e), gehen wir aus dieser Wirtschaft, denn das Bier ist nicht gut' [JL]; *fiesel postet! der schroter kommt* ‚Freunde, geht, Polizei kommt!' [JL]; *no boschta m'r hoim in unseren sômpf* ‚da gehen wir nach Hause in unser Bett' [JL]; *der jonge fiesel schwöcht au geara, ond mit dene goia bostet der au oft furt* ‚der junge Mann trinkt auch gerne und mit den Frauen geht er auch oft aus' [JL]; *du hosch wohl schlecht sitzleng in deira boiz, aber dei jole, der isch guat, mah sollt bloß boschta kenna, ohne z'pfräima* ‚du hast zwar schlechte Stühle in deiner Kneipe, aber dein Wein, der ist gut, man sollte bloß gehen können, ohne zu zahlen' [JL]; *is ke gwander gatsch, da boschde mir* ‚das ist kein netter Mann, da gehen wir lieber' [JL]; *moss, boschde mir jetzt, herrles* ‚Mädchen, gehen wir jetzt, los' [JL]; *du bisch heut so gwand angezoge, was isch moss, wo boschdest denn heut na?* ‚du bist heute so schön angezogen, was ist Mädchen, wo gehst du denn heute hin?' [JL]; *wenn mer den schroter gespannt hätt, da sin mer boschdet* ‚wenn wir den Polizisten gesehen haben, da sind wir abgehauen' [JL]; *der hat die fiesel grandig gstocha, wenn se nachts net glei boschdet sin* ‚der hat die Männer sehr geschlagen, wenn sie nachts nicht gleich gegangen sind' [JL]; *mosse, nobes dibera mit dene fiesel, das sind ganz schofle gatsch, boschdet* ‚Mädchen, redet nicht mit den Männern, das sind ganz üble Kerle, haut ab' [JL]; *der fiesel hat kein lobe, nobes gwand, da müsse mir boschde* ‚der Mann hat kein Geld, das ist nicht gut, da müssen wir abhauen' [JL]; *mir boschdet und schnoget pommerling* ‚wir gehen und stehlen Äpfel' [JL]; *wenn einer nobes manisch war, dann hat der au nit hauere, dann hat der boschda könne* ‚wenn einer nicht eingeweiht war, dann hat der auch nicht verstanden, dann hat der abhauen können' [JL]; *Oberkünftig herles in der grandiche ruchekitt schefft ein nille. Der hauret link. Spann', da linzt er zum feneter am stenkert. Kenn, ich bost' schiebes!* ‚Oben hier in dem großen Bauernhaus ist ein geistesgestörter Mensch. Der ist böse. Sieh, hier schaut er zum Fenster am Stall heraus. Ja, ich geh' fort!' [LüJ]

aboschda swV. [OJ]; **abboschten** swV. [PfJ]; **abboschtá** [PfJ]; **abbosch** [PfJ]
– gehen [PfJ]; durchgehen [PfJ]; fortgehen [PfJ]; weglaufen [PfJ]; weggehen [OJ]

ahboschda swV. [OJ]
– ankommen [OJ]

ahne boschda swV. [OJ]
– dahingehen [OJ]

ausboschda swV. [OJ]
– auslaufen [OJ]

hoiboschda swV. [OJ]
– heimgehen [OJ]

schibesboschda swV. [LJ]
– fortgehen [LJ]

nausboschten swV. [PfJ]
– auslaufen [PfJ]

plaete poschten swV. [Wo]
– fortgehen [Wo].

poster Subst. m. [SG]
poister [SG]
– ein dicker Mensch [SG] ♦ **E:** nd. *(sik) posteern* ‚anhalten, sich ausruhen'.

potates Subst. Pl. [SK]
botótes [OH]
– Kartoffeln [OH, SK] ♦ **E:** engl. *potatoes* ‚Kartoffeln'.

pote Adj, Adv. [MM]
pooter Adj. [JS]; **poter** [Scho, StG]; **boder** [LJ]
– weg, verloren [JS, KM, MM]; fort [JS, KM]; verschwunden [KM]; frei [LJ, Scho, StG]; los (werden) [Scho] ♦ **E:** rw. *poter* ‚frei' (WolfWR 4075) < jd. *poter* ‚los, frei' (We 91). ♦ **V:** *pote sein* ‚weg, verschwunden sein' [MM]; *poter werden* ‚frei werden' [StG]

boderei Subst. f. [LJ]
– Freiheit [LJ].

poter¹ Subst. m. [SJ]
bottr [SJ]
– Rosenkranz [SJ]; Halskette [SJ] ♦ **E:** schwäb. *Pater* ‚Rosenkranz, Halskette' < kirchenlat. *pater noster*.

poter² ‚frei, los, weg' → *pote*.

potschaie ‚Hose' → *butschgajem*.

potschamber Subst. m. [BM]
– Nachtstuhl [BM] ♦ **E:** frz. *pot de chambre*.

potsch'n swV. [EF]
– essen [EF] ♦ **E:** unsicher; zu dt. *Patsche* ‚Brühe, Soße' (Wolf, Fatzersprache, 129), evtl. Einfluss von

dt. *Pott* ‚Topf' und rw. *butten* ‚essen' zu nl. *boeten*, dt. *büßen* ‚stillen, befriedigen' (WolfWR 800).
patscherei Subst. f. [EF]; **potscherei** [EF]
– Esserei [EF].

pottger Subst. m. [KMa]
– Buttger (Schwein) [KMa] ♦ **E:** rw. *buttjer* ‚Bummler, Landstreicher' WolfWR 802; Siewert, Mindener Buttjersprache, 69; evtl. zu dt. *butt* ‚plump, grob' DWB II 578. Vgl. → *buttger*.

pöttjer Subst. m. [SG]
– Töpfer [SG] ♦ **E:** nd. *Pottbacker, Pöttcher* ‚Töpfer'.

pover Adj. [HF]
pofer [LJ, SchJ]
– arm [LJ, SchJ]; krank [HF]; elend [HF]; hinfällig [HF] ♦ **E:** schwäb. *power* ‚ärmlich'; frz. *pauvre* ‚arm' (SchwäbWb. I 1330, Klepsch 1150). ♦ **V:** *pofer boizr, pflanz en schmelzr auf dei schickse und dui boiz* ‚Armer Wirt, scheiß auf deine Frau und deine Wirtschaft' [LJ]
poven swV. [KJ]
– betteln [KJ].

poyen swV. [HF, HeF]
pojen [MeT]; **pôjen** [MT, MeT]; **pogen** [MeT]; **poyten** [HF]
– trinken [MT, MeT]; regnen [HF, HeF] ♦ **E:** rw. *poien* ‚trinken' WolfWR 4277 aus nl. *pooien* ‚saufen, zechen'. ♦ **V:** *okken pogen, ölken pojen* ‚Kaffee trinken' [MeT]

poy Subst. m. [HF, HeF]
– Wasser [HF, HeF]; Regen [HF] ♦ **V:** *locke poy* Subst. ‚kleines Wasser' [HF]; *den henese poy* ‚Rhein' [HF]; *den locke poy* ‚Maas' [HF]
knükertspoy Subst. m. [HF]
– Kaffeewasser [HF]
krabbelpoy Subst. m. [HeF]; **crabbelpoy** [HF]
– Tinte [HF]
poydaak Subst. n. [HF]
– Regenschirm [HF] ♦ **E:** niederfrk. *Daak* ‚Dach'.
poydeckel Subst. m. [HF]
– Regenschirm [HF]
poyfeuel Subst. m. [HF]
– Regenmantel [HF]
poyhospel Subst. f. [HF]
– Wassermühle [HF]
poytent Subst. f. [HF, HeF]
– Schiff [HF, HeF] ♦ **E:** rw. → *tent* ‚Haus'.
poytray Subst. f. [HF]
– Badehose [HF].

prachern swV. [EF]
– betteln [EF] ♦ **E:** erzgeb. *prachern* ‚betteln' Müller-Fraureuth I 141; rw. *pracher* ‚Bettler' aus jd. *preien* ‚bitten' WolfWR 677.

pracken swV. [WG]
– schlagen [WG] ♦ **E:** wienerisch *prackn* ‚schlagen, klopfen'. ♦ **V:** *ich prack dir einen* ‚ich gebe dir eine Ohrfeige' [WG].

pracker Subst. m. [WG]
– Messer [WG] ♦ **E:** wienerisch *Bracka* ‚Messer' zu dt. *brechen*, Hornung 174.

pradden swV. [MeT]
– sitzen [MeT] ♦ **E:** rw. *pradde* ‚Stuhl', *pradden* ‚sitzen' (WolfWR 4337, ohne Herleitung); wohl aus lat. *pater* (metathetisch tr > rd), Siewert, Humpisch, 103.
pradde Subst. [MeT]
– Stuhl [MeT]
nosterpradde Subst. [MeT]
– Beichtstuhl [MeT] ♦ **E:** → *nostern*.

prahlen swV. [SG]
– sprechen [SG] ♦ **E:** dt. *prahlen*.

praktisch Subst. m. [KMa]
– Arzt [KMa] ♦ **E:** dt. *Praktik* „die ausübung der ärztlichen kunst" DWB XIII 2052 f.
watcherpraktisch Subst. m. [KMa]; **watcherpraktisch** [KMa]
– Tierarzt [KMa].

pral Subst. m. [GM]
– Bruder [GM] ♦ **E:** rw. *pchral* ‚Bruder' (WolfWR 4088) < roi. *phral* ‚Bruder, Kamerad' (WolfWZ 2564).

pralaagge swV. [BM]
praschalle [BM]
– prahlen [BM] ♦ **E:** zu dt. *prahlen* (und *schallen*).

pranggor Subst. [BM]
– Feuerwehr [BM] ♦ **E:** unsicher; evtl. zu schweizdt. *bränggelen* ‚brenzlig riechen' (SchweizId. V 737).
pranggörler Subst. m. [BM]
– Feuerwehrmann [BM].

prasseln swV. [EF]
prâsseln [EF]
– fortgehen [EF] ♦ **E:** unsicher; evtl. zu dt. *prasseln*, Iterativ-Intensiv-Bildung: schnelle, von Geräuschen begleitete Abfolge (von Schritten).
oprâsseln swV. [EF]
– fortgehen [EF]

remprassler Subst. m. [EF]
– Zettelbote [EF].

pratchen Subst. m. [SK]
pratchers [SK]
– Kautabak [SK] ♦ **E:** unsicher; evtl. zu rhein. *Pratt* ‚teigige Masse, Morast' (RheinWb. VI 1077).

pratt Subst. m. [EF]
prat [EF]; **bratt** [EF]
– Bruder [EF] ♦ **E:** tschech. *Bratr* ‚Bruder', poln. *bratać się* ‚sich verbrüdern'.

pratuschken Subst. Pl. [EF]
– Brüder [EF].

pratz Subst. [EF]
bratz [EF]
– Kompliment [EF] ♦ **E:** evtl. zu dt. *bratze* ‚Hand, Pfote' DWB II 313, zum Kuss reichen; oder zu *pratz* Interj.: wenn etwas klatschend auf- und niederfällt DWB XIII 2078, Benennungsmotiv: Beifall klatschen oder (Wolf, Fatzersprache, 131) zu mdal./dt. *prätseln* ‚viel und schnell reden'.

pratze Subst. f. [Scho]
– große Hände [Scho] ♦ **E:** dt. *Pratze* ‚Tatze' DWB XIII 2078.

präue swV. [BM]
– Prellball spielen [BM] ♦ **E:** zu dt. *prellen* „in heftige fortbewegung kommen machen, fort-, wegstoszen", „einen Ball prellen" DWB XIII 2100 f.

pre Adv. / Präp. [GM, JS]
prē [PH]; **brää** [CL]; **bree** [CL]; **pree** [MB, MUJ]
– fort [CL, GM, JS, MB, MUJ]; auf [GM]; weg [GM, MB]; hinweg [CL]; zurück [MB]; kaputt [MB]; vor [MB]; vorwärts [PH] ♦ **E:** roi. *pre* ‚auf(wärts), hinauf, empor, über' (WolfWZ 2572). ♦ **V:** *Schäff brää!* ‚hau' ab!' [CL]; *Natsch pree* ‚renn weg' [MB]

prenaschen swV. [GM]; **pree natschen** [MUJ]
– fortgehen [MUJ]; fortlaufen [GM] ♦ **E:** vgl. → *sprenaschen*.

pree Subst. m. [MB]
– Weg [MB].

pregeln swV. [EF]
prageln [EF]; **brageln** [EF]
– kochen [EF] ♦ **E:** erzgeb. *brägeln* ‚braten, schmoren' (OSächsWb. I 291), jd. *preglen* ‚braten, schmoren', Wolf, Fatzersprache, 114.

pregler Subst. m. [EF]
– Koch [EF].

preglera Subst. f. [EF]
– Köchin [EF]

prageltheka Subst. f. [EF]; **pragelteka** [EF]; **pragltheka** [EF]
– Köchin [EF].

preisgan swV. [LoJ]
– zahlen [LoJ] ♦ **E:** unsicher; evtl. zu dt. *Preis*.

preista Subst. m. [SP]
– Katholik [SP] ♦ **E:** wohl nicht zu dt. *Priester* ‚katholischer Geistlicher', sondern volksetymologisch zum ON *Preist* (Honnen, Geheimsprachen Rheinland, 211).

preiten swV. [SK]
– bitten [SK] ♦ **E:** zu rw. *preien* ‚bitten' (WolfWR 4348), rhein. *preien* ‚dringend bitten' < frz. *prier*.

premer Subst. m. [KM, NJ]
bremer [NJ]; **premere** [KM]
– Pfarrer [NJ]; Beichtvater [KM] ♦ **E:** rw. *priemer* ‚Priester' WolfWR 4358 (ohne Herleitung), wohl zu lat. *primus* ‚der Erste' (Siewert, Humpisch, 103, *primen*).

prîmen swV. [MT, MeT]; **primen** [MeT]; **premere** [KM]
– predigen [MT, MeT]; beichten [KM]; beten [KM]
jepremert Adj., Adv., Part. Perf. [KM]
– gebeichtet [KM]; gebetet [KM]
premesch Adj. [KM]
– streng katholisch [KM].

prenkuhles Subst. [HF]
– kleiner flacher Herrenhut [HF]; „komischer Hut" [HF] ♦ **E:** rhein. *Prenk* ‚Buttermilchgericht' und *aules*, niederfrk. *ules* ‚Gefäss aus Ton, Steintopf' RheinWb. VI 1097 und RheinWb. I 333. Benennungsmotiv: Formähnlichkeit mit einer Buttermilchschale.

preper Subst. m. [EF]
– Pfeffer [EF] ♦ **E:** nl. *preper* ‚Pfeffer', Wolf, Fatzersprache, 131.

presäntche Subst. n. [KM]
presäntches Subst. Pl. [KM]
– besondere Person [KM] ♦ **E:** wohl zu dt. *Präsent* ‚Geschenk' DWB XIII 2070 f.

presch Subst. [EF]
bresch [EF]
– Hund [EF] ♦ **E:** mhd. *birsen*, nhd. *preschen* ‚jagen, hetzen' DWB XIII 2102; vgl. OSächsWb. III 404 *Prescht* ‚Brunst von Hunden und Katzen'.

preschen swV. [EF]
breschen [EF]
– eilen [EF] ♦ **E:** osächs. *preschen* ‚eilen' (OSächsWb. III 404).

pretter Subst. m. [HF, HeF]
– Pastor [HF, HeF]; Priester [HF, HeF]; Pfarrer [HF]; Geistlicher [HF] ♦ **E:** rw. *pretter* ‚Priester' WolfWR 4356 (ohne Herleitung); wohl aus frz. *prêtre* ‚Priester'; eher nicht zu nd. *proaten*, nl. *praten* ‚reden, sprechen, plaudern, schwatzen'. ♦ **V:** *Knöllen, knuk den Teps, dot huckt ene pretter* ‚Setz' den Hut ab, das ist ein Geistlicher' [HeF]
sanktesepretter Subst. m. [HF]
– Pfarrer [HF]
villepretter Subst. m. [HF]
– Bürgermeister [HF].

primangelo ‚Zigarre, Zigarette' → *pie*.

primen ‚predigen' → *premer*.

pringelo Subst. m. [MM]
– Polizist [MM] ♦ **E:** roi. *pirengero* ‚Polizist, Gerichtsdiener' (WolfWZ 2438).

prinz Subst. m., nur in: [WG]
einen prinzen bauen ‚die Zeche prellen' [WG] ♦ **E:** zu dt. *Prinz*. Benennungsmotiv: das eingebildete, selbstsüchtige Verhalten, Hornung 184.

prinzipal Subst. m. [JS]
– Besitzer eines größeren Komödiantenzirkus [JS]; Vorstand eines Unternehmens [JS] ♦ **E:** aus frz. *principal*.
prinzipalin Subst. f. [JS]
– Besitzerin eines größeren Komödiantenzirkus [JS]; weiblicher Vorstand eines Unternehmens [JS].

prise Subst. f. [MM]
– Stoff [MM] ♦ **E:** unsicher; evtl. met. zu dt. *prise* ‚bestimmter Anteil an einer Ware' DWB XIII 2133.

prisum Subst. n. [SE]
– Gefängnis [SE] ♦ **E:** aus frz. *prison*.

pritz Adv., Interj. [MeT]
– fort, weg [MeT] ♦ **E:** tschech. *pryč, gdi pryč* ‚geh fort'. ♦ **V:** *spur pritz* ‚geh weg!' [MeT].

privat Adj. [JS]
– bürgerlich lebend [JS]; seßhaft [JS] ♦ **E:** dt. *privat* „im 16. jahrh. entlehnt aus lat. *privatus* ‚vom staat abgesondert, ohne amt für sich lebend; eine einzelne person betreffend'" DWB XIII 2137 f. ♦ **V:** *privat werden* ‚ein seßhaftes Leben annehmen' [JS]; *privat sein* ‚bürgerlich leben/seßhaft sein' [JS]; *privat wohnen* ‚in (stationärem) mölbliliertem Zimmer wohnen' [JS]; *von privat kommen* ‚aus normalem, bürgerlichem Hause kommen' [JS]; *von privat stammen* ‚aus einer seßhaften Familie abstammen' [JS]; *von privat sein* ‚aus einer seßhaften Familie abstammen' [JS]; *privat stehen* ‚ohne besonderen Anlaß Vorstellungen geben' [JS]

privater Subst. m. [JS]; **private** Subst. Pl. [JS]
– Sesshafter, bürgerlich Lebender [JS]; Angehöriger der stationären Bewegung [JS]; „ehemaliger Schausteller, der nach der Heirat mit einem Nichtschausteller den Schaustellerberuf aufgegeben hat" [JS]; „Vorfahren eines Schaustellers, die einen stationären Beruf ausgeübt haben" [JS]; „ehemaliger Nichtschausteller, der seit der Heirat mit einem Schausteller in dessen Geschäften mitarbeitet" [JS]
privatleben Subst. n. [JS]
– Leben als Sesshafter, Bürgerlicher [JS].

pröbsch Subst. f. [BM]
– Probe [BM]; Versuch [BM] ♦ **E:** mdal. zu dt. *Probe*.

proedullje Subst. f. [Scho]
produllje [Scho]
– unangenehme Angelegenheit [Scho] ♦ **E:** dt. *Bredouille* ‚missliche Lage' aus frz. *bredouille* ‚Matsch, Dreck' (Klu. 2011, 149).

profitbude Subst. f. [PfJ]
– Kaufladen [PfJ] ♦ **E:** dt. *Profit* und *Bude*.

prögeler Subst. m. [BM]
– Progymnasiast [BM] ♦ **E:** Bildung zu dt./lat. *pro-*.

prömēker Subst. m. [SG]
pröimēker [SG]
– Pastor [SG] ♦ **E:** nd. *pröten* ‚reden, sprechen, bes. predigen'; nd. *meker* ‚Macher'; Sprücheklopfer; vgl. → *proin*.

proichern swV. [StG]
– betteln [StG] ♦ **E:** frz. *proie* ‚Beute'.
proicherfahrt Subst. f. [StG]
– Bettelfahrt [StG].

proin swV. [KJ]
– beichten [KJ] ♦ **E:** unsicher; evtl. zu rw. *protten* ‚übereilt reden', zu dt. *brotzen* ‚das Maul aufreißen, schmollen' WolfWR 4372, DWB II 407, oder zu nd. *pröten* → *pröimeker*.

pront Adj. [KM]
– sauber [KM] ♦ **E**: rhein. *prompt* ‚reinlich, sauber, adrett' RheinWb. VI 1126.

prophetenschläger Subst. m. [StG]
– Buchbinder [StG] ♦ **E**: vgl. rw. *apostelklopfer* ‚Buchbinder', *prophetenklopper* WolfWR 117; Benennungsmotiv: vom Einbinden biblischer Schriften.

pröttelen swV. [HF, HeF]
– kochen [HF, HeF]; brauen [HF] ♦ **E**: rw. *pröttelen* ‚kochen', zu dt. *brutzeln, brotzeln* WolfWR 4371; rhein. *prutteln, prütteln* ‚brodeln, langsam kochen', nach dem Geräusch während des Kochens dicker Speisen (RheinWb. VI 1153). ♦ **V**: *pröttelt dot thürken böten?* ‚Kocht das Mädchen Eier?' [HeF]; *köth pröttelen* ‚Bier brauen' [HeF]; *gronkwölesen pröttelen* ‚Kartoffeln kochen' [HeF]

pröttelstent Subst. n. [HF]
– Küche [HF]

pröttelturen Subst. f. [HF]; **pröttelsturen**; **pröttelthuren** [HeF]
– Köchin [HF, HeF] ♦ **V**: *limt zinotes an de pröttelsthuren hitschen?* ‚Freien Sie die Köchin hier?' [HeF]; *De Pröttelsthuren het zinotese Gronz en Fitt geschoten* ‚Die Köchin hat deinem Kind ein Butterbrot gegeben' [HeF]

köhtprötteler Subst. m. [HF]
– Bierbrauer [HF] ♦ **E**: vgl. RheinWb. IV 346.

prouches Adj. ‚zornig' → *broches*.

provilamieren swV. [EF]
proklamieren [EF]
– sich übergeben [EF] ♦ **E**: zu dt./lat. *proklamieren* ‚verkünden', Wolf, Fatzersprache, 131.

provitche Subst. n. [CL]
– gewinnsüchtiger, durchtriebener Kerl [CL] ♦ **E**: zu dt. *Profit*.

prügel Subst. m., nur in:
hutsenprügel Subst. m. Pl. [MeT]
– Bauernknechte [MeT] ♦ **E**: Inversion von → *brügelhutsche*, zu → *hauz* ‚Bauer' und dt. *Prügel*, Siewert, Humpisch, 60 und 79.

prume Subst. f. [MM]
– Pflaume [MM]; Vagina [MM] ♦ **E**: westf. *Prume* ‚Pflaume' (WWBA) < lat. *pruma* ‚Pflaume'.

prunzen ‚pissen' → *brunzen*.

prüsche Subst. m. [KP]
– Bauer [KP] ♦ **E**: unsicher; evtl. zu dt. *bursche*; r-Metathese.

prutte Subst. m. [SS]
– Pfennig [SS] ♦ **E**: zu jd. *p(e)ruto* ‚Pfennig' (WolfWR 4131). ♦ **V**: *ik well awer äist 'ne Vinse Liächmen un Bauser acheln und myine Täcke un Prutten tellen* ‚ich will aber erst ein Stück Brot und Fleisch essen und meine Groschen und Pfennige zählen' [SS].

pryym Subst. m. [JeS]
– (Miet-)Zins [JeS] ♦ **E**: unsicher; zu dt./mdal. *Priem, Prämie* ‚Belohnung' RheinWb. VI 1109, evtl. beeinflusst von oder direkt zu rw. *bereimen* ‚bezahlen' WolfWR 412. Die Bedeutungen ‚kosten, versuchen' evtl. zu schweizdt. *brömele, brümele* ‚langsam fressen, an etw. naschen' (SchweizId. V 610).

pryyme swV. [JeS]; **bryyme** [JeS]; **brime** [JeS]; **priemen** [JeS, TK]; **priema** [JeS]; **prieme** [JeS]; **pryme** [BM]
– zahlen [BM, JeS]; bezahlen [JeS, TK]; kosten [JeS]; versuchen [JeS].

pschoor Subst. n. [BM]
– Bier [BM] ♦ **E**: nach dem Produktnamen der Münchner Bierbrauerei *Pschorr* (ab a. 1417).

pschorlon Interj. [EF]
– Prosit [EF] ♦ **E**: jd. *scholam, schalom, allechem scholom* ‚mit euch sei Friede', Wolf, Fatzersprache, 131. → *scholem*.

puat Subst. [RH]
– Mehl [RH] ♦ **E**: unsicher; evtl. zu dt. *puffen, Puffer* ‚Mehlpfannkuchen' (DWB II 493).

publik Adj., Adv. [JS]
– offen [JS] ♦ **E**: dt. *publik* ‚öffentlich', lat. *publicus* DWB XIII 2201. ♦ **V**: *publik spielen* ‚draußen spielen, ohne irgendwelche Sichtblenden' [JS]

publik Subst. n. [JS, PH]
– Zirkus ohne Zelt [JS, PH]

publikaner Subst. m. [JS]
– jmd., der in einem Zirkus ohne Zelt oder in einer offenen Arena auftritt [JS]; Eigentümer eines kleinen, unter freiem Himmel spielenden Zirkus [JS]

publikspieler Subst. m. [JS]
– jemand, der in einem Zirkus ohne Zelt oder in einer offenen Arena spielt [JS]; Artist, unter freiem Himmel arbeitend [JS]; Künstler, die ohne besondere Vorrichtung im Freien arbeiten und mit dem Teller sammeln gehen [JS].

puche Subst. f. [HLD]
– Bett [HLD] ♦ **E:** rw. *bucht, puche* ‚Verschlag, Bett' WolfWR 747.

puchen swV. [MM]
– lügen [MM] ♦ **E:** → *pucken*.

pucken swV. [CL, GM, JS, JSa]
pucke [LüJ, PH]; **bugge** [JeS]; **bugern** swV. [MUJ]; **buggern** [LüJ]; **bugara** [LüJ]; **bugerà** [LüJ]; **puckere** [LüJ]; **puggere** [LüJ]; **buckern** [MB]
– reden [CL, GM, JeS, MB, MUJ]; schwätzen [LüJ]; sagen [CL, GM, JS, LüJ]; sprechen [CL, GM, JeS, LüJ, PH]; quatschen [MB]; verraten [JSa, PH]; gestehen [CL] ♦ **E:** rw. *puken* ‚schwatzen, aussagen' (WolfWR 4386) < roi. *phuk-* ‚sagen, verraten, verleumden' (WolfWZ 2620; Boretzky/Igla 1994: 238; SchwäbWb. VI 2, 1706 *buken* ‚aussagen'). ♦ **V:** *tschi pucke* ‚nicht reden' [LüJ]

verpukern swV. [MUJ]; **verpuckere** [JeS, PH]
– verraten [JeS, MUJ, PH]

puckepin Subst. m. [GM]
– Beichte [GM]; Geständnis [GM]; Verrat [GM] ♦ **E:** roi. *pukhepen* ‚Aussage, Geständnis, Beichte, Verrat, Anklage' (WolfWZ 2620).

pudeln swV. [SK]
– falsch spielen [SK] ♦ **E:** dt. (ant., 18. Jh.) *pudeln* u. a. „schlecht und fehlerhaft etwas betreiben" DWB XIII 2204 f.

pudelramer Subst. m. [EF]
pudelräumer [EF]
– Kaufmannsgehilfe [EF] ♦ **E:** obdt./mdal. *Pudel, Budel* f. ‚Verkaufstisch', dt. *räumen*, Wolf, Fatzersprache, 131.

puderäi ‚Erlaubnis zum Musizieren' → *budderei*.

pudern swV. nur in:
arschpudern [WG]
– Analverkehr betreiben [WG] ♦ **E:** wienerisch *budarn, buttern* ‚beschlafen', dt. (ant.) *pudern* „schlagen, stoszen, klopfen" DWB XIII 2207.

pudigern ‚tun, arbeiten' → *budern*.

pudsen swV. [JS]
– fragen [JS] ♦ **E:** rw. *butschen* ‚fragen, anfragen' WolfWR 795 aus roi. *putschawa* ‚fragen, forschen' WolfWZ 2651.

puerodada Subst. m. [GM]
– Großvater [GM] ♦ **E:** roi. *purano-dad* ‚Großvater' (WolfWZ 2635).

puffen¹ swV. [HF, HeF]
püffe [BM]
– schießen (lautmalend) [BM, HF, HeF] ♦ **E:** rw. *puffen* ‚schießen', zu dt. *Puffert* ‚kleine Knallbüchse' (WolfWR 4382, DWB II 493 f.). ♦ **V:** *lockheuer puffen* ‚Hasen schießen' [HeF]

puffer Subst. m. [StG, WG]; **pufferle** [KP]; **puffn** [WG]
– Gewehr [KP, StG]; Pistole [StG, WG]; Revolver [WG]

poufert Subst. m. [WL]
– Revolver [WL]; Gewehr [WL]

lackpuffer Subst. m. [StG]
– Gewehr, Pistole [StG]

puffblag Subst. m. [HeF]
– Jäger [HF, HeF] ♦ **E:** rw. *puffblag* ‚Jäger' (WolfWR 4382).

puffen² in:
verpuffen swV. [HK]
– jmd. beeinflussen [HK] ♦ **E:** wohl zu dt. *(an)puffen* ‚(an)stoßen' DWB II 492 f., thür. *puffen* ‚stoßen, schlagen' (ThürWb. IV 1304).

puffen³ ‚schlafen, koitieren' → *pofen*.

püffen swV. [BM, HF, HeF]
– blasen [HF, HeF]; wehen [HF, HeF]; schießen [BM]; windig sein [HF] ♦ **E:** zu rw. *püffen* ‚blasen, wehen' (WolfWR 4383), vgl. RheinWb. VI 1168.

püffert Subst. m. [HF]
– Atem [HF]

puffe Adj. [JeS]; **puffa** [JeS]
– dämpfig [JeS]; kurzatmig [JeS]; asthmatisch (Pferd) [JeS].

puje ‚beischlafen' → *buien*.

pujer Subst. m. [JeS]
– Vogel [JeS] ♦ **E:** zu roi. *puj* ‚Hähnchen, junger Vogel, Jungtier', rum. *pui* ‚Junges', *pui de gaina* ‚Küken' (lat. *pullus* ‚Hühnchen, junges Tier').

pujermetti Subst. f. [JeS]
– Vogelnest [JeS].

pulchinelle Subst. f. [JS]
– Handpuppen-Spiel [JS] ♦ **E:** ital. *policinello* eine Figur des süditalienischen und neapolitanischen Volkstheaters; ital. (appellativisch) *pulcinella* ‚Hanswurst; Papageitaucher'.

pulemee Subst. f. [MoM]
– Suppe [MoM] ♦ **E:** wohl zu rw. → *polivka* ‚Suppe'.

pulmern swV. [SK]
– Geschlechtsverkehr haben [SK] ♦ **E:** roi. *bul* ‚Vulva' und roi. *mar-* ‚stoßen' (WolfWZ 395, 1877).
pulmersche Subst. f. [SK]
– weibliches Geschlechtsteil [SK].

pulter Subst. m. [SS, WH]
– Lehrer [SS, WH] ♦ **E:** rw., zu dt. *Pult* „ein gestell mit einer schrägen fläche, um daran stehend oder sitzend zu arbeiten, zu schreiben, zu lesen, zu musicieren" (WolfWR 4390, DWB XIII 2215 f.).

pulver Subst. n. [LüJ, SJ, SS]
pulfær [WJ]; **bulvr** [OJ]
– Geld [LüJ, OJ, SJ, SS, WJ]; Kleingeld [SJ] ♦ **E:** rw. *pulver* ‚(Klein-)Geld' (WolfWR 4392); ugs., Redewendung *sein Pulver verschossen haben* ‚keine Munition, kein Geld mehr haben' (Kü 1987: 634).

pummern Subst. Pl. [KJ]
– Schulden [KJ] ♦ **E:** assimiliertes Desubstantivum (*mp > mm*) zu dt. *pumper* „einer der auf borg gibt oder nimmt" DWB XIII 2231.

pumpen swV. [MUJ, PfJ, SJ]
pompen [PfJ]
– borgen [MUJ, PfJ, SJ] ♦ **E:** dt./ugs. *pumpen* ‚borgen', zu dt. *pumpen* „auf borg geben oder nehmen (besonders burschikos und in der gaunersprache" DWB XIII 2229; SchwäbWb. I 1518.
pump Subst. m. [SJ]
– Geliehenes, Borg [SJ].

pumperer Subst. m. [WG]
– Pistole [WG]; Revolver [WG] ♦ **E:** wienerisch *pumpern* ‚knallen, dröhnen, bollern'.

pumpn Subst. f. [WG]
– Herz [WG] ♦ **E:** wienerisch, dt. *Pumpe* „eine maschine, die das wasser oder eine andere flüssigkeit in einer röhre emporhebt und zum ausflusz bringt" DWB XIII 2227.

pumpser Subst. m. [KJ]
pumser [RR]
– Schmied [KJ, RR] ♦ **E:** zu dt./ugs. *bummen, bumpen* ‚schlagen, hämmern' DWB II 516.

pûnen Subst. [MT, MeT]
punen [MeT]; **pume** [MT, MeT]
– Geld [MT]; kleines Geld [MeT]; Handgeld [MeT] ♦ **E:** rw. *punen* ‚Geld' (WolfWR 4396, „Etymologie schwierig"); aus nl./Bargoens von Zeele *poen* ‚Geld', frz. Argot *pognon* ‚Geld', Siewert, Humpisch, 104. ♦ **V:** *roedel gut? Ok ornlich punen kregen?* ‚War der Handel erfolgreich? Hast du auch ordentlich Geld bekommen?' [MeT].

punggisch Adj. [JeS]
punkisch [JeS]
– schwanger [JeS] ♦ **E:** rw. *bunkisch* ‚schwanger', evtl. zu nl. *bonk* ‚Puff', nl. *bonken* ‚prallen, wummern, beischlafen' (WolfWR 770). ♦ **V:** *die schyyge huurt punggisch* ‚diese Frau ist schwanger' [JeS].

punt ‚Wirtschaft' → *pinte*.

pünte Subst. f. [MM]
– Kahn [MM]; kleines Boot [MM]; Schiff [MM]; Schiff am Kanal [MM] ♦ **E:** mdal./westfäl. *Ponte* ‚Fähre, breiter, flacher Kahn oder geschlossener Schwimmkörper für bewegliche Brücken, Landungsstellen', im 16. Jh. aus frz. *ponton* zu lat. *pons, ponto* ‚Brücke, Meer'.
masminenpünte Subst. f. [MM]
– Cafe Schucan [MM] ♦ **E:** volksetym. Namenübersetzung *Schuh-Kahn* (als scherzhafte Bezeichnung für das ehemalige Cafe *Schucan* in Münster).
narrenpünte Subst. f. [MM]
– Narrenkappe [MM].

pupe Subst. f. [HN]
puper Subst. m. [HN]
– männliche Prostituierte [HN] ♦ **E:** rw. *pupe* ‚Homosexueller, besonders der professionelle Strichjunge' WolfWR 4398, wohl mit Einfluss von frz. *poupée*.
pupenjunge Subst. m. [HN]
– männliche Prostituierte [HN].

pürliz Subst. m. [BM]
– Bauer [BM] ♦ **E:** zu schweizdt. *Būr* ‚Bauer', Pl. *Būre* (SchweizId. IV 1518).

puro Adj. [MUJ]
puri [GM]; **pore** [MB]
– alt [GM, MB, MUJ] ♦ **E:** rw. *puro* ‚alt' (WolfWR 4089) < roi. *puro* ‚alt' (WolfWZ 2635).
puri Subst. f. [GM]; **purri** [PH]
– Mutter [PH]; Großmutter [GM] ♦ **E:** Kürzung aus roi. *purimama* ‚Großmutter' (WolfWZ 2635).
puro Subst. m. [GM]; **purro** [PH]
– Vater [PH]; Großvater [GM] ♦ **E:** Kürzung aus roi. *poorodad* ‚Großvater' (WolfWZ 2635).

pusche Subst. n. [SK]
puschka [EF]
– Gewehr [EF, SK] ♦ **E:** rw. *puschka* ‚Gewehr' < roi. *púška* ‚Flinte' (WolfWR 4408).

puschen swV. [ME]
– rauchen [ME] ♦ **E:** wohl zu roi. *pijél čuči* ‚an der Brust saugen' (Boretzky/Igla 1994: 216).

puschtuhr Subst. f. [CL]
– Figur [CL] ♦ **E:** pfälz. *Poschtur, Puschtur* ‚Gestalt, Wuchs, Körperhaltung' (PfälzWb. I 128), zu frz. *posture* ‚Körperhaltung'.

pusselbeeker Subst. m., Übername [HK]
– Bayer [HK] ♦ **E:** ThürWb. IV 1326 *pussel* ‚niedliches kleines Kind', ‚trippelnder, kleiner Mensch', Spottname.

pussern swV. [SK]
– braten [SK]

pussers Subst. m. [SK]
– Braten [SK] ♦ **E:** rw. *bossor, bossert* ‚Braten' aus jd. *bossor* ‚Fleisch' WolfWR 636. Vgl. → *bose*.

pussert ‚Fleisch' → *bose*.

pustelkönig Subst. m. [WG]
– Mann mit Pusteln im Gesicht [WG] ♦ **E:** dt. *Pustel* ‚Blatter, Ausschlag' DWB XIII 2278, dt. *König*.

pusten swV. [NJ]
– schiessen [NJ] ♦ **E:** zu dt. *pusten* ‚blasen' DWB XIII 2278, ugs. jmd. *wegpusten* ‚erschießen'.

puster Subst. m. [MB, NJ, SG]; **püster** [MB]
– Gewehr [MB, NJ, SG]; Pistole [MB, NJ]; Schusswaffe [MB]; Waffe [MB]; Ventilator [MB]

holzpüster Subst. m. [MB]
– Holzgewehr.

putcher Subst. Pl. [SS, WH]
püttcher [SS]
– Läuse [SS, WH]; Flöhe [SS] ♦ **E:** zu roi. *pušum* ‚Floh'; (WolfWR 4410).

pute Subst. Pl. [KMa, OH]
– Finger [KMa, OH] ♦ **E:** hess. *Pote, Pute* ‚Pfote' (HessNassWb. II 622).

putel Subst. m. [KM]
putele [KM]
– Fuß [KM] ♦ **E:** rhein. *pot, put* ‚Hand, Fuß' RheinWb. VI 792.

puten swV. [Gmü, Him, Mat]
– coire [Gmü, Him, Mat] ♦ **E:** zu roi. *búje* ‚coire' WolfWZ 382.

putlak ‚Hunger' → *buttlack*.

putsch¹ Subst. m. [KP]
– Bankrott [KP] ♦ **E:** rw. *putsch* ‚Pleite, Bankrott', wohl zu dt. *Putsch* „durch stoszen, quetschen gewonnen" (WolfWR 4411, DWB XIII 2279 f.).

putsch² Subst. m. [JeS, MJ]
butsch [JeS]; **plutsch** [JeS]
– Most [JeS, MJ] ♦ **E:** rw. *Butsch* ‚Obstwein, Most' WolfWR 794 (ohne Herleitung); evtl. zu lat *potus* ‚Trank, Getränk' oder zu ital. *botticina*, rätor. *butschin* ‚Fässchen' (SchweizId. IV 1934 f.).

putscherei Subst. f. [JeS]
– Mosterei [JeS].

putschkese ‚Hose' → *butschgajem*.

pütt Subst. m. [MM]
– Abfluss [MM]; Kanal [MM] ♦ **E:** nd. *Pütt*, westf. *Pütte*, rhein. *Pütz* ‚Brunnen, Teich, Pfütze, Quelle, Schacht' u. a. aus lat. *puteus* ‚Brunnen' (WestfWb. 901, RheinWb. VI 1247).

püttchern swV. [MB]
– trinken [MB]; einen trinken [MB]; Alkohol trinken [MB]

püttcherer Subst. m. [MB]
– Trinker [MB]

püttmalocher Subst. m. [MM]
– Bergmann [MM]; Kanalarbeiter [MM]; Tiefbauarbeiter [MM]; „einer, der im Wasser arbeiten muß" [MM]; „einer, der in der Zeche arbeitet" [MM].

putthacken Subst. [HLD]
– Kartoffeln [HLD] ♦ **E:** mdal./fränk. *Bodacken* ‚Kartoffeln', zu indian. *Potake*.

puttpatten Subst. Pl. [MM]
– Pantoffeln [MM] ♦ **E:** westf. *Puttpatten* ‚Hausschuhe'.

putz¹ Subst. m. [BM, FS, JS, KJ, MB, SP, SS, StG, TJ, WH]
puts [SP, SS]; **pütz** [KJ]; **potz** [KJ]; **petz** [KJ]; **butz** [BJ, CL, FS, Gmü, HLD, Him, JSa, JeH, LüJ, MeJ, NJ, OJ, SE, SJ, WM, Zi]; **buts** [PH, SP]; **buz** [LüJ, PfJ]; **buts** [CL]; **butse** [NrJ]; **betz** [Wo]
– Polizist [BJ, BM, CL, JS, JSa, MeJ, NrJ, OJ, PH, PH, PfJ, SJ, SP, SS, StG, TJ, Wo]; Gendarm [SchJ, FS, NJ, CL, MB]; Schutzmann [FS]; Polizei [JSa, JeH, KJ, WH]; Polizeidiener [LüJ]; Amtsdiener, Gemeindediener, Ortsbüttel [LüJ]; Gemeindeangestellter [CL, PH] ♦ **E:** rw. *putz, butz* ‚Polizist', zu roi. *pušt* ‚Spieß, Spießmann (Tagwächter)' WolfWR 4414, abweichend Klepsch 430. → *puu*. ♦ **V:** *herlem im g'fahr hau-*

ret ein lenker schuker; buz und scharle schefften aber dof ‚Hier im Dorf ist ein strenger Gendarm; der Polizeidiener und der Schultheiß sind aber gut' [LüJ]; *jetzt nascht der butz* ‚jetzt kommt der Polizist' [LüJ]
butzerei Subst. f. [LüJ]
– Polizei
buzakitt Subst. f. [LüJ]
– Wohnung des Polizeidieners [LüJ]
plutzger Subst. m. [BM]; **pflützg** [BM]; **pflütz** [BM]; **pflüder** Subst. m. [BM]
– Polizist [BM]
grünlingsbutz Subst. m. [LüJ]
– Waldhüter, Waldschütz [LüJ].

putz² Subst. m. [BJ, OJ]
butz [BJ, OJ, SchJ]
– Vogelscheuche [SchJ]; Gespenst [BJ, OJ] ♦ **E:** dt. *Butz* ‚vermummte Gestalt' u. ä. DWB II 588.

putz³ Subst. m. [WG]
– Essen [WG]
putzen swV. [WG]
– essen [WG] ♦ **E:** dt. *putzen*, ugs. etwas wegputzen, verputzen ‚gänzlich aufessen'.
achelputza swV. [LJ]
– essen [LJ]
achelputz Subst. m. [SK, WG]
– Essen [SK]; Essen im Gefängnis [WG] ♦ **E:** rw. WolfWR 30.
achelputzer Subst. m. [LJ]
– Essen [LJ].

putze swV. [BM]
– überholen [BM]; übertreffen [BM] ♦ **E:** schweizdt. *butzen* ‚bewältigen, überwinden' (SchweizId. II 2016).

putzen swV. nur in:
die platte putzen Phras. [JS]
– ausreißen [JS] ♦ **E:** → *platte*.
putz, putzer Subst. m. nur in:
balleputz, balleputzer Subst. m. [GM]
– Friseur [GM] ♦ **E:** → *bal²* und dt. *Putzer* (vgl. DWB II 596: *Bartputzer*).

puu Subst. m. [SP]
– Förster [SP] ♦ **E:** Kurzform von → *putz¹* ‚Polizist, Bettelvogt'. ♦ **V:** *de Puu kimt* ‚der Förster kommt! (Warnruf beim illegalen Holzlesen im Wald)' [SP].

puur Subst. m. [JeS]
buur [JeS]
– Nichtjenischer [JeS]; Sesshafter [JeS] ♦ **E:** schweizdt. *Puur* ‚Bauer, Landwirt', met. für alle Sesshaften (SchweizId. IV 1513 ff.).

püutsch Subst. m. [BM]
– Pult [BM] ♦ **E:** wohl zu dt. *Pult* „ein gestell mit einer schrägen fläche, um daran stehend oder sitzend zu arbeiten, zu schreiben, zu lesen, zu musicieren" DWB XIII 2215 f. → *pulter*.

püzeler Subst. m. [BM]
– Purzelbaum [BM] ♦ **E:** schweizdt. *bürzlen, bürzelen* ‚Purzelbaum schlagen' (SchweizId. IV 1646).

pycher Subst. m. [BM]
– Fisch [BM] ♦ **E:** unsicher; *pych-er* evtl. zu *pück-ling, pick-ling* ‚Hering' DWB XIII 1841, 2202.
pychere swV. [BM]
– fischen [BM].

Q

quäckeln swV. [EF]
– Notdurft verrichten [EF]; scheißen [EF] ♦ **E:** wohl zu dt. *quäckeln, quacken* „den laut quack von sich geben, hören lassen, brummen" DWB XIII 2291; evtl. Einfluss von ugs. *käckeln*.

quacksalber Subst. m. [SK]
– Arzt [SK] ♦ **E:** dt. *Quacksalber* „einer der unbefugt die heilkunde ausübt, ein kurpfuscher" DWB XIII 2293 „gegen ende des 16. jh. entlehnt aus mnl., nd. *quacksalver, quaksalver*, aus *quacken* ‚schreien' und *salver*, ahd. *salbari*".
quacksalberei Subst. f. [SK]; **kwoaksoalwerei** [HK]
– Apotheke [HK, SK].

quali¹ Subst. m. [MB]
– Bauer [MB]; Landei [MB] ♦ **E:** wohl zu *karli*, Nebenform zu dt. *kerl*, vgl. DWB XI 218.

quali² Subst. [MB]
– Zigarette [MB] ♦ **E:** wohl zu rw., dt./ugs. *qualmen* ‚rauchen' WolfWR 4422.

quallern sw. V. [MB]
– spucken [MB]; rotzen [MB] ♦ **E:** wohl zu westf. *kwalleren* ‚überkochen, hervorquillen'.

qualmer Subst. m. [MB]
– Bauer [MB]; „Hacho" [MB]; Landwirt [MB]; Landei [MB]; verlebter alter Mann [MB]; Raucher [MB] ♦ **E:**

unsicher; evtl. zu dt. *qualmen* ‚Rauch, Dampf verursachen, rauchen' DWB XIII 2311; vgl. auch → *quali¹* → *quali²*; häufig zusätzliche Verfremdung durch Bi-Sprache, *die quabilmers.*

quälme Subst. f. [MM]
– schlechte Luft [MM] ♦ **E:** dt. *Qualm* ‚Rauch'.
qualmen swV. [PfJ]
– rauchen [PfJ].

qualterle Subst. n. Dim. [PfJ]
– Floh [PfJ] ♦ **E:** zu dt. *Qual* met. ‚kleiner Quälgeist' DWB XIII 2298 ff.

quane Subst. m. [LüJ]
– Teufel [LüJ] ♦ **E:** rw. *quane* ‚Teufel' < roi. *kalo* ‚der Schwarze' (WolfWR 2825); vgl. → *kole* s.v. *koll¹*.

quanquehlen sw. V. [MB]
– klauen [MB]; stehlen [MB] ♦ **E:** unsicher; wohl zu rw. *quant* ‚groß, viel' Wolf WR 4424 und dt. *stehlen*; poetische Reduplikation. ♦ **V:** *natschste mit zu quanquehlen bei die qualis?* ‚gehst du mit zum Klauen bei den Bauern?' [MB].

quant Adj./Adv. [Him, JSa, LüJ, MT, Mat, MeT, PfJ, SE, SG, SJ, StG, TK, WL]
quand [LL, LüJ, MUJ, SJ]; **quant** [JSa]; **quandt** [JS, LüJ]; **quannt** [LüJ]; **kwant** [JeS, SG]; **gwand** [CL, LJ, LüJ, OJ, SJ, SchJ, WJ]; **g'want** [LüJ]; **g'wandt** [LJ, TK]; **gwant** [Gmü, LüJ, Mat, SJ, TJ]; **gwandt** [KP, PH, TK]; **gewant** [GM]; **gewand** [JSa]; **gewandt** [MeJ]; **gwanda** [SJ]; **quante** [HK]; **kwenttus** Adj./Adv. [SJ]
– gut [CL, GM, Gmü, HK, Him, JS, JeS, KP, LJ, LL, MUJ, Mat, MeJ, OJ, PH, PfJ, SE, SG, SJ, SJ, SchJ, StG, TJ, TK, WJ, WÖ]; schön [CL, GM, Him, JeS, JSa, KP, LJ, MT, Mat, MeT, OJ, PfJ, SE, SJ, SchJ, TK, WJ, WL]; sehr gut [JS]; sehr schön [MeT]; nett [LJ, SJ]; lieb [LJ, OJ, SchJ]; süß [TJ]; brav [LüJ]; anständig [LüJ]; fein [LüJ]; ordentlich [LüJ]; sauber [LüJ]; hübsch [LJ]; charmant [LJ]; fröhlich [SJ]; geschickt [PfJ, SJ]; groß [CL, LL, SJ]; viel [JSa, LJ, OJ]; soviel [SJ]; großartig [LüJ]; stark [JSa]; prima [LüJ, PfJ]; toll [LüJ]; neu [LJ, LüJ, SchJ]; schnell [JSa]; warm [SG]; alles Gute und Angenehme, Schöne und Anmutige [LüJ]; besser [JS]; sehr [JS] ♦ **E:** rw. *quant, gwandt* ‚schön, gut' < dt. *Quantum* ‚Größe, Menge', auch mdal. rhein. *quantig* ‚sehr viel, sehr groß' (WolfWR 4424, Klepsch 667) < lat. *quantum* ‚viel, groß'. ♦ **V:** *gwante bierele* ‚schöne Beinchen' [LüJ]; *gwanter preis* ‚billig' [TJ, TK]; *gwanter plempel* ‚Wein' [KP]; *gwanter plui* ‚20 Pfennig' [KP]; *gwandter maro* ‚Kuchen' [TK]; *e kwante buttlagg!* ‚guten Appetit!' [JeS]; *gwande moss* ‚schöne Frau' [LJ]; *gwander gatsch* ‚Mann, der in Ordnung ist' [LJ]; *gwander fiesel* ‚netter Mann' [LJ]; *gwand schurlen* ‚Glück haben' [SJ]; *æ gwande tschai; æ tschuggære tschai* ‚ein hübsches Mädchen' [WJ]; *die hot æ gwande larf* ‚Die hat ein hübsches Gesicht' [WJ]; *des bescht an quanda fiesl* ‚das ist ein toller Junge' [LüJ]; *die hauret quand* ‚die ist schön' [LüJ]; *gwants kehr* ‚ein schönes Haus' [LüJ]; *quant pfeffern* ‚gut essen' [StG]; *quand kellà* ‚schöne Musik machen' [LüJ]; *en quante schwechus* ‚Prost' [PfJ]; *et gött quant* ‚das Wetter wird schön' [WL]; *oh, wat e quant Móss!* ‚Oh, was für eine schöne Frau!' [JSa]; *des bescht a quants tschangele* ‚das ist ein schönes Mädchen' [LüJ]; *dr gaatsch gufft dæ heegl; un d' moß gufft d'glont; dr gaatsch biggd s'doofe; und d' moß biggd dæ schond* ‚Der Mann schlägt den Narren; und die Frau schlägt die Dirne; der Mann isst das Gute; und die Frau isst den Dreck' [WJ]; *moss, der fiesel haurat g'wandt* ‚Mädchen, der Kerl isch charmant' [LJ]; *gwand dibern* ‚jenisch sprechen' [LJ]; *d'r scharle hot doch au a gwands mössle dr hoimda* ‚der Bürgermeister hat doch auch ein hübsches Mädchen zu Hause' [LJ]; *spann emol, a gwande goi* ‚Schau einmal, eine schöne Frau' [LJ]; *is ke gwander gatsch, da boschde mir* ‚das ist kein netter Mann, da gehen wir' [LJ]; *du bisch heut so gwand angezoge, was isch moss, wo boschdest denn heut na?* ‚du bist heute so schön angezogen, was ist Mädchen, wo gehst du denn heute hin?' [LJ]; *die tschai isch nobes gwand, wo herles hauret* ‚die Frau, die das versteht, ist nicht gut' [LJ]; *der kahlus isch gwand* ‚das Essen ist gut' [LJ]; *der fiesel hat kein lobe, nobes gwand, da müsse mir boschde* ‚der Mann hat kein Geld, das ist nicht gut, da müssen wir abhauen' [LJ]; *fiesel boscht aus dieser gatschemme, denn der plamp ist nobes gwand* ‚Freund(e), gehen wir aus dieser Wirtschaft, denn das Bier ist nicht gut' [LJ]; *ach, mir ketschet noch en herles, vielleicht isch der jole gwand* ‚ach, wir trinken hier noch einen, vielleicht ist der Wein gut' [LJ]; *der gatsch hat gwand sporesrassel* ‚der Mann hat viel Geld' [LJ]; *fiesel spann emol, a gwande goi* ‚Freund, schau einmal, eine schöne Frau' [LJ]; *die schlande schwöcht gwand* ‚der Kaffee schmeckt gut' [LJ]; *Dr blemb ischt doch gwand, in jeder gusch ischt er bekannt – der blemb mr schallet bis alles lallet ond beim kala, do werdmer ons aala, aala* ‚Das Bier ist doch gut, in jedem Haus ist es bekannt – das Bier, wir singen, bis alle lallen und beim essen, da werden wir uns aalen, aalen' [SJ]; *Schure, i hab a frog, ihr habt jetzt elle buttet, ist dia schling ond der bossert gwand gwea?* ‚Männer, ich

habe eine Frage, ihr habt nun alle gegessen, war die Wurst und das Fleisch gut?' [SJ]; *Baizermoss, i lins, der ketscht an jesesmäßiga rande, wenn do von dr massfetzerei schling ond a bossert drin hauert, no kennemer a gwande mansche haure* ‚Wirtin, ich sehe, er trägt einen jessesmäßigen Sack, wenn dort von der Metzgerei Wurst und Fleisch drin ist, dann können wir ein gutes Essen machen' [SJ]; *Do, i bring a gwande pickerasch, schling ond bossert* ‚Da, ich bringe ein gutes Essen, Wurst und Fleisch' [SJ]; *Des send doch gwande schure, se tscherdlen da ganza schei, drom laßed se doch oin schwächa, da lowe hendse doch* ‚Das sind doch gute Kerle, sie arbeiten den ganzen Tag, darum laßt sie doch einen trinken, denn Geld haben sie doch' [SJ]; *Hoscht an gwanda kafferlehm mitbrocht?* ‚Hast ein gutes Bauernbrot mitgebracht?' [SJ]; *Mir schmoret no a Glas, es mues ja net glei's Ende sei, der jol ischt gwand ond kiwig, drom wird er gschwächt, no ischt ellas lopf* ‚Wir trinken noch ein Glas, es muß ja nicht gleich das Ende sein, der Wein ist schön und gut, darum wird er getrunken, dann ist alles gut' [SJ]; *Mir sirflet no an gigges, der ischt gwand, aber vermufft mr boschtet gern end schwäche nei, blos hatschemer lak, no boschtet mr ab* ‚Wir trinken noch einen Schnaps, der ist gut; aber verflixt, wir gehen gern in die Wirtschaft; und wenn wir ins Schwanken geraten, dann gehen wir eben heim' [SJ]; *Ond wenn i mi en dr schwäche omgschaub, dann lins i a kiwige moss ond gwande schure* ‚Und wenn ich mich in der Wirtschaft umschaue, dann sehe ich eine nette Frau und ordentliche Männer' [SJ]; *Wer soll das beschulma, wer hot so gwand drat, des ischt onser scharlesbenk, des wissemer älle gwieß!* ‚Wer soll das bezahlen, wer hat soviel Geld, das ist unser Bürgermeister, das wissen wir alle gewiß' [SJ]; *Dr nei guschbenk ischd scharf wia haartling sei moss ischd boda gwand* ‚Der neue Hausherr ist scharf wie ein Messer, seine Frau ist sehr gut' [SJ]; *Dr gloi fiesl ischd gwand dr ald nowes, der duad zviel loschora* ‚Der kleine Junge ist gut, der alte nicht, der beobachtet zu viel' [SJ]; *dik, da is a gwant tschai* ‚guck mal, das saubere Mädchen da' [LüJ]; *nobis dof g'want* ‚nichtsnutzig bzw. etwas, was keinen Wert hat' [LüJ]; *hrlom bescht tschih quant!* ‚Das ist nicht gut!' [LüJ]; *in dem dorf isch gwant, da verbikerest* ‚in dem Dorf ist es gut, da verkaufst du viel' [LüJ]; *linz' in dem heges, wo man spannt, hauret ein g'wanter plauderer. der stekt dof z'biket und z'schwächet und kemeret grandich sore* ‚Schau, in dem Dörfchen, wo man hinguckt, ist ein braver Schulmeister. Der gibt gut zu essen und zu trinken und kauft viel Ware' [LüJ]; *a gwanter Schuß pflanzt* ‚einen guten Schuss gelandet' [LüJ]; *oh schofel, oh schofel, i muß mi latsche, gwante modle und tschi fackle* ‚oh weh, oh weh, ich muß mich schämen, ich habe schöne Mädchen, aber sie können nicht schreiben' [LüJ]; *dik a moal, benges, spann was da raus, da dikschst älles – quante tschutsche* ‚schau mal da drüben, Junge, (bei der Frau) da sieht man alles – tolle Brüste' [LüJ]; *oh lenk, i hab e quante moß* ‚oh ja, ich habe eine tolle Frau' [LüJ]; *oh, dik a moal, des is a quante kohl* ‚sieh mal, das ist eine gute Sache' [LüJ]; *oh lenz einmal, Jochen sein quante schure, wo er sich grimmt hat* ‚sieh mal den schönen Rucksack, den Jochen sich gekauft hat' [LüJ]; *i han e quante kärch kauft* ‚ich habe ein schönes Auto gekauft' [LüJ]; *was het des modele quante biere* ‚was hat das Mädchen für schöne Beine' [LüJ]; *Mr hen æ gwande massemad gmengd* ‚Wir haben ein gutes Geschäft gemacht' [WJ]

quantig Adj. [MM]
– viel [MM] ♦ **V:** *das kostet dich quantig Geld* ‚das kostet dich eine Menge Geld' [MM]

quante¹ Subst. m./ n. [JSa]
– große Menge [JSa]; etwas Gutes [JSa]

quantheit Subst. f. [PfJ]
– Schönheit [PfJ].

---

quante² Subst. f. [SJ]
quant [SE]; **kwant** [SE]
– Schuhe [SJ]; Fuß [SE] ♦ **E:** rw. *quanten* ‚sehr große Füße oder Schuhe' (WolfWR 4425), Herkunft unsicher, evtl. zu → *quant*; dt./ugs. *Quanten* ‚große Füße, Schuhe'.

---

quante³ Subst. f. [HK]
quande [HK]
– Hochzeit [HK] ♦ **E:** unsicher; evtl. zu rw. *quant* ‚schön', *quantheit* ‚Schönheit' (WolfWR 4424); Herleitung evtl. aus mhd. *kone, quëne* ‚Ehefrau' oder *einem Mädchen kantum machen* ‚ein Mädchen beschlafen' (vgl. ThürWb IV 1343 s.v. *Quante³*; SchwäbWb IV 197).

---

quante⁴ swV. [BM]
– kaufen [BM] ♦ **E:** schweizdt. *quanten* ‚kaufen, verhandeln' (SchweizId. V 1301).

verquante swV. [BM]
– verkaufen [BM].

---

quarre Subst. f. [StG]
– heulendes Kind [StG] ♦ **E:** zu rhein. *quarren* ‚weinerlich schreien' (RheinWb. VI 1296).

quarzen swV. [MM]
– rauchen [MM] ♦ **E:** rw. *quarzen* ‚rauchen' (WolfWR 4427), Herleitung unsicher, womgl. zu dt. *quarzen, quarren* „den laut quarr von sich geben", auch ‚knirschen, knarren u. a.' DWB XIII 2318 f., 2327. Benennungsmotiv evtl. Geräuschbildung beim (Zigarren-) Rauchen.

quasemann Subst. m. [MM]
– komischer Kauz [MM] ♦ **E:** nd. *kwasen* ‚Unnützes, Albernes tun', ‚(töricht) reden'; evtl. direkt aus → *quässen*.

quässen swV. [MeT]
quössen [RH]
– sagen [MeT]; sprechen [MeT, RH] ♦ **E:** rw. *quasseln, quässen* ‚unsinnig schwätzen', zu ahd. *quedan* ‚sagen, reden' WolfWR 4428. → *quasemann*. ♦ **V:** *quäss humpisch* ‚sprich Bargunsch' [MeT]; *de tiötte versnüfft, bat dat grüseken quäst* ‚der Kaufmann versteht, was das Mädchen spricht'. [MeT]

bequässen swV. [MeT]
– besprechen [MeT]; bereden [MeT] ♦ **V:** *in'n Tispel bi'n fitzen Butt wöt de Rödel bequässt* ‚In der Kneipe bei einem guten Essen wurde über den Handel gesprochen' [MeT]

märtenquässer Subst. m. [MeT]
– Lehrer [MeT]

quasseln swV. [StG]
– anreden [StG].

quatter Num. Kard. [KMa, LI, OH]
– vier [KMa, LI, OH] ♦ **E:** lat. *quattuor* ‚vier'.

quatterondäis Num. Kard. [KMa]
– sieben [KMa]

schinsonquatter Num. Kard. [KMa, OH]
– neun [KMa, OH]

dusmalquatter Num. Kard. [KMa, OH]
– neun [KMa, OH].

quatzen Subst. [WL]; **quatz** [WL]
– Geld [WL] ♦ **E:** unsicher; evtl. zu rhein. *Quatz* ‚in einer Schüssel Zusammengescharrtes, Pressrückstände beim Keltern', Tockert, Weimerskircher Jenisch, 34. ♦ **V:** *en huet kee quatz méih hocken* ‚Er hat kein Geld mehr' [WL].

queeken Subst. Pl. [HF]
– ungeliebte, unzuverlässige Leute [HF] ♦ **E:** wohl zu rhein. *queken* ‚sich wichtig machen' (RheinWb. VI 1324).

quem Subst. m. [NJ, JeH]
queem [JSa]; **kweem** [SP]; **quen** [SE]; **gwen** [SE]; **quien** [FM, HK, HL]; **kwien** [JeS]; **quinn** [WL]; **quiemen** [HLD]; **qui** Subst. m. [RR]; **kwi** [KMa, OH, SchJ];
– Hund [HK, HL, HLD, JSa, JeH, KMa, NJ, OH, RR, SE, SP, SchJ, WL]; Schweinehund [HK]; Schimpfname für einen Mann [HK]; Kerl [HK]; Gauner [HK]; „einer mit roten Haaren" [HK]; Angeber [HK]; „einer, der nicht gut angesehen war" [HK]; „den se nicht richtig verknuspern konnten" [HK] ♦ **E:** rw. *qui(e)n, quem* ‚Hund' (WolfWR 4436, Klepsch 669); nach Wolf zu rw. *Kluns* ‚Hundsfott', aus *quindipse* ‚Vulva, Frauenzimmer', nicht zu frz. *chien*. ♦ **V:** *So laht mer nur beh en Quin* ‚So lebt man nur wie ein Hund' [FM]

quinnert Subst. m. [WL]
– kleiner Hund [WL]

quinnchen Subst. m. [WL]
– kleiner Hund [WL]

kwiborli Subst. m. [SchJ]
– Hundefänger [SchJ]

kwischmunk Subst. m. [SchJ]
– Hundefett [SchJ] ♦ **E:** → *schmunk*.

quentche Subst. n. [JS]
– ein bisschen [JS] ♦ **E:** dt. *Quäntchen* ‚wenig, ein bisschen'.

querpfeif Subst. f. [EF]
– Flöte [EF] ♦ **E:** dt. *Querpfeife*.

quetsch Subst. f. [JeH]
kwetschen [SP]; **kwetsch** [SP]
– Kuh [JeH, SP] ♦ **E:** rw. *quetsch* ‚Kuh' (WolfWR 4431), von frz. *vache*; RheinWb. VI 1333 (*Quetsch* ‚Kuh').

quetten swV. [MB, MM]
– blaumachen [MM]; nichts tun [MM]; sich vor etwas drücken [MM]; bläuen [MB] ♦ **E:** westf., evtl. zu *quättken* ‚mühsam, vorsichtig gehen'.

quettmalocher Subst. m. [MM]
– Drückeberger [MM]; fauler Mensch [MM].

quettken swV. nur in:
verquättken swV. [MM]
– ausgeben [MM]; *pennunsen verquättken* ‚Geld ausgeben' [MM] ♦ **E:** westf., evtl. zu *quets(k)en, quetten* ‚quetschen, stampfen, drücken'.

qui, quin ‚Hund' → *quem*.

quieke swV. [RH]
– stechen [RH] ♦ **E:** wohl zu dt./mdal. *gieken* 'stechen' (DWB VII 7345).

quien ‚Käse' → *g'wine*.

quienen swV. [SK]
– laut weinen, „wie ein Hund heult" [SK] ♦ **E:** dt./ mdal., rhein. *quinen* ‚weinen, kränkeln, klagen' (RheinWb. VI 1345).

quikert Subst. m. [WL]
– Vogel [WL] ♦ **E:** zu lux. *quiiksen* ‚einen hohen Schreiton von sich geben' (LuxWb. II 483).

quinie Subst. m. [MM]
kwenie [MM]; **kwini** [MM]; **queeni** [MM]; **quini** [MM]; **quinni** [MM]
– ein Glas Schnaps [MM]; Korn [MM]; Schnaps [MM] ♦ **E:** lat. *quint* ‚fünf'; hier: vermutl. 1/5 Aot (westf. Hohlmaß, ca. 1/4 Liter). ♦ **V:** *kower, noch 'n quinie und 'ne lowine!* ‚Wirt, noch einen Schnaps und ein Bier!' [MM]; *wo die scharfen aniems immer rumscharwenzeln und wo de fürne lowine und nen quini immer gleich nen heiermann blechen mußt* ‚wo die scharfen Mädchen immer herumscharwenzeln und wo du für ein Bier und einen Schnaps immer gleich fünf Mark zahlen mußt' [MM]; *er teilacht in die strehle, wo die lowine und der quini hamel schmecken* ‚er geht in die Straße, wo das Bier und der Schnaps gut schmecken' [MM]

quinieschickerer Subst. m. [MM]; **quinischickerer** [MM]
– Schnapsbruder [MM]; Schnapstrinker [MM].

quinkeln swV. [MT, MeT]
– singen [MT, MeT] ♦ **E:** dt. *quinkeln* ‚fein singen, trillern, zwitschern wie junge Vögel' DWB XIII 2372.

quinkert Subst. m. [HF, HeF]
quenkert [HF]
– Hering [HF, HeF] ♦ **E:** rw. *quinkert* ‚Hering' WolfWR 4441, ohne Herleitung; vgl. rhein. *quenkeln* ‚blinzeln' (RheinWb. VI 1328), *Quinkert* ‚Schielender' (RheinWb. VI 1347).

quinte Subst. f. [MT, MeT]
– Verdienst [MT, MeT] ♦ **E:** rw. *quinte* ‚Diebstahl, Verdienst', zu nl. *kwint* ‚Kniff, Streich' (WolfWR 4442).

quinten Subst Pl. [SG]
– Streich, Schwindelei [SG] ♦ **V:** *ho(i) maket quinten* ‚er schwindelt, lügt' [SG]

quinten¹ stV. [HF, MeT, HeF]; **quenten** [HF]
– verdienen [HF, MeT, HeF]; gewinnen [HF, HeF] ♦ **V:** *hier is nix to quinten* ‚hier ist nichts zu verdienen' [MeT]; *de Tüötten strüchelden, um Buchte te quinten* ‚die Tiötten reisten umher, um Geld zu verdienen' [MeT]

bequinten stV. [MeT]
– gut, angemessen bezahlen [MeT] ♦ **V:** *roedel gut? Ok ornlich punen kregen? Hätt de Kröger in Xdörp al bequnten (sic!)? – Ne, in sinen tispel is nix mehr los. – So?, dann mott he blott' waren.* ‚War der Handel erfolgreich? Hast du auch ordentlich Geld bekommen? Hat der Krüger in X-Dorf alles bezahlt? – Nein, in seinem Wirtshaus ist nichts mehr los. – So? Dann muss er angemahnt werden' [MeT].

quinten² swV. [SG]
– ansprechen [SG] ♦ **E:** wohl zu rw. *quinkeln* ‚singen', nl. *kwinkeleeren* ‚singen' WolfWR 4440. ♦ **V:** *Quinten mal an* ‚sprich ihn an' [SG].

quisten swV. [SG]
– sagen [SG] ♦ **E:** rw. *quisten* ‚sprechen, reden' WolfWR 4428, ahd. *quedan* ‚sagen, reden'. ♦ **V:** *nowis quisten* ‚nichts sagen' [SG].

quitsch gehen swV., Phras. [WG]
– verhaftet werden [WG] ♦ **E:** zu wienerisch *quietschen* ‚ertappen'.

quitschen swV. [JeH]
– arbeiten [JeH] ♦ **E:** rw. *quitschen* ‚arbeiten' (WolfWR 4444, ohne Herleitung), wohl zu dt. *quitschen, quetschen* ‚hin und herlaufen' DWB XIII 2378.

quoken swV. [HF]
quocken [HF, HeF]
– verdienen [HF, HeF]; gewinnen [HeF] ♦ **E:** rw. *quocken* ‚verdienen, gewinnen' (WolfWR 4445), zu nl. *kwakken* ‚schmeißen, abwerfen, met. Gewinn erzielen'; rhein *quacken* ‚fertigbringen, verdienen' (RheinWb. VI 1260). ♦ **V:** *droth quocken* ‚Geld verdienen' [HeF]; *et huckt den ühl to quocken* ‚Es ist nichts zu verdienen' [HeF]

quock Subst. m. [HF]
– Gewinn [HF]; Verdienst [HF].

quolk Adv. [HF]
– kaum [HF] ♦ **E:** rhein. *quollig*, Variante zu rhein. *quatlich* ‚kaum' (RheinWb. VI 1271).

quonkert Subst. m. [WL]
– Zündholz [WL] ♦ **E:** lux. *Quonk* ‚Funke' (LuxWb. II 485).

quutsch Subst. [HF]
– Werg [HF] ♦ **E:** rip. und niederfrk. *quatsch* ‚Klumpen, Haufen, grössere Menge', z. B Garn, Werg u. a. (RheinWb. VI 1309).

R

raa Subst. n. [BB]
– Haar [BB] ♦ **E:** Inversion zu mdal. *(H)aar*. ♦ **V:** *Dä Nam hät tuere Raa* ‚Der Mann hat rote Haare' [BB].

raaber Subst. M. [EF]
– dürre Fichte [EF] ♦ **E:** dt. *rabe, rape* f. „ein hochsteigend gewächs, wird mit der zeit ein lange holzechte räbe" DWB XIV 7.

räadl Subst. [OJ]
räadleng Subst. [OJ]; **reiling** [RR]
– Blut [OJ, RR] ♦ **E:** wohl zu roi. *rat* ‚Blut', *radelo* ‚blutig' (WolfWZ 2698).

räafes ‚Gewinn, Geld' → *reibach*.

raasch Subst. m. [CL]
– Wut [CL]; Zorn [CL] ♦ **E:** zu frz. *rage* ‚Wut'.

rabanche Subst. f. [GM]
– Dickwurz (Futterrübe) [GM] ♦ **E:** roi. *rapani* ‚Rübe, Rettich' (WolfWZ 2686).

rabas Subst. m. [LJ]
– Profit [LJ] ♦ **E:** rw. *rebbes* < jd. *ribbis* ‚Zins' (WolfWR 4522, Avé-L. 454, Post 235). → *reibach*.

rabbsche swV. [CL]
– zusammenraffen [CL] ♦ **E:** pfälz. *rappschen* ‚schnell, hastig greifen, zusammenraffen' (PfälzWb. V 377).

rabenköppel Subst. n. [SK]
robbenköppel [SK]
– Lehrlingskapelle [SK] ♦ **E:** rw. *rabe* ‚angehender Dieb, Anfänger' < tschech. *rob* ‚Knabe' (WolfWR 4450) und mdal. *Kappel* ‚Kapelle'.

räbet Subst. n./ m. [KM]
räbede Pl. [KM]
– Hase [KM]; Kaninchen [KM] ♦ **E:** engl. *rabbit* ‚Hase'.

rabi Subst. m. [NW]
– Jude [NW] ♦ **E:** Kürzung von dt./jd. *Rabbiner*.

räble swV. [BM]
– Schläge bekommen [BM] ♦ **E:** schweizdt. *räblen* ‚wimmeln, poltern, lärmen, zanken' u. a. (SchweizId. VI 25). ♦ **V:** *es het gräblet* ‚es gab Schläge' [BM]
räbu Subst. m. [BM]
– Krach [BM]; Streit [BM]; Schwierigkeiten [BM].

rächa Subst. m. [OJ]
– Zähne [OJ] ♦ **E:** dt. *Rechen* ‚Harke zum Zusammenraffen von Heu u. ä.' „von piken, die wie zähne eines rechens ausgestreckt sind" DWB XIV 339 f. Benennungsmotiv: Ähnlichkeit von Zahnreihen und den Zinken von Rechen.

rachaim Subst. f. [Cl, PH]
– Mühle [CL, PH] ♦ **E:** rw. *rachaim* ‚Mühle' (WolfWR 4453) < jd. *rachaim*, hebr. *rêchaijim* (Post 234).
rachaimer Subst. m. [CL, PH]; **rachejoiner** [SPI, SS]
– Müller [CL, PH, SPI, SS]; Jude [SS].

racheilen swV. [StG]
– essen [StG] ♦ **E:** Nebenform von → *acheln (acheilen)*.

rachenputzer Subst. m. [LüJ]
– Schnaps, scharfer Schnaps [LüJ] ♦ **E:** rw. id. WolfWR 4456.

rächerling ‚Tabak' → *räuchling*.

rachmimen sw. V. [MB]
ramiemen [MB]
– stinken [MB]; riechen [MB]; heiß sein [MB]; *der macker rachmimt* ‚der Kerl stinkt' [MB] ♦ **E:** Umbildung zu jd. *chamiene* ‚Wärme, Hitze' (We 54; WolfWR 2655). Vgl. → *chammiene*.

rachmime Subst. f. [MB]; **ramieme** [MB]; **ramime** [MB]
– Hitze [MB]; Wärme [MB]; Geruch [MB]; Gestank [MB]; schlechte Luft [MB]; Dunst [MB].

rachmones Subst. f. [Scho]
– erbärmlicher Zustand [Scho]; Elend [Scho] ♦ **E:** jd. *rachmōnes* ‚Mitleid, Erbarmen, Elend, erbärmlicher Zustand' We 91, Klepsch 1153.

rachmonesdik Adj. [Scho]
– erbärmlich [Scho] ♦ **E:** jd. *rachmonesdik* ‚erbärmlich' We 91.

rackelo ‚Knabe, Bursche' → *racklo*.

rackern[1] swV. [JS, LJ, LüJ, MB, ME, PH]
rackera [LJ]; **rackeren** [LJ, LüJ]; **raggern** [GM]; **raggeren** [LüJ]; **raggæræ** [WJ]; **rakern** [ME]; **raggere** [JSW, LüJ]; **rackere** [JSW]; **rakkern** [JSW]

– reden [GM, LJ, LüJ, ME]; sprechen [GM, JS, JSW, LüJ, PH]; schwätzen [LüJ]; verstehen [GM]; erzählen [MB, ME]; labern [ME]; sagen [ME] ♦ **E:** roi. *rakern-* ‚sprechen, reden' (WolfWZ 2671); wohl unter Einfluss von rw. *rack* ‚Speichel' aus dt. *raksen* dt./mdal. ‚sich räuspern, speien', jd. *rok* ‚Speichel' (WolfWR 4459). ♦ **V:** *tschi raggere* ‚nicht (weiter)reden' [LüJ]; *raglai rackern* ‚Unsinn reden' [LJ]; *was rackert es denn an ihne?* ‚was erzählt sie ihm da?' [MB]; *er rackert nur schmüse* ‚er erzählt nur Märchen' [MB]; *Rom ragger die minsch.* Böse manische Beschimpfung [WJ]
verrackere swV. [RH]
– verraten [RH]
rackeln swV. [MM]; **raglen** [LüJ]
– sagen [MM]; reden [LüJ]; schwätzen [LüJ]; verleumden [LüJ] ♦ **E:** Derivat zu *rackern* oder gekürzt aus MM *rackawelen*.
rackawelen swV. [MM]; **rakawelen** [MM]; **rackeweelen** [MM]; **rackewehlen** [MB, MM]; **rackewehle** [JS]; **rackewelen** [MB, MM]; **rackwelen** [MM]; **rakerwehlen** [MM]; **rakewehlen** [MM]; **rakewelen** [MM]; **rakkerwehlen** [MM]; **rackewedeln** [MB]; **rackowehlen** [MB]; **reckewehlen** [MB]
– reden [LJ, MM]; sprechen [JS, LJ, MM]; ansprechen [MM]; behaupten [MM]; bereden [MM]; betätigen [MM]; erklären [MM]; erzählen [MM]; fragen [MM]; krähen [MM]; meinen [MM]; predigen [MM]; rufen [MM]; sagen [MM]; schwatzen [MM]; Mist reden [MB]; tönen [MM]; unterhalten [MM]; arbeiten [MB, WJ]; hart arbeiten [MB]; viel arbeiten [MB]; schwer arbeiten [MB]; heftig arbeiten [MB]; schuften [MB]; wühlen [MB]; Fußball spielen [MB] ♦ **E:** roi. *rackerwawa* ‚sprechen, reden' (WolfWZ 2671). ♦ **V:** *die ganze mispoke rakawelte durcheinander* ‚die ganze Verwandtschaft redete durcheinander' [MM]; *die schockfreier mußten jofel rakawelen, wenn se wat verscherbeln wollten* ‚die Kirmesleute mussten schönreden, um etwas verkaufen zu können' [MM]
verrackewehlen swV. [MM]
– erzählen [MM]
mitrackewelen swV. [MM]
– mitreden [MM]
rackewele Subst. f. [MM]; **rackewehle** [MM]; **rakewele** [MM]; **rakawele** [MM]
– Gerede [MM]; Geschichte [MM]; Gespräch [MM]; Plauderei [MM]; Rede [MM]; Rederei [MM]; Sprache [MM] ♦ **V:** *die rakawele hat 'ne ham jenne* ‚die Sache hat einen Bart' [MM]; *die kochume rackewehle* ‚Masematte' [MM]; *rakawele von die assemakeimers* ‚Fußballersprache' [MM]
boofkenrakawele Subst. f. [MM]
– Gaunersprache [MM]; Sprache der Asozialen [MM]
ganovenrakawehle Subst. f. [MM]
– Gaunersprache [MM]
katschemmenrakewele Subst. f. [MM]
– Kneipensprache, Masematte [MM]
massemattenrakewele Subst. f. [MM]
– Masemattensprache [MM]
oberrakawele Subst. f. [MM]; **oberrakewele** [MM]
– Hochdeutsch, Hochsprache [MM]
regierungsrakawele Subst. f. [MM]
– Regierungserklärung [MM]; Regierungsgespräche [MM]
sonderrakawehle Subst. f. [MM]
– Sondersprache [MM]
rackewelenzerche Subst. f. [MM]; **rackewehlenzerche** [MM]; **reackewelenzerche** [MM]
– Sprachwissenschaft [MM]
rackewelenzerchekabache Subst. f. [MM]
– Institut für (Allgemeine) Sprachwissenschaft [MM]
rakewehlenzerchologen Subst. m., Pl. [MM]
– Sprachwissenschaftler [MM]
raggebaskero Adj. [GM]
– geschwätzig [GM]; „viel reden" [GM] ♦ **E:** roi. *rakerpaskero* ‚beredt, geschwätzig' (WolfWZ 2671).
raggebaskero Subst. m. [GM]
– Rechtsanwalt [GM]; Redner [GM]; Richter [GM]; Schwätzer [GM]; Personen, die ein öffentliches Amt bekleiden. [GM] ♦ **E:** roi. *rakerpaskero* ‚Redner, Schwätzer' (WolfWZ 2671).
raggerpin Subst. f. [GM]
– Rede [GM]; Sprache [GM] ♦ **E:** roi. *rakerpen* ‚Sprache, Gespräch, Rede, Unterhaltung, Geschwätz' (WolfWZ 2671).
latschodehvesrackewehler Subst. m. [MB]
– Produktname, Bezeichnung für eine Spirituose [MB] ♦ **E:** *latscho dehves* s. → *latscho*[1].

---

rackern[2] swV. [MB]
rackeln [MM]; **rakeln** [MM]; **raggeren** [LüJ]
– arbeiten [LüJ, MB, MM]; schwer arbeiten [MB] ♦ **E:** dt./mdal. *rackern, sich abrackern* id., dt. (ant.) *Racker* ‚Abdecker, Schinder, Henker' DWB XIV 35.

---

racklo Subst. m. [JS, JSW, JSa, LüJ, MM, MUJ, RH]
rachlo [JSW]; **raggl** [Scho]; **ragglo** [WJ]; **rackelo** [GM]; **raglo** [JS, PH]; **raklo** [LüJ]; **raklow** [JS]
– Kind [GM, WJ]; Junge [GM, LüJ]; Jüngling [GM]; junger Mann [JSa]; Säugling [GM]; Laufbursche [WJ];

Knecht [JSW, LüJ, MUJ]; Kerl [MM]; Mann [MM]; Bruder [GM]; Arbeiter [JS, LüJ]; Bauer [RH]; Bursche [JS, PH]; Angestellter [JS]; angeworbene Hilfskraft [JS]; Schaustellergehilfe [LüJ]; Zirkushelfer [JS]; Hilfskraft, die nicht zum eigentlichen artistischen Personal gehört [JS]; Neger [JS]; Backel [Scho] ♦ E: rw. *rakló* ‚Knabe, Bursche, Knecht' (WolfWR 4473) < roi. *raklo* ‚Bursche, Knecht, Geselle, Diener, Knabe, Junge' (WolfWZ 2673). ♦ V: *de raglo hat mei schuck geschort* ‚der Arbeiter hat hundert Mark gestohlen' [JS]

rackeli Subst. n./f. [MM]; **rakli** [GM, LüJ, MB]; **rackli** [JSa]
– Kind [GM]; Säugling [GM]; Mädchen [GM, JSa, LüJ, MB, MM]; „schnäbbeliges Mädchen" [MM]; Frau [MM]; Fräulein [MB]; junges Weib [LüJ]; Magd [LüJ] ♦ E: rw. *rákli* ‚Mädchen, Dienstmagd' (WolfWR 4472) < roi. *rakli* ‚Mädchen, Dienstmädchen, Magd' (WolfWZ 2673).

rad ‚Taler' → *rat*.

rädchen Subst. n. [JSa]
räädschi [JSa]
– Uhr [JSa] ♦ E: wohl zu dt. *Rad*. Benennungsmotiv: Ähnlichkeit in der Form. → *radeln*. ♦ V: *wad schäffd ed Räädschi?* ‚Wieviel Uhr ist es?' [JSa].

radde ‚Nacht' → *ratt*.

radeln swV. [EF, MoM]
rädeln [EF, MoJ]; **radlen** [TK]; **radln** [TJ]; **rädla** [OJ]
– fahren [OJ, MoJ, TJ, TK]; tanzen [EF, MoM] ♦ E: zu dt. *Rad* DWB XIV 35 ff. Vgl. → *rädchen, radler*.
räder Subst. Pl. [StG]
– grosse Augen [StG] ♦ E: Benennungsmotiv: Augen, so groß wie Wagenräder.
râdel Subst. [Him]
– Wagen [Him]
rottel Subst. m. [JSa]; **roddel** [JSa]; **rotl** [TJ]
– Auto [JSa]; Wagen [JSa]; Wohnwagen [TJ]
rädleng[1] Subst. m. [LüJ, OJ]; **rädling** [MoJ]; **radling** [TK]; **radlinger** Subst. m. [TJ]
– Auto [TJ]; Karren [TJ]; Wagen [LüJ, MoJ, OJ, TJ]; Wohnwagen [TJ, TK]
eckenradl Subst. n. [WG]
– Betrügen beim Kartenspiel [WG]
oberkümftigrottel Subst. m. [JeS]
– Flugzeug [JeS]
unterkümftigfludirottel Subst. m. [JeS]
– Unterseeboot [JeS].

rädeln swV. [LJ]
– fesseln mit Handschellen [LJ]; abführen [LJ]; verhaften [LJ] ♦ E: zu fränk., schwäb. *Reitel* ‚Knebel zum Spannen eines Strickes, einer Kette' (SchwäbWb. V 288).
g'redelt Part. Perf., Adj., Adv. [SchJ]
– gefesselt [SchJ]; mit Handschellen versehen [SchJ]
zammraddle swV. [Scho]
– fest zusammenbinden [Scho]; Handschellen anlegen [Scho].

radeskerer Subst. m. [MUJ]
– Arzt [MUJ] ♦ E: dt. *rädern* ‚quälen', *-kehrer* Halbsuffix f. d. Agens: Knochenbrecher; vgl. dt. *radebrechen* DWB XIV 44 f.

rädleng[2] Subst. m. [LüJ]
– Wurst [LüJ] ♦ E: vgl. → *rädleng*[1] s.v. *radeln*, wegen der abweichenden Bedeutung wohl mit Einfluss von oder direkt zu schwäb. *Rädle* ‚Scheibe von einer Wurst'.

radler Subst. m. [Him]
– Schneider [Him] ♦ E: wohl zu dt. *Rad* ‚das ein Gangwerk betreibt', vgl. *Spinnrad*. DWB XIV 35 ff.
radlerin Subst. f. [Zi]
– Näherin [Zi].

rado Adj., Adv. [GM]
– froh [GM] ♦ E: roi. *rado* ‚froh, gern' (WolfWZ 2662).

radscha Subst. m. [JSW]
rädschei [PH]
– König [JSW]; Zigeunerkönig [JSW]; Pater [PH] ♦ E: *Raja* ‚König', engl. *raja(h)* < Hindi *rājā* < sanskritisch *rāja(n)*, vom Maharadscha verliehener Titel eines indischen Fürsten.

räfak Subst. m. [KM]
räfake [KM]
– Bauer [KM] ♦ E: Inversion von rw. → *kaffer* ‚Bauer'.

rafen swV. [WL]
– sortieren, sondern [WL] ♦ E: zu lux. *räfen* ‚raffen' LuxWB I 348. ♦ V: *grompere rafen* ‚Kartoffeln sortieren'.

raffen swV. [GM]
– begreifen [GM]; verstehen [GM] ♦ E: dt. *raffen* DWB XIV 57 ff., ugs. *etwas raffen* ‚verstehen, begreifen'.

räfzgere Subst. Pl. [JeS]
– Zähne [JeS] ♦ E: zu mdal. *Reff* ‚Gitter, Gitterwerk', „gestell aus stäben oder brettern zum tragen" DWB XIV 489 ff.

raggera swV. [LüJ]
– holen [LüJ]; halten [LüJ] ♦ **E:** wohl zu roi. *rak-* ‚sich kümmern um, beschützen, behüten, bewahren, bewachen' (WolfWZ 2670). ♦ **V:** *die soll doch dr mulo raggara* ‚Dich soll doch der Teufel holen' [LüJ]; *raggere dei mui* ‚nichts sagen' [LüJ]
raggergustri Subst. m. [GM]
– Ehering [GM].

raggern ‚reden, sprechen' → *rackern¹*.

ragglo ‚Kind, Bursche' → *racklo*.

ragits Subst. f. [BB]
– Zigarre [BB] ♦ **E:** Inversion zu mdal. *Zigarr*.
ragitsrät Subst. f. [BB]; **ragitsräert** [BB]
– Zigarette [BB]
ragitsrättälepsche Subst. n. Dim. [BB]; **ragitstälepsche** [BB]; **ragitstärtälepsche** [BB]
– Zigarettenblättchen [BB].

raglai Subst. m. [LJ]
– Unsinn [LJ] ♦ **E:** zu rw. *rageln* u. a. ‚verleumden, Gerüchte verbreiten' WolfWR 4467; schwer zu dt./ schwäb. *racker* Schimpfwort ‚durchtriebener Mensch' DWB XIV 34 f. (Racker 2). ♦ **V:** *raglai rackern* ‚Unsinn reden' [LJ].

rägnif Subst. m. [BB]
– Finger [BB] ♦ **E:** Inversion zu *Finger*.

rägnuu Subst. m. [BB]
rägno [BB]; **rängno** [BB]
– Hunger [BB] ♦ **E:** Inversion zu *Hunger*. ♦ **V:** *Isch han Rägno!* ‚Ich habe Hunger!' [BB].

rahlen swV. [GM]
– urinieren [GM] ♦ **E:** unsicher; evtl. zu *Ralle* ‚Wasservogel'; Parallelbildung zu *reihern* u. a. ‚erbrechen', zu *Reiher*.

raider Subst. m. [NrJ]
– Magen [NrJ] ♦ **E:** unsicher; evtl. zu *reide* f. ‚Krümmung, Drehung, bauchige Form' DWB XIV 618.

raifle Subst. n. Dim. [KP]
– Ring [KP] ♦ **E:** schwäb. zu dt. *Reif*.

raigemer ‚Militär' → *reges*.

rainen swV. ‚sehen, schauen, bemerken' → *roinen*.

rainli Adj. [GM]
– rein [GM]; sauber [GM] ♦ **E:** Kürzung aus dt. *reinlich* ‚sauber' (DWB VIII 708).

räistche Subst. n. [KMa]
– Ännchen [KMa] ♦ **E:** unsicher; evtl. zu dt. *Reiste* ‚zusammengedrehtes Bündel' (HessNassWb. II 831, DWB XIV 751), met. nach der Form.

rakawelen, rakern ‚sprechen, reden' → *rackern*.

rakoff Subst. m. [SS]
– Gendarm [SS] ♦ **E:** rw., zu jd. *rachwenen* ‚reiten' (WolfWR 4458).
rachwenen swV. [Scho]
– reiten [Scho]
rafgene swV. [Scho]
– reiten [Scho].

ragloimer ‚Hufe' → *regel*.

ralät Subst. m. [BB]
rälät [BB]
– Teller [BB] ♦ **E:** Inversion zu *Teller*.

rälgnusch Subst. m. [BB]
– Lehrjunge [BB] ♦ **E:** Inversion zu *Lehr* und *Jung* mit Lautwandel *j* > *sch*.

rallen¹ ‚essen', **rallepeng** ‚Essen' s. → *challen*.

rallen² swV. [ME]
– verstehen [ME]; kapieren [ME] ♦ **E:** aus roi. *haljarél* ‚verstehen' (Boretzky/Igla 1994: 105), rw. *rallen* aus dem finalen roi. *rél* entwickelt. ♦ **V:** *Rallst du das nicht?* ‚kapierst du das nicht?' [ME].

ralliken Subst. n. [MM]
– Mädchen, ungezogenes [MM]; schlechtes Mädchen [MM] ♦ **E:** westf. *ralleker* ‚ungezogenes Kind' (WWBA 1196).

rallo Subst. m. [MB]
– Kerl [MB]; Macker (untere Schicht) [MB] ♦ **E:** roi. *chalo* ‚Nichtzigeuner, Jude' (WolfWZ 1641).

ramaucken sw. V. [MB]
– Krach machen [MB]; lärmen [MB] ♦ **E:** zu ugs. *Rabauke* ‚Rüpel'. „Niederdeutsche Diminutivform (auf *-ke*) zu *Rabau* ‚Schurke', das aus nndl. *Rabauw* gleicher Bedeutung entlehnt ist. Dieses aus franz. *ribaud* (aus mlat. *Ribaldus*) ‚Lotterbube'. Also etwa ‚kleiner Schurke'" (Klu. 2011, 740).

rambass Subst. m. [OJ]
rambaß [PfJ]
– Bauer [OJ, PfJ]; grober Mensch [OJ] ♦ **E:** rw. *rammel, rambaß* ‚Bauer', zu dt. *Rammel* ‚Schafbock', „bezeichnung des stoszenden bullen und des widders" (WolfWR 4476, DWB XIV 76). → *rammel*.

rame Subst. [JeS]
– Messing [JeS] ♦ **E:** zu ital. *rame* ‚Kupfer'.

ramenautse Subst. Pl. [KM]
– Essensreste [KM] ♦ **E:** rhein. *Ramenanten* ‚Essreste, Gerümpel' RheinWb. VII 50.

ramentern sw. V. [MB]
– toben [MB]; rumtoben [MB]; randalieren [MB]; lärmen [MB]; rumräumen [MB]; sich unruhig verhalten [MB]; Krach machen [MB] ♦ **E:** westf. *ramenten, ramenteren* ‚lärmen' (WestfWb. 908).

ramer Subst. m. [BM]
– Nachmittag [BM] ♦ **E:** unsicher; evtl. deverbale Substantivierung zu rw. *rammeln* ‚zechen, spielen, schäkern', *Rammelabend* ‚Gasterei am Vorabend der Hochzeit' WolfWR 4477. Vgl. → *rammeln¹*.

ramme Subst. m. [SS]
– Betrüger [SS] ♦ **E:** rw. *ramme* ‚Betrüger' < jd. *ramme* ‚Betrüger' (WolfWR 4475).

rammel Subst. m. [PfJ, SJ, Zi]
ramml [OJ, RR, SJ]
– Bauer [OJ, PfJ, RR, SJ, Zi]; grober Mensch [OJ] ♦ **E:** rw. *rammel, rambaß* ‚Bauer', zu dt. *Rammel* ‚Schafbock', „bezeichnung des stoszenden bullen und des widders" (WolfWR 4476, DWB XIV 76). → *rambass*.
♦ **V:** *du gscheardr ramml!* ‚du dummer Kerl!' [OJ]
rammelmoss Subst. f. [SJ]; **rammlmoss** [OJ]; **rammelsmoß** [PfJ]
– Bäuerin [OJ, PfJ, SJ]
rammschaifel Subst. f. [RR]
– Bauer [RR] ♦ **E:** obdt./bair. *Schaifel* ‚Schaufel'.

rammeln¹ swV. [GM, SJ]
rammelo swV. [GM]
– koitieren [GM, SJ]; beischlafen [SJ]; vögeln [GM]
♦ **E:** rw. *rammeln* ‚zechen', *Rammelei* ‚lustiges Leben' aus dt. *rammeln* ‚schäkern, spielen, koitieren' (WolfWR 4477). Form *rammelo* Kontamination mit roi. *-elo*. Vgl. → ♦ **V:** *Ramer*.

râmmeln² swV. [EF]
rammeln [EF]
– ausrichten [EF]; bestellen [EF]; packen [EF]
eirammeln swV. [EF]; **eirâmmeln** [EF]
– einpacken [EF]
errammeln swV. [EF]
– verdienen [EF] ♦ **E:** aus mhd. *râmen* ‚zielen, streben nach', bes. ‚einen Saal bestellen' Wolf, Fatzersprache, 131.

rammeln³ in:
berammeln swV. [HK]
– begraben [HK]; beerdigen [HK] ♦ **E:** zu bergmännisch *rammeln* ‚von mehreren gängen, welche das gebürge durchsetzen' DWB XIV 77 s. v. rammeln 2.
♦ **V:** *Heuje weerd dee ullmische berammelt!* ‚Heute wird die Frau begraben!' [HK]; *der beeker wird berammeld* ‚der Mann wird beerdigt' [HK].

rammesures Subst. m. [CL]
– Aufwand [CL] ♦ **E:** zu pfälz. *ramassieren* ‚planlos herumwirtschaften, durcheinanderbringen, aufräumen, ausräumen, suchen' (PfälzWb. V 358) < frz. *ramasser* ‚sammeln'.

ramor Subst. m. [RH]
ramborcher Subst. m. Pl. [RH]
– Besen [RH] ♦ **E:** unsicher; evtl. zu frz. *rameau* ‚Zweig'.

rampe¹ Subst. f. [KMa]
– Rippen [KMa] ♦ **E:** zu dt. *rampe* ‚Geländer einer Treppe' DWB XIV 81, met. nach der Form.

rampe² Subst. f. [MB]
rabimpe Subst. f. [MB]
– Rampenloch (Mindener Bordell) [MB]; Puff [MB]
♦ **E:** Kürzung aus ON/Straßenname *Rampenloch* (Mindener Oberstadt); vgl. appellativisch dt. *rampeln* ‚durch Püffe und Stöße misshandeln' DWB XIV 81, nd. *rampe* ‚Menge verschiedener Sachen in einer Sammlung' DWB XIV 80. *rabimpe* Verfremdung durch Bi-Sprache. ♦ **V:** *inne rabimpe* ‚im Puff' [MB].

räms Subst. m. [JeS]
– Kantonsverweis (Aufenthaltsverbot in einem Kanton) [JeS] ♦ **E:** Zu jd. *rémes* ‚Wink, Andeutung, Bekanntmachung', hebr. *rémes* (WolfWR 4557, SchweizId. VI 954, 957 f.). ♦ **V:** *i ha de räms beharcht* ‚ich habe den Kantonsverweis bekommen' [JeS].

ramsch Subst. m. [CL]
– minderwertige Ware [CL] ♦ **E:** rw. *ramme* ‚Betrüger', *Ramsch* ‚Gaunererlös' aus jd. *romo* ‚er hat betrogen' (WolfWR 4475) oder direkt zu oder beeinflusst von pfälz. *Ramsch* ‚minderwertige Ware, Plunder, Ausschuss' (PfälzWb. V 361) < frz. *ramas* ‚wirre Menge von Dingen'.

rämsche swV. [BB]
– schmieren [BB] ♦ **E:** Inversion zu mdal. *schmäre*.

ramsen swV. nur in:
beramsen [SJ]
– verraten [SJ] ♦ **E:** rw. *beramsen* ‚betrügen' aus jd. *romo* ‚er hat betrogen' (WolfWR 4475).

rämtsch Subst. m. [BM]
– Rahmen [BM] ♦ **E:** mdal./schweidt. zu dt. *Rahmen*.

randale Subst. f. [MM]
– Ärger [MM]; Aufstand [MM]; Getöse [MM]; Krach [MM]; Lärm [MM]; Spektakel [MM]; Streit [MM]; „mehr als Streit, halber Aufruhr" [MM]; „was die heut' so machen, die Skinheads und die..." [MM] ♦ **E:** dt. *Randal* ‚Lärm' DWB XIV 88, Herleitung unsicher, aus der Studentensprache, evtl. kontaminiert mit *Skandal*; ugs. *randalieren, Randale machen.* ♦ **V:** *war ne hamel randale* ‚es gab eine Menge Ärger' [MM]

randalebeis Subst. m./n. [MM]
– Radaubude [MM].

rande Subst. m./f. [Him, JeS, KP, LüJ, MUJ, OJ, PfJ, SJ, WJ, Zi]
randi [JeS, LoJ, SchJ, TJ]; **rende** [LJ]; **randa** [JeS]
– Sack [JeS, LoJ, LüJ, MUJ, SJ, WJ]; Rückentragesack [OJ]; Ranzen [Him, OJ, PfJ, WJ]; Tasche [JeS, SJ, WJ, Zi]; Beutel [LJ]; Geldbeutel [JeS, SJ]; Portemonnaie [KP]; Hosentasche [LüJ]; Rocktasche [LüJ]; Bauch [JeS, LüJ, MUJ, OJ, PfJ, SJ, SchJ, TJ, WJ]; Körper [TJ]; Behälter [JeS]; Schachtel [JeS]; Schrank [JeS]; Rucksack [JeS]; Kessel [JeS] ♦ **E:** rw. *rande* ‚Sack, Beutel, Tasche', zu dt. *Ranzen* ‚Reisesack, Tragesack' (WolfWR 4483, Klepsch 1159, SchwäbWb. V 126/127); vgl. → *ruefer*. ♦ **V:** *randi vollkippen* ‚sich satt essen' [SchJ]; *Baizermoss, i lins, der ketscht an jesesmäßiga rande, wenn do von dr massfetzerei schling ond a bossert drin hauert, no kennemer a gwande mansche haure* ‚Wirtin, ich sehe, er trägt einen jesesmäßigen Sack, wenn dort von der Metzgerei Wurst und Fleisch drin ist, dann können wir ein gutes Essen machen' [SJ]; *Hoimde scharle, wenn dir dei moss nowes zom achla gricht hot, no kascht deine näpfer hier kehrig schenegla losse, bis dei rande so aussieht, wia am massfetzer sei wamp* ‚Wart ab Schultes, wenn dir deine Frau nichts zum Essen gerichtet hat, dann kannst du deine Zähne hier tüchtig arbeiten lassen, bis dein Bauch so aussieht, wie dem Metzger sein Bauch' [SJ]; *Dr benk hot da kaffer mit am härtling dupfd, das dr rötling gschepfd ischd no hotr en dr deisd ond em seine boschr aus am rande zopfd dr klischde hot den vermuffda schure en da kanlo gschmissa wega dem hallas, dr gomel hod droht, hoim de, sonschd machschd ama schena schei da baumelma* ‚Der Mann hat den Bauer mit dem Messer gestochen, daß das Blut gelaufen ist, dann hat er ihn erschlagen und ihm sein Geld aus der Tasche genommen, der Polizist hat den schlechten Kerl ins Gefängnis geschmissen wegen dem Streit, der Amtsrichter hat gedroht, pass auf, sonst wirst du eines schönen Tages aufgehängt' [SJ]; *die hott ne rende voll staubert und en waider mit relling, liranägel und dürre blohose* ‚die hat einen Beutel voll Mehl und einen Sack voll Erbsen, Bohnen und dürren Zwetschgen' [LJ]

doberers randi Subst. m./f., Phras. [SchJ]
– Tabaksbeutel [SchJ]

lobirandi Subst. m./f. [JeS]
– Geldbeutel [JeS]; Geldkassette [JeS]; Portemonnaie [JeS]

einrandelae swV. [LüJ]
– einstecken [LüJ]; einpacken [LüJ]; einheimsen [LüJ]; ausbeuten [LüJ]; einschieben [LüJ].

randel Subst. n. [SJ]
– ausgelassene Frau [SJ] ♦ **E:** schwäb. *Randel* ‚mannstolle Frau' (SchwäbWb. V 127).

randemaskera Subst. f. [SK]
– Flöte [SK] ♦ **E:** roi. *randemaskeri* ‚Feile' (WolfWZ 2682).

randern swV. [GM]
– kratzen [GM]; schaben [GM] ♦ **E:** rw. *randar* ‚schreiben' (WolfWR 4481) < roi. *rand-* ‚kratzen, schaben, feilen, eggen, schreiben, rasieren' (WolfWZ 2682).

randschern swV. [GM]
– entkleiden [GM]; kleiden [GM] ♦ **E:** roi. *rands-* ‚kleiden, auskleiden, entkleiden, entblößen' (WolfWZ 2683).

räne swV. [BM]
– rechnen [BM] ♦ **E:** mdal./schweizdt. zu dt. *rechnen*.

ränig Subst. n. [BM]
– Rechnung [BM].

ranez Subst. m. [WG]
– Rucksack [WG] ♦ **E:** unsicher; evtl. zu → *rande*.

rangēse Subst. Pl. [PH]
– Dickrüben [PH] ♦ **E:** wohl zu roi. *randevâva* ‚schaben'.

rangewitsche Subst. Pl. [KMa]
rankewittche [KMa, OH]
– Handschuhe [KMa, OH] ♦ **E:** poln. *rękawiczki* ‚Handschuhe'.

ranggerle Subst. n. [TJ]
rankerle [TK]
– Kind [TJ, TK] ♦ **E:** jen. *ranggerle* ‚Kind', rw. *rangeln* ‚raufen' WolfWR 4485.
gleistrampelranggerle Subst. n. [TJ]
– Kalb [TJ] ♦ **E:** rw. *gleis* ‚Milch', dt. *trampeln*. [TJ]
ranker Subst. m. [TK]
– Kind [TK].

rangkert Subst. n. [NrJ, SP]
rangkerten Pl. [SP]
– Pferd [NrJ]; Esel [SP] ♦ **E:** rw. *rankert* ‚Esel', zu dt. *ranken* ‚schnarchen, röchelnd brüllen' (WolfWR 4487).

räntsch Subst. m. [BM]
– Rand [BM] ♦ **E:** mdal./schweizdt. zu dt. *Rand*.

ranzen Subst. m. [EF]
ranze [BM, Scho]; **ranza** [LJ]; **ranzn** [EF]
– Bauch [BM, EF, LJ, Scho] ♦ **E:** schwäb. *Ranzen* ‚Tornister, Sack, Tasche', derb: ‚Bauch, Leib' (SchwäbWb. V 133). vgl. → *ruefer*. ♦ **V:** *d'moss buckelt en ranza* ‚die Frau ist schwanger' [LJ]
ranzafizza Subst. n. [LJ]
– Bauchweh [LJ] ♦ **E:** schwäb. *fitzen* ‚reizen' (SchwäbWb. II 1529).
ranzeschnitte Subst. Pl. [BM]
– Prügel [BM]
ranzenspanner Subst. m. [SPI]
– schlechter Wein [SPI]
ranzling Subst. m. [RR]
– Sack [RR]
dobererszanza Subst. m. [LJ]
– Tabaksbeutel [LJ].

ranzen swV. nur in:
anranzen [CL, SJ]
– anbetteln [CL, SJ] ♦ **E:** dt. *ranzen* „ranzen in anranzen ‚anfahren, schelten, schimpfen'" DWB XIV 111 f., schwäb. *anranzen* (SchwäbWb. I 246).

rap Subst. m. [KM]
rape [KM]
– Fünfmarkstück [KM] ♦ **E:** wohl zur Münzbezeichnung *Rappen* DWB XIV 116 Rappe 4.

rapchene Subst. f. [Scho]
– Kuh, die in der Herde andere bespringt [Scho] ♦ **E:** jd. *rapchene* ‚Kuh, die andere Tiere in der Herde bespringt' We 91.

rapesbo ON [RR]
– Regensburg [RR] ♦ **E:** aus dem romanischen Namen der Stadt: *Ratisbona* (WolfWR 4489).

rappegautscher Subst. m. [KP]
– Most [KP] ♦ **E:** dt. *Rappen* ‚Stiegerüst der Traube' und schwäb. *gautschen* ‚schaukeln, schwappen'.

räpple Subst. n. Dim. [LüJ, UG]
– Mark [LüJ, UG] ♦ **E:** zu dt. *Rappen* (Münzbezeichnung), DWB XIV 120 (Rappenmünze); evtl. Einfluss von rw. *rebbes* ‚Zins, Gewinn, Ertrag' aus jd. *ribbis* ‚Zins' (WolfWR 4522). ♦ **V:** *dribisräpple* ‚Taler (drei Mark)' [LüJ]; *halbs räpple* ‚eine halbe Mark' [LüJ].

rapsche swV. [BB]
– sparen [BB] ♦ **E:** Inversion zu *sparen*.
rapschfoierung Subst. f. [BB]
– Sparfeuerung [BB].

räs Subst. Pl. [KM]
– Schläge [KM]; Prügel [KM] ♦ **E:** zu dt. *räsz* ‚beißend, schneidend' „scharf, bitter, heftig, von worten und handlungen" DWB XIV 154 ff.

räsäp Adj. [BB]
– besser [BB] ♦ **E:** Inversion zu *besser*, Komparativ zu *gut*.

raschaji Subst. m. [GM]
raschai [JSa, LüJ]; **raschei** [MUJ]; **ratschäi** [JeS]
– Pfarrer [GM, JeS, LüJ, MUJ]; Pastor [JSa]; Priester [GM]; Päderast [GM]; katholischer Priester [JeS]; Protestant [JeS]; Rabbiner [JeS]; Geistlicher [JeS] ♦ **E:** rw. *raschai* < roi. *raschai* ‚Priester, Pfarrer, Pastor, Geistlicher, Kaplan, Mönch' (WolfWR 4490, WolfWZ 2695).

raschbelgoije Subst. f. [CL]
rabbelgoie [CL]; **raschbelgoie** [CL]
– Hebamme [CL] ♦ **E:** zu pfälz. *Raspel* ‚weibl. Scham' (PfälzWb. V 384) und zu *goie* (unter → *goi¹*).

raschi Subst. n. [JeS]
– Weidenkorb [JeS]; aus Weidenkorb geflochtene Zeine [JeS] ♦ **E:** schweizdt. *Raschi* ‚Hutte (aus Weiden geflochtener, trichterförmiger Rückentragekorb), Mistkratten, Hutte für Kinder' (SchweizId. VI 1461).

rasglen nur in:
berasglen swV. [UG]
– bezahlen [UG] ♦ **E:** roi. (Kapff, 214).

rasieren sw. V. [MB]
– abzocken [MB]; bescheißen [MB]; dribbeln (beim Fußball) [MB]; einen betrügen [MB]; einen übervorteilen [MB] ♦ **E:** ugs. *rasieren* ‚übertölpeln, betrügen' Kü 651.

räsling Subst. m. [LJ, MUJ]
räßleng [LüJ, OJ]; **raeßling** [Him]
– Käse [LJ, LüJ, MUJ]; Rettich [Him, OJ] ♦ **E:** zu schwäb. *räß* ‚scharf auf der Zunge' (SchwäbWb. V 146).

räspede Subst. Pl. [KM]
– Haare [KM] ♦ **E:** unsicher; evtl. zu dt. *raspen* ‚schaben, kratzen' DWB XIV 143.
räspedekuuter Subst. m. [KM]
– Friseur [KM].

raspeln swV. [EF]
rasbeln [HK]; **raschpeln** [EF]
– heiraten [EF, HK] ♦ **E:** wohl Kürzung aus → *heiraspeln* oder → *verraspeln*. ♦ **V:** *den schdends tät ich nicht rasbeln* ‚den Mann würde ich nicht heiraten' [HK].

rassl Subst. [OJ]
– Kette (Ring) [OJ] ♦ **E:** zu dt. *Rassel* ‚Klapper' DWB XIV 144.
rasslkibb Subst. m. [OJ]
– Kettenhund [OJ].

rästam Subst. m. [BB]
– Meister [BB] ♦ **E:** Inversion zu mdal. *Maaster* ‚Meister'.

rasten sw.V. [MB]
– trinken [MB] ♦ **E:** zu dt. *rasten* ‚ausruhen' DWB XIV 152 f., Pars-pro-toto-Metonymie.

rastepeng¹ sw. V. [MB]
– jmd. übervorteilen [MB] ♦ **E:** unsicher; evtl. zu roi. *ratepen* ‚Dunkelheit, Finsternis' (WolfWZ 2698) oder rw. *beng* ‚Teufel', evtl. zu dt. *rasteln* „mit einander umb die wett ringen, wer am sterkesten ist" DWB XIV 152.

rastepeng² Subst. [MB]
– Hände [MB] ♦ **E:** unsicher; evtl. zu → *rastepeng¹*.

rat¹ Subst. m. nur in:
jemandem einen Rat über drei Ecken schicken ‚Jemanden benachrichtigen, daß man ihn sucht (z. B. um ihn zu verhauen)' [WG] ♦ **E:** zu dt. *Rat* DWB XIV 156 ff.

rat² Subst. f./m. [EF, MM, RA]
rad [JS]; **raat** [KM]; **râtt** [EF]; **raate** [KM]; **ratt¹** [CL, LL, MM, MoM, OH, PH, SS, Scho, StG, WH, WL]; **rätt** [EF]; **râtt'n** [EF]; **rattche** Subst. n., Dim. [CL, LL]; **rattchen** [WL]; **rättchen** [WL]; **rätlein** [EF]; **rattl** [EF, MoM]
– Taler, Thaler [CL, KM, MM, MoM, OH, PH, RA, SS, Scho, StG, WH, WL]; 2 Thaler [StG]; drei Mark [CL, JS, LL, MM] ♦ **E:** rw. *rat* ‚Taler, Mark' (WolfWR 4497) < jd. *ratt* zu den hebr. Buchstaben *res* und *tet*, Kürzung aus *Reichstaler*: R(a)T (We 92, Avé-L. 456, Post 223, Klepsch 1160); in Verbindung mit Kardinalzahlen oder anderen Geldwertbezeichnungen als Multiplikator: x mal 3 (Siewert, WB Viehhändlersprache, 94). ♦ **V:** *olf ratt* ‚ein Taler' [SS]
beisrad Subst., Phras. [StG]
– 2 Thaler [StG]
meirat Subst., Phras. [MM]
– 300 Mark [MM]

rateburgere swV. [BM]
– Rat halten [BM] ♦ **E:** zu dt. *raten* in Anlehnung an den ON *Radeburg*.

räts Subst. f. [LJ]
– Gans [LJ] ♦ **E:** rw. *retscha* ‚Ente' < roi. *retsa* ‚Ente' (WolfWR 4562, WolfWZ 2729).
rätsabäts Subst. n. [LJ]
– Gänseei [LJ].

ratschn Subst. f. [WG]
– Maschinenpistole [WG]; Uhr [WG] ♦ **E:** zu dt. *ratschen* ‚rasseln, klappern' DWB XIV 190 f.

rätsnäf Subst. n. [BB]
– Fenster [BB] ♦ **E:** Inversion zu *Fenster*.
rätsnäfesalesch Subst. n. [BB]
– Fensterglas [BB].

ratt³ Subst. m./f./n. [LoJ, SJ]
ratte [HLD, JeS, LüJ]; **MUJ, SJ, TK]; **ratti** [JeS]; **rat** [LüJ]; **rate** [SJ]; **ratt(e)** [Gmü, Him, Wo]; **radde** [LJ, LüJ, WJ], **radte** [LüJ]; **radder** [LüJ];
– Nacht [GM, Gmü, HLD, Him, JeS, LJ, LoJ, LüJ, MUJ, SJ, TK, WJ, Wo]; Abend [GM, JeS, LüJ, SJ]; Dunkelheit [LüJ] ♦ **E:** rw. *rat, ratte* ‚Nacht' < roi. *rat* ‚Nacht' (WolfWR 4496, WolfWZ 2698). ♦ **V:** *latsche ratt, lat-*

scho ratte ‚gute Nacht' [LüJ, SJ]; *e kwants Ratti!* ‚gute Nacht!' [JeS]
ratt Adj. [GM, SJ]; **ratt(e)** [Gmü, Him, Wo]; **ratte** [JeS]
– dunkel [Gmü, Him, SJ, Wo]; finster [JeS]; *radda naachd* ‚stockdunkel' [OJ] ♦ **E:** tautologische Bildung zu *ratt* ‚Nacht' und dt. *Nacht*.
sommerrat Subst. [LüJ]
– Sommernacht [LüJ] ♦ **V:** *ein tschirklo gielt im lindogascht in latscho sommerrat* ‚ein Vogel pfeift im Lindenbaum in lauer Sommernacht' [LüJ].
rättebutten Subst. n. [UG]
– Nachtessen [UG]
rattepin Subst. f. [GM]
– Dunkelheit [GM]; Finsternis [GM]; Nacht [GM] ♦ **E:** roi. *ratepen* ‚Dunkelheit, Finsternis' (WolfWZ 2698).
rattendoves Subst. m. [SJ]
– Dunkelarrest [SJ] ♦ **E:** rw. *rattendoves* ‚Dunkelarrest' (WolfWR 4496, SchwäbWb. V 164). Vgl. → *dofes*.
ratteschunter Subst. m. [JeS]
– Nachttopf [JeS]; Nachtgeschirr [JeS].

ratt[4] Subst. n. [GM, LüJ]
– Blut [GM, LüJ] ♦ **E:** rw. *rat* ‚Blut' (WolfWR 4495) < roi. *rat* ‚Blut' (WolfWZ 2697).
rattepin Subst. n. [GM]
– Blut [GM] ♦ **E:** roi. *ràdepenn* ‚Geblüt, Blutung' (WolfWZ 2697).
rattern swV. [GM]
– bluten [GM] ♦ **E:** roi. *rat-* ‚bluten' (WolfWZ 2697).
rattwille Adj. [GM]
– blutig [GM] ♦ **E:** roi. *ratwalo, ratvelo* ‚blutig' (WolfWZ 2697).

rattl Subst. n. [Him]
– Reh [Him] ♦ **E:** unsicher; evtl. zu rw. *rat* ‚Nacht' WolfWR 4496, vgl. *rattegänger* ‚jmd., der nachts unterwegs ist'. → *ratt*[2].

ratza swV. [OJ]
– eilen [OJ]; rennen [OJ] ♦ **E:** rw. *ratzen* ‚laufen, eilen' < jd. *razen, ruzen* (WolfWR 4503, Klepsch 1161).

ratzen[1] swV. [MB, MM]
ratza [OJ]
– schnarchen [MM, OJ]; schlafen [MB, MM]; schlummern [MM] ♦ **E:** wohl zu dt. *Ratz* ‚Ratte, Siebenschläfer', vgl. *schlafen wie ein Ratz*; ebenso *ratzen* (ugs.) ‚fest schlafen' (Klu. 1995: 669); evtl. Einfluss von rw. *ratt* ‚Nacht' (WolfWR 4496) aus roi. *rat* ‚Nacht' (WolfWZ 2698), vgl. → *ratt*[3].

ratzen[2] swV. nur in:
verratzt Adv. [MM]
– verloren [MM] ♦ **E:** rw. *verratzen* ‚verlieren, verraten' (WolfWR 4499).

rau Adj. nur in:
raua Menge ‚viel' [OJ] ♦ **E:** dt. *rauh, roh* DWB XIV 210, *in rauen Mengen* ‚sehr viel'.

rauchen swV. in:
eine anrauchen Phras. [WG]
– jmd. niederschießen [WG] ♦ **E:** unsicher; zu dt. *rauchen* oder zu oder beeinflusst von rw. *brauges* ‚böse, zornig', *roges, rochus* ‚Zorn' aus jd. *roges* ‚Zorn' (WolfWR 667), jd. *rouches* ‚Zorn' Klepsch 1185. ♦ **V:** *jemanden mit den Humaniks eine anrauchen* ‚jemanden mit den Schuhen treten' [WG].

räuchling Subst. m. [LüJ]
rächerling [NJ, RH]; **recherling** [NJ]; **raichaling** [RR]
– Zigarre [LüJ]; Zigarette [RR]; Tabak [NJ, RH]; Rauchfleisch [LüJ]; Speck [LüJ] ♦ **E:** rw. *räuchling* ‚Zigarre, Zigarette' (Wolf WR 4510), zu dt. *Rauch*; Derivation mit dem Suffix *-ling*. SchwäbWb. V, 177 (*Räuchling*).

raude Subst. f. [KP]
– Tragegestell [KP] ♦ **E:** unsicher; evtl. zu dt. *Raute* ‚gleichseitiges, schiefwinkeliges Viereck', DWB XIV 319 f.; SchwäbWb. V 195 mit diesem Beleg.

rauerts Subst. [NJ]
rauert [SE]; **rautz** [JS, NJ]; **rouet** [KM]; **rouede** [KM]; **rabert** [RH]
– Katze [JS, KM, NJ, RH, SE] ♦ **E:** rw. *raubarth, rauert* ‚Katze', zu dt./mdal. *rauen* ‚miauen' (WolfWR 4506). ♦ **V:** *os rautz achielt wie enne grannige kailoff* ‚unsere Katze frisst wie ein großer Hund' [JS]; *os rautz schäft dinlo* ‚unsere Katze ist bekloppt' [JS]
räutzche Subst. n. Dim. [JS]
– kleine Katze [JS].

rauf ‚Hunger' → *rof*.

raufer Subst. m. [MB, MM]
rauffer [ME]; **rover** [CL]; **roufe** [Scho]
– Arzt [CL, ME, MM, Scho]; Doktor [Scho]; Tierarzt [MB] ♦ **E:** rw. *rofe, raufe* ‚Arzt' < jd. *raufer* ‚Arzt' (WolfWR 4617, We 92, Post 235) < hebr. *rôphäh*. ♦ **V:** *die holten nur 'n raufer wenn se halb am peigeln waren* ‚sie holten nur einen Arzt, wenn sie fast starben' [MM]; *der seeger war beim rafer, weil sein flunken inne machulle war* ‚der Mann war beim Arzt, weil sein Bein verletzt war' [MM]

refue Subst. f. [SS]
– Arznei [SS] ♦ **E:** zu hebr. *rephûâh* ‚Heilung, Arznei' (Bischoff, WB d. Geheim- u. Berufssprachen 71).

schnojemroufe Subst. m. [Scho]
– Zahnarzt [Scho].

rauke swV. [JeS]
– verhaften [JeS] ♦ **E:** unsicher; evtl. zu rw. *rochel* ‚Verleumder', aus jd. *rechíleß* ‚Verleumdung, üble Nachrede' (WolfWR 4467).

raul Subst. f. [LoJ]
– Harmonika [LoJ] ♦ **E:** wohl zu schweizdt. *g(e)rau^w-le^n* ‚schreien, von der Katze' SchweizId. VI 1874; vgl. auch *räbeln* ‚lärmen' DWB XIV 7.

raumbuacher Subst. m. [RR]
– Pfennig [RR] ♦ **E:** unsicher; evtl. zu bair. *Bucher* ‚Buchecker' Schmeller III 649, met. für Münzen, vgl. Erbsen, Kohle etc.

raumpfm swV. [LoJ]
– kämpfen [LoJ] ♦ **E:** schweizdt. *rauffe^n*, *raupfe^n* ‚sich balgen' SchweizId. VI 642.

räunen ‚sehen, blicken' → *roinen*.

rauschert[1] Subst. m. [HK]
rauscherd [HK]
– Ohr [HK]; Wald [HK] ♦ **E:** zu dt. *rauschen* DWB XIV 306 ff.

rauschert[2] Subst. m./n. [HLD, Him, KJ, LJ, LüJ, NJ, SE, SK, SchJ]
rauchert [SE]; **rauschrd** [OJ]; **rouschert** [NrJ]; **ruscherd** [HK]; **roscherd** [HK]; **rauscherd** [HK]; **ruschert** [HF, HK, SP]; **rauscher** Subst. m. [HLD, MB, StG]; **rausch** Subst. m. [TJ]; **ruuschi** Subst. f./n. [JeS]; **rusche** [JeS]; **ruschi** [JeS]
– Stroh [HF, HK, Him, JeS, KJ, LJ, LüJ, MB, NrJ, OJ, SE, SK, SP, SchJNJ, StG, TJ]; Scheune [HF, HeF, SK]; Bett [HK]; Strohlager [HLD]; Sofa [HLD] ♦ **E:** rw. *rauscher* ‚Stroh, Strohsack' < dt. *rauschen* (WolfWR 4519, Klepsch 1163); Benennungsmotiv: raschelndes Geräusch. ♦ **V:** *im rauschert pennen* ‚im Stroh schlafen' [NJ]; *rauscher machen* ‚auf Stroh schlafen' [StG]; *wir heejn aufn ruscherd gebennd* ‚wir haben auf Stroh geschlafen' [HK]; *i tschaan i d ruuschi go schluune* ‚ich gehe im Stroh schlafen' [JeS]

rauschertrandi Subst. f. [SchJ]
– Strohsack [SchJ]

rauschertranzen Subst. m. [LJ]
– Strohsack [LJ]

ruschertstent Subst. f. [HF, HeF]
– Scheune [HF]

ruschertsteps Subst. m. [HF]
– Strohhut [HF]

rauschen swV. [SK]
– schlafen [SK].

ravert Subst. M. [JeH]
raavert [SP]; **raavat** [SP]
– Bürgermeister [JeH, SP] ♦ **E:** zu rw. *ravert* ‚Bürgermeister', *raue* ‚Hirte', aus jd. *roe* ‚Hirt' (WolfWR 4512).

räwerling Subst. m. [JSW]
– kleines Kind [JSW] ♦ **E:** zu dt. *rab-, rabschnabel* „schimpfwort für einen jungen menschen, wie sonst gelbschnabel, grünschnabel, mit beziehung auf vorlautes gebahren, das mit demkrächzen eines raben in vergleich gesetzt wird" DWB XIV 12.

rawine Subst. f. [LüJ]
– Leiter [LüJ] ♦ **E:** rw. *trapin(e), rabine, rawine* ‚Leiter, Treppe' < poln. *drabina* ‚Leiter' (WolfWR 5882).

reøræ swV. [WJ]
– brüllen [WJ]; heulen [WJ] ♦ **E:** schwäb., fränk. *reren* ‚brüllen, heulen' < mhd. *rêren* (SchwäbWb. V 311).

rebach ‚Profit' → *reibach*.

rebbe Subst. m. [Scho, StG]
– Lehrer [Scho, StG] ♦ **E:** rw. *rebbe* ‚Rabbiner', aus jd. *rebbe* ‚Rabbiner' (WolfWR 4521, Klepsch 1165).

rebe Subst. [MM]
– Knüppel, Stock [MM]; Prügel [MM] ♦ **E:** wohl kurz aus rw. *rebmosche* ‚ein 50 cm langes, an einem Ende spitzes Brecheisen zum Aufsprengen verschlossener Behältnisse; es ist mit schwarzem Leinenband o. ä. umwickelt', „sieht aus wie ein Spazierstock und dient zugleich als Waffe", „bedeutet an sich ‚Rabbi Moses'" (WolfWR 4523). → *remohrchen*.

rebeln swV. [WG]
– stehlen [WG] ♦ **E:** dt. *rebeln* ‚zupfen, kämmen' DWB XIV 327. ♦ **V:** *die Gurke rebeln* ‚onanieren' [WG].

reboschidnäm ON [BB]
– Obermendig (Ortsteil von Mendig, Rheinland-Pfalz) [BB] ♦ **E:** Inversion des Ortsnamens.

rechen Subst. m. [KMa]
reache [KMa]
– Kamm [KMa] ♦ **E:** dt. *Rechen* „gerät zum zusammenraffen oder -kratzen" DWB XIV 339 f.

recken ‚Soldat' s. → *reges*.

redaf Subst. m. [BB]
– Vater [BB] ♦ **E:** Inversion zu *Vater*. ♦ **V:** *Esch hanem Redaf jeschribe* ‚Ich habe dem Vater geschrieben' [BB].

redef Subst. n. [BB]
– Wetter [BB] ♦ **E:** Inversion zu *Wetter*.

redel Subst. [CL]
– Blut [CL] ♦ **E:** rw. *rötel, rötling* ‚Blut' (WolfWR 4648), zu dt. *rot*.

redeln ‚fesseln, in Handschellen legen' → *rädeln*.

redem Subst. f. [BB]
– Mutter [BB] ♦ **E:** Inversion zu *Mutter*.

redin Adv. [BB]
– nieder [BB] ♦ **E:** Inversion zu *nieder*.
redinschitnäm ON [BB]
– Niedermendig [BB].

redl Subst. [RR]
– Sauermilch [RR] ♦ **E:** rw. *redl* ‚Sauermilch' (WolfWR 4531, ohne Herleitung).

redoo Konj. [BB]
– oder [BB] ♦ **E:** Inversion zu *oder*. ♦ **V:** *Rip ree, Rip ree, redoo sche laaf muu!* ‚Bier her, Bier her, oder ich fall um!' [BB].

ree Adv. [BB]
– her [BB] ♦ **E:** Inversion zu *(h)er*.

reedäf Subst. f. [BB]
– Feder [BB] ♦ **E:** Inversion zu *Feder*.
redäftäp Subst. n. [BB]
– Federbett [BB].

reesch Subst. f. [HF]
resch [HeF]
– Perücke [HF, HeF] ♦ **E:** rw. *rosch, resch* ‚Kopf, Perücke' aus jd. *rosch* ‚Kopf, Haupt' (WolfWR 4633); womgl. Einfluss von rhein. *Risch* ‚dünne Erdscholle mit Grasnarbe' (RheinWb. VII 475).

reesen swV. [MM]
reeßen [MM]; **resen** [MM]
– erklären [MM]; erzählen [MM]; reden [MM]; sprechen [MM] ♦ **E:** unsicher; evtl. zu jd. *geseire* ‚böser Zustand' (We 64), rw. *geseires* ‚unnützes Geschwätz' (WolfWR 1764).

rees Subst. n. [MM]
– dummes Gerede [MM]; Erzählung [MM]; Lied [MM]; Ärger [MM]; Nichts (ohne Inhalt)[MM]; Gerede, Unterhaltung [MM] ♦ **V:** *der hat'n jovlen rees drauf* ‚er kann tolle Sprüche klopfen' [MM].

refes Subst. [Scho]
– Stall [Scho] ♦ **E:** jd. *refes* ‚Viehstall' Klepsch 1166.

reff Subst. f. [MM]
– schlimme Frau, langer Mensch [MM] ♦ **E:** rw. *reff* ‚Dirne', zu mhd. *rîbe* ‚Dirne', volksetymologischer Einfluss von dt. *Reff* ‚Gerippe' (WolfWR 4533).

reffel Subst. m. [SS]
– Wagen [SS] ♦ **E:** zu rw. *rechew* ‚Wagen' < jd. *rochaw* ‚er ist geritten' (WolfWR 4526).
reffeler Subst. m. [SS, WH]
– Fuhrmann [SS, WH]; Wagen [WH]
reffeln swV. [SS, WH]; **käffeln** [SS]; **raffeln** [SS]
– fahren [SS, WH]; beten [SS] ♦ **E:** zur Nebenbedeutung ‚beten' und zur Variante *käffeln* Jütte, Schlausmen, 155.

reffen swV. [PfJ]
– arretieren [PfJ]; verhaften [PfJ] ♦ **E:** zu dt. *Reff* ‚Raufe, Lattenwerk' DWB XIV 489 f.; Pars-pro-toto-Metonymie, vgl. *hinter Gitter bringen*.

refieche ‚verdienen' → *reibach*.

refli Subst. m. [GM]
– Ring [GM] ♦ **E:** rw. *reifling, raifle* ‚Ring' (WolfWR 4547). → *reifling*.
kurirefli Subst. m. [GM]
– Schlagring [GM] ♦ **E:** roi. *kur-* ‚schlagen' (WolfWZ 1605).

reiflä swV. [LüJ]; **raifla** [LüJ]
– springen [LüJ].

refter Subst. [HF, HeF]
– Tisch [HF, HeF]; Ladentisch [HF] ♦ **E:** rw. *refter* ‚Tisch' (WolfWR 4534), zu dt. *Reff* ‚Gestell, Lattengerüst'. (RheinWb. VII 232). ♦ **V:** *zinotesen thür on dem blök hucken op den Refter* ‚Deine Pfeife und der Tabak liegen auf dem Tisch' [HeF]; *Knuck de Merten van den Refter* ‚Jage die Katze vom Tisch' [HeF].

refuchen ‚verdienen' → *reibach*.

refue ‚Arznei' → *raufer*.

reg Adj. [StG]
- leer [StG]; „es ist nichts zum Stehlen vorhanden" [StG] ♦ **E:** rw. *reck* ‚leer' aus jd. *rek* ‚eitel, unnütz, leer' (WolfWR 4529, Avé-L. 4, 465).

regel Subst. m. [SS, StG, WH]
- Fuß [SS, StG, WH] ♦ **E:** rw. *reckel, regel* ‚Fuß' (WolfWR 4530) < jd. *regel* ‚Fuß' (MatrasJd 291, Post 235, Klepsch 1166). ♦ **V:** *auf dem regel sein* ‚auf dem Fuße sein, im Begriff sein' [StG]

raglojemer Subst. Pl. [Scho]; **reklaimer** [Scho]; **reklaiemer** [Scho]
- Füße [Scho]; Hufe [Scho] ♦ **E:** jd. *raglōjem* ‚Füße, Hufe' (We 91).

reges Subst. m. [CL, PH]
reeges [CL]; **rêges** [CL]; **recken** Subst. m. [JSa, RH]; **reeken** [JSa]; **reg** [CL, PH]; **regäff** Subst. m. [LI]; **raigemer** Subst. m. [KMa]
- Gendarm [CL, KMa, PH]; Polizist [CL]; Soldat [CL, JSa, KMa, LI, PH, RH]; Militär [KMa] ♦ **E:** rw. *rek, reckes, reges* ‚Bummler, Gendarm, Schutzmann, Soldat' (WolfWR 4529) < jd. *rek*, Pl. *rekim* ‚Müßiggänger' (Avé-L. 456, We 92, Post 235, Klepsch 1171).

regeserei Subst. f. [CL]
- Gendarmerie [CL].

registrierte Subst. f. [WG]
- Hure (neutral, wohlmeinend) [WG]; Prostituierte [WG] ♦ **E:** eine polizeilich *registrierte* Prostituierte (Kü 659).

reglätje Subst. m. [HK]
- Schürze [HK]; Hemdersatz [HK]; Beffchen [HK]; Vorhemd [HK] ♦ **E:** unsicher; *reg-* evtl. zu *ragen* ‚steif hervorstehen' DWB XIV 59-61 und *lätzchen*, s. auch *lätzchenshemd* „der weibspersonen" DWB XII 284; oder evtl. zu jd. *reglajem* ‚Beine' Klepsch 1166 (als das von der Schürze bedeckte).

regnef Subst. m. [BB]
regnefe [BB] ♦ **E:** Inversion zu mdal. *Fenger* ‚Finger'.
- Finger [BB] ♦ **V:** *Dä hät Waatse an de Regnefe* [BB].

reguts Subst. m. [BB]
räkuts [BB]
- Zucker [BB] ♦ **E:** Inversion zu *Zucker*.

rekutsnätsch Subst. m. [BB]
- Bonbon [BB]; Zuckerstein [BB].

rehbock Subst. m. [KMa]
- Laib Brot [KMa] ♦ **E:** dt. *Rehbock* DWB XIV 556 f.; Benennungsmotiv: wohl Farb- und Formähnlichkeit.

rehpöpen Subst. f. [SG]
reihpöipen [SG]
- Klarinette [SG] ♦ **E:** mdal./nd., dt. *Pfeife*; Erstglied unsicher.

rei Subst. m. [JSW]
- Richter [JSW] ♦ **E:** rw. *rai* ‚Herr, Amtmann, Edelmann' (WolfWR 4469) aus roi. *rai* ‚Herr, Edelmann, Adliger' WolfWZ 2667.

reibach Subst. m. [HK, JS, MB, MM, NJ, OJ, SPI, WL]
raibach [LüJ, SS]; **räibach** [KM]; **räibache** [KM]; **reiwach** [SPI]; **rebach** [LJ, LüJ, MUJ, SJ, PH, SS, SchJ, Scho, TK]; **reebach** [JeS]; **rebbach** [HLD]; **rewach** [CL, NW, PH, TK]; **rěwach** [CL]; **refach** [SPI]; **rewak** [TJ]; **refich** Subst. m. [Scho]; **räiwig** [SS]; **räafes** Subst. m. [OJ]
- Gewinn [CL, HK, LJ, MB, MM, NJ, NW, OJ, PH, Scho, SJ, SPI, SS, TJ, TK]; Reingewinn [LüJ]; Gewinn an Geld [JS]; Profit [LüJ, MUJ, SPI, SchJ, Scho, WL]; Verdienst [CL, HK, KM, MB, MM, PH, Scho, SJ]; Nebenverdienst [LüJ]; Geld [OJ]; Geschäft [HK, MM]; gutes Geschäft [HK, MM]; Nutzen [OJ]; Umsatz [MM]; günstiges Geschäft [HK]; guter Verdienst [HK]; gute Einnahmen [HK]; gut verkauft [HK]; Geldverdienst [HK]; Preise [SPI]; gestohlenes Gut [HLD]; Ergebnis [HK]; „wenn 's gut geklappt hat, gut verdient" [HK]; Betrüger [JeS]; Betrügerei [JeS]; Handel [WL] ♦ **E:** rw. *rebbach, reibach, rewich* ‚Gewinn, Verdienst, Nutzen, Zins' (WolfWR 4520) < jd. *reibach, rewach* ‚Zins, Verdienst' (Avé-L. 591, We 92, Post 235, Klepsch 1167). ♦ **V:** *hamel reibach bei lowi* ‚Reichtum' [MM]; *lowi und reibach* ‚Luxus' [MM]; *mit soner alten knierfte kann man hame reibach machen* ‚mit solchem Alteisen kann man viel Geld verdienen' [MM]; *der macker hat mitte knierfte hame reibach gemacht* ‚der Mann hat mit dem Altmetallhandel viel Geld verdient' [MM]; *ein dofter reibach* ‚ein guter Verdienst' [NJ]

refieche swV. [CL]
- verdienen [CL] ♦ **V:** *Do kannsche doffche dra refieche.* [CL]

refuchen swV. [SS, WH]
- verdienen [SS, WH]; beim Sensenhandel Gewinn erzielen [SS]

rejfich bschores [Scho]
- Gewinn [Scho].

reiben stV. nur in:
mit dem Sabl anreiben ‚mit dem Messer stechen' [WG] ♦ **E:** dt. *reiben*.

reiberl Subst. n. [WG]
– Raub [WG] ♦ **E:** mdal., Dim. zu dt. *Raub*.

reichskäfer Subst. Pl. [StG]
– Läuse [StG]
deutsche reichskäfer ‚Läuse' [StG] ♦ **E:** rw. *deutsche Reichskäfer* ‚Läuse' WolfWR 4546.

reiern sw. V. [MB]
– erbrechen [MB]; sich übergeben [MB]; kotzen [MB] ♦ **E:** dt. *reihern* „wie der reiher excrementieren, daneben auch erbrechen" DWB XIV 661.

reifling Subst. m. [Him, LJ, LüJ, Mat, SchJ, TJ, Wo]
roifleng [OJ]; **roifl** Subst. m. [OJ]
– Ring [Him, LJ, LüJ, Mat, OJ, SchJ, TJ, Wo]; Fingerring [LüJ, TJ]; Rad [LüJ]; Wurst [LüJ] ♦ **E:** rw. *reifling, raifle* ‚Ring' (WolfWR 4547, Klepsch 1167), zu dt. *Reif* „ein kreisförmiges band, das um etwas gelegt wird" DWB XIV 619 ff. → *refli*.
kurirefli Subst. m. [GM]
– Schlagring [GM] ♦ **E:** roi. *kur-* ‚schlagen' (WolfWZ 1605).

reimen nur in:
bereimen swV. [JS, LüJ]
pfreimen swV. [LüJ]; **pfreime** [LüJ]
– zahlen [LüJ]; bezahlen [JS, LüJ] ♦ **E:** rw. *bereimen* ‚bezahlen', zu ahd. *rim* ‚Zahl' WolfWR 412, Schützeichel 212. ♦ **V:** *bostet, bostet, herles im kober hauret ein dofer freier, der pfreimt grandich z schwächet.* ‚Kommt, kommt, hier im Wirtshaus ist ein freigiebiger Fremder, der gibt ordentlich einen aus (bezahlt viel zum Trinken)' [LüJ].

reipert Subst. m. [NJ, SE]
reibert [PfJ]; **räipert** [WL]; **reipa** Subst. m. [LoJ]; **räipes** Subst. m. [WL]
– Bauch [NJ, PfJ, WL]; dicker Bauch [WL]; Leib [NJ]; Tasche [WL]; Sack [LoJ]; Portemonnaie [SE]; Geldbörse [SE] ♦ **E:** rw. *reibhart, rippaert* ‚Ranzen, Tornister, Sack' aus lat. *raupa* ‚Fell, Haut' WolfWR 4517. ♦ **V:** *jilles im reipert* ‚Hunger im Leib' [NJ]. → *ripperd*.

reis Subst. [WG]
– Angst [WG] ♦ **E:** österr. *reissn* ‚sterben', vgl. *an stean reissn, a bressn reissen* ‚stürzen'. ♦ **V:** *reis strahn* ‚Angst haben' [WG].

reißding Subst. n. [KMa]
– Dreschmaschine [KMa] ♦ **E:** dt. *reißen* und dt. *Ding*.

reissen stV. [StG, DG]
reißa [OJ]; **reeisen** [SP]
– betrügen [StG]; stehlen [StG]; machen [OJ]; gewinnen [SP]; arbeiten[DG] ♦ **E:** rw. *reißen* ‚stehlen, betrügen', zu dt. *reißen* WolfWR 4552.
anreissen stV. [WG]
– verraten [WG]
kohl reißen Phras., stV. [LüJ]
– lügen, anlügen [LüJ]
reißer Subst. m. [NJ]
– Lügner [NJ]
kohlreiser Subst. m. [LüJ]
– Lügner [LüJ]; Sprücheklopfer [LüJ]; Angeber [LüJ]
lampenreisser Subst. m. [StG]
– einer, der Radau schlägt [StG].

reitschul Subst. f. [EF]
reitschule [EF]
– Saal [EF] ♦ **E:** dt. *Reitschule*.

rekäp Subst. m. [BB]
reekäp [BB]
– Bäcker [BB] ♦ **E:** Inversion zu *Bäcker*.
rekäberai Subst. f. [BB]
– Bäckerei [BB].

reklaimer ‚Füße' → *regel*.

rekommandieren swV. [JS]
– Tätigkeit des Werbens für bestimmte Waren, für den Kauf von Losen oder den Eintritt in ein chaustellergeschäft (meist Schaubude) [JS] ♦ **E:** franz. *recommander* ‚nahelegen, empfehlen, ans Herz legen' Efing, Schausteller, 112.
abrekommandieren swV. [JS]
– für den Besuch der Vorstellung danken und erklären, wie lange das Unternehmen noch vor Ort ist [JS]
rekommandation Subst. f. [JS]
– Werbeansage [JS]
rekommandation machen Phras. [JS]
– Publikum vor einer Bude zur Besichtigung einladen [JS]
rekommandeur Subst. m. [JS]
– Ansager [JS]; Ansager am Geschäft [JS]; Marktschreier [JS]
rekommandierpodium Subst. n. [JS]
– Bühne, auf der Werbung gemacht wird [JS].

reläk Subst. m. [BB]
– Keller [BB] ♦ **E:** Inversion zu *Keller*.

religion Subst. f. [HLD, StG]
– Geschäft [StG]; Gewerbe [StG]; Stand [StG]; Handwerk [HLD] ♦ **E:** rw. *religion* ‚Handwerk, Beruf', zu dt. *Religion* ‚Konfession'. ♦ **V:** *was hast du für eine religion? – Ich bin kazoff* ‚Was hast du für ein Gewerbe? – Ich bin Metzger' [StG].

relle Subst. f. (meist Pl.) [HK]
– Laus [HK] ♦ **E:** zu dt. *rellen* ‚plagen' (DWB XIV 804 rellen 2). ♦ **V:** *du bisd en jookerer scheegs, heegsd relln im wigserde un seewl im weidchen* ‚du bist ein toller Bursche, hast Läuse im Bart und Scheiße in der Hose' [HK]; *der grannihe beeker – hat nur rellen im wickserde und seewl im weidchen* ‚der feine Mann – hat nur Läuse im Bart und Scheiße in der Hose' [HK]; *rellen im wigserd und seewl im weidchen* ‚Läuse im Bart und Kacke in der Hose' [HK].

relles Subst. Pl. [KMa]
– Kirschen [KMa] ♦ **E:** → *relling*.

relling Subst. m. [LJ, WJ]
– Erbse [LJ]; Katze [WJ] ♦ **E:** rw. *relling* < roi. *rihel* ‚Erbse' (WolfWZ 2741, WolfWR 4556). ♦ **V:** *die hott ne rende voll staubert und en waider mit relling, liranägel und dürre blohose* ‚die hat einen Beutel voll Mehl und einen Sack voll Erbsen, Bohnen und dürren Zwetschgen' [LJ].

relum Num. Kard. / Zahladj. [CL]
– tausend [CL] ♦ **E:** zu den Varianten von jd. *elef, eilef, telofe* pl. *alōfem* ‚1000' We 62; Siewert, Grundlagen, 310; Siewert/Boretzky, WB „Zigeunersprache", 101 Faks.

relz Subst. f. [PH]
– Ente [PH] ♦ **E:** wohl zu dt. *ralle* ‚etliche erd- und wasservögel werdend also genennt' DWB XIV 75 f., mit Umlaut durch -*iz*-Suffix.

remits Subst. n. [BB]
– Zimmer [BB] ♦ **E:** Inversion zu *Zimmer*.

remohrchen Subst. n. (auch Pl.) [HK]
remorchen [HK]
– Trompete [HK]; erstes Tenorhorn [HK]; zweites Tenorhorn [HK] ♦ **E:** wohl zu rw. *rebmosche* ‚50 cm langes, an einem Ende spitzes Brecheisen', eigentlich *Rabbi Moses* (WolfWR 4532); Pars-pro-toto-Metonymie nach der Form. → *rebe*.

remp Subst. m. [UG]
– Bauer [UG] ♦ **E:** rw. *rammel, rambaß* ‚Bauer', „herabsetzender Vergleich mit dt. *Ramm(el)* ‚Schafbock'

" WolfWR 4476; SchwäbWb. V 123, *Remp, Rampas* ‚Bauer'.

remprassler Subst. m. [EF]
– Zettelbote [EF] ♦ **E:** mdal., dt. *herum* und osächs. *prasseln* ‚aufschneiden, prahlen' (OsächsWb. III 403).

remsen swV. [LJ, SJ]
– schließen [LJ]; Kette schließen [SJ] ♦ **E:** rw. *rems* ‚Landes- oder Stadtausweisung' < jd. *remis* ‚Wink' (WolfWR 4557, Klepsch 1172, SchwäbWb. V 304).

aufremsen swV. [LJ, SchJ]
– aufschließen (mit Gewalt) [LJ, SchJ]

remshart Subst. m. [LJ, SchJ]
– Schlüssel [LJ, SchJ].

rende ‚Beutel' → *rande*.

renecke Subst. f. [MB]
– Toilette [MB] ♦ **E:** wohl zu dt. *rennen* und *Ecke*.

rengla ‚tanzen' → *ringle* (unter *ring*).

rengstern swV. [MM]
– toben [MM]; tollen [MM] ♦ **E:** westf. *rengstern* ‚Unruhe verbreiten, emsig sein'.

rennhung Subst. m. [BM]
– Rennpferd [BM] ♦ **E:** dt. *rennen* und dt. *Hund* (gutturalisierte Form *Hung*, vgl. SchweizId. II 1421–1427).

reoisch Subst. f. [BB]
– Scheune [BB] ♦ **E:** Inversion zu mdal. *Schoier*.

reoit Adj. [BB]
– teuer [BB] ♦ **E:** Inversion zu *teuer*.

resaf Subst. n. [BB]
– Wasser [BB] ♦ **E:** Inversion zu *Wasser*.

resem Subst. n. [BB]
– Messer [BB] ♦ **E:** Inversion zu *Messer*.

resern swV. [GM]
– begegnen [GM]; treffen [GM] ♦ **E:** roi. *res-* ‚(an-)treffen, erreichen, begegnen' (WolfWZ 2721).

räseknüppel Subst. m. [GM]
– Trainingspartner beim Sport [GM] ♦ **E:** dt. *Knüppel* met. ‚Kumpel, Kamerad, Genosse, Mitkämpfer'.

restäf Subst. n. [BB]
rätsäfsch [BB]
– Schwester [BB] ♦ **E:** Inversion zu *Schwester*.

retäf Subst. n. [BB]
– Wetter [BB] ♦ **E:** Inversion zu *Wetter*.

retli Subst. n. [BM]
– Zigarre [BM] ♦ **E:** Finalkürzung von schweizdt. *Zigarettli*.

retnuschitnäm ON [BB]
– Untermendig (in Rheinland-Pfalz) [BB] ♦ **E:** Inversion des ON.

retnuumiin Subst. n. [BB]
– Unterhemd [BB] ♦ **E:** Inversion von *Nimm-unter*.

retorp Subst. m. [BB]
rötorp [BB]
– Bruder [BB] ♦ **E:** Inversion zu mdal. *Broder* ‚Bruder'.

retschke Subst. f. [GM]
– Ente [GM] ♦ **E:** rw. *retscha* ‚Ente' (WolfWR 4562), zu roi. *retsa* ‚Ente' (WolfWZ 2729).

retschot Subst. f. [BB]
retschote [BB]
– Tochter [BB] ♦ **E:** Inversion zu *Tochter*.

rettich Subst. m. [WG]
– Abort in der Zelle [WG] ♦ **E:** ugs. *rettich* ‚Kot'. ♦ **V:** *hau dich in den Rettich* ‚laß mich in Ruhe' [WG].

retup Subst. f. [BB]
– Butter [BB] ♦ **E:** Inversion zu *Butter*.

reunen ‚sehen, blicken, bemerken' → *roinen*.

revenöen Subst. [SG]
revenöien [SG]
– Trinkgeld [SG] ♦ **E:** frz. *le revenue* ‚Einkommen', Middelberg, Romanismen, 43.

rewach ‚Gewinn, Verdienst' → *reibach*.

rewalche Subst. Pl. [KMa]
rewällje [KMa]; **rewallg** [KMa, OH]; **rewäller** Subst. m. [KMa]
– Erbsen [KMa, OH]; Kartoffeln [KMa, OH] ♦ **E:** unklar; HessNassWb. II 849 mit diesem Beleg, nach Wolf zu rw. → *relling*; Re- in KMa Initialmarker für Wortfeld Gemüse, vgl. → *relles* ‚Kirschen', → *rewittches* ‚Sauerkraut'.

rewitsch Subst. n. [MoM]
rewittches [KMa]; **rewittschje** [KMa]
– Sauerkraut [KMa, MoM] ♦ **E:** rw. *rewittches* (WolfWR 4568, ohne Herleitung), zu mdal. *witt* ‚weiß' (Weißkohl); Re- in KMa Initialmarker für Wortfeld Gemüse, vgl. → *relles* ‚Kirschen', → *rewalche* ‚Erbsen, Kartoffeln'.

schneewittches Subst. n. [KMa]
– Sauerkraut [KMa] ♦ **E:** lautspielerische Kontamination mit *Schneewittchen* (Märchengestalt).
traddelrewittschje Subst. n. [KMa, OH]; **trattelrewitschche** [KMa]
– grünes Gemüse [KMa, OH] ♦ **V:** *traddelrewittschje mit gehann* ‚grünes Gemüse mit Fleisch' [KMa]; *traddelrewittschje ohne gehann* ‚grünes Gemüse ohne Fleisch' [KMa].

rezeich Subst. m. [StG]
– Raubmörder [StG] ♦ **E:** rw. *reziche* ‚Mord, Totschlag', zu jd. *rezicha* WolfWR 4570.

rezell Subst. [KMa]
– Hemd [KMa] ♦ **E:** Bildung zu *reiner Zettel* ‚Aufzug des Gewebes' (HessNassWb. II 850).

riääf Subst. n. [BB]
riäf [BB]
– Feuer [BB] ♦ **E:** Inversion zu *Feuer*. ♦ **V:** *Scham dat Riäf an!* ‚guck' dir mal das Feuer an!' [BB].

riabis Subst. [OJ]
– Kopf [OJ] ♦ **E:** unsicher; evtl. zu dt. *Rübe* DWB XIV 1331 ff.
riabisschabr Subst. m. [OJ]
– Frisör [OJ]; Rasierer [OJ].

riäp Subst. m. [SS]
– Sensenkasten [SS]; Warenkasten [SS] ♦ **E:** zu rw. *raupe* ‚Ranzen' (WolfWR 4517), zu lat. *raupa* ‚Fell, Haut'; vgl. auch westf. *rep* ‚Tragekorb' Westf. WB Archiv 1218. → *ripperd*.

ribern swV. [GM]
– anziehen [GM]; kleiden [GM] ♦ **E:** roi. *riw-* ‚kleiden, anziehen' (WolfWZ 2765).

ribig Subst. f. [GM]; **ribing** Subst. [MUJ]
– Kleid [GM]; Kleider [MUJ]; Kleidung [GM] ♦ **E:** roi. *ripen, riben* ‚Anzug, Kleid, Bekleidung' (WolfWZ 2765).

rick Adj. [TK]
– reich [TK] ♦ **E:** unsicher; evtl. mdal. zu dt. *reich*.

rickern swV. [GM]
– behalten [GM]; erhalten [GM]; halten [GM] ♦ **E:** roi. *riker-* ‚halten, behalten, erhalten' (WolfWZ 2765).
rickerpin Subst. m. [GM]
– Erinnerung [GM]; Halt [GM] ♦ **E:** roi. *rikerpen* ‚Halt, Haltung, Erinnerung' (WolfWZ 2743).

ridikül Subst. n. [SJ]
ridigül [BM]; **riddekiel** [SJ]
– Tasche [SJ]; Arbeitsbeutel der Frauen [BM]; „dem Pompadour nachempfundener Stoffbeutel" [SJ]; Geldbeutel [SJ] ♦ **E:** schwäb. *Ridikül* (SchwäbWb. V 338) < frz. *réticule* ‚Handtasche'.

riecher Subst. m. [EF, KMa, OH]
riescher [JSa]; **riechert** Subst. m. [HK, JSa]; **rieschert** [JSa]; **riecherd** [HK]; **rechert** [SE]; **richel** Subst. [KMa]
– Nase [EF, JSa, KMa, OH, SE] ♦ **E:** rw. *riecher* ‚Nase' (WolfWR 4576), zu dt. *riechen*.

rieching Subst. m. [SK]; **riechling** [HLD]; **ruichel** [SK]
– Nase [HLD, SK]

riechkolbe Subst. m. [Gmü]
– Nase [Gmü].

riedle Subst. [KP]
– Dorf [KP]; Stadt [KP] ♦ **E:** zu dt. *riedel* ‚Anhäufung, Zusammengeballtes, Anhöhe' DWB XIV 918.

riefl Subst. m. [RR]
– Hund [RR] ♦ **E:** unklar; schwer zu dt. *riefeln* ‚mit Streifen versehen' DWB XIV 921.

rieling Subst. m. [SJ]
– Schwein [SJ] ♦ **E:** zu schwäb. *rüchelen, riele* ‚röcheln, grunzen' (SchwäbWb. V 453).

riemig Adj. [MB]
– lüstern [MB]; geil [MB]; spitz [MB]; scharf [MB] ♦ **E:** dt./ugs. *Riemen* ‚eregierter Penis, Zuchtrute des Hengstes' Kü 666.

riese Subst. m. [SPI]
– 1000 Mark [SPI] ♦ **E:** rw. *ries, riesemann* ‚Tausendkronen-Note' WolfWR 4580, zu dt. *Riese* „durch körpergröse sich auszeichnendes wesen der mythologie und heldensage" DWB XIV 930 ff., met. für den größten Geldschein.

riestern sw. V. [MB]
– beischlafen [MB]; bumsen [MB]; vögeln [MB] ♦ **E:** rw. *riestern* ‚koitieren', dt./mdal. (WolfWR 4582).
riestern Subst. n. [MB]
– Geschlechtsverkehr [MB]; Sex [MB].

riewe¹ Subst. m. [MM]
– Betrüger [MM] ♦ **E:** zu dt. *reiben*, nd. *rīben* ‚zum Nutzen drehen', dazu auch rw. *ribling* WolfWR 4573.

riewe² Adj. [MM]
– verschwenderisch [MM] ♦ **E:** nd./westf. *riwe* ‚verschwenderisch' [WWBA]. ♦ **V:** *mit etwas riewe umgehen* ‚verschwenderisch mit etwas umgehen' [MM].

rif Num. Kard. [BB]
– vier [BB] ♦ **E:** Inversion zu *vier*.

riffel Subst. m. oder n. [Him, RR, SJ]
riffl [KJ, OJ, SJ]
– Hund [Him, KJ, OJ, RR, SJ] ♦ **E:** rw. *riffel* ‚Hund' (WolfWR 4583, ohne Herleitung; SchwäbWb. V 345); evtl. met. zu dt. *Riffel* „eine kammartige, mit spitzen eisenzähnen versehene vorrichtung, durch welche man den flachs zieht, um die samenkapseln desselben abzustreifen" DWB XIV 956.

rigggäje Subst. f. [JeS]
riggeie [JeS]; **riggaje** [JeS]
– Hausmeisterin [JeS] ♦ **E:** zu roi. *arak'él* ‚er/sie beschützt, bewacht, hütet, spart' oder roi. *rikjákero, rigák(r)o* ‚seitlich; Nachbar'.

rigggaaschi Subst. m. [JeS]; **riggaschi** [JeS]
– Hausmeister [JeS] ♦ **E:** → *gaaschi*.

rihl¹ Subst. n. [GM]
rill [LüJ]; **ril** [LüJ]
– Furz [GM, LüJ]; menschlicher Wind [LüJ] ♦ **E:** roi. *ril* ‚Furz' (WolfWZ 2746). ♦ **V:** *(einen) rill schmußen* ‚einen Furz lassen, furzen', ‚einen Wind lassen' [LüJ]; *rill pennen* ‚furzen' [LüJ]

rillepin Subst. m. [GM]
– Furz [GM]

rillen swV. [JSa]
– furzen [JSa].

rihl² Subst. [GM]
– Vagina [GM] ♦ **E:** rw. *riegel* ‚Vulva' (WolfWR 4578), zu dt. *Riegel*, evtl. beeinflusst von *rihl¹*.

rihs Subst. n. [HF, HeF]
– Schwanz [HF, HeF]; Schweif [HF, MeT] ♦ **E:** rw., WolfWR 4587 (ohne Herleitung); rhein. *Riis* ‚Zweig', auch ‚Schwanz des Schweins' (RheinWb. VII 323).

rikes Subst. m. [SP]
reckes [SE]; **rickes** [SE]
– Taler [SE, SP] ♦ **E:** Kurzform von *Reichstaler*; vgl. → *rat²*.

rilf Subst. m. [CL, LL]
rillf [CL]; **rülf** [CL]; **chillef** Subst. m. [CL, LL]
– Wechsel [CL, LL] ♦ **E:** jd. *chalfen, chilfen* ‚wechseln' < hebr. *chillêph* (WolfWR 2828, We 58, Post 235). → *chilfern*. ♦ **V:** *ich vekien mei Schori uff Rilfe* ‚Ich verkaufe meine Ware auf Wechsel' [LL, CL].

rimets Subst. n. [BB]
– Zimmer [BB]; Zimmer, in dem man in der Fremde schlief [BB] ♦ **E:** Inversion zu *Zimmer*.

rind Subst. n. nur in:
rindstrodel Subst. m. [EF]; **rindsdrohtel** [EF]
– Rinderbraten [EF] ♦ **E:** dt. *Rind* DWB XIV 957 ff.; dt. *trudel* ‚Stange, Latte' DWB XXII 1238.
rindswall Subst. n. [EF]
– Rindfleisch [EF].

ring nur in:
ringlete Subst. f. [KP]
– Hochzeit [KP] ♦ **E:** dt. *Ring* ‚Ring, bes. Ehering'.
ringling[1] Subst. m. [JS]
– Wurst [JS]
ringling[2] Subst. m. [Him]; **ringeling** [MeJ, SJ]; **rengleng** [OJ]
– Garten [Him, MeJ, OJ, SJ]
ringelen[1] swV. [KP]; **ringele** [KP]
– heiraten [KP]
ringln swV. [LoJ]; **rengla** [OJ]; **rengala** [OJ]; **ringeln** [HK, MoJ]; **ringelen**[2] [Gmü]
– tanzen [Gmü, HK, LoJ, MoJ, OJ] ♦ **E:** rw. *ringel* ‚Tanz', rw. *ringeln* ‚tanzen' (WolfWR 4590), schwäb. *Ringel* ‚Kreisbewegung', *Ringelherum* ‚Walzer' (SchwäbWb. V 359/60); vgl. dt. *Ringelreihen*.
renglr Subst. m. [OJ]
– Tänzer [OJ]
ringl Subst. m. [HK]
– Tanz [HK]; Tanzfläche [HK] ♦ **V:** *ich busch hoidahmd offn ringl* ‚ich gehe heute abend zum Tanz' [HK]
ringelteewes Subst. n. [HL]
– Tanz [HL].

ringlo Adj. [GM]
– rund [GM] ♦ **E:** roi. *ringlo* ‚rund' (WolfWZ 2751).

rinken nur in:
berinken swV. [MeT]
– (mit Münzgeld) bezahlen [MeT] ♦ **E:** unsicher; nl. *rinkelen* ‚klingeln', Siewert, Humpisch, 1062; Benennungsmotiv: klingende Münzen; schwer zu → *bereimen*.

rinkes Subst. [SS, WH]
– Katze [SS, WH] ♦ **E:** unsicher; evtl. Entstellung von rw. *ginges* ‚Katze', Jütte, Schlausmen, 156.

rip Subst. n. [BB]
rep [BB]
– Bier [BB] ♦ **E:** Inversion zu *Bier*. ♦ **V:** *en Schalef Rip* [BB].

rippe f. nur in:
eine rippe austeilen [WG]; **jmd. die rippe eindrücken** [WG]
– betteln [WG] ♦ **E:** dt. *Rippe* DWB XIV 1026 ff.
rippenbungert Subst m. [JSa]
– Friedhof [JSa] ♦ **E:** mdal. *Bungert* ‚Baumgarten'.

ripperd Subst. m. [HK]
rippert [HK]; **ribbert** [HK]; **ribberd** [HK]; **ripert** [MeT]; **rippart** [JeS]; **riepert** [MeT]
– rucksackartiger Sack, „gewöhnlich aus Manchester" [MeT]; Geldbeutel [JeS]; Bauch [HK]; dicker Bauch [HK]; Leib [HK]; „Bauch und Rippen" [HK] ♦ **E:** rw. *rippart* ‚Ranzen, Tornister' aus lat. *raupa* ‚Fell, Haut' (WolfWR 4517). → *reipert, riäp, ruefer*. ♦ **V:** *schdrammer ribberd* ‚in Umständen', ‚schwangerer Bauch', ‚dicker Bauch' [HK]; *das dillichen heejd en schdrammen ribberd* ‚das Mädchen ist schwanger' [HK].

rips Subst. m. [GM]
– eine Mark [GM] ♦ **E:** unsicher; evtl. Kürzung aus rw. *tripser* ‚Kreuzer' (WolfWR 5919).

ripse Subst. f. [LJ, LüJ, PfJ]
ripsi [SchJ]
– Kirchweih [LJ, LüJ, PfJ, SchJ] ♦ **E:** rw. *trips* ‚Kirmes, Kirchweih'; *tripse* ‚Menstruation' von dt. *trippeln, tröpfeln*; „der Vergleich zwischen Menstruation und Kirchweih ist alt und weitverbreitet." (WolfWR 5920).

rirkel Subst. m. [MM]
rierkel [MM]
– Bauer [MM]; geiziger Bauer [MM]; einer, der Mist macht [MM]; hinterhältiger Mensch [MM]; jemand, der hektisch ist [MM]; Lümmel [MM]; unangenehmer Typ [MM]; ungehobelter Klotz (Schimpfwort) [MM] ♦ **E:** westf. *riekel* ‚männlicher Hund, ungeschliffener Mensch' [WWBA]. ♦ **V:** *bur is'n bur is'n rierkel von Natur* ‚ein Bauer ist ein Bauer, ist ein Rüpel von Natur' [MM]; *er wünschte allen gnesigen rirkeln nen balg voll schmisse und was aufs jöl* ‚er wünschte allen geizigen Bauern eine Tracht Prügel und was auf die Augen' [MM]

rirkelkaninchen Subst. n. [MM]; **rierkelkaninchen** [MM]; **rikelkaninchen** [MM]
– Bauernmädchen [MM]; Prostituierte [MM]; verlebtes Mädchen [MM].

rischo Adj. [GM]
– frisch [GM]; munter [GM] ♦ **E:** rw. *risch* ‚geschwind' (WolfWR 4603) < roi. *rišo* ‚frisch, munter, mutig' (WolfWZ 2759).

risern swV. [GM]
– drehen [GM] ♦ **E:** roi. *ris-* ‚drehen, wenden, umdrehen, umkehren' (WolfWZ 2755).

rispel Subst. [HF, HeF]
– Flachs [HF, HeF] ♦ **E:** rw., WolfWR 4604, zu dt. *Rispe* ‚Flachsstaude, Flachsraufe', rhein. *Rispel VI* ‚Handvoll geschwungenen Flachses, der durch die Hechel gezogen wird' (RheinWb. VII 459). Vgl. → *rissen*. ♦ **V:** *rispel fösen* ‚Flachs spinnen' [HeF]; *dot huckt enen henese klau rispel* ‚Das ist ein schöner Haufen Flachs' [HeF].

riß Subst. m. [WG]
– Beute [WG]; das gut Vollendete [WG]; gelungene Tat [WG] ♦ **E:** dt. *Riss, reißen*; vgl. schwäb. *Risse machen* ‚Witze, Aufschneidereien' (SchwäbWb. V 372). ♦ **V:** *einen Riß machen* ‚etwas gut vollenden' [WG]; *riss glopfa* ‚Sprüche klopfen' [OJ].

rîssen Subst. f. [MT, MeT]
rissen [MeT]
– Haare [MT, MeT] ♦ **E:** rw. *rissen* ‚Haare', zu → *rispel* ‚Flachs', dt. *rispe* ‚Flachsraufe' WolfWR 4604.

rist Subst. [StG]
– Portemonnaie [StG] ♦ **E:** unsicher; evtl. zu rhein. *rist* ‚Flachs-, Strohbündel' RheinWb. VII 462.

ritsch Subst. m. [BB]
– Stier [BB] ♦ **E:** Inversion zu *Stier*.

ritschling Subst. m. [JS]
– Kuchen [JS] ♦ **E:** dt./mdal. *ritschert* ‚Kartoffelpfannkuchen' DWB XIV 1050; vgl. rw. *ritschering* ‚Pfanne' WolfWR 4606.

ritterburg Subst. f. [MB]
– Krankenhaus [MB] ♦ **E:** rw. *ritterburg* ‚Krankenhausabteilung für Geschlechtskranke' (WolfWR 4608).

rittmeister Subst. m. [HLD]
– 12 große Wachtmeister (Schnäpse) [HLD] ♦ **E:** dt. *Rittmeister* DWB XIV 1078 f.

road Adj. und in Komposita → *rot*.

roadgusch Subst. f. [OJ]
rotgusch [PfJ]
– Rathaus [OJ] ♦ **E:** rw. *rôtgutsch* ‚Rathaus' < dt./mdal. *Rat* und rw. *gusch* ‚Haus' (WolfWR 4645).

roamale ‚Mädchen' → *romni*.

robbel Subst. n. [SK]
– Stock [SK] ♦ **E:** unsicher; evtl. zu rw./roi. *rovli* ‚Stock, Prügel' (WolfWR 4656).

robbert Subst. m. [MT, MeT]
– Tabak [MT, MeT] ♦ **E:** rw., WolfWR 4611, ohne Herleitung; evtl. (inversiv) zu rw. *Tôberich* ‚Pfeife', *tôberichen* ‚rauchen', aus roi. *thuw* ‚Rauch, Dampf', Siewert, Humpisch, 106.

roben swV. [GM, MoJ, MUJ]
– weinen [GM, MoJ, MUJ]; heulen [GM]; plärren [GM] ♦ **E:** roi. *row-* ‚weinen, heulen' (WolfWZ 2789).

roberd RN nur in:
keuscher roberd Subst. m., Phras. [HK]
– frommer Mann [HK] ♦ **E:** zum RN *Robert*.

roberer Subst. m. [KJ]
– Uhr [KJ] ♦ **E:** unsicher; evtl. zu *robat* ‚Frohndienst, Knechtsarbeit' DWB XIV 1087. Vgl. → *noberi*.

roch Subst. ‚Hunger' → *rof*.

rochemen swV. [GM]
– riechen [GM] ♦ **E:** zu jd. *riach* ‚er hat gerochen' (Avé-L. 456).

rochern sw. V. [MB]
– angeben [MB]; übertreiben [MB]; sich aufblasen [MB] ♦ **E:** rw. *rocheln* ‚umhergehen, verleumden' zu jd. *rauchel* ‚Hausierer, Verleumder' (WolfWR 4467).
rochern Subst. m. [MB]
– schlechter Mensch [MB].

rochle swV. [BM]
– reden [BM]; sagen [BM] ♦ **E:** schweizdt. *rochlen* ‚grunzen, röcheln, keuchen' (SchweizId. VI 173).
rochle Subst. f. [BM]
– Mund [BM].

rochus Subst. m. [GM, LJ, MM, SJ]
rooches [CL]; **rôches** [CL, PH]; **roches** [CL, JS, LüJ, Scho]; **rouches** [CL, KMa, Scho]; **roaches** [KMa]; **rochis** [JeS]; **roges** [MoJ]
– Zorn [CL, GM, JeS, KMa, LJ, LüJ, MM, PH]; Ärger [MM, SJ, Scho]; Groll [MM]; Rage [MM]; Wut [CL, JS,

KMa, MM]; Beleidigung [Scho] ♦ **E:** rw. *brauges* ‚böse, zornig', *broches, roges* ‚Zorn' zu jd. *rauges, rauches, (be)roges, roches, rochus* ‚Ärger, Zorn'. (We 92, WolfWR 667, Avé-L. 454, Post 236, Klepsch 1185, SchwäbWb. V 379); heute ugs; vgl. → *broches*. ♦ **V:** *jovlen rochus haben* ‚ganz schön in Rage sein' [MM]; *hamel rochus hegen* ‚sehr wütend sein' [MM]; *Uff den horre en harmende Rooches!* ‚auf den hat er einen gewaltigen Zorn' [CL]; *ich hatte schon immer 'n rochus auf den maschores* ‚ich hatte schon immer eine Wut auf den Aufseher' [MM]; *er hat hamel rochus auf seine alsche* ‚er hat eine große Wut auf seine Frau' [MM]; *ich hab' roches* ‚ich bin stinkig' [SJ]; *der hat an rouches* ‚der ist beleidigt' [Scho]
ruechle swV. [Scho]; **roucheln** [Scho]
– stinken [Scho] ♦ **E:** unsicher; zu rw. *brauges* oder direkt aus oder unter Einfluss von dt. *Ruch* ‚Geruch' DWB XIV 1340 f.
roches Adj. [JS]
– schlecht [JS]; stinkend [JS]; stinkig [JS]; verdorben [JS] ♦ **E:** unsicher; zu rw. *brauges* oder direkt aus oder unter Einfluss von dt. *Ruch* ‚Geruch' DWB XIV 1340 f.
rochesen swV., refl. [Scho]
– sich ärgern [Scho].

roddel Subst. m. [CL, PH]
roddl [CL, LL]; **rottel** [JeS]; **rotel** [JeS]; **rodel** [JeS, LüJ]; **ruadel** [LüJ]; **rudl** [LüJ]
– Auto [CL, LL, LüJ]; Fahrzeug [CL, LüJ]; Rad [CL]; Wagen [LüJ, PH]; vierrädriges Fahrzeug [JeS]; Motorrad [LüJ]; landwirtschaftlicher Wagen [JeS]; Wohnwagen der Fahrenden [JeS]; Eisenbahn [JeS] ♦ **E:** rw. *rodeln, rudeln* ‚fahren, rollen, karren', Nebenform zu *rollern* (WolfWR 4623), dt. *rodeln* ‚rollen, Schlitten fahren', *radeln* ‚mit dem Fahrrad fahren', rw. *roll* ‚Rad'; → *radeln*. ♦ **V:** *mir tschaaned mit em rottel a de stradi naa* ‚wir fahren mit dem Wagen die Straße entlang' [JeS]; *de tschuggel tschaant under e rottel go schluune* ‚der Hund geht unter den Wagen schlafen' [JeS]; *e jänische rottel* ‚ein Wohnwagen der Fahrenden' [JeS]
rotteli Subst. n. [JeS]; **roteli** [JeS]
– kleinerer, vierrädriger Wagen [JeS]; Hand- oder Leiterwagen [JeS]; Kinderwagen [JeS]; Fahrrad [JeS]
rollatschi Subst. m. [RH]
– Wagen [RH]
roddele swV. [CL]; **roddeln** [GM, PH]; **rodle** [LüJ]; **rottle** [JeS]; **rotla** [JeS]; **rudlä** [LüJ]

rodeln [LüJ]
– fahren [CL, GM, LüJ, PH]; herumziehen, herumfahren (hauptsächlich von den Fahrenden auf sich bezogen) [JeS]; (fort)führen [LüJ]; wegschaffen [LüJ]; (fort)bringen [LüJ]; holen [LüJ]
mitrodeln swV. [LüJ]
– mitfahren [LüJ]; vorbeirodeln [LüJ]; vorbeifahren [LüJ].

rodel Subst. [JeS]
– die ganze Familie [JeS] ♦ **E:** dt. *Rudel* ‚Schar von Wildtieren, met. Gruppe von Menschen' DWB XIV 1384 f.

röden swV. [TK]
rödn [TK]
– sprechen [TK] ♦ **E:** mdal./dt. *reden*.

rodern swV. [GM]
– suchen [GM]; untersuchen [GM] ♦ **E:** roi. *rod-* ‚suchen, untersuchen, visitieren, spähen, erfragen' (WolfWZ 2770).

rœdeln swV. [MeT]
rædeln [MeT]
– handeln [MeT]; verkaufen [MeT] ♦ **E:** rw. *rühlen, roedeln* ‚handeln, verkaufen', aus nl. *ruilen* ‚tauschen' WolfWR 4668. → *rühlen*.
roedel Subst. m. [MeT]; **rödel** [MeT]
– Handel [MeT] ♦ **V:** *in'n Tispel bi'n fitzen Butt wöt de Rödel bequässt* ‚In der Kneipe bei einem guten Essen wurde über den Handel gesprochen' [MeT]; *roedel gut? OK ornlich punen kregen? Hätt de Kröger in Xdörp al bequenten (sic!)? – Ne, in sinen tispel is nix mehr los. – So?, dann mott he blott'waren* ‚War der Handel erfolgreich? Hast du auch ordentlich Geld bekommen? Hat der Krüger in X-Dorf alles bezahlt? – Nein, in seinem Wirtshaus ist nichts mehr los. – So? Dann mus er angemahnt werden' [MeT]
rædelshutsche Subst. [MeT]; **roedelhutse** [MeT]
– Händler [MeT]; Kaufmann [MeT]
schmursenroedler Subst. m. [MeT]
– Butterhändler [MeT].

roekasten Subst. m. [SG]
rouekasten [SG]
– Abort [SG] ♦ **E:** unsicher, evtl. zu mdal./dt. *rauh* oder *roh*; dt. *Kasten*.

rof Subst. m. [GM, MB, MM, Scho]
roof [CL, LL, MB, MM, MoM]; **row** [MM]; **rauf** [SS]; **roch** [CL, PH]; **ruf** [LüJ]; **reef** [SS]; **röch** Subst. m.

[PH]; **rooch** [CL, LL]; **roch** [PH]; **röch** [CL]; **rauch** [CL, KMa, PH]; **rouch** [CL]
– Hunger [CL, GM, KMa, LüJ, MB, MM, MoM, PH, SS, Scho]; Appetit [MM]; Kohldampf [MB] ♦ **E:** rw. *roof* ‚Hunger' < jd. *roow* ‚Hunger' (WolfWR 4629, Avé-L. 475, We 93, Post 235, Klepsch 1194). ♦ **V:** *hame rof* ‚großer Hunger, schrecklicher Hunger' [MM]; *wenne roof has, frengelste alles* ‚wenn du Hunger hast, ißt du alles' [MM]; *ich hab roof auf 'n end bezinum* ‚ich habe Hunger auf ein Stück Wurst' [MM]; *die ham nur geklemmt, weil die roof hatten* ‚die haben nur gestohlen, weil sie Hunger hatten' [MM]; *als koten hatten wir oft roof bis unter die arme* ‚als Kinder hatten wir oft großen Hunger' [MM]; *Raine mol des Tillche,/ Hot Roof iwwer bou./ Mechd e mattche achiele,/ Bout awwer lou!* ‚Schau einmal das Mädchen, hat Hunger, möchte etwas essen, bekommt aber nichts' [CL]
rofschieben Subst. n., Phras. [MM]; **roofschieben** [MM]
– Hunger leiden
rofen swV. [MM, Scho]; **roofen** [MM]
– hastig essen [MM]; Hunger haben [Scho]
roochisch Adj. [JSa]
– flau im Magen [JSa].
rogach Subst. m. [Scho]
– Apotheker [Scho] ♦ **E:** jd. *rogach* ‚Apotheker' Klepsch 1176 f.
rogel Subst. m. [LJ]
rogl [OJ]
– Geld [LJ, OJ] ♦ **E:** dt./bair. *Rogel* ‚Geldrolle' DWB XIV 1109; schwäb. *den (besten) Rogel (seinen Rogel) ziehen* ‚der Gewinnende sein, den Vorteil haben' SchwäbWb. V 384. ♦ **V:** *wenn die stranze komme sind, von Flochberg, von wo, ... Deufstätten, Matzenbach, und sie hen kein gore oder rogel oder sporesrassel ghätt, zum Schluß is halt der X. gkomma und hats in der doves gketscht* ‚Wenn die Hausierer gekommen sind, von Flochberg, Deufstätten, Matzenbach, und sie haben kein Geld gehabt, zum Schluß ist halt der X. gekommen und hat sie ins Kittchen gesteckt' [LJ].
röggu Subst. m. [BM]
– Roggen [BM] ♦ **E:** schweizdt. zu dt. *Roggen*.
röhe Subst. m. [MB]
– Hund [MB] ♦ **E:** westf. *röhe*, Variante zu *rüde* „bezeichnung des männlichen thieres, bei hund, wolf und fuchs" DWB XIV 1383 f., daneben *ride*, in Interj./jägersprachlich *horridoh!*.

röhl Subst. ‚Handel', **röhlen** swV. ‚handeln' → *rühlen*.
rohmnast Subst. n. [EF]
rabennest [EF]
– alte Mütze [EF] ♦ **E:** dt. *Rabe* und dt. *Nest*.
rohnen ‚sehen' → *roinen*.
rohre swV. [BM]
rohrne [BM]
– reden [BM]; sagen [BM]; sprechen [BM] ♦ **E:** dt. *Röhre*, schweizdt. *rören* ‚viel schwatzen' (SchweizId. VI 1239).
röhre Subst. f. [BM]
– Mund [BM]; Abhang [BM].
röhreln swV. [WG]
– oral verkehren [WG] ♦ **E:** zu dt./ugs. *Rohr* ‚Penis, Vagina' „spätestens seit 1400" Kü 670.
rohrbienen Subst. Pl. [WG]
– Filzläuse [WG] ♦ **E:** rw. *biene* ‚Laus' WolfWR 455, zur Bezeichnung der den Schambereich befallenden Filzlaus.
rohten Subst. Pl. [HF]
roten [HF]
– Töpferwaren [HF] ♦ **E:** rw., WolfWR 4641 (ohne Herleitung), evtl. zu dt. *rot*, nach der Farbe des gebrannten Töpfergutes.
roifla swV. [OJ]
– rennen [OJ] ♦ **E:** schwäb. *reiflen* ‚laufen' (SchwäbWb. V 262).
roij Subst. f. [GM]
– Löffel [GM] ♦ **E:** rw. *roj* ‚Löffel' (WolfWR 4618) < roi. *roi* ‚Löffel' (WolfWZ 2775).
röike swV. [BM]
– rauchen [BM] ♦ **E:** schweizdt. *räuken* ‚Rauch machen, rauchen' (SchweizId. VI 800).
roinen swV. [MB, MM]
roine [CL, LL, RA]; **rojnen** [Scho]; **räunen** [HK, MM]; **reunen** [MB, MM]; **rojenen** [HK, SS, WH]; **rainen** [CL]; **reinen** [CL, RA]; **raine** [CL, PH]; **roone** [JSa, KM, NrJ]; **rohnen** [JS, NJ, SE]; **roonen** [JSa, KM, NrJ]; **cheunen** [MB]; **räumen** [HK]; **reumen** [HK]; **reunn** [HK]; **ronne** [JSW] **reune** [JS]; **runen** [SE]
– schauen [CL, GM, HK, LL, MB, MM, NrJ, SE, SP, Scho]; blicken [GM]; sehen [GM, HK, JS, JSW, JSa, MB, MM, NJ, PH, RA, SE, SS, WH]; ansehen [MB]; hinsehen [KM, MB]; glotzen [MB]; gucken [HK, JS, MB, MM, NrJ, SE]; angucken [HK]; angespannt gu-

cken [HK]; betrachten [GM, MM]; anschauen [MM]; nachschauen [MM]; anstarren [MM]; sich umsehen [MM]; lesen [MM]; bemerken [CL, MM]; aufmerken [CL]; aufpassen [CL]; erkennen [LL]; verstehen [CL, LL]; erstaunt sein [MB]; beobachten [KM, MB]; begutachten [MB] ♦ **E:** rw. *raunen, rinen, ronen* ‚sehen, blicken' (WolfWR 4515) < jd. *roinen, rojenen* ‚sehen' (Avé-L. 453, We 93, Post 236, Klepsch 1177). ♦ **V:** *da rojn* ‚da schau' [Scho]; *nobes rohnen* ‚nicht sehen' [NJ]; *Denn roigel!* ‚Denn sieh!' [SS]; *roigel!* ‚sieh!' [SS]; *was cheunt die osnik* ‚wie spät ist es' [MB]; *reune, cheune* ‚schau mal hin', ‚erstaunt sein' [MB]; *reun mal, ist der dampmann* ‚schau mal, ist der' [MB]; *reune dich die abilsche* ‚sieh dir die Frau an' [MB]; *reune dich modewe ihnewitz* ‚guck mal ihn da' [MB]; *Roin emol vornerkinftich dere Moss ehrn Dooges* ‚Schau einmal dort der Frau ihren Hintern' [CL, LL]; *Rain emol die Tschai üwerkinftich!* ‚Schau einmal dort die Frau!' [CL]; *Raine mol des Tillche,/ Hot Roof iwwer bou./ Mechd e mattche achiele,/ Bout awwer lou!* ‚Schau einmal das Mädchen, hat Hunger, möchte etwas essen, bekommt aber nichts' [CL]; *reun mal, was da zu bedibbern is* ‚schau mal, was es da zu sehen gibt' [MM]; *reun die kaline* ‚schau dir das Mädchen an' [MM]; *meschugge ausse klamotten reunen* ‚dumm aus der Wäsche gucken' [MM]; *hamel schucker ausse kowe roinen* ‚sehr gut aus der Wäsche schauen' [MM]; *einen fiers reunen* ‚einen Blick auf etwas werfen' [MM]; *lau oser schmus roinen* ‚die Wahrheit sagen' [MM]; *hamel mies aus seine klüsen roinen* ‚schlecht aus der Wäsche schauen' [MM]; *auf den ossning roinen* ‚auf die Uhr sehen' [MM]; *roin mal den hegel* ‚sieh dir den Kerl an' [MM]; *wat der hacho wohl geroint hat, als die ganzen matrelen plete waren!* ‚wie der Bauer wohl geschaut hat, als er bemerkte, daß die Kartoffeln fort waren!' [MM]; *Heini reunte rot, kappte den hegel an die strotte und mekeimte ihm sein rösch* ‚Heini sah rot, ging dem Kerl an den Hals und schlug ihm ins Gesicht' [MM]; *roin das kurante anim* ‚schau dir das schöne Mädchen an' [MM]; *reune dich ihne, mama, 'n dicken bello* ‚guck mal, Mama, ein dicker Hund' [MB]; *reune dich, kalla, unser fitti, der pansche, gibt dich die schwimmlinge heu zum achilen* ‚schau mal, Karl, unser Fritz, der Verrückte, gibt den Fischen Heu zum Essen' [MB]; *och reune dich ihn da, wie der teilakt* ‚sieh dir ihn an, wie er läuft' [MB]; *scheeks, räun emol da rüber* ‚Junge, schau mal da rüber' [HK]; *räune mal den beeker* ‚guck dir mal den Mann an' [HK]; *reune mol, der peeker schemmt mulmisch* ‚guck mal, der Mann spinnt' [HK]; *de klisto reunde no ming fleppe van ed schotzdenkelche* ‚der Polizist sah nach meinen Papieren vom Auto' [JS]; *reunens de schabo der het e schnöfdenkelche wie ne cari em ponum* ‚guck mal, der Junge/Mann, der hat eine Nase wie ein Penis im Gesicht' [JS]; *reunens de moß, die het e murf wie ne tokes em ponum* ‚guck mal, die Frau, die hat einen Mund wie ein Hintern im Gesicht' [JS]; *tschei, naschens reune ob de hotz van de viehl van et gefeberte al bekan geschäft is* ‚Frau, geh mal gucken, ob der Mann von der Post schon da war' [JS]; *wat runt et schirpchi grouß aus de scheincha* ‚Was schaut das Mädchen erstaunt aus den Augen?' [SE]

jeroont Part. Perf., Adj., Adv. [KM]
– gesehen, erblickt [KM]

anreunen swV. [MM]
– anstarren, ansehen [MM]

ausroinen swV. [MM]
– aussehen [MM]; dumm aussehen [MM] ♦ **V:** *mucker ausroinen* ‚hübsch aussehen' [MM]

bereunen swV. [MM]; **beräunen** [GM]; **beraine** [CL]; **beroine** [LL]; **beraame** [CL]
– ansehen [GM, MM]; besehen [GM]; schauen [CL, LL]; erkennen [CL, LL]; verstehen [CL, GM, LL]; begreifen [GM]; entdecken [MM] ♦ **V:** *da konnste wat bereunen, kneistern und dibbern* ‚da gab es was zu sehen, schauen und gucken' [MM]

herüberreunen swV. [MM]
– herübersehen [MM]

rooligen swV. [SP]
– schauen [SP]

reunigen swV. [MM]; **räunigen** [MM]
– schauen [MM]; sehen [MM] ♦ **V:** *auf den ossning räunigen* ‚auf die Uhr schauen' [MM]; *hame mies aus den kümmkes reunigen* ‚dumm aus der Wäsche schauen' [MM]

bereunigen swV. [MM]
– anschauen [MM]; zusehen [MM]

dollarreuniger Subst. m. [MM]
– Brillengucker [MM]; Brillenschlange [MM]; Brillenträger [MM]; jmd., der etwas sieht [MM]; „vier Augen" [MM] ♦ **V:** *ohne dollarreuniger kann er nix divvern* ‚ohne Brille kann er nichts sehen' [MM]

roineisen Subst. n. [MM]; **reuneisen** [MM]
– Brille [MM]

reunfried Subst. m. [MM]
– Spanner [MM]

roierling Subst. m. [SS, WH]; **röderling** [SS]
– Auge [SS, WH].

rojnen ‚sehen' → *roinen*.

rol Subst. f. [SP]
roll [SE]
– Hausierhandel [SP]; Handel [SE] ♦ **E:** rw. *roll* ‚Rad' zu dt. *rollen* ‚auf Rädern fahren' WolfWR 4623; ugs. *auf die Rolle gehen.* ♦ **V:** *ma geen op de Rol.* [SP]; *wir gehen op der roll* ‚wir gehen handeln' [SE]
rolen swV. [SP]; **rollen** [SE]
– hausieren [SE, SP]
rollart Subst. m. [SE]; **rollert** [SE]
– Hausierer [SE].

rolem ‚Jude' → *rolum.*

roll¹ Subst. f. [NJ]
– Straße [NJ] ♦ **E:** zu dt. *rollen,* → *rol.*

roll² Subst. f. [Him, JeS, LJ, OJ, PfJ, SJ, SchJ, TJ, WJ]
rolle [LüJ, SJ]; **rolles** Subst. m. [CL]
– Mühle [Him, JeS, LJ, LüJ, OJ, PfJ, SJ, SchJ, TJ, WJ]
♦ **E:** rw. *roll* ‚Mühle' (WolfWR 4622, Klepsch 1179, ohne zutreffende Herleitung); zu fachsprl./dt. *Rölle* „trichter in einer mühle, durch welchen das getreide während des mahlens läuft" DWB XIV 1140.
roller Subst. m. [HLD, Him, JeS, LJ, LüJ, PH, PfJ, SJ, StG]; **rollær** [WJ]
– Müller (HLD, Him, JeS, LJ, LüJ, PH, PfJ, SJ, StG.OJ, WJ) ♦ **E:** rw. *roller* ‚Müller' (WolfWR 4622).
staubroller Subst. m. [TJ]
– Müller [TJ]
rölling Subst. n. [PfJ]; **rolling** [PfJ]
– Schrot [PfJ].

roll³ Subst. m. [JeS]
– Rappen (Geldstück) [JeS]; Zehnrappenstück [JeS]; Batzen [JeS] ♦ **E:** rw. *roll* ‚Batzen' (WolfWR 4621, ohne Herleitung); Kürzung aus *Rollbatzen, Rollbatz,* eine zeitgenössische Bezeichnung für die Batzen zu 4 Kreuzer im ausgehenden 15. und beginnenden 16. Jh. in der Schweiz. ♦ **V:** *zää roll* ‚zehn Rappen' [JeS].

rolle¹ Subst. f., nur in:
auf der rolln stehen ‚beim Spiel nicht mitkommen' [WG].

rolle² Subst. f. [Him]
– Topf [Him] ♦ **E:** wohl Kürzung von *Kasserolle,* aus frz. *casserole* ‚Topf', afrz. *casse* ‚großer Löffel', von lat. *cattia* ‚Schöpflöffel, Kelle'.

rolle³ Subst. m. [JeS]
– Narr [JeS] ♦ **E:** wohl zu dt. *rollen* u. a. „fortwälzend, drehend vorwärts bewegen" DWB XIV 1140 ff.

röllekes Subst. Dim. Pl. [MM]
rölleckes [MM]; **rölleken** [MM]
– Augen[MM]; Tränensäcke [MM]; kleine Rädchen [MM]; Locken [MM] ♦ **E:** Derivat mit nd. Diminutivsuffix *-kes* von dt. *Rolle* ‚Rolle'. ♦ **V:** *(hamel) mies aus seine röllekes reunen* ‚(sehr) betreten ausschauen' [MM]; *makeim den seger die röllekes* ‚hau dem Kerl was auf die Augen' [MM].

rollen swV. [HK, LI]
rollern swV. [HK]; **rullern** [SK]
– fahren [HK, LI, SK]; „laufen, Auto, Fahrrad, alles, was rund geht" [HK]; Auto, Bahn, Fahrrad fahren [HK] ♦ **E:** rw. *rollen, rollern* ‚fahren' (WolfWR 4623); vgl. → *roddel, rol, radeln.* ♦ **V:** *morgen rollern wir bekanne* ‚morgen fahren wir nach Hause' [HK]; *rollern me schibbes* ‚fahren wir fort' [HK]; *wir rollen schibbes* ‚wir fahren weg' [HK]
rollt Part. Perf., Adj., Adv. [SS]
– ausverkauft [SS] ♦ **E:** Benennungsmotiv: Zusammenrollen des Wachstuches, in das die Sensen gepackt wurden, nach erfolgreichem Verkauf der letzten Sense.
anrollern sw. V. [HK]
– ankommen [HK]; anfahren [HK]; herkommen [HK]; mit dem Zug zurückkommen [HK]; nach Hause fahren [HK]; heranfahren [HK]; herankommen [HK]; losfahren [HK]
jittrollern swV. [HK]
– fortfahren [HK]
roller Subst. m. [LI, SK, SchJ, TJ]; **ruller** [SK]; **rollert** Subst. m. [HK]; **rollerd** [HK]; **rollert** [HLD]; **rollrett** [OH]; **rullert** [SK]; **ruldert** [SK]; **rolling** Subst. m. [KJ]
– Wagen [, HK, KJ, LI, SK]; Kinderwagen [HK]; Auto [HK]; Handwagen [HK]; Karre [HK]; Eisenbahn [HK, OH, SchJ, TJ]; Zug [HLD]; Moped [HK]; Kutsche [HK]; Zug [HK]; Fahrrad [HK]; „alles, was sich bewegt, was rund läuft" [HK]; „was fährt" [HK] ♦ **V:** *en hübsches kleines schrabben in en rollerd* ‚ein hübsches kleines Kind in einem Kinderwagen' [HK]
schrabbenrollerd Subst. m. [HK]; **schrappenrollert** [HK]
– Kinderwagen [HK]; Kinderroller [HK]; Kinderfahrrad [HK]
dsosschenrollerd Subst. m. [HK]; **sosschenrollert** [HK]
– Pferdewagen [HK]; Pferdefuhrwerk [HK]; Pferdegespann [HK]
rollerfinnichen Subst n. [HK]
– Auto [HK]

rollermoos Subst. n. [HK]
- Fahrgeld [HK]
rollerkate Subst. f. [SK]
- Bahnhof [SK]
roller machen Phras. [StG]
- einen gewaltsamen Einbruch verüben [StG]
rolleder Subst. m. [WG]
- Rollbalken [WG] ♦ **V:** *jmd. auf den Rolleder schicken* ‚jemanden hereinlegen' [WG]
rollschuhe Subst. Pl. [WG]
- nur in: *ihn auf die Rollschuhe schicken* ‚jemanden hereinlegen' [WG].

roller Subst. m. [KJ]
- Apfel [KJ] ♦ **E:** wohl zu dt. *rollen*.

rollkamm Subst. m. [KMa]
- Pferd [KMa] ♦ **E:** unsicher; evtl. zu dt./fachsprachl. *Rollkamm des Oberschenkelknochens von Pferden*, Pars-pro-toto-Metonymie; HessNassWb. II 891 [mit diesem Beleg].

rolom Subst. m. [WJ]
- Arzt [WJ]; Bürgermeister [WJ] ♦ **E:** rw./jd. → *rolum*.

rolum Subst. m. [CL, PH]
rolem [CL]; **rolom** [LüJ] **rollim** [CL]; **roullem** [CL]; **rōlum** [CL]; **rejlem** [Scho]; **rajlem** [Scho]
- Jude [PH, CL, Scho]; Arzt [LüJ] ♦ **E:** rw. *rolum* ‚Jude' (WolfWR 319), Kürzung < jd. *bar jisroelim* ‚Sohn der Israeliten' (Post 236, Klepsch 1172, PfälzWb. V 586); vgl. → *bajesrol*.

rom Subst. m. [JeS, LüJ, UG, WJ]
romm [GM]; **romma** [JSW]
- Mann [GM, JSW, LüJ, UG, WJ]; Ehemann (nur innerhalb der Sippe) [GM]; (Familien-)Vater (nur innerhalb der Sippe) [GM]; Mensch [JeS] ♦ **E:** rw. *rom* ‚Mann, Zigeuner' (WolfWR 4627) < roi. *rom* ‚Mann, Gatte, Zigeuner' (WolfWZ 2778). → *romni*. ♦ **V:** *Rom ragger die minsch* „böse manische Beschimpfung" [WJ]

romenso Subst. m. [SK]
- Klesmer (Salzgitterer Musiker) [SK] ♦ **E:** roi. *romentsa* ‚mit den Männern, Zigeunern' (WolfWR 4627, WolfWZ 2778).

romjenso Sust. f. [SK]
- Klesmerinnen [SK] ♦ **E:** roi. *romjentsa* ‚mit den Frauen, Zigeunerinnen' (WolfWR 4627, WolfWZ 2778).

rommedini Adj. [GM]
- männlich [GM]; verheiratet [GM] ♦ **E:** roi. *romedino* ‚verheiratet, verehelicht' (WolfWZ 2778).

rommelo Subst. m. [GM]
- Großvater [GM]; Kerl [GM]; Mann [GM]
rommles Subst. n. [MB]
- Zigeunersprache [MB].

rombla swV. [OJ]
- fahren [OJ] ♦ **E:** dt./mdal. *rumpeln* „sich mit geräusch bewegen" DWB XIV 1489 ff.

römer Subst. m. [MM]
- Handwerker, die keine saubere Arbeit verrichteten [MM] ♦ **E:** wohl zu dt. *Römer* als Volksschelte, die darauf basiert, dass man den Italienern (*Römern*) ungenaues und schlampiges Arbeiten unterstellt; oder zu roi. *rom* ‚Zigeuner', im Rw. *romanisch* ‚gaunerisch' (WolfWR 4627); vgl. dt. *Römer* „von einem menschen mit dunkelem haar und hautfarbe" DWB XIV 1158. → *ruma*.

rumrömern swV. [MM]
- bei der Arbeit nicht ganz den handwerklichen Gebräuchen entsprechen [MM]; bei der Arbeit pfuschen [MM].

rommfurza swV. [OJ]
- ziellos umhergehen [OJ] ♦ **E:** dt./mdal. *herumfurzen*.

romni Subst. f., n. [GM, JS, LüJ, MM, PH]
romme [WJ]; **rommi** [JSW]; **romli** [UG]; **rommne** [WJ]; **rommnie** [ME]; **romne** [LüJ, MUJ]; **romnee** [JS]; **romnae** [LüJ]; **romnie** [JSW]; **romdi** [MM]; **romdie** [MM]; **rondi** [MM]; **rumini** [LJ]; **rummi** [HLD]; **rumnei** [JS]; **rumni** [JSW]; **roamale** Subst. n., Dim. [LJ]
- Ehefrau (nur innerhalb der Sippe) [GM, ME]; Ehefrau [ME]; Frau [GM, JS, JSW, LüJ, MM, MUJ, PH, WJ]; Hausfrau [HLD]; ältere Frau [MM]; Weib [LJ, LüJ, MM]; weibliches Wesen [MM]; Mutter (nur innerhalb der Sippe) [GM]; Mutter [WJ]; Mädchen [GM, JSW, LJ, MM, UG]; Mädchen des Ortes [MM]; Freundin [MM] ♦ **E:** rw. *romni* ‚Frau, Zigeunerin' (WolfWR 4627) < roi. *romni* ‚Frau, Gattin, Ehefrau, Zigeunerin' (WolfWR 4627, WolfWZ 2781). ♦ **V:** *der freier hat 'n jofles romdi* ‚der Mann hat ein nettes Mädchen' [MM]; *da joste die kochemer, kaffer und ruminis, oltrische und kodems, stegen und schickse, im bali beinander um en jak* ‚da lagen die Gauner, Männer und Weiber, Alte und Kinder, Buben und Mädchen, im Walde beisammen um ein Feuer' [LJ]; *roamele, laß mich durme bei dir / ich batronall dafür* ‚Mädchen, laß mich bei dir schlafen, ich bete dafür' [LJ].

rondling ‚Wurst' → *rundling*.

ronen¹ ‚gucken, schauen' → roinen.

ronen² swV. [RH]
– schlafen [RH] ♦ **E:** unsicher; womgl. zu dt./mdal. *Rohne, verronen* ‚umgefallener, vertrockneter Baumstamm; vertrocknen' (DWB XIV 1121; RheinWb. VII 499).

ronk Subst. m. [LüJ]
– evangelischer Bauer [LüJ]; Bauer [LüJ] ♦ **E:** unsicher; evtl. zu dt. *Runks* ‚grober Mensch' (Kluge 1999: 696); „als Schimpfwort ist *ronk* ist sozusagen die Steigerung von → *ruoch*"; zur Bedeutungsverengung ‚evangelisch': alle Nachbarorte des katholischen Lützenhardt waren von Bauern besiedelt, die evangelisch waren, so dass sowohl die Bezeichnung *Bauer* als auch *evangelisch* klare soziale Abgrenzungskriterien implizierten (vgl. Efing, Lützenhardter Jenisch, s.v. *ronk*).

ronköm Adv. [HF]
– rundum [HF] ♦ **E:** mdal. Gutturalisierung zu dt. *rundum*.

rooch, roof ‚Hunger' → *rof*.

rooches ‚Wut, Zorn' → *rochus*.

roof Num. Kard. [Scho]
– sechs [Scho] ♦ **E:** wohl verderbt zu → *wow*.

roonerjauner Subst. m. [HK]
– Schifferklavierspieler [HK] ♦ **E:** unsicher; *rooner* evtl. zu mdal. *rohnigen* -ö- 1. ‚röchelnd stöhnen', 2. ‚grunzen als (ursprünglich) abwertende Bezeichnung aus der Sicht der anderen Musiker', Weiland, Hundeshagen, 316. → *jauner*.

rortele Subst. [Wo]
– Teller [Wo] ♦ **E:** unsicher; evtl. zu dt. *rühren*.

rosch Subst. m./n. [CL, GM, JS, LL, MB, SS, Scho]
rösch [MM]
– Kopf [CL, GM, LL, MB, MM, SS, Scho]; Gesicht [MB, MM]; Mund [MB, MM]; Maul [MB]; Schnauze [MB]; Hals [JS] ♦ **E:** rw. *rosch* ‚Kopf' (WolfWR 4633) < jd. *rosch* ‚Kopf, Haupt, Spitze' (Avé-L. 453, We 93, MatrasJd 291, Post 236, Klepsch 1179). ♦ **V:** *da packt der sich den hegel anne strotte und makeimt ihn sein rösch* ‚da packt er den Mann beim Kragen und schlägt ihn ins Gesicht' [MM]; *Heini reunte rot, kappte den hegel an die strotte und mekeimte ihm sein rösch* ‚Heini sah rot, ging dem Kerl an den Hals und schlug ihm ins Gesicht' [MM]; scherzhafte Drohung gegenüber Kindern: *Ich steck der de Rosch zwische die Krautblärre* ‚Ich stecke die den Kopf zwischen die Ohren' [LL, CL]

rosche schuhne Subst., Phras. [Scho]
– Neujahr [Scho] ♦ **E:** → *schone*.

majemrosch Subst. m. [Scho]
– Wasserkopf [Scho] ♦ **E:** → *majem*.

rosche Adj. [SS]
– gottlos [SS]

rosche Subst. m. [Scho]
– Bösewicht [Scho] ♦ **E:** rw. *rosche* ‚Frevler, Gottloser, Schurke' (WolfWR 4635) < zu jd. *roscho* ‚Bösewicht, Frevler, Gottloser' < hebr. *râschâ'* (We 93, Post 237, Klepsch 1183).

roschtredli Subst. n. Dim. [JeS]
– Lokomotive [JeS] ♦ **E:** rw. *rost* ‚Eisen' aus roi. *trascht* ‚Eisen' (WolfWR 4640), schweizdt. *Redli* ‚Rädchen'.

rösdänzer Subst. m. [SG]
röisdänzer [SG]
– guter Tänzer [SG] ♦ **E:** evtl. mdal. *heraus* und dt. *Tänzer*.

rösen swV. [MeT]
– cacare [MeT] ♦ **E:** rw. *rose* ‚Exkremente', *rosen* ‚cacare' (WolfWR 4636, ohne Herleitung); evtl. zu dt. *Rosette* ‚Anus', vgl. frz. Argot *rosette*, Siewert, Humpisch, 107.

röse Subst. [MeT]; **rose** [MeT]; **rôse** [MeT]
– Exkremente [MeT]

rôsert Subst. m. [MT, MeT]; **rossert** [MeT]; **robert** [MeT]
– Podex [MT, MeT]; After [MeT].

rosenkranz Subst. m. [RH]
roosechranz [JeS]
– Handschellen [JeS]; Schlinge [RH] ♦ **E:** rw. *rosenkranz* ‚Fuß- und Handschellen' zu dt. *Rosenkranz*, schweizdt. *Roosechranz* ‚Gebetsschnur' (WolfWR 4637). ♦ **V:** *de chnuupe hät mr de roosechranz a d feeme gschnellt* ‚der Polizist hat mir Handschellen an die Hände gelegt' [JeS]

rosenkränze beten Phras. [KJ]
– arretiert, gefesselt sein [KJ].

rosewai Subst. [SS, WH]
– Rasiermesser [SS, WH] ♦ **E:** rw. *rosewai*, zu frz. (argot) *rasibe* ‚Rasiermesser' (WolfWR 4638).

roskarilium Subst. n. [JSW]
– Geld [JSW] ♦ **E:** unsicher; evtl. zu jd./rw. *rosch* ‚arm', semantische Antonymie; vgl. Siewert, Grundlagen, 367.

röslig Subst. m. [BM]
rösliger [BM]
– Rose [BM] ♦ **E:** zu dt. *Rose*.

ross Subst. nur in:
klarross [JeS, MT, MeT]; **klarros** Subst. [MeT];
– Bier [JeS, MT, MeT]; helles Bier [MeT] ♦ **E:** rw. *ross* ‚Bier' < nl. *roes* ‚Rausch' (WolfWR 4639).

rössle swV. [JeS]
– das Wirtshaus besuchen [JeS].

roß Subst. n. [TK]
– Pferd [TK] ♦ **E:** dt. *Roß* (ant.) ‚Pferd' DWB XIV 1237 ff.

rossgumele Subst. f., Pl. [BM]
– Pferdeäpfel [BM] ♦ **E:** schweizdt. *Gummel* ‚Kartoffel, Knolle' SchweizId. II 307.

rossweggli Subst. n. [BM]
– Pferdeäpfel [BM] ♦ **E:** schweizdt. *Weggli* ‚Brötchen'.

rost Subst. m. [HLD]
– Eisen [HLD] ♦ **E:** wohl zu dt. *Rost* „eisernes oder hölzernes, auch geflochtenes gitterwerk" DWB XIV 1279 ff.; evtl. Einfluss von roi. *trascht* ‚Eisen'.

rot¹ Adj. [WG]
road [OJ]
– rot [OJ, WG] ♦ **E:** dt. *rot* (Farbe).

rote Subst. f. [WG]
– nur in: *kuttinger in der roten* ‚Staatsanwalt' [WG]
roadfuggs Subst. m. [OJ]
– Goldstück [OJ] ♦ **E:** rw. *rotfuchs* ‚Goldstück' (WolfWR 4644).

roadhansa Subst. f., Pl. [OJ]
– Kirschen [OJ]
rothos Subst. f. [LJ]
– Kirsche [LJ] ♦ **E:** rw. *rothosen* ‚Kirschen' WolfWR 4646; vgl. rw. *blauhosen* ‚Zwetschge', unter → *blau¹*.

rothosen Subst. Pl. [EF]; **ruthus'n** [EF]
– Franzosen [EF] ♦ **E:** Benennungsmotiv: rote Uniformhosen französischer Soldaten.

rotkapperl Subst. n., Dim. [LoJ]
– Kirsche [LoJ]
roadsoß Subst. f. [OJ]
– Blut [OJ]
rotstripfling Subst. m. [PfJ]
– Reh [PfJ]

rötel Subst. m. [JeS, SchJ, TJ, WJ]; **röötel** [JeS]; **röthl** [RR]; **rödæl** [WJ]; **rodel** [PfJ]; **röödel** [JeS]; **rell** [KJ]; **rötl** [KJ]; **rötlig** Subst. m. [JeS]; **rötling** [HLD, LJ, MUJ, PfJ, SJ, SchJ, WJ]; **redling** [LoJ]; **rödling** [Gmü, SPI, Wo, Zi]
– Kirsche [SchJ]; Blut [Gmü, HLD, JeS, KJ, LJ, LoJ, MUJ, PfJ, RR, SJ, SPI, SchJ, TJ, WJ, Wo, Zi]; Monatsblutung [PfJ]; monatliche Reinigung [PfJ]; Menstruation [JeS] ♦ **E:** rw. *rötel, rötling* ‚Blut' (WolfWR 4648, Klepsch 1184) < dt. *rot*. ♦ **V:** *Dr benk hot da kaffer mit am härtling dupfd, dr rötling gschepfd ischd no hotr en dr deisd ond em seine boschr aus am rande zopfd dr klischde hot den vermuffda schure en da kanlo gschmissa wega dem hallas, dr gomel hod droht, hoim de, sonschd machschd ama schena schei da baumelma* ‚Der Mann hat den Bauer mit dem Messer gestochen, dass das Blut gelaufen ist, dann hat er ihn erschlagen und ihm sein Geld aus der Tasche genommen, der Polizist hat den schlechten Kerl ins Gefängnis geschmissen wegen dem Streit, der Amtsrichter hat gedroht, pass auf, sonst wirst du eines schönen Tages aufgehängt' [SJ]; *Dr duftschaller hot dia fiesl dockd bis se gflennd ond rötling gschwizd hend* ‚Der Lehrer hat die Jungen geschlagen, bis sie geweint und Blut geschwitzt haben'; *de röötel tschaant* ‚das Blut läuft' [JeS]

rötu Subst. m. [BM]
– Rotwein [BM]

rötlengsfetzer Subst. m. [SJ]; **rötlingsfetzer** [SJ]
– Bader [SJ] ♦ **E:** rw. *röthlings-fetzer* ‚Chirurg, Bader' (WolfWR 4648). ♦ **V:** *Fiesl i hauer pegerisch gang zom urinprophet odr zom rötlengsfetzer ond hol mr ebes abr net zom marodebenk der ischd link* ‚Junge, ich bin krank, geh zum Apotheker oder zum Bader und hol mir etwas, aber nicht zum Doktor, der ist falsch' [SJ]

rööteljooli Subst. m. [JeS]
– Rotwein [JeS].

rot² Adj.
road [OJ]
– gaunerisch [OJ]; falsch [OJ]; faul [OJ] ♦ **E:** zu rw. *rot(t)* ‚(schlauer) Bettler', Herleitung umstritten, in der älteren Forschung meist zu mhd. *rôt* „rothaarig, bildl. falsch, listig" Lexer II 502 (WolfWR 4652) gestellt; nach Lühr eher zu mnl. *rot* ‚schwach, von schlechter Qualität', im älteren Neunl. von Personen mit Pocken, Schorf, Geschlechtskrankheiten, nl. *rot* ‚schmutzig, schmierig' Lühr 1996, 26 f.; *rot-* in Rotwelsch: Lühr 1996, 15–31; Siewert, Rotw. Grammatik: Faks. 19 (*rotbos* ‚Betler=Herberge', 1755).

rot Subst. m. [HLD]; **rott** [HLD]
- schlauer Bettler [HLD]
rottmuffen Subst. Pl. [MM]
- „Schimpfwort der Holländer für uns" [MM]
roadwälsch Subst. n. [OJ]
- Gaunersprache [OJ].

rottel, rottl ‚Auto, Wagen, Wohnwagen' → *radeln*.
röttge Subst. f. [SK]
- Sämerei [SK] ♦ **E:** unsicher; evtl. zu nd. *roode* ‚Rute, Schößling' Bremisch-Nieders.WB, 511.

röttle swV. [JeS]
- brüten [JeS] ♦ **E:** unsicher; evtl. Verschreibung für ‚bluten', vgl. → *röötel*.

rotz Subst. m. nur in:
rotzfleck Subst. m. [SJ]
- Taschentuch [SJ] ♦ **E:** dt. *Rotz* ‚Schleim in den Nasenhöhlen' DWB XIV 1326 f.; schwäb. *Fleck* ‚Lappen, Fetzen'.
rotzhobel Subst. m. [HL]
- Mundharmonika [HL]
rotzkocher Subst. m. [MB]
- Pfeife [MB] ♦ **E:** rw. *rotzkocher* ‚Pfeife' (WolfWR 712).

rou Subst. f. [BB]
ruu [BB]
- Uhr [BB] ♦ **E:** Inversion zu *Uhr*. ♦ **V:** *Welif Ruu es-et?* ‚Wieviel Uhr ist es?' [BB].

rover ‚Arzt' → *raufer*.

rowepin Subst. m. [GM]
- Weinen [GM]; Geheul [GM] ♦ **E:** roi. *rōwəpen* ‚Weinen, Geheul, Gejammere' (WolfWZ 2789).

ruabeoef Subst. f. [BB]
- Bauersfrau [BB] ♦ **E:** Inversion *f[r]eoebaur*.

ruach¹ Subst. m. [OJ]
- Geist [OJ] ♦ **E:** rw. *ruach* ‚Geist, Seele, Wind, Verschwender, Windbeutel, unsteter Mensch' aus jd. *ruach* ‚Geist, Seele, Atem' WolfWR 4658.
ruachen swV. [StG]
- herumstreifen [StG].

ruach² ‚Bauer, Mann' → *ruch*.

ruadel ‚Wagen' s. unter → *radeln*.

ruame swV. [BB]
- mauern [BB] ♦ **E:** Inversion zu *mauern*.

ruam Subst. f. [BB]
- Mauer [BB].

ruap Subst. m. [BB]
- Bauer [BB] ♦ **V:** *Dem Ruap sen Uaf* ‚dem Bauern seine Frau' [BB] ♦ **E:** Inversion von *baur*.

ruas Adj. [BB]
uerse [BB]
- sauer [BB] ♦ **E:** Inversionen von *sauer*.
ruaseseebak Subst. [BB]
- Sauerkraut [BB] ♦ **E:** Inversion von *Sauerkappes*.

ruaß Subst. m. [OJ]
ruæß [WJ]
- Rausch [OJ, WJ] ♦ **E:** wohl zu mhd. *rûsch* „das rauschen, die rauschende bewegung", „zustände der trunkenheit, sei es, dasz sie an das rauschen im kopfe anknüpft, das sich in gewissen vorgerückten stunden einzustellen pflegt, oder an die geräuschvolle lustigkeit der zecher" DWB XIV 302 ff.; evtl. met. zu schwäb./dt. *Ruß* ‚Ofenruß', DWB XIV 1554 f.; SchwäbWb. V 496.
ruaßig Adj. [OJ]
- rauschig [OJ].

ruaßbengges Subst. m. [OJ]
- Kaminfeger [OJ] ♦ **E:** zu schwäb./dt. *Ruß* ‚Ofenruß', DWB XIV 1554 f.; SchwäbWb. V 496. **kearußbennr** Subst. m. [OJ]
- Kienruß-Abbrenner [OJ]
ruaßleng Subst. m. [OJ]
- Kessel [OJ].

rübe Subst. f. [WG]
rüb [EF]
- Kopf [EF]; männliches Glied [WG]; Klarinette [EF] ♦ **E:** rw. *rübe* ‚Kopf' WolfWR 4659, zu dt. *Rübe* „kulturpflanze mit fleischiger, runder, spitzzulaufender wurzel" DWB XIV 1331 ff. ♦ **V:** *gelbe rübe* ‚gelbe Klarinette' [EF].

ruch Subst. m. [CL, LJ, LüJ, PH, SchJ, TJ, WJ]
rûch [Him, Mat, Zi]; **ruhch** [CL]; **ruoch** [Him, JeS, LJ, LüJ, Mat, SJ, TK, WJ, Zi]; **ruuch** [JeS]; **ruach** [LJ, LüJ, SJ, TK]; **ruech** [JeS, KP, Scho, TK]; **ruech** [Scho]; **ruæch** [WJ]; **ruuche** Subst. Pl. [CL]; **rueche** [JeS]; **ruachen** [MUJ]
- Bauer [CL, Him, JeS, KP, LJ, LüJ, MUJ, Mat, OJ, PH, SJ, SchJ, TJ, TK, WJ, Zi]; Mann [LüJ, SJ]; Landwirt [JeS, LüJ]; alle Nichtjenischen [JeS]; Geiziger, Geizhals [Scho, TK]; einer, der alles zusammenrafft [Scho] ♦ **E:** rw. *ruch* ‚Bauer', Herleitung umstritten;

zu mhd. *rûch* ‚rau, roh, ungebildet', nhd. *rau* (WolfWR 4662); zu mhd. *ruochen* ‚sich kümmern, handeln' (Klepsch 1189). ♦ **V:** *ruochen, ihr kahlet maro* ‚Bauern, ihr eßt Brot' [LüJ]; *e maassige ruech* ‚ein schlechter Bauer' [JeS]; *lenzerei: model, lenz'die rucheulme, was herles der ruch scheft? Kenn, patres! – Ulme, hauret der kaffer wohnisch? Nobis, model! – Krillisch? Kenn. – Schefft er niesich? Nobis! – Schofel? Nobis! – Vermufft? Nobis! Grandich? – Kenn! – Haurets ein finkelkaffer? Nobis! – Kasperer? Nobis! – Blibelkaffer? Kenn! – Scheffts ein bikerischer oder lenker benk? Nobis, ein dofer! – Schefft er herles vom g'fahr? Kenn! – Steckt er lenk? Nobis, model! – Dof? Kenn! – Hauret dof, model, schupf dich auf und bost'schiebes! Kenn, patres!* ‚Fragerei: Mädchen, frag'die Bauersleute, was hier der Bauer ist? Ja, Vater! – Leute, ist der Mann katholisch? Nein, Mädchen! – Evangelisch? Ja! – Ist er dumm? Nein! – Bös (schlecht)? Nein! Arm (heruntergekommen, vergantet)? Nein! – Reich? Ja! – Ist's ein Hexenmeister? Nein! – Ein Zauberer? Nein! – Ein Stundenmann? Ja! Ist es ein hungriger oder böser Mann? Nein, ein guter! – Ist er hier vom Dorfe? Ja! – Gibt er schlecht (beim Betteln)? Nein, Mädchen! – Gut? Ja! – Es ist gut, Mädchen, höre auf und gehe fort! Ja, Vater!' [LüJ]

ruche Subst. f. [LJ]; **ruchin** Subst. f. [LJ]; **ruochin** [LJ]
– Bäuerin [LJ] ♦ **V:** Scherzhaftes Kindergebet: *Liewer Herrgott, mach die Ruuche blind, daß unser Erle Affe find* [LJ]

ruochefisel Subst. m. [LüJ]
– Bauernjunge [LüJ]

ruchagoi Subst. f. [LüJ]
– Bauersfrau [LüJ]

ruochekehr Subst. n. [LüJ]
– Bauernhaus [LüJ] ♦ **V:** *mamere hat e gachne getschort im ruochekehr* ‚Mama hat im Haus der Bauern eine Henne gestohlen' [LüJ]

ruchekitt Subst. f. [LüJ]
– Bauernhaus [LüJ]

ruchalehm Subst. m. [LüJ]
– Bauernbrot [LüJ]

ruchamodel Subst. f. [LüJ]
– Bauernmädchen [LüJ]

ruchamoß Subst. f. [LüJ]; **ruochemoß** [LüJ]
– Bauersfrau [LüJ]

rucheulme Subst. Pl. [LüJ]
– Bauersleute [LüJ] ♦ **V:** *lenzerei: model, lenz' die rucheulme, was herles der ruch scheft?* ‚Fragerei: Mädchen, frag' die Bauersleute, wer hier der Bauer ist?' [LüJ]

ruach Adj. [OJ]
– geizig [OJ] ♦ **E:** vgl. schwäb. *Ruch* ‚Geizhals, Nimmersatt' (SchwäbWb. V 452). ♦ **V:** *a ruachr ramml* ‚ein ganz Geiziger' [OJ]

ruechelogyy Subst. f. [JeS]
– Landwirtschaft [JeS] ♦ **E:** dt. *-logie*, wie in *Technologie* u. a. ♦ **V:** *i schinagle uf dr ruechelogyy* ‚ich arbeite in der Landwirtschaft' [JeS]

rambes ruech Subst m., Phras. [Scho]
– geiziger Mensch [Scho].

ruck Subst. m. [GM]
– Baum [GM] ♦ **E:** roi. *ruk* ‚Baum' (WolfWZ 2801).

ruckaue Subst. m. [GM]
– Bauer [GM] ♦ **E:** wohl zu rw. → *Ruch* und rw. → *Kaffer*

rücken swV. [StG]
– weglaufen, desertieren [StG] ♦ **E:** rw. *rücken* ‚fortgehen, davonlaufen', zu dt. *rücken* (WolfWR 4665). ♦ **V:** *rücken vor den Palmern* ‚weglaufen, desertieren von den Soldaten' [StG].

rucketuck Subst. m. [MB]
– großer Schnaps [MB]; Korn (Schnaps) [MB] ♦ **E:** *tuck* ‚zuck' zu *zucken*. „ruck-zuck", in Minden (Bürgerbataillon) Ausdruck für exakte Exerzier-Bewegungen; hier: ‚den Schnaps in einem Zug hinunterstürzen' (Siewert, Mindener Buttjersprache, 143).

rückliger Subst. m. [BM]
– Ruck [BM] ♦ **E:** zu dt. *Ruck* ‚kleine Bewegung' DWB XIV 1344 f.

rücköhrchen Subst. n. Dim. [RH]
– Hase [RH] ♦ **E:** dt. *Ohr*, rw. *rücken* ‚davonlaufen' (WolfWR 4665).

ruckrandi Subst. f. [LoJ]
– Rucksack [LoJ] ♦ **E:** dt. *Ruck(sack)* DWB XIV 1374; → *rande*.

rudel Subst. f. [LJ, MUJ]
rudl [WJ]; **ruadel** [LüJ]
– Auto [LJ, MUJ, WJ]; Wagen [LüJ]; Händlerwagen [WJ]; Fahrrad [WJ] ♦ **E:** rw. *radel, rudel* (WolfWR 4463), → *radeln* ‚fahren'.

rudlæ swV. [WJ]
– fahren [WJ].

ruech ‚Bauer' → *ruch¹*.

ruefer Subst. m. [SK]
ruifer [SK]; **ruichert** Subst. m. [SK];
– Sack [SK]; Tasche in der Hose [SK] ♦ **E:** rw. *raupe* ‚Ranzen, Tornister' < lat. *raupa* ‚Fell, Haut' (WolfWR 4517); vgl. → *reipert, riäp, ripperd*.

mohschruifer Subst. m. [SK]
– Geldbörse [SK].

rür Subst. [KP]
– Brei [KP] ♦ **E:** wohl zu dt. *um(rühren)*.

rueß ‚Rausch' → *ruaß*.

ruf ‚Hunger' → *rof*.

rufe Subst. [LüJ]
– Schulden [LüJ] ♦ **E:** Deutungsonkurrenz: evtl. zu → *rof* oder zu → *ruhfes*.

rüggliger Subst. m. [BM]
– Rücken [BM] ♦ **E:** zu dt. *Rücken* „brust und bauch gegenüber liegende längsseite des rumpfes bei mensch und thier" DWB XIV 1346 ff.

rugla swV. [OJ]
– rollen [OJ]; ändern [OJ]; tauschen [OJ] ♦ **E:** schwäb. *rugelen* ‚rollen' (SchwäbWb. V 470).

ruhfes Subst. f. Pl. [Scho]
– Garantie [Scho] ♦ **E:** jd. *rüfes* ‚Garantie für ein Tier, besonders mit Bezug auf dessen Gesundheit' (We 93, Post 237, Siewert, WB Viehhändlersprache, 97). ♦ **V:** *gib ka ruhfes* ‚Ich gebe keine Garantie' [Scho]; *alle ruhfes* ‚fehlerfrei' [Scho].

rühlen swV. [HF, HeF]
röhlen [HeF]; **rulen** [SP]
– handeln [HeF, SP]; Handel treiben [HeF]; handeln (als Kaufmann) [HF] ♦ **E:** rw. *rühlen, roedeln* ‚handeln, verkaufen', aus nl. *ruilen* ‚tauschen' WolfWR 4668; RheinWb. VII 596 *rullen* ‚handeln, vom Händler' (Kundensprache Speicher). → *roedeln*. ♦ **V:** *röhlt Zinotes og?* ‚Treiben Sie auch Handel?' [HeF]; *zippken, minotes het schwömzelen on luhrmon; wat röhlt zinotes hitschen?* ‚Ja, ich habe Fische und Käse; womit handelst Du hier?' [HeF]; *ström mar no de tent, knöllen; röhlen ohne röhlfesel, dot huckt den ühl* ‚Mache Dich nur nach Haus, ohne Gewerbeschein handeln, das geht nicht' [HeF]

verrühlen swV. [HF]; **verröhlen** [HeF]
– verhandeln [HF, HeF]

rühl Subst. m. [HF]; **röhl** [HF]
– Handel [HF] ♦ **V:** *den röhl huckt lock* ‚Der Handel geht schlecht' [HeF]; *dot huckt ene locken Röhl* ‚das ist ein schlechter Handel' [HeF]; *henesen röhl!* ‚Gute Geschäfte!' [HeF]

rulert Subst. m. [SP]; **ruulat** [SP]
– Händler [SP]

stinnesenrühl Subst. m. [HF]
– Zigarrenhandel [HF]

rühlblag Subst. m. [HF, HeF]; **röhlblag** [HeF]
– Handelsmann [HF]; Händler [HF]; Kaufmann [HeF]; Kiepenträger [HF]; Krämer [HF] ♦ **V:** *huckt Zinotes enen Röhlblag?* ‚Sind Sie ein Kaufmann?' [HeF]

rühlfesel Subst. f. [HF]
– Gewerbeschein [HF]

rühlmichel Subst. m. [HF]
– Handelsjude [HF]

rühltent Subst. n. [HF]
– Handelshaus [HF].

rührer Subst. m. [WG]
rüerer [KP]
– Kochlöffel [KP]; großes Glied [WG] ♦ **E:** rw. *rührer* ‚Penis' WolfWR 4671.

ruht Subst. f. [HF, HeF]
– Glas [HeF]; Trinkglas [HF]

rüthken Subst. n., Dim. [HF]
– Gläschen [HF] ♦ **E:** rw. *rut* ‚Glas', nl. *ruit* ‚Fensterscheibe' WolfWR 4700; rhein. *Rut* ‚Glasscheibe' (RheinWb. VII 195). ♦ **V:** *en ruth geschrödden* ‚ein Schnaps' [HeF]; *he, wöles, schüt en büs moselsanktes möt parz ruthen!* ‚Heda, Kellner, bring' eine Flasche Moselwein mit zwei Gläsern!' [HeF]; *Plar de Ruth has!* ‚Das Glas geleert!' [HeF]; *Schüt nog en Ruth; dot huckt henese Köth* ‚Gib noch ein Glas; das ist gutes Bier' [HeF]

sankteseruht Subst. f. [HF]
– Weinglas [HF].

ruichert Subst. m. [SK]
– Bart [SK] ♦ **E:** rw. *-hart*-Bildung zu dt. *riechen* ‚einen Geruch durch die Nase wahrnehmen' DWB XIV 910 ff. ♦ **V:** *hei harre 'n snurruichert* ‚er hatte einen Schnurrbart' [SK].

rulchen Subst. n. [SP]
rulschen [SP]
– Dutzend [SP] ♦ **E:** unsicher; evtl. zu rw. *rulchen* ‚Reiseroute, Gesamtheit der Reiseziele' WolfWR 4673, Dutzend als das volle Maß. ♦ **V:** *Isch hät gäer e Rulschen* ‚ein gutes Dutzend' [SP].

rüller Subst. m. [EF]
– Blähung [EF] ♦ **E:** zu osächs. *rüllern* ‚brodeln' (OSächsWb. III 494).

rullern ‚fahren' → *rollen*.

rum Subst. m. [EF]
– Hirt [EF] ♦ **E:** unsicher; zu roi. *rom* ‚Mann' oder zu dt. *rummel* ‚ungeordneter Haufen' (von Herdetieren) DWB XIV 1481 f.; phonetisch schwer zu rw. *raue* ‚Hirte'.

ruma Adj. [HLD]
– schwarz [HLD] ♦ **E:** zu dt. *Römer* „von einem menschen mit dunkelem haar und hautfarbe" DWB XIV 1158. → *römer*.

rumgeher Subst. m. [WM]
– Sammler [WM] ♦ **E:** dt. *herum* und dt. *gehen*.

rumhecheln swV. [PfJ]
– tadeln [PfJ] ♦ **E:** zu dt. *Hechel* ‚der eiserne Kamm, der durch den Flachs oder Hanf gezogen wird' SchwäbWb. III 1313.

rumini ‚Weib' → *romni*.

rumketscha swV. [LJ]
– herumlaufen [LJ] ♦ **E:** schwäb. *herumketschen* ‚herumziehen' (SchwäbWb. IV 355). ♦ **V:** *in ganz Leinzell isch nobes kein schmaling mehr rumg'ketscht* ‚in ganz Leinzell ist keine Katze mehr herumgelaufen' [LJ]; *da ketscht kei murr mehr 'rum, die sind alle gkahlt* ‚da läuft keine Katze mehr herum, die sind alle aufgegessen' [LJ].

rumpel Subst. m., nur in:
rumpel bekommen ‚leer ausgehen' [StG] ♦ **E:** rw. *rumpel* ‚Laufpass' WolfWR 4678, ohne Herleitung; evtl. zu dt. *rumpeln* u. a. ‚stürzen, purzeln' DWB XIV 1489 ff.

rumpes Subst. m. [SS]
– Jude [SS] ♦ **E:** unsicher; evtl. Kürzung aus dt. *Gerumpel, Gerümpel* DWB V 3771 ff.

rumpf Subst. m. [JeS]
– geflochtener Weidenkorb jeglicher Form (rund, eckig, mit Tragebogen, zwei Handgriffen) [JeS] ♦ **E:** schweizdt., schwäb. *Rumpf* ‚primitives Gefäß aus Rinde' (SchweizId. VI 947, SchwäbWb. V 480). ♦ **V:** *e geetschige rumpf* ‚ein kleiner Korb' [JeS]
rümpfne swV. [JeS]
– Körbe flechten [JeS]; korben [JeS]
rümpfnergaaschi Subst. m. [JeS]
– Korber [JeS]; Korbflicker [JeS] ♦ **V:** *de rümpfnergaaschi tschaant vo ruech zu ruech go schränze* ‚der Korbflicker geht von Bauer zu Bauer hausieren' [JeS].

rumpfer Subst. m. [SK]
– Senf [SK] ♦ **E:** rw. *rümpfling* ‚Senf', „das aus dem *Rumpf* Kommende" (WolfWR 4679). Benennungsmotiv: Ähnlichkeit in Farbe und Konsistenz von Senf und Exkrementen.

rumpsen Subst. [MT, MeT]
rummsel [MT, MeT]; **rumsel** [MeT]
– Dorf [MT, MeT] ♦ **E:** *rummsel, rumpsen* ‚Dorf' WolfWR 4677; zu nord- und westgerm. *rum-* ‚Raum, Platz', nl. *ruimte*, Siewert, Humpisch, 108.

rümschen swV. [BM]
– wegräumen [BM] ♦ **E:** schweizdt. *rumen* ‚frei machen, leeren' (SchweizId. VI 917). ♦ **V:** *rümsch!* ‚räum' das beiseite!' [BM].

rumschuwern swV. [PfJ]
– schleichen [PfJ] ♦ **E:** wohl zu jd. *schuwo* ‚Ruhe, Buße' WolfWR 5115, We 223.

rumsnicker Subst. m. [MT, MeT]
rumpnicker [MT, MeT]; **rumpsnicker** [MeT]; **rumschnicker** [MeT]
– Müller [MT, MeT] ♦ **E:** WolfWR 4680 ohne Herleitung; nd. *rump* ‚hölzernes Gemäß für Getreide', mnd. *snicker* ‚Kunsttischler, Bildschnitzer', Siewert, Humpisch, 108 f.

rumtreiber Subst. m. [StG]
rundtreiber [HLD]
– Böttcher [HLD, StG] ♦ **E:** rw. *rumtreiber* ‚Böttcher', zu dt. *treiben* und *(her)um, rund*. Benennungsmotiv: Antreiben der Fassreifen (WolfWR 4681).

runde Subst. f. [OH]
– Gier [OH] ♦ **E:** wohl zu dt. *rund* „übertragung auf anderes, das eine gewisse fülle aufweist" DWB XIV 1500.

rundlig Subst. m. [JeS]
– Fahrrad [JeS] ♦ **E:** dt., schweizdt. *rund* DWB XIV 1498 ff.

rundling Subst. m. [Gmü, HLD, LüJ, Wo, Zi]; **rondling** [LüJ, MUJ]; **rondleng** [LüJ]; **rondlung** [LüJ]; **rundlinge** Subst. Pl. [PfJ, StG]; **rongele** Subst. Pl. [KM]
– Kartoffel(n) [HLD, KM, StG]; Brot [LüJ]; Wurst [Gmü, LüJ, MUJ, PfJ, Wo, Zi] ♦ **E:** rw. *rundling* ‚Wurst' (WolfWR 4684). Benennungsmotiv: Form. ♦ **V:** *nasch en kaflerei und hol mir 'n mass und 'n rondleng, weil i boggelo hab* ‚geh in die Metzgerei und hol' mir Fleisch und Wurst, weil ich Hunger habe' [LüJ].

runzele Subst. f. [BM]
– Uhr [BM] ♦ **E:** dt. *Runzel* met. „merkmal des alters" DWB XIV 1524; schweizdt. *Runz(e)le^n* SchweizId. VI 1166.

ruoch ‚Bauer' → *ruch*.

rup Subst. m. [GM]
– Silber [GM] ♦ **E:** rw. *rup* ‚Silber' (WolfWR 4689) < roi. *rup* ‚Silber' (WolfWZ 2805).

rupfen swV. [SJ]
rupfa [OJ]
– betrügen [OJ, SJ]; Geld abnehmen [OJ, SJ] ♦ **V:** *einen gimpel rupfen* ‚einem Dummen das Geld abnehmen' [SJ] ♦ **E:** dt./mdal. *rupfen* (SchwäbWb. V 489/490).

ruppert Subst. m. [JSa]
– Dachs [JSa] ♦ **E:** unsicher; evtl. zum RN *Rupert*.

ruppig Adj. [HF, HeF]
– schuldig [HF, HeF] ♦ **E:** wohl zu rw. *rupfen* ‚betrügen, jmd. sein Geld abnehmen' WolfWR 4690; evtl. Einfluss von rhein. *rappig* ‚habgierig, habsüchtig, geizig' (RheinWb. VII 98/99). ♦ **V:** *ruppig hucken* ‚schuldig sein' [HeF].

ruhr (Fluß) in:
rureklister Subst. m. [GM]
– Ruhr(gebiets)polizist [GM] ♦ **E:** Gewässername *Ruhr* und → *klisto*.
rureklub Subst. m. [GM]
– Ruhrgebiet [GM] ♦ **E:** dt. *Klub* ‚geschlossene Gesellschaft' DWB XI 1257, evtl. Einfluss von rw. *Club (b)* „ein Haufen Volks, eine Anzahl Diebe oder Gauner bis zu zehn Personen" (WolfWR 2733).

rusch Subst. [SP]
– Irdenwaren [SP] ♦ **E:** unsicher; evtl. zu rw./jd. *rosch* ‚arm, bedürftig' WolfWR 4634, Gefäße für Arme, oder zu rw. *rusch* ‚Stroh' WolfWR 4519, nach dem Transport von Gefäßen aus gebrannter Erde auf Stroh.

ruschabahlich Subst. m. [LüJ]
– Rothaariger [LüJ] ♦ **E:** frz. *rouge* ‚rot'. → *bal²*.
ruschabahlich Adj. [LüJ]; **ruschabahlich** Adj. [LüJ]; **rougebahlig** Adj. [LüJ]
– rothaarig [LüJ] ♦ **E:** frz. *rouge* ‚rot'. → *bal²*.

ruschen¹ Subst. m. [SK]
– Handtuch [SK] ♦ **E:** tschech. *rucnik* ‚Handtuch'.

ruschen² swV. [MeT]
rusken [MeT]
– rechnen [MeT] ♦ **E:** rw. *ruschen* ‚rechnen' aus jd. *roscham* ‚er hat verzeichnet, bezeichnet' WolfWR 4692.
kloddenruscher Subst. m. [MeT]; **kloddenrutscher** [MeT]; **kloddenrusker** [MeT]
– Geometer [MeT]; Landmesser [MeT].

ruschert ‚Stroh' → *rauschert*.

rüschken Subst. n. [HF]
– Paket, Päckchen [HF] ♦ **E:** rw., WolfWR 4693, ohne Herleitung; evtl. zu rhein. *rüsch (rösch)* ‚Wulst auf dem Kopfe, zum Tragen von Kopflasten' RheinWb. VII 628/629. ♦ **V:** *en rüschken blök* ‚ein Päckchen Tabak' [HeF].

ruspelig Adj. [MT, MeT]
– schwarz [MT, MeT] ♦ **E:** rw. *ruspelig* ‚schwarz' WolfWR 4694, ohne Herleitung; zu dt. *Ruß* ‚Ofenruß' DWB XIV 1554 f. → *rußbenk, rußer*.

ruspers Subst. m. [SS, WH]
ruspes [SS]
– Stroh [SS, WH]; Strohlager [SS] ♦ **E:** rw. *ruspers* ‚Stroh', zu dt./mdal. *respen* ‚kratzen' (WolfWR 4695) oder westf. *rispeln* ‚raschem' Woeste 261; vgl. → *rauschert*.

ruspersackmer Subst. [SS, WH]
– Strohmesser [SS, WH] ♦ **E:** jd. *sakin* ‚Messer', Jütte, Schlausmen, 158.

rußbenk Subst. m. [LJ]
russbenk [SJ]; **rußpink** [SchJ, Scho]
– Kaminfeger [SJ, Scho]; Schlotfeger [SchJ]; Schornsteinfeger [LJ] ♦ **E:** rw. *russpink* ‚Schornsteinfeger' (WolfWR 4699), zu dt. *Ruß* ‚Ofenruß' DWB XIV 1554 f. → *ruspelig, rußer*.

russe Subst. m. [JS]
– „eigentlich das russische Rad, heute Riesenrad genannt" [JS] ♦ **E:** zu *russisch*, LN *Rußland*.

rüssel Subst. m. [LI]
– Horn (Musikinstrument) [LI] ♦ **E:** rw. *rüssel* ‚Horn' (WolfWR 4696), zu dt. *Rüssel* „schnauze des schweines und anderer thiere" DWB XIV 1539 ff. Benennungsmotiv: Formähnlichkeit mit Musikinstrument, Nase, Gesicht.

rüsseln swV. [KJ]
– schnupfen [KJ]

rüsselschaber Subst. m. [SJ]
– Frisör [SJ] ♦ **E:** rw. *rüsselschaber* ‚Barbier' WolfWR 4697.

rußen swV. [JSa]
– mit Steinen werfen [JSa] ♦ **E:** unsicher; evtl. zu roi. *ruš-* ‚zürnen, böse sein'. ♦ **V:** *der Knéff, de ruußt mäd Bachkadzen* ‚der Junge, der wirft mit Steinen' [JSa].

rußer Subst. m. [KJ]
– Schmied [KJ] ♦ **E:** zu dt. *Ruß* ‚Ofenruß' → *rußbenk, ruspelig*.

rußling Subst. m. [LüJ]
– Kessel [LüJ]; Pfanne [LüJ]; Kaminkehrer [LüJ] ♦ **E:** rw. *russling* ‚Kessel' WolfWR 4698.

rüt Subst. f. [BB]
rüte [BB]
– Tür [BB] ♦ **E:** Inversion zu *Tür*. ♦ **V:** *tswoe Rüte* ‚zwei Türen' [BB]; *Scham de Rüt uts!* ‚Mach die Tür zu!' [BB].

ruthus'n ‚Franzosen' s. unter → *rot¹*.

rutsap Subst. m. [BB]
– Pastor [BB] ♦ **E:** Inversion zu mdal. *Pastuer*. ♦ **V:** *De Rutsap es duut* ‚Der Pastor wird's richten' [BB].

rutsch¹ Subst. f./m. [Him, JeS, LüJ, OJ, PfJ, SPI, Wo]
rutscher Subst. m. [KP]
– Eisenbahn [Him, JeS, KP, LüJ, OJ, PfJ, SPI, Wo]; Wagen [JeS, KP] ♦ **E:** rw. *rutsch* ‚Eisenbahn', *rutscher* ‚Wagen', „trotz dt. *rutschen* letztlich wohl doch zurückgehend auf jd. *ruzen* ‚laufen'" (WolfWR 4702). ♦ **V:** *off dr rutsch* ‚unterwegs sein' [OJ]

rutscha swV. [OJ]
– fahren [OJ]

tralirutsch Subst. m. [JeS]
– Zug [JeS]; Eisenbahn [JeS] ♦ **E:** → *tralli¹*.

rutsch² Subst. m. [OJ]
– Anfang [OJ]; Sonnenaufgang [OJ]; Morgen [OJ] ♦ **E:** wohl zu jd. *rosch* ‚Kopf' < hebr. *rôsch* ‚Kopf, Spitze, Anfang'; vgl. *einen guten Rutsch!* (Neujahrswunsch). ♦ **V:** *en gwenda rutsch!* ‚guten Morgen' [OJ].

rutschert Subst. m. [HK]
– kleine Schnapsflasche [HK] ♦ **E:** rw. *-hart*-Bildung zu dt. *rutschen* „sitzend oder auf dem rücken liegend auf einer fläche sich gleitend bewegen" DWB XIV 1568 f.

taschenrutschert Subst. m. [HK]
– kleine Schnapsflasche [HK].

rutschn Subst. m./f. nur in:
auf jemanden einen Rutschn haben ‚Sympathie für jemanden empfinden' [WG]; *jemandem eine Rutschn legen* ‚jemandem helfen, hineinlegen' [WG]; *jemandem die Rutschn legen*, ‚jemand anderen belasten, die Schuld auf einen anderen schieben, sich als unschuldig darstellen' [WG]; *jemandem eine verkehrte Rutschn legen* ‚jemanden verraten' [WG] ♦ **E:** wohl zu dt. *Rutsche* ‚Gleitbahn, Felsabhang, Kluft, Höhle' DWB XIV 1568.

rybe swV. [BM]
– zahlen [BM] ♦ **E:** schweizdt. *riben* ‚reiben, das Geld aus der Hand gleiten lassen'.

S

saafe swV. [Scho]
– viel schwätzen [Scho] ♦ **E:** zu mdal. *Seife*; vgl. schwäb.: *der hat e Gschwätz wie geseift* (SchwäbWb. V 1324).

saafle swV. [Scho]
– schreiben [Scho] ♦ **E:** jd. *safen* ‚schreiben' Klepsch 1198 f.

säaga swV. [OJ]
– schnarchen [OJ] ♦ **E:** mdal./dt. *sägen* DWB XIV 1660; Benennungsmotiv: Ähnlichkeit der Geräuschbildung.

sääk Subst. m. [BB]
– Käse [BB] ♦ **E:** Inversion von mdal. *Kääs*.

saan¹ Subst. m. [BB]
– Nase [BB] ♦ **E:** Inversion von mdal. *Naas*. ♦ **V:** *de Saan tsope* ‚Nase putzen' [BB]; *knal Saan* ‚lange Nase' [BB]

saanschol Subst. n. [BB]
– Nasenloch [BB].

saan² Adj. [BB]
– naß [BB] ♦ **E:** Inversion von mdal. *naas* ‚nass'. ♦ **V:** *De Näätsch es fil tse saan fie en de Kääin*, sagte man, wenn ein Stein viel zu naß war, um ihn in einer Ecke zu verbauen, sobald der Auftraggeber in der Nähe war [BB].

saanuf Subst. m. [CL, LL, RA]
sunef [RA]
– Penis [CL, LL, RA] ♦ **E:** rw. *sonof* < jd. *sonof* ‚Schwanz, Penis' (WolfWR 5390, Post 237, PfälzWb. V 752, SüdhessWb. V 65).

saat Subst. m. [KM]
saate [KM]
– Kerl [KM] ♦ **E:** unsicher; evtl. zu dt./mdal. *Sauter, Sautter, Seiter* ‚Schuster'.

saatnmühl Subst. f. [EF]
saat'nmühl [EF]; **saitenmühle** [EF]
– Baß [EF]; Baßgeige [EF] ♦ **E:** mdal./dt. *Saite* und *Mühle*.

sab Subst. m. [GM]
– Schlange [GM] ♦ **E:** roi. *sab* ‚Viper, Otter, Schlange' (WolfWZ 2847).

sabeskomatsch Subst. m. [GM]
– Aal (Schlangenfisch) [GM] ♦ **E:** roi. *sapisku madju* ‚Aal' (WolfWZ 2847).

säbachen swV. [GM]
– klauen [GM]; stehlen [GM]; wegnehmen [GM] ♦ **E:** rw. *sebachen* ‚stehlen', zu jd. *sewach* ‚Opfer' (WolfWR 5332, Avé-L. 362).

säbak Subst. m. [BB]
seebak [BB]
– Kohl [BB] ♦ **E:** Inversion von mdal. *Kabes* ‚Kohl'.
♦ **V:** *uerse Säbak* ‚Sauerkraut' [BB].

sabbeln swV. [MM]
– sagen [MM]; schnell und viel sprechen [MM]; schwatzen [MM] ♦ **E:** dt. *sabbeln* „geifer aus dem munde flieszen lassen", auch ‚küssen, leise, ununterbrochen regnen' DWB XIV 1588 f.; heute ugs. ‚undeutlich viel reden'. ♦ **V:** *manchen schmus sabbeln* ‚manchen Unsinn erzählen' [MM]

ansabbeln swV. [MM]
– ansprechen [MM].

sabl¹ Subst. m. [WG]
– Messer [WG] ♦ **E:** zu dt./mdal. *Säbel* ‚Krummschwert' DWB XIV 1589 f. ♦ **V:** *mit dem Sabl anreiben* ‚mit dem Messer stechen' [WG].

säbelhut Subst. m. [KP]
– Polizist [KP] ♦ **E:** rw. *säbelhut* WolfWR 4707, zu dt. *Säbel* und *Hut*.

sabl² nur in:
haoromm sabl Phras. [OJ]
– Mädchen mit unordentlichen Haaren [OJ] ♦ **E:** vgl. DWB XIV 1591, s. v. säbel: *jedes barthaar ist ein bajonet, jedes haupthaar ein sabel* (Schöpf 573). Benennungsmotiv nach der Form (krumm); *haoromm* wohl zu roi. *romni* ‚Mädchen, Frau' Wolf 1987: 2781 und dt. *Haar*.

saboni Subst. f. [GM, JeS, JS, PH]
– Seife [GM, JS, JeS, PH] ♦ **E:** roi. *sapuni* ‚Seife' (WolfWZ 2850).

sacharien Subst. [RH]
– Zucker [RH] ♦ **E:** ital. *zucchero*, lat. *saccharo* ‚Zucker'.

sachsel Subst. n. [NJ]
– Messer [NJ] ♦ **E:** dt. *Sachs* ‚Messer, kurzes Schwert' DWB XIV 1604.

sachselcherbosseler Subst. m. [NJ]
– Scherenschleifer [NJ].

sack Subst. nur in:
sackbatz sein Phras. [WG]
– ohne Geld sein [WG] ♦ **E:** wohl zu dt. *batzen* ‚kleben, pappen, zusammen backen' DWB I 1160 und dt. *Sack*. Benennungsmotiv: schmale Geldbörse.

sackem Subst. n./m. [CL, PH, SE]
sakem [FS, SE]; **sagem** [JeS]; **tsagem** [StJ]; **tsachem** [StJ]; **zachem** [JS]; **zacken** [MB]; **zachen** [MM]; **zackum** [SK]; **zachel** Subst. [MB]; **zachibe** Subst. [MB]; **sackmer** Subst. m. [SS, WH]; **sachmer** [SPI, SS]; **sakmer** [SS]
– Messer [CL, FS, JS, MB, MM, PH, SE, SK, SPI, SS, StJ]; Taschenmesser [SS, WH]; Messerchen [MM]; Dolch [JeS]; spitzes Messer [JeS] ♦ **E:** rw. *sackin* zu jd. *sakin* ‚Messer' (WolfWR 4712, Post 237). ♦ **V:** *zackum zuppen* ‚das Messer ziehen, stehlen' [SK]; *da hätte med-em tsagem jeboselt* ‚das hat er mit dem Messer gemacht' [StJ]

käsezachen Subst. m. [MM]
– Käsemesser [MM]

ruspersackmer Subst. m. [SS, WH]
– Strohmesser [SS, WH] ♦ **E:** zu → *ruspers* ‚Stroh'.

sackl Subst. n., nur in:
in das sackl springen ‚sterben' [WG] ♦ **E:** wienerisch *sackl* ‚Sacko', ‚guter Anzug'.

säbel- → **sabl¹**

säckle Subst. n. Dim. [KP]
– Wurst [KP] ♦ **E:** rw. *säckle* zu dt. *Sack* (WolfWR 4713).

säckeljes Subst. n. Dim. Pl. [MoM]
– Wurst [MoM].

säcko Adj. [GM]
– trocken [GM] ♦ **E:** roi. *secko* ‚trocken' (WolfWZ 2872), aus ital. *secco* ‚trocken'.

sädel Subst. m. [BM]
– Schulaufsatz [BM] ♦ **E:** schweizdt. *Sädel* ‚Aufsatz', schülerspr. (SchweizId. VII 300).

sädu Subst. m. [BM]
– Satz [BM]; Sprung [BM] ♦ **E:** schweizdt. Bildung zu dt. *Satz* u. a. „das ansetzen mit einer darauf folgenden bewegung" DWB XIV XIV 1837 ff.

saeppen swV. [MT, MeT]
– gehen [MT, MeT]; schnell gehen [MeT]; rennen [MeT] ♦ **E:** unsicher; evtl. metathetisch zu nd./ugs. *paesen, pesen* ‚rennen' oder zu rhein. *säppen* ‚trippeln, schnell laufen' RheinWb. VII 734.

soppn [RR]
– schwerfällig gehen [RR] ♦ **E:** dt. *sappen* ‚schwerfällig gehen, stapfen' (DWB XIV 1796).

säf Interj. [SK]
säfe [SK]
– abgemacht [SK] ♦ **E:** frz. *c'est fait* ‚abgemacht'. ♦ **V:** *säf? – säfe!* ‚abgemacht? – Jawohl, abgemacht!' [SK].

säftleng Subst. m. [LüJ]
säftling [PfJ]
– Weintraube [LüJ]; Traube [PfJ]; Most [LüJ]; Saftgetränk [LüJ] ♦ **E:** rw. *säftling* (WolfWR 4718), zu dt. *Saft*.

säftlingsjole Subst. f. [PfJ]
– Wein [PfJ].

säge Subst. f. [LJ]
– Zuchthaus [LJ] ♦ **E:** rw. *säg* ‚Zuchthaus (Ludwigsburg in Württemberg)' zu jd. *s'jog* ‚Gitter, Zaun' (WolfWR 4719).

sägets Subst. n. [KMa]
– Salz [KMa] ♦ **E:** zu mdal. *Sägets* ‚Sägemehl' (Hess-NassWb. III 15, SchwäbWb. V 538).

sahov Adj. [Scho]
– golden [Scho] ♦ **E:** jd. *sohof* ‚Gold, Gulden' (We 125, Post 250).

sähr Subst. [EF]
sär [EF]; **ser** [EF]
– Käse [EF] ♦ **E:** unsicher; vielleicht Kürzung aus sächs. *ge-se* ‚Käse', lat. *ca-séus*, begünstigt durch die mundartlich-sächsische Erweichung im Anlaut k > g: *ge-se*, homophon zum Präfix *ge-*.

saibe swV. [BB]
– beißen [BB] ♦ **E:** Inversion zu mdal. *baiße* ‚beißen'.
jesaipt Part. Perf., Adj., Adv. [BB]
– gebissen [BB].

saibel ‚Regen' → *seibeln*.

saif Adj. [BB]
– weiß [BB] ♦ **E:** Inversion zu *weiß*.

sai Subst. f. ‚See' in:
saihund Subst. m. [SS, WH]
– Hering [SS, WH] ♦ **E:** rw. *saihund* ‚Hering' zu dt. *Seehund*, WolfWR 5295, DWB XV 2838 f.
saikatte Subst. f. [SS, WH]
– Hering [SS, WH] ♦ **E:** rw. *saikatte* zu dt. *Seekatze*, WolfWR 5295, DWB XV 2842 f.

saileker Subst. m. [SS, WH]
seileker [SS]; **seilecker** [SPI]
– Gendarm [SPI, SS, WH] ♦ **E:** rw. *saileker* aus roi. *schelenghero* ‚Seiler' WolfWR 4863. Benennungsmotiv: Fangschnüre der früher in Ungarn zum Gendarmdienst verwendeten Kavallerie, oder wegen der beim Abführen der Gefangenen benutzten Stricke; oder zu rw./roi *zilah* ‚Kraft, Gewalt, Zwang'. Vgl. → *schello*.

saimisch ‚sechzig' → *samich*.

sain Num. Kard.; Zahladj. [CL, LL]
saijn [CL, Scho]; **säin** [CL]; **sein** [CL]; **soin** [KMa]; **sojn** [Scho]; **sin** [KMa]
– sieben [CL, LL, Scho] ♦ **E:** jd. *soin* zum hebr. Zahlbuchstaben *zayin*, Zahlenwert 7 (WolfWR 6437, We 93, MatrasJd 291, Post 237).

saipsch Subst. m. [BB]
tsaipsch [BB]
– Mörtel [BB]; Speis [BB] ♦ **E:** Inversion zu *Speis*.

saire Subst. f. Pl. [KMa]
seire [KMa]
– Haare [KMa] ♦ **E:** mdal. (Rhotazismusform) zu dt. *Seide*. ♦ **V:** *grüne seire* ‚rote Haare' [KMa].

sakem ‚Messer' → *sackem*.

sakone Subst. f. [Scho]
– Gefahr [Scho]
sakone nefesch Phras. [Scho]
– Gefahr [Scho]; Lebensgefahr [Scho] ♦ **E:** jd. *sakonas nefoschaus* ‚Lebensgefahr', Weinberg 1994, 220.

salben nur in:
quacksalber Subst. m. [SK]
– Arzt [SK] ♦ **E:** dt. *Quacksalber* „einer der unbefugt die heilkunde ausübt, ein kurpfuscher" zu nd. *quad* ‚schlecht' und dt. *salben*, DWB XIII 2293.
quacksalberei Subst. f. [SK]
– Apotheke [SK].

sali Subst. f. [GM]
– Schwägerin [GM] ♦ **E:** roi. *sali* ‚Schwägerin' (WolfWZ 2834).

salo Subst. m. [GM]
– Schwager [GM] ♦ **E:** roi. *salo* ‚Schwager' (WolfWZ 2834).

salingo Subst. m. [GM, JSW]
saligo [JSW]
– Speck [GM, JSW] ♦ **E:** roi. *salingo* ‚Speck' (WolfWZ 2830).

salk Subst. n. [BB]
salege [BB]; **salesch** [BB]
– Glas [BB]
rätsnäfesalesch Subst. n. [BB]
– Fensterglas [BB] ♦ **E:** Inversion von *Glas* und *Fenster*.

salla Subst. [EF]
– Saal [EF] ♦ **E:** zu dt. *Saal*, mdal. *Salla* ‚kleiner Saal', ital. *salla* ‚Saal', Wolf, Fatzersprache, 132.

sallen swV. [GM]
– lachen [GM] ♦ **E:** roi. *sa-* ‚lachen' (WolfWZ 2814).

salmiack Subst. m. [KMa]
salmiak [OH]
– Speis (Mörtel) [KMa, OH] ♦ **E:** zu dt. *Salmiak* „zusammengezogen aus sal ammoniacum" DWB XIV 1699.

salontreter Subst. m. [HN]
– Freier im Salon, der nur guckt und nicht zur Sache kommt, Voyeur [HN] ♦ **V:** *das ist hier kein salon!* ‚Hau ab! Hier gibt's nichts zu gucken!' [HN]. ♦ **E:** dt./frz. *Salon* ‚größerer, repräsentativer Raum als Empfangs- oder Gesellschaftszimmer'.

salü Interj. [BM]
sälü [BM]
– studentischer Gruß [BM] ♦ **E:** frz. *salut*.

salvent Adj. [PfJ]
– zahlungsfähig [PfJ] ♦ **E:** fachspr. *solvent* ‚zahlungsfähig'.

salze swV. [JeS]
salzen [JeS]
– plagen [JeS]; büßen [JeS] ♦ **E:** evtl. Analogiebildung zu rw. *einpfeffern*, dt. *salzen* ‚würzen, scharfmachen' DWB XIV 1711 ff. „so sagt man auch gradezu mit unglück salzen, indem man dieses als eine bittere, heilsame würze faszt"; vgl. ugs. *gesalzene* oder *gepfefferte* Strafe.

sambro Subst. m. [SK]
– Hut [SK] ♦ **E:** span. *sombrero* ‚Hut'.

sami Subst. m. [JeS]
– Samstag [JeS] ♦ **E:** Kürzung von schweizdt. *Samtschig* ‚Samstag'.

samich Num. Kard.; Zahladj. [CL, LL]
samach [Scho]; **saimisch** [SS]; **sammech** [Scho]; **seymisch** [SS]
– sechzig [CL, LL, SS, Scho] ♦ **E:** zu jd. *sammech* ‚sechzig' (WolfWR 6437, We 93, MatrasJd 292, Post 237, Klepsch 1199), zum hebr. Zahlbuchstaben *samäk*, Zahlenwert 60.

samacholf Num. Kard. [Scho]
– einundsechzig [Scho].

sammtkopf Subst. m. [StG]
– Entlassener aus dem Zucht- oder Arbeitshause [StG] ♦ **E:** zu dt. *Kopf* und dt. *Samt* oder *gesamt*. Benennungsmotiv: wegen des kurz geschorenen Haares von Strafgefangenen.

sand Subst. m. [EF]
sând [EF]
– Zucker [EF]; Schlaf [EF] ♦ **E:** dt. *Sand* DWB XIV 1755 ff.; zur Bedeutung ‚Schlaf': „der sandmann streut den müden kindern sand in die augen" DWB XIV 1757.

sandman Subst. m. [PfJ]
– Rausch [PfJ] ♦ **E:** viell. Bildung zu → *sanktes²*; oder zu dt. *Sandmann* DWB XIV 1769 f.: „den kindern sagt man, wenn sie vor müdigkeit blinzeln und sich die augen reiben, als ob sie sand darin hätten: der Sandmann kommt".

sandler Subst. m. [WG]
– heruntergekommener Vagabund [WG]; Obdachloser [WG] ♦ **E:** zu rw./jd. *sand, sandig* ‚Mitwisser, der etwas von der Beute verlangt; Parasit, Laus oder Ungeziefer', *sandig sein* ‚Gevatter sein' (WolfWR 4728); volksetymologische Umdeutung: *Sandler* in Wien derjenige, der bei der Ziegelerzeugung den Sand in die Model, in die dann der Ziegel gedrückt wurde, gegeben hat.

sandeln swV. [WG]
– eine Geschlechtskrankheit haben [WG] ♦ **V:** *angesandelt sein* [WG]

sandhas Subst. m. [WG]
– armer Mensch [WG]

sandnettel Subst. n. Dim. [WG]
– arme Frau [WG]

sänft Subst. n./m. [JeS, SchJ]
sanft [LJ, LüJ, MJ]; **samft** [JeS]; **sômpf** [LJ]; **soft** [JeS, LJ]; **sonft** [LüJ]; **sooft** [JeS]; **sauft** [LJ, LüJ]; **saunft** [LüJ]; **saoft** [LüJ, OJ]
– Bett [JeS, LJ, LüJ, MJ, OJ]; Liege [OJ]; Lager(platz) [JeS] ♦ **E:** rw. *sänft* ‚Bett' (WolfWR 4731, Klepsch 1200), dt. *Sänfte* zu *sanft* DWB XIV 1782 f. Die Formen ohne Nasal sind mdal. beeinflusst (Staubsches Gesetz), SchwäbWb. V 578. ♦ **V:** *moss hat den batron gufft, weil er so schwecht, so schwecht, und im soft gar neme ketscht* ‚die Frau hat den Vater geschlagen, weil er so trinkt, so trinkt, und im Bett gar nichts mehr bringt' [LJ]; *no boschta m'r hoim in unseren sômpf* ‚da gehen wir nach Hause in unser Bett' [LJ]; *So, galme, dibert die mamere, ist schnall und bolle' buttet und gleis geschwächt? Kenn, mamele! – Dann bostet in sauft und schlaunet!* ‚So, Kinder, sagt die Mutter, ist die Suppe und die Kartoffeln gegessen und die Milch getrunken? Ja, Mutter!- Dann geht ins Bett und schlaft!' [LüJ]; *i tschaane is samft go schluune* ‚ich gehe ins Bett schlafen' [JeS]; *d schyyge chunnt is samft* ‚die Frau kommt ins Wochenbett' [JeS]
sänfte Subst. f. [HL]
– Bett [HL]
sänfdchen Subst. n. Dim. [HK]; **sänftchen** [HK]; **sänfchen** [HK]; **senfchen** [HK]; **senftchen** [HK]
– Bett [HK] ♦ **V:** *sich ins sänftchen ballern* ‚sich ins Bett werfen', ‚sich ins Bett legen' [HK]; *der beeker is mit ins sänfdchen gebuschd* ‚der Mann ist mit ins Bett gegangen' [HK]; *wir buschen jetzt ins sänfdchen* ‚wir gehen jetzt ins Bett' [HK]; *mooles sänfdchen* ‚schlechtes Bett' [HK]; *die sänfdchen fimmeln* ‚die Betten riechen' [HK]; *De bosenkäue düwwert: 'S sänftchen schulmmt vier dufte, unns oahbendleechen schulmmt 'n stierchen!* ‚Die Wirtsfrau sagt: Das Bett kostet fünfzig Pfennige und das Abendessen kostet eine halbe Silbermark!' [HK]; *die sänfdchen sind nicht kooscher* ‚die Betten sind nicht einwandfrei' [HK];
sänfdchenfloaderei Subst. f. [HK]
– Bettwäsche [HK]
samfte swV. [JeS]; **sanfte** [JeS]
– schlafen [JeS]
sänftling Subst. m. [HK, HLD, MB]
– Bett [HK, HL, HLD, MB JeS, LJ, LüJ, MJ, OJ]; Lager [HLD]
sauften [LüJ]
– (im Bett) schlafen [LüJ].

sanken swV. [PfJ]
– schlafen [PfJ] ♦ **E:** schwäb. *bleib sanken* ‚bleib liegen' SchwäbWb. V 585; evtl. zu dt. stV. *sinken*, Prät. *sank* DWB XVI 1097 ff.

sanktes¹ Subst. f. [HF, HeF]
sankse [MeT]; **sane** [MeT]
– Kirche [HF, HeF, MeT] ♦ **E:** rw. *sanktes* ‚Kirche' (WolfWR 4733), aus lat. *sanctus* ‚heilig'. ♦ **V:** *ich geh' zur sanks(e)* ‚Ich gehe zur Kirche' [MeT]; *wo ist der Prinzipal? – To sanen!* ‚... zur Kirche gegangen!' [MeT]
sanksen swV. [MeT]; **sanen** swV. [MeT]
– in die Kirche gehen [MeT]; getraut werden [MeT] ♦ **V:** *is dat grüseken sankset?* ‚Ist das Mädchen verheiratet?' [MeT]
sanktesfehmzel Subst. f. [HF]; **sanktesefehmzel** [HeF]
– Kirchturm [HF, HeF]
sanktesekauel Subst. f. [HF, HeF]
– Kirchenorgel [HF]; Organist [HeF]
sankteseklüht Subst. [HF]
– Friedhof [HF]
sanktesepretter Subst. m. [HF]
– Pfarrer [HF]
sanktesenrefter Subst. m. [HeF]
– Altar [HeF]
sanktesewöles Subst. m. [HF]; **sanktesewöhles** [HF]; **sanctesewöles** [HeF]; **sangktuswööler** [KM]; **sangktuswöölere** [KM]
– Küster [HF, HeF, KM] ♦ **E:** vgl. rhein. *sanktuswühles* scherzh. ‚Küster' (RheinWb. VII Sp.742).
sankteswöleseblag Subst. m. [HF]
– Meßdiener [HF]
sanktes² Subst. m. [HF, HeF]; **sanctes** [HeF]; **sangdus** [OJ]
– Wein [HF, HeF]; Bier [HeF]; Rausch [OJ] ♦ **E:** zu rw. *sanktus* ‚Schnaps' aus lat. *sanctus* ‚heilig' „unter Beziehung auf den Kommunionwein" (WolfWR 4734). ♦ **V:** *Wat beut de Sanktes hitschen?* ‚Was kostet der Wein hier?' [HeF]; *wie schmerft zinotes de sanktes?* ‚Wie schmeckt Ihnen der Wein?' [HeF]; *sanctes plaren* ‚Wein trinken' [HeF]; *en büs sanktes* ‚eine Flasche Bier' [HeF]; *de sanktes huckt minotes te heet* ‚Der Wein ist mir zu teuer' [HeF]
sanktesenbüs Subst. f. [HF]
– Weinflasche [HF]
sanktesenhärk Subst. f. [HF, HeF]
– Weinhaus [HF, HeF]
sankteseruht Subst. f. [HF]
– Weinglas [HF]

moselsanktes Subst. m. [HF]
– Moselwein [HF].

sanktus Subst. m./f. [EF]
sanktis [EF]; **sanctis** [EF]
– Semmel [EF] ♦ **E:** wohl zu dt. *sang* ‚dürr, trocken, vom Getreide' DWB XIV 1789, vgl. dt. *Sang* ‚Handvoll Halme mit Ähren' Wolf, Fatzersprache, 132.

säntüro Subst. n. [BM]
– Gürtel [BM] ♦ **E:** frz. *ceinture* ‚Gürtel'.

sänz Subst. m. [JeS]; **senz** [JeS, MJ]; **säns** [JeS]; **senzer** Subst. m. [JeS]
– reicher, vornehmer Mann [JeS]; Professor [JeS]; (akadem.) Doktor [JeS]; Pfarrer von Sins (Nachbarort von Meienberg) [JeS]; Pfarrer [MJ]; Anwalt [JeS]; Richter [JeS] ♦ **E:** rw. *senser, senz* ‚Bürgermeister, Richter', zu jd. *sinnas* ‚Hass, Feindschaft', jd. *simmen* ‚er hat vor Gericht geladen' WolfWR 5324, SchweizId. VII 1221. ♦ **V:** *e kwante sänz* ‚ein sehr reicher Herr' [JeS]

sänz Adj. [JeS]
– reich [JeS]

santzen Subst. Pl. [HLD]
– Edelleute [HLD]

sänzegäje Subst. f. [JeS]
– reiche Dame [JeS]

sänzejogg Subst. m. [JeS]
– reicher, vornehmer Mann [JeS]

sänzekitt Subst. n. [JeS]
– vornehmes Haus [JeS]; Herrschaftshaus [JeS]

obersänz Subst. m. [JeS]; **obersäns** [JeS]
– Gerichtspräsident [JeS].

saoft ‚Bett' → *sänft*.

sapni Adj. [GM]
– feucht [GM]; naß [GM] ♦ **E:** roi. *sapeno* ‚feucht', ‚naß' (WolfWZ 2847).

sares Subst. m. [Scho]
– Rausch [Scho] ♦ **E:** schwäb. *Sarras* ‚Rausch' (SchwäbWb. V 583).

sarettli Subst. n. Dim. [JeS]
– Fahrrad [JeS] ♦ **E:** aus frz. *charrette* ‚Wagen, Fuhrwerk'.

sargnagl Subst. m. [OJ]
sargnagel [MB]
– Zigarette [MB, OJ] ♦ **E:** unsicher; evtl. zu rw. *sarchen* ‚stinken, (Tabak) rauchen' von jd. *sarchenen* ‚übel riechen, stinken' (WolfWR 4736); womgl. aufgrund der ähnlichen Form zu rw. *sargnägel* ‚Mohrrüben' (WolfWR 4738) oder zu dt. *Sarg* und *Nagel*.

särje Num. Kard. [GM]
– tausend [GM] ♦ **E:** roi. *izero, jeseris* ‚tausend' (WolfWZ 1205).

sasserer Subst. m. [Scho]
– Vermittler (beim Handel) [Scho] ♦ **E:** rw. *sasser* ‚Ausspäher, Unterhändler, Hehler' aus jd. *sarsur, sarser* ‚Unterhändler, Zubringer, Kuppler' (WolfWR 4742), jd. *sasserer* ‚Vermittler im Viehhandel' (Klepsch 1205 f., Post 255); *zusserer* in der Viehhändlersprache „Kollege, der mitbietet, um den Preis hochzutreiben" Siewert, WB Viehhändlersprache, 119.

sasseres Subst. n. [Scho, SPI]
– Vermittlungsgebühr [Scho]; Lohn [SPI] ♦ **E:** jd. *sarseras, sasseras* ‚Maklergeld' (We 94, Post 255).

sassermesummen Subst. n. [Scho]
– Vermittlungsgeld [Scho]

sassermos Subst. n. [Scho]
– Vermittlungsgeld [Scho]

sassern swV. [Scho]; **sassre** [Scho]
– vermitteln [Scho]; gut zureden [Scho].

saster Subst. m. [GM, PH]
zaschter [JeS]; **zaster** [PH]
– Eisen [GM, JeS, PH] ♦ **E:** rw. *saster* ‚Eisen' (WolfWR 4743) < roi. *záster* ‚Eisen' (WolfWZ 2856). → *zaster*.

sasterni Subst. f. [GM]; **sastruni** [GM]
– Pfanne [GM]; Eisenbahn [GM] ♦ **E:** roi. *sasterni* ‚Pfanne', *sasstärni, sastruni* ‚Eisenbahn' (WolfWZ 2856); rw. *zaster* ‚Eisenbahn' (WolfWR 4743).

sasterno Adj. [GM]
– eisern (aus Eisen) [GM] ♦ **E:** roi. *sasterno* ‚eisern' (WolfWZ 2856).

sasteskero Subst. m. [GM]
– Schmied [GM] ♦ **E:** roi. *sasstesskäro* ‚Schmied, Eisenarbeiter' (WolfWZ 2856).

sastern swV. [GM]
– heilen [GM]; gesund werden [GM] ♦ **E:** roi. *saster-* ‚heilen', ‚genesen', ‚gesunden' (WolfWZ 2857).

sasto Adj. [GM]
– gesund [GM]; heil [GM] ♦ **E:** rw. *sasto* ‚gesund' (WolfWR 4744) < roi. *sasto* ‚gesund, heil' (WolfWZ 2857).

säubverschwänzlech Adv. [BM]
säubverseichle Adj. [BM]
– selbstverständlich [BM] ♦ **E:** spielerische Umbildung zu *selbstverständlich*.

säuerling Subst. m. [LJ, SchJ, TJ]
seierleng [OJ]; **säuærling** [WJ]
– Essig [LJ, OJ, SchJ, TJ, WJ]; schlechter Wein [OJ]
♦ **E:** rw. *säuerling* ‚Essig', zu dt. *sauer* (WolfWR 4752, Klepsch 1205).

sauft ‚Bett' → *sänft*.

saufzahn Subst. m. [MB]
– Trinker [MB] ♦ **E:** dt. *saufen* und dt. *Zahn*.

saugerl Subst. n. Dim. [WG]
– Wucherer [WG]; Geldverleiher beim Kartenspiel [WG] ♦ **E:** zu dt. *saugen* „eine flüssigkeit aus etwas ziehen, und zwar entweder nur langsam entfernend oder auch zugleich in sich aufnehmend" DWB XIV 1888 ff.

saumage Subst. m. [BM]
– Schimpfwort [BM] ♦ **E:** schweizdt. *Sümage* ‚säuischer Mensch' (SchweizId. IV 100).

säumen swV. [MeT]
soimen [MeT]
– kaufen [MeT] ♦ **E:** rw. *säumen* ‚kaufen' (WolfWR 4754, ohne Herleitung); evtl. zu mnd. *sôme* ‚Maß für Getreide, Packen, Ballen, Last eines Saumtiers', Siewert, Humpisch, 114.
insoimen swV. [MeT]
– einkaufen [MeT]
versömen swV. [HF, HeF]; **versoimen** [MeT]
– verkaufen [HF, HeF, MeT] ♦ **V:** *krotesen versömen* ‚Schweine verkaufen' [HeF]; *heet versömen* ‚theuer verkaufen' [HeF]; *minotes versömt geeten* ‚Ich verkaufe Bücklinge' [HeF]; *versöm den Hutz ene Meles Tihn* ‚Verkaufe dem Bauern einen Sack Kaffeebohnen' [HeF]; *zippken, minotes versömt Blök*. ‚Ja, ich verkaufe Tabak' [HeF]; *Minotesen Peek huckt versömt* ‚Mein Fleisch ist verkauft'. [HeF]; *Ziemen, Knöllen, minotes versömt Pley on Fehm*. ‚Ja, ich tue in Tuch und Garn'; *minotes versömt rothen on beut plinten* ‚Ich verkaufe Töpferwaaren, und kaufe Lumpen' [HeF]; *mit Strücheln und Klinken lichten wöt menige fitze Külter versoimt* ‚Durch Reisehandel und Türgeschäfte wurde manches gute Bett verkauft' [MeT]
säumer [MT, MeT]; **soimer** Subst. m. [MT, MeT]
– Kaufmann [MT, MeT]
soimkasse Subst. f. [MeT]; **soimkassen** [MeT]; **soimskassen** [MeT]; **seumerkassen** [MeT]
– Laden [MeT]; Ladengeschäft [MeT]; „Wiederverkäufer im Laden" [MeT] ♦ **V:** *de soimskassen käump later* ‚Das Ladengeschäft kam später dran' (Gründung des ersten Ladengeschäfts der vordem wandernden Tiötten 1860 durch Clemens & August Brenningmeyer, C&A) [MeT].

saune Subst. f. [Scho]
– Hure [Scho] ♦ **E:** jd. *sauno* ‚Prostituierte' Weinberg 1994, 221.

saupeschka Subst. [EF]
– armer Schlucker [EF] ♦ **E:** tschech. *pešek* ‚Schweinsblase, Plumpsack', dt. *Sau*; met.: wertlos wie eine Schweinsblase; Wolf, Fatzersprache, 132.

saurhansa Subst. Pl. [OJ]
– Zwiebeln [OJ] ♦ **E:** schwäb. *Sauerhansen* ‚Zwiebeln' (SchwäbWb. V 608).

saußen Subst. m. [SS]
säaußen [SS]
– Hering [SS] ♦ **E:** ungeklärt., Jütte, Schlausmen, 159; evtl. zu dt. *Saus, sausen* ‚sich schnell bewegen' DWB XIV 1925 ff.

saussenlängling Subst. m. [SK]
– Bratwurst [SK] ♦ **E:** frz. *saucisse* ‚Bratwurst, Wurst' und → *längling*.

sawepin Subst. m. [GM]
– Gelächter [GM]; Lachen [GM] ♦ **E:** roi. *sáwiben* ‚Lachen, Gelächter' (WolfWZ 2814).

saxem Subst. n. [NJ]
– Messer [NJ] ♦ **E:** → *sackem*.

schaa Subst. m. [BB]
– Arsch [BB] ♦ **E:** Inversion zu mdal. *Aasch* ‚Arsch'.
schaajol Subst. n. [BB]
– Arschloch [BB].

schaame swV. [BB]; **schame** [BB]
– machen [BB]; tun [BB]; bauen [BB]; schalten [BB]; anzünden [BB] ♦ **E:** Inversion zu *machen*. ♦ **V:** *Me schamen drov-en en andere Sua* ‚Wir ziehen um in ein anderes Haus' [BB]; *Esch schaam et net en* ‚Ich lasse es sein, ich mache es nicht' [BB]
utsschaame swV. [BB]
– schließen [BB]
schaame Subst. m. [BB]
– Macher [BB].

schaap Subst. n. [HF]
– Fach [HF]; Schrankfach [HF] ♦ **E:** rhein. *Schaap* ‚Behälter zum Aufbewahren', unverschobene Form zu *Schaff* (RheinWb.VII 855 ff.).

schaau Subst. f. [BM]
– Metzgerei [BM]; Schlachthaus [BM] ♦ **E:** schweizdt. *Schau* u. a. ‚Beschau von Dingen, die für die Allgemeinheit wichtig und der obrigkeitlichen Aufsicht unterstellt sind, Nahrungsmittel, Fleisch, Brot' (SchweizId. VIII 1584).

schabau Subst. m. [HN, MB, MM]
schabbau [MM]
– Schnaps [MB, MM]; Kurzer [MM]; Schluck [MB] ♦ **E:** rw. *schabau* ‚Schnaps' zu dt. *schaben* ‚kratzen', „der Schnaps kratzt im Halse" (WolfWR 4765). ♦ **V:** *besch los und hol 'ne schawele schabau!* ‚Geh und hole eine Flasche Schnaps!' [MM]; *mit bohei und schabau* „rauschende Party" [HN].

schabbes Subst. m. [LJ, Scho]
schaboß [Scho]
– Sonntag [LJ]; Sabbat [Scho]; Samstag [Scho]; Ruhetag [Scho] ♦ **E:** jd. *schabbes* ‚Samstag, Sabbat' (We 94, MatrasJd 291, Post 237, Klepsch 1210).
schawwesdeckel Subst. m. [CL, KMa]; **schabbesdeckel** [Scho]; **schabbesdecker** [SJ]
– Sonntagshut [CL]; Zylinder [CL, SJ]; Hut [KMa]; alter Hut [Scho]; unmoderner Hut [Scho] ♦ **E:** nach WolfWR 4807 mit Einfluss von frz. *chapeau* ‚Hut'.
schabbesmase Subst. f. [Scho]
– unsinnige Geschichte [Scho]; Unsinn [Scho]; leere Reden [Scho] ♦ **E:** → *mase²*.
schabbesschmus Subst. m. [Scho]
– unsinnige Geschichte [Scho]; Unsinn [Scho]; leere Reden [Scho] ♦ **E:** → *schmusen*.

schabe swV. [JeS]
– essen [JeS] ♦ **E:** roi. *chabé* ‚Essen, Nahrung', roi. *tschambél* ‚er/sie kaut, beißt, isst'.

schabelünter Subst. m. [MM]
– zerlumpt gekleideter Mann [MM] ♦ **E:** rw. *schaben* ‚betteln' zu dt. *schaben* ‚kratzen' i. S. v. ‚(Geld) zusammenkratzen' (WolfWR 4767 und rw. *luns(ch)* ‚schlecht, böse'; *lutscher* ‚blinder Bettler' (WolfWR 3323).

schaben swV. [BM, EF]
schaba [OJ]; **schobn** [EF]; **schohm** [EF]
– rasieren [BM, EF, OJ]; barbieren [EF]; sich ärgern [OJ] ♦ **E:** dt. *schaben* „kratzen, radieren, mittelst eines scharfen werkzeuges eine fläche bearbeiten" DWB XIV 1949 ff., met. *sich an etwas schaben* ‚sich an etwas stören, sich ärgern'.

schaber Subst. m. [BM, EF, LJ, SJ, SchJ, Scho, StG]; **schabr** [OJ, SJ]; **schâw(e)r** [EF]; **schower** [EF]; **schober** [EF]; **schob'r** [EF]
– Friseur [LJ, OJ, SJ, SchJ]; Barbier [EF, StG]; Bader [SJ]; Coiffeur [BM]; schlechtes Messer [Scho]; Kamm [EF] ♦ **E:** rw. *schaber* ‚Barbier' (WolfWR 4768, Klepsch 1217). ♦ **V:** *Dr schabr schneid dem fiesl pahle auf am grend* ‚Der Friseur schneidet dem Jungen die Haare vom Kopf' [SJ]
barrachschaber Subst. m. [StG]
– Arzt [StG] ♦ **E:** → *barach* ‚Grind'.
riaslschabr Subst. m. [OJ]; **riabisschabr** [OJ]
– Rasierer [OJ]; Frisör [OJ] ♦ **E:** mdal./dt. *Rüssel* „schnauze des schweines und anderer thiere", met. „hervorstehende nase oder mund der menschen, besonders in spottender, verächtlicher weise" DWB XIV 1539 ff.

schabern swV. [JeS, LJ, SchJ]
schabbern [SK]; **schabara** [LJ]; **schabra** [OJ]; **schawan** [LoJ]; **schaabere** [JeS]
– nehmen [SchJ]; heben [LJ]; bringen [SchJ]; hochstrecken [LJ]; strecken [OJ]; hochheben [OJ]; schaffen [SchJ]; stechen [SK]; koitieren [LoJ]; verstecken [JeS]; brechen [JeS]; zerstören [JeS] ♦ **E:** rw. *schabbern* ‚einbrechen, mit Gewalt nehmen' (WolfWR 4766, Klepsch 1208) zu jd. *schobar* ‚er hat gebrochen, zerbrochen'.
ausschabra swV. [OJ]
– ausbrechen [OJ]
eischabra swV. [OJ]
– einbrechen [OJ]
naufschabern swV. [LJ]; **naufschabara** [LJ]; **naufschabera** [LJ]; **naufschaberen** [LJ]; **naufschabra** [OJ]
– hochheben [LJ]; hochstrecken [LJ]; schwören [OJ] ♦ **V:** *griffling naufschabara* ‚schwören' [LJ]; *lacke/ lafe griffling naufschaberen* ‚Meineid leisten' [LJ]
rausschabern swV. [SchJ]
– aus dem Gefängnis befreien [SchJ]
verschaabere swV. [JeS]; **verschabern** [JeS]; **vertschaberen** [LüJ]
– verstecken [JeS, LüJ]; (in der Erde) verlochen [JeS]; brechen [JeS]; zerstören [JeS] ♦ **V:** *de Lobirandi verschaabere* ‚den Geldbeutel verstecken' [JeS].

schaberniak Subst. m. [MM]
– Schnaps [MM] ♦ **E:** rw. *schabernack* ‚Dünnbier' zu dt. *schaben* ‚kratzen' (WolfWR 4765), evtl. mit Einfluß von frz. *Cognac* ‚Branntwein'.

schabeso Subst. n. [BM]
– alkoholfreies Getränk [BM] ♦ **E:** zu rw. → *schabau, scabinus* ‚Schnaps, Fusel, Dünnbier' WolfWR 4765.

schabo ‚Mann, Bursche, Frau, Mädchen' → *tschabo*.

schabola swV. [LJ]
– die Beute teilen [LJ] ♦ **E:** jd. *schibboles* ‚Kornähre'; „Es gelangte zu seiner rw. Bedeutung über *schibbauless* ‚Gefülltes, Angefülltes, Volles' (besonders auf die Tasche bzw. auf das Geld darin bezogen.)" (WolfWR 4764). Vgl. → *schibolet, schampolen, schaffell, schabola, schibaules*.

schabolch Subst. n. [LJ]
– Stück [LJ] ♦ **V:** *schabolcher von mass* ‚Fleischstücke' [LJ].

schabracke Subst. f. [MM]
schaberacken Subst. f. Pl. [MB]
– Kleid(er) [MB, MM]; Plünnen [MB]; Röcke [MB]; Klamotten [MB]; Damenrock [MM] ♦ **E:** dt. (ant.) *schabracke* ‚Pferdedecke, Verkleidung', archaisch, entlehnt im 17. Jh. aus türk. *çaprak* ‚Satteldecke' (Klu. 1995: 708).

schach Subst. n. [GM]
– Kraut [GM]; Weißkraut [GM] ♦ **E:** rw. *schoch, schach* ‚Kraut', ‚Kohl' (WolfWR 5105) < roi. *schach* ‚Kraut', ‚Gemüse'.

lolingerschach Subst. m. [GM]
– Rotkraut [GM] ♦ **E:** → *loli* und rw. Suffix (*-inger*).

schuttlingerschach Subst. m. [GM]
– Kraut [GM]; Weißkraut [GM]; Sauerkraut [GM] ♦ **E:** → *schutlo* und rw. Suffix (*-inger*).

schachani Subst. m. [MM]
– Polizist [MM]; Polizei [MM] ♦ **E:** wohl zu dt. *tschako* ‚steife militärische Kopfbedeckung', nach 1804 „charakteristische kopfbedeckung des bürgermilitärs, der gendarmerie, polizei" DWB XXII 1440, aus ung. *csáko*.

schächer[1] Subst. m./n. [CL, KM, PH]
schecher [CL]; **schæcher** [CL]; **schäecher** [Scho]; **scheacher** [CL]; **schæecher** [PH]; **scheache(r)** [PH]; **schäijcher** [CL]; **schaicher** [SPI, SS, WH]; **scheicher** [SS]; **schaichr** [OJ]; **schächere** [KM]; **scheger** [SS]; **scheachem** [SPI]; **scheico** [RA]
– Bier [CL, KM, PH, RA, SPI, SS, Scho, WH]; Rausch [OJ] ♦ **E:** rw. *schecher* ‚Bier' (WolfWR 4832) < jd. *schecher*, hebr. *schechor* ‚Rauschtrank, Bier' (We 96, MatrasJd 291, Post 238, Klepsch 1247).

schächer[2] Subst. m. [JeS, KMa, LI, OH, SJ, WM]; **schecher** [JeS]
– Wirt [KMa, LI, OH, SJ]; Gastwirt [JeS, WM]
schächerei Subst. f. [NJ]; **schecherie** [MM]; **schecheri** [SchJ]
– Kneipe [MM]; Gasthaus [SchJf]; Gastwirtschaft [NJ] ♦ **V:** *wo hockt eine Schächerei?* ‚Wo ist eine Gastwirtschaft?' [NJ]
schächersdill Subst. f. [WM]
– Wirtstochter [WM]
schechererkobel Subst. m. [RR]
– Wirtshaus [RR]; Arrest [RR].

schachern swV. [CL, LJ, NW, SS, Scho]
schachra [OJ]
– handeln [LJ, NW, OJ, SS, Scho]; verkaufen [MM, SS]; unter der Hand verkaufen [MM]; Handel und Verkauf [MM]; Handel [CL] ♦ **E:** rw. *schachern* ‚handeln, Handel treiben' (WolfWR 4775) < jd. *schachern, sacheren* ‚handeln', jd. *socher, saucher* ‚Händler' (We 94, Avé-L. 417, Post 238, Klepsch 1223). Vgl. → *socher*.

riemsachle swV. [JeS]; **riemsachla** [JeS]
– verkaufen [JeS]

verschachern swV. [MB, MM]; **vrschachra** swV. [OJ]
– verkaufen [MB, OJ]; unredlich verkaufen [MM]; billig verkaufen [MB]; tauschen [MB]

schachr Subst. m. [OJ]
– Handel [OJ]

schachtert Subst. m. [WL]
– Handelsmann, der jede Art von Handel betreibt [WL]; Arbeiter, der auf dem Bauplatz arbeitet [WL]
huurteschachtert Subst. m. [WL]
– Korbmacher und Händler [WL] ♦ **E:** lux. *Huurt* ‚Flechtwerk'.

schacherer Subst. m. [LJ, Scho]; **schachrer** [OJ]; **schecherer** [SchJ]; **schecher** [JeS]
– Händler [JeS, SchJ, Scho]; Händler (abwertend) [LJ]; gewinnsüchtiger Händler [LJ, OJ] ♦ **E:** → *socher*.

schecherei Subst. f. [TJ]
– Handel [TJ]

schechererbink Subst. m. [RR]
– Gerichtsdiener [RR].

schächling Subst. m. [RR]
schächaling [RR]
– Ei [RR] ♦ **E:** wohl met. zu dt. *schechen* ‚schief blicken' DWB XIV 2381, Benennungsmotiv: das Gelbe im Ei; kaum zu rw. *schecher* ‚berauschendes Getränk' WolfWR 4832.

schacho ‚Polizei' → *tschako*.

schachteln swV. [BA, HLD]
– essen [BA]; viel und gierig essen [HLD] ♦ **E:** wohl Bildung zu → *spachteln*.

schächten swV. [HK, JS, MM, Scho]
schechten [MM]
– „eine besondere Art des Tötens der Opfertiere in Form des Blutauslaufens" [MM]; schlachten [HK, JS, Scho]; schwarz schlachten [HK]; „hintenrum schlachten" [HK]; Hals bei Bewusstsein durchschneiden [Scho]; arbeiten [HK]; mit einem Mädchen schlafen [MM] ♦ **E:** rw. *schächten* (WolfWR 4777) < jd. *schächten* ‚nach jüdischer ritueller Vorschrift schlachten' (We 94, Avé-L. 466, Post 238, Klepsch 1218); jd. *schochet* ‚Schlächter' (WolfWR 4777), jd. *schauchet* ‚Schlachter' (We 95).

schächter Subst. m. [SS, Scho, WH]; **schouchet** Subst. m. [RA]
– Metzger [SS, WH]; Schlächter [Scho]; Schächter [RA]; Messer [Scho]

grabbeschächter Subst. m. [Scho]
– kleines Messer [Scho]

schechtanim Subst. n. [MM]
– Prostituierte [MM]; Hure [MM]; Nutte [MM]; „Frau zum Bumsen, die lässt schnell das Höschen runter" [MM]; „eine, die es nicht so genau nimmt mit den Männern" [MM]; Professionelle und Amateure [MM]; „leichtes Mädchen, wenn sie es nicht berufstätig macht" [MM]

schechtbeis Subst. m./n. [MM]; **schechtebeis** [MM]
– Schlachthof [MM]; Schlachthaus [MM]; Toilette [MM]; Puff [MM]; Bordell [MM].

schachert ‚Handelsmann' → *schachern*.

schackam ‚Polizei' → *tschako*.

schackel Subst. [JSW]
– Pfeife [JSW] ♦ **E:** zu roi. *tsam* ‚kauen', *tshambona* ‚Takakspfeife' Siewert/Boretzky, WB „Zigeunersprache", 43, 24 (Faks.); WolfWZ 3136.

schackelcher ‚Kartoffeln' → *schockeln*.

schäcken swV. [JSa]
– gehen [JSa] ♦ **E:** dt./mdal. *schäken* ‚ausgreifend, linkisch gehen' u. a. (RheinWb. VII 871; PfälzWb. V 856). ♦ **V:** *mer schäcke ins Johr Hohe schuppe* ‚wir gehen in den Wald, Rehe wildern' [JSa].

schackschengerale Subst. [SK]
– Brille [SK] ♦ **E:** roi. *jakjengeri* ‚Augengläser'.

schadchen Subst. m./n. [HLD, Scho]
– Heiratsvermittler [HLD, Scho] ♦ **E:** rw. *schadchen* ‚Heiratsvermittler' WolfWR 4778 aus jd. *schadchen* ‚Heiratsvermittler' (We 94, Post 238, Klepsch 1227 f.)

schadchenen swV. [Scho]
– Heirat vermitteln [Scho]

schadchones Subst. [Scho]
– Heiratsvermittlung [Scho].

schadda Subst. m. [OJ]
– Bild [OJ] ♦ **E:** dt. *Schatten* „das durch hemmung des lichtes hervorgerufene dunkle abbild eines körpers" DWB XIV 2231 ff.

schaddig Adj., Adv. [OJ]
– kalt [OJ]; dunkel [OJ]; nachts [OJ] ♦ **E:** dt. *schattig* DWB XIV 2272 f.

schäddra swV. [OJ]
– lachen [OJ] ♦ **E:** schwäb. *schättern* ‚ein schepperndes Geräusch machen' (SchwäbWb. V 710).

schadelle Subst. f. [SK]
– Öllampe [SK]; Kerze [SK]; Gaslicht [SK]; elektrisches Licht [SK] ♦ **E:** rw. *schandell* ‚Kerze, Licht' (WolfWR 833), zu frz. *chandelle*.

schafe swV. [BB]
– waschen [BB] ♦ **E:** Inversion zu mdal. *wasche* (mit *f* für *w*).

schäf Subst. f. [SPI]
schäfeken Subst. n. Dim. [SS, WH]
– Tochter [SS, WH]; Mädchen [SPI, WH] ♦ **E:** zu roi. *tšai* ‚Tochter' (WolfWR 4780). Vgl. → *schabo*.

schaff Subst. [SJ]
schefje Subst. n. Dim. [KM]; **schäfje** [JS]; **schefjes** Pl. [KM]; **schäfflein** Subst. n. Dim. [EF]; **schaffli** [EF, GM]; **schaffl** [EF]
– Gefäß [SJ]; Wanne [GM, SJ]; Schüssel [SJ]; Trinkglas [KM]; Bowle [EF]; kleiner Schrank [JS] ♦ **E:** rw. *schaffel* ‚Schüssel' (WolfWR 4781); schwäb. *Schaff* ‚Kübel, Wanne' u. ä. (SchwäbWb. V 654/655), dt. *Schaff* ‚Gefäß' DWB XIV 2013 ff.; die Belege aus dem GM eher zu roi. *šafli* ‚Schaff, Wanne' (WolfWZ 3059) aus slow. *šafel*; gegenseitige Beeinflussung wahrscheinlich.

schaffell Subst. n. [LJ, LüJ, SchJ]
schafelln [KJ]
– Scheune [KJ, LJ, LüJ, SchJ]; Feldscheune [KJ] ♦ **E:** rw. *schabolle*, *schaffel* ‚Scheune, Kornspeicher' (WolfWR 4773) < jd. *schibboles* ‚Kornähre' (Klepsch

1229). Vgl. → *schibolet, schampolen, schabola, schibaules, schawelle*

schäffen swV. [CL, JS, JSa, MoJ, NJ] **schäfen** [JS]; **schäffe** [CL, JeS, LL, PH]; **schäfe** [KM, RA]; **scheffen** [CL, HK, JS, LüJ, MM, NJ, PH, SS, Scho, WH, WL]; **schefen** [LüJ]; **scheffæ** [WJ]; **schaffen** [JSW]; **schöffen** [WL]; **scheften** swV. [JSa, LJ, MM, PfJ, SJ, SchJ, WL]; **scheffften** [LüJ]; **schäfte** [JeS]; **schäften** [LI, LüJ, MM, SJ]; **schäffda** [OJ]; **schefte** [JS]; **scheffte** [CL]; **scheffda** [OJ]; **tscheffæ** [WJ]; **tschäffen** [GM]; **tschepfe** [BM]; **schäffte** [WM]; **schufle** [BM]; **jeschäf** Part. Perf. [KM]
– gehen [BM, CL, CL, JS, LI, LL, LüJ, MM, NJ, PH, PfJ, SJ, SchJ, WJ, WJ, WM]; laufen [LüJ, MM, NJ, SJ]; eilen [BM]; hingehen [MM]; irgendwohin gehen [MM]; schlendern [BM]; weglaufen, weggehen, abhauen, verschwinden [LüJ, MM]; rennen [MM]; machen [CL, JS, JSW, LL, LüJ, OJ, PH, SJ]; arbeiten [CL, LL, LüJ, OJ, RA, SJ]; tun [CL, LüJ, RA]; nehmen [GM]; sein [GM, HK, JS, JSa, JeS, KM, LJ, LüJ, MoJ, PH, SJ, WL]; da sein [SS, WH]; liegen [LüJ]; sich befinden [WL]; setzen [JS]; sitzen [LüJ, Scho]; haben [GM, KM, WJ]; tragen [GM]; kommen [LüJ, SchJ, WJ]; bekommen [GM]; wohnen [CL, JS]; schmecken [JSa]; trinken [GM]; zeigen [GM]; können [KM]; verstehen [WL] ♦ **E:** rw. *scheffen, scheften* ‚sein, sitzen, liegen, machen, tun, arbeiten, gehen'; „die variierende Bedeutungsbreite läßt vermuten, daß das zugrunde liegende dt. *schaffen* teilweise von jd. *jaschwenen* ‚setzen' beeinflußt wurde" (WolfWR 4841) oder von einem Imperativ des hebr. *jaschav* ‚sitzen' (Klepsch 1250). ♦ **V:** *tscheft* ‚ist' [MUJ]; *pleete scheften* ‚verschwinden' [MM]; *schefte mulo* ‚totarbeiten' [SJ]; *es schefft* ‚es sind' [LüJ]; *du scheffst e denelo* ‚du bist ein Depp' [LüJ]; *pekan scheften* ‚erkunden', ‚informieren', ‚auskundschaften', ‚herausfinden', ‚sich kundig machen' [MM]; *des schäffd gwand* ‚das ist gut' [OJ]; *wo scheff dr?* ‚wo ist er?' [OJ]; *wie schäfft die Masematt?* ‚Wie ist das Geschäft?' [LL, CL]; *des schäfft awer doff* ‚das ist aber gut' [LL, CL]; *wu schäffschen anne?* ‚wo gehst du hin?' [LL, CL]; *de Karl schäffd zu de Marie* ‚Karl geht zu Marie' [LL, CL]; *Er schäfft mulo* ‚Er stirbt' [CL]; *ich scheffen ins Bild* ‚ich gehe ins Bett' [NJ]; *wir scheffen was zoppen* ‚wir gehen uns was holen' [NJ]; *wir scheffen bleten* ‚wir laufen weg' [NJ]; *'s tillesje schefft moberes/ das Mädchen ist schwanger* [CL]; *dæs tscheffd æ harmæde moß* ‚Das ist eine dicke Frau' [WJ]; *der tscheffd æ nille* ‚der ist ein Dummkopf' [WJ]; *schäftisch lagg?* ‚bist du krank?' [JeS]; *schäftet s lingg?* ‚ist es (z. B. das Essen) schlecht?' [JeS]; *schäfti* ‚geh fort' [Scho]; *schaefft labejser* ‚geht heimlich fort' [Scho]; *de knöff schefft (schöfft) batze vu nobes* ‚der Kerl versteht gar nichts' [WL]; *Fiesl naatsch dr gliste tschefft* ‚Kumpel hau ab, ein Polizist kommt' [WJ]; *scheff bekan, sonst geht's gozer fagibera!* ‚hau ab, sonst geht die Hälfte verloren' [MM]; *mit der lapane bekane scheften können* ‚mit der Schaufel gut umgehen können' [MM]; *nochs schefftet's grandige jamm* ‚noch war's hoch am Tage' [LJ]; *Dr benk hot da kaffer mit am härtling dupfd, das dr rötling gschepfd ischd no hotr en dr deisd ond em seine boschr aus am rande zopfd dr klischde hot den vermuffda schure en da kanlo gschmissa wega dem hallas, dr gomel hod droht, hoim de, sonschd machschd ama schena schei da baumelma* ‚Der Mann hat den Bauer mit dem Messer gestochen, daß das Blut gelaufen ist, dann hat er ihn erschlagen und ihm sein Geld aus der Tasche genommen, der Polizist hat den schlechten Kerl ins Gefängnis geschmissen wegen dem Streit, der Amtsrichter hat gedroht, pass auf, sonst wirst du eines schönen Tages aufgehängt' [SJ]; *Herles im g'fahr scheft der kolb krillisch und der kritsch wohnisch* ‚Hier im Dorf ist der Pfarrer evangelisch und der Schultheiß katholisch' [LüJ]; *Scheffen deine buxen schundlich, kaffer? Nobis, moß! Dein fürflamm, moß? Nobis, kaffer!* ‚Sind deine Hosen schmutzig, Mann? Nein, Frau! Dein Schurz, Frau? Nein, Mann!' [LüJ]; *hauret herles das steinhäufle krillisch oder wohnisch? Nobis. Kaime scheften herlem* ‚Ist hier die Stadt evangelisch oder katholisch? Nein. Juden wohnen darin' [LüJ]; *schefft's dir schofel?* ‚Ist dir schlecht?' [LüJ]; *herles im g'fahr scheft der kolb krillisch und der kritsch wohnisch* ‚Hier im Dorf ist der Pfarrer evangelisch und der Schultheiß katholisch' [LüJ]; *herlem im g'fahr hauret ein lenker schuker; buz und scharle schefftem aber dof* ‚Hier im Dorf ist ein strenger Gendarm; der Polizeidiener und der Schultheiß sind aber gut' [LüJ]; *diberei: schmus kaffer, haurets begerisch? Nobis, moß! – Bikerich? Nobis. – Schwächerich? Nobis. – Durmerich? Nobis. – Geschwächt? Nobis, moß! – Scheffts dir schofel? Nobis. – Gielerich? Nobis. – Dof? Kenn, moß!* ‚Gespräch: Sag, Mann, bist du krank? Nein, Frau! – Hungrig? Nein. – Durstig? Nein. – Schläfrig? Nein. – Betrunken? Nein, Frau! – Ist dir schlecht? Nein. – Übel? Nein. – Gut? Ja, Weib!' [LüJ]; *Oberkünftig herles in der grandiche ruchekitt schefft ein nille. Der hauret link. Spann', da linzt er zum fenester am stenkert. Kenn, ich bost' schiebes!* ‚Oben hier in dem großen Bauernhaus ist ein geistesgestörter Mensch. Der ist (sehr) böse. Sieh', hier schaut er zum

Fenster am Stall heraus. Ja, ich geh' fort!' [LüJ]; *die lockeration scheffte mole* ‚der Verdienst war schlecht' [HK]; *ming moß schäft grannige fladdere zu fladdern* ‚meine Frau geht große Wäsche waschen' [JS]; *us schäft et ganz schovel helles* ‚uns geht es ganz schlecht hier' [JS]; *die grannige schursch schäft zebris* ‚der große Wagen ist kaputt' [JS]; *de geies von os knöffje schäft sporkesisch* ‚der Hals von unserem Sohn ist schmutzig' [JS]; *schabo ding schamele schäfe sporkesisch* ‚Junge, deine Füße sind schmutzig' [JS]; *schabo, hesse de teps ob, weil de bollich bes date jubbere schukkrig schäfe?* ‚Junge, hast du die Mütze auf, weil du Angst hast, dass die Läuse kalt werden?' [JS]; *tschei, naschens reune ob de hotz van de viehl van et gefeberte al bekan geschäft is* ‚Frau, geh' mal gucken, ob der Mann von der Post schon da war' [JS]; *der schienum schäfft nablo* ‚der Marktleiter ist blöd' [JS]

anschäften swV. [MM]
– herankommen [MM]

ausscheffen swV. [JS]
– aus, vorbei, zu Ende sein [JS]

hinscheften swV. [MM]
– gehen [MM] ♦ **V:** *nach'm bais hinscheften* ‚nach Hause gehen' [MM]

zusammenscheften swV. [PfJ]
– zusammenkommen [PfJ]

schäft Subst. m. [MM]
– Gang [MM]; Art zu gehen [MM]

abschäft Subst. m. [MM]
– Weggang [MM] ♦ **V:** *den abschäft machen* ‚abhauen, weggehen, wegbleiben' [MM]

abschäftmasummes Subst. f. [MM]; **abschäftmasumes** [MM]
– Steuergelder [MM]; Steuern [MM]

streifenschäft Subst. m. [MM]
– Streifendienst [MM]

schaffl, schäfflein → *schaff*.

schaffots Subst. m. [CL, PH]
schafföts [PH]
– Gendarm [CL, PH] ♦ **E:** rw. *schaffots* ‚Gendarm' (WolfWR 4782), zu nl. *schavuit* ‚Schurke'.

schäfje → *schaff*.

schafschinken Subst. m. [EF]
schaffschinken [EF]
– Geige [EF] ♦ **E:** dt. *Schaf* und dt. *Schinken*, met. nach der Form.

schafuttken swV. [MM]
– schimpfen [MM]; geschäftig sein [MM] ♦ **E:** nd./westmünsterl. *schaff'ü'ütern, schaffuttern; schaffuutersken* ‚schimpfen, ausschimpfen, ärgern, zanken, keifen'.

schagella Subst. [OJ]
– Ausgehtäschchen [OJ] ♦ **E:** unsicher; evtl. zu *schecke* f. „Kleidungsstück, Modetracht" DWB XIV 2382, oder nach der Gestaltung zu dt. *gescheckt*.

schägra swV. [OJ]
– schmusen [OJ] ♦ **E:** rw. *schäkern* ‚kosen, tändeln, Mutwillen treiben' (WolfWR 4787), zu jd. *chek* ‚Busen, weiblicher Schoß' (Post 239).

schah Subst. f. [WG]
– Uhr [WG] ♦ **E:** jd. *scho* ‚Stunde'. Vgl. → *schee[1]*. ♦ **V:** *fuchsene schah* ‚goldene Uhr' [WG].

schai ‚Mädchen' s. → *tschai*.

schäi Subst. m. [JeS]
stei Subst. m. [BM]
– Franken (Geldstück) [BM, JeS] ♦ **E:** unklar; evtl. aus ital. *ct.* [Kürzel für Rappen, Unterwährung des Franken].

schaicher ‚Bier' → *schächer[1]*.

schejger Subst. m. [NW]
– Lüge [NW] ♦ **E:** zu rw. *schäkern* ‚lügen' zu jd. *scheker, schkorem* ‚Lüge, Verleumdung' (WolfWR 4786, We 96, Post 241).

schäker Subst. m. [Scho]
– Lügner [Scho]

beschaikere swV. [StJ]
– belügen [StJ].

schainche(r) ‚Augen' → *schein*.

schäipchen Subst. n. [WL]
– schäbiger Kerl [WL]; armseliges Tier [WL] ♦ **E:** wohl zu dt. *Schappert, Tockert*, Weimerskircher Jenisch, 36.

schaitz ‚Junge, Mann, Handelsmann' → *schetz*.

schakel Subst. [KJ]
tschakel [KJ]; **schakling** Subst. [KJ]
– Ei [KJ] ♦ **E:** wohl zu dt./bair. *schakel* ‚Glied einer Kette', Benennung nach der Form, DWB XIV 2054.

schäkeln swV. [WG]
– essen [WG] ♦ **E:** wienerisch *Schekkl* ‚Essen, Kost, Blechnapf', Herkunft unsicher, evtl. zu hebr. *šeqel*;

Schekel ist ein vorderasiatisches Gewichtsmaß. Gold-, Silber-, Kupfer- und Zinnstücke wurden in Schekel gewogen und dienten als Zahlungsmittel.
schäkel Subst. [WG]
– Gefäß für das Essen [WG].

schaklmei ‚Kaffee' → *schokle*.

schäks ‚Bursche, Geck' → *schekes*.

schaldern Subst. Pl. [RH]
– Ohren [RH] ♦ **E:** zu dt./mdal. *Schalter* ‚Klappe, Fensterladen', „verschluszstück einer öffnung" DWB XIV 2104.
schalderwinde Subst. f. [HLD]
– Gefängnis [HLD] ♦ **E:** → *winde*.

schale¹ Subst. m. [GM]
schallef Subst. m. [Scho]; **schalef** [KM]; **schaleve** [KM]; **schälefje** Subst. n. Dim. [KM]; **schälefjes** Pl. [KM]
– kleiner Junge [KM]; junger Mann [KM, Scho]; Mann [GM]; Kerl [GM]; christlicher Mann [Scho]
boosterschalef Subst. m. [KM]; **boosterschaleve** [KM]
– Arbeiter [KM] ♦ **E:** rw. *schallef* ‚unfertiger Gauner', ‚Anfänger im Gaunertum', ‚unnützer junger Bummler', ‚lang aufgeschossener Bursche', ‚Soldat'; Herkunft unsicher, schwer zu hebr. *schâla'ph* ‚ausziehen, langziehen' (WolfWR 4793); womgl. auch zu oder beeinflusst von rhein. *Schlave* ‚armer Mann, der immer schwer arbeiten muss' (RheinWb. VII 1275).

schale² Subst. f. [BM, HLD, KJ, MM, OJ, WG]
– Kleidung [MM]; gute Kleidung [OJ]; Kleid [BM]; Anzug [KJ]; neuer Anzug [HLD]; schöner Anzug [WG] ♦ **E:** rw. *schale* ‚Kleidung' (WolfWR 4790); zu dt. *Schale* „äuszerlich umgebende hülle, hülse, rinde" DWB XIV 2060 ff.; ugs. *sich in Schale werfen* ‚sich fein anziehen'. ♦ **V:** *in schale hauen* ‚schön anziehen' [WG]; *en d schale keia* ‚gut kleiden' [OJ].

schale³ swV. [BB]
– lachen [BB] ♦ **E:** Inversion zu mdal. *lache*.

schalef¹ → *schale¹*.

schalef² Subst. f. [BB]
schalefe [BB]
– Flasche [BB]; Glas [BB] ♦ **E:** Inversion zu mdal. *Flasch*.

schälep Subst. n. [BB]
– Blech [BB] ♦ **E:** Inversion zu mdal. *Blesch* ‚Blech'.

schäler, schälen nur in:
deckschäler Subst. m. [MoM]
– Pferd [MoM] ♦ **E:** dt. *decken* ‚schwängern' und *beschälen* ‚Begatten der Stute' DWB I 1544 f.

schaleskero Subst. m. [GM]
– Polizist [GM]; Gendarm [GM]; Polizei [GM] ♦ **E:** roi. *schelléskero* ‚Gendarm' (WolfWZ 3092).

schalewari Subst. f. [CL, LL]
schalewarie [CL]
– Uhrkette [CL, LL]; protzige Uhrkette [CL] ♦ **E:** met. zu pfälz. *Schariwari, Schalewari* ‚Lärm, Spektakel, Durcheinander' PfälzWb. V 880 < frz. *charivari* ‚Katzenmusik, Lärm'.

schalk Subst. [RR]
– Jacke [RR] ♦ **E:** rw. *schalk* ‚Jacke' WolfWR 4791, ohne Herleitung; evtl. met. zu dt. *Schalk* ‚Knecht, Diener' DWB XIV 2067 ff.

schallen swV. [CL, Gmü, HK, Him, JeS, KJ, LüJ, MM, MUJ, Mat, PfJ, SJ, TJ]
schalle [JeS]; **schalln** [LI, RR]; **schallæ** [WJ]; **schallá** [PfJ]; **schale** [KM]; **schaale** [JeS]; **schale** [JeS]; **schalla** [LJ, OJ, SJ]; **schollan** [LoJ]; **schallern** swV. [GM, HK, HLD, MB, MM, SJ, SK, WJ]; **schallere** [JSa]; **schalæræ** [WJ]; **schallere** [BM]; **schalleren** [NJ]; **schnallen** swV. [Gmü, WJ]
– singen [BM, CL, GM, Gmü, HK, HLD, Him, JSa, JeS, KJ, KM, LJ, LoJ, LüJ, MB, MM, MUJ, Mat, NJ, OJ, PfJ, RR, SJ, SK, TJ, WJ]; musizieren [LI, LüJ, MB, WJ]; betrunken singen [HK]; gröhlen [HK]; besonders hoch singen [HK]; rufen [MM]; lachen [LüJ, MM]; betteln [Gmü]; schreien [JeS]; lärmen [JeS]; eine Ohrfeige geben [MB] ♦ **E:** rw. *schallen, schallern* ‚singen' (WolfWR 4792, Klepsch 1235), zu dt. *Schall* „allgemeine bezeichnung für erschütterungen, die geeignet sind, auf das gehör einzuwirken" DWB XIV 2087 ff.; ugs. *jmd. eine schallern* ‚jmd. ohrfeigen'.
♦ **V:** *Ihr schure, i hab uich schalla gschpannt, no hot mei kibes dibbert, do boscht nei* ‚Männer ich habe euch singen gehört, da hat mein Verstand gesagt, da gehst du hinein' [SJ]; *der schickermann fing mitten auffe strehle am schallern* ‚der Betrunkene begann mitten auf der Straße zu singen' [MM]; *Schure, jetzt ischt dr kliste do, no kenna mar oin schalla ond oin schwächa* ‚Männer, jetzt ist der Polizist da, dann können wir einen singen und einen trinken' [SJ]; *Lechumgeiger spiel auf zom plattfüßla ond zom schalla* ‚Musikant spiel auf zum tanzen und zum singen' [SJ]; *Dr blemb ischt doch gwand, in jeder gusch ischt*

er bekannt-der blemb mr schallet bis alles lallet ond beim kala, do werdmer ons aala, aala ‚Das Bier ist doch gut, in jedem Haus ist es bekannt-das Bier, wir singen, bis alle lallen und beim essen, da werden wir uns aalen, aalen' [SJ]; *kaum haste den jadjedi inne feme un denkst, nu kommste ans schickern, dann schallert der dich doch noch 'ne strophe* ‚kaum hast du den Schnaps in der Hand und denkst, jetzt geht's ans Trinken, da singt er noch eine Strophe' [MB]; *ich schaller dir eine* ‚ich hau Dir 'ne Ohrfeige' [MB]; *die klingerdillichen schallern jooker/dufde* ‚die Musikermädchen singen gut' [HK]; *grannig schallern* ‚hervorragend singen' [HK]; *wir solln noch einn schalln* ‚wir sollen noch ein Lied singen' [HK]

losschallern swV. [MM]
– zu singen anfangen [MM]

mitschallern swV. [MM]
– mitsingen [MM]

schall Subst. m. [LüJ]
– Lied [LüJ]; Gesang [LüJ]

weihnachtsschallern Subst. n. [MM]
– Weihnachtssingen [MM]

schalle Subst. f. [SK]
– Schule [SK]

schaller¹ Subst. m. [HK, LüJ, PfJ]; **schallr** [OJ]; **schallerd** Subst. m. [HK]; **schallert** [HK]; **schallerer** Subst. m. [EF]; **schâllerer** [EF]
– Sänger [HK, LüJ, OJ, PfJ]; „einer, der singt" [HK]; „mehrere Leute zusammen" [HK]; Harfenist [EF]

schallere Subst. f. [LüJ]
– Sängerin [LüJ]

schaller² Subst. m. [HK, MM, SJ]; **schallder** [HK]; **schallerd** [HK]; **schallert** [HK]; **schalter** [BO]
– Lehrer [BO, HK, MM, SJ]; Schullehrer [HK] ♦ **V**: *der schallerd schlehnd inne schallerkitte* ‚der Lehrer geht in die Schule' [HK]

schallerfritze [StG]
– Lehrer [StG]; Schulmeister [SJ]

schallbatz Subst. m. [SK]
– Lehrer [SK]

schallr Subst. Pl. [OJ]
– Ohren [OJ]

schalling¹ Subst. m. [PfJ, SJ]; **schalleng** [OJ]; **schalesch** [KM]; **schalesche** [KM];
– Lied [KM, OJ, SJ]; Musik [PfJ]; Gesang [PfJ] ♦ **V**: *Schorsch, bevor du jetzt holcha willst, müßemer noch a schalling pflanza* ‚Georg, bevor du jetzt gehen willst, müssen wir noch ein Lied singen' [SJ]; *schallingpflanzen* ‚singen' [PfJ]

schalling² Subst. m. [SK]
– Gesicht [SK]

schallach Subst. m. [MM]
– Sänger [MM]

schallerei Subst. f. [HK, LI, LJ, MM, SK, SchJ, Scho, TJ]; **schallrei** [OJ]
– Gesang [HK, MM, OJ, SK, TJ]; Musik [LI, TJ]; Geläute [Scho, TJ]; Glockengeläute [LJ, SchJ]; Musikunterricht [MM]; Singerei [HK]; Singen [HK]; Chor [HK]; größere Gruppe von Sängern [HK] ♦ **V**: *die schallerei macht ein' ja nerbelo* ‚die Singerei macht einen ja verrückt' [MM]; *die schallerei heeje ich awwer schmingsch* ‚die Singerei habe ich aber dicke' [HK]

schallrsbruadr Subst. m. [OJ]
– Sangesbruder [OJ]

schallerchor Subst. m. [MM]
– Gesangverein [MM]

schallerflebbe Subst. f. [SJ]
– Gesangbuch [SJ]

schallerkarl Subst. m. [HLD]
– Lehrer [HLD]

schallerkasten Subst. m. [HLD]
– Schule [HLD]

schalderkitte Subst. f. [HK]; **schallerkitte** [HK]; **schallertkitte** [HK]
– Schule [HK]; Kirche [HK]

schallerkonzert Subst. n. [MM]
– Chorkonzert [MM]

schallermann Subst. m. [MB, MM]
– Stadtmusikant [MM]; Sänger [MM]; Musiker [MB]

schallrsmodl Subst. f. [OJ]
– Sangesschwester [OJ]

schallmusche Subst. f. [EF]; **schâllmusch** [EF]
– Harfenistin [EF]

schallerpaukerin Subst. f. [MM]
– Musiklehrerin [MM]

duftschaller Subst. m. [LJ]; **duftschallr** [OJ]
– Kirchensänger [LJ, OJ]; Kirchenchor [LJ]; Lehrer [OJ]

diftlschaller Subst. m. [TJ]
– Lehrer [TJ]

grawiser diftlschaller Subst. m., Phras. [TJ]
– Professor [TJ]

duftschallerei Subst. f. [LJ]; **duftlschallerei** [TJ]; **diftlschallerei** [TJ]
– Kirchenchor [LJ]; Schule [TJ].

schallepenn Subst. n. [MM]
– Nahrung [MM]; Mahlzeit [MM] ♦ **E**: *schalle* zu jd. *chiele* ‚Essen', jd. *achielen* ‚essen' (We 48); *penn* zu frz. *pain* ‚Brot', Middelberg, Romanismen, 44.

schallern ‚singen, rufen, lachen' → *schallen*.

schalmei Subst. f. [LI]
– Klarinette [LI] ♦ **E:** rw. *schalmei* ‚Klarinette' (WolfWR 4795), zu dt. *Schalmei* ‚Rohrpfeife, Flöte' DWB XIV 2097 f.

schalmeien swV. [JSa]
– ein Lied singen [JSa]

schalmeiesdurium Subst. [LI]
– Klarinettenbläser [LI].

schambadine Subst. f. [JS, PH]
– Peitsche [JS]; Zirkuspeitsche [JS, PH] ♦ **E:** zu roi. *tšamedini* ‚Ohrfeige'.

schambern swV. [MUJ, SJ]
– hinausbegleiten [SJ]; hinauswerfen [MUJ, SJ] ♦ **E:** schwäb. *schampern* ‚fortjagen' (SchwäbWb. V 682).

schamechen Subst. m. [SK]
schamesen [SK]; **schamschen** [SK]
– Schnaps [SK] ♦ **E:** zu rw. → *schabau* ‚Schnaps' (WolfWR 4765).

schamele Subst. Pl. [JS]
– Beine [JS]; Füße [JS] ♦ **E:** wohl zu dt. *Schemel* „niedriges bänkchen, auf das man beim sitzen die füsze setzt" DWB XIV 2533 ff.

schamen Subst. Pl. [JSa]
– Polizei [JSa] ♦ **E:** zu rw. *schammer* ‚Wächter, Hüter, Pförtner' aus jd. *schomer* ‚id.' (WolfWR 4797), womgl. auch Einfluss von oder direkt aus dt./frz. *Schandarm*. ♦ **V:** *Schame komme* ‚die Polizei kommt' [JSa].

schamgoges Subst. m. [JSW]
– Sonderling [JSW] ♦ **E:** jd. *schammes* ‚Synagogendiener'.

schammerisack Subst. m. [BM]
– Tasche in der Frauenkleidung [BM] ♦ **E:** unsicher; zu schweizdt. *schameriere* ‚verbrämen' (SchweizId. VIII 767) oder zu rw. *schammes* ‚Diener' (WolfWR 4799); dt. *Sack*.

schammes Subst. m. [Scho]
– Diener [Scho] ♦ **E:** rw. *schammes* ‚Diener' < jd. *schammes* ‚Synagogendiener' (WolfWR 4799, We 94 f., Post 240).

schampalm Subst. m. [SK]
– Polizist [SK] ♦ **E:** rw. *schammer, schammes* ‚Wächter' (WolfWR 4797 oder 4799) und rw. *palm* ‚Soldat', jd. *baal milchomo* ‚Krieger, Soldat' (WolfWR 276).

schamper¹ Subst. m. [SS]
– Richter [SS] ♦ **E:** zu westf. *schamper* ‚strenge Person', Woeste 225.

schamper² Subst. m. [EF]
schlompr Subst. m. [EF]
– Champagner [EF] ♦ **E:** Kürzung aus *Champagner*.

schampes Subst. m. [JSW]
– Faulpelz [JSW] ♦ **E:** zum PN *Schambes* < frz. PN *Jean Baptiste*.

schampólen swV. [SK]
– Geld zählen [SK] ♦ **E:** rw. *schabol* ‚Anteil an der Diebesbeute' (WolfWR 4764), zu jd. *schibboles, schibauless* ‚Gefülltes'. Vgl. → *schabola, schaffell, schibolet, schibaules*.

schamserler Subst. m. [KP]
– Jude [KP] ♦ **E:** zum jd. PN *Schamschon* (Samson) (SchwäbWb. V 682).

schamster Interj., Grußformel [SK]
– guten Tag [SK] ♦ **E:** dt./ugs. (u. a. Bremen um 1888 und Wien 1959) *tschamster* ‚gehorsamster (Diener)'.

schan Subst. m./ f. [GM]
– Schulden, Geldschuld [GM] ♦ **E:** rw. *zijan* ‚Schaden' (WolfWR 6355) < roi. *dschàna* ‚Schuld' (WolfWZ 3822).

schanägeln, schanegeln ‚arbeiten' → *schinageln*.

schandehle Subst. f. [MB]
– altes Weib [MB]; Schande [MB] ♦ **E:** unsicher; zu roi. *shánto* ‚lahm' (WolfWZ 3068) oder zu westf. *schandälen* ‚Krach machen, lärmen, spektakeln' (WestfWb. 983); Bedeutung ‚Schande' wohl Sprecherirrtum, vgl. Siewert, Grundlagen, 117 f. (Typen von Sprecherirrtümern).

schandehlen swV. [MB]
– Musik machen [MB] ♦ **E:** westf. *schandälen* ‚Krach machen, lärmen, spektakeln' (WestfWb. 983).

schandell Subst. f. [JeS, SJ]
schandel [JeS, SJ]; **schandäl** [SS, WH]; **schandl** [OJ]; **chandel** [JeS]; **schandeli** Dim. [JSa]
– Lampe [OJ, SJ]; Licht [JSa, JeS, SS, WH]; Kerze [JeS, OJ]; Laterne [JeS] ♦ **E:** rw. *Chandel* ‚Licht' zu frz. *chandelle* ‚Kerze' (WolfWR 833).

schandeller Subst. m. [SS]
– Leuchter [SS].

schander Subst. f. [KMa]
– Katze [KMa] ♦ **E:** wohl Bildung zu → *schunnere* (HessNassWb. III 93).

schändling Subst. m. [SE, SS, WH]
schänterling [NJ]
– Gendarm [NJ, SS, WH]; Polizist [SE] ♦ **E:** unsicher; rw. *schello, schindling, schändling* ‚Gendarm', zu roi. *selo* ‚Gendarm' WolfWR 4863; oder mdal. aus dt. *Gendarm* < frz. *gendarme*, vgl. z. B. ostfränk. *Schandes* ‚Polizist' < *Schandarm*. Vgl. → *schane*.

schandudeln swV. [MM]
schandusseln swV. [MM]
– schimpfen [MM] ♦ **E:** westf. *schandudeln* ‚tadeln, schelten'.

schandussel Subst. m. [MM]
schandusel [MM]
– Kopf [MM] ♦ **E:** westf. *schandussel* ‚id.', vgl. *dusselkopp* ‚Dummkopf'. ♦ **V:** *als wir unseren Vatter in'n beis alles schmonselten und er die kotene schore knispelte, schüttelte er nur seinen schandussel* ‚Als wir unserem Vater zu Hause alles erzählten und er die kleine Ausbeute sah, schüttelte er nur seinen Kopf' [MM].

schane Subst. m. [OJ]
– Gendarm [OJ] ♦ **E:** wohl zu mdal. *Schandarm* ‚Gendarm'. Vgl. → *schändling*.

schanele Subst. f. [MM]
schandale [JSW]
– Pfeife [JSW, MM] ♦ **E:** roi. *tschandéla* ‚Tabakspfeife' (WolfWZ 3433).

schangen swV. [GM]
– aufwachen [GM]; wach werden [GM] ♦ **E:** roi. *džangew-* ‚wachen, aufwachen' (WolfWR 613).

schankel Subst. n. [SJ]
– vorlaute, dumme Weibsperson [SJ]; vorlautes Weib [SJ] ♦ **E:** SchwäbWb. IV 687 (*Schankeläre*).

schankl Subst. n. [EF]
schankel [EF]
– Bierglas [EF] ♦ **E:** zu dt. *ausschenken*, *Schenke* DWB XIV 2542 ff.

schankler Subst. m. [LJ, SchJ, TJ]
– Richter [LJ, SchJ, TJ] ♦ **E:** rw. *schiankel, schenkel* ‚Amtmann'. „Der moderne Zigeuner bezeichnet den höheren Polizeibeamten als *dschungelo rai*, d. h. als ‚dreckigen, beschissenen Herrn' (...) Es handelt sich um eine reine Spottbezeichnung, ursprünglich wohl aus einem Wortspiel entstanden, da das ältere (Romani) *chinel* ‚Beamter' kennt." WolfWR 4884; vgl. WolfWZ 574, Klepsch 1241.

schanklerei Subst. f. [LJ, TJ]
– Gericht [LJ, TJ]

schankler diwerer Subst. m. [SchJ]
– Verteidiger [SchJ]

schankler flepper Subst. m. [SchJ]
– Gerichtsschreiber [SchJ].

schanneg penk Subst. m. [KP]
– Polizist [KP]; Gensdarm (sic) [KP] ♦ **E:** wohl zu → *schankler*; → *penk*.

schanten swV. [MM]
– singen [MM] ♦ **E:** frz. *chanter* ‚singen'.

schanz Subst. f. [KP]
– Verdienst [KP]; Gewinn [KP] ♦ **E:** rw. *schanz* ‚Verdienst, Gewinn', *schänzen* ‚verdienen, gewinnen' < frz. *chance* ‚Glücksfall' (WolfWR 4805); obdt. *Schanz* ‚Glücksfall, Gewinn und Verlust' SchwäbWb. V 688.

schänzen swV. [KP]; **schänze**
– verdienen [KP]; gewinnen [KP]

schanzieren swV. [LüJ]
– hausieren [LüJ].

schapell Subst. f. [WL]
schabell [WL]
– Kirche [WL] ♦ **E:** frz. *chapelle* ‚Kapelle'.

schapp Subst. m. [MM]
– Schrank [MM]; Tür [MM]; Gefängnis, unter Verschluß [MM] ♦ **E:** nd. *Schapp* ‚Schrank', hochdt. *Schaff* ‚id.' DWB XIV 2013 ff.

schappig Adj. [JSa]
schabbisch [JSa]
– schlecht, böse, wüst [JSa] ♦ **E:** dt./mdal. *schappig* ‚räudig, schäbig' u. a. (RheinWb. VII 923, LuxWb. IV 196).

schappern swV. [MB]
– essen [MB]; Gespräch führen [MB] ♦ **E:** unsicher; evtl. zu dt./mdal. *schappern* ‚sich vergnügen, tanzen'.

schappo Subst. m. [SS, WH]
schabbo [JSa]; **sadscho** [JS, PH]; **schapoh** [KMa]
– Hut [JS, JSa, KMa, PH, SS, WH] ♦ **E:** rw. *schapoh* ‚Hut', aus frz. *chapeau* ‚Hut' (WolfWR 4807).

scharband Subst. m. [KMa, OH]
– Zimmermann [KMa, OH] ♦ **E:** aus frz. *charpentier* ‚Zimmermann' (HessNassWb. III 96).

scharbock Subst. m. [SJ]
– Skorbut [SJ] ♦ **E:** dt. *Scharbock* „eine die knochen zerfressende krankheit", aus lat. *scorbutus* oder nl. *scheueren* ‚reißen, spalten' DWB XIV 2177 f.; SchwäbWb. V 696 f. (*Scharbock*). ♦ **V:** *hoscht da scharbock* ‚du bist dumm, blöd' [SJ].

scharett Subst. n. [JSa, MB, MM, NJ]
scharret [Him]; **charett** [MM]; **charet** [MM]; **scharott** [MM]; **scharotl** Subst. m. [JeS]; **scharottl** [JeS]
– Chaise [NJ]; Auto [JSa]; Wagen [Him, JeS]; Wohnwagen der Fahrenden [JeS]; Fahrrad [JeS]; Bahnhof [MB, MM]; Bahnhofsvorhalle [MM]; Treffpunkt an der Danziger Freiheit (in Münster) [MM] ♦ **E:** rw. *charette* ‚Kutsche' (WolfWR 837) aus frz. *chariot* ‚Wagen'. ♦ **V:** *wir sind zum scharett gepäst, aber der tralli war schon plete* ‚wir sind zum Bahnhof gelaufen, aber der Zug war schon abgefahren' [MM]
schari Subst. m. [JeS]
– Wagen [JeS]
peigelscharett Subst. n. [MM]
– Leichenwagen [MM]
scharettstrehle ON [MM]
– Bahnhofstraße [MM]
schorjele swV. [RH]
– fahren [RH] ♦ **E:** „wohl angelehnt an frz. *charette*" (Arnold 1961, 118).

scharf Adj. [EF]
schârf [EF]
– schön [EF] ♦ **E:** dt. *scharf* met. ‚schön' Wolf, Fatzersprache, 133; DWB XIV 2180 ff.
scharfe f. [WG]
– Gewalttat [WG] ♦ **E:** rw. *scharf* ‚Raub, Erpressung' WolfWR 4811. ♦ **V:** *eine scharfe machen* ‚eine Gewalttat setzen' [WG]
schärfer Subst. m. [StG]
– Hehler oder Ankäufer gestohlener Ware [StG]
scharfer Subst. m. [EF]; **schârfer** [EF]
– Vereinsvorstand [EF] ♦ **E:** dt. *scharf* met. ‚streng' Wolf, Fatzersprache, 133.
scharfleng Subst. m. [LüJ]; **schärfling** [LüJ]; **schäärfleck** Subst. m. [WL]
– Messer [LüJ, WL] ♦ **E:** rw. *schärfling* ‚Messer' < dt. *scharf*, *Scherper* ‚Messer' (WolfWR 4816).

scharies Subst. [NJ]
– Kaffee [NJ] ♦ **E:** wohl zu rw. *scharisele*, frz. *cerise* WolfWR 4817, met. Kirschkerne für Kaffeebohnen, vgl. Windolph, Nerother Jenisch, 45. Vgl. → *schariseli*.

scharingli Subst. f. [MB]
– Polizei [MB]; Kripo [MB] ♦ **E:** wohl zu rw./roi. *scharle* ‚Schultheiß, Dorfvogt, Exekutivbeamter' WolfWR 4808. ♦ **V:** *schabo natsch, die scharingli ahmt* ‚Junge lauf, die Bullen kommen' [MB].

scháriseli Subst. n. [JeS]
scharrisele [LüJ]; **scháryysli** [JeS]; **schäriseli** [JeS]
– Kirsche(n) [JeS, LüJ] ♦ **E:** zu frz. *cerise* ‚Kirsche' aus lat. *cerasus* ‚Kirsche' (WolfWR 4817, SchwäbWb. V 697); vgl. → *scharies, tschirunggeli*. ♦ **V:** *zratti tschaaned mr em ruech go schariseli schniffe* ‚nachts gehen wir beim Bauern Kirschen stehlen' [JeS]
scharriselesstöber Subst. m. [LüJ]
– Kirschbaum [LüJ].

scharle Subst. m. [LJ, LüJ, MUJ, OJ, PfJ, SJ, WJ]
schârle [Gmü, Him, LüJ, Mat, SJ]; **schahrle** [LüJ]; **tscharle** [MUJ]; **dscharle** [OJ]
– Bürgermeister [LJ, LüJ, MUJ, OJ, PfJ, SJ, SchJ, WJ]; Schultheiß [Gmü, Him, LJ, Mat, OJ, SJ]; Schultheiß, Schultes [LüJ, SJ]; Dorfschulze [OJ]; „einer, der den Teufel im Kopf hat" [OJ] ♦ **E:** rw. *scharbenck*, gekürzt *scharle* ‚Schultheiß', zu roi. *schero* ‚Kopf, Haupt' (WolfWR 4808, WolfWZ 3096, Klepsch 1242; SchwäbWb. V 699), womgl. Einfluss von dt. *Schar* ‚Menge' < mhd. *schar* ‚Heeresteil, Menge' (Kluge 1999: 712), *scharle* als Anführer einer *Schar*. ♦ **V:** *der schroter hot en ens doves stecka wella, weil er beim scharle a baar bommerling und en dalferling mit bane schniffa wella hot* ‚der Polizist hat ihn ins Gefängnis stecken wollen, weil er beim Bürgermeister ein paar Äpfel und ein Brot mit Fleisch stehlen wollte' [LJ]; *d'r scharle hot doch au a gwands mössle dr hoimda* ‚der Bürgermeister hat doch auch ein hübsches Mädchen zu Hause' [LJ]; *Hoimde scharle, wenn dir dei moss nowes zom achla gricht hot, no kascht deine näpfer hier kehrig schenegla losse, bis dei rande so aussieht, wia am massfetzer sei wamp* ‚Wart ab Schultes, wenn dir deine Frau nichts zum Essen gerichtet hat, dann kannst du deine Zähne hier tüchtig arbeiten lassen, bis dein Bauch so aussieht, wie dem Metzger sein Bauch' [SJ]; *Dr scharle, des ischt doch a ganz gwanter benk ond dazu dr kieseler dr massfetzer ond dr duftschaller, des sind doch gwande schwächer* ‚Der Schultes, das ist doch ein ganz netter Mensch und dazu der Maurer, der Metzger und der Lehrer, das sind fröhliche Trinker' [SJ]; *Scharle, bevor du mit deiner moss boschta willst, muscht au no flebba* ‚Schultes, bevor du mit deiner Frau gehen willst, mußt du noch bezahlen' [SJ]; *herlem im g'fahr hauret ein lenker*

schuker; buz und scharle schefftem aber dof ‚Hier im Dorf ist ein strenger Gendarm; der Polizeidiener und der Schultheiß sind aber gut' [LüJ]
scharler Subst. m. [SchJ]
– Bürgermeister [SchJ]
scharlesbenk Subst. m. [SJ]
– Bürgermeister [SJ] ♦ **V:** *Wer soll das beschulma, wer hot so gwand drat, des ischt onser scharlesbenk, des wissemer älle gwieß!* ‚Wer soll das bezahlen, wer hat soviel Geld, das ist unser Bürgermeister, das wissen wir alle gewieß!' [SJ]
scharleskitt Subst. f. [LüJ]
– Wohnung des Schultheiß [LüJ]; Rathaus [LüJ]; Haus des Bürgermeisters [LüJ]
scharlekut Subst. f. [LJ]
– Rathaus [LJ]
scharlesmoss Subst. f. [SJ]
– Frau des Bürgermeisters [SJ].

scharloddnburcher Subst. m. [HK]
– Tuch der Zimmerleute [HK] ♦ **E:** rw. *Charlottenburger* ‚Handbündel des Wanderers, nur in Zeitungspapier verschnürt', ‚Umhängetasche', volksetym. zum ON Charlottenburg, jd. *cholaz* ‚er hat den Schuh ausgezogen' (WolfWR 839). → *charlottenburger.*

schäro → *schero* ‚Kopf'.

scharren swV. [GM]
– loben [GM] ♦ **E:** roi. *šar-* ‚loben', ‚preisen', ‚rühmen' (WolfWZ 3070).

scharrer Subst. m. [KJ]
– Pflug [KJ] ♦ **E:** dt. *scharren* DWB XIV 2214 ff., evtl. in Anlehnung an frz. *charrue.*

scharscha swV. [OJ]
– davonjagen [OJ]; jagen [OJ] ♦ **E:** evtl. zu frz. *chasser.* Vgl. → *schassen.*

scharschen Subst. nur in:
scharschen gieh ‚um Erlaubnis (nachsuchen)' [EF]
♦ **E:** zu frz. *charge* ‚höherer Beamter; Bürde, Auftrag, Verpflichtung, Amt', Wolf, Fatzersprache, 115 (charge) und 133 [scharschen].
erscharrt Adj. [EF]; **erschârrt** [EF]
– erlaubt [EF].

scharteke Subst. f. [MB]
– Schachtel [MB]; heruntergekommenes, altes Weib [MB]; Sachen [MB]; Möbel [MB]; alte Kleidung [MB]
♦ **E:** westf. *scharteke* ‚geringwertige Sache, alter Plunder, Sache ohne großen Wert' (WestfWb. 989).

scharwelle [HK]
schawelle [JSa]
– Scheune [HK, JSa] ♦ **E:** zu rw. *schawane* ‚Hütte, Hirtenhaus, Laden, Bude' (WolfWR 863).

scharwenzeln swV. [MM]
– tanzen [MM]; ziellos umhergehen [MM]; herumschleichen [MM]; sich lieb Kind machen [MM]; „herumschleichen mit einem Anliegen" [MM]; „er schlackert so durch die Gegend und weiß selbst nicht, ob er 'n Männchen oder Weibchen ist" [MM]; faulenzen [MM]; herumlungern, um ein Mädchen herumstehen, um sie kennen zu lernen [MM]; schön Wetter machen [MM]; hinterhältig neugierig sein [MM] ♦ **E:** Streckform von dt. *schwänzeln* ‚schweifwedeln' (Klu. 1995: 713 s. v. *Scharwenzel*).
herumscharwenzeln swV. [MM]
– herumturteln [MM].

schäs Subst. f. [EF]
schees [SPI]
– Kutschwagen [EF]; Kutsche [SPI]; kleine Kutsche [SPI] ♦ **E:** frz. *chaise* ‚Kutsche'.

schasken swV. [MM, SS]
schassken [KMa]; **schaßken** [KMa]; **schaskenen** swV. [SS, WH]; **schaskene** [CL]; **schassgene** [LL]; **schassgenne** [Scho]; **schasgene** [CL]; **schasgenen** [Scho]; **schassgene** [CL]; **schasjene** [CL]; **schaskere** swV. [KM]; **schaskern** [FS, SS]; **schaskeln** swV. [JSa, NrJ, SE, StG]; **schaskelen** [WL]; **schaskele** [JSa]; **schasle** [JSa]
– trinken [CL, FS, JSa, KM, KMa, LL, MM, SE, SS, Scho, StG, WH, WL]; einen trinken [MM]; viel trinken [KMa]; saufen [KMa, NrJ, SE]; sich betrinken [StG]
♦ **E:** rw. *schasjenen* ‚trinken' (WolfWR 4821) < jd. *schasjenen* ‚trinken' (We 95, Avé-L. 478, MatrasJd 291, Post 240, Klepsch 1234). ♦ **V:** *Kom los mo ene schaskere!* ‚Komm, lass mal einen trinken' [KM]; *Schasker-se ene met?* ‚Trinken Sie einen mit?' [KM]; *Am liebschde schassgen ich Joli* ‚am liebsten trinke ich Wein' [CL]; *e schassket* ‚er trinkt' [KMa]
geschassket Part. Perf., Adj., Adv. [KMa]; **jeschaskert** [KM]
– getrunken [KM, KMa]
schassga Adj. [RH]
– betrunken [RH]
schassnet Adj. [PH]
– betrunken [PH]
schaskeler Subst. m. [SE]
– Trinker [SE]

schask Subst. m. [WL]
- Betrunkenheit [WL]
beschaskene swV. [CL]
- betrunken machen [CL]
beschaskelt Adj. [FS, NJ, WL]; **beschaskert** [KM, StJ]; **beschassket** [KMa]; **beschassnet** [PH]; **beschasselt** [JSa]; **beschassend** [CL]
- betrunken [CL, FS, KM, KMa, NJ, PH, StJ, WL]
verschasken swV. [MM]; **ferschaskeln** [NrJ]
- vertrinken [MM]; versaufen [NrJ] ♦ **V:** *Der Houts ferschaskelt ales, wat-e Mos herbeidaleft* ‚Der Mann vertrinkt alles, was die Frau herbeischafft'. [NrJ]
schaskelobi Subst. n. [MM]; **schaskelowi** [MM]
- Trinkgeld, Geld zum Vertrinken [MM]; Schaukelgeld [MM]; verdientes Geld [MM]
schaskermaies Subst. n. [KM]
- Trinkgeld [KM]
schaskemeier Subst. m. [MM]
- Trunkenbold [MM]
schaskemoos Subst. n. [MM]
- Geld für Getränke [MM]; Trinkgeld [MM]
schaskeltimm Subst. m. [SE]
- Trinker [SE]; Säufer [SE]
schaskelbeies Subst. n. [NJ]; **schaskelebaies** [NJ]
- Gasthaus [NJ]; Wirtschaft [NJ]
schaskerer Subst. m. [MB]; **schaskerades** [KM]; **schaskeradese** [KM]
- Trinker [KM, MB].

schasklamöne Subst. f. [MM]
schasklamaus Subst. f. [HLD]
- Sammlung von Dietrichen (Passepartout-Schlüsseln) [HLD]; Werkzeugtasche [MM]; Kaffeeflasche [MM] ♦ **E:** rw. *schasklamonis, schasklamaus* ‚Gesamtheit aller notwendigen Nachschlüssel' (WolfWR 2656), zu jd. *k'le umonus* ‚Handwerksgerät'; → *klamonet*. ♦ **V:** *dem seeger ham se den mottek ausse schasklamöne geschort* ‚dem Mann wurde der Hammer aus dem Werkzeugkasten geklaut' [MM].

schassen swV. [LJ, SJ]
schassa [OJ]
- fortjagen [LJ]; jagen [OJ, SJ]; davonjagen [OJ]; fangen [SJ] ♦ **E:** aus frz. *chasser* ‚jagen', SchwäbWb. V 707 (*schassen*).

schassgelore Subst. f. [Scho]
- Geschlechtsteil (weiblich) [Scho] ♦ **E:** unsicher; evtl. zu rw./jd. *schassklamonis* ‚Werkzeug' WolfWR 2656.

schat Subst. m. [BB]
- Tag [BB] ♦ **E:** Inversion zu mdal. *Tach* ‚Tag'.
schatim Subst. m. [BB]
- Mittag [BB] ♦ **E:** Inversion zu mdal. *Mittach* ‚Mittag'.
schatim Adv. [BB]
- mittags [BB]
schatimsierefe Subst. n. [BB]
- Mittagessen [BB].

schatnig Adj. [KP]
schannig [KP]
- ungehörig [KP]; schlecht [KP] ♦ **E:** unsicher; evtl. zu dt. *Schande* ‚Unehre, Schimpf' DWB XIV 2127 ff.

schatrillje Subst. f. [MB]
- Frauenrock [MB] ♦ **E:** wohl zu nd. *Schatt* ‚Schatz', *schatten* ‚schätzen'. *Schattebeer, -bier*: Hochzeitsbrauch, Fest der Nichtverheirateten von dem Geld für das „Freikaufen" der Braut; *Schattegeld* ‚Lösegeld, Geld zum „Freikaufen" der Braut beim Gratulieren nach der Hochzeit'.

schatuljenbrühe Subst. f. [MB]
- Kaffee [MB] ♦ **E:** dt. *Brühe* ‚Suppe'; Erstglied evtl. zu dt. *Schatulle* ‚Kästchen für Geld u. ä.' DWB XIV 2273; WolfWR 5107 stellt rw. *schatulienbrühe* ‚Kaffee' in eine Reihe anderer rw. Ausdrücke für ‚Kaffee', die alle auf jd. *schocher majim* ‚schwarzes Wasser' zurückgehen.

schauer Subst. f. [HF]
- Schulter [HF] ♦ **E:** mdal./rhein. *Schauer* ‚Schulter', RheinWb.VII Sp.1887 ff. s. v. *Schulter*.

schaufel[1] Subst. f., nur in: [WG]
eine Schaufel nachlegen ‚Schwierigkeiten machen' [WG] ♦ **E:** dt. *Schaufel* ‚Schüppe', *schaufeln* DWB XIV 2339 f., 2341.
schaufla swV. [OJ]
- viel und schnell essen [OJ].

schaufel[2] ‚schlecht' → *schofel*.

schaufert ‚Richter, Bürgermeister' → *schofert*.

schaulinge Subst. M., Pl. [HLD]
- Augen ♦ **E:** rw. *Schauling* ‚Auge' zu dt. *schauen* ‚gucken' WolfWR 4827.

schaumert Subst. m. [RH]; **schäumert** [RH]
- Seife [RH]; Bier [RH] ♦ **E:** dt. *schaum* „eine gröszere anzahl zusammenhängender, mit luft gefüllter blasen" DWB XIV 2349 ff. → *schohm, schuhm*.

schaumratte Subst. f. [StG]
– Barbier [StG]
schaumschläger Subst. m. [StG]
– Barbier [StG]
schäumlöffel Subst. m. [GM]
– Ohren [GM] ♦ **E:** rw. *löffel* ‚Ohren' (WolfWR 3260); hochdt. *Schaumlöffel* ‚großer, tiefer, meist durchlöcherter Löffel zum Abschäumen kochender Speisen' (DWB XIV 2371).

schauten, schauter ‚Narr, Kerl, Mann' → *schote*.

schauwe Adj. [MM]
schauve [MM]; **schaube** [MM]; **schower** [NJ]
– wertvoll [MM]; in Ordnung [MM]; gut [MM]; ehrlich [MM]; knapp [MM]; billig [NJ]; eng [MM] ♦ **E:** jd. *schauwe* ‚Wert' (We 96). ♦ **V:** *lau schauwe* ‚nicht in Ordnung' [MM]; *kein heib schaube* ‚kein bißchen auf Draht' [MM]; *der maschores is inne maloche lau schauwe!* ‚der Polier ist bei der Arbeit nichts wert!' [MM]; *lau schauwe seeger* ‚jemand, der nicht zuverlässig ist' [MM]; *dat is 'n schauwer seeger* ‚der Mann ist in Ordnung' [MM]; *irgend etwas zirochte da nach schonte, etwas war da lau schauwe* ‚irgend etwas roch da nach Scheiße, irgend etwas war da nicht in Ordnung' [MM]; *nobes schauwer* ‚keinen Wert – kein Zweck' [NJ]
schauwer Subst. m. [RH]
– Wert [RH]; Zweck [RH].

schawan ‚stechen, koitieren' → *schabern*.

schäwel Subst. m. [KMa]
– Hut [KMa] ♦ **E:** wohl met. zu hess. *Schauwel, Schouwel* ‚Schatten' (HessNassWb. III 110).

schawele¹ Subst. f. [MM, RH]
schaweele [MM]; **schawehle** [MM]; **chavele** [MM]
– Flasche [MM]; Pulle Bier [MM]; Kanne [MM]; Bier [MM]; Glas [MM]; Glas Bier [MM]; *für kimmel schuck kannste die schawele kindigen* ‚für 3 Mark kannst du die Flasche Schnaps kaufen' [MM]; *besch los und hol 'ne schawele schabau!* ‚geh und hole eine Flasche Schnaps!' [MM] ♦ **E:** wohl Kontamination aus rw. *schasjenen* ‚trinken' (WolfWR 4821) und roi. *walin* ‚Flasche' (WolfWZ 3623); zur Bed. ‚Mädchen': Herkunft unsicher, evtl. dt./mdal., vgl. RheinWb. VII 826 *Schawell* ‚alte, zänkische Frau'.
chavelchen Subst. n., Dim. [MM]
– Flasche [MM]
schätweling Subst. m. [LI]
– Glas [LI]

schawelenbeis Subst. m./ n. [MM]
– Getränkekiste [MM].

schawele² Subst. f. [MM]
– Mädchen [MM] ♦ **E:** dt./mdal. *Schawel, Schawelle* „für ein groszes frauenzimmer, ein ausgelassenes weib, ein unruhiges, hin und herlaufendes mädchen" DWB XIV 2380; RheinWb. VII 826 *Schawell* ‚alte, zänkische Frau'.

schawelen swV. [MM, SE]
– arbeiten [MM, SE] ♦ **E:** evtl. zu dt. *schaben* u. a. „in habgieriger, rücksichtsloser weise geld und gut zusammenraffen" DWB XIV 1949 ff.

schawelle Subst. f. [SK]
schawell [RH]; **schawele** [RH]
– Tor [SK]; Deele, Diele [SK]; Scheune [RH] ♦ **E:** zu rw. *schabolle, schabelle* ‚Scheune, Kornspeicher' (WolfWR 4773) < jd. *schibboles* ‚Kornähre' (Klepsch 1229). Vgl. → *schaffell*.

schawer ‚Barbier' → *schaben*.

schawitt Subst. f. [JSa, RH]
scharwidde [HK]; **scharwitte** [HK]; **scharwicke** [HK]; **schavitte** [HK]; **schabitte** [HK]; **tschabygge** [JeS]; **tschabiegge** [JeS]
– Ziege [HK, JeS]; Schaf [RH]; Reh [JSa] ♦ **E:** zu rw. *schabitt, schawitt* ‚Ziegenbock' (WolfWR 4772, „Etymologie ist dunkel"; SchweizId. XIV 1685); wohl zu roi. *čorváli* ‚Ziege' (WolfWZ 3516; Weiland, Hundeshagen, 318). ♦ **V:** *du ullmische scharwidde* ‚du alte Ziege' (Schimpfwort) [HK].

schb- s. → *sp-*.

schd- s. → *st-*.

sche Subst. m. [LoJ]
– Tag [LoJ] ♦ **E:** wohl zu → *schein*.

scheages, scheagis ‚Freund, Kamerad' → *schekes*.

scheam Subst. f. [LJ]
– Maske [LJ] ♦ **E:** schwäb. *scheme* ‚Maske' SchwäbWb. V 772, dt. (ant.) *Schemen* ‚Schatten, Schattenbild' DWB XIV 2536 ff.

scheanr Subst. m. [OJ]
– Kamerad [OJ] ♦ **E:** unsicher; evtl. zu rw. *schem(er)* u. a. ‚Mitgefangener, Kamerad', zu jd. *schem* ‚Name' WolfWR 4864.

schebbern, scheppern nur in:
verschebbern swV. [MM]; **verscheppern** [SG]; **verschäbere(n)** [DG]
– verkaufen [DG, MM]; heimlich verkaufen [SG] ♦ **E:** unsicher; evtl. zu dt. *schebbern* ‚keifen, schelten, räsonnieren' DWB XIV 2380; Benennungsmotiv: Marktschreier, die Ware mit Worten und Sprüchen anpreisen.

schecher ‚Bier, Rausch' → *schächer¹*.

schecherer ‚Händler' → *schachern*.

scheches ‚Kamerad' → *schekes*.

schechten ‚schlachten' → *schächten*.

scheckisch Subst. m. [WM]
– Polizist [WM] ♦ **E:** zu pfälz. *scheckig* ‚gescheckt' (PfälzWb. V 904).

scheckkarte nur in:
eiserne scheckkarte Subst. f. [WG]
– Pistole [WG] ♦ **E:** dt. *Scheck* und *Karte*. ♦ **V:** *mit der eisernen scheckkarte einkaufen gehen* ‚einen Verkäufer mit der Pistole bedrohen und berauben' [WG].

scheckl Subst. m. [Scho]
– Käse [Scho] ♦ **E:** jd. *scheggl* ‚Käse' (Klepsch 1252).

scheckum ‚ruhig!, Achtung!' → *stike*.

schedderer Subst. m. [LJ]
schederer [SchJ]
– Iltis [LJ, SchJ] ♦ **E:** rw. *schederer* ‚Iltis' (WolfWR 4834) < roi. *chotiar* ‚spucken'; womgl. zu dt. *scheiden* (Klepsch 1249), Benennungsmotiv: der Iltis sondert in der Gefahr eine übelriechende Flüssigkeit ab.

scheddrig Adj. [KP]
schetterig [KP]
– gering [KP]; schlecht [KP]; wüst [KP] ♦ **E:** zu schwäb. *schätterig* ‚was scheppert', auch ‚gering, schlecht' (SchwäbWb. V 710).

schee¹ Subst. f. [MoM]
schöh [KMa]; **schoe** [Scho]
– Stunde [KMa, MoM, Scho] ♦ **E:** rw. *scho, schee, schi* ‚Stunde, Uhr' (WolfWR 5126) < jd. *scho*, hebr. *scha'a* ‚Stunde' (We 100, Post 241, Klepsch 1356). Vgl. → *schah*. ♦ **V:** *Es die schee bal rim?* ‚Ist die Stunde bald vorüber?' [MoM]
schöhmacher Subst. m. [KMa]
– Uhr [KMa].

schee² Pers.Pron. [BB]
– ich [BB] ♦ **E:** Inversion zu mdal. *esch* ‚ich'.

scheechs ‚Bursche, Mann' → *schekes*.

scheef Subst. m. [OJ]
– Boss [OJ]; Chef [OJ] ♦ **E:** dt. *Chef*.
scheefmoss Subst. f. [OJ]
– Chefin [OJ].

scheek Subst. f. [WL]
– Nase [WL] ♦ **E:** lux. *Schäk, Scheek* ‚Schote, große Nase' (LuxWb. IV 115).

scheekse Subst. f., Pl. [HK]
scheeks [HK]
– Busen [HK]; Brüste [HK] ♦ **E:** rw. *(t)schäkern* ‚kosen', aus jd. *chek* ‚Busen, Brüste' WolfWR 4787. ♦ **V:** *das dillichen heejd jookere/granniche scheekse* ‚das Mädchen hat schöne/große Brüste' [HK]; *scheekse* ‚starke Brust', ‚strammer Busen' [HK]; *moole scheeks* ‚keine schönen Brüste' [HK].

scheel¹ Adj. [LJ]
schelu [HK]; **schalu** [HK]; **schaluuh** [LüJ]
– fad [LJ]; hinterhältig [LJ]; niederträchtig [LJ]; närrisch, verrückt [LüJ]; still [HK]; böse [HK]; böse miteinander [HK]; „sind sich böse, zwei" [HK]; „spricht nicht mehr" [HK]; „auf andere nicht gut zu sprechen" [HK]; „wenn man nicht mehr miteinander spricht" [HK] ♦ **E:** wohl zu dt. *scheel* u. a. „vom ausdrucke listiger verschlagenheit" DWB XIV 2484 ff., womgl. Einfluss von frz. *jaloux* ‚neidisch, eifersüchtig'; schwäb. *schel* ‚scheel, neidisch', „Physisch, vom schiefen Blick, womit die moralische Bedeutung schon verbunden sein kann." SchwäbWb. V 758; ThürWb. V 503: *scheel* ‚mißtrauisch, argwöhnisch'. ♦ **V:** *der macht mich noch ganz schalu* [LüJ]
schalu Subst. [LüJ]
– Durcheinander [LJ].

scheel² Subst. [KMa, OH]
– Käse [KMa, OH] ♦ **E:** Kürzung aus *Gescheel* ‚Käse', wohl zu dt. *schälen* (HessNassWb. III 111).
schmierscheel Subst. m. [KMa]
– Butter [KMa]; Kochkäse [KMa]
streichscheel Subst. m. [KMa]
– Kochkäse [KMa].

scheenz ‚Bursche, Mann' → *schekes*.

scheepchen Subst. n. [WL]
– Hut [WL]; kleiner oder harter (runder) Hut [WL]; Kappe [WL] ♦ **E:** wohl zu frz. *chapeau*, Tockert, Weimerskircher Jenisch, 36.

scheer Subst. m. [SK]
– Stuhl [SK] ♦ **E:** engl. *chair* ‚Stuhl'.

scheffen, scheften ‚arbeiten, machen, gehen, kommen, sein' u. a. → *schäffen*.

schefonim Subst. m. [StG]
– Christ [StG] ♦ **E:** Bildung zu → *schofel*. Pl. *sch(e)fëilem* ‚gemeine Person(en); Antisemit(en)' (We 100).

schegesla ‚frecher Bube' → *schekes*.

schei[1] ‚Tochter, Mädchen' → *tschai*.

schei[2] ‚Helle, Tag, Mittag, Licht, Auge' u. ä. → *schein*.

scheib Subst. f. [EF, MoM]
scheibe [EF]
– Teller [MoM]; Fenster [EF] ♦ **E:** dt. *Scheibe* „runde fläche, runder, flacher körper" DWB XIV 2385 ff. ♦ **V:** *mit dr Scheib zieh* ‚absammeln, kassieren' [EF]; *da Scheib zieh'* ‚Tellersammlung' [MoM]
scheiberen swV. [SK]
– sammeln [SK]

scheiberling Subst. m. [SK]; **schreiberling** [SK]; **scheiwerling** [HK]; **scheibling** [HK, KJ, RR]
– Tisch [SK]; Fenster [HK]; Brille [HK]; Fensterscheibe [HK]; Spiegel [HK]; Gardinen [HK]; Laib Brot [KJ]; Brotschnitte [RR]

scheiberlingsfinnichen Subst. n. [HK]
– Fernseher [HK]

scheibagleischdr Subst. m. [OJ]
– Mehlsuppe [OJ] ♦ **E:** dt. *Scheibenkleister*.

scheiche Subst. m. [BM]
– Beine [BM] ♦ **E:** schweizdt. *Scheiche* ‚Schinken, Schenkel, Bein' (SchweizId. VIII 971). ♦ **V:** *ke scheiche* ‚niemand' [BM]

scheichle swV. [BM]
– gehen [BM]

scheid Subst. m. [SJ]
– Hase [SJ] ♦ **E:** unsicher; evtl. zu dt. *Scheider* ‚Vaginator, Rammler' DWB XIV 2413.

scheie Subst. f. [SS]
schäin [SS]
– Hose [SS] ♦ **E:** wohl Kurzform von rw. *Buskeyen, Potschaie* ‚Hose' aus jd. *botte schukajim* ‚Hosen, wörtl. Häuser der Beine' WolfWR 792.

scheifen ‚Tochter, Mädchen' → *tschai*.

scheifleken Subst. Pl. [WL]
– Strümpfe [WL] ♦ **E:** zu lux. *strailleken* ‚id.', Tockert, Weimerskircher Jenisch, 36.

scheimert Subst. m. [JSa]
– Glas Bier [JSa]

scheimertchen Subst. n. Dim. [JSa]
– Bierchen [JSa] ♦ **E:** wohl zu dt. *Schaum* (*Schäumert*) DWB XIV 2349 ff.

schein Subst. m. [LüJ, PfJ, SJ, SchJ, TJ]
schei [JeS, LJ, LüJ, OJ, SJ, WJ]; **scheine** [HLD]; **schäi** [JeS]; **schien** [JeS]; **schiin** [JeS]
– Tag [JeS, LJ, LüJ, OJ, PfJ, SJ, SchJ, TJ, WJ]; Helle [OJ]; Licht [LüJ, OJ]; Sonne [JeS, OJ, TJ]; Mittag [OJ]; Lampe [OJ]; Fenster [LüJ]; Auge [HLD, JeS, LüJ, SJ]; Mond [JeS] ♦ **E:** rw. *schein* ‚Tag, Auge, Fenster, Licht' (WolfWR 4848, Klepsch 1235), zu dt. *scheinen* „leuchten, glänzen, licht ausstrahlen" DWB XIV 2441 ff.
♦ **V:** *bei schei* ‚am Tag' [OJ]; *ander schein* ‚morgen' [TJ]; *ander schei* ‚morgen' [LJ, OJ, SchJ]; *en quante schei* ‚Guten Tag' [PfJ]; *heit schein* ‚heute' [TJ]; *heit schei* ‚heute' [LJ, SchJ]; *daschei* ‚heute' [OJ]; *hoch schei* ‚Licht im Hause' [LJ]; *letzt schein* ‚gestern' [TJ]; *letzt schei* ‚gestern' [LJ, SJ, SchJ]; *letschd, nächdig schei* ‚gestern' [OJ]; *jeden schei* ‚täglich' [LüJ]; *schei und leile* ‚Tag und Nacht' [LüJ]; *es wird schei* ‚es wird Tag' [SchJ]; *schuri schei* ‚Wochentag' (wörtl. ‚Tag zum Beschaffen') [SchJ]; *patronall schein* ‚Sonntag' [TJ]; *patronall schei* ‚Sonntag' (wörtlich ‚Tag zum Beten') [SchJ]; *lowi schein* ‚Zahltag' [TJ]; *im schein* ‚in Sicht, anwesend' [KMa, OH]; *im schei sein* ‚im Kommen sein' [KMa]; *ziffer schein* ‚Zahltag' [LJ, TJ]; *ziffernschei* ‚Zahltag' [SJ]; *Des send doch gwande schure, se tscherdlen da ganza schei, drom laßed se doch oin schwächa, da lowe hendse doch* ‚Das sind doch gute Kerle, sie arbeiten den ganzen Tag, darum laßt sie doch einen trinken, denn Geld haben sie doch' [SJ]; *Herles, galma, hauret der patres ein schei im kittle wegen hamore und stenzerei* ‚Hier, Kinder, sitzt der Vater einen Tag im Arrest wegen Händel und Schlägerei' [LüJ]; *Dr benk hot da kaffer mit am härtling dupfd, das dr rötling gschepfd ischd no hotr en dr deisd ond em seine boschr aus am rande zopfd dr*

klischde hot den vermuffda schure en da kanlo gschmissa wega dem hallas, dr gomel hod droht, hoim de, sonschd machschd ama schena schei da baumelma ‚Der Mann hat den Bauer mit dem Messer gestochen, daß das Blut gelaufen ist, dann hat er ihn erschlagen und ihm sein Geld aus der Tasche genommen, der Polizist hat den schlechten Kerl ins Gefängnis geschmissen wegen dem Streit, der Amtsrichter hat gedroht, pass auf, sonst wirst du eines schönen Tages aufgehängt' [SJ]; *Dr alt benk ka nemme schurla er durmeld da ganze schei of am sitzling* ‚Der alte Mann kann nicht mehr arbeiten, er schläft den ganzen Tag auf dem Stuhl' [SJ]
scheigänger Subst. m. [LJ]
– Tagedieb [LJ]
scheimalochr Subst. m. [OJ]
– Tagedieb [OJ]
scheispringer Subst. m. [LJ]
– Tagedieb [LJ]
scheinchen, scheinchi Subst. n. [JSa]; **schainche** [CL, PH]; **scheincha** [SE]; **scheinche** [MeJ]; **scheinchen** [SE]; **scheinjer** [JSW]; **scheintja** [SE]; **schainli** Subst. n. [GM]; **scheinischer** Subst. m. [JS]; **scheicher** [CL, LL]; **scheincher** [CL, NJ, PH, SE, SS, WH]
– Auge(n) [CL, GM, JS, JSW, JSa, LL, MeJ, PH, SE]; Brille [JSa]; Fenster [CL, PH]; Lampe [CL, PH] ♦ **E:** rw. *scheincher* ‚Fenster, Lampe, Auge' (WolfWR 4849).
♦ **V:** *schirpchen hut tuft scheincha* ‚das Mädchen hat schöne Augen' [SE]; *dat schirb hat scheju scheincha* ‚Das Mädchen hat schöne Augen' [SE]; *wat runt et schirpchi grouß aus de scheincha* ‚Was schaut das Mädchen erstaunt aus den Augen' [SE]
scheinling Subst. m. [EF, Gmü, JSa, KJ, LJ, LoJ, LüJ, Mat, MM, MoJ, NJ, PfJ, SJ, SS, StG, TJ, WJ, Wo, Zi]; **scheinerling** [CL, JS, PH]; **scheiling** [HLD, LJ, LüJ, PfJ, SK]; **scheileng** [LüJ, OJ]; **scheinink** [LJ, RR, SJ, SchJ, TJ]; **schaindling** [RR]; **scheagling** [LoJ]; **scheyndjer** Subst. m. [NJ]; **schäintje** [NrJ]; **scheinlich** Subst. m. [EF]; **schyynlig** [JeS]; **schyyndlig** [JeS]; **schintlig** [JeS]; **schinlig** [JeS]; **schienlig** [JeS]; **schiinlig** [JeS]; **scheinerlek** Subst. m. [WL]; **scheinerlenk** [WL]
– Auge(n) [CL, Gmü, HLD, JeS, KJ, LJ, LoJ, LüJ, MM, Mat, MoJ, NJ, NrJ, OJ, PH, PfJ, RR, SJ, SK, SchJ, StG, TJ, WJ, WL, Wo, Zi]; Brille [JSa, PfJ]; Spiegel [EF]; Fenster [JS, PfJ, RR, SJ, SK, SS, SchJ, WH]; Tag [JeS]; Sonne [JeS]; Mond [JeS] ♦ **E:** rw. *scheinling* ‚Auge, Fenster' (WolfWR 4856). ♦ **V:** *lingge scheinling* ‚Brille', wörtl. ‚falsche Augen' [TJ]; *lengge scheileng* ‚Brille' [OJ]; *lacke scheinling* ‚Brille' [LJ, SchJ]; *lau lone!*

der zus is auf ollef scheinink ibber! ‚nichts da, das Pferd ist auf einem Auge blind' [MM]; *esch han et on et schäintje jekuuft* ‚auf das Auge geschlagen' [NrJ]; *e huurt e kwante schyynlig hüt* ‚es ist ein schöner Tag heute' [JeS]; *e spaant mat de scheinerleken* ‚er sieht scharf zu' [WL]
doppelscheinling Subst. m. [LüJ]
– Brille [LüJ]; Scheinwerfer [LüJ]
mitschein Subst. m. [PfJ]
– Mittagszeit [PfJ]; Mittagessen [PfJ]
mitscheinbutten swV. [PfJ]
– zu Mittag essen [PfJ]
mitscheinspinnen swV. [PfJ]
– zu Mittag essen [PfJ]; zu Abend essen [PfJ]
zu mitschein wickeln swV., Phras. [PfJ]
– zu Mittag essen [PfJ]
schyyne swV. [JeS]; **scheinen** [LüJ, JeS]
– Tag werden [JeS]; sehen [LüJ]
schyyndlig Adj. [JeS]
– hell [JeS].

scheitz ‚Kerl, Mann' u. ä. → *schetz*.

schéiwen swV. [WL]
– davonlaufen [WL]; fortgehen [WL]; spielen [WL] ♦ **E:** lux. *scheiwen* ‚schieben', im Sinn von *abschieben* ‚sich entfernen' (LuxWb. IV 123). Vgl. → *schieben*.
♦ **V:** *schéif swönns* ‚mach dich weg' [WL]; *ech schéiwe plätteren* ‚ich spiele Karten' [WL]; *pläite (pläate) schéiwen (scheffen)* ‚sich wegmachen, sterben' [WL].

scheiwerleken Subst. Pl. [WL]
– Ohren [WL] ♦ **E:** zu dt. *Scheibe*, lux. *Scheif*, Tockert, Weimerskircher Jenisch, 36.

scheju Adj. [SE]
– schön [SE] ♦ **E:** wohl zu dt. *schön*. ♦ **V:** *dat schirb hat scheju scheincha* ‚das Mädchen hat schöne Augen' [SE].

scheker Adj. [KMa]
– krank [KMa] ♦ **E:** unsicher; evtl. zu rw. *schäkern* ‚lügen' aus jd. *schokar* ‚er hat gelogen' WolfWR 4786; partielle Bedeutungsverwandlung.

schekes Subst. m. [SJ]
schäges [SJ]; **scheks** [HK, SK]; **schäks** [HLD]; **scheges** [SPI]; **scheiges** [SPI]; **scheechs** [HL]; **scheches** [SchJ]; **scheages** [OJ]; **scheagis** [OJ]; **schejes** [MB]; **schejer** [MB]; **scheeks** [BO, HK]; **scheegs** [HK];

scheecks [HK]; **schejchets** [Scho]; **schejgez** [Scho]; **scheenz** [NJ]
– Junge [HK, SK]; Jungmann [NJ]; junger Mann [HK]; junger Bursche [HK]; junger Herr [HK]; Sohn [HK]; Knabe [HK]; Bube [HK]; Bengel [HK]; kleiner Junge [HK]; heiratsfähiger Jüngling [HK]; Lehrling [SJ]; Bursche [HK, HL]; Mann [HK, HL, MB, NJ]; Freund [HK, MB, SJ, SPI, Scho]; Kamerad [MB, SJ, SchJ, Scho]; (hergelaufener) Kerl [MB]; Liebhaber [MB]; Kollege [MB]; Bekannter [MB]; Bräutigam [HK, MB]; Geck [HLD]; komischer Kerl [MB]; Geselle [SPI]; Arbeiter [SPI]; Bruder [HK]; Christenbursche [Scho]; „der, bei dem gesammelt wird" [HK]; „junger Mann, nicht verheiratet" [HK]; „einer, der auf Heirat geht" [HK]; „wenn ein Mädchen einen Freund hat" [HK]; eine Person [BO]; Schimpfwort für Schloßberger [SJ] ♦ **E:** rw. *scheek, schekes* u. a. ‚junger Mensch, Bursche' (WolfWR 4837). < jd. *schekez* ‚Greuel, Abscheu vor dem Unreinen, nichtjüdischer Bursche' (We 96, MatrasJd 291, Post 239, Klepsch 1257). → *schickse, schütz*. ♦ **V:** *der schejer von die schei* ‚der Freund von dem Mädchen' [MB]; *scheeks, der hussel buscht* ‚Mann, der Wachtmeister kommt' [HK]; *Schuffdig scheks, derr hussl/hussel buscht!* ‚Vorsicht, Junge, der Gendarm kommt!', ‚nimm dich in Acht, jetzt kommt die Polizei' [HK]; *den scheeks wolln se verheirasbeln* ‚den Mann wollen sie verheiraten' [HK]; *der scheeks schemmt loone* ‚der junge Mann ist nichts' [HK]; *scheekse suchen sich ne dilm* ‚junge Männer suchen sich ein Mädchen' [HK]; *Schuffd dich! Der scheeks solls loone verlinsen!* ‚Vorsichtig! Der Mann soll es nicht mitkriegen!' [HK]; *der scheeks schemmt en bißchen dillmisch* ‚der junge Mann hat se nicht alle' [HK]; *der scheeks is doch dillmisch, den ham se in kiewes gefansderd* ‚der Junge ist doch dumm, dem haben sie in den Kopf gekackt' [HK]; *scheeks, räun emol da rüber* ‚Junge, schau mal da rüber' [HK]; *strammer scheeks* ‚dicker Junge' [HK]; *jokerer scheeks* ‚hübscher Junge' [HK]; *molitschr scheeks* ‚einer, der nichts gibt' [HK]; *die scheekse ballern die dilms an* ‚die jungen Männer schwängern die Mädchen' [HK]; *der scheeks schlehnt schiwwes* ‚der Mann geht fort' [HK]; *derr scheeks kann aber mole dübbern* ‚der Bursche kann aber schlecht [koochum] sprechen' [HK]; *derr scheks kann abber grannig jaunen* ‚der Bursche kann aber gut spielen (musizieren)' [HK]; *du bisd en jookerer scheeks, heegsd relln im wigserde un seewl im weidchen* ‚du bist ein toller Bursche, hast Läuse im Bart und Scheiße in der Hose' [HK]; *Eppese, spannt mal, derr scheks flonert!* ‚Männer, guckt mal, der Junge weint!' [HK]

schegel Subst. m. [UG]
– Herr [UG]

schegesla Subst. Dim. [SJ]; **scheagesle** [OJ]
– frecher Bube [SJ]; „verächtlich für Mann, früher: Freund, Kamerad" [OJ]

boosenscheks Subst. m. [HK]
– Wirtssohn [HK]

draodscheages Subst. m. [OJ]
– Steuereintreiber [OJ]; Gemeindepfleger [OJ]; Reicher [OJ]

fiddlscheeks Subst. m. [HK]
– Geigenspieler [HK]; „junger Mann, der Geige spielt" [HK]; „ein Junger, der das Geigenspiel noch lernt" [HK]; „junger Mann, der Gitarre spielt" [HK]

hummelscheek Subst. m. [HK]; **hummlscheegs** [HK]
– jüngerer Gitarrenspieler [HK]; „Mann, der Gitarre spielt" [HK]; „die eben die Gitarre genommen haben, Schlaggitarre und so" [HK]

klingerscheeks Subst. m. [HK]
– Musiker [HK]; junger Musikant [HK]; Harfenjunge [HK]; Musikbursche [HK]; junger Bengel, der Musik macht [HK]; Junge [HK]; Bengel [HK] ♦ **V:** *'ne klingerdilm und 'n klingerscheeks hat immer gerne geschwächd* ‚ein Musikantenmädchen und ein Musiker haben immer gern getrunken' [HK]; *die klingerscheeks jaunn jooker* ‚die Musiker spielen gut' [HK].

---

schēl Num. Kard. [GM]
schel [MB]
– hundert [GM]; 100 DM [MB] ♦ **E:** roi. *šel* ‚hundert' (WolfWZ 3091).

bāschschēl Num. Kard. [GM]
– fünfzig [GM] ♦ **E: bäsch** ‚halb'.

bāschschēl und dēsch Num. Kard. [GM]
– sechzig [GM]

bāschschēl und dēschdromine Num. Kard. [GM]
– achtzig [GM]

bāschschēl und dui bisch Num. Kard. [GM]
– neunzig [GM]

jäckschēl Num. Kard. [GM]
– hundert [GM]

duischēl Num. Kard. [GM]
– zweihundert [GM]

trinschēl Num. Kard. [GM]
– dreihundert [GM]

schelengero Num. Kard. [MUJ]
– hundert [MUJ].

schela swV. [OJ]
- fragen [OJ] ♦ **E:** wohl zu dt. *schälen u. a.* „ausziehen, rupfen, prellen: jemand schälen, um sein geld bringen, mit spielen, schmausen, betrügen" DWB XIV 2064 f.
ausschela swV. [OJ]
- auseinandernehmen [OJ].

schelf Subst. f. [LJ]
- Ohr [LJ] ♦ **E:** zu schwäb. *Schälfe* ‚Schale, Schote, Rinde, bes. Ohr' (SchwäbWb. V 670). ♦ **V:** „Die Ohren werden eingestuft in *linde, gmäckelte, gwande, gfoiste* oder *übergfoiste schelfa*".

schelip Adv. [BB]
schilep [BB]
- billig [BB] ♦ **E:** Inversion zu mdal. *billesch* ‚billig'.

schello¹ Subst. m./n. [GM]
- Seil [GM]; Strick [GM]; Leine [GM] ♦ **E:** rw. *schello* ‚Seil, Strick' (WolfWR 4863), roi. *šelo* ‚Seil, Strick, Leine' (WolfWZ 3092).

schello² Subst. m. [LüJ] nur in:
dauber schello Subst. m. [LüJ]
- Nichtsnutz, Tölpel, dummer Hund, blöder Kerl [LüJ] ♦ **E:** unsicher; evtl. Variante von → *schalu* ‚närrisch, verrückt' oder zu rw. *schello, selo* ‚Gendarm' (WolfWR 4863; WolfWZ 3092). Bennennungsmotiv: Gendarm als sozialer Gegner negativ konnotiert. Vgl. → *saileker*.

schem¹ Pers.Pron. [BB]
- mich [BB] ♦ **E:** Inversion zu mdal. *mesch* ‚mich'. [BB].

schem² Subst. m. [CL]
schemm [Scho]
- Name [CL, Scho] ♦ **E:** rw. *schem* ‚Name, Ruf, Leumund' (WolfWR 4864), zu jd., hebr. *šem* ‚Name' (Klepsch 1260). Vgl. → *schöm*.

schem³ Subst. m. [HLD]
- Kamerad [HLD] ♦ **E:** zu rw. *schem(er)* ‚Mitgefangener, Kamerad' WolfWR 4864. Vgl. → *scheanr, schem²*.

schema ‚Ehefrau' → *schena*.

schemesch Subst. f. [CL, LL, Scho]
- Sonne [CL, LL, Scho] ♦ **E:** jd. *schemesch* ‚Sonne', hebr. *šemeš* (WolfWR 4866, Post 241).

schemm¹ Subst. m. [MM, NJ]
- Haus [MM]; Gasthaus [NJ] ♦ **E:** Kürzung von *kaschemme* oder zu rw. *schemen* ‚Öl, Tran', *im schumm sein* ‚betrunken sein' WolfWR 4865.

schemm² Subst. m. [JSW, MB, MM]
- Gefängnis [MM, JSW]; Zuchthaus [MM]; Knast [MB, MM]; „Strafe absitzen" [MB] ♦ **E:** → *schemmen¹*.
schemmbeis Subst. n./m. [MM]; **schembeis** [MM]; **schemmbais** [MM]; **schemmbaijes** [MB]; **schembais** [MB]; **chembaijes** [MB]
- Gefängnis, Knast [MB, MM]; Zuchthaus [MM]; Kittchen [MB] ♦ **V:** *finete im schemmbeis* ‚Gefängnisfenster' [MM]; *vor 'n schembeis hatten sie hame more* ‚sie hatten alle Angst vor dem Gefängnis' [MM]; *kippe, lampe, schemmbeis* ‚Halbe-halbe machen, Anzeige, Knast' [MM]

schemmen¹ swV. [HK, HLD, MM]; **schämen** [HK]
schenen [HK]; **schämmen** [HK]
- gehen [HK, MM]; laufen [BM, MM]; fahren [MM]; wandern [MM]; schreiten [MM]; sitzen [HLD]; absitzen [MM]; im Gefängnis sitzen [MM]; sein [HK]; da sein [HK]; zugegen sein [HK]; kommen [HK]; „wo sein" [HK]; fragen [HK]; „ich bin da" [HK]; sich befinden [HK]; haben [HK] ♦ **E:** jd. *schemmen, schewwen, scheffen* ‚sitzen' (We 96 f., Siewert, Grundlagen, 280), „in Verbindung mit *Pleite* auch: ‚gehen'"; wohl nicht zu dt. *schaffen* unter Einfluß von jd. *jaschwenen* (so WolfWR 4841, s. v. scheffften) oder zu jd. *schammes* ‚Diener' (so ThürWb. V 534). ♦ **V:** *maschores schemmt bekan* ‚der Chef kommt!' [MM]; *hennig nache tiftel schemmen* ‚schnell zur Kirche gehen' [MM]; *inne piesel schemmen* ‚in die Kneipe gehen' [MM]; *die zintis schemmten von ker zu ker und warn am mangen* ‚die Zigeuner zogen von Haus zu Haus und bettelten' [MM]; *der hegel schemmte nache maloche sofort inne firche* ‚der Mann ging nach der Arbeit sofort schlafen' [MM]; *da schemmen wir hin, da is bekan!* ‚da gehen wir hin, da ist was los!' [MM]; *wir schemmen bekanne* ‚wir gehen nach Hause' [HK]; *Schemmd der schmalgerd nich grannich? – Doch, puscht, Mutti. – Soll ich denn buschen? – Ach loone, bleib man schemmen!* ‚Ist der Arzt denn nicht gut? – Doch, es geht, Mutti. – Soll ich denn kommen? – Ach nein, bleib da!' [HK]; *Schemmd denn wer bekanne? – Loone!* ‚Ist denn jemand da? – Nein!' [HK]; *wir bleiben schemm'* ‚wir bleiben hier' [HK]; *schemmd ein jookerer schnoarz* ‚ist ein schöner Mann' [HK]; *der hussl schemmd schibbes* ‚der Polizist geht fort' [HK]; *der beeker schemmd schdiekum* ‚der Mann sagt nichts' [HK]; *der schemmd ein schdends, der beeker*

‚der Mann ist ein Zuhälter' [HK]; *schuffd dich, der beeker schemmd loone lag* ‚paß auf, der Mann ist nicht gut' [HK]; *der schdeggd gar nichts inner dufd: das schemmen jenters* ‚der gibt gar nichts in der Kirche: das sind Leute' [HK]; *der schnoarz schemmd bekahne* ‚der Freund ist da' [HK]; *der schnoarz schemmd schibbes gebuschd* ‚der Freund ist fortgegangen' [HK]; *schemmd von hunnsfinnichen* ‚ist aus Hundeshagen' [HK]; *schemmd ein grannicher klufdchen* ‚ist ein schönes Kleid' [HK]; *schemmd ein mooler eppes* ‚ist ein schlechter Kerl' [HK]; *mir schemmd so moole* ‚mir ist so schlecht' [HK]; *du schemmsd die ullmische* ‚du bist die Mutter' [HK]; *schemmen bleiben* ‚hier bleiben' [HK]; *das schemmd en granniches jent* ‚das sind bessere Leute, die was zahlen können' [HK]; *das schemmd grannich* ‚das ist sehr gut, schön' [HK]; *laß schemmen* ‚laß sein' [HK]; *der branned schemmd jooker* ‚der Kaffee ist/schmeckt gut' [HK]; *der gasserd schemmd hooch/lag/jooker/dufd* ‚der Speck ist dick/schlecht/gut/gut' [HK]; *heude bleimme schemm* ‚heute bleiben wir hier' [HK]; *wieviele schuch schemmsd de denn?* ‚wie alt bist du?' [HK]; *ich schemme in 'ner schdichelei* ‚ich arbeite in einer Näherei' [HK]; *Wer schemmsd de denn?* ‚Wer bist du?' [HK]; *Wo schemms denn her?* ‚Wo kommst du her?' [HK]

entlangschemmen swV. [MM]
– entlanggehen [MM]

herausschemmen swV. [MM]
– herausgehen [MM]

hereinschemmen swV. [MM]
– hineingehen [MM]

hinschemmen swV. [MM]
– hingehen [MM]

losschemmen swV. [MM]
– losgehen [MM]; losziehen [MM]

mitschemmen swV. [MM]
– mitgehen [MM]

vorbeischemmen swV. [MM]
– vorbeigehen [MM]

weiterschemmen swV. [MM]
– weiterziehen [MM]

schemmsteig Subst. m. [MM]
– Bürgersteig [MM]; Gehweg [MM]

lebensschemm Subst. m. [MM]
– Lebenslauf [MM]

urnenschemm Subst. m. [MM]
– Urnengang [MM].

schemmern swV. [SK]
schemmen² [SK]
– sehen [SK] ♦ **E:** wohl zu dt. *schimmern* „zur bezeichnung eines leuchtenden, meist zitternden glanzes" DWB XV 161 ff. ♦ **V:** *wat schemmert de pinkert?* ‚wie spät ist es?' [SK]; *wat schemmert de strähle?* ‚wie weit ist es noch?' [SK].

schemmi Subst. [LJ]
– Tritt in den Hintern [LJ] ♦ **E:** unsicher; evtl. zu *schemmen¹*, womgl. zu jd. *schimmusch* ‚koitieren, bedienen' (WolfWR 4799).

schena Subst. f. [SK]
schema [SK]
– Frau [SK] ♦ **E:** russ./slowak. *žena* ‚Frau, Ehefrau' Abel, Slawismen, 57.

schenäf Adv. [BB]
schinäf [BB]; **schenif** [BB]
– wenig [BB] ♦ **E:** Inversion zu mdal. *wenesch* ‚wenig'.

schenageln ‚arbeiten' u. ä. → *schinageln*.

schenasche Subst. f. [SJ]
schenasch [SJ]
– Arbeit [SJ] ♦ **E:** wohl Kurzform (mit Suffix *-age*) zu → *schenagel* (unter → *schinageln*). ♦ **V:** *Kieselerbenk i hätt a schenasch für die* ‚Maurer, ich hätte eine Arbeit für dich' [SJ].

schendr ‚Abdecker' → *schinder*.

schenegeln ‚arbeiten' → *schinageln*.

schenie Subst. n. [EF]
– Maler [EF] ♦ **E:** dt. *Genie*.

schenk Subst. f. [HF]
schink [HeF]
– Geige [HF, HeF] ♦ **E:** rw. *schink* ‚Geige' WolfWR 4923, zu dt. *Schinken* DWB XV 203 ff. Benennungsmotiv: Formähnlichkeit.

schenn Subst. m. [OH]
– Schnaps [OH] ♦ **E:** dt./engl. *Gin* ‚Wacholderschnaps' (HessNassWb. III 130).

schennen swV. [MM]
– schimpfen [MM] ♦ **E:** dt./mdal. *schänden, schännen* u. a. ‚jmd. beschämen, beschimpfen' DWB XIV 2137 ff.

schens Subst. m. [NJ]
- Verlobter [NJ] ♦ **E:** unsicher; evtl. zu rw. *Jengert* ‚Schwager' oder RN *Jens* oder rw. *Gänsscherer* ‚Bettler', vgl. Windolph, Nerother Jenisch, 66; WolfWR 1646, 2345.

schenz Subst. m. [NJ]
- Freund [NJ] ♦ **E:** rw. *scheenz, scheeks* ‚junger Mensch, Bursche' aus jd. *schekez* ‚Abscheu vor dem Unreinen: nichtjüdischer Bursche' WolfWR 4837, Windolph, Nerother Jenisch, 66.

scher¹ Subst. n. [EF]
schert [EF]; **schört** [EF]
- Hemd [EF] ♦ **E:** engl. *shirt* ‚Hemd'.

scher² Subst. nur in:
eine scher machen Phras. [WG]
- Brieftasche stehlen [WG] ♦ **E:** dt. *Schere* „übertragen auf ähnliche gegenstände; so auf die bekannten zweigespaltenen greifwerkzeuge der krebse, hummer, skorpione" DWB XIV 2566 ff.; Benennungsmotiv: Fingerstellung des Taschendiebes.

scherba Subst. f. [OJ]
scherbe [MB]
- irdener Topf [OJ]; Schnapsflasche [MB] ♦ **E:** dt./ mdal. *Scherbe* ‚Bruchstück; irdener Topf, Krug' DWB XIV 2560 ff.

monte scherbelino ON [MM]
- Coerder Müllkippe (Coerde bei Münster) ♦ **E:** roman. *monte* ‚Berg'; *-scherbelino* zu dt. *Scherbe* und ital. Suffix, vgl. auch MM → *jofelino*. ♦ **V:** *monte scherbellino* ‚Trümmerschuttberg, Müllabladeplatz', „um 1930 aufgekommene Italianisierung von *Scherbelberg*" (Kü 1987: 544).

scherbelino ali Übername [MM]
- Ali von der Müllabfuhr [MM].

scherbeln¹ swV. [MB, MM]
schermeln [MB]
- gehen [MM]; tanzen [MB, MM]; tänzelnd gehen [MM]; kommen [MM]; wanken [MM]; torkeln [MM]; stürzen [MM] ♦ **E:** dt. *scherbeln* ‚ausgelassen tanzen' (Klu. 1995: 717). ♦ **V:** *schauter scherbelte nach 'n beis hin* ‚der Mann ging nach Hause' [MM]; *auf 'n kaff scherbeln die noch jeden Sonntag inne tiftel* ‚auf dem Dorf geht man noch jeden Sonntag in die Kirche' [MM]; *bist du der sejes von die schei? laß mich mit die fut mal schermeln* ‚bist du der Kerl von der Frau? Laß mich mal mit der Frau tanzen' [MB]

hereinscherweln swV. [MM]
- hereintanzen [MM].

scherbeln² swV. in:
verscherbeln swV. [MB, MM]; **verscherfen** swV. [HK]; **verschärfen** [UG]
- verkaufen [HK, MB, MM]; handeln [MM]; unter der Hand verkaufen (unseriös) [MM]; billig verkaufen [MB]; verhökern [MB] ♦ **E:** rw. *verscherbeln* ‚verkaufen', Herleitung unsicher, evtl. zu dt. *Scherf* ‚kleinste Münze' (WolfWR 4814). ♦ **V:** *die schockfreier mußten jofel rakawelen, wenn se wat verscherbeln wollten* ‚die Kirmesleute mußten schön reden, um etwas verkaufen zu können' [MM]; *er hat ihm tinnef verscherbelt* ‚er hat ihm Ramschware verkauft' [MM].

schereschkeri Subst. [SK]
- Wohnung [SK]; Haus [SK]; Zimmer [SK] ♦ **E:** roi. *šereskeri* ‚Dachfirst' WolfWZ 3096.

scherfen → *scherbeln²*

schernei Subst. f. [SK]
schornei [SK]
- Kaffee [SK]

tschernei Subst. m. [SK]
- Kaffee [SK] ♦ **E:** tschech. *černy* ‚schwarzer (Kaffee)'.

scherneifinniche Subst. f. [SK]
- Kaffeetasse [SK].

schero Subst. m. [GM, MB, ME, MM, MUJ]
schereo [MM]; **schere** [MM]; **scherro** [MM]; **schäro** [GM]; **scharo** [JS]; **tschero** [LüJ, ME]; **tscharo** [LüJ]; **zschero** [LüJ]
- Kopf [GM, JS, LüJ, MB, ME, MM, MUJ]; Gesicht [MM]; Schädel [MM]; Schüssel [LüJ]; Hals [MM]; Hut [MM]; Haupt [GM]; Haare [ME]; Frisur [MB] ♦ **E:** rw. *sero, schero* und Varianten (WolfWR 4818), zu roi. *šero* ‚Kopf' (WolfWZ 3096, Boretzky/Igla 269). ♦ **V:** *in den schero ballern* ‚in den Kopf hämmern' [MM]; *in' n schero (kaff lowinen) burken* ‚zwanzig Bierchen hinter die Binde gießen' [MM]; *wer lau nen toften schautermann, den makeim ich den schero* ‚willst du nicht mein Bruder sein, so schlag ich dir den Schädel ein' [MM]; *dick dir von dem Chabo den Schero an!* ‚guck' dir mal den Kopf von dem Typen an' [ME]

banitschäro Subst. m. [GM]
- Kopf [GM]

scheromenglowieren swV. [MM]
- geistig arbeiten, mit dem Kopf arbeiten [MM]

scheromenglowierter Subst. m. [MM]
- Akademiker [MM]

scheronicker Subst. m. [ME]
- Kopfnuss [ME] ♦ **E:** Zweitglied zu dt. *nicken*.

scheropinne Subst. f. [MB]
– Kopfschmerz [MB].

schesemann Adv. [MB]
chäsemann [MB]; **schesema** [RH]
– betrunken [MB, RH]; „hochpromilliger Trunkenheitsgrad an der Grenze des Erträglichen, ca. 2,5–3,0 Promille" [MB] ♦ **E:** westf. *schēse, schäse* ‚betrunken, angetrunken' (WestfWb. 998). ♦ **V:** *chäsemann sein* ‚betrunken, angetrunken sein'.

schesken Subst. n. [MM]
– Schaukel [MM] ♦ **E:** zu dt. *Schäse* ‚Kutsche' DWB VII 941 f.; nd. Diminutivsuffix *-ken*.

schess Num. Kard. [MM]
chess [MM]; **ches** [MM, SS]; **aches** [LL]; **achet** [LL]
– acht [MM] ♦ **E:** jd. *chess* ‚acht' (WolfWR 6437, We 58). ♦ **V:** *mai un schess* ‚einhundertundacht' [MM].

schessblech Subst. n. [SK]
– 75 Pfennige [SK] ♦ **E:** unsicher; evtl. zu roi. *schest* ‚Groschen'.

schester Subst. n. [SK]
– 6 Pfennige [SK] ♦ **E:** unsicher; evtl. zu hebr. *šiša* Num. Kard.: 6 (vgl. Siewert, WB Viehhändlersprache, 153) oder zu tschech. *sest* ‚6'.

scheten swV. [HF, HeF]
– geben [HF, HeF]; reichen [HF] ♦ **E:** rw. *schiessen, scheten* ‚geben' zu dt. *(vor)schießen* WolfWR 4905. ♦ **V:** *De Pröttelsthuren het zinotese Gronz en Fitt geschoten* ‚Die Köchin hat deinem Kinde ein Butterbrot gegeben' [HeF].

schetprögel Subst. m. [HF]; **schetprügel** [HeF]
– Flinte [HF, HeF]; Schießprügel [HF] ♦ **E:** dt. *schießen* DWB XV 30 ff.; dt. *Prügel* „ein dicker stock (bengel, knüppel, knüttel, keule)" DWB XIII 2188 ff.
locke schetprögel Subst. m. [HF]
– Pistole [HF].

schetsum ‚Schatz, Freund, Kerl, Mann' u. ä.
→ *schetz*.

schetter Subst. m. [SK]
– Junge [SK] ♦ **E:** nd. *schieten, schetten* ‚scheißen'.

schettern swV. [SJ]
schetteren [Him, LüJ]
– lachen [Him, LüJ, SJ] ♦ **E:** rw. *schetteren* ‚lachen' (WolfWR 4881); schwäb. *schätteren* ‚scheppern, lachen' (SchwäbWb. V 710).

schetz Subst. m. [MM, MoM]
scheetz [MM]; **schäz** [SS]; **schätz** [CL, PH, SPI]; **schäätz** [CL]; **schäds** [CL]; **schaitz** [SS, WH]; **schaiz** [SPI, SS]; **schäiz** [SS]; **schäits** [SS]; **scheits** [RA, SS]; **schööts** [NrJ]; **schails** [SPI]; **schäls** [SPI]; **schäits** [KM]; **scheets** [JS]; **schetsum** Subst. m. [CL, PH]
– Herr [CL, PH, SS, WH]; Mann [JS, MM, NrJ, SPI]; Kerl [CL, MM]; junger Mann [MM, RA]; Bursche [MM, RA]; Junge [JS, SS]; Freund [CL, KM, MM]; guter Freund [MM]; Kamerad [MM]; tofter Kerl [MM]; Kumpel [CL]; Bräutigam [CL, PH]; Schatz [CL, PH]; Schönling [MM]; Meister [MoM]; Handelsmann [SPI, SS]; Sensenhändler [SS] ♦ **E:** rw. *schekez* ‚nicht-jüdischer Bursche' < jd. *schekez* ‚Abscheu vor dem Unreinen' (WolfWR 4837). ♦ **V:** *tofter schetz* ‚toller Kerl' [MM]; *roin die choie mit dem schoflen scheetz!* ‚schau dir das Mädchen mit dem häßlichen Freund an!' [MM]; *der scheetz hatte so 'ne more, dat er sich die kowe beseibelt hat* ‚der junge Mann machte sich vor Angst in die Hose' [MM]; *Rain emol hinnerkinftich, Schäätz! Schäätzje, schäff herless!* [CL]; *de scheets hät em bölt geflössert* ‚der Junge hat im Bett gepinkelt' [JS]; *wat het da der scheets für e dofte lemes an* ‚was hat der Junge/Mann da für ein schönes Hemd an' [JS]; *de scheets schäft schicker* ‚der Junge ist betrunken' [MM]

schaitzeken Subst. n., Dim. [SS, WH]
– Sohn [SS, WH]; Bursche [SS, WH]

wullenschaitz Subst. m. [SS]
– Wollwarenhändler [SS]

schetzfehle Subst. f. [MoM]
– Meistersgattin [MoM]

scheetzartig Adj. [MM]
– freundlich [MM]

schiab Subst. → *schibes*.

schiarch Adj., Adv. [WG]
– häßlich [WG] ♦ **E:** mdal. *schiëch, schiach* ‚hässlich'. ♦ **V:** *schiarcher Ziegel* ‚häßliche Frau' [WG].

schibbaules Subst. [StG]
– eine volle Tasche [StG] ♦ **E:** rw. *schibbaules* ‚Anteil' < jd. *schibboles* ‚Ähre' (WolfWR 4764). Vgl. → *schabola, schaffell, schibolet, schampolen*.

schibbchen Subst. n. [HK]
schippchen [HK]; **schüppchen** [HK]
– Geige [HK]; Fiedel [HK]; Papier zum Geldsammeln [HK]; Bierdeckel zum Geldsammeln [HK] ♦ **E:** wohl zu dt./mdal. *Schippe* ‚Schaufel', ThürWb. V 597 f. Benennungsmotiv: Formähnlichkeit.

schibbern¹ swV. [StG]
– einbrechen [StG] ♦ **E:** zu dt. *schippen* ‚fortstoßen, mit der Schippe wegschaffen' DWB XV 207. ♦ **V:** *zawwer schibbern* ‚den Hals brechen' [StG]
schibberer Subst. m. [StG]
– Einbrecher [StG].

schibbern² swV. [HK]
schiwwern [HK]
– zählen [HK]; Geld zählen [HK]; lesen [HK]; sagen [HK]; sprechen [HK]; erzählen [HK] ♦ **E:** rw. *schiefern* ‚beim Wechseln Geld stehlen', jd. *chalphan, chalphener* ‚Wechsler' (WolfWR 828). ♦ **V:** *lag schiwwern* ‚nichts sagen' [HK]; *moos schibbern* ‚Geld zählen' [HK]; *schibber mal das moos* ‚zähl mal das Geld' [HK]; *kassiewerd schibbern* ‚Brief lesen' [HK]; *hasd denn das bich schon geschiwwerd?* ‚hast du denn das Geld schon gezählt?' [HK]
verschibbern swV. [HK]; **verschiwwern** [HK]
– klar machen [HK]; erzählen [HK]; verzählen [HK]; weitererzählen [HK]; unterhalten [HK]; „ich erzähl mich was mit jemandem" [HK]; versprechen [HK]; was falsch sagen [HK]; verschreiben [HK]; verlesen [HK] ♦ **V:** *da muß ich mich verschiwwerd hoam* ‚da muß ich mich verzählt haben' (beim Geld zählen) [HK]; *der scheeks war schdiekum, die dilm hat viel verschiwwerd* ‚der junge Mann war still, das Mädchen hat viel erzählt' [HK]; *Dillichen, heegsde den ... verlins, was der verschiwwerd hat?* ‚Mädchen, hast du den ... gehört, was der erzählt hat?' [HK]
zusammenschibbern swV. [HK]
– zusammenzählen [HK].

schibbl Subst. m. [OJ]
– Kopf [OJ] ♦ **E:** schwäb. *Schübel, Schibel* ‚Klumpen, Schopf' (SchwäbWb. V 1156).

schiben ‚gehen' → *schieben*.

schibes Adv. [HK, LJ]
schibis [JeS]; **schiibes** [KM]; **schiewes** [HK, JSa, NJ]; **schibbes** [HK]; **schibbers** [HK]; **schiwwes** [HK]; **schiwwis** [HK]; **schibes** [HK]; **schiwes** [HK, PH, SE]; **schiives** [SP]; **schiebes** [JS, MeJ]; **schiewes** [KMa, SE]; **schiabes** [OJ]; **schirves** [SE]; **schirwes** [SE]; **schewes** [SE]; **scheves** [SE]; **schüübis** [JeS]; **schübis** [JeS]; **tschübis** [JeS]
– fort [HK, JS, LJ, MeJ, NJ, PH, SE]; weg [HK, JSa, JeS, KM, OJ, SE, SP]; hinaus [HK]; nicht da [HK]; abwesend [SE]; über die Grenze [HK]; nach Hause [HK, SP]; volltrunken [KM]; her [JeS]; herwärts [JeS]; schnell [JeS]; schief [JeS] ♦ **E:** rw. *schiebes* ‚fort, weg', *schiebes machen* ‚weggehen', zu dt. *schieben* WolfWR 4897, evtl. Einfluss von dt./mdal. *schiebel* ‚Riegel' DWB XIV 2666; oder zu jd. *schiwe sitzen* ‚Totenwache sitzen', zu hebr. *saebaet* ‚Aufhören, Ruhe' (Ave-L. 599, We 96/97, Post 242); gegenseitige Beeinflussung wahrscheinlich. ♦ **V:** *schiaba* ‚verschwinde' [OJ]; *mach schiabes* ‚verschwinde!' [OJ]; *puschel schiewes* ‚geh fort' [HK]; *schiewes sein* ‚kaputt sein (Liebesverhältnis)' [KMa]; *die leine buschn me schiewes* ‚heute Nacht gehen wir weg' [HK]; *wir buschen schibbes* ‚wir gehen über die Grenze' [HK]; *der schnoarz schemmd schibbes gebuschd* ‚der Freund ist fortgegangen' [HK]; *laß den beeker schibbes buschen* ‚laß den Mann fortgehen' [HK]; *die keue ist schibbes gebuschd* ‚die Frau ist fortgegangen' [HK]; *der scheeks schlehnd schiewes* ‚der Mann geht fort' [HK]; *wir schlehnen schibbes* ‚wir gehen nach Hause' [HK]; *der hussl schemmd schibbes* ‚der Polizist geht fort' [HK]; *wir rollen schibbes* ‚wir fahren weg' [HK]; *trippele schiebes* ‚gehe fort' [HK]; *Wo schemmd der P. den hin? Schemmd er denn schibbes?* ‚Wo geht der P. denn hin? Geht er fort?' [HK]; *puschd schiewes, die hussels sin bikahne!* ‚geh weg, die Gendarmen sind hier!' [HK]; *schibbes puckeln* ‚wegtragen' [HK]; *schiewes palmen* ‚wegpacken', ‚hinauswerfen' [HK]; *Scheeks, hier könn we nich penn, hier müß me schiewes buschn, sonz kriegen we noch; roadmalmische – Wanzen – oder wir kriegen muckn* ‚Junge, hier könn wir nicht schlafen, hier müß me fortgehen, sonz kriegen we noch Wanzen oder wir kriegen Läuse' [HK]; *B. schemmd schibbes geschlehnd aufs flesselfinnichen* ‚B. ist fort gegangen, zur Toilette'; [HK]; *dilm, schlehne schiebes, loone* ‚Mädchen, geh fort, nicht kaufen' [HK]
schiwerach Adv. [JS, PH]; **schiiwerach** [WL]
– fort [JS, PH]; voran [WL] ♦ **E:** wohl Kontamination von → *schibes* und → *fiwrach*. ♦ **V:** *den trappert schéift quant schiiwerach* ‚das Pferd geht gut voran' [WL]
schibes machen Phras.; **schibes buschen** Phras.; **schibes schlehnen** Phras.; **schibes rollen** Phras.
– gehen [HK]; weggehen [HK]; wegfahren [HK]; wegtragen [HK]; verschwinden [OJ]; fortgehen [HK, WL]
schiebesbosten swV. [LüJ]; **schibesboschda** [LJ]
– fliehen [LüJ]; fortgehen [LJ, LüJ] ♦ **E:** → *posten*. ♦ **V:** *Oberkünftig herles in der grandiche ruchekitt schefft ein nille. Der hauret link. Spann', da linzt er zum fenster am stenkert. Kenn, ich bost' schiebes!* ‚Oben hier in dem großen Bauernhaus ist ein geistesgestörter

Mensch. Der ist (sehr) böse. Sieh, hier schaut er zum Fenster am Stall heraus. Ja, ich geh' fort!' [LüJ]
schiwwes gehen swV., Phras. [CL]
– bankrott machen [CL]
schiewes holechen swV., Phras. [NJ]
– fliehen [NJ] ♦ **V:** *mein becht hockt schiewes* ‚Mein Geld ist weg' [NJ]
schibesketscha swV., Phras. [LJ]
– fortwerfen [LJ]; wegwerfen [LJ]
schuften schewes swV., Phras. [SE]
– weggehen [SE]; wegfahren [SE]
schiab Subst. [OJ]; **schieb** [KMa]; **schiawe** [KMa]; **schiwes** Subst. m. [KMa, LI, OH]; **schiewes** [KMa]
– Abend [KMa, LI, OJ]; Feierabend [KMa, OH, OJ]; Sonnenuntergang [OJ]
schiwesbruores Subst. n. [LI]
– Abendessen [LI]
schiebmoarende Subst. f. [KMa]
– Abendessen [KMa]
schiebschloarwe Subst. f. [KMa]
– Abendsuppe [KMa]
schiewseweckel Subst. m. [BM]
– Abendessen [BM].

schibig Adj. [BM]
– geizig [BM] ♦ **E:** schweizdt. *schibig* ‚geizig' (SchweizId. VIII 66).

schibolet Subst. n. [LJ]
– Erkennungszeichen [LJ]; Lösungswort [LJ] ♦ **E:** hebr. *schibboleth* ‚Erkennungszeichen, Losungswort', urspr. Bed. ‚Ähre', nach einer Erzählung aus der Bibel (Richter 12, 5–6). Vgl. → *schabola, schaffell, schibbaules, schampolen.*

schibus Interj. [TJ]
– in Ordnung [TJ] ♦ **E:** rw. *schibbusch* ‚Fehler' aus jd. *schibbes* ‚schlecht, gering, wertlos'; TJ semantisch antonym, vgl. Siewert, Grundlagen, 366–368.
schiebes Adj. [LüJ]; **schibbes** [LüJ]
– gering [LüJ]; wertlos [LüJ]; schlecht [LüJ].

schicht Subst. f. [LI, MoM]
schicho [HK]
– Feierabend [HK, LI, MoM]; Abend [MoM]; Schluss [HK]; aus [HK]; vorbei [HK]; „Musik ist aus" [HK]; „ruhig sein" [HK] ♦ **E:** rw. *schicht* ‚Feierabend' (WolfWR 4887), zu dt. *Schicht* ‚Ende der Arbeitszeit'. ♦ **V:** *der boos had schicho gedibberd* ‚der Wirt hat Feierabend gesagt' [HK]; *wir heejn schicho* ‚wir haben Feierabend' [HK]

schichtmijääring Subst. [MoM]
– Abendessen [MoM].

schick Subst. m. [PfJ, SJ, StG, WJ]
schigg [BM]
– Kautabak [BM, PfJ, SJ, WJ]; Tabak [StG]; ein Stück Kautabak [StG] ♦ **E:** dt. *Schick* ‚Stück Kautabak' < frz. *chique* ‚Kautabak'.
schickæ swV. [WJ]
– kauen (Kautabak) [WJ]
schickdowerich Subst. m. [PfJ]
– Kautabak [PfJ].

schicker¹ Subst. m. [MM]
– Freier eines jungen Mädchens [MM] ♦ **E:** wohl zu → *schickse.*

schicker² Adj. [CL, GM, JS, JeS, MB, MM, NJ, SK, TK]
schikker [MM]; **schicka** [MB]; **schigger** [JeS]
– angeheitert [MM]; betrunken [JS, JeS, MB, MM, SK, TK]; besoffen [MB, MM]; sturzbesoffen [MM]; angetrunken [JS, MB] ♦ **E:** rw. *schicker* ‚betrunken' (WolfWR 4888) < jd. *schikker* ‚betrunken', jd. *schickern* ‚trinken' (Avé-L. 469, We 97 f., Post 242, Klepsch 1275). ♦ **V:** *schigger sein* ‚betrunken sein' [CL, GM, NJ]; *beijer schicker* ‚volltrunken' [JS]; *de scheets schäft schicker* ‚der Junge ist betrunken' [JS]; *wenn die schicker waren, gabs immer stoof wegen die anims* ‚wenn sie betrunken waren, gab es immer Streit um die Mädchen' [MM]; *wenn der stacho nich schicker ist, is dat 'n toften seeger* ‚wenn der Mann nicht betrunken ist, kann man gut mit ihm auskommen' [MM]; *de mebische wor no beies lemm beijer schicker* ‚der Kleine war nach zwei Bier volltrunken' [JS]

pegelschicker Adj. [MM]
– volltrunken [MM]; randvoll [MM]; betrunken [MM]; sturzbesoffen [MM]; saumäßig besoffen [MM]; total besoffen [MM]; gestrichen voll [MM]
beschickert Adj. [CL, MM, NJ, PfJ]; **beschikkert** [CL]; **beschiggert** [CL]; **beschiggerd** [HK]; **beschöckert** [PfJ]
– beduselt [MM]; betrunken [HK, MM, NJ, PfJ]; besoffen [CL, HK]; leicht angetrunken [HK]; angeheitert [HK]; angetrunken [HK]; dumm [HK]; „Schwips" [HK]
pegelbeschickert Adj. [MM]
– volltrunken [MM]
schickern swV. [HLD, JS, MB, ME, MM, SJ, Scho];
schikkern [MM]; **schikern** [MM]; **schiggere** [CL];

schiggra [OJ]; **chikkern** [ME]; **schiggern** [HK]; **schikere** [JS]
– trinken, zechen [CL, HK, HLD, MB, ME, MM, OJ, Scho, SJ]; sich betrinken [HK, ME, SJ]; saufen [ME, MM]; sich besaufen [MM]; Alkohol trinken [HK, JS] ♦ **V:** *auffe maloche wird heut nich mehr geschickert* ‚während der Arbeitszeit wird heute nicht mehr getrunken' [MM]; *kommste mit inne katschemme, einen schickern?* ‚Gehst du mit in die Kneipe, einen trinken?' [MM]; *ich hatte nur kimmel lowinen geschickert* ‚ich hatte nur drei Bier getrunken' [MM]; *da war ne piesel, wo du hame bekan schickern konntest* ‚da gab es eine Kneipe, wo man sehr gut zechen konnte' [MM]; *da hatten wir dann ganz toffte geschickert* ‚da hatten wir ganz schön einen getrunken' [MM]; *lau schickern* ‚umsonst trinken' [MB]; *laß uns ne lawine schickern* ‚laß uns ein Bier trinken' [MB]; *kaum haste den jadjedi inne feme un denkst, nu kommste ans schickern, dann schallert der dich doch noch 'ne strophe* ‚kaum hast du den Schnaps in der Hand und denkst, jetzt geht's ans Trinken, da singt er noch eine Strophe' [MB]; *geschickert? du hast dicke kulpen* ‚getrunken? Du hast dicke Augen' [MB]; *er hat sich matto geschickert* ‚er hat sich kaputtgetrunken' [MB].
anschickern swV. [MM]
– antrinken [MM]
beschickern swV. [HK]
– sich (leicht) betrinken [HK]
verschickern swV. [MM]
– vertrinken, trinken [MM]; sein letztes Geld vertrinken [MM]
vollschickern swV. [MM]
– vollschütten [MM]
schicker[3] Subst. m. [JeS, LJ, PfJ, SJ, Scho]; **schigger** [JeS, Scho]; **schiggr** Subst. m. [OJ]
– Rausch [JeS, OJ, PfJ, Scho]; Schwips [LJ]; Trunkenheit [JeS]; Wirtshaus [JeS] ♦ **V:** *en grande schiggr* ‚ein riesiger Rausch' [OJ]; *en schicker haben* ‚betrunken (sein)'
schicka Subst. f. [MB]
– Trinkerin [MB]
schickaling Subst. m. [MB]
– Betrunkener [MB]; Säufer [MB]; Trinker [MB]; Trunkenbold [MB]
schickerbeis Subst. m./n. [MM]
– Gaststätte [MM]; Wirtschaft [MM]; Kneipe [MM]; Lokal [MM]
schickerbolzen Subst. m. [MM]
– Trinker [MM]

schickerdose Subst. f. [MM]
– Bierdose [MM]
schickermännerliste Subst. f. [MM]
– Zechbrüderliste [MM]
schickermann Subst. m. [MM]
– Trinker, Trinkbruder [MM]; Gewohnheitstrinker [MM]; trinkfester Kerl [MM]; Mann, der trinkt [MM]; Trunkenbold [MM]; Zechbruder [MM]; Betrunkener [MM]; „einer, der säuft" [MM]; Säufer [MM] ♦ **V:** *der schickermann fing mitten auffe strehle am schallern* ‚der Betrunken begann mitten auf der Straße zu singen' [MM]
schickermoos Subst. n. [MM]
– Geld zum Vertrinken [MM]; Geld für Getränke [MM]; Geld zum Trinken [MM]; Geld zum Saufen [MM]; „Geld zum Plattmachen" [MM]; Trinkgeld [MM]; „Geld, was der Vater in der Tasche behält, um zu trinken" [MM]
schickerkumpel Subst. m. [MM]
– Zechbruder [MM]; Trinkfreund [MM]; Trinkkumpel [MM]; Saufkumpan [MM]; Trinkkumpan [MM]; Saufbruder [MM]; „mit dem man säuft" [MM]; „Nachbar am Tresen" [MM]
schickerpfennig Subst. m. [MM]
– Taschengeld, das ein Mann von seiner Frau fürs Wirtshaus zugeteilt bekommt [MM]; niedrige Kosten [MM]; letztes Geld am Monatsende [MM]
schickerei Subst. f. [MM]
– Zechen [MM]; Trinkerei [MM] ♦ **V:** *die alsche hatte hame dicke klüsen von der ganzen schickerei* ‚die Frau hatte dicke Augen vom vielen Trinken' [MM]
quinieschickerer Subst. m. [MM]; **quinischickerer** [MM]
– Schnapstrinker [MM]; Schnapsbruder [MM]
dämmerschoppenschickerschauter Subst. m. [MM]
– Dämmerschoppentrinker [MM]
angeschiggerd Adj., Adv. [HK]
– angetrunken [HK]
beschickert Adj., Adv. [HK]
– betrunken [HK].

schickse Subst. f. [BA, CL, HLD, JS, JeS, LJ, MB, MM, SJ, SPI, SchJ, Scho]
schikse [KM, LJ, MM, PH]; **schiks** [JSa, KM]; **schicks** [LoJ, NJ, NW, SJ, WJ]; **schiggs** [JeS, OJ]; **schix** [FS, JeS, PfJ, TJ, TK, Wo, Zi]; **scheks** [JSa, RH]; **schécks** [WL]; **schückse** [LüJ]; **schüx** [LüJ]; **schixchen** Subst. n., Dim. [SS, WH]; **schikschen** [JSa]; **schiksi** [JSa, MeJ]; **schecksje** [JSW]
– Mädchen [BA, FS, JSa, KM, LJ, MeJ, MM, NJ, PH, SS, SchJ, TJ, TK, WH, WL, Wo, Zi]; Mädl [MM]; „bei den

Juden auch: nichtjüdisches Mädchen" [MM]; Mädchen anderer Glaubensrichtung [MM]; Christenmagd [SJ]; Bauernmagd [SJ]; lediges Mädchen [CL]; weibliches Wesen [MM]; Schwester [JSa]; Kind [JSW, JSa]; Frau (abwertend)[LJ, LoJ, MB, MM, SPI]; Weib (abwertend) [MB, SJ]; Frau oder Mädchen, sehr abfällig [JSa, WJ]; schlechtes Frauenzimmer [LüJ]; liederliches, schlechtes Weibsbild [NW, OJ, PfJ]; Freundin [MB, MM]; Geliebte [LüJ]; Verlobte [NJ]; Begleiterin [NJ]; Dirne [JSa, JeS, LJ]; Hure [JeS, SJ]; Straßendirne [CL]; leichtes Mädchen [Scho]; Tussi [MB]; Nutte [MB]; verkommene Frau [MB]; „Mädchen, die wurde auffe strehle geschickt, von dem Zuhälter" [MM]; abfällig für eine liederliche Frau [JS]; junge, ehrbare Frau [JeS]; Frauenperson, die mitwandert [HLD]; Judenmädchen [NW] ♦ E: rw. *schicks* ‚Mädchen, Frauenzimmer', jd. *schickzo* ‚nichtjüdisches Mädchen' (WolfWR 4837, We 96, Avé-L. 477, Post 242, Klepsch 1278). ♦ V: *schofle schickse* ‚blöde Kuh' [MM]; *die schickse schmergelte sich ein'* ‚das Mädchen lächelte' [MM]; *er muckerte, daß die schikse einen tuck auf ihn hatte* ‚er merkte, daß das Mädchen ein Auge auf ihn geworfen hatte' [MM]; *pofer boizr, pflanz en schmelzr auf dei schickse und dui boiz* ‚Armer Wirt, scheiß auf deine Frau und deine Wirtschaft' [LJ]; *da joste die kochemer, kaffer und ruminis, oltrische und kodems, stegen und schickse, im bali beinander um en jak* ‚da lagen die Gauner, Männer und Weiber, Alte und Kinder, Buben und Mädchen, im Walde beisammen um ein Feuer' [LJ]; *D'schicks hatschd mid ihram schure auf dr schtrade odr deam derech zom nägchda kaff, se weled dord a masematte heba ond dibbred deshalb blos no jenisch* ‚Das Weib geht mit ihrem Burschen auf der Landstrasse oder dem Weg zum nächsten Dorf, sie wollen dort einen Diebstahl begehen und sprechen deshalb nur noch die Kundensprache' [SJ]
schicksele Subst. n. Dim. [Scho]; **schicksel** [HLD]; **schiggseli** [JeS]; **schixele** [JeS]; **schixeli** [JeS]
– Christenmädchen [Scho]; Judenmädchen [HLD]; kleines Mädchen [JeS]
chaloschickse Subst. f. [MM]
– Bauersfrau [MM]; Bauernmädchen [MM]; Angeberin [MM]
gallachschickse Subst. f. [MUJ]
– Pfarrköchin [MUJ]
hundeschickse Subst. f. [MM]
– Hundehalterin [MM]
itakerschickse Subst. f. [MM]
– Italienerin [MM]

kontrollschickse Subst. f. [HN]
– Prostituierte, die sich regelmäßig den → *bockschein* holt, frei von Geschlechtskrankheiten und in der Regel älter und erfahrener ist [HN]
lacke schix Subst. f. [PfJ]
– Dirne [PfJ]
pfaffenschickse Subst. f. [SJ]
– Pfarrköchin [SJ]
tippelschickse Subst. f. [MM]; **dibbelschicks** [SJ]
– Hausiererin [MM]; Landstreicherin [MM]; Landfahrerin [SJ]; nichtsesshafte Frau [MM]; eine Frau, die mit Kunden wandert [SJ]; eine, die von Ort zu Ort zieht [MM]; Hure, Nutte [MM]; Mädl [MM]; Mädchen ohne Bleibe [MM]; „Bordsteinschwalbe" [MM]
wiwischickse Subst. f. [MM]
– Studentin der Wirtschaftswissenschaften [MM].

schidel Subst. [BM]
– Schatz [BM]; Geliebte [BM] ♦ E: unsicher; evtl. zu dt./österr. *Schiedel* ‚Teufel' DWB XIV 2676 oder dt. *Scheide* ‚Vagina' DWB XIV 2396 ff.
schidele swV. [BM]
– liebeln [BM].

schie ‚nein, nichts' → *tschi.*

schieben swV. [EF]
schiebn [EF]; **schiebe** [BM]; **schiben** [TK]; **schiaben** [TK]
– gehen [TK]; eilen [BM]; stehlen [EF] ♦ E: rw. *schieben* ‚sich rasch bewegen, reisen, fragwürdige Handelsgeschäfte machen' (WolfWR 4893). Vgl. → *schéiwen.*
schīber Subst. m. [MeJ]
– Penis [MeJ]
schiebung Subst. f. [StG]
– Geld oder Wäsche, die der Kunde von Hause erhält [StG].

schiebes ‚fort, weg' → *schibes.*

schiefan swV. [LoJ]
– lesen [LoJ] ♦ E: unsicher; evtl. zu obdt. *schiefern* ‚sich schuppen'.

schiege Subst. f. [JeS, TJ]
schyyge [JeS]; **schyge** [JeS]; **schiga** [JeS]; **schiige** [JeS]; **schyygeli** Subst. n. Dim. [JeS]; **schigeli** [JeS]; **schiigeli** [JeS]
– Frau [JeS, TJ]; Mädchen [JeS]; junge Frau [JeS]; Schwester [JeS]; ledige Frau [JeS]; Tochter [JeS] ♦ E: zu schweizdt. *Tschigg* ‚Mädchen (Gassensprache)' aus engl. *chick* ‚Küken' (SchweizId. XIV 1714). ♦ V: d

schyyge hät es galmeli beharcht ‚die Frau hat ein Kind bekommen' [JeS].

schielo Adj. [MM]
schīl [PH]; **schilo** [MUJ]; **schillo** [MB]; **schill** [JSW]; **quill** [JSW]
– kalt [JSW, MB, MM, MUJ, PH] ♦ **E:** roi. *schilo* ‚kalt' (WolfWZ 3108). ♦ **V:** *der seeger hat nen schiloen hacho anne plinte hängen* ‚der Kerl hat nen kalten Bauern an der Hose hängen' (*kalter Bauer* ‚Sperma' ugs.) [MM]

schillo Subst. [MB]
– Kälte [MB].

schien Subst. m. [HL]
schienem [CL]; **schinem** [CL, PH, Scho]; **schienemm** [Scho]; **schinum** [MB, SPI, SchJ]; **schienum** [JS]; **tschinum** [SPI]
– Gendarm [CL, SchJ, Scho]; Polizei [Scho]; Polizist [CL, HL, MB, PH, SPI]; Verwaltung [MB]; Regierung [MB]; Wachmann [SPI]; Kriminaler [SPI]; Marktleiter [JS] ♦ **E:** rw. *schien, schienum* ‚Schließer (Gefängnisaufseher), Schutzmann, Gendarm' aus „jd. *schin = sch*, d. h. der Anfangsbuchstabe von ‚Schließer, Schutzmann, Schandarm'" (WolfWR 4898).

schiene¹ Subst. f. [MM]
– Brille [MM] ♦ **E:** unsicher; zu rw. → *schein* ‚Tag, Auge, Fenster, Licht' (WolfWR 4848) oder zu dt. *Schiene* ‚Eisenbahnschiene'; Benennungsmotiv: Ähnlichkeit in Form und Material.

schiene² Subst. f. [MB, MM]
– 1 DM [MM]; 10 Pfennig [MB] ♦ **E:** ugs. *schiene* ‚Geld' zu dt. Schiene u. a. „dünner, schmaler streifen oder platte von metall oder holz" (Kü 1987, 709; DWB XV 15 ff.). ♦ **V:** ½ *schiene* ‚5 Pfennig' [MB].

schierek Subst. f. [BB]
– Kirche [BB] ♦ **E:** Inversion zu mdal. *Kerisch* ‚Kirche'.

schieß Subst. m. [LJ, SJ]
– Furz [LJ, SJ] ♦ **E:** mdal. Dehnform zu dt. *Schiss*, schwäb. *Schiß* ‚Exkremente, Furz' (SchwäbWb. V 860).

schiesse swV. [BM]
– stehlen [BM] ♦ **E:** schweizdt. *schiesse* ‚entwenden, stehlen' zu dt. *schießen* (SchweizId. VIII 1357).

schiesserle Subst. n. Dim. [KP]
– Flinte [KP]

schießling Subst. m. [WG]
– Revolver [WG]; Pistole [WG]

schießbud Subst. f. [WM]
– Schlagzeug [WM] ♦ **E:** pfälz. *Schießbude* ‚Schlagzeug' (PfälzWb. V 966).

schießstand Subst. m. [BA]
– Abort [BA].

schiewes ‚weg, fort' → *schibes*.

schifere swV. [BM]
– blicken [BM]; schauen [BM] ♦ **E:** wohl zu schweizdt. *schilchen, schilen* ‚schielen' (SchweizId. VIII 635).

schiff Subst. n. [WG]
– Paket, das in ein Gefängnis geschickt wird [WG] ♦ **E:** rw. *schiff* ‚Sendung an einen Häftling' zu dt. *Schiff* (WolfWR 4909).

schiffchen Subst. n. [HK, HLD, MB]
schiffche [Scho]; **schiffka** [SE]
– Freundin [MB]; Geliebte [MB]; Mädchen [HK, HLD, MB, SE]; Mädel [SE]; junges Mädchen [MB]; hübsches Mädchen [MB]; junge, weibliche Person [MB]; Frau [SE]; Nutte [MB]; Vagina [MB]; „zweideutiges Mädchen, das auf den Strich geht" [HK]; „auf der Reeperbahn" [HK]; *moole dilm* [HK]; Straßenmädchen [HK]; schlechtes Mädchen [HK]; Sexbombe [HK]; Magd [Scho] ♦ **E:** rw. *schifche, schiffchen* ‚Magd, Mädchen' zu jd. *schiphcho* ‚Magd' (WolfWR 4908).

schiffen swV. [JSa, LüJ, MB, MM, SE]
schiffe [BM]; **schiffa** [OJ]
– regnen [JSa, MM]; pinkeln [JSa, MM]; Wasser lassen [OJ, SE]; urinieren [MB]; pissen [BM]; in die Hose machen [SE]; bieseln (Wasser lassen) [LüJ] ♦ **E:** rw. *schiffen* ‚urinieren' (WolfWR 4911); „die alte Bedeutung ‚zu Schiff fahren' (noch archaisch in *sich einschiffen*) ist verdrängt worden durch eine störende neue: Von *Schiff* ‚Gefäß' stammt die studentische Bezeichnung für den Nachttopf, daher *schiffen* ‚harnen' (so seit dem 18. Jh.). Daher auch umgangsprachlich *es schifft* ‚es regnet'" (Klu. 1995: 720 f.). ♦ **V:** *schiffen gehen* ‚urinieren gehen' [MB]; *staudt geschifft* ‚in die Hose gemacht (Pipi)' [SE].

schiffl Subst. m. [EF]
schiffel [EF]
– Inspektor [EF] ♦ **E:** rw. *schippel* ‚Richter' aus roi. *čibalo* ‚Richter, Bürgermeister' (WolfWR 4926).

schiffles Subst. m. [Scho]
– wankelmütiger Mensch [Scho]; Wasserträger [Scho] ♦ **E:** zu jd. *schiffles* ‚Gemeinheit' (We 97).

schiffschaukler Subst. m. [SPI]
– Sammelbegriff für Schausteller [SPI] ♦ **E:** zu dt. *Schiffschaukel.*

schigger ‚betrunken' → *schicker².*

schiggs, schikse ‚Mädchen, Frau' u. ä. → *schickse.*

schiimelder Subst. m. [SP]
– Protestant [SP] ♦ **E:** wohl zu dt. *melden* und roi. *tschi* ‚nichts'; wohl kaum (Honnen, Geheimsprachen Rheinland, 211) „ironische Bildung zu *Schönfelderhof* (ON), einem als streng katholisch bekannten Wohnplatz bei Speicher".

schiiwerach ‚fort, voran' → *schibes.*

schilchet ‚Tisch' → *schulchet.*

schilderhans Subst. m. [StG]
– lange Nase [StG] ♦ **E:** RN *Hans* und evtl. dt. *Schild* u. a. „zur bezeichnung dreieckiger plätze" DWB XV 109 ff.

schileh Subst. n. [PfJ]
– Weste [PfJ] ♦ **E:** rw. *gilet* ‚Brust' aus frz. *gilet* ‚Weste' WolfWR 1798.

schill Subst. m./f. [GM]
– Kälte [GM]; Frost [GM]; Eis [GM]; Reif [GM]; Tau [GM]; Winter [GM]; Herbst [GM] ♦ **E:** rw. *sil* ‚Kälte', *tschiel* ‚kalt' (WolfWR 5343) < roi. *schil* ‚Kälte', *šilelo* ‚kalt' (WolfWZ 3108).

schille Adj. [GM]; **schihl** [LüJ]
– kalt [GM, LüJ]; kühl [GM]; frostig [GM]

schillen swV. [GM]
– frieren [GM] ♦ **E:** roi. *schilàwa* ‚frieren, frösteln' (WolfWZ 3108).

schilling Subst. m. [OH, RR]
– Mark [OH]; Teller [RR] ♦ **E:** dt. *Schilling* „wol durch angleichung an *schild* entstanden (...) eine münze von wechselndem wert. schilling bezeichnet zunächst das hellklingende geldstück aus gold oder silber, den solidus, im gegensatz zur kupfermünze, dem pfenning, denarius" (DWB XV 149 ff.; von Schrötter 597–602).

schilljer Subst. m. [KMa]
– Lehm [KMa] ♦ **E:** rw., WolfWR 4916 (ohne Herleitung); evtl. zu dt. *Schille* „schale von obst, kartoffeln u. dgl. (...) haut, hülse, schote, bast, rinde, muschelschale" DWB XV 146. Benennungsmotiv: Lehm als Verputz.

schimm Subst. [MM]
– Bett [MM] ♦ **E:** unsicher; evtl. zu jd. *schemmen* ‚sitzen' (We 96 f.).

schimmel Subst. m. [PfJ]
– Steinkrug [PfJ] ♦ **E:** dt. *schimmele, schimmeli,* Dim. zu *schimmel* „in Bayreuth als masz für flüssigkeiten, 1½ seidel" II 420, DWB XV 157.

schimmler Subst. m. [WG]
– Ausbruchsverdächtiger [WG] ♦ **E:** mhd. *schimeln* ‚verloren gehen' Lexer 183.

schimpfeln swV. [TK]
– spielen (bei Kindern) [TK] ♦ **E:** dt./bair. *schimpfeln* „deminutiv zu *schimpfen.* in älterer sprache (...) besonders spielen der kinder" DWB XV 174.

schin Num. Kard. [SS]
– siebzig [SS] ♦ **E:** zu jd. *sojin* ‚7', WolfWR 6437.

schinageln swV. [GM, HK, SchJ, TK]
schinacheln [PfJ]; **schinaggeln** [Scho, TK]; **schinaggla** [JeS]; **schinaggle** [Scho]; **schinagla** [LJ]; **schinagle** [JeS]; **schinagl** [PfJ]; **schinakeln** [LJ]; **schinnageln** [HK]; **schinnaggeln** [TJ]; **schinaln** [RR]; **schinägeln** [HK, MoJ]; **schinäglen** [SPI]; **schinnegle** [MeJ]; **schienäschle** [JSa]; **schienegeln** [HK, JS, StG]; **schinechln** [PfJ]; **schineegeln** [SE]; **schineejelen** [WL]; **schinegele** [NJ]; **schinêgelen** [Zi]; **schinegeln** [BA, CL, JS, NJ, PfJ, SE]; **schínegeln** [PH]; **schineggeln** [CL]; **schinegla** [LJ]; **schinegle** [JeS]; **schinegln** [JS]; **schineheln** [SJ]; **schineljen** [JSa]; **schneljen** [RH]; **schinilijen** [JS]; **schinneschele** [JS]; **schinnigle** [CL]; **schinnoageln** [HK]; **schniegele** [TK]; **schanägeln** [MM]; **schanegeln** [MM]; **scharnegeln** [MM]; **scharniegeln** [MB]; **scharnigeln** [MB]; **schenachlæ** [WJ]; **schenageln** [SJ, WJ]; **schenagel** [DG]; **schenägeln** [BO]; **schenége(n)** [KP]; **schenegeln** [SJ]; **schenegla** [OJ, SJ]; **scheneglæ** [WJ]; **schenegle** [LüJ]; **scheneglen** [LüJ]; **schenegln** [PfJ]; **scheneijelnen** [NrJ]; **schenejelen** [NJ]; **schenigelen** [Gmü, Mat]; **schenigeln** [HLD, JeS, TK]; **schenigle** [CL, PH]; **schuinigeln** [SK]; **schümgeln** [SK]; **schunegeln** [SK]; **schünegeln** [SK]; **schurnägeln** [LJ]; **schynagle** [BM]; **schýnagle** [JeS]; **schýnegle** [JeS]; **tschenegla** [SJ]; **schankeln** [RH]
– arbeiten [BA, BM, CL, DG, GM, Gmü, HK, JS, JSa, JeS, KP, LJ, LüJ, MB, MM, Mat, MoJ, NJ, NJ, NrJ, OJ, PH, PfJ, RH, RR, SE, SJ, SJ, SK, SPI, SchJ, Scho, StG, TJ, TK, WJ, WL, Zi]; erarbeiten [MM]; schwer arbeiten [Scho]; abmühen [CL]; sich quälen [Scho]; sich plagen [Scho]; schaffen [HLD]; fleißig sein [MM]; dre-

schen [PfJ]; machen [MM]; weinen [MM]; Musik machen [HK]; „Arbeit" [HK]; essen [BO] ♦ **E:** rw. *schinageln* ‚arbeiten', zu „jd. *schin* = Abkürzung von *schub-* oder *schophal* adj. schlecht, *agolo* Wagen als dem Kennzeichen der Karrensträflinge"; „die älteste Bedeutung ist ‚Bau, Festungs-, Zwangsarbeit (leisten) für den Landesherrn, für die Obrigkeit'" (WolfWR 4920; Klepsch 1285 f.). ♦ **V:** *willse auffem schock schanägeln*? *dann hasse immer 'nen paar tackens fürs kneisterbeis* ‚willst du auf dem Send arbeiten, dann hast du immer ein paar Mark fürs Kino' [MM]; *bei der maloche mußte hame schanägeln* ‚bei der Arbeit mußt du dich sehr anstrengen' [MM]; *Hoimde scharle, wenn dir dei moss nowes zom achla gricht hot, no kascht deine näpfer hier kehrig schenegla losse, bis dei rande so aussieht, wia am massfetzer sei wamp* ‚Wart ab Schultes, wenn dir deine Frau nichts zum Essen gerichtet hat, dann kannst du deine Zähne hier tüchtig arbeiten lassen, bis dein Bauch so aussieht, wie dem Metzger sein Bauch' [SJ]; *da schenagl gschdricha* ‚nicht arbeiten wollen' [OJ]; *ich schinegele nobes* ‚ich arbeite nicht' [NJ]; *mach mir bitte ein mao, ich muß zur butje, scharniegeln* ‚mach mir bitte ein Brot, ich muß zur Firma, arbeiten' [MB]
verschinnoageln swV. [HK]
– verdienen [HK] ♦ **V:** *der hat damit sein ganzes kandchen verschinnoageld* ‚der hat damit sein ganzes Haus verdient' [HK]
schinagel Subst. m., f., n. [MUJ]; **schînagel** [JeS]; **schiunaglen** [KJ]; **schinakel** [LJ]; **schienagl** [RR]; **schinaggl** [TJ]; **schinegel** [NJ]; **schineggel** [CL, PH]; **schinekel** [CL]; **schenachl** [WJ]; **schenagel** [LüJ, SJ]; **schenagl** [OJ]; **schenachel** [PfJ]; **schenachl** [PfJ]; **schinillje** [JS]; **schineejel** [WL]; **schinal** [RR]
– Arbeit [CL, JS, LJ, LüJ, MUJ, NJ, PH, PfJ, RR, SJ, SchJ, TJ, WJ, WL]; Handwerkszeug [PfJ]; meist schwere Arbeit [JeS]; Axt [KJ]; Beißerarbeiten [KJ]
schenegler Subst. m. [CL, LüJ]; **schinnigler** [CL]; **schinegler** [PfJ]; **schinaler** [RR]
– Arbeiter [CL, LüJ, PfJ, RR]; Knecht [LüJ, PfJ]
scheneglere Subst. f. [LüJ]
– Arbeiterin [LüJ]; Magd [LüJ]
schienegelei Subst. f. [HK, StG]; **schünegelei** [SK]; **schinaglerei** [SchJ]; **schinnoagelei** [HK]; **schinnegelei** [HK]; **schinägelei** [HK, MoJ]
– Arbeit [HK, MoJ, SK, SchJ, StG]; Arbeiterei [HK]; Arbeitsstelle [HK]; Arbeiten [HK]; Musikmachen [HK]; schlechte Arbeit [HK] ♦ **V:** *mein chalo schemmt auf schinägelei und kient zum schwächen eine flasche katschedi, damit wir schucker soben* ‚mein Mann geht

zur Arbeit und kauft sich zum Trinken eine Flasche Schnaps, damit wir ruhig schlafen können' [MoJ]
schinnoagelbeeker Subst. m. [HK]
– Arbeiter [HK] ♦ **E:** → *beeker*.
schinakelbenk Subst. m. [LJ]; **schinalpink** [SchJ]; **schenalpenk** [UG]
– Knecht [LJ, SchJ, UG]
schenaglsbugglr Subst. m. [OJ]
– Taglöhner [OJ]
schenaglsgoi Subst. f. [OJ]
– Magd [OJ]
schenegelflebbe Subst. f. [SJ]; **schinegelflebbe** [SJ]
– Arbeitsbescheinigung [SJ]
schenegelkitt Subst. f. [LüJ]
– Arbeiterhaus [LüJ]; Fabrik [LüJ]; Werkstatt [LüJ]; Arbeitsamt [LüJ]
schinakelmodel Subst. n. [LJ]; **schinalmodl** [SchJ]
– Magd [LJ, SchJ]
schinagglmosch Subst. f. [TJ]; **schendlmos** [UG]
– Magd [TJ, UG]
schünegelepahn Subst. m. [SK]; **schünegelpahn** [SK]
– Arbeitsherr [SK]
schienegelswinde Subst. f. [StG]
– Arbeitshaus [StG]
pegersschinagler Subst. m. [SchJ]
– Totengräber [SchJ]
schinnaachellos Adj. [HK]; **schinnagellos** [HK]
– arbeitslos [HK]; hat keine Arbeit [HK]; Arbeitsloser [HK] ♦ **V:** *der beeker war ein halbes schuch schinnagellos* ‚der Mann war ein halbes Jahr arbeitslos' [HK].

schindel Subst. f. [EF]
schendel [EF]
– Bratsche [EF]; Geige [EF]; Violine [EF] ♦ **E:** zu dt. *Schindel* „dünnes brett zum dachdecken, holzziegel. entlehnt aus gleichbedeutendem lat. *scindula*" DWB XV 187 f. Benennungsmotiv: Ähnlichkeit in Form und Material.
schindelstraafer Subst. m. [EF]; **schindelstreifer** [EF]; **schindelstrafer** [EF]; **schindlstrafer** [EF]
– Geiger [EF].

schinder[1] Subst. m. [HLD, SJ]
schendr [OJ]
– Abdecker [OJ, SJ]; Schinder [OJ]; Arzt [HLD] ♦ **E:** dt. *Schinder* ‚Abdecker, Henker' DWB XV 195 f. ♦ **V:** *boschd zom schendr! Hau bloß ab!* [OJ]
schindere swV. [JeS]
– dem Pferd die Zähne abfeilen [JeS]

rampeschinder Subst. m. [KMa]
− Tierarzt [KMa].

schinder² Subst. m. [SJ]
− minderwertiges Pferd [SJ] ♦ **E:** zu roi. *tschindo (grai)* ‚Wallach' (WolfWR 4922).

schindwall Subst. [SK]
− Abort [SK] ♦ **E:** roi. *chind(w)alo* ‚Abort' (WolfWZ 1661).

schinegeln ‚arbeiten' → *schinageln*.

schingascher Subst. m. [SK]
− Betrunkener [SK]; Chingachgook [SK] ♦ **E:** unsicher; zum PN *Chingachgook*, (aus Coopers „The last of the Mohikans"), deonomastisch für ‚Trinker' oder zu roi. *tschingerpaskero* ‚streitsüchtig' (WolfWZ 3492); gegenseitige Beeinflussung möglich.

schinigeister Subst. Pl. [KJ]
− Dienstboten [KJ]; Arbeitsleute [KJ] ♦ **E:** tautologische Bildung aus dt. *Geist* und semitisch *Dschinn* ‚unsichtbar, versteckt, verrückt', eine Art Geist, Dämon oder Schutzgottheit.

schinkel Subst. m. [PfJ]
− Steinkrug [PfJ] ♦ **E:** unsicher; evtl. zu *Schenkel* u. a. „die arme eines ankers" DWB XIV 2544 ff., Benennungsmotiv: Form eines Henkelkrugs, oder zu → *schimmel*.

schinklo Subst. m. [JS, PH]
− Schmutz [JS, PH] ♦ **E:** roi. *tšikelo* ‚schmutzig' (WolfWZ 3480).

schinlät Subst. [PH]
− Schrott [PH] ♦ **E:** zu roi. *čináva* ‚zerschneiden, zersägen'.

schinli Adj. [PH]
− kalt [PH] ♦ **E:** roi. *šil* ‚Kälte' (WolfWR 5343, WolfWZ 3108). Vgl. → *schill*.

schinnoos Subst. n. [CL]
− durchtriebenes Weibsstück [CL] ♦ **E:** mdal. (pfälz.) zu dt. *Schindaas* „meist als grobes schimpfwort in pöbelhafter rede" DWB XV 187.

schinober Subst. m. [KP]
schenober [KP]; **schnibel** [BM]
− Schnaps [KP, BM] ♦ **E:** aus Produktname *Genever* (Wacholderschnaps); aus nl. *jeneverbes*, frz. *genévrier* oder *genièvre* ‚Wacholder'.

schins Num. Kard. [KMa, OH]
− fünf [KMa, OH]

schins mal lauksen spruhn Phras. [KMa, OH]
− 50 Pfennige [KMa, OH] ♦ **E:** ital. *cinque* ‚fünf', Middelberg, Romanismen, 45.

schinsonquatter Num. Kard. [KMa, OH]
− neun [KMa, OH]

dusmalschins Num. Kard. [KMa, OH]
− zehn [KMa, OH].

schinte¹ Subst. Pl. [JeS]
− Schläge [JeS] ♦ **E:** zu schweizdt. *Schinde, Schinte* ‚Haut, Rinde', *schinde, schinte* ‚die Haut, Rinde schlagend abschälen', SchweizId. VIII 901 ff.

schinte² swV. [BM]
− etwas umsonst genießen [BM] ♦ **E:** studentensprachl. *schinden* ‚schnorren, etwas kostenlos bekommen' (SchweizId. VIII 906).

schippe Subst. f. [PfJ]
schibba [PfJ]; **schibbá** [PfJ]
− Löffel [PfJ]; Kochlöffel [PfJ] ♦ **E:** dt./mdal. *Schüppe, Schippe* ‚Spaten, Schaufel' DWB XV 206 f.

schippling¹ Subst. m. [Gmü, LüJ]
− Löffel [Gmü, LüJ] ♦ **E:** rw. *schippling* ‚Löffel' WolfWR 4928.

schippl Subst. m. [EF]
schippel [EF]
− Inspektor [EF]; Wirtschaftsinspektor [EF] ♦ **E:** dt. *schippel* ‚Kopf' (Schmähwort) DWB XV 207.

schippling² Subst. m. [LüJ]
− Rotwurst [LüJ] ♦ **E:** schwäb. *Schübling* ‚rote Knackwurst' SchäbWb. V 1185.

schirga swV. [LJ]
− Stein über das Wasser hüpfen lassen [LJ] ♦ **E:** evtl. zu schwäb. *tscherge* ‚beim Gehen mit den Füßen den Boden streifen'. SchwäbWb. II 432.

schirgen swV. [EF]
schirgn [EF]; **schirchen** [MoM]; **schirchn** [PM]
− geben [EF]; teilen des Geldes nach Konzerten [MoM]; zahlen [PM] ♦ **E:** wohl zu dt./mdal. *schirgen, schürgen* ‚schieben, etwas herüberschieben' DWB XV 207 und 2044 ff. ♦ **V:** *gäih, schau' amål, wos döi viz schirchn!* ‚Sieh' nach, was die Herrschaften zahlen wollen!' [PM]

schirgis Subst. m. [EF]
− Geber [EF] ♦ **V:** *a rachtr schirgis* ‚Geber, der reichlich gibt' [EF]

schirges Subst. m. [EF]
– männliches Geschlechtsteil [EF] ♦ **E:** vgl. auch *Schirge* „schiebende vorrichtung an der häckselmaschine" DWB XV 207.

schirp Subst. f. [HF, HeF, JeH, SE]
schierp [SE]; **schirb** [SE]; **scherp** [JeH]; **tschierp** [SP]
– Maus [HF, HeF]; Mädchen [JeH, SP] ♦ **E:** rw. *schirp* ,Maus, Mädchen' (WolfWR 4930, ohne Herleitung); wohl zu rhein. *schirpen* ,zirpen', ,von jungen Vögeln, Grillen, Mäusen' (RheinWb.VII Sp.1151). ♦ **V:** *dat schirb striemt schewes* ,das Mädchen geht weg' [SE]; *dat schirb hat scheju scheinscha* ,das Mädchen hat schöne Augen' [SE]; *de merten het en schirp in de schmerf* ,Die Katze hat eine Maus im Maul' [HeF]
schirpchen Subst. n. Dim. [SE]; **schierepchen** [SE]; **schierpchen** [SE]; **schirbchen** [SE]; **schirpchi** [SE]
– Mädchen [SE]; größeres Mädchen [SE] ♦ **V:** *schirpchen hut duft scheincha* ,das Mädchen hat schöne Augen' [SE]; *wat runt et schirpchi grouß aus de scheincha* ,was schaut das Mädchen erstaunt aus den Augen' [SE]
schirpeklemm Subst. f. [HF]
– Mausefalle [HF].

schirrfuß Subst. m. [KMa, OH]
schirrfiss Pl. [KMa]
– Schuh [KMa, OH] ♦ **E:** dt. *Fuß* und dt. *schirren* ,das Geschirr anlegen', „einen wagen schirren, ihn bespannen, zur fahrt zurecht machen" DWB XV 225 f.

schischem Num. Kard. [CL]
– neunzig [CL] ♦ **E:** hebr./jd. *tichim* ,90'; möglicherweise Verquerung (vgl. auch WolfWR 6437) mit → *schiwwem* ,siebzig', vgl. auch → *dichem*.

schiß Subst. m. [SJ]
schiss [BM]
– Angst [BM, SJ] ♦ **E:** dt./ugs. *Schiss* „angst, furcht, wobei ursprünglich an die körperliche wirkung groszer angst gedacht wird" DWB XV 227.
schißmuck Subst. m. [SJ]
– Angsthase [SJ].

schitnäm ON [BB]
– Mendig (Rheinland-Pfalz) [BB]
reboschidnäm ON [BB]
– Obermendig [BB]
redinschitnäm ON [BB]
– Niedermendig [BB]
retnuschitmäm ON [BB]
– Untermendig [BB] ♦ **E:** Inversionen der jeweiligen Ortsnamen.

schitt Adj. [LJ]
– schlecht [LJ] ♦ **E:** wohl zu dt. *Scheizs* „zur bezeichnung von etwas wertlosem, nichtigen, verächtlichen, als stärkere negation angewendet" DWB XIV 2462 f.
schittahelm Übername [LJ]
– eine bestimmte Person in Leinzell (schlechter Wilhelm) [LJ].

schittichen swV. [Mat]
schitischen [SPI]; **schittige** [SPI]
– heiraten [Mat, SPI] ♦ **E:** jd. *schiddichen* ,heiraten' (Klepsch 1264 f.), jd. *schiddech* ,Heiratsvermittlung' (We 97).
schitic Subst. [RA]
– Heirat [RA]
gschiddicht Adj., Part. Perf. [Scho]
– verheiratet [Scho].

schiwwem Num. Kard. [MM, Scho]
schifen [Scho]
– siebzig [MM, Scho] ♦ **E:** jd. *schiwwem*, hebr. *schiv'im* ,siebzig' (Schuppener 82; We 97, Post 193).

schiwwerleff Subst. n. [Scho]
– Kummer [Scho] ♦ **E:** rw. *schiwerlef* ,tiefer Herzenskummer' (WolfWR 4933), rw. *schiwe* ,Trauer, Leid, Kummer' aus jd. *schiffe* ,Trauerwoche' (Klepsch 1266f), *schiwo* ,sieben' (WolfWR 4932). „Das Wort bezeichnet die sieben Tage nach dem Tod eines nahen Verwandten [...], die die Trauernden auf einem niedrigen Schemel sitzend verbringen" Klepsch 1266; Zweitglied aus jd. *lefaje* ,Beerdigung' Klepsch 926.

schiwwes gehen ,bankrott machen' → *schibes*.

schixe, schixchen ,Mädchen, Frau' → *schickse*.

schkal Subst. [EF]
– Ball [EF] ♦ **E:** tschech. *skalovati* ,spielen, schäkern' Wolf, Fatzersprache, 135 (s.v. *skal*).

schkatlmien Subst. m. ,Bettelmann' → *skatelmien*.

schkorem Subst. [Scho]
– Verleumdung [Scho]; Lüge [Scho] ♦ **E:** jd. *schkorem* ,Lüge, Verleumdung' (We 96; WolfWR 4786 s.v. *schäkern* ,lügen').

schlaag Subst. m. [JeS]
schlag [BM]
– Zimmer [BM, JeS]; Bude [JeS]; Haustür [JeS]; Zimmertür [JeS] ♦ **E:** zu dt. *schlagen*; schweizdt. *Schlaag* ,Vorrichtung, die zufällt, zuschnappt und dadurch abschließt' (SchweizId. IX 192 f.).

schlaanseggje swV. [MoM]
– herumlungern [MoM] ♦ **E:** dt./mdal., Zusammenrückung aus *schlag ins Säckchen*, vgl. ugs. Wendung *in den Sack hauen* ‚die Arbeit aufgeben'.

schlaarpe swV. [BM]
– lungern [BM] ♦ **E:** schweizdt. *schlarpen* ‚schleppend, schwerfällig gehen' (SchweizId. IX 654), dt. *schlarfen* „beim gehen die füsze nicht recht aufheben" DWB XV 499.

schlachmondes Subst. n. [SE]
– Rübenkraut [SE] ♦ **E:** jd. *schlachmones* ‚Geschenke, die an Purim zwischen Freunden und Nachbarn ausgetauscht werden'; vgl. LuxWb. 138 *Schlagmundes* ‚Melasse'.

schlacko Subst. m. [MB]
– unfertiger Jüngling [MB] ♦ **E:** wohl zu jd. *schlack* ‚träger, zu nichts tauglicher Mensch, Tölpel, Pechvogel' WolfWJ 170; mhd. *slach* ‚schlaff, welk'; evtl. Einfluss von ugs. *Schlacks* ‚jugendlicher, dünner Mensch mit langen Armen und Beinen'.

schlag Subst. m. [OJ, StG]
– Stunde [OJ]; Diebstahl [StG] ♦ **E:** direkt zu dt. *schlagen* bzw. indirekt über rw. *einen Schlag tun* ‚Diebstahl begehen' und rw. *schlager* ‚Gauner, der sich jederzeit Geld zu beschaffen weiß' WolfWR 4937, 4938.
beisschlag m. [StG]
– Hausdiebstahl [StG]
schläger Subst. m. [HF]; **schleäger** [HF]
– eine Person, die laut und ununterbrochen redet [HF]
schlaglerei Subst. f. [WG]
– Betrug beim Geldwechsel [WG]
schlagnierentruch Subst. f. [SJ]
– Bett [SJ] ♦ **E:** schwäb. *Truche* ‚Truhe', also: ‚Truhe, die auf die Nieren schlägt'.
anschlagen swV. [WG]
– betrügen [WG]; beim Geldwechsel betrügen [WG].

schlaggel Subst. m. [PfJ]
– Hase [PfJ] ♦ **E:** wohl zu dt. *schlack* ‚schlaff', DWB XV 254; Benennungsmotiv: angelegte, hängende Ohren.

schlaiker Subst. m. [MeT]
schlaier [MeT]; **slaiker** [MeT]
– Jude [MeT] ♦ **E:** mnd. *slīken* ‚schleichen', wohl diskriminierend zu dt. *Schleicher* „von einem kaufmann ohne kühnen speculationsgeist, der keine groszen unternehmungen wagt" DWB XV 572.

schlamasel Subst. m./n. [CL, MM, OJ]
schlamassel [CL, HLD, LJ, MM, PH, SJ, SS, Scho, StG]; **schlamassl** [Scho]; **schlemassel** [StG]; **schlamastik** Subst. f. [NW]
– Ärger [MM]; Unglück [CL, HLD, LJ, MM, OJ, PH, SJ, SS, Scho, StG]; Unheil [NW]; Pech [HLD, MM, NW, SJ, Scho]; Dreck [MM]; Durcheinander, Chaos [MM]; misslungener Diebstahl [SJ]; unangenehme Lage [OJ]; Verlegenheit [NW] ♦ **E:** Deutungskonkurrenzen; rw. *schlamasse(l)* ‚Unglück', kontaminiert aus dt. *schlimm* und jd. *masol, massel* ‚Gestirn, Glücksstern, Glück' oder jd. *mosser* ‚Verräter' (WolfWR 4940); oder aus hebr. *šä-lō-masāl* ‚was nicht/kein Glück (ist)' (We 98, Post 243, Klepsch 1291).
schlamasseltag Subst. m. [MM]; **schlammaslda** [OJ]
– Unglückstag [MM, OJ]
stueck schlamassel Subst. n., Phras. [Scho]
– Pechvogel [Scho].

schlambats Subst. m. in:
schlambats korel Phras. [SE]
– Polizei [SE] ♦ **E:** wohl zu rw. *schlamasse* ‚Polizist' (WolfWR 4940), vgl. → *schlamasel*; *korel* evtl. zu dt. *Kerl*.

schlämpitauer Subst. m. [BM]
– Emmentaler Käse [BM] ♦ **E:** zu schweizdt. *Schlämpi* ‚Haut auf der Milch, Schlempe' (SchweizId. IX 563).

schlande Subst. f. [DG, LJ]
– Kaffee [DG, LJ] ♦ **E:** unsicher; evtl. Weiterbildung zu dt. *schlamm* ‚weicher, nasser bodensatz' DWB XV 428 ff.; kaum zu *schlorum* ‚Kaffee' WolfWR 4975. ♦ **V:** *die schlande schwöcht gwand* ‚der Kaffee schmeckt gut' [LJ].

schlange Subst. f. [StG]
schlang [Him, LüJ, Mat, OJ, Wo]
– Uhrkette [Him, Mat, StG, Wo]; Kette [Him, LüJ, Mat, OJ, Wo] ♦ **E:** rw.*schlange* ‚Uhrkette' zu dt. *Schlange* WolfWR 4943.
zwiebelschlengle Subst. n. Dim. [OJ]
– Uhrenkette [OJ] ♦ **E:** rw. *zwiebel* ‚Uhr' WolfWR 6428.

schlangafangr Subst. m. [OJ]
– gewöhnlicher Gauner [OJ] ♦ **E:** dt. *fangen*; rw. auch *schlangengreifer* ‚Gauner' WolfWR 4944.

schlanggure Subst. m. [OJ]
schlangganggahlr [OJ]
– großer, lässiger Mensch [OJ] ♦ **E:** schwäb./alem. *Schlankuri* ‚Nichtsnutz' (BadWb. IV 586), *Schlankankeler, Schlankeler* ‚langer unbeholfener Mensch' (SchwäbWb. V 893).

schlank Subst. [EF]
släng [EF]; **schlänklein** Subst. n., Dim. [EF];
schlankl [EF]; **schlangl** [EF]
– Bierglas [EF]; Glas [EF] ♦ **E:** roi. *šklanka* ‚Becher, Glas', poln. *sklanka* ‚id.' Wolf, Fatzersprache, 133, evtl. mit Einfluss von dt. *schlenke* f. u. a. ‚Vertiefung, Rinne' DWB XV 643.

schlanz Subst. f. [EF]
– Gasthaus [EF]; Zimmer [EF]; Stube [EF]. ♦ **E:** → *stanz¹*.

schlapp Adj. [StG]
– kränklich [StG]; wenig [StG] ♦ **E:** dt./nd. *schlapp* ‚träge, schlaff' DWB XV 481 ff.

schlapper Subst. f./m. [SS, WH]
– Zunge [SS, WH] ♦ **E:** rw. *schlappen* ‚begierig trinken, mit dem Löffel nehmen' WolfWR 4945, zu nd./nl. *slabben* ‚geräuschvoll saufen und fressen', ugs. *schlappern* ‚gierig essen, schlürfen' Kü 716.

schlapperdelle Subst. f. [MB]
– Ohrfeige [MB] ♦ **E:** rw.*dellen* ‚schlagen' aus roi. *de-/dela* ‚schlagen, hauen'; dt. *Schlapper* „alter, niedergetretener, als pantoffel gebrauchter schuh" DWB XV 488.

schlarm Subst. m. [SK]
– Hausschuhe [SK] ♦ **E:** rhein. *Schlarwen* ‚Pantoffel' (RheinWb. VII 1253). ♦ **V:** *en smaschen schlarm* ‚ein warmer, angenehm zu tragender Hausschuh'.

schlarre Subst. f. [EF]
schlarr [EF]; **schlârr** [EF]
– Harfe [EF] ♦ **E:** metathetisch zu dt. *schallern* ‚singen, musizieren' DWB XIV 2095, Wolf, Fatzersprache, 132 f. [Schaller, Schlarre].

schlarwer Subst. m. [LI]
schloarwer [KMa]
– Suppe [KMa, LI] ♦ **E:** rw. *schloarwer* ‚Suppe' WolfWR 4973, zu dt./mdal. *schlürfen*.

schlawwerjux Subst. m. [KMa]
– Krautstampes, Kartoffelbrei mit Sauerkraut [KMa] ♦ **E:** hess. *Schlabberjucks* ‚Kartoffelbrei mit Sauerkraut gemischt' (HessNassWb. III 183).

schiebschloarwe Subst. f. [KMa]
– Abendsuppe [KMa]
meckschlorwe Subst. f. [KMa]; **meckschloarwe** [KMa]; **meckschlarwer** Subst. m. [KMa]
– Mittagessen [KMa]; Mittagsuppe [KMa] ♦ **E:** → *meck²*.

schlasina swV. [LJ]
– schlafen [LJ] ♦ **E:** Umbildung von dt. *schlafen*.

schlatte Subst. f. [SK]
slatte [SK]; **slatle** [SK]
– 2 Mark [SK] ♦ **E:** unsicher; evtl. zu nd. *s(ch)latt* ‚kleiner Rest, Neige, Niederung'; geringe Summe.

schlatten Subst. Pl. [Scho]
– Salat [Scho] ♦ **E:** mdal. Bildung zu dt. *Salat*.

schlauch Subst. m. in:
den schlauch haben Phras.
– jemandem davonlaufen [WG]; das Nachsehen haben [WG]; reingelegt worden sein [WG]; ausgeschlossen werden [WG] ♦ **E:** dt. *Schlauch* „länglicher behälter von biegsamen, wasserdichtem stoffe" DWB XV 505 ff. ♦ **V:** *die heh hat den schlauch, weil die hackn gut gegangen ist* ‚die Polizei hat das Nachsehen, weil das Verbrechen unbemerkt durchgeführt wurde' [WG]

schläuch Subst. [WG]
– Gebiß [WG]

schläuche Subst. Pl. [WG]
– Beine [WG]; nur in: *die Schläuche verdrehen* ‚einem unsympathischen Menschen (auf der Straße) ausweichen' [WG].

schlaumes Subst. m. [NJ, SE]
schlomes [JS]; **schaumes** [SE]
– Kaffee [JS, NJ, SE] ♦ **E:** Kontraktion zu jd. *schochermajem, schockelemajem* und Varianten We 100; Siewert, Grundlagen, 292 f. ♦ **V:** *kiebesje schlomes* ‚Tasse Kaffee' [JS]; *quandt dofte schlomes* ‚sehr guter Kaffee' [JS]; *tschie dofte schlomes* ‚Kaffeersatz; zu dünn aufgebrühter Kaffee; der Kaffee (das Pulver) ist schlecht' [JS].

schlaunen swV. [LJ, LüJ]
schlauna [LJ]; **schlaune** [PH]; **schlaume** [PH]
– schlafen [LJ, LüJ, PH] ♦ **E:** rw. *schlaunen* zu dt. *schlummern*, mhd. *schlummen*, (WolfWR 4982, SchwäbWb. V 906). ♦ **V:** *moss/tschubel, laß mich schlauna bei dir, ich batronall dafür* ‚Mädchen, laß mich bei dir schlafen, ich bete dafür' [LJ]; *So, galme, dibert die mamere, ist schnall und bolle' buttet und*

gleis geschwächt? Kenn, mamele! – Dann bostet in sauft und schlaunet! ,So, Kinder, sagt die Mutter, ist die Suppe und die Kartoffeln gegessen und die Milch getrunken? Ja, Mutter!- Dann geht ins Bett und schlaft!' [LüJ].

schlausmen Subst. N., Sprachname [SS]
– Sprache der sauerländischen Sensenhändler [SS] ♦ **E:** zu jd. PN *schlomo, schlaume* ,Salomon' (WolfWR 4947, Jütte, Schlausmen, 165; Siewert, Geheimsprachen in Westfalen, III); jd. *schlomo* oft appellativisch in der Bedeutung ,Jude'; vgl. auch RheinWb. VII 1271 *Schlaumen* ,Jude'. ♦ **V:** *schlausmen dibbern* ,jüdisch sprechen' [SS].

schlawenzeln swV. [MM]
schlawenzla [LJ]
– tanzen [MM]; umherschlingeln [LJ] ♦ **E:** Streckform von dt. *schwänzeln* ,schwanzwedeln' (Klu. 1995: 713 s. v. *Scharwenzel;* SchwäbWb. V 708); evtl. Einfluss von → *schlawiner*.

schlawiner Subst. m. [GM]
schlawiener [Scho]
– Lausbube [GM]; pfiffiger Kerl [GM]; durchtriebenes Früchtchen [GM]; Schlitzohr [Scho] ♦ **E:** dt. *Schlawiner* ,listiger, pfiffiger Mann', aus *Slowene* oder *Slawonier* (Kü 283, Klepsch 1293).

schlaz Subst. [TJ]
schluz [TJ]; **schlûz** [TK]
– Seife [TJ, TK] ♦ **E:** dt./mdal. *schlatz, schlutz* ,Schleim, schlüpfrige Masse' DWB XV 501.

schleck Subst. f. [JSa]
schleckem [CL]; **schleggem** [CL, LL, PH]; **schlegem** [CL]
– Uhr [CL, LL, PH] ♦ **E:** rw., zu dt. *schlagen* (WolfWR 4949).

schleggem ,Uhr' s. → *schleck*.

schlegk Subst. f. [JS]
– Tasche [JS] ♦ **E:** evtl. zu schweizdt. *Verschlag* ,Kiste, Behältnis' SchweizId IX 229. ♦ **V:** *tschei schupp mi ens beies schuck us de schlegk* ,Frau, gib mir mal zwei Mark aus der Tasche' [JS].

schleglig Subst. m. [JeS]
– Amboss [JeS] ♦ **E:** Abl. auf *-ling* zu schweizdt. *Schlaag,* Pl. *Schleeg* ,Schlag'.

schlehnen swV. [HK]
schlenen [HK]; **schlehn** [HK]
– gehen [HK]; kommen [HK]; fortgehen [HK]; vorwärtsgehen [HK] ♦ **E:** unsicher; evtl. zu dt. *schlendern(n), schlender* DWB XV 628 f.; so auchThürWb. V 668 mit Verweis auf SchwäbWb V 948 *schlodern,* WolfWR 4976 *schlösen* ,gehen'. ♦ **V:** *der kliester buscht (oder) schlehnt* ,der Polizist geht (oder) kommt' [HK]; *in die dufd schlehnen* ,in die Kirche gehen' [HK]; *wir schlehnen jetzt fockern in die winde* ,wir gehen jetzt in das Haus betteln' [HK]; *bekahne schlehn* ,nach Hause kommen' [HK]; *der schallerd schlehnd inne schallerkitte* ,der Lehrer geht in die Schule' [HK]; *der scheeks schlehnd schiwwes* ,der Mann geht fort' [HK]; *wir schemmen bekane geschlehnd* ,wir sind nach Hause gegangen' [HK]; *schlehne mal hin un hol den brannowes* ,geh mal hin und hol dene' [HK]; *Schuffig, derr eppes schlent!* ,Vorsicht, der Mann kommt!' [HK]; *Uns schlehnt es ganz mole hier* ,Uns geht es sehr schlecht hier' [HK]; aus einer Postkarte, die eine in der DDR lebende Mutter 1961 an ihre Tochter im Westen geschickt hat, mit einem in den Text integrierten geheimsprachlichen Satz zur damaligen Lage in Ostdeutschland.

fortschlehnen swV. [HK]
– fortgehen [HK]

losschlehnen swV. [HK]
– losgehen [HK]

schibbersschlehnen swV. [HK]
– fortgehen [HK]; gehen [HK].

schlei Subst. [KMa]
– Salat [KMa] ♦ **E:** rw., WolfWR 4957 (ohne Herleitung); evtl. met. zu dt. *Schleier* DWB XV 576 f., HessNassWb. III 220.

schleichen swV.
– (heimlich) davongehen [OJ] ♦ **E:** dt. *schleichen* „gleiten, sich leise und dicht über eine fläche hinbewegen" DWB XV 561 ff. ♦ **V:** *schleich de! ,hau ab!'* [OJ]

schleich Subst. Pl. [KJ]
– Schuhe [KJ]

schleichmann Subst. m. in:
den schleichmann machen Phras.
– leise verschwinden [HN].

schleien Subst. [EF]
schlieten [EF]
– Butterbrot [EF] ♦ **E:** unsicher; evtl. zu dt. *schlief* ,unausgebackene masse, kloszartige stelle im brode', *schliff brod,* panis aquaticus DWB XV 680.

schleifbria Subst. f. [OJ]
– Gericht aus Milch, Wasser und Salz, „sieht aus wie das milchige Wasser des Scherenschleifers" [OJ] ♦ **E:** dt. *schleifen* u. a. ‚polieren, glätten' DWB XV 590 ff., mdal. *Schleifbrühe*, dt. *Brühe*.

schleifstein Subst. m. [PfJ, SJ]
– Kuchen [PfJ, SJ] ♦ **E:** SchwäbWb. V 926/927 *Schleifstein* ‚Butterkuchen, dicker Kuchen'.

schleifer[1] Subst. m. [MB]
– Fahrrad [MB] ♦ **E:** Benennungsmotiv: pedalangetriebener Schleifstein.

schleifer[2] Subst. m. [MB]
– Peiniger [MB] ♦ **E:** ugs. *Schleifer* ‚strenger, schikanöser Soldatenausbilder' Kü 718.

schlemihl Subst. m. [StG]
schlemil [PfJ]; **schlemiel** [Scho]; **schleimi** [MB]
– Verräter [StG]; Schuft [StG]; jmd., mit dem man nichts anfangen kann [MB]; falscher Kamerad [PfJ]; ungeschickte Person [Scho]; Pechvogel [Scho] ♦ **E:** rw. *schlemiel* ‚Unglücksmensch, Pechvogel' (WolfWR 4958) < jd. *schlemil* ‚Pechvogel, Taugenichts' < hebr.*schä-lô-mô'il* ‚der nichts taugt' (Avé-L. 470, We 98, Post 243, Klepsch 1294); dt. *Schlemihl*, veraltet für ‚Pechvogel'. „Das Wort ist die jiddische Entsprechung des biblischen *Shelumiel* (*Numeri* 1,6), der [...] gegen das Gebot Gottes mit der Midianitin Kosbi verkehrte und deshalb von dem Zeloten Pinehas erstochen wurde" (Klu. 1999: 726).

schlemil Adj. [PfJ]; **schlemielig** Adj. [Scho]
– schlau [PfJ]; „gut ins Gesicht" [PfJ]; falsch „hintenrum" [PfJ]; dumm [Scho]; ungeschickt [Scho]

schlemieligkeit Subst. f. [Scho]
– Ungeschick [Scho].

schlendrian Subst. m. [KJ]
– Tasche [KJ] ♦ **E:** dt./ugs., zu *schlendern* ‚nachlässig, gemächlich gehen' DWB XV 629 ff.; in der Bedeutung ‚nachlässiger Kerl' aus *schlendern* und dem PN *Jan (Johann)* oder *Jahn* ‚Arbeitsgang', Klu. 2011, 810; zur Bedeutung ‚Tasche' vgl. ugs. *Schlamper* ‚Etui'.

schleng, schlenke ‚Wurst' → *schlinge*.

schlepper Subst. m. [WG]
– jmd., der Fremde zum Spiel animiert [WG]; Schlepper zum Spiel [StG] ♦ **E:** rw. *schleppen* ‚den Gaunern Opfer zuführen', *schlepper* ‚Zutreiber, Anreißer', evtl. aus jd. *scholew* (WolfWR 4960), oder zu oder mit Einfluss von dt. *schleppen* ‚mühsam schwere Lasten fortbewegen' DWB XV 642 ff.

schleppen swV. [StG]
– holen (von der Bahn) [StG].

schlesinger Subst. m. [LoJ]
– Hase [LoJ] ♦ **E:** unsicher; evtl. zu dt. *Schlesinger* fachsprl. Fleischereihandwerk: Schlesinger-Knochen, Schulterblattfortsatz des Kalbes; Benennungsmotiv: Ähnlichkeit mit den Löffeln von Hasen.

schleße swV. [BM]
– werfen [BM] ♦ **E:** unklar; evtl.verderbt zu schweizdt. *schiesse*[n].

schleufendeckel Subst. m. [JS]
– Fünfmarkstück [JS] ♦ **E:** rw. *schleusendeckel* ‚Fünfmarkstück', schleufen- wohl Verschreibung aus der Fraktur. „Der Ausdruck wird nur volksetymologische Eindeutschung sein „wegen der Größe" der Münze. Bei Beziehung der Bezeichnung auf den ja älteren Taler kann Ableitung erwogen werden von jd. *schloschim* ‚dreißig' und *tag* ‚Groschen'." WolfWR 4962.

schlezereispädeli Subst. n. [BM]
– Lebensmittelladen [BM] ♦ **E:** Erstglied wohl zu schweizdt. *schlötzle* ‚mit Behagen verzehren' (SchweizId. IX 818).

schliach Subst. m. [Scho]
schliech [RA, Scho]; **schlieches** Subst. m. [SPI]; **schliechem** Pl. [Scho]
– (Handels-)Knecht [RA, SPI, SS, WH]; Faktotum [Scho]; Bote [Scho]; Vertreiber [Scho]; ein kleiner Mensch [Scho] ♦ **E:** rw. *schliach* < jd. *sch(e)liach* ‚Bote' (WolfWR 4963, We 98, Post 243, Klepsch 1297).

schlickes Subst. m. [SS, WH]
– Knecht [SS, WH] ♦ **E:** rw. *schlickes* ‚Knecht' (WolfWR 4963).

leileschlickes Subst. m. [SS, WH]
– Nachtwächter [SS, WH]

schlickenfänger Subst. m. [MB]
– raffinierter Mensch [MB]; hinterhältiger Kerl [MB]; Betrüger [MB]; Schlitzohr [MB]; Vertreter [MB]

schlichner Subst. m. [StG]
– Spion [StG] ♦ **E:** rw. *schlichner* ‚Verräter', rw. *schliechenen* ‚bekennen, verraten' zu jd. *s'licho* ‚Verzeihung, Vergebung' (WolfWR 4965).

schlichter Subst. m. [PfJ]
– Weber [PfJ] ♦ **E:** schwäb. *Schlichte* ‚Weberkleister' SchwäbWb. V 936 f.

schlickern swV. [HK]
– „beschlickerd" [HK]; angetrunken [HK] ♦ **E:** dt. *schlickern* ‚schlecken, naschen, ab und zu einen Schluck nehmen' DWB XV 678.

schlickes ‚Knecht' → *schliach*.

schlietzgeig Subst. f. [OJ]
– Vulva [OJ] ♦ **E:** dt. *Schlitz* und *Geige*.

schliferlig Subst. [JeS]
– Seife [JeS] ♦ **E:** zu schweizdt. *schliferig* ‚schlüpfrig, schleimig, glatt'.

schliggr Subst. [OJ]
– Ente [OJ] ♦ **E:** zu schwäb. *schlick* ‚Lockruf und Kosename für Enten' (SchwäbWb. V 938).

schlim Subst. f. [BB]
– Milch [BB] ♦ **E:** Inversion zu mdal. *Milsch* ‚Milch'.
♦ **V:** *Di Schlim schtööt om Schöt* ‚Die Milch steht am Tisch' [BB].

schlin Subst. [RR]
– Roßhaar [RR] ♦ **E:** rw. *schling, schlin* ‚Flachs, Garn, Rosshaar' WolfWR 4967, evtl. zu → ♦ **V:** *schlinge* oder dt. *Schlenge* „herabhängender fetzen" DWB XV 633.

schlinge Subst. f. [StG, WG]
schlingæ [WJ]; **schling** [Him, LJ, LoJ, SJ, TJ, TK]; **schleng** [MUJ, OJ]; **schlänge** [DG]; **schlenke** [StG]; **schlangl** Subst. Dim. [KJ]
– Seilschlinge [WG]; Wurst [DG, Him, KJ, LJ, MUJ, SJ, TJ, TK]; runde, lange Wurst [OJ]; Uhrkette [StG]; Haare [LoJ] ♦ **E:** rw. *schlingling* ‚Wurst', zu dt. *Schlinge* (WolfWR 4969, Klepsch 1297, SchwäbWb. V 944).
♦ **V:** *in die Schlinge hauen* ‚sich aufhängen' [WG]; *Baizermoss, i lins, der ketscht an jesesmäßiga rande, wenn do von dr massfetzerei schling ond a bossert drin hauert, no kenneker a gwande mansche haure* ‚Wirtin, ich sehe, er trägt einen jesesmäßigen Sack, wenn dort von der Metzgerei Wurst und Fleisch drin ist, dann können wir ein gutes Essen machen' [SJ]; *Do, i bring a gwande pickerasch, schling ond bossert* ‚Da, ich bringe ein gutes Essen, Wurst und Fleisch' [SJ]; *Schure, gschaubet her, do hot dr massfetzer schling ond bossertlappa herketscht, do kennemer mordsmäßig butta* ‚Männer, schaut her, der Metzger hat Wurst und Fleischstücke gebracht, da können wir tüchtig essen' [SJ]; *Baizermoss, zo dem faßjole kascht mr a kiwigs Stück bossert, a schling ond an kafferlehm brenga* ‚Wirtin, zu dem Faßwein kannst du mir a schöns Stück Fleisch, Wurst und ein Bauernbrot bringen' [SJ]; *Schure, i hab a frog, ihr habt jetzt elle buttet, ist dia schling ond der bossert gwand gwea?* ‚Männer, ich habe eine Frage, ihr habt nun alle gegessen, war die Wurst und das Fleisch gut?' [SJ]; *Massfetzer, deine schling waret gwand, aber dei bossert zu kiewig* ‚Metzger, deine Würste waren gut, aber dein Fleisch zu fett' [SJ]; *Dr massfetzer machd a kiwiga schling aus am bane* ‚Der Metzger macht eine gute Wurst aus dem Fleisch' [SJ]

schlängerlig Subst. m. [JeS]; **schlenglig** [JeS]; **schlänglig** [JeS]; **schlingling** [Mat, TK]; **schängerlig** [JeS]; **schlangaling** [RR]; **schlankling** [KJ]
– Regenwurm [JeS]; Schlange [JeS]; Wurst [JeS, KJ, Mat, RR, TK]; Teigwaren (Spaghetti, Nudeln etc.) [JeS]

schlingengärer Subst. m. [LJ]; **schlingergärer** [LJ]
– Metzger [LJ]

schlinglzupfa Subst. m. [LoJ]
– Kamm [LoJ]

schlingstutzer Subst. m. [LoJ]
– Friseur [LoJ].

schlippsteen Subst. m. [HF]
– Schleifstein [HF] ♦ **E:** nd./mdal. zu dt. *Schleifstein*.

schlitte Subst. m. [BM]
– Bett [BM] ♦ **E:** dt. *Schlitten* „räderloses fuhrwerk zum gleiten auf eis- oder schneeflächen" DWB XV 752 ff.

schlitz Subst. m. [EF]
– Hering [EF] ♦ **E:** unsicher; evtl. nach der Form zu dt. *Schlitz* DWB XV 760 ff.; kaum zum Hydronym Flussname *Schlitz*.

schlitzen swV. [PfJ, SJ, Scho]
schlitza [OJ, SJ]; **schlitzæ** [WJ]
– abhauen [OJ, SJ]; verschwinden [SJ]; zechprellen [OJ, PfJ, WJ]; gehen [PfJ]; ausreißen [Scho] ♦ **E:** mdal. *schlitzen* ‚durchbrennen, davonsausen' (BadWb. IV 616, SchwäbWb. V 948, Klepsch 1299). ♦ **V:** *schlitz ab* ‚hau ab, verschwinde' [PfJ]; *Holch de, dr kliste kommt, mr schlitzet, der buchtet ons en da dofes nei* ‚Gehen wir, der Polizist kommt, wir verschwinden, der sperrt uns sonst ins Gefängnis.' [SJ]; *Nowes, schlitza braucht koiner ond einbuchta du i heit nowes* ‚Nein, abhauen braucht keiner, und eingesperrt wird niemand' [SJ].

schloare Subst. m. [OJ]
– nachlässiger Mensch [OJ] ♦ **E:** schwäb. *Schlorbe, Schlare* ‚nachlässiger Mensch' (SchwäbWb. V 898).

schlommer Subst. m. [SJ]
– Augen [SJ] ♦ **E:** mdal. Senkungsform zu dt. *Schlummer* ‚Schlaf'; Benennungsmotiv: geschlossene Augen für den Schlaf.

schlonze Subst. f. [LJ]
schlonz [OJ]; **schlunze** [HLD]
– Weib (abwertend) [LJ]; unsauberes, unordentliches Weib [LJ]; Geliebte [HLD, OJ]; schlechtes Essen [OJ] ♦ **E:** schwäb. *Schlunze* ‚unordentliches Weib' SchwäbWb. V 960.

schlööf Subst. f. [BM]
– Schlittschuhe [BM] ♦ **E:** zu schweizdt. *schläufe* ‚schleifen'.
schlööferle swV. [BM]; **schlööfere** [BM]
– schlittschuhfahren [BM]
schlööf Subst. f. [BM]; **schlööfere** [BM]
– Schlittschuhbahn [BM].

schlopp Subst. m. [TK]
– Gewehr [TK] ♦ **E:** tirol. *Schlop* ‚Knallrohr der Knaben, Knallbüchse' < roman. *sclop*, ital. *schioppo* (TirolWb. II 534).

schlör Adj. [MM]
– unordentlich [MM] ♦ **E:** westf. *schlörig* ‚unordentlich', dt. *schlorren* DWB XV 766 aus germ. *slūr-.
→ *schlören*.

schlörig Adj. [MM]
– schmutzig [MM]; unordentliches Verhalten [MM]; unsauber [MM]; nicht korrekt angezogen [MM]; lümmelig [MM]; „wenn man nichts auf sich gibt" [MM]; gammelig [MM]; vergammelt [MM]; nachlässig, dreckig [MM]; schlecht, nicht gut angezogen [MM]
schlör Subst. f. [MM]
– Schlampe [MM]; Person, die nichts auf sich gibt, Mann oder Frau [MM]; verkommener Mensch [MM]; schlecht angezogene, dreckige Frau [MM]; unordentlicher Mensch [MM]; „einer, der alles hinter sich liegen lässt, der unordentlich gekleidet ist" [MM] ♦ **E:** nl. *sloerie* ‚schmutziges Weibsbild' (WolfWR 4975).
♦ **V:** *dat schlör erzog ihre kotens zum schoren* ‚das Weib erzog ihre Kinder zum Stehlen' [MM]
schlören swV. [MM]
– schleppen [MM]; bringen [MM]; sich um nichts kümmern [MM]; laufen lassen [MM]; verkommen lassen [MM]; durch die Gegend ziehen [MM]; verlieren [MM]; schlurfen [MM]; tragen [MM]; abtragen [MM] ♦ **E:** westf. *schlören*.
verschlören swV. [MM]
– verlieren [MM]

wegschlören swV. [MM]
– wegbringen [MM]
plintenschlürer Subst. m. [MM]
– Hosenträger [MM].

schlorba swV. [OJ]
– faul, lässig, müde gehen [OJ] ♦ **E:** schwäb. *schlorben* ‚faul gehen, ohne den Fuß zu heben' (SchwäbWb. V 949), dt. *schlorren* DWB XV 766 aus germ. *slūr-.
schlorba Subst. Pl. [OJ]
– Hausschuhe [OJ]; Schuhe [OJ].

schlorcher Subst. m. [Scho]
– müder Mensch [Scho] ♦ **E:** schwäb. *Schlorger* ‚Mensch mit schlurfendem, müdem Gang' (SchwäbWb. V 949), dt. *schlorren* DWB XV 766 aus germ. *slūr-.

schlören swV. → *schlör¹*.

schlorpjes Subst. n. [MoM]
schlörep [KM]; **schlöreps** [KM]
– Suppe [KM, MoM] ♦ **E:** zu mdal. *schlorpen* ‚schlürfen' (RheinWb. VII 1371).

schlorum Subst. m. [CL, PH]
schloorum [CL, LL]; **schloorem** [CL]
– Kaffee [CL, LL, PH]; besonders schlechter Kaffee [CL, LL] ♦ **E:** rw. *schlorum* ‚Kaffee' zu nl. (*slappe*) *sloerie* ‚schwacher Kaffee' (WolfWR 4975, Post 244); vgl. rhein. *Schlurpe* ‚fades Getränk, bes. schlechter, dünner Kaffee' (RheinWb. VII 1414). ♦ **V:** *schlorum sichere* ‚Kaffee trinken' [CL]; *du hoschd der do noch en Schloorum* ‚Du hast aber einen dünnen Kaffee' [LL].

schlösen swV. [MT, MeT]
schlössen [MeT]; **slössen** [MeT]
– gehen [MT, MeT]; langsam gehen [MeT] ♦ **E:** mnd. *sloisen, sleusen* ‚schlendern'.

schlosserl Subst. Pl. [LoJ]
– Zwetschken [LoJ] ♦ **E:** wohl zu schwäb. *Schlosse* ‚Hagelkorn' (SchwäbWb. V 951, DWB XV 774 f.). Benennungsmotiv: Formähnlichkeit.

schlot Subst. m. [CL, PH]
schlöt [PH]
– Hut [CL, PH] ♦ **E:** rw. *schlot* ‚Hut' (WolfWR 4977, PfälzWb. V 1108).

schlottel Subst. f. [CL]
– Kanne [CL]; Tasse [CL] ♦ **E:** rw. *schottel* ‚Schüssel' zu dt. *Schüssel* (WolfWR 5187). → *schottel*.

schlotterlig Subst. m. [JeS]
– Kälte [JeS] ♦ **E:** schweizdt. *Schlötterli^ng* ‚Schüttelfrost, Zittern, Beben' SchweizId. IX 793.

schlöume Subst. f. [SS]
– (schlechte) Ware [SS] ♦ **E:** unsicher; evtl. zu dt. *schleumen, schleunen* ‚beeilen, schleunig von statten gehen' DWB XV 656 f. Benennungsmotiv: eilige, nicht sorgsame Herstellung.

schlucker Subst. m. [JeS]
– Gurgel [JeS] ♦ **E:** zu schweizdt. *schlucke* ‚schlucken'.

schluckepeng Subst. n. [MB]
– Trinkbares [MB].

schluffen Subst. m. [MB]
schluffi [MB]
– müder, lahmer Kerl [MB]; schräger Typ [MB]; gemütlicher Mann [MB]; gutmütiger Kerl [MB]; treuer Freund [MB] ♦ **E:** dt. *Schluff, Schlüffel* ‚träger, nachlässiger Mensch' DWB XV 812. ♦ **V:** *treuer schluffen* ‚treuer Freund' [MB].

schlumeiter Subst. m. [EF]
– Trompeter [EF] ♦ **E:** wohl Kontamination aus *Schalmei* und *Trompeter*, vgl. Wolf, Fatzersprache, 133.

schlummern swV. [Gmü, MB, PfJ, SK, Zi]
schlummen [LI]; **schlummeren** [WL]; **schlommeren** [WL]
– schlafen [Gmü, LI, MB, PfJ, SK, WL, Zi] ♦ **E:** rw. *schlummern* (WolfWR 4982) zu dt. *schlummern*, mhd. *slummen* ‚schlafen'.

schlummersch Adj. [SK]
– müde sein [SK]

schlumeres Subst. n. [SP]
– Bett [SP]

schlummerkate Subst. f. [SK]
– Schlafkammer [SK]

schlummerkies Subst. m. [HLD]
– Schlafgeld [HLD]

schlummerkusch Subst. f. [WL]
– Schlafzimmer [WL]

schlummerleine Subst. f. [MB]
– Geld [MB] ♦ **E:** rw. *schlummerleine* ‚Schlafgeld', dt. *schlummern*, mhd. *slummen* ‚schlafen' (WolfWR 4982).

slummerlöinche Subst. n. [SG]; **slummerlönche** [SG]
– Bettdecke [SG]

schlummerroller Subst. m. [SG]
– Schlafkammer [SG].

schlune¹ Subst. f. [SS]
– Dirne [SS] ♦ **E:** westf. *sluntse* ‚nachlässiges Mädchen' (Woeste 82).

schlune² swV [HLD, JeS]
schluune [BM, JeS]; **schlunen** [JeS, TK]; **schluna** [JeS]; **schlaunen** [TK]
– schlafen [BM, HLD, JeS, TK]; dösen [JeS] ♦ **E:** rw. *schlunen* ‚schlafen' WolfWR 4982, zu mhd. *slûnen, sliunen* ‚beeilen, beschleunigen, von statten gehen'. Im 17. Jh. *schlunen* in beiden Bed. ‚schaffen' (1620) u. ‚schlafen' (1640) belegt; vgl. auch schweizdt. *schluune* ‚eilen' u. *schlune* ‚leicht schlummern' (SchweizId. IX 571 f.). ♦ **V:** *wyyssbire schlune* ‚(Eier) legen' [JeS]

schluunig Subst. f. [JeS]; **schlunig** [JeS]
– Unterkunft [JeS]; Nachtquartier [JeS] ♦ **V:** *schoofel schluunig* ‚schlechte Unterkuft' [JeS]

schlun Subst. m. [JeS]; **schluuner** [JeS]; **schlüünlinger** [JeS]
– Schlaf [JeS] ♦ **V:** *de schlüünlinger aapflanze* ‚schlafen gehen, einschlafen' [JeS].

schluns Subst. [MB]
– Krankenhaus [MB] ♦ **E:** unsicher; evtl. zu dt. *Schlunz* ‚Lumpen, zerlumptes Kleidungsstück' DWB XV 837, evtl. wegen der Verbandsstoffe, oder zu rw. *schlunz* ‚Gefängniskost' zu dt./mdal. *Schlunz* ‚dicke, breiartige Suppe' WolfWR 4984.

schlunzen swV. [MB]
– unordentlich sein [MB]; gammeln [MB]; schwänzen [MB]; faulenzen [MB] ♦ **E:** dt. *schlunzen* ‚nachlässig gehen', zu *schlenzen* ‚schlendern' (Klu. 1999: 729).

schlüpf Subst. m., Pl. [KP]
– Strümpfe [KP] ♦ **E:** zu dt. *schlupfen* ‚wo man hineinschlupft' (SchwäbWb. V 961).

halbschlupf Subst. m. [KP]
– Socke [KP].

schlûr Adj. [MT, MeT]
schlur [MeT]; **slûr** [MT, MeT]; **slur** [MeT]
– billig [MT, MeT] ♦ **E:** unsicher; evtl. zu nd./westf. *slūrig* ‚mutlos' Woeste 242; womgl. zu nl. *sloerie* f. ‚schmutziges Weibsbild'.

schlüren swV. [MB]
– eine Sache vernachlässigen [MB]; *schlüren lassen* [MB] ♦ **E:** dt. *schlüren* ‚unachtsam mit etwas umgehen' DWB XV 850.

verschluren swV. [MB]
– verpassen [MB]

schlurf Subst. m. [JSW]
– einer, der gern einen trinkt [JSW] ♦ **E:** zu dt. *schlürfen* „eine flüssigkeit geräuschvoll einsaugen" DWB XV 851 f.

schlufra Subst. f. [NW]
– Getränk [NW]

schlurren swV. [NW]
– saufen [NW].

schluri Subst. m. [CL]
schuuri [JSa]
– haltloser Mensch [CL]; Schlitzohr [JSa] ♦ **E:** pfälz. *Schluri* ‚zu allerhand Streichen aufgelegter, leichtfertiger Bursche, Nichtsnutz, Tagedieb' (PfälzWb. V 1128/30, RheinWb. VII 1411, ElsWb. II 471).

schlürme swV. [BM]
– planlos umherschweifen [BM] ♦ **E:** schweizdt. *schlürmen* ‚herumstreichen, herumschnüffeln' (SchweizId. IX 650).

schlüüffer Subst. m. [JeS]
– (Männer-)Jacke [JeS] ♦ **E:** rw. *schluf* ‚Ärmel' WolfWR 4981, schweizdt. *schlüüffe* ‚schlüpfen'; schweizdt. *Schlieffer*, *Schlüüffer* ‚Hirtenhemd' (SchweizId. IX 177).

schmaanem Subst. m. [CL, LL]
schmanem [CL]; **schmani** Subst. [KJ]
– Butter [CL, LL]; Schmalz [KJ] ♦ **E:** unsicher; evtl. zu rw. *chemme* ‚Butter' (WolfWR 861) oder zu → *schum* ‚Fett' (Post 244); evtl. kontaminierende Bildung. ♦ **V:** *dicker de Schmaanem wie es Leechem* ‚die Butter dicker als das Brot' [LL, CL]; *E leechem mit schmanem fallt immer ufs Bonem!* ‚Ein Butterbrot fällt immer aufs Gesicht.' [CL].

schmacht Subst. m. [MB, MM]
– Hunger [MB, MM] ♦ **E:** rw. *schmacht* ‚Hunger' (WolfWR 4990) zu dt. *schmachten* „hungern, allgemeiner von quälendem körperlichen verlangen, sich verzehren im begehren nach etwas" DWB XV 885 ff.

schmachdriemm Subst. m. [HK]
– Gürtel [HK]; enger Gürtel [HK]; Koppel [HK]; Militärgürtel [HK]; Riemen [HK]; „einer, der nichts hat" [HK] ♦ **E:** dt. *Schmachtriemen* DWB XV 892 „breiter, lederner riemen der fuhrleute und reiter, den unterleib damit zu gürten, wenn er leer ist, damit er beim fahren oder reiten nicht so erschüttert werde; gleiche gürtel trugen wanderer, um durch den druck die empfindung des hungers und der erschöpfung weniger fühlbar zu machen".

schmackes Subst. m. [MM]
– Kraft [MM]; Nachdruck [MM]; Appetit [MM]; Energie [MM]; Wucht [MM]; Haue [MM]; Gewalt [MM]; Schläge [MM]; Zank [MM] ♦ **E:** westf. *smakken* ‚klatschen, schlagen' (WWBA. 1410). ♦ **V:** *der macker hat ihn ein' mit schmackes verkasematuckt* ‚der Mann hat ihn kräftig verhauen' [MM]

schmackes Adj. [MM]
– schnell [MM].

schmaddermann Subst. m. [SG]
– Bauer [SG] ♦ **E:** dt. *Schmadder* ‚weicher, nasser Schmutz' DWB XV 901.

schmäddra swV. [OJ]
schmettern [HLD, PfJ]; **schmetteren** [Zi]
– singen [OJ, PfJ]; trinken [HLD, OJ, Zi]; musizieren [OJ] ♦ **E:** dt. *schmettern* „im 16. jahrh. erscheint schmettern im sinne von ‚mit geräusch hinschleudern'", später *einen schmettern* ‚zechen' DWB XV 1050 ff.

schmäh Subst. m. [OJ]
– Lügensprache [OJ]; Unsinn reden [OJ] ♦ **E:** rw. *schmee* ‚Lüge', „Gaunersprache" zu jd. *schema* ‚Gehörtes, Erzählung' WolfWR 5006; dt./ugs. *Schmäh* ‚angeberisches, schmeichlerisches Gerede, Schwindel, Unwahrheit'.

schmähstat Adv. [WG] in:
schmähstat sein ‚ohne Idee sein' [WG] ♦ **E:** wiener. *stat* ‚ohne'.

schmahl nur in:
schmalmachen swV., Phras. [HK]; **schmahl machen** [StG]; **schmal machen** [HLD, MB]
– betteln [HK, MB]; betteln auf der Straße [StG]; betteln, besonders abends in den Wirtschaften [StG]; „auf der Straße sitzen und den Hut hinhalten" [HK]; „am Weg sitzen und betteln" [HK]; „wenn einer alleine sitzt, auf der Straße" [HK]; um Geld betteln [HK]; „Bein verloren, wo 's Bein drunter war" [HK]; „an der Straße sitzen und musizieren (Kriegsbeschädigte) [HK]; (bettelnd) auf der Straße spielen [HK]; „so tun als ob" [HK]; „sich an die Straße setzen und den Hut hinhalten, ohne Musik" [HK]; „mit der Orgel, wie in Bremen, zum Freimarkt, an der Straße stehen" [HK]; „alleine Musik machen" [HK]; „krumme Tour" [HK]; nichts tun [HK]; nicht arbeiten [HK]; verschwinden [HLD] ♦ **E:** rw. *schmal* ‚Straße', *schmal machen* ‚auf Straßen und in Wirtshäusern betteln' (WolfWR 4995, 4996), zu dt. *schmal* ‚eng' „in der gaunersprache

wird sogar *schmal* allein für den weg gesagt im gegensatz zum freien felde" DWB XV 910 ff.

schmalfuß¹ Subst. m. [HK]
– Witwe [HK]; „hat kein Geld" [HK]; „Leute, die unter den Brücken schlafen" [HK]; „karg" [HK]
schmalmacher Subst. m. [HK]
– Faulenzer [HK].

schmahscher Adj. [SK]
– wenig [SK] ♦ **E:** mhd. *smæhe* ‚klein, gering, unansehnlich' Lexer 199.

schmai Subst. f. [RR]
schmeicher Subst. [RR]
– weibliche Schamgegend [RR] ♦ **E:** wohl zu rw. *schmaichen* ‚schön tun, kosen', *schmeichaz* ‚Penis' WolfWR 4993.

schmaien swV. [StG]
– hören [StG] ♦ **E:** rw. *schmaien* ‚hören, vernehmen' (WolfWR 4994) < jd. *schma* ‚höre' (We 98, Post 244).
♦ **V:** *schmei!, schma!* ‚hör zu!' [StG].

schmakatgen swV. [MM]
schmakatzen [MM]
– essen [MM] ♦ **E:** evtl. Kontamination aus → *spagazen* ‚essen' und *schmacht* ‚Hunger'.
schmakatze Subst. n. [MM]
– Essen [MM].

schmakes¹ Subst. m. [SP]
– Ton [SP] ♦ **E:** rhein. *schmackes* ‚Tonerde' (RheinWb. VII 1422).

schmakes² Subst. n. [SE]
schmackes [SE]
– Salz [SE] ♦ **E:** dt. *Schmack* ‚Geschmack, Würze' DWB XV 893 ff.

schmale¹ Subst. f. [CL, SJ, TJ, WJ]
schmâle [SJ]; **schmali** [RR]; **schmoli** [SchJ]; **schmai** [RR]; **schmaler** Subst. m. [JeS, LüJ]; **schmaaler** [JeS]; **schmaaller** [JeS]; **schmoller** [LoJ]; **schmalert** Subst. m. [CL, HK, PH, TJ, TK]; **schmahlert** [CL]; **schmoalerd** [HK]; **schmarlerd** [HK]; **schmolert** [HK]; **schmaling** Subst. m./f. [LJ, LüJ, MUJ, WJ]; **schmâling** [Him, LüJ, Mat, Wo]; **schmeling** [WJ]; **schmaling** [LJ, MUJ]; **schmaleng** [LüJ, OJ]; **schmarling** [PfJ]; **schmalung** [LüJ]
– Katze [CL, HK, Him, JeS, LJ, LoJ, LüJ, MUJ, Mat, OJ, PH, PfJ, RR, SJ, SchJ, TJ, TK, WJ, Wo]; Kater [HK]; Hase [LüJ]; Reh [HK]; schmales Tier [HK]; Dienstmädchen [HK]; Bedienung [HK]; Zimmermädchen [HK]; Dienstpersonal in Gaststätten [HK] ♦ **E:** rw. *schmaler, schmalert, schmali, schmaling* ‚Katze', zu jd. *semola* ‚links, met. verschlagen, linkisch' (WolfWR 4999, Post 244, Klepsch 1305). ♦ **V:** *e schmaler tschaant oberkönig* ‚eine Katze geht oben [auf dem Dach]' [JeS]; *wenn mda machnmol en rechta schmetter hot, en fetta schmaling ketscha, noch ara moss spanna, no kennat mr doch dsfriedn sei* ‚wenn man manchmal einen richtigen Rausch hat, eine fette Katze essen und nach anderen Frauen gucken, da können wir doch zufrieden sein' [LJ]; *in ganz Leinzell isch nobes kein schmaling mehr rumg'ketscht* ‚in ganz Leinzell ist keine Katze mehr herumgelaufen' [LJ]; *und die hat die schmaling deist und hats nach Gmünd in die Kasern zu de Pole, da als Hase, und hat halt der giebas wegketscht, und da hat sie halt schmerch kriegt* ‚und die hat die Katzen totgeschlagen und hat sie als Hasen nach Gmünd in die Kaserne zu den Polen gebracht, und da hat sie halt Zigaretten dafür bekommen' [LJ].

geschmaling Subst. n./f. [PfJ]; **geschmarling** [PfJ]; **gschmaleng** [OJ]; **gschaling** [PfJ]; **geschmale** [PfJ]
– Katze [OJ, PfJ]

schmalbuckel Subst. [RR]
– Katze [RR]

schmalhaggl Subst. m. [TJ]; **schmoalhaggl** [TK]; **schmalhakl** [KJ]
– Katze [TJ, TK, KJ]

schmalfuß² Subst. m. [HK, HLD]; **schmalfuss** [RR]
– Katze [HK, HLD, RR]

schmalruck Subst. [WJ]
– Katze [WJ]

schmalingsketscher Subst. m. [LJ]
– Katzenfänger [LJ]

schmoalerdkeue ‚Dienstmädchen' → *keue*.
schmoalerdkitten ‚Tante-Emma-Laden' → *kitte*.
wittschmoalerd Subst. m. [HK]; **wittschmalert** [HK]; **wittschmolert** [HK]
– Witwe [HK]; Wittmann [HK]; Witwer [HK]; „Frau, die ihren Mann verloren hat" [HK].

schmale² Subst. f. [WG]
– Fasttag im Gefängnis (früher als Strafe) [WG] ♦ **E:** zu dt. *schmal* ‚schmale (Kost)'. → *schmahl*.

schmale³ ‚Weg, Straße' → *schmahl*.

schmalen swV. [TK]
– sehen [TK] ♦ **E:** rw. *schmalen* ‚hören, vernehmen', zu jd. *schma(l)* ‚höre!' WolfWR 4994, Klepsch 1302. → *schmaien*.

schmalga Subst. n. [OJ]
gschmalg Subst. n. [OJ]
– unnütze Rede [OJ]; Geschwätz [OJ] ♦ **E:** zu schwäb. *schmalgen* ‚unnütz, dumm reden' (SchwäbWb. V 972).

schmalgerd Subst. m. [HK]
schmaljerd [HK]; **schmoalijrt** [HK]; **schmalgert** [HK]; **schmalchert** [HK]; **schmeichert** [HK]
– Arzt [HK]; Doktor [HK] ♦ **E:** wohl zu thür. *schmalgern* ‚(Salben) schmieren'. ♦ **V:** *busche zum schmaljerd* ‚gehe zum Doktor' [HK]; *Schemmd der schmalgerd nich grannich? – Doch, es puscht, Mutti. – Soll ich denn buschen? – Ach loone, bleib man schemmen!* ‚Ist der Arzt denn nicht gut? – Doch, es geht, Mutti. – Soll ich denn kommen? – Ach nein, bleib da!' [HK]; *ungerkünftiger schmalgerd* ‚Urologe, Frauenarzt' [HK]

krachlingsschmalgerd Subst. m. [HK]
– Zahnarzt [HK].

schmaln swV. [TJ]
– sagen [TJ] ♦ **E:** rw. *schmalen* ‚übel nachreden, verraten' zu dt. *schmälen* ‚verringern, herabsetzen' (WolfWR 4998).

schmalz¹ Subst. n. [WG]
– Gefängnisstrafe [WG] ♦ **E:** rw. *schmalz* ‚Strafe' zu dt. *Schmalz* ‚ausgeschmolzenes Fett' WolfWR 5001, vgl. *sein Fett kriegen*. ♦ **V:** *Schmalz machen; ein Tragl Schmalz bekommen* ‚verurteilt werden' [WG]; *fünf Meter Schmalz* ‚fünf Jahre Haft' [WG]; *auf schmalz sein* ‚im Gefängnis eingesperrt sein' [WG]; *am schmalz picken* ‚im Gefängnis eingesperrt sein' [WG]

schmalzbruder Subst. m. [WG]
– Vorbestrafter [WG]

schmalzfassl Subst. n. Dim. [WG]
– nur in: *der Richter greift ins Schmalzfassl* ‚Der Richter verhängt eine schwere Strafe' [WG]

luftschmalz bekommen Phras. [WG]
– unschuldig verurteilt werden [WG]

schmalzfeig Adj. [WG]
– Angst vor Strafe [WG]

abgeschmalzen sein Phras. [WG]
– bestraft sein [WG].

schmalz² Subst. n. [TK]
– Butter [TK] ♦ **E:** dt. *Schmalz* ‚ausgeschmolzenes Fett' DWB XV 926 ff.; vgl. → *schmalz¹*.

schmand Subst. m. [MB]
– Jude [MB, MeT]

schmandbold Subst. m. [MB, MeT]; **smandbold** [MeT]
– Jude [MB, MeT] ♦ **E:** zu dt. *Schmant*, nd. *smand* ‚Absatz von Milch, Schmutz, met. naschhafte Person' DWB XV 934 ff.; *-bold* Halbsuffix für den Agens, vgl. *Witzbold, Trunkenbold*.

schmare Subst. m. [BM]
– Sache [BM]; Geschichte [BM] ♦ **E:** obdt. *schmarrn* ‚(unglaubwürdige) Geschichte'.

schmarges Subst. m. [JS]
– Kaffee [JS] ♦ **E:** unsicher; evtl. zu dt. *Schmargel* u. a. „einen fauligen geruch haben".
– DWB XV 937. ♦ **V:** *de schmarges wor tschie dofft gebosselt* ‚der Kaffee war nicht gut gemacht' [JS].

schmärig Subst. f. [JeH]
schmäärich [SP]
– Pfeife [JeH, SP] ♦ **E:** Bildung zu rhein. *schmoren* ‚eine Pfeife rauchen' (RheinWb. VII 1504).

schmarre Subst. f. [MM]
– Wange, Gesicht [MM] ♦ **E:** westf. *smarre* ‚Wunde' (WWBA 1413).

schmarrer Subst. m. [MM]
– Arzt [MM]

schmarrerbeis Subst. n. [MM]
– Arzthaus [MM]; Praxis [MM]; Krankenhaus [MM]

schmarrervilla Subst. f. [MM]
– Krankenhaus [MM].

schmarseln swV. [MB]
– trinken [MB] ♦ **E:** wohl Variante zu westf./ugs. *schnasseln* ‚(Alkohol) trinken'.

schmasch Adj., nur in:
no schmahsche flens Phras. [SK]
– saure Milch [SK] ♦ **E:** unsicher; evtl. zu engl. *to smash* ‚zerschmettern'; engl. *no, flenz* ‚Milch' (WolfWR 1464).

schmatten swV. [Scho]
– taufen [Scho] ♦ **E:** rw.*schmadde* ‚Taufe' aus jd. *schomad* ‚er ist abgefallen' WolfWR 4992; jd. *schmadden* ‚(zwangsweise) taufen' (Post 244, Klepsch 1303 f.).

schmatzgr ‚Kuss' → *schmetzer*.

schmauchen swV. [JSa, SJ]
schmaucha [OJ]
– rauchen [JSa, OJ, SJ] ♦ **E:** dt. *schmauchen* (SchwäbWb. V 985, Klepsch 1307). Vgl. → *schmoken*.

schmaucherle Subst. n. Dim. [TJ]
– Zigarre [TJ]

schmauchre Subst. f. [OJ]; **schmaucheri** [SchJ, Scho]
– Pfeife [OJ]; Zigarre [OJ, SchJ, Scho].

schmauserl Subst. n. Dim. [WG]
– Homosexueller [WG] ♦ **E:** wohl zu dt. *schmausen* „schmausend verzehren, behaglich verspeisen" DWB XV 958 f.

schmauwerich Subst. m. [RH]
– Katze [RH] ♦ **E:** unsicher; evtl. zu → *schmale¹* oder (semantisch schwer) zu → *schmauchen*.

schmebra swV. [SJ]
– scheißen [SJ] ♦ **E:** unsicher; *schme-* evtl. zu schwäb. *schmerbe* ‚schmieren, sudeln' (SchwäbWb. V 1004: *Ich schmier vor Angst in die Hossen*), *-bra* schwäb. Verbalsuffix; oder womgl. *-bra* zu dt. *Brei*; *schme-* zu rw. *schmerse* ‚Hose' WolfWR 5015.

schmecker Subst. m. [KP, LJ, RR, SJ]
schmöcker [BM, JeS, TK]; **schmöckert** Subst. m. [JeS]; **scheggr** Subst. n. [OJ]
– Nase [BM, JeS, KP, LJ, OJ, RR, SJ, TK]; Lustmolch [MoJ] ♦ **E:** rw. *schmecker* ‚Nase', zu dt. *schmecken* ‚riechen' (WolfWR 5005; SchwäbWb. V 989; DWB XV 971 f.).

schmeckling Subst. m. [SK]
– Zunge [SK]

schmecken Subst. n. [HK]
– Taschentuch [HK]

schmöcklig Subst. m. [JeS]
– Faust [JeS] ♦ **E:** zu *schmöcken*, Nebenform zu *schmecken*. Benennungsmotiv womgl. Geste: md. die Faust drohend unter die Nase halten.

schmecks Subst. f. [HF]
schmeck [HF]; **schmicks** [HF, HeF]; **schmäks** [KM]; **schmitz** Subst. f. [NJ, NrJ]
schmits [NrJ]; **schmetz** [NJ]
– Butter [HF, HeF, KM, KP] ♦ **E:** rw. *schmunk, schmenck, schmicks* ‚Schmalz, Butter, Fett' aus dt. *Schminke* ‚Fettsalbe' WolfWR 5037. Vgl. → *schmink, schmunk*.

schmetzlete Subst. f. [KP]
– Butter [KP]

schmecksesips Subst. f. [HF]
– Buttermilch [HF]

vokseschmicks Subst. f. [HF]
– Kuhbutter [HF].

schmeer¹ Subst. f. [HF]
– Mittel zum Einreiben [HF] ♦ **E:** mdal., dt. *Schmiere* ‚Salbe zum Einschmieren' DWB XV 1080.

schmeer² ‚Butter' → *schmierling*.

schmeichelwasser Subst. n. [MB]
– Korn (Schnaps) [MB] ♦ **E:** rw. *schmaichen, schmeicheln* ‚schöntun, kosen' WolfWR 4993, zu dt. *schmeicheln* DWB XV 980 ff.; dt. *Wasser*.

schmeichelwinde Subst. f. [BA]
– Kirche [BA] ♦ **E:** rw. *winde* ‚Tür, Raum' zu dt. *wenden* WolfWR 6245.

schmeißen swV. [WG]
– eine Sache (Diebstahl und so weiter) verraten [WG] ♦ **E:** dt. *schmeißen* ‚werfen, verwerfen, aufgeben' DWB XV 999 ff. ♦ **V:** *die Sache ist geschmissen* ‚Das Verbrechen wurde verraten' [WG]

schmeißer Subst. m. [WG]
– Verräter [WG].

schmel Subst. m. [GM]
– Tabak [GM]; etwas zu rauchen [GM] ♦ **E:** vgl. rw. *schmalfink* ‚Tabakspfeife', *schmal-* zu nd. *smälen, smelen, smölen* ‚langsam u. qualmend brennen' (WolfWR 5000).

schmelemer Subst. m. Pl. [LüJ, JeS]
schmelamer [LüJ]; Subst. m. **schmelo** [LüJ]
– Zigeuner [LüJ, JeS] ♦ **E:** rw. *schmälemer* ‚fahrende Leute' (WolfWR 4997) zu jd. *semoli* ‚links, link'.

schmelen Subst. Pl. [HF, HeF]
– Haare [HF, HeF] ♦ **E:** rw. *schmelen* ‚Haare' WolfWR 5009, zu dt./mdal. *Schmelme, Schmiele* ‚Grashalm', rhein. *Schmelen, Schmelmen* ‚lange Grashalme' RheinWb. VII 1476. ♦ **V:** *et hucken nit all michelen, die schmelen an de schmerf habben* ‚Es sind nicht alle Juden, die einen Bart haben' [HeF]; *schmelen koteren* ‚Haare schneiden' [HeF]

schmelekoter Subst. m. [HF, HeF]
– Rasiermesser [HF, HeF]

schmelenhärk Subst. f. [HF]
– Kamm [HF] ♦ **E:** mdal. *härken* ‚kämmen'.

schmelenhärkeknucker Subst. m. [HF]
– Kamm-Macher [HF]

troppertsschmelen Subst. Pl. [HF]
– Pferdehaare [HF].

schmelmel Subst. m. [KMa]
– Ring [KMa] ♦ **E:** rw. *schmelmel* ‚Ring', evtl. aus dt./mdal. *schmelme* ‚Rohr, Halm, Stockbeschlag, Stockzwinge' WolfWR 5011; DWB XV 1010.

schmelmerig Adj. [JeS]
– dick (auf eine Frau bezogen) [JeS] ♦ **E:** unsicher; womgl. zu → *schmelmel*.

schmelz Subst. [JeS]
– Zinn [JeS] ♦ **E:** zu dt. *schmelzen* DWB XV 1013 ff.
schmelzer Subst. m. [JeS]
– Verzinner [JeS].

schmelzen swV. [Gmü, Him, LJ, Mat, PfJ, SJ, SchJ, Wo, Zi]
schmelza [LJ, OJ]; **schmelzæ** [WJ]
– scheißen [LJ, SJ]; Darm entleeren [SJ]; Notdurft verrichten [OJ]; cacare [Gmü, Him, Mat, PfJ, SchJ, WJ, Wo, Zi]; defäkieren [PfJ] ♦ **E:** rw. *schmelzen*, zu dt. *Schmelz* ‚Mist des Falken' (WolfWR 5013, Klepsch 1308); schwäb. *schmälzen* (SchwäbWb. V 977/978).
♦ **V:** *Skotele hod end bux gschmelzd ond gflöseld shod grandeg gmuffd' d'muadl hod döberd ond hod am da doches vergufd* ‚Das Kind hat in die Hose geschissen und uriniert, es hat kräftig gestunken, die Mutter hat geschimpft und hat ihm den Hintern verhauen' [PfJ]
schmelzer Subst. m. [Gmü, LJ, LüJ, PfJ, SJ]; **schmelzr** [LJ, OJ]
– Kot [LJ]; Scheiße [LJ]; After [SJ]; Hintern [LüJ, SJ]; Hinterteil [LüJ]; Durchfall [OJ]; Gesäß [PfJ]; Podex [Gmü, LüJ] ♦ **V:** *pofer boizr, pflanz en schmelzr auf dei schickse und dui boiz* ‚Armer Wirt, scheiß auf deine Frau und deine Wirtschaft' [LJ]; *Do hauer i mi auf mei schmelzer na* ‚Da setze ich mich gleich auf meinen Hintern' [SJ]
schmelzgusch Subst. f. [Him, PfJ, SJ]
– Abort [PfJ, SJ]; Abtritt [Him, PfJ]
schmelzkanti Subst. f. [SJ, SchJ, Zi]; **schmelzkant** [KJ]
– Abort [KJ, SJ]; Abtritt [SchJ, Zi]
schmelzkitt Subst. f. [LüJ, PfJ, UG]
– Abort [LüJ, PfJ]; Abtritt [PfJ]
schmelzkut Subst. f. [LJ]
– Klo [LJ].

schmen swV. [PH]
– regnen [PH] ♦ **E:** rw. *gäschemen* ‚regnen' aus jd. *geschemen* ‚regnen', *geschem* ‚Regen' (WolfWR 1659, We 64, Post 244, Klepsch 613 f.).

schmentana Subst. f. [GM]
– Sahne [GM]; Rahm [GM]; Schmand [GM] ♦ **E:** roi. *šmentana* ‚Sahne', ‚Schmand', ‚Rahm' (WolfWZ 3127).

schmer Subst. m./n. [LJ, SJ]
schmeer [LJ]
– Fett [LJ, SJ]; Schmalz [SJ] ♦ **E:** schwäb. *Schmer* ‚unausgelassenes tierisches Fett' (SchwäbWb. V 994).

schmerche Subst. f. [CL]
schmerrche [CL, LL]; **schmerch** [JS, LJ, LüJ, MeJ, MUJ, NJ, PH, SJ, WL]; **schmärch** [LüJ]; **schmerrich** [SE]; **schmerich** [SE]; **schmerg** [JS]; **schmerk** [LüJ]; **schmerig** [NJ]; **schmärch** [KM, LüJ]; **schmäresch** [NrJ]; **schmärrisch** [JSa, SE]; **schmärsch** [JSa]; **schmerch(ære)** [WJ]; **schmurche** [CL, PH]; **schmärje** [KM]; **schmäch** [WL]; **schmering** Subst. m. [RH]
schmolche Subst. f. [PH]
– Pfeife, Tabakspfeife [MeJ, NJ, RH]; Zigarette [CL, JS, JSa, KM, LJ, LüJ, LL, MUJ, NrJ, PH, SE, SJ, WJ]; Zigarre [CL, JSa, PH, SE] ♦ **E:** rw. *schmorch, schmärig, schmurche* ‚Tabakspfeife, Zigarre' zu *schmauchen, schmorchen* u. a. ‚rauchen', dt. *schmauch* ‚Rauch' (WolfWR 5004, Klepsch 1309). ♦ **V:** *hosche noch e Schmerrche fer mich?* ‚Hast du noch eine Zigarette für mich?' [LL, CL]; *noosen mer e Schmerche?* ‚rauchen wir eine Zigarette?' [CL]; *steckst' mir noch en schmerch?* ‚Gibst du mir noch eine Zigarette?' [LJ]
schmerchen swV. [JS, LüJ, MUJ, PH]; **schmercha** [LJ]; **schmäreschen** [NrJ]; **schmerchæ** [WJ]; **schmerge** [JS]; **schmärje** [KM]; **schmärjen** [JSa]; **schmergen** [NJ]; **schmerigen** [NJ]; **schmercheln** [JSa]; **schmorchen** [LüJ]; **schmurgeln** [MB]; **schmorren** [WL]
– rauchen [JS, JSa, KM, LJ, LüJ, MB, MUJ, NJ, NrJ, PH, WL]; Zigarette rauchen [WJ]; eine Pfeife rauchen [WL] ♦ **V:** *roon ees, wat-eer houts schmäresch.* [NrJ], *und die hat die schmaling deist und hats nach Gmünd in die Kasern zu de Pole, da als Hase, und hat halt der giebas wegketscht, und da hat sie halt schmerch kriegt* ‚und die hat die Katzen totgeschlagen und hat sie als Hasen nach Gmünd in die Kaserne zu den Polen gebracht, und da hat sie halt Zigaretten dafür bekommen' [LJ]

schmächert Subst. m. [WL]; **schmerchert** [WL]
– Tabak [WL]

schmurgel Subst. f. [SG, WL]
– Pfeife [WL]; Tabakspfeife [SG].

schmerf Subst. f. [HF, HeF]
– Mund [HF, HeF] ♦ **E:** rw. *schmerf* ‚Mund' WolfWR 5014 zu dt. *schmerfen* ‚schmecken, küssen', *schmerfig* ‚mündig'; rhein. *schmeref* ‚Mund' (RheinWb. VII 1459). ♦ **V:** *de merten het en schirp in de schmerf* ‚Die Katze hat eine Maus im Maul' [HeF]; *de michel het henese teck an de Schmerf* ‚Der Jude hat einen langen

Bart' [HeF]; *et hucken nit all michelen, die schmelen an de schmerf habben* ‚Es sind nicht alle Juden, die einen Bart haben' [HeF]; *knuck de Schmerf, dot huckt den Troppertsblag.* ‚Schweig doch, das ist der Bürgermeister' [HeF]; *knuck de Schmerf, Knöllen, die Fegtesch holt de Flick* ‚Schweig, der Beamte versteht die Sprache' [HeF]

schmerfen swV. [HF, HeF]
– schmecken [HF, HeF]; probieren [HF]; küssen [HF, HeF] ♦ **V:** *zippken, die schmerfen henes; wat beuten die?* ‚Doch, die schmecken gut, was kosten die?' [HeF]; *wie schmerft zinotes de sanktes?* ‚Wie schmeckt euch der Wein?' [HeF]

schmerfke Subst. n., Dim. [HF]
– Küsschen [HF]

schmerfig Adj. [HF]
– gut mundend [HF]; mündig (auch im juristischen Sinne) [HF].

schmerge swV. [JeS]
– die Notdurft verrichten [JeS] ♦ **E:** wohl zu dt. *Schmer* ‚Fett, schleimige Masse' DWB XV 1030 ff.

schmergeln¹ swV. [MM]
schmägeln [LI]
– grinsen [MM]; lächeln [MM]; lachen [LI, MM]; jubeln [MM]; schmunzeln [MM]; (sich) freuen [MM]; hämisch lachen [MM]; innerlich lächeln [MM] ♦ **E:** wohl met. zu dt./westf. *schmirgeln, schmergeln* ‚glätten, schleifen' DWB XV 1094. ♦ **V:** *da schmergelte die kaline über dat ganze löf* ‚da lachte das Mädchen über das ganze Gesicht' [MM]; *die schickse schmergelte sich ein* ‚das Mädchen lächelte' [MM]

anschmergeln swV. [MM]
– anlächeln [MM]

landschmergel Subst. m. [HK]
– Landrat [HK]; Landratsamt [HK]; Landpolizist [HK]

rechtsschmergel Subst. m. [HK]
– Rechtsanwalt [HK].

schmergeln² swV. [HK]
– rauchen [HK] ♦ **E:** wohl zu dt. *schmergeln* ‚Tabaksjauche absetzen' (DWB XV 1094), thür. *schmurcheln* ‚beim Rauchen im Pfeifenrohr gurgeln' (ThürWb. V 785).

schmergel Subst. f. [HK]
– Zigarette [HK].

schmerse Subst. f. [MT, MeT]
schmese [MB]; **schmeese** [MB]; **schmäse** [MB]
– Hose [MT, MeT]; Jacke [MB]; Anzug [MB]; feiner Anzug [MB]; gute Kleidung [MB]; Outfit [MB]; Hemd [MB] ♦ **E:** rw. *schmerse* ‚Hose' (WolfWR 5015, ohne Herleitung), evtl. zu dt. *Schmer* ‚Fett' DWB XV 1030 ff. Benennungsmotiv evtl.: vor Kälte schützend. ♦ **V:** *toffe schmeese* ‚feiner, schöner Anzug' [MB]; *er ist in schmäse* ‚er ist in guten Klamotten' [MB].

schmetter Subst. m. [LJ]
– Rausch [LJ]; Geld [LJ] ♦ **E:** rw. *schmettern* ‚reden, schmecken, trinken' (WolfWR 5016), dt. *schmettern* ‚zechen' DWB XV 1050 ff.; zur Bedeutung ‚Geld' bes. dt. *Schmetter* ‚Stück' DWB XV 1047. ♦ **V:** *wenn mda machnmol en rechta schmetter hot, en fetta schmaling ketscha, noch-ara moss spanna, no kennat mr doch ds-frieda sei* ‚wenn man manchmal einen richtigen Rausch hat, eine fette Katze essen und nach anderen Frauen gucken, da können wir doch zufrieden sein' [LJ].

schmettern swV. [KJ]
– cacare [KJ] ♦ **E:** hess./mdal. *schmettern* ‚Auseinanderspritzen weichen Kots' DWB XV 1050.

schmetterkant Subst. f. [KJ]
– Abort [KJ].

schmetzen Subst. Pl. [NJ]
– Korbweiden [NJ] ♦ **E:** *schmetz-* evtl. Variante zu oder Verschreibung aus *Spetzjer* ‚id.'; vgl. Windolph, Nerother Jenisch, 69, Nrr. 294, 295, rw. *spitz-* ‚Rute' WolfWR 5469.

schmetzer Subst. m. [LJ, SJ, SchJ, TJ]
schmutzer [SJ]; **schmetzger** Subst. m. [LJ]; **schmutzger** [LJ]; **schmatzgr** [OJ]; **schmetzerle** Subst. n. Dim. [Scho]
– Kuss [LJ, OJ, SJ, SchJ, Scho, TJ] ♦ **E:** rw. *schmetzer* ‚Kuss' (WolfWR 5017) zu dt. *schmatzen* (Klepsch 1306), vgl. schwäb. *Schmatz, Schmätzle* ‚lauter Kuß' (SchwäbWb. V 984), *Schmutz* ‚Kuß' (SchwäbWb. V 1018). ♦ **V:** *schmetzer stecken* ‚küssen' [LJ, SJ, Scho]; *schmatzgr schdegga* ‚küssen' [OJ]; *einen schmetzer stecken* ‚küssen' [SchJ].

schmeulern swV. [WG]
schmeun [LoJ]
– reden [LoJ, WG]; nach der Schrift reden [WG]; lügen [WG]; einen Schmäh erzählen [WG] ♦ **E:** evtl. zu hebr. *schmuoh* ‚Geschichte'. ♦ **V:** *grean schmeulern* ‚reden, um von Außenstehenden nicht verstanden zu werden' [WG].

schmieche Subst. f. [NJ]
– weibl. Geschlechtsteil [NJ] ♦ **E:** Dim. zu → *schmu¹* oder zu jd. *schmige* ‚Winkelmesser', dt./fachspr.

Schmiege bes. ‚Zapfenloch, das einen schiefen Winkel bildet, Winkelmaß mit beweglichen Schenkeln' DWB XV 1068.

schmiege Subst. f. [MM]
schmige [MM]
– Gesicht [MM]; „weniger schönes Gesicht" [MM]; Grimasse, Fratze [MM]; Angesicht [MM]; Miene [MM]; Visage [MM]; Mund [MM]; hässliches, mieses Gesicht [MM] ♦ **E:** zu jd. *schmige* ‚Winkelmesser', dt. *schmiege* ‚Winkelmesser, aufklappbare Meßlehre zum Messen stumpfer Winkel' (Klu. 1995: 732). ♦ **V:** *tofte schmiege* ‚beseelter Gesichtsausdruck' [MM]; *jemandem steht das pani bis anne schmiege* ‚jemandem steht das Wasser bis zum Hals' [MM]; *hat der seegers 'ne schmiege* ‚hat der Kerl ein häßliches Gesicht' [MM]; *jemandem die schmiege oder lobbe makeimen* ‚jemandem ins Gesicht schlagen' [MM]; *roin die jofle schmiege von das anim* ‚sieh dir das schöne Mädchen an' [MM]; *roin die schmiege von den seeger!* ‚Schau dir nur das Gesicht des Mannes an!' [MM]; *die schauters zogen alle ne schmiege, als wenn se se die letzten balachsen ausse patte gelellt hätten* ‚die Kerle zogen alle ein Gesicht, als wenn man ihnen die letzten Groschen aus der Tasche gestohlen hätte' [MM].

schmiengge Subst. f. [JeS]
schmingga [JeS]
– Vagina [JeS] ♦ **E:** zu jen. *Schmiengge*, evtl. zu dt. *Schminke* ‚Salbe, Tinktur' DWB XV 1090 f.
schmienggeschlyyffer Subst. m. [JeS]
– Schürzenjäger [JeS]; Weiberheld [JeS]; Geigenspieler [JeS] ♦ **E:** schweizdt. *schlyyffe* ‚schleifen'.

schmiere Subst. f. [JeS, LJ, MM, StG]
schmier [MM, WG]; **schmîr** [Gmü]
– Bewachung [MM]; Wache bei einer Gesetzeswidrigkeit [LJ]; Polizei [JeS, StG, WG] ♦ **E:** rw. *schmiere* ‚Wache, Aufpasser' (WolfWR 5020) < jd. *schmiere stehen* ‚aufpassen, Posten stehen' (WolfWR 5020), jd. *schmiere* ‚Wache' (We 99, Post 244, Klepsch 1310). ♦ **V:** *schmiere stehen* aufpassen [MM]; *schmiere stehen* ‚Wache halten' [Scho]; *schmiere stehen* ‚aufpassen beim Diebstahl' [StG]; *schmiere schdegga* ‚Wache halten beim Stehlen' [OJ]; *Schmier stehen* ‚aufpassen bei einem Verbrechen' [WG]; *beim schoren mußte einer schmiere stehen und kneistern, wo der juchelo war* ‚beim Stehlen mußte einer aufpassen, wo der Hund war' [MM]; *die schmier ging da nur mit gezogene plempe hin* ‚die Polizei ging dahin nur mit gezogenem Säbel' [MM]; *Mach tacko, die schmir kommt!* ‚Beeile dich, die Polizei kommt!' [MM]; *grean, die Schmier ist da!* oder *grean is, die Schmier!* Ruf des Aufpassers, wenn die Polizei naht. [WG]; *schmiere stehen* ‚Wache halten / Posten stehen / aufpassen' [Scho]
gschmierter Subst. m. [WG]; **gschmierten** [WG]
– Polizist [WG]; Kriminalbeamter [WG]
schmierer Subst. m. [WG]
– Aufpasser beim Stoßspiel [WG]; Aufpasser bei einem Verbrechen [WG].
schmieren[1] swV. [NJ]
– aufpassen [NJ]
abschmiern swV. [WG]
– genau beobachten [WG] ♦ **V:** *eine hackn abschmiern* ‚ein Verbrechen auskundschaften' [WG].

schmieren[2] swV. [StG]
– trinken [StG]; Bier trinken [StG]; Schnaps trinken [StG] ♦ **E:** rw. *schmieren, schmoren* ‚trinken, saufen' aus jd. *schmorem* ‚starker Wein, Hefewein' WolfWR 5032; kaum (mit Klepsch 1313) zu hebr. *šimurím* ‚Nachtwache, Vigilien'.

schmierling Subst. m. [KJ, LoJ, LüJ, MUJ, PfJ, RR, WJ]
– Butter [KJ, LüJ, MUJ, PfJ, WJ]; Fett [LüJ, RR]; Seife [LoJ] ♦ **E:** rw. *schmierling* ‚Seife, Butter' zu dt. *schmieren* (WolfWR 5024).
schmeer Subst. f. [SE]; **schmär** [SE]
– Butterbrot [SE]; Butterbrot mit Belag [SE].

schmies Subst. n., f. [CL, HF, HeF]
schmis [CL, HF, JS, PH]; **schmīs** [PH]; **schmiesje** Dim. [CL, LL]; **schmiesle** [OJ]; **gschiesle** [OJ]; **schemisätche** [KM]; **schemisätches** [KM]
– Hemd [CL, HF, HeF, JS, LL, OJ, PH]; Hemden [CL]; Oberhemd [KM] ♦ **E:** rw. *schmis* ‚Hemd' (WolfWR 5027), aus frz. *chemise* f. ‚Hemd'; RheinWb.VII 1038, PfälzWb. V 926.
schmiesschori Subst. f. [CL, LL]; **schmisskore** [CL]; **schmīsskore** [PH]
– Weißware [CL, LL, PH] ♦ **E:** → *schore*[1] ‚Ware'.
schmiesmoppen Subst. F., Pl. [HF]
– Hemdenknöpfe [HF].

schmieser Subst. m. [MB]
– Zigarettenkippe [MB]; Zigarrenstummel [MB] ♦ **E:** wohl zu dt. *Schmeisz* (nd. undiphtongiert *schmies-*) ‚Weggeworfenes' DWB XV 998.

schmillmes Subst. n. [NJ]
schillmes [RH]; **schmullemes** Subst. [NJ, RH]
schmilwert Subst. m. [WL]; **schmielewat** [SE];

schmielewet [SE]; **schmiilert** Subst. m. [SP]; **schmilijat** [SE];
– Gras [NJ, RH]; Heu [NJ, RH, SE, SP, WL]; Klee [WL]
♦ **E:** rw. *schmilmert* ‚Gras', zu dt. mdal. *Schmilme* ‚Grashalm' (WolfWR 5025).

schmink ‚Butter' → *schmitz*.

schminkel Subst. m. [StG]
– Gauner, der sich auffällig und stutzerhaft kleidet [StG] ♦ **E:** zu dt. *Schminke* „von dem was zur verstellung dient und von der verstellung selbst" DWB XV 1090 f.; vgl. → *schmiengge*.

schmirba Subst. n. [OJ]
gschmirb Subst. n. [OJ]
– unnütze Rede [OJ]; Geschwätz [OJ] ♦ **E:** zu schwäb. *schmirben* ‚mit Fett bestreichen' auch in der Bed. ‚viel reden, bes. Unwahres' (SchwäbWb. V 1094).
schmirbling Subst. m. [SJ]; **schmirbleng** [OJ]
– Käse [OJ, SJ]; Butter [OJ, SJ]; Seife [SJ].

schmirgel[1] Subst. m. [FS]
schmirgl [OJ]
– alles Streichfähige [OJ]; Senf [FS] ♦ **E:** rw. *schmirgel* ‚Senf', zu dt. *Schmiere gelbe* (WolfWR 5026).

schmirgel[2] Subst. m. [SJ]
– Schlag [SJ] ♦ **E:** evtl. zu schwäb. *Schmirgel-* ‚Stein zum Schleifen' (SchwäbWb. V 1005).

schmiss Subst. m. [SJ]
– Schlag [SJ]
schmisse Subst. Pl. [MM]
– Prügel [MM]; Schläge [SJ] ♦ **E:** rw. *schmisse* ‚Schlag' (WolfWR 5030), zu dt. *Schmiss* ‚Schlag, Hieb' (DWB XV 1097, SchwäbWb. V 1007, RheinWb. VII 1496).
♦ **V:** *er wünschte allen gnesigen rirkeln nen balg voll schmisse und was aufs jöl* ‚er wünschte allen geizigen Bauern eine Tracht Prügel und was auf die Augen' [MM].

schmitte Subst. f. [JeS]
– Gericht (jur.) [JeS] ♦ **E:** zu schweizdt. *Schmitte, Schmitti* ‚Schmiede'. ♦ **V:** *de freier tschaant vor d schmitte* ‚der Kerl geht vor Gericht' [JeS].

schmitz Subst. f. [NJ, NrJ]
schmits [NrJ]; **schmetz** [NJ]; **schmink** Subst. f. [NJ, OH]; **schminke** [MB]; **sminkse** [SG]
– Butter [MB, NJ, NrJ, OH]; Fett [SP] ♦ **E:** rw. *schmunk, schmink* ‚Schmalz, Butter, Fett' wohl zu dt. *Schminke* ‚Fettsalbe' (WolfWR 5037); vgl. → *schmunk, schmicks, schmück*.

schmingsch Adj., Adv. [HK]; **schminks** [HK]
– dick [HK]; dicke (etwas leid sein)[HK]; beleibter Herr [HK] ♦ **V:** *die schallerei heeje ich awwer schmingsch* ‚die Singerei habe ich aber dicke' [HK]; *schmingsche keue* ‚dicke Frau' [HK].

schmitzen Subst. Pl. [EF]
– Haare [EF] ♦ **E:** dt. *Schmitze* ‚Schnürchen am Peitschenende', mhd. *Smicke* ‚Rute' (Wolf, Fatzersprache, 134), erzgeb./mdal. *schmitzen* ‚mit der Peitsche schlagend knallen' Müller-Fraureuth II 453.

schmius ‚Rede' → *schmusen*.

schmoicha swV. [OJ]
schmejcheln swV. [Scho]
– lachen [OJ, Scho]; scherzen [OJ]; sich freuen [OJ]; grinsen [Scho] ♦ **E:** schwäb. *schmeichen* ‚schmeicheln' (SchwäbWb. V 991).

schmoihagl Subst. m. [LoJ]
– Katze [LoJ].

schmoken swV. [SJ]
schmoochæ [WJ]; **schmeeken** [KMa]
– rauchen [KMa, SJ, WJ] ♦ **E:** rw. *schmogen, schmoken, schmaucheln* ‚rauchen', zu nd. *Smôk* ‚Rauch', dt. *Schmauch* ‚Rauch' (WolfWR 5004); Vgl. → *schmauchen*.

schmok Subst. [SJ]; **schmook** [NJ]; **schmock** [RH]
– Zigarette [NJ, SJ]; Tabakpfeife [RH]

schmogal Subst. [LoJ]
– Zigarette [LoJ]

schmokfinnchen Subst. n. [HLD]
– Zigarre [HLD]

schmoochstock Subst. m. [HL]; **schmockstock** [MB]
– Zigarre [HL, MB] ♦ **E:** rw. *schmockstock* ‚Zigarre' (WolfWR 5004).

schmoler Subst. m. [JeS]
– Hunger [JeS] ♦ **E:** zu dt. *schmal* ‚klein, gering, knapp, schmale (Kost)' DWB XV 910 ff. → *schmale*[2].

schmollen swV. [JSa, LüJ, MoJ, MUJ, PfJ, Zi]
schmolla [OJ]; **schmole** [JeS]; **schmule**[1] [CL]; **schmulen** [CL]; **schmollæ** [WJ]
– lachen [CL, JSa, JeS, LüJ, MoJ, MUJ, OJ, PfJ, WJ, Zi]; scherzen [OJ]; sich freuen [OJ, WJ] ♦ **E:** rw. *schmollen* ‚lachen, scherzen' zu dt. *schmollen* ‚das Gesicht verziehen, lächeln' (WolfWR 5031). ♦ **V:** *de gaaschi hät mi uusgeschmolet* ‚der Mann hat mich ausgelacht' [JeS]

schmule² swV. [JeS]; **schmulen** [JeS]; **schmula** [JeS]
– sich schämen [JeS] ♦ **E:** dt. *schmollen* bes. ‚das Gesicht verdriesslich verziehen' (SchweizId. IX 936).

schmoller ‚Katze' → *schmale¹*.

schmölzerlek Subst. m. [WL]
– Zucker [WL] ♦ **E:** *-hart*-Bildung zu dt. *schmelzen* „aus dem festen in den flüssigen aggregatzustand übergehen" DWB XV 1013 ff.
schmölzert Subst. m. [WL]
– Zucker [WL].

schmone Subst. [MM]
– schlechte Laune [MM] ♦ **E:** wohl zu jd. *schmonzes* ‚dummes Verhalten' We 99.

schmonk ‚Butter, Schmalz, Fett' → *schmunk*.

schmonum Num. Kard. [MM]
schmonem [Scho]; **schwaanem** [CL, LL]; **schwomm** [SS]; **schwom** [SS]; **schmau(o)nem** [Scho]
– achtzig [CL, LL, MM, SS, Scho] ♦ **E:** zu jd. *schmonim, schmaunen* ‚achtzig' (WolfWR 6437, We 99, Post 249, Klepsch 1317).

schmonzes Subst. Pl. [MM, Scho]
schmonses [MM]
– „Geseiere", dummes Gerede [MM]; Lüge [MM]; Unsinn [MM, Scho]; Äußerlichkeiten [MM]; zufriedenes Lächeln [MM]; unwichtige Dinge [Scho]; dumme Ausreden [Scho]; närrische Geschichten [Scho]; Unwahrheit(en) [Scho] ♦ **E:** jd. *schmonzes* ‚unwichtige Geschichten' (We 99, Post 244, Klepsch 1312).

schmonzeln swV. [MM]; **schmonseln** [MM]
– erzählen [MM]; sagen [MM]; reden [MM]; bemerken [MM] ♦ **V:** *meine mamma schmonselte mich, dat wir nach knöbels scheften wollten* ‚meine Mutter sagte mir, daß wir zu den Bauern gehen wollten' [MM].

schmora swV. [OJ]
– Notdurft verrichten [OJ] ♦ **E:** dt. *schmoren* u. a. ‚dampfen' DWB XV 1110.

schmorch Subst. [JSa]
schmorsch [JSa]
– Tabak [JSa]; Zigarre [JSa] ♦ **E:** zu dt. *schmorchen* ‚rauchen, schwelen' DWB XV 1109. Vgl. → *schmerche*.

schmoren swV. [LüJ, SJ, StG, HK, HLD]
schmoore [JSa, JeS, Scho]; **schmora** [OJ]; **schmoorn** [HK]; **schmooren** [HK]; **schmorren** [WL]; **schmären** [HLD]
– trinken [HK, HLD, JSa, JeS, LüJ, OJ, Scho, SJ, StG, WL]; sich besaufen [HK]; saufen [HK, JeS, LüJ]; Bier trinken [HK]; mit Genuss essen oder trinken [WL]; gehörig Schnaps trinken [HLD]; in der Hitze aushalten [Scho] ♦ **E:** rw. *schmoren* ‚trinken', dies zu jd. *schmorem* ‚starker Wein, Hefewein' (WolfWR 5032, Post 245, Klepsch 1313, SchwäbWb. V 1011). ♦ **V:** *Mir schmoret no a Glas, es mues ja net glei's Ende sei, der jol ischt gwand ond kiwig, drom wird er gschwächt, no ischt ellas lopf* ‚Wir trinken noch ein Glas, es muß ja nicht gleich das Ende sein, der Wein ist schön und gut, darum wird er getrunken, dann ist alles gut' [SJ]; *der beeker heechd aber geschmoord* ‚der Mann hat sich aber betrunken' [HK]; *jochn geschmoord* ‚Schnaps getrunken' [HK]; *Dilms, schmoord nicht so viele, es wird nicht mehr geschwächd, wir müssen noch jaunen und bich verdienen!* ‚Mädchen, trinkt nicht so viel, es wird nicht mehr getrunken, wir müssen noch spielen und Geld verdienen!' [HK]; *schnorri schmorren* ‚viel Schnaps trinken' [WL]; *der schmoort si ou* ‚er trinkt sich voll' [Scho]

schmarim Subst. [HLD]
– starker Wein [HLD]

beschmoren swV. [StG]
– betrinken [StG]

beschmort Adj. [HLD, JSa]; **beschmoord** [HK]
– betrunken [HK, HLD, JSa]; besoffen [HK]; trunken [HK]; angeheitert [HK]; angetrunken [HK]; voll besoffen [HK]; blau [HK]

beschmoorte Subst. Pl. [HK]; **beschmorte** [HK]
– Betrunkene [HK]; Besoffene [HK]; angetrunkene Leute [HK]; „Leute, die betrunken sind" [HK]; „betrunken" [HK]; „besoffen" [HK]

beschmortheit Subst. f. [SJ]
– Trunkenheit [SJ]; Betrunkenheit [SJ]

verschmoorn swV. [HK]
– vertrinken [HK]; versaufen [HK]; Geld vertrinken [HK]; Geld ausgegeben für Trinken [HK] ♦ **V:** *sein kandchen verschmoord* ‚sein Haus versoffen' [HK]; *heechd das bich verschmoord* ‚hat das Geld versoffen' [HK]

verschmoord Adj. [HK]
– versoffen [HK]; betrunken [HK]; „Alkoholiker" [HK]; vertrunken [HK]

kellerschmore Subst. f. [HK]
– Gaststätte(nname) [HK]; Kellergaststätte [HK]

schmorerei Subst. f. [HK]
– Getränke [HK]

schmoorbich Subst. n. [HK]
– Geld, was einer versoffen hat [HK].

schmotza swV. [LJ, OJ]
– hauen [LJ, OJ]; schlagen [LJ, OJ]; eine feuern [LJ]; eine knallen [LJ]; eine kleben [LJ] ♦ **E:** rw. *schmitze* ‚Schlag, Züchtigung' zu dt. *Schmitz* ‚Schlag, Streich', ahd. *smiz* (WolfWR 5030).

schmu¹ Subst. f. [MM, MeJ, NJ]
schmuu [JSa]; **schmue** [Scho]; **schmuh** [MM]; **schmui** [JSa, NJ, WJ]; **schmuje** Subst. f. [JeS]; **schmoije** [KM]; **schmieche** [NJ]
– Scham [MM]; Vagina [JeS, MM, MeJ, NJ]; Vulva [KM, WJ]; weibliches Geschlechtsteil [JSa, NJ, Scho] ♦ **E:** rw. *schmu* ‚Vulva' (WolfWR 5034, Klepsch 1316), zu jd. *schmu-e* ‚weibl. Scham' (We 99), nach Avé-L. zu dt. *Musche* ‚Vulva'. MatrasJd 290: im Jd. Südwestdeutschlands in der Form *smoja*, hebr. [smu:'ja:h] ‚die Versteckte'; zur Varainte *schmieche* vgl. → *schmieche*. ♦ **V:** *olf, bes, kimmel, dollar, hei – mit dem sonnof an die schmu vorbei* ‚eins, zwei, drei, vier, fünf – mit dem Schwanz an der Scham vorbei' [MM]

schmucher Subst. Pl. [CL]
– Schnecken (Vulva) [CL]

schmutere Subst. f. [JeS]; **schmotter** [LüJ]
– Vagina [JeS, LüJ]

schmufink Subst. m. [DG]
– Zigarre [DG] ♦ **E:** unsicher, ob Erstglied zu rw. *schmu* ‚Vulva', evtl. zu oder mit Einfluss von dt. *schmauchen* „auf das tabakrauchen bezogen, zur bezeichnung starken, qualmenden rauchens" DWB XV 953 f., ugs./nd. *schmöken*.

gschmufink Subst. m. [UG], **geschmufink** [UG]
– Penis [UG].

schmu² Subst. m. [LJ, MUJ, PfJ, SJ, Scho]
schmuh [LüJ, MM, NJ, OJ, PfJ]
– Betrug [LJ, MM, MUJ, PfJ, SJ]; Beschiss [LüJ]; kleiner legaler Betrug des Kunden [LüJ]; Lüge [MM]; Unwahrheit [MM, Scho]; seichte Redensart [MM]; Tücke [MM]; Unterschlagung [MM]; „platt machen, unterschlagen" [MM]; „anderen etwas weismachen" [MM]; sich unrechtmäßig etw. einstecken [MM]; „etwas Unehrliches machen, nicht richtig abrechnen" [MM]; Diebstahl [MM]; Unsinn machen [OJ]; unreeller Gewinn [OJ]; Schwindel [PfJ] ♦ **E:** rw. *schmuh* ‚Profit, Gewinn niederer, unreeller Art,' (WolfWR 5035) < jd. *schmu* ‚Schwindel, Betrug' (We 99, Post 245, Klepsch 1314, Klu. 1995: 733); vgl. → *schmusen*. ♦ **V:** *schmuh machen* ‚(Geld) unterschlagen' [JS]; „was übrig ist, hab abgerechnet und 15 Mark über, is *schmuh*, unterbautes Geld, irgendwie an die Seite gebracht" [MM]; *schmuh machen* ‚beiseite schaffen' [NJ]; *mit schmuh besoffen machen* ‚jemandem Honig um den Mund schmieren' [MM]; *der älteste koten mußte in'n granigen, weil er schmuh gemacht hatte* ‚das älteste Kind mußte wegen Betrügerein ins Gefängnis' [MM]; *die zintianims ham den hachos schmus erzählt und noch lowi dafür bewircht* ‚die Zigeunerfrauen haben den Bauern nur Unsinn erzählt und dafür noch Geld bekommen' [MM]

schmu³ Adj. [HLD]
– unerlaubt [HLD]

schmuhgeld Subst. n. [OJ]
– Betrügerlohn [OJ]

lackeschmuh Subst. m. [PfJ]
– Betrug [PfJ].

schmuck¹ Subst. m. [LJ, WG]
– Geld [LJ]; Handschellen [WG] ♦ **E:** dt. *Schmuck* ‚Ornat, Geschmeide' DWB XV 1112 ff.

schmucken Subst. m. [SK]; **smucken** [SK]
– Groschen [SK].

schmuck² Subst. [MUJ]
– Schmalz [MUJ] ♦ **E:** wohl zu → *schmunk* ‚Butter' (WolfWR 5037).

schmuckabine Subst. f. [MM]
– Frikadelle [MM]

schmuckille Subst. f. [MM]
– Butterbrot [MM] ♦ **E:** roi. *khil* ‚Butter, Schmalz' (WolfWZ 1399).

schmuckert Subst. m. [WL]
– Kuss [WL] ♦ **E:** dt./mdal. *smucken* ‚küssen' DWB XV 1126.

schmuddele swV. [CL]
– unsaubere Arbeit verrichten [CL] ♦ **E:** PfälzWb. V 1196 *schmuddeln* ‚hastig und unsauber arbeiten'; RheinWb. VII 1510 *sich anschmuddeln*, ElsWb. II 479 *schmudlen*.

schmudi Subst. f. [JeS]
– Kraft [JeS] ♦ **E:** unsicher; evtl. zu PN *Samuel*, *Schmuhl*; appellativisch *Schmuhl* ‚Jude' WolfWR 5036.

schmudig Adj. [JeS]
– kräftig [JeS]; stark [JeS] ♦ **V:** *e schmudige gaaschi* ‚ein kräftiger Kerl' [JeS].

schmüdu Subst. m. [BM]
– Fett [BM] ♦ **E:** zu schweizdt. *schmüderig* ‚matschig, mit Schmutz vermengt' (SchweizId. IX 867).

schmuh ‚Vagina' → *schmu¹*. **schmuh** ‚Betrug' → *schmu²*.

schmull¹ Subst. f. [WL]
– Mund [WL] ♦ **E:** rw. *schmollen* ‚lachen, scherzen', zu dt. *schmollen* ‚lächeln', lux. *eng schmull maa(ch) en* ‚schmollen' (WolfWR 5031); evtl. Einwirkung von nd./nl. *mul* ‚Maul', vgl. auch roi. *mui* ‚Mund'. ♦ **V:** *eng op d'schmull* ‚eine aufs Maul' [WL]; *d'schmull henke loossen* ‚ein langes Gesicht machen' [WL]; *kuff d'schmull* ‚Halt's Maul' [WL].

schmull² Subst. [EF]
– Schmalz [EF] ♦ **E:** dt. *Schmulle* ‚Fett von geschlachteten Schweinen' DWB XV 1132.

schmulwert Subst. m. [WL]
– Hafer [WL] ♦ **E:** lux. *Schmull* ‚Gries' LuxWb. IV 162.

schmunk Subst. m. [CL, FS, GM, HK, Him, JeH, KMa, LI, LJ, LL, Mat, MeJ, NJ, OH, PH, PfJ, RR, SE, SJ, SS, SchJ, TJ, TK, WH, WJ, WL, Wo, Zi]; **schmunke** [HLD]; **schmung** [JS, JeS, LoJ, TK]; **schmuk** [SE]; **schmuks** [SE]; **schmäks** [SE]; **schmeks** [SE]; **smung** [SK]; **smunk** [SK]; **schnunk** [CL, WL]; **schmonk** [JS, JSa, LüJ, SE, SJ, WJ]; **schmong** [SJ, WJ]; **schmongk** [SP]; **schmongg** [OJ]; **schmoñg** [KP]; **schmungg** [JeS]; **schmung** [KJ]; **schmungk** [SP]; Subst. **schmuni** [JeS]; **schmunggi** [JeS]; **schmutz** Subst. [TK]
– Butter [CL, FS, GM, HK, HLD, JS, JSa, JeS, KMa, LI, LüJ, MeJ, OH, SE, SG, SK, SS, TJ, TK, WH, WJ, WL]; Fett [CL, HK, JS, JSa, JeH, LJ, LL, LüJ, NJ, OJ, PH, PfJ, SE, SJ, SchJ, TJ, TK, WJ, WL]; Speisefett [JeS]; jede Art von Fett (z. B. Schuhfett) [JeS]; Schmalz [Him, KP, LJ, LoJ, LüJ, Mat, OJ, PfJ, RR, SJ, SK, SchJ, WJ, Wo, Zi]; Speck [CL, JSa, SE, WL]; Schmand [HK]; Sahne [HK]; gute Butter [HK]; Salbe [HK]; Schinken [WL]; Prügel [SK] ♦ **E:** rw. *schmunk* ‚Schmalz', ‚Butter', ‚Fett', zu dt. *Schminke* ‚Fettsalbe' (WolfWR 5037) oder zu → *schum* ‚Fett' (Klepsch 1318). Vgl. → *schmink, schmecks*. ♦ **V:** *doffer schmunk* ‚Butter' [CL]; *dicker de schmunk wie de leechem* [CL]; *mit schmunk machen* ‚schmälzen' [PfJ]; *fein geschmunkt* ‚(ausreichend) geschmälzt' [PfJ]; *ob osser klett hockt dofte schmonk und längeling mit maro* ‚auf unserem Tisch steht gute Butter mit Wurst und Brot' [JS]; *mameere, teel mr schmuni uf e leem* ‚Mutter, gib mir Butter aufs Brot' [JeS].

schmonken swV. [LüJ, WL]; **schmunken** [LüJ, WL]
– fetten, einfetten [LüJ, WL]; schmeicheln, süß schwätzen [LüJ]; sich anbiedern [LüJ]; unterwürfig sein [LüJ] ♦ **V:** *schmonk/schmunk mer de gatt* ‚leck' mich am Arsch' [WL]

einschmonken swV. [LüJ]; **einschmunken** [LüJ]
– einfetten [LüJ]; einschmeicheln, einschleimen [LüJ]

schmong Adj. [OJ]
– fettig [OJ] ♦ **V:** *a schmonggr mass* ‚nahrhaftes Fleisch' [OJ]

schmunkig Adj. [LüJ, NJ]; **schmonkich** [LüJ]; **schmonkisch** [JSa]; **schmunig** [JeS]; **schmunigg** [JeS]
– fett [JeS, LüJ]; fettig [JSa, LüJ, NJ]; dreckig [JSa]; dick [LüJ]; kräftig [LüJ]

schmunkbolla Subst. Pl. [LüJ]
– Stück Fett, Fettbollen, Schmalzbollen [LüJ]; Butter [LüJ]; Bratkartoffeln [LüJ]; fette Leute, Dicke [LüJ] ♦ **V:** *ek hebbe meisen smunk bestowen* ‚ich habe üble Prügel bekommen'; ursprünglich ‚ich habe schlechtes „Fett" bekommen'. [SK]; *die dribist hott e semme voll schmunk und sprenkert* ‚die dritte hat eine Büchse voll Schmalz und Salz' [LJ]; *schofle goi, steckt uns nit emal e bißle schmunk* ‚eine schlechte Frau, die gibt uns nicht einmal ein bißchen Schmalz' [LJ]

sminksebroet Subst. n. [SG]; **sminksbrot** [SG]
– Butterbrot [SG]

smunklehchen Subst. n. [SK]
– Butterbrot [SK] ♦ **E:** jd. *lechem* ‚Brot'.

schmunkmaro Subst. m./n. [SJ]
– Butterbrot [SJ]

schmunkelsbüs Subst. f. [HF]
– Medizinflasche [HF] ♦ **E:** *büs* mdal. für *Büchse*. (RheinWb. VII1514).

bezumschmunk Subst. m. [SchJ]
– Eierschmalz [SchJ]; eine Art Pfannkuchen [SchJ]

gattschmonkert Subst. m. [WL]
– Speichellecker [WL]

kwischmunk Subst. m. [SchJ]
– Hundefett [SchJ]

rindschmunk Subst. m. [PfJ]
– Butter [PfJ]

schmunkleechn Subst. n. [HK]
– Butterbrot [HK]

schmunksbossert Subst. m. [PfJ]; **schmunkbossert** [PfJ]
– Speck [PfJ]

strüpflingsschmunk Subst. m. [PfJ]
– Butter [PfJ]

uugeschmungget Adj. [JeS]
– ohne Butter gekocht [JeS] ♦ **V:** *uugeschmunggeti bole* ‚im heissen Wasser geschwellte Kartoffeln' [JeS].

schmuntzel Subst. [FS]
– Kraut [FS] ♦ **E:** hess. *Schmunzel* ‚Brotaufstrich, Pflaumenmus, Rübenkraut' (HessNassWb. III 310).

schmurche ‚Zigarre' → *schmerche*.

schmurf Subst. m. [JSa]
– Kuss [JSa] ♦ **E:** wohl zu rw. *schmerf* ‚Mund' (WolfWR 5014, ohne Herleitung); evtl. zu dt. *Schmer* „grundbegriff des fetten, salbenartigen und klebenden" DWB XV 1030 ff.

schmurr Subst. f. [LJ]
– Wunde [LJ] ♦ **E:** schwäb. *schmurr* ‚Narbe' (SchwäbWb. V 1017), Variante zu dt. *Schmarre*.

schmurse Subst. f. [MeT]
– Butter [MeT] ♦ **E:** wohl zu dt. *schmieren*, mnd. *smêren* ‚ein Brot beschmieren, fetten'.

schmursenhutsche Subst. m. [MeT]
– Holländer, wörtlich: Buttermann [MeT]

schmursenroedler Subst. m. [MeT]
– Butterhändler [MeT].

schmusen swV. [CL, FS, GM, HL, JS, JeH, JeS, LJ, LüJ, MB, MM, NJ, PH, PfJ, SE, SJ, SK, Scho, WL, Zi]
schmuesen [Scho]; **schmousn** [NW]; **schmousen** [SE]; **schmußen** [LüJ, MM]; **schmussen** [MM]; **schmuusen** [SP]; **schmausen** [MM]; **schmuse** [CL, JeS, LL]; **schmusn** [NW]; **schmuuse** [JeS, KM]; **schmusa** [OJ]
– sagen [CL, GM, JS, JeH, JeS, KM, LJ, LüJ, MB, MM, OJ, SK, SP]; erzählen [CL, JeS, LJ, LL, LüJ, MB, MM, SJ]; sprechen [CL, FS, HL, JeS, KM, LüJ, MB, MM, NJ, PH, SE, SP, Zi]; reden [CL, JeS, KM, LL, LüJ, MB, MM, NJ, PfJ, SJ, Scho, WL]; gut reden [Scho]; plaudern [CL, LL, LüJ, MB]; sich unterhalten [OJ, Scho]; schwätzen [LJ, LüJ]; schwatzen [LüJ, MB]; fragen [MM]; nennen [MM]; berichten [MB, MM]; erklären [MM]; verlauten lassen [MM]; aussagen [MB, PfJ]; verraten [LüJ]; mitteilen [KM]; Blödsinn erzählen [MM]; angeben [SJ]; rufen [MM]; jmd. zu Gefallen reden [CL]; jmd. etwas wünschen [MM]; weismachen [MM]; predigen [MM]; schreien [MM]; murmeln [MM]; flüstern [MM]; vorschreiben [MM]; zeigen [MM]; antworten [JeS]; befehlen [JeS]; bekennen [JeS]; zum Kauf oder Handel überreden [NW]; vermitteln [NW]; lieben [LJ] ♦ **E:** rw. *schmusen* ‚erzählen, plaudern', dies zu jd. *schmusen* ‚sich unterhalten, reden, leere Reden führen', jd. *schmus* ‚Unsinn, leere Rede, unwahre Geschichte' (We 99, Post 245, Klepsch 1318); zu jd. *schmuo* ‚Gehörtes, Erzählung, Gerücht' (WolfWR 5039); LJ ‚lieben' unter Einfluss von oder direkt aus dt./ugs. *schmusen* ‚liebkosen'.
♦ **V:** *doft schmusen* ‚schön reden' [NJ]; *lagg schmusa* ‚übel reden' [OJ]; *nicht schmusen!* ‚nicht sagen!' [TK]; *hälenga gschmusa* ‚heimlich etwas sagen' [OJ]; *kochem schmusen* ‚Diebessprache reden' [SJ]; *linke schmus machen* ‚Unwahrheit sagen' [StG]; *schmuus lau* ‚sei ruhig, sag nichts' [NrJ]; *schmus lau* ‚raspel Süßholz, sei vorsichtig mit dem, was du sagst' [SPI]; *ich schmusen nobes* ‚ich sage nichts' [NJ]; *i gschmus dr nobes!* ‚ich sag Dir nichts!' [OJ]; *bisse mucker, was der gallach inne tiftel geschmust hat?* ‚hast du eine Ahnung, was der Pfarrer in der Kirche gesagt hat?' [MM]; *der osnik schmust* ‚die zeigt', ‚es ist soundso spät' [MM]; *wat schmust der osnik?* ‚wie spät ist es?' [MM, GM]; *was schmust Osneck?* ‚wie spät?' [NJ]; *ausgefircht schmusen* ‚hochtrabend daher reden' [MM]; *dat war alles magente, watt der seeger schmuste* ‚der Mann gab nur an' [MM]; *roin mal, wat der osnik schmust!* ‚Sieh mal nach, wie spät es ist!' [MM]; *der hat nur stuss geschmust* ‚er hat nur Unsinn erzählt' [MM]; *wat schmuste, dat böschte inne bosse?* ‚Was sagst du, das geht in die Hose?' [MM]; *diberei: schmus kaffer, haurets begerisch? Nobis, moß! – Bikerich? Nobis. – Schwächerich? Nobis. – Durmerich? Nobis. – Geschwächt? Nobis, moß! – Scheffts dir schofel? Nobis. – Gielerich? Nobis. – Dof? Kenn, moß!* ‚Gespräch: Sag, Mann, bist du krank? Nein, Frau! – Hungrig? Nein. – Durstig? Nein. – Schläfrig? Nein. – Betrunken? Nein, Frau! – Ist dir schlecht? Nein. – Übel? Nein. – Gut? Ja, Weib!' [LüJ]; *was schmust die kambanie?* ‚wie spät ist es?' [MB]; *was schmust die osnick?* ‚wie spät ist es?' [MB]; *es hat ihne alles schon geschmust* ‚sie hat ihm schon alles erzählt' [MB]; *muesch dänn loori schmuuse* ‚du musst dann nichts sagen' [JeS]; *betuch schmusen* ‚leise, vorsichtig reden' [HLD]; *schmous nômen lau!* ‚Sprich gar nichts!' [SE]; *span, do den hautz as nicht doft, der sperrt die flipp-flappen op, schmus nobes!* ‚Sei vorsichtig, der Mann vesucht unser Gespräch zu belauschen, der sperrt die Ohren auf, sei lieber ruhig!' [SE]; *schmuesgrejndl* ‚mit deinem Gerede' [Scho]; *einen rill schmußen* ‚einen Furz lassen/furzen, einen Wind lassen' [LüJ]; *kochem schmusen* ‚Jenisch reden, klug, gescheit, schlau daherreden' [LüJ]; *diberei: schmus, kaffer, hauerst begerisch? nobis, moß!* ‚Sag', Mann, bist du krank? Nein, Frau!' [LüJ].

anschmusen swV. [SJ]
– auf Arbeit ansprechen [SJ]

einschmusen swV. [LüJ]
– einschmeicheln [LüJ]

gschmusa swV. [OJ]
– sagen [OJ]
vorschmusen swV. [MM]
– jmd. etwas vormachen [MM]
zuschmusen swV. [PfJ]
– zutragen [PfJ]; zusammenkommen [PfJ]
schmus Subst. m./f. [HLD, MB, MM, OJ, Scho, SJ, WL]; **schmuß** [MM]; **schmius** [SS]; **schmüse** [MB]; **schmusen** [MB]; **schmuuis** [JeS]; **schmusis** [JeS, WL]; **schmu** [Scho]; **schmous** [NW]
– Rede [HLD, SS]; Reden [OJ]; Redensart [Scho]; Gerede [MB, MM, OJ, SJ]; Schönfärberei [MM]; Unsinn [MM, Scho]; Quatsch [MM]; Blödsinn [MM]; Unwahrheit [MM, Scho]; „das stimmt nicht, was der sagt" [MM]; Geschwätz [WL]; Lüge [MB, MM]; Kram [MM]; Sachen [MM]; Märchen [MB]; Gesülze [MB]; unwahre Geschichte [MB]; Sprüche [MB]; dumme Rederei [MB]; dummes Zeug reden [MB]; dumme Sprüche machen [MB]; falsche Komplimente machen [MB]; Antwort [JeS]; Gericht [Scho]; unwahre Geschichte [Scho]; Entlohnung des Schmusers für seine Vermittlung [NW]; *lauer schmus* ‚dummes Gerede' [MM]; *schmus lau* ‚pass auf, was du sagst' [WL] ♦ **V:** *schmus bachendes* ‚Lüge' [Scho]; *schmuesbachendes* ‚mit deinen Lügen' [Scho]; *auf den schmuß hüppen* ‚auf den Unsinn hereinfallen' [MM]; *lau oser schmus roinen* ‚die Wahrheit sagen' [MM]; *dei briuket usen Schmius nit te vernuppen!* ‚die brauchen unsere Rede nicht zu verstehen' [SS]; *er rackert nur schmüse* ‚er erzählt nur Märchen' [MB]; *das war wieder en schmus* ‚das war wieder ein Gesülze' [MB]
schmuser Subst. m. [LüJ, NW, SPI]; **schmueser** [Scho]
– Redner, Sprecher [LüJ]; Sprüchemacher, Schwätzer [LüJ]; ein Vermittler beim Handeln [Scho]; Makler [LüJ]; Zusprecher [SPI]; Hilfskraft beim Verkauf von Vieh [SPI]; Animator [SPI]; Unterhändler [NW]; „Vermittler, der durch Zureden den Abschluss des Geschäfts fördert und hernach von beiden Teilen den *schmus* verlangt" [NW]
schmusert Subst. m. [WL]
– jmd., der gegen Schmusgeld ein Geschäft vermittelt [WL]
schmuserei Subst. f. [LJ]; **schmußerei** [LJ]
– Erzählung [LJ]; Gespräch [LJ]
geschmusr Subst. m. [OJ]
– Kundenzuträger [OJ]; Werber im Pferdehandel [OJ]
geschmuse Subst. n. [MM]; **gschmues** [Scho]; **gschmus** [OJ, Scho]
– Gerede [MM]; Reden [OJ]; Geschwätz [Scho]

schmusbacke Subst. f. [Scho]
– Klatschbase [Scho]
schmusbich Subst. n. [LüJ]
– Schmusgeld, Geld, das man fürs *Schmusen* bekommt [LüJ]; Bestechungsgeld [LüJ]
schmusgeld Subst. n. [LüJ, WL]
– Vermittlungslohn [WL]; „das Geld, das man fürs *schmusen* bekommt" [LüJ]
schmuskaffer Subst. m. [RH]
– Lehrer [RH]
schmusleine Subst. f. [MM]
– Telefon [MM]
schmusekästken Subst. n. Dim. [MM]
– Telefon [MM]
schmuuskittli Subst. n. Dim. [JeS]; **schmuskettli** [JeS]
– Beichthäuschen [JeS]
schmusestrippe Subst. f. [MM]
– Telefon [MM]; Hotline [MM]
schmuusgalaumes Subst. m. [CL, LL]
– Lüge [CL, LL] ♦ **E:** → *kalaumes*.
geschmusr kies Subst. m. [OJ]
– Trinkgeld [OJ]
weitgeschmusr Subst. m. [OJ]
– Telefon [OJ]
kackschmus Subst. m. [HK]
– dummes Gerede [HK]; „schön tun" [HK]
lakerschmus Subst. m., Sprachname [WL]
– Lakersprache [WL]
opschmusen swV. [WL]
– aufschwätzen [WL] ♦ **V:** *engem eppes opschmusen* ‚aufschwätzen' [WL]
lau schmusen swV., Phras. [SPI]
– Süßholz raspeln [SPI]
verschmuuse swV. [JeS]; **verschmuse** [JeS]
– verklagen [JeS]; denunzieren [JeS]; anzeigen [JeS].

---

schmutzen swV. [SJ]
– küssen [SJ] ♦ **E:** schwäb. *schmutzen* ‚küssen' (SchwäbWb. V 1019).
schmutzer Subst. m. [SJ]; **schmetzer** [SJ]
– Kuss [SJ] ♦ **V:** *einen schmetzer stecken* ‚küssen' [SJ].

---

schmuulmaies Subst. n. [KM]
– Schwarzgeld [KM] ♦ **E:** Deutungskonkuurenz: zu rw. *schmuh* ‚Unterschlagung, Profit, Gewinn unreeller Art', vgl. rw. *schmujroschen* ‚unredlich erzielter Gewinn' WolfWR 5035 oder zu rw. *schmuhl* ‚Jude', Deonomasticon zu PN *Samuel* WolfWR 5036; Zweitglied zu → *mees*.

schnäbbern swV. [Scho]
– viel reden [Scho]; schwatzen [Scho] ♦ **E**: zu dt. *Schnabel* DWB XV 1142 ff.

schnabel Subst. m. [LJ, LüJ]
schnâbel [Him]; **schnabl** [OJ]; **schnåbla** [LoJ]; **schnybi** Subst. m. [JeS]; **schnibe** [JeS]; **schniba** [JeS]; **schniebi** [JeS]; **schniibi** [JeS]
– Löffel [Him, JeS, LJ, LoJ, LüJ, OJ]; Gabel [JeS] ♦ **E**: rw. *schnabel* ‚Löffel', zu dt. *schnabulieren* (WolfWR 5043).

schnadderen swV. [LüJ]
schnedderen [LüJ]; **schnedderæ** [LüJ]
– übergeben [LüJ]; haben [LüJ]; Geschlechtsverkehr haben, vögeln [LüJ]; furzen [LüJ] ♦ **E**: unsicher; evtl. zu dt. *schnattern* DWB XV 1196ff., schwer zu roi. *čha(r)del* ‚sich übergeben' (WolfWZ 3417; Boretzky/Igla 55).

schnadern swV. [PfJ]
– gehen [PfJ] ♦ **E**: rw. *schnadern* ‚gehen' WolfWR 5045 ohne Herleitung; evtl. zu dt. *Schnat* ‚Grenze' DWB XV 1193; Benennungsmotiv: evtl. Grenzbegehungen, sogenannte *Schnatgänge*, auch kurz als *Schnat* bezeichnet.

schnadig Adj. [BM]
– schnell [BM]; schön [BM]; gut [BM] ♦ **E**: dt. *schneidig* u. a. „von schnellen, kräftigen, mit nachdruck ausgeführten bewegungen" DWB XV 1279 ff.

schnäfle swV. [BM]
– schnitzen [BM] ♦ **E**: schweizdt. *schnëflen* ‚schnitzen' (SchweizId. IX 1151).

schnafte Adj. [MB]
schnafke Adj. [HK]
– prima [MB]; gut [MB]; schön [MB]; schick [HK] ♦ **E**: berlinerisch: „Man iss dit *schnafte*! Früha jehörte dit Wort ma zum Berlina Sprachjebrauch wie Bulette oda Jöre. Dit Wort hat ne ähnliche Bedeutung wie knorke oda dufte, heeßt also, des man wat jut findet." Blog: Berlin typisch (vgl. auch DUW 1996: 1340; Kü 1993: 729).

schnaggla swV. [OJ]
– begreifen [OJ] ♦ **E**: dt./obdt. *schnackeln* „schnallen, schnellen, schnippen, dann auch eine rasche bewegung machen" DWB XV 1156. ♦ **V**: *em hiera schnaggleds* ‚es funkt im Gehirn' [OJ]
gnuischnagglr Subst. [OJ]
– Kniezittern [OJ].

schnäi Num. Kard. [LI]
schnei [LI]
– zwei [LI] ♦ **E**: rw.*schnei* ‚zwei' WolfWR 5070 aus jd. *šnē* ‚zwei' We 100, Klepsch 1330 f.

schnajeln swV. [KMa]
schnägen [KMa, OH]
– trinken [KMa, OH] ♦ **E**: rw. *schnasseln* ‚trinken' WolfWR 5055, ohne Herleitung; aus gleichbed. jd. *schasjenen*. → *schnajeln*.
geschnägelt Part. Perf., Adj. [KMa, OH]
– getrunken [KMa, OH]
beschnägelt Adj. [KMa, OH]
– betrunken [KMa, OH].

schnall Subst. f. [WL]
– Schnalle [WL]; Leibgurt [WL]; Faschine (zusammengeschnürtes Bündel aus Reisig) [WL] ♦ **E**: dt. *Schnalle* „vorrichtung zum zusammenfassen an der bekleidung", „eigentlich elastisches, schnurrendes band" DWB XV 1161 ff. ♦ **V**: *z'deih d'schnall bäi!* ‚Reiß dich am Riemen (ertrag den Hunger)!' [WL].

schnalla swV. [OJ]
schnalen [SP]
– begreifen [OJ]; essen [SP] ♦ **E**: dt./ugs. *etwas schnallen* ‚etwas begreifen' (vgl. DWB XV 1163 f.), rhein. *schnallen* ‚mit großer Lust essen' (RheinWb. VII 1541).

schnalle[1] Subst. f. [EF, SJ]
schnall [EF, LüJ, OJ, SJ]; **schnåll** [EF]
– Hure [LüJ, SJ]; leichtes Mädchen [LüJ]; Weib [SJ]; Dirne, käufliche [EF, LüJ]; leicht verrufene Frau, Fräulein, (abwertend) [EF, LüJ]; liederliches Frauenzimmer [OJ] ♦ **E**: rw. *schnalle* ‚Vulva, Dirne', zu dt. (ant.) *Schnalle* ‚Schnabel, Maul, Lippen' (WolfWR 5046).

schnallendrucker Subst. m. [WG]
– Homosexueller [WG]

schnallenbautzer Subst. m. [PfJ]; **schnallenbauzer** [PfJ]
– Chaise (Kutsche) [PfJ] ♦ **E**: SchwäbWb. V 1027: Erstglied zu *Schnalle* ‚Weib', Zweitglied zu *Kutsche*.

schnallengutscher Subst. m. [PfJ]; **schnallengautscher** [PfJ]
– Chaise (Kutsche) [PfJ]

schnalletryyber Subst. m. [JeS]
– jmd., der stets mit Dirnen verkehrt [JeS]; Schimpfwort (Hurenbube) [JeS] ♦ **E**: schweizdt. *tryybe* ‚treiben' (SchweizId. IX1217).

schnalle² Subst. f. [BA, JSa, JeS, SJ, TK]
schnall [Him, LI, LüJ, NJ, OH, OJ, WL]; **schnal** [NrJ, WL]; **schnale** [JeS]; **schnel** [SP]; **schnell** [CL, LL, PH, PH, SE]; **schnull** [NJ, JS]; **schnaue** [BM]; **schneltse** Subst. f. [CL, PH]; **schnelltse** [CL, LL]
– Suppe [BA, BM, CL, Him, JS, JSa, JeS, LI, LL, LüJ, NJ, NrJ, OH, OJ, PH, PH, SE, SJ, SP, TK, WL] ♦ **E:** rw. *schnalle* ‚Suppe', zu dt. *schnallen* ‚geräuschvoll schlürfen' (WolfWR 5048). ♦ **V:** *Schnalle bicken* ‚Suppe essen' [JSa]; *schnall funken* ‚Suppe kochen' [NJ]; *schnall botten* ‚Suppe essen' [NJ]; Do hoschde kää Schprungert an de Schnell ‚Da hast du kein Salz an der Suppe' [LL, CL]; *So, galme, dibert die mamere, ist schnall und bolle' buttet und gleis geschwächt? Kenn, mamele! – Dann bostet in sauft und schlaunet!* ‚So, Kinder, sagt die Mutter, ist die Suppe und die Kartoffeln gegessen und die Milch getrunken? Ja, Mutter!- Dann geht ins Bett und schlaft!' [LüJ]; *das huurt e linggi schnalle* ‚das ist eine schlechte Suppe' [JeS]
fellekeschnall Subst. f. [WL]
– Kartoffelsupp [WL]
fluuseschnall Subst. f. [OJ]
– Wassersuppe [OJ]
gleisschnälle Subst. f. [LüJ]
– Milchsuppe [LüJ] ♦ **E:** WolfWR 1829 (*gleisschnalla*). ♦ **V:** *mei mamere sutteret gerade mei gleisschnälle* ‚meine Mutter kocht gerade meine Milchsuppe' [LüJ]; *derchermoß: hauret so dof, lehmschupfer, und dogt mir dofen lehm oder gleiskechelte für mein gälmle zum gleisschnälle sicheren. lehmschupfer: nobis, nobis, dercherulmen wird lore g'dogt!* ‚Bettelweib: Seid so gut, Bäcker, und gebt mir etwas Weißbrot oder Milchwecken für mein Kindlein, um ein Milchsüpplein zu kochen. Bäckermeister: Nein, nein, Bettelleuten wird nichts gegeben!' [LüJ]
grompereschnal Subst. f. [WL]
– Kartoffelsuppe [WL]
schockelnschnall Subst. f. [NJ]; **schockeleschnall** [NJ]
– Kartoffelsuppe [NJ]
wasserschnall Subst. f. [Gmü, SPI]
– Brotsuppe [Gmü, SPI]; Wassersuppe [SPI]
schnalleschottel Subst. f. [LüJ]
– Suppenschüssel [LüJ]

schnalle³ Subst. f., in:
schnallendrücken swV. [PfJ]
– betteln [PfJ] ♦ **E:** rw. *schnallendrücker* ‚Bettler', wohl zu mdal. *Schnalle* ‚Türklinke' (WolfWR 5049, SchwäbWb. V 1026)

schnallendrucker Subst. m. [WG]; **schnallendrücker** [LüJ]
– Wohnungsdieb [WG]; Bettler [LüJ]; Hausierer [LüJ]; Klinkenputzer [LüJ]
schnall Subst. f. [LüJ]
– Klinke [LüJ]; Türklinke [LüJ].

schnalzn Subst. f. [WG]
– Essensausgabestelle (z. B. im Kloster) [WG] ♦ **E:** evtl. Intensivbildung zu *schnallen* u. a. „schmoren, brätlen" DWB XV 1165 ff.; → *schnalle²*.
schnalzfink Subst. m. [LüJ]
– Zigarre [LüJ].

schnäm Subst. m. [BB]
– Mensch [BB] ♦ **E:** Inversion zu dt. *Mensch*.
oorefschnäm Subst. m. [BB]
– Fraumensch [BB]; allgemeine, nicht abfällige Bezeichnung für die Frau [BB] ♦ **E:** Inversion zu mdal. *froomensch* ‚Fraumensch'.

schnâpp Subst. f. [EF]
schnapp [EF]
– Mütze [EF] ♦ **E:** unsicher; evtl. zu rw. *schnappen* ‚ertappen, gefangen nehmen' (WolfWR 5051), zu dt. *schnappen* u. a. ‚in die Luft, nach der Mütze greifen' (Wolf, Fatzersprache, 134), evtl. Einfluss von Interjektion *schnapp* DWB XV 1168 ff.

schnappe swV. [BM]
schnabba [OJ]
– nehmen [BM]; pflücken [BM]; holen [BM]; ertappen [OJ]; glauben [BM] ♦ **E:** dt. *schnappen* ‚ergreifen, fangen' DWB XV 1170 ff.

schnappspon Subst. m. [RH]
– Löffel [RH] ♦ **E:** dt. *Span* ‚(Holz-)Stück, Spalt, Spalter' (DWB XVI 1862ff.) und rw. *schnappen* ‚essen', *Schnappstock* ‚Löffel' (WolfWR 5052).

schnarr Subst. f. [EF]
schnarre [EF]; **schnaara** Subst. Pl. [EF]; **schnarra** [EF]
– Saite(n) [EF] ♦ **E:** zu dt. *schnarren* „ein rauhes vibrierendes geräusch hervorbringen" DWB XV 1186 ff.; Benennungsmotiv: Geräusch beim Schwingen der Saiten.

schnarwel Subst. m. [KMa, OH]
– Branntwein [KMa, OH] ♦ **E:** hess. *Schnarwel* ‚Schnaps', zu mdal. *schnärbeln* ‚trinken' (Hess-NassWb. III 324).

schnäs Subst. [RH]
– Mädchen [RH] ♦ **E:** unsicher; evtl. zu → *schnase*, oder zu dt./mdal. *schnäsen* ‚naschen', *schnass* ‚schlank', RheinWb. VII 1557.

schnase Subst. m. [MB]
– Kumpel [MB]; Schmusmacher [MB] ♦ **E:** „etwas herablassende Anrede"; evtl. Kontraktion aus *schmunase*, vgl. WolfWR 5034, 5035. ♦ **V:** *du alten schnase* ‚alter Schnuffel' [MB].

schnasseln swV. [MB, MM]
– trinken [MM]; einen trinken [MB, MM]; sich einen trinken [MM]; bechern [MM]; Alkohol trinken [MB]; saufen [MB]; reden [MM]; sabbeln [MM] ♦ **E:** rw. *schnasseln* ‚trinken' (WolfWR 5055, ohne Herleitung); aus gleichbed. jd. *schasjenen*; → *schnajeln*. Bedeutungen ‚reden, sabbeln': wohl Sprecherirrtum, Verwechslung mit ugs. *schnabbeln* ‚reden'.

schnaub- nur in:
schnaubenjaukel Subst. m. [MB]
– netter, unerfahrener Mensch [MB]; dufter Typ [MB]; Komiker [MB]; komischer Kerl [MB]; Geizhals [MB] ♦ **E:** dt. *schnauben* ‚schnarchen' DWB XV 1200 ff., *jaukel, jockel* ‚dummer Mensch' DWB X 2332; vgl. ugs. *Schnarchnase*.

schnaufkugla Subst. f. [OJ]
schnaufkugel [LüJ, PfJ]
– Kartoffel [LüJ, OJ, PfJ] ♦ **E:** rw. *schnaufkugel* ‚Kartoffel' (WolfWR 5058).

schnauker Subst. m. [EF, MoM]
– Trompeter [EF, MoM] ♦ **E:** dt. *schnauken* ‚nach Näschereien suchen' DWB XV 1208; Benennungsmotiv: evtl. Mundbewegung.

schneagla swV. [OJ]
– schlenzen, z. B. den Ball am Gegner irgendwie vorbeibringen [OJ] ♦ **E:** schwäb. *schnäcklen* ‚schnalzen' (SchwäbWb. V 1023).

schnebren swV. [SJ]
– urinieren [SJ] ♦ **E:** zu schwäb. *Schnäpper* ‚Penis' (SchwäbWb. V 1030).

schneck Subst. f. [FS]
– Uhr [FS] ♦ **E:** wohl zu dt. *Schnecke* DWB XV 1213 ff. Benennungsmotiv: Formähnlichkeit von Schneckenhaus und Uhr.

schnedderengdengdeng Subst. m. [LJ]
– Krach [LJ] ♦ **E:** lautmalerische Bildung, aus dem Lied „Als die Römer frech geworden ..."

schnee Subst. m. [HLD]
– Silbergeld [HLD] ♦ **E:** rw. *schnee* ‚Silbergeld' WolfWR 5064, zu dt. *Schnee*. Benennungsmotiv: Glanz von Silbergeld und Schnee.

schneebere Subst. f. [BM]; **schnebere** [BM]
– Schneeball [BM] ♦ **E:** zu schweizdt. *Schnē(w)ber* (SchweizId. IV 1472) „infolge nasskalter Witterung während der Blüte in ihrer Entwicklung gehinderte kleine und harte Traubenbeere".

schnebere swV. [BM]
– Schneebälle werfen [BM].

schneechen Subst. n. [HK]
– Taschentuch [HK]; Tuch [HK] ♦ **E:** rw. *schneechen* ‚Hals- oder Taschentuch' zu dt. *Schnee* „denn das Wesentliche ist die weiße Farbe des Taschen- oder Halstuchs: es glänzt wie Schnee" (WolfWR 5067).

fehmeschneechen Subst. n. [HK]
– Taschentuch [HK]

handschneechen Subst. n. [HK]
– Taschentuch [HK]; Handtuch [HK]

schnubbschneechen Subst. n. [HK]
– Taschentuch [HK]; Papiertaschentuch [HK]; Schnupftuch [HK].

schneekigen Subst. Pl. [HLD]
– Oberhemden [HLD] ♦ **E:** rw. *schnee* ‚weiße Wäsche, weißes Leinen', *schneechen* ‚Taschentuch' WolfWR 5063, 5067, aus dt. *Schnee* wegen der weißen Farbe.

schneesiebern swV. [MB]
– lauern [MB]; ausspionieren [MB]; spekulieren [MB]; abwartend beobachten [MB]; vorgaukeln [MB]; überherziehen [MB] ♦ **E:** zu dt. *Schneesieber* ‚jmd., der Schnee siebt, Junggeselle' DWB XV 1240 f.

schneesieber Subst. m. [MB]
– Besserwisser [MB]; Feigling [MB]; Dünnbrettbohrer [MB]; Klugscheißer [MB].

schnefzger Subst. m. [BM]
– Schneider [BM]; Tuchknopf [BM] ♦ **E:** schweizdt. *Schnefzger* geringschätzig-burschikose Bez. des Schneiders (SchweizId. IX 1168).

schnegan swV. [LoJ]
– koitieren [LoJ] ♦ **E:** wohl zu schwäb. *Schnickel* ‚Penis'.

schneibert Subst. m. [JSa]
schneiwert [JSa, SE, WL]
– Nase [JSa]; Mund [JSa, SE]; Gesicht [WL] ♦ **E:** zu rw. *snüwert* ‚Nase' (WolfWR 5368), aus nl. *snuiven*, dt.

schnauben. ♦ **V:** *lo kriss de de schneiwert gekufft!* ‚jetzt gibt's Schläge ins Gesicht!' [WL].

schneiden swV. [WG]
– Karten spielen [WG] ♦ **E:** dt. *schneiden*; Benennungsmotiv: die Spielkarten werden beim Mischen ineinander geschnitten.
einschneiden swV. [WG]
– Karten ausgeben beim Stoß [WG]
schneider Subst. m. [LoJ, RR]
– Reh [LoJ]; Ziege [RR] ♦ **E:** rw. *schneider* ‚Ziege', „Bezug auf die bekannte Verspottung des Schneiders" (WolfWR 5073), *Schneider, Schneider, mäck, mäck, mäck.*
schneidling Subst. m. [HLD, LJ, PfJ, SchJ, StG, TJ]; **schneidleng** [LüJ, OJ]
– Schere [LJ, OJ, SchJ, TJ]; Messer [HLD, LüJ, OJ, PfJ, SchJ, StG] ♦ **E:** rw. *schneidling* ‚Messer' (WolfWR 5071, Klepsch 1330). Vgl. → *schnittling.*
schneiderle Subst. [KP]
– Messer [KP]
schneidlingsbosseler Subst. m. [JSa]
– Scherenschleifer [JSa].

schneifert Subst. m. [MeJ, NJ]
– Nase [NJ]; Kuß [MeJ] ♦ **E:** mdal. *Schnäufert*, zu dt. *schnaufen* „hörbar den athem einziehen und ausstoszen" DWB XV 1206 ff.

schneiß Subst. f. [JSa]
schnäß [JSa]; **schniis** [KM]; **schniise** [KM]; **schniisje** [KM]; **schniisjes** [KM]
– junges Mädchen [JSa, KM]; junge Frau [JSa]; Frau [KM] ♦ **E:** mdal. *Schneise* ‚schnippisches Mädchen, naseweises Weibsbild' (HessNassWb. III 356).

schneizleng Subst. m. [OJ]
– Taschentuch [OJ] ♦ **E:** rw. *schnäuzling* ‚Nase' (WolfWR 5061), zu dt. *(sich) schneuzen* ‚(sich) die Nase putzen' DWB XV 1322 ff.

schnetzche Subst. n. [CL, PH]; **schnätzche** [CL]; **schneetzchen** [CL]
– Taschentuch [CL, PH].

schnell ‚Suppe' → *schnalle².*

schnellen swV. [BA, Him, LüJ, PfJ, SchJ]
schnelle [BM, JeS, Scho]; **schnella** [OJ]; **schnellæ** [WJ]; **schnöllen** [TJ]
– schießen [Him, JeS, LüJ, OJ, PfJ, SchJ, TJ, WJ]; schießen, mit einer Schusswaffe[JeS]; anlegen (z. B. Handschellen) [JeS]; beischlafen [OJ]; stehlen [BA, BM]; bemogeln [Scho] ♦ **E:** rw. *schnellen* ‚schießen', zu dt. *schnallen* u. a. ‚knallen', nach dem Geräusch der Sehne eines Bogens beim Schuss (WolfWR 5078).
♦ **V:** *de chnuupe hät mr de roosechranz a d feeme gschnellt* ‚der Polizist hat mir Handschellen an die Hände gelegt' [JeS]
drschnellæ swV. [WJ]
– erschießen [WJ]
schnelle Subst. [LüJ]; **schneller** Subst. m. [JeS]
– Gewehr [LüJ, JeS] ♦ **E:** vgl. rw. *schneller* ‚Pistole, Gewehr' (WolfWR 5078). ♦ **V:** *teel mr de schneller, i schnell em is boofi* ‚gib mir das Gewehr, ich schieße ihm in den Hintern' [JeS]
schnellpenk Subst. m. [KP]
– geiler Mann [KP]
schnellsenn Subst. f. [KP]
– geiles Mädchen [KP]; geile Frau [KP].

schnepfe Subst. f. [SJ]
schnepf [SJ]; **schnäp** [BB]; **schnep** [NJ]; **schnepp** [NJ]; **schneppe** [HLD, JSW]; **schneppche** Subst. n., Dim. [CL]
– Dirne [NJ]; Prostituierte [JSW]; Hure [SJ]; „leichte Dirne" [HLD]; liederliches Frauenzimmer [CL]; Frau, die viel mit Männern zu tun hat [JSW]; alte Jungfer [JSW] ♦ **E:** rw. *schnepfe, schneppe* ‚leichte Dirne' (WolfWR 5081), wohl nicht zu dt. *Schnepfe* (Sumpfvogel), sondern zu dt. *Schnepfe* ‚Schnabel, Schnauze, met. Vulva'.

schnerfer Subst. m. [LJ, TJ]
– Rucksack [LJ, TJ] ♦ **E:** schwäb., tirol. *Schnerfer* ‚Rucksack'; zu dt. *schnerfen* ‚zusammenziehen' (SchwäbWb. V 1070).

schnerra swV. [OJ]
– stehlen [OJ] ♦ **E:** schwäb. *schnärren* ‚mit einem Ruck an etwas ziehen' (SchwäbWb. V 1034).
schnerrwada Subst. Pl. [OJ]
– dünne Beine [OJ] ♦ **E:** dt. *Wade* DWB XV XXVII 239 ff.

schnetzlwerk Subst. n. [OJ]
– Kurzwaren [OJ] ♦ **E:** schwäb. *schnätzlen* ‚Kleider aus Baumwollresten herstellen' (SchwäbWb. V 1037), dt. *Werk.*

schnewarisch Adj. [LoJ]
– weiß [LoJ] ♦ **E:** zu dt. *Schnee.*

schnick Subst. m./f. [WL]
– Glas Branntwein [WL] ♦ **E:** lux. *Schnick, Schnickes* ‚Branntwein' (LuxWb. IV 171); popularfrz. u. lothr.-frz. *chnique* ‚Branntwein'.

schnickes Subst. m. [WL]
– Branntwein [WL].

schniffen swV. [HK, Him, JeS, LJ, LüJ, Mat, PfJ, SJ, TJ, TK]
schniff'n [TK]; **schniffa** [JeS, LJ, LüJ, OJ]; **schnifen** [LJ, SP]; **schneffe** [JeS]; **schniffe** [JeS]; **schniiffe** [JeS]; **schnyfe** [BM]; **schnifne** [JeS]
– stehlen [BM, HK, Him, JeS, LJ, LüJ, Mat, OJ, PfJ, SJ, SP, TJ, TK]; rauben [LüJ]; nehmen [JeS, LüJ]; klauen [HK, LüJ]; ausplündern [PfJ]; übervorteilen [JeS]; greifen [JeS]; packen [JeS]; verhaften [JeS]; holen [JeS] ♦ **E:** rw. *schniffen* ‚rauben, stehlen', aus dt. *schnipfen* ‚mit schneller Bewegung etwas wegschnappen, entwenden, listig stehlen' (WolfWR 5083, Klepsch 1333). ♦ **V:** *a gachne schnifft* ‚ein Huhn geklaut' [LüJ]; *den han i net grimmt, den han i gschnifft* ‚den habe ich nicht gekauft, den habe ich gestohlen' [LüJ]; *die galmen schniffen* ‚die Bürschchen haben lange Finger' [LJ]; *schniff!* ‚fass! (zu einem Hund)' [JeS]; *i schniffes zäme* ‚ich nehme es zusammen, räume es auf' [JeS]; *i tschaane zratti go schniffe* ‚ich gehe nachts stehlen' [JeS]; *moss hat en bachum gschnift* ‚die Frau hat einen Zehner gestohlen' [LJ]; *Pflanz, doge mir ein funkerle zum toberich anfunken.- Herles, meine mapfete funkt, schniffse zum anfunken. Mach', gib mir ein Streichholz zum Anzünden der Pfeife.- Hier meine Zigarre brennt, nimm diese zum Anzünden.* [LüJ]; *der schroter hot en ens doves stecka wella, weil er beim scharle a baar bommerling und en dalferling mit bane schniffa wella hot* ‚der Polizist hat ihm ins Gefängnis stecken wollen, weil er beim Bürgermeister ein paar Äpfel und ein Brot mit Fleisch stehlen wollte' [LJ]

schniffer Subst. m. [JeS, LJ, PfJ, SJ, Zi]; **schniffr** [OJ]
– Dieb [JeS, LJ, OJ, SJ]; Schelm [SJ]; Strolch [PfJ, Zi]
♦ **V:** *e grandige schniffer* ‚ein tüchtiger Dieb' [JeS]

schniffergrandiger Subst. m. [SJ]
– Erzdieb [SJ]

schnifferei Subst. f. [SJ]
– Diebstahl [SJ]

schnillerne Subst. Pl. [JeS]
schnillerna [JeS]
– Nüsse [JeS] ♦ **E:** zu dt. (ant.) *schnillen* ‚drücken, knacken' (DWB XV 1332, s. v. Schnill), *Schnilleri* ‚Nuss zum Schnellen, Spick- bzw. Boll-Nuss' (SchweizId. IX 1235).

schnippches Subst. [KMa]
– Matte (quarkähnlicher Schichtkäse oder Frischkäse) [KMa] ♦ **E:** rw. *schnippches* ‚Schmierkäse'

WolfWR 5085, dt./mdal. *Schnipfen* „im östlichen Hessen und und im fuldaischen eine Art Schmierkäse" DWB XV 1333.

schnirgla swV. [LüJ]
– Geschlechtsverkehr haben [LüJ] ♦ **E:** rw. *schnirgle* ‚koitieren' WolfWR 5086; SchwäbWb. V, 1074 (*schnirklen*).

schnirpche Subst. n. [MeJ]
– Mädchen ♦ **E:** Dim. zu lothr. *schnur* ‚Schwiegertochter' LothrWb. 462, mhd. *snur*; evtl. Einfluss von rw. *schnirgle* ‚koitieren' WolfWR 5086.

schniss Subst. [MeJ]
– Schnauze[MeJ] ♦ **E:** wohl zu dt. *Schnüß* ‚Mund, Maul' DWB XV 1425.

schnitte Subst. m. [BM]
– Prügel [BM] ♦ **E:** schweizdt. *Schnitt* u. a. ‚Hieb' SchweizId. IX 1351.

schnittling Subst. m. [LJ, PfJ]
schnitling [LJ]; **schnittlinge** Subst. m. Pl. [Gmü]
– Messer [LJ, PfJ]; Zähne [Gmü] ♦ **E:** rw. *schneidling*, *schnittling* ‚Messer' (WolfWR 5075), zu dt. *schneiden*, *schnitzen*.

schnitzert Subst. m. [MeJ]
– Messer [MeJ].

schnoar¹ Adj. [HK]
schnarre [HK]
– arm [HK]; dürftig [HK] ♦ **E:** thür. *schnar* ‚zart, schlank' (ThürWb. V 811). ♦ **V:** *das schnarre leem* ‚armes Leben', ‚Notzeit' [HK]; *wir hoam schnarre gelebd* ‚wir haben arm/dürftig gelebt' [HK].

schnoar² Subst. [RH]
– Wurst [RH] ♦ **E:** unsicher; evtl. zu → *schnoarz* ‚Bengel, Bursche', vgl. *Knüppel* met. ‚Wurst'.

schnoarwel Subst. m. [LI]
– Glas Schnaps [LI] ♦ **E:** hess. *Schnorbel* ‚Zipfel' (HessNassWb. III 383).

schnoarz Subst. m. [HK]
schnorz [HK]; **schnoatz** [HK]; **schnoads** [HK]
– (junger) Mann [HK]; unverheirateter Mann [HK]; Bengel [HK]; Bursche [HK]; Kerl [HK]; Freund [HK]; Junge [HK]; Freund von einem Mädchen [HK]; Bräutigam [HK]; *scheeks* [HK] ♦ **E:** unsicher; evtl. zu thür. *Schnurz* ‚Popanz, der ungehorsame Kinder mitnimmt', ‚kleiner Mensch' (ThürWb. V 914) und/oder zu thür. *Schnärz* ‚vorlaute Person', ‚wortkarger, mürrischer Mensch', ‚Spaßmacher' (ThürWb. V 815).

♦ V: *schuffd dich, jetzt buschd der schnoarz schon wieder!* ‚guck doch mal, jetzt kommt der Bengel schon wieder' [HK]; *der schnoarz schemmd bekahne* ‚der Freund ist da' [HK]; *schemmd ein jookerer schnoarz* ‚ist ein schöner Mann' [HK]; *der schnoarz schemmd schibbes gebuschd* ‚der Freund ist fortgegangen' [HK]; *schuffd dich, da schemmd ein jookerer schnoarz, der hat granniche derlinge und ein jookeres boonum* ‚guck, das ist ein hübscher Junge, der hat hübsche Augen und ein hübsches Gesicht' [HK].

schnobel Subst. m. [KM]
schnobele [KM]
– Gernegroß [KM] ♦ E: rhein. *Schnubbel* ‚junger, unreifer, grünschnabeliger, vorlauter Bursche' RheinWb. VII 1653.

schnöfer Subst. m. [JS]
– Nase [JS] ♦ E: dt./mdal. *Schnaufer*.
schnöferdenkelche Subst. n. Dim. [JS]
– Nase [JS]; Taschentuch [JS].

schnoga swV. [LJ]
schnoggen [SJ]; **schnoken** [LüJ, PfJ]; **schnoka** [PfJ]; **schnaoga** [OJ]
– stehlen [LJ, LüJ, OJ, PfJ, SJ]; klauen [LüJ]; mitgehen lassen [LüJ]; abstauben [LüJ]; jmd. abziehen, übervorteilen [LüJ]; vonstatten gehen [LJ]; zwingen (beim Sport, Raufen) [LüJ] ♦ E: rw. *schnoken* ‚stehlen', zu dt. *schnicken* ‚eine schnelle Bewegung mit der Hand, mit den Fingern machen' (WolfWR 5095). ♦ V: *s'schnogt* ‚es klappt, es ist in Ordnung' [LJ]; *tschabo, wie schnogt's?* ‚Freund, wie geht's?' [LJ]; *mir boschdet und schnoget pommerling* ‚wir gehen und stehlen Äpfel' [LJ]; *schnok ihn* ‚nimm ihm den Ball ab' [LüJ]
ausschnocken swV. [PfJ]
– ausplündern [PfJ]
schnaogr Subst. m. [OJ]; **schnogg** Subst. m. [JeS, MJ]
– Dieb [OJ]; Marktdieb [JeS]; Schelm [MJ]
schnogg Adj. [JeS]; **schnogga** [JeS]
– falsch.

schnoin Subst. f. [LoJ]
– Suppe [LoJ] ♦ E: Bildung zu → *schnalle*².

schnojem Subst. Pl. [Scho]
– Zähne [Scho] ♦ E: jd. *schnojem* ‚Zähne' We 100.
schnojemen swV. [Scho]
– zahnen [Scho]
schnojemenig Adj. [Scho]
– zahnend [Scho]

schnojemroufe Subst. m. [Scho]
– Zahnarzt [Scho].

schnokr Subst. m. [PfJ]
schnok [WL]; **schnokert** Subst. m. [WL]
– Polizist, Polizei [PfJ]; Gendarm [WL]; Preusse [WL] ♦ E: dt. *Schnauker* ‚einer, der in alles seine Nase steckt' DWB XV 1208.

schnoll Adj. [FS, NJ, WL]
– satt [NJ]; satt zu essen [FS]; völlig [WL]; reichlich [WL] ♦ E: rw. *schnoll* ‚satt zu essen' (WolfWR 5096, ohne Herleitung), zu dt. *schnullen* ‚an etwas saugen oder kauen' SchwäbWb. V 1084 f. ♦ V: *schnull gebutt* ‚sattgegessen' [NJ]; *ich hocken schnoll* ‚ich bin satt' [NJ]; *dat hockt schnoll* ‚es ist reichlich da' [WL]; *en huet et schnoll hocken* ‚er hat's reichlich' [WL].

schnöllen ‚schießen' → *schnellen*.

schnöögge Subst. f. [BM]
– Mund [BM] ♦ E: schweizdt. *schnögge* ‚schnüffeln' (SchweizId. IX 1200).

schnop Subst. [KM]
– geringster Teil [KM] ♦ E: rhein. *Schnopp* ‚Abfallreisig, Splitter' RheinWb. VII 1640.

schnorren swV. [LJ, MM, SchJ]
schnorra [LJ]; **schnorr** [EF]; **schnurre** [Scho]; **schnurren** [Him, LJ, SJ]; **schnurrn** [LoJ]; **schnure** [JeS]
– betteln [EF, Him, JeS, LJ, LoJ, SJ, SchJ, Scho]; „fechten" [EF]; sich aushalten lassen [MM] ♦ E: rw. *schnorren, schnurren* ‚betteln' (WolfWR 5103, Klepsch 1334), ursprünglich ‚mit der Schnurrpfeife als Bettelmusikant umherziehen'. ♦ V: *mir tschaaned is polänt go schnure* ‚wir gehen ins Kloster betteln' [JeS]
schnurr Subst. m. [LJ]; **schnurrer** [SJ]; **schnurer** [JeS]
– Bettler [JeS, LJ, SJ]; Übername für eine bestimmte Person in Leinzell [LJ] ♦ V: *ännerkönig tschaant e schnurer zum galach go schnure* ‚dort geht ein Bettler zum Pfarrer betteln' [JeS]
schnurrere Subst. f. [LJ]
– Bettlerin [LJ]
schnurranten Subst. Pl. [LüJ]
– wandernde Komödianten [LüJ] ♦ E: schwäb. und andere dt. Mundarten *Schnurrant* ‚umherziehender Spielmann, Komödiant, Seiltänzer' (SchwäbWb. V 1089). Vgl. → *schnurrpfeiferei*.

schnorri Subst. m. [WL]
schnorres [WL]
– Schnaps [WL] ♦ **E**: lux. *Schnorri, Schnurres* ‚Branntwein' (LuxWb. IV 172).

schnöterich Subst. m. [KM]
– Taschentuch [KM] ♦ **E**: zu rhein. *Schnotter* ‚Nasenfluss' RheinWb. VII 1651.

schnottere swV. [JeS]
schnottara [JeS]
– strangulieren [JeS] ♦ **E**: rw. *schnuren, schnüren* ‚henken' WolfWR 5101, *schnottara* ‚unter bestimmtem Zeremoniell strangulieren', zu jd. *schnódern, schnúdern* ‚geloben, versprechen'. → *schnüren*.

schnottprierkel Subst. m. [MM]
– „jmd., der sich in der Nase bohrt" [MM]; Schmutzfink [MM] ♦ **E**: westf. *schnott* ‚Nasenschleim', *prierkel* ‚Bohrer' [WWBA].

schnucker Adj. [MB]
– schön [MB] ♦ **E**: roi. *šuker* ‚schön' (WolfWZ 3200). Vgl. → *schucker²*. ♦ **V**: *schnucker jeitling* ‚schöner Ring' [MB].

schnuder Subst. m. [BM]
– Rotz [BM] ♦ **E**: schweizdt. *Schnuder* ‚Nasenschleim' (SchweizId. I1145). ♦ **V**: *wi schnuder* ‚wie nichts, spielend' [BM].

schnuderhudel Subst. f. [BM]
– Taschentuch [BM].

schnuff Subst. [HF]
– Zichorie(n) [HF] ♦ **E**: rhein. *Schnuf* ‚Zusatz, um den Kaffee dunkler zu färben' (RheinWb.VII 1561 s. v. *Schnaub*). Sachzusammenhang: „der aus der wurzel hergestellte kaffeeersatz" DWB XXXI 877 f.

schnuffen swV. [WL]
– stehlen [WL] ♦ **E**: zu dt. *schnüffeln* ‚riechen', „wiederholt den geruch in die nase ziehen und dadurch wittern und spüren" DWB XV 1385.

schnuffert Subst. m. [WL]
– Dieb [WL]

schnuffel Subst. m., n. [SJ]
– Hund [SJ] ♦ **E**: schwäb. *Schnuffel* ‚Maul von Menschen und Tieren' (SchwäbWb. V 1084).

schnulle Subst. m. [EF]
– Pole [EF] ♦ **E**: erzgeb. *schnullen* ‚harnen' Müller-Fraureuth II 465, grob abwertend „Pisser".

schnulln Subst. m. Pl. [EF]
– Polen [EF]

schnullin Subst. f. [EF]
– Polin [EF].

schnüllsenn Subst. f. [KP]
– schlechtes Mädchen [KP] ♦ **E**: rw. *sen* ‚Frau' aus jd. *zenua* ‚sittsam, züchtig, ehrbar' WolfWR 5320 und rw. *schnalle* ‚Vulva' aus dt. *Schnalle* ‚Vulva' WolfWR 5046.

schnun Subst. [SS, WH]
– Hose [SS, WH] ♦ **E**: rw. *schnun* ‚Hose' WolfWR 5098, ohne Herleitung.

schnunknäller Subst. m. [SS, WH]
– Hosenträger [SS, WH].

schnupferlig Subst. m. [JeS]
schnüpferlig [JeS]
– Taschentuch [JeS] ♦ **E**: zu schweizdt. *schnupfe* ‚Schnupftabak in die Nase einziehen, Nasenschleim ausstoßen oder hochziehen'.

schnur Subst. f. [SE]
– Schwiegertochter [SE] ♦ **E**: dt. (ant.) / mdal. *Schnur* ‚Schwiegertochter' DWB XV 1394 ff.

schnurcheln swV. [MB]
schnürgeln [MB]
– schlafen [MB]; pennen [MB] ♦ **E**: dt. *schnurcheln*, Nebenform zu dt. *schnarcheln* ‚schnarchen' DWB XV 1404.

schnuregyge Subst. f. [BM]
– Mundharmonika [BM] ♦ **E**: schweizdt., dt. *Schnurrbartgeige*.

schnuregygele swV. [BM]
– Mundharmonika spielen [BM].

schnüren swV. [LüJ, SJ]
– lenken [SJ]; sich erhängen [LüJ] ♦ **E**: rw. *schnüren* ‚henken' (WolfWR 5101, SchwäbWb. V 1088); Bed. ‚lenken' vom Fuhrmann, der mit einer Schnur (Leitseil) die Pferde lenkt. → *schnottere*.

schnurranten ‚wandernde Komödianten' → *schnorren*.

schnurre Subst. f. [MUJ]
schnurres Subst. m. [KMa, OH]; **schnores** [KM]; **schnorese** Pl. [KM]
– Bart [MUJ]; Schnurrbart [KMa, OH]; Schnauzer [MUJ]; Schnauzbart [KM] ♦ **E**: hess. *Schnurres* ‚Schnurrbart' (HessNassWb. III 387), rhein. *Schnorres* ‚Schnurrbart' (RheinWb. VII 1645).

schnurren ‚betteln' → *schnorren*.

schnurri¹ Subst. m. [JeH, SE]
schnuri [SP]
– Branntwein [JeH, SP]; Schnaps [SE] ♦ **E:** rw. *schnurri* ‚leichter Rausch', zu nd. *schnurre* ‚kleiner Rausch', dt. *Schnurre* ‚schnurrender Laut' WolfWR 5104, DWB XV 1415 ff.

schnurri² Subst. m. [SE]
– Tabak [SE] ♦ **E:** unsicher; evtl. zu rw. *schnurre* ‚Mund, Rüssel' WolfWR 5102; Benennungsmotiv: Vorgang beim Genuss von Schnupftabak.

schnurrpfeiferei Subst. f. [LJ]
– Lappalie [LJ]; Kleinlichkeit [LJ] ♦ **E:** schwäb. *schnurrpfeiferei* ‚Possen', SchwäbWb. V 1091.
schnurrpfeife Subst. f. [LJ]
– kleinlicher Mensch [LJ].

schnuufer Subst. m. [BM]
– Dummkopf [BM] ♦ **E:** schweizdt. *Schnüfer* ‚unerfahrener Mensch' (SchweizId. IX 1164).

schnuut Subst. f. [WL]
schnute [BM]
– Schnauze [BM, WL] ♦ **E:** nd. *Schnute* ‚Schnauze' (Klu. 1999: 739).
schrebenschnute Subst. f. [MB]
– Lippenherpes [MB]; Herpes am Mund [MB]; Ausschlag am Mund [MB]
schnutebutzer Subst. m. [WM]
– Friseur [WM]
schnutenfäjer Subst. m. [MB]
– Barbier [MB].

schnüwert Subst. m. [MB]
– Nase [MB] ♦ **E:** zu nd. *schnuben, schnuwen* ‚sich schneuzen'.

schoaga swV. [OJ]
– schief gehen [OJ]; krumm gehen [OJ] ♦ **E:** schwäb. *schegen, schiegen* ‚schief gehen, die Schuhe krumm treten' (SchwäbWb. V 734).
schoaga Subst. Pl. [OJ]
– alte Schuhe [OJ]
schoagr Subst. m. [OJ]
– Schiefgeher [OJ]
schoagl Subst. f. [OJ]
– Schiefgeherin [OJ]
agschoagde driddleng Subst. Pl., Phras. [OJ]
– abgetretene Schuhe [OJ].

schoarwes Subst. n. [KMa]
scharbes [KMa, OH]
– Salz [KMa, OH] ♦ **E:** dt. *scharf* u. a. ‚streng im Geschmack' DWB XIV 2180 ff.

schob Num. Kard. [GM, JSW]
schoob [JSa]; **schoop** [MB]; **schopp** [MB]
– sechs [GM, JSa, MB, JSW] ♦ **E:** roi. *schob* ‚sechs' (WolfWZ 3132).
deschschob Num. Kard. [GM]
– sechzehn [GM]
bischschob Num. Kard. [GM]
– sechundzwanzig [GM]
baschschelschob Num. Kard. [GM]
– sechsundfünfzig [GM]
schobschel Num. Kard. [GM]
– sechshundert
schobsärje Num.Kard. [GM]
– sechstausend.

schochen Subst. m. [MM]
– Schuh [MM] ♦ **E:** unsicher; evtl. zu jd. *schochor* ‚schwarz' oder rw. *schocher* ‚Brecheisen', wegen Ähnlichkeit in der Form (WolfWR 5106 und 5108).

schock ‚Markt, Jahrmarkt, Mark (Geld)' → *schuck*.

schockeln Subst. Pl. [NJ]
schockelen [NJ]; **schockele** [NJ]; **schokele** [NrJ]
schokelen [SE]; **schokeln** [SE]; **schukeln** [SE];
schògge [JSa]; **schögele** [JS]; **schöggele** [JS]
– Kartoffeln [NJ, NrJ, JS, SE]
schockelche Subst. n. Dim. [JSW, MeJ]
– Ei [JSW]; Kartoffel [MeJ]
schockelcher Subst. n. Dim. Pl. [WH, SE]; **schokelcher** [SS]; **schackelcher** [WL]; **schöggelscher** [JSa]; **schockelescher** [JS]; **schuckelcher** [SE]; **schuckelscha** [SE]
– Kartoffeln [WH, SS, JSa, JS, SE, WL]; schwarze Kartoffeln, im Kartoffelfeuer gebraten [JSa] ♦ **E:** rw. *schockelcher* ‚Kartoffeln', zu jd. *schoka* ‚er hat im Boden ausgegraben' (WolfWR 5111); Bed. ‚Ei' wohl wegen der Form. ♦ **V:** *de schuckelcha sein doft für zu botten* ‚die Kartoffeln schmecken gut zum Essen / Die Kartoffeln sind gut zum Essen' [SE]
schockelnschnall Subst. f. [NrJ, NJ]; **schockeleschnall** [NJ]; **schokeleschnal** [NrJ]
– Kartoffelsuppe [NJ, NrJ] ♦ **V:** *di mos had-en doft schokeleschnal jeboselt* ‚die Frau hat eine gute Kartoffelsuppe gekocht' [NrJ].

schocken swV. [JSa]
schòòken [JSa]; **schockelen** swV. [HF, HeF]; **schoggla** [OJ]
– gehen [JSa]; fahren [HF, HeF, OJ] ♦ **E**: rw. *schockelen* ‚fahren', zu dt./mdal. *schockeln, schaukeln* WolfWR 5112; rhein. *schoken* ‚laufen, schnell vonstatten gehen, unbeholfen gehen' (RheinWb. VII 870, 1704), rhein., schwäb. *schockeln* ‚schaukeln, rütteln, watschelnd gehen' (RheinWb. VII 1699 f., SchwäbWb. V 1094).

verschockelen swV. [HF, HeF]
– sich verfahren [HF]; einen falschen Weg wählen [HF]

schockel Subst. f. [HF, HeF]
– Ente [HF, HeF] ♦ **E**: rw. *schockel* ‚Ente' WolfWR 5110, „nach ihrem watschelnden, schaukelnden Gang".

schockelstroll Subst. f. [HF]
– Fahrweg [HF].

schocken¹ swV. [SE]
– begreifen [SE] ♦ **E**: zu rw. *schucker* WolfWR 5175, jd. *chokar* ‚er hat gespäht, geforscht'. ♦ **V**: *hal dein muaf, de knef schockt et!* ‚Halte Deinen Mund, der Junge begreift es!' [SE].

schocken² ‚kosten, zahlen' → *schucken* (unter → *schuck*).

schockfesel Subst. [HF]
– Frachtbrief [HF] ♦ **E**: rw. *schock* ‚(Jahr-)Markt' aus jd. *schuck* ‚(Jahr-)Markt, Mark' WolfWR 5109, Klepsch 1360. *fesel* ‚Brief' nur für Breyell belegt WolfWR 1353, ohne Herleitung; evtl. zu dt. *fäseln, feseln* ‚gedeihen machen, Unterhalt bieten' DWB III 1339. → *fesel*.

schockle, schocklemajem ‚Kaffee' → *schokle*.

schodern swV. [LoJ]
– tauschen [LoJ] ♦ **E**: wohl zu rw. *schoder* ‚Kupfergeld' aus tschech. *chudy* ‚arm' (WolfWR 5114), dt. *Schotter* ‚Geld, Kleingeld'. → *schotter*.

schoe ‚Stunde' → *schee¹*.

schofel Adj. [CL, JeH, JeS, LJ, LüJ, MB, MM, NJ, PfJ, SE, SS, Scho]
schöfel [PH]; **schôfel** [Wo, TK]; **schovel** [JS, KM, MM]; **schoofel** [CL, HK, JSa, JeS, LL, SP]; **schoofl** [WJ]; **schofl** [OJ]; **schoefel** [MM]; **schaufel** [FM, NJ, NrJ, SS, WH, WL]; **schäaufel** [SS]; **schoufel** [NrJ]; **schoufl** [Scho]
– schlecht [CL, HK, JS, JSa, JeH, JeS, KM, LJ, LL, LüJ, MB, MM, NJ, NrJ, OJ, PH, PfJ, SE, SP, SS, Scho, TK, WH, WL, Wo]; böse [LüJ, MM, WJ]; übel [MM, LJ]; gemein [HK, MM, OJ, Scho, WJ]; schäbig [MM]; falsch [OJ, WJ]; mies [HK, LJ, MM]; schlimm [LJ, MM]; nicht gut [HK, NJ, NrJ]; hinterhältig [CL, LJ, LL]; niederträchtig [LJ]; heimtückisch [MM]; hinterlistig [HK]; unangenehm [LüJ]; schrecklich [MM]; blöd [MM]; faul [MM]; dumm [MM]; groß [MM]; seltsam [MM]; mickerig [MM]; merkwürdig [MM]; sauer [MM]; häßlich [LJ, MM]; ärgerlich [MM]; geizig [LJ]; nichtsnutzig [LJ]; untauglich [LJ]; ungeeignet [CL]; arg [LüJ]; arm [NJ]; niedrig [Scho]; nicht zu gebrauchen [NJ]; nicht zu genießen [NJ]; im allgemeinen schlecht [JeH, NJ]; verdorben [CL]; „nicht ganz gemein" [MM]; „allbekannt" [CL]; „der handelt nicht richtig" [HK]; fieser Charakter [HK]; nicht einwandfrei [HK] ♦ **E**: rw. *schofel* ‚minderwertig gemein, niedrig, schlecht' (WolfWR 5116) < jd. *schophol, schophel* ‚gering, niedrig, schlecht', hebr. *šafel* (We 100, MatrasJd 291, Post 246, Klepsch 1349). ♦ **V**: *schofeler freier* ‚Bösewicht' [MM]; *schofler hautz* ‚schlechter Mensch' [NJ]; *schofle schickse* ‚blöde Kuh' [MM]; *schofle goi* ‚geizige Frau' [LJ]; *a schofla goi* ‚eine geizige Frau' [OJ]; *schofle model* ‚schlechtes Frauenzimmer' [LüJ]; *schoofler beeker* ‚schlechter Kerl' [HK]; *die achile ist schofel* ‚das Essen schmeckt nicht' [MM]; *schofle schmiege* ‚üble Visage' [MM]; *schofler seeger* ‚blöder Kerl' [MM]; *schofle malocher-bosse* ‚schäbige Arbeitshose' [MM]; *schofles pani* ‚Fusel, Schnaps' [MM]; *schofle chamine* ‚heiße oder schlechte Luft' [MM]; *schoofel schluunig* ‚schlechte Unterkunft' [JeS]; *es hockt schofel* ‚Das Ding, die Sache, der Handel, das Unternehmen ist schlecht' [NJ]; *der Zankert hockt schofel* ‚der Gendarm ist nicht gut' [NJ]; *das Dinkert hockt schofel* ‚Ich traue der Sache nicht' [NJ]; *die Hautzen aus dem Kaff hocken schofel* ‚Die Ortsbewohner sind keine guten Leute' [NJ]; *de Hän seen schoufel us* ‚Die Hühner sehen schlecht aus' [NrJ]; *Des war awer schoofel vun der* ‚Das war aber niederträchtig von dir' [CL]; *roin de choie mit den schoflen scheetz!* ‚schau dir das Mädchen mit dem häßlichen Freund an!' [MM]; *bes schuck is 'ne schofle bewirche* ‚zwei Mark sind ein schlechter Verdienst' [MM]; *nobes diberá, ein schofler fiesel!* ‚nichts verraten, ein schlechter Mann' [LJ]; *des isch au schofler benk, seit der dui moss vom Steckabaur vergrönt hot* ‚das ist auch ein übler Bursche, seit der das Mädchen vom Steckabauer [Fami-

lienname] geheiratet hat' [LJ]; *schofle goi, steckt uns nit emal e bißle schmunk* ‚eine schlechte Frau, die gibt uns nicht einmal ein bißchen Schmalz' [LJ]; *mosse, nobes dibera mit dene fiesel, das sind ganz schofle gatsch, boschdet* ‚Mädchen, redet nicht mit den Männern, das sind ganz üble Kerle, haut ab' [LJ]; *Lekiechen is en schaufel Dinges* ‚Heiraten ist ein schlimm Ding' [SS]; *diberei: schmus kaffer, haurets begerisch? Nobis, moß! – Bikerich? Nobis. – Schwächerich? Nobis. – Durmerich? Nobis. – Geschwächt? Nobis, moß! – Scheffts dir schofel? Nobis. – Gielerich? Nobis. – Dof? Kenn, moß!* ‚Gespräch: Sag, Mann, bist du krank? Nein, Frau! – Hungrig? Nein. – Durstig? Nein. – Schläfrig? Nein. – Betrunken? Nein, Frau! – Ist dir schlecht? Nein. – Übel? Nein. – Gut? Ja, Weib!' [LüJ]; *Konn ich net mehn uis gekittel, gett mers schaufel* ‚Kann ich nicht mehr auswärts reisen, geht es mir schlecht' [FM]; *schoofler kadedde* ‚schlechter Kerl', ‚schlechter Mensch', ‚übler Mensch', „einer, der schlechte Eigenschaften hat, klaut, stiehlt", ‚schlechter Bursche', ‚der taugt nicht', ‚schlechter Lausebub' [HK]; *oh laich ossere kailoff schäft schovel lack* ‚oh Mensch, unser Hund ist schwer krank' [JS]; *us schäft et ganz schovel helles* ‚es geht uns ganz schlecht hier' [JS]; *schovel lack minch* ‚geschlechtskrank (bei Frauen)' [JS]; *schovel lack cari* ‚geschlechtskrank (bei Männern)' [JS]; *Meine liebe Frau! Soeben Deine Post mit großer Freude erhalten ... Viele Grüße an Schofel und Bock!* ‚Uns geht es hier schlecht, wir hungern!' [LüJ]; 1946 aus russischer Kriegsgefangenschaft geschriebene Postkarte mit getarnter Botschaft an der unauffälligen Position von Rufnamen.

schoofel Subst. f. [JeS]; **schofel** [LüJ]
– Menstruation [JeS]; Hure [LüJ] ♦ V: *d schyyge hät de schoofel, chasch loori puje* ‚die Frau hat die Periode, du kannst nicht mit ihr schlafen' [JeS]

schofeler Subst. m. [LüJ]
– böser, schlimmer Mensch [LüJ]

schofelig Adj. [MM]; **schooflig** [JeS]; **schovelig** [MM]
– gemein [MM]; tückisch [MM]; falsch (charakterlich) [JeS]; frech [JeS]; wüst [JeS]

ausgeschöfelt Adj. [MM]
– sehr gemein [MM]; clever [MM]

verschofelt Adj. [MM]
– missglückt [MM]; verladen [MM]; versetzt [MM]

schofelfreier Subst. m. [MM]
– Mistkerl [MM]

schofelkitt Subst. f. [LüJ]
– Zuchthaus [LüJ] ♦ V: *Spann, die grandich kitt herles! – Kenn gneistse lore? Nobis! – Die schofelkitt haurets* ‚Schau, das große Haus hier!- Ja, kennst du es nicht? – Nein. – Das Zuchthaus ist es' [LüJ]

schofelskohl Subst. m., Phras. [LüJ]
– hinterhältige, gemeine Lüge [LüJ]; Schlimmes, Gefährliches [LüJ] ♦ V: *oh schofelskohl* Ausruf, wenn jmd. etwas Böses passiert ist: ‚ach du Schreck' [LüJ]

schofelmann Subst. m. [MM]
– Kerl [MM]

schaufelmaus Adj. [SS]
– protestantisch [SS]

schaufelmausk Subst. m. [SS]; **schäaufelmausk** [SPI, SS]
– Protestant [SPI, SS] ♦ E: rw. *mausk, mauschel* ‚(armer) Jude' WolfWR 3476.

schoflerei Subst. f. [LüJ]
– Amtsgericht [LüJ]

schoveläi Subst. f. [KM]
– Schlechtigkeit [KM].

schöfeln swV. [MM]
scheppeln swV. [PfJ]
– gehen [MM, PfJ]; wanken [MM] ♦ E: evtl. zu jd. *schewwen* ‚sitzen, gehen' (We 96 f.).

schofert Subst. m. [CL, GM, PH]
schoofert [CL, LL]; **schoifet** [SS]; **schaufert** [SS, WH]; **schaubert** [FS]; **schoufet** [RA, Scho]; **schoufett** [Scho]; **schouwet** [KMa]
– Richter [SS, Scho]; Bürgermeister [CL, FS, GM, KMa, LL, PH, SS, Scho, WH]; Ortsvorsteher [CL]; Gemeindevorsteher [RA] ♦ E: rw. *schofert* ‚Bürgermeister' (WolfWR 5118) < jd. *schophet* ‚Richter' (Avé-L. 475, We 95, Post 246, Klepsch 1384).

beesschofert Subst. m. [CL]
– zweiter Bürgermeister [CL] ♦ E: → *bes*.

schöffleken Subst. n. Dim. Pl. [WL]
– Schuhe [WL] ♦ E: zu dt. *Schiff*, Diminutivbildung: kleine Schiffe; vgl. dt./ugs. Kähne ‚Schuhe'.

schofnas Subst. f. [LüJ]
– Zehnpfennigstück [LüJ] ♦ E: rw. *schafnase* ‚Groschen' (SchwäbWb. V 664).

schoggla ‚fahren' → *schockelen*.

schöggu Subst. m. [BM]
– Schokolade [BM] ♦ E: schweizdt., ugs. *Schocki* ‚Schokolade'.

schohm swV. [EF]
– barbieren [EF] ♦ **E:** wohl zu dt. *Schaum* „eine gröszere anzahl zusammenhängender, mit luft gefüllter blasen" DWB XIV 2349 ff.

schöile Subst. m. [SS]
– Dummkopf [SS] ♦ **E:** mdal., dt. *Schüler*.

schoimen, schoinen ‚fett' → *schum*.

schoirin ‚Ochse' → *schor*.

schoiß Subst. m. [OJ]
– Furz [OJ] ♦ **E:** schwäb. *Scheiß* ‚Furz' (SchwäbWb. V 749).

schök Subst. f. [BB]
– Küche [BB] ♦ **E:** Inversion zu mdal. *Köch* ‚Küche'.

schokelcher ‚Kartoffeln' → *schockeln*.

schokert Subst. m. [JSa]
schokes Subst. m. [JSa]
– Dummkopf [JSa]; Tölpel [JSa] ♦ **E:** mdal. *Schokert* ‚Narr, einfältiger Mensch' u. ä. (RheinWb. VII 1704, PfälzWb. V 1401), *Schokert* ‚wer sich närrisch gibt' u. a. (PfälzWb. V 1401) oder zu → *schekes*.

schokle Subst. m./f. [SJ]
schockle [MoM]; **schockele** [Him, Mat]; **schokel** [FS]; **schōkel** [FS]; **schoggæle** [WJ]; **schohle** [SJ]; **schokes** Subst. [SPI, SS, WH]; **schocken** [MUJ]; **schoker** Subst. m. [JSa, LI]; **schōker** [OH]; **schōger** [PH]; **schocher** [JeS]; **schokert** Subst. m. [JSa]; **schogert** [JS, MeJ];
– Kaffee [FS, Him, JS, JSa, JeS, LI, MeJ, MUJ, Mat, MoM, OH, PH, SJ, SS, WH, WJ] ♦ **E:** rw. *schocher* ‚Kaffee' aus jd. *schochor* ‚schwarz' (WolfWR 5107, We 100, Klepsch 1338, Post 247, MatrasJd 291).

schocklesfehle Subst. f. [MoM]
– Frau, die Kaffee auf die Baustelle bringt [MoM]

schocklemajem Subst. n./m. [CL, LL, RA, Scho]; **schoklemajem** [CL]; **schogglemajem** [Scho]; **schocklemajum** [CL, PH]; **schocklemajum** [CL, JS, PH, SchJ]; **schoglæmaium** [WJ]; **schockelmaium** [SJ]; **schockelmai** [BA]; **schocklemei** [StG]; **schokolamai** [MM]; **schocklamai** [MM]; **schokelamai** [MM]; **schocklamain** [MM]; **schucklamai** [MM]; **schogglamaem** [SPI]; **schokelemeium** [SE]; **schokolemeium** [SE]; **schaklmei** [KJ]
– Kaffee [BA, CL, FS, JS, KJ, MM, PH, PH, RA, SE, SJ, SchJ, Scho, SPI, StG, WJ]; schwarzes Wasser [Scho] ♦ **E:** rw. *schokelmei, schocklemajum* ‚Kaffee' aus jd.

schocher majim ‚schwarzes Wasser' (WolfWR 5107, We 100), vgl. → *majem*.

schocklamaikasse Subst. f. [MM]
– Kaffeekasse [MM]

schockelemaibaitz Subst. f. [GM]
– eine etwas anrüchige Kneipe, die zu betreten sich ehrbare Bürger scheuen [GM] ♦ **E:** → *beiz*.

schocherwasser Subst. n. [JeS]
– Kaffee [JeS].

schol¹ Subst. n. [BB]
schole [BB]
– Loch [BB] ♦ **E:** Inversion zu *Loch*.
saanschol Subst. n. [BB]
– Nasenloch [BB].

schol² Subst. f. [GM]
– Pfiff [GM]; Pfeifen [GM] ♦ **E:** rw. *sol* ‚Pfiff' (WolfWR 5377) < roi. *šol* ‚Pfiff', ‚Pfeifen', ‚Pfeife' (WolfWZ 3136).

schollen swV. [GM]
– pfeifen [GM].

scholdich Subst. f. [PfJ]
– Gläser [PfJ] ♦ **E:** unsicher; evtl. zu dt. *schulen* ‚von der Seite sehen' DWB XV 1937 oder zu rw. *scholderer* ‚Falschspieler' WolfWR 5120, DWB XV 1450 f.

scholef Subst. m. [Scho]
– Junggeselle [Scho] ♦ **E:** jd. *scholef* ‚Junggeselle'; nach Klepsch 2, 1339 evtl. Zu hebr. *šolēp* ‚schwertbewaffnet' oder *šālēw* ‚ruhig, sorgenlos lebend'.

schölef Subst. n. [BB]
– Fleisch [BB] ♦ **E:** Inversion zu mdal.: *Flöösch*.
schölefschtruf Subst. f. [BB]
– Fleischwurst [BB]
ueseschölef Subst. n. [BB]
– Schweinefleisch [BB].

scholem Subst. m. [Scho]
schoolem [StJ]; **schailem** [OH]
– Frieden [Scho]; Jude [StJ, OH] ♦ **E:** jd. *scholem* < hebr. *schalom* ‚Friede' We 100.

scholem alechem Phras. [Scho]
– Begrüßung: Friede mit dir, euch! [Scho] ♦ **E:** → *pschorlon*.

scholemachei Subst. f. [SJ]
– Gesellschaft [SJ] ♦ **E:** rw. *scholemachei* ‚Gesellschaft, Sippschaft', zur jd. Grußformel *scholem-alechem* (We 100, WolfWR 5121, Klepsch 1369).

scholet ‚Sabbatspeise' → *tscholent*.

schollaguffr Subst. m. [OJ]
scholenguffer [Pfj]; **scholleguffer** [Pfj]
– Bauer [OJ, Pfj] ♦ **E:** mdal. *Schollenklopfer.*

scholle Subst. f. [PH]
– Dickrübe [PH] ♦ **E:** zu dt. *Scholle* „klumpen von erde oder eis" DWB XV 1453 ff.
scholleken Subst. n. Dim. Pl. [WL].
– Kartoffeln [WL].

schollmen ‚zahlen' → *schulmen.*

scholt Subst. m. [SJ]
schôlt [SJ]
– Hase [SJ] ♦ **E:** rw. *scholt* ‚Hase', Herleitung unsicher: evtl. zu roi. *šošói* ‚Hase' oder dt. *Scholt[gras]* ‚Ackerriedgras' (WolfWR 5122, DWB XV 1458, SchwäbWb. V 1100).

schöm Subst. m. [WG]
– Ausweis (Führerschein u. ä.) [WG] ♦ **E:** jd. *schem* ‚Name'. Vgl. → *schem.* ♦ **V:** *einen schöm haben* ‚bekannt sein' [WG]; *linker schöm* ‚gefälschter Ausweis' [WG]; *auf einem linken schoem picken* ‚unter einem falschen Namen im Gefängnis einsitzen' [WG].

schomajim Subst. m. [SS]
schomajem [Scho]
– Himmel [SS, Scho] ♦ **E:** jd. *schomajim*, hebr. *schamajim* ‚Himmel' (Klepsch 1340).

schomblotzr Subst. m. [OJ]
– Maurer ♦ **E:** rw. *schundplutzer* ‚Maurer' WolfWR 5198, schwäb. *Schundplotzer* (SchwäbWb. V 1189), zu → *schund* ‚Kot' und *plotzen* ‚platschend (hin)werfen'.

schömmel Subst. m. [HF]
– Kreide [HF] ♦ **E:** rw. *schimmel* ‚Schnee, Kreide' (WolfWR 4917), dt. *Schimmel* „etwas weisz schimmerndes" DWB XV 155 ff., RheinWb. VII 1129.

schommeln ‚betrügen' → *schummeln.*

schommern swV. [LJ]
– dämmern [LJ]
schommerei Subst. f. [LJ]
– Dämmerung [LJ] ♦ **E:** zu dt. *Schummer* ‚Dämmerung' DWB XV 1998.

schon Subst. [SS]
– Rind [SS] ♦ **E:** jd. *schor* ‚Rind' (WolfWR 5130). Vgl. → *schor.*

schöna Subst. f./n. [SK]
schönna [SK]
– Frau [SK] ♦ **E:** zu dt. *schön* DWB XV 1464 ff.
walschöna Subst. f. [SK]
– Wirtsfrau [SK] ♦ **E:** *wal* vgl. → *walbos* ‚Wirt'.

schond, schont ‚Kot, Exkremente' → *schund, schonden, schonten.*

schone Subst. [Scho]
schonou [Scho]; **schuhne** [Scho]
– Jahr [Scho] ♦ **E:** jd. *schōne* ‚Jahr' (We 101, Post 247).
rosche schuhne Phras. [Scho]
– Neujahr [Scho].

schonele en spraus Subst. m., Phras. [RH]
– Schreiner [RH] ♦ **E:** evtl. subst. Nebenform von → *schinageln*, schwerer zu rw. *schomsen* ‚schnell arbeiten' (WofWR 5123); mdal. *en* ‚in'; → *spraus.*

schount Subst. m. [RH]
– Schmied [RH] ♦ **E:** unsicher; nach Arnold (1961, 118) evtl. subst. Nebenform von → *schinageln.*

schoo Adj. [JeS]
– warm [JeS] ♦ **E:** zu frz. *chaud* ‚warm, heiß'. ♦ **V:** *dr öflinger huurt schoo* ‚der Ofen wird warm' [JeS].

schöö Subst. f. [BB]
– Asche [BB] ♦ **E:** Inversion zu mdal. *Ösch* ‚Asche'.

schoof Subst. n. [KM]
– Aufbahrung [KM]; Grab [JS] ♦ **E:** rhein. *Schaub* ‚Totenlager' RheinWb. VII 953.
schoofplei Subst. [JS]
– Friedhof [JS]; Grabplatz [JS].

schoofland Subst. n. [WM]
– Australien [WM] ♦ **E:** mdal./dt. *Schaf* und *Land.*

schoop Subst. n. [BB]
– Buch [BB] ♦ **E:** Inversion zu mdal. *Booch* ‚Buch'.

schoorlacker Subst. m. [MoM]
– Zimmermann [MoM] ♦ **E:** zu dt. (ant.) *Scharwerk* „arbeit, zu der man verpflichtet ist", mhd. *scharwerc* ‚Fronarbeit' DWB XIV 2230; *lacker* wohl zu dt. *Lackel* ‚grober Kerl'.
schoarwer Subst. m. [KMa]
– Zimmermann [KMa].

schoortsch Subst. m. [RH]
– Dachs [RH] ♦ **E:** unsicher; evtl. zu rw. *schorschau* ‚Braten' aus roi. *chaczárav* ‚ich brenne' (Arnold 1961, 118) oder zu rw. *schor* ‚Ochse, Rind' (WolfWR 5130).

schööts ‚Mann' → *schetz.*

schöpflig Subst. m. [JeS]
– Kelle [JeS] ♦ **E:** zu dt./schweizdt. *schöpfen* ‚schöpfen'.

schopp Subst. m. [HF, HK]
schobb [HK]
– Schuppen [HF]; Markt [HK]; Jahrmarkt [HK]; Kirmes [HK]; Viehmarkt [HK]; Marktplatz [HK]; Regel der Frau [HK]; Regel [HK]; „die Tage" [HK]; Menstruation [HK]; Monatsperiode [HK]; „Tage von der Frau" [HK]; „wenn man die Regel kriegt" [HK]; „wenn ein Mädchen ihre Periode hat" [HK] ♦ **E:** wohl zu dt. *schoppen, schuppen* ‚Schutzdach, offener Raum mit Überdach', nd./westmitteldt. *Schopp* ‚Schuppen', engl. *shop* ‚Laden' (DWB XV 2019), womgl. mit Einfluss von rw. *schock* ‚(Jahr-)Markt', jd. *schuck* ‚id.' (WolfWR 5109). Polysemie mit der Bedeutung ‚Menstruation' auch in der thüringischen Mundart (Sp 1996: 101) und ugs. *Kirmes* ‚Menstruation', vgl. Kü 414 und Bo 1971: s. v. *Kirmes* und s. v. *Menstruation*. Benennungsmotiv: evtl. Vorstellung von Regelmäßigkeit und Ausnahmezustand.

schöpfliger Subst. m. [BM]; **schöpflinger** [BM]
– Schopf [BM]; Schuppen [BM]

viehschobb Subst. m. [HK]
– Viehmarkt [HK]; Pferdemarkt [HK]

schobblads Subst. m. [HK]; **schoppplatz** [HK]
– Marktplatz [HK]; „Marktplatz für Jahrmärkte" [HK]; „Pferde und Stände mit Süßigkeiten" [HK]; „Platz, wo die die Kirmes aufgestellt haben" [HK]

schobbeeker Subst. m. [HK]; **schobbfreier** [HK]
– Marktschreier [HK]

schobbmoogn Subst. [HK]
– Marktstadt [HK]

schobbjenters Subst. m., Pl. [HK]
– Marktleute [HK].

schoppen Subst. m. [HLD]
– Stempel [HLD] ♦ **E:** dt. *schuppen* ‚stoßen' DWB XV 2019.

schor Subst. m. [JeS]
schoa [RA]; **schore** [Scho]; **schorem** Subst. Pl. [Scho]; **schoirin** [SS]
– Ochse [RA, SS, Scho]; Kalb [JeS]; junges Rind [JeS]; Schaf [JeS] ♦ **E:** rw. *schor* ‚Ochse, Rind', jd. *schor* ‚Rind' (WolfWR 5130, We 101, Post 247, Klepsch 1341).

schorch Subst. m. [EF]
schorsch [EF]
– Kellner [EF]; Kirche [EF] ♦ **E:** wohl zu PN *Georg*; zur Bed. ‚Kirche' vgl. *langer Schorsch* ‚(Kirch-)Turm' (Wolf, Fatzersprache, 134), eher nicht zu engl. *church*.

schorscha Subst. f. [EF]
– Kellnerin [EF].

schore[1] Subst. f. [GM, MB, MM, OJ, SS, StG, WJ]
schorre [NJ]; **skoore** [CL]; **skore** [CL, PH, Scho]; **sköre** [PH]; **scorre** [NJ]; **shore** [SPI]; **schure** [LJ, LüJ, OJ, WJ]; **schori** [MB, NJ]; **schoori** [CL, LL]; **skoori** [CL, LL]; **schuri** [CL, JeS, LoJ, RH, SJ, SchJ, TJ, WJ]; **schuuri** [JeS]; **schurli** [JeS]; **schorie** [MB]; **sechore** [Scho]; **sechores** [Scho]; **tschore** [KJ]
– Ware [CL, GM, LJ, LL, LüJ, MB, NJ, NJ, OJ, PH, SPI, SS, SchJ, Scho, StG, TJ, WJ, WJ]; minderwertige Ware [MM]; geklaute Ware [MM]; gestohlene Sache [NJ]; Diebesware [SJ]; Diebesgut [KJ, MB, MM]; Diebesware, die man beim Hehler kaufen kann [MM]; Hehlerware [MB]; Beute [MB, MM]; Ausbeute [MM]; alles, was zu verkaufen ist [SPI]; Sache [LüJ, MB, MM]; Ding [LüJ, MB, SchJ]; jegliches Ding [LoJ, WJ]; Bürsten [LüJ]; Schirm [CL]; Tier- und Pflanzengattungen [LüJ]; Baum- und Straucharten [LüJ]; Feld [RH]; Blume [LüJ]; Vulva [WJ]; Mund [WJ]; Geld [JeS, LJ, NJ, OJ]; Einfrankenstück [JeS] ♦ **E:** rw. *sore, skore, schore* ‚Ware', insbesondere Diebesgut, Beute. „Bei der Vielseitigkeit des Begriffs ‚Ware, Zeug' werden die rw. Formen auch als Ersatzwort für alle möglichen Dinge angewendet." (WolfWR 5395) < jd. *sechoro* ‚Ware' (Ave-L. 417, We 101/102, Post 247, Klepsch 649); etymologisch zusammengehörig mit: → *sore*, → *tschor*, → *schurlen*. ♦ **V:** *heiße schorre* ‚gestohlene Sachen, die sich schlecht oder gefährlich verkaufen' [NJ]; *gwander schuri* ‚Weizen' [SchJ]; *lacker schure* ‚Frucht, Korn' [LJ]; *lacker schuri* ‚Korn' [SchJ]; *schurela* ‚ein Stück Brot' [SchJ]; *die schore ham se im busch verkalibort* ‚das Diebesgut versteckten sie im Wald' [MM]; *er knispelte die kotene schore* ‚er sah die geringe Ausbeute' [MM]; *Ich hab heit mei ganze Schoori verkient* [LL, CL]; *Linz' in dem heges, wo man spannt, hauret ein g'wanter plauderer. Der stekt dof z'biket und z'schächet und kemeret grandlich sore* ‚Schau, in dem Dörfchen, wo man hinguckt, ist ein braver Schulmeister. Der gibt gut zu essen und zu trinken und kauft viel Ware'. [LüJ]; *o, spann model, die schure und nobes kei'bich!* ‚Oh, sieh Geliebte, Blumen und noch kein Geld!' [LüJ]; *Dr gare hängt am*

schnürle, d schure hängt am drot un wenn dr gare gschbronge kommt no bujt er d'schure toat [WJ].
schurankes Subst. [LüJ]
– Ding, Sache [LüJ]
schurele Subst. n. [LüJ]
– Brett [LüJ]
schuribossler Subst. m. [CL]
– Schirmflicker [CL]
schurelespflanzer Subst. m. [LüJ]; **schurespflanzer** [LüJ]; **schurepflanzer** [LüJ];
– Warenhersteller [LüJ]; Schreiner [LüJ]; Bürstenmacher, Bürstenbinder [LüJ]
schurischein Subst. m. [TJ]; **schureschei** [LJ, SJ]
– Werktag [TJ]; Wochentag [LJ, SJ] ♦ **E:** → *schein* ‚Tag'.
schurestrenzer Subst. m. [LüJ]
– Hausierer, der minderwertige (zumeist industriegefertigte) Bürsten nur im ganzen Sortiment verkauft [LüJ]
fluteschure Subst. f. [LüJ]
– Wasserwaage [LüJ]
kehrschure Subst. f. [LüJ]
– Hausaufgaben [LüJ]
nabbelschore Subst. f. [MM]
– Prostituierte [MM]; Dirne [MM]; „leichtlebiges Mädchen" [MM]; „Prostituierte oder Frau, mit der man ins Bett geht, kann zur Not auch seine eigene Frau sein" [MM]
schundschore Subst. f. [RH]
– Abtritt [RH]
tinnefschore Subst. f. [MM]
– schlechte Ware [MM]; billige Klamotten [MM]; „gestohlenes Gut, nicht wertvoll" [MM]
tschutscheschure Subst. f. [LüJ]
– Büstenhalter [LüJ]
wanderschure Subst. f. [LüJ]
– Rucksack [LüJ].

schore² nur in:
unterschore Subst. m. [GM]
– Unterrock [GM] ♦ **E:** → *tschore*.

schoren ‚stehlen', **schores** ‚Verdienst, Gewinn' → *tschor*.

schori ‚Messer' → *tschuri*.

schörl Subst. n. [EF]
– Hemd [EF] ♦ **E:** wohl Dim. zu südmärkisch *Schorte* ‚Schürze' (OSächs Wb. IV 155).
vürschörtl Subst. n. Dim. [EF]
– Hemd, vorknöpfbar [EF].

schorme Subst. m. [KMa, OH]
– Käse [KMa, OH] ♦ **E:** HessNassWb. III 411.

schornei Subst. f. [SK]
schernei [SK]; **tschernei** Subst. m. [SK]
– Kaffee [SK] ♦ **E:** tschech. *černá* ‚schwarzer (Kaffee)', Abel, Slawismen, 60.
scherneifinniche Subst. f. [SK]
– Kaffeetasse [SK].

schös Subst. [EF]
– Hose [EF] ♦ **E:** dt. *Schößel* „herabhängender theil des rockes, der jacke" DWB XV 1599 (s. v. *Schöszel*).

schoß Subst. [EF]
– Brot [EF] ♦ **E:** zu dt. *Schosse(l)* ‚flache Schaufel, mit der Brot und Kuchen in den Backofen geschoben werden', dt. *schießen* Wolf, Fatzersprache, 134, DWB XV 1599 (s. v. Schossel).

schöt Subst. m. [BB]
schüt [BB]
– Tisch [BB] ♦ **E:** Inversion zu mdal. *Tösch* ‚Tisch'.

schote¹ Subst. m. [LJ, MM, SJ]
schoode [CL]; **schoude** [CL, Scho]; **schaute** [HLD, SS]; **schauten** [NJ]; **schoute** [Scho]; **schouten** [SP]; **schouchen** [Scho]; **schocher** Subst. m. [SPI]; **schoter** Subst. m. [SchJ]; **chauter** [MM]; **schauter** [HeF, MM]; **schautert** [WL]; **gschude** Subst. [LüJ]; **schau** [RH]
– Narr [CL, HF, HLD, HeF, LJ, LüJ, NJ, SJ, SP, SchJ, Scho, WL]; Dummkopf [MM, SS]; Tor [LüJ]; Depp [LüJ]; dämlicher Bursche [SJ]; Einfaltspinsel [LüJ]; Mann [MM, RH]; Kerl [MM]; Angeber [MM]; schlechter Mensch [SchJ]; Bekannter [MM]; Typ [MM]; Schelm [SP]; Nachbar [MM, SPI, Scho]; Pferd, das beißt und schlägt [WL] ♦ **E:** rw. *schaute, schote* ‚Narr, Tor, Einfaltspinsel' (WolfWR 4830) < jd. *schaute, schote* ‚Narr' (We 95, Avé-L. 467, Post 247, Klepsch 1344). ♦ **V:** *Beim lehmschupfr kaschd a dromm maro dercha odr staucha der ischd a weng gschupfd, sischd a schote* ‚Beim Bäcker kannst du ein Stück Brot betteln oder stehlen, er ist ein wenig blöd, er ist ein dämlicher Bursche' [SJ]; *kendor, schauter* ‚Mensch, man weiß doch' [MM]; *der schauter wollte nur belgen* ‚der Mann wollte nur schnorren' [MM]; *der schauter macht mich total kolone* ‚der Mann macht mich verrückt' [MM]; *die schauters zogen alle ne schmiege, als wenn se se die letzten balachesen ausse pate gelellt hätten* ‚die Kerle zogen alle ein Gesicht, als wenn man ihnen den letzten Groschen aus der Tasche gestohlen hätte' [MM]

schautersch Adj. [HF]; **schautesch** [WL]
– närrisch [HF, WL]
schautig Adj. [NJ]
– verrückt [NJ]
schauterer Subst. m. [MM]
– Mann [MM]
dämmerschoppenschickerschauter Subst. m. [MM]
– Dämmerschoppentrinker [MM]
nerbeloschauter Subst. m. [MM]
– Spinner [MM]; Verrückter [MM]
schalkeschauter Subst. m. [MM]
– Spieler, Anhänger von Schalke 04 [MM]
schautermann Subst. m. [MM]; **schautemann** [MM]
– Kerl [MM]; Mann [MM]; Mensch [MM]; Bruder [MM]; Nachbar, Bekannter [MM]; Mistkerl [MM]; Angeber [MM] ♦ **V:** *wer lau nen toften schautermann, den makeim ich den schero* ‚willst du nicht mein Bruder sein, so schlag ich dir den Schädel ein' [MM]; *die schautermänner schemmten inne piesel* ‚die Männer gingen in die Kneipe' [MM]
hundeschautermann Subst. m. [MM]
– Hundehalter [MM]
oberschautermann Subst. m. [MM]
– Gott [MM].

schote² Subst. f. [MB]
– Streich [MB]; Anekdote [MB]; Brüller [MB]; Aufmacher [MB]; Witz [MB]; Geschichte [MB]; Märchen [MB] ♦ **E:** ugs. *Schote, Scholte* ‚ulkige, kleine Geschichte'. ♦ **V:** *er hat ne schote gerackert* ‚er hat einen Witz erzählt' [MB].

schoter Subst. m. [CL]
schooten [HK]; **schotten** [HK]; **schoote** [HK]; **schroter** Subst. m. [JeS, KP, LJ]; **schrooter** [JeS]; **schröder** [PfJ]; **schrodler** [PfJ]; **schrotler** [PfJ]
– Landjäger [LJ, PfJ]; Polizist [HK, JeS, KP, LJ]; Gendarm [LJ, PfJ]; Amtsdiener [CL]; Polizei [HK, PfJ] ♦ **E:** rw. *schot, schoter* ‚Polizist, Gendarm, Amtsdiener, Büttel' < jd. *schoter, schauter* ‚Aufseher, Vorsteher' (WolfWR 5136). ♦ **V:** *fiesel postet! der schroter kommt* ‚Freunde, geht, Polizei kommt!' [LJ]; *wenn mer den schroter gespannt hätt, da sin mer boschdet/verduftet* ‚wenn wir den Polizisten gesehen haben, da sind wir abgehauen' [LJ]; *der schroter hot en ens doves stecka wella, weil er beim scharle a baar bommerling und en dalferling mit bane schniffa wella hot* ‚der Polizist hat ihn ins Gefängnis stecken wollen, weil er beim Bürgermeister ein paar Äpfel und ein Brot mit Fleisch stehlen wollte' [LJ]

schooderei Subst. f. [HK]; **schooterei** [HK]; **schrooteréi** [JeS]
– Polizei [HK, JeS]; Polizeiamt [HK].

schottel Subst. f. [LüJ]
schottele [Him, JeS, PfJ, TJ]; **schottle** [JeS]; **schoddale** [OJ]; **schöttele** [PfJ]; **schuttle** [JeS]
– Schüssel [JeS, LüJ, OJ]; Glas [LüJ, OJ, PfJ]; Schoppen [OJ, PfJ]; Korb [OJ, TJ]; Wanne [Him]; (große) Tasse [JeS. LüJ]; Becken [JeS] ♦ **E:** rw. *schottel* ‚Schüssel, Korb' (WolfWR 5137), zu dt./nd. *Schottel* ‚Schüssel'.

schotteli Subst. n. [JeS]; **schutteli** [JeS]
– Schüsselchen [JeS]; Tasse [JeS]
schottelepflanzer Subst. m. [TJ]; **schoddalespflanzr** [OJ]; **schottlapflanzer** [LüJ]
– Korbmacher [LüJ, OJ, TJ]; Töpfer [LüJ]; Glashersteller [LüJ]
schöttelplack Subst. f. [WL]
– Teller [WL] ♦ **E:** rhein. *Schöttelplack* ‚Spültuch' (RheinWb. VII 1946), *Plack* ‚Placken, Flecken'.
schnalleschottel Subst. f. [LüJ]
– Suppenschüssel [LüJ].

schotten Subst. m. [LoJ]
– Kaufhaus [LoJ] ♦ **E:** unsicher; evtl. Nebenform von → *schopp* oder womgl. zu dt. *schotten*, Bezeichnung für verschiedene Milchprodukte, bes. obdt. DWB XV 1611.

schotter Subst. m. [LJ, MM, SJ, SPI]
schoddr [OJ]
– Geld [LJ, MM, OJ, SJ, SPI] ♦ **E:** rw. *schoder, schotter* ‚Kupfergeld' aus tschech. *chudý* ‚arm, gering'. „Die neuere Form *schotter* hat sich unter Bezug auf das mißverstandene *kies* gebildet" (WolfWR 5114). → *schodern*. ♦ **V:** *lang schotter* ‚viel Geld', ‚richtiges Geld' [MM]; *schotter ine patte* ‚Geld in der Tasche' [MM]

schotterautomat Subst. m. [MM]
– Geldautomat [MM]
schotterosnik Subst. m. [MM]
– Parkuhr [MM]
staatsschotter Subst. m. [MM]
– Staatsgelder [MM].

schotze swV. [JS]
– fahren [JS] ♦ **E:** zu dt. stV. *schießen*, Prät. *schoß* „sich oder etwas schnell fortbewegen" DWB XV 30 ff. ♦ **V:** *unger hei tagg wurd tschie geschotzt* ‚unter 50 Pfennig wurde nicht gefahren' [JS]

schotzdenkelchen Subst. n. Dim. [JS]
– Auto [JS]; Fahrzeug [JS] ♦ **V:** *de klisto reunde no ming fleppe van ed schotzdenkelche* ‚der Polizist guckte sich meine Papiere vom Auto an' [JS].

schoupert Subst. m. [WL]
– Fuhrmann mit einem Pferd [WL]; Fuhrmann mit einem „Teimer" (Kippkarren) im Tagelohn [WL] ♦ **E:** lux. *schoupert, schappert* ‚Schwächling, armseliger Mensch, Kleinbauer' LuxWb. IV 107.

schowali Subst. m. [MB]
– Fremder (aus der Perspektive der Sinti gebraucht) [MB] ♦ **E:** roi. *tschiwalo* ‚Fremder, Ausländer, Deutscher' (WolfWZ 3472).

schower Subst. m. [GM]
zocher [JS]
– Mantel [GM]; Kleid der Frau [JS] ♦ **E:** dt. *Schaube* ‚Oberkleid, Mantel, Talar', „langes, weites, bis auf die füsze gehendes oberkleid für beide geschlechter", aus dem Romanischen, ital. *giubba, giuppa*, frz. *jupe*, das seinen Ursprung im Arabischen hat (DWB XIV 2297 ff.).

schowiak Subst. m. [MM]
– Gauner [MM] ♦ **E:** nd. *schubiak* ‚Lumpenkerl', „Herkunft unklar. Norddeutsch ist *Schubjack* ein ‚Pfahl, den man in baumarmen Gegenden auf der Weide einschlägt, damit sich das Vieh daran reiben kann', vermutlich zu ndt. *schubben* ‚reiben, kratzen' (zu *schaben* und *Schuppe*) und *Jack* als Kurzform von *Jakob*. Die Übertragung wäre also ähnlich wie ‚Vogelscheuche' gemeint." (Klu. 1995: 744).

schrabinchen ‚Kind, Kinder' → *schrawiner*.

schrabnell Subst. n. [Scho]
schrabnett Subst. n. [Scho]
– alte Frau [Scho] ♦ **E:** ugs. *Schrapnell* ‚ältere Frau, betagte Prostituierte', „meint eigentlich das dünnwandige, mit Kugeln gefüllte Explosivgeschoss der Artillerie; hier (wie *Schachtel* und *Dose*) aufgefasst als Behältnis zur Aufnahme des Penis." Kü 741; aus PN Oberst *Shrapnel*: Erfinder des Geschosses (Klu. 2011, 826).

schradd Subst. m. [HK]
– Jude [HK] ♦ **E:** unsicher; ThürWb. V 955: wohl zu dt./mhd. *schrat* ‚Waldteufel, Kobold'.
schraddchen Subst. n. Dim. [HK]; **schrettchen** [HK]
– Jude [HK].

schrangeln ‚aufbrechen' → *schränken*.

schränken swV. [JeS, LüJ, SJ]
schränke [JeS]; **schrenkn** [LoJ]
– sperren [LoJ]; schließen [JeS, LüJ]; abschließen [LüJ]; einsperren [JeS]; Kette schließen [SJ] ♦ **E:** rw. *schränken* ‚schließen, einsperren, verschlossene Behältnisse aufbrechen', zu dt. *schränken* ‚mit Schranken umgeben, einschließen' (WolfWR 5141). ♦ **V:** *mameere, häsch de randi geschränkt?* ‚Mutter, hast du den Schrank abgeschlossen?' [JeS]

abschränken swV. [UG]
– verschließen [UG]

aufschrenken swV. [LüJ]; **aufschrengga** [OJ]
– aufschließen [LüJ, OJ]; aufmachen [LüJ, OJ]

bschränke swV. [JeS, LüJ], **beschrenken** [LüJ]; **bschrenken** [LüJ]; **bschränkæ** [LüJ]
– zuschließen, abschließen [JeS, LüJ]; einschließen [LüJ]; die Tür schließen [LüJ] ♦ **V:** *tue de schlaag beschränke!* ‚schließ die Tür ab!' [JeS]

vrschrengga swV. [OJ]
– verschließen [OJ]; zumachen [OJ]

schrenke Subst. f. [LüJ]
– Tür [LüJ] ♦ **E:** rw. *Schranke, Schrenke* id. (WolfWR 5140).

kittschränke Subst. f. [LüJ]
– Haustür [LüJ]

schrenker Subst. m. [LüJ]
– Schlüssel [LüJ] ♦ **E:** rw. *Schränker* ‚Einbrecher; Dietrich (Einbruchswerkzeug)' (WolfWR 5141).

beschrenker Subst. m. [LüJ]
– Schlüssel [LüJ].

schränker Subst. m. [WG]
– Safe-Knacker [WG] ♦ **E:** rw. *schranke, schrenke* ‚Bank, abgeschlossener Raum' zu mhd. *schrange, schranc* ‚id.' WolfWR 5140.

schrangg Subst. m. [OJ]
– Geldbank [OJ]; Tür [OJ]

schrangler Subst. m. [WG]
– Einbrecher [WG]; Safe-Knacker [WG]

schrangeln swV. [WG]
– Geldschrank knacken [WG].

schränz Subst. n. [SK]
– Kind [SK] ♦ **E:** wohl zu → *schraze* ‚Kind'.

schrap Subst. [SchJ]
– Kind [SchJ] ♦ **E:** rw. *schrabiner, schrapp, schrappen* ‚Kind(er)', evtl. beeinflusst von rw. *schratz* ‚Kind' (WolfWR 5147) zu jd. *scherez* ‚Wurm' (Avé-L. 477) oder von dt. *Schraffen* ‚Zwerge, Kobolde' (WolfWR 5138). → *schrawiner, schraze*.

schrabben Subst. m./n., meist Pl. [HK]; **schrappen** [HK]; **schrabbm** [HK]
– Kind [HK]; Kinder von anderen [HK]; größeres Kind [HK]
schrabbchen Subst. n. Dim. [HK]; **schrabchen** [HK]; **schrappchen** [HK]
– Kind [HK]; kleines Kind [HK]; Kleinkind [HK]
schräppchens Subst. n. Pl. [HL]
– Kinder [HL]
boosnschrabben Subst. m./n. [HK]
– Wirtskind [HK]
schulschrappen Subst. Pl. [SchJ]
– Schulkinder [SchJ]
galmakuttschrappen Subst. Pl. [LJ]
– Schulkinder [LJ] ♦ **V:** *hunnsfinnicher schrappen* ‚Hundeshagener Kinder' [HK]; *die schrabben dürfen das nicht verlinzen* ‚die Kinder dürfen das nicht verstehen' [HK]; *schuffd dich moal, die schrabbm solln das nich verlinsn* ‚sei mal ruhig, die Kinder sollen das nicht hören' [HK]; *schuule mal, was die schrabbens foawern* ‚guck mal, was die Kinder machen' [HK]; *en hübsches kleines schrabben in en rollerd* ‚ein hübsches kleines Kind in einem Kinderwagen' [HK]; *Dee bosenkäue hett abber veele schrappen!* ‚Die Wirtsfrau hat aber viele Kinder!' [HK]
schrabbenrollerd Subst. m. [HK]
– Kinderwagen [HK] ♦ **E:** → *rollen*.

schräpfe swV. [JeS]
– strafen [JeS]; bestrafen [JeS] ♦ **E:** zu mhd. *schraffen, schrapfen, schreffen, schrepfen* ‚ritzen, kratzen, schröpfen' (SchweizId. IX 1651,1654).

schrapp Subst. m. [JeS]
schrape [JeS]
– Halbjenischer (Abkömmling von fahrenden u. sesshaften Vorfahren) [JeS]; Nichtjenischer [JeS]; Fremder [JeS]; Ausländer [JeS] ♦ **E:** unsicher evtl. zu dt. *Schrapper* „der da schrappt", ‚Geizhals' DWB XV 1649, dt. *schrap(p)en* ‚kratzen, scharren'.

schrauben swV. [MB]
– lachen [MB] ♦ **E:** zu dt. *schrauben* „einen schrauben, durch worte, die auf schrauben gestellt sind, necken, mit gewundenen redensarten höhnen, foppen u. ä." DWB XV 1652ff. (schrauben 7); vgl. ugs. *kringeln* ‚lachen'. ♦ **V:** *schraubst dich kaputt* ‚du lachst dich kaputt' [MB].

schrawiner Subst. m. [GM, JS, MoJ]
schrawiener [HK]; **schrawina** [PH]; **schrawien** [HK]; **schrabiner** [JS]; **schrawêner** [Him]; **schwabiner** [BA];
schrabinchen Subst. n. [SK]; **schrabimchen** [SK]; **schratbinchen** [StG]; **schrawienerchen** [HK]; **schrawienchen** [HK]; **schlawienchen** [HK]; **schawienchen** [HK]; **schawinchen** [HK]
– Kind, Kinder [BA, GM, HK, JS, MoJ, PH, SK, StG]; Bauernkinder [StG]; kleines Kind [HK]; „Kind, das schon denkt" [HK]; ausgekochtes Kind [HK]; Schüler [HK]; pfiffiges Mädchen [HK]; Mädchen [HK]; Frau [HK]; Kinder (größere) [Him] ♦ **E:** rw. *schrabiner, schrawener* ‚Kinder' (WolfWR 5138), evtl. beeinflusst von rw. *schratz* ‚Kind' (WolfWR 5147) zu jd. *scherez* ‚Wurm' (Avé-L. 477) oder von dt. *Schraffen* ‚Zwerge, Kobolde' (WolfWR 5138). → *schrap, schraze*. ♦ **V:** *'n petieten schrabienchen* ‚ein kleines Kind'; *das dillichen hatte jookere schrawieners* ‚die Frau hatte hübsche Kinder' [HK]; *kesses schrawien* ‚aufgewecktes Kind' [HK]; *die keue heechd mehrere schrawienchen* ‚die Frau hat mehrere Kinder' [HK]; *meine schrawiener sollen butten und schwächen naschen und sich die kwast flotschen* ‚meine Kinder sollen zum Essen und Trinken kommen und sich die Hände waschen' [MoJ]

schrawinermoss Subst. f. [GM]
– Hebamme [GM].

schraze Subst. [DG, LI, LJ, PfJ]
schratze [OJ]; **schrâtze** [Him, Mat]; **schrazi** [SchJ]; **schdratze** [OJ]
– Kind [DG, LI, LJ, OJ, PfJ, SchJ]; dreckiges Kind [OJ]; unangenehmes Kind [OJ]; Kinder (kleinere) [Him, Mat]

schräzche Subst. n. Dim. [LI]
– Kind [LI]

schratzerl Subst. n. Dim. [LoJ]
– Kind [LoJ]

schratzen Subst. Pl. [RR]
– Kinder [RR] ♦ **E:** rw. *schratz* ‚Kind' (WolfWR 5147) < jd. *scherez* ‚Wurm, Kriechtier' (We 101, Post 248) oder zu dt. *Schrat* ‚Naturgeist, Kobold' (Klepsch 1355).

schrazeskneppler Subst. m. [PfJ]
– Unterlehrer [PfJ]

schrazemoß Subst. f. [LI]
– „Borneller" [LI]; Hebamme [LI].

schreber Subst. m. [HN]
– jmd., der alles hat und sammelt, jedoch nichts Lohnendes für einen Einbruch [HN] ♦ **E:** wohl Kürzung aus dt. *Schrebergärtner*.

schreckeisen Subst. n., Pl. [WL]
schréeckerten Subst., Pl. [WL]
– Beine [WL] ♦ **E:** zu lux. *schrecken* ‚schreiten' (LuxWb. IV 183).

schregle swV. [BM]
– tanzen [BM] ♦ **E:** schweizdt. *schreglen* ‚im Zickzack gehen' (SchweizId. IX 1600).

schreiberling Subst. m. [SK]
scheiberling [SK]
– Tisch [SK] ♦ **E:** Verquerung, vgl. rw. *scheibeling* ‚Fenster' und rw. *schreiberl* ‚Bleistift' WolfWR 4844, 5151, zu dt. *Scheibe* bzw. *schreiben*. Benennungsmotiv: Zweck oder Form.

schreier Subst. m. [SJ, Zi]
schreir [OJ]
– Hahn [OJ, SJ, Zi] ♦ **E:** zu dt. *schreien*.

schreileng Subst. m. [OJ]
– unangenehmes Kind [OJ]

schreierling Subst. m. [SK]
– Schwein [SK] ♦ **E:** rw. *schreiling* ‚Kind, Sau' (WolfWR 5153).

schreit Subst. n. [MoM]
– Ei [MoM] ♦ **E:** unsicher; evtl. Verbalabstraktum zu dt. *schreien*, vgl. → *schreier*.

schreitfehle Subst. f. [MoM]
– Huhn [MoM].

schrende Subst. f. [LüJ]
schrent [JS, PH]; **schrände** [HLD, JeS]; **schrändi** [JeS]; **schrendi** [JeS]
– Stube [JeS, LüJ]; Zimmer [JeS]; Zelle [HLD]; Saal [JS, PH]; Wohnung [JeS]; Haus [JeS]; Hütte [JeS]; kleines Haus [JeS]; Tür [JeS]; Schule [JeS] ♦ **E:** rw. *schrende, schränz, schrentz* ‚Stube, Kammer', zu dt. *Schranne* ‚Verkaufsstand, Verkaufsraum' oder zu slaw. *chrend* ‚Zimmer' (WolfWR 5156, SchwäbWb. V 1124). → *strenz*. ♦ **V:** *tue d schrändi zue!* ‚mach die Tür zu!' [JeS]

schrändifuchser Subst. m. [JeS]; **schrändifuxer** [JeS]
– Lehrer [JeS] ♦ **E:** vgl. schweizdt. *Schuelfuchs* (SchweizId. I 658).

schrenz[1] Subst. f. [TJ, TK]; **schrenze** [PfJ]; **schränze** [JeS, TK]; **schränz** [JeS]
– Haus [TJ, TK]; Stube [PfJ]; Hausierwaren [JeS] ♦ **V:** *in schrenz naschen* ‚hausieren' [TJ]; *letzt schrenz* ‚Sarg' [TJ]

turmschrenz Subst. f. [TJ]
– Herberge [TJ].

schrenzen swV. [TJ, TK]; **schranze** [MeJ]; **schrensen** [JS]; **schränze** [JeS]; **schrenze** [JeS]; **schränse** [StJ]; **schröntse** [StJ]; **schrenzieren** [TJ, TK]; **scharanzieren** [TK]; **schränsiere** [JeS]; **schränziere** [JeS]; **schrenziere** [JeS]; **scharanziren** [JeS]
– hausieren [JeS, JS, MeJ, StJ, TJ, TK] ♦ **V:** *i tschaane vor kitt zu kitt go schränze* ‚ich gehe von Haus zu Haus hausieren' [JeS]

schrenser Subst. m. [StJ]; **schränzer** [JeS]; **schränser** [StJ]; **schrenzner** [StJ, TJ, TK]; **schrenzierer** Subst. m. [JeS, LoJ]; **schränzierer** [JeS]; **scharanzirer** [JeS]
– Hausierer [JeS, LoJ, StJ, TJ, TK]; Schrottsammler [TK]

schränzerkönig Subst. m. [JeS]
– Hausiererkönig [JeS]; ein besond. erfolgreicher, tüchtiger Hausierer [JeS] ♦ **V:** *mys gaaschi schmuust mr immer: de schränzerkönig tschaant* ‚meine Leute sagen mir immer: der Oberhausierer kommt' [JeS].

schrenz[2] Subst. [LJ]
– Schriftstück mit schlechtem Inhalt [LJ] ♦ **E:** wohl zu dt. *schrenz* ‚Löschpapier, zerrissene Lumpen' DWB XV 1735.

schreuelen swV. [JS]
– weinen [JS] ♦ **E:** unsicher; evtl. Kontamination aus dt. *schreien* und dt. *heulen*.

schrewellje Subst. f. [MoM]
– Minute [MoM] ♦ **E:** entweder zu *schrabelje* ‚Schwätzerin' aus *schrabeln* ‚schnell und ständig sprechen' (HessNassWb. III 421) oder zu frz. *reveille* ‚militärisches Wecken', evtl. Kontamination aus beiden.

schriften Subst. f., Pl. [LüJ]
– Wandergewerbeschein [LüJ]; Legitimation [LüJ] ♦ **E:** dt. *Schrift(stück)* DWB XV 1736ff.

schripfen swV. [PfJ]
schripsen [PfJ]
– strafen [PfJ] ♦ **E:** zu rw. *strups* ‚Strafe' WolfWR 5677, ohne Herleitung; wohl zu dt. *Strupf* ‚Knoten, Schlinge, Streichriemen' DWB XX 137ff., SchwäbWb. V 1147. Vgl. → *strupf, stricheln*.

schrits Subst. m. [BM]
– reißender Absatz [BM] ♦ **E:** schweizdt. *schritzen* ‚einen Riss machen, zerreißen' (SchweizId. IX 1704).

schrock Subst. m. [HF, HeF]
schroks [KM]
– Hunger [HF, KM] ♦ **E:** rw. *schrocks* ‚Hunger' WolfWR 5161, ohne Herleitung; wohl von *schrocken, schröcken* ‚etwas schlucken' (RheinWb. VII 1812).

♦ V: *minotesen höbbel het schrock* ‚Mein Hund hat Hunger' [HeF]; *het de gronz schrock?* ‚Hat das Kind Hunger?' [HeF]
schrokskilef Subst. m. [KM]; **schrokskileve** [KM]
– Hungerhund [KM]; Hungerleider [KM].

schrofe swV. [MoM]
– etwas tun [MoM]; etwas veranlassen [MoM]; arbeiten [MoM] ♦ E: wohl zu dt. *schrubben, schrobben, schruppen* für verschiedene Tätigkeiten „starke, grobe arbeit verrichten" DWB XV 1798 f.
verschrofe swV. [MoM]
– stehlen [MoM]; verstecken [MoM]; schwängern [MoM] ♦ V: *verschrof dich!* ‚verschwinde!' [MoM]
ongeschroft Adj. [MoM]
– gepellt [MoM] ♦ V: *ongeschrofte doffts* ‚Pellkartoffeln' [MoM]
schrofer Subst. m. [MoM]
– Arbeiter [MoM]
hillschrofer Subst. m. [MoM]
– Messer [MoM] ♦ E: evtl. zu dt. *hille* ‚hurtig, eilig, schnell' DWB X 1332.
hornschrofer Subst. m./f. [MoM]
– Kuh [MoM]
holzschrofer Subst. m. [MoM]
– Holzhauer [MoM]; Waldarbeiter [MoM]
lattschrofer Subst. m. [MoM]
– große Frauenbrust [MoM]
motzschrofer Subst. m. [MoM]
– Hund [MoM]
plärrschrofer Subst. m. [MoM]
– Schaf [MoM]
schrofing Subst. f. [MoM]
– Arbeit [MoM] ♦ V: *gieh an die schrofing!* ‚geh an die Arbeit!' [MoM]

schrofen swV. [SS, WH]
– trinken [SS, WH] ♦ E: rw. *schrofen* ‚trinken' (WolfWR 5162, ohne Herleitung), westf. *schrüwe* ‚Rausch' (WWBA 1353).
schrueven Adj. [WH]
– besoffen [WH].

schrolle Subst. [OJ]
– aufgeregter, nervöser Mensch [OJ] ♦ E: dt. *Schrulle, Schroll* ‚Wunderlichkeit, fixe Idee' DWB XV 1801.

schrom Subst. [HF]
– Stunde [HF] ♦ E: unsicher; evtl. zu rhein. *Schram* ‚dicker Strich mit Kreide, Griffel u.ä' (RheinWb. VII 1767 ff.), nach WolfWR 5126 zu jd. *schoo* ‚Stunde, Uhr'.

schroter ‚Polizist, Amtsdiener' → *schoter*.

schrotig Adj. [LüJ]
– dumm [LüJ] ♦ E: SchwäbWb. V 1152.

schrots Subst. n. [StJ]
– Auto [StJ]; Wagen [StJ] ♦ E: wohl zu dt. *Schrot(t)* ‚abgeschnittenes Stück', bes. „viereckige stück eisen" DWB XV 1773 ff. ♦ V: *di schton doo möte schrots, di tsiijoiner* ‚Die stehen da mit den Wagen, die Zigeuner' [StJ]
schrötteln swV. [JS, PH]
– Schrott sammeln [JS, PH].

schrotse swV. [StJ]
schrötse [StJ]
– tanzen [StJ] ♦ E: unsicher; evtl. zu rhein. *schrots, schroten* ‚mahlen' RheinWb. VII 1815, 1819.

schrott Subst. [KJ]
– Zähne [KJ] ♦ E: unsicher; evtl. zu dt. *Schrot* ‚abgeschnittenes Stück' DWB XV 1773 ff.

schrupp Subst. f. [HF, HeF]
– Henne [HF, HeF] ♦ E: rw. *schrupp* ‚Henne' WolfWR 5165, ohne Herleitung; rhein. *Schruppe* ‚Spatz' RheinWb. VII 1829.
schruppenböten Subst. Pl. [HF]
– Hühnereier [HF]
schruppentent Subst. n. [HF]
– Hühnerstall [HF] ♦ E: rhein. *Tente* ‚Bude, Hütte' u. a. (RheinWb. VIII 1137).

schruze Subst. f. [Scho]
– üble Kundin [Scho] ♦ E: jd. *schruze* ‚üble Kundin' (We 101); auch pfälz. *Schruze* ‚Kundin, die sich alle Waren vorlegen lässt und nichts kauft' (PfälzWb. V 1461).

scht-, schd- im Anlaut → *st-*.

schuap Subst. m. [BB]
– Bauch [BB] ♦ E: Inversion zu *Bauch*.

schub ‚Zwangstransport' → *schupp*.

schubalie Subst. m. [MB]
schubali [MB]; **schablie** [MB]
– Kind [MB]; Mann [MB] ♦ E: unsicher; evtl. maskuline Analogiebildung zu roi. *dšúwli* ‚Frau, Weibsbild, Frauenzimmer, Weib, Dirne' (WolfWZ 576), roi. *tschiwalo* ‚Fremder, Ausländer, Deutscher' (WolfWZ 3472) oder Nebenform zu → *tschabo*.

schuben¹ swV. [LüJ]
schubæ [LüJ]
– essen [LüJ]; einschieben [LüJ] ♦ **E:** wohl zu dt. *schieben*; SchwäbWb. V 1157. Vgl. → *schupp*.

schuben² Subst., Pl. [LüJ]
schubæ [LüJ]; **dschuba** [LüJ];
– Läuse [LüJ]; Filzläuse [LüJ]; Geld [LüJ] ♦ **E:** rw. *schuben* ‚Läuse' < rom. *džuv* ‚Laus, Wanze' (WolfWR 5170; WolfWZ 575; Boretzky/Igla 86). ♦ **V:** *dschuba auf dem kiebis* ‚Läuse auf dem Kopf' [LüJ]
schubelo Subst. [LüJ]
– Pfennig [LüJ]; Geldstück [LüJ]; Geld [LüJ] ♦ **E:** roi. *tschuwalo* ‚Pfennig' zu roi. *džuv* ‚Laus, Wanze' (WolfWZ 575; Boretzky/Igla 86).

schubber Subst. [HK]
schupper [HK]
– Angst [HK]; Scham [HK] ♦ **E:** thür. *Schupper* ‚Angst, Abscheu' (ThürWb. V 1012). ♦ **V:** *er heejd schubber* ‚er hat Angst' [HK]; *ich heeche schubber* ‚ich habe Angst' [HK]
schubberig Adj. [HK]
– ängstlich [HK]
schuppert Subst. [HK]
– Angst [HK].

schubbern swV. [MB]
– frösteln [MB] ♦ **E:** westf. *schubberen* ‚frieren' (WWBA).

schuberle Subst. n. Dim. [LüJ, PfJ, TK]
schuberler [TJ]; **schubberle** [PfJ]; **schubachte** [PfJ]; **dschuberle** [TK]
– Geist [LüJ, PfJ, TJ]; böser Geist [TK]; Gespenst [PfJ, TJ] ♦ **E:** zu jd. *schuw* ‚zurückgekehrt (aus dem Jenseits)' WolfWR 5171. → *schuwal, tschubæræ, zuberle*.
schuberlespflanzer Subst. m. [LüJ]; **schuberslespflanzer** [PfJ]; **schubberlespflanzer** [PfJ]
– Geistererlöser [LüJ, PfJ]; Teufel [PfJ]
schuberlich Adj. [PfJ]
– gespenstisch [PfJ]; „Geister" [PfJ].

schublade Subst. f. [SJ]
– Maul [SJ]; Mund [SJ] ♦ **E:** dt. *Schublade* „kasten, der durch schieben geöffnet wird" (DWB XV 1820, SchwäbWb. V 1158).

schuck Subst. m./f. [CL, HF, HeF, JS, JSa, LJ, LL, LoJ, MB, MM, MoM, NJ, PH, PfJ, Scho, SJ, Scho, StG, WJ, WL]
schuk [KM, LüJ, MM, WJ]; **schugg** [OJ, TJ]; **tschuck** [GM, WJ]; **tschuk** [LüJ]; **schuch** [SJ, WJ]; **schogg** [OJ]; **gschogg** [OJ]; **schock** [CL, HF, JS, LL, MB, MM, MUJ, SE, SK, WL]; **schok** [SE]; **schuckum** [MeJ]
– Markt [CL, JS, JSa, LL, MUJ, Scho, StG, WJ]; Kirmes, Jahrmarkt [CL, JS, LL, MB, MM]; Messe [CL, JS]; Send [MM]; Rummel [MB]; Reise [JS]; der reisende Rummelplatz [JS]; Mindener „Messe" [MB]; Laden [HF, HeF]; Ware [HF, HeF]; Mark (Währungseinheit, DM) [CL, GM, JSa, KM, LL, LüJ, MB, MeJ, MM, MoM, NJ, SE, SJ, Scho, WJ, WL]; jede Art von Mark [OJ]; Mark-Stück [MM]; eine Mark [LJ, LüJ, MB, MM, OJ, PH, SK]; Münze [CL]; Schilling [TJ, LoJ]; Geld [JS, LüJ, PfJ, SE] ♦ **E:** rw. *schock, schuck* ‚Markt, Mark (Münze)', die Polysemie ‚Markt' und ‚Mark' schon im Jd., < hebr. *šuk* ‚Markt' (WolfWR 5109, Avé-L. 465, We 101, Post 248, MatrasJd 291, MatrasVh 54, Klepsch 1360). ♦ **V:** *ein halber schuck* ‚fünfzig Pfennig' [SchJ]; *en schock und enken schock* ‚eine Mark' [SK]; *zwiss schocken und zwiss schock* ‚zwei Mark' [SK]; *bes schuck* ‚zwei Mark' [MM]; *zwee schuck* ‚zwei Mark' [MoM]; *gimmel schuk* ‚drei Mark' [MM]; *dollet schuk* ‚vier Mark' [MM]; *hei schuk* ‚fünf Mark' [MM]; *bansch tschuck* ‚fünf Mark' [LüJ]; *jud schuk* ‚zehn Mark' [MM]; *olf schuck* ‚eine Mark' [MM]; *kaffhei schuck* ‚25 Mark' [MM]; *fojozer schuck* ‚50 Pfennig' [MM]; *mai schuck* ‚Hunderter' [MM]; *beischuck* ‚zwei Mark' [MB]; *gut schuck* ‚10 DM' [MB]; *nun schuck* ‚50 DM' [MB]; *mei schuck* ‚100 DM' [MB]; *bei mei schuck* ‚200 DM' [MB]; *der schock ist vermasselt* ‚der Markt taugt nichts mehr' [JS]; *isch hon kä schock* ‚ich habe kein Geld' [SE]; *schock beuten* ‚Ware kaufen' [HeF]; *willse aufem schock schanägeln?* ‚willst du auf dem Send arbeiten?' [MM]; *der seeger ging als ballsaster auf 'n schock* ‚der Mann war Gehilfe auf dem Markt' [MM]; *die hatten mir auf 'n schock die fleppen geschort* ‚sie stahlen mir auf dem Jahrmarkt meine Ausweispapiere' [MM]; *figineseegers, die fuhren von ein' schock zum andern* ‚die Schausteller fuhren von einem Jahrmarkt zum anderen' [MM]; *immer, wenn die alten plete waren, chappte der koten aus der kasse bes schuck oder sogar 'n heiermann* ‚immer, wenn die Eltern fort waren, nahm das Kind zwei oder sogar fünf Mark aus der Kasse' [MM]; *bes schuck is 'ne schofle bewirche* ‚zwei Mark sind ein schlechter Verdienst' [MM]; *ich hawem for die Schoori jus Schuck genosent* ‚ich habe ihm für die Ware 10 Mark gegeben' [LL]; *Wieviel*

schuck willschden for die Schoori? ‚Wieviel Mark willst du für die Ware?' [CL]
drieschock Subst. m. [SK]
– drei Mark [SK]
kimmelschuck Subst. m. [MM]
– drei Mark [MM]
feifschock Subst. m. [SK]
– 5 Mark [SK]
nunschuck Subst. m. [MM]
– 50 Mark [MM]; fünfzig [MM]
judschuckjüttermann Subst. m. [MM]
– 10 DM [MM]
meischuck Subst. m. [SS]
– Hundertmark [SS]
knebbelschock Subst. m. [MM]
– Dorfkirmes [MM]
schoggblads Subst. m. [HK]
– Marktplatz [HK]
schockfreier Subst. m. [CL, JS, MB, MM]; **schoggfreier** [HK]
– Marktverkäufer [CL]; Messeverkäufer [CL]; Schausteller [JS, MB, MM]; Sendbeschicker [MM]; Verkäufer auf dem Send [MM]; „jemand, der anderen etwas weismachen will" [MM]; Losbudenbesitzer [MM]; Jahrmarktsaussteller [MM]; Verkäufer auf dem Markt [LL]; Schausteller auf der Messe [MB]; Landfahrer [MB]; Kirmesmann [MB]; Aussteller [MB]; Mitarbeiter auf der Kirmes [MB]; Jahrmarktshändler [MB]; (abwertend) reisender Arbeiter [JS]; mitreisender Schaustellergehilfe [JS]; Händler [HK] ♦ **V:** *dat is die ische von den schockfreier* ‚da ist die Freundin des Schaustellers' [MM]; *die schockfreier mußten jofel rakawelen, wenn se wat verscherbeln wollten* ‚die Kirmesleute mußten schönreden, um etwas verkaufen zu können' [MM]
schockmerde Subst. f. [JS]
– mitreisende Schaustellergehilfin [JS]
schockgänger Subst. m. [MM]
– Schausteller [MM]; einer, der auf den Jahrmarkt geht [MM]; Mann, der auf den Send geht [MM]
schocksprache Subst. f. [JS]
– externer und interner Sprachname für die Schaustellersprache [JS]
schuckeplaat Subst. f. [HF]
– Ladentisch [HF] ♦ **E:** mdal. *Plaat* ‚Platte'.
schuckrefter Subst. m. [HF]
– Ladentisch [HF] ♦ **E:** evtl. zu rhein. *Refter* ‚Speisezimmer' (RheinWb. VII 230).
schucktürken Subst. n. [HF]
– Ladenmädchen [HF]; Verkäuferin [HF]

schocker Subst. m. [Scho]
– Spekulant [Scho]
schucken¹ swV. [JS, LüJ, MB, MM, PH, PfJ, SJ, Scho, StG]; **schukken** [MM]; **schucke** [LL, CL]; **schuken** [SP]; **schugga** [OJ]; **schocken** [SPI, SS]; **schööge** [JSa]; **schockern** [SK]; **zocken** [SPI]
– bezahlen [JS, LüJ, MB, MM, PfJ, SJ]; kosten [CL, GM, JS, LL, LüJ, MM, PH, SP, SS, Scho]; wenig kosten [CL, LL]; viel kosten [CL, LL]; kaufen [JSa]; sich lohnen [SK]; Geld geben [SJ]; geben [JS, LüJ, MM, OJ, StG]; reichen [MM]; schenken [OJ]; bringen [MM]; setzen beim Spiel [StG]; zahlen [MB]; Geschäfte machen [SPI]; unfair jmdm. etwas abnehmen [SPI] ♦ **E:** rw. *schucken* ‚bezahlen, geben, kosten' (WolfWR 5109, Avé-L. 465); jd. *schucken* ‚markten, kosten'. ♦ **V:** *et schockert* ‚es kommt reichlich Geld rein'; *was schuckt die schoori?* ‚was kostet das?' (CL, LL); *schuck mich mal lapane* ‚gib mir mal die Schüppe' [MM]; *wat muß ich schucken für die sore?* ‚Was muß ich für die Ware bezahlen?' [MM]; *er schuckte ein Meter* ‚er gab eine Mark' [StG]; *was schuckt das* ‚was kostet das' [MB]; *was muß ich schucken* ‚was muß ich bezahlen' [MB]; *was schuckt?* Grandich put ‚Was kostet das? Sehr teuer!' [LüJ]; *20 beede geschuckt* ‚das hat 20 Mark gekostet' [LüJ]
beschucken swV. [JS, MM]; **beschucke** [MoM]
– bezahlen [JS, MM, MoM].

schuckeler Subst. m. [LJ]
– Tagedieb [LJ]; Nichtsnutz [LJ]; Verräter [LJ] ♦ **E:** schwäb. *schuckeler* ‚Vagabund'. „Im engeren Sinn von beruflich herumziehenden Zigeunern, Pfannenflickern usw." SchwäbWb. V 1159.

schucken² swV. [PH]
schucke [CL]
– sein [CL, PH] ♦ **E:** unsicher; evtl. zu → *schucken³*.

schucken³ swV. [SK]
schuken [SK]
– arbeiten [SK]; schwer arbeiten [SK] ♦ **E:** unsicher; wohl zu dt. *schucken, schocken* ‚in Bewegung setzen, schubsen, stoßen, aufhäufen' DWB XV 1831, 1435.

schucker¹ Subst. m. [Gmü, Him, KJ, LJ, Mat, PfJ, SJ, SchJ, Wo, Zi]
schucken [HLD]; **schugger** [BA, JSa, LJ, MJ, SJ, StG]; **schucher** [SJ, StG]; **schukker** [SJ]; **schuker** [LüJ, PfJ]; **schuggr** [OJ]; **schoker** [CL, PfJ]; **schogger** [PH]; **tschugger** [BM, JeS]
– Landjäger [Gmü, Him, LJ, LüJ, MJ, Mat, PfJ, SJ, Wo]; Polizist [BA, BM, JSa, JeS, KJ, LJ, OJ, PH, PfJ, SJ];

Aufseher [SJ]; Gendarm [CL, KJ, LJ, LüJ, PfJ, SJ, SchJ, StG, Zi]; Schutzmann [HLD]; Schwein [JeS] ♦ **E:** rw *schucker* ‚Polizist, Gendarm, Landjäger' < jd. *chokar* ‚er hat gespäht, geforscht' (WolfWR 5175, Klepsch 1364, SchweizId. XIV1720); *tschugger* ‚Schwein' (JS) wohl beeinflusst von oder womgl. direkt aus roi. *tschik* ‚Kot, Schmutz, Lehm, Schlamm', vgl. WolfWR 5943. ♦ **V:** *er sei vor einem schucker davo-gnascht* ‚er sei vor einem Polizisten weggelaufen' [LJ]; *herlem im g'fahr houret ein lenker schuker; buz und scharle schefftem aber dof* ‚Hier im Dorf ist ein strenger Gendarm; der Polizeidiener und der Schultheiß sind aber gut' [LüJ]
bettelleutschucker Subst. m. [LJ]
– Landjäger [LJ]; Gendarm [LJ]; Polizist [LJ]
tschuggerei Subst. f. [BM]
– Polizei [BM].

schucker² Adj. [LüJ, MB, ME, MM]
schugger [CL, JS, JSa, JeS, LL, LüJ, MUJ, PH, TJ, TK]; **schukker** [LüJ]; **tschucker** [GM, MoJ]; **tschuggær** [WJ]; **tschukka** [ME]; **schucka** [MB]; **schoko** [MB]; **tschuka** [MB]
– schön [CL, GM, JSa, JeS, LL, LüJ, MB, MM, MUJ, PH, TJ, TK]; prächtig [MM]; hübsch [GM, MM, WJ]; schick [MB, MM]; flott [MM]; fesch [MM]; galant [LüJ]; elegant [LüJ]; reizend [MM]; nett [LüJ]; super [MB, ME]; riesig [LüJ]; cool [ME]; prima [MB]; toll [MB]; angenehm [LüJ]; gut [MB, MoJ, WJ]; süß [JS, LüJ]; teuer [LüJ] ♦ **E:** rw. *schukker* ‚schön' < roi. *šuker* ‚schön, hübsch', volksetymologisch auch *zucker*, zu dt. *Zucker* (WolfWR 5182, WolfWZ 3200). ♦ **V:** *schuckere tschai* ‚süßes, schönes Mädchen' [LüJ]; *schucka staljako* ‚schicke Brille' [MB]; *schucker jeitling* ‚schöner Ring' [MB]; *schugger nack* ‚schöne Nase' [LüJ]; *schuckerer latscho* ‚toller Typ (Zigeuner)', ‚guter Kerl', ‚schöner Mann' [MB]; *schuggere leut* ‚nette Leute' [LüJ]; *sieht schucka aus* ‚sieht gut aus' [MB]; *æ gwande tschai; æ tschuggære tschai* ‚ein hübsches Mädchen' [WJ]; *schäft e schugger tscheiche* ‚ist ein süßes Mädchen' [JS]; *hamel schucker ausse kowe roinen* ‚sehr gut aus der Wäsche schauen' [MM]; *roin mda, wat die schei 'n muckeres mui hat!* ‚sieh mal, wie schön das Gesicht des Mädchens ist!' [MM]; *roin die schuckere schei!* ‚Schau, was für ein schönes Mädchen!' [MM]; *die zintis hatten schuckere anims* ‚die Zigeunermädchen waren schön' [MM]; *ein kurantes anim! jovle zomen, toften tokus und nen schucker körning inne Bluse* ‚ein hübsches Mädchen! Schöne Beine, hübscher Hintern und ein schöner Busen in der Bluse' [MM]; *lenz die schuckere kitt* ‚sieh mal das schöne Haus da' [LüJ]
tschuckisch Adj. [GM]
– schön [GM]; hübsch [GM]
schuckerpin Subst. f. [GM]
– Schönheit [GM] ♦ **E:** roi. *šukerpen* ‚Schönheit, Liebreiz' (WolfWZ 3200).

schuehwei Subst. [Scho]
– Goldstück [Scho] ♦ **E:** jd. *schuewaj* ‚Goldmünze', dies wohl ursprünglich aus hebr. *zāhāb* ‚Gold' Klepsch 2, 1358 f.

schuene [BM]
– springen [BM] ♦ **E:** schweizdt. *schuehne* ‚marschieren, eilen, laufen' (SchweizId. VIII 488).

schuewertchen Subst. n. Dim. [JeH]
– Kuss [JeH] ♦ **E:** evtl. zu roi. *tšumǝw-* ‚küssen, Küsse geben' (WolfWZ 3530). Vgl. → *schumm*.

schuffen ‚beeilen' → *schuften*.

schuftele swV. [BM]
– Streiche machen [BM] ♦ **E:** rw. *schuft* ‚gemeiner Mensch', Herleitung unsicher: jd. *schophet* – ‚Richter', nl. *Schavuit* ‚Schurke' WolfWR 5178, dt. *Schuft* ‚Bösewicht, Unhold' DWB XV 1835 ff.

schuften¹ swV. [GM, JS, MB, MUJ, NJ, PH, SE]
schufften [HK, JS]; **schuftæ** [WJ]; **schuffde** [LL, CL]; **schuffden** [HK]; **schuffdn** [HK]; **schofte** [KM]; **schuffe** [FM]
– schämen [HK, JS, KM, MUJ, PH, WJ]; sich schämen [CL, GM, LL, MB, NJ, SE]; auf etwas aufmerksam machen [SE]; denunzieren [WJ]; feige sein [MB]; sich vorsehen [HK]; aufpassen [HK]; still sein [HK]; gucken [HK, SE]; ruhig sein [HK]; genieren [HK]; sich ruhig verhalten [HK]; sich zusammenreißen [HK]; sehen [HK, SE]; schauen [SE] ♦ **E:** rw. *schuffen, schuften* ‚bekennen, verraten', zu jd. *schuw* ‚er ist zurückgekehrt, umgekehrt, hat sich gewandt' (Avé-L. 464), mit Einfluss von dt. *Schuft* (WolfWR 5176). Vgl. → *schuftele*. ♦ **V:** *schuft dech* ‚paß auf' [JeH]; *schuff dich e Mattche!* ‚Schäm dich ein bisschen' [LL, CL]; *do muschde dich awer e mattche schuffde* [CL]; *Alloh! sek ich, schufft euch etzt!* ‚Alloh, sagte ich, eilt euch jetzt!' [FM]; *schuffd dich, der beeker schemmd loone lag* ‚sieh dich vor, der Mann ist nicht gut' [HK]; *schuffd dich moal, die schrabbm solln das nich verlinsn* ‚sei mal ruhig, die Kinder sollen das nicht hören' [HK]; *schuffd dich, der schnoarz buschd* ‚paß auf, der Mann kommt' [HK]; *schuffd dich, dillichen, der*

hussl buschd ‚sieh dich vor, Mädchen, der Gendarm kommt' [HK]; *schuffd dich, dilm, der hussl buschd* ‚wenn der Boß zur Tür rein kommt' [HK]; *schuffd dich, es hat sich 'nen grannichen needchenbeeker angeschafft* ‚sieh mal, sie hat sich 'nen hübschen Autofahrer angeschafft' [HK]; *schuffd dich, puschel da nich rin, da schemm de roodmalmisch* ‚sieh dich vor, geh da nicht rein, da sind Kommunisten' [HK]; *schuffd dich, da schemmd ein jookerer schnoarz, der hat granniche derlinge und ein jookeres boonum* ‚guck, das ist ein hübscher Junge, der hat hübsche Augen und ein hübsches Gesicht' [HK]; *schuffd dich, jetzt buschd der schnoarz schon wieder!* ‚guck doch mal, jetzt kommt der Bengel schon wieder' [HK]; *Schuffd dich! Der scheeks solls loone verlinsen!* ‚Vorsichtig! Der Mann soll es nicht mitkriegen!' [HK]; *schufft euch* ‚paßt auf', ‚gebt acht', ‚Vorsicht', ‚vorsichtig' [HK]; *schuffde dich* ‚schäme dich!', ‚paß auf!' [HK]; *ich würde mich schuffdn* ‚ich würde mich schämen' [HK]; *das dillichen soll sich schuffdn* ‚das Mädchen soll sich schämen' [HK]; *schuff dech* ‚schäm' dich' [JS]; *schuftig wie den hautz achelt!* ‚Schau mal, wie der Mann isst!' [SE]; *schuftig!* ‚Schäm Dich! / Schau mal! / Guck mal! / Sieh mal!' [SE]
jeschof Adj., Adv., Part. Perf. [KM]
– beschämt [KM]
schof Subst. [KM]
– Scham [KM]
schufterei Subst. f. [GM]; **schuffterei** [JS]
– Schande [GM]; „sich schämen" [JS]
schuffdebruder Subst. m. [HK]
– „einer, der sich schämt" [HK]
schuffdich Interj. [HK]; **schufftig** [HK]; **schuftig** [HK, JeH]; **schuftich** [SP]; **schuff dech** [WL]; **schuft ech** [WL]
– Vorsicht! [HK, SP]; vorsichtig! [HK]; Achtung! [SP]; „paß auf" [HK, JeH]; „guck" [HK]; „sei vorsichtig" [HK]; „sei still, es hört wer mit" [HK]; „schnell aufgepasst" [HK]; „sei wachsam" [HK]; „guck mal" [HK]; „aufpassen" [HK]; „schäm dich" [HK]; „schämen" [HK]; „halt dich raus" [HK]; ja! [WL]; ruhig! [WL]; pass auf und fort! [WL]; aha! [WL] ♦ **V:** *schuffdich scheks, derr hussl/hussel buscht!* ‚Vorsicht, Junge, der Gendarm kommt!' [HK]; *schuffdich, der hussl buschd* ‚paß auf, der Polizist kommt' [HK]; *schufftig, derr eppes schlent!* ‚Vorsicht, der Mann kommt!' [HK]; *schuff dech wéi d'hautze spanen!* ‚merk(t), wie die Bauern aufpassen!' [WL]; *schuff dech meng tröttleker scheffe gebeiert* ‚da, meine Schuhe sind zerris-

sen' [WL]; *schuff dech den oltemenschen hautz!* ‚sieh da, den alten Mann!' [WL].
schuften schewes Phras. [SE]
– weggehen [SE]; wegfahren [SE] ♦ **E:** → *schibes*.

schuften² swV. [HL, HLD, Scho]
schufften [Scho]; **schuffen** [WL]
– schwer arbeiten [HL, Scho]; hart arbeiten [Scho]; arbeiten [HLD, WL] ♦ **E:** dt. *schuften* ‚schwer arbeiten' DWB XV 1837.

schuggeln swV. [HK]
– schaukeln [HK]; schunkeln [HK] ♦ **E:** dt. *schuckeln* ‚schaukeln' DWB XV 1830 f.

schuhm Subst. m. [HF]
– Gebäck [HF] ♦ **E:** zu dt. *Schaum*, rhein. *Schümmken* ‚Gebäck' (RheinWb. VII 977).

schuhpatlen swV. [SK]
schuhpatten [SK]
– essen [SK] ♦ **E:** unsicher; evtl. zu rw. *schucker* ‚schön' WolfWR 5182; Zweitglied wohl zu rw. *butten* ‚essen' WolfWR 800.

schuhs nur in:
schuhs geben swV., Phras. [StG]
– dem Meister die Arbeit kündigen [StG]
schuhs kriegen swV., Phras. [StG]
– vom Meister die Arbeit gekündigt erhalten [StG] ♦ **E:** dt. *Schuh*, in symbolischen Bedeutung, „der schuh als symbol der zugehörigkeit, der herrschaft; ausziehen des schuhs als symbol für auflassen von gut und erbe" DWB XV 1850.

schukipen Subst. m. [SK]
– Durst [SK] ♦ **E:** roi. *šukipen* ‚Dürre' (WolfWZ 3202).

schukkrig Adj. [JS]
– kalt [JS] ♦ **E:** mdal. *schuckerig* ‚nasskalt, so dass es einen fröstelt' (HessNassWb. III 452), *schuckern* ‚schaudern (vor Kälte)'. ♦ **V:** *schabo, hesse de teps ob, weil de bollich bes date jubbere schukkrig schäfe?* ‚Junge, hast du die Mütze auf, weil du Angst hast, dass die Läuse kalt werden?' [JS].

schuks Subst. m. [LoJ]
– Freund [LoJ]; junger Bub [LoJ] ♦ **E:** Vgl. → *scheks*.

schul Subst. f. [Scho]
– Synagoge [Scho] ♦ **E:** jd. *schule* ‚Synagoge' Klepsch 2, 1365.

schulchet Subst. m. [WH]
schilchet [SS, WH]
– Tisch [SS, WH] ♦ **E:** rw. *schulchen, schulchet* ‚Tisch'
< jd. *schulchan* ‚Tisch' (WolfWR 5183).

schuldele swV. [BM]
– auf Kredit Marmel spielen [BM] ♦ **E:** zu dt. *schulden*
DWB XV 1896.

schule Subst. f. nur in:
hohe schule Subst. f., Phras. [MB]; **hoa schual** [OJ]
– Gefängnis [MB]; (schwerer) Kerker [OJ] ♦ **E:** rw.
(Hohe) Schule ‚Zuchthaus' (WolfWR 5184).

schulfuchs Subst. m. [JSa]
– Lehrer [JSa] ♦ **E:** rw. *schulfuchs* ‚Lehrer' (WolfWR
5187) mit wortspielerischer Querung dt. *Schule*, jd.
schuol ‚Fuchs'.

schulgusch Subst. f. [WJ]
– Schulhaus [WJ] ♦ **E:** → *gusch*.

schulem Subst. [Scho]
– Schluss [Scho] ♦ **E:** jd. *schulem* ‚Schluss, Friede',
Klepsch II 1367.

schulen swV. [HK, MB]
schuulen [HK]
– gucken [HK]; sehen [HK]; schauen [HK]; begucken
[HK]; komisch gucken [HK]; sprechen [MB] ♦ **E:** dt.
schulen ‚von der seite sehen, lauern' (DWB XV 1937);
‚sprechen' (MB) evtl. Sprechenirrtum, Verwechslung
mit dt. *Schule*. ♦ **V:** *schuule den simmes an* „wenn
sich einer in Gesellschaft hervortut" [HK]; *schuule
mal den beeker an* ‚sieh mal den Mann an' [HK]; *joo-
ker schuulen* ‚richtig sehen' [HK]; *schuule mal, son
grannicher eppes* ‚guck mal, son hübscher Mann'
[HK]; *bekneise mal die grannische schwäche, die ham
wir noch gar nicht geschuuld* ‚sieh dir mal die schöne
Kneipe an, die haben wir noch gar nicht gesehen'
[HK]; *schuul, der beeker buschd auf frejate* ‚guck, der
Mann geht auf Brautschau' [HK]; *schuule mal, der
schemmd aber knülle* ‚guck mal, der ist aber besof-
fen' [HK]; *schuule mal, was die schrabbens foawern*
‚guck mal, was die Kinder machen' [HK]; *schuule
moal in den schbaroagl* ‚guck mal in den Spiegel'
[HK].

anschuulen swV. [HK]
– angucken [HK]; ansehen [HK]; „eine Person oder
einen Gegenstand ansehen" [HK] ♦ **V:** *dillichen,
schuul dich mal den beeger an mid den vier derlingen*
‚Mädchen, sieh dir mal den Mann mit der Brille an',
‚Mädchen, guck mal nach dem Brillenträger' [HK]

ausschuulen swV. [HK]
– ausgucken [HK]

beschuuln swV. [HK]
– begucken [HK]; besehen [HK]; angucken [HK]; aus-
sehen [HK].

schulmen swV. [HK]
schullmen [HK]; **schulmmen** [HK]; **schullmm** [HK];
schollmen [MM]; **scholen** [Scho]
– zahlen [HK, MM]; bezahlen [HK]; kosten [HK]; Preis
verlangen [Scho] ♦ **E:** rw. *schullemen* ‚bezahlen' < jd.
scholen ‚einen Preis verlangen' (We 100, WolfWR
5188); rw. *beschollen* ‚(be-)zahlen' (WolfWR 5188).
♦ **V:** *loone, 's schullmd nichts mehr* ‚hier hats keinen
Zweck, sie bezahlen nichts mehr' [HK]; *das schullmd
grannich* ‚das ist sehr teuer' [HK]; *schullmd grannich*
‚kostet viel' [HK]; *schullmd moole* ‚kostet nicht viel'
[HK]; *das schullmd loone* ‚das ist billig' [HK]; *Dilms!
Buscht inn de finkelei! – Looscht de bosenkäue nach
pennen unn oahbendleechen – unn woas es
schulmmt!* ‚Mädchen, geht in die Küche! Fragt die
Wirtsfrau nach Übernachtung und Abendessen –
und was dies kostet' [HK]; *De bosenkäue düwwert: S'
sänftchen schulmmt vier dufte, unns oahbendleechen
schulmmt 'n; stierchen!* ‚Die Wirtsfrau sagt: Das Bett
kostet fünfzig Pfennige und das Abendessen kostet
eine halbe Silbermark!' [HK].

beschulmen swV. [HK, JS, SE, SJ, WH]; **beschulma**
[SJ]; **beschulme** [LL]; **bescholme** [JS]; **bescholmen**
[JS, MB, MM, SE]; **bescholemen** [SE]; **beschollen**
[MM]; **bescholleme** [NJ]; **scholmen** [MB]; **beschuln**
[HK]; **beschullmen** [HK]; **beschullm** [HK]
– bezahlen [HK, JS, LL, MB, MM, NJ, SE, SJ, WH]; zah-
len [MB, MM] ♦ **V:** *der seeger mußte hame lowi be-
schollen* ‚der Mann mußte viel Geld bezahlen' [MM];
*Wer soll das beschulma, wer hot so gwand drat, des
ischt onser scharlesbenk, des wissemer älle gwieß!*
‚Wer soll das bezahlen, wer hat soviel Geld, das ist
unser Bürgermeister, das wissen wir alle gewiß!'
[SJ]; *Dr kaffr beschulmd seine bomma mid gip odr mit
am gloina lasl odr am nickl* ‚Der Bauer bezahlt seine
Schulden mit Getreide oder einem kleinen Schaf
oder Schwein' [SJ]; *beschulm dei kajofes* ‚Zahl deine
Schulden!' [LL]; *moos beschulmen* ‚Tanzgeld zahlen'
[HK]; *mein finnichen schemmt beschullmt* ‚mein
Gewerbe ist bezahlt' [HK]; *brauchen se nich beschull-
men, den branned* ‚den Kaffee müssen Sie nicht be-
zahlen' [HK]; *Bennebich schon beschullmd?* ‚Schlaf-
geld schon bezahlt?' [HK]; *das hellich schon be-
schullmt* ‚die Steuer schon bezahlt' [HK]

maschulme swV. [SPI, Scho]; **maschulmen** [PfJ, Scho]
– bezahlen [PfJ, SPI, Scho]; auszahlen [SPI].

schultz Subst. m. in:
es ist jetzt schultz ‚es gibt nichts mehr, der Ausschank ist beendet' [HN] ♦ **E:** in Anlehnung an die Aufgabe des *Dorfschulzen*, die Sperrstunde zu überwachen; zugleich metathetisches Sprachspiel *schluß – schultz*.

schum Subst. [CL, LL, MM]
schuume [CL, LL]; **schumme** [CL]; **schummen** [CL, RA, StG]
– Fett [CL, LL, MM, RA, StG] ♦ **E:** rw. *schemen, schumon* u. ä. ‚Fett' (WolfWR 4865) < jd. *schumm, schemen* ‚Fett' (We 101, Post 248, Klepsch 1373).

schum Adj. [MB, MM]; **schumm** [MB, MM]; **schummen** [Scho]; **schomm** [ME, MM]; **schoin** [SS]
– dick [MB, ME, MM]; groß [MB, MM]; drall [MM]; fett, fettig [MB, MM, Scho]; beleibt [MM]; dicklich [MB]; pummelig [MB] ♦ **V:** *einen schummen wuddi hegen* ‚einen großen Wagen haben' [MM]; *finne schumm* ‚dicke Flasche, Flasche Sekt' [MM]; *schoinen Bauser* ‚fettes Fleisch' [SS]; *schumer seger* ‚dicker Mann' [MM]; *die alsche war sowieso so schumm und wurde dann immer schummer* ‚die Frau war bereits sehr dick und wurde dann immer dicker' [MM]; *er fährt 'n schummen wuddi* ‚er fährt ein großes Auto' [MM]; *sie ist eine tofte töle und hat jovle schumme zömkes* ‚sie ist eine hübsche Frau mit schönen drallen Beinen' [MM]; *besser nonne kacheline inne fehme als son schummen geier aufm beis* ‚besser einen Spatz in der Hand, als eine Taube auf dem Dach' [MM]; *is es dich ne schumme* ‚ist sie dick?' [MB]; *hat er dich ne schumme nack* ‚er hat eine dicke Nase' [MB]

schummer Subst. m. [MM, RH]
– fettleibiger Mann [MM]; Butter [RH]

karl der schumme PN [MM]
– Karl der Große [MM].

schumbolle Subst. f. [Gmü, Him, MM, Mat, PfJ, SJ, Wo]
schumbollen [KJ, RR]; **schombolle** [SJ]; **schambolle** [SJ]; **schumbolla** [PfJ]; **schuumbollá** [PfJ]; **schubollá** [PfJ]; **schundbolla** [LJ, LüJ]; **schuntpolln** [TJ]; **schundbolln** [SchJ, TK]; **schundboin** [LoJ]; **schondbollæ** [WJ]; **schundbolle** [PfJ]; **schundbollen** [TK]; **schunteler** Subst. m. [TJ]; **schund** Subst. [KJ]
– Kartoffel(n) [Gmü, Him, KJ, LJ, LoJ, LüJ, MM, Mat, PfJ, RR, SchJ, SJ, TJ, TK, Wo] ♦ **E:** rw. *schundbolle, schumpoll* ‚Kartoffel' aus rw. *schund* ‚Erde' und dt. *Bolle* ‚Kugel' (WolfWR 5193, 5192, Klepsch 1275). → *schund*.

schumm¹ Subst. m. [MM, MB]
– Kuß [MM, MB] ♦ **E:** roi. *čum* ‚Kuß' (WolfWZ 3530; BoIg 53).

schummen swV. [MB]
– küssen [MB] ♦ **V:** *es tut ihne schummen* ‚sie küßt ihn' [MB].

schumm² Subst. m. [Scho]
– Knoblauch [Scho] ♦ **E:** rw. *schum* ‚Knoblauch' WolfWR 5189 < hebr. *schum* ‚Knoblauch'.

schummeln¹ swV. [HLD]
schummle [JeS]
– betrügen [HLD, JeS]

beschummeln swV. [EF, HLD, JSa, LJ, NJ, PfJ, Scho]; **beschommeln** [EF]; **b'schummeln** [LJ, PfJ]; **bschummle** [JeS]
– betrügen [EF, HLD, JSa, JeS, LJ, NJ, PfJ, Scho]; leicht betrügen [LJ]; unehrlich sein [Scho]; anstiften [PfJ] ♦ **E:** rw. *schummeln*, Herleitung unsicher: nach WolfWR 5192 zu rw. → *Schund* aus roi. *chin(d)av* ‚scheißen, betrügen' über rw. *beschunden* ‚betrügen', *beschundlen*
– ‚bescheißen, verunreinigen, betrügen, anführen'; oder zu frühnhd. *umbschümmeln* ‚taumeln, umstürzen' (16. Jh.), *sich schummeln* ‚sich davonmachen' (17. Jh.), *schummeln* ‚eilig etw. tun'; oder zu jd. *schum* Akronym zu jd. *Spira* (Speyer), *Warmaisa* (Worms), *Magenza* (Mainz), also: ‚reden wie ein Jude aus Schum' (AlthJHS 119f., Post 248; vgl. auch Klepsch 1370).

beschommler Subst. m. [EF]; **beschummler** [EF]
– Betrüger [EF].

schummeln² swV. [TJ, TK]
schumin [LoJ]; **schumele** [JeS]; **schumlen** [TK]; **schomle** [LüJ]
– sich genieren [LoJ]; sich schämen [JeS, LüJ, TJ, TK]; rot werden [JeS] ♦ **E:** wohl zu dt. *Schummel* DWB XV 1996 u. a. ‚weibl. Genitalien; schmutzige Person'; evtl. Einfluss von rw. *schummel* ‚Person, die niedrige Arbeit verrichtet', rw. *schummeln* ‚schöntun, kosen, koitieren' WolfWR 5190.

schummlig Adj. [JeS]
– dumm [JeS] ♦ **V:** *e schummlige chueni* ‚ein dummer Kerl' [JeS].

schumpels Subst. [MB, MT, MeT]
– Faß [MT, MeT]; Fäßchen [MB] ♦ **E:** rw. *schumpels* ‚Fass' WolfWR 5191, ohne Herleitung; evtl. zu mnd.

Schūm ‚Schaum'. Pars-pro-toto: Inhalt für Gefäß, Siewert, Humpisch, 111 f.

schumpus ‚Gefängnis' s. → *tschumpus*.

schund Subst. m. [BM, Him, JSW, LJ, LoJ, LüJ, MM, MUJ, Mat, PfJ, SJ, SPI, SchJ, WJ, Zi]
schunt [JS, JeS, PH, SPI, TJ, TK]; **schont** [JS, MM]; **schond** [JSa, LüJ, MM, OJ, WJ, WL]; **schontes** Subst. m. [WL]; **tschunder** Subst. m. [GM, WJ]; **schunter** [JeS, TK]; **schondre** [OJ]; **schundl** Subst. [RR]
– Kot [GM, JS, JSa, JeS, LJ, LoJ, LüJ, MM, MUJ, PH, TJ, TK, WJ, WL]; Scheiße [GM, JS, JSa, LJ, MM]; Schmutz [LüJ, Mat, PfJ, SchJ, WJ]; Dreck [GM, Him, JSW, JeS, LJ, LüJ, MUJ, Mat, OJ, PfJ, SJ, SPI, TJ]; Mist [PfJ]; Erde [LJ, OJ, SchJ, TJ, WJ]; Feld [Zi]; Toilette [MM]; Abort [OJ]; Lokus [MM]; WC [MM]; Stuhlgang [JS]; Durchfall [JeS]; Diarrhöe [JeS]; Gesäß [TK]; Arsch [TJ]; schlechte Ware [SPI]; Gerümpel [JeS]; Lumpen [JeS]; Hausierwaren [JeS]; Schundware [WL]; Ware überhaupt [WL]; dreckige Frau [RR]; Spaß [BM]; „minderwertig" [LJ] ♦ **E**: rw. *schund* ‚Exkremente, Kot, Mist, Dreck, Unrat, Erde' zu roi. *chin(d)av* ‚scheißen, betrügen' (WolfWR 5192; vgl. Klepsch 1374); dagegen Klu./Seebold 1995, 745: zu dt. *schinden*; vgl. → *schummeln*[1] → *schumbolle*. ♦ **V**: *schund budde* ‚Dreck fressen' [JSW]; *oltemesche schond* ‚altes Eisen / Zeug' [WL]; *schond passen* ‚Geschirr kaufen' [WL]; *e schéift schonten* ‚er geht auf den Abtritt' [WL]; *dr gaatsch is æ heegl; un d' moß tschäfft æ glont; dr gaatsch bigdg s'gwand; und d' moß bigdg dæ schond* ‚Der Mann ist ein Narr; die Frau ist eine Dirne; der Mann ißt das Gute; und die Frau ißt den Dreck'. [WJ]

schunte Subst. f. [SK]; **schonte** [MM]; **schunde** [JS]
– Scheiße [JS, MM]; Mist [MM]; Dreck [MM]; Kot [MM]; Urin [MM]; Abort [SK] ♦ **V**: „*schonte!*" rackewelte Egon ‚„Mist!", sagte Egon' [MM]; *mensch, wat 'ne piek schonte* ‚Mensch, was 'ne Scheiße' [MM]; *irgend etwas zirochte da nach schonte, etwas war da lau schauwe* ‚irgend etwas roch da nach Scheiße, irgend etwas war da nicht in Ordnung' [MM]

schunten swV. [JeS, NJ, PH, SK, TJ]; **schunte** [JeS]; **schuntn** [LoJ]; **schunde(n)** [CL, MeJ, MoJ, UG]; **schunda** [LJ]; **schonda** [LJ, OJ]; **schonte** [JS, WL]; **schonten** [MM, JSa]; **schondæ** [WJ]; **tschunden** [GM, WJ]; **schuntern** swV. [SK]; **tschundern** [GM]
– cacare [MeJ, PH, WJ]; scheißen [GM, JS, JSa, LJ, LoJ, MM, TJ]; aufs Klo gehen, Stuhlgang haben [MM]; auf Toilette gehen [MoJ]; Austreten groß [CL]; koten [SK]; Notdurft verrichten [JeS, LJ, NJ, OJ]; urinieren [GM]; Winde lassen [SK]

beschunden swV. [GM]; **beschunten** [Zi]; **beschonten** [JS, WL]
– betrügen [GM, Zi]; bescheißen [JS]; besudeln [WL]; beschwindeln [WL]; mit Kot beschmutzen [WL]; anschmieren [WL]

beschunderlen swV. [LüJ]
– betrügen [LüJ]; bescheißen [LüJ]; beschummeln [LüJ]; jmd. übers Ohr hauen, reinlegen [LüJ]

schundert Subst. m. [JS]
– „Poppes" [JS]

schunden Subst. n. [MUJ]
– Stuhlgang [MUJ]

schunten Subst. m. [SK]; **schunte** [SK]
– Gesäß des Menschen, bzw. der Haustiere [SK]; geräucherter Schinken des Schweins [SK]

schunder Subst. m. [MoJ]; **schundara** Subst. m. [LoJ]
– Furz [LoJ]; Pups [MoJ]

schunti Subst. f. [JeS]
– Toilette [JeS]

schundig Adj. [Him, Mat, PfJ, SJ, SPI, WJ]; **schuntig** [JeS, TJ]; **schuntich** [SE]; **schundich** [LüJ]; **schundi** [SchJ]; **schondig** [LJ, MUJ, OJ]; **schondich** [WJ]; **schondisch** [JSa]; **schondeg** [SJ]
– schmutzig [JeS, LüJ, Mat, PfJ, TJ]; dreckig [Him, JeS, LJ, MUJ, PfJ, SJ, SPI, TJ]; kotig [SJ]; verschissen [JSa]; hässlich [JSa]; durchtrieben [SE] ♦ **V**: *æ schondige kehr, da muffælts* ‚ein schmutziges Haus, da stinkt es' [WJ]; *es hauert schundi* ‚es ist schmutzig' [SchJ]; *schuntiche bunackel* ‚durchtriebener Mann' [SE]

schundbolla Adj. [LüJ]
– ungepflegt [LüJ]

schundlich Adj. [LüJ]; **schundich** [LüJ]
– schmutzig [LüJ] ♦ **V**: *Schefften deine buxen schundlich, kaffer? Nobis, moß! Dein fürflamm, moß? Nobis, kaffer!* ‚Sind deine Hosen schmutzig, Mann? Nein, Frau! Dein Schurz, Frau? Nein, Mann!' [LüJ]

schontendick Adj. [MM]
– sternhagelvoll [MM] ♦ **V**: *du bist von'n quinie schontendick!* ‚du bist vom Schnaps sternhagelvoll!' [MM]; schmutzig [OJ, WJ]

panischonte Subst. f. [MM]
– schlechtes (wässriges) Bier [MM]; Scheißbier [MM]

walzwerkschonte Subst. f. [MM]
– Schrott aus dem Walzwerk [MM]

schundbais Subst. m./n. [MeJ, SJ]; **schuntbais** [NJ]; **schuntbaies** [NrJ]; **schondbaiß** [JSa]; **schontbäjes** [SE]; **schontbajes** [SE]; **schontebeis** [MM]; **schontebeies** [WL]; **schontebais** [MM]; **schonterbeis** [MM];

schondbaajes [JSa]; **schunnerebajes** [CL]; **schunderpreis** [LJ]; **schundbeis** [JS]; **schindbos** [Scho]
– Toilettenhäuschen, Klo [MM, SE]; Scheißhaus, Schiethus [MM]; Bedürfnisanstalt [MM]; Abort [CL, JSa, LJ, NJ, SE, SJ]; Toilette [JS, MM, NrJ]; Abtritt [MeJ, WL]; Gesäß [Scho]
schontebeischen Subst. n. Dim. [MM]
– kleines Haus [MM]
schondbatschert Subst. m. [JSa]
– Ente [JSa]
tschundebaskro Subst. m. [GM]
– Betrüger [GM]
schundbecker Subst. m. [JS]
– Furz [JS]
schundblozer Subst. m. [DG]
– Maurer [DG] ♦ **E:** rw. *schundplutzer* ‚Maurer' WolfWR 5198, schwäb. *Schundplotzer* (SchwäbWb. V 1189), zu → *schund* ‚Kot' und *plotzen* ‚platschend (hin)werfen'. → *schomblotzr*.
schuntbohrer Subst. m. [TJ]
– Rettich [TJ]
schundbolla [LüJ]; **schondbollæ** [WJ]
– Schmutzfink, Dreckspatz [LüJ]; verwahrloste, verdreckte Person [LüJ]; Scheißhaufen, Dreckhaufen [LüJ]; (sehr abfällig für) Frau [WJ] ♦ **E:** vgl. → *schumbolle*.
schundbos Subst. m. [LJ, SJ, SchJ]; **schomboss** [LJ]; **schundbus** [LoJ]; **schundboss** [JS]
– Dreckarsch [LJ]; Scheiße [LJ]; After [SJ, SchJ]; Arsch [LoJ]; Hintern [JS]
schundkanti Subst. f. [LoJ]; **schuntkanti** [TJ]
– Toilette [TJ]; Klosett [LoJ]
schuntekate Subst. f. [SK]; **schunekate** [SK]
– Abort [SK]
schundkasten Subst. m. [SK]; **schunekasten** [SK]; **schuntekasten** [SK]
– Abort [SK]
schundkehr Subst. n. [MoJ, MUJ]; **schundker** [SchJ]; **schontker** [MM]; **schondkehr** [LüJ, WJ]; **tschundekär** Subst. m. [GM]; **schuntker** [JS, PH]
– Scheißhaus, Klo, Toilette [GM, MM, MoJ, MUJ, WJ]; Abtritt [SchJ]; Abort [JS, LüJ, PH]; „Frau, wenn se bös ist, oder Mann" [MoJ]
schuntkitt Subst. n. [JeS]; **schundkitt** [LüJ]; **schindkitt** [LüJ]
– Abort [LüJ]; Toilette [JeS, LüJ]; Scheißhaus [LüJ]; Klo [LüJ]; heruntergekommenes, schmutziges Haus [LüJ]
schundkowl Subst. [RR]
– Klosett [RR]

schuntkratzer Subst. m. [TJ, TK]
– Gans [TJ, TK]
schondkusch Subst. f. [WL]
– Abtritt [WL]
schundingerkut Subst. f. [LJ]
– Abort [LJ]
schundlapper Subst. m. [LJ, SchJ]; **schuntlapper** [TJ]
– Ofensetzer [LJ, SchJ, TJ]; Ziegler [SchJ]
schundloch Subst. n. [JS]
– Po [JS]
schondmalochr Subst. m. [OJ]
– Drecksarbeiter [OJ]
schontermeier Subst. m. [MM]
– Scheißkerl [MM]; Scheißer [MM]; einer, der bescheißt [MM]
schondmussle Subst. m. [LüJ]
– Schmutzfink [LüJ]
schundnickel Subst. m. [CL]
– böser Mann [CL]
schuntnulli Subst. [JeS]
– Nachttopf [JeS]; Nachtgeschirr [JeS]
schondpéckert Subst. m. [WL]
– Schmutzfink [WL]
schundpicker Subst. m. [CL]; **tschunderpicker** [GM]
– unzufriedener Mensch [CL]; Schleimscheißer, Arschkriecher [GM]; Radfahrer [GM]; einer, der zu Kreuze kriecht [GM]
schuntsammler Subst. m. [JeS]
– Lumpensammler [JeS] ♦ **V:** *de schuntsammler tschaant zu de palaargaaschi, de schunt go zämeschniffe* ‚der Lumpensammler geht zu den Dorfbewohnern die alten Lumpen zusammennehmen' [JeS]
schundschnodara Subst. f. [LoJ]
– Gans [LoJ]
schuntschrenzel Subst. n. Dim. [TJ, TK]
– Toilette [TJ]; Abort [TK]
schundterminsel Subst. n. Dim. [LJ]
– Nachttopf [LJ]; Nachtgeschirr [LJ]
schunthuuffe Subst. m. [JeS]
– Abfallhaufen [JeS]; Kerichthaufen [JeS]
gleisschund Subst. m. [LüJ]
– Sahne [LüJ]; Rahm [LüJ]
kopelschonder Subst. m. [LüJ]
– Hosenscheißer [LüJ]
nuescheschunt Subst. m. [JeS]
– Schuhwichse [JeS]
wäschschunt Subst. m. [JeS]
– Waschartikel (z. B. Seife) [JeS] ♦ **V:** *i tschaane go schränsiere mit wäschschunt* ‚ich gehe mit Wäscheartikeln hausieren' [JeS]

ratteschunter Subst. m. [JeS]
– Nachttopf [JeS]; Nachtgeschirr [JeS].

schundplutzer Subst. m. [Him, Zi]
schumplotzer [Gmü]
– Mark (Geld) [Gmü, Him, Zi] ♦ **E:** unsicher; evtl. zu dt. *schum, schaum* u. a. ,Metallgebrösel' DWB XIV 2349 ff.; rw. *plotzer* ,Steine' WolfRW 4263; semantisch schwer zu WolfWR 5198 *schundplutzer* ,Maurer'.

schünegeln ,arbeiten' → *schinageln*.

schunigl Subst. [KJ]
– Kartoffel [KJ] ♦ **E:** rw.*schundmuckel* ,Kartoffel', rw. *Moggl* ,Tannenzapfen' WolfWR 3652, 5197. → *schund, schumbolle*.

schunnere Subst. f. [CL]
schunnre [Scho]; **schunnres** [Scho]; **schunner** [KMa]
– Katze [CL, KMa, Scho]; Mädchen (Kosename) [Scho] ♦ **E:** rw. *schünre, schunnere* (WolfWR 5199) < jd. *schunre* ,Katze' (We 101, Post 249, Klepsch 1378).
♦ **V:** *Schloof Kindche schloof! / De Käiluf schlooft im Hof, / Die Schunnre schlooft im Gääsestall / Un aa die Kachnellcher all, / Schloof Kindche schloof!* Schlaflied: ,Schlaf, Kindchen schlaf / der Hund schläft im Hof / die Katze schläft im Geißenstall / und auch all' die Hühnchen / Schlaf, Kindchen, schlaf!' [CL].

schupfen¹ swV. [JeS]
schupfe [JeS]; **schupfa** [JeS]
– werfen [JeS]; stoßen [JeS]; (ein-)brechen [JeS]; zerschlagen [JeS]; schließen [JeS]; aufhören [LüJ] ♦ **E:** zu dt. *schupfen*, schweizdt. *schupfe* ,schnell, heftig stoßen, mit einem Ruck befördern' (vgl. WolfWR 5203; SchweizId. VIII 1079f., 1082, 1084, 1088). ♦ **V:** *spagizze schupfe* ,Steine werfen' [JeS]; *schupf de gaaschi is fludi!* ,stoß den Kerl ins Wasser!' [JeS]
verschupfe swV. [JeS]; **verschupfen** [JeS]
– wegwerfen [JeS]; fortwerfen [JeS] ♦ **V:** *veschupf de Soori usserkönig!* ,wirf das Zeug weg!' [JeS].

schupfen² swV. [LJ, LüJ, PfJ, SJ, SchJ, Scho]
schupfa [OJ]
– backen [LJ, LüJ, OJ, PfJ, SJ, SchJ, Scho]; braten [LJ]
♦ **E:** rw. *schupfen* ,backen', zu dt. *schupfen, schuppen* „schnell und heftig stoszen, durch stosz in schaukelnde bewegung versetzen" DWB XV 2006 ff.; „vom Einschieben des Brotes in den Backofen", WolfWR 5201; Klepsch 1380, SchwäbWb. V 1192/1193.
schupfer Subst. m. [PfJ]
– Backofen [PfJ]

schupferei Subst. f. [LüJ, PfJ]
– Bäckerei [LüJ, PfJ]
schupfersbink Subst. m. [PfJ]
– Bäcker [PfJ]
lechumschupfer Subst. m. [SchJ, TJ]; **lehmschupfer** [LüJ, PfJ, WJ]
– Bäcker [LüJ, PfJ, SchJ, TJ, WJ]
lehmschupferei Subst. f. [LüJ]
– Bäckerei [LüJ]
maroschupfer Subst. m. [TJ]
– Bäcker [TJ].

schupfen³ swV. [LüJ, OJ]
– aufhören, aufpassen [LüJ]; still, ruhig, vorsichtig sein [LüJ]; sich zurückhalten, sich zusammennehmen, sich zusammenreißen [LüJ]; unterlassen [LüJ]; sich entfernen [OJ] ♦ **E:** wohl zu jd. *schuw* ,er hat sich abgekehrt, abgewendet' (WolfWR 5176); evtl. Einfluss von dt. *schupfen* u. a. ,hin und her bewegen, jd. von etwas fortstoßen, vertreiben' DWB XV 2006 ff.
♦ **V:** *schupf de!* ,verschwinde, sei still!' [OJ]; *schupfte fisel/benges* ,Bursche, paß' auf, nimm dich zusammen!' [LüJ]
aufschupfen swV. [LüJ]
– aufhören, aufpassen [LüJ]; still, ruhig, vorsichtig sein [LüJ]; sich zusammenreißen [LüJ]; sich in Acht nehmen [LüJ]; unterlassen [LüJ]; jmd. anmachen [LüJ] ♦ **V:** *schupf dich auf!* ,Halt das Maul, halt dich zurück, reiß dich zusammen!' [LüJ]; *model, schupf dich auf und bost' schiebes!* ,Mädchen, hör auf und geh fort!' [LüJ]
schupferei Subst. f. [LüJ]
– Polizei [LüJ]; Rathaus [LüJ].

schupp Subst. m. [StG]
– Transport [StG] ♦ **E:** rw. *schub* ,zwangsweises Abgeschobenwerden, Zwangstransport (z. B. zum Heimatort wegen Landstreicherei)' WolfWR 5169, zu dt. *Schub* DWB XV 1810 ff.; evtl. Einfluss von rw. *schupfen* ,Kiste, Koffer' WolfWR 5200.
schuppen swV. [MeJ, StG]
– transportieren [StG]; festnehmen [MeJ].

schuppen swV. [HLD, JSa, SJ]
schuppe [MeJ]
– stehlen [HLD, JSa, MeJ]; narren [SJ]; wildern [JSa]; nehmen [HLD] ♦ **E:** rw. *schuppen* ,betrügen, stehlen', zu dt. *schupfen* (WolfWR 5203) → *schupfen¹*.
beschuppen swV. [SJ]
– betrügen [SJ]; täuschen [SJ]
schupper Subst. m. [HLD]
– Dieb [HLD].

schüppl Subst. m. [EF]
schüppel [EF]
– Fischer [EF] ♦ **E:** zu dt. *Schuppe* „kleines festes plättchen, wie sie den körper der fische und amphibien bedecken" DWB XV 2012 ff., met. für denjenigen, der die Schuppen abschabt.

schūr Subst. [KP]
schure [Wo]
– Mund [KP, Wo] ♦ **E:** unsicher; evtl. zu dt. *Schur, scheren* DWB XV 2030 ff.
schūren swV. [KP]; **schūre** [KP]
– essen [KP]
schūrer Subst. m. [KP]
– Löffel [KP].

schure¹, schuri ‚Ware, Sache' → *schore*.

schure² Subst. m. [SJ]
schuri [JeS, TJ]; **tschure** [SJ]
– Bursche [SJ]; Mann [SJ]; Kerl [SJ]; Penis [TJ]; Polizist [JeS]; Geschlechtsteil (männl.) [TK]; Gendarm [TK]; Polizeidiener [TK] ♦ **E:** rw. *schuri* ‚Penis, Kerl, Polizist' (Roth, JenWb. 346). ♦ **V:** *lingger schuri* ‚Feind' [TJ]; *Wer hatscht scho morgens end schwäche nei, was send des für lake schure, se laßet die moss vermuffter schure* ‚verflixter Kerl' [SJ]; *Hoim de, dia schure hauret vielleicht no bei dr moss em senftling, oder se send end duft boscht zom patronalla* ‚Wart ab, die Männer sind vielleicht noch bei der Frau im Bett, oder sie sind in die Kirche gelaufen zum beichten' [SJ]; *ond dia kottela drhoim, bei murke ond kipp* ‚Wer geht schon morgens ins Wirtshaus rein, was sind das für schlechte Kerle, sie lassen die Frau und die Kinder daheim, bei Katze und Hund' [SJ]; *Des send doch gwande schure, se tscherdlen da ganza schei, drom laßed se doch oin schwächa, da lowe hendse doch* ‚Das sind doch gute Kerle, sie arbeiten den ganzen Tag, darum laßt sie doch einen trinken, denn Geld haben sie doch' [SJ]; *Schure, gschaubet her, do hot dr massfetzer schling ond bossertlappa herketscht, do kennemer mordsmäßig butta* ‚Männer, schaut her, der Metzger hat Wurst und Fleischstücke gebracht, da können wir tüchtig essen' [SJ]; *Ihr schure, i hab uich schalla gschpannt, no hot mei kibes dibbert, do boscht nei* ‚Männer ich habe euch singen gehört, da hat mein Verstand gesagt, da gehst du hinein' [SJ]; *Schure, jetzt ischt dr kliste do, no kenna mar oin schalla ond oin schwächa* ‚Männer, jetzt ist der Polizist da, dann können wir einen singen und einen trinken' [SJ]; *Schure, i hab a frog, ihr habt jetzt elle buttet, ist dia schling und der bossert gwand gwea?* ‚Männer, ich habe eine Frage, ihr habt nun alle gegessen, war die Wurst und das Fleisch gut?' [SJ]; *Dr benk hot da kaffer mit am härtling dupfd, das dr rötling gschepfd ischd no hotr en dr deisd ond em seine boschr aus am rande zopfd dr klischde hot den vermuffda schure en da kanlo gschmissa wega dem hallas, dr gomel hod droht, hoim de, sonschd machschd ama schena schei da baumelma. Dr benk hot da kaffer mit am härtling dupfd, das dr rötling gschepfd ischd no hotr en dr deisd ond em seine boschr aus am rande zopfd dr klischde hot den vermuffda schure en da kanlo gschmissa wega dem hallas, dr gomel hod droht, hoim de, sonschd machschd ama schena schei da baumelma* ‚Der Mann hat den Bauer mit dem Messer gestochen, daß das Blut gelaufen ist, dann hat er ihn erschlagen und ihm sein Geld aus der Tasche genommen, der Polizist hat den schlechten Kerl ins Gefängnis geschmissen wegen dem Streit, der Amtsrichter hat gedroht, pass auf, sonst wirst du eines schönen Tages aufgehängt' [SJ]; *D'schicks hatschd mid ihram schure auf dr schtrade odr deam derech zom nägchda kaff, se weled dord a masematte heba ond dibbred deshalb blos no jenisch* ‚Das Weib geht mit ihrem Burschen auf der Landstrasse oder dem Weg zum nächsten Dorf, sie wollen dort einen Diebstahl begehen und sprechen deshalb nur noch die Kundensprache' [SJ]

schurlen swV. [TJ]; **schūrlen** [TK]
– Geschlechtsverkehr treiben [TJ]; verkehren (geschlechtlich) [TK].

schurele Subst. n. Dim. [LüJ]
– Brett [LüJ] ♦ **E:** zu dt. *Schur* „der abtrieb eines waldes und das dabei gewonnene holz; ain schur holtz; besonders in mundarten von andern arten des schneidens" DWB XV 2030 ff., 2.c.
schurelespflanzer Subst. m. [LüJ]
– Schreiner [LüJ]
schurespflanzer Subst. m. [LüJ]
– Bürstenmacher [LüJ].

schüren swV. [HF, HeF]
– tragen [HF, HeF]; bringen [HF] ♦ **E:** rw. *schüren* ‚tragen', nach WolfWR 5395 zu rw. *sore, schaurem* ‚Ware, besonders Diebesgut, Beute'; im Rhfrk. *schüren* ‚antreiben' (RheinWb. VII 1916). ♦ **V:** *metelesen schüren* ‚Säcke tragen' [HeF].

schüres Subst. m. [HF]
schuret Subst. [KP]
– Ofen [HF]; Heizung [KP] ♦ **E:** zu dt. *schüren* ‚das Feuer schüren' DWB XV 2034 ff.

schuri ‚Messer' s. → *tschuri*.

schurig ‚Karren, Wagen' → *schurrich*.

schurle Subst. n. [SJ]
– Mark [SJ] ♦ **E**: rw. *schurle* (WolfWR 5204), Dim. zu rw. *schur, schuri* ‚Geldstück', dies wohl zu → *schore, schure* ‚Ware'.

schurlen swV. [SJ]
schurla [SJ]; **schure** [BM]; **schurele** [LüJ]
– arbeiten [BM, SJ]; machen, tun [LüJ]; schaben [LüJ]; bumsen, Geschlechtsverkehr haben [LüJ] ♦ **E**: rw. *schure* ‚Ware' aus jd. *sechoro* ‚id.' WolfWR 5395, SchwäbWb. V 1200 *schure* ‚Ware, Ding'. Benennungsmotiv: mit Waren arbeiten, Handel treiben; etymologisch zusammengehörig mit: → *schore*, → *sore*, → *tschor*. ♦ **V**: *gwand schurlen* ‚Glück haben' [SJ]

schurles Interj. [UG]
– fort! [UG] ♦ **V**: *Dr alt benk ka nemme schurla er durmeld da ganze schei of am sitzling* ‚Der alte Mann kann nicht mehr arbeiten, er schläft den ganzen Tag auf dem Stuhl' [SJ].

schürmeles Subst. [HF]
– Tornister [HF]; Ranzen [HF] ♦ **E**: zu dt. *scheuern* ‚reiben' DWB XIV 2621 f. Benennungsmotiv: Scheuersack.

schurna Subst. f. [GM]
– Scheune [GM]; Scheuer [GM] ♦ **E**: roi. *šurna* ‚Scheune', ‚Scheuer' (WolfWZ 3212).

schurnen nur in:
beschurnen swV. [NJ]; **beschurmen** [NJ]
– bezahlen [NJ] ♦ **E**: zu → *schulmen, bescholmen* Windolph, Nerother Jenisch, 53f.

schurrich Subst. m. [NJ]
schurich [MeJ, NJ, SE, SP]; **schurig** [JeH]; **schursch** [JS, SE]; **schuasch** [SE]; **schurisch** [SE]; **schuoch** [SE]; **schörech** [KM]; **schöreje** Subst. Pl. [KM]
– Karren [JeH]; Karre [SP]; Wagen [JS, JeH, MeJ, NJ, SE, SP]; Wohnwagen [JS, NJ]; Fahrrad [KM]; Fahrzeug [JS]; Auto [SE]; Handelswagen [SE]; Hausiererwagen [SE]; Händlerwagen [SE] ♦ **E**: schwer zu rw. *sore* (so WolfWR 5395); eher zu frz. *charette* ‚Wagen' Windolph, Nerother Jenisch, 61; evtl. Einfluss von dt./mdal. *schürgen* ‚schieben'. ♦ **V**: *dofte schursch* ‚guter Wagen' [JS]; *quandte schursch* ‚guter (besserer, sehr guter) Wagen' [JS]; *jubbere schursch* ‚Wagen voll mit Ungeziefer' [JS]; *die grannige schursch schäft zebris* ‚der große Wagen ist kaputt' [JS]; *ming schursch es all so ollmisch datt mar die jenches tschie mi zälle kann* ‚mein Wagen ist schon so alt, dass man die Jahre nicht mehr zählen kann' [JS]; *ich han nen schursch verkinnigt un grannig dran maviert* ‚ich habe einen Wagen verkauft und viel dran verdient' [JS]; *aich gehe an de schurch für äppes zu funken* ‚Ich gehe in den Wagen um etwas zu kochen' [SE]

schurrigen swV. [NJ]; **schöreje** [KM]; **jeschörech** [KM]; **schurjen** [SE]; **schurien** [SE]
– fahren [KM, NJ, SE]

schuochen swV. [SE]
– fahren [SE].

schuster Subst. m. nur in:
kopfschuster Subst. m. [StG]
– Hutmacher [StG] ♦ **E**: rw. *kopfschuster* ‚Hutmacher' WolfWR 2872; rw. *luppertschuster* ‚Uhrmacher' WolfWR 3324; rw. *-schuster* Halbsuffix für den (handwerklich arbeitenden) Agens, wohl mit Einfluss von jd. → *schoter, schauter* ‚Aufseher, Vorsteher'.

luppertschuster Subst. m. [HL]
– Uhrmacher [HL]

zahnschuster Subst. m. [SG]
– Zahnarzt [SG].

schut Subst. m. [GM]
– Essig [GM] ♦ **E**: rw. *schut* ‚Essig' (WolfWR 5210) < roi. *schut* ‚Essig' (WolfWZ 3219).

schutlo Adj. [GM]
– sauer [GM] ♦ **E**: rw. *schutlo* ‚sauer' (WolfWR 5210) < roi. *schutlo* ‚sauer' (WolfWZ 3219).

schutli Subst. f. [GM]
– saure Gurke [GM]; Salat [GM] ♦ **E**: roi. *schuttli* ‚saure Gurke, Salat' (WolfWZ 3219).

schuttlingerschach Subst. m. [GM]
– Kraut [GM]; Weißkraut [GM]; Sauerkraut [GM] ♦ **E**: → *schach*.

schütt Subst. f. [HF, HeF]
– Karre [HF, HeF]; Karren [HF]; Auto [HF]; Wagen [HF] ♦ **E**: rw. *schütt* ‚Karre' WolfWR 5211, limburgisch *schüt*, nl. *schuit* ‚Boot, Kahn, Schute, Schiff'. ♦ **V**: *en schütt wifert* ‚eine Karre Heu' [HeF]

fonkeschüt Subst. f. [HeF]; **fonkeschütt** [HF]
– Dampfwagen [HeF]; Funkenwagen [HF]; Eisenbahn [HF]

knäbbige schütt Subst. f. Phras. [HF]
– Wagen [HF]

locke schütt Subst. f. Phras. [HF, HeF]
– Schiebkarre [HF, HeF]

schüttblag Subst. m. [HF]; **schütblag** [HeF]
– Fuhrmann [HF, HeF] ♦ **V:** *het de schütblag zinotese peek gebeut?* ‚Hat der Fuhrmann dein Fleisch gekauft?' [HeF].

schutt Subst. m. [BM]
– Fußstoß [BM] ♦ **E:** unsicher; evtl. schweizdt. *schütt* Interj. SchweizId. VIII 1584 oder zu engl. *to shoot* ‚schießen'.
schutte swV. [BM]
– Fußball spielen [BM]; einen Fußtritt geben [BM]
schuttere Subst. [BM]
– Fußball [BM].

schütteln swV. [PM]
– Tremolo spielen [PM] ♦ **E:** dt. *schütteln* „heftig hin- und her bewegen" DWB XV 2107 ff.

schütten swV. [HF, HeF]
schetten [HF, HeF]
– geben [HF]; bringen [HF, HeF] ♦ **E:** mdal./rhein. *schīten, schütten* ‚schießen', vgl. dt. *zuschießen*. ♦ **V:** *he, wöles, schüt en büs moselsanktes möt parz ruthen!* ‚Heda, Kellner, bring eine Flasche Moselwein mit zwei Gläsern!' [HeF]; *schüt den thuren parz gecken. minotes het gene locken Droth* ‚Gib der Frau zwei Groschen, ich habe keine Münze' [HeF]; *schüt ens hitschen dinem blök* ‚Gib deinen Tabak einmal her' [HeF]; *schüt minotes ene sitterd* ‚Gib mir einen Stuhl' [HeF]; *schüt minotesen troppert en pardon spitzen* ‚Gib meinem Pferde ein Viertel Hafer' [HeF]; *schet minotes en vitt möt luhrmon, on den höbbel en elle knapp* ‚Gebt mir ein Butterbrot mit Käse, und dem Hund ein Pfund Brot' [HeF]; *schüt nog en ruth; dot huckt henese köth* ‚Gib noch ein Glas; das ist gutes Bier' [HeF]
verschüttung Subst. f. [HK]; **verschüddung** [HK]; **verschittung** [HK]; **verschittunge** Pl. [HK]; **verschiddunge** [HK]
– Unkosten [HK]; Auslagen [HK]; „was man bezahlen muß, wie Essen und Trinken" [HK]; Übernachtungsgeld [HK]; „Geld für Schlafen, Essen, Trinken" [HK]; „das, was man am Tag für Essen und Schlafen brauchte" [HK]; Schlafgeld [HK]; „was man am Tag zum Leben braucht" [HK]; Geld für gemeinsame Ausgaben [HK]; Zeche [HK]; Verdienst [HK]; der erste Verdienst [HK]; allgemeiner Verdienst [HK] ♦ **E:** dt. (ant.) *verschütten* „getreidedeputat, löhnung, zins u. a. in getreide entrichten" (DWB XXV 1183 ff.).

schuttern swV. [SK]
schutteren [SK]; **schüttern** [SK]; **schütteren** [SK]
– tanzen [SK] ♦ **E:** dt. *schuttern* ‚heftig bewegen' DWB XV 2115 ff., rhein. *schuttern, schüttern* ‚sich hin und herbewegen, schaudern' u. a. (RheinWb. VII 1964).
schütterei Subst. f. [SK]
– Tanz [SK]
schüttekate Subst. f. [SK]; **schüttekaten** [SK]
– Tanzsaal [SK]
schütterfinnichen Subst. m., f., n. [SK]; **schütterfinniche** [SK]; **schutterfinniche** [SK]; **schutterfinnichen** [SK]
– Tanzsaal [SK].

schuttfes Subst. m. [Scho]
– Teilhaber [Scho]; Partnerschaft [Scho] ♦ **E:** jd. *schuttfes* ‚Partnerschaft, Teilhabe' We 101.

schutto-schutto [SK]
– guten Morgen [SK] ♦ **E:** unsicher; evtl. zu rw. *schut* ‚Essig' WolfWR 5210, zu roi. *schut* ‚id.' Siewert/Boretzky, WB „Zigeunersprache":12 (Faks.); vgl. jd. *Essig! ‚*aus, vorbei! (die Nacht)', zu jd. *heisik* ‚Schaden, Verlust'.

schuttefinniche Subst. f. [SK]
– Bett [SK] ♦ **E:** zu dt. *Schütte* „erhöhter Platz durch Aufwurf; ort für lagerung des aufgeschütteten getreides, speicher, schüttboden" DWB XV 2105.

schütz Subst. m. [JSa, KMa, OH, PfJ]
– Meister [JSa, KMa, OH, PfJ] ♦ **E:** rw. *schütz* ‚Bursche, Meister', Nebenform von → *schekes, scheeks* (WolfWR 5213).
kapperschütz Subst. m. [StG]
– Müller (Wasser-) [StG].

schütze Subst. f. [LJ]
– Hexe [LJ] ♦ **E:** vgl. *finkelschütz* (unter → *finkel*); schwäb. *Finkelschütze* ‚Hexenmeister' (SchwäbWb. II 1510).

schutztruppe Subst. f. [KMa]
– Flöhe [KMa] ♦ **E:** rw. *schutztruppe* ‚Flöhe' WolfWR 5215: „Tertium comparationis ist ‚braun': die kaiserliche Schutztruppe in Afrika trug braune Uniformen, der Floh ist braun".

schüümlt Subst. [BM]
– Glas Bier [BM] ♦ **E:** schweizdt. *Schüm Schümli* ‚ein Glas Bier' (SchweizId. VIII 777).

schuur Subst. f. [OJ]
– Schwierigkeit [OJ] ♦ **E:** schwäb. *Schur* ‚Mühe, Plackerei', aus frz. militär. *d' jour* ‚Dienst haben' (SchwäbWb. VII 1197).

schuwa Subst. [LoJ]
schuwinger Subst. m. [JS, PH]
– Laus [JS, LoJ, PH] ♦ **E:** unsicher; evtl. zu obdt. *schüche^n, schüwe^n* ‚vor etwas in Furcht geraten; Ekel, Abscheu' SchweizId. VIII 126.

schuwal Subst. [LoJ]
– Geist [LoJ] ♦ **E:** rw. *schubberle, schuwe* ‚Gespenst' zu jd. *schuw* ‚zurückgekehrt aus dem Jenseits' WolfWR 5171. → *schuberle, tschubæræ, zuberle*.

schuwaln swV. [LoJ]
– geistern [LoJ]

umschuwaln swV. [LoJ]
– herumgeistern [LoJ].

schuwlen swV. [GM]
– schwellen [GM] ♦ **E:** roi. *šuwlew-* ‚schwellen' (WolfWZ 3222).

schuwlo Adj. [GM]
– dick [GM]; geschwollen [GM] ♦ **E:** roi. *schuwlo* ‚geschwollen, dick, schwanger' (WolfWZ 3222).

schwabbeln swV. [HLD, PfJ]
– trinken [PfJ]; stark trinken [HLD] ♦ **E:** rw. *schwabbeln* ‚trinken' aus dt. *schwabbeln* ‚plätschern, überfließen' WolfWR 5217.

schwächen swV. [BO, CL, GM, HK, JS, JeH, KJ, KMa, LI, LüJ, MoJ, NJ, OH, PH, PfJ, SE, SJ, SP, SchJ, Scho, StG, TJ, TK]
schwechen [Gmü, HLD, JS, KJ, LJ, MUJ, Mat, PfJ, SE, SJ, Wo, Zi]; **schweche** [BM, FM, JeS, PfJ]; **schwechn** [LoJ]; **schweecha** [JeS]; **schwäche**[1] [HK, JS, JSW, JeS, JSW, MeJ, MJ, StJ]; **schwecha** [OJ, PfJ, RR]; **schwechá** [PfJ]; **schwesche** [JS]; **schwächa** [JeS, SJ]; **schwächæ** [WJ]; **schwäschen** [JSa, NrJ, SE]; **schwäsche** [StJ]; **schwächn** [HK]; **schwöcha** [LJ]; **schwöchen** [LJ]; **schwachen** [RR]; **schwächeln** swV. [JSa]; **schöchern** swV. [HLD]
– trinken [BM, BO, CL, GM, Gmü, HK, HLD, JS, JSW, JSW, JSa, JeH, JeS, KJ, KMa, LI, LJ, LoJ, LüJ, MeJ, MJ, MoJ, MUJ, Mat, NJ, NrJ, OH, OJ, PH, PfJ, RR, SE, SJ, SP, SchJ, Scho, StG, StJ, TJ, TK, Wo, Zi]; Alkohol trinken [HK, JSa, JSW, TJ, WJ]; Bier trinken [StG]; Schnaps trinken [StG]; sich betrinken [RR]; schmecken [LJ]; saufen [HK, JeS, PfJ, Scho]; einen trinken [HK]; zechen [Scho] ♦ **E:** rw. *schwächen* ‚trinken' zu jd. *schophach* ‚er hat ausgegossen' (WolfWR 5219,

Avé-L. 475), eher zu jd. *schwach* ‚Trunk, Zeche' aus hebr. *schafóch* ‚eingießen, einschenken' (vgl. auch Klepsch 1385). ♦ **V:** *en jeföngkelte schwäsche* ‚einen Schnaps trinken' [StJ]; *gwanda schwechus!* ‚Prosit' [OJ]; *Schwecht ich, minner Seel! kenn Jochem* ‚Tränke ich, meiner Seel! keinen Fusel' [FM]; *moss hat den batron gufft, weil er so schwecht, so schwecht, und im soft gar neme ketsch* ‚die Frau hat den Vater geschlagen, weil er so trinkt, so trinkt, und im Bett gar nichts mehr bringt' [LJ]; *Bostet, bostet, herles im kober hauret ein dofer freier, der pfreimt grandich z'schwächet* ‚Kommt, kommt, hier im Wirtshaus ist ein freigiebiger Fremder, der bezahlt viel zum Trinken' [LüJ]; *der jonge fiesel schwöcht au geara, ond mit dene goia bostet der au oft furt* ‚der junge Mann trinkt auch gerne und mit den Frauen geht er auch oft aus' [LJ]; *die schlande schwöcht gwand* ‚der Kaffee schmeckt gut' [LJ]; *I ketsch uich an jole her, der ischt boda gwand, da könnt ihr tüchtig schwächa* ‚Ich bringe euch einen Wein, der ist sehr gut, da könnt ihr tüchtig trinken' [SJ]; *Des send doch gwande schure, se tscherdlen da ganza schei, drom laßed se doch oin schwächa, da lowe hendse doch* ‚Das sind doch gute Kerle, sie arbeiten den ganzen Tag, darum laßt sie doch einen trinken, denn Geld haben sie doch' [SJ]; *Kliste, was willst schwächa an faßjole?* ‚Polizist, was willst du trinken, an Faßwein?' [SJ]; *Mir schmoret no a Glas, es mues ja net glei's Ende sei, der jol ischt gwand ond kiwig, drom wird er gschwächt, no ischt ellas lopf* ‚Wir trinken noch ein Glas, es muß ja nicht gleich das Ende sein, der Wein ist schön und gut, darum wird er getrunken, dann ist alles gut.' [SJ]; *Schure, jetzt ischt dr kliste do, no kenna mar oin schalla ond oin schwächa* ‚Männer, jetzt ist der Polizist da, dann können wir einen singen und einen trinken' [SJ]; *er schwächd grannich* ‚er trinkt viel' [HK]; *wir schwächn plempel* ‚wir trinken Bier' [HK]; *verloone schwächn* ‚umsonst trinken' [HK]; *'ne klingerdilm und 'n klingerscheeks hat immer gerne geschwächd* ‚ein Musikantenmädchen und ein Musiker haben immer gern getrunken' [HK]; *Der beeker schemmd in dampe. Der koawes schemmd nie in dampe, der schwächd kein blempel* ‚Der Mann ist betrunken. Der Pfarrer ist nie betrunken, der trinkt kein Bier' [HK]; *er schwächd moole* ‚er trinkt wenig' [HK]; *da wolln wir mal mit dem beeker en granniches plempel schwächn, da wolln wir auch ein bißchen jooker dibbern, wenn Sie extra bekahne schemmen* ‚da wollen wir mal mit dem Mann ein schönes Bier trinken, da wollen wir ein bißchen hübsch reden, wenn Sie extra hier sind'

[HK]; *Dilms, schmoord nicht so viele, es wird nicht mehr geschwächd, wir müssen noch jaunen und bich verdienen!* ‚Mädchen, trinkt nicht so viel, es wird nicht mehr getrunken, wir müssen noch spielen und Geld verdienen!' [HK]; *en quante schwechus* ‚Prost' [PfJ]; *mir scheched fludi* ‚wir trinken Wasser' [JeS]; *So, galme, dibert die mamere, ist schnall und bolle' buttet und gleis geschwächt? Kenn, mamele! – Dann bostet in sauft und schlaunet!* ‚So, Kinder, sagt die Mutter, ist die Suppe und die Kartoffeln gegessen und die Milch getrunken? Ja, Mutter! – Dann geht ins Bett und schlaft!' [LüJ]; *Linz' in dem heges, wo man spannt, hauret ein g'wanter plauderer. Der stekt dof z'biket undz'schächet und kemeret grandlich sore* ‚Schau, in dem Dörfchen, wo man hinguckt, ist ein braver Schulmeister. Der gibt gut zu essen und zu trinken und kauft viel Ware.' [LüJ]; *Dr kolb is æ værschwächter benk* ‚Der Pfarrer ist ein Trinker' [WJ]; *meine schrawiener sollen butten und schwächen naschen und sich die kwast flotschen* ‚meine Kinder sollen zum Essen und Trinken kommen und sich die Hände waschen' [MoJ]

beschwächen swV. [GM, HK, NJ]; **beschwächn** [HK]
– sich betrinken [GM, HK, NJ]; besaufen [HK]; saufen [HK]; „betrunken" [HK]

beschwächt Adj., Part. [GM, HK, JSW, LI, MeJ, MoJ, NJ, OH]; **beschwecht** [JS, JSW]
– betrunken [GM, HK, JS, JSW, LI, MeJ, MoJ, NJ, OH]

geschwächt Adj., Part. [LüJ, TJ]; **gschwecht** [BM, JeS]; **jeschwächt** [NJ]
– betrunken [BM, JeS, LüJ, TJ]; getrunken [NJ] ♦ **V:** *Diberei: Geschwächt? Nobis, moß! – Scheffts dir schofel? Nobis* ‚Gespräch: Betrunken? Nein, Frau! – Ist dir schlecht? Nein.' [LüJ]

verschwächen swV. [LüJ]
– vertrinken [LüJ]

schwächern swV. [SJ]
– dürsten [SJ]; hungrig sein [SJ] ♦ **E:** wohl zu rw. *schwächen* ‚trinken', semantische Antonymie (Siewert, Grundlagen, 367), evtl. Einfluss von dt. *schwächern* ‚schwächer machen' DWB XV 2160.

schwächerich Adj. [LüJ]; **schwächerisch** [PfJ]; **schwecherisch** [PfJ]
– durstig [LüJ, PfJ] ♦ **E:** wohl zu rw. *schwächen* ‚trinken' mit semantischer Antonymie (Siewert, Grundlagen, 367), evtl. Einfluss von dt. *schwächern* ‚schwächer machen' DWB XV 2160. ♦ **V:** *diberei: schmus kaffer, haurets begerisch? Nobis, moß! – Bikerich? Nobis. – Schwächerich? Nobis. – Durmerich? Nobis. – Geschwächt? Nobis, moß! – Scheffts dir schofel? Nobis. – Gielerich? Nobis. – Dof? Kenn, moß!* ‚Gespräch: Sag, Mann, bist du krank? Nein, Frau! – Hungrig? Nein. – Durstig? Nein. – Schläfrig? Nein. – Betrunken? Nein, Frau! – Ist dir schlecht? Nein. – Übel? Nein. – Gut? Ja, Weib!' [LüJ]

schwäch Subst. f. [GM]; **schwäche**[2] [PfJ]; **schweche** [PfJ]; **schwach** [RR]
– Getränk [GM]; Trank [PfJ]; Trunk [PfJ]; Bier [RR]

schwäche[3] Subst. n. [LI]
– Trinken [LI]

schwäche[4] Subst. f. [HK, LJ, SJ]; **schweche** [OJ]; **schwöche** [LJ]; **schwäch** [SE, SP]; **schwäsch** [SE]; **schwächere** [PfJ]; **schwechere** [PfJ]; **schöchere** [PfJ]
– Wirtschaft [HK, LJ, PfJ, SE, SJ, SP]; Kneipe [HK, LJ, SE]; Wirtshaus [OJ, PfJ, SE, SJ, TK]; Gasthaus [HK, PfJ, SE]; Gaststätte [HK, SE]; Gemeindeschänke [HK]; Gastwirtschaft [HK, SE]; Hotel [HK] ♦ **V:** *fiesel boscht aus dieser schwöche, denn der plamp ist nobes/tschi doof* ‚Freund(e), gehen wir aus dieser Wirtschaft, denn das Bier ist nicht gut' [LJ]; *Grüß de baizermoss, ben i heit dr oinzig benk, der end schwäche hatscht?* ‚Grüß dich Wirtin, bin ich heute der einzige Mann der in die Wirtschaft kommt?' [SJ]; *Mir sirflet no an gigges, der ischt gwand, aber vermufft mr boschtet gern end schwäche nei, blos hatschemer lak, no boschtet mr ab* ‚Wir trinken noch einen Schnaps, der ist gut; aber verflixt, wir gehen gern in die Wirtschaft; und wenn wir ins Schwanken geraten, dann gehen wir eben heim' [SJ]; *Wer hatscht scho morgens end schwäche nei, was send des für lake schure, se laßet die moss ond dia kottela drhoim, bei murke ond kipp* ‚Wer geht schon morgens ins Wirtshaus rein, was sind das für schlechte Kerle, sie lassen die Frau und die Kinder daheim, bei Katze und Hund' [SJ]; *Ond wenn i mi en dr schwäche omgschaub, dann lins i a kiwige moss ond a gwande schure* ‚Und wenn ich mich in der Wirtschaft umschaue, dann sehe ich eine nette Frau und ordentliche Männer' [SJ]; *bekneise mal die granniche schwäche, die ham wir noch gar nicht geschuuld* ‚sieh dir mal die schöne Kneipe an, die haben wir noch gar nicht gesehen' [HK]; *den hautz striemt an de schwäch* ‚Der Mann geht ins Wirtshaus' [SE]; *de moß bosselt an de schwäsch* ‚Die Frau schafft in der Wirtschaft' [SE]

schwächer Subst. m. [GM, JeS, LüJ, PfJ, SJ, WJ]; **schwächær** [WJ]; **schwecher** [JeS, LJ, PfJ, SJ]; **schwechr** [OJ]; **schwöcher** [LJ]
– Rausch [JeS, LJ, LüJ, PfJ, SJ, WJ]; Trinker [GM, OJ, OJ, SJ, WJ]; Trunkenbold [GM]; Trunkenheit [JeS]; Säufer [GM]; Gäste [SJ] ♦ **V:** *einen schwächer haben*

'betrunken sein' [LüJ]; *Dr scharle, des ischt doch a ganz gwanter benk ond dazu dr kieseler dr massfetzer ond dr duftschaller, des sind doch gwande schwächer* 'Der Schultes, das ist doch ein ganz netter Mensch und dazu der Maurer, der Metzger und der Lehrer, das sind fröhliche Trinker' [SJ]
schwächem Subst. m. [PfJ]; **schwechem** [PfJ]
– Durst [PfJ]
schwechchueni Subst. m. [JeS]
– Trinker [JeS]; Trunkenbold [JeS]
schwächerei Subst. f. [GM, HK, NJ, TJ]; **schwächærei** [WJ]; **schwäczerei** [JS]
– Gastwirtschaft [NJ]; Gasthaus [TJ]; Sauferei [GM, WJ]; Getränke [HK]; Trinkerei [JS]; Wirtschaft [JS]
♦ **V:** *wo hockt eine Schwächerei?* 'Wo ist eine Gastwirtschaft?' [NJ]
schwächert Subst. n. [JeH]
– Wirtshaus [JeH]
schwechal Subst. n. [LoJ]
– weibliche Brust [LoJ]
schwächerich Subst. m. [LüJ]
– Sauferei [LüJ]
schwächerle Subst. n; Pl. [LüJ]
– Schwips [LüJ]; Brüste [LüJ]
schwächbaize Subst. n. [SJ]
– Wirtshaus [SJ]
schöcherbeth Subst. n. [HLD]
– Wirtshaus [HLD]
schwächebich Subst. n. [HK]
– Trinkgeld [HK]
schwächbruder Subst. m [LüJ, PfJ]; **schwechbruadr** [OJ]; **schwechbruder** [PfJ]
– Saufkumpan [OJ]; Saufbruder [LüJ, PfJ]
schwächhellich Subst. n. [SchJ]; **schwöchhellich** [LJ]
– Trinkgeld [LJ, SchJ] ♦ **V:** *schwöchhellich stecken* 'Trinkgeld geben' [LJ]
schwechrkies Subst. m. [OJ]
– Trinkgeld [OJ]
pempelschwächer Subst. m. [StG]
– Bierbrauer
benneschwäche Subst. f. [HK]; **penneschwäche** [HK]
– „Gaststätte zum Übernachten" [HK]; „Wirtschaft, wo man übernachtet" [HK]; Hotel [HK]; Schlafherberge [HK]; Logierwirtschaft [HK]; Quartier [HK]; Gastwirtschaft [HK]; „Gasthaus mit Betten" [HK]; „Zimmer zum Schlafen im Hotel, Restaurant" [HK]
brannowesschwächn Subst. n. [HK]
– Kaffeetrinken [HK].

schwadeli Subst. n. [JeS]
– Tasse [JeS] ♦ **E:** zu dt. *schwadern*, schweizdt. *schwadere* 'plätschern, schwappen'.
schwadern swV. [SK]
schwadle swV. [JeS]; **schwadeln** [JeS]
– viel reden [SK]; ohne Noten spielen [SK]; lügen [JeS] ♦ **E:** rhein. *schwadern, schwaddern* 'viel oder dummes Zeug reden' (RheinWb. VII 1980, 1984).
schwadler Subst. m. [JeS]
– Lügner [JeS].
schwäif Subst. m. [JeS]
schwiffling Subst. m. [JeS]
– Penis [JeS]; Schwanz [JeS] ♦ **E:** zu dt./schweizdt. *Schweif* 'Schwanz' (SchweizId. IX 1757).
strubischwäif Subst. m. [JeS]
– Pferdeschwanz (Mädchenfrisur) [JeS].
schwalbe Subst. f. [SJ]
– Maurer [SJ] ♦ **E:** rw. *schwalbenschnabel* 'Maurerhammer' WolfWR 5222.
schwalbnschwanz Subst. m. [EF]; **schwalbenschwanz** [EF]
– Frack [EF]; Kellner [EF] ♦ **E:** Benennungsmotiv: Form- und Farbähnlichkeit von Schwalbenschwanz und hinterem Teil eines Fracks. → *schwelf*.
thüringer schwalbe Phras. [HK]
– Hundeshagener Musikant [HK] ♦ **E:** dt. *Schwalbe*. DWB XV 2184f. u. a. „bild stümperhafter sangeskunst"; mhd. *swalwe* 'eine art englischer harfe' (Lexer 1974: 1333).
schwall Subst. [LI]
schwal [KJ]
– Pferd [KJ, LI] ♦ **E:** rw. *schwall* 'Pferd' WolfWR 5224, aus frz. *cheval* 'Pferd'.
schwallen Subst. m., Pl. [PfJ]
– Ochsen [PfJ]
schwallje Subst. Pl. [KMa]
– Kartoffeln [KMa] ♦ **E:** rw. *schwallje* 'Kartoffeln' WolfWR 5224. Benennungsmotiv: wohl Formähnlichkeit von Kartoffeln mit Rossäpfeln.
schwalme swV. [JeS]
schwalmere [JeS]; **schwalmen** [JeS]
– lügen [JeS]; aufschneiden [JeS]; prahlen [JeS] ♦ **E:** zu dt./mdal. *schwalmen, schwälmen* 'schwärmen' (SchweizId. IX 1854, DWB IX 2194f).
schwalmer Subst. m. [JeS]
– Lügner [JeS].
schwalmeschiesser Subst. m. [JeS]
– Aufschneider [JeS]; Wichtigtuer [JeS].

schwälmerli Subst. n. [JeS]
schwälmeli [JeS]; **schwalmerlig** Subst. m. [JeS]
– Streichholz [JeS] ♦ **E:** wohl zu dt. *schwelmig*, *Schwalm* ‚dunstig, Dunst' DWB XV 2511. ♦ **V:** *schränsiersch mit schwälmerli?* ‚hausierst du mit Streichhölzern?' [JeS].

schwäm Subst. f. [StJ]
– Seife [StJ] ♦ **E:** zu rhein. *schwampen, schwampig* ‚schwabbeln; steifflüssig' RheinWb. VII 1999.

schwämmes ‚Fisch' s. → *schwemmes*.

schwännche Subst. n. [LI]
– Futteral [LI] ♦ **E:** rw. *schwännche* ‚Futteral für Musikinstrumente' (WolfWR 5231, ohne Herleitung), evtl. zu mhd. *swant* ‚das Aushauen des Waldes' DWB XV 2208f.

schwanza swV. [OJ]
schwänze [JeS]; **schwänzen** [HLD]
– müßig gehen [OJ]; versäumen [JeS]; reisen [HLD] ♦ **E:** rw. *schwanzen, schwänzen* ‚gehen' (WolfWR 5233), zu dt. *schwanzen, schwänzen* ‚müßig gehen, etwas versäumen, reiten, reisen' DWB XV 2267 ff.

schwäne swV. [BM]; **schwane** [BM]
– schwänzen [BM]

schwänerich Subst. m. [BM]
– Schwanz [BM].

schwanzjöri Subst. m. [KMa]
schwanzjörg [KMa]
– Hering [KMa] ♦ **E:** rw. *schwanzjörj* ‚Hering' WolfWR 5234. „Ironische Bildung, denn -*jörj* ist nur das entstellte *görgel*, also letztlich roi. *goi* [...] ‚Wurst'". Volksetymologisch beeinflusst vom PN *Jörg*.

schwärmer Subst. m. [HLD]
– Käse [HLD] ♦ **E:** rw.*schwärmer* ‚Käse' WolfWR 5237, ohne Herleitung, evtl. zu dt. *Schwärmer* u. a. „für einen zügellos schweifenden und üppig gebahrenden" DWB XV 2290 ff.

schwarteln swV. [WG]
– onanieren [WG] ♦ **E:** zu dt. *Schwarte* „für menschliche dicke haut schlechthin" DWB XV 2295 ff.

schwartenmichel Subst. m. [LJ, SchJ]; **schwartemichel** [Scho]; **schwardamichl** [OJ]
– Preßsack (Wurstart) [LJ, SchJ, Scho]; Schwartenmagen [OJ] ♦ **E:** rw. *schwartenmichel* (WolfWR 5238, Klepsch 1386, SchwäbWb. V 1244).

schwarz Adj. [SJ, OJ, EF, WG, SS]
schwârz [EF]
– ohne Geld [SJ]; umsonst [OJ]; falsch [OJ]; arm [OJ]; evangelisch [EF] ♦ **E:** rw. *schwarz* u. a. ‚arm, ohne Ausweispapiere', zu dt. *schwarz* (WolfWR 5240, 5243, 5244); zur Bedeutung ‚evangelisch' Wolf, Fatzersprache, 134: „später dt. *schwarz* ‚orthodox, rechtgläubig, vielleicht nach dem schwarzen Talar'". ♦ **V:** *an schwarza schei* ‚verdächtig' [OJ]; *jemanden schwarz machen* ‚verraten' [WG]; *schwarz werden* ‚Erfolg haben' [SS]

schwarzer Subst. m. [EF]; **schwârzer** [EF]; **schwarza** [EF]; **schwärte** [SG]
– Evangelischer [EF]; Pastor [EF, SG]

schwarze Subst. f. [EF]; **schwârza** [EF]; **schwarza** [EF]
– Evangelische [EF]

schwarz Subst. f. [LJ, TJ, SK, SJ, CL, OJ]; **schwärze** Subst. f. [SJ, PfJ, HLD]; **schwärz** [CL, LJ, SK, SK, SchJ, TJ]; **schwerz** [OJ]; **schwerze** [OJ]; **schwirzn** [KJ]
– Nacht [KJ, LJ, OJ, SJ, SK, SK, SchJ, TJ]; Schatten [OJ]; Küche [CL, OJ, PfJ]; eine gute Nacht [HLD] ♦ **E:** rw. *schwärze, schwärz, schwarz* ‚Nacht' (WolfWR 5254, Klepsch 1387), zu dt. *schwarz*.

schwarz werden Phras. [SPI]
– Geld abnehmen [SPI]; anlügen [SPI]; verkohlen [SPI]

schwarze Subst. f. [WG]
– nur in: *kuttinger in der schwarzen* ‚Verteidiger' [WG]

ahschwerza swV. [OJ]
– verraten [OJ]

ahgschwerzd Adj. [OJ]
– vorbestraft [OJ]

schwärzel Subst. [HF]
– Ofenruß [HF]

schwetzling Subst. m. [LüJ]
– Ruß [LüJ] ♦ **E:** Variante von *schwerzling*, → *schwärzling* zu dt. *schwarz*, SchwäbWb. V, 1249 (*Schwärzling*).

schwerzleng Subst. m. [OJ]; **schwärzling** [LüJ]; **schwirzling** [LoJ]
– Kaffee [LoJ, SJ]; schwarzer Kaffee [OJ] ♦ **E:** rw. *schwärzling* ‚Kaffee' (WolfWR 5259).

schwarz gehen Phras. [HLD]
– ohne Legitimationspapiere reisen [HLD]

schwarzhaber Subst. m. [SJ, PfJ]; **schwarzer hafer** Phras. [WJ]; **schwarzer hawer** [PfJ]; **schwarzer hawér** [PfJ]
– Rauchfleisch [PfJ, SJ, WJ] ♦ **E:** wohl zu dt. *Hamen* ‚Schinken' (Klepsch 1387).
schwarze hummel Subst. f., Phras. [EF]; **schwarzâ hummel** [EF]
– Pastor [EF]
schwarzbumser Subst. m. [LJ]; **schwärzbumser** [LJ, SchJ, TJ]
– Nachtwächter [LJ, SchJ, TJ] ♦ **E:** rw. *bumser* ‚Hirte'.
schwärzfinniche Subst. f. [SK]
– Fensterladen [SK]
schworzfilang Subst. m. [MoM]
– Pfarrer [MoM]
schwarzfloße Subst. [PfJ]; **schwarzflösse** [PfJ]
– Kaffee [PfJ]
schwarzflude Subst. [OJ, PfJ, SJ]
– Kaffee [OJ, PfJ, SJ]
schwarzkarbäffken Subst. n. [MM]
– Richter [MM] ♦ **E:** evtl. zu dt. *beffchen* ‚Predigerkragen'.
schwarzkittel Subst. m. [PfJ]
– Pfaffe [PfJ]
schwarzknopploch Subst. n. [EF]; **schwarzknopfloch** [EF]; **schwârzknopploch** [EF]
– Adliger [EF]
schwarzkünstler Subst. m. [HLD]
– Schornsteinfeger [HLD]
schworzlambert Subst. m. [MoM]
– Lehrer [MoM] ♦ **E:** evtl. Einfluss von oder direkt zu mdal./dt. *schworzen, schwatzen* ‚viel daherreden'.
schwärzling Subst. m. [PfJ]
– Kaminfeger [PfJ]
schwarzlippe Subst. f. [KMa]
– Pfarrer [KMa] ♦ **E:** evtl. Einfluss von oder direkt zu mdal./dt. *schworzen, schwatzen* ‚viel daherreden'.
schwattmalochen swV., Phras. [MM]
– schwarzarbeiten [MM]
schwarzmann Subst. m. [PfJ, SJ]
– Ofen [SJ]; Backofen [PfJ] ♦ **V:** *Dr lehm, den i aus dem schwarzmann rauszopf, sieht lak aus* ‚Das Brot, das ich aus dem Ofen herausziehe, sieht schlecht aus' [SJ]
schwarzmass Subst. m. [SJ]
– Rauchfleisch [SJ]
schwarzmolla Subst. f. [LoJ]
– Kaffee [LoJ]
schwarzpfitzeng Subst. m. [OJ]
– Floh [OJ]

schwarzreuter Subst. m. [HLD]
– Floh [HLD]
schwarzschandarm Subst. m. [KMa]
– Pfarrer [KMa]
schwarzwaller Subst. m. [EF]; **schwârzwaller** [EF]
– Floh [EF]
schwarzwurzel Subst. f. [LoJ]
– Geselchtes [LoJ].

schwaumedinger [BM]
– jüdisches Deutsch, Schwaumedinger Dialekt [BM] ♦ **E:** schweizdt. ON *Schwamendingen*.

schwäwert Subst. m. [JeH]
– Kuss [JeH] ♦ **E:** rw. *schwaberle, schwäwert* ‚Mund, Kuss' (WolfWR 5218, ohne Herleitung), wohl zu dt. *schwabbeln* „das plätschernde geräusch anschlagender oder überschwankender flüssigkeit, das stoszweise überfliesze" DWB XV 2141.

schweaflbande Subst. f. [OJ]
– Galgenstricke [OJ]; Bande [OJ] ♦ **E:** rw. *schwefelbande* ‚schlechte Gesellschaft, Gesindel', *schwefel* volksetymologisch aus jd. *chabolo* ‚Verbrechen, Verderben' (WolfWR 5264).

schweägelen swV. [HF]
schweägeln [HF]
– übertreiben [HF]; schwindeln [HF] ♦ **E:** rhein. *schwefeln, schwegeln* ‚Unsinn reden' RheinWb. VII Sp. 2035.

schweawel Subst. [KMa]
schwöwel [KMa]
– Katze [KMa] ♦ **E:** rw. *schwöwel* ‚Katze' WolfWR 5282, ohne Herleitung; evtl. zu dt. *schwobeln* „wie toll im haus herumlaufen" DWB XV 2731.

schwechen ‚trinken' → *schwächen*.

schwecht Subst. f. [MM]
schwechte [MM]
– Gruppe [MM]; Schar [MM] ♦ **E:** dt./westf. *Schwecht* „menge, schaar vögel, die zusammen fliegen" DWB XV 2383.

schwed[1] Subst. f. [TK]
– Schwester [TK] ♦ **E:** unsicher; evtl. mdal. Kürzung aus *Schwester* oder zu obdt. *schwäd-* ‚schwetzen'.

schwed[2] nur in:
postschwed Subst. m. [EF]
– Briefträger [EF] ♦ **E:** wohl zum LN *Schweden*. Wolf, Fatzersprache, 131: „nach den schwed. Dragonern, die Gustav Adolf während des 30jährigen Krieges be-

nutzte, um mit Stockholm in Verbindung zu bleiben"; oder womgl. zu nd. *Schwitieh* ‚Lebemann', dies evtl. aus frz. *suitier*.

schwedra swV. [OJ]
– trinken [OJ] ♦ **E:** rw. *schwadern, schwädern* ‚trinken' zu dt. *schwadern* ‚plätschern, schwappen' (WolfWR 5220).

schweimlen swV. [SK]
– herumirren [SK] ♦ **E:** dt. *schweimeln* „schwindel haben, von schwindel oder betäubung befallen werden" DWB XV 2436f., nd./rhein. *schwimeln* ‚herumschweifen' u. a. (RheinWb. 7, 2071).

schwein Subst. n. nur in:
schweinsdivis Subst. m. [EF]
– Schweinebraten [EF] ♦ **E:** dt. *Schwein* DWB XV 2438 ff.
stachelschweinborsten Subst. f., Pl. [StG]
– dichtes struppiges Haar [StG].

schweißen¹ swV. [WG]
– nur in: *mit dem Finger schweißen können* ‚homosexuell sein' [WG] ♦ **E:** dt. *schweißen* u. a. „in hitze zubereiten" DWB XV 2462 ff.

schweißen² swV. [HK]
– schwitzen [HK] ♦ **E:** thür. *schweißen* ‚nach Schweiß riechen' (ThürWb. V 1100).

schweizern swV. [PfJ]
– melken [PfJ] ♦ **E:** zum LN *Schweiz*; „Personen, die Viehzucht und Molkerei nach Schweizerart zu treiben verstehen nennt man Schweizer" DWB XV 2472.

schwelf Subst. f. [HF, HeF]
– Kittel [HF, HeF] ♦ **E:** rw. *schwelf* ‚Kittel' WolfWR 5267, ohne Herleitung; wohl zu dt. *Schwalbe*, rhein. *Schwalf, Schwälf* met. ‚Kleidungsstück', bes. ‚Frack', ‚Schoßrock'. → *schwalbe*. ♦ **V:** *het dem bäyschürer sin schwelf verfläbt?* ‚Hat der Krämer seinen Kittel verspielt?' [HeF]
hutzeschwelf Subst. f. [HF]
– Bauernkittel [HF].

schwelles Subst. m. [NJ]
– Kopf [NJ] ♦ **E:** rhein. *Schwelles* ‚dicker, unförmiger Kopf' (RheinWb. VII 2053).

schwemmes Subst. m. [NJ]
schwämmes [JSa]; **schwämes** [NrJ]; **schwömes** [StJ]; **schwämet** [KM]; **schwämede** Subst. Pl. [KM]
– Fisch [JSa, KM, NJ, NrJ, StJ] ♦ **E:** zu Ablautstufen *schwamm, schwomm* von dt. stV. *schwimmen*; vgl.

rw. *schwimmling* ‚Fisch' (WolfWR 5276); → *schwimmerling, swemmling, schwumme*.
schwamesja Subst. Dim. Pl. [SE]
– Fische [SE]
schwömzel Subst. m. [HF, HeF]
– Fisch [HF, HeF]
schwemmesen Subst. Pl. [NJ]
– Fische[NJ]; Heringe [NJ]
schwämmesen swV. [JSa]; **schwämesen** [NrJ]
– fischen [JSa, NrJ]; angeln [NrJ] ♦ **V:** *mer joo schwämesen* ‚wir gehen fischen' [NrJ].

schwendlig Adj. [OJ]
schwendelig [Him]; **schwenderling** [PfJ]
– schwanger [Him, OJ, PfJ] ♦ **E:** wohl zu dt./mdal. *schwindlig* „schwindel empfindend oder erregend" DWB XV 2677 ff.

schwendo Adj. [GM]
– heilig [GM]; katholisch [GM] ♦ **E:** roi. *schwendo* ‚heilig, katholisch' (WolfWZ 3226).
schwendidiwes Subst. Pl. [GM]
– Feiertage [GM]; für alle Feiertage des Jahres [GM] ♦ **E:** → *diwes*.

schwenk Subst. f. [WL]
– Sense [WL] ♦ **E:** dt. *schwenken* „hin und her bewegen, durch die luft schwingen" DWB XV 2529 ff.

schwentzlen swV. [KP]
schwentzle [KP]
– stehlen [KP]
schwenzlerspenk Subst. m. [KP]
– Dieb [KP]
schwenzlerssenn Subst. f. [KP]
– Diebin [KP] ♦ **E:** rw. *schwentzlen* ‚stehlen' WolfWR 5270, ohne Herleitung; evtl. zu rw. *schwanzen* (WolfWR 5233), vgl. → *schwanza*.

schwer Adj. [StG]
– heiss [StG]; glühend [StG]; sehr [StG]; gut [StG] ♦ **E:** in der Fachsprache des Schmiedehandwerks ‚heiß, glühend', Kü 755, DWB XV 2257 ff.

schwester nur in:
bauchschwester Subst. f. [WG]
– Prostituierte [WG]; Hure (neutral, wohlmeinend) [WG] ♦ **E:** dt. *Schwester* DWB XV 2594 ff.

schwiere Subst. f. [LJ]
– Wunde [LJ] ♦ **E:** zu dt. *schwären* ‚eitern, aufschwellen' DWB XV 2282f.

schwierknusch Subst. m. [BB]
– Schwiegersohn [BB] ♦ **E**: dt. (ant.) *Schwieger* „mutter der gattin in ihrem verhältnis zum gatten" DWB XV 2612 ff.
schwierredem Subst. f. [BB]
– Schwiegermutter [BB]
schwierretschert Subst. f. [BB]
– Schwiegertochter [BB].
schwiftche Subst. m. [WL]
– Jude [WL] ♦ **E**: Dim. zu frz. *juif* ‚Jude'.
schwimmerling Subst. m. [LüJ]
schwimmling [HLD, MB]; **schwemmling** [MB]
– Fisch [LüJ, MB]; Hering [HLD, MB] ♦ **E**: rw. *schwimmling* ‚Fisch' (WolfWR 5276). Vgl. → *schwemmes*. ♦ **V**: *reune dich, kalla, unser fitti, der pansche, gibt dich die schwimmlinge heu zum achilen* ‚schau mal, Karl, unser Fritz, der Verrückte, gibt den Fischen Heu zum Essen' [MB].
schwindler Subst. m. [PfJ]
– Bier [PfJ] ♦ **E**: unsicher; evtl. zu dt. *Schwindler* „der in seinem denken den festen boden verliert, phantast, träumer, flunkerer, der schwatzt was er nicht weisz" DWB XV 2677, nach der Wirkung des Alkohols.
schwing Subst. f. [HF, HeF]
– Säbel [HF, HeF] ♦ **E**: rw. *schwing* ‚Säbel' WolfWR 5278, zu dt. *schwingen*, rhein. *schwinge* RheinWb. VII 2079.
lockeschwing Subst. f. [HF]
– Dolch [HF].
schwingen swV. nur in: [BM]
koudampf schwinge ‚Hunger haben' [BM]; *e dummi pöögge schwinge* ‚maulen, reklamieren' [BM] ♦ **E**: dt. *schwingen* DWB XV 2689 ff.
schwitzen swV. [OJ]
– nur in: *en galma schwitza* ‚ein Kind bekommen' [OJ].
schwöble swV. [BM]
– schwimmen [BM] ♦ **E**: schweizdt. *schwöblen* ‚schwimmen' (SchweizId. IX 1733).
schwöchen ‚trinken' → *schwächen*.
schwofen swV. [CL, EF, HK, HL, JS, LüJ, MB, MM, PfJ, SJ, SS, Scho, WJ]
schwoofe [CL, JeS]; **schwofe** [LüJ]; **schwoofen** [EF, HK, MM, Scho]; **schwoofne** [JeS]; **schwofa** [LJ]; **schwofä** [PfJ]; **schowen** [NJ]; **schwoofæ** [WJ];
schwoofne [JeS]; **schwofwn** [MB]; **schwofeln** swV. [MoM]; **schuoffna** swV. [JeS]; **schuoffnen** [JeS, TK]; **schuefne** [JeS]
– tanzen [CL, HK, HL, JS, JeS, LJ, LüJ, MB, MM, MoM, NJ, PfJ, SJ, SS, Scho, TK, WJ]; sich amüsieren [HK]; „Tanz" [HK] ♦ **E**: rw. *schwoofen* (WolfWR 5281, Klepsch 1389), ostmd. Nebenform zu dt. *schweifen* DWB XV 2732; seit 1850 ugs.
schwof Subst. m. [EF, LJ, LüJ, MM, MUJ, MoM, PfJ]; **schwoof** [EF, JeS, MM]; **schwofwn** [MB]
– Tanz [EF, JeS, LJ, LüJ, MB, MM, MUJ, MoM, PfJ]; Fete [MM] ♦ **V**: *mir tschaaned uf e schwoof* ‚wir gehen zum Tanz' [JeS]
gruppenschwoof Subst. m. [MM]
– Gruppentanz, Polonaise [MM]
klammerschwoof Subst. m. [MM]
– Klammertanz [MM]
schwoferei Subst. f. [MM]
– Tanz, Tanzen [MM]
schwofzomen Subst. m., Pl. [MM]
– Tanzbeine [MM]
schwofzömkes Subst., Dim. Pl. [MM]
– Tanzbeine [MM].
schwömes, schwömzel ‚Fisch' → *schwemmes*.
schwörmer Subst. m. [LJ]
– Bart [LJ] ♦ **E**: unsicher; evtl. zu dt. *schwerm* ‚krumme Zapfen' DWB XV 2572. ♦ **V**: *gfinkelter schwörmer* ‚roter Bart' [LJ].
schwost Subst. f. [BM]
– Schwester [BM] ♦ **E**: schweizdt. zu dt. *Schwester*.
schwuchtel Subst. f. [WG]
– Homosexueller [WG] ♦ **E**: dt. *schwuchteln, schwuchten* ‚in toller Lust umherspringen' DWB XV 2747.
schwuchten swV. [HL]
– linksherum tanzen [HL].
schwullchen swV. [HK]
schwulchen [HK]
– rauchen [HK] ♦ **E**: dt. *schwulchen* „wallen, wogen von wasserdampf", *swulk* „dicker rauch" DWB XV 2751. ♦ **V**: *das tillichen schwullcht aber* ‚das Mädchen raucht aber' [HK]
schwullchen Subst. n. [HK]; **schwulchen** [HK]
– Zigarre [HK]; Zigarette [HK]
schwullchfinnichen Subst. n. [HK]
– Pfeife [HK].

schwumme swV. [BM]
- lügen [BM] ♦ **E:** zu dt. stV. *schwimmen* → *schwemmes*; ugs. *schwimmen* ‚in den Aussagen unsicher sein'.

schwumse Subst. [MeT]
- Fisch [MeT].

sebak Subst. m. [BB]
- Weißkohl [BB] ♦ **E:** Inversion zu mdal. *Kappes* ‚Weißkohl'. ♦ **V:** *ruese Sebak* ‚Sauerkraut' (Inversion mdal. *suer* ‚sauer') [BB].

sebber Subst. m. [MT, MeT]
- Bruder [MT, MeT] ♦ **E:** rw. *sebber* ‚Bruder', zu mnd. *Sibbe* ‚Verwandter', ahd. *sippe, sippi* ‚verwandt' (WolfWR 5290, Siewert, Humpisch, 112); volksetymologisch *Seebär*.

sebeln swV. [CL, HK, PH]
sääwele [CL]; **sëbeln** [CL]; **seebeln** [HK]; **seeweln** [HK]; **seetle** [RA]
- cacare [CL, PH, RA]; urinieren [CL]; scheißen [HK]; „Stuhlgang" [HK]; groß machen [HK]; „wenn einer auf dem Klo sitzt" [HK]; „zum Klo müssen (groß)" [HK]; auf Toilette müssen [HK]; kacken [HK]; „Kot" [HK]; sich vollmachen [HK]; groß austreten [HK]; „einen fahren lassen" [HK]; „Scheiße" [HK] ♦ **E:** rw. *sefel* ‚Kot' (WolfWR 5299) zu mhd. *sëfen* ‚tröpfeln, triefen', dazu jd. *sewel* ‚Kot, Mist' (We 102, Post 249); Vgl. → *sefel*, → *seibel*. RheinWb. VIII 30, LothrWb. 430, ElsWb. II 329. ♦ **V:** *der goonerd heechd dich in kiewes geseeweld* ‚der Hund hat dir in den Kopf geschissen' [HK]; *der goonerd heechd geflesseld und geseeweld* ‚der Hund hat gepißt und geschissen' [HK]

anseebeln swV. [HK]
- betrügen [HK]

beseebeln swV. [HK]
- sich vollmachen [HK]

seebel Subst. m. [HK]; **sebel** [HK]; **seewl** [HK]
- Kacke [HK]; Kot [HK]; Stuhlgang [HK]; Scheiße [HK]; Klo [HK]; „zum Klo müssen (groß)" [HK]; „aufs Klo müssen" [HK] ♦ **V:** *du bisd en jookerer sheeks, heegsd relln im wigserde un seewl im weidchen* ‚du bist ein toller Bursche, hast Läuse im Bart und Scheiße in der Hose' [HK]; *rellen im wigserd und seewl im weidchen* ‚Läuse im Bart und Kacke in der Hose' [HK]; *der granniche beeker – hat nur rellen im wickserde und seewl im weidchen* ‚der feine Mann – hat nur Läuse im Bart und Scheiße in der Hose' [HK]

seewelei Subst. f. [HK]; **seebelei** [HK]
- Durchfall [HK]; Scheißerei [HK]; „wenn 's krankhaft wird" [HK]; dünner Stuhlgang [HK]; „zum Klo müssen" [HK]; „wenn sich jemand in die Hose kackt" [HK]

sebelbais Subst. n. [CL, PH]; **sääwelbajes** [CL]; **sefelbajes** [CL]; **säwelbajes** [CL]; **säbelbais** [CL]; **semelbaijs** [CL]; **säiwelbajes** [KMa]; **seetlpaaies** [RA]
- Abtritt [CL, KMa, PH, RA]; Abort [CL, PH]; Klo [CL]; Pissoir [CL] ♦ **E:** → *baijes* ‚Haus' (WolfWR 5399, Post 249).

seebelkandchen Subst. n. Dim. [HK]; **seewelkasdn** Subst. m. [HK]
- Abort, Toilette [HK]

seebelkitte Subst. f. [HK]
- Abort, Toilette [HK].

sechel Subst. [WM]
- Glas Bier [WM] ♦ **E:** rw. *sechel* ‚Verstand' aus jd. *sechel* ‚Verstand' WolfWR 5291. Vgl. → *sejchel*, → *zerche*.

sechen swV. [MB]
- pinkeln, „anne Ecke" [MB] ♦ **E:** westf. *seichen* ‚harnen' (WestfWb. 1041).

sejen Subst. m. [MB]
- ein Besoffener, der sich einnässt [MB].

sechs Num. Kard. nur in:
sechs butz Subst. m. [LJ]
- Polizeidiener [LJ] ♦ **E:** roi. *pušt* ‚Spieß, Lanze' (WolfWR 4414), vgl. dt. (ant.) *spießmann* ‚Bettelvogt, Tagwächter'; Benennungsmotiv: *sechs* unklar, evtl. Einfluss von rw. *sechszöller* ‚Meister' WolfWR 5293.

sechserle Subst. n. [LJ]; **sesser** [SG]
- Fünfpfennigstück [LJ]; fünf Pfennig [LJ, SG] ♦ **E:** schwäb. *Sechser* ‚Sechskreuzer-Stück'. SchwäbWb. V 1305. Erhalt der alten Bezeichnung trotz neuer Geldstücke. ♦ **V:** *twei sesser* ‚10 Pfennig' [SG].

sechszöller Subst. m. [KMa]
- Meister [KMa].

seeg Subst. f. [JeS]
- Licht [JeS] ♦ **E:** mdal./rhein. *Seech, Zeech* ‚Sicht' (RheinWb. VIII 116).

seeger Subst. m. [JS, MB, MM]
seger [MB, MM]; **szeeger** [MM]; **sege** [Scho]; **seegers** Subst. m. [MM]; **segers** [MM]; **seges** [HLD]; **sejes** [MB]
- Kerl, Mann [MB, MM]; Bursche [MM]; Junge [HLD, MM]; Mensch [MM]; Freund [MB, MM]; geschlechtsreifer Junge [MM]; Person [MM]; Bekannter [MB]; Bumser [MB]; Beschäler [MB]; Arbeiter auf der Kirmes [JS]; nicht jüdische Person [Scho]; Lehrling [HLD] ♦ **E:** rw. *seeger* ‚junger Mann' (WolfWR 5294,

ohne Herleitung) zu jd. *sege* ‚Person, gewöhnlich nichtjüdisch', „im Jd. der letzten Generation könnte anstatt *hasse goi* wohl *sege* gesagt worden sein" (We 102). ♦ **V:** *seeger mit zerche* ‚Experte' [MM]; *der seeger hegt hamel more* ‚der Mann hat große Angst' [MM]; *der seeger hegt hamel balachesen* ‚der Kerl hat viel Geld' [MM]; *was hegt der seeger für 'nen jovlen obermann auf* ‚was hat der Kerl für einen schönen Hut auf' [MM]; *der seeger hängt an der finne* ‚der Kerl hängt an der Flasche' [MM]; *buibasko seeger* ‚Mann aus niedriger sozialer Schicht' [MM]; *schumer seger* ‚dicker Mann' [MM]; *der seeger hegt die masematte* ‚der Mann spricht Masematte' [MM]; *der seeger is nich aus unser ker* ‚der Mann stammt nicht aus unserer Gegend' [MM]; *der seger is koscher* ‚der Mann ist in Ordnung' [MM]; *der seeger hat nen schiloen hacho anne plinte hängen* ‚der Kerl hat nen kalten Bauern an der Hose hängen' [MM]; *toffer seger* ‚feiner Kerl, guter Mensch' [MB]; *bist du der sejes von die schei? laß mich mit die fut mal schermeln* ‚bist du der Kerl von der Frau? Laß mich mal mit der Frau tanzen' [MB]; *son seegers von die polente* ‚so ein Polizist' [MM]; *seegerse von die mispel* ‚Polizisten' [MM]; *der seegers ist kochum* ‚der Bursche ist auf Draht' [MM]
segebrecht Subst. m. [Scho]
– Person [Scho]; Nichtjude [Scho]
seegerling Subst. m. [MM]
– Mann [MM]; junger Mann, Junge [MM]; Kerl [MM]; Person [MM] ♦ **V:** *dat is ein ganz linker seegerling* ‚das ist ein ganz hinterlistiger Kerl' [MM]
abteilungsseegers Subst. m. [MM]
– Abteilungsleiter [MM]
balachesenseeger Subst. m. [MM]
– Mann, der Geld hat [MM]
beisseeger Subst. m. [MM]; **beisseegers** [MM]
– Hausbewohner [MM]; Hausmann [MM]; Hausbesitzer [MM]
deichseeger Subst. m. [MM]
– Deichgraf [MM]
figineseeger Subst. m. [MM]; **figinenseeger** [MM]
– Aufreißer [MM] ♦ **V:** *figineseeger, die fuhren von ein' schock zum andern* ‚die Schausteller fuhren von einem Jahrmarkt zum anderen' [MM]
filmseger Subst. m. [MM]
– Filmproduzent, Kerl vom Film [MM]; Filmemacher [MM]
magenteseeger Subst. m. [MM]
– Angeber [MM]
masselseeger Subst. m. [MM]
– Glückspilz [MM]; Schornsteinfeger [MM]

politikseeger Subst. m. [MM]
– Politiker [MM]
sauseeger Subst. m. [MM]
– gemeiner Typ [MM]; Glückspilz [MM]; „gut gemacht!" [MM]
sengseeger Subst. m. [MM]
– prügelnder Mann [MM]
sibbelseeger Subst. m. [MM]
– Heiratsschwindler [MM]
soziseeger Subst. m. [MM]
– Sozialdemokrat, SPD-Mann [MM]
teutonenseger Subst. m. [MM]
– Germanenfürst [MM]
tiftelseeger Subst. m. [MM]
– Klerikaler [MM].

seegern swV. in:
abgeseegert Adj. [MM]
– abgehauen [MM]; gestorben [MM] ♦ **E:** unsicher; evtl. zu → *seeger* oder dt. *seggern, sägen* ‚mit stumpfer Klinge schneiden' DWB XVI 117.
falschgeseegert Adj. [MM]
– schwarz gefahren [MM]
vollgeseegert Adj. [MM]
– verprügelt worden sein [MM].

seejebog Subst. m. [HK]
– Harfe [HK] ♦ **E:** mdal. zu dt. *Sägebock*.

seemuscheln Subst. f., Pl. [StG]
– grosse Ohren [StG] ♦ **E:** dt. *See* und *Muscheln*.

seeser Subst. m. [KMa]
– Hintern [KMa]; Arsch [KMa] ♦ **E:** zu hess. *Sess* ‚Sitz' (HessNassWb. III 581).

seesoldote Subst. m. [MB]
seesoldate [MB]
– Hering [MB] ♦ **V:** *einmarschierter seesoldate* ‚marinierter Hering' [MB] ♦ **E:** rw. *seesoldat, seekadett* ‚Hering' (WolfWR 5295).

seetzer Subst. m. [PfJ]
– Amtsrichter [PfJ]; Richter [PfJ] ♦ **E:** dt. (ant.) *Setzer* zu dt. *Gesetz* „in älterer sprache: der setzer dieser gesetze" DWB XVI 688f.
seetzersfakler Subst. m. [PfJ]; **seetzersfackler** [PfJ]
– Gerichtsschreiber [PfJ] ♦ **E:** → *fackeln*².

sefel Subst. m./n. [SJ]
sejfel [Scho]
– Exkremente [SJ]; Dreck [SJ]; Dünger [Scho]; schlechte Qualität [Scho] ♦ **E:** rw. *sefel* ‚Kot, Mist' zu

jd. *sewel* (WolfWR 5299, Klepsch 1394). → *sebeln, seibel*.

sefeln swV. [SJ]; **sejfeln** [Scho]
– Darm entleeren [SJ]; Bedürfnis verrichten [Scho]
sejfelbajes Subst. n. [Scho]
– Toilette [Scho]
sefelkanti Subst. f. [SJ]
– Abort [SJ]
sefer Subst. m. [SJ]
– Gauner [SJ].

seferuf Subst. f. [CL, PH]
seffroff [CL]; **seferov** [CL]; **sefferuf** [CL]; **sefferuff** [CL, LL]; **säffruff** [CL]
– Wurst [CL, LL, PH] ♦ **E:** rw. *seferuf* ‚Wurst' < jd. *sow(e)a roow* ‚gesättigter Hunger' (WolfWR 5301, Post 249).
boosersefferuff Subst. f. [LL]; **boosersefferuff** [CL]
– Fleischwurst [CL, LL].

seg Subst. m. [MM]
– Geschwätz [MM] ♦ **E:** westf. *segge* ‚Sage, Erzählung' (WWBA), evtl. Einfluss von rw. *geseires* ‚Geschwätz' aus jd. *gesera* ‚Bestimmung' (WolfWR 1764).
seegerpeter Subst. m. [MM]
– Verräter [MM]; Lehrer [MM].

seibel Subst. m. [MM]
säibel [KM]; **saibel** [KM]; **seibeln** Subst. n. [JS]
– Dreck [MM]; Schmutz [MM]; Scheiße [MB, MM]; Geifer [MM]; Spucke [MB, MM]; Glück [MB, MM]; Kacke [MB]; Speichel [MB]; alte Brühe [MB]; Regen [KM]; Abfall [MB]; Notdurft [KM]; Stuhlgang [JS] ♦ **E:** wie → *sebeln, sefeln* zu rw. *sefel, seibel* (WolfWR 5299), jd. *seibel, sebel* ‚Mist, Dreck' (We 102, Post 249). ♦ **V:** *seibel gehabt* ‚Glück gehabt' [MB]
seibeln swV. [MB, MM]
– scheißen [MM]; urinieren [MM]; auf dem Klo sitzen [MM]; lügen [MM]; zur Toilette gehen [MM]; kacken [MB] ♦ **V:** *sich vor more in die plinte seibeln* ‚sich vor Angst in die Hose machen' [MM]; *der scheetz hatte so 'ne more, dat er sich die kowe beseibelt hat* ‚der junge Mann machte sich vor Angst in die Hose' [MM]
geseibel Subst. n. [MM]
– Gerede, Geschwätz [MM]; „was geredet wird" [MM]; Vgl. → *geseires*.
ausgeseibelt Adj. [MM]
– tot [MM]
beseibeln swV. [JS, MM]; **besäbeln** [MB, MM]
– betrügen [MB, MM]; beschmieren [MM]; beschmutzen [MM]; sich in die Hose machen [MM]; bescheißen [JS, MM]; beschwatzen [MM]; blenden [MM]; täuschen [MB, MM]; *ich hab den hacho beseibelt* ‚ich habe den Bauern übers Ohr gehauen' [MM] ♦ **V:** *die fineete war so beseibelt, dat man nich durchkneistern konnte* ‚die Fensterscheibe war so schmutzig, daß man nicht hindurchsehen konnte' [MM]; *seeger hat sich die plinte beseibelt* ‚der Mann hat sich die Hose beschmutzt' [MM]; *schabo, du hast et klöderche beseibelt* ‚Junge, du hast deine Unterhose beschissen' [JS]
beseibeler Subst. m. [MM]
– Betrüger [MM]; Schmierfink [MM]; Beschwätzer [MM]; „einer, der bescheißen/betrügen will" [MM] ♦ **V:** *einer, der einen mit lauem schmus besoffen macht* ‚jemand, der einen dummredet' [MM]
durchseibeln swV. [MM]
– abhauen, ausbrechen [MM]
seiberich Subst. m. [MM]
– Baby, Kleinkind [MM]
säbelbeis Subst. n. [MM]; **säibelbaies** [KM]; **säibelbaiese** [KM]; **sebelbais** [PH]; **sebelbeis** [MM]; **seibelbeis** [MM]; **seibelbaijes** [MB]; **seibelbeiß** [MB]; **seibelbeies** [JS]; **seibelpeist** [HLD]
– Klo [MB]; Kabine [MB]; Kläranlage [MB]; Toilette [JS, KM, MM]; Scheißhaus [MB, MM]; Pissoir [MM]; Bedürfnisanstalt für Männer [MM]; Abtritt [PH]; Abort [HLD] ♦ **V:** *Ich nasch nom seibelbeies* ‚ich gehe zur Toilette' [JS]
seibelfeiler Subst. m. [MM]
– Nichtsnutz [MM]
seibelfreier Subst. m. [MB]
– Scheißkerl [MB]; mieser Kerl [MB]; mieser Mensch [MB]; schlechter Kumpel [MB]
seibelkehr Subst. n./ f. [MB]
– Klo [MB]; verdreckte Bude [MB]; mieser Dreck [MB]
säbellöhner Subst. m. [MM]
– Bauarbeiter [MM]
seibelpriester Subst. m. [MM]
– Kommissar [MM]; Schwätzer [MM]
sibbelseeger Subst. m. [MM]
– Heiratsschwindler [MM]
säbeltiger Subst. m. [MM]
– hungriger Mann [MM]
seiberkoten Subst. m. [MM]
– zahnendes Kind [MM].

seichermien Subst. [EF]
sachermien [EF]
– männliches Geschlechtsteil [EF] ♦ **E:** dt. *seichen* ‚harnen'; DWB XVI 168f.; Poss.Pron. *mein*, Wolf, Fatzersprache, 127, 135.

seichertonel Subst. n. Dim. [EF]; **sachertonl** [EF]
– männliches Geschlechtsteil [EF] ♦ **E:** Kurzform von RN *Anton*, Wolf, Fatzersprache, 135.

séisslek Subst. m. [WL]
– Zucker [WL] ♦ **E:** zu lux. *séiss* ‚süß' (LuxWb. IV 209) und *lek* ‚-ling'.

seitenkünftig Adv. [HL]
– seitwärts [HL] ♦ **E:** dt. *Seite*, → *künftig*.

sejchl Subst. [NW]
– Verstand [NW]; Klugheit [NW]; Mutterwitz [NW] ♦ **E:** zu rw. *sechel* ‚Verstand' (WolfWR 5291) < jd. *seichel, zeichel* ‚Klugheit, Verstand' (We 102, Post 249, MatrasJd 291). Vgl. → *zerche*. ♦ **V:** *du hast kein sejchl!* ‚du hast keinen Verstand' [NW].

sekeler Subst. m. [BM]
– Sekundarschüler [BM] ♦ **E:** schweizdt. Umbildung von *sekundar*.

sekes Subst. m. [CL, PH]
– Soldat [CL, PH]; schlechter Mensch [CL, PH] ♦ **E:** nach WolfWR 4837 zu → *schekes*.

sekris Subst. m. [EF]
– Gemeindesekretär [EF] ♦ **E:** Kurzform von *Sekretär*.

sela Subst./Interj. [LJ]
– Schluss [LJ]; Ende [LJ]; Aus [LJ] ♦ **E:** rw. *sela* (WolfWR 5309, ohne Herleitung) < jd. *sela* ‚Pausenzeichen am Schluss von Psalmversen' (Post 250).

selband [LüJ]
– miteinander [LüJ] ♦ **E:** schwäb. *selbander* (SchwäbWb. V 1339, DWB XVI 429).

selchen swV. nur in:
gsölchter Subst. m. [WG]
– magerer Mensch [WG] ♦ **E:** dt. *selchen* ‚trocknen, räuchern' DWB XVI 509f.
gsölchter haring Subst. m. [WG]
– Hungerhaken, dünner Kerl [WG].

selmisch Adj. [HK]
– geschwätzig [HK] ♦ **E:** wohl zu dt./mdal. *salm* ‚lange Rede, Geschwätz', aus dt. *Psalm* (DWB XIV 1698, ThürWb. V 344). ♦ **V:** *selmische keue* ‚geschwätzige Frau' [HK].

sem Num. Kard. [SK]
– sieben [SK] ♦ **E:** russ. *sjem* ‚sieben' Abel, Slawismen, 58.

semänka Subst. f. [GM]
– Familie [GM]; Sippe [GM] ♦ **E:** roi. *semenca* ‚Familie, Verwandschaft, Sippe' (WolfWZ 2876).

semme Subst. f. [LJ]
– Büchse [LJ] ♦ **E:** rw. *semme* ‚Büchse' (WolfWR 5316, ohne Herleitung), womgl. zu dt. *sammeln* DWB XIV 1741 ff. ♦ **V:** *die dribist hott e semme voll schmunk und sprenkert* ‚die dritte hat eine Büchse voll Schmalz und Salz' [LJ].

sĕn Subst. f. [KP]
sian [KP]
– Frau [KP] ♦ **E:** jd. *zenua* ‚sittsam, züchtig, ehrbar' (WolfWR 5320).

sennele Subst. n., Dim. [KP]
– Mädchen [KP]

schnellsenn Subst. f. [KP]
– geiles Mädchen [KP]; geile Frau [KP]
schnüllsenn Subst. f. [KP]
– schlechtes Mädchen [KP]
stupferlessenn Subst. f. [KP]
– Näherin [KP]; Floh [KP].

sendæfiesl Subst. m. [WJ]
– Zigeunerjunge [WJ] ♦ **E:** → *sinto*, → *fiesel*.

senft Subst. m. [KP, LI, LoJ, LoJ, MUJ, OH, StG, TJ, TK]
sänft [TK]; **sänfte** [KJ]; **soft** [TK]; **sonft** [Him, Mat]; **saunft** [Him, Mat]; **sempfle** Subst. n., Dim. [KP]; **siampfle** [KP]; **sänftel** [Gmü, Wo]; **senftling** Subst. m. [Him, MUJ, RR, SJ, StG]; **sänftling** [KJ]
– Bett [Gmü, Him, KJ, KP, LI, LoJ, MUJ, Mat, OH, RR, SJ, StG, TK, Wo] ♦ **E:** rw. *sänft* (WolfWR 4731) zu dt. *sanft, Sänfte*. ♦ **V:** *Hoim de, dia schure hauret vielleicht no bei dr moss em senftling, oder se send end duft boscht zom patronalla* ‚Wart ab, die Männer sind vielleicht noch bei der Frau im Bett, oder sie sind in die Kirche gelaufen zum beichten' [SJ]; *ins sempfle schieben* ‚ins Bett gehen' [KP].

sengelmann FN in:
bei sengelmann über die Mauer gefallen ‚geistig gestört sein' ♦ **E:** FN, nach Pastor *Sengelmann* von der Alsterdorfer Behindertenanstalt.

sengen ‚im Verhör gestehen' → *singen*.

senkel Subst. m. [PfJ]
– Wurst [PfJ] ♦ **E:** dt. *Senkel* ‚dünne, längliche Gegenstände' DWB XVI 589f.

sennlepin Subst. f. [GM]
– Wiese [GM] ♦ **E:** roi. *zenelo, sennelo, zeleno, seleno* ‚grün' (WolfWZ 3810), substantiviert mit roi. *-pin*.

sens Subst. m. [LüJ]
sins [LüJ]; **tsääns** [KM]; **tsäänse** [KM]
– Herr [LüJ]; Städter [LüJ]; vornehmer Mann [LüJ]; besserer Herr [KM]; Beamter, Amtmann [LüJ]; Amtsrichter [LüJ, UG] ♦ **E:** rw. *sens* ‚Herr, Grundherr' aus jd. *sinnas* ‚Hass, Feindschaft', *sone* ‚Feind'; auch jd. *simmen* ‚er hat vor Gericht geladen' WolfWR 5324.

sendick Subst. m. [WM]
– Bürgermeister [WM]

senserei Subst. f. [UG]
– Amtsgericht [UG]

sendte Adj. [JS]
– vornehm [JS] ♦ **V:** *sendte hotze* ‚vornehme Leute' [JS]

begersens Subst. m. [LüJ]
– Arzt [LüJ]

tsäänsebaies Subst. n. [KM]; **tsäänsebaiese** [KM]
– Villa [KM]; herrschaftliches Haus [KM]

sinsemoß Subst. f. [LüJ]
– Dame, Stadtfrau [LüJ]

sinsenkitt Subst. f. [LüJ]
– Villa (Herrschaftshaus) [LüJ].

sensi Subst. [RH]
– Wahrsagerei [RH] ♦ **E:** unsicher; evtl. zu dt. *Sense*, in mythologischem Bezug: Grenze eines Lebensabschnitts, Lebensende, DWB XVI 604ff.; schwer zu → *sens*.

separe Adj. [KMa, OH]
– hübsch [KMa, OH] ♦ **E:** wohl zu frz. *separé* Hess-NassWb. III 579.

sepche Adj. [BB]
– ein bißchen [BB] ♦ **E:** Inversion zu mdal. *bessche* ‚bisschen'.

sepp Subst. m. / Adj. [KMa]
– gut [KMa] ♦ **E:** met. (Pars-pro-toto-Metonymie) zu dt. *Sepp*, Kurzform zu Joseph, nach 1 Mos. 39, 6 ff. „als bild für einen keuschen menschen" DWB X 2337.

sera Num. Kard. [MUJ]
sere [MUJ]
– tausend [MUJ] ♦ **E:** rw. *eseros* ‚tausend' WolfWR 1254 (ohne Herleitung).

serfen swV. [HK]
serfn [HK]; **sarfen** [Scho]
– braten [HK]; brennen [HK, Scho]; kochen [HK]; verbrennen [HK] ♦ **E:** rw. *serfen* ‚brennen, braten, kochen', zu jd. *srepho* ‚Brand', *sarfenen* ‚brennen' (WolfWR 5329), jd. *sarfenen* ‚brennen' (We 93). Vgl. → *gserft*.

gsarft Adv., Part. Perf. [Scho]
– markiert, gekennzeichnet [Scho]

serejfe Subst. [Scho]
– Brand [Scho]; Feuer [Scho]; Zigarette [Scho]

serferd Subst. m. [HK]; **serfert** [HK]
– Braten [HK]; Kochherd [HK]; Herd [HK]

sarfene swV. [Scho]
– viel Schnaps trinken [Scho]

anserfen swV. [HK]
– anbrennen [HK] ♦ **V:** *das butten schemmd angeserfd* ‚das Essen ist angebrannt' [HK]

verserfen swV. [HK]
– verbrennen [HK]

verscherfd Adj. [HK]
– verbrannt [HK] ♦ **V:** *hier fimmelds verscherfd* ‚hier riecht es verbrannt' [HK].

serviett Subst. f. [EF, MoM]
serviette [EF]
– Taschentuch [MoM]; Tuch [EF] ♦ **E:** dt./frz. *Serviette*.

serwas Subst. n. [MoM]
– Bier [MoM] ♦ **E:** wohl zu lat. *cervisia* ‚Bier'. ♦ **V:** *ich hu drei Serwas geweiwert* ‚ich habe drei Bier getrunken' [MoM].

serweler Subst. m. [KMa]
sirweler [KMa]
– Messer [KMa] ♦ **E:** zu hess. *serbeln* ‚schief und ungeschickt schneiden' (HessNassWb. III 581).

seserling Subst. m. [NJ]
– Zucker [NJ] ♦ **E:** zu dt. *süß*; vgl. → *sierßling*.

sess Num. Kard. [SK]
sees [KMa]; **säs** [KMa, OH]; **säß** [KMa]; **säss** [KMa]
– sechs [KMa, OH, SK] ♦ **E:** nd./rhein. *sess* ‚sechs' (RheinWb. VIII 3).

sessel Subst. n. [KP]
– Schwein [KP]; schmutziges Mädchen [KP] ♦ **E:** rw. *sessel* ‚Schwein' (WolfWR 5331, ohne Herleitung); womgl. Nebenform zu jd. *sewel* ‚Kot, Mist' (We 102, Post 249), vgl. → *sebeln, sefel, seibel*.

sessling Subst. m. [JSa]
– Stuhl [JSa] ♦ **E:** zu dt. *sitzen*, *Sessel* DWB XVI 631 f.
→ *sitzling*.

setterd Subst. m. [HF]
sitterd [HF, HeF]
– Stuhl [HF, HeF] ♦ **E:** zu dt. *sitzen*, nd./rhein. *sitten*. [HF]. ♦ **V:** *Schüt minotes ene Sitterd* ‚Gib mir einen Stuhl'. [HeF].

settlack Subst. m. [SK]
söttlack [SK]
– Bauer [SK]; Herr [SK] ♦ **E:** tschech. *sedlák* ‚Siedler', ‚Bauer', Abel, Slawismen, 58.

setzerling Subst. m. [MeJ]
– Stuhl [MeJ] ♦ **E:** rw. *ling*-Bildung zu dt. *(sich) setzen*. → *seetzer*.

sex Interj., Adv. [Gmü]
– still! [Gmü] ♦ **E:** rw. *sex!* ‚still!' aus jd. *sekonos* ‚Gefahr' WolfWR 5333, Klepsch 1397.

siadig Adj. [OJ]
– heiß [OJ]; gefährlich [OJ] ♦ **E:** schwäb. *siedig* ‚sehr heiß' (SchwäbWb. 5, 1397), dt. *sieden* ‚köcheln'. ♦ **V:** *da siadiga naushaua* ‚Hitzewallungen' [OJ].

siarig Adj. [OJ]
– gierig [OJ]; geizig [OJ] ♦ **E:** schwäb. *sierig* ‚übel gelaunt' (SchwäbWb. 5, 1369 unter *serig* 2), ‚zornig' DWB XVI 962.

sibbide Adv. [SK]
– zurück [SK] ♦ **E:** roi. *tschiwerdo* ‚zurückgelegt, zurückgeholt' (WolfWZ 3506). ♦ **V:** *hei truppele sibbide* ‚er ging zurück' [SK].

siblenholster Subst. f. [SK]; **sibihlenholster** [SK]
– plauderhaftes Mädchen [SK] ♦ **E:** roi. *tschibalo* ‚plauderhaft' (WolfWZ 3472).
sibihlenklappetz Subst. m. [SK]
– plauderhafter Junge [SK]; plauderhafter Mann [SK].

sichere Subst. f. [LüJ, PfJ]
sichære [WJ]; **sicherig** [JeS]; **sicheri** [JeS]; **sicherer** Subst. m. [JeS]
– Küche [JeS, LüJ, PfJ, WJ]; Herd [JeS] ♦ **E:** roi. *sihna* ‚Küche' (WolfWR 5337, WolfWZ 2910, Klepsch 1397).
sichern swV. [PfJ, SchJ, TJ]; **sicheren** [JeS, LüJ, Mat]; **sichere** [CL, JeS, LL, LüJ]; **sichara** [JeS, LJ]; **siechera** [LJ]; **sichra** [OJ]; **sichæræ** [WJ]
– kochen [CL, JeS, LJ, LL, LüJ, Mat, OJ, PfJ, SchJ, TJ, WJ]; abkochen [LüJ]; braten [OJ, WJ]; backen [WJ]

♦ **V:** *jetzt du ich Schocklemajem sichere* ‚jetzt koche ich Kaffee' [CL, LL]; *moß, was sicherst? Ich sichere hegesle mit stupfelbossert und pflanz' noch ein blättling* ‚Frau, was kochst du? Ich koche Spätzle mit Igelfleisch und mach' noch einen Salat dazu' [LüJ]; *da rande sichra* ‚das Leben (Bauch) erhalten' [OJ]; *Derchermoß: Hauret so dof, lehmschupfer, und dogt mir dofen lehm oder gleiskechelte für mein gälme zum gleisschnälle sicheren. Lehmschupfer: Nobis, nobis, dercherulmen wird lore 'dogt* ‚Bettelweib: Seid so gut Bäcker, und geht mir etwas Weißbrot oder Milchwecken für meine Kinderlein, um ein Milchsüpplein zu kochen. Bäckermeister: Nein, nein, Bettelleuten wird nichts gegeben!' [LüJ]

sicherei Subst. f. [LüJ, SchJ]
– Küche [LüJ, SchJ]; Herd [LüJ]; Kocherei [LüJ]
sicherling Subst. m. [PfJ]
– Herd [PfJ]
blampsiecherei Subst. f. [LJ]; **plampsichererei** [SchJ]
– Brauerei [LJ, SchJ]
blampsiecherer Subst. m. [LJ]; **plampsicherer** [SchJ]; **plomsicherer** [TJ]
– Bierbrauer [LJ, SchJ, TJ] ♦ **E:** → *plemb, blamp* ‚Bier'.
sichergusch Subst. f. [PfJ]
– Küche [PfJ]
siecherhitz Subst. f. [LJ]; **sicherhitz** [SchJ, TJ]
– Küche [LJ, SchJ, TJ] ♦ **E:** → *hitze* ‚Zimmer'.
sicherschippe Subst. f. [PfJ]
– Kochlöffel [PfJ]
gsichert Adj. [PfJ]
– gesotten [PfJ].

sick Subst. f. [GM]
– Eile [GM]; Hast [GM]; Schnelligkeit [GM]; Geschwindigkeit [GM] ♦ **E:** roi. *sik* ‚Eile, Geschwindigkeit, Schnelligkeit', ‚schnell, rasch, geschwind' (WolfWZ 2897).
sick Adj., Adv. [GM, JSW, JSa]; **zick** [MB]; **zich** [MB]
– schnell [GM, JSW, JSa, MB] ♦ **V:** *am zick* ‚komm schnell' [MB]
sickoro Adv. [GM]
– sehr schnell [GM] ♦ **E:** roi. *sikoro* ‚sehr schnell', ‚sehr geschwind' (WolfWZ 2897).
sicken swV. [GM]
– schnell sein [GM]; sich beeilen [GM] ♦ **E:** roi. *sikow* ‚eilen, sich beeilen, beschleunigen' (WolfWZ 2897).

sieben swV. [GM]
– koitieren [GM] ♦ **E:** wohl zu roi. *sib* ‚Penis' (WolfWZ 3104), evtl. Einfluss von roi. *sow* ‚schlafen' (WolfWZ 2969), vgl. → *sobepin* ‚Schlaf, Beischlaf'.

siech Subst. m. nur in:
der siech mänge ‚den Helden spielen' [BM] ♦ **E:** wohl zu schweizdt. *Siech* u. a. Schimpfwort für einen gefährlichen, hartnäckigen Menschen, SchweizId. VII 193.

sierfe Subst. f. [BB]
– Mittagspause [BB] ♦ **E:** Inversion zu mdal. *Frisse*, dt. *fressen.* ♦ **V:** *Mier mache Sierfe* ‚Wir machen Mittagspause' [BB]
sirefe swV. [BB]; **sierefe** [BB]
– fressen [BB] ♦ **V:** *Kom sierefe!* ‚Komm essen!' [BB]; *Dat sierefe isch jäer* ‚Das esse ich gern' [BB]; *Wat jidet hoit medach tse sierfen?* ‚Was gibt es heute Mittag zu essen?' [BB]
fersierft Adj. [BB]
– verfressen [BB].

sierften swV. [MM]
sirften [MM]
– stehlen [MM]; klauen [MM] ♦ **E:** unsicher; evtl. zu jd. *si-ef* ‚falsch' aus hebr. [zi'uf] ‚Fälschung' (We 102), oder zu rw. *sirich* ‚geizig' WolfWR 5357; schwer zu jd. *versarkenen* ‚gestohlenes heimlich wegschaffen' WolfWR 4739.
sierftetour Subst. f. [MM]
– Diebestour [MM].

sierßling Subst. m. [LoJ]
– Zucker [LoJ] ♦ **E:** zu dt. *süß.* → *seserling.*

sigeler Subst. m. [SG]
– Dummkopf [SG] ♦ **E:** zu dt. *Segler* „gedankenloser mensch, der nicht weisz was er thut ... sêgelär!, olle sêgelär!, wie: schaf! hammel! dummkopf!" DWB XVI 118.

siggern swV. [GM]
siggra [OJ]; **zigern** [JS]
– zeigen [GM, JS]; lehren [GM]; unterrichten [GM]; beibringen [OJ]; lernen [OJ] ♦ **E:** roi. *siker* ‚zeigen, weisen, unterweisen, lehren, lernen' (WolfWZ 2898).
sigebaskeri Subst. f. [GM]
– Schule [GM] ♦ **E:** roi. *sikerpaskeri* ‚Schule' (WolfWZ 2898).
sigebaskero Subst. m. [GM, JSW]; **zickebasko** [JS, PH]
– Lehrer [GM, JS, JSW, PH]; Schulmeister [GM] ♦ **E:** roi. *sikerpaskero* ‚Lehrer, Schulmeister, Kantor' (WolfWZ 2898).

sihlen swV. [GM]
– urinieren [GM]; regnen [GM] ♦ **E:** wohl zu dt. *sielen* ‚Wasser (durch ein Siel) ableiten' DWB XVI 956.

sila hopp ON [OJ]
– Stettberg [OJ] ♦ **E:** roi. *silah* ‚mächtig', *hopp* ‚Berg', Danzer 100.

silberling Subst. m. [WG]
– Aufseher [WG]; Justizbeamter [WG] ♦ **E:** wohl zu dt. *Silber*, Benennungsmotiv: Silber auf dem Kragenspiegel; evtl. Einfluss von oder auch direkt aus rw. *siller* ‚Arbeitshaus' zu roi. *silalo* ‚kalt', volksetymologisch zu *Silber.*
silberklas Subst. m. [WG]
– Aufseher [WG]; Justizbeamter [WG]
silberblattler Subst. m. [WG]
– Aufseher [WG]; Justizbeamter [WG].

silen swV. [GM]
– zwingen [GM]; besiegen [GM]; vergewaltigen [GM] ♦ **E:** roi. *sil-* ‚(be)zwingen', ‚besiegen, vergewaltigen, notzüchtigen' (WolfWZ 2900).
silepin Subst. m. [GM]
– Zwang [GM]; Gewalt [GM] ♦ **E:** roi. *silepen* ‚Zwang, Gewalt(tätigkeit)' (WolfWZ 2900).

silentium Adj. [SG]
– still [SG] ♦ **E:** lat. *silentium* ‚Lautlosigkeit, Stillsein, Schweigen'.

sîmes Part. [MT, MeT]
simes [MeT]
– ja [MT, MeT] ♦ **E:** zu roi. *si* ‚ja', über nl. Sondersprachen vermittelt, Siewert, Humpisch, 112.

simmelieren swV. [MB]
– nachdenken [MB]; überlegen [MB] ♦ **E:** westf. *simelēren* ‚grübeln, nachdenken' (WestfWb. 1060).

simmes Subst. m. [HK]
– Chef [HK]; Herr [HK]; Gutsherr [HK]; besserer Herr [HK]; „besserer Herr, der hatte Geld" [HK]; König [HK]; Verwalter [HK]; „der Mann auf dem Hof" [HK]; „der hat ein kleines Gut" [HK]; Boß [HK]; „Chef, der die Frauenkapelle leitet" [HK]; feiner Mann [HK]; „der ein Vermögen hat" [HK]; „einer, der angibt" [HK]; „ein Mann, der etwas auf sich hält" [HK]; „einer, der sich hervortut" [HK]; Fabrikant [HK]; Graf [HK]; Anführer [HK]; Kapitän [HK]; Oberer [HK]; Angeber [HK]; der Größte [HK]; „von sonner Brigade der Meister, der, der die Feier bezahlt" [HK]; „ein Mann, der ein bißchen was zu sagen hat" [HK]; *grannicher beeker* [HK]; *jookerer ebbes* [HK] ♦ **E:** rw. *sims*

‚Herr, Edelmann' „abzuleiten von jd. *sinnas* ‚Haß, Feindschaft', *sone* ‚Feind'; auch jd. *simmen* ‚er hat vor Gericht geladen' wird eingewirkt haben" (WolfWR 5324). ♦ **V:** *schuule den simmes an* „wenn sich einer in Gesellschaft hervortut" [HK]; *mooler simmes – läßt nicht jaunen* ‚der unfreundliche Angeber – er läßt uns nicht musizieren' [HK]; *grannicher simmes* ‚der stellt was vor' [HK]
simmers Subst. m. [HK]
– großer Bauer [HK]; Boß [HK]; Chef, der die Frauenkapelle leitet [HK]
simmesbeeker [HK]
– Herr auf dem Gut [HK].

sin Num. Kard. ‚sieben' → *sain*. [KMa].

singen stV. [MM, WG]
sengen [HF]; **senge** [HF]; **senga** [OJ]
– im Verhör gestehen [OJ]; ein Geständnis ablegen [WG]; ausplaudern [MM]; singen [HF] ♦ **E:** rw. *singen* ‚im Verhör gestehen' (WolfWR 5353), heute ugs.
gesungenen Subst. m. [NJ]
– Wein [NJ] ♦ **E:** unklar, ob zu rw. *singen*; vgl. auch Windolph, Nerother Jenisch, 47.

singesse Subst. f. [JeS]
singassa [JeS]; **singassla** [JeS]
– Glocke [JeS]; Viehglocke [JeS] ♦ **E:** zu mhd. *singoz (zel)* ‚kleine Glocke, Feldgeschütz', evtl. Einfluss von ital. *sonaglio* ‚Schelle'; in der Bed. ‚Kuhglocke, Glocke, Ministrantenschelle' im Alpenraum verbreitet (SchweizId. VII 1207).

singgunga Subst. Pl. [EF]
– Pfennige [EF] ♦ **E:** dt. *Singgänger*, Benennungsmotiv: kleines Geld, das beim Singen, Musizieren gesammelt wird.

sins ‚Herr, Beamter, Richter' u. a. → *sens*.

sinto Subst. m. [GM, JS, WJ]
sinde [WJ]; **sinte** [LüJ]; **sentæ** [WJ]; **sende** [LüJ]; **dsinter** Subst. m. [HK]; **zinter** [HK]; **sinti** Subst. Pl. [JS, MM, TK]; **sindi** [JSW, TJ, TK]; **zinti** [MB, MM]; **sindo** [LüJ]; **senti** [LüJ]; **zündi** [JS]
– Zigeuner [GM, HK, JS, JSW, LüJ, MM, TJ, TK, WJ]; Sinti [LüJ]; Jenischer [LüJ]; Zigeuner, als Schimpfwort [GM]; „je nach Betonung scherzhaft als Schimpfwort oder auch als Ehrenbezeichung (Sindi) der Mitarbeiter (im Zirkus)" [JS] ♦ **E:** rw. *sinte* ‚Zigeuner' (WolfWR 5354) < roi. *sinto*, Pl. *sinte* ‚Zigeuner' (WolfWZ 2916). „Sinte ist die von den Zigeunern jedoch nur selten, z. B. bei Ansprachen, benutzte Selbstbezeichnung" WolfWR 5354. ♦ **V:** *die zintis hatten schuckere anims* ‚die Zigeunermädchen waren schön' [MM]; *die zintis, die hatten manchmal ein' koten zossen vor ihrn wuddi* ‚die Zigeuner hatten manchmal nur ein kleines Pferd vor ihren Wagen gespannt' [MM]; *die zintis gingen bei den hachos fechten* ‚die Zigeuner bettelten bei den Bauern' [MM]; *die dsinters sookern umher* ‚die Zigeuner treiben Wanderhandel' [HK]

zintianim Subst. n. [MM]
– Zigeunermädchen [MM] ♦ **V:** *die zintianims ham den hachos schmus erzählt und dafür noch lowi bewircht* ‚die Zigeunerfrauen haben den Bauern nur Unsinn erzählt und dafür noch Geld bekommen' [MM]

sindogatscho Subst. m. [LüJ]
– Zigeuner [LüJ]
dsinterkeue Subst. f. [HK]
– Zigeunerfrau [HK]
sintikitt Subst. f. [LüJ]
– Zigeunerhaus [LüJ]
sintimoß Subst. f. [JS, LüJ]
– Zigeunerin [JS, LüJ]
zintiseeger Subst. m. [MM]
– Zigeuner, aber auch allg. für Fahrender, Flüchtling [GM]
zündizirkus Subst. m. [JS]
– privater Klein- und Mittelzirkus [JS].

sipp Subst. m. [RH, SE]
– Pfennig [SE]; Geld [RH] ♦ **E:** jd. *sippur* ‚Zahl, Zählung', vgl. WolfWR 5355); rhein. *sipp* ‚Pfennig' (RheinWb. VIII 166).

sips Subst. f. [HF, HeF]
– Milch [HF, HeF] ♦ **E:** rw. *sips* ‚Milch' WolfWR 5356, ohne Herleitung; evtl. zu *sippe* ‚in kleinen Schlückchen trinken' (Mundart von Meerlo-Wanssum in holl. Limburg), *sippen* ‚nuckeln, tüchtig trinken', RheinWb. VIII 166 s. v. sippen II. ♦ **V:** *ene flettschert sips* ‚ein Teller Milch' [HeF]
fahrherrsips Subst. f. [HF]
– Ziegenmilch [HF]
schmecksesips Subst. f. [HF]
– Buttermilch [HF]
sipskrögel Subst. m., Dim. [HF]
– Milchtopf [HF]
sipskwös Subst. Pl. [HF, HeF]
– weibliche Brüste [HF, HeF]; Busen [HF]

sipsturen Subst. [HF, HeF]
– Amme [HF, HeF] ♦ **E:** *Ture(n)* ‚stattliches Frauenzimmer'.

sir Subst. m. [GM]
– Knoblauch [GM] ♦ **E:** roi. *sir* ‚Knoblauch' (WolfWZ 2918).

sirfel Subst. [SJ]
– Bier [SJ]

sirfeln swV. [SJ]; **sirfla** [SJ]; **sirflen** [SJ]
– saufen [SJ]; trinken [SJ] ♦ **E:** schwäb. *sürflen* ‚in kleinen Schlucken trinken' (SchwäbWb. V 1967/1968). ♦ **V:** *Mir sirflet no an gigges, der ischt gwand, aber vermufft mr boschtet gern end schwäche nei, blos hatschemer lak, no boschtet mr ab* ‚Wir trinken noch einen Schnaps, der ist gut; aber verflixt, wir gehen gern in die Wirtschaft; und wenn wir ins Schwanken geraten, dann gehen wir eben heim' [SJ].

sirna Subst. f. [GM]
– Stern [GM] ♦ **E:** roi. *sirna* ‚Stern' (WolfWZ 2919).

sirum [KP]
– Rausch [KP] ♦ **E:** SchwäbWb. V 1419 *Sirum*, mit diesem Beleg, wohl zu schwäb. *Sürmel* ‚leichter Rausch'.

sisser Subst. m. [KMa]
– Zucker [KMa] ♦ **E:** rw. *süßling* ‚Zucker' (WolfWR 5715), → *seserling*.

sitza stV. [OJ]
– eine Strafe verbüßen [OJ] ♦ **E:** rw. *sitzen* ‚eine Freiheitsstrafe verbüßen' WolfWR 5359, zu dt. *sitzen* DWB XVI 1280 ff.

sitzling Subst. m. [LJ, SJ, MUJ, TJ, SchJ, JSa, HK, Zi, Gmü]; **sitzleng** [LJ, LüJ, OJ]; **sitzlink** [HK]; **sidsling** [HK]; **sitzerling** Subst. m. [CL]
– Stuhl [LJ, SJ, LüJ, MUJ, TJ, OJ, SchJ, CL, JSa, HK, Zi, Gmü]; Bank [LüJ, OJ]; Couch [HK] ♦ **E:** rw. *sitzling* WolfWR 5360, Klepsch 1406. → *sessling*. ♦ **V:** *du hosch wohl schlecht sitzleng in deira boiz, aber dei jole, der isch guat, mah sollt bloß boschta kenna, ohne z'pfräima* ‚du hast zwar schlechte Stühle in deiner Kneipe, aber dein Wein, der ist gut, man sollte bloß gehen können, ohne zu zahlen' [LJ]; *Dr alt benk ka nemme schurla er durmeld da ganze schei of am sitzling* ‚Der alte Mann kann nicht mehr arbeiten, er schläft den ganzen Tag auf dem Stuhl' [SJ]; *der beeker ballerd ufn sidsling* ‚der Mann sitzt auf einem Stuhl' [HK]; *baller dich aufn sidsling* ‚setz dich auf die Couch' [HK]

sidserd Subst. m. [HK]
– Stuhl [HK].

siwepin Subst. m. [GM]
– Nähen, Naht [GM] ♦ **E:** roi. *siwepen* ‚Nähen, Naht' (WolfWZ 3032).

skahl Subst. [EF]
skal [EF]; **schkahl** [EF]
– Ball [EF] ♦ **E:** tschech. *skalovati* ‚spielen, schäkern' Wolf, Fatzersprache, 135.

skanel Subst. [EF]
schkanl [EF]; **skanlein** Subst. n. [EF]
– Zigarre [EF] ♦ **E:** evtl. zu sudetendeutsch *skanitzel* ‚Tüte', Wolf, Fatzersprache, 135; schwer zu engl. *candle* ‚Kerze' (dann evtl. mit Einfluss des deutschen Artikels).

skanla Subst. Pl. [EF]; **schkanla** [EF]; **skaula** [EF]
schkandel Subst. [EF]
– Zigarren [EF]
– Zigarre [EF].

skatelmien Subst. m. [EF]
schkatlmien [EF]
– Bettler [EF]; Bettelmann [EF] ♦ **E:** unsicher; evtl. zu rw. *chattes* ‚Lump' oder *schatness* met. ‚anrüchiger Mensch' WolfWR 850, 4822 oder zu ital. *scarto* ‚abgelegt(e) Karte, met. Asozialer' Wolf, Fatzersprache, 135; -mien zu Poss.Pron. *mein*, Wolf, Fatzersprache, 127.

sker Subst. m. [EF]
– Schilling [EF] ♦ **E:** ahd. *scerif* ‚Münze mit gezeichnetem Rand', nhd. *Scherflein* seit 1480 als kleinste Münze bekannt, Wolf, Fatzersprache, 135.

skerlie ON [EF]
– Berlin [EF] ♦ **E:** unsicher; evtl. zu roi. *schero* ‚Haupt, Kopf' (Hauptstadt); oder „Prägungsort von Sker" Wolf, Fatzersprache, 135.

skimpe Subst. n. [SK]
– Bett [SK] ♦ **E:** unsicher; evtl. nd. zu rw./jd. *schimmusch* und Varianten ‚Beischlaf' WolfWR 4799.

skonje Subst. [JS, PH]
– Stiefel [JS, PH] ♦ **E:** roi. *skorni* ‚Stiefel' (WolfWZ 3121).

skootze Subst. f. [CL]
sktootze [LL]; **s'koutze** [CL]; **skoutse** [PH, CL]; **skoozje** Subst. n., Dim. [LL, CL]; **skootzje** [CL]
– Hälfte [CL, LL]; 50 Pfennig [LL, PH, CL]; halbe Mark [LL, CL] ♦ **E:** jd. *chotzo* ‚Hälfte' (Post 250, WolfWR

896). ♦ V: *die dun uff em Assgen skootze mache* ‚die machen beim Handel Halbpart' [LL, CL]; *skootze machen* ‚Halbe-Halbe machen, teilen' [CL, LL].

skore ‚Ware' → *schore¹*.

skrawieren swV. [EF]
skrabieren [EF]
– Proben abhalten [EF] ♦ E: tschech. *skrab, skrabati* ‚schaben, kratzen' als „ironische Bezeichnung der Probenqualität" Wolf, Fatzersprache, 135.

skrell Subst. [EF]
– Brille [EF] ♦ E: unsicher; evtl. zu dt. *Beryll* gebildet, Gesteinsart „im Mittelalter Berylle zu Linsen geschliffen, die als Brille verwendet wurden und dieser ihren Namen gaben" (Wikipedia).

slarrei Subst. m./f. [SK]
– Kuh [SK]; Ochse [SK] ♦ E: unsicher; evtl. zu dt. *schlarren* „schleifend gehen, ohne die füsze recht aufzuheben" DWB XV 500.

slatle Subst. m./f. [SK]
– 2 Mark [SK]
schlatte Subst. f. [SK]; **slatte** [SK]
– 2 Mark [SK] ♦ E: unsicher; evtl. zu dt. *Schlatte, Schlattentaler* „herabhängende unterlippe, davon schlattentaler, kaiserl. Leopoldsthaler (mit der hängenden lippe)" DWB XV 500.

sliepen swV. [SK]
– schlafen [SK] ♦ E: engl. *sleep* ‚schlafen', nd. *slapen*.
♦ V: *wei hättet lone sliepen* ‚wir haben nicht geschlafen' [SK]
slieper Subst. m. [SK]
– Bettdecke [SK].

slögeapparat Subst. m. [SG]
– Stock [SG] ♦ E: mdal./dt. *schlagen, Apparat*.

smahsch Adj. [SK]
smasch [SK]
– angenehm [SK]; gut [SK]; willkommen [SK]; wenig [SK] ♦ E: russ. vulg. *smak* ‚angenehm'; poln. *smak* ‚Geschmack', Abel, Slawismen, 58.

smeiten swV. [SK]
– spendieren [SK] ♦ E: nd. *smeiten* ‚schmeißen, werfen'. ♦ V: *einen smeiten* ‚einen Schnaps spendieren'.

smurgeln swV. [MT, MeT]
– rauchen [MT]; Pfeife rauchen [MeT] ♦ E: nd. *snörgeln* ‚Geräusch, das eine unsaubere Pfeife beim An-

saugen macht', Siewert, Humpisch, 112, oder zu → *smurkeln*.

smurkeln swV. [SG]
– braten [SG] ♦ E: zu dt. *schmurgeln, schmirgeln* ‚braten, brutzeln' DWB XV 1094.
smurkelö Subst. [SG]; **smurkeliöie** [SG]
– Braten [SG].

snappholte Subst. m./f. [SK]
snappol [SK]; **snappolt** [SK]
– Löffel [SK] ♦ E: nd./dt. *Schnabelholz*, rw. *schnabel* ‚Löffel' WolfWR 5043.

snapslöken Subst. f. [SG]
snapslöiken [SG]
– Betrunkener [SG] ♦ E: nd./dt. *Schnapsleiche*.

snemans Num. Kard. [MeT]
snêmans [MeT]; **snêmansch** [MeT]
– vier [MeT] ♦ E: *-mans* aus lat. *manus* ‚Hand', *snê-* Inversion aus nd. *êns* ‚eins'; Benennungsmotiv: fünf (Finger) minus eins, Siewert, Humpisch, 112 f.

snêpsch Adj. [MT, MeT]
snêps [MeT]; **sneps** [MeT]; **snepsch** [MeT]; **snepsk** [MeT]
– klein, wenig [MT, MeT] ♦ E: wohl zu nl. *snip* ‚kleines spitzes Stück Land', *snipste* ‚Jüngster', schwer zu rw. *meps* ‚klein' Siewert, Humpisch, 113.

snepenhuls Subst. [MeT]; **snepenhul** [MeT]
– kleine Zigarre [MeT]; Zigarillo [MeT]; „Zigarre minderer Qualität" [MeT] ♦ E: unsicher; wohl zu nl. *snip* und dt. *Hülse*; alternative Herleitung: nd. *sneppe* ‚Schnepfe' und dt. *Hals*, Benennungsmotiv: Formähnlichkeit, Siewert, Humpisch, 113.

snicken swV. [MeT]
snickern [MeT]
– schmuggeln [MeT]; stehlen [MeT] ♦ E: dt. *schnicken* ‚eine schnelle Bewegung mit den Fingern ausführen' DWB XV 1327f.
rumpsnicker Subst. m. [MeT]; **rumsnicker** [MeT]; **rumpnicker** [MeT]
– Müller [MeT].

sniereke swV. [BB]
tsnierke [BB]
– grinsen, sehen [BB] ♦ E: Inversion zu *grinsen*. [BB].

snûtsch Adj. [MT, MeT]
snutsch [MeT]; **snutsk** [MeT]; **schnutsch** [MeT]
– evangelisch [MT, MeT] ♦ **E:** mnd. *snôde* ‚schlecht, gering'. Benennungsmotiv: aus der Sicht der katholischen Tiötten.

snuwen swV. [MeT]
– verstehen [MeT]; kennen [MeT] ♦ **E:** wohl zu nd. *snûwen* ‚schnauben, schneuzen', Bedeutungswandel erklärbar aus „Intellektualwortschatz", Siewert, Humpisch, 114.

snüwert Subst. m. [MT, MeT]
– Nase [MT, MeT].

sö Subst. [SG]
söe [SG]
– Speck [SG] ♦ **E:** unsicher; evtl. mdal. zu dt. *Seite* [Speck].

soala swV. [LüJ]
– betrügen [LüJ] ♦ **E:** wohl zu rw. *zollern, zocken* ‚(Glücksspiel) spielen' < jidd. *zachkenen, zchoken* ‚spielen' (WolfWR 6297).

soarschtig Subst. m. [HF]
– Samstag [HF] ♦ **E:** rhein./mdal. *Samschdig* ‚Samstag'.

soatterich Subst. m. [KMa]
satterich [KMa]
– Bauch [KMa]; Leib [KMa] ♦ **E:** rw. *satterich* ‚Leib' zu dt. *satt* WolfWR 4747.

soben swV. [GM, LüJ, MoJ, MUJ]
sowe [PH]; **zoben** [JS]; **zōben** [PH]
– schlafen [GM, LüJ, MoJ, MUJ, JS, PH] ♦ **E:** roi. *sow* ‚schlafen' (WolfWZ 2969). ♦ **V:** *mein chalo schemmt auf schinägelei und kient zum schwächen eine flasche katschedi, damit wir schucker soben* ‚mein Mann geht zur Arbeit und kauft sich zum Trinken eine Flasche Schnaps, damit wir ruhig schlafen können' [MoJ]
sobe Subst. m. [GM]
– Schlaf [GM]
sober Subst. m. [LüJ]
– Schläfer [LüJ]; Schlafmütze [LüJ]; Langeweiler, Langsamer [LüJ]
sobepin Subst. m. [GM]
– Schlaf [GM]; Beischlaf [GM] ♦ **E:** rw. *soviben* ‚Schlaf' (WolfWR 5400), aus roi. *söwepen* ‚Schlaf' (WolfWZ 2969).
zobinga stube Subst. f. [JS]
– Schlafstube [JS].

sobutz Adv. [MB]
– sofort [MB] ♦ **E:** westf. *sobus* ‚sofort, auf der Stelle' (WestfWb. 1122).

socher[1] Subst. m. [CL, PH, RA]
sohcher [SK]; **zoocher** [HLD]; **saucher** [PfJ, Scho]; **sooker** [HK]; **sookr** [HK]; **soker** [HK]; **socker** [JS]; **sokem** [NJ]; **zoger** [HLD]; **zooker** [JS]
– Kaufmann [CL, HK, HLD, PH, SK, Scho]; Händler [HK]; Bürsten- und Besenhändler [HK]; Bursche [HLD]; junger Mann [RA]; Laden [HK, JS]; Geschäft [HK, NJ]; kleines Geschäft [HK]; kleiner Laden [HK]; Verkaufsstelle [HK]; Kaufladen [HK]; Spielbude [JS]; Tausch [HK] ♦ **E:** rw. *sacher, socher* u. a. ‚Handelsmann' (WolfWR 4775) < jd. *socher* ‚Händler, Kaufmann' (We 94, Post 250, Klepsch 1408). Vgl. → *schachern*. ♦ **V:** *die galster nasche nom zooker, für ne bachem sößlingches zu kinije* ‚die Kinder gehen zum Laden, um für einen Groschen Süßigkeiten zu kaufen' [JS]

sookern swV. [HK]
– handeln [HK]; Geschäfte machen [HK]; „mit Bürsten und Besen handeln" [HK]; „wenn man etwas erwerben will" [HK]; wechseln [HK]; tauschen [HK]; „Geld umtauschen, West-Ost" [HK]; verkaufen [HK]; teilen [HK]; mit Geld handeln [HK] ♦ **V:** *bich sookern* ‚Geld wechseln' [HK]; *die dsinters sookern umher* ‚die Zigeuner treiben Wanderhandel' [HK]

einsookern swV. [HK]
– einnehmen [HK]

versookern swV. [HK]; **versoochern** [HK]
– verkaufen [HK]; Artikel verkaufen [HK]

sookerbeeker Subst. m. [HK]
– Händler [HK] ♦ **E:** → *beeker*.

sookerebbes Subst. m. [HK]
– Händler [HK] ♦ **E:** → *ebbes*.

sookerei Subst. f. [HK]
– Wechseln [HK]; Handeln [HK]; Handel [HK]; Teilen [HK]; Tauschen [HK]; Wechselstube [HK]; „Geschäft, wo gehandelt wird" [HK]; „mit Geld handeln" [HK]; „wenn man manchmal Stoffe und sowas verkauft" [HK]; „Trikotagen und Schuhe auf beweglichen Märkten." [HK]

sookerladen Subst. m. [HK]
– kleines Geschäft (von Privatleuten) [HK]

sookerd Subst. m. [HK]
– Geschäft [HK]; Laden [HK].

socher² Subst. m. [Scho]
sochrem Pl. [Scho]
– männliches Tier [Scho]; Zuchtbulle [Scho] ♦ **E:** jd. *sŏcher, sŏchrem* ‚Zuchtbulle, männliches Tier' We 103.

sockenhopf Subst. m. [LJ]
– Tanz [LJ] ♦ **E:** dt. *Socke* ‚Strumpf' und *hopfen, hüpfen* ‚kleine Sprünge machen' DWB X 1795.

sod Subst. [Scho]
– Geheimnis [Scho] ♦ **E:** jd. *sod* ‚Geheimnis' (We 103).

soddel Subst. n./m. [SK]
soll Subst. n./m. [SK]
– Pferd [SK] ♦ **E:** zu nd. *soddel* ‚Sattel' oder Nebenform/Entstellung von rw. *zosse* ‚Pferd' → *suss*.

soergrädaf Subst. m. [BB]
surkrätaf [BB]
– Großvater [BB] ♦ **E:** Inversion zu mdal. *Vaddergroß*.

sof ‚Mark' → *soof*.

sofer Subst. m. [UG]
– Kaufmann [UG]

sofnerei Subst. f. [UG]
– Kaufladen [UG] ♦ **E:** wohl zu rw./jd. *sofer* ‚Stenograph' WolfWR 5373, evtl. mit Einfluss von jd. → *sore* ‚Ware'; vgl. → *versofen*.

soff Subst. [MM, Scho]
– Ende [MM, Scho]; Schluss [Scho] ♦ **E:** jd. *soff, sof* ‚Ende' (We 103, WolfWR 5371). ♦ **V:** *am soff sein* ‚vorbei sein' [MM].

söfferrohlfing Subst. m. [MB]
– Trinker [MB] ♦ **E:** mdal. zu dt. *Säufer-*, Zweitglied unsicher, evtl. zum Mindener FN *Rohlfing*.

sogga¹ swV. [OJ]
– gehen [OJ] ♦ **E:** zu schwäb. *Socke* ‚Winterhausschuh'.

sogga² Subst. Pl. [OJ]
– alte Leute [OJ] ♦ **E:** rw. *soken* ‚Bejahrter, Greis' (WolfWR 5376) < jd. *soken*, hebr. *sâkên* ‚Bejahrter, Greis' (Post 250).

söiferlätsch Subst. m. [BM]
– Speicheltropf [BM] ♦ **E:** schweizdt. *Seifer* ‚aus dem Mund fließender Speichel' (SchweizId. VII 342), schweizdt. *Lätsch* ‚Geiferlatz' (SchweizId. III 350).

soimer ‚Kaufmann' → *säumer*.

söiplädu Subst. f. [BM]
– Schweineblase [BM] ♦ **E:** Erstglied mdal. zu dt. *Sau*, Zweitglied schweizdt. *Bloder* ‚Blase' (SchweizId. V 20).

söjen Num. Kard. [MM]
sögen [MM]; **soim** [MM]; **sojen** [SS]
– sieben [MM, SS] ♦ **E:** rw. *sain* (WolfWR 6437) < jd. *sojen, sojin* ‚sieben' (We 42, Post 237, MatrasJd 291, Klepsch 1410).

sokem ‚Geschäft' → *socher*.

sol Adj. [BB]
– los [BB] ♦ **E:** Inversion zu dt. *los*.

sola Subst. [EF]
– Salz [EF] ♦ **E:** dt. *Sole* „das salzhaltige quellwasser, aus dem das kochsalz gewonnen wird" DWB XVI 1447f.

soli Subst. m. [GM]
– Salz [GM].

solide Subst. f. [WG]
– Geheimprostituierte [WG] ♦ **E:** dt. *solide* aus lat. *solidus* ‚gediegen, fest'.

soll ‚Pferd' → *soddel*.

sölte ON [SK]
solte [SK]
– Salzgitter [SK] ♦ **E:** nd. *solt* ‚Salz'.

solve swV. [BB]
– blasen [BB] ♦ **E:** Inversion zu mdal. *blose* ‚Blasen' mit Spirantisierung von *b* > *v*.

solwer Subst. m. [FS]
– Bett [FS] ♦ **E:** hess. *Solber* ‚Salzlake für Fleisch', dann auch ‚Bett', *im Solber leie* ‚noch im Bett liegen' (HessNassWb. III 615).

sömeren swV. [HF, HeF]
– sammeln [HF]; Aufträge sammeln [HF]; Bestellungen sammeln [HeF] ♦ **E:** nd. *sömeren* ‚Ährennachlese halten (nach Aberntung der Felder)', RheinWb. VIII Sp.992 s. v. *summeren* II, zu dt./mdal. *Sommer, Summer*; wohl nicht zu rw. *säumen* ‚kaufen' WolfWR 4754.

sömerblag Subst. m. [HF, HeF]
– Reisender [HF, HeF]; Handwerksbursche [HF] ♦ **E:** → *blag*.

sommerfrische Subst. f., nur in:
auf sommerfrische sein ‚im Gefängnis eingesperrt sein' [WG].

somne Subst. f. [LüJ]
– Frau [LüJ] ♦ **E:** zu rw. *sonne* ‚Hure' < jd. *sonah* ‚Hure' (WolfWR 5384), wenn nicht verderbt aus → *romni*.

soms Subst. [OJ]
– unklare Gedanken [OJ] ♦ **E:** wohl zu dt. *somber* ‚düster' (< frz. *sombre*) DWB XVI 1507f.

sondas schmuuse swV., Phras. [KM]
– hochdeutsch reden [KM] ♦ **E:** zu dt. *Sonntag* und → *schmusen* ‚sagen, erzählen'; Benennungsmotiv: sich vornehm verhalten wie am Sonntag.

sonekai Subst. m. [GM, LüJ]
sonnenkai [MB]
– Gold [GM, LüJ]; Geld [GM]; Brille [MB] ♦ **E:** rw. *somnakaj, sonegai* ‚Gold' (WolfWR 5382) < roi. *sonekai* ‚Gold' (WolfWZ 2964); Variante *sonnen-* volksetymologisch beeinflusst.

sonekaigustre Subst. m. [LüJ]
– Goldring [LüJ]

sonekaimatto Subst. m. [LüJ]
– Goldrausch (Titel eines Liedes von Schnuggernack Reinhard) [LüJ].

sonne Subst. f. nur in:
sonnenschmied Subst. m. [StG]
– Klempner [StG] ♦ **E:** rw. *sonnenschmied* ‚Klempner' WolfWR 5387, ohne Herleitung; unsicher, ob zu dt. *Sonne*, evtl. zu jd. *sonah* ‚Hure', vgl. → *somne, sonnenboss*.

sonnig Subst. m. [HF]
– Sonntag [HF].

sonnef Subst. m. [MM]
sonnof [MM]; **sonef** [KM, NJ, Scho]; **soonef** [StJ]; **sonefde** Pl. [KM]
– Schwanz [MM, Scho]; Penis [KM, MM, StJ]; männl. Geschlechtsteil [MM, NJ] ♦ **E:** rw. *sonof* ‚Schwanz, Penis' (WolfWR 5390) < jd. *sonew* ‚Schwanz', auch ‚Penis' (We 103, Avé-L. 364, Post 237, Klepsch 1413). ♦ **V:** *olf, bes, kimmel, dollar, hei – mit dem sonnof an die schmu vorbei* ‚eins, zwei, drei, vier, fünf – mit dem Schwanz an der Scham vorbei' [MM].

sonnenboss Subst. n. [SK]
– minderwertige Gastwirtschaft [SK] ♦ **E:** zu jd. *sonah* ‚Hure' und *boss* ‚Haus' → *baijes* (WolfWR 5385). ♦ **V:** *ne meise sonnenboss* ‚sehr schlechte Gastwirtschaft' [SK].

soodem Subst. m. [CL, LL, PH]

soten [WL, Scho]; **sudn** [Scho]; **sotes** Subst. m. [WL]
– Teufel [CL, LL, PH, Scho, WL] ♦ **E:** jd. *soton* ‚Satan, Teufel' (WolfWR 5370, We 103, Post 250, Klepsch 1437). ♦ **V:** *scheff zum soten, sotes* ‚geh zum Teufel' [WL]; *de soten, sotes bekraan deech* ‚der Teufel hole dich' [WL].

soof Subst. m. [HK, RA]
sof [DG]; **sooft** Subst. m. [NW]
– Gulden [NW, RA]; Geld [HK]; Geldstück [HK]; zwei Mark [HK]; Zweimarkstück [HK] ♦ **E:** rw. *soof* ‚Gold, Gulden' aus jd. *sohow* ‚Gold' (WolfWR 5375, We 125, Post 250). ♦ **V:** *1 soof, 4 dufte* ‚2,50 DM' [HK]; *1 soof, 4 dufte* ‚zwei Mark fünfzig' [HK]; *1 soof, 2 linke* ‚2,20 DM' [HK]; *ein halber soof (halbes soof)* ‚eine Mark' [HK].

soofeedchen Subst. n. [HK]
sofadchen [HK]; **sofeedchen** [HK]
– Sofa [HK]; Stuhl [HK] ♦ **E:** Dim. zu dt. *Sofa* mit Dentaleinschub. ♦ **V:** *baller dich aufs sofeedchen* ‚setz dich aufs Sofa' [HK].

soorle Subst. n. [CL]
– schlampiges Frauenzimmer [CL] ♦ **E:** Dim. zu RN *Sara*, PfälzWb. V 759 *Sorle* ‚schlampige, träge weibl. Person'.

sore[1] Subst. f. [GM, HLD, JS, LJ, LüJ, MM, MUJ, SJ, StG, TJ, TJ, TK, WJ]
sôre [Him, Mat, Wo]; **soore** [MM]; **soorem** Subst. [JSa]; **sorem** [RH]; **soores** Subst. [CL]; **soori** Subst. m. [JeS]; **sori** [TJ]; **soreli** Subst. n., Dim. [JeS]
– Ware [CL, JS, MM, MUJ, SJ, TJ, TK]; Waren [Mat, Him, Wo]; geklaute Ware [MM]; Diebesware [MM]; Diebesgut [MM, SJ]; Beutegut [MM]; Beute [MUJ, SJ]; Sache [JSa, LJ, LüJ, MM]; Einkauf [MM]; Geld [MM]; Ding [JeS, LJ, LüJ, TJ]; Vulva [RH]; Kochhafen [LJ]; Zeug [JeS]; Fell [JeS]; Kittel [JeS]; Tüchlein [JeS]; Anzug [HLD] ♦ **E:** rw. *sore* ‚Ware, bes. Diebesgut, Beute' (WolfWR 5395) < jd. *sechoro* ‚Ware' (We 101, 125, Post 250); etymologisch zusammengehörig mit → *schore*, → *tschor*, → *schurlen*. Bedeutung ‚Diebesgut, Beute' wohl unter Einfluss von *schoren* (→ *tschor*). ♦ **V:** *laufe sore* ‚der schlechte Anzug' [HLD]; *sore treife* ‚Diebesware' [StG]; *die sore kappen* ‚zugreifen' [MM]; *ein heiermann für die ganze sore is besolt* ‚fünf Mark für die gesamte Ware sind billig bezahlt' [MM]; *ein kaffermann für die sore is hame jackes* ‚20 Mark für die

Ware ist sehr teuer' [MM]; *wat muß ich schucken für die sore? ‚Was muß ich für die Ware bezahlen?'* [MM]
achelsore Subst. f. [LJ]
– Eßwaren [LJ]
bindersore Subst. f. [WJ]; **bindasore** [LüJ]
– Bürstenware [LüJ, WJ]
sorenköter Subst. m. [MM]
– Hehler [MM].

sore² Subst. f. [JeS, TK]
sora [JeS]
– Dachs [JeS, TK] ♦ **E:** schweizdt. *Sore* ‚Dachs' (SchweizId. VII 1274), wohl aus dem Roi., vgl. rum. *viezure* ‚Dachs', alban. *Vjedhull*, rum. *şoarece* ‚Maus, Ratte', aus lat. *sorex*. – Igel und Dachs Nahrungstiere von Fahrenden.

sori Subst. m. [JeS]
– Arm [JeS] ♦ **E:** zu hebr. *s'róa* ‚Arm, Oberarm'.

sork Adj. [BB]
suurk [BB]
– groß [BB] ♦ **E:** Inversion zu mdal./dt. *groß*.

sörle swV. [JeS]
sörlen [JeS]; **särla** [JeS]
– fesseln [JeS]; Tiere freveln, fangen [JeS]; tauschen [JeS] ♦ **E:** rw. *sor* ‚Stärke, Gewalt, Macht' zu roi. *surálo, sorálo* ‚kräftig, fest, beharrlich', evtl. Einfluss von dt. (ant.), mhd. *seren, verseren* ‚Schmerz leiden, verwunden, betrüben, versehren' (WolfWR 5392, SchweizId. VII 1326, XIV 1239).
versörle swV. [JeS]; **versörlen** [JeS]; **versöre** [JeS]
– henken [JeS]; vergewaltigen [JeS]
sörlatrappel Subst. m. [JeS]
– Pferdetausch [JeS].

sorne swV. [JeS]
– kochen [JeS]; pfeifen [JeS] ♦ **E:** unsicher; evtl. zu rw. → *sore*, verbal auch ‚essen' WolfWR 5395; schwer zu jd. *sarfenen* ‚brennen' (We 93).

sorof Subst. m. [FS, MM]
soroff [HLD, MB]; **sorrof** [MM]; **sorroff** [MM]; **soorow** [MB]; **sorrow** [MM]; **sorow** [StG]; **sorf** [LJ, SE, SchJ]; **zorf** [HL]; **soref** [KM, MM]; **soreff** [Scho]; **sorefe** [KM]; **soruf** [CL, OJ, PH]; **sôruf** [Gmü, Him, PH, Wo]; **sooruf** [LL, CL]; **soruff** [LüJ]; **suruff** [JSa]
– Schnaps [CL, FS, Gmü, HL, Him, JSa, KM, LL, MB, MM, OJ, PH, SE, SchJ, Scho, StG, Wo]; schlechter Schnaps [MM]; minderwertiger Schnaps [LJ, PH]; billiger Schnaps [LJ]; Branntwein [HLD, LüJ]; Schluck [MB] ♦ **E:** rw. *sorof* ‚Branntwein' (WolfWR 5397) < jd.

soroph ‚er hat gebrannt' (MatrasJd 292, Post 250, We 67 *jansoref*, Klepsch 1412). ♦ **V:** *laß uns noch 'n sorrof pieren!* ‚Laß uns noch einen Schnaps trinken!' [MM]; *in sein poofekäfterken zirochte es hame nach sorroff* ‚in seinem kleinen Schlafzimmer roch es stark nach Schnaps' [MM]
majem soreff Subst. m. [Scho]
– schlechter Schnaps [Scho].

sorschan Subst. m. [SK]
sorschorn [SK]
– Arzt [SK] ♦ **E:** engl. *surgeon* ‚Wundarzt'.

sosiß Subst. f. [KMa, OH]
– Wurst [KMa, OH] ♦ **E:** frz. *saucisse* ‚Wurst'.

sowel Subst. m. [GM]
– Eid [GM] ♦ **E:** roi. *sowel* ‚Eid, Schwur, Eheschließung' (WolfWZ 2972).

sowiseichle Partikel [BM]
– sowieso [BM] ♦ **E:** scherzhafte Umbildung von dt. *sowieso*.

spaachum Subst. m. [JeS]
spaachem [JeS]; **spagúni** [JeS]
– Speck [JeS] ♦ **E:** zu schweizdt. *Spachen* ‚(geräucherte) Speckseite' (SchweizId. X 25).

spáchatze Subst. Pl. [JeS]
– (Männer-)Beine [JeS] ♦ **E:** zu schweizdt. *Spachen* ‚dünnes Stück Holz, Scheit, Stecken' (SchweizId. X 25).

spaati Subst. Pl. [JeS]
– (Frauen-)Beine [JeS].

spachteln swV. [HL, JSa, LJ, MB, MM, SS]
spachtle [BM]; **spachtelen** [SS]; **schbachdla** [OJ]
– essen [BM, HL, JSa, LJ, MB, MM, OJ, SS] ♦ **E:** rw. *spachteln* ‚essen' (WolfWR 5402, ohne Herleitung), wohl zu dt. *Spachtel* ‚schaufelähnliches Werkzeug' DWB XVI 1829; dt./ugs. *spachteln*.

späcker Subst. m. [BM]
– Arrestlokal [BM] ♦ **E:** schweizdt. *Spëcker* ‚Gemach, in dem Speck geräuchert, aufbewahrt wird, Polizei-Arrestlokal' (SchweizId. X 93).

spacko Subst. m. [ME]
– Idiot [ME] ♦ **E:** ugs./jugendsprachl. Kürzung von *Spastiker*; womgl. auch zu *dt. spack* ‚trocken, dürr' DWB XXI 1829 f.

spaderle swV. [BM]
– spazieren [BM] ♦ **E:** schweizdt., zu dt. *spazieren*.

spagat Subst. m. [SJ]
- Bindfaden [SJ] ♦ **E:** schwäb. *Spagat* ‚Bindfaden' (SchwäbWb. V 1464), aus ital. *spaghetto*.

spagazen swV. [MM]
spachazen [MM]; **spagaatzen** [MM]
- essen [MM] ♦ **E:** Weiterbildung von rw. *spachteln* ‚essen' (WolfWR 5402).
spagaze Subst. f. [MM]
- Essen [MM].

spägen svV. [HL]
- höhnen [HL] ♦ **E:** WolfWR 5407, ohne Herleitung; womgl. zu dt. *spacken* ‚gierig spähen' DWB XVI 1830.

spagize Subst. Pl. [BA]
- Steine [BA] ♦ **E:** „jänisch", SchweizId. X 55, evtl. zu dt./bair. *Spacker* „stosz, schneller mit einer spitzen sache" DWB XVI 1830.

späh Subst. Pl. [WG]
- Zigaretten [WG] ♦ **E:** zu dt. *Späne*, „span harzhaltiger hölzer als ältestes beleuchtungsmaterial" DWB XVI 1862 ff. Benennungsmotiv: Glimmen von Spänen und Zigaretten.

späizer Subst. m. [KMa]
- Matte (Quark) [KMa] ♦ **E:** rw. *späizer* ‚Schmierkäse' WolfWR 5411, ohne Herleitung; womgl. Nomen agentis zu dt. *speisen* oder zu dt. *speien, speuzzen* ‚Speichel auswerfen' DWB XVI 2074 ff.

spaltling Subst. m. [Gmü]
- Rindvieh [Gmü] ♦ **E:** rw. *spaltling*, „nach den gespaltenen Klauen" (WolfWR 5413), zu dt. *spalten* ‚spalten' DWB XVI 1852 ff.
spaltlig Subst. m. [JeS]
- Beil [JeS]
spalte Subst. f. [HN]
- Frau, Prostituierte [HN].

späne Subst. m., Pl. [LJ]
spä [EF]
- Geld [EF, LJ] ♦ **E:** schwäb. *Späne haben* ‚Geld, Vermögen haben' (SchwäbWb. V 1470).

spangerl Subst. n. Dim. [KJ]
spangerle [TK]; **schpangerl** [TK]
- Zigarette [KJ, TK] ♦ **E:** wohl zu dt. *Spange* „klammern, riegel u. s. w." DWB XVI 1875 ff.

spanifen ‚sehen, anschauen' → *spannifen*.

spannen swV. [EF, FS, GM, JeS, JSa, HK, HL, HLD, KP, LJ, LüJ, MUJ, Mat, NJ, PfJ, SJ, SK, StG, TJ, TK, Zi]
spanne [BM, FM, JeS, JSa, KP, PH]; **spanen** [SE, WL]; **schpane** [KM]; **spahnen** [SE]; **schbanne** [CL, LL]; **schpannæ** [WJ]; **schpanne** [CL]; **schpanen** [NrJ]; **schpaanen** [SP]; **schbann** [LJ]; **schpanna** [EF, OJ]; **schpânna** [EF]; **schpannen** [EF, LJ, SJ]; **schbann** [HK]; **spauna** swV. [LoJ]; **spannobeln** swV. [MB]
- sehen [BM, GM, HK, JeS, KP, LJ, LoJ, LüJ, MB, Mat, PH, PfJ, SE, TJ, TK, WJ, WL, Zi]; scharf sehen [HK, WL]; gucken [CL, FS, HK, JSa, LJ, LL, SJ, SK]; schauen [EF, HK, LJ, LoJ, LüJ, MUJ, OJ, TJ, TK]; aufmerksam schauen [CL]; aufmerksam sein [SE]; genau ansehen [StG]; beobachten [CL, GM, KP, LL, NJ, NrJ, OJ]; scharf beobachten [HL]; anschauen [WJ]; Ausschau halten [GM]; nach etwas gucken [HK]; erblicken [BM]; belauschen [SJ]; hören [KM, SJ, SP]; horchen [KM]; bemerken [BM, SJ, WJ]; aufpassen [GM, NrJ, SP, StG, CL, HLD, KM, LL, SK, WJ]; belauschen [MUJ]; suchen [PfJ]; anzeigen [SE]; zeigen [SE] ♦ **E:** rw. *spannen* ‚sehen, beobachten, aufpassen, (be)lauern' (WolfWR 5421), zu dt. *spannen* u. a. „von den sinnen des menschen, das auge, den blick spannen" DWB XVI 1902. → *spannifen, spanwark*. ♦ **V:** *spann! ‚guck mal!'* [JSW]; *schbanne mal* ‚sieh mal' [HK]; *spaanes! ‚Guck mal!'* [SE]; *schpan es, schpan mda der Häerles* ‚achte auf den Mann' [NrJ]; *Roin emol, wie er schbannt!* [CL]; *schpann doch! ‚na so etwas! sieh doch!'* [LJ]; *schbann, da muffer, der isch gfenklt* ‚sieh, die rote Nase (versoffen)' [LJ]; *Spann! hä plattfeßt, beh enn Ohl* ‚Sieh, er tanzt wie ein Aal' [FM]; *Linz' in dem heges, wo man spannt, hauret ein g'wanter plauderer. Der stekt dof z'biket und z'schächet und kemeret grandlich sore* ‚Schau, in dem Dörfchen, wo man hinguckt, ist ein braver Schulmeister. Der gibt gut zu essen und zu trinken und kauft viel Ware.' [LüJ]; *Spann, die grandich kitt herles! – Kenn gneistse lore? Nobis! – Die schofelkitt hauret* ‚Schau, das große Haus hier! – Ja, kennst du es nicht? – Nein. – Das Zuchthaus ist es' [LüJ]; *wenn mer den schroter gespannt hätt, da sin mer boschdet/verduftet* ‚wenn wir den Polizisten gesehen haben, da sind wir abgehauen' [LJ]; *wenn ma manchmol en rechta schmetter hot, en fetta schmaling ketscha, noch-ara moss spanna, no kennat mr doch ds-frieda sei* ‚wenn man manchmal einen richtigen Rausch hat, eine fette Katze essen und nach anderen Frauen gucken, da können wir doch zufrieden sein' [LJ] *Oberkünftig herles in der grandiche ruchekitt schefft ein nille. Der hauret link. Spann', da linzt er zum feneter am stenkert.*

Kenn, ich bost' schiebes!; ‚Oben hier in dem großen Bauernhaus ist ein geistesgestörter Mensch. Der ist (sehr) böse. Sieh', hier schaut er zum Fenster am Stall heraus. Ja, ich geh' fort!' [LüJ]; *spann emol, a gwande goi* ‚Schau einmal, eine schöne Frau' [LJ]; *fiesel, wie spannt's aus?* ‚Freund, wie siehts's aus?' [LJ]; *schbann emol da, den tschabo kenn i au, der haueret von da oder da* ‚Schau einmal da, den Mann kenn ich auch, der kommt von dort oder dort' [LJ]; *spannen wat de lage schemmet* ‚aufpassen' [SK]; *wedderspannen* ‚auf Wiedersehen' [SK]; *Moss, i hab gschpannt, daß der benk an kiwiga horboga ond a kassir daist hot* ‚Frau, ich habe gesehen, daß der Mann eine fette Kuh und ein Schwein geschlachtet hat' [SJ]; *Latsche dewes baizermoss, wie i spann, gibts hier an lopfa pikus ond an kiwiga jol* ‚Guten Tag Wirtin, wie ich sehe gibt es hier ein ordentliches Essen und einen ordentlichen Wein' [SJ]; *Ihr schure, i hab uich schalla gschpannt, no hot mei kibes dibbert, do boscht nei* ‚Männer ich habe euch singen gehört, da hat mein Verstand gesagt, da gehst du hinein' [SJ]; *Kliste, i hab dei moss gschpannt beim marodebenk, se hot mr dibbert, daß se lake trittling hot* ‚Polizist, ich habe deine Frau beim Arzt gesehen, sie hat mir gesagt, daß ihre Füße nicht in Ordnung sind' [SJ]; *roin emol, wie er schbannd!* ‚schau einmal, wie er lauert' [LL]; *o, spann model, die schure und nobes kei'bich!* ‚Oh, sieh Geliebte, Blumen und noch kein Geld!' [LüJ]; *Eppese, spannt mal, derr scheks flonert!* ‚Männer, guckt mal, der Junge weint!' [HK]; *schbanne mal, son grannicher beeker* ‚sieh mal, so ein hübscher Bursche' [HK]; *e spaant mat de scheinerleken* ‚er sieht scharf zu' [WL]; *e spaant schaufen* ‚er sieht grimmig drein' [WL]; *eng schamper span* ‚ein Judasblick' [WL]; *wat spant de monter?* ‚wieviel Uhr ist es? / Wie spät ist es?' [SE]; *wat spant de munter?* ‚Uhrzeit?' [SE]; *wad spant de munta?* ‚Wieviel Uhr?' [SE]; *wat spahnt de monter?* ‚Was zeigt die Uhr?' [SE]; *wat spant de montder?* ‚Was zeigt die Uhr an?' [SE]; *wat duppert de montder?* ‚Was zeigt die Uhr an?' [SE]; *span, do de hautz as nich doft, der sperrt die flipp-flappen op, schmus nobes!* ‚Sei vorsichtig, der Mann versucht unser Gespräch zu belauschen, der sperrt die Ohren auf, sei lieber ruhig!' [SE]; *spannet de lage sö / söe upn posten* ‚aufpassen' [SG]

anschbann swV. [HK]
– ansehen [HK] ♦ **V:** *spann emol den jookeren schdends da an* ‚sieh mal den hübschen Angeber da an' [HK]

hineinschbann swV. [HK]
– hineingucken [HK]
zuaspannen swV. [LüJ]
– zuschauen [LüJ]
span Subst. f. [WL]
– Blick [WL]
lagespannen Phras. [SK]
– aufpassen [SK] ♦ **E:** dt. *Lage* ‚Situation'.
spanner¹ Subst. m. [Gmü, KP, PfJ, SJ, Wo]; **spenner** [LI]; **schbannr** [OJ]; **spannr** [SJ]
– Auge [Gmü, LI, SJ, Wo]; Augen [KP, OJ, PfJ] ♦ **E:** rw. *spanner* ‚Auge' (WolfWR 5421).
spanner² Subst. m. [GM]
– Zuschauer [GM]; Neugieriger [GM]; Voyeur [GM] ♦ **E:** rw. *spanner* ‚Aufpasser, Wächter, Detektiv, Vigilant' (WolfWR 5421).
spanner³ Subst. m. [GM, PH]
– (Regen-)Schirm [GM, PH] ♦ **E:** zu dt. *spannen* u. a. ‚entfalten, aufspannen' DWB XVI 1895 ff.
spännchen Subst. n. Dim. [JSa]; **spännche** [MeJ]; **schpänsche** [SP]
– Schirm [JSa, MeJ, SP]
spännchensbosseler Subst. m. [JSa]
– Schirmflicker [JSa]
spanerten Subst. Pl. [WL]
– Ohren [WL] ♦ **E:** → *spanner²*.
spanneguckes Subst. m. [GM]
– Zuschauer [GM]; Betrachter [GM]; Kontrolleur [GM]; Voyeur [GM]; (Schimpfwort) Phantast [GM]; Spinner [GM] ♦ **E:** → *spanner²* und dt. *gucken* ‚sehen'.
spannemacher Subst. m. [GM]; **spannemächer** [GM]
– Schirmmacher, Schirmflicker [GM] ♦ **E:** → *spanner³*.
spannuckele Subst. n. [GM]
– Auge [GM]; Brille [GM] ♦ **E:** → *spanner¹* und mdal. *guckel(chen)* ‚Augen'.
spanner⁴ Subst. m. [Wo]
– Weste [Wo] ♦ **E:** rw. *spanner* ‚Weste' WolfWR 5422, wohl kurz aus rw. *kreuzspanne(r)* ‚Weste' (→ *kreuz*), weil sie sich über das Kreuz spannt WolfWR 2958.

spannerten Subst. f. [SK]
– Frau [SK] ♦ **E:** poln. *panna* ‚Fräulein', Abel, Slawismen, 58.

spannifen swV. [GM]
spanifen [KMa]; **spanifa** [LJ]; **spanyfe** [BM]; **schpanifa** [LJ]; **sponife** [BM]; **panife** [BM]; **spanyyfle** swV. [JeS]; **spannieble** [CL]
– schauen [BM, LJ]; sehen [GM, LJ]; gucken [GM]; nachschauen [JeS]; achtgeben [BM]; aufmerksam

schauen [CL]; Ausschau halten [GM, JeS]; auskundschaften [KMa]; (aus)spionieren [JeS]; erforschen [GM]; stehlen [BM] ♦ **E:** rw. *spanifen* ‚auskundschaften' (WolfWR 5421, Klepsch 1414), Bildung zu → *spannen*. ♦ **V:** *i tschaanen in lagg unterkönig go spanyyfle wäg de flotscher* ‚ich gehe an den See hinunter, nachschauen wegen der Fische' [JeS]; *wenn mer der gallach schpanift hend, da sind mir mosse glei na und ham ihn d'flossa nagstreckt* ‚wenn wir den Pfarrer gesehen haben, da sind wir Mädchen gleich hin und haben ihm die Hand hingestreckt' [LJ].

spanyyfler Subst. m. [JeS]
– Spion [JeS] ♦ **V:** *mit däm gaaschi chasch loori schmuuse, er huurt e spanyyfler* ‚mit dem Kerl kann man nicht reden, er ist ein Spion' [JeS].

spanwark Subst. n. [SG]
– Wagen [SG] ♦ **E:** mdal./dt. *Spannwerk*, von einem Gespann gezogen. → *spannen*.

sparakel Subst. m. [HK]
schbaroagl [HK]
– Spiegel [HK] ♦ **E:** unsicher; wohl zu nd. *spark* ‚Funke', engl. *sparkle* ‚funkeln'; oder Kontamination von dt. *Spiegel* und lat. *Speculum*. ♦ **V:** *Schuule moal in schbaroagl!* ‚Guck mal in den Spiegel!' [HK].

sparfantel Subst. m. [PfJ]
– Windbeutel (met. Schwadroneur) [PfJ] ♦ **E:** Schwäb. *sparafantel* ‚närrischer, exzentrischer, halbverrückter, verschrobener Geselle, Schwadroneur' SchwäbWb. V 1481.

sparféissen Subst. m. [WL]
spaasféisschen Dim. [WL]; **spaarféisser** Subst. m. [WL]
– Katze [WL] ♦ **E:** unsicher, evtl. zu rw. *sparfuß* ‚Schuh' WolfWR 5423.

spate Subst. m. [CL, PH]
spade [JeS]; **spadi** [JeS]; **padi** [BM]; **sprade** Subst. m. [Him, Zi]; **sprate** [LüJ]; **schbrade** [OJ]; **spaditer** Subst. m. [JeS]
– Stock [BM, CL, LüJ, OJ, PH]; Wanderstab [OJ]; Spazierstock [JeS]; Stecken [BM, JeS]; Knüppel [JeS]; Knebel [JeS]; Peitsche [JeS]; Angelrute [JeS] ♦ **E:** rw. *spade, sprade* ‚Degen, Stock' (WolfWR 5478, ohne Herleitung); wohl zu dt. *Spaten* u. a. ‚Schwert, Spieß', rom. Einfluss wahrscheinlich, vgl. lat. *spatha*, ital. *spada* ‚Spaten'. Benennungsmotiv: Formähnlichkeit. ♦ **V:** *hüt han i vom glisto mit em spadi äins uf e chüübis beharcht* ‚heute habe ich vom Polizisten mit dem Gummiknüppel eins auf den Kopf bekommen' [JeS].

spätstück Subst. n. [KMa]
– Frühstück [KMa] ♦ **E:** dt.*spätes Frühstück*, seit 1930 ugs. (Kü 778).

spatt Subst. n. [SK]
– Bett [SK] ♦ **E:** nd. *spatt* ‚Bett' oder tschech. *spáti* ‚schlafen', Abel, Slawismen, 58f. ♦ **V:** *in spatte scheren* ‚zu Bett gehen' [SK]
spattfinniche Subst. n. [SK]
– Bett [SK]
spatten swV. [SK]
– schlafen [SK].

spatze Subst. Pl. [KMa, OH]
spatzen [KMa]
– Bretterleute [KMa, OH]; Schindler [KMa, OH] ♦ **E:** zu dt. *Spatz* (Vogelart), vgl. Wendung *die Spatzen pfeifen's von den Dächern* (DWB XVI 2003 ff., Hess-NassWb. III 647 unter *Spatz* 3).

spatzeschrot Subst. n. [KMa]; **spatzenschrot** [KMa]
– Matte [KMa]; Quark [KMa] ♦ **E:** rw. *spatz* ‚Essensportion in Gefängnissen, Kasernen' WolfWR 5426, dt. *Schrot* „abgeschnittenes stück" DWB XV 1573 ff.

specht Subst. m. [JSa, KJ, LI]
– Förster [JSa, KJ, LI] ♦ **E:** rw. *specht, grünspecht* ‚Jäger, Förster' (WolfWR 5428), zu dt. *Specht* (Vogelart) DWB XVI 2025 ff., evtl. volksetymologische Querung mit dt. *spähen* → *spechten*. ♦ **V:** *Knéffi, schòòg schiewes, de Schbäschd kèmmd méd der Glasseim!* ‚Junge, lauf weg, der Förster kommt mit dem Gewehr' [JSa].

spechten swV. [KJ]
– spähen [KJ]; aufpassen [KJ] ♦ **E:** zu dt. *spähen*, Verbalsubstantiv *Specht* DWB XVI 2028.

speck Subst. n. [SK]
– Geldgeschäfte [SK] ♦ **E:** wohl zu dt. *Speck* met. ‚Wohlstand' DWB XVI 2031 ff. (4); womgl. Einfluss von engl. *speculation* ‚Spekulation'. Die anderen Angehörigen der Wortfamilie wohl zur usuellen Bed. von *Speck* ‚Fett, fettdurchzogenes (minderwertiges) Fleisch'. ♦ **V:** *amer spec* ‚Spekulation' [SK]; *en speck mackern* ‚ein gutes Geschäft machen' [SK]

speckdrossel Subst. f. [WG]
– armer Mensch [WG]

speckjäger Subst. m. [HLD, MB, RW]
– schlauer Kunde [HLD, RW]; Handwerksbursche [MB] ♦ **E:** rw. *speckjäger* ‚reisender Handwerksbursche' (WolfWR 5431).

speckjager Subst. m. [WG]
– armer Mensch [WG]
speckjagerin Subst. f. [WG]
– arme Frau [WG]
lawigspeck Subst. m. [StG]
– Rechnungsführer einer Strafanstalt [StG] ♦ **E:** vgl. *Speck* ‚Geldgeschäfte'; *lawig-* evtl. zu rw. *Lawur* ‚Arbeit' WolfWR 3166.
speckem Subst. m. [NJ]
– Speck [NJ]
speckdeckel Subst. m. [MB]
– Hut [MB].

spee Adj. [MM]
spe [MM]
– wütend [MM]; böse [MM]; mies [MM]; zornig [MM]; entsetzt [MM]; misstrauisch [MM] ♦ **E:** westf. *spe* ‚scheu, spöttisch, hinterlistig' (WWBA. 1454). ♦ **V:** *der seeger war spee auf mich wie 'n juchelo* ‚der Mann hatte eine Stinkwut auf mich' [MM].

speessert Subst. m. [WL]
– Fett [WL] ♦ **E:** wohl assimiliertes Derivat zu → *Speck*; womgl. Einfluss von dt. *Speise* (mlat. *spesa*) DWB XVI 2985 ff.

speiben swV. [WG]
– ein Geständnis ablegen [WG] ♦ **E:** rw. *speiben* ‚gestehen, bekennen' (WolfWR 5432, ohne Herleitung), obdt. *speiben* ‚(aus)-speien'.

speie swV. [EF]
– sich übergeben [EF] ♦ **E:** dt. *speien* ‚ausspucken' DWB XVI 2074 ff.

speisbalier Subst. m. [PfJ]
speisballer [PfJ]
– Maurer [PfJ] ♦ **E:** dt. *Speis* ‚Mörtel'; mdal. *Balier, Polier* ‚Vorarbeiter beim Bau' (SchwäbWb. I 589) < frz. *parlier* ‚Sprecher der Bauhütten'.

spekulieren swV. [KMa]
– spionieren [KMa] ♦ **E:** dt./ugs. *spekulieren* ‚schauen, spähen', aus lat. *speculari* DWB XVI 2136f.; westf. *spekulēren* ‚beobachten' (WestfWb. 1135).
speckulierer Subst. Pl. [WG]
– Augen [WG]
speckuliereisen Subst. n. Pl. [MB, WG]; **spekuliereisen** [KJ]
– Augengläser [WG]; Brille [KJ, MB].

spendeln swV. in:
anspendeln [HK]
– anstecken (z. B. Brosche) [HK] ♦ **E:** thür. *anspendeln* ‚etw. mit Nadeln feststecken' (ThürWb. V 232).

spengler[1] Subst. m. [JeS]
– Jenischer [JeS] ♦ **E:** zu dt. *Spengler*, mhd. *spengeler* ‚Blechschmied, Hersteller von Spangen u. Metallbeschlägen' (SchweizId. X 364f.).
spengler[2] Subst. m. [WG]
– Polizei [WG]; Aufseher [WG]; Justizbeamter [WG] ♦ **E:** Benennungsmotiv: jmd. hinter Schloss und Riegel bringen.

spenner Subst. m. [KMa]
– Angeber [KMa]; Prahler [KMa]
spennen swV. [KMa]
– „führt große Reden" [KMa] ♦ **E:** hess. *spannen* ‚stolz tun' (HessNassWb. III 639).

sperrdrossel Subst. f. [LJ]
– Scheiße [LJ]; Kot [LJ] ♦ **E:** unsicher; evtl. zu dt. *sperr* ‚aufgesperrt, weit offen' DWB XVI 2196; dt. Halbsuffix *Drossel*, vgl. *Schnapsdrossel*.

sperrwergel Subst. [LJ]
– Scheiße [LJ]; Kot [LJ] ♦ **E:** → *sperrdrossel*; dt. *Wergel* ‚rundlicher Gegenstand' DWB XXIX 320.

sperrmank Adj. [SK]
– laut [SK] ♦ **E:** dt./nd. *spermang*, auch *Sperenzien maken* ‚Verzögerung oder Behinderung eines Vorhabens verursachen, sich sperren'.

sperzig Adj. [BM]
– spaßhaft [BM] ♦ **E:** zu schweizdt. *spässig* ‚spaßhaft' (SchweizId. X 519).

spêtsch Adj. [MT, MeT]
spetsch [MeT]; **spetsk** [MeT]
– katholisch [MT, MeT] ♦ **E:** rw. *spetsch* ‚katholisch' WolfWR 5439, ohne Herleitung, nd./westf. *spei, spê* ‚unaufrichtig, scheu, zurückhaltend', Siewert, Humpisch, 115.

spette swV. [JeS]
– warten [JeS]; halten [JeS] ♦ **E:** zu ital. *aspettare* ‚erwarten, warten, stehen bleiben, innehalten'. ♦ **V:** *spett emaal!* ‚warte mal!' [JeS].

spetzen ‚Hafer' → *spitz*.

spetzjer ‚Weiden' → *spitz*.

spezel Subst. m. [StG]
– Freund [StG] ♦ **E:** dt/ugs. *Spezel, Spezi* ‚besonderer Freund'. ♦ **V:** *dufter spezel* ‚guter Freund' [StG].

spezialitäten Subst. Pl. [JS]
– Kirmeswaren, z. B. kandierte Früchte, Türkischer Honig, gebrannte Mandeln, Bratäpfel, Zuckerwatte [JS] ♦ **E:** bedeutungsverengt zu dt. *Spezialität* DWB XVI 2202.

spicht Subst. n. [CL, PH]
schbicht [CL]; **spich** [Mat]
– Geld [CL, Mat, PH] ♦ **E:** zu jd. *pochus* ‚klein, wenig, gering' (WolfWR 4093). Vgl. → *pich*.

spidel Subst. m. [BM]
– Spatz [BM] ♦ **E:** SchweizId. X 50.

spiegel Subst. m., nur in:
im Spiegel sitzen ‚sich so setzen, daß die (gezinkten) Karten sich im Licht spiegeln, um die Nadelstiche besser zu sehen' [WG] ♦ **E:** dt. *Spiegel* DWB XVI 2222 ff.

spiene swV. [JeS]
spienzle [BM]
– sehen [JeS]; schauen [JeS]; aufpassen [JeS]; finden [JeS]; zeigen [BM] ♦ **E:** schweizdt. *spienzen, spienzlen* ‚spähend schauen, spionieren, zeigen' (SchweizId. X 390).

spies¹ Subst. m. [StG]
– Anführer [StG]; Wirt von Verbrecherkette [StG] ♦ **E:** rw. *spieß* ‚Wirt' WolfWR 5449, evtl. mit Einfluss von dt. *Spieß* ‚Feldwebel'.

spies² Subst. m. [RR]
spieß [NW, PfJ]; **spießle** Subst. n. Dim. [LJ, SchJ]
– Gulden [RR]; fünf Pfennig [LJ]; Fünfpfennigstück [SchJ]; Sechser (Fünfpfennigstück) [NW, PfJ] ♦ **E:** rw. *spieß* ‚Fünfzigpfennigstück, Gulden' „eine mdal. Entstellung bzw. Nebenform von dt. *Species-Geld*, welches bis ins 19. Jh. hinein gängig war" WolfWR 5448, vgl. Klepsch 1416.

spießær Subst. m.
schpießær [WJ]
– Geweih [WJ] ♦ **E:** zu dt. *Spieß* ‚kurzer Speer, Spitzwaffe' DWB XVI 2437 ff.

spillen swV. [GM]
– stoßen [GM]; schieben [GM] ♦ **E:** rw. *spilav* ‚einsperren' (WolfWR 5451) < roi. *špil-* ‚stoßen, schieben, drängen, stopfen' (WolfWZ 3149).

spinde¹ Subst. f. [Gmü]
– Hure [Gmü] ♦ **E:** rw. *spinne, spinte, spinde* ‚Prostituierte, Dirne, die einen Zuhälter aushält' WolfWR 5459 aus dt. *spinnen, spenden* ‚Geld hergeben' DWB XVI 2530; vgl. → *spinsen*.

spinde² Subst. f. [Gmü]
– Stube [Gmü] ♦ **E:** WolfWR 5455 ohne Herleitung, wohl zu dt. *spind, spinde* ‚Schrank' DWB XVI 2491.

spinne¹ swV. [BM]
– nicht ganz bei Verstand sein [BM]; lügen [BM] ♦ **E:** rw. *spinnen* ‚viel (Unwahres) reden' „erklärt sich dadurch, daß die Zucht- oder Spinnhäuser früher auch der Unterbringung von Geisteskranken dienten" WolfWR 5458, zu dt. *spinnen*.

spinnen swV. [PfJ]
spinne² [BM]; **schbinna** [PfJ]
– essen [BM, PfJ] ♦ **E:** dt. *spinnen* ‚tüchtig essen' DWB XVI 2530, SchweizId. X 311.
spinnerei Subst. f. [PfJ]
– Kost [PfJ]; Mahlzeit [PfJ]; Essen [PfJ]
znachtspinnen swV., Phras. [PfJ]; **zunachtspinnen** [PfJ]
– zu Abend essen [PfJ]
mitscheinspinnen swV. [PfJ]
– zu Mittag essen [PfJ]; zu Abend essen [PfJ].

spinobeln swV. [MB]
– beobachten [MB]; heimlich beobachten [MB]; auskundschaften [MB]; gucken [MB] ♦ **E:** Umbildung von dt. *spionieren*.

spinsen swV. nur in:
anspinsen swV. [MM]
– mögliches Opfer beklauen [MM] ♦ **E:** evtl. zu rw. *spinnen* ‚Geld abgeben' WolfWR 5459; vgl. → *spinde 1*.

spinstern swV. [MM]
– ahnen [MM]; vermuten [MM] ♦ **E:** Bildung zu rw. *spinnen* ‚sehen, aufpassen, belauern' (WolfWR 5421), womgl. mit Einfluss von rw. *spinnen* ‚viel (Unwahres) reden' (WolfWR 5458).
ausspinstern swV. [MM]
– ausbaldowern [MM]
spinsterig Adj. [MM]
– neugierig [MM].

spitz¹ Subst. m. [SJ]
– kleiner Rausch [SJ] ♦ **E:** rw., WolfWR 5462, vgl. SchwäbWb. V 1563 (unter *spitz*).

spitzglas Subst. n. [SG]
- Glas Bier [SG].

spitz² Interj. [SG]
- Achtung! [SG] ♦ **E:** dt./ugs. *spitzen* ‚spähen, lugen', „gespannte aufmerksamkeit, die oren spitzen" DWB XVI 2598 ff.

schbitza swV. [OJ]; **spetzen** [RH]
- genau hinsehen [OJ]; schauen [OJ]; hören [RH]

spitze¹ Subst. m. [NJ]; **spetzt** [SE]
- Gendarm [NJ, SE] ♦ **E:** rw. *spitz, spitzel* ‚Polizeiagent' WolfWR 5463, → *spitzkopp* weiter unten.

bollæspitzær Subst. m. [WJ]
- Maurer [WJ] ♦ **E:** unsicher; evtl. zu rw. *bolle* ‚Kartoffel' und dt./ugs. *spitzen* ‚spähen, lugen', Benennungsmotiv: gebückte Haltung beim Mauern; oder zu → *spitz³*.

spitz³ Subst. m./f. [KJ, LoJ, Mat]; **spetzt** [SE]; **spötzt** [WL]; **spitzen** [HF, HeF]; **spetzen** [HF]; **spitzling** [Him, LüJ, Mat]
- Haber [LüJ]; Hafer [HF, HeF, Him, KJ, LoJ, Mat, SE, WL] ♦ **E:** rw. *spitz* ‚Hafer' WolfWR 5461 zu dt. *spitz* DWB XVI 2562 ff. Benennungsmotiv: Form des Haferkorns, der Ähre, vgl. RheinWb.VIII 380. ♦ **V:** *ene meles spitzen* ‚ein Sack Hafer' [HeF]; *Schüt minotesen Troppert en Pardong Spitzen* ‚Gib meinem Pferde ein Viertel Hafer' [HeF]

spötzlek(en) Subst. Dim. Pl. [WL]; **spötzerleken** [WL]
- Hafer [WL]

spitze² Subst. Pl. [PH]
- Weiden [PH] ♦ **E:** rw. *spitzig* ‚Rute', *spitzling* ‚Weidenbaum' „nach den spitzen Blättern" WolfWR 5469 u. 5471.

spitzchen Subst. n., Dim. [JSa]; **spitzche** [MeJ]
- Weide [MeJ]; Korbweiden [JSa]

spetzjer Subst. Pl. [NJ]
- Korbweiden [NJ]

spritzling Subst. m. [Him]; **schbitzleng** [OJ]; **spitzerlig** [JeS]
- Weidenrute [OJ]; Weidenbaum [Him, OJ]; Rute der Korbweide zum Flechten von Körben [JeS]

spitznase Subst. f. [JeS]
- Hafer [JeS]

knappspetzen Subst. Pl. [HF]; **knappspitzen** [HF, HeF]
- Roggen [HF, HeF]

knappspetzeklüht Subst. n. [HF]
- Kornfeld [HF]

köhtspetzen Subst. Pl. [HF]; **köhtspitzen** [HF, HeF]
- Gerste [HF, HeF]

fonzspetzen Subst. Pl. [HF]; **fonzspitzen** [HF]
- Weizen [HF]

spitzlig Subst. m. [JeS]
- Dachs [JeS] ♦ **E:** Benennungsmotiv: wohl von der spitzen Schnauze des Dachses (SchweizId. X 714).

spitzbartlthaler Subst. m. [RR]
- Thaler [RR]

spitzhaube Subst. f. [KJ]
- Klosterfrau [KJ]

spitzkopp Subst. m. [HLD]
- Wachtmeister [HLD] ♦ **E:** rw. *spitzkopf* ‚Polizist, Gendarm' „nach der spitzen militärischen Kopfbedeckung" WolfWR 5470.

spitzvogel Subst. m. [Gmü, SJ]; **schbietzvegale** [OJ]
- Floh [Gmü, OJ, SJ]; Biene [SJ]; Hase [SJ] ♦ **E:** rw. *spitzvogel* ‚Biene, Floh' WolfWR 5473.

spiutu Subst. m. [BM]
- Spalt [BM] ♦ **E:** unsicher; evtl. mdal./schweidt. zu dt. *Spalt*.

spöimuutli Subst. n. Dim. [BM]
- Spucknapf [BM] ♦ **E:** schweizdt. *Spŭmuelte* ‚Spucknapf' (SchweizId. IV 217).

sporesrassel Subst. n. [LJ, PfJ]
schbo(a)rassl [OJ]
- Geld [LJ, OJ, PfJ] ♦ **E:** rw. *sporesrassel* ‚Geld', *sporalen* ‚Kasse' (WolfWR 5477, ohne Herleitung); jd. *sporesrassel* ‚Geld'; PfälzWb. VI 316. ♦ **V:** *wenn die stranze komme sind, von Flochberg, von wo, ... Deufstätten, Matzenbach, und sie hen kein gore oder rogel oder sporesrassel ghätt, zum Schluß is halt der X. gkomma und hats in der doves gketscht* ‚Wenn die Hausierer gekommen sind, von Flochberg, Deufstätten, Matzenbach, und sie haben kein Geld gehabt, zum Schluß ist halt der X. gekommen und hat sie ins Kittchen gesteckt' [LJ]; *der gatsch hat gwand sporesrassel* ‚der Mann hat viel Geld' [LJ].

spörkes Num. Kard. [HF, HeF]; **spöhrkes** [HeF]
- sechs [HF, HeF] ♦ **V:** *Mine netten het spörkes gronzen: troms Wölesen on troms Flitschkes* ‚mein Vater hat sechs Kinder: drei Söhne und drei Töchter' [HeF]; *spöhrkes gehlen* ‚sechs Friedrichsdor' (bayerische Goldmünze, unter Kurfürst Karl Albert 1726 nach dem Vorbild des französischen Louis d'or eingeführt) [HeF]

spörken Subst. n. [HF, HeF]
– sechs Stüber [HF, HeF]; Münze [HF] ♦ **E:** rw. *spörken* ‚sechs Stüber', WolfWR 5477, zu rw. *sporale(n)* ‚Kasse'.

spökes on een Num. Kard. [HF]; **spörkes on ehn** [HeF]
– sieben [HF, HeF] ♦ **E:** sechs und eins.

spörkes on parz Num. Kard. [HF, HeF]
– acht [HF, HeF] ♦ **E:** sechs und zwei.

spörkes on troms Num. Kard. [HF, HeF]
– neun [HF, HeF] ♦ **E:** sechs und drei.

sporkes Subst. m. [JS, WL]
spurkes [WL]; **spurges** [JS]; **sporges** [MeJ]; **schporkes** [KM, StJ]; **schpoorkes** [NrJ]; **schporkese** Pl. [KM]
– Schwein [JS, KM, MeJ, NrJ, WL]; Dreckiger [StJ]; Geizhals [KM]; Dreck [JS] ♦ **E:** rw. *spork, porcus, porsch* ‚Schwein' < lat. *porcus* (WolfWR 4314); RhWB VIII 473. → *spurkel*. ♦ **V:** *mier han en schpoorkes jemult* ‚wir haben ein Schwein geschlachtet' [NrJ]

sporkesisch Adj. [JS]; **schporkesisch** [StJ]; **schpookesisch** [StJ]
– dreckig [JS, StJ]; schmutzig [JS]; schweinisch [JS] ♦ **V:** *de geies von os knöffje cshäft sporkesich* ‚der Hals von unserem Sohn ist schmutzig' [JS]; *schabo ding schamele schäfe sporkesich* ‚Junge, deine Füße sind schmutzig' [JS].

sporzeln swV. in:
schborzla swV. [OJ]
– gezielt spucken [OJ] ♦ **E:** unsicher; womgl. zu schwäb. *sporzen* ‚mit den Füßen stoßen' (SchwäbWb. V 1568).

spotte swV. [JeS]
– füttern [JeS] ♦ **E:** evtl. zu schweizdt./ugs. *sputte* ‚essen, futtern' oder zu *Kornspott* ‚Spelzen, die echte Körnerfrüchte vortäuschen, in Wirklichkeit aber wertlos sind' (SchweizId. X 620f., 624).

spott Subst. [JeS]
– Tierfutter [JeS].

spötzt ‚Hafer' → *spitz*.

sprackert Subst. m. [SS]
sprakkert [SS]
– Stock [SS] ♦ **E:** zu westf. *sprock* ‚trockenes, gebrochenes Holz', Woeste 252; vgl. rw. *sprockert* ‚Trage, Kiepe' zu dt. *Sprock* ‚leichtes Holz' WolfWR 5492. → *sproke*.

sprankert Subst. m. [NJ]; Subst. **sprankerl** [NJ]; **sprenkes** [NJ]
– Holz [NJ].

sprade, sprate ‚Stock' → *spat*.

sprankel, sprankert ‚Salz' → *sprunkert*.

spraus Subst. m. [LJ, MeJ, TJ, TK]
sprauß [Him, LüJ, Mat, PfJ, Zi]; **schbrauss** [OJ]; **schb(rau)ß** [PfJ]; **spruus** [BM, JeS]; **spruus** [BM]; **sprus** [TK]; **spruss** [JeS]; **sprusi** Subst. n. [JeS]; **sprussi** [JeS]
– Baum [LJ, SchJ]; Wald [LüJ, Zi]; Brennholz [LüJ]; Holz [BM, Him, JeS, LJ, LüJ, Mat, MeJ, OJ, PfJ, SchJ, TJ, TK] ♦ **E:** rw. *sprauß* ‚Wald, (Brenn-)Holz' aus dt. *Spreiß, Spreißel* ‚Span, Splitter' (WolfWR 5479, SchweizId. X 949, SchwäbWb. V 1574, Klepsch 1417). → *spreissl*. ♦ **V:** *das kitt holcht us spruus* ‚das Haus ist aus Holz gebaut' [JeS]

spraussen Subst. Pl. [WL]
– Möbel [WL] ♦ **V:** *quant spraussen* ‚schöne Möbel' [WL]

funkspraus Subst. m. [LüJ]; **funkspreisle** Dim. [LüJ]
– Zündholz, Anfeuerholz [LüJ]; Brennholz, Feuerholz [LüJ] ♦ **E:** WolfWR 1581 (*funksprauss*).

schonele en spraus Subst. m., Phras. [RH]
– Schreiner [RH] ♦ **E:** → *schonele*.

sprauβbiere Subst. m. [LüJ]
– Holzbein [LüJ]; Holzfuß [LüJ]

sprausfetzer Subst. m. [LJ, SchJ]; **schbraussfätzr** [OJ]; **sprauβfetzer** [PfJ]; **spruussfätzer** [JeS]; **sprussfetzer** [JeS]; **sprußfetzer** [MJ]
– Zimmermann [J, JeS, LJ, MJ, OJ, PfJ, Sch] ♦ **E:** → *fetzen*.

sprauβkitt ON [LüJ]
– Holzhausen [LüJ] ♦ **E:** ON *Holzhausen*, Namenübersetzung.

sprauseklopfer Subst. m. [SchJ]
– Büttner [SchJ]

sprausschieber Subst. m. [LJ, SchJ, TJ]
– Hobel [SchJ]; Tischler [TJ]

sprauserich Subst. m. [LJ]
– Besen [LJ]

sprauserling Subst. m. [TJ]; **sprausering** [SchJ]
– Besen [SchJ, TJ]

spruussne swV. [JeS]; **sprusse** [JeS]; **spruuße** [BM]
– holzen [JeS]; Holz fällen [JeS]; sägen [JeS]; führen [JeS]; (unerlaubterweise) Holz sammeln [JeS]; Holz stehlen [BM]

sprauß aufgeben swV., Phras. [PfJ]
– dreschen [PfJ].

sprechen nur in:
ansprechen st. V. [MB]
– betteln [MB] ♦ **E:** zu dt. *ansprechen*.

spreissl Subst. m.
schbreissl [OJ]
– Holzsplitter [OJ] ♦ **E:** schwäb. *Spreißel* ‚Holzsplitter' (SchwäbWb. V 1579). → *spraus*.

spreitling ‚Hemd' → *spreukerling*.

spreitz Subst. m. [PfJ]
spreiz [PfJ]; **spräitz** [JeS]; **spreitzel** Subst. m./ n. [SJ];
spreizel [CL, JeS, SJ]; **schbraitzl** [OJ]; **schpreizel** [CL]
– Zigarette [CL, JeS, OJ, PfJ, SJ]; Zigarre [PfJ] ♦ **E:** rw. *spreitzen, spreizerl* (WolfWR 5481) zu dt./mdal. *Spreizel* ‚Span, Splitter' (PfälzWb. V 334) [CL]. ♦ **V:** *teel mr e spräitz!* ‚gib mir eine Zigarette' [JeS]
spreizling Subst. m. [PfJ]; **spräitzlig** [JeS]
– Zigarette [PfJ]; Feuerzeug [JeS].

sprenaschen swV. [LJ]
schprenascha [LJ]
– abhauen [LJ]; gehen [LJ] ♦ **E:** Weiterbildung zu *prenaschen* (unter → *pre*); → *naschen*. ♦ **V:** *nasch mer spre* ‚hauen wir ab' [LJ].

sprenker Subst. Pl. [SPI, SS]
springcha Subst. [SE]; **springscha** [SE]; **spréngerlek** Subst. [WL]
– Flöhe, Floh [SE, SPI, SS, WL] ♦ **E:** westf. *sprenger* ‚Springer' Woeste 252, dt. *springen*, stV. *sprang*.
sprengelchen Subst. Dim. Pl. [SE]; **sprengelcha** [SE]
– Läuse [SE]; Flöhe [SE].

sprenkes ‚Holz' → *sprackert*.

spreukerling Subst. m. [SS, WH]
spreitling Subst. m. [SS]
– Hemd [SS, WH] ♦ **E:** rw. *spretling* ‚Bettdecke, Betttuch' WolfWR 5482, aus dt. *Spreite* ‚Decke, die gebreitet, gespreitet wird', „von tuchartigen gegenständen" DWB XVII 14 ff.; rw. *spreukerling* ‚Hemd' WolfWR 5484, evtl. Umbildung zu *spreiten*.

spreuss Subst. m. [WL]
– Fett [WL] ♦ **E:** unsicher; evtl. met. zu dt. *Spreu* ‚wertloses Zeug' DWB XVII 52 ff.
spreussen swV. [WL]; **spreiselen** [WL]
– mit Fett bespritzen oder zubereiten [WL]
gespreusst Adj. [WL]
– fettig [WL].

springen nur in:
über die klinge springen lassen ‚töten' [WG] ♦ **E:** dt. *Klinge* ‚scharfe Schneide'.

spritzen swV. [WG]
– Samen ablassen [WG] ♦ **E:** dt. *spritzen* „in strahl und tropfen gewaltsam springen machen" DWB XVII 129 ff.
abspritzen swV. [WG]
– sich über etwas freuen [WG]
spritzn Subst. f. [WG]; **schbritz** [OJ]
– Gewehr [OJ, WG]
bleispritze Subst. f. [WG]
– Revolver [WG]; Pistole [WG].

sprock Subst. [HF]
– Korinthen [HF] ♦ **E:** zu dt. *spreckeln, sprenkeln* ‚fleckig, bunt machen' (z. B. einen Kuchen) DWB XVII 8.

sproke Subst. [SPI, SS]
spröck Subst. m. [BM]
– Holz [BM, SPI, SS]; Holzabfall [SPI] ♦ **E:** zu westf. *sprock* ‚trockenes, gebrochenes Holz'; Woeste, WB d westf. mdal. 252; vgl. auch WolfWR 5492. → *sprackert*.
spröcke swV. [BM]
– Holz sammeln [BM]
sprokenscheitz Subst. m. [SS]
– Holzwarenhändler [SS] ♦ **E:** → *schetz*.

spronzeln swV. in:
schbronzla [OJ]
– anwerfen [OJ] ♦ **E:** wohl zu dt. *sprunzeln* ‚wallen, quellen, sieden' DWB XVII 207.
schbronzlr Subst. m. [OJ]
– Gipser [OJ] ♦ **E:** unsicher; evtl. zu dt. *Spronzel* ‚kleiner Fleck, (Sommer-)Sprossen' DWB XVII 149.

sprößling Subst. [MoM]
– Minute [MoM] ♦ **E:** dt. *Sprosse, Spößling* DWB XVII 162 ff.; vgl. dazu → *horn* ‚Stunde'.

spruhse Subst. Pl. [KMa]
spruse [KMa]
– Hosen [KMa] ♦ **E:** WolfWR 5494 ohne Herleitung; evtl. zu dt. *Sross* DWB XVII 150 ff., nach der Formähnlichkeit von Sprossen und Hosenbeinen.

sprunggne swV. [JeS]
– holzen [JeS] ♦ **V:** *mir tschaaned in jaari go sprunggne* ‚wir gehen in den Wald, Holz fällen' [JeS]
sprunggi Subst. n. [JeS]
– Holz [JeS] ♦ **E:** schweizdt. *Sprungggen* m. ‚Holzsplitter' (SchweizId. X 916). ♦ **V:** *das huurt kwants sprunggi* ‚das ist gutes Holz' [JeS].

sprunkert Subst. m./n. [CL, HLD, LI, PfJ, RR, SchJ, TK]
sprungert [CL, Him, JeS, PH]; **sprunget** [KJ]; **sprunggert** [JeS]; **schprunkert** [CL, LL]; **schbrunkert** [HK]; **spruckert** [NJ]; **sprenkert** [LJ, RR]; **spronkert** [LüJ]; **schbronggrd** [OJ]; **sprankert** [HK, SE, SS]; **sprangerd** [HK]; **sprauderte** [MeJ]; **schprangkert** [SP]; **schbranggerd** [JSa]; **schbrangerd** [HK]; **spranker** Subst. m. [SK]; **sprenker** [SK]; **sprankelt** [SS]; **sprankel** [MT, MeT]; **spränkel** [SK]; **spanker** [HK]; **sprunk** Subst. m. [PfJ, TJ, TK]; **sprung** [RR, TK]; **spruunk** [PfJ]
– Salz [CL, HK, Him, JSa, JeS, KJ, LI, LJ, LL, LüJ, MeJ, MeT, MT, NJ, OJ, PH, PfJ, RR, SE, SK, SP, SchJ, TJ, TK]; erhitztes Salz [KJ]; Zucker [SS, HK]; Schokolade [HK]; Pralinen [HK]; Süßigkeiten [HK]; Süßes [HK]; Kaffee [HK] ♦ **E:** zu rw. *sprunken* ,jmd. Salz in die Augen streuen' (WolfWR 5493, Klepsch 1418), ohne Herleitung; wohl zu Ablautstufen *sprang, sprung*, stV. *springen*. Benennungsmotiv: evtl. Springen von Salz, Zucker etc. beim Streuen. Bedeutungsspektrum aus semantischer Antonymie, Siewert, Grundlagen, 367. ♦ **V:** *Du hoscht kaä Schprunkert an de Schnell* ,Du hast kein Salz in der Suppe' [CL]; *die dribist hott e semme voll schmunk und sprenkert* ,die dritte hat eine Büchse voll Schmalz und Salz' [LJ]; *uppn sprankerte* ,zu Hause' (in Salzgitter) [SK]
sprunge swV. [JeS]; **sprungen** [JeS]
– salzen [JeS].

sprutzer Subst. m. [PfJ]
sprutzler Subst. m. [PfJ]
– Gisper [PfJ] ♦ **E:** rw. *spritzer* ,Tüncher, Maurer' WolfWR 5490, zu dt. *spritzen* „in strahl und tropfen gewaltsam springen machen oder springen" DWB XVII 129 ff.
spritzer Subst. m. [HN]
– „ein unseriöser, schnell handelnder Überflieger, der Schaden bereiten kann" [HN].

spruus ,Holz' → *spraus*.

spucken swV. [WG]
– ein Geständnis ablegen [WG] ♦ **E:** dt. *spucken* ,ausspeien' DWB XVII 208f.

spuckig [BM]
spukig [BM]
– merkwürdig [BM]; komisch [BM] ♦ **E:** schweizdt. *spuckig* ,seltsam, komisch, wunderlich' (SchweizId. X 105), wohl zu dt. *Spuk*.

spuele swV. [BM]
– reden [BM]; gehen [BM] ♦ **E:** dt. *spulen* ,gleichmäßig anhaltendes Sprechen' DWB XVII 222.

spulen swV. [LJ]
schbuala [LJ]
– essen [LJ] ♦ **E:** rw. *spule* ,Essen, Speise', zu dt. *spulen* u. a. „von langem und gleichmäszigem essen: er spult mit groszem appetit" DWB XVII 222f.; Analogiebildung zu rw. *spinnen, wickeln* ,essen' (WolfWR 5498, 6226).
spulerei Subst. f. [LJ]
– Essen [LJ].

spuling Subst. m. in:
spuling pflanzen ,koitieren' [PfJ] ♦ **E:** unsicher; evtl. zu dt. *spulen* u. a. ,von einem gleichmäszigen schnurrenden tone' DWB XVII 222f.; oder *spu-* Variante zu *schmuh* ,Vulva' WolfWR 5043.

spunig Adj. [BM]
schunig [BM] ♦ **E:** schweizdt. *spunig* ,spassig, komisch, seltsam' (SchweizId. X 341).

spunten swV. [LJ]
– fressen [LJ]
spunt Subst. m. [LJ]
– Fresser [LJ]; Übername für eine bestimmte Person in Leinzell [LJ] ♦ **E:** schwäb. *spunt* ,kleine, dicke Person' SchwäbWb. V 1606.

spuntes Subst. n. [NJ]
schpuntes [NrJ]; **spruhn** Subst. m. [KMa, OH]
– Geld [KMa, NJ, NrJ]; Pfennig(e) [KMa, OH] ♦ **E:** unsicher; evtl. zu lat. *spunnium* ,drehendes Rad'; RheinWb. VIII 467 *Spunnium* ,viel Geld'; HessNassWb. III 707, ohne Herleitung. ♦ **V:** *isch han Schpuntes awoont.* [NrJ]; *a poar spruhn* ,einige Pfennige' [KMa]; *schins mal lauksn spruhn* ,fünfzig Pfennige' [KMa].

spûren swV. [MT, MeT]
spuren [MeT]
– gehen (mit normaler Geschwindigkeit) [MT, MeT]
♦ **E:** dt. *spuren* ,die Spur halten' DWB XVII 243. ♦ **V:** *spûr pritz* ,geh weg' [MeT].

spurkel Subst. n. [JeH]
schpuerkel [SP]; **spurkes** Subst. [JSa, NJ, SE];
schpoorkes [NrJ]; **schpuurkes** [NrJ]
– Schwein [JSa, JeH, NJ, NrJ, SE, SP] ♦ **E:** rw. *spork, sporkel* ,Schwein' (WolfWR 4314), aus lat. *porcus* ,Schwein'; RheinWb. VIII 398. → *sporkes*.

ss Interj. [HN]
− halt endlich die Klappe! („sonst kommt die SS, Polizei") [HN].

ssabe Subst. [RR]
− Pferdefleisch [RR] ♦ **E:** WolfWR 5500, Herleitung unklar.

ssover Subst. m. [StG]
− Beamter [StG] ♦ **E:** rw./ jd. *schofet, schouwet* ‚Richter' WolfWR 5118.

staar Subst. m. [JeS]
− Franken (Geldstück) [JeS] ♦ **E:** wohl zu mhd. *ster, star* ‚Hohlmass u. a. für Getreide', met. Masseinheit für Zahlungsmittel (SchweizId. XI 1195f.).

staatsfrack Subst. m.
schdaadsfragg [OJ]
− 10 Jahre [OJ] ♦ **E:** rw.*staatsfrack, stadtfrack* ‚zehnjährige Kerkerstrafe', volksetymologisch „Scheineindeutschung aus jiddisch *sodad* ‚eingeschlossen', *perek* ‚Abschnitt' (dieses von *porak* ‚herausgerissen')" WolfWR 5508.

stab Subst. m.
schdab [OJ]; **stäbchen** Subst. n. Dim. [MB]; **schdäbchen** [HK]
− Zigarette [HK, MB, OJ]; „alles, was zum rauchen ist" [HK] ♦ **E:** rw. *stäbchen* ‚Zigarette' (WolfWR 5504), zu dt. *Stab*.

stabheimfatzer Subst. m. [EF]
stabhemmfatzer [EF]; **schtabhemmfatzer** [EF]
− Straßenmusiker [EF] ♦ **E:** unsicher; evtl. zu → *stäb; stabheim* met. für Bereich, in dem man Stiefel trägt. → *fatzer*.

stäb Subst. m. [EF]
stäbe [EF]
− Stiefel [EF] ♦ **E:** osächs. *Stäbel* ‚Stiefel' (OSächsWb. IV 297).

stabeleert
schtabeleert Adv. [KM]
− total [KM]; völlig [KM] ♦ **E:** rhein. *stabeliertgeck, -toll* ‚ganz verrückt' (RheinWb. VIII 484).

stabuf Subst. m. [JS]
stabuff [JS]
− Schaubude, bei der die Bühne in der Mitte, und zwar vertieft, angebracht ist [JS] ♦ **E:** evtl. Kontamination von *Stapfel* ‚Stufe' und *Kabuff* ‚Gemach'.

stachel Subst. m.
stachl [WG]
− Messer [WG] ♦ **E:** dt. *Stachel* „spitzes, stechendes ding" DWB XVII 381 ff.

stacheler Subst. m. [JSa]; **stachelche** Subst. m. Dim. [NJ]; **stachelschi** [JSa]; **stacherlig** Subst. m. [JeS]; **stächerlig** [JeS]; **stachling** Subst. m. [JS, LoJ, LüJ, PH, TJ]; **stacheling** [PfJ]; **stachlingo** [MB, MUJ]; **stachlinger** Subst. m. [TK]; **stacheliner** [LJ]; **stachlin** [JSa]; **stachelino** Subst. m. [CL]; **stacheleinchen** Subst. n., Dim. [SK]; **stackeleineken** [SK]; **stachlingero** Subst. m. [GM]; **stachelingo** [MB]; **stachellingo** [MB]; **stachelingro** [JS]; **stachlengero** [LüJ]; **stachiringelo** [MM]; **stachlingro** [JSa, JS]; **stachlengro** [LüJ]; **stachlengere** [LüJ]; **stachælengær** [WJ]; **schtachælengær** [WJ]; **stachlengri(e)** [JSW]; **stachelînus** Subst. m. [Mat]
− Igel [CL, GM, JS, JSW, JSa, JeS, LJ, LoJ, LüJ, MB, MM, MUJ, NJ, PH, PfJ, SK, TJ, TK, WJ]; jemand mit Igelfrisur [JS]; Unrasierter [JS]; Stacheln des Igels [JeS] ♦ **E:** rw. *stachelinus* ‚Igel', zu roi. *stachlingro* ‚Igel' (WolfWZ 2991), wobei roi. *stàchlo* aus dt. *Stachel* entlehnt ist (WolfWR 5505). Sachzusammenhang: die von den Zigeunern ererbte Tradition des Verspeisens von Igeln, die die jenischen Händlerfamilien in Gießen bis ins 20. Jh. bewahrt haben.

stacherligfänger Subst. m. [JeS]
− zur Igeljagd abgerichteter Hund [JeS]

stacheldraht Subst. m. [KJ]
− Schnaps [KJ] ♦ **E:** ugs. *Stacheldraht* ‚hochprozentiger Schnaps'. „Er sticht in der Gurgel, als habe man Stacheldraht verschluckt" Kü 789.

stachelschweinborsten Subst. f., Pl. [StG]
− dichtes struppiges Haar [StG]

nörschestacherlig Subst. m. [JeS]
− Schweineigel (Igelart mit vermeintlich schweinsähnlicher Schnauze) [JeS].

stächert Subst. m. [SS, WH]
− Schneider [SS, WH] ♦ **E:** rw. *steche* ‚Nadel' zu dt. *stechen* WolfWR RW 5540.

stachl Subst. m. [EF]
stachel [EF]; **stâchl** [EF]; **stadl** [RR]
− Polizist [EF, RR] ♦ **E:** vgl. → *stacken*.

stachele Subst. m. [PfJ]
− Steuerwächter [PfJ] ♦ **E:** SchwäbWb. V 1613.

stacho Subst. m. [MM]
− Mann [MM]; Kerl [MM]; übler Kerl [MM]; Person [MM]; „pingeliger Heini" [MM]; „Spitzname, Schimpfname" [MM] ♦ **E:** unsicher; evtl. Umbildung

von → *hacho*, oder zu ugs. *Stecher* ‚Mann'; womgl. Einfluss von roi. *stachlingro* ‚Igel' (WolfWZ 2991), met. für Zigeuner. ♦ **V:** *wenn der stacho nich schicker ist, is dat 'n toften seeger* ‚wenn der Mann nicht betrunken ist, kann man gut mit ihm auskommen' [MM].

stäcke Subst. m. [JeS]
– Woche [JeS] ♦ **E:** unsicher; evtl. zu schweizdt. *Steck* ‚(zeitlicher) Maßstab'.

stackele Subst. n. Dim. [EF]
– nur in: *gaahls stackele* ‚Zigarre' [EF] ♦ **E:** mdal. *gelbes Stöcklein*.

stackn Subst. m. [EF]
stacken [EF]; **stagn** [EF]; **stecken** [EF]; **stacker** Subst. m. [EF]; **stackr** [EF]
– Schutzmann [EF]; Polizist [EF] ♦ **E:** → *stachl*.

stadi Subst. f./m. [GM, JS, JSW, JeS, PH]
staadi [JSa]; **stari** Subst. m. [ME, MM]; **stade** [LJ];
schdaddik Subst. m. [JS, PH]
– Hut [GM, JS, JSW, JSa, JeS, LJ, ME, MM, PH] ♦ **E:** roi. *štadi* ‚Hut' (WolfWZ 3156) < roi. *stadik* ‚Hut' (BoIg 264).

stadt nur in:
stadtmarschierer Subst. m. [KJ]
– Laus [KJ]

stadtpfeifer Subst. m. [EF]
– Stadtkapellmeister [EF] ♦ **E:** dt. *Stadt* und *marschieren, pfeifen*. Vgl. → *stidtel*.

stäfert Subst. m. [RH]
– Apfelwein [RH] ♦ **E:** unsicher; evtl. zu rw. *stappler* ‚Bettler, falscher Kollektant' (WolfWR 5532), Benennungsmotiv: falscher Wein; vgl. (musterähnlich) dt. *Gänsewein* ‚Wasser'.

staggern swV. [GM]
stagern [JS]
– stoßen [GM, JS]; treten [GM]; stehen [GM]; klopfen [JS] ♦ **E:** roi. *štaker* ‚treten, stoßen (mit dem Fuß), stampfen' (WolfWZ 3158).

staggerpin Subst. m. [GM]
– Tritt [GM] ♦ **E:** roi. *stakerpin* ‚Tritt, Fußstapfe' (WolfWZ 3158).

stahlfeder Subst. f. [KJ]
– Schaufel [KJ] ♦ **E:** dt. *Stahl* und *Feder*.

stäikum ‚still' → *stike*.

stajako Adj. [MB]
stanjacko [MB]
– knauserig [MB] ♦ **E:** wohl zu roi. *štarjakhá* ‚Brille' WolfWZ 3162. → *star, starjage*.

stälcher Subst. Dim. Pl. [JeH]
schtäälscher [SP]; **schtäälschen** Subst. m. [SP]
– Kartoffeln [JeH, SP] ♦ **E:** unsicher; evtl. zu rhein. *stahlig* ‚hart schmeckend' RheinWb. VIII 498; WolfWR 5510.

stâlen Subst. m. [MeT]
stalen [MeT]; **stahlen** [MeT]
– Warenproben [MeT] ♦ **E:** wohl direkt aus nl. *staal* ‚Warenprobe', Siewert, Humpisch, 116; rhein. *Stalen* (RheinWb. VIII 800).

stalenhengst Subst. m. [MB, MeT]; **stâlenhengst** [MeT]; **stâlenhengste** Subst. Pl. [MT]
– „feinerer Geschäftsreisender" [MT, MeT]; Geschäftsreisender [MB].

stammerling Subst. m. [JSW]
– Bein [JSW] ♦ **E:** rw. *stammerling* ‚Bein' zu dt. *(sich) stemmen* WolfWR 5516.

stamming Subst. m. [GM]
– Stuhl [GM]; Tisch [GM] ♦ **E:** roi. *štamin, stamming* ‚Stuhl, Bank, Tisch' (WolfWZ 3161).

stammchen Subst. n. [JS, PH]
– Stuhl [JS, PH]

besistämming Subst. m. [GM]
– Tisch (großer Stuhl) [GM] ♦ **E:** rw./roi. *besso* ‚dick' (WolfWR 154).

stampern swV. [OJ]
stämpern, schdambra swV. [OJ]; **schdebra** [OJ]
– davonjagen [OJ] ♦ **E:** schwäb. *stamperen* ‚hin- und hergehen' (SchwäbWb. V 1627).

ständeln swV. [JS]
stendeln [JS]; **schtändlæ** [WJ]; **schtände** swV. [KM]
– qualifizierter Bettel [JS]; Drehorgel unter freiem Himmel spielen [JS]; Musik machen auf der Straße [JS]; aufspielen (zum Tanz) [KM]; auf dem Markt einen Stand betreiben [WJ]; Zauberkünste zeigen [JS] ♦ **E:** rw. *ständeln* „sich als arbeitsloser Artist oder als Wanderbursche in Gastwirtschaften mit Harmonikaspielen, Kartenkunststücken u.dgl. produzieren, um dann Trinkgelder zu sammeln" WolfWR 5522, zu dt./österr. *standler* ‚der einen Verkaufsstand …, eine Bude oder einen kleinen Kramladen hat, besonders eine Trödelbude' DWB XVII 778.

ständer Subst. Pl. [StG]
– Beine [StG] ♦ **E:** mdal. *Ständer* ‚Beine', zu dt. *stand*, Ablautstufe zu stV. *stehen* DWB XVII 744.

stangelreiter Subst. m. [EF]
stängelreiter [EF]
– hagere Frau [EF] ♦ **E:** dt. *Stange* DWB XVII 789 ff. und dt. *reiten*, wohl vom Bild der auf einem Besen reitenden Hexe, Wolf, Fatzersprache, 135f.
stanglmatrosen Subst. Pl. [WG]
– Filzläuse [WG] ♦ **E:** ugs. *Matrosen am Mast* ‚Filzläuse' Kü 525; dt. *Stange* met. ‚Penis'; vgl. ugs. *Matrosen am Mast* ‚Filzläuse' Kü 525.

stänker, stänkert ‚Stall' s. → *stinken*.

stanni Subst. f. [GM]
– Stall [GM] ♦ **E:** rw. *stana* ‚Stall' (WolfWR 5520) < roi. *stanja* ‚Stall' (WolfWZ 2994).

stanz¹ Subst. f. [EF]
stanza [EF, MoM]; **stanzln** Subst. f. [PM];
– Gasthaus [EF]; Zimmer [EF]; Betten [PM]; Stube [EF, MoM] ♦ **E:** ital. *stanza* ‚Wohnraum'.

stanz² Subst. [PfJ]
stänz Subst. [BM]
– Prügel [BM]; Schwierigkeiten [BM]; Auseinandersetzungen [BM]; Schläge [PfJ] ♦ **E:** rw. *stenz* ‚Stock', *stenzen* ‚verprügeln', wohl zu dt. *stemmen* WolfWR 5570. → *stenz¹*.

stanzen swV. [WG]
– vertreiben [WG]; vom Strich vertreiben [WG] ♦ **V:** *eine Hure von Strich stanzen* ‚eine Hure vom Strich vertreiben' [WG].

stennes Subst. m. [RH]
– Stock [RH]

stanze Subst. m. [CL]
– Mann [CL] ♦ **E:** rw. *stenz* ‚Zuhälter' WolfWR 5570; vgl. auch PfälzWb. V 534 *Stenz* ‚eitler Mann, Geck, Hochstapler, Luftikus, Angeber', rw. *stanzer* ‚Richter' (WolfWR 5531).

stänze ‚Stange' → *stenz¹*.

stanzel Subst. m./f. [Him, LJ, SJ]
stanzl [SJ, WJ]; **schtanzl** [WJ]; **schdanzel** [LJ]; **schdanzl** [OJ]; **stenzel** [JeS, LüJ, SJ, TK]
– Gockel [LJ]; Hahn [LJ]; Huhn [JeS, OJ, TK, WJ]; Henne [JeS, LJ, LüJ, OJ, SJ]; Gans [Him]; Spottname für Gögginger [LJ] ♦ **E:** rw. *stenzel, stanzel* ‚Huhn, Henne' (WolfWR 5571, ohne Herleitung); evtl. zu *stanz²* oder zu dt. *Stenzel* ‚Tölpel', aus RN *Stanislaus* DWB XVII 2370f.; vgl. → *stelzling*.

stenzling Subst. m. [Wo]
– Henne [Wo]
stänzerlig Subst. m. [JeS]
– Vogel [JeS].

stanzl Subst. in:
g(e)stanzl Subst. n. [DG]
– Schatz [DG] ♦ **E:** unsicher wegen Polysemie von ‚Schatz'; falls ‚Geliebte(r)' evtl. zu → *stanzel*.

stanzibus Subst. [EF]
– hagere Frau [EF] ♦ **E:** wohl zu dt. *Stanze* „langes Frauenzimmer", evtl. Einfluss von rw. *stenz* ‚Stock', Wolf, Fatzersprache, 136.

stapel Adj. [JeS]
– stolz [JeS] ♦ **E:** unsicher; evtl. zu dt. *stapeln, Hochstapler*.

stäppchen Subst. n. Dim. [WL]
stäppche [NJ]; **steppchen** [NJ]; **schtäpche** [KM]; **stäpches** [LJ]; **stappes** Subst. m. [WL]; **stappert** Subst. m. [SE]; **stappard** [SE]; **stappart** [SE]
– Teufel [LJ, NR, SE, WL]; kleiner Schelm [KM] ♦ **E:** rw. *steppche* ‚Teufel'; „in Thüringen [...] ein glückbringender Hausgeist, in Sachsen [...] ein Schabernack treibender Kobold" WolfWR 5574. ♦ **V:** *baus de nobas voram stäpches* ‚du brauchst keine Angst haben vor dem Teufel' [LJ]; *de stäppche schupp(t) dech* ‚der Teufel hole (holt) dich' [WL]

stapp Subst. m. [WL]
– Teufel [WL]; halb übergeschnappter, leichtsinniger Mensch [WL]

stappech Adj. [WL]
– bösartig [WL]; verbissen [WL].

stappen swV. [LI, OH]
– schlafen [LI]; ruhen [OH]; aufhören [OH] ♦ **E:** rw. *stappen, einen stepp machen* ‚schlafen, koitieren' aus roi. *štépen* ‚Sprung' WolfWR 5572.

star Num. Kard. [GM, JSW, MB, MUJ]
schtar [JSa]; **staa** [JSa]
– vier [GM, JSW, JSa, MB, MUJ] ♦ **E:** roi. *štar* ‚vier' (WolfWZ 3162).

starjage Subst. f. [GM]; **starjacke** [MUJ]; **stajako** [MB]; **staljako** [MB]; **stanjacko** [MB]
– Brille, „vier Augen" [GM, MB, MUJ] ♦ **E:** roi. *štarjakhá* ‚Brille' (WolfWZ 3162). → *starjacko*. ♦ **V:** *schucka staljako* ‚schicke Brille' [MB].

stargolo Subst. f. [GM]
stagōli [PH]
– Schnecke [GM, PH] ♦ **E:** roi. *štargoli* ‚Schnecke' (WolfWZ 3164).

stari ‚Hut' s. → *stadi.*

staringo¹ Adj. [MB]
– knauserig [MB] ♦ **E:** zu roi. *star* ‚vier', *starjakha* ‚Brille', vgl. → *star, starjacko, starjage.*

staringo² Subst. m. [MB]
– Säbel [MB] ♦ **E:** unsicher; evtl. roi. *stachlo* ‚Stachel', vgl. WolfWR 5505.

stärni Subst. f. [GM]
– Katze [GM] ♦ **E:** roi. *stirna* ‚Katze' (WolfWZ 3014).

start Subst. m. [JeS]
– Schwanz [JeS] ♦ **E:** zu schweizdt. *Storz* ‚Schwanzstück, vorderster Schwanzteil' (u. a.), SchweizId. XI 1556); nd. *stert* ‚Schwanz'.

staub¹ Subst. m. [Him, JeS, KP, LJ, Mat, PfJ, RR, SJ, SchJ, TJ, TK]
schdaub [OJ, WJ]; **schtob** [WJ]; **schtaop** [WJ]; **staab** [KMa, OH]; **stöpps** Subst. n. [WL]
– Mehl [Him, JeS, KMa, KP, LJ, Mat, OH, OJ, PfJ, RR, SJ, SchJ, TJ, TK, WJ, WL] ♦ **E:** rw. *staub* ‚Mehl' zu dt. *Staub* (DWB XVII 1069 ff., WolfWR 5535, Klepsch 1420). ♦ **V:** *hoffentlich steckt mir dera tschubel a bätz oder en staub* ‚hoffentlich gibt mir die Frau ein Ei oder etwas Mehl' [LJ]

staubi Subst. f. [JeS]; **staupi** [JeS]; **stäube** [KP]
– Mühle [JeS, KP]

stäubetse Subst. [LüJ]
– Mehl [LüJ]

stäubling Subst. m. [KJ]
– Mehl [KJ]

staubbink Subst. m. [RR]; **staubpink** [KJ]
– Müller [KJ, RR] ♦ **E:** → *pink.*

stauber Subst. m. [JeS, SK, Scho]
– Müller [JeS, SK, Scho]

staubert Subst. m./n. [HK, LJ, LüJ, PfJ]; **schdauberd** [HK]; **schdaubert** [HK]; **schtofert** [SP]; **schdaawert** [CL, LL]; **schtaawert** [CL]; **stawert** [PfJ]; **stäwert** [PH]; **stowert** [NJ]; **stäupert** [HLD]
– Mehl [CL, HK, HLD, LJ, LL, LüJ, NJ, PH, PfJ, SP] ♦ **E:** rw. *staubert* ‚Mehl' (WolfWR 5535, PfälzWb. V 447).
♦ **V:** *die hott ne rende voll staubert und en waider mit relling, liranägel und dürre blohose* ‚die hat einen Beutel voll Mehl und einen Sack voll Erbsen, Bohnen und dürren Zwetschgen' [LJ]

staubroll Subst. f. [RR]
– Mühle [RR] ♦ **E:** → *roll².*

staubroller Subst. m. [SchJ, TJ]; **schdaubrollr** [OJ]
– Müller [OJ, SchJ, TJ]

schdaubzupfr Subst. m. [OJ]; **schdaubzopfr** [OJ]
– Mehldieb [OJ]

stauben swV. [WG]; **schduiba** [OJ]; **schdaiba** [OJ]
– Zigaretten rauchen [WG]; rauchen [OJ]

staabmasockelchen Subst. Dim. Pl. [KMa]
– Mehlpfannkuchen [KMa].

staub² Subst. m. [SJ]
– Kleingeld [SJ] ♦ **E:** rw. *staub* ‚Kleingeld', evtl. „Scheineindeutschung" von roi. *stópi(n)* ‚Flachs, Lein', WolfWR 5536, wohl Einfluss von dt. *Staub* DWB XVII 1069 ff. → *staub¹.*

stäuben swV.
schdaiba swV. [OJ]; **schduiba** [OJ]
– davonjagen [OJ] ♦ **E:** dt. *stäuben* ‚davonjagen' DWB XVII 1099 ff.

staubern swV. [HK]
– nehmen [HK] ♦ **E:** dt. *abstauben* ‚sich etwas auf nicht ganz korrekte Weise aneignen' (DUW 1996: 71); evtl. Einwirkung von rw. *staub* ‚Kleingeld' (WolfWR 5536).

stauchen¹ swV. [LüJ, MB, SJ]
staucha [SJ]; **schdaucha** [OJ]; **stouchen** [SJ]
– stehlen [LüJ, MB, OJ, SJ] ♦ **E:** dt. *stauchen* DWB XVII 1132 ff., SchwäbWb. V 1668. ♦ **V:** *Beim lehmschupfr kaschd a dromm maro dercha odr staucha der ischd a weng gschupfd, sischd a schote* ‚Beim Bäcker kannst du ein Stück Brot betteln oder stehlen, er ist ein wenig blöd, er ist ein dämlicher Bursche' [SJ].

stauchen² swV. [LüJ]
– treten [LüJ] ♦ **E:** wohl Nebenform zu rw. *stauken* ‚schlagen, verhauen' (WolfWR 5539) oder zu dt. *stauchen* ‚stoßen' SchwäbWb. V, 1668 (*stauchen* ‚derb stoßen').

staude Subst. f. [HLD, MM, SJ, SchJ, WJ, StG, JSa, MB, PfJ, KJ]
stauda [PfJ]; **schdaud** [LJ, OJ]; **staud** [LüJ, SE, Zi]; **staudt** [SE]; **staut** [SE]; **schtaud** [WJ]; **schdaudn** [WJ]; **staudn** [WG]; **staud'n** [TK]; **stauder** [SG]; **staun** [LoJ]; **staussem** [FS]; **stude** [BA]; **staudche** Subst. n. Dim. [SS, WH]; **schdeidle** Subst. n. Dim. [OJ]
– Hemd [BA, FS, JSa, KJ, LJ, LoJ, LüJ, MB, OJ, PfJ, SG, SJ, SS, SchJ, StG, TK, WG, WH, WJ, Zi]; Bluse [MM]; Mantel [MM]; Jacke [MM]; Anzug [MM]; Hose [LJ, SE]

♦ **E:** rw. *staude* ‚Hemd', Kürzung aus → *Hanfstaude* WolfWR 2052; Herleitung von rw. *staude* unsicher, womgl. zu dt. *Stauche* ‚Ärmel' DWB XVII 1125 ff., schwer zu dt. *Staude* DWB XVII 1141 ff. ♦ **V:** *reine staude machen* ‚reinen Tisch machen' [HLD]; *staud geflossert* ‚Hose gepinkelt' [SE]; *staud geteneft* ‚Hose geschissen' [SE]; *staudt geflossert* ‚Hose gemacht (Pipi)' [SE]; *staudt geschifft* ‚in die Hose gemacht' [SE]; *hän treet en doft staud* ‚er trägt eine schöne Hose' [SE]

staudefalter Subst. m. [Gmü]
– Laus [Gmü] ♦ **E:** rw. WolfWR 2052.

staudenpflanzerin Subst. f. [PfJ]
– Näherin [PfJ]

flächsestaude Subst. f. [PfJ]
– Hemd [PfJ]

wergstaude Subst. f. [PfJ]; **wegstaude** [PfJ]
– Hemd [PfJ].

ståußen swV. [PM]
– Einsammeln des Geldes durch einen Musiker nach dem Auftritt [PM] ♦ **E:** rw. *stoßen* ‚stehlen, betteln' WolfWR 5625, zu dt. *stoßen*.

staustau swV., Phras. [SK]
– essen [SK] ♦ **E:** seemannssprachl. *staustai* ‚essen', zu dt. *verstauen*.

steben swV. [HLD]
– schlagen [HLD] ♦ **E:** unsicher; evtl. zu dt. *steppen* ‚stechen, nähen' DWB XVIII 2377 ff.; oder zu rw. *stieben, steppen* ‚geben, versetzen, bekommen' WolfWR 5587, zu dt. *stieben* ‚umherwirbeln' DWB XVIII 2755 ff.

stebere Subst. f. [BM]
stibere [BM]; **stiebes** [LüJ]; **stibäng** [BM]
– Gefängnis [LüJ]; Stadt [BM] ♦ **E:** unsicher; evtl. rw. *stiebel* ‚Pferch', "vermutlich entstellt" aus roi. *te still-af* ‚fangen, einsperren' WolfWR 5585.

stechen stV. [LJ, LL, SJ]
– schlagen [LJ, LL, SJ] ♦ **E:** zu dt. *stechen*, rw. *steche* ‚Nadel' (WolfWR 554). ♦ **V:** *der hat die fiesel grandig gstocha, wenn se nachts net glei boschdet sin* ‚der hat die Männer hart geschlagen, wenn sie nachts nicht gleich gegangen sind' [LJ]

stechling Subst. m. [SK]
– Kohlrübe [SK]; Möhre [SK] ♦ **E:** dt. *stecken*, dt. *Steckrübe* DWB XVII 1730 f.

steckem, steckum ‚still' → *stike*.

stecken swV. [HK, HL, LJ, LüJ, NJ, PfJ, SE, SJ, WL]
schtäken [NrJ]; **steken** [SE]; **schteken** [HK, NrJ]; **stecke** [JS]; **stechen** [StG]; **sticke** [MeJ]; **stecka** [LJ]; **schdegga** [OJ]; **schteckæ** [WJ]; **schdeggen** [HK]; **schteeke** [HK]; **schteeken** [SP]; **schtäkelen** [NrJ]; **schtäkeln** [NrJ]
– geben [HK, HL, JS, LJ, LüJ, MeJ, NJ, NrJ, OJ, PfJ, SE, SJ, SK, StG, SP, WJ, WL]; bringen [SJ]; schenken [HK, HL, NJ, OJ, PfJ]; spenden [HK]; etwas besonderes geben [HK]; jmd. etwas stecken, heimlich sagen [HN, LJ, SP] ♦ **E:** rw. *stechen, stecken* ‚geben, schenken' (WolfWR 5541, Klepsch 1421). ♦ **V:** *masel stechen* ‚gut geben' [StG]; *zinken stecken* ‚Zeichen geben, setzen' [LJ]; *en dug stecka* ‚einen Streich spielen' [LJ]; *gut zum stecken* ‚für den Geschlechtsverkehr geeignet'; *en funk stecka* ‚Feuer geben' [LJ]; *daub stecken* ‚Hand geben' [LJ]; *nischt gesteckt* ‚nicht gezahlt' [EF]; *gäbala stecka* ‚jemanden verulken, dummer Spaß, hinter seinem Rücken Faxen machen, Grimassen schneiden mit Gesicht und Händen' [LJ]; *Linz' in dem heges, wo man spannt, hauret ein g'wanter plauderer. Der stekt dof z'biket undz'schächet und kemeret grandlich sore* ‚Schau, in dem Dörfchen, wo man hinguckt, ist ein braver Schulmeister. Der gibt gut zu essen und zu trinken und kauft viel Ware.' [LüJ]; *schwöchhellich stecken* ‚Trinkgeld geben' [LJ]; *schofle goi, steckt uns nit emal e bißle schmunk* ‚eine schlechte Frau, die gibt uns nicht einmal ein bißchen Schmalz' [LJ]; *hoffentlich steckt mir dera tschubel a bätz oder en staub* ‚hoffentlich gibt mir die Frau ein Ei oder etwas Mehl' [LJ]; *steckst' mir noch en schmerch?* ‚Gibst du mir noch eine Zigarette?' [LJ]; *einen schmetzer stecken* ‚küssen' [SJ]; *Steck mr a blemb ond an gigges, draußa ischts no ganz schö biberisch* ‚Bring mir ein Bier und einen Schnaps, draußen ist es noch ganz schön kalt' [SJ]; *schdegg om!* ‚Pass auf! Sieh dich um!' [OJ]; *schdegg ems!* ‚Sag es ihm! Gib es ihm!' [OJ]; *schtäk mer noch en Schmärech* [NrJ]; *Schteck mr n härtling* ‚Gib mir das Messer.' [WJ]; *ham nicht jeschdeggd, das jent* ‚haben nichts gegeben, die Leute' [HK]; *der schdeggd gar nichts inner dufd: das schemmen jenters* ‚der gibt gar nichts in der Kirche: das sind Leute' [HK]; *der beeker hat dem keuschen en puttfinnichen geschdeggd* ‚der Mann hat der Frau einen Kuß gegeben' [HK]; *fehme schdeggen* ‚Hand geben' [HK]; *puttfinnichen schdeggen* ‚küssen' [HK]; *schdegg ihm die fehme* ‚gib ihm die Hand' [HK]; *steck mer e puer kitten* ‚gib mir ein paar Sous' [WL]; *steck dem trappert d'spötzleken* ‚gib dem Pferden den Hafer' [WL]; *greffel stecken* ‚Hand geben' [SE]

abstecka swV. [LJ]
– abgeben [LJ] ♦ **V:** *biff abstecka* ‚Trinkgeld geben'
[LJ]
ausstecka swV. [LJ]
– verraten [LJ]
herschdeggen swV. [HK]
– hergeben [HK]; jmd. etwas geben [HK]
hinschdeggen swV. [HK]
– hingeben [HK]; etwas geben [HK]; schenken [HK]
steckerfinniche Subst. f. [SK]
– Gabel [SK]
oahmtsschdegger Subst. m. [HK]; **oahmtsstecker**
[HK]; **amstecker** [HK]
– Amtsvorsteher [HK]; Bürgermeister [HK]; Beamter
[HK] ♦ **E:** dt. *Amt*; Benennungsmotiv: evtl. aufgrund
des Amtes etwas vergeben, etwa Auftrittserlaubnis
oder Gewerbeschein.
stecken Subst. m. [RR]
– Flinte [RR] ♦ **E:** zu dt. *Stecken* ‚Stock' DWB XVII
1288 ff.
steckepere; schteckepeere Subst. m. [WM]
– Schutzmann [WM] ♦ **E:** pfälz. *Steckenpeter* ‚Polizist' PfälzWB VI, 471.
steckum Interj. Vorsicht, Achtung! s. → *stike*.
steel Subst. m. [HF]
– Stiel [HF] ♦ **E:** mdal. zu dt. *Stiel*.
schöppesteel Subst. m. [HF]
– Schaufelstiel [HF] ♦ **E:** mdal. zu *Schippe* ‚Schaufel'.
steert in:
wehmelsteert Subst. m. [MB]
– unruhiges Kind [MB]; Zappelphilipp [MB] ♦ **E:**
westf./nd. *steert* ‚Schwanz, Schweif'; ‚leicht erregbarer Mensch; Frauenperson, die blindlings auf alles
losgeht' (WestfWb. 1173); vgl. hochdt. *weimeln*
‚schwankend gehen' DWB XXVIII 819.
stefen swV. [SE]
stewen [SE]
– geben [SE] ♦ **E:** unsicher; evtl. zu dt. *stiften* „gemeinnützige anstalten errichten, wie spitäler, schulen, universitäten, und ihren unterhalt sicherstellen" DWB XVIII 2876 ff., schwer zu → *stechen, stecken* ‚geben'.
steffel Subst. [KMa]
– Zigarre [KMa] ♦ **E:** rw. *steffel* ‚Zigarre' aus dt. *steft*
‚Holzspan' WolfWR 5544.

stegen Subst. m., Pl. [LJ]
– Buben [LJ] ♦ **E:** rw. *stegem* ‚Knabe, Bube' (WolfWR
5547, ohne Herleitung), schwer zu dt. *Steg*. ♦ **V:** *da
joste die kochemer, kaffer und ruminis, oltrische und
kodems, stegen und schickse, im bali beinander um en
jak* ‚da lagen die Gauner, Männer und Weiber, Alte
und Kinder, Buben und Mädchen, im Walde beisammen um ein Feuer' [LJ].
stehen swV. [WG]
– beim Verhör schweigen, kein Geständnis ablegen
[WG] ♦ **E:** dt. *stehen*, im Gegensatz zu ugs. *umfallen*
‚gestehen'.
steher Subst. m. [HN, WG]
– beim Verhör Schweigender [WG]; zäher Geschäftspartner [HN].
stei ‚Franken (Geldstück)' → *schäi*.
steigen stV. nur in:
umsteigen stV. [WG]
– Betrügen beim Kartenspielen [WG] ♦ **E:** dt. *umsteigen*.
steiger Subst. m. [EF]
steiga [EF]
– Stiefel [EF] ♦ **E:** zu rw. *steigen* ‚wandern, gehen'
WolfWR 5552, aus mhd. *stîgen* ‚schreiten'.
steihouersyrup Subst. m. [BM]
– Schnaps [BM] ♦ **E:** mdal. Scherzbildung *Steinhauersirup*; vgl. schweizdt. *Steinhauerkotelette* ‚Käse
und Brot' (SchweizId. II 523).
steil Adj. [DG]
– finster [DG] ♦ **E:** dt. *steil* u. a. „schwer zu erfassen,
zu bewältigen, zu erringen" DWB XXVIII 1949 ff.;
mögliches Benennungsmotiv: finstere Hohlwege.
stein Subst. m. [MM]
– Mark (DM) [MM] ♦ **E:** rw. *stein* ‚Zweikronenstück,
Gulden' (WolfWR 5555), zu dt. *Stein* DWB XVIII
1965 ff.
schdoifall Subst. m. [OJ]
– Berg [OJ]
steinhaufen Subst. m. [KJ, RR]; **steinhäufle** Subst.
n., Dim. [Gmü, LüJ, Mat, PfJ, Wo]; **staheifle** [SchJ];
stoanheifl [TJ]; **stoiheifle** [PfJ]; **schdoiheifale** [OJ];
stoahafil [RR]
– Stadt [Gmü, KJ, LüJ, Mat, PfJ, SchJ, TJ]; kleine Stadt
[OJ]; Dorf [Wo]; Regensburg [RR] ♦ **E:** rw. *steinhaufen*
(WolfWR 5560). ♦ **V:** *hauret herles das steinhäufle
krillisch oder wohnisch? Nobis. Kaime schefften her-*

lem ‚Ist hier die Stadt evangelisch oder katholisch? Nein. Juden wohnen darin' [LüJ].

steinfurtern swV. [MM]
– Prügel anfangen [MM] ♦ **E:** aus ON *Steinfurt*. Vgl. → *borghorstern*. Benennungsmotiv: Ortsrivalität zwischen Steinfurt und Borghorst (westl. Münsterland).

steinis Subst. [SJ]
– Marbel [SJ] ♦ **E:** schwäb. *Steinis* ‚Murmel, Schnellkügelchen' (SchwäbWb. V 1716).

steirer Subst. m. [SchJ]
– Kropf [SchJ] ♦ **E:** Benennungsmotiv: Häufigkeit des Kropfes in der Steiermark (Klepsch 1422). Vgl. → *tiroler*.

steißtrommler Subst. m. [SJ]
– Lehrer [SJ] ♦ **E:** dt. *Steiß* ‚Hintern' und dt. *trommeln* ‚verprügeln'.

stellbrink Subst. M. [MM]
– Brille [MM] ♦ **E:** wohl zu dt. *stellen* und *Brink* ‚Hügel' DWB II 391.

stellkes Adj. [HF]
– still [HF] ♦ **E:** rhein. *stelleches, stellekes* ‚still' (RheinWb. VIII 691).

stelze Subst. f. [SJ]
– Bein [SJ] ♦ **E:** dt. *Stelze* (SchwäbWb. V 1730).

stelzling Subst. m. [LüJ]
– Henne [LüJ] ♦ **E:** dt. *Stelze* ‚Holzbein, Krücke', *stelzen* (Klu. 1999: 792, SchwäbWb. V 1730f.). → *stanzel*.

stemmche Subst. n. [SK]
stemmchen [SK]
– Stall [SK] ♦ **E:** wohl zu dt. *Stamm* bes. „von hausthierbeständen: stamm einer schafherde" DWB XVII 643 oder zu dt. *Stemme* ‚durch Bodenerhöhung eingegrenzter Raum' DWB XVIII 2306.

stemmerling Subst. m. [Gmü, Him, LüJ, PfJ, Wo]
schdemmrleng [OJ]; **schtemmærling** [WJ]; **stemmĕrling** [PfJ]; **stammlig** [JeS]
– Baum [Gmü, Him, JeS, LüJ, OJ, SJ, WJ, Wo]; Stecken [PfJ]; Stock [PfJ]; Stab [PfJ]; Spazierstock [PfJ] ♦ **E:** rw. *stammerling, stemmerling* ‚Baum' < dt. *Stamm* (WolfWR 5517); schwäb. *Stemmerling* ‚Stecken, Stock' (SchwäbWb. V 1721).

stemmes Adj. [SE]
– böse [SE]; rasend [SE]; verstimmt [SE] ♦ **E:** zu dt. *stemmen* u. a. ‚sich widersetzen, inneren Wiederstand leisten' DWB XVIII 2316.

stempeln swV. [JS, WG]
– Fingerabdrücke nehmen [WG]
stempeline Subst. f. [HN]
– Arbeitslose, insb. Prostituierte [HN] ♦ **E:** dt. *stempeln* DWB XVIII 2337 ff. ♦ **V:** *auf die viole gestempelt sein* ‚gekauft sein' [JS].

stenker, stenkert ‚Stall, Iltis, Fuchs' s. → *stinken*.

stenz¹ Subst. m. [Gmü, HK, HL, HLD, Him, Lj, LüJ, PfJ, SJ, SK, SchJ]
schdenz [OJ]; **schtenz** [WJ]; **schdends** [HK]; **stanz** [Gmü]; **steinz** [LoJ]; **stennes** [NJ]; **steng** Subst. m. [SK]
– Stock [Gmü, HK, HL, HLD, Him, LJ, LoJ, LüJ, NJ, PfJ, SJ, SK, SchJ, WJ]; Stab [LJ, PfJ]; Stecken [LüJ, PfJ, WJ]; Hiebe [OJ]; Knüppel [HK]; Spazierstock [HK, PfJ]; Gehstock [HK]; Schläge [PfJ] ♦ **E:** rw. *stenz* ‚Stock' (WolfWR 5570, Klepsch 1422), zu dt. *stemmen*. → *stanz²*, met. Verquerungen mit → *stenz²*. ♦ **V:** *schdenz griaga* ‚Hiebe bekommen' [Gmü, OJ]

stenzen¹ swV. [LüJ, PfJ, SJ, StG]; **schtenzæ** [WJ]
– mit dem Stock prügeln [StG]; schlagen [LüJ, SJ]; hauen, zuhauen [LüJ]; jmd. eine schmieren [LüJ]; stehlen [PfJ, SJ, WJ]; wegnehmen [WJ]

stänze Subst. f. [BM]
– Stange [BM]

stenzling Subst. m. [PfJ]
– Stecken [PfJ]; Stock [PfJ]; Stab [PfJ]; Spazierstock [PfJ]

flossenstenz Subst. m. [SJ]
– Regenschirm [SJ]

langstenz Subst. m. [HK]; **langstenzert** Subst. m. [HK]
– Reh [HK]

schlabbschdends Subst. m. [HK]; **schlappstänz** [HK]; **schlappstenz** [HK]; **schlappstenzert** Subst. m. [HK]
– schlappe Beine [HK]; „einer mit dünnen Beinen" [HK]; krumme Beine [HK]; Weichlicher [HK]; schwächlicher Mann [HK]; Schlappschwanz [HK]; „Mann, der feige ist" [HK]; abstehende Ohren [HK]; Schlappohr [HK]; Ohr [HK]; Löffel [HK]; Hase [HK]

stenzelscheinling Subst. m. [SJ]
– Hühneraugen [SJ] ♦ **V:** *Dr marodebenk hot se kuriert, se hot stenzelscheinling an de trittling ket, aber jetzt boscht se wieder wia mössle* ‚Der Arzt hat sie ku-

riert, sie hat Hühneraugen an den Füßen gehabt, aber jetzt läuft sie wieder wie ein Mädchen' [SJ]
stenzerei Subst. f. [LüJ]
– Schlägerei [LüJ] ♦ V: *Herles, galma, hauret der patres ein schei im kittle wegen hamore und stenzerei* ‚Hier, Kinder, sitzt der Vater einen Tag im Arrest wegen Händel und Schlägerei' [LüJ]
stenzenbuhlef Subst. f. [SK]
– Prügel [SK] ♦ V: *hei bestufzte 'ne granniche stenzenbuhlef* ‚er erhielt eine ordentliche Tracht Prügel' [SK].
stenz² Subst. m. [Gmü, HK, LJ, LüJ, MM, SJ, StG]; **schdenz** [OJ]; **schdends** [HK]; **schenns** [SE]; **scheenz** [SE]; **schentz** [SE]; **schiens** [SE]
– Angeber [HK, LüJ, MM]; Geck [HK]; Zuhälter [HK, LüJ, MM, SE, StG]; gute Kleidung [OJ]; schicker Mann [LüJ]; junger, rausgeputzter Mann [LüJ]; „Zuhälter von 'ner Nutte" [HK]; „die ihre Frauen auf den Strich geschickt haben" [HK]; Puffvater [HK]; „einer, der bei den *loonen dilms* ist" [HK]; „Mann, der hinter den Frauen her ist" [HK]; „einer, der keine Arbeit hat und herumlungert" [HK]; „die sich auf der Straße rumtreiben" [HK]; Straßeneckensteher [HK]; „steht anne Ecken rum und horcht" [HK]; auffälliger Mann [HK]; eingebildeter Bursche [HK]; Rausschmeißer [HK]; Mann [HK]; Penner [HK]; Herumtreiber [HK]; Kerl [SE]; Louis [Gmü]; Jüngling [SE]; *ein mooler* [HK]; „der nichts taugt" [HK]; „der beobachtet nur" [HK]; „einer, der ein bißchen salopp ist" [HK]; „einer, der unter den Brücken schläft" [HK] ♦ E: rw. *stenz* ‚Stock, met. Zuhälter' zu dt. *stemmen* (WolfWR 5570), met. Verquerungen mit → *stenz¹*; „die Bedeutung ‚Geck' als Metonymie zu dem modischen Attribut des Spazierstocks (oder zunächst *stenzen* ‚mit dem Spazierstock ausgehen' und dann eine Rückbildung); die Bedeutung ‚Zuhälter' entweder von dem Stock als ‚Prügel' oder als sexuelle Metapher" (Klu. 1995, 793). ♦ V: *helles, de schiens kemmt* ‚Schau mal, der Freier kommt' [SE]
stenzer Subst. m. [SK]
– hochaufgeschossener Junge [SK]
eckenschdends Subst. m. [HK]
– Herumtreiber [HK]
schlabbschdends Subst. m. [HK]
– Zuhälter [HK].

stenz³ Subst. m. [HK]
schdends [HK]
– Ständchen [HK]; Standmusik [HK]; Auftritt [HK]; „zusammen musizieren" [HK]; (musikalisches) Spiel [HK]; „wenn se de Fenster uffmachen und die Leute das Geld rausgeschmissen haben" [HK]; „ähnlich wie *schmalmachen*" [HK]; „hinstellen und Musik machen" [HK]; Unterhaltung [HK]; zusammen reden [HK]; Bein [HK]; Fuß [HK] ♦ E: zu dt. *stehen*, dt. *Ständchen* „eine kurze musik, welche man vor einem hause oder fenster stehend bringet" DWB XVII 732 ff. met. Verquerungen mit → *stenz¹*.
schdendsen swV. [HK]
– stehen [HK]; rumstehen [HK]
fortschdendsen swV. [HK]
– fortgehen [HK]
schdendserd Subst. m. [HK]; **stänzert** [HK]; **stenzert** [HK]
– Bein [HK]; Fuß [HK] ♦ V: *die schdendserde owerkünfdich* ‚oben am Bein' [HK]; *moole schdendserde* ‚schlechte Beine/O-Beine', ‚kann nicht gut gehen' [HK]; *jookere schdendserde* ‚schöne Beine' [HK].

stenzen² swV. [RH]
– heiraten [RH] ♦ E: unsicher; entweder zu *stenz* ‚Stock', *stenzen* ‚schlagen' (so Arnold 1961, 114, „interessante Nebenbedeutung") → *stenz¹* oder (eher) zu → *stenz²*, *stenz³*.

steppchen ‚Teufel' → *stäppchen*.

steppe swV. [BM]
– beschlafen [BM] ♦ E: rw. *einen stepp machen* ‚koitieren' aus roi. *stepen* ‚Sprung' (WolfWR 5572).

steppele swV. [BM]
– dürres Gras anzünden [BM] ♦ E: SchweizId. XI 1145; dt. *stoppeln* ‚ein Stoppelfeld absuchen' DWB XIX 349 f.

ster¹ Num. Kard. [SK]
– vier [SK] ♦ E: poln. *cztery* ‚vier' oder roi. *schtar* ‚vier' Abel, Slawismen, 59; WolfWR 535.
sterblech Subst. n. [SK]
– 0,50 Mark

schtero Subst. m. [RH]
– Stuhl [RH] ♦ E: wohl hierher, Benennungsmotiv: vier Beine.

stêr² ‚auswärts handeln, arbeiten' → *stör*.

sterchen ‚Huhn, Geflügel' → *stiri*.

sterwen swV. [SK]
– Hunger haben [SK] ♦ E: nd. *starven* ‚sterben, verhungern'.

steuvertschaupi Subst. m. [BM]
– Stellvertreter [BM] ♦ **E:** mdal. *Stellver-* und schweizdt. *Tschüpi* ‚einfältiger Mensch' (SchweizId. XIV 1776).

stez Subst. m. nur in:
masemattenstez Subst. m. [MM]; **masemattestetz** [MM]
– Masemattenkerl [MM]; „jemand, der Masematte nachmachen will, etwa ein Student, aber nicht dazugehört" [MM] ♦ **E:** unsicher; wohl zu → *stenz²* ‚Angeber'.

stibben swV. [PfJ]
– betteln [PfJ] ♦ **E:** rw. *stippen, stibben* ‚das Stehlen kleinerer Gegenstände, betteln', *stibbersfisel* ‚Bettler' WolfWR 5603 (ohne Herleitung), SchwäbWb. V 1777; zu dt. *stippen* u. a. „geld verdienen, sich bereichern" DWB XVIII 3177f.

stibber Subst. m. [PfJ]
– Landstreicher [PfJ]

stibberfisel Subst. m. [PfJ]
– Bettler [PfJ].

stibich Subst. m. [CL, PH]
– Schoppen [CL, PH]; Glas [CL, PH]; Schoppenglas [CL, PH] ♦ **E:** rw. *stibich* ‚Schoppen, Glas' WolfWR 5581, ohne Herleitung; zu mhd. *stübich, stubich* ‚Packfaß', nhd./mdal. *Stübich*: ‚Behälter, Gefäß, Packfaß, Korb, Glas, Holzfäßchen, Kübel', PfälzWb. VI 747.

stibitze swV. [BM]
strībitzen [SG]; **strabinere** [BM]
– stehlen [BM, SG] ♦ **E:** dt. *stibitzen* ‚stehlen', aus der Studentensprache, DWB XVIII 2671 ff., Klu. 884.

sticheln swV. [HK, PfJ, SK, Zi]
stichla [LüJ]; **schdichla** [OJ]; **schdicheln** [HK]
– nähen [HK, LüJ, OJ, PfJ, SK, Zi]; schneidern [HK] ♦ **E:** rw. *steche* ‚Nadel' WolfWR 5540, zu dt. *sticheln* ‚mit spitzem Instrument in etwas einstechen', DWB XVIII 2709 ff., Iterativ-Bildung zu dt. *stechen*. ♦ **V:** *kluft sticheln* ‚Anzug machen' [PfJ]

stichel¹ Subst. m. [MT, MeT]
– Teufel [MT, MeT] ♦ **E:** rw. *stichel* ‚Teufel' (WolfWR 5582, ohne Herleitung), zu dt. *sticheln* mit „beischmack des verstohlenen" DWB XVIII 2710.

stichel² Subst. m. [SK]
– Flicken [SK]

stichlinge Subst. m., Pl. [SK]
– Zeugflicken [SK]

stichal Subst. m. [LoJ]
– Gabel [LoJ]

stichler¹ Subst. m. [JeS, KP, LüJ, Wo]
– Metzger [JeS, KP, LüJ, Wo]; Messerstecher [LüJ] ♦ **E:** rw. *stichler* ‚Fleischer' WolfWR 5583, Benennungsmotiv: Abstechen des Schlachtviehs.

stichler² Subst. m. [Gmü, HLD, LüJ, PfJ, StG]; **sticheler** [KMa, OH]
– Schneider [Gmü, HLD, KMa, LüJ, OH, PfJ, StG]

stichlere Subst. f. [LüJ, PfJ]; **schdichlre** [OJ]
– Näherin [LüJ, OJ, PfJ]

stichling Subst. m. (CL, Gmü, Him, LJ, LüJ, PH, PfJ, SchJ, SK, StG, TJ, Wo); **stichleng** [LüJ]; **schdichleng** [OJ]; **schtischling** [StJ]; **schtichling** [WJ]
– Nadel [LJ, SK, SchJ, StG, StJ, TJ]; Gabel [Gmü, Him, LüJ, OJ, PfJ, TJ, Wo]; Messer [CL, LüJ, OJ, PH, WJ]; Schneider [StJ]; andere spitze Gegenstände [WJ]; Igel [LJ] ♦ **E:** rw. *stichling* ‚Zaunpfahl, Messer' (WolfWR 5584, Klepsch 1425), zu dt. *stechen*, im rw. werden damit allgemein spitze Gegenstände bezeichnet, Derivation mit dem Suffix *-ling*. ♦ **V:** *moss, i tät jetz en grandiger stichling kahle* ‚Mädchen, ich würde jetzt gern einen leckeren Igel essen' [LJ]

stichlersbink Subst. m. [PfJ]
– Schneider [PfJ]

stichlersmoß Subst. f. [PfJ]
– Näherin [PfJ]

schdichelei Subst. f. [HK]
– Näherei [HK]; Schneiderei [HK] ♦ **V:** *ich schemme in 'ner schdichelei* ‚ich arbeite in einer Näherei' [HK]

stichelbeker Subst. m. [HK]
– Schneider [HK]

schdichelebbes Subst. m. [HK]; **schdichlibbs** [HK]; **stichlipps** [HK]
– Schneider [HK]; Sattler [HK]

stichelpahn Subst. m. [SK]; **stichlingspahn** [SK]
– Schneider [SK]

stichlingsmalocher Subst. m. [HLD]
– Schneider [HLD] ♦ **E:** → *pan* ‚Herr'.

stichlingspflanzer Subst. m. [Zi]
– Schneider [Zi]

stickbolt Subst. m. [MT, MeT]; **stickbolte** [MeT]
– Schneider [MT, MeT]

stickmaloche Subst. f. [MM]
– Stickereiarbeit [MM]

stickum Subst. m. [MeT]
– Schneider [MeT] ♦ **E:** rw. *stickum* ‚Schneider' WolfWR 5540 wohl mit Einfluss von → *stickum* ‚leise, verschwiegen'.

sticken Subst. m., Pl. [MB, MM]
stikken [MM]
– Beine [MM]; Streichhölzer [MB, MM]; Stock [MM]
♦ **E:** westf. *stikke* ‚Streichholz' (WWBA 1504); westf. *stikken* ‚Streichholz, Zündholz' (WestfWb. 1186).
sticken swV. [MM]; **stikken** [MM]
– treten [MM]; Fußball spielen [MM].

stickum ‚leise, still, verschwiegen' u. ä. s. → *stike*.

stidtel Subst. n. [BM]
stadtere Subst. f. [BM]
– Stadt [BM] ♦ **E:** wohl Umbildung von dt. *Stadt* (SchweizId. X 1095).

stiebeln nur in:
anstiebeler Subst. m. [SJ]; **anstiebler** [SJ]
– Anstifter [SJ] ♦ **E:** SchwäbWb. I 270 (*anstiflen* – ‚aufreizen, anstiften'), hochdt. *anstiften*.

stieben¹ swV. [KP]
stiben [GM]; **stiebe** [MeJ]
– laufen [GM, KP]; gehen [MeJ] ♦ **E:** rw. *stieben* ‚laufen, verschwinden' (WolfWR 5586, ohne Herleitung), zu dt. *stieben* ‚fortwirbeln, herumfliegen' DWB XVIII 2755 ff.; gegenseitige Beeinflussung und Verquerungen mit *stieben²*.
abstieben swV. [KP]
– verschwinden [KP]; sterben [KP]
anstieben swV. [KP]
– etwas tun, ausführen [KP]; beginnen [KP]; kopulieren [KP]
herumstieben swV. [KP]
– hausieren [KP]
stiebe Subst. Pl. [LüJ]
– Bürsten [LüJ] ♦ **E:** wohl zu rw. *herumstieben* ‚hausieren' (WolfWR 5586), Bürsten in Lützenhardt das typische Hausiergut.
beistieber Subst. m. [KP]
– Knecht [KP]
beistieberin Subst. f. [KP]
– Magd [KP]
zopfenastieber; zopfenanstieber Subst. m. [KP]
– Bäcker [KP].

stieben² swV. [LüJ, PfJ]
stiebæ [WJ]; **schtiebæ** [WJ]; **stiepen** [HF, HeF]
– geben [HF, HeF, LüJ, WJ]; versetzen [HF, HeF]; austeilen [HF]; jmd. hereinlegen [LüJ]; fangen [PfJ]; kriegen, bekommen [LüJ] ♦ **E:** rw. *stieben* ‚geben, versetzen' (WolfWR 5587), Herleitung unsicher. ♦ **V:** *knöp stiepen* ‚Schläge geben' [HeF]

stübere swV. [JeS]; **stübern** [JeS]; **stoben** [JeS]; **stoba** [JeS]
– bekommen, kriegen [JeS]; erhalten [JeS]; erreichen [JeS]; erben [JeS]; nehmen [JeS]
bestieben swV. [JS, LJ, LüJ]; **b'stieben** [LüJ]; **bstieba** [LüJ]; **bschtiaba** [LüJ]; **beschdieben** [HK]; **beschduuben** [HK]; **bestuben** [HK]; **beschduuwen** [HK]; **bestoben** [HK]
– bekommen [JS, LJ, LüJ]; etwas bekommen [HK, LüJ]; kriegen [HK, LüJ]; geschenkt kriegen [HK]; sammeln [HK]; erhalten [HK, LüJ]; haben wollen [HK]; „umsonst gekriegt" [HK]; jmd. drankriegen [LüJ]; jmd. hereinlegen, bescheißen [LüJ]; jmd. ertappen [LüJ] ♦ **V:** *daba bstieaba* ‚Schläge bekommen' [LüJ]; *muff bestieben* ‚Schläge bekommen' [LüJ]; *eine auf den muffer bestiebe* ‚einen Schlag auf die Nase bekommen' [LüJ]; *wenn er galo lobe bestiebt* ‚wenn er Schwarzgeld bekommt' [LüJ]; *oder e häflele gleiß, nit emal des hast bestiebt von dera tschubel* ‚oder ein Töpfchen Milch, nicht einmal das hast du von der Frau bekommen' [LJ]; *hast gufferling bestiebt von dene fiesel wegen dene murrer?* ‚hast du von den Kerlen Prügel bekommen, wegen der Katzen?' [LJ]; *die hätt halt grandig kalmuffe bestiebt* ‚die haben halt ganz schön Prügel bekommen' [LJ]; *Mödele, warum glemsest so grandich? Hast vom patres guffes bestieb?* ‚Mädchen, warum weinst du so arg? Hast'vom Vater Hiebe bekommen?' [LüJ]; *er beschduuwed kuffse* ‚er bekommt Hiebe' [HK]; *wir bleiben noch, wir beschduuben mehr* ‚wir bleiben noch, wir bekommen mehr' [HK]; *20 luugse beschdomm* ‚zwanzig Mark bekommen' [HK]; *ich hab 'nen halben luugs beschdommen* ‚ich habe fünfzig Pfennig bekommen' [HK]; *kurand beschdomm* ‚viel Geld bekommen/ gesammelt' [HK]; *weife beschdomm* ‚Prügel bekommen' [HK]; *kassow bestoben* ‚Brief bekommen' [HK]; *de waletto bestiebt grannig kuffes für de kiebes* ‚der Arbeiter bekommt viel Schläge auf den Kopf' [JS]; *du bestiebst kuffes vör et ponum* ‚du bekommst Schläge ins Gesicht' [JS]; *wann bestiebe wer die achiele* ‚wann bekommen wir das Essen' [JS]; *ich bestieb achiele* ‚ich bekomme Essen' [JS]; *wenn ich von de viehl tschie lowie bestieb nasche wer manke* ‚wenn ich vom Amt kein Geld bekomme, gehen wir betteln' [JS]
dranbstieben swV. [LüJ]; **drannbstieben** [LüJ]
– drankriegen, dranbekommen [LüJ]; jmd. reinlegen, bescheißen [LüJ]; überlisten [LüJ];
gschtiebæ swV. [WJ]
– sein [WJ]; werden [WJ]; erhalten [WJ]

gstibn swV. [TJ]
– kriegen, bekommen, erben [TJ].

stieber, stiebes ‚Rausch' → *stöber²*.

stieke ‚Stillschweigen' → *stike*.

stieling¹ Subst. m. [PfJ, SchJ]
stiling [SJ]; **stîling** [Him, SJ]; **stieleng** [LüJ]; **schtiling** [WJ]; **schdieleng** [OJ]; **stilerling** [CL]; **stingling** [KJ, LoJ]; **steinling** [PfJ]; **stilig** [JeS]; **stiilig** [JeS]; **steelig** [JeS, MJ]; **stáling** [PfJ]; **stielchen** Subst. n. [JSa]; **stielcher** Subst. m. [RH]; **stilche** [MeJ]
– Birne [CL, Him, JSa, KJ, LoJ, LüJ, MeJ, MJ, OJ, PfJ, RH, SJ, SchJ, WJ]; Kirsche [PfJ]; Zwetschge [PfJ] ♦ **E:** rw. *stieling* ‚Birne' (WolfWR 5589, Klepsch 1425, SchwäbWb. V 1769), zu dt. *Stiel* u. a. „der schlanke, stengelartige und gewöhnlich fleischige träger von blättern, blüten und früchten" DWB XVIII 2832 ff.

stieling²
Subst. m. [LüJ]
– Kamm [LüJ] ♦ **E:** Benennungsmotiv: nach den Zacken.

stielengstöber Subst. m. [LüJ]
– Birnbaum [LüJ]

stilingsjole Subst. f. [PfJ, SJ]
– Most [PfJ, SJ]; Birnenmost [PfJ] ♦ **E:** → *jol*.

stillchen Subst. n. [WL]
– Kirsche [WL]

stillercher Subst. Dim. Pl. [WL]
– Kirschen [WL] ♦ **V:** *lake fir stillercher, lompe fir kiischten!* ‚Lumpen für Kirschen!' (Verkaufsruf jenischer Händler) [WL].

stiepen ‚geben, austeilen' → *stieben²*.

stierchen¹ ‚Huhn' → *stiri*.

stierchen² Subst. n. [HK]
schdierchen [HK]
– fünfzig Pfennig [HK]; halbe Silbermark [HK]; Geldstück [HK]; Geld [HK]; „hat was mit Geld zu tun" [HK] ♦ **E:** Übertragung von *stürchen* (s. → *stiri*) auf die Münze, halbe Silbermark, met. spottend: Wappenvogel als Hühnchen; vgl. ugs. *Fette Henne* für die Adlerplastik im Deutschen Bundestag. ♦ **V:** *granniche schdierchen* ‚fünfzig Mark' [HK]; *kleines schdierchen* ‚fünf Pfennig' [HK]; *De bosenkäue düwwert: S' sänftchen schulmmt vier dufte, unns oahbendleechen schulmmt 'n stierchen!* ‚Die Wirtsfrau sagt: Das Bett kostet fünfzig Pfennige und das Abendessen kostet eine halbe Silbermark!' [HK]

sterblech Subst. n. [HK]
– fünfzig Pfennig [HK].

stieri Subst. m. [RR]
– Ochs [RR] ♦ **E:** zu dt. *Stier* ‚männliches Rind' DWB XVIII 2845 ff.

stierig Adj. [OJ]
schdierig [OJ]
– in Ordnung sein [OJ] ♦ **E:** Semantische Antonymie, zu dt. *stierig* ‚störrisch, widerspenstig, eigensinnig, dumm' DWB XVIII 2862. ♦ **V:** *em kiebes nobis schdierig* ‚im Kopf nicht ganz richtig' [OJ].

stiewes Subst. [KMa, OH]
– Stube [KMa, OH] ♦ **E:** wohl mdal. zu dt. *Stube, Stübchen* HessNassWb. III 787.

stif Subst. m. [EF]
– Herr, vornehmer [EF] ♦ **E:** unsicher; evtl. zu rw. *stiffeln, stiefeln* ‚schlagen, strafen', zu dt. *Stiefel* WolfWR 5594.

stift Subst. m. [EF, FS, HL, MeJ, PfJ, RH, SG, StG]
stöfft [WL]
– Lehrling [EF, EF, FS, SG, StG]; Lehrjunge [PfJ]; Junge [HL]; Knabe [WL]; Mann [EF]; Herr [EF]; Nase [MeJ, RH] ♦ **E:** rw. *stift* ‚Knabe', *stiftche, stiftgen* ‚Knäbchen' (WolfWR 5595), zu dt. *Stift* ‚dünner, zugespitzter Gegenstand' DWB XVIII 2867 ff. → *stiftling*.

stiftchen Subst. n. [GM]
– Kind, Kinder [GM].

stiften swV. in:
stiften gehen ‚abhauen' [MM] ♦ **E:** ugs. *stiften gehen* ‚abhauen' (Kü 1987: 300).

stiftling Subst. m. [LJ, SchJ, Scho, TJ]
– Nagel [LJ, SchJ, Scho, TJ] ♦ **E:** WolfWR 5597, Klepsch 1426. → *stift*.

stiggstück Subst. m. [BM]
– ganzer Kerl [BM] ♦ **E:** unsicher; evtl. zu schweizdt. *stig* ‚Ersteigung'.

stiil Subst. m. [JeS]
stiel [JeS]
– Schwanz [JeS]; Schweif [JeS] ♦ **E:** schweizdt. *Stiil* ‚Schwanz, Penis' (SchweizId. XI 227, 231).

stike Subst. [MM, Scho]
stieke [MM]
– Stillschweigen, Stille [MM]; Ruhe [Scho] ♦ **E:** rw. *schtike* ‚Stillschweigen, Stille' (WolfWR 5167) < jd.

schtiko ‚Stillschweigen' (We 103, MatrasJd 291, Post 251, Klepsch 1423).
stikum¹ Subst. [SJ]
– Stille [SJ]
stikum² Adj., Adv.; Interj. [MM, MoM, PH]; **stikkum** [MM]; **stiekum** [MM]; **stickum** [MB, MM]; **stickúm** [TK]; **schtikum** [KM]; **stigum** [GM]; **schtiegum** [CL]; **schdiekum** [HK]; **stikem** [KMa]; **stigem** [CL, PH]; **stīgem** [PH]; **stiegem** [CL]; **schdiegem** [CL, LL]; **stäikum** [SS]; **steckem** [FS]; **steckum** [SK]; **scheckum** [SK]
– still [FS, GM, KMa, MM, MoM, PH, SS]; ruhig [CL, GM, HK, LL, MM]; ruhig, leise sein [CL, HK, LL]; nichts reden [CL, LL]; heimlich [KM, MB, MM]; leise [HK, KM, MM]; unter der Hand [MM]; unbemerkt [MM]; unauffällig [MM]; geduldig [MM]; zurückhaltend [MM]; verschwiegen [MM]; vorsichtig [MM]; Achtung! [SK]; pass auf! [SK]; sei ruhig! [SK]; „eine in sich gekehrte Person" [MM]; „nichts sagen" [HK]; stumm [HK]; still sein [HK]; Mund halten [HK]; „ohne was zu sagen" [HK]; „leise, sag gar nichts!" [HK]; „nichts sagen dürfen" [HK]; „Stille" [HK]; „Ruhe" [HK]; „nichts sagen!" [TK]; *Er is schdiegem!* ‚Er schweigt' [LL]; *Schdiegem, die Kodem dormen* ‚Ruhe! Die Kinder schlafen!' [CL, LL]; *Schtiegum, die Kootem spannen* ‚Ruhig, die Kinder hören zu' [CL]; *ich hab mir die knierfte stikum bewircht* ‚ich habe mir heimlich Altmetall angeeignet' [MM]; *schdiekum, der hussl buschd* ‚leise, die Polizei kommt' [HK]; *der beeker schemmd schdiekum* ‚der Mann sagt nichts' [HK]; *dilm, sei schdiekum* ‚Mädchen, sei ruhig' [HK]; *der scheeks war schdiekum, die dilm hat viel verschiwwerd* ‚der junge Mann war still, das Mädchen hat viel erzählt' [HK].
steck um Phras. [SJ]
– sei still, hör' auf! [SJ] ♦ **E:** volksetymologisch-analytische Bildung zu dt. *umstecken*. → *stock um*.
gschdiechem [Scho]
– sei ruhig! [Scho] ♦ **E:** rw. *stigem, stikum* ‚ruhig', jd. *schtiko* ‚Stillschweigen', jd. *stieke* ‚ruhig' (WolfWR 5167, We 103).
stil Subst. m. [KMa]
– Lehrer [KMa] ♦ **E:** wohl zu dt. *Stil, Styl* ‚Schreibgerät, Griffel' DWB XVIII 2905 ff.
stiling ‚Birne' s. → *stieling*.
stillchen, stillercher ‚Kirsche' → *stieling*.

stilldo Subst. m. [PH]
– Stall [PH] ♦ **E:** unsicher; evtl. zu *stell-, stellage* ‚Gestell' DWB XVIII 2169f.

stille marschierer Phras. [HLD]
– Läuse [HLD] ♦ **E:** unsicher; zu dt. *still* oder roi. *štilepen* ‚Gefängnis', vgl. rw. (volksetymologisch) *stille Penne* ‚Gefängnis' WolfWR 5598.

stillen swV. [GM]
– verhaften [GM]; ergreifen [GM] ♦ **E:** roi. *štil* ‚verhaften, arretieren, festnehmen' (WolfWZ 3178).
einstillen swV. [LJ]
– einsperren [LJ]
stillo Subst. m. [MB]
– Gefängnis [MB]; Knast [MB]
stillepenn Subst. n. [JS, MB, MM]; **stillepen** [LüJ]; **stillebenn** [JSW]; **stilleben** [JS, MUJ, PH, UG]; **stillebén** [JSW]; **stillepin** [GM]; **stillenben** [LJ]; **stillben** [LJ]; **stillepeng** [MB]; **stillopeng** [MB]
– Arrest [LJ, LüJ, UG]; Gefängniszelle [LJ]; Gefängnis [JS, JSW, LüJ, MB, MUJ, PH]; Kittchen [MB]; Zelle [MB]; Knast [MB] ♦ **E:** rw. *stillipen, stilepenn* ‚Gefängnis' (WolfWR 5598) aus roi. *štilepen* ‚Gefängnis, Gefangenschaft' (WolfWR 5598, WolfWZ 3178). ♦ **V:** *der grukt im stillepen* ‚der sitzt im Gefängnis' [LüJ]; *dann kamen die knistos und brachten ihn ins stillopeng* ‚dann kam die Polizei und brachte ihn ins Gefängnis' [MB]; *de kunde nascht en et stillepenn* ‚der Kollege geht ins Gefängnis' [JS].

stils Subst. m. [HK]
– Musiker aus Italien [HK] ♦ **E:** unsicher; evtl. zu mdal./rhein. *Stilles* ‚verächtl. unbeholfener Mensch' (RheinWb VIII 694); oder womgl. zu dt. *Stil, Styl* ‚Schreibgerät, Griffel' DWB XVIII 2905 ff. Vgl. → *stil*.

stimme Subst. Pl. [BM]
– Centimes [BM]; Rappen [BM] ♦ **E:** volksteymologisch zu frz. *Centimes*.

stimmen swV. [PfJ]
– anstiften [PfJ] ♦ **E:** dt. *stimmen* „allgemein reden, tönen, äuszern" DWB XVIII 3088 ff.

stines ‚Stock' → *stinnes*.

stinker Subst. m. [JeS, KP, LJ, SchJ, Scho, TJ, TK] **stänker** [NJ, SK]; **stenker** [Him, SJ]; **schdenggr** [OJ]; **stinkert** Subst. m. [CL, JS, JSa, LJ, LüJ, MeJ, PH, PfJ, SS, TJ, TK]; **stinket** [KJ]; **stänkert** [HK, NJ, SK]; **stengert** [MUJ]; **sténkert** [WL]; **stenkert** [Him, LüJ];

schdenggrd [OJ]; **schtenkært** [WJ]; **schdängkerd** [HK]; **stinggel** Subst. m. [JeS]; **stinkel** [JeS, TK]
– Zwiebel [LJ, SchJ, Scho, TJ]; Zwiebelstinker [Scho]; Käse [JSa, PfJ, SS]; Stinkkäse [OJ]; Backsteinkäse [KP]; Stall [CL, HK, Him, JS, JeS, KJ, LJ, LüJ, MUJ, NJ, OJ, PH, PfJ, SK, TJ, TK, WJ, WL]; Stallgebäude [JeS]; altes Haus [HK]; Stube [HK]; Abtritt [LüJ]; Unterschlupf [JeS]; Nachtquartier [JeS]; Iltis [Him, SJ]; Fuchs [SJ]; Petroleum [WL]; Jude[MeJ] ♦ **E:** rw. *stinker* ‚Zwiebel' (WolfWR 5602), rw. *stänker* ‚Mist' (WolfWR 5529), rw. *stenkert* ‚Stall' (WolfWR 5529) zu dt. *stinken* ‚üblen Geruch verbreiten, aufdringlich riechen' DWB XVIII 3146 ff. ♦ **V:** *Oberkünftig herles in der grandiche ruchekitt schefft ein nille. Der hauret link. Spann', da linzt er zum feneter am stenkert* ‚Oben hier in dem großen Bauernhaus ist ein geistesgestörter Mensch. Der ist sehr böse. Sieh', hier schaut er zum Fenster am Stall heraus' [LüJ].
schdenggragehd Subst. f. [OJ]
– Zigarre [OJ] ♦ **E:** mdal. *Rakete*.
stinkbolz Subst. m. [PfJ]; **stinkbolze** [PfJ]
– Zigarre [PfJ]; Zigarette [PfJ]
stinkerkutt Subst. f. [LJ]
– Stall [LJ] ♦ **E:** → *kutt*.
stinknagel Subst. m. [PfJ, SJ]
– Zigarre [PfJ, SJ]; Tabakpfeife [PfJ]; Zigarette [PfJ]
stinkadores Subst. m. [LJ]; **stinkedores** [Scho]
– Käse [LJ, Scho]; Backsteinkäse [Scho] ♦ **E:** Kontamination aus *stinken* und *Fumadores* ‚Zigarren' (Klepsch 1427), ugs. *Stinkadores*.

stinnes Subst. m. [HF]
stines [HeF]
– Stock [HF, HeF] ♦ **E:** zu rw. *stenz, stems, stens* ‚Stock' (WolfWR 5570). → *stenz*.
blökstinnes Subst. m. [HF]
– Zigarre [HF] ♦ **E:** mdal./rhein. *blöken* ‚rauchen', *blök* ‚Qualm'.
bottstines Subst. m. [HeF]; **bottstinnes** [HF]
– Löffel [HF, HeF] ♦ **E:** → *botten*.
fonkestines Subst. m. [HeF]; **fonkestinnes** Subst. m. [HF]; **fonkertstinnes** [HF]
– Kerze [HF, HeF]; Stocheisen (Schüreisen)[HF]
krabbelstinnes Subst. m. [HF]
– Feder [HF]; Federhalter [HF] ♦ **E:** → *krabbelen*.
stinnesenrühl Subst. m. [HF]
– Zigarrenhandel [HF].

stippchen Subst. n. Dim. [SE]
– Bremsklotz [SE] ♦ **E:** wohl zu rhein. *stipp, steppchen* u. a. ‚enger Durchlass' RheinWb. VIII 707.

stippen [KJ]
– geben [KJ] ♦ **E:** wohl zu dt. *stiften* ‚gemeinnützige anstalten errichten, wie spitäler, schulen, universitäten, und ihren unterhalt sicherstellen" DWB XVIII 2876 ff.

stirfn swV. [LoJ]
– stehen [LoJ] ♦ **E:** unsicher; womgl. (mit r-Metathese) zu dt. *striefen* ‚streifen, mit Streifen versehen' DWB XIX 1592, nach dem Bild zweier Beine.

stiri Subst. m./n. [KJ]
stieri [RR]; **sturi** [MM, SchJ]; **stierchen** Subst. n., Dim. [HK, JSa]; **schdierchen** [HK]; **sterchen** [NJ, SK]; **stärichen** [NJ]; **sternchen** [NJ]
– Huhn [HK, JSa, KJ, NJ, TJ, TK]; Henne [KJ, MM, RR, SchJ, TJ, TK]; Geflügel, „Huhn, Hahn, Gans, Ente, Taube" [SK]; Hahn [RR]; Gockel [RR] ♦ **E:** rw. *stier, stür, stärchen* ‚Huhn' (WolfWR 5591, Klepsch 1433), zu dt. mdal. *stüren, stieren* ‚scharren, stöbern'.
stierer Subst. m. [LüJ]
– Henne [LüJ]
stierling Subst. m. [PfJ]
– Henne [PfJ]
stiernickel Subst. m. [PfJ]
– Hahn [PfJ]; Henne [PfJ]; Huhn [PfJ]
gstiern Subst. n. [TJ]; **g'stirn** [TK]
– Huhn, Henne [TK].

stirn Subst. f. nur in:
ossenstirne Subst. f. [StG]
– breite Stirn [StG] ♦ **E:** mdal. *Ochsenstirn*.

stitze Subst. Pl. [BM]
– Centimes [BM] ♦ **E:** schweizdt. *Stitzen* ‚Rappen' (SchweizId. XI 1857).

stiuren strips Subst. Phras. [SK]
– geronnene Milch [SK] ♦ **E:** rw. *stripse* ‚Milch' (WolfWR 5655), zu dt. *strippen* ‚melken'. → *strips*; evtl. nd. *stüren* ‚steuern, lenken'.

stoackmann Subst. m. [KMa]
stockmann [KMa]
– Brot [KMa] ♦ **E:** Parallelbildung zu *stockbrot* ‚langes, dünnes brot' DWB XIX 55.
stock Subst. m. [KMa]
– Brot [KMa].

stoakern swV. [SS]
– kochen [SS] ♦ **E:** zu westf. *stoken* ‚schüren, Hausarbeit verrichten' Woeste 256.

stoaln swV. [LoJ]
stoindln [RR]
– weinen [LoJ, RR] ♦ **E:** unsicher; womgl. zu dt. *stoisch* u. a. ‚Spaßverderber' XIX 192f.

stöber¹ Subst. m. [LüJ]
stöbert Subst. m. [JeS]; **stööbert** [JeS]; **steebet** [JeS]; **stebert** [JeS]; **steeberlig** Subst. m. [JeS]; **steebetli** Subst. n. [JeS]
– Baum [JeS, LüJ]; Bein(e) [JeS]; Tischbein [JeS]; Stock [JeS]; Deichsel [JeS]; Weihnachtsbaum [JeS] ♦ **E:** rw. *stöber, stöberling*, zu dt. *Stab*, schweizdt. *Staab* WolfWR 5605, wohl unter Einfluss von hebr. *schéwet* ‚Stab, Stock, Stamm'. ♦ **V:** *lins, jogg, wie huurt die schyyge kwanti steebet* ‚schau, Bursche, wie hat diese Frau schöne Beine' [JeS]

bommerlengstöber Subst. m. [LüJ]
– Apfelbaum [LüJ]

krächerlesstöber Subst. m. [LüJ]
– Nußbaum [LüJ]

scharriselesstöber Subst. m. [LüJ]
– Kirschbaum [LüJ]

stielengstöber Subst. m. [LüJ]
– Birnbaum [LüJ]

stöber² Subst. m. [LüJ]
– Schwips, Rausch [LüJ]

stöberle Subst. n. [LüJ]
– kleiner Rausch [LüJ]

bommerlengsstöber Subst. m. [LüJ]
– Most-Rausch [LüJ].

stobig Subst. m. [HL]
– ein fauler Kunde [HL] ♦ **E:** rw. *stoobig, stobig* ‚ärmlich, elend' WolfWR 5616, wohl zu dt. *staubig* DWB XVII 1114 ff.

stochern swV. [WG]
– unrechtmäßig aufsperren (mit einem Dietrich) [WG] ♦ **E:** dt. *stochern* „leicht und wiederholt stechen" DWB XIX 7 ff.

stock¹ Subst. m. [SK]
– 1 Mark [SK] ♦ **E:** → *schuck*, → *schock*.

stock² nur in:
schmoochstock Subst. m. [HL]
– Zigarre [HL] ♦ **E:** mdal. *Schmauchstock*.

stockchef Subst. m. [WG]
– Aufseher [WG]; Justizbeamter [WG] ♦ **E:** dt. *Stock* ‚Knüppel' DWB XIX 10 ff.

stocken¹ swV. [WG]
– warten [WG]; *stocken lassen* ‚im Stich lassen' [WG] ♦ **E:** zu dt. *stocken* „dick, fest, steif, starr werden, so dasz bewegung oder umlauf aufhört" DWB XIX 61 ff. ♦ **V:** *dort stockt etwas* Hinweis auf einen zu stehlenden Gegenstand [WG]

stock³ Interj. [Scho]
– Ruhe! [Scho]

stock um Interj., Phras. [LoJ]
– hör auf! [LoJ]; gib acht [LoJ] ♦ **E:** volksetymologisch-analytische Bildung zu → *stikum*; vgl. → *steck um*.

stocken² swV. [JSa]
– geben [JSa] ♦ **E:** evtl. zu rw. *stechen, stecken*, dt. *jmd. etwas zustecken* (WolfWR 5541). ♦ **V:** *Chicksi, stock mer en ungewanden Schmurf* ‚Mädchen, gib mit einen guten Kuss' [JSa].

stöckle swV. [BM]
– jemanden durch Beinstellen zu Fall bringen [BM] ♦ **E:** zu dt. *Stock* oder *Stöckel* ‚Absatz' (SchweizId. X 1783, *stöcklen* ‚zu Boden werfen, fallen').

stödere swV. [BM]
stodere [BM]
– planlos umhergehen [BM]; stolzieren [BM]; großtun [BM] ♦ **E:** schweizdt. *stöderen* ‚ungeschickt, stolprig, eilig gehen' (SchweizId. X 1341).

stöderi Subst. m. [BM]
– Dandy [BM]

stöderig Adj. [BM]
– hochmütig [BM].

stoff Subst. m. [MM]
stoof [MM]; **stof** [MM]
– Ärger [MM]; Streit [MM]; Krach [MM] ♦ **E:** unsicher; evtl. zu westf. *stoof* ‚Staub' (WWBA) oder dt. *stofen, stoben* ‚dämpfen' DWB XIX 140; ugs. *Stoff* ‚Ärger'. ♦ **V:** *hamel stoof* ‚großer Ärger' [MM]; *der macker hatte stoof mitte mispel* ‚der Mann hatte Ärger mit der Polizei' [MM]; *wenn die schicker warn, gabs immer stoof wegen die anims* ‚wenn sie betrunken waren, gab es immer Streit um die Mädchen' [MM]; *er machte stoff mitte juchelos inne pinte* ‚er fing Streit mit einigen Hundskerlen in der Kneipe an' [MM].

stoffe Subst. m. [MT, MeT]
– Sohn [MT, MeT] ♦ **E:** Kurzform zum RN *Christoph*.

stoffel¹ Subst. m. [MT, MeT]
– Bräutigam [MT, MeT]

stoffelsche Subst. f. [MT, MeT]
– Braut [MT, MeT].

stoffel² Subst. m. [NJ]
– Nase [NJ] ♦ **E:** rhein. *Stoffel* u. a. ‚Dickes, Klobiges' (RheinWb. VIII 732).

stöfft ‚Knabe' → *stift*.

stögens Subst. m. [BM]
– Stock(werk) [BM]; (Blumen-)Stock [BM] ♦ **E:** zu dt. *Stock* DWB XIX 10 ff.

stoi Subst. m. [SWJ]
schdoe [SJ]; **schdoi** [OJ]
– Bonbon [SJ]; Stein [SJ]; Geld [OJ]; Mark [OJ] ♦ **E:** schwäb. *Stein*.

stolfe swV. [JeS]
stolfen¹ [JeS]
– stehen [JeS]; warten [JeS] ♦ **E:** rw. *stolffen* ‚stehen' zu dt. *Stolp* ‚Ständer, Pfosten' (WolfWR 5612).

stolfen² swV. [TJ]
– kommen [TJ] ♦ **E:** unsicher; bei semantischer Antonymie zu rw. *stolffen* ‚stehen' WolfWR 5612; evtl. zu dt. *stolpern* „mit dem fusz beim gehen anstoszen" DWB XIX 219 ff.

stömpse swV.
schtömpse [StJ]; **stompen** swV. [WL]
– zanken [WL]; streiten [StJ, WL] ♦ **E:** rw. *stumpfen, stumpen* ‚zanken, schelten' WolfWR 5686, evtl. Querung mit rw. *stumpfen* ‚stechen' WolfWR 5687. → *stumpfen*. ♦ **V:** *di sen sisch am schtömpse* ‚die streiten sich' [StJ]

stomp Subst. m. [WL]
– Ärger [WL]

stomp Adj. [WL]; **stomps** [WL]
– böse [WL]

michel bestompe Phras. [KMa, OH]
– Schläge austeilen [KMa, OH].

stopfen swV. nur in:
gestopfter binkl ‚reicher Mann' [WG]; *gstopfter gogl* ‚reicher Kunde' [WG]

stopfer Subst. m. [Gmü]
– Tasche [Gmü] ♦ **E:** rw. *stopfer* ‚Tasche' WolfWR 5617, dt. *stopfen*.

stoppe swV. [CL]
– schenken [CL] ♦ **E:** pfälz. *stoppe* ‚stopfen, einfüllen' PfälzWb. VI 826, evtl. Einfluss von rw. *stieben* ‚geben' (WolfWR 5587).

stör Subst. f. [SJ]
stêr [KP]; **stehr** [LüJ]
– Handelsreise [LüJ]; Streunen [LüJ]; Heimarbeit im Haus des Kunden [SJ] ♦ **E:** rw. *uf d' ster gehen* ‚auf Handelsreise gehen', zu dt. *Stör* ‚auswärtige Arbeit eines Handwerkers (im Haus des Kunden)' (WolfWR 5575; DWB XIX 361f., Stör 2; schwäb. *auf die Stör gehen* ‚im Kundenhaus um Lohn schaffen', SchwäbWb. V 1798/99).

stor Subst. f. [DG]
– Kaufladen [DG]; Holzhütte [LüJ]; Heuballen [LüJ] ♦ **E:** wohl zu dt. *Stor* ‚Vorhang', „spezialität in storren jeden systems für schaufenster" DWB XIX 361, aus franz. *store* und ital. *stora* (*storja*), diese aus lat. *storea* ‚Matte'.

storjen Subst.
schdorjen Subst. Pl. [HK]
– Reden [HK] ♦ **E:** Kürzung aus dt./lat. *Historien* ‚Geschichten', thür. *storcheln* ‚plaudern, schwatzen' (ThürWb. V 1618). ♦ **V:** *moole schdorjen* ‚schlechte Reden' [HK].

stormes Subst. m. [HK]
schdoarmes [HK]; **schdoames** [HK]; **stermes** [HK]
– Hut [HK]; Jägerhut [HK] ♦ **E:** dt. *Stürmer* ‚Hut', „drei- und zweispitz um die wende des 18. jh. er war der hut für festliche gelegenheiten und zeremonien" DWB XX 627. ♦ **V:** *falscher schdoarmes* ‚Perücke' [HK]; *er zuppte sinn stormes zum fleppen* ‚er legte seinen Hut zum Geldeinwerfen hin' [HK].

storze Subst. f. Pl. [BM]
– Beine [BM] ♦ **E:** schweizdt. *Storzen* ‚Oberschenkel, menschliches Bein' (SchweizId. XI 1554).

stoß Subst. m. [WG]
– Kartenspiel (organisiertes verbotenes Glücksspiel) [WG]; Kartenname beim Stoß [WG] ♦ **E:** Name des in der Wiener Unterwelt beliebten und zugleich verbotenen Kartenspiels; vgl. rw. *stoß* ‚Zusammenkunft von Falschspielern', wohl (volksetym.) zu jd. *schtuss* ‚Unsinn' WolfWR 5623.

stoßen swV. [SJ, StG]
– anbetteln [SJ, StG] ♦ **E:** rw. *stoßen* ‚betteln' WolfWR 5625, wohl zu dt. *stoßen* mit großem Bedeutungsspektrum, DWB XIX 487 ff.; SchwäbWb. V 1808 ff.
stößchen Subst. n. [JSa]
– Hut (als Behältnis beim Betteln) [JSa]
stoßbaung Subst. m. [LoJ]
– Rehbock [LoJ]

stößer Subst. m. [MM]
– Gefängnisaufseher [MM]; Vorarbeiter [MM]
stößer Subst. m. [SJ]; **stösser** [SJ]
– Raubvogel [SJ] ♦ **E:** schwäb. *Stößer* ‚Raubvogel' (SchwäbWb. V 1810).
stötentickel Subst. m. [SG]
– Polizist [SG] ♦ **E:** nd. *stooten, stöten* ‚stoßen'.

stouchen ‚stehlen' s. → *stauchen.*

stöver Subst. m. [HF]
– großer Schnurrbart [HF]; Stäuber [HF] ♦ **E:** rhein. *Stäuber* ‚Staubbesen, Schnurrbart' (RheinWb. VIII 539).
strääffere Subst. f. Pl. [BM]
– Strafaufgaben [BM] ♦ **E:** schweizdt. Bildung zu dt. *Strafe.*
strääftsch Subst. f. [BM]
– Strafe [BM].
sträätze swV. [BM]
– eilen [BM]; springen [BM]; laufen [BM] ♦ **E:** schweizdt. *sträzen* ‚rennen, jagen' (SchweizId. XI 2465).
strabbelkäue Subst. f. [HK]
schdrabbelkeue [HK]
– Hebamme [HK] ♦ **E:** dt. *strabbeln* „von kindern mit händen und füszen zappeln" DWB XIX 589. → *goi.*
strabudel Subst. f.
schdrabudl Subst. f. [OJ]
– Gans [OJ] ♦ **E:** Nebenform zu → *strohbutz.*
schdrabudljohle Subst. n. [OJ]
– Gänsewein [OJ]; Wasser [OJ].
strachelen swV. [GM]
– koitieren [GM]; beischlafen [GM] ♦ **E:** unsicher; evtl. zu nd. *straken* ‚streicheln', womgl. Mit Einfluss von rw. *auf den Strich gehen* ‚sich als Dirne zur Anlockung von Männern auf der Straße herumtreiben' (WolfWR 5656).
stracken swV. [LJ]
– legen [LJ]; liegen [LJ] ♦ **E:** schwäb. *stracken* ‚lang ausgestreckt, faul daliegen' (SchwäbWb. V 1774).
♦ **V:** *strackde* ‚leg dich hin' [LJ].
strade Subst. f. [JeS, LüJ, PfJ, SJ, TJ, TK]
stradde [LJ]; **schdrade** [OJ]; **schdrâde** [TK]; **strate** [Him]; **schtrade** [SJ]; **stradi** [JeS, KJ, SchJ]; **stradine** Subst. f. [JeS, MJ]
– Straße [Him, JeS, LJ, LüJ, OJ, PfJ, SchJ, TJ, TK]; Landstraße [SJ]; Weg [JeS, KJ]; Beine [JeS, MJ] ♦ **E:**

rw. *strade* ‚Landstraße' < ital. *strada* ‚Straße' (WolfWR 5630, Klepsch 1428). ♦ **V:** *D'schicks hatschd mid ihram schure auf dr schtrade odr deam derech zom nägchda kaff, se weled dord a masematte heba ond dibbred deshalb blos no jenisch* ‚Das Weib geht mit ihrem Burschen auf der Landstrasse oder dem Weg zum nächsten Dorf, sie wollen dort einen Diebstahl begehen und sprechen deshalb nur noch die Kundensprache' [SJ]; *d laalinger tschaaned a dr stradi naa* ‚die Soldaten gehen der Straße entlang' [JeS]
stradibink Subst. m. [KJ]
– Hausierer [KJ]
stradebengges Subst. m. [OJ]; **schdradebengges** [OJ]
– Hausierer [OJ]
stradefiesl Subst. m.; **schdradefiesl** [OJ]
– Fahrender [OJ]
stradilöri Subst. m. [JeS]
– Straßengraben [JeS] ♦ **V:** *mir schluuned zratti im stradilöri* ‚wir schlafen nachts im Straßengraben' [JeS].
strafer Subst. m. [EF]
streefer [EF]; **streifer** [EF]
– Geiger [EF] ♦ **E:** mdal. zu dt. *streifen* ‚gleitend berühren' DWB XIX 1264 ff.
schindelstraafer Subst. m. [EF]
– Geiger [EF]
straffling Subst. m. [MUJ]
– Socken [MUJ] ♦ **E:** rw. *streifling* ‚Strumpf', zu dt. *(über)streifen* WolfWR 5653. → *streff.*
strahle Subst. Pl. [LI, LüJ]
– Haare [LI]; Frisör [LüJ] ♦ **E:** rw. *strahle* ‚Haare' WolfWR 5631, aus dt. *strählen* ‚kämmen' DWB XIX 804 ff.
strähling Subst. m. [LJ]
– Haar [LJ]
strählen swV. [LüJ]
– kämmen [LüJ].

strähle Subst. f. [GM, HK, SK, SK]
sträle [HK]; **strehle** [HK, MM]; **strele** [MM]; **schtreele** [CL]; **schdreele** [LL]; **schdrehle** [HK]
– Straße [CL, GM, HK, LL, MM, SK, SK]; Landstraße [CL]; Weg [MM]; Straßenstrich [MM]; Puff [MM]; Strecke [MM]; „wo die Frauen auf der Straße stehen" [MM] ♦ **E:** rw. *strahle, strähle, strehle* ‚Landstraße' (WolfWR 5632, ohne Herleitung), wohl zu dt. *Strahl* DWB XIX 754 ff. ♦ **V:** *der schickermann fing mitten auffe strehle am schallern* ‚der Betrunkene begann mitten auf der Straße zu singen' [MM]; *er teilacht in*

die strehle, wo die lowine und der quini hamel schmecken ‚er geht in die Straße, wo das Bier und der Schnaps gut schmecken' [MM]; *da puschte der junge Mann, stieg aus sein needchen, das needchen stand an der schdrehle* ‚da kam der junge Mann, stieg aus seinem Auto, das Auto stand an der Straße' [HK]
strahlert Subst. m. [PH]
– Straße [PH]
stralje Subst. f. [MeJ]
– Straße [MeJ]
strihling Subst. m./f. [SK]
– Straße [SK]
hörsterstrehle ON [MM]
– Hörsterstraße (in Münster) [MM]
klemensstrehle ON [MM]
– Klemensstraße (in Münster) [MM]
kritzensträhle Subst. f. [SK]
– Kreuzweg [SK]
le grand chevalier de la strélé Phras. [MM]
– Übername eines Hausierers [MM]
lowibeisstrehle ON [MM]
– Rothenburg (in Münster) [MM]
lowinenstrehle Subst. f. [MM]
– Straße mit vielen Kneipen [MM]
mottekstrehle ON [MM]
– Hammer Straße (in Münster) [MM]
nebenschdrehle Subst. f. [HK]
– Nebenstraße [HK]
nobelstrehle Subst. f. [MM]
– Prachtstraße (zur Bezeichnung des Prinzipalmarktes in Münster) [MM]; Allee [MM]; teure Straße [MM]; „Kö in Düsseldorf" [MM]; bessere Straße [MM]; Parkallee [MM]; „wo die Frauen auf der Straße stehen" [MM]
nobeltippelstrehle Subst. f. [MM]
– Fußgängerweg [MM]
olfbahnstrehle Subst. f. [MM]
– Einbahnstraße [MM]
ritterstrehle ON [MM]
– Ritterstraße (in Münster) [MM]
ritterlorenzstrehle ON [MM]
– Ritterstraße/Sonnenstraße (in Münster) [MM]
tippelstrele Subst. f. [MM]
– Landstraße [MM]; Fußgängerzone [MM]; „Straße, wo die Huren gehen" [MM]; „meistens hinterm Bahnhof, Straße der Bewegung" [MM]; Straßenpuff [MM]
windthorstrehle ON [MM]
– Windthorststraße (in Münster) [MM]

strehlekaventsmann Subst. m. [MM]
– Steinbrocken aus Straßenasphalt [MM]
strählenkehrer Subst. m. [SK]
– Wanderbursche [SK]
strehlen swV. [MM]
– als Hausierer arbeiten [MM]; Geld verdienen [MM].

strähling ‚Haar' → *strahle*.

strahn swV. [WG]
– streuen [WG] ♦ **E:** mdal. zu dt. *streuen*. ♦ **V:** *reis strahn* ‚Angst haben' [WG].

stramanzen swV.
schdrammanze swV. [CL, LL]; **schtrammanzen** [CL]
– stolzieren [CL, LL] ♦ **E:** pfälz. *stramanzen* ‚stolzieren' (PfälzWb. VI 665), süddt./österr. *strawanzen* ‚müßig gehen, herumstolzieren' < ital. *stravagare*.
♦ **V:** *Rain emol die Tschai, wie se do anne schtrammanzt*. [CL]
schdramanze Subst. f., Pl. [CL, LL]; **schtrammanze** [CL]; **stammernse** [JS]
– Beine, besonders von Frauen [CL, JS, LL].

stramch Subst. m. [KMa]
– Stroh [KMa] ♦ **E:** wohl zu hess. *stramen* ‚gestreift sein', *Strämel* ‚Streifen' (HessNassWb. III 823).
stramcheweler Subst. m. [KMa]
– Strohleger [KMa]
stramchkneweler Subst. m. [KMa]
– Strohbinder bei der Dreschmaschine [KMa]
stramchstemmer Subst. m. [KMa]
– Strohgabler [KMa].

stramm Adj.
schdramm Adj. [HK]
– dick [HK]; kräftig [HK]; beleibt [HK]; korpulent [HK]; stark [HK]; gut [HK]; stabil [HK]; hoch [HK]; viel [HK] ♦ **E:** zu dt. *stramm* in alter Bedeutungsvielfalt DWB XIX 822 ff. ♦ **V:** *schdramm finale* ‚gut gegessen', ‚hoch schwanger' [HK]; *schdramme scheekse* ‚starke Brust', ‚strammer Busen' [HK]; *schdrammer scheeks* ‚dicker Junge' [HK]; *schdramme keue* ‚stabile Frau', ‚dicke Frau' [HK]; *schdramm lokriert* ‚gut verdient' [HK]; *schdrammer ribberd* ‚in Umständen', ‚schwangerer Bauch', ‚dicker Bauch' [HK]; *das dillichen heejd en schdrammen ribberd* ‚das Mädchen ist schwanger' [HK]; *der heechd schdramme knülln an sine boodlinge* ‚der hat starke Beulen vom Wandern an seinen Füßen' [HK]; *der heejd awwer schdramme schdrubbserde an die derlinge* ‚der hat aber viele Haare an den Augen/starke Augenbrauen' [HK]; *der heejd sin keuschen schdramm verebbesd/vermeischd*

‚der hat seine Frau kräftig veräppelt' [HK]; *schdrammes hellich abdsabben* ‚viel Geld abnehmen' [HK].
stramps Subst. m. [SK]
– Hosenboden [SK] ♦ **E:** Benennungsmotiv: stramm gezogene Hose. ♦ **V:** *upn stramps makeilen* ‚auf den Hosenboden schlagen' [SK].

strammzen swV. [HK]
schdrammdsen [HK]; **schdrammßen** [HK]
– klauen [HK]; stehlen [HK]; wegnehmen [HK]; Kleinigkeiten klauen [HK]; einhamstern [HK] ♦ **E:** rw. *schranzieren* „in Häuser einschleichen, um zu stehlen" WolfWR 5145; dt. *strenzen* ‚(heimlich) entwenden, stehlen (von kleinigkeiten und weniger wertvollen dingen)' DWB XIX 1475, *strenzern* ‚umherstreifen, vagabundieren' (ThürWb. V 1657); vgl. → *stranzen*.

strandler Subst. m. [SJ]
– Zweifler [SJ] ♦ **E:** zu schwäb. *strandlen* ‚zweifeln' (SchwäbWb. V 1824).
strandlig Adj. [SJ]
– unsicher [SJ].

strang Subst. m. [MM]
– große Menge [MM] ♦ **E:** nd. *Strang* ‚Anteil, Aktie' DWB XIX 864. ♦ **V:** *einen hamen strang anne malme haben* ‚viele Schulden, viel angeschrieben haben' [MM].

stranzln swV. [RR]
– beischlafen [RR] ♦ **E:** wohl zu bair. *stranzeln* ‚müßig umherlaufen, groß tun'.

stranzen swV. [LJ, NJ]
stränzen [LJ]; **schtränsen** [NrJ]; **stransen** [NJ]
– hausieren [LJ, NJ]; handeln [LJ]; betteln [LJ] ♦ **E:** zu schwäb. *stranzen* ‚müßig umherschlendern' (SchwäbWb. V 1814); weitere Anbindungen s.v. → *strenzen*; evtl. Einfluss von → *strammzen*.
stranz Subst. m. [LJ]
– Hausierer [LJ] ♦ **V:** *wenn die stranze komme sind* ‚Wenn die Hausierer gekommen sind' [LJ].
stranzer Subst. m. [LJ]; **strenzer** [LJ]; **schtränser** [NrJ]
– Hausierer [LJ, NrJ]; Händler [LJ].

stranzn Subst. [WG]
– Bett [WG]; Quartier [WG] ♦ **E:** österr. *Stranzn* ‚Unterstand'.
stranzenstat sein Phras. [WG] unterstandlos sein [WG].

straßburger Subst. m. [HLD]
– Zigarettenrest auf der Straße [HLD] ♦ **E:** rw. *straßburger* ‚auf der Straße aufgelesener Zigarrenstummel' (WolfWR 5640), Wortspiel mit ON *Straßburg*.

stratzen swV. [BA]
– stehlen [BA] ♦ **E:** schweizdt. *stratzen* ‚stehlen', studentenspr. (SchweizId. XI 2465), evtl. Einfluss von → *strammzen, stranzen*.

straubert Subst. m./n. [LJ, SJ, TJ, SchJ, PfJ, Mat, MeJ, Him, WJ, Wo, SE, Scho]
straupert [Gmü, Him, JSa, Mat, SJ, Wo]; **streubert** [SJ]; **strauberts** [LüJ]; **straubitz** [LüJ]; **straupitz** [LüJ]; **schdraubrd** [OJ]; **schtroppert** [NrJ]; **schtraubert** [PfJ, WJ]; **struhper** [SK]
– Haar [Gmü, Him, JSa, LüJ, Mat, MeJ, NrJ, PfJ, SE, SchJ, Scho, Wo]; Haare [JSa, LJ, LüJ, OJ, SJ, TJ, WJ]; Bürste [LüJ]; Bart [OJ, SK]; Esel [PfJ] ♦ **E:** rw. *strauber, straubert, struppert* ‚Haar', zu dt. *sträuben* (WolfWR 5645, Klepsch 1429, SchweizId. XI 1944, 1952f.), schweizdt. *strublig*; vgl. dt. *Strobel, Strubel, Strowel, Struwel* ‚Schopf, Wirres, Krauses'. ♦ **V:** *strauberts pflanzen* ‚kämmen, die Haare zurechtmachen' [LüJ]; *lange schdrubbserde* ‚langes Haar' [HK]; *g'finkelter Straubert* ‚rotes Haar' [SchJ]; *den Straubert herrichten* ‚sich kämmen'. [SchJ]; *der heejd awwer schdramme schdrubbserde an die derlinge* ‚der hat aber viele Haare an den Augen/starke Augenbrauen' [HK]; *die schdrubbserde sind gedsinkerd* ‚die Haare sind gekämmt' [HK]; *de hotz hätt stropede ob de kiebes wie e sossem am tokes* ‚der Mann hat Haare auf dem Kopf wie ein Pferd am Hintern' [JS]; *bosselle dich de stropede doft* ‚bring dein Haar in Ordnung/kämm dich' [JS]

schdrauberde Subst. Pl. [JSa]; **strauberten** [WL]; **stroperten** [NJ]; **schtroopete** [StJ]; **stropede** [JS]; **strubberden** [JSa]; **schdrubbserde** [HK]; **struppserte** [HK]; **strubserte** [HK]; **strupzerte** [HK]; **strubzerte** [HK]
– Haare [HK, JS, NJ, StJ, WL]; Augenbrauen [HK]

straubertcher Subst. Dim. Pl. [SE]; **straubadscha** [SE]; **straubatcher** [SE]; **straupatcha** [SE]; **straubertja** [SE]
– Haar(e) [SE]

strubi Subst. n. [JeS]; **struubi** [JeS]; **strobi** [JeS, MJ]; **strubbi** [JeS]; **strube** [JeS]
– Haar [JeS, MJ]; Haare [JeS]; Locke [JeS]; Gehirn [JeS] ♦ **V:** *mir tschaaned is palaar go d strubi fätze* ‚wir gehen ins Dorf, die Haare schneiden lassen' [JeS]

straublig Adj.; **schdraublig** [OJ]
– zerzaust, vom Haar [OJ]
vrschraubled Adj., Part. Perf. [OJ]
– zerzaust, vom Haar [OJ]
sträubling Subst. m. [PH]; **schtreibling** [CL]
– Haare [CL, PH]
straubleken Subst. Pl. [WL]
– Haare [WL]
struble swV. [JeS]
– kämmen [JeS]
strubler Subst. m. [JeS]
– Kamm [JeS]
straub Subst. [PfJ]
– Haar [PfJ]; Esel [PfJ]
straubejitzert Subst. m. [WL]
– Haarschneider [WL]
straubertzupfer Subst. m. [TJ]
– Kamm [TJ]
strubischwäif Subst. m. [JeS]
– Pferdeschwanz (Mädchenfrisur) [JeS]
strüblinger Subst. m. [JeS]
– Coiffeur [JeS].

straubinger Subst. m. [Scho]
– „üble Bezeichnung" [Scho] ♦ **E:** *straubinger* ‚Gefängnisinsasse' Klepsch 1429, zum ON *Straubing*, ab 1901 Zuchthaus. ♦ **V:** *ein bruder straubinger sein* ‚im Gefängnis gesessen haben' [Scho].

strauksels Subst. m. [MT, MeT]
– Strümpfe [MT, MeT] ♦ **E:** rw. *strauksels* ‚Strümpfe' WolfWR 5653, zu mnd. *straken* ‚überstreifen'; vgl. → *streifling*.

sträzale Subst. n., Dim. [LJ]
– Kind [LJ] ♦ **E:** Nebenform von → *schraze*.

strazn Subst. Pl. [LoJ]
– Lumpen [LoJ] ♦ **E:** dt. *stratzen* ‚Lumpen' aus ital. *straccio* ‚Lumpen' DWB XIX 936f.

strebeln swV. [WG]
– jemanden in der Unterwelt durch Unterweltler suchen [WG] ♦ **E:** rw. *strebern, strebeln* ‚betteln unter Vorweisen von Zeugnissen' WolfWR 5649, *streberen* DWB XIX 1079.

strecken swV. [Gmü]
strecke [JeS]; **schdregga** [OJ]; **schtreckæ** [WJ]
– töten [Gmü, OJ, WJ]; schlachten [Gmü, JeS, OJ]; metzgern [Gmü] ♦ **E:** rw. *strecken* ‚töten, schlachten', zu dt. *strecken* ‚zu Boden werfen und dadurch kampfunfähig machen, töten' (WolfWR 5650).

streff Subst. f. [NJ]
schträf [NrJ]
– Hose [NJ, NrJ] ♦ **E:** zu dt. *streifen*, vgl. → *strafer*, *streifling* ‚Strumpf'.

strehle ‚Straße' s. → *strähle*.

strehlen swV. [CL]
– hauen [CL] ♦ **E:** PfälzWb. V 663 *strählen* ‚kämmen', met. ‚zurechtweisen, die Meinung sagen'. ♦ **V:** *die Hoor strähle* ‚verhauen, schlagen, ohrfeigen' [CL].

streibling ‚Haare' → *straubert*.

streichen swV. [EF]
streig'n [EF]
– musizieren [EF] ♦ **E:** dt. *streichen* allgem. ‚stetig, zielstrebig fortbewegen', bes. ‚Streichinstrumente spielen' DWB XIX 1183 ff.

streichkneip Subst. f. [EF]; **streichkneipe** [EF]
– Konzerthaus [EF]

streichling Subst. m. [LJ, SchJ]
– Butter [LJ, SchJ] ♦ **E:** rw. *streichling* ‚Butter', zu dt. *streichen* ‚beschmieren' (WolfWR 5652, Klepsch 1430).

streifling Subst. m. [GM, Gmü, HK, HLD, Him, LJ, LüJ, SJ, SS, SchJ, Scho, StG, TJ, WH, Zi]
streiflig [JeS]; **streifleng** [LüJ]; **streiffling** [JeS]; **streffling** [PH]; **streupflig** [JeS, MJ]; **schtreifling** [CL]; **schdreifling** [HK, LL]; **ströfling** [JS]; **schtrööfling** [StJ]; **schdroifleng** [OJ]; **streufling** [SK]; **schträffling** [WJ]; **steufling** [SK]; **sträiflig** [JeS]; **sträifling** [JeS]; **strauflig** [JeS]; **dreifling** [HK]; **streifer** Subst. m. [JSa]; **streifen** Subst. m. [JSa]; **streferling** [JS]; **schdreiferling** [HK]
– Strumpf [Gmü, HK, HLD, Him, JS, JSa, JeS, LJ, LüJ, MeJ, OJ, PH, SK, Scho, WH, WJ, Zi]; Socke [JeS, LJ, LüJ]; Strümpfe [CL, HK, LüJ, StG]; Anzug [LüJ]; Hose [LüJ]; Wurst [JeS, MJ] ♦ **E:** rw. *streifling* ‚Strumpf', zu dt. *(über)streifen* (WolfWR 5653, Klepsch 1430).

streifchen Subst. n., Dim. [HK, JSa, MeJ]; **streifche** [HK, JSa, MeJ]; **schdreifchen** [HK]
– Strumpf [HK, JSa, MeJ]; Herrensocken [HK]
streiflingchen Subst. n., Dim. Pl. [SE]; **schtrööfelingsche** [StJ]; **streflingcher** [SE]
– Strümpfe [SE, StJ]

klappetzstreufling Subst. m. [SK]
– Jungenstrumpf [SK].

stréimleken Subst. Pl. [WL]
– Beine [WL] ♦ **E:** zu lux. *stréimen* ‚strömen, eilen' (LuxWb. IV 297). Vgl. → *stremen*.

strele ,Straße' s. → *strähle*.

strelle Subst. f. [StG]
– Uhrkette [StG] ♦ **E:** wohl zu rw. *strehle, strahle* ,Straße' WolfWR 5632, zu dt. *Strahl*. Benennungsmotiv: Formähnlichkeit Uhrkette und Straße, Strahl. → *strähle*.

stremel Subst. m. [MB]
– Streifen [MB]; ein Stück [MB]; großes Stück [MB]; ein Stückchen [MB]; Teil [MB] ♦ **E:** dt./mdal. *strämel* ,Streifen; langes, schmales Stück' DWB XIX 819f.

stremeln swV. [MB]
– schlafen [MB] ♦ **E:** unsicher; evtl. zu dt. *strömen* u. a. „von dem ununterbrochenen, gleichmäszigen und gleichgerichteten ablauf der zeit" DWB XX 50 ff.

stremen ,im Land herumziehen, laufen' → *stromen*.

strempelcha Subst. Dim. [SE]
– Bein, Beine [SE] ♦ **E:** dt. *strampeln* „die beine abwechselnd heftig auf und ab bewegen" DWB XIX 830 ff.

abstrampeln swV. [HN]
– „einem Freier Liebe versprechen und dabei nur an's Geschäft denken" [HN].

strenz Subst. f. [CL, PH]
strens [CL]; **strentz** [CL, PH]
– Stube [CL, PH]; Zimmer [CL] ♦ **E:** rw. *schrende, schränz, schrentz* ,Stube, Kammer', zu dt. *Schranne* ,Verkaufsstand, Verkaufsraum' oder zu slaw. *chrend* ,Zimmer' (WolfWR 5156, DWB XV 1652f., SchwäbWb. V 1124). → *schrende*.

strenzen swV. [CL, GM, LüJ]
schtrenzen [CL]; **strenze** [CL]; **schtrenzæ** [WJ]; **strenzieren** swV. [GM]; **strensieren** [MUJ]; **strenziere** [PH]; **stenziere** [CL]
– hausieren [CL, GM, JeS, LüJ, MUJ, MeT, PH, WJ]; reisen [LüJ]; müßiggehen [CL]; Bürsten verkaufen [LüJ] ♦ **E:** rw. *strenz* ,Stube' zu rw. *schrende* ,Stube, Kammer', *schränz* ,Häuschen'; *strenzen* vermutlich abzuleiten aus dt. *Schranne, Schrande* ,Verkaufsstand, Verkaufsraum, Sitzbank' (WolfWR 5156); evtl. beeinflusst von schwäb. *stranzen* ,müßig umherschlendern' (SchwäbWb. V, 1826), dt. *strenzen* ,müßig umherschweifen' DWB XIX 1475, und/oder von rw. *schranzieren, schrenziren* ,in Häuser einschleichen, um zu stehlen oder um auszukundschaften', *schrenzirer* ,stehlender Bettler; Dieb, der bei Tage in Häuser einschleicht und bei Antreffen eines Bewohners einen entschuldigenden Vorwand bereithält'

(WolfWR 5145); vgl. Efing, Lützenhardter Jenisch, 211. → *stranzen*. ♦ **V:** *strenzen gehen* ,hausieren gehen' [LüJ]; *mit schure strenzen* ,mit minderwertigen Bürsten, die man nur im ganzen Sortiment verkauft, hausieren' [LüJ]

strenzer Subst. m. [LüJ]
– Hausierer [LüJ]; Händler [LüJ]; Verkäufer, Bürstenverkäufer [LüJ]

schurestrenzer Subst. m. [LüJ]
– Hausierer, der minderwertige (zumeist industriegefertigte) Bürsten nur im ganzen Sortiment verkauft [LüJ]

stronzierer Subst. m. [GM]
– Hausierer [GM].

streppe swV. [LI]
– sich erbrechen [LI] ♦ **E:** hess. *strippen* ,abstreifen, sich erbrechen, stehlen' (HessNassWb. III 849), rw. WolfWR 5654.

stribitzen ,stehlen, entwenden' → *stibitze*.

strich Subst. m. [EF, SK]
– Musikreise [SK]; Reiseroute [EF] ♦ **E:** dt. *Strich* ,Weg, auf dem man dahinstreicht', rw. *strich* ,Weg, den Dirnen zur Anlockung der Männer begehen' (WolfWR 5656).

strichvogel Subst. m. [HLD]
– leichte Dirne [HLD].

stricheln swV. [PfJ]
striegeln [PfJ]
– strafen [PfJ] ♦ **E:** rw. *stricheln* ,strafen' WolfWR 5677. Vgl. → *strupf, schripfen*.

strichler Subst. m. [KP]
– Käse [KP] ♦ **E:** rw. *strichler* ,Käse' (WolfWR 5657, ohne Herleitung), zu dt. *streichen* DWB XIX 1183 ff.

strieh Subst. f. [KMa]
– Großmutter [KMa] ♦ **E:** rw. *strieh* ,Großmutter' WolfWR 5661, ohne Herleitung; evtl. zu dt. *striegel, striechel* ,Gerät zum Reinigen, glätten', met. „schlottriger mensch mit zerzausten haaren" DWB XIX 1593 ff.

strienze gehen Phras. [CL]
– stehlen gehen [CL] ♦ **E:** pfälz. *strenzen* ,stibitzen' (PfälzWb. VI 695), vgl. → *stranzen, strammzen, strenzen*.

strietze Subst. f.
schdrietze Subst. f. [OJ]
– „besteht aus Milch, Wasser und Salz, sieht aus wie das milchige Wasser des Scherenschleifers" ♦ **E:** wohl zu dt. *stritzen*, assimiliert aus *spritzen*, DWB XIX 1629; vgl. dt. *Gespritzter* ‚Mischung verschiedener Flüssigkeiten, bes. Wein und Wasser'.

strigo Subst. m. [MM]
striigo [MM]; **stringo** [MM]
– Junge [MM]; Zuhälter [MM]; Mann [MM]; Herr [MM] ♦ **E:** rw. *strichoh* ‚Strichjunge, Zuhälter' (WolfWR 5656); vgl. → *strich*. ♦ **V:** *der striego hegt 'n geitling aufe fehme* ‚der junge Mann trägt einen Fingerring' [MM].

strihling ‚Straße' s. → *strähle*.

stripper Subst. m. [EF]
– Bauernmusikant [EF] ♦ **E:** nd. *strīpen*, hochdt. *streifen* ‚umherstreifen'.

strips Subst. f. [SK]
strups [SK]; **stripse** [MeT]
– Milch [MeT, SK] ♦ **E:** rw. *stripse* ‚Milch' WolfWR 5655, ohne Herleitung; zu dt. *strippen* ‚melken' DWB XIX 1620f. → *stiuren strips*.

stripfen swV. [PfJ]; **streppen** [KMa]; **strupfe** [JeS]; **strüpflen** swV. [JeS]; **strüpfle** [JeS]
– melken [JeS, KMa, PfJ] ♦ **V:** *em ruech d beeme go strupfe* ‚dem Bauern die Kühe melken gehen' [JeS]
stripfling Subst. m. [PfJ]; **strüpfling** [PfJ]
– Kuh [PfJ]
strüpflingsschmunk Subst. m. [PfJ]
– Butter [PfJ].

stritze Subst. f. [MB]
– Straßenbahn [MB]; Streifen [MB] ♦ **E:** dt. *Striezel* ‚Streifen' DWB XIX 1612f.

stritzen swV. [MB]
– klauen [MB] ♦ **E:** westf. *stritsen* ‚stehlen, entwenden' (WestfWb. 1209).

stritzer Subst. m. [MB]
– Dieb [MB] ♦ **V:** *stritzer schort im flitzer* ‚einer klaut aus dem englischen Jeep' [MB].

strizzi Subst. m. [WG]
strizzl Subst. n. Dim. [BM]
– Zuhälter [WG]; dummer Kerl [BM] ♦ **E:** wienerisch *Strizzi* ‚Zuhälter' < tschech. *stryce* ‚Onkel'.
burenhäutlstrizzi Subst. m. [WG]
– primitiver, gewalttätiger Zuhälter [WG].

strohbutz Subst. m. [LJ]
strohbuts [LJ]; **strobuts** [LJ]; **strobutz** [LJ]; **strobutzer** Subst. m. [MM]; **strohbutzer** [LüJ, SchJ]; **strohbuzer** [RR]
– Gans [LJ, LüJ, MM, RR, SchJ] ♦ **E:** rw. *strohbutzer* ‚Gans', zu dt. *butzeln* ‚mit den Füßen kratzen' (WolfWR 806, Klepsch 1430).
strohbohrer Subst. m. [HLD]; **strohburl** Subst. [KJ]; **strubudl** [RR]; **starburl** [KJ]
– Gans [HLD, KJ]
strohbutzenbumser Subst. m. [SchJ]; **strohbutzerbumser** [LJ]
– Gänsehirte [LJ, SchJ].

stroiben swV. [SPI, SS]
– laufen [SPI, SS] ♦ **E:** unsicher, evtl. zu westf. *ströpen* ‚streifen, durchstreifen' Woeste 259.

ströiji Subst. f. nur in:
d ströiji hingermänge Phras. [BM]
– sterben [BM] ♦ **E:** schweizdt. *Sträu* ‚Streu, Strohlager' (SchweizId. XI 2440).

stromen swV. [JS, LüJ, WL]
strome [FM]; **stroman** [LoJ]; **stroumen** [WL]; **strummen** [WL]; **strömen** [HF, HeF]; **stremen** [JS, SE]; **striemen** [SE]; **schdrema** [OJ]; **schdromae** [LüJ]; **schdroama** [OJ]; **stromern** swV. [MB]
– im Land herumziehen [FM]; umherstreichen, streunen [LüJ, OJ]; rumlaufen [JS]; laufen [LüJ, SE, WL]; umhertreiben [LüJ]; sich herumtreiben [MB]; marschieren [HF, HeF]; gehen [HF, HeF, JS, LüJ, SE]; viele Leute gehen [OJ]; weggehen [SE]; abhauen [LüJ]; aufbrechen [HF]; kommen [LoJ, SE] ♦ **E:** rw. *stromen, strömen* ‚herumziehen', zu dt. *Strom* ‚Fluss' (WolfWR 5760). ♦ **V:** *scheves stremen* ‚weggehen' [SE]; *strem schiwes!* ‚geh fort! / geh weg!' [SE]; *schdremds?* ‚wie geht es' [OJ]; *Strohme mer ins Lahnd* ‚Gehen wir ins Land' [FM]; *strumm schiebes* ‚mach dich fort' [WL]; *de galschtert strmmt mat* ‚das Kind geht mit' [WL]; *loss no de Bölt strömen* ‚Gehen wir zu Bette' [HeF]; *minotes mott strömen* ‚Ich muß fort' [HeF]; *dann mott minotes strömen* ‚Dann muß ich gehen' [HeF]; *de moss striemt an de dofte* ‚die Frau geht in die Kirche' [SE]; *den hautz striemt an de schwäch* ‚der Mann geht ins Wirtshaus' [SE]; *dat schirb striemt schewes* ‚das Mädchen geht weg' [SE]; *ich stremen an dad bajes für äppes zu verkenigen* ‚Ich gehe in das Haus um etwas zu verkaufen' [SE]
anströmen swV. [HF]
– zugehen [HF]; darauf losgehen [HF]

rumstromen swV. [LüJ]
– sich herumtreiben [LüJ]
stromer Subst. m. [HLD, JS, LüJ, WL]; **stroomer** [BM]; **schdroamr** [OJ]; **stroumert** Subst. m. [WL]; **strummert** [WL]
– Handwerksbursche [WL]; Walzbruder [WL]; Rumläufer, Rumtreiber [JS, LüJ]; Bettler [HLD]; Landstreicher [OJ]; Vagant [BM] ♦ **E:** rw. *stromer* ‚wandernder Handwerksbursche, umherziehender Gauner' (WolfWR 5670)
gestromt Adj., Part. Perf. [HLD]
– umhergetrieben [HLD].

stronzen swV.
schdronza swV. [OJ]
– herumsuchen, ohne zu kaufen [OJ] ♦ **E:** schwäb. *strunzen* ‚umherschlendern' (SchwäbWb. V 1885).

stropf Subst. m. [SJ]
– Strumpf [SJ] ♦ **E:** Umbildung von *Strumpf*.

stropp Subst. m. [HF]
– Schlinge (zum Hasenfangen) [HF] ♦ **E:** mdal. zu dt. *Strupf* ‚Knoten, Schlinge' DWB XX 137 ff., RheinWb. VIII 863 *Stropp*. → *strupf*.

ströppen swV. [HF]
– mit der Schlinge fangen [HF]

ströppen Subst. n. [HF]
– Schlingenstellen [HF].

strotte Subst. f. [MM]
– Hals [MM]; Kehle, Kragen [MM]; Straße [MM] ♦ **E:** westf. *stroate* ‚Speiseröhre, Schlund' (WWBA. 1528).
♦ **V:** *da packt der sich den hegel anne strotte und makeimt ihm sein rösch* ‚da packt er der Mann beim Kragen und schlägt ihm ins Gesicht' [MM]; *Heini reunte rot, kappte den hegel an die strotte und mekeimte ihm sein rösch* ‚Heini sah rot, ging dem Kerl an den Hals und schlug ihm ins Gesicht' [MM]

strotten swV. [WG]
– jemanden in der Unterwelt durch Unterweltler suchen [WG] ♦ **E:** unsicher.; evtl. zu → *strotte*.

strozem Subst. [LL]
schdroozem [CL, LL]
– Haar, Haare [CL]; Strümpfe [LL] ♦ **E:** PfälzWb. VI 725 *Strozem*, HessNassWb. III 870 *Strutz* ‚Haarbusch, Haarsträhne', jd./hebr. Pl. Endung *im > em*. ♦ **V:** *Korze Stroozem sin glei geberscht!* ‚Kurze Haare sind schnell gebürstet!' [CL].

struf Subst. m.
schtruf [BB]
– Wurst [BB] ♦ **E:** Inversion zu *Wurst*.

strükeln swV. [MeT]
strücheln [MeT]
– mit Waren, Mustern „auf Geschäfte gehen" [MeT]; über Land ziehen [MeT]; hausieren [MeT]; auf Geschäfte gehen [MeT] ♦ **E:** mnd./mnl. *strükeln*, nd./westf. *struelken*, hochdt. *straucheln* ‚stolpernd gehen', Siewert, Humpisch, 117f. ♦ **V:** *de tüötten strüchelden, um Buchte te quinten* ‚Die Tiötten reisten umher, um Geld zu verdienen' [MeT]; *mit Strücheln und Klinken lichten wöt menige fitze Külter versoimt* ‚Durch Reisehandel und Türgschäfte wurde manches gute Bett verkauft' [MeT]

strükelhutsche Subst. m. [MeT]
– Geschäftsreisender [MeT].

strunken Subst. m. [JSa]
schdróngge [JSa]; **strónkes** [JSa]
– Besen [JSa]; seltsame Person [JSa] ♦ **E:** zu mdal. *Strunken* ‚abgenutzter Besen' PfälzWb. VI 732, RheinWb. VIII 882.

strunzen swV. [MM]
strunze [CL]
– angeben [CL, MM]; sich aufspielen [CL] ♦ **E:** pfälz. *strunzen* ‚sich rühmen, großtun, renommieren, angeben, aufschneiden, prahlen' PfälzWb. VI 733f.

herumstrunzen swV. [MM]
– angeben [MM]

strunzer Subst. m. [MM]
– Faulpelz [MM]; Angeber [MM].

struper ‚Bart' s. → *strauber*.

strupf Subst. f. [LüJ, MUJ, SJ, TJ]
strups [PfJ]
– Strafe [LüJ, MUJ, PfJ, SJ, TJ]; Geldstrafe [LüJ] ♦ **E:** rw. *strupf* ‚Strafe' (WolfWR 5677, ohne Herleitung), zu mdal. *strupfen* ‚streifen', *Strupf* ‚Schlinge' DWB XX 137 ff. Vgl. → *stropp, stricheln, schripfen*. ♦ **V:** *20 DM strupf zahlen* [LüJ]

strupfen swV. [LüJ]
– bestrafen [LüJ]

gstrupft Adj., Part. Perf. [LüJ]
– (gerichtlich, polizeilich) bestraft [LüJ]; verurteilt [LüJ]; angezeigt [LüJ].

strupfling Subst. m.
schtrupfling Subst. m. [WJ]
– Strumpf [WJ] ♦ **E:** vgl. → *streifling, strupf*.

strups ‚Milch' → *strips*.

strut Subst. m.
schtrut Subst. m. [BB]
– Durst [BB] ♦ **E:** Inversion von mdal. *Durscht*.

strutz Subst. f. [NJ]
schtruts [NrJ]
– Wurst [NJ, NrJ] ♦ **E:** rhein. *Strutze* ‚Wasserstrahl, Rohr, Wurst' (RheinWb. VIII 891).

stübber Subst. m. [MB, MT, MeT]
– Soldat [MB, MT, MeT]; Polizist [MB, MT, MeT] ♦ **E:** zu nd./westf. *stübben* ‚wegjagen'.
stübbesnobbes Subst. m. [MeT]; **stübbesnobes** [MeT]
– Gendarm [MeT].

stubbes Subst. n.
schtubbes Subst. n. [CL]
– Übergewinn, Zugewinn [CL] ♦ **E:** pfälz. *Stupfes* ‚Geld' (PfälzWb. VI 779, RheinWb. VIII 948 *Stuppes, Stüppes*).

stübchen Subst. n. [HK]
– Huhn [HK] ♦ **E:** rw. *steftche* ‚Henne, Huhn', dt. mdal. *stöwen* ‚stieben' „denn die Iterativbildung *stöbern* bezeichnet das hastige, unruhige Auffliegen der Hühnervögel" (WolfWR 5545).

stube Subst. f. nur in:
stubenvater Subst. m. [WG]
– Zellenältester (der angesehenste oder der am längst inhaftierte Zellenbewohner) [WG]
zobinga stube Subst. f. [JS]
– Schlafstube [JS] ♦ **E:** rw. *stube* ‚Gefängnis, Haft' WolfWR 5681, zu dt. *Stube* ‚Wohnzimmer, warmer Raum' DWB XX 157 ff.

stubei Subst. [EF]
– Rußland [EF] ♦ **E:** unsicher; evtl. zu rw. *stübber* ‚Soldat' WolfWR 5532.

stüberchen Subst. n. [MM]
– 25 Pfennige [MM] ♦ **E:** Dim. zur Münzbezeichnung *stüber, stuver* DWB XX 189f.

stück Subst. n. nur in:
ein stückl ‚ein Jahr Haft' [WG] ♦ **E:** dt. *Stück* ‚Teil von einem Ganzen'.

stucken[1] swV. [EF]
stuckn [EF]; **stuckeln** [EF]; **stuckln** [EF]
– essen [EF]

stucken Subst. n. [EF]
– Essen [EF]
stuckerei Subst. f. [EF]
– Esserei [EF] ♦ **E:** dt. *stücken* ‚(Brot) in Stücke teilen' DWB XX 233 ff., evtl. mit Einfluss von rw. *stock* ‚Brot' WolfWR 5606.

stucken[2] swV. nur in:
abstucken swV. [MM]
– blankmachen [MM]; abstauben [MM]; abreden [MM] ♦ **E:** wohl zu dt./fachsprachl. *Stuck* „mörtelartiges gemisch aus gips, kalk, marmorstaub" DWB XX 195f. Sachzusammenhang: Stuck, d.h. Putz- und Mörtelreste von Ziegeln oder Buntmetallstücken entfernen, die auf Baustellen beschafft wurden.

student Subst. m.
schtudänt Subst. m. [SP]; **schtudänten** Pl. [SP]
– Bild (als Hausierware) [SP] ♦ **E:** unsicher; met. (nach dem klassischen Bildmotiv) wohl zu dt. *Student* „als verkürzung von bildungen wie studentenblume, -lilie, -rose" DWB XX 264.

studere Subst. f. [BM]
südliz [BM]
– Staude [BM] ♦ **E:** zu schweizdt. *Stüde*, dt. *Staude* (SchweizId. X 1362).

studern swV.
schdudra swV. [OJ]
– stochern [OJ]; suchen [OJ] ♦ **E:** zu dt. *studieren* DWB XX 272 ff.

stüdu Subst. m. [BM]
stüüdel Subst. m. [BM]
– Pfahl [BM]; Rain [BM]; Halde [BM] ♦ **E:** zu schweizdt. *stüdel, G(e)stüdel* SchweizId. X 1384 ‚Gestell, Gerüst, Ständer aus (kleinen) Pfosten, Stangen, Stäben'.

stuepf Subst. m. [SJ]
– Mund [SJ] ♦ **E:** zu schwäb. *stupfen* ‚stoßen, schubsen'. Benennungsmotiv: Futterklappe.

stuhs Subst. m. nur in:
stuhs kriegen ‚gestört werden' [StG] ♦ **E:** unsicher; evtl. zu dt. *Stuß* ‚Zank, Streitigkeit' DWB XX 725f.

stuiben swV.
schtuiben swV. [LJ]
– fahren [LJ] ♦ **E:** unsicher; evtl. zu dt. *stäuben, stäubende fahrt, flucht* DWB XX 1099 ff. oder zu rw. *stappeln, stubbelen* u.ä. ‚gehen, wandern, umherziehen', evtl. aus nl. *Stap* ‚Schritt' (WolfWR 5532).

stummbacks Subst. m.
schdummbacks Subst. m. [HK]; **schtummbecks** [HK]; **schtummpacks** [HK]
– Nichtkönner [HK]; Wortkarger [HK]; „der kann nichts" [HK]; Dummkopf [HK]; Doofer [HK]; „einer, der unhöflich ist" [HK]; „ein Dummer, der nicht mitkommt, der sitzenbleibt" [HK]; „hat nichts erzählt" [HK]; „einer, mit dem man nichts anfangen kann" [HK]; „der nichts in der Schule kann" [HK]; „einer, der nicht mitkommt, mit dem Spielen oder mit der Arbeit, bißchen dumm" [HK] ♦ **E:** thür. *Stummbacks* ‚wortkarger, schweigsamer Mensch, Dummkopf' (ThWb V 1712), mit lat. *-ax* zu dt. *stump, stumpe* ‚kleiner mensch' (DWB XX 416, Stumpax).

stummeljauner Subst. m. [HK]
– Es-Klarinette [HK]; B-Klarinette [HK] ♦ **E:** dt. *Stummel* ‚Stumpf' DWB XX 398 ff. und mdal. *jaunern* ‚heulen'.

stumpern swV. [PfJ]
– Unzucht treiben [PfJ] ♦ **E:** rw. *stumpen, stumpfen* ‚stechen, Geschlechtsverkehr haben' WolfWR 5687, zu dt. *stupfen* ‚stecken, stechen, stoßen' DWB XX 559ff; vgl. → *stupfen*.

stumprement Subst. n. [PfJ]
– Unzucht [PfJ].

stumpfen swV. [JeS, SJ, TJ]
stumpfe [JeS]; **stümpfe** [JeS, MJ]
– streiten [TJ]; stechen [SJ]; schimpfen [JeS]; beichten [JeS, MJ] ♦ **E:** zu rw. *stumpfen* ‚zanken, schelten' (WolfWR 5686), wohl Querung mit rw. *stumpfen* ‚stechen' WolfWR 5687. → *stömpse, stupfen*.

stumpf Subst. m. [LüJ, PfJ, TJ]; **stumpfen** [TK]; **stumpf'n** [TK]
– Zorn [LüJ, PfJ, TJ]; Wut [TJ]; Streit [TJ, TK]; Krach [TK] ♦ **V:** *en rechte stumpf haben* ‚zornig (sein)' [PfJ]

stumpfich Adj. [LüJ]
– zornig [LüJ]

stumpf Adj. [Him]
– zornig [Him].

stumpfschwanz Subst. m. [PfJ]
– Reh [PfJ] ♦ **E:** rw. *stumpfschwanz* ‚Reh' WolfWR 5688.

stümplinger Subst. m. [BM]
– Stumpen [BM]; Zigarre [BM] ♦ **E:** zu dt. *Stumpen* ‚Zigarre'.

stüngeli Subst. n. [BM]
– Schneestollen [BM] ♦ **E:** wohl zu schweizdt. *stängel* SchweizId XI 1109 „von Speisen in länglicher Form".

stünggeler Subst. m. [BM]
– einer, der schleppend geht [BM] ♦ **E:** schweizdt. *stunggen* ‚plump, schwerfällig auftreten' (SchweizId. XI 1120).

stunggis Subst. Pl. [JeS]
– Schläge [JeS]; Prügel [JeS] ♦ **E:** zu schweizdt. *Stunggis* ‚Brei, v. a. aus Kartoffeln und Äpfeln oder Birnen', auch ‚Schläge' SchweizId. XI 1124; vgl. auch dt. *Stunk* ‚Stänkerei, Zänkerei'.

stüpfe swV. [BM]
– Fußball spielen [BM] ♦ **E:** schweizdt. *stupfen* ‚einen Fußtritt versetzen' SchweizId. XI 1176.

stupfen swV. [PfJ, SJ, WG]
stupfe [SJ]
– stechen [PfJ, SJ]; mit dem Messer stechen [WG]; erstechen [PfJ] ♦ **E:** rw. *stupfen, stumpfen* ‚stechen' WolfWR 5687 zu dt. *stupfen* ‚stecken, stechen, stoßen' DWB XX 559 ff.; vgl. → *stumpern, stumpfen*.

schdupfla swV. [OJ]
– nähen [OJ]

verstupfe swV. [JeS]; **verdupfen** [JeS]
– erstechen [JeS].

stupfel Subst. m. [LJ, LüJ, MUJ, Mat, SchJ]; **stupfl** [Scho, TJ]; **stupfli** [RH]; **schtupfl** [WJ]; **schdupfl** [OJ]; **stupfler** Subst. m. [LJ]; **stupfen** Subst. m. [SJ]
– Igel [LJ, LüJ, MUJ, Mat, OJ, RH, SJ, SchJ, Scho, TJ, WJ] ♦ **V:** *bei laile nasche mer in stupfel* ‚bei Nacht gehen wir auf Igeljagd' [LüJ]; *fiesel, i tät jetz en grandiger stupfler kahle* ‚Mann, ich würde jetzt gern einen schönen Igel essen' [LJ]

stupfer Subst. m. [LüJ, SJ]
– Igel [LüJ, SJ]

stupfling Subst. m. [LüJ, PfJ]; **stüpfling** [MoJ]; **stupfleng** [LüJ]
– Igel [LüJ, MoJ, PfJ]; „Igel, das ist eine Delikatesse" [MoJ]; kurze Barthaare [Scho] ♦ **E:** rw. *stupfling* ‚Igel' WolfWR 5687.

stupfelbossert Subst. m. [LüJ]
– Igelfleisch [LüJ] ♦ **V:** *moß, was sicherst? Ich sichere hegesle mit stupfelbossert und pflanz' noch ein blättling* ‚Frau, was kochst du? Ich koche Spätzle mit Igelfleisch und mach' noch einen Salat dazu' [LüJ]

stupfelkel Subst. m. [SchJ]
– Igelhund [SchJ]

stupfelkipp Subst. m. [LJ, PfJ]; **stupfelkib** [LüJ]
– Igelhund [LJ, LüJ, PfJ] ♦ **E:** → *kipp*.
stupfelmaß Subst. f. [LüJ]
– Igelfleisch [LüJ]
stupfer[1] Subst. m. [SchJ, Scho]; **schtupfer** [WJ]; **schdupflr** [OJ]
– Schneider [OJ, SchJ, Scho, WJ]
stupfer[2] Subst. m. [JeS, KP]; **stopfer** [JeS]
– Gabel [JeS, KP]
stupferin Subst. f. [KP]; **stupflerin** [Zi]
– Näherin [KP, Zi]
stupferlig Subst. m. [JeS]
– Nadel [JeS]; Ahle [JeS]
stupferlessenn Subst. f. [KP]
– Näherin [KP]; Floh [KP]
stupferles penk Subst. m. [KP]
– Schneider [KP]
stupferne Subst. [JeS]
– Nadel [JeS]; Ahle [JeS].

stupp Adj. [HF]
– stumm [HF]; traurig [HF]; leise [HF] ♦ **E:** rw. *stupp* ‚stumm' WolfWR 5689, ohne Herleitung; rip. *stupp* ‚betrübt, empfindlich getroffen' RheinWb. VIII 940.

stuppen Subst. m. [MM]
– Homosexueller [MM] ♦ **E:** rw. *stubben* ‚Dummer, einer, der sich nicht für Gaunereien eignet; jmd., der Dirnen oder Strichjungen schlecht bezahlt' (WolfWR 5680, ohne Herleitung), evtl. met. zu dt. *Stubben* ‚Baumstumpf' DWB XX 154f.

sture Adj. [SK]
stüer [SK]
– gut [SK]; schön [SK]; fein [SK]; angenehm [SK] ♦ **E:** unsicher; evtl. zu nordgerm./schwed. *stor* ‚groß'.

sturi ‚Huhn' → *stiri*.

sturke swV. [RH]
– Karten schlagen [RH] ♦ **E:** wohl zu dt./mdal. *sturkeln, sturksen* ‚stolpernd laufen, straucheln' (RheinWb. VIII 953).

sturm Subst. m. in:
einrücken mit Sturm ‚mit Energie betteln' [StG] ♦ **E:** dt. *Sturm* ‚starker Wind' DWB XX 576 ff.
sturmkehr Subst. f. [LüJ]
– Rathaus [LüJ]
sturmkitt Subst. f. [LüJ, UG]
– Rathaus [LüJ, UG]

hohe sturmkitt Phras. [UG]
– Amtsgericht [UG] ♦ **E:** rw. *sturmbeis, sturmkitt* ‚Rathaus' (WolfWR 5690).

sturz Subst. m. [RR]
stuurz [WL]
– Tierhaut [RR]; Haut eines Stücks Vieh [WL] ♦ **E:** rw. *sturz* ‚Balg, Fell, Haut' WolfWR 5691, ohne Herleitung; zu dt. *Sturz* bes. „gewölbte, hohle, nach unten offene überdeckung" DWB XX 679 ff. (III.A).

stuss Subst. m. [MM, SJ, Scho]
stuß [GM, MM, SJ]; **schduss** [CL]; **schtuss** [CL]; **schduaß** [OJ]; **schtus** [PfJ]; **schtuß** [PfJ]
– Unsinn [CL, GM, MM, OJ, Scho]; Blödsinn [GM, MM, SJ]; Krach [MM]; Ärger [MM]; Streit [MM, PfJ]; Angabe [MM]; nichts Wahres [MM]; blödes Zeug [MM]; dummes Geschwätz [GM]; Torheit [CL, Scho]; Händel [PfJ] ♦ **E:** rw. *stuß* ‚Narrheit, Unsinn' (WolfWR 5692) < jd. *schtus* ‚Narrheit, Torheit, Unsinn' (Avé-L. 467, We 103, Post 251, Klepsch 1433).
♦ **V:** *stuss, stohs kriegen* ‚Unanehmlichkeiten bekommen' [StG]; *stuss makeimen* ‚Unsinn machen' [MM]; *der hat nur stuss geschmust* ‚er hat nur Unsinn erzählt' [MM]; *red koin stuss* ‚falsch reden' [SJ]; *Red kään Schduss!* [CL]

schdussje Subst. n. [CL]
– kleine Geschichte [CL] ♦ **V:** *Ich will der emol e Schdussje vezehle* [CL]
stussmann Subst. m. [MM]
– Spinner [MM]; Trottel [MM]; streitsüchtiger Kerl [MM]; „einer, der Krach macht" [MM]; Angeber [MM]; Blödmann [MM]
stussen swV. [MB, Scho]
– angeben [MB]; protzen [MB]; täuschen [MB]; närrisch handeln [Scho]
stusser Subst. m. [MB]; **stußer** [Scho]
– Angeber [MB]; Aufschneider [MB]; Narr [Scho].

stutenhengst Subst. m. [SG]
– Bäcker [SG] ♦ **E:** dt./mdal. *Stuten* ‚feines Weißbrot' DWB XX 730; *-hengst* Halbsuffix für den Agens.
stutenstation Subst. f. [SG]
– Bäckerei [SG].

stuttern swV. [PfJ, SJ]
stuttera [LJ]
– suchen [LJ, PfJ, SJ]; stochern [SJ]; koitieren [SJ] ♦ **E:** rw. *stuttern* ‚suchen' (WolfWR 5693, SchwäbWb. V 1940).

stutzel Subst. m. [Him]
schdutzl [OJ]
– Dachs [Him, OJ] ♦ **E:** rw. *stutzel* ‚Dachs' (WolfWR 5695, ohne Herleitung), evtl. zu dt. *stutzeln* ‚scheuen, umherlaufen' DWB XX 755.

stutzer Subst. m. nur in:
schlingstutzer Subst. m. [LoJ]
– Friseur [LoJ] ♦ **E:** zu dt. *stutzen* ‚abschneiden, kappen' DWB XX 768 ff.; rw. *schling* ‚Haar' WolfWR 4967.

stuuche swV. [BM]
– stehlen [BM]; wegnehmen [BM]; zerschlagen [BM]; gondeln (eine Art zu schwimmen) [BM] ♦ **E:** schweizdt. *stūchen* ‚stibitzen, stoßen' (SchweizId. X 1321).

stuurz Subst. m. [WL]
– Mütze [WL]; Mützenschirm [WL] ♦ **E:** lux. *stuurz* ‚Mützenschirm' (LuxWb. IV 305).

stuut Adj. [BM]
– stark [BM]; fest [BM] ♦ **E:** SchweizId. XI 1843, Herleitung unklar.

stygg Subst. m. [BM]
stigel Subst. m. [BM]
– Stück [BM]; Strecke [BM]; Prachtkerl [BM]; Held [BM] ♦ **E:** schweizdt. *Stuck, Stück* ‚Stück, Person' u. a. (SchweizId. X 1786).

su Subst. m. [JSa]
– Geld [JSa] ♦ **E:** frz. *sou* ‚Münze im Wert von 5 Centimes', auch in rhein. Dialekten.

sua Subst. n. [BB]
– Haus [BB] ♦ **E:** Inversion zu *Haus*.

suacherl Subst. n. Dim. [WG]
– Untersuchungsrichter [WG] ♦ **E:** zu dt. *suchen*.

sual Subst. f. [BB]
– Laus [BB] ♦ **E:** Inversion zu *Laus*.

suam Subst. f. [BB]
– Maus [BB] ♦ **E:** Inversion zu *Maus*.

suap Subst. f. [BB]
– Pause [BB] ♦ **E:** Inversion zu *Paus(e)*.

subbern swV. [SK]
– Geschlechtsverkehr haben [SK] ♦ **E:** unsicher; slav. und arab. *zubb* ‚männliches Glied', Dieck, Wandermusikanten Salzgitter, 470; kein Slawismus: Abel, Slawismen, 59; wohl zu roi. *sub* ‚Nadel', roi. *suw-* ‚nähen, flicken' (WolfWZ 3032). → *suben*.

suben swV. [GM]
– nähen [GM]; flicken [GM] ♦ **E:** roi. *suw-* ‚nähen, flicken' (WolfWZ 3032).

sub Subst. f. [GM]
– Nadel ♦ **E:** rw. *sub* ‚Nadel' (WolfWR 5696) < roi. *sub* ‚Nadel' (WolfWZ 3032).

suber Adv. [BM]
– wirklich [BM]; richtig [BM] ♦ **E:** schweizdt. *sūber* ‚rein, völlig, durchaus' u. a. (SchweizId. VII 63).

süchtner Subst. m. [TJ, TK]
– Gastwirt [TJ]; Kaufmann [TK] ♦ **E:** wohl zu dt. *Sucht* ‚krankhafte Gier nach etwas'.

süddeutsch(er) Adj./Subst. m. in:
süddeutsch sein, süddeutscher sein ‚naiv sein, nicht mit dem Kiez und insbesondere mit den Preis-Leistungs-Gepflogenheiten vertraut zu sein, St. Pauli-Normaltourist' [HN].

sude Subst. f. [Scho]
– Mahlzeit [Scho] ♦ **E:** jd. *sude* ‚Mahlzeit, Festessen' We 104, Klepsch 1436.

suderer Subst. m. [WG]
– Schmeichler [WG] ♦ **E:** wienerisch *sudern* ‚jammern, klagen, ständig etwas verlangen, ständig betteln, flehen' Hornung 686.

sudl Subst. [OJ]
– Farbe [OJ]; Sünde [OJ] ♦ **E:** rw. *sudel* ‚Sumpf, Pfütze, Lache' (WolfWR 5698), zu dt. *sudeln* ‚herumschmieren, unsauber arbeiten' DWB XX 938f.

sudlr Subst. m. [OJ]
– Maler [OJ]

sudelbuckler Subst. m. [LJ]
– Färber [LJ, SchJ]

sudelmalocher Subst. m. [SchJ]
– Färber [LJ, SchJ]

sudemuij Subst. m. [GM]
– Dummschwätzer, Schlechtschwätzer [GM]; Halbnarr [GM]; blöder Mensch [GM].

süffeln swV. [MB]
– trinken [MB] ♦ **E:** westf. *süffelen* ‚gewohnheitsmäßig trinken' (WestfWb. 1234).

suffruh Subst. m. [KMa, OH]
– Stiefel [KMa, OH] ♦ **E:** unsicher; evtl. Inversion von *Hur(en)fuß*, vgl. rw. *stiefelfrau* ‚Dirne' WolfWR 5594.

süggeler Subst. m. [SS]
– Schuster [SS] ♦ **E:** zu westf. *süggeln* ‚mit der Schusterpfrieme arbeiten' Woeste 262.

sugi [BM]
zugi [BM]
– Bonbon [BM] ♦ **E:** zu schweizdt. *suggen* ‚saugen, lutschen' (SchweizId. VII 522).

suhren Subst. m. [HF, HeF]
– Essig [HF, HeF]; der Sauere [HF] ♦ **E:** rw. *suhren* ‚Essig' WolfWR 5701, zu mdal. *suur* ‚sauer'.

sukzess Subst. m. [JS]
– Erfolg [JS] ♦ **E:** engl. *success* ‚Erfolg'.

sul Subst. N. [EF]
– Salz [EF] ♦ **E:** dt. *sulzen* ‚Salz sieden' DWB XX 1059.

sülje Subst. [MoJ]
– Schuhe [MoJ] ♦ **E:** wohl zu rhein. *sül* ‚Bummel'; *ene Sül mache* ‚bummeln, die Wirtshäuser abgehen', RheinWb. VIII 988. ♦ **V:** *ich schreeb meine pandelo und meine sülje an und nasch nickli* ‚ich ziehe meine Hose und meine Schuhe an und haue ab' [MoJ].

sülsch Subst. m. [BB]
– Schluss [BB] ♦ **E:** Inversion zu *Schluss*. ♦ **V:** *et es Sülsch* ‚Feierabend' [BB].

sultanim Subst. n. [MM]
– Haremsdame [MM] ♦ **E:** Kontamination von *sultan* und → *anim* ‚Mädchen'.

sulzbacher Subst. m. [SchJ]
ein Sulzbacher ‚ein Jahr Gefängnis' [SchJ] ♦ **E:** ON *Sulzbach*, Stadt in der Oberpfalz, mit einem früher gefürchteten Gefängnis (Klepsch 1440).

summerlig Subst. m. [JeS]
– Fliege [JeS] ♦ **E:** zu schweizdt. *summe* ‚summen'.

sumni Subst. f. [GM, LüJ]
sumne [MUJ]; **summi** [JSa]; **summee** [JSa]; **zumli** [PH]; **somne** [LüJ]
– Suppe [GM, JSa, MUJ, PH] ♦ **E:** rw. *summin* ‚Suppe' (WolfWR 6403) < roi. *summi, sumni* ‚Suppe, Brühe' (WolfWZ 3849).

sumsche swV. [BB]
– schmusen [BB] ♦ **E:** Inversion zu *schmusen*.

sumser Subst. m. [Scho]
– dicker Kopf [Scho] ♦ **E:** wohl zu mdal. *Sumber* ‚Korb', Klepsch 1440.

sündenfeger Subst. m. [HLD]
– Verbrecher [HLD] ♦ **E:** rw. *sündenfeger* ‚Verbrecher', zu dt. *Sühne* bes. ‚Urteil' WolfWR 5697.

süngge Subst. [BM]
zunge [BM]
– Schmerzen [BM]; Flausen [BM] ♦ **E:** dt. *sungeln* ‚glühen, brennen' DWB XX 1192f.

sunndere Subst. f. [BM]
– Sonntagsschule [BM] ♦ **E:** zu dt. *Sonntag*.

sunntign Subst. [EF]
sunnting [EF]; **sunnding** [EF]
– Brust, weibliche [EF]; Busen [EF] ♦ **E:** rw. *sunne, sonne* ‚Hure' zu jd. *sonah* ‚Hure' WolfWR 5384; vgl. → *zeunen*.

sünntsch Subst. f. [BM]
– Sonne [BM] ♦ **E:** mdal./schweizdt. zu dt. *Sonne*.

suri Subst. f./m. [JSa, JeS]
suuri [JSa]; **sorri** [JSa]
– Maus [JSa, JeS] ♦ **E:** frz. *souris* ‚Maus'; auch in pfälz. und rhein. Dialekten. ♦ **V:** *lins, de suri unterkönig!* ‚schau, die Maus da unten!' [JeS].

surkrädum Subst. f. [BB]
– Großmutter [BB] ♦ **E:** Inversion zu mdal. *Mutter groß*.

surkrätaf Subst. m. [BB]
– Großvater [BB] ♦ **E:** Inversion zu mdal. *Vater groß*.

suro Adj. [GM]
– grau [GM] ♦ **E:** roi. *suro* ‚grau' (WolfWZ 3047).

surrass Subst. m. [OJ]
surrassl Subst. m. [OJ]
– Rausch [OJ]; aufgeregter Narr [OJ] ♦ **E:** evtl. expressive Bildung zu *surren* Schallwort DWB XX 1064ff oder mdal. PfälzWb. VI 633 *Storax, Sturrax* ‚Rausch'.

surrettchen Subst. n. Dim. [JSa]
surrettschi Subst. f. [JSa]
– Maus [JSa] ♦ **E:** zu roi. *sureto, suretta* ‚Maus, Igel' (WolfWZ 3043) oder zu → *suri*.

suss Subst. m. [KMa, OJ, RA, Scho]
suß [SPI, Scho]; **zuss** [MM]; **susse** Subst. m. [WH]; **zosse** [HK, MB]; **sosse** [HK]; **sussem** Subst. m. [NJ, PH, PH, Scho, WH]; **susem** [JSa]; **sossem** [JS, NJ]; **sussen** [SS]; **zossen** [PH]; **zussum** [PH]; **zossen** [MM, NJ, PH, SE, SPI]; **zossem** [JS, MB, NJ, SE, WL]; **dsoßn** [HK]; **dsosse** [HK]; **tsosem** [KM]; **tsoseme** [KM]; **dsoßchen** Subst. n. Dim. [HK]; **soßchen** [HK];

susschen [WH]; **zoßchen** [HK]; **zosschen** [HK]; **zoszchen** [HK]; **zosschen** [HL]; **zoßchen** [HLD]; **susje** [JS]
– Pferd [HK, HK, HL, HLD, JS, JSa, KM, KMa, MB, MM, NJ, PH, PH, RA, SE, SPI, SS, Scho, WH, WL]; junges Pferd [OJ]; kleines Pferd, Pferdchen [HK]; Fohlen [HK]; großes Pferd [HK]; Ochse [HK] ♦ **E:** rw. *zosse, zus, sus* u. ä. ‚Pferd' (WolfWR 6390) < jd. *sus* ‚Pferd' (We 104, MatrasJd 291, Post 251, Klepsch 1502). ♦ **V:** *lau lone! der zuss is auf ollef scheinink ibber!* ‚nichts da, das Pferd ist auf einem Auge blind' [MM]; *die zintis, die hatten manchmal nur ein' koten zossen vor ihren wuddi* ‚die Zigeuner hatten manchmal nur ein kleines Pferd vor ihren Wagen gespannt' [MM]; *die koten mußten den zossen anne leine nehm' und dann rumteilachen* ‚die Kinder mußten das Pferd an die Leine nehmen und bewegen' [MM]; *der hegel ist zu kochum, der muckert sofort, wenn der zossen verchibbra geht* ‚der Kerl ist zu schlau, der bemerkt sofort, wenn das Pferd verschwunden ist' [MM]; *wenn der kneis, wo wir den zossen schoren wollen, aber einen grellen keilow hat?* ‚wenn der Bauer, wo wir das Pferd stehlen wollen, aber einen scharfen Hund hat?' [MM]; *der hacho war ganz chammerlich auf den Zossen* ‚der Bauer wollte das Pferd unbedingt haben' [MM]; *os sossem schäft lack drom hat usere ollmische et veraskert* ‚unser Pferd war krank, dehalb hat unser Vater es vertauscht' [JS]; *de hotz hätt stropede ob de kiebes wie e sossem am tokes* ‚der Mann hat Haare auf dem Kopf wie ein Pferd am Hintern' [JS]
sushentla Subst. m. [RA]
– Pferdehändler [RA]
sußrschogg Subst. m. [OJ]
– Pferdemarkt [OJ]
zossenboser Subst. m. [MM]; **zossenbose** Subst. f. [MM]; **zossenpose** [MM]; **suspuusa** [RA]
– Pferdefleisch [MM, RA]
zossenkopp Subst. m. [MM]
– Pferdekopf [MM]
zoskenpeiker Subst. m. [StG]; **zuskenbeiker** [StG]; **zossenpegeler** [MM]
– Pferdemetzger [StG]; Pferdeschlächter [MM]
dsosschenrollerd Subst. m. [HK]
– Pferdewagen [HK]
sussemsaucher Subst. m. [Scho]
– Pferdehändler [Scho]
zossensport Subst. m. [MM]
– Pferdesport [MM]
sustrapes Subst. Pl. [RA]
– Gäusewürste [RA]

zossenwuddi Subst. m. [MM]
– Pferdewagen [MM]
knäbbelzossen Subst. m. [MM]
– Arbeitspferd [MM]
paradezossen Subst. m. [MM]
– Paradepferd [MM]
wildzossen Subst. m. [MM]
– Wildpferd [MM].

süßer Subst. m. [HLD]
– Zuchthäusler [HLD] ♦ **E:** volksetymologisch aus hebr. *ßūgar* ‚Kerker' WolfWR 5716.
süße winde Subst. f., Phras. [HLD]
– Zuchthaus [HLD] ♦ **E:** vgl. → *süßling*.

süßling Subst. m. [EF, HLD, Him, JSa, KJ, LJ, LüJ, PfJ, SchJ, TJ, TK, WJ, Zi]
süssling [LJ, PfJ, SK]; **süsling** [LJ]; **süesslig** [JeS]; **suissling** [SK]; **süßleng** [LüJ]; **siasleng** [OJ]; **seißling** [RR]; **süssert** Subst. m. [CL, KMa, LL]; **sussert** [CL]; **süsserling** Subst. m. [CL]; **seßerling** [SE]; **sesserling** [SE]; **süßerling** [PH, SE]; **süesserlig** [JeS]
– Zucker [CL, EF, HLD, Him, JeS, KJ, KMa, LJ, LL, LüJ, OJ, PH, PfJ, RR, SE, SK, SchJ, TJ, TK, WJ, Zi]; Honig [JSa, LüJ]; Kaffee [LüJ]; Konfitüre [JeS]; Schokolade [JeS]; gesüßter Tee [JeS]; Wein [LüJ]; Liebster [HLD] ♦ **E:** rw. *süßling* ‚Honig, Zucker', zu dt. *süß* (WolfWR 5715, Klepsch 1441); vgl. → *süßer*. ♦ **V:** *süßling bschdibt* ‚Zucker bekommen' [PfJ]
süßlich Subst. m. [EF]
– Zucker [EF]
süessler Subst. m. [KP]
– Zucker [KP]
süessholz Subst. n. [KP]
– Zucker [KP]
sößlingches Subst. Pl. [JS]
– Süßigkeiten [JS].

sutze swV. [BM]
– springen [BM] ♦ **E:** schweizdt. *satze, sätze* ‚Sprünge machen' (SchweizId. VII 1581, 1601).

suurhansech Subst. m. [JeS]
– Salat [JeS] ♦ **E:** zu dt. *sauer*, schweizdt. *suur*; vgl. rw. *sauerhanns* ‚Zwiebel' (WolfWR 4751).
süürlig Subst. m. [JeS]
– Zwiebel.

suwiaker Subst. m. [GM]
– Schneider [GM] ♦ **E:** roi. *suwiakáro* ‚Schneider' (WolfWZ 3032).

suwiakertsin Subst. f. [GM]
– Schneiderin [GM] ♦ **E:** roi. *suwiakäri* ‚Schneiderin'
(WolfWZ 3032).

suzn Subst. f. [Scho]
– Mutterschwein [Scho] ♦ **E:** dt./mdal. *sutz* ‚Brustwarze, Mutterschwein' DWB XX 1365.

swarten twirn Phras. [SG]
– Kautabak [SG] ♦ **E:** mdal./dt. *schwarzer Zwirn*. Benennungsmotiv: Form- und Farbähnlichkeit.

swemmling Subst. m. [MeT]
schwemmerling [MeT]
– Hering [MeT] ♦ **E:** zu dt. stV. *schwimmen* und Ablautstufen *schwamm, schwomm*. → *schwemmes*.
schwumse Subst. [MeT]
– Fisch [MeT].

swönns Adv. [WL]
swinß [SG]
– fort [WL]; weg [SG, WL] ♦ **E:** zu dt. *schwinden* ‚allmählich abnehmen, vergehen' DWB XV 2667 ff. ♦ **V:** *schéif swönns* ‚mach dich weg' [WL]; *hoi / ho is swinß* ‚er ist weg' [SG].

syfült Adj. [WG]
– minderwertig ♦ **E:** zu *Syphilis* DWB XX 1432. ♦ **V:** *versyfülter Aff* ‚minderwertiger Mensch' [WG]
syffprügel Subst. m. [WG]
– minderwertiger Mensch [WG].

sylt ON nur in:
auf sylt sein ‚sauer verdientes Geld ausgeben, Urlaub machen' („ganz gleich, wo") [HN] ♦ **E:** ON Insel *Sylt*.

syrache swV. [BM]
– laufen [BM]; eilen [BM]; rasen [BM] ♦ **E:** zu schweizdt. *sirachen* ‚lärmen, Radau machen' (SchweizId. VII 1269), nach dem biblischen Buch Jesus Sirach, in dem zur Sanftmut gemahnt und vor Streit gewarnt wird.
syrach Subst. [BM]
– Eile [BM].

T

taadi Subst. m. [JeS]
taali Subst. m. [JeS]
– Dummkopf [JeS]; Trottel [JeS] ♦ **E:** rw. *Dade* ‚Narr', zu dt. *Daderer* ‚einfältiger, alberner Schwätzer' WolfWR 933; evtl. Einfluss von schweizdt. Spottwort *Taudi* (SchweizId. XII 458). ♦ **V:** *er huurt e grandige taadi* ‚er ist ein großer Dummkopf' [JeS]

taadi Adj. [JeS]
– verrückt [JeS]; „nicht ganz hundert" [JeS].

taapsch Adj. [BB]
– spät [BB] ♦ **E:** Inversion zu mdal. *schpaat* ‚spät'.
♦ **V:** *We taapsch es-et?* ‚Wie spät ist es?' [BB].

taat Subst. f. [HF, HeF]
– Torte [HF]; Butterbrot [HF, HeF] ♦ **E:** rw. *taat* ‚Torte', nl. *Taart* ‚Torte' WolfWR 5724; vgl. auch RheinWb. VIII 1244 und frz. *tarte* ‚flacher Kuchen'.

täätu Subst. m. [BM]
tätel [BM]; **titel** [BM]
– Soldat [BM] ♦ **E:** schweizdt. *Tätel* ‚Soldat' (SchweizId. XIII 2057).

tabacho Adj. [MM]
– schnell [MM] ♦ **E:** wohl Kontamination aus → *tacko* ‚schnell' und ugs. *Karacho*.

tablarchue Subst. f. [BM]
– Kaninchen [BM] ♦ **E:** zu schweizdt. *Tablar* ‚Regal, Schrank' (SchweizId. XII 64), hier Kaninchenstall, und mdal. *Kuh*.

táblo Subst. [NJ]
tábulo [NJ]
– Tisch [NJ] ♦ **E:** zu lat. *tabula* ‚Tisch', frz. *tableau*.

tachtel ‚Ohrfeige, Schläge, Kopf' → *dachtel*.

tack Subst. m. [JS, MB, MM, SS, Scho, WL]
taken [MM]; **tacken** [MB, MM]; **tagg** [JS]
– Groschen [JS, MB, MM, SS, Scho, WL]; 10 Pfennig [MB, MM]; Zehnpfennigstück [MM]; DM 0,10 [MB]
♦ **E:** Kürzung < *Teutscher Groschen*; vgl. auch rw. *pag* ‚polnischer Groschen'; Bischoff, WB d. Geheim- und Berufssprachen 86, Dege, Speismakeimer-Sprache 118. ♦ **V:** *beschine ist ein fiozer tack* ‚eine beschine ist ein halber Groschen' [MM]; *keinen tacken aufn jungfermann haben* ‚keinen Groschen in der Tasche haben' [MM]; *tackens auf de patte haben* ‚Groschen im Portemonnaie haben' [MM]; *tofte tackens* ‚gutes Geld' [MM]; *willse auffem schock schanägeln, dann hasse immer 'nen paar tackens fürs kneisterbeis* ‚willst du auf dem Send arbeiten, dann hast du immer ein paar Mark fürs Kino' [MM]; *kimmel fiozer takes* ‚35 Pfennige' [MM]; *er hätte keinen tacken auf'n jungfermann* ‚er hätte keinen Groschen in der Tasche' [MM]; *olf tack* ‚10 Pfennig' [MB]; *fiocer tacken* ‚5 Pfennig' [MB]; *olf fioscer tack* ‚15 Pfennig' [MB]; *bais fioscer tack* ‚25 Pfennig' [MB]; *unger hei tagg wurd*

tschie geschotzt/verkinnigt ‚unter 50 Pfennig wurde nicht gefahren/verkauft' [JS]
justtack Subst. m. [SS]
– eine Mark [SS] ♦ **E:** jd. *jud* ‚zehn'.
tackermann Subst. m. [MM]
– Groschen [MM]; Markstück [MM]
tackenosnik Subst. m. [MM]
– Parkuhr [MM]
heidack Subst. m. [JS]
– fünfzig Pfennig [JS].

tackert Subst. [HLD]
– Huhn [HLD]; Gans [HLD] ♦ **E:** rw. *tackert* ‚Huhn, Gans' WolfWR 5731, ohne Herleitung; evtl. zu dt. *ticken* „den laut tick hören lassen" DWB XXI 480.

tacko Adv. [MM]
takko [MM]; **tacho** [MM]
– schnell [MM] ♦ **E:** unsicher; evtl. zu *Tacho(meter)* ‚Drehzahlmesser' (ab 1810) zu griech. ταχύς ‚schnell'; schwer zu rw. *takof* WolfWR 5738 zu jd. *tackef* ‚angesehen, einflußreich, stark, mächtig' (We 104) und jd. *letachlis kommen* ‚zum Abschluß kommen' KüpperAlltagsspr. 393. ♦ **V:** *tacko plete* ‚schnell verschwunden' [MM]; *tacko verkasematuckeln* ‚rechtzeitig mitteilen' [MM]; *mach tacko, die schmier kommt!* ‚beeile dich, die Polizei kommt!' [MM]
tackoachile Subst. f. [MM]
– Fast Food, Schnellgericht [MM]
tackoachilkabache Subst. f. [MM]; **tackoachilekabache** [MM]; **tachoachilekabache** [MM]; **takoachilekabache** [MM]
– Schnellimbißbude [MM]; billiger Imbiß [MM]; Gasthaus [MM].

tackof ‚angesehen, einflussreich' → *dakuf*.

taets Subst. f. [BB]
taits [BB]
– Seite [BB] ♦ **E:** Inversion zu mdal. *Steit*. ♦ **V:** *uf de aner Taets* ‚andererseits' [BB].

taetschen swV. [Scho]
– blasen [Scho] ♦ **E:** unsicher; evtl. zu obdt. *tätscheln* u. a. „mit der flachen hand darauf schlagen, dasz es schallt" DWB II 825f.

täfel Adj. [BM]
– schnell [BM] ♦ **E:** schweizdt. *tävel* ‚munter, geschwind' (SchweizId. XII 550).

taffet Subst. m. [MeT]
– wertvolles, edles Tuch [MeT]; Seidenstoff [MeT]
♦ **E:** dt. *Taft* ‚leichtes, glattes Seidenzeug' DWB XXI 26f., aus ital. *taffeta*, dies aus dem Persischen *tâfteh*.
taftkätscher Subst. m. [MT, MeT]
– Tuchmacher [MT, MeT].

täfleck Subst. m. [JeH]
täflek [SP]
– Tisch [JeH, SP]; Kiste [SP]
täfling Subst. m. [MeJ] ♦ **E:** rw. *täflek* ‚Tisch' WolfWR 5736, wohl zu dt. *Tafel*.

tafsch Adj. [BB]
tasch Adj. [BB]
– schwarz [BB] ♦ **E:** Inversion zu mdal. *schwatt* ‚schwarz'.

tägel Subst. m. [BM]
– Rausch [BM] ♦ **E:** schweizdt. *Tëgel* ‚Rausch' (SchweizId. XII 1106).

taggern swV. [SK]
– kaufen [SK]; verkaufen [SK] ♦ **E:** unsicher; evtl. zu dt./ugs. *verticke(r)n* ‚verkaufen'.
vertaggern swV. [SK]
– verkaufen [SK]

tagwerkerbink Subst. m. [RR]
– Tagelöhner [RR] ♦ **E:** WolfWR 5737 id. → *bink*.

täisse swV. [JeS]
teisse [JeS]
– töten [JeS] ♦ **E:** zu rw. *deisen* ‚schenken, schlagen, schlachten', ohne Herleitung (WolfWR 982, SchweizId. XIII 1768).

taits Subst. f. [BB]
– Zeit [BB] ♦ **E:** Inversion zu *Zeit*.

täktliger Subst. m. [BM]
– Takt [BM] ♦ **E:** zu dt. *Takt*.

talari Subst. m. [EF]
– Leinenkittel [EF]; Überrock, leichter [EF] ♦ **E:** zu dt. *Talar*, aus ital. *talare* DWB XXI 96.

talas Subst. m. [BB]
– Salat [BB] ♦ **E:** Inversion zu *Salat*.

talef Num. Kard. [KM]
– vier [KM] ♦ **E:** → *dolles*.
baiestalef Num. Kard. [KM]
– acht [KM] ♦ **E:** → *bes¹*.

talenteköscht Subst. f. [WL]
– Hausiererkiste [WL] ♦ **E:** lux. *Talentenkiste*, vgl. LuxWb. IV 317 *Talentestéck* ‚Hausiererkasten'.

talep Subst. n. [BB]
– Platt (Niederdeutsch) [BB] ♦ **E:** Inversion zu *Platt*.
leper talep Sprachname [BB]
– Sondersprache der Beller Backofenbauer [BB] ♦ **E:** Inversion zu *Beller Platt*.

talfen swV. ‚betteln, fechten' u. a. → *dalfen*.

täli Subst. n. [BM]
– Franken [BM] ♦ **E:** wohl Bildung zu dt. *Thaler* (grobe Silbermünze) DWB XXI 301f.

taljen Subst. m. [Scho]
taljonem Pl. [Scho]
– Henker [Scho]; Konkurrent [Scho]; schlechter Mensch [Scho] ♦ **E:** rw. *talje* ‚Galgen', *taljer* ‚Henker' WolfWR 5740, zu jd. *taljen, dalligen* ‚aufhängen' Klepsch 472, We 104.
taljenen swV. [Scho]
– hängen [Scho].

talljöhr Subst. m. [LI]
– Schneider [LI] ♦ **E:** aus frz. *tailleur* ‚Schneider', WolfWR 5741.

talmi Subst. m. [NJ]
– ein Gegenstand, der nichts taugt [NJ]; Tand [NJ] ♦ **E:** Kürzung aus dt. *Talmigold* ‚Legierung aus Kupfer, Zink und einem Prozent Gold, met. wertloses Zeug', vgl. Klu.^{23} 814.

talon Subst. m. [MM]
talomm [GM]; **tolong** [JS]; **telong** [JS]
– Straße [GM]; Strich (Prostitution) [GM, JS, MM]; Trapez [MM] ♦ **E:** frz. *talon* ‚Ferse, Schuhabsatz'; zur Wendung *auf den talon teilachen* vgl. rw. *auf den Damm gehen* ‚der Prostitution nachgehen' (WolfWR 952). ♦ **V:** *auf den talon teilachen* ‚auf den Strich gehen' [MM]; *der seeger hegt 'ne kaline, die für ihn, auffen talong teilacht* ‚der Mann hat ein Mädchen, das für ihn auf den Strich geht' [MM].

tamlo Adj. [GM]
– finster, dunkel [GM] ♦ **E:** rw. *tamlo* ‚finster' (WolfWR 5744) < roi. *tamlo* ‚finster, dunkel' (WolfWZ 3253).
tamlepin Subst. f. [GM]
– Dunkelheit [GM]; Finsternis [GM] ♦ **E:** rw. *tamlepen* ‚Finsternis' (WolfWR 5744) < roi. *tamlepen* ‚Finsternis'; ‚Dunkelheit' (WolfWZ 3251).

tampe swV. [BM]
– schwatzen [BM] ♦ **E:** schweizdt. *tampen* ‚plaudern, schwatzen' (SchweizId. XII 1878).

tampes ‚Alkoholrausch' → *dampes*.

tän [BB]
ten [BB]
– nicht [BB] ♦ **E:** Inversion zu mdal. *nät/net*.

tandel Subst. m. [HLD]
– Schlüssel [HLD] ♦ **E:** rw. *tantel* ‚Nachschlüssel, Dietrich', „Ableitung unsicher" WolfWR 5750, evtl. zu dt. *Tand* „wertloser gegenstand, trödel, (auf täuschung ausgehendes) handeln" DWB XXI 103f.

täng Subst. [MB]
teng [MB]
– Gefängnis [MB] ♦ **E:** unsicher; evtl. zu dt. *tenne* „ursprüngliche bedeutung ein ort, wo geschlagen, gedroschen wird" DWB XXI 253, womgl. kontrahiert aus rw./roi. *stillepen* ‚Gefängnis'.

tanken swV. in:
betanken [HN]
– jmd. betrunken machen [HN] ♦ **E:** dt. *tanken* ‚auffüllen', engl. *to tank*.

tännet Subst. [EF]
– Pfennig [EF] ♦ **E:** zu dt. *zehn*.

tänntsch Subst. m. [BM]
– Tanne [BM]; Tannenbaum [BM] ♦ **E:** mdal. Dim. zu dt. *Tanne*.
tänntschli Subst. n. [BM]
– kleine Tanne [BM]
tanntspyff Subst. m. [BM]
– Tannenzapfen [BM].

tante Subst. f. [HN, WG]
tant [WG]
– Prostituierte [WG]; Hure (neutral, wohlmeinend) [WG]; außenstehender Mensch [HN]; „eine konkurrierende Stoßpartie zwingen, das Spiel zu beenden" [WG] ♦ **E:** rw. *tante* ‚Kupplerin' WolfWR 5748, zu dt. *Tante*, und rw. *Meine Tante – deine Tante* (Kartenglücksspiel), WolfWR 5749. ♦ **V:** *die Tant haben* ‚Menstruation' [WG]
pisstante Subst. f. [HN]
– Toilettenfrau [HN]
tante dorothee [WG]
– Dorotheum (Pfandleihanstalt) [WG].

tanz nur in:
tanze swV. [BM]
– in Bewegung setzen [BM] ♦ **E:** dt. *tanzen, Tanz* DWB XXI 122 ff. ♦ **V:** *la tanze* ‚lass gehen!' [BM].
abtanzen swV. [HN]
– Pflichtarbeit verrichten (bei der Prostitution) [HN]
abtanz Subst. m. [HN]
– Pflicht (einer Prostituierten) [HN]
tanzmäz Subst. m. [MoM]; **tanzmess** [EF]; **tanzmäs** [EF]; **tânzmâs** [EF]
– Tanzmeister [MoM]; Tanzlehrer [EF] ♦ **E:** dt. *tanzen*; → *mäs*.

täp Subst. n. [BB]
– Bett [BB] ♦ **E:** Inversion zu mdal. *Bett*. ♦ **V:** *Wä-mer am Schafe woore ierentwoo: „Has-en tusch Täp?"* (Frage zweier Ofenbauer nach der Unterbringung; oft gebraucht) [BB]

tapern swV. [HL]
– gehen [HL] ♦ **E:** zu dt. *tappen* „unsicher und ungeschickt sich fortbewegen oder umherfühlen" DWB XXI 140 ff.

tapete Subst. f. [MB]
– Anzug [MB] ♦ **E:** dt. *Tapete* ‚Wandverkleidung, Teppich' DWB XXI 132f. ♦ **V:** *toffe tapete* ‚schöner Anzug' [MB]
tapeten Subst. Pl. [KMa, OH]
– Bilder [KMa, OH]
tapetenkliester Subst. m. [MB]
– Pudding [MB] ♦ **E:** dt. *Kleister* (Klebemittel) DWB XI 1134 f.

tappch Subst. m. [KMa]
– Kirmes [KMa] ♦ **E:** rw. *tappch* (WolfWR 5753), zu hess. *tappchen* ‚polternd gehen', hier vom Kirmestanz (HessNassWb. IV 17).

täppe Subst. Pl. [GM]
– Schuhe [GM] ♦ **E:** hess. *Tappen* ‚Hausschuhe' (HessNass. Wb. IV 19).

tappen[1] swV. [SJ]
tappern swV. [GM, ME, MM]; **tabbern** [GM]
– stehlen [MM]; klauen [MM]; zugreifen [SJ]; fest drücken [GM]; schlagen [GM]; festnehmen [GM]; verhaften [GM]; erwischen [ME]; betrügen bescheißen [GM] ♦ **E:** rw. *tappen* ‚zugreifen' (WolfWR 5755) < roi. *tapər-* ‚fassen, ergreifen' (WolfWZ 3262), evtl. mit Einfluss von → *dibbern*. ♦ **V:** *endlich hawe di klisdis den lubnigards gedaberd* ‚endlich nahmen die Polizisten den Zuhälter fest' [GM]; *ich mus dich emol tapern* ‚ich muß dich einmal ganz fest drücken' [die Mutter zu ihrem kleinen Sohn]; *Der Chabo wurde beim Lellen getappert* ‚der Kerl wurde beim Stehlen erwischt' [ME].

tappen[2] Subst. [EF]
tâpp(e)n [EF]
– Geld [EF] ♦ **E:** rw. *tappen* ‚Stempel'. Benennungsmotiv: die Stempelung im Wanderbuch der Handwerksburschen auf der Walz war mit einem sog. Orts- und Meistergeschenk verbunden (WolfWR 5755)

tappféisschen Subst. m. [WL]; **tappféissen** [WL]
– Katze [WL] ♦ **E:** mdal. *Tappfüßchen*.

tarátsche Subst. f. [SK]
– Kamm [SK] ♦ **E:** türk. *tarak* ‚Kamm', rum. *darac* ‚Wollkratze'.

tärmeneere swV. [KM]
– sammeln [KM] ♦ **E:** dt. *terminei* ‚Recht, für ein Kloster Almosen einzusammeln' DWB XXI 260, RheinWb. VIII 1141.
tärmeneert Part. Perf. [KM]
– zusammengebracht [KM].

tarnipen Subst. m. [GM]
– kleines Kind [GM]; Jugend [GM] ♦ **E:** roi. *tarnepen* ‚kleines Kind, Jugend' (WolfWZ 3267). ♦ **V:** *de dad nasd mid em digni tarnipen in di fore* ‚der Vater geht mit dem kleinen Kind in die Stadt' [GM].

taschl nur in:
taschlzieher Subst. m. [WG]
– Taschendieb [WG] ♦ **E:** dt. *Tasche*.

tate ‚Vater' s. → *dad*. [MB].

tatern Subst. m. Pl. [MB]
– Roma [MB]; Zigeuner [MB] ♦ **E:** westf. *Tätern* ‚Zigeuner' (WestfWb. 1280) < *Tataren* „bezeichnung der (wie die Tataren gelbbraunen) zigeuner (mnd. *tater, tarter*)" DWB XXI 158f.

tato Adj. [GM]
dado [GM]; **tatto** [MB]; **dadi** [GM]; **tati** [GM]
– warm [GM, MB]; heiß [GM]; schwul [MB] ♦ **E:** rw. *tato* ‚warm', ‚heiß' (WolfWR 5768) < roi. *tato* ‚warm, heiß' (WolfWZ 3274). ♦ **V:** *de tsabo puderd iem dadi wude* ‚der Mann arbeitet im warmen Zimmer' [GM]
tattern swV. [GM]
– wärmen [GM]; heizen [GM] ♦ **V:** *de bop taterd ladso* ‚der Ofen heizt hervorragend' [GM]

tatto Subst. m. [MB]
– Schwuler [MB]; Homo [MB]; Warmer [MB]
tattochali Subst. f. [MB]
– Lesbe [MB]; lesbische Frau [MB]
tattochalo Subst. m. [MB]
– Schwuler [MB]; warmer Bruder [MB]
tatepin Subst. m. [GM]
– Wärme [GM]; Hitze [GM] ♦ **V:** *iem isemer is baro tatepin* ‚im Zimmer ist es sehr warm' [GM] ♦ **E:** roi. *tatepen* ‚Wärme', ‚Hitze' (WolfWZ 3274).

tatschhütte Subst. f. [BM]
– baufälliges Gebäude [BM] ♦ **E:** schweizdt. *Tätschhūs* ‚niedriges, ärmliches Haus'.

tatschler nur in:
tatschlerhackn Subst. f. [WG]
– Kinderschändung [WG] ♦ **E:** wiener. *tatschkerln* ‚streicheln'.

täufel Adj. [SS]
– klein [SS] ♦ **E:** unsicher; evtl. zu dt. (armer) *Teufel* ‚armseliger Mensch' DWB XXI 265.

taufes ‚Arrest, Gefängnis' s. → *tofes*.

tauflech ‚alt' s. → *tofel*.

taumeldicke Adj. [MB]
– sturzbetrunken [MB]; vollstramm [MB]; ballerbreit [MB] ♦ **E:** dt. *taumeln* und ugs. *dick* ‚betrunken' Kü 164.

taunsch Subst. f. [EF]
tannsch [EF]
– Klarinette [EF] ♦ **E:** wohl zu dt. *Dunsch* ‚verzogener Mund mit aufgeworfenen Lippen' Wolf, Fatzersprache, 137.

täuschen in:
abtäuschen swV. [WG]
– mit jmd. nichts zu tun haben wollen [WG] ♦ **E:** dt. *täuschen*.

täwisch ‚Tabak' → *tebern* ‚rauchen'.

teater Subst. m. [SK]
– Arzt [SK] ♦ **E:** unsicher; schwer zu dt. *Theater*, womgl. zu griech. *iatros* ‚Arzt'.

teben Subst. m. [MB]
– Hund [MB] ♦ **E:** nd. *Tebe* ‚Hund, Hündin' DWB XXI 230. ♦ **V:** *dick dich, reune, ihne sein teben* ‚guck dir mal seinen Hund an' [MB].

tebern swV. [TJ]
debera [JeS]; **dewan** [LoJ]; **tobern** [SK]; **tobere** [BJ]; **toobere** [JeS]; **töberle** [JeS]; **tööberle** [JeS]; **döberle** [JeS]; **dobbere** [JeS]; **dobbern** [SK]; **dobbern** [SK]; **dowern** [MoM]; **dobricha** swV. [OJ]; **dowrichen** [PfJ]; **tobriche** [LüJ]; **tobrichen** [BJ, LüJ]; **tôberichen** [Gmü, Him, Mat]; **tuben** swV. [LüJ]
– rauchen [BJ, Gmü, Him, JeS, LoJ, LüJ, Mat, MoM, PfJ, TJ]; Tabak rauchen [OJ, SK]; „schmerchen" [LüJ] ♦ **E:** rw. *debern, dewern, teebern* ‚rauchen' (WolfWR 1043) < roi. *thûw* ‚Rauch' (WolfWZ 3571, Klepsch 507).

dober Subst. m. [JeS]; **toober** [BM, JeS]; **toober** [BM]; **dowwer** [MoM]; **tööberli** Subst. n. [JeS]; **döberli** [JeS]; **töberli** [JeS]; **tuweli** [JSW]; **doweli** [JSW]; **toobri** Subst. m. [JeS]; **doberi** [JeS, TK]; **dobri** [JeS]; **doweri** [KJ]; **döweri** [TK]; **töbi** Subst. m. [JeS]
– Zigarette [JeS]; Zigarre [JeS, MoM]; Tabakpfeife [JeS]; (Kau-)Tabak [BM, JSW, KJ, TK] ♦ **E:** zu roi. *t'uwaló* ‚Tabak', *t'uwalí* ‚Zigarette, Pfeife, Tabakdose' (WolfWR 1043, SchweizId. XII 128).

doberei Subst. f. [LJ]; **dobre** [OJ]; **dobære** [WJ]
– Pfeife [LJ, OJ, WJ]

toberich Subst. m. [Gmü, Him, LüJ, Mat, SK, StG, Wo]; **tôberich** [LüJ]; **toberig** [JeS]; **toberig** [TJ]; **tobrich** [BJ]; **tooberig** [JeS]; **dobberich** [SK]; **döbberlig** [JeS]; **döberlig** [JeS]; **dobrich** [OJ]; **dowerich** [CL, JSa, LL]; **dowrich** [RW]; **doberech** [WL]; **dowerich** [PH, PfJ, TK]; **dowerig** [TK]; **dowrich** [HLD]; **tebich** Subst. m. [EF, MoM]; **tebrich** [BJ]; **täwich** [EF]; **täwisch** [MoM]
– Tabak [BJ, CL, EF, Gmü, HLD, Him, JSa, LJ, LL, Mat, MoM, OJ, PH, PfJ, RW, SK, SchJ, StG, TJ, TK, WL, Wo]; Pfeife [BJ, LüJ]; Zigarre [JeS, LüJ]; Tabakpfeife [JeS] ♦ **V:** *pflanz', doge mir ein funkerle zum toberich anfunken* ‚Mach, gib mir ein Streichholz zum Anzünden der Pfeife' [LüJ]

doberer Subst. m. [LJ, SchJ]
– Tabak [LJ, SchJ]

dobbersche Subst. f./n. [SK]; **tobersche** [SK]
– Zigarre [SK]

doberersbāllo Subst. m. [LJ]
– Tabaksbeutel [LJ]

dobberfinniche Subst. m. [SK]
– Kautabak, Tabak [SK]

toberklinge Subst. f. [SK]; **dobberklinge** [SK]
– Pfeife [SK]; Tabakspfeife [SK]

tôberichskling Subst. f. [Him, LüJ]; **dowerichsklinge** [PfJ]
– Pfeife [Him, LüJ]; Tabakspfeife [PfJ]

doberersrandi Subst. f. [SchJ]
– Tabaksbeutel [SchJ]
doberersranza Subst. m. [LJ]
– Tabaksbeutel [LJ]
dewarakettal Subst. [LoJ]
– Aschenbecher [LoJ]
terberling Subst. m. [TJ]
– Zigarette [TJ]
toberiggl Subst. [TJ]
– Pfeife [TJ]
toberichstengel Subst. m. [Gmü, Him, Mat]; **tobrichstengel** [Wo]
– Zigarre [Gmü, Him, Mat, Wo].

techle swV. [BM]
– laufen [BM] ♦ **E:** schweizdt. *tächlen* ‚überstürzt davonlaufen' (SchweizId. XII 19).

techtelmechtel Subst. n. [MM, SJ]
techtelmächtel [SJ]
– lose, undurchsichtige Beziehung [MM]; „gegenseitige Zuneigung" [MM]; Beziehung [MM]; „etwas mit einem Mädel haben" [MM]; Flirt [MM]; Verhältnis [MM]; Liebelei [MM]; Tête-à-tête [MM]; Verhältnis mit einer Frau [SJ] ♦ **E:** dt./ugs., ‚meist sexuelle, heimliche Beziehung', wohl zu jd. *tacht(i)* ‚geheim'; vgl. Siewert, Grundlagen, 365f. (poetische Bildungen). ♦ **V:** *techtelmechtel haben* ‚Ärger mit der Polizei' [MM]
techtelmechtelei Subst. f. [MM]
– uneheliches Kind [MM]
sautechtelmechtler Subst. m. [MM]
– Verräter [MM]; Spitzel [MM]
vermechteltecheten swV. [MM]
– verkuppeln [MM]; verprügeln [MM].

teck Subst. Pl. [HF, MeT]
– Haare (bei Männern) [HF, MeT]; Bart [HF] ♦ **E:** rw. *teck* ‚Haare' WolfWR 5784, ohne Herleitung; evtl. zu frz. *teck* ‚Teakbaum'; rhein. *lange Täck* ‚besonders lange Haare' RheinWb. VIII 1021. Benennungsmotiv: evtl. buschige Baumkrone.
palmen teck Subst. Pl., Phras. [HF, HeF]
– rote Haare [HF, HeF] ♦ **V:** *den thuren het palmen teck* ‚Die Frau hat rote Haare' [HeF]

teckel[1] Subst. [HLD]
– Krähe [HLD] ♦ **E:** unsicher; evtl. zu rw. *deckel* ‚Gendarm, Landjäger', zu dt. *Deckel* (nach der Kopfbedeckung) WolfWR 974 oder womgl. zu nd. *tackelig, tackig* ‚gezackt; schartig'.

teckel[2] Subst. m. [MB]
– Gendarm [MB] ♦ **E:** rw. *deckel* ‚Gendarm, Landjäger' (WolfWR 974).

téckerchen Subst. m. [WL]
– Uhr [WL] ♦ **E:** dt. *ticken*.

tee Subst. m. nur in:
tasse tee ‚Korn (Schnaps)' [MB] ♦ **E:** dt. *Tee*.

teele swV. [JeS]
deele [JeS]
– geben [JeS]; bringen [JeS]; holen [JeS]; schlagen [JeS]; leihen [JeS] ♦ **E:** zu roi. *del* ‚geben, schenken, schlagen' (WolfWZ 450); → *deelen*; SchweizId. XII 1437. ♦ **V:** *teel mr es blamp!* ‚gib mir ein Bier!' [JeS]
verteele swV. [JeS]
– zufügen, versetzen (z. B. Messerstich) [JeS].

teerpütze Subst. f. [MB]
– Zylinderhut [MB] ♦ **E:** dt. *Teer* und nd. *Pütz* ‚Wasserlache'.

teetz ‚Kopf' s. → *deez*.

teewes in:
ringelteewes Subst. m. [HL]
– Tanz [HL] ♦ **E:** rw. *tebs* ‚Unsinn', zu dt./mdal. *tebsen* ‚toben' WolfWR 5781.

teewinde Subst. f. [HLD, MB, MM]
tewinde [MM]; **t-winde** [MM]
– Krankenhaus [HLD, MB, MM]; Krankenstube [HLD] ♦ **E:** rw. *teewinde* ‚Krankenhaus', rw. *winde* ‚Tür, Haus', zu dt. *winden* WolfWR 6245; dt. *Tee*, Benennungsmotiv: „Haus, in dem man mit *Tee* kuriert wird" (WolfWR 5787). ♦ **V:** *höchstens wenn einer mal halb mulo war, kam so 'n wuddi vonne teewinde* ‚nur wenn einer halb tot war, kam ein Krankenwagen' [MM].

tefel Subst. m. [NJ]
teflek Subst. m. [RH]
– Tisch [NJ, RH] ♦ **E:** zu dt. *Tafel*.

teifen swV. [HLD]
– schlagen [HLD] ♦ **E:** unsicher; evtl. Verschreibung durch falsche Lesung des Fraktur-s, dann zu rw. → *deissen* ‚schlagen' WolfWR 982.

teigaff Subst. m. [MUJ, SJ]
– Bäcker [MUJ, SJ] ♦ **E:** rw. *teigaffe* ‚Bäcker', *affe* volksetymologisch aus jd. *ophe* ‚Bäcker' WolfWR 5789; schwäb. *Teigaff* ‚Bäcker' (SchwäbWb. II 132/133).

teil Subst. in: [WG]
am Teil sein ‚sich an der Beute beteiligen' [WG]; *eine greane Teile* ‚eine schlechte Beute' [WG] ♦ **E:** dt. *Teil* ‚Anteil'.

teilachen swV. [GM, MM, MUJ, Scho]
tejlachen [Scho]; **tailache** [CL, PH, StJ]; **tailachen** [JS, MM]; **teillachen** [MM]; **teilschen** [MM]; **teilache** [CL, LL, SPI]; **delache** [CL, PH]; **teilacken** [MB]; **tailacken** [MB]; **teilaken** [MB]
– gehen [CL, GM, JS, LL, MB, MM, MUJ, PH, StJ]; zu Fuß gehen [MM]; schnell gehen [CL, LL]; zielstrebig gehen [CL, LL]; vorbei gehen [MM]; laufen [GM, MB, MM]; kommen [MM]; schlendern [MM]; spazieren gehen [MM]; schleichen [MM]; ziehen [MM]; davonlaufen [MM]; weglaufen [MB, MM]; reisen [StJ]; hausieren [CL, PH]; ausrücken [CL]; verschwinden [MB]; rennen [MB]; wegrennen [MB]; sich (aus Angst) entfernen [MB]; fortgehen [SPI]; schnell fortgehen [SPI]; weggehen [Scho] ♦ **E:** rw. *tailachen* ‚(schnell) gehen, zu einem bestimmten Ziel, ausrücken' (WolfWR 5790) < jd. *taleche* ‚gesandt werden' (We 105, Post 193). ♦ **V:** *auf den talon teilachen* ‚auf den Strich gehen' [MM]; *auf lelletour teilachen* ‚auf Diebestour gehen' [MM]; *tailacken gehen* ‚weglaufen, abhauen' [MB]; *laß uns tailacken gehen* ‚laß uns abhauen' [MB]; *jehste balde teilacken* ‚hauste balde ab' [MB]; *die kotenen ganeffe kappt man, die dickbälge teilschen pleete* ‚die kleinen Diebe hängt man, die großen läßt man laufen' [MM]; *die masminen sind vom vielen teilachen inne machulle gegangen* ‚die Schuhe sind vom vielen Herumlaufen kaputt gegangen' [MM]; *der seeger hegt 'ne kaline, die für ihn auffen talong teilacht* ‚der Mann hat ein Mädchen, das für ihn auf den Strich geht' [MM]; *früher mußten wir manchmal teilachen, dat uns die zöhmkes weh taten* ‚früher mußten wir manchmal so viel laufen, daß uns die Füße weh taten' [MM]; *er teilacht in die strehle, wo die lowine und der quini hamel schmecken* ‚er geht in die Straße, wo das Bier und der Schnaps gut schmecken' [MM]; *bescht der auf die lelletour oder hegt er eine kaline, die auf den talon teilacht und für ihn die masummes anschafft?* ‚geht der auf Diebestour oder hat er ein Mädchen, das auf den Strich geht und für ihn das Geld anschafft?' [MM]; *Ich teilach/ du teilachscht/ er teilacht/ Mer teilachen/ Ehr teilachen/ Sie teilachen/ Mer sin geteilacht* [CL]; *och reune dich ihn da, wie der teilakt* ‚sieh dir ihn an, wie er läuft' [MB]; *dick, da taillachen die pallmachonen* ‚guck mal, da marschieren die Pioniere' [MB]

anteilachen swV. [MM]
– ankommen [MM]
heranteilachen swV. [MM]
– herankommen [MM]
hereinteilachen swV. [MM]
– hereingehen [MM]
herteilachen swV. [MM]
– herkommen [MM]
herumteilachen swV. [MM]
– umherlaufen [MM]
hintailachen swV. [MM]; **hinteilachen** [MM]
– kommen [MM]; zurückkehren [MM]
losteilachen swV. [MM]
– losgehen [MM]
weiterteilachen swV. [MM]
– weitergehen [MM]
telach Subst. m. [WG]
– Strich (Prostitution) [WG]
teilachsteig Subst. m. [MM]
– Gehweg [MM]; Laufsteg [MM]; Bürgersteig [MM].

teinl Subst. n. [EF]
teinel [EF]
– Klarinette [EF] ♦ **E:** „wahrscheinlich *Teinl* = Tönlein" Wolf, Fatzersprache, 137.

teke Subst. n. [SS, WH]
– Geld [SS, WH] ♦ **E:** evtl. zu westf. *teken* ‚Schriftseite einer Münze' Woeste 269f. oder zu → *tack* ‚Groschen'.

telere Subst. f. [BM]
– Telegraphenstange [BM] ♦ **E:** schweizdt. zu *Telegraph*.
telegraphere Subst. f. [BM]
– Telegraphenstange [BM].

tellche Subst. f., Pl. [GM]
– Strümpfe [GM]; Socken [GM] ♦ **E:** roi. *telini* ‚Strumpf' (WolfWZ 3292). ♦ **V:** *tigema, de tsabo had e loch in de delche* ‚sieh mal, der Mann hat ein Loch in den Strümpfen' [GM].

tellen swV. [HF, HeF]
– beten [HF, HeF] ♦ **E:** rw. *tellen* ‚beten' WolfWR 5798, zu nd./nl. *vertellen* ‚sagen, erzählen'; engl. *to tell*.
tellkrabbel Subst. [HF]
– Gebetbuch [HF]; Brevier [HF].

telofe Subst. [MM]
telooven [MM]; **telofen** [MM]; **tielofen** [MM]; **tilofe** [MM]; **tellochem** Subst. f. [JS]
– Tausender [MM]; 1000 DM [JS, MM]; *kaff telooven* ‚zwanzig Tausender' [MM] ♦ **E**: Variante zu → *elof* ‚1000'.

temeie Subst. f. [Scho]
– Prostituierte [Scho] ♦ **E**: jd. *teméi-e* ‚Prostituierte' (We 105).

temma swV. [EF]
– rauchen [EF] ♦ **E**: mhd. *toumen* ‚dunsten, qualmen', nhd. *däumeln*, Wolf, Fatzersprache, 115 (s. v. *däumen*).

temper Subst. [NJ]
– Zeit [NJ] ♦ **E**: wohl zu lat. *tempus, tempora* ‚Zeit, Zeiten'.

temschifall Subst. m. [SK]
– Polizist [SK] ♦ **E**: roi. *t'em tschiwalo* ‚Landjäger' (WolfWZ 3293, 3682).

tengeln swV. [MB]
– verhauen [MB]; *makkeimen* [MB]; *kuren* [MB] ♦ **E**: westf. *tengeren* ‚schlagen, zanken' (WestfWb. 1285).
tengelmann Subst. m. [MB]
– Prügel [MB].

tenger Adj. [MB]
– stark [MB]; kräftig [MB]; in Ordnung [MB]; rüstig [MB]; gesund [MB]; flink [MB] ♦ **E**: westf. *tenger* ‚rasch, munter, scharf, lebhaft' (WestfWb. 1285).

tent Subst. f. [HF, HeF]
– Haus [HF, HeF] ♦ **E**: rw. *tent* ‚Haus', nl. *Tent* ‚Zelt' WolfWR 5803; rhein. *Tent* ‚Bude, Bretterverschlag' < frz. *(la) tente* ‚Zelt' RheinWb. VIII 1137/1138. ♦ **V**: *de gonze tent müfft* ‚Das ganze Haus stinkt' [HeF]; *hitschen in de tent hucken trombs henese thürkes* ‚In diesem Hause sind drei hübsche Mädchen' [HeF]; *minotesen tent beut krütskes uhr plotten* ‚Mein Haus kostet tausend Thaler' [HeF]; *Minotesen nettes hukt mol; de tent wört versömt* ‚Mein Vater ist tod; das haus wird verkauft' [HeF]; *mott zinotes nog in trombs tenten fucken?* ‚Müssen Sie noch in drei Häuser gehen?' [HeF]; *minotes mott nog in parz tenten fucken, on dann trollt minotes möt den troppert no dülken* ‚Ich muß noch in zwei Häuser gehen, und dann reite ich nach Dülken' [HeF]
tentefritzel Subst. m. [HF]
– Hausschlüssel [HF]

tenteknucker Subst. m. [HF]
– Hausmacher [HF]; Maurer [HF]
tenteruht Subst. f. [HF]
– Fenster [HF] ♦ **E**: rhein. *Rut* ‚Fensterscheibe'.
hutzentent Subst. f. [HF]
– Bauernhof [HF]; Bauernhaus [HF]
jennesentent Subst. f. [HF]
– Kaserne [HF]
kauelstent Subst. f. [HF]; **kaueltent** [HeF]
– Webschule [HF, HeF]; Fabrik [HF]
klustertent Subst. f. [HF]
– Uhrmacherhaus [HF]
knökelstent Subst. f. [HF]
– Werkstatt [HF]
knükertstent Subst. f. [HF]
– Kaffeehaus [HF]
krabbelstent Subst. f. [HF]
– Schreibstube [HF]; Kontor [HF]; Büro [HF]
poytent Subst. f. [HF]
– Schiff [HF]
rühltent Subst. f. [HF]
– Handelshaus [HF]
ruschertstent Subst. f. [HF]
– Scheune [HF]
schruppentent Subst. f. [HF]
– Hühnerstall [HF]
wuschtent Subst. f. [HeF]
– Bordell [HeF].

tenten Subst. f. Pl. [MB]
– unwahre Geschichten [MB] ♦ **E**: verkürzt aus → *Fisematenten* ‚Schwierigkeiten, Ausflüchte, Schereien', 16. Jh. *visepatenten* ‚dummes Zeug, Nichtigkeiten', mnd. *visepetenten*, evtl. kanzleisprachlich mlat. **visae patentes (litterae)* ‚ordnungsgemäß geprüfte Patente'.

teppenpulver Subst. n. [WG]
– Beruhigungstabletten, Schlaftabletten, die im Gefängnis an die Insassen auf deren Wunsch hin ausgegeben werden [WG] ♦ **E**: wienerisch *Tepp* ‚Depp, Tölpel' und *Pulver*.

teps Subst. m. [HF, HeF, JS]
täps [KM]; **täpse** [KM]
– Deckel [HF]; Hut [HF, HeF, JS, KM]; Mütze [JS] ♦ **E**: rw. *teps* ‚Hut' WolfWR 5805, ohne Herleitung; RheinWb. VIII 1201 (s. v. *Tipps*). ♦ **V**: *Knöllen, knuk den Teps, dot huckt ene Pretter* ‚Thue den Hut ab, das ist ein Geistlicher' [HeF]; *Schabo, hesse de teps ob, weil de bollich bes date jubbere schukkrig schäfe?* ‚Junge, hast du die Mütze auf, weil du Angst hast,

dass die Läuse kalt werden?' [JS]; *wat het die tschei für e dofte teps up* ‚was hat die Frau für einen schönen Hut auf' [JS]
tepseknucker Subst. m. [HF]
– Hutmacher [HF]
jennesenteps Subst. m. [HF]
– Helm [HF]
ruschertsteps Subst. m. [HF]
– Stohhut [HF].

terchen ‚betteln, hamstern' s. → *derchen*.

terchers Subst. m. Pl. [ME]
terchas [MB, ME]
– Schuhe [MB, ME] ♦ **V:** *Latscho terchers, Alter!* ‚Tolle Schuhe hast du an, Alter!' [ME] ♦ **E:** jd. *derech* ‚Weg' (WolfWR 987, We 62, Klepsch 483). → *derech*.

termes Subst. m. [HK, SK]
terminsel Subst. [LJ, SchJ]
– Topf [HK, LJ, SK, SchJ]; Schüssel [LJ] ♦ **E:** rw. *dormes, dörmes, terminsel* ‚Topf, Schüssel', evtl. Nebenform von rw. *manistere* aus ital. *minestra* ‚Suppe' (WolfWR 1065 und 3396).
terminselpflanzer Subst. m. [LJ, SchJ]
– Töpfer [LJ]; Hafner [SchJ]
terminselpflanzerei Subst. f. [LJ]
– Töpferei [LJ]
blampterminsel Subst. m. [LJ]
– Bierkrug [LJ]
finkeldermes Subst. m. [HK]
– Kochtopf [HK]
flösseldermes Subst. m. [HK]; **flösseltermes** [HK]; **flesseltermes** [HK]; **fleßldermes** [HK]
– Nachttopf, Nachtpott [HK]; Nachtgeschirr [HK]; Topf [HK]; „Ente" (Behältnis zum Wasserlassen für Männer im Krankenhaus) [HK]; Wasserflasche [HK].

ternes Subst. m. [HLD]
– Kopf [HLD] ♦ **E:** evtl. zu rw. *termes* ‚Topf', met. nach der Form.

terpentin Subst. m. [MM]
– Wermutschnaps [MM] ♦ **E:** dt. *Terpentin* ‚flüssiges Harz' DWB XXI 261.
terpentinblick Subst. m. [HN]
– gieriger, entkleidender Blick [HN].

terz Subst. [EF]
– Schnaps [EF] ♦ **E:** zu *Terz* ‚Drittel', lat. *tertium*, evtl. nach der Maßeinheit 0,3 cl für ein Schnapsglas, Wolf, Fatzersprache, 137.

tés Num. Kard. [MB]
– acht [MB] ♦ **E:** Variante zu *achés(t)*, jd. *chess* ‚acht' (WolfWR 6437).

tess Num. Kard. (Zahladj.) [MM, Scho]
tes [SS]; **täß** [MM]; **dess** [CL, LL]
– neun [CL, LL, MM, SS, Scho] ♦ **E:** jd. *tess* Zahlbuchstabe für ‚neun' (WolfWR 6437, We 105, MatrasJd 292, Post 252, Klepsch 487). Vgl. → *jés*.

teufel Subst. m. in:
des Teufels erster Heizer werden ‚sterben' [WG] ♦ **E:** dt. *Teufel*.

tewern swV. [HL]
– zanken [HL]; keifen [HL] ♦ **E:** mdal. *töbern*, zu dt. *toben* ‚wüten' DWB XXI 528 ff.

theeber Subst. n. [BM]
– Theater [BM] ♦ **E:** schweizdt. zu dt. *Theater*.

theka Subst. f. [EF]
teka [EF]; **thoka** [EF]; **thekela** Subst. f. [EF]; **thekele** [MoM]
– Fräulein [EF]; Töchterlein [MoM] ♦ **E:** unsicher; Kürzung zu dt. *Scharteke* ‚alte Jungfer' oder zu PN *Thekla*; vgl. Wolf, Fatzersprache, 137. ♦ **V:** *teka tschärba teka* ‚feines Fräulein' [EF]
hachtnstheka Subst. f. [EF]
– Person, unangenehme weibliche [EF]
holltheka Subst. f. [EF]
– Person, unangenehme weibliche [EF]
kuberstekela Subst. f. Dim. [EF]
– Wirtstochter [EF]
pragltheka Subst. f. [EF]; **pragelteka** [EF]
– Köchin [EF].

thünen swV. [HeF]
tünen [HeF]
– schlagen [HeF]; prügeln [HeF] ♦ **E:** rw. *tünen* ‚schlagen, prügeln', wohl von nl. *tuin* ‚Zaun', met. ‚jmd. in die Schranken weisen' WolfWR 5958; RheinWb. IX, 726.

betünen swV. [MeT]
betünnen [MeT]
– (schlecht) bezahlen [MeT]; einen Handel abschließen [MeT] ♦ **E:** rw. *zeimen, betünen, beteunen* ‚bezahlen' WolfWR 6330, ohne Herleitung; evtl. zu → *thünen* oder frz. Argot *thune* ‚Geld, Almosen'.

thür Subst. m. [HeF]
tür [HF]
– Pfeife [HF, HeF] ♦ **E:** rw. *thür* ‚Pfeife', evtl. aus dem Roi. WolfWR 5823 und 5930; wohl eher zu RheinWb. VIII 1482 *Turen* ‚Mutzpfeife'. ♦ **V:** *zinotesen thür on dem blök hucken op den Refter* ‚Deine Pfeife und der Tabak liegen auf dem Tisch' [HeF]; *Vesöm minotes den Thür* ‚Verkaufe mir die Pfeife'. [HeF]

thüren swV. [HeF]; **türen** [HF]
– rauchen [HeF] ♦ **V:** *blök thüren* ‚Tabak rauchen' [HeF]; *dem blag thürt locken blök* ‚Der Mann raucht schlechten Tabak' [HeF]; *thürt zinotes og?* ‚Rauchen Sie auch?' [HeF]; *minotes thürt blökstinesen* ‚Ich rauche Zigarren' [HeF]

tührenteps Subst. m. [HeF]; **türenteps** [HF]
– Pfeifendeckel [HF, HeF]

türestienes Subst. [HF]; **türestinnes** [HF]
– Pfeifenrohr [HF].

thut Subst. f. [LüJ]
tuud [JSa]; **dud** [MUJ, SJ]
– Milch [JSa, LüJ, MUJ, SJ] ♦ **E:** rw. *tchud, thut* ‚Milch' < roi. *thud* ‚Milch' (WolfWR 5777, WolfWZ 3553).

thuweskeri Subst. m. [GM]
– Schornstein [GM] ♦ **E:** rw. *tuweskrî* ‚Esse' (WolfWR 5966) < roi. *thuwéskeri* ‚Schornstein, Esse' (WolfWZ 3571).

tiafling Subst. m. [WG]
– Korrektionszelle [Zelle im Keller] ♦ **E:** zu dt. *tief*; vgl. → *tiefling*.

in den tiafling fahren Phras. [WG]
– den Komplizen um einen Teil der Beute (Geld) bringen [WG].

tibern ‚reden, sprechen' s. → *dibbern*.

tichi Part. [KJ]
– ja [KJ] ♦ **E:** wohl zu rw. *tick* „rechte Weise, etwas zu beginnen" zu jd. *thkene, tikkun* ‚Ordnung, Anordnung', WolfWR 5824; Siewert, WB jüd. Geschäfts- und Umgangssprache, 42 (Faksimile).

tick Adj.
tigi Adj. [JeS]
– dumm [JeS] ♦ **E:** zu dt. *Tick* DWB XXI 479 u. a. ‚fehlerhafte oder lächerliche Gewohnheit', vgl. ugs. *nicht richtig ticken*.

tickmann Subst. m. [MM]
– Stoffel [MM]; Doofer [MM]; Irrer [MM]

ticksmennige Adj. [MM]
– verrückt, unklar im Kopf [MM] ♦ **E:** *-mennige* evtl. zu roi. *men* ‚Hals', *meningro* ‚Henker, Abdecker' (WolfWZ 1931).

ticken swV. [GM]
tickern swV. [GM]
– (an)sehen [GM]; (an)schauen [GM]; (er)blicken [GM]; gucken [GM]; betrachten [GM]; beobachten [GM] ♦ **E:** roi. *dik-* ‚sehen, schauen, anschauen' (WolfWZ 488, Klepsch 502). → *dicken*.

tickpaskero Subst. m. [GM]
– Spiegel [GM] ♦ **E:** roi. *dik'epaskero* ‚Spiegel' (WolfWZ 488).

tickern swV. nur in:
vertickern swV. [MB]; **verticken** swV. [MB]
– (billig) verkaufen [MB]; verzehren [MB]; erzählen [MB]; erklären [MB] ♦ **E:** westf. *vertikken* ‚verzehren, verkaufen' (WestfWb. 1289); Bed. ‚erzählen, erklären' wohl beeinflusst von ugs. *verklickern* ‚erklären'. ♦ **V:** *laß uns den krummen vertickern* ‚laß uns den Schrott verkaufen' [MB].

ticketacke Subst. [MB]
– Rate [MB] ♦ **E:** evtl. onomatopoetisch vom Geräusch des Münzgeldes oder Wortspiel mit ugs. *Tacken* ‚Münze'. ♦ **V:** *auf ticketacke gekauft* ‚auf Raten gekauft' [MB].

tîeben [MT, MeT]
tieben [MeT]
– Tuch [MT, MeT]; Stoff [MeT] ♦ **E:** rw. *tebe, tewe, teibe, tiefch* ‚Kiste, Schachtel, Behältnis' < jd. *tewa* ‚Kiste' (WolfWR 5812).

tiefern ‚reden' s. → *dibbern*.

tiefling Subst. m. [TJ]
– Keller [TJ] ♦ **E:** zu dt. *tief*. Vgl. → *tiafling*.

tiegern swV. [SK]
diegra [OJ]; **tigern** [HLD]
– wandern [SK]; große Strecke wandern [HLD]; gehen [SK]; unruhig umhergehen [OJ]; schnell sein, wenn z. B. ein Gedarm in der Nähe ist [HLD] ♦ **E:** rw. *tiegern* ‚schnell laufen', Herleitung unsicher, aufgrund des ältesten Belegs *türauff* ‚lauf schnell' (1600) evtl. volksetymologisch zu roi. *durjew* ‚weit gehen' (WolfWR 5827, WolfWZ 602).

tien Subst. [HF]
tihn [HeF]
– Zehe [HF]; Kaffeebohne [HF] ♦ **E:** rhein. *Tien, Tiin* u. a. ‚Zehen' (RheinWb. IX 731), nach der Form ‚Kaffeebohnen'. ♦ **V:** *versöm den Hutz ene Meles Tihn.* ‚Verkaufe dem Bauern einen Sack Kaffebohnen' [HeF].

tiet Subst. f. [HF]
– Zeit [HF] ♦ **E:** nd./rhein., dt. *Zeit.*

tietl Subst. m. [EF]
– Groschen [EF] ♦ **E:** zu dt. *deut* ‚kleine Kupfermünze' DWB II 1037, ostmd. *dütlein, dietl,* Wolf, Fatzersprache, 116.

tiffe Subst. f. [MB, MM]
tiffen [MB]
– Hund [MB]; Hündin [MB]; kläffende Hündin [MB]; Köter [MB]; keifendes Weib [MB]; Mädchen [MB]; Schimpfwort für eine Frau [MM] ♦ **E:** mdal./nd. *Tiffe* ‚Hund, Köter', Herleitung unsicher, womgl. Einfluss von rw. → *dille* ‚Frauenzimmer, Dirne' (WolfWR 1022). ♦ **V:** *miese tiffe* ‚ein schlechte Weib' [MM].

tiffel[1] Subst. f. [MM, SK, SPI, SS, WH]
tiffle [MB, MM, Scho]; **diffle** [CL, LL]; **düfle** [BJ]; **diffel** [CL, PH]; **deffel** [FS]; **diffele** [CL]; **diffel(e)** [PH]; **tiftel** Subst. f. [MB, MM]; **diftel** [RW, TK]; **tiftle** [MM]; **tifte** [MB]; **diftl** [TJ]; **dift'l** [TK]; **diftle** [OJ]; **duftl** [KJ]; **diffem** Subst. [CL]; **düf** Subst. f. [StJ]; **döf** [StJ]; **doff** [BA]; **doft** Subst. f. [JeH, JeH, NJ, SE, SP, WL]; **dofft** [SE]; **dofte** [SE]; **duft** [BJ, JSa, LJ, LoJ, LüJ, MeJ, MUJ, OJ, SJ, SchJ, TJ, WJ]; **dufd** [HK]; **dufte** Subst. f. [HK, PfJ]; **dufta** [LJ]; **duften** [SP]; **dutt** Subst. f. [HK]
– Kirche [BA, BJ, CL, FS, HK, JSa, JeH, JeS, LI, LJ, LL, LoJ, LüJ, MB, MeJ, MM, MUJ, NJ, OJ, PH, PfJ, RW, SE, SJ, SK, SP, SPI, SS, SchJ, Scho, StJ, TJ, TK, TK, WH, WJ, WL]; katholische Kirche [JeS]; Predigt [BA]; Messe [MM] ♦ **E:** rw. *duft, dufle, tiffle* ‚Kirche' (WolfWR 5828) < jd. *tifflo* ‚Kirche', jd. *tephillo* ‚Gebet' (We 105, Post 193, Klepsch 500, 537). ♦ **V:** *glawins dufterle* ‚Kapelle' [LJ]; *in die dufd schlehnen* ‚in die Kirche gehen' [HK]; *mer jon en de döf* ‚wir gehen in die Kirche' [StJ]; *wir buschn in die dufd* ‚wir gehen in die Kirche' [HK]; *E geht an de Duft* ‚er geht zur Kirche' [SP]; *der koawes buschd inne dufd* ‚der Pfarrer geht in die Kirche' [HK]; *de moss striemt an de dofte* ‚Die Frau geht in die Kirche' [SE]; *I naatsch in duft, gebadernallæ* ‚Ich gehe in die Kirche um zu beten' [WJ]; *hennig nache tiftel schemmen* ‚schnell zur Kirche gehen' [MM]; *Heit schäff ich emol in die diffle!* [LL, CL]; *bisse mucker,*

was der gallach inne tiftel geschmust hat? ‚hast du eine Ahnung, was der Pfarrer in der Kirche gesagt hat?' [MM]; *der schdeggd gar nichts inner dufd: das schemmen jenters* ‚der gibt gar nichts in der Kirche: das sind Leute' [HK]; *es is jovler, inne piesel zu sitzen, und anne tiffel zu denken, als wie inne tiffel zu sitzen und anne piesel zu denken* ‚es ist besser, inner Kneipe zu sitzen, und anne Kirche zu denken, als inne Kirche zu sitzen und anne Kneipe zu denken' [MM]; *beser 'n kower inne tiftel als 'n challach inne katschemme* ‚es ist besser, wenn ein Wirt in die Kirche geht, als wenn ein Priester in die Kneipe geht' [MM]; *früher fuhrn die knäbbels noch mit zossens nache tiftel* ‚früher fuhren die Bauern noch mit Pferden zur Kirche' [MM]; *auff 'n kaff scherbeln die noch jeden Sonntag inne tiftel* ‚auf dem Dorf geht man noch jeden Sonntag in die Kirche' [MM]; *er reunte durch die tiftel und kneisterte die klunker an den femen der kalinen* ‚er sah sich in der Kirche um und sah die Edelsteine an den Händen der Frauen' [MM]; *Hoim de, dia schure hauret vielleicht no bei dr moss em senftling, oder se send end duft boscht zom patronalla* ‚Wart ab, die Männer sind vielleicht noch bei der Frau im Bett, oder sie sind in die Kirche gelaufen zum beichten' [SJ]; *D' moss nosterd en dr duft am gallore ihre senda* ‚Die Frau beichtet in der Kirche dem Pfarrer ihre Sünden' [SJ]

beduft Adj. [MeJ]
– verheiratet [MeJ]

difflen swV. [Scho]; **diffele** [PH]; **diffle** [Scho]
– beten [PH, Scho]

dufter Subst. m. [Wo]
– Lehrer [Wo]

diftlschaller Subst. m. [TJ]; **duftschaller** [BJ, Gmü, KJ, LJ, SJ, SchJ, Scho]; **duftschallr** [OJ]
– Kirchensänger [BJ, LJ, OJ, SJ]; Kirchenchor [LJ]; Kirche [LüJ]; Lehrer [Gmü, KJ, OJ, SJ, SchJ, Scho, TJ] ♦ **V:** *Dr scharle, des ischt doch a ganz gwanter benk ond dazu dr kieseler dr massfetzer ond dr duftschaller, des sind doch gwande schwächer* ‚Der Schultes, das ist doch ein ganz netter Mensch und dazu der Maurer, der Metzger und der Lehrer, das sind fröhliche Trinker' [SJ]; *Dr duftschaller hot dia fiesl dockd bis se gflennd ond rötling gschwizd hend* ‚Der Lehrer hat die Jungen geschlagen, bis sie geweint und Blut geschwitzt haben' [SJ]

diftlschallerei Subst. f. [TJ]; **duftlschallerei** [TJ]; **duftschallerei** [LJ, SchJ]
– Schule [TJ, SchJ]; Kirchenchor [LJ]

duftschalleri Subst. f. [SJ, SchJ]
– Frau des Lehrers [SJ, SchJ]
grawiser diftlschaller Subst. m., Phras. [TJ]; **grawiser duftschaller** [SchJ]
– Professor [SchJ, TJ]
clemenstiftel Subst. f. [MM]
– Clemenskirche (in Münster) [MM]
domtiftel Subst. f. [MM]
– Dom [MM] ♦ **V:** *dann gibt's da noch son töften schauter ins ker umme domtiftel* ‚dann gibt es da noch so einen feinen Kerl im Viertel um den Dom herum' [MM]
gaalsterndoft Subst. f. [SP]
– Schule [SP]
gelsentiftel ON [MM]
– Gelsenkirchen [MM] ♦ **E:** partielle Namenübersetzung.
lambertitiftel Subst. f. [MM]
– Lambertikirche (in Münster) [MM]
toflemonentifle Subst. f. [MB]
– katholische Kirche [MB] ♦ **V:** *ich hab ihn in der toflemonentifle gekneistert* ‚ich hab ihn in der katholischen Kirche gesehen' [MB]
überwassertiftel Subst. f. [MM]
– Überwasserkirche (in Münster) [MM]
tiftelanim Subst. n. [MM]
– Frau von der Kirche, Kirchgängerin [MM]
tiftelbeis Subst. n. [MM]
– Kirche [MM]; Kirchengebäude [MM]; Pfarrhaus [MM]; Werkraum [MM]
tiftelbeisken Subst. n. Dim. [MM]
– Kirche [MM]
tiftelbeisplatz Subst. m. [MM]
– Domplatz [MM]
tiftelchor Subst. m. [MM]
– Kirchenchor [MM]
tiftelkower Subst. m. [MM]
– Kaplan [MM]
tiftelseeger Subst. m. [MM]
– Klerikaler [MM]
tiftelsteuer Subst. f. [MM]
– Kirchensteuer [MM]
tifteltruppe Subst. f. [MM]
– Leute von der Kirche [MM].

tiffel² Subst. n. [SK]
– Klarinette [SK] ♦ **E:** unsicher; evtl. zu rw. *tiffern* u. a. ‚beschwatzen, volltönen' WolfWR 1007.

tiffen swV. [MB]
– rennen [MB] ♦ **E:** unsicher; evtl. zu westf./westmünsterländisch *Tiffler* ‚flinke, geschickte Person' oder zu westf./nd. → *Tiffe* ‚Hund'.

tiffig Adv. [BM]
– schnell [BM] ♦ **E:** schweizdt. *tifig* ‚gewandt, geschickt, flink, eilig' (SchweizId. XII 603).

tiffni Subst. f. [GM]
– Prostituierte [GM]; Dirne [GM]; Hure [GM]; Nutte [GM] ♦ **E:** wohl zu rw. *difteln* „handwerksmäßig betrügen", zu dt. *tüfteln* ‚eine schwierige, knifflige Arbeit verrichten' WolfWR 1020, DWB XXII 1555 ff.

tigi ‚dumm' → *tick*.

tikno Adj. [MB, MM]
– klein [MB, MM] ♦ **E:** roi. *tikno* ‚klein, gering, kurz, niedrig, eng' (WolfWZ 3315).

tiksje Subst. n. Dim. [KM]
tiskjes [KM]
– Uhr [KM] ♦ **E:** rw. *tick* ‚Uhr', zu dt. *ticken* WolfWR 5825.

tille ‚Frau' → *dil*.

tilloveiler Subst. m. [MM]
– Tausender [MM] ♦ **E:** wohl Variante zu → *telofe*, jd. *eilef* ‚eintausend' (We 62, Post 195, Klepsch 708).

tilofel Num. Kard. [MB]
– 1000 [MB].

tilmisch ‚Narr' → *dülmisch*.

tilpsch Subst. m. [HL]
– Sperling [HL] ♦ **E:** wohl onomatopoetisch, vgl. *Zilpzalp* [Weidenlaubsänger].

tim Konj. [BB]
– mit [BB] ♦ **E:** Inversion zu *mit*.

timpen Subst. m., nur in: [MB]
einen im timpen haben ‚betrunken sein' [MB] ♦ **E:** nd./westf. *timpel, timpe* ‚Zipfel, Berghöhe' Woeste 271; vgl ugs. *einen in der Krone haben* ‚betrunken sein'.

tîms Subst. m. [MeT]; **tims** [MeT]; **tim** [MeT]; **tümes** [MeT]; **tumes** [MeT]; **times** [MeT]; **tiemes** [MeT]
– Hut [MeT] ♦ **E:** Benennungsmotiv: Hut als höchster Punkt des Trägers.

timefailer Subst. m. [MeT]; **tîmesfailer** [MeT]
– Hutmacher [MeT].

timsch Subst. m. [BB]
– Schmied [BB] ♦ **E:** Inversion zu mdal.: *Schmit* [BB].

tinfe → *tinnef*.

tinnef Subst. m. [CL, GM, LL, MM, NJ, SS, Scho]
tineff [MM]; **tinäff** [NW]; **tenef** [SE]
– Unsinn [GM, MM]; Blödsinn [GM, MM]; Dreck [GM, MM, NW]; unnützes, wertloses Zeug [MM]; geringwertiges Zeug [CL, LL]; Schund [GM, MM, NW, SS]; Schund, schlecht verkäuflich [CL]; Tand [MM]; schlechte Ware [CL, LL]; Nachgeburt (beim Vieh) [Scho]; schlechte Qualität [Scho]; Scheiße [SE]; Mist [NW]; ein Gegenstand, der nichts taugt, oder Tant [NJ]; „minderwertig" [MM]; „wenne sonne chinesische Vase bei Woolworth kaufst" [MM] ♦ **E:** rw. *tinnef* ‚Dreck, Schund, Kot' (WolfWR 5830) < jd. *tinef* ‚Unrat, Dreck, schlechte Qualität' (We 106, Post 252, Klepsch 504). ♦ **V:** *er hat ihm tinnef verscherbelt* ‚er hat ihm Ramschware verkauft' [MM]; *tinnef verkient sich bloß äämol!* ‚schlechte Ware verkauft sich bloß einmal!' [CL]

tinfe Subst. m. [SS]
– Jude (Schimpfwort) [SS]

tenefen swV. [SE]; **tineven** [NrJ]
– urinieren [NrJ]; scheißen [SE] ♦ **V:** *staud geteneft* ‚in die Hose geschissen' [SE]

tinnefbeies Subst. n. [NJ]
– Abort [NJ]

tinneffreier Subst. m. [MM]
– Marktschreier [MM]; billiger Jakob [MM]; Trödelhändler [MM]; „einer, der billige Klamotten verkauft" [MM]; jemand, der Blödsinn erzählt [MM]; „handelt mit wertlosem Zeug, auf dem Flohmarkt" [MM]; erzählt nur Quatsch, Quatschkopf [MM]

tinnefschore Subst. f. [MM]
– schlechte Ware [MM]; billige Klamotten [MM]; „gestohlenes Gut, nicht wertvoll" [MM]

tinnefsege Subst. m. [Scho]
– gemeiner Kerl [Scho] ♦ **E:** jd. *tinnefsege* ‚gemeiner Kerl' We 106.

tiötte Subst. m. [MT, MeT]
tiött [MeT]; **tjötte** [MeT]; **tüötte** [MeT]; **tüöte** [MeT]; **tödde** [MeT]
– westfälischer Kaufmann [MT, MeT] ♦ **E:** Deutungskonkurrenzen: *Teuden, Tödden* ‚die Deutschen', aus der Perspektive der Holländer oder zu nd. *todde* ‚Bündel', westfäl. *toddelen* ‚schleppend gehen', Siewert, Humpisch, 120. ♦ **V:** *de tiötte versnüfft, bat dat grüseken quässt* ‚Der Kaufmann versteht, was das Mädchen sagt'. [MeT]; *De Tüötten strüchelden, um Buchte te quinten*. ‚Die Tiötten reisten umher, um Geld zu verdienen' [MeT]

gorentiötte Subst. m. [MeT]; **gôrentiötte** [MeT]
– westfäl. Kesselhändler [MeT]; Kesselflicker [MeT].

tipidau sein Phras. [WG]
tipineger sein Phras. [WG]
– ohne Geld sein [WG] ♦ **E:** wienerisch, Herleitung unsicher; womgl. zu *Tipi* ‚Zelt, Wohnung', *ti* ‚wohnen' und *pi* ‚benutzt für, gebraucht für', Sprache der Sioux (Dakota, Lakota).

tippe Subst. m. [CL]
– Topf [CL] ♦ **E:** pfälz. *Dippe* ‚Topf' (PfälzWb. II 630 *Tüpfen*).

tippel Subst. m. [PH, Scho]
dibbl [LJ]
– Epilepsie, Fallsucht [PH]; Idiot [LJ]; Dummkopf [Scho] ♦ **E:** rw. *tippel* ‚Fallsucht' (WolfWR 5832) < jd. *tippol, tippel* ‚Epilepsie' (We 106, Post 252).

rischentippel Subst. m. [Scho]
– Gebärmuttervorfall [Scho] ♦ **E:** jd. *rischen* ‚erster, vor' (We 106).

tippeln[1] swV. [EF, HK, HL, HLD, MB, MM, SG, SchJ, Scho, TJ, WG]
tipple [JeS]; **dippeln** [FS]; **dibbeln** [BJ, SJ]; **dibbele** [NJ]; **dibbla** [OJ]
– gehen [FS, HK, MB, MM, NJ, OJ, SG, SJ, Scho, WG]; wandern [BJ, JeS, OJ, SJ, SchJ, Scho, TJ]; laufen [HK, MB, MM, SJ]; zu Fuß gehen [MM]; trippeln [HL]; reisen [HLD]; zu Fuß reisen [JeS]; bettelnd umhergehen [HK]; stolzieren [HK]; fallen [Scho]; rechnen [EF]; plaudern [WG]; „nicht in der Wirtschaft, sondern auf der Straße spielen" [HK] ♦ **E:** rw. *tippeln* ‚gehen', zu dt. *trippeln, tippeln* ‚kleine Schritte machen, mit kurzen Schritten schnell gehen' (WolfWR 5833, Klepsch 494), zu dt. *tippeln* ‚kleine Schritte machen', „beeinflußt von dt. *tippen* ‚leicht anstoßen'".

tippel Subst. m. [JeS]
– berufsbedingtes Wandern [JeS]

antippeln swV. [WG]
– verraten [WG]

austippeln swV. [WG, HK]
– besprechen [WG]; ausgehen [HK]

eintippeln swV. [TJ]
– einbrechen [TJ]

fotippeln swV. [MB]
– verspielen [MB]

herauftippeln swV. [MM]
– hinaufgehen [MM]

hineintippeln swV. [HK]
– hineingehen [HK]
mitdibbln swV. [WG]
– an einem Verbrechen teilnehmen [WG]
vertippeln swV. [HK]
– verlaufen [HK]
tippelei Subst. f. [LJ, MB, SchJ]; **tipplerei** Subst. f. [TJ]
– Wanderschaft [LJ, SchJ, TJ]; Wanderung [MB]
umtippeln swV. [Scho]
– umfallen [Scho]
tippelbruder Subst. m. [HK, MM]
– Landstreicher [MM]; Penner [HK]; Handwerksbursche [HK]; „einer, der was schnorrt" [HK]
tippeljöner Subst. m. [MM]; **tippeljäner** [MM]; **tippeljaner** [MB]
– Vagabund [MM]; Stadtstreicher[MM]; Landstreicher [MM]; unsteter Mann [MM]; Wanderer [MM]; Wanderbursche [MM]; Handwerksbursche [MB]; jemand auf der Walz [MM]; „einer, der hamstern geht" [MM]; Obdachloser [MM]; Nichtsesshafter [MM]; Streuner [MM]; Penner [MM]
tippeljenters Subst. m. Pl. [HK]
– Leute, die auf der Straße musizieren [HK] ♦ **E:** → *jent*.
tippeline Subst. f. [HK]
– feinere Hure [HK]
tippelschaft Subst. f. [HK]
– „wenn se früher auf der Straße gespielt haben" [HK]
tippelschickse Subst. f. [MM]; **tipelschikse** [StJ]; **dibbelschicks** [SJ]
– Hausiererin [MM, StJ]; Mädchen zum Mitlaufen [MM]; eine Frau, die mit Kunden wandert [SJ]; Landfahrerin [SJ]; Landstreicherin [MM, StJ]; Hure, Nutte [MM]; Mädl [MM]; Mädchen ohne Bleibe [MM]; „Bordsteinschwalbe" [MM]; nichtsesshafte Frau [MM]; eine, die von Ort zu Ort zieht [MM]
tippelstrele Subst. f. [MM]
– Landstraße [MM]; Fußgängerzone [MM]; „Straße, wo die Huren gehen" [MM]; „meistens hinterm Bahnhof, Straße der Bewegung" [MM]; Straßenpuff [MM]
nobeltippelstrehle Subst. f. [MM]
– Fußgängerweg an Einkaufsstraße [MM]
tippeltour Subst. f. [MM]
– Spaziergang [MM]
tippelzone Subst. f. [MM]
– Fußgängerzone [MM].

tippeln² swV. [EF]
– zahlen [EF] ♦ **E:** dt. *dippeln* ‚bezahlen' Wolf, Fatzersprache, 137, rw. *dippen* ‚geben' WolfWR 1029.

tippen swV. [EF, MoM]
tippn [EF, MoM]
– telegrafieren [EF, MoM] ♦ **E:** dt. *tippen* ‚mit dem Finger berühren, leicht anstoßen' DWB XXI 504.

tirach Subst. m. [GM, MM]
tirchen Pl. [MM]
– Schuh(e) [GM, MM]; Stiefel [GM] ♦ **E:** rw. *tirach* ‚Schuh', ‚Stiefel' < roi. *tirach* ‚Schuh' (WolfWR 908, WolfWZ 3322).

tirlsch Adj. [MM]
tirsch [MM]
– verrückt [MM] ♦ **E:** unsicher; evtl. zu rw./jd. *tirchen, derchen* ‚betteln'; nur schwer zu jd. *tipp'sch* ‚einfältig, blöde' (WolfWR 987; 5838).

tiro Poss.Pron. [GM]
– dein [GM] ♦ **E:** roi. *tiro* ‚dein' (WolfWZ 3324).

tirol [SK]
– zum Wohl [SK] ♦ **E:** nd./ugs. (Bremen um 1880): *zirol* ‚zu ihrem Wohl'; *rol* unsicher: vgl. WolfWR 4620 ff.; wohl Einfluss von ON *Tirol*.

tiroler Subst. m. [LJ, SchJ]
– Kropf [LJ, SchJ] ♦ **E:** zum ON *Tirol*, Benennungsmotiv: dort wegen Jodmangels häufiges Auftreten von Kröpfen (Klepsch 11449); schwäb. *tirolerwirtel* ‚Kropf', SchwäbWb. II 224; vgl. → *steirer*.

tischem Num. Kard. [CL, Scho]
dischem [CL]; **tschen** [SS]
– neunzig [CL, SS, Scho] ♦ **E:** jd. *tichim* ‚neunzig' (WolfWR 6437, Post 193, Klepsch 506); vgl. → *dichem*.

tispel Subst. m. [MeT]
tispe Subst. m. [MeT]
– Wirtshaus [MeT] ♦ **E:** mnd. *disputêren, tispelteeren* ‚mit Worten streiten, disputieren' MNDW I 434. ♦ **V:** *In nobbeshutsche sinen tispel gifft 'nen fitsen butt* ‚Im Bauervogtskrug gibt's ein gutes Essen' [MeT]; *In'n Tispel bi'n fitzen Butt wöt de Rödel bequässt* ‚In der Kneipe bei einem guten Essen wurde über den Handel gesprochen' [MeT]; *Roedel gut? Ok ornlich punen kregen? Hätt de Kröger in Xdörp al bequnten (sic!)? – Ne, in sinen tispel is nix mehr los. – So?, dann mott he blott' waren* ‚War der Handel erfolgreich? Hast du auch ordentlich Geld bekommen? Hat der Krüger in

X-Dorf alles bezahlt? – Nein, in seinem Wirtshaus ist nichts mehr los. – So? Dann muss er angemahnt werden' [MeT]

tispelhutsche Subst. m. [MeT]
– Wirt [MeT]; Krüger [MeT].

tittchen Subst. n. Dim. [SK]
– weibl. Brust [SK] ♦ **E:** rw. *titte* ‚Busen' (WolfWR 5845), nd. *Titte* zu hochdt. *Zitze* ‚Brustwarze' DWB XXXI 1715 ff.

tiwis Subst. n. [EF]
– Schweinefleisch [EF] ♦ **E:** unsicher; evtl. zu dt. *dividieren*, Wolf, Fatzersprache, 135, 137 *schweins-divis* ‚Schweinsgeteiltes'.

tix Subst. [MM]
– Kleinigkeit [MM] ♦ **E:** zu dt. *Tick* „ein tickender schlag, eine tippende berührung mit den fingerspitzen oder anderen spitzigen dingen" DWB XXI 479f.; auch onomatopoetisch nach dem Uhrenschlag, *tick-tack*.

tlaa Adj. [BB]
– alt [BB] ♦ **E:** Inversion zu dt. *alt.* ♦ **V:** *Isch hon et däm tlaen Nam jetoost.* [BB]

tlaa Subst. m. [BB]
– Alter (alter Mann) [BB].

tlak Adj. [BB]
– kalt [BB] ♦ **E:** Inversion zu dt. *kalt.* ♦ **V:** *Et es me tlak* ‚mich friert es' [BB].

tläsch Subst. n. [BB]
– Geld, Lohn [BB] ♦ **E:** Inversion zu mdal. *Schält.*

tnarpnief Subst. m. [BB]
– Branntwein [BB] ♦ **E:** Inversion zu *Brand* und mdal. *Wiin* ‚Wein'.

toben swV. [GM]
– waschen [GM] ♦ **E:** roi. *thow-* ‚waschen' (WolfWZ 3343).

tobebin Subst. m. [GM]
– Wäsche [GM] ♦ **E:** roi. *thówepen* ‚Waschen, Wäsche' (WolfWZ 3343).

tobern ‚rauchen', **toberich** ‚Tabak' → *tebern.*

toches Subst. m. [KM, Scho]
tochese [KM]; **tohches** [SK]; **tokes** [JS]; **tooches** [MM, StJ]; **tookes** [NrJ]; **tooks** [HK]; **dochæs** [WJ]; **dochàs** [LüJ]; **doches** [BJ, MUJ, PfJ, SJ]; **dockes** [NJ]; **doffes** [OJ]; **doges** [CL, JS, PH]; **dokes** [CL, JSa, NJ, PH]; **dooges** [CL, LL]; **dookes** [MoJ, NrJ]; **dooks** [HK]; **doukes** [CL]; **duches** [PfJ, SJ, Scho]; **dueches** [Scho]; **doarches** [NW]; **duckes** [GM]; **tokus** [HLD, MB, MM, NrJ]; **torkus** Subst. m. [MM]
– Hintern [CL, GM, HK, HLD, JS, JSa, LL, MB, MM, MoJ, MUJ, NrJ, PH, PfJ, SJ, Scho, StJ]; Hinterteil [BJ, HK, KM, MM, OJ]; Gesäß [BJ, CL, GM, JS, MB, MM, NJ, NW, NrJ, OJ, PH, PfJ, SK, Scho, WJ]; Arsch [HK, MM, NJ, SJ]; Podex [MM]; After [HK, SJ]; Po [MB]; „das verlängerte Rückgrat" [HK] ♦ **E:** rw. *toches* ‚Hintern' (WolfWR 5846) < jd. *tachas* ‚der Hintere, das Untere' (We 106, Post 194, Klepsch 531). ♦ **V:** *am tokus malochen* ‚am Arsch lecken' [MM]; *die können uns alle am tokus malochen* ‚die können uns alle mal am Arsch lecken' [MM]; *ein kurantes anim! jovle zomen, toften tokus und nen schucker körning inne Bluse* ‚ein hübsches Mädchen! Schöne Beine, hübscher Hintern und ein schöner Busen in der Bluse' [MM]; *dochàs malochàs* ‚Götz Zitat' [LüJ]; *doches maloches, dochæs malochæs* ‚leck mich im Arsch' [SJ, WJ]; *doches maloches* ‚am Arsch lecken' [MUJ]; *doffes maloches* ‚leck mich am …' [OJ]; *am dockes malocken* ‚du kannst mich am Arsch lecken' [NJ]; *Du kannscht mich am dooges malooche!* ‚du kannst mich am Arsch lecken' [CL]; *du kannst mich mal am doogs maloksen* ‚du kannst mich mal am Arsch lecken' [HK]; *Skotele hod end bux gschmelzd ond gflöseld shod grandeg gmuffd' d'muadl hod döberd ond hod am da doches vergufd.* ‚Das Kind hat in die Hose geschissen und uriniert, es hat kräftig gestunken, die Mutter hat geschimpft und hat ihm den Hintern verhauen' [SJ]; *Er hot de dooges voll krie(g)t.* [CL]

doogsbauger Subst. m. [HK]
– Lehrer [HK] ♦ **E:** dt./ugs. *pauken, Pauker* ‚lernen, Lehrer'.

dokesmakeimer Subst. m. [JSa, NJ]; **doogesmagaimer** [CL]; **doogesmaggaimer** [CL, PH]; **dogesmaggeimer** [CL]; **dogesmagaimer** [CL]; **dokesmagaimer** [CL, PH]; **dougesmagaimer** [CL]
– Lehrer, Schullehrer [CL, JSa, NJ, PH]; Spottname (n) für den Lehrer [CL]; Hinterteilversohler [CL] ♦ **E:** → *makeimen.*

tokusmalocher Subst. m. [MM]
– Homosexueller [MM].

töck Subst. f. [HF, HeF]
tück [HF]
– Nase [HF, HeF] ♦ **E:** rw. *töck* ‚Nase' zu nl. *tak* ‚Zacken' WolfWR 5847; RheinWb. VIII 1430 *Tück* ‚scherzh. Nase'.

toenen swV. nur in:
betoenen swV. [MeT]; **betœnen** [MeT]
– machen (unspezifisch) [MeT] ♦ **E:** rw. *betoenen* ‚machen, eifrig tun' WolfWR 438, nd. *doen* ‚tun', Siewert, Humpisch, 121.

brewetoener Subst. m. [MeT]; **brêwetœner** [MeT]
– Schuster ♦ **E:** ndl. *breeuwen* ‚mit Pech dichten', Siewert, Humpisch, 59.

tof Adj./Adv. [BJPH, CL, JeS, KJ, PH, RA, SJ]
toff [CL, JS, JeS, MB, PH, SPI, TK]; **toof** [BM, JeS]; **tov** [JS]; **doef** [TK]; **dôf** [LüJ]; **dof** [CL, JeS, LJ, LüJ, OJ, PH, PfJ, StJ]; **dôf** [Gmü, Mat, Wo, Zi]; **doff** [BJ, CL, NH, SJ, SPI, SS, Scho, WH]; **doof** [JeS, LJ, LL, LüJ, WJ]; **dov** [PfJ]; **duf** [KJ, StJ]; **doffe** Adj./Adv. [SS]; **toffe** [MM]; **duft** Adj./Adv. [BJ, HK, HL, KJ, KMa, MB, RW, SJ, SP, SchJ, StG]; **dofft** [JS, NJ, SE]; **doft** [JS, JeH, KM, KM, NJ, NrJ, SE, SP, WL]; **toft** [MM, SE, WL]; **tuft** [SE]; **joft** [NW]; **dufde** Adj./Adv. [HK, LJ, OJ]; **dufte** [HLD, LJ, RW, SJ]; **dufschta** [SJ]; **töfte** [MM]; **tafte** [MM]; **tofte** [MB, MM, SS]; **toffte** [MB, MM]; **doffche** Adj./Adv. [CL]
– gut [BJ, CL, HL, HLD, JSa, JeH, KJ, KM, KMa, LJ, LL, LüJ, MB, MM, NJ, NW, NrJ, OJ, PH, RA, RW, SP, SS, SchJ, Scho, StG, StJ, StJ, TK, WH, WJ, WL]; sehr gut [CL, StJ, KM, MM, NrJ, RW, WJ]; schön [BM, Gmü, HK, JS, KJ, KM, MB, Mat, PfJ, Scho, SE, SP, SPI, TK, Wo, Zi]; sehr schön [LJ, MB, MM, StJ, WJ]; schön, hübsch, attraktiv [BJ, HK, LL, LüJ, MB, MM, NJ, OJ, SchJ]; „was Schönes" [LüJ]; nett [MM]; schick [MB]; prächtig [BM]; fein [MM, NJ, OJ, SJ]; super, prima [LüJ, MB, MM]; richtig [RW]; ordentlich [MM]; in Ordnung [MB, MM]; toll [MB, MM]; pfiffig [HK, SJ]; schmackhaft (beim Essen) [LüJ]; lecker [KM]; zart, weich [NJ]; freundlich [LüJ, MM]; gutmütig [LüJ]; freigebig, großzügig [LüJ]; reich [NJ]; alles Geschickte, Brauchbare [LüJ]; alles Gute und Angenehme, Schöne und Anmutige [LüJ]; voll [StG]; viel [JS, MM]; lieb [BJ]; sauber [BJ, CL, LL]; gesund [BJ]; wahr [StG]; echt, glaubwürdig [RW]; angenehm [NJ]; zufrieden [MM]; auf der Höhe [HK]; brauchbar, empfehlenswert, nützlich [NJ, RW]; gelungen [SP]; durch und durch erfahren, gewiegt [RW]; handfest [MM]; wirksam [RW]; zweckdienlich [RW]; vortrefflich [NW]; groß, dick [SP]; wohl [KJ]; fertig [JS]; zu (geschlossen) [JS]; sehr [BM] ♦ **E:** rw. *tof* ‚gut' (WolfWR 5839) < jd. *doff, tauw, tow, toffte* ‚schön, gut', hebr. *tov* ‚gut' (We 105, MatrasJd 289, MatrasVh 54, Post 253, Klepsch 507). ♦ **V:** *massel tov* ‚viel Glück' [JS]; *dufte winde* ‚Haus mit guten (freigebigen) Bewohnern' [RW]; *dufte kluft* ‚ordentliche Kleidung' [RW]; *dufter Kunde* ‚netter Kerl, geriebener Kunde' ‚Bezeichnung der Stromer unter einander', ‚erfahrener Walzbruder' ‚Landstreicher, der in Ordnung ist' ‚Penner, der ok ist' [RW]; *dufte hägen* ‚gut gemacht' [HLD]; *eine dufte ille* ‚ein tolles Mädchen' [MB]; *en doft Dil* ‚ein schönes Mädchen' [KM]; *toftes anim* ‚schönes Mädchen' [MM]; *tofter seeger* ‚feiner Kerl' [MM]; *toffer seger* ‚feiner Kerl, guter Mensch' [MB]; *original tobiffte* ‚voll in Ordnung' [MB]; *e toofe feier* ‚ein guter Kamerad' [JeS]; *e toofi kluft* ‚eine schöne Kleidung' [JeS]; *eine tobifte abilte* ‚ein sehr schönes Mädchen'; ‚eine sehr schöne Frau' [MB]; *sieht toffte aus* ‚sieht gut aus' [MB]; *dufder quien* ‚schlechter Kerl' [HK]; *dufde jenters* ‚gute Leute' [HK]; *dofte hotze* ‚gute Leute' [JS]; *das tofte lobi* ‚das gute Geld' [MM]; *tofte tackens* ‚gutes Geld' [MM]; *tofte schmiege* ‚gutes Aussehen, beseelter Gesichtsausdruck' [MM]; *tofter schetz* ‚toller Kerl' [MM]; *dufe tschai* ‚hübsches, attraktives Mädchen' [LüJ]; *gut dôf* ‚grüß Gott, ganz/sehr gut, gut, gutes Essen, Getränk usw' [LüJ]; *dofte schursch* ‚guter Wagen' [JS]; *tofte joveln* ‚stark feiern' [MM]; *jofel und toft* ‚schön und gut' [MM]; *dofer lehm* ‚Weißbrot, gutes Brot' [LüJ]; *nobis dof* ‚nicht schön/gut' [LüJ]; *nobis dof g'want* ‚nichtsnutzig bzw. etwas, was keinen Wert hat' [LüJ]; *es mufft dof* ‚es riecht gut' [LüJ]; *ein dofter killef* ‚ein guter Hund' [NJ]; *doft gekluft* ‚jemand, der gut angezogen ist' [NJ]; *ein dofter schores* ‚ein gutes Geschäft' [NJ]; *ein dofter reibach* ‚ein guter Verdienst' [NJ]; *doffe masematte* ‚gutes Geschäft' [SS]; *doffen rutsch!* ‚Gutes Geschäft!' [SS]; *en doft dil* ‚ein schönes Mädchen' [KM]; *duf achiile* ‚gut essen' [StJ]; *doufe schmousen* ‚sich verbürgen, beichten, aufschwatzen' [SS, SS, WH]; *De Joli schäfft doff* ‚der Wein ist gut' [CL]; *der gasserd schemmd dufde* ‚der Speck schmeckt gut' [HK]; *de bätzjer sein net mej dofft* ‚Die Eier sind nicht mehr gut' [SE]; *de katzof hott doft lenglie* ‚Der Metzger hat gute Wurst' [SE]; *de schuckelcha sein doft für zu botten* ‚Die Kartoffeln schmecken gut zum Essen / Die Kartoffeln sind gut zum Essen' [SE]; *hän treet en doft staud* ‚er trägt eine schöne Hose' [SE]; *jovel is bees mal so tofte wie ömmes – und ömmes is schon hamel jovel* ‚jovel ist doppelt so gut wie ömmes, und ömmes ist schon ziemlich schön' [MM]; *schirpchen hut tuft scheincha* ‚Das Mädchen hat schöne Augen' [SE]; *Linz' in dem heges, wo man spannt, hauret ein g'wanter plauderer. Der stekt dof z'biket undz'schächet und kemeret grandlich sore* ‚Schau, in dem Dörfchen, wo man hinguckt, ist ein braver Schulmeister. Der gibt gut zu essen und zu trinken und kauft viel Ware.' [LüJ]; *Bostet, bostet,*

herles im kober hauret ein dofer freier, der pfreimt grandich z'schwächet ‚Kommt, kommt, hier im Wirtshaus ist ein freigiebiger Fremder, der bezahlt viel zum Trinken' [LüJ]; *ob esser klett hockt dofte schmonk und längeling mit maro* ‚auf unserem Tisch steht gute Butter mit Wurst und Brot' [JS]; *ein kurantes anim! jovle zomen, toften tokus und nen schucker körning inne Bluse* ‚ein hübsches Mädchen! Schöne Beine, hübscher Hintern und ein schöner Busen in der Bluse' [MM]; *ming moß bosselt mich en fenn doft* ‚meine Frau macht mir ein Butterbrot fertig' [JS]; *fackel die fenäte doft* ‚mach das Fenster/ die Tür zu'/ ‚zieh die Vorhänge vor die Fenster/ mach die Läden vor die Fenster' [JS]; *bosselle dich de stropede doft* ‚bring dein Haar in Ordnung'/ ‚kämm dich' [JS]; *wer lau nen toften schautermann, den makeim ich den schero* ‚Willst du nicht mein Bruder sein, so schlag ich dir den Schädel ein' [MM]; *maschemau, hat der seeger 'ne tofte alte* [MM]; *wenn der stacho nicht schicker ist, is dat 'n toften seeger* ‚wenn der Mann nicht betrunken ist, kann man gut mit ihm auskommen' [MM]; *er wollte sich ne lowine schickern und nen toften end bezinnum frengeln* ‚er wollte ein Bier trinken und ein schönes Stück Wurst essen' [MM]; *sie ist eine tofte töle und hat jovle schumme zömkes* ‚sie ist eine hübsche Frau mit schönen drallen Beinen' [MM]; *span, do den hautz as nich doft, der sperrt die flippflappen op, schmus nobes!* ‚Sei vorsichtig, der Mann versucht unser Gespräch zu belauschen, der sperrt die Ohren auf, sei lieber ruhig!' [SE]; *da hatten wir ganz toffte geschickert* ‚da hatten wir ganz schön einen getrunken' [MM]; *tschi doof* ‚nicht gut' [LJ]; *fiesel boscht aus dieser schwöche, denn der plamp ist nobes/tschi doof* ‚Freund(e), gehen wir aus dieser Wirtschaft, denn das Bier ist nicht gut' [LJ]; *das hauret ein dofer kohl* ‚das ist ein gutes (schönes) Zeug oder Sache' [LüJ]; *de schmarges wor tschie dofft gebosselt* ‚der Kaffee war nicht gut gemacht' [JS]; *herlem im g'fahr hauret ein lenker schuker; buz und scharle scheffen aber dof* ‚Hier im Dorf ist ein strenger Gendarm; der Polizeidiener und der Schultheiß sind aber gut' [LüJ]; *scheffts ein bikerischer oder lenker benk? nobis, ein dofer!* ‚Ist es ein hungriger oder böser Mann? Nein, ein guter!' [LüJ]; *hauret dof, model, schupf dich auf und bost' schiebes!* ‚Es ist gut, Mädchen, höre auf und gehe fort!' [LüJ]; *ming moß hät sich e dofft malbig gekinnicht* ‚meine Frau hat sich ein schönes Kleid gekauft' [JS]; *wat het da der scheets für e doftes lemes an* ‚was hat der Junge da für ein schönes Hemd an' [JS]; *linz' in dem heges, wo man spannt, hauret ein g'wanter plauderer. der stekt dof z'biket; und z'schwächet und kemeret grandich sore* ‚Schau, in dem Dörfchen, wo man hinguckt, ist ein braver Schulmeister. Der gibt gut zu essen und zu trinken und kauft viel Ware' [LüJ]; *bostet, bostet, herles im kober hauret ein dofer freier, der pfreimt grandich z'schwächet* ‚Kommt, kommt, hier im Wirtshaus ist ein freigiebiger Fremder, der bezahlt viel zum Trinken' [LüJ]; *herloms moß hokt dof* ‚die Frau ist gut' [LüJ]; *mog, jetzt grandich dof pletze* ‚jetzt streng dich an und schieß gut' [LüJ]; *des schäfft e doffi Schoori* ‚das ist eine gute Ware' [LL]; *mer hän heit doffche achielt* ‚Wir haben heute gut gegessen' [LL]; *der hautz hockt doft gekluft* ‚Der Mann ist gut gekleidet' [NJ]; *die moß hockt doft gekluft* ‚Die Frau ist gut gekleidet' [NJ]; *Rain emo, was e doff Tillche* ‚schau einmal. was für ein schönes Mädchen' [CL]; *En doffe April vermasselt de Mai!* ‚Ein schöner April verdirbt den Mai!' [CL]; *maloche lau, achiele toff* ‚wenig Arbeiten, gutes Essen' [MB]; *die abiltsche trägt aber eine tofte hobilme* ‚die Frau trägt aber eine tolle Hose' [MB]; *hat der schabo dich 'n tofften jeidling aufe feme* ‚hat der Zigeuner einen schönen Ring auf dem Finger' [MB]; *der Hautz hockt doft* ‚der Mann ist gut' [NJ]; *die Moss hockt nobes doft* ‚die Frau ist nicht gut' [NJ]; *das Botlement hockt nobes doft* ‚das Essen taugt nichts' [NJ]; *das Botlement hockt nobes doft* ‚das Essen taugt nichts' [NJ]; *hocken die hautzen doft becht?* ‚Sind reiche Leute hier?' [NJ]

doftlowi Subst. n. [NJ]
– Gewinn [NJ]

döferskol Subst. [LüJ] ♦ E: *deferer* ‚besser', Konstanzer Hans 1791.
– „etwas Besseres sein wollen", Wichtigtuer [LüJ]

berg- und talverduft Phras. [RW]
– gut brauchbar [RW]; erfahren [RW]

toffel Subst. m. [EF]
– große Portion [EF]

toffen Subst. m. [MB]; **toffer** [MB]
– toller Typ [MB]; Guter [MB]; *dat is'n toffen* ‚das ist ein Guter' [MB]

doffel Subst. m. [Scho]
– Kerl, guter [Scho]

---

tofel Adj. [MM, Scho]
dofel [CL]; **taufel** [SPI]
– alt [CL, MM, SPI, Scho]; betagt [SPI] ♦ E: rw. *tofel* ‚alt' (WolfWR 5850) < jd. *tofel* ‚alt' (We 107, Post 193f., Klepsch 516).

tofle Subst. f. [MM]
– Alte [MM]; Mädchen [MM]

tovelig Adj. [MM]
– etwas beschränkt [MM]; leicht verrückt [MM]
taufleche gück Subst. f., Phras. [SS]
– Alte, alte Frau [SS]
dofelmanisch Adj. [CL, PH]; **doflemanisch** [CL, LL]; **doffemannisch** [CL]; **toffelmönisch** Adj. [MM]
– katholisch [CL, LL, MM, PH]; beschränkt [MM] ♦ **E:** jd. *tofel emuna* ‚alter Glauben' (WolfWR. 1045, We 107, Post 194, Klepsch 518–520).
doffmausk Subst. m. [SPI, SS]; **doffmaus** [SS]
– Katholik [SPI, SS]
toffelmone Subst. m. [MB]; **tofflemone** [MB]; **toflemone** [Scho]
– Katholik [MB, Scho]; dummer Mensch [MB]; guter Mensch [MB] ♦ **V:** *die toffelmonen natschen wieder inne tifte* ‚die Katholiken gehen wieder in die Kirche' [MB]
toflemone Adj. [Scho]
– katholisch [Scho]
toflemonentifle Subst. f. [MB]
– katholische Kirche [MB] ♦ **V:** *ich hab ihn in der toflemonentifle gekneistert* ‚ich hab ihn in der katholischen Kirche gesehen' [MB]
tofel mokem Subst. n. [Scho]
– Altstadt [Scho].

tofes Subst. m./n. [Scho]
tofass [LoJ]; **tofis** [JeS, TK]; **toofis** [JeS]; **taufes** [StJ]; **dofes** [BJ, CL, LüJ, PH, PfJ, SJ, Scho, TJ]; **doofes** [OJ, LL, CL, LüJ, MoJ, MUJ]; **dôfes** [Gmü, Him, TK]; **doefes** [TK]; **döfis** [JeS]; **doofæs** [WJ]; **doufes** [BJ, SchJ]; **doves** [SJ, LJ, PfJ]; **doowes** [JSa]; **dover** [SJ]; **dovas** [PfJ]; **dores** Subst. [CL]
– Gefängnis [BJ, CL, JeS, LJ, LL, LoJ, LüJ, MoJ, PH, PfJ, SJ, SchJ, Scho, StJ, TJ, TK, TK, WJ]; Knast [LüJ]; Arrest [BJ, CL, Gmü, Him, JeS, LJ, LüJ, OJ, SJ]; Zuchthaus [PfJ]; Kittchen [LJ] ♦ **E:** rw. *tofes* ‚Gefängnis' (WolfWR 5734) < jd. *doufes, tofes* ‚Gefängnis' (We 107, Post 194, Klepsch 520). ♦ **V:** *im dofes gruken* ‚im Gefängnis sitzen' [LüJ]; *Dä hok em taufes* ‚Er hockt im Gefängnis' [StJ]; *Der ist alleweil im Doofes* ‚er ist zur Zeit im Gefängnis' [CL]; *Wie viele jahne kriegste em dofes?* ‚Wie viele Jahre Gefängnis bekommst du?' [LüJ]; *Holch de, dr kliste kommt, mr schlitzet, der buchtet ons en da dofes nei* ‚Gehen wir, der Polizist kommt, wir verschwinden, der sperrt uns sonst ins Gefängnis' [SJ]; *der schroter hot en ens doves stecka wella, weil er beim scharle a baar bommerling und en dalferling mit bane schniffa wella hot* ‚der Polizist hat ihn ins Gefängnis stecken wollen, weil er beim Bürgermeister ein paar Äpfel und ein Brot mit Fleisch stehlen wollte' [LJ]; *wenn die stranze komme sind, von Flochberg, von wo, ... Deufstätten, Matzenbach, und sie hen kein gore oder rogel oder sporesrassel ghätt, zum Schluß is halt der X. gkomma und hats in der doves gketscht* ‚Wenn die Hausierer gekommen sind, von Flochberg, Deufstätten, Matzenbach, und sie haben kein Geld gehabt, zum Schluß ist halt der X. gekommen und hat sie ins Kittchen gesteckt' [LJ]
eidoofà swV. [LüJ]; **eidoofæ** [WJ]
– einsperren [LüJ, WJ] ♦ **V:** *Er is ei(n)gedoofest worre* ‚Er ist eingesperrt worden' [LL, CL].

toffel → *tof*.

töffel Subst. f. [EF]
– Kartoffel [EF] ♦ **E:** Kürzung aus *Kartoffel* DWB XXI 630.

toffeln swV. [HL]
– arbeiten [HL] ♦ **E:** unsicher; evtl. zu *(kar)toffeln* ‚Kartoffeln ausgraben' oder *toffel* ‚Tölpel' DWB XXI 630; schwer (nach Wolf) zu rw. → *tofel* ‚alt, töricht' WolfWR 5850.

togg Subst. [TK]
– Stück [TK] ♦ **E:** wohl zu mhd. *tuc* ‚Schlag, Streich', dt./ugs. *Tuck*. ♦ **V:** *a togg* ‚ein Stück, ein bisschen' [TK].

tohches ‚Hintern' s. → *toches*.

toi Adv. [BB]
– heute [BB] ♦ **E:** Inversion von mdal. *heut*.

töichlinger Subst. m. [BM]
– Taucher [BM]; Kopfsprung ins Wasser [BM] ♦ **E:** Weiterbildung zu dt. *Taucher*.

toil Subst. Pl. [BB]
– Leute [BB] ♦ **E:** Inversion mdal. *Leut*.

tokáhren swV. [SK]
– blasen [SK] ♦ **E:** evtl. Romanismus, vgl. span. *tocar un instrumento* ‚Instrument blasen'.

tokken swV. [MM]
– drücken [MM] ♦ **E:** rw. *docken, tocken* ‚geben' WolfWR 1044, ohne Herleitung; evtl. zu dt. *tucken* ‚klopfen, pochen', mit Einfluss von frz. *toquer*, fläm. *tokken* ‚stoßen, schlagen' DWB XXI 1531. → *docken.* ♦ **V:** *die fehme tokken* ‚die Hand drücken' [MM].

tokus ‚Gesäß' → *toches*.

töle¹ Subst. f. [MM]
– Mädchen [MM] ♦ **E:** rw. *dille, dölle* ,Frauenzimmer, Dienstmädchen' zu dt. *Tülle* ,Rinne' „als obszöner Vergleich mit der Vulva" (WolfWR 1022). Vgl. → *dil, ille*. ♦ **V:** *jovle töle* ,tolles Mädchen' [MM]; *sie ist eine tofte töle und hat jovle schumme zömkes* ,sie ist eine hübsche Frau mit schönen drallen Beinen' [MM]
trauertöle Subst. f. [MM]
– Witwe [MM].

töle² Subst. f. [MM, SK, MB]
toele [MB]; **tölen** [MB]; **tole** [Scho]
– Hund [MM, SK, MB]; Köter [MM, MB]; Schimpfname [SK]; verwöhntes Kind [Scho] ♦ **E:** westf./nd. *tole, töle* ,Hund' (WWBA 1619).
tölenhalter Subst. m. [MM]
– Hundehalter [MM]
tölenköter Subst. m. [MM]
– bissiger Hund [MM]; flotter junger Mann [MM]; Wichser [MM] ♦ **V:** *tölenköter wegschaffen* ,Hund vor Einbruch töten, Kind abgeben' [MM]
spättöler Subst. m. [MM]
– unzuverlässiger Wachhund [MM].

tôle Subst. m. [Mat, Him, Gmü, Wo, Zi]
toli [Mat, Him, Gmü, Wo, Zi]
– Wein [Mat, Him, Gmü, Wo, Zi] ♦ **E:** wohl Umbildung zu → *jol, jole, joli* ,Wein'.

tolef Adj., Adv. [BB]
– flott [BB] ♦ **E:** Inversion zu dt. *flott*.

tölen nur in:
abtölen swV. [MM]
– sich wieder abregen [MM] ♦ **E:** unsicher; evtl. zu dt. *Tölle* ,Unverstand' DWB XXI 637 oder dt. *dole(n)* ,Rinne, Ablauf (machen)' DWB II 1226f.
vollgetölt Adj. [MM]
– schwer betrunken [MM].

tolle Subst. m. [SK]
– Handtuch [SK] ♦ **E:** unsicher; evtl. zu dt. *Tolle* „kleine quaste von wolle, seide" DWB XXI 637 oder womgl. Romanismus, vgl. span. *toalla* ,Handtuch'.

tömiān Subst. m. [SG]
töimiān [SG]
– Schnaps [SG] ♦ **E:** unsicher; evtl. zu rw./jd. *Damian, timahon* ,Dummkopf, Verdummung' WolfWR 949.

tomp Subst. f. [HF, HeF]
– Weib [HF, HeF]; Frau [HF] ♦ **E:** rw. *tomp* ,Weib' WolfWR 5854, ohne Herleitung; evtl. zu rhein. *tomp,*

tumpe ,Klumpen, große Trommel' RheinWb. VIII 1443.
hutzentomp Subst. f. [HF]
– Bäuerin [HF].

tonelt Subst. [BM]
– Fass Bier [BM] ♦ **E:** zu dt. *Tonne* ,Transportfass' (SchweizId. XIII 234).

tönen¹ swV.
töna [LJ]
– schreien [LJ] ♦ **E:** zu dt. *Ton, tönen* ,klingen, schallen' DWB XXI 759 ff. ♦ **V:** *und der kober der isch kappisch, /weil sei moss so gaurisch tönt* ,und der Wirt ist verärgert und böse, weil seine Frau so fürchterlich schreit' [LJ]
tönerei Subst. f. [LJ]
– Geschrei [LJ].

tönen² swV. [LüJ, PfJ]
– trinken [LüJ, PfJ] ♦ **E:** rw. *ton* ,Trunk', *tönen* ,trinken' (WolfWR 5855, ohne Herleitung); mdal./ugs. verbreitet, etwa rhein. *tönen* „sich einen genehmigen, ein Glas Bier" RheinWb. VIII 1235.
gaulisch tönen Phras. [PfJ]
– saufen [PfJ].

tonginus Subst. m. [MM]
– Hintern [MM]; Gesäß [MM]; Hinterteil [MM] ♦ **E:** Streckform zu rw. → *tokus* ,Gesäß' WolfWR 5846.

tonne Subst. m. [MM]
– Bett [MM] ♦ **E:** dt. *Tonne* ,Fass', met. ,Bett' DWB XXI 785 ff.

tönne Subst. m. [MM]
– Wirt [MM] ♦ **E:** evtl. zu PN *Antonius*, Kurzform *Tönne* oder zu rw. *tönen* ,trinken' (WolfWR 5855). → *tönen²*.

tonner Subst. m. [EF]
donner [EF]
– Sachse [EF] ♦ **E:** unsicher; evtl. zu dt. *Donner* DWB II 1237 ff., *donnern* ,laut und heftig reden'; schwerer zu *Tonne* u. a. „aufenthaltsort eines sträflings oder eines Sonderlings" DWB XXI 785 ff.
tonnera Subst. f. [EF]; **tonnerin** [EF]
– Sächsin [EF]
tonnern Subst. Pl. [EF]; **donnern** [EF]
– Sachsen [EF]

tönnes Subst. m. [HF]
– Knüppel [HF] ♦ **E:** zu rhein. *tünnes*, aus RN *Antonius*.

töntsch Subst. m. [BM]
- Ton [BM] ♦ **E:** zu dt. *Ton*.

toober Subst. [BM]
- Tubetz (ein Spiel) [BM] ♦ **E:** zu schweizdt. *Tubez* ‚ein (Fang-)spiel' SchweizId. XII 146.

toope Subst. m. [BM]
- Hand [BM] ♦ **E:** schweizdt. *Tāpen, Tōpen* ‚Pfote, Hand' SchweizId. XIII 911.

toose¹ swV. [BB]
- sagen [BB]; schwätzen[BB]; erzählen[BB]; berichten [BB] ♦ **V:** *Hot ons Redaf oft jetoost. Bä höd-et jetoost?* [BB] ♦ **E:** Inversion zu mdal. *jesoot* ‚gesagt'.

toose² swV. [JeS]
tosen [JeS]
- hören [JeS]; horchen [JeS] ♦ **E:** unklar; schwer zu roi. *(do)dschanáw* ‚ich kenne, weiß'; SchweizId. XIII 1805.

töpfel Subst. n. [BM]
- Topf [BM] ♦ **E:** Dim. zu dt. *Topf*.

toppen swV. [HL]
- trinken [HL] ♦ **E:** rw. *toppen* ‚trinken', zu dt. *toppen* ‚die Gläser im Saufen zusammenstoßen' (WolfWR 5857).

toppkließ Subst. Pl. [EF]
- Busen, weibliche Brüste [EF] ♦ **E:** mdal. *Klöße*.

torf Subst. m. [MB]
- Schwarzbrot [MB] ♦ **E:** westf. *torf* ‚Brotscheibe (bestrichen)' WestfWb. 1300.

tori Subst. [MB]
- Auge [MB] ♦ **E:** unsicher; evtl. zu lat. *torus* ‚runder, hervorragender Gegenstand'. ♦ **V:** *es hat ihne das tori rausgekurt* ‚sie hat ihm das Auge ausgeschlagen' [MB].

tott Subst. m. nur in:
in tott gehen ‚kaputt gehen' [MM]; *in'n tott drücken* ‚zerdrücken' [MM] ♦ **E:** unsicher; evtl. zu dt. *tot* ‚verstorben'.

totz Subst. m. [RH]
- Hand [RH] ♦ **E:** evtl. zu → *(pe)tatsche* ‚Händchen', oder zu → *tötzel*.

tötzel Subst. m. [MM]
- Knoten [MM] ♦ **E:** unsicher; evtl. zu dt. *Dutz* ‚Beule, Anschwellung' DWB II 1773.
vertötzeln swV. [MM]
- verknoten [MM]; sich verheddern [MM].

touffe swV. [BM]
- durch List oder falsche Angaben etwas erbetteln [BM] ♦ **E:** unsicher; evtl. zu schweizdt. *taufen* met. u. a. ‚Getränke durch Zugießen von Wasser verfälschen' SchweizId. XII 564 ff.

tour Subst. f., nur in: [MB]
auf touren gehen ‚betteln' [MB] ♦ **E:** rw. *tour* ‚Bettelfahrt' (WolfWR 5869), zu dt. *Tour* ‚Reise, Spaziergang' DWB XXI 916 ff.

tourniquet Subst. m. [WL]
- Karussell [WL] ♦ **E:** frz. *tourniquet* ‚Drehkreuz', Middelberg, Romanismen, 46.

tower Subst. f./n. [GM]
- Beil [GM]; Axt [GM] ♦ **E:** rw. *dower* ‚Beil', ‚Axt', ‚Hacke' (WolfWR 5860) < roi. *tower* ‚Beil, Axt' (WolfWZ 3347).

trabant Subst. m. [WG]
- Mitläufer in der Unterwelt [WG] ♦ **E:** dt. *Trabant* ‚fuszkrieger, leibwächter, diener, begleiter, nebenplanet' DWB XXI 941 ff.

trabbel Subst. m. [MM]
- Ärger [MM] ♦ **E:** aus engl. *trouble*.

trabengerokär Subst. f. [GM]
- Apotheke [GM] ♦ **E:** roi. *trabéngero kēr* ‚Apotheke' (WolfWZ 546).

traber Subst. m. [LüJ, Gmü]
drabbr [OJ]; **trabber** [MB]; **trabert** Subst. m. [LüJ]; **trapert** [LüJ, SP]; **trappert** [BJ, HLD, JeH, LüJ, MB, MeJ, PfJ, SE, SG, SK, SchJ, Scho, TJ, WL, Wo, Zi]; **trabbert** [Mat, MeT]; **treppert** [PfJ]; **treppling** Subst. m. [Zi]; **trábeli** Subst. n. [JeS]; **trabi** Subst. m./n. [JeS]; **trabbi** [JeS]; **trappel** Subst. m. [JeS, TK]
- Pferd [BJ, HLD, JeH, JeS, LüJ, MB, Mat, MeJ, MeT, OJ, PfJ, SE, SG, SK, SP, SchJ, Scho, TJ, TK, WL, Wo, Zi]; schlechtes Pferd [Gmü]; kleines Pferd [JeS]; Fohlen [JeS] ♦ **E:** rw. *traber, trappert* ‚Pferd' < dt. *traben, trappeln* (WolfWR 5870, Klepsch 1451). → *troppert*.
♦ **V:** *er scheft auf'm Trappert* ‚er reitet' [SchJ]
trapple swV. [JeS]; **trappeln** swV. [JeS]
- reiten [JeS]

sörletrappel Subst. m. [JeS]
- Pferdehandel [JeS]; Pferdetausch [JeS]

trapertsbenk Subst. m. [LüJ]; **trappertsbink** [PfJ]; **treppertsbink** [PfJ]
- Fuhrmann [LüJ, PfJ]

trappertsbossert Subst. n. [PfJ]
- Fleisch [PfJ]

trabigaaschi Subst. m. [JeS]
– Pferdefuhrmann [JeS]
trappertmass Subst. f. [LüJ]; **trabermaß** [LüJ]
– Pferdefleisch, Gaulfleisch [LüJ]
trabimuller Subst. m. [JeS]
– Schinder [JeS]; Abdecker [JeS]
trappelsörle Subst. [JeS]; **trappelzörla** [JeS]
– Pferdehandel [JeS]; Pferdetausch [JeS].

trachtement Subst. n. [PfJ]
– Schläge [PfJ] ♦ **E:** zu dt. (ant.) *Tracht* ‚Menge Last, die jmd. trägt', *Tracht Prügel* DWB XXI 977 ff.

traddeln swV. [PfJ]
– transportieren [PfJ]; ausliefern [PfJ] ♦ **E:** zu engl. *trade* ‚Handel' oder zu dt. *treideln* ‚ein Schiff auf einem Fluss fortziehen' DWB XXII 100f.

träfe ‚unrein, mager' u. a. s. → *trefe*.

träffe swV. [BM]
– schlagen [BM]; prügeln [BM] ♦ **E:** wohl schweizdt. zu dt. *treffen*.

träge Subst. Pl. [JS]
– Schuhe [JS] ♦ **E:** unsicher; evtl. zu rw. *targenen*, *derchen* WolfWR 987, jd. *derech* ‚Weg'.

tragl Subst. n. [WG]
– Traggestell für das Essen [WG] ♦ **E:** zu dt. *tragen*.

träk Subst. [KM]
– Eisenbahn [KM] ♦ **E:** nd./rhein. *trecken* ‚ziehen'.

tralla Adj. [MB]
– angetrunken [MB] ♦ **E:** westf. *tralla* ‚Delirium' (WestfWb. 1302).

trallafitti Subst. n. [MM]
– Spektakel [MM]; Wirbel [MM]; Lapalie [MM]; belangloser Spaß [MM]; Sause [MM]; Spaß [MM]; „allerlei los, Musik, Versanstaltung, Versammlung" [MM]; Durcheinander [MM]; Quatsch [MM]; „so 'ne Mode, bunte Hemden" [MM] ♦ **E:** westf./ugs. *trallafitti* ‚heiteres Beisammensein, Vergnügen'. ♦ **V:** *hamel trallafitti* ‚schwer was los' [MM].

trälle Subst. n. [BM]
– das Knistern des Eises unter dem Fuß [BM] ♦ **E:** wohl zu schweizdt. *tralle^n* u. a. ‚singen, drehend bewegen' SchweizId. XIV 875f.

trallen Subst. Pl. [MB]
– Fenster [MB] ♦ **E:** wohl zu dt. *tralle, trallje* ‚Gitterstäbe' DWB XXI 1175f.

tralli[1] Subst. m. [MM]
trali [JeS]
– Zug [MM]; Bahn [MM]; Gefangenentransport [JeS]; zwangsweiser Transport durch die Polizei (Schub) [JeS]; Tripper (Gonorrhöe) [JeS] ♦ **E:** rw. *trallerwatsch* ‚Zwangstransport', zu dt. *trallen* ‚rollen' (WolfWR 5873). ♦ **V:** *wir sind zum scharett gepäst, aber der tralli war schon plete* ‚wir liefen zum Bahnhof, aber der Zug war schon abgefahren' [MM]; *de glisto hät mi uf e trali geschupft* ‚der Polizist hat mich per Schub abtransportieren lassen' [JeS]; *de schyyge beharcht de trali* ‚die Frau hat den Tripper' [JeS]

tralirutsch Subst. m. [JeS]
– Zug [JeS]; Eisenbahn [JeS].

tralli[2] Subst. m. [MM]
– Geistesschaden [MM] ♦ **E:** rw. *drillen* ‚mißhandeln, quälen', *drillbeis* ‚Zuchthaus', mdal. *trallig* ‚verrückt', *Traller* ‚Verrücktheit'. Sachzusammenhang: Zuchthäuser als Verwahranstalten für Geisteskranke (WolfWR 1095). ♦ **V:** *der seeger hat 'n tralli* ‚der Mann ist verrückt' [MM].

trallibus Subst. m. [MM]
– Kündigung [MM] ♦ **E:** unsicher; evtl. zu engl. *trolley-bus* ‚Omnibus', met. ‚eine Abfuhr bekommen'. ♦ **V:** *er hat 'nen trallibus gekriegt* ‚ihm ist gekündigt worden' [MM].

tramaskero Subst. m. [GM]
– Arzt [GM] ♦ **E:** roi. *dramáskero* ‚Arzt' (WolfWZ 546).

trampel Subst. m./n. [LJ]
– Tier [LJ] ♦ **E:** dt. *trampeln* ‚ungeschickt, klobig laufen, stampfen' DWB XXI 1180 ff.
gleistrampel Subst. m./n. [LJ, TJ]
– Kuh [LJ, TJ] ♦ **E:** jen. *gleis* ‚Milch'.
gleistrampelmarodebenk Subst. m. [LJ]; **gleißtrampelmarodebenk** [LJ]
– Tierarzt [LJ]
gleistrampelranggerle Subst. n. Dim. [TJ]
– Kalb [TJ].
trampeljöner Subst. m. [MM]; **trampeljöhner** [MM]
– Fahrrad [MM] ♦ **E:** rw. *jonen* WolfWR 1669.
trampen swV. [SK]
– auf etwas treten [SK].

tramroller Subst. m. [SK]
– Straßenbahn [SK] ♦ **E:** engl. *tram* ‚Straßenbahn', rw. *roll* ‚Rad' (WolfWR 4623).

trämel Subst. [BM]
– Tramway [BM]

trämeler Subst. m. [BM]
– Tramwayangestellter [BM].

transuri Subst. m. [GM]
– Kochtopf [GM] ♦ **E:** roi. *transuri* ‚Teller' (WolfWZ 3353).

trant Adj. [MT, MeT]
– groß [MT, MeT]; dick [MT, MeT] ♦ **E:** WolfWR 5881, ohne Herleitung; evtl. zu nd./westf. *astrant* ‚grob, anmaßend', schwer zu frz. *grand* ‚groß'.
trant nul Num. Kard. [MeT]; **trantnul** [MeT]; **trantnull** [MeT]
– eintausend [MeT] ♦ **E:** rw. *nollen* ‚rechnen' WolfWR 3899, aus lat. *nulla*.

träp Subst. m. [KM]
träpe Pl. [KM]
– Holzpantoffel(n) [KM] ♦ **E:** rhein. *Tripp, Trepp* ‚Pantine, Sandale' RheinWb. VIII 1371.

trapadolen Subst. Pl. [MB]
– Schuhe [MB] ♦ **E:** wohl zu dt. *trappen* ‚treten' DWB XXI 1264 ff.; vgl. → *trampel*.

trapieren swV. [SJ]
trappieren [PfJ]
– ertappen [PfJ, SJ] ♦ **E:** verkürzt aus *attrappieren* ‚ertappen, erwischen' (SchwäbWb. II 318).

trappert ‚Pferd' s. → *trabert*.

trasch Subst. [MB]
– Angst [MB] ♦ **E:** rw. *trash(ium)* ‚Angst', zu roi. *traš* ‚Furcht, Angst' (WolfWR 5885).

trassem Subst. m. [CL]
– Geld [CL] ♦ **E:** pfälz. *Trassem* ‚Geld, Entlohnung in Geld', zu dt. *Trass* ‚Bimssteintuff', vgl. *Bims, Bimbes* ugs. ‚Geld'.

trät¹ Subst. f. [EF]
dräht [EF]
– Horn [EF]; Waldhorn [EF] ♦ **E:** dt. *Tröte, tröten* ‚blasen' DWB XXII 1072.

trät² Subst. f. [KMa]
– Kirmes [KMa] ♦ **E:** rw. WolfWR 5888, HessNassWb. IV 124 *Tret*, zu dt. *treten*; Sachzusammenhang: Kirmestanz, vgl. → *tappch*.

trät³ Adj. [KMa]
– betrunken [KMa] ♦ **E:** rw. *trät* ‚betrunken' WolfWR 5889, ugs. *trötern* ‚trinken'. ♦ **V:** *schieb en trät* ‚betrunken' [KMa].

trätschen swV. [SP]
trätscheln swV. [SP]
– gehen [SP] ♦ **E:** rhein. *tritschen* ‚weglaufen; langsam, träge, kraftlos gehen' RheinWb. VIII 1377. ♦ **V:** *Mer trätschen a bisje an-n Goaden.* [SP].

trattelrewitschke Adj. [KMa]
– grün [KMa] ♦ **E:** zu dt. *Tratt* „‚das land, das (vom vieh) betreten werden darf', ‚brachland', ‚viehweide'" DWB XXI 1279; HessNassWb. IV 109; Zweitglied unsicher, evtl. zu *witsche* „das kraut, so die färber brauchen, witschen genannt" DWB XXX 815; schwer zu dt. *witt* ‚weiß'.

traute Subst. f. [MM]
– Mut [MM] ♦ **E:** ugs., zu dt. *sich etwas zutrauen*.

trawáller Subst. m. [KP]
– Knecht [KP] ♦ **E:** zu frz. *travallier* ‚arbeiten'.
trawallerin Subst. f. [KP]
– Magd [KP].

trawanker Subst. m. [WG]
trawanka [WG]
– Messer [WG] ♦ **E:** slav. Suffigierung *-anka;* Basis wohl zu obdt. *trëffen* ‚Stöße versetzen', vgl. SchweizId. XIV 365. ♦ **V:** *eine mit dem Trawanka geben* ‚mit dem Messer stechen' [WG].

trawesko Subst. m. [GM]
– Arzt [GM] ♦ **E:** roi. *trābéskĕro* ‚Apotheker' (WolfWZ 546); vgl. → *tramaskero*.

tray Subst. f. [HF]
träy [HF, MeT]; **tröi** [KM]; **tröie** [KM]
– Hose [HF, KM, MeT] ♦ **E:** rw. *träy* ‚Hose' WolfWR 5892, zu nd. *trojer* ‚Pullover', nl. *trui* ‚Wolljacke'.
poytray Subst. f. [HF]
– Badehose [HF].

trâže, tratzie, tratzir in:
dossstrâže [MeT]; **dusstratzie** [MeT]; **dusstratzir** [MeT]; **dußtrazie** [MeT]; **doßtraze** [MeT]
– vornehmes Kleid [MeT] ♦ **E:** wohl romanisch, vgl. span. *traje* ‚Kleid, Anzug'; rw. *doß* ‚Rock' WolfWR 1067, evtl. aus frz. *dos* ‚Rücken'.

treasch Subst. [KM]
treasche Pl. [KM]
– Schuh(e) [KM] ♦ **E:** zu rhein. *traschen* ‚plump, schwerfällig, träge dahergehen' RheinWb. VIII 1297.

trebe Subst. [MM] in:
auf trebe sein ‚wohnungs- und arbeitslos mit Ortswechsel', ‚auf der Walz sein, wandern' [MM]; *trebe*

gehen ‚Platte machen, wohnungslos' [MM] ♦ **E:** unsicher; evtl. zu dt. *traben* ‚traben, bes. von Pferden', *träppeln* DWB XXI 952 ff. oder zu jd. *treife* ‚unrein, schlecht' We 107.

trebegänger Subst. m. [MM]
– Freigänger [MM]; Nichtsnutz [MM]; „unzuverlässig" [MM]; „untreu" [MM]

treber Subst. Pl. [MB]
– Schuhe [MB] ♦ **E:** unsicher, evtl. zu oder mit Einfluss von → *treen*.

treen Subst. Pl. [MeT]
– Schuhe [MeT]; Stiefel [MeT] ♦ **E:** rw. *treen* ‚Schuhe', nach WolfWR 5893 zu nl. *tran* ‚Tran'; eher zu nd. *treden* ‚treten'.

trenzelen Subst. Pl. [HF, HeF]
– Schuhe [HF, HeF]

trenzelenbessem Subst. m. [HF]
– Schuhbürste [HF]

trenzeleknucker Subst. m. [HF]
– Schuster [HF]

trenzeknuckertswöles Subst. m. [HF]
– Schusterjunge [HF]

trennfeiler Subst. m. [MB]; **trenfailer** [MeT]; **trênfailer** [MT, MeT]
– Schuster [MB, MT, MeT] ♦ **E:** rw. *trenfailer* ‚Schuster' (WolfWR 5893); mhd. *feilen* ‚feilhalten, verkaufen'.

trefel Adj. [MM]
trääfe Adj. [CL]; **träf** [MM]; **treife** [Scho, StG]; **trejfe** [NW, Scho]; **trejfer** [Scho]
– unrein [CL]; schmutzig [CL]; unehrlich [StG]; schwierig [MM]; gemein [MM]; „schovel" [MM]; mager [MM]; schlecht [Scho]; unzulässig [Scho]; verboten [Scho]; rituell unrein [NW]; das Gegenteil von koscher [NW] ♦ **E:** rw. *trefe* ‚unrein, unzulässig, unehrlich, schlecht' (WolfWR 5894) < jd. *trefe* ‚rituell verboten, unrein' (We 107, MatrasJd 292, Post 253, Klepsch 24).

trefelig Adj. [MM]
– wohlschmeckend (weil verboten) [MM].

treff Subst. m. [SJ]
trett Subst. m. [SJ]; **trett(e)** [Him]; **tress** Subst. m. [SJ]
– Mark [Him, SJ]; *1 treff* ‚1 Mark' [SJ] ♦ **E:** Lexemvarianten evtl. zu *tre-, dri-* ‚drei' (1 Taler = 3 Mark), schwer zu rw./jd. *trefe, treife* u. a. ‚gestohlen' WolfWR 5894, in der Viehhändlersprache u. a. ‚zu teuer' Siewert, WB Viehhändlersprache, 114.

treiber Subst. m. [Gmü, KP]
– Stock [KP]; Louis (Zuhälter) [Gmü] ♦ **E:** rw. *treiber* ‚Stock, Zuhälter' WolfWR 5896, zu dt. *treiben*.

treife ‚unrein, unehrlich' s. → *trefe*.

treiler Subst. m. [MM]
– Wohnwagen [MM] ♦ **E:** engl. *trailer* ‚Anhänger'.

tremens Subst. m./n. [SJ]
– Rausch [SJ] ♦ **E:** lat. (*delirium*) *tremens* (SchwäbWb. II 366 *Dremenz*).

tremens Adj. [MB]
– besoffen [MB].

treschakeln in:
umherdreschoakeln swV. [HK]
– umherlaufen [HK]; umherirren [HK]; „kommandieren" [HK]; „verhauen" [HK] ♦ **E:** thür. *treschacken* ‚prügeln', ‚umherlaufen und schwatzen' (ThürWb. VI 236).

dreschoakel Subst. n. [HK]; **treschakel** [HK]
– Theater [HK]; „viel Rummel-Tummel auf der Kirmes" [HK]; Schläge [HK] ♦ **V:** *wir klufdn uns grannich an und buschen ins dreschoakel* ‚wir ziehen uns schön an und gehen ins Theater' [HK].

tresine Subst. f. [MM]
– Fahrrad [MM] ♦ **E:** zum FN Drais, dt. *Draisine* ‚Vorläufer des Fahrrades, Erfindung des Herrn von Drais', auch roi. *trešiena* (WolfWZ 3364).

treter Subst. m. [KMa, MB, MoM, OH]
tretter [KP]; **tretær** [WJ]; **tretàr** [LüJ]; **trädert** Subst. m. [SE]; **tretert** [SE]; **treedert** [SP]; **treederten** Subst. Pl. [SP]
– Fuß, Füße [KP, LüJ, SP, WJ]; Stiefel [KP]; Schuh, Schuhe [KMa, KP, MB, MoM, OH, SE, SP, WJ] ♦ **E:** rw. *tret(t)er* ‚Schuh, Fuß' < dt. *treten* (WolfWR 5905). Vgl. → *tritt, trittling*.

trettcha Subst. Dim. [SE]; **trettja** [SE]
– Schuh [SE]

trettchen Subst. n., Pl. [SE]
– Schuhe [SE].

tri ‚drei' s. → *trin*.

tri Adj. [KMa]
– schlecht [KMa] ♦ **E:** unsicher; evtl. Kürzung aus dt. *triakel* ‚Gegengift' (antonymische semantische Verwandlung); „infolge der betrügerischen methoden der quacksalber ... bekommt triakel schliesslich eine bedeutung wie ‚betrügerei'" DWB XXII 399 f., Hess-NassWb. IV 127.

trîdel Subst. [MT, MeT]
tridel [MeT]
– Wurst [MT, MeT] ♦ **E:** nd. *driətel* ‚Köttel'.

trïenter Subst. [MT, MeT]
trienter [MeT]
– Gans [MT, MeT] ♦ **E:** rw. *trienter* ‚Gans', „so groß wie drei Enten?" WolfWR 5912; wohl „Eigenschöpfung des Humpisch", Siewert, Humpisch, 123.

trif Subst. m. [BB]
drif [BB]
– Wirt [BB] ♦ **E:** Inversion zu *Wirt*. ♦ **V:** *däm Trif sin Oeref* ‚Wirtsfrau' [BB]
trifeoef Subst. f. [BB]; **drifeoef** [BB]
– Wirtsfrau [BB].

triffler Subst. m. [JeS]
– Wanderbruder [JeS]; Landesreisender [JeS]; Vagabund [JeS] ♦ **E:** unsicher; evtl. zu mhd. *treyfeln* ‚tändeln, schwatzen, betrügen', von afrz. *truffler, truiffler* ‚sich lustig machen, verspotten, betrügen', vgl. nhd. *treifeln, treufeln* ‚jmdm. durch Bitten oder Geschwätz zusetzen, um etw. zu erlangen' oder zu schweizdt. *trieffi, trüüf(f)i* ‚langsamer, ungeschickter Mensch' (SchweizId. XIV 401).

trîleg Subst. [JeS]
– Treppe [JeS] ♦ **E:** unsicher; evtl. Bildung zu → *tritt*, *trittling*.

trin Num. Kard. [GM, JSa]
trihn [JSa]; **dren** [LüJ, MUJ]; **tren** [MB]; **tri** Num. Kard. [BJ, KMa, OH]; **dri** [JSW]; **drui** [OJ]; **drie** [OJ]; **triss** Num. Kard. [PH]; **driss** [SK]; **träß** [KMa, LI]; **träs** [KMa]; **träss** [KMa]; **dribis** Num. Kard. [LüJ, OJ]; **triwas** [LoJ]; **triwes** [SchJ]; **trîwes** [TK]; **driewes** [HK]; **driwwes** [HK]; **triwwes** [HK]
– drei [GM, HK, JSW, KMa, LI, LoJ, LüJ, MB, MUJ, MeT, PH, SK, SchJ, TK]; drei Uhr [BJ, OJ]; zu dritt [HK] ♦ **E:** Herleitung der unterschiedlichen Formen mit wohl gegenseitiger Beeinflussung: aus roi. *trin* (*trin, trihn, dren*), dt. *drei* (z. B. schwäb. *drui*) und romanischen Folgeformen zu lat. *tres*, WolfWR 5919, WolfWZ 3368, Klepsch 529. ♦ **V:** *drie schock* ‚drei Mark' [SK]; *a drie(schlag)* ‚ein Dreifachlump' [OJ]; *drie gschbah* ‚drei Unzertrennliche' [OJ]; *tri gspann* ‚drei Unzertrennliche' [BJ].

träsmalträs Num. Kard. [KMa]
– neun [KMa]

driandi Num. Kard. [JSW]
– dreißig [JSW]

trissert Subst. m. [PfJ]
– Groschen [PfJ] ♦ **E:** SchwäbWb. II 391 (1 Groschen entspricht 3 Kreuzern).

dribisräpple Subst. n. Dim. [LüJ]
– Taler (drei Mark) [LüJ]

dribist Num. Ord. [LJ]
– dritte [LJ] ♦ **V:** *die dribist hott e semme voll schmunk und sprenkert* ‚die dritte hat eine Büchse voll Schmalz und Salz' [LJ].

trinker Subst. m. [BM]
– Trinkgeld [BM] ♦ **E:** zu dt. *trinken*.

tripp Subst. m. [BJ]
dribb [OJ]
– Hase [BJ, OJ] ♦ **E:** rw. *tripp* ‚Hase' WolfWR 5917, evtl. zu dt. *trippeln* ‚kleine Schritte machen' DWB XXI XXII 641 ff.

trippeln swV. [HK, SK]
dribbeln [HK]; **trubbeln** [SK]; **truppeln** [SK]
– gehen [HK, SK]; kleine Schritte machen [HK]; laufen [HK]; wandern [HK]; marschieren [HK] ♦ **E:** dt. *trippeln* ‚in kleinen Schritten gehen' DWB XXI XXII 641 ff. ♦ **V:** *trippele schiebes* ‚gehe fort' [HK]; *truppele nich so granich* oder *truppele nich so smahsch* ‚gehe nicht so langsam'.

herantruppeln swV. [SK]
– herankommen [SK]

losdribbeln swV. [HK]; **lostrippeln** [HK]
– losgehen [HK]; abgehen [HK]; fortgehen [HK]; loslaufen [HK]; „einen kleinen fixen Gang haben" [HK]

trippmamsell Subst. f. [MM]
– Bordellwirtin [MM] ♦ **E:** evtl. Einfluss von dt. *Tripper* (Geschlechtskrankheit) und rw. *tippen* ‚beischlafen'.

tripps Subst. f. [KMa, LI, OH]
trips [OH]; **trispe** [PfJ]; **tripse** [PfJ]
– Kirmes [KMa, LI, OH]; monatliche Reinigung [PfJ]; Monatsblutung [PfJ] ♦ **E:** rw. *tripps* ‚Kirmes, Kirchweih, Menstruation' aus dt. *trippeln* ‚tröpfeln'. „Der Vergleich zwischen Menstruation und Kirchweih ist alt und verbreitet, z. B. im Erzgebirge *ich habe meine kirmes* ‚ich menstruiere'" WolfWR 5920.

trissert ‚Groschen' → *trin*.

tritt Subst. m. [JeS, KJ, LJ, LüJ, SchJ, TJ]
– Fuß [JeS, LJ, LüJ, SchJ, TJ]; Schuh(e) [JeS, KJ, LüJ] ♦ **E:** rw. *tritt* ‚Schuh', zu dt. *treten* (WolfWR 5921, Klepsch 1452). Vgl. → *treter*, → *trott*.

trittchen Subst. n. Dim. [HK, HLD, MB, MM, SE, SK]; **triddchen** [HK]; **driddchen** [HK]; **trittcha** Subst. [SE]; **tritje** [NrJ]; **trittche** [FS, MeJ]; **tritscher** Subst. m. [SE]; **trittcher** [KMa, NJ, OH, PH, SE, SS]; **trittscher** [JSa]; **trittjer** [NJ]; **trittling** Subst. m. [BJ, GM, Gmü, Him, JSa, KJ, KMa, KP, LJ, LüJ, MM, MUJ, Mat, PH, PfJ, RR, SG, SJ, SK, SPI, SchJ, Scho, TJ, TK, WJ, Wo, Zi]; **trittleng** [LüJ]; **triddling** [HK]; **driling** [RR]; **driddleng** [OJ]; **dridleng** [LüJ]; **tretling** [HK]; **trittlinge** Subst. Pl. [HLD, MB]; **trietlinge** [BJ]; **tritterlinge** [JSa]; **trittjers** Subst. Pl. [MB]; **trittches** [KMa, LI]; **trittjes** [MoM]; **trittchens** [HL]
– Schuh, Schuhe [BJ, GM, Gmü, HK, HL, Him, JSa, KJ, KMa, KP, LI, LJ, LüJ, MB, MeJ, MM, MUJ, Mat, MoM, NJ, NrJ, OJ, PH, PfJ, RR, SE, SG, SJ, SK, SS, SchJ, Scho, TJ, TK, WJ, Wo, Zi]; Schuhe der Frauen und Kinder [SK]; Stiefel [FS, HK, HL, HLD, KP, LüJ, Mat]; Fuß [Gmü, Him, KP, LJ, LüJ, Mat, PfJ, RR, SJ, SPI]; Füße [KMa, LüJ, OH]; Beine [BJ, OJ] ♦ **E**: rw. *trittling* ‚Stiefel' (WolfWR 5921, Klepsch 1452), zu dt. stV. *treten* ♦ **V**: *moole triddchens* ‚schlechte Schuhe' [HK]; *granniches triddchen* ‚guter Schuh' [HK]; *agschoagde driddleng* ‚abgetretene Schuhe' [OJ]; *oh, meine budadda, die tun grandig weh, mei trittling sind halt nix* ‚oh, meine Füße sind arg weh, meine Schuhe sind halt nix' [LJ]; *Kliste, i hab dei moss gschpannt beim marodebenk, se hot mr dibbert, daß se lake trittling hot* ‚Polizist, ich habe deine Frau beim Arzt gesehen, sie hat mir gesagt, daß ihre Füße nicht in Ordnung sind' [SJ]; *Dr marodebenk hot se kuriert, se hot stenzelscheinling an de trittling ket, aber jetzt boscht se wieder wia mössle* ‚Der Arzt hat sie kuriert, sie hat Hühneraugen an den Füßen gehabt, aber jetzt läuft sie wieder wie ein Mädchen' [SJ]

triddling Subst. m. [HK]
– Fahrrad [HK]

trittliger Subst. m. [BM]
– Tritt [BM]

trittlig Subst. m. [JeS]
– Brücke [JeS]

tritchesbestunkser Subst. m. [KMa]
– Schuhmacher [KMa]

trittchenpahn Subst. m. [SK]
– Schuhmacher [SK] ♦ **E**: slav. *pan* ‚Herr'.

trittchesmächer Subst. m. [KMa]; **trittchesmacher** [KMa]
– Schuhmacher [KMa]; Schuster [KMa]

trittchesmalocher Subst. m. [GM]; **triddchensmaloocher** [HK]; **trittchesmalochner** [KMa]
– Schuster [GM, KMa]

trittgriffl Subst. Pl. [BJ]
– Zehen [BJ] ♦ **E**: dt. (stV.) *greifen*.

trittlingsketscher Subst. m. [LJ]
– Schuster [LJ]

trittlingsmalocher Subst. m. [HLD]
– „Arbeit" [HLD]

trittlingpflanzer Subst. m. [BJ, PfJ, SchJ, TJ]; **trittlingspflanzer** [Gmü, Him, Mat, Wo, Zi]; **driddlengspflanzr** [OJ]; **drilingpflanzer** [RR]
– Schuhmacher [BJ, OJ, PfJ, RR, SchJ, TJ]; Schuster [Gmü, Him, Mat, Wo, Zi].

triwes ‚drei' s. → *dribis*.

trodel Subst. m. [EF]
drotl [EF]
– Braten [EF] ♦ **E**: unsicher; Substantivierung zu *drohteln* ‚braten', evtl. zu ahd./mhd. *draen* ‚drehen, wenden'; vgl. Wolf, Fatzersprache, 116.

rindstrodel Subst. m. [EF]
– Rinderbraten [EF].

trof Adv. [BB]
– fort [BB] ♦ **E**: Inversion zu *fort*.

trogle Subst. f. [BM]
– Holzbodenschuhe [BM] ♦ **E**: schweizdt. *Troglen* ‚Holz(boden)schuhe' SchweizId. XIV 659.

trollen swV. [EF, HF, HeF]
– gehen [EF, HF, HeF]; reisen [HF, HeF] ♦ **E**: rw. *trollen* ‚gehen, reisen' WolfWR 5925, zu dt. *trollen* ‚in kurzen Schritten laufen', vgl. RheinWb. VIII 1385/86. ♦ **V**: *trollt zinotese kluster lock?* ‚Geht Ihre Uhr nicht gut?' [HeF]; *wo trollt zinotes fan hitschen her?* ‚Wohin reisen Sie von hier?' [HeF]; *minotes mott nog in parz tenten fucken, on dann trollt minotes möt den troppert no dülken* ‚Ich muß noch in zwei Häuser gehen, und dann reite ich nach Dülken' [HeF]; *has trollen* ‚weggehen' [HF, HeF]; *Trollt Zinotes has?* ‚Gehen Sie weg?' [HeF]

vertrollen swV. [HF, HeF]
– falsch gehen [HF]; vergehen [HeF]

troll Subst. f. [HF]
– Strasse [HF]; Weg [HF]; Gang [HF]

troala Subst. m. [LoJ]
– Auto [LoJ]; Fahrzeug [LoJ]

trollfesel Subst. f. [HF]
– Pass [HF]

trollstinnes Subst. m. [HF]
– Spazierstock [HF]

huffblagentroll Subst. f. [HF]
– Schmugglerpfad [HF]

schockelstroll Subst. f. [HF]
– Fahrweg [HF].

trom Subst. n. [SJ]
drom [BJ]; **dromm** [SJ]; **drumm** [BJ, SJ]; **droam** [OJ]
– Stück [SJ]; großes, langes, umfangreiches Stück [BJ, OJ] ♦ **E:** dt. *Trumm* ‚Menge, Haufen' DWB XXII 1336 ff., schwäb. *Tromm* ‚großes Stück'. ♦ **V:** *an oim (siadiga) droam* ‚in einem fort' [OJ]; *Beim lehmschupfr kaschd a dromm maro dercha odr staucha der ischd a weng gschupfd, sischd a schote* ‚Beim Bäcker kannst du ein Stück Brot erbetteln oder stehlen, er ist ein wenig blöd, er ist ein dämlicher Bursche' [SJ].

tromme Subst. f. [SK]
– Straße [SK] ♦ **E:** rw. *drom* ‚Straße' zu roi. *drom* ‚Weg' (WolfWR 1097, WolfWZ 555).

flosserlingstromme Subst. f. [SK]
– Fluß [SK]; Bach [SK]

trommelen swV. [Gmü]
– betteln [Gmü] ♦ **E:** rw. *trommelen* ‚betteln', aus roi. *drom* ‚Weg' WolfWR 1097.

trommler Subst. m. in:
steißtrommler Subst. m. [SJ]
– Lehrer [SJ] ♦ **E:** dt. *Steiß* ‚Hintern' und dt. *Trommler*.

troms Num. Kard. [HF]
trommes [WL]
– drei [HF, WL] ♦ **E:** rw. *troms, droimes* WolfWR 6437; zur unsicheren Herkunft Schuppener, 73–77. ♦ **V:** *troms gecken* ‚drei Groschen' [HeF]; *hitschen in de tent hucken tromps henese thürkes* ‚In diesem Hause sind drei hübsche Mädchen' [HeF]; *Mine netten het spörkes gronzen: troms wölesen on troms flitschkes* ‚mein Vater hat sechs Kinder: drei Söhne und drei Töchter' [HeF]; *mott zinotes nog in trombs tenten fucken?* ‚Müssen Sie noch in drei Häuser gehen?' [HeF]

spörkes on troms Num. Kard. [HF]
– neun [HF]

trommesblietchen Subst. n. [WL]
– Kleeblatt [WL]; Klee [WL] ♦ **E:** lux. *Trommesblietchen* ‚Kleeblatt', Tockert, Weimerskircher Jenisch, 43.

tropp[1] Subst. m. [GM]
troppo [GM]
– Buckliger [GM] ♦ **E:** roi. *trupo, troppo* ‚Körper, Rumpf, Rücken' (WolfWZ 3388).

tropp[2] Num. Kard. [MeT]
– zwei [MeT] ♦ **E:** nd./westf. *trupp, tropp* ‚eine Menge von Menschen oder Vieh', roman. *trop-*, Siewert, Humpisch, 123.

dropp Adj. [MeT]
– schwer [MeT]

droppkött Subst. m. [MeT]
– die gegenüber *kött* (‚Schilling') höherwertige Münze [MeT]

troppe Subst. m. [MT, MeT]
– Herr [MT, MeT] ♦ **E:** rw. *troppe* ‚Herr' WolfWR 5927, ohne Herleitung; evtl. zu *tropp*[2].

fitsetroppe Subst. m. [MT, MeT]; **fitsentroppe** [MeT]; **fitsetroppe** [MeT]
– Gott [MeT]; großer, guter Herr [MeT] ♦ **E:** nd/westf. *fist* ‚dick, fett'.

kloddentroppe Subst. m. [MT, MeT]
– König [MT, MeT]; Landsherr [MeT] ♦ **E:** nd. *Klute(n)* ‚Erdscholle'.

troppert Subst. m. [HF, HeF]
– Pferd [HF, HeF] ♦ **E:** rhein. *Trappert* ‚Pferd' (RheinWb. VIII 1296); wie → *trabert* wohl zu dt. *traben*. ♦ **V:** *minotes mott nog in parz tenten fucken, on dann trollt minotes möt den troppert no dülken* ‚Ich muß noch in zwei Häuser gehen, und dann reite ich nach Dülken' [HeF]; *Den Troppert het enen henesen Däy, mar locke Lopstecken* ‚Das Pferd hat einen schönen Kopf, aber schlechte Zähne' [HeF]; *Schüt minotesen Troppert en Pardong Spitzen* ‚Gib meinem Pferde ein Viertel Hafer' [HeF]

troppertsbessem Subst. m. [HF]
– Reiterverein [HF]

troppertsblag Subst. m. [HF, HeF]
– Pferdehändler [HF]; Bürgermeister [HeF] ♦ **V:** *knuck de Schmerf, dot huckt den Troppertsblag* ‚Schweig doch, das ist der Bürgermeister' [HeF]

troppertshospel Subst. f. [HF, HeF]
– Karussell [HF, HeF]

troppertskau Subst. f. [HF]
– Pferdestall [HF]

troppertsläpper Subst. m. [HF]
– Pferdearzt [HF]

troppertsschmelen Subst. Pl. [HF]
– Pferdehaare [HF].

troschaame swV. [BB]
– abreißen [BB] ♦ **E:** Inversion von rhein. *masch* ‚morsch, mürbe' RheinWb. V 920 und *Ort*.

trott Subst. m. [TK]
– Schuh(e) [TK]
tröttleker Subst. Pl. [WL]; **tröttleken** Subst. Pl. [WL]; **trötzleken** [WL]
– Schuhe [WL]; Füße [WL] ♦ **E:** zu moselfrk. *Trötlek* ‚Fuß' Tockert, Weimerskircher Jenisch, 43. *Trött-, trötz* mdal./dt. *Tritt*; → *treter*, → *tritt*.

trovel Subst. [MM]
– Glück [MM] ♦ **E:** wohl Kontamination aus *tofte* und *jovel*.

trovel Adj. [MM]
– glücklich [MM].

trubbeln, truppeln ‚gehen' s. → *trippeln*.

truffel Subst. f. [KMa]
– Kelle [KMa] ♦ **E:** mdal. *Traufel* ‚Maurerkelle' (Hess-NassWb. IV 115, DWB XXI 1409).

trui Subst. f. [JSa]
truje Subst. f. [PH]
– Hose [JSa, PH]; Unterhose [JSa] ♦ **E:** rw. *träy, trui* ‚Hose' (WolfWR 5892) < mhd., mnd. *troie, treie* ‚Jacke, Wams', auch rhein./ mdal. (RheinWb. VIII 1314).

trull Subst. m. [KMa]
trudel Subst. m. [KMa]
– Kaffee [KMa]; dünner Kaffee [KMa] ♦ **E:** rw. *trull, trudel* ‚Kaffee', aus nd. *trül* ‚dünner Kaffee' WolfWR 5931; HessNassWb. IV 155.

trunschel, trutschel ‚begriffsstutzige Person' s. → *druschl*.

trusch Subst. m. [GM]
– Durst [GM] ♦ **E:** roi. *truš* ‚Durst' (WolfWZ 3390).
truschen swV. [GM]
– dürsten [GM]; Durst haben [GM]
truschelo Adj. [GM]
– durstig [GM] ♦ **E:** roi. *trušelo* ‚durstig' (WolfWZ 3390).

truschen swV. [JS]
trusche [JS]
– fragen [JS]; sprechen [JS] ♦ **E:** rw. *truschen* ‚sprechen, unterhalten' WolfWR 5933; zu dt. *truscheln* ‚schwätzen, tuscheln' DWB XXII 1426.

tsaalemes Subst. m. [SP]
tsaalemese [SP]
– Polizist [SP] ♦ **E:** zu dt. *zahlen* und ugs. *Ömmes* u. a. ‚Kerl', rw./jd. *Emmes*, vgl. Siewert, Grundlagen, 252; RheinWb. IX 704.

tsääns ‚besserer Herr' → *sens*.

tsachem, tsagem ‚Messer' s. → *sackem*.

tsafrong Subst. m. [KM]
– Gutsherr [KM]; Respektsperson [KM] ♦ **E:** unsicher; evtl. aus dt. *-fron* ‚Amt(mann), Gericht' DWB IV 230 ff. und rw./roi. *tsha-* ‚wahr, recht' WolfWR 809; oder (phonetisch schwer) zu *tschawo* rw./roi. ‚Kind' WolfWR 4771 bei antonymischer Bedeutungsverwandlung.

tsafsch Adj. [BB]
– schwarz [BB] ♦ **E:** Inversion zu mdal. *schwatz* ‚schwarz'.

tsäfschen swV. [BB]
– schwätzen [BB] ♦ **E:** Inversion zu *schwätzen*.

tsak Subst. f. [BB]
– Katze [BB] ♦ **E:** Inversion zu mdal. *Katz*.

tsalefe swV. [BB]
– schlagen [BB] ♦ **E:** Inversion zu mdal.: *flatsen* [BB].

tsalep Subst. m. [BB]
– Platz [BB] ♦ **E:** Inversion zu *Platz*.

tsälepche Subst. n. [BB]
– Plätzchen (kleines Gebäck) [BB] ♦ **E:** Inversion zu mdal. *Plätzche*.

tsange swV. [KM]
– heiraten [KM] ♦ **E:** wohl zu rhein. *schangsen* ‚Aussichten, Glück' RheinWb. VII 911f.
jetsangk Subst. n. [KM]
– Heirat [KM].

tsape swV. [BB]
– passen [BB] ♦ **E:** Inversion zu *passt*.

tschaagg Subst. f. [BM]
tschaagge [BM]; **tschlegg** [BM]
– Schule [BM] ♦ **E:** SchweizId. XIV 1708 *Tschägg* ‚Schule'.

tschaaggehach Subst. m. [BM]
– Schulmeister [BM]; Lehrer [BM]

tschaaggeler Subst. m. [BM]
– Schulhaus [BM]; Schulzimmer [BM].

tschaane swV. [JeS]
tschane [JeS]; **tschanen** [JeS, LüJ]; **schanen** [RH]
tschaden [MoJ]; **tschânen** [LüJ, TK]; **tschana** [JeS];
tschene [BM]; **tene** [BM]
– gehen [JeS, LüJ, MoJ, RH, TK]; kommen [JeS, LüJ]; laufen [BM, JeS]; fahren [JeS]; reisen [JeS]; jede Art

der Fortbewegung [JeS]; weggehen [LüJ]; verschwinden, abhauen [LüJ]; herumziehen [LüJ] ♦ **E:** WolfWR 5937, ohne Herleitung; wohl zu roi. *dschal* ‚er /sie geht, reist'; schweizdt. *vertschanen* ‚desertieren' SchweizId. XIV 1744. ♦ **V:** *tschaan!* ‚komm!' [JeS]; *wie tschaants?* ‚wie geht's?' [JeS]; *muuli tschaane* ‚kaputtgehen' [JeS]

tschant Adv. [JeS]
– fort [JeS].

tschäber Subst. m. [EF]
tschäper [EF]
– Schiffer [EF] ♦ **E:** dt. *tschappen* ‚sich schaukelnd bewegen' Wolf, Fatzersprache, 137.

tschäber Subst. m. [BM]
– Hut [BM] ♦ **E:** schweizdt. *Tschäber* ‚Mütze, Hut' (SchweizId. VIII 1001).

tschabiege ‚Ziege' → *schawitt*.

tschabo Subst. m./f. [CL, GM, JS, LJ, LüJ, ME, MM, MoJ, SJ, WJ]
dschabo [OJ]; **chabo** [ME]; **tschawo** [GM, JSW, SJ]; **tschäwo** [PH]; **tschaawo** [JSa]; **schabo** [JS, JSW, MB, ME, MM]; **schaabo** [JSa]; **schawo** [JSW, SJ]; **zabo** [LJ]; **schaba** [SchJ]; **zschaaba** [LüJ]
– Mann [CL, GM, JS, LJ, ME, MM, MoJ, SJ, SchJ]; Bekannter [LJ]; bekannter Mann [LJ]; netter Bekannter [JSW]; Freund [JS, LJ, LüJ, WJ]; Freund (iron.) [GM, MB]; Bursche [SJ, SchJ]; Kerl [JSW, ME]; Kerl (abfällig) [GM, MB]; Knecht [LüJ]; Bauer [LüJ]; Genosse [SJ]; Sohn [GM]; Knabe [GM, JSa, PH]; Junge [JS, MB, ME, MM]; junger Mann [GM]; Typ [ME]; Kamerad, Kollege [JSa]; Zigeuner [MB]; Halbzigeuner [OJ]; Sinti und Roma [JSa]; Jenischer [LüJ]; Manischer [LüJ]; Organisierer [MM]; Freier [MM]; Typ [MM]; zwielichtiger Kerl [MM]; hinterlistiger Freund [JSW]; Spinner [ME]; Bube beim Kartenspiel [GM]; Kind [LüJ, MB, WJ]; Frau [MM]; Mädchen [MM]; kleines, mickeriges Männchen (scherzhaft) [MB] ♦ **E:** rw. *tschawo* ‚Knabe', ‚Sohn', ‚Junge', ‚Kind' (WolfWR 4771) < roi. *tschawo* ‚Knabe', ‚Sohn', ‚Kind' (WolfWZ 3448, Klepsch 1208). ♦ **V:** *latscho dibes, tschabo, beschst latscho?* ‚grüß Gott, der Herr, geht's gut?' [LüJ]; *tschabe pflanzen* ‚Kinder machen' [LüJ]; *dick, der bengo hôt veil zschaabe!* ‚Schau, der Mann hat viele Kinder!' [LüJ]; *o mutter, hättet sie net a bissle gleis, mei tschabo hent nix zu bicke* ‚o Mutter, haben Sie nicht vielleicht etwas Milch, meine Kinder haben nichts zu essen' [LüJ]; *mo schabo* ‚mein Junge' [MB]; *herles tschabo* ‚Hallo, mein Junge!' [LJ]; *tschabo, wie schnogt's?* ‚Freund, wie geht's?' [LJ]; *latscho diebes tschabo* ‚grüß dich, lass uns reden, mein Freund' [JS]; *schbann emol da, den tschabo kenn i au, der haueret von da oder da* ‚Schau einmal da, den Mann kenn ich auch, der kommt von dort oder dort' [LJ]; *schabo natsch, die scharingli ahmt* ‚Junge lauf, die Bullen kommen' [MB]; *hat der schabo dich 'n tofften jeidling aufe feme* ‚hat der Zigeuner einen schönen Ring auf dem Finger' [MB]; *schabo ding schamele schäfe sporkesich* ‚Junge, deine Füße sind schmutzig' [JS]; *schabo, hesse de teps ob, weil de bollich bes date jubbee schukkrig schäfe?* ‚Junge, hast du die Mütze auf, weil du Angst hast, dass die Läuse kalt werden?' [JS]; *reunens de schabo, der het e schnöfdenkelche wie ne cari em ponum* ‚guck mal, der Junge/Mann, der hat eine Nase wie ein Penis im Gesicht' [JS]; *schabo, du hast et klöderche beseibelt* ‚Junge, du hast deine Unterhose beschissen' [JS]

tschabe Subst. Pl. [LüJ, MUJ, WJ]; **zschaabe** [LüJ]; **tschawi** [GM, RH]; **tschawis** [GM]
– Kinder [GM, LüJ, MUJ, WJ]; Jungen, Söhne [RH]; Mädchen [WJ] ♦ **V:** *Tschaile natsch mr ins tschiibe un mengæ æ tschabe* ‚Mädchen, gehen wir ins Bett und machen ein Kind' [WJ]

tschabole Subst. n. [LüJ]
– kleines Kind (Koseform) [LüJ]

galotschabo Subst. m. [GM]
– Neger [GM] ♦ **E:** roi. *kalo* ‚schwarz' (WolfWZ 1281). → *koll*.

hitschetschabo Subst. m. [GM]
– Träger [GM] ♦ **E:** mdal. *hitschen* ‚tragen'.

tschach Subst. m. [GM]
– Laib (Brot) [GM] ♦ **E:** unsicher; evtl. zu rw./jd. *schachern* ‚handeln' WolfWR 4775 oder rw. *schachteln* ‚essen' WolfWR 4776.

tschädere swV. [BM]
– reklamieren [BM] ♦ **E:** evtl. zu schweizdt. *schättere* ‚scheppern'.

tschäffen ‚haben, sein, machen' u. a. s. → *schäffen*.

tschäfterling Subst. m. [LJ]
– Spinner [LJ]; Depp [LJ]; Idiot [LJ] ♦ **E:** unsicher; evtl. zu dt. *Schäfter* ‚Schaftmacher' DWB XIV 2051.

tschai[1] Subst. f. [BJ, CL, JSW, LüJ, PH, MoJ, SJ, SchJ, TJ, TK, WJ]
tschaai [JSa]; **dschai** [LüJ, OJ]; **zschai** [LüJ]; **tschaij** [GM]; **tschei** [JS, MM, MUJ, SJ]; **tscheij** [JSW]; **tschoj** [UG]; **tschigi** [UG]; **schai** [JSa, LJ]; **schaai** [JSa]; **schei** [JS, JSW, LüJ, MB, MM, MUJ]; **scheie** [MB]; **chai** [MB];

scheyf Subst. f. [SPI]; **schyife** [WH]; **scheifen** Subst. n. [SS, WH]
– Frau [BJ, GM, JS, JSW, LJ, LüJ, MB, MoJ, OJ, SJ, SchJ, TJ]; Weib [LüJ]; verheiratete Frau, Ehefrau [LüJ, MB]; junge Ehefrau [WJ]; junge Frau [MB]; Mädchen [BJ, GM, JS, JSW, LJ, LüJ, MM, MoJ, MUJ, OJ, PH, SJ, SPI, TJ, UG, WH, WJ]; junges Mädchen [JSa]; Mädl [LüJ]; jenisches Mädchen [TK]; Mädchen (bäuerlich) [TK]; Fräulein [GM, LüJ, SJ]; Tochter [BJ, GM, OJ, SS, WH]; Dame beim Kartenspiel [GM]; weibl. Person [CL]; Freundin [LüJ, MUJ, WJ]; Geld für Mädchen [SJ]
♦ **E:** rw. *tschai, schai* ‚Mädchen, Tochter' (WolfWR 4780) < roi. *tšai* ‚Mädchen, Tochter' (WolfWZ 3418, BoIg 55, Klepsch 529). ♦ **V:** *grannige tschei* ‚große Frau' [JS]; *mebische tschei* ‚kleine Frau' [JS]; *dufte tschai* ‚hübsches, attraktives Mädchen' [LüJ]; *g'wante tschai* ‚schönes Mädchen' [LüJ]; *schuckere tschai* ‚süßes, schönes Mädchen' [LüJ];
dik die tschai ‚sieh mal die Frau da' [LüJ]; *tschor die tschai* ‚nimm die Frau (sexuell)' [LüJ]; *dik, da is a gwant tschai* ‚guck mal, das hübsche Mädchen da' [LüJ]; *mir dächlet die tschai* ‚mir gefällt die Frau' [LüJ]; *tschai, nasche mer enne wald zum tschomeren* ‚Mädchen, gehen wir in den Wald zum Knutschen' [LüJ]; *dik doch die tschai, was die für e klufte hat* ‚sieh mal die Frau, was die für ein Kleid trägt' [LüJ]; *roin die schuckere schei!* ‚Schau, was für ein schönes Mädchen!' [MM]; *roin mda, wat die schei 'n muckeres mui hat!* ‚sieh mal wie schön das Gesicht des Mädchens ist' [MM]; *die tschai isch nobes gwand, wo her-les hauret* ‚die Frau, die das versteht, ist nicht gut' [LJ]; *æ gwande tschai; æ tschuggære tschai* ‚ein hübsches Mädchen' [WJ]; *Tschai guff mr a paar jare ei* ‚Mädchen, hau' mir ein paar Eier (in die Pfanne) rein' [WJ]; *Tschaile* Dim. *natsch mr ins tschiibe un mengæ æ tschabe* ‚Mädchen, gehen wir ins Bett und machen ein Kind' [WJ]; *der schejer von die schei* ‚der Freund von dem Mädchen' [MB]; *macker von die schei* ‚Freund von dem Mädchen' [MB]; *bist du der sejes von die schei? laß mich mit die fut mal schermeln* ‚bist du der Kerl von der Frau? Laß mich mal mit der Frau tanzen' [MB]; *die schei läßt sich für lau chaumeln, da brauchst du kein lobi* ‚mit der Frau kann man umsonst schlafen, da brauchst du kein Geld für' [MB]; *os tschei hät dollart galstere* ‚unsere Frau hat vier Kinder' [JS]; *die ollmische von os tschei schäfte em lackbeies* ‚die Mutter von meiner Frau ist im Krankenhaus' [JS]; *tschei ich han bottlack* ‚Frau, ich habe Hunger' [JS]; *tschei schupp mi ens beies schuck us de schlegk* ‚Frau, gib mir mal zwei Mark aus der Tasche'

[JS]; *de tschei nascht up de tolong* ‚die Frau geht auf den Strich' [JS]; *lekiechen is en schaufel Dinges, wann me kein Pais un keine Maschummen un ok keine Schyife hiät* ‚Heiraten ist ein schlimm Ding, wenn man kein Haus und kein Geld und auch kein Mädchen hat' [WH]; *Liebe tschai, komme morgen in das große gab, habe große bauser* ‚Liebe Frau, ich muß morgen nach Rußland, habe große Angst' [WJ], aus dem Abschiedsbrief eines nach Rußland eingezogenen Händlers im 2. Weltkrieg an seine Frau in Wildenstein.

tscheichen Subst. n. Dim. [MM]; **schaichen** [JSa]; **schaischi** [JSa]; **scheichen** [MB]; **scheichien** [MB]; **tscheiche** [JS]
– Mädchen [JS, JSa, MB, MM]; kleines Mädchen [MM]

tschaile Subst. n. Dim. [LüJ]
– Fräulein [LüJ]

granatentschai Subst. f. [LüJ]
– sehr gut aussehende Frau [LüJ]

mordstschai Subst. f. [LüJ]
– sehr gut aussehende Frau [LüJ]

mulotschaij Subst. f. [GM]
– Totenfrau [GM].

tschai² Subst. m. [RR]
– Tee [RR] ♦ **E:** slav./russ. *tschaj* ‚Tee', aus dem Türkischen entlehnt; Abel, Slawismen, 59.

tschacko [RH]
schacho Subst. m. [MM]
– Polizist [MM]; Gendarm [RH] ♦ **E:** *tschako* ‚steife militärische Kopfbedeckung', zu ung. *csákó* id.; „nach Wolf von zig. *dschagedo* Kriminalbeamter (eigentl. ‚der Verdeckte'), schon vor 1830 belegt, als die Gendarmen noch keine Tschakos trugen" (Arnold 1961, 119).

schackam Subst. f. [MM]
– Polizei [MM].

tschalmæ Subst. n. [WJ]
– Kleinkind [WJ] ♦ **E:** unsicher; evtl. zu dt. *Schalm* ‚Ton' (Schreihals) DWB XIV 2097; schwer zu rw./roi. *schabo* ‚Kind' WolfWR 4771.

tschalo Adj. [GM]
– satt [GM] ♦ **E:** roi. *tschalo* ‚satt' (WolfWZ 3424).

tschamje Subst. f. [GM]
– Wange [GM]; Backe [GM] ♦ **E:** rw. *tschamm* ‚Gesicht, Wange' (WolfWR 5935) < roi. *tšam* ‚Wange, Backe, Gesicht' (WolfWZ 3426).

tschamm Subst. n. [GM]
– Leder [GM] ♦ **E:** rw. *tschamm* ‚Leder' (WolfWR 5288) < roi. *tšam* ‚Leder' (WolfWZ 3425).

tschammaskero Adj. [GM]
– gefräßig [GM] ♦ **E:** roi. *chamaskero* ‚gefräßig' (WolfWZ 3428).

tschämmen swV. [GM]
– essen [GM]; kauen [GM] ♦ **E:** roi. *čamâva* ‚kauen, essen' (WolfWZ 3428).

tschan swV. [LJ]
– gucken [LJ]; sehen [LJ]; schauen [LJ] ♦ **E:** zu roi. *džan-* ‚wissen'.

tschangelo Adj. [LüJ]
dzschangelo [LüJ]
– munter [LüJ]; wach [LüJ]; wachsam [LüJ]; aufregend [LüJ] ♦ **E:** rom. *džungado* ‚wach, munter, aufgeweckt' (WolfWZ 613; Boretzky/Igla 85).
tschangele Subst. n. [LüJ]; **zschangele** [LüJ]
– Kind [LüJ]; Zigeunerkind [LüJ]; Mädchen, Mädle [LüJ]; junges Mädchen [LüJ] ♦ **E:** roi. *džungado* ‚wach, munter, aufgeweckt' (WolfWZ 613; Boretzky/Igla 85). ♦ **V:** *des bescht a quants tschangele* ‚das ist ein schönes Mädchen' [LüJ].

tschänzle swV. [BM]
– sich liebkosen [BM]; schmusen [BM] ♦ **E:** schweizdt. *schänzele* ‚schäkern, den Hof machen' (SchweizId. VIII 986).

tschapka Subst. f. [EF]
– Mütze [EF] ♦ **E:** dt. *Tschapka* ‚militärische Kopfbedeckung', Slawismus, vgl. poln. *czapka* ‚Mütze', Abel, Slawismen, 59f.

tschär Subst. in:
tschärfinniche Subst. f. [SK]
– Stuhl [SK] ♦ **E:** engl. *chair* ‚Stuhl' und *finniche* ‚Gegenstand' (WolfWR 1410).

tschärällen swV. [GM]
– lecken [GM] ♦ **E:** roi. *tšar-* ‚lecken' (WolfWZ 3439).
tschärällo Subst. m. [GM]
– Blähung [GM]; Bauchwind [GM]; Furz [GM] ♦ **E:** evtl. roi. *ril* ‚Furz' (WolfWZ 2746).

tschärb¹ Subst. [EF]
tscherp [EF]
– Messer [EF] ♦ **E:** zu dt. *Schaber* „zum schaben dienendes werkzeug" DWB XIV 1951, rw. *schaber* ‚Barbier' WolfWR 4768.

tschärb² Adj. [EF]
tschârb [EF]; **tscherb** [EF]; **tscherp** [EF]; **tschorb** [EF]; **tscharb** [EF]
– fein [EF]; schön [EF]; fesch [EF] ♦ **E:** evtl. zu mhd./jd. *scharf* ‚geistvoll' Wolf, Fatzersprache, 137; womgl. Einfluss von rw. *schaber* ‚Barbier' WolfWR 4768. ♦ **V:** *tschärbs fitz* ‚feiner Herr' [EF]
tscharberteege Subst. f. [EF]
– fremde Dame [EF].

tschari Subst. m. [TJ]
– Verrückter [TJ] ♦ **E:** unsicher; evtl. zu mdal. *tschär* ‚schwach', *Tschäri* SchweizId. XIV 1787 ‚dumme Frauensperson', schwer met. zu roi. *tschaar* ‚Gras' Siewert/Boretzky, WB „Zigeunersprache" 15 (Faks.), vgl. Wendung *Stroh im Kopf haben*.
tscharat Adj. [TJ]
– dumm [TJ]; verrückt [TJ].

tschärklo Subst. m. [GM]
– Vogel [GM] ♦ **E:** roi. *tschirklo* ‚Vogel' (WolfWZ 3498).

tschärln swV. [EF]
– kleine Notdurft verrichten [EF] ♦ **E:** unsicher; evtl. zu dt. *scheren* u. a. ‚theilen, abtheilen, scheiden' DWB XIV 2576.

tscharmusl Subst. f. [LJ]
– Geschlechtsteil der Frau [LJ] ♦ **E:** evtl. zu roi. *tšaro* ‚Schüssel, Napf, Schale' (WolfWZ 3440).
tscharmuslwolle Subst. f. [LJ]
– Schamhaar [LJ]; Wolle [LJ].

tscharo Subst. m. [GM, WJ]
– Schüssel [GM, WJ]; Schale [GM] ♦ **E:** rw. *tscharo* ‚Schüssel' (WolfWR 5939) < roi. *tšaro* ‚Schüssel, Napf, Schale' (WolfWZ 3440).
tschugglotscharo Subst. m. [WJ]
– Hundeschüssel [WJ]; Teller für ungebetene Gäste bei Zigeunern [WJ] ♦ **E:** roi. *džuklo* ‚Hund' (WolfWZ 573).

tschatscho Adj. [GM]
– wahr [GM]; echt [GM]; richtig [GM]; (ge)recht [GM]; schön [GM] ♦ **E:** roi. *tšatšo* ‚wahr, echt, gerecht, richtig' (WolfWZ 3445).
tschatschepin Subst. m. [GM]
– Gerechtigkeit [GM]; Wahrheit [GM] ♦ **E:** roi. *tšatšepen* ‚Wahrheit, Recht' (WolfWZ 3445).
tschatschepaskero Subst. m. [GM]
– Richter [GM] ♦ **E:** roi. *tschatschopaskero* ‚Richter' (WolfWZ 3445).

tschatschepaskerokär Subst. f. [GM]
– Gericht(sgebäude) [GM].

tschätt Subst. m. [GM]
– Öl [GM] ♦ **E:** roi. *džet* ‚Öl' (WolfWZ 615).

tschaupe swV. [BM]
– treten [BM]; Fahrrad fahren [BM] ♦ **E:** wohl zu schweizdt. *tschaupen* ‚raufen, verprügeln' (SchweizId. XIV 1762).

tschebäng Subst. f. [BM]
tschebere Subst. [BM]
– Schanze [BM] ♦ **E:** evtl. zu schweizdt. *Tschabäng* ‚Gebiet, Heimat' < frz. *champagne* (SchweizId. XIV 1760).

tschechere Subst. f. [LJ]
– Herberge [LJ]; schlechte Herberge [LJ] ♦ **E:** rw. *czecherl* ‚niedrige Kneipe, Spelunke' zu dt. *zechen* ‚trinken' WolfWR 920.

tschecken, checken swV. in:
sich mit der Stimme durchtschecken ‚viel reden' [WG] ♦ **E:** ugs. *checken*, aus engl. *to check*.

tschefda swV. [LJ]
tschäfda [LJ]
– spinnen [LJ] ♦ **E:** unsicher; evtl. zu → *schäffen, scheften* u. a. ‚machen, tun, arbeiten' (WolfWR 4841).

tscheilatscho Subst. m. [SJ]
tschiladscho [SJ]
♦ **E:** wohl zu roi. *chairo* ‚Heller, Pfennig' und roi. *latscho* ‚gut'.
– Geld [SJ]

tschem ‚neunzig' s. → *tischem*.

tschent Subst. m. [BM]
– Rappen [BM] ♦ **E:** mdal./schweizdt. für *Cent*.

tscherbes Subst. m. [LüJ]
– Lump [LüJ]; Landstreicher [LüJ]; Bettler [LüJ] ♦ **E:** unsicher; unter Voraussetzung semantischer Antonymie (vgl. Siewert, Grundlagen, 367) zu → *tscharb*; schwerer zu *tschärb* ‚Messer'; nach Efing (Lützenhardter Jenisch, 216) evtl. zu rw. *scherbes* ‚Kartoffeln' (WolfWR 4873), mit Blick auf andere Bezeichnungen für die ‚Kartoffel', etwa → *schundbolla* ‚Kartoffel', zu *schund* ‚Dreck'.

tscherdlen swV. [SJ]
tscherdlad [SJ]
– arbeiten [SJ] ♦ **E:** unsicher; evtl. zu obdt. mdal. *Scher* ‚Maulwurf' DWB XIV 2559; eher nicht zu rw. *scherbler* ‚Töpfer, Hafner' WolfWR 4874. ♦ **V:** *Des send doch gwande schure, se tscherdlen da ganza schei, drom laßed se doch oin schwächa, da lowe hendse doch* ‚Das sind doch gute Kerle, sie arbeiten den ganzen Tag, darum laßt sie doch einen trinken, denn Geld haben sie doch' [SJ]

tscherdle Subst. f. [SJ]
– Arbeit [SJ].

tschergl Subst. m. [SJ]
– Mann (abwertend) [SJ] ♦ **E:** rw. *scherge* ‚Stadtknecht' WolfWR 4877 zu dt. *Scherge* ‚Gerichtsdiener' DWB XIV 2584 ff.

tschernei Subst. m./f. [SK]
schernei [SK]; **schornei** [SK]
– Kaffee [SK] ♦ **E:** tschech. *černá* ‚schwarzer (Kaffee)', Abel, Slawismen, 60.

scherneifinniche Subst. f. [SK]; **tscherneifinniche** [SK]
– Kaffeetasse [SK].

tscheross Subst. m. [GM]
– Himmel [GM] ♦ **E:** roi. *tscheross* ‚Himmel' (WolfWZ 3462).

tschesslo Subst. n. [WJ]
– Sofa [WJ] ♦ **E:** aus frz. *chaiselongue* ‚Sofa'.

tschewá Interj. oder Subst. [GM]
– nur in der Wendung: *tschewá, de gaardsch roijnd!* ‚Paß auf, der Kerl guckt!' [GM] ♦ **E:** unsicher; evtl. Interjektion, vgl. → *tschichowa*; womgl. zu rw./roi. *tschawo* ‚Junge' WolfWR 4771.

tschi Part., Adj., Adv. [JS, LJ, LoJ, LüJ, MB, ME, MM, MoJ, PH, SJ, SPI, TJ, TK, UG, WJ]
tschie [CL, JS, LJ, LL, LüJ, MUJ]; **tschih** [LüJ]; **dschi** [LüJ]; **tschü** [GM, WJ]; **schie** [LüJ, MB, SPI]; **schi** [LüJ, MB, MM]; **chi** [ME, SPI]; **ci** [ME]
– nein [CL, GM, JS, LJ, LL, LoJ, LüJ, MB, ME, MM, MoJ, MUJ, TJ, UG, WJ]; nichts [CL, JS, LJ, LL, LüJ, MB, ME, PH, TK]; nicht [CL, GM, JS, LJ, LL, SPI, WJ]; nicht in Ordnung [SPI]; kein [GM, JS, LüJ, MB, ME, WJ]; niemals [ME]; auf keinen Fall [ME]; ja [SJ]; gut [MM]; ruhig [MM]; leise [LJ] ♦ **E:** rw. *tschi* ‚nicht, nichts' (WolfWR 5942) < roi. *či, tschi* ‚nicht, nichts' (WolfWZ 3471). ♦ **V:** *penn tschi(h)* ‚sage nichts' [LüJ]; *gar tschi* ‚gar nicht' [LüJ]; *tschi pucke* ‚nicht reden' [LüJ]; *tschi*

raggere ‚nicht (weiter)reden' [LüJ]; *tschi bigere, es ist jaucher,* ‚nicht kaufen, es ist zu teuer' [LüJ]; *mog, tschi penne, hinterkünftig nascht er* ‚paß auf, nichts sagen, er kommt von hinten' [LüJ]; *tschi laulone* ‚nichts da' [MM]; *tschi oser* ‚nichts da' [MM]; *laumalocher, schi achiler* ‚er ist ein schlechter Arbeiter, aber ein guter Esser' [MM]; *tschi doof* ‚nicht gut' [LJ]; *tschi vergrönt* ‚nicht verheiratet' [LJ]; tschi oltrisch ‚jung' [LJ]; *fiesel boscht aus dieser schwöche, denn der plamp ist tschi doof* ‚Freund(e), gehen wir aus dieser Wirtschaft, denn das Bier ist nicht gut' [LJ]; *Er gneißt tschie.* [LL]; *Er gnei(s/ß)t tschie* [CL]; *tschi lobi* ‚kein Geld' [ME]; *tschi meder!* [ME]; *tschi meder hab ich ihn gekurt!* [ME]; *schi lobi* ‚kein Geld' [MB]; *schie lobie in der jopp* ‚kein Geld in der Jacke' [MB]; *schi lobi inne batiste* ‚kein Geld in der Brieftasche', ‚kein Geld in der Tasche' [MB]; *heiste lobi? pen schie* ‚Hast du Geld? Gar keins' [MB]; *bick dich schie was von dem bajuffen* ‚kauf nichts von dem Bauern' [MB]; *de schmarges wor tschie dofft gebosselt* ‚der Kaffee war nicht gut gemacht' [JS]; *wenn ich von de viehl tschie lowie bestieb nasche wer manke* ‚wenn ich vom Amt kein Geld bekomme, gehen wir betteln' [JS]; *ming schursch es all so ollmisch datt mar die jenches tschie mi zälle kann* ‚mein Wagen ist schon so alt, dass man die Jahre nicht mehr zählen kann' [JS]; *unger hei tagg wurd tschie geschotzt, verkinnigt* ‚unter 50 Pfennig wurde nicht gefahren, verkauft' [JS]; *nicht tschi!* ‚nicht sagen!' [TK]; *tschi butsche, die ulme hont* ‚nichts sagen, die Leute hören zu' [LüJ]; *tschi boste* ‚stehenbleiben; nicht rennen' [LüJ]; *oh schofel, oh schofel, i muß mi latsche, gwante modle und tschi fackle* ‚oh weh, oh weh, ich muß mich schämen, ich habe schöne Mädchen, aber sie können nicht schreiben' [LüJ]; *meg, der gatsch dikt noch zu, pflanz tschi, warte, bis er nascht* ‚paß auf, der Kerl schaut noch zu, mach nichts, warte, bis er geht' [LüJ]; *das modele het gsicheret, das hest könne tschi kahle* ‚die Frau hat gekocht, das konnte man nicht essen' [LüJ]; *tschi boggelo, tschi, da kahl i nix* ‚kein Hunger, nein, da esse ich nichts' [LüJ]; *hrlom bescht tschih quant!* ‚Das ist nicht gut!' [LüJ]; *penn ja tschi von de getschorte gachle* ‚sag' ja nichts von dem geklauten Huhn' [LüJ]; *i weiß tschi, soll i mei wordom vergitsche?* ‚ich weiß nicht, ob ich meinen Wagen verkaufen soll' [LüJ]

tschiegwand Adj., Adv. [LJ]
– schlecht [LJ]

tschichowa Interj. [JS]
– nichts sagen! [JS]; nichts tun! [JS]; halts Maul! [JS].

tschib Subst. f. [GM]
– Zunge [GM] ♦ **E:** rw. *tschipp* ‚Zunge', ‚Sprache' (WolfWR 5944) < roi. *tschib* ‚Zunge', ‚Sprache' (WolfWZ 3472).

tschick[1] Subst. m. [WG]
– Zigarette [WG] ♦ **E:** wienerisch *Tschick* ‚Zigarettenstummel, Zigarette' < ital. *cicca*. ♦ **V:** *tschick knotzen, tschick arretieren* ‚Zigarettenstummel aufheben' [WG].

tschick[2] Subst. f. [GM]
– Dreck [GM]; Schmutz [GM] ♦ **E:** roi. *tšik* ‚Schmutz, Dreck, Kot', *tšikelo, tšiklew* ‚schmutzig, unsauber' (WolfWZ 3480).

tschickli Adj. [GM]; **schicklie** [JSW]
– schmutzig [GM]; dreckig [GM, JSW]; unsauber [GM]

tschicken swV. [GM]
– sich beschmutzen [GM]; beschmieren [GM].

tschie ‚nein, nicht' s. → *tschi*.

tschiebe Subst. n. [MUJ]
tschiibe [WJ]; **tschibin** [GM]; **tschipen** [LüJ]; **tschipn** [WJ]; **tschippe** [WJ]; **schibin** [JS, PH]
– Bett [GM, JS, LüJ, MUJ, PH, WJ]; Lager [LüJ] ♦ **E:** rw. *schrieben* ‚Bett' (WolfWR 5157) < roi. *čiben, tschiben* ‚Bett, Lager' (WolfWZ 3473). ♦ **V:** *Tschaile natsch mr ins tschiibe un mengæ æ tschabe* ‚Mädchen, gehen wir ins Bett und machen ein Kind' [WJ]

tschipennen swV. [LüJ]
– ins Bett gehen ♦ **E:** evtl. beeinflußt von rw. → *pennen*[1] ‚schlafen'.

tschigg Subst. m. [BM]
– der Fangschlag beim *tschiggle* [BM] ♦ **E:** schweizdt. *Tschigg* ‚Fangschlag der Kinder' (SchweizId. XIV 1712).

tschiggle Subst. n. [BM]
– Fangen (Kinderspiel) [BM].

tschikängi Subst. m. [WL]
– ein bestimmter Tanz [WL]; Tanz überhaupt [WL] ♦ **E:** zu roi./katalan. *Gitana* ‚Zigeunertanz, Zigeunerin', Tockert, Weimerskircher Jenisch, 43.

tschim Subst. m. [CL]
– Affe [CL] ♦ **E:** wohl engl. RN *Jim*.

tschindi Subst. f. [GM]
– Stall [GM] ♦ **E:** roi. *chindi* ‚Stall' (WolfWZ 1661).

tschineun swV. [LoJ]
– arbeiten [LoJ] ♦ **E:** unsicher; evtl. Variante von rw. → *schinageln* ‚arbeiten' WolfWR 4920.

tschingern swV. [GM, MoJ]
tschingen [GM]; **schingern** [MB]
– schelten [GM]; schimpfen, beschimpfen [GM, MoJ]; streiten [GM]; zanken [GM]; lügen [MB] ♦ **E:** roi. *tšiŋer-* ‚zürnen, zanken, schelten, streiten' (WolfWZ 3492).
tschingebin Subst. m. [GM]
– Beschimpfung [GM]; Zank [GM]; Streit [GM] ♦ **E:** roi. *tschingerpen* ‚Zank, Streit, Schelte, Kampf' (WolfWZ 3492).
tschingebinnen swV. [GM]
– streiten [GM]; schimpfen [GM]
tschingerpaskero Adj. [GM]
– zänkisch [GM]; streitsüchtig [GM] ♦ **E:** roi. *tschingerpáskĕro* ‚zänkisch, streitsüchtig, zornig' (WolfWZ 3492).
tschinn Subst. f. [GM]
– Tinte [GM] ♦ **E:** roi. *tschin* ‚Tinte' (WolfWZ 3489).
tschinnen swV. [GM]; **tschinn** [MB]
– schreiben [GM, MB]; schneiden [GM]; lesen [MB] ♦ **E:** roi. *tšin* ‚schneiden, schreiben' (WolfWZ 3486). ♦ **V:** *ich kann mich schi tschinn* ‚ich kann nicht schreiben' [MB]
tschindo Adj. [GM]
– geschrieben [GM]; geschnitten [GM] ♦ **E:** roi. *tschindo* ‚geschrieben, geschnitten, beschnitten' (WolfWZ 3486).
tschinnepin Subst. m. [GM]
– Schrift [GM]; Schnitt [GM] ♦ **E:** roi. *tschinnepen* ‚Schnitt, Wunde, Schrift' (WolfWZ 3486).
tschinnebaskero Subst. m. [GM]
– Schreiber [GM]; Advokat [GM]; Staatsanwalt [GM] ♦ **E:** roi. *tschinnepaskero* ‚Schreiber, Advokat' (WolfWZ 3486).
tschinnli Adj. [GM]
– kalt [GM]; kühl [GM]; frostig [GM] ♦ **E:** aus roi. *shillino* ‚kalt' (WolfWZ 3108), dazu rw. *tschiel* ‚kalt' (WolfWR 5343).
tschipkis Subst. m. [EF]
tschipkes [EF]
– Lumpenhändler, „Spitzenhändler" [EF] ♦ **E:** roi. *tšépo* ‚Spitze, spitz' Wolf, Fatzersprache, 137; vgl. WolfWZ 3457.
tschirklo Subst. m. [LüJ]
zschirglo [LüJ]
– Vogel [LüJ] ♦ **E:** roi. *čirikli* ‚Vogel' (WolfWZ 3498; Boretzky/Igla 51).

romanotschirklo Subst. m. [LüJ]
– Bachstelze [LüJ] ♦ **E:** roi. *romano tschirkulo* ‚Bachstelze' (WolfWZ 2778).
tschirunggeli Subst. Dim. Pl. [JeS]
tschirunggali [JeS]; **tschiruncali** [JeS]
– Kirschen [JeS] ♦ **E:** zu rätorom. *tscharescha, tschirescha* ‚Kirsche' oder über roi. *tschirjáscha* zu rum. *cireaşâ* ‚Kirsche' (lat. *cerasum*) SchweizId. XIV 1789.
tschischken Subst. Pl. [EF]
tschischkn Subst. Pl. [EF]
– Stiefel [EF] ♦ **E:** roi. *cisme* ‚Schuhe, Stiefel' WolfWZ 3499.
tschitschu-tschutschi Interj. [SK]
– zum Wohl! [SK] ♦ **E:** roi. *tschutschi* ‚weibl. Brust'.
tschiwen swV. [GM]
– setzen [GM]; stellen [GM]; legen [GM] ♦ **E:** roi. *tšiw* ‚legen, setzen, stellen, werfen, schmeißen' (WolfWZ 3506).
tschob Subst. m. [MUJ, UG]
– Hafer [UG]; Haar [MUJ] ♦ **E:** zu dt./mdal. *Schaub* ‚Garbe, Strohbund, Bündel, Büschel' DWB XIV 2294 ff.; evtl. Einfluss von → *tschop*.
tschoche Subst. f. [GM]
zocher [JS, PH]
– Jacke [GM]; Rock [GM]; Rock der Frau [JS]; Kleid der Frau [PH] ♦ **E:** rw. *tschocha* ‚Weiberrock' (WolfWR 5946) < roi. *tsocha* ‚(Frauen-) Rock, Kleid' (WolfWZ 3416).
barotschoche Subst. f. [GM]
– Mantel [GM].
tschore Subst. m. [GM]
– Rock (für Männer und Frauen) [GM]
unterschore Subst. m. [GM]
– Unterrock [GM].
tschocherl Subst. n. [WG]
– kleines Gasthaus [WG] ♦ **E:** wienerisch *Tschocherl* ‚Kneipe'.
tscholent Subst. m./n. [Scho]
scholet [Scho]
– (fette) Sabbatspeise [Scho] ♦ **E:** jd. *tscholent, tscholnt* ‚Sabbatgericht aus Fleisch, Kartoffeln und Gemüse'.
tscholi Adj. [GM]
– arm [GM]; traurig [GM]; häßlich [GM]; dreckig [GM] ♦ **E:** roi. *čoro, tschorĕlo* ‚arm, elend, dürftig, erbärmlich' (WolfWZ 3520).

tscholingerkär Subst. m. [GM]
– Sozialamt [GM].

tschollijackern swV. [SK]
– sich ärgern [SK] ♦ **E:** roi. *cholin jakero* ‚ärgerlich'.

tschongela Subst. n. [EF]
tschunkelein [EF]; **tschunkala** [EF]
– Schmalz [EF]; Schwein [EF] ♦ **E:** wohl zu slav./tsch. *čun* ‚Schwein' Wolf, Fatzersprache, 138; evtl. Einfluss von mdal. *Schunken* ‚Schinken'.

tschunkeleinwall Subst. n. [EF]; **tschongelawall** [EF]
– Schweinefleisch [EF].

tschooger ‚Kaffee' s. → *schokle*.

tschop Subst. m./f. [GM, JS, PH]
so Subst. [JSW]
– Hafer [GM, JS, JSW, PH] ♦ **E:** rw. *dzov* ‚Hafer' aus roi. *tschob* ‚Hafer' (WolfWZ 617); evtl. Einfluss von → *tschob*.

tschor[1] Subst. m. [GM, JeS, LJ]
tschoor [JeS]; **tschorr** [LüJ, SJ]; **tschorer** Subst. m. [GM, TJ]; **tschorrer** [LüJ]; **tschora** [LüJ]; **tschoræ** [WJ]; **schora** [RH]; **schorer** [MM]
– Dieb [GM, JeS, LJ, LüJ, MM, SJ, TJ, WJ]; Spitzbube [RH]; Räuber [GM]; Gauner [LüJ]; Betrüger [LüJ]; Händler [LüJ]; guter Freund [LüJ]; abfällige Bezeichnung für die nach Zigeunerart lebenden Nichtzigeuner [GM] ♦ **E:** rw. *tschorr* ‚Dieb', *tschoren, schoren* ‚stehlen, rauben' (WolfWR 5947a, Klepsch 530) < roi. *tšor* ‚Dieb, Räuber' (WolfWZ 3516); etymologisch zusammengehörig mit → *schore, sore, schurlen*.

tschoren swV. [LJ, LüJ, MUJ, SJ, TJ, TK, UG]; **tschore** [JS, JeS]; **tschōre** [PH]; **tschoor** [JeS]; **tschooren** [JSa]; **tschorn** [KJ, MoJ]; **schornen** [LüJ]; **tschoræ** [WJ]; **tschuern** [GM, WJ]; **tschurn** [LoJ]; **schoren** [CL, JS, MB, ME, MM, Mat]; **schoore** [CL, JS]; **schore** [CL]; **schuren** [JSa, JSW, Scho]; **schurn** [JS]; **schure** [JSW]; **schureben** [JSW]
– stehlen [GM, JS, JSW, JeS, KJ, LJ, LoJ, LüJ, MB, ME, MM, MUJ, Mat, PH, TJ, TK, UG, WJ]; klauen [CL, JS, JSa, LüJ, MB, ME, MM, MoJ]; bestehlen [JS, SJ]; nehmen [CL, LüJ, MM]; wegnehmen [MM]; schnappen [LüJ]; packen [MUJ]; beißen [MUJ]; arbeiten [Scho]
♦ **V:** *das wukapre ist geschort* ‚das Auto ist gestohlen' [MB]; *er hat ihne das lobi geschort* ‚er hat ihm das Geld gestohlen' [MB]; *beim hacho matrelis schoren* ‚beim Bauern Kartoffeln klauen' [MB]; *de raglo hat mei schuck geschort* ‚der Arbeiter hat hundert Mark gestohlen' [JS]; *wer hat den gatsch geschort?* ‚Wer hat den Bauer bestohlen?' [JS]; *die matschka läßt oser das schoren* ‚die Katze läßt das Mausen nicht' [MM]; *die hachos hatten hame muffe, daß ihnen was geschort wurde* ‚die Bauern hatte große Angst, bestohlen zu werden' [MM]; *die ham zwar geschort, aber kein' mulo gemacht* ‚die haben zwar gestohlen, aber nicht gemordet' [MM]; *die alsche erzog ihre kotens zum schoren* ‚die Frau erzog ihre Kinder zum Stehlen' [MM]; *die schlör erzog ihre kotens zum schoren* ‚das Weib erzog ihre Kinder zum stehlen' [MM]; *dem ham se die balachesen geschort* ‚ihm wurde Geld gestohlen' [MM]; *die ham sogar 'n challach die knete geschort* ‚sie stahlen sogar einem Geistlichen das Fahrrad' [MM]; *wir ham äppel geschort, wir hatten ja nix zu achilen* ‚wir haben Äpfel gestohlen, weil wir nichts zu essen hatten' [MM]; *er nutzt jede Gelegenheit um zu schoren, sei es jarikes oder kachelins oder ne macke pose vom schassor* ‚er nutzt jede Gelegenheit um zu stehlen, seien es Eier oder Hühner oder ein Stück Schweinefleisch' [MM]; *wenn der kneis, wo wir den zossen schoren wollen, aber einen grellen keilow hat?* ‚wenn der Bauer, wo wir das Pferd stehlen wollen, aber einen scharfen Hund hat?' [MM]; *wenn mer in d' Ölhäuser unser gleiß gholt hend, ham mer dort naus de pommerling gtschort* ‚wenn wir in den Ölhäusern unsere Milch geholt haben, haben wir dort draußen die Äpfel gestohlen' [LJ]; *mamere hat e gachne getschort im ruochekehr* ‚Mama hat im Haus der Bauern eine Henne gestohlen' [LüJ]; *tschor die tschai* ‚nimm die Frau (sexuell)' [LüJ]; *penn ja tschi von de getschorte gachle* ‚sag' ja nichts von dem geklauten Huhn' [LüJ]

schores Subst. m. [MeJ, NJ, RH]; **schooes** [StJ]
– Verdienst [NJ, RH, StJ]; Gewinn [NJ, StJ]; Profit [MeJ] ♦ **V:** *ein dofter schores* ‚ein gutes Geschäft' [NJ]; *häse schoores jemaat* [StJ]

tschorello Subst. m. [GM]
– Dieb [GM]

tschoritza Subst. f. [GM]
– Diebin [GM] ♦ **E:** roi.*čóritsa* ‚Diebin' (WolfWZ 3517).

schorerei Subst. f. [MM]
– Klauerei [MM]

maschores Subst. Pl. [JSa]
– gestohlene Sachen [JSa] ♦ **E:** Umbildung zu *schoren* ‚stehlen' unter Anlehnung an → *maschores*.

ausgeschort Adj. [MM]
– clever [MM]; schlau [MM]; erfahren [MM]; verstorben [MM]; reich geworden [MM]

geschoren Adj. [MM]
– gestohlen [MM]

weggeschort Adj. [MM]
– plötzlich gestorben [MM]
abschoren swV. [MM]
– alles stehlen [MM]
bschoren swV. [SJ]
– bestehlen [SJ]
verschoren swV. [MM]
– billig verkaufen [MM]
wegschoren swV. [MM]
– stehlen [MM]; vor der Nase wegschnappen [MM]; wegnehmen [MM]
wiederschoren swV. [MM]
– zum Ersatz stehlen [MM]
äppelschoren swV., Phras. [MM]
– Äpfel klauen, stehlen [MM]
tschori machen swV. [KJ]
– stehlen [KJ]
pattenschorer Subst. m. [MM]
– Taschendieb [MM]
tschorebaskero Subst. m. [GM]
– Dieb [GM]
tschornbink Subst. m. [KJ]
– Dieb [KJ]
schorbruder Subst. m. [MM]
– Dieb [MM]; Spitzbube [MM]; „einer, der klaut" [MM]
schorkitt Subst. f. [LüJ]
– Spelunke [LüJ]; Wirtshaus, wo sich Ganoven treffen [LüJ]
schorenkünstler Subst. m. [MM]
– Schnorrer [MM] ♦ **V:** *schorenkünstler machen* ‚beim Pfarrer betteln gehen' [MM]
tschorepin Subst. m. [GM]
– Diebstahl [GM]; Raub [GM] ♦ **E:** rw. *tschòrepenn* ‚Diebstahl' (WolfWR 5947a) < roi. *tschorepenn* ‚Diebstahl, Dieberei' (WolfWZ 3517).

tschor² Subst. m. [GM, MUJ]
– Bart [GM, MUJ] ♦ **E:** roi. *tšor* ‚Bart, Barthaar' (WolfWZ 3516).

tschore ‚Rock' (für Männer und Frauen) → *tschoche*.

tschowachen swV. [GM]
– hexen [GM]; behexen [GM]; zaubern [GM] ♦ **E:** roi. *tšowax-* ‚hexen, behexen, zaubern' (WolfWZ 3521).
tschowachanepin Subst. m. [GM]
– Hexerei [GM]; Zauberei [GM] ♦ **E:** roi. *tšowaxānepen* ‚Hexerei, Behexung, Zauberei' (WolfWZ 3521).

tschowachani Subst. f. [GM]
– Hexe [GM]; Zauberin [GM] ♦ **E:** rw. *tschobachani* ‚Hexe' (WolfWR 5945) < roi. *tschowachani* ‚Hexe, Zauberin' (WolfWZ 3521).

tschü ‚nein, nicht' s. → *tschi*.

tschuba Adj., Adv. [MB]
tschubar [MB]
– richtig [MB]; wahr [MB] [MB] ♦ **E:** wohl zu rw. *schuwe* ‚Antwort, Nachricht' zu jd. *teschuwo* ‚Antwort' WolfWR 5216. ♦ **V:** *ei tschuba* ‚Ist das wahr?'.

tschubæ Subst. [WJ]
tschubi [MoJ]; **jubli** [JSa]; **jubbelchen** Dim. [JSa]; **juwwelscher** [JSa
– Laus [JSa]; Läuse [JSa, MoJ, WJ] ♦ **E:** roi. *dšuw* ‚Laus' (WolfWZ 575); Besse, Saarland, 79; vgl. → *tschumpus*.

tschubæræ swV. [WJ]
schubere [WJ]; **tschuepere** [JeS]; **tschuberen** [LüJ]; **tschuberle** swV. [LüJ]
– spuken [LüJ, WJ]; geistern [JeS, LüJ]; gespenstern [JeS]; umhergeistern [LüJ]; zaubern [JeS]; hexen [JeS]; wahrsagen [JeS]; Angst verbreiten [LüJ] ♦ **E:** rw. *schuberle* ‚Gespenst' zu jd. *schuw* ‚zurückgekehrt (aus dem Jenseits)', hebr. *laschúw* ‚umkehren', *schuw* ‚wieder' WolfWR 5171, SchweizId. XIV 1785. → *schuberle, schuwal, zuberle*.

tschueper Subst. m. [JeS]; **schueber** [JeS]; **tschüepper** [JeS]; **tschüeper** [JeS]; **tschupere** [JeS]; **tschubærle** Subst. n. Dim. [WJ]; **tschuberle** [LüJ]; **schuberle** [LüJ]; **tschuberla** [LüJ]
– Gespenst [JeS, LüJ, WJ]; Geist, Geisterwesen [LüJ]; Spuk [LüJ]; Gnom [LüJ]; Teufel [JeS]; Schlange [JeS]; hässliche, dürre Frau (Hexe) [LüJ] ♦ **V:** *lins, de tschueper tschaant!* ‚schau, der Teufel kommt!' [JeS]; *e tschueper hät mi gniglet* ‚eine Schlange hat mich gebissen' [JeS]

schuberlespflanzer Subst. m. [LüJ]
– Geistererlöser [LüJ]; Geistermacher [LüJ]; Spukmacher [LüJ] ♦ **E:** WolfWR 5171 (*schuberlenspflanzer*); SchwäbWb. V, 1157 (*Schuberleinspflanzer*).

tschueperei Subst. f. [JeS]
– Teufel [JeS]; Wahrsagerin [JeS] ♦ **V:** *das isch e tschueperei, wo dee schmuust* ‚das ist Blödsinn/eine Behauptung, was der sagt' [JeS].

tschubar Subst. m. [MB]
tschuba [MB]; **tschuwa** [GM]
– Kerl [GM]; Mann [GM]; Fremder [MB]; Auswärtiger [MB]; Bruder [MB] ♦ **E:** wohl maskuline Analogiebil-

dung zu roi. *dšúwli* ‚Frau, Weibsbild, Frauenzimmer, Weib, Dirne' (WolfWZ 576), evtl. Einfluss von roi. *tschawo* ‚Kerl, Mann'; vgl. Siewert, Grundlagen: 274. ♦ **V:** *ei tschuba!* ‚Hallo Fremder!' [MB]; *ei tschuba, was ahmt?* ‚Fremder, was liegt an?' Kann als Wiedergruß verwendet werden. Man wird von der anderen Straßenseite angerufen „*ei, chalo!*", man kann antworten mit „*ei, tschuba!*" [MB].

tschubel Subst. f. [LJ]
– Frau [LJ]; Tochter [LJ] ♦ **E:** wohl zu roi. *dšúwli* ‚Frau, Weibsbild, Frauenzimmer, Weib, Dirne' (WolfWZ 576), womgl. Einfluss von jd. *chuppa* ‚Brautbett, Trauungsbaldachin' (WolfWR 5168). ♦ **V:** *oder e häflele gleiß, nit emal des hast bestiebt von dera tschubel* ‚oder ein Töpfchen Milch, nicht einmal das hast du von der Frau bekommen' [LJ]; *hoffentlich steckt mir dera tschubel a bätz oder en staub* ‚hoffentlich gibt mir die Frau ein Ei oder etwas Mehl' [LJ]; *der tschubel, der kennt i jetzt grad guffe in der gial na* ‚der Frau könnt ich jetzt glatt eins aufs Maul geben' [LJ]; *die tschubel hat grandig kinum* ‚die Frau hat viele Läuse' [LJ]; *tschubel, laß mich durme bei dir, ich batronall dafür* ‚Mädchen, laß mich bei dir schlafen, ich bete dafür' [LJ].

tschuck ‚Mark (Geldstück)' s. → *schuck*.

tschuckel Subst. m. [LJ, MoJ, MUJ, WJ]
tschuggel [JeS, LüJ, MUJ]; **tschuggles** [JeS]; **tschuggl** [WJ]; **tschukel** [LüJ]; **tschunggel** [JeS]; **tschunggl** [TJ]; **tschuklo** [GM, LüJ, WJ]; **tschuglo** [UG]; **tschoggel** [JeS]; **zschugl** [LüJ]; **zuckel** [SK]
– Hund [GM, LJ, LüJ, MoJ, MUJ, SK, TJ, UG, WJ] ♦ **E:** rw. *schuckel* ‚Hund' < roi. *dšuklo* ‚Hund' (WolfWR 5174, WolfWZ 573); *tschuklo* ‚Wald' (GM) wohl irrig, vgl. Lerch, Gießener Manisch,176, 208, vgl. auch → *wesch* ‚Wald'. → *juchelo*.

tschugele Subst. n. Dim. [LüJ]
– Hundle [LüJ]

tschuggelbusi Subst. n. [JeS]
– Hundefleisch [JeS] ♦ **V:** *freier, tschaan, mir butted es kwants tschuggelbusi* ‚Kamerad, komm, wir essen ein gutes Stück Hundefleisch' [JeS]

zuckelkahse Subst. f. [SK]
– Hundehütte [SK]

zuckelkate Subst. f. [SK]
– Hundehütte [SK]

tschuckelmass Subst. n. [LJ]; **tschugglmaß** Subst. n. [WJ]; **tschuggelmaß** [LüJ]
– Hundefett [LJ]; Hundefleisch [WJ]

tschugglotscharo Subst. [WJ]
– Hundeschüssel [WJ]; „Teller für ungebetene Gäste bei Zigeunern" [WJ] ♦ **E:** → *tscharo* ‚Schüssel'.

tschuggelstacherlig Subst. m. [JeS]
– Hunde-Igel [JeS].

tschucker ‚schön' s. → *schucker*.

tschueple Subst. n. [BM]
– ein Kinderspiel [BM] ♦ **E:** schweizdt. *tschueplen* ‚Verstecken spielen' (SchweizId. XIV 1785).

tschuern ‚stehlen' s. → *tschor*.

tschuggær ‚hübsch, gut' → *schucker*².

tschugge Subst. f. [BM]
– (Holz-)Schuhe [BM] ♦ **E:** schweizdt. *Tschugge* ‚Holzbodenschuh' SchweizId. VIII 433.

tschuhani Subst. [MUJ]
– Kripo [MUJ] ♦ **E:** roi. *tšoxāno* ‚Kriminalbeamter' (WolfWZ 3517).

tschuklo ‚Hund' → *tschuckel*.

tschulatschi [SK]
– grober Mensch [SK]; Schimpfwort [SK] ♦ **E:** roi. *tschuladschi* ‚Besen'.

tschumm Subst. m. [GM]
– Kuss [GM] ♦ **E:** rw. *tshummoben* ‚Kuß' (WolfWR 5951) < roi. *čum* ‚Kuß' (WolfWZ 3530).

tschomerer Subst. m. [LüJ]
– Kuss [LüJ]

tschummen swV. [GM]
– küssen [GM] ♦ **E:** roi. *tšumew-* ‚küssen, Küsse geben' (WolfWZ 3530).

tschomeren swV. [LüJ]
– küssen [LüJ]; knutschen [LüJ] ♦ **V:** *tschai, nasche mer enne wald zum tschomeren* ‚Mädchen, gehen wir in den Wald zum Knutschen' [LüJ]

vertschomera swV. [LüJ]
– küssen [LüJ].

tschumpus Subst. n. [TJ, WG]
tschumpes [TK]; **schumpus** [TJ]
– Gefängnis [TJ, TK, WG]; Zelle [WG] ♦ **E:** wohl zu roi. *dschuw* ‚Laus', vgl. → *tschubæ*, schwer zu roi. *tšor* ‚Dieb'; *bajes* ‚Haus'.

tschumikitt Subst. n. [JeS]; **tschunikitt** [JeS]
– Armenhaus [JeS]; Gefängnis [JeS] ♦ **E:** schweizdt. *Tschumikitt* ‚Gefängnis' (SchweizId. XIV 1735), jen. *Kitt* ‚Hütte'; vgl. dagegen rw. *Laushütte* ‚Gefängnis',

volksetymologisch zu *Laus*, aus jd. *lau* ‚nichts, ohne' (WolfWR 3156).

tschumikittler Subst. m. [JeS]
– Armenhäusler (auch als Schimpfname) [JeS] ♦ **V:** *tschaan, du tschumikittler!* ‚geh, du Armenhäusler!' [JeS].

tschunden ‚Notdurft verrichten' s. → *schund*.

tschunger Subst. m. [GM]
– Spucke, Speichel [GM] ♦ **E:** roi. *tschunger* ‚Speichel, Spucke, Auswurf' (WolfWZ 3532).

tschungern swV. [GM]
– spucken [GM] ♦ **E:** roi. *tšuner* ‚speien, spucken' (WolfWZ 3532).

tschunggl ‚Hund' s. → *tschuckel*.

tschuppli Subst. n. [BM]
– kleine Tanne [BM] ♦ **E:** schweizdt. *Tschübel* ‚Büschel, Baumkrone, niedriger Baum' (SchweizId. XIV 1689).

tschuri Subst. m. [GM, LüJ, MoJ]
tschure [LüJ]; **schuuri** [JSa]; **schüri** [PH]; **schuri** [JS, TK]; **schure** [LüJ]; **zschuure** [LüJ]; **schori** [MB, MM]; **schorie** [MB]; **schorri** [MB]
– Messer [GM, JSa, LüJ, MB, MM, MoJ]; langes Messer [JS, PH]; Säbel [TK] ♦ **E:** rw. *tschuri* ‚Messer' (WolfWR 5949) < roi. *čhuri, tschuri* ‚Messer' (WolfWZ 3537, BoIg: 60).

schurele Subst. n. Dim. [LüJ]
– (kleines) Messer, Taschenmesser [LüJ]

tschurinengero Subst. m. [GM]
– Messerschmied [GM].

tschurn ‚stehlen' s. → *tschor*.

tschurre Subst. [JeS]
tschurra [JeS, TK]
– Kartoffel(n) [JeS, TK] ♦ **E:** wohl zu roi. *tschoró, tschororó* ‚arm, elend, bedürftig', Benennungsmotiv: Armeleute-Essen, Kartoffeln anfänglich weder bei Bauern noch bei Fahrenden sehr beliebt (SchweizId. XIV 1790).

tschutschen swV. [GM]
– saugen [GM]; säugen [GM] ♦ **E:** rw. *tschutsi* ‚weibliche Brust, Zitze' (WolfWR 5950) < roi. *tschutschi* ‚Zitze, Euter, Brust'; *tchutchìdea* ‚säugen, nähren, stillen' (WolfWZ 3542).

tschutschi Subst. f. [GM]; **tschutsche** [LüJ, MUJ]
tschutschies Subst. f., Pl. [ME]; **schutschies** [MB]
– Brust [GM, LüJ]; Frauenbrust [LüJ]; „die herrlichste Sache der Welt" [LüJ]; Busen [LüJ, MUJ]; Euter [GM]; Zitze [GM]; Brüste [ME]; Titten [MB, ME] ♦ **V:** die *tschutsche waschgen* ‚die Brüste antatschen' [LüJ]; *dik a moal, benges, spann was da raus, da dikschst älles, quante tschutsche* ‚schau mal da drüben, Junge, (bei der Frau) da sieht man alles, tolle Brüste' [LüJ]

dutschele Subst. n. Dim. [LüJ]
– Frauenbrust [LüJ]

dutta Subst. f. [LüJ]
– weibliche Brust [LüJ]

tschutscheguffer Subst. m. [LüJ]
– Herzinfarkt [LüJ]; Herzschlag [LüJ]

tschutscheheber Subst. m. [LüJ]
– Büstenhalter [LüJ]

tschutscheschure Subst. m. [LüJ]
– Büstenhalter [LüJ].

tschuw Subst. f. [GM]
– Laus [GM] ♦ **E:** roi. *tšuw* ‚Laus' (WolfWZ 575).

tschuwel Subst. f. [GM]
– (Ehe-)Frau [GM]; Dame [GM] ♦ **E:** roi. *šúwli* ‚Frau, Weibsbild, Frauenzimmer, Weib, Dirne' (WolfWZ 576).

tsebedäies ‚verspielter Erwachsener' → *zebedäus*.

tseentert Subst. m. [SP]
– Fünfzigpfennigstück [SP] ♦ **E:** unsicher; evtl. zu dt. *zehn*, zehnter Teil eines 5-Mark-Stücks.

tselt ‚Kuchen' → *zelt*.

tsinken ‚Nase' → *zinken*.

tsiro Subst. [GM]
– Zeit [GM]; Wetter [GM] ♦ **E:** roi. *tsiro* ‚Zeit, Wetter' (WolfWZ 589).

tslat Subst. n. [BB]
– Salz [BB] ♦ **E:** Inversion zu *Salz*. ♦ **V:** *En de Bos es de lif Tslat näert* ‚in der Suppe ist zu viel Salz drin' [BB].

tsnaf Subst. f. [BB]
– Wanze [BB] ♦ **E:** Inversion zu mdal. *Wanz* ‚Wanze'.

tsnat Subst. m. [BB]
– Tanz [BB] ♦ **E:** Inversion zu *Tanz*.

tsnate swV. [BB]
– tanzen [BB]

tsnaterei Subst. f. [BB]
– Tanzerei [BB]
tsnatkisum Subst. f. [BB]
– Tanzmusik [BB] ♦ **E:** Inversion zu *Musik*.

tsnierke swV. [BB]
– grinsen, sehen [BB] ♦ **E:** Inversion zu *er grinst*. ♦ **V:** *Dä Läerk snierkt* ‚Der Kerl grinst' [BB].

tsochem Subst. m. [KM]
tsocheme [KM]
– Laden [KM] ♦ **E:** wohl zu rw. → *soker, socher* ‚Handelsmann, Krämer' aus jd. *socher* ‚Handelsmann, Kaufmann' WolfWR 4775.

tsochese Subst. Pl. [KM]
– Dampfkartoffeln [KM] ♦ **E:** unsicher; womgl. zu rhein. *schökern* ‚den Schuhabsatz schief treten' RheinWb. VII 1704. Benennungsmotiv: Stampfen von Dampfkartoffeln.

tsof¹ Subst. m. [BB]
tsöf [BB]
– Fuß [BB] ♦ **E:** Inversion zu mdal. *Foß* ‚Fuß'.
tsoflap Subst. m. [BB]; **tsuflap** [BB]
– Fußball [BB].

tsof² Subst. m. [BB]
– Furz [BB] ♦ **E:** Inversion zu mdal. *Forz* ‚Furz'.

tsoke swV. [BB]
– kosten [BB] ♦ **E:** Inversion zu *kosten*.

tsoomes Subst. [KM]
tsoomese Pl. [KM]
– Busen [KM] ♦ **E:** evtl. zu rw. *zomen* ‚Beine' aus jd. *zömes* ‚Knochen, Beine' We 110. Verfremdungstyp: ein Lexem eines Wortfeldes (hier: Körperteile) für ein anderes.

tsop Subst. f. [BB]
– Hose [BB] ♦ **E:** Inversion zu mdal. *Bots* ‚Buchse, Hose'. [BB].

tsope swV. [BB]
– putzen [BB]; schneuzen [BB]; reinigen [BB]; schmücken [BB] ♦ **E:** Inversion zu mdal. *botze* ‚putzen'.

tsuerk Adj. [BB]
– kurz [BB] ♦ **E:** Inversion zu *kurz*.

tubak Adj. [BB]
– kaputt [BB] ♦ **E:** Inversion zu mdal. *kabutt* ‚kaputt'.
♦ **V:** *E hät-e Rep tubak* ‚Rippe gebrochen' [BB].

tuben ‚rauchen' → *tebern*.

tübliger Subst. m. [BM]
– aus Fasskufen gemachte Skier [BM] ♦ **E:** zu schweizdt. *Düwe, Tüwe* ‚Fassdaube' (SchweizId. XIII 2240).

tuck¹ Subst. m. [MM]
duk [BJ, SPI]; **dug** [LJ]; **duug** [OJ]; **türgg** [BM]
– Streich [BJ, BM, LJ, OJ]; Schabernack [LJ]; Bosheit [SPI]; Unternehmen [BM] ♦ **E:** dt. *Tuck, Duck* ‚Tücke, Streich' „anschlag, angriff in feindlicher absicht" DWB XXII 1516 ff.; schwäb. *Tuck* ‚böser, mutwilliger Streich' SchwäbWb. II 440. ♦ **V:** *en dug stecka* ‚einen Streich spielen' [LJ]; *einen tuck auf jemanden haben* ‚jemanden auf dem Kieker haben' [MM]; *er muckerte, daß die schikse einen tuck auf ihn hatte* ‚er merkte, daß das Mädchen ein Auge auf ihn geworfen hatte' [MM]

dug Adj. [LJ]
– boshaft [LJ]
tucken swV. [MM]
– schlagen [MM]; anstoßen [MM]; stoßen [MM].
tuck² Subst. m. nur in:
lauer tuck ‚laue Kugel' [MB] ♦ **E:** dt. *tuck* ‚Stoß, Schlag, heftige Bewegung' DWB XXII 1516.

tück Subst. m. [MM]
tück [HF, HeF]
– Jackentasche [MM]; Westentasche [MM]; Nase [HF, HeF] ♦ **E:** westf. *Tück* ‚Tasche'; RheinWb. VIII 1430 *Tück* ‚scherzh. Nase'. ♦ **V:** *brell ens, Knöllen, wat den Thuren en Tück het!* ‚Sieh einmal, welche Nase das Frauenzimmer hat!' [HeF].

tucke Subst. f. [MM]
– Weib [MM]; Frau [MM]; Mädchen [MM]; Mädl [MM]
♦ **E:** ugs. *Tucke* abwertend ‚Frau' Kü 853. ♦ **V:** *die femen von den tucken lassen* ‚die Hände von den Weibern lassen' [MM]
tuckenschar Subst. f. [MM]
– Weiberschar [MM].

tuckern swV. [JS]
– arbeiten [JS] ♦ **E:** dt. *tuckern* ‚ein pochendes Geräusch hervorbringen' DWB XXII 1531. ♦ **V:** *de tuckert die moss, aber janz alleene* ‚dort arbeitet die Frau, aber ganz allein' [JS].

tucki-tucki Interj., Phras. [SK]
– danke! [SK] ♦ **E:** roi. *(parkerawa) tuke* ‚(ich danke) dir'.

tuer¹ Adj. [BB]
– rot [BB] ♦ **E:** Inversion zu mdal. *ruut, ruet* ‚rot'.

tuer² Adv. [BB]
– raus [BB] ♦ **E:** Inversion zu mdal. *ruut* ‚(her)aus'.

tuerp Subst. n. [BB]
turbe [BM]
– Brot [BB, BM] ♦ **E:** Inversion zu mdal. *bruet* ‚Brot'.

tuffeln Subst. Pl. [SG]
– Holzschuhe [SG] ♦ **E:** nd. *tuffelmaker* ‚Pantoffelmacher', auch ‚Holzschuhmacher' DWB XXII 1549.

tuha mackern swV., Phras. [SK]
– Geschlechtsverkehr haben [SK] ♦ **E:** roi. *tuha* ‚mit dir' und dt. *machen*.

tule Adj. [GM]
– fett [GM] ♦ **E:** rw. *tullo* ‚dick' (WolfWR 5778) < roi. *thulo* ‚dick, fett, feist' (WolfWZ 3558).
tullepenn Subst. m./n. [MM]; **tulepin** [GM]
– Fett [GM, MM] ♦ **E:** roi. *thulepen* ‚Fett, Schmalz' (WolfWZ 3558).

tulijus Subst. [KM]
tulijuse [KM]
– Nase [KM] ♦ **E:** unsicher; evtl. zu dt. *Tüll(spitze)* ‚in Zacken auslaufende Borte' DWB XXII 1701; oder zu lat. *tullius* ‚bogenförmig hervorspritzende Flüssigkeit'.

tulpe Subst. m. [LüJ]
– Dummkopf [LüJ]; Narr [LüJ]; Idiot [LüJ]; Depp [LüJ]; Verrückter [LüJ]; Esel [LüJ]; schwerfällige, dumme Person [LüJ] ♦ **E:** Nebenform zu dt. *Tölpel, Tulpel* ‚Klotz, grober Mensch', süddt. *Tolpe(n)* (Klu. 1999: 827).

tulpe Adj. [LüJ]
– nicht normal, geistig nicht beieinander [LüJ]

dulubahna Subst. Pl. [OJ]
– Tulpen [OJ] ♦ **E:** dt. (ant.) *Tulipan* ‚Tulpe' DWB XXII 1692.

tume Subst. f. [Scho]
– Kirche [Scho] ♦ **E:** rw. *tuma* ‚Kirche' aus dt. *Dom*, mhd. *tuom* WolfWR 5956.

tummelen swV. [SK]
– handgreiflich werden [SK]
tummele Adj., Adv. [SK]
– handgreiflich ♦ **E:** zu dt. *tummeln* ‚forttreiben, fortdrängen' DWB II 1516 ff.

tunken nur in:
lappentuncker Subst. m. [StG]
– Zeugfärber [StG] ♦ **E:** rw. *lappentunker* ‚Zeugfärber' WolfWR 3114.

tunze swV. [BM]
– geben [BM]; schlagen [BM]; reichen [BM] ♦ **E:** schweizdt. *tunze(n)* ‚schlagen', SchweizId. XIII 910.

tupfen swV. [LoJ, SJ, TJ]
dupfen [BJ, Gmü, Him, LüJ, TK, Wo]; **tupfe** [JeS]; **dupfe** [JeS]; **dupfa** [LJ, OJ]; **dupfæ** [WJ]; **dumpfen** [LüJ]
– stechen [BJ, Gmü, Him, JeS, LJ, LoJ, LüJ, OJ, SJ, TJ, TK, WJ, Wo]; metzgen [JeS]; schlachten [JeS]; beschlafen [SJ] ♦ **E:** rw. *dupfen, tupfen* ‚stechen', zu dt. *stupfen, stumpfen* ‚stechen, stecken, stoßen' (WolfWR 5961). ♦ **V:** *Dr benk hot da kaffer mit am härtling dupfd, das dr rötling gschepfd ischd* ‚Der Mann hat den Bauer mit dem Messer gestochen, daß das Blut gelaufen ist' [SJ]
ausdupfen swV. [SJ]
– Auge ausstechen [SJ]
verdupfen swV. [LüJ]
– erstechen, tot stechen [LüJ]; verstechen [LüJ]; einmachen [LüJ]; stechen, mit dem Messer stechen [LüJ]
tupfer Subst. m. [JeS, TJ]; **dupfer** [JeS]; **dupfer** [SJ]
– Stecher [SJ]; Messerstecher [JeS]; Messerheld [JeS]; Metzger [JeS]; Messer [TJ]; Stich [JeS] ♦ **V:** *öppertem e tupfer verteele* ‚jmd. einen Stich versetzen' [JeS]
hirtlingtupfer Subst. m. [LoJ]
– Messerstecher [LoJ].

turen Subst. f. [HeF, HF]
thuren [HF, HeF]; **thürschen** Subst. n. Dim. [HF, HeF]; **türsch** [HF]
– Frau [HF, HeF]; Frauenzimmer [HeF]; Mädchen [HF, HeF] ♦ **E:** unsicher; rhein. *Turgrete* „gefallsüchtiges Frauenzimmer" RheinWb. VIII 1483, RheinWb. VIII 1490 *Turres*, pl. *Turesen* ‚wildes, ausgelassenes Mädchen'; evtl. zu dt. *Turtel* met. ‚Frau' DWB XXII 1904f. Vgl. → **türken**. ♦ **V:** *türsch limen* ‚ein Mädchen freien' [HeF]; *Den Thuren plart* ‚Sie trinkt'. [HeF]; *Die Thürsch plaren* ‚Sie trinken' [HeF]; *Huckt zinotesen Thuren hitschen?* ‚Ist deine Frau hier?' [HeF]; *den thuren het palmen teck* ‚Die Frau hat rote Haare' [HeF]; *den thuren plart knökert* ‚Die Frau trinkt Kaffee' [HeF]; *Den thuren michelt* ‚Das Frauenzimmer lacht' [HeF]; *minotes huckt beremen; den thuren huckt in de gronzenbölt* ‚Ich bin verheiratet; die Frau ist im Kindbett' [HeF]; *brell ens, Knöllen, wat den Thuren en Tück het!* ‚Sieh einmal, was für eine Nase das Frauen-

zimmer hat!' [HeF]; *Schüt den Thuren parz Gecken. Minotes het gene locken Droth* ‚Gib der Frau zwei Groschen, ich habe keine Münze' [HeF]
fösthuren Subst. f. [HeF]
– Spinnerin [HeF]
knökelsturen Subst. f. [HF]; **knökelsthuren** [HeF]
– Magd [HF, HeF]
limturen Subst. f. [HF]; **limthuren** [HeF]; **limtürken** Subst. n., Dim. [HF]
– Liebchen, Liebste [HF, HeF]; Geliebte [HF] ♦ **V:** *krabbel minotes ene Fesel an mine Limthuren; dot holt Zinotes knäbbig.* ‚Schreibe mir einen Brief an meine Geliebte; das kannst du sehr gut' [HeF]
nettesenthuren Subst. f. [HeF]
– Mutter [HeF]
pickthuren Subst. f. [HeF]
– Näherin [HeF]
pröttelsturen Subst. f. [HF]; **pröttelturen** Subst. f. [HF]; **pröttelthuren** [HeF]
– Köchin [HF]
schucktürken Subst. n. [HF]
– Ladenmädchen [HF]; Verkäuferin [HF]
sipsturen Subst. f. [HF, HeF]
– Amme [HF, HeF]
wuschthuren Subst. f. [HeF]
– Hure [HeF] ♦ **E:** → *wuschen*.

turken swV. [GM]
– wahrsagen [GM] ♦ **E:** rw. *durkern* ‚wahrsagen' (WolfWR 1124) < roi. *durkew-* ‚wahrsagen, Zukünftiges voraussagen, prophezeien' (WolfWZ 603).
turkepaskeri Subst. f. [GM]
– Wahrsagerin [GM] ♦ **E:** roi. *durkepáskeri* ‚Wahrsagerin' (WolfWZ 603).

türken Subst. n. [HF]
– Mädchen [HF] ♦ **E:** RheinWb.VIII 1484: ‚wildes, ausgelassenes Mädchen'; evtl. nd. Dim. zu → *turen*. ♦ **V:** *hitschen in de tent hucken trombs henese thürkes* ‚In diesem Hause sind drei hübsche Mädchen' [HeF]; *huckt dot thürken schmerfig?* ‚Ist das Mädchen mündig?' [HeF]; *pröttelt dot thürken böten?* ‚Kocht das Mädchen Eier?' [HeF]; *Flick ens, af dot Thürken möt Zinotes limen willt* ‚Frage einmal, ob das Mädchen mit dir freien will' [HeF]; *Het dot Thürken minotes gebrellt?* ‚Hat das Mädchen mich gesehen?' [HeF].

türklinkenputzer Subst. m. [HLD]
– Reisender, der nur vom Betteln lebt [HLD] ♦ **E:** rw. *türklinkenputzer* ‚Kunde, der kein Handwerk versteht und nur bettelt' WolfWR 5963.

türleshochzich Subst. f. [PfJ]
– Kindstaufe [PfJ] ♦ **E:** schwäb. *Hosentürleinshochzeit* ‚Taufe' SchwäbWb. III 1835.

türlingches Subst. Pl. [JS]
– Augen [JS] ♦ **E:** rw. *türling* ‚Auge', wohl zu dt. *Tür* ‚Eingang'.

turmen swV. [TJ, TK]
– schlafen [TJ, TK] ♦ **E:** zu frz. *dormir* ‚schlafen'.
turmhitz Subst. f. [TJ]
– Schlafzimmer [TJ]
turmschrenz Subst. f. [TJ]
– Herberge [TJ]
turmkanti Subst. f. [TJ]
– Herberge [TJ].

turmspitzenvergolder Subst. m. [HLD]
– Faulpelz [HLD] ♦ **E:** rw. *turmspitzenvergolder* ‚Arbeitsscheuer' WolfWR 5965.
turmtsch Subst. m. [BM]
– Turm [BM] ♦ **E:** dt. *Turm*.

turnere Subst. m. [BM]
– Turnhalle [BM] ♦ **E:** dt. *turnen* (Leibesübungen betreiben) DWB XXII 1875 f.
türntschle swV. [BM]
– turnen [BM]
türntschlere Subst. f. [BM]
– Turnhalle [BM].

turri Subst. [MUJ]
– Messer [MUJ] ♦ **E:** rw. *tschuri* ‚Messer' aus roi. *tsuri (n)* ‚Messer' WolfWR 5949. → *tschuri*.

türsch ‚Mädchen' → *turen*.

tusch Adj. [BB]
– gut [BB] ♦ **E:** Inversion zu mdal. *jut* ‚gut'.

tusse swV. [JeS]
– wildern [JeS] ♦ **E:** schweizdt. *tusse^n* ‚lauern, spähen, günstige Gelegenheit abwarten, schleichen', in der Jägerspr. ‚dem Wild auflauern'; zu mhd. *tiusen* ‚schleichen', WolfWR 6099, SchweizId. XIII 1816f.

tut Subst. m., f. [GM, JS, MM, PH]
tutt [MB, MM]
– Milch [GM, JS, MB, MM, PH] ♦ **E:** rw. *thut* ‚Milch' (WolfWR 5777) < roi. *thud* ‚Milch' (WolfWZ 3553).
babetuttchen Subst. n. Dim. [HL]
– Kind [HL]
tutengeri Subst. f. [GM]
– Milchfrau [GM] ♦ **E:** roi. *thudéngeri* ‚Milchfrau, Milchhändlerin' (WolfWZ 3553).

tütel Subst. [EF]
ein dietl Phras. [EF]
– 10 Pfennige [EF]
zwa dietla Phras. [EF]
– 20 Pfennige [EF] ♦ **E:** mnd. *doyt*, niederl. *deut* ‚geringwertige Münze'. DWB II 1037; vgl. Wendung *keinen Deut auf etwas geben*.

tuttere swV. [BM]
– vor Angst zittern [BM] ♦ **E:** schweizdt. *Totter* ‚Angst' SchweizId. XIII 2077.

tutzluk Subst. m. [SK]
– Salz [SK] ♦ **E:** russ. *tuzluk* ‚Salz', Abel, Slawismen, 60.

tuu Subst. m. [BB]
tüü [BB]
– Hut [BB] ♦ **E:** Inversion von *(H)ut*.

tuw Subst. m. [GM]
– Rauch [GM]; Qualm [GM] ♦ **E:** rw. *tchuv* ‚Rauch' (WolfWR 5779) < roi. *t'ūw* ‚Rauch, Qualm, Dampf' (WolfWZ 3571).

tuwen swV. [GM]
– rauchen [GM]; qualmen [GM] ♦ **E:** roi. *t'uwj-* ‚rauchen, dampfen, qualmen' (WolfWZ 3571).

tuweli Subst. f. [GM]; **duppli** [JSa]; **dupli** [JSa]
– Tabak [GM, JSa] ♦ **E:** roi. *t'úweli* ‚Rauchtabak' (WolfWR 5779).

tweifel Subst. f. [SK]
– Uhr [SK]; „Zwiebel" [SK] ♦ **V:** *wat is de tweifel?* ‚wie spät ist es?' ♦ **E:** rw. *zwiebel* ‚Uhr' (WolfWR 6428), zu hochdt. *Zwiebel*, nd. *tw-*. ♦ **V:** *wat is de tweifel?* ‚wie spät ist es?'

twiss Num. Kard. [SK]
– zwei [SK] ♦ **E:** zu hochdt. *zwei*.

twoblech Subst. m. [SK]
– 25 Pfennig [SK] ♦ **E:** rw. *blech* ‚Geld' WolfWR 535.

U

uas Subst. f. [BB]
ues [BB]
– Sau [BB] ♦ **E:** Inversion zu *Sau*.
ueseschölef Subst. n. [BB]
– Schweinefleisch [BB]
ueseschuap Subst. m. [BB]
– Schweinebauch [BB] ♦ **E:** Inversion zu *Saubauch*.

über- Präfix von Verben, Substantiven, Adjektiven in: → *überdrucker* bis → *übers jomm*, passim.

überdrucker Subst. m. [EF]
– Winterrock [EF] ♦ **E:** dt. *Druck*; Benennungsmotiv: „schwer zu tragen", Wolf, Fatzersprache, 138.

übergfoist Adj. [LJ]
– schön [LJ]; herrlich [LJ]; prächtig [LJ] ♦ **E:** Bildung zu dt. *fein*: *gefeinst, hier mit n- Schwund (Staubsches Gesetz), SchwäbWb. III 162 (*gefeinserlet, gefeint*) oder zu mdal./obdt. *gfoist*, dt. *gefallen* DWB IV 2108 ff. (*gefallen* II.) → *gfoist*.

überkindig Adv. [CL, PH]; **überkünftig** [GM, PH]; **überkümftig** [JeS]; **iwwerkennisch** [JSa]; **überkendig** [RH]
– gegenüber [CL, GM, JeS, PH]; (met.) schlecht [RH]; jmd., über den gesprochen wird, ohne dass er es merkt [JSa] ♦ **E:** rw. *überkenntlich* ‚hinüber' (WolfWR 3018); vgl. → *künftig*. ♦ **V:** *überkufftig schefft e Tillche* ‚gegenüber läuft ein Mädchen lang' [CL].

uebers jomm Phras. [Scho]
– Amerika [Scho] ♦ **E:** jd. *jom* ‚Meer' ♦ **V:** *er ist über's jom* ‚er ist nach Amerika gegangen' (We 67).

üerfkütsch Subst. n. [BB]
– Frühstück [BB] ♦ **E:** Inversion zu *Frühstück*.
üerfkütse swV. [BB]
– frühstücken [BB].

uerlep Adj. [BB]
– blau [BB] ♦ **E:** Inversion zu *blau*.

uerse Adj. [BB]
ruas [BB]
– sauer [BB] ♦ **E:** Inversion zu mdal. *suer* ‚sauer'.
ruaseseebak Subst. n. [BB]
– Sauerkraut [BB] ♦ **E:** Inversion zu mdal. *Sauerkappes*.

uff Subst. [EF]
– Horn [EF]; Waldhorn [EF] ♦ **E:** unsicher; evtl. nach dem Hornsignal Aufbruch zur Jagd *uff* ‚auf geht's!', vgl. Wolf, Fatzersprache, 138.

ühl nur in:
knäbbig, zinotes het den ühl geferft ‚Sehr gut, Sie haben die Wahrheit gesagt' [HeF] ♦ **E:** rw. *den ühl* ‚nichts' aus ndl. *uil*, Eule, Dummkopf' WolfWR 5983.

ühm Subst. m. [NJ]
– Greis [NJ] ♦ **E:** rhein. *Ühm, Ihm, Öhm* ‚Onkel, älterer Mann' (RheinWb. VI 359).

uhr Num. Kard. [HF, HeF]
– hundert [HF, HeF] ♦ **E:** WolfWR 6437; Schuppener 75: *uhr* evtl. bildlich für Rundzahl oder mdal. *uhr* ‚Ohr' bildlich für die Null.
krützkes uhr Num. Kard. [HF]
– tausend, eintausend [HF]
parz krützkes uhr Num. Kard. [HF]
– 2.000 [HF]
krützkrützkes uhr Num. Kard. [HF]
– 10.000 [HF] ♦ **V:** *uhr läpp* ‚hundert Kronentaler' [HeF]; *krütskes uhr knök* ‚tausend Reichstaler' [HeF]; *minotesen tent beut krütskes uhr plotten* ‚Mein Haus kostet tausend Thaler' [HeF]; *de uhr parz plotten* ‚Das Hundert zwei Thaler' [HeF]
holf uhr Num. Kard. [HF]
– fünfzig [HF]
holf uhr on krützkes Num. Kard. [HF]
– sechzig [HF]
parz uhr Num. Kard. [HF]
– zweihundert [HF].

uhres Subst. f. [KMa]
– Stunde [KMa] ♦ **E:** zu dt. *Uhr*.

uldrisch ‚alt' s. → *olem*.

ulef Subst. m. [BB]
– Floh [BB] ♦ **E:** Inversion zu mdal. *Fluu* ‚Floh'.

ulenspeegeln swV. [SK]
beulenspeegeln [SK]
– Schabernack treiben [SK] ♦ **E:** FN *Eulenspiegel*. Benennungsmotiv: wie Till Eulenspiegel (Schalk, 14. Jh.) handeln.

ulern swV. [MUJ]
ullern [JS, ME, PH]; **ulan** [JS]; **ulewen** swV. [GM]
– fahren [GM, JS, ME, MUJ, PH] ♦ **E:** roi. *ulew-* ‚fahren' (WolfWZ 3578). ♦ **V:** *Ich uller mit dem Bedo* ‚Ich fahre mit dem Fahrrad' [ME]
geulert Adj., Part. Perf. [MUJ]
– gefahren [MUJ] ♦ **E:** unsicher; evtl. zu dt. (ant.) *geulen* ‚betteln' DWB VI 4636.
ulobasko Subst. m. [MB]
– LKW [MB].

ulma, ulmen ‚Leute' s. → *olem*.

ulmer¹ Subst. m. [KP]
– Kreuzer [KP]; Pfennig [KP] ♦ **E:** ON *Ulm*, Prägestätte für Kreuzer.

ulmer² Subst. m. [Scho]
– großer Kopf [Scho] ♦ **E:** dt. *Ulmer* „geschnitzter Pfeifenkopf von besonders handlicher, beutelartiger Form, womit Staat gemacht wurde" DWB XXIII 758.

ultrisch ‚alt' s. → *olem*.

um- Präfix von Verben, Substantiven, Adjektiven in: → *umefiegge* bis → *umistehen*, passim.

umefiegge swV. [BM]
– herumschlendern [BM] ♦ **E:** schweizdt. *umefiegge^n* ‚herumtreiben' (SchweizId. I 716).

umeluurche swV. [BM]
– lungern [BM] ♦ **E:** schweizdt. *ummelūre^n* ‚herumlungern' (SchweizId. III 1377).

umholche ‚umfallen' → *holchen*.

umistehen swV. [WG]
– sterben [WG] ♦ **E:** dt. *stehen*, evtl. mdal. *herum* oder zu → *umme*.

umme nur in:
eine umme machen ‚bankrott sein, sterben' [HL] ♦ **E:** evtl. zu dt. (onomatopoetisch) *ummern* ‚ein dumpfes Geräusch machen' DWB XXIII 1023.

ummener Subst. m. [Scho]
– Handwerker [Scho] ♦ **E:** jd. *ummener* ‚Handwerker' Klepsch 1456.

un- Präfix von Verben, Substantiven, Adjektiven in: → *ungiewig* bis → *unseel*, passim.

ungiewig Adj. [LI]
– böse [LI] ♦ **E:** dt. *ungiebig* ‚nichts gebend, geizig', zu dt. *geben*.

universität Subst. f. [MB]
– Gefängnis [MB] ♦ **E:** ugs. Kü 865. Benennungsmotiv: Gefängnis als Ausbildungsstätte für das Gaunerhandwerk.

unkassimes Adj. [MT]
– unkeusch [MT] ♦ **E:** → *kassimes*.

unke Subst. f. [MB]
– Schnapsflasche [MB] ♦ **E:** rw. *unke* ‚Branntweinflasche', dt. mdal. *Gunke* ‚Flasche', jd. *oneg* ‚Wohlgeschmack, Lust' (WolfWR 5994).

unkifisch Adj. [KMa, OH]
– unpassend [KMa, OH]; unanständig [KMa, OH] ♦ **E:** rw. *kiebig* ‚tüchtig, schön' (WolfWR 2595, Hess-NassWb. IV 244).

unnerkennisch Adj., Adv. [JSa]
– jmd., über den gesprochen wird, ohne dass er es merkt [JSa] ♦ **E:** zu dt. *erkennen* DWB III 866 ff.

unquant Adj. [JSa]
ongewand [JSa]
– nicht gut, schlecht [JSa]; hässlich [JSa] ♦ **E:** → *quant*.

unschunt Subst. m. [TJ]
oan schunt [TK]
– Bürgermeister [TJ, TK] ♦ **E:** rw. *schunt* ‚Dreck, Kot' WolfWR; Präfix *un-* oder mdal. *oan* ‚ein'.

unseel Subst. m. [BJ]
– Jammerlappen [BJ] ♦ **E:** wohl zu dt. *Unselbst* „mensch ohne character und eigenart" DWB XXIV 1360 oder *unseel(haft)* ‚inanimatus' DWB XXIV 1358; vgl. ugs. *Unselchen* ‚kleiner Mensch, zu nichts in der Lage'.

unter- Präfix von Verben in: → *unterdampen* bis → *unterquaken*, passim.

unterbuchse Subst. f. [JeS]
– Unterhose [JeS] ♦ **E:** → *Buchse*.

unterdampen swV. [SS]
– unterschreiben [SS] ♦ **E:** mnd. *dampen* ‚ausfüllen' Woeste 50.

unterkolme Subst. m. [GM]
– Unterhose [GM] ♦ **E:** → *kolme*.

unterkünftig Adj., Adv. [GM, MoJ, PH, SK, Zi]; **unterkümftig** [JeS]; **unterkönig** [JeS]; **onderkönig** [JeS]; **unterkindig** [CL]
– unten [GM, JeS, MoJ, PH, SK, Zi]; unten herum [GM]; hier unten [JeS]; darunter [JeS]; herunter [JeS]; herwärts [JeS]; tief [CL]; jmd., über den gesprochen wird, ohne dass er es merkt [JSa] ♦ **E:** rw. *unterkünftig* ‚zu ebener Erde', *unterkenntlich* ‚hier unten, unten, unter' (WolfWR 3018). → *künftig*. ♦ **V:** *dr unterkümftig moornergaaschi* ‚der Teufel' [JeS]
unterkümftigfludirottel Subst. m. [JeS]
– Unterseeboot [JeS].

untermeier Subst. m. [MM]
– Unterhemd [MM] ♦ **E:** evtl. zu *meier-* in → *meierling*.

unterquaken swV. [SS]
– unterschreiben [SS] ♦ **E:** zu westf. *kwackelen* ‚schlecht schreiben' WWBA 928.

unterschore Subst. m. [GM]
– Unterrock [GM] ♦ **E:** → *tschore*.

unzeln swV. [SK]
– sich dumm stellen [SK] ♦ **E:** rw. *unzeln* ‚schwindeln, gaunern, lügen', Herleitung unsicher, womgl. zum FN *Unzelmann* (Berliner Komiker, 1753–1832) WolfWR 6005, 6012.
unzelmann Adv. [SK]
– dumm [SK] ♦ **V:** *unzelmann mackern* ‚sich dumm stellen' [SK].

uppin Präp. [SK]
– auf [SK] ♦ **E:** evtl. mdal. *up em* ‚auf dem'.

urameise Subst. f. [SJ]
– Ameise [SJ] ♦ **E:** schwäb. *(w)uremoes* ‚Ameise' (SchwäbWb. I 165).

urem Adj. [Scho]
– nackt [Scho]; bloß [Scho] ♦ **E:** jd. *urem* ‚nackt, bloß' Klepsch 1458.

urer Subst. m. [SK]
– Hund [SK] ♦ **E:** rw. *urm* ‚Hund' (WolfWR 6008), Herleitung unsicher, womgl. zu dt. *Urm* ‚Weichtier' DWB XXIV 2483.

urinprophet Subst. m. [SJ]
– Apotheker [SJ] ♦ **E:** seit 1920 ugs. Kü 869. ♦ **V:** *Fiesl i hauer pegerisch gang zom urinprophet odr zom rötlengsfetzer ond hol mr ebes abr net zom marodebenk der ischd link* ‚Junge, ich bin krank, geh zum Apotheker oder zum Bader und hol mir etwas, aber nicht zum Doktor, der ist falsch' [SJ].

uriper Subst. m. [SK]
– Überrock [SK] ♦ **E:** roi. *uripen* ‚Anzug' (WolfWZ 2765).

urlaub nur in: [WG]
auf urlaub sein ‚im Gefängnis eingesperrt sein' [WG] ♦ **E:** dt. *Urlaub* ‚arbeitsfreie Zeit zur Erholung', Soldatenspr. Kü 869.

urrech Interj. [Zi]
– guten Morgen! [Zi] ♦ **E:** rw. *urrech* ‚guten Morgen!' aus jd. *oreach* ‚Reisender, Gast' WolfWR 6009.

urwaldmaggi Subst. m., n. [MM]
– Mischgetränk (aus Brennspiritus und billigem Wermut) [MM] ♦ **E:** Produktname *Maggi* und dt. *Urwald*.

uschbes ‚Wirt', **usches** ‚Wirtschaft' → *hospes*.

usewäue swV. [BM]
– hinausschmeißen [BM] ♦ **E:** schweizdt. *uswäuelen* ‚spöttisch auslachen' (SchweizId. XV 32).

usewetze swV. refl. [BM]
– sich herausreden [BM] ♦ **E:** schweizdt. *usewetze* ‚jmd./sich aus einer unangenehmen Situation befreien' (SchweizId. XVI 2378).

usgränet Adj. [BM]
– ausgerechnet [BM] ♦ **E:** schweizdt. zu *ausrechnen*.

ushunze swV. [BM]
– verspotten [BM] ♦ **E:** schweizdt. *hunzen* ‚verhöhnen, schimpfen' (SchweizId. II 1478).

üsker Subst. m. [SS]
– Gastwirt [SS] ♦ **E:** rw. *hospes, usches* ‚Wirt, Wirtshaus' aus lat. *hospes* ‚Wirt' WolfWR 2240, Jütte, Schlausmen, 176.

üskers jück Subst. f., Phras. [SS]
– Gastwirtin [SS] ♦ **E:** westf. *Jüchte* ‚mannstolle Frau', Jütte, Schlausmen, 123.

usmänge swV. [BM]
– auslachen [BM] ♦ **E:** zu schweizdt. *mänggen* ‚verdrießlich reden'.

usmer ‚Uhr' → *osnik*.

u-sprache Subst. F., Sprachname [SG]
u-sprache two [SG]; **u-sprache twoi** [SG]
– Musikantensprache [SG].

usserkümftig ‚außen, draußen' → *auserkindig*.

ütern swV. [MB]
– schwimmen (langsam, unbeholfen) [MB]; schwimmen üben [MB]; mit den Armen rudern [MB] ♦ **E:** zu nd. *ütze* ‚Kröte, Frosch'; vgl. *ütsche* DWB XXIV 2616.
♦ **V:** *ich hab ihm eine geneit, und er war am ütern* ‚ich habe ihn geschlagen, und er hat mit den Armen gerudert' [MB]

ütern Subst. Pl. [MB]
– Schwimmübungen [MB].

utmicheln swV. [HF]; **utmichelen** [HF]
– auslachen [HF] ♦ **E:** nd. *ut*, hochdt. *aus*. → *michelen*.

uts Präp; Adv. [BB]
– zu [BB] ♦ **E:** Inversion von *zu*.

utsschaame swV. [BB]
– schließen [BB] ♦ **E:** Inversion *zumachen*.

utzba Subst. m. [FS]
– Gendarm [FS] ♦ **E:** transpositorische Codierung von mdal. *Butz* ‚Gendarm' (anlautende Konsonanten rücken an das Wort- oder Morphemende plus Anhängen von *a*); vgl. Siewert, Kedelkloppersprook.

ütze Subst. f. [MB]
– Kaulquappe [MB]; Frosch [MB]; kleiner Frosch [MB] ♦ **E:** westf. *ütse* ‚Kröte' (WestfWb. 1339).

uufsunne swV. [JeS]
– aufpassen [JeS] ♦ **E:** wohl zu schweizdt. *Gsüün* ‚Sehkraft, Angesicht', womgl. Einfluss von roi. *schunél* ‚er/sie hört, vernimmt', roi. *schunipé* ‚das Hören, Gehörsinn' (SchweizId. VII 1104).

uup Subst. [SP]
uupen [SP]
– Pfennig [SP] ♦ **E:** wohl zu rhein. *Uppes* ‚kleine Erhebung, Brustwarze' RheinWb. IX 72.

uuschittle swV. [JeS]
uskettle [JeS]; **auskitteln** [JeS]
– entkleiden [JeS] ♦ **E:** zu schweizdt. *Chittel* ‚Jacke, Kittel, Oberkleid' (SchweizId. III 568).

uuser Part. [Scho]
– glaubst du es? (zweifelnd) [Scho] ♦ **E:** jd. *user* ‚sicherlich' Klepsch 1459.

uusmänge swV. [JeS]
– ausnehmen [JeS]; ausweiden [JeS] ♦ **E:** unsicher; evtl. zu dt. *mengen* „gebraucht von gegenständen und stoffen, die durcheinander gethan werden" DWB XII 2015.

uusschmole swV. [JeS]
– auslachen [JeS] ♦ **E:** schweizdt. *schmolle* ‚lachen' SchweizId. IX 934.

uzn swV. [Scho]
– foppen [Scho] ♦ **E:** rw. *uzen* ‚verhöhnen', evtl. zu jd. *utzen*, poln. *uciecha* ‚Belustigung' WolfWR 6012; Herleitung umstritten: nicht jd. (Klepsch 1461); evtl. Herleitung aus RN *Ulrich/Uz*, vgl. *hänseln* zu RN *Hans* (Klu./Seebold 2011, 946).

V

vagant Subst. m. [SJ]
– Fahrender [SJ]; Schüler [SJ]; Spielmann [SJ]; umherziehender Mann [SJ] ♦ **E:** dt. *Vagant* DWB XXV 5f. zu lat. *vagi* ‚umherstreifen'. Vgl. → *fachan*, → *wakes*.

vagierer Subst. m. [SJ]
– Fahrender [SJ]; Schüler [SJ]; Spielmann [SJ]; umherziehender Mann [SJ]

vagandel Subst. f. [SJ]
– Fahrende [SJ]; Umherziehende [SJ]; umherziehende Frau [SJ] ♦ **E:** SchwäbWb. II 914 *Vagantel* ‚arbeitsscheues, geschwätziges Mädchen'.

vagi Subst. m. [LJ]; **wäger** [PfJ]
– Umherziehender [LJ]; Händler [LJ, PfJ]; Vagabund [LJ]; Kaufmann [PfJ] ♦ **V:** *do hat halt dui moss mitleid kriagt und ho den vagi bei sich durma lassa* ‚da hat die Frau halt Mitleid bekommen und hat den Händler bei sich schlafen lassen' [LJ]
wägersbink Subst. m. [PfJ]
– Kaufmann [PfJ]; Händler [PfJ]
wägersfisel Subst. m. [PfJ]
– Kaufmannslehrling [PfJ]; Kaufmann [PfJ]; Händlerslehrling [PfJ].

vagil Subst. [NJ]
– weibl. Geschlechtsteil [NJ] ♦ **E:** zu dt. *Vagina* aus lat. *vagina* ‚Scheide des Schwertes'.

val, valle ‚Tür' → *falle*.

valat Adv. in:
valat sein [WG]; **bock valat sein** [WG]
– arm sein [WG] ♦ **E:** von *valat* (aus dem Tarockspiel) ‚keinen Stich machen'.

vamamsn swV. [LoJ]
– verraten [LoJ] ♦ **E:** → *mamser* ‚Verräter'.
fermamser Subst. m. [StJ]
– Verräter [StJ].

vaschawan swV. [LoJ]
– verstecken [LoJ] ♦ **E:** rw. *schabber* ‚Brecheisen', *verschabbern* ‚verstecken' zu jd. *schobar* ‚er hat zerbrochen' WolfWR 4766.

vaschtiafn swV. [LoJ]
– verstehen [LoJ]
vaschtiaf noppi Phras. [LoJ]
– nicht verstehen [LoJ] ♦ **E:** unsicher; evtl. zu rw. *stieben, bestieben* ‚geben, versetzen, bekommen' WolfWR 5587, dt. *stieben* ‚umherwirbeln u. a.' DWB XXVIII 2755 ff.

vassel ‚Handwerksbursche' → *wasseln*.

vater nur in: [WG]
stubenvater [WG]
– Zellenältester (der angesehenste oder der am längst inhaftierte Zellenbewohner) [WG] ♦ **E:** dt. *Vater* und dt. *Stube*.

vattermann Subst. m. [MB]
vatermann [MB]
– Schwager [MB]; Onkel [MB]; Bekannter [MB]; Freund [MB]; guter Mann [MB]; Gevatter [MB]; männliche Person [MB]; Vater [MB]; guter Vater [MB] ♦ **E:** wohl zu dt. (ant.) *Gevatter*, Bildung nach lat. *compater* DWB VI 4640 ff.

velohängscht Subst. m. [BM]
– Fahrradhändler [BM] ♦ **E:** schweizdt. *Velo* ‚Fahrrad' und rw. → *Hengst*, Halbsuffix für den Agens; vgl. rw. *kleisterhengst* ‚Buchbinder', *hobelhengst* ‚Tischler' u. a.

vendag Adv. [HF]
– heute [HF] ♦ **E:** nl. *vandaag* und ripuar. *vandag* ‚heute'.

veneke Subst. f. [KM]
venekse [KM]
– Fenster [KM] ♦ **E:** wie → *fenester* ‚Fenster' aus frz. *fenêtre*, lat. *fenestra* (Middelberg, Romanismen, 31).

venerisch Adj. [SJ]
fenehrisch [HK]
– geschlechtskrank [HK, SJ]; hysterisch [HK]; abartig [HK]; jähzornig [HK]; wüterig [HK]; eingebildet [HK]; „Krankheit" [HK] ♦ **E:** Fachsprache der Medizin, *venerisch* ‚geschlechtskrank' aus lat. *venerius* ‚geschlechtlich', ‚zur Venus gehörend' (DUW 1996: 1630). ♦ **V:** *fenehrischer Hund* ‚geschlechtskranker Hund' (Schimpfwort) [HK]; *fenehrischer Bock* ‚geschlechtskranker Bock' (Schimpfwort) [HK].

venum ‚Wein' s. → *fenum*².

ver- Präfix von Verben, Substantiven, Adjektiven in: → *verame* bis → *verzwickter*, passim; s. auch → *va-*.

verame swV. [CL, PH]
veraumen [SS, WH]; **veraumeden** swV. [Scho]
– verstehen [CL, PH, SS, Scho, WH] ♦ **E:** rw. *veraumen, veramen* (WolfWR 6037, ohne Herleitung), wohl zu hebr. *āmad* ‚stehen'.
verramt Adj., Part. Perf. [SPI]
– verstanden [SPI].

verankern swV. [WL]
– verkaufen [WL] ♦ **E:** evtl. zu dt. *Anker* „ein Hasard-Spiel mit Würfeln" Tockert, Weimerskircher Jenisch, 43; LuxWB I 324: als „jenisch" gebucht.

verbandelt Adj. [Gmü, PfJ]
– verlobt [Gmü, PfJ] ♦ **E:** ugs., zu dt. *Band*.

verbeggelen swV. [HF]
– vorbeihauen [HF]; verhauen [HF]; sich verrechnen [HF] – zu rhein. *pickeln* ‚mit der Spitzhacke hauen' RheinWb. VI 812.

verbeiseln swV. [MM]
– essen [MM]; trinken [MM]; aufessen [MM]; auskundig machen [MM] ♦ **E:** unsicher; evtl. zu → *baijes*.

verbengelen swV. [HF]
– verhauen [HF] ♦ **E:** rhein. *Bengel* ‚Prügel, Knüttel, gebraucht bei wüsten Schlägereien' RheinWb. I 612.

verbibern ‚erfrieren' → *bibern*.

verbiggern swV. [GM]
– verkaufen [GM] ♦ **E:** rw. *biken* ‚kaufen' (WolfWR 462) < roi. *bikin* ‚verkaufen' (WolfWR 210).

verblutze swV. ‚verlöschen' → *blutze*.

verboolt Adv. [JeS]
– zerrissen [JeS] ♦ **E:** rw. *verbolen* ‚durchbringen, vergeuden' (WolfWR 606) < hebr. *balá* ‚es ist abgenützt'; evtl. Einfluss von schweizdt. *bolen* ‚werfen'.

zueboole swV. [JeS]
– schließen [JeS] ♦ **E:** rw. *bohlen* ‚werfen, fallen', zu ahd. *polōn* ‚werfen, wälzen' (WolfWR 597, SchweizId. IV 117).

verboschden swV. [TK]
verborschen [TK]; **verboschen** [TK]
– versohlen, „Gesäß" [TK] ♦ **E:** rw. *boß* ‚Gesäß' aus jd. *bajis* ‚Haus' WolfWR 634.

verbrellen swV. [HF, HeF]
– versehen [HF, HeF] ♦ **E:** rw. *brellen* ‚sehen' WolfWR 685, zu dt. *brellen, brillen* ‚lesen'.

verbutzer Subst. m. [PfJ]
– Verschwender [PfJ]; Windbeutel (leichtfertiger Mensch) [PfJ] ♦ **E:** ugs./mdal. *verputzen* ‚etwas restlos aufessen, verbrauchen'.

verchespeln swV. [Scho]
– verlieren [Scho] ♦ **E:** jd. *verschespeln* ‚verlieren, einbüßen, vorspielen' We 108.

verchibbra Adv. [MM]
verschibbera [MM]; **verschibbra** [MM]; **fagib(e)ra** [MM]
– verschwunden [MM]; verloren [MM] ♦ **E:** → *fiwrach*.
♦ **V:** *verschibbra gehen* ‚verschwinden' [MM]; *scheff bekan, sonst geht's gozer fagibera!* ‚hau ab, sonst geht die Hälfte verloren' [MM]; *der hegel ist zu kochum, der muckert sofort, wenn der zossen verchibbra geht* ‚der Kerl ist zu schlau, der bemerkt sofort, wenn das Pferd verschwunden ist' [MM].

verchochern swV. [MB]
– verheimlichen [MB]; beschummeln [MB]; betrügen [MB]; für dumm verkaufen [MB] ♦ **E:** wohl zu roi. *xox-* ‚lügen, leugnen, schwindeln, betrügen' (WolfWZ 1666), evtl. Einfluss von rw. *jdn. kochen* ‚jdm. (im Kartenspiel) das Geld abnehmen', zu jd. *koach* ‚Kraft, Gewalt' (WolfWR 2526).

verchrutte swV. [BM]
– kaputt machen [BM] ♦ **E:** schweizdt. *verchrüte* ‚etwas zerzausen' (SchweizId. III 916).

verdäfern swV. [LJ]
– verraten [LJ] ♦ **E:** schwäb. *vertäferen* ‚verleumden, verschwätzen' SchwäbWb. II 1373.

verdäferei Subst. f. [LJ]
– Verrat [LJ].

verdaukus malaukus Interj., Phras. [SS]
– Fluch, „bedeutet etwa: Verflixt und zugenäht! Der Kerl versteht nichts" [SS] ♦ **E:** wohl zu → *toches* ‚Hintern' und → *malochen* (Götz-Zitat).

verdefflæ swV. [WJ]
verdeffeln [PfJ]
– verprügeln [PfJ, WJ] ♦ **E:** schwäb. *vertaflen* ‚durchhauen' (SchwäbWb. II 1373); evtl. Einfluss von rw./jd. *defus* ‚(Ab-)Druck' WolfWR 980.

verdockeln swV. [PfJ]
– verprügeln [PfJ] ♦ **E:** unsicher; evtl. zu dt. *tockieren*, aus frz. *toquer* ‚anstoßen' DWB XXI 537.

verdonnærær Subst. m. [WJ]
– Richter [WJ] ♦ **E:** rw. *verdonnern* (WolfWR 6053) < dt./ugs. jemanden zu etwas *verdonnern* ‚verurteilen'.

verdrücke swV. [BM]
– essen [BM] ♦ **E:** dt./ugs. *verdrücken* ‚verspeisen'.

verduften swV. [LJ]
verduffte [Scho]; **verdufte** [Scho]
– abhauen [LJ]; fortgehen [Scho] ♦ **E:** rw. *verduften* (WolfWR 6055, Klepsch 1463), zu dt. *Duft* ‚Dunst'.
♦ **V:** *tu dich verduften* ‚mach dich weg (damit man dich nicht findet)' [LJ]; *wenn mer den schroter gespannt hätt, da sin mer verduftet* ‚wenn wir den Polizisten gesehen haben, dann sind wir abgehauen' [LJ].

verdunkeln swV. [SG]
– heimlich verkaufen [SG] ♦ **E:** dt. *verdunkeln* ‚unsichtbar machen'.

verdupfen swV. [SJ]
– erstechen [SJ] ♦ **E:** zu → *tupfen* ‚stechen'.

verfläbben swV. [HF, HeF]
– verkarten [HF, HeF] ♦ **E:** zu *fläbben, flebben* ‚Karten spielen' (unter → *flepp*).

verflecken swV. [HF]
verflicken [HeF]
– fehlsprechen [HF, HeF]; falsch sprechen [HF] ♦ **E:** zu → *flecken, flicken* ‚sprechen, sagen, beichten'.

vergadern swV. [GM]
– verstecken [GM] ♦ **E:** roi. *garew-* ‚verstecken, verbergen' (WolfWR 843); evtl. Einfluss von rw. *verkabbern* ‚vergraben, verstecken, verbergen' (WolfWR 2589), zu jd. *mekabern, bekabern* ‚begraben'.

vergnausen, vergnusen swV. ‚jemanden mögen'
→ *verknusen*.

vergondert Part. Perf., Adv. [LüJ]
– in Konkurs [LüJ] ♦ **E:** schwäb. *verganten* ‚zwangsversteigern' (SchwäbWb. II 1132). Vgl. → *gant*.

vergremen swV. [LüJ]
vergreme [BM]; **vergrimmen** [Him, SJ]; **verkrümmen** [KJ]; **vergrume** [BM]
– verkaufen [BM, Him, KJ, LüJ, SJ] ♦ **E:** schwäb. *verkrämen, verkrümmen* ‚verkaufen' (SchwäbWb. II 1200, 122).

vergrimmen swV. [PfJ]
– verklagen [PfJ] ♦ **E:** zu dt. *grimmen* ‚mit den Zähnen knirschen, böse auf jmd. sein' DWB IX 354f.

vergrönen swV. ‚verheiraten' → *krone*.

vergrumpe swV. [MJ]
– verkaufen [MJ] ♦ **E:** schweizdt. *vergrumplen* ‚nochmals den Einsatz bezahlen und nachschießen' SchweizId. VI 946.

verguffen swV. [SJ, PfJ]
– verhauen [SJ, PfJ] ♦ **E:** → *guffen*. ♦ **V:** *Skotele hod end bux gschmelzd ond gflöseld shod grandeg gmuffd' d'muadl hod döberd ond hod am da doches vergufd* ‚Das Kind hat in die Hose geschissen und uriniert, es hat kräftig gestunken, die Mutter hat geschimpft und ihm den Hintern verhauen' [SJ].

vergyge swV. [BM]
– zersägen [BM] ♦ **E:** mdal. dt./ugs. *vergeigen* ‚etwas (erfolglos) zu Ende bringen' DWB XXV 404.

verheiraspeln swV. → *heiraspeln*.

verhemmelt Part. Perf., Adv. in:
verhemmelt sein [PfJ]
– vergantet (in Konkurs sein) [PfJ]; „umdrehen" [PfJ] ♦ **E:** wohl zu schwäb. *himmelen* ‚dem Ende entgegengehen, sterben' (SchwäbWb. III 1592).

verhesfenen swV. [Scho]
– verspielen [Scho] ♦ **E:** jd. *verchespeln* ‚verlieren, einbüßen, verspielen' We 108.

verhocken swV. [HF, HeF]
– borgen [HF]; verborgen [HeF]; verleihen [HF] ♦ **E:** zu → *hocken* ‚borgen, leihen'.

verholche swV. ‚weggehen' → *holche*.

verhühlen swV. [HF]
verhülen [HeF]
– verspielen [HF, HeF] ♦ **E:** rw. *verhühlen* ‚verspielen', rw. *hühl* ‚Tanz' WolfWR 2245, ohne Herleitung; schwer zu rhein. *hülen* ‚heulen'. ♦ **V:** *minotes het parz uhr plotten an de klenen verhült* ‚Ich habe zweihundert Thaler am Kleesamen verloren' [HeF].

verhütze swV. [BM]
– verkaufen [BM] ♦ **E:** evtl. zu schweizdt. *verhitzen* ‚erhitzen, erbittern' SchweizId. II 1834.

verjaukern swV. [SPI]
verjackern [Scho]
– verteuern [SPI, Scho] ♦ **E:** jd. *jauker, verjackern* ‚teuer, verteuern' We 68.

verkasematuckeln → *kasematucke(l)n*.

verkaspern swV. [SG]
– heimlich verkaufen [SG] ♦ **E:** rw. *kaspern* ‚sich heimlich bereden' zu jd. *kasernern* ‚lügen' WolfWR 2501.

verkasselt ‚verheiratet' → *kassene*.

verkassern swV. [Scho]
– beschmutzen [Scho] ♦ **E:** zu → *kasser* ‚Schwein'.

verkeiln swV. [EF]
verkeilen [EF]
– verlieben [EF] ♦ **E:** dt. *verkeilen* „mittels eines keiles befestigen" DWB XXV 638f.

verkemmeren swV. [LüJ]
– verkaufen [LüJ] ♦ **E:** rw./jd. *kinjen, kemere* ‚kaufen' WolfWR 2616.

verkimmeln swV. ‚verkaufen' s. → *kimmeln*.

verkinnijen swV. ‚verkaufen' → *keine, verkemmeren*.

verklawastern swV. [SJ]
– anzeigen [SJ] ♦ **E:** zu → *klabastern*.

verklitschen, verkitschen ‚verkaufen' → *kitschen¹*.

verknastern swV. [Scho]
– verraten [Scho] ♦ **E:** wohl Nebenform zu rw. → *kneissen* ‚wahrnehmen, bemerken, erkennen' WolfWR 2773.

verknatzen swV. [SK]
– ein Kind schlagen [SK] ♦ **E:** wohl zu rw. *knast* ‚Strafe', *beknasten* ‚bestrafen', *verknasten* ‚verurteilen' aus jd. *knas* ‚Geldstrafe' WolfWR 2766.

verkneissen, verkneisten swV. ‚verstehen' → *kneisen*.

verknusen swV. [SK]
vergnusen [NJ]; **vergnausen** [NJ]; **verknusern** [SK]; **verknuse** [KM]; **verknus** [KM]
– jmd. leiden mögen [KM]; Liebe, Zuneigung zu jmd. haben [NJ]; jmd. gernhaben [NJ]; jmd. sympathisch gegenüberstehen [SK]; jmd. vertragen [SK]; erklären [KM]; Gesagtes verstehen [SK] ♦ **E:** nd. *verknusen* ‚verdauen', auch dt./ugs. jmd. *verknausen, verknusen* ‚jemanden gern haben'. ♦ **V:** *ek verknuse nich* ‚ich verstehe nicht' [SK]
nobes vergnausen swV., Phras. [NJ]
– jemand nicht leiden können [NJ].

verkohlen swV. [LüJ, PfJ]
verköllen [Wo]; **verkoule** [Scho]
– betrügen [LüJ, PfJ, Wo]; belügen [Scho]; nicht die ganze Wahrheit sagen [Scho] ♦ **E:** zu → *kohl* ‚Schwindel, Lüge'.
wegkohlen swV. [PfJ]
– leugnen [PfJ].

verkolemen swV. ‚geistesabwesend sein' → *kolem*.

verkone swV. [PH]
– verkaufen [PH] ♦ **E:** zu → *kone*.

verkrabbelen swV. [HF, HeF]
– verschreiben [HF, HeF]; falsch schreiben [HF] ♦ **E:** zu → *krabbelen* ‚schreiben'.

verkratzen swV. [KMa]
– wegschaffen [KMa] ♦ **E:** rw. *verkratzen* ‚wegschaffen' WolfWR 6068 zu dt. *verkratzen* ‚durch Kratzen beschädigen' DWB XXV 684.

verkuffen swV. ‚verprügeln' → *guffen*.

verkümmere ‚Ware verhandeln, verkaufen' → *kimmeln*.

verkuren swV. [GM]
– verhauen, verprügeln [GM] ♦ **E:** zu roi. *kur-* ‚schlagen', ‚prügeln', ‚kämpfen' (WolfWR 1605). → *kuren*.

verkuscht Adj. [Scho]
– verwirrt [Scho] ♦ **E:** jd. *verchuscht* ‚verwirrt, geistesabwesend' We 60; hebr. Grundlage umstritten, Klepsch 898f.

verlaub Subst. m., Teil einer Handwerksburschenfloskel s. → *gunst*.

verluuse swV. [BM]
– verpetzen [BM] ♦ **E:** schweizdt. *verluusen* ‚etwas mit übertriebener Genauigkeit und Strenge untersuchen' SchweizId. III 1454.

vermamsen swV. ‚verraten' → *mamser*.

vermänge swV. [BM]
– auslachen [BM] ♦ **E:** unsicher; evtl. zu schweizdt. *vermänggele^n* SchweizId. IV 330 ‚etw. nicht recht heraussagen, verheimlichen, vertuschen'.

vermassern swV. [JSa]
– verstehen [JSa] ♦ **E:** wohl zu rw. *vermassern* (→ *massern*).

vermelikiechen swV. [SS]
– verheiraten [SS]; vermählen [SS] ♦ **E:** → *lekiechen* ‚heiraten'.

vermiesen swV. [Scho]
– verderben [Scho] ♦ **E:** jd. *vermiesen* ‚jmd. eine Sache verderben, etwas vereiteln' We 84.

vermollen swV. [HF]
vernollen [HeF]
– verrechnen [HF, HeF]; verzählen [HF, HeF] ♦ **E:** zu → *nollen* ‚rechnen'.

vermosselt Adj. [WJ]
– schläfrig [WJ] ♦ **E:** unsicher; evtl. zu *mosse* ‚verheiratete Frau' WolfWR 3744.

vermufft Adj. [LüJ, Mat, SJ]
vermuffd [SJ]; **vermust** Adj. [SJ]
– schlecht [SJ]; verflixt [SJ]; falsch [SJ]; böse [SJ]; verarmt [LüJ]; heruntergekommen [LüJ]; bankrott [Mat] ♦ **E:** zu → *muffen*. ♦ **V:** *vermuffter schure* ‚verflixter, schlechter Kerl' [SJ]; *Mir sirflet no an gigges, der ischt gwand, aber vermufft mr boschtet gern end schwäche nei, blos hatschemer lak, no boschtet mr ab* ‚Wir trin-

ken noch einen Schnaps, der ist gut; aber verflixt, wir gehen gern in die Wirtschaft; und wenn wir ins Schwanken geraten, dann gehen wir eben heim' [SJ]
vermufftheit Subst. f. [SJ]
– Elend [SJ]; Bankrott [SJ].

vermuße swV. [BM]
– verstecken [BM] ♦ **E:** schweizdt. *vermussle* ‚würgen, erdrosseln' (SchweizId. IV 485).

vernuppen swV. [SS, WH]
– verstehen [SS, WH] ♦ **E:** WolfWR 6078 ohne Herleitung; evtl. zu westf. *nuppen* ‚Heimtücke, List', vgl. Jütte, Schlausmen, 178.

verpaschen swV. [PfJ, SJ]
verpâschen [SJ, Zi]; **verpassen** [Him, Mat, MeJ, WL, WL]
– verkaufen [Him, Mat, MeJ, PfJ, SJ, WL, Zi]; Gestohlenes verkaufen [SJ]; verheiraten [WL] ♦ **E:** zu → *paschen* ‚kaufen'.

verpauen swV. [HF, HeF]
– verschlafen [HF, HeF] ♦ **E:** zu → *pauen*.

verpetzen swV. [HLD]
– verraten [HLD] ♦ **E:** dt./ugs. *petzen* ‚verraten' Kü 602.

verplaren swV. ‚verzehren' → *plar*.

verplitzge swV. [BM]
– kaputt machen [BM] ♦ **E:** schweizdt. *verblitz(g)en* ‚zerstören, verderben' SchweizId. V 294.

verpuusse swV. [BM]
– verstecken [BM] ♦ **E:** schweizdt. *verbüsen* ‚verprassen, verschwenden' (SchweizId. IV 1745).

verquante swV. [BM]
– verkaufen [BM] ♦ **E:** schweizdt. *verquanten* ‚heimlich verkaufen, unter dem Scheine von Rechtmäßigkeit einen unerlaubten Handel treiben' (SchweizId. V 1301).

verraspeln swV. [EF]
verraschpeln [EF]; **verrâschpeln** [EF]; **verrâspeln** [EF]
– verheiraten [EF] ♦ **E:** → *raspeln*, → *heiraspeln*.
verraspelt Adj., Part. Perf. [EF]; **verrâschpelt** [EF]; **verraschpelt** [EF]
– verheiratet [EF]
unverraspelt Adj. [EF]; **unverrâschpelt** [EF]; **unverraschpelt** [EF]
– ledig [EF]

veraspeling Subst. f. [EF]; **verraspelung** [EF]; **verrâspeling** [EF]
– Heirat [EF].

verriegelt Adv., Part. Perf. nur in: [PfJ]
alles ist verriegelt ‚überschuldet sein' [PfJ] ♦ **E:** dt. *Riegel* ‚Querholz zum Verschließen' DWB XIV 922 ff.

verroft Adj. [GM, Scho]
– geizig [GM, Scho]; verhungert [Scho] ♦ **E:** zu → *rof*.
verrofter Subst. m. [Scho]
– Geizhals [Scho].

verrühlen swV. [HF]
verröhlen [HeF]
– verhandeln [HF, HeF] ♦ **E:** zu → *rühlen* ‚handeln'.

versänke swV. [JeS]
– unterbringen (etwa in eine psychiatrische Anstalt) [JeS]; versorgen [JeS] ♦ **E:** zu mhd. *versenken* ‚zu Fall bringen, verderben, versenken' (WolfWR 6093, SchweizId. VII 1212).

versänkigskünschtler Subst. m. [JeS]
– Armeleuteversorger („Beamter, der arme Leute in einer Anstalt versorgt") [JeS]; Armeleuteschinder [JeS].

verschachern swV. ‚verkaufen, billig verkaufen, tauschen' → *schachern*.

verschawern swV. [SJ]
verschuwern [PfJ, SJ]
– verscharren [PfJ, SJ] ♦ **E:** rw. *verschaberen* ‚vergraben', *schabber* ‚Brecheisen, Stemmeisen' aus jd. *schobar* ‚er hat zerbrochen' WolfWR 4766.

verscherbeln swV. ‚verhökern, verkaufen, billig verkaufen' → *scherbeln*.

verschibbra Adv. ‚verschwunden, verloren' → *verchibbra*.

verschmusen swV. [SJ]
– ausplaudern [SJ]; erzählen [SJ] ♦ **E:** zu → *schmu²*.

verschnellen swV. [LJ]
– erschießen [LJ] ♦ **E:** zu → *schnellen* ‚schießen'.

verschobe swV. [JeS]
– verstoßen [JeS] ♦ **E:** schweizdt. zu dt. *verschieben* (WolfWR 4893, SchweizId. VIII 68, 71).
verschobe Adj., Adv. [JeS]
– ausgestoßen [JeS].

verschockelen swV. [HF, HeF]
– verfahren [HeF]; sich verfahren [HF]; einen falschen Weg wählen [HF] ♦ **E:** zu → *schockelen* ‚fahren'.

verschoresen swV. [Scho]
– verdienen [Scho] ♦ **E:** jd. *verscheresen* ‚verdienen' We 108.

verschütt Subst. n. [HLD, WG]
– Gefängnis [HLD] ♦ **E:** rw. *verschütt* ‚Haft' zu nl./nd. *schutten* ‚einschließen, stauen, wehren' (WolfWR 6090). ♦ **V:** *verschütt gehen* ‚verhaftet, arretiert werden' [WG, HLD]; *verschütt sein* ‚verhaftet sein, im Gefängnis eingesperrt sein' [WG].

verschütten swV. [BA]
– verhaften [BA].

versilberen swV. [KP]
versilbere [KP]; **versilbern** [SG]
– verkaufen [KP]; heimlich verkaufen [SG] ♦ **E:** dt. *versilbern* met. ‚zu Geld machen, verkaufen' DWB XXV 1325.

versnûven swV. [MeT]
versnuven [MeT]
– verstehen [MeT] ♦ **E:** → *snuwen*.

versofen swV. [SJ]
versosen [SJ]
– betrügen [SJ]; täuschen [SJ] ♦ **E:** wohl zu rw./jd. *sofer* ‚Stenograph' WolfWR 5373; SchwäbWb. II 1342 (*versosen*).

versömen swV. [HF, HeF]
versômen [HF]; **versoimen** [MeT]
– verkaufen [HF, HeF] ♦ **E:** unsicher; vgl. mnd. *sôme* ‚Last eines Saumtiers', mlat. *sauma* ‚Traglast'. ♦ **V:** *Minotesen netten hukt mol, de tent wört versömt* ‚Mein Vater ist tod; das Haus wird verkauft.' [HeF]; *Minotesen Peek huckt versömt* ‚Mein Fleisch ist verkauft.' [HeF]; *Vesöm minotes den Thür* ‚Verkaufe mir die Pfeife' [HeF]; *Versöm de Michel ene Meles Klenen* ‚Verkaufe dem Juden einen Sack Kleesaamen' [HeF].

verstackern swV. [TJ]
– verstecken [TJ] ♦ **E:** zu dt. *verstecken*.

verstäckern swV. [GM]
– verstehen [GM] ♦ **E:** wohl zu dt. *Stecker* u. a. ‚jmd., der etwas einpflanzt' DWB XVII 1359.

verstauen swV. [SG]
– begraben [SG] ♦ **E:** dt. *verstauen* „sachgemäszes unterbringen des inventars und materials an bord" DWB XXV 1633.

verstosse stV. [BM]
– austragen [BM] ♦ **E:** schweizdt. *verstössen* ‚stoßend verteilen' u. ä. (SchweizId. XI 1639).

verstunele swV. [BM]
– verstecken (Kinderspiel) [BM] ♦ **E:** mdal./ schweizdt., evtl. direkt zu oder Einfluss von → *verstauen*.

verthope swV. [JeS]
– entfliehen [JeS]; abschleichen [JeS] ♦ **E:** wohl zu schweizdt. *verhoppe* ‚entspringen' (SchweizId. II 1483f.). ♦ **V:** *Schyyge, muesch verthope, de Jaarigaaschi tschaant* ‚Mädchen, du musst verschwinden, der Förster kommt' [JeS].

vertippeln swV. [Scho]
– verlieren [Scho] ♦ **E:** jd. *vertippeln* ‚(Geld) verlieren' We 106.

vertrollen swV. [HF, HeF]
– falsch gehen [HF]; vergehen [HeF] ♦ **E:** zu → *trollen* ‚gehen', ‚reisen'.

vertrome swV. [BM]
– zerschlagen [BM] ♦ **E:** schweizdt. *vertrome* ‚auseinanderreißen, zerstücken, zerschlagen' SchweizId. XIV 1015.

vertunze swV. [BM]
– sich verstecken [BM] ♦ **E:** SchweizId. XIII 910 („Mattenenglisch").

verwamsen swV. [WG]
– verraten [WG] ♦ **E:** zu jd. *mamsern* ‚verraten'. → *vermamsen*.

verzapfe swV. [BM]
– erzählen [BM] ♦ **E:** dt. *zapfen* ‚zupfen, ziehen', *einen Gedanken verzapfen* ‚sich etwas ausdenken' (DWB XXXI 266 ff.), ‚Lügen vorbringen' Kü 889.

verzinkern swV. [TJ]
verzengieræ swV. [WJ]; **verzinkieren** [SchJ]; **verzenken** [JS]
– verraten [JS, SchJ, TJ, WJ]; anzeigen [WJ]; verpfeifen [WJ] ♦ **E:** rw. → *zinken* ‚Stempel, Namen, Zeichen'; → *zengieræ*.

zingge swV. [JeS]
– anzeigen [JeS]

zingge Subst. n. [JeS]
– nonverbales Zeichen der Fahrenden, in früheren Quellen Jaunerzeichen oder Zeichen der Bettler genannt [JeS]; Name [JeS]; Zahn [JeS]; Gabel [JeS]
verzingge swV. [JeS]
– verklagen [JeS]; denunzieren [JeS]; anzeigen [JeS].

verzünden swV. [LJ]
– anzeigen [LJ, SchJ]; verraten [SchJ] ♦ **E:** rw. *schund, einen zünd reiben* ‚heimlich benachrichtigen' (WolfWR 5192).
verzünderei Subst. f. [LJ]
– Strafanzeige [LJ].

verzwickter Subst. m. [WM]
– fremdländischer Tanz [WM] ♦ **E:** dt. *verzwickt* ‚schwierig, kompliziert', *verzwicke(l)n* DWB XXV 2710 ff.

vetter Subst. m. [EF]
– Leinenkittel [EF]
vetterla Subst. n. Dim. [EF]; **betterla** [EF]; **vetterlein** [EF]
– Überrock, leichter [EF] ♦ **E:** wohl zu dt. *Vetter* DWB XXVI 26 ff. met. „die die enge Verbundenheit mit der Kleidung ausdrücken soll" Wolf, Fatzersprache, 138.

viduhz Subst. f. [Scho]
– Freude [Scho] ♦ **E:** schwäb. *Viduz* ‚Vertrauen, Zuversicht' (SchwäbWb. II 1470) < lat. *viducia*.

viehl Subst. [JS]
– Amt [JS] ♦ **E:** unsicher; evtl. zu rw. *fiel* ‚Geselle, Taugenichts, Lump' WolfWR 1386, ohne Herleitung; womgl. zu schweizdt. *fielen* „geringschätzige Bezeichnung übel ausgeführter Tätigkeiten" SchweizId. I 779. ♦ **V:** *de hotz van de viehl* ‚der Mann vom Amt/von der Behörde' [JS]; *tschei, naschens reune ob de hotz vana de viehl van et gefeberte al bekan geschäft is* ‚Frau, geh' mal gucken, ob der Mann von der Post schon da war' [JS]; *do nascht enne hotz van de viehl bekan* ‚da kommt ein Mann vom Amt' [JS]; *wenn ich von de viehl tschie lowie bestieb nasche wer manke* ‚wenn ich vom Amt kein Geld bekomme, gehen wir betteln' [JS]; *ich hann an de viehl gefebert* ‚ich habe ans Amt geschrieben' [JS].

vieze Subst. f. [MM]
fietze [MM]
– Fahrrad [MM] ♦ **E:** nl. *fiets* ‚Fahrrad' < frz. *vélocipède*.

vigeleyne Subst. f. [SS]
– Sensenpacken [SS]; Wachstuchpacken der Handelsleute [SS] ♦ **E:** zu dt. *Violine* ‚Geige' < ital. *violina*. Vgl. → *vogelöhne*, → *bass²*.

vill Subst. f. [HF, HeF]
– Stadt [HF, HeF]; Ort [HF] ♦ **E:** rw. *vill* ‚Stadt' WolfWR 6114 aus frz. *ville* ‚Stadt'. ♦ **V:** *zippken, knäbbig; et huckt genen heneseren hitschen in de vill* ‚Ja, sehr gut; es ist kein besserer hier an diesem Ort' [HeF]
locke vill Subst. f. [HF, HeF]
– Dorf [HF, HeF]; Ort [HF, HeF]; Städtchen [HF]
villepretter Subst. m. [HF]
– Bürgermeister [HF]
villtend Subst. f. [HeF]; **villtent** [HF]
– Rathaus [HF, HeF]; Stadthaus [HF].

viole Subst. ‚Aufschneiderei' → *fiole*.

violette Subst. f. nur in:
kuttinger in der violetten ‚Richter' [WG] ♦ **E:** dt. *violett*, nach der Farbe der Robe.

vitt Subst. n. [HF, HeF]
fitt [HF]
– Butterbrot [HF, HeF] ♦ **E:** rw. *vitt* ‚Butterbrot', evtl. Nebenform von → *finne* WolfWR 6117; RheinWb. II 506: „das Wort nur ganz alten Leuten noch bekannt". ♦ **V:** *De Pröttelsthuren het zinotese Gronz en Fitt gescheten* ‚Die Köchin hat deinem Kinde ein Butterbrot gegeben' [HeF]; *Schet minotes en Vitt möt Luhrmon, on den Höbbel en Elle Knapp* ‚Gebt mir ein Butterbrot mit Käse, und dem Hund ein Pfund Brot' [HeF].

viz Subst. [PM]
– Herrschaften [PM] ♦ **E:** unsicher; evtl. zu dt. *Vize* ‚untergeordnete Herrschaft' DWB XXVI 2385. ♦ **V:** *gäih, schau' amål, wos döi viz schirchn!* ‚Sieh nach, was die Herrschaften zahlen wollen!' [PM].

vizebus Subst. m. [SG]
– Kellner [SG] ♦ **E:** rw. *vizibus, viceboos* ‚Hausdiener in der Herberge, Vertreter des Herbergswirts, der oft den Schnapsausschank auf eigene Rechnung führt' WolfWR 6104, rw. *Boos* ‚Gastwirt' WolfWR 624.

vleermuhs Subst. f. [HF]
– Knebelbärtchen [HF] ♦ **E:** mdal. *Fledermaus*. [HF].

vluht Subst. f. [HF]
vluet [HF]
– alter breiter Frauenhut [HF] ♦ **E:** wohl gekürzt aus rhein. *flüsehōt* ‚alter, schäbiger Hut' RheinWb. II 577.

vochte Subst. [KMa]
– Brot [KMa] ♦ **E:** unsicher; evtl. zu rw. *fechten* ‚betteln' WolfWR 1306.

vocum Subst. [KMa]
wogge [KMa]
– Mund [KMa] ♦ **E:** rw. *wogge* ‚Mund', nach Wolf 6264 von ital. *bocca* ‚Mund'; evtl. Einfluss von lat. *vox, vocis* ‚Stimme'.

voddrschei Subst. m. [OJ]
– Samstag [OJ] ♦ **E:** → *schein* ‚Tag'; dt. *vorder(er)*. Benennungsmotiv: Tag vor dem Sonntag.

vogel Subst. m. in:
greane vögel Subst. Pl., Phras.[WG]
– Polizei [WG] ♦ **E:** mdal. *grün*, dt. *Vogel*.
vögele swV. [NJ]
– geschlechtlich verkehren [NJ] ♦ **E:** rw. *vögeln* ‚koitieren' (WolfWR 6123), heute ugs.
vogele swV. [BM]
– Marmel stehlen [BM] ♦ **E:** zu dt. *vogeln* „vom bild des vogelfangs ausgehend, braucht O. v. Wolkenstein 71, 3. vogeln, marmel stehlen" DWB XXVI 432f.

vogelöhne Subst. f. [SG]
– Geige [SG] ♦ **E:** dt. *Violine*. → *vigeleyne*.

vogutili Subst. f. [BM]
– waagerecht vorspringende untere Dachseite [BM] ♦ **E:** wohl zu schweizdt. *Vogel* u. a. ‚Späne rings um ein Scheit, gefiederähnlich hervorstehend, ausgehöhltes Holzstück' SchweizId. I 690.

voks Subst. f. [HF, HeF]
– Kuh [HF, HeF] ♦ **E:** rw. *voks* ‚Kuh', zu frz. *vache* ‚Kuh', *veau* m. ‚Kalb' WolfWR 6125.
voksläpper Subst. m. [HF]; **vokseläpper** [HeF]
– Tierarzt [HF]; Kuharzt [HF, HeF]
voksepeek Subst. n. [HF, HeF]
– Kuhfleisch [HF]; Rindfleisch [HeF]
vokseschmicks Subst. f. [HF]
– Kuhbutter [HF].

volte Subst. f. [WG]
– (einfacher und doppelter) Kartenmischtrick [WG] ♦ **E:** dt. *Volte* ‚Umdrehung' < ital. *volta* ‚Drehung'.
voltär Subst. m. [WG]
– Falschspieler [WG].

vongke ‚brennen' → *funk*.

voot Subst. m. [HF]
– Fuß [HF] ♦ **E:** rhein. *Foot* ‚Fuß', nl. *voet*.

vor- Präfix von Verben, Substantiven, Adjektiven in: → *vorblädje* bis → *vorsteher*, passim.

vorblädje Subst. n. [HK]
vorblätje [HK]; **vorblädchen** [HK]; **vorblättche** [HK]
– Schürze [HK]; Vorhemd [HK]; Hemdersatz [HK]; steifer Kragen [HK]; Kochschürze [HK]; kleine Schürze [HK] ♦ **E:** rw. *vorblatt* ‚Fenstergardine' zu dt. *Blatt* DWB II 73 ff.

vorderkünftig Adj., Adv. [PH, SK]
vorrerkennisch [JSa]
– vorn [PH, SK]; Jmd., über den gesprochen wird, ohne dass er es merkt [JSa] ♦ **E:** → *künftig*.

vorfenster Subst. n. [SJ]
– Brille [SJ] ♦ **E:** dt. *Fenster*.

vorgedackelt sein Phras. [WG]
– vorbestraft sein [WG] ♦ **E:** wohl zu dt. *deckeln* ‚einen Deckel auflegen, in ein Behältnis einsperren' DWB II 888; eher nicht zu ugs. *dackeln* ‚gehen'.

vorläppchen Subst. n. [HK]
– Vorhemd [HK] ♦ **E:** zu thür. *Vorlappen* ‚Schürze der Frau' (ThürWb. VI 641).

vorsteher Subst. m. [TK]
– Bürgermeister [TK] ♦ **E:** dt. *vorstehen* ‚leiten'.

vosellen swV. [SK]
– versetzen [SK]; als Pfand geben [SK] ♦ **E:** nd. *versellen* ‚verkaufen'.

vöter Subst. m. [TK]
voda [PM]
– Vater [PM, TK] ♦ **E:** mdal., dt. *Vater*.

vrangke swV. [KM]
– freien [KM] ♦ **E:** dt. *frank* ‚frei' DWB IV 56 f.
jefrangk swV. [KM]
– freien [KM].

vreese Subst. f. [KM]
vreeseme [KM]
– schäbiges Gesicht [KM]; Fresse [KM] ♦ **E:** dt. *Fresse* „derber und kräftiger ausdruck für das maul" DWB IV 132.

vrsenggr Subst. m. [OJ]
– Totengräber [OJ] ♦ **E:** zu dt. *versenken* DWB XXV 1277 ff.

vück Subst. f. [HF]
– Freude [HF]; Glück [HF] ♦ **E:** rw. *ficken* ‚koitieren' aus dt. *ficken* ‚kratzen, reiben' WolfWR 1381.

vückig Adj. [HF]
– seltsam [HF]; komisch [HF] ♦ **E:** rhein. *fickig* ‚lebhaft, vorlaut, frech' RheinWb. II 440.

vulpes Subst. m. [SS]
– Pfennig [SS] ♦ **E:** zu westf. *wulf* ‚Geld' Woeste 329.

vum Subst. f. [HF]
– grosse Trommel [HF] ♦ **E:** rw. *fumm* ‚Bassgeige' WolfWR 1577, ohne Herleitung; evtl. zu onomatopoetisch *Wumm* (dumpfes, lautes Geräusch) DWB XXX 1762; rhein. *Fumme* ‚Trommel' u. a. RheinWb. II 886.

W

wääschkröfer Subst. m. [StJ]
– Penner [StJ]; behinderter Bettler [StJ] ♦ **E:** rhein. *Wegkrischer* ‚Bettler' (RheinWb. IX 342); rhein. *Kröffer* ‚einer der kriecht' (RheinWb. IV 1548).

wadschkroh Subst. [LI]
– Katze [LI] ♦ **E:** rw. *watsche* ‚Stiefel' WolfWR 3044 und rw. *krohne* ‚Frau' WolfWR 2966, aus jd. *koran* ‚strahlen'.

wacht-, wachen swV. in:
wachtmann Subst. m. [MM]
– Haufen [MM]; Haufen Scheiße [MM]; Haufen Kot [MM] ♦ **E:** wohl zu dt. *Wachtmann* DWB XXVII 196; evtl. Benennungsmotiv: Brauch von Einbrechern, am Tatort einen Haufen Exkremente zu hinterlassen.
wachtmeister Subst. m. [HLD, SK]
– Schnapsglas zum Zutrinken mit einem Inhalt von 40–80 cl; Erzeugnis der Braunschweiger Glashütten [SK]; großer Schnaps [HLD] ♦ **E:** dt. *Wachtmeister* (Anführer der Wache; Unteroffiziersrang) DWB XXVII 197 f.; vgl. Produktname *Jägermeister*.

wacken swV. [GM]
– rauchen [GM] ♦ **E:** zu oberhess. *wacken* ‚dichten Tabaksdampf von sich blasen', *Wacke* ‚Tabakspfeife' (HessNassWb. IV 452).

wackeln swV. in:
abwackeln swV. [HN]; **awackln** [WG]
– durch Kopfbewegungen Karten anzeigen [WG]; „eine lästige Arbeit mit spaßiger Mine erledigen" [HN] ♦ **E:** dt. *wackeln* „kurze, wiederholte bewegung, nach welcher der sich bewegende gegenstand wieder in seine frühere lage zurückkehrt" DWB XXVII 209 ff.

wackes Subst. m. [LüJ]
wakes [SJ]
– Elsäßer [SJ]; Franzose [LüJ]; Herumtreiber [LüJ] ♦ **E:** rw. *wackes* ‚Herumtreiber, Elsässer' (WolfWR 6143). Vgl. → *vagant*.

waddl Subst. m. [LüJ, WJ]
– Penis [WJ]; Gesäß [LüJ, WJ] ♦ **E:** obdt. *Wadel* ‚Schwanz', schwäb. *Wadel* ‚Penis', SchwäbWb. VI, 333f. ♦ **V:** *kass mei waddl* (Götz-Zitat) [WJ].

waffeleisen Subst. n. [HN]
– Vagina [HN] ♦ **E:** dt. *Waffel* und *Eisen*.

waggl Subst. [WJ]
– Markt [WJ] ♦ **E:** unsicher; evtl. zu dt. *wackeln* DWB XXVII 209ff, engl. *waggle* ‚sich hin und her bewegen'.

waggon Subst. m. [WG]
– Vorführraum im Wiener Landesgericht [WG] ♦ **E:** dt. *Waggon* ‚Eisenbahnwagen' DWB XXVII 489; Benennungsmotiv: Ähnlichkeit mit einem Eisenbahnwaggon.

wahli Subst. [MM]
– Flasche, „einer, der in eine Clique will, es aber noch nicht geschafft hat" [MM] ♦ **E:** roi. *walin* ‚Flasche, Glas' (WolfWZ 3623), in MM polyseme Querung mit dt. *Flasche* met. ‚Versager'. → *walin*.

waibnen swV. [DG]
– regnen [DG] ♦ **E:** unsicher; evtl. Bildung zu dt. *weiben* ‚flattern, wedeln, sich hin und her bewegen' DWB XXVIII 379; SchwäbWb. VI 565.

waider Subst. m. [LJ]
– Sack [LJ] ♦ **E:** rw. *waider*, Nebenform zu *weidsack* ‚Jagdtasche, Zwerchsack' (WolfWR 6148). ♦ **V:** *die hott ne rende voll staubert und en waider mit relling, liranägel und dürre blohose* ‚die hat einen Beutel voll Mehl und einen Sack voll Erbsen, Bohnen und dürren Zwetschgen' [LJ]

wäider Subst. m. [JeS]; **weider** [JeS]; **weidler** [JeS]
– Bauch [JeS].

waiern swV. [SP]
– weinen [SP] ♦ **E:** wohl zu rhein. *weiern* ‚wiehern' RheinWb. IX 374.

wäjsbang Subst. n. [MoM]
– Kuchen [MoM] ♦ **E:** rw. *Bang* ‚Brot' aus frz. *pain* ‚Brot' WolfWR 291, mdal. *wäjs* ‚weiß'.

walbos Subst. m. [SK]
– Wirt [SK] ♦ **E:** Nebenform zu *balebos* ‚Hausherr' (unter → *bal¹*) WolfWR 254.
walbosholka Subst. f. [SK]; **walbosholster** Subst. f. [SK]
– Wirtstochter [SK]
walholka Subst. f. [SK]
– Wirtstochter [SK]
walbosklappes Subst. m. [SK]
– Wirtssohn [SK]
walschöna Subst. f. [SK]
– Wirtsfrau [SK].

walch Subst. m. [JeS]
– Ausländer [JeS]; Nichtjenischer [JeS] ♦ **E:** zu mhd. *walch* ‚Romane, Italiener, Franzose', mhd. *wal(hi)sch, wel(hi)sch* ‚romanisch, italienisch, französisch' (WolfWR 6150), roi. entlehnt: *wálšto* ‚Franzose'. Vgl. → *walschi*. ♦ **V:** *das isch e geetschige (maassige) walch* ‚das ist ein miserabler (schlechter) Ausländer' [JeS].

wald Subst. m. in:
waldgünther Subst. m. [EF]; **waldgünthermien** Subst. [EF]; **wâldgünthermien** [EF]
– Pflaume [EF] ♦ **E:** dt. *Wald* ‚silva' DWB XXVII 1072 ff.
waldkless Subst. m. [RH]
– Förster [RH] ♦ **E:** rw. *klisto, klöös* ‚Polizist, Gendarm' (WolfWR 2719).
waldmannel Subst. m. [EF]; **waldmannle** [EF]; **waldmannl** [EF]
– dürre Fichte [EF]; Brief [EF]; Schriftzüge [EF] ♦ **E:** dt. *Männlein*; Wolf, Fatzersprache, 138.
waldspießer Subst. m. [HLD]
– Herbergsvater [HLD]; Gastwirt [HLD].

walemachoiner ‚Soldat' → *pallemachonem*.

waletto Subst. m. [JS]
– (billiger) Arbeiter [JS] ♦ **E:** rw. *waletto* ‚Knecht' aus roi. *waléto* ‚Diener, Knecht' WolfWR 6022. ♦ **V:** *de waletto bestiebt grannig kuffes für de kiebes* ‚der Arbeiter bekommt viel Schläge auf den Kopf' [JS].

walin Subst. f. [GM]
wali [MB]
– Flasche [GM, MB, MM]; Glas [GM]; Scheibe [GM]; Spiegel [GM]; Bier [MB]; Bierflasche, Flasche Bier [MB]; Flasche mit Alkohol [MB] ♦ **E:** rw. *wahlin* ‚Glas' (WolfWR 6023) < roi. *walin* ‚Glas, Trinkglas, Flasche, Fensterscheibe, Spiegel' (WolfWZ 3623). → vgl. *wahli*.
walinengero Subst. m. [GM]
– Glaser [GM] ♦ **E:** roi. *walinengero* ‚Glaser' (WolfWZ 3623).

wall Subst. [EF]
wâll [EF]
– Fleisch [EF] ♦ **E:** wohl zu dt. *wallen, wellen*, vgl. *Wellfleisch*, ‚Kochen einer Flüssigkeit' DWB IX 412; vgl. Wolf, Fatzersprache, 138.
rindswall Subst. [EF]
– Rindfleisch [EF]
walla Subst. m. [EF]; **wâlla** [EF]; **waller** [EF]
– Fleischer [EF].

waller Subst. m. in:
schwarzwaller Subst. m. [EF]
– Floh [EF] ♦ **E:** wohl zu rw. *schwarzwall* ‚schwarzer Mantel, met. Schornsteinfeger' WolfWR 5250; oder zu dt. *wallen* ‚pilgern' und dt. *schwarz* ‚heimlich', vgl. Wolf, Fatzersprache, 134f.

wallmisch, wallmüsch, wallbusch ‚Kittel, Rock, Mantel' s. → *malebusch*.

wallschi Subst. f. [GM]
– Syphilis [GM] ♦ **E:** rw. *walschi* ‚venerisch' (met. zu *Welsche* ‚Franzosen', vgl. → *walch*) WolfWR 6150 < roi. *walschi* ‚venerische Krankheit, Syphilis' (WolfWZ 3624).
walltschiko Adj. [GM]
– französisch [GM] ♦ **E:** rw. *waltschetkes* ‚französisch' (WolfWR 6150) < roi. *waldschitko* ‚französisch' (WolfWZ 3624).
walltscho Subst. m. [GM]; **walcho** [PH]
– jeder Nichtdeutsche [GM]; Ausländer [GM]; Franzose [GM, PH] ♦ **E:** rw. *waldtscho* ‚Franzose' (WolfWR 6150) < roi. *wálšto, waldscho* ‚Franzose' (WolfWZ 3624). Vgl. → *walch*.

wälsch in:
kaudrwälsch Subst. n. [OJ]
– unverständliches Reden [OJ] ♦ **E:** → *walch, wallschi, woahln*; dt. *Kauderwelsch* DWB XI 308 ff.; die aus der Perspektive germanischer Sprachen unverständliche Sprache der Romanen.

walter Subst. m. [Gmü, TJ, Wo]
walder [JSW]; **waoltern** [TK]; **waltern** [TK]; **waltrn** [TK]; **woltern** [RR]; **walten** [RR]
– Wanze [TJ]; Laus [JSW, JSa, RR, TK]; Floh [Gmü, Wo] ♦ **E:** rw. *Hans Walter* ‚Laus', volksetymologische Anlehnung an PN *Hans* und *Walter*; Herleitung unsicher, nach Wolf womgl. zu jd. *alato* ‚dichte Finsternis' WolfWR 2060; nach rw. Nebenform *walche* wohl eher zu → *walch, wallschi, woahln* ‚Franzose, met. Syphilis'.
waltacha Subst. n. Dim. [SE]; **walderche** [MeJ]; **walterchen** [SE]; **waltascha** [SE]; **waltercher** [SE]; **waltecher** [WL]; **waltersche** [JSa]
– Läuse [JSa, SE]
walterle Subst. n. Dim. [LüJ, PfJ, SS, WH]; **walterten** Subst. Pl. [WL]
– Floh [LüJ, PfJ]; Läuse [SS, WH, WL]; Franzose [LüJ]
walteren Subst. Pl. [NJ]
– Läuse [NJ]; Ungeziefer [NJ]
waltern Subst. Pl. [NJ]
– Kinder (met.) [NJ].

walz Subst. f. [TJ]
walze [HLD, MB, SK]
– Wanderschaft [MB, TJ]; Musikreise [SK]; Reise [HLD] ♦ **E:** rw. *walze* ‚Wanderschaft' WolfWR 6156; dt. *walzen, wälzen* „hin und her bewegen, rollen" DWB XXVII 1409 ff., 1419 ff.; vgl. *Walzbrüder*, Handwerksburschen auf der *Walz*. ♦ **V:** *auf Walze gehen* ‚auf Musikreise gehen' [SK]
walzen swV. [HLD, KMa, TJ]
– wandern [TJ]; gehen [KMa]; gemütlich wandern [HLD].

wammech Subst. [NJ]
– dicke Jacke [NJ]
wammest Subst. [PfJ, SJ]; **wammescht** Subst. f. [WL]; **wammesch** [WL]; **wamst** [PfJ]
– Weste [SJ]; Kittel [PfJ]; Anzug [WL] ♦ **E:** jd. *wallmusch, mallbusch* ‚Kleidung, Kleid, Gewand', Wolf, Fatzersprache, 44; wohl mit Einfluss von dt. *Wams* „eng anliegende bekleidung des rumpfes" DWB XXVII 1456 ff. → *wanefen*.
wammeschen swV. [WL]
– kleiden [WL] ♦ **V:** *en hockt quant gewammescht* ‚er ist gut gekleidet' [WL].
wammes Subst. m. [WL]
– Leib [WL] ♦ **E:** dt. *Wampe, Wamme* ‚Leib' DWB XXVII 1442 ff.

wampe Subst. f. [MB, SJ]; **wamp** [SJ]; **wamperl** Subst. n. Dim. [EF]; **wämpelein** [EF]
– (dicker) Bauch [EF, MB, SJ]; Ranzen [SJ] ♦ **V:** *Hoimde scharle, wenn dir dei moss nowes zom achla gricht hot, no kascht deine näpfer hier kehrig schenegla losse, bis dei rande so aussieht, wia am massfetzer sei wamp* ‚Wart ab Schultes, wenn dir deine Frau nichts zum Essen gerichtet hat, dann kannst du deine Zähne hier tüchtig arbeiten lassen, bis dein Bauch so aussieht, wie dem Metzger sein Bauch' [SJ].

wams Subst. m. [WG]
– Verräter [WG] ♦ **E:** → *mamser* ‚Verräter'.
verwamsen swV. [WG]
– verraten [WG] ♦ **E:** rw. *vermamsern, verwamsen* ‚verraten' (WolfWR 3388).
verwamser Subst. m. [WG]
– Verräter [WG]
hehwams Subst. m. [WG]
– Polizeispitzel [WG].

wanefen swV. [WL]
wanneschen [WL]
– kleiden [WL] ♦ **E:** → *wammech*.
bewaneft Adj., Adv. [WL]
– gekleidet [WL]; *quant bewaneft* gut gekleidet.

wangere swV. [LüJ]
– gut, viel, ergiebig essen [LüJ] ♦ **E:** wohl zu dt. *Wange* „die aufgeblasene, vollgestopfte backe", DWB XXVII 1749ff.; der singuläre Beleg in LüJ *wangere II* ‚Leute über den Tisch ziehen' (Efing, Lützenhardter Jenisch, 222) wohl (verderbt) zu → *mangere*.

wanker Subst. m. [TJ]
– Soldat [TJ] ♦ **E:** unsicher; evtl. Kürzung aus *(Fahnen)schwänker* SchweizId IX 2012 ‚Fähnrich'; schwer zu jen. *Znaker* ‚Soldat'.

wäntele Subst. f. [BM]
– Wanze [BM] ♦ **E:** schweizdt. *wäntele* ‚Wanze' SchweizId. XVI 745.

wänter Subst. m. [BM]
wängger [BM]
– 20-Rappen-Stück [BM]; 20 Zentimeter [BM] ♦ **E:** schweizdt. *wänter, wängger* ‚Zwanzigrappenstück' SchweizId. XVI 749.

wanze swV. [BM]
– schlagen [BM]; prügeln [BM] ♦ **E:** schweizdt. *wanzen* ‚schlagen, prügeln' SchweizId. XVI 770.

wappler Subst. m. [WG]
– minderwertiger Mensch ♦ **E:** österr. *Wappler* ‚untüchtiger Mann, Versager', evtl. zu dt. *Wappen* ‚Hoheitszeichen'.

greaner wappler Subst. m., Phras. [WG]
– Aufseher [WG]; Justizbeamter [WG].

warghuk Subst. f. [EF, MoM]
werkhucke Subst. f. [EF]
– Tornister [EF, MoM] ♦ **E:** dt. *Hucke* ‚aufgehuckt getragener Behälter', dt. *Werk* ‚Arbeit, Geschäft'; Wolf, Fatzersprache, 138.

wargler Subst. m. [KJ]
– Rausch [KJ] ♦ **E:** zu dt. *warg* ‚teuflisches Wesen', *warger* u. a. „von der wellenförmigen bewegung des rauchs" DWB XXVII 2016f.

wärmerling Subst. m. [SS, WH]
wärmling [KJ, LüJ, Wo]; **wermlinger** Subst. m. [JeS];
wärmerle Subst. n. [KP];
– Ofen [JeS, KJ, KP, LüJ, SS, WH, Wo] ♦ **E:** rw. *wärmling* ‚Ofen', zu dt. *wärmen* (WolfWR 6169).

wärmli Subst. m. [GM]
– Päderast [GM]; Homosexueller [GM] ♦ **E:** zu rw. *warmer onkel, warmer bruder* ‚Homosexueller', *warm sein* (WolfWR 6166).

warmmächer Subst. m. [KMa]
– Ofen [KMa]

wermler Subst. m. [JeS]
– Pullover [JeS]

warm Adj./Adv. [HN] in: *warm halten* ‚unter Beobachtung behalten, in Bearbeitung haben' [HN].

warterast Subst. f. [SG]
– Bahnhof [SG] ♦ **E:** dt. *warten* und *Rast*.

waschlabbm Subst. m. [HK]
– Zunge [HK]; weicher Mann [HK]; Feigling [HK]; Petzer [HK]; „die den Mund nicht halten können" [HK]; „einer, der sich nicht durchsetzen kann" [HK]; „einer, der zimperlich ist" [HK]; „Doofer, tut den Mund nicht auf" [HK]; „Mann, der nichts zu sagen hat" [HK]; „große Klappe, steckte nichts dahinter" [HK] ♦ **E:** thür. *waschlappen* ‚Schwächling, Angsthase', ‚Zunge' (ThürWb. VI 766).

wäschtuppe Subst. m. [SK]
– Abfalleimer [SK] ♦ **E:** nd. *tuppe* ‚Zuber, Waschfaß'.

wasseln swV. [HK]
rumwassln swV. [HK]
– sich verdreckt hinsetzen [HK]; betteln [HK] ♦ **E:** wohl (assimiliert) zu rw./roi. → *Wast(e)* ‚Hand' WolfWZ 3643.

umherwassln swV. [HK]
– sich durchschlagen [HK]

wassl Subst. m. [HK]; **vassel** [SK]
– Bettler [HK]; Landstreicher [HK]; Tippelbruder [HK]; Handwerksbursche [SK]; „einer, der nicht arbeitet" [HK]; runtergekommener Mensch [HK]; unordentlicher Mensch [HK]; Mann ohne Wohnung [HK]; „einer, der sich verdreckt hinsetzt, als wenn se richtig so außer *katschemme* kommen" [HK]; „der betteln geht" [HK]

wasslbeeker Subst. m. [HK]
– Bettler ♦ **E:** → *beeker*.

wasserratt Subst. f. [KMa, OH]
– Rausch [KMa, OH]; Betrunkenheit [KMa, OH] ♦ **E:** dt. *Wasserratte* DWB XXVII 2482; evtl. Benennungsmotiv: Wasser met. für alkoholische Getränke.

wasserschnall Subst. f. [LJ]
wasserschnal [LJ]
– Suppe [LJ] ♦ **E:** → *schnalle²* ‚Suppe' (WolfWR 5048).

waste Subst. f. [GM, ME]
wast [GM, JS, JSW, MB, MM, MUJ, PH]; **vast** [LüJ]; **was** [MB]; **wascht** [LüJ]; **wasg** Subst. f. [LüJ]; **wasge** [LüJ]; **waschg** [LüJ]; **watsch** Subst. f. [JSW]; **kwast** Subst. f. [MoJ]
– Hand [GM, JS, JSW, LüJ, MB, ME, MM, MoJ, MUJ, PH]; große Hand [MM]; Pranke [MM]; Faust [MB] ♦ **E:** rw. *wast* ‚Hand' (WolfWR 6029) < roi. *wast* ‚Hand' (WolfWZ 3643); vgl. → *wasseln*. ♦ **V:** *meine schrawiener sollen butten und schwächen naschen und sich die kwast flotschen* ‚meine Kinder sollen zum Essen und Trinken kommen und sich die Hände waschen' [MoJ]; *mit der wasge matschele* ‚mit der Hand fischen' [LüJ]

waster Subst. Pl. [MUJ]
– Hände [MUJ]

wastingeri Subst. m. [GM]
– Handschuh [GM] ♦ **E:** rw. *wastængri* ‚Handschuhe' (WolfWR 6029) < roi. *wastingeri* ‚Handschuhe' (WolfWZ 3643)

waschgen swV. [LüJ]
– anfassen [LüJ]; antatschen, betatschen [LüJ]; rumfingern [LüJ]; nehmen [LüJ] ♦ **V:** *die bull, tschutsche waschgen* ‚die Vulva, Brüste antatschen' [LüJ].

wattcher Subst. f. [KMa]
wattger [KMa, OH]
– Kuh [KMa, OH] ♦ **E:** rw. *wattger* ‚Kuh' aus frz. *vache* ‚Kuh' WolfWR 6125.
wattgerbajes Subst. n. [KMa, OH]
– Stall [KMa, OH]
watcherpraktisch Subst. m. [KMa]
– Tierarzt [KMa].

wäudu Subst. m. [BM]
– Wald [BM] ♦ **E:** schweizdt. zu *Wald*.

wau-wau[1] Ortsübername [HK]
– Hundeshagen [HK] ♦ **E:** onomatopoetisch (kindersprachl.) *wauwau* ‚Hund'; partielle Namenübersetzung, volksetymologische Deutung von *Hund-* im Ortsnamen *Hundeshagen*.
wau-wau[2] Subst. m. [HK]
– Perücke [HK] ♦ **E:** Benennungsmotiv: Ähnlichkeit von Perücke und Hundefell; vgl. ugs. *Fiffi* ‚Perücke'.

wawer Subst. m. [GM]
– Kerl [GM]; Anderer [GM]; Zweiter [GM] ♦ **E:** roi. *wawer* ‚ein anderer, zweiter' (WolfWZ 3649).

wâze Subst. [KP]
– Verständnis [KP] ♦ **E:** wohl zu dt. *wissen*. ♦ **V:** *hastu de wâze?* ‚verstehst du?'.

w-beeker Subst. m. [HK]
– Wechselbrüder [HK] ♦ **E:** rw. Initialkürzung von *wechselbeeker*, zu dt. *wechseln*; verfahrensähnlich rw. *wehfahrt* aus *wechsfahrt* ‚Betrug beim Geldwechseln durch Rücknahme des eingewechselten Geldscheins' (WolfWR 6180).

weängterdag Subst. m. [HF]
– Wintertag [HF] ♦ **E:** mdal. *Wintertag*.

weckeln swV. [KMa]
– essen [KMa] ♦ **E:** mdal. (Senkung) zu → *wickeln*.
weckel Subst. m. [KMa, OH]
– Essen [KMa]; Essen und Trinken [KMa, OH].

weddeln swV. [HK]
wedeln [HK]
– tanzen [HK]; „Tanz" [HK] ♦ **E:** dt. *wadeln, wedeln* „schwanken, schweifen, sich hin und her bewegen" DWB XXVII 246.
weddel Subst. m. [HK]
– Tanz [HK]; Tanzlokal [HK]; „tanzen" [HK]
weddelband Subst. n. [HK]
– Tanzband [HK]; „Tanzband mit Patentverschluß, um zu zeigen, daß man bezahlt hat" [HK]

weddelfinnichen Subst. n. [HK]
– Tanzsaal [HK] ♦ **E:** → *finne*.

wedel Subst. nur in → *grünwedel, langwedel*.

week Subst. f. [HF]
– Woche [HF] ♦ **E:** rhein. *Week, Wääk* ‚Woche' (RheinWb. IX 606).

wef Num. Kard. [SS]
– sechs [SS] ♦ **E:** jd. *wof* ‚sechs' (WolfWR 6437); → *woff*.

weg- Präfix von Verben in: → *wegfahren* bis → *wegkohlen*, passim.

wegfahren swV. [WG]
– nur in: *mit jemandem grob wegfahren* ‚jemand anderen belasten, die Schuld auf einen anderen schieben, sich als unschuldig darstellen' [WG] ♦ **E:** dt. *wegfahren* ‚abreisen'.

wegkohlen swV. [PfJ, SJ]
– leugnen [PfJ, SJ]; lügen [SJ] ♦ **E:** → *kohl*[1].

weh Subst. f. [WG]
– einfältiger Mensch [WG]; Kartenspieler, der schlecht spielt [WG] ♦ **E:** bair./österr. *weh* ‚der Gerupfte, Ausgenutzte', Wehle, Wiener Galerie, passim. ♦ **V:** *die weh wird obighaut* ‚einen schwachen, unerfahrenen Spieler besiegen' [WG].

wehfraa Subst. f. [EF]
– Hebamme [EF] ♦ **E:** dt. *Weh, Wehleid* ‚Leid, Kummer' DWB XXVIII 114, erzgeb. *Wehfrau* ‚Hebamme'.

wehle Subst. [MB]
– Leiden [MB]; Schmerz [MB] ♦ **E:** wohl zu dt. *Weh* ‚Leid'.
rheumawehle Subst. [MB]
– Rheuma-Schmerzen [MB].

wehlen swV. [GM]
weelen [BO]
– sich fortbewegen [GM]; gehen [GM]; laufen [GM]; kommen [GM]; tanzen [BO] ♦ **E:** rw. *weelen* ‚tanzen', zu ahd. *wellan* ‚wälzen, rollen' (WolfWR 6183).

wehlt Subst. n. [MM]
– Anwesen [MM] ♦ **E:** unsicher; singulärer Beleg, wohl zu dt. *Feld*.

weidele swV. [BM]
– mit kurzen Armschlägen schwimmen [BM] ♦ **E:** schweizdt. *weidelen* ‚id.' SchweizId. XV 540.

weifen swV. nur in:
durchweifen swV. [HK]
– durchprügeln [HK] ♦ **E:** dt./thür. *weifen* ‚schlagen, sich drehen' (ThürWb. VI 862f., DWB XXVIII 632).
weife Subst. Pl. [HK]
– Schläge [HK]; Haue [HK]; Prügel [HK] ♦ **V:** *weife beschdomm* ‚Prügel bekommen' [HK]
weifkoahstn Subst. m. [HK]
– Abort [HK] ♦ **E:** dt. *Kasten*.

weinaß Subst. m. [KMa]
weinass [KMa]
– Schnaps [KMa] ♦ **E:** unsicher; evtl. zu dt. *Weinnase* DWB XXVIII 970.

weiß Adj. in:
weiss Subst. m. [SK]
– Winter [SK] ♦ **E:** dt. *weiß* ‚candidus' DWB XXVIII 1178 ff.
fatel weiss Phras. [SK]; **vater weiß** [HLD, KJ]
– Winter [HLD, KJ, SK] ♦ **E:** rw. *vater weiß* ‚Winter' (WolfWR 6031).
weiß Adj. [EF]
– katholisch [EF]
weißer Subst. m. [EF]
– Katholik [EF]
weißa Subst. f. [EF]; **weiße** [EF]
– Katholikin [EF]
weißblotzr Subst. m. [OJ]
– Gipser [OJ]
weißkill Subst. [KMa]; **weisskill** [KMa]
– Matte (Quark) [KMa]
weißkitscher Subst. m. [EF]
– Zaungast [EF]
weißling[1] Subst. m. [Gmü, LüJ, Zi]; **weißlich** [EF]
– Milch [EF, Gmü, LüJ, Zi] ♦ **E:** rw. *weißling* ‚Milch' (WolfWR 6207).
weißling[2] Subst. m. [KJ]
– Semmel [KJ]
weißling[3] Subst. m. [BA, HLD]
– Ei [BA, HLD]
weissling[4] Subst. m. [SK]
– Taschentuch [SK]
weissling[5] Subst. m. [StG]
– Geld [StG]; Silbergeld [StG] ♦ **E:** rw. *weißling* ‚Silbergeld' (WolfWR 6208).
weissling[6] Subst. m. [DG]; **weißleng** [LüJ]; **weißlung** [LüJ]
– Sonntag (an dem man weiße Kleidung trug) [DG, LüJ]

weiß gehen swV., Phras. [HLD]
– gültige Legitimationspapiere haben [HLD].

weisse swV. [BM]
weissele [BM]
– wüseln [BM]; kreischen [BM] ♦ **E:** schweizdt. *weissen* ‚(in hohen Tönen) schreien, kreischen' SchweizId. XVI 1888.

weitchen Subst. n. [HK, HLD, SK]
weidchen [HK]; **weitje** [HK]; **weitjen** [HK]
– Hose [HK, HLD]; lange, blaue Hosen [HK]; Männerhose [HK]; Frauenhose [SK]; Schlüpfer [HK]; Rock [HK] ♦ **E:** rw. *weitchen, weitling* ‚Hose' (WolfWR 6210), zu dt. *weit*, Gegensatz rw. *zwängling* ‚Jacke'.
♦ **V:** *du bisd en jookerer scheeks, heegsd relln im wigserde un seewl im weidchen* ‚du bist ein toller Bursche, hast Läuse im Bart und Scheiße in der Hose' [HK]; *rellen im wigserd und seewl im weidchen* ‚Läuse im Bart und Kacke in der Hose' [HK]; *der granniche beeker hat nur rellen im wickserde und seewl im weidchen* ‚der feine Mann hat nur Läuse im Bart und Scheiße in der Hose' [HK]
weitling Subst. m./f. [SK, HK]; **weedling** [JSa]; **wädeling** [StJ]; **wäddling** [JSa]; **weidling** [HK]
– Hose [HK, JSa, SK]
holsterweitling Subst. m. [SK]
– Schlüpfer [SK] ♦ **E:** → *holster*[2] ‚Mädchen'.
klabbetzweitling Subst. m. [SK]
– Jungenhose [SK] ♦ **E:** → *klabbes* ‚Junge'.
schlidsweidchen Subst. n. [HK]
– Unterhose [HK]; Schlüpfer [HK]; Frauenunterhose mit Schlitz [HK]; Männerhose mit Schlitz [HK]; offene Hose [HK]; „offene Hose, früher, als Kinder" [HK]; Schlitzhose [HK]; „Hose, die man nicht aufmachen muß, Beinhose für Frauen" [HK]
underweidchen Subst. n. [HK]; **unterweidchen** [HK]
– Unterhose [HK]; Unterhöschen [HK]; Korsett [HK]; Schlüpfer [HK]; Unterrock [HK]
weitlingshole Subst. m. [SK]
– zerrissene Hose [SK] ♦ **E:** engl. *hole* ‚Loch'.

weiwern swV. [MoM]
weiweln [KMa]
– trinken [KMa, MoM] ♦ **E:** rw. *weiweln* ‚trinken' (WolfWR 6211) < lat./roman. *bibere* ‚trinken'. ♦ **V:** *ich hu drei Serwas geweiwert* ‚ich habe drei Bier getrunken' [MoM].

welangs ‚Mann, Bauer' → *wilangs*.

welefer ‚Kirmes' → *wilefer*.

welif Pron. [BB]
– wieviel [BB] ♦ **E:** partielle Inversion zu mdal. *wevill* ‚wieviel'.

well Subst. m. [KMa]
– Mann [KMa]; Bauherr [KMa] ♦ **E:** wohl zu dt. *Well* ‚Stier, Bulle' DWB XXVIII 1390f.
trübwell Subst. m. [KMa]
– Großvater [KMa] ♦ **E:** rw. *trübwell* ‚Großvater' WolfWR 5929.

wellblechkove Subst. f. [MM]
– Manchester-Anzug [MM]; Manchester-Hose [MM] ♦ **E:** dt. *Wellblech*; Benennungsmotiv: Wellenstruktur des Stoffes; → *kowe* ‚Kleidung'.

welle swV. [Gmü]
– rauchen [Gmü] ♦ **E:** rw. *welle(n)* ‚rauchen' zu dt. *wellen* ‚zum Kochen bringen, wallen, brodeln' DWB XXVIII 1423 ff., WolfWR 6212.

wellemen Subst. [NJ]
welmen [NJ]
– Kuchen [NJ]; Gebäck [NJ] ♦ **E:** unsicher; evtl. zu dt. *wellen* ‚Speisen erwärmen bis vor den Siedepunkt' DWB XXVIII 1424 ff.; womgl. aus RN *Wilhelm* (Windolph, Nerother Jenisch, 67).

welljone Subst. f. [GM]
– Geige [GM] ♦ **E:** roi. *weljuna* ‚Violine, Geige' (WolfWZ 3660).

wello Subst. n. [LJ, MUJ, WJ]
welo [GM, JS, PH]
– Fahrrad [GM, JS, LJ, MUJ, PH, WJ] ♦ **E:** rw. *wello* ‚Fahrrad, Auto', Kürzung aus dt. (ant.) *velociped* ‚Fahrrad' (WolfWR 6214).
nagewelo Subst. n. [GM]
– Brille [GM]
wellen swV. [LJ]
– fahren [LJ].

wemeln swV. [MB]
– unruhig sein/werden [MB] ♦ **E:** nd. *wemeln* ‚sich lebhaft hin- und herbewegen'; vgl. DWB XXX 219 ff. s. v. *wimmeln*.
wehmelich Adj. [MB]
– unruhig [MB]; hyperaktiv [MB]
wemler Subst. m. [MB]
– Fisch [MB]
wehmelsteert Subst. m. [MB]
– unruhiges Kind [MB]; Zappelphilipp [MB]; nervöser Mensch [MB]; unruhiger Mensch [MB] ♦ **E:** nd. *steert* ‚Schwanz'.

wend ‚Tür' s. → *winde*.

wendisch Adj. [LJ, SJ, SchJ]
– launisch [LJ]; schlecht gelaunt [SJ, SchJ] ♦ **E:** rw. *wendisch*, gekürzt aus dt. *wetterwendisch* „unbeständig, wankelmütig; auch: tückisch" WolfWR 6215, DWB XXIX 773 ff.

wendrin Subst. f. [GM]
– Darm [GM] ♦ **E:** roi. *wendrin* ‚Darm' (WolfWZ 3664).

wenerich Subst. m. [MeJ]
– Wein [MeJ] ♦ **E:** unsicher; evtl. rw. Bildung zu dt. *Wein*, oder zu → *weinaß*.

wennerich Subst. m. [NJ]
– Hut [NJ] ♦ **E:** zu rhein. *bonderi(s)ch* Windolph, Nerother Jenisch, 49.

wennrich ‚Käse' s. → *fennrich*.

wenslepper Subst. m., Pl. [JS]
– (abfällige) Bezeichnung für die Jenischen [JS] ♦ **E:** unsicher; evtl. zu rw. *wenn-* ‚Käse' WolfWR 1268 und dt. *sleppen* ‚schleppen', vgl. rw. *fändrichsoter* ‚Käsekrämer'.

wenzala Subst. n. [EF]
wenzellein [EF]
– Buckliger [EF] ♦ **E:** unsicher; evtl. zu dt. *wenzer* ‚Fischsack' DWB XXIX 71; oder zu dt./mdal. *Wenzel* ‚unter' im dt. Skatspiel, Wolf, Fatzersprache, 139.

weo Subst. m. [MB]
– Hund [MB] ♦ **E:** unsicher; evtl. zum Onomatopoeticum *wau*.

werewarg Subst. n. [UG]
– Tuch [UG] ♦ **E:** zu dt. *Werk*, Erstglied evtl. zu dt. *Wehre* ‚Besitz' DWB XXIX 275; SchwäbWb. VI 697 *Werewarg:* „am ehesten zu *Werg, Werk*".

werkel Subst. n. Dim. [EF]
– Leierkasten [EF] ♦ **E:** österr. *Werkel* ‚Leierkasten', Dim. zu dt. *Werk*. DWB XXIX 353.

werken swV. [KMa, OH]
– führen [KMa, OH] ♦ **E:** wohl zu dt. *werken* ‚(handwerklich) arbeiten, bewirken, schaffen' DWB XXIX 359 ff.

werkli Subst. f. [GM]
– (Hals-) Kette [GM] ♦ **E:** roi. *werklin, wärkli* ‚Kette (jeder Art)' WolfWZ 3675.

werkmeistern swV. [HLD]
– verurteilen [HLD] ♦ **E:** dt. *Werkmeister* u. a. ‚Schöpfergott, Bürgermeister' DWB XXIX 386f.

werle Adj. [SJ]
– wahr [SJ]; sicher [SJ] ♦ **E:** mdal. *währlich* ‚wahrlich'.

wesch Subst. m. [GM, LüJ, MUJ]
wēsch [PH]; **wek** Subst. m. [JSW]
– Wald [GM, JSW, LüJ, MUJ, PH] ♦ **E:** rw. *weesch* ‚Wald' (WolfWR 6184) < roi. *veš, wesch* ‚Wald, Forst' (WolfWZ 3682). ♦ **V:** *atsch biggælo mando* [oder: *butz amande?*] *sennelo wesch* ‚Hau ab, wir treffen uns im dunklen Wald' [WJ]

wescheskero Subst. m. [GM]
– Förster [GM]; Jäger [GM]; Waldhüter [GM] ♦ **E:** rw. *wesheskro* ‚Förster, Jäger' (WolfWR 6184) < roi. *wešéskero* ‚Förster, Waldhüter, Jäger' (WolfWZ 3682).

weschraklo Subst. m. [LüJ]
– Waldarbeiter [GM].

weselo Adj. [GM]
– froh [GM]; freudig [GM]; gutgelaunt [GM] ♦ **E:** roi. *wéselo* ‚froh' (WolfWZ 3678).

wesna Subst. f. [GM]
– Frühling [GM] ♦ **E:** roi. *wésna* ‚Frühling' (WolfWZ 3679).

wesp Subst. [EF]
– Bergwerkskasten [EF]; tragbares Bergwerksmodell [EF] ♦ **E:** zu dt./bair. *wespeln* ‚hastig hin und her fahren' DWB XXIX 610; Wolf, Fatzersprache, 139.

wespenma Subst. m. [EF]; **wespenmann** [EF]
– Bergwerkskastenmann [EF]; Fahrender mit einem Bergwerksmodell [EF].

wessl Subst. [EF]
wessel [EF]; **weßl** [EF]
– Hochzeit [EF] ♦ **E:** wohl zu dt./mdal. *Weßl* ‚Weißes' Wolf, Fatzersprache, 139.

wetsch Subst. m. [PH]
– Flurhüter [PH] ♦ **E:** unsicher; evtl. zu *waid, waidschauer* DWB XXVII 1043 und 1032 ff.

wetten Subst. [HF]
witten [HF, HeF]
– Stüber (Geldstück) [HF, HeF] ♦ **E:** zu nl./nd. *wit* ‚weiß' (Weissling). Stüber/Stüver: bergische und jülische Münze ab 16. Jhdt.

wickeln swV. [JeH, PfJ, SJ]
wikeln [SP]; **wicklen** [LüJ]; **wickla** [LüJ]
– essen [JeH, LüJ, PfJ, SJ]; viel, einen Haufen essen [LüJ] ♦ **E:** rw. *wickeln* ‚essen', Nebenform von rw. → *picken* (WolfWR 6226, SchwäbWb. VI/1, 754/755).
♦ **V:** *zu mitschein wickeln* ‚zu Mittag essen' [PfJ] ♦ **V:** *znacht wickeln* ‚zu Abend essen' [PfJ].

wickel¹ Subst. m. [SJ]; **wikel** [SP]
– Essen [SJ, SP] ♦ **V:** *warmer Wickel* ‚warmes Essen' [SJ].

wickel² Subst. m. [WG]
wickl [WG]
– Streit [WG] ♦ **E:** zu dt. *wickeln* „verwickeln in eine (streit)sache, händel" DWB XXX 850f. ♦ **V:** *einen Wickl haben* ‚Ärger haben' [WG].

wicksen swV. [SG]
– schlagen [SG] ♦ **E:** ugs./dt. *wichsen* ‚mit wachs bestreichen', auch ‚blank machen, putzen'; ‚prügeln' DWB XXIX 810 ff., Klu. 1999: 888. → *wigserd.* ♦ **V:** *se wickset sek* ‚sie schlagen sich' [SG].

affwicksen swV. [MB]
– (Kartoffeln) schälen [MB]

wichsgriffel Subst. m. [MM]
– (schmutzige) Finger [MM] ♦ **E:** dt. *Griffel*.

wichskasten Subst. m. [JS]
– Zylinder [JS] ♦ **E:** Benennungsmotiv: gewichster, also polierter Zylinder.

wiebel Subst. m. [RH]
– Messer [RH]; Penis [RH] ♦ **E:** wohl zu dt./mdal. *wiebeln* ‚sich lebhaft hin und her bewegen' (DWB XXIX 806f.; PfälzWb. VI 1316).

wiefert Subst. m. [HF]
wifert [HF, HeF]
– Salat [HF, HeF]; Heu [HF] ♦ **E:** rw., WolfWR 6232, ohne Herleitung; evtl. zu dt. *Weife* (weites Bedeutungsspektrum) u. a. ‚Haspel, Garnmaß, sperriges Gestänge' und Pflanzenname DWB XXVIII 630f. ♦ **V:** *en schütt wifert* ‚eine Karre Heu' [HeF]

wifertspeckert Subst. m. [HF]
– Heugabel [HF] ♦ **E:** → *pecken*.

wiehnere Subst. f. [BM]
– Weihnachten [BM] ♦ **E:** schweizdt. „Bubensprache" *wieneren* ‚Weihnachten' SchweizId. XVI 272.

wiene ‚Tür' s. → *winde¹*.

wiener Subst. m. [JeS]
– Bettler [JeS]; Vagant [JeS] ♦ **E:** rw. *wiener machen* ‚des Landes verwiesen werden', womgl. zum ON

Wien, schwer Entstellung aus jd. *erowon* ‚Pfand, Bürgschaft' (WolfWR 6228); oder zu rw. *Chawer, Gawiener* ‚Kamerad, Genosse, Komplize' aus jd. *cháwer* ‚Freund, Kamerad'.

wienern swV. [HK]
– putzen [HK]; sauber machen [HK]; glänzen [HK]; auf Hochglanz bringen [HK]; schön machen [HK] ♦ **E:** dt. *wienern* ‚(Metall, Leder) putzen', zum ON *Wien*; „Ursprünglich ‚mit Wiener Putzkalk putzen', dann verallgemeinert" (Klu. 1995: 890).

wiertsoref Subst. f. [BB]
– Wirtsfrau [BB] ♦ **E:** Inversion zu *(Wirts)-frau*.

wigserd Subst. m. [HK]
wicksert [HK]; **wichsert** [HK]; **wichserd** [HK]; **wixert** [HK]
– Schnurrbart [HK]; Bart [HK]; Kinnbart [HK]; Schamhaar [HK]; Penis [HK]; dummer Junge [HK] ♦ **E:** dt. *wichsen* ‚mit Wichse einreiben, glänzend machen' (DUW 1996: 1737). → *wichsen, wicksen*. ♦ **V:** *du bisd en jookerer scheeks, heegsd relln im wigserde un seewl im weidchen* ‚du bist ein toller Bursche, hast Läuse im Bart und Scheiße in der Hose' [HK]; *rellen im wigserd und seewl im weidchen* ‚Läuse im Bart und Kacke in der Hose' [HK]; *der grannliche beeker hat nur rellen im wickserde und seewl im weidchen* ‚der feine Mann hat nur Läuse im Bart und Scheiße in der Hose' [HK].

wiibeln swV. [SP]
– stechen [SP] ♦ **E:** unsicher; evtl. zu rhein. *wibbel* u. a. ‚Nesselsucht' RheinWb. IX 469; dt. *wibbeln* ‚krabbeln' DWB XXIX 806f.

wilangs Subst. m. [KMa, LI, OH]
welangs [KMa]
– Mann [KMa, LI]; Bauer [KMa]; Wirt [OH] ♦ **E:** zu frz. *vilain*, ital. *villano* ‚Bauer' HessNassWb. IV 677.
naßwilangs Subst. m. [KMa]
– Wirt [KMa]
usbeschwilangs Subst. m. [KMa]; **usbeschwelangs** [KMa]
– Wirt [KMa].

wild¹ nur in:
eine Wilde spielen ‚ohne System spielen' [WG] ♦ **E:** rw. *wild* ‚ungesetzlich', zu dt. *wild* ‚ungestüm, regellos u. a.' DWB XXX 8 ff.
wilder jäger Subst. m., Phras. [KMa, OH]
– Hausherr [KMa, OH] ♦ **E:** vgl. rw. *wilde heimat* ‚Herberge, in der nicht gebetet wird' WolfWR 2123.

wild² Subst. [SE]
– Ware [SE] ♦ **E:** unsicher; evtl. zu rw. *wild* ‚Marktbude', „Ableitung unklar", evtl. „Nebenform von rw. *winde* ‚Haus'" WolfWR 6234, oder zu dt. *Wild* ‚Wildfleisch'. ♦ **V:** *wild gekennicht* ‚Ware gekauft' [SE].

wilefer Subst. m. [HF]
welefer [HF]
– Kirmes [HF]; Jahrmarkt [HF] ♦ **E:** rw. *wilefer* ‚Kirmes, Jahrmarkt', wohl aus frz. *ville* ‚Stadt' und *foire* ‚Markt' WolfWR 6238.

wilhelm RN nur in:
felem Subst. m. [PH]
– 1 Mark [PH] ♦ **E:** RN *Wilhelm*. Benennungsmotiv: wohl nach preußischen Goldmünzen, a. 1737 von Friedrich Wilhelm I. eingeführt.
wöllemchen Subst. m. [WL]
– Groschen [WL]; halber Sou [WL]
wilmeken Subst. m. [SS]
– Gendarm [SS] ♦ **E:** mdal. RN *Wilhelm* häufig met. als verächtliche Personenbezeichnung; vgl. z. B. RheinWb. IX 519.
willemfidel Subst. [MeT]
– Berlin [MeT] ♦ **E:** *Wilhelm* (dt. Kaiser) und → *fidel*.

wind Subst. m. nur in:
wind wissen ‚Bescheid wissen' [HL]; *wind haben* ‚hungern' [LüJ] ♦ **E:** rw. *wind wissen* ‚Bescheid wissen', *wind halten* ‚achtgeben' WolfWR 6242. → *windig²*; rw. *wind haben* ‚hungern' WolfWR 6243, zu dt. *Wind* ‚bewegte Luft' DWB XXX 230 ff.

winde¹ Subst. f. [HK, HLD, JeS, LJ, LüJ, MB, RR, SJ, StG]
wende [LüJ]; **wend** [LJ]; **windu** [SJ]; **windn** [TJ, TK]; **winden** [TK]; **windi** [JeS, LoJ, TJ, TK]; **wiene** [CL, LL]
– Tür [CL, HK, HLD, JeS, LJ, LL, LoJ, LüJ, SJ, SK, TJ, TK]; Fenster [SK]; Haus [HK, LüJ, SJ, StG]; Anstalt [SJ]; Arbeitshaus [MB]; Stube [HK]; Zimmer [HK, RR]; Wohnstube [HK]; Raum [HK]; offene (Straf-)Anstalt [JeS] ♦ **E:** rw. *winde* ‚Tür', zu dt. *wenden* (WolfWR 6245, Klepsch 1471). ♦ **V:** *freiwillige winde* ‚Arbeiterkolonie' [MB]; *knibbs die winde dsu* ‚schließ das Haus ab' [HK]; *gude winde* ‚Wohnstube' [HK]; *wir schlehnen jetzt fockern in die winde* ‚wir gehen jetzt in das Haus betteln' [HK]; *d grütscherei hät mi i d winde versänkt* ‚die Gemeindebehörde hat mich in die Anstalt versorgt' [JeS]

windeschuri Subst. f. [SchJ]
– Tür [SchJ]

windschöibe Subst. f. [SG]; **windschöbe** [SG]
– Fenster [SG]
begerwende Subst. f. [LüJ]
– Krankenhaus [LüJ]
boscherwinde Subst. f. [SJ]
– Sparkasse [SJ]
bennewinde Subst. f. [HK]; **pennewinde** [HK]
– Schlafzimmer [HK]; Schlafkammer [HK]; Schlafgelegenheit [HK]; „Zimmer, wo wir geschlafen haben" [HK]; Zimmer [HK]; Stube [HK]; Hotelzimmer [HK]; Hotel [HK] ♦ **V:** *die dilm hat mit dem beeker gepennt oder war mit inner pennewinde* ‚das Mädchen hat mit dem Mann geschlafen oder war mit im Schlafzimmer' [HK]
plauderwinde Subst. f. [SJ]
– Schulhaus [SJ]
plempelwinde Subst. f. [HK]
– Bierstube [HK]; Wirtschaft [HK]; Gaststätte [HK]; Brauerei [HK]
ratswinde Subst. f. [HK]
– Ratsstube [HK]; Rathaus [HK]; Bürgermeisterzimmer [HK]; Bürgermeisteramt [HK]
schalderwinde Subst. f. [HLD]
– Gefängnis [HLD]
schienegelswinde Subst. f. [StG]
– Arbeitshaus [StG]
süße winde Subst. F., Phras. [HLD]
– Zuchthaus [HLD]
teewinde Subst. f. [MB]
– Krankenhaus [MB].

winde² Subst. m. [LoJ]
– Rock [LoJ] ♦ **E:** Kürzung aus rw. *windfang* ‚Mantel' (WolfWR 6247) zu dt. *Windfang* „etwas, worin sich wind oder luft fängt" DWB XXX 299 ff.
windfang [HLD, LJ]; **wîdfang** [LüJ]
Frauenrock [LüJ]; Mantel [HLD, LJ].

windele Subst. n. [KP]
– Tuch [KP]; Taschentuch [KP] ♦ **E:** dt. *Windel* ‚Binde zum Einwickeln' DWB XXX 279 ff.

windig¹ Adj. [SJ]
– scharf [SJ] ♦ **E:** SchwäbWb. VI/1, 845; DWB XXX 306 ff.
windig² Adj. [HLD]
– „unsicher zum Betteln" [HLD] ♦ **E:** rw. *windig* ‚unsicher, nicht geheuer' WolfWR 6248. → *wind*.

wink Subst. m. [HLD]
– Zeichen [HLD] ♦ **E:** ugs., dt. *winken* ‚mit den Händen zugrüßen, einladen' DWB XXX 386 ff.

winken swV. [SK]
– einladen [SK]; „Handbewegung des Einladens" [SK] ♦ **V:** *hei hat gewinket* ‚er hat eingeladen'.

winn Adv. [GM]
– aus [GM] ♦ **E:** roi. *awrín, wrin, winn* ‚aus, heraus, hinaus, außen, draußen' (WolfWZ 62).

winne Subst. f. [SK]
– Scheune [SK] ♦ **E:** dt. *Winne* fachspr. „in einer mühle der teil, worauf der mühlenrumpf ruht" DWB XXX 406, wohl zu nd. *Winne* ‚Winde' ♦ **V:** *uppe winne* ‚in der Scheune' [SK].

winnich Subst. m. [HK]
– Essig [HK] ♦ **E:** dt. *weinig* ‚weinartig' DWB XXVIII 941f.
winnisch Adj., Adv. [HK]
– „Mensch, der nicht gut riecht, der riecht *winnisch*" [HK]; „unangenehm riechen" [HK]; „schlechte Luft" [HK]; „es riecht schlecht" [HK]; „was gerochen hat" [HK]; „schlecht riechendes Fleisch" [HK]; „Geruch des Wildfleisches" [HK].

winnig Adj. [WG]
– sexuell erregt, geil [WG] ♦ **E:** wienerisch *winig* ‚lüstern, geil'. ♦ **V:** *winnig sein* ‚sexuell erregt sein' [WG].

winzne swV. [JeS]
winznen [JeS]
– töten [JeS] ♦ **E:** schweiz. (jenisch) *winzneⁿ* ‚töten' (SchweizId. XVI 771).
winzner Subst. m. [JeS]
– Mörder [JeS].

wipferlig Subst. m. [JeS]
– Augenlid [JeS] ♦ **E:** zu dt. *Wipf* ‚Schwung, rasche Bewegung, Sprung' DWB XXX 504.

wipferlinge Subst. Pl. [HLD]
– weiße Bohnen [HLD] ♦ **E:** rw. *wipferlinge* ‚weiße Bohnen' WolfWR 6250, ohne Herleitung; wohl zu dt. *Wipfel* „ein ding, das sich schwingend, schwankend, wiegend bewegt, schränkt sich aber anscheinend von vorn herein auf die vom winde bewegten spitzen von pflanzen, insbesondere bäumen ein" DWB XXX 504 ff.

wisch Subst. m. [EF, SG]
wiesch [EF]
– Gewerbeschein [EF]; Brief [SG] ♦ **E:** dt./ugs. *Wisch* u. a. ‚abschätzig für ein Druck- oder Schriftstück' DWB XXX 709, dazu auch *Strohwisch* ‚mittelalterliches Bann- und Verbotszeichen'.

wischerle Subst. n. [LJ, SchJ, Scho, TJ]
wischerl [LoJ]; **wischrle** [OJ]
– Taschentuch [LJ, SchJ, Scho, TJ]; Handtuch [LoJ]
♦ **E:** rw. *wisch* ‚Kleidung, Tuch aller Art', zu dt. *wischen* ‚abputzen' WolfWR 6254, Klepsch 1471, DWB XXX 712 ff.

wiss Adj. in:
wisse knebbchen ‚Silbergeld', *wisse knippchen* ‚fünf Mark' [HK] ♦ **E:** dt. *weiß* ‚silbern' (DWB XXVIII 1190). → *weiß*.

wißteeli Subst. Pl. [MJ]
– Eier [MJ] ♦ **E:** schweizdt. *tēli* ‚Medaillon', daraus in MJ *wißteeli* „aus dem Vergleich des Eies mit einem (dicken, ovalen) Medaillon" SchweizId. XII 1438; vgl. WolfWR 6197 *weißbirn* ‚Ei'. → *wyyssbire*, → *weiß*.

witamengere Subst. Pl. [MUJ]
– Ausländer [MUJ] ♦ **E:** rw. *meng* ‚Kesselflicker' WolfWR 3528, zu dt. *Manger* ‚Händler, Trödler' DWB XII 1550; *wita-* wohl zu dt. *Wiede* ‚Weidenrute, Bindeseil, Strick, Kette, Besen' DWB XXIX 1499 ff.; SchweizId. XV 550 (*wīd*).

witmoß Subst. f. [LüJ, PfJ]
– Witfrau [LüJ]; Witwe [PfJ] ♦ **E:** dt. *Witwe* ‚Frau eines verstorbenen Ehemannes', ahd. *wituwa*, zu lat. *viduus* ‚beraubt von, leer'; → *moss*.

witsch Subst. m. [JSa] ♦ **E:** rw. *wittsch, wittchen* ‚ein nicht zur Gaunerzunft Gehöriger, Unkundiger', rw. *wittisch* ‚ehrlich, bäurisch, dumm' WolfWR 6257, zu nd. *witt* ‚weiß', met. ‚unschuldig, ahnungslos'.

witscher Subst. m. [HLD]
– ehrlicher Mann [HLD]

wittisch Adj. [LJ, PfJ]
– fremd [LJ]; zornig [PfJ].

witt → *kahtewitt*.

wittenklits Subst. m. [MeT]
wittenklitz [MeT]
– Klempner [MeT] ♦ **E:** nd. *witt* ‚weiß' (Weißblech), s. → *klits*².

wittisch → *witsch*.

witz Subst. m. [KMa, OH]
– Junge [KMa]; Bursche [KMa, OH]; Knabe [KMa, OH] ♦ **E:** rw. *witz* ‚Junge, Bursche', aus frz. *fils* ‚Sohn' (WolfWR 6261, HessNassWb. IV 710).

witze Subst. Pl. [KMa]
– Kinder [KMa]

witzebeglärer Subst. m. [KMa]
– Lehrer [KMa] ♦ **E:** mdal. *-begleiter*; HessNassWb. IV 710.

witzemoss Subst. f. [KMa]
– Hebamme [KMa] ♦ **E:** → *moss*.

witzern swV. [GM]
– werfen [GM]; schmeißen [GM] ♦ **E:** roi. *witscher* ‚werfen, schleudern' (WolfWZ 3725).

wiudu Subst. n. [BM]
– Wald [BM] ♦ **E:** wohl schweizdt. Bildung zu dt. *Wald*.

wiudli Subst. n. [BM]
– Wäldchen [BM].

wiwan swV. [LoJ]
– aufschneiden [LoJ] ♦ **E:** unsicher; evtl. zu obdt./schweizdt. *G(e)wīwe^n* SchweizId 16, 2369 ‚Stück Holz mit Gabel'.

woahln swV. [LI]
– sprechen [LI] ♦ **E:** rw. *wahlen* ‚undeutlich, in einer unbekannten Sprachen, in Gaunersprache reden' (WolfWR 6151). → *wälsch*.

wobnwabgen Subst. m. [JS]
wobenwabegen [JS]
– Wohnwagen [JS] ♦ **E:** dt. *Wohnwagen*, Verfremdungscode der B-Sprache.

wochni Subst. f. [GM]
– Fenster [GM] ♦ **E:** rw. *wochin* ‚Fenster' (WolfWR 6263) < roi. *wochnin, wochli* ‚Fenster' (WolfWZ 3734).

wocka Subst. m. [SJ]
wogges [SJ]
– Apfel [SJ] ♦ **E:** unsicher; evtl. zu rw. *wogge* ‚Mund' WolfWR 6264.

wockscher Subst. f. [GM]
– Zigarette [GM] ♦ **E:** oberhess. *wacken* ‚dichten Tabaksdampf von sich blasen', *die Wacke* ‚Tabakspfeife' (Crec. II 887). → *wacken*.

woda Subst. m. [SK]
– Wasser [SK] ♦ **E:** poln. *woda* ‚Wasser', Abel, Slawismen, 61.

wodom ‚Wohnwagen' → *wuddi*.

woff Num. Kard. [MM]
wof [MB, MM]; **foof** [CL, LL]; **fof** [CL]
– sechs [CL, LL, MB, MM]; sechs Mark [MM] ♦ **E:** jd. *wow* ‚sechs' (WolfWR 643), zum hebr. Zahlbuchsta-

ben *waw*, Zahlwert 6 (Schuppener 83, We 109, Post 254, Klepsch 580).

wohltünere Subst. f. [PfJ]
wohltunerin [PfJ]; **wohltünerne** [PfJ]
– Sonne [PfJ] ♦ **E:** dt. *wohltun*.

wohnisch ‚katholisch' s. → *wonisch*.

wokapree Subst. n. [MB]
wukapre [MB]
– Auto [MB] ♦ **E:** unsicher; evtl. zu roi. *wordin, wurdin* ‚Wagen, Karren'; vgl. → *wuddi*. ♦ **V:** *das wukapre ist geschort* ‚das Auto ist gestohlen' [MB].

wöles Subst. m. [HF, HeF]
– Knabe [HF, HeF]; Junge [HF, HeF]; Sohn [HF, HeF]; eifrig beschäftigter Mensch [HF] ♦ **E:** rhein. *wäules* ‚einer, der unermütlich arbeitet; grober Mensch', *wühles* ‚wilder Junge' RheinWb. IX 320 und 643; nach WolfWR 6267 aus lat. *filius* ‚Sohn'. ♦ **V:** *Mine netten het spörkes gronzen: troms wölesen on troms flitschkes* ‚mein Vater hat sechs Kinder: drei Söhne und drei Töchter' [HeF]; *flick ens an de Wöles, wo sinen Netten huckt.* ‚Frag den Jungen mal, wo sein Vater ist' [HeF]; *dot huckt ene knökelige wöles* ‚Das ist ein fleißiger Junge' [HeF]; *he, wöles, schüt en büs moselsanktes möt parz ruthen!* ‚Heda, Kellner, bring eine Flasche Moselwein mit zwei Gläsern!' [HeF]
sanktesewöles Subst. m. [HF]; **sangktuswööler** [KM]; **sangktuswöölere** [KM]
– Küster [HF, KM] ♦ **E:** rhein. *sanktuswühles* scherzh. ‚Küster' (RheinWb. VII 742).
sanktewöleseblag Subst. m. [HF]
– Meßdiener [HF].

wolfel Adj. [CL, LL]
wolft [TK]
– billig [CL, LL, TK]; vorteilhaft [CL] ♦ **E:** zu dt. *wohlfeil* ‚billig' DWB XXX 1113 ff. [CL, LL]. ♦ **V:** *En wolfel-Schassgener* ‚wer viel trinkt, wenn es wenig oder nichts kostet' [CL].

wolke Subst. f. in:
wolken schieben stV., Phras. [LJ]
– sich ärgern [LJ]
wolkenschieberei Subst. f. [LJ]
– Ärger [LJ]
wolkenschieber Subst. m. [HLK]
– Nichtstuer [HLD] ♦ **E:** rw. *wolkenschieber* ‚bettelnder Handwerksbursche, Kunde, der sein Handwerk nicht recht versteht' WolfWR 6270.

wollbogen Subst. [UG]
– Schaf [UG] ♦ **E:** zu dt. *Wolle* und *Bock, Bogen* allgemeine Bezeichnung für Tier (WolfWR 2234). → *horbogen*.

wolleber Subst. [KP]
– Tisch [KP] ♦ **E:** rw. *wolleber* ‚Tisch' WolfWR 6272, zu dt. *Wohlleben* „ein solches leben, da man immer fein viel und darzu was gutes, auch der kehlen angenehmesgerne isset und trincket und darneben wenig an die arbeit gedencket" DWB XXX 1167f.

wollreiße swV. [Gmü]
– aufstehen (aus dem Bett) [Gmü] ♦ **E:** rw. *wollreiße* ‚id.' WolfWR 6273 ohne Herleitung; wohl zu dt. *reißen* und dt. *Wolle* DWB XXX 1317 ff.; vgl. *aus den Federn kommen* ‚aufstehen', auch dt. *wollreich* ‚mit viel Wolle versehen' DWB XXX 1377. → *wule*.
wollträger Subst. m. [KMa]
– Schaf [KMa].

woltern ‚Laus' → *walter*.

wonisch Adj. [LJ, PfJ]
wohnisch [LüJ]; **wahnsch** [HK]; **wahnsh** [HK]
– katholisch [HK, LJ, LüJ, PfJ] ♦ **E:** rw. *dofelmanisch, wonisch, wanisch* ‚katholisch', zu jd. *tofelemone, toflemone* ‚Katholiken, katholischer Glaube, katholische Kirche', *tophel amuna* ‚alter Glaube' (WolfWR 1045; We 107); Gegensatz zu *chadeschemone* ‚Protestantismus, neuer Glaube'. ♦ **V:** *wohnisches g'fahr* ‚katholisches Dorf' [LüJ]; *Herles im g'fahr scheft der kolb krillisch und der kritsch wohnisch* ‚Hier im Dorf ist der Pfarrer evangelisch und der Schultheiß katholisch' [LüJ]; *hauret herles das steinhäufle krillisch oder wohnisch? Nobis. Kaime schefften herlem* ‚Ist hier die Stadt evangelisch oder katholisch? Nein. Juden wohnen darin' [LüJ]
wohnische Subst. m. Pl. [LüJ]
– Katholiken, Katholische [LüJ]
wonisch kolb Subst. m., Phras. [PfJ]
– katholischer Pfarrer [PfJ].

wöösch Subst. m. [KM]
wöösche Pl. [KM]
– kleines Strohbündel [KM] ♦ **E:** rhein. *wisch* ‚Bündel aus Stroh' RheinWb. 582; vgl. → *wisch*.

wording ‚Wagen, Wohnwagen, Auto' → *wuddi*.

worzel[1] Subst. m. [LI]
– Jude [LI] ♦ **E:** rw. *worzel* ‚Jude', gebildet/entstellt aus jd. *bar jisrael* WolfWR 6275, wohl mit volksetymologischem Anklang an dt./mdal. *Worzel, Wurzel*.

worzel² Subst. m. [LI]
– in: *geflatterte worzel*; Hering [LI] ♦ **E:** unsicher; evtl. (met.) zu dt. *Wurzel* ‚ein minderwertiges, nur in der not verwendetes Nahrungsmittel' DWB XXX 2345; womgl. zu *worzel¹*.

wöschken Adj. [HF]
– betrunken [HF]; berauscht [HF] ♦ **E:** WolfWR 6276, ohne Herleitung; zu mdal./rhein *wösch*, hochdt. *Wisch* ‚gedrehtes büschel, bündel' DWB XXX 705 ff.

wosdern swV. [JS]
– schneien [JS] ♦ **E:** unsicher; womgl. zu dt. *schwistern* ‚zusammengehörig sein' DWB XV 2721, dt. *Schwester*. Benennungsmotiv: Bild der Schneeflocken.

wotum ‚Wagen, Karre' → *wuddi*.

woumääu Interj. [BM]
– wahrlich (Bekräftigung) [BM] ♦ **E:** zu schweizdt. *wol* SchweizId 15,1327, *mol, wal, waul, wöl, wolle, wols, wolwol, wuel, momol, wowol*.

wualr Subst. m. [OJ]
– Gärtner [OJ] ♦ **E:** zu mdal. *wuhlen* ‚(in der Erde) wühlen'. → *wuhlert*.

wucheplädu Subst. m. [BM]
– Wochenplatz, Arbeitsplatz nach der Schule; für ältere Kinder [BM] ♦ **E:** schweizdt. *Wochenplatz*.

wüchtsch Subst. f. [BM]
– Woche [BM] ♦ **E:** wohl zu schweizdt. *Wuche^n* ‚Woche' SchweizId. XV 230.

wucklu Subst. m. [ME]
wucklo [ME]
– Hund [ME] ♦ **E:** → *jucklu*.

wudde Subst. m. [GM]
wuder [JS, PH]
– Tür [GM, JS, PH]; Zimmer [GM] ♦ **E:** rw. *wuder* ‚Tür' (WolfWR 5980) < roi. *vuder* ‚Tür' (WolfWZ 3759).
wudebin Subst. f. [GM]
– Tür [GM].

wuddi Subst. m. [MM]
wodi Subst. m. [MB]; **woddi** [JS]; **wurdi** [JSa]; **wudin** Subst. m. [JS, ME]; **wurdin** [JSW]; **wurdum** [UG]; **wordom** [LüJ]; **wurfdin** [JSW]; **wulli** Subst. m. [MM]; **wurri** Subst. m. [MM]; **wurrie** [MM]
– Wagen, Auto [JS, JSW, JSa, LüJ, MB, ME, MM, UG]; Wohnwagen [JS]; Fahrzeug [LüJ] ♦ **E:** roi. *wordin, wurdin* ‚Wagen, Karren' (WolfWR 6047, WolfWZ 3741). ♦ **V:** *ein schummer wuddi* ‚ein schwerer, großer Wagen' [MM]; *beis für wuddis* ‚Parkhaus' [MM]; *höchstens wenn einer mal halb mulo war, kam so 'n wuddi vonne teewinde* ‚nur wenn einer halb tot war, kam ein Krankenwagen' [MM]; *die zintis, die hatten manchmal ein' koten zossen vor ihren wuddi* ‚die Zigeuner hatten manchmal nur ein kleines Pferd vor ihren Wagen gespannt' [MM]; *es fährt 'n schummen wuddi* ‚er fährt ein großes Auto' [MM]; *ihne fährt aber 'n fuhles wodi* ‚er fährt aber ein schlechtes Auto' [MB]; *mein wodi is machulle* ‚mein Auto ist kaputt' [MB]; *i weiß tschi, soll i mei wordom vergitsche?* ‚ich weiß nicht, ob ich meinen Wagen verkaufen soll' [LüJ].

wodding Subst. m. [JS, MoJ, PH]; **wording** [GM]
– Wohnwagen [GM, JS, MoJ, PH]; (früher) Pritschenwagen [GM]; Auto [GM]

wodom Subst. m. [WJ]; **wotum** [MUJ]
– Wohnwagen [WJ]; Wagen [MUJ]; Karre [MUJ]

bollerwuddi Subst. m. [MM]
– Bollerwagen [MM]

dienstwuddi Subst. m. [MM]
– Dienstwagen [MM]

gammelwuddi Subst. m. [MM]
– Gammelauto [MM]

glistwordom Subst. m. [LüJ]
– Polizeiauto [LüJ]

kluntenwuddi Subst. m. [MM]
– Puppenwagen [MM]

naselowordom Subst. m. [LüJ]
– Rollstuhl [LüJ]

ökowuddi Subst. m. [MM]
– mobiler Brunnen [MM]

rettungswuddi Subst. m. [MM]
– Rettungswagen [MM]

taxiwordom Subst. m. [LüJ]
– Taxi [LüJ]

aegidiiwuddibeis Subst. m. [MM]
– Aegidii-Parkhaus [MM]

wuddibeis Subst. n. [MM]
– Parkhaus [MM]; Garage [MM]

wuddibus Subst. f. [MM]
– Autobus

wuddimasematten Subst. f. [MM]
– Autohandel.

wudding Subst. m. [MB]
– Stall [MB]; kleiner Kasten im Haus [MB]; kleines Gefäß [MB] ♦ **E:** zu roi. *wordin, wurdin* ‚Karren, Wagen' WolfWZ 3741.

wuhlert Subst. m. [NJ]
– Schwein [NJ] ♦ **E:** mdal. *wuhlen* ‚(in der Erde) wühlen', rw. *wühlerspink* ‚Gärtner' WolfWR 6277.
→ *wualr*.
wühlersbenk Subst. m. [LJ]; **wühlerspink** [SchJ]
– Gärtner [LJ, SchJ].
wuhrachen swV. [HL]
– zusammengeizen [HL] ♦ **E:** wohl zu dt. *wuhr* ‚Eindämmung' DWB XXX 1750 ff.
wule Subst. f. [BM]
– Wut [BM] ♦ **E:** schweizdt. *wull, wullen* ‚Wolle, (in verbalen Fügungen) Wut' SchweizId. XV 1371.
→ *wollreiße*.
wullachen swV. [MM]
wullacken [MB, MM]; **wullaken** [MM]
– arbeiten [MM]; schwer, hart, viel arbeiten [MB, MM]; in der Arbeit aufgehen [MM]; schuften [MM]; rumwühlen [MM] ♦ **E:** westf. *wullaken* ‚schwer arbeiten, verprügeln' (WWBA 17). ♦ **V:** *er mußte hame wullaken für die paar balachesen* ‚er mußte schwer arbeiten für das bißchen Geld' [MM]
wullacher Subst. m. [MM]
– Schwerarbeiter [MM].
wulle, wolle Subst. f. in:
wullemasematte Subst. m. [SS]
– Wollwarenhandel [SS] ♦ **E:** → *wule*, → *masematte* ‚Handel'.
wullenschaitz Subst. f. [SS]
– Wollwarenhändler [SS] ♦ **E:** → *schaitz* ‚Handelsmann'.
wup Subst. [SP]
– Protokoll [SP]; Knöllchen [SP] ♦ **E:** *wup* ‚Protokoll über Feld- und Waldfrevel' RheinWb. IX, 651.
wipchen Subst. n. [SE]; **wippchen** [SE]
– Protokoll [SE].
wuppen swV. [HF, HeF]
– wiegen [HF, HeF]; wedeln [HF]; schwanken [HF]; zittern [HF] ♦ **E:** rw. *wuppen* ‚wiegen' WolfWR 6282, Nebenform zu dt./nl. *wippen* RheinWb. IX 673. ♦ **V:** *tihn wuppen* ‚Kaffeebohnen wägen' [HeF]
wupp Subst. f. [HF, HeF]
– Waage [HF, HeF]
wuppblag Subst. m. [HeF]
– Waagemeister [HeF].
wurdi ‚Auto' s. → *wuddi*.

wurf Subst. m. [BM]
– Seil [BM] ♦ **E:** zu schweizdt. *Wurf(f)* ‚Geworfenes' SchweizId. XVI 1432.
wurm Subst. m. [JeS]
– Förster [JeS] ♦ **E:** „jenisch" *wurm* ‚Förster' SchweizId. XVI 1510, zu dt. *Wurm* „kriechend sich fortbewegendes tier" DWB XXX 2226 ff.
wuschen swV. [HF, HeF]
– schlagen [HF, HeF]; prügeln [HF] ♦ **E:** rw. *wuschen* ‚schlagen, stoßen, met. kopulieren' WolfWR 6291, rhein. *wuschen, wischen* ‚ohrfeigen' RheinWb. IX 673.
wuschtent Subst. f. [HeF]
– Bordell [HeF] ♦ **E:** → *tent* ‚Haus'.
wuschthuren Subst. f. [HeF]
– Hure [HeF] ♦ **E:** → *turen*.
wuschken swV. [SK]
– waschen [SK] ♦ **E:** Umbildung von nd. *wasken*, hochdt. *waschen*.
wuschte Subst. m. [GM]
– Lippe [GM] ♦ **E:** rw. *wuscht* ‚Lippe' (WolfWR 6292) < roi. *wuscht* ‚Lippe' (WolfWZ 3769).
wuser Subst. m. [RR]
– Gans [RR] ♦ **E:** zu dt. „wusel, n. (f.), auch wuselchen, wuserl, als bezeichnung kleiner tiere (namentl. enten u. gänse, zugleich deren lockruf) und kleiner kinder im obd. und md. weit verbreitet" DWB XXX 2401f.
wuserer Subst. m. [RR]
– Gänserich [RR].
wuzal Subst. m. [LoJ]
– Weizen [LoJ] ♦ **E:** bair. *wuzln, dawuzlt* ‚etwas Kleines, Rundes, durch Reiben Entstandenes'.
wydeler Subst. m. [BM]
wieden Subst. Pl. [TK]
– Weidenkorb [BM]; Korbweiden [TK] ♦ **E:** zu dt. *Weide*, vgl. schweizdt. *widele^n* SchweizId. XV 579 „Striemen auf der Haut, von Schlägen mit der Rute oder Peitsche herrührend".
wynoti Subst. m. [BM]
– Wein [BM] ♦ **E:** Umbildung von dt. *Wein*.
wyyssbire Subst. f. [JeS]
wiisberli [JeS]; **wissbiera** [JeS]; **wiessbire** [JeS]; **wiissbire** [JeS]
– Ei [JeS] ♦ **E:** rw. *weißbirn* ‚Ei' zu dt. *weiß* und dt. *Birne* WolfWR 6197; schweizdt. *wyyss* und *Bire* ‚Birne';

Wyyssbirli auch (scherzh.) ‚Kind mit weissblondem Haar und zarter, weisser Haut' SchweizId. IV 1502. → *wißteeli*. ♦ **V:** *mir tschaaned go d wyyssbire i d sicheri go sichere* ‚wir gehen die Eier in der Küche kochen' [JeS]; *wyyssbire schluune* ‚Eier legen' [JeS].

wyysslig Subst. m./f. [JeS]
wisslig [JeS]; **wiesslig** [JeS]; **wiisslig** [JeS]; **wissling** [TK]
– Schnee [JeS]; Seife [JeS]; Zucker [JeS, TK]; Sonntag [JeS] ♦ **E:** rw. *weißling* ‚Schnee, Milch, Silbergeld' zu dt. *weiß* WolfWR 6206–6208; schweizdt. *wyyss*.

Y

yfere Subst. f. [BM]
jeffere [BM]
– Eisenbahn [BM] ♦ **E:** unsicher; evtl. zu dt. *Gefährt* DWB IV 2087 ff.; oder zu lat. *fer(rum)*.

Z

zaal Subst. [NW]
– Kreuzer [NW] ♦ **E:** zu dt. *Zahl* oder Bildung zu → *zelem*.

zabäne Subst. m./ f. [SK]
– Klarinette [SK] ♦ **E:** wohl zu persisch *zabanä* ‚Pfeifenzungen'.

zabber Subst. m. [Scho]
zawwer [Scho, StG]; **tsapa** [RA]
– Hals [RA, StG]; Wucherer [Scho] ♦ **E:** rw. *zawer* ‚Hals' aus jd. *zawor, zabber* ‚Hals, Nacken' WolfWR 6322, *zabberer, zawwerer* ‚Halsabschneider, Wucherer' We 109. ♦ **V:** *zawwer schibbern* ‚sich den Hals brechen' [StG].

zacharias Subst. m. [MM]
– Geld [MM] ♦ **E:** unsicher; evtl. zu rw. *zaster* ‚Geld' aus roi. *záster* ‚Eisen' WolfWR 4743, mit Einfluss von PN *Zacharias*.

zacha swV. [NW]
– kaufen [NW] ♦ **E:** unsicher; evtl. zu rw. *zaster* ‚Geld' oder *zachkenen* ‚spielen' WolfWR 6297.

zachen, zacken, zachel, zachibe ‚Messer' s. → *sackem*.

zaches Subst. m. [MM]
– Ärger [MM] ♦ **E:** unsicher; evtl. zu rw./jd. *zachkenen* ‚(Glücksspiele) spielen' WolfWR 6297 oder rw./jd. *zeck* ‚übermütiges Gebaren, Lärm, Geschrei' WolfWR 6324, schwerer zu jd. *sakin, zacken* ‚Messer' WolfWR 4712.

zaches Adj. [MM]
– kaputt [MM]; erledigt [MM].

zack Subst. [RH]
– Feuerzeug ♦ **E:** unsicher; evtl. zu → *sackem, zacken* ‚spitzes Messer' (WolfWR 3131) oder zu dt. Interj. *Zack!*

zackel Adj. [SK]
– gut [SK]; angenehm [SK] ♦ **E:** unsicher; evtl. zu dt. *zackig* met. ‚geordnet' DWB XXXI 17f.; schwer zu span. und rum. *zagal* ‚tüchtiger Mann'.

zackert Subst. m. [KJ]
– Säge [KJ] ♦ **E:** zu dt. *Zacke(n)* ‚scharfer, spitz zulaufender Gegenstand' DWB XXXI 11 ff.

zackum ‚Messer' s. → *sackem*.

zäer Subst. m. [EF]
zweier [EF]; **zwäer** [EF]
– Sachse [EF] ♦ **E:** dt. *Zweier* (sächsische Münze), met. ‚Sachse', Wolf, Fatzersprache, 140.

zagit Subst. m. [SS, WH]
– Förster [SS, WH] ♦ **E:** rw. *zajod* ‚Jäger' < jd. *zajod* ‚Jäger' (WolfWR 6304).

zahmern swV. [SK]
– schlecht spielen [SK] ♦ **E:** wohl zu arab. *zamir* ‚Musiker'.

zahnschuster → *schuster*.

zaina, zaini ‚Korb' → *zeine*.

zainen ‚bezahlen' → *zeinen*.

zämeramisiere swV. [BM]
– zusammenraffen [BM] ♦ **E:** schweizdt. *zämme* ‚zusammen' und *ramassieren* ‚zusammenraffen' (SchweizId. VI 895).

zammelen swV. [HF, HeF]
– tanzen [HF, HeF] ♦ **E:** rw. *zammelen* ‚tanzen' WolfWR 6308, ohne Herleitung; womgl. zu dt. *zusammen* ‚gemeinsam'; RheinWb IX 705 *zammelen* nur in der Bed. ‚langsam gehen, trödeln, nachhinken'.

zamonseln ‚Beine' s. → *zimonsen*.

zâneme Subst. Pl. [Zi]
– Zähne [Zi] ♦ **E:** Umbildung von dt. *Zahn*.

zange Subst. Pl. [WG]
– Handschellen [WG] ♦ **E:** zu dt. *Zange* (Greifinstrument) DWB XXXI 216 ff.
zangerln swV. [WG]
– onanieren [WG]
anzangen swV. [SJ]
– anbetteln [SJ].

zängerlig Subst. m. [JeS]
zingerlig [JeS]
– Amtsperson [JeS]; Vorsteher [JeS]; Präsident [JeS]
♦ **E:** rw. *zänker, zanker* ‚Gendarm, Soldat', rw. *zankern* ‚schimpfen' zu dt. *zanken* WolfWR 6311, 6312.
zanker Subst. m. [TJ]; **zaonker** [TK]
– Soldat [TJ, TK]
zankert Subst. m. [JeH, NJ, SE, WL]; **tsangkert** [SP]; **tsangkerten** Pl. [SP]
– Gendarm [JeH, NJ, SE, SP, WL]; Polizist [SE]; Polizei [SE] ♦ **V:** *der Zankert hockt schofel* ‚der Gendarm ist nicht gut' [NJ]
zangler Subst. m. [WG]
– Polizist [WG].

zantz Subst. m. [SE]
zanz [SE]; **zans** [SE]
– Bauer [SE] ♦ **E:** wohl zu rhein. *zanseln* ‚zu langsam, unordentlich arbeiten' RheinWb. IX, 706f., dt. *zänzeln* ‚sich langsam bewegen, zaudern' DWB XXXI 257. ♦ **V:** *doften zans* ‚großer Bauer' [SE].

zäpfe swV. nur in:
sich zäpfe swV. [BM]
– Reißaus nehmen [BM] ♦ **E:** unsicher; evtl. zu dt. *zapfen* met. u. a. ‚Ende, Zapfenstreich' DWB XXXI 272f.

zapfer Subst. m. [LJ]
– Most [LJ] ♦ **E:** dt. *Zapfen* ‚kegelförmiger Holzpflock zum Verschließen eines Fasses', *zapfen* „getränk aus einem fasz durch herausziehen des zapfens oder durch den hohlen zapfen selbst ablassen" DWB XXXI 258 ff., 266 ff.
zäpfliger Subst. m. [BM]
– Zapfen [BM]; Korken [BM].

zäppchen Subst. f. [WL]
zöppchen [WL]
– Kaffee [WL] ♦ **E:** lux. *zopp, zeppchen* ‚Suppe' LuxWb. IV 514.

zappedäus Subst. m. [MB]
tsäbedäies [KM]; **tsäbedäiese** [KM]
– Kopf [MB]; Gesicht [MB]; Hinterkopf [MB]; Nase [MB]; Piephahn [MB]; verspielter Erwachsener [KM]; männliches Geschlechtsteil [MB] ♦ **E:** PN (biblisch) *Zebedäus*, appellativisch ‚banger, feiger, närrischer, feiger Kerl' RheinWb. IX, 729; Bed. ‚Geschlechtsteil' SchwäbWb. VI, 1069.

zappen ‚stehlen' s. → *zupfen*.

zarif Adj. [SK]
– schön [SK]; anmutig [SK] ♦ **E:** wohl zu arab., türk., rum. *zarif* ‚anmutig'.

zäskerchen Subst. n. [HL]
– helle Marschmusik [HL] ♦ **E:** unsicher, WolfWR 6317 ohne Erklärung; evtl. zu dt. *zeschen* DWB XXXI 807f., „das gespenst zeschet ... auf und nieder".

zasseres Subst. n. [CL]
zassares [KMa]
– Geld [CL, KMa] ♦ **E:** rw. *sasseraß* ‚Makelgeld' (WolfWR 4742) zu jd. *sarseras, sasseras* ‚Maklergeld', *sarsûr* ‚Makler' (Post 255, We 94, Klepsch 1206).

zaster Subst. m. [EF, HL, JS, KMa, LJ, MB, MM, NJ, SG, SJ, SPI, SS, Scho, WL]
zâster [EF]; **zaschder** [CL, LL]; **zaschter** [PfJ]; **tschaster** [SchJ]
– Geld [CL, EF, HL, JS, LJ, LL, MB, MM, NJ, PfJ, SG, SJ, SPI, SS, SchJ, Scho, WL] ♦ **E:** rw. *saster* ‚Eisen, Geld' < roi. *záster* ‚Eisen' (WolfWR 4743, WolfWZ 2856, Klepsch 1479). → *saster*.
zasterbewirchen Subst. n., Phras. [MM]
– Geldverdienen [MM].

zauntz Subst. f. [EF]
zaunz [EF]
– Klarinette [EF] ♦ **E:** unsicher; „wahrscheinlich Verballhornung von *taunsch*" Wolf, Fatzersprache, 139.

zausen swV. [SS]
– verzehren [SS]; schmausen [SS] ♦ **E:** wohl zu dt. *zausen* u. a. „zupfen, ziehen, zerren alles einzelne aus einer masse" DWB XXXI 419; Jütte, Schlausmen, 181: „ungeklärt".

zausi Subst. f. [JeS]
– Wolle [JeS] ♦ **E:** zu dt. *Zause* ‚Gestrüpp, Haarlocke, Knäuel, wirres Büschel' DWB XXXI 418f.

zäzlig Subst. m. [JeS]
– Lumpen [JeS] ♦ **E:** unsicher; evtl. zu → *zausi*, womgl. beeinflusst von dt. *Zotte* u. a. ‚weiche, wollige Stoffe' DWB XXXII 128 ff.

zbume ‚schuldig' → *bume²*.

zdaami Adj. [JeS]
dami [JeS]
– nach Hause [JeS]; zu Hause [JeS]; daheim [JeS] ♦ **E:** mdal. *daheim*.

zebedäus ‚sonderbarer Kerl' → *zappedäus*.

zebris Adj. [JS]
– kaputt [JS] ♦ **E:** unsicher; evtl. zu frz. *briser* ‚zerbrechen', Präfix dt. *zer*-, Efing, Schausteller, 130. ♦ **V:** *die grannige schursch schäft zebris* ‚der große Wagen ist kaputt' [JS].

zechinen Subst. f.; Subst. Pl. [MB, MM]
– Geld [MB]; Geld zum Vertrinken [MM] ♦ **E:** arab. *zechine* ‚Goldmünze von verschieden hohem Wert', in Deutschland seit dem 14. Jh. Bekannt, wohl mit Einfluss von dt. *zechen* ‚trinken'.

zeckelen swV. [KP]
– trinken [KP] ♦ **E:** rw. *zeck* ‚übermütiges Gebaren, Geschrei, Dummheit' zu jd. *zekenen* ‚schreien' WolfWR 6324
verzeckelen swV. [KP]
– vertrinken [KP]
zeckeler Subst. m. [KP]
– Rausch [KP].

zee Subst. m. [EF]
zeh [EF]; **zebi** Subst. m. [RH]
– Kaffee [EF, RH] ♦ **E:** wohl zu rw. *zefire* ‚frühe Morgenzeit', zu jd. *zephiro* ‚Morgen'; eher nicht: Initial-Kürzung aus *Café*, Wolf, Fatzersprache, 139.
zeekann Subst. f. [EF]; **zeekânn** [EF]
– Kaffeekanne [EF].

zeft Subst. [RR]
– Bett [RR] ♦ **E:** unsicher; evtl. zu dt. *Zefte* „ mittelgroszes holzgefäsz" DWB XXXI 440.

zeh Subst. Pl. [FM]
– Geld [FM] ♦ **E:** unsicher; evtl. zu mdal. *Zähne*, met. für ‚Geld', vgl. *Kies, Kohle* u. a.; womgl. Einfluss von rw. *zede* ‚Zehrpfennig' zu jd. *zedo* ‚Speise, Reisekost' WolfWR 6325, dt. *zehren* DWB XXXI 466 ff. ♦ **V:** *Bann mer dehm sihn Zeh nur hätte* ‚Wenn man dem sein Geld nur hätte' [FM].

zehner Subst. m. in:
ein Zehner ‚zehn Jahre Haft' [WG] ♦ **E:** dt. Num. Kard. *zehn*.

zeiger Subst. m. [WG]
zager [WG]
– Kopf [WG] ♦ **E:** zu dt. *Zeiger* der Uhr, Zifferblatt, met. für ‚Kopf, Gesicht' DWB XXXI 507 ff.

zeine Subst. f.
zeini [TJ]; **zaina** [LJ, OJ]; **zaini** [SchJ]; **dsienerd** Subst. m. [HK]
– Korb [HK, LJ, OJ, SchJ, TJ]; Koffer [HK]; Rucksack [HK] ♦ **E:** rw. *zaini* ‚Korb' aus mhd. *zein* ‚Rute, Rohr, Reis' (WolfWR 6302, Klepsch 1483); obdt. *Zeine* ‚Korb' (SchwäbWb. VI/1 1099). ♦ **V:** *Dilms, schnell, den dsienerd raus, hier kriegen we nachher noch roadmalmische oder wir*; *kriegen noch muckn* ‚Mädchen, schnell, den Koffer raus, hier kriegen we nachher noch Wanzen oder wir kriegen hier noch Läuse' [HK]
zainamachr Subst. m. [OJ]
– Korbmacher [OJ]
zäunimenger Subst. m. [KJ]
– Korbmacher [KJ]
zainpflanzer Subst. m. [LJ]; **zainepflanzer** [PfJ]; **zeinipflanzer** [SchJ, TJ]; **zoinepflanzer** [PfJ]
– Korbmacher [LJ, PfJ, SchJ, TJ].

zeinen swV.
zeinæ [WJ]; **zainen** [MUJ, SJ, UG]; **zaina** [LJ]; **zanen** [LüJ]
– zahlen [LJ, WJ]; bezahlen [MUJ, SJ]; abzahlen [LüJ]
♦ **E:** rw. *zeimen, zainen* ‚bezahlen' WolfWR 6330, ohne Herleitung; zu dt. *zain* „metallstreifen, woraus münzen hergestellt werden" DWB XXXI 211f.
zeint Adv. [RR]
– bezahlt [RR].

zeisenköter Subst. m. [MM]
– Vetter [MM] ♦ **E:** unsicher; evtl. zu dt. *zeisen* ‚auseinanderziehen' DWB XXXI 517f.; Benennungsmotiv: entfernterer Verwandter; westf. *kötter* ‚Dorfbewohner auf einem Kotten'.

zeißerl Subst. n. [WG]
– Kette zum Fesseln der Handgelenke des Gefangenen, an der er geführt wird [WG] ♦ **E:** dt. *zeisen* u. a. „verbinden, insbesondere zwei taue mit einem dünnen tau umwinden und an einander befestigen" DWB XXXI 519.

zeitbleker Subst. m. [EF]
- Nachtwächter [EF] ♦ **E:** dt. *Zeit* und *blöken* ‚rufen, brüllen' DWB II 143; Benennungsmotiv: Nachtwächter als derjenige, der die Zeit ausruft.

zelef Subst. m. [Scho]
- Braten [Scho] ♦ **E:** jd. *zelef* ‚Braten' Klepsch 1483.

zelem Subst. n. [CL, Scho]
zeulem [SS, WH]; **zeilem** [FS]; **zejlem** [Scho]; **zenem** Subst. n. [PH, CL]; **zēnem** [PH];
- Kreuz [CL, FS, PH, SS, WH]; Kruzifix [Scho] ♦ **E:** rw. *zelem* ‚Kreuz' (WolfWR 6306) < jd. *zelem* ‚Zeichen, Kreuz' (We 109, Post 255).

zelemmokum ON [CL]; **zenemmogum** [CL, PH]; **zelemokum** [CL]; **celemmokum** [CL]
- (Bad)-Kreuznach [CL] ♦ **E:** partielle Namenübersetzung.→ *mokum*.

zelloppen Subst. Pl. [TK]
- Schulden [TK] ♦ **E:** unsicher; evtl. zu rw. *zall* ‚Kreuzer' zu jd. *zelem* ‚Kreuz' WolfWR 6305; vgl. auch rw. *zelmenen* ‚ein Kreuz schlagen' WolfWR 6306.

zelt Subst. m.
tselt [TK]
- Kuchen [TK] ♦ **E:** tirol. *zeltn* ‚Backwerk, Fladen' (TirolWb. II 725).

zempe Adj. [HL]
- gut [HL]; hübsch [HL]; nett [HL] ♦ **E:** rw. *zempe* ‚gut, hübsch, nett' < jd. *zenua* ‚sittsam' (WolfWR 6334).

zemter Subst. m./n. [SK]
- Friedhof [SK] ♦ **E:** engl. *cemetery* ‚Friedhof'.

zeneli Adv. [GM]
- grün [GM] ♦ **E:** roi. *zénelo* ‚grün' (WolfWZ 3810).

zenem ‚Kreuz' s. → *zelem*.

zengerling Subst. m. [MM]
- Kerl [MM]; Mann [MM]; Grünschnabel [MM]; junger Mann [MM]; Junge [MM] ♦ **E:** jd. *sege* ‚Person, gewöhnlich nichtjüdisch' We 102; rw. *seeger* ‚junger Mann' WolfWR 5294, Variante zu *seegerling* unter → *seeger*.

zengieræ swV. [WJ]
anzengrieren [LüJ]
- anzeigen [LüJ]

verzengieræ swV. [WJ]
- anzeigen [WJ]; verpfeifen [WJ]; verraten [WJ] ♦ **E:** Deutungskomkurrenz: zu rw. *zekenen, zenken* ‚verraten, gestehen, schwatzen' < jidd. *zekenen* ‚schreien, laut werden' (WolfWR 6331) oder zu rw. *zinken* ‚Stempel, Siegel, Zeichen (graphische und akustische Zeichen, Gauner- und Bettlerzinken)', *etwas zinken* ‚etwas zeigen', dies wohl zu dt. *Zinke(n)* ‚Zacke', sorb. *zynk* ‚Klang, Laut, Ton', lat. *signum* ‚Zeichen', frz. *signe* ‚Zeichen, Merkmal' (WolfWR 6368); SchwäbWb. VI, 1, 1217 (*zinkieren*); womgl. noch Einfluss von dt. *zengeln* ‚nach etwas greifen, mit der Zange fassen' DWB XXXI 225.

zengischischtli Subst. n. [BM]
- Kästchen mit dem Zeichengerät [BM] ♦ **E:** *zengis* wohl zu dt. *zeichnen*; *-chischtli* schweiz. Dim. zu dt. *Kiste*.

zenken ‚Nase' s. → *zinken*.

zenner Subst. m. [WL]
- 100 Franken [WL] ♦ **E:** lux. *zenner* ‚Zentner, 100 Pfund' LuxWb. IV 494.

zenserln Subst. n. [WG]
- Kartenspiel [WG] ♦ **E:** *Zensern* (Name des Kartenspiels) aus frz. Num. Kard. *cinqcent* ‚500' [wikipedia].

zepa Subst. f. [GM]
- Haut [GM]; Fell [GM]; Leder [GM] ♦ **E:** roi. *tsepa* ‚Haut, Fell, Leder, Rinde' (WolfWZ 3401).

zerche Subst. f. [MM]
zerch [MM]
- Ahnung [MM]; Wissen [MM]; Gewißheit [MM]; Gerissenheit [MM]; Kenntnis [MM]; Kenne [MM] ♦ **E:** zu rw. *sechel* ‚Verstand' (WolfWR 5291) < jd. *seichel, zeichel* ‚Klugheit, Verstand' (We 102, Post 249, MatrasJd 291). → *sejchel*. ♦ **V:** *seeger mit zerche* ‚Experte' [MM]; *keine klodde zerche hegen* ‚wenig Ahnung haben' [MM]; *die meisten ham ja keine zerche vonne masematte* ‚die meisten haben ja keine Ahnung von der Masematte' [MM]; *der ganze zerch war in die matschove* ‚jede Gerissenheit war für die Katz' [MM]
rackewelenzerche Subst. f. [MM]; **reackewelenzerche** [MM]; **rackewehlenzerche** [MM]
- Sprachwissenschaft [MM]

rackewelenzerchekabache Subst. f. [MM]
- Institut für (Allgemeine) Sprachwissenschaft [MM]
rakewehlenzerchologe Subst. m. [MM]
- Sprachwissenschaftler [MM]

zerden swV. [GM]
– ziehen [GM]; reißen [GM]; schleifen [GM] ♦ **E:** roi. *tserd-* ‚ziehen, zerren, reißen, schleifen' (WolfWZ 3404).

zerfeln swV. [SJ]
– streiten [SJ] ♦ **E:** schwäb. *zerfen, zerflen* ‚streiten, zanken' (SchwäbWb. VI/1 1131).

zerm Adj. [SJ]
– gut [SJ] ♦ **E:** obd./bair. *zerm, zeam* ‚großartig' ... *do geht's zeam zua! ...des is zerm, des gfoit ma!*

zer- Präfix von Verben, Substantiven, Adjektiven in: → *zerpeegere* bis → *zerreißer*, passim.

zerpeegere ‚zerreißen, kaputtmachen' → *peger*.

zerreißer Subst. m. [WG]
– starker Mann [WG] ♦ **E:** zu dt. *zerreißen* DWB XXXI 737 ff.

zerrwanst Subst. m. [HL]
zerrwansd [HK]
– Ziehharmonika [HL]; Bandoneon [HK] ♦ **E:** mdal. *Zerrwanst* ‚Ziehharmonika', dt. *zerren* ‚ziehen' und dt. *Wanst* ‚Bauch' DWB XXXI 753.

zert Subst. n. [EF]
– Konzert [EF] ♦ **E:** Final-Kürzung aus *Konzert*.

zertl Subst. n. Dim. [EF]; **zertel** [EF]; **zertlein** Subst. n. Dim. [EF]
– kleines Konzert [EF].

zertamengerograij Subst. m. [GM]
– Zugpferd [GM] ♦ **E:** roi. *zertamàngero grai* ‚Zugpferd' (WolfWZ 3404).

zesseln nur in:
gezesselt Part. Perf. [LI]
– geschrieben [LI]
aufgezesselt Adj. [LI]
– aufgeschrieben [LI] ♦ **E:** rw. *zesseln* ‚schreiben' WolfWR 6343, ohne Herleitung; wohl zu dt. *zetteln, zedeln* „pfandbriefe verfertigen, schreiben und siegeln" DWB XXXI 821.

zethek Subst. f. [EF]
zetheke [EF]
– Apotheke [EF]
zetheker Subst. m. [EF]
– Apotheker [EF] ♦ **E:** evtl. Klammerform aus *zur Apotheke* Wolf, Fatzersprache, 139; oder sprachspielerisch nach A und B/p: C *c-theker*.

zeug Subst. n. in:
klas zeich Subst. n., Phras. [EF]
– Champagner (kleines Zeug) [EF] ♦ **E:** Benennungsmotiv wohl: geringe Menge beim Kredenzen von Champagner, Wolf, Fatzerpsrache, 139. → *glaszeich*.

zeunen swV. [SK]
– Geschlechtsverkehr haben [SK] ♦ **E:** zu rw. *sunne, sonne* ‚Hure' zu jd. *sonah* ‚Hure' WolfWR 5384; vgl. → *sunntign*.

ziachwagele Subst. n. Dim. [TK]
– Wagen [TK] ♦ **E:** mdal. *Ziehwägelein*.

zibele Subst. f. [BM]
– Zwiebel [BM] ♦ **E:** schweizdt. *Zibele* ‚Zwiebel' SchweizId. XVII 118.

zibengero Subst. m. [MUJ]
– Landstreicher [MUJ] ♦ **E:** roi. *zibéngěro* ‚Handwerksbursche' (WolfWZ 3818).

zich, zick ‚schnell' s. → *sick*.

zichte Subst. f. [MM]
zechte [MM]
– Zigarette [MM] ♦ **E:** wohl zu jd. *sereife, zereife* ‚Zigarette' (We 102).

ziegel Subst. m. nur in:
einen Ziagl machen ‚Gruppensex veranstalten' [WG]; *schiarcher Ziegel* ‚häßliche Frau' [WG] ♦ **E:** dt./mdal. *Ziegel, Ziegla* ‚Deckmaterial, Dachziegel, auch: Bettwärmer', vgl. etwa SchweizId. XVII 446.

ziegelflössertle Subst. n. [LJ]
– Ziegelbach in Leinzell (Gewässername) [LJ] ♦ **E:** rw. *Flossert* ‚Wasser, Brunnen, Fluß' WolfWR 1493.

ziegenbock Subst. m. [SG]
– Schneider [SG] ♦ **E:** dt. *Ziegenbock*, Übername für den Schneider, lit. Wilhelm Busch, Max und Moritz 18, DWB XXXI 921f.

ziehen stV. in:
sich einen in die Länge ziehen ‚onanieren' [WG]; *sich einen von der Palme ziehen* ‚onanieren' [WG]; *sich einen von der Leber ziehen* ‚onanieren' [WG]; *einen ziehen* ‚oral verkehren' [WG]; *foden zieh'* ‚telegrafieren' [MoM]; *mit der Scheib zieh'* ‚Tellersammlung durchführen' [MoM]; *einen fleck ziehen* ‚Brieftasche stehlen' [WG] ♦ **E:** dt. *ziehen* DWB XXXI 938 ff.

anziehen swV. [WG]
– oral verkehren [WG]

drathzieher Subst. m. [StG]
– Schellanzug [StG]; derjenige, der die Schellanzüge abschneidet [StG]
taschlzieher Subst. m. [WG]
– Taschendieb [WG]
ziehharmonika Subst. f. [WG]
– Brieftasche [WG]
ziehhund Subst. m. [EF, MoM]
– unzufriedener Tänzer [EF, MoM].

zielen swV. in:
nach etwas zielen Phras., swV. [PfJ]
– suchen [PfJ] ♦ **E:** dt. *zielen* DWB XXXI 1078 ff.

ziemen Interj., Part. [HF, HeF]
– ja [HF, HeF] ♦ **E:** unsicher; evtl. zu dt./rhein. *ziem* „einen Begriff steigernd u. doch auch einschränkend" RheinWb. IX 785. ♦ **V:** *Ziemen, Knöllen, minotes versömt Pley on Fehm* ‚Ja, ich handle in Tuch und Garn.' [HeF]; *ziemen, flick mar an den härkswöles hitschen* ‚Oh ja, bestellen Sie nur bei dem Kellner da' [HeF].

zier Subst. m. [EF]
ziers [EF]
– Offizier [EF] ♦ **E:** Final-Kürzung aus dt. *Offizier*.

zierlich Adj. [LJ]
– langsam [LJ] ♦ **E:** rw. *zierlich* ‚ohne Gewalt, leicht vollendet, vorsichtig', *zierliche Masematte* ‚Diebstahl ohne Komplikationen' < jd. *zuro* ‚Bildung, Anstand'. (WolfWR 6352); evtl. (volksetym.) Einfluss von dt. *zierlich*.

zierum Subst. [KP]
– Topf [KP]; Rock [KP] ♦ **E:** rw. *zierum* ‚Rock, Topf' < jd. *sir* ‚Topf' (WolfWR 6353).

zifferblatt Subst. n. [KMa]
– Gesicht [KMa] ♦ **E:** rw. *zifferblatt* ‚Gesicht' WolfWR 6354; heute ugs.

zifferschei Subst. m. [SchJ]
ziffernschei [SJ]; **zifferschein** Subst. m. [LJ, TJ]
– Zahltag [LJ, SJ, SchJ, TJ] ♦ **E:** zu jd. *ziwwenen, ziffenen* ‚bieten, bezahlen' (We 110, Klepsch 1485); → *schein*.

zigeunerschweiß Subst. m. [KJ]
– Tee [KJ] ♦ **E:** mdal./schlesisch, diskriminierend *Zigeunerschweiß* ‚dünner Kaffee' SchlesWb. III 1548.
zigeunertour Subst. f. [JS]
– feste Reiseroute des fahrenden Volkes [JS].

ziguri Subst. [WG]
– Kopf [WG] ♦ **E:** unsicher; evtl. zu dt. *zichorie* ‚Wurzel, Wegwarte' aus ital. *cicoria* DWB XXXI 877f.

zimmchen Subst. m. [WL]
– Jude [WL] ♦ **E:** moselfränk. *simchen* ‚Jude, jüd. Viehhändler', aus PN *Simeon* (Tockert, Weimerskircher Jenisch, 45) oder zu rw./jd. *simen* ‚Zeichen' WolfWR 5351.

zimmermannsbua Subst. m. [SJ]
– Jesus [SJ] ♦ **E:** mdal. *Zimmermannsbube*.

zimmerochs Subst. m. [StG]
– Zimmermann [StG] ♦ **E:** dt. *zimmern* „bauholz behauen und zweckentsprechend herrichten" DWB XXXI 1338 ff. und dt. *Ochse*, hier Halbsuffix für den Agens.

zimonsen Subst. m. (meist Pl.) [MM]
zemonsen [MM]; **zamonsen** [MM]; **zamonseln** Subst. m. Pl. [MM]; **zamunsel** [MM]
– Fuß [MM]; Bein [MM]; Schuhe [MM] ♦ **E:** Bildung zu jd. *zömes, zümes* ‚Knochen, Bein(e)' (We 110). Vgl. → *zomen*. ♦ **V:** *in die zemonsens kappen* ‚in die Beine beißen' [MM]; *die zimonsens in die feme nehmen* ‚die Beine in die Hand nehmen' [MM]; *den schauter war beim äppel schoren sein zimonsen inne machulle gegangen*‚der Mann verletzte sich beim Äpfelstehlen den Fuß' [MM]; *ihm ging sein zimonsen machulle* ‚er hat sich das Bein verletzt' [MM]
zamonselmann Subst. m. [MM]; **zimonselmann** [MM]
– Bein [MM]; Schuh [MM].

zinder Subst. m. [KP]
zenderle Subst. n. Dim. [KP]; **zindl** [EF]
– Feuer [EF, KP]; Zündholz [KP] ♦ **E:** zu dt. *zünden* ‚Feuer entfachen' DWB XXXII 553 ff.

zündling Subst. m. [PfJ, Wo]; **zünderling** [Gmü]; **zindling** [LüJ, Wo]
– Feuer [LüJ, PfJ, Wo]; Lampe [Wo]; Zündholz [Gmü]; Streichholz [LüJ] ♦ **E:** rw. *zindling* ‚Feuer' (WolfWR 6406), zu dt. *(an-)zünden*.
zündling pflanza swV., Phras. [PfJ]
– Feuer machen [PfJ].

zink Subst. [JSa]
– Feuerzeug [JSa] ♦ **E:** evtl. Bildung zu dt. *zünden*, Entrundung und *nd > nk*. → *zinder*.

zinken[1] Subst. m. [HLD, LJ]
zinke[1] [SchJ]; **zink** [UG]
– Zeichen [LJ]; Name [SchJ, UG]; Stempel [HLD] ♦ **E:** rw. *zinken* ‚Stempel, Siegel, Namen, graphisches Zeichen der Bettler, Gauner', Herkunft unsicher, Deutungskonkurrenzen: z. B. < dt. *Zinken* ‚Zacke' „nach der Form der ältesten graphischen Gaunerzeichen, die den bekannten Steinmetz- und Hauszeichen ähneln"; sorb. *zynk* ‚Klang, Laut, Ton'; lat. *signum* ‚Zeichen', frz. *signe* ‚Zeichen'. „Dem Vieldeutigen des rw. Begriffes entsprechend können sehr wohl verschiedene Wurzeln an der Bildung mitgewirkt haben" WolfWR 6368; Klepsch 1487. ♦ **V:** *zinken stecken* ‚Zeichen geben, setzen' [LJ]; *zinke angebe* ‚die Wahrheit sagen' [SchJ]
zinken swV. [MM]; **zinke** [Scho]
– ein Zeichen geben [Scho]; markieren [MM]; ein Kartenspiel markieren (zu Betrugszwecken) [MM]; „Karten kenntlich machen" [MM]
zinkenen swV. [HLD]
– zu verstehen geben [HLD]; bezeichnen [HLD]
verzinkenen swV. [UG]
– verraten [UG]
zinke[2] Subst. m. [HK]; **dsinke** [HK]
– Offizier [HK]; Polizist [HK]; Soldat [HK]; Förster [HK]; Landstreicher [HK]; Tippelbruder [HK]; „*en wassl*" [HK] ♦ **E:** Benennungsmotiv bei Bed. ‚Offizier, Polizist, Soldat' Rangabzeichen, bei Förster wohl die Markierung von Baumbeständen.
dsinkbruder Subst. m. [HK]
– Handwerksbursche [HK]; Tippelbruder [HK]
zinkfleppe Subst. f. [HLD]
– Steckbrief [HLD].

zinken[2] Subst. m. [KMa, LJ, MM, TJ]
tsingken [NrJ]; **zingge** [BM]; **zinke** [CL, JS, KJ, KMa, PH, PfJ, Scho]; **zenkæ** [WJ]; **zenken** [LJ, SE]; **zinkert** Subst. m. [HK, JS, KJ, NJ]; **dsinkerd** [HK]; **tsingket** [StJ]; **zink** Subst. f. [HLD, Him, PfJ, SJ]
– Nase [BM, CL, LJ, HK, HLD, Him, KMa, MM, NJ, Nr, PH, PfJ, SE, SJ, Scho, StJ, TJ, WJ]; dicke Nase [MM]; Kamm [HK]; Gabel [JS, KJ]; Zinken [StJ] ♦ **E:** rw. *zinken* ‚Nase' < dt. *Zinken* ‚Spitze, Zacke' WolfWR 6367, DWB XXXI 1403 ff.
zenkabenkert Subst. m. [LJ]; **zinkpinkert** [SchJ]
– Gabel [LJ, SchJ] ♦ **E:** rw. *zingling, zinkpinkert* ‚Gabel' WolfWR 6365.
dsinkern swV. [HK]
– kämmen [HK] ♦ **V:** *die schdrubbserde sind gedsingerd* ‚die Haare sind gekämmt' [HK].

zinotes Pers.Pron. / Poss.Pron. [HF]
zinuetes [HF]
– du, dir, dich, ihr, euch [HeF]; Du, Sie (Höflichkeitsform) [HeF] ♦ **E:** rw. *zinotes* 2. Pers. Sg./Pl. Pers.Pron. ‚du, dir, dich; ihr, euch', rw. *zinotesem* 2. Pers. Sg. Pers.Pron. ‚dein, euer' (WolfWR 6369); RheinWb. IX 805. → *minotes*. ♦ **V:** *zinotes ferft* ‚Du lügst' [HeF]; *zinotesen thür on der dem blök hucken op den Refter* ‚Deine Pfeife und der Tabak liegen auf dem Tisch' [HeF]; *nobes, knöllen, dot het zinotes lock in den däy.* ‚Nein, das hast Du nicht gut im Kopfe' [HeF]; *krabbel minotes ene Fesel an mine Limthuren; dot holt zinotes knäbbig.* ‚Schreibe mir einen Brief an meine Geliebte; das kannst du sehr gut' [HeF]; *holt Zinotes den Henese-Flick?* ‚Versteht ihr Krämerlatein?' [HeF]; *zinotes flickt henes. Wo hucken die Krabbelen te beuten?* ‚ihr redet gut daher. Wo sind die Bücher zu kaufen?' [HeF]; *huckt zinotes enen Röhlblag?* ‚Sind Sie ein Kaufmann?' [HeF]; *röhlt Zinotes og?* ‚Treiben Sie auch Handel?' [HeF]; *thürt zinotes og?* ‚Rauchen Sie auch?' [HeF]; *wie schmerft zinotes de sanktes?* ‚Wie schmeckt Ihnen der Wein?' [HeF]; *zinotes bott böten?* ‚Sie essen Eier?' [HeF]; *knäbbig, zinotes het den ühl geferft* ‚Sehr gut, Sie haben die Wahrheit gesagt' [HeF]; *wo trollt zinotes fan hitschen her?* ‚Wohin reisen Sie von hier?' [HeF]; *wo paut zinotes do?* ‚Wo logiren Sie da?' [HeF]; *wo paut zinotes te breyell?* ‚Wo übernachten Sie in Breyell?' [HeF]; *zippken, dot flickt zinotes henes* ‚Da hast Du wohl recht' [HeF]; *trollt zinotese kluster lock?* ‚Geht Ihre Uhr nicht gut?' [HeF]; *limt zinotes an de pröttelsthuren hitschen?* ‚Freien Sie die Köchin hier?' [HeF]; *waröm flickt zinotes nobes?* ‚Warum sagen Sie nein?' [HeF]; *mott zinotes nog in trombs tenten fucken?* ‚Müssen Sie noch in drei Häuser gehen?' [HeF].

zinschen swV. [MB]
– stehlen [MB] ♦ **E:** wohl zu dt. *zinsen* ‚Gebühren erheben' DWB XXXI 1507 ff.

zinti ‚Zigeuner' s. → *sinto*.

zipken Interj., Part. [HF]
zippken [HeF]
– ja [HF, HeF]; doch [HF] ♦ **E:** unsicher; evtl. zu dt. *zipp* onomatopoetisch DWB XXXI 1560 ff. ♦ **V:** *zippken, Knöllen, minotes het de Fritzel van den henese Flick.* ‚Ja, mein Herr, ich habe den Schlüssel zum Krämerlatein' [HeF]; *zippken, minotes versömt Blök.* ‚Ja, ich verkaufe Tabak' [HeF]; *Zippken, Knöllen, hitschen in de Härk huckt henesem Bott on knäbbige Bölten* ‚Ja, mein Herr, in diesem Gasthause gibt's gutes Essen

und gute Betten' [HeF]; *zippken, knäbbig; et huckt genen heneseren hitschen in de vill* ‚Ja, sehr gut; es ist kein besserer hier an diesem Ort' [HeF]; *zippken, dot huckt enen breyellschen* ‚Gewiß, der ist von Breyell zu Haus' [HeF]; *zippken, die schmerfen henes; wat beuten die?* ‚Doch, die schmecken gut, was kosten die?' [HeF]; *zippken, dot flickt zinotes hennes* ‚Da hast du wohl recht' [HeF].

zipollen Subst. Pl. [MB]
– Zwiebeln [MB] ♦ **E:** ital. *cipolla* ‚Zwiebel' Middelberg, Romanismen, 47.

zipóllenwurst Subst. f. [SG]
– Bratwurst [SG].

zirker Subst. m. [BM]
– Zirkus [BM] ♦ **E:** schweizdt. Bildung zu dt. *Zirkus* DWB XXXI 1620 ff.

zirochen swV. [MM]
zierochen [MM]; **ziruchen** [MM]; **serochenen** [Scho]
– stinken [MM, Scho]; riechen [MM] ♦ **E:** jd. *sarchenen* ‚übel riechen' (WolfWR 4736); jd. *serôche* ‚Gestank' aus hebr. *sracha* ‚Gestank' (We 102). ♦ **V:** *dat zirochte immer hame bei die* ‚bei denen stank es immer sehr' [MM]; *in sein poofekäfterken zirochte es hame nach sorroff* ‚in seinem kleinen Schlafzimmer roch es stark nach Schnaps' [MM]; *irgend etwas zirochte da nach schonte, etwas war da lau schauwe* ‚irgend etwas roch da nach Scheiße, irgend etwas war da nicht in Ordnung' [MM]

zeracheme swV. [JS]
– stinken, riechen [JS]; furzen [JS] ♦ **V:** *de scheets hät in de kloder zerachmet* ‚der Junge hat gefurzt' [JS]

ziroche Subst. f. [MM]; **zirooche** [MM]; **zieroche** [MM]; **ziruche** [MM]; **seroche** [Scho]
– Gestank [MM, Scho]; Geruch [MM]; Beigeschmack [MM]; „was Riechendes" [MM]

geziroche Subst. f. [MM]
– Gestank [MM]

zirachen swV. [MM]
– schimpfen [MM] ♦ **E:** *zirachen* ‚schimpfen' und nachfolgende Artikel mit sekundärer semantischer Differenzierung, analog dt. *stinken, stänkern*.

zirache Subst. f. [MM]
– Schwiegermutter [MM]

zirachenanim Subst. n. [MM]; **zirarchenanim** [MM]
– Furie [MM]; Chimäre [MM]; Zankweib [MM]; Zigeunermädchen [MM]; herrschsüchtiges Weib [MM]; unangenehmes Frauenzimmer [MM]; Hausdrachen [MM]; Frau mit Haaren auf den Zähnen [MM]; „Frau, die krakeelt" [MM]

zirachentier Subst. n. [MM]
– Xanthippe [MM]

zirachentofle Subst. f. [MM]
– gräßliches Weib [MM].

zisseln ‚schreiben' → *zesseln*.

zitrone Subst. f. [MB]
– Korn (Schnaps) [MB] ♦ **E:** zu dt. *Zitrone*, met. für Spirituose mit oder an Zitrone.

zitronenschleifer Subst. m. [HLD]
– fauler Kunde [HLD] ♦ **E:** rw. *zitronenschleifer* ‚Kunde, der sein Handwerk nicht recht versteht und nur bettelt' WolfWR 6374.

zletschtkut Subst. f. [LJ]
– Sarg [LJ] ♦ **E:** mdal. zu dt. *zuletzt* und → *kutt* ‚Kammer, Stube'.

zlomeser Subst. m. [Scho]
– Pferd, das nicht ziehen will [Scho] ♦ **E:** jd. *zlomeser* ‚Kreuz, Kruzifix, Rücken' We 109; vgl. *zeilemchiker* ‚kreuzlahm (Pferdekrankheit)' Siewert, WB Viehhändlersprache, 50.

znachtspinnen stV. [PfJ]
zunachtspinnen [PfJ]
– zu Abend essen [PfJ] ♦ **E:** rw. *spinnen* ‚essen' WolfWR 5460.

znachtwickeln swV. [PfJ]; **zunachtwickeln** [PfJ]
– zu Abend essen [PfJ] ♦ **E:** rw. *wickeln* ‚essen' WolfWR 6226.

zoart Subst. f. [HF]
– Sorte [HF]; Art [HF] ♦ **E:** mdal. *Sorte*.

zockebittel Subst. m. [HK]
dsoggebiddl [HK]
– Ziehharmonika [HK]; Schifferklavier [HK]; kleine Ziehharmonika [HK]; Bandoneon [HK]; Quetschkommode [HK]; Akkordeon [HK]; „kein direktes Schifferklavier, kleiner" [HK] ♦ **E:** dt. *zucken* „kräftig ziehen, zerren, reizsen" (DWB XXXII 283 ff.) und dt. *Beutel* DWB I 1750f.

zocken swV. [JS]
– Karten spielen [JS] ♦ **E:** rw. *zocken* ‚(Glücksspiele) spielen' aus jd. *zachkenen, zchoken* ‚spielen' WolfWR 6297.

zock Subst. m. [JS]
– Schwindel [JS]

zofe Subst. f. [MM]
– Mädchen [MM]; Frau [MM] ♦ **E:** dt. *Zofe* „dienerin einer vornehmen frau für den persönlichen dienst" DWB XXXII 17 ff.

zoff Subst. m. [SJ]
– Ärger [SJ]; Streit [SJ] ♦ **E:** dt./ugs. *Zoff* zu jd. *sof, zof* ‚Ende, Abschluss' (We 103, Klepsch 1490).

zoger ‚Bursche' → *socher*.

zohpe Subst. f. [SK]
– Seife [SK] ♦ **E:** engl. *soap* ‚Seife'.

zolf Subst. m. [EF]
zolfela Subst. Pl. [EF]; **zofala** [EF]; **zorfala** [EF]; **zofelein** Subst. n. [EF]; **zolfelein** [EF]
– Zahn, Zähne [EF] ♦ **E:** wohl zu dt. *zolfern* ‚geifern' Wolf, Fatzersprache, 140.

zolgge Subst. m. [JeS]
– Nase [JeS] ♦ **E:** zu dt. *Zolch*, obdt. *Zolgge, Zolgen, Zolkle* ‚Wulst, Gefäßausguss, Klotz, grober Kerl' DWB XXXII 31, mhd. *zolch, zolker* ‚Klotz'.

zollches Subst. m. [LI]
– Soldat [LI] ♦ **E:** rw. *zollches* ‚Soldat' WolfWR 6382.

zolpch Subst. m. [MoM]
– Junge [MoM]; Lehrling [MoM] ♦ **E:** nassauisch *zolpch* ‚langsame, faule, nachlässige Person' (Kehrein 455).

saalzzolpch Subst. m. [MoM]
– Salzhering [MoM] ♦ **E:** dt. *Salz*.

zomen Subst. m., meist Pl. [MM]
zohmen [MM]; **zoomen** [MM]; **zomus** Subst. m. [MM]; **zomes** [RA, SPI]; **zormen** Subst. m. Pl. [MM]
– Beine [MM]; Knochen [MM, RA, SPI]; Fuß [MM]; Bein [MM] ♦ **E:** jd. *zōmes, zūmes* ‚Knochen, Bein(e)' (We 110, Post 256, Klepsch 1498). Vgl. → *zimonsen*.
♦ **V:** *schuckere zohmen* ‚schöne Beine' [MM]; *dat anim hat zohmen ambach, datte nerblo wirst!* ‚das Mädchen hat Beine zum verrückt werden!' [MM]; *ein kurantes anim! jovle zomen, toften tokus und nen schucker körning inne Bluse* ‚ein hübsches Mädchen! Schöne Beine, hübscher Hintern und ein schöner Busen in der Bluse' [MM]; *die schickse hatte hame lowi anne zohmen* ‚das Mädchen hatte viel Geld' [MM]

zömkes Subst., Dim. Pl. [MM]
– Beine [MM] ♦ **V:** *früher mußten wir manchmal teilachen, dat uns die zöhmkes weh taten* ‚früher mußten wir manchmal so viel laufen, daß uns die Füße weh taten' [MM]; *sie ist eine tofte töle und hat jovle schumme zömkes* ‚sie ist eine hübsche Frau mit schönen drallen Beinen' [MM]

zömerling Subst. m. [MM]
– Fuß [MM]; Bein [MM]; Zehe [MM]

lallizom Subst. m. [MM]
– Hinkebein [MM]; Gehfehler [MM]; „jemand, der einen steifen Fuß nachzieht" [MM]

schwofzomen Subst. m., Pl. [MM]
– Tanzbeine [MM]

zomenlappen Subst. m., Pl. [MM]
– Wirsingkohl [MM].

zooker ‚Laden, Spielbude' → *socher*.

zoopen swV. [ME]
zohpen [MB]
– schlafen [MB, ME] ♦ **E:** roi. *sovél* ‚schlafen' (Boretzky/Igla 1994: 263), roi. *sowawa* ‚schlafen' (WolfWZ 2969).

zoores ‚Streit, Zank' → *zore*.

zopfen Subst. [KP]
zopfe [KP]
– Brot [KP] ♦ **E:** wohl zu dt. *Zopf* ‚Haarflechte' DWB XXXII 75 ff., nach der Formähnlichkeit.

zopfenanstieber Subst. m. [KP]
zopfenastieber [KP]
– Bäcker [KP].

zopfen, zoppen ‚herausziehen, stehlen' → *zupfen*.

zoptenberg Subst. m. [StG]
– Buckel [StG] ♦ **E:** wohl zu rhein. *zopter, zopterches*, ein Klickerspiel mit aufgereihten Murmeln, RheinWb. IX 830.

zore Subst. f. [MM, SJ]
zoores Subst. m. [CL, HK]; **zores** [LL, MM, PH]; **dsoorus** [HK]
– Streit [CL, HK, LL, PH]; Zank [CL]; Uneinigkeit [CL, LL]; Ärger [HK, MM]; Sorge, Kummer [MM]; Bedrängnis [SJ]; Krach [HK]; „viel Wind machen" [HK]; „aus sich raus gehen" [HK]; „Ulk machen" [HK]; Durcheinander [HK]; Lärm [HK]; „alles durcheinander" [HK]; Theater [HK]; Karneval [HK]; alberne Witze [HK]; Dummheiten [HK]; Alberigkeiten [HK]; Umhertoben [HK] ♦ **E:** rw. *zore* ‚Bedrängnis, Unglück, Not' (WolfWR 6387) < jd. *zaar, zore* ‚Sorge' (We 110, Post 256, Klepsch 1490). ♦ **V:** *Der hot dauernd Zores mit seiner Moss* ‚Der hat dauernd Streit mit seiner Frau' [CL]; *Die sin im Zores minanner/ Bei dene herrschd dauernd Zores* ‚Die haben ständig Streit' [CL]; *dsoorus jent* ‚Leute, die nichts taugen', ‚Leute, die über Ti-

sche und Bänke gehen' [HK]; *der beeker foawerd viel dsoorus* ,der Mann macht viel Lärm' [HK]
zoorer Subst. m. [CL]
– Feind [CL]
dsoorusbruder Subst. m. [HK]
– „einer, der einen Ulk macht" [HK]; „ein Witziger" [HK]; „einer, der aus der Rolle fällt" [HK]
dsoorusjent Subst. n. [HK]
– Leute, die nichts taugen [HK].

zores Subst. m. [SJ]
– Gesindel [SJ] ♦ **E:** WolfWR 6388, von jd. *zoir* ,Geringer, Niedriger, Kleiner'.

zorf ,Schnaps' s. → *sorof.*

zoskenberger Subst. m. [StG]
– Schnapsflasche [StG] ♦ **E:** unsicher; evtl. zu dt. *zosseln* ,schleichend einhergehen, herumstreichen' DWB XXXII 122f.

zosky Subst. [StG]
– Fleisch [StG] ♦ **E:** unsicher; evtl. zu *zossen* ,Pferd' (Pferdefleisch) → *suss.*

zossen ,Pferd' s. → *suss.*

zosset Subst. m. [LI]
– Zucker [LI] ♦ **E:** hess. *zossel* ,leichtfertiges Mädchen, Zuckerpuppe' SüdHessWB VI 854; vgl. auch dt. *zaspel* „scheltname für ein älteres mädchen".
sossetsmoß Subst. f. [LI]
– Zuckerfrau [LI] ♦ **E:** *moß* zu rw./ugs. *muß* ,Frau' WolfWR 3744.

zot Subst. m. [EF]
zob Subst. m. [EF]
– Rubel [EF] ♦ **E:** „Etym. völlig unklar" Wolf, Fatzersprache, 140; evtl. zu dt. *zobel* „in Sibirien lebendes kleines raubthier" DWB XXXII 1 ff.; Sachzusammenhang: wertvolle Pelze als Zahlungsmittel. Wilhelm Christian Friebe 1797: „Der *Zot* allein betrug 1723 im ganzen Reiche 688 Rubel".

zottelen swV. [KP]
zottle [KP]
– trinken [KP] ♦ **E:** rw. *zottelen* ,trinken', *zottler* ,Rausch' WolfWR 6392, ohne Herleitung; evtl. zu dt. *zotteln* ,eine langsame, schwankende Bewegung machen' DWB XXXII 134 f.
zottler Subst. m. [KP]
– Rausch [KP]
zotteldaile Subst. f. [KP]
– Wirtshaus [KP].

zotteln swV. [HLD, Him, LJ, PfJ, SK, SchJ, Scho, StG]
zottele [CL, PH]; **zottelen** [Gmü, SJ]; **tsodele** [KM]; **zottla** [LüJ]
– stehlen [Gmü, HLD, Him, LJ, LüJ, PH, PfJ, SJ, SK, StG]; nehmen [CL, KM, PH]; ergreifen [LJ, SchJ, Scho]; erwischen [SchJ]; langsam gehen [SK]; abschütteln [Scho] ♦ **E:** rw. *zotteln* ,stehlen' WolfWR 6393, ohne Herleitung; vgl. SchwäbWb. VI/1, 1268; Einfluss von dt. *zotteln* ,nachlässig, unsicher, unschlüssig gehen' DWB XXXII 134 f.
zotteren swV. [LüJ]; **zodderæ** [LüJ]
– stehlen [LüJ]; etwas aufziehen [LüJ]
abzotteln swV. [LüJ]
– stehlen [LüJ]
zotteler Subst. m. [SJ]
– Dieb [SJ]
zottelbruder Subst. m. [StG]
– Dieb [StG].

zouber Subst. m. [BM]
– Sache [BM]; Geschichte [BM] ♦ **E:** schweizdt. *Zauber* ,Kram, Zeug, Angelegenheit' SchweizId. XVII 110.

zrajen Subst. m. [Scho]
– Geizhals [Scho] ♦ **E:** jd. *zrajen* ,Geizhals' Klepsch 1496.

zratti Adv. [JeS]
– abends [JeS]; nachts [JeS] ♦ **E:** mdal. *z* ,zu' und → *ratt¹* ,Abend, Nacht'.

zube swV. [BM]
– eilen [BM]; springen [BM]; laufen [BM] ♦ **E:** wohl zu schweizdt. *zuben* ,rinnen, strömen' SchweizId. XVII 133. ♦ **V:** *la zube!* ,lass gehen!' [BM].

zuberle Subst. n. [LJ]
– Gespenst [LJ] ♦ **E:** jd. *schuw* ,zurückgekehrt', „d. h. aus dem Jenseits" (WolfWR 5171). → *schuberle, schuwal, tschubæræ.*

zucht Subst. f. [MB]
– Schlampe [MB] ♦ **E:** dt. (ant.) *Zucht* u. a. „ein gemeines frauenzimmer" DWB XXXII 257f.

zuckel ,Hund' → *tschuckel.*

zuckeln swV. [SK]
– ziehen [SK]; im Trab laufen ♦ **E:** dt. *zuckeln* ,unruhig ziehen, traben' DWB XXXII 282.

zucker Subst. m. in:
jemandem ein zuckerl geben ,locken' [WG]; *Zucker kriegen* ,staunen' [HN] ♦ **E:** mdal. Dim. zu dt. *Zucker.*

zuckermantl Subst. m. [RR]
– Gefängnis [RR] ♦ **E:** volksetymologisch zu jd./jd. *sogar* ‚verschlossen', hebr. *ßū gar* ‚Kerker'; vgl. rw. *zuckerbüchse, zuckerhaus* ‚Gefängnis' WolfWR 6397.

zücku Subst. m. [BM]
– Zucker [BM] ♦ **E:** schweizdt. zu dt. *Zucker*.

zues Subst. [Scho]
– Unkosten [Scho]; Geld [Scho] ♦ **E:** jd. *zues* ‚Unkosten' Klepsch 1497.

zuff Subst. [TK]
– Geschlecht (weibl.) [TK] ♦ **E:** unsicher; womgl. zu → *zoff* ‚Ärger, Streit', schwer zu rw./roi. *sub, suw* ‚Nadel' WolfWR 5696.

züggeertur Subst. n. [BM]
– Hohlbohrer (Wagnerwerkzeug) [BM] ♦ **E:** schweizdt. *Züg, Zügs* ‚technische Ausrüstung, Rüstzeug, Gerät, Werkzeug' SchweizId. XVII 676; *Tür* „Umgang, Runde ... spez. in der Ausübung best. Berufe oder Tätigkeiten" SchweizId. XIII 1313.

züglete Subst. f. [BM]
– Umzug(swagen) [BM] ♦ **E:** schweizdt. *Züglete* ‚Umziehwagen' SchweizId. XVII 630.

zügu Subst. m. [BM]
– Zug [BM] ♦ **E:** schweizdt. zu dt. *Zug*.

zuketschen swV. [PfJ, SJ]
– verschließen [PfJ, SJ] ♦ **E:** dt. *ketschen* „schleppen, mit mühe ziehen, tragen" DWB XI 628f., *zuketschen* (SchwäbWb. VI/1, 1325).

zuketscht Part. Perf., Adj., Adv. [PfJ]
– verschlossen [PfJ].

zulemann Subst. m. [MM]
– Nagel [MM]; Hammer [MM] ♦ **E:** *zule-* wohl zu dt. *Zoll* (Maßeinheit, in der Nägel bis in die Gegenwart hinein gemessen werden); evtl. Einfluss von roi. *thulo* ‚dick' WolfWZ 3558.

zumsuden swV. [SPI]
– fortgehen [SPI] ♦ **E:** unklar; Theilacker, Spiegelberg, 140: von Handelsreisenden im Raum Hohenlohe gebraucht.

zund Subst. m. [WG]
– geheime Nachricht [WG] ♦ **E:** dt. *Zünde, Zundel* ‚Feuerzeichen, Fackel, glimmender Holzspan' DWB XXXII 552f. ♦ **V:** *der Polizei einen Zund geben* ‚der Polizei einen Hinweis geben' [WG]; *einen zund mit dem Auge geben* ‚mit einem Auge zwinkern' [WG]

zündel Subst. n. [EF]; **zindel** [EF]
– Feuer [EF]

zündeln swV. [WG]
– brandstiften [WG]

zündler Subst. m. [WG]
– Brandstifter [WG]

zündapparat Subst. m. [SG]
– Streichholz [SG].

zune Interj. [MoM]
zune nullje! (Aufforderung zum Mundhalten) [MoM] ♦ **E:** wohl zu dt. *zu* ‚verschlossen'; *-ne* evtl. zu *nein, nicht*; vgl. → *nullje*.

zungge swV. [JeS, MJ]
– läuten [JeS, MJ]; Bettzeit läuten [JeS] ♦ **E:** wohl zu schweizdt. *sunggeⁿ* ‚klingen, summen' SchweizId. VII 1208.

züngge Subst. f. [BM]
süngge [BM]; **zünggere** Subst. f. [BM]
– Zigarre [BM] ♦ **E:** schweizdt. *Zünggere* ‚Zigarre' SchweizId. VII 1209.

zupfen swV. [JeS, SJ, SchJ]
zupfa [JeS, LJ]; **zopfen** [Him, LüJ, PfJ, SJ]; **zopfe** [BM]; **zopfæ** [WJ]; **zopfa** [JeS, LJ]; **zoppen** [GM, JS, JSa, NJ, PH, SE, WL, WM]; **zuppen** [HK, SK]; **dsubbm** [HK]; **zubbe** [JS]; **schuppe** [JS]; **tsopen** [NrJ, SP]; **tsope** [KM]; **zobbe** [FM]; **zappen** [HK, SK]; **zopfnen** swV. [JeS]; **zopfne** [JeS]; **zöpfle** swV. [JeS]; **zuppeln** swV. [SK];
– stehlen [BM, GM, HK, Him, JSa, LJ, LüJ, NJ, NrJ, PfJ, SE, SJ, SK, SP, SchJ, WJ, WL]; klauen [NJ, PfJ]; nehmen [GM, HK, JS, KM, LüJ, NJ, NrJ, SE, SJ, WL]; herausziehen [SchJ]; ziehen [SJ]; wegnehmen [GM, HK, SE]; sich beschaffen [NJ]; greifen [NJ]; fangen [NJ]; haschen [NJ]; pflücken [LüJ, SJ, SK]; erwischen [SJ]; geben [FM, GM, KM]; bumsen (Geschlechtsverkehr) [LJ]; den Hut ziehen [HK]; etwas bekommen [KM]; arretieren [PfJ]; verhaften [Him, PfJ]; ausplündern [PfJ]; übervorteilen [JS, PH]; kriegen [JS]; angreifen [JeS]; überwältigen [JeS]; sammeln [WM] ♦ **E:** rw. *zopfen, zoppen, zupfen, zuppen* ‚stehlen, nehmen' (WolfWR 6386, Klepsch 1500) zu dt. *zopfen, zupfen* ‚zerren, greifen, pflücken' DWB XXXII 85f.; z. T. auf direktem Weg aus dt. *zopfen, zupfen*. ♦ **V:** *zackum zuppen* ‚stehlen, das Messer ziehen' [SK]; *krank zopfa* ‚gefangen nehmen' [LJ]; *wir scheffen was zoppen* ‚wir gehen uns was holen' [NJ]; *ech zoppe mer deen* ‚ich fasse mir den' [WL]; *humpen zoppen* ‚Humpen nehmen' [WL]; *d'kitten zoppen* ‚das Geld stehlen' [WL];

Dr lehm, den i aus dem schwarzmann rauszopf, sieht lak aus ‚Das Brot, das ich aus dem Ofen herausziehe, sieht schlecht aus' [SJ]; *zopp den gardscho* ‚übervorteile den Bauern' [JS]; *Annern Hautze zoppe nobes* ‚Andere Leute geben nichts' [FM]; *Dr benk hot da kaffer mit am härtling dupfd, das dr rötling gschepfd ischd no hotr en dr deisd ond em seine boschr aus am rande zopfd dr klischde hot den vermuffda schure en da kanlo gschmissa wega dem hallas, dr gomel hod droht, hoim de, sonschd machschd ama schena schei da baumelma* ‚Der Mann hat den Bauer mit dem Messer gestochen, daß das Blut gelaufen ist, dann hat er ihn erschlagen und ihm sein Geld aus der Tasche genommen, der Polizist hat den schlechten Kerl ins Gefängnis geschmissen wegen dem Streit, der Amtsrichter hat gedroht, pass auf, sonst wirst du eines schönen Tages aufgehängt' [SJ]; *er zuppte sinn stormes zum fleppen* ‚er legte seinen Hut zum Geldeinwerfen hin' [HK]; *en grannichen beeker ein bich aus der multe gedsubbd* ‚einem feinen Mann Geld aus der Tasche gestohlen', „Sowas hat's ja nicht gegeben bei uns! – Hat's auch gegeben, vielleicht, bei manchen." [HK]; *dsubbe doch das bich, die jenters heechen es doch* ‚nimm doch das Geld, die Leute haben es doch schon in der Hand' [HK]; *tschei schupp mi ens beies schuck us de schlegk* ‚Frau, gib mir mal zwei Mark aus der Tasche' [JS]; *zopp der gett, dann hues de gett* ‚nimm dir was, dann hast du was' [WL]; *gezoppt ass gezoppt* ‚Ruf der Kartenspieler, um zu sagen, dass nicht mehr auf einen „Streich" zurückzukommen ist' [WL]

gezoppt Part. Perf., Adj., Adv. [JeH]; **gezopft** [PfJ]; **getsopt** [SP]; **jetsop** [KM]
– erwischt [JeH, SP]; gestohlen [PfJ]; genommen [KM]; gegeben [KM]

abzuppen swV. [HK]; **abdsabbn** [HK]
– wegnehmen [HK]; abnehmen [HK]; abzocken [HK]; übers Ohr hauen [HK]; Geld rauslocken [HK]; Geld abnehmen [HK]; absahnen [HK]; abziehen [HK]; anscheißen (betrügen) [HK] ♦ **V:** *schdrammes hellich abgedsabbd* ‚viel Geld abgenommen' [HK]; *bich abdsabbn* ‚Geld wegnehmen' [HK]

auszopfen swV. [SJ]
– herausziehen [SJ] ♦ **V:** *I han koin napfer me em bonum ond ka deswega blos no musel kahla; meine napfr hot dr napferrizupfr alle auszopfd* ‚Ich habe keinen Zahn mehr im Mund und kann deshalb nur noch weiches Brot essen; meine Zähne hat der Zahnarzt alle gezogen' [SJ]

herauszopfen swV. [SJ]; **rauszopfen** [SJ]
– herausziehen [SJ]

jittdsubben swV. [HK]
– wegnehmen [HK] ♦ **V:** *ich dsubbe das dem schrawienchen jitt* ‚ich nehme das dem Kind weg' [HK]

mitzoppen swV. [GM]; **mitzopfen** [PfJ]; **mitdsubben** [HK]
– mitnehmen [GM, HK, PfJ]; stehlen [HK]

wegdsubben swV. [HK]; **wegzuppen** [HK]
– (heimlich) wegnehmen [HK]; klauen [HK]; stehlen [HK]; nehmen [HK]; wegklauen [HK]

zopper Subst. m. [WM]; **zoppert** Subst. m. [SE]
– Sammler im Saal [WM]; Dieb [SE]

gnäpferzupfer Subst. m. [LüJ]; **näpferzupfer** [LüJ]; **näpferizupfer** [LüJ]
– Zahnarzt [LüJ] ♦ **E:** WolfWR 3795 (*näpferizupfer*).

kenumzupfær Subst. m. [WJ]
– Läusekamm [WJ]

schlinglzupfa Subst. m. [LoJ]
– Kamm [LoJ]

dsubfer Subst. m./f. [HK]
– Gitarrenspieler(in) [HK]; „die mit der Gitarre spielt" [HK]; „einer, der Harfe spielt" [HK]; „die Gitarre gespielt oder Harfe gezupft haben" [HK]; „zupft auf der Baßgeige, Gitarre" [HK]; „einer, der ein Saiteninstrument spielt" [HK]; „jmd., der ein Zupfinstrument spielt" [HK]

harfendsubfer Subst. m./f. [HK]
– Harfenspieler(in) [HK]; Hundeshagener Harfenmädchen [HK]

harfendsubferle Subst. n. [HK]; **harfenzupferle** [HK]; **harfenzupferl** [HK]
– Harfenmädchen [HK]; Harfenspieler(in) [HK].

zupper Subst. m. [SS]
– Latrine [SS] ♦ **E:** mnd. *supperen* ‚Dreckstätte' MNDW 392.

zurückspielen swV. [WG]
– vom Verbrechen ablassen [WG] ♦ **E:** dt. *spielen*, dt. *zurück*.

zusammenkuppelt Part. Perf., Adj. [PfJ]
– verheiratet [PfJ] ♦ **E:** dt. *kuppeln* ‚miteinander verbinden' DWB XI 2776 ff.

zusammenscheften ‚zusammenkommen' → *schäffen*.

zuschmusen ‚zutragen, zusammenkommen' → *schmusen*.

zusel Subst. f. [OJ, PfJ, SJ]
zausel [SJ]; **susel** [PfJ]
– Weibsbild [OJ, PfJ]; Dirne [PfJ]; Vulva [SJ] ♦ **E:** unsicher; evtl. zu ahd. *zussa* ‚Kupplerin' (Klepsch 1501); oder zum RN *Susanna* SchwäbWb. V 1969 oder zu rw. *mesuse* ‚liederliches Weibsbild', jd. *mesusa* WolfWR 3573.

zuss ‚Pferd' → *suss*.

züügle swV. [BM]
– schwimmen [BM] ♦ **E:** schweizdt. *zügle* ‚Schwimmzüge tun' SchweizId. XVII 629.

züüglig Subst. m. [JeS]
– Brust [JeS] ♦ **E:** evtl. zu schweizdt. (Part.) *zoge* ‚gezogen', ‚aufziehen, saugen', womgl. Mit Einfluss von roi. *tschutschi* ‚Brust, Zitze, Wasserhahn'.

züüntsch Subst. m. [BM]
– Zaun [BM] ♦ **E:** schweizdt. zu dt. *Zaun*.

zuwachsen swV. [WG]
– neu hinzukommen [WG]; neu zum Strich kommen [WG] ♦ **E:** dt. *zuwachsen* „im wachsthum sich verschlieszen" DWB XXXII 894 ff.

zuz Subst. m. [WG] in:
auf jemanden einen Zuz haben ‚sich über jemanden ärgern' [WG] ♦ **E:** unsicher; evtl. zu österr. *auszuzeln* ‚aussaugen'.

zwackl Subst. [EF]
zwackel [EF]; **zwankl** Subst. [EF]; **zwänkel** [EF]
– junges Mädchen [EF] ♦ **E:** zu rw. *zwack(ling)* ‚Augenzwinkern' WolfWR 6415, zu dt. *zwinken, zwinkern* bes. „die augenlider zuckend bewegen" DWB XXXII 1294 ff.

zwäner Subst. m. [BM]
– Zwanzigrappenstück [BM]; 20 Zentimeter [BM] ♦ **E:** schweizdt. zu dt. *zwanzig*.

zwei Num. Kard. in:
ein Zweier, ein Zweier Batzl ‚zwei Jahre Haft' [WG] ♦ **E:** dt. *zwei*, Num. Kard. 2. → *zwis*.

zwickel Subst. m. [LJ, SchJ]
– zwei Pfennig [LJ]; Zweipfennigstück [SchJ] ♦ **E:** rw. *zwickel* ‚Zweipfennigstück' zu dt. *zwi-, zwei* (WolfWR 6424), jd. *zwickel* ‚Münze zu 2 Pfennig oder 2 Mark' Klepsch 1504.

zwicki Subst. f. [JeS, PH]
– Schere [JeS, PH] ♦ **E:** rw. *zwicken* ‚abkneifen', *zwickling* ‚Schere' WolfWR 6426, zu dt. *zwicken* ‚kneifen, beißen, foltern, zupfen' DWB XXXII 1115 ff.

zwicke swV. [BM]
– schlagen [BM]; prügeln [BM]

zwicker Subst. m. [PH]
– Scherenschleifer [PH]

zwickifreier Subst. m. [JeS]
– Scherenschleifer [JeS]

zwickelbosler Subst. m. [MUJ]
– Scherenschleifer [MUJ]

zwickert Subst. m. [SS, WH]
– Bart [SS, WH] ♦ **E:** dt. *Zwickelbart* DWB XXXII 1114, WolfWR 6427.

zwickling Subst. m. [LoJ]
– Gabel [LoJ]

zwicken swV. [HK, PfJ]; **dswiggn** [HK]
– essen [HK]; gut essen [HK]; beißen [PfJ] ♦ **E:** Kü 1993, 958: jugendsprachlich und regional in Österreich verbreitet.

zwicken Subst. n. [HK]
– Essen [HK] ♦ **V:** *mooles zwicken, loone* ‚schlechtes Essen, nicht essen' [HK]

dswiggeln swV. [HK]
– kämmen [HK]; frisieren [HK]; Haare schneiden [HK]; Haare aufdrehen [HK]; sich hübsch machen [HK] ♦ **E:** dt. *zwicken* bes. ‚haare mit zangen oder scheren kürzen'.

dswiggler Subst. m. [HK]; **zwickler** [HK]
– Friseur [HK]

dswigglerkeue Subst. f. [HK]
– Zigarrenarbeiterin [HK] ♦ **E:** → *goi*.

zwickl Subst. m. [Scho]
– Stück Tuch [Scho] ♦ **E:** „ableitung zu zweck, zwick oder zwicken", bes. „dreieckige (...) Einsatzstücke an Kleidungsstücken zur Erweiterung, seltener zur Verzierung" DWB XXXII 1112 ff.

zwiebel Subst. f. [KJ, PfJ, SJ, SK]
zibele [BM]; **zweibel** [SK]; **zweifele** [SK]
– Uhr [BM, KJ, SK]; Taschenuhr [PfJ, SJ] ♦ **E:** rw. *zwiebel* ‚Uhr' WolfWR 6428 zu dt. *Zwiebel* DWB XXXII 1129 ff. Benennungsmotiv: Formähnlichkeit. [SK] ♦ **V:** *wat is de zweifele?* ‚wie spät ist es?' [SK]

zwibelen swV. in:
was zibelets ‚Wie viel Uhr ist es?' [BM]

zwiebelparlament Subst. n. [WG]
– Irrenanstalt [WG]

zwiebelschlengle Subst. n. Dim. [OJ]
– Uhrenkette [OJ] ♦ **E:** rw. *zwiebelschlängchen* ‚Uhrkette' WolfWR6428.

zwirbeler Subst. m. [BM]
– Zwirbelrad (Glücksspiel) [BM] ♦ **E:** dt./schweizdt. *Zwirbeler* ‚Besitzer eines Glücksrades' DWB XXXII 1299.

zwirnen swV. [PfJ]
– sehen [PfJ] ♦ **E:** wohl zu dt. *zwirnen* „unter zwirnen versteht man das zusammendrehen von zwei und mehr garnen zur erlangung eines fadens von gröszerer tragfähigkeit", met. u. a. ‚reden, erkennen' DWB XXXII 1310 ff.

zwirn Subst. m. [HN]
– Mann leicht fragwürdigen Charakters [HN]; *toller zwirn* ‚toller Mann', „mit leichten Zweifeln" [HN].

zwis Num. Kard. [LüJ, SchJ, TJ]
zwiss [PH, SK, TK]; **zwisi** [LoJ]; **dswis** [HK]; **zwisse** [JeS]; **zwöss** [WL]; **zwösst** [WL]
– zwei [HK, JeS, LoJ, LüJ, PH, SK, SchJ, TJ, TK, WL]; zu zweit [HK] ♦ **E:** rw. *zwis* ‚zwei' (WolfWR 6435, Klepsch 1504). → *zwei*.

zwösskitt Subst. m. [WL]
– Zweisoustück [WL] ♦ **E:** → *kitt¹*.

zwisspoosch Subst. m. [SK]
– zwei Pfennig [SK] ♦ **E:** → *poscher*.

Anhänge

Siglenverzeichnis

Das Verzeichnis enthält die in das Wörterbuch aufgenommenen Rotwelsch-Dialekte nach Siglen. Die jeweiligen Siglen weisen das Vorkommen des Wortes in den betreffenden Informationsklassen der Wörterbuchartikel aus. Auf die jeweilige Sigle folgt der interne oder externe Sprachname[1] des Rotwelsch-Dialekts und eine großlandschaftliche Verortung.

Auf die Siglen[2] folgen Angaben von gedruckten Quellen, aus denen Sprachdaten erhoben worden sind. Über die zu den Siglen benannten Publikationen können bei entsprechenden Interessen weitere eingehende Informationen zu dem betreffenden Rotwelsch-Dialekt bezogen werden; überdies gestatten sie dem Benutzer des Wörterbuchs einen differenzierteren Zugang zu den Quellen, als ihn der Nachweis durch eine Sigle bieten kann.

Sofern jüngere wissenschaftliche Veröffentlichungen vorliegen, werden in der Regel nur diese benannt, wenn sie Sprachdaten aus älteren Publikationen lexikographisch mit einschließen. Die zu den Siglen gestellten Literaturangaben sind folglich keine vollständigen Bibliographien lexikographischer Dokumentationen der betreffenden Rotwelsch-Dialekte. Unveröffentlichte Sprachdaten, die in das Wörterbuch eingegangen sind, werden unter den jeweiligen Siglen nicht eigens verzeichnet; das betrifft etwa Tonaufnahmen aus Sprecherbefragungen, handschriftliche Glossare und Texte. Sie werden im Dokumentationszentrum der Internationalen Gesellschaft für Sondersprachenforschung (IGS) / Audioarchiv und Archiv der schriftlichen Quellen aufbewahrt.

BA: Basler Haiwoog-Schangi (Schweiz)
O. von Greyerz, Das Berner Mattenenglisch und sein Ausläufer: die Berner Bubensprache. In: Schweizerisches Archiv für Volkskunde 29 (1929) S. 217–255. Nachtrag I über die Sprache der Basler «Haiwoog-Schangi», S. 250

BB: Beller Backofenbauer (Rheinland)
Peter Honnen, Geheimsprachen im Rheinland. Eine Dokumentation der Rotwelschdialekte in Bell, Breyell, Kofferen, Neroth, Speicher und Stotzheim, (Rheinische Mundarten 10), Köln/Bonn 1998 S. 175–193
Klaus Peter Wegera, Lebber Talp. Die Geheimsprache der Backofenbauer aus Bell in der Nordosteifel. In: Germanistische Linguistik 91–92 (1987) S. 183–206

BJ: Burgberger Jenisch (Schwaben) ► auch unter OJ gebucht.
Günter Danzer, Jenisch diebra en Oberberg. Burgberg. Geschichte und Leben zwischen Schloß und Stettberg, Syrgenstein 2000
Günter Danzer, Jenisch diebra en Oberberg. Burgberg. Ausdrücke und Redewendungen. Lieder und Gedichte. Geschichten und Theaterstücke. Wörterlisten, Syrgenstein 2006

---

1 Zur Typologie von Sprachnamen und zu der Differenzierung nach internen und externen Sprachnamen: Siewert [1998] 2003: 26–29; Siewert 2019: 10 f. Zur Bezeichnung *Jenisch* in Sprachnamen für Rotwelsch-Dialekte: Siewert [1998] 2003: 27 f.; Efing 2005: 24–35.
2 Verschiedene Siglen für ein Vorkommen sind belassen worden; sie erklären sich aus der sukzessiven lexikographischen Dokumentation des jeweiligen Rotwelsch-Dialekts oder der dokumentatorischen Kompilation mit anderen Rotwelsch-Dialekten in einer Veröffentlichung.

BM: Berner Mattenenglisch (Schweiz)
Ernst Marbach, Mattegieu-Gschichte. Mit einem Beitrag über das Berner Mattenenglisch und einem Wörterverzeichnis von Roland Ris, Langnau 1989 (Wörterverzeichnis: S. 180–189)
A. Rollier, Berner Mattenenglisch. In: Zeitschrift für Deutsche Wortforschung 2 (1902) S. 51–57
O. von Greyerz, Das Berner Mattenenglisch und sein Ausläufer: die Berner Bubensprache. In: Schweizerisches Archiv für Volkskunde 29 (1929) S. 217–255

BO: Bochumer Musikantensprache (Westfalen)
Heinrich Weber, Die Lingelbacher Musikantensprache und die Geheimsprache der Vogelsberger Maurer. In: Hessische Blätter für Volkskunde 11 (1912) S. 121–146 (Bochumer Musikantensprache: S. 143)

CL: Carlsberger Lottegorisch (Pfalz) ► auch unter LL und PH gebucht.
Julia Büchler, Lottegorisch. Studien zur Sondersprache der Händler aus Carlsberg/Pfalz und Umgebung, (Magisterarbeit) München 1998/1999

DG: Deggingener Geheimsprache (Baden-Württemberg)
Rudolf Kapff, Nachträge zu Kluge Rotwelsch I. In: Zeitschrift für deutsche Wortforschung 10 (1908/1909) S. 212–217 (Glossar S. 215)

EF: Erzgebirgische Fatzersprache (Sachsen / Böhmen)
Manfred Blechschmidt, Die Fatzersprache. Zu einer Art Rotwelsch erzgebirgischer Bergmusikanten. In: Muttersprache 98 (1988) S. 145–150
Julius Reinwarth, Da Fatz(e)r=Sproch. In: Erzgebirgs-Zeitung 25 (1904) S. 16–19
Adele Theimer, Singendes, klingendes Erzgebirge. In: Wu de Wälder hamlich rauschen. Heimatbrief für alle Vertriebenen aus dem gesamten Erzgebirge 5 (1953) Nr. 4.
Bernhard S.T. Wolf, Die Sprache der Musikanten im Sudetenland, (Examensarbeit) Gießen 1972
Bernhard S.T. Wolf, Die Fatzersprache. Untersuchungen zur Musikantensprache im Sudetendeutschen. In: Bohemia. Zeitschrift für Geschichte und Kultur der böhmischen Länder 21 (1980) S. 107–144

FM: Fuldaer Musikantensprache (Osthessen)
Rudolf Post, Die ehemalige Sondersprache der Musikanten des Fuldaer Landes. In: Rudolf Post, gesoecht on gefonge! Das Mundart-Wörterbuch des Fuldaer Landes. Geschichte, Erforschung, Charakteristik, Fulda 2020, S. 70–75

FS: Frickhöfer Geheimsprache (Mittelhessen)
A. Bach, Die Frickhöfer Krämersprache. In: Nassauische Heimatblätter. Mitteilungen des Vereins für Nassauische Altertumskunde und Geschichtsforschung 19 (1915/1916) S. 95–98

GM: Giessener Manisch (Mittelhessen)
Hans-Günter Lerch, Das Manische in Gießen, Gießen 1976
Hans-Günter Lerch, „Tschü Lowi ...". Das Manische in Gießen. Die Geheimsprache einer gesellschaftlichen Randgruppe, ihre Geschichte und ihre soziologischen Hintergründe, 2. Auflage Gießen 1981; 3. Auflage Gießen 1986

Gmü: Schwäbisch Gmünder Händlersprache (Baden-Württemberg)
Friedrich Kluge, Rotwelsch. Quellen und Wortschatz der Gaunersprache und der verwandten Geheimsprachen, I. Rotwelsches Quellenbuch, Straßburg 1901 (Glossar S. 479–488, passim)

HF: Henese Fleck (Rheinland) ► auch unter HeF und JeH gebucht.

Heinz-Joachim Graf, Der Henese Fleck. Eine alte Geheimsprache der Kiepenträger aus Breyell am linken Niederrhein. Kempen/Niederrhein 1974 (Schriftenreihe des Kreises Kempen-Krefeld 23)

Peter Honnen, Geheimsprachen im Rheinland. Eine Dokumentation der Rotwelschdialekte in Bell, Breyell, Kofferen, Neroth, Speicher und Stotzheim, (Rheinische Mundarten 10), Köln-Bonn 1998, S. 45–87

Heinrich Houben: Leitfaden zum Krämerlatein genannt Henese Fleck, Breyell 1888, 3. Auflage 1938/39, Faksimile 2018

HeF: Henese Fleck (Rheinland) ► auch unter HF und JeH gebucht.

Him: Himmlingsweiler Rotwelsch (Baden-Württemberg)

Kluge 1901: Friedrich Kluge, Rotwelsch. Quellen und Wortschatz der Gaunersprache und der verwandten Geheimsprachen, I. Rotwelsches Quellenbuch, Straßburg 1901 (Glossar S. 479–488, passim)

HK: Hundeshagener Kochum (Thüringen)

Thorsten Weiland, Das Hundeshagener Kochum, (Dissertation) Münster 2000

Thorsten Weiland, Das Hundeshagener Kochum. Ein Rotwelsch-Dialekt von Wandermusikanten aus dem Eichsfeld. Quellen – Wörterbuch – Analysen, Paderborn/München/Wien/Zürich 2003

HL: Hallscher Lattcherschmus (Sachsen-Anhalt)

Friedrich Kluge, Rotwelsch. Quellen und Wortschatz der Gaunersprache und der verwandten Geheimsprachen, I. Rotwelsches Quellenbuch, Straßburg 1901 (Glossar S. 491–493)

HLD: Harzer Laufdibbern (Niedersachsen / Sachsen-Anhalt / Thüringen)

H. Haase, Harzer Laufdibbern – eine alte Geheimsprache. In: Montagsblatt. Das Heimatblatt Mitteldeutschlands. Wissenschaftliche Beilage der Magdeburgischen Zeitung 81, Nr. 8, vom 20.2.1939, S. 59 f.

HN: Hamburgs Nachtjargon

Klaus Siewert, Hamburgs Nachtjargon. Die Sprache auf dem Kiez in St. Pauli. Mit einer CD „Nachtjargon in vergessenen Hamburger Liedern", Hamburg 2003, 2. erweiterte Auflage 2009

JeH: Jenisch der Eifler Hausierer ► auch unter HF und HeF gebucht.

JeS: Schweizer Jenisch

Hansjörg Roth, Jenisches Wörterbuch. Aus dem Sprachschatz Jenischer in der Schweiz, Frauenfeld/Stuttgart/Wien 2002

Robert Schläpfer, Jenisch. Zur Sondersprache des Fahrenden Volkes in der deutschen Schweiz. In: Schweizerisches Archiv für Volkskunde 77 (1981) S. 13–38

JS: Jenisch der Schausteller (überregional)

Christian Efing, Das Jenisch der Schausteller. Mit einem Glossar aus schriftlichen Quellen, (Magisterarbeit) Münster 2001

Christian Efing, Jenisch unter Schaustellern. Mit einem Glossar aus schriftlichen Quellen, (Sondersprachenforschung 10), Wiesbaden 2004

JSa: Jenisch im Saarland

Maria Besse, Jenisch-Wörterbuch. Sondersprachen im Saarland (Büschfeld-Überlosheim, Dörsdorf, Lautzkirchen), Saarbrücken 2013

JSW: Jenisch in Siegen-Wittgenstein (Südwestfalen)
Ulrich Friedrich Opfermann, Relikte des Jenischen und des Manischen in Wittgenstein und im Siegerland. In: Aspekte und Ergebnisse der Sondersprachenforschung. Symposion Brüssel. 28. bis 31. Mai 1997. Herausgegeben von Klaus Siewert unter Mitarbeit von Thorsten Weiland, (Sondersprachenforschung 4), Wiesbaden 1999, S. 111–134

KJ: Karlskroner Jenisch (Oberbayern)
Hermann Josef Seitz, Rotwelsch. Eine sprachkundliche Betrachtung mit Berücksichtigung des Rotwelschen in Ostschwaben. In: Heimat und Volkstum. Amtliches Nachrichtenblatt der Wörterbuchkommission der Bayerischen Akademie der Wissenschaften in München 17/ Heft 15 (1939) S. 241–250

KM: Kofferener Musikantensprache (Rheinland)
Peter Honnen, Geheimsprachen im Rheinland. Eine Dokumentation der Rotwelschdialekte in Bell, Breyell, Kofferen, Neroth, Speicher und Stotzheim, (Rheinische Mundarten 10), Köln/Bonn 1998, S. 88–120

KMa: Köddinger Maurersprache (Mittelhessen) ► auch unter OH gebucht.
Heinrich Weber, Die Lingelbacher Musikantensprache und die Geheimsprache der Vogelsberger Maurer. In: Hessische Blätter für Volkskunde 11 (1912) S. 121–206 (Vogelsberger Maurersprache: S. 143–146)
Heinrich Weber, Zu den oberhessischen Geheimsprachen. In: Hessische Blätter für Volkskunde 17 (1918) S. 53–74 (Vogelsberger Maurersprache: S. 53 f.)
Fr. Nicolai, Eine oberhessische Musikantensprache. In: Hessische Blätter für Volkskunde 20 (1921) S. 26–30 (Ergänzungen zu Weber)
Helmut Grün, Die Köddinger Maurersprache. In: Hessische Blätter für Volkskunde 61 (1970) S. 112–123

KP: Killertaler Pleisle (Schwaben)
Friedrich Kluge, Rotwelsch. Quellen und Wortschatz der Gaunersprache und der verwandten Geheimsprachen, I. Rotwelsches Quellenbuch, Straßburg 1901 (Glossar S. 434–437)
Rudolf Kapff, Nachträge zu Kluge Rotwelsch I. In: Zeitschrift für deutsche Wortforschung 10 (1908/1909) S. 212–217 (Glossar S. 212 f.)

LI: Lingelbacher Musikantensprache (Mittelhessen) ► auch unter OH gebucht.
Heinrich Weber, Die Lingelbacher Musikantensprache und die Geheimsprache der Vogelsberger Maurer. In: Hessische Blätter für Volkskunde 11 (1912) S. 121–206 (Lingelbacher Musikantensprache: S. 141–143)
Heinrich Weber, Zu den oberhessischen Geheimsprachen. In: Hessische Blätter für Volkskunde 17 (1918) S. 53–74 (Vogelsberger Musikantensprache: S. 54)
Fr. Nicolai, Eine oberhessische Musikantensprache. In: Hessische Blätter für Volkskunde 20 (1921) S. 26–30

LJ: Leinzeller Jenisch (Schwaben)
Ulrike Feuerabend, Das Leinzeller Jenisch. Studien zur Überlieferungslage und zum Wortschatz, (Staatsarbeit) Münster 1997

LL: Carlsberger Lottegorisch (Pfalz) ► auch unter CL und PH gebucht.
Schäfer, Lotegorisch im Leininger Land, Hockenheim 1990

LoJ: Loosdorfer Jenisch (Österreich)
Franz Jansky, Noopi Gadschi. Jenisch baaln. Jenisch in Loosdorf. Eigentümer, Herausgeber, Verleger: Franz Jansky [Privatdruck]

LüJ: Lützenhardter Jenisch (Schwaben)
Christian Efing, Das Lützenhardter Jenisch, (Dissertation) Darmstadt 2004

Christian Efing, Das Lützenhardter Jenisch. Studien zu einer deutschen Sondersprache, (Sondersprachenforschung 11), 2005

Mat: Matzenbach (Baden-Württemberg)
Friedrich Kluge, Rotwelsch. Quellen und Wortschatz der Gaunersprache und der verwandten Geheimsprachen, I. Rotwelsches Quellenbuch, Straßburg 1901 (Glossar S. 479–488)

MB: Mindener Buttjersprache (Ostwestfalen)
Klaus Siewert, „ ... und sie knospelte ihr ersten kutschabo". Die Mindener Buttjersprache, Minden 2002, 2. A. 2009

ME: Mastbrucher Emmes (Ostwestfalen)
Klaus Siewert, Das Mastbrucher Emmes. Eine westfälische Sondersprache aus dem Raum Paderborn. Wörterbuch. Untersuchungen. Dokumente. Unter Mitarbeit von Jens Klüsekamp, Hamburg/Münster 2013

MeJ: Metzer Jenisch und überregional (Lothringen, Pfalz) ► auch unter MuJ gebucht.
Rudolf Kapff, Nachträge zu Kluge Rotwelsch I. In: Zeitschrift für deutsche Wortforschung 10 (1908/1909) S. 212–217 (Glossar S. 216f.)

MeT: Mettinger Tiöttensprache (Nordwestfalen) ► auch unter MT gebucht

MJ: Meienberger Jänisch (Schweiz)
O. von Greyerz, Das Berner Mattenenglisch und sein Ausläufer: die Berner Bubensprache. In: Schweizerisches Archiv für Volkskunde 29 (1929) S. 217–255. Nachtrag II über das «Meienberger Jänisch», S. 250–251

MM: Münsters Masematte (Westfalen)
Klaus Siewert, Grundlagen und Methoden der Sondersprachenforschung. Mit einem Wörterbuch der Masematte aus Sprecherbefragungen und den schriftlichen Quellen, (Sondersprachenforschung 8), Wiesbaden 2003, S. 129–324

Klaus Siewert, Von *achilen* bis *zulemann*. Das große Wörterbuch der Münsterschen Masematte, Münster 2003, 2. A. 2009

MoJ: Morbacher Jenisch (Hunsrück)
Eva Horstmann, Zum Morbacher Jenisch (Staaatsarbeit) Münster 2001

MoM: Momberger Maurersprache (Hessen)
Heinrich J. Dingeldein, Die Maurersprache von Momberg in Hessen. Anmerkungen zu einer „Geheimsprache" und Wörterverzeichnis. Unter Mitarbeit von Michael Krieger. In: Hessische Blätter für Volkskunde 23 (1988) S. 111–128

MT: Mettinger Tiöttensprache (Nordwestfalen) ► auch unter MeT gebucht
Klaus Siewert, Die geheime Sprache der Tiötten. Mit Dokumentenanhängen: Typoskript der Arbeit von Louis Stüve, Die Tiöttensprache, Recke 1923, mit handschriftlichen Korrekturen von Fritz Hettlage. Zettelglossar des Fritz Hettlage. Briefwechsel Friedrich Kluge – Louis Stüve 1900–1901, Hamburg/Münster 2010

Klaus Siewert, Humpisch. Eine Geheimsprache westfälischer Leinenhändler, (Sondersprachenforschung 12), Hamburg/Münster 2011

MUJ: ► auch unter MeJ gebucht.

NJ: Nerother Jenisch (Eifel) ► auch unter NrJ gebucht.
Wolfram Windolph, Sondersprachliche Schriftquellen aus Neroth. Mit einem Glossar des sogenannten „Nerother Jenisch", (Sondersprachenforschung 2), Wiesbaden 1998
Peter Honnen, Geheimsprachen im Rheinland. Eine Dokumentation der Rotwelschdialekte in Bell, Breyell, Kofferen, Neroth, Speicher und Stotzheim, (Rheinische Mundarten 10), Köln/Bonn 1998 S. 156–174
Kurt Kehr, Geheimsprachen im Dialekt: Köddingen und Neroth heute. In: Rotwelsch-Dialekte. Symposion Münster. 10. bis 12. März 1995. Herausgegeben von Klaus Siewert, (Sondersprachenforschung 1), Wiesbaden 1996, S. 73–80

NrJ: Nerother Jenisch (Eifel) ► auch unter NJ gebucht.

NW: Neuerner Bettfedernhändlersprache (Westböhmen)
Josef Blau, Die westböhmischen Bettfedernhändler und ihre Geheimsprache. In: Sudetendeutsche Zeitschrift für Volkskunde 1 (1928) S. 20–23

OH: Oberhessische Geheimsprachen ► auch unter KMa und LI gebucht.

OJ: Oberberger Jenisch (Schwaben) ► auch unter BJ gebucht.

PfJ: Pfedelbacher Jenisch (Baden-Württemberg)
Klaus Siewert, Das Pfedelbacher Jenisch. Mit einem Glossar aus den schriftlichen Quellen. In: Zeitschrift für Dialektologie und Linguistik 64 (1997) S. 37- 56

PH: Pfälzer Händler und Komödianten ► auch unter CL und LL gebucht.
Hermann Arnold, Vaganten, Komödianten und Briganten. Untersuchungen zum Vagantenproblem an vagierenden Bevölkerungsgruppen vorwiegend der Pfalz, Stuttgart 1958 (Schriftenreihe aus dem Gebiete des öffentlichen Gesundheitswesens Heft 9), S. 84–93 (Glossar)

PM: Petschauer Musikantensprache (Egerland)
Albin Schmiedl, Die „Petschauer". In: Jahrbuch der Egerländer 1966. Egerlandkalender. Herausgegeben im Einvernehmen mit dem Bund der EghalandaGmoin e.V. Geislingen/Steige und dem Landschaftsrat Egerland in der Sudetendeutschen Landsmannschaft. 13. Jahrgang. Marktredwitz 1965, S. 133–135

RA: Rappenauer Geheimsprache (Baden-Württemberg)
Othmar Meisinger, Lotekhôlisch. Ein Beitrag zur Kenntnis der fränkischen Händlersprache. In: Zeitschrift für hochdeutsche Mundarten 3 (1902) S. 121–127

RH: Rotwelsch im Hunsrück (Rheinland-Pfalz)
Hermann Arnold, Rotwelsch im Hunsrück und benachbarten Gebieten. In: Kurtrierisches Jahrbuch 1 (1961) S. 106–119

RR: Regenstaufer Rotwelsch (Bayern)
Rosemarie Lühr / Klaus Matzel, Zum Weiterleben des Rotwelschen. In: Zeitschrift für Dialektologie und Linguistik 57 (1990) S. 42–53

RW: Rotwelsch der Walzbrüder (überregional)
Janka Stellmacher, Das Rotwelsch der Handwerksburschen auf der Walz, (Magisterarbeit) Münster 2002

SchJ: Schillingsfürster Jenisch (Franken)
Edith Nierhaus-Knaus, Geheimsprache in Franken – Das Schillingsfürster Jenisch, Rothenburg ob der Tauber 1973, 4. A. 1990 (Dissertation Erlangen 1955)

Scho: Schopflocher Lachoudisch (Bayern / Mittelfranken)[3]
Hans-Rainer Hofmann, Sprache zwischen Vergangenheit und Gegenwart. Lachoudisch sprechen. Mit Wörterverzeichnis, Gießen 1998

Karl Philipp, Lachoudisch. Geheimsprache Schopflochs, 3. Auflage Dinkelsbühl 1983

SE: Südeifeler Jenisch (Eifel)
Kerstin May, Zum Jenisch der Wanderhändler aus der Südeifel (Binsfeld, Burg, Landscheid und Niederkail). Mit einem Glossar aus schriftlichen Quellen, (Magisterarbeit) Münster 2001

SG: Sievershausener Grünsprache (Niedersachsen)
Alfred Dieck, Die Musikanten von Sievershausen im Solling. In: Neues Archiv für Niedersachsen 9 (1957) Heft 2, S. 138–148

SJ: Schloßberger Jenisch (Schwaben)
Jörg Bergemann, Das Schloßberger Jenisch. Studien zur Überlieferung und zum Wortschatz, (Staatsarbeit) Münster 1997

Jörg Bergemann, Das Schloßberger Jenisch. Studien zur Überlieferungslage und zum Wortschatz, (Sondersprachenforschung 13), Hamburg/Münster 2012

SK: Salzgitterer Klesmer (Niedersachsen)
Alfred Dieck, Die Wandermusikanten von Salzgitter. Ein Beitrag zur Wirtschafts- und Kulturgeschichte des nördlichen Harzvorlandes, Band 1, mit 12 Bildtafeln, Göttingen 1962

SP: Speicherer Hausierer (Rheinland)
Peter Honnen, Geheimsprachen im Rheinland. Eine Dokumentation der Rotwelschdialekte in Bell, Breyell, Kofferen, Neroth, Speicher und Stotzheim, Köln/Bonn 1998 (Rheinische Mundarten 10) S. 194–219

SPI: Spiegelberg (Baden-Württemberg)
Manfred E. Theilacker, *Der Kochemer Loschen*. Die Sprache der Klugen. Zur Sozialgeschichte einer Sondersprache des Wanderhandels, der Hausierer, Bettler und Viehhändler in Württemberg. Aufgezeigt am Beispiel einer Fallstudie im Schwäbisch-Fränkischen Wald (Spiegelberg), (Stuttgarter historische Studien zur Landes- und Wirtschaftsgeschichte 27), Ostfildern 2017

SS: Sauerländer Schlausmen (Nordrhein-Westfalen) ► auch unter WH gebucht.
Robert Jütte, Sprachsoziologische und lexikologische Untersuchungen zu einer Sondersprache. Die Sensenhändler im Hochsauerland und die Reste ihrer Geheimsprache, (Beihefte der Zeitschrift für Dialektologie und Linguistik, N.F. 25), Wiesbaden 1978

---

[3] Die für Schopfloch verbuchten Belege sind unter quellenkritischen Gesichtspunkten teilweise schwierig, da sie in vielen Fällen zitatgenau mit Weinberg 1969 übereinstimmen und womöglich von dort übernommen worden sind. Das bedeutet aber nicht, dass das betreffende Lexem im Schopflocher Lachoudisch nicht existiert hat. Zur Problematik des unter „Schopflocher Lachoudisch" versammelten Konglomerats aus verschiedenen sondersprachlichen Varietäten: Klepsch 1996, Klepsch 1999.

StG: Stotzheimer Jenisch (Rheinland) ► auch unter StJ gebucht.
Peter Honnen, Geheimsprachen im Rheinland. Eine Dokumentation der Rotwelschdialekte in Bell, Breyell, Kofferen, Neroth, Speicher und Stotzheim, (Rheinische Mundarten 10), Köln/Bonn 1998, S. 121–155

StJ: Stotzheimer Jenisch (Rheinland) ► auch unter StG gebucht.

TJ: Tiroler Jenisch (Österreich)
Heidrun Schleich, Die jenische Sprache in Tirol, (Diplomarbeit Universität Innsbruck) Innsbruck 1998

TK: Tiroler Karrner (Österreich)
H. Arnold, Die Tiroler Karrner. Ein Beitrag zur Kenntnis der alpinen Vagantengruppen. In: Der Schlern 32 (1958) S. 402–414
Josef Pardeller, Zu: „Die Tiroler Karrner". In: Der Schlern 34 (1960) S. 407–409

UG: Unterdeufstettener Geheimsprache (Baden-Württemberg)
Rudolf Kapff, Nachträge zu Kluge Rotwelsch I. In: Zeitschrift für deutsche Wortforschung 10 (1908/1909) S. 212–217 (Glossar S. 213 f.)

WG: Wiener Galerie (Österreich)
Julian Marian Burnadz, Die Gaunersprache der Wiener Galerie. Mit einem Geleitwort von Franz Meinert, Lübeck 1966
Roland Girtler, Die Wiener Gaunersprache. In: Rotwelsch-Dialekte. Symposion Münster. 10. bis 12. März 1995. Herausgegeben von Klaus Siewert, (Sondersprachenforschung 1), Wiesbaden 1996, S. 104–134
Albert Petrikovits, Die Wiener Gauner-, Zuhälter- und Dirnensprache. Herausgegeben und mit einem Nachwort versehen von Inge Strasser, Wien/Köln/Graz 1986
Peter Wehle, Die Wiener Gaunersprache. Eine stark aufgelockerte Dissertation, Wien/München 1977

WH: Winterberger Hausierersprache (Nordrhein-Westfalen) ► auch unter SS gebucht.

WJ: Wildensteiner Jenisch (Baden-Württemberg)
Hasso von Haldenwang, Die Jenischen. Erinnerungen an die Wildensteiner Hausierer, Veröffentlichungen zur Ortsgeschichte und Heimatkunde in Württembergisch Franken, Crailsheim 1999

WL: Weimerskircher Lakerschmus (Luxemburg)
Joseph Tockert, Das Weimerskircher Jenisch, auch Lakersprache oder Lakerschmus genannt. Eine Händlergeheimsprache. In: Vierteljahresblätter für luxemburgische Sprachwissenschaft, Volks- und Ortsnamenkunde 3/4 (1937–1938) S. 8–39
Joseph Tockert, Weimerskircher Jenisch. Auch Lakersprache oder Lakerschmus genannt, Luxemburg 1949; auch in: Les Cahiers luxembourgeois 21 (1949) I: S. 193–199; 303–314; II: S. 44–54; 108–119; https://docplayer.org/38908963-Jenisc-h-auch-lakersprache-oder-lakerschmus.html

WM: Westpfälzer Musikantensprache (Rheinland-Pfalz)
Werner Schneider, Das westpfälzische Musikantentum. Seine Entstehung, seine Eigenart und seine Auswirkung auf die Entwicklung meines Heimatortes Jettenbach. In: Westricher Heimatblätter 15 (1984) S. 72–116 (Musikantensprache: S. 112f.)

Wo: Wolfacher Händlersprache (Baden-Württemberg)
Friedrich Kluge, Rotwelsch. Quellen und Wortschatz der Gaunersprache und der verwandten Geheimsprachen, I. Rotwelsches Quellenbuch, Straßburg 1901, S. 479–488 (Glossar)

Zi: Zitzenhausener Händlersprache (Baden-Württemberg)
Friedrich Kluge, Rotwelsch. Quellen und Wortschatz der Gaunersprache und der verwandten Geheim-
   sprachen, I. Rotwelsches Quellenbuch, Straßburg 1901, S. 479–488 (Glossar)

Abkürzungen im Wörterbuch

Literatur

Sofern sich die bibliographischen Angaben eines Werkes im Literaturverzeichnis oder im Siglenverzeichnis befinden, wird ein Verweis gegeben, → LV bzw. → SV (mit Sigle). Andernfalls erfolgt die vollständige bibliographische Angabe.

Abel, Slawismen → LV (Abel 2004)
AlthJHS = Hans Peter Althaus, Jüdisch-Hessische Sprachbeziehungen. In: Zeitschrift für deutsche Mundarten 30 (1963) S. 104–156
Arnold 1961 → SV (RH)
Arnold 1975 = Hermann Arnold, Randgruppen des Zigeunervolkes, Neustadt/Weinstraße 1975
Avé-L. = Friedrich Christian Benedict Avé-Lallemant, Das deutsche Gaunerthum in seiner social-politischen, literarischen und linguistischen Ausbildung zu seinem heutigen Bestande. Bde. I-IV, Leipzig 1858/62. Nachdruck in drei Bänden, Hildesheim, New York 1980
BadWb. = Badisches Wörterbuch, hrsg. mit Unterstützung des Ministeriums für Wissenschaft, Forschung und Kunst Baden-Württemberg. Vorbereitet von Friedrich Kluge. Begonnen von Ernst Ochs. Weitergef. von Karl Friedrich Müller, Gerhard W. Baur, Rudolf Post, bearb. von Tobias Streck, Lahr/München/Berlin 1925 ff.
Bauer, WaldeckWb = Karl Bauer, Waldeckisches Wörterbuch nebst Dialektproben. Hrsg. von Hermann Collitz, Norden/Leipzig 1902 (Wörterbücher. Hrsg. vom Verein für niederdeutsche Sprachforschung, IV)
Beier, Rufnamen = Ulf Beier, Rufnamen in Redewendungen, Sprichwörtern, Zitaten, feststehenden Bezeichnungen und Wortbildern (Metaphern) (einschließlich Pflanzen-, Tier- und Fabelnamen), Weißenburg 2017
Beranek, Westjidd. Sprachatlas = Franz J. Beranek, Westjiddischer Sprachatlas, Marburg 1965
Bergemann, Schloßberger Jenisch → LV (Bergemann 1997, 2012), → SV (SJ)
Besse, Saarland → LV (Besse 2013), → SV (JSa)
Bischoff, WB d. Geheim- u. Berufssprachen = Erich Bischoff, Wörterbuch der wichtigsten Geheim- und Berufssprachen: Jüdisch-Deutsch, Rotwelsch, Kundensprache; Soldaten-, Seemanns-, Weidmanns-, Bergmanns- und Komödiantensprache, Leipzig 1916
Bolg oder Boretzky/Igla → LV (Boretzki/Igla 1994)
Bo 1971, Bo 1974 = Ernest Borneman, Sex im Volksmund. Die sexuelle Umgangssprache des deutschen Volkes, Reinbek b. Hamburg 1971, 1974
Bremisch-Nieders.WB = Eberhard Tiling, Versuch eines bremisch-niedersächsischen Wörterbuchs, worin nicht nur die in und um Bremen, sondern auch fast in ganz Niedersachsen gebräuchliche eigenthümliche Mundart nebst den schon veralteten Wörtern und Redensarten in bremischen Gesetzen, Urkunden, und Diplomen, gesammelt, zugleich auch nach einer behutsamen Sprachforschung, und aus Vergleichung alter und neuer verwandter Dialekte, erkläret sind, Bremen 1789
BWB = Bayerisches Wörterbuch, hg. von der Kommission für Mundartforschung. Bearb. von Josef Denz, Felicitas Maria Erhard, Edith Funk, Bernd Dieter Insam, Anthony R. Rowley, Andrea Schamberger-Hirt, Hans Ulrich Schmid und Michael Schnabel, München 2002 ff.
Crec. = Wilhelm Crecelius, Oberhessisches Wörterbuch, Darmstadt 1897–1899
Danzer → LV (Danzer 2000), → SV (BJ)
Dege, Speismakeimer-Sprache = Wilhelm Dege, Über die Speismakeimer-Sprache auf den Baustellen in Münster (Westfalen). In: Rheinisch-westfälische Zeitschrift für Volkskunde 9 (1962) S. 111–121
Dieck, Wandermusikanten Salzgitter → SV (SK)

DUW 1996 = Deutsches Universalwörterbuch, 3., neu bearbeitete Auflage auf der Grundlage der neuen amtlichen Rechtschreibregeln, bearbeitet von Günther Drosdowski und der Dudenredaktion, Mannheim/Leipzig/Wien/Zürich 1996
DWA = Deutscher Wortatlas von Walther Mitzka und Ludwig Erich Schmitt, Bde. I-XXII, Gießen 1951–1980
DWB = Deutsches Wörterbuch von Jakob und Wilhelm Grimm. Nachdruck der Erstausgabe 1854–1984, München 1984; im Rahmen des DFG-Förderprogramms „Retrospektive Digitalisierung von Bibliotheksbeständen" wurde das DWB von 1998 und 2003 retrodigitalisiert und im Internet sowie auf CD-ROM publiziert; digital: über das Trierer Wörterbuchnetz (Kompetenzzentrum für elektronische Erschließungs- und Publikationsverfahren in den Geisteswissenschaften Universität Trier)
DWBneu = Deutsches Wörterbuch von Jacob Grimm und Wilhelm Grimm. Neubearbeitung. Herausgegeben von der Akademie der Wissenschaften der DDR in Zusammenarbeit mit der Akademie der Wissenschaften zu Göttingen. Leipzig 1983, zuletzt Stuttgart 2018; digital: über das Trierer Wörterbuchnetz, das Digitale Wörterbuch der deutschen Sprache (DWDS) und die digitale Plattform der Akademie der Wissenschaften zu Göttingen
dwds = Der deutsche Wortschatz von 1600 bis heute (digitales Wörterbuch dwds.de)
Efing, Schausteller → LV (Efing 2001, 2004b), → SV (JS)
Efing, Lützenhardter Jenisch → LV (Efing 2004a, 2005), → SV (LüJ). Wörterbuch online = https://docplayer.org/40787131-Vi-2-woerterbuch-des-luetzenhardter-jenisch.html
ElsWb. = Wörterbuch der elsässischen Mundarten. Bearb. von Hans Lienhart und Ernst Martin, Straßburg 1899–1907, Nachdruck Berlin 1974; digital über das Trierer Wörterbuchnetz (Kompetenzzentrum für elektronische Erschließungs- und Publikationsverfahren in den Geisteswissenschaften Universität Trier)
FnhdWb. = Frühneuhochdeutsches Wörterbuch. Herausgegeben von Robert R. Anderson, Ulrich Goebel, Oskar Reichmann, Berlin/New York 1989, zuletzt Berlin/Boston 2020
Georges 1998 = Karl Ernst Georges, Ausführliches Lateinisch-Deutsches Handwörterbuch, Darmstadt 1968
Girtler, Matreier-Gespräche = Roland Girtler, Ursprung und Tradition der Gaunersprache. In: Matreier Gespräche. Schriftenreihe der Forschungsgemeinschaft Wilhelminenberg 1998, S. 255–269
Girtler, Randkulturen = Roland Girtler, Randkulturen. Theorie der Unanständigkeit. Mit einem Beitrag zur Gaunersprache. Wien/Köln/Graz 1983
Girtler 1996 → LV (Girtler 1996a), → SV (WG)
Girtler 1998 = Rotwelsch. Die alte Sprache der Gauner, Dirnen und Vagabunden, Wien 1998
Gottschald 1982 = Max Gottschald, Deutsche Namenkunde. Unsere Familiennamen. 5. verbesserte Auflage mit einer Einführung in die Familiennamenkunde von Rudolf Schützeichel, Berlin/New York 1982
Grolmann = F.L.A. von Grolman, Wörterbuch der in Teutschland üblichen Spitzbuben-Sprachen, Gießen 1822
HessNassWb. = Hessen-Nassauisches Volkswörterbuch. Aus den für ein Hessen-Nassauisches Wörterbuch [...] von Ferdinand Wrede angelegten und verwalteten Sammlungen. Begonnen von Luise Berthold, fortgeführt von Hans Friebertshäuser und Heinrich Dingeldein, Marburg 1927 ff. (https://www.lagis-hessen.de/de/subjects/index/sn/hnwb)
Honnen, Geheimsprachen im Rheinland → LV (Honnen 1998), → SV (passim)
Hornung = Maria Hornung, Wörterbuch der Wiener Mundart. Unter Mitarbeit von Leopold Swossil, Wien 1998
HWB = Hamburgisches Wörterbuch, bearb. von Käthe Scheel, Jürgen Meier, Jürgen Ruge, Beate Hennig. Bde. I-V, Neumünster 1985–2006
Jütte, Schlausmen → LV (Jütte 1978), → SV (SS)
Kapff = Rudolf Kapff, Nachträge zu Kluge Rotwelsch I → SV (passim)
Klappenbach/Steinitz = Ruth Klappenbach/Wolfgang Steinitz, Wörterbuch der deutschen Gegenwartssprache. Bde. I-VI, Berlin 1970–1977
Klepsch → LV (Klepsch 2004)

Klu. = Friedrich Kluge, Etymologisches Wörterbuch der deutschen Sprache. Bearbeitet von Elmar Seebold. 25., durchgearbeitete und erweiterte Auflage. Berlin, Boston 2011 (frühere Auflagen mit Indices oder Jahreszahlen gekennzeichnet)

Kluge 1901 → LV (Kluge 1901), → SV (passim)

Knobloch 1977 = Johann Knobloch, Drei wortgeschichtliche Miszellen. In: Zeitschrift für deutsche Philologie 96 (1977), Sonderheft "Sprache", S. 87–90

Kü = Heinz Küpper, Wörterbuch der deutschen Umgangssprache. Bde. I-VI, Hamburg 1963–1970

Kü 1993 = Heinz Küpper, Wörterbuch der deutschen Umgangssprache, Stuttgart/Dresden 1993 (weitere Ausgaben und Auflagen mit Jahreszahlen gekennzeichnet)

Lerch, Gießener Manisch → LV (Lerch 1976), → SV (GM)

Lexer = Matthias Lexer, Mittelhochdeutsches Handwörterbuch. Bde. I-III, Leipzig 1869–1878 (und spätere Nachdrucke)

LothrWb. = Wörterbuch der deutsch-lothringischen Mundarten. Hg. von Michael Ferdinand Follmann, Leipzig 1909. Fotomech. Nachdruck Vaduz 1986; digital über das Trierer Wörterbuchnetz (Kompetenzzentrum für elektronische Erschließungs- und Publikationsverfahren in den Geisteswissenschaften Universität Trier)

Lühr 1996 → LV (Lühr 1996)

LuxWb. = Luxemburger Wörterbuch. Im Auftrage der Großherzoglich Luxemburgischen Regierung hg. von der Wörterbuchkommission, auf Grund der Sammlungen, die seit 1925 von der Luxemburgischen Sprachgesellschaft und seit 1935 von der Sprachwissenschaftlichen Sektion des Großherzoglichen Instituts veranstaltet worden sind. Bde. I-IV, Luxemburg 1950–1975

LVag. 1510 = Liber Vagatorum. Der Betler Orden, Nürnberg 1510; 1528 neu hg. von Martin Luther unter dem Titel: Von der falschen Betler Büberey. In: Martin Luthers Werke. Kritische Gesantausgabe, Bd. XXVI, Weimar 1909, S. 634–654

MatrasJd → LV (Matras 1991)

MatrasVh → LV (Matras 1996b)

Middelberg, Romanismen → LV (Middelberg 2001)

MndWb. = Karl Schiller/August Lübben, Mittelniederdeutsches Wörterbuch. Bde. I-VI, Bremen 1875–1881. Nachdruck Münster 1931

Mo = J. G. M. Moormann, De Geheimtalen. Een Studie over de Geheimtalen in Nederland, Vlaamsch-Belgie, Breyell en Mettingen, Bde. I-II, Zutphen/Thieme 1932–1943; neu hg. von Nicoline van der Sijs, mit einer Einleitung von Enno Endt, 2002

Müller-Fraureuth = Karl Müller-Fraureuth, Wörterbuch der obersächsischen und erzgebirgischen Mundarten, Hildesheim/Zürich/New York 2005

OSächsWb. = Wörterbuch der obersächsischen Mundarten. Bearb. von Gunter Bergmann u. a. (Sächsische Akademie der Wissenschaften zu Leipzig), Bde. I-IV, Berlin 1994–2003

Petit Robert 1995 = Le nouveau petit Robert. Dictionnaire alphabétique et analogique de la langue française; nouvelle édition du Petit Robert de Paul Robert, Paris 1995

PfälzWb. = Pfälzisches Wörterbuch. Begründet von Ernst Christmann, bearb. von Julius Krämer und Rudolf Post. Bde. I-VI, Wiesbaden/Stuttgart 1965–1997, digital über das Trierer Wörterbuchnetz (Kompetenzzentrum für elektronische Erschließungs- und Publikationsverfahren in den Geisteswissenschaften Universität Trier)

Pfeifer 1995 = Etymologisches Wörterbuch des Deutschen, erarb. im Zentralinstitut für Sprachwissenschaft/ Berlin unter der Leitung von Wolfgang Pfeifer. Ungekürzte, durchges. Ausg., 2. Aufl. durchges. und erg. von Wolfgang Pfeifer, München 1995

Polz. 1922 = Wilhelm Polzer, Gauner-Wörterbuch für den Kriminalpraktiker, München/Berlin/Leipzig 1922

Post → LV (Post 1992)

RheinWb. = Rheinisches Wörterbuch: auf Grund d. von J. Franck begonnenen, von allen Kreisen d. rhein. Volkes unterstützten Sammlung, bearb. von Josef Müller, Heinrich Dittmaier und Matthias Zender, Bde.

I-IX, Berlin 1923–1971; digital über das Trierer Wörterbuchnetz (Kompetenzzentrum für elektronische Erschließungs- und Publikationsverfahren in den Geisteswissenschaften Universität Trier)
Röhrich = Lutz Röhrich, Das große Lexikon der sprichwörtlichen Redensarten, Freiburg/Basel/Wien 1992 (und weitere, mit den entsprechenden Jahreszahlen gekennzeichnete Ausgaben)
Romlex 2002 = Yaron Matras, et al. 2002. Romlex, ein umfassendes Romani-Lexikon (https://wals.info/refdb/record/Matras-et-al-2002)
Roth, JenWb. → SV (JeS)
SchlesWb. = Schlesisches Wörterbuch, hrsg. von Walther Mitzka. Bde. I-III, Berlin 1962–1965
SchleswHolstWb. = Schleswig-Holsteinisches Wörterbuch. Volksausgabe. Bde. I-V, hg. von Otto Mensing; unveränderter Nachdruck Neumünster 1985
Schmeller = Johann Andreas Schmeller, Bayerisches Wörterbuch. Bde. I-II, 1827–1837; 2. von G. Karl Frommann bearbeitete Ausgabe München 1872–1877
Schranka 1905 = Eduard Maria Schranka, Wiener Dialekt-Lexikon, Wien 1905
Schützeichel = Rudolf Schützeichel, Althochdeutsches Wörterbuch. Vierte, überarbeitete und ergänzte Auflage, Tübingen 1989
Schuppener → LV (Schuppener 1999a)
SchwäbWb. = Schwäbisches Wörterbuch. Auf Grund der von Adelbert v. Keller begonnenen Sammlungen u. mit Unterstützung des Württemberg. Staates bearb. von Hermann Fischer, weitergef. von Wilhelm Pfleiderer, Bde. I-VI, Tübingen 1904–1936
SchweizId. = Schweizerisches Idiotikon. Wörterbuch der schweizerdeutschen Sprache. Begonnen von Friedrich Staub und Ludwig Tobler und fortgesetzt unter der Leitung von Albert Bachmann, Otto Gröger, Hans Wanner, Peter Dalcher, Peter Ott, Hans-Peter Schifferle sowie Hans Bickel und Christoph Landolt. Bände I–XVI: Frauenfeld 1881–2012, Band XVII: Basel 2015 ff. (https://digital.idiotikon.ch/idtkn/id1.htm#!page/9973/mode/1up)
Siewert/Boretzky, WB „Zigeunersprache" → LV (Siewert 2020)
Siewert, Geheimsprachen in Westfalen I-III → LV (Siewert 2014b, 2015c, 2017)
Siewert, Grundlagen → LV (Siewert 1998, Siewert 2003)
Siewert, Hamburgs Nachtjargon → LV (Siewert 2003a), → SV (HN)
Siewert, Humpisch → LV (Siewert 2010, 2011), → SV (MT)
Siewert, Kedelkloppersprook → LV (Siewert 2002c)
Siewert, Mastbrucher Emmes → LV (Siewert 2013a), → SV (ME)
Siewert, Mindener Buttjersprache → LV (Siewert 2002b), → SV (MB)
Siewert, Rotw. Grammatik → LV (Siewert 2019c)
Siewert, WB Viehhändlersprache → LV (2018d)
Siewert, WB jüd. Geschäfts- und Umgangssprache → LV (Siewert 2018c)
Sowa 1898 = Wörterbuch des Dialekts der deutschen Zigeuner, zusammengestellt von Rudolf von Sowa, Leipzig 1898
Sp 1994 = Karl Spangenberg, Kleines thüringisches Wörterbuch, Rudolstadt/Jena 1994
Spangenberg = Karl Spangenberg, Baumhauers Stromergespräche in Rotwelsch. Mit soziologischen und sprachlichen Erläuterungen, Halle (Saale) 1970
SüdhessWb. = Südhessisches Wörterbuch, gesammelt und bearb. von Friedrich Maurer, Friedrich Stroh, Rudolf Mulch, Roland Mulch. Bde. I-VI, Marburg 1965–2010 (https://www.lagis-hessen.de/de/subjects/gsform/sn/shwb)
Theilacker → SV (SPI)
ThürWb. = Thüringisches Wörterbuch. Auf Grund der von Victor Michels begonnenen und von Herman Hucke fortgesetzten Sammlungen bearbeitet von Karl Spangenberg, fortgeführt von Wolfgang Lösch. Bde. I-VI, Berlin 1966–2006
TirolWb. = Wörterbuch der Tiroler Mundarten. Bearb. von Josef Schatz, hg. von Karl Finsterwalder. Bde. I-II, Innsbruck 1955–1956
Tockert, Weimerskircher Jenisch → SV (WL)

Trü = Trübners Deutsches Wörterbuch. Begründet von Alfred Götze. In Zusammenarbeit mit Eduard
    Brodführer, Max Gottschald, Alfred Schirmer hg. von Walther Mitzka. Bände I-VIII, Berlin 1939–1957
Vilmar, Idiotikon = A. F. C. Vilmar, Idiotikon von Kurhessen, Marburg und Leipzig 1868
von Schrötter = Wörterbuch der Münzkunde. In Verbindung mit N. Bauer, K. Regling, A. Suhle, R. Vasmer
    und J. Wilcke hg. von Friedrich Freiherr von Schrötter. Zweite, unveränderte Auflage, Berlin 1970
Wahrig = Gerhard Wahrig, Deutsches Wörterbuch, Gütersloh 1968 (und spätere Auflagen)
WBÖ = Wörterbuch der bairischen Mundarten in Österreich. Hg. von der Österreichischen Akademie der Wissenschaften; Eberhard Kranzmayer, Ingo Reiffenstein, Peter Wiesinger u.a. Bde. I-V, 1963–2015; Bde. VI ff., Wien 1970 ff.; seit 2020 online.
WBOS = Jan ten Doornkaat Koolman, Wörterbuch der ostfriesischen Sprache. Bde. I-III, Norden 1879, 1882, 1884; unveränderter Nachdruck der Ausgabe von 1879, Vaduz 1979
We → LV (Weinberg 1969)
Wehle, Wiener Galerie → SV (WG)
Weiland, Hundeshagen → LV (Weiland 1996b, 2000, 2003), → SV (HK)
Weinberg 1994 = Werner Weinberg, Lexikon zum religiösen Wortschatz und Brauchtum der deutschen Juden. Herausgegeben von Walter Röll, Stuttgart-Bad Cannstatt 1994
WestfWb. = Westfälisches Wörterbuch. Stichwortverzeichnis, Münster 1998
Windolph, Nerother Jenisch → LV (Windolph 1998), → SV (NJ)
Woeste = Friedrich Woeste, Wörterbuch der Westfälischen Mundart. Im Auftrag des Westfälischen Heimatbundes neu bearbeitet und herausgegeben von Erich Nörrenberg, Wiesbaden 1966
Wolf, Fatzersprache → SV (EF)
WolfWJ → LV (Wolf 1986)
WolfWR → LV (Wolf 1985)
WolfWZ → LV (Wolf 1987)
WWBA = Westfälisches Wörterbuch-Archiv der Kommission für Mundart- und Namenforschung Westfalens in Münster; Quellengrundlage des 2021 abgeschlossenen Westfälischen Wörterbuchs

Sprachen

afrz.	altfranzösisch
ags.	angelsächsisch
ahd.	althochdeutsch
alban.	albanisch
alem.	alemannisch
altisl.	altisländisch
amerik.	amerikanisches Englisch
arab.	arabisch
aram.	aramäisch
as.	altsächsisch
bair.	bairisch
berg.	bergisch
böhm.	böhmisch
bulg.	bulgarisch
dän.	dänisch
dt.	deutsch, standardsprachlich
els.	elsässisch
engl.	englisch
erzgeb.	erzgebirgisch, ostmitteldeutsch
fläm.	flämisch
fnhd.	frühneuhochdeutsch
fränk.	fränkisch
franz.	französisch
fries.	friesisch
frz.	französisch
got.	gotisch
griech.	griechisch
hamb.	hamburgisch
hebr.	hebräisch
hess.	hessisch
hochdt.	hochdeutsch (vs. niederdeutsch oder standardsprachlich)
idg.	indogermanisch, indoeuropäisch
it.	italienisch
ital.	italienisch
jd.	jüdischdeutsch/westjiddisch und andere Varietäten des Jiddischen
jen.	jenisch
katalan.	katalanisch
kroat.	kroatisch
kurd.	kurdisch
lat.	lateinisch
lothr.	lothringisch-deutsch
lux.	luxemburgisch, moselfränkisch
md.	mitteldeutsch
mdal.	mundartlich deutsch
mengl.	mittelenglisch
mhd.	mittelhochdeutsch
mhess.	mittelhessisch
mlat.	mittellateinisch

mnd.	mittelniederdeutsch
mnl.	mittelniederländisch
moselfrk.	moselfränkisch
nd.	niederdeutsch
neugr.	neugriechisch
nhd.	neuhochdeutsch
niederfrk.	niederfränkisch
niederrhein.	niederrheinisch
nl.	niederländisch
nordgerm.	nordgermanisch
norw.	norwegisch
obdt.	oberdeutsch
obersächs.	obersächsisch
obersorb.	obersorbisch
omd.	ostmitteldeutsch
österr.	österreichisch
ostfränk.	ostfränkisch
ostfries.	ostfriesisch
ostmd.	ostmitteldeutsch
pfälz.	pfälzisch
poln.	polnisch
rätorom.	rätoromanisch
rheinfrk.	rheinfränkisch
rip.	ripuarisch
roi.	romani (Sammelbegriff für die unterschiedlichen Varietäten des Romani)
rom(an).	romanisch
rum.	rumänisch
russ.	russisch
rw.	rotwelsch
sächs.	sächsisch
schwäb.	schwäbisch
schwed.	schwedisch
schweizdt.	schweizerdeutsch
serb.	serbisch
slav.	slavisch
slow.	slowakisch
sorb.	sorbisch
span.	spanisch
süddt.	süddeutsch, oberdeutsch
südnfrk.	südniederfränkisch
thür.	thüringisch
tirol.	tirolerisch
tschech.	tschechisch
türk.	türkisch
ung.	ungarisch
westf.	westfälisch
westgerm.	westgermanisch
westmd.	westmitteldeutsch

Grammatik

Adj.	Adjektiv
Adv.	Adverb
Art.	Artikel
best. Art.	bestimmter Artikel
Dem.Pron.	Demonstrativpronomen
Dim.	Diminutiv
f.	Femininum
FN	Familienname
Indef.Pron.	Indefinitpronomen
Interj.	Interjektion
Konj.	Konjunktion
LN	Ländername
m.	Maskulinum
n.	Neutrum
Num. Kard.	Kardinalzahl
Num. Ord.	Ordinalzahl
ON	Ortsname
Part.	Partikel
Part. Perf.	Partizip Perfekt
Pers.Pron.	Personalpronomen
Poss.Pron.	Possesivpronomen
Pron.	Pronomen
Phras.	syntagmatische Verbindung mehrerer Lexeme (Syntagmen, Idiome, Phraseologismen, Zusammenrückungen)
Pl.	Plural
Pl.tant.	Pluraletantum
PN	Personenname
Präp.	Präposition
Prät.	Präteritum
refl.	reflexiv
RN	Rufname
Sg.	Singular
Subst.	Substantiv
subst.	substantiviert
stV.	starkes Verb
swV.	schwaches Verb

Sonderzeichen

‚ '	Bedeutung von Wörtern, Sätzen, Syntagmen
„ "	Zitat aus Sprecherangaben oder Fachliteratur
< >	Graphem, Buchstabe
→	Verweis auf einen anderen Artikel
<	entstanden aus
>	geworden zu
*	erschlossenes (nicht belegtes) Wort

Sonstige Abkürzungen

a.	anno, im Jahr
ant.	antiquiert, gegenwartssprachlich nicht mehr gebräuchlich
Bed.	Bedeutung
bes.	besonders
Bez.	Bezeichnung
bibl.	biblisch
ebd.	ebenda, ebendort
evtl.	eventuell
etw.	etwas
f.	die folgende Seite
ff.	die folgenden Seiten
fachspr.	fachsprachlich
Faks.	Faksimile
Hl.	heilig
id.	dasselbe, dieselbe Bedeutung
Jh.	Jahrhundert
jmd.	jemand
lit.	literarisch
met.	metonymisch, metaphorisch
n. Chr.	nach Christus
s.	sieh
sog.	sogenannt
sspr.	sondersprachlich
stud.	studentensprachlich
s.v.	unter dem Stichwort
u.a.	unter anderem
ugs.	umgangssprachlich deutsch
ursprgl.	ursprünglich
vs.	versus (zum Ausdruck eines Gegensatzes)
volksetym.	volksetymologisch
wörtl.	wörtlich
womgl.	womöglich
z.T.	zum Teil

Zentrale Fachbegriffe

Sondersprachen

Der Terminus Sondersprachen[1] als Ordnungsbegriff der modernen Varietätenlinguistik umfasst verschiedene Erscheinungsformen von sprachlichen Varietäten, die sich gegenüber Hochsprache, Umgangssprache, Regionalsprache, Mundart und Fachsprache über einige konstitutive Merkmale von diesen abgrenzen lassen. Zu den unter dem Begriff Sondersprachen zusammengefassten und im jeweiligen Vergleich heterogenen Sprachvarianten zählen zum Beispiel Schülersprachen, Studentensprachen, Jugendsprachen, bestimmte Szenesprachen und auch die sogenannten Rotwelsch-Dialekte. Systemlinguistisch betrachtet liegen die Besonderheiten von Sondersprachen hauptsächlich in den Bereichen Lexik, Semantik und Pragmatik. Unter kommunikativem Aspekt: in der Tendenz zur Abschottung.

Geheimsprachen

Mit der Bezeichnung einer Sondersprache als Geheimsprache tritt die kommunikative Funktion der jeweiligen Varietät in den Vordergrund. Das wesentliche Unterscheidungsmerkmal von Geheimsprachen (als Teilmenge der Sondersprachen) gegenüber den anderen Varietäten des Deutschen liegt in der von den jeweiligen Sprechergemeinschaften aus jeweils unterschiedlichen Gründen beabsichtigten Funktion der kommunikativen Ausgrenzung Dritter. Dabei sind die Verfahren der Codierung unterschiedlich und im einzelnen sehr differenziert[2]. Gegenüber Systemtypen, die aufgrund phonetisch-phonologischer Verfremdung des gesamten Textes durch einen bestimmten Code funktionieren, erreichen Rotwelsch-Dialekte und vergleichbare Geheimsprachen, wie die Viehhändlersprache, die beabsichtigte Verdunkelung des Gesagten im Wesentlichen durch die Integration von Fremdvokabular (aus sog. Spendersprachen) und semantisch verfremdeten Lexemen aus deutschen Varietäten in den Text. Die Substitution richtet sich dabei auf die semantisch schwerlastigen Stellen (verbale und nominale Wortarten).

Rotwelsch-Dialekte

Mit dem Begriff „Rotwelsch-Dialekt" werden diejenigen Varietäten im deutschen Sprachgebiet bezeichnet, „die sich auf der geheimsprachlichen Basis des Rotwelsch (das ist die auf der Grundlage der mittelhochdeutschen Mundarten ab dem 12./13. Jahrhundert entwickelte und durch die Jahrhunderte weiter tradierte Geheimsprache des sogenannten „fünften Standes") unter Hereinnahme von Wörtern aus anderen Spendersprachen, hauptsächlich

---

1 Siewert [1998] 2003: 14–20 (mit Verweisen auf die Forschungsliteratur).
2 Siewert 2018a: Typen und Muster der Codierung in deutschen Geheimsprachen.

dem Jüdischdeutschen und dem Sintes/Romanes, und unter Einflussnahme der jeweiligen Ortsmundart zu Geheimsprachen entwickelt haben, wobei sich die (freiwillige oder unfreiwillige) Ansiedlung vormals Vagierender wie die Zugehörigkeit zur jeweiligen sozialen Unterschicht (...) als typische historische Rahmenbedingung für die Ausbildung von Rotwelsch-Dialekten herausstellt"[3]. Neben den durch die Integration von spendersprachlichen Lexemen gegebenen Möglichkeiten der kommunikativen Abschottung nach außen haben die Sprecher des Rotwelsch und der Rotwelsch-Dialekte schon von jeher andere Tarnungsverfahren genutzt, besonders Wortneubildungen aus deutschen Morphemen und Bedeutungsveränderung von bereits im Wortschatz des Deutschen vorhandener Lexeme.

Bei allen Gemeinsamkeiten sind die Rotwelsch-Dialekte aber auch sehr unterschiedlich und der Begriff Rotwelsch-Dialekt ist danach als weitgefasst zu sehen. Das betrifft etwa die Priorisierung bestimmter Verfremdungsverfahren (Integration aus Spendersprachen, Neosemantisierung deutscher Lexeme, Wortneubildungen), aber auch soziale Differenzen, die sich in unterschiedlichen Lebensweisen und Berufen konstituieren (selbstbestimmte oder aus der Not geborene Vaganten, mobile Handelsleute, Zuhälter und andere Gruppen). Die Teilhabe an einer eigenen, exklusiven Sprache führt indessen in allen Fällen zu einer (auch für andere Sondersprachen feststellbaren) Gruppenkonstituierung der Sprechergemeinschaft, in der sich das einzelne Mitglied als Angehöriger einer sozialen Sondergruppe empfindet.

Die Entwicklung einer substituierenden Geheimsprache vom Typus Rotwelsch-Dialekte war vom Vorhandensein rotwelscher Lexeme seit dem Mittelalter begünstigt, hinzu kam die Mehrsprachigkeit der Sprechergemeinschaft. Mehrsprachigkeit des einzelnen Sprechers als alternative Möglichkeit einer solchen Konstruktion war in der Regel nicht gegeben. In vielen Rotwelsch-Dialekten waren es an der Sprechergemeinschaft beteiligte Juden, Sinti und Roma, die die Möglichkeit der Verdunklung durch hebräischstämmige Lexeme beziehungsweise durch Wörter aus dem Romani mitbrachten.

Im Laufe ihrer Geschichte unterliegen manche der Rotwelschdialekte einem funktionalen Wandel, der in der Regel die Aufgabe der ursprünglichen Funktion als Geheimsprache mit sich bringt und oft zu Formen der Folklorisierung führt. Das begründet die Unterscheidung zwischen Primär- und Sekundärsprechern[4]. Im Extremfall kann es sogar zur Aufgabe sämtlicher für die jeweilige Sondersprache ursprünglich als konstitutiv angesehenen Parameter kommen. Was dann noch bleibt, ist der Sonderwortschatz, der oftmals in rezenten Texten transportiert wird. Für die lexikographische Dokumentation sind solche Texte nicht ohne Wert, wenngleich bei deren Auswertung für ein Wörterbuch quellenkritische Vorsicht geboten ist[5].

Zu Beginn der Dokumentationen in den 1990er Jahren war unklar, welche und wie viele Rotwelsch-Dialekte es überhaupt gab, ob sie mittlerweile verstummt sind oder eventuell noch gesprochen werden. Mittlerweile ist klar geworden, dass es Rotwelsch-Dialekte im gesamten deutschen Sprachraum gab, in Deutschland, den ehemals deutschsprachigen Ge-

---

[3] Siewert [1998] 2003: 21–24, hier 21.
[4] Siewert [1998] 2003: 104–109 (Sprecher).
[5] Vgl. Siewert [1998] 2003: 110–120 (Quellenkritik).

bieten in Frankreich, in Luxemburg, der Schweiz, in Österreich und in Tschechien[6]. In einigen Fällen konnten noch Primärsprecher gefunden und befragt werden; heute besteht diese Möglichkeit nicht mehr. Ein Weiterleben geschieht in manchen Fällen im Rahmen von Heimatpflege und Folklore.

Der Rotwelsch-Dialekt eines bestimmten Rotwelsch-Ortes war zu keiner Zeit eine an den Ortsgrenzen endende, geschlossene Varietät. Da die Sprecher der Rotwelsch-Dialekte trotz der nach dem 30jährigen Krieg allmählich eintretenden Ortsfestigkeit in vielen Fällen nach wie vor als ambulante Händler oder wandernde Musikanten oder in sonstiger Mission im Lande unterwegs waren, ist davon auszugehen, dass sie aufgrund der vielfältigen sprachlichen Kontakte neue Wörter von der Wanderschaft mitgebracht haben oder umgekehrt eigene hinausgetragen haben. Das gilt besonders auch für das überregionale, nicht ortsgebundene Jenisch der Schausteller und das Rotwelsch der Handwerksburschen auf der Walz.

Das Entstehen der Rotwelsch-Dialekte lässt sich zeitlich nicht sicher eingrenzen; für ihre (relative) Ortsfestigkeit sind indessen historische Rahmenbedingungen wesentlich, besonders die am Ende der Frühen Neuzeit betriebene Ansiedlung vormals vagierender Bevölkerungsgruppen, sog. „unsicheren Gesindels", durch die jeweiligen Landesherren. Bereits ein halbes Jahrtausend vorher hatte sich das auf der Basis der mittelhochdeutschen Mundarten entwickelte ältere Rotwelsch („Rotwelsch I" vs. „Rotwelsch II") als Geheimsprache des sog. fünften Standes in Europa weit verbreitet, ein Vorgang, der durch den Dreißigjährigen Krieg noch verstärkt worden ist. Die Folge war eine breite und intensive Streuung der alten Rotwelsch-Wörter im gesamten deutschsprachigen Raum, woraus sich neben anderen Faktoren die gemeinsamen Schnittmengen im Vokabular der einzelnen Rotwelsch-Dialekte erklären.

Schließlich: Als historische Einheiten können die einzelnen Rotwelsch-Dialekte in ihrer Bindung an bestimmte Orte und Zeiten ihrer Existenz und an die jeweiligen Sprechergemeinschaften als einmalig begriffen werden. In anderer Hinsicht gehören sie zusammen, sind also nicht einmalig: Als sprachlich eng verwandt weisen sie sich unter anderem durch gemeinsame Schnittmengen im Wortschatz und die in allen Fällen gegebene Teilhabe an Spendersprachen wie dem Jüdischdeutschen und dem Romani aus, in weiteren Bezügen durch ihre Funktion der kommunikativen Ausgrenzung, die Verfahren der Verfremdung und sozialhistorische Gemeinsamkeiten.

---

6 Siewert [1998] 2003: 45–51 (Liste der ermittelten Rotwelsch-Dialekte); Siewert 1996b (Karte der Rotwelsch-Dialekte).

www.ingramcontent.com/pod-product-compliance
Lightning Source LLC
Chambersburg PA
CBHW081411230426
43668CB00016B/2205